UNITED TECHNOLOGY 联合科技

奥昌 AOCHANG

温州奥昌合成革有限公司

WENZHOU AOCHANG SYNTHETIC LEATHER CO.,LTD.

奥昌合成革有限公司是一家外商独资企业，坐落于中国浙江省温州市经济技术开发滨海园区，共拥有管理人员及员工 400 多人，注册资本 300 万美元，总投资 600 万美元，本公司已通过 ISO9001：2000 国际质量体系、ISO14000 环境管理体系及美国 PSS 香港玮伦公司认证，连续几年被交通银行以及广东发展银行评定为 AAA 级信用企业，是中国塑料加工协会副会员单位，温州市合成革商会理事单位；被香港合成革暨金属物料供应商会授予“ 同业先进单位 ”、授予“A 级纳税信誉单位 ”、被广东发展银行杭州分行授予“ 五星级优质 GP 客户 ”，2007 年 10 月荣获温州市名牌产品称号，2009年 2 月荣获浙江省名牌产品称号，连续几年被温州经济技术开发区管理委员会授予 “ 三星级企业 ”。

我公司专业生产 PU 革系列、箱包革、男女鞋革、沙发革、服装革、剥离膜革、牛巴革、变色文具商标革以及符合欧美环保要求的鞋革和箱包革等，广泛应用于制鞋、纺织服装、家具、文具、箱包等各个行业。

公司拥有现代化厂房，6 条台湾制造的 PU 合成革生产线及花样多变后处理产品，年生产能力达 1200 多万米 PU 革，产品辐射欧美、南美、中东、及日本、韩国、越南和国内各地区。

近年来，公司在发展的同时，投入大量资金用于新产品的研发，新设备的投入，以本公司独有的核心技术立于竞争日渐强烈的合成革行业中。我公司率先研发了具有代表性的几十种新花色，新品种的合成革，受到国内外的一致好评。

集团公司联合科技控股有限公司成立于 2007 年 2 月 13 日，在香港注册签署，并于 2008 年 12 月 14 日在韩国成功上市，奥昌合成革紧跟集团公司发展的步伐，按上市公司要求不断规范管理，是联合科技控股公司众多强劲子公司之一。

企业荣誉

2006 年度	通过 ISO14001:2004 环境管理体系认证
2006 年度	中国塑料加工工业协会人造革专业委员会理事单位
2006 年度	被香港合成革暨金属物料供应商会授予“ 同业先进单位 ”
2006 年度	被誉为温州市合成革商会理事单位
2006 年度	被授予“A 级纳税信誉单位 ”
2006 年度	被广东发展银行杭州分行授予“ 五星级优质 GP 客户 ”
2007 年度	被温州经济技术开发区管理委员会授予“ 三星级企业 ”
2007 年度	公司（厂）生产的奥昌牌合成革被评为“ 温州名牌产品 ”
2007 年度	被交通银行温州支行评为“ 信用 AAA 级企业 ”
2007 年度	被温州市龙湾区慈善总会评为“ 扶贫济困、心系慈善 ”
2008 年度	被温州经济技术开发区评为“ 三星级企业 ”
2008 年度	公司（厂）的奥昌牌聚氨酯湿法合成革被评为“ 浙江名牌产品 ”
2008 年度	被世界杰出华商协会评为“ 世界杰出华商协会 ”理事单位
2008 年度	被交通银行温州支行评为“ 信用 AAA 级企业 ”
2009 年度	被温州经济技术开发区评为“ 三星级企业 ”
2010 年度	被中国塑料协会评为信用“AAA 级企业 ”

联系方式

地址：浙江温州经济技术开发区滨海园区 A303 小区　　邮编：325025

电话：0577-86806666/86829899　　传真：0577-86829822/86829811

E-mail：aochang@aochang.com

大发强盟包装有限公司

大发强盟包装有限公司创立于 1993 年 12 月，位于中国印刷包装基地—温州龙港镇示范工业园区。注册资金 8800 万元，占地面积 33 亩，2009 年企业资产总值达 5.2 亿元。

目前公司员工总数 180 人，其中中、高级技术人员 6 人；大专以上人员 37 人。公司通过多次技改，已拥有三条设备先进的德国莱宝高真空镀铝生产线，三台德国康普宽幅数控纸张（薄膜）分切机，八条涂布生产线及其配套设施，形成年产高真空镀铝纸张（薄膜）能力 15000 吨。主要生产高真空镀铝（彩色）纸、高真空镀铝（彩色）薄膜、环保型香烟内衬纸。产品广泛应用于饮料、药品、酒类、香烟、化妆品、食品、礼品等包装，是印刷复合工业用基础原材料。

公司始终坚持以人为本的科学发展观，十分重视以市场导向开发产品，以名优产品占领市场，成功自主研发国家重点新产品—— 纸张真空镀铝用水溶性涂料，以及省市新产品。“龙发牌高档防水铜版镀铝纸”荣获“温州市名牌产品”称号；“龙发牌镀铝聚酯膜”被评为“浙江省名牌产品”。“龙发牌”镀铝产品以其优良的品质，畅销全国，远销东南亚及欧州各国。“龙发牌”啤酒标镀铝纸在国内市场占有近 40% 的份额。大发公司已发展成为国内真空镀铝行业规模较大、效益较好的企业。

公司在同行业中率先通过 ISO9001 国际质量管理体系、ISO14001 环境管理体系和GB/T28001-2001 职业健康安全管理体系、HACCP 及 ISO22000 食品安全管理体系认证和浙江省清洁生产试点的审核验收。先后被评为“温州市首批信息化示范单位”、“温州市轻工百强企业”、“温州市经贸系统诚信守法示范单位”、“温州市创建信用企业先进单位”、“浙江省高新技术企业”、“浙江省清洁生产先进单位”、“浙江省绿色企业”、银行资信等级 AAA。

公司秉承“以顾客满意为宗旨，科技进步为先导，完善管理为基础，生产优质产品为生命”的经营理念，求真务实，开拓创新，努力为民族企业的振兴做出应有的贡献。

集团荣誉

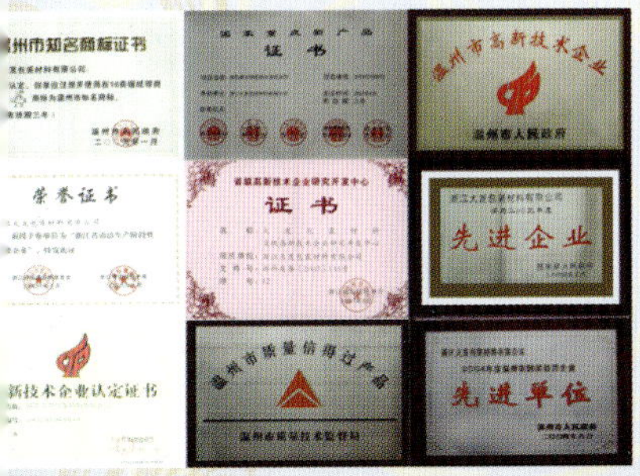

联系方式：
公司地址：浙江省温州市龙港镇龙金大道示范工业园区
http://www.dafametallizing.com,

销售部：
电话：0577-64202988 64233595 64233596
传真：0577-64233565
E-mail：dsales@dafametallizing.com

进出口·采购部：
电话：0577-64256371
传真：0577-64256351
E-mail：imp@dafametallizing.com
exp@dafametallizing.com

综合办公室：
电话：0577-64223756
传真：0577-64223756
E-mail：ho@dafametallizing.com

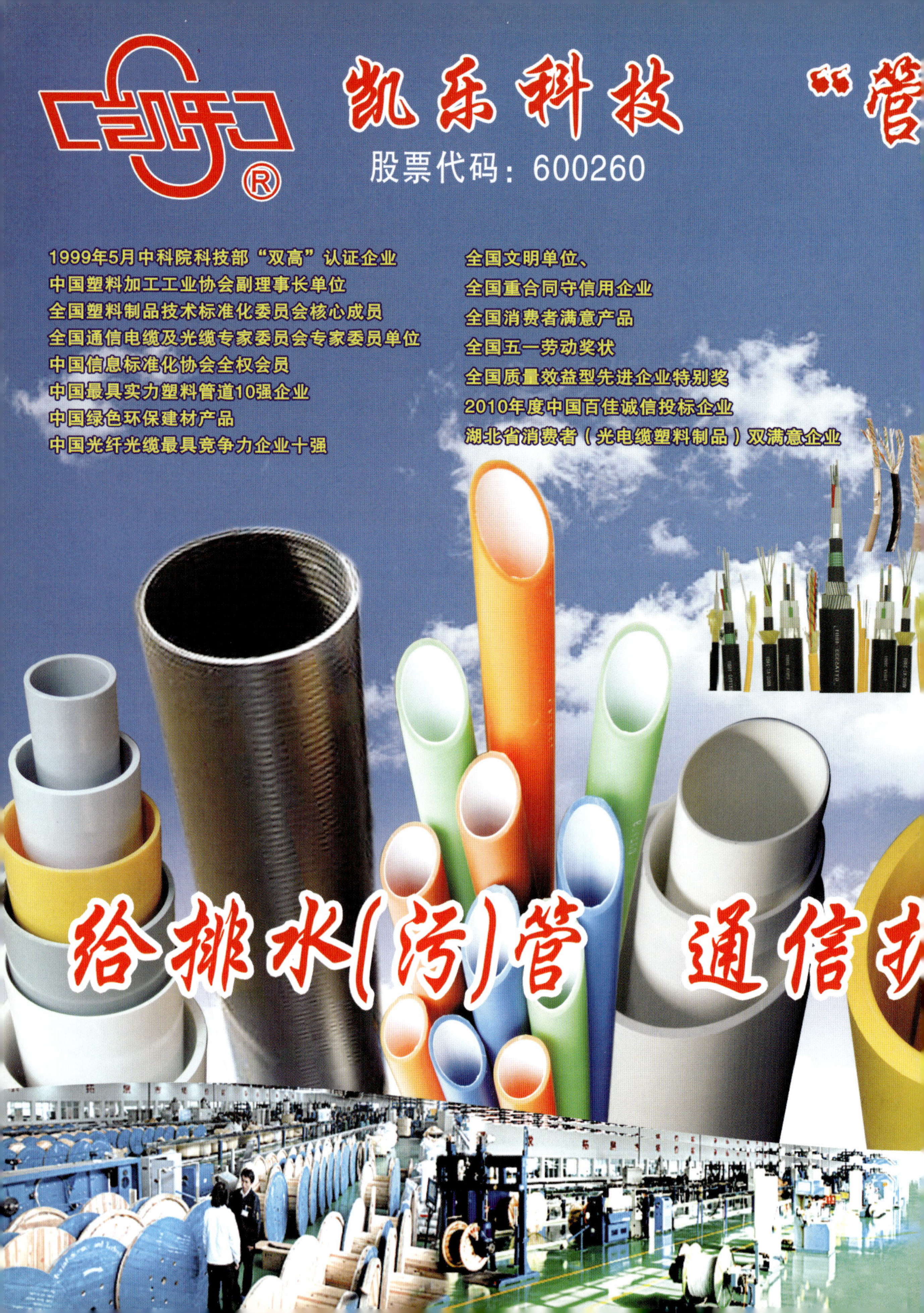
凯乐科技
"管
股票代码：600260
1999年5月中科院科技部"双高"认证企业
中国塑料加工工业协会副理事长单位
全国塑料制品技术标准化委员会核心成员
全国通信电缆及光缆专家委员会专家委员单位
中国信息标准化协会全权会员
中国最具实力塑料管道10强企业
中国绿色环保建材产品
中国光纤光缆最具竞争力企业十强
全国文明单位、
全国重合同守信用企业
全国消费者满意产品
全国五一劳动奖状
全国质量效益型先进企业特别奖
2010年度中国百佳诚信投标企业
湖北省消费者（光电缆塑料制品）双满意企业
给排水(污)管
通信

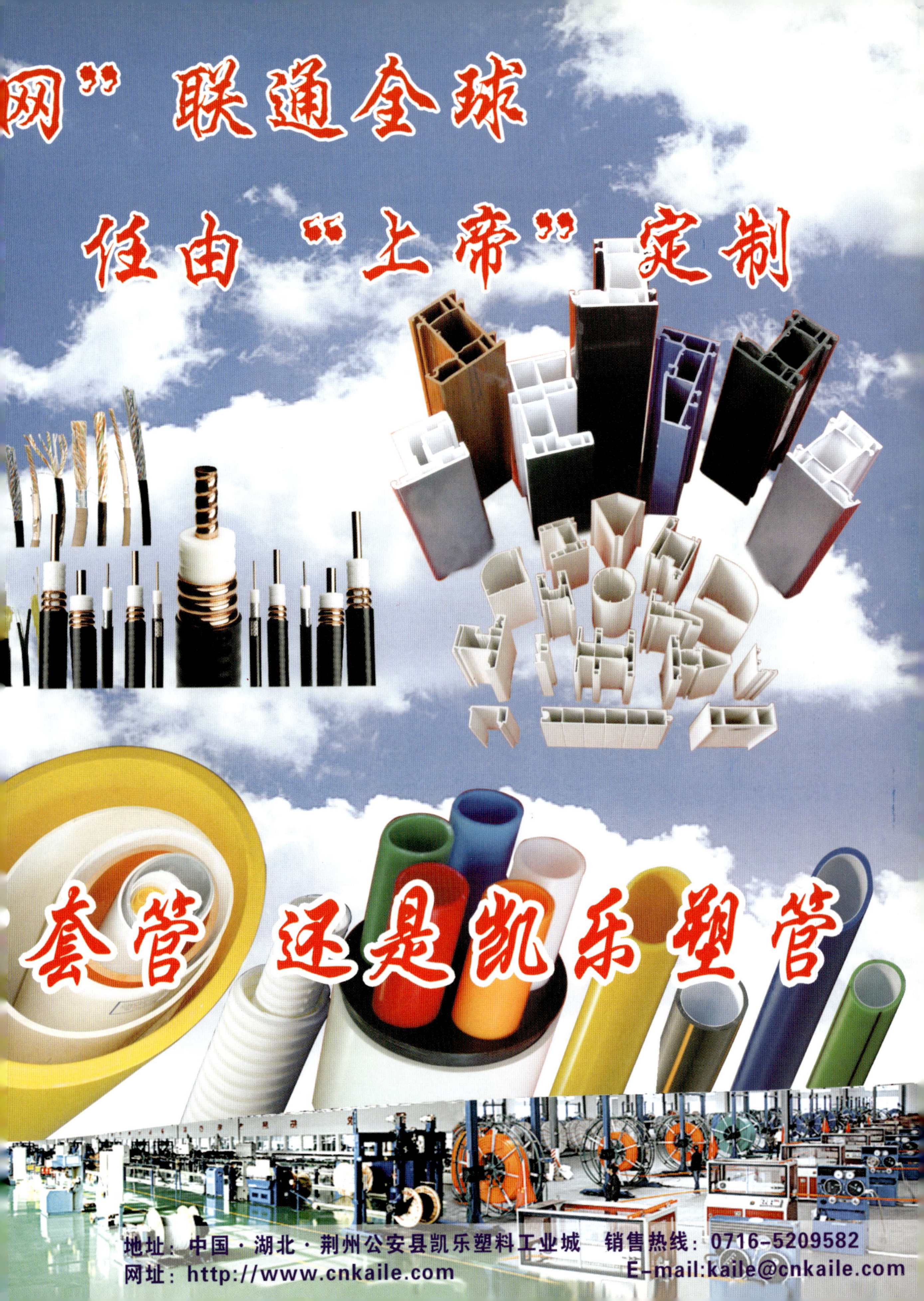
网" 联通全球
任由"上帝"定制
套管 还是凯乐塑管
地址：中国·湖北·荆州公安县凯乐塑料工业城　销售热线：0716-5209582
网址：http://www.cnkaile.com
E-mail:kaile@cnkaile.com

高新技术企业认证

中国星火计划
行业技术开发中心

质量管理体系认证

配套管件类

1、各种规格HDPE材质的弯头、三通、变径管、法兰及异型配套管件。

2、与混凝土管、铸铁管及其它非金属管材安全连接的检查井、竖井等系统的配套设施。

86-595-87767777　传真　86-595-87962111
www.superpipe.cn　邮箱　nachuan@superpipe.cn
福建泉州市泉港区普安工业区　邮编　362802

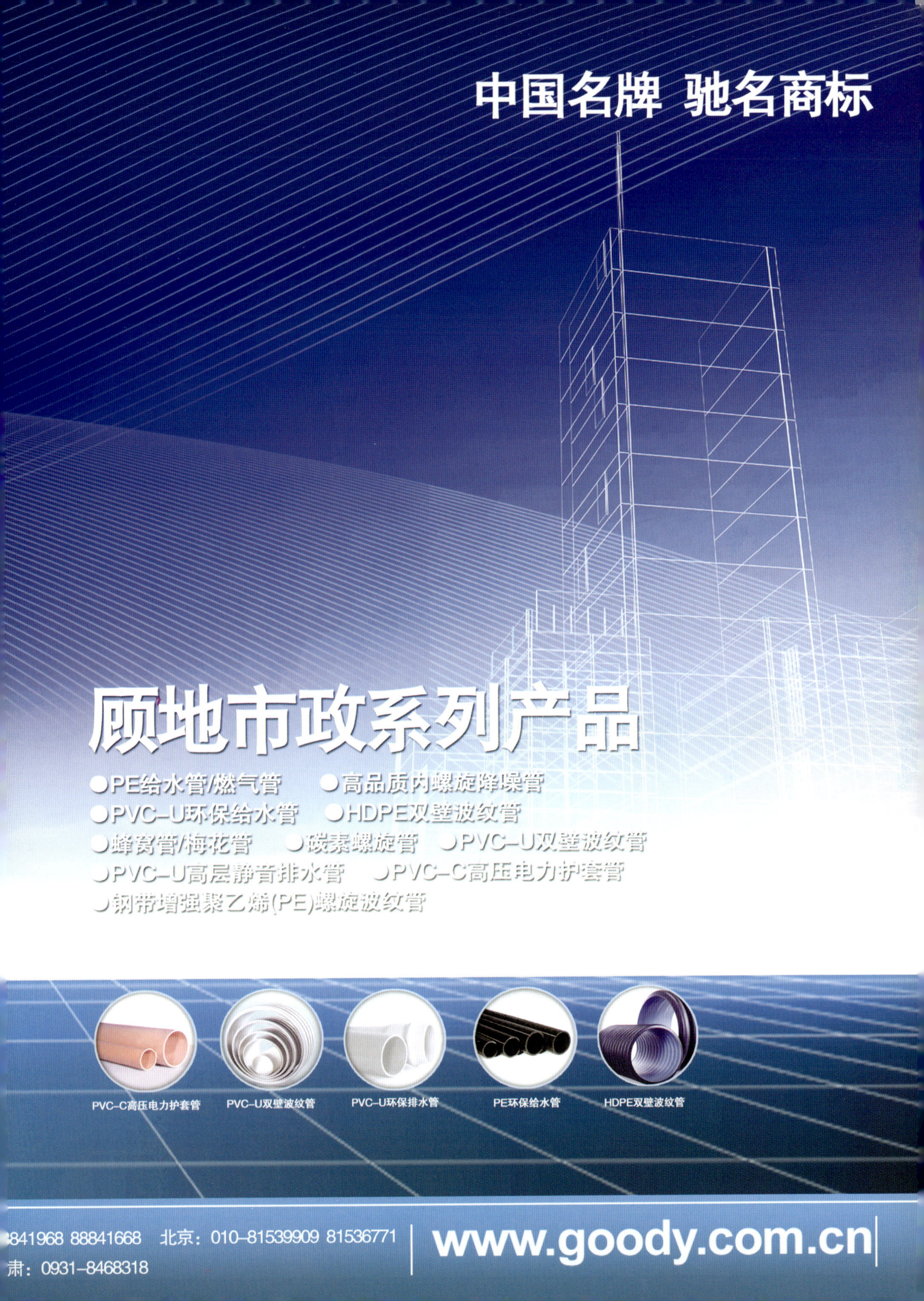

中国名牌 驰名商标
顾地市政系列产品
●PE给水管/燃气管
●高品质内螺旋降噪管
●PVC-U环保给水管
●HDPE双壁波纹管
●蜂窝管/梅花管
●碳素螺旋管
●PVC-U双壁波纹管
●PVC-U高层静音排水管
●PVC-C高压电力护套管
●钢带增强聚乙烯(PE)螺旋波纹管
PVC-C高压电力护套管
PVC-U双壁波纹管
PVC-U环保排水管
PE环保给水管
HDPE双壁波纹管
841968 88841668 北京：010-81539909 81536771
肃：0931-8468318
www.goody.com.cn

佑利控股集团有限公司，1998 年组建于浙江省乐清市。为国家塑料制品标准化委员会（TC48/SC3）核心成员单位、国家 PVC-C 产品标准主任起草单位、国家 PVC-U 产品标准第一起草单位、国家 ABS 产品标准第一起草单位；中国农业银行 AAA 级信誉单位、中国人民保险公司产品质量受保单位、中国氯碱工业协会理事单位、国家标准环保排放达标单位、浙江省优秀科技型企业。

1997 年与美国路博润（Lubrizol）公司合资成立的佑利管道有限公司，从事 PVC-C/PVC-U/ABS（氯化聚氯乙烯 / 硬聚氯乙烯 / 丙烯腈－苯乙烯－丁二烯）材质管材、管件、阀门、板材、填料、焊条等产品的专业生产。产品规格符合 ISO15493、美国 ASTM F438/F439/F441 标准、德国 DIN 8079/8080 标准以及日本 JIS6776 标准，是国家主导推行的绿色管系。目前被广泛使用在化工、冶金、石油、核电、造船、电镀、电力、污水处理或医药、温泉、宾馆等行业、领域。

董事长胡旭苍先生携全体员工，竭诚欢迎各位光临参观与商务洽谈。

TS特种设备（压力管道元件）制造许可　　ABS美国船级社产品设计与工厂认可

PVC-C 化工用管材、配件

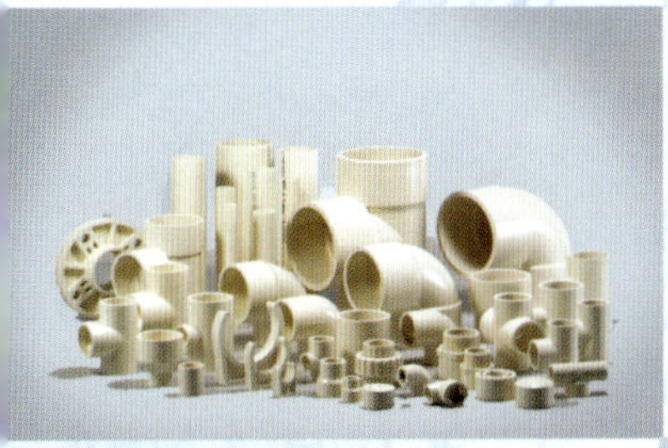

PVC-C 冷热水用管材、配件

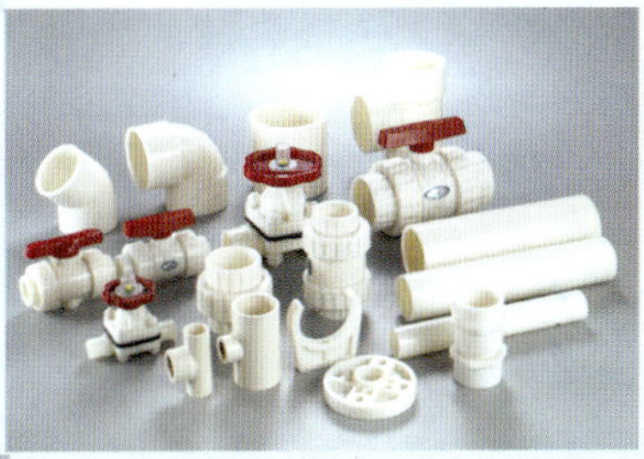

ABS 管材、配件

PVC-U 管材、配件

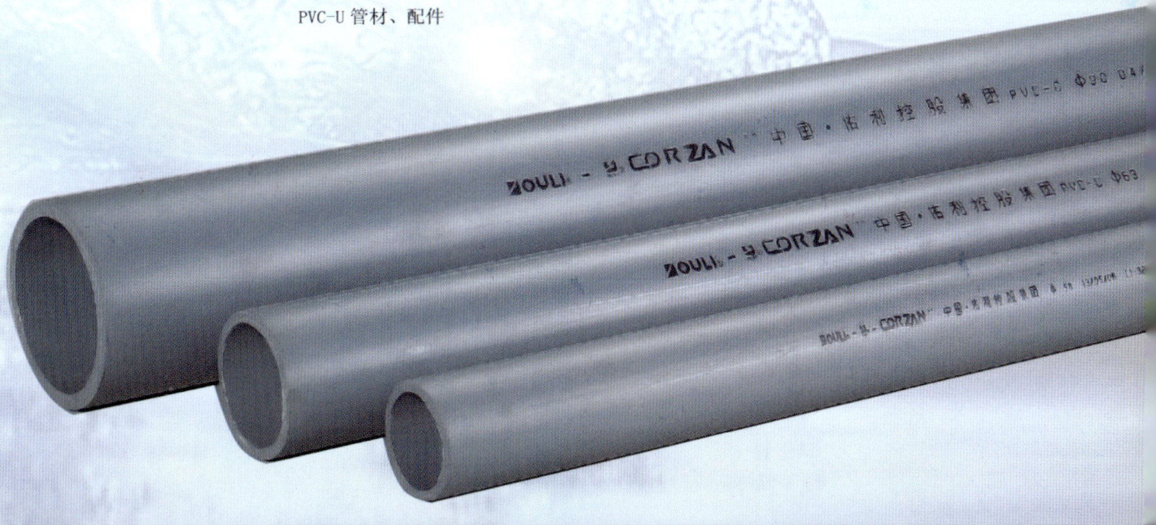

见龙机构
LOYAL GROUP

EPS让家更舒适
EPS Makes Home More Comfortable

中国名牌产品
中国驰名商标
中国环境认证产品
国家重点高新技术企业
亚通管道，
塑造健康未来
贯彻执行ISO9001&ISO14001&OHSAS18001标准
亚通管道
产品展示/Products
PVC-M新一代给排水管道 / PVC-U建筑给排水管道
PE、PVC-U双壁波纹管道 / PE给水/燃气管道
钢带增强（PE）螺旋波纹管道
PE-RT地板辐射采暖管道
PP-R冷热水管道
CPVC工业管道
MPP非开挖电力电缆管道
PVC-U电工套管系列
塑料检查井
PC给水管材管件
消音系列管道
PE燃气系列管件
PPR管材管件
极品PPR管材管件
PVC 排水管材管件
福建亚通新材料科技股份有限公司
Fujian Aton Advanced Materials Technology Co.,Ltd
地址：福建省福清市镜洋工业开发区
电话：0591-88011128
销售热线：400-636-1218
传真：（0591）28377220
网址：www.atontech.com.cn

蘇州工業園區富事達塑業有限責任公司

（蘇州塑料一廠）

苏州工业园区富事达塑业有限责任公司（苏州塑料一厂）专业生产工程注塑制品、波纹管、片板材和改性材料，积累了近多年的塑料加工专业技术经验。富事达公司拥有自营进出口权，是江苏省高新技术企业，名列中国塑料加工企业的前列。

富事达公司成立于1998年，工厂占地面积37000平方米，建筑面积25005平方米，固定资产3900万元。注塑生产基地位于苏州工业园区，挤出生产基地位于苏州相城区。

公司注重产品开发能力的提升，引进了美国UG公司的CAD/CAM/CAE，实现了设计无纸化、成型过程演示化、制模程序电脑化。同时不断完善创新机制，新品产值率逐年提高。研究所被批准为苏州市工程塑料应用和开发技术中心，是首批市政府批准的10家技术中心之一。公司实验室拥有研究分析测试设备36台套，能按DIN、ASTM、GB等标准进行塑料理化性能实验。目前实验室通过了CMA认证，现被授权为江苏省塑料质量监督检测站苏州分站。

追求质量零缺陷、满足并超越顾客的期望，是我们孜孜以求的目标，也是公司持续发展的基石之一。目前已通过了汉德TUV公司的ISO9001:2000、QS9000、TS16949体系认证。在信息化管理方面，公司被省科技厅评为制造业信息化示范企业。公司内部管理实现了信息化管理。通过管理的不断提升，给客户带去更优质的服务。

销售方针：

牢固树立以客户为中心的理念，

提供专业、快捷、贴心的服务，

为客户创造更多的价值。

本公司凭籍先进的设备、雄厚的技术力量和严格的管理，不断加强产品开发和市场开发，并先后从奥地利、德国、意大利、日本、中国香港引进各类双螺杆挤出机、精密注射机、片板材、波纹管生产线等近40多台（套），年生产能力2万吨以上，已形成了以物流系列、汽车用线束波纹管系列、塑片板材、塑料改性材料系列的四大产品系列发展方向。

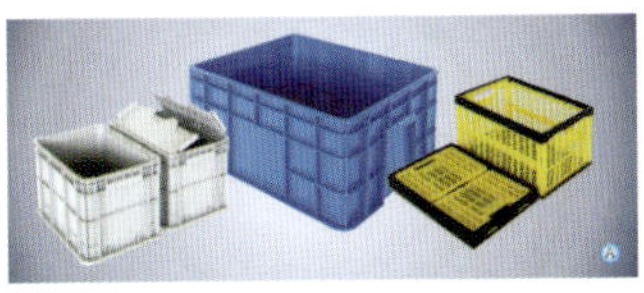

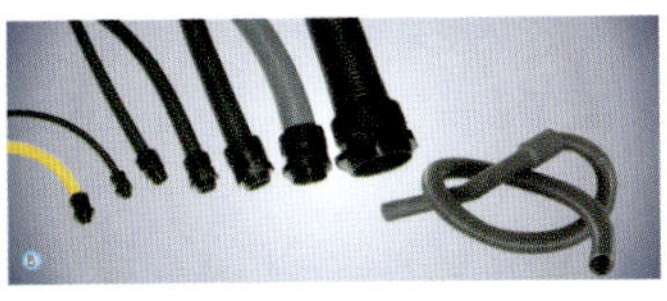

物流产品系列：

生产汽车行业用物流箱及各种型号的周转箱60多个品种，折叠箱、垫板、推车等物流搬运器具系列产品，并可定制导电、耐高温、耐酸耐碱的塑料包装箱。为汽车、电子、家电、机械、食品、印刷行业等配套。

波纹管系列：

产品越来越广泛应用于汽车、通讯业、装饰业、现代农业、机械制造业和家用电器等。

改性塑料系列：

生产改性PP、尼龙、PC/ABS合金系列材料，是汽车零部件的专用基材。阻燃PP、PE系列材料，是电气领域的优良选材

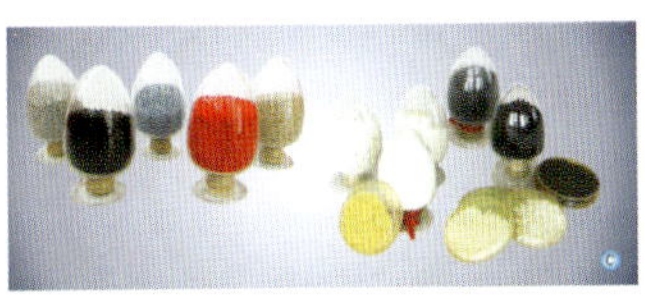

片板材吸塑系列：

是包装垫、汽车内饰、物流托盘、家用电器、建筑装饰、托盘杯具等领域的最佳基材。该产品具有绝缘、保温、隔音、重量轻、刚性强、环保无公害、易加工等特性，可以吸塑、切割、冲裁、粘贴与印刷。

配套加工系列：

与客户共同进行塑料产品的分析、研发、设计、试制、产品测试及确认。现已形成汽车件配套、机电配套、家电配套系列，提供无论是外型还是内在结构，都满足您技术要求的高品质塑料产品。

外贸出口系列：

成功地与许多国外客户进行了合作，产品遍及亚洲、欧洲、美洲、大洋州等国家，给国外厂商及客户提供最贴心的服务。

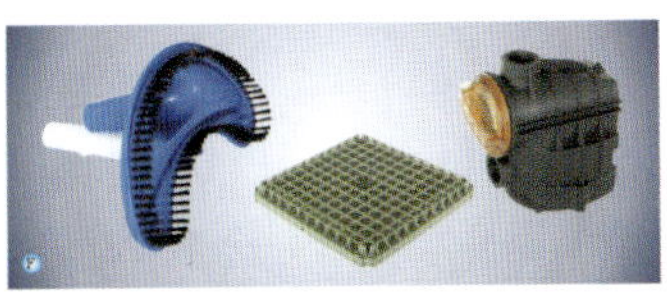

地址：江苏省苏州市工业园区通园路198号

邮编：215006　　电话：0512-67609998

网址：www.first-plastic.com

E-mail:fsd@first-plastic.com

ERA®
公元
中国驰名商标
管好，生活才好！

泓科节水

高新技术企业证书

自治区企业技术中心证书

新疆泓科节水设备制造有限公司于2006年10月在乌鲁木齐高新区注册成立，是一家集节水设备生产、工程设计、技术服务、施工及国外先进节水设备代理销售的综合性企业。公司通过IS9000质量体系认证、IS1400环境体系认证，拥有自治区级企业技术中心，公司产品荣获新疆名牌产品，公司是自治区水利厅审定的节水灌溉施工壹级资质企业和科技厅认定的高新技术企业。

质量管理体系

国家名牌产品

环境管理体系

近三年项目业绩表及项目展示

序号	工程名称	数量
1	农二师223生态经济林建设项目	8000亩
2	农二师34团开发一区果树滴灌项目	3000亩
3	农十三师火箭农场葡萄滴灌项目	10000亩
4	和田皮墨垦区二干管	4万亩
5	民丰县红枣林改造工程	10万亩
6	托克逊县2010年万亩农业高效节水滴灌项目	1.16万亩
7	新疆喀什地区叶城县高标准棉田建设项目	4000亩
8	阿瓦提县棉花商品种种子田节水项目	11109亩
9	伊犁河谷土地开发重大工程南岸干渠17、18干管叠片过滤器及配套设施采购及安装工程	10万亩
10	广东湛江广前糖业有限公司	5000亩

吐鲁番农业旅游开发中心一万亩项目

轮台县1.6万亩优质棉基地建设项目

224团过滤器系统联合泵站

吐鲁番地区设施农业项目

乌鲁木齐南山基地土豆滴灌

30团自动化控制滴灌项目

鄯善县七客台镇万亩葡萄滴灌工程首部安装

洋葱滴灌项目

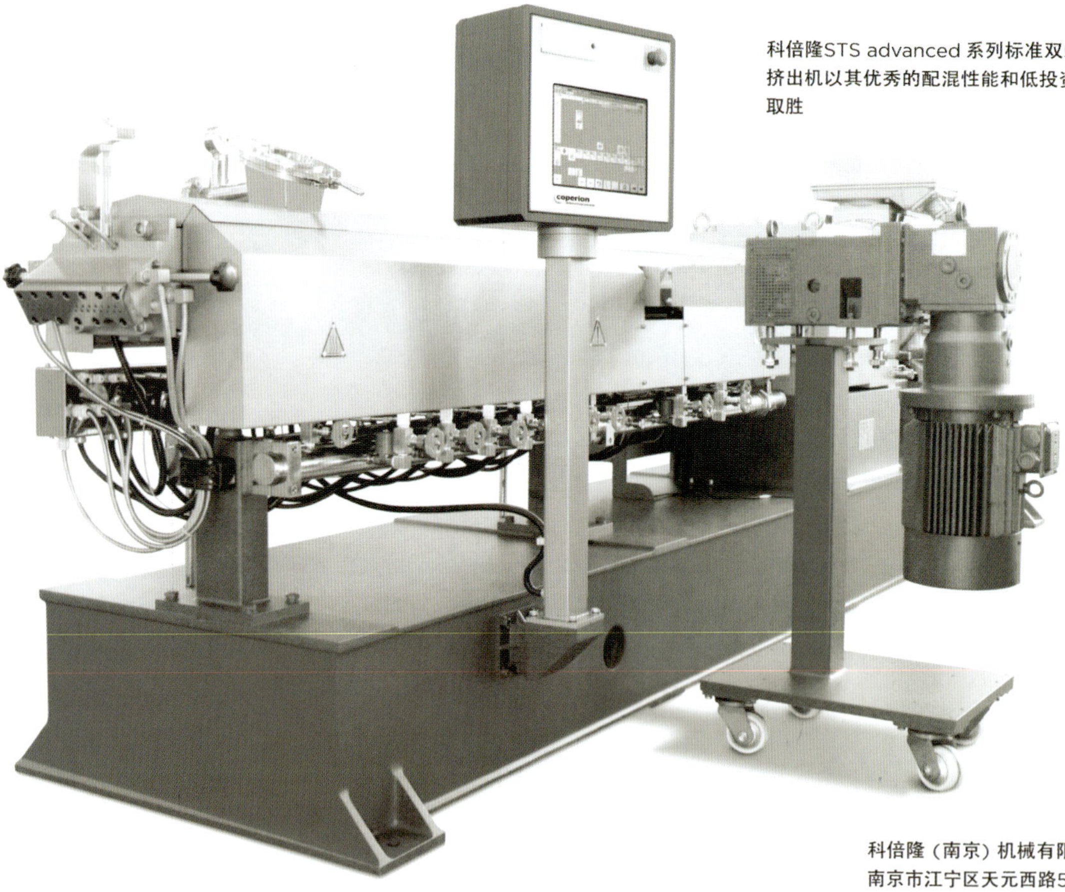

浙江森兰德包装科技有限公司

企业使命： 当前立足于 PVDC 涂布膜及其他涂布膜的研发、生产进而依托自身技术提高及各类资源，发展高阻隔包装材料，不断提升产品档次，打造国产品牌，稳固确立公司在国内高阻隔包装领域的领军地位。

浙江森兰德包装科技有限公司是野风集团旗下专注于高阻隔型 PVDC 涂布膜：KOP、KPET、KNY，以及丙烯酸单双面等涂布膜包装材料研究与开发的高新技术企业，是目前国内研发能力较强、品种较齐全的涂布膜专业厂家之一。

PVDC 涂布膜是目前塑料材料中对氧气、水汽等气体和各种化学物质阻隔性能最优秀的包装材料，它同时具备耐侵蚀、低温热封性、保香性、安全无毒等性能，使之广泛应用于各类食品、医药、纸用餐具、电子、军用品、烟草制品……的包装。

公司坐落于浙江省中部东阳市歌山工业区，37省道北侧，诸永高速公路歌山出口西侧200米。距杭州160公里，离宁波港168公里。便利的交通，优美的环境，可谓得天独厚。

公司中高级职称人员占30%以上，大中专生在55%左右，人才济济，技术力量雄厚。公司通过ISO9000质量管理体系、ISO24000环境管理体系、ISO28000职业健康安全管理体系及QS质量认证。生产设施先进，检测手段齐全，经营管理规范，产品数量、质量保证。

公司诚实敬业、信誉至上，以科技带动企业进步；持续改进，满足和超越期望。公司正依托自身技术，客户团与集团的资源优势，引领国内高阻隔包装行业的技术发展。目前拥有 PVDC 涂布膜生产线五条，年生产能力达10000吨，其中双面涂布薄膜生产能力3000吨。

面对未来，我们以“凡是有包装的产品都有森兰德包装的烙印”为目标，更加努力创造产品，提供一流的产品服务，最大限度满足顾客需求。

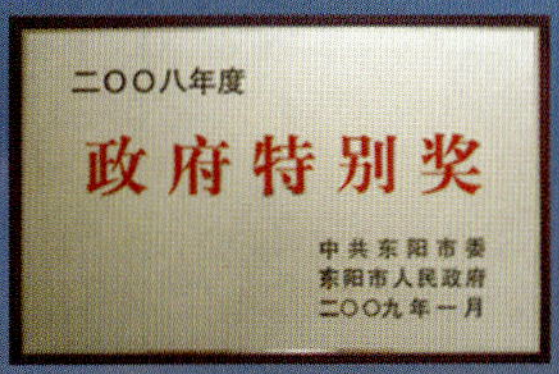

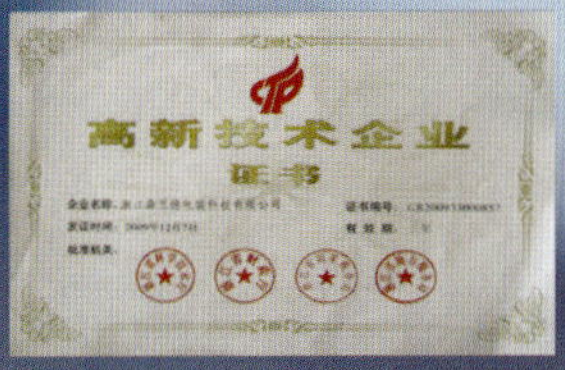

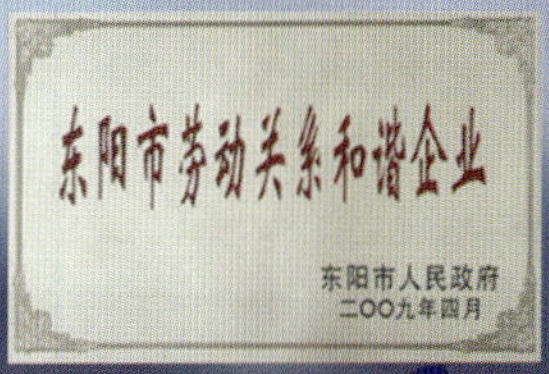

公司地址：浙江省东阳市歌山镇北江工业区
联系电话：0579-83733723
传　　真：0579-83733623
邮政编码：322105

长虹塑料有限公司

董事长 郑元和

长虹塑料有限公司创办于80年代末，厂址座落于浙江省乐清柳市新光工业园区，近临104国道、甬台温高速公路；南靠七里港和温州机场，北依著名风景区雁荡山麓。水陆空交通十分便利。公司2010年产值达4亿元。属全国无区域企业；公司为中国塑料加工工业协会副会长单位；中国塑料加工工业协会配线器材专业委员会会长单位；温州塑料协会副会长单位；中国国际贸易促进委员会建设行业分会常务理事单位。

公司占地面积21800m²、建筑面积32000m²，是专业生产“尼龙捆扎带、钢钉线卡、定位片、压线帽、接线端子、号码管、缠绕管、冷压端头、电表箱”等“CHS”牌塑料制品的企业 。公司现有大型注塑机 100 多台 ，并拥有国内外著名企业生产的先进设备；如大型激光线切割机、数控磨床、高低温试验箱等一系列生产设备和工艺装备。先进的设备，从根本上改变了公司的生产手段和生产方式，为制造高品质的产品提供了硬件保证。

公司拥有一支高水平的专家队伍和高素质的员工队伍，公司现有员工800多人，高中以上学历的占60%，专业技术人员135人，其中高级工程师8人，助理工程师15人，管理人员45人。

安徽公司效果图

公司推行质量“零缺陷”理念，倡导“第一次就把事情做对”，在企业内部实行标准化、定量化、制度化、规范化管理，质量体系覆盖企业生产管理全过程。企业连续三年被市技术监督局评为“质量管理二十强”和“质量连续稳定生产企业”；公司主要商标“CHS” 被认定为“ 中国驰名商标 ”； 主要产品尼龙扎带被认定为“ 浙江省名牌产品 ”、“ 浙江省出口名牌 ”。在国内同行业中先后通过了ISO9001 国际质量体系认证、ISO14000环境管理体系认证、OHSAS18001职业健康安全认证、 “AAA”标准化良好行为认证、二级计量检测体系认证、国家二级安全标准化认证、美国UL认证、挪威船级室DNV认证、欧共体CE认证等方面的产品认证。2010年7月又通过了中国塑料加工工业协会，关于中国塑料行业企业信用等级的评价，获得了AAA级企业信用等级证书。同年10月又通过了中国国际电子商务中心和北京国富泰企业征信有限公司的认证，获得了AAA级企业信用等级证书。公司所有产品都通过了ROSH及Reach环保测试，企业连续多年被乐清市评为活力和谐企业，2011成为聚酰胺（尼龙）扎带行业标准的第一起草人。

生产厂房

公司始终坚持以“用户为中心”的思想来对待客户，把“保证客户的成功”作为营销工作的第一要务。向客户提供准确、完整的技术商务支持，全程的售中项目服务，及时、快速的产品物流和质量保证等售后服务，凭藉强大的网络和优质服务，赢得了国内外广泛客户的厚爱。产品已销往：欧洲、北美州、南美州、大洋州、非州、亚州等100多个国家和地区，外贸进出口额2010年达3000多万美元，位居乐清市前10名。2010年产值、销售额位居柳市前10名，本公司始终坚持“以质量求生存、信誉求发展”的宗旨，不断开拓进取，不断改革、完善企业的经营和管理理念，使企业得到了迅猛的发展。

我们衷心希望以“CHS”牌产品为纽带，广交天下友。

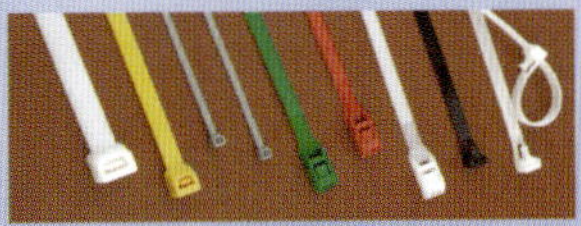
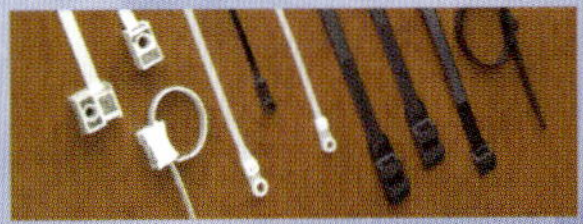
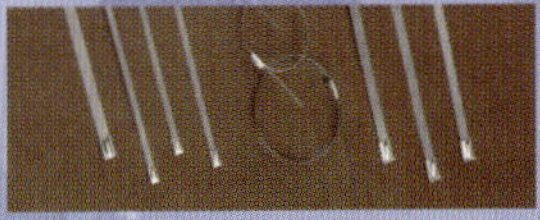
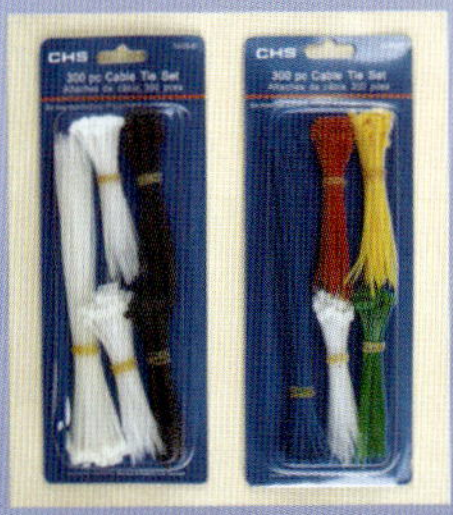

电话:0577-62799888　　传真:0577-62793006　　邮箱:infi@chs.com.cn

地址：浙江省乐清市柳市新光工业区　　网址：WWW.CHS.COM.CN　　邮编:325604

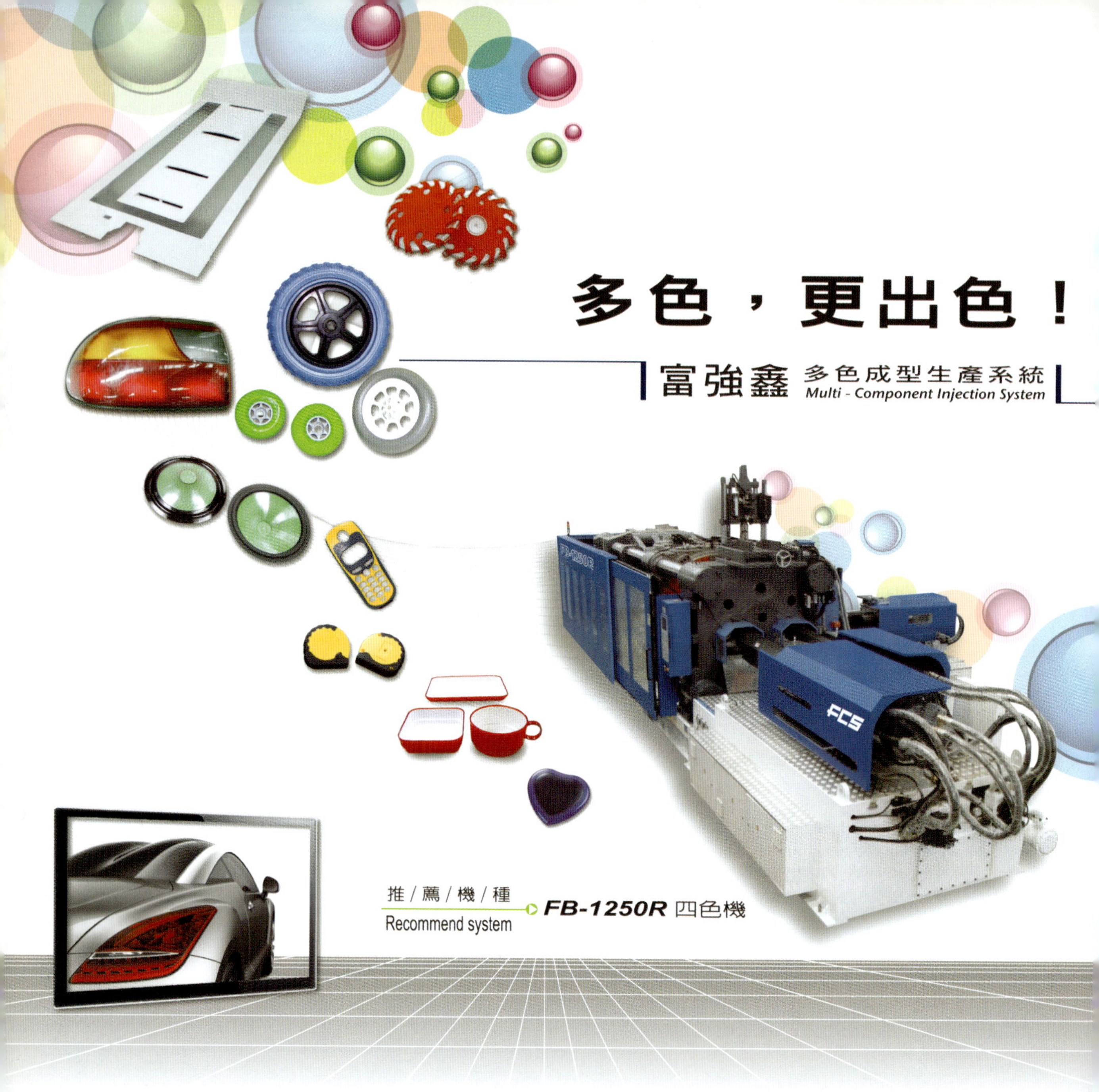
多色，更出色！
富強鑫 多色成型生產系統
Multi - Component Injection System
FCS
推／薦／機／種
Recommend system
FB-1250R 四色機

有责任·更信任
川路塑胶
有责任·更信任
中国新型建材的领跑者
中国名牌
CHINA TOP BRAND
中国驰名商标
中国环境标志产品
地址：中国·国家经济技术开发区
管材(Tel)：028*84855666
型材(Tel)：028*84845053
Http://www.chuanlugroup.com

提供高品质碳酸钙
服务塑胶行业
倾力打造中国碳酸钙第一品牌
CaCO3
四川石棉巨丰粉体有限公司
地 址：四川省石棉县广元堡 邮编：625400
电 话：0835-8859000 8880556 028-85151568
传 真：0835-8859000 028-85151568
邮 箱：konkasnow@vip.163.com
网 址：www.scjufeng.com
四川名牌产品
源自天下第一白
德国设备
年产50万吨

台州东海塑料品制造有限公司

团结 勤奋 诚实 守信

团结 勤奋 诚实 守信

台州东海塑料品制造有限公司是东海翔集团下属一家股份制民营企业，公司位于中国经济发达区域浙江宁波和温州之间的临海市杜桥镇，创建于2003年9月，拥有自营进出口权，占地面积35亩，建筑面积3万平方米，现有职工350多人，其中各类专业技术人员50多人。

公司拥有国内一流的生产设备和检测设备，品种规格齐全，是浙江省塑料制品行业的龙头企业，技术力量雄厚，自主研制开发的特斯林网布被浙江省科学技术厅鉴定委员会评为省科技新产品，并获得台州市名牌产品称号。仿古环保拉毛藤条通过省级新产品鉴定，技术处于国内领先水平。企业拥有各项专利40多项被评为浙江省高新技术企业，并荣获浙江省著名商标称号，已通过ISO9001质量管理体系和ISO14001环境管理体系的认证。

公司凭借优良的质量，及时的交货和良好的信誉，成为国内几家知名旅游休闲用品及家具制造企业的主要供应商，同时产品还远销欧美、中东市场，在国际上享有较高的知名度和美誉度。

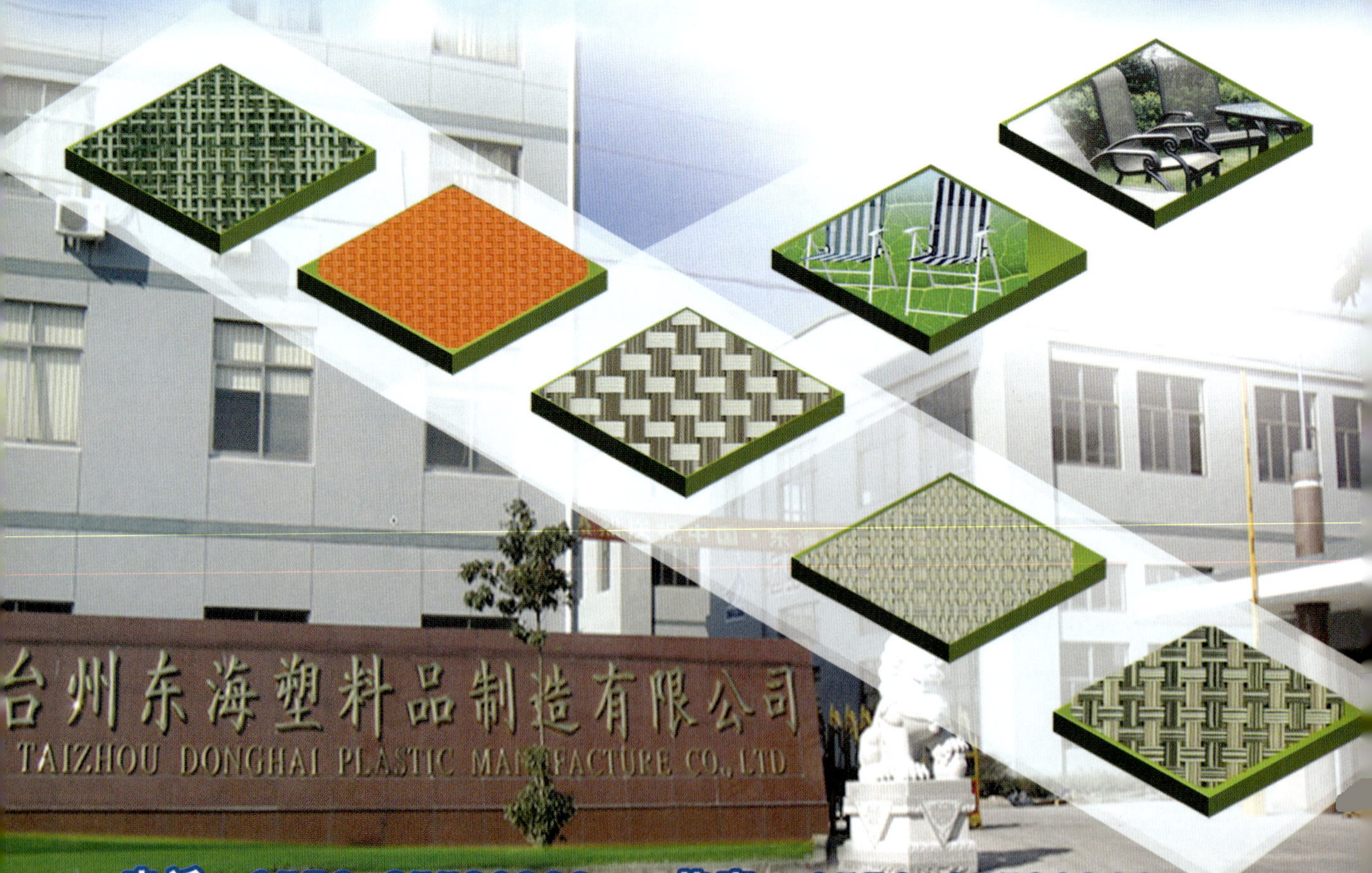

电话：0576-85520308 传真：0576-85520311

地址：浙江省临海市杜桥镇大汾工业园区

邮编：317016

南雄市金叶包装材料有限公司

南雄市金叶包装材料有限公司是国内塑料行业具有竞争力的专业厂家之一，主要生产“金叶”牌农膜、地膜（包括普通地膜、双色地膜、降解地膜等）、超微膜、育亩营养托盘以及各种高、中、低档塑料包装袋、连卷袋系列。公司生产基地共占地90亩，职工500余人，拥有全自动生产线50条，年生产各类薄膜能力达1.2万吨，塑料袋10亿只，产值过亿元。本公司拥有一流的生产设备及工艺，全部产品采用100%进口全新原材料，因而“金叶”品牌各类产品从料质、强度、韧度、色泽、无毒、环保等方面均达到国内先进水平。本公司规模生产，诚信经营，薄膜产品覆盖广东、江西、安徽、贵州等地烟草系统，购物袋产品热销全国主要大中城市知名连锁订单可在24小时内送到全国各地指定地点。

本公司愿以同质产品全国较低价格为广大客户提供“金叶”品牌优质产品，以规范市场秩序，重树行业尊严为已任。

总经理：汪振球

地址：南雄市湖口镇承平

电话：（0751）3656201　3656198

传真：（0751）3656587

常州晶雪冷冻设备有限公司

常州晶雪冷冻设备有限公司是国内较大的冷链保温板材生产厂家，公司经过20多年的发展已经成为冷链物流系统设计、生产、施工及维护的集成供应厂商。

公司现有标准厂房2万平米,拥有有最先进的进口高压发泡机、自动层压机、韩国自动开料线。生产各类PU、PIR夹芯保温板材、各类冷冻冷藏库门及冷链物流系统工程施工。公司是中国制冷协会会员、上海冷藏库协会副会长单位、中国聚氨酯制品协会副理事长单位、中国食品工业协会物流委员会副理事长单位，常州市重合同守信用企业、常州市知名品牌、常州市免检企业，江苏省著名商标，上海海洋大学食品学院校外实习基地。

2006年被国家环保总局批准列为首批国家技改单位，淘汰了氟利昂发泡工艺，采用更为环保的发泡技术，并获国际多边基金奖励。2008年公司产品又率先通过国内新消防标准测试。2009年公司主要产品：金属面聚氨酯硬质夹芯板和轻型平移门被江苏省科学技术厅评定为“省高新技术产品”。2010年被江苏省科学技术厅评定为“省高新技术企业”。

公司参与制定了多项国家标准的修订及起草，其中参与GB/T21558－2008标准修订工作获而得了“国家轻工业联合会科技进步三等奖”。

公司近几年加大对新产品、新技术研究投入力度，目前企业生产员工300多人，安装施工员工200多人。技术人员50多人，拥有各类专利13项。公司在研发项目5项，备案4项，已经研发成功项目1项、预研发项目2项，研发资金投入达1000多万元，2010年申请并成立了“常州冷链物流设备及材料工程技术研究中心”，2011年将申报省工程中心。

2010年公司年产值3亿元，销售收入2.8亿元，上缴税收2500多万元。为不断满足公司日益扩展的销售市场，将公司做大做强，保持在行业内的领先地位，公司募集资金2.6亿元在武进经济开发区投资建设现代化新工厂，斥资3000多万元分别从德国、意大利引进两条当今世界先进的全自动连续生产线，意大利设备将在3月下旬到达上海港，德国设备也将在4月中旬抵达中国，5月底6月初将全部投入生产，预计2011年新老基地合计生产产值将达4.8亿元。

中国塑料工业年鉴

CHINA PLASTICS INDUSTRY YEARBOOK

2011

中国塑料加工工业协会主办

中国石化出版社

内　容　提　要

《中国塑料工业年鉴》(2011)客观全面地记录了上年度中国塑料工业站在新起点、抓住新机遇,展现新精神、谋求新发展的重大事件和中国塑料工业在战胜国际金融危机取得的辉煌成绩。

《中国塑料工业年鉴》(2011)为《中国塑料工业年鉴》第10卷,与前9卷在时间和内容上保持连续性。设有"综述、专论、大事记、各地区塑料工业、主要制品行业情况、政策法规、专利技术、重点企业、人物风采"等栏目,集手册、年表、图录、书目、索引、文摘、表谱、统计资料、指南于一身,具有资料权威、反应及时、连续出版、功能齐全等特点,同时又肩负着"资政"、"存史"和"宣传推广"的社会责任。

图书在版编目（CIP）数据

中国塑料工业年鉴．2011／中国塑料加工工业协会主办．—北京：中国石化出版社，2011.11
ISBN 978－7－5114－1269－0

Ⅰ．①中…　Ⅱ．①中…　Ⅲ．①塑料工业－中国－2011－年鉴　Ⅳ．①F426.7－54

中国版本图书馆CIP数据核字（2011）第224537号

责任编辑：韩勇
责任校对：李伟

中国石化出版社出版发行
地址:北京市东城区安定门外大街58号
邮编:100011　电话:(010)84271850
读者服务部电话:(010)84289974
http://www.sinopec-press.com
E-mail:press@sinopec.com
北京科信印刷有限公司印刷
全国各地新华书店经销
*
787×1092毫米16开本61.5印张128彩插1878千字
2012年1月第1版　2012年1月第1次印刷
定价：360.00元

《中国塑料工业年鉴》(2011)编委会名单

尤作虎　浙江华泰塑胶股份有限公司　董事长
郑元和　长虹塑料有限公司　董事长/总经理
翁声锦　中国软包装集团控股有限公司　总裁
林荣东　泉州三盛橡塑发泡鞋材有限公司　董事长
刘丰田　山东省塑料协会　会长
谭方峰　山东省塑料工业有限公司　董事长/总经理
马之清　山东清源集团有限公司　董事长
李振平　山东蓝帆塑胶股份有限公司　董事长
刘方毅　淄博英科框业有限公司　董事长
王乐智　山东同大海岛新材料股份有限公司　总经理
赵东日　山东日科化学有限公司　董事长
丁建生　烟台万华合成革集团有限公司　总经理
符　岸　广东省塑料工业协会　会长
李建军　广州金发溯源新材料发展有限公司　董事长
黄志生　广东省皮具行业协会　会长
马镇鑫　广东金明精机股份有限公司　董事长
宋旭彬　广东海兴塑胶有限公司　总经理
林东亮　大大科技(深圳)开发有限公司　董事长
曹　阳　力劲集团深圳领威科技有限公司　集团行政总裁
左满伦　广东联塑科技实业有限公司　总裁
吴耀根　佛山佛塑科技集团股份有限公司　总工程师
林云青　康泰塑胶科技集团有限公司　总经理
李忠烈　四川省犍为罗城忠烈塑料有限责任公司　董事长
郭庆人　新疆天业股份有限公司　董事长
马占峰　中国塑料加工工业协会　秘书长

委　　员（以姓氏笔画为序）

于　建　清华大学高分子研究所　所长
王占杰　中国塑料加工工业协会　副秘书长
王存吉　中国塑料加工工业协会　副秘书长
王德禧　中国塑协专家委员会　常务副主任兼秘书长
冯庶君　中国塑料加工工业协会　副秘书长
包建成　中国塑协塑料技术协作委员会　理事长
田　岩　中国塑料加工工业协会　综合业务部主任
朱义华　中国塑协中空制品专业委员会　主任
刘　姝　中国塑料加工工业协会　会员部主任
刘英俊　中国塑协改性塑料专业委员会　秘书长

孔德海　新疆维吾尔自治区塑料加工工业协会　秘书长
孙冬泉　中国塑料加工工业协会　副秘书长
孙福荣　中国塑协人造革合成革专业委员会　主任
庄　甦　中国塑协氟塑料加工专业委员会　主任
许　琳　中国塑料加工工业协会　信息部主任
吴方群　中国塑料加工工业协会　信息部副主任兼《中国塑协通讯》主编
吴家福　中国塑协密胺塑料制品专业委员会　主任
张明治　中国塑协滚塑专业委员会　主任
李汉鹏　《国外塑料》主编
李振平　中国塑协塑料助剂专业委员会　主任
陆慧琴　中国塑协注塑制品专业委员会　主任
陈　宇　北京市化学工业研究院　副院长
赵安赤　中国塑协改性塑料专业委员会　主任
徐志强　中国塑协双向拉伸聚酯薄膜专业委员会　主任
陈力辉　中国塑协塑料管道专业委员会　主任
周延龄　中国塑料加工工业协会　通讯期刊部审校
孟庆军　中国塑料加工工业协会　副秘书长
易佩瑾　中国塑料加工工业协会　办公室副主任
夏　青　中国塑协降解塑料专业委员会　主任
夏嘉良　中国塑协复合膜制品专业委员会　主任
郑元和　中国塑协塑料配线器材专业委员会　主任
侯树亭　中国塑协泡沫塑料 EPS 专业委员会　主任
洪晓冬　中国塑协镀铝膜专业委员会　主任
袁建华　中国塑协异型材及门窗制品专业委员会　主任
贾润礼　中北大学塑料研究所　所长
曹常在　中国塑协医用塑料专业委员会　主任
曹剑奇　中国塑料加工工业协会　副秘书长
姜集康　中国塑协塑料编织制品专业委员会　主任
徐志强　中国塑协流延薄膜专业委员会　主任
黄　锐　四川大学高分子材料系　教授
曾家华　中国塑料加工工业协会　通讯期刊部副主任
韩连贵　中国塑协农用薄膜专业委员会　主任
韩国林　扬州市酒店日用品协会　会长
鲍新才　宁波市塑料行业协会　会长
翦建政　湖南省塑料行业协会　理事长
薛立新　中国塑协工程塑料专业委员会　主任

主　　编　钱桂敬

副 主 编　许　琳　史立科

作　　者　（以姓氏笔画为序）

于　建	孔德海	王　旭	王　玮
王　浩	王长富	王占杰	王存吉
王朝晖	王德钧	王德禧	韦　华
田鹍鹏	冯庶君	叶南飚	宁凯军
刘　敏	刘丰田	刘均科	刘奇祥
刘英俊	刘哲伟	刘景芬	孙卫东
孙东泉	许　琳	许　榕	宋云鹤
吴香发	张文杰	张文雷	张玉英
张秀坤	张涌涛	张振路	张瑞霖
李生德	李毕忠	李志杰	李泽国
李显贵	阳　文	苏一凡	杨伟民
杨忠久	杨惠娣	邹　奇	陈　生
陈　宇	陈昌杰	陈福广	陈俊尧
周永泰	周理水	周鸿勋	季建仁
林　云	林永飞	陆晓中	赵　鹏
郑天禄	郑应欣	孟庆君	唐赛珍
徐同考	徐贵一	姜振生	郭　齐
柴国樑	涂红梅	温福泉	海凌超
程晓阁	翁云萱	袁绍彦	顾大全
曹常在	崔　正	符　岸	黄　勇
康　军	曾家华	韩简吉	廖正品
廖桂福	翟光景		

出 版 说 明

中国塑料加工工业协会（以下简称中国塑协）按照中轻联、国资委、民政部关于换届的指示精神于2011年5月召开了第六届会员代表大会，选举产生了新一届领导班子。《中国塑料工业年鉴》2011版由中国轻工业联合会党委副书记、副会长兼中国塑料加工工业协会理事长钱桂敬同志担任主编；中国塑料加工工业协会常务副理事长曹俭同志担任编委会副主任；原主编廖正品同志担任名誉副主任。编委会其他成员由新一届中国塑协副理事长单位、专业委员会主任和专家等担任。

《中国塑料工业年鉴》自创刊至今已出版了9卷。2011版为《中国塑料工业年鉴》第10卷，与前9卷在时间和内容上保持连续性。设有“综述”、“专论”、“大事记”、“全国塑料工业生产经营情况统计”、“政策法规”、“各地区塑料工业情况”、“主要制品行业情况”、“专利技术”、“重点企业”等栏目。《中国塑料工业年鉴》具有工具性特点：集手册、年表、图录、书目、索引、文摘、表谱、统计资料、指南于一身；具有资料性特点：全面、系统、准确地记述了上年度塑料行业发展状况；具有可读性特点：资料翔实、功能齐全、反应及时、连续出版，同时又肩负着“资政”、“存史”和“宣传推广”的社会责任。《中国塑料工业年鉴》全面客观地记录了上年度中国塑料工业站在新起点、抓住新机遇、展现新精神、谋求新发展的重大事件和努力完成“十一五”规划取得的丰硕成果。

《中国塑料工业年鉴》（2011）由中国塑料加工工业协会主办，中国石化出版社出版发行。中国塑协各专业委员会、中国轻工业信息中心、中国塑料机械工业协会、中国模具协会、中国氯碱协会、中国建筑材料联合会和各省、市、自治区塑料行业协会（商会）等单位领导与专家给予了大力支持。

《中国塑料工业年鉴》编委会向所有关心、支持和参与撰稿、组织、筹划及宣传工作的领导、专家、作者和朋友们一并表示衷心的感谢。诚请广大读者对2011版《中国塑料工业年鉴》编写、出版中的不足之处给予批评、指正。

《中国塑料工业年鉴》编辑委员会

目　录

专　论

大 事 记

政策法规

全国塑料工业生产、经营情况统计

综　述

各地区塑料工业

主要制品行业情况

专利技术

塑料标准化

重点企业介绍

CONTENTS

Monograph

Major Events

Policies and Regulations

Statistics of China's Plastic Industrial Production and Business Operation

Review

Development of Regional Plastics Industry in China

Development Situation of Main Plastics Products

Patents

Progress of Standardization in Plastics Industry

专　　论

中国塑料工业2010
China Plastics Industry 2010

廖正品

2010年是塑料制品行业发展全面实现“十一五”规划目标，谋划为“十二五”发展打好基础重要的一年。塑料工业紧紧围绕国家《轻工业调整和振兴规划》，以大力加快发展方式转变和产业结构调整为主线，努力开拓内需、外需两个市场协调发展，不断促进科技进步、自主创新、品牌建设和节能减排降耗，推进产业合理布局，认真做好“十二五”规划的制定，力求使塑料制品业经济运行平稳，又好又快地发展，实现主要子行业的转型升级，不断缩小与先进国家的差距，促进我国由塑料生产大国向强国的历史跨越。

一、塑料制品

2010年，中国塑料工业随着国民经济的持续繁荣而蓬勃发展。塑料五大合成树脂表观消费量达到63650 kt，我国不仅是世界第一大塑料生产国，而且已成为世界第一大塑料消费国。

“十一五”时期是我国塑料工业史上综合实力发展较快、发展成效显著、技术进步大为提升的五年，实现了持续、稳定、健康的发展。全行业共计有9.5万多家企业，从业人数约380万，塑料制品业规模以上企业工业总产值从2006年的6853.36亿元增长到2010年的1.42万亿元，年均增长20.06％；占轻工业总产值13.87万亿的10.27％，居轻工业第一位。塑料制品产量从2006年的28019kt增长到2010年的58303.8kt，年均增长20.1％。2010年塑料制品出口量及出口额分别达到和超过14620kt和359亿美元。2010年1～12月份利润达到620.0亿元，是2006年利润264.53亿元的2.3倍；2010年1～12月份利税为925.2亿元，是2006年利税417.1亿元的2.2倍；主要经济指标均超过“十一五”规划的增长预期，实现了翻番以上的增长，2001年到2010年十年间实现了翻两番的增长，即塑料制品业的产业规模、主要经济指标、技术水平、从业人数在“十一五”期间都得到了长足的发展，成为世界塑料大国。

尽管我国塑料工业在“十一五”期间受到国际金融危机的冲击，但仍呈现出良好又较快的发展态势，是国民经济中最具活力和竞争力的产业之一。塑料工业是以塑料制品业为核心，包括合成树脂与助剂、添加剂、塑料机械与模具三大支柱为一体的新兴“朝阳工业”。塑料制品业已成为全国轻工业中产值突破万亿元的最大行业，发展势头十分强劲。2006年、2010年塑料制品业规模以上企业增长情况如表1所示。

表1　2006、2010年塑料制品业规模以上企业主要指标及增长情况

指　　标	2006年	2010年	年均增长/%
工业总产值/亿元	6358.15	14242.52	22.34
塑料制品产量/kt	28019	58303.8	20.10
规模以上企业数	12860	20775	12.74
从业人数/万人	196	268	8.14

1. 塑料消费总量世界领先，人均消费超世界平均水平

随着我国经济建设快速发展，消费市场需求旺盛，塑料消费量已步入世界大国行列，超过美国，居世界首位，而且远超德国、日本。2010年我国塑料消费量超过65000kt，约占世界塑

料消费量 2.4×10^5kt 的 1/4；人均消费约 46kg，超过 40kg 的世界平均水平(美国人均消费约 170kg，比利时高达 200kg，其他发达国家也在 120kg 以上)。2006～2009 年我国塑料消费年均增长达 9.6 %，可见我国塑料消费增长稳定，发展潜力仍很大。

2. 塑料制品产量大幅增长，市场需求十分旺盛

2010 年规模以上企业塑料制品产量达 58303.8kt，比上年增长 21.14 %。2006～2010 年年均增长 20.1 %。可以看出，塑料加工业生产总体水平不断提升，规模持续扩大，在各种塑料制品之中，塑料管材管件有出色的表现，比 2009 年增长达 37.14%；塑料编织制品增长 23.05%、塑料包装箱容器增长 20.39%。显示出塑料建材、塑料包装这两个最大的应用领域增长较快，发展空间很大。其余塑料制品增长均达到 15% 以上，亦显示出塑料制品作为新材料市场需求十分旺盛。近年来，塑料制品业各大类的主要品种(如塑料薄膜、塑料建材、日用塑料制品等)产销率均达 97% 以上，具体增长情况如表 2 所示。

表 2　2006～2010 年塑料制品产量及同比增长情况　　kt

项　　目	2006	2007	2008	2009	2010	年均增长/%
塑料制品	28019	33023.2	37137.9	44792.8	58303.8	20.10
塑料薄膜	5286.9	6050.5	5901.0	6904.3	7989.7	10.87
农用薄膜	861.5	960.6	939.1	1193.4	1571.6	16.22
塑料板片材	—	—	—	3202.6	3855.7	20.39
塑料管材及管件	2881.4	3317.5	4593.4	5803.7	8402.1	30.68
塑料条棒型材	—	—	—	1603.7	3109.4	93.89
塑料丝及编织制品	3012.8	4041.6	4771.8	5815.6	7119.6	23.99
塑料人造革合成革	—	—	—	1848.2	2146.2	16.12
泡沫塑料	1130.5	1381.0	1708.3	1870.5	2200.3	18.11
塑料包装箱及容器	1487.4	1663.0	1730.9	2744.9	3430.8	23.23
日用塑料制品	3018.7	3710.4	4084.7	5441.8	6458.6	20.94
其他塑料制品	6749.6	7730.2	8943.7	9557.4	13591.5	19.12

图 1 显示出塑料包装中的塑料薄膜、塑料管材及管件是塑料应用最大的门类，塑料丝及编织制品次之，日用塑料制品以及其他品种居其后。

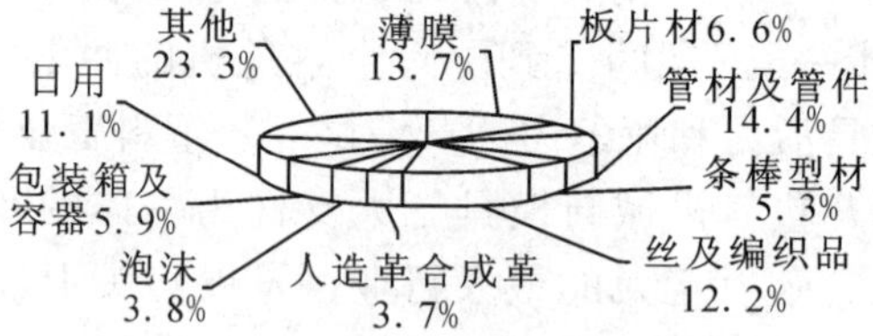

图 1　2010 年塑料制品产量结构图

3. 主要经济指标逐年稳增，成轻工业门类最大的新兴产业

国家统计局发布的第二次全国经济普查主要数据公报表明，2008 年塑料制品业共有 9.5 万个企业法人，387.4 万从业人员，主营业务收入 11362.8 亿元，利润总额 645.9 亿元，利润率为 5.7%。2008 年末塑料制品业研究与试验发展经费投入为 36.1 亿元，研究与试验发展经费投入强度为 0.38%。

2010 年规模以上企业塑料制品业工业总产值为 14242.52 亿元，同比增长 31.08%，凸显旺盛的市场需求和发展潜力。塑料加工业总产值占轻工业总产值的 10.27 %，位居轻工业第一位。总体发展继续呈现生产稳定增长，效益保持较大增幅的运行态势，如表 3 所示。

表3　2006～2010 塑料加工行业经济运行情况　　亿元

项　目	2006	2007	2008	2009	2010	年均增长/%
工业总产值	6358.15	8018.16	9638.4	10992.8	14242.52	22.34
主营业务收入	6129.17	6942.81	8306.74	9354.79	12205.03	18.79
利润总额	264.52	308.94	342.57	435.48	620.07	23.74
利税总额	417.14	—	549.63	685.17	925.24	22.04

注：2007～2010 年主营业务收入、利润总额、利税总额为 1～11 月统计数据。

4. 塑料制品进出口状况

2010 年塑料制品出口量 14622kt，出口额为 359.4 亿美元；进口量 1838kt，进口额 162.0 亿美元，增长情况如表 4 所示。

表4　2010 年进出口量、额及增长情况

项　目	进口量/kt	进口额/亿美元	出口量/kt	出口额/亿美元
2009	1491.4	115.99	10112	266.9
2010	1838	162.0	14622	359.4
同比增长/%	232.4	39.67	446.0	34.66

注：数据来源为海关数据。

应该指出的是，以 2010 年为例，大量的塑料制品出口(14622kt)与小量的塑料制品进口(1838kt)相比不难看出，塑料制品出口量为进口量的 8 倍，所创外汇却仅为 2 倍，两者附加值之差约 4 倍。因此，调整产品结构，提高产品质量，刻不容缓，才能从根本上改变出口制品附加值非常低的被动局面。

5. 塑料制品产业布局和特点分析

塑料制品业生产分布具有明显的地域性，其主要生产地区集中在我国东南沿海。2010 年塑料制品产量地区分布如下：广东省塑料制品产量达 13318.8kt，同比增长 17.23%，仍居全国首位；浙江省为 9155.7kt，同比增长 16.09%，居第二位；山东省为 5071.1kt，同比增长 21.56%，居第三位；江苏省为 4395.0kt，同比增长 13.19%，居第四位；辽宁为 3184.2kt，同比增长 19.59%，居第五位；河南省为 3146.8kt，同比增长 22.82%。广东、浙江、山东、江苏、辽宁、河南 6 省产量位居全国前列，6 省塑料制品产量合计为 38271.7kt，占塑料制品总产量的 65.64%。其他四川、河北、上海、安徽、福建塑料制品产量介于(1500～2200)kt 之间。2010 塑料制品产量区域分布如图 2 所示。

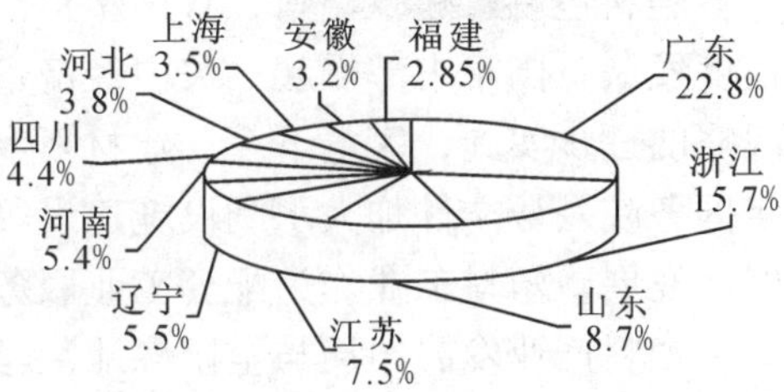

图2　2010 塑料制品产量区域分布图

中西部省份塑料制品产量增速逐年大幅提升，显示了中西部塑料制品产业高速增长的态势。东部经济发达地区因配套工业强劲发展而逐步走向成熟，其塑料制品业从规模、经济技术水平乃至产品质量、应用领域均有很大提升。近几年来随着东部劳动力和用电、用工成本上升、土地资源逐步紧张，一些塑料制品加工企业逐步向中西部等经济欠发达地区转移，通过市场需求配置机制逐步实现产业结构调整。2010 年中西部、东北部分省市塑料制品产量及增长如表 5 所示。

表5　2010年中西部、东北部分省市塑料制品产量及增长(按从高到低排序)

省　市	塑料制品产量/kt	同比增长/%	省　市	塑料制品产量/kt	同比增长/%
陕西	728	241.25	内蒙古	208	43.45
黑龙江	461	137.58	吉林	497	42.15
青海	178	101.90	四川	2543	40.21
江西	459	47.66	贵州	233	38.40
广西	737	47.39			

从表5可以看出，中西部、东北地区的塑料制品产量增幅较大，这种趋势在"十一五"期间尤为明显。为了分析中西部塑料制品产业转移情况，选取东部5省(广东、浙江、江苏、山东、福建)、中部6省(河北、河南、安徽、湖北、湖南、江西)、西部6省市(内蒙、广西、甘肃、新疆、四川、重庆)塑料制品产量及其增长对比可以看出，塑料制品业可持续发展向西部转移趋势越来越明显。

从表6可看出，2006~2010年东、中、西部塑料制品产量年均增幅呈梯级上升态势。东部塑料制品产量占全国比重呈下降态势，中部维持较低增长，而西部则增速较快。但是塑料加工行业绝大多数大中型企业仍集中在东部沿海，科技含量高的产品生产企业具有先进制造能力，主要分布在广东、浙江、山东、江苏、上海、辽宁等省市。

表6　2006~2010年东、中、西部塑料制品产量比重

项	目	2006	2007	2008	2009	2010	年均增长/%
东部	产量/kt	19107.2	22699.2	25062.5	28484.0	33603.7	15.16
	比重/%	68.19	68.74	67.48	63.59	57.64	-4.11
中部	产量/kt	4283.6	4601.4	5161.7	6735.5	9939.4	23.42
	比重/%	15.32	13.93	13.90	15.04	17.05	2.71
西部	产量/kt	1311.2	1488.9	2159.4	3100.3	4753.2	37.98
	比重/%	4.68	4.51	5.81	6.72	8.15	14.88

塑料包装、建筑塑料、日用塑料消费品是塑料制品业较大的三个子行业。国民经济以较高速度发展，国家中部崛起、关中经济带、新疆西部大开发、振兴东北老工业基地等一系列发展战略的逐步实施，家电下乡、建材下乡、高速公路高铁交通运输基础建设、城镇化建设、2011年国务院一号文件加大水利设施建设等一系列政策的实施，都将拉动中西部、东北欠发达地区经济发展。塑料工业作为配套工业服务国民经济各方面，必将得到进一步发展和提升。

塑料产业发展布局与全国各地区经济发展程度、消费地域水平、重点工程建设、产业配套功能、劳动力供求和素质、原料供应地半径覆盖、下游产品特色需求均有关系，但是最重要的是为其配套的产品的市场供求关系。市场在哪里，塑料产品就会出现在哪里，塑料产业布局适应市场供求变化而发生转移，随着市场需求的不断提升随之提升，提升的内容有加工技术改进、先进装备、所使用的原材料功能、较高的劳动力素质，并将带动周边经济环境变化，形成产业集聚。

塑料原料在长期市场供求过程中在浙江的余姚、台州，广东的乐从、樟木头、夏西、黄江、珠海，江苏的常州等地形成规模较大的集散地。这些原料集散地周边就是深圳、广州、佛山、东莞、珠海、顺德、台州、温州、温岭、绍兴、宁波、杭州、上海、南京、苏州、无锡、常州全国闻名的制造业基地，为珠三角、长三角先进发达的家电、汽车、电子信息、建筑、包装、日用等产业生产配套产品，逐步形成了广东高明、浙江丽水、温州、福建福鼎等合成革生

产基地，瑞安、宿迁塑料薄膜生产基地，惠东、汕头、宿城区、慈溪、莱州、临沂、望都等塑料再生利用基地，台州、温岭日用品生产基地，宁波工程塑料生产基地，温州、淄博、莘县、临邑塑料编织生产基地等。这些基地在市场经济发展过程中逐步形成了特色产品产业集群，提高了产业集中度，带动相关产业形成产业链，拉动投资、就业、上下游产业更好地服务区域经济发展。

二、塑料机械制造业结构调整、产品转型成效显现

中国塑料机械工业协会提供的数据显示，2010 年，全国塑料机械行业工业总产值、工业销售产值、新产品产值和出口交货值的同比增幅均在 60% 以上，远远超过全国机械工业 34% 的平均增幅。据对 564 家规模以上塑料机械制造企业的统计，2010 年全国塑料机械工业总产值和销售产值均突破 400 亿元，创历史新高；同时，塑料机械行业的龙头企业也在产量和销售收入方面首次位居世界第一。

① 塑料机械制造业总产值、销售额大幅增长。2010 年，全国塑料机械制造业总产值达 421.06 亿元，同比增长 63%，同期全国机械工业总产值增长率为 34%；塑料机械制造业销售额 400.65 亿元，同比增长 60%，同期全国机械业销售额增长率为 34%。

② 塑料机械行业大力调整产业结构、产品结构，主要技术经济指标创新高。据悉，2010 年，塑料机械行业抓住国家宏观政策效应彰显的机遇，在产品订单应接不暇的情况下，大力调整产品结构，坚决淘汰落后产品，开足马力，狠抓质量，积极组织形式多样的劳动竞赛，竭力满足市场需求，大力生产高效节能型塑料机械产品，从而使行业产品产量和其他经济指标均创造历史新高。

塑料机械制造业出口交货值为 59.57 亿元，同比增长 63%，同期全国机械工业出口交货值增长率为 34%。此外，塑料机械制造业新产品产值 59.86 亿元，同比增长 84%，同期全国机械工业新产品产值增长率为 33%。

目前，塑料机械进口来源地主要为日本、德国、中国台湾地区，三地累计占进口总额的 80%。塑料机械出口主要是发展中国家，如巴西、伊朗、印度、土耳其、印尼、越南、泰国等。注塑机是塑料机械行业的主力产品，占全部塑料机械进出口额的 1/2 左右。

③ 塑料机械国产设备占比提升。值得一提的是，2010 年，国内塑料机械市场容量由 2008 年的 349 亿元增至 479 亿元，增长 37%，其中国产设备的占比增加到 72%。而在 2008 年，国产塑料机械设备在国内市场的容量占比仅为 49%。

该协会秘书长粟东平表示，塑料机械是高分子复合材料的“工作母机”，是一个充满朝气、前景光明的产业，对整个塑料工业的发展具有明显的杠杆撬动作用，直接影响着国民经济各行业的发展。经塑料机械生产的塑料产品是与战略性新兴产业紧密相联的高新技术产品，例如大飞机机身所用的碳纤维、人工心脏搭桥支架等产品均由现代塑料机械制造。

④ 塑料机械仍处价值链低端。全国塑料机械工业 2010 年贸易逆差近 9 亿美元。海关数据显示，2010 年我国塑料机械设备出口 44020 台，出口金额为 114031.46 万美元；进口塑料机械设备 15064 台，进口金额 200769.68 万美元。

进口高端塑料机械设备与出口中低端设备的不对称贸易结构，导致我国塑料机械设备出口量约为进口量的 3 倍，但出口金额仅约为进口金额的 57%，出口设备平均单价约为进口设备平均单价的 1/5。

与国外先进水平相比，中高档产品具有较大差距，主要表现在生产效率、精密化、微型化、大型化装备及自动控制水平上；科技创新能力不强，核心技术和关键技术较少，自我开发能力不足。

近年来，我国塑料机械工业自主创新能力有所增强，但具有国际竞争力的品牌少的问题依然存在。出口的塑料机械产品大多是贴牌产品，仍处于国际产业分工价值链的低端，附加值不高，导致利润大量流失。

此外，企业科技创新投入不高，高层次的创新型人才缺乏；粗放式的发展方式还没有得到根本转变，结构性矛盾比较突出；在高新技术与传统制造工业改造的结合方面力度不够，信息化程度不高；在实施专利、标准和品牌战略，创建全国乃至世界品牌方面力度不够。

⑤ 塑料机械行业创下近2年最大进出口单价逆差。1～2月，我国塑料机械行业以10倍的进出口平均单价比创下近2年来的最大的单价逆差。

据中国塑料机械协会秘书长粟东平介绍，1～2月，我国向136个国家和地区出口注塑机、塑料造粒机、塑料中空成型机等10大税号塑料机械产品8615台，出口金额为19466.89万美元，与去年同期相比，出口数量和出口金额分别增长16%、24%。但同期，我国进口10大税号塑料机械产品共1714台，进口金额为33430.13万美元，进口数量同比增长5%，进口金额同比增长多达33%，贸易逆差为13963.24万美元，同比增长46%。同期，我国塑料机械行业进口平均单价约为20万美元/台，出口平均单价仅约为2万美元/台。10倍的进出口平均单价比创下近2年来最大的差距。

⑥ 高校在塑料机械创新中大显身手；高校与企业产、学、研相结合硕果累累；塑料机械制造业的龙头企业在“十一五”期间为塑料工业谱写出了令世人刮目相看的篇章，在“十二五”必将铸就新的辉煌。

塑料超切变塑化挤出机是塑料挤出成型方面的又一重要成果，其理论依据就是华南理工大学瞿金平教授的专利技术——基于拉伸流变的高分子材料塑化输送方法及设备。该技术通过将传统的塑化加工以剪切流变支配改变为拉伸流变支配，使得完成塑化加工过程所经历的热机械历程大大缩短，塑化输送能耗显著降低，首次真正意义上实现了塑料无螺杆塑化挤出。该设备的优点在于：塑化输送依靠变化特定形状空间的容积来完成，具有完全正位移特性，输送效率高。

“十一五”期间，宁波海天集团、北京化工大学和浙江大学通过开展产学研合作，圆满完成国家科技支撑计划“精密塑料注射成型装备研发”重点项目并取得重大突破。项目突破了塑料PVT关系特性参数在线测控核心技术，攻克了精密塑料注射成型工艺优化、装备先进设计平台及关键结构技术、电伺服机械传动及控制技术、电伺服液压传动及控制技术等一系列关键共性技术，成功实现了全电动精密塑料注射成型装备、伺服节能精密塑料注射成型装备和二板式精密塑料注射成型装备三大系列产品的研发与产业化；项目产品达到了国际先进水平，成型制品精度和节能效率等关键技术指标处于国际领先水平。项目打破了发达国家在精密塑料注射成型装备领域的技术垄断，彻底改变了我国依赖进口、受制于人的局面，有力地推动了全国塑料注射成型装备制造行业和塑料制品加工行业的科技进步，大幅度提升了我国在这些领域的国际竞争力，经济和社会效益巨大。

与低碳经济相关的技术是塑料机械企业近年来着力解决的问题之一。伺服节能型系列注塑机是浙江申达公司近年来研发的一种具有超高节能、高效、精密和具有完全自主知识产权的高端注塑机。2010年列入浙江省省级工业新产品项目。该系列机型集伺服电机直驱伺服变速动力控制系统、融入多项专利技术和自有技术的液压系统和机械系统于一体，是交流伺服技术、液压技术和机械技术三学科交叉的科技创新成果。技术水平达到国内领先，国际先进。经检测，与传统注塑机相比，节能效率最高达80%，经国家塑料机械产品质量监督检验中心检验，超过行业标准规定的一级能耗水平，具有超强节能特性。制品质量重复精度达到0.3%，生产效率提高20%。实现高效、精密、可靠性和超高节能四大优势。浙江申达伺服节能型系列注塑机，无论是效率、精度还是节能减碳技术都已成为国内塑料机械行业的领先产品，在很大程度上代表了中国注塑机的先进水平和国内先进注塑机的发展方向。

⑦ 注塑模具现状。2007年，我国塑料模具销售额约为365亿元(不包括港台)，年平均增长22%，高出模具行业总体3%，但仍旧满足不了市场需求，市场满足率78%，进口塑料模具占全国市场的20%以上。

在生产量高速增长的情况下，中国塑料模具水平也有很大的提高。国内目前已能生产单套质量达60t的大型模具和型腔精度达5 μm的精密模具，模具寿命也有很大提高，已可以达到100万次以上。

表7　反应水平的典型注塑模具举例

大型模具	汽车保险杠、整体仪表板、大屏幕彩色电视机、大容量洗衣机等塑料件的模具等
精密模具	光盘、导光板、手机、音像设备、小模数齿轮、车灯等塑料件模具等
其他模具	多色注塑、多层注塑、低压注塑、带件注塑、模内转印、蒸汽注塑、热流道及气体辅助注塑等塑料模具等

在模具研制技术方面，CAD/CAM技术已在行业中得到基本普及；CAE技术及CAD/CAE/CAM一体化技术已在部分重点骨干企业中应用；PDM、CAPP、ERP等信息化技术已在部分重点骨干企业中应用；RP/RT、高速加工、复合加工、逆向工程、并行工程、虚拟网络等技术已在少数企业开始应用。

三、合成树脂与助剂

1. 合成树脂

2006~2010年合成树脂表观消费情况如表8所示。从表8中看出，在“十一五”期间，合成树脂的表观消费量逐年增加，在2010年达到63650kt，年均增长达11.73%。在五大通用塑料中，聚乙烯的消费量仍为第一，且年均增长速度高于聚丙烯和聚氯乙烯。聚丙烯的消费量位居第二，年均增长速度达到了11.54%。聚氯乙烯的消费量直逼聚丙烯，年均增长速度接近10%。

表8　2006~2010年合成树脂表观消费情况　kt

项　目	2006	2007	2008	2009	2010	增长/%
合成树脂	40841	45780	51914	56878	63650	11.73
聚乙烯(PE)	10865	11399	11586	15120	17107	12.02
聚丙烯(PP)	8760	10166	10290	12457	13558	11.54
聚氯乙烯(PVC)	8626	10268	9297	10835	12545	9.82
聚苯乙烯(PS)	4002	4061	3750	4055	4555	3.29
丙烯腈-丁二烯-苯乙烯共聚物(ABS)	3245	3683	3346	3739	3946	5.01

2. 塑料助剂

(1) 现状

安全环保、节能减排、无毒、无公害已成为塑料助剂发展的方向，而节能减排成为环保型助剂的发展重点，功能多样化、规格细化则成为研究热点，重点发展高效能的抗冲改性剂产品。助剂生产趋向规模化、专用化。

中国塑协助剂专委会的调研分析表明，由于国内外消费需求、消费降低，抗氧剂、光稳定剂的产销量将继续降低。2008 年塑料助剂的消费量为 2730kt，2010 年将达到或超过 3000kt，年均增长可达 10%，成为世界最大塑料助剂市场。2010 年上半年的产销量预计基本维持在 2009 年下半年的水平。2010 年下半年，市场需求开始增加。2011 年国内抗氧剂、光稳定剂企业的平均月产销量开始增加，增加幅度为 10% 左右。预计 2009 ~ 2011 年的塑料助剂各个品种的逐年表观消费量将逐年增加。塑料助剂行业将会保持平稳较快的增长势头。2008 ~ 2011 年塑料助剂消费量预测如表 9 所示。

表 9　2008 ~ 2011 年塑料助剂消费量预测　kt

品　种	2008 年	2009 年	2010 年预计	2011 年预计
增塑剂	1693	1700	1800	1900
阻燃剂	240	280	300	320
热稳定剂	320	326	333	350
冲击改性剂与加工改良剂	180	190	205	235
润滑剂	100	110	120	130
发泡剂	120	140	165	190
抗氧剂	30	23	26	32
抗静电剂	7	7	8	10
防雾滴剂	3.4	3.6	3.6	3.8
光稳定剂	6	5	6	6.6
偶联剂	10	10.5	11	11.5
其他	24	25	27	29
合计	2733	2820	3005	3218

公安部制定的《公共场所阻燃制品及组件燃烧性能要求及标识》公布并实施以来，对塑料制品阻燃性能提出了更高要求，也加快了阻燃剂的发展。随着世界各国对人类健康和环境保护意识的不断加强，近年来陆续出台了一系列指令和法规，如欧盟的《关于废旧电气电子设备的指令(WEEE 指令)》、《关于在电气电子设备中禁止使用某些有害物质的指令(RoHS 指令)》、《关于化学品注册、评估、许可和限制制度(REACH 法规)》以及中国的《电子信息产品污染控制管理办法》等，这些指令和法规对塑料助剂行业产生了很大的影响。因此，应加快技术创新步伐，积极发展“绿色、环保、无毒、高效”的塑料助剂。

(2) 塑料助剂产业升级布局

塑料助剂行业要加倍重视技术创新工作，要积极开发优质高效、符合健康和环保要求的新产品，满足市场对塑料助剂行业的要求。要加大技术创新的投入，重视技术人才的引进与培养，加强与大专院校和科研院所的合作，跟踪国内外同行业的技术发展趋势，做好多种形式的技术交流，努力开发拥有自主知识产权的产品和专有技术，提高行业的技术水平和自主技术创新的能力。

四、废旧塑料回收

随着塑料材料的大量使用，废塑料科学、环保与安全处置问题始终是困扰人们的一个难题。迄今为止，解决塑料废弃物的最好出路是物理机械式再生利用，对不易物理分类的混合废塑料进行化学裂解回收单体材料或者焚烧回收能量。

目前，我国塑料原料进口依存度仍达 44%，缺口很大。再生塑料是解决塑料资源紧缺不可缺少的途径之一。同时塑料回收再生产业在解决农村劳动力就业、发展农村经济、增加农民收入和税收一直发挥着重要作用。我国废塑料来源可分为进口废塑料和国内回收废塑料两部分，且这两部分并没有明晰的分界线。废弃塑料产生量及回收量如表10、表11所示。

表10　2009年按塑料制品产量测算的废弃塑料产生量

项　目	产量/kt	一年内废弃比例/%	废弃量/kt
塑料制品(规模以上企业)	44792.8	52.2	23526
塑料薄膜	6904.3	80	6418
农用薄膜	1193.4	75	
塑料板片材	3202.6	60	1922
塑料管材、管件	5803.7	15	871
塑料条棒型材	1603.7	15	241
塑料丝、编织品	5815.6	80	4652
塑料人造革合成革	1848.2	30	554
泡沫塑料	1870.5	80	1496
塑料包装箱及容器	2744.9	65	1784
日用塑料制品	5441.8	50	2721
其他塑料制品	9557.4	30	2867

表11　2006～2009年塑料回收量与回收率测算　　kt

项　目	2006	2007	2008	2009(测算)
合成树脂表观消费量	40841	45780	51914	56878
五大通用塑料消费量	35498.5	39577	38269	46205
塑料制品产量	28019	33023.2	37137.9	44792.8
塑料制品出口量	8965	10355	11921	10110
塑料制品进口量	1431	1724	1586	1491
废塑料进口量	5860	648.	7074.6	7325.8
国内塑料实际消费量	33774.5	37423	35008.6	44911.8
回收量(测算)	7000	8000	9000	10000
回收率(测算)/%	20.7	21.4	25.7	22.3

2009年在金融危机后塑料产业快速恢复增长，塑料原料进口猛增，进口依存度进一步扩大，为塑料再生料发展提供了商机。2009废塑料再生利用总量达17000kt，等于减少进口17000kt塑料原料，或者减少进口超过30000kt原油，同时减少同量的垃圾填埋，还间接减少大量的CO_2、SO_2排放。与从原油制造塑料相比，可节省70%的能耗。

国内从事塑料回收再生的小企业至少有2万多家，大中型企业并不多。在全国有几十个类似的废塑料专业市场，这些市场一般分别由200～500、1000、2000、3000家左右数量不等的企业构成，分布在全国各地。其特点是加工交易集约化、配套加工一体化、专业细化、分工明确，其竞争力和走向完全市场化，发展迅猛，具有强大生命力。废塑料回收再生行业有两种模式，一种是以废弃塑料加工处理企业形式专业从事塑料再生利用；一种是以小企业聚集形成加工交易市场，以产业集群模式大规模处理废弃塑料。两种模式互为补充，有机结合，协同发展，绝大多数的废弃塑料是通过这两种模式转化为再生资源。

废弃塑料专业市场正在向规模化、规范化方向发展，废塑料再生利用产业正在由低质量、高能耗向高质量、低能耗、多品种、精细分类、高技术含量的方向发展，再生塑料回收再利用加工交易市场逐步走向规范经营，产业聚集度在增加，集群式发展条件日渐成熟。

预计在2010～2015期间废弃塑料再生利用量将稳步增长，技术水平不断提高，回收率将保持相对稳定，继续发挥其独特的资源型环保产业优势。

五、塑料制品业发展中存在的主要问题

塑料制品业在发展的过程中存在一些问题，主要如下：①塑料加工业总体装备水平偏低、工艺技术相对落后；②产品结构不合理，低档产品产能相对过剩；③科技投入不足、自主创新能力薄弱；④大中型塑料企业(集团)少，一些产品未形成集约化规模经营；⑤塑料行业区域发展不平衡，中西部差距十分明显；⑥国产原料供不应求，专用料大部分依赖进口；⑦塑料制品相关标准制修订滞后，质量控制有待加强，假冒伪劣产品破坏正常生产秩序；⑧出口产品附加值低，满足一般性的消费需求；⑨废弃塑料低水平加工利用，二次污染严重，行业发展缺乏分类技术规范；⑩生产成本上涨因子活跃，市场竞争压力加大。

六、塑料制品业"十二五"规划基本原则、发展方向

1. 总体思路和基本原则

深入贯彻落实科学发展观，以市场需求为导向，坚持走新型工业化道路；切实转变发展方式，加快产业结构调整，提高塑料制品业经济增长质量；推进科技创新，推动塑料行业的自主创新和品牌建设，促进工业化与信息化的融合；大力推进清洁生产，推进节能减排降耗，推进绿色环保低碳经济发展；发展循环经济，保持塑料行业持续稳定健康发展；在保持总产量增长的同时，增加塑料产品的科技含量，提高经济效益和社会效益，不断开拓塑料产品的应用领域；充分发挥塑料制品业在改善民生、服务三农、促进就业、出口创汇等方面的重要作用，为农业、工业与信息业、建筑业、交通运输业和人民生活需要提供优质安全的配套产品，同时加强标准和质量工作，推进品牌建设。

坚持调整与发展相结合，重在促进结构调整和产业升级；坚持近期与长远相结合，重在促进行业持续健康发展；重视技术创新，推动制造业科学发展；统筹推进，突出重点，抓住对产业发展有重大影响的子行业、特色区域、关键环节；坚持以市场为主导，加强和改善宏观调控政策的导向作用。

产业布局原则：

① 塑料制品业布局要体现贴近市场的原则，服务其配套的产业和产品，通过产业集群发展核心技术，提升产业结构水平；

② 产业布局要体现推动技术创新、升级与合理转移的原则，东部发达地区要将技术、装备及时向中西部、东北转移，用以提升欠发达地区的产业水平；

③ 产业布局要体现促进特色区域、产业集群式发展的原则，发挥中国小企业多、扎堆经营显著的民营特色，可强化合作互补，市场细分，分工协作，有助于推动地区特色产品在国内外市场的竞争力；

④ 产业布局要体现扶持行业龙头企业、有自主知识产权和技术的企业、有核心竞争力企业发展的原则，它们是行业中坚，代表着行业发展方向，也是国家有关政策坚定的执行者；

⑤ 产业布局要体现环保、绿色、低碳方式生产的原则，要鼓励符合国家节能减排、循环经济发展、可持续发展的产品的生产，鼓励低消耗、高产出、配套服务较为齐全的产品集中地和园区建设，构建科学发展的产业集群；

⑥ 产业布局最终目的是要实现"十二五"产业结构调整和转型升级任务，所以要体现国家产业政策扶持、引导作用的原则，国家产业政策的明晰化是产业发展指路明灯。

2. 主要任务和发展重点

目前主要任务是推进塑料加工业结构调整、科技创新、节能减排、品牌建设、产业升级，保持经济运行平稳较快增长。

发展重点是要在促进发展方式转变上下功夫，真正把保持塑料加工业平稳较快发展和加快生产方式转变有机统一起来，在发展中促转变，在转变中谋发展。

① 增强行业企业的自主创新能力，推进关键技术创新及其产业化发展；

② 推进行业节能减排降耗，培育以低能耗、低污染、低排放为基础的低碳经济模式；

③ 增强大型企业综合实力，提高产业集中度；

④ 加快产品结构调整，鼓励节约节能型、减排环保型、循环利用型的产品发展，推动产业规模集约化、信息自动化、市场细分化、高端应用扩大化发展。

3. 新材料、新技术发展方向及重点

① 纳米微层复合高分子材料方向：重点发展塑料包装新材料开发应用，高阻透多层共挤纳米微层复合材料；

② 新能源与节能材料方向：重点发展太阳能、风能、海水动能等可再生能源领域应用的高分子材料；对电力、冶金、化工等高耗能行业具有显著节能减排效果的高分子材料；在建筑节能领域具有保温隔热特性的高分子材料等；

③ 现代制造业高性能工程塑料方向：重点发展纤维增强复合材料、聚合物合金等；

④ 其他功能性材料方向：重点发展熔体静电纺丝纳米过滤材料（在空气净化、水处理、工业除尘等领域大量应用）、纳米抗菌塑料（在冰箱上大量应用）、降解塑料（在一次性塑料制品上大量应用）、阻燃塑料（在建筑、家电、电子产品、汽车、飞机等上大量应用）、氟塑料（常用于军事领域、工业领域各种零部件等）。

重视塑料微结构、微成型制品加工工艺与装备的产业化发展，支持有自主知识产权的微型塑料件加工技术成果转化。

4. 总体规划目标

塑料制品业“十二五”规划是基于“十一五”发展基础上制定的，也是塑料制品业（2009～2011）三年规划实施的衔接和延续。三年规划是为应对国际金融危机、在上级有关部委和中国轻工业联合会直接领导与指导下制定的，是轻工业调整和振兴规划的组成部分。

到2015年，使全国塑料制品重点行业结构调整和产业升级取得明显成效，行业抗风险能力和国际竞争力得到有效提高；自主创新能力和品牌建设得到较大提高，建立起较完善的行业创新支持体系；重点行业技术装备国产化取得重大进展；形成一批具有较强国际竞争力的骨干企业；内需产品和市场得到开拓，出口产品附加值明显提高，推进市场进一步多元化，扩展应用领域，加强诚信体系建设，加快塑料制品业由制造大国向世界强国迈进进程。

塑料制品行业属朝阳产业，发展平均速度多年来一直都高于全国国民经济同期GDP增速。预计2010～2015年规模以上企业塑料制品产量平均增速将超过12%；工业总产值平均增速超过15%；利润、利税平均增速超过18%。“十二五”期间塑料制品业主要经济指标规划如表12所示。

表12　2011～2015年规模以上企业塑料制品业主要经济指标规划表

项　目	2011	2012	2013	2014	2015	增长/%
产量/kt	65000	72000	81000	90000	100000	12
产值/万亿元	1.60	1.80	2.10	2.40	2.80	15
利润/亿元	730	860	1000	1200	1400	18
利税/亿元	1062	1200	1400	1700	2000	18

注：2007～2010年主营业务收入、利润总额、利税总额为1～11月份统计数据。

(1) 结构调整目标

① 推动东部发达地区企业向在中西部转移，带动中西部及东北老工业基地快速发展；促进行业内企业重组联合，打造多家企业航母，逐步形成众多大中型以上规模企业和区域产业集群相结合发展模式；

② 提高高档合成革市场份额，尤其要提大水性聚氨酯树脂生产，超细纤维合成革的比重，拓展其产品应用领域，聚氨酯合成革比重增长两%，由现在的37.3%，增加到40%；

③“十二五”期间通过惠农政策的贯彻，大力扶持高保温、高光效、功能与寿命同步以及低环境影响的功能性农地膜的推广应用，加快产品升级换代，改变落后的产品结构模式，争取使高、中、低档产品份额分别达到10%、40%、50%，使农膜产品结构更趋合理。同时提高产业集中度，培育大型企业集团，在边远的地区培育具有先进的技术的规模企业；

④“建材下乡”政策实施为塑料建材带来发展机遇，一是开发新产品实现产业升级换代；二是塑料型材生产厂家直接服务到用户，避免不合格型材和门窗流入用户家庭，影响塑料建材下乡政策的实施；

⑤ 在2011~2015年期间减少3种HCFC物质相当于减排二氧化碳约9000kt，将为减少温室气体和消耗臭氧层物质排放、为环境保护事业做出贡献；

⑥ 着力推进绿色塑料在节能减排、低碳足迹过程中的新技术应用，为减少温室气体排放做出显著贡献。

(2) 科技进步目标

① 加快超细纤维新材料产业化的研发，着力推进聚氨酯合成革用水性材料(水性树脂和水性色浆)研发与产业化应用，加大无溶剂高固含量聚氨酯树脂在合成革中的推广应用；

② 积极推动高气密性节能推拉窗的科技攻关、高隔声塑料窗的研发应用和高光亮高品质等高档塑料异型材的开发，气密性提高15 %以上；

③ 通过循环经济试点和200kt废塑料高值化技术示范实施，在塑料再生行业中推进废塑料高值化比重上升3%；

④ 加大塑料制品业中环保型PVC热稳定剂的研制与应用，推进PVC－U制品实现无铅化的进展。

(3) 节能减排目标

① 实施合成革生产环境治理新技术产业化示范，通过高效节能DMF精馏系统、高效干法DMF吸收系统和外循环厌氧双膜法SBR系统处理合成革废水稳定达标排放技术创新，使合成革废气中DMF吸收率达到99%，尾气DMF含量$\leqslant$40 mg/Nm^3；污水回用率达到70%；年回收DMF15000 t，减少COD排放量600 t，年回用水量279.6kt。根据全国污染排放调查，加大研究氨氮处理技术应用，三年内在各个地区选择1~2个试验基地，在全行业推广使用环境治理技术；

② 在PVC制品行业中广泛推广应用无铅热稳定剂，推动PVC制品禁止使用含铅热稳定剂；有效防止重金属铅盐长久性危害；同时大力推广环保绿色的塑料异型材替代高耗能的铝型材，仅制造节能全年可节电400多亿度，为国家节约煤电资源、减少二氧化碳和二氧化硫等有害气体排放的低碳经济发展做出突出贡献；

③ 推进实施废塑料再生利用的资源化、改性高值化利用技术产业化示范，可实现500kt废塑料资源化(产值约30多亿元)、200kt废塑料高值化利用(新增利润2亿元)和100kt塑木产品再利用生产(新增利润1亿元)的废塑料再生利用一体化产业链。可减少等量废塑料排放、增

加可利用再生塑料400kt，减少生产同等数量塑料产生的CO_2、SO_2排放、减少废水排放200kt以上；

④ 继续推动电磁替代电阻加热、变频等节能技术在塑料机械的应用，力争在“十二五”期间塑料机械节能15%以上。

(4) 品牌建设目标

① 人造革、合成革中国名牌产品由现在的8个增加到15个；②培育塑料异型材中国名牌产品14个；③塑料管道在2006年12个中国名牌的基础上增加3个，达到15个；④农膜中国名牌产品培育至10个。

(5) 出口结构目标

塑料制品总体出口保持在4%～6%的增长速度；人造革合成革、氟塑料制品、塑料管道、降解塑料制品出口增长12%以上。

(6) 产业集群目标

① 着手在浙江丽水和温州合成革产业集群区域研究推行“生态合成革工业园区”建设的标准、评价管理机制，逐步开展试点工作。积极培育江苏江阴地区人造革合成革集群规划实施，打造华东人造革之乡品牌建设；推进福建泉州晋江地区以鞋用合成革产业集群的品牌建设。

积极推进温州与高明地区的合成革产业聚集区域的企业联盟，上下游的合作机制与企业合作整合。

② 提高产品集中度，将60%塑料异型材、塑料管道产能及产量发布在50个大中型企业之内。

③ 继续推动产业集群、特色区域建设。在广东、江浙、环渤海地区推动建设废塑料资源化产业集群，推进节能减排目标实现，解决资源紧缺、环境保护的问题。

(7) 装备国产化目标

① 推进双向拉伸薄膜设备技术国产化；

② 开发新型人造革合成革设备节能装置、无溶剂喷涂聚氨酯工艺、水性聚氨酯应用设备、VOC无组织排放与氨氮处理设施等。

5. 建议和措施

根据塑料制品业规划目标，“十二五”末塑料制品业塑料制品产量达到约100000kt，工业总产值达2.8万亿元、利润达到1400亿元、利税达到2000亿元，在2010年基础上实现再翻一番的目标。为此，在“十二五”规划开局之年，一定要努力开创“十二五”时期塑料工业新局面。

① 认真贯彻落实国家一系列方针政策

应贯彻以加快发展方式转变为主线、以结构调整为主攻方向的国家大政方针，逐步实现“循环经济、低碳工业、节能减排”的发展目标。

② 实施产业结构调整，推进现代制造业发展

根据塑料制品业中小企业占90%以上，整体装备水平偏低的现状，一定要大力优化产业结构，淘汰落后产能，优化生产工艺，提升加工技术水平和创新能力。例如，注射成型机、挤出成型机率先推动以节电为突破口的节能改造；复合膜生产用无苯无酮油墨，实现生产过程中车间清洁生产、环境无害化等。

③ 高度重视保护环境和塑料回收利用

应采用先进科学技术提升废塑料的再生利用水平。为减少对石油及煤化工生产合成树脂的依赖，对塑料制品广泛应用提倡3R原则(即减量化、重复使用、再回收)。用生物降解材料制

造难以回收的塑料制品。

④ 拓宽塑料应用领域，走新型工业化道路

需一如既往地发展循环经济和低碳经济，走出一条科技含量高、经济效益好、能源资源消耗低、环境污染少的新型工业化道路，努力建设低投入、高产出、低消耗、少排放、能循环、可持续的发展模式。

⑤ 立足自主创新兴业，着力开发新品种

在世界先进国家中，塑料工业的消费量、生产率、进口量和出口量四大经济指标都稳居第一，然而我们又很清楚地看到，中国塑料行业的蓬勃发展不能停留在量的增长上，一定要在质的提升上立足自主创新兴业，着力开发差异化的新品种，进一步提升行业核心竞争力；国际上有的高端产品我们要瞄准，立足自主研发产品，满足国民经济各部门发展的需要。

⑥ 关注国家扶植政策，用心采取发展对策

塑料制品业是"十二五"期间《轻工业调整和振兴规划》国家扶持的新型产业之一，发改委、科技部和工信部等国家有关部门出台了一系列政策：国家体制改革，市场及技术创新政策、财税及投融资政策等保障措施；加强技术创新鼓励政策，改革科研投入体制，把专项资金支持和技术改造作为塑料加工产业升级的重要手段，设立新产品研发和产业化的扶持资金，支持并推广一批技术创新示范项目；企业享受国家有关支持技术改造、节能节水、技术进步及研发费用扣除等税收优惠政策；建立技术创新战略联盟，支持完善产、学、研、用相结合的行业技术创新体系，建立行业公共服务平台；支持企业建立国家认定企业技术中心、国家工程研究中心、国家工程实验室，开展共性、关键技术研发。这些为塑料工业可持续发展奠定了坚实基础，符合中国21世纪塑料工业蓬勃发展方略。

七、结语

中国塑料工业已跻身于世界塑料先进大国的行列，整体优势逐步在增强，发展空间十分广阔，产业升级的进程方兴未艾。通过"十二五"规划实施，不断调整自身发展重点，明确主攻方向，开拓国内和国际市场，让我们的祖国不仅是塑料生产大国、消费大国、进(出)口大国，而且也是生产强国、技术强国、出口强国。我们一定要抓住这难得的发展机遇，认真贯彻落实国家有关政策措施，推进产业结构调整，科技创新，节能减排降耗，推进绿色塑料应用领域，开拓创新，不断提高塑料制品企业在国际国内市场的竞争实力，在激烈的市场竞争中成长壮大，为夺取全面建设小康社会新胜利作出贡献，为实现中华民族伟大复兴而努力奋斗！

（作者为中国塑料加工工业协会名誉理事长）

China Plastics Industry(2010)

Liao Zhengpin

The year of 2010 is the last year of the 11th Five-year Plan in which China plastics industry achieved its target set in the 11th Five-year Plan, and it is also the important year to pave the way for the development during the 12th Five-year Plan period. Based on the Reconstructing and Revitalizing Plan of Light Industry, China plastics industry has been focusing on the changes of development modes and industrial structure, enlarging domestic and international markets, upgrading sciences and technologies, as well as independent innovation. Meanwhile, China Plastics Processing Industry Association has drawn up the 12th Fiver-year Plan for China plastics industry to make it healthily moving ahead. Finally, but not at last, all these efforts help China become a strong country of plastics product production from a big one.

1 Basic scenarios of plastics products sector in 2010

In 2010, the plastics products industry developed vigorously with the national economic growth. Resin consumption reached 63650kt, which shows that China has become the first biggest plastics products processor and also the first biggest plastics consumer in the world.

During the 11th Five-year Plan period, China plastics industry advanced continuously, steadily and healthily. Now there are more than 95000 companies involving plastics with employees of about 3. 8 million. Total production value of plastics companies with production value more than 5 million yuan rose to 1. 42 trillion from 0. 6853 trillion in 2006, which increased 20. 06 percentages annually. It accounted for 10. 27 percentages and ranked the first one in the light industry. The export amount and value were up to and over 14620kt and SUD 35. 9 billion, respectively. The profit during Jan to Nov of 2010 is 62. 0 billion yuan, which is 2. 3 times that of 2006. The tax during the same period is 92. 52 billion yuan, which is 2. 2 times that of 2006. All the economic indicators are double that expected in the 11th Five year Plan.

Tab. 1 Basic data and their growth rate of companies with production value more than 5 million yuan in 2006 and 2010

Items	2006Year	2010Year	Growth rate/%
Industrial production value/Billion yuan	635. 815	1424. 252	22. 34
Output of plastics products/kt	28019	58303. 8	20. 10
Number of companies①	12860	20775	12. 74
Employees	1960000	2680000	8. 14

① Companies are those whose production value is over 5 million yuan.

1. 1 Plastics consumption is leading in the world

In 2010, the apparent consumption of plastics products is over 65000kt, which accounts for more than 25 per cent of the world total; the per capita plastics consumption in China is 46kg, 6kg more than that of the world level. But compared with that of the USA and Belgium and other developed countries, the per capita plastics consumption can be increased to a large degree, thus there is still a large room for China plastics industry to develop.

1. 2 Output of plastics products rose markedly and there is a mountainous demand

In 2010, the total output of plastics products of companies whose production value is more than 5 million yuan is 58303. 8kt, a yearly growth rate of 21. 14 percentages. During 2006 and 2010, the annual growth rate is 20. 1 percentages. It is shown that the production of plastics products tends to a good direction with its scale being enlarged continuously. Among all kinds of plastics products, plastics pipes are the best player, which surged 37. 14 percentages year on year. At the same time, the output of woven plastics products and plastics containers grew 23. 05 percentages and 20. 39 percentages, respectively. And that of others increased more than 15 percentages. And encouragingly, the ratio of production to sales is over 97 percentages.

Seen from Fig. 1, plastics films, pipes and fittings are the top two biggest application areas, following by plastics filaments and woven plastics products.

Tab. 2 Output and average annual growth rate of plastics products during 2006 and 2010

kt

Items	2006	2007	2008	2009	2010	年均增长/%
Total	28019	33023. 2	37137. 9	44792. 8	58303. 8	20. 10
Plastics films	5286. 9	6050. 5	5901. 0	6904. 3	7989. 7	10. 87
Agriculturalfilms	861. 5	960. 6	939. 1	1193. 4	1571. 6	16. 22
Boards and sheets	—	—	—	3202. 6	3855. 7	20. 39
Pipes and fittings	2881. 4	3317. 5	4593. 4	5803. 7	8402. 1	30. 68
Rods and profiles	—	—	—	1603. 7	3109. 4	93. 89
Filaments and woven plastics products	3012. 8	4041. 6	4771. 8	5815. 6	7119. 6	23. 99
Man-made and synthetic leathers	—	—	—	1848. 2	2146. 2	16. 12
Foams	1130. 5	1381. 0	1708. 3	1870. 5	2200. 3	18. 11
Boxex and containers	1487. 4	1663. 0	1730. 9	2744. 9	3430. 8	23. 23
Daily articles	3018. 7	3710. 4	4084. 7	5441. 8	6458. 6	20. 94
Others	6749. 6	7730. 2	8943. 7	9557. 4	13591. 5	19. 12

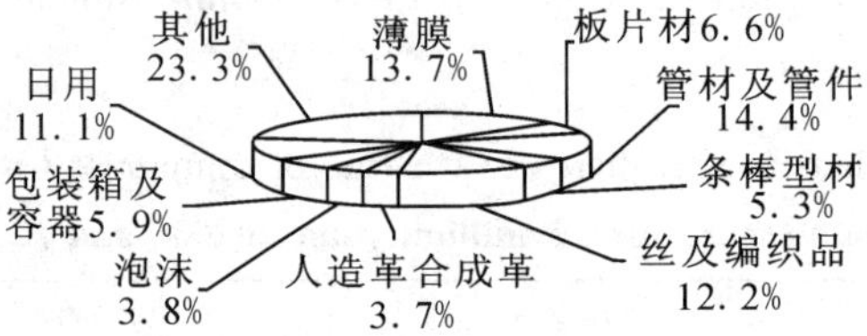

Fig. 1 Output share of various plastics products in 2010

1. 3 Main economic indicators went up steadily

In 2010, the total industrial production value of plastics companies with production value more than 5 million yuan was 1. 424252 trillion yuan, a year-on-year growth rate of 31. 08 percentages, which exhibits a strong demand and development potential. It accounted for 10. 27 percentages and ranked the first one in the light industry. Generally, the production shows a steady growth tendency and the economic profit sees a great surge.

Tab. 3 Economic data of China plastics industry during 2006 and 2010

Items	2006	2007	2008	2009	2010	年均增长/%
Industrial production valve/0. 1 billion yuan	6358. 15	8018. 16	9638. 4	10992. 8	14242. 52	22. 34
Income from plastics products/0. 1 billion yuan	6129. 17	6942. 81	8306. 74	9354. 79	12205. 03	18. 79
Total profit/0. 1 billion yuan	264. 52	308. 94	342. 57	435. 48	620. 07	23. 74
Total tax/0. 1 billion yuan	417. 14	—	549. 63	685. 17	925. 24	22. 04

Notes: Data of income from plastics products, the total profit and total tax are based on the statistics of Jan to Nov of 2007 to 2010.

1. 4 Export and import of plastics products

In 2010, the export amount and value of plastics products are 14622kt and 35. 94 billion yuan, respectively; and the import amount and value are 1838kt and 16. 2 billion yuan, respectively.

1. 5 Distribution and its characteristics of plastics products production

Tab. 4 Export amound and value and their growth rate of plastics products in 2010

Items	Import amount/kt	Import value/0. 1 billion yuan	Export amount/kt	Export value/0. 1 billion yuan
2009	1491. 4	115. 99	10112	266. 9
2010	1838	162. 0	14622	359. 4
Growth rate/%	232. 4	39. 67	446. 0	34. 66

Notes: Data are from the China National Customs.

The plastics product production in China is characterized by obvious regionality, most of which is centralized in southeast provinces, but production in the midland and western provinces increased fast.

According to the output of plastics products, Guangdong province is still the first one, whose output is 13318. 8kt, up 17. 23 per cent. Zhejiang province ranks the second, with output of 9115. 7kt and a growth rate of 16. 09 per cent. Shandong province occupied the third place, with output of 5071. 1kt and a growth rate of 21. 56 per cent. The fourth one is Jiangsu province, whose output increased 13. 19 per cent to 4395. 0kt. The fifth one is Liaoning province, whose output increased 19. 59 per cent to 3184. 2kt. Output of Henan is 3146. 8kt, a year on year rise of 22. 82 percent. Seen from Fig. 2, Guangdong, Zhejiang, Shandong, Jiangsu, Liaoning and Henan provinces are the top six provinces whose total output of plastics products is 38271. 7kt, accounting for 65. 64 per cent of the country total.

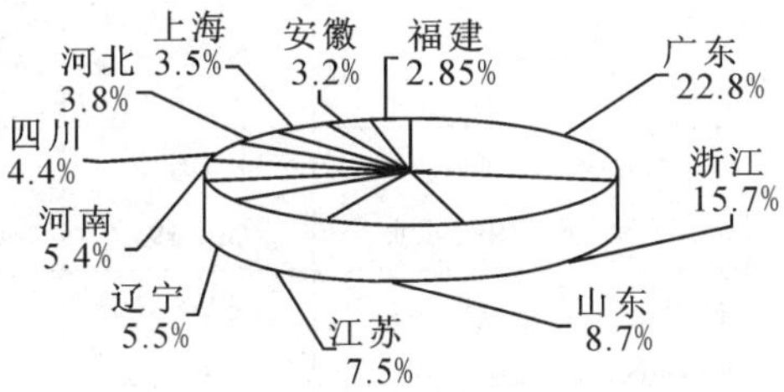

Fig. 2 Output shares of plastics of different provinces

The growth pace of output of plastics products of western provinces was very big. In recent years, owning to the surging labour cost and power cost in Fig. 2Output shares of plastics of different provinceseastern provinces, as well as deficient in land resources, some sectors and some products were transferred to central and western provinces and regions.

In 2010, the output of plastics products in some midland and western as well as northeast provinces are shown below.

Tab. 5 Output of plastics products of some provinces from some midland and western and eastern provinces in 2010

Province	Output of plastics products/kt	Yearly growth rate/%
Shanxi	728	241. 25
Heilongjiang	461	137. 58
Qinghai	178	101. 90
Jiangxi	459	47. 66
Guangxi	737	47. 39
Neimeng	208	43. 45
Jilin	497	42. 15
Sichuan	2543	40. 21
Guizhou	233	38. 40

Seen from Tab. 5, the output of plastics products in the midland and western and eastern provinces increases to a large extent, which is very obvious during the 11th Five year Plan period.

In order to analyze the transfer of plastics product production, five eastern provinces (Guangdong, Zhejiang, Jiangsu, Shandong and Fujian), six midland provinces (Hebei, Henan, Anhui, Hubei, Hunan and Jiangxi) and six western provinces (Inner Mongolia, Guangxi, Gansu, Xinjiang, Sichuan and Chongqing) are selected to contrast their total output and growth rate of plastics products. It is shown that the transfer tendency of plastics products production from the eastern provinces to the western provinces is becoming clear.

Tab. 6 Output share of plastics products of the eastern, midland and weatern areas during 2006 and 2010

Items		2006	2007	2008	2009	2010	Annual average growth rate/%
Eastern provinces	Output	19107. 2	22699. 2	25062. 5	28484. 0	33603. 7	15. 16
	Share/%	68. 19	68. 74	67. 48	63. 59	57. 64	-4. 11
Midland provinces	Output	4283. 6	4601. 4	5161. 7	6735. 5	9939. 4	23. 42
	Share/%	15. 32	13. 93	13. 90	15. 04	17. 05	2. 71
Western provinces	Output	1311. 2	1488. 9	2159. 4	3100. 3	4753. 2	37. 98
	Share/%	4. 68	4. 51	5. 81	6. 72	8. 15	14. 88

2 Plastics machinery

Plastics machinery manufacturers have been reconstructing their machine types and good results have been achieved. According to the statistical data from the China Association of Plastics Machinery, in 2010, the growth rates of total industrial production value of national plastics machinery, production value of new machines and export value all surged by 60 percentages, which are far above that of national light machinery. The total industrial production value and sales of national plastics machinery are all over 40 billion yuan.

2. 1 Spectrum of plastics machines reconstructed and main economic indicators climbed

In 2010, a lot of work has been done on the reconstructing of the spectrum of plastics machines, such as phasing out outdated machines and increasing the output of high-efficiency and energy-saving machines. By the end of the year, the export value of plastics machines reached 5. 957 billion yuan, up 63 percentages; and production value of new machines climbed by 84 percentages to 5. 986 billion yuan.

2. 2 Share of domestic machines rose

In 2010, the total domestic market capacity surged by 37 percentages to 47. 9 billion yuan from 34. 9 billion yuan in 2008, of which machines made inChina shared 72 percentages. In 2008, the share was only 49 percentages.

But it should be noted that most domestic machines are still at the low-end. In 2010, the trade deficit stood at 0. 9 billion yuan. Data from the China National Customs say that the export and import amount of plastics machines are 44020 units and 15064 units, respectively, but the export and import value are 11. 4 billion USD and 20 billion USD. The export value is only 57% that of import and the average price per unit exported is only 20% that of the imported.

2.3 Some universities and some companies launched innovative technologies and machines

Universities have been playing the leading role in innovative technologies and machines. Among new extrusion technologies, the most advanced technology should be a tensional-rheology dominant melt flow extruder which was invented by Professor Qu Jinping, South China University of Technology. Generally, shear-rheology controls the plasticization inside extruders. Compared with shear rheology, tensional rheology shortens the heat history of the melt inside extruders while decreasing the energy consumption to a large extent. The tensional-rheology dominant melt flow extruder is of a free screw extruder which is endowed with high efficiency of melt transportation.

Now the cooperation between companies, universities and institutes is an innovative approach to develop new technologies and new machines. During the 11th Five-year Plan period, Ningbo Haitian Group, Beijing Universities of Chemical Technology and Zhejiang University worked hands together and fulfilled the nation-level program—Precise Injection Molding Machines. They made breakthroughs on online measuring technologies of P-V-T characteristic parameters, parameter optimization of precise injection molding, servo driving systems, etc. Meanwhile, fully electric and precise injection molding machines, two-platen precise injection molding machines and energy-saving servo-motor driven precise injection molding machines are manufactured by them.

Another leading injection molding machine manufacturer in China is Zhejiang Shenda Machines Manufacturing Co, Ltd. A family of energy-saving servo motor driven injection machines is of energy-saving, high-efficiency and precision. These machines are equipped with servo-motor driven systems, some patented technologies and self-made hydro systems. Compared with conventional ones, the energy consumption can be lowered by 80 percentages, and the repeated precision of the molded articles is 0.3 percentages. The production efficiency can be upgraded by 20 percentages.

3 Raw Materials

3.1 Synthetic resins

Seen from Tab. 7, the apparent consumption of synthetic resins during 2006 and 2010 rose 11.73 percentages annually to 63650kt in 2010. Among the five general resins, the consumption of polyethylene is more than that of polypropylene and poly(vinyl chloride), respectively, ranking the first. And the consumption of polypropylene exceeded that of poly(vinyl chloride), being the second one in the five general resins. Poly(vinyl chloride) ranked the third, of which growth rate is close to 10 percentages.

Tab. 7 Apparent consumption of synthetic resins during 2006 and 2010 kt

Item	2006	2007	2008	2009	2010	Annual average growth rate/%
Total	40841	45780	51914	56878	63650	11.73
PE	10865	11399	11586	15120	17107	12.02
PP	8760	10166	10290	12457	13558	11.54
PVC	8626	10268	9297	10835	12545	9.82
PS	4002	4061	3750	4055	4555	3.29
ABS	3245	3683	3346	3739	3946	5.01

3.2 Additives for plastics products

In 2008, the consumption of additives for plastics products stood at 2730kt, and that in 2010 may be over 3000kt, whose yearly growth rate may reach 10 percentages. Now China has become the biggest market of plastics additives.

Among all the additives, the consumption of plasticizers is the largest and increases annually. And that of flame retardants ranked the second, which also increases marginally.

Now there are many rules on plastics products, which impact the additives to some extent. Additive suppliers should fasten research on environmentally-friendly additives for plastics products.

Tab. 8 Consumption of additives for plastics during 2008 and 2011
(data of 2010 and 2011 are estimated)

kt

Types	Year			
	2008	2009	2010(estimated)	2011(estimated)
Plasticizers	1693	1700	1800	1900
Flame retardants	240	280	300	320
Heat stabilizers	320	326	333	350
Impact modifiers and processing aids	180	190	205	235
Lubricants	100	110	120	130
Foaming agents	120	140	165	190
Antioxidants	30	23	26	32
antistatic agents	7	7	8	10
Anti-fogging agents	3.4	3.6	3.6	3.8
Light stabilizers	6	5	6	6.6
Coupling agents	10	10.5	11	11.5
Others	24	25	27	29
Sum	2733	2820	3005	3218

4 Recycling of waste plastics

Currently, the resin import dependence inChina is about 44 percentages. In 2009, the rapid recovery of plastics industry after the economic crisis worsened the resin import dependence, which provided a good opportunity for the recycling of waste plastics. The total recycled waste plastics is up to 17000kt.

Now there are at least 20000 small companies engaging in the recycling of waste plastics and dozens of waste plastics markets consisting of 200 to 3000 companies respectively. The waste plastics markets tend to going to large scale and standardization. Degree aggregation for the recycling of waste plastics is being enhanced.

It is estimated that during 2010 and 2015, the recycling of waste plastics will increase steadily and recycling technologies will be upgraded step by step.

Tab. 9 Waste plastics amount estimated according to the output of plastics products in 2009 kt

Items	Output	Waste ratio in a year/%	Waste amount
Total	44792.8	52.2	23526
Plastics films	6904.3	80	6418
Agriculturalfilms	1193.4	75	
Boards and sheets	3202.6	60	1922
Pipes and fittings	5803.7	15	871
Rods and profiles	1603.7	15	241

续表

Items	Output	Waste ratio in a year/%	Waste amount
Filaments and woven plastics products	5815. 6	80	4652
Man-made and synthetic leathers	1848. 2	30	554
Foams	1870. 5	80	1496
Boxex and containers	2744. 9	65	1784
Daily articles	5441. 8	50	2721
Others	9557. 4	30	2867

Tab. 10 Recycled amount of plastics products during 2006 and 2009 kt

Items	2006	2007	2008	2009 (Estimated)
Apparent consumption of synthetic resins	40841	45780	51914	56878
Consumption of the top five general resins	35498. 5	39577	38269	46205
Output of plastics products	28019	33023. 2	37137. 9	44792. 8
Export amount of plastics products	8965	10355	11921	10110
Import amount of plastics products	1431	1724	1586	1491
Import of waste plastics	5860	648.	7074. 6	7325. 8
Actual domestic consumption	33774. 5	37423	35008. 6	44911. 8
Recycled amount (estimated)	7000	8000	9000	10000
Recycled ratio/% (estimated)	20. 7	21. 4	25. 7	22. 3

5 Main problems during the development ofChina plastics products industry

5. 1 Equipment and technologies are relatively backward

Compared with the developed countries, plastics processing industry inChina is still at relatively level, especially the equipment and technologies. Every year, some advanced production lines are imported to meet the needs of high-end products.

5. 2 Production capacity of low – end products is surplus

Production capacity of low – end products is surplus, but a large quantity of high-tech and high value-added products still need to import every year.

5. 3 Independent innovation ability needs enhancing

One long standing issue is that plastics products with independent intellectual property rights are few. The transfer ratio of new technologies to products is relatively low.

5. 4 Some products are not in intensive management

Small and medium enterprises accounted for the vast majority in plastics processing industry. There is big difference between the large and medium companies and foreign advanced ones. Some plastics products are not in intensive management.

5. 5 Difference between the western areas and eastern ones is obvious

The average growth rate ofChina plastics industry is higher than that of the national GDP. But the development among different provinces is unbalanced, especially the difference between the western areas and eastern ones. The output of plastics products of Zhejiang province, Jiangsu province, Shangdong province, and Liaoning province accounts for 65 percentages of the national total. The per capita consumption and output of plastics products in the western provinces are far below that of the national total.

5.6 Domestic resin production capacity is still not enough to meet the demands

In the recent ten years, the domestic resin capacity increased fast, but the capacity is only 56 percentages of the demand, especially some special resins.

5.7 Some of the standards need revision

With more kinds of plastics products coming into being and their application fields being widened, standards for them are behind the requirements and new standards can not catch up with new plastics products. There are a lot of plastics products out of standards in the market, which disturb the market seriously.

5.8 Exported plastics products are low value-added

In 2009, the export amount and value of plastics products are 10112kt and 26.692 billion yuan, respectively, thus the average price per ton is 2640 USD. The import value of plastics products is 11.599 billion yuan. The ratio of import to export price is 2.96, which is more than that in 2007. It can be concluded that the exported plastics products are of low value-added, which only supply the daily articles.

6 Guide lines and development direction of plastics products industry during the 12th Five year Plan period

6.1 General considerations and principles

Guided by the scientific outlook on development, China plastics industry should move forward according to the market orientation and go ahead along the way of the novel industrialization. Self- dependently innovative and energy-saving technologies should be addressed. Meanwhile, low-carbon and environmentally-friendly technologies must be taken into consideration during the 12th Five-year Plan period. Furthermore, with the development of plastics products, the reconstructing and upgrading of it must be paid important attention to.

Principles of industrial plan are as following:

- Industrial clusters should shoulder the responsibility to develop key technologies to upgrade the industrial structures.
- During the reconstructing process, the difference among the western provinces, midland provinces and eastern provinces should be addressed.
- The industrial plan should be characterized by characteristic areas and industrial clusters.
- Strategy should be instrumental to the growth of the leading companies and companies having patented and cutting-edge technologies and key competition, and more measures should be taken to help them.
- Low - carbon and environmentally-friendly technologies should be included in the industrial plan.

6.2 Key tasks and focus

- To enhance the self innovative capacity of companies and push the invention of key technologies and their transfer to actual production.
- To set up the development modes of low-carbon and environmentally-friendly technologies.
- To develop polymers to be applied in sun energy, wind energy and sea tide energy equipments and plastics products to be used for energy-saving buildings.
- To supply modern manufacturing sectors with engineering plastics with high properties, such as fiber

reinforced composites and polymer alloys, etc.

- To address the industrialization of micro-structural items and micro-molding systems.

6.3 General targets

By the end of 2015, great achievements on reconstructing and industrial up-gradation of China plastics industry would be obtained. At the same time, the self-innovation and international competition capacity would be enhanced. The domestic market would be enlarged, and the export value of plastics products would be added obviously. Generally speaking, during the 12th Five-year Plan period, the growth rate of China plastics industry would be far above that of GDP. Details are listed below.

Tab. 11 Main economic data of plastics product companies with production value more than 5 million yuan during 2011 and 2015

Items	2011	2012	2013	2014	2015	Growth rate/%
Output/kt	65000	72000	81000	90000	100000	12
Value/Trillion yuan	1.60	1.80	2.10	2.40	2.80	15
Profit/0.1 billion yuan	730	860	1000	1200	1400	18
Tax/0.1 billion yuan	1062	1200	1400	1700	2000	18

6.3.1 Industrial reconstructing targets

- To drive the transfer of the eastern companies to the western and northeastern areas and thus speed up the economic development of the western and northeastern areas;
- To optimize and merge some companies to form some huge ones and thus develop the large scale companies and regional clusters;
- To increase the share of synthetic leathers by at least 2 percentages to 40 percentages;
- To reset the ratios of high, median and low quality functional agricultural films at 10 percentages, 40 percentages and 50 percentages, respectively;
- To decrease the consumption of 3 kinds of HCFC, which is equal to lower the emission of 9000kt CO_2;
- To increase the application of environmentally-friendly plastics products in energy-saving and low-carbon technologies and thus lower the emission of greenhouse gases.

6.3.2 Scientific targets

- To speed up the research of water borne resins and water based colorants for polyurethane leathers and increase the usage of solvent-free and high solid content polyurethane in synthetic leathers;
- To increase the gas tightness of plastics windows by 15 percentages;
- To increase the ratio of high performance modification of waste plastics by 3 percentages by recycle economic pilot projects and high performance modification demonstration pilot project of 200kt waste plastics;
- To prepare environmentally-friendly heat-stabilizers for poly(vinyl chloride);
- To speed up the localization of equipment for biaxially oriented films.

6.3.3 Energy saving and emission targets

- To implement the new process industrialization demonstration pilot project of synthetic leathers and thus make the DMF sorption reach 99 percentages and lower the DMF contents in the exhaust to 40 mg/Nm^3;

- To promote the application of lead-free heat stabilizers in poly(vinyl chloride) products;
- To decrease the energy consumption of plastics machinery by 15 percentages.

6. 3. 4 Export target of plastics products

The growth rate of export of plastics products remains 4 percentages to 6 percentages during the 12th Five year Plan, of which synthetic leathers, fluorine plastics products, plastics pipes and degradable plastics products would grow at least 12 percentages.

6. 4 Suggestions and measures

- Reconstructing the industrial structure;
- Addressing the self-dependently innovative technologies and driving the modern manufacturing sectors to go ahead;
- Fostering industrial clusters and setting up characteristic regions;
- Enhancing the awareness of quality to breed famous brands of plastics products;
- Training employees to a large extent and thus improving their knowledge level;
- Enhancing the recycling of waste plastics;
- Speeding up carrying out actively "go, come in please" strategy;
- Providing supporting measures such as managing mechanisms, policies, taxation and financing;
- Increasing the money input into research;
- Setting up strategic alliances to support the cooperation among companies, universities and institutes;
- Supporting associated companies to set up technological centers, national engineering research centers and national labs, etc.

7 Summaries

During the 12th Five – year Plan period, China plastics industry would go on the track of novel industrialization with high – tech, sound economic profit, energy saving and environmentally-friendly products and would follow the circular and low – carbon economy modes.

According to the 12th Five – year Plan of China plastics industry, the output, industrial production value , profit and tax of plastics products would be 100000kt, 2. 8 trillion yuan, 140 billion yuan and 200 billion yuan, respectively, which would double those of 2010. It is encouraging that China has advanced into row in the world plastics industry. We hope that with the implementation of the 12th Five – year Plan, China would become a powerful country of production, consumption, import and export and technology of plastics products.

(Translated by Zhang Yuxia)

2010 年中国聚氯乙烯行业经济运行状况及 2011 年发展趋势展望

张文雷

进入21世纪，随着国民经济的持续增长，带动了化工建材行业的需求，为国内聚氯乙烯行业的发展提供了广阔的空间。此外，2003 年的聚氯乙烯反倾销终裁胜诉，有效遏制了国外低价货源对国内市场的冲击，为国内聚氯乙烯行业的发展创造了较为宽松的外部环境。在多方利好因素共同促进下，聚氯乙烯行业整体规模实力在近几年不断增长。自 2003 年开始，国内聚氯乙烯行业进入了上升通道，行业规模基本保持了年均 10% 以上的增长速度。

一、2010 年聚氯乙烯行业运行状况

1. 产能

截至 2010 年底，我国在产聚氯乙烯生产企业 94 家，总产能达到 2042.7kt/a，产量 11301kt。聚氯乙烯产能主要分布在山东、内蒙、河南、天津和新疆，我国共有 7 个省区聚氯乙烯产能超过 1000kt 级水平。2010 年进入我国聚氯乙烯产能 400kt/a 以上(含 400kt/a)规模的企业已增至 17 家，产能合计占总产能的 45.8%，国内聚氯乙烯工业正朝着大型化规模化的方向发展。其中，占比例较大的电石法生产工艺近几年发展较快，特别是中西部地区新扩建项目绝大部分都采用电石法工艺。2010 年电石法产能已占总产能的 80.9%。

近年来，随着全球能源成本不断上涨，自然资源储量相对丰富的广大中西部地区已成为对资源和能源依赖程度日益加深的国内氯碱企业谋求更快、更好发展的现实选择。广大中西部地区企业依托丰富的煤电等资源优势，新建了一批产能超过 300kt/a 的大型“PVC + 烧碱”的配套项目，大大提升了中西部地区氯碱工业的规模和实力。

截止 2010 年底，西北五省区、西南三省、内蒙古自治区聚氯乙烯的总产能已经分别占到了全国聚氯乙烯产能总量的近 40%。如加上近年来氯碱工业同样发展迅速的山西(聚氯乙烯产能 1150kt/a)、河南(聚氯乙烯产能 1395kt/a)等中部省份，则我国中西部地区氯碱工业的产能规模占全国氯碱工业产能规模的比例数字还将有进一步的明显提升。

2. 市场

2010 年国内聚氯乙烯不仅全年产量首次突破千万吨，单月产量更是在 11 月份突破了百万吨(图 1)。2010 年国内聚氯乙烯总产量 11301kt，较 2009 年全年相比增长 11.3%。虽然三季度开始，国内电石及氯碱企业受节能减排政策影响开工负荷普遍降低，但高位的聚氯乙烯价格刺激大量新增产能在三季度末、四季度集中投产，为四季度乃至全年聚氯乙烯产量的稳步增长奠定了基础。

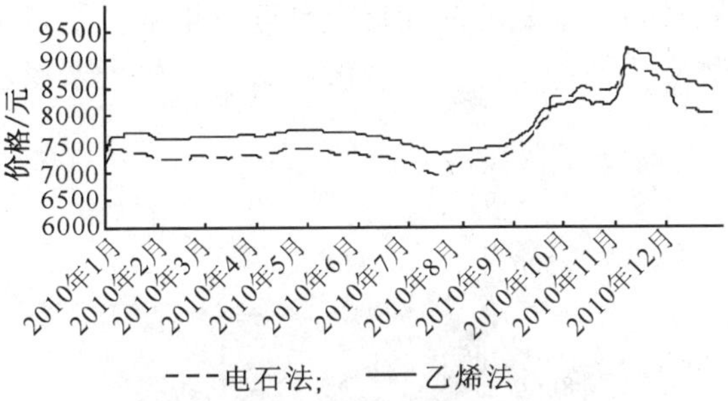

图 1　2010 年中国聚氯乙烯市场价格走势图

2010 年国内聚氯乙烯市场运行整体分为两个阶段。受年初冰雪天气对物流运输和原材料供应的影响，国内聚氯乙烯价格高开后，随即在需求市场表现沉闷的抑制下进入横盘整理，特别是上半年政府针对房地产等过热经济领域出台的限制性政策也对市场预期形成了负面影响。然而，三季度开始，涉及范围广且执行力度大的节能减排工作在短时间内大幅推升了电石、聚氯乙烯乃至整个氯碱行业的运营成本，进而刺激市场价格在三、四季度出现一轮快速上涨行情，华东地区乙烯法聚氯乙烯高端价格甚至一度涨至 9000 ~ 9200 元/t 的近 6 年来的最高位。

影响 2010 年国内聚氯乙烯市场运行的主要因素包括：

(1) 原材料成本持续升高。

上游电石行经历了电价上调、节能减排限电、限产等一系列调控政策后，自三季度开始逐渐供应吃紧，华北、华中、华东等地聚氯乙烯企业不同程度的受原料不足而减产。可以说，国内原材料价格的政策性上涨是推动四季度国内聚氯乙烯市场的决定性因素。同时，进口外盘乙烯基类产品也经历了波动上行的调整。截至年底，进口 VCM 成交价格已经超过 900 美元/t，EDC 价格也保持在 500 美元/t 以上。高价格且供应量有限的进口乙烯基原材料，是推升国内聚氯乙烯企业成本的另一主要因素。

（2）聚氯乙烯需求市场全年总体表现稳定，但仍难支撑三、四季度高价格。

2010 年，聚氯乙烯下游市场增长基本保持稳定，但三季度末开始快速上涨的聚氯乙烯价格，以及随后到来的季节性需求不振，对下游企业的开工生产还是构成了明显的抑制，进而导致了四季度末国内聚氯乙烯市场价格的下滑。同时，考虑到聚氯乙烯庞大的产能、产量基数，未来一段时间内聚氯乙烯市场供应偏大的基本面难有明显改善。

（3）节能减排等政策性影响对国内聚氯乙烯行业的生产带来较大挑战。

为保证“十一五”节能减排目标的如期完成，各地不断加大力度整顿“两高”行业。下半年内蒙古、宁夏、陕西、江苏、浙江、山东、河北、河南等省区陆续出台了包括清理优惠电价、提高差别电价加价标准、严控电解铝、电石、氯碱等高耗能产业的开工负荷在内的一系列具有针对性的政策措施。大量氯碱企业被动降负荷运行，这也造成了个别月份聚氯乙烯产量的明显波动。如 9 月当月我国聚氯乙烯产量为 906kt，是今年 3 月份以来的最低水平。大范围、高强度的节能减排措施在 2010 年下半年的密集出台，一方面刺激行业主要产品市场价格出现了快速上涨，同时也宣告了行业发展“低政策成本”时代的结束。可以预见，政策成本将成为未来氯碱行业发展过程中，影响行业、企业生产运营状况的关键性因素。

（4）期货市场对现货价格的影响进一步加深。

自 2009 年 5 月 25 日至今，聚氯乙烯期货合约在大连商品交易所上市交易已达一年半左右的时间。聚氯乙烯期货交易近一年来，期货价格对现货市场的影响正在逐步加深，价格发现和避险功能正在逐步得到市场认可，整个聚氯乙烯市场的金融属性也在逐渐增强(图 2)。

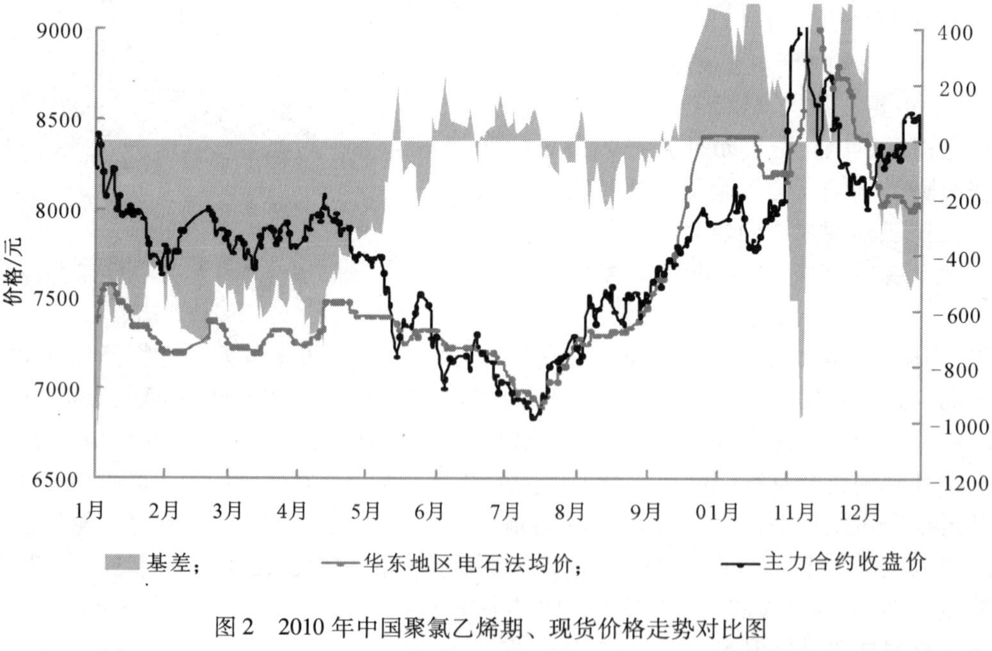

图 2　2010 年中国聚氯乙烯期、现货价格走势对比图

图中很清楚地显示出，2010 年国内聚氯乙烯现货价格与期货价格走势呈现出了高度的一致性，特别是在年中和年底几次现货市场出现重要拐点时，期货价格均发挥了重要的价格发展

功能。随着聚氯乙烯期货的进一步成熟发展，其作为现货市场“风向标”的作用正在得到越来越多市场人士的关注。

对于聚氯乙烯行业而言，2011 年国内市场形势仍然较为复杂。日渐紧张的能源供应形势和工业领域的节能减排政策仍将是聚氯乙烯乃至整个氯碱行业无法回避的巨大压力。同时，宏观经济领域日趋稳健的政策，对于房地产等主要聚氯乙烯下游市场的需求影响仍然存在较大不确定性。特别是，政府部门对通胀预期的抑制，对于聚氯乙烯期货市场的影响也是需要业内人士予以关注的重点。

3. 对外贸易

(1) 聚氯乙烯纯粉(表 1)

表 1　2010 年聚氯乙烯纯粉进出口情况　　kt

	数　量	累计同比/%
PVC 纯粉进口量	1199.1	-26.43
PVC 纯粉出口量	218.2	-7.58
PVC 纯粉表观消费量	12281.9	16.43

由于海外市场需求恢复缓慢，加之国内能源、政策等成本居高不下，国内聚氯乙烯对外贸易出现了进口量恢复性增长而出口量持续下降的结构性变化：2010 年国内聚氯乙烯纯粉出口量甚至低于金融危机全面爆发的 2009 年，已经跌至 2006 年以来的最低水平；与此同时，如果剔除金融危机因素导致 2009 年数据反常的因素，2010 年中国进口聚氯乙烯纯粉的数量已经升至 2006 年以来的高点。

(2) EDC/VCM(表 2)

表 2　2010 年 EDC/VCM 进口情况　　kt

	数　量	累计同比/%
EDC 进口量	358	-37.57
VCM 进口量	1079.5	-21.59

海关统计数据显示，2010 年我国 EDC、VCM 原料进口量均出现同比负增长。但剔除金融危机导致去年同期进口量暴涨的因素，国内进口乙烯基原料，特别是 VCM 的进口总量仍处于正常年份的偏高水平。长线来看，国内能源成本(电力、原料电石等)的持续上涨，以及大量中东低成本乙烯原材料的入市，有可能对未来进口乙烯基原材料市场形成有力支撑。某种意义上讲，进口乙烯基原材料在东部沿海地区聚氯乙烯的发展过程中或将扮演更加重要的角色。

整体来看，2010 年氯碱行业的对外贸易环境明显日趋复杂，人民币升值、国内能源成本不断提升，出口企业面对的市场阻力明显增大。另一方面，同样的因素则使得海外货源进入中国市场的通道日见通畅，进口产品对国内市场的压力日渐增大，产业安全问题仍需业内人士予以密切关注。

二、聚氯乙烯行业生产技术状况

从技术上看，各企业为了提高单釜装置生产能力，除了普遍采用 70m^3 聚合釜及成套技术外，还开始采用 100m^3 以上的大型聚合釜和成套技术。同时，在工艺技术方案上采用先进的配方技术，密闭进料技术，防黏釜技术，新型汽提技术，新型干燥技术和 DCS 控制技术等，提高了生产装置的自控水平和生产效率，提高了产品质量，大幅度降低了原辅材料的消耗和能源消耗。

目前，国产化大型聚氯乙烯成套工艺技术在消化吸收国外先进技术的基础上已经形成独特的技术体系。目前国内具有代表性的大型聚合釜有无内冷却管的 105m^3 釜和 120m^3 釜、带有 8 根内冷却管的 108 釜、顶伸式搅拌的 135 釜。北京化二和上海森松相继成功开发了 100m^3 的大型聚合釜的成套工艺技术，单釜生产能力可达达到 45 ~ 50kt。

采用新的防黏釜剂进行 PVC 悬浮聚合。用蒸汽作载体成功地涂上两层不同种类的防粘釜剂，第一种防黏剂是醛类化合物和芳香类羟基化合物在亚硝酸盐和还原性糖存在下进行综合反应制得；第二种防黏釜剂中至少含有一种辅助抑垢物质，选用水溶性聚合物、无机盐类或酸。在聚合釜中涂布防黏釜剂，生产的 PVC 树脂皮状物少，杂质少，白度高。

在聚合配方上，采用高油水配比，以增加聚合釜的产量；采用氨水和碳酸氢铵混合溶液取代氢氧化钠溶液作 pH 值调节剂，提高产品的白度，缩短了 PVC 加工塑化时间；采用无毒溶剂和过碳酸类引发剂取代偶氮腈类引发剂，使产品的环境安全性能更高；采用多元高效引发剂复合取代二元引发剂，提高了聚合引发速度和反应放热的均匀性，缩短了聚合时间；采用多元分散体系取代二元分散体系，改善了产品的加工性能；采用反应中补加水技术，有效地提高反应换热能力，缩短了聚合反应时间；采用高温热脱盐水技术和水乳性引发剂取代溶剂型引发剂，使聚合釜能在加料结束后直接达到反应温度，节约了聚合升温时间，且对产品质量没有影响；采用同时加料及釜外 VCM 回收的方式，减少了聚合辅助时间。

对超低聚合度 PVC 的生产，采用添加链转移剂的方法，以降低反应温度和压力，提高产品质量；对于高聚合度和超高聚合度 PVC 的生产，采用添加扩链剂的方法来提高反应温度，以提高聚合釜的移热能力和缩短反应时间；对于通用树脂，在 PVC 生产中采用添加改性剂的方法来降低产品的鱼眼数，提高产品白度，缩短产品塑化时间，改善加工质量；添加纳米无机材料或者优化分散剂种类和比例来提高 PVC 颗粒的表现密度，提高后加工的速度；添加特殊助剂生产如抗静电 PVC、阻燃 PVC、消光 PVC、耐放射线 PVC 等；与其他单体共聚生产耐热 PVC 以及内增塑 PVC 等。

VCM 回收压缩单元改变了原来直接全部进气柜后再压缩冷凝的过程。充分利用回收气体的固有压能，回收气体压力高时直接冷凝，压力稍低一点时增压冷凝，压力低于 0.12 MPa 时进行抽压和压缩冷凝，取消了气柜，节约了设备投资和电耗。

PVC 浆料汽提技术的发展是从汽提槽发展到穿流筛汽提塔，再发展到溢流筛板汽提塔，使 PVC 浆料中 VCM 含量有大幅度降低。

在环保方面，开发了“盐酸脱析”回收合成过量 HCl 并循环利用；“超过滤膜 + 反渗透膜”和生物膜法处理离心母液技术，“变压吸附(程序自控)”回收精馏尾气中氯乙烯、乙炔和氢气等技术。

三、国内聚氯乙烯产业面临的问题

1. 高速扩张导致产能利用率降低

统计数据显示，“十一五”期间，聚氯乙烯产能扩张速度较快，相比 5 年前已经翻番，其增长速度远远超过了下游需求市场的增速。持续的产能高速增长伴随长期的装置利用率下滑，最终将造成大量行业资源浪费，并导致行业、企业的运营成本大幅提升，进而导致全行业效益下滑乃至企业大面积亏损停工等严重后果。

2. 能源成本持续提升

氯碱行业是典型的能源、资本密集型行业，可以说基础能源价格的变化对行业企业的运营效益有着决定性的影响。从近年来的发展趋势来看，由于世界各国特别是新兴经济体的工业化过程需要大量的能源供应支撑，需求市场推动全球原油、煤炭等基础资源性产品的价格整体呈现出波动上行的基本走势。

对于国内聚氯乙烯行业而言，除了复杂的国际能源市场之外，面对日益增长的环境和社会以及政策成本，未来几年内国内煤、电等决定聚氯乙烯行业运营效益的基础能源产品的价格几乎将呈现出单边上涨的趋势，这也必将加重行业企业的成本负担。

3. 产品结构不合理，新产品研发和市场开发投入不够

对比国内聚氯乙烯行业，虽然产业规模在增长迅速，但是产品的低端通用型号产能明显偏大，真正高技术含量、高附加值产品的供应能力则十分有限，导致企业在低端通用型产品上的竞争激烈，高端产品却存在缺口的矛盾局面。

4. 对外贸易环境日趋复杂，贸易摩擦日益增多

随着自身实力的不断壮大，聚氯乙烯产品的出口实现了大幅增长，而与之相伴的则是不断增多的国际贸易摩擦。2006 至 2007 年两年间，印度、巴西和土耳其三国相继宣布对中国聚氯乙烯采取反倾销和特殊保障措施。分析认为，中国氯碱工业快速崛起导致的全球氯碱行业市场利益格局的快速变化，是造成外国对我国产品集中发起反倾销调查的主要原因。

另一方面，全球金融危机的爆发极大的改变了国内氯碱行业外部的市场环境，发达国家大型跨国企业在本国市场需求持续萎缩的情况下，正在凭借其强大的全球运营能力加紧对发展中新兴国家市场份额的争夺，国内企业同样须对这一趋势保持足够警惕。

5. 环境瓶颈日益突出，或改变氯碱行业发展模式

“十一五”期间，在国内聚氯乙烯工业的快速发展的同时，政策层面对于行业发展过程中的节能减排、安全生产等领域的关注和调整力度也上升至了前所未有的高度。做为高耗能、高污染行业，行业发展所面临的环境政策空间正在日益收窄。从行业准入标准到清洁生产标准，从单位产品能耗标准到氯碱企业环境风险等级划分方法，一系列日趋严格的产业政策正在成为形象未来行业发展方向的决定性因素。

四、2011 年及“十二五”聚氯乙烯产业发展趋势分析

从行业层面来看，2011 年国内氯碱行业的规模仍将继续扩大。CCAON 统计数据显示，2011 年聚氯乙烯产能规模增速仍有可能达到 10% ~15% 的水平(表 3)。可以预期，产能结构性过剩的沉重负担将成为未来相当长一段时间内，氯碱行业发展过程中面临的最主要问题。与此同时，作为“十二五”的开局之年，“产业结构调整、发展方式转变”将成为 2011 年氯碱行业发展的主线。

表 3　2011 年中国氯碱行业主要产品市场走势影响因素分析

市场影响因素	变化、调整趋势
原材料成本	原油、煤炭等全球大宗商品价格，在国际资本市场流动性泛滥的情况下将进一步升高
国内需求市场	机构预期，2011 年中国 GDP 增速将在 9.8% 左右。建材等聚氯乙烯下游主要配套产业的增长仍将继续保持稳健
外部环境	1. 高企的生产成本以及人民币汇率等因素，将继续成为抑制 2011 年产品出口的主要因素 2. 大量进口货源或利用成本优势及汇率杠杆继续发力中国市场 3. 国际公约(POPs 公约履约、国际汞公约谈判等)对行业发展的限制日益直接和具体
国内政策环境	1. 节能减排工作的长期深入，一定程度上将加大企业运营面临的政策成本压力 2. 产业结构升级、调整，产业发展方式转变，同样将使企业将付出相应的转型成本
自然环境	极端天气频现，或考验行业相关产品及原材料的国内、外物流运输环节

从上述分析来看，国内氯碱行业低成本运营的历史将渐行渐远，政策成本、原材料成本，甚至难以预期的极端气候成本都将成为行业、企业未来运营当中难以回避的现实考验。同时，考虑到仍在持续增长的聚氯乙烯产能规模，国内生产企业的运营效益或仍将长期面对来自市场和成本层面的双重挤压，难言乐观。

进入“十二五”，政策、市场等多个层面将引导氯碱行业逐步摆脱单纯以追求规模扩张为目的的增长方式，进入以“产业结构调整、提升行业发展质量”为核心的新的历史发展阶段。在这行业发展的重要战略机遇期，氯碱及相关上下游行业企业间的资源重组、高附加值新产品制造技术的研发推广、环境友好型生产工艺的广泛应用等将成为这一阶段行业发展的新趋势，这也是“十二五”期间国内聚氯乙烯产业实现规模优势向竞争力优势转化的必然选择。

1. 严控新增产能，建立健全市场机制，淘汰落后产能

严格控制行业扩张，防止落后产能的跨区域转移，引导和推动氯碱企业的兼并重组，淘汰落后产能，加快产业结构升级。建立健全市场机制，加强市场机制对于淘汰落后产能和促进产业结构调整的作用。建立适合氯碱行业的退出机制，加快落后产能的淘汰步伐。

2. 优化产业区域布局，提升产业集中度

优化产业布局，解决布局分散和重复建设问题。根据现有区域资源、能源条件和产能分布现状，继续支持和鼓励中西部地区依托资源优势发展以电石法聚氯乙烯为核心产品的大型氯碱化工项目。东部地区不再新建电石法聚氯乙烯装置，鼓励依托周边新建乙烯项目和港口进口乙烯基原材料便利的优势区域发展大型乙烯氧氯化装置，及配套氯资源多次利用项目。充分发挥各区域化工园区的功能优势，推动产业升级。同时看，促进和推动行业整合，鼓励和支持优势氯碱企业兼并重组落后企业和困难企业，鼓励强强联合和上下游一体化经营，提高资源配置效率，提高行业集中度。

3. 以自主创新和技术进步推动氯碱行业可持续发展

加强自主创新，推动行业技术进步，引导企业采用新技术实现清洁生产和节能减排，加强干法乙炔发生技术、新型干法水泥制造技术和低汞触媒在全行业的推广，加快研究开发电石法聚氯乙烯使用的无汞催化剂，形成一批具有自主知识产权的核心技术与装备。不断开发精细化、专用化和系列化的PVC产品，进一步拓宽产品应用领域。鼓励企业应用新技术、新工艺、新设备、新材料，推进产品创新。按照国家有关规定和管理办法，建设热电联产、开展直购电工作，提高能源利用效率。紧盯新兴产业，服务新兴产业、融入新兴产业，以自主创新技术进步推动氯碱行业的可持续发展。

综合来看，“十二五”将是国内聚氯乙烯产业发展的重要历史机遇期，抓住这一窗口时机，在“十二五”期间发展成果的基础上，全方位提升行业、企业的发展质量，将在很大程度上决定整个产业未来的运行轨迹以及在国内工业和全球工业领域的作用和地位。

（作者为中国氯碱工业协会　副理事长兼秘书长）

公消[2011]65号文
为我国建筑保温材料调整结构提供良好机遇

陈福广

今年3月14日公安部颁发公消[2011]65号文《关于进一步明确民用建筑外保温材料消防监督管理有关要求的通知》，明确规定“民用建筑外保温材料采用燃烧性能为A级的材料”，并提出要求：“对已经审阅同意但尚未开工建设的工程，如建筑外保温采用易燃、可燃材料的，要更改设计，重新报审”。对照公安部、住房和城乡建设部联合颁发的公通字[2009]46号文，此文明确规定了建筑外保温不得采用B_1级和B_2级材料。这就意味着我国目前建筑市场上大多数采用的EPS、XPS和PU等外保温材料将被淘汰出局，甚至有的建筑工程将被仃工。对此，在建筑业、建材业和有机保温材料生产厂引起强烈反响，有的认为，近期国内三场大火的主要原因是施工现场管理不善及采用低劣保温材料所致，并非是[2009]46号文所规定的标准高低问题；大多数生产企业认为“65号文”规定过于苛严，目前也不可能生产出A级有机保温材料，甚至有的企业要求公安部放宽标准，重新 修改65号文；有些建筑业人士认为防火安全与节能减排当然要同时并举，但不能强调了防火安全，而导致建筑节能工作仃滞，节能建筑工程执行的是房屋构造系统防火标准，对材料防火等级没必要作出限制。总之，从不同角度提出了不同的看法。

最近有关建设单位就此热点问题在上海和北京分别召开了规模较大并富有成效的《墙体保温节能与防火标准研讨会》，对推动这一问题的深入讨论和探讨可行的解决方法起到了积极的作用。为了给有关管理部门全面考虑问题，在修订有关标准时进行科学合理的决策，从材料发展和应用角度讨论公消[2011]65号文的贯彻，因为材料是工程建设的基础，材料质量和性能达不到要求，房屋构造系统的节能保温和防火安全均难以得到保障。因此谈以下几点意见：

一、公安部公消[2011]65号文要求墙体外保温材料采用燃烧性能为A级的材料，并不完全意味着EPS、XPS和PU材料一律不能用于建筑保温，关键是这些材料的质量和性能是否符合A级材料要求。

公安部2006年提出于2007年实施的《建筑材料及制品燃烧性能分级》(GB8624—2006)国家标准，替代了(GB8624—1997)《建筑材料燃烧性能分级方法》标准，该标准全部采用欧盟标准EN13501—1，2002《建筑制品和构件的火灾分级》所规定的试验方法和等级划分。根据该标准，A级不燃材料分为A_1级和A_2级，A_1级和A_2级又分别包括匀质材料和非匀质材料(由一种或多种主要和次要组份组成的成份)。EPS、XPS和PU材料作为单一匀质材料肯定达不到A级材料要求，但如果它们的阻燃性能象欧美那样在1~2s内自熄，并用它制作复合夹芯材料，即非匀质材料，就有可能达到A_2级材料标准，在房屋系统防火性能达到安全条件下，完全可以在建筑上使用。我考察欧洲(德、奥)和美国时，就见到多处采用EPS、XPS制作夹芯复合墙体和屋面来建造学校图书馆(3层)，教室(3层)和宠物医院(4层)以及别墅等建筑。当然他们的EPS和XPS的性能要求确实比我国高，其夹芯的水泥混凝土保护层厚度也比较厚。

二、关键是提高保温材料的质量和性能

目前我国节能建筑中的绝热材料产品，绝大多数属低档次产品，虽然这几年国外企业在我国建设几条档次较高的产品生产线，但从总体上看，目前我国建筑保温材料产品档次还是较低的。

就拿EPS和XPS产品阻燃性能来说，国外发达国家的氧指数普遍大于35%，据我了解美国对建筑物防火安全要求最为严格，规定氧指数>35%，企业实际检验都在36%~38%以上；德国≮35%，奥地利≮35%，英国≮33%，我国规定≮30%。

这里特别提出阻燃剂问题，由于我国防火标准中规定，允许采用B_2级可燃材料，很多EPS和XPS生产厂往往不加阻燃剂，或者加入质量低劣的阻燃剂，当然达不到阻燃效果和防火安全要求，即使目前有的生产厂掺加阻燃剂，其大多数采用卤族有机物(如溴化二苯醚等)，这类阻燃剂在燃烧中冒出烟密度很高的浓烈黑烟，有溴化物强烈刺激性，容易造成人员窒息死亡。在国外，欧美国家早已开发出新型阻燃剂，早在1994年我在美国见到EPS点燃时冒出烟密度极低的一缕缕青青白烟，在不到2s内自熄，而且不会产生燃烧滴落物引燃现象，发达国家普遍采用的是磷系或氮系阻燃剂，其燃烧时排放的气体无毒无刺激性。而我国EPS行业可能在这方面做的工作还不够，至今我还没有见到哪个单位开发无毒无害的新型阻燃剂。我们应当在开发新型阻燃剂上下功夫攻关研究，以通过提高EPS的阻燃性能来达到提高其防火安全等级，这是真正提高房屋建筑构造系统防火安全的有效措施，也是消除社会上对EPS在建筑应用上疑虑的有效措施。

目前我国多数EPS和XPS的体积密度和结构强度等性能也存在难以满足建筑功能要求。聚苯板的体积密度直接关系到产品导热系数，体积密度降低，导热系数就会增高，我国现有标准规定已经比国外低，金属面聚苯板密度18kg/m^3，钢丝网架水泥聚苯板密度原为15kg/m^3，近年改为18kg/m^3，膨胀聚苯板抹灰外墙外保温系统聚苯板密度18~22kg/m^3，然而在建筑市场上却常常出现10~12kg/m^{3}的低密度聚苯板，有的甚至以技术创新名义生产体积密度为6~8kg/m^{3}的低劣聚苯板，这些低密度聚苯板不但达不到保温隔热的节能效果，而且强度低，严重损坏工程质量。国外建筑用的保温隔热聚苯板体积密度要求不低于22kg/m^3，大多数产品的体积密度在25kg/m^{3}以上，而且是与导热系数指标相对应要求的；此外，还要求聚苯板有一定的结构强度如压缩强度、抗折强度等，和较低的吸水率。因此我国EPS和XPS板质量和性能除了在防火安全的性能上下功夫外还要相应提高体积密度、增强结构强度、降低吸水率等，以提高聚苯板的档次和水平，这样才能真正满足我国节能建筑的应用要求。

对于无机保温材料，由于我国保温材料生产厂大多数规模小、生产技术落后，造成产品质量和功能低下，更是需要积极开展技术创新，采用新工艺新技术，才能大幅度提升绝热材料的品质。例如对建筑用岩矿棉类保温材料，要在工艺技术上降低体积密度，进一步减小纤维棉的直径，减少渣球含量；或者改变产品结构形式，采取全封闭或半封闭覆盖，表面粘贴加筋覆盖层以防潮吸湿等；有的工厂可能要进行装备技术系统全面的改造，或者引进国外的先进技术装备，才能较快的提高我国绝热材料的生产技术水平，确保产品质量和性能。

除此之外，还要开展各种憎水性和轻质多功能复合绝热材料的开发研究，对于目前行业内正在迅速广泛地发展和应用泡沫混凝土及膨胀微珠等无机保温材料，同样值得我们警觉的是一定要注重产品质量和性能，尤其是吸水性、抗裂和耐久性的要求不得降低，单纯追求降低密度来提高保温性能，忽略其他综合性能指标，仍然达不到建筑功能要求，这样的产品同样是没有发展前途的。这里特别需要提醒的，最近不少地区兴起建设岩矿棉生产线、膨胀微珠和泡沫混凝土厂，以适应当前节能建筑形势发展的需要，这是值得提倡的，但是万万不可搞低水平重复建设，追求低价位、低档次的产品，采用低水平的装备技术，以迎合低价位的市场需求，为了抢占眼前市场，大打价格战，是绝对不可取的。当前我国无机保温材料市场形势很好，我们一定要把提高产品质量和性能放在第一位，以全面满足建筑功能要求为理念，采用新技术，开发与节能建筑要求相适应的新产品，这样才能在建筑市场站稳脚跟，并不断扩大无机保温材料在节能建筑中的推广应用。

三、尽快提高绝热材料标准水平

区别绝热材料在建筑上和工业上不同应用性能要求，分别制定产品标准，是最科学合理和最经济的节能减排措施。近几年，我国绝热材料多项建筑应用标准进行了制修订，对于推动我国绝热材料在建筑上的应用起到了积极作用，但就目前绝热材料建筑应用标准的总体水平而言，仍有提高和完善的必要。我国目前绝热材料建筑应用标准，多数是参照工业上应用要求简单移植到建筑上的，并没有按照节能建筑设计标准的应用要求，作系统对比试验，确定性能指标。因此有的指标规定不尽合理，有的指标明显缺失，例如：国外聚苯乙烯泡沫塑料标准规定，当导热系数要求0.04W/m·K时，其体积密度$\not<$25kg/m^3，同时要求抗折强度$\not<$29.4N/m^2(0.29MPa)；当导热系数要求0.042W/m·K时，其体积密度$\not<$22kg/m^3，同时要求抗折强度$\not<$24.5N/m^2(0.245MPa)，有的还要求最高抗折强度不小于0.34MPa。我国《绝热模塑聚苯乙烯泡沫塑料》[GB/T10801.2—2002]标准，规定聚苯板的表观密度为15、20(kg/m^3)的导热系数均为0.04W/m·K，显然不尽合理，而且只规定了板材压缩强度，无抗折和抗拉强度要求；《膨胀聚苯板薄抹灰外墙外保温系统》(JG149—2003)标准只规定垂直于聚苯板面的抗拉强度为0.1MPa，无其他结构强度要求，有些重要指标缺失或降低，往往造成板材在安装使用中结构强度不足，导致聚苯板断裂或黏结瓷砖的聚合物砂浆撕裂、剥落等现象。因此，应当尽快修订我国建筑应用的EPS标准，为了确保EPS在建筑应用上的防火安全，建议增加燃烧性能的相应技术指标，并适当提高体积密度和氧指数指标，增加抗折和抗拉强度等技术指标要求，严格加强EPS标准贯彻执行的监督和检查，堵绝不达标产品进入建筑市场。

对于岩矿棉、玻璃棉等无机绝热材料标准，近几年进行了修订，对于建筑应用将起到很好推动作用，但有些主要性能指标仍然偏低。例如岩矿棉的渣球含量的高低直接影响到它的导热系数，我国标准规定岩矿棉的渣球(粒径>0.25mm以上)含量<10%，大大低于国外标准普遍规定<4%的要求，发达国家的先进水平有的已达到渣球总含量<20%；我国玻璃棉标准规定表观密度40kg/m^{3}的导热系数≤0.044W/m·K，对照国外标准规定其导热系数≤0.042W/m·K，实际工厂生产的产品导热系数可达到0.0365W/m·K，有的表观密度为50kg/m^{3}的导热系数≤0.034W/m·K，可见国外标准制定的基础水平比我国高。

我们知道岩棉和玻璃棉在高温和低温区使用性能是有区别的，在工业上高中温条件下使用，导热系数是随密度增大而减小，它的最佳密度范围是偏大的，大约控制在150kg/m^{3}左右。而在建筑上低温条件下使用，却并非如此，我在美国考察时，有关方面介绍在住宅中使用岩棉的最佳密度为60～80kg/m^3，玻璃棉为10～50kg/m^3。我国用于建筑上的岩矿棉和玻璃棉质量与国外相比仍有差异，按照我国节能建筑设计标准要求，其最佳密度范围到底多大才合适？这是关系到建筑应用成本问题，必需通过试验研究才能确定标准数值，因为只有低密度产品达到高保温性能才是最经济合理的。因此，对于无机保温材料，我们同样需要通过提高标准水平，进一步提高保温材料的质量和性能，选用经济合理的保温材料产品，做到既能提高建筑保温节能效果，又能降低建筑应用成本。

另外，提高标准水平，还有利于淘汰落后工艺技术，堵绝低劣产品进入市场，规范市场竞争秩序。

四、必须加强应用技术研究，提高应用技术水平

诸多工程事故表明，房屋建筑质量低劣和防火安全缺失，无一不是与应用技术不过关或者施工操作不规范有关。我国绝热材料应用技术目前还比较粗放，往往为了节省投资或降低成本把很多应用技术简化，使应用效果不佳。例如：采用黏结聚苯板的外保温技术，往往用点黏结或少数锚固件连接，加上聚苯板本身结构强度低，致使聚苯板与墙体固接不牢，造成聚苯板断裂或风吹脱落现象；在作装饰面层时，有的用普通玻纤网格布代替抗碱玻纤布或钢丝网片，有的只铺贴一层细网布，经过 1 ~ 2 个冬季后，发现表层开裂、砂浆剥落或瓷砖脱落，或者网格布与聚苯板脱胶等问题。

又如钢丝网架聚苯夹芯保温墙体，我国大都采用人工抹面，难以保证工程质量，容易造成钢丝网架表面砂浆开裂或空鼓现象，在国外是采用机械化涂抹水泥砂浆施工，一面挤出(并非喷射)，一面涂抹，并将聚苯板表面刻成阶梯形沟漕，以防止水泥砂浆掉落，水泥砂浆中还掺加胶体，确保砂浆与聚苯板之间黏结性能良好，以防止砂浆开裂、空鼓或脱落现象，这些都说明我国绝热材料应用技术与国外相比急待完善和提高。

我国目前绝热材料在建筑上应用，有外保温、内保温和夹芯复合保温三种型式，每种应用型式不同，对绝热材料使用性能的要求和应用技术也不同；不同地区对绝热材料的应用要求也不尽相同，因此必须针对不同材料和应用方式开发出相应的施工应用技术。对于外保温，尤其要注重防裂、抗渗、防水和抗收缩变形等性能要求，甚至于还要有装饰效果；至于夹芯保温或复合保温墙体，易于做到绝热材料和建筑物同寿命，我在国外见到这种形式最为普遍，框架结构和钢结构大多数采用夹芯复合保温板，低层砌体结构采用夹芯保温复合墙体，内外页墙体的拉接型式多种多样，从长远看，它也是我国今后节能建筑发展的方向，对它的应用技术更不可忽视，然而这种应用方式又与墙体基材品种和复合墙体结构形式、空气隔离层的设置等有关。因此保温材料在建筑上推广应用一定要结合我国不同地区不同建筑形式，开发研究相应的应用技术，包括开发与应用技术相配套的胶结材料和配套件，如卡销件、锚固件、拉结件或饰面材料等，实在是非常必要，这就要求我们在发展理念上必须注重这方面的研究和解决措施。

另外还要组织企业和有关单位制定绝热材料施工的工法，仅有原则性的施工规程还不够，必须对各种材料、产品的质量要求和施工方式都要有严格的施工工法，施工人员必须按施工工法培训上岗，这样才能保证工程质量和施工效果。

总之，我很同意公安部消防局总工程师杜兰萍所说：“从历史上看，任何一次大的灾难或大的灾害事故，在给人类带来灾难的同时，也总会以某种形式推动某个行业或某个方面的技术进步作为补偿。”我们应当通过公消[2011]65 号文件的贯彻，进一步提高保温材料的质量和性能，并尽快制、修订产品标准和应用技术规程，切实研究和解决当前保温材料在使用中存在的实际问题，这样才能使我国房屋建筑的保温节能和防火安全跨上一个新台阶，有一个新的飞跃。

(作者为中国建筑材料联合会科技教育委员会副主任)

我国医用塑料十一五期间的发展回顾与十二五发展展望

曹常在　田鹍鹏　王长富　赵　鹏

我国医疗器械特别是医用塑料行业是个新兴的高科技朝阳产业。“十一五”期间，我国的医用塑料每年以15%到20%的速度增长，2010年我国的医疗行业总产值将达1000亿元，其中，医用塑料产品达到200亿以上，约占全国医疗器械总产值的20%，国家计划全国农村地区在三年内将建2000家新的县级医院和29000家村镇诊所，这些改革的措施的受惠者之一就是我国的医疗器械行业。据EPSCOM公司分析报告称，2014年，我国医疗器械市场总产值预计达280亿美元。按照医用塑料占医疗器械的20%估算，2014年，我国医用塑料产值约为55亿美元。虽然我国医用塑料近年来取得了巨大的发展，但由于医用塑料产业起步较晚，目前我国医用塑料制品的产值仅占世界医用塑料产值的2%～3%，人均消耗量不及发达国家的5%，“十二五”期间我国医用塑料仍将快速稳定的发展，主要表现在以下几个方面。

一、推广新材料的应用以及改进PVC材料，产品向高端化高附加值发展

从医用塑料原料的消耗情况上可以判断一个国家医用塑料制品产业的发展程度。目前，发达国家制造的医用塑料制品原料多达90多种，包括硅橡胶、聚氨酯、聚酰胺、聚丙烯腈、聚烯烃类、聚醚、聚砜、聚丙烯酸酯等。据报道，2008年，在我国用于制造低档医用制品的PVC原料高达5万吨左右，而我国聚氨酯、聚醚、聚砜等价格相对较高的高分子医用塑料制品原料的年消耗量大大低于发达国家。这表明我国在医用塑料制品的技术水平上与发达国家存在很大差距。发达国家高档医用塑料制品所用高分子新材料的用量已占其医用高分子材料产量的40%，而我国这一比例不足10%，因此，推广医用新材料的应用提升我国的医用塑料的品质已经势在必行。这些材料包括硅胶，聚氨酯，聚烯烃，聚乳酸等，其中，硅橡胶与聚氨酯最具代表性。

1. 硅橡胶

硅橡胶具有较好的机械性能，对人体组织反应小，具有生理惰性，符合医用高分子材料的要求，而且耐热，耐老化从而成为医用高分子材料中最典型的有机硅高分子材料，而且其越来越多的应用到医疗卫生方面。

硅橡胶的应用领域广泛，其可作为导管短期置入人体的某个部位，作为抢救和治疗各种病例的辅助材料和手段。可以作为导管，插管，引流管等，另一方面贵橡胶也可以作为人体器官与组织的代用品长期留置于体内，如人工视网膜，人工肺，人工颅骨，人工皮肤等，同时由于硅橡胶具有良好的渗透和透过性，其也可以用于药物缓释方面，从1957年，硅橡胶就被研究用于药物缓释以来，含硅橡胶的缓释产品已经用于治疗青光眼及节育等方面。

目前，由于我国在硅橡胶方面技术落后，造成硅橡胶品种少，生产规模小，生产设备精度低，因此，绝大多数的硅橡胶医用产品为进口。在“十二五”期间，我们应该重点突破植入人体的硅橡胶材料及装置性能，扩大产品生产规模，提高产品档次，大力推进硅橡胶在医疗领域的应用。

2. 聚氨酯

从20世纪70年代开始，聚氨酯作为一种医用塑料已经受到广泛重视，尤其近年来开发的热塑性聚氨酯弹性体，更是受到普遍的关注，应用范围更宽，得到医学界的肯定。聚氨酯能广泛应用于医学与其 性能是分不开的：①具有优良的抗凝血性，②毒性小，③生物相容性好，无致畸作用，无致敏反应，④具有优良的弹性与韧性，加工性能好，⑤具有优异的耐磨损性能，耐化学腐蚀，⑥可以采用辐射灭菌。

目前热塑性聚氨酯正在向生物工程、细胞工程，免疫工程等方面发展，TPU医用制品种类繁多，主要包括：①导管类制品，主要包括中心静脉留置导管，介入造影导管、化疗泵管、微导管等；②植入制品，主要有人工心脏、心脏瓣膜、人工硬脑膜、人造颅骨等。③膜类制品，医用手套、人造皮肤、血袋、以及安全套等。④其他应用，包括导丝表面涂层，牙科矫形，缓释胶囊等。

3. 医用PVC的改进

PVC是最常用的医用高分子材料之一，在临床上有广泛应用，但它存在不可忽视的弊端：①增塑剂毒性，由于PVC是硬质塑料，因此添加一定的增塑剂对生产柔性PVC是必须的，但近十年来的研究发现，增塑剂邻苯二甲酸二辛酯(DEHP)会对肝脏以及男性生殖系统产生不良影响，因此各国均采取限制措施，严格要接触人体的塑料件的增塑剂含量不超过1%。②药物吸附，研究发现，PVC材质的器械能对胰岛素、硝酸甘油、安定等十几种药物产生吸附从而造成药物浓度的下降。目前发达国家每年正以15%～17%的速度逐渐淘汰PVC医用塑料，鉴于以上原因，各国目前正在研究PVC改性方式以及寻找新的替代PVC材料。主要从以下几个方面改进：①寻找符合要求的无毒增塑剂，如环氧大豆油，柠檬酸酯等，但是由于目前市场及技术的原因，仍未普及。②共聚改性，丙烯酸酯类、醋酸乙烯类单体与聚氯乙烯共聚兼有内增塑剂和抗冲击特点，制品具有良好的耐冲击性和耐候性、易于加工等特点。③共混改性，采用柔软而稳定的高分子材料，来代替DEHP类增塑剂，如聚酯型的聚氨酯与医用PVC共混，可以改善PVC增塑剂的溶出(表1)。

表1　2005年以来国内聚氯乙烯树脂的生产与需求状况　　kt

时间	产量	进口量	出口量	表观消费量
2005	6492	1551	119	7924
2006	8238	1542	499	9191
2007	9717	1304	753	10268
2008	8817	1127	646	9297
2009	9155	1630	236	10549

二、提高加工工艺及精度，向精细化功能化发展

精密医用导管具有尺寸微小，形状复杂，几何精度高等特点，与国外相比，我国医用塑料的发展非常比较落后，主要体现在医用塑料产品所需的原料门类不全，加工精度不够，未能掌握精细加工的为微量注塑及控制系统。缺乏相应的二次成型设备，管体的端部成形、管体的焊接、气囊成形、气囊组装、管体开孔等。近年来，国内厂商与科研院所在医疗用管挤出方面也进行了大量的研究开发工作，如北京化工大学塑料机械及塑料工程研究所开发的精密医用导管的成套生产技术及装备，可以生产各种单腔管、多腔管、多层复合管等医学用途的精密导管(表2)。

表2　导管基本特性及对材料的要求

分　类	要求特性	
1. 材料本身特性	物理性能	扭转传导性、可跟踪性、推进性、滑动性(润滑性)、耐弯曲性、耐久性(耐疲劳性)
	化学稳定性	贮存稳定性、耐灭菌性、耐药性
	成型加工性	注射成型性、挤出成型、高频熔接性
	X线显影性	
2. 生物体对材料的影响	生物适应性	耐分解性、耐老化性、无吸附及沉淀物生成
3. 材料对生物体的影响	血液相容性	抗血栓性、抗凝血性。
	生物适应性	无毒性、无致敏性、无致癌性、无抗原性

对于与体液接触的医用产品来说，体液与材料的大多数的生物学反应发生在表面，因此通

过材料的表面处理技术可以改变医疗器械的性能，并赋予医疗产品特殊的功能，如提高材料的硬度，耐磨性，超润滑性，生物相容性，抗菌性等，可以减少病人痛苦，便于医护操作，延长医用塑料产品与血液的安全接触时间，可延长滞留，随时检测病人状况等。

因此，开发精密医用导管生产技术与设备并运用接枝，包覆、喷涂，等离子沉积等技术提高产品的功能性对于提高我国医用塑料产品的竞争力，降低国内人民的医疗成本，都具有非常显著的意义。

三、加大新产品研发，产品向多元化、规模化发展

我国医用塑料除了要向高端化，高附加值，高精度发展外，多元化合自动化也是一大趋势，产业涉及面要广，尽可能覆盖所有医疗科室。经过多年的发展，我国医疗产品已经形成以下几个大类：

① 输液输血器具，包括注射器，一次性输血器，血袋等。

② 呼吸麻醉类器具，包括气管插管，各种扩张管，中心静脉等。

③ 心外体循环产品，包括氧和器，血液浓缩器，心脏瓣膜，体外循环管路等。

④ 介入治疗导管类，包括血管造影导管，导管鞘，中心静脉导管等。

⑤ 其他产品，包括护理用各种导管，各类医用连接件。

虽然我国医用塑料产品已经形成了一定水平的产业化、规模化的趋势，但是产业适应市场需求变化能力较差，这也是导致国内低水平产品的同质化现象严重的重要原因。因此继续加大研发，细化产品，推进产品向多元化、规模化发展能降低生产成本，提高产品竞争力。“十二五”期间，医用塑料产品规模化发展重点有以下几点：

① 血液净化产品。据统计我国每年消耗的透析器在800万只以上，但是各大医院透析器95%依赖欧美、日本等国的进口产品，如德国费森尤斯，日本旭化成等，国内自行生产仅占5%，而且在产品质量，生产工艺上与进口品有一定的差距。要从根本上扭转这种局面，必须研究开发我们自己的产品，攻克制膜技术，封口技术等关键技术，形成产业化优势。

② 心血管系统植入物。心血管系统植入物主要是指心脏瓣膜，人工血管，血管内支架及心脏封堵器等心内产品，目前国产心内产品少，与国外产品仍有一定的差距，由此造成国内临床急需的这类高技术含量、高附加值的先进医疗器材产品，几乎全被国外垄断，这就是为何在国内医院做一次植入心血管支架手术要花数万元人民币的原因。当前国内有30余家企业在做心脏内科导管及支架的生产及研发。这些企业产品的升级换代必然带来我国医用塑料产业的提升。

③ 人工晶体，眼科植入物产品。目前的人工晶体植入体内早起发生炎症反、致敏反应等不良反应，还经常发生眩晕，蓝视等不良反应，因此，攻克人工晶体精密加工技术、等离子体修饰技术等成为规模生产我国自主创新眼内植入物的关键技术。

（作者单位为天津市塑料研究所）

浅谈给水用塑料管材抗菌功能化的意义

李毕忠[1]　王占杰[2]　李泽国[1]　阳　文[1]　张振路[3]

水是生命的源泉，人的生存一刻也离不开水。“健康”与“安全”是现代人最为重视的，饮用水的水质是人们关注的焦点。从水质保证来看，合乎标准的生活饮用水通过供水管道输送到千家万户，传统的管道系统多采用金属管材，如镀锌钢管等。镀锌钢管易生锈、易腐蚀、易渗漏、易结垢，水管的铁与空气中或水中氧气发生化学反应，管道里外都会生锈，并滋生各种微生物，污染管道中的自来水，这些受到"二次污染"的自来水中携带的细菌是"无形"的杀手，时时威胁着我们的健康。发达国家以塑料管代替镀锌钢管作为饮水输送管，倡导不生锈、无腐蚀、无渗漏、无结垢的优质绿色管材，希望能彻底解决自来水管道系统中的二次污染问题。

一、当前给水用塑料管使用的现状

塑料管在国外很早就开始应用于城市供排水、建筑给排水、热水供应、供热采暖等领域，其中最主要的应用领域之一是给水管网及饮用水管领域。在众多塑料管材品种中，PVC 管道的用量占绝对优势，但近几年无论在给水管道领域，聚烯烃管材的发展速度，大大超过 PVC 管材。PP－R 管材与管件是欧洲 20 世纪 80 年代末、90 年代初推广应用的新型塑料管道产品，使用量较多的国家有意大利、德国等。

PP－R 塑料管本身无毒，合乎卫生要求，但和其他管材一样，普通 PP－R 塑料管没有抑制细菌的自洁功能。在家庭用水这种特定环境下，由于水源的污染、自来水厂的落后工艺及其管网的陈旧不合理等客观因素，使家用的自来水管成为水质二次污染物的聚集地和细菌滋长地，这些有害细菌在水管中滋生蔓延形成菌膜，再次污染自来水体，将严重影响到人们的健康。

有的自来水管在使用一段时间后的管内壁污垢取样，检测结果是：一种黄色锈瘤，内含杆菌、球菌、细状菌等微生物，大量的铁细菌、埃希尔大肠杆菌、肠道细菌、栖居菌、不动杆菌属、气单胞菌属、节杆菌属、芽孢杆菌属等，多达 31 种和恶臭假单胞菌属至少 14 种生物型，甚至发现耐氯微生物的滋生如直链菌属、脆杆菌属、丽管螺属和小球藻属等。管内壁污垢中异养菌、大肠杆菌、放射菌和真菌浓度极高。

国内建筑物的给水管以往大多采用钢管等材质，屋龄超过五年的房子，自来水管管壁便会开始沉淀重金属、孳生杂菌、微藻植物等有害物质，随着时间越久，锈蚀、积垢的情形便日益严重，水管内壁会逐步沉积重金属、锰、镉及杂菌等，如通过生活用水一点点被人体吸收，虽在短时间内不会出现很明显症状，但是长期使用这样的水，人体健康将受到损害，肝癌、肾病、皮肤病及一些精神病状况会也会悄然上身。

我国台湾一项《台北市居家水质检验调查》发现，不论是屋龄 1 年半的电梯大楼，或是将近 30 年的旧公寓，都可在居家水塔或是水龙头管壁采集到黄稠黏腻的"生物膜"，且生物膜中 100% 检验出大肠杆菌群。中正大学地球与环境科学系副教授许昺慕指出，细菌薄膜是居家饮用水主要的污染来源之一，而且在居家饮水管线，包括水塔、蓄水池、水管，甚至水龙头都可以找到。居家管线与储水设备只要久未清洗，或是水管老化生锈，水中细菌就会附着生长在内壁，形成一层黄稠黏腻的细菌聚群，称为"生物膜"。这层细菌膜蓄积具黏性的多糖体，可使各类微生物(包括病原体)一层又一层的增生加厚，当生物膜脱落，这一块块的菌群就顺着水流出水龙头，流进居家的锅碗瓢盆里。生物膜中隐藏多种病原菌与微生物，包括多种致病的肠道细菌，污染水质后可能引起各式肠胃疾病，有可能造成儿童腹痛、腹泻、发烧、头痛等症状。生物膜中还可能藏有退伍军人菌、自由型阿米巴原虫等致病微生物，这些菌落若脱落管壁流入水中，就会成为自来水的污染源，影响饮用水安全。

2009 年 7 月 6 日 4 版孝感晚报报道，湖北某地居民在自己家中自来水中发现有一些微生物存在，后经反复检验分析，技术人员认为这些微生物并非来自自来水公共管道，可能是夏季温度过高，太阳直射户外给水管而滋生出的微生物，特别是某些“高龄”水管使微生物更易滋生。

由此可见，铁管易受微生物侵袭，塑料管虽属清洁输水管道，但仍不能避免有害微生物侵蚀污染。为了保证我们用水安全，虽有专家建议对使用的塑料管道定期进行杀菌、消毒处理，但实际上，清洗水道管网是一项除非在特殊事件逼迫下才做的耗资巨大的工程，不太可能作为一件常规事务来执行。

新华网2007年01月26日专稿：据路透社24日报道称，美国公众越来越担心水供应问题，美国水专家最担心的不是武装分子发动袭击或者全球变暖导致雪量减少，却是生锈的管道。

蒙大拿州立大学的微生物学家兼水专家蒂莫西·福特说：“把水弄干净，再放进脏管子里，那就没什么意义了。我认为，输送系统是我们未来面对的最大危险和首要问题。”

美国各地的城镇每年花500多亿美元清洁来自河流、湖泊和地下蓄水层的水。目前美国有17万个公共输水系统，把符合1974年《安全饮用水法》的自来水送到千家万户。但是，经过昂贵的净化处理后，这些水却要流过五六十年甚至100年以前埋在城市地下的管道才能进入你的杯子。

那些延伸到美国各地的管道总长近161万公里，大多是铁制。专家说，随着铁管生锈破裂，不仅水会漏出，疾病也会钻进来。全国科学研究委员会在为环境保护署开展的一项研究中说：“5年以来的调查表明，由饮水传播的疾病——起因包括微生物和化学物质——有很大部分可以归结为输送系统的问题。”

自然资源保护委员会发言人埃里克·戈尔茨坦说，费城、芝加哥、丹佛和纽约这些美国最古老的大城市都出现输水系统需要维修的迹象。纽约输水管道漏得最厉害的地方每月流失10亿加仑(约38亿升)水。老化的基础设施将对消费者的身体健康构成越来越大的威胁。

超过2.73亿美国人使用的水来自公共输水管道。另外10%的美国人从私人水井中取水。对自来水质的担心使越来越多的美国人转而使用瓶装水或家庭过滤装置。美国国家卫生基金会国际部说，40%以上的美国家庭都在使用某种形式的水处理装置。环境保护署的规定要求水在离开水厂之前要经过检测，确定是否含有隐孢子虫和军团菌等老管道里常见的微生物。

由此可见，自来水公共输水管道和进水管的基础设施是饮水卫生的重要基础，非加以重视不可。

二、抗菌塑料管道技术介绍

抗菌给水管是指给水管能够抑制细菌繁殖，从而避免在管壁产生菌膜的功能管道。抗菌水管由抗菌材料制成。

抗菌塑料给水管材PP－R、PVC等，通过特殊的分散技术，将载银\锌沸石、载银玻璃、载银磷酸锆或氧化锌等微纳米无机抗菌粉体，混合制成抗菌塑料，再用塑料管道生产设备和工艺，制得具有抗菌功能的塑料管道。这种对普通塑料管材进行抗菌化处理的生产技术，可以大批量推广应用。使用中，细菌等微生物不能在该塑料表面滋生存活，因此可以实现“一劳永逸的管道自洁性能”。

这种纳米复合抗菌塑料管道中通常含0.4%～2.0%的无机抗菌剂，因此具有如下性质：

① 管道塑料中已结合的极微量的银离子、锌离子，对革兰氏阴性菌、革兰氏阳性菌、真菌、霉菌乃至藻类具有广泛抑制效果，使其自身免受有害微生物的侵害，防止菌膜生成。从而保证了水质不被二次污染，保持其卫生质量不下降。

② 塑料管道的抗菌性能持久，起抗菌作用的银离子或锌离子被抗菌剂结构的缓释系统保

留和控制释放，使用多年后仍然能保持良好抗菌效果。

③ 抗菌体系属于无机抗菌剂，安全无毒，符合塑料管材的各种卫生标准要求。

④ 含有抗菌剂的塑料和常规塑料的加工性能基本相同，对管材加工工艺无需做较多改变。抗菌塑料管材的物性指标符合塑料管道的性能要求。其施工性能和普通塑料管道相同。

北京崇高纳米科技有限公司经过多年的系统研究和产品开发，已开发出 PP－R、PE、PVC 等品种的抗菌塑料管道生产技术，符合中国建材行业标准 JC/T939—2004《建筑用抗细菌塑料管抗细菌性能》的抗菌性能标准，技术水平处于国际先进。该技术已在多家管道企业推广应用，生产和施工企业取得了一定的经济效益和社会效益。

三、抗菌塑料管材的应用特点和性能标准

抗菌塑料管材的应用特点要求抗菌性能有效、抗菌范围广谱、抗菌效果长效，并适用于在涉水环境中使用。

中国建材行业标准 JC/T 939—2004《建筑用抗细菌塑料管抗细菌性能》是根据国内外抗菌材料及其应用的技术发展情况制定的，是我国第一个抗菌塑料管道的产品标准，该标准于 2004 年 10 月 20 日发布，已于 2005 年 4 月 1 日实施。北京崇高纳米科技有限公司是该标准中负责技术的主要起草单位之一。

该标准对抗菌塑料管抗细菌性能给出定量评价方法和技术要求，并规定了抗菌塑料管的抗菌持久性能要求。

该标准使用国际上评价抗菌塑料的抗菌性能的最先进的测试方法——接触测试法(贴膜法)，标准中选择的测试菌为革兰氏阳性菌代表菌金黄色葡萄球菌和革兰氏阴性菌代表菌大肠杆菌。该标准是我国最早的抗菌材料和抗菌产品的标准之一，但即使从今天看来，标准所采用的测试方法和测试菌株是非常先进的，与 2007 年国际标准化组织颁布的抗菌塑料标准 ISO 22196—2007《塑料——塑料表面的抗菌活性》(ISO 22196：2007 Plastics－Measurement of anti-bacterial activity on plastics surfaces)相同。

该标准规定的抗菌塑料管的抗菌率应大于 99%(有较强抗菌性)和大于 90%(有抗菌性)，其技术指标的设定是先进的，同时也照顾到了国内抗菌塑料当时的技术水平。

抗菌塑料管道抗菌性能的持久性能，该标准参考了日本抗菌技术协会的抗菌性能加速测试实验条件，规定试样在温度为(50±2)℃的蒸馏水水浴中浸泡 16h 后抗菌性能指标为抗菌率大于 90%。

特别是，在标准中对技术指标规定为抗细菌率大于 99% 的产品可以报告有强抗细菌作用，抗细菌率大于 90% 的产品可以报告有抗细菌作用；并且规定在水浴浸泡处理后的样品抗细菌率大于 90%，则可表明本产品具有抗细菌耐久性。

国家建材行业标准的颁布实施，对抗菌塑料管道，特别是给水管的产品开发和应用起到了一定的推动作用。我国抗菌塑料管材生产企业已由起初的 4 家发展到现在近 20 家，一些实力雄厚的管材生产企业纷纷生产出自己的抗菌管道产品，包括抗菌型铝塑复合管、PP－R 管、PVC 管、玻纤增强抗菌管(PP－R)等，部分产品已广泛使用于北京、深圳、西安、长沙、太原等地。

四、抗菌塑料管材的饮水安全性问题

抗菌塑料管材的抗菌材料选择和使用必须遵循安全原则。

无机抗菌剂的关键成分是银和锌。银是贵金属元素。人类历史上早就使用银器作为高档食具，不仅是银器给人以高贵的光泽、厚重的殷实感，还因为银器食具能够防止食物腐败变质，防止疾病发生，保护人类健康。无机抗菌剂是现代技术将银的杀菌抑菌特性加以发挥，用微量的银制造大量的抗菌产品，将人类的这一远古发现运用到现代生活，造福现代人。银和人类在长期生活中已处于共生的和谐环境中。

近年的科学研究表明，锌是人类的必需元素。锌在儿童发育、生殖等都不可或缺。

当然，有益元素如果过量摄取，也会带来副作用，甚至导致中毒。可喜的是，微量银的存在就可抑制细菌的繁殖，银的最低抑菌浓度为 5×10^{-6}。

GB/T 17219—1998《生活饮用水输配水设备及防护材料的安全性评价标准》对给水管材、管件的卫生安全性检验作了规定，其色度、浑浊度、pH 等23项指标均应符合标准，对人体无害，才可以作为给水管使用。

五、抗菌塑料管材的应用意义重大

目前日本等发达国家生活饮用水已发展为入户可直接饮用的高质量饮水，所以对给水材质的卫生安全性要求很高。饮用水或直饮水水质取决于两个主要方面：原水净化处理效果和输水管路保障系统。

20 世纪 90 年代初纽约城市供水管被细菌污染事件几乎造成城市瘫痪，恢复供水的管路清洗工作耗资巨大。因此，抗菌塑料管材作为一类具有抑菌功能的新型塑料管材，在保持管材原有使用功能和安全性的同时，赋予了管道卫生自洁功能。抗菌管材管道对保持水质和防患于未然是十分必要的。抗菌塑料水管、管件、龙头已成为发展趋势。

近年来中国的塑料管业以令世人惊奇的速度蓬勃发展。中国塑料管产量从 90 年的不到 20 万吨增长到 2010 年的 840 万吨，平均年增长率近 20%，居世界首位。在产量大幅增长的同时，市场对高品质塑料管材的需求也呈快速增长态势，与百姓生活密切相关的给水管卫生安全性能标准会越来越高，抗菌塑料管材等技术含量高的管道在市场上将会得到更广泛的认可。

随着我国经济和科学技术发展，人民生活水平提高，对饮用水安全的关注程度越来越高，建筑用抗菌塑料管材将成为给水管的主角已成为必然。

（作者为[1]北京崇高纳米科技有限公司，[2]中国塑料加工工业协会塑料管道专业委员会，[3]长安责任保险股份有限公司工程质量险部）

中国塑料废弃物资源化现状及前景

唐赛珍

1　中国塑料生产和消费

中国塑料工业的发展历史尽管较欧美日发达国家短，但发展速度很快，目前已跻身于世界塑料工业大国的行列。塑料原料（合成树脂）、塑料制品的生产量和消费量仅次于美国居世界第二位。2010 年合成树脂的产量 43620kt，比上一年增长 21.05%，表观消费量 63650kt，增长 11.91%，塑料制品产量 58300kt，2006 ~ 2010 年间年均增长 20.1%。中国人均消费量 46kg，略高于世界 40kg 的平均水平。历年中国合成树脂、塑料制品的生产，消费情况参见表 1 ~ 3 和图 1、图 2。

表1　2005～2010年中国合成树脂产量、消费量　kt

年　度	生产量	进口量	出口量	表观消费量
2005	21426	18788	1859	38355
2006	25257	19174	2728	41703
2007	30735	20463	3582	47616
2008	31296	23296	2678	51914
2009	36036	23812	2964	56878
2010	4362	2390	387	6365
其中	2010年	2009年	2009年	2010年
聚乙烯(PE)	9857	7409	62	17107
聚丙烯(PP)	9167	4162	45	13558
聚氯乙烯(PVC)	11301	1955	276	12545
聚苯乙烯(PS)	4345	1185	275	4555
丙烯腈-丁二烯-苯乙烯共聚物(ABS)	2502	2168	5	3946
聚酯(PET)	11892	—	—	13004

表2　中国塑料制品历年生产量和实际消费量　kt

	2005	2006	2007	2008	2009	2010
生产量	21980	280100	33020	37138	44793	56300
实际消费量	26589	33775	37423	35000	53800	60000

表3　2010年塑料制品进出口情况

年　度	进口量/kt	进口金额/亿美元	出口量/kt	出口金额/亿美元
2008	1586	119.32	11921	2691.4
2009	1491.4	115.99	10112	266.92
2010	1838	162.00	14622	359.40
同比增长	232	39.7	446	34.6

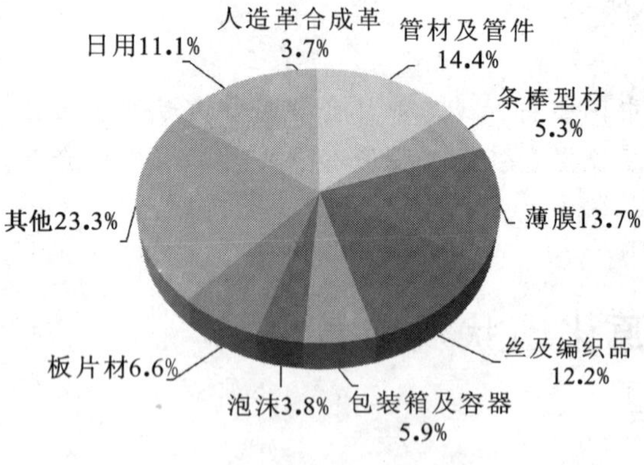

图1　2010年塑料制品分品种产量结构

塑料制品应用最大领域是包装，2010年塑料包装材料产量达16290kt，同比增长22.3%，在塑料制品总产量中占27.9%。2010年塑料包装材料产品结构如图3所示。

以上数据显示，近两年来中国塑料工业尽管受到全球金融危机的影响，但发展速度仍稳步持续增长。中国已成为生产消费大国，但还不是强国。在工业技术研发创新、新产品开发、废弃物资源再利用方面与发达国家比较存在一定差距。目前，中国塑料工业正在加强技术创新，加快产品升级换代，大力调整产品结构，积极优化产业集群，努力做好废弃物的资源化工作，积极创建与环境协调可持续发展的绿色塑料工业。

2　中国塑料废弃物的现状及问题

过去中国对塑料废弃物的回收利用不如纸张、金属等重视，废弃塑料大量流失在自然环境或堆(填)埋场中，不仅对生态环境造成严重的负面影响，而且也是资源的极大浪费。另一方面，中国是塑料消费大国，也是资源贫乏的主要国。目前塑料原料几乎一半依赖进口，再生塑料是解决塑料资源的主要辅助途径之一，从而受到政府与社会相关部门的高度重视。近年来国家已把塑料资源化再利用作为治理环境污染和缓解塑料资源紧缺的一个重大战略。正在加速减量化、循环利用、回收再生利用、无害化以及充分利用可再生资源，补充替代有限的石化资源，同时把从源头抓起，节约原材料消耗、清洁生产、节约能量、减少废弃物产生量以及加强资源综合利用、循环利用作为重要的发展战略和措施。

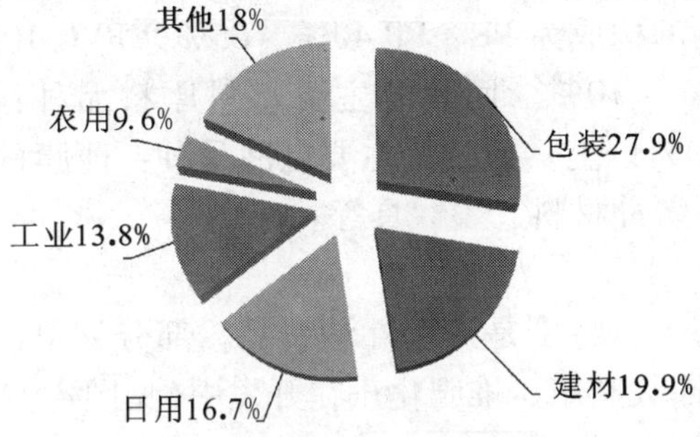

图 2 中国塑料制品市场分布

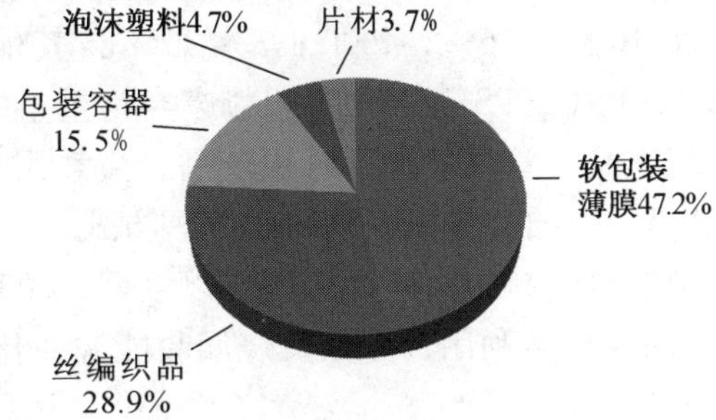

图 3 中国塑料包装材料产品结构

2.1 现状

2.1.1 概况

据报导，我国城市固体废弃物(MSW)年产量达250Mt，其中塑料废弃物约占8%～9%。

据有关部门测算，中国塑料废弃物社会拥有量近40000kt，中国2010年消费后的废弃物回收利用量已超过10000kt，回收利用率20%左右，落后于德国50%以上的先进水平。

塑料废弃物2010年进口量约8000kt，加上国内回收的废弃物，共消费18600kt，相当于塑料原料表观消费量的31%。

2010年塑料废弃物回收利用工业总产值已由2000年20亿元增长到1000多亿元。中国近年来塑料废弃物的再生量及进口量如表4所示。

表4 2005～2010年中国塑料废弃物回收利用量及进出口量 kt

年份	2005	2006	2007	2008	2009	2010
回收利用量	6220	7000	8200	9000	10000	10600
进口量	4956.5	5864.4	6844.7	7074.5	7320	8000
出口量	210.2	183.1	167	33.6	—	—

2.1.2 中国塑料废弃物主要来源和渠道

① 中国塑料废弃物的两个来源：国内产生量，国外进口量

② 中国塑料废弃物的三个渠道：

——生产过程中产生的随机废弃塑料；如边角料、下脚料、机头料、残次品等；其特点是干净、易于再生利用。

——散落在日常生活垃圾中经过民间渠道或政府法规强制收集的塑料废弃物，主要是一次性消费品，如塑料薄膜(袋)，塑料瓶等这类塑料杂乱、污染程度比较严重。收集和资源化利用技术难度高，是当前关注的重点。

——家庭和商业废弃物中分类清理出来的塑料废弃物，如包装容器、编织袋，家电等包装材料及壳体是最大的来源。

2.1.3　中国塑料废弃物主要产生源

中国塑料废弃物主要产生源：广州、上海、北京、江苏、浙江、福建等大中城市。据不完全统计，上述省市的产生量约占全国总量的70%以上，在广州，上海，北京，深圳等城市固体废弃物(MSW)中所占比重均高达10%以上。

2.1.4　中国塑料废弃物构成及主要品种

据有关部门测算，国内生活垃圾中塑料废弃物的构成为PE、PP 40%～65%，PVC 10%～20%，PS 10%～16%，PET 8%～12%，其他6%～10%。回收的主要塑料原料品种：PE，PP，PET，PVC，PS等，约占塑料废弃物重量的90%以上。回收的主要制品品种：薄膜(袋)、片材、编织品、管材、网、日用杂品、文教用品、缓冲材料、餐饮具等。

2.1.5　中国塑料废弃物回收处理方式

中国塑料废弃物回收处理方式以堆埋、填埋为主，特别是一次性消费品。部分材料(物质或机械)回收再生利用，少量焚烧回收能源，化学回收利用、堆肥化正在开发中(见图4)。

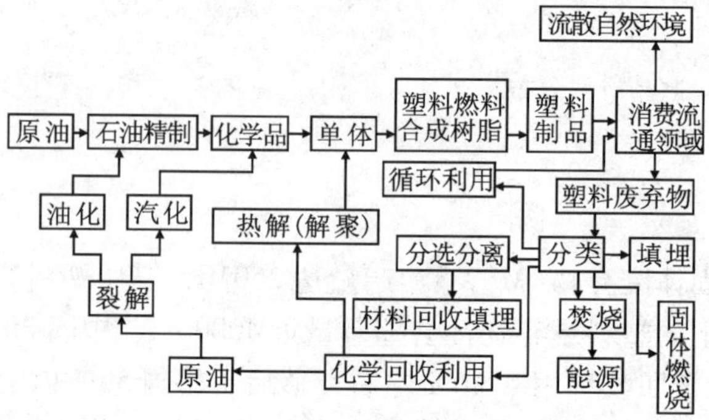

图4　塑料的生产、消费与回收再利用循环体系

2.1.6　塑料废弃物交易场所

中国塑料废弃物交易场所几乎遍布全国，但主要分布在广东、浙江、江苏、山东、河北、辽宁等塑料加工业发达省分，已经形成大规模的回收交易市场和加工集散地。

2.1.7　中国从事塑料再生加工企业

中国塑料从事塑料再生加工企业两万多家，绝大多数为中小型企业，以加工国内产生的塑料废弃物为主，主要分布在塑料加工行业内部，废弃资源和废旧材料回收加工企业内部及个体工商业。大中型企业主要加工国外进口塑料工业废弃物。

2.1.8　塑料废弃物再资源化实例

① 北京盈创再生资源有限公司通过深层清洗、深度净化工艺开发的PET废弃瓶反馈式闭路循环利用的先进再生切片生产线，是中国塑料废弃物资源－产品－资源循环利用产业化较大突破。其产品已通过权威部门检测，各项指标达到国家食品卫生标准，并已取得美国FDA美国可口可乐公司和法国达能公司的认证，产品已进军国际市场。据了解，该公司年回收PET废弃瓶50kt(22亿只)，相当于节约石油300kt，减少二氧化碳排放160kt。

② 广州高士环保材料有限公司开发的采用PS发泡塑料餐具再生料生产人造木材“森柏”的生产线，已有小规模生产，其产品主要为德国某环保公司每年定量供应的人造木材，主要用于户外庭园型材、地板、围栏、花架、桌椅等。用于宣传PS塑料发泡餐具的循环利用，提高人们的环保意识。

③ 山东淄博英科国际控股有限公司已被授予“中国塑料再生循环利用研发生产基地”称号。

该公司利用国内外废弃的EPS泡沫材料，通过高科技无害化回收和优质再生改性，加工成各种高分子仿木装饰线材产品，主要用于家具装饰行业和建材工业，产品90%出口。目前已形成了塑料废弃物加工设备、废弃物优质再生、循环利用一条龙产业体系，目前EPS废弃泡沫塑料的回收利用已达30kt/a的规模。基地建成后，每年可回收加工EPS废弃物100kt，相当于每年减排200kt二氧化碳，节省300kt石油资源，可避免砍伐1000万棵树木，具有很好的环境效益和经济效益。

④ 目前我国每年消费以无菌复合纸为主的饮料包装材料约400kt，这些包装材料通常以纸板、聚乙烯和铝箔等材料组成，具有阻光、恒温、无毒、安全和成本适中的特点。这类饮料包装废弃后如处理不当将会给环境带来极大的压力。目前许多单位正在开展此类多元组成材料的分离回收利用工作。据报导，北京市科委已投入科研基金对这类饮料包装废弃物分离回收利用技术进行攻关，已建成一个日处理规模15t饮料包装废弃物的示范工程，已研制开发出铝塑热解分离工艺及相关配套设备，并正计划扩建成日处理规模50t的回收利用基地。基地建成后，不仅有效解决饮料包装废弃物的环境污染问题，还能生产出优质纸浆、铝材和塑料。另利乐(北京)有限公司也开展了这类材料的资源化回收利用工作，已建成无菌包装废弃物回收利用生产线。但目前难题是尚未建立有效的回收渠道和体系，因此不时出现的无米之炊，影响了作业的连续性和经济效益。

⑤ 塑木复合材料是当前国内外塑料废弃物资源化成功的实例之一，其主要由聚烯烃塑料废弃物与纤维素(桔杆、木粉、稻壳等)等经特殊加工而成的一种新型材料，不仅具有天然木材的特性，而且具有不易腐烂、不变形、拒虫害、无需维护等优点。已广泛用于室外亭台、栏杆、花架型材，室内装饰材料以及包装、物流用大型托盘等。国内已有几十家公司生产，其中江苏联冠科技发展公司是国内塑木复合材料和制品以及成套加工设备的主要厂商之一，其产品行销全国各地，并出口几十个国家和地区。

⑥ 上海昆山保绿资源再处理公司开发的PS发泡餐具资源化再利用生产线和上海市人民政府创立的“三分钱”工程回收管理体系，较好解决了一直被视为难以回收利用，并被炒得沸沸扬扬，被戏称为“白色污染”元凶的PS发泡餐具的治污和资源化再生利用的难题，已生产出塑料建材、物流托盘、污水井盖等高附加值产品。目前正受到政府和社会相关部门的极大关注。

⑦ 苏州高新集团公司和日本同和株式会社年前签订了“关于苏州废旧家电再生利用示范项目的启动及循环资源合作项目”的合同。该项目引进了全国首条家电回收生产线(年处理能力40万台)，该项目的实施将为电子电器等耐久消费品种的塑料拆解回收技术和标准认证打下基础。

2.2　主要存在的问题

塑料废弃物的回收处理和资源化利用是一项政策性强、涉及部门广、学科多、难度大的社会系统工程，目前主要存在的问题：

2.2.1　人们环保意识不强，对大部分塑料废弃物可以通过不同回收方式资源化再利用的认识不足。

2.2.2　一次性塑料废弃物量大、分散、脏乱、回收利用难度大

2.2.3　从宏观层面对塑料废弃物回收利用行业的统筹规划和具体扶持政策有待进一步制定和加强。

2.2.4　缺乏完善的塑料废弃物回收管理体制和节约原料体制，

2.2.5　塑料废弃物回收处理是一项复杂的系统工程，目前尚未形成科学的、可靠的、有

效的回收渠道。

2.2.6 缺乏先进，高效的分选，分离技术和高端应用的处理加工技术。

2.2.7 缺乏完善的塑料废弃物再资源化技术规范及健全的标准和认证体系。

3 中国塑料废弃物资源化产业前景分析

3.1 全球塑料工业消费量已超过25kt，长期以来塑料工业快速发展的石油资源已日趋枯竭，从而目前塑料工业面临的资源贫乏，环境污染的压力更加严峻。遵循循环经济的理念，为构筑节约资源、低碳经济、环境和谐型社会及实施可持续发展的战略，加速塑料废弃物回收资源化再利用，塑料工业与环境协调发展，已成为世界塑料工业发展的总趋势和重要战略，资源化循环利用也是中国的主要国策。

3.2 中国塑料工业仍以年均10%左右的速度增长，而且使用寿命较短的包装材料，农用资材及日用品的消费量在塑料制品总消费量中占50%以上，因此中国塑料废弃物资源化潜力很大。

3.3 中国塑料废弃物回收处理和加工利用已由过去的小型分散、落后的群体，正在向回收加工集群化，市场交易集约化体系发展，并正在逐步纳入环保产业的重要组成部分。

3.4 中国政府正在建立一套从立法、回收、再利用、检验、销售等资源循环利用的管理体制，并相继出台了多项相关法规：

中华人民共和国环境保护法；

中华人民共和国固体废弃物污染环境防治法；

中华人民共和国清洁生产促进法；

中华人民共和国循环经济促进法；

国家环保总局塑料回收与再生利用污染控制技术规范；

商业部再生资源回收管理法；

中国包装联合会包装回收利用管理办法。

3.5 回收加工新技术，新设备层出不穷，特别是废弃物资源化的高端应用技术更成为市场的热点。

3.5.1 混杂塑料废弃物的高效分选、分离技术及设备；

3.5.2 塑料再生料高性能化的共混、合金化改性技术及新型改性剂、相容剂的开发；

3.5.3 高性能木塑复合材料的研发与应用；

3.5.4 不易回收利用的一次性塑料废弃物(如小型购物袋、食品包装膜(袋)、农用地膜、餐具等)的高效回收利用技术和设备

3.5.5 塑料废弃物制造固体燃料及应用技术

3.5.6 化学回收闭路循环回收利用技术

其中化学回收利用技术的发展由于受到全球资源环境问题的严峻挑战，正受到更大的关注。当前化学回收利用技术中具有工业化潜力的是加氢裂解、油化、汽化、热解(或解聚)等技术。这些技术可将塑料废弃物裂解成油、气、化学品或解聚成单体等，使塑料的生产与回收利用成为“资源—产品—资源”闭路循环过程，分解物也可直接作为塑料原料，且性能保持不变，并且有较大处理混杂塑料废弃物的潜力和优势，既能实现再资源化，又能真正治理MSW中塑料废弃物对环境的污染。

化学回收利用技术就其反应机理而言并不新颖，但要真正进入大规模实用，还有不少经济、技术问题有待进一步解决。因此，该技术虽早在20世纪80年代就已有不少公司进行研究，但至今仍处在不断完善工艺、提高纯度、回收率、产品质量以及进一步扩大生产规模、降

低能耗、降低成本的过程。目前化学利用尚没有进入大规模实用化阶段，但从资源循环利用，低碳经济以及治理环境污染的视角，它将成为今后塑料废弃物回收利用的主要发展方向和潮流。上世纪曾有一位西方评论家推断：化学回收利用技术在90年代仅为一股涓流，而21世纪将有可能汇成巨大洪涛。

综上分析，中国塑料废弃物资源化产业正在发展成一个蓬勃发展的朝阳产业，并有望成为中国塑料工业新的经济增长点。展望中国塑料废弃物产业的发展，明天将会更加辉煌，更加美好。

（作者为中国产学研合作促进会循环经济分会副会长，中国塑协降解塑料专委会副主任，
联合国工业发展组织中国投资与技术促进处绿色产业专家委员会委员）

高举节材节能、低碳环保、功能创新三大旗帜，开创改性塑料产业新局面

刘英俊

1　改性塑料产业发展历程及取得的成绩

伴随改革开放三十年的步伐，我国塑料加工产业获得持续快速发展，从上世纪八十年代初年产塑料制品百万吨发展到当前年产八千多万吨，已成为名副其实的塑料大国，而且正在向塑料强国的宏伟目标迈进！

塑料制品加工产业的持续快速发展得益于大型石油化工企业提供越来越多数量和品种的合成树脂，也得益于助剂、添加剂行业、机械制造行业提供大量辅助原料和加工设备，甚至得益于我国对外贸易提供几乎占总需求一半的进口原料，但不可否认的是我国改性塑料产业的崛起和快速扩展，为整个塑料加工产业的发展作出了重要贡献！

塑料改性是一门科学，从广义上来说，凡是能降低塑料制品原材料成本、提高某些方面的性能或赋予塑料材料新的功能的方法、途径都应称之为塑料改性。在塑料加工工业刚刚起步的年代，塑料改性技术仅做为塑料制品及材料加工企业的生产过程中的一部分，一个车间、甚至一个工段、工序，而随着塑料加工整个行业的成长，急需在大型石化企业和塑料制品及材料加工企业之间存在一个以生产过度性专用颗粒料为主打产品的行业，将大型石化企业生产的通用合成树脂加工成不同类别、不同层次塑料制品及材料加工企业所需要的多规格品种、多种特点和性能的专用粒料，这就是以塑料改性学术和技术为基础的达到产业化生产规模的改性塑料产业。

自八十年代初改性塑料产业应运而生，迅速成长，至今天已成为整个塑料加工产业的一支战功卓越的方面军，其成就体现在以下几个方面。

（1）改性塑料产业已实现专业化、规模化和功能化

塑料改性技术应用领域很广，在塑料加工企业中几乎无所不在。在当前行业管理的模式下，我们仅将对下游塑料制品及材料的性价比和性能、功能产生决定性影响的各种母料和专用料的加工制造纳入到改性塑料行业的领域中来，现在已初步形成各种改性塑料颗粒料产品三百多万吨、从业人员十几万人的具有相当规模的产业群，其产值和效益在塑料加工行业的各个领域中名列前茅。

(2) 节约大量以石油为基础的合成树脂原料，在降低塑料制品及材料的原料成本方面成效显著

在合成树脂紧缺的20世纪80年代，以碳酸钙为主要原料的填充母料(APP母料、PEP母料、PPM母料等)在塑料打包带、编织制品、管材、型材、片材、板材等众多塑料制品中替代部分合成树脂，在填充塑料制品完全达到使用性能要求的前提下，少用10～30%的合成树脂，不仅大大降低了塑料制品的原材料成本，而且对缓解当年树脂稀缺、原料难求的局面起了一定的作用。

随着经济形势发展，合成树脂的国产数量迅速增多，从国外进口树脂也更加容易，价格双轨制取消，做为塑料制品加工企业不但没有减少对改性塑料产品的需求，反而在数量和品种上提出更多、更高的要求，因为改性塑料不仅继续担负着节约石油基树脂的光荣使命，而且成为塑料制品加工企业通过性能价格比提高自己产品市场竞争力的有力手段。

(3) 赋予塑料材料新的功能，扩大了塑料材料的应用领域

大型石化企业生产的通用牌号合成树脂往往不能满足用户多样化、特殊性能及功能的需求，如适当的刚性、韧性、强度，在电、热、光、磁等方面的功能性，以及耐候、阻燃、着色等方面的要求，单一牌号的普通树脂不可能满足，而改性塑料加工企业生产的产品恰恰可以以多品种、多规格地，针对性极强地提供相应的产品给下游用户。

(4) 为废弃塑料再生利用开辟出全新之路

废弃塑料的种类和数量急骤增加，从环境的角度已引起社会的广泛关注甚至责难。废弃塑料是宝贵的资源，在其材料的性能远未达到生命终点的时候，合理地、多次反复地将其视为资源再生加工利用是必然的，但要注意在再生加工时一是尽量保持塑料材料仍具有的性能，二是尽量避免对环境带来新的负面影响。在过去的十几年中，塑料改性技术的进步为这一目标提供了有力的支撑。例如相容剂的合成及在塑料合金中的应用、不同种类塑料层层混合材料的加工以及对不同老化程度塑料的鉴别与改性等，都取得与传统简单再生工艺完全不同的高值化和环保化再生利用效果。

(5) 改性塑料入行投资少、见效快、工艺技术容易掌握，为就业和发展地方经济做出不可小视的贡献

非金属矿物粉末是塑料改性常用的原料，碳酸钙、滑石粉、高岭土、重晶石粉、硅灰石粉等粉体材料的年用量已达到1000多万吨。日益攀升的需求打开了富有资源的贫穷地区的致富之路，东北的海城地区、四川的宝兴、石棉地区、广东的连州地区、广西的桂林、贺州地区、江西永丰地区、湖南的张家界地区等诸多非金属矿蕴藏丰富的地方都已形成塑料用矿粉的产业，并且都在向矿粉深加工，制造以矿粉为原料的母料和专用料，成为地方经济的支柱产业。同时由于非矿粉体及深加工产品初始投资门槛低、加工技术容易掌握、产品市场容量大，扩大了就业、活跃了地方经济，功不可没。

2 几种极具发展潜力、符合国家产业政策的改性塑料技术及产品

2.1 通用塑料高性能化、功能化

2.1.1 透明聚丙烯

透明聚丙烯可用于微波炉加热器皿、医疗器械、洗涤剂及化学药品包装用瓶以及多种耐高温日用塑料制品。

在已经聚合好的聚丙烯中加入成核剂，可以改变其结晶行为，从而提高其透明性，这是目前最为常用的方法。PP在从熔融状态逐渐冷却时，其结晶行为可以分为均相成核和异相成核两种情况。

均相成核：仅靠 PP 大分子链段自主运动，在温度低到某一范围时，某一部分率先形成结晶的核心，再逐渐扩展成为有序排列的结晶区。

异相成核：PP 的大分子链依附于除 PP 以外的其他物质上进行有序排列。这些物质可以是残存在聚合物中的催化剂或丙烯单体中就已夹杂的杂质，也可以是有意加入的有机或无机物。

在 PP 中加入透明改性剂——成核剂，使其起到晶核的作用，PP 大分子在冷却过程中，均相成核减弱，异相成核增强，而且随着晶核数目的增加，PP 结晶形成的微晶数量增多，晶体尺寸变细，就有利于提高其透光性。

加入的成核剂可以分为不熔物透明改性剂和可熔物透明改性剂两大类。前者如滑石粉、苯甲酸钠、有机磷酸盐等，后者如山梨醇缩合物等，可事先熔化并与熔融的 PP 形成均相物，而在体系冷却时，透明改性剂先结晶成纤维状网络，纤维直径只有 10nm 左右，小于可见光波长。PP 的大分子以这些网络纤维为核逐步结晶，即可得到微细的结晶。

较之原料 PP，经过透明改性后 PP 的雾度下降，光泽性提高，刚性和维卡软化点也有所提高，但拉伸强度下降，其他性能保持不变。见表 1。

表 1　普通 PP 和透明 PP 的性能

性能名称	普通聚丙烯	透明聚丙烯
雾度/%	56.6	10.1
光泽度/%	99.6	129.2
熔体流动速率/(g/10min)	2.8	3.0
结晶温度/℃	118.92	128.06
维卡软化点/℃	140.0	156.9
洛氏硬度/R	95	107
拉伸强度/MPa	35.0	8.9
弯曲模量/GPa	1.49	1.50
弯曲强度/MPa	38.8	39.8
缺口冲击强度/(J/m)	24.0	28.0

2.1.2　高熔体强度聚丙烯

聚丙烯的缺点之一是熔体强度低，耐熔垂性差。

通常非晶态聚合物(如 ABS、PS)在较宽的温度范围内存在类似橡胶一样的弹性行为，而处于半结晶的聚丙烯则没有。这一缺点造成了聚丙烯不能在较宽的温度范围内进行热成型，它的软化点和熔点非常接近，一旦到达熔点，熔体黏度急剧下降，随之熔体强度也大幅下降，导致在热成型时制品壁厚不均，挤出发泡泡孔塌陷等问题，大大限制了聚丙烯在某些方面的应用。高熔体强度聚丙烯(HMSPP)就是指熔体强度对温度和熔体流动速率不太敏感的聚丙烯，极具开发应用前景。

表 2　HMSPP 与普通聚丙烯的力学性能比较

项　　目	HMSPP	普通 PP	测试方法
密度/(g/cm^3)	0.91	0.90	ASTMD505/792
熔体流动速率/(g/10min)	2.0	3.0	ASTM D1238
拉伸屈服强度/MPa	40	37	ASTM D638
弯曲模量/MPa	2206	1700	ASTM D680B
缺口冲击强度(23℃)/(J/m)	27	64	ASTM D256
热变形温度(0.455MPa)/℃	135	110	ASTM D648
熔点/℃	168	157	DSC 法

HMSPP 的另外一个特点是具有较高的结晶温度和较短的结晶时间，从而允许热成型制件可以在较高温度下脱模，以缩短成型周期，可以在普通热成型设备上制成较大拉伸比、薄壁的容器。

高熔体强度聚丙烯的研究虽然起自 20 世纪 80 年代末，但它的各种优异性能、合理的价格优势以及广泛的应用范围已经获得世界范围的认同，并有逐步取代传统的 PS、ABS，向工程塑料发展的趋势，其开发利用前景广阔。

2.1.3 以 $Mg(OH)_2$为主阻燃剂的无卤阻燃聚丙烯

以 $Mg(OH)_2$为主阻燃剂的无卤阻燃聚丙烯，其优点在于氢氧化镁可以同时起到阻燃、填充、消烟三大作用，特别是燃烧过程只产生极少量烟雾，对于火灾发生时人员逃生和现场扑救都具有十分重要的意义。其最大的缺点在于必须添加 55% 以上时才能有明显的阻燃效果，这意味着阻燃塑料的力学性能和加工性能将会显著劣化，制品的外观也受到极大的影响。经过多年研究和改进，现在国内已能在聚丙烯塑料中使用大量 $Mg(OH)_2$获得较好的阻燃性的同时，仍保持可以满足使用要求的力学性能和成型加工性能。表 3、表 4 分别为国内一些科研生产单位研制的以 $Mg(OH)_2$为主阻燃剂的聚丙烯阻燃材料的性能。

表 3　中科院化学所“无公害高性能聚烯烃阻燃材料”的性能

性　　能	标准要求	检测结果	国外产品
密度(20℃)/(g/cm^3)	<1.60	1.52	1.40
断裂拉伸强度/MPa	>10.0	11.3	11.0
断裂延伸率/%	>150	188	150
100℃老化 10 天保留率/%	>90	93.8	80
氧指数/%	>32	50	37
垂直燃烧试验 UL-94	V-0	V-0	—
低温脆化温度(-25℃)失效数	<15/30	0/30	—
毒性指数	<3.0	2.2	25
烟密度 Dm(无焰)	<150	30	150
20℃体积阻燃率/(Ω·cm)	$>1.0\times10^{11}$	2.8×10^{12}	1.9×10^{14}

表 4　热塑性低烟无卤阻燃电缆料性能

<table>
<tr><th colspan="2">项　　目</th><th>国内 1</th><th>国内 2</th></tr>
<tr><td colspan="2">密度/(g/cm^3)</td><td>1.56</td><td>1.26</td></tr>
<tr><td colspan="2">熔体流动速率/(g/10min)</td><td>—</td><td>9.6</td></tr>
<tr><td colspan="2">拉伸强度/MPa</td><td>1.59</td><td>11.0</td></tr>
<tr><td colspan="2">断裂伸长率/%</td><td>138</td><td>462</td></tr>
<tr><td colspan="2">20℃体积电阻率/(Ω·m)</td><td>1.1×10^{12}</td><td>—</td></tr>
<tr><td colspan="2">击穿强度/(MV/m)</td><td>29</td><td>—</td></tr>
<tr><td colspan="2">电导率/(μS/cm)</td><td>4.6</td><td>—</td></tr>
<tr><td colspan="2">氧指数/%</td><td>42</td><td>39</td></tr>
<tr><td colspan="2">垂直燃烧</td><td>—</td><td>UL94 V-0</td></tr>
<tr><td colspan="2">烟密度 D_m(有焰法)</td><td>55</td><td>—</td></tr>
<tr><td colspan="2">HCl 气体发生量</td><td>3.7</td><td>—</td></tr>
<tr><td rowspan="2">热老化 100℃、240h</td><td>拉伸强度(MPa)/变化率(%)</td><td>15.4/-3</td><td rowspan="2">—</td></tr>
<tr><td>断裂伸长率(%)/变化率(%)</td><td>130/-6</td></tr>
</table>

氢氧化镁因分解温度高于氢氧化铝，在聚丙烯、ABS、尼龙等加工温度较高的塑料中不会

在加工温度下失水，因此被寄予更高的期望。由化学方法生产的 $Mg(OH)_2$ 虽然理论上有更好的阻燃作用，但在化工生产过程中很难去除杂质，影响阻燃塑料的基础性能，而且价格也比较昂贵。近年来我国依靠自身天然资源优势，将水镁石粉碎、研磨，再分级出微米级的 $Mg(OH)_2$ 粉体材料，并在粉体表面处理设备与助剂方面取得进展，将阻燃级 $Mg(OH)_2$ 的价格大幅拉低，有力地促进了无卤阻燃塑料的产业化进程。

2.2　塑料合金

2.2.1　ACS[3]

ACS 是在氯化聚乙烯(CPE)橡胶弹性体上接枝上丙烯腈(A)和苯乙烯(S)单体而成的接枝共聚物，它是用饱和的橡胶弹性体 CPE 代替了含不饱和键(双键)的聚丁二烯弹性体，因此具有比 ABS 更佳的耐候性，同时还具备一定的抗静电性和阻燃性。

表 5　ACS、AAS、ABS 室外老化比较

树脂＼冲击强度	落锤冲击强度/10N						
	起始	1 个月	2 个月	3 个月	4 个月	5 个月	6 个月
难燃高冲 ACS	1000	800	630	505	500	490	490
中冲击 ACS	420	370	310	270	250	230	230
高冲击 AAS	800	605	340	170	115	100	100
高冲击 ABS	1000	50	15	0	—	—	—

从表 5 中列出的数据可见，ACS 的耐老化性优于 ASA、ABS。ABS 经耐候试验仪短期照射，即会泛黄，而 ACS 照射 1000h 后仍不变色，其他树脂都有不同程度的变色。

2.2.2 ABS/PC 合金

ABS/PC 合金现已在电气、电器、电子产品中普遍使用。ABS 的加入降低了 PC 的成本和熔体黏度，改善了加工流动性，减少了制品内应力和冲击强度对制品厚度的敏感性(表 6)。

表 6　典型的国产与进口 ABS/PC 合金的性能

生产商	密度/(g/cm^3)	拉伸强度/MPa	弯曲强度/MPa	弯曲模量/MPa	冲击强度/(J/m)	热变形温度(1.82MPa)/℃	阻燃性
成都 1075	1.14	50	80	—	80	100	HB
Dowchem700	1.10	45	—	2300	48	98	HB

2.2.3　PA/ABS 合金

PA/ABS 合金不需要添加亚光剂就可以带来特殊的表面柔和亚光效果，它充分发挥了 PA 优异的抗化学腐蚀性、热稳定性和 ABS 良好的尺寸稳定性、低温抗冲击性优良的特色，同时结晶材料与无定型材料的结合使 PA/ABS 合金还获得良好的减震和吸音性能，非常适合汽车内饰件的制造。表 7 为 PA/ABS 合金在汽车内饰件方面的应用，表 8 为国内某公司生产的 PA/ABS 合金材料的物理机械性能[4]。

表 7　PA/ABS 材料在汽车内饰件方面的应用

产　品　牌　号	车　　型	零　　件	主　机　厂
PA/ABSHNB0270	B53	组合仪表罩	神龙公司
PA/ABSHNB0225	AudiA6	仪表板装饰盖	一汽大众
PA/ABSHNB0270	B54	控制面板	神龙公司

续表

产品牌号	车型	零件	主机厂
PA/ABSHNB0270	B53	仪表台/仪表饰板	神龙公司
PA/ABSHNB0270	206	出风口面板	神龙公司
PA/ABSHNB0225		仪表台总成	吉利/华普

表 8　PA/ABS 材料的物理机械性能

项　　目	测试条件	PA/ABS0225	PA/ABS0270
融流指数	240℃ ×10kg	30	45
模具收缩率	@23℃	0.4 ~ 0.7	0.6 ~ 0.8
相对密度	@23℃	1.06	1.07
弯曲强度/MPa	@23℃	65	62
弯曲模量/MPa	@23℃	2000	1900
拉伸强度/MPa	@BREAK	45	43
缺口冲击强度/(J/m)	@23℃　3.2mm	900	700
热变形温度/℃	455kPa	100	105
维卡软化点/℃	5kg ×50℃/h	102	107

2.3　废弃 PET 瓶再生利用的新途径

PET 除用于化纤纺织外，做为塑料材料使用主要用于吹瓶代替玻璃、铝等包装材料，现在随处可见的矿泉水瓶、碳酸饮料瓶就是典型的 PET 塑料制品。

PET 未结晶时呈高度透明状态，且耐热性能差，不能用于具有结构承重要求的制品，结晶 PET 则属于具有高耐温性、高强度的通用工程塑料。

PET 瓶被破碎后(俗称瓶片)如果不经彻底干燥或其他工艺处理，再加工时其特性黏度显著下降(分子链降解)，过去一般只能用于生产短纤维。瓶片数量聚增，结果是价格疲软，短纤维过剩进一步给 PET 瓶片的再生利用带来灾难，因此 PET 瓶片的增黏改性和合金化是目前最为紧迫的研究开发课题。

(1) 扩链增黏改性

提高 PET 的特性黏度有固相增黏和扩链剂增黏两种途径。

扩链剂 APR - 4368 的使用可效提高 PET 的摩尔质量，达到瓶级树脂的要求[5]。

ADR 扩链剂的主要化学组分为苯乙烯和丙烯酸缩水甘油酯。在一定加工条件下，环氧基可以和含有羟基、羧基、酰胺基等活泼的化学基团的基材树脂发生偶支化反应，从而实现其扩链作用。

BASF Johnson 公司所做的 ADR 对 PET 的扩链试验如图 1 所示。

图中纵坐标为加入 ADR 混炼后 PET 的特性黏度 IV；横坐标为 ADR 的加入量 Q；图中深、浅色曲线为不同初始黏度 PET 加入 ADR 后产生的特性黏度 IV 值的 IV - Q 关系曲线。

表中细黑色斜线表示过量加入 ADR 将会在产品中产生不溶物——凝胶的临界点。在实际加工应用时，可用以下公式进行计算。其中：

$$IVw = 1.31 - 0.3595 \times Q$$

IVw——PET 加入 ADR 加工后可能产生凝胶的特性黏度数值，dL/g；

Q——ADR 的添加量,%。

(2) 高阻隔型纳米复合 PET 瓶、薄膜

北京崇高纳米科技有限公司将层状硅酸盐以纳米级(约 30nm 厚、1000nm 长宽)的尺寸分

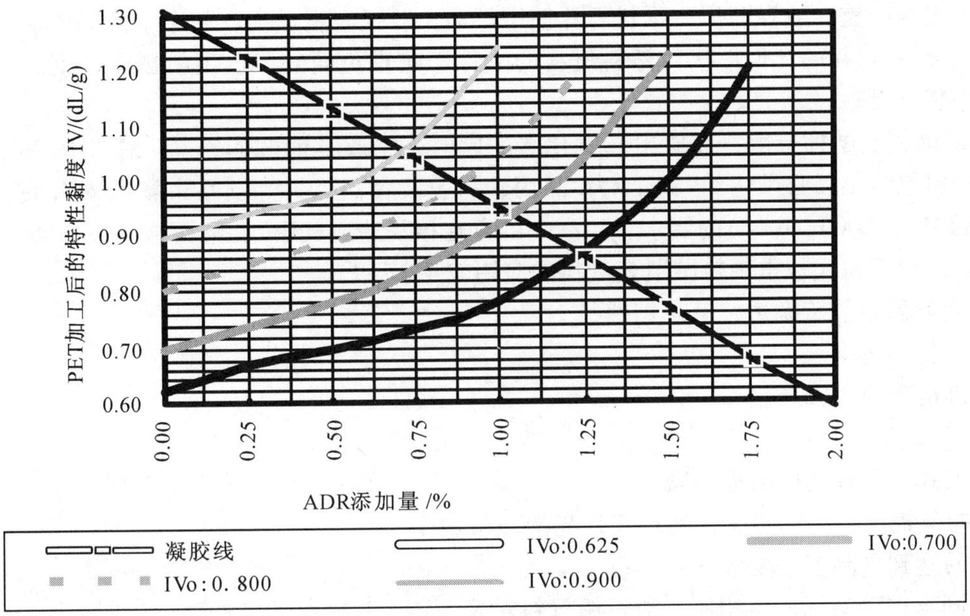

图 1　PET 扩链加工后的特性黏度(IV)和 ADR 含量的关系

散在 PET 基料中，硅酸盐以层状取向形成马赛克式排布，可大幅度提高 PET 的阻隔性，降低氧气渗透率，同时还可显著提高 PET 强度和耐热性。

高阻隔型纳米复合 PET 树脂的特性及用途：

表观特性黏度：0. 72dL/g

氧气透过率：较纯 PET 降低 30%

应用：可用于增强、增强阻燃、增韧、低翘曲等工程塑料的加工，也可用于高阻隔要求的 PET 包装瓶、薄膜的制品加工。

2. 4　粉体及粉体深加工产品

2. 4. 1　新型浅色抗静电填料

将不导电的非金属矿物粉体表面上沉积一层具有一定导电性的物质制成浅色导电填料应当成为解决塑料材料抗静电的新思路。

根据 SnO_2 晶体中如掺杂一定量的其他金属离子，使其晶格产生缺陷即能具备半导体特性这一原理，在廉价的石英粉末表面包覆一层掺杂 Sb_2O_3 的 SnO_2，制成以石英为核，表面可导静电的浅色抗静电填料。实验室制成的这种抗静电填料本身的电阻率为 $6\times10^6\Omega\cdot cm$，用于配制抗静电涂料，其电阻率达 $1.57\times10^7\Omega\cdot cm$，其抗静电性能达到国家“液体石油产品抗静电安全规程”标准的要求。

2. 4. 2　滑石粉在塑料编织制品中的应用

(1) 用滑石粉代替重钙粉制作填充母料的思路

A. 重钙粉填充母料在生产及应用过程中都会出现粉尘污染，尽管有的企业可以生产“无粉尘母料”，但仍然无法彻底杜绝这一现象。

B. 重钙粉可使塑编制品由本色变为白色，但因碳酸钙的消光性，塑编制品仍呈土涩、暗淡外观。

C. 重钙本身的莫氏硬度为 3 左右，如果含有硅、铁等化合物，那么对分丝刀片和导丝沟的磨损就更为严重。减轻磨损，延长刀片使用寿命，对提高扁丝生产效率十分必要。

D. 重钙粉颗粒的几何形状对塑料材料的刚性影响是负面的，重钙粉越多，则制品刚性越差，编织袋不挺括。

E. 碳酸钙遇酸即分解，在放出二氧化碳的同时，生成其他酸的钙盐。由于国家要求接触食品的塑料包装制品必须达到“关于对食品用塑料包装容器工具等制品市场准入有关工作的通知”(质检食监[2006]86 号)的要求，碳酸钙的存在极易造成其中“乙酸溶液蒸发残渣”超标。

(2) 用滑石粉代替重钙粉做填充母料的应用效果(表 9)

A. 扁丝外观晶莹剔透，呈高档感

B. 无粉尘污染

C. 静电现象大大减轻

D. 不纰丝

E. 刀片、导丝钩的磨损轻微

F. 拉丝机出口处糊料少，物料膜片光滑、带水少

G. 易达到食品卫生要求

H. 同高档碳酸钙母料相比，滑石粉母料对聚丙烯力学性能的影响更优

表 9　添加不同母料的聚丙烯注射样条的力学性能

样条组成 \ 样条力学性能	拉伸强度/MPa	断裂伸长率/%	悬臂梁缺口冲击强度/(kJ/m²)
纯 PP F401	33.8	166	8.15
F401∶母料 = 90∶10 (滑石粉母料/重钙母料)	35.3/32.1	145/191	8.65/6.75
F401∶母料 = 80∶20 (滑石粉母料/重钙母料)	35.0/29.1	158/255	8.42/5.96
F401∶母料 = 70∶30 (滑石粉母料/重钙母料)	32.9/27.0	164/160	7.05/6.37

(3) 典型的滑石粉填充母料在塑编扁丝中的应用实例

辽宁金昌科技开发有限公司研制的以 3000 目滑石粉为主要原料的填充母料(EX－18)，在聚丙烯扁丝中应用取得优异效果。除前面所述各项优点全部具备外，在 PP F401 中应用的具体性能数据如表 10 所示，完全达到国标 GB/T 8946—1998 的要求(表 10)。

表 10　添加 30 份 EX－18 滑石粉母料的聚丙烯(PP F401)扁丝的性能

	丝宽/mm	丝厚/mm	相对拉伸强度/(N/tex)	断裂伸长率/%
扁丝	2.0	0.03	0.42	28
GB/T 8946(A 型)			≥0.32	15～30

2.5　可环境消纳塑料

塑料材料及制品的广泛应用产生的一个不容回避的负面效益就是“白色污染”。虽然这种对环境的影响更多地体现在视觉感官上，还不至于像汽车尾气或残留农药那样对人造成直接的危害，但仍然要从长远的、更为负责的角度来认真对待这种负面影响。最主要的解决办法，也是最科学的办法是加强回收并加以合理的再生利用，而且要从产品设计、选材开始就考虑到使

用后的回收利用，同时通过再生利用技术的进步和创新，提高再生塑料的经济价值，利用市场和经济效益的杠杆，提高回收再利用的积极性。但是不容否认的是，有相当部分的塑料制品，特别是一次性使用的包装制品和医用塑料制品，或者回收成本过高，或者不允许再次使用，只能加以焚烧处理，那么就需要有相应的技术使之尽可能安全地，代价尽可能微小地返回自然环境。在没有更好的材料来代替这些塑料材料及制品时，一味地靠行政法规、法令禁止生产和禁止使用是不现实的，而应当通过塑料改性技术使其具有“可环境消纳性”。

“可环境消纳”指的是塑料在废弃后能适应“垃圾的掩埋、堆肥和焚烧等综合治理方式，可在自然或人为的环境条件下，在尽量短的时间内充分地与环境同化”。福建师范大学化学与材料学院的发明专利“可降解可焚烧聚乙烯塑料”(ZL99111 037.)已于2004年5月获得专利授权，这种添加有经生物活性处理的无机粉体和光敏剂的塑料，既可降解又可在焚烧时减少尾气对环境的影响。使用聚合而成的粉状树脂加入适量的无机粉体材料和必要的助剂可以生产“可环境消纳塑料专用树脂”，这种专用料与普通塑料用的树脂价格相当，加工而成的制品使用性能可以达到相应的国家标准要求，制品成型加工设备、模具无须改动，生产原料单一、操作方便、工艺稳定，塑料制品在使用后进入自然环境或人工处置环境后有利于环境消纳，最终回归自然，减轻“白色污染”的危害。

2.6　碳纤维增强工程塑料

碳纤维增强尼龙是具有高性能的高科技复合材料，在笔记本电脑、风力发电设备、轴承齿轮、纺织机械等方面已被大量使用，年需求量已达近万吨，在我国军事工业、航天、航空等方面的应用更是其他材料所不可能替代的，即将于2012年诞生的我国自己制造的大型飞机也将使用这种具有高强度同时又具有高刚性的高分子复合材料，其市场需求量将迅速增加。

碳纤维增强PC、PEEK等工程塑料同样也意义重大。国家高度重视碳纤维复合材料(CFRP)的研制和生产，国家发改委将“碳纤维复合材料国家工程实验室”列入贯彻落实《国家自主创新基础能力建设“十一五”规划》的建设若干国家工程研究中心和国家工程实验室项目，达到“促进转变经济发展方式，推动产业结构优化升级，加快高技术产业发展”的效果；科技部也把《高性能碳纤维关键技术开发》列入国家高技术研究发展计划(“863”计划)。

3　新时期改性塑料产业的指导思想和努力方向

从2011年开始的“十二五”时期是全面建设小康社会的关键时期，是深化改革开放、加快转变经济发展方式的攻坚时期。中共中央关于制定国民经济和社会发展第十二个五年规划的建设中提出：

坚持走中国特色新型工业化道路，必须适应市场需求变化，根据科学进步新趋势，发挥我国产业在全球经济中的比较优势，发展结构优化、技术先进、清洁安全、附加值高、吸纳就业能力强的现代产业体系。

思维创新、技术创新和产品创新，是在国内外商战中占领技术经济制高点，取得市场竞争主动权和话语权的致胜法宝，同时也是功在当代，利在子孙，回报人类一片蓝天净土的光荣使命。具体到改性塑料产业，就是要在科学发展观指引下，承前启后，再创产业辉煌！

科学发展观就是要强调全面、协调、可持续发展，国务院文件指出“本世纪头20年，我国将处于工业化和城镇化加速发展阶段，面临的资源和环境形势十分严峻。必须……按照减量化、再利用、资源化的原则，采取各种有效措施，以尽可能少的资源消耗和尽可能小的环境代价，取得最大的经济产出和最少的废物排放，实现经济、环境和社会效益相统一，建设资源节约型和环境友好型社会”，这就要求我们必须转变观念，以新的发展模式和经济增长方式规划行业的未来。具体到我们塑料加工行业就是要运用塑料改性等先进技术，提高塑料材料及制品的性能价格比，同时要强调在产品设计时就要考虑到绿色生产、绿色消费，要有利于重复使用、再生循环，将石油及衍生的石化产品做为宝贵的资源格外地珍惜，发挥最大的作用。

(1) 在行业整体规模有序扩大的情况下，重点培植具有国际先进水准的骨干改性塑料企业，如金发科技、福建奥峰科技、常州塑金高分子科技、上海心尔新材料、浙江俊尔新材料等产品特色鲜明、技术装备强、市场占有率高的二十余家公司，并向国际市场进军!

(2) 大力鼓励研制生产更多的以相对丰富和价廉的非金属矿物粉体材料代替石油基合成树脂的塑料材料，认真对待和解决使用非矿粉体材料带来的密度大“增重”问题，力学性能劣化问题、耐老化性能下降问题等妨碍大规模推广使用的拦路虎，通过提高性能价格比达到节约石油资源、低碳节能的目标。

(3) 突出非金属矿粉、木粉其天然植物粉碎物在改性塑料材料中使用产生的环保功效，从理论上到应用实践都证明这一点，同时又要保证使用的安全性和可靠性，消除社会和使用者的疑虑。

(4) 加强塑料改性用助剂、添加剂的研制开发，如双亲型偶联剂、多功效相容剂、改善塑料材料耐候性、透光性、耐高低温性、阻燃性、抗静电性等性能的功能材料，并将其妥善地分散到基体塑料中，赋予改性塑料更高的性价比和更高的功能，满足下游领域多方面、多层次的需求。

(5) 依靠科技彻底扭转当前废弃塑料再生加工时的陈规陋习，通过塑料改性提升废弃塑料行业整体形象，为资源再生利用保驾护航。

废弃塑料数量与日俱增，除每年进口的8000kt废弃塑料外，我国国内消费后的塑料制品总量也达到15000kt/a以上，二者总量达到23000kt，占合成树脂表观消费量50000kt的将近一半的数量。如果不将这些废弃塑料以合理的应用出路，势必引发所谓“白色污染”、“洋垃圾事件”，遭到社会舆论谴责，为此我们必须加以正视，拿出令人信服的事实，才能杜绝非理性的责难，使废弃塑料这一宝贵的资源得以堂而皇之地再生并发挥应有的作用。

(6) 坚持正确舆论导向，努力解除主管部门和社会各方面的疑虑，在和各种危害公共利益的现象进行坚决斗争的同时，也要挺身而出，勇于维护、捍卫行业荣誉，使其沿着健康发展的轨道阔步前进!

(作者为中国塑料加工工业协会改性塑料专业委员会 副理事长兼秘书长)

聚偏氟乙烯在建筑、水处理及能源等新领域的应用

孙卫东　刘哲伟　王　旭

1 前言

近十年来随着我国氟材料工业的快速发展，我国含氟树脂的合成和加工已初具规模，树脂产能和产量已成为世界第一。其产品创新力度正在加大，附加值不断提高，逐渐向一些高精尖端领域发展。聚偏氟乙烯(PVDF)树脂是含氟树脂中的第二大品种，其用量占含氟树脂总量的

约 14%，在应用上有着其他树脂无法替代的地位。

聚偏氟乙烯(PVDF)树脂，是由偏氟乙烯单体通过均聚或共聚而成。可以采用模塑、挤出、注射、浸渍、涂覆、共混、复合等加工工艺成形。传统应用领域为化工防腐、电气和电子、半导体产业等。近年来，随着技术的不断进步，PVDF 树脂生产的新型氟碳涂料及棚膜材料在建筑领域、膜分离技术在水处理应用领域以及在新型能源(锂电池、锂离子电池及太阳能硅电池)等领域得到了更为广泛的应用。使 PVDF 需求量成为增长最快的市场之一。

2　PVDF 的结构和性能

PVDF 是指偏氟乙烯(VDF)均聚物或 VDF 与其他少量含氟乙烯基单体的共聚物，相对分子质量为(40～60)万，其重复单元为—CH_2—CF_2—。CH_2—和 CF_2—基元的交替排列，使 PVDF 树脂兼具氟树脂和通用树脂的特性，是一种半结晶高聚物，具有一定极性。在可熔融性氟塑料的加工中，它的熔点在 165～185℃，长期使用温度范围 -60～150℃，经辐射交联后可提高至 175℃，热分解温度在 316℃以上，具有较好的耐热性能。它的拉伸强度、压缩强度、刚性、硬度和耐切割性能，在氟塑料中居于首位，是一种具有优良耐磨性、抗蠕变、耐疲劳、高硬度的强韧结构材料。同时它的介电性能好，具有强的耐酸碱性及耐化学介质性，耐紫外线、耐辐射性能，具有热电、压电等特性。被誉为合成树脂中的“贵金属”。

PVDF 树脂的工业化生产主要采用乳液聚合和悬浮聚合两种方法。乳液聚合具有反应速度快、设备利用率高等优点，而成为制备 PVDF 树脂的主要方式。

3　PVDF 的生产能力

PVDF 树脂是氟化工中产量仅次于 PTFE 的含氟树脂产品，全球 2006 年已形成 43kt 产能、33kt 产量。2010 年出现了全球性 PVDF 原料的短缺。过去 20 年的年消费增长在 8%，今后的消费增长预计在 10%～15%左右。

国外主要生产企业有法国阿托化学公司、比利时苏威公司、美国奥斯蒙特公司和阿托菲纳公司、日本吴羽公司和大金公司等。其中法国法国阿托化学公司 8000t/a，比利时苏威 6000t/a。

我国 PVDF 发展在 80 年代完成小试技术探索，90 年代中期开始中试生产。当时生产厂家有上海三爱富公司、浙江化工研究院、晨光化工研究院等，年产量分别约为 300t、100t 和 100t。后来山东东岳、浙江蓝天和巨化有小批量的生产。2006 年浙江孚诺林化工新材料有限公司开始建设生产能力 1000t PVDF 生产装置，2010 年 2000t PVDF 新线开始试生产，同年 11 月稳定运行。2007 年内蒙古万豪氟化工有限公司成立，在位于江苏省氟化工园区的生产基地建有 500t/a PVDF 生产装置；位于内蒙古丰镇市高载能工业园区的生产基地建有 3000t/a 的 PVDF 装置，2010 年后由于产品供不应求，也在积极扩产，成为国内最大的 PVDF 树脂生产基地，同时成为国际第三大 PVDF 树脂生产商。而我国也因此成为 PVDF 树脂生产大国之一。

4　PVDF 的加工成型及应用

PVDF 相对于其他氟树脂而言具有较低的熔体黏度，且熔点与分解温度相差 140℃左右，热稳定性能较好，便于加工，不需要防腐处理的专用设备。其均聚物或共聚物形态为颗粒和粉末两种，可以在传统的塑料加工设备上采用注塑、挤出、模压、浸渍、喷涂、涂覆、共混、复合、溶解等方式方便地进行加工成形。

4.1　新型氟碳涂料在建筑中的应用

自 1963 年 PVDF 涂料成功地应用在建筑业，喷涂涂覆于装饰板材上以来，已经走过了近 40 年的发展历程。PVDF 涂料具有卓越的耐候性、自洁性和保色性，在恶劣的气候条件下，不失光、不粉化、易清洗，且防水、防霉、耐酸碱、耐盐雾，室外使用寿命超过30年。具有很高的性价比，是建筑物外墙、屋顶、以及各种建材的理想装饰保护材料。

PVDF涂料的品种有熔融型、溶剂可溶型及水性涂料等。涂料的涂装方法主要有辊涂、喷涂和静电粉末喷涂。应用最广泛的是辊涂和喷涂。

PVDF熔融型涂料属于高温固化涂料，须喷涂后在高温下烘烤使其熔融成膜，适合于工厂涂装。具有耐候、耐沾污、保色、韧性好、耐磨、耐冲击、耐化学品等优点。溶剂型涂料中引入了改性树脂（常用的有热塑性丙烯酸树脂、环氧树脂或热固型丙烯酸树脂）和溶剂，形成微观分子结构程度的共混体，树脂是一种高固体分的乳液，可直接生产空气自干型水性涂料，或低温烘干型水性涂料，也可以分离乳液制备树脂粉末，从而进一步生产粉末涂料或溶剂型低温烘烤涂料。

现在广泛使用的聚偏氟乙烯涂料，涂层系统通常包括底层、面层和罩光层三部分。不同的涂层有不同的涂料配方。聚偏氟乙烯涂料配方中常包括聚偏氟乙烯树脂、改性树脂、溶剂、颜料、填料及助剂等物质 。涂料用的聚偏氟乙烯树脂目前主要是偏氟乙烯的均聚物，其具有如下的指标见表1。

表1　涂料级聚偏氟乙烯的主要性质

序号	项　目	PVDF指标	序号	项　目	PVDF指标
1	分子量/万	50～80	4	吸水率/%	≤0.1
2	熔点/℃	156～161	5	熔体流动速率/(g/10min)	1～2
3	相对密度	1.75～1.77			

PVDF涂料今后的发展趋势是开发一些对环境友好的品种，如高固体分、水性化、粉末涂料等，或者是节约能源、降低工艺要求的常温固化型。

近年来由于国内许多高层建筑、发电站、高铁、机场、高速公路、桥梁、大跨度厂房等越来越多采用高性能的PVDF涂料作内外装饰，美观、清洁是其他涂料所不及，寿命长达20年以上。现在世界上许多著名建筑，如澳大利亚国会大厦、荷兰海牙的荷兰电信大楼、美国圣路易斯的大都会广场、日本冬奥会中心、汉城附近的奥林匹克游泳馆、中国香港恒生银行大厦等。国内有北京国际机场T3航站楼、上海浦东国际机场航站楼、上海的东方明珠电视塔、广州的粤海集团大厦等等，都采用PVDF涂料来装饰内外墙。

4.2　PVDF建筑棚膜材料

PVDF建筑棚膜材料是随着PTFE、ETFE棚膜材料发展而发展起来。其代表为德国米乐及法国法拉利系列产品，其膜材料结构见图1，图2。

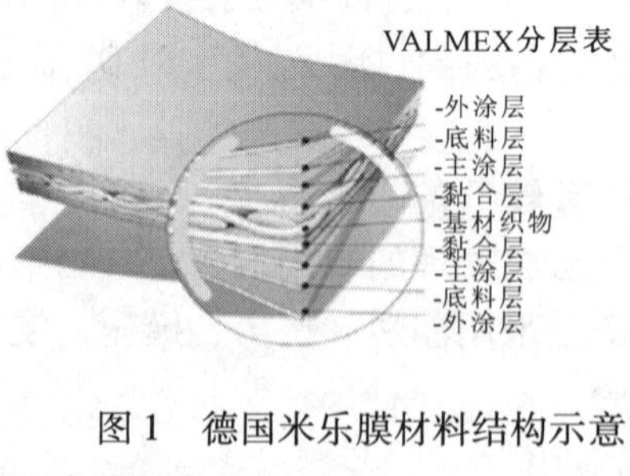

图1　德国米乐膜材料结构示意图

它可应用于建筑工程、轻型结构、广告、遮阳、汽艇、军用、装饰、水利环保，具有优越性能：

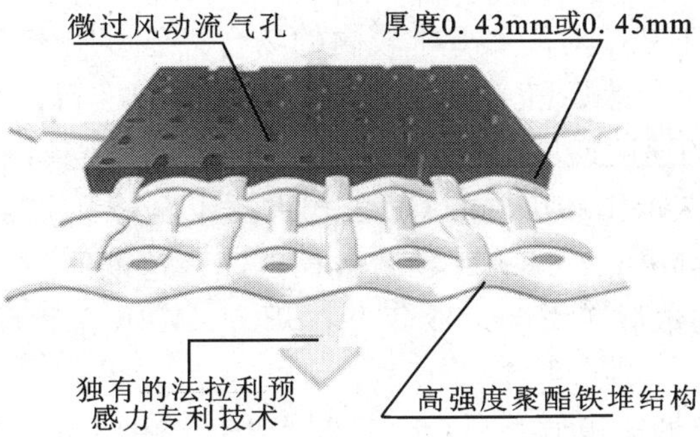

图2　法国法拉利系列膜材料结构示意图

① 可直接焊接：无须打磨或加连接条，焊接强度稳定。

② 双面 PVDF 自洁涂层，双重保护，更加适合品质要求较高的大型、永久性、标志性建筑。如：海洋馆、游泳馆、加油站、收费站等。同时，很好地解决了膜材底面对灰尘的吸附问题。拥有自洁程度高、抗老化和保温隔热性能。

③ 优秀的防霉、防渗性能：采用低纱高密度聚酯纤维，并经特殊工艺处理。保证膜材料具有防霉、防毛细、防侧渗等性能。适应长期高温、高湿的恶劣环境。

④ 大宽幅尺寸：宽幅可达 2.5m，有利于膜材的加工，降低损耗。

⑤ 产品具有各种规格和颜色，以适应各种工程的实际需要。

⑥ 经过 10 多年室外暴晒后任保持较高的抗拉强度，可以推断其寿命超过 20 年。具有优异的性价比。

4.3　膜分离技术在水处理中的应用

膜分离技术是利用人工制备的具有选择透过性膜，以外界能量或化学位差为推动力对双组分或多组分的溶质和溶剂进行分离、分级、提纯和浓缩的方法。由于其省能、高效、简单、造价低、易于操作，可代替传统的分离技术(如精馏、蒸发、萃取、结晶等过程)。是 21 世纪最有发展前途的新技术之一。

随着新型高分子材料的开发，分离功能材料在功能高分子材料中已占有十分重要的地位。世界分离膜的总产值以每年 12% ~15% 增长速率快速向前发展。

根据膜断面的物理形态，可将膜分为对称膜、不对称膜和复合膜；按照膜结构分，可分为平板膜、管状膜、卷状膜和中空纤维膜；按照膜的分离原理又可分为电渗析、反渗透、纳滤、超滤、微滤等。

制备 PVDF 微孔膜的方法有相转化法（浸没沉淀法、热致相分离法、非溶剂致相分离法等）、拉伸法、烧结法和辐照法等，其中相转化法是最常见的方法之一，相转化法是通过控制聚合物溶液的液 - 液相分离来转化成膜。控制相分离的方法又可分为热诱导沉淀相分离、溶液蒸发沉淀相分离、气相沉淀相分离和浸入沉淀相分离。目前国内外大多采用浸没沉淀法和热致相分离法生产 PVDF 中空纤维膜。采用浸没沉淀法的产品尽管过滤精度高，但膜强度差；采用热致相分离法的产品尽管膜强度高，但过滤精度较低，生产成本高；而采用复合热致相法生产的产品不仅强度更高，而且可以获得较高的过滤精度，生产成本也较低。其强度可达 8 ~12MPa，过滤精度在 0.03 ~0.1μm 范围，通量可以控制在 500 ~1500L /m^3 · h 范围内。

PVDF 中空纤维膜的应用有其独特的优势，与连续膜过滤技术（CMF）、膜生物反应器

(MBR)或双向流(TWF)新型技术结合，主要用于城市生活污水处理及工业废水处理等领域，特别适合于膜生物反应器工艺或对耐氯要求较高的场合，还可用于工业污水、海水和苦咸水淡化以及反渗透的预处理。近年来，随着国家节能环保政策的推行，水处理相关市场快速增长，微滤/超滤膜每年以30%的速度递增。

国际市场上，日本的久保田和美国的GE公司占据了全球和北美市场的主要份额。2000～2005年间，欧洲、美国的MBR工程项目数量增长迅速，这期间欧洲各国应用MBR的污水处理工程每年以70个以上的数量递增，2005年左右开始，MBR工程项目的数量在东南亚各国开始递增。

据中国水网MBR专题调查组调查显示，我国MBR工程项目也是在2005年左右的时候开始从工业、建筑给排水领域向市政给水、排水领域拓展，并在2005年到2010年间发展迅速。自日本旭化成企业于2005年的时候将热致项制备PVDF的超滤膜材料应用于大亚湾的石化项目开始，国内多家企业开始研发并采用热致项的方法制备PVDF超滤膜。2009年以前，对于带支撑管的PVDF超滤膜材料的制备主要以美国的GE和日本的三菱公司为主，2009年开始国内有4～5家企业开始自主研发、生产带支撑管的PVDF超滤膜，且开始应用工程项目，以北京的碧水源为代表。

未来五年内，MBR的超滤膜材料仍将以PVDF为主流趋势，在此基础上有望结合湿法纺丝、热致项以及增加支撑管三种制备方法的优势，制备具有高通量、高强度、高亲水性能的PVDF超滤膜材料。

4.4 能源领域的应用

4.4.1 锂电池黏结剂

目前PVDF用量较大的黏结剂是锂电池用聚偏氟乙烯黏结剂。锂电池由于具有能量密度高、质量轻、自放电小、循环寿命长、贮存寿命长、工作电压平稳、无记忆效应、安全性能高、环境污染小等一系列突出优点，目前已广泛应用于手机、笔记本计算机、摄像机等新型便携式通信、电子产品上。

锂电池系统中，高分子材料主要被应用于正极及电解质。正极材料包括导电高分子聚合物或一般锂电池所采用的无机化合物，电解质则可以使用固态或胶态高分子电解质，或是有机电解液，负极则通常采用锂金属或锂碳层间化合物。

锂电池的电极是由炭素材料及锂的氧化物等活性物质经涂布法在集电体表面形成的。即活性物质等分散到高分子溶液或高分子分散液后，涂布在集电体表面上。因此，用作黏结剂的高分子要求有以下特性：①制备电池时，含活性物质的涂膜不会从集电体上脱开，不会产生裂痕，黏结性强；②在电解液中不溶；③经反复充放电，涂膜不会从集电体上脱开，不产生裂痕，黏结性强；④用量少就有足够的黏结强度；⑤不与电解质反应。

锂电池用的黏结剂的种类很多，多数采用聚偏氟乙烯。但聚偏氟乙烯为结晶性聚合物，结晶度一般为50%左右，结晶熔融温度在140℃附近，因此在电池通常的使用温度下，PVDF的结晶性使存在电解液体的分子很难流通，充放电负荷增大；在制备电池时的干燥速度等不合适时，PVDF的收缩率与集电体的收缩率差异比较大，含活性物质的涂膜不会从集电体上脱离；即使涂布干燥后没问题，但随着时间的迁移，在使用过程中，也有由于电极的内部应力使电极合剂层从集电体上部分或全部剥离，负荷特性变差，引起容量劣化。

由于PVDF均聚物存在上述问题，所以一般采用VDF均聚物改性、VDF与第2单体及第3单体共聚和VDF均聚物与另一种共聚物共混等方法，以解决降低结晶度、提高黏结性、适当的分子量和对电解液的溶胀性的问题。

目前锂电池用量日益增大，作为锂电池用黏结剂的用量也随之增大。

4.4.2 锂离子电池隔膜

锂离子电池是指锂离子在正负极之间穿行，反复充放电，可循环使用的电池。锂离子电池的组成结构包括正极、负极、电解质、隔膜、外壳等五大部分。隔膜材料作为电池的重要组成部分，对电池的安全性和成本（约占电池成本的20%以上）有重要影响。它作为电池的正负极之间的隔离板，防止正极、负极活性物质相互接触，产生短路；在电化学反应时，保持必要的电解液，形成离子移动的通道。由于它在电解液中处于浸湿状态，必须具备良好的耐碱性、透气性等。因此电池制造商多选用在较宽的温度范围内（－55～85℃）能保持稳定性，特别是化学稳定性，对电子呈高阻，对离子呈低阻，便于气体扩散的尽量薄的隔离板(隔膜)。

聚偏氟乙烯（PVDF）作为离子电导率高的电解质的研究，始于20世纪80年代初期。PVDF聚合物链上含有很强的推电子基－CF_2，且PVDF的介电常数较高($\varepsilon = 8.4$)，有利于促进锂盐更充分的溶解，增加载流子浓度。因此PVDF是制备凝胶电解质较理想的聚合物。

作为锂离子电池的隔膜，由于所用电解质为有机溶剂，误用时容易起火，要求具有以下性能：① 化学稳定性－所用材料能耐有机溶剂；② 机械强度：薄膜化和电池组装工艺过程，为防止短路，要求机械强度大；③ 膜的厚度：有机电解液的离子电导率比水溶液体系低，为了减少电阻，电极面积必须尽可能大，因此隔膜必须很薄；④ 遮断电流：当电池体系发生异常时，温度升高，为防止产生危险，在快速产热温度(120～140℃)开始时，热塑性隔膜发生熔融，微孔关闭，变为绝缘体，防止电解质通过，从而达到遮断电流的目的；⑤ 保持电解液：从电池的角度而言，要能被有机电解液充分浸渍，而且在反复充放电过程中能保持高度浸渍。

随着车用动力电池的需求发展，将形成一个快速的产业增长，对PVDF隔膜材料的需求量也将大幅提高。未来二次电池隔膜的发展方向，主要集中在提高电池隔膜的强度、稳定性和孔隙率等方面；并且期望能简化膜的制备工艺，研究开发出适合大规模自动化制膜的工艺。随着聚合物改性、合成技术和生产工艺的不断进步，必将有更新的技术来改进聚合物隔膜的性能。目前，电池隔膜的研究重点是开发制造工艺简单、制造成本低的途径，这对于提高电池性能和降低电池成本具有重要的实际意义，最终要使产品的孔径尺寸适当、孔隙率高、机械强度能满足要求。因此制膜技术和工艺的发展是影响锂离子电池能否大批量生产的重要因素，按不同的要求设计出相应的隔膜。

4.4.3 太阳能光伏产业

随着不可再生资源的逐步减少以及矿物类资源生产、使用中产生的各种污染问题，各国都在用政策的、法律的手段逐步加大对再生能源和清洁能源的开发利用，并努力提高其在整个能源使用中的比例。在这些清洁和可再生能源中，太阳能是其中最重要的能源之一。目前太阳能设备常用的是太阳能电池板，它是将太阳能转化为电能的一个重要设备。

PHOTON国际2011年三月刊发表的太阳能电池生产商年度调查表明，光伏行业的全球电池产量在2010年达到了27.2吉瓦(GW)，相当于此前四年的产量总和。与2009年的12.5吉瓦相比增长了118%。

预计未来十年我国新能源投资将达5万亿元。到2020年，中国新能源发电装机2.9亿千瓦，约占总装机的17%，其中太阳能发电装机占据其中的7%。而在国家能源局发布的“十二五”能源规划中，到2020年太阳能发电将比目前增长30倍。

硅基太阳电池生产工艺流程见图3。

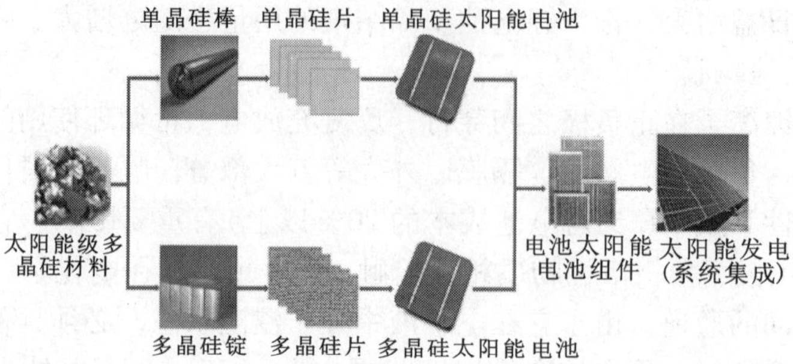

图3 硅基太阳电池生产流程

在生产工艺过程中需要使用PVDF材料的有以下方面:

4.4.3.1 PVDF板材、管材

在电池片生产的清洗过程中,硅片分别在85℃温度下的25% NaOH溶液、10% HF溶液及带有双氧水、氨水、HCl的溶液中进行清洗。因此清洗设备的溶液槽、设备整体结构及外壳使用了大量PVDF板材,其厚度在5~10mm。目前PVDF板材大部份需要进口。生产厂家有:德国盖尔(GEHR)公司、奥地利AGRU(艾格鲁)公司、劳士领工程塑料有限公司等。

PVDF管材应用于各种化学试剂、清洗溶剂、纯水输送等,国外已有专业供货商生产销售,如美国Swagelok公司、Georg Fischer Piping Systems Ltd.、德国GEMü Gebr. Müller Apparatebau GmbH & Co. kg等。

4.4.3.2 硅片清洗容器(PVDF花篮)

太阳能硅电池片在生产工艺中,需要使用花篮装载,满足生产线和清洗设备转换的要求,在85℃的NaOH溶液、HCl溶液、HF溶液中长期使用不变形、不污染清洗液,装载硅片时不划伤硅片,并满足电池的生产工艺要求。

硅片花篮是硅片清洗设备上的备件,一台电池片清洗设备需要大约配备25片200只左右同等尺寸的花篮。2010年国内用量估计在20万只左右,PVDF树脂用量在150~200吨以上。

硅片花篮的主要生产厂家北京市塑料研究所,现拥有25片太阳能硅片花篮五种规格的十余种型号、50片硅片花篮五种规格型号的产品。其余厂家还有伊柏科技(深圳)有限公司、深圳富林丰科技有限公司等。

4.4.3.3 太阳能电池背板膜

目前用于太阳能电池组件封装的背板材料常用TPT聚氟乙烯复合膜。TPT是指使用杜邦公司的TEDLAR(商品名)聚乙烯氟化物(PVF)薄膜作为太阳能背膜的两面,中间加上一层透明的PET进行复合,即TEDLAR/PET/TEDLAR,因此得名TPT。背板膜结构示意图见图4。外层保护层PVF具有良好的抗环境侵蚀能力,中间层为PET聚脂薄膜具有良好的绝缘性能,内层PVF需经表面处理和EVA具有良好的粘接性能。

PVDF树脂作为与PVF结构相接近的树脂产品,由于PVDF的含氟量59%远大于PVF的41%,和PVDF树脂所特有的分子结构,PVDF材料具有用于背板有着更好的特性要求。如:完全抵御日光降解,优异的耐化学品和耐溶剂性,高耐磨性,很好的耐沾污性,不支持真菌和细菌的生长,具有较好的阻燃和低烟特性,对大多数气体和液体的低渗透,高介电强度和体积

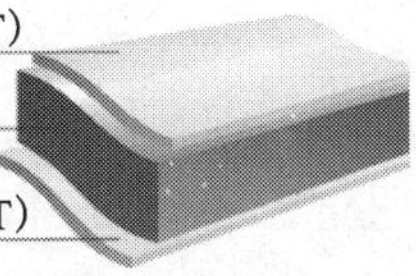

图4　背板膜结构示意图

电阻，很好的热稳定性，在高温下的高机械温度，易于加工，成型与焊接，高纯度，耐Y射线和电子束照射，以及树脂的规模化生产，使其成为PVF的替代品。作为膜材料它有着比PVF有着更好的耐候性，其黄变指数和老化后的机械强度等性能要好于PVF材料。在电性能方面，PVDF膜与PVF相比，其表面/体积阻抗、介电强度、耐干电弧性能和热线融化率与PVF相当，而阻燃性比PVF更好。至于渗透性，PVDF与PVF相比毫不逊色。PVDF完全能够满足商用太阳硅电池组件25年的湿热、干热、紫外等环境考验与使用要求，用于晶硅太阳电池组件的封装。

我国在2007年就已成为全球最大的太阳能光伏电池生产国。但我们的背板材料大部分仍需进口，是太阳能电池材料中唯一没有全面实现国产化的品种。国内生产企业有国内浙江化工科技集团有限公司（浙江省化工研究院）、杭州福斯特热熔胶膜有限公司等能够加工生产背板膜材料，但PVDF的背板膜材料目前还未见国产化的报道。三爱富公司开发了可应用于背板中的PVDF树脂材料，现已推出了FR906和FR907等牌号产品可供选择。国内也有研究机构及企业开始进行PVDF封装背板膜的研究开发。

5　结束语

PVDF因为其独特的性能具有广泛的应用领域。随着我国PVDF树脂生产能力的不断加大，加工方法的不断完善，其应用范围将越来越广泛，产品开发利用前景将更加广阔。我们应该尽快提升PVDF树脂的应用开发水平，降低生产成本，促进推广应用，提高核心竞争力，争取早日开发生产出更多拥有自主知识产权的、质量过硬的PVDF产品。

（作者单位为北京市塑料研究所）

大　事　记

2010年塑料行业大事记
Major Events Occurred in China's Plastic Industry in 2010

【1月】

青岛福润德塑料挤出机打开日本市场

新年伊始，青岛福润德塑料挤出技术有限公司获得了日本客户的订单。这个客户在中国考察了多家生产企业，最后在该公司订购了8台具有国际领先水平的高效节能塑料单螺杆挤出机。

该公司产品获得青睐的主要原因，一是因为电机功率得到充分利用，每小时的挤出量高达10t以上，实现了低速高效的目标；二是该单螺杆挤出机采用了数字、PLC编程和PCC工业平板电脑远程等三种控制方式，配置了该公司自己最新研发的已获得国家专利的电磁加热圈，使电利用率达到98%，节能50%以上；三是采用了双分离螺旋结构，增加了高效混炼设置，保证了物料完全塑化、色母料混合均匀。

我国将全面实施质量违法违规企业"黑名单"制度

2010年1月7日，全国质检工作会议在北京召开。质检系统将健全信用评价和信息发布机制，全面实施违法违规企业"黑名单"制度，严厉惩处质量失信行为，推动企业落实质量安全主体责任。

质检系统将大力推进企业质量诚信体系建设，加快整合质量安全信息资源，完善质量信用信息平台，健全信用评价和信息发布机制。质检系统要引导企业增强质量法制观念，强化质量安全责任意识，积极探索生产许可证管理、监督抽查、执法打假与企业质量信用监管的联动机制，全面实施违法违规企业"黑名单"制度，严厉惩处质量失信行为，推动企业落实质量安全主体责任。

2010年，全国质检系统将采取一系列举措认真履行质量综合管理职能，全面加强质量管理，大力推进质量振兴，努力提升我国产品质量安全水平。这些措施包括制定质量发展规划、推动质量兴省工作、建立完善质量状况分析制度。

据统计，去年全国共有65万家企业参与了"质量和安全年"活动。目前有21个省份设立了政府质量奖，有17个省份以政府名义召开了质量兴省、标准化等质检工作专项会议。

一年来，质检总局加强了与国资委、工信部、商务部等10个部门及有关行业协会的沟通与合作，各地质检系统也都加强了与当地有关部门的协调配合，通过部门联动形成工作合力。

在"质量和安全年"活动中，质检总局开展了食品安全整顿，组织专项执法打假行动，加快重要标准制修订速度，加强计量和认证认可等基础工作，开展国外技术性措施专题研讨，出台服务外贸稳定发展的10条措施，推进质检公共技术服务平台建设，举办了质量高层论坛、国际食品安全与质量控制论坛、网上系列在线访谈等主题活动，取得了良好效果。

对于今年的特种设备安全监管工作，要以使用环节为重点，进一步建立健全各项安全管理制度，积极推进基于风险的分类监管方式，开展设备和企业分类监管试点，进一步夯实安全监管基础，强化特种设备安全监管，保障特种设备安全运行。

要全面推进高耗能特种设备节能监管工作，促进节能降耗和经济结构调整，积极稳妥地推进特种设备检验工作改革，加强对检验机构的监督管理，进一步优化检验资源配置，实现压力管道和起重机械区域内检验资源共享。

"中国聚氨酯超细纤维复合材料研发制造基地"落户上海

2010年1月28日，"中国聚氨酯超细纤维复合材料研发制造基地"授牌仪式在上海华峰超纤材料股份有限公司举行，中国塑料加工工业协会（以下简称中国塑协）会长廖正品、上海市金山区经济委员会主任徐斌、金山区工商联党组书记陆惠明以及金山区山阳镇镇长黎连忠等领导出席了授牌仪式。上海华峰超纤材料股份有限公司总经理叶芬弟、金山区山阳镇镇长黎连忠、中国塑协会长廖正品做了重要讲话。

上海华峰超纤材料股份有限公司自2006年被中国塑协授予"中国聚氨酯超细纤维复合材料研发中心"以来，通过在科技创新、新产品开发和人才队伍建设方面的不懈努力，提升了企业综合实力，取得了令业界瞩目的科研成果和经营业绩，在国内超纤行业中树立了良好的形象，成为高新技术企业和上海市科技小巨人企业，并在2009年底通过上海市企业技术中心认定，被中国民营科技促进会评为"中国优秀民营科技企业”。连续几年位于当地纳税企业的三甲之列，连续获得了金山区工商企业50强，成为金山区的重要企业，创造了良好的经济效益和社会效益。

中国塑协紧急澄清，“置物盘”可放心使用

国际食品包装协会(注：国际食品包装协会为某位“环保专家”在中国香港注册的公司)对超市中销售的置物盘的安全性产生质疑，并将置物盘列入食品包装行业“十大隐忧产品”，这引发了中国塑料加工工业协会的强烈质疑。中国塑协密胺制品专委会明确表示：关于置物盘存在安全隐患的说法没有科学依据，消费者对于正规超市销售的置物盘可以放心使用。

中国塑料加工工业协会说明，从2008年11月以来，个别媒体多次报道某位“环保专家”的言论，声称“密胺塑料有毒”、“密胺塑料存在安全隐患”等，中国塑协在2009年1月8日和5月9日两次举行新闻发布会予以驳斥。个别媒体又开始引用该专家言论，称“超市中销售的置物盘使用存在安全隐患”，误导消费者。

对此，中国塑协密胺塑料制品专委会专家表示，用脲醛树脂表面加盖密胺粉制成的置物盘，在低于80℃环境下使用，不能水煮消毒，更不能放入微波炉加热。消费者只要正确按照产品标识上的说明使用，盛放水果、冷餐等食品不存在有毒等质量安全问题。

中国塑协相关负责人表示，产品上已经有了使用说明，但个别“专家”不按说明使用而是非要去加热、高温消毒，然后得出结论：产品有安全隐患。这不是在误导消费者吗?

国家有关部门对于用脲醛树脂表面加盖密胺层制成的餐具的卫生及工艺标准正在起草中。该标准的风险评估前期检测已经通过，下一步的工作主要包括产品极限耐受温度和特殊使用条件的测试和论证；用上述材料制成的置物盘在常温下用于盛放水果及糖果类食品，其安全性可以得到保证。

上海先进“废塑料再生燃油机”研制成功

吃进去的是废旧塑料，吐出来的是柴油、汽油和高纯度碳黑。最近，上海研制成功先进的“废塑料再生燃油机”，这一科研成果目前已经通过专家鉴定。

废塑料的无害化处理长期以来是一个世界性的难题，世界上大部分的废塑料垃圾是采用填埋和焚烧方法处理，造成的污染问题日趋严重。此前，世界上对废塑料无害化处理的科研，主要是采用热裂解、催化裂解及热裂解－催化改质等化学方法，其突出问题是不能解决设备或催化剂的结碳，并产生难以处理的粘稠焦化物，造成二次污染，而且处理成本高，难以工业化。

从2007年起，研发团队开始“废塑料再生燃油机”的研制工作。科研思路摆脱了此前对废塑料裂解的研究方向，采用“多级瞬间反应”技术，使废塑料在几秒内完全裂解，产出的粗油色浅，硫和苯的含量极低，在0.002%以下。经分离的汽油和柴油可用于调配清洁汽油和柴油，产出的碳黑细度高。试验样机的产量达到1～1.2t/d，有效转化率为100%，其中油化率达到85－90%。

日前，高分子、石化、化机、化学、机电等领域9名专家组成“废塑料再生燃油机”鉴定委员会，中石化上海工程公司高级工程师罗福强担任主任委员。专家认为，上海耀元环保科技有限公司开发的试验样机是一台无害化处理聚乙烯(PE)、聚丙烯(PP)和聚苯乙烯(PS)等废塑料的小型快装设备；设备运行过程中无二次污染，能将废塑料100%转化成有用的能源资源和化工资源；这一设备特殊的裂解方法克服了此前各种废塑料裂解设备及其方法的弊端，能保证设备长周期连续生产，社会效益、环保效益和经济效益明显。

这一科研成果已申请国家发明专利。

鉴定专家要求研发部门进一步完善整套设备，并希望国家有关部门重视“废塑料再生燃油机”的社会效益和经济效益，对这一技术给予支持和国内、国际推广，以解决日益严重的废塑料污染问题。

【2月】

中国塑协授予沧州经济开发区“中国塑料加工工业协会沧州塑料产业创业示范园”称号

2010年2月2日，中国塑协组织专家组对沧州经济开发区塑料园区进行了实地考察。沧州市市长刘学库、副市长宋有洪会见了专家，刘市长向专家们介绍了沧州市塑料产业情况。专家组在沧州开发区管委会领导的陪同下参观了建设中的沧州开发区塑料园区和部分塑料企业，听取了沧州开发区塑料工业园区情况介绍、投资环境说明及发展规划。各位专家对沧州开发区塑料工业园的具体投资环境、发展潜力等进行了认真、深刻的论证。最后，专家们一致认为，沧州开发区申请“中国塑料加工工业协会沧州塑料产业创业示范园”称号，条件符合中国塑料加工工业协会特色区域管理办法，决定同意授予沧州开发区“中国塑料加工工业协会沧州塑料产业创业示范园”称号。

2月3日上午，“中国塑料加工工业协会沧州塑料产业创业示范园”的授牌、揭牌仪式在沧州开发区管委会举行。参加此次授牌、揭牌仪式的有以廖正品会长为组长的中国塑协专家组、沧州市副市长宋有洪、开发区管委会领导及全体工作人员。廖会长在致辞中表示对沧州开发区塑料园区今后的发展充满信心。最后，由廖正品会长与宋有洪副市长共同进行了揭牌仪式。

沧州开发区将以此为契机，加大发展力度，依托沧州强有力的原料支持、交通便利、塑料产业集群特征突出等优势，把沧州开发区塑料园区建设成为集生产、研发、集散为一体的功能性专业园区。

中国塑协滚塑专委会工作会议召开

2010年2月5日，中国塑协滚塑专委会2010年第一次工作会议在上海召开，会议确定了2010年专委会的发展战略和第一季度工作重点，通过了招聘一位专职人员等各项事务等。

会议确定了第一季度工作重点为内部建设，逐步使专委会各项工作规范化，制度化以便给广大滚塑企业提供优质，高效的服务。逐步建立一系列的制度，包括内部制度(日常考勤、财务制度、信息管理等)以及会员制度(企业管理制度、网站管理制度等)。

专委会的所有采集信息，统一集中至专职人员处进行管理。第一季度工作重点是建立下属企业的信息库，内容包括企业名录、联系方式、企业地址、法人、企业规模，产品特点等内容。

工作计划包括：1. 细化各项工作；2. 企业战略发展调研；3. 滚塑网建设等。

不合“低碳”理念 高耗能建材将清出北京城市建设

北京市住房和城乡建设委员会公布了新版的《北京市推广、限制、禁止使用的建筑材料目录》草案，并向社会公开征求意见。不符合“低碳”理念的建筑材料将逐渐会被清除出北京城市建设。

目录草案中包括禁止类产品38个(其中首次列入禁止目录或从限制改为禁止的产品13个)，限制类产品46个(其中首次列入限制目录或扩大限制范围的产品15个)，推广类产品42个。新版本第一次出台或加大淘汰力度的建材有28种，比前5批平均每批12.6个增加了一倍多。

对于生产过程毁坏耕地、污染环境的黏土砖，生产过程破坏耕地和植被的黏土、页岩陶粒，以黏土和页岩陶粒为原料的建材制品，可能危害人体健康的以角闪石石棉(即蓝石棉)为原料的石棉瓦等一批能耗高、安全性能低的建筑材料，目录草案中明确将其列入了禁止使用的范围。其中，只有开关动作、不能实现自动调节功能的一种温控阀和能耗高、温度高、光效低、寿命短、安全性差的几种灯具等一批建筑配套设施及装饰装修材料，也被列入了禁止使用的范围。

对于模塑聚苯乙烯保温板、挤塑聚苯乙烯保温板等建筑外保温材料，根据国家有关规定，高度大于100米住宅建筑、高度大于50m公共建筑和幕墙式建筑不允许使用，列入限制目录。本版目录草案将白炽灯列为限制产品，禁止在新建公共建筑和精装修住宅中使用。毛坯房业主装修时要选择个性化灯具，毛坯房竣工后至装修阶段使用率低，可以暂安装廉价的白炽灯。

此外，对于泡沫混凝土、再生骨料、透水砖等一批能耗低、无污染，有利于提升城市建筑品质、节约资源、保护地下水质的建筑材料，被目录草案列为了推广类。

佛塑股份开发复合智能节能薄膜

佛塑股份与中国科学院上海硅酸盐研究所在佛山达成战略合作并就“复合智能节能薄膜开发项目”签约。该项目为双方首个实质性合作项目，市场潜在需求巨大，研发成功之后佛塑股份新能源材料产业的话语权将得到进一步提升。

硅酸盐所本次与佛塑股份的战略合作协议内容主要包括：新能源、新材料和节能环保等领域开展项目合作，并承担各级政府的科技任务；将对硅酸盐所相对成熟的科研成果择优进行二次开发，使之成为可应用于企业产业化生产的科技成果。该产品最大的特点在于其双向调节的智能控温功能。原理是在高分子基温控层中添加一定比例 VO_2，使温控层在薄膜中起到开关作用。当温度低于相变温度时，温控层增加太阳光红外线透过率；当温度高于相变温度时，温控层就减少太阳光的红外线透过率。通过双向自动调节，可以起到冬天保暖、夏天隔热的效果。这种智能控温薄膜属国际前沿技术，不仅性能优于现有市面上进口的隔热膜产品，价格与隔热膜产品相比也将大幅下降。竞争优势明显。

全国建筑和汽车玻璃贴膜存在巨大市场空间，玻璃贴膜市场年增幅超过20%，潜在需求惊人。美国专业能源机构研究预测，中国将在三年内取代美国成为世界玻璃贴膜市场中的最大买家。从中可见复合智能节能薄膜广阔的发展前景。该项目研发成果也将成为继锂电池隔膜、偏光膜等高技术新材料产品之后，佛塑新能源新材料产业布局上的又一力作。

山东研发纳米生态降解地膜 破解农田白色污染

山东鑫鑫大壮降解塑料技术有限公司、中国科学院青岛生物能源与过程研究所、山东省科学院生物研究所等单位在济南共同宣布，研发出新型纳米生态降解地膜，已通过专家鉴定，可望破解农田"白色污染"。

这种纳米生态降解地膜将国际先进的"氧化－生物"降解技术与纳米技术有机结合，降解过程为先通过自然界中的氧元素将地膜主要成分——聚乙烯等高分子聚合物氧化断链成亲水性小分子，然后被自然界中的细菌、真菌消化吸收，最终以二氧化碳、水和腐殖质的形式回归自然界，从而实现自然降解。

纳米生态降解地膜的外观、透明度、耐冷热度等使用特征与普通地膜完全相同，铺设和使用方法也与传统地膜一致，且购买成本相差不多。目前，这种降解地膜已在济南、德州及云南昆明等地进行了两年的大面积大田推广试验及应用示范。以棉花为例，在棉花生长约2个月时，地膜已完成对棉花的保护作用，此时纳米生态降解地膜开始发生降解，可以保证棉花根系的空气流通和透水疏松性，进而促进棉花根系良好生长，且无需人工破膜，减轻了农民负担。

该新型纳米生态降解地膜已通过国家塑料制品质量监督检验中心和国际第三方认证SGS等权威机构的检测和认证，并获得国家发明专利。目前，该地膜已开始在山东省范围内推广使用。

国产交联聚乙烯专用料崭露头角

辽阳石化公司自主研发并生产的交联聚乙烯专用树脂成功推向市场，首批599t产品销售一空。经检测，用专用料生产的管材不仅性能达到国外同类产品水平，在交联度和粒度分布等指标上还优于国外产品，完全可替代进口。该产品的问世彻底结束了我国交联聚乙烯专用树脂全部依赖进口的历史，同时也为下游地暖管材企业降低成本、扩大产能打下基础。辽阳石化自此成为国内首家成功研发并实现交联聚乙烯市场销售的企业。

交联聚乙烯专用树脂是生产地暖用塑料管材的主要原料。目前国内地暖用该种材料的生产企业有150多家，生产线600余条，每年对管材原料的需求量达6万多吨，全部依赖进口。

辽阳石化公司生产的交联聚乙烯专用料不仅在性能、质量等方面达到进口同类产品水平，还在产品包装方面有了突破性改进，有效避免了下游加工过程中的二次污染。产品销售期间，交联聚乙烯专用料比L0555P专用料在华北地区的售价每吨高出400多元，创造了可观的经济效益。

舟山研发出新型滚塑游艇

由浙江嵊泗洋山滚塑游艇科技开发有限公司等承担的"新型滚塑游艇技术开发及产业化"项目，通过了浙江省科技厅的验收。这是浙江省重大科技专项中的重大工业项目，由浙江嵊泗洋山滚塑游艇科技开发有限公司与中国塑料加工工业协会滚塑专业委员会联合承担。经专家认定，滚塑游艇为整体成型，强度高、耐海水腐蚀性强，使用寿命超过30年；因制造材料的比重比水小，船体浮力大，节省了动力资源，且在突发事故情况下不会沉没，安全可靠。滚塑游艇采用了新型船艇材料，符合环保的要求。

该公司研发的滚塑游艇系一次旋塑的具有双层壳体的敞开式艇，双层壳体间构成了水密空腔，亦可在空腔内填充发泡剂形成浮力体。舱内设置了3排座椅，可供7人乘坐（含驾驶员）。该游艇总长4.65m，最大宽度（含护舷材）178m，型深0.68m，满载状态下吃水0.348m，排水量1.085t。目前，该公司已拥有2条船舶生产线，形成了830型全塑养殖船、650型全塑灯围船、460型全塑快艇等3种产品的批量建造能力。

【3月】

中国塑料行业代表团赴台参观考察

2010年3月3～12日，应中国台湾区机器工业同业公会的邀请，中国塑料加工工业协会及中国塑协BOPET专委会的两个代表团共计36人赴中国台湾参加“2010两岸塑料行业合作与发展论坛”。

2010年3月4日，2010两岸塑料行业合作与发展论坛在台北南港展览馆召开，新老朋友欢聚一堂，针对两岸塑料行业的“现状与未来”、“合作与发展”“新兴产业之应用”等热点问题展开了深入的交流与探讨。

中国台湾区机器工业同业公会理事长徐秀沧、中国台湾区机器工业同业公会副理事长魏灿文和总干事王正青、台北世界贸易中心秘书长赵永全、中国塑协会长廖正品与代表团正、副团长顾东芳、徐志强、中国塑料机械工业协会副会长钱耀恩、秘书长粟东平、中国台湾区机器工业同业公会塑橡胶机械专委会会长吴正炜和雅式展览服务有限公司董事长朱裕伦等出席论坛。两岸塑橡胶产业的企业家、专家达200多人。会议内容以两岸间塑料橡胶产业及塑料橡胶机械市场发展趋势、塑料橡胶制品与加工机械以及两岸塑料橡胶业合作发展方向为三大主轴议题，进行深入和广泛的经验分享与意见交换。此届论坛牢牢把握了两岸关系和平发展的主题，搭建起两岸间塑料行业广泛交流的平台，促进了两岸塑料产业界携手拓展两岸及全球市场。两岸业界代表共同分享了演讲专家的真知灼见和企业的成功经验，共商谋略、共议发展大计。增进了两岸塑料业界人士的联络与沟通，加深了两岸塑料企业间的了解与信任，推动了两岸业界关系在新的起点上向更深，更远的方向发展。

台北国际塑橡胶工业展（TAIPEI PLAS）举办

2010年3月5~9日，2010年台北国际塑橡胶工业展览会（TAIPEIPLAS2010）在中国台湾南港展览馆举行。该展会由中国台湾对外贸易发展协会及中国台湾区机器工业同业公会联合举办。展会分为塑橡胶加工机械区、塑橡胶接口设备区、模具及零组件区、塑橡胶原料及制品区、国际公协会及媒体区等5大展区。吸引了来自德国、日本、美国、英国、中国大陆、中国香港特区、韩国、泰国、澳洲、爱尔兰等13个国家及地区的419家业者，使用2111个摊位。知名大厂包括峰明、光兴、一亿、百塑、全立发、鼎坤、台中精机、久馨、富强鑫、金弘兴、元运、尚宏、昆信、震锠、琮伟、致庆、震雄、玮礼、凤记、桦钦、超群、上大嘉、链发等。展览期间举办了14场产业趋势及技术研讨会，并邀请到孟加拉国国家橡塑制品制造暨出口协会秘书长ShaminAhmed演讲“孟加拉国国家塑料产品市场现况与展望说明会”。

2010年度宏岳品牌发展交流会召开

2010年3月4~6日，2010年度宏岳品牌发展交流会在秦皇岛召开，共有来自全国各地的宏岳经销商及合作单位代表400多人参加了会议。

2009年是宏岳公司继续保持高效、稳固发展的一年，产品种类和规格不断丰富，市场占有量进一步扩大，当前宏岳管业已经形成秦皇岛峨眉山路、开发区龙海道和湖北孝感三大生产基地，年生产能力达到200kt，公司先后获得了中国地暖行业领军品牌、全国地源热泵行业系统应用优秀管材企业等诸多荣誉，产品远销欧洲、中东、北美、澳大利亚、东南亚等海外市场。会议安排分别参观了宏岳公司新厂区和老厂区。

会议现场颁发宏岳公司十佳客户奖、市场开拓奖、宏岳领军人物奖，以及2009年度销售返点奖励。

发改委研究制订发展低碳经济指导意见

2010年3月10日，国家发展和改革委员会公布正在研究制订一个发展低碳经济的指导意见，并考虑在一些特定的行业和地区开展小范围的碳交易试点。

为实现全球2050年温室气体排放“减半”的目标，2005年至2050年低碳技术投资，将达1.2万亿美元。哥本哈根会议上，我国承诺，到2020年单位GDP的二氧化碳排放将比2005年下降40%至45%。这一具有挑战性的目标，表明我国走“低碳”发展道路的决心和信心。下一步发改委将把这个目标落实在地方与行业的发展规划中，并准备试行建立碳排放强度考核制度。

目前，相关部门已经启动了碳排放标准的研究，到目前为止，初步完成了框架性的研究工作。碳强度标准可以为发展考核制度提供重要的参考依据。

此外，发改委还将研究制订一个发展低碳经济的指导意见。该意见将包括两个方面的重要内容。一是低碳区域地方试点。当前，低碳经济是最热的话题，各地对发展低碳经济也很有积极性。另一部分是加强发展与低碳经济相关的重点行业。内容包括新兴产业和传统产业的改造转型。在这些特定的行业和地区，还可以探索利用市场手段减少温室气体排放，开展小范围的碳交易试点。

在此基础上，发改委初步计划每年都发布一个报告，把这一年来中国应对气候变化所采取的政策措施和取得的成效进行系统介绍。

「CHINAPLAS 2010 国际橡塑展」新闻发布会召开

2010 年 3 月 17 日，「CHINAPLAS 2010 国际橡塑展」新闻发布会在北京召开。中国塑协会长廖正品、中国塑料机械工业协会秘书长粟东平、雅式展览服务有限公司董事长朱裕伦等出席会议并讲话。

与塑料行业一同成长的「CHINAPLAS 国际橡塑展」紧握行业脉搏，即将于 4 月 19 日至 22 日在中国上海新国际博览中心举行的第 24 届展会将以「绿色制造·共塑未来」为主题，举行一连串与环保有关的精彩活动。为推广绿色机械及环保塑料的角色和贡献，「CHINAPLAS 2010 国际橡塑展」将于展会首三天(4 月 19 ~21 日)举行一系列「绿色橡塑行业论坛」，来自世界各地的业内绿色供应商、协会专家、用家将聚首一堂，就行业对推动可持续发展之策略交流宝贵意见，并分享绿色橡塑科技在汽车、建筑、包装、电子信息及电器等行业的应用情况及成功个案。获邀出席的演讲者包括业内协会：中国塑料加工工业协会、中国塑料机械工业协会、中国橡胶工业协会、欧洲塑料和橡胶工业机械制造商协会、美国塑料工业协会、日本塑料工业联盟；知名展商：巴斯夫、帝斯曼、海天、拜耳材料科技、杜邦等；行业用家：上海通用/泛亚汽车技术中心、上海双鹿电器有限公司、武汉振邦食品包装等。此外，展会现场增设多个「绿色加油站」，展示展商最先进的环保橡塑产品与科技，鼓励供应商和用家行业采用更多环保橡塑科技，让观众了解节能、环保、回收及再生技术的最新发展形势。

现场展商将全面展示行业对环保的支持，包括展出具节能机械设备的企业：宁波海天、德马格、华嵘、宁波华美达、百旺、大同、施耐德、伊之密等；展出降解塑料或技术：金发科技、华美集团、深圳市科聚、加拿大氧化生物降解塑料技术、毅兴环保塑料、深圳意可曼生物科技等；展出回收设备及技术的企业：骁马、方力集团、江苏联冠、双仕分拣技术、欧德科技、信易电热、乐必得、普瑞威努公司苏瑞玛分部等。

废弃油脂制增塑剂实现产业化

2011 年 3 月 26 日，江苏卡特新能源有限公司 2 万吨/年生物环保增塑剂关键技术及产业化应用项目，通过了中国石油和化学工业协会组织的鉴定。

江苏卡特利用地沟油等废弃动植物油脂为原料生产生物柴油及生物增塑剂，攻克了原料成本高的难题，解决了地沟油等废弃动植物油脂的处理问题。该公司拥有 16 项生物增塑剂相关专利，产品可以替代邻苯二甲酸酯类增塑剂。截至目前，这种生物环保增塑剂已在常州创华塑胶、江阴威威塑胶等公司大量应用。

江苏卡特新能源有限公司自 2006 年开始研制生物增塑剂，是江苏省目前生物增塑剂实际产量最大的生产企业。为了拓展生物质原料来源，该公司还带领农户利用坡地、山地等荒废和闲置边角地种植蓖麻、续随子等新能源植物品种，开发新的生物质能源原料。

中国轻工业联合会发布“关于表彰 2009 年度全国轻工业卓越绩效先进企业的决定”

2010 年三月，中国轻工业联合会发布“关于表彰 2009 年度全国轻工业卓越绩效先进企业的决定”的文件(中轻联总【2010】71 号)，表彰了塑料行业 2009 年度树立“质量第一”观念，积极导入和推行卓越绩效管理模式，不断创新，持续改进并取得显著成效的 108 家“全国轻工业卓越绩效先进企业”和 23 家获“全国轻工业卓越绩效先进企业特别奖”企业。中国塑协的 5 家企业获得“全国轻工业卓越绩效先进企业”称号：

上海轻工业研究所有限公司
天津市天塑科技集团有限公司第二塑料厂
河北颐通管业有限公司
广东联塑科技实业有限公司
广东永金兴有限公司

【4 月】

食品与化妆品包装国家标准 4 月 1 日开始实施

由国家质检总局和国家标准委批准发布的《限制商品过度包装要求——食品和化妆品》国家标准，于 2010 年 4 月 1 日起实施。

该标准对食品和化妆品销售包装的空隙率、层数和成本等指标作出了强制性规定。同时，针对饮料酒、糕点、保健食品、化妆品等过度包装现象较为严重的商品，标准指标要求进行了相应调整。其中过度包装涉及到层数、包装空隙率、成本、材质、设计等问题。

“标准”规定了限制商品过度包装——食品和化妆品部分的基本要求、限量要求和限量指标计算方法，对食品和化妆品销售包装的空隙率、层数和成本等三个指标做出了强制性规定，分别是包装层数3层以下、包装空隙率不得大于60%、初始包装之外的所有包装成本总和不得超过商品销售价格的20%。

国家食品药品监督管理局强化对餐饮服务环节一次性餐盒使用的监督

由于部分媒体报道“黑心”餐盒问题，引起社会普遍关注。4月7日，国家食品药品监督管理局组织中国疾病预防控制中心、轻工业塑料加工应用研究所、北京市卫生监督所、北京市疾病预防控制中心、中国烹饪协会等单位的专家，对餐饮经营单位使用的一次性塑料餐盒安全问题进行专题研究。国家食品药品监管局决定在部分省区对一次性餐盒进行监督抽验，科学研判一次性餐盒的安全状况，并确定下一步采取的措施。

《2010年国家标准项目立项指南》的通知印发

2010年4月9日，国家标准委制定了《2010年国家标准项目立项指南》。

一、总体要求

（一）围绕满足经济社会发展需要，按照有利于加快经济发展方式转变和产业结构调整、提高产品质量安全、增强产业竞争力、提高公共管理和公共服务能力的总体要求，重点安排关键共性技术、基础通用、强制性和公益性以及重要产品等国家标准的制修订项目。

（二）近年来国家标准委会同有关部门组织实施的标准专项规划以及国家标准化体系建设工程中，急需安排的重点项目。

（三）国家关键技术标准推进工程、标准化公益性行业科研专项和各级科技计划重点支持的国家标准研制项目。

（四）国家标准复审确认急需修订的项目。

二、重点领域

（一）农业

农业投入品（包括饲料和饲料添加剂产品安全卫生、产品质量、检测方法的安全评价技术规程）、产地环境、基础设施、良好农业规范、农产品流通、质量控制和检验检测、疫病防控和检验检疫、生物安全、生态建设和生态保护、森林经营。

（二）制造业

1. 钢铁、石化和有色金属。高速铁路等重点工程建设用钢；工程塑料和专用树脂、特种合成橡胶、高品质汽柴油、高性能汽车轮胎安全、节能和环保、化学品管理；大飞机用有色金属材料。

2. 汽车、船舶。汽车安全、节能和回收再利用、新能源汽车、汽车电子、电动汽车充电设施及技术；三大主力船型、高技术船舶、船舶防污染、船用设备节能、海洋工程装备、船舶拆解。

3. 装备制造。装备关键基础件和通用部件；装备安全、绿色制造、节材代木包装、清洁高效制造工艺；高档数控机床、数控系统和关键功能部件；工业过程控制和系统集成、智能仪器仪表、智能电工设备、电磁兼容；智能电网、风力发电装备、农业装备、新型纺织成套装备、航空航天技术装备。

（三）电子信息、高新技术

新型电子元器件（包括射频连接器、平板显示、半导体照明器件）、集成电路、软件、高性能计算机和服务器；射频识别、传感器网络、卫星通信、卫星导航、卫星遥感；数字电视和电影、数字家庭和设备互联、IPTV、宽带光纤接入、数字内容（包括数字音视频编解码、数字版权保护）；“三网”融合；电子政务（法人库、代码）、物品编码、防伪、电子商务、智能交通、信息安全、社会信息化；核电、仪器仪表；空间科学、航空电子、太阳光伏、半导体材料、纳米材料和技术、物流信息。

（四）服务业

物流技术、物流服务与管理、第三方物流、国际货运代理；科技平台、邮政、电子地图、位置服务、数字城市、软件外包服务；银行业务、保险、证券；会展、住宿餐饮、连锁经营、批发零售；数字出版、在线服务和销售；文化创意、动漫、演艺娱乐、文化会展、演出场馆、文物及文化保护、体育场馆；旅游酒店服务及景区管理；卫生及中医基础和诊疗；劳动保护、社会保障；人才服务、职业教育、成人教育、培训服务；地震、减灾救灾、气象监测及服务；老龄及残疾人、社区及家政服务。

（五）食品、消费品

重要食品产品、食品生产过程管理和控制技术、食品相关产品；重要化妆品产品及安全要求、化妆品检测方法、功效评价方法、口腔护理用品；高性能纺织材料、生态纺织品、功能性纺织品、高性能产业用纺织品；油漆涂料、皮革、洗涤用品、表面活性剂、塑料及塑料制品、纸品、五金制品；家具、玩具、文具产品安全技术规范及检测方法；家用电器产品健康安全及性能要求；照明光源、照明附件、照明灯具安全及性能；电池产品安全及电池中有害物质的限量要求；消费品在全生命周期中的风险评估的原则、方法和模型。

(六) 资源、环境、能源

节能减排、循环经济、重要能源利用；电工电子产品的回收利用、有毒有害物质检测、环境意识设计；高效清洁发电。

(七) 公共安全

消防安全、交通安全、安全生产；核辐射防护与核安全；医疗器械的评价方法及安全要求；电气安全；电网安全及作业安全。

中国第一届生态合成革论坛暨箱包手袋用聚氨酯合成革标准化研讨会召开

2010 年 4 月 12 日，为更好地与国际市场接轨，适应国外的技术要求，促进合成革工业向环保、可持续方向发展。中国塑协人造革合成革专委会在上海召开"中国第一届生态合成革论坛暨箱包手袋用聚氨酯合成革标准化研讨会"，美国陶氏化学、德国拜耳和以及国内知名的合成革生产企业，就生态合成革的相关议题进行了发言、《箱包手袋用聚氨酯合成革》行业标准第一起草单位，介绍箱包手袋用聚氨酯合成革标准化进程，广东省皮具协会，介绍我国箱包手袋行业发展状况和对合成革的质量要求并进行相关业务对接。

2010 塑料改性与配方设计技术研讨会召开

2010 年 4 月 15 ~ 19 日，中国塑协塑料助剂专业委员会举办的"2010 塑料改性与配方设计技术研讨会"在上海召开。研讨会的核心内容为：应对国际形势，增强环保意识，节能减排，充分发挥塑料添加剂功能，以提高塑料的性能，降低制品成本，增强产品的市场竞争力。

主要内容：1、会议将邀请具有长期实践经验的大专院校、科研院所、生产企业的教授、专家、领导介绍各自在科研和生产过程中的研究成果和实践经验；2、就讲课内容进行答疑，互动交流；3、参观第二十四届中国国际塑料橡胶工业展览会。

中国塑协塑料管道专业委员会第八届四次理事会会议召开

2010 年 4 月 16 日，中国塑协塑料管道专业委员会第八届四次理事会在杭州召开。

中国塑协会长廖正品、中国塑协塑料管道专委会理事长陈力辉、专委会 40 家理事单位的 47 名代表参加了会议。

中国塑协廖正品会长在会上介绍了行业情况，并对行业发展提出希望。中国塑协塑料管道专委会理事长陈力辉对 2009 年工作做了总结汇报，并经会议审议通过。中国塑协塑料管道专委会秘书长王占杰做了专委会 2010 年工作计划汇报，并经理事会审议通过。2010 年专委会主要工作计划有：加强与用户行业的合作，做好塑料管道推广工作；加强与上游行业的联系，为提高塑料管材性能创造条件；加强国际交流，加大中国塑料管道行业走向国际的步伐；加强行业管理，规范行业市场，提高塑料管道产品质量；继续做好行业调查工作，制定行业发展规划和建议行业准入条件；完成上级交办的任务。理事会讨论通过了《中国塑料加工工业协会塑料管道专业委员会 2010 年年会策划方案》。

专委会近期工作专题汇报：1. 关于将塑料管道列入"建材下乡"目录产品的建议及相关工作。2. 2009 年(北京)国际塑料管道交流会的情况。3. 上游 PVC 改性树脂研发进展情况并提出发展建议。4. 拟于 4 月 27 日在北京召开埋地排水排污用聚丙烯(PP)管道研讨会的准备工作。

理事会审议通过了关于编写指导用户正确设计、施工、使用塑料管道系列丛书的建议、"制定塑料管道行业十二五规划"建议和制定行业门槛的建议、建立"塑料管道品质保障联盟"的建议。

根据市场情况和市场发展需求，理事会同意增加"矿用管工作小组"。

2010 软塑薄膜行业高峰论坛召开

2010 年 4 月 16 日，由中国塑协主办的"2010 软塑薄膜行业高峰论坛"在上海召开。来自国内外软塑薄膜产业链的 700 多名企业负责人出席会议。

会议设立了两个会场：上海金钟华美达广场酒店主会场和上海佳友维景大酒店第二会场。其中主会场又包括三个专题交流会：BOPP 薄膜生产企业高峰座谈会暨 BOPP 薄膜专委会常务理事会、制定镀铝膜产品国家标准申报草案第一次工作组会议和软塑薄膜市场专题研讨会。

会议主要内容：1、2009 年世界与中国软塑薄膜行业发展情况介绍与 2010 年前景探讨；2、软塑薄膜行业新设备、新工艺、新技术介绍；3、软塑薄膜行业各种新型原辅材料介绍；4、交流软塑薄膜生产线维修保养与节能技术；5、下游软包装等应用行业有关情况交流；6、软塑薄膜产业链的检验、检测交流；7、讨论修改《塑料包装行业十二五发展规划》（草案）；8、召开第十届双向拉伸设备技术交流会；9、软塑薄膜产业链的设备、备品备件、原辅材料的样品与图片展示。

与会嘉宾分别作了“谈谈我国聚酯薄膜的发展现状和期望趋势”，“浅谈中国镀膜行业的发展趋势及展望”，“BOPP薄膜生产企业的可持续发展战略”，“双向拉伸薄膜生产技术的最新进展”，“德国康甫公司薄膜行业的分切和收卷技术”，“BOPA薄膜的质量控制和性能检测”，“适于强劲环保透明阻隔膜生产并经过量产验证的真空卷绕镀膜系统”，“沧州开发区塑料园区介绍”，“挤出应用的技术进步：创新－优势－成功（吹膜部分）”，“挤出应用的技术进步：创新－优势－成功（流延膜部分）”，“薄膜生产用挤出模头介绍”，“如何使您工厂的地面永久性的防尘、耐磨、硬化、拒水”，“薄膜厚度在线检测及控制技术”，“薄膜行业机械手臂的应用”，“关于薄膜生产线横拉链夹高温轴承的应用及国产化的应用”和“双向拉伸薄膜生产线用过滤碟片和熔体滤芯介绍”，“当前经济形势下的企业财务规划”，“第十八届中国国际包装工业展览会·塑料包装设备及材料专馆介绍”，“低利润时代高品质低成本母料添加剂选择”，“伊斯拉高级薄膜/复合材料表面视像检测系统”，“新世纪润滑技术的先锋—德国爱德龙润滑油”，“科学发展铸辉煌”，“料回收环保重生”，“双向拉伸薄膜生产中在线、离线涂布技术应用”，“低碳经济时代食品包装对油墨无苯化及胶粘剂应用的要求”和“化学开创绿色环保黏合剂品牌”，“2009年度中国BOPP、BOPET、BOPA、CPP薄膜市场价格行情综述”，“制袋机的世界先进技术”，“用于双向拉伸薄膜设备的夹子与链条”，“Kelviplast公司温控设备介绍”的重要发言。

“第十届双向拉伸设备技术交流会”召开

4月17日，“第十届双向拉伸设备技术交流会”召开。天津市天塑科技集团总工程师、双向拉伸设备技术专委会（筹）会长谢学民，绍兴未名塑胶公司经理程凡宝，上海川野精密轴承有限公司总经理许继羡，德国ADDINOL公司Georg Wildegger和Peter Weisman，中国塑膜网经理胡晓娜，中包联塑料专家组委员符朝贵，广州思肯德电子测量设备有限公司总经理王广彪，日本制钢所部长米屋直次，法国珀力弥瓦公司澳里沃 斐复和马明，埃维恩（上海）机械有限公司总经理缪申羚，桂林电科所副所长刘亮，桂林立欣自控有限公司总经理张益伟，杭州大华工控公司副总经理鲁华帅，中达节能科技（江苏）有限公司经理张鸿，绍兴翔宇绿色包装有限公司经理王德成，分别作了“双向拉伸行业发展十年回顾”，“节能技术在双向拉伸薄膜生产中的应用的讲话”，“关于薄膜生产线横拉链铗轴承及国产化的研究”，“新世纪润滑技术的先锋——德国爱德龙润滑油”，“产能日益过剩的双拉膜市场面临的挑战与机遇”，“设备和工艺对铸片质量的影响”，“如何准确有效使用薄膜在线测厚仪”，“日本制钢所公司简介及设备介绍”，“双向拉伸设备工业辊筒技术”，“双向拉伸薄膜在线回收及应用”，“近年国产双向拉伸设备的发展现状”，“双向拉伸薄膜生产线控制系统简介”，“浅谈分切机的发展方向”，“节能减排 科学发展（新型高频电磁加热技术应用）”和“提高国产双向拉伸设备质量的途径和措施”的发言。

会议期间举行了优秀行业代表和优秀供应商表彰仪式，参观了苏州辉龙净化过滤公司。

镀铝膜产品国家标准申报草案第一次工作组会议召开

4月18日，制定镀铝膜产品国家标准申报草案第一次工作组会议在上海召开。参加会议的有上海永超真空镀铝有限公司、海宁长宇镀铝材料有限公司、天津市大阳工贸有限公司等12家单位的相关负责人。

上海永超真空镀铝有限公司的杨传闻经理宣读了合并后的标准草案，之后各企业代表踊跃发言。各企业之间对目前镀铝膜行业的技术和市场提出了自己的看法。探讨了产品的技术和销售方面的问题。会后将由杨传闻经理将修改后的标准发给协会和各参会代表。

“软塑薄膜市场专题研讨会”召开

4月18日，“软塑薄膜市场专题研讨会”在上海召开。来自双向拉伸薄膜、CPP薄膜、镀铝膜行业的80多个代表参加了此次研讨会。

中国塑膜网、江阴宝柏包装有限公司、深圳宏美嘉包装材料有限公司、雅式出版有限公司、深圳粤斯特实业有限公司、北京康德新复合材料股份有限公司、三井塑料贸易（上海）有限公司、上海山富数码喷绘复合材料有限公司、海宁长宇镀铝材料有限公司、江阴精良塑胶有限公司以及塑膜网胶带、塑膜网彩印事业部代表共13家单位，分别作了2009

年度原料市场特点及2010年后展望、消光母粒在BOPP薄膜中的制取和应用、中国BOPP包装用膜的现状及发展趋势、中国BOPP封箱胶带出口状况及国际观察视角、如何看待国内BOPP封箱胶带市场的突破与创新、预涂膜市场状况以及对BOPP膜需求剖析、中国尼龙膜市场观察与发展潜力、纳米尼龙在包装方面的应用、PP合成纸未来发展势不可挡、银光闪耀之镀铝膜的应用与拓展、新环境下如何良性经营中国双拉膜行业、全球塑料薄膜创新技术进展与应用市场新趋势、中国软塑包装发展状况及对基材需求浅析等发言。

"BOPP薄膜生产企业高峰座谈会暨BOPP薄膜专委会常务理事会"召开

4月18日，"BOPP薄膜生产企业高峰座谈会暨BOPP薄膜专委会常务理事会"在上海召开。佛山塑料集团股份有限公司等16家企业负责人出席会议。

秘书处通报了2009年BOPP薄膜行业的产能与产量情况，各公司负责人互相沟通了未来一年内本公司及已知的其他公司预计投资的情况，讨论了2010年上半年BOPP薄膜行业市场与原料供应情况，并对下半年的行情进行了分析。

上半年BOPP薄膜生产企业的经营状况处于亏损和略微盈利之间徘徊。尤其是从中石化采购原料的企业，基本都处于略亏损状态；从国外进口原料的企业，有一些盈利。之后的一两年内还有一些单位会签约新的BOPP薄膜生产线，未来可能会出现20万吨以上规模的企业。受刚刚投产和未来将要投产的新增产能的影响，大部分企业认为，今年下半年，BOPP薄膜的生产环境会更加恶劣，能否撑得过去，要看各公司的现金流情况。未来的操作模式可能会从订单生产转为看原料生产。金田集团塑业有限公司总经理梁鹏举介绍了金田在节能降耗的心得。

中国塑协五届五次理事扩大会议召开

2010年4月18日，中国塑协五届五次理事扩大会议在上海召开。来自广东省、山东省、新疆区、湖南省、温州市等全国各省市的200多名理事出席会议，听取协会2009年工作报告以及2010年工作计划、财务报告，并参加了于18日下午举行的中国塑协管理规章与"中国塑料加工工业'十二五'规划(2010～2015)(框架初稿)"分组讨论会。

会议期间还举行了行业信用等级授牌仪式，中国塑协为41家来自塑料管道、塑料门窗与异型材，以及人造革合成革等领域的塑料加工企业颁发了"企业信用评价AAA级信用企业"奖牌，向全行业展示了塑料行业信用建设工作的阶段性成果。

中国塑协廖正品会长首先做题为《中国塑料工业(2009)》的工作报告，向与会代表们介绍了2009年中国塑料加工工业的进展。

马占峰秘书长宣讲《中国塑协五届五次理事扩大会议(2010年)工作报告》，向理事们汇报了协会2009年的工作进展和2010年工作计划。

理事们分为三组，针对协会自身建设和"十二五"规划草稿进行讨论，提出不少具有启发性的意见和建议。

中国塑料行业(首批)企业信用等级评价授牌仪式举行

2010年4月18日，中国塑料行业(首批)企业信用等级评价授牌仪式在上海举行。共计41家企业凭借其先进的经营管理水平、过硬的产品质量、良好的社会声誉和周到完善的销售服务体系，最终被评为中国塑料行业首批AAA级企业，获颁《企业信用评价AAA级信用企业》奖牌。

中国塑协于2009年10月正式启动中国塑料行业(首批)企业信用等级评价工作，共有41家企业参与评价。在评审过程中，为保证评价工作的客观有效，中国塑协会员部组织开展了一系列有序、客观、公正的工作：不但与此项工作的主管部门商务部、国资委及第三方评价机构保持密切沟通，还对企业的申报材料(企业基本情况、管理制度、财务数据、竞争力情况、信用记录等相关资料)按照相关程序进行整理、评审。在2010年1月18日召开了由协会领导、第三方评价机构、塑料行业专家、塑料行业企业代表等参加的塑料行业信用等级评价专家论证会。最后将结果在中国塑协等相关网站上公示，最终无异议则确定其企业的信用等级(设为三等五级：AAA、AA、A、B、C)。鉴于这些企业基本是行业内的优秀、骨干企业，企业的管理水平、信用状况等优良，因此均被评为AAA级，上报商务部、国资委得到了领导肯定。

关于信用等级评价的手续也非常严格，申报期间，申报企业的资料将通过第三方信用评价机构严格核实；最终评价结果要在商务部、国资委、中国塑料加工工业协会和第三方的网站上同时公示10天；申报工作结束后，企业申报材料还将在中国塑协和第三方机构保留三年，以备查验。

中国塑料行业(首批)企业信用等级评价结果

序号	企 业 名 称	信用等级	证书编号
1	上海华峰超纤材料股份有限公司	AAA	201009911100001
2	浙江龙跃科技有限公司	AAA	201009911100002
3	三斯达(福建)鞋业有限公司	AAA	201009911100003
4	山东同大海岛新材料股份有限公司	AAA	201009911100004
5	义乌市鑫挺人造革有限公司	AAA	201009911100005
6	广东联塑科技实业有限公司	AAA	201009911100006
7	力尔型材有限公司	AAA	201009911100007
8	温州奥昌合成革有限公司	AAA	201009911100008
9	江苏宝泽高分子材料股份有限公司	AAA	201009911100009
10	青岛宏信塑胶造粒有限公司	AAA	201009911100010
11	云南曲靖塑料(集团)有限公司	AAA	201009911100011
12	四川省犍为罗城忠烈塑料有限责任公司	AAA	201009911100012
13	绍兴翔宇绿色包装有限公司	AAA	201009911100013
14	浙江经纬集团环保工程有限公司	AAA	201009911100014
15	山东日科化学股份有限公司	AAA	201009911100015
16	义乌市大大箱包材料有限公司	AAA	201009911100016
17	温州人造革有限公司	AAA	201009911100017
18	哈尔滨哈轻塑胶有限公司	AAA	201009911100018
19	山西中德塑钢型材有限公司	AAA	201009911100019
20	四川森普管材股份有限公司	AAA	201009911100020
21	济宁得亚利聚合体有限公司	AAA	201009911100021
22	浙江中财型材有限责任公司	AAA	201009911100022
23	烟台冰轮塑业有限公司	AAA	201009911100023
24	山东省塑料工业有限公司	AAA	201009911100024
25	广东炜林纳功能材料有限公司	AAA	201009911100025
26	天津军星管业集团有限公司	AAA	201009911100026
27	芜湖海螺型材科技股份有限公司	AAA	201009911100027
28	秦皇岛宏岳塑胶有限公司	AAA	201009911100028
29	淄博中南塑胶有限公司	AAA	201009911100029
30	湖南路路通塑业股份有限公司	AAA	201009911100030
31	山东胜邦塑胶有限公司	AAA	201009911100031
32	广州市振兴实业有限公司	AAA	201009911100032
33	昆山协孚人造皮有限公司	AAA	201009911100033
34	广东华业包装材料有限公司	AAA	201009911100034
35	重庆顾地塑胶电器有限公司	AAA	201009911100035
36	华之杰塑料建材有限公司	AAA	201009911100036
37	山东清源集团有限公司	AAA	201009911100037
38	广东东方管业有限公司	AAA	201009911100038
39	天津开发区金鹏塑料异型材制造有限公司	AAA	201009911100039
40	东营大明新型建材有限责任公司	AAA	201009911100040
41	山西惠丰型材有限公司	AAA	201009911100041

第二十四届中国国际塑料橡胶工业展览会「CHINAPLAS 2010 国际橡塑展」举办

2010 年 4 月 19 日 ~ 22 日，由中国轻工业联合会—中国塑料加工工业协会，雅式展览服务有限公司共同主办的“第二十四届中国国际塑料橡胶工业展览会”在上海浦东上海新国际博览中心盛大举行。展会展览面积达 15 万平方米，来自 35 个国家和地区的参展商达 1900 家，比上届有所增加。

2010 年 4 月 19 ~ 22 日“国际橡塑展”重临上海市，展出范围包括吹塑机，挤出机及挤出生产设备，注塑机，计算机辅助设计及生产系统，预加工、回收利用机械及设备，修饰、装潢、印刷及印标机械及设备，泡沫、反应或增强树脂机械，测量、控制及试验设备，模具，零部件，辅助设备，后加工及其他加工机械，压机，原料、辅料，焊机及半制成品等等。展品应用范围覆盖于塑料橡胶制品、汽车、建材、电子电器、信息科技及通讯、玩具、包装、医疗用品和设备、农膜等行业。

展会还举行以“绿色制造 · 共塑未来”为主题的同期活动，透过展览及论坛等多元化活动推广绿色环保概念在实现行业可持续发展方面的重要性和影响力。此论坛由中国塑料加工工业协会联合雅式共同举办，是行业具体贯彻落实中央经济工作会议精神、推广绿色塑料应用、推进节能减排工作、发展循环经济的重大举措，在全行业开展绿色科技创新未来活动，有利于淘汰落后产能，推进产业结构调整，保持塑料行业健康稳定发展，积极寻求发展方式转变。

「CHINAPLAS 2010 国际橡塑展」云集知名化工企业，如巴斯夫、拜耳、博禄、陶氏、帝斯曼、杜邦、埃克森美孚、湖南石化/乐天、朗盛、信诚、沙特基础工业、泰科纳、PTT 等，展示应用于各包装行业的化工原材料。

包装加工设备方面，有众多顶级设备供应商参展。其中，模具及加工设备有迪恩易、哈斯高安卡、信好、硬壳、吉世科/世纪、龙记、麦斯帝普、马斯特模具、麦士德、圣万提、柳道、Progressive Components、Schottli 等；塑料包装及吹塑机械方面，有雅琪、德玛克、汉王、华研、金明、克虏伯、爱思必、全冠/铨宝、达明、中亚等。

挤出机械类的专业级供应商，如巴顿菲尔辛辛那提、科倍隆、达诚、方力、金湖、精诚、金纬、联塑、仕诚等也都出现在展会现场，展示其用于塑料包装生产绿色环保产品的机械设备。注塑机械的专业供应商，如博创、震雄、东华/大同、恩格尔、海天、赫斯基、克劳斯玛菲、力劲、三菱重工、尼思、住重、威猛巴顿菲尔等也齐聚「CHINAPLAS 2010 国际橡塑展」。

用户企业对此项一年一度的盛事极为关注，到场采购的龙头采购商包括有安利、白云山制药、宝洁、成都中达、达能、大东南集团、顶益食品、顶正包材、佛塑集团、富陵集团、富思特包装、高露洁、广东德冠、哈药集团、海天调味、和黄白猫、华盾雪花、汇源、金浦包装、可口可乐、浪奇、曼秀雷敦、美晨集团、南方包装、南风化工、农夫山泉、派瑞特塑业、齐鲁制药、强生、清源集团、雀巢、上海家化、上海三樱、申达集团、申美饮料、双鹤药业、丝宝日化、统一集团、完美中国、娃哈哈、希悦尔包装、扬子江药业、伊利集团、云南白药、中萃食品、中金玛泰、珠海中富、珠江啤酒、庄臣、紫东薄膜、紫江集团、紫日包装等。

「CHINAPLAS 国际橡塑展」首办于 1983 年，是中国唯一荣获全球展览业协会(UFI)认可的塑料橡胶工业展，「CHINAPLAS 2010 国际橡塑展」更是连续第 21 次荣获欧洲塑料和橡胶工业机械制造商协会(EUROMAP)独家赞助的中国橡塑展览会。

「CHINAPLAS 2010 国际橡塑展」展会面积达 150000m^2，有来自 35 个国家及地区的 1900 家展商参展，连同奥地利、加拿大、法国、德国、意大利、日本、英国、美国、中国及中国台湾省 10 个国家及地区的展团，携手展示 1900 台机械及最新橡塑原材料及相关化工产品。此外，展会吸引 75000 名专业观众莅临参观及采购，海外观众占 18%，来自超过 130 国家及地区。

「CHINAPLAS 国际橡塑展」是亚洲第一，全球第三的塑料橡胶业展览会。荣获全球展览业协会(UFI)授予的「UFI 认可展会」称号，是目前中国唯一获此殊荣的塑料橡胶工业展。

"前进低碳经济　共建绿色地球"论坛举办

2010 年 4 月 22 日，由上海三樱包装材料有限公司发起组织的"前进低碳经济、共建绿色地球"论坛上海举办。中国塑协廖正品会长、上海三樱包装材料有限公司陈子荣总经理、杨华鸿、张军国副总经理等出席论坛。

改革开放以来，复合膜软包装行业经过二十多年的坎坷发展，已取得了辉煌的成就。但同时，这个行业对环境也造成了一定的污染和影响，付出了相当的代价。低碳其实是一种社会责任，上海三樱包装材料有限公司在复合膜软包装行业率先采用了无苯无丁酮油墨。在上海三樱的印刷车间闻不到刺鼻刺眼挥发性气体的味道，而且对油墨废弃物进行回收再利用。如今"低碳"已不再只是概念。"低碳生活"和"低碳经济"正在成为全社会的共识，成为人们所期待的最为主导的生存和发展方式。但是真正实现低碳与发展双赢，还有很长、很艰难的路要走。

通过这次论坛的讨论和交流，毫无保留地提出各自的意见和建议，共同分享彼此的经验和教训，互通有无，取长补短，努力探讨出一套以较小的投入，获得较大产出的低碳发展方案，以促进整个行业的可持续发展。

埋地排水排污用聚丙烯(PP)管道研讨会召开

2010 年 4 月 27 日下午，由中国塑协塑料管道专委会、中国城镇供水排水协会排水专业委员会共同主办的埋地排水排污用聚丙烯(PP)管道研讨会在北京举行。

来自相关管理部门、科研机构、检测及认证单位、协会、媒体、国内外上游原料企业、加工设备企业和管道生产企业、检测设备企业、以及下游的设计院、排水集团(公司)等代表等共计 120 多名代表参加会议。

中国塑协会长廖正品致辞。利安德巴塞尔工业公司管材及基础建设部亚太区经理 Michael Vogt、博禄有限公司管道部门市场经理 Robin Bresser、中国城镇供水排水协会副秘书长、排水专业委员会秘书长王岚、潍坊中云科研有限公司总经理张泽奎及国家化学建筑材料测试中心工程师孙佳文，分别就埋地排水排污用聚丙烯(PP)管道以及相关领域做了专题报告。

通过本次会议，参会者对该品种管材的特点以及生产、选择、设计、施工、安装等方面都有了更好的了解，将会促进该产品在排水排污领域有更好的应用。通过生产行业与用户以及国际同行的交流活动，将会逐步促进新产品、新技术的更好推广。

【5 月】

新材料走进世博会　复合材料大放光彩

用大豆纤维制成的智能 LED 帷幕、能实现冷热智能调节的温控玻璃镀膜……在倍受期待的上海世博会，不仅带给人们一场感官盛宴，也成为许多新型材料的“用武之地”。

园区道路穿新衣

在上海世博园区参观，如果遇上雨天，你不用担心脚上会沾满水。

世博园区的道路会呼吸、会透水，不会积水，行车不会打滑，也没有水雾和溅水。参观者即使在雨中行走，鞋也不会湿，其中的奥妙是世博园区道路有一层神奇‘外衣’。

这种神奇“外衣”就是新型的透水沥青混凝土，也叫排水性混凝土。它比普通的沥青混凝土透水率提高了 15%，能使雨水通过该层内部的连通空隙沿路面横坡排出路外，而不至于在道路表面形成泾流，排水能力比普通沥青路面提高 4～5 倍。

穿上透水沥青“新衣”的世博园区道路，比普通路面降低噪音 3～5 分贝，抗变形能力提高 1.5～4 倍，比普通的高速公路路面更经久耐用。

世博园浦东园区的 11 条道路，总长约 10 公里，总面积达 18.8 万平方米，共需摊铺沥青混合料达 7 万吨。这种新材料综合成本比一般铺装沥青高 10% 左右，如果大规模应用成本会有所降低。可以预计，未来透水沥青混凝土将成为城市市政道路的“升级版”选材。

在世博园区道路新技术推广应用过程中选择了安全舒适、经济适用、生态环保、美观大方的道路系统技术方案。方案包括了 SBS 改性沥青、纤维材料、水泥稳定碎石基层、柔性基层沥青路面、新颖复合材料井盖和再生材料制成的道路护栏等 17 种新材料和新技术。

展馆建材有玄机

上海世博的中国馆呈现了巧夺天工的“冠帽”造型，而它的建造采用了什么建筑材料呢？中国馆的设计引入了最先进的科技成果，使它符合环保节能的理念。外墙材料为无放射、无污染的国产高性能氟碳涂料，使用寿命可长达 20 年。

连接中国馆、世博中心、文化中心四大场馆及周边轨道交通的“世博轴”，则在世界上首次采用“阳光谷”结构。“阳光谷”的设计施工在国内首次采用了具有自洁功能的加强型 PTFE 碳素纤维材料，使用寿命可超过 100 年，透明玻璃与金属架连接处则采用了高性能硅橡胶和化学黏合剂。

此外，瑞士国家馆的智能 LED 帷幕由大豆纤维制成，既能发电，又能降解；日本国家馆的外墙是采用太阳能发电装置的超轻膜结构，号称“会呼吸的墙”；意大利国家馆采用的“透明水泥”，在混凝土中加入玻璃质地的成分，还带有不同透明度的渐变；芬兰馆白色“鱼鳞外墙”是新型纸塑复合材料的首次亮相；法国国家馆整座建筑被一种新型混凝土材料制成的线网“包裹”；上海企业联合馆的外围立面材料采用聚碳酸酯透明塑料管，将各种技术设备管线容纳其中，共同构成建筑的外立面……

这其中不乏由国内自主研发的许多新型材料：智能温控玻璃镀膜，用在建筑物的玻璃上，能实现冷热智能调节，保证建筑物的隔热效果；自保温节能墙体材料，将淤泥烧结成砖，在保护环境的同时，可使建筑外墙随室外环境变化而变化；隔热保温板，具有耐久性能和高热阻性能，能减少温室气体和其他污染气体的排放……

饮水用餐都环保

多种新型材料除了应用在上海世博会的各个展馆，还在各项服务中直接为游客带来便利。

世博园区的自来水管道上接出一只只热水瓶大小的水处理装置，每一只装置对应着一高一矮两个直饮水龙头，轻轻按下开关，纯净水便直接流进世博观众的口中。

这种直饮水设备是由同济大学等单位研制的膜生物反应器，其核心部件 PVC 膜是一根根酷似面条的淡黄色空心塑料管。每一根“面条”的过滤孔径只有 0.01μm，相当于头发丝的万分之一，水分子可以通过，其他大分子污染物则被截留，从而达到净化水质的效果。用这种 PVC 滤膜处理污水的运行成本，每平方米还不到8角钱，平均可使用3~5年。目前，上海世博会城市主题馆是采用这一技术建造了水处理系统，每天可处理120t废水，用来冲厕所、浇灌绿化和清洗地板。

此外，世博会期间需要的一次性餐具将不再使用传统塑料，而是用生物质材料玉米制成塑料，对环境没有任何污染。不仅是一次性杯子、托盘、包装盒，世博会上使用的路牌、胸卡、磁卡也可能是采用生物质材料制成。这种材料是将玉米等农作物通过生物发酵技术制备得到的聚乳酸，再经多种工艺制成多样的聚乳酸制品，用弃后可以自然降解，形成循环链，对环境无污染。任杰表示，这些产品采用一步法的聚乳酸制备工艺，性价比高，既安全又能保证产量。

迷你塑料折叠凳风靡世博园

世博园中十分畅销的折叠凳产自于上海周边及邻近的浙江省的众多小工厂。

在为期六个月的上海世博会期间，各种价格不菲的相关产品迅速走俏，其轰动效应可见一斑。其中大受欢迎的一种产品却是造型极为简单、最令人意想不到的迷你塑料折叠凳。

这种色彩鲜艳、设计巧妙的凳子虽然本身不在世博园内销售，但在园区内却比比皆是。这种凳子可对准多个塑料接头折叠起来，易于携带和存放。凳子收起时可方便地手提携带或夹在腋下。当排队站累了时，游客可把凳子展开坐在上面。

这种折叠凳产自于上海周边及邻近的浙江省的众多小工厂。采用聚丙烯生产这种折叠凳在世博期间的销量翻了一番。

除在世博会上被广泛使用外，这一国际性的盛会还吸引了国内其他省市和国外的买家前来。世博会吸引了许多新客户来到上海，购买这种折叠凳到海外销售。

海关总署：前4个月外贸增长超四成 4月份呈现小额贸易顺差

2010年5月10日，海关总署公布今年前4个月我国外贸进出口情况。据海关统计，1至4月，我国进出口总值8559.9亿美元，比去年同期(下同)增长42.7%。其中出口4360.5亿美元，增长29.2%；进口4199.4亿美元，增长60.1%；贸易顺差为161.1亿美元，下降78.6%。

海关统计显示，今年4月份，我国进出口值2381.6亿美元，增长39.4%。其中出口1199.2亿美元，增长30.5%，比上月加快6.3%；进口1182.4亿美元，增长49.7%。当月贸易顺差为16.8亿美元，下降87%。

与2008年前4个月相比，今年前4个月进出口总值增加8%；出口增加2.6%，进口增加14.2%。其中今年4月份进出口总值较2008年同期增加7.6%；出口增加0.8%，进口增加15.5%。

据海关统计，今年前4个月，我国一般贸易进出口4290.5亿美元，增长46%，高出同期全国进出口增速3.3%。其中出口1948.8亿美元，增长27.2%；进口2341.7亿美元，增长66.4%。一般贸易项下出现贸易逆差392.9亿美元，而2009年同期则为顺差124.8亿美元。同期，我国加工贸易进出口3331.6亿美元，增长37.7%。其中出口2088.7亿美元，增长30%；进口1242.9亿美元，增长52.9%。加工贸易项下贸易顺差845.8亿美元，增长6.5%，相当于同期总体顺差规模的5.2倍。

在与主要贸易伙伴的双边贸易中，今年前4个月，欧盟为我国第一大贸易伙伴，中欧双边贸易总值1377.7亿美元，增长34.6%。同期，中美双边贸易总值为1071.8亿美元，增长25%。日本以微弱的优势超过东盟，前4个月中日双边贸易总值为886.6亿美元，增长37.5%。其中，我对日本出口354.7亿美元，增长19.5%；自日本进口531.9亿美元，增长52.8%；对日本贸易逆差177.2亿美元，增长2.5倍。同期，我国与东盟双边贸易总值达870.9亿美元，增长58.5%。其中，我对东盟出口406.1亿美元，增长45.6%；自东盟进口464.8亿美元，增长71.7%；对东盟贸易逆差58.7亿美元，而2009年同期为贸易顺差8.3亿美元。

今年前4个月，广东省外贸进出口总值2151.7亿美元，增长32.4%。同期，江苏省、上海市和北京市进出口值分别为1359.2亿、1092亿和953.2亿美元，分别增长49.4%、42.1%和68%。此外，浙江省、山东省和福建省进出口值分别为729.2亿、548亿和317.4亿美元，分别增长38.8%、43%和45.6%。上述7省市进出口值合计占全国进出口总值的83.5%。

从出口方面来看，前4个月，广东省出口1203.7亿美元，增长22.1%。江苏和上海分别出口765.7亿和524.3亿美元，分别增长40.2%和27.1%。此外，浙江、山东、福建、北京分别出口497.5亿、291.3亿、205亿和167.9亿美元，分别增长31.8%、30.3%、37.9%和11.4%。

在出口商品中，机电产品出口快速增长，传统大宗商品出口平稳增长。据海关统计，今年前4个月，我国机电产品出口2602.8亿美元，增长31.3%，高出同期我国总体出口增速2.1%，占同期我国出口总值的59.7%。其中电器及电子产品出口1055.1亿美元，增长34.2%；机械设备出口886.5亿美元，增长29.4%。同期，传统大宗商品出口平稳增长，其中服装出口321.9亿美元，增长9.5%；纺织纱线、织物及制品出口216亿美元，增长26.1%；家具出口97.3亿美元，增长21.2%；鞋类出口96.8亿美元，增长14.7%。

在进口商品中，主要大宗商品进口均价普遍出现明显回升。海关统计显示，今年前4个月，铁矿砂进口2.1亿吨，增长11.6%，进口均价为每吨100.3美元，上涨27.2%；大豆进口1523万吨，增长9.9%，进口均价为每吨452.1美元，上涨13.3%。此外，进口机电产品1929.8亿美元，增长48.2%，其中进口汽车25.4万辆，增长1.7倍。

中国塑料行业(首期)企业信用管理培训班举办

2010年5月12～13日，“中国塑料行业(首期)企业信用管理培训班”在辽宁省大连市举办。培训对象为企业高层管理人员、企业信用管理人员(包括准备从事人员)、财务人员、销售人员、其他人员等。

通过学习使参训人员树立全新的信用管理观念，掌握系统的信用管理知识，能够熟练运用各种信用管理技术和方法，帮助企业培养专业信用管理人才，加强企业健全信用体系建设，在市场经营管理活动中有效规避信用风险，提高市场竞争力，促进企业健康发展。培训课程严格按照国家信用管理培训的基本要求，请中央财经大学教授和我国权威信用专家授课，通过培训使参加培训的人员充分了解国际信用制度和基本规范，并通过对信息、财务、管理、法律、统计、营销、公关等多方面综合信用知识的掌握，完善企业内部信用管理体系。

培训内容分为信用基础知识和信用操作技术两部分。1. 企业开展信用建设的必要性、紧迫性和提高抗风险能力；2. 企业如何建立企业信用安全自我评价以及建立信用管理体系；3. 有效的信用控制方法，客户信息分析、客户信息管理；4. 企业应收帐款管理整体解决方案，催收政策与流程及技巧和管理系统；5. 催帐必须掌握的法律常识、合同和结算风险防范。

“第八届中国(大连)国际塑料橡胶工业展览会”举办

2010年5月12日～14日，由中国塑料加工工业协会、大连市人民政府主办，中国国际贸易促进委员会大连市分会、大连国际商会展览公司和中国塑协会展部联合承办的“第八届中国(大连)国际塑料橡胶工业展览会”在大连世界博览广场举行。作为我国塑料行业的区域展会之一，大连塑料展在短短的三天时间里共吸引了来自各个国家和地区的3万余人士莅临现场参观。

展览会设立：塑料橡胶机械、塑料橡胶模具、塑料橡胶日用制品、塑料橡胶树脂与助剂、塑料橡胶零配件、检测设备、专用工具和塑料橡胶行业其他设备等专业展区。

展会与“大连工业博览会”和“大连进出口贸易展览会”，三会联展。届时还邀请世界各个国家、港澳台地区和国内知名厂商共聚一堂，进行交流合作。

此届展会设立：塑料橡胶机械、塑料橡胶模具、塑料橡胶日用制品、塑料橡胶原料与助剂、塑料橡胶零配件、检测设备、专用工具和塑料橡胶行业其他设备等专业展区，总展出面积达4万平方米，1700个展位，900家企业参展，国内外31个贸易代表团，连同美、俄、捷克、埃及、赞比亚驻华领事馆代表，日、韩、印度、德国、新加坡以及中国香港、中国台湾等多个国家和地区的展团云集现场，在各界鼎力支持下，大连塑料展承袭往昔佳绩，规模再创历史新高。

大连塑料展专业品质对观众的向心力亦不容小觑，观众构成广泛分布在电子信息及电器、汽车、包装、建筑、玩具、模具、食品包装等各塑料橡胶应用行业，而参展单位也是国际知名企业，如：丽水市优耐克水性树脂科技有限公司、浙江五洲实业有限公司、浙江方源人造革有限公司、台州国际塑料城有限公司、台州市雨竹家庭用品有限公司等。

此届展会与“大连工业博览会”和“大连进出口贸易展览会”三会联展，其领先的行业信息及技术交流平台使人眼前一亮。

中国塑协滚塑专委会组织滚塑企业家代表团赴河南舞钢考察

2010年5月15～16日，中国塑协滚塑专委会和麦格里产业全球发展基金共同组织中国滚塑企业家代表团赴河南舞钢进行投资考察，拟在舞钢建立中国首个滚塑产业集聚示范基地。

参加此次考察的人员有中国滚塑专业委员会秘

书长王海生、麦格里产业全球发展基金总裁王亨达、上海三维·罗特蒂克滚塑制品有限公司总经理张明治、宁波江南塑胶容器有限公司董事长房华江、无锡市海溪防腐设备厂董事长夏秋春、珠海波利马塑胶制品有限公司总经理白长利和浙江省嵊泗洋山滚塑游艇科技开发有限公司总经理陈健华。

代表团此行受到舞钢市委、市政府的高度重视和热情接待，市委书记高永华、市长白立凡、常务副市长甘栓柱、市长助理刘吉功、市产业集聚区管委会主任段天佑和市招商局局长宋江涛等领导陪同考察。代表团此行先后参观考察了舞钢市经济社会发展总体情况，听取了市领导关于舞钢市投资环境及产业集聚区的介绍并进行实地考察，与舞钢市政府就关于在舞钢建立中国首个滚塑产业集聚示范基地的设想进行了深入有效的会谈。

舞钢市地处中原腹地，是一座现代化工业生态旅游城市，面积646平方公里，总人口32万，综合经济实力位居河南省第13位。滚塑产业示范基地落户舞钢将涵盖整个中原市场，并向周边省市辐射。与此同时，舞钢市及其周边地区具有引入滚塑产业所需的市场条件：盐化工、石油化工、汽车产业(郑州日产、河南宇通、驻马店汽车改装厂和十堰汽车工业基地等)、新农村建设(水箱、化粪池)、畜牧养殖等。此外，作为传统的军用钢材供应基地，舞钢市与军事工业的密切联系将有助于扩大滚塑军用产品的市场。

此次考察取得了理想效果并得到各方的一致认可和好评。通过考察，各方一致认为舞钢市是建立滚塑产业集聚示范基地的理想之选。

中国塑协领导视察湖南神塑科技有限公司

2010年5月19日，中国塑协常务副会长李国俊偕同中国塑协塑料管道专委会秘书长王占杰、住房与城乡建设部科技发展促进中心高立新处长、水利部农村饮水安全中心处彭克奇、中国城镇供水排水协会副秘书长王岚、天津市建材业协会高级工程师周崇谊、湖南省塑料研究所秘书长潘晓梅等业内领导视察湖南神塑科技有限公司。

湖南神塑科技有限公司成立于2007年4月16日，是在湖南本土市场迅速崛起的融塑料管道生产、销售、服务为一体的新兴企业。公司现有管材生产线45条，管件生产设备40台，年生产能力15万吨，年产值10亿元以上。公司产品包括PE、PVC、PPR、玻璃钢管道四大系列，其中PE系列产品有PE给排水管材管件、PE燃气管材管件、HDPE双壁波纹管、HDPE钢带增强螺旋波纹管；PVC系列产品有PVC－U给水、排水管材管件、PVC－U绝缘电工套管、PVC－U埋地式通信套管、PVC－U路灯套管；PPR冷热水管材管件；电缆用玻璃钢保护套管；PVC－C埋地式高压电力电缆套管及配件等2000多个规格型号。神塑公司引进的PE给水管生产线为中南六省最大的生产线。

公司董事长肖凯初先生及其主要团队在塑料管道行业内具有长达20年的工作经验，先后创办过多家塑料管道生产、技术开发企业，拥有丰富的技术研发和市场开发经验。

神塑公司目前已经获得湖南名牌产品和湖南著名商标，正在筹建海南和郑州分公司，公司刚刚入选长沙市政府“三百之星”梯队扶持企业计划。

万达化工2010年度产品应用及新产品推介交流会召开

2010年5月19日，“万达化工2010年度产品应用及新产品推介交流会”在山东东营市召开，中国塑协会长廖正品、中国万达集团董事局主席尚吉永出席会议并讲话。

万达集团创建于1988年，多年来，在各级党委政府、有关部门和社会各界的大力支持下，经过20多年的持续快速健康发展，现已成为拥有总资产100多亿元、占地460多万平方米、员工12000多名，涵盖轮胎、机电、化工、地产开发、资本运营五大产业的国家大型企业集团。公司先后荣获全国“五一”劳动奖状、中国企业500强、制造业500强、中国最大500家企业集团、中国大企业集团竞争力500强等荣誉称号。

多年来，中国万达集团和万达化工，本着“汇聚科技精华，缔造百年万达”的企业愿景，始终致力于不断健全和完善企业自主创新体系与机制，致力于新技术、新工艺的研发和应用，成为我国在轮胎、机电、化工等诸多领域的领跑者和先行者，成为我国民营企业自主创新的一面旗帜。特别是万达化工，秉承着集团浓郁的企业文化，强烈的发展意识，严格的企业管理，清洁生产观念；依托着集团强大的经济实力和雄厚的科研开发力量，研发和掌握了具有自主知识产权的MBS等一系列产品核心技术，产品性能达到了国际同行业领先水平，打破了国外企业在MBS高端产品市场长期垄断的格局，成为我国塑料制品助剂研发生产领域的龙头企业。万达化工自主研发的 M730、M872 和 M564 三个牌号投放市场，得到塑料制品生产相关产品广大用户的青睐和好评。

商务部　国资委召开 2010 年行业信用建设工作会

2010 年 5 月 25 日，行业信用建设工作会议在北京召开，200 余家全国性商会协会参加会议。商务部市场秩序司和国资委行业协会联系办公室相关领导出席会议，总结了行业信用建设工作的进展和成效，动员商会协会提高认识、坚定信心，推动行业信用建设工作全面、深入开展。

行业信用建设工作是在新形势下，由政府部门指导、以商会协会为主体开展的信用建设的实践，2005 年由商务部、国资委共同组织和指导全国性的商会协会在各行各业内开展。行业信用建设围绕诚信职业道德教育、制定和执行行规行约、为会员开展信用风险管理和防范方面的服务、进行行业信用评价等任务展开。这项工作对加强行业自律，维护公平的市场竞争环境，整顿和规范市场经济秩序具有重要作用，是推动社会信用体系建设的有效途径，也是建立“行政执法、行业自律、舆论监督、群众参与”相结合的市场监管体系的有益探索。

经过几年努力，行业信用建设工作已经取得了积极成效，主要表现在以下几个方面：一是行业内诚信宣传教育不断加强；二是行规行约成为规范市场秩序的有效手段；三是行业信用评价工作有序展开，守法守信企业的市场机遇得以扩大；四是行业协会职能不断丰富完善；五是行业信用在市场监管体系中的作用日益发挥等。行业信用建设工作符合我国政府职能转变和完善市场经济体制的发展要求和方向。

其中，行业信用评价工作是行业信用建设工作的重要内容。在商务部和国资委的指导、监督下，商会协会通过企业自愿申报、严格评审、公示、复查等程序，依据有关法律、法规和行规行约，以及日常管理中积累的行业信用信息，紧密结合行业特点，综合考虑企业的基础管理、财务能力、竞争力状况、履约状况、守法守规及履行社会责任情况等因素，对企业信用水平进行全面评价。这项工作得到了广大行业协会和商会的积极响应，成为了他们开展行业自律和为会员企业服务的重要工作内容。截至 2010 年 5 月，共有 122 家全国性的商会协会参与行业信用评价工作，评出 AAA 级信用企业 3024 家，AA 级信用企业 714 家，A 级信用企业 125 家，覆盖了机械、电子、石化、电力、农业、水利、建筑、医药、内外贸流通等大部分行业和领域。

【6 月】

活性磷酸钙产品标准于 2010 年 6 月 1 日起实施

由张家港泰华化工有限公司负责起草的工业磷酸钙产品标准(HG/T 3583—2009)已于 2009 年 12 月 4 日批准发布(中华人民共和国工业和信息化部公告工科 2009 - 66 号文件)，该标准于 2010 年 6 月 1 日起实施。

活性磷酸钙(TCP)，属于无机磷酸盐，是一种非水溶性无机分散剂，主要作为悬浮聚合分散剂应用于合成树脂，如 EPS(可发性聚苯乙烯)、ABS、PS、SAN 等的聚合生产中。尤其是在 PS、EPS 生产中，由于 TCP 优良的分散效果，已得到广泛的应用。另外活性磷酸钙还可用作树脂防粘的隔离剂，在陶瓷、生物材料、荧光材料、食品行业、人造骨骼材料等方面也有一定的应用。

新标准的实施，将有力推动 TCP 行业的快速健康发展，对稳定 TCP 产品质量，提高国产 TCP 的产品质量水平有积极促进作用。也为更好地服务于 EPS 客户，促进 EPS 产品质量和降低客户生产成本起到推动作用。新标准中将活性磷酸钙划分为 TCP - A 型和 B 型，能更好地让客户便于客户区分 TCP 型号特点，也能满足不同 EPS 生产工艺的需要。目前，只有标准主要起草单位张家港泰华化工有限公司可同时生产 A 型和 B 型 TCP，年产能规模达 2500 吨。该公司生产的 A，B 系列产品已于 2002 年就获得国内外广大 EPS 生产厂家的一致认可，完全可以替代日本和德国的磷酸钙产品。

2009 年度，国内 EPS 树脂产能已达 373 万吨，仅 EPS 行业对工业活性磷酸钙的市场需求量在 6000 吨左右，新标准的实施将规范 TCP 行业的发展，有利于 TCP 产品质量的稳定发展，大大促进 TCP 行业和下游 EPS 行业的快速健康和谐发展。

安监总局：安全标准化基本规范 6 月实施

国家安监总局 4 月 19 日发布的《企业安全生产标准化基本规范》，于 2011 年 6 月 1 日起作为安全生产行业标准实施，这意味着我国广大企业的安全生产标准化工作将得到规范。国家安监总局副局长孙华山指出，近年来，国家安监总局陆续在煤矿、危险化学品、烟花爆竹等行业开展了安全生产标准化创建活动，有效地提升了企业的安全生产管理水平。

但各行业的安全标准化工作要求不尽相同，有必要出台一个规范，对各行业已开展的安全生产标准化工作在形式要求、基本内容、考评办法等方面作出比较一致的规定。同时，为调动企业的积极性和主动性，结合企业安全生产工作的共性特点，制定可操作性较强的安全生产工作规范也非常必要。

此前，我国化工行业的安全生产标准化工作是按照《危险化学品从业单位安全标准化规范》和《国家安全监管总局关于进一步加强危险化学品企业安全生产标准化工作的指导意见》开展的，规范了企业的安全生产管理，取得了较好的成效。特别是剧毒化学品、易燃易爆化学品生产企业和涉及危险工艺的企业已率先开展标准化工作，大多数将在今年底前实现安全生产标准化全面达标。以福建省为例，截至目前，福建省已有永安智胜化工有限公司、福建三农集团公司等22家化工企业经省安监局核准为危险化学品安全标准化二级达标企业，一批化工企业经各区市安监局核准为三级达标企业。

目前我国的危化品企业安全标准化工作取得了阶段性成果。但由于标准在细节、配套政策等方面的缺失，使企业在实施安全生产标准化的过程中出现种种问题。福建三农集团公司副总经理李云乐告诉记者，该公司虽已通过危化企业安全标准化二级达标考评并经省安监局核准，但由于原来国家没有这方面的规范，企业对如何开展标准化工作心中无数，只好委托中介机构进行标准化咨询。而中介机构咨询工作是否到位，企业也不得而知。而现在有了这个《基本规范》，危化企业就可以依靠自身技术力量开展标准化工作，通过标准化运行不断规范和提升安全管理水平。

《基本规范》采用了国际通用的策划、实施、检查、改进、动态循环的现代安全管理模式。通过企业自我检查、自我纠正、自我完善这一动态循环的管理模式，更好地促进企业安全绩效的持续改进和安全生产长效机制的建立。《基本规范》总结归纳了煤矿、危险化学品、烟花爆竹等已经颁布的行业安全生产标准化标准中的共性内容，提出了企业安全生产管理的共性基本要求，既适应各行业安全生产工作的开展，又避免了自成体系的局面。

四部委要求各地对贯彻落实“限塑令”情况进行自查

截至2010年6月1日，“限塑令”实施已满两年。据有关方面调查显示，“限塑令”实施两年来，大中型超市执行率较高，近八成消费者对“限塑令”表示理解和接受。据对北京最大的垃圾分选站调查显示，混入生活垃圾的塑料袋为“限塑令”实施前的一半。但是，在集贸市场、小商品市场等仍然存在大量超薄塑料购物袋销售使用以及合格塑料购物袋无偿提供的情况。

为进一步推动“限塑”工作，巩固“限塑”成果，日前，国家发展改革委、商务部、工商总局、质检总局等四部委联合下发《关于组织对限制生产销售使用塑料购物袋工作进行自查的通知》，要求各地各有关部门对贯彻落实“限塑令”情况进行自查，重点是有无违规生产、销售超薄塑料购物袋的情况，有无无偿或变相无偿提供塑料购物袋的情况，要求各地对违反规定的生产、销售企业和商品零售场所依法予以坚决查处和曝光。

环保节能等设备投资可抵免企业所得税

6月2日，国家税务总局在其官方网站上发布了《关于环境保护节能节水安全生产等专用设备投资抵免企业所得税有关问题的通知》(国税函〔2010〕256号)(以下简称“《通知》”)。

《通知》指出，根据《财政部、国家税务总局关于全国实施增值税转型改革若干问题的通知》(财税〔2008〕170号)规定，自2009年1月1日起，增值税一般纳税人购进固定资产发生的进项税额可从其销项税额中抵扣，因此，自2009年1月1日起，纳税人购进并实际使用《环境保护专用设备企业所得税优惠目录》、《节能节水专用设备企业所得税优惠目录》和《安全生产专用设备企业所得税优惠目录》范围内的专用设备并取得增值税专用发票的，在按照《财政部、国家税务总局关于执行环境保护专用设备企业所得税优惠目录节能节水专用设备企业所得税优惠目录和安全生产专用设备企业所得税优惠目录有关问题的通知》(财税〔2008〕48号)第二条规定进行税额抵免时，如增值税进项税额允许抵扣，其专用设备投资额不再包括增值税进项税额；如增值税进项税额不允许抵扣，其专用设备投资额应为增值税专用发票上注明的价税合计金额。企业购买专用设备取得普通发票的，其专用设备投资额为普通发票上注明的金额。

今年国家倡导节能减排，在环境保护、节能节水、安全生产方面给企业提供了许多优惠政策。在企业对安全生产和节能节水及环境保护方面进行设备改造或升级时，如购买了相关水污染治理设备、中小型三相电动机、空气调节设备、通风机、水泵、空气压缩机、变频器、配电变压器、高压电动机、节电器等，相关企业可以充分利用这些优惠条件。

全国服务业标准化工作座谈会在山东省济南市召开

6月10日~11日，全国服务业标准化工作座谈会在山东省济南市召开。国家质监局总局党组成员、国家标准化管理委员会主任纪正昆出席会议并讲话，山东省政府副省长才利民到会致辞。国家发改委产业协调司副司长夏农、中国标准化研究院院长王忠敏、山东省政府办公厅副主任李世瑛、山东省质监局局长丛大鸣出席会议。

国家发改委产业协调司副司长夏农介绍了我国服务业发展情况和“十二五”期间促进服务业加快发展的几点考虑。中国标准化研究院院长王忠敏介绍了国内外服务业标准化工作现状及发展趋势。山东省质监局、江苏省质监局、北京市质监局、陕西省社会保障局、黄山市人民政府、新泰市人民政府、杭州经济技术开发区管委会等单位作了典型发言，介绍了服务标准化工作经验和体会，并对下一步工作的深入推进提出了新思路。

会议期间，与会代表考察了济南阳光大姐服务有限公司和曲阜“三孔”旅游景区的服务标准化工作，讨论了“十二五”全国服务业标准化发展规划，并对今后一个时期的服务业标准化工作进行了安排部署。

来自全国46个省(自治区、直辖市)和计划单列市、副省级市质监局代表同志参加了会议。

中国塑协农用薄膜专业委员会第三届七次会员代表大会召开

2010年6月11日，中国塑协农用薄膜专业委员会第三届七次会员代表大会在成都召开。

国家工业和信息化部轻工处张军副处长；中国塑协廖正品会长；四川省经信委李途调研员；四川省塑料工业协会邹开林理事长；四川省塑料工业协会隋佩霞秘书长；四川省农业生产资料集团有限公司王勇副总裁等领导出席会议。中石化市场专家、中石油价格信息专家、外商驻中国代理机构和商社代表，以及全国各地的农膜企业及相关原料、助剂、设备、科研院所等单位的专家、代表，共计179位参加会议。

四川省塑料行业协会邹开林理事长介绍了四川省塑料行业的发展情况。四川省农资集团有限公司王勇副总裁介绍了省农资集团的基本情况，并热烈欢迎广大农膜企业积极参与灾后重建，并特别提出土工膜在四川重建中的广阔前景。中国塑协廖正品会长做了重要讲话。

《农用薄膜行业准入条件》已于2010年1月1日起正式实施，这是农膜行业的一件大事，也是农膜企业最关心的问题，国家工业和信息化部消费品司张军副处长对《农用薄膜行业准入条件》及后续实施方案进行了全面解读，他指出应该充分发挥行业协会作用，对现有农膜企业、新建农膜企业进行摸底，认真贯彻执行《农用薄膜行业准入条件》，并介绍了国家促进农业发展及农膜产业的有关政策，对会员企业提出了五点希望。

韩连贵理事长就《农用薄膜行业准入条件》出台前后专委会所做工作情况向与会代表作了汇报。常务副秘书长刘敏简要介绍了农膜行业十二五规划(修改稿)的相关情况，并要求与会企业重视此项工作，认真对待，群策群力共同促进行业的发展。

韩连贵理事长还向大会做了专委会工作报告，对农膜专委会一年来的工作进行了总结，并对下一步工作思路进行了汇报，鼓励大家振作精神，奋发有为，把农膜行业做得更好。

本次会议还举行了农膜原料市场分析研讨、农膜生产及相关技术等方面的论文及交流共11篇，加强了彼此间的技术交流。

“2010年度新疆塑料行业工作会议、新疆塑料协会年会暨贯彻中央精神，推动新疆塑料工业跨越式发展论坛”举办

2010年6月11至12日，由新疆维吾尔自治区塑料协会、新疆塑料协会专家委员会、新疆塑料制品生产力促进中心和新疆第三十九国家职业技能鉴定站共同主办的“2010年度新疆塑料行业工作会议暨协会年会‘贯彻中央精神，推动新疆塑料工业跨越式发展’论坛”在新疆乌鲁木齐市召开。

新疆维吾尔自治区轻工业协会联合会周超理事长出席会议并致辞，新疆塑料协会孔德海秘书长做“把握机遇，推动新疆塑料工业跨越式发展”报告，中国塑协李国俊副会长到会并致辞。

会议上自治区人民政府研究室和区质检橡塑室等单位分别发表了用好政策推动产业发展和行业产品质量状况分析的报告；新疆水科院、国家节水灌溉工程中心、新疆蓝山屯河节水科技有限公司、唐山致富塑料机械有限公司等单位对新疆节水技术、器材、设备、发展方向的报告；中国石油独山子石化公司和天然气股份公司介绍了新的树脂原料情况；新疆大学、广东金明塑料机械有限公司、石家庄中

实检测设备有限公司、山东新甫塑料机械有限公司、新疆佳美包装材料有限公司、乌鲁木齐市商业银行等单位就行业关心的发展现状、形势、标准、新设备、金融服务等情况向出席会议的一百多名代表做了详细而充实的报告。

新疆塑协在会上发布了“组建新疆塑协专家委员会的决定”。

意大利塑料与橡胶加工机械和模具制造商董事拜访中国塑协

2010年6月17日，意大利塑料与橡胶加工机械和模具制造商协会(Assocomaplast)常务董事Claudio Celata先生与高级代表康国庆先生拜访中国塑协。中国塑协会长廖正品、常务副会长李国俊、秘书长马占峰等出席。

中意两国之间的塑料加工机械技术交流大约始于30年前。在1980年代，中国是意大利塑料加工机械的最大出口目的地，当时，中国成百上千套地从意大利进口塑料加工机械。与那时相比，现在两国之间的橡塑技术交流显得“平静”了许多。尽管中国的塑料加工机械进步了很多，但是与欧洲先进技术相比，仍然存在一定差距。每年，从中国出口至意大利的塑料加工设备中，有相当多的设备会因“操作安全性能不达标”等原因被意大利海关退回。同时，中国设备在节能降耗指标上也有较大的提升空间。

从文化的角度去提高用户的安全意识，提高大众意识和社会意识，这正是协会的责任所在。在意大利，将促进工业文明提高的希望全部寄托于高层政府是不现实的；协会是其成员单位的代表，在推动工业文明进步方面发挥了重要作用。

随着发展中国家的进步，中国与发达国家之间的差距将逐渐缩小，未来国与国之间的竞争将更加“平衡”。目前，意大利的普通橡塑加工设备在中国市场上已经没有竞争力，只有那些高科技特征显著的设备才有市场，例如9~11层的共挤复合膜设备、橡塑回收设备。意大利橡塑加工设备企业主也在努力针对中国市场的特点，向中国介绍一些“量体裁衣”式的设备。

中国塑协常务副会长李国俊介绍了中国塑料加工行业的进展，并认为：中国政府高度重视环保、节能降耗、安全生产等问题。但是由于中国经济发展不平衡，小企业数量众多，地方政府受就业率和地方财政收入等因素制约，高精尖设备在某些地方的推广还要假以时日。最近中国一些大型企业内所发生的一系列事件将有助于引起各级领导重视，进而推动工业文明的进步。未来中国塑料加工业将更加注重发展的质量，而非仅仅注重发展的速度。

据中国塑协秘书长马占峰介绍，中国的塑料加工行业非常重视环境保护和废旧塑料的回收和再生利用等问题，2009年中国在国内回收了1000万吨废旧塑料，同时还从发达国家和地区进口了732万吨废旧塑料。中国生产的塑机一半用于出口，同时我们还在大量进口先进设备，其中尤以德国产品居多。

双方都有意在适当机会加强交流。

取消出口退税的塑料商品清单

6月22日，财政部、税务总局下发《关于取消部分商品出口退税的通知》(财税[2010]57号)，决定从7月15日起取消部分钢材、有色金属加工材等406个税号的退税率。本次调整是对出口退税率结构微调，主要是为了控制“高耗能、高污染”产品出口，确保实现“十一五”节能减排目标，应不会对外贸出口产生大的影响，长期来看将有利于促进外贸发展方式转变。

第一，本次调整不意味着国家外贸政策的转向。2010外贸工作主要着力点是“拓市场、调结构、促平衡”，保持外需政策的连续性和稳定性，将是全年工作的重点。取消406个税号产品退税率；同时，控制部分农产品出口过快增长势头，保持国内农产品价格的相对稳定，不代表外贸政策的“退出”。相信部分企业会克服暂时困难。

第二，本次调整不会影响外贸复苏增长势头。据统计，本次取消退税的406个税号，仅占海关税号总数的3%左右；2009年上述产品实现出口110亿美元，仅占当年出口总额的1%左右。取消退税政策，短期内可能会对市场产生影响，但应不会造成出口的大幅下滑，不会改变对外贸易发展的大局。

第三，本次调整将有利于推进转变外贸发展方式。取消部分产品出口退税率，体现了国家加快产业结构调整和推进外贸发展方式转变的政策意图，有利于引导企业优化产品结构，提高出口产品质量和档次；有利于引导企业提高精深加工程度，促进低碳排放、节能环保产品出口。下一步，我部还将根据外贸出口形势，继续推进完善出口退税率结构，努力保持出口退税政策的连续稳定，争取为外贸发展创造相对稳定的政策环境。

取消出口退税的塑料商品清单：

序号	商品编码	商品名称
236	3912110090	初级形状的未塑化醋酸纤维素〔未塑化二醋酸纤维素和未塑化三醋酸纤维素除外〕
237	3912120000	初级形状的已塑化醋酸纤维素
238	3912200000	初级形状的硝酸纤维素〔包括棉胶〕
239	3912310000	初级形状的羧甲基纤维素及其盐
240	3912390000	初级形状的其他纤维素醚
241	3912900000	初级形状的其他未列名的纤维素〔包括化学衍生物〕
242	3913100000	初级形状的藻酸及盐和酯
243	3915100000	乙烯聚合物的废碎料及下脚料
244	3915200000	苯乙烯聚合物的废碎料及下脚料
245	3915300000	氯乙烯聚合物的废碎料及下脚料
246	3915901000	聚对苯二甲酸乙二酯废碎料及下脚料
247	3915909000	其他塑料的废碎料及下脚料

“中国塑料再生循环利用研发生产基地”落户英科国际控股有限公司

2010年6月25日，中国塑料加工工业协会组织北京化工大学、山东省和淄博市塑料行业协会、淄博市质量技术监督检验局等单位专家组，赴淄博英科框业有限公司进行了实地参观考察，听取了英科国际控股有限公司李志杰总工程师关于“中国塑料再生循环利用研发生产基地”项目建设可行性方案的报告，听取了中国塑料加工工业协会廖正品会长“关于对上海英科实业有限公司和英科(镇江)机械有限公司的考察报告”。

专家组评审认为：英科国际控股有限公司拥有淄博英科框业有限公司、上海英科实业有限公司和英科(镇江)机械有限公司三大生产基地。该公司利用国内外废弃的EPS泡沫材料，通过高科技无害化回收和优质再生改性，加工生产各种高分子仿木装饰线材产品，主要用于家具装饰行业和建材工业，产品90%出口。形成了废塑料设备开发和废塑料优质再生、循环利用的一条龙产业体系，目前达到年回收利用废EPS塑料30kt规模。该公司提出的“中国塑料再生循环利用研发生产基地”建设可行性方案符合国家产业政策，技术开发路线合理，方案切实可行。专家组一致同意授予英科公司“中国塑料再生循环利用研发生产基地”荣誉称号。

我国每年产生的废旧塑料量已接近10Mt，目前，我国每年废旧塑料再生循环利用所创造的工业产业值在1000亿元左右，仅相当于日本的四分之一。日益短缺的石油资源和不断增加的废旧塑料资源，使废旧塑料再生循环和利用存在巨大发展空间。英科公司“中国塑料再生循环利用研发生产基地”项目的建设，对推动循环经济发展，具有良好的前景和重要的示范意义。

该基地建成后，每年可回收加工10万吨废塑料，实现销售收入5亿元。利润6000万元，税收1500万元；同时，相当于每年可减排200kt二氧化碳，节省300kt石油资源，每年还可避免1000万棵树被砍伐。为治理“白色污染”、保护森林资源和地球生态环境发挥积极的作用。

淄博市王顶歧副市长、临淄区政府区长和书记、英科国际控股有限公司董事长刘方毅、总经理金喆等领导出席了评审授牌仪式。

【7月】

青岛推出防渗土工布复合生产线

岛鑫泉塑料机械有限公司日前研制出新型防渗土工布复合生产线。

该新型土工布复合生产线配置先进，高效节能，可实现连续稳定生产。其采用压延复合工艺，将LDPE、PP、PVC、EVA经加热挤出、压延冷却等特殊工艺处理后，制成可广泛应用于防渗、加固工程的各类土工布、无纺布、编织布、单层及多层复合或土工防水板材。

总投资4.28亿元全球最大滚塑制品生产基地项目在大城破土动工

全球最大的滚塑制品生产基地项目在大城现代织造业工业园正式开工。该滚塑制品项目由廊坊市全振汽车配件有限公司投资建设。2010年7月被省发改委批复第二批省重点项目，总投资4.28亿元，占地240亩，投资强度180万元/亩，计划2012年8月竣工。

项目引进美国先进滚塑生产线，与中科院等单位合作，全力打造最具规模的北方大型滚塑生产基地。其中，一期总投资1亿元，主要生产车辆、机械用油箱，舟桥、管道及各种防腐隔热容器与设备等，一期建成后，预计年产滚塑制品15kt，实现销售收入3.6亿元，利税6580万元，吸纳就业300人，将填补国内该产业尖端工艺空白，成为世界最大的滚塑系列产品生产基地。

该项目实际建设投资已达800多万元，2500万元设备已购置到位；建筑面积16000多平方米钢结构主厂房即将完工。

《塑料编织袋通用技术要求》国家标准第一次工作会议召开

2010年7月7日，由全国塑料制品标准化技术委员会主持召开的《塑料编织袋通用技术要求》国家标准第一次制标工作会在浙江省苍南召开。苍南县人民政府、技术监督局、经济贸易局及灵溪镇政府相关领导到会祝贺。全国塑料制品标准化技术委员会主任廖正品、副主任兼秘书长陈家琪、中国塑协塑编专委会理事长姜集康以及来自全国各地的塑料编织、助剂生产企业的50多位代表出席了会议。

苍南县人民政府林森森副县长介绍了苍南县的地理、资源优势和建县29年来经济建设特别是塑料产业发展取得的成绩。姜集康表示，国家标准《塑料编织袋通用技术要求》制定工作对塑编行业意义重大，希望专委会骨干企业团结一致共同做好制标工作，专委会将全力支持制标组完成好相关工作任务。廖正品做了题为《齐心协力，制好国标，为塑料编织行业健康、规范发展而奋斗》的讲话。陈家琪宣布《塑料编织袋通用技术要求》国家标准制标工作组成立。参会代表听取了《塑料编织袋通用技术要求》国家标准制订工作计划(草案)和制标经费筹集与管理办法(草案)的报告和《塑料编织袋通用技术要求》(初稿)的起草人对标准编写思路、与原有两个国标的不同及拟修改之处所做的说明并就《塑料编织袋通用技术要求》(初稿)的内容逐条、逐字地进行了重点讨论。

《塑料编织袋通用技术要求》国家标准制定是国家标准化管理委员会下达的2009年第二批国家标准制修订计划项目之一，由原申报的修订《塑料编织袋》(GB/T 8946—1998)、《复合塑料编织袋》(GB/T 8947—1998)项目建议合并而成，要求2011年完成。这次制标组成立及工作会议的召开，标志着《塑料编织袋通用技术要求》国家标准制定工作的全面展开，对推动我国塑编行业公平、有序竞争，规范发展，提升整个行业技术创新能力和管理水平将产生重要影响。

对中国塑料行业(第二批)企业信用等级评价结果公示

2010年7月9日，根据商务部信用工作办公室、国资委行业协会联系办公室《关于公布第三批行业信用评价参与单位名单的通知》(商信用函[2009]3号)的文件精神，本着“诚信、自愿、公平、公正、科学、严谨”的原则，按照商务部信用工作办公室、国资委行业协会联系办公室《关于行业信用评价工作有关事项的通知》(商秩字[2009]7号)的文件精神要求，2010年3月~6月共有63家企业进行了自愿申报，经中国塑协初审、专业评估机构评价和专家组论证后，确定了60家企业信用等级评价，现将评价结果予以公示。

中国塑料行业(第二批)企业信用等级评价结果

序号	企业名称	等级
1	长虹塑料有限公司	AAA
2	浙江中财管道科技股份有限公司	AAA
3	四川攀西塑胶有限责任公司	AAA
4	烟台万华超纤股份有限公司	AAA
5	山东天鹤塑胶股份有限公司	AAA
6	甘肃大禹节水股份有限公司	AAA
7	惠东美化塑胶实业有限公司	AAA
8	广东仕诚塑料机械有限公司	AAA
9	内蒙古蒙西高分子材料有限公司	AAA
10	四川阳光塑胶制品有限公司	AAA
11	长治清华机械厂	AAA
12	上海心尔新材料科技股份有限公司	AAA
13	惠东美新塑木型材制品有限公司	AAA
14	山东华信塑胶股份有限公司	AAA
15	湖南五强产业集团股份有限公司新型材料分公司	AAA
16	福建亚通新材料科技股份有限公司	AAA
17	河北金天塑胶新材料有限公司	AAA
18	北京北方国建塑业有限公司	AAA
19	华亚东营塑胶有限公司	AAA
20	山东金达双鹏集团有限公司	AAA
21	南雄市金叶包装材料有限公司	AAA
22	昆明普尔顿管业有限公司	AAA
23	成都川路塑胶集团有限公司	AAA
24	海城市金昌科技开发有限公司	AAA
25	浙江中元枫叶管业有限公司	AAA

序号	企 业 名 称	等级
26	武汉金牛经济发展有限公司	AAA
27	温州华都皮革有限公司	AAA
28	沧州明珠塑料股份有限公司	AAA
29	汕头市康家宝工贸有限公司	AAA
30	河北美特塑业制品有限公司	AAA
31	西安高科建材科技有限公司	AAA
32	广东省佛山市高明区家乐仕装饰材料有限公司	AAA
33	天津中财型材有限责任公司	AAA
34	广东省佛山市远华塑料实业有限公司	AAA
35	温州市华康合成革有限公司	AAA
36	温州黄河超细纤维有限公司	AAA
37	云南金恒实业有限公司	AAA
38	浙江超维新材料有限公司	AAA
39	广西梧州五一塑料制品有限公司	AAA
40	河北欧塑型材有限公司	AAA
41	新疆蓝山屯河型材有限公司	AAA
42	福建隆上超纤有限公司	AAA
43	上海英科实业有限公司	AAA
44	江西广源化工有限责任公司	AAA
45	海宁市海创塑胶电器有限公司	AAA
46	保定宝硕新型建筑材料有限公司	AAA
47	福建奥峰科技有限公司	AAA
48	石家庄德倍隆科技有限公司	AAA
49	河北长安塑胶有限公司	AAA
50	淄博英科框业有限公司	AAA
51	浙江精诚模具机械有限公司	AAA
52	安徽华驰塑业有限公司	AAA
53	西藏珠峰塑业有限责任公司	AAA
54	东莞市健宝塑胶化工有限公司	AAA
55	安徽安利合成革股份有限公司	AAA
56	福建祥龙塑胶有限公司	AAA
57	上海康捷保塑料制品有限公司	AAA
58	福建振云塑业股份有限公司	AAA
59	中山市松德包装机械股份有限公司	AAA
60	山东新环塑业有限公司	AAA

“2010 第五届西部大开发塑料论坛暨中国塑料加工工业协会常务理事扩大会议”召开

2010 年 7 月 20 日至 22 日，由中国塑协主办的“2010 第五届西部大开发塑料论坛”暨“中国塑料加工工业协会常务理事扩大会议”在甘肃兰州召开。

中国轻工业联合会名誉会长陈士能出席会议，中国轻工业联合会党委副书记、副会长兼秘书长王世成出席大会并宣读中国轻工业联合会评选塑料行业十佳企业的决定，向荣获塑料行业十佳企业荣誉称号的企业颁发奖牌和证书，兰州市副市长姚国庆致词祝贺。

兰州市人民政府国资委主任李天亮、甘肃省轻工业协会副会长薛大为；新疆维吾尔自治区经信委党组成员、新疆自治区轻工业管理办公室主任周超；广东省轻工业协会会长杨大行；兰州市人民政府副市长姚国庆；兰州市轻工行业办等领导以及新疆天业集团董事长郭庆人、兰州塑料工业总公司总经理黄耀荣、甘肃瑞盛·亚美特高科技农业有限公司董事长张杰武等出席会议。

中国塑协会长廖正品作了题为：《加强合作开发，促进西部地区塑料工业健康发展》的主题演讲，兰州塑料工业总公司总经理黄耀荣致欢迎词，兰州市人民政府副市长姚国庆致开幕辞，新疆塑料协会秘书长孔德海做了题为《抓住机遇，同心协力，共建西部塑料伟业》的报告，并提出西部塑料行业联合发展的倡议，北京大学战略研究所所长杨东宁做了题为《低碳经济与生态化建设》的演讲。甘肃瑞盛·亚美特高科技农业有限公司技术总监张立华做了题为《节水微灌引河滴灌首尾改装新技术成套设备》的发言，宁夏青龙塑料管材有限公司鲁忠瑛做了《塑料管材在西北的应用发展》报告、甘肃华腾新材料股份有限公司董事长颜芝做了《新型塑料建筑膜的应用与发展》报告。

中国轻工业联合会党委副书记、副会长兼秘书长王世成宣读“2009 年度中国轻工业行业十强企业评价结果公告”和“2009 年度中国轻工业塑料行业十强企业名单”。

2009 年度中国轻工业塑料行业十强企业名单：

新疆天业集团有限公司
金发科技股份有限公司
烟台万华合成革集团有限公司
芜湖海螺型材科技股份有限公司
威高集团有限公司
佛山塑料集团有限公司
浙江大东南企业有限公司
广东联塑科技实业有限公司
山东省塑料工业有限公司
利时集团股份有限公司

中国塑协代表团访问甘肃瑞盛·亚美特高科技农业有限公司

2010年7月22日上午，以中国塑协廖正品会长、李国俊常务副会长为首的中国塑协代表团一行访问了位于甘肃兰州市城关区的甘肃瑞盛·亚美特高科技农业有限公司。

甘肃瑞盛·亚美特高科技农业有限公司是以色列亚美特公司与甘肃亚盛集团共同投资兴办的灌溉设备生产厂，成立于2000年，滴灌管线年生产能力达1.2亿米，荣获2003年度甘肃省用户满意产品及2008年度中国驰名品牌和优质名牌产品证书。

甘肃瑞盛·亚美特高科技农业有限公司的生产、管理、管理体系全面通过ISO9001国际质量管理体系认证，已承建完工的灌溉工程达60多万亩，连续五年获得工程建设先进单位荣誉证书。具体项目包括宁夏银川大地生态农业有限公司滴灌项目、宁夏银川银西防风林滴灌工程、条山农场2.7万亩滴灌项目等。条山农场2.7万亩滴灌系统的建成使用，打破了在黄河灌区(高泥沙河流，水质复杂)不能推广使用滴灌这一世界上非常先进节水技术的禁锢，为我国在北方地区黄河流域推广节水技术开辟了新的道路，成为在高泥沙河流上推广节水灌溉技术的里程碑。

中国塑协代表团访问西藏珠峰塑业有限责任公司

2010年7月25日，以中国塑协廖正品会长、李国俊常务副会长为首的中国塑协代表团一行50人访问了位于西藏日喀则市拉萨南路的西藏珠峰塑业有限责任公司。

西藏珠峰塑业有限责任公司是西藏为数不多的塑料制品加工企业之一，公司主营产品为饮用水盛装桶和PET啤酒瓶，所用加工设备为海天等知名公司的产品。西藏珠峰塑业有限责任公司为满足当地人民高品质的生活需求做出了贡献。

在中国塑料行业(第二批)企业信用等级评价结果中，共有60家企业的信用等级被评为AAA级，西藏珠峰塑业有限责任公司名列其中，这表明一批具有代表性的西部地区塑料加工企业在经营理念上并不输于沿海企业和内地企业。

廖正品会长曾在原西藏塑料二厂工作多年，为西藏自治区塑料行业的发展付出了极大心血，对西藏自治区怀有深厚的感情，并仍对西藏自治区的塑料加工业发展态势给予高度关注。

【8月】

海关总署：中国1至7月塑料制品出口量同比增14.9%

海关总署公布，中国1至7月塑料制品出口量同比增14.9%至4210802t，初级形状的塑料进口量同比降0.5%至13750kt。

中国海关总署8月10日公布的初步数据显示，2010年7月，中国塑料制品出口量为703517t，1至7月累计出口量为4210802t，较2009年同期增长14.9%。

数据还显示，2010年7月，初级形状的塑料进口量为1800kt，1月至7月累计进口量为1375kt，较2009年同期降0.5%。

《中国塑料工业年鉴》出版发行

2010年8月，由中国塑料加工工业协会主办的2010版《中国塑料工业年鉴》(2010)出版发行。此版为《年鉴》第9卷，与前8卷在时间和内容上保持连续性。《年鉴》全面、系统、准确地记述了上年度塑料行业发展状况，设有“综述”、“专论”、“大事记”、“全国塑料工业生产经营情况统计”、“各地区塑料工业情况”、“主要制品行业情况”、“专利技术”、“重点企业”、“人物风采”等栏目；集手册、年表、图录、书目、索引、文摘、表谱、统计资料、指南于一身；具有权威性、资料性、工具性、系统性的特点，同时又肩负着“资政”、“存史”和“宣传推广”的社会责任。为突出行业领军人物，本期特把“人物风采”篇制作为彩色版，放在《年鉴》首页；为满足海外读者的需要，部分文章译成了英文，每篇文章都增加了英文标题。借助中国石化出版社的发行渠道，通过字里行间记载着中国塑料业的辉煌成绩。全书约1000页，1979千字，16开本精装，定价360元。

瑞士乔治费歇尔北京开业仪式

8月14日，瑞士乔治费歇尔集团在华开设的第十家GF管路系统工厂在京落成。瑞士联邦主席多丽丝·洛伊特哈德、乔治费歇尔集团董事主席Martin Huber、上海乔治费歇尔管路系统有限公司总经理袁立辉出席乔治费歇尔新工厂落成仪式，并为新工厂正式开业剪彩。中国塑协廖正品会长及中国塑协塑料管道专委会秘书长王占杰应邀出席了开业仪式。

中国已经成为GF管路系统最大也是最重要的市场。乔治费歇尔北京工厂及培训中心的总投资额达5800万人民币(约合900万瑞士法郎)。瑞士乔治费歇尔集团自1998年进入中国市场以来,一直稳步发展壮大。2009年,两家位于上海周边的合资企业——乔治费歇尔亚大塑料工厂相继投产。

为了满足不断增长的市场需求,GF管路系统向中国市场供应的管路绝大部分由其中国工厂生产。因其建筑技术客户多位于中国北方,需要可靠的供热系统来抵御冬季的严寒,因此,乔治费歇尔选择在位于北京东部的通州区建立工厂。通州区距离首都北京市中心较近,同时毗邻多条通往中国北方的高速公路。占地20000m^2的新工厂从动工到落成仅用时14个月。新工厂为两层建筑,使用面积16669m^2,分别用于生产车间、仓库、办公室以及培训中心。工厂配有两条50米长的生产线,通过高速挤压流程生产管路,年产量达20000km。塑料熔解后,均匀压入喷嘴,最后形成成品。现在工厂运作处于一期阶段,其他挤压线也将于来年陆续投产。工厂完全竣工后,计划年产量将达到80000km。同时,新工厂还生产管件与阀门。根据市场需要,进一步的规模扩大也可以实现。

北京工厂将生产用于冷热水装置与供暖地暖系统的建筑技术系统。此外,工厂还拥有相关的焊接技术和测试设备及控制技术。除了建筑技术和水气输送的解决方案,瑞士管路系统供应商也为中国其他领域的客户提供服务,如造船、能源、化工、餐饮、微电子和水处理等。北京奥运场馆"鸟巢"以及2010年上海世博会世博轴均使用了由GF管路系统生产的地源热泵管路系统。

江苏联盟化学公司与德国熊牌公司共同设立的江苏尤尼百尔液体稳定剂制造有限公司开业庆典举办

2010年8月18日,江苏联盟化学公司和德国熊牌公司共同设立的江苏尤尼百尔液体稳定剂制造有限公司开业庆典在江苏溧阳举办。中国建材集团董事局主席、中国国药集团董事长宋志平发来的贺电。中国建材集团谢雷前治会长、四川绵阳的经大忠市长、溧阳市委市政府领导以及中国塑协廖正品会长参加庆典。

江苏联盟化学有限公司是国内PVC稳定剂制造行业的佼佼者,公司近几年保持了约30%的复合增长速度。在国内广告膜领域内,公司产品占有近65%的市场份额,在塑料型材等硬制品领域内,公司产品保持了25%以上的市场占有率。公司是江苏省优秀民营科技企业及溧阳市重点企业,也是当之无愧的PVC稳定剂行业的龙头企业。

德国熊牌公司在PVC稳定剂制造业内,是全球最大的公司之一,在中国塑料制品加工行业的发展中曾经做出过不可磨灭的贡献。作为全球稳定剂制造行业龙头老大,依托强大的研发实力,其产品技术一直在全球处于尖端位置,引领着全球这一领域的技术发展方向,享有广泛的知名度及良好声誉。

熊牌公司与联盟化学公司携手,变同业竞争为合作,化干戈为玉帛,共同创出了低投入、高产出、优势互补的企业发展崭新模式。这一合作表现出了双方企业领导人宽阔的胸怀以及高瞻远瞩、运筹帷幄的企业发展战略水平。借助合作企业这一平台,双方为更好地开发中国市场,谋求企业利益的最大化打下良好基础。通过同业合作,联盟化学获得了世界一流的液体稳定剂技术以及先进的生产管理方法,为加速产品结构调整,进一步扩大产品市场范围,创造了良好的条件;而作为德国熊牌公司,通过这一合作,直接在中国以最快的速度获得了产品的制造基地,为其在中国及亚太地区的业务发展打下良好基础,实现了其产品制造中心由欧洲向全球塑料加工工业发展最活跃的中国及亚太地区转移的战略目的。可以这样说,今天两个企业的合作,必将是一个双赢的结果,对于中国乃至整个亚太地区的PVC稳定剂行业的格局,将产生积极而深远的影响。

中国塑协领导考察华之杰塑料建材有限公司

2010年8月19日,中国塑协廖正品会长与中国塑协异型材专委会王存吉秘书长考察异型材专委会理事长单位——华之杰塑料建材有限公司,并与袁建华董事长和赵月琴总经理就具体工作进行了探讨。

廖会长和王存吉秘书长听取了华之杰塑料建材有限公司依靠科技进步,加强与大专院校、科研机构联合,推进企业技术进步与产品升级,所承担的省级重大科技专项重点项目——"PMMA/ASA彩色专用料在高性能推拉门窗上的应用技术开发"(编号:2008C01047-2)顺利通过验收的工作汇报。

作为中国塑协异型材专委会的理事长单位,华之杰塑料建材有限公司董事长袁建华对于专委会的建设工作多年来给予了极大支持，不断出谋划策。此次会面，袁建华董事长又对2010年专委会年会的召开提出了具体的工作建议。

"2010中国国际合成革展览会"开幕

2010年8月22日，由中国塑料加工工业协会主办的"2010中国国际合成革展览会"在浙江省温州市开幕。中国塑协会长廖正品出席并讲话。

近年来合成革展览备受关注与重视，在上海、广州、大连、深圳等地已经举办过不同层级的合成革专业展览，在温州举办"2010中国国际合成革展览会"，这是继温州十几年来合成革专业展览基础上，再次将合成革行业的会展活动推上一个新台阶。

"2010中国国际合成革展览会"期间的展览活动与"合成革标准工作会"、"合成革行业友好商协会座谈会"、"合成革工业之行"等系列活动将拉动全行业经济技术的交流与合作，促进整个行业的创新与发展。本届展会汇聚了禾欣可乐丽、万华、温州人造革等200多家中国及全球的优秀人造革合成革生产企业参展，展出面积达12000m^2。本届展会将进一步发挥桥梁纽带功能，为国内外合成革产业搭建一个集展示、交流、合作、共赢为一体的商贸平台。

"正确认识和使用一次性发泡塑料餐具新闻发布会"召开

2010年8月24日，中国塑料加工工业协会、中国产学研合作促进会在北京联合召开了"正确认识和使用一次性发泡塑料餐具新闻发布会"，对无良厂家进行了谴责，也对一次性发泡塑料餐具的功能、特点等进行了解释，并指出只要采取正确的回收方法，我国生产的一次性发泡塑料餐盒是符合循环经济的3R原则，符合以LCA评价准则确定的绿色包装定义，在使用过程中对人体健康不会造成危害，对生态环境也不会造成污染，是典型的绿色包装产品。会议还呼吁要大力推广上海市"三分钱"工程，回收利用好一次性发泡塑料餐具。

与会专家表示：一次性发泡塑料餐具早已不用氟利昂，现在采用丁烷发泡剂替代，成本低且保护臭氧层。目前我国生产的一次性发泡塑料餐具的成型工艺符合国际环保标准。使用后的聚苯乙烯餐具完全可以回收利用，还可生产保温板，建筑材料，家具材料，园林建筑材料，油漆、涂料等化工材料，下水井盖等排水材料，制鞋工业材料，办公用品等。一度广为流传的所谓聚苯乙烯发泡餐具使用时会产生易致癌的"二噁英"、会有残留苯乙烯单体迁移出、会释放苯乙烯二聚体、三聚体致癌的问题，产生环境荷尔蒙、双酚A等之类影响人的身体健康的传闻是不科学的。

主办方还提出上海市政府多年来采取的是"源头控制、回收利用、逐步禁止、鼓励替代"十六字方针政策，实施了"三分钱"工程，对"白色污染"主要污染源"一次性发泡塑料餐盒"进行管理，按照3R原则进行回收利用、再资源化的成绩是肯定的，以上海经验为基础，建设全国一盘棋的一次性发泡塑料餐具回收利用、再资源化体系是可以在全国推广的。

据中国产学研合作促进会和中国塑料加工工业协会了解的情况，一次性发泡餐盒仍占据国内市场主导地位，除聚丙烯餐盒外，其余各种餐盒均已退出市场。一次性发泡塑料餐盒在市场上的平均占有率达到70%以上。一次性发泡餐具的性价比最优，价格最低，性能最好，从LCA生命周期评价其对环境的影响，一次性发泡塑料餐盒是符合循环经济的3R原则，是符合以LCA评价准则确定的绿色包装定义，该产品原料和制品生产工艺用料省、废弃物少、节能、无污染；产品使用过程中对人体健康不会造成危害；产品用后其废弃物可回收再利用、再资源化；对生态环境不会造成污染或破坏。一次性发泡塑料餐具是典型的绿色产品，符合国际、国内包装工业发展潮流的。

针对近期有个别生产厂家在生产一次性发泡餐具时添加再生料及荧光增白剂的做法，中国产学研合作促进会与中国塑料加工工业协会特召开了本次的研讨会，对罔顾人民身体健康，不按照国家标准生产和销售添加了再生料生产一次性发泡塑料餐具的某些不法企业给予最严厉的谴责。同时，中国产学研合作促进会与中国塑料加工工业协会联合了中国环境科学学会绿色包装专业委员会的有关领导，要求华东、华南、华北、东北四大片区的一次性发泡塑料餐具生产企业开展了自查、互查、抽查活动，近百家生产企业签订了《产品质量安全承诺书》和《环保回收责任保证书》，引导社会健康消费。

饮品塑料瓶已纳入国家食品监管范畴

盛装饮品的塑料瓶已纳入国家食品监管范畴，按照食品管理办法进行监管。喜欢用塑料瓶装食用油、蜂蜜、泡药酒的消费者，一定要改掉这个习惯，因为塑料瓶长期盛装的这些食品，本身具有一定的腐蚀性，长期使用塑料饮料瓶盛装，会释放塑料材质中的有害物质，对人体健康不利。而且塑料瓶大多不耐热，装高温液体或加热则易变形，不适合循环使用。

高速 PVC 塑木仿木型材挤出生产线入市

青岛一塑塑料机械有限公司根据塑木市场需求，研制推出一种高速 PVC 塑木仿木型材挤出生产线，成为企业新的经济增长点。

高速 PVC 塑木仿木型材挤出生产线自动化程度高，操作简便，生产速度快(6 m/min)，生产出的 PVC 塑木仿木型材，是一种绿色环保、科技含量高的塑木产品，不仅木质感强，密度低，而且具有天然木材的花纹和靓丽的色泽，发泡倍率和制品颜色可调节，无需后期处理。该 PVC 塑木仿木型材还具有较高的强度和硬度，耐酸碱、抗腐蚀、不变形、不含甲醛、易回收，可制成各种截面形状和尺寸型材，既保留了木材在加工性能方面的优势，又克服了木材不耐用、怕虫蛀的缺点。有行业专家预计，今后 PVC 塑木仿木型材会成为塑木业中一个庞大的新生体系，市场前景广阔。

【9 月】

保鲜膜强制性国家标准再度延期

国家标准委发布信息称，因故延期至今年 9 月 1 日起实施的《食品用塑料自粘保鲜膜》新国家标准(GB10457—2009)再次被延期实施，且延期至何时暂没有明确时间。延期原因是行业协会申请，目前同意延期的文件已发至中国轻工业联合会，近期将会转发到相关行业协会。

《食品用塑料自粘保鲜膜》强制性国家标准于 2009 年 4 月 17 日，由国家质检总局和国家标准委共同发布，标准原定于 2009 年 12 月 1 日正式实施。为给予一定缓冲期，2009 年 11 月 27 日，国家标准委同意了中国轻工业联合会关于延期的申请，并发布延期实施通知，将实施日期延期至 2010 年 9 月 1 日。

保鲜膜新国标实施困难的主要原因是，标准中要求生产企业在送检产品时提交相关的数据，但大部分企业不具备科研能力，没有相应的检测仪器，不能提供相应数据，检测机构难以检测和判定，造成标准无法执行。

“第二十届亚洲塑料论坛”举办

2010 年 9 月 3 日，“第二十届亚洲塑料论坛”在拥有“中国塑料制品王国”美誉的浙江省台州市隆重召开，台州市副市长虞选凌、亚洲塑料论坛秘书长曾国诚、中国塑协会长廖正品以及菲律宾、马来西亚、孟加拉国、缅甸、日本、新加坡、斯里兰卡、泰国、印度、印度尼西亚、越南和中国等亚洲 12 个成员国以及美洲、欧洲、非洲等国家的专家、代表、企业家出席此次论坛。

亚洲塑料论坛组织(APF)组建于 1991 年，由孟加拉国等十二个成员国组成，永久秘书处设在马来西亚塑胶商会。10 年前，国际塑料产业的盛会曾在北京举行，让中国塑料行业第一次近距离感受到亚洲塑料论坛(APF)的魅力。时隔 10 年，亚洲塑料论坛(APF)终于又在中国举行了，再一次成为中国塑料业行业发展史上具有重要意义的盛会。

通过本次论坛设立的“各国塑料工业现状和需求”、“世界塑料行业热点”、“世界塑料绿色包装”等三大专题，使塑料同仁们分享亚洲塑料专家对国际塑料产业的高端解读；聆听专家、学者、企业代表们对世界塑料行业发展趋势和国际贸易走向的权威分析；通过“报告 + 对话 + 交流”的形式，与国际塑料行业协会和国际知名人士进行“高级别、高水准、高层次、高质量”的交流；同时，通过参观同期举办的“第十届中国塑料交易会”，同数百家国内外塑料企业开展技术交流和业务洽谈合作，必将推动亚洲乃至世界塑料工业的进步。

多年来，亚洲塑料论坛组织(APF)一直在倡导全球塑料工业可持续发展和不断解决塑料加工生产过程中出现的环境保护等问题。中国政府大力提倡“低碳经济”，推广“节能减排”。中国的塑料工业通过技术创新、制度创新、产业转型、新能源开发等多种手段，尽可能地减少石油等高碳能源消耗，减少温室气体排放，达到“经济社会发展”与“生态环境保护”双赢的目的。

第十届中国塑料交易会举办

2010 年 9 月 3 ~ 5 日，第十届中国塑料交易会在浙江路桥台州市国际会展中心举行。

台州是中国塑料制品的源头产地和集散中心，是原料的最终消耗地，也是品牌原料厂家、塑料机械厂家及模具厂家的重点销售区域。全市共有塑料生产企业 1 万多家，模具厂家 2000 多个，注塑设备 3 万多台，从业人员达 20 多万人，原料年消耗量 400 多万吨，实现工业总产值 465 亿元，全部塑料制品及配件年产量 400 多万吨，占中国的十分之一。塑料日用品产量占全国的 60%。

第十届中国塑料交易会展出面积30000m²，展位1200个，全面展示塑料制品、原料、机械、模具及相关技术，涵盖整个塑料产业链，特色鲜明，信息集中，国际化程度突出，这是塑料制品的展会，是一次塑料制品源头产地的盛会。

新产业决定通过 可持续关注聚氨酯

9月8日，国务院通过《国务院关于加快培育和发展战略性新兴产业的决定》。会议指出，加快培育和发展以重大技术突破、重大发展需求为基础的战略性新兴产业，对于推进产业结构升级和经济发展方式转变，提升我国自主发展能力和国际竞争力，促进经济社会可持续发展，具有重要意义。

近期国家关于节能减排、发展新能源等低碳政策陆续出台，而全球控制温室气体排放目标，使投资者有理由预期未来节能减排政策力度将不断加强。根据住房与城乡建设部的统计，目前我国建筑相关行业在全社会能耗中占比达到了28%，如果不采取有力措施，到2020年中国建筑能耗将是现在3倍以上。因此，节能材料将有望成为新材料领域内最具爆发力的子行业。

“节能材料有民用建筑和工业节能材料，建筑节能材料可持续关注聚氨酯。”与工业节能材料相比，建筑节能材料容易突破。而决定建筑节能的主要因素是墙体材料。墙体主要包括外墙、内墙和门窗。

我国启动低碳认证制度研究

9月9日，国家发展和改革委员会、国家认证认可监督管理委员会组织召开“应对气候变化专项课题——我国低碳认证制度建立研究”启动会暨第一次工作会议。会议由国家发展改革委气候司副司长孙翠华主持，国家认监委王大宁副主任、工信部、环保部有关领导以及低碳领域相关专家出席会议。本次会议标志着我国低碳认证制度的研究全面启动。

我国低碳认证制度研究项目由国家发展改革委和国家认监委组织实施，工信部、环保部等部委共同参与，中国质量认证中心牵头承担，中国标准化研究院、国家能源所、中国电子技术标准化研究所、中环联合认证中心等机构参与实施。该项目旨在通过国际低碳认证制度对比研究，从我国国情和发展现状出发，分析我国低碳认证政策和技术需求，研究并建立我国低碳认证制度框架体系，并通过试点研究逐步加以完善，为相关部门制定我国低碳认证管理制度提供依据。

建立碳排放和碳减排认证认可制度是国际通行做法。从国际发展趋势看，国际碳排放评价普遍采用第三方认证机构实施评价、权威的认可机构对认证机构的能力进行审核和监督、政府和社会采信认证结果的机制。我国加快融入经济全球化，积极应对全球气候变化，迫切需要建立与国际接轨的碳排放与碳减排第三方认证认可制度。

目前，国外关于碳排放评价的方法和标准繁多，且多处于边探索、边实践的阶段，急需建立国际统一的方法和标准，来确保碳交易市场的规范运作。依据我国国情和发展现状，兼顾经济发展与节能减排的双重需要，尽快建立中国特色的低碳认证制度，进而积极影响低碳领域“国际规则”的制定，有利于维护我国在应对气候变化中的国家利益；有利于科学制定和落实我国的碳排放指标，促进节能减排目标的实现；同时，也有利于打破国外“碳关税”贸易壁垒，保障对外贸易的顺利发展。

8月中国塑料制品出口66万吨

中国海关总署9月10日公布的初步数据显示，2010年8月，中国塑料制品出口量为66.7t，1～8月累计出口量为487.8t，较2009年同期增长15.5%。

数据还显示，2010年8月，初级形状的塑料进口量为1990kt，1～8月累计进口量为15740kt，较2009年同期降1.1%。

今年8月份中国进出口连续第6个月环比增长，月度出口值连续两个月稳定在千亿美元之上。

积极推广低碳建材 北京39种不节能建材被禁用

2010年9月，北京市住建委发布《北京市推广、限制、禁止使用建筑材料目录》，普通推拉塑料外窗、白炽灯等39个不节能产品被禁止使用。北京将在城市建设中积极推广“低碳”建材。

此次目录涉及126个产品，包括推广类41个、限制类46个、禁止类39个。其中首次列入禁用名单的11类产品在今年12月1日起禁止使用，而像白炽灯等由限制使用改为禁用的16类产品，则在9月1日开始禁用。此外，一些质量稳定、利于施工或能耗较低或无污染的41种建筑材料，如石膏空心墙板和砌块、岩棉防火板、新型干法散装水泥、能显著降低建筑能耗的低辐射镀膜玻璃条、4升以下节水型坐便器、LED光源等被列为推广类。

普通单层玻璃和简易双层玻璃外门窗、普通推拉铝合金外窗、单腔结构塑料型材、PVC 隔热条和 PVC 密封胶条、冷镀锌钢管和非镀锌钢管、手动温控阀、以聚乙烯醇为基料的仿瓷内墙涂料、白炽灯、卤素灯等扩大限制使用范围或由限制使用改为禁止使用的 16 类建材产品，自 2010 年 7 月 1 日起停止设计、2010 年 9 月 1 日起禁止在本市建设工程中使用。在禁止使用的同时，市住建委还推荐了一些替代材料。这些建材被禁用的原因大多是能耗高，使用效果不好，寿命短等。

北京市住建委和区、县住建委在对建设工程的监督检查中发现采购和禁止使用或限制使用的建材产品，依据国务院《建筑节能条例》第三十七条第四款的规定，责令改正，并处 20 ~ 50 万元人民币的罚款。

四部委将对限塑令实施情况进行抽查

两年前的一则“限塑令”让塑料购物袋从免费变为有偿。如今，两年时间过去了，“限塑令”的实施情况如何？9 月中旬起，国家发改委等 4 部委将对 12 省“限塑令”情况进行抽查。据悉，本次抽查工作将通过现场抽查、抽取样品以及暗访的方式进行。还将检查塑料购物袋生产企业和商业零售场所，尤其是集贸市场和小商品市场对“限塑令”的执行情况。

中国塑协专家委员会二届二次会议暨 2010 年塑料先进制造技术产业论坛召开

2010 年 9 月 10 ~ 12 日，中国塑协专家委员会二届二次会议暨 2010 年塑料先进制造技术产业论坛在广东省中山市召开。此次会议是一次专业性极强的塑料先进技术产业论坛，报告的选择具有针对性、讲求实效，力争为推动塑料产业的发展多做实事。

出席会议的有中国科学院曹镛院士，中国塑协廖正品会长、中山市科技局徐晓莉局长，中国科学院化学研究所王笃金副所长，中山市包装机械股份有限公司郭景松董事长及塑料界一批著名专家学者和企业家共计 120 余人。会议由中国塑协专家委员会常务副主任、秘书长王德禧研究员主持。

中国塑协专家委员会成立于 2005 年，集中了众多国内塑料行业知名的科学家和企业家，二届一次会议聘请了 304 名专家，这次又聘请 88 名专家，伴随着我国飞速发展的塑料产业我们的专家队伍也在不断地发展壮大。中国塑协专家委员会决定每年举办一次活动，逢单年开大会，主题是“塑料新材料、新技术、新产品”的广泛交流；逢双年开专题研讨会，重在塑料新技术的推广，重在产业化开发的交流，使与会的企业家能在参会的过程中接触到最新的塑料产业化技术发展概况，选择项目及建立联系。

这次会议选择在中山市召开，还根据国外塑料膜微层叠技术的发展，适时的把这项先进技术与松德的多层阻隔型流延膜产业化开发结合起来，并促成了“松德先进制造技术产业化研发中心”的成立，请了国内一流的专家来到松德，为我国流延膜产业向更高水平的发展献计献策。

会议安排了 13 个专题报告，反映了具有极强产业化开发前景的最新加工技术进展，瞿金平教授的叶片式高效节能挤出机；于建教授的多元复合导电材料结构设计；王琪教授的高分子管材旋转挤出成型技术；詹茂盛教授的高分子材料微结构成型技术；杨卫民教授的高分子加工的微积分概念；王德禧研究员的模内层叠技术发展及应用；熔融静电纺丝技术的产业化开发；李毕忠的纳米材料啤酒瓶及抗菌、保鲜塑料膜材料的开发；胡建中技术总监的交联聚乙烯滚塑加工技术最新进展等，都展示了塑料加工领域最新的实用化技术进展，受到了与会代表的热烈欢迎。

中国塑协专家委员会在会议期间还展开了企业现场咨询活动。为江苏太平橡胶股份有限公司开发清淤管材新产品进行了专家咨询会；为辽宁金石科技集团玄武岩纤维应用开发和抚顺市塑料产业十二五发展规划组织了专题讨论会；为推动我国大型塑料滚塑制品集成化技术发展，酝酿成立了“大型塑料滚塑制品开发专项”，力图通过大型滚塑制件的开发，推动我国滚塑设备，原材料，滚塑工艺等系列集成化技术的进步。

“绿色塑料母粒先行”高层研讨会暨多功能母料专业委员会年会召开

2010 年 9 月 13 ~ 15 日，由中国塑协多功能母料专委会主办的“绿色塑料母粒先行”高层研讨会暨多功能母料专业委员会年会在广州召开。

中国塑协廖正品会长在大会上致辞。廖会长对中国母料行业的现状、发展趋势以及母料对塑料绿色发展的促进作用发表了自己的看法，对多功能母料专委会的建设和重点工作提出了完善“十二五”规划、完善专委会职能、调整专委会班子等三点意见。希望通过此次大会的召开能提高专委会的凝聚力、影响力并为行业的可持续发展做出积极的贡献。

金发科技股份有限公司总经理李南京大会：作

为承办单位，也作为国内改性塑料行业的龙头企业，金发科技将始终坚持“创世界品牌、建百年金发”的企业愿景，依靠科技力量，凭借自主创新，追求持续改进，从而为全球提供绿色、环保、完美的改性塑料。同时，愿继续与社会各界一道，共同推动母料领域科研成果的转化、推广与应用，合力推进绿色设计、绿色生产和节能减排，为加快促进塑料产品的增值增效，塑料产业结构的调整升级，改性塑料行业的又好又快发展贡献自己的力量！

在开幕式上，多功能母料专委会理事长李建军、副理事长罗崇远分别代表多功能母料专委会在开幕式上发言。

来自功能母料、助剂、改性塑料及加工机械等相关领域的企业家、专家、广大科技人员和管理人员等近80人出席了会议。大会邀请了8位行业内专家、教授对塑料行业不同领域尤其是塑料母料展开了技术讲演与交流，其中金发科技股份有限公司的技术副总监叶南飚博士在会上作了《塑料母粒在金发科技的绿色应用前景》的报告。

2010中国雄县第八届塑料包装及印刷设备展览会召开

2010年9月20日，2010年中国雄县第八届塑料包装及印刷设备展览会在雄县开幕，中国塑协会长廖正品出席并讲话。

此次展览会，参展企业多、设备多、产品技术和档次有较高的提升，其中包装印刷设备尤为突出，表明了雄县的塑料包装印刷产业不仅在量上得到发展，在质上也得到很大提升。

自2008年我协会授予雄县为“中国塑料包装产业基地”以来，雄县的塑料包装印刷产业获得了日新月异的发展，装备水平和档次得到极大的提高和进步。

塑料包装是塑料加工行业中重要的组成部分，最近几年，在列有名目的塑料制品中，塑料包装产业的产值是排在第一位的；2009年我国塑料包装产值超过2500亿元，发展势头强劲。

当前我国各政府部门已高度关注产业集群，重视产业集群对国民经济作出的贡献。雄县将抓住这有利的时机，加快产业集群的持续提升以及规模的不断扩大，继续将塑料包装产业做强做大做精，并希望雄县为我国塑料包装产业的发展作出更大的贡献。

博禄北京市场营销公司开业庆典举办

2010年9月27日，博禄公司在中国北京开设营销及销售公司，新公司的开幕典礼在北京国贸大酒店举行，由博禄营销公司董事长 Rashed Saud Al Shamsi 及首席执行官游兆麟(William Yau)主持。卡塔尔国驻华大使 Abdulla Al Muftah，阿拉伯联合酋长国驻华大使 Omar Ahmed Al Bitar 以及来自巴林、科威特、阿曼等海湾国家的代表，中联部经济联络中心主任李东晓，江苏扬州市委常委卜宇，中国塑协秘书长马占峰，以及博禄公司在中国的客户及合作伙伴等出席了此次盛会。

中国已成为世界上最大的聚烯烃市场，2010年所消耗的聚烯烃约三千万吨，与此同时中国的国内生产总值预计将在未来五年内增长至少7%。中国也是世界上最大的汽车市场及重要的塑料产品终端市场。博禄公司可为管道、电线电缆、汽车和高档包装市场提供聚乙烯和聚丙烯塑料解决方案。

随着中国与阿拉伯联合酋长国两国之间经贸关系日益紧密，博禄公司认为有必要将其原来设在北京的办事处升级为北京营销及销售公司，以配合其实现新的战略目标定位，并通过位于阿布扎比、阿联酋及上海的制造工厂提供创新的塑料解决方案，更好地服务于中国的所有客户。

博禄于2010年初在上海建立了一间生产厂，每年可为不断发展的汽车和家电行业提供50000t专门用途的复合树脂，而且现在正计划在广州建立第二间复合工厂。博禄公司在阿布扎比的主要工厂已将其聚烯烃的年产量从600kt增加到了2000kt，并参与了一个全球主要的石化项目。此外博禄计划到2013年底时，将其年产量进一步增加到4500kt，成为全球最大的聚烯烃综合工厂。博禄在全球共有十个分公司及办事处，其中有四个位于中国(北京、上海、广州和中国香港)。而设立在上海和广州的物流中心以及上海的研究与开发应用中心为所有中国的分公司及办事处提供支持。

2010粤港台国际塑胶博览会暨中国塑料行业企业信用等级授牌仪式举行

2010年9月27日　，2010粤港台国际塑胶博览会暨中国塑料行业企业信用等级授牌仪式在东莞樟木头开幕，来自全国各地以及中国香港、中国台湾等地海内外塑料同行参加开幕式，中国塑协会长廖正品出席并讲话。

东莞樟木头镇是我国塑料原料重要的集散地，

目前有经销商800家，经营面积超25万平方米，年销售塑料原料几百万吨，辐射全国各地及港、台地区，中国塑协曾在2007年授予樟木头镇“中国塑料商贸重镇”称号，樟木头塑料市场第四期建设即将启动，建成后塑料市场经营单位将超1200个，樟木头塑料市场将成为国内经营面积最大、经销商最密集的塑料原料市场之一。

粤港台国际塑胶博览会是中国塑协与东莞市、樟木头镇政府等单位合作打造的塑料专业博览会，此前已举行办过三届，博览会的举办，为国内特别是华南地区与港、台及国外塑料同行交流，合作提供了很好的平台，成为塑料行业生产商、贸易商以及与塑料行业相关行业对接的平台。此次博览会举办之时，正是国际金融危机后我国塑料行业迅速恢复的时刻，因而对我们战胜金融危机的影响，加速塑料行业产业特别是促进我国珠三角以及华南地区塑料产业的发展具有重要意义。

此次博览会，中国塑协专门组织了中国塑料行业企业信用等级的培训和授牌活动，有来自全国各地60家塑料行业信用等级三A企业聚集樟木头，参加塑博会的一系列活动；此次博览会还首次引进塑料期货等金融、现代服务业参与，大连商品交易所设立专区参展，并组织大型塑料期货投资报告会，这些活动都成为此次展会的新亮点。

高精度导电塑料传感器通过验收

由湖州职业技术学院副教授俞志根主持的湖州市科技攻关项目“高精度导电塑料位移传感器的研制”顺利通过了由湖州市科技局组织的专家组验收和鉴定。

该项目通过对导电塑料位移传感器生产工艺及其结构的分析与研究，设计了一种高效、高稳定的导电塑料薄膜制作工艺；改进了电刷组件结构，使电刷与导电膜的接触应力保持恒定；改善了电极与导电膜的联接特性；开发了WDS型导电塑料位移传感器，使项目研究成果在角位移传感器中得到了应用。

该项目已申请国家发明专利和实用新型专利各1项，在国内外核心期刊发表相关学术论文2篇。项目取得的科研成果已经在合作企业——湖州慧仁电子有限公司投入生产，市场反应良好。

巴斯夫在天津新建聚氨酯组合料厂

全球领先的聚氨酯(PU)系统解决方案供应商巴斯夫今日宣布将在中国天津投资兴建一座新的聚氨酯组合料厂，以进一步加强其全球服务与生产网络实力。新的组合料厂计划从2012年开始投产。

新建的天津组合料厂将被整合到巴斯夫遍布全球的服务网络中，目前这一网络在全球各地拥有38家组合料厂。除本地生产外，项目中将包括一个销售与技术服务中心，致力于为客户提供定制产品和快速、优质的服务。天津组合料厂将与之前宣布的重庆组合料厂以及在上海和南沙现有的两个组合料厂及技术研发中心，一起构建一个完备的覆盖全国所有地区、拥有最先进技术与全方位产品的服务网络。

在这些生产基地的投资将进一步增强巴斯夫全球组合料厂网络的实力。无论是上海漕泾的TDI和MDI生产基地，还是规划中的重庆MDI生产基地，这些世界级的PU基础材料生产基地都将全力支持组合料厂。新的组合料厂将帮助巴斯夫成为客户的首选合作伙伴，开辟服务与支持的新天地，帮助客户应对各种行业挑战。

巴斯夫之所以选择天津经济技术开发区(TEDA)，是因为这里发展成熟，拥有完善的基础设施与物流网络，能够成为巴斯夫为客户提供可靠的本地生产与供应的枢纽。另一方面，巴斯夫积极参与华北地区市场与技术的开发，通过新业务为当地创造就业机会，从而带动当地整个经济发展。”

在住房、生活、基础设施和交通等领域，看到国内PU产品消费量增长强劲，巴斯夫对自己的核心定位就是，推广创新的聚氨酯解决方案，提高人们的生活标准和生活质量。

【10月】

四项合成革相关标准10月实施

工业和信息化部批准并公布了轻工业标准中4项合成革相关标准，均自今年10月1日起实施。4项标准分别是聚氨酯家居用合成革安全技术条件、聚氨酯超细纤维合成革通用安全技术条件、帽用聚氨酯合成革、高回弹软质聚氨酯泡沫塑料。

《QB/T 4045—2010聚氨酯家居用合成革安全技术条件》规定了家居用聚氨酯合成革的安全等级、要求和试验方法。该标准适用于以基布、聚氨酯树脂等主要原料，经湿法或干法聚氨酯涂层以及后加工制成的家居用聚氨酯合成革。

《QB/T 4046—2010 聚氨酯超细纤维合成革通用安全技术条件》规定了聚氨酯超细纤维合成革的安全等级、安全技术条件和试验方法。该标准适用于各种类型的聚氨酯超细纤维合成革。

《QB/T 4047—2010 帽用聚氨酯合成革》标准规定了帽用聚氨酯合成革的产品分类、要求、试验方法、检验规则及标志、包装、运输、贮存。该标准适用于以各种布基为底基，经干、湿法聚氨酯加工工艺以及后整理工艺制成的帽用聚氨酯合成革。

《QB/T 2080—2010 高回弹软质聚氨酯泡沫塑料》标准规定了高回弹软质聚氨酯泡沫塑料的分类和级别、要求、试验方法、检验规则和标志、包装、运输、贮存。该标准适用于以聚醚多元醇与异氨酸酯为主要原料生产的块状、冷固化模成型的高回弹软质聚氨酯泡沫塑料。

中国滚塑专委会与海外滚塑组织建立合作关系

2010 年 10 月，为促进中国滚塑产业及企业加强与国际同行业间的交流合作并更好地融入国际市场，中国滚塑专委会分别与国际滚塑组织联盟、中欧滚塑协会、泛澳大利亚地区滚塑联合会及南部非洲滚塑协会建立合作关系，并设立了包括互相举办国际会议、论坛和展览等形式在内的常态沟通合作机制，为中国滚塑企业与国际先进技术及发达市场的接轨和交流建立了新的渠道。

中国塑协密胺塑料制品专委会成立大会暨第一届理事会召开

2010 年 10 月 15 日，中国塑协密胺塑料制品专委会成立大会暨第一届理事会在泉州召开。中国塑协会长廖正品出席会议并讲话。

密胺专委会是中国塑协报经中国轻工业联合会、国资委、和民政部等相关业务主管部门审查批准后成立的，符合相关法规程序，其业务范围定位为：向国家相关部门提出发展密胺塑料制品产业的政策和建议，宣传贯彻国家有关方针、政策、法律、法规. 充当政府与企业之间的桥梁和纽带，协助政府制定有关发展政策及行业标准，并推动贯彻执行之，充分发挥组织、服务、协调、管理等各项职能。加强与新闻媒体的合作，引领行业舆论导向，消除负面影响，维护企业、行业的合法权益和利益。密胺专委会成立筹备期间，制定了工作条例，规定了会员相关的权利和义务，切实加强了行业自律，规范行业行为，协调利益冲突，避免不正当竞争。这些做法有利于整个行业更为有序的发展和提高行业的信誉；有利于在市场竞争中优胜劣汰，取得有利地位，不断发展壮大；有利于形成规模经济，促进企业的良性发展，从而提高产品的市场占有率和声誉，推动行业进步和发展。

密胺塑料制品专委会以推进密胺塑料制品行业的发展为宗旨，积极搭建企业之间、与市场、消费者之间以及与政府之间沟通的平台。

密胺塑料制品专委会成立后，民主选举出了专委会理事会等领导班子。

2010 银川经济技术开发区投资环境上海推介会暨中国滚塑产业发展高峰论坛”召开

2010 年 10 月 17 日，由银川经济技术开发区管委会、中国塑协滚塑专委会以及麦格里产业全球发展基金主办的“2010 银川经济技术开发区投资环境上海推介会暨中国滚塑产业发展高峰论坛”在上海隆重召开。滚塑专委会领导、银川市政府领导、麦格里基金总裁以及上百位滚塑企业家和各界人士悉数到场参加了会议，商议并制定中国滚塑产业符合“十二五规划“中的新战略走向。

会议期间，滚塑专委会王海生秘书长对中国滚塑产业的现状及未来的发展规划做了详尽的介绍。提出未来将会与政府、投资者携手打造东北、华北、西北、中部以及西南共五个滚塑产业集聚示范基地，建立统一的研发设计、质量标准、测试试验等机构，推动滚塑产业在中国的发展壮大。会后，与会的企业家在接受采访时纷纷表示对滚塑产业的未来充满信心。

滚塑产业园区落户银川具有覆盖面广、原材料丰富、市场空间大等多个区域型优势。其中，特别指出了西部地区目前滚塑产业的市场需求增长较快，已经达到 100 亿人民币的市场容量，具有很大的发展前景。

银川(国家级)经济技术开发区管委会、麦格里产业全球发展基金以及中国塑协滚塑专委会就中国滚塑产业银川高新集聚示范基地项目签署了合作框架协议。三方均表示将会本着“优势互补、互利互惠、平等自愿、共赢发展”的原则，共同努力，积极落实合作事项，不断推进合作关系更深一步的发展。

汕头塑料行业有了“联盟标准”

由汕头市质计所起草的《日用塑料制品》联盟标准通过评审。

“联盟标准”就是在同一个区域内生产同一类产品的企业执行的统一技术规范。市质计所和汕头塑胶行业商会的优势企业共同编制“联盟标准”，通过市级审定，由市质监局给予发布实施。

“既有建筑节能改造技术与成果研讨会”召开

10月21日，由深圳市住房和建设局、深圳市大运会执行局、深圳市教育局联合主办的深圳市“既有建筑节能改造技术与成果研讨会”召开，深圳市有公共建筑2.5亿平方米，其中大型公共建筑7000万平方米，90%以上为高耗能建筑。这些高耗能建筑急需进行建筑节能改造。截止到2011年三季度，深圳市既有建筑节能改造项目共完成177个，建筑面积达622万平方米，全部为高耗能公建、商业建筑。改造完成后，每年平均节省1.24亿度电，折合41.3kt标煤，减排二氧化碳108kt。

从2008年起，深圳市就对全市18000多栋居住建筑和中小型公共建筑以及450多栋国家机关办公建筑和大型公共建筑进行了能耗统计，并颁布实施了《深圳市既有建筑节能改造实施方案》，每年安排高耗能政府机关办公建筑列入政府投资计划，强制进行节能改造；出台政策激励措施，鼓励社会项目进行建筑节能改造。同时，深圳还开创性的引入合同能源管理模式(企业自己投资、自己收益)，开展既有建筑节能改造试点。截止到2010年三季度，全市共有134栋商业建筑进行节能改造，涉及商场、写字楼、宾馆、工业厂房。其中67栋建筑采用合同能源管理模式进行节能改造，改造面积约27万平方米。其中位于失口的招商地产三洋厂房，通过绿色改造总节能率达到66%。深圳飞通广电大厦、新一佳超市、彭年酒店等一批社会改造面积近40万平方米，空调节电率为13.6%～43.5%。

深圳正在对36个既有大运场馆和1000多栋存在安全隐患的校舍进行维修和建筑节能改造；深圳市民中心也列入了建筑节能改造名单。当天的研讨会上，与会专家和业内人士针对大运会场馆改造和校舍安全工程等项目实际情况，提出了建筑加固和节能改造的具体要求。据介绍，这些建筑的节能改造内容包括门窗贴膜、安装太阳能照明系统、空调节电改造等。

深圳正在实施太阳能屋顶计划，今明两年要建成700万建筑面积太阳能屋顶；到今年底，深圳的绿色建筑要超过800万平方米。深圳市已出台相关文件，要求所有新建项目及政府保障性住房都要按绿色建筑标准建设，要“让绿色建筑走入寻常百姓家”。

中小企业走出去迎来新机遇

10月26日至11月3日，浙江省组织仪器仪表、汽车零部件、纺织服装、IT等12个行业一批中小企业领军人物赴美国，举行浙江—美国中小企业合作周。在芝加哥、纽约、费城、华盛顿、旧金山等地，他们走访政府部门、金融机构、企业和高校，广泛与各界人士对接交流，寻求在贸易、投资、科技、金融、培训等方面的合作。

合作周期间，浙江省签署了《浙江省中小企业局与美国纳斯达克证券交易所合作备忘录》，进一步加强与世界银行、高盛、摩根士丹利、纳斯达克证交所等合作，计划每年推动10家左右成长性好的中小企业到纳斯达克上市，优先推荐节能环保、新能源等低碳经济和高新技术类项目。与美国富顿集团签约，合作建立“中美品牌与市场拓展合作基地”，设立浙江名牌产品美国展示销售窗口，向美国消费者提供更优质、更高端的品牌产品。同时实施“全球采购门当户对计划”，推动浙企与世界跨国公司、跨国采购商的“联姻”。与马里兰州政府及马里兰大学签约，合作建立“美国浙江科技园”，为美国和浙江的中小企业搭建科技合作平台。与宾夕法尼亚大学沃顿商学院签约，合作建立“浙江企业家(美国)培训基地”。届时，浙江省将每年选派一批入选《“绿卡”计划》的企业主要负责人到沃顿商学院培训。邀请国际权威专家、学者到浙江为企业高管授课，为浙江省培养一支具有全球视野、战略思维、创新精神和杰出经营能力的企业家队伍。与美中小企业有关方面签约，鼓励浙江中小企业抱团“走出去”，在美国集聚发展，实现浙江产品在美国生产、销售。

浙江—美国中小企业合作周期间，美国商务部、全球中小企业联盟、美国中小企业署和纽约市政府，以及高盛、沃顿商学院、马里兰大学等派员与浙江中小企业代表进行了深入交流。

为推进浙江省与美国等国家与地区中小企业合作与发展，浙江省将安排专门的中小企业海外发展机构联系、推进和落实这项工作。

2010年中国(深圳)国际工业博览会“中国塑料工业与贸易专业展区”举办

2010年10月29日～11月1日，第三届中国(深圳)国际工业博览会“中国塑料工业与贸易专业展区”

举办。

“塑料工业与贸易展区”突出食品与医药用塑料包装材料、塑料为基材的日用消费品、婴童等制品、服装、鞋帽、箱包、各类塑料工业配件等。

展览场馆设在深圳．平湖．华南国际工业原料城－华南城会展中心2号展馆。举办的“中国(深圳)国际工业博览会”总面积170万平米，总展位数13000余个，其中固定展位10000余个，流动展位3000个。

“塑料工业与贸易专业展区”为工博会特色之一，展馆面积4000m^2，相对集中，与整个工博会的服装、工艺礼品、电子信息通讯、皮革、安防产品、印刷包装、超市商品展、红木傢俱展、进出口商品展等展区贸易相互衔接。

组委会精心设计同期参与下列盛会：第三届中国(深圳)工业博览会、秋季广交会展；参观华南城五金化工原料塑料、五金配件、皮革皮具及原辅料、印刷纸品包装、纺织服装及面辅料、电子原材料及成品等交易中心。

乐从专业市场建设庆典暨发展论坛举办

2010年10月30日，乐从专业市场建设庆典暨发展论坛和塑料市场20年庆典在乐从举办。中国轻工业联合会王世成副会长、中国塑协廖正品会长等出席并讲话。

乐从经济社会高速发展，仅有包括新乐从人在内的23万人口的一个建制镇竟然神奇地创办了家具、钢铁和塑料三大专业市场且全力占领电子商务制高点，并受到工信部、物流、钢铁、石化、轻工四个联合会和中国塑料加工工业协会、中国家具协会的广泛关注和积极支持。

经验具备“五效”的特点：一是品牌效应：它具有五块国字号名片既中国家具商贸之都、中国塑料商贸之都、中国专业市场示范镇、中国钢铁专业市场示范区、国家级电子商务试点区，并成为广东的区域品牌，成为名副其实的商贸名镇；二是规模效益：家具市场居全国之冠，塑料、钢材市场居全国前列、全镇商品销售额五倍于工业产值，人均本外币存款余额近14万元，三产增加值比重提升到65%以上，并逐步实现有形市场与无形市场的协同发展；三是机制效能：遵循市场规律、强调服务宗旨、坚持市场化运作，政府和市场在有序地发挥着作用，且注意不断加强和推动市场升级改造、不断提高市场服务水平；四是乐从效率：起步早、发展快，目前三大市场已形成近600多万平方米的经营面积，而且综合配套能力很强，体现出良好的运行效率和服务质量，每次来看都有新感觉；五是共振效果：政府、行业、企业、社会共同着力，有效形成经济社会发展的合力且一张图纸彩绘到底。积极做好引领、服务、规范、推动的大文章，促进了区域专业市场的良性发展并亮点频出，受到业内的普遍赞誉。

20年来得到了较快的发展，特别是授牌后的几年间，乐从塑料市场的经营面积、进场客户、经营品种、销售数量和市场的知名度、美誉度均得到进一步提高。已成为全国重要的交易平台，为华南地区乃至全国塑料制品行业提供畅通的供货渠道，为促进中国塑料行业全面走向世界发挥积极的作用。

希望乐从区域经济的发展继续领跑轻工专业市场，努力完善其“专业化、规范化、规模化、功能化”水平，并逐步向国际化持续拓展。要坚持以现代仓储物流业为依托，是以全新供应链形态集群化发展，除了具有商品流通功能外，还应注入和不断充实电子商务、研发设计、会展、价格、信息、现代交易结算、仓储、物流配送、远程交易、物联网等新元素，形成具有现代商务功能的商品集散中心、价格形成中心、信息处理中心、产品展示中心、物流运转中心等特征的现代化专业市场，不断完善和创新现代商业流通模式。就实现途径而言，应始终坚持政府推动、企业主体、市场拉动和协会促动的有效定位。要在快速发展过程中，不断彰显出市场化原则、产业关联原则、滚动开发原则、突出特色原则和同步城市建设原则的丰富内涵和区域张力。

“2010年暨第五届中国塑料工业新材料、新工艺、新技术行业峰会”召开

2010年11月6日，由中国塑协、广东省塑料工业协会、佛山市南海狮山镇人民政府联合主办的“2010年暨第五届中国塑料工业新材料、新工艺、新技术行业峰会”在佛山南海区狮山镇召开。中国塑料加工工业协会、狮山镇人民政府、南海区中小企业局、广东省轻工协会、广东塑料工业协会等各省市各地市区塑料协会(商会)、广东仕诚塑料机械有限公司、精诚时代集团等单位领导出席会议并讲话。

会议主要内容：1. 中国塑料工业行业的峰会，传统行业向新能源产业方向转型的介绍，研讨国内外塑料包装行业市场与技术发展趋势；2. 与会代表分组互动交流，传递行业最新信息；3. 现场演示新一代的流延薄膜机械设备的试机活动。

国内外流延薄膜、胶片企业代表、新能源生产企业代表，国内外与膜片配套的原辅材料、设备与备件生产企业代表，国内外流延薄膜、胶片经销商及有意投资本行业的企业代表，相关科研单位、检测机构与高等院校的资深专家学者，服务于本行业的相关企业的代表280人出席会议。

中国和魁北克探讨聚氨酯人工血管发展

2010年11月8至9日，“成都-魁北克人工血管研讨会”在四川大学举行。

研讨会上，四川大学高分子科学与工程学院谢兴益副教授以“设计聚氨酯人工血管应考虑多种因素”为题做了生动的报告，蒋霞博士介绍了无毒水性可降解聚氨酯的合成与表征。西南民族大学的罗建斌副教授介绍了纳米羟基磷灰石/聚氨酯复合材料的最新研究成果。

会后，四川大学专家和加拿大魁北克大学人工血管专家详细讨论了中国-魁北克国际合作项目“功能聚氨酯捕获内皮祖细胞的内皮化人工血管的合作研究”的研究进展和以后的工作。

南京科亚化工成套装备有限公司开业典礼举行

2010年11月10日，南京科亚化工成套装备有限公司宣告开业。

双螺杆混炼挤出机生产线是我们改性塑料行业得以超常发展的重要武器。追溯到上世纪八十年代，1986年我国诞生第一台SHL-60积木组合式同向平行双螺杆挤出机以来，二十多年中我国已在南京、兰州、石家庄、宁波、大连、北京等地相继诞生数十家制造企业，已有几千台双螺杆挤出机在改性塑料企业中运转，为塑料制品生产企业提供着高性能价格比、节能环保乃至功能型的颗粒原料，提高了大型石化企业通用型合成树脂的附加值，也多层次多规格地满足了电子、通讯、汽车、家电、农用、包装等几乎国民经济所有领域的需求。双螺杆挤出机及其衍生出的成套混炼造粒装备在我国塑料加工工业发展历程中功不可没、发挥了重要作用，产生了深远的影响！

南京科亚化工成套装备有限公司汇集了双螺杆挤出机等混炼造粒装备方面的众多优秀人才、管理人员、技术力量和营销人员。公司投入巨资，起点高、目标明确、经济实力强盛。在刘光知总裁率领下，紧紧依靠广大员工，坚持自主创新，南京科亚公司一定能在激烈的竞争中奋勇前行，成为混炼造粒装备的骨干企业，起到先锋和主力军作用。期望公司全体职工再接再历，不断研制和生产出更加节能、更加高效、更加优质的加工机械设备，为改性塑料行业乃至整个塑料加工行业的发展做出更大贡献。

中国塑协廖正品廖正品会长、南京市政协刘健副主席出席并讲话。

中国改性塑料行业十佳企业、突出贡献单位表彰大会召开

2010年11月10日，“中国改性塑料行业十佳企业、突出贡献单位表彰大会”在南京举行。中国轻工业联合会名誉会长陈士能、中国塑协廖正品会长等应邀做为颁奖嘉宾出席了大会。

廖正品会长宣读“关于在改性塑料专委会成立二十周年之际表彰行业优秀企事业单位的决定”，在改性塑料专委会成立二十周年之际，中国塑料加工工业协会决定对多年辛勤耕耘，努力拼搏的改性塑料行业和相关行业的优秀企业和做出重要贡献的单位进行表彰，分别授予“中国改性塑料行业十佳企业”和“中国改性塑料行业突出贡献单位”荣誉称号，颁发证书和牌匾。赵安赤理事长做了表彰活动工作总结报告。2010年3月发出“关于在专委会成立二十周年之际举办表彰改性塑料优秀企业活动的通知”之后，得到会员单位广泛而积极的响应。在广泛听取各方意见的情况下，经专委会副理事长及申报单位代表参加的评议会，在会员单位自愿申报的基础上，本着公开、公正、公平的原则，经过审查、评议，确定出上报中国塑料加工工业协会的名单，并于10月8日获得协会批复。

这次受表彰获得荣誉称号的有“十佳企业”和“突出贡献单位”两大系列。

“十佳”意味着企业在十个方面都有良好甚至优异的表现。

产业方向正确 经济效益显著

产品定位合理 性能质量稳定

职工素质胜任 领导核心稳健

注重安全生产 节能绿色环保

售后服务周到 社会反响良好

“十佳企业”依生产经营领域分为“改性塑料名优特色产品类”、“助剂添加剂类”和“加工设备与检测设施类”三大类，为了倡导“科技先行、创新发展”的理念，对于在技术、产品方面有突出成效的企业还同时授予“创新十佳企业”的荣誉称号。

“突出贡献”意味着对行业发展和专委会建设做出了重要贡献，如承办过专委会年会、积极参与和赞助专委会举办的各项活动、在某个领域(如双螺杆混炼挤出机的制造及应用、铝酸酯偶联剂的发明及推广应用等)起过无可替代的作用，在行业内外都获得普遍认可，有突出表现等。对于服务于行业，在学术科技开发领域成绩突出的大专院校、信息网站和专业刊物编辑部也可以荣获“突出贡献单位”这一荣誉称号。

本次受到表彰的企事业单位共计 84 个，其中获“中国改性塑料行业十佳企业”荣誉称号的共计 71 个企业，获得“中国改性塑料突出贡献单位”荣誉称号的共计 13 个单位。因部分企业经营范围涉及不同领域，还有一些企业在科技创新方面成绩显著，故有部分企业荣获科技创新十佳、改性塑料名优特色产品十佳或科技创新十佳、助剂添加剂十佳等两个荣誉称号，特别是海城金昌科技开发有限公司同时获得科技创新十佳、改性塑料名优特色产品十佳和助剂添加剂十佳三个荣誉称号。因此八十四个企事业单位共荣获 110 个荣誉称号。

中国塑协改性塑料专委会 2010 年年会召开

2010 年 11 月 10 日，中国塑协改性塑料专委会 2010 年年会在南京召开。在赵安赤理事长致开幕辞后，刘英俊副理事长兼秘书长对一年来专委会工作做了介绍。大会还依据专委会章程增补了常务理事单位和副理事长单位。刘英俊秘书长还宣读了中塑改性[2010]第 13 号和第 14 号文件，决定将南京科亚化工成套装备有限公司和常州塑金高分子科技有限公司设立为专委会改性塑料科研试验开发生产基地，并向两个单位的代表颁发证书和牌匾。

为庆祝专委会成立二十周年，专委会主要领导和业内著名专家都撰文表达纪念和展望之情。如赵安赤理事长的“梅花香自苦寒来　傲立风霜铸辉煌”，黄锐教授的“和改革开放的祖国一起快速成长的改性塑料行业”，徐同考副理事长的“紧密团结在专委会周围，为改性塑料行业的健康发展做出更大贡献”等。专委会特意邀请华南理工大学瞿金平教授就最新塑料加工物料塑化输送理论，具有完全自主知识产权的原创性项目——“塑料叶片挤出机输运特性研究”做了介绍。专委会邀请了上海心尔新材料科技股份有限公司王梓刚董事长做了题目是“扬低碳经济之帆，创塑料改性之新，回报人类一片蓝天净土”的报告。

大会上先后有章文贡教授、王锡臣教授等多位专家和企业家发言，介绍了最新科技成果，交流了产品、技术及业务信息。

专委会为本届年会编印了“足迹——中国改性塑料行业奋斗成果专集”和“论文资料集”，内容新颖、丰富，深受代表欢迎。做为庆祝专委会成立二十周年，专委会创办人之一，河北省平乡县政协徐同考副主席还专门编写了“塑料填充改性实用技术”一书，赠送给与会代表。

本届年会安排与会代表参观了南京昌欣机械设备有限公司、南京聚力化工机械有限公司、昆山科信橡塑机械有限公司和常州塑金高分子科技有限公司，还应邀出席了南京科亚化工成套装备有限公司的开业典礼。

滚塑专委会召开第七次年度工作会议召开

2010 年 11 月 16 日，滚塑专委会在沪召开本年度第七次工作会议。会议回顾总结了自上次工作会议以来专委会的各项工作，重点研究了滚塑行业国家标准和行业标准的制定申报工作、滚塑专委会会员准入标准的制定工作，落实银川项目并与银川方面成立项目工作小组，并商讨筹划举办滚塑专委会年会活动及部署滚塑专委会官网重新恢复运营等方面的工作。会议还研究了关于接受清华大学材料科学与工程系粉体工程研究室暨浙江清华长三角研究院长兴粉体及新材料工程中心申请加入滚塑专委会并成为会员单位的请求。

上海失火引舆论叫停聚氨酯等外墙保温材料

2010 年 11 月 17 日，国务院上海“11・15”特别重大火灾事故调查组召开全体会议，调查组组长、国家安监总局局长骆琳说，事故暴露出五个问题，其中事故现场违规使用大量聚氨酯泡沫等易燃材料，是导致大火迅速蔓延的重要原因。公安部消防局副局长朱力平指出，大楼外立面上大量聚氨酯泡沫保温材料，燃烧速度快并产生剧毒氰化氢气体，是导致多人死亡的主要原因。他建议，尽快禁止上述材料使用，选出耐火替代品。

聚氨酯等保温材料虽然易燃，但由于其应用可以节能减排，因而仍被推到前台。新疆建筑科学研究院副院长苏云辉介绍，全社会能耗中建筑物占比 30%。高效的节能材料每使用 1t，就能节省 3t 标准煤用量。同时，还可以减少排放 1t 二氧化碳、粉尘和二氧化硫。

此前，建设部提出了建筑节能发展目标，其中“十一五”的目标是：建筑节能贡献率要达到20%，即节约120Mt标煤。

20世纪90年代末，有机保温材料聚苯乙烯泡沫塑料（EPS）和挤塑板（XPS），开始在国内应用。这些材料优势明显：造价较低，一般每平方米50元到80元；保温性能好且易施工。但最大的缺点是可燃性强。随后，聚氨酯（PU）材料逐步发展起来，其特点是保温性更好、价位较高、品质更高档。然而，PU材料仍旧没有解决易燃性问题，它的可燃性更强。

从2007年开始，随着各种外墙保温材料广泛应用，由此引发的火灾彼伏此起。央视新址大楼火灾，济南奥体中心体育馆两次失火，哈尔滨“经纬360度”双子星大厦火灾。

今年的火灾中，与外墙保温材料有关的也不在少数。9月9日，长春住宅楼电焊引燃外墙材料；9月15日，乌鲁木齐市一在建机关住宅楼保温材料引燃大火；9月22日，乌鲁木齐市一在建高层住宅楼外墙保温层着火……“这几年高层建筑大火，九成是施工期间发生，大多又跟外墙保温材料密切相关。”李忠林说。

聚氨酯燃烧产生剧毒致人亡命

外墙保温材料分有机和无机两类；有机类主要包括聚氨酯等，无机材料玻璃棉等。有机材料耐热差、易燃烧，产生大量有毒气体，加速火势蔓延。此外，80℃温度有机材料就会熔融滴落。

中国塑协聚氨酯制品专业委员会高级工程师张成明认为，目前采用的保温材料均处于保温和防火的两难境地，“越是保温效果好，越是防火性能差”。目前有机保温材料中，都向原材料中添加了阻燃剂，有一定阻燃效果。但EPS和XPS仍易着火易滴溶。PU材料可自熄，但温度达到一定程度后就难以熄灭。

更为严重的是，聚氨酯燃烧时会产生更多有毒气体，导致很多人死亡。公安部消防局副局长朱力平指出，大楼外立面上有大量聚氨酯泡沫保温材料，一旦燃烧就会产生含有剧毒氰化氢的气体，人吸入一口就会死亡。

目前，对于有机保温材料通常采用阻燃处理。即便这样，这些材料最多也只能达到难燃级别，无法不燃。

需要指出的是，虽然聚氨酯等外墙保温材料遗害无穷，但因价格存在优势，国家和地方相关法规并未禁止聚氨酯等材料。1997年，我国颁布的《建筑材料燃烧性能分级方法等级标准8624—1997》中，上述两类材料符合标准。2006年发布的《建筑材料燃烧性能分级方法等级标准8624—2006》，虽然提高了外墙保温材料的阻燃性指标，但是仅指出，上述材料使用时存在安全隐患，需要防护措施。

2009年9月25日，公安部、住房和城乡建设部联合制定《民用建筑外保温系统及外墙装饰防火暂行规定》。根据防火等级，A级材料燃烧性是不燃，B1级是难燃，B2级是可燃。规定指出，非幕墙类居住建筑，高度大于等于100m，其保温材料的燃烧性能应为A级；高度大于等于60m小于100m，保温材料燃烧性能不应低于B2级。如果使用B2级材料，每层必须设置水平防火隔离带。

李忠林分析，上海失火大楼高28层，属60米以上100米以下范围，而其使用的PU板为B2级。如果不存在偷工减料或者以次充好，保温材料防火等级上不存在问题。

目前，市场份额，占比最多的是聚苯板（含EPS、XPS），约为80%，聚氨酯占10%，其他新型材料约为10%。造成市场份额差距的原因，在于聚苯板价格比聚氨酯低一半左右。此次上海失火大楼所用外墙保温材料是聚氨酯（PU），PU属高价位保温材料，市场价每平方米约为100元。由于没有更好的材料替代，目前市场大范围使用上述材料。

卫生部等6部门印发《食品安全信息公布管理办法》

为贯彻实施《食品安全法》及其实施条例，规范食品安全信息公布行为，卫生部会同农业部、商务部、工商总局、质检总局、食品药品监管局日前制定印发了《食品安全信息公布管理办法》（以下简称“办法”）。

《办法》以《食品安全法》及《食品安全法实施条例》赋予卫生部门和有关部门的食品安全信息公布职责分工为依据，针对当前食品安全信息公布存在的问题和不足，加强各有关部门密切协作，使信息分类更加明晰、发布主体更加明确、公布的内容更加科学规范并具有可操作性。《办法》具有以下特点：一是明确了食品安全信息的分类。根据《食品安全法实施条例》要求，食品安全信息分为卫生行政部门统一公布的信息和各监管部门日常监管信息。卫生部负责国家食品安全总体情况、食品安全风险评估信息、食品安全风险警示信息、重大食品安全事故及其处理信息和其他重要食品安全信息的统一发布，省级卫生行政部门负责影响仅限于本辖区的食品安全相关信息的统一发布。各相关监管部门按各自职能依法发布日常监管信息。二是逐步规范食品安全信息公布机制。食品安全监管相关部门依据各自职责制定本部门的信息公布管理制度，要通过政府网站、公报、发布会、新闻媒体等多种渠道向社会公布食品安全信息，逐步建立统一的信息公布平台。要明确信息通报的形式、渠道和责任部门，及时按职责分工进行处理。加强食品安全信息管理和综合利用，实现食品安全信息发布制度化、规范化。三是建立了食品安全信息通报与会商制度。《办法》明确各级、各部门建立信息通报的机制，明确信息通报形式、通报渠道和责任。省级以上卫生行政部门在公布重要食品安全信息前，应提前通报各相关部门，召开会议进行会商。

《办法》还要求食品安全各监管部门加强与媒体的沟通，对食品安全问题做到及时反应，及时发布权威信息，第一时间解疑释惑，提高食品安全信息公布的时效性、科学性和准确性。

中国台湾拟修订食品包装卫生标准

中国台湾标准检验局最近发布通知，拟对《食品器具、容器和包装卫生标准》的部分内容进行修改。新标准将对与食品接触的塑料制品中塑剂 DEHP 和 DBP 的迁移量进行限制。同时，还对聚碳酸酯、聚苯和聚醚等材质的塑料奶瓶，和近年来开始市场化的新型可降解聚乳酸塑料，提高了卫生要求和使用条件的要求。其中，主要包括塑料材料的总铅、总镉含量，蒸发残渣、高锰酸钾消耗量、可迁移铅含量以及乳酸含量等。

虽然，世界各国对双酚 A 的危害性尚未达成共识，而中国台湾在 2009 年就已对聚碳酸酯奶瓶的卫生标准进行更新，已要求双酚 A（BPA）限量低至 0.03×10^{-6}。而此次修订不但要求聚苯和聚醚树脂奶瓶中双酚 A 含量须低于 0.03×10^{-6}，而且，对非奶瓶用的聚碳酸酯塑料制品双酚 A 含量也提出了 0.6×10^{-6}的最低限量要求。

近年来，中国台湾先后对食品、纺织品以及食品包装材料等，与消费者健康密切相关的产品，提出各类技术性贸易措施。仅 2009～2010 年，新增和更新相关产品法案和检验标准，累计已达 20 余次，且要求日趋严格。

为此，各相关生产和出口企业要密切关注标准更新对输台产品可能产生的影响。对上述重点关注项目应提高警惕，根据要求提前做好检测，规避贸易风险。塑料制品生产企业，应积极改进生产工艺，采用不含增塑剂或不含 BPA 的原材料等措施，以确保产品质量安全。同时，各相关企业，应与检验检疫部门加强联系，及时了解相关法规和标准的变化，增强应对国外技术性贸易措施的能力。

《新商机 POST》滚塑特刊杂志发布

2010 年 11 月，中国塑协滚塑专委会的专属电子杂志——《新商机 POST》滚塑特刊，制作完成并正式对外发布。该杂志的推出旨在为广大滚塑企业提供一个展示、交流与合作的平台，同时也是为了向广大产业链上下游的各方机构、地方政府、市场用户等方面推介和宣传滚塑行业及企业的发展。

《新商机 POST》杂志长期以来致力于关注和探索中国新兴市场产业转移及行业结构调整中所蕴藏的商业机会与元素，进而为投资者和决策者提供关于此方面的全方位资讯。《新商机 POST》杂志强大有序的发行网络涵盖了超过 850 个发行网点，配发量共计 30000 余本，读者群体涵盖汽车制造、化工、清洁能源（沼气池及污水处理）等方面的企业家、投资者、各地政府官员、各地商会、金融咨询机构等。作为电子杂志，其传播速度快、发行面广以及阅读便利等优势为其影响力奠定了基础。

中国塑协授予耿车镇“中国塑料再生利用产业基地”、授予中国再生资源商贸城开盘仪式举行

2010 年 11 月 18 日，“中国大型再生塑料交易市场”暨中国再生资源商贸城开盘仪式在宿迁耿车镇举行。中国塑协廖正品会长、宿迁市人民政府许步健副市长出席仪式。仪式上授予耿车镇“中国塑料再生利用产业基地”、授予中国再生资源商贸城“中国大型再生塑料交易市场”暨中国再生资源商贸城称号。

耿车镇是我国较早形成的大型废塑料市场之一，多年来，废塑料回收再生事业为国家环境保护、资源再生做出了卓越的贡献。著名经济学家费孝通先生和于光远先生在改革开放初期调研把耿车经济发展模式与“温州模式”和“苏南模式”并称为三大经济模式的“耿车模式”。随着国家经济实力增强，各级政府和人民对生态环境保护的意识日益增强。废塑料是回收价值很大的再生资源，再生塑料是我国塑料原料紧缺的有益补充。始终坚持把废塑料回收再生利用这个利国利民事业长期做下去的信念，它不仅是资源型环保产业，还对发展地方经济，保障民生、推动就业发挥了重要作用。要遵循循环经济的发展要求，不仅要回收再生塑料，更要保护环境。

2010 BOPP、BOPA 薄膜产业链市场与技术发展论坛召开

2010 年 11 月 18 日，由中国塑协双向拉伸聚丙烯薄膜专委会主办的“2010 BOPP、BOPA 薄膜产业链市场与技术发展论坛”在江苏省宿迁市召开。来自全国 BOPP、BOPET 和 BOPA 薄膜产业链的 430 多名企业负责人出席会议。

中国塑协会长廖正品，中共宿迁市委书记、市人大常委会主任张新实，中共宿迁市委副书记、市长缪瑞林，佛山塑料集团股份有限公司东方分公司副总经理、无锡环宇包装材料有限公司总经理钟松，宿迁市人民政府副市长许步键，江苏省塑料加工工业协会会长韦华，宿迁市人民政府副秘书长、市经信委主任、市国资委主任王柏生，江苏双星彩塑包装股份有限公司总经理吴培服，中国金田集团有限公司总裁方文彬，沧州东鸿包装材料有限公司副总经理孙召良，德国布鲁克纳机械股份有限公司高级销售经理欧柏鲍先生，德国格贝尔分切及复卷系统有限公司高级销售经理 Harald 先生，宿迁市民政局局长仲林，江苏欧亚薄膜有限公司总经理陈洪，江苏首义薄膜有限公司常务副总经理张俊华，中国塑膜网总经理胡晓娜，江苏领航材料科技有限公司销售经理王杰红，上海川野轴承有限公司总经理许继羡，江苏鑫龙化纤化工机械有限公司董事长金德贵，浙江浦江宏达有限公司经理张必球，广州思肯德电子测量技术有限公司总经理王广彪和上海晟奇节能材料有限公司总经理杨天堂，中国塑协秘书长马占峰以及宿迁市各有关部门、区、县领导等出席本次论坛。

首先中共宿迁市委副书记、市长缪瑞林先生致欢迎辞，由中国塑协会长廖正品先生致开幕辞。中国塑协廖正品会长和中共宿迁市委书记、市人大常委会主任张新实共同为中国双向拉伸薄膜产业基地揭牌，宿迁市民政局局长仲林宣读成立宿迁市包装新材料行业协会文件，全体参会代表观看了宿迁市包装新材料产业宣传片。

佛山塑料集团股份有限公司东方分公司副总经理钟松，宿迁市人民政府副秘书长王柏生，中石化北京化工研究院施宏伟，江苏双星彩塑新材料股份有限公司吴培服，德国布鲁克纳机械股份有限公司高级销售经理欧柏鲍，德国格贝尔分切及复卷系统有限公司高级销售经理 Harald 先生分别作了“加强内部管理、拓展产品应用，促进 BOPP、BOPA 行业可持续”、“宿迁市建设双向拉伸薄膜产业基地政策”、“中国石化 BOPP 原料供应现状及产品开发介绍”、“2010 年聚酯薄膜市场分析回顾”、“双向拉伸设备市场的最新发展”、“双向拉伸薄膜的分切及复卷技术”的精彩发言。

沧州明珠塑料股份有限公司副总经理孙召良，江苏鑫龙化纤化工机械有限公司董事长金德贵，江苏领航材料科技有限公司经理黄苏，浙江浦江宏达有限公司经理张必球，中国金田集团有限公司技术中心主任魏建彬，上海川野轴承有限公司经理豆亚娟，广州思肯德电子测量技术有限公司总经理王广彪，上海晟奇节能材料有限公司总经理杨天堂，捷成洋行有限公司经理陆昕和兰州兰泰塑料机械有限责任公司经理张国强分别作了“2010 年中国 BOPA 薄膜市场分析和未来走势”、“双向拉伸薄膜生产线过滤器的清洗介绍”、“BOPP 专用母料的性能介绍”、“双向拉伸薄膜生产线用过滤碟片和熔体滤芯介绍”、“节能降本争效益　低碳生产求发展”、“关于薄膜生产线横拉链夹高温轴承的应用及国产化的研究”、“双向拉伸薄膜在线厚度检测及控制技术”、“ROCOL（罗哥）新一代链条油于布鲁克纳高速拉伸设备上的使用”、“双向拉伸薄膜生产中在线、离线涂布技术应用”、“高性能同向双螺杆挤出机在双向拉伸薄膜领域的应用”的发言。

郑州德奥科技有限公司总工王振东，中国塑膜网总经理胡晓娜，深圳市宏美嘉包装材料有限公司董事长陈金桥，江西威科油脂化学有限公司经理聂海平分别作了“双向拉伸薄膜专用的新型高效节能过滤器”、“后金融危机时代下双拉薄膜行业的现状分析及机遇挑战”、“经销商如何在产能过剩的双拉膜行业提高竞争力”、“酰胺类爽滑剂在薄膜中的作用与应用”的演讲。

BOPP 薄膜专委会还组织部分企业召开了 BOPP 薄膜骨干企业座谈会，沟通了行业最新投资情况；交流了 BOPP 薄膜行业 2010 年 1 ~ 10 月份市场与原料供应情况；探讨了近期 BOPP 市场需求发展趋势并探讨了 BOPP 行业骨干企业相互协调、共同发展有关设想。

东北软包装科技园奠基动工庆典仪式举行

2010 年 11 月 20 日，中国软包装集团投资建设的东北软包装科技园开工奠基仪式在鞍山举行，中国塑协会长廖正品、辽宁省政府刘省长、中共鞍山市委谷书记鞍山市政府王阳市长、中国软包装集团董事局主席翁声锦出席庆典。

中国软包装集团瞄准 BOPP、BOPET 薄膜旺盛的市场需求，合理布局，建设了福州市海峡西岸软包装科技园、辽宁鞍山东北软包装科技园、天津华北软包装科技园、四川成都西部软包装科技园和河南新乡中部软包装科技园，拥有世界上顶尖技术水平的 12 条德国布鲁克纳先进生产装备，幅宽达 8.7 ~ 10.4m，线速度达到 550m/min。目前产能已达 600kt，将来要达到 1000kt 的生产能力。

中国软包装集团为了提升市场竞争能力，延伸产业链，在福州投资建设年产 1200kt 丙烷脱氢生产丙烯单体项目，建设年产 1200kt 聚丙烯项目，届时，中国软包装集团年产值可达 350 亿元，充分展示了中国软包装集团顺应市场经济规律，增强抗风险能力，重视科技投入和技术创新，起点高，眼光远，合理布局，精准投入，展示了宏大的发展方略。

东北软包装科技园的建设不仅填补了东北软塑包装先进生产线的空白，而且是辽宁省乃至东北塑料工业发展史上的重大事件，将极大地提升东北塑料工业发展水平，推动鞍山经济上一个新台阶，将为塑料产业转型升级、产业结构调整做出重大的贡献。

国际塑料标准化技术委员会秘书处首次设在中国

2010 年 11 月 25 日，国际标准化组织塑料标准化技术委员会秘书处挂牌仪式在成都市举行。这是该秘书处首次设在中国，也是中国西部第一家国际标准化组织。成都市委常委刘超出席挂牌仪式并致辞。刘超代表成都市委、市政府对秘书处成功挂牌表示热烈祝贺！他说，成都市委、市政府高度重视新材料产业发展，制订了新材料产业发展规划，设立了市级新材料产业战略功能区，出台了扶持产业发展的政策意见，正在努力建设“西部第一、全国一流”的新材料产业基地。此次国际标准化组织依托中蓝晨光研究院组建本届塑料标准化技术委员会秘书处，是该秘书处首次设在中国，也是中国西部第一家国际标准化组织。这不仅将极大提高中蓝晨光研究院和成都塑料产业在全国乃至全球塑料行业的影响力，也必将增强我国在国际塑料行业的话语权，促进塑料产业更好更快发展。刘超希望中蓝晨光研究院切实担负起秘书处的职责，为成都和全国新材料产业发展作出积极贡献。

新一代木塑绿色建材成型技术通过鉴定

2010 年 11 月 25 日，由北京化工大学与北京恒通创新木塑科技发展有限公司联合研制的新一代木塑绿色建材成型技术通过了技术成果鉴定。来自中国塑料加工工业协会、清华大学、中国建筑材料研究总院等相关科研院所及企业专家组成的专家组审阅了技术资料，听取了项目汇报，经咨询和讨论一致认为该项目技术创新性强，具有自主知识产权，“新一代木塑绿色建材成型技术”项目的整体技术达到国际先进水平，部分技术达到国际领先水平。

由校企合作开发的高端木塑产品分为新型木塑强化建筑模板和新型木塑墙板两类产品。其中，新型木塑模板使用废旧混杂塑料和废弃的木粉、秸秆、棉花秆等植物纤维类材料为主要原料，产品具有成本低、可回收再利用等特点，生态和社会效益显著。目前新型模压强化木塑模板已经在北京恒通创新木塑科技发展有限公司实现产业化。

而校企共同开发的新型木塑墙板产品为国内外首创。北京恒通创新木塑科技发展有限公司采用双方共同开发的新型木塑墙板成型技术，以其自有的独特配方，制造出具有防火抑烟、抗震、轻质、隔热保温、隔音、无毒等优异性能的新型木塑墙板，不仅完成了产业化，而且实现了全木塑房屋的商品化。目前北京恒通创新木塑科技发展有限公司已成为国内规模最大的新型木塑墙板生产企业。

塑料垃圾裂解油化技术装备通过验收

2010 年 11 月 26 日，由济南友邦恒誉科技开发有限公司承担的济南市自主创新重大专项——工业连续化塑料垃圾裂解油化技术及装备项目通过验收。中国石油和化学工业联合会组织的成果鉴定结果显示，该项目在防结焦和氯化氢处理等方面达到国际领先水平。

该项目将工业连续化无分捡混合废塑料裂解油化技术、远程恒温组合式加热工艺、高热焓固体导热介质用于恒温热分散裂解工艺。成果采用完整的氯化氢处理系统，保证设备安全无腐蚀运行；采用常压催化低温解聚油化工艺、烟气余热循环、专项裂解可燃气与烟气吸附净化处理技术，创新性地解决了设备结焦和废塑料需清洗与分拣等难题。原材料使用无分拣、无清洗混合塑料垃圾，产品转化率可达到轻质燃油 65% ~75%。生产过程无废水、粉尘排放，噪声低于国家标准。

中国塑协复合膜专委会第五届十二次理事会召开

2010 年 11 月 27 日，中国塑协复合膜专委会第五届十二次理事会议在郑州召开。中国塑协会长廖正品出席会议并讲话。

理事会议讨论多个议题，其中最重要的一个议题是有关换届选举的系列内容，如专委会管理条例的修改、换届选举工作方案、选举方法以及理事和理事会负责人自荐和推荐等事项。

回顾第五届理事会，获得了卓有成效的工作成就。特别是2008年举办的"中美软塑包装薄膜发展论坛"以及数次赴美赴欧参观考察，在加强国际交流方面作出了非常有益的探索，受到广大理事及会员单位的好评。

会议就统一思想、明晰方案、落实使命，切实增强搞好专委会换届选举工作的责任心和使命感达到了共识。

专委会会员企业获得中国首张"滚塑渔船生产许可证"

滚塑专委会会员企业、浙江省嵊泗洋山滚塑游艇科技开发有限公司经过多年努力，已被成功颁发我国首张"滚塑渔船生产许可证"，这标志着滚塑制船艇的质量已得到国家权威机构的认可，并预示着滚塑制品在船艇领域内的应用将随之扩展开来，并将拥有新的市场和商机。

同时，为了紧抓该"生产许可证"的颁发所带来的发展良机，专委会已开始帮助该企业在国际资本市场进行融资，并计划最终在美国创业板实现上市。目前，专委会已帮助该公司与融资、财务等专业机构进行了多次沟通，为其提供了在财务状况分析、未来发展规划等上市所需材料方面的指导，并为该公司提供了《证券市场上市规划报告》，以帮助其在此方面走的更远。

公安部消防局发文要求加强民用建筑外保温材料监管

公安部消防局下发通知，明确将民用建筑外保温材料纳入建设工程消防设计审核、消防验收和备案抽查范围，并要求各地公安消防部门加强对民用建筑外保温材料的监督管理。

近年来，南京中环国际广场、哈尔滨经纬360度双子星大厦、济南奥体中心、北京央视新址附属文化中心、上海胶州教师公寓、沈阳皇朝万鑫大厦等相继发生建筑外保温材料火灾，造成严重人员伤亡和财产损失，建筑易燃可燃外保温材料已成为一类新的火灾隐患，由此引发的火灾已呈多发势头，为此，相关部门正在抓紧制定有关标准、规定。在新标准、规定发布前，本着对国家和人民生命财产安全高度负责的态度，为遏制当前建筑易燃可燃外保温材料火灾高发的势头，把好火灾防控源头关，公安部消防局下发通知，进一步明确民用建筑外保温材料消防监督管理有关要求。

将民用建筑外保温材料纳入建设工程消防设计审核、消防验收和备案抽查范围。

凡建设工程消防设计审核和消防验收范围内的设有外保温材料的民用建筑，均应将建筑外保温材料的燃烧性能纳入审核和验收内容。对于《建设工程消防监督管理规定》(公安部令第106号)第十三条、第十四条规定范围以外设有外保温材料的民用建筑，全部纳入抽查范围。在新标准发布前，从严执行《民用建筑外保温系统及外墙装饰防火暂行规定》(公通字[2009]46号)第二条规定，民用建筑外保温材料采用燃烧性能为A级的材料。

【12月】

河北省69种工程材料将被禁用

2010年12月，河北省住建厅印发《建设工程材料设备推广、限制使用和淘汰产品目录(2010年版)》。《目录》中包括146种产品，其中，推广使用46种，限制使用31种，淘汰69种。

《目录》规定，自2011年1月1日起，金属面聚苯夹芯板、金属面硬质聚氨酯夹芯板等保温材料，因燃烧性能达不到B1级、易发生火灾事故，不得应用于永久性民用建筑和临时性居住建筑外保温工程。2011年1月1日起，挤塑聚苯乙烯保温板、模塑聚苯乙烯保温板等保温材料燃烧性能达不到A级，不得应用于高度大于等于100米的居住建筑、高度大于等于50米的公共建筑和幕墙构造建筑的外保温工程。

《目录》规定，因节能、省工、质量稳定、可循环利用、保护环境等因素，推广使用泡沫混凝土、再生骨料、新型干法散装水泥等工程材料。因易发生火灾、易引起钢筋锈蚀、隔声和抗冲击性能差、污染、致病等原因淘汰蓝石棉、以聚乙烯醇为基料的仿瓷内墙涂料、溶剂型建筑防水涂料等工程材料。

在本通知规定的执行日期前已经设计使用，并将在执行日期后用于建设工程、属于《目录》中限制使用和淘汰的产品，由建设单位负责与设计、施工单位协商修改设计。在本通知规定的执行日期后，对仍违规选用《目录》中限制或淘汰产品的设计单位和建设单位，责令改正并予以通报批评；对仍违规向建设工程供应限制或淘汰产品的生产企业，河北省住建厅将在河北建设网予以公布。

"可持续发展——塑料行业的贡献"主题论坛举办

2010年12月1日，由国际化学品制造商协会(AICM)主办的"可持续发展——塑料行业的贡献"主题论坛在北京举行。此次论坛以"可持续发展国内外政策和趋势"、"塑料回收以及循环再利用"、"塑料的全生命周期"为主题，积极倡导各行业"负责任地使用塑料"。旨在通过国内外专家学者的交流与探讨，向全行业、全社会分享国内外塑料组织在塑料回收再利用、固体废物处理、科学的全生命周期分析(LCA)等方面的经验和动向，从科学的角度，向社会公众传递塑料产业是可以持续并健康发展的。

论坛邀请了工业和信息化部领导、环境保护部的相关领导到会并分别介绍中国关于循环经济、节能减排，固体废物管理现状及进口废物管理的有关法规和政策机制。同时到会的还有国家发改委，国家认监委，环保总局环境发展中心，卫生部卫生监督中心，卫生部疾控中心营养与食品安全所，上海食品药品监督所，国家塑料制品质量监督检验中心等机构的相关领导和专家。欧洲塑料协会、美国塑料协会、日本塑料废弃物管理研究院的专家也到会介绍了欧、美、日在塑料与可持续性发展，塑料与环境改善及塑料再生利用，回收和处置方面的法规及现行做法。

国际化学品制造商协会(AICM)理事会副主席、杜邦公司亚太区安全健康环境及安保总监潘世杰致开幕辞。中国塑料加工工业协会的理事长廖正品为论坛致欢迎词。工业和信息化部节能与综合利用司黄建忠处长讲到，工业可持续发展是全社会可持续发展的关键，而节能减排是工业可持续发展的关键举措。

美国化学理事会(ACC)、欧洲塑料协会(PlasticsEurope)、日本塑料废物处理研究所(PWMI)、意大利塑料和橡胶加工机械及模具制造商协会(ASSOCOMAPLAST)的领导和专家学者也分别就各自国家塑料相关法规、废旧塑料回收利用实践经验、以及加工技术等方面发表看法。并针对塑料的全生命周期、能源消耗和对温室气体的影响做了科学的分析，以期对中国塑料回收处理等相关政策的制定提供参考。同时，专家们还指出塑料的原油消耗仅占4%，可以有效节省能源、降低原料消耗，降低温室气体排放。

来自陶氏化学、巴斯夫、赛拉尼斯的专家对塑料包装如何提高可持续性以及工程塑料实现绿色创新等问题做了相应的探讨，四川大学建筑与环境学院的教授也在论坛上介绍了生命周期评价方法，并且向与会嘉宾展示了该方法在企业和政策领域的应用。

在主题讨论会上，AICM塑料回收及LCA工作组组长、美国化学理事会副主席、中国塑料加工工业协会秘书长，以及塑料相关的上下游企业也就"可持续发展——如何落实塑料的贡献?"等问题，从各自的角度发表看法，与会的专家学者希望通过论坛上讨论的问题及专家给出的结论，进一步引导全行业"负责任地使用塑料"，向公众展示塑料在人类生产生活中所起到的突出贡献。

可燃保温材料拟立法禁用

12月2日，公安部消防局透露，未来或将禁用可燃保温材料，并将之写入法律。

在火灾调查组公布的各项问题中，包括了事故现场使用的尼龙网、聚氨酯泡沫等易燃材料。即便没有聚氨酯泡沫，防护网被点燃后，只要有可燃物及氧气，火势也会蔓延，但不会烧得这么快。聚氨酯材料的另一大隐患是其具有较强毒性，该材料点燃后会释放一氧化碳、氯化氢等剧毒物质，而氯化氢的毒性甚至较一氧化碳还高出20倍。

对于聚氨酯等可燃性的建筑保温材料，消防部门及时地制定了规定，不允许使用这种材料。禁止使用可燃材料是强制规定，规定并不是没有作用，文件出台后，这几年此类火灾已经呈现出了下降趋势。但还没有成为国家法律，因此现在正准备，将规定的内容上升到法律层面上。

中国塑协硬质PVC发泡制品专委会2010年年会召开

2010年12月2–3日，中国塑协硬质PVC发泡制品专委会2010年年会暨技术交流会在湖北黄石召开。中国塑协廖正品会长，黄石市人民政府罗光辉副市长，中国塑协硬质PVC发泡制品专委会徐斌理事长，中国轻工业联合会廖常京处长，黄石市经济开发区、招商局、高新技术产业园区等部门领导，以及来自全国各地PVC发泡制品生产企业、与之相关的原料企业、模具及设备企业、科研院校等单位代表300多人参加了这次会议。

黄石市罗光辉副市长致欢迎词。硬质PVC发泡制品专委会徐斌理事长作行业总结报告，分析了行业的现状、总结了重要的行业活动、规划了行业的发展目标。中国塑协廖正品会长详细介绍了目前我国塑料行业发展形势，总结了“十一五”塑料工业所取得的成果，展望了“十二五”塑料工业发展规划。中国轻工业联合会廖常京处长强调行业健康发展离不开行业标准或国家标准的制定与实施，行业协会、企业参与相关标准制定有利于提升企业及至行业的技术及质量水平。

专委会请到了国内外PVC发泡行业的技术专家到会讲解行业发展新技术及应用。由河北精信化工集团有限公司销售副经理刘爱国介绍了“塑料建筑模板发展与应用价值”，由江西岳峰高分子材料有限公司的技术中心田沃主任作了“发泡调节剂YF－530在PVC发泡制品中的应用”讲座，由江西新胜材料有限公司的刘俊卿技术总监作了“内外润滑剂的平衡性对PVC发泡制品的影响”的技术讲座，由上海壮景化工的景浩博士讲解了“PVC塑木产品配方设计及应用”，由CINCINNATI MILACRON的技术服务经理刘亚卫介绍了塑木产品对挤出系统的特殊要求及专用设计，由于日本KANEKA（钟化）公司高性能树脂研发部的板田部长作了“PVC发泡制品中KANE ACE PA加工助剂的应用”技术讲座。

黄石市政府对本次会议十分重视，王建鸣市委书记会见了中国塑协领导及有关专家，共商黄石市塑料制品及塑料模具发展大计。

发展改革委环资司召开“限塑”工作总结会

2010年12月3日，为贯彻落实《国务院办公厅关于限制生产销售使用塑料购物袋的通知》，环资司召开“限塑”工作总结会，各有关部门通报了两年来开展“限塑”专项检查的有关情况以及“限塑令”发布后开展的相关工作情况。针对“限塑令”实施过程中反映出的问题，参会部门着重就下一步工作进行了讨论，提出了切实可行的建议。2011年，有关部门将从持续加大宣传力度、部门联动专项执法检查、落实地方政府责任、完善政策体系等四个方面继续推动“限塑令”的执行，进一步巩固“限塑”成果。

中宣部新闻局、科技部社发司、工业和信息化部节能司、财政部税政司、环境保护部污防司、商务部商贸司、税务总局政法司、工商总局市场司、质检总局执法司有关负责同志参加了会议。

滚塑专委会召开第八次年度工作会议召开

2010年12月3日，滚塑专委会在沪召开本年度第八次工作会议。会议回顾总结了自上次工作会议以来专委会的各项工作，重点研究了滚塑专委会年会活动的筹备、年度工作报告的起草、与《中国技术市场报》建立正式合作关系并展开宣传推介工作以及滚塑行业标准申报等方面的工作，并商讨滚塑专委会官网重建工作中遇到问题及对策。

此外，临近岁末，专委会领导还走访位于上海及浙江地区的部分滚塑企业，认真听取各位企业家对专委会工作的意见和建议，并阐述专委会工作中的各项举措和目的，以实现与企业的交流与沟通。

中国1至11月塑料制品出口量同比增14.2%

海关总署公布，中国1至11月塑料制品出口量同比增14.2%至6763415t，初级形状的塑料进口量同比增0.2%至21660kt。

中国海关总署12月10日公布的初步数据显示，2010年11月，中国塑料制品出口量为654276t，1至11月累计出口量为6763415t，较2009年同期增长14.2%。

数据还显示，2010年11月，初级形状的塑料进口量为2140kt，1月至11月累计进口量为21660kt，较2009年同期微增0.2%。

中国塑协工程塑料专业委员会2010年理事会议召开

2010年12月12日，中国塑协工程塑料专委会理事会议在宁波召开。会议由专委会理事长、中科院宁波材料所书记兼副所长严庆主持。中国塑协廖正品会长、中国塑协信息部许琳主任、专委会荣誉理事长王德禧研究员以及依托单位中科院宁波材料所高分子事业部主任薛立新研究员等亲临会议。专委会副理事长单位的代表、理事单位代表和企业界代表及专委会秘书处的工作人员参加会议，出席会议的代表共计30人。

专委会理事长严庆首先对专委会一年多的工作做了简要介绍；按照既定的议程，会议首先听取并审议了李娟秘书长代表秘书处汇报的2010年度工作总结和2011年度工作计划；会议听取了李娟秘书长对专委会新增副秘书长人选和具体分工的介绍，会议决定增加吴香发同志、陶慷同志、纪晓声同志为副秘书长，协助李娟秘书长工作，会议认为充实秘书处队伍对专委会的发展将起到积极的作用。

会议对专委会2011年的工作方向和思路进行了

热烈讨论，提出了具有建设性的意见和建议，达成了如下一致意见：做好协会工作，充实秘书处队伍很有必要，而且秘书长人选最为重要。秘书处工作人员应作合理分工，并形成专委会文件，公开发布；另外，秘书处工作人员组成应该有良好的结构，最好是来自于多家单位。专委会的运行需要有良好的策划，在起步阶段可以给予适当补贴，但是要想长久发展必须自负盈亏，应该多和地方行业协会加强联系。专委会是一个很好的平台，有助于实现科研单位—生产商—用户间的良性互动，促进三方共赢；应该加强专委会的沟通交流平台作用，特别是材料和加工之间的联系；决定由郑文革研究员代表事业部具体负责专委会工作，并由秘书处新团队负责日常工作，宁波材料所将一如既往地对专委会给与资金和人员支持。专委会应把大所大企业联合起来，应多推选重点大企业作为副理事长单位；应该多做服务性的工作，急企业之所需，想企业之所想，沟通上下游企业。专委会应加强网站和刊物对工程塑料相关企业和产品的宣传，服务企业的同时也壮大自己；期刊、网站除了报道国际工程塑料最新进展之外，还要多介绍国内同行的技术进展、需求等方面的内容，应该增加工程塑料热门议题，丰富网站和期刊内容，为企业服务。

宁波市塑料协会秘书长于卫星从地方协会的角度出发，介绍了宁波塑协现状，并从走访企业、项目申报，不定期举办塑料会议以及网站会刊等方面服务行业的成功经验。并表示今后可与专委会联合组织一些活动，发挥双方的优势，更好地为企业和行业服务。

专委会还讨论了理事会换届事宜。

中国塑协廖正品会长最后作了总结发言。

我国发明柔性透明聚酰亚胺薄膜材料

中国科学院长春应用化学研究所杨正华研究员课题组科研人员发明出一种柔性透明聚酰亚胺薄膜材料及其制备方法，并于近日获得国家知识产权局授权。

柔性衬底非晶硅太阳能电池日益受到人们重视。它可以任意弯曲，安装携带方便，在航空、航天领域取得广泛应用，是邻近空间动力飞艇不可或缺的能源组件。柔性太阳能电池衬底可采用不锈钢箔和塑料薄膜。不锈钢衬底具有成本低、镀膜工艺性稳定等优点，但由于不锈钢比重比塑料大5-6倍，在航空航天等对负载重量特别敏感的领域，塑料衬底具有不可替代的优势。同时采用透明聚合物薄膜作为衬底，在衬底薄膜表面形成ITO透明导电膜、非晶硅、铝电极可以使光线高效率照射在非晶硅层，从而获得高光电转换效率。

该发明采用2,2'-双三氟甲基-4,4'-联苯二胺(TFDB)作为核心二胺单体，由于TFDB分子结构中2,2'-位置引入两个三氟甲基，其空阻效应使联苯的两个苯环间产生扭转角，造成非平面结构，结合特有的异构型二酐单体获得的透明聚酰亚胺具有很多特殊性能，如溶解性明显提高，颜色浅的同时还保留高的热稳定性和良好的机械强度，光线透过截止波长达到400nm以下，全可见光光线透过率达到90%。

发明的柔性透明聚酰亚胺薄膜材料，其薄膜有良好的透光性，厚度在25μm对500nm以上波长光线透过率大于90%；有良好的耐热性，ITO和非晶硅镀膜工艺温度在200℃，薄膜的玻璃化转变温度在250℃以上，具有足够的机械强度；薄膜表面光洁、平整、无针孔，可防止薄膜电池断路或短路现象发生，满足作为柔性平板显示和太阳电池衬底的聚合物薄膜必备条件，具有广阔的应用前景。

“863”课题“生物质基高分子新材料技术及产品”取得阶段性成果

生物基材料是我国战略性新兴材料产业和生物质产业发展的重要领域，利用丰富的生物质资源开发环境友好和可循环利用的生物基材料，最大限度地替代塑料、钢材、水泥等材料，对于替代化石资源、发展循环经济、建设资源节约型和环境友好型社会具有重大意义。生物质高分子新材料是生物基材料产业发展的重要方向，本课题意在突破木质纤维素分离与改性、功能化、纳米化、复合与加工等关键技术，创制具有特定生物、机械性能的新材料，形成农林生物质资源高效增值综合利用的材料化技术路线，为实现化石资源的有效替代提供技术支撑。

科技部“863”课题“生物质基高分子新材料技术及产品”通过三年创新性研究，独创了木质纤维素有机酸分离技术体系，实现了木质纤维的定向分离与有效降解，获得质量分布均一、溶解特性良好的木素，显著提高了我国生物质组份定向分离的水平；攻克了反转相化、互穿网络等关键技术，构建了木质纤维素功能化技术体系，成功开发出对三价铬离子吸附达60mg/g的高性能离子交换树脂、对亚甲基蓝吸附达800mg/g的具有抗菌性能的pH敏感型水凝胶等新型功能材料，增强了我国生物质材料功能化水平；突破了复合乳液聚合、水相聚合、自组装等纳米化技术，研制出高性能纤维素－丙烯酸酯杂化乳液、100～500nm的木质素纳米碳纤维和生物纳米药物载体，对抗肿瘤药物奥沙利铂的包裹效率达到70%，载药量大于7%，达到了国际先进水平；集成开发了木质纤维素基内塑化、多元合金、挤出加工、环保型液化和发泡等复合加工应用技术，一批生物质基降解材料和泡沫保温材料新产品脱颖而出，开发了阻燃性能达到B级的液化木质纤维素基聚氨酯硬质泡沫材料，并在墙体保温材料中得到成功应用。突破采用双螺杆挤出和吹塑成膜等通用塑料加工设备，开发可降解成分达到80%的木质纤维素－聚己内酯的新材料，提高了我国生物降解塑料的技术水平。

该课题实施过程已形成了5000t生物质高分子新材料的生产能力，开发的纤维素基可降解材料、阻燃型液化木质纤维素基聚氨酯硬质泡沫材料、生物质复合高分子乳液、E0级人造板用高性能木质素酚醛树脂胶黏剂、高介电性能的木质纤维素－氨基树脂复合材料、高性能木质纤维素基离子交换树脂、pH敏感型水凝胶、生物质基载药纳米微粒等新型功能材料，在建材、人造板、农用材料、电器、水处理、医药等领域具有广泛的应用前景。目前，世界高分子材料的产量大约2亿吨/年，我国高分子材料年需求量超过5000万吨，主要依赖石油资源，消耗石油资源6000万吨，生物质基替代产品不足1%，如果实现替代10%，可节约石油资源600万吨，减排CO_2 1800万吨。

中国塑协滚塑专委会推进滚塑产品在核电工业、沼气工程等新能源领域的应用

为了帮助会员企业拓展市场空间，中国塑协滚塑专委会近来加强与国际国内市场的沟通联络，并向会员企业提供应用商机。在与海外滚塑机构合作过程中，中国塑协滚塑专委会了解到北美核电工程机构目前在中国核电市场对包括滚塑产品在内的新材料制品有着日益增长的需求，为此专委会与对方机构进行了紧密联系，并向对方介绍推荐我行业内部的优质企业及产品，得到了对方的认可和积极评价，并表示非常愿意通过专委会与广大滚塑企业进行深入合作。

在沼气工程方面，专委会了解到未来广大农村地区沼气池工程将对滚塑产品产生巨大需求空间。为此，已与国内某知名沼气工程集成商和国家农业部沼气研究所建立合作关系，并与河南省舞钢市政府达成意向，将在中原地区推动滚塑产品在沼气工程领域的广泛应用。

新型塑料防火保温材料广受关注、前景看好

第十二届住交会12月12日在深圳闭幕。新型泡沫防火保温材料在展会上受到了格外的关注，上海“11.15”火灾后，整个建筑建材产业都在反思，新型防火材料的受关注度大大提高，对整个行业有很好的推动作用。新型保温隔音材料是从意大利和中国台湾引进国内规模最大的、技术最先进的自动化设备和先进技术连续生产的发泡防火保温板材流水生产线生产的酚醛泡沫板和硬质聚氨酯板及其复合板材。新型产品具有优良的防火性，同时具有自重轻、保温性能强，隔音降噪效果好等特点，广泛应用于工业建筑、民用建筑、公共建筑、临建房屋、仓储物流、公共交通、市政管网、石油化工、工业设备等领域。

廊坊民安建材有限公司的工作人员向现场的参观者进行演示：将一条焊枪对准一块泡沫保温板进行高温喷射，几分钟后，保温板碳化了但却没有被点燃。目前公司主打的产品分别是“酚醛泡沫防火保温板”及“难燃B1级改性聚氨酯材料”。目前该公司在住交会上已经收到了国际国内近八十家企业的意向签约合同，收益颇丰。

中国塑协滚塑专委会牵手《中国技术市场报》

2010年12月15日，经过一段时间的相互了解与沟通探讨，中国塑协滚塑专委会正式与《中国技术市场报》(隶属于国家科技部)建立战略合作伙伴关系，自此，《中国技术市场报》将大力为中国滚塑行业的市场应用进行宣传推广。同时，在中国塑协滚塑专委会成立五周年之际，《中国技术市场报》为中国滚塑行业进行了专题报道，涵盖了对中国滚塑行业的总体介绍、中原滚塑市场分析以及专委会理事长单位等各方面内容，旨在为中国滚塑行业的市场应用助一臂之力。

《中国技术市场报》创办于1981年，由国家科技部主管主办，立足科技，面向市场，服务企业，宣传技术市场及相关要素市场信息，普及知识产权法规知识，为推动社会科技进步和技术创新服务。经过全新改版后的《中国技术市场报》更具社会影响力，公众诚信度、报纸发行量有了更大的提升，达到了51万份。主要受众在各级政府、大中型国有企业和民营企业、科研单位、大专院校和科技管理部门等，被读者誉为

"常年不散的技术交易市场"。

2010 年中平能化尼龙扎带产业上下游技术交流及市场分析研讨会暨中国塑协塑料配线器材专委会一届二次会员大会召开

2010 年 12 月 18 日，2010 年中平能化尼龙扎带产业上下游技术交流及市场分析研讨会暨中国塑协塑料配线器材专委会第一届二次会员代表大会在乐清召开。中国塑协会长廖正品、塑料配线器材专委会理事长郑元和、秘书长郑建诚等出席会议并讲话。

塑料配线器材产业在未来的两三年内可能面临以下四大压力：一是原材料价格暴跌暴涨和利润微薄带来的压力；二是融资困难和财务成本上升带来的压力；三是产业升级和结构调整带来的压力；四是国外市场萎缩和产能过剩带来的压力。

当前，中国塑协塑料配线器材专委会的任务是要积极安排制定国家标准或行业标准，在规格尺寸、性能指标等核心评价指标上，制定统一标准，通过标准来推动整个行业的规范化标准化管理。首先要制定尼龙(聚酰胺 PA)扎带标准，通过不断的研究和探讨，再对塑料配线器材的其他产品，如接线端子、线帽、线卡等产品，进行规范化标准化管理，进而引导整个行业健康有序发展。另一方面，为配合环保发展的大方向，塑料配线器材行业将在"十二五"期间，从不同方面加大投入，全力推进绿色环保和低碳经济，使行业可持续发展。在当前国家大力发展循环经济、建设节约型社会的政策环境下，塑料配线器材行业的发展趋势为：大力发展多种规格塑料配线器材产品，继续努力自主创新，以技术降低成本，提高产品竞争力，向节材、节能、节水方向发展，提高塑料的再生利用率，实现可持续发展。

《鼓励进口技术和产品目录》将适时调整

2010 年 12 月 22 日，全国商务工作会议召开。"十二五"期间，中国将实施机电产品进口促进战略，适时调整《鼓励进口技术和产品目录》，对战略性新兴产业和传统装备制造业等进口重点支持领域给予一定关税减免。

实施积极的机电产品进口促进战略，有效利用国际资源弥补中国经济发展要素的短缺，有利于促进中国经济发展方式转变和产业结构调整，有利于尽快增强创新能力，同时有利于改善国民福利。

未来 5 年，中国促进机电产品进口的发展目标是：逐步提高先进技术设备和关键零部件进口比重；提高生产型企业进口和一般贸易方式进口比重；提高进口对创新的贡献度；缓解与主要国家和地区贸易顺差过快增长的势头。

"十二五"期间，中国将采取以下措施促进机电产品进口：推动机电产品贸易便利化；组织企业利用展会平台与国外先进设备制造商开展合作；敦促西方发达国家放宽对华出口管制；推动引进消化吸收再创新；加大金融支持进口力度。

中国塑协滚塑专委会年会暨中原(舞钢)滚塑产业与市场发展战略研讨会召开

2010 年 12 月 28 日，由中国塑协滚塑专委会、河南舞钢市政府和麦格里产业全球发展基金共同举办的"2010 中国塑协滚塑专委会年度大会暨中原(舞钢)滚塑产业与市场发展战略研讨会"在上海交通大学召开，来自全国各地的滚塑企业家及相关行业代表，政府官员以及各大高校、研究所的专家学者齐聚一堂。

中国塑协滚塑专委会秘书长王海生，河南舞钢市市长白立凡，以及麦格里产业全球发展基金(中国区)CEO 王亨达分别做了重要发言，重点探讨了中国滚塑行业在 2010 年的发展情况以及未来的战略规划。

此外，滚塑专委会、舞钢市政府和麦格里产业全球发展基金共同签署了"中原滚塑产业舞钢高新集聚示范基地项目合作协议"，并达成共识将于 2011 年正式启动该项目。同时，会议上舞钢市政府还与五家专委会会员企业签约，标志着专委会及滚塑企业与地方政府的合作达到了一个新的高峰。

废塑料和地沟油产出醇酸树脂

安徽金盾涂料有限公司用废塑料和地沟油研发生产涂料获得成功。该项目日前已投入批量生产，并顺利通过了省级科技成果鉴定。

该公司利用废弃的地沟油、涤纶丝(塑料)来生产醇酸树脂。生产 1 吨这种改性醇酸树脂，大约可消耗 300kg 废塑料和 200kg 地沟油，而且基本没有残留。产品经国家涂料质量监督检验中心检测并经国内多家涂料生产企业使用表明，完全可以替代传统的醇酸树脂，部分性能甚至优于用传统工艺生产的醇酸树脂。

利用废弃原材料生产 1t 改性醇酸树脂的成本要比传统工艺下降 3000 ~ 3500 元。目前，该项成果已申报国家发明专利。

2010 年中国塑机进出口全面向好

中国海关公布了2010年12月份商品进出口统计。数据显示，2010年以来，中国塑料加工设备进、出口全面增长，表明中国塑料机械工业市场活跃。但国外产品因其技术性和品质优势以高价格占据高端市场，使中国塑料加工设备在对外贸易中处于被动地位。

据海关统计，2010年1～12月，中国累计进口塑料加工设备1.5万台，出口4.4万台，进出口额分别为20亿美元和11亿美元，进口额几乎是出口额的一倍，累计逆差为9亿美元。

其中，2010年12月出口创新高，共出口塑机4278台，金额高达1.2亿美元。同期进口塑机1171台，金额1.7亿美元；2010年5月为进口高峰，当月进口2187台，金额2亿美元。同期出口塑机3461台，金额0.9亿美元。5月份贸易逆差最大，为1.1亿美元。进、出口地域分布2010年1～11月中国塑机出口相对分散，如巴西、伊朗、印度、土耳其、印尼、越南、泰国等地。2010年1～11月对巴西出口最多，共计2652多台，近1亿美元，其次是伊朗、印度尼西亚以及土耳其。

进口来源地相对集中，主要为日本、德国、中国台湾地区。这三个地区进口数量相对较大，进口金额占比也较大，累计占总进口总额的80%。而意大利、韩国、法国、瑞士、美国、奥地利等地进口数量总和仅占三大进口来源地的1/5左右。注塑机进出口大幅增长注塑机仍是进出口主力，占全部塑机进出口的半壁江山。2010年中国注塑机累计进、出口额都实现了七成以上的增长。

2010年1～12月，中国注塑机累计出口1.9万台，金额6亿美元，同比分别增长72%和74%；累计进口约1万台，金额9亿美元，同比分别减少7.3%和增加79%。2010年12月，注塑机出口创下了新的高峰，当月中国出口注塑机1870台，同比增加28.3%，金额6582.7万美元，同期增长53.8%。同期进口710台，金额7768.7万美元，同比分别增加10.2%和32.9%。2010年12月当月逆差为1186万美元，比上月增加近950万美元。由数据显示，2010年中国注塑机进出口高峰分别为9月和12月，金额分别达到1亿美元和8万美元。挤出机(含造粒机和其他挤出机)和吹塑机是继注塑机之后，进出口额较大的塑料加工设备。2010年中国挤出机、吹塑机进出口也呈现出量价齐增的态势。

2010年1～12月，中国累计出口塑料造粒机2551台(+7.4%)，金额3646万美元(+34.2%)，累计进口158台(+25.4%)，金额1.4亿美元(+9.1%)；其他挤出机出口4650台(+24.8%)，金额约2亿美元(+36.5%)，累计进口863台(+16.9%)，金额2.8亿美元(+48.3%)。

同期，中国吹塑机累计出口8166台，金额1.3亿美元，同比分别增长21%和24%，累计进口307台，金额3亿美元，同比分别增长30%和66%。2010年中国吹塑机出口高峰为10月份，金额约1500万美元；进口高峰为11月份，金额高达约4000万美元。

(备注：本次统计包括以下产品：84771010注塑机、84771090其他注射机、84772010塑料造粒机、84772090其他挤出机、84773000吹塑机、84774010塑料中空成型机、84774020塑料压延成型机、84774090其他真空模塑机及其他热成型机器、84775900其他模塑或成型机器。)

(中国塑料加工工业协会　许琳)

2010年塑料化工行业反倾销大事记

Anti-dumping Events Occurred in China's Plastics and Chemical Industry in 2010

一、商务部公布关于聚酯薄膜反倾销措施

1. 中华人民共和国商务部公告2010年第36号，公布关于聚酯薄膜反倾销措施到期的公告(二〇一〇年五月二十八日)

根据《中华人民共和国反倾销条例》第四十八条，反倾销税的征收期限和价格承诺的履行期限不超过5年；但是，经复审确定终止征收反倾销税有可能导致倾销和损害继续或者再度发生的，反倾销税的征收期限可以适当延长。

自本公告发布之日起，国内产业或者代表国内产业的自然人、法人或者有关组织可在相关反倾销措施(见附件)到期日60天前，以书面形式向商务部提出期终复审申请。申请书应包含终止征收反倾销税将可能导致倾销和损害的继续或再度发生的充分证据。

如国内产业或者代表国内产业的自然人、法人或者有关组织未按本公告规定提出申请，在反倾销

措施终止前商务部也未决定主动进行期终复审，相关反倾销措施将从到期日起终止实施。

附件：

原措施公告号	2000 年第 7 号
被调查产品	聚酯薄膜
税则号	39206200
涉案国	韩国
措施到期日	2010 年 12 月 28 日

2. 商务部公告 2010 年第 96 号 关于原产于韩国进口聚酯薄膜反倾销措施终止的公告(二〇一〇年十二月二十八日)

原对外贸易经济合作部于 2000 年 8 月 25 日发布该年度第 7 号公告，决定自 1999 年 12 月 29 日起对原产于韩国的进口聚酯薄膜实施反倾销措施。

2003 年 3 月，经中华人民共和国第十届全国人民代表大会第一次会议批准，由新组建的商务部承担反倾销调查职能。

根据《中华人民共和国反倾销条例》第四十八条规定，反倾销税的征收期限和价格承诺的履行期限不超过 5 年；但是，经复审确定终止征收反倾销税有可能导致倾销和损害继续或者再度发生的，反倾销税的征收期限可以适当延长。

2005 年 12 月 28 日，商务部发布该年度第 109 号公告，根据期终复审调查结果，决定自 2005 年 12 月 28 日起，继续维持原反倾销措施，实施期限为 5 年。

2010 年 5 月 28 日，商务部发布该年度第 36 号公告，宣布对原产于韩国的进口聚酯薄膜所适用的反倾销措施将于 2010 年 12 月 28 日终止，自该公告发布之日起，国内产业或代表国内产业的自然人、法人或有关组织可在该反倾销措施终止日 60 天前，以书面形式向商务部提出期终复审申请。

2010 年 10 月 27 日，国内聚酯薄膜产业代表向商务部提交了期终复审申请。商务部依法对申请书及所附证据材料进行了审查。其后，申请人考虑目前实际情况，撤回了申请。

由于申请人撤回复审申请，商务部也决定不主动发起期终复审调查，自 2010 年 12 月 28 日起，终止对原产于韩国的聚酯薄膜所适用的反倾销措施。

二、商务部公告对进口己内酰胺进行反倾销立案调查

1. 中华人民共和国商务部公告 2010 年第 24 号，关于原产于欧盟和美国的进口己内酰胺进行反倾销立案调查的公告(二〇一〇年四月二十二日)

中华人民共和国商务部于 2010 年 3 月 22 日正式收到中国石油化工股份有限公司巴陵分公司和中国石油化工股份有限公司石家庄炼化分公司代表国内己内酰胺产业提交的反倾销调查申请，申请人请求对原产于欧盟和美国的进口己内酰胺进行反倾销调查。

商务部依据《中华人民共和国反倾销条例》有关规定，对申请人的资格、申请调查进口产品的有关情况、中国同类产品的有关情况、申请调查进口产品对国内产业的影响、申请调查国家的有关情况等进行了审查。同时，商务部就申请书中提供的涉及倾销、损害及倾销与损害之间的因果关系等方面的证据进行了审查。申请人提供的初步证据表明，申请人中国石油化工股份有限公司巴陵分公司和中国石油化工股份有限公司石家庄炼化分公司己内酰胺产量之和在 2007 年、2008 年、2009 年占同期中国大陆同类产品总产量的 50% 以上，符合《中华人民共和国反倾销条例》第十一条、第十三条和第十七条有关国内产业提出反倾销调查申请的规定。同时，申请书中包含了《中华人民共和国反倾销条例》第十四条、第十五条规定的反倾销调查立案所要求的内容及有关证据。

根据上述审查结果及《中华人民共和国反倾销条例》第十六条规定，商务部决定自 2010 年 4 月 22 日起对原产于欧盟和美国的进口己内酰胺进行反倾销立案调查。现将有关事项公告如下：

一、立案调查及调查期

自本公告发布之日起，商务部对原产于欧盟和美国的进口己内酰胺进行反倾销调查，本次调查确定的倾销调查期为 2009 年 1 月 1 日至 2009 年 12 月 31 日，产业损害调查期为 2007 年 1 月 1 日至 2009 年 12 月 31 日。

二、被调查产品及调查范围

调查范围：原产于欧盟和美国的进口己内酰胺。

被调查产品名称：己内酰胺。英文名称：Caprolactam（简称“CPL”）。

分子式：$C_6H_{11}NO$

化学结构式：

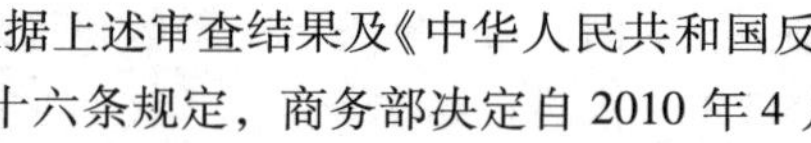

物理化学特征：己内酰胺在常温下一般为白色片状固体，在一定条件下也可呈液体状态，有微弱的刺激性气味。固体己内酰胺易吸湿，手触有油性

感，易溶于水，也溶于乙醇、乙醚、丙酮、氯仿和苯等有机溶剂。

主要用途：己内酰胺主要用于生产锦纶6切片，并进一步用于制作成锦纶6纤维和尼龙6工程塑料等，广泛应用在毛纺、针织、机织、渔业、轮胎、工程塑料、薄膜以及复合材料等领域。

该产品归在《中华人民共和国进出口税则》：29337100。

三、登记应诉

就倾销调查，任何利害关系方可于本公告发布之日起20天内，向商务部进出口公平贸易局申请参加应诉，参加应诉的涉案出口商或生产商同时应提供2009年1月1日至2009年12月31日向中国出口本案被调查产品的数量及金额。《倾销调查应诉登记参考格式》可在中华人民共和国商务部网站进出口公平贸易局子网站“公告”栏目下载。

就产业损害调查，利害关系方可自本公告发布之日起20天内，向商务部产业损害调查局登记应诉，同时应提供产业损害调查期内的生产能力、产量、库存、在建和扩建计划以及向中国出口本案被调查产品的数量和金额等说明材料。《参加己内酰胺反倾销案产业损害调查活动申请表》可在“中国贸易救济信息网”上应诉登记栏目下载。

四、不登记应诉

如利害关系方未在本公告规定的时间内向商务部登记应诉，则商务部有权拒绝接受其递交的有关材料，并有权根据所掌握的现有材料做出裁定。

五、利害关系方的权利

利害关系方对本次调查的产品范围、申请人资格、被调查国家及其他相关问题如有异议，可以于上述登记应诉期间内将意见书面提交商务部。

利害关系方可以在上述期间内到商务部反倾销公开信息查阅室查阅本案申请人提交的申请书的非保密文本。

六、调查方式

调查机关可以采用问卷、抽样、听证会、现场核查等方式向有关利害关系方了解情况并进行调查。

七、本次调查自2010年4月22日起开始，通常应在2011年4月22日前结束调查，特殊情况下可延长至2011年10月22日。

八、商务部联系地址：(略)

附件：己内酰胺反倾销调查应诉登记表（略）

2. 商务部进出口公平贸易局关于召开己内酰胺反倾销案倾销调查听证会的通知　商公平复局函[2010]第225号（二〇一〇年十月十三日）

有关利害关系方：

2010年4月22日，中华人民共和国商务部依照《中华人民共和国反倾销条例》发布公告，对原产于美国和欧盟的进口己内酰胺进行反倾销调查。为保证调查程序的公平、公正、透明，根据《中华人民共和国反倾销条例》第二十条和商务部《反倾销调查听证会暂行规则》的规定，商务部进出口公平贸易局决定于11月4日在商务部举行己内酰胺反倾销案倾销调查听证会。现将有关事项通知如下：

一、本次听证会为倾销裁定听证会，倾销裁定以外的其他事项不作为本次听证会的听证内容。

二、申请参加听证会的利害关系方，应填写《申请参加己内酰胺反倾销案倾销调查听证会登记表》（见附件），并在本通知发布之日起10日内（截止至2010年10月22日）将登记表提交商务部进出口公平贸易局。如果利害关系方未在本通知规定的时间内向商务部递交申请，商务部有权拒绝其参加听证会，拒绝接受其递交的有关材料。

三、申请在听证会上发言的利害关系方，应在提交上述登记表的同时，提交听证会发言书面概要和相关证据材料正式文本一式10份。听证会指定语言和文字为中文。

四、参加听证会的代表发言时间，将由商务部根据报名情况确定。

五、本公告在中华人民共和国商务部网站进出口公平贸易局子站上发布。《申请参加己内酰胺反倾销案倾销调查听证会登记表》可直接由网上下载。

六、经商务部审查后确定的参加听证会的各利害关系方名单、听证会的具体时间、地点等事项将在上述网站公布。

商务部联系方式：(略)

附件：《申请参加己内酰胺反倾销案倾销调查听证会登记表》(略)

3. 商务部进出口公平贸易局　商公平复局函〔2010〕228号 关于召开己内酰胺反倾销案倾销调查听证会的进一步通知（二〇一〇年十月二十七日）

各利害关系方：

根据2010年10月13日商务部进出口公平贸易局《关于召开己内酰胺反倾销案倾销调查听证会的通知》，现将有关会议事项进一步通知如下：

一、时间

2010年11月4日　08:30—09:00签到

09:00—12:00会议 14:00—17:00会议

二、地点(略)

三、主持人

公平局负责人

四、议程

(一)主持人宣布听证会开始，简介案件有关情况，宣读听证会纪律

(二)核对听证会参会人员

(三)利害关系方陈述

(四)主持人询问利害关系方

(五)利害关系方作最后陈述

(六)主持人总结发言，宣布听证会结束

五、发言顺序

(一)立案申请人、相关企业及代理律师

(二)应诉企业及其代理律师(三家帝斯曼公司、宇部化学欧洲有限公司、道默有限公司、巴斯夫安特卫普公司、巴斯夫美国公司、霍尼韦尔树脂和化学有限责任公司)

(三)美国政府代表

(四)中国化纤协会

(五)其他利害关系方(杭州宏福、浙江华建、新会美达、长乐力恒)

六、注意事项

(一)会议过程中，与会人员应当服从主持人的安排。

(二)听证会不设辩论程序，主持人对利害关系方的提问可不予当场答复。

(三)利害关系方的陈述原则上不应超出本次听证会的议题。

(四)每一利害关系方一般陈述时间不超过10分钟，最后陈述时间不超过5分钟。若申明不作最后陈述，则一般陈述时间为15分钟。情况特殊的，经主持人允许，可以适当延长发言时间。

(五)听证会的工作语言为中文。

附件一：听证会纪律（略）

附件二：参会单位名单　（略）

4. 湖南省企业申请对进口己内酰胺进行反倾销调查已正式立案

由中国石油化工股份有限公司巴陵分公司和中国石油化工股份有限公司石家庄炼化分公司代表国内己内酰胺产业向商务部提交的反倾销调查申请，请求对原产于欧盟和美国的进口己内酰胺进行反倾销调查。商务部决定自2010年4月22日起对原产于欧盟和美国的进口己内酰胺进行反倾销立案调查(公告2010年第24号)。我厅产业损害调查处将密切关注调查的进展，配合商务部调查局搞好调查工作。

三、商务部公布对原产于美国、日本、马来西亚和中国台湾地区的进口乙醇胺反倾销

1. 商务部公布对原产于美国、日本、马来西亚和中国台湾地区的进口乙醇胺反倾销期终复审裁定

2010年11月13日，商务部发布2010年第75号公告，决定继续维持对原产于美国、日本、马来西亚和中国台湾地区的进口乙醇胺适用的反倾销措施，实施期限为5年。

2009年11月13日，应国内乙醇胺产业代表的申请，商务部决定对原产于上述国家和地区的进口乙醇胺所适用的反倾销措施进行期终复审调查。

经调查，商务部裁定如果终止原反倾销措施，原产于美国、日本、马来西亚和中国台湾地区的进口乙醇胺对中国大陆的倾销可能继续发生，对中国大陆产业造成的损害可能再度发生。

根据《中华人民共和国反倾销条例》第五十条及国务院关税税则委员会的决定，商务部公告自2010年11月14日起，继续对原产于美国、日本、马来西亚和中国台湾地区的进口乙醇胺实施反倾销措施。该产品归在《中华人民共和国进出口税则》税则号：29221110、29221190、29221200。

2. 中华人民共和国商务部公告2010年第75号(二〇一〇年十一月十三日)

2004年11月14日，中华人民共和国商务部发布年度第57号公告，决定对原产于日本、美国、伊朗、马来西亚、中国台湾地区和墨西哥的进口乙醇胺征收反倾销税，实施期限为自2004年11月14日起5年。

反倾销措施实施期间，商务部发布2008年第3号公告，依法对措施进行了调整。

2009年11月13日，商务部发布2009年第90号公告，决定对原产于日本、美国、马来西亚和中国台湾地区的进口乙醇胺所适用的反倾销措施进行期终复审调查；终止对原产于伊朗和墨西哥的进口乙醇胺所适用的反倾销措施。

本复审调查的被调查产品与原反倾销调查被调查产品相同，即乙醇胺(单乙醇胺和二乙醇胺)，该产品归在《中华人民共和国进出口税则》税则号：29221110、29221190、29221200。该产品英文名称为Monoethanolamine 、Diethanolamine。

商务部对终止日本、美国、马来西亚和中国台湾地区的进口乙醇胺所适用的反倾销措施，导致倾销和损害继续或再度发生的可能性进行了调查，并

根据调查结果向国务院关税税则委员会提出维持反倾销措施的建议。

根据《中华人民共和国反倾销条例》第五十条及国务院关税税则委员会的决定，现将有关事项公告如下：

一、裁定

商务部裁定，如果终止原反倾销措施，原产于日本、美国、马来西亚和中国台湾地区的进口乙醇胺对中国大陆的倾销可能继续发生，进口被调查产品对中国大陆乙醇胺产业造成的损害有可能再度发生。

二、反倾销措施

自2010年11月14日起，继续按照商务部2004年第57号公告、2008年第3号公告，对原产于日本、美国、马来西亚和中国台湾地区的进口乙醇胺实施反倾销措施，实施期限为5年。

三、征收反倾销税的方法

自2010年11月14日起，进口经营者在进口原产于日本、美国、马来西亚和中国台湾地区的进口乙醇胺时，应向中华人民共和国海关缴纳相应的反倾销税。反倾销税以海关审定的完税价格从价计征，计算公式为：反倾销税税额 = 海关完税价格 × 反倾销税税率。进口环节增值税以海关审定的完税价格加上关税和反倾销税作为计税价格从价计征。

四、行政复议和行政诉讼

根据《中华人民共和国反倾销条例》第五十三条，对本复审决定不服的，可以申请行政复议，也可以向人民法院提起诉讼。

五、本公告自2010年11月14日起执行。

附件：中华人民共和国商务部关于原产于日本、美国、马来西亚和中国台湾地区的进口乙醇胺所适用的反倾销措施的期终复审裁定

2009年11月13日，中华人民共和国商务部（以下称调查机关）发布公告，决定对原产于日本、美国、马来西亚和中国台湾地区的进口乙醇胺所适用的反倾销措施进行期终复审调查。

调查机关对终止原反倾销措施，原产于上述国家和地区的进口乙醇胺对中国大陆的倾销和损害继续或再度发生的可能性进行了调查。根据调查结果，并依据《中华人民共和国反倾销条例》（以下简称《反倾销条例》）第四十八条，作出复审裁定如下：

一、原反倾销措施

2004年11月14日，调查机关发布年度第57号公告，决定对原产于日本、美国、伊朗、马来西亚、中国台湾地区和墨西哥的进口乙醇胺征收反倾销税，实施期限为自2004年11月14日起5年。

反倾销措施实施期间，调查机关发布2008年第3号公告，依法对措施进行了调整。

二、期终复审调查程序

（一）到期公告。

2009年5月14日，调查机关发布年度第32号公告，告知利害关系方原反倾销措施将于2009年11月14日到期。根据《反倾销条例》规定，经复审确定终止征收反倾销税有可能导致倾销和损害继续或者再度发生的，反倾销税的征收期限可以适当延长。自该公告发布之日起，中国大陆产业可在原反倾销措施终止日60天前，向调查机关提出书面复审申请。

（二）复审申请。

2009年9月7日，嘉兴金燕化工有限公司（以下称嘉兴金燕公司）、抚顺北方化工有限责任公司（以下称抚顺北方公司）和茂名实华东升化工有限公司（以下称茂名实华公司）三家企业代表中国大陆乙醇胺产业向调查机关提交了期终复审申请。申请人主张，如果终止反倾销措施，原产于日本、美国、马来西亚和中国台湾地区的进口乙醇胺对中国大陆的倾销行为可能继续发生，倾销对中国大陆乙醇胺产业造成的损害将再度发生，请求调查机关继续维持该反倾销措施。

（三）立案前通知。

2009年11月6日，调查机关就有关期终复审申请事宜通知了日本、美国、马来西亚驻华使馆，并委托中国常驻世贸组织代表团向中国台湾方面转交了有关期终复审申请事宜的通知。

（四）立案。

根据《反倾销条例》第十一条、第十三条、第十七条和第四十八条规定，调查机关对申请人资格和申请书的主张及相关证明材料进行了审查，认为申请人资格和申请书符合立案要求。

根据审查结果及《反倾销条例》第十六条、第四十八条、第五十一条规定，调查机关于2009年11月13日发布年度第90号公告，决定对原产于日本、美国、马来西亚和中国台湾地区的进口乙醇胺所适用的反倾销措施进行期终复审调查。

（五）复审内容。

本次复审调查的内容为，如果终止原反倾销措施，是否可能导致倾销和损害的继续或者再度发生。

（六）立案通知及利害关系方评论。

立案当日，调查机关就立案事宜通知了日本、美国、马来西亚驻华使馆，并将立案公告和申请书公开文本提供给上述国家驻华使馆，请其通知本国相关生产商和出口商。有关申请书公开文本，利害关系方可于商务部公开信息查阅室查阅。同日，调查机关委托中国常驻世贸组织代表团向中国台湾方面转交了立案通知。

在规定时间内，没有利害关系方对本次复审立案发表评论意见。

(七)登记应诉。

2009年11月13日，调查机关在2009年第90号公告中公布，任何利害关系方可于立案公告发布之日起20天内，向调查机关申请参加应诉。如利害关系方未在立案公告规定的时间内登记应诉，调查机关可以根据已经获得的事实和可获得的最佳信息作出裁定。

在规定时间内，英力士美国有限公司和中国台湾东联化学股份有限公司登记应诉本次复审调查。

(八)倾销调查和损害调查。

1. 倾销调查

(1)调查问卷

调查机关向应诉公司发放了调查问卷。在规定时限内，应诉公司没有提交答卷。

调查机关向申请人发放问卷和补充问卷，要求申请人进一步提供调查期内国际国内市场的乙醇胺相关信息。在规定时间内，申请人按照要求提交了答卷。

(2)公开信息渠道

调查机关通过查询海关数据、咨询相关行业协会、查阅相关网站、公开刊物等方式，收集了与被调查产品及其同类产品有关的数据、信息。

(3)听取各利害关系方陈述

在调查过程中，没有利害关系方向调查机关提交口头或书面意见陈述。

(4)听证会

在调查过程中，没有利害关系方向调查机关申请召开听证会。

(5)信息公开

根据《反倾销条例》第二十三条规定，本案所有与倾销调查有关的公开信息均已按规定送交商务部贸易救济措施公开信息查阅室。本案所有利害关系方可以查找、阅览、摘抄、复印与倾销调查有关的公开信息。

(6)披露

根据《反倾销条例》第二十五条规定，调查机关于2010年9月28日前向本案利害关系方披露了最终裁定所依据的基本事实，并给予其提出评论意见的机会。

在规定时间内，没有利害关系方提交评论意见。

2. 产业损害调查

(1)成立产业损害调查组

2009年11月30日，调查机关成立乙醇胺反倾销措施期终复审案产业损害调查组，负责本案的产业损害调查与裁决工作，并于当日发出《关于成立乙醇胺反倾销措施期终复审案产业损害调查组的通知》。(商调查函[2009]342号)。

(2)发放和收回调查问卷

2009年12月11日，调查机关向利害关系方发放了《中国大陆生产者调查问卷》(商调查函[2009]343号)、《国外(地区)生产者/出口商调查问卷》(商调查函[2009]344号)和《中国大陆进口商调查问卷》(商调查函[2009]345号)。

在规定的时间内，调查机关共收回调查问卷答卷5份，包括：嘉兴金燕公司、抚顺北方公司和茂名实华公司递交的《中国大陆生产者调查问卷答卷》3份，英力士美国有限公司和中国台湾东联化学股份有限公司递交的《国外(地区)生产者/出口商调查问卷答卷》2份。

(3)听取利害关系方意见陈述

① 听取申请人意见陈述

2010年1月11日，调查机关收到本案申请人提交的《关于召开乙醇胺反倾销措施期终复审案申请人意见陈述会的申请》。2010年1月12日，调查机关发出《关于召开乙醇胺反倾销措施期终复审案申请人意见陈述会的通知》(商调查函[2010]10号)。2010年2月2日，调查机关召开了乙醇胺反倾销措施期终复审案申请人意见陈述会，听取申请人陈述申请理由及对本案产业损害调查的相关意见。

② 听取上下游企业意见陈述

2010年1月12日，调查机关发出《关于召开乙醇胺反倾销措施期终复审案上下游企业意见陈述会的通知》(商调查函[2010]11号)。2010年2月2日，调查机关召开了乙醇胺反倾销措施期终复审案上下游企业意见陈述会，听取上下游企业陈述对本案产业损害调查的相关意见。

③ 听取国外(地区)生产者意见陈述

2010年6月1日，调查机关收到中国台湾东联化学股份有限公司提交的申请，并于2010年7月7

日听取了中国台湾东联化学股份有限公司的意见陈述。中国台湾东联化学股份有限公司分别于2010年7月13日、7月24日、8月5日和8月23日，向调查机关提交了《乙醇胺反倾销措施期终复审产业损害调查拜会补充材料(一)》(以下称《拜会补充材料(一)》)、《乙醇胺反倾销措施期终复审产业损害调查拜会补充材料(二)》(以下称《拜会补充材料(二)》)、《乙醇胺反倾销措施期终复审产业损害调查拜会补充材料(三)》(以下称《拜会补充材料(三)》)及《乙醇胺反倾销措施期终复审产业损害调查拜会补充材料(四)》(以下称《拜会补充材料(四)》)。

(4)接收书面评论意见

2010年3月30日，调查机关收到中国大陆申请人提交的《乙醇胺反倾销措施期终复审案申请人对东联化学股份有限公司产业损害调查问卷答卷相关主张的评论意见》(以下称《答卷评论意见》)。

2010年8月3日，调查机关收到中国大陆申请人提交的《乙醇胺反倾销措施期终复审案申请人对中国台湾东联相关拜会补充材料的评论意见》(以下称《拜会评论意见》)。

(5)实地核查

根据《反倾销条例》第二十条和《反倾销产业损害调查规定》第二十七条的规定，2010年1月12日，调查机关发出《关于乙醇胺反倾销措施期终复审案实地核查的通知》(商调查函[2010]12号)。2010年2月至3月，调查机关对申请人嘉兴金燕公司、抚顺北方公司和茂名实华公司等3家企业进行了实地核查。调查机关核实了本案申请书、调查问卷答卷中的有关信息和公司财务数据，收集了相关证据材料。核查结束时，被核查企业向调查机关提交了实地核查补充材料。

(6)信息公开

根据《反倾销条例》第二十三条和《产业损害调查信息查阅与信息披露规定》第八条、第十四条和第十八条的规定，调查机关已将所有与本案产业损害调查有关的公开材料送交商务部贸易救济措施公开信息查阅室，本案所有利害关系方可以查找、阅览、摘抄、复印与产业损害调查有关的公开信息。

(7)披露

根据《反倾销条例》第二十五条和《产业损害调查信息查阅与信息披露规定》第十九条、第二十条和第二十一条的规定，调查机关于2010年9月29日前向本案有关利害关系方披露了裁定所依据的基本事实，并给予其提出评论意见的机会。

2010年10月9日，中国台湾东联化学股份有限公司提交了《乙醇胺反倾销措施期终复审产业损害调查裁定所依据的基本事实的评论意见》。

三、被调查产品和调查范围

(一)被调查产品。

本次复审调查的被调查产品与原反倾销调查被调查产品相同，即乙醇胺(单乙醇胺和二乙醇胺)。被调查产品描述与商务部2004年第57号公告中的描述一致。该产品归在《中华人民共和国进出口税则》税则号：29221110、29221190、29221200。该产品英文名称为Monoethanolamine 、Diethanolamine。

(二)调查范围。

原产于日本、美国、马来西亚和中国台湾地区的进口乙醇胺。

四、中国大陆同类产品及中国大陆产业

(一)同类产品的认定。

根据商务部2004年第57号公告，在原反倾销调查中，调查机关在考察了产品物理特性、化学性质、原材料构成、生产工艺、产品用途、销售渠道等方面因素后，认定被调查产品与中国大陆生产的产品具有相似性和替代性，二者属于同类产品。

根据《反倾销条例》第十二条和《反倾销产业损害调查规定》第十条、第十一条的规定，调查机关在期终复审调查中，对中国大陆生产的乙醇胺和被调查产品的物理特征、化学特性、生产工艺、产品用途、销售渠道、销售区域和价格等因素进行了调查。调查证据显示：

1. 中国大陆企业生产的同类产品与被调查产品的相同性或相似性包括但不限于如下方面：

(1)中国大陆生产的乙醇胺与被调查产品在物理特征和化学特性上没有区别，均为无色透明粘稠液体，稍有氨味，冷却时变成白色结晶固体，纯度、色度、相对密度、平均分子量等均相同，有吸湿性和强碱性，能与水、乙醇等混溶。

(2)中国大陆生产的乙醇胺与被调查产品生产工艺基本相同。环氧乙烷氨解法是目前最主要的乙醇胺工业生产方法，即由环氧乙烷与氨发生多级开环加成反应，反应结束后进行脱氨脱水，再进行精馏得到乙醇胺产品。

(3)中国大陆生产的乙醇胺与被调查产品在用途上相同。在表面活性剂的生产、气体净化、多种基本药物的原料合成、聚氨脂等合成树脂的合成、纺织物整理剂、柔软剂、乳化剂的生产等诸多方面具有共同用途，二者能够互相替代。

(4)中国大陆生产的乙醇胺与被调查产品在调查期内销售渠道、销售区域相同或相似，价格变化趋势基本一致。主要采用直接销售、分销或代理等销售形式，销售市场区域基本相同，主要分布在华东、华北、华南和西南等地。客户群体基本相同，部分客户既购买或使用被调查产品，也同时购买或使用中国大陆企业生产的产品。中国大陆生产的乙醇胺价格总体变化趋势与被调查产品进口价格总体变化趋势基本一致。

2. 根据中国大陆乙醇胺生产企业提交的《中国大陆生产者调查问卷答卷》、国外(地区)生产者/出口商提交的《国外(地区)生产者/出口商调查问卷答卷》、实地核查中补充收集的证据材料及乙醇胺下游企业意见，调查机关认定，在反倾销措施实施期间，中国大陆生产的乙醇胺和原产于日本、美国、马来西亚和中国台湾地区的进口乙醇胺均未发生实质性变化，中国大陆生产的乙醇胺与被调查产品可以相互替代。

综上所述，调查期内，中国大陆生产的乙醇胺与被调查产品在物理特征和化学特性、生产工艺、产品用途、销售渠道、销售区域等方面相同或相似，价格总体变化趋势基本一致，具有可替代性。中国大陆生产的乙醇胺与被调查产品属于同类产品。

(二)中国大陆产业的认定。

根据《反倾销条例》第十一条和《反倾销产业损害调查规定》第十三条，调查机关对本案中国大陆乙醇胺产业范围进行了审查。

调查期内，中国大陆申请企业嘉兴金燕公司、抚顺北方公司和茂名实华公司的同类产品合计产量占中国大陆同类产品全部总产量的比例在50%以上，符合《反倾销条例》第十一条和《反倾销产业损害调查规定》第十三条的规定，可以代表中国大陆乙醇胺产业。本案裁决所依据的中国大陆产业数据，除特别说明外，均来自以上3家申请企业。

五、复审调查期

本复审倾销调查期为2008年10月1日至2009年9月30日，产业损害调查期为2005年1月1日至2009年9月30日。

六、倾销继续或再度发生的可能性

(一)复审调查期内倾销情况。

日本

由于没有日本生产商、出口商应诉并提交答卷，调查机关无法直接获得其被调查产品的正常价值、出口价格、调整项目等数据和证据。根据《反倾销条例》第二十一条，调查机关决定采用可获得的最佳信息对日本被调查产品的正常价值、出口价格、影响正常价值和出口价格可比性因素等进行认定。调查机关认为，申请人提供的信息是可获得的最佳信息，并根据申请人提供的相关数据对日本被调查产品的正常价值、出口价格进行了认定，对影响正常价值和出口价格可比性的因素进行了调整，并在同一贸易环节进行了比较。

经调查，调查机关认定，倾销调查期内，原产于日本的乙醇胺对中国大陆出口存在倾销。

美国

英力士美国有限公司是美国唯一登记应诉倾销调查的生产商，但未在规定时限内提交答卷。由于没有美国生产商、出口商提交答卷，调查机关无法直接获得其被调查产品的正常价值、出口价格、调整项目等数据和证据。根据《反倾销条例》第二十一条，调查机关决定采用可获得的最佳信息对美国被调查产品的正常价值、出口价格、影响正常价值和出口价格可比性因素等进行认定。调查机关认为，申请人提供的信息是可获得的最佳信息，并根据申请人提供的相关数据对美国被调查产品的正常价值、出口价格进行了认定，对影响正常价值和出口价格可比性的因素进行了调整，并在同一贸易环节进行了比较。

经调查，调查机关认定，倾销调查期内，原产于美国的乙醇胺对中国大陆出口存在倾销。

马来西亚

由于没有马来西亚生产商、出口商应诉并提交答卷，调查机关无法直接获得其被调查产品的正常价值、出口价格、调整项目等数据和证据。根据《反倾销条例》第二十一条，调查机关决定采用可获得的最佳信息对马来西亚被调查产品的正常价值、出口价格、影响正常价值和出口价格可比性的因素等进行认定。调查机关认为，申请人提供的信息是可获得的最佳信息，并根据申请人提供的相关数据对马来西亚被调查产品的正常价值、出口价格进行了认定，对影响正常价值和出口价格可比性的因素进行了调整，并在同一贸易环节进行了比较。

经调查，调查机关认定，倾销调查期内，原产于马来西亚的乙醇胺对中国大陆出口存在倾销。

中国台湾地区

东联化学股份有限公司是中国台湾地区唯一登记应诉倾销调查的生产商。2010年1月12日，公司向调查机关递交了《东联化学股份有限公司关于放弃递交乙醇胺反倾销期终复审调查问卷的函》，主动退出本次调查程序。由于没有中国台湾地区生产商、出口商应诉并提交答卷，调查机关无法直接获得其被调查产品的正常价值、出口价格、调整项目等数据和证据。根据《反倾销条例》第二十一条，调查机关决定采用可获得的最佳信息对中国台湾地区被调查产品的正常价值、出口价格、影响正常价值和出口价格可比性因素等进行认定。调查机关认为，申请人提供的信息是可获得的最佳信息，并根据申请人提供的相关数据对中国台湾地区被调查产品的正常价值、出口价格进行了认定，对影响正常价值和出口价格可比性的因素进行了调整，并在同一贸易环节进行了比较。

经调查，调查机关认定，倾销调查期内，原产于中国台湾地区的乙醇胺对中国大陆出口存在倾销。

(二)倾销继续或再度发生的可能性。

由于没有日本生产商、出口商应诉配合调查，根据《反倾销条例》第二十一条，调查机关决定采用可获得的最佳信息，通过对日本乙醇胺倾销调查期内的倾销情况、出口能力、对中国大陆的出口、对第三国(地区)的出口的分析，对日本乙醇胺倾销继续或再度发生的可能性进行审查。调查机关认为，申请人提供的信息是可获得的最佳信息。

1. 调查期内的倾销情况

前述调查表明，倾销调查期内，原产于日本的乙醇胺对中国大陆的出口存在倾销。同时，调查机关注意到，在原始调查的最终裁定中，日本乙醇胺对中国大陆出口的倾销幅度为74%。措施实施期间，有一家日本乙醇胺生产商向调查机关申请了倾销及倾销幅度期间复审。期间复审的调查结果表明，倾销依然存在。

2. 出口能力

(1)产能、产量和闲置产能

根据申请人提供的材料和数据，2005年至2009年，日本的乙醇胺产能一直维持在6万吨，产量在2006年稍有上升之后逐年下降。同期，开工率整体呈下降趋势，闲置产能不断增加。2009年，开工率下降至57.50%，闲置产能达3.56万吨，闲置产能较大。如果其闲置产能得以释放，日本乙醇胺出口能力将进一步增强。

(2)日本国内市场消费情况

根据申请人提供的材料和数据，2005年日本国内乙醇胺的消费量约为1.78万吨。2006年之后，消费量基本维持在2.50万吨左右。数据显示，2006年至2009年，日本国内乙醇胺平均消费增长率为负值，而同期中国大陆市场的平均消费增长率为13.27%。以上表明，日本国内乙醇胺市场需求自2006年之后已经基本饱和。根据现有材料，这种情形短期内不会发生变化。

(3)对国际市场的依赖程度

根据申请人提供的材料和数据，自2005年以来，伴随产量的不断下降，日本乙醇胺出口总数量也呈逐年下降趋势。但是，日本乙醇胺出口数量占其总产量的比例却一直维持在40%以上。

以上分析说明，反倾销措施实施期间，日本乙醇胺产能有所扩大，产量和开工率有所下降。同时，日本国内乙醇胺消费市场基本饱和，为消化剩余产能，日本乙醇胺对国际市场的依赖程度长期居高不下。

3. 对中国大陆出口

根据中国海关统计，反倾销措施实施期间，日本乙醇胺对中国大陆的出口数量整体呈下降趋势。日本对中国大陆出口数量的下降一方面是因为反倾销措施的制约，另一方面也与其国内产量的下降有关。数据显示，尽管日本乙醇胺对中国大陆的出口数量呈下降趋势，但是对中国大陆出口数量占其总出口数量的比例却一直维持在60%以上。2005年日本乙醇胺对中国大陆的出口数量占其总出口数量的比例为61.46%，2009年这一比例达到79.43%。

根据中国海关统计数据，反倾销措施实施期间，日本乙醇胺对中国大陆的出口价格出现较为明显的上涨，只是在2009年世界金融危机期间出现较大幅度下跌。申请人提供的材料表明，价格上涨的主要因素是原材料价格的上涨。近年来国际原油价格大幅攀升带动了乙醇胺主要生产原料环氧乙烷价格的大幅上调。倾销调查的结果表明，尽管日本乙醇胺对中国大陆出口价格有所上升，但是倾销调查期内仍存在倾销。

4. 对第三国(地区)出口

根据申请人提供的材料和数据，倾销调查期内，日本乙醇胺对第三国(地区)出口数量约为0.32万吨，其中低于国内市场价格出口的数量占同期总出口量的99%以上。上述事实表明，低价是其海外市场销售的一种通常价格策略。

上述调查表明，自2005年以来，日本乙醇胺产能保持不变，产量、开工率整体呈下降趋势，闲置产能仍然较大；日本国内乙醇胺市场消费基本饱和，对国外市场的依赖程度依然很高。同时，快速增长的中国大陆市场对日本生产商、出口商具有很强的吸引力；日本乙醇胺对第三国(地区)的出口情况表明，低价出口是其消化剩余产能，解决国内需求不足的一种策略。因此，如果终止反倾销措施，原产于日本的进口乙醇胺对中国大陆的倾销可能继续。

美国

英力士美国有限公司是美国唯一登记应诉的生产商，但未在规定时限内提交答卷。依据《反倾销条例》第二十一条，调查机关决定采用可获得的最佳信息，通过对美国乙醇胺倾销调查期内的倾销情况、出口能力、对中国大陆的出口、对第三国(地区)的出口的分析，对美国乙醇胺倾销继续或再度发生的可能性进行审查。调查机关认为，申请人提供的信息是可获得的最佳信息。

1. 调查期内的倾销情况

前述调查表明，倾销调查期内，原产于美国的乙醇胺对中国大陆的出口存在倾销。同时，调查机关注意到，在原始调查最终裁定中，美国乙醇胺对中国大陆出口的倾销幅度为20% ~74%。措施实施期间，没有利害关系方向调查机关申请倾销及倾销幅度期间复审。根据现有材料，调查机关未发现美国乙醇胺对中国大陆倾销出口情况发生变化。

2. 出口能力

(1)产能、产量和闲置产能

根据申请人提供的材料和数据，美国是全球最大的乙醇胺生产国，产能占全球产能的比例在40%以上。2005年以来，美国乙醇胺产能整体呈增长趋势。同期，美国乙醇胺的产量基本稳定在50万吨左右，2009年产量稍有下降。开工率呈逐年下降趋势，由2005年的100.18%下降至2009年的82.42%。闲置产能不断增加，2009年美国乙醇胺闲置产能达到15.46万吨。如果将其闲置产能释放，美国乙醇胺的出口能力将进一步增强。

(2)国内市场消费情况

根据申请人提供的材料和数据，2005年至2009年，美国国内乙醇胺的消费量为稳定维持在40万吨以上。数据显示，2006年至2009年，美国国内乙醇胺消费市场呈现负增长，明显低于同期中国大陆市场的平均消费增长情况。以上表明，反倾销措施实施期间，美国国内乙醇胺市场需求已经基本饱和。根据现有材料，这种情形短期内不会发生变化。

(3)对国际市场的依赖程度

根据申请人提供的材料和数据，反倾销措施实施期间，美国乙醇胺的出口数量增长较为明显，出口数量占其总产量的比例逐年上升。数据显示，2009年美国乙醇胺的出口数量较2005年增长了21.43%。可见，在国内市场需求趋于饱和的情况下，美国乙醇胺对国际市场的依赖程度逐渐提高。

3. 对中国大陆出口

根据中国海关统计，反倾销措施实施期间，美国乙醇胺对中国大陆的出口数量逐年攀升。同期，美国乙醇胺对中国大陆的出口数量占其总出口数量的比例也呈明显增长趋势。数据显示，2009年美国乙醇胺对中国大陆出口数量为2.00万吨，较2005年增长了411%。2005年美国乙醇胺对中国大陆的出口数量占其总出口数量的比例为4.92%，2009年这一比例迅速提高到20.77%。

根据中国海关统计数据，反倾销措施实施期间，美国乙醇胺对中国大陆的出口价格出现较为明显的上涨，只是在2009年世界金融危机期间出现较大幅度下跌。申请人提供的材料表明，价格上涨的主要因素是原材料价格的上涨。近年来国际原油价格大幅攀升带动了乙醇胺主要生产原料环氧乙烷价格的大幅上调。倾销调查的结果表明，尽管美国乙醇胺对中国大陆出口价格有所上升，但是倾销调查期内仍存在倾销。

4. 对第三国(地区)出口

根据申请人提供的材料和数据，倾销调查期内，美国乙醇胺对第三国(地区)出口数量为7.12万吨，其中低于国内市场价格出口的数量占同期总出口量的62.80%。上述事实表明，低价是其海外市场销售的一种通常价格策略。

5. 第三国(地区)对美国出口乙醇胺的贸易限制措施

根据世贸组织(WTO)公布的资料，欧盟自1992年开始对原产于美国的乙醇胺进行反倾销调查并在随后实施了反倾销措施。2008年10月25日，欧盟对原产于美国的乙醇胺进行第三次期终复审调查，并于2010年1月19日作出裁决，继续维持原反倾销措施。

上述调查表明，反倾销措施实施期间，美国乙醇胺产能提高，国内开工率下降导致闲置产能不断增加；美国国内乙醇胺需求疲软，市场趋于饱和，对国外市场的依赖程度逐步提高。同时，快速增长的中国大陆市场对国外生产商、出口商具有很强的吸引力；美国乙醇胺对第三国(地区)的出口情况表明，低价出口是其消化剩余产能，解决国内需求不足的一种策略，欧盟对美国乙醇胺长达18年的贸易限制是直接的证明。因此，如果终止对原产于美国的乙醇胺的反倾销措施，其对中国大陆的倾销可能继续。

马来西亚

由于没有马来西亚生产商、出口商应诉配合调查，根据《反倾销条例》第二十一条，调查机关决定采用可获得的最佳信息，通过对马来西亚乙醇胺倾销调查期内的倾销情况、出口能力、对中国大陆的出口、对第三国(地区)的出口的分析，对马来西亚乙醇胺倾销继续或再度发生的可能性进行审查。调查机关认为，申请人提供的信息是可获得的最佳信息。

1. 调查期内的倾销情况

前述调查表明，倾销调查期内，原产于马来西亚的乙醇胺对中国大陆的出口存在倾销。同时，调查机关注意到，在原始调查的最终裁定中，马来西亚乙醇胺对中国大陆出口的倾销幅度为9%～74%。措施实施期间，有一家马来西亚乙醇胺生产商向调查机关申请过期间复审，而后又撤销了复审申请。根据现有材料，调查机关未发现马来西亚乙醇胺对中国大陆倾销出口情况发生变化。

2. 出口能力

(1)产能、产量和闲置产能

根据申请人提供的材料和数据，2005年至2009年，马来西亚乙醇胺产能一直维持在5.6万吨未发生变化。同期，产量呈小幅下降趋势，开工率也出现下滑，闲置产能不断增加。2009年开工率下降至65.28%，闲置产能达4.94万吨。如果其闲置产能得以释放，马来西亚乙醇胺出口能力将进一步增强。

(2)马来西亚国内市场消费情况

根据申请人提供的材料和数据，反倾销措施实施期间，马来西亚乙醇胺国内市场需求逐年萎缩。数据显示，2005年至2009年，马来西亚国内市场乙醇胺消费量由1.88万吨降至0.70万吨，降幅达62.8%。以上表明，反倾销措施实施期间，马来西亚国内乙醇胺市场需求严重不足。根据现有材料，这种情形短期内不会发生变化。

(3)对国际市场的依赖程度

根据申请人提供的材料和数据，自2005年以来，由于开工率下降，国内市场需求萎缩，马来西亚乙醇胺出口总数量呈增长趋势。同期，马来西亚乙醇胺出口数量占其总产量的比例呈逐年增长趋势，由2005年的59.82%增长至2009年的84.51%。

以上分析说明，反倾销措施实施期间，马来西亚乙醇胺生产能力稳定，产量和开工率出现下降。同时，马来西亚国内乙醇胺消费市场日渐萎缩，为消化剩余产能，马来西亚乙醇胺对国际市场的依赖程度逐年增高。

3. 对中国大陆出口

根据中国海关统计数据，反倾销措施实施期间，马来西亚乙醇胺对中国大陆出口数量总体呈增长趋势。同期，马来西亚乙醇胺对中国大陆的出口数量占其总出口数量的比例也呈明显增长趋势。数据显示，2009年马来西亚乙醇胺对中国大陆出口数量为2.29万吨，较2005年增长了56.00%。2005年马来西亚乙醇胺对中国大陆的出口数量占其总出口数量的比例为55.47%，2009年这一比例提高到73.95%。

根据中国海关统计数据，反倾销措施实施期间，马来西亚乙醇胺对中国大陆的出口价格出现较为明显的上涨，只是在2009年世界金融危机期间出现较大幅度下跌。申请人提供的材料表明，价格上涨的主要因素是原材料价格的上涨。近年来国际原油价格大幅攀升带动了乙醇胺主要生产原料环氧乙烷价格的大幅上调。倾销调查的结果表明，尽管马来西亚乙醇胺对中国大陆出口价格有所上升，但是倾销调查期内仍存在倾销。

4. 对第三国(地区)出口

根据申请人提供的材料和数据，倾销调查期内，马来西亚乙醇胺对第三国(地区)出口数量为2.75万吨，其中低于国内市场价格出口的数量占同期出口总量的96.44%。上述事实表明，低价是其海外市场销售的一种通常价格策略。

上述调查表明，反倾销措施实施期间，马来西亚乙醇胺产能稳定，国内开工率下降导致闲置产能不断增加；马来西亚国内乙醇胺需求萎缩，市场明显饱和，对国外市场的依赖程度逐步提高。同时，快速增长的中国大陆市场对国外生产商、出口商具有很强的吸引力；马来西亚乙醇胺对第三国(地区)的出口情况表明，低价出口是其消化剩余产能，解决国内需求不足的一种策略。因此，如果终止对原产于美国的乙醇胺的反倾销措施，其对中国大陆的倾销可能继续。

中国台湾地区

东联化学股份有限公司是中国台湾地区唯一登记应诉的生产商。登记应诉后，公司主动退出本次调查程序。由于没有中国台湾地区生产商、出口商应诉配合调查，根据《反倾销条例》第二十一条，调查机关决定采用可获得的最佳信息，通过对中国台湾地区的乙醇胺倾销调查期内的倾销情况、出口能力、对中国大陆的出口、对第三国(地区)的出口的分析，对中国台湾地区乙醇胺倾销继续或再度发生的可能性进行审查。调查机关认为，申请人提供的信息是可获得的最佳信息。

1. 调查期内的倾销情况

前述调查表明，倾销调查期内，原产于中国台湾地区的乙醇胺对中国大陆的出口存在倾销。同时，调查机关注意到，在原始调查的最终裁定中，中国台湾地区乙醇胺对中国大陆出口的倾销幅度为20% ~74%。措施实施期间，有一家中国台湾地区乙醇胺生产商向调查机关申请了倾销及倾销幅度期间复审。根据调查结果，倾销依然存在。

2. 出口能力

(1)产能、产量和闲置产能

根据申请人提供的材料，2005 年至 2007 年，中国台湾地区乙醇胺的产能一直维持在 3 万吨的水平。自 2008 年以来，产能扩大至 6 万吨。2005 年至 2009 年，中国台湾地区乙醇胺的开工率整体呈下降趋势，闲置产能逐年增多。如果其闲置产能得以释放，中国台湾地区乙醇胺出口能力将进一步增强。

(2)岛内市场消费情况

根据申请人提供的数据，2005 年至 2009 年，尽管产能和产量增长明显，但是中国台湾地区乙醇胺消费量却未呈现明显增长，在 2008 年以后再次下滑。2009 年，中国台湾地区消费量为 0.71 万吨，仅占同期总产量的 15.50%。以上表明，反倾销措施实施期间，中国台湾地区乙醇胺市场需求已经趋于饱和。根据现有材料，这种情形短期内不会发生变化。

(3)对国际市场的依赖程度

根据申请人提供的材料和数据，中国台湾地区乙醇胺对国际市场的依赖程度一直居高不下。2009 年中国台湾地区乙醇胺出口数量为 4.10 万吨，占同期生产总量的 89.62%。

以上分析表明，反倾销措施实施期间，中国台湾地区乙醇胺产能有所扩大，开工率下降，闲置产能增加。同时，中国台湾地区乙醇胺消费市场基本饱和，为消化剩余产能，中国台湾地区乙醇胺对国际市场的依赖程度长期居高不下。

3. 对中国大陆出口

根据中国大陆海关统计，反倾销措施实施期间，中国台湾地区乙醇胺对中国大陆出口数量整体呈上升趋势。中国台湾地区对中国大陆出口数量上升主要是因为其产能产量扩大的原因。2009 年，中国台湾地区乙醇胺对中国大陆出口数量为 2.88 万吨，较 2005 年增长了 113.33%。2009 年中国台湾地区乙醇胺对中国大陆出口数量占其总出口量的比例为 70.24%，

根据中国大陆海关统计数据，反倾销措施实施期间，中国台湾地区乙醇胺对中国大陆的出口价格出现较为明显的上涨，只是在 2009 年世界金融危机期间出现较大幅度下跌。申请人提供的材料表明，价格上涨的主要因素是原材料价格的上涨。近年来国际原油价格大幅攀升带动了乙醇胺主要生产原料环氧乙烷价格的大幅上调。倾销调查的结果表明，尽管中国台湾地区乙醇胺对中国大陆出口价格有所上升，但是倾销调查期内仍存在倾销。

4. 对第三国(地区)出口

根据申请人提供的材料和数据，倾销调查期内，中国台湾地区乙醇胺对第三国(地区)出口数量为 1.11 万吨，其中低于国内市场价格出口的数量占同期出口总量的 99.24% 以上。上述事实表明，低价是其海外市场销售的一种通常价格策略。

上述调查表明，反倾销措施实施期间，中国台湾地区乙醇胺产能扩大，国内开工率下降导致闲置产能不断增加；中国台湾地区岛内乙醇胺市场需求萎缩，对国际市场的依赖程度很高。同时，快速增长的中国大陆市场对国外生产商、出口商具有很强的吸引力；中国台湾地区乙醇胺对第三国(地区)的出口情况表明，低价出口是其消化剩余产能，解决岛内需求不足的一种策略。因此，如果终止对原产于中国台湾地区的乙醇胺的反倾销措施，其对中国大陆的倾销可能继续。

(三)倾销调查结论。

上述调查表明，日本、美国、马来西亚和中国台湾地区的乙醇胺在倾销调查期内存在倾销。如果终止对日本、美国、马来西亚和中国台湾地区乙醇胺的反倾销措施，原产于上述国家和地区的进口乙醇胺对中国大陆的倾销可能继续发生。

七、损害继续或再度发生的可能性

本案共有 3 家中国大陆生产者提交了《中国大陆生产者调查问卷答卷》。国外(地区)生产者/出口商仅有英力士美国有限公司和中国台湾东联化学股份有限公司 2 家企业提交了《国外(地区)生产者/出口商调查问卷答卷》，在产业损害调查过程中，没有其

他国外(地区)生产者/出口商配合调查机关的期终复审调查。依据《反倾销条例》第二十一条和《反倾销产业损害调查规定》第三十三条的规定，调查机关根据已获得的相关证据材料和信息，对如果终止反倾销措施，中国大陆产业损害继续或再度发生的可能性进行审查。

(一)调查期内中国大陆产业恢复情况。

根据原反倾销调查的最终裁定，被调查产品进口量及所占中国大陆市场份额呈大幅度上升趋势，进口价格持续下降，严重抑制和压低了中国大陆产业产品销售价格。被调查产品大量低价进口造成中国大陆产业增长受到抑制，产量增幅明显下降，开工率低位徘徊并呈下降趋势；与进口被调查产品相比，中国大陆产业销售量萎缩，库存水平较高，市场份额维持在较低水平；就业人数减少，人均工资增长趋缓，劳动生产率呈下降趋势；销售价格持续下降，现金净流量严重不足，投资收益为负数，产业亏损严重，投融资能力下降。中国大陆产业受到了实质性损害。

反倾销措施的实施，一定程度上抑制了被调查产品的低价进口，改善了中国大陆产业的生产经营环境。调查机关对调查期内中国大陆产业相关经济因素和指标进行了调查。主要证据事实如下：

1. 中国大陆表观消费量

调查期内，中国大陆同类产品表观消费量总体呈增长趋势。2005 年至 2008 年分别为 9.67 万吨、10.77 万吨、13.14 万吨和 14.44 万吨，2006 年至 2008 年分别比上年增长 11.40%、22.05% 和 9.92%。2009 年 1～9 月为 11.95 万吨，比上年同期下降 5.17%。

2. 中国大陆产业产能

调查期内，中国大陆产业同类产品的产能总体呈增长趋势。2005 年至 2008 年分别为 2.58 万吨、2.58 万吨、2.58 万吨和 4.14 万吨，2005 年至 2007 年产能保持平稳，2008 年比上年增长 60.66%。2009 年 1～9 月为 4.74 万吨，比上年同期增长 85.55%。

3. 中国大陆产业产量

调查期内，中国大陆产业同类产品的产量呈增长趋势。2005 年至 2008 年分别为 1.19 万吨、1.53 万吨、1.76 万吨和 2.51 万吨，2006 年至 2008 年分别比上年增长 29.02%、15.08% 和 42.16%。2009 年 1～9 月为 2.79 万吨，比上年同期增长 53.39%。

4. 中国大陆产业销售量

调查期内，中国大陆产业同类产品的销售量呈增长趋势。2005 年至 2008 年分别为 1.22 万吨、1.52 万吨、1.80 万吨和 2.31 万吨，2006 年至 2008 年分别比上年增长 24.66%、18.18% 和 28.57%。2009 年 1～9 月为 3.00 万吨，比上年同期增长 97.98%。

5. 中国大陆产业市场份额

调查期内，中国大陆产业同类产品市场份额总体呈上升趋势。2005 年至 2008 年分别为 12.61%、14.11%、13.67% 和 15.98%，2006 年比上年提高 1.50%，2007 年比上年降低 0.45%，2008 年比上年提高 2.32%。2009 年 1～9 月为 25.13%，比上年同期提高 13.09%。

6. 中国大陆产业同类产品销售价格

调查期内，中国大陆产业同类产品销售价格呈先降后升再降趋势。2005 年至 2008 年分别为 13839.51 元/吨、12479.16 元/吨、14480.15 元/吨和 17085.60 元/吨，2006 年比上年下降 9.83%，2007 年、2008 年分别比上年增长 16.03% 和 17.99%。2009 年 1～9 月为 8387.63 元/吨，比上年同期下降 59.13%。

7. 中国大陆产业销售收入

调查期内，中国大陆产业同类产品的销售收入先升后降，总体呈增长趋势。2005 年至 2008 年分别为 16870.09 万元、18963.05 万元、26003.33 万元和 39446.83 万元，2006 年至 2008 年分别比上年增长 12.41%、37.13% 和 51.70%。2009 年 1～9 月为 25175.71 万元，比上年同期下降 19.10%。

8. 中国大陆产业税前利润

调查期内，中国大陆产业的税前利润大幅波动，大部分时间处于亏损状态。2005 年至 2007 年分别亏损 1147.46 万元、1201.81 万元和 46.87 万元，2006 年比上年亏损增加 4.74%，2007 年比上年亏损减少 96.10%。2008 年扭亏为盈，利润为 3599.54 万元。2009 年 1～9 月再次出现亏损，亏损额为 2966.60 万元。

9. 中国大陆产业投资收益率

调查期内，中国大陆产业同类产品投资收益率大幅波动，总体呈下降趋势。2005 年至 2008 年分别为 -5.86%、-6.10%、-0.20% 和 13.09%，2006 年比上年下降 0.24%，2007 年和 2008 年分别比上年增长 5.89 和 13.30%。2009 年 1～9 月为 -10.51%，比上年同期下降 24.75%。

10. 中国大陆产业期末库存

调查期内，中国大陆产业的期末库存总体呈波动上升趋势。2005 年至 2008 年分别为 648.94 吨、

779.47 吨、459.85 吨和 2368.95 吨，2006 年比上年增长 20.11%，2007 年比上年下降 41.00%，2008 年比上年增长 415.16%。2009 年 1~9 月为 3363.34 吨，比上年同期下降 3.13%。

11. 中国大陆产业开工率

调查期内，中国大陆产业同类产品开工率先升后降，总体呈上升趋势。2005 年至 2008 年分别为 46.12%、59.50%、68.47% 和 60.59%，2006 年和 2007 年分别比上年增长 13.38 和 8.97%，2008 年比上年下降 7.88%。2009 年 1~9 月为 58.84%，比上年同期下降 12.34%，比 2005 年提高 12.72%。

12. 中国大陆产业就业人数

调查期内，中国大陆产业同类产品就业人数总体呈波动下降趋势。2005 年至 2008 年分别为 282 人、282 人、246 人和 313 人，2006 年就业人数与上年持平，2007 年比上年下降 12.61%，2008 年比上年增加 27.20%。2009 年 1~9 月为 216 人，比上年同期下降 34.49%。

13. 中国大陆产业人均工资

调查期内，中国大陆产业同类产品人均工资呈增长趋势。2005 年至 2008 年人均年工资水平分别为 7424.06 元、13135.09 元、21441.67 元和 22111.27 元，2006 年至 2008 年分别比上年增长 76.93%、63.24% 和 3.12%。2009 年 1~9 月为 23513.85 元，比上年同期增长 40.89%。

14. 中国大陆产业劳动生产率

调查期内，中国大陆产业同类产品劳动生产率呈上升趋势。2005 年至 2008 年劳动生产率分别为 42.08 吨/人、54.40 吨/人、71.64 吨/人和 80.07 吨/人，2006 年至 2008 年分别比上年提高 29.29%、31.69% 和 11.77%。2009 年 1~9 月为 129.12 吨/人，比上年同期增长 134.14%。

15. 中国大陆产业经营活动现金流量

调查期内，中国大陆产业经营活动现金净流量大幅波动，总体呈下降趋势。2005 年至 2008 年经营活动现金净流量分别为 -286.08 万元、355.33 万元、3248.25 万元和 6261.29 万元，2006 年由上年的经营活动现金净流出变为流入，2007 年和 2008 年分别比上年提高 814.16% 和 92.76%。2009 年 1~9 月经营活动现金净流量为 -6285.81 万元，再次变为经营活动现金净流出。

16. 中国大陆产业投融资能力

调查期内，尽管中国大陆产业生产能力不断扩大，但由于在 2005 年至 2007 年及 2009 年 1~9 月，中国大陆产业一直处于亏损状态，新建项目被迫推迟，部分企业甚至长期处于停产状态，对资金的回收及下一步投融资活动产生不利影响。

上述证据事实表明，调查期内，在中国大陆表观消费量总体增长的情况下，中国大陆产业产能、产量、销售量、市场份额、销售收入、开工率、人均工资、劳动生产率总体呈增长趋势，中国大陆产业得到了初步恢复和发展。

同时，调查证据显示，调查期内，中国大陆乙醇胺产业虽然在 2007 年和 2008 年得到一定恢复，但仍然比较脆弱，容易受到进口被调查产品的冲击和影响。2006 年，进口被调查产品量增价跌，中国大陆同类产品的销售价格下降 9.83%，亏损额比 2005 年增加 4.74%，投资收益率为 -6.10%，比上年下降 0.24%。2009 年 1~9 月，随着被调查产品进口数量增长、进口价格大幅降低，中国大陆产业同类产品销售价格下降 59.13%，销售收入下降 19.10%，税前利润为 -2966.60 万元，再次出现亏损，投资收益率下降 24.75%，现金净流量由上年同期净流入变为净流出。

上述调查显示，反倾销措施的实施一定程度上抑制了被调查产品低价进口的不公平竞争行为，中国大陆产业的生产经营状况得到初步恢复和发展，但中国大陆产业仍然比较脆弱，极易受到进口产品的冲击和损害。

(二)中国大陆未来市场预测。

1. 中国大陆表观消费量

作为全球新兴市场之一，中国大陆乙醇胺消费市场总体保持旺盛。2005 年至 2008 年，中国大陆乙醇胺表观消费量总体呈增长趋势。根据中国石油和化学工业协会统计，2005 年至 2008 年中国大陆乙醇胺表观消费量分别为 9.67 万吨、10.77 万吨、13.14 万吨和 14.44 万吨，年均增幅为 14.33%；2009 年 1~9 月，中国大陆乙醇胺表观消费量为 11.95 万吨，比上年同期下降 5.17%。预计 2010 年中国大陆乙醇胺表观消费量将达到 17.10 万吨，2011 年将达到 18.65 万吨。

2. 中国大陆市场供应量

反倾销措施实施期间，随着中国大陆乙醇胺市场需求的快速发展，中国大陆乙醇胺产业新建和扩建了一批乙醇胺生产装置。根据中国石油和化学工业协会统计，2005 年至 2008 年中国大陆乙醇胺总产能分别为 4.44 万吨、4.44 万吨、

5.24 万吨和 5.90 万吨，年均增长 9.94%；2009 年 1 ~ 9 月，中国大陆乙醇胺产能为 5.39 万吨，比上年同期增长 30.51%。2005 年，中国大陆乙醇胺总产量为 2.08 万吨，2008 年增长至 3.62 万吨，年平均增长 20.29%；2009 年 1 ~ 9 月增长至 3.94 万吨，比上年同期增长 38.25%。

目前，中国大陆乙醇胺的供应与需求尚存在缺口，随着新建项目陆续建成投产，预计到 2011 年，中国大陆乙醇胺总产能将达到 18.80 万吨，届时中国大陆乙醇胺市场的供需状况将基本趋于平衡。

(三)被调查产品进口数量大量增加的可能性。

调查期内，中国大陆乙醇胺总进口量及来自日本、美国、马来西亚和中国台湾地区的被调查产品对中国大陆的合计进口数量总体呈增长趋势。根据中华人民共和国海关统计，2005 年至 2008 年，中国大陆乙醇胺总进口量分别为 7.61 万吨、8.24 万吨、9.99 万吨和 10.86 万吨，年均增长幅度为 12.57%；2009 年 1 ~ 9 月，中国大陆乙醇胺总进口量为 8.08 万吨，比上年同期下降 17.28%；2005 年至 2008 年，中国大陆被调查产品合计进口数量分别为 5.15 万吨、5.60 万吨、5.64 万吨和 6.60 万吨，年均增长 8.68%，2009 年 1 ~ 9 月，中国大陆被调查产品合计进口数量为 6.18 万吨，比上年同期增长 3.93%。2005 年至 2009 年 1 ~ 9 月，被调查产品进口数量所占中国大陆乙醇胺总进口的比例分别为 67.59%、67.98%、56.41% 、60.81% 和 76.47%，一直保持在较高水平。

日本

根据中华人民共和国海关统计，2005 年至 2009 年 1 ~ 9 月，从日本进口的被调查产品分别为 1.93 万吨、2.02 万吨、1.34 万吨、1.20 万吨和 1.02 万吨，占同期中国大陆总进口量的比例分别为 25.33%、24.45%、13.43%、11.04% 和 12.59%，呈先降后升趋势。

1. 出口能力。中国化工信息中心提供的资料显示，2005 年至 2009 年，日本乙醇胺产能平稳，保持在年产 6.00 万吨的水平。日本同期国内消费量分别为 1.78 万吨、2.58 万吨、2.68 万吨、2.55 万吨和 2.44 万吨。2005 年至 2009 年，日本乙醇胺装置的开工率分别为 78.83%、85.00%、76.33%、67.50% 和 57.50%，闲置产能增加。

2005 年至 2009 年，日本乙醇胺产能与消费量差额分别为 4.22 万吨、3.42 万吨、3.32 万吨、3.45 万吨和 3.56 万吨，占同期日本乙醇胺总产能的比例分别为 70.33%、57.00%、55.33% 、57.50% 和 59.33%。调查期内，日本一直维持 60% 左右的产能需要依靠国外市场消化，具有较大的出口能力。

2. 对国外市场依赖程度。中国化工信息中心提供的资料显示，2005 年至 2009 年，日本乙醇胺对外出口数量分别为 3.14 万吨、2.73 万吨、2.13 万吨、1.78 万吨和 1.41 万吨，占其国内产量的比例分别为 66.38%、53.53%、46.51%、43.95% 和 40.87%，占其国内产能的比例分别为 52.33%、45.50%、35.50%、29.67% 和 23.50%。日本乙醇胺对国外市场依赖程度总体在较高水平。

3. 对中国大陆出口。根据中华人民共和国海关统计，2005 年至 2008 年，日本对中国大陆的出口数量分别为 1.93 万吨、2.02 万吨、1.34 万吨和 1.20 万吨，2006 年比上年增长 4.50%，2007 年、2008 年分别比上年下降 33.39%、10.68%；2009 年 1 ~ 9 月为 1.02 万吨，比上年同期上升 2.08%。调查期内，日本乙醇胺产品对中国大陆的出口数量占同期中国大陆总进口量的比例分别为 25.33%、24.45%、13.43%、11.04% 和 12.59%，呈先降后升趋势。

2005 年至 2009 年，日本被调查产品对中国大陆出口量占其总出口量的比例分别为 61.46%、73.99%、62.91%、67.42% 和 79.43%。中国大陆是日本乙醇胺出口的最大市场。

上述证据表明，反倾销措施实施期间，日本乙醇胺对外出口能力较大，对国际市场的依赖度较高，中国大陆是日本乙醇胺出口的最大市场。日本与中国大陆邻近，运途短、运费低，如果终止反倾销措施，日本可以迅速扩展其对中国大陆的出口，加大了其对中国大陆出口数量增长的可能性。

美国

根据中华人民共和国海关统计，2005 年至 2009 年 1 ~ 9 月，从美国进口的被调查产品分别为 0.39 万吨、0.58 万吨、0.56 万吨、0.71 万吨和 1.56 万吨，占同期中国大陆总进口量的比例分别为 5.14%、7.00%、5.62%、6.56% 和 19.36%，总体呈上升趋势。

1. 出口能力。中国化工信息中心提供的资料显示，美国是全球最大的乙醇胺生产国家，2005 年至

2009年，美国乙醇胺产能分别为51.01万吨、51.01万吨、53.59万吨、57.10万吨和57.10万吨，年均增幅为2.86%。2009年，美国乙醇胺产能占全球总产能的比重为42.28%。2005年至2009年，美国乙醇胺消费量分别为43.71万吨、44.13万吨、44.11万吨、43.90万吨和41.64万吨，年均降幅为1.21%。

2005年至2009年，美国乙醇胺产能和消费量差额分别为7.30万吨、6.88万吨、9.48万吨、13.20万吨和15.46万吨，占同期美国乙醇胺总产能的比例分别为14.31%、13.49%、17.69%、23.12%和27.08%，美国乙醇胺出口能力不断加强。

2. 对国外市场依赖程度。中国化工信息中心提供的资料显示，2005年至2009年，美国乙醇胺对外出口数量分别为7.93万吨、7.68万吨、8.05万吨、8.40万吨和9.63万吨，占其国内产量的比例分别为15.52%、15.08%、15.88%、16.54%和20.46%，占其国内产能的比例分别为15.55%、15.06%、15.02%、14.71%和16.87%。美国乙醇胺对国际市场依赖程度较高，对外出口是美国乙醇胺企业销售产品的重要方式。

3. 对中国大陆出口。根据中华人民共和国海关统计，反倾销措施实施期间，美国乙醇胺产品对中国大陆的出口数量总体呈上升趋势。2005年至2008年，美国对中国大陆的出口数量分别为0.39万吨、0.58万吨、0.56万吨和0.71万吨，2006年比上年增长47.39%，2007年比上年下降2.70%，2008年比上年增长26.87%；2009年1~9月为1.56万吨，比上年同期增长119.71%。美国对中国大陆出口数量占同期中国大陆乙醇胺总进口量的比例分别为5.14%、7.00%、5.62%、6.56%和19.36%，总体呈上升趋势。

2005年至2009年，美国被调查产品对中国大陆出口量占其总出口量的比例分别为4.92%、7.54%、6.96%、8.45%和20.77%，中国大陆是美国被调查产品对外出口的重要目标市场。

4. 其他国家(地区)对美国乙醇胺的贸易限制措施。根据WTO公布的资料，2008年10月25日，欧盟对原产于美国的乙醇胺(单乙醇胺、二乙醇胺和三乙醇胺)进行第三次反倾销期终复审立案调查，2010年1月19日，欧盟对此次日落复审作出终裁，裁决对来自美国的乙醇胺产品征收反倾销税。

上述证据表明，美国是全球乙醇胺最大的生产国，具有较大的生产能力和出口能力，对外出口是美国乙醇胺企业销售产品的重要方式，对中国大陆的出口总体呈上升趋势。同时，如果终止对美国乙醇胺产品的反倾销措施，受到其他国家(地区)反倾销措施制约的美国产品可能大规模涌入中国大陆市场，美国被调查产品对中国大陆出口数量将可能大幅增加。

马来西亚

根据中华人民共和国海关统计，2005年至2009年1~9月，从马来西亚进口的被调查产品分别为1.47万吨、1.82万吨、2.31万吨、1.70万吨和1.49万吨，占同期中国大陆总进口量的比例分别为19.33%、22.15%、23.14%、15.61%和18.48%，总体保持在较高水平。

1. 出口能力。中国化工信息中心提供的资料显示，2005年至2009年，马来西亚乙醇胺产能平稳，保持在年产5.63万吨的水平。马来西亚同期国内消费量分别为1.88万吨、1.46万吨、1.16万吨、1.02万吨和0.70万吨，年均降幅为21.88%。2005年至2009年，马来西亚乙醇胺开工率分别为78.69%、76.02%、77.26%、66.61%和65.28%，闲置产能增加。

2005年至2009年，马来西亚乙醇胺产能和消费量差额分别为3.75万吨、4.17万吨、4.47万吨、4.61万吨和4.93万吨，占同期马来西亚乙醇胺总产能的比例分别为66.61%、74.07%、79.40%、81.88%和87.57%。2005年至2009年，马来西亚一直维持80%左右的产能需要依靠国外市场消化，被调查产品的出口能力在不断增强。

2. 对国外市场依赖程度。中国化工信息中心提供的资料显示，2005年至2009年，马来西亚乙醇胺对外出口数量分别为2.65万吨、2.88万吨、3.25万吨、2.81万吨和3.11万吨，占其国内产量的比例分别为59.82%、67.29%、74.71%、74.93%和84.51%，占其国内产能的比例分别为47.07%、51.15%、57.73%、49.91%和55.24%。马来西亚乙醇胺对国外市场依赖程度总体呈上升趋势，其大量闲置产能需要通过寻求国外市场来消化。

3. 对中国大陆出口。根据中华人民共和国海关统计，2005年至2008年，马来西亚被调查产品对中国大陆的出口数量分别为1.47万吨、1.82万吨、2.31万吨和1.70万吨，2006年、2007年分别比上年增长24.02%和26.71%，2008年比上年下降26.68%；2009年1~9月为1.49万吨，比上年同期下降5.16%。调查期内，马来西亚被调查产品对中国大陆的出口数量占中国大陆总进口量的比例分别为 19.33%、22.15%、23.14%、15.61% 和 18.48%，总体保持在较高水平。

2005 年至 2009 年，马来西亚被调查产品对中国大陆出口量占其总出口量的比例分别为 55.47%、63.19%、71.08%、60.50% 和 73.95%。中国大陆是马来西亚乙醇胺出口的最大市场。

上述证据表明，反倾销措施实施期间，马来西亚乙醇胺产能保持稳定，但消费市场萎缩，出口能力不断增强，2009 年产能和消费量差额占同期马来西亚乙醇胺总产能的比例达到 87.57%，中国大陆是马来西亚乙醇胺出口的最大市场。马来西亚与中国大陆邻近，运途短、运费低，一旦终止反倾销措施，马来西亚可以迅速扩展其对中国大陆的出口，加大了其对中国大陆出口数量增长的可能性。

中国台湾地区

根据中华人民共和国海关统计，2005 年至 2009 年 1 ~9 月，从中国台湾地区进口的被调查产品分别为 1.35 万吨、1.18 万吨、1.42 万吨、3.00 万吨和 2.10 万吨，占同期中国大陆总进口量的比例分别为 17.79%、14.38%、14.22%、27.61% 和 26.04%，总体呈上升趋势。

1. 出口能力。中国台湾东联化学股份有限公司主张其为中国台湾地区唯一的乙醇胺生产商，申请人未提出异议。调查机关决定以中国台湾东联化学股份有限公司提交的数据为基础，考察中国台湾地区乙醇胺出口能力。根据中国台湾东联化学股份有限公司提供的资料，2005 年至 2007 年，中国台湾地区乙醇胺产能保持平稳，2008 年比上年增长 75.00%，2009 年 1 ~ 9 月与上年同期产能持平。2005 年至 2007 年，中国台湾地区乙醇胺消费量年均增长 18.88%，2008 年比上年下降 9.93%，2009 年 1 ~9 月比上年同期下降 12.96%。

调查期内，中国台湾地区 60% 以上的产能需要依靠外部市场消化，被调查产品的出口能力在不断增强。

2. 对地区外市场依赖程度。中国化工信息中心提供的资料显示，2005 年至 2009 年，中国台湾地区乙醇胺对外出口数量分别为 2.58 万吨、2.15 万吨、1.84 万吨、4.00 万吨和 4.10 万吨，年均增幅 12.28%。2005 年至 2009 年，中国台湾地区乙醇胺对外出口数量占中国台湾地区总产能的平均比例在 60% 以上，中国台湾地区乙醇胺对地区外市场具有较高的依赖程度。

3. 对中国大陆出口数量。根据中华人民共和国海关统计，2005 年至 2008 年，中国台湾地区对中国大陆的出口数量分别为 1.35 万吨、1.18 万吨、1.42 万吨和 3.00 万吨，2006 年比上年下降 12.53%，2007 年、2008 年分别比上年增长 19.95%、111.01%；2009 年 1 ~9 月为 2.10 万吨，比上年同期下降 20.96%。调查期内，中国台湾地区被调查产品对中国大陆的出口数量占中国大陆总进口量的比例分别为 17.79%、14.38%、14.22%、27.61% 和 26.04%，总体呈上升趋势。

2005 年至 2009 年，中国台湾地区被调查产品对中国大陆出口量占其总出口量的比例分别为 52.33%、54.88%、77.17%、75.00% 和 70.24%，总体呈上升趋势。中国大陆是中国台湾地区乙醇胺出口的最大市场。

上述证据表明，调查期内，虽然中国台湾地区乙醇胺消费市场得到一定发展，但低于产能扩张速度，中国台湾地区乙醇胺出口能力在不断增强，对地区外市场具有较高的依赖程度，中国大陆是中国台湾地区乙醇胺出口的最大市场。中国台湾地区与中国大陆邻近，运途短、运费低，如果终止反倾销措施，中国台湾地区对中国大陆出口数量将可能继续增加。

2010 年 7 月 7 日，中国台湾东联化学股份有限公司向调查机关陈述意见，并于 2010 年 7 月 13 日至 8 月 23 日提交了《拜会补充材料（一）（二）（三）（四）》，希望调查机关能够终止对中国台湾地区被调查产品征收反倾销税，理由如下：（1）中国台湾东联化学股份有限公司作为中国台湾唯一一家被调查产品的生产厂商，未来对中国大陆乙醇胺出口量将大幅下降。首先，中国台湾东联化学股份有限公司在中国台湾地区无扩产计划；其次，在中国大陆（扬州）投资的乙醇胺厂即将建成投产；再次，中国台湾地区本土消费量上升，对中国大陆以外市场的出口量将增加。（2）继续征收反倾销税将对中国大陆下游产业造成不利影响。中国台湾东联化学股份有限公司的被调查产品是中国大陆面板业、草甘膦等产业的重要原料，继续对中国台湾地区被调查产品征收反倾销税，将加大下游产业成本，对中国大陆乙醇胺下游产业发展造成不利影响。

中国大陆申请人在其《拜会评论意见》中提出：

第一，中国台湾东联化学股份有限公司提出的未来中国台湾地区乙醇胺产品对中国大陆出口量将大幅下降的主张明显与事实不符，不能成立。首先，中国台湾东联化学股份有限公司在扬州的投资项目尚未建设完成，即便建成投产之后，未来新产出产品与下游客户之间需要较长的时间磨合期，也会出现原材料供应量不足或者开工不顺而需要中国台湾厂产能支援扬州厂的情况。因此，扬州工厂在短时间内无法替代中国台湾地区的乙醇胺产品，仍需要中国台湾地区的出口供应。其次，中国台湾地区消费需求严重不足，产能严重过剩，需依赖出口的产能巨大，对中国大陆市场的依赖程度很高。再次，全球乙醇胺市场产能严重过剩、主要消费市场北美和西欧需求低迷，而中国大陆需求增长迅速，如果终止对中国台湾地区被调查产品的反倾销措施，为了消化其巨大的过剩产能，中国台湾地区很可能加大对中国大陆的出口力度，其对中国大陆乙醇胺的出口数量将大量增加。

第二，申请人认为，反倾销措施并未对中国大陆面板、草甘膦等下游产业的发展造成负面影响，反而有利于其正常生产经营和良性发展。首先，反倾销措施实施以后，中国大陆乙醇胺产业得到快速发展，装置技术水平达到国际先进水平，产品质量稳定、性能可靠，中国大陆同类产品完全可以替代包括中国台湾东联化学股份有限公司在内的被调查产品。同时，在上下游企业意见陈述会上，参会下游企业均认为中国大陆乙醇胺企业产品质量不逊色于被调查进口产品。其次，反倾销措施实施期间，中国大陆乙醇胺产业新建和扩建了一批生产装置，使得下游企业成为真正受益者并且有了充分的选择权，可以以合理较低价格购买乙醇胺产品，有利于其控制成本和稳定生产经营。再次，中国台湾东联化学股份有限公司等为了维持甚至扩大其市场份额，降价销售自然成为其有利的竞争手段。届时将很可能导致中国大陆乙醇胺产品价格出现剧烈波动，不利于下游产业的稳定经营和规划以及合理预测、控制原材料成本。

调查机关认为：(1)2009 年 1 ~ 9 月，中国台湾地区被调查产品对中国大陆的出口数量占中国大陆总进口量的比例为 26.04%，已成为向中国大陆出口被调查产品最多的地区；中国台湾东联化学股份有限公司也未提供证据，以支持其提出的中国台湾地区消费量及对中国大陆以外市场出口量将增加的主张。(2)中国大陆企业生产的乙醇胺与进口被调查产品相比，在含量、水分、色度等指标上都不存在差异，可以相互替代。随着新建项目陆续建成投产，中国大陆市场供应量也将进一步增加，预计未来中国大陆乙醇胺下游产业将会获得稳定、充足的原料供应，有利于下游产业的长远发展。

综合考虑上述事实和理由，调查机关未接受中国台湾东联化学股份有限公司提出的主张。

综上所述，日本、美国、马来西亚和中国台湾地区乙醇胺产能过剩，拥有较大的出口能力，对国外(地区)市场的依赖度高。

近年来，中国大陆乙醇胺市场需求一直保持旺盛增长，中国化工信息中心提供的资料显示，中国大陆乙醇胺消费增长速度高于全球消费增速。中国大陆是被调查国家(地区)对外出口的主要或重要目标市场，反倾销措施实施期间，被调查产品绝对进口数量总体呈增长趋势。如果终止反倾销措施，中国大陆市场可能继续成为日本、美国、马来西亚和中国台湾地区重要的出口市场，其对中国大陆的乙醇胺出口数量将可能大量增加。

(四)被调查产品对中国大陆同类产品价格的影响预测

1. 被调查产品价格趋势预测

根据中华人民共和国海关统计，调查期内，被调查产品进口价格总体呈先降后升再降趋势。2005 年至 2009 年 1 ~ 9 月，被调查产品进口价格分别为 10832.10 元/吨、10267.39 元/吨、11261.63 元/吨、18717.64 元/吨和 6516.64 元/吨。2006 年比上年下降 5.21%，2007 年、2008 年分别比上年增长 9.68% 和 66.21%，2009 年 1 ~ 9月比上年下降 66.68%。

环氧乙烷作为乙醇胺的主要原材料，约占其原材料成本的 75% 以上。调查期内，2005 年至 2008 年，原油价格总体大幅上涨，以原油为原料的环氧乙烷价格相应上涨，导致进口被调查产品价格总体呈上升趋势。随着调查期后期国际原油价格的下跌，进口被调查产品价格开始呈现下降趋势。

倾销调查表明，反倾销措施实施期间，进口被调查产品仍然存在倾销行为。目前进口被调查产品与中国大陆同类产品在产品质量、销售渠道上基本一致，价格对下游用户选择起重要作用。如果终止反倾销措施，被调查产品价格存在进一步下降的可能。

2. 中国大陆同类产品销售价格趋势预测

调查期内，中国大陆同类产品销售价格总体呈先降后升再降趋势。2005 年至 2009 年 1 ~ 9 月分别为 13839.51 元/吨、12479.16 元/吨、14480.15 元/吨、17085.60 元/吨和 8387.63 元/吨，2006 年比上年下降 9.83%，2007、2008 年分别比上年增长 16.03%、17.99%，2009 年 1 ~ 9 月比上年同期下降了 59.13%。

调查期内，中国大陆同类产品的价格变化趋势与被调查产品价格变化趋势一致。2005 年至 2008 年，被调查产品进口价格和国内同类产品价格均先降后升；2009 年 1 ~ 9 月，被调查产品进口价格下降 66.68%，中国大陆同类产品的销售价格降幅为 59.13%，单位毛利润为 - 190.23 元/t，比上年同期下降 103.73%。中国大陆产业对进口产品价格敏感，容易受到进口产品价格变化的影响。

如果终止反倾销措施，日本、美国、马来西亚和中国台湾地区的被调查产品有可能大量涌进中国大陆市场，被调查产品的降价空间可能转变为实际的降价幅度。中国大陆产业高度依赖中国大陆市场，届时，中国大陆产业同类产品将受到被调查产品更大的打压，中国大陆产业同类产品价格存在进一步下滑的可能。

（五）未来产业状况

调查期内，在中国大陆表观消费量总体增长的情况下，中国大陆产业产能、产量、销售量、市场份额、销售收入、开工率、人均工资、劳动生产率都在总体上保持了增长趋势。同时，2006 年和 2009 年 1 ~ 9 月中国大陆产业经营状况出现的不利趋势表明，中国大陆乙醇胺产业依然比较脆弱，对被调查产品的进口数量和价格及市场环境变化反应敏感，容易受到进口产品的冲击和影响。

倾销调查表明，如果终止反倾销措施，被调查产品很可能继续倾销，被调查产品进口数量可能大幅增长，市场竞争会日益加剧。中国大陆产业对中国大陆乙醇胺市场的依赖程度高，届时，中国大陆产业同类产品的市场价格存在进一步下滑的可能性，同类产品的开工率也将可能大幅下降，产销状况恶化，市场份额下降，企业盈利空间可能进一步缩减，亏损进一步加剧。

目前中国大陆产业为新建和扩建而投入的巨额资金尚未得到有效回收，处于发展的重要阶段。中国大陆产业生产经营状况的下滑可能会对产业投资的回收和下一步投融资活动形成阻碍，严重时甚至可能导致中国大陆部分企业停产或倒闭。

（六）产业损害调查结论

调查表明：

1. 得益于反倾销措施的作用，与反倾销措施实施前的损害状况相比，中国大陆产业生产经营状况明显好转，损害调查期内，中国大陆产业得到了初步恢复和发展。

2. 2006 年及 2009 年 1 ~ 9 月中国大陆产业状况出现的不利趋势表明，中国大陆产业容易受到倾销进口产品的冲击和影响。

3. 日本、美国、马来西亚和中国台湾地区拥有庞大的出口能力，国内（地区内）消费需求有限，高度依赖出口市场。中国大陆是新兴的乙醇胺消费市场，发展前景极具吸引力。如果终止反倾销措施，被调查产品对中国大陆的出口有大幅增加的可能性。

4. 如果终止反倾销措施，被调查产品的降价空间可能转变为实际的降价幅度，中国大陆同类产品销售价格可能会进一步受到被调查产品的打压，存在下滑的可能。

综上所述，如果终止反倾销措施，中国大陆产业有可能再度遭受被调查产品的损害。

八、复审裁定

根据上述调查结论，调查机关裁定如果终止反倾销措施，原产于日本、美国、马来西亚和中国台湾地区的进口乙醇胺对中国大陆的倾销可能继续发生；原产于日本、美国、马来西亚和中国台湾地区的进口乙醇胺对中国大陆产业造成的损害有可能再度发生。

四、商务部、海关总署、公布对进口对苯二甲酸开展反倾销调查

1. 中华人民共和国海关总署　公告 2010 年第 9 号（二〇一〇年二月一日）

根据《中华人民共和国反倾销条例》的规定，商务部决定自 2010 年 2 月 3 日起对原产于韩国和泰国的进口对苯二甲酸实施临时反倾销措施（详见附件 1）。现将有关事项公告如下：

一、自 2010 年 2 月 3 日起，对原产于韩国和泰国的进口对苯二甲酸（税则号列：29173611 和 29173619），除按现行规定征收关税和进口环节增值税外，还应区别不同的供货厂商，按照本公告附件 2 所列的适用征收比率和下述计算公式征收反倾销保证金及相应的进口环节增值税保证金。

反倾销保证金及进口环节增值税保证金合计计算公式为：保证金总额 =（海关完税价格 × 反倾销保证金征收比率）×（1 + 进口环节增值税税率）

实施临时反倾销措施产品的详细描述详见本公告 附件1。

二、凡申报进口对苯二甲酸的进口经营单位，应当向海关提交原产地证明。如果原产地为韩国和泰国的，还需提供原厂商发票。对于申报进口时不能提供原产地证明，且经查验也无法确定货物的原产地不是韩国或泰国的，海关应当按照本公告附件2所列的最高反倾销保证金征收比率征收保证金。对于能够确定货物的原产地是韩国或泰国，但进口经营单位不能提供原厂商发票，且通过其他合法、有效的单证也无法确定原生产厂商的，海关将按照本公告附件2所列的相应国家或地区中的其他公司适用的反倾销保证金征收比率征收保证金。

三、有关加工贸易保税进口原产于韩国和泰国的进口对苯二甲酸如何征收反倾销保证金等方面的问题，海关按照中华人民共和国海关总署公告2001年第9号和中华人民共和国海关总署令第111号的规定执行。

四、对于所征收的反倾销保证金及进口环节增值税保证金的处理，海关总署将根据终裁结果另行公告。

附件：1. 中华人民共和国商务部公告2010年第4号(略)

2. 对苯二甲酸反倾销保证金征收比率表(略)

2. 中华人民共和国商务部公告2010年第3号，公布关于延长对苯二甲酸反倾销调查期限的公告(二〇一〇年二月二日)

根据《中华人民共和国反倾销条例》的规定，2009年2月12日，商务部正式发布立案公告，决定对原产于韩国和泰国的进口对苯二甲酸进行反倾销立案调查。

鉴于本案情况较为特殊和复杂，商务部根据《中华人民共和国反倾销条例》第二十六条的规定，决定将本案的调查期限延长6个月，即本案调查期限截止日为2010年8月12日。

3. 商务部产业损害调查局　商调查函[2010]72号　商务部关于召开对苯二甲酸反倾销案产业损害调查听证会的通知　(二〇一〇年三月十日)

有关利害关系方：

2009年2月12日，中华人民共和国商务部依照《中华人民共和国反倾销条例》发布公告，对原产于韩国和泰国的进口对苯二甲酸进行反倾销调查。2010年2月2日，商务部发布公告对本案作出初步裁定。为保证调查程序的公平、公正、公开，根据《中华人民共和国反倾销条例》第二十条和商务部《产业损害调查听证规则》的规定，应本案部分利害关系方的申请，商务部决定举行对苯二甲酸反倾销案产业损害调查听证会。现将有关事项通知如下：

一、本次听证会为产业损害调查专题听证会，产业损害及因果关系以外的其他事项不作为本次听证会的听证内容。

二、申请参加听证会的利害关系方，应填写《申请参加对苯二甲酸反倾销案产业损害调查听证会登记表》(见附件)，并在本通知发布之日起15日内(截止至2010年3月24日)将登记表提交商务部产业损害调查局。如果利害关系方未在本通知规定的时间内向商务部递交申请，商务部有权拒绝其参加听证会，拒绝接受其递交的有关材料。

三、申请在听证会上发言的利害关系方，应在提交上述登记表的同时，提交听证会发言书面概要和相关证据材料正式文本一式10份。听证会指定语言和文字为中文。

四、是否允许参加听证会以及是否允许在听证会上发言，将由商务部根据报名情况确定。

五、本公告同时在中华人民共和国商务部网站产业损害调查局子站和中国贸易救济网上发布。《申请参加对苯二甲酸反倾销案产业损害调查听证会登记表》可直接由网上下载。

六、经商务部审查后确定的参加听证会的各利害关系方名单、听证会的具体时间、地点等将在上述网站公布。

商务部联系方式：(略)

附件：《申请参加对苯二甲酸反倾销案产业损害调查听证会登记表》(略)

4. 商务部产业损害调查局　商务部关于召开对苯二甲酸反倾销案产业损害调查听证会的补充通知(二〇一〇年三月二十五日)

有关利害关系方：

商务部于2010年3月10日发布《关于召开对苯二甲酸反倾销案产业损害调查听证会的通知》(商调查函[2010]72号)，根据报名情况，现将有关具体事项补充通知如下：

一、时间和地点时间：2010年4月1日(星期

四)下午14：00－17：00地点：北京 首都大酒店锦云厅(东城区前门东大街3号)

二、注意事项(略)

三、参加听证会利害关系方名单及相关安排

序号	单位名称	类别	参加人数	发言时间安排
1	Siam Mitsui PTA CO.，Ltd(泰国)	国外(地区)生产者	4人	陈述10分钟；听证会结束前补充发言5分钟
2	TPT石化大众有限公司(泰国)	国外(地区)生产者	3人	陈述10分钟；听证会结束前补充发言5分钟
3	韩国三南石油化学株式会社	国外(地区)生产者	11人	陈述25分钟；听证会结束前补充发言5分钟
4	韩国三星石油化学株式会社	国外(地区)生产者	3人	
5	韩国SK油化株式会社	国外(地区)生产者	2人	
6	韩国(株)KP化学	国外(地区)生产者	3人	
7	韩国泰光产业株式会社	国外(地区)生产者	2人	
8	韩国(株)晓星	国外(地区)生产者	3人	
9	翔鹭石化股份有限公司	国内生产者	6人	陈述50分钟；听证会结束前补充发言15分钟
10	浙江逸盛石化有限公司	国内生产者	1人	
11	绍兴远东石化有限公司	国内生产者	1人	
12	中国石化仪征化纤股份有限公司	国内生产者	1人	
13	亚东石化(上海)有限公司	国内生产者	2人	
14	中国石油天然气股份有限公司辽阳石化分公司	国内生产者	1人	
15	浙江南方石化工业有限公司	国内下游用户	1人	
16	桐昆集团股份有限公司	国内下游用户	1人	
17	浙江华欣控股集团有限公司	国内下游用户	1人	
18	江苏申光化纤有限公司	国内下游用户	1人	
19	广东开平春晖股份有限公司	国内下游用户	1人	
20	广东珠海裕华聚酯有限公司	国内下游用户	1人	
21	佛山市三水顺通聚酯切片有限公司	国内下游用户	1人	
22	上海联吉合纤有限公司	国内下游用户	2人	
23	浙江化纤联合集团有限公司	国内下游用户	3人	
24	浙江赐富化纤有限公司	国内下游用户	1人	
25	丸红(上海)有限公司	国内进口商	1人	
26	泰王国驻华大使馆商务处	外国政府	2人	
27	韩国驻华大使馆	外国政府	2人	陈述5分钟
28	韩国石油化学工业协会	其他	5人	
29	中国化纤工业协会	其他	2人	
30	三井化学(上海)有限公司	其他	1人	
31	三菱商事株式会社(日本)/三菱商事(上海)有限公司	其他	2人	

5. 中华人民共和国商务部公告2010年第47号，公布关于原产于韩国和泰国的进口对苯二甲酸反倾销调查的最终裁定(二〇一〇年八月十二日)

根据《中华人民共和国反倾销条例》的规定，商务部(以下称调查机关)于2009年2月12日发布2009年第12号公告，决定对原产于韩国和泰国的进口对苯二甲酸(以下简称被调查产品)进行反倾销立案调查。该被调查产品归在《中华人民共和国进出口税则》税则号：29173611和29173619。

调查机关对被调查产品是否存在倾销和倾销幅度、中国国内产业是否遭受了损害及损害程度，以及倾销和损害之间的因果关系进行了调查。根据调查结果和《中华人民共和国反倾销条例》第二十四条的规定，调查机关于2010年2月2日发布初裁公告，认定被调查产品存在倾销，中国国内产业受到了实质损害，而且倾销与实质损害之间存在因果关系。

初步裁定后，调查机关继续对倾销和倾销幅度、损害和损害程度、以及倾销和损害之间的因果关系进行调查。现本案调查结束，根据本案调查结果，并依据《中华人民共和国反倾销条例》第二十五条的规定，商务部做出最终裁定(见附件)。现将有关事项公告如下：

一、最终裁定

经过调查，商务部最终裁定，原产于韩国和泰国的进口精对苯二甲酸存在倾销，并对中国国内精对苯二甲酸产业造成了实质损害，且倾销与实质损害之间存在因果关系。

二、征收反倾销税

根据《中华人民共和国反倾销条例》的有关规定，商务部向国务院关税税则委员会提出征收反倾销税的建议，国务院关税税则委员会根据商务部的建议做出决定，自2010年8月12日起，对原产于韩国和泰国的进口精对苯二甲酸征收反倾销税。

本案征收反倾销税的产品归在《中华人民共和国进出口税则》税则号：29173611。鉴于其他对苯二甲酸产品(税则号29173619)被排除在本案被调查产品范围之外，故不对其征收反倾销税。具体描述如下：

调查范围：原产于韩国和泰国的进口精对苯二甲酸

被调查产品名称：精对苯二甲酸(英文名称为Pure Terephthalic Acid)。

化学分子式：$C_8H_6O_4$

化学结构式：HOOC[C_6H_4]COOH，如下图：(略)

物理化学特征：精对苯二甲酸是无色针状结晶或无定型粉末(外观为白色晶体或粉末)，无毒、有刺激性，粉尘具有爆炸性，能溶于碱溶液，稍溶于热乙醇，微溶于水。

主要用途：精对苯二甲酸是大宗有机原料之一，是聚酯纤维和非纤维聚合物的重要基础原料。精对苯二甲酸与乙二醇(EG)缩聚得到聚对苯二甲酸乙二醇酯(PET)，还可以与1，4-丁二醇或1，4-环己烷二甲醇等反应生成相应的酯。精对苯二甲酸的下游加工产品主要是聚酯，包括聚酯纤维(涤纶)、非纤维聚酯产品如聚酯瓶片和聚酯薄膜等。

对各公司征收的反倾销税税率如下：

韩国公司

1. 株式会社晓星 2.6% (Hyosung Corporation)

2. 三星石油化学株式会社 2.0% (Samsung Petrochemical Company Limited)

3. SK油化株式会社 11.2% (SK Petrochemical Co., Ltd)

4. 三南石油化学株式会社 3.7% (Samnam Petrochemical Co., LTD.)

5. KP化学公司 2.0% (KP CHEMICAL CORPORATION)

6. 泰光产业(株) 2.4% (TAEKWANG INDUSTRIAL CO., LTD)

7. 其他韩国公司 11.2%

(All Others) 泰国公司

1. Indorama石化有限公司 16.9% (Indorama Petrochem Limited)

2. Siam三井PTA有限公司 6.0% (Siam Mitsui PTA Co., Ltd.)

3. TPT石化大众有限公司 12.9% (TPT Petrochemicals Public Company Limited)

4. 其他泰国公司 20.1% (All Others)

三、征收反倾销税的方法

自2010年8月12日起，进口经营者在进口原产于韩国和泰国的进口精对苯二甲酸时，应向中华人民共和国海关缴纳相应的反倾销税。反倾销税以海关审定的完税价格从价计征，计算公式为：反倾销税额=海关完税价格×反倾销税税率。进口环节增值税以海关审定的完税价格加上关税和反倾销税作为计税价格从价计征。

四、反倾销税的追溯征收

对自2010年2月2日起至本决定公告之日止，

有关进口经营者依初裁决定向中华人民共和国海关所提供的保证金，按终裁所确定的征收反倾销税的商品范围和反倾销税税率计征并转为反倾销税，并按相应的增值税税率计征进口环节增值税。对在此期间有关进口经营者所提供的保证金超出反倾销税和与之相应的进口环节增值税的部分，海关予以退还，少征部分则不再征收。

对实施临时反倾销措施决定公告之日前进口的原产于韩国和泰国的进口精对苯二甲酸不再追溯征收反倾销税。

由于其他对苯二甲酸产品（进出口税则号29173619）被排除在本次被调查范围之外，对自2010年2月2日起至本决定公告之日期间，有关进口经营者就进口其他对苯二甲酸产品向中华人民共和国海关所提供的保证金，全部予以退还。

五、征收反倾销税的期限

对原产于韩国和泰国的进口精对苯二甲酸征收反倾销税，实施期限自2010年8月12日起5年。

六、新出口商复审

对于上述国家在调查期内未向中华人民共和国出口被调查产品的新出口经营者，符合条件的，可依据《中华人民共和国反倾销条例》第四十七条的规定，向调查机关书面申请新出口商复审。

七、期中复审

在征收反倾销税期间，有关利害关系方可根据《中华人民共和国反倾销条例》第四十九条的规定，向调查机关书面申请期中复审。

八、行政复议和行政诉讼

对本案终裁决定及征收反倾销税的决定不服的，根据《中华人民共和国反倾销条例》第五十三条的规定，可以依法申请行政复议，也可以依法向人民法院提起诉讼。

九、本公告自2010年8月12日起执行

附件：中华人民共和国商务部关于原产于韩国和泰国的进口对苯二甲酸反倾销调查的最终裁定

根据《中华人民共和国反倾销条例》的规定，商务部(以下称调查机关)于2009年2月12日正式发布立案公告，决定对原产于韩国和泰国的进口对苯二甲酸(以下简称被调查产品)进行反倾销立案调查。该被调查产品归在《中华人民共和国进出口税则》税则号：29173611和29173619。

调查机关对被调查产品是否存在倾销和倾销幅度、中国产业是否遭受了损害及损害程度，以及倾销和损害之间的因果关系进行了调查。根据调查结果和《中华人民共和国反倾销条例》第二十四条的规定，调查机关于2010年2月2日发布初裁公告，认定被调查产品存在倾销，中国产业受到了实质损害，而且倾销与实质损害之间存在因果关系。

初步裁定后，调查机关继续对倾销和倾销幅度、损害和损害程度、以及倾销和损害之间的因果关系进行调查。现本案调查结束，根据本案调查结果，并依据《中华人民共和国反倾销条例》第二十五条的规定，商务部做出最终裁定如下：

一、调查程序

(一)立案及立案通知。

1. 立案

2008年12月12日，调查机关收到浙江华联三鑫石化有限公司(现更名为绍兴远东石化有限公司)、浙江逸盛石化有限公司、厦门翔鹭石化股份有限公司代表国内对苯二甲酸产业提交的反倾销调查申请，申请人请求对原产于韩国、泰国的进口对苯二甲酸进行反倾销调查。

调查机关审查了申请材料后，认为申请人符合《中华人民共和国反倾销条例》第十一条及第十三条和第十七条有关中国国内产业提出反倾销调查申请的规定。同时，申请书中包含了《中华人民共和国反倾销条例》第十四条、第十五条规定的反倾销调查立案所要求的内容及有关的证据。

根据上述审查结果及《中华人民共和国反倾销条例》第十六条的规定，商务部于2009年2月12日发布立案公告，决定对原产于韩国、泰国的进口对苯二甲酸进行反倾销立案调查。倾销调查期为2007年10月1日至2008年9月30日，产业损害调查期为2005年1月1日至2008年9月30日。

2. 立案通知

在决定立案调查前，根据《中华人民共和国反倾销条例》第十六条规定，调查机关于2009年1月9日就收到中国对苯二甲酸产业反倾销调查申请书一事通知了韩国驻华大使馆、泰国驻华大使馆。

2009年2月12日，调查机关发布立案公告，并向韩国驻华大使馆、泰国驻华大使馆正式提供了立案公告和申请书的公开部分，请其协助通知所在国家的相关出口商和生产商。同日，调查机关将本案立案情况通知了本案申请人及申请书中列明的国外企业。

(二)初步调查。

1. 倾销及倾销幅度的初步调查

(1)登记应诉

根据公告要求，自公告发布之日起20天的登记应诉期内，韩国三星石油化学株式会社(Samsung Petrochemical Company Limited)、三南石油化学株式会社(Samnam Petrochemical Co.，LTD.)、株式会社晓星(Hyosung Corporation)、泰光产业(株)(TAEK-WANG INDUSTRIAL CO.，LTD)、KP化学公司(KP CHEMICAL CORPORATION)、SK油化株式会社(SK Petrochemical Co.，Ltd)、泰国Siam三井PTA有限公司(Siam Mitsui PTA Co.，Ltd.)、Indorama石化有限公司(Indorama Petrochem Limited)、TPT石化大众有限公司(TPT Petrochemicals Public Company Limited)向调查机关登记倾销应诉。

(2)发放问卷和收回答卷

根据商务部《反倾销问卷调查暂行规则》的规定，2009年3月4日，调查机关向应诉的境外生产商和申请书中列名的境外生产商发出了反倾销调查问卷，并要求其在37天内按规定提交准确、完整的答卷。在该期间内，韩国三星石油化学株式会社、三南石油化学株式会社、株式会社晓星、泰光产业(株)、KP化学公司、SK油化株式会社、Siam三井PTA有限公司、Indorama石化有限公司、TPT石化大众有限公司向调查机关申请延期递交答卷并陈述了相关理由。经审查，调查机关同意给予申请企业适当延期。至答卷递交截止之日，调查机关收到了全部9家登记应诉公司递交的有关倾销部分问卷的答卷。

(3)听取利害关系方的意见

在案件调查期内，调查机关应约会见了本案申请人浙江华联三鑫石化有限公司、浙江逸盛石化有限公司、厦门翔鹭石化股份有限公司以及中国化纤工业协会、部分下游聚酯企业代表、国外应诉公司三星石油化学株式会社、三南石油化学株式会社、株式会社晓星、泰光产业(株)、KP化学公司、SK油化株式会社、Siam三井PTA有限公司、Indorama石化有限公司、TPT石化大众有限公司的代表，听取了其对本案调查的陈述和意见。

(4)赴国内申请企业实地考察

调查机关于2009年6月派出调查人员赴浙江进行实地考察，召集有关国内生产企业和下游聚酯企业进行座谈，倾听各方意见，进一步了解产业状况以及案件影响。

2. 产业损害及损害程度初步调查

(1)参加产业损害调查活动登记

2009年2月12日，调查机关发出《关于参加对苯二甲酸反倾销案产业损害调查活动登记的通知》。2009年3月4日，参加产业损害调查活动登记期截止，调查机关共收到有效登记材料8份，均为国外生产商/出口商。其中韩国6家，分别为：泰光产业(株)、KP化学、三南石油化学株式会社、SK油化株式会社(以下简称韩国SK)、株式会社晓星、三星石油化学株式会社；泰国2家，分别为：Siam三井PTA有限公司(以下简称泰国三井公司)、TPT石化大众有限公司。经审查，调查机关接受了其登记。

按照调查机关要求，韩国泰光产业(株)、KP化学、三南石油化学株式会社、株式会社晓星分别向调查机关提交了登记应诉补充材料，就法律代理权限问题进行了澄清。

(2)成立产业损害调查组

2009年3月2日，调查机关成立对苯二甲酸反倾销案产业损害调查组，并于当日发出《关于成立对苯二甲酸反倾销案产业损害调查组的通知》。

(3)发放和收回调查问卷

根据《反倾销条例》第二十条和《反倾销产业损害调查规定》第二十四条、第二十五条的规定，调查机关于2009年3月10日向已知的国内生产者、国内进口商发放了《国内生产者调查问卷》和《国内进口商调查问卷》。

2009年3月10日，调查机关召开应诉企业代理律师会议，发放了《国外(地区)生产者/出口商调查问卷》，并就问卷答卷要求等进行了说明。

在规定的时间内，调查机关共收回调查问卷答卷14份，分别为国内生产者翔鹭石化股份有限公司、绍兴远东石化有限公司(原华联三鑫石化有限公司)、浙江逸盛石化有限公司、中国石油天然气股份有限公司辽阳石化分公司、亚东石化(上海)有限公司和中国石化仪征化纤股份有限公司(以下分别简称为翔鹭石化、绍兴远东、逸盛石化、辽阳石化、亚东石化和仪征化纤)提交的《国内生产者调查问卷》答卷6份，国外(地区)生产者/出口商韩国株式会社晓星、韩国三南石油化学株式会社、韩国泰光产业(株)、韩国KP化学、韩国三星石油化学株式会社、韩国SK、泰国三井公司、泰国TPT石化大众有限公司提交的《国外(地区)生产者/出口商调查问卷》答卷8份。

应调查机关要求，2009年4月22日，韩国KP化学向调查机关提交了答卷补充材料1份；2009年4月23日，韩国株式会社晓星、韩国三南石油化学株式会社、韩国三星石油化学株式会社、韩国SK、泰国三井公司、泰国TPT石化大众有限公司向调查机关提交了答卷补充材料6份。

2009年11月10日，调查机关向已知的国外生产者发放了《对苯二甲酸反倾销案产业损害调查补充问题单》。在规定的时限内，所有8家应诉国外生产者均向调查机关提交了补充问题单答卷。

(4)听取利害关系方意见陈述

2009年2月23日，调查机关收到本案申请人提交的《关于召开对苯二甲酸反倾销案国内产业意见陈述会的申请》。根据《反倾销条例》第二十条第二款规定，调查机关于2009年3月2日发出《关于召开对苯二甲酸反倾销案国内产业意见陈述会的通知》。2009年3月10日调查机关召开了对苯二甲酸反倾销案国内产业意见陈述会，听取了国内产业就本案的相关背景情况、提起申请的主要理由和与产业损害调查相关问题的陈述，同时国内产业向调查机关提交了《对苯二甲酸反倾销案国内产业意见陈述会汇报材料》。

(5)接收利害关系方书面评论意见

在立案公告规定的时限内，调查机关收到韩国三南石油化学株式会社、韩国三星石油化学株式会社、韩国SK、韩国KP化学、韩国泰光产业(株)、韩国株式会社晓星(以下简称“韩国6家企业”)共同提交的《对苯二甲酸反倾销案关于被调查国家范围及申请人资格的异议》和韩国SK提交的《关于在对苯二甲酸反倾销调查中排除EPTA的申请》(以下简称《排除EPTA的申请》)共2份书面评论意见，上述书面评论意见提出自中国台湾地区进口的对苯二甲酸未纳入本案调查范围影响了调查公正性、相关国内生产者不具有提起本次反倾销调查的申请人资格等抗辩意见，要求将EPTA排除在被调查产品范围以外。

2009年3月23日，调查机关收到本案申请人提交的《关于对苯二甲酸反倾销案申请人之一原浙江华联三鑫石化有限公司名称变更的说明》。

2009年3月25日，调查机关收到本案申请人提交的《申请人对韩国SK〈关于在对苯二甲酸反倾销调查中排除EPTA的申请〉的评论意见》，该评论意见针对韩国SK申请排除EPTA的要求和理由进行了评论。

2009年4月29日，调查机关收到本案申请人提交的《申请人对〈对苯二甲酸反倾销案关于被调查国家范围和申请人资格的异议〉的评论意见》，该评论意见对韩国6家企业提出的自中国台湾地区进口和申请人资格等问题进行了评论。

2009年7月13日，调查机关收到韩国6家企业共同提交的《关于对苯二甲酸反倾销案产业损害抗辩意见》(以下简称《损害抗辩意见》)，《损害抗辩意见》就本案产业损害认定及因果关系等问题进行了抗辩，认为调查期内中国国内产业不存在因被调查产品进口造成的实质损害，也没有进一步加深或造成实质损害的可能性。

2009年8月4日，调查机关收到本案申请人提交的《申请人关于对苯二甲酸反倾销案产业损害及因果关系问题的进一步评论意见》(以下简称《进一步评论意见》)，《进一步评论意见》就同类产品和国内产业认定、国内产业受到实质损害、因果关系、公共利益等问题进行了评论，认为被调查产品倾销造成了国内产业实质损害，且国内产业面临实质损害进一步加深的可能性。

2009年9月2日，调查机关收到韩国6家企业共同提交的《对苯二甲酸反倾销案关于考量公共利益与市场情况重大变化的请求》，该请求提出对被调查产品采取反倾销措施不符合公共利益，调查期后国内对苯二甲酸市场发生重大变化，不应再采取反倾销措施。

2009年9月14日，调查机关收到本案申请人提交的《申请人对〈对苯二甲酸反倾销案关于考量公共利益与市场情况重大变化的请求〉的评论意见》，该评论意见对韩国6家企业有关公共利益和市场情况重大变化的主张进行了评论。

利害关系方在上述书面评论意见中提出的抗辩主张，调查机关均予以了充分考虑，并在裁定文件中的相应部分予以了回应。

(6)初裁前实地核查

根据《反倾销条例》第二十条和《反倾销产业损害调查规定》第二十七条的规定，2009年5月5日，调查机关发出《关于对苯二甲酸反倾销案实地核查的通知》。2009年5月至7月间调查机关分别赴国内生产者翔鹭石化、绍兴远东、逸盛石化和亚东石化进行了初裁前实地核查。实地核查期间，调查机关对本案申请书及上述4家公司提交的《国内生产者调查问卷》答卷中提供的信息和公司财务数据等情况进行了核查，并收集了相关证据材料。核查结束时，上述4家公司分别向调查机关提交了《对苯二甲酸反倾销案初裁前实地核查后补充、修正材料》。

实地核查期间，调查机关还走访了本案下游企业翔鹭化纤股份有限公司和远纺工业(上海)有限公司，了解了下游产业情况，听取了下游对于本案的意见。

（三）初裁决定及公告。

2010年2月2日，调查机关发布2010年第4号公告，公布了本案的初裁决定，认定原产于韩国和泰国的进口对苯二甲酸存在倾销，中国国内对苯二甲酸产业受到实质损害，且倾销与实质损害之间存在因果关系。调查机关决定自2010年2月3日起，中华人民共和国对原产于韩国和泰国的进口对苯二甲酸实施临时反倾销措施，自该日起，进口经营者在进口原产于上述国家的进口对苯二甲酸时，须依据初裁决定确定的各公司倾销幅度向中华人民共和国海关提供相应的保证金。

（四）发布案件延长调查期限的公告。

鉴于本案情况较为特殊和复杂，调查机关根据《中华人民共和国反倾销条例》第二十六条的规定，于2010年2月2日发布2010年第3号公告，决定将本案的调查期限延长6个月，即本案调查期限截止日为2010年8月12日。

（五）初裁后的继续调查。

1. 初裁后对倾销及倾销幅度的继续调查

（1）进一步调查和搜集证据

根据初步裁定公告的要求，各利害关系方在初步裁定发布之日起20天之内可以就初步裁定向调查机关提出书面评论并附相关证据。同时，本案初裁后，调查机关依据商务部《反倾销调查信息披露暂行规则》的规定，向各提交答卷的应诉公司披露并说明了初步裁定中计算各公司倾销幅度时所依据的基本事实，并给予各应诉公司提出评论意见的机会。

在规定的时间内，调查机关收到申请人、韩国政府、6家韩国应诉公司和1家泰国应诉公司对初步裁定和初裁信息披露的书面评论。对于所递交的书面评论，调查机关在最终裁定中对其主张依法予以了考虑。

（2）实地核查

为进一步核实各应诉公司提交材料的真实性和准确性，调查机关组成反倾销调查实地核查小组，于2010年3月8～27日分别对泰国TPT石化大众有限公司、Indorama石化有限公司、Siam三井PTA有限公司、韩国三星石油化学株式会社、SK油化株式会社、KP化学公司、三南石油化学株式会社、株式会社晓星、泰光产业（株）进行了实地核查。

核查期间，被核查公司的财务人员、销售人员和管理人员接受了核查小组的询问，并根据要求提供了有关的证明材料。核查小组全面核查了各公司的整体情况、被调查产品同类产品的国内销售情况、被调查产品出口到中国的销售情况、生产被调查产品及同类产品的成本及相关费用情况，对公司提交材料的完整性、真实性和准确性进行了调查，并进一步搜集了相关证据。

经核对和整理实地核查中收集的材料和信息后，调查机关依据商务部《反倾销调查信息披露暂行规则》和商务部《反倾销调查实地核查暂行规则》的规定，向被核查公司披露并说明了实地核查中发现的事实结果。对实地核查中收集到的材料和信息，调查机关在最终裁定中依法予以了考虑。

（3）最终裁定前信息披露

本案终裁前，调查机关依据《中华人民共和国反倾销条例》第二十五条第二款和商务部《反倾销调查信息披露暂行规则》的规定，向各提交答卷的应诉公司和应诉公司所在国政府披露并说明了计算各公司倾销幅度时所依据的基本事实，并给予各利害关系方提出评论意见的机会。在规定的时间内，调查机关收到了相关利害关系方对该信息披露提出的评论意见。在最终裁定中，调查机关对该意见和评论依法予以了考虑。

（4）关于公开信息

根据商务部《反倾销调查公开信息查阅暂行规则》的规定，本案全部公开资料均已送交商务部贸易救济措施公开信息查阅室，供各利害关系方在公开信息查阅室查找、阅览、摘抄和复印。

2. 初裁后对损害和损害程度的进一步调查

（1）接收利害关系方对初步裁定的书面评论意见

自初步裁定公告发布之日起20天内，调查机关收到了本案申请人提交的《申请人对对苯二甲酸反倾销案初步裁定的评述意见》和韩国6家企业共同提交的《对〈中华人民共和国商务部关于原产于韩国和泰国的进口对苯二甲酸反倾销调查的初步裁定〉的评论意见》（以下简称初裁评论意见）。上述评论意见中，申请人表示支持初裁结论，希望调查机关在终裁中维持被调查产品范围、倾销、损害及因果关系等方面认定，尽快作出肯定性终裁；韩国6家企业就初步裁定中申请人资格、被调查国家（地区）范围、被调查产品进口数量、进口价格、国内产业损害认定、因果关系等方面内容进行了抗辩。其他利害关系方未提交对初步裁定的评论意见。

2010年4月9日，调查机关收到本案申请人提交的《对苯二甲酸反倾销案申请人对〈韩国应诉企业初裁评论〉的评论意见》（以下简称再次评论意见），再次评论意见对韩国6家企业在初裁评论意见中的观点和主张进行了评述。

利害关系方在上述评论意见中提出的抗辩主张，调查机关均予以了充分考虑，并在裁定文件中的相应部分予以了回应。

(2)终裁前实地核查

根据《反倾销条例》第二十条和《反倾销产业损害调查规定》第二十七条的规定，2010年3月2日，调查机关发出《关于对苯二甲酸反倾销案终裁前实地核查的通知》。

2010年3月至5月间，调查机关分别赴国内生产者绍兴远东、逸盛石化和翔鹭石化进行了终裁前实地核查。实地核查期间，调查机关就初裁后评论意见中利害关系方提出的有关问题进行了进一步查证和核实，并提取了相关证据材料。核查结束后，上述3家公司分别向调查机关提交了终裁前实地核查相关材料。

终裁前实地核查期间，调查机关还走访了本案下游生产企业绍兴滨海石化集团有限公司、宁波SK振邦化学有限公司和福建锦兴集团，听取其对于本案的意见，并实地了解了企业生产情况。

2010年5月，调查机关组成核查小组赴国外生产者韩国SK和三南石油化学株式会社进行了实地核查。核查期间，上述2家公司的财务人员、销售人员和管理人员接受了核查小组的询问，并根据要求提供了有关的证明材料。核查小组重点核实了上述2家公司向调查机关提交信息的真实性和准确性，实地了解了其生产工艺流程和产品物化特性。核查结束后，上述2家公司分别向调查机关提交了实地核查证据材料。

(3)召开产业损害调查听证会

2010年3月5日，调查机关收到韩国6家企业提交的《关于提请召开对苯二甲酸反倾销案产业损害调查听证会的申请书》。3月10日和3月25日，调查机关分别发出了《商务部关于召开对苯二甲酸反倾销案产业损害调查听证会的通知》和《商务部关于召开对苯二甲酸反倾销案产业损害调查听证会的补充通知》。4月1日，调查机关召开了对苯二甲酸反倾销案产业损害调查听证会，经审查合格的国外生产者及其代理律师、国内生产者及其代理律师、部分下游用户和国内进口商、涉案国家驻华大使馆、韩国石油化学工业协会和中国化纤工业协会等31个单位约100人参加了听证会。韩国6家企业及其代理律师、泰国三井公司及其代理律师、泰国TPT石化大众有限公司及其代理律师、国内生产者及其代理律师等各利害关系方围绕国内产业是否受到损害、倾销和损害的因果关系等问题分别陈述了各自的意见，提供了相应的材料。韩国驻华大使馆代表本国政府阐明了立场。会后规定时限内，在听证会上发言的利害关系方均向调查机关提交了听证会发言的书面材料。

利害关系方在听证会中提出的抗辩主张，调查机关均予以了充分考虑，并在裁定文件中的相应部分予以了回应。

(4)听取利害关系方意见陈述

2010年2月23日，应韩国SK要求，调查机关会见了韩国SK总裁一行，听取了其就本案产业损害认定和要求排除EPTA产品等问题的意见陈述。会后，韩国SK向调查机关提交了对此次会见内容的整理材料。

韩国SK提出的上述意见，调查机关在终裁前实地核查中进行了调查核实，并依据调查证据在终裁中采信了其相关主张。

(5)公开信息及终裁决定前的信息披露

根据《产业损害调查信息查阅与信息披露规定》第八条、第十四条关于公开信息及送交查阅室的规定，本案所有公开材料均已及时送交商务部贸易救济措施公开信息查阅室。各利害关系方可以查找、阅览、摘抄、复印公开信息。

根据《反倾销条例》第二十五条和《产业损害调查信息查阅与信息披露规定》的规定，2010年7月22日，调查机关向本案利害关系方披露了本案终裁决定所依据的基本事实，并给予其提出评论意见的机会。2010年8月2日，韩国6家企业共同提交了评论意见，就自中国台湾地区进口、进口价格影响等问题重复了其原有观点。

在最终裁定中，调查机关对终裁前进一步调查获取的信息进行了认真分析和全面评估，对利害关系方提出的评论和意见依法给予了充分考虑。

(六)关于价格承诺。

初裁公告公布后45天内，相关应诉公司向调查机关提交了关于签署价格承诺协议的建议。调查机关对应诉公司提出的建议和方案依法进行了审查，并对该案采取价格承诺的可行性进行了研究。调查机关认为，相关应诉公司根据本案被调查产品价格形成机制所提出的价格承诺的建议不具备行之有效的措施对其执行进行监督，因此根据商务部《反倾销价格承诺暂行规则》第十条的规定，调查机关决定在本案中不接受相关应诉公司提出的价格承诺的建议。

二、关于被调查产品

(一)被调查产品基本描述

本案最终确定的被调查产品精对苯二甲酸归在《中华人民共和国进出口税则》税则号：29173611，其他对苯二甲酸产品(税则号 29173619)不在本次被调查产品范围内。具体描述如下：

调查范围：原产于韩国和泰国的进口精对苯二甲酸

被调查产品名称：精对苯二甲酸(英文名称为 Pure Terephthalic Acid)

化学分子式：$C_8H_6O_4$

化学结构式：HOOC[C_6H_4]COOH，如下图：(略)

物理化学特征：精对苯二甲酸是无色针状结晶或无定型粉末(外观白色晶体或粉末)，无毒、有刺激性，粉尘具有爆炸性，能溶于碱溶液，稍溶于热乙醇，微溶于水。

主要用途：精对苯二甲酸是大宗有机原料之一，是聚酯纤维和非纤维聚合物的重要基础原料。精对苯二甲酸与乙二醇(EG)缩聚得到聚对苯二甲酸乙二醇酯(PET)，还可以与1，4-丁二醇或1，4-环己烷二甲醇等反应生成相应的酯。精对苯二甲酸的下游加工产品主要是聚酯，包括聚酯纤维(涤纶)、非纤维聚酯产品如聚酯瓶片和聚酯薄膜等。

(二)对被调查产品范围的调整

调查机关在立案公告中的被调查产品范围包括了精对苯二甲酸、其他对苯二甲酸，分别归在《中华人民共和国进出口税则》：29173611(“精对苯二甲酸”)和29173619(“其他对苯二甲酸”)。

立案后，韩国三南石油化学株式会社和SK油化株式会社分别向调查机关提出其生产的“准对苯二甲酸”产品(以下简称QTA)和“伊斯特曼对苯二甲酸”产品(以下简称EPTA)与被调查产品精对苯二甲酸(以下简称PTA)产品存在不同，因此申请将二产品排除在本案被调查产品范围之外。国内申请人及下游产业对此提交了相应评论意见。

初裁时，由于暂无充分证据支持该产品范围排除主张，调查机关未对本案立案公告中的被调查产品范围进行调整。初裁后，调查机关对该问题进行了进一步审查，并于2010年5月对韩国三南石油化学株式会社及SK油化株式会社进行了实地核查。

就本案而言，调查机关发现QTA、EPTA产品与PTA产品存在如下不同：

1. 物化特征。QTA和EPTA产品和PTA产品在4-CBA、PT酸、色相以及平均粒径等物理化学特性上存在差异，因此导致其在用途方面的差异。

2. 生产工艺及流程。PTA与QTA和EPTA相比，生产设备存在一定不同，PTA的生产过程比QTA和EPTA的生产过程多结晶、精制进料以及加氢反应等流程，因此造成其在成本方面的差异。

3. 用途。PTA产品可用于生产聚酯纤维(涤纶)和非纤维聚酯产品，如聚酯瓶片和聚酯薄膜；而受物理特征和化学特性影响，QTA和EPTA产品通常不用于生产聚酯瓶片和聚酯薄膜。在生产聚酯纤维时，QTA和EPTA产品通常不能单独使用，只有经与PTA产品按一定比例相混合后，方可用使用，该比例通常不高于20%。PTA产品则没有这种限制。因此二者不能完全替代。

4. 生产成本以及销售价格。受生产工艺及流程不同的影响，QTA和EPTA产品的生产成本较PTA产品低，在市场上的销售价格也较PTA产品低。

基于上述差异，根据商务部《关于反倾销产品范围调整程序的暂行规则》的规定，调查机关决定调整本案立案公告中的被调查产品范围，将QTA和EPTA产品排除在本案被调查产品范围之外。

调整后，本案被调查产品为精对苯二甲酸(PTA)，该产品归在《中华人民共和国进出口税则》：29173611。

三、中国同类产品和中国国内产业

(一)国内同类产品的认定。

根据《反倾销条例》第十二条和《反倾销产业损害调查规定》第十条、第十一条关于同类产品认定的规定，调查机关对国内产业生产的精对苯二甲酸(也称对苯二甲酸)和被调查产品的物理特征和化学特性、生产工艺流程、产品用途、产品的可替代性、消费者和生产者的评价、销售渠道和价格等因素进行了考察，调查证据显示：

1. 国内产业生产的精对苯二甲酸与被调查产品的分子式、化学结构式完全相同、基本的物理特征和化学特性没有区别；主要技术指标和质量水平基本相同，能够相互替代；两者外观相同，常温下为白色晶体粉末；包装方面也基本相同，一般采用内衬塑料薄膜的包装袋包装，每袋产品净含量常有1.1吨、1.05吨、1吨等规格，散装产品由槽车或罐式集装箱运输。

2. 生产精对苯二甲酸的工艺路线主要有苯酐转化法、甲苯歧化法、二甲苯氧化法等。以对二甲苯氧化制精对苯二甲酸的工艺路线(二甲苯氧化法)是当今世界精对苯二甲酸工业最主要的生产方法。根据国内生产者及国外(地区)生产者答卷，韩国、泰国和我国均采用二甲苯氧化法生产精对苯二甲酸。

3. 国内产业生产的精对苯二甲酸与被调查产品用途相同，都是重要的大宗有机化工原料，均主要用于生产聚酯，包括PET(聚对苯二甲酸乙二醇酯)、PBT(聚对苯二甲酸丁二醇酯)、PTT(聚对苯二甲酸丙二醇酯)、TPEE(热塑性聚酯弹性体)、PCT(聚对苯二甲酸-环己烷二甲醇酯)等，广泛应用于化纤、轻工、建筑和电子等领域。

4. 国内产业生产的精对苯二甲酸与被调查产品的销售渠道基本相同，均以直销为主，分销为辅，而且销售市场区域也基本相同，主要分布在浙江、江苏、上海，也包括福建、广东、四川、安徽等地。客户群体基本相同，而且很多客户完全重合，这些厂家既使用被调查产品，也同时使用国内产业生产的精对苯二甲酸产品。国内产业生产的精对苯二甲酸产品价格总体变化趋势与被调查产品进口价格总体变化趋势基本一致。

5. 根据本案下游用户提交的用户报告，下游生产企业认为，进口被调查产品与国内产业生产的精对苯二甲酸产品的物理特征、化学特性等方面相同、相互之间直接竞争并可相互替代。调查机关实地核查期间走访的下游用户也重申了这一观点。

综上所述，被调查产品与中国国内产业生产的精对苯二甲酸产品之间基本的物理特征和化学特性没有区别，产品生产工艺、外观、包装、用途、销售渠道、销售市场区域、客户群体、消费者和生产者的评价等方面基本相同，价格总体变化趋势基本一致，具有相似性和可比性，可以相互替代。因此，中国国内产业生产的精对苯二甲酸产品与被调查产品属于同类产品。

根据调查机关收到的《国外(地区)生产者/出口商调查问卷》答卷，提交上述答卷的8家国外生产者中，有6家国外生产者一致认为，目前全球主要对苯二甲酸生产者均采用相同或相近的工艺方法和生产设备，产品在物化特性、构成要素、销售渠道和用途方面并无差异，其中5家国外生产者认为中国国内生产的对苯二甲酸与被调查产品可以替换使用，仅泰国TPT石化大众有限公司(以下简称泰国TPT)认为不可相互替代并未说明理由。

调查机关认为，泰国TPT在承认其产品与中国国内生产的对苯二甲酸在物化特性、构成要素、销售渠道和用途方面并无差异之后，又认为两者不可互相替代，前后主张相互矛盾，且未提供有力证据和理由解释其前后矛盾的主张。因此，在参照与泰国TPT生产相同产品的国外生产者答卷内容的基础上，调查机关未采纳泰国TPT有关中国国内生产的对苯二甲酸与被调查产品“不可替换”的主张。

本案调查过程中，有关利害关系方曾提出与“其他对苯二甲酸”有关的同类产品认定问题，鉴于终裁阶段调查机关决定将“其他对苯二甲酸”排除在被调查产品以外，调查机关不再对此问题进行论述。

(二)国内产业的认定。

根据《反倾销条例》第十一条和《反倾销产业损害调查规定》第十三条的规定，调查机关对本案国内产业范围进行了审查。

现有证据显示，调查期内，翔鹭石化、绍兴远东、逸盛石化、辽阳石化、亚东石化和仪征化纤的同类产品产量占国内同类产品总产量的主要部分，符合《反倾销条例》第十一条和《反倾销产业损害调查规定》第十三条关于国内产业认定的规定，可以代表中国国内产业。本案裁决依据的中国国内产业数据，除特别说明外，均来自上述6家特定的中国国内生产者。

韩国6家企业在其提交的《对苯二甲酸反倾销案关于被调查国家范围及申请人资格的异议》中提出，与进口商有特殊关联关系的国内生产者(如翔鹭石化和逸盛石化)以及与国外出口商具有特殊关联关系的国内生产者(如亚东石化等)应当排除在国内产业或者支持本次反倾销调查企业的范围之外。

申请人在《申请人对〈对苯二甲酸反倾销案关于被调查国家范围和申请人资格的异议〉的评论意见》中援引相关规则和贸易救济案例，对以上主张进行了回应，认为：

1. 根据《反倾销条例》和《反倾销产业损害调查规定》及世贸组织反倾销协定中相关条款，有关联的国内生产者或者进口被控倾销产品的国内生产者并不是当然、自动地被排除在国内产业范围之外。要根据合理、充分的理由并充分考虑所有相关法律和经济上的具体情况，来决定是否将这些生产者排除在国内产业范围之外。

2. 翔鹭石化、逸盛石化及他们的关联公司与此次被调查的韩国和泰国的对苯二甲酸生产商、出口商没有任何关联关系。翔鹭石化、逸盛石化自身在调查期内从未进口过被调查产品，不是倾销进口产品的进口经营者。

3. 翔鹭石化、逸盛石化的关联企业作为下游企业在调查期内进口过被调查产品，但进口产品全部自用或提供给关联公司使用，从来没有向市场转售。

4. 翔鹭石化和逸盛石化是中国对苯二甲酸两大主要生产厂家，其利益立足于国内生产。未发现翔鹭石化和逸盛石化与关联公司的关系使翔鹭石化和逸盛石化的行为不同于无关联的生产者。翔鹭石化和逸盛石化的关联公司进口被调查产品并未使上述两家申请人免受倾销的影响，也没有发现由于进口倾销产品而自身造成损害的情况。因此，翔鹭石化和逸盛石化完全具备国内产业的资格，也即具备申请人主体资格，韩国应诉企业要求将其排除在国内产业之外的主张不能成立。

5. 亚东石化(上海)有限公司与中国台湾地区对苯二甲酸的生产者亚东石化股份有限公司具有关联关系，但是中国台湾地区并不属于本案被调查国家(地区)范围，因此，亚东石化完全具备国内产业的资格，不存在被排除在支持申请企业之外的问题。

调查机关在实地核查中重点核实了国内生产者关联企业进口被调查产品的问题。调查证据显示，申请人的上述主张符合本案实际。调查期内，翔鹭石化、逸盛石化自身未进口被调查产品，与被调查产品生产者及出口经营者并无关联关系；其关联企业在调查期内进口过被调查产品，上述关联企业作为本案的下游用户，其进口被调查产品均自用或提供给关联企业使用，并未在国内市场转售，属于正常生产的需要；与亚东石化具有关联关系的中国台湾地区对苯二甲酸生产者未包括在本案调查范围内，不属于被调查产品出口经营者或进口经营者。根据《反倾销条例》第十一条和《反倾销产业损害调查规定》第十三条关于国内产业认定的规定，基于上述事实，调查机关认定，翔鹭石化、逸盛石化和亚东石化具备国内产业资格。

韩国6家企业在其提交的初裁评论意见中再次对翔鹭石化和逸盛石化具备国内产业资格提出了异议，认为无论是根据中国还是世贸组织的相关规定，凡是与被调查产品的进口企业有关联关系的国内生产者均可以被排除在国内产业之外，而被调查产品的进口企业不仅包括贸易商还包括生产者。调查期内翔鹭石化和逸盛石化的关联公司从韩国进口了被调查产品，尽管其没有在国内市场转售，但仍属于被调查产品的进口企业。进口被调查产品本身，已足以构成排除在国内产业之外的充分理由，因此，翔鹭石化和逸盛石化应当排除在国内产业之外。

申请人在其提交的再次评论意见中援引了《反倾销条例》和世贸组织反倾销协定中的法条原文，认为有关联的国内生产者并不是当然、自动地被排除在国内产业范围之外。而是要由调查机关根据合理、充分的理由考虑上述进口被调查产品的行为是否使相关生产者的行为区别于国内其他生产者。调查机关在初裁中已经对上述考虑进行了明确说明。韩国6家企业在其初裁评论意见中援引的韩国对中国和印度的聚酯薄膜反倾销案中，韩国调查机关将韩国SKC公司排除在国内产业范围之外的理由不仅仅是因为其进口过被调查产品，还在于其进口被调查产品的数量较大(占被调查产品总进口量的11.4%)，而且未配合调查，其行为不同于其他生产者。同案中，韩国调查机关未将另外一家进口过被调查产品的国内生产者东丽世韩公司排除在外的理由是，该公司在调查期内的进口数量较少(仅占被调查产品总进口量的4.4%)，且其利益立足于国内生产而不是仅仅作为进口者。这一案例对申请人的观点形成了有利的印证。

调查机关认为，韩国6家企业提出的“进口被调查产品本身，已足以构成排除在国内产业之外的充分理由”的主张不符合《反倾销条例》的规定。调查机关认同韩国6家企业在初裁评论意见中提出的“在国内产业中排除与被调查产品的进口企业有关联关系或者自身进口被调查产品的企业的目的在于保证反倾销调查的公正性和客观性”的主张，已经全面核实分析了翔鹭石化和逸盛石化的关联企业进口被调查产品的情况，认为该进口行为并未影响本案调查的公正性和客观性，因此认定上述两家国内生产者具备国内产业资格。

四、倾销和倾销幅度

调查机关进一步审查了各应诉公司的答卷，对各公司的正常价值和出口价格作如下认定：

(一)正常价值、出口价格及价格调整项目的认定。

韩国公司

株式会社晓星

(Hyosung Corporation)

1. 正常价值

关于产品型号，初裁时，调查机关认定，该公司虽在答卷中报告了其生产的对苯二甲酸产品的各个型号，但属于公司内部根据包装不同而做的产品型号划分，型号之间不存在物化特征及用途的实质差异，也不影响调查机关将其视为同一产品用于比较，因此调查机关未接受公司关于型号划分的主张，将公司所报所有型号产品视为同一型号产品进行调查。初裁后，该公司未对此提出异议。经进一步审查，调查机关决定在终裁中维持初裁做法。

关于内销数量，经进一步审查，该公司调查期内对苯二甲酸在韩国国内销售数量占同期向中国出口销售对苯二甲酸数量的比例超过5%，满足作为进一步确定正常价值基础的数量要求。关于销售渠道，调查期内该公司在韩国国内仅向非关联直接用户销售被调查产品的同类产品，内销全部为非关联公司之间交易。经进一步审查该公司的被调查产品同类产品的成本情况，调查机关决定在终裁中维持初裁认定，接受公司提交的成本信息和数据，并以认定的调查期内各月单位平均成本对国内销售是否存在低于成本销售以及低于成本销售的交易是否能够回收成本进行了审查。调查机关发现，该公司内销中低于成本销售的数量占全部内销数量的比例超过20%。调查机关认为，该部分交易属于非正常贸易过程中的交易，故决定将其排除在确定正常价值基础之外。依照上述认定结果并根据《中华人民共和国反倾销条例》第四条的规定，调查机关决定采用其余属于正常贸易过程中的内销交易作为计算正常价值的基础。

2. 出口价格

调查机关进一步审查了该公司在调查期内向中国出口被调查产品的情况。关于销售渠道，该公司在调查期内直接向非关联中国用户出口销售、通过非关联韩国贸易商向非关联中国用户销售、外购其他公司的对苯二甲酸产品向非关联中国用户出口。对于该公司外购产品的出口，调查机关经进一步审查认为，该公司在交易过程中承担的是贸易商的职能，并非销售自产产品，因此决定在终裁中维持初裁认定，将这部分交易排除在确定出口价格之外。

关于自产产品出口销售的情况，经进一步审查，该公司在出口销售时即已知道其产品将销往中国。根据《中华人民共和国反倾销条例》第五条的规定，调查机关决定分别采用该公司与中国非关联用户和非关联韩国贸易商之间的交易价格作为确定出口价格的基础。

3. 调整项目

根据《中华人民共和国反倾销条例》第六条规定，为公平、合理比较，调查机关对该公司影响价格可比性的调整项目逐一进行了审查。

(1)正常价值部分

关于信用费用，公司在原始答卷中主张以韩国税务部门使用的利率来计算信用费用调整数额。调查机关在初裁中认为，信用费用应依照公司实际发生的银行短期贷款利率水平来计算，不能以税务部门的利率计算，因此未接受韩国国税厅公示的9%认定利率。由于该公司未提供有关银行短期贷款利率的证明文件，调查机关在初裁时按照其他韩国公司提供的短期借款利率对信用费用进行了调整。初裁后，该公司对此未做评论。鉴于同行业内其他公司的实际利率水平较韩国国税厅公示的利率水平能更合理地反映公司的借贷能力，调查机关决定在终裁中维持初裁的认定，采用其他公司的实际短期借款利率对信用费用进行调整。

关于包装费用，调查机关在初裁时认为，公司填答的内销产品的包装费用与公司核算的平均包装费用存在差异，按照平均包装费用对内销包装费用进行了调整。在初裁后评论中，公司认为其所报包装费用包括了人工费用。经进一步审查审查，调查机关认为，公司未就其所报内销包装费和核算包装费之间的差额是否体现在人工费上进行详细说明，并附证据支持，例如该人工来源、服务对象、费用归集与分摊标准、会计记录、销售凭证等，也未说明该人工费用与出厂装卸费之间的关系，鉴于该内销包装费和核算包装费均为公司在原始答卷中所报，调查机关决定在终裁中维持初裁认定，按照公司报告的核算包装费对包装费用进行调整。

经进一步审查，调查机关决定在终裁中接受公司主张的内陆运费——工厂/仓库到码头、出厂装卸费等项目的调整。

(2)出口价格部分

关于出口退税，调查机关在初裁中认定，该公司虽在原始答卷中提交了相关材料，但由于其提交的材料不充分，未证明调查期内进口原材料所缴进口关税与出口后实际退还税款之间的对应关系，故未接受公司关于出口退税的主张及调整金额。初裁后，该公司对此进行了评论，认为根据韩国关税法的规定，公司在出口产品时，有权请求退还为生产出口产品而进口的原材料所缴纳的进口关税。公司称其报告的出口退税金额为实际发生的金额。在实地核查过程中，调查机关发现，按韩国关税税法，产品出口时可以根据申请退还进口原材料在进口时缴纳的关税。从公司所报材料看，公司在向中国出口被调查产品时的确发生了出口退税。因此，调查机关终裁中决定接受公司关于出口退税调整的主张。但针对调整的金额，公司主张按出口交易的数量来计算调查期单位退税额。对此，调查机关认为，公司被调查产品生产无论是供出口销售产品还是用于国内销售的被调查产品均源于同一条生产线，同一工艺、同一原材料投入，公司按出口数量计算单位退税额忽略了在韩国国内销售的被调查产品同类产品中含有进口原材料关税的事实，因此按照公司出口数量来计算并调整单位退税额是不适当的，应该按照调查期公司生产的被调查产品数量来计算。调查机关决定在终裁中按照该公司在调查期内对苯二甲酸的生产数量计算的单位退税额，并以此对调查期出口退税数额进行了调整。

关于其他需要调整项目，调查机关在初裁时发现该调整项目项下所包含的银行手续和贴现费用与公司实际发生的费用存在差异，且公司未提供银行水单等文件翻译材料，也未就该调整项目项下所包含的内容进行解释和说明，故按照公司的银行水单所列费用数据对其进行了调整。在初裁后评论中，公司认为，在调查期内其出口中国的销售中的主要销售条件为信用证。为尽早获得现金，公司在银行对应收账款进行贴现，银行在原始应收账上扣除相应的利息费用后将现金支付给公司。在绝大部分情况下，应收款(提单)的银行向另一家银行进行再贴现，从而会发生另外的贴现费用，故在交易中发生了多种银行手续费。为此，公司提供了银行手续费的详细计算及图表以及银行手续费的单据及内部会计系统记录。在实地核查中，公司对此又进行了进一步的解释。经核对公司报告的数据与财务系统数据，调查机关认为公司的解释是合理的，数据间保持一致，因此决定在终裁中接受公司主张，按照公司在原始答卷中所报相关银行手续费数据对该项目进行调整。

关于佣金返还费用，在初裁时，调查机关以公司所报银行水单等材料中包含该项支出但未对此进行解释和说明为由决定增加对该项目的调整。在初裁评论中，公司解释为，在出口到中国的销售中从未发生任何佣金。在原始答卷的证明文件中所列“佣金返还”一项是指银行在向另一家银行转售(即再贴现)公司提单时支付的贴现费，该费用已经在“其他调整”项中作为银行手续费和贴现费用进行了填报。经实地核查，调查机关认为公司的解释是合理的，报告的数据与财务统计一致，因此，在决定在终裁中不对此进行调整。

关于对暂定价与最终价差异的调整，实地核查中，调查机关发现，公司的销售记录中出现多笔减记项目。抽查证据材料显示，该减记项目属于对中国出口销售价格的调整。经进一步审查，调查机关发现，“暂定价 - 最终价”销售模式是在包括韩国在内的整个亚洲对苯二甲酸市场和业内的一项惯常做法。具体流程为：对苯二甲酸生产商与下游用户签订长期或现货销售合同，期初价格暂以前一期市场价格为基础确定，期末时再根据权威机构公布的基准价或参考价来确定最终价格。有的最终价格的确定还要参考竞争者的报价；价格波动剧烈且持续时间较长时，最终价格也相应需要较长时间方可确定；有时价格要进行两次或两次以上的调整。买卖双方对最终价达成一致后，公司将调整金额返还给中国客户。形成这种销售定价模式的主要原因是对苯二甲酸的大宗化工原材料的属性及受原油价格、主要原材料对二甲苯供求影响显著。鉴于公司未在原始答卷中报告上述价格调整情况，调查机关决定在终裁中按照调查机关可获得的信息对此进行了调整。另外，调查机关还发现，在最终价格确定后，公司将调整金额返还给中国客户时，会发生一定金额的银行手续费，但公司在原始答卷中未报告。调查机关决定在终裁中对其予以调整。

经进一步审查，调查机关决定在终裁中接受公司主张的出厂装卸费、内陆运费——工厂/仓库到码头、港口装卸费、国际运输费、国际保险费、包装费、信用费用、报关代理费等调整项目。

4. 到岸价格(CIF 价格)

经进一步审查，调查机关认为该公司所报告的到岸价格(CIF 价格)属于票面价格，并非公司与中国客户的最终交易价格。因此，调查机关决定在终裁中以公司报告的 CIF 价格数据为基础，调整了相关构成要素后，形成了用于计算倾销幅度目的的 CIF 价格。

三星石油化学株式会社

(Samsung Petrochemical Company Limited)

1. 正常价值

在初裁后的进一步调查中，调查机关重新审查了韩国三星石油化学株式会社在调查期内被调查产品同类产品的国内销售情况，认定调查期内该公司国内销售被调查产品的同类产品数量占同期向中国出口销售数量的比例大于5%，符合作为确定正常价值的数量要求。

根据该公司的报告，公司调查期内在韩国国内的销售存在关联及非关联销售。在原始答卷中该公司主张，关联客户销售价格与其他购买数量相似的非关联公司交易价格定价方法相同，没有特殊价格安排。调查机关对该公司国内销售中的关联交易进行了审查，发现公司与关联客户的销售价格与非关联客户的销售价格差异不大，因此在初裁中调查机关认定，这部分关联交易反映了正常市场交易状况，属于正常贸易过程中的交易，在确定正常价值时不排除这部分关联交易。初裁后，公司对此未提出异议，经进一步调查和实地核查，调查机关决定在终裁中维持初裁认定的结论。

调查机关在初裁时认定，该公司国内销售中低于成本销售的数量占全部国内销售的比例超过了20%。调查机关认定这部分交易属于非正常贸易过程中的交易，决定排除在确定正常价值范围之外。初裁后，公司未提出异议。经进一步调查和实地核查，调查机关决定在终裁中维持初裁认定的结论，以认定的调查期内各月单位平均成本对国内销售是否存在低于成本销售以及低于成本销售的交易是否能够回收成本进行了审查。调查机关发现，该公司内销中低于成本销售的数量占全部内销数量的比例超过20%。调查机关认为，该部分交易属于非正常贸易过程中的交易，故决定将其排除在确定正常价值基础之外。依照上述认定结果并根据《中华人民共和国反倾销条例》第四条的规定，调查机关决定采用其余属于正常贸易过程中的内销交易作为计算正常价值的基础。

2. 出口价格

该公司调查期内对中国的出口销售包括公司直接向中国非关联贸易商或最终用户销售被调查产品及通过韩国国内关联贸易商间接出口到中国，销售给中国的非关联客户。

初裁时，针对公司直接向中国非关联贸易商或最终客户销售被调查产品的情况，根据《中华人民共和国反倾销条例》第五条的规定，调查机关决定依据公司销售给中国非关联贸易商或最终客户销售的价格作为确定出口价格的基础；对通过韩国关联贸易商出口到中国，销售给中国非关联客户的情况，调查机关决定采用该关联贸易商与中国非关联客户之间的价格作为确定出口价格的基础。初裁后，公司对此未提出异议，经进一步调查和实地核查，调查机关决定在终裁中维持初裁中确定出口价格基础的认定结论。

3. 调整项目

调查机关对公司主张正常价值的价格调整部分逐一审查和进一步调查。

(1)正常价值部分

关于其他折扣，初裁时因公司没有提供一贯执行的销售政策和合同的书面文件，调查机关在初裁中决定暂不予接受。初裁后公司提出了评论意见，公司认为，公司在韩国国内销售被调查产品同类产品时，先根据合同协议价格发出商品并开具税金计算书，后根据市场情况并综合考虑不同客户的购买量、付款条件、资信情况以及公司产品的供应量占客户购买总量的比例等因素最终确定结算价格并开具税金计算书，将合同价和最终结算价差额作为其他折扣。所以公司所报告的其他折扣，并不是销售利润分配性质的奖励和折扣，而是销售收入的扣减项。实地核查中，公司向调查机关提交了相关的合同和材料。经实地核查，调查机关发现，公司的其他折扣项目包括两个部分，一部分为暂定价格与最终价格的差异，另外一部分为合同规定的折扣。对于合同规定的折扣，公司说明除个别交易外，通常按合同约定的折扣率执行，合同规定的折扣包括固定折扣、固定折扣加数量折扣、基准折扣加其他调整等多种方式。在实地核查中，调查机关发现，合同价和暂定价之间的确定存在有时间差异，在公司与韩国国内有关公司签订的内销销售合同中，调查机关还发现“以每一季度确定一次价格为原则”的条款，同时公司与个别客户的交易并未按合同约定的交易方式严格执行。调查机关认为，公司所报告其他折扣确与利润分配性质的奖励和折扣不同，是销售合同所规定的暂定价与最终结算价差额。在终裁中，调查机关决定接受公司其他折扣调整的主张，但就调整金额，调查机关决定剔除没有按合同执行的有关客户交易的其他折扣以及按季度确定价格所形成的未处于调查期内的其他交易折扣和不明确的折扣调整方法所形成的其他折扣。

关于坏账准备金，原始答卷中，公司主张，国内销售按照销售收入的1%计提坏帐准备金作为正常价值的调整项目，对此调查机关在初裁时认为，基于坏账准备是整个公司应收账款坏账准备金，是作为企业管理费用一部分而预先提取的，应由整个公司销售收入来补偿，而不仅仅由被调查产品来补偿，故该主张未被接受。初裁后在评论意见中公司认为，除少量的商品销售和委托加工之外，公司绝大部分经营只有被调查产品生产和销售，因此公司营业利润绝大部分都来自被调查产品。而且公司仅对被调查产品的应收账款计提坏账准备金，因此所有的坏账准备金只能由被调查产品来补偿。经实地核查和进一步调查，调查机关认为，按韩国会计准则的规定，坏账准备金是依据权责发生制原则对公司可能发生坏账估计的一种准备，它是作为企业管理费用的一部分而预先提取的，这种坏账是否发生仅为一种估计，不能将估计的预先提取的坏账准备金作为调整项目调整正常价值，因此，调查机关决定在终裁中维持初裁认定的结论，不接受公司坏账准备调整的主张。

关于国内信用证(Local L/C)项下进口关税的退还，公司在原始答卷中主张，对在国内信用证销售的情况下，公司将原材料进口关税的退税权利转让给客户并收取相应的退税金额，这一部分退税应在计算正常价值中予以调整。基于公司未能证明国内信用证销售所退还的出口退税就是被调查产品的退税，公司向客户收取的退税额也没有证据确定就是客户所收到的退税额，因此在初裁中调查机关暂未接受。在初裁后的评论意见中，公司认为，国内信用证销售的退税，是韩国关税法规定的退税方法之一，与直接出口过程中获得的退税相同，是被调查产品的退税。公司的客户将公司开具的《基础原材料纳税证明》上的原材料投入到其产成品之中，并在出口其产成品时申请并获得公司所转让的原材料进口关税的退税。因此，该退税额就是客户所收到的退税额。实地核查过程中，公司没有提供充分的证据证明国内信用证销售所退还的出口退税就是被调查产品的出口退税，以及公司向客户收取的退税额就是客户所收到的退税额，因此，调查机关决定在终裁中维持初裁认定的结论，不接受公司国内信用证销售项下退税调整正常价值的主张。

经进一步审查，在终裁中，调查机关决定接受内陆运输——工厂/仓库至客户、出厂装卸费等相关费用、部分其他折扣、包装费用、信用费用等项目。

(2)出口价格部分

关于出口退税，初裁时基于公司没有充分证据证明退税金额是否是实际发生的金额以及所发生的原材料退税金额是否与被调查产品直接相关，在初裁中调查机关暂未接受。初裁后公司提出了评论意见。公司认为，根据韩国关税法的规定，公司在出口产品时，有权获得在出口产品进口原材料所缴纳进口关税的退还。公司报告的出口退税金额为实际发生的金额。公司仅从事被调查产品的生产与销售，因此，退还原材料进口关税，全部与被调查产品直接相关。在实地核查过程中，调查机关发现，按韩国关税税法，产品出口时可以根据申请退还进口原材料在进口时缴纳的关税。从公司所报材料看，公司在向中国出口被调查产品时的确发生了出口退税。因此，调查机关终裁中决定接受公司关于出口退税调整的主张。但针对调整的金额，公司主张按出口交易的数量来计算调查期单位退税额。对此，调查机关认为，公司被调查产品生产无论是供出口销售产品还是用于国内销售的被调查产品均源于同一条生产线，同一工艺、同一原材料投入，公司按出口数量计算单位退税额忽略了国内销售的被调查产品同类产品中含有进口原材料关税的事实，因此按照公司出口数量来计算并调整单位退税额是不适当的，应该按照调查期公司生产的被调查产品数量来计算。调查机关决定在终裁中按照该公司在调查期内对苯二甲酸的生产数量计算的单位退税额，并以此对调查期出口退税数额进行了调整。

关于出口投保保险，在原始答卷中，公司主张因未发生坏账而从保险公司获得保险金应作为出口价格的调整项目。基于保险是"射幸"事件，公司未有证据证明退还的保险金属于调查期的被调查产品出口销售保险的退还，因此在初裁中调查机关暂未接受该主张。初裁后公司未提出了评论意见。经实地核查，调查机关决定在终裁中维持初裁认定的结论，不接受公司出口保险金调整出口价格的主张。

关于佣金，在实地核查中，调查机关发现，该公司通过国内关联贸易商向中国出口销售被调查产品时，有向国内关联贸易商支付佣金的情况，调查机关决定终裁中在确定公司通过国内关联贸易商向中国出口销售被调查产品出口价格基础时，将公司支付给国内关联贸易商的佣金进行了调整。

经审查和进一步调查，在终裁中，调查机关决定接受内陆运输——工厂/仓库至出口港、出厂装卸费等相关费用、国际运费、国际运输保险、部分出口退税、包装费用、信用费用和其他需要调整的项目。

4. 到岸价格(CIF 价格)

初裁时，调查机关认定该公司所报告的到岸价格(CIF 价格)是合理的，暂接受了公司报告的到 CIF 价格，初裁后公司未提出评论意见。经进一步调查和实地核查，调查机关决定维持初裁认定，在终裁中接受公司所报告的 CIF 价格。

三南石油化学株式会社

(Samnam Petrochemical Co., LTD.)

初裁中，调查机关接受了该公司将被调查产品分为 PTA 和 QTA 两种型号的主张。初裁后，调查机关决定将 QTA 排除在被调查产品范围之外。终裁时，调查机关决定基于该公司 PTA 产品的生产销售情况来确定其倾销幅度。

1. 正常价值

调查机关进一步审查了该公司在韩国国内销售被调查产品的情况。调查期内，该公司在国内销售被调查产品同类产品的数量占同期向中国出口销售数量的比例超过5%，符合作为确定正常价值基础的数量要求。调查期内，该公司的内销全部为非关联公司之间交易，初裁时，调查机关认定其交易属于正常贸易过程中交易。初裁后，该公司未提出评论。实地核查时调查机关对关联销售的可靠性进行了核实，调查机关决定在终裁时以全部内销交易作为进一步确定正常价值的基础。

初裁中，调查机关暂采信了公司提供的生产成本、销售费用和管理费用的数据，暂未采信财务和其他费用数据。在实地核查中，调查机关审查了公司的财务数据，认定公司提供的生产成本数据可靠，决定采信该生产成本数据。调查机关复核了公司报告的管理和销售费用分摊计算过程，发现公司原始答卷中分摊计算结果不准确，调查机关决定按公司原始答卷中表格 6－5 所报的比例重新计算应分摊给被调查产品同类产品的销售费用和管理费用。在初裁后的评论中，公司主张 2008 年年末发生的财务和其他费用，不应计入调查期内，经核实公司进一步提供的证据材料，调查机关决定接受公司主张，采信公司提供的财务和其他费用数据。调查机关以最终认定的调查期内各月单位平均成本对国内销售是否存在低于成本销售以及低于成本销售的交易是否能够回收成本进行了审查。调查机关发现，该公司内销中低于成本销售的数量占全部内销数量的比例超过20%。调查机关认为，该部分交易属于非正常贸易过程中的交易，故决定将其排除在确定正常价值基础之外。依照上述认定结果并根据《中华人民共和国反倾销条例》第四条的规定，调查机关决定采用其余属于正常贸易过程中的内销交易作为计算正常价值的基础。

2. 出口价格

调查机关审查了该公司在调查期内向中国出口被调查产品情况。在调查期内，该公司通过关联及非关联贸易商向中国非关联客户出口被调查产品，初裁中，对于通过非关联贸易商的出口，调查机关以公司与非关联贸易商的交易价格为确定出口价格的基础；对于通过关联贸易商转售的交易，调查机关以关联贸易商的转售价格为确定出口价格的基础。初裁后，该公司未就此提出评论。经实地核查，调查机关决定在终裁中维持初裁中的认定。

3. 调整项目

根据《中华人民共和国反倾销条例》第六条规定，为公平合理比较，调查机关对该公司影响价格可比性的调整项目逐一进行了审查。

(1)正常价值部分

关于该公司所报告的内销交易的信用费用调整项目，初裁中，调查机关未接受韩国国税厅公示的9%认定利率，暂按公司的实际借款利率来计算信用费用。初裁后，该公司主张该利率来源不清，仍主张韩国国税厅公示的9%认定利率。经审查，调查机关认为该公司在2008 年年度财务报告中披露了其短期贷款利率，该利率即为公司实际利率，较韩国国税厅公示的利率水平能更合理反映公司的借贷能力，调查机关决定维持初裁的认定，采用该实际贷款利率作为计算信用费用的依据。

对于其他折扣、内陆运费和其他需要调整的项目，经实地核查，调查机关决定在终裁中采信其提交的数据和材料，接受对其调整的主张。

(2)出口价格部分

关于该公司所报告的出口交易的信用费用调整项目，基于前述内销交易信用费用认定方法，调查机关决定维持初裁的认定，采用公司实际贷款利率作为计算信用费用的依据。

关于出口退税，初裁时基于公司没有充分证据证明退税金额是否是实际发生的金额以及所发生的原材料退税金额是否与被调查产品直接相关，在初裁中调查机关暂未接受出口退税调整项目主张。初裁后公司提出了评论意见，认为根据韩国关税法的规定，公司在出口产品时，有权获得在出口产品进口原材料所缴纳进口关税的退还，公司报告的出口退税金额为实际发生的金额。公司仅从事被调查产品的生产与销售，因此退还原材料进口关税，全部与被调查产品直接相关。在实地核查过程中，调查机关发现，按韩国关税税法，产品出口时可以根据申请退还进口原材料在进口时缴纳的关税。从公司所报材料看，公司在向中国出口被调查产品时的确发生了出口退税。因此，调查机关终裁中决定接受公司关于出口退税调整的主张。但针对调整的金额，公司主张按出口交易的数量来计算调查期单位退税额。对此，调查机关认为，公司被调查产品生产无论是供出口销售产品还是用于国内销售的被调查产品均源于同一条生产线，同一工艺、同一原材料投入，公司按出口数量计算单位退税额忽略了国内销售的被调查产品同类产品中含有进口原材料关税的事实，因此按照公司出口数量来计算并调整单位退税额是不适当的，应该按照调查期公司生产的被调查产品数量来计算。调查机关决定在终裁中按照该公司在调查期内对苯二甲酸的生产数量计算的单位退税额，并以此对调查期出口退税数额进行了调整。

对于内陆运费、国际运费、保险费用、包装费用、报关代理费、货币兑换费用、其他折扣、出口退税等调整项目，经实地核查，调查机关决定在终裁中采信其提交的数据和材料，接受对其调整的主张。

4. 到岸价格(CIF 价格)

初裁时，调查机关认定该公司所报告的到岸价格(CIF 价格)是合理的，暂接受了公司报告的 CIF 价格，初裁后公司未提出评论意见。经进一步调查和实地核查，调查机关决定维持初裁认定，在终裁中接受公司所报告的 CIF 价格。

KP 化学公司

(KP CHEMICAL CORPORATION)

1. 正常价值

该公司在答卷中称调查期内公司生产一种型号被调查产品，且其在中国、韩国和其他国家(地区)市场销售的被调查产品没有差别。初裁中，调查机关接受了该公司关于同类产品与被调查产品的相似性及无型号划分的主张。在随后的调查中，相关利害关系方未就此提出评论。调查机关决定在终裁中维持初裁的认定。

调查机关进一步审查了该公司在韩国国内销售的情况。调查期内，该公司韩国国内销售被调查产品同类产品的数量占同期向中国出口销售数量的比例超过5%，符合作为确定正常价值基础的数量要求。调查期内，该公司的内销包括关联及非关联公司之间交易，对于关联销售，调查机关初裁中暂接受该公司报告的全部内销交易价格作为进一步确定正常价值的基础。在初裁后的评论中，公司认为其国内关联销售价格考虑了关联公司的利润情况等，是不可靠的，因此不宜用于确定正常价值。经实地核查和进一步审查，调查机关认为虽然关联与非关联销售价格间存在一定差异，但该差异不足以说明该关联价格为非正常交易，因此决定维持初裁的认定，采纳关联和非关联交易作为进一步确定正常价值的基础。

初裁时，调查机关暂采信了公司提供的生产成本和销售、管理及财务费用数据。初裁后相关利害关系方未就此提出评论。实地核查中，调查机关对成本数据进行了核实，认为数据可靠，决定在终裁中维持对该问题的认定。调查机关以认定的调查期内各月单位平均成本对国内销售是否存在低于成本销售以及低于成本销售的交易是否能够回收成本进行了审查。调查机关发现，该公司内销中低于成本销售的数量占全部内销数量的比例不超过20%。依照上述认定结果并根据《中华人民共和国反倾销条例》第四条的规定，调查机关决定按全部内销交易作为进一步确定正常价值的基础。

2. 出口价格

调查机关审查了该公司在调查期内向中国出口被调查产品情况。在调查期内，该公司通过非关联贸易商向中国非关联客户及通过设立在中国的关联贸易商向中国非关联客户出口被调查产品，初裁中，对于通过非关联贸易商的出口，调查机关暂以公司与非关联贸易商的交易价格为出口价格；对于通过中国关联贸易商转售的交易，调查机关暂以中国关联贸易商的转售价格为出口价格。在随后的调查中，相关利害关系方未就此提出评论，经进一步核实材料，调查机关决定在终裁中维持初裁中的认定。

3. 调整项目

根据《中华人民共和国反倾销条例》第六条规定，为公平合理比较，调查机关对该公司影响价格可比性的调整项目逐一进行了审查。

(1)正常价值部分

关于该公司所报告的内销交易中的信用费用调整项目，初裁中，调查机关未接受韩国国税厅公示的9%认定利率，暂按其他公司的实际借款利率来计算信用费用。初裁后，该公司主张其他公司的利率不符合其实际情况。经审查，调查机关认为该公司在调查期内无短期借款，同行业内其他公司的实际利率水平较韩国国税厅公示的利率水平能更合理地反映公司的借贷能力，调查机关决定维持初裁的认定，采用其他公司的实际短期借款利率。

对于内陆运费、出厂装卸费、包装费用和其他需要调整的项目，经实地核查，调查机关决定采信其提交的数据和材料，接受对其调整的主张。

(2)出口价格部分

关于该公司所报告的出口交易的信用费用调整项目，基于前述内销交易信用费用认定方法，调查机关决定维持初裁的认定，采用其他公司的实际短期借款利率。

关于出口退税调整项目的主张，初裁时调查机关基于公司没有充分证据证明退税金额是否是实际发生的金额以及所发生的原材料退税金额是否与被调查产品直接相关，故暂未接受。初裁后公司提出了评论意见，认为根据韩国关税法的规定，公司在出口产品时，有权获得在出口产品进口原材料所缴纳进口关税的退还。公司报告的出口退税金额为实际发生的金额。公司仅从事被调查产品的生产与销售，因此，退还原材料进口关税，全部与被调查产品直接相关。在实地核查过程中，调查机关发现，按韩国关税税法，产品出口时可以根据申请退还进口原材料在进口时缴纳的关税。从公司所报材料看，公司在向中国出口被调查产品时的确发生了出口退税。因此，调查机关终裁中决定接受公司关于出口退税调整的主张。但针对调整的金额，公司主张按出口交易的数量来计算调查期单位退税额。对此，调查机关认为，公司被调查产品生产无论是供出口销售产品还是用于国内销售的被调查产品均源于同一条生产线，同一工艺、同一原材料投入，公司按出口数量计算单位退税额忽略了国内销售的被调查产品同类产品中含有进口原材料关税的事实，因此按照公司出口数量来计算并调整单位退税额是不适当的，应该按照调查期公司生产的被调查产品数量来计算。调查机关决定在终裁中按照该公司在调查期内对苯二甲酸的生产数量计算的单位退税额，并以此对调查期出口退税数额进行了调整。

对通过中国关联贸易商转售的，该公司原始答卷中未扣除利润及间接费用，初裁中调查机关暂按交易金额的3%比例扣除相关费用和利润。在随后的调查中，相关利害关系方未就此提出评论。调查机关决定在终裁中维持对该问题的认定。

对于内陆运费、国际运费、内陆及国际保险费用、包装费用、报关代理费、佣金、货币兑换费用、其他需要调整项目等，经实地核查，调查机关决定接受对其调整的主张，采信其提交的数据和材料。

4. 到岸价格(CIF价格)

初裁时，调查机关认定该公司所报告的到岸价格(CIF价格)是合理的，暂接受了公司报告的CIF价格，初裁后公司未提出评论意见。经进一步调查和实地核查，调查机关决定维持初裁认定，在终裁中接受公司所报告的CIF价格。

泰光产业(株)

(TAEKWANG INDUSTRIAL CO.，LTD)

1. 正常价值

该公司在答卷中报告调查期内只生产一种规格的对苯二甲酸产品，在中国和其他国家(地区)市场销售的对苯二甲酸产品没有差别。经调查，调查机关决定接受该公司关于同类产品与被调查产品的相似性及无型号划分的主张。

调查机关进一步审查了该公司在韩国国内销售被调查产品同类产品的情况。调查期内，该公司韩国国内销售数量占同期向中国出口销售数量的比例超过5%，符合作为确定正常价值基础的数量要求。调查期内，该公司向韩国国内非关联或关联最终用户销售对苯二甲酸产品。初裁时，调查机关认为关联内销价格可以反映正常市场交易状况，因而初步决定以全部韩国国内销售作为进一步确定正常价值的基础。初裁后公司未提出异议。经进一步审查，调查机关决定在终裁中维持初裁认定。

调查机关审查了该公司的生产成本和销售、管理及财务费用，决定维持初裁决定，接受公司报告的成本及相关费用数据。调查机关以认定的调查期内各月单位平均成本对国内销售是否存在低于成本销售以及低于成本销售的交易是否能够回收成本进行了审查。调查机关发现，该公司内销中低于成本销售的数量占全部内销数量的比例超过20%。调查机关认为，该部分交易属于非正常贸易过程中的交易，故决定将其排除在确定正常价值基础之外。依照上述认定结果并根据《中华人民共和国反倾销条例》第四条的规定，调查机关决定采用其余属于正常贸易过程中的内销交易作为计算正常价值的基础。

2. 出口价格

调查机关审查了该公司在调查期内向中国出口被调查产品的情况。调查期内，该公司通过韩国国内和国外非关联贸易商转售或直接销售给中国最终用户对苯二甲酸产品，对于通过贸易商对中国出口被调查产品的情况，该公司在销售时知道货物最终销往中国。根据《中华人民共和国反倾销条例》第五条的规定，调查机关决定采用公司调查期内向中国出口的全部销售作为确定出口价格的基础。

3. 调整项目

根据《中华人民共和国反倾销条例》第六条规定，为公平、合理比较，调查机关对该公司影响价格可比性的调整项目逐一进行了审查。

(1)正常价值部分

关于该公司所提交的内销交易的调整项目，调查机关进行了审查。

关于贸易环节调整，公司主张，韩国国内销售和对中国的出口销售存在贸易环节差别，所有的国内交易都销售给最终用户，大多数的出口交易是出口给贸易商，主张以价格平均差异率进行调整。初裁中，调查机关认为公司无法证明该因素直接导致公司的定价政策，与公平比较并无直接关联，因而暂未接受该调整主张。公司未在初裁后提供进一步证据证明该主张，调查机关决定在终裁中维持初裁认定，不接受公司该调整主张。

关于信用费用，公司在答卷中将发票日期至货款回收日期作为计算信用费用的期间，调查机关在初裁中暂按照发货日至货款回收日进行了调整，在终裁中维持该调整。在短期借款利率使用上，公司在初裁和核查中未能提供充分的证据证明使用该利率的合理性，因此，调查机关决定维持初裁决定，依据可获得的短期贷款利率进行了调整。

关于该公司报告的内销交易其他调整项目，如内陆运费——工厂/仓库至客户、包装费用等，经进一步审查，调查机关认为其所提供的数据和材料可以采信，决定接受其他调整项目的主张。

(2)出口价格部分

关于该公司所报告的出口交易调整项目，调查机关进行了审查。

关于出口退税的调整，公司主张，在进口清关时用于生产出口被调查产品的进口原材料被征收的关税可以退回，因此要求予以调整。在初裁中，公司未能提供充分的证据材料证明退税金额以及所发生的原材料退税金额是否与被调查产品直接相关，因此调查机关暂未接受该调整主张。在实地核查过程中，调查机关发现，按韩国关税税法，产品出口时可以根据申请退还进口原材料在进口时缴纳的关税。从公司所报材料看，公司在向中国出口被调查产品时的确发生了出口退税。因此，调查机关终裁中决定接受公司关于出口退税调整的主张。但针对调整的金额，公司主张按出口交易的数量来计算调查期单位退税额。对此，调查机关认为，公司被调查产品生产无论是供出口销售产品还是用于国内销售的被调查产品均源于同一条生产线，同一工艺、同一原材料投入，公司按出口数量计算单位退税额忽略了国内销售的被调查产品同类产品中含有进口原材料关税的事实，因此按照公司出口数量来计算并调整单位退税额是不适当的，应该按照调查期公司生产的被调查产品数量来计算。调查机关决定在终裁中按照该公司在调查期内对苯二甲酸的生产数量计算的单位退税额，并以此对调查期出口退税数额进行了调整。

关于包装费用，初裁中，调查机关接受了公司关于包装费用的调整主张。在实地核查中，调查机关在对交易抽样进行核查时发现，公司提供的某笔抽样交易的证明材料中显示包装费用数额与原始答卷数据不符。因此，在终裁中，调查机关决定根据可获得的信息对该项目进行了调整。

关于该公司报告的内陆运费——工厂至分销仓库，在实地核查中，公司无法提供该项目的总费用的原始数据资料，也无法提供运输单据明细证明，因此，在终裁中，调查机关根据公司提供的数据信息对该项目进行了调整。

关于公司在答卷中填报的一笔交易，在实地核查中，公司无法提供该笔交易的证明材料，且无法证明提单、合同与本笔交易的关联性。因此，调查机关决定在终裁中，对本笔交易的金额进行调整。

关于该公司报告的内陆运费——工厂/仓库至出口港、内陆保险费、出厂装卸费、国际运费、港口装卸费、信用费用、银行费用、报关代理费等，经进一步审查，调查机关认为其所提供的数据和材料可以采信，决定在终裁中接受其他调整项目的主张。

4. 到岸价格(CIF 价格)

初裁时，调查机关认定该公司所报告的到岸价格(CIF 价格)是合理的，暂接受了公司报告的 CIF 价格，初裁后公司未提出评论意见。经进一步调查和实地核查，调查机关决定维持初裁认定，在终裁中接受公司所报告的 CIF 价格。

SK 油化株式会社

(SK Petrochemical Co. , Ltd)

该公司在答卷中报告，调查期内向中国出口的产品全部为“伊斯特曼对苯二甲酸”产品，即 EPTA。经实地核查，调查机关认定公司所报情况属实。鉴于在本案终裁中调查机关决定调整本案被调查产品范围，将其限定在精对苯二甲酸产品，即 PTA，故该公司在调查期内未向中国出口被调查产品，在终裁时调查机关不为该公司计算单独倾销幅度。

其他韩国公司

(All Others)

对于其他未应诉、未提交答卷的韩国公司，根据《中华人民共和国反倾销条例》第二十一条的规定，调查机关决定采用已经获得的事实和可获得的最佳信息来认定其正常价值和出口价格。

泰国公司

Indorama 石化有限公司

(Indorama Petrochem Limited)

1. 正常价值

初裁后，调查机关核查小组赴该公司进行了实地核查。在实地核查开始前，该公司书面向核查小组提交了《Indorama 核查前提交补充和更正资料事项说明》(以下简称“说明”)。经现场审查，该《说明》对公司提交的原始答卷中涉及国内销售和生产成本的信息和数据进行了内容较多的修改、更正和补充，同时对价格调整、生产成本、各项费用分摊等分别提出了一些新的调整项目主张。鉴于该修改、更正和补充以及新主张属于对原始答卷的信息和数据的重大、实质性的修订，且于实地核查开始前才予提交，时间上的有限，使核查小组无法对其进行必要审查及在现场对其进行全面准确的核实。出于程序适当和各利害关系方平等待遇的考虑，调查机关决定对该公司在实地核查前的《说明》中提交涉及国内销售和生产成本的新信息和数据不予考虑，提出的新调整项目主张不予支持；决定继续采用公司在原始答卷中提交的信息和数据作为确定正常价值的基础。

经进一步审查，该公司生产的对苯二甲酸产品没有型号划分。关于内销数量，调查期内该公司在泰国国内销售被调查产品同类产品的数量占同期向中国出口销售对苯二甲酸数量的比例超过5%，满足作为进一步确定正常价值基础的数量要求。关于销售渠道，该公司在泰国国内分别向非关联直接用户和关联直接用户销售被调查产品的同类产品。经进一步审查，该公司向关联用户销售的价格与向非关联直接用户销售的价格之间差异不大，属于正常市场价格，因此调查机关决定维持初裁认定，不将关联内销排除在正常价值确定范围之外。

关于被调查产品同类产品的成本情况，经进一步审查，调查机关决定在终裁中采用该公司原始答卷中提交的成本和费用数据，并以认定的调查期内各月单位平均成本对国内销售是否存在低于成本销售以及低于成本销售的交易是否能够回收成本进行了审查。调查机关发现，该公司内销中低于成本销售的数量占全部内销数量的比例超过20%。调查机关认为，该部分交易属于非正常贸易过程中的交易，故决定将其排除在确定正常价值基础之外。依照上述认定结果并根据《中华人民共和国反倾销条例》第四条的规定，调查机关决定采用其余属于正常贸易过程中的内销交易作为计算正常价值的基础。

2. 出口价格

在实地核查开始前该公司书面向核查小组提交的《说明》中也对公司提交的原始答卷中涉及对中国出口价格部分信息的更正。经现场审查，该更正属于对原始答卷的信息和数据的细化、完善以及微小、非实质性的修订，不影响对其的核查。核查小组对原始答卷和《说明》中提供的出口价格的信息和数据分别进行了核查。经进一步审查，该公司在调查期内通过非关联贸易商向非关联中国客户销售被调查产品；该公司与非关联贸易商间为买断关系，在销售时该公司即已知道其产品将销往中国。因此，根据《中华人民共和国反倾销条例》第五条的规定，调查机关决定终裁中维持初裁认定，采用该公司销售给非关联贸易商的价格作为确定出口价格的基础。

3. 调整项目

根据《中华人民共和国反倾销条例》第六条规定，为公平、合理比较，调查机关对该公司影响价格可比性的调整项目逐一进行了审查。

(1)正常价值部分

经进一步审查，调查机关决定接受原始的答卷中公司主张的发票折扣(实际为暂定价与最终价的差额)、内陆运费——工厂/仓库到码头、信用费用等项目的调整。鉴于公司主张其出口和内销中单位包装成本相同，不对价格比较产生影响，调查机关决定终裁中不对该项目进行调整。

(2)出口价格部分

经进一步审查，调查机关决定在终裁中接受公司主张的暂定价与最终价差异、内陆运费——工厂/仓库到码头、港口装卸费、国际运输费、信用费用、货币兑换、出口奖励、其他需要调整项目等调整项目。鉴于公司主张其出口和内销中单位包装成本相同，不对价格比较产生影响，调查机关决定在终裁中不对该项目进行调整。

4. 到岸价格(CIF 价格)

初裁时，调查机关认定该公司所报告的到岸价格(CIF 价格)是合理的，暂接受了公司报告的 CIF 价格，初裁后公司未提出评论意见。经进一步调查和实地核查，调查机关决定维持初裁认定，在终裁中接受公司所报告的 CIF 价格。

TPT 石化大众有限公司

(TPT Petrochemicals Public Company Limited)

1. 正常价值

初裁后，调查机关核查小组赴该公司进行了实地核查。在实地核查开始前，该公司书面向核查小组提交了《TPT 核查前表格更新情况说明》(以下简称“说明”)。经现场审查，该《说明》对公司提交的原始答卷中涉及国内销售和生产成本的信息和数据进行了内容较多的修改、更正和补充，同时对价格调整、生产成本、各项费用分摊等分别提出了一些新的调整项目主张。鉴于该修改、更正和补充以及新主张属于对原始答卷的信息和数据的重大、实质性的修订，且于实地核查开始前才予提交，时间上的有限，使核查小组无法对其进行必要审查及在现场对其进行全面准确的核实。出于程序适当和各利害关系方平等待遇的考虑，调查机关决定对该公司在实地核查前的《说明》中提交涉及国内销售和生产成本的新信息和数据不予考虑，提出的新调整项目主张不予支持；决定以公司在原始答卷提供的信息和数据为基础来确定正常价值。

经进一步审查，该公司生产的对苯二甲酸产品没有型号划分。关于内销数量，调查期内该公司在泰国国内销售被调查产品同类产品的数量占同期向中国出口销售对苯二甲酸数量的比例超过5%，满足作为进一步确定正常价值基础的数量要求。关于销售渠道，调查期内，该公司在泰国国内仅向非关联直接用户销售被调查产品同类产品，内销全部为非关联公司之间交易。关于被调查产品同类产品的成本情况，经进一步审查，调查机关决定在终裁中采用该公司原始答卷中提交的成本和费用数据，并以认定的调查期内各月单位平均成本对国内销售是否存在低于成本销售以及低于成本销售的交易是否能够回收成本进行了审查。调查机关发现，该公司内销中低于成本销售的数量占全部内销数量的比例超过20%。调查机关认为，该部分交易属于非正常贸易过程中的交易，故决定将其排除在确定正常价值基础之外。依照上述认定结果并根据《中华人民共和国反倾销条例》第四条的规定，调查机关决定采用其余属于正常贸易过程中的内销交易作为计算正常价值的基础。

2. 出口价格

该公司在实地核查开始前书面向核查小组提交的《说明》中也对公司提交的原始答卷中涉及对中国出口价格部分进行了更正。经现场审查，该更正属于对原始答卷的信息和数据的细化、完善以及微小、非实质性的修订，不影响对其的核查。核查小组对原始答卷和《说明》中提供的出口价格的信息和数据分别进行了核查。调查机关核查了该公司在调查期内向中国出口被调查产品的情况。该公司在调查期内直接向非关联中国用户或通过非关联贸易商向非关联中国用户出口被调查产品。经审查，该公司与非关联贸易商的交易关系为买断关系，且在销售时该公司即已知道其产品将销往中国。因此，根据《中华人民共和国反倾销条例》第五条的规定，调查机关决定在终裁中维持初裁认定，分别采用该公司与非关联中国用户和非关联贸易商之间的交易价格作为确定出口价格的基础。

3. 调整项目

根据《中华人民共和国反倾销条例》第六条规定，为公平、合理比较，调查机关对该公司影响价格可比性的调整项目逐一进行了审查。

(1)正常价值部分

公司在原始答卷中主张就数量折扣、内陆运费——工厂/仓库到码头、包装费用等项目对内销价格进行调整。初裁时，由于该公司未就上述调整项目提供任何证明文件，也未做任何说明，调查机关以其主张的合理性和可信度值得怀疑为由，未接受公司对上述项目进行调整的主张。由于公司在原始答卷中未提供证据或说明材料支持其调整主张，使得调查机关缺乏对该部分主张进行全面准确核查的基础，因此调查机关决定在终裁中维持初裁时对公司主张的内陆运费——工厂/仓库到码头、包装费用等项目的认定，对该项目不予调整。

关于发票折扣，核查小组对其进行了重点核查。调查机关核查中发现，该项目名称实际应为暂定价与最终价的差异调整。在包括泰国在内的整个亚洲对苯二甲酸市场，对销售价格事后进行调整已是对苯二甲酸业内的一项惯常做法。具体流程为：对苯二甲酸生产商与下游用户签订长期或现货销售合同，期初价格暂以前一期市场价格为基础确定，期末时再根据权威机构公布的基准价或参考价来确定最终价格。有的最终价格的确定还要参考竞争者的报价；价格波动剧烈且持续时间较长时，最终价格也相应需要较长时间方可确定；有时价格要进行两次或两次以上的调整。买卖双方对最终价达成一致后，公司将调整金额返还给客户。形成这种销售定价模式的主要原因是对苯二甲酸的大宗化工原材料的属性及受原油价格、主要原材料对二甲苯供求影响显著。该定价模式使对苯二甲酸在整个亚洲市场的销售价格相对较为透明。基于上述情况，调查机关决定在终裁时对公司提出的发票折扣(实际应为暂定价与最终价的差异)适当予以考虑。经实地核查该公司的财务系统和销售记录，调查机关认为，该公司提出的暂定价与最终价差异调整的主张是合理的。但同时调查机关发现，该公司暂定价与最终价的调整与结算的期间一般在交易发生后的数月，且调整过程的销售记录不能反映在当期财务记录中，有的调整处于调查期之外。因此调查机关决定对公司在原始答卷主张的该项目调整总额按照一定期间比例重新进行了核算。

(2)出口价格部分

经审查，调查机关决定在终裁中接受公司主张的暂定价与最终价差异、内陆运费——工厂/仓库到码头、港口装卸费、国际运输费、包装费、报关代理、货币兑换、信用费用、出口奖励、其他需要调整项目等调整项目。

4. 到岸价格(CIF价格)

初裁时，调查机关认定该公司所报告的到岸价格(CIF价格)是合理的，暂接受了公司报告的CIF价格，初裁后公司未提出评论意见。经进一步调查和实地核查，调查机关决定维持初裁认定，在终裁中接受公司所报告的CIF价格。

Siam 三井 PTA 有限公司

(Siam Mitsui PTA Co., Ltd.)

1. 正常价值

该公司在答卷中报告调查期内只生产一种规格的对苯二甲酸产品，在中国和其他地区市场销售的对苯二甲酸产品没有差别。经调查，调查机关接受了该公司关于同类产品与被调查产品的相似性及无型号划分的主张。

调查机关进一步审查了公司在泰国国内销售被调查产品同类产品的情况。调查期内，该公司泰国国内销售数量占同期向中国出口销售数量的比例超过5%，符合作为确定正常价值基础的数量要求。调查期内，该公司向关联或非关联贸易商以及关联直接用户销售对苯二甲酸产品。经审查，调查机关认为，关联内销价格可以反映正常市场交易状况，因而决定维持初裁决定，以全部泰国国内销售作为进一步确定正常价值的基础。

调查机关审查了该公司的生产成本和销售、管理及财务费用。公司在核查中提交了对成本数据的更正，调查机关经审查认为该更正属于微小、非实质性修订，因此决定接受公司修改后报告的成本及相关费用数据。调查机关以认定的调查期内各月单位平均成本对国内销售是否存在低于成本销售以及低于成本销售的交易是否能够回收成本进行了审查。调查机关发现，该公司内销中低于成本销售的数量占全部内销数量的比例超过20%。调查机关认为，该部分交易属于非正常贸易过程中的交易，故决定将其排除在确定正常价值基础之外。依照上述认定结果并根据《中华人民共和国反倾销条例》第四条的规定，调查机关决定采用其余属于正常贸易过程中的内销交易作为计算正常价值的基础。

2. 出口价格

调查机关审查了该公司在调查期内向中国出口被调查产品的情况。

调查期内，该公司向关联或非关联贸易商以及关联直接用户销售对苯二甲酸产品。公司在调查期内对中国出口，全部通过关联贸易商销售，对于通过贸易商对中国出口被调查产品的情况，公司在销售时知道货物最终销往中国。根据《中华人民共和国反倾销条例》第五条的规定，调查机关决定在终裁中维持初裁做法，采用该关联贸易商首次转售给中国非关联用户的价格作为确定出口价格的基础。

3. 调整项目

根据《中华人民共和国反倾销条例》第六条规定，为公平、合理比较，调查机关对该公司影响价格可比性的调整项目逐一进行了审查。

(1)正常价值部分

关于该公司所提交的内销交易的调整项目，调查机关进行了审查并予以核实。

关于其他折扣——价格的调整，公司主张其使用追溯定价系统，先根据暂定价格出具发票，在未来数月内发生价格变化时，向客户发出借记单或贷记单对原暂定价进行调整。初裁中，由于公司提供的证据材料不足以证明该调整对内销价格的影响，因而调查机关未接受该调整主张。在实地核查中，公司就此提交了补充证明材料。调查机关核查中发现，该调整具体流程为：对苯二甲酸生产商与下游用户签订长期或现货销售合同，期初价格暂以前一期市场价格为基础确定，期末时再根据权威机构公布的基准价或参考价来确定最终价格。经实地核查该公司的财务系统和销售记录，调查机关认为，该公司提出的暂定价与最终价差异调整的主张是合理的，但同时调查机关发现，该公司暂定价与最终价的调整与结算的期间一般在交易发生后的数月，且调整过程的销售记录不能反映在当期财务记录中，有的调整处于调查期之外。因此调查机关决定在终裁中对公司主张的该项目按照一定期间比例进行重新核算，并予以调整。

关于其他折扣——汇率的调整，公司主张其国内销售先以美元计价，在发票中注明汇率，并按泰铢记录销售收入，如汇率发生变化，再向客户发出借记单或贷记单来反映这个变化。初裁中，由于公司提供的证据材料不足以证明该调整对内销价格的影响，调查机关暂未接受该调整主张。在核查中，公司进一步提供了充分证据，证明该调整确实存在，因而调查机关决定在终裁中接受公司的该主张。

关于增值税差别调整，公司主张，泰国增值税率为7%，中国为17%，当决定销售价格时，会考虑到此差异。经进一步审查，调查机关认为公司无法证明该差异直接导致公司的定价水平，与公平比较并无直接关联，因而决定维持初裁决定，不接受公司该调整主张。

关于包装费用的调整，调查机关在核查中发现，该公司在泰国国内的部分销售中，产品为有包装产品，公司未在答卷的调整项目部分填报该项目，因此根据公司泰国国内销售的有包装比例和数量，根据可获得的最佳信息对该项目进行了调整。

关于该公司报告的提前付款折扣、数量折扣、内陆运费——工厂到分销仓库、售前仓储费用、内陆运费——工厂/仓库至客户、出厂装卸费等相关费用、信用费用、担保费用等调整项目，调查机关认为其所提供的数据和材料可以采信，决定在终裁中维持初裁决定，接受上述调整项目的主张。

(2)出口价格部分

关于该公司所报告的出口交易调整项目，调查机关进行了审查。

关于佣金，调查机关在核查中发现，该公司在出口销售中向贸易商支付了一定数额的佣金，但公司未在答卷的调整项目部分填报该项目。经审查，调查机关认为该佣金影响了价格的公平比较，因此根据核查中得到的佣金标准和数额对该项目进行了调整。

关于包装费用的调整，调查机关在核查中发现，该公司在出口到中国全部销售中，均为有包装产品，公司未在答卷的调整项目部分填报该项目，因此，调查机关在终裁中根据可获得的信息对该项目进行了调整。

关于该公司报告的内陆运费、售前仓储费用、出厂装卸费等相关费用、港口装卸费等相关费用、报关代理费，国际运输费用、信用费用、出口退税(实为出口奖励)等，调查机关认为其所提供的数据和材料可以采信，决定接受上述调整项目的主张。

4. 到岸价格(CIF价格)

初裁时，调查机关认定该公司所报告的到岸价格(CIF价格)是合理的，暂接受了公司报告的CIF价格，初裁后公司未提出评论意见。经进一步调查和实地核查，调查机关决定维持初裁认定，在终裁中接受公司所报告的CIF价格。

其他泰国公司

(All Others)

对于其他未应诉、未提交答卷的泰国公司，根据《中华人民共和国反倾销条例》第二十一条的规定，调查机关决定采用已经获得的事实和可获得的最佳信息来认定其正常价值和出口价格。

(二)价格比较。

根据《中华人民共和国反倾销条例》第六条的规定，调查机关对进口产品的出口价格和正常价值，考虑了影响价格的各种可比性因素，按照公平、合理的方式进行了比较。调查机关在当事人提交的证明材料基础上，将应诉公司的正常价值和出口价格在出口国出厂价的基础上予以比较。在计算倾销幅度时，调查机关将加权平均正常价值和加权平均出口价格进行比较，计算出倾销幅度。

对于其他未应诉、未提交答卷的韩国和泰国公司，根据《中华人民共和国反倾销条例》第二十一条的规定，调查机关决定采用已经获得的事实和可获得的最佳信息做出有关倾销和倾销幅度的裁定。

(三)倾销幅度。

经过计算，各公司的倾销幅度分别为：

韩国公司

1. 株式会社晓星 2.6%

(Hyosung Corporation)

2. 三星石油化学株式会社 2.0%

(Samsung Petrochemical Company Limited)

3. SK油化株式会社 11.2%

(SK Petrochemical Co., Ltd)

4. 三南石油化学株式会社 3.7%

(Samnam Petrochemical Co., LTD.)

5. KP化学公司 2.0%

(KP CHEMICAL CORPORATION)

6. 泰光产业(株) 2.4%

(TAEKWANG INDUSTRIAL CO., LTD)

7. 其他韩国公司 11.2%

(All Others)

泰国公司

1. Indorama 石化有限公司 16.9%

(Indorama Petrochem Limited)

2. Siam 三井 PTA 有限公司 6.0%

(Siam Mitsui PTA Co., Ltd.)

3. TPT 石化大众有限公司 12.9%

(TPT Petrochemicals Public Company Limited)

4. 其他泰国公司 20.1%

(All Others)

五、产业损害及损害程度

(一)累积评估的适当性。

调查证据显示，来自韩国和泰国的被调查产品的倾销幅度不小于2%，并且其进口数量不属于可忽略不计的范围。被调查产品之间以及被调查产品和国内产业同类产品之间基本的物理特征和化学特性没有区别，产品外观、包装、用途、销售渠道、销售市场区域、客户群体、消费者和生产者的评价等方面基本相同，价格总体变化趋势基本一致，具有相似性和可比性，可以相互替代，在中国国内市场上同时出现，存在相互竞争关系，竞争条件基本相同。

韩国6家企业在其提交的《对苯二甲酸反倾销案关于被调查国家范围及申请人资格的异议》中提出，在排除中国台湾地区进口产品的基础上，对韩国和泰国进口产品进行累积评估，将会扭曲国内产业的评估结果。

对此，申请人在《申请人对〈对苯二甲酸反倾销案关于被调查国家范围和申请人资格的异议〉的评论意见》中认为，根据世贸组织反倾销协定第3.3条和《反倾销条例》第9条，适用累计评估的对象是“源自不同国家(地区)的同时受到反倾销调查的进口产品”。因此，来自中国台湾地区的进口产品不属于本案中累积评估的对象。

调查机关认为，由于进口自中国台湾地区的产品不属于本案被调查产品，并未在本案中受到调查，因此其并不适用《反倾销条例》中有关累积评估的规定。至于自中国台湾地区进口产品对国内产业的影响，将在倾销和损害之间的因果关系认定部分进行分析。

综上所述，根据《反倾销条例》第九条和《反倾销产业损害调查规定》第十五条、第十六条的规定，调查机关认定，对原产于韩国和泰国的被调查产品对国内产业造成的影响进行累积评估是适当的。

(二)关于被调查产品范围调整及终裁数据调整。

初裁前，调查机关收到利害关系方调整被调查产品范围的申请。初裁后调查机关组成实地核查小组赴韩国SK和三南石油化学株式会社，核实了上述两家公司主张调整被调查产品范围的事实和依据，查证了其提供的与被调查产品范围调整相关的数据。调查机关在对国内产业的终裁前实地核查中，也就被调查产品范围调整问题进行了调查。调查机关还分别赴宁波SK振邦化学有限公司等下游企业，就被调查产品范围问题听取下游意见。

通过实地核查，综合考虑各种因素，调查机关采信了韩国SK和三南石油化学株式会社的主张，决定在被调查产品中排除“其他对苯二甲酸”，并依据调查证据对相关进口数据进行了调整。调整后的进口数据与初裁认定的进口数据变化趋势一致。

调查机关在对国内产业的终裁前实地核查中进一步调查了国内产业经济指标。根据终裁前实地核查获取的证据材料，结合被调查产品范围变化，调查机关调整了国内产业经济指标的相关数据。调整后的国内产业经济指标与初裁认定的国内产业经济指标变化趋势一致。

(三)被调查产品进口量及所占中国国内市场份额。

1. 被调查产品进口数量

调查证据显示，调查期内来自于韩国和泰国被调查产品的进口数量，2005年为227.26万吨，2006年为297.59万吨，比2005年增长30.95%；2007年达到327.70万吨，比2006年增长10.12%；2008年1~9月进口数量达226.28万吨，比上年同期减少12.63%。

2. 被调查产品在中国国内市场所占的份额

调查证据显示，调查期内，来自于韩国和泰国被调查产品占中国国内市场份额，2005年为20.73%，2006年为24.44%，比上年增加3.71%；2007年为21.41%，比上年减少3.03%，2008年1~9月为22.29%，比上年同期减少0.93%。

韩国6家企业在《损害抗辩意见》中提出，调查期内，被调查产品的绝对数量没有“大量增加”的情形，每年9%的增长只能称为稳定的增长而非大量增长，尤其是2007年开始，被调查产品进口增幅呈现下降趋势。同时，被调查产品的进口数量相对于国内表观消费量及同类产品生产也没有“大量增加”的情形，与国内同类产品占国内市场份额不断上升相比，被调查产品占有的国内市场份额则没有变化。因此不存在由于进口数量“绝对或相对大量增加”造成国内产业实质损害的事实。

申请人在《进一步评论意见》中认为，韩国6家企业关于“不存在由于进口数量绝对或相对大量增加造成国内产业实质损害的事实”的主张不能成立，因为：

(1)根据我国《反倾销产业损害调查规定》第6条的规定，在考察倾销进口产品的数量时，并非要求进口产品在“绝对数量”和“相对数量”上都呈现大量增长的趋势。

(2)2005年被调查产品进口数量为305万吨；2006年比2005年增长了25.20%，达到了382万吨；2007年的进口数量是418万吨，在上年大幅增长的基础上相比2006年又进一步增长了9.30%。2005年至2007年的累计增长幅度高达36.9%，平均增长幅度也高达17%。

(3)2008年1~9月份被调查产品的进口数量为290万吨，虽然相比2007年同期有所下降，但是仍然处于非常高的水平，仅9个月的进口量就接近2005年全年的进口数量。且从反倾销的相关法律和实践及世贸组织争端解决相关判例来看，对损害考察因素进行趋势分析的要求并不是意味着只有整个产业损害调查期间内相关损害考察因素在每一时段均必须总是持续地呈现肯定状态，产业损害的结论才成立。即虽然调查期间可能是三年或五年，但是并不要求每年均能够体现产业损害，因此2008年1~9月被调查产品进口数量的下降并不能否定在调查期内被调查产品的进口数量总体呈上升趋势的结论，也不能否认调查期内被调查产品进口数量大量增加的事实。

(4)2007年被调查产品进口增幅虽有所下降，但仍处于非常高的水平，被调查产品进口仍然在大量增加，被调查产品2007年的进口量相比2005年增加量达到113万吨以上。增幅的下降并不能否定被调查产品进口大量增加的事实。

综上所述，在本案调查期内被调查产品的进口数量总体呈大幅增加趋势，已经符合法律规定的考察倾销进口产品数量是否增加的法律要件。

调查机关认为，韩国6家企业有关被调查产品“每年9%的增长”的主张与事实不符。证据显示，调查期内，被调查产品的进口数量，2005年为227.26万吨，2006年为297.59万吨，比2005年增加70.33万吨，同比增长30.95%；2007年达到327.70万吨，比2006年增加30.11万吨，增长10.12%；2005~2007年平均增幅达到20.00%。2008年1~9月进口数量为226.28万吨，比上年同期减少32.70万吨，但仍接近于2005年全年的进口量，处于较高的水平。因此，调查机关认定，调查期内被调查产品进口数量总体呈大幅增长趋势。

韩国6家企业在初裁评论意见和听证会发言中提出，判断被调查产品的数量是否增加时，中国和世贸组织均规定了“绝对数量”和“相对数量”两个同等重要的标准。根据市场份额的变化来看，被调查产品的数量在调查期内并没有增加。

申请人提交的再次评论意见和国内产业在听证会上的发言中援引了《反倾销条例》、世贸组织反倾销协定相关规定和相关世贸争端解决案件中的上诉机构意见，认为：

(1)根据反倾销法律的规定，对进口产品数量的审查，应包括进口产品的绝对数量是否大量增加，或者相对于国内同类产品生产或消费数量是否大量增加。“或者”明确表明这是一个选择性的规定，也就说，并非要求进口产品在“绝对数量”和“相对数量”上都呈大量增长的趋势，二者有一个条件成立即可。而且，从上述法律条文中根本看不出来任何要求调查机关对“绝对数量”和“相对数量”两个条件进行重要性判断的意思。相关应诉企业的本案中“相对数量”的变化才是判断被调查产品数量变化的科学标准的主张没有法律依据。

(2)在本案调查期内，国内市场的需求量总体呈大幅增长的趋势，在此情况下，如果被调查产品的“相对数量”大幅增长，那么其“绝对数量”必然也是呈大幅增长的趋势。按照应诉企业的逻辑，不能以“绝对数量”的变化而选择按“相对数量”的变化来判断数量是否增加，实际上是要求被调查产品的“绝对数量”和“相对数量”同时大幅增长才能判定被调查产品数量的增加。这与反倾销法律的规定不符。

(3)在欧盟与巴西可锻铁管反倾销世贸争端案中，上诉机构认为反倾销协定仅仅是规定调查机关应该去“考察”倾销进口产品数量是否大幅增加，但是该条款并不意味着如果数量没有大幅增加，就不会造成损害。

(4)本案中，在进口绝对数量总体大幅增长，所占市场份额处于较高水平的同时，被调查产品的进口价格处于极低水平，已经对国内产业同类产品的价格产生了严重抑制，导致国内同类产品的利润水平急剧恶化，对国内产业造成了严重的冲击和影响。因此，被调查进口产品“相对数量”没有大幅上升并不影响本案肯定性损害结论的做出。

调查机关认为，初裁中调查机关已经分别考虑了调查期内被调查产品的进口数量和其所占中国国内市场份额，符合《反倾销条例》相关规定的要求。

调查证据也显示，调查期内，被调查产品进口数量总体呈大幅增长趋势；同期中国国内表观消费量总体增长，调查期末被调查产品占中国国内市场份额高于调查期初的市场份额，表明被调查产品进口保持总体增长。

(四)被调查产品进口价格及其对中国国内同类产品价格的影响。

1. 被调查产品进口价格

调查证据显示，来自于韩国和泰国被调查产品的进口价格2005年为7080.25元/吨；2006年为7540.15元/吨，比2005年上升6.50%；2007年为7211.46元/吨，比2006年下降4.36%；2008年1~9月为7318.09元/吨，比上年同期下降0.35%。

2. 国内同类产品价格

证据显示，国内同类产品销售价格2005年为6781.52元/吨；2006年为7498.15元/吨，比2005年上升了10.57%；2007年为6917.90元/吨，比2006年下降7.74%；2008年1~9月为6991.16元/吨，比上年同期下降2.31%。

3. 被调查产品进口价格对国内同类产品价格的影响

如上所述，调查期内，被调查产品进口价格与国内同类产品价格的变化趋势基本一致。2005年至2006年呈上升趋势；2007年以来呈下降趋势。

韩国6家企业在其提交的《损害抗辩意见》中提出，调查期内被调查产品绝对价格处于上涨趋势，不存在明显的价格削减；中国国内市场交易价格主要是根据国内3家主要生产者BP珠海、厦门翔鹭和扬子石化的结算价格确定，调查期内，被调查产品进口价格高于上述3家主要生产者结算价格的月份为22个月，被调查产品进口价格低于上述3家主要生产者结算价格的月份为23个月，因此，被调查产品没有低价销售，也没有大幅压低和抑制国内同类产品价格。

申请人在《进一步评论意见》中认为：

(1) 被调查产品的价格自2007年开始呈持续下降趋势，2007年和2008年1~9月分别比上年同期下降了4.47%、0.12%。

(2)国内市场上，对苯二甲酸的销售主要有现货销售和合约销售两种方式。扬子石化、翔鹭石化和珠海BP的合同结算价具有一定的代表意义，其他企业通常参照这3家企业每月的合同结价确定自身的价格。但是，这3家企业的合同价也主要是根据现货价和外盘价所确定的。调查期内，被调查产品常常以低于国内合约销售月初牌价的价格在现货市场大量抛售，对正常的合约销售造成严重冲击，使得国内产业在月末不得不以牌价为基础大幅度向下调整来确定结价。由此，被调查产品常常会拉低国内产业同类产品的价格或者使国内产业同类产品的价格无法实现应有的上涨。

(3)国内产业同类产品价格变动趋势与被调查进口产品价格变动趋势一致，呈现“进口产品价格上升，同类产品价格上升；进口产品价格下降，同类产品价格也下降”的同向变动关系。从2007年开始，被调查进口产品价格开始持续下降，其中2007年和2008年1~9月与上年同期相比分别下降了4.47%和0.12%。受被调查产品价格下降的影响，国内产业同类产品的国内加权平均销售价格也呈持续下降趋势，2007年和2008年1~9月与上年同期相比分别下降了7.10%和2.55%。因此，被调查产品对国内产业同类产品的价格产生了明显的价格压低。

(4)2005年以来，被调查产品的价格涨幅明显低于其主要原材料对二甲苯价格和成本的涨幅。受其影响，国内产业同类产品平均内销价格和单位销售成本之间的差额也呈持续大幅下降的趋势。国内产业同类产品的价格成本差2006年比2005年下降40.26%；2007年比2006年下降高达90.96%。至2008年1~9月，国内产业对苯二甲酸的平均销售价格已经低于单位销售成本，价格处于极低水平。由此可见，韩国和泰国对苯二甲酸产品的低价倾销对国内产业同类产品产生了严重的价格抑制，对国内产业对苯二甲酸产品的创效能力产生了严重不利影响。

调查机关认为，证据显示，调查期内，被调查产品和国内同类产品的价格均呈现先升后降的变动趋势。被调查产品进口价格自2007年起持续下降，2007年、2008年1~9月分别同比下降4.36%、0.35%。初裁前实地核查中申请人提供的“对苯二甲酸结价报告”原始记录证明，被调查产品在国内市场的销售价格对国内同类产品的销售价格影响较大。受被调查产品影响，国内同类产品被迫调低价格，2007年、2008年1~9月价格同比分别下降7.74%、2.31%。同时国内同类产品价格成本差持续下降，单位产品销售成本2007年比2006年下降2.78%，销售价格下降7.74%，造成价格成本差下降达87.98%；2008年1~9月比上年同期单位产品销售成本上升1.47%，销售价格却下降2.31%，出现价格低于成本的倒挂现象。由此可见，被调查产品的价格下降对国内同类产品的价格造成明显的压低和抑制。

综上所述，现有证据显示，调查期内，来自于韩国和泰国被调查产品的数量总体呈增长趋势，价格呈先升后降趋势，所占国内市场份额较大，对国内同类产品的销售价格等指标具有重大的影响。特别是2007年以来，进口被调查产品价格的下降对国内同类产品的价格产生了严重的压低和抑制，导致国内同类产品未能达到合理的价格水平，产业盈利能力急剧下降。

韩国6家企业在初裁评论意见和听证会发言中提出，调查期内，被调查产品的价格始终高于国内同类产品，不存在低价出口的情况，也没有压低和抑制国内同类产品的价格。从被调查产品和国内同类产品所占的市场份额看，被调查产品不可能左右国内同类产品的价格。国内同类产品的低价销售导致了对苯二甲酸产品价格的不断下降。

申请人提交的再次评论意见和国内产业在听证会上的发言中对调查期内被调查产品进口价格变化趋势、被调查产品进口价格与成本比较、被调查产品与国内同类产品价格变化趋势对比等方面进行了全面的分析，提出：

(1)被调查产品的绝对价格自2007年以来出现了持续的下降；在整个调查期内，被调查产品的价格存在明显违背正常的市场趋势和变化规律的情况，其相对价格实际上呈持续大幅下降的趋势。

(2)调查期内被调查产品进口绝对数量总体呈大幅增长趋势，进口量占中国总进口量的比例较大且呈持续上升趋势，占中国的市场份额也维持在较高水平，其价格的变化对同类产品的价格具有很强的影响力。

(3)反倾销法律规定了倾销进口产品对同类产品的价格影响分为价格削减、价格压低、价格抑制三种情况。上述三种价格影响情况是选择性的，只要其中一种情形成立即可。其中，被调查产品价格低于同类产品属于价格削减。在本案中，被调查产品价格对同类产品价格造成了明显的价格压低和价格抑制，已经符合反倾销法律关于考察价格影响的规定。以不存在价格削减就得出没有对同类产品价格产生影响的结论显然是对反倾销法律的错误理解。

(4)调查期内，在市场需求总体大幅增长、国内供需尚存在缺口的情况下，若非受到倾销进口产品的巨大冲击，国内产业不可能主动降低销售价格，甚至以低于成本的价格销售。相关应诉企业指控国内产业主动降价导致了国内价格的下跌并获得市场份额增长的观点，完全有悖常理，颠倒了因果关系。国内产业为了维持生产和经营，保住市场份额而被迫降价是受到损害的结果，而不是原因。

调查机关认为：

(1)根据《反倾销条例》和《反倾销产业损害调查规定》，价格压低、价格抑制这两种价格影响形式并不要求被调查产品进口价格低于国内同类产品价格。证据显示，自2007年起被调查产品进口价格的持续下降对国内同类产品的价格造成明显的压低和抑制。

(2)反倾销调查中认定被调查产品是否"低价出口"是指被调查产品进口价格是否低于其正常价值，而非是否低于国内同类产品价格。初裁中倾销裁决部分已经认定了被调查产品的低价出口行为，韩国6家企业"被调查产品没有低价出口"的主张不能成立。

(3)市场份额的大小并不是决定价格影响力的唯一因素。初裁中调查机关已依据相关数据和证据材料，从被调查产品的进口数量和价格、被调查产品和国内同类产品的价格变化趋势、国内同类产品价格成本差等方面综合分析了被调查产品对国内同类产品价格的影响。初裁前实地核查中申请人提供的"对苯二甲酸结价报告"原始记录也证明，受被调查产品影响，国内同类产品被迫调低价格。

(五)国内产业相关经济因素和指标的评估。

根据《反倾销条例》第八条及《反倾销产业损害调查规定》第七条等规定，调查机关对被调查产品影响国内产业的相关经济因素和指标进行了调查，调查显示：

1. 表观消费量

调查期内，全国同类产品表观消费量2005年为1096.25万吨；2006年为1217.49万吨，比2005年增长11.06%；2007年为1530.63万吨，比2006年增长25.72%；2008年1~9月为1015.16万吨，比上年同期减少8.97%。

2. 产能

调查期内，国内产业同类产品产能2005年为287.90万吨；2006年为387.90万吨，比2005年增长34.73%；2007年为613.23万吨，比2006年增长58.09%；2008年1~9月为483.68万吨，比上年同期增长6.48%。

3. 产量

调查期内，国内产业同类产品产量2005年为282.80万吨；2006年为363.76万吨，比2005年增长28.63%；2007年为579.09万吨，比2006年增长59.20%；2008年1~9月为428.86万吨，比上年同期减少 2.21%。

4. 销售量

调查期内，国内产业同类产品销售量 2005 年为 158.31 万吨；2006 年为 210.67 万吨，比 2005 年增长 33.07%；2007 年为 405.50 万吨，比 2006 年增长 92.48%；2008 年 1~9 月为 387.65 万吨，比上年同期增长 33.83%。

5. 市场份额

调查期内，国内产业同类产品市场份额 2005 年为 25.77%；2006 年为 27.57%，比 2005 年上升 1.80%；2007 年为 34.93%，比 2006 年上升了 7.36%；2008 年 1~9 月为 46.59%，比上年同期上升 11.95%。

6. 销售价格

调查期内，国内产业同类产品销售价格 2005 年为 6781.52 元/吨；2006 年为 7498.15 元/吨，比 2005 年上升了 10.57%；2007 年为 6917.90 元/吨，比 2006 年下降 7.74%；2008 年 1~9 月为 6991.16 元/吨，比上年同期下降 2.31%。

7. 销售收入

调查期内，国内产业同类产品销售收入 2005 年为 107.36 亿元；2006 年为 157.96 亿元，比 2005 年增加 47.13%，2007 年为 280.51 亿元，比 2006 年增加 77.58%；2008 年 1~9 月为 270.73 亿元，比上年同期增加 30.60%。

8. 税前利润

调查期内，国内产业同类产品税前利润 2005 年为 8.65 亿元；2006 年为 5.74 亿元，比 2005 年减少 33.64%，自 2007 年起，国内产业陷入亏损，2007 年和 2008 年 1~9 月分别亏损 8.06 亿元和 9.15 亿元。

调查期内，随国内产业同类产品销量增长，影响税前利润的要素销售收入、销售成本、期间费用和产品税金及附加也相应变动，对同类产品利润变化产生影响。通过逐项分析上述影响利润的各要素变动情况，调查机关认定，造成国内产业税前利润持续下降直至亏损的主要原因是：调查期内，国内同类产品的销售价格未能达到合理水平，无法随销售成本相应变动，价格成本差持续减少，尤其在调查期末，同类产品销售价格未能消化原材料成本上涨引起的销售成本增加，出现价格低于成本的倒挂现象。期间费用、产品税金及附加的变化不是造成利润大幅下降的原因。直接材料价格的上升是造成同类产品销售成本增加的主要原因。

9. 投资收益率

调查期内，国内产业同类产品投资收益率持续下降，2005 年为 9.14%；2006 年为 3.21%，比 2005 年下降 5.93%；自 2007 年开始，随着国内产业同类产品经营出现亏损，同类产品投资收益率呈现为负值，2007 年为 -2.90%，2008 年 1~9 月为 -3.07%。

韩国 6 家企业在《损害抗辩意见》中提出，申请人大量对对苯二甲酸产能的投资必然会增加运行初期的折旧及摊销，从而影响当期投资收益率。

申请人在《进一步评论意见》中就此进行了回应，认为国内产业同类产品税前利润率的下降不能归因于国内产业固定资产、在建工程和无形资产当年计提的折旧和摊销。虽然调查期内申请人与同类产品有关的折旧和摊销有所增长，但其增长是与申请人销售收入的增长相适应的。固定资产的折旧和无形资产的摊销并非处于不正常的高水平，没有出现不合理的增长，对同类产品投资收益率的影响几乎可以忽略不计。

调查机关认为，申请人的主张符合本案实际。如前所述，调查期内销售成本的上升主要是由原材料成本上升推动的，国内同类产品销售价格未能随销售成本相应变动是造成利润下降的主要原因。调查证据也显示，调查期内，申请人固定资产折旧和无形资产摊销在相应成本和费用中占比小，且所占比例保持稳定，同类产品销售价格未达到合理水平是利润和投资收益率下降的主要原因。因此，韩国 6 家企业的主张不能成立。

韩国 6 家企业在初裁后评论意见中提出，2007 年开始国内产业投资收益率出现负值在很大程度上是因为税前利润的减少，但投资收益率下降另一个主要的原因在于国内产业产能扩建速度过快，投资收益的回收速度不及产能扩建速度。

申请人在再次评论意见中认为，一方面，调查期内，国内产业产能和产量的增长量总体上与国内需求量的增长持平，甚至略低。这表明国内产业的扩产计划是根据市场需求制定的，是适度与合理的，完全不是盲目和过度的投资。国内产业产能的增长也并没有导致国内市场的供需失衡，国内市场一直处于供不足需的局面。若非受到被调查产品大量倾销的冲击，国内产业完全能够实现与投入同比例的产出。国内产业平均投资额的增加并不能成为国内产业投资收益率下降的原因；另一方面，在投资收益率处于正值的情况下，其下降或许可以归因于平均投资额的上升，但是投资收益率降到负值水平则完全不能归因于平均投资额的上升，只能归因于被调查产品的倾销所导致的国内产业的亏损。

调查机关认为，申请人的上述主张符合本案实际。调查期内，国内产业产能和产量的增长均未超过表观消费量的增长，也未造成国内对苯二甲酸市场的供需失衡，国内产业投资收益率持续下降并在2007年开始出现负值，主要是由于同类产品销售价格未达到合理水平引起的同类产品利润持续下降直至亏损。

10. 开工率

调查期内，国内产业同类产品开工率2005年为98.23%；2006年为93.78%，比2005年下降4.45%；2007年为94.43%，比2006年上升0.65%；2008年1~9月为88.67%，比上年同期下降7.88%。

韩国6家企业在《损害抗辩意见》中提出，虽然国内产业开工率有所下降，但仍明显高于世界及亚洲对苯二甲酸产业开工率，表明国内产业生产活动总体上运行良好，并未显示遭受实质损害。国内开工率的下降，并非由被调查产品的进口所致，而是因为国内新产能猛增、下游需求的相对减少造成。申请人同类产品的开工率下降主要是从2007年10月以后开始，2007年国内产业和申请人同类产品的产能增幅分别高于同期国内对苯二甲酸表观消费量增幅，国内产业和申请人过度投资扩大产能必然会导致开工率下降；而2007年10月以后，人民币升值和出口减少引起的下游产业开工率急剧下降，造成对苯二甲酸下游需求的相对减少，也导致了申请人开工率的下降。

申请人在《进一步评论意见》中全面回应了韩国6家企业的以上主张，认为：

(1)根据申请人目前所获得的信息和证据显示，至少韩国对苯二甲酸的开工率是高于国内产业的。在本案调查期内，韩国6家对苯二甲酸企业的开工率均在99%以上。韩国对苯二甲酸产能至少是需求的两倍以上，其开工率都可以达到99%，而中国产能尚无法满足需求，国内产业开工率却低于韩国，证明受到倾销影响的中国国内对苯二甲酸产业的开工率并非处于高水平。

(2)即使国内产业的开工率高于全球或亚洲的平均开工率，这也并不能说明国内产业没有遭受损害。调查期内，国内对苯二甲酸产业尚处于成长期，且中国的对苯二甲酸产能尚无法满足国内需求，市场处于供不应求的状况。而世界上有很多国家的对苯二甲酸存在严重产能过剩的情况，中国的对苯二甲酸开工率高于全球平均开工率是正常的现象，并未代表国内产业未遭受到实质损害。相反，在被调查产品的冲击之下，国内产业的开工率未达到应有的水平，已经是实质损害的重要表现。而且，世界上很多国家的对苯二甲酸产业发展历史较长，企业已经完成了固定资产的折旧，因而开工率的高低对其影响程度较低。相反，国内产业的生产装置大多是2000年以后建设的，企业仍处于固定资产回收期，因此开工率的高低对国内产业来说非常重要。如果开工率未能达到较高水平，企业的正常生产经营将受到很大影响。因此，国内产业的平均开工率表明国内产业已经遭受到了严重的损害。

(3)国内产业开工率处于低水平并出现下降并非是由产能扩大造成的。2005~2007年，国内产能、产量和表观消费量的累计增长额分别为567万吨、539万吨和666万吨。这说明国内产业产能的扩张完全是基于对市场需求增长的合理预期，没有超过表观消费量的增长，并不存在韩国应诉企业所述的所谓“过度投资”。如果被调查产品没有大量、低价冲击国内市场，国内产业完全有可能实现较高的开工率。

(4)国内产业开工率处于低水平并出现下降并非是由下游产业需求减少造成的。申请人获得的数据显示2007年10月份以来国内聚酯产业的产量并没有下降，反而呈上升的趋势，故国内产业开工率的下降不是需求减少所导致的。

调查机关认为，调查期内，国内产业产能、产量与国内市场表观消费量之间尚存较大缺口，并未出现供过于求的状况。中国化纤工业协会提供的统计数据显示，2007年10月以后，国内聚酯行业运行良好，2007年10~12月开工率高于2007年1~9月3%，2008年1~9月开工率高于上年同期4%，韩国6家企业提出的“2007年10月以后国内下游产业开工率急剧下降”的主张与事实不符。根据调查机关实地核查了解的情况，2008年1~9月国内产业开工率大幅下降的原因是：自2007年以来，在被调查产品进口价格持续下降的冲击下，国内同类产品价格成本差持续减少，国内产业已出现大幅亏损。为保持生产连续性，减少停工减产造成的损失，国内产业被迫尽力维持开工率；至2008年1~9月，国内同类产品出现价格低于成本的倒挂现象，国内产业无法承受亏损状况继续恶化，所以只能大幅降低开工率。

11. 人均年工资

调查期内，国内产业同类产品就业人员人均年工资2005年为43208.88元；2006年为53828.43元，比2005年增加24.58%；2007年为62652.78元，比2006年增加16.39%；2008年1~9月为46645.63元，比上年同期增加1.84%。

12. 就业人数

调查期内，国内产业同类产品就业人数2005年为1784人；2006年为2302人，比2005年增加29.01%；2007年为2815人，比2006年增加22.31%；2008年1~9月为2802人，比上年同期减少0.93%。

13. 劳动生产率

调查期内，国内产业同类产品劳动生产率2005年为1585.22吨/人；2006年为1580.53吨/人，比2005年下降0.30%；2007年为2057.15吨/人，比2006年提高30.16%；2008年1~9月为1530.52吨/人，比上年同期下降1.30%。

14. 期末库存

调查期内，国内产业同类产品期末库存2005年为62965.63吨；2006年为179176.56吨，比2005年增加184.56%；2007年为291070.83吨，比2006年增加62.45%；2008年1~9月为102144.53吨，比上年同期减少71.34%。

15. 现金净流量

调查期内，国内产业同类产品经营性现金净流量2005年为6.04亿元；2006年为3.29亿元，比2005年减少45.53%，2007年现金净流量为-1.42亿元。

韩国6家企业在初裁后评论意见中提出，现金净流量取决于现金流入的金额和流出的金额，而现金流出的金额包括：与生产活动相关的现金流出、与投资活动相关的现金流出以及与筹资活动相关的现金流出。调查期内国内产业现金净流量的减少，主要原因之一仍然应当归结为国内产业产能的迅速扩张。调查期内国内产业产能不断扩大，相应地与投资活动相关的现金流出必然大量增加，进而对企业的现金净流量产生了重大的影响。

调查机关在初裁中已明确表示，裁决中认定的现金净流量为同类产品经营性现金净流量，即不包含国内产业投资性和筹资性现金净流量。国内产业的投资活动不对该指标产生影响。

16. 投融资能力

由于受到进口低价产品的冲击，2007年以来国内产业同类产品销售价格持续下降，国内产业经营状况恶化，出现大幅亏损，对国内产业同类产品的投融资产生不利影响，部分新建项目被迫推迟。部分企业信用等级下调，股票债券发行计划延缓。

(六)国内产业受到实质损害。

上述数据显示，调查期内，国内同类产品表观消费量总体保持增长，国内产业处于成长期。为了满足国内市场需求的增长，国内产业产能不断扩大。2005年到2006年，国内产业同类产品产能、产量、销量、销售收入增长，市场份额上升；就业人数、人均年工资等指标均呈不同程度上升。但是，从2007年开始，进口被调查产品严重压低和抑制了国内同类产品的价格，国内同类产品销售价格持续下降，导致同类产品经营出现亏损，投资收益率为负值，经营性现金流呈现净流出，期末库存增加，远超过正常库存水平；到2008年1~9月，进口被调查产品进一步压低和抑制了国内同类产品的价格，致使国内同类产品不能抵消由原材料价格上涨推动的销售成本增加，国内产业亏损持续扩大，产量、开工率、就业人数、劳动生产率全面下降；部分新建项目被迫推迟，已投入的大量资金难以产生效益；部分企业信用等级被下调、股票债券发行计划延缓，对资金的回收及下一步投融资活动产生负面影响。国内产业受到实质损害。

韩国6家企业在《损害抗辩意见》中提出：在《申请书》中分析的15项国内产业指标中，大多数指标显示国内产业不仅没有受到实质损害，反而表现出良好的发展态势，而只有少数指标(价格成本差、利润、利润率及投资收益率等)显示国内产业效益下降，并据此否认国内产业遭受到了实质损害。

申请人在《进一步评论意见》中认为，根据世贸组织反倾销协定的精神和原则以及各国相关的反倾销实践做法，在评估国内产业的损害时，各个经济指标不是分开来单独审查的，而是要结合在一起从它们之间的总体变化和相互关系来考虑。只有经过全面、综合考虑国内产业的特定市场状况、各损害指标之间的整体联系等情况和因素后，作出相关的结论才是公正、客观的，才能真正反映被调查产品对国内产业造成的影响情况。对于本案而言，如果结合国内产业处于成长期的特点进行全面分析，并对于各经济指标的内在关系进行综合考察，结合价格下降、利润等财务指标恶化情况一起考察，就明显可以看出：在调查期间，国内产业同类产品的产能、产量、销量和市场份额等经营性指标有所提高，逐渐实现规模经济，这应当带来更大的利润空间。但是在被调查产品的冲击下，国内产业同类产品的财务状况却大幅恶化，这就意味着：国内产业同类产品的产能、产量、销量、市场份额的增长并没有带来相应的效益和利润增长，甚至处于不断衰减，出现严重亏损的局面，这恰恰是国内产业遭受严重损害的最直接体现。

调查机关认为，申请人关于结合国内产业处于成长期的特点，全面分析国内产业相关指标的主张符合本案实际。证据显示，调查期内国内同类产品表观消费量总体保持增长，为满足市场需求，国内产业产能扩大，产量、销量增加，市场份额上升。但自2007年开始，被调查产品严重压低和抑制了国内同类产品的价格，国内产业在产量、销量增加的情况下，却未能实现相应的效益，财务指标持续恶化。2007年国内同类产品单位销售成本比2006年下降2.78%，销售价格却下降7.74%，造成价格成本差下降达87.98%，同类产品经营亏损8.06亿元，期末库存比2006年增加62.45%；2008年1~9月，国内同类产品单位销售成本比上年同期上升1.47%，销售价格却下降2.31%，出现价格低于成本的倒挂现象，国内产业同类产品经营亏损额进一步扩大为9.15亿元，为了避免进一步亏损，国内产业不得不采取减少生产、控制人力成本等措施，造成开工率比上年同期下滑7.88%、产量比上年同期减少2.21%、就业人数比上年同期减少0.93%、劳动生产率比上年同期下降1.30%，表明国内产业受到实质损害。

韩国6家企业在初裁后评论意见和听证会发言中重复了其在《损害抗辩意见》中割裂分析国内产业16项指标的方法，并据此得出绝大多数指标显示国内产业在调查期内发展良好，并未发生实质损害的结论。

申请人提交的再次评论意见和国内产业在听证会上的发言中，重申了结合国内产业特点，全面考察整个调查期内相关数据，综合分析相关指标及其内在联系的主张，认为韩国应诉企业简单、孤立的分析方法与世贸组织相关规定的精神和原则不符，其结论自然也是错误的。

调查机关认为，初裁中调查机关综合分析国内产业指标及其内在联系的方法符合《反倾销条例》的要求和本案的实际情况。

(七)被调查产品出口国的生产能力、出口能力及对国内产业可能产生的进一步影响。

国外(地区)生产者调查问卷和补充问题单答卷显示，被调查国家生产能力大，且呈持续增长趋势，2006年比2005年增长9.62%，2007年比2006年增长4.00%，2008年1~9月比上年同期增长5.85%。产品产量呈持续增长趋势，2006年比2005年增长4.95%，2007年比2006年增长0.28%，2008年1~9月比上年同期增长5.77%。出口数量占其总销量的比例逐年上升，除2005年为49.74%，其余期间均达58%以上；且出口数量呈现持续增长趋势，2006年比2005年增长21.26%，2007年比2006年增长3.99%，2008年1~9月比上年同期增长7.35%。2005、2006、2007年向中国出口数量均占其出口总量的93%以上，2008年1~9月向中国出口占其出口总量的84.92%，仍保持较高水平。

现有证据表明，被调查国家生产能力大，出口能力强，调查期内出口数量持续增长，且对中国的出口占其出口总量的绝大部分。被调查国家具有向中国进一步低价出口被调查产品的可能性。

韩国6家企业在初裁后评论意见和听证会发言中提出，韩国的产能、产量近两年基本没有变化，并且韩国对中国的出口比例已经达到总体出口的90%，没有能力进一步增加对中国的出口，也不可能对国内产业造成进一步的影响。考虑到国内部分企业对韩国进口产品的担忧，自2009年年初开始，韩国企业已开始出口多元化，积极开发其他国家和地区市场，尽可能减少对中国的出口。因此，今后韩国对中国的出口不仅不会进一步增加，反而会逐步减少。

申请人提交的再次评论意见和国内产业在听证会上的发言中认为：

1. 韩国和泰国具有强大的对苯二甲酸生产能力，两国合计产能达到920万吨左右。与此同时，两国的市场需求量都非常有限，仅有其产能的一半左右，甚至更低。因此，两国都有大量的产能需依赖出口。

2. 中国是亚太地区公认的对苯二甲酸最大消费市场，韩、泰两国抢占中国市场的意图非常明显。如果不采取反倾销措施，两国向中国进一步扩大出口是迫在眉睫的、可能性很大。

3. 无论在全球还是在中国之外的亚洲，对苯二甲酸产品市场都处于供过于求的状况，韩国和泰国向中国以外的国家和地区出口对苯二甲酸的前景并不乐观。

4. 韩国和泰国对苯二甲酸下游产业的竞争力在逐渐下降进而开始出现萎缩，导致韩国和泰国国内对苯二甲酸的需求有负增长的趋势。其市场供大于求的状况势必将进一步加剧。因而它们需依赖出口的能力还有进一步增加的趋势。

调查机关认为，数据显示，调查期内被调查国家生产能力、产品产量、出口数量、出口占总销量比例均持续增长，韩国6家企业提出的"韩国的产能、产量近两年基本没有变化"的主张与事实不符。在被调查国家出口能力持续增长、包括被调查国家在内的其他国家和地区对苯二甲酸市场供过于求且需求可能进一步萎缩的情况下，中国作为对苯二甲酸的主要消费市场，被调查产品很有可能进一步对中国低价出口。

六、因果关系

(一)被调查产品的大量低价进口造成了国内产业的实质损害。

2005年、2006年、2007年和2008年1~9月，来自于韩国和泰国被调查产品的进口数量分别占中国进口总量的39.77%、48.35%、53.86%和59.36%，占中国国内市场份额一直维持在20%以上，且进口数量总体呈增长趋势。从2007年开始，进口价格呈现下降趋势。

由于被调查产品所占中国国内市场份额较大，其进口数量上升和价格下降对国内产业同类产品的销售产生重大的影响。初裁前实地核查中申请人提供的"对苯二甲酸结价报告"原始记录证明，被调查产品在国内市场的销售价格对国内同类产品的销售价格影响较大，受被调查产品影响，国内同类产品被迫调低价格，2007年、2008年1~9月价格同比分别下降7.74%、2.31%。同时国内同类产品价格成本差持续下降，单位产品销售成本2007年比2006年下降2.78%，销售价格下降7.74%，造成价格成本差下降达87.98%；2008年1~9月比上年同期单位产品销售成本上升1.47%，销售价格却下降2.31%，出现价格低于成本的倒挂现象。被调查产品的价格下降对国内同类产品的价格造成明显的压低和抑制。

调查期内，国内同类产品表观消费量总体保持增长，为国内产业快速成长提供了良好的市场环境；国内产业的规模不断扩大，生产条件改善，技术水平和产品质量不断提高。但如上所述，自2007年开始，被调查产品价格持续下降，严重压低和抑制了国内同类产品价格，国内同类产品销售价格和价格成本差额持续下降，导致同类产品经营出现亏损，投资收益率为负值，经营性现金流呈现净流出，期末库存增加；到2008年1~9月，进口被调查产品进一步压低和抑制了国内同类产品的价格，致使国内同类产品不能消化由原材料价格上涨推动的销售成本增加，出现价格低于成本现象，国内产业亏损持续扩大，产量、开工率、就业人数、劳动生产率全面下降；部分新建项目被迫推迟，已投入的大量资金难以产生效益；部分企业信用等级被下调、股票债券发行计划延缓，对资金的回收及下一步投融资活动产生负面影响。现有证据显示，调查期内，被调查产品的大量低价进口造成了国内产业的实质损害。

由于受到来自韩国和泰国被调查产品的影响，国内产业经营和财务等各项指标已呈现不断恶化趋势；同时，韩国和泰国被调查产品的生产能力大，出口能力强，具有向中国进一步低价出口被调查产品的可能性。因此，国内产业有可能会受到更严重的损害。

(二)其他因素分析。

调查机关对可能使国内产业受到损害的其他已知因素进行了调查。

1. 其他国家(地区)进口产品情况。调查期内，其他国家和地区如我国台湾地区、日本、印度尼西亚、马来西亚等也向中国大陆出口精对苯二甲酸产品。数据显示，调查期内，来自于韩国和泰国被调查产品的进口数量占中国大陆进口总量的比例持续上升，从39.77%上升到59.36%，占精对苯二甲酸进口量的大部分。与来自于韩国和泰国被调查产品进口数量的走势相反，调查期内来自于其他国家(地区)的精对苯二甲酸产品的进口数量总体呈下降趋势，在总进口量中占比持续下降。同时，目前未发现这些国家(地区)存在向中国大陆倾销的情况。因此，尚无证据显示其他国家和地区的进口精对苯二甲酸产品对中国国内产业造成了实质损害。

韩国6家企业在《对苯二甲酸反倾销案关于被调查国家范围及申请人资格的异议》和《损害抗辩意见》中提出，调查期内来自中国台湾地区的进口产品占比很大，而且原产于中国台湾地区的对苯二甲酸产品与被调查产品价格几乎不存在差异。因此将中国台湾地区排除在调查范围之外，对韩国和泰国构成歧视。

申请人在《申请人对〈对苯二甲酸反倾销案关于被调查国家范围及申请人资格的异议〉的评论意见》和《进一步评论意见》中认为，反倾销不同于保障措施，无须对进口产品不分来源进行调查，在本案中将中国台湾地区排除在被调查国家(地区)范围之外对韩国和泰国并不构成歧视；而且，将中国台湾地区排除在被调查国家(地区)之外并不影响本案倾销与损害之间因果关系的认定。根据目前世界主要国家和地区的反倾销实践做法，对倾销与损害的因果关系采取“一般因果关系”的原则，即强调只要倾销是导致损害的原因之一即可。调查机关不必去权衡、量化、比较造成损害的各种原因之间的主次和大小关系。就本案而言，鉴于中国台湾地区产品的进口量、占中国大陆总进口量的比例、市场份额均远远低于韩国和泰国被调查产品合计的数据，其对大陆出口量自2005年以来呈持续下降趋势(被调查产品仅在2008年1~9月有所下降，韩国则是持续增长)，不论中国台湾地区的进口产品是否对国内产业造成损害均不能打断韩国和泰国大量低价倾销进口产品与国内产业遭受损害之间的因果关系链。而且，即使如韩国应诉企业所主张的占中国大陆总进口量比例只有30%左右的中国台湾地区的进口产品会对国内产业造成损害，那么占中国大陆总进口量比例高达65%左右的韩国和泰国进口产品更应会对国内产业造成损害。可见，来自中国台湾地区等其他国家和地区的进口并不能否认韩国和泰国进口产品的大量低价倾销与国内产业遭受实质损害之间存在因果关系的事实。

调查机关认为，申请人的主张符合本案实际，来自于包括中国台湾地区等其他国家和地区的进口的影响，并不能否定本案因果关系的认定。

2. 国内同类产品消费模式和需求变化情况。如前所述，调查期内，国内精对苯二甲酸产品的表观消费量总体呈持续增长趋势。2006年和2007年分别比上年增长11.06%和25.72%，2008年1~9月虽同比减少8.97%，但仍处于很高的水平，接近2005年全年的表观消费量，而且调查期内国内需求与国内产能间一直存在很大缺口。国内没有限制使用精对苯二甲酸的政策变化，也未出现由于其他替代产品等消费模式变化导致国内同类产品市场的萎缩。

3. 国内产业生产经营管理及技术进步情况。国内产业的精对苯二甲酸生产技术和关键生产设备均从国外引进，多数企业引进的都是当今世界上最新、最先进的生产技术和设备，并且在生产实践中不断进行技术改造，工艺技术与国外先进技术处在同一水平上。国内精对苯二甲酸生产装置单套装置产能大多在60万吨/年以上，具有规模和成本的优势，大大超过世界平均水平。国内产业生产的精对苯二甲酸产品与被调查产品在产品质量等方面基本相同，销售区域和客户群体也基本相同。在生产经营管理方面，国内产业企业在激烈的市场竞争中不断加强经营管理，提高产品质量和服务水平，大部分企业通过了ISO9001国际质量管理体系认证，部分企业通过了ISO14001国际环境管理体系认证。由此可见，国内产业无论是在工艺、技术装备、产品质量，还是生产经营管理上都具备良好的市场竞争能力，不存在生产工艺及技术落后和管理不善对国内产业造成负面影响的情况。

4. 商业流通渠道和贸易政策及国内外竞争状况。随着国内改革开放的进一步深入以及市场经济体制的不断完善，目前国内精对苯二甲酸产品实行市场化的价格机制。国内产业同类产品的销售渠道、销售区域基本与被调查产品相同，在商业流通领域并不存在其他阻碍国内同类产品销售或造成国内产业损害的因素。国内外正当的竞争也没有对国内产业造成损害。

5. 国内同类产品出口情况。调查数据显示，调查期内，国内产业仅从2007年开始有少量同类产品出口，出口量最大时也仅占当期总销量的1.34%。

6. 不可抗力情况。调查期内，没有发现不可抗力事件对国内产业的正常生产经营造成意外影响。

综上所述，韩国和泰国的被调查产品大量低价倾销与国内产业遭受实质损害之间存在因果关系。上述可能使国内产业受到损害的其他有关因素的调查表明，这些因素未影响本案的因果关系认定。

韩国6家企业在《损害抗辩意见》中还提出了影响因果关系认定的其他因素，以下将进行逐一分析：

1. 关于原材料采购成本上升的影响问题

韩国6家企业在《损害抗辩意见》中提出，国内市场的供需失衡造成调查期内原材料对二甲苯价格的涨幅远远高于对苯二甲酸价格的涨幅，并由此造成申请人的效益下降。

申请人在《进一步评论意见》中认为，在调查期内，国内对苯二甲酸市场并未出现供大于需的局面，反而呈供不足需的局面。一方面，近年来国内市场对苯二甲酸产品的需求量呈大幅上升的趋势。如前文所述，2006年和2007年国内市场对苯二甲酸的表观消费量分别比上年增长12.25%和23.37%。2008年1~9月份虽有所下降，但仍处于很高水平，接近于2005年全年的表观消费量。另一方面，国内产业近年来的产能扩大是适应市场需求发展的，在调查期内国内产业产能和产量的增长额总体并未超过国内需求量的增长额，国内产业产能、产量与国内市场需求之间始终存在一定缺口，国内对苯二甲酸总产量占全国表观消费量的比例基本稳定在50%~60%左右，平均比例在54%左右，国内市场一直呈供不足需的局面。国内市场对苯二甲酸产品的价格未能跟随对二甲苯价格的变化实现应有的上涨，正是受被调查产品大量低价倾销的影响所致。被调查产品在数量总体大幅增长的情况下，价格的绝对和相对下降对国内产业同类产品的价格造成了明显的压低和抑制，使得国内市场对苯二甲酸的价格严重偏离成本的变化趋势。如果被调查产品没有在国内市场上大量、低价倾销，国内产业同类产品的价格完全有可能根据原材料价格的变动情况实现应有的上涨。

调查机关认为，韩国6家企业关于调查期内原材料对二甲苯价格的涨幅远远高于对苯二甲酸价格的涨幅，并由此造成申请人效益下降的主张符合实际，但被调查产品对国内同类产品的价格影响才是造成这一现象的原因。证据显示，调查期内，2005年、2006年、2007年和2008年1~9月同类产品国内表观消费量与国内总产量间的缺口分别为571.51万吨、615.55万吨、608.46万吨和378.94万吨。由于被调查产品压低和抑制了国内同类产品价格，造成国内同类产品价格不能随原材料价格相应变化。

韩国6家企业在其听证会发言中提出，国内产业同类产品开工率下降、价格成本差减少是由于不能获得稳定且有竞争力的原材料对二甲苯所致。

国内产业在其听证会发言中认为：

(1)调查期内，虽然中国的对二甲苯产能与市场需求存在一定缺口，但是在亚洲市场上，对二甲苯是严重供大于求的。因此，国内产业完全可以在亚洲市场购买到所需的对二甲苯。在调查期内，国内产业并没有因为对二甲苯供应不足而降低开工并导致损害的情况。

(2)国内企业进口对二甲苯的采购价格均参照亚洲合约结算价和现货价制定，并且根据合约货和现货的价格水平合理调节采购比例。总体上国内产业对二甲苯的采购成本并不会高于亚洲其他国家/地区。对此，韩国应诉企业在其初裁评论意见第14页中也明确承认：对苯二甲酸产品的主要原材料价格全球范围内差异不大，生产成本大同小异。因此，国内产业损害不是对二甲苯采购价格高导致的。

调查机关在实地核查中掌握的情况与国内产业上述主张相符。

2. 关于国家宏观政策变化引起下游产业价格承受力的影响问题

韩国6家企业在《损害抗辩意见》中提出，中国政府从2007年开始采取了人民币升值与调整出口退税的宏观调控政策，受到最大影响的产业就是纺织化纤行业。大范围的纺织化纤企业利润下降、面临倒闭，根本无法承受对二甲苯价格上升导致的对苯二甲酸价格上升，在无法向下传导其成本上升压力的情况下，只能由国内产业承受上游原材料价格的上升，直接导致经营状况恶化。

申请人在《进一步评论意见》中认为，从韩国应诉企业所提供的《6省调研显示纺织业生存告急》一文可以看出，受人民币升值与出口退税调整政策影响的主要是棉纺织行业。实际上，对苯二甲酸的下游聚酯纤维行业所受的影响程度有限。国内聚酯纤维产品产量在2007~2008年始终保持增长的情况，充分表明国内聚酯纤维企业在生产和销售上受上述政策影响的程度较小。

调查机关认为，中国化纤工业协会提供的统计数据显示，2007年至2008年9月，国内聚酯行业产能扩大，开工率提高，全行业运行良好，并未出现经营困难的现象。因此，韩国6家企业的主张不能接受。

3. 关于华联三鑫期货投资问题。

韩国6家企业在《损害抗辩意见》中提出，国内产业的损害是由其他因素造成的，包括本案申请人之一原华联三鑫投资期货失败造成巨额亏损。

申请人在《进一步评论意见》中认为，华联三鑫在期货投资上的损失对国内产业来说只是个案，另外，华联三鑫在期货上遭受的亏损只占其亏损额的一小部分，其亏损的主体部分还是受被调查产品大量低价倾销所致。因此，华联三鑫在期货投资上遭受损失的情况不能否认被调查产品的倾销与国内产业遭受的损害之间的因果关系。

实地核查过程中，调查机关专门就原华联三鑫投资期货亏损问题进行了核实。调查结果显示，调查期内，原华联三鑫存在投资期货的情况，由于该期货投资涉及同类产品经营活动并造成了一定亏损，对本案经营指标产生了影响。经初步测算，该亏损未对本案利润等主要经营指标产生实质影响。因此，该因素不是造成国内产业损害的主要原因。

泰国三井公司在其听证会发言中提出，2007年，华联三鑫仅因对苯二甲酸期货投资失败带来的跌价损失便高达5亿元人民币，对苯二甲酸期货投资失败给华联三鑫并进而对中国国内对苯二甲酸产业的盈利状况带来了严重影响。根据华联三鑫的母公司——华联控股股份有限公司年度报告的披露，华联三鑫在2007年和2008年1~9月的亏损金额分别达到9.6亿元和11.6亿元，占国内产业当年亏损额的87%和79%——如此巨额的亏损怎么可能不会“对本案利润等主要经营指标产生实质影响”呢?

国内产业在其听证会发言中认为:

(1)在投资期货之前，华联三鑫的经营状况已经在较长时期和较大程度上遭受了被调查产品大量、低价倾销的冲击。企业税前利润自2005年开始呈大幅下降的趋势，并且与其他国内企业一样在2007年出现了较大规模的亏损。

(2)相关应诉企业毫无实据地夸大了华联三鑫在期货投资上的亏损。根据经审计的财务报告，2007年华联三鑫在期货上遭受的亏损只占其总亏损额的3%左右，2008年1~9月在期货上的亏损只占其总亏损额的14%左右。其亏损的主体部分还是受被调查产品大量低价倾销所致，对此调查机关在实地核查中已经予以了确认。

(3)华联三鑫在2008年1~9月(重组前)进行的期货交易涉及的现金支出较少，期货交易对公司的资金链没有影响。

(4)华联三鑫在期货投资上的损失对国内产业来说只是个案，其他企业并没有期货交易方面的亏损。

调查机关在初裁前实地核查中就华联三鑫期货投资损失的数额提取了相关证据，并在终裁前实地核查中进行了进一步核实和确认。泰国三井公司主张的华联三鑫期货投资损失数额与调查机关提取的证据不符，调查机关认为泰国三井公司的主张缺乏充分、客观、可供核实的证据支持。证据显示，华联三鑫期货投资亏损未对本案利润等主要经营指标产生实质影响，泰国三井公司提出的华联三鑫2007年和2008年1~9月分别亏损的9.6亿元和11.6亿元并非调查机关认定的华联三鑫期货投资产生的亏损金额，因此其主张不能成立。

4. 关于融资性贸易的影响问题

韩国6家企业在《损害抗辩意见》中提出，国内进口商所进行的大量融资性贸易在很大程度上压制了对苯二甲酸的国内销售价格，进而影响到国内产业同类产品的收益。

申请人在《进一步评论意见》中认为，韩国应诉企业并未提供任何直接证据证明融资性贸易的存在，也未对融资性贸易的规模以及对国内产业的影响程度进行任何说明，而仅仅是简单断言融资性贸易的存在以及对国内同类产品的价格和收益存在影响。申请人关于被调查产品价格绝对和相对变化趋势的分析，关于被调查产品价格对国内产业同类产品价格影响的分析，都是基于海关统计的进口价格，而非贸易商转售后的价格。上述分析表明，被调查产品对国内产业同类产品的价格造成了明显的压低和抑制，并进一步导致了国内产业同类产品税前利润、税前利润率和投资收益率的下滑。同时，鉴于已经充分证明被调查产品的倾销与国内产业的损害之间具有直接的因果关系，即使融资性贸易的情况确实存在也不能否认倾销与损害之间的因果关系。

调查机关认为，韩国6家企业未能提供充分、客观、可供核实的证据来说明融资性贸易的影响。申请人的以上论述符合本案实际情况。

此外，韩国6家企业提交的初裁后评论意见和泰国三井公司的听证会发言中均提出全球金融危机是造成调查期内国内产业损害的原因。

申请人提交的再次评论意见和国内产业听证会发言认为，众所周知，国际金融危机全面爆发的时间是2008年9月份，而其影响真正传播开来是在本案产业损害调查期之外。而且，在金融危机爆发之前的三个年度，国内产业已经因被调查产品的影响而遭受严重损害。因此，国内产业所遭受的损害不能归因于金融危机的爆发。

调查机关认为国内产业上述主张符合本案实际。

七、最终调查结论

根据以上调查结果，调查机关最终裁定，原产于韩国和泰国的进口精对苯二甲酸存在倾销，并对中国精对苯二甲酸产业造成了实质损害，且倾销与实质损害之间存在因果关系。

各公司的倾销幅度分别为:

韩国公司

1. 株式会社晓星 2.6%

(Hyosung Corporation)

2. 三星石油化学株式会社 2.0%

(Samsung Petrochemical Company Limited)

3. SK 油化株式会社 11.2%

(SK Petrochemical Co., Ltd)

4. 三南石油化学株式会社 3.7%

(Samnam Petrochemical Co., LTD.)

5. KP 化学公司 2.0%

(KP CHEMICAL CORPORATION)

6. 泰光产业(株) 2.4%

(TAEKWANG INDUSTRIAL CO., LTD)

7. 其他韩国公司 11.2%

(All Others)

泰国公司

1. Indorama 石化有限公司 16.9%

(Indorama Petrochem Limited)

2. Siam 三井 PTA 有限公司 6.0%

(Siam Mitsui PTA Co., Ltd.)

3. TPT 石化大众有限公司 12.9%

(TPT Petrochemicals Public Company Limited)

4. 其他泰国公司 20.1%

(All Others)

五、商务部 海关总署 公布关于原产于日本、韩国、美国和中国台湾地区的进口苯酚所适用的反倾销措施

1. 中华人民共和国海关总署公告 2010 年第 6 号(二〇一〇年一月二十八日)

2004 年，国务院关税税则委员会决定对原产于日本、韩国、美国和中国台湾地区的进口苯酚征收反倾销税，征税时间自 2004 年 2 月 1 日起，期限为 5 年。根据反倾销措施期终复审调查结果，国务院关税税则委员会决定自 2010 年 1 月 31 日起对原产于日本、韩国、美国和中国台湾地区的进口苯酚继续征收反倾销税，期限为 5 年，现就有关事项公告如下：自 2010 年 1 月 31 日起，海关对申报进口原产于日本、韩国、美国和中国台湾地区的苯酚，继续按照海关总署公告 2004 年第 3 号、2006 年第 50 号、2007 年第 65 号和 2009 年第 77 号所规定的产品范围、税率和公式等征收反倾销税。

附件：中华人民共和国商务部公告 2010 年第 2 号(略)

2. 中华人民共和国商务部公告 2010 年第 2 号，公布关于原产于日本、韩国、美国和中国台湾地区的进口苯酚所适用的反倾销措施的期终复审裁定(二〇一〇年一月三十日)

2004 年 2 月 1 日，中华人民共和国商务部发布 2004 年第 2 号公告，决定对原产于日本、韩国、美国和中国台湾地区的进口苯酚实施最终反倾销措施，实施期限为五年。

该反倾销措施实施期间，商务部分别发布 2006 年第 64 号公告、2007 年第 96 号公告和 2009 年第 102 号公告，依法对措施进行了调整。

2009 年 1 月 31 日，商务部发布 2009 年第 3 号公告，应中国石油化工股份有限公司上海高桥分公司、中国石油化工股份有限公司北京燕山分公司、蓝星化工新材料股份有限公司哈尔滨分公司代表中国大陆苯酚产业提出的申请，决定对原产于日本、韩国、美国和中国台湾地区的进口苯酚所适用的反倾销措施进行期终复审调查。

本复审调查的被调查产品与原反倾销调查被调查产品相同，即苯酚，该产品归在《中华人民共和国进出口税则》税则号：29071110。该产品英文名称为 Phenol。

商务部对如果终止苯酚的反倾销措施，导致倾销和损害继续或再度发生的可能性进行了调查，并根据调查结果向国务院关税税则委员会提出 维持反倾销措施的建议。根据《中华人民共和国反倾销条例》第五十条及国务院关税税则委员会的决定，现将有关事项公告如下：

一、裁定

商务部裁定，经调查，如果终止原反倾销措施，原产于日本、韩国、美国和中国台湾地区的进口苯酚对中国大陆的倾销可能继续；原产于日本、韩国、美国和中国台湾地区的进口苯酚对中国大陆苯酚产业造成的损害有可能再度发生。

二、反倾销措施

自 2010 年 1 月 31 日起，继续按照 2004 年第 2 号公告、2006 年第 64 号公告、2007 年第 96 号公告、2009 年第 102 号公告，对原产于日本、韩国、美国和中国台湾地区的进口苯酚实施反倾销措施，实施期限为五年。

三、征收反倾销税的方法

自 2010 年 1 月 31 日起，进口经营者在进口原产于日本、韩国、美国和中国台湾地区的进口苯酚时，应向中华人民共和国海关缴纳相应的反倾销税。反倾销税以海关审定的完税价格从价计征，计算公式为：反倾销税税额 = 海关完税价格 × 反倾销税税率。进口环节增值税以海关审定的完税价格加上关税和反倾销税作为计税价格从价计征。

四、行政复议和行政诉讼

根据《中华人民共和国反倾销条例》第五十三条，对本复审决定不服的，可以申请行政复议，也可以向人民法院提起诉讼。

五、本公告自 2010 年 1 月 31 日起执行。

附件：中华人民共和国商务部关于对原产于日本、韩国、美国和中国台湾地区的进口苯酚所适用的反倾销措施的期终复审裁定

2009 年 1 月 31 日，中华人民共和国商务部(以下称调查机关)发布公告，决定对原产于日本、韩国、美国和中国台湾地区的进口苯酚所适用的反倾销措施进行期终复审调查。

调查机关对终止原反倾销措施，原产于日本、韩国、美国和中国台湾地区的进口苯酚对中国大陆的倾销和损害继续或再度发生的可能性进行了调查。根据调查结果，并依据《中华人民共和国反倾销条例》(以下简称《反倾销条例》)第四十八条，作出复审裁定如下：

一、原反倾销措施

2002 年 8 月 1 日，应中国大陆苯酚产业申请，原外经贸部发布该年度第 35 号公告，决定对原产于日本、韩国、美国和中国台湾地区的进口苯酚进行反倾销立案调查。

2004 年 2 月 1 日，调查机关发布该年度第 2 号公告，决定对上述国家和地区进口苯酚实施为期五年的最终反倾销措施。2006 年、2007 年及 2009 年，调查机关分别发布年度第 64 号、第 96 号和第 102 号公告，依法对反倾销措施进行了修改。

二、期终复审调查程序

(一)到期公告

2008 年 7 月 31 日，调查机关发布该年度第 51 号公告，原反倾销措施将于 2009 年 2 月 1 日到期。根据《反倾销条例》，经复审确定终止征收反倾销税有可能导致倾销和损害继续或者再度发生的，反倾销税的征收期限可以适当延长。自该公告发布之日起，中国大陆产业可在原反倾销措施终止日 60 天前，向调查机关提出书面复审申请。

(二)复审申请

2008 年 11 月 26 日，中国石油化工股份有限公司上海高桥分公司(以下简称上海高桥公司)、中国石油化工股份有限公司北京燕山分公司(以下简称北京燕化公司)、蓝星化工新材料股份有限公司哈尔滨分公司(以下简称蓝星哈尔滨公司)代表中国大陆苯酚产业向调查机关提交了期终复审申请。申请人主张，如果终止反倾销措施，原产于日本、韩国、美国和中国台湾地区的进口苯酚对中国大陆的倾销行为可能继续发生，倾销行为给中国大陆苯酚产业造成的损害将再度发生，请求调查机关继续维持该反倾销措施。

(三)立案前通知

2009 年 1 月 20 日，调查机关就有关期终复审申请事宜通知了日本、韩国、美国驻华使馆，并委托常驻世贸组织代表团向中国台湾地区常驻世贸组织代表团递交有关期终复审申请事宜通知。

(四)立案

调查机关对申请人资格和申请书及补充材料的主张及相关证明材料进行了审查，认为申请人资格和申请书符合立案要求。

根据审查结果及《反倾销条例》第十一条、第十三条、第十七条和第四十八条的规定，2009 年 1 月 31 日，调查机关发布该年度第 3 号公告，决定对原产于日本、韩国、美国和中国台湾地区的进口苯酚所适用的反倾销措施进行期终复审调查。

(五)复审内容

本次复审调查的内容为，如果终止原反倾销措施，是否可能导致倾销和损害的继续或再度发生。

(六)立案通知及利害关系方评论

立案当日，调查机关就立案事宜通知了日本、韩国、美国驻华使馆，将立案公告和申请书公开文本提供给了上述国家驻华使馆，并委托常驻世贸组织代表团向中国台湾地区常驻世贸组织代表团递交有关立案事宜通知、立案公告和申请书的公开文本。

立案当日，调查机关通知了已知的涉案国(地区)生产商和出口商。有关申请书公开文本，利害关系方可于商务部公开信息查阅室查阅。

在规定的时间内，没有利害关系方对本次复审立案发表评论意见。

(七)登记应诉

2009 年 1 月 31 日，调查机关在 2009 年第 3 号公告中公布，任何利害关系方可于立案公告发布之日起 20 天内，向调查机关申请参加应诉。如利害关系方未在立案公告规定的时间内向调查机关登记应诉，调查机关有权拒绝接受其递交的有关材料，并有权根据掌握的现有材料做出裁定。

在规定的应诉期限内，没有公司登记应诉此次期终复审的倾销调查，韩国锦湖 P&B 化学株式会社(以下简称韩国锦湖化学公司)和中国台湾地区长春人造树脂厂股份有限公司(以下简称中国台湾长春公司)向调查机关递交了参加产业损害调查活动登记表及相关证明材料。经审查，调查机关接受了其登记。

(八)倾销调查和损害调查

1. 倾销调查

(1)调查问卷

立案后，没有涉案国(地区)生产商、出口商应诉本次倾销调查，因此，调查机关没有发放调查问卷。

(2)公开信息渠道

调查机关通过查询海关数据、咨询相关行业协会、查阅相关网站、公开刊物等方式，收集了与被调查产品及其同类产品有关的数据、信息。

(3)听取各利害关系方陈述

调查机关听取了有关利害关系方对本案的陈述意见。

(4)接受书面陈述材料

有关利害关系方向调查机关提交了补充和评论意见材料。

(5)听证会

调查机关向利害关系方告知提请召开听证会的权利。复审调查期间，没有利害关系方申请召开听证会。

(6)披露

2009年12月17日，依据《反倾销条例》第二十五条、《反倾销调查信息披露暂行规则》第三条，调查机关就有关倾销继续或者再度发生的可能性调查所依据的基本事实，向在复审调查过程中提供信息的利害关系方以及出口国(地区)政府进行了披露，并给予有关利害关系方提出评论意见的机会。

在规定的时限内，没有利害关系方对披露发表评论意见。

2. 损害调查

(1)参加调查活动登记

2009年2月1日，调查机关发布了《关于参加苯酚反倾销措施期终复审产业损害调查活动登记的通知》(商调查函[2009]第20号)。在规定时间内，国外(地区)生产者/出口商韩国锦湖化学公司和中国台湾长春公司向调查机关递交了参加产业损害调查活动登记表及相关证明材料。经审查，调查机关接受了其登记。

(2)成立产业损害调查组

2009年2月16日，调查机关成立苯酚反倾销措施期终复审案产业损害调查组，负责本案的产业损害调查与裁决工作，并于当日发布了《关于成立苯酚反倾销措施期终复审案产业损害调查组的通知》(商调查函[2009]第51号)。

(3)发放和收回调查问卷

根据《反倾销条例》第二十条第一款和《反倾销产业损害调查规定》第二十四条、第二十五条的规定，调查机关于2009年3月3日向利害关系方发放了《中国大陆生产者调查问卷》(商调查函[2009]第71号)、《国外(地区)生产者/出口商调查问卷》(商调查函[2009]第72号)和《中国大陆进口商调查问卷》(商调查函[2009]第73号)。

在规定的时间内，调查机关共收回调查问卷答卷5份，包括：上海高桥公司、北京燕化公司和蓝星哈尔滨公司递交的《中国大陆生产者调查问卷答卷》3份，韩国锦湖化学公司和中国台湾长春公司递交的《国外(地区)生产者/出口商调查问卷答卷》2份。

(4)听取利害关系方意见陈述

2009年3月17日，调查机关收到本案申请人提交的《关于召开苯酚反倾销措施期终复审案中国大陆生产企业陈述会的申请》。

根据《反倾销条例》第二十条第二款的规定，2009年3月17日，调查机关发布了《关于召开苯酚反倾销措施期终复审案申请人意见陈述会的通知》(商调查函[2009]第88号)。2009年3月25日，调查机关召开了苯酚反倾销措施期终复审案申请人意见陈述会，听取申请人陈述申请理由及对本案产业损害调查的相关意见。

(5)接收书面评论意见

本案调查过程中，未收到利害关系方提交的书面评论意见。

(6)实地核查

根据《反倾销条例》第二十条第一款和《反倾销产业损害调查规定》第二十七条的规定，2009年5月20日，调查机关发布了《关于苯酚反倾销措施期终复审案实地核查的通知》(商调查函[2009]第144号)。2009年6月至7月期间，调查机关对申请人上海高桥公司、北京燕化公司和蓝星哈尔滨公司等3家企业进行了实地核查。调查机关核实了本案申请书、调查问卷答卷中的有关信息和公司财务数据，并收集了相关证据材料。核查结束时，被核查企业向调查机关提交了实地核查补充材料。

(7)信息公开

根据《反倾销条例》第二十三条和《产业损害调查信息查阅与信息披露规定》第八条、第十四条和第十八条的规定，调查机关已将所有与本案产业损害调查有关的公开材料送交商务部贸易救济措施公开信息查阅室，本案所有利害关系方可以查找、阅览、摘抄、复印与产业损害调查有关的公开信息。

(8)信息披露

根据《反倾销条例》第二十五条第二款和《产业损害调查信息查阅与信息披露规定》第十九条、第二十条和第二十一条的规定，本案裁定前，调查机关向本案有关利害关系方披露了裁定所依据的基本事实，并给予其提出评论意见的机会。信息披露期间，没有利害关系方提出评论意见。

调查机关对申请书及所附证据材料、收回的调查问卷答卷、实地核查的结果，进行了认真分析和全面评估，对利害关系方的意见依法给予了充分考虑。

三、被调查产品和调查范围

(一)被调查产品

本复审被调查产品与原反倾销调查被调查产品一致，即苯酚，该产品归在《中华人民共和国进出口税则》税则号：29071110。该产品英文名称为 Phenol。

(二)调查范围

原产于日本、韩国、美国和中国台湾地区的进口苯酚。

四、中国大陆同类产品及中国大陆产业

(一)中国大陆同类产品的认定

根据商务部 2004 年第 2 号公告，在原反倾销调查中，调查机关在考察了产品在物理特征、化学性质、原材料构成、制造工艺和生产过程、产品用途、销售渠道、产品的替代性和相互竞争性等方面因素后，认定原产于日本、韩国、美国和中国台湾地区的进口苯酚与中国大陆企业生产的苯酚属同类产品，二者具有可比性和可替代性。

根据《反倾销条例》第十二条和《反倾销产业损害调查规定》第十条、第十一条的规定，调查机关在期终复审调查中，对中国大陆生产的苯酚和被调查产品的物理特征、化学特性、生产设备和工艺、产品用途、产品的替代性、销售渠道和相互竞争性等因素进行了调查。调查证据显示：

1. 中国大陆企业生产的同类产品与被调查产品的相同性或相似性包括但不限于如下方面：

(1)中国大陆生产的苯酚与被调查产品在物理特征和化学特性上没有区别。常温下为无色针状或白色块状晶体，结晶点、水中溶解度、蒸发残渣、水分、色度(号)等主要指标和规格基本相同。

(2)中国大陆生产的苯酚与被调查产品生产工艺基本相同。主要采用异丙苯法生产工艺，将苯和丙烯经烃化反应生成异丙苯，然后以异丙苯和空气为原料经氧化反应生成过氧化氢异丙苯，过氧化氢异丙苯用硫酸作催化剂分解生成苯酚与丙酮。目前采用异丙苯法生产工艺生产的苯酚产能占全球苯酚总产能的比重在 90% 以上。

(3)中国大陆生产的苯酚与被调查产品在用途上相同。在工业上主要用于制备酚醛树脂、双酚 A、己内酰胺、烷基酚、水杨酸等工业原料，还可以用作溶剂、试剂和消毒剂，在合成纤维、塑料、医药、农药、香料、染料、涂料和炼油工业等领域中也有应用。

(4)中国大陆生产的苯酚与被调查产品在调查期内销售渠道、销售区域相同或相似。主要通过直销、分销或代理等形式，销售市场区域主要分布在华东和华南等地。客户群体基本相同，部分客户既购买或使用被调查产品，也同时购买或使用中国大陆企业生产的产品。

2. 根据中国大陆苯酚生产企业提交的《中国大陆生产者调查问卷答卷》和国外(地区)生产者/出口商提交的《国外(地区)生产者/出口商调查问卷答卷》，及在实地核查中补充收集的证据材料，调查机关认定，在反倾销措施实施期间，中国大陆生产的苯酚和原产于日本、韩国、美国和中国台湾地区的进口苯酚均未发生实质性变化，中国大陆生产的苯酚与被调查产品可以相互替代。

综上所述，调查期内，中国大陆生产的苯酚与被调查产品在物理特征和化学特性、生产工艺、产品用途和销售渠道等方面相同或相似，完全可以相互替代，属于同类产品。

(二)中国大陆产业的认定

根据《反倾销条例》第十一条和《反倾销产业损害调查规定》第十三条，调查机关对本案中国大陆苯酚产业范围进行了审查。

调查期内，中国大陆申请企业上海高桥公司、北京燕化公司和蓝星哈尔滨公司的同类产品合计产量占中国大陆同类产品全部总产量的 60% 以上，符合《反倾销条例》第十一条和《反倾销产业损害调查规定》第十三条的规定，可以代表中国大陆苯酚产业。本案裁决所依据的中国大陆产业数据，均来自以上 3 家申请企业。

五、复审调查期

本复审倾销调查期为 2008 年 1 月 1 日至 2008 年 12 月 31 日，损害调查期为 2004 年 1 月 1 日至 2008 年 12 月 31 日。

六、倾销继续或再度发生的可能性

(一)复审调查期内倾销情况

日本

由于没有日本生产商、出口商应诉并提交答卷，调查机关无法直接获得其被调查产品的正常价值、出口价格、调整因素等数据和证据。依据《反倾销条例》第二十一条，调查机关决定采用可获得的最佳信息对日本被调查产品的正常价值、出口价格、影响正常价值和出口价格可比性因素等进行认定。调查机关认为，申请人提供的信息是可获得的最佳信息，并根据申请人提供的相关数据对日本被调查产品的正常价值、出口价格进行了认定，对影响正常价值和出口价格可比性的因素进行了调整，并在同一贸易环节对正常价值和出口价格进行了比较。

经调查，倾销调查期内，原产于日本的苯酚对中国大陆出口存在倾销。

韩国

由于没有韩国生产商、出口商应诉并提交答卷，调查机关无法直接获得其被调查产品的正常价值、出口价格、调整因素等数据和证据。依据《反倾销条例》第二十一条，调查机关决定采用可获得的最佳信息对韩国被调查产品的正常价值、出口价格、影响正常价值和出口价格可比性因素等进行认定。调查机关认为，申请人提供的信息是可获得的最佳信息，并根据申请人提供的相关数据对韩国被调查产品的正常价值、出口价格进行了认定，对影响正常价值和出口价格可比性的因素进行了调整，并在同一贸易环节对正常价值和出口价格进行了比较。

经调查，倾销调查期内，原产于韩国的苯酚对中国大陆出口存在倾销。

美国

由于没有美国生产商、出口商应诉并提交答卷，调查机关无法直接获得其被调查产品的正常价值、出口价格、调整因素等数据和证据。依据《反倾销条例》第二十一条，调查机关决定采用可获得的最佳信息对美国被调查产品的正常价值、出口价格、影响正常价值和出口价格可比性因素等进行认定。调查机关认为，申请人提供的信息是可获得的最佳信息，并根据申请人提供的相关数据对美国被调查产品的正常价值、出口价格进行了认定，对影响正常价值和出口价格可比性的因素进行了调整，并在同一贸易环节对正常价值和出口价格进行了比较。

经调查，倾销调查期内，原产于美国的苯酚对中国大陆出口存在倾销。

中国台湾地区

由于没有中国台湾地区生产商、出口商应诉并提交答卷，调查机关无法直接获得其被调查产品的正常价值、出口价格、调整因素等数据和证据。依据《反倾销条例》第二十一条，调查机关决定采用可获得的最佳信息对中国台湾地区被调查产品的正常价值、出口价格、影响正常价值和出口价格可比性因素等进行认定。调查机关认为，申请人提供的信息是可获得的最佳信息，并根据申请人提供的相关数据对中国台湾地区被调查产品的正常价值、出口价格进行了认定，对影响正常价值和出口价格可比性的因素进行了调整，并在同一贸易环节对正常价值和出口价格进行了比较。

经调查，倾销调查期内，原产于中国台湾地区的苯酚对中国大陆出口存在倾销。

（二）倾销继续或再度发生的可能性

日本

由于没有日本生产商、出口商应诉配合调查机关的期终复审调查，依据《反倾销条例》第二十一条，调查机关决定采用可获得的最佳信息，通过对日本苯酚倾销调查期内的倾销情况、出口能力、对中国大陆的出口、对第三国（地区）的出口的分析，对日本苯酚倾销继续或再度发生的可能性进行审查。调查机关认为，申请人提供的信息是可获得的最佳信息。

1. 调查期内的倾销情况

前述调查表明，倾销调查期内，原产于日本的苯酚对中国大陆的出口存在倾销。

2. 出口能力

（1）产能、产量和闲置产能

根据申请人提供的材料和数据，2004 年至倾销调查期，日本的苯酚产能总体呈下降趋势，年均降幅为 2.4%。倾销调查期日本苯酚产量为 77.16 万吨，较 2007 年下降了 19.7%；产能利用率为 88%，较 2007 年下降了 19.27%，闲置产能大幅度增加，达 10.84 万吨。同期中国大陆同类产品表观消费量为 99.7 万吨，日本闲置产能数量占中国大陆同类产品表观消费量的比例达 10.87%。如果日本将其闲置产能释放，其苯酚出口能力将进一步增强。

（2）日本国内市场消费情况

根据申请人提供的材料和数据，自 2006 年以来，日本国内苯酚消费量呈下降趋势，倾销调查期国内消费量较 2004 年下降了 18.15%。由于消费的萎缩，日本苯酚生产商、出口商只有增加出口才能消化其国内无法消化的产能产量。

（3）对国际市场的依赖程度

根据日本海关统计数据，自 2004 年以来，日本苯酚对国际市场的出口总体呈增长态势，倾销调查期的苯酚总出口量较 2004 年增长了 77%，其占总产量的比例较 2004 年翻了一番。日本苯酚对国际市场的依赖程度较高且呈增长趋势。

上述调查表明，2004 年至倾销调查期，日本苯酚产能总体呈下降趋势，倾销调查期日本苯酚产量、产能利用率下降，闲置产能增加；国内市场消费从

2006年起呈下降趋势;日本苯酚具有较强的出口能力,对国际市场依赖程度整体较高且呈增长趋势。

3. 对中国大陆出口

根据中国大陆海关统计,自2004年反倾销措施实施以后,日本苯酚对中国大陆出口的贸易结构发生了重大变化,虽然对华出口总量增加,但一般贸易所占比例呈大幅下降趋势。倾销调查期内,日本苯酚以一般贸易方式向中国大陆出口约2.2万吨,占倾销调查期总出口量的比例为24.42%,较之2004年下降了67.96%。

根据中国大陆海关统计数据,日本苯酚对中国大陆的平均出口价格虽然有所上涨,但年均增长仅为12.87%,远低于苯酚主要原料苯和丙烯的价格的上涨幅度。倾销调查结果表明,倾销调查期内日本苯酚对中国大陆的出口价格仍属倾销价格。

4. 对第三国(地区)出口

根据申请人提供的日本海关数据,2004至倾销调查期,日本苯酚对第三国(地区)出口数量占其出口总量呈下降趋势,倾销调查期日本苯酚对第三国(地区)的出口较2004年减少了15.06%,倾销调查期日本苯酚对第三国(地区)出口全部低于同期国内销售价格,表明低价是其对海外市场的一种通常的价格策略。而中国大陆苯酚市场需求量不断增长,倾销调查期中国大陆苯酚表观消费量达99.7万吨,较2004年增长52.59%。快速增长的中国大陆市场对国外生产商、出口商具有很强的吸引力。如果终止反倾销措施,日本苯酚生产商、出口商向第三国(地区)的出口可能会转向中国大陆市场。

上述调查表明,自2004年以来,日本苯酚产能总体呈下降趋势;倾销调查期内,日本苯酚产量、产能利用率下降,闲置产能增加;日本国内苯酚市场消费自2006年以来呈下降趋势,对国外市场的依赖程度不断增加;受反倾销措施制约,一般贸易占中国大陆苯酚总进口的比重不断下降。出口价格虽然略有上升,但远低于其原料价格增加幅度且为倾销价格;日本苯酚对第三国(地区)的出口情况表明,低价出口是其消化剩余产能,解决国内消费萎缩一种策略。如果终止对日本苯酚的反倾销措施,其对中国大陆出口的倾销可能继续。

韩国

由于没有韩国生产商、出口商应诉配合调查机关的期终复审调查,依据《反倾销条例》第二十一条,调查机关决定采用可获得的最佳信息,通过对韩国苯酚倾销调查期内的倾销情况、出口能力、对中国大陆的出口、对第三国(地区)的出口的分析,对韩国苯酚倾销继续或再度发生的可能性进行审查。调查机关认为,申请人提供的信息是可获得的最佳信息。

1. 调查期内的倾销情况

前述调查表明,倾销调查期内,原产于韩国的苯酚对中国大陆的出口存在倾销。

2. 出口能力

(1)产能、产量和闲置产能

根据申请人提供的材料和数据,2004年以来,韩国的苯酚产能增长迅速,倾销调查期较2004年增长315.38%,年均增长达42.76%;产量大幅度上升,倾销调查期较2004年增长184.25%,年均增长达29.85%。产能利用率则呈下降趋势,由2004年的98%下降至倾销调查期的67%,闲置产能大量增加。倾销调查期内,韩国苯酚闲置产能为17.9万吨,同期中国大陆同类产品表观消费量为99.7万吨。韩国闲置产能数量占中国大陆同类产品表观消费量的比例达17.95%。如果韩国将其闲置产能释放,其苯酚出口能力将进一步增强。

(2)国内市场消费情况

根据申请人提供的材料和数据,2004年至倾销调查期,韩国苯酚市场消费量有小幅增长,从21.65万吨上升至26.89万吨,远低于同期产能产量的增长速度。倾销调查期,韩国国内苯酚消费量为26.89万吨,仅占同期韩国产能的49.8%。韩国苯酚生产商、出口商只有增加出口才能消化其大幅增长的产能产量。

(3)对国际市场的依赖程度

根据申请人提供的材料和数据,自2004年以来韩国苯酚对国际市场的出口呈大幅增长态势,年均增长达103.38%。韩国苯酚总出口量占总产量的比例也从2004年的5.84%增长至倾销调查期的35.06%。韩国苯酚对国际市场的依赖程度较高且呈增长趋势。

上述调查表明,2004年以来,韩国苯酚的产能产量大幅度增长,同时其闲置产能也不断增加。国内市场消费增长相对缓慢,所增加的产能产量只能通过增加出口才能消化。韩国苯酚对国际市场依赖程度较高且保持逐年增长趋势。

3. 对中国大陆出口

根据中国大陆海关统计,2004年反倾销措施实施后,韩国苯酚对中国大陆一般贸易方式所占总出口量比例有所下降。2006年后,对华出口开始回升。

倾销调查期内，韩国苯酚对华出口占中国大陆苯酚总进口的比重由2004年的2.52%增加至倾销调查期的9.26%。

韩国苯酚对中国大陆的出口价格有所上涨，但年均增长仅为1.3%，远低于苯酚主要原料苯和丙烯的价格上涨幅度和其对中国大陆出口的增长幅度。倾销调查结果表明，倾销调查期内原产于韩国的苯酚对中国大陆的出口价格仍属倾销价格。

4. 对第三国(地区)出口

根据申请人提供的韩国海关数据，2005年韩国苯酚产能大幅增加后，对第三国(地区)出口数量占其出口总量的比例呈下降趋势。倾销调查期韩国苯酚对第三国(地区)出口有98.16%低于同期国内销售价格，表明低价是其对海外市场的一种通常的价格策略。而中国大陆苯酚市场需求量不断增长，倾销调查期中国大陆苯酚表观消费量达99.7万吨，较2004年增长52.59%。快速增长的中国大陆市场对国外生产商、出口商具有很强的吸引力。如果终止反倾销措施，韩国苯酚生产商、出口商向第三国(地区)的出口可能会转向中国大陆市场。

5. 第三国(地区)对韩国出口苯酚的贸易限制措施

根据WTO公布的资料，在反倾销措施实施期间，印度对原产于韩国的苯酚产品进行反倾销立案调查。2008年3月3日，印度调查机关对原产于韩国的进口苯酚产品实施反倾销措施，每吨征收196美元的反倾销税。

上述调查表明，2004年以来，韩国苯酚产能产量大幅上升，同时其闲置产能也不断增加；相对于其产能产量的大幅度增加，韩国国内苯酚市场消费增长缓慢，对国外市场的依赖程度不断增加；韩国苯酚对中国大陆的出口数量大幅度增加，占中国大陆苯酚总进口的比重不断攀升，价格虽然略有上升，但远低于其原材料价格增长幅度且依然为倾销价格；韩国苯酚对第三国(地区)的出口情况表明，低价出口是其消化剩余产能，解决国内消费萎缩一种策略，原产于韩国的苯酚也受到其他国家的反倾销措施限制。如果终止对原产于韩国的苯酚的反倾销措施，其对中国大陆的倾销可能继续。

美国

由于没有美国生产商、出口商应诉配合调查机关的期终复审调查，依据《反倾销条例》第二十一条，调查机关决定采用可获得的最佳信息，通过对美国苯酚倾销调查期内的倾销情况、出口能力、对中国大陆的出口、对第三国(地区)的出口的分析，美国苯酚倾销继续或再度发生的可能性进行审查。调查机关认为，申请人提供的信息是可获得的最佳信息。

1. 调查期内的倾销情况

前述调查表明，倾销调查期内，原产于美国的苯酚对中国大陆的出口存在倾销。

2. 出口能力

(1)产能、产量和闲置产能

美国拥有巨大的苯酚产能。根据申请人提供的材料和数据，2004年以来，美国的苯酚产能仍有增长，产量则总体呈下降趋势。倾销调查期内，产能利用率大幅下降，闲置产能大幅增加，达73.8万吨。同期中国大陆同类产品表观消费量为99.7万吨。美国闲置产能数量占中国大陆同类产品表观消费量的比例达74.02%。如果美国将其闲置产能释放，其苯酚出口能力将进一步增强。

(2)国内市场消费情况

根据申请人提供的材料和数据，美国国内消费量一直低于产能，约三分之一的产能不能在国内消化。自2004年至倾销调查期，美国国内苯酚消费量总体呈下降趋势，倾销调查期较2004年下降了18.27%。因此，美国苯酚生产商、出口商只有不断增加出口才能消化其巨大的产能和产量。

(3)对国际市场的依赖程度

根据申请人提供的美国海关的数据，2004年至2007年，美国苯酚对国际市场的出口基本保持稳定，倾销调查期出口虽有下降，总出口量仍达43.11万吨，说明对外出口仍然是美国消化国内苯酚产量的重要渠道。作为世界最大的苯酚生产国，美国苯酚具有较强的出口能力，对国际市场的依赖程度较高。

上述调查表明，2004年以来，美国苯酚产能呈增加趋势，产量、产能利用率呈下降趋势，闲置产能增加；国内市场消费量呈现下降趋势，对国际市场依赖程度一直较高。

3. 对中国大陆出口

反倾销措施实施期间，美国对华苯酚出口数量有较大幅度的增长，但一般贸易方式对中国大陆的出口从2005年开始就停止了，说明不以倾销的价格，美国无法维持对华苯酚出口的数量水平。

美国苯酚对中国大陆的出口价格有所上涨，年均增长仅为8.7%，远低于苯酚主要原料苯和丙烯的价格上涨幅度和其对中国大陆出口增加的幅度。倾销调查结果表明，倾销调查期内美国苯酚对中国大陆的出口价格仍属倾销价格。

4. 对第三国(地区)出口

根据申请人提供的美国海关数据，2004年至2007年，美国苯酚向第三国(地区)出口数量基本保持稳定。倾销调查期内，美国苯酚向第三国(地区)出口较2007年下降15.85%，其中低于其国内市场价格的出口占其向第三国(地区)苯酚总出口量的99.74%，表明低价是其对海外市场的一种通常的价格策略。而中国大陆苯酚市场需求量不断增长，倾销调查期中国大陆苯酚表观消费量达99.7万吨，较2004年增长52.59%。快速增长的中国大陆市场对国外生产商、出口商具有很强的吸引力。如果终止反倾销措施，美国苯酚生产商、出口商向第三国(地区)的出口可能会转向中国大陆市场。

5. 第三国(地区)对美国出口苯酚的贸易限制措施

根据WTO公布的资料，美国苯酚产品在2002年10月16日被巴西调查机关采取反倾销措施，反倾销税率为41.4%~68.2%。2008年10月3日，巴西调查机关对该起案件的期终复审调查作出肯定性的裁定，并将反倾销税税率提高到54.9%~68.2%。印度也对原产于美国的苯酚进行了反倾销调查。2008年3月3日，印度调查机关决定对原产于美国的进口苯酚产品实施反倾销措施，每吨征收181美元的反倾销税。

上述调查表明，自从2004年中国大陆对进口苯酚实施反倾销措施以来，美国苯酚产能呈增长趋势，倾销调查期内产量和产能利用率有所下降，闲置产能大幅度增加；美国国内苯酚市场消费量下降，对国外市场的依赖程度维持较高水平；反倾销措施实施期间，美国苯酚对华出口数量大幅度增加，占中国大陆苯酚总进口的比重不断攀升，但一般贸易方式的出口在2005年就停止了；出口价格虽然略有上升，但远低于其原材料价格增长幅度且依然为倾销价格；美国苯酚对第三国(地区)的出口情况表明，低价出口是其消化剩余产能，解决国内消费萎缩一种策略，原产于美国的苯酚也受到其他国家的反倾销措施限制。如果终止对美国苯酚的反倾销措施，其对中国大陆的的倾销可能继续。

中国台湾地区

由于没有中国台湾地区生产商、出口商应诉配合调查机关的期终复审调查，依据《反倾销条例》第二十一条，调查机关决定采用可获得的最佳信息，通过对中国台湾地区的苯酚倾销调查期内的倾销情况、出口能力、对中国大陆的出口、对第三国(地区)的出口的分析，对中国台湾地区苯酚倾销继续或再度发生的可能性进行审查。调查机关认为，申请人提供的信息是可获得的最佳信息。

1. 调查期内的倾销情况

前述调查表明，倾销调查期内，原产于中国台湾地区的苯酚对中国大陆的出口存在倾销。

2. 出口能力

(1)产能、产量和闲置产能

根据申请人提供的材料，2004年以来，中国台湾地区苯酚的产能呈上升趋势，年均增长11.5%，倾销调查期达85万吨，较2004年增长54.55%。产量总体呈上升趋势，倾销调查期较2004年增长30.69%。在倾销调查期内，产能利用率下降至74%，闲置产能大幅度增加，达22.4万吨。同期中国大陆同类产品表观消费量为99.7万吨。中国台湾地区闲置产能数量占中国大陆同类产品表观消费量的比例达22.47%。如果中国台湾地区将其闲置产能释放，其苯酚出口能力将进一步增强。

(2)岛内市场消费情况

根据申请人提供的数据，2004年至2007年，中国台湾地区苯酚消费量呈缓慢增长趋势，低于同期产能的增长速度。倾销调查期内，中国台湾地区苯酚消费量较2007年下降了15.44%。倾销调查期内，中国台湾地区苯酚消费量仅占其产能的66.39%，中国台湾地区苯酚生产商、出口商只有增加出口才能消化其不断增长的产能产量。

(3)对国际市场的依赖程度

中国台湾地区市场苯酚消费量远低于其产能，约有三分之一的产能无法在地区内消化而必须要依赖出口。根据申请人提供的中国台湾地区海关数据，自2004年至倾销调查期，中国台湾地区苯酚对国际市场的出口总体呈增长态势，占其苯酚总产量的平均比重维持在18.48%，最高时超过26%。中国台湾地区的苯酚对国际市场的依赖程度较高。

上述调查表明，2004年以来，中国台湾地区苯酚产能产量呈上升趋势，产能利用率保持较高水平。倾销调查期内产量下降，闲置产能大幅度增加。中国台湾地区市场消费量增长缓慢，不足以消化不断增长的中国台湾地区苯酚产能产量，中国台湾地区苯酚对国际市场依赖程度较高。

3. 对中国大陆出口

根据中国大陆海关统计，2004年反倾销措施实施后，中国台湾地区苯酚对中国大陆出口中，一般贸易方式出口数量所占总出口量的比例呈下降趋势。

倾销调查期内，一般贸易方式的出口占总出口量的比例为42.78%，较之2004年下降了48.98%。

中国台湾地区苯酚对中国大陆的出口价格有所上涨，但年均仅5.78%，远低于苯酚主要原料苯和丙烯的价格上涨幅度和其对中国大陆的出口增长幅度，倾销调查结果表明，倾销调查期内中国台湾地区苯酚对中国大陆的出口价格仍属倾销价格。

4. 对第三国(地区)出口

根据申请人提供的中国台湾地区海关数据，2004至倾销调查期，中国台湾地区苯酚对第三国(地区)出口基本呈下降趋势，倾销调查期中国台湾地区苯酚对第三国(地区)的出口较2004年减少了33.33%。倾销调查期中国台湾地区苯酚对第三国(地区)出口中86.55%低于同期岛内销售价格，表明低价是其对海外市场的一种通常的价格策略。而中国大陆苯酚市场需求量不断增长，倾销调查期中国大陆苯酚表观消费量达99.7万吨，较2004年增长52.59%。快速增长的中国大陆市场对海外生产商、出口商具有很强的吸引力。如果终止反倾销措施，中国台湾地区苯酚生产商、出口商向第三国(地区)的出口可能会转向中国大陆市场。

5. 第三国(地区)对中国台湾地区出口苯酚的贸易限制措施

根据WTO公布的资料，在反倾销措施实施期间，印度对原产于中国台湾地区的苯酚产品进行反倾销立案调查。2008年3月3日，印度调查机关对原产于中国台湾地区的进口苯酚产品实施反倾销措施，每吨征收137美元的反倾销税。

上述调查表明，自从2004年中国大陆对进口苯酚实施反倾销措施以来，中国台湾地区苯酚产能产量总体呈增长态势。倾销调查期产量和产能利用率有所下降，闲置产能大幅度增加，中国台湾岛内苯酚市场消费呈缓慢增长态势，低于同期产能的增长速度；中国台湾地区苯酚对地区外市场的依赖程度增加，对中国大陆苯酚的出口数量呈大幅度增加，而一般贸易方式所占比例不断下降；中国台湾地区苯酚占中国大陆苯酚总进口的比重不断攀升，价格虽然略有上升，但依然为倾销价格。中国台湾地区苯酚对第三国(地区)的出口情况表明，低价出口是其消化剩余产能，解决地区内消费萎缩一种策略，原产于中国台湾地区的苯酚也受到其他国家的反倾销措施限制。如果终止对原产于中国台湾地区的苯酚反倾销措施，其对中国大陆的倾销可能继续。

(三)倾销调查结论

上述调查表明，日本、韩国、美国和中国台湾地区的苯酚在倾销调查期内存在倾销。如果终止对日本、韩国、美国和中国台湾地区苯酚的反倾销措施，原产于上述国家(地区)的进口苯酚对中国大陆的倾销可能继续。

七、损害继续或再度发生的可能性

依据《反倾销条例》第二十一条和《反倾销产业损害调查规定》第三十三条的规定，调查机关根据已获得的相关证据材料和信息，对如果终止反倾销措施，原产于日本、韩国、美国和中国台湾地区的进口苯酚导致中国大陆产业损害继续或再度发生的可能性进行了审查。

(一)调查期内中国大陆产业恢复情况

本案申请企业向调查机关提出，上海高桥公司和北京燕化公司同时为中国石油化工股份有限公司的分公司，请求调查机关对其提供的资料按保密资料处理。调查机关接受了申请企业的保密申请，中国大陆苯酚产业相关经济指标只披露相对数。

根据原反倾销调查的最终裁定，日本、韩国、美国和中国台湾地区的苯酚产品对中国大陆的出口数量呈上升趋势，市场份额占中国大陆市场相当大的比重，出口价格呈明显的下降趋势。同时，由于被调查产品与中国大陆同类产品之间竞争条件相同，被调查产品的大量低价进口，造成中国大陆苯酚产业同类产品生产增长受到压制，产量、销售量、销售收入、税前利润、投资收益率等主要经营指标恶化，市场份额下降，开工率不足，产品价格受到抑制，企业生产和经营陷入困境，亏损严重，中国大陆苯酚产业受到实质损害。

反倾销措施的实施，一定程度上抑制了被调查产品的低价进口，改善了中国大陆产业的生产经营环境。调查机关对调查期内中国大陆产业相关经济因素和指标进行了调查。主要证据事实如下：

1. 表观消费量

调查期内，中国大陆同类产品表观消费量总体呈增长趋势。2004年至2008年分别为65.34万吨、73.91万吨、80.41万吨、102.31万吨和99.70万吨，2005年至2007年分别比上年增长13.13%、8.80%和27.24%，2008年比上年下降2.55%。调查期内，中国大陆同类产品表观消费量年均增长11.14%。

2. 产能

调查期内，中国大陆产业同类产品的产能总体呈增长趋势。2005年和2006年分别比上年增长

42.27%和16.12%，2007年和2008年产能保持平稳。调查期内，中国大陆产业同类产品产能年均增长13.37%。

3. 产量

调查期内，中国大陆产业同类产品的产量总体呈增长趋势。2005年至2007年分别比上年增长31.21%、28.61%和3.42%，2008年比上年下降10.36%。调查期内，中国大陆产业同类产品产量年均增长11.84%。

4. 销售量

调查期内，中国大陆产业同类产品的销售量总体呈增长趋势。2005年至2007年分别比上年增长31.30%、28.42%和3.97%，2008年比上年下降11.13%。调查期内，中国大陆产业同类产品销售量年均增长11.72%。

5. 市场份额

调查期内，中国大陆产业同类产品市场份额呈先升后降趋势。2005年、2006年分别比上年提高6.79%和8.84%，2007年和2008年分别比上年降低10.58%和4.16%。2008年中国大陆产业同类产品市场份额比2004年提高0.89%。

6. 销售价格

调查期内，中国大陆产业同类产品销售价格呈波动上升趋势。2005年比上年下降8.25%，2006年、2007年分别比上年增长12.00%和26.03%，2008年比上年下降16.16%。调查期内，中国大陆产业同类产品销售价格年均增长2.08%。

7. 销售收入

调查期内，中国大陆产业同类产品的销售收入总体呈增长趋势。2005年至2007年分别比上年增长20.48%、43.83%和31.04%，2008年比上年下降25.49%。调查期内，中国大陆产业同类产品销售收入年均增长14.05%。

8. 税前利润

调查期内，中国大陆产业同类产品的税前利润呈波动下降趋势。2005年出现亏损，2006年扭亏为盈，2007年税前利润比上年增长213.83%，达到调查期内最高点，2008年比上年下降79.09%。

9. 投资收益率

调查期内，中国大陆产业同类产品投资收益率呈波动下降趋势。2005年比上年下降47.40%，2006年、2007年分别比上年增长31.24和50.91%，2008年比上年下降56.16%。2008年中国大陆产业同类产品投资收益率比2004年降低21.40%。

10. 期末库存

调查期内，中国大陆产业同类产品的期末库存呈波动上升趋势。2005年、2006年分别比上年增长68.58%和26.54%，2007年比上年下降63.20%，2008年比上年增长68.49%。调查期内，中国大陆产业同类产品期末库存年均增长7.24%。

11. 开工率

调查期内，中国大陆产业同类产品开工率总体维持在较高水平。2005年比上年降低8.16%，2006年和2007年分别比上年增长10.42和3.67%，2008年比上年下降11.49%。2008年中国大陆产业同类产品开工率比2004年降低5.56%。

12. 就业人数

调查期内，中国大陆产业同类产品就业人数总体呈下降趋势。2005年比上年增长5.44%，2006年至2008年分别比上年下降0.39%、11.81%和9.68%。调查期内，中国大陆产业同类产品就业人数年均降幅为4.36%。

13. 人均工资

调查期内，中国大陆产业同类产品人均工资呈增长趋势。2005年至2008年分别比上年增长9.08%、8.27%、14.03%和0.02%。调查期内，中国大陆产业同类产品人均工资年均增长7.73%。

14. 劳动生产率

调查期内，中国大陆产业同类产品劳动生产率总体呈上升趋势。2005年至2007年分别比上年提高24.45%、29.12%和17.27%，2008年比上年降低0.75%。调查期内，中国大陆产业同类产品劳动生产率年均增长16.94%。

15. 现金流量

经调查机关实地核查，在本案中，申请企业未单独记录同类产品现金流量，按分摊方法得到的现金流量不能客观反映中国大陆产业同类产品的实际经营状况，因此，调查机关认定，本案对经营活动现金净流量的指标分析没有实际意义。

上述证据事实表明，调查期内，在中国大陆表观消费量总体增长的情况下，中国大陆产业产能、产量、销售量、销售收入、人均工资、劳动生产率都在总体上保持了增长趋势，开工率一直保持较高的水平，市场份额在调查期前期有所增长，中国大陆产业得到了初步恢复和发展。

同时，调查证据显示，中国大陆产业仍然比较脆弱，容易受到进口被调查产品的冲击和影响。调查期内，2005年，进口被调查产品量增价跌，中国大陆同类产品在单位销售成本上升 23.79% 的情况下，销售价格下降 8.25%，开工率比上年下降 8.16%，中国大陆产业出现亏损，投资收益率为负值。2006、2007 年，中国大陆产业得到一定恢复。2008 年，受被调查产品进口价格下降等因素的影响，中国大陆产业经营状况再次出现恶化趋势。与上年相比，中国大陆产业同类产品销售价格下降 16.16%，产量下降 10.36%，销售量下降 11.13%，销售收入下降 25.49%，税前利润下降 79.09%，投资收益率降低 56.16%，开工率降低 11.49%。

调查数据显示，调查期内，中国大陆同类产品全部在中国大陆市场销售，对被调查产品的进口反应比较敏感。反倾销措施的实施一定程度上抑制了被调查产品倾销进口的不公平竞争行为，中国大陆产业的生产经营状况得到初步恢复和发展，但中国大陆产业仍然比较脆弱，极易受到进口产品的冲击和损害。

（二）中国大陆未来市场预测

1. 中国大陆表观消费量

作为全球新兴市场之一，中国大陆苯酚消费市场总体保持旺盛。2004 年至 2008 年，中国大陆苯酚表观消费量总体呈增长趋势。根据中国石油和化学工业协会统计，2004 年至 2008 年中国大陆苯酚消费量分别为 65.34 万吨、73.91 万吨、80.41 万吨、102.31 万吨和 99.70 万吨，年均增幅为 11.14%。虽然受金融危机影响 2008 年中国大陆苯酚消费量比 2007 年降低 2.55%，但预计 2009 年之后中国大陆经济仍将保持平稳较快发展，随着下游双酚 A 等产业需求的增大，中国大陆苯酚需求量将进一步增长，预计 2012 年将达到 142.84 万吨。

2. 中国大陆市场供应量

反倾销措施实施期间，随着中国大陆苯酚市场需求的快速增长，中国大陆苯酚产业新建和扩建了一批苯酚生产装置。根据中国石油和化学工业协会统计，2004 年，中国大陆苯酚的总产能为 40.29 万吨，2008 增至 64.42 万吨，年平均增长 12.45%；2004 年，中国大陆苯酚总产量为 37.37 万吨，2008 年增长至 63.17 万吨，年平均增长 14.02%，均高于同期中国大陆表观消费量的增长速度。

目前，中国大陆苯酚的供应与需求尚存在较大缺口，随着新建项目陆续建成投产，预计到 2012 年，中国大陆苯酚的总产能将达到 144.42 万吨，届时中国大陆苯酚市场的供需状况将基本趋于平衡。

（三）被调查产品进口大量增加的可能性

调查期内，中国大陆苯酚总进口量和来自日本、韩国、美国和中国台湾地区的被调查产品对中国大陆的合计进口数量总体呈增长趋势。根据中华人民共和国海关统计，2004 年至 2008 年，中国大陆苯酚总进口量分别为 28.12 万吨、29.13 万吨、28.46 万吨、45.69 万吨和 36.64 万吨，年均增长幅度为 6.84%；来自日本、韩国、美国和中国台湾地区的被调查产品合计进口数量分别为 8.66 万吨、18.68 万吨、18.84 万吨、28.47 万吨和 23.07 万吨，年均增长幅度为 27.77%，高于中国大陆苯酚总进口量的年均增长幅度。被调查产品进口数量所占中国大陆苯酚总进口的比例由 2004 年 30.79% 提高到 2008 年的 62.96%，所占中国大陆苯酚的市场份额也由 2004 年的 13.25% 提高到 2008 年的 23.14%。

国外（地区）生产者/出口商仅有韩国锦湖化学公司和中国台湾长春公司 2 家企业递交了《国外（地区）生产者/出口商调查问卷答卷》。两家企业均非韩国和中国台湾地区的唯一生产者/出口商，且两家企业在提交的《国外（地区）生产者/出口商调查问卷答卷》中均明确表示无法得知其他企业的相关情况；在产业损害调查过程中，没有其他国外（地区）生产者/出口商配合调查机关的期终复审调查。依据《反倾销条例》第二十一条和《反倾销产业损害调查规定》第三十三条的规定，调查机关认定来自中国大陆生产者的证据和信息是已获得事实和可获得的最佳信息，决定以此信息和数据为基础，考察日本、韩国、美国和中国台湾地区被调查产品进口大量增加的可能性。

日本

根据中华人民共和国海关统计，2004 年至 2008 年，从日本进口的被调查产品分别为 0.59 万吨、2.64 万吨、2.88 万吨、8.76 万吨和 9.18 万吨，占同期中国大陆总进口量的比例分别为 2.11%、9.05%、10.12%、19.16% 和 25.04%，呈持续上升趋势。

1. 出口能力。中国大陆生产者提供的资料显示，2004 年至 2008 年，日本苯酚的产能分别为 97.00 万吨、91.00 万吨、86.50 万吨、88.00 万吨和 88.00 万吨，年均降幅为 2.40%。日本同期国内消费量分别为 88.00 万吨、89.99 万吨、88.27 万吨、85.32 万吨和 72.03 万吨，年均降幅为 4.88%。2004 年至 2007 年，日本苯酚装置的开工率分别为 100%、103%、99% 和 109%，2008 年为 88%，闲置产能大幅增加。

2004 年至 2008 年，日本苯酚产能与消费量差额分别为 9.00 万吨、1.01 万吨、－1.77 万吨、2.68

万吨和15.97万吨。同时，日本苯酚进口量也呈总体上升趋势，2004年为0.10万吨，2008年为10.20万吨，2006年最高达到11.84万吨。由于日本进口的苯酚减少了日本生产的苯酚在本国市场的消化数量，也就相应增加了日本所需依赖出口的产能。考虑到日本进口苯酚的影响，2004年至2008年，日本须依赖出口的产能分别为9.10万吨、8.20万吨、10.07万吨、11.63万吨和26.17万吨，占同期日本苯酚总产能的比例分别为9.38%、9.01%、11.64%、13.22%和29.74%。日本苯酚的出口能力总体在不断增强。

2. 对国外(地区)市场依赖程度。中国大陆生产者提供的资料显示，2004年至2008年，日本苯酚对外出口数量分别为8.66万吨、11.00万吨、9.61万吨、19.73万吨和15.33万吨，占其国内产量的比例分别为8.97%、11.73%、11.17%、20.53%和19.87%，占其国内产能的比例分别为8.93%、12.09%、11.11%、22.42%和17.42%。日本苯酚对国外(地区)市场依赖程度总体在不断提高。

3. 对中国大陆出口。根据中华人民共和国海关统计，反倾销措施实施期间，日本苯酚产品对中国大陆的出口数量呈持续上升趋势。2004年至2008年，日本对中国大陆的出口数量分别为0.59万吨、2.64万吨、2.88万吨、8.76万吨和9.18万吨，2005年至2008年分别比上年增长343.97%、9.24%、204.13%和4.79%，占同期中国大陆总进口量的比例分别为2.11%、9.05%、10.12%、19.16%和25.04%，目前已成为被调查国家(地区)中所占比例最高的国家。

2004年至2008年，日本被调查产品对中国大陆出口量占其总出口量的比例分别为6.85%、23.96%、29.96%、44.38%和59.85%，呈持续上升趋势。中国大陆已成为日本苯酚出口的最大市场。

4. 对其他国家(地区)出口。中国大陆生产者提供的资料显示，日本苯酚的主要出口市场包括中国大陆、泰国、新加坡等。2008年，泰国苯酚产能大幅增加，对进口苯酚的需求减少；新加坡国内苯酚市场目前已供过于求，日本向两国出口苯酚的难度加大。

上述证据表明，反倾销措施实施期间，日本苯酚对中国大陆出口数量逐年上升，在对外出口能力较大的情况下，日本对国际市场特别是中国大陆市场的依赖度较高。日本与中国大陆邻近，运途短、运费低，如果终止反倾销措施，日本可迅速扩展其对中国大陆的出口，加大了其对中国大陆出口数量增长的可能性。

韩国

根据中华人民共和国海关统计，2004年至2008年，从韩国进口的被调查产品分别为0.71万吨、1.91万吨、3.88万吨、5.83万吨和3.39万吨，占同期中国大陆总进口量的比例分别为2.52%、6.56%、13.62%、12.75%和9.26%，总体呈上升趋势。

1. 出口能力。中国大陆生产者提供的资料显示，2004年至2008年，韩国苯酚的产能分别为13.00万吨、37.00万吨、46.00万吨、46.00万吨和54.00万吨，年均增幅为42.76%。韩国同期国内消费量分别为21.65万吨、28.03万吨、23.04万吨、18.69万吨和26.89万吨，年均增幅为5.57%，远低于苯酚产能的扩张速度。调查期内，韩国苯酚开工率由2004年的98%降为2008年的67%，闲置产能大幅增加。

2004年，韩国苯酚消费量高于产能，2005年至2008年，韩国苯酚产能和消费量差额分别为8.97万吨、22.96万吨、27.31万吨和27.11万吨。考虑到韩国进口苯酚的影响，2004年至2008年，韩国须依赖出口的产能分别为1.04万吨、13.57万吨、23.31万吨、28.22万吨和30.56万吨，占同期韩国苯酚总产能的比例分别为8.00%、36.68%、50.67%、61.35%、56.59%。韩国被调查产品的出口能力在不断增强。

2. 对国外(地区)市场依赖程度。中国大陆生产者提供的资料显示，2004年至2008年，韩国苯酚对外出口数量分别为0.74万吨、9.37万吨、17.21万吨、16.72万吨和12.66万吨，占其国内产量的比例分别为5.84%、28.55%、43.14%、48.45%和35.06%，占其国内产能的比例分别为5.69%、25.32%、37.41%、36.35%和23.44%。韩国苯酚对国外(地区)市场依赖程度总体呈上升趋势。

3. 对中国大陆出口。根据中华人民共和国海关统计，反倾销措施实施期间，韩国被调查产品对中国大陆的出口数量总体呈上升趋势。2004年至2008年，韩国被调查产品对中国大陆的出口数量分别为0.71万吨、1.91万吨、3.88万吨、5.83万吨和3.39万吨，2005年至2007年，分别比上年增长169.18%、102.86%和50.36%，2008年比上年下降41.79%。调查期内，韩国被调查产品对中国大陆的出口数量占中国大陆总进口量的比例分别为2.52%、6.56%、13.62%、12.75%和9.26%。

2004 年至 2008 年，韩国被调查产品对中国大陆出口量占其总出口量的比例分别为 95.91%、20.39%、22.52%、34.85%和26.79%。中国大陆仍是韩国苯酚出口的主要市场。

4. 对其他国家(地区)出口。中国大陆生产者提供的资料显示，韩国苯酚的主要出口市场包括中国大陆、泰国、日本等。2008 年，泰国苯酚产能大幅增加，对进口苯酚的需求将减少；日本苯酚供过于求，消费量自 2006 年以来持续负增长，韩国向两国出口苯酚的难度加大。同时，根据 WTO 网站公布的资料，2008 年 3 月 3 日，印度开始对原产于韩国的进口苯酚产品实施反倾销措施，期限为 5 年，目前措施还在实施中。

上述证据表明，反倾销措施实施期间，韩国苯酚消费市场得到一定发展，但韩国苯酚产能的急剧扩张，导致韩国苯酚产能严重过剩。韩国苯酚对国外(地区)市场依赖程度总体在不断提高，韩国被调查产品对中国大陆出口量占其总出口量的比例保持在较高水平，中国大陆仍是韩国苯酚出口的主要市场。韩国与中国大陆邻近，运途短、运费低，一旦终止反倾销措施，受到其他国家(地区)反倾销措施制约的韩国苯酚产品对中国大陆的出口力度可能会进一步加大。

美国

根据中华人民共和国海关统计，2004 年至 2008 年，从美国进口的被调查产品分别为 3.45 万吨、2.98 万吨、1.31 万吨、3.13 万吨和 4.78 万吨，占同期中国大陆总进口量的比例分别为 12.26%、10.22%、4.61%、6.84%和13.03%，总体呈上升趋势。

1. 出口能力。美国是全球最大的苯酚生产国家，中国大陆生产者提供的资料显示，2004 年至 2008 年，美国苯酚产能分别为 269.00 万吨、287.10 万吨、290.10 万吨、290.10 万吨和 290.10 万吨，年均增幅为 1.91%。2008 年，美国苯酚产能占全球总产能的比重为 28.57%。2004 年至 2007 年，美国苯酚消费量分别为 212.31 万吨、205.56 万吨、208.66 万吨和 207.66 万吨，总体保持平稳，2008 年降至 173.52 万吨，调查期内年均降幅为 4.92%。2004 年至 2007 年，美国苯酚装置的开工率平均在 90% 左右，2008 年为 75%，闲置产能大幅增加。

2004 年至 2008 年，美国苯酚产能和消费量差额分别为 56.69 万吨、81.54 万吨、81.44 万吨、82.44 万吨和 116.58 万吨，占同期美国苯酚总产能的比例分别为 21.07%、28.40%、28.07%、28.42% 和 40.19%，美国苯酚出口能力不断加强。

2. 对国外(地区)市场依赖程度。中国大陆生产者提供的资料显示，2004 年至 2008 年，美国苯酚对外出口数量分别为 50.92 万吨、48.86 万吨、54.75 万吨、50.27 万吨和 43.11 万吨，占其国内产量的比例分别为 19.37%、19.23%、20.80%、19.50% 和 19.93%，占其国内产能的比例分别为 18.93%、17.02%、18.87%、17.33%和 14.86%。美国苯酚对国外(地区)市场具有较高的依赖程度。

3. 对中国大陆出口。根据中华人民共和国海关统计，反倾销措施实施期间，美国苯酚产品对中国大陆的出口数量呈先降后升趋势。2004 年至 2008 年，美国对中国大陆的出口数量分别为 3.45 万吨、2.98 万吨、1.31 万吨、3.13 万吨和 4.78 万吨，2005 年、2006 年分别比上年同期下降 13.60% 和 55.93%，2007 年和 2008 年分别比上年增长 138.30%和 52.73%。美国对中国大陆出口数量占同期中国大陆苯酚总进口量的比例分别为 12.26%、10.22%、4.61%、6.84%和 13.03%。

2004 年至 2008 年，美国被调查产品对中国大陆出口量占其总出口量的比例分别为 6.77%、6.09%、2.40%、6.22%和 11.08%，中国大陆是美国被调查产品对外出口的重要目标市场。

4. 其他国家(地区)对美国苯酚的贸易限制措施。根据 WTO 公布的资料，2008 年 3 月 3 日，印度开始对原产于美国的进口苯酚产品实施反倾销措施，期限为 5 年，目前措施还在实施中。此外，2007 年 10 月 3 日，巴西对原产于美国的进口苯酚产品进行期终复审立案调查，并于 2008 年 10 月 3 日做出了肯定性裁决。

上述证据表明，美国具有较大的生产能力和出口能力，2008 年美国苯酚过剩产能达到 116.58 万吨，中国大陆是美国被调查产品对外出口的重要目标市场。同时，如果终止对美国苯酚产品的反倾销措施，受到其他国家(地区)反倾销措施制约的美国产品可能大规模涌入中国大陆市场，美国被调查产品对中国大陆出口数量将可能大幅增加。

中国台湾地区

根据中华人民共和国海关统计，2004 年至 2008 年，从中国台湾地区进口的被调查产品分别为 3.91 万吨、11.15 万吨、10.77 万吨、10.76 万吨和 5.73 万吨，占同期中国大陆总进口量的比例分别为 13.90%、38.29%、37.85%、23.56% 和 15.63%，总体呈上升趋势。

1. 出口能力。中国大陆生产者提供的资料显示，2004 年至 2008 年，中国台湾地区苯酚的产能分别为 55.00 万吨、75.00 万吨、80.00 万吨、80.00 万吨和 85.00 万吨，年均增幅为 11.50%。中国台湾地区苯酚同期消费量分别为 42.90 万吨、54.59 万吨、59.49 万吨、66.73 万吨和 56.43 万吨，年均增幅为 7.09%，低于产能扩张的速度。2004 年至 2007 年，中国台湾地区苯酚开工率分别为 87%、99%、93% 和 103%，2008 开工率为 74%，闲置产能大幅增加。

2004 年至 2008 年，中国台湾地区苯酚产能和消费量差额分别为 12.10 万吨、20.41 万吨、20.51 万吨、13.27 万吨和 28.57 万吨，占同期中国台湾地区苯酚总产能的比例分别为 22.00%、27.21%、25.64%、16.59% 和 33.61%。

2. 对国外(地区)市场依赖程度。中国大陆生产者提供的资料显示，2004 年至 2008 年，中国台湾地区苯酚对外出口数量分别为 7.20 万吨、19.42 万吨、14.89 万吨、15.47 万吨和 7.63 万吨，占中国台湾地区总产量的比例分别为 15.04%、26.24%、20.12%、18.82% 和 12.20%，占中国台湾地区产能的比例分别为 13.09%、25.89%、18.61%、19.34% 和 8.98%。中国台湾地区苯酚对国外(地区)市场具有较高的依赖程度。

3. 对中国大陆出口数量。根据中华人民共和国海关统计，反倾销措施实施期间，中国台湾地区苯酚产品对中国大陆的出口数量总体呈上升趋势。2004 年至 2008 年，中国台湾地区对中国大陆的出口数量分别为 3.91 万吨、11.15 万吨、10.77 万吨、10.76 万吨和 5.73 万吨，占同期中国大陆总进口量的比例分别为 13.90%、38.29%、37.85%、23.56% 和 15.63%。

2004 年至 2008 年，中国台湾地区被调查产品对中国大陆出口量占其总出口量的比例分别为 54.28%、57.44%、72.35%、69.59% 和 75.08%，呈持续上升趋势。中国大陆已成为中国台湾地区苯酚出口的最大市场。

4. 其他国家(地区)对中国台湾地区苯酚的贸易限制措施。根据 WTO 公布的资料，2008 年 3 月 3 日，印度开始对原产于中国台湾地区的进口苯酚产品实施反倾销措施，期限为 5 年，目前措施还在实施中。

上述证据表明，调查期内，虽然中国台湾地区消费市场得到一定发展，但低于产能扩张速度，2008 年中国台湾地区苯酚的过剩产能已达到 28.57 万吨。中国大陆是中国台湾地区被调查产品对外出口的主要目标市场，如果终止对中国台湾地区苯酚产品的反倾销措施，受到其他国家(地区)反倾销措施制约的中国台湾地区被调查产品对中国大陆出口数量将可能继续增加。

综上所述，日本、韩国、美国和中国台湾地区苯酚产能过剩，拥有较大的出口能力，对国外(地区)市场的依赖度高。

近年来，中国大陆的苯酚市场需求一直保持旺盛增长，中国大陆生产者提供的资料显示，中国大陆苯酚的消费增长速度远高于全球消费增速。中国大陆是被调查国家(地区)对外出口的主要或重要目标市场，反倾销措施实施期间，被调查产品绝对进口数量总体呈增长趋势。如果终止反倾销措施，中国大陆市场可能继续成为日本、韩国、美国和中国台湾地区重要的出口市场，其对中国大陆的苯酚出口数量将可能大量增加。

(四)被调查产品对中国大陆同类产品价格的影响预测

1. 被调查产品价格趋势预测

根据中华人民共和国海关统计，调查期内，被调查产品的加权平均进口价格呈波动上升趋势。2004 年至 2008 年，被调查产品加权平均进口价格分别为 8931.57 元/吨、8760.92 元/吨、9202.37 元/吨、11423.89 元/吨和 9916.91 元/吨。2005 年比上年下降 1.91%，2006 年、2007 年分别比上年增长 5.04% 和 24.14%，2008 年比上年下降 13.19%。

调查结果显示，苯和丙烯占苯酚原材料成本的 80% 以上，调查期内，原油价格总体大幅上涨，以原油为原料的苯和丙烯价格相应上涨，导致进口被调查产品价格总体呈上升趋势。随着调查期后期国际原油价格的下跌，进口被调查产品价格开始呈现下降趋势。

倾销调查表明，反倾销措施实施期间，进口被调查产品仍然存在倾销行为。目前进口被调查产品与中国大陆同类产品在产品质量、销售渠道上基本一致，价格对下游用户选择起重要作用。如果终止反倾销措施，被调查产品价格存在进一步下降的可能。

2. 中国大陆同类产品销售价格趋势预测

调查期内，中国大陆同类产品销售价格呈波动上升趋势。2005 年比上年下降 8.25%，2006 年、2007 年分别比上年增长 12.00%、26.03%，2008 年比上年下降了16.16%。

调查期内，中国大陆同类产品的价格趋势与被调查产品价格趋势一致。调查数据显示，中国大陆产业同类产品市场对价格变化反应敏感，容易受到进口产品的降价冲击。2005年，在原材料价格大幅上涨的情况下，被调查产品进口价格反而出现下降，对中国大陆同类产品的销售价格产生抑制，2005年中国大陆同类产品销售价格下降8.25%；2006年、2007年中国大陆同类产品销售价格有所回升；2008年，被调查产品进口价格下降13.19%，中国大陆同类产品的销售价格降幅达16.16%。

如果终止反倾销措施，日本、韩国、美国和中国台湾地区的被调查产品极有可能大量涌进中国大陆市场，被调查产品的降价空间可能转变为实际的降价幅度。中国大陆产业高度依赖中国大陆市场，届时，中国大陆产业同类产品将受到被调查产品更大的打压，中国大陆产业同类产品价格存在进一步下滑的可能。

（五）未来产业状况

调查期内，中国大陆苯酚表观消费量总体呈增长趋势，同类产品产能、产量、销售量、销售收入、人均工资、劳动生产率都在总体上保持了增长趋势，开工率一直保持较高水平，市场份额有所增长。调查期内中国大陆产业经营状况出现的不利趋势表明，中国大陆产业依然比较脆弱，对被调查产品的进口和市场环境反应敏感，容易受到进口产品的冲击和影响。

倾销调查表明，如果终止反倾销措施，被调查产品很可能继续倾销，被调查产品进口数量可能大幅增长，市场竞争会日益加剧。中国大陆产业对中国大陆苯酚市场的依赖程度高，届时，中国大陆产业同类产品的市场价格存在进一步下滑的可能性，同类产品的开工率也将可能大幅下降，产销状况恶化，市场份额下降，企业盈利空间可能进一步缩减。

目前中国大陆产业为新建和扩建而投入的巨额资金尚未得到有效回收，处于发展的重要阶段。中国大陆产业生产经营状况的下滑可能会对产业投资的回收和下一步投融资活动形成阻碍，严重时甚至可能导致中国大陆部分企业停产或倒闭。

（六）产业损害调查结论

调查表明：

1. 得益于反倾销措施的作用，与反倾销措施实施前的损害状况相比，中国大陆产业生产经营状况明显好转，损害调查期内，中国大陆产业得到了初步恢复和发展。

2. 2005年及2008年中国大陆产业状况出现的不利趋势表明，中国大陆产业容易受到倾销进口产品的冲击和影响。

3. 日本、韩国、美国和中国台湾地区拥有庞大的出口能力，国内（地区内）消费需求有限，高度依赖出口市场。中国大陆是新兴的苯酚消费市场，发展前景极具吸引力。如果终止反倾销措施，被调查产品对中国大陆的出口有大幅增加的可能性。

4. 如果终止反倾销措施，被调查产品的降价空间可能转变为实际的降价幅度，中国大陆同类产品销售价格可能会进一步受到被调查产品的抑制，存在下滑的可能。

综上所述，如果终止反倾销措施，中国大陆产业有可能再度遭受被调查产品的损害。

八、复审裁定

根据调查结果，调查机关裁定如果终止反倾销措施，原产于日本、韩国、美国和中国台湾地区的进口苯酚对中国大陆的倾销可能继续；原产于日本、韩国、美国和中国台湾地区的进口苯酚对中国大陆产业造成的损害有可能再度发生。

六、商务部公布延长甲醇反倾销调查期限

1. 中华人民共和国商务部公告2010年第38号，公布关于延长甲醇反倾销调查期限的公告（二〇一〇年六月二十四日）

根据《中华人民共和国反倾销条例》的规定，2009年6月24日，商务部正式发布立案公告，决定对原产于沙特阿拉伯、马来西亚、印度尼西亚和新西兰的进口甲醇进行反倾销立案调查。正常情况下，本案调查期限截止日为2010年6月24日。

鉴于本案情况较为特殊和复杂，商务部根据《中华人民共和国反倾销条例》第26条的规定，决定将本案的调查期限延长6个月，即本案调查期限截止日为2010年12月24日。

2. 中华人民共和国商务部公告2010年第71号（二〇一〇年十月二十五日）

根据《中华人民共和国反倾销条例》（以下称《反倾销条例》）的规定，商务部（以下称调查机关）于2009年6月24日正式发布立案公告，决定对原产于印度尼西亚、马来西亚、新西兰和沙特阿拉伯的进口甲醇（以下称被调查产品）进行反倾销调查。该产品归在《中华人民共和国进出口税则》：29051100。

调查机关对被调查产品是否存在倾销及倾销幅度，国内产业是否受到损害及损害程度，以及倾销和损害之间的因果关系进行了调查。根据调查结果和《反倾销条例》第二十四条的规定，调查机关作出初裁决定(见附件)，并就有关事项公告如下：

一、初步裁定

调查机关初步裁定，在本案调查期内，原产于印度尼西亚、马来西亚和新西兰的被调查产品存在倾销，中国国内甲醇产业受到了实质损害，而且倾销与实质损害之间存在因果关系；原产于沙特阿拉伯的被调查产品不存在倾销。

根据《反倾销条例》第二十七条第二款的规定，调查机关决定自即日起终止对原产于沙特阿拉伯的被调查产品的反倾销调查。

二、征收保证金

根据《中华人民共和国反倾销条例》第二十八条和第二十九条的规定，调查机关决定采用保证金形式实施临时反倾销措施。自2010年10月28日起，进口经营者在进口原产于印度尼西亚、马来西亚和新西兰的甲醇时，应依据本初裁决定所确定的各公司的倾销幅度向中华人民共和国海关提供相应的保证金。本案征收保证金的产品归在《中华人民共和国进出口税则》税则号：29051100。具体描述如下：

调查范围：原产于印度尼西亚、马来西亚和新西兰的进口甲醇。

被调查产品名称：甲醇，又名木醇、木精、甲基氢氧化物，英文名称为 Methanol 或 Methyl alcohol。分子式：CH_3OH。

化学结构式：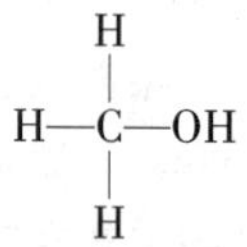

物理化学特征：甲醇是一种简单的饱和醇，通常为无色、透明、易燃、易挥发、略有酒精气味的液体。

主要用途：甲醇是重要的基础有机化工原料、良好溶剂和优质燃料，可用于生产甲醛、甲胺、甲烷氯化物、醋酸、醋酐、二甲醚、甲酸甲酯、碳酸二甲酯等。甲醇也可以生产敌百虫、多菌灵等农药。此外，甲醇也是优良的能源与车船用燃料，用甲醇生产 MTBE(甲基叔丁基醚)进而生产高辛烷值无铅汽油等。

对各公司征收的保证金比率如下：

三、征收保证金的方法

自2010年10月28日起，进口经营者在进口原产于印度尼西亚、马来西亚和新西兰的甲醇时，应依据本初裁决定所确定的各公司的倾销幅度向中华人民共和国海关提供相应的保证金。保证金以海关审定的完税价格从价计征，计算公式为：保证金金额＝(海关审定的完税价格×保证金征收比率)×(1＋进口环节增值税税率)。

四、评论

各利害关系方在本公告发布之日起20天内，可向调查机关提出书面评论并附相关证据，调查机关将依法予以考虑。

附件：中华人民共和国商务部对原产于印度尼西亚、马来西亚、新西兰和沙特阿拉伯的进口甲醇反倾销调查的初步裁定

根据《中华人民共和国反倾销条例》(以下称《反倾销条例》)的规定，商务部(以下称调查机关)于2009年6月24日正式发布立案公告，决定对原产于印度尼西亚、马来西亚、新西兰和沙特阿拉伯的进口甲醇(以下称被调查产品)进行反倾销调查。该产品归在《中华人民共和国进出口税则》：29051100。

调查机关对被调查产品是否存在倾销及倾销幅度，国内产业是否受到损害及损害程度，以及倾销和损害之间的因果关系进行了调查，初步调查结论如下：

一、调查程序

(一)立案

中华人民共和国商务部于2009年5月4日正式收到上海焦化有限公司、内蒙古远兴能源股份有限公司、兖矿鲁南化肥厂、兖矿国泰化工有限公司、平煤蓝天化工股份有限公司、曲靖大为焦化制供气有限公司、陕西榆林天然气化工有限责任公司、四川泸天化绿源醇业有限责任公司、中煤龙化哈尔滨煤化工有限公司、山西丹峰化工股份有限公司、浙江晋巨化工有限公司、河北正元化工集团股份有限公司、安徽临泉化工股份有限公司、安徽昊源化工集团有限公司代表国内甲醇产业提交的反倾销调查申请，申请人请求对原产于印度尼西亚、马来西亚、新西兰和沙特阿拉伯的进口甲醇进行反倾销调查。中海石油建滔化工有限公司、中国石化集团四川维尼纶厂、建滔天然气化工(重庆)有限公司、久泰能源科技有限公司、永煤集团股份有限公司、大庆油田化工有限公司、山西天泽煤化工集团股份有限公司、山西阳煤丰喜肥业(集团)股份有限公司、江苏华昌化工股份有限公司、河南心连心化肥有限公司、山东明水化工有限公司、中海石油天野化工股份有限公司、山东兖矿国际焦化有限公司、兖矿国宏化

工有限责任公司、陕西渭河煤化工集团有限责任公司、陕西神木化学工业有限公司、福建三钢(集团)三明化工有限公司、湖北宜化集团有限责任公司和中国石油天然气股份有限公司克拉玛依石化公司支持该申请。

调查机关审查了申请材料后，认为申请人符合《反倾销条例》第十一条、第十三条和第十七条有关中国产业提出反倾销调查申请的规定。同时，申请书中包含了《反倾销条例》第十四条、第十五条规定的反倾销调查立案所要求的内容及有关的证据。

根据上述审查结果及《反倾销条例》第十六条的规定，商务部决定自2009年6月24日起对原产于印度尼西亚、马来西亚、新西兰和沙特阿拉伯的进口甲醇进行反倾销立案调查。调查机关确定的倾销调查期为2008年4月1日至2009年3月31日，产业损害调查期为2006年1月1日至2009年3月31日。

(二)倾销及倾销幅度的初步调查

1. 立案通知

在决定立案调查前，根据《反倾销条例》第十六条规定，调查机关就收到国内甲醇产业反倾销调查申请书事通知了印度尼西亚、马来西亚、新西兰和沙特阿拉伯等四国驻华使馆。

2009年6月24日，调查机关发布立案公告，并向印度尼西亚、马来西亚、新西兰和沙特阿拉伯等四国驻华使馆正式提供了立案公告和申请书的公开部分，请其通知本国的相关出口商和生产商。同日，调查机关将本案立案情况通知了本案申请人及申请书中列名的印度尼西亚、马来西亚、新西兰和沙特阿拉伯等四国生产商、出口商。

2. 登记应诉

根据公告要求，自公告发布之日起20天的登记应诉期内，印度尼西亚东加里曼丹甲醇工业股份有限公司(PT KALTIM METHANOL INDUSTRI，以下简称东加里曼丹公司)、马来西亚国家石油公司纳闽岛甲醇公司(PETRONAS METHANOL LABUAN SDN. BHD，以下简称马国油纳闽岛公司)、梅赛尼斯新西兰有限责任公司(Methanex New Zealand Limited，以下简称梅赛尼斯公司)、沙特基础工业公司(Saudi Basic Industries Corporation)和国际甲醇公司(INTERNATIONAL METHANOL COMPANY)等五家公司向调查机关登记应诉。此外，甲醇协会(Methanol Institute)作为利害关系方申请登记应诉。

3. 发放问卷和收取答卷

调查机关向应诉的国外生产商发出了反倾销调查问卷，并要求其在37天内按规定提交准确、完整的答卷。东加里曼丹公司、马国油纳闽岛公司、梅赛尼斯公司、沙特基础工业公司和国际甲醇公司在问卷规定的期限内向调查机关申请延期递交答卷并陈述了相关理由。经审查，调查机关同意给予有关企业适当延期。在答卷期限内，调查机关收到了东加里曼丹公司、马国油纳闽岛公司、梅赛尼斯公司、沙特基础工业公司和国际甲醇公司递交的有关倾销部分问卷的答卷。同时，东加里曼丹公司的关联贸易商双日株式会社(Sojitz Corporation)、双日马来西亚公司(Sojitz Malaysia Sdn Bhd)和双日亚洲公司(Sojitz Asia Pte. Ltd.)，马国油纳闽岛公司的关联贸易商马来西亚国际贸易有限公司(Malaysian International Trading Corporation Sdn Bhd)，梅赛尼斯公司的关联贸易商梅赛尼斯亚太有限责任公司(Methanex Asia Pacific Limited)，沙特基础工业公司的关联贸易商SABIC亚太私人有限公司(SABIC Asia Pacific Pte Ltd.)和沙伯基础(上海)商贸有限公司，以及国际甲醇公司的关联贸易商三井物产株式会社(MITSUI & CO.，LTD.)和三菱商事株式会社(MITSUBISHI CORPORATION)分别提交了答卷的相应部分。

在随后的调查进程中，调查机关针对公司递交的倾销部分答卷中存在的问题，向东加里曼丹公司、马国油纳闽岛公司、梅赛尼斯公司、沙特基础工业公司和国际甲醇公司发放了补充问卷，并在规定的时间内收到了补充答卷。

4. 相关利害关系方的评论

(1)关于部分申请人及支持申请企业资格的评论意见

2009年7月13日，沙特基础工业公司提出评论意见，称本案申请人上海焦化有限公司(以下简称上海焦化)、兖矿鲁南化肥厂(以下简称兖矿鲁南)以及支持申请企业建滔天然气化工(重庆)有限公司(以下简称重庆建滔)、久泰能源科技有限公司(以下简称久泰能源)等四家公司或其关联企业在调查期内从涉案国家进口了被调查产品，因此主张调查机关应依据《反倾销条例》第十一条之规定将上述申请人和支持申请企业排除在国内产业范围之外，并要求调查机关在排除上述公司后重新计算提起申请的国内产业合计产量是否达到法定要求。

2009年9月21日，本案申请人对沙特基础工业公司的上述评论意见提出反对意见，认为根据《反倾销条例》第十一条之规定，调查机关对于是否排除进口被调查产品或与被调查产品的进口商相关联的公司具有自由裁量权；同时，申请人提出兖矿鲁南与被调查产品的进口商不存在关联关系，上海焦化、重庆建滔和久泰能源等三家公司虽进口了被调查产品，但进口数量较小，进口目的在于弥补其开工不足及维持与下游客户的正常供应关系，且进口行为没有使其免受倾销影响。因此，申请人主张不应将上述四家公司从申请人和支持申请企业范围内排除。

调查机关对沙特基础工业公司和申请人的上述评论意见进行审查后初步认定，根据《反倾销条例》第十一条及商务部《反倾销调查立案暂行规则》第八条之规定，对于是否排除进口被调查产品或与被调查产品的进口商相关联的国内生产者，调查机关有自由裁量权。在此基础上，调查机关审查了双方提交的证据，初步认定上海焦化、兖矿鲁南、重庆建滔和久泰能源等四家公司及其关联企业进口数量相对其产能和正常产量而言均较小，即使在进口较为集中的2009年第一季度，其进口的被调查产品数量也不足其2008年同期产量的15%，且这部分进口主要是为了在甲醇价格大幅下跌的情况下维持市场份额和确保向下游客户供货而实施的必要商业措施，上述四家公司没有从进口被调查产品中获取不当利益。因此，调查机关初步认为，没有足够的合理理由支持将上述四家公司从申请人和支持申请企业范围内排除，本案申请人和支持申请企业产量占国内总产量的比例符合《反倾销条例》第十七条和商务部《反倾销调查立案暂行规则》第六条的规定。

(2)印度尼西亚政府的评论意见

2009年10月20日，印度尼西亚贸易部(以下简称印尼贸易部)以英文向调查机关递交了书面评论意见，未提供中文译文。意见要点包括申请书的保密处理问题、申请人及支持申请企业在国内产业中的代表性问题、印度尼西亚公司不存在倾销、印度尼西亚公司产品在中国所占市场份额较小、调查期内国际甲醇市场价格波动的影响、实质损害以及倾销和损害之间因果关系等。

2009年11月4日，申请人就印尼贸易部评论意见有关程序性问题提出评论意见，认为该评论意见中对于立案申请的意见未于立案公告要求的20日期限内提交，且该评论意见未提交中文版本，故主张调查机关不应予以考虑。

调查机关依法对上述评论意见进行了认定。

(3)关于下游产业利益的评论意见

2009年12月14日，甲醇协会提交了《甲醇反倾销案关于考量公共利益的建议》，提出对进口甲醇征收反倾销税将提高甲醇市场价格，影响中国国内下游企业和消费者的利益，并且不利于甲醇燃料的推广，也不利于国内甲醇产业的结构调整。

2009年12月29日，申请人就甲醇协会上述评论意见的程序性问题提出评论意见，质疑该意见仅代表甲醇协会时任会长单位梅赛尼斯公司(本案应诉公司梅赛尼斯新西兰有限公司的母公司)的意见，未得到该协会章程规定的足够数量的会员单位授权，认为其合法性和代表性存在瑕疵。

2010年1月21日，甲醇协会对申请人的上述评论意见提出反驳性评论意见，认为甲醇协会提交的评论意见广泛征求了协会成员的意见，其程序符合甲醇协会的内部规定并得到了充分的授权和批准，申请人的评论意见缺乏证据支持。

2010年1月25日，申请人进一步就甲醇协会关于公共利益的评论意见的实体部分提出评论意见，认为甲醇产业的健康发展对于产业链的完整以及国民经济的可持续发展十分重要，实施反倾销措施有助于恢复国内甲醇市场秩序，救济受损的国内产业，促进就业和中西部地区发展，维护产业安全和国家经济安全，符合公共利益；而且对甲醇进行反倾销调查并实施反倾销措施有利于保障氮肥产业、煤化工产业等伴生产业的健康发展，也不会影响下游产业的竞争力。

2010年4月9日，甲醇协会对申请人上述两次评论提出评论意见，重申甲醇协会登记应诉并提交评论意见的行为已经根据甲醇协会内部规定及程序取得了该协会董事会的批准和授权；并认为公共利益不等同于国内甲醇产业的利益，且反倾销措施不利于甲醇产业及国内氮肥产业自身的安全和健康发展。

此外，2010年2月4日，甲醇下游用户道康宁(张家港)有限公司提交评论意见，提出任何对申请人有利的裁决都将引起包括该公司在内的下游产业的成本提高，从而不利于促进就业、增加税收，从长远来看不利于中国的经济增长。

调查机关对各利害关系方提交的关于下游产业利益的评论意见依法进行了审查和考虑。

(4)关于沙特阿拉伯公司正常价值确定基础的评论意见

2010年1月25日，申请人提交了《关于不应采用沙特国内售价作为确定被调查产品正常价值基础的评论意见》，认为沙特甲醇产品在其国内市场销售数量极少，不能作为确定正常价值的基础，主张采用结构价格或向第三国(地区)出口价格为基础确定正常价值。同时，申请人认为沙特国内市场天然气价格受到政府的补贴或控制，属于非正常市场价格，主张在计算甲醇生产成本时使用合理天然气市场价格。

2010年4月7日，沙特基础工业公司提交了对申请人上述评论意见的反驳意见，认为申请人关于沙特国内同类产品销售量小从而不能将国内销售价格作为确定正常价值基础的主张是建立在无根据的猜测之上，申请人关于计算甲醇生产成本时不应采纳沙特国内天然气价格的主张不符合世贸反倾销协议的有关规定，沙特国内天然气定价是否涉及补贴与反倾销调查无关。

2010年6月7日，申请人就沙特基础工业公司的上述反驳意见提出评论意见，认为申请人在2010年1月25日评论意见中的主张完全符合反倾销法律规定和实践，要求调查机关进一步核实沙特应诉公司国内销售数量是否达到或超过其向中国出口数量的5%，并主张即使其国内销售数量上有代表性，因沙特国内天然气价格受到政府补贴或控制的特殊市场情形，调查机关也应认定其国内销售价格不适合进行公平比较，从而不能作为确定正常价值的基础。对于计算甲醇生产成本时能否使用沙特国内天然气价格，申请人认为世贸反倾销协议仅要求以生产者保存的记录为基础进行计算，调查机关可以进行适当调整，因为沙特基础工业公司生产甲醇所使用的天然气存在关联采购，而且这一价格也受到沙特政府的控制，所以调查机关应当采用正常、合理的天然气市场价格来计算甲醇的生产成本。

调查机关对申请人和沙特基础工业公司的上述评论意见及相关公司的答卷了进行审查。关于沙特应诉公司被调查产品同类产品正常价值的确定基础问题，由于沙特两家应诉公司中，沙特基础工业公司国内销售数量不具有代表性，国际甲醇公司的国内销售全部为关联销售，故调查机关决定采用生产成本加合理费用和利润的方法构建正常价值。关于计算甲醇生产成本时使用的天然气价格问题，两家沙特应诉公司在答卷中均称其使用的天然气原料完全为非关联采购，而且没有证据表明沙特应诉公司提交的生产成本数据不能合理反映被调查产品的生产成本，因此调查机关决定接受沙特应诉公司报告的包括天然气采购价格在内的生产成本数据。

(三)产业损害调查程序

1. 参加产业损害调查活动登记

根据《反倾销产业损害调查规定》第十九条、第二十条、第二十一条的规定，调查机关于2009年6月24日发出《关于参加甲醇反倾销案产业损害调查活动登记的通知》(商调查函[2009]192号)。2009年7月14日，参加产业损害调查活动登记期截止，调查机关共收到有效登记材料10份，分别为国内生产者河北凯跃化工集团有限公司，国内进口经营者塞拉尼斯(南京)化工有限公司，国外生产者沙特基础工业公司、沙特国际甲醇公司、马来西亚国家石油公司纳闽岛甲醇公司、印度尼西亚东加里曼丹甲醇工业股份有限公司和梅赛尼斯新西兰有限公司，国外出口经营者梅赛尼斯亚太有限责任公司，国外生产者行业组织甲醇协会，被调查产品原产国政府代表沙特阿拉伯商工部。经审查，调查机关接受了上述登记申请。

2. 成立产业损害调查组

2009年7月13日，调查机关成立甲醇反倾销案产业损害调查组，并于当日发出《关于成立甲醇反倾销案产业损害调查组的通知》(商调查函[2009]208号)。

3. 发放和收回调查问卷

根据《反倾销条例》第二十条、《反倾销产业损害调查规定》第二十四条、第二十五条的规定，调查机关于2009年7月14日向已知的国内生产者、进口经营者和国外(地区)生产者、出口经营者发放了《国内生产者调查问卷》(商调查函[2009]209号)、《国内进口商调查问卷》(商调查函[2009]210号)和《国外(地区)生产者/出口商调查问卷》(商调查函[2009]211号)。

根据《反倾销产业损害调查规定》第二十六条的规定，在规定的时间或经批准延期递交的时间内，调查机关共收回合格的调查问卷答卷42份，分别为国内生产者上海焦化有限公司、内蒙古远兴能源股份有限公司、兖矿鲁南化肥厂、兖矿国泰化工有限公司、平煤蓝天化工股份有限公司、曲靖大为焦化制供气有限公司、陕西榆林天然气化工有限责任公司、四川泸天化绿源醇业有限责任公司、中煤龙化哈尔滨煤化工有限公司、山西兰花丹峰化工股份有限公司、浙江晋巨化工有限公司、河北正元化工集团股份有限公司、安徽临泉化工股份有限公司、安徽昊源化工集团有限公司、中海石油建滔化工有限公司、中国石化集团四川维尼纶厂、建滔天然气化工(重庆)有限公司、久泰能源科技有限公司、永煤集团股份有限公司、大庆油田化工有限公司、山西天泽煤化工集团股份有限公司、山西阳煤丰喜肥业(集团)股份有限公司、江苏华昌化工股份有限公司、河南心连心化肥有限公司、山东明水化工有限公司、中海石油天野化工股份有限公司、山东兖矿国际焦化有限公司、兖矿国宏化工有限责任公司、陕西渭河煤化工集团有限责任公司、陕西神木化学工业有限公司、福建三钢(集团)三明化工有限公司、湖北宜化集团有限责任公司、中国石油天然气股份有限公司克拉玛依石化公司和河北凯跃化工集团有限公司提交的《国内生产者调查问卷》答卷34份，其中山西兰花丹峰化工股份有限公司是申请人山西丹峰化工股份有限公司因股权结构变动经变更登记后所使用的企业名称；国内进口经营者塞拉尼斯(南京)化工有限公司和上海焦化有限公司、建滔天然气化工(重庆)有限公司提交的《国内进口商调查问卷》答卷3份；国外生产者沙特基础工业公司、沙特国际甲醇公司、马来西亚国家石油公司纳闽岛甲醇公司、印度尼西亚东加里曼丹甲醇工业股份有限公司、梅赛尼斯新西兰有限公司和国外出口经营者梅赛尼斯亚太有限责任公司提交的《国外(地区)生产者/出口商调查问卷》答卷5份，其中国外生产者梅赛尼斯新西兰有限公司和国外出口经营者梅赛尼斯亚太有限责任公司合并提交了1份答卷。

根据《反倾销产业损害调查规定》第二十九条的规定，2010年2月2日，调查机关收到沙特基础工业公司按要求提交的《关于进口甲醇反倾销案产业损害调查问卷的补充、修正材料》。2010年2月8日，调查机关收到部分国内生产者提交的《甲醇反倾销案国内生产者调查问卷答卷补充、修改及说明》。

4. 听取利害关系方意见陈述

根据《反倾销条例》第二十条的规定，调查机关听取了利害关系方就本案产业损害调查有关事项的意见陈述，并根据《反倾销产业损害调查规定》第二十九条的规定，接收了利害关系方就陈述内容提交的书面材料。

2009年7月2日，调查机关收到申请人和支持申请企业提交的《关于召开甲醇反倾销案国内生产企业陈述会的申请》。2009年7月29日，调查机关应其申请召开了甲醇反倾销案国内生产企业意见陈述会，听取了申请人和支持申请企业就本案背景情况、提起反倾销调查申请的主要理由及与产业损害调查相关问题的意见陈述。会后，申请人和支持申请企业就陈述内容向调查机关提交了《甲醇反倾销案国内生产企业意见陈述会汇报材料》。

2009年9月17日，调查机关收到国内进口经营者塞拉尼斯(南京)化工有限公司提交的向调查机关陈述意见的书面申请。2009年9月22日，调查机关听取了该公司的意见陈述。2009年10月26日，塞拉尼斯(南京)化工有限公司就陈述内容向调查机关提交了《塞拉尼斯公司意见书》。

2009年12月11日，调查机关收到国外出口经营者梅赛尼斯亚太有限责任公司提交的向调查机关陈述意见的书面申请。2009年12月16日，调查机关听取了该公司的意见陈述。陈述内容与梅赛尼斯新西兰有限公司此前提交的《甲醇反倾销案无损害抗辩意见书》基本相同。

2009年11月20日，调查机关收到国外生产者行业组织甲醇协会提交的向调查机关陈述意见的书面申请。2009年12月17日，调查机关听取了甲醇协会的意见陈述。陈述内容与该协会此前提交的《甲醇反倾销案关于考量公共利益的建议》基本相同。

5. 接收利害关系方书面评论意见

根据《反倾销条例》第二十条、《反倾销产业损害调查规定》第二十九条的规定，调查机关接收了利害关系方提交的书面评论意见。

2009年7月14日，在立案公告规定的期间内，调查机关收到沙特基础工业公司提交的《关于进口甲醇反倾销案上海焦化、兖矿鲁南、重庆建滔、久泰能源等申请人及支持申请企业资格的评论意见》。

2009年9月21日，调查机关收到申请人提交的《申请人对 <关于进口甲醇反倾销案上海焦化、兖矿鲁南、重庆建滔、久泰能源等申请人及支持申请企业资格的评论意见> 的评论意见》。

2009年10月26日，调查机关收到塞拉尼斯(南京)化工有限公司提交的《塞拉尼斯有限公司意见书》。

2009年11月23日，调查机关收到申请人提交的《申请人关于 <塞拉尼斯有限公司意见书> 的评论意见》。

2009年12月4日，调查机关收到印度尼西亚贸易部传真件《印度尼西亚政府关于中国甲醇反倾销调查(含原产于印度尼西亚的进口甲醇)的评论意见》(Submission of the Government of Indonesia Concerning the People's Republic of China of the Anti Dumping Investigation Against Imported of Methanol Originated Inter Alia from Indonesia)。2009年12月21日，调查机关收到申请人提交的《申请人对 <印尼政府关于甲醇反倾销案的意见> 的评论意见》，申请人认为印度尼西

亚政府提交的该评论意见不符合《反倾销产业损害调查规定》第三十四条、第三十五条的规定。经审查，印度尼西亚贸易部传真材料只有英文版本且未附译文，此后也未提交正式书面评论意见。根据《反倾销产业损害调查规定》第三十五条的规定，该传真件为非通用语言文字资料，且未附译文，调查机关对该评论意见未予考虑。

2009年12月4日，调查机关收到梅赛尼斯新西兰有限公司提交的《甲醇反倾销案无损害抗辩意见书》。

2009年12月14日，调查机关收到甲醇协会提交的《甲醇反倾销案关于考量公共利益的建议》。

2009年12月24日，调查机关收到塞拉尼斯(南京)化工有限公司提交的《对 < 申请人关于 < 塞拉尼斯有限公司意见书 > 的评论意见 > 的评论意见》。

2009年12月29日，调查机关收到申请人提交的《申请人对甲醇协会 < 甲醇反倾销案关于考量公共利益的建议 > 程序性问题的评论意见》。

2010年1月25日，调查机关收到甲醇协会提交的《甲醇协会对申请人 < 申请人对甲醇协会 < 甲醇反倾销案关于考量公共利益的建议 > 程序性问题的评论意见 > 的意见》。

2010年2月8日，调查机关收到申请人提交的《甲醇反倾销案申请人对相关利害关系方无损害抗辩意见的评论意见》。

2010年2月23日，调查机关收到申请人提交的《甲醇反倾销案申请人对甲醇协会相关评论意见的再次评论意见》。

2010年4月9日，调查机关收到甲醇协会提交的《甲醇协会对申请人相关评论意见的再次评论意见》和梅赛尼斯新西兰有限公司提交的《关于 < 甲醇反倾销案申请人对相关利害关系方无损害抗辩意见的评论意见 > 的评论意见》。

6. 初裁前实地核查

根据《反倾销条例》第二十条、《反倾销产业损害调查规定》第二十四条、第二十七条的规定，2009年10月14日，调查机关发出《关于甲醇反倾销案初裁前实地核查的通知》(商调查函[2009]293号)。2009年10月下旬至12月中旬，调查机关分别对国内生产者平煤蓝天化工股份有限公司、上海焦化有限公司、四川泸天化绿源醇业有限责任公司和国内进口经营者塞拉尼斯(南京)化工有限公司进行了初裁前实地核查。实地核查期间，调查机关对上述四家企业提交的《国内生产者调查问卷》答卷和/或《国内进口商调查问卷》答卷中提供的信息、数据等进行了核查，并收集了相关证据材料。实地核查后，根据《反倾销产业损害调查规定》第二十九条的规定，上述四家企业均向调查机关提交了相关补充、修正材料。

7. 公开信息

根据《反倾销条例》第二十二条、第二十三条，《反倾销产业损害调查规定》第三十一条、第三十二条和《产业损害调查信息查阅与信息披露规定》的相关规定，本案所有与产业损害调查有关的公开信息均已及时送交商务部贸易救济措施公开信息查阅室。本案所有利害关系方可以查找、阅览、摘抄、复印公开信息。

调查机关对申请书、调查问卷答卷及所附证据材料和实地核查结果进行认真分析和全面评估，对各利害关系方的意见依法给予充分考虑后，根据已经获得的事实和可获得的最佳信息做出初步裁决。

(四)延期公告。

根据《反倾销条例》第二十六条的规定，2010年6月24日，商务部发布2010年第38号公告，将本案调查期限延长6个月，截止日为2010年12月24日。

二、被调查产品

调查机关在立案公告中确定的本案调查范围及被调查产品描述如下：

调查范围：原产于印度尼西亚、马来西亚、新西兰和沙特阿拉伯的进口甲醇。

被调查产品名称：甲醇，又名木醇、木精、甲基氢氧化物，英文名称为 Methanol 或 Methyl alcohol。

分子式：CH_3OH。

化学结构式：(略)

物理化学特征：甲醇是一种简单的饱和醇，通常为无色、透明、易燃、易挥发、略有酒精气味的液体。

主要用途：甲醇是重要的基础有机化工原料、良好溶剂和优质燃料，可用于生产甲醛、甲胺、甲烷氯化物、醋酸、醋酐、二甲醚、甲酸甲酯、碳酸二甲酯等。甲醇也可以生产敌百虫、多菌灵等农药。此外，甲醇也是优良的能源与车船用燃料，用甲醇生产 MTBE(甲基叔丁基醚)进而生产高辛烷值无铅汽油等。

该产品归在《中华人民共和国进出口税则》：29051100。以上税则号仅供确定被调查进口产品范围参考之用。

三、国内同类产品和国内产业

(一)国内同类产品的认定

根据《反倾销条例》第十二条和《反倾销产业损害

调查规定》第十条、第十一条的规定，调查机关对国内生产的甲醇和被调查产品的物理特征、化学性能、生产设备和工艺、产品用途、产品的可替代性、消费者和生产者评价、销售渠道和价格等因素进行了审查。现有证据显示：

1. 物理特征和化学性能

国内生产的甲醇与被调查产品的分子式、化学结构式完全相同，基本物理特征和化学性能没有区别；二者外观相同，常温下均为无色、透明液体；二者通常均没有包装，为散装液体，由槽车、管道或轮船运输；二者主要技术指标和质量指标基本相同。

2. 生产设备和工艺

国内生产的甲醇与被调查产品均采用由碳的氧化物与氢合成甲醇的生产工艺。该工艺路线主要包括合成气制备、压缩合成和精馏三个步骤，通过将含碳氢或含碳的原料转化为制造甲醇的合成气，经脱除杂质并调整氢碳比例后，将合成气压缩至合成所需压力送入合成塔，在催化剂的作用下进行碳的氧化物与氢的合成反应，生成粗甲醇，再经精馏后制得甲醇成品。其主要反应式如下：

$$CO + 2H_2 \longrightarrow CH_3OH$$

$$CO_2 + 3H_2 \longrightarrow CH_3OH + H_2O$$

虽然不同生产者所采用的具体生产设备和工艺不完全相同，但最终产品的物理特征、化学性能基本相同，相互之间直接竞争并可相互替代。

3. 产品用途、可替代性、消费者和生产者评价

国内生产的甲醇与被调查产品用途相同，均可用于生产甲醛、甲胺、甲烷氯化物、醋酸、醋酐、二甲醚、甲酸甲酯、碳酸二甲酯等，也可用于生产敌百虫、多菌灵等农药，二者均是优良的能源与车船用燃料，可用于生产MTBE(甲基叔丁基醚)进而生产高辛烷值无铅汽油等。二者的客户群体基本相同，部分国内下游用户在调查期内购买或使用过国内生产的甲醇和被调查产品，二者可以相互替代。

4. 销售渠道和价格

国内生产的甲醇与被调查产品的销售渠道基本相同，主要通过直销、分销和/或代理等方式销售；销售市场区域基本相同，主要分布在华东和华南地区；销售条件无实质区别。调查期内，国内生产的甲醇与被调查产品价格总体变化趋势基本一致。

各利害关系方在调查问卷答卷、意见陈述和/或书面评论意见中，对国内生产的甲醇与被调查产品的质量标准差异和质量差异、煤制甲醇与天然气制甲醇的可替代性存在争议。调查机关对各利害关系方的争议点逐一进行了审查，以确定国内生产的甲醇与被调查产品之间是否存在实质性的、足以影响同类产品认定的差异。

第一，关于国内生产的甲醇与被调查产品的质量标准差异和产品质量差异

梅赛尼斯新西兰有限公司、梅赛尼斯亚太有限责任公司在调查问卷答卷、意见陈述及梅赛尼斯新西兰有限公司《甲醇反倾销无损害抗辩意见书》中认为，国内生产的甲醇所适用的三种质量标准均低于国际甲醇质量标准(如IMPCA标准、ASTM标准)，对乙醇含量、高锰酸钾试验、氯离子含量、铁含量和三甲胺含量等指标没有要求或要求较低。大多数国内生产者无法生产达到国际标准的高质量甲醇，产品质量不符合国内下游用户需求。

调查机关注意到，梅赛尼斯新西兰有限公司在调查问卷答卷中，将质量标准差异和产品质量差异作为国内生产的甲醇与被调查产品的重要区别之一。该公司在此后提交的《甲醇反倾销案无损害抗辩意见书》中，仍然认为二者适用的质量标准和产品质量存在差异，但并未提出这些差异是否影响国内同类产品认定，只提出这些差异是造成国内产业损害的其他因素。调查机关认为，该公司主张内容并无实质变化，有必要在认定国内同类产品时对其主张进行审查。

国内甲醇生产者在调查问卷答卷中均表示，其产品指标达到GB 338—2004《工业用甲醇国家标准》(以下简称GB 338—2004)，与被调查产品的主要指标没有区别，产品质量水平相当，能够满足下游用户需求。申请人在《甲醇反倾销案申请人对相关利害关系方无损害抗辩意见的评论意见》中提出，根据部分国内生产者提供的质量检验报告，国内生产的甲醇主要指标达到或超过IMPCA标准及ASTM标准；根据国内下游用户出具的使用报告，国内生产的甲醇与被调查产品质量相当，可以满足包括醋酸、有机硅、二甲基甲酰胺、甲基丙烯酸甲酯等在内的各种下游产品的生产要求。

调查机关注意到，本案被调查产品描述中并未涉及乙醇含量、高锰酸钾试验、氯离子含量、铁含量和三甲胺含量等具体质量指标要求，也未根据某项质量指标将部分产品排除在被调查产品范围之外。调查机关对各质量标准的适用范围、主要内容和主要功能，以及适用的质量标准不同对产品用途、产品的可替代性、消费者和生产者评价等可能造成的影响进行了综合考虑。

首先，三种质量标准的适用范围无实质区别。

现有证据显示，GB 338—2004 是由国家质量监督检验检疫总局和国家标准化管理委员会发布的、关于工业用甲醇的现行国家标准。IMPCA 标准是由位于布鲁塞尔的国际甲醇生产者和采购者协会（International Methanol Producers & Consumers Association）发布的甲醇质量标准，全称为《IMPCA 甲醇参考标准》（IMPCA Methanol Reference Specifications）。ASTM 标准是由美国试验与材料协会（American Society for Testing and Materials）发布的甲醇质量标准。

调查机关注意到，IMPCA 标准和 ASTM 标准本身并未规定各自的适用范围。除梅赛尼斯新西兰有限公司外，其他国外生产者在调查问卷答卷中并未直接援引 IMPCA 标准或 ASTM 标准作为本企业生产甲醇的质量标准。国内进口经营者塞拉尼斯（南京）化工有限公司也未援引 IMPCA 标准或 ASTM 标准作为该公司采购甲醇的质量标准。调查机关认为，IMPCA 标准和 ASTM 标准对国内生产的甲醇和被调查产品均无强制适用效力。

调查期内，国内生产的甲醇主要适用 GB 338—2004，部分国内生产者制定了严于国家标准的企业标准。根据《中华人民共和国标准化法》的相关规定，国内生产的甲醇与被调查产品均必须符合 GB 338—2004 第 6.1 条关于包装容器标志的强制性标准。除此以外，国内生产的甲醇可以选择适用 GB 338—2004、IMPCA 标准、ASTM 标准或本企业制定的企业标准。调查机关认为，对于在国内市场上销售的国内生产的甲醇与被调查产品，各质量标准的适用范围无实质区别。

其次，三种质量标准的主要内容和主要功能基本相同。

现有证据显示，GB 338—2004、IMPCA 标准和 ASTM 标准的主要内容均是关于甲醇技术指标的规定，三者均采用列举的方式，列明了甲醇相关技术指标项目、各项目相应的检验方法及对检验结果的具体要求。其中，GB 338—2004 根据工业产品的分等导则确定了优等品、一等品和合格品，分别列举了三套技术指标；IMPCA 标准和 ASTM 标准均只列举了一套技术指标。除技术指标外，GB 338—2004 还包括检验规则、标志、包装、运输、贮存和安全等方面内容。

调查机关注意到，GB 338—2004 前言中说明，该标准是参照 ASTM D 1152：1997《甲醇》（英文版）制定的，并在具体技术指标中增加了乙醇含量项目。经比对，GB 338—2004 优等品色度、沸程、酸度和碱度等指标均优于 ASTM 标准相应指标。

调查机关将 GB 338—2004 与梅赛尼斯新西兰有限公司提供的 IMPCA 标准进行了比对。两种标准对乙醇含量和高锰酸钾试验均有规定，IMPCA 标准比 GB 338—2004 增加了氯离子含量、铁含量和三甲胺含量等指标，但未包括 GB 338—2004 中列举的碱度和羰基化合物含量等指标。

部分国内生产者向调查机关提交了本企业制定的甲醇企业标准，其检验项目包括乙醇含量、高锰酸钾试验、氯离子含量、铁含量等，且具体指标要求均达到或超过 IMPCA 标准。

现有证据显示，对于在国内市场上销售的国内生产的甲醇和被调查产品，GB 338—2004、IMPCA 标准和 ASTM 标准的主要功能基本相同，均是为生产企业、下游用户和相关机构检验甲醇产品质量提供指引和参考。其中，GB 338—2004 是国内生产的甲醇主要适用的质量标准，也是国内质量监督检验检疫部门检验甲醇质量的主要依据。

再次，国内生产的甲醇达到 GB 338—2004，可以满足下游用户需求。

调查机关注意到，梅赛尼斯新西兰有限公司在《甲醇反倾销无损害抗辩意见书》中对国内生产的甲醇是否达到 GB 338—2004 及 GB 338—2004 优等品标准未提出意见。在初裁前实地核查过程中，调查机关考察了平煤蓝天化工股份有限公司、上海焦化有限公司和四川泸天化绿源醇业有限责任公司等 3 家国内生产者的生产工艺、产品样本和产品质量监控、检验设备，抽查了调查期内部分批次产品的内部质量检验报告以及第三方出具的质量检验报告。经检查，所有检验报告均符合 GB 338—2004 优等品标准，部分产品符合本企业制定的企业标准。根据实地核查了解的事实及申请人提交的部分国内同类产品的质量检验报告等证据，调查机关认为，国内生产的甲醇达到 GB 338—2004，大部分产品达到 GB 338—2004 优等品标准。

现有证据显示，甲醇下游用户根据自身产品及客户对象不同，对所购甲醇的具体技术指标有不同要求。其中，用于生产甲醛、混合燃料和二甲醚的甲醇占目前国内市场需求的主要部分，对所购甲醇技术指标通常无特殊要求；用于生产醋酸和部分精细化工产品的甲醇，对乙醇含量、铁和氯离子含量等指标可能有要求。根据现有的国内下游用户使用报告，国内生产的甲醇可以满足包括醋酸、有机硅、二甲基甲酰胺、甲基丙烯酸甲酯等在内的各种下游产品的生产要求。

调查机关注意到，梅赛尼斯新西兰有限公司在《甲醇反倾销案无损害抗辩意见书中》中主要列举了GB 338—2004与IMPCA标准在具体技术指标项目上的不同。调查机关认为，GB 338—2004未列举某项技术指标不等于国内生产者和下游用户不检验该项指标，也不等于检验后该项指标一定不符合下游产品生产要求。梅赛尼斯新西兰有限公司在《甲醇反倾销案无损害抗辩意见书中》中也认为，符合GB 338—2004一等品标准的甲醇可用于生产甲醛(用于木制品)、混合燃料和二甲醚等下游产品，符合GB 338—2004优等品标准的甲醇可以用于生产包括醋酸、硅胶、二甲基甲酰胺和甲基丙烯酸酯在内的所有下游产品。

此外，沙特国际甲醇公司在调查问卷答卷中认为，该公司生产的甲醇等级高于国内生产的甲醇。调查机关注意到，该公司在调查问卷答卷中提供了其生产的被调查产品的物理特征、化学性能及主要技术指标，但未提供国内生产的甲醇的相应指标，也未对二者进行比较。调查机关将该公司列举的指标与GB 338—2004优等品标准进行比对后认为，该公司生产的被调查产品与国内生产的甲醇物理特征、化学性能相同，主要技术指标没有实质区别。

根据现有证据，调查机关认为，国内生产的甲醇与被调查产品在适用的质量标准、产品质量方面不存在实质性的、足以影响同类产品认定的差异。

第二，关于煤制甲醇与天然气制甲醇的可替代性

沙特基础工业公司在调查问卷答卷中认为，国内以煤为原料生产的甲醇与该公司生产的被调查产品相比，存在纯度低、含水量高、含硫量高、色度高、乙醇含量高等区别，不适用于生产部分下游产品；马来西亚国家石油公司纳闽岛甲醇公司在调查问卷答卷中认为，国内以煤为原料生产的甲醇质量低于以天然气为原料生产的甲醇。塞拉尼斯(南京)化工股份有限公司在调查问卷答卷中认为，与天然气制甲醇相比，国内煤制甲醇中乙醇含量、三甲胺或氮类组分较高，杂质分布图存在差异，影响该公司醋酸产品的质量。

现有证据显示，国内生产的甲醇主要以煤或天然气为原料，少量以焦炉煤气或乙炔尾气为原料；被调查产品均以天然气为原料。调查机关对采用不同原料的甲醇生产设备和工艺，以及最终产品用途、可替代性、消费者和生产者评价等进行了审查。

首先，现有证据显示，无论采用何种原料，调查期内大规模工业化生产甲醇均采用由碳的氧化物与氢合成甲醇的生产工艺，工艺路线主要包括合成气制备、压缩合成和精馏三个步骤。煤制甲醇与天然气制甲醇的主要区别在合成气制备环节：以煤为原料的，是以蒸汽和氧气为气化剂，在煤气发生炉内生成半水煤气，经变换调整氢碳比，再经净化脱除杂质后制得甲醇合成气；以天然气为原料的，是由天然气经脱硫后，与水蒸气混合，在催化剂作用下经转化制得甲醇合成气。煤制甲醇与天然气制甲醇在压缩合成环节和精馏环节的生产工艺完全相同，合成催化剂和合成塔可以通用，相关设备基本相同。

其次，根据对产品质量的审查，国内生产的甲醇，无论采用何种原料，其产品质量均达到GB 338—2004，与被调查产品没有实质区别，可以满足国内下游用户需求。根据部分以煤为原料的国内生产者提交的产品质量检验报告，其产品纯度、含水量、含硫量、色度和乙醇含量等指标均达到或超过GB 338—2004优等品标准。此外，部分国内生产者同时拥有采用不同原料的多套生产装置，对不同生产装置的最终产品通常采用同一质量标准检验，统一定价并统一销售。

再次，调查机关注意到，国内甲醇下游用户在采购过程中，只要所购甲醇技术指标符合其生产要求，对所采用的原料一般无特殊要求。塞拉尼斯(南京)化工股份有限公司在实地核查后提交的补充材料中提出，只要煤制甲醇符合公司全球质量控制标准，并达到统一的工艺要求，该公司的醋酸产装置可以采用且已经采用煤制甲醇生产醋酸。

根据现有证据，调查机关认为，国内以煤为原料生产的甲醇与国内以天然气为原料生产的甲醇及被调查产品在产品质量、产品用途上不存在实质区别，均能满足下游用户生产需求，可以相互替代。

综上，虽然国内生产的甲醇与被调查产品在部分生产设备和工艺上存在差异，但二者基本物理特征和化学特性没有区别，产品外观、包装、用途、销售渠道、销售市场区域、客户群体、消费者和生产者评价等方面基本相同，价格总体变化趋势基本一致，具有相似性和可比性，可以相互替代。调查机关没有发现二者之间存在实质性的、足以影响同类产品认定的差异。根据现有证据，调查机关认定，国内生产的甲醇与被调查产品属于同类产品。

(二)国内产业的认定

沙特基础工业公司在《关于进口甲醇反倾销案上海焦化、兖矿鲁南、重庆建滔、久泰能源等申请人及支持申请企业资格的评论意见》中提出，调查期内，申请人上海焦化有限公司和支持申请企业建滔天然气化工(重庆)有限公司均从沙特阿拉伯进口过被调查产品，这两家企业是被调查产品的进口经营者。调查期内，申请人兖矿鲁南化肥厂的全资子公司山东海升能源进出口有限公司、支持申请企业久泰能源科技有限公司的关联企业久泰能源(张家港)有限公司和久泰能源(广州)有限公司均从沙特阿拉伯进口过被调查产品，兖矿鲁南化肥厂和久泰能源科技有限公司属于与进口经营者有关联的国内生产者。根据世界贸易组织《关于实施1994年关税与贸易总协定第6条的协定》(以下简称《反倾销协定》)第4.1条和《反倾销条例》第十一条的规定，上述四家企业应排除在国内产业之外，不能作为申请人或支持申请企业提起本次反倾销调查。

申请人在《申请人对<关于进口甲醇反倾销案上海焦化、兖矿鲁南、重庆建滔、久泰能源等申请人及支持申请企业资格的评论意见>的评论意见》中提出，调查期内，上海焦化有限公司、建滔天然气化工(重庆)有限公司、久泰能源科技有限公司的关联公司久泰能源(张家港)有限公司和久泰能源(广州)有限公司进口过被调查产品，根据《反倾销协定》第4.1条和《反倾销条例》第十一条的规定，与出口经营者或进口经营者有关联的，或者本身为倾销进口产品进口经营者的，并非当然、自动地排除在国内产业之外。根据本案事实，考虑所有相关因素，上述三家企业不应排除在国内产业之外。兖矿鲁南化肥厂与山东海升能源进出口有限公司并无关联，兖矿鲁南化肥厂不属于进口经营者的关联方，也不应排除在国内产业之外。

调查机关注意到，《反倾销条例》第十一条第一款、《反倾销产业损害调查规定》第十三条第一款和《反倾销协定》第4.1条第一款的规定一致，均规定与出口经营者或者进口经营者有关联的，或者其本身为倾销进口产品的进口经营者的国内生产者“可以”排除在国内产业之外，而非沙特基础工业公司所主张的“应当”排除在国内产业之外。

根据《反倾销条例》第十一条和《反倾销产业损害调查规定》第十三条的规定，调查机关对上海焦化有限公司和建滔天然气化工(重庆)有限公司是否为被指控的倾销进口产品的进口经营者，久泰能源科技有限公司和兖矿鲁南化肥厂是否与被指控的倾销进口产品的进口经营者有关联，以及相关国内企业进口被调查产品的动机、进口数量、用途及影响等进行了审查。

1. 上海焦化有限公司

现有证据显示，调查期内，上海焦化有限公司于2008年二季度进口过原产于沙特阿拉伯的被调查产品，是被指控的倾销进口产品的进口经营者。

调查期内，上海焦化有限公司一直进口少量甲醇，主要是为了保证国内长期合同的正常供应。除2008年二季度外，该公司在调查期内其他时间未进口过被调查产品。该公司进口的被调查产品于当年全部对外销售，占当年该公司甲醇总销售量的比例不足3%，销售价格与该公司自产甲醇基本相同。

根据现有证据，上海焦化有限公司进口被调查产品是出于正常生产经营目的；该公司主要利益在于生产和销售国内同类产品，进口被调查产品所占比例很小；该公司未从进口被调查产品中获得不当利润，进口被调查产品也未使该公司免受被指控的倾销进口产品的影响；该公司作为申请人参加了本次反倾销调查。调查机关认为，上海焦化有限公司不应排除在国内产业之外。

2. 建滔天然气化工(重庆)有限公司

现有证据显示，调查期内，建滔天然气化工(重庆)有限公司于2009年一季度进口过原产于沙特阿拉伯的被调查产品，是被指控的倾销进口产品的进口经营者。

调查期内，2006～2008年，建滔天然气化工(重庆)有限公司未进口被调查产品，也未从其他国家(地区)进口甲醇。2009年一季度，因国内甲醇市场价格低于单位成本，该公司甲醇生产装置停产。为维持长期下游用户的正常生产经营，该公司不得不进口甲醇(包括被调查产品)再转售给下游用户。该公司2009年一季度被调查产品进口数量约占上年同期产量的7%。

根据现有证据，建滔天然气化工(重庆)有限公司进口被调查产品是在市场形势恶化、同类产品生产装置停产情况下的合理反应；该公司未从进口被调查产品中获得不当利润，进口被调查产品也未使该公司免受被指控的倾销进口产品的影响；该公司作为支持申请企业参加了本次反倾销调查。调查机关认为，建滔天然气化工(重庆)有限公司不应排除在国内产业之外。

3. 久泰能源科技有限公司

现有证据显示，调查期内，久泰能源科技有限公司的关联企业久泰能源(张家港)有限公司和久泰能源(广州)有限公司进口过被调查产品，久泰能源科技有限公司与被指控的倾销进口产品的进口经营者有关联。

久泰能源(张家港)有限公司和久泰能源(广州)有限公司均为甲醇下游用户，其所需甲醇长期由久泰能源科技有限公司供应，同时也进口少量甲醇(包括被调查产品)作为补充。调查期内，久泰能源(张家港)有限公司和久泰能源(广州)有限公司所有进口甲醇均自用于生产下游产品，并未对外销售。2009年一季度，因国内甲醇市场价格低于单位成本，久泰能源科技有限公司甲醇生产装置接近停产，无法满足久泰能源(张家港)有限公司和久泰能源(广州)有限公司需求，这两家企业不得不增加甲醇(包括被调查产品)进口量以满足正常生产需求。

根据现有证据，久泰能源(张家港)有限公司和久泰能源(广州)有限公司进口被调查产品是出于正常生产经营目的，2009年一季度增加被调查产品进口数量是在原有供应渠道不足以满足生产需求情况下的合理反应；久泰能源科技有限公司的主要利益在于生产和销售国内同类产品，没有证据表明，由于与久泰能源(张家港)有限公司和久泰能源(广州)有限公司有关联，久泰能源科技有限公司的行为不同于无关联的其他国内生产者；久泰能源科技有限公司作为支持申请企业参加了本次反倾销调查。调查机关认为，久泰能源科技有限公司不应排除在国内产业之外。

4. 兖矿鲁南化肥厂

现有证据显示，根据申请人提供的山东海升能源进出口有限公司验资报告，调查期内，兖矿鲁南化肥厂占山东海升能源进出口有限公司注册资本的比例一直不足50%。2007年4月，山东海升能源进出口有限公司增加注册资本后，兖矿鲁南化肥厂所占注册资本比例进一步下降。根据申请人提供的山东海升能源进出口有限公司章程，兖矿鲁南化肥厂在山东海升能源进出口有限公司股东会议上拥有的表决权不足半数，无权任免董事会的多数成员，在董事会中不占有多数表决权，也无权决定山东海升能源进出口有限公司的财务和经营政策。

根据现有证据，兖矿鲁南化肥厂在法律或者经营上对山东海升能源进出口有限公司均不处于限制或者指导的地位，二者不存在直接或间接的控制关系。各利害关系方对兖矿鲁南化肥厂与山东海升能源进出口有限公司是否存在其他关联情形没有争议。调查机关认为，调查期内，兖矿鲁南化肥厂与出口经营者或者进口经营者没有关联，其本身也不是被指控的倾销进口产品的进口经营者，不应排除在国内产业之外。

现有证据显示，调查期内，2006 ~ 2008年和2009年一季度，提交调查问卷答卷的34家国内生产者的同类产品产量分别占国内同类产品总产量的59.14%、57.43%、61.49%和50.86%，符合《反倾销条例》第十一条和《反倾销产业损害调查规定》第十三条的规定，可以代表国内产业。本裁决所依据的国内产业数据，除特别说明外，均来自以上特定的国内生产者。

四、倾销和倾销幅度

调查机关审查了应诉公司的答卷，对应诉公司的正常价值、出口价格及调整项目作出初步认定，并在公平比较的基础上计算出倾销幅度，初步裁决如下：

(一)正常价值、出口价格及价格调整项目的认定

印度尼西亚公司

东加里曼丹甲醇工业股份有限公司

(PT KALTIM METHANOL INDUSTRI)

1. 正常价值

该公司主张其被调查产品与在印尼国内市场销售的同类产品无差异，产品不分型号。调查机关经初步调查，暂接受该公司关于被调查产品和同类产品的相似性以及无型号划分的主张。

该公司提出，由于全球经济危机影响，调查期内国际甲醇市场价格发生了剧烈波动，这种不同时段的价格波动对于公平比较造成了严重扭曲，故要求按照每月加权平均的出口价格与当月加权平均的正常价值进行比较来计算每月的倾销幅度。调查机关经审查认为，公司没有充分说明被调查产品的价格变动影响价格可比性的理由，因此初步决定暂不接受公司主张，仍以调查期为单位计算倾销幅度。

调查机关审查了该公司在印尼国内市场的销售数量情况。根据公司提交的答卷，调查期内同类产品国内销售数量大于同期向中国出口销售数量的5%，符合作为确定正常价值基础的数量要求。

调查机关审查了该公司在国内市场的关联销售情况。根据公司提交的答卷，调查期内该公司国内销售全部为关联销售。因此，调查机关初步决定采用生产成本、管理、销售和一般费用加合理利润的方法构建被调查产品同类产品的正常价值。

调查机关对该公司的成本数据和费用情况进行了审查。关于生产成本，该公司在答卷中报告了生产成本明细，包括直接材料、直接人工、燃料动力等。调查机关初步调查后，决定在对成本中个别项目进行必要调整后暂接受该公司的生产成本数据。关于该公司的费用及其分配情况，该公司在答卷中报告了倾销调查期内发生的销售、管理和一般费用，并按照销售额对相关费用进行了分配，调查机关经审查，初步决定在扣除与被调查产品同类产品的生产和销售无关的费用后，暂接受公司对于费用的分配方法，并在此基础上重新计算了该公司生产和销售被调查产品同类产品的费用。

调查机关对该公司的利润情况进行了审查。在答卷中，该公司报告了调查期内的利润情况。调查机关经过初步调查认为，由于该公司的国内销售全部为关联销售，其利润不能真实反映被调查产品同类产品在国内销售实现的利润。因此，调查机关暂决定采用答卷中报告的公司利润率来计算其利润。

在以上调查基础上，调查机关初步确定了调查期内该公司被调查产品同类产品的正常价值。

2. 出口价格

调查机关审查了该公司在调查期内向中国出口被调查产品情况。

根据公司答卷，在调查期内，该公司通过位于第三国的关联贸易商向中国非关联用户出口被调查产品。调查机关经审查初步决定，根据《反倾销条例》第五条第(一)项之规定，暂采用第三国关联贸易商与中国非关联客户之间的价格作为确定出口价格的基础。

3. 调整项目

根据《反倾销条例》第六条规定，为公平合理比较，调查机关对该公司影响价格可比性的调整项目逐一进行了审查。

(1)正常价值部分

由于采用生产成本加合理费用、利润来计算正常价值，其中销售费用部分，采用的是间接费用数据，因此不需要再进行调整。

(2)出口价格部分

调查机关经初步审查认为，该公司对于出口价格部分提出的出口检验费、出口报关费、国际运费、国际保险费、银行费用、信用费用等调整项目暂可采信，因此在初裁阶段暂予接受。

马来西亚公司

马来西亚国家石油公司纳闽岛甲醇公司

(PETRONAS METHANOL LABUAN SDN. BHD)

1. 正常价值

该公司在答卷中称调查期内只生产一种型号的被调查产品，在中国大陆市场、马来西亚国内市场和第三国(地区)市场销售的被调查产品无差别。经初步审查，调查机关暂接受该公司关于同类产品与被调查产品的相似性及产品型号的主张。

调查机关审查了该公司在马来西亚国内市场的销售情况。该公司为马来西亚唯一生产甲醇的企业。调查期内，该公司生产的被调查产品同类产品国内销售的数量占同期向中国大陆出口销售数量的比例超过5%，符合作为确定正常价值基础的数量要求。

根据该公司报告，在国内销售中，该公司向关联公司和非关联公司销售被调查产品同类产品。经初步审查，调查机关暂认定关联销售价格受到关联关系的影响，属于非正常贸易过程的销售；且排除关联销售后，非关联销售数量极少，不能反映正常市场交易状况。因此，根据《反倾销条例》第四条的规定，调查机关暂决定以该公司的生产成本加合理费用、利润计算该公司的正常价值。

调查机关对该公司的成本数据和费用情况进行了审查。该公司报告其生产被调查产品同类产品部分原材料系关联采购。经审查，调查机关发现该公司原材料的关联购买价格不能反映正常市场交易状况，因此暂按公开市场价格对生产成本进行了调整。关于该公司的销售费用和管理费用，经审查，由于该公司在表格中漏报了部分费用，调查机关暂按照销售收入比例重新进行了分摊。关于财务费用，由于该公司填报了与被调查产品同类产品生产和销售无关的费用，调查机关暂决定予以剔除。在此基础上，调查机关重新计算了该公司的费用。

调查机关审查了该公司的利润。在答卷中，该公司报告了调查期内的利润情况。调查机关经过初步调查认为，由于该公司国内销售中存在关联交易，其利润不能完整反映同类产品在马来西亚国内销售实现的利润。因此，根据《反倾销条例》第四条的规定，调查机关暂决定采纳该公司的被调查产品同类产品的利润和马来西亚关联公司国内销售的利润作为确定利润的基础。

2. 出口价格

调查机关审查了该公司对中国大陆的出口交易。调查期内，该公司通过其国内关联贸易商向中国大陆非关联用户出口被调查产品。调查机关暂决定以关联贸易商与中国大陆非关联用户之间的价格作为确定出口价格的基础。

3. 调整项目

根据《反倾销条例》第六条的规定，为公平、合理比较，调查机关对该公司影响价格可比性的调整部分逐一进行了审查。

(1)正常价值部分

由于采用生产成本加合理费用、利润来计算正常价值，其中销售费用部分，采用的是间接费用数据，因此不需要再进行调整。

(2)出口价格部分

关于公司主张的佣金调整，经初步审查，调查机关认为佣金实际上是该公司与贸易公司之间内部利润分配的一种形式，不需要进行调整。因此，调查机关暂决定在初裁中对该主张不予接受。

调查机关对出口价格部分的调整项目进行了审查，认为该公司提供的数据和材料暂可采信，因此暂接受该公司关于国际运费、出厂检验费、报关费用、信用费用等调整项目。

新西兰公司

梅赛尼斯新西兰有限责任公司

(Methanex New Zealand Limited)

1. 正常价值

该公司主张其只生产一个型号的甲醇产品。调查机关经初步调查，暂接受该公司关于被调查产品和同类产品型号划分的主张。

经初步审查，该公司在调查期内未在国内市场销售被调查产品，根据《反倾销条例》第四条的规定，调查机关暂决定以该公司的生产成本加合理费用、利润为基础计算的结构价格确定该公司的正常价值。

调查机关对该公司的成本数据和费用情况进行了审查。关于生产成本，该公司在答卷中报告了倾销调查期内的生产成本明细，包括直接材料、直接人工、燃料动力等。调查机关初步调查后，决定暂接受该公司报告的生产成本数据。关于该公司的销售、管理及财务费用及其分配情况，调查机关暂决定在初裁中接受该公司报告的相关数据。

该公司在答卷中主张，该公司分摊了集团公司的一些费用，这些与被调查产品无关，在计算结构价格时应予扣除。调查机关对此进行了审查后认为，该公司没有提供充足的证据证明分摊的费用与被调查产品的生产和销售没有关系，在初裁阶段，调查机关暂不接受该主张，而依据公司报告的全部成本和费用情况确定该公司的正常价值。

调查机关审查了该公司的利润。在初裁中，调查机关初步决定以不高于其他新西兰公司在国内市场中销售同一大类产品通常实现的利润率的数额来计算该公司的结构正常价值。

在以上调查基础上，调查机关确定了调查期内该公司被调查产品同类产品的正常价值。

2. 出口价格

调查机关审查了该公司在调查期内向中国出口被调查产品情况。

在调查期内，该公司对中国出口销售均是通过位于中国香港的关联贸易公司进行，该关联贸易公司直接销售给位于中国大陆的非关联客户；或者通过位于中国大陆的关联公司销售给中国大陆的非关联客户；或者销售给位于中国大陆的关联公司自用。

调查机关经审查初步决定，对于直接销售给中国大陆非关联客户的，根据《反倾销条例》第五条的规定，暂以销售给非关联客户的价格作为确定出口价格的基础；对于通过位于中国大陆关联贸易商销售给中国大陆非关联客户的，根据《反倾销条例》第五条的规定，暂采用中国大陆关联贸易商首次转售给独立购买人的价格确定其出口价格；对于销售给位于中国大陆的关联公司自用的部分，在初裁阶段，调查机关暂依据该价格为基础确定这些交易的出口价格。

3. 调整项目

根据《反倾销条例》第六条规定，为公平合理比较，调查机关对该公司影响价格可比性的调整项目逐一进行了审查。

(1)正常价值部分

由于采用生产成本加合理费用、利润来计算正常价值，其中销售费用部分，采用的是间接费用数据，因此不需要再进行调整。

(2)出口价格部分

调查机关经初步审查认为，该公司对于出口价格部分提出运输费用、储罐费用、保险费、装修费、信用费用、佣金、出口检验费、中国进口检验费、韩国进口检验费、报关代理费等调整项目暂可采信，因此在初裁阶段暂予接受。

对于公司通过中国大陆关联贸易商出口的被调查产品，公司主张了进口关税和进口报关代理费的调整，调查机关经初步审查暂予采信，因此在初裁阶段暂予接受。在此基础上，调查机关初步审查决定，在根据中国大陆关联贸易商向非关联客户转售价格推算出口价格时，还对中国关联贸易商的费用和利润进行调整，调查机关根据该公司报告的数据对此进行了调整。

沙特阿拉伯公司

沙特基础工业公司

(Saudi Basic Industries Corporation)

1. 正常价值

该公司主张其只生产一个型号的甲醇产品，被调查产品与在沙特国内市场销售的同类产品完全相同。调查机关经调查决定接受该公司关于被调查产品和同类产品的相似性以及无型号划分的主张。

该公司提出，由于全球金融危机影响，调查期内国际甲醇市场价格发生了剧烈波动，以调查期整体正常价值与出口价格相比较计算出的倾销幅度无法反映实际情况，因此要求以季度为单位计算倾销幅度。调查机关经审查认为，公司没有充分说明被调查产品的价格变动影响价格可比性的理由，因此决定不接受公司主张，仍以调查期为单位计算倾销幅度。

调查机关审查了该公司在沙特国内市场的销售情况。调查期内，该公司国内销售数量占同期向中国出口销售数量的比例不足5%，不符合作为确定正常价值基础的数量要求。因此，调查机关决定采用生产成本、管理、销售和一般费用加合理利润的方法构建正常价值。

调查机关审查了该公司调查期内的成本数据和费用情况。关于生产成本，该公司在答卷中报告了倾销调查期内的生产成本明细，包括直接材料、直接人工、燃料动力等。调查机关经调查决定接受该公司报告的生产成本数据。关于该公司的费用及其分配情况，该公司在答卷中报告了倾销调查期内发生的销售、管理和一般费用，并按照销售额对相关费用进行了分配，调查机关决定接受该公司报告的费用数据。

调查机关审查了该公司的利润情况。公司在答卷中报告了调查期内的利润情况，包括在国内市场上生产和销售被调查产品同类产品的利润率，但计算方法有误。调查机关重新计算了该公司在国内市场生产和销售被调查产品同类产品实现的单位利润，并决定采用重新计算的利润数据构建被调查产品同类产品正常价值。

在以上调查基础上，调查机关确定了调查期内该公司被调查产品同类产品的正常价值。

2. 出口价格

调查机关审查了该公司在调查期内向中国出口被调查产品情况。

在调查期内，该公司通过两种销售渠道向中国出口被调查产品，一是通过位于第三国的关联贸易商向中国关联贸易商出口被调查产品，再由中国关联贸易商转售至中国国内非关联客户；二是通过位于第三国的关联贸易商直接向中国国内非关联客户出口被调查产品。

调查机关决定，对于第一种渠道的销售，根据《反倾销条例》第五条第(二)项之规定，采用中国关联贸易商首次转售给独立购买人的价格推定其出口价格；对于第二种渠道的销售，根据《反倾销条例》第五条第(一)项之规定，采用第三国关联贸易商与中国非关联客户之间的价格作为确定出口价格的基础。

3. 调整项目

根据《反倾销条例》第六条规定，为公平合理比较，调查机关对该公司影响价格可比性的调整项目逐一进行了审查。

(1)正常价值部分

由于采用生产成本加合理费用、利润来计算正常价值，其中销售费用部分，采用的是间接销售费用数据，因此不需要再进行调整。

(2)出口价格部分

调查机关经审查认为，该公司对于出口价格部分提出的国际运费、信用费用、出口检验费、售前仓储费、港口装卸费、报关代理费等调整项目可以采信。

对于公司通过中国关联贸易商出口的被调查产品，公司主张了进口关税、进口报关代理费和中国关联贸易商的销售、管理和一般费用的调整，调查机关经审查予以采信。在此基础上，调查机关经审查认为，在根据中国关联贸易商向非关联客户转售价格推算出口价格时，还应对中国关联贸易商的利润进行调整，调查机关根据公司报告的相关数据对出口价格进行了调整。

国际甲醇公司

(INTERNATIONAL METHANOL COMPANY)

1. 正常价值

该公司在答卷中称调查期内只生产一种型号的被调查产品，在中国大陆市场、沙特阿拉伯国内市场和第三国(地区)市场销售的被调查产品无差别。经审查，调查机关决定接受该公司关于同类产品与被调查产品的相似性及产品型号的主张。

调查机关审查了该公司在沙特阿拉伯国内市场的销售情况。调查期内，该公司生产的被调查产品同类产品国内销售的数量占同期向中国大陆出口销售数量的比例超过5%，符合作为确定正常价值基础的数量要求。

根据该公司报告，在国内销售中，该公司仅向关联公司销售被调查产品同类产品。经审查，调查机关认定此类销售不能反映正常的市场交易情况。因此，根据《反倾销条例》第四条的规定，调查机关决定以该公司的生产成本加合理费用、利润计算该公司的正常价值。

调查机关对该公司的成本数据和费用情况进行了审查。关于生产成本，该公司在答卷中报告了倾销调查期内的生产成本明细，包括直接材料、直接人工、燃料动力等。调查机关调查后，决定接受该公司报告的生产成本数据。关于该公司的费用及其分配情况，调查机关经调查决定接受该公司报告的相关数据。

调查机关审查了该公司的利润。在答卷中，该公司报告了调查期内的利润情况。调查机关经调查认为，由于该公司的国内销售全部为关联销售，其利润不能真实反映被调查产品同类产品在国内销售实现的利润。因此，调查机关决定采用该公司的部门利润率来计算其利润。

在以上调查基础上，调查机关确定了调查期内该公司被调查产品同类产品的正常价值。

2. 出口价格

调查机关审查了该公司对中国大陆的出口交易。调查期内，该公司通过日本关联贸易公司向中国大陆非关联用户出口被调查产品。根据问卷要求，日本关联贸易公司单独提交了答卷。经审查，调查机关决定以日本关联贸易公司与中国大陆非关联用户之间的价格作为确定出口价格的基础。

3. 调整项目

根据《反倾销条例》第六条的规定，为公平、合理比较，调查机关对该公司影响价格可比性的调整部分逐一进行了审查。

(1)正常价值部分

由于采用生产成本加合理费用、利润来计算正常价值，其中销售费用部分，采用的是间接费用数据，因此不需要再进行调整。

(2)出口价格部分

关于公司主张的佣金调整，经审查，调查机关认为佣金实际上是该公司与贸易公司之间内部利润分配的一种形式，不需要进行调整。因此，调查机关决定对该主张不予接受。

关于信用费用，该公司在答卷中未对此项费用主张调整。调查机关认为，信用费用是一种机会成本，只要发货日与收款日存在不一致，就会产生信用费用。调查机关依据调查期内美元的短期银行贷款利率对信用费用进行了调整。

调查机关对出口价格部分的其他调整项目进行了审查，认为该公司提供的数据和材料可以采信，因此接受该公司关于国际运费、国际保险费、战争保险费、出厂检验费等调整项目。

(二)价格比较

根据《反倾销条例》第六条的规定，调查机关对进口产品的出口价格和正常价值，考虑了影响价格的各种可比性因素，按照公平、合理的方式进行了比较。调查机关在当事人提交的证明材料基础上，将各应诉公司的正常价值和出口价格在出口国出厂价的基础上予以比较。在计算倾销幅度时，调查机关将加权平均正常价值和加权平均出口价格进行比较，得出倾销幅度。

对于未应诉公司的倾销幅度，根据《反倾销条例》第二十一条的规定，调查机关决定采用已经获得的事实和可获得的最佳信息做出裁定。

(三)倾销幅度

经过计算，各公司的倾销幅度分别为：

印度尼西亚公司

1 东加里曼丹甲醇工业股份有限公司 9.4%

(PT KALTIM METHANOL INDUSTRI)

2 其他印度尼西亚公司 32.5%

(All others)

马来西亚公司

1 马来西亚国家石油公司纳闽岛甲醇公司 9.3%

(PETRONAS METHANOL LABUAN SDN. BHD)

2 其他马来西亚公司　37.5%

(All others)

新西兰公司

1 梅赛尼斯新西兰有限责任公司 9.5%

(Methanex New Zealand Limited)

2 其他新西兰公司 36.4%

(All others)

沙特阿拉伯公司

1 沙特基础工业公司　0

(Saudi Basic Industries Corporation)

2 国际甲醇公司　0

(INTERNATIONAL METHANOL COMPANY)

3 其他沙特阿拉伯公司 0

（All others）

五、产业损害及损害程度

根据《反倾销条例》第八条、第二十七条和《反倾销产业损害调查规定》第五条、第六条和第七条的规定，因原产于沙特阿拉伯的进口甲醇不存在倾销，本裁决对损害、损害程度以及倾销与损害之间因果关系的认定中，考虑原产于马来西亚、印度尼西亚和新西兰的倾销进口产品，未考虑原产于沙特阿拉伯的被调查产品。

（一）累积评估的适当性

现有证据显示，调查期内 2008 年 4 月 1 日至 2009 年 3 月 31 日，原产于马来西亚、印度尼西亚和新西兰的倾销进口产品倾销幅度不小于 2%，进口数量不属于可忽略不计范围。原产于马来西亚、印度尼西亚和新西兰的倾销进口产品之间以及原产于马来西亚、印度尼西亚和新西兰的倾销进口产品与国内同类产品之间基本物理特征和化学特性没有区别，产品外观、用途、销售渠道、销售市场区域、客户群体、消费者和生产者的评价等方面基本相同，价格总体变化趋势基本一致，具有相似性和可比性，完全可以相互替代。原产于马来西亚、印度尼西亚和新西兰的倾销进口产品和国内同类产品在国内市场上同时出现，原产于马来西亚、印度尼西亚和新西兰的倾销进口产品之间以及原产于马来西亚、印度尼西亚和新西兰的倾销进口产品与国内同类产品之间存在相互竞争关系，竞争条件基本相同。

根据《反倾销条例》第九条和《反倾销产业损害调查规定》第十五条、第十六条的规定，调查机关认定，对原产于马来西亚、印度尼西亚和新西兰的倾销进口产品对国内产业造成的影响进行累积评估是适当的。

（二）原产于马来西亚、印度尼西亚和新西兰的倾销进口产品进口数量及所占国内市场份额

1. 原产于马来西亚、印度尼西亚和新西兰的倾销进口产品进口数量

根据中国海关统计，原产于马来西亚、印度尼西亚和新西兰的倾销进口产品进口数量 2006 年为 16.59 万吨；2007 年为 17.88 万吨，同比增长 7.78%；2008 年为 36.53 万吨，同比增长 104.25%；2006 - 2008 年年均增长 48.37%；2009 年一季度为 20.03 万吨，同比增长 904.12%。

2. 原产于马来西亚、印度尼西亚和新西兰的倾销进口产品占国内市场份额

现有证据显示，原产于马来西亚、印度尼西亚和新西兰的倾销进口产品占国内市场份额 2006 年为 1.94%；2007 年为 1.62%，同比下降 0.32%；2008 年为 2.96%，同比上升 1.34%；2006 - 2008 年年均上升 0.51%；2009 年一季度为 5.73%，同比上升 4.97%。

梅赛尼斯新西兰有限公司在《甲醇反倾销案无损害抗辩意见书》和《关于 < 甲醇反倾销案申请人对相关利害关系方无损害抗辩意见的评论意见 > 的评论意见》中提出，2002 年至 2008 年一季度，被调查产品进口数量和市场份额均呈下降趋势，仅在 2008 年 12 月至 2009 年 3 月间发生实质性增长，增长期间短暂，进口数量和市场份额总体未发生大量增加。塞拉尼斯（南京）化工有限公司在《对 < 申请人关于 < 塞拉尼斯有限公司意见书 > 的评论意见 > 的评论意见》中也提出，调查期内被调查产品进口数量的短暂增长不构成大量增加。

申请人在《甲醇反倾销案申请人对相关利害关系方无损害抗辩意见的评论意见》中提出，首先，梅赛尼斯新西兰有限公司模糊了调查期内数据和调查期外数据的界限。其次，国内法律法规并未就倾销进口产品数量增加必须持续的时间长度做出规定，也未要求倾销进口产品进口数量在调查期内每个时间段均呈增长趋势。根据中国海关统计数据，调查期内，被调查产品进口数量和市场份额均大量增加。

调查机关认为，反倾销调查采信证据、认定事实的期间是一段有限制的、特定的时间，调查期内的证据和事实是本裁决的依据。根据《反倾销产业损害调查规定》第十八条的规定，调查机关在立案公告中确定本案产业损害调查期为 2006 年 1 月 1 日至 2009 年 3 月 31 日。调查机关未收到利害关系方就本案调查期设定提出的异议。本裁决对损害、损害程度以及倾销与损害之间的因果关系的认定均基于产业损害调查期内的事实和证据，对各利害关系方提交的产业损害调查期以外的证据未予考虑。

根据《反倾销条例》第八条和《反倾销产业损害调查规定》第六条的规定，调查机关对调查期内原产于马来西亚、印度尼西亚和新西兰的倾销进口产品进口数量和市场份额的整体变化趋势进行了审查。

现有证据显示，原产于马来西亚、印度尼西亚和新西兰的倾销进口产品进口数量 2007 年比 2006 年增长了 7.78%，低于同期国内表观消费量增长幅度，市场份额下降了 0.32%。2008 年至调查期末，原产于马来西亚、印度尼西亚和新西兰的倾销进口产品进口数量呈持续增长趋势，增长幅度高于同期国内

表观消费量增长幅度，市场份额持续上升。2008 年上半年，原产于马来西亚、印度尼西亚和新西兰的倾销进口产品进口数量为 17.25 万吨，同比增长 94.32%，市场份额为 2.94%。2008 年下半年，进口数量为 19.28 万吨，同比增长 73.43%，环比增长 11.73%，市场份额为 2.99%，呈上升趋势。2009 年一季度，进口数量为 20.03 万吨，同比增长 904.12%，环比增长 40.01%；市场份额为 5.73%，同比上升 4.97%，环比上升 1.06%。2009 年一季度，原产于马来西亚、印度尼西亚和新西兰的倾销进口产品进口数量和市场份额均达到调查期内最高点，进口数量超过 2006 年或 2007 年的全年进口数量，市场份额约为 2008 年全年市场份额的 2 倍。

根据现有证据，调查机关认为，调查期内，原产于马来西亚、印度尼西亚和新西兰的倾销进口产品进口数量和市场份额均出现大量增加。

（三）原产于马来西亚、印度尼西亚和新西兰的倾销进口产品进口价格及对国内同类产品价格的影响

1. 原产于马来西亚、印度尼西亚和新西兰的倾销进口产品进口价格

根据中国海关统计，原产于马来西亚、印度尼西亚和新西兰的倾销进口产品进口价格 2006 年为 265.22 美元/吨；2007 年为 305.45 美元/吨，同比上升 15.17%；2008 年为 334.57 美元/吨，同比上升 9.53%；2009 年一季度为 177.80 美元/吨，同比下降 58.12%。

2. 国内同类产品价格

国内产业同类产品在国内市场上销售价格 2006 年为 2237.08 元/吨；2007 年为 2320.66 元/吨，同比上升 3.74%；2008 年为 2532.72 元/吨，同比上升 9.14%；2009 年一季度为 1378.69 元/吨，同比下降 42.85%。

3. 原产于马来西亚、印度尼西亚和新西兰的倾销进口产品进口价格对国内同类产品价格的影响

梅赛尼斯新西兰有限公司在《甲醇反倾销案无损害抗辩意见书》中提出，调查期内，国内同类产品销售价格仅在 2008 年下半年发生显著下跌，且下跌前的国内市场价格处于不正常的高位，无法构成评估价格影响的有效基准。塞拉尼斯（南京）化工有限公司在《塞拉尼斯有限公司意见书》和《对 < 申请人关于 < 塞拉尼斯有限公司意见书 > 的评论意见 > 的评论意见》中提出，2008 年上半年被调查产品进口价格出现异常上涨，2008 年下半年的下降是市场价格的理性回归。

申请人在《甲醇反倾销案申请人对相关利害关系方无损害抗辩意见的评论意见》中认为，2008 年下半年至调查期末，被调查产品进口价格大幅下降并削价销售，导致国内同类产品销售价格与单位销售成本之间的差额大幅下降并出现倒挂，被调查产品对国内同类产品造成了价格削减，并压低了国内同类产品销售价格。

根据《反倾销条例》第八条和《反倾销产业损害调查规定》第六条的规定，调查机关对调查期内原产于马来西亚、印度尼西亚和新西兰的倾销进口产品进口价格和国内同类产品销售价格的整体变化趋势及相互间的联系进行了审查。

现有证据显示，调查期内，原产于马来西亚、印度尼西亚和新西兰的倾销进口产品进口价格与国内同类产品销售价格总体变化趋势基本一致。2006 年至 2008 年上半年，二者总体均呈上升趋势，并于 2008 年中期达到调查期内最高点；2008 年下半年至调查期末，二者总体均呈下降趋势，至 2009 年一季度降至调查期内最低点。

调查期内，2006 年、2007 年和 2008 年上半年，原产于马来西亚、印度尼西亚和新西兰的倾销进口产品加权平均人民币进口价格分别为 2227.79 元/吨、2448.80 元吨 t 和 3040.13 元/吨，分别比同期国内同类产品在国内市场上的销售价格低 0.42%、高 5.52% 和高 11.44%。2008 年下半年、2008 年四季度和 2009 年一季度，原产于马来西亚、印度尼西亚和新西兰的倾销进口产品加权平均人民币进口价格分别为 1902.79 元/吨、1422.34 元/吨和 1233.70 元/吨，低于同期国内同类产品在国内市场上的销售价格 17.85%、19.13% 和 10.52%，对国内同类产品价格产生明显的削减作用。

由于国内市场上原产于马来西亚、印度尼西亚和新西兰的倾销进口产品与国内同类产品的销售渠道、产品质量基本一致，且国内下游用户可以从某些专业媒体及时了解市场价格信息，价格因素对国内下游用户选择起重要作用。2008 年下半年至调查期末，原产于马来西亚、印度尼西亚和新西兰的倾销进口产品进口数量持续增长，进口价格大幅下降并削价销售，对国内产业同类产品的销售价格造成影响。2008 年三季度、四季度和 2009 年一季度，国内产业同类产品销售价格环比分别下降 6.73%、37.21% 和 21.61%，而同期单位销售成本环比分别上升 13.46%、下降 6.58% 和下降 13.16%。国内产

业同类产品销售价格下降幅度大于单位销售成本下降幅度，导致单位毛利润呈持续下降趋势。2008 年三季度，国内产业同类产品单位毛利润降至 646.76 元/t；2008 年四季度，国内产业同类产品销售价格与单位销售成本在调查期内首次出现倒挂，单位毛利润降至 -253.44 元/t；2009 年一季度单位毛利润进一步降至 -369.93 元/t，为调查期内最低点。

根据现有证据，调查期内，特别是 2008 年下半年至调查期末，原产于马来西亚、印度尼西亚和新西兰的倾销进口产品进口数量大幅增长，进口价格大幅下降并削价销售，压低了国内同类产品的销售价格，导致国内同类产品在单位销售成本总体呈下降趋势的情况下，获利空间持续减小至完全消失，销售价格与单位销售成本的倒挂幅度不断扩大。调查机关认为，调查期内，原产于马来西亚、印度尼西亚和新西兰的倾销进口产品的削价销售大幅压低了国内同类产品价格。

（四）国内产业相关经济因素和指标的评估

根据《反倾销条例》第八条及《反倾销产业损害调查规定》第五条、第七条的规定，调查机关对调查期内影响国内产业状况的有关经济因素和指标进行了审查，其中一个或多个指标均非决定性的。现有证据显示：

1. 表观消费量

国内同类产品表观消费量 2006 年为 855.72 万吨；2007 年为 1103.97 万吨，同比增长 29.01%；2008 年为 1232.60 万吨，同比增长 11.65%；2006～2008 年年均增长 20.02%。2008 年一季度至 2009 年一季度表观消费量分别为 263.65 万吨、323.54 万吨、339.13 万吨、306.28 万吨和 349.68 万吨，2008 年二季度至 2009 年一季度环比分别增长 22.72%、增长 4.82%、下降 9.68% 和增长 14.17%，2009 年一季度同比增长 32.63%。

2. 产能

国内产业产能 2006 年为 558.80 万吨；2007 年为 720.60 万吨，同比增长 28.95%；2008 年为 962.25 万吨，同比增长 33.53%；2006～2008 年年均增长 31.22%。2008 年一季度至 2009 年一季度产能分别为 224.16 万吨、232.41 万吨、245.00 万吨、260.67 万吨和 270.57 万吨，2008 年二季度至 2009 年一季度环比分别增长 3.68%、5.42%、6.39% 和 3.80%，2009 年一季度同比增长 20.70%。

3. 产量

国内产业产量 2006 年为 450.67 万吨；2007 年为 617.92 万吨，同比增长 37.11%；2008 年为 692.35 万吨，同比增长 12.04%；2006～2008 年年均增长 23.95%。2008 年一季度至 2009 年一季度产量分别为 172.76 万吨、186.61 万吨、187.65 万吨、145.33 万吨和 94.09 万吨，2008 年二季度至 2009 年一季度环比分别增长 8.01%、增长 0.56%、下降 22.55% 和下降 35.26%，2009 年一季度同比下降 45.54%。

4. 开工率

国内产业开工率 2006 年为 80.65%；2007 年为 85.75%，同比上升 5.10%；2008 年为 71.95%，同比下降 13.80%；2006～2008 年年均下降 4.35%。2008 年一季度至 2009 年一季度开工率分别为 77.07%、80.29%、76.59%、55.75% 和 34.78%，2008 年二季度至 2009 年一季度环比分别上升 3.22%、下降 3.70%、下降 20.84% 和下降 20.98%，2009 年一季度同比下降 42.29%。

5. 销售量

国内产业同类产品在国内市场上的销售量 2006 年为 404.95 万吨；2007 年为 535.73 万吨，同比增长 32.30%；2008 年为 620.39 万吨，同比增长 15.80%；2006 - 2008 年年均增长 23.77%。2008 年一季度至 2009 年一季度销售量分别为 151.85 万吨、174.28 万吨、157.40 万吨、136.86 万吨和 93.83 万吨，2008 年二季度至 2009 年一季度环比分别增长 14.77%、下降 9.68%、下降 13.05% 和下降 31.44%，2009 年一季度同比下降 38.21%。

6. 市场份额

国内产业同类产品占国内市场份额 2006 年为 51.55%；2007 年为 53.71%，同比上升 2.15%；2008 年为 54.40%，同比上升 0.69%；2006～2008 年年均上升 1.42%。2008 年一季度至 2009 年一季度市场份额分别为 62.09%、57.66%、50.40%、48.75% 和 29.05%，2008 年二季度至 2009 年一季度环比分别下降 4.43%、7.26%、1.64% 和 19.70%，2009 年一季度同比下降 33.04%。

7. 销售价格

国内产业同类产品在国内市场上的销售价格 2006 年为 2237.08 元/吨；2007 年为 2320.66 元/吨，同比上升 3.74%；2008 年为 2532.72 元/吨，同比上升 9.14%；2006～2008 年年均上升 6.40%。2008 年一季度至 2009 年一季度销售价格分别为 2412.26 元/吨、3003.10 元/吨、2800.99 元/吨、1758.86 元/吨和 1378.69 元/吨，2008 年二季度至 2009 年一季度环比分别上升 24.49%、下降 6.73%、下降 37.21% 和下降 21.61%，2009 年一季度同比下降 42.85%。

8. 销售收入

国内产业销售收入 2006 年为 927648.71 万元；2007 年为 1292082.53 万元，同比增长 39.29%；2008 年为 1589638.01 万元，同比增长 23.03%；2006 ~ 2008 年年均增长 30.91%。2008 年一季度至 2009 年一季度销售收入分别为 379615.91 万元、525928.56 万元、442700.64 万元、241392.90 万元和 129363.71 万元，2008 年二季度至 2009 年一季度环比分别增长 38.54%、下降 15.82%、下降 45.47% 和下降 46.41%，2009 年一季度同比下降 65.92%。2008 年三季度至调查期末，国内产业同类产品销售量和销售价格均呈持续下降趋势，销售收入相应持续下降。

9. 税前利润

国内产业税前利润 2006 年为 145101.40 万元；2007 年为 209439.58 万元，同比增长 44.34%；2008 年为 134342.79 万元，同比下降 35.86%；2006 ~ 2008 年年均下降 3.78%。2008 年一季度至 2009 年一季度税前利润分别为 50445.10 万元、130077.11 万元、42989.41 万元、-79230.52 万元和 -69327.16 万元，2008 年二季度环比增长 157.86%，2008 年三季度环比下降 66.95%，2008 年四季度开始由盈转亏，2009 年一季度国内产业同类产品单位税前利润为 -738.85 元/t，税前利润率为 -53.59%，均降至调查期内最低点。

调查机关审查了销售收入、销售成本、销售税金及附加和期间费用等影响税前利润的主要因素。2008 年三季度至调查期末，国内产业同类产品销售税金及附加和期间费用均呈持续下降趋势，未对利润下降趋势造成影响，销售成本总体也呈下降趋势，销售收入的下降是造成税前利润下降的主要原因。

10. 投资收益率

国内产业投资收益率 2006 年为 8.51%；2007 年为 7.96%，同比下降 0.55%；2008 年为 3.03%，同比下降 4.93%；2006 ~ 2008 年年均下降 2.74%。2008 年一季度至 2009 年一季度投资收益率分别为 1.74%、4.27%、1.33%、-2.96% 和 -3.10%，2008 年二季度至 2009 年一季度环比分别上升 2.54%、下降 2.94%、下降 4.29% 和下降 0.14%，2009 年一季度同比下降 4.84%。

11. 就业人数

国内产业就业人数 2006 年为 12629 人；2007 年为 14395 人，同比增长 13.99%；2008 年为 16542 人，同比增长 14.91%；2006 ~ 2008 年年均增长 14.45%。2008 年一季度至 2009 年一季度就业人数分别为 15754 人、16101 人、16729 人、16300 人和 14701 人，2008 年二季度至 2009 年一季度环比分别增长 2.20%、增长 3.90%、下降 2.56% 和下降 9.81%，2009 年一季度同比下降 6.69%。

12. 人均工资

国内产业人均工资 2006 年为 21107 元；2007 年为 26160 元，同比增长 23.94%；2008 年为 30593 元，同比增长 16.94%；2006 - 2008 年年均增长 20.39%。2008 年一季度至 2009 年一季度人均工资分别为 7469 元、7569 元、7719 元、8560 元和 8114 元，2008 年二季度至 2009 年一季度环比分别增长 1.33%、增长 1.99%、增长 10.89% 和下降 5.21%，2009 年一季度同比增长 8.62%。

13. 劳动生产率

国内产业同类产品劳动生产率 2006 年为 356.86 吨/人；2007 年为 429.26 吨/人，同比上升 20.29%；2008 年为 418.55 吨/人，同比下降 2.50%；2006 ~ 2008 年年均增长 8.30%。2008 年一季度至 2009 年一季度劳动生产率分别为 109.66 吨/人、115.90 吨/人、112.17 吨/人、89.16 吨/人和 64.01 吨/人，2008 年二季度至 2009 年一季度环比分别上升 5.69%、下降 3.22%、下降 20.51% 和下降 28.21%，2009 年一季度同比下降 41.63%。

14. 期末库存

国内产业同类产品 2006 年期末库存为 13.24 万吨；2007 年为 14.54 万吨，同比增长 9.82%；2008 年为 31.70 万吨，同比增长 118.07%；2006 ~ 2008 年年均增长 54.75%。2008 年一季度至 2009 年一季度期末库存分别为 20.68 万吨、21.08 万吨、32.48 万吨、31.70 万吨和 23.69 万吨，2008 年二季度至 2009 年一季度环比分别增长 1.97%、增长 54.06%、下降 2.40% 和下降 25.28%，2009 年一季度同比增长 14.57%。

由于甲醇常温下为液体且通常没有包装，甲醇产品通常储存在罐区，库存数量客观上有一定限额。2009 年三季度国内产业期末库存大幅增长，此后国内产业销售量大幅下降，为减少积压，国内产业被迫减少产量，出售库存，期末库存环比相应呈下降趋势，但仍处于较高水平。

15. 经营活动现金净流量

国内产业经营活动现金净流量 2006 年为

193161.85万元；2007年为309678.60万元，同比增长60.32%；2008年为384477.33万元，同比增长24.15%；2006～2008年年均增长41.08%。2008年一季度至2009年一季度经营活动现金净流量分别为29979.92万元、143259.04万元、26975.66万元、109578.73万元和－80231.21万元，2008年二季度至四季度环比分别增长377.85%、下降81.17%和增长306.21%，2009年一季度经营活动现金流为净流出。

16. 投融资能力

调查期内，特别是2008年下半年至调查期末，部分国内产业同类产品新建项目被迫搁置、延缓或取消，部分国内生产者申请的银行贷款遭拒绝，股票或债券的发行受挫。国内产业投入的大量资金难以产生效益，对资金的回收及下一步投融资活动产生负面影响。

（五）国内产业受到实质损害

梅赛尼斯新西兰有限公司在《甲醇反倾销案无损害抗辩意见书》和《关于<甲醇反倾销案申请人对相关利害关系方无损害抗辩意见的评论意见>的评论意见》中提出，2002年至2009年一季度，国内甲醇产业产量、销量总体呈增长趋势，仅在2008年下半年短暂下降；所占市场份额总体呈增长趋势，仅在2009年一季度短暂下降；开工率在2008年四季度前已处于较低水平；调查期内，国内甲醇产业在2008年三季度前始终保持盈利；国内产业的经营状况仅在2008年下半年发生恶化。根据上述情况，该公司认为，没有充分证据表明国内甲醇产业受到了实质损害。

塞拉尼斯（南京）化工有限公司在《对<申请人关于<塞拉尼斯有限公司意见书>的评论意见>的评论意见》中提出，调查期内，国内甲醇产业产量、销量稳步增长，在2008年四季度之前相关经营指标一直良好，国内产业没有受到实质损害。

申请人在《甲醇反倾销案申请人对相关利害关系方无损害抗辩意见的评论意见》中认为，对国内产业有关经济指标的分析应结合国内产业特点和各指标间的整体联系，在全面分析整个调查期内相关数据的基础上，重点考察距离立案日最近期间的数据。国内法律法规并未要求国内产业每个经济指标、调查期内每个时间段均体现实质损害。申请人对国内产业有关经济指标进行分析后认为，调查期内，国内产业受到了实质损害。

现有证据显示，调查期内，2006年至2008年上半年，随着国内同类产品下游行业的发展和应用领域的拓展，国内同类产品表观消费量持续增长。国内产业相应新建、扩建同类产品生产装置，产能持续增长，生产规模持续扩大，产量、销售量、就业人数等总体相应呈增长趋势，市场份额持续上升，开工率基本保持稳定。国内产业同类产品销售价格持续上升，上升幅度大于单位销售成本上升幅度，国内产业销售收入、税前利润相应呈增长趋势。但国内产业同类产品的投资收益率总体呈下降趋势，期末库存持续增长。

2008年下半年至调查期末，在国内同类产品表观消费量基本保持稳定的情况下，原产于马来西亚、印度尼西亚和新西兰的倾销进口产品大量低价进口，国内产业同类产品产量、开工率、就业人数、劳动生产率等均呈下降趋势，销售量、市场份额均持续下降。国内产业同类产品销售价格大幅下降，销售收入相应大幅下降。虽然由于主要原材料价格呈下降趋势，同类产品单位销售成本相应总体呈下降趋势，但同类产品销售价格下降幅度大于单位销售成本下降幅度，单位毛利润持续下降，获利空间大幅减小。2008年四季度，国内产业同类产品销售价格与单位销售成本出现倒挂，单位毛利润降为负值，国内产业开始出现亏损，投资收益率降为负值。

特别是调查期末2009年一季度，国内产业同类产品销售价格与单位销售成本的倒挂幅度进一步增大，国内产业开工率、市场份额、销售价格、单位毛利润、单位税前利润、劳动生产率等降至调查期内最低点，产量、销量、税前利润、投资收益率等处于调查期内极低水平。国内产业单位税前利润降至－738.85元/吨，开工率不足35%，绝大多数国内生产者处于亏损或停产状态，生产经营状况严重恶化。

根据《反倾销条例》第八条和《反倾销产业损害调查规定》第四条、第七条的规定，调查机关综合考虑上述事实和证据，对影响国内产业状况的有关经济因素和指标在调查期内的整体变化趋势进行全面评估后认为，国内产业已经受到了不可忽略的损害。调查机关认定，调查期内，国内产业受到了实质损害。

（六）马来西亚、印度尼西亚和新西兰被调查产品的生产能力、出口能力及对国内产业可能产生的进一步影响。

根据《反倾销条例》第八条的规定，调查机关对马来西亚、印度尼西亚和新西兰被调查产品的生产能力、出口能力及库存情况进行了审查。

国外(地区)生产者调查问卷答卷显示，调查期内，马来西亚、印度尼西亚和新西兰甲醇生产能力较大且总体呈增长趋势，2006～2008年年均增长2.75%，2009年一季度同比增长16.38%；产量呈持续增长趋势，2006～2008年年均增长3.89%，2009年一季度同比增长19.14%；出口数量呈持续增长趋势，2006～2008年年均增长9.47%，2009年一季度同比增长62.42%；出口数量占销售量的比例维持在70%以上；向中国出口数量占总出口量的比例总体呈上升趋势，2006～2008年年均上升5.51%，2009年一季度同比上升28.09%；期末库存2006～2008年年均增长10.70%，2009年一季度同比下降5.79%。

现有证据显示，调查期内，马来西亚、印度尼西亚和新西兰被调查产品生产能力较大且呈增长趋势，对国外市场依赖程度高，出口数量及对中国出口数量均呈持续增长趋势，对中国出口数量占总出口量的比例持续上升。中国市场是全球主要的甲醇市场之一，且市场需求总体呈上升趋势。调查机关认为，马来西亚、印度尼西亚和新西兰具有向中国进一步低价出口被调查产品的可能性。

六、因果关系

(一)原产于马来西亚、印度尼西亚和新西兰的倾销进口产品大量低价进口造成国内产业实质损害

梅赛尼斯新西兰有限公司在《甲醇反倾销案无损害抗辩意见书》中提出，被调查产品进口数量和市场份额仅在2008年12月至2009年3月间发生实质性增长，这4个月中，有3个月进口数量与国内产业销售量的变化值不一致，且被调查产品与同期国内产业市场份额、开工率的下滑没有直接关系。该公司认为，被调查产品与国内甲醇产业有关经济指标的变化联系微小，与国内甲醇产业受到的损害之间没有因果关系。

申请人在《甲醇反倾销案申请人对相关利害关系方无损害抗辩意见的评论意见》中提出，2008年下半年至调查期末，被调查产品进口数量与国内产业产量、开工率的变动关系，被调查产品所占市场份额与国内产业同类产品所占市场份额的变动关系，以及被调查产品进口价格与国内产业税前利润率的变动关系表明，被调查产品的大量低价倾销与国内产业受到的实质损害以及损害的加剧在时间上和程度上保持同步对应关系，二者之间存在直接因果关系。

根据《反倾销条例》第八条和《反倾销产业损害调查规定》第五条的规定，调查机关对调查期内原产于马来西亚、印度尼西亚和新西兰的倾销进口产品进口数量、进口价格及国内产业相关经济因素和指标的整体变化趋势和相互关系进行了审查。

现有证据显示，调查期内，2006年、2007年和2008年上半年，原产于马来西亚、印度尼西亚和新西兰的倾销进口产品进口数量分别为16.59万吨、17.88万吨和17.25万吨，市场份额分别为1.94%、1.62%和2.94%。同期原产于马来西亚、印度尼西亚和新西兰的倾销进口产品加权平均人民币进口价格分别比国内产业同类产品在国内市场上的销售价格低0.42%、高5.52%和高11.44%，进口价格接近或高于国内同类产品价格。其中，2008年上半年，虽然原产于马来西亚、印度尼西亚和新西兰的倾销进口产品进口数量同比大幅增长，但其加权平均人民币进口价格没有削减国内产业同类产品在国内市场上的销售价格。

2006年至2008年上半年，国内同类产品表观消费量持续增长，国内产业在国内市场上销售量和市场份额均呈持续增长趋势。2006年、2007年和2008年上半年，国内产业在国内市场上销售量分别为404.95万吨、535.73万吨和326.13万吨，市场份额分别为51.55%、53.71%和59.65%。国内产业同类产品销售价格能够充分反映单位销售成本上升趋势，国内产业同类产品获利空间呈增长趋势，税前利润相应增长。

2008年下半年至调查期末，原产于马来西亚、印度尼西亚和新西兰的倾销进口产品进口数量大幅增长，2008年下半年和2009年一季度分别为19.28万吨和20.03万吨，同比分别增长73.43%和904.12%；增长幅度大于国内表观消费量变化幅度，所占市场份额大幅上升，2008年下半年和2009年一季度分别为2.99%和5.73%。同期原产于马来西亚、印度尼西亚和新西兰的倾销进口产品进口价格大幅下降并削价销售，2008年下半年、2008年四季度和2009年一季度，其加权平均人民币进口价格分别比国内产业同类产品在国内市场上的销售价格低17.85%、19.13%和10.52%。

2008年下半年至调查期末，受原产于马来西亚、印度尼西亚和新西兰的倾销进口产品大量低价进口的影响，国内甲醇市场价格持续下降，导致国内产业同类产品销售价格持续大幅下降，国内产业大量客户流失，对国内产业的生产经营造成重大影响。虽然国内同类产品表观消费量基本保持稳定，国内

产业产能继续增长，但国内产业产量、开工率、销售量、市场份额均呈下降趋势。销售价格大幅下降，下降幅度大于单位销售成本下降幅度，国内产业单位毛利润、毛利率均呈下降趋势，获利空间大幅减小，2008年四季度，销售价格与单位销售成本出现倒挂，国内产业开始出现亏损，投资收益率降为负值。

特别是调查期末2009年一季度，原产于马来西亚、印度尼西亚和新西兰的倾销进口产品进口数量、市场份额升至调查期内最高点，进口价格降至调查期内最低点并对国内同类产品销售价格产生明显削减作用，对国内产业造成了调查期内最为严重的冲击。同期国内产业销售价格与单位销售成本的倒挂幅度进一步增大，开工率、市场份额、销售价格、单位毛利润、毛利率、税前利润率、劳动生产率等降至调查期内最低点，产量、销量、税前利润、投资收益率等处于调查期内极低水平，绝大多数国内生产者处于亏损或停产状态，生产经营状况严重恶化。

综上，根据现有证据，调查机关认定，调查期内，原产于马来西亚、印度尼西亚和新西兰的倾销进口产品的大量低价进口已经造成了国内产业的实质损害，原产于马来西亚、印度尼西亚和新西兰的倾销进口产品的倾销与国内产业的实质损害之间存在因果关系。

（二）其他因素分析

根据《反倾销条例》第八条的规定，调查机关对可能造成国内产业损害的其他已知因素进行了审查。

1. 原产于除马来西亚、印度尼西亚和新西兰以外的其他国家（地区）的进口甲醇因素

梅赛尼斯新西兰有限公司在《甲醇反倾销案无损害抗辩意见书》中认为，原产于除沙特阿拉伯、马来西亚、印度尼西亚和新西兰以外的其他国家（地区）的进口甲醇造成了国内产业的实质损害。

申请人在《甲醇反倾销案申请人对相关利害关系方无损害抗辩意见的评论意见》中认为，除沙特阿拉伯、马来西亚、印度尼西亚和新西兰以外的其他国家（地区）甲醇进口数量占国内甲醇总进口量的比例相对较小，总体呈下降趋势；进口价格2007年至调查期末一直高于被调查产品进口价格和国内甲醇总进口价格；没有证据证明除原产于沙特阿拉伯、马来西亚、印度尼西亚和新西兰以外的其他国家（地区）对中国出口存在倾销情况。

现有证据显示，2006～2008年和2009年一季度，原产于除马来西亚、印度尼西亚和新西兰以外的其他国家（地区）的甲醇进口数量分别为96.13万吨、66.36万吨、106.85万吨和144.73万吨；占同期国内总进口量的比例分别为85.28%、78.77%、74.52%和87.84%，呈先降后升趋势；加权平均进口价格分别为270.35美元/t、308.98美元/t、372.33美元/t和181.43美元/t，2006－2008年和2009年一季度分别高于同期原产于马来西亚、印度尼西亚和新西兰的倾销进口产品进口价格5.12美元/t、3.53美元/t、37.76美元/t和3.63美元/t，也高于同期国内甲醇总进口加权平均价格。

根据现有证据，调查期内，原产于除马来西亚、印度尼西亚和新西兰以外的其他国家（地区）的甲醇进口数量占同期总进口量的比例未发生实质性上升，进口价格高于同期原产于马来西亚、印度尼西亚和新西兰的倾销进口产品进口价格和国内总进口价格。尚无证据表明，原产于除马来西亚、印度尼西亚和新西兰以外的其他国家（地区）的甲醇对中国出口存在倾销情况。调查机关认为，原产于除马来西亚、印度尼西亚和新西兰以外的其他国家（地区）进口甲醇因素不能否定原产于马来西亚、印度尼西亚和新西兰的倾销进口产品与国内产业受到的实质损害之间存在因果关系的认定。

2. 国内同类产品消费模式、流通渠道、贸易政策以及需求变化因素

现有证据显示，调查期内，国内甲醇市场未出现由于其他替代产品等消费模式变化导致需求萎缩的情况；国内同类产品完全实行市场化的价格机制，国内产业生产经营受市场调节；国内同类产品的销售渠道、销售区域与原产于马来西亚、印度尼西亚和新西兰的倾销进口产品基本相同；国内没有新颁布限制甲醇贸易行为和其他相关政策，也没有限制使用甲醇的政策变化。调查期内，国内同类产品的消费模式、流通渠道和贸易政策未对国内需求造成不利影响。

随着国内甲醇下游行业的发展和应用领域的拓展，调查期内，国内同类产品市场需求总体呈增长趋势。2007年、2008年和2009年一季度，国内表观消费量同比分别增长29.01%、11.65%和32.63%。调查机关认为，国内产业受到的实质损害并非由国内同类产品需求变化造成的。

塞拉尼斯（南京）化工有限公司在《塞拉尼斯有限公司意见书》中认为，调查期末，受金融危机影响，欧盟和北美市场甲醇需求量严重萎缩，而同期中国

市场需求量基本保持良好，导致对中国出口量增加，这是全球主要贸易区域间供需平衡的结果。调查机关认为，塞拉尼斯(南京)化工有限公司只是将国内市场需求稳定、其他国家(地区)市场需求萎缩作为被调查产品大量进口的原因，全球主要贸易区域供需变化不能否定调查期内原产于马来西亚、印度尼西亚和新西兰倾销进口产品大量低价进口，不能否定倾销进口产品对国内产业已经造成的影响，也不能否定倾销进口产品与国内产业受到的实质损害之间存在因果关系的认定。

3. 国内产业生产规模、技术水平和生产效率因素

梅赛尼斯新西兰有限公司在《甲醇反倾销案无损害抗辩意见书》和《关于<甲醇反倾销案申请人对相关利害关系方无损害抗辩意见的评论意见>的评论意见》中提出，国内绝大多数甲醇生产装置规模较小，低于世界其他国家(地区)平均水平，导致生产效率较低；国内合成氨联产甲醇的生产装置大多采用较为落后的工艺，存在规模小、效率低和成本高等问题。

塞拉尼斯(南京)化工有限公司在《塞拉尼斯有限公司意见书》中提出，国内甲醇生产装置平均产能较小，导致其无法提供有竞争力的价格。

申请人在《甲醇反倾销案申请人对相关利害关系方无损害抗辩意见的评论意见》中提出，合成氨联产甲醇技术是国内产业上世纪七十年代自行开发的节能环保技术，并非落后技术。梅赛尼斯新西兰有限公司未能提供证据证明，合成氨联产甲醇导致了国内产业的实质损害。2008 年下半年至调查期末，在相关经济因素未发生实质性变化的情况下，受被调查产品大量低价进口影响，无论采用何种原料，无论单独生产甲醇或合成氨联产甲醇的国内生产者均受到实质损害。

现有证据显示，调查期内，根据国家产业政策要求，国内产业新建甲醇生产装置的规模逐步扩大，技术水平逐步提高。新建大规模生产装置的生产技术和关键生产设备大多从国外引进或采用国内成熟工艺。部分国内生产者已经通过 ISO9001 质量管理体系认证、ISO14001 环境管理体系认证和 OHSAS18001 职业健康安全管理体系认证，在生产经营管理方面具备良好的市场竞争能力。调查期内 2006 年至 2008 年上半年，国内产业劳动生产率持续上升，国内甲醇总产量占国内表观消费量的份额达 90% 左右。调查机关认为，调查期内，国内产业的生产效率总体上逐步提高，部分国内生产者的技术水平和生产效率与原产于马来西亚、印度尼西亚和新西兰的倾销进口产品生产者已无实质区别。

2008 年下半年至调查期末，在国内产业生产规模、技术水平和生产效率未发生实质性变化的情况下，绝大多数国内生产企业，无论装置规模大小、所用原料差异或技术水平高低，无论单独生产甲醇或合成氨联产甲醇，有关经济指标均迅速恶化，受到了实质损害。调查机关认为，国内产业的生产规模、技术水平和生产效率等因素不能否定原产于马来西亚、印度尼西亚和新西兰的倾销进口产品与国内产业受到的实质损害之间存在因果关系的认定。

4. 对市场价格预期因素

梅赛尼斯新西兰有限公司在《甲醇反倾销案无损害抗辩意见书》中提出，2002 年以后，多数国内甲醇生产者投资时的价格预期高于市场长期平均价格，当 2008 年四季度国内甲醇价格急剧下跌时，过高的投资回报预期必然导致亏损。

调查机关认为，评价国内产业对市场价格的预期是否合理，必须根据做出预期所处特定时间、特定地点的市场情况，综合考虑相关企业能力、做出预期的方式等多种因素，不能仅根据事后市场发生的变化否认预期本身的合理性。此外，价格预期本身并不导致国内产业有关经济指标发生变化，根据预期进行的生产经营活动才是导致有关经济指标变化的直接原因。

调查机关注意到，梅赛尼斯新西兰有限公司仅提供了调查期内一家国内企业在第十三届中国东西部合作与投资贸易洽谈会上，为吸引投资所作的一份项目说明中关于甲醇价格的预期。根据该材料，该项目预计投产时间在调查期后。调查机关认为，该证据材料并不足以证明调查期内，国内产业对甲醇价格的预期不合理，也不能说明国内产业根据不合理的预期进行了相应的生产经营活动，调查机关对梅赛尼斯新西兰有限公司的主张不予支持。

5. 国内同类产品出口因素

调查期内，2006～2008 年，国内产业同类产品出口数量分别为 7.24 万吨、19.07 万吨和 6.02 万吨，占同期总销量的比例分别为 1.76%、3.44% 和 0.96%，2009 年一季度已无出口。国内产业同类产品出口数量所占比例很小，其影响很小，不能否定倾销进口产品与国内产业受到的实质损害之间存在因果关系的认定。

梅赛尼斯新西兰有限公司在《甲醇反倾销案无损

害抗辩意见书》中认为，国内同类产品不符合国际用户要求，且不具有竞争优势，导致未有实质性的出口，对国内产业造成不利影响。申请人在《甲醇反倾销案申请人对相关利害关系方无损害抗辩意见的评论意见》中提交了部分国内生产者的出口合同和出口产品质量检验报告。调查机关审查相关证据后认为，国内同类产品质量可以满足国外用户需求，主要技术指标达到或超过 IMPCA 标准。由于梅赛尼斯新西兰有限公司仅提供了国内同类产品的出口数量和出口价格，未提供关于国内同类产品不符合国外用户需求的直接证据，也未说明国内同类产品出口因素对国内产业造成的具体影响及影响程度，调查机关对梅赛尼斯新西兰有限公司的主张不予支持。

6. 国内同类产品成本因素

梅赛尼斯新西兰有限公司在《甲醇反倾销案无损害抗辩意见书》和《关于 < 甲醇反倾销案申请人对相关利害关系方无损害抗辩意见的评论意见 > 的评论意见》中提出，国内同类产品的原料(包括煤和天然气)成本、运输成本均高于被调查产品，这是导致国内产业损害的其他因素。塞拉尼斯(南京)化工有限公司在《塞拉尼斯有限公司意见书》和《对 < 申请人关于 < 塞拉尼斯有限公司意见书 > 的评论意见 > 的评论意见》中除提出国内同类产品原料成本和运输成本较高外，还提出与天然气制甲醇相比，煤制甲醇资本性成本较高。

申请人在《申请人关于 < 塞拉尼斯有限公司意见书 > 的评论意见》和《甲醇反倾销案申请人对相关利害关系方无损害抗辩意见的评论意见》中认为，如果被调查产品生产者具有成本优势，无论在其本国国内市场或出口市场上均能将其成本优势体现在销售价格中，被调查产品成本优势因素与反倾销调查并不相关。此外，成本差异因素也不能解释在国内同类产品成本未发生实质性变化的情况下，2008 年下半年至调查期末，国内产业生产经营状况发生重大不利变化的事实。

现有证据显示，调查期内，2006 年至 2008 年上半年，国内同类产品单位生产成本、单位销售成本均呈上升趋势，但同期销售价格上升幅度大于单位销售成本上升幅度，同类产品单位毛利润、毛利率总体均呈上升趋势，获利空间逐步增长。2008 年下半年至调查期末，虽然国内同类产品单位生产成本、单位销售成本下降，但受原产于马来西亚、印度尼西亚和新西兰的倾销进口产品大量低价进口影响，同类产品销售价格大幅下降，下降幅度大于单位销售成本下降幅度，同类产品单位毛利润、毛利率均呈下降趋势，获利空间大幅减小，2008 年四季度销售价格与单位销售成本出现倒挂，毛利润降为负值，2009 年一季度倒挂幅度进一步扩大。

调查机关认为，国内同类产品成本因素对国内产业相关经济指标影响的性质和程度主要取决于国内产业通过销售价格传递成本的能力。2008 年下半年至调查期末，在国内产业同类产品成本下降的情况下，原产于马来西亚、印度尼西亚和新西兰的倾销进口产品大量低价进口大幅阻碍了国内产业通过价格变动合理反映成本变动的正常市场行为，这与原产于马来西亚、印度尼西亚和新西兰的倾销进口产品是否具有成本优势无关。国内同类产品成本因素不能否定原产于马来西亚、印度尼西亚和新西兰的倾销进口产品与国内产业受到的实质损害之间存在因果关系的认定。

7. 国内同类产品质量因素

关于梅赛尼斯新西兰有限公司和申请人就国内同类产品质量因素的评论意见，调查机关已在本裁决国内同类产品认定部分进行了分析，并依据相关事实和证据认定，国内同类产品与被调查产品的产品质量不存在实质性差异，均能满足国内下游用户需求。此外，调查机关注意到，调查期内，2006 年至 2008 年上半年，国内同类产品占国内市场的绝大部分，2008 年下半年至调查期末，国内甲醇市场的消费模式未发生实质性变化，国内产业的技术水平逐步提高，国内同类产品的质量能够满足下游用户生产需求，而同期国内产业有关经济指标却迅速恶化。调查机关认为，国内产业受到的实质损害并非由国内同类产品质量因素造成的。

8. 不可抗力因素

现有证据显示，国内产业在调查期内未发生自然灾害及其他不可抗力事件，未受到其他意外影响。调查机关认为，国内产业受到的实质损害并非由不可抗力因素造成的。

七、初步裁定

根据以上调查结果，调查机关初步裁定，在本案调查期内，原产于印度尼西亚、马来西亚和新西兰的进口甲醇存在倾销，中国甲醇产业受到了实质损害，且倾销与实质损害之间存在因果关系；原产于沙特阿拉伯的进口甲醇不存在倾销，根据《反倾销条例》第二十七条第二款的规定，终止对原产于沙特阿拉伯的进口甲醇产品的反倾销调查。

各有关公司倾销幅度如下：

印度尼西亚公司

1 东加里曼丹甲醇工业股份有限公司 9.4%

(PT KALTIM METHANOL INDUSTRI)

2 其他印度尼西亚公司 32.5%

(All others)

马来西亚公司

1 马来西亚国家石油公司纳闽岛甲醇公司 9.3%

(PETRONAS METHANOL LABUAN SDN. BHD)

2 其他马来西亚公司 37.5%

(All others)

新西兰公司

1 梅赛尼斯新西兰有限责任公司 9.5%

(Methanex New Zealand Limited)

2 其他新西兰公司 36.4%

(All others)

3. 商务部公告2010年第91号 关于甲醇反倾销调查终裁的公告(二〇一〇年十二月二十三日)

根据《中华人民共和国反倾销条例》的规定，商务部(以下称调查机关)于2009年6月24日发布公告，决定对原产于印度尼西亚、马来西亚、新西兰和沙特阿拉伯的进口甲醇(以下称被调查产品)进行反倾销调查。被调查产品归在《中华人民共和国进出口税则》税则号：29051100。

调查机关对被调查产品是否存在倾销和倾销幅度、中国国内产业是否受到损害及损害程度，以及倾销与损害之间的因果关系进行了调查。根据调查结果和《中华人民共和国反倾销条例》第二十四条的规定，调查机关于2010年10月25日发布初裁公告，初步认定原产于印度尼西亚、马来西亚和新西兰的进口甲醇存在倾销，中国国内甲醇产业受到了实质损害，而且倾销与实质损害之间存在因果关系；原产于沙特阿拉伯的进口甲醇不存在倾销。根据《反倾销条例》第二十七条第二款的规定，调查机关终止了对原产于沙特阿拉伯的进口甲醇的反倾销调查。

初步裁定后，调查机关继续对原产于印度尼西亚、马来西亚和新西兰的被调查产品的倾销和倾销幅度、中国国内产业受到的损害和损害程度以及倾销和损害之间的因果关系进行调查。现本案调查结束，根据本案调查结果，并依据《中华人民共和国反倾销条例》第二十五条的规定，调查机关做出最终裁定(见附件)。现将有关事项公告如下：

一、最终裁定

经过调查，调查机关最终裁定，在本案调查期内，原产于印度尼西亚、马来西亚和新西兰的被调查产品存在倾销，中国国内甲醇产业受到了实质损害，而且倾销与实质损害之间存在因果关系。

二、被调查产品

本案被调查产品为甲醇，归在《中华人民共和国进出口税则》税则号：29051100。具体描述如下：产品范围：原产于印度尼西亚、马来西亚和新西兰的进口甲醇。被调查产品名称：甲醇，又名木醇、木精、甲基氢氧化物，英文名称为Methanol或Methyl alcohol。

分子式：CH_3OH。

化学结构式：(略)

物理化学特征：甲醇是一种简单的饱和醇，通常为无色、透明、易燃、易挥发、略有酒精气味的液体。

主要用途：甲醇是重要的基础有机化工原料、良好溶剂和优质燃料，可用于生产甲醛、甲胺、甲烷氯化物、醋酸、醋酐、二甲醚、甲酸甲酯、碳酸二甲酯等。甲醇也可以生产敌百虫、多菌灵等农药。此外，甲醇也是优良的能源与车船用燃料，用甲醇生产MTBE(甲基叔丁基醚)进而生产高辛烷值无铅汽油等。

三、终裁倾销幅度

终裁确定的各公司倾销幅度如下：

四、反倾销措施

反倾销措施的实施期限为自2010年12月24日起的五年。鉴于本案的特殊情况，经国务院关税税则委员会同意，暂不对被调查产品实施反倾销措施，实施时间视情另行公告。

五、保证金的退还

对自2010年10月28日起至2010年12月23日(含2010年12月23日)止，有关进口经营者依初裁决定向中华人民共和国海关所提供的保证金，海关予以退还。

六、新出口商复审

对于上述国家在调查期内未向中华人民共和国出口被调查产品的新出口经营者，符合条件的，可依据《中华人民共和国反倾销条例》第四十七条的规定，向调查机关书面申请新出口商复审。

七、期中复审

在征收反倾销税期间，有关利害关系方可以根据《中华人民共和国反倾销条例》第四十九条的规定，向调查机关书面申请期中复审。

八、行政复议和行政诉讼

对本案终裁决定及征收反倾销税的决定不服的，根据《中华人民共和国反倾销条例》第五十三条的规定，可以依法申请行政复议，也可以依法向人民法院提起诉讼。

附件：中华人民共和国商务部对原产于印度尼西亚、马来西亚和新西兰的进口甲醇反倾销调查的最终裁定

根据《中华人民共和国反倾销条例》（以下称《反倾销条例》）的规定，商务部（以下称调查机关）于2009年6月24日正式发布立案公告，决定对原产于印度尼西亚、马来西亚、新西兰和沙特阿拉伯的进口甲醇（以下称被调查产品）进行反倾销调查。

调查机关对被调查产品是否存在倾销及倾销幅度、中国国内甲醇产业是否受到损害及损害程度以及倾销和损害之间的因果关系进行了调查。根据调查结果和《反倾销条例》第二十四条的规定，调查机关于2010年10月25日发布初裁公告，初步裁定原产于印度尼西亚、马来西亚和新西兰的被调查产品存在倾销，中国国内甲醇产业受到了实质损害，而且倾销与实质损害之间存在因果关系；原产于沙特阿拉伯的被调查产品不存在倾销。根据《反倾销条例》第二十七条第二款的规定，调查机关终止了对原产于沙特阿拉伯的被调查产品的反倾销调查。

初步裁定后，调查机关对原产于印度尼西亚、马来西亚和新西兰的被调查产品的倾销和倾销幅度、中国国内产业所受损害和损害程度进行了进一步的调查。现本案调查结束，根据调查结果，并根据《中华人民共和国反倾销条例》第二十五条的规定，调查机关做出最终裁定如下：

一、调查程序

（一）立案及立案通知

1. 立案

中华人民共和国商务部于2009年5月4日正式收到上海焦化有限公司、内蒙古远兴能源股份有限公司、兖矿鲁南化肥厂、兖矿国泰化工有限公司、平煤蓝天化工股份有限公司、曲靖大为焦化制供气有限公司、陕西榆林天然气化工有限责任公司、四川泸天化绿源醇业有限责任公司、中煤龙化哈尔滨煤化工有限公司、山西丹峰化工股份有限公司、浙江晋巨化工有限公司、河北正元化工集团股份有限公司、安徽临泉化工股份有限公司、安徽昊源化工集团有限公司代表国内甲醇产业提交的反倾销调查申请，申请人请求对原产于印度尼西亚、马来西亚、新西兰和沙特阿拉伯的进口甲醇进行反倾销调查。中海石油建滔化工有限公司、中国石化集团四川维尼纶厂、建滔天然气化工（重庆）有限公司、久泰能源科技有限公司、永煤集团股份有限公司、大庆油田化工有限公司、山西天泽煤化工集团股份有限公司、山西阳煤丰喜肥业（集团）股份有限公司、江苏华昌化工股份有限公司、河南心连心化肥有限公司、山东明水化工有限公司、中海石油天野化工股份有限公司、山东兖矿国际焦化有限公司、兖矿国宏化工有限责任公司、陕西渭河煤化工集团有限责任公司、陕西神木化学工业有限公司、福建三钢（集团）三明化工有限公司、湖北宜化集团有限责任公司和中国石油天然气股份有限公司克拉玛依石化公司支持该申请。

调查机关审查了申请材料后，认为申请人符合《反倾销条例》第十一条、第十三条和第十七条有关中国产业提出反倾销调查申请的规定。同时，申请书中包含了《反倾销条例》第十四条、第十五条规定的反倾销调查立案所要求的内容及有关的证据。

根据上述审查结果及《反倾销条例》第十六条的规定，商务部决定自2009年6月24日起对原产于印度尼西亚、马来西亚、新西兰和沙特阿拉伯的进口甲醇进行反倾销立案调查。调查机关确定的倾销调查期为2008年4月1日至2009年3月31日，产业损害调查期为2006年1月1日至2009年3月31日。

2. 立案通知

在决定立案调查前，根据《反倾销条例》第十六条规定，调查机关就收到国内甲醇产业反倾销调查申请书事通知了印度尼西亚、马来西亚、新西兰和沙特阿拉伯等四国驻华使馆。

2009年6月24日，调查机关发布立案公告，并向印度尼西亚、马来西亚、新西兰和沙特阿拉伯等四国驻华使馆正式提供了立案公告和申请书的公开部分，请其通知本国的相关出口商和生产商。同日，调查机关将本案立案情况通知了本案申请人及申请书中列明的印度尼西亚、马来西亚、新西兰和沙特阿拉伯等四国生产商、出口商。

（二）倾销及倾销幅度的初步调查

1. 登记应诉

根据公告要求，自公告发布之日起20天的登记应诉期内，印度尼西亚东加里曼丹甲醇工业股份有限公司（PT KALTIM METHANOL INDUSTRI，以下简称东加里曼丹公司）、马来西亚国家石油公司纳闽岛甲醇公司（PETRONAS METHANOL LABUAN SDN. BHD，以下简称马国油纳闽岛公司）、梅赛尼斯

新西兰有限公司(Methanex New Zealand Limited，以下简称梅赛尼斯公司)、沙特基础工业公司(Saudi Basic Industries Corporation)和国际甲醇公司(INTERNATIONAL METHANOL COMPANY)等五家生产商向调查机关登记应诉。此外，甲醇协会(Methanol Institute)作为利害关系方申请登记应诉。

2. 发放问卷和收取答卷

调查机关向应诉的国外生产商发出了反倾销调查问卷，并要求其在37天内按规定提交准确、完整的答卷。东加里曼丹公司、马国油纳闽岛公司、梅赛尼斯公司、沙特基础工业公司和国际甲醇公司在问卷规定的期限内向调查机关申请延期递交答卷并陈述了相关理由。经审查，调查机关同意给予有关企业适当延期。在答卷期限内，调查机关收到了东加里曼丹公司、马国油纳闽岛公司、梅赛尼斯公司、沙特基础工业公司和国际甲醇公司递交的有关倾销部分问卷的答卷。同时，东加里曼丹公司的关联贸易商双日株式会社(Sojitz Corporation)、双日马来西亚公司(Sojitz Malaysia Sdn Bhd)和双日亚洲公司(Sojitz Asia Pte. Ltd.)，马国油纳闽岛公司的关联贸易商马来西亚国际贸易有限公司(Malaysian International Trading Corporation Sdn Bhd)，梅赛尼斯公司的关联贸易商梅赛尼斯亚太有限责任公司(Methanex Asia Pacific Limited)，沙特基础工业公司的关联贸易商SABIC亚太私人有限公司(SABIC Asia Pacific Pte Ltd.)和沙伯基础(上海)商贸有限公司，以及国际甲醇公司的关联贸易商三井物产株式会社(MITSUI & CO., LTD.)和三菱商事株式会社(MITSUBISHI CORPORATION)分别提交了答卷的相应部分。

在随后的调查进程中，调查机关针对公司递交的倾销部分答卷中存在的问题，向东加里曼丹公司、马国油纳闽岛公司、梅赛尼斯公司、沙特基础工业公司和国际甲醇公司发放了补充问卷，并在规定的时间内收到了补充答卷。

3. 相关利害关系方的评论

(1)关于部分申请人及支持申请企业资格的评论意见

2009年7月13日，沙特基础工业公司提出评论意见，称本案申请人上海焦化有限公司(以下简称上海焦化)、兖矿鲁南化肥厂(以下简称兖矿鲁南)以及支持申请企业建滔天然气化工(重庆)有限公司(以下简称重庆建滔)、久泰能源科技有限公司(以下简称久泰能源)等四家公司或其关联企业在调查期内从涉案国家进口了被调查产品，因此主张调查机关应依据《反倾销条例》第十一条之规定将上述申请人和支持申请企业排除在国内产业范围之外，并要求调查机关在排除上述公司后重新计算提起申请的国内产业合计产量是否达到法定要求。

2009年9月21日，本案申请人对沙特基础工业公司的上述评论意见提出反对意见，认为根据《反倾销条例》第十一条之规定，调查机关对于是否排除进口被调查产品或与被调查产品的进口商相关联的公司具有自由裁量权；同时，申请人提出兖矿鲁南与被调查产品的进口商不存在关联关系，上海焦化、重庆建滔和久泰能源等三家公司虽进口了被调查产品，但进口数量较小，进口目的在于弥补其开工不足及维持与下游客户的正常供应关系，且进口行为没有使其免受倾销影响。因此，申请人主张不应将上述四家公司从申请人和支持申请企业范围内排除。

调查机关对沙特基础工业公司和申请人的上述评论意见进行审查后初步认定，根据《反倾销条例》第十一条及商务部《反倾销调查立案暂行规则》第八条之规定，对于是否排除进口被调查产品或与被调查产品的进口商相关联的国内生产者，调查机关有自由裁量权。在此基础上，调查机关审查了双方提交的证据，初步认定上海焦化、兖矿鲁南、重庆建滔和久泰能源等四家公司及其关联企业进口数量相对其产能和正常产量而言均较小，即使在进口较为集中的2009年第一季度，其进口的被调查产品数量也不足其2008年同期产量的15%，且这部分进口主要是为了在甲醇价格大幅下跌的情况下维持市场份额和确保向下游客户供货而实施的必要商业措施，上述四家公司没有从进口被调查产品中获取不当利益。因此，调查机关初步认为，没有足够的合理理由支持将上述四家公司从申请人和支持申请企业范围内排除，本案申请人和支持申请企业产量占国内总产量的比例符合《反倾销条例》第十七条和商务部《反倾销调查立案暂行规则》第六条的规定。

(2)印度尼西亚政府的评论意见

2009年10月20日，印度尼西亚贸易部(以下简称印尼贸易部)以英文向调查机关递交了书面评论意见，未提供中文译文。意见要点包括申请书的保密处理问题、申请人及支持申请企业在国内产业中的代表性问题、印度尼西亚公司不存在倾销、印度尼西亚公司产品在中国所占市场份额较小、调查期内国际甲醇市场价格波动的影响、实质损害以及倾销和损害之间因果关系等。

2009年11月4日，申请人就印尼贸易部评论意见有关程序性问题提出评论意见，认为该评论意见中对于立案申请的意见未于立案公告要求的20日期限内提交，且该评论意见未提交中文版本，故主张调查机关不应予以考虑。

调查机关依法对上述评论意见进行了认定。

(3)关于下游产业利益的评论意见

2009年12月14日，甲醇协会提交了《甲醇反倾销案关于考量公共利益的建议》，提出对进口甲醇征收反倾销税将提高甲醇市场价格，影响中国国内下游企业和消费者的利益，并且不利于甲醇燃料的推广，也不利于国内甲醇产业的结构调整。

2009年12月29日，申请人就甲醇协会上述评论意见的程序性问题提出评论意见，质疑该意见仅代表甲醇协会时任会长单位梅赛尼斯公司(本案应诉公司梅赛尼斯新西兰有限公司的母公司)的意见，未得到该协会章程规定的足够数量的会员单位授权，认为其合法性和代表性存在瑕疵。

2010年1月21日，甲醇协会对申请人的上述评论意见提出反驳性评论意见，认为甲醇协会提交的评论意见广泛征求了协会成员的意见，其程序符合甲醇协会的内部规定并得到了充分的授权和批准，申请人的评论意见缺乏证据支持。

2010年1月25日，申请人进一步就甲醇协会关于公共利益的评论意见的实体部分提出评论意见，认为甲醇产业的健康发展对于产业链的完整以及国民经济的可持续发展十分重要，实施反倾销措施有助于恢复国内甲醇市场秩序，救济受损的国内产业，促进就业和中西部地区发展，维护产业安全和国家经济安全，符合公共利益；而且对甲醇进行反倾销调查并实施反倾销措施有利于保障氮肥产业、煤化工产业等伴生产业的健康发展，也不会影响下游产业的竞争力。

2010年4月9日，甲醇协会对申请人上述两次评论提出评论意见，重申甲醇协会登记应诉并提交评论意见的行为已经根据甲醇协会内部规定及程序取得了该协会董事会的批准和授权；并认为公共利益不等同于国内甲醇产业的利益，且反倾销措施不利于甲醇产业及国内氮肥产业自身的安全和健康发展。

此外，2010年2月4日，甲醇下游用户道康宁(张家港)有限公司提交评论意见，提出任何对申请人有利的裁决都将引起包括该公司在内的下游产业的成本提高，从而不利于促进就业、增加税收，从长远来看不利于中国的经济增长。

调查机关对各利害关系方提交的关于下游产业利益的评论意见依法进行了审查和考虑。

(4)关于沙特阿拉伯公司正常价值确定基础的评论意见

2010年1月25日，申请人提交了《关于不应采用沙特国内售价作为确定被调查产品正常价值基础的评论意见》，认为沙特甲醇产品在其国内市场销售数量极少，不能作为确定正常价值的基础，主张采用结构价格或向第三国(地区)出口价格为基础确定正常价值。同时，申请人认为沙特国内市场天然气价格受到政府的补贴或控制，属于非正常市场价格，主张在计算甲醇生产成本时使用合理天然气市场价格。

2010年4月7日，沙特基础工业公司提交了对申请人上述评论意见的反驳意见，认为申请人关于沙特国内同类产品销售量小从而不能将国内销售价格作为确定正常价值基础的主张是建立在无根据的猜测之上，申请人关于计算甲醇生产成本时不应采纳沙特国内天然气价格的主张不符合世贸反倾销协议的有关规定，沙特国内天然气定价是否涉及补贴与反倾销调查无关。

2010年6月7日，申请人就沙特基础工业公司的上述反驳意见提出评论意见，认为申请人在2010年1月25日评论意见中的主张完全符合反倾销法律规定和实践，要求调查机关进一步核实沙特应诉公司国内销售数量是否达到或超过其向中国出口数量的5%，并主张即使其国内销售数量上有代表性，因沙特国内天然气价格受到政府补贴或控制的特殊市场情形，调查机关也应认定其国内销售价格不适合进行公平比较，从而不能作为确定正常价值的基础。对于计算甲醇生产成本时能否使用沙特国内天然气价格，申请人认为世贸反倾销协议仅要求以生产者保存的记录为基础进行计算，调查机关可以进行适当调整，因为沙特基础工业公司生产甲醇所使用的天然气存在关联采购，而且这一价格也受到沙特政府的控制，所以调查机关应当采用正常、合理的天然气市场价格来计算甲醇的生产成本。

调查机关对申请人和沙特基础工业公司的上述评论意见及相关公司的答卷了进行审查。关于沙特应诉公司被调查产品同类产品正常价值的确定基础问题，由于沙特两家应诉公司中，沙特基础工业公司国内销售数量不具有代表性，国际甲醇公司的国内销售全部为关联销售，故调查机关决定采用生产成本加合理费用和利润的方法构建正常价值。关于计算甲醇生产成本时使用的天然气价格问题，两家沙特应诉公司在答卷中均称其使用的天然气原料完全为非关联采购，而且没有证据表明沙特应诉公司提交的生产成本数据不能合理反映被调查产品的生产成本，因此调查机关决定接受沙特应诉公司报告的包括天然气采购价格在内的生产成本数据。

(三)产业损害及损害程度的初步调查

1. 参加产业损害调查活动登记

根据《反倾销产业损害调查规定》第十九条、第二十条、第二十一条的规定，调查机关于2009年6月24日发出《关于参加甲醇反倾销案产业损害调查活动登记的通知》(商调查函[2009]192号)。2009年7月14日，参加产业损害调查活动登记期截止，调查机关共收到有效登记材料10份，分别为国内生产者河北凯跃化工集团有限公司，国内进口经营者塞拉尼斯(南京)化工有限公司，国外生产者沙特基础工业公司、沙特国际甲醇公司、马来西亚国家石油公司纳闽岛甲醇公司、印度尼西亚东加里曼丹甲醇工业股份有限公司和梅赛尼斯新西兰有限公司，国外出口经营者梅赛尼斯亚太有限责任公司，国外生产者行业组织甲醇协会，被调查产品原产国政府代表沙特阿拉伯商工部。经审查，调查机关接受了上述登记申请。

2. 成立产业损害调查组

2009年7月13日，调查机关成立甲醇反倾销案产业损害调查组，并于当日发出《关于成立甲醇反倾销案产业损害调查组的通知》(商调查函[2009]208号)。

3. 发放和收回调查问卷

根据《反倾销条例》第二十条、《反倾销产业损害调查规定》第二十四条、二十五条的规定，调查机关于2009年7月14日向已知的国内生产者、进口经营者和国外(地区)生产者、出口经营者发放了《国内生产者调查问卷》(商调查函[2009]209号)、《国内进口商调查问卷》(商调查函[2009]210号)和《国外(地区)生产者/出口商调查问卷》(商调查函[2009]211号)。

根据《反倾销产业损害调查规定》第二十六条的规定，在规定的时间或经批准延期递交的时间内，调查机关共收回合格的调查问卷答卷42份，分别为国内生产者上海焦化有限公司、内蒙古远兴能源股份有限公司、兖矿鲁南化肥厂、兖矿国泰化工有限公司、平煤蓝天化工股份有限公司、曲靖大为焦化制供气有限公司、陕西榆林天然气化工有限责任公司、四川泸天化绿源醇业有限责任公司、中煤龙化哈尔滨煤化工有限公司、山西兰花丹峰化工股份有限公司、浙江晋巨化工有限公司、河北正元化工集团股份有限公司、安徽临泉化工股份有限公司、安徽昊源化工集团有限公司、中海石油建滔化工有限公司、中国石化集团四川维尼纶厂、建滔天然气化工(重庆)有限公司、久泰能源科技有限公司、永煤集团股份有限公司、大庆油田化工有限公司、山西天泽煤化工集团股份有限公司、山西阳煤丰喜肥业(集团)股份有限公司、江苏华昌化工股份有限公司、河南心连心化肥有限公司、山东明水化工有限公司、中海石油天野化工股份有限公司、山东兖矿国际焦化有限公司、兖矿国宏化工有限责任公司、陕西渭河煤化工集团有限责任公司、陕西神木化学工业有限公司、福建三钢(集团)三明化工有限公司、湖北宜化集团有限责任公司、中国石油天然气股份有限公司克拉玛依石化公司和河北凯跃化工集团有限公司提交的《国内生产者调查问卷》答卷34份，其中山西兰花丹峰化工股份有限公司是申请人山西丹峰化工股份有限公司因股权结构变动经变更登记后所使用的企业名称；国内进口经营者塞拉尼斯(南京)化工有限公司和上海焦化有限公司、建滔天然气化工(重庆)有限公司提交的《国内进口商调查问卷》答卷3份；国外生产者沙特基础工业公司、沙特国际甲醇公司、马来西亚国家石油公司纳闽岛甲醇公司、印度尼西亚东加里曼丹甲醇工业股份有限公司、梅赛尼斯新西兰有限公司和国外出口经营者梅赛尼斯亚太有限责任公司提交的《国外(地区)生产者/出口商调查问卷》答卷5份，其中国外生产者梅赛尼斯新西兰有限公司和国外出口经营者梅赛尼斯亚太有限责任公司合并提交了1份答卷。

根据《反倾销产业损害调查规定》第二十九条的规定，2010年2月2日，调查机关收到沙特基础工业公司按要求提交的《关于进口甲醇反倾销案产业损害调查问卷的补充、修正材料》。2010年2月8日，调查机关收到国内生产者提交的《甲醇反倾销案国内生产者调查问卷答卷补充、修改及说明》。

4. 听取利害关系方意见陈述

根据《反倾销条例》第二十条的规定，调查机关听取了利害关系方就本案产业损害调查有关事项的意见陈述，并根据《反倾销产业损害调查规定》第二十九条的规定，接收了利害关系方就陈述内容提交的书面材料。

2009年7月2日，调查机关收到申请人和支持申请企业提交的《关于召开甲醇反倾销案国内生产企业陈述会的申请》。2009 年 7 月 29 日，调查机关应其申请召开了甲醇反倾销案国内生产企业意见陈述会，听取了申请人和支持申请企业就本案背景情况、提起反倾销调查申请的主要理由及与产业损害调查相关问题的意见陈述。会后，申请人和支持申请企业就陈述内容向调查机关提交了《甲醇反倾销案国内生产企业意见陈述会汇报材料》。

2009 年 9 月 17 日，调查机关收到国内进口经营者塞拉尼斯(南京)化工有限公司提交的向调查机关陈述意见书面申请。2009 年 9 月 22 日，调查机关听取了该公司的意见陈述。2009 年 10 月 26 日，塞拉尼斯(南京)化工有限公司就陈述内容向调查机关提交了《塞拉尼斯公司意见书》。

2009 年 12 月 11 日，调查机关收到国外出口经营者梅赛尼斯亚太有限责任公司提交的向调查机关陈述意见书面申请。2009 年 12 月 16 日，调查机关听取了该公司的意见陈述。陈述内容与梅赛尼斯新西兰有限公司此前提交的《甲醇反倾销案无损害抗辩意见书》基本相同。

2009 年 11 月 20 日，调查机关收到国外生产者行业组织甲醇协会提交的向调查机关陈述意见的书面申请。2009 年 12 月 17 日，调查机关听取了甲醇协会的意见陈述。陈述内容与该协会此前提交的《甲醇反倾销案关于考量公共利益的建议》基本相同。

5. 接收利害关系方书面评论意见

根据《反倾销条例》第二十条、《反倾销产业损害调查规定》第二十九条的规定，调查机关接收了利害关系方提交的书面评论意见。

2009 年 7 月 14 日，在立案公告规定的期间内，调查机关收到沙特基础工业公司提交的《关于进口甲醇反倾销案上海焦化、兖矿鲁南、重庆建滔、久泰能源等申请人及支持申请企业资格的评论意见》。

2009 年 9 月 21 日，调查机关收到申请人提交的《申请人对 < 关于进口甲醇反倾销案上海焦化、兖矿鲁南、重庆建滔、久泰能源等申请人及支持申请企业资格的评论意见 > 的评论意见》。

2009 年 10 月 26 日，调查机关收到塞拉尼斯(南京)化工有限公司提交的《塞拉尼斯有限公司意见书》。

2009 年 11 月 23 日，调查机关收到申请人提交的《申请人关于 < 塞拉尼斯有限公司意见书 > 的评论意见》。

2009 年 12 月 4 日，调查机关收到印度尼西亚商务部传真件《印度尼西亚政府关于中国甲醇反倾销调查(含原产于印度尼西亚的进口甲醇)的评论意见》(Submission of the Government of Indonesia Concerning the People' s Republic of China of the Anti Dumping Investigation Against imported of Methanol Originated Inter Alia from Indonesia)。2009 年 12 月 21 日，调查机关收到申请人提交的《申请人对 < 印尼政府关于甲醇反倾销案的意见 > 的评论意见》，申请人认为印尼政府提交的该评论意见不符合《反倾销产业损害调查规定》第三十四条、第三十五条的规定。经审查，印度尼西亚商务部传真材料只有英文版本且未附译文，此后也未提交正式书面评论意见。根据《反倾销产业损害调查规定》第三十五条的规定，该传真件为非通用语言文字资料，且未附译文，调查机关对该评论意见未予考虑。

2009 年 12 月 4 日，调查机关收到梅赛尼斯新西兰有限公司提交的《甲醇反倾销案无损害抗辩意见书》。

2009 年 12 月 14 日，调查机关收到甲醇协会提交的《甲醇反倾销案关于考量公共利益的建议》。

2009 年 12 月 24 日，调查机关收到塞拉尼斯(南京)化工有限公司提交的《对 < 申请人关于 < 塞拉尼斯有限公司意见书 > 的评论意见 > 的评论意见》。

2009 年 12 月 29 日，调查机关收到申请人提交的《申请人对甲醇协会 < 甲醇反倾销案关于考量公共利益的建议 > 程序性问题的评论意见》。

2010 年 1 月 25 日，调查机关收到甲醇协会提交的《甲醇协会对申请人 < 申请人对甲醇协会 < 甲醇反倾销案关于考量公共利益的建议 > 程序性问题的评论意见 > 的意见》。

2010 年 2 月 8 日，调查机关收到申请人提交的《甲醇反倾销案申请人对相关利害关系方无损害抗辩意见的评论意见》。

2010 年 2 月 23 日，调查机关收到申请人提交的《甲醇反倾销案申请人对甲醇协会相关评论意见的再次评论意见》。

2010 年 4 月 9 日，调查机关收到甲醇协会提交的《甲醇协会对申请人相关评论意见的再次评论意见》和梅赛尼斯新西兰有限公司提交的《关于 < 甲醇反倾销案申请人对相关利害关系方无损害抗辩意见的评论意见 > 的评论意见》。

6. 初裁前实地核查

根据《反倾销条例》第二十条、《反倾销产业损害调查规定》第二十四条、第二十七条的规定，2009 年

10月14日，调查机关发出《关于甲醇反倾销案初裁前实地核查的通知》（商调查函［2009］293号）。2009年10月下旬至12月中旬，调查机关分别对国内生产者平煤蓝天化工股份有限公司、上海焦化有限公司、四川泸天化绿源醇业有限责任公司和国内进口经营者塞拉尼斯（南京）化工有限公司进行了初裁前实地核查。实地核查期间，调查机关对上述四家企业提交的《国内生产者调查问卷》答卷和/或《国内进口商调查问卷》答卷中提供的信息、数据等进行了核查，并收集了相关证据材料。实地核查后，根据《反倾销产业损害调查规定》第二十九条的规定，上述4家企业均向调查机关提交了相关补充、修正材料。

（四）延期公告

2010年6月24日，根据《反倾销条例》第二十六条的规定，调查机关发布公告，决定将本案的调查期限延长六个月，即本案调查期限截止日为2010年12月24日。

（五）初裁决定及公告

2010年10月25日，调查机关发布了本案的初裁决定，在本案调查期内，原产于印度尼西亚、马来西亚和新西兰的被调查产品存在倾销，中国国内甲醇产业受到了实质损害，而且倾销与实质损害之间存在因果关系；原产于沙特阿拉伯的被调查产品不存在倾销。根据《反倾销条例》第二十七条第二款的规定，调查机关决定自2010年10月25日起终止对原产于沙特阿拉伯的被调查产品的反倾销调查。

根据上述初裁结论，调查机关决定自2010年10月28日起，对原产于印度尼西亚、马来西亚和新西兰的进口甲醇实施临时反倾销措施，进口经营者在进口原产于印度尼西亚、马来西亚和新西兰的甲醇时，应依据初裁决定所确定的各公司的倾销幅度向中华人民共和国海关提供相应的保证金。

（六）初裁后的继续调查

1. 对倾销和倾销幅度继续调查

（1）进一步调查和搜集证据

根据初裁公告的要求，各利害关系方在初裁决定发布之日起20天之内可以就初裁决定向调查机关提出书面评论并附相关证据。同时，本案初裁决定后，调查机关依据《反倾销调查信息披露暂行规则》的规定，向提交答卷的应诉公司披露并说明了初裁决定中计算公司倾销幅度时所依据的基本事实，给予应诉公司提出评论意见的机会。

调查机关在规定的时间内收到申请人、东加里曼丹公司、马国油纳闽岛公司、梅赛尼斯公司以及马来西亚、新西兰两国政府等利害关系方的书面评论意见。调查机关将上述评论意见的公开材料向各利害关系方进行了披露。

（2）实地核查

为进一步核实配合调查的应诉公司所提交材料的真实性、准确性和完整性，调查机关派出实地核查小组，于2010年11月赴应诉公司所在地进行了实地核查。

核查期间，被核查公司的财务人员、销售人员和管理人员接受了核查小组的询问，并根据要求提供了有关的证明材料。核查小组全面核查了公司的整体情况、被调查产品同类产品的国内销售情况、被调查产品出口中国销售情况、生产被调查产品及同类产品的成本及相关费用情况，对公司提交材料的完整性、真实性和准确性进行了调查，并进一步搜集了相关证据。

实地核查结束后，调查机关依据《反倾销调查信息披露暂行规则》第九条的规定将核查情况向接受核查的公司进行了披露。梅赛尼斯公司向调查机关提交了对核查披露的评论意见。

（3）最终裁定前的信息披露

本案终裁前，调查机关依据《中华人民共和国反倾销条例》第二十五条第二款和《反倾销调查信息披露暂行规则》的规定，向应诉公司披露并说明了计算其倾销幅度时所依据的基本事实，并给予其提出评论意见的机会。对于有关利害关系方的评论意见，调查机关依法给予了考虑。

2. 对损害和损害程度的进一步调查

（1）接收利害关系方书面评论意见

根据初步裁定公告的规定，自初裁公告发布之日起20天内，调查机关收到申请人提交的《申请人对甲醇反倾销案初步裁定的评论意见》和梅赛尼斯新西兰有限责任公司提交的《关于甲醇反倾销案初步裁定的评论意见》。在初步裁定公告规定的时间内，调查机关未收到其他利害关系方提交的对初步裁定的评论意见。

（2）听取利害关系方意见陈述

根据《反倾销条例》第二十条的规定，调查机关听取了利害关系方就本案产业损害调查有关事项的意见陈述。

2010年11月10日，调查机关收到国外生产者行业组织甲醇协会提交的向调查机关陈述意见的书面申请。2010年11月15日，调查机关听取了甲醇协会的意见陈述。

2010 年 11 月 24 日，调查机关听取了国内甲醇下游企业东华集团和藁城市正森化工有限公司等的意见陈述。

(3)终裁前实地核查

根据《反倾销条例》第二十条、《反倾销产业损害调查规定》第二十四条、第二十七条的规定，2010 年 11 月 8 日，调查机关发出《关于甲醇反倾销案终裁前实地核查的通知》(商调查函[2010]277 号)。2010 年 11 月中旬至下旬，调查机关分别对国内生产者内蒙古远兴能源股份有限公司和河北正元化工集团股份有限公司进行了终裁前实地核查。调查机关对终裁有关事项进行了核查，并收集了相关证据材料。实地核查后，根据《反倾销产业损害调查规定》第二十九条的规定，上述 2 家企业均向调查机关提交了终裁前实地核查相关材料。

(4) 公开信息及终裁前信息披露

根据《反倾销条例》第二十二条、第二十三条，《反倾销产业损害调查规定》第三十一条、三十二条和《产业损害调查信息查阅与信息披露规定》的相关规定，本案所有与产业损害调查有关的公开信息均已及时送交商务部贸易救济措施公开信息查阅室。本案所有利害关系方可以查找、阅览、摘抄、复印公开信息。

根据《反倾销条例》第二十五条和《产业损害调查信息查阅与信息披露》的相关规定，调查机关向已知的利害关系方披露了终裁决定所依据的基本事实，并给予其提出评论意见的机会。

调查机关对上述调查程序所获取的证据进行认真分析和全面评估，对各利害关系方的意见依法给予充分考虑后，根据已经获得的事实和可获得的最佳信息作出最终裁定。

二、被调查产品

调查机关在立案公告中确定的本案调查范围及被调查产品描述如下：

调查范围：原产于印度尼西亚、马来西亚、新西兰和沙特阿拉伯的进口甲醇。

被调查产品名称：甲醇，又名木醇、木精、甲基氢氧化物，英文名称为 Methanol 或 Methyl alcohol。分子式：CH_3OH。

化学结构式：(略)

物理化学特征：甲醇是一种简单的饱和醇，通常为无色、透明、易燃、易挥发、略有酒精气味的液体。

主要用途：甲醇是重要的基础有机化工原料、良好溶剂和优质燃料，可用于生产甲醛、甲胺、甲烷氯化物、醋酸、醋酐、二甲醚、甲酸甲酯、碳酸二甲酯等。甲醇也可以生产敌百虫、多菌灵等农药。此外，甲醇也是优良的能源与车船用燃料，用甲醇生产 MTBE(甲基叔丁基醚)进而生产高辛烷值无铅汽油等。

该产品归在《中华人民共和国进出口税则》：29051100。

三、中国国内同类产品和中国国内产业

(一)国内同类产品的认定

根据《反倾销条例》第十二条和《反倾销产业损害调查规定》第十条、第十一条的规定，调查机关对国内生产的甲醇和被调查产品的物理特征、化学性能、生产设备和工艺、产品用途、产品的可替代性、消费者和生产者评价、销售渠道和价格等因素进行了审查。现有证据显示：

1. 物理特征和化学性能

国内生产的甲醇与被调查产品的分子式、化学结构式完全相同，基本物理特征和化学性能没有区别；二者外观相同，常温下均为无色、透明液体；二者通常均没有包装，为散装液体，由槽车、管道或轮船运输；二者主要技术指标和质量指标基本相同。

2. 生产设备和工艺

国内生产的甲醇与被调查产品均采用由碳的氧化物与氢合成甲醇的生产工艺。该工艺路线主要包括合成气制备、压缩合成和精馏三个步骤，通过将含碳氢或含碳的原料转化为制造甲醇的合成气，经脱除杂质并调整氢碳比例后，将合成气压缩至合成所需压力送入合成塔，在催化剂的作用下进行碳的氧化物与氢的合成反应，生成粗甲醇，再经精馏后制得甲醇成品。其主要反应式如下：

$$CO + 2H_2 \longrightarrow CH_3OH$$

$$CO_2 + 3H_2 \longrightarrow CH_3OH + H_2O$$

虽然不同生产者所采用的具体生产设备和工艺不完全相同，但最终产品的物理特征、化学性能基本相同，相互之间直接竞争并可相互替代。

3. 产品用途、可替代性、消费者和生产者评价

国内生产的甲醇与被调查产品用途相同，均可用于生产甲醛、甲胺、甲烷氯化物、醋酸、醋酐、二甲醚、甲酸甲酯、碳酸二甲酯等，也可用于生产敌百虫、多菌灵等农药，二者均是优良的能源与车船用燃料，可用于生产 MTBE(甲基叔丁基醚)进而生产高辛烷值无铅汽油等。二者的客户群体基本相同，

部分国内下游用户在调查期内购买或使用过国内生产的甲醇和被调查产品，二者可以相互替代。

4. 销售渠道和价格

国内生产的甲醇与被调查产品的销售渠道基本相同，主要通过直销、分销和/或代理等方式销售；销售市场区域基本相同，主要分布在华东和华南地区；销售条件无实质区别。调查期内，国内生产的甲醇与被调查产品价格总体变化趋势基本一致。

各利害关系方在调查问卷答卷、初裁前意见陈述和/或初裁前书面评论意见中，对国内生产的甲醇与被调查产品的质量标准差异和质量差异、煤制甲醇与天然气制甲醇的可替代性存在争议。调查机关对各利害关系方提出的问题逐一进行了审查，以确定国内生产的甲醇与被调查产品之间是否存在实质性的、足以影响同类产品认定的差异。

第一、关于国内生产的甲醇与被调查产品的质量标准差异和产品质量差异

梅赛尼斯新西兰有限公司、梅赛尼斯亚太有限责任公司在调查问卷答卷、意见陈述及梅赛尼斯新西兰有限公司《甲醇反倾销无损害抗辩意见书》中认为，国内生产的甲醇所适用的质量标准均低于国际甲醇质量标准(如 IMPCA 标准、ASTM 标准)，对乙醇含量、高锰酸钾试验、氯离子含量、铁含量和三甲胺含量等指标没有要求或要求较低。大多数国内生产者无法生产达到国际标准的高质量甲醇，产品质量不符合国内下游用户需求。

调查机关注意到，梅赛尼斯新西兰有限公司在调查问卷答卷中，将质量标准差异和产品质量差异作为国内生产的甲醇与被调查产品的重要区别之一。该公司在此后提交的《甲醇反倾销案无损害抗辩意见书》中，仍然认为二者适用的质量标准和产品质量存在差异，但并未提出这些差异是否影响国内同类产品认定，只提出这些差异是造成国内产业损害的其他因素。调查机关认为，该公司主张内容并无实质变化，在认定国内同类产品时需要对其主张进行审查。

国内甲醇生产者在调查问卷答卷中均表示，其产品指标达到工业用甲醇国家标准 GB338—2004(以下简称 GB338—2004)，与被调查产品的主要指标没有区别，产品质量水平相当，能够满足下游用户需求。申请人在《甲醇反倾销案申请人对相关利害关系方无损害抗辩意见的评论意见》中提出，根据部分国内生产者提供的质量检验报告，国内生产的甲醇主要指标达到或超过 IMPCA 标准及 ASTM 标准；根据国内下游用户出具的使用报告，国内生产的甲醇与被调查产品质量相当，可以满足包括醋酸、有机硅、二甲基甲酰胺、甲基丙烯酸甲酯等在内的各种下游产品的生产要求。

调查机关注意到，本案被调查产品描述中并未涉及乙醇含量、高锰酸钾试验、氯离子含量、铁含量和三甲胺含量等具体质量指标要求，也未根据某项质量指标将部分产品排除在被调查产品范围之外。调查机关对各质量标准的适用范围、主要内容和主要功能，以及适用的质量标准不同对产品用途、产品的可替代性、消费者和生产者评价等可能造成的影响进行了综合考虑。现有证据显示：

首先，三个质量标准的适用范围无实质区别。

GB338—2004 是由国家质量监督检验检疫总局和国家标准化管理委员会发布的、关于工业用甲醇的现行国家标准。IMPCA 标准是由位于布鲁塞尔的国际甲醇生产者和采购者协会(International Methanol Producers & Consumers Association)发布的甲醇质量标准，全称为《IMPCA 甲醇参考标准》(IMPCA Methanol Reference Specifications)。ASTM 标准是由美国试验与材料协会(American Society for Testing and Materials)发布的甲醇质量标准。

调查机关注意到，IMPCA 标准和 ASTM 标准本身并未规定各自的适用范围。除梅赛尼斯新西兰有限公司外，其他国外生产者在调查问卷答卷中并未直接援引 IMPCA 标准或 ASTM 标准作为本企业生产甲醇的质量标准。国内进口经营者塞拉尼斯(南京)化工有限公司也未援引 IMPCA 标准或 ASTM 标准作为该公司采购甲醇的质量标准。调查机关认为，IMPCA 标准和 ASTM 标准对国内生产的甲醇和被调查产品均无强制适用效力。

调查期内，国内生产的甲醇主要适用 GB338—2004，部分国内生产者制定了严于国家标准的企业标准。根据《中华人民共和国标准化法》的相关规定，国内生产的甲醇与被调查产品均必须符合 GB338—2004 第 6.1 条关于包装容器标志的强制性标准。除此以外，国内生产的甲醇可以选择适用 GB338—2004、IMPCA 标准、ASTM 标准或本企业制定的企业标准。调查机关认为，对于在国内市场上销售的国内生产的甲醇与被调查产品，各质量标准的适用范围无实质区别。

其次，三个质量标准的主要内容和主要功能基本相同。

GB338—2004、IMPCA 标准和 ASTM 标准的主要

内容均是关于甲醇技术指标的规定，三者均采用列举的方式，列明了甲醇相关技术指标项目、各项目相应的检验方法及对检验结果的具体要求。其中，GB338—2004 根据工业产品的分等导则确定了优等品、一等品和合格品，分别列举了三套技术指标；IMPCA 标准和 ASTM 标准均只列举了一套技术指标。除技术指标外，GB338—2004 还包括检验规则、标志、包装、运输、贮存和安全等方面内容。

调查机关注意到，GB338—2004 前言中说明，该标准是参照 ASTM D 1152：1997《甲醇》(英文版)制定的，并在具体技术指标中增加了乙醇含量项目。经比对，GB338—2004 优等品色度、沸程、酸度和碱度等指标均优于 ASTM 标准相应指标。

调查机关将 GB338—2004 与梅赛尼斯新西兰有限公司提供的 IMPCA 标准进行了比对。两种标准对乙醇含量和高锰酸钾试验均有规定，IMPCA 标准比 GB338—2004 增加了氯离子含量、铁含量和三甲胺含量等指标，但未包括 GB338—2004 中列举的碱度和羰基化合物含量等指标。

部分国内生产者向调查机关提交了本企业制定的甲醇企业标准，其检验项目包括乙醇含量、高锰酸钾试验、氯离子含量、铁含量等，且具体指标要求均达到或超过 IMPCA 标准。

对于在国内市场上销售的国内生产的甲醇和被调查产品，GB338—2004、IMPCA 标准和 ASTM 标准的主要功能基本相同，均是为生产企业、下游用户和相关机构检验甲醇产品质量提供指引和参考。其中，GB338—2004 是国内生产的甲醇主要适用的质量标准，也是国内质量监督检验检疫部门检验甲醇质量的主要依据。

再次，国内生产的甲醇达到 GB338—2004，可以满足下游用户需求。

调查机关注意到，梅赛尼斯新西兰有限公司在《甲醇反倾销无损害抗辩意见书》中对国内生产的甲醇是否达到 GB338—2004 及 GB338—2004 优等品标准未提出意见。在初裁前实地核查过程中，调查机关考察了平煤蓝天化工股份有限公司、上海焦化有限公司和四川泸天化绿源醇业有限责任公司等 3 家国内生产者的生产工艺、产品样本和产品质量监控、检验设备，抽查了调查期内部分批次产品的内部质量检验报告以及第三方出具的质量检验报告。经检查，所有检验报告均符合 GB338—2004 优等品标准，部分产品符合本企业制定的企业标准。根据实地核查了解的事实及申请人提交的部分国内同类产品的质量检验报告等证据，调查机关认为，国内生产的甲醇达到 GB338—2004，大部分产品达到 GB338—2004 优等品标准。

现有证据显示，甲醇下游用户根据自身产品及客户对象不同，对所购甲醇的具体技术指标有不同要求。其中，用于生产甲醛、混合燃料和二甲醚的甲醇占目前国内市场需求的主要部分，对所购甲醇技术指标通常无特殊要求；用于生产醋酸和部分精细化工产品的甲醇，对乙醇含量、铁和氯离子含量等指标可能有要求。根据现有的国内下游用户使用报告，国内生产的甲醇可以满足包括醋酸、有机硅、二甲基甲酰胺、甲基丙烯酸甲酯等在内的各种下游产品的生产要求。

调查机关注意到，梅赛尼斯新西兰有限公司在《甲醇反倾销案无损害抗辩意见书中》中主要列举了 GB338—2004 与 IMPCA 标准在具体技术指标项目上的不同。调查机关认为，GB338—2004 未列举某项技术指标不等于国内生产者和下游用户不检验该项指标，也不等于检验后该项指标一定不符合下游产品生产要求。梅赛尼斯新西兰有限公司在《甲醇反倾销案无损害抗辩意见书中》中也认为，符合 GB338—2004 一等品标准的甲醇可用于生产甲醛(用于木制品)、混合燃料和二甲醚等下游产品，符合 GB338—2004 优等品标准的甲醇可以用于生产包括醋酸、硅胶、二甲基甲酰胺和甲基丙烯酸酯在内的所有下游产品。

此外，沙特国际甲醇公司在调查问卷答卷中认为，该公司生产的甲醇等级高于国内生产的甲醇。调查机关注意到，该公司在调查问卷答卷中提供了其生产的被调查产品的物理特征、化学性能及主要技术指标，但未提供国内生产的甲醇的相应指标，也未对二者进行比较。调查机关将该公司列举的指标与 GB338—2004 优等品标准进行比对后认为，该公司生产的被调查产品与国内生产的甲醇物理特征、化学性能相同，主要技术指标没有实质区别。

根据现有证据，调查机关认为，国内生产的甲醇与被调查产品在适用的质量标准、产品质量方面不存在实质性的、足以影响同类产品认定的差异。

第二、关于煤制甲醇与天然气制甲醇的可替代性

沙特基础工业公司在调查问卷答卷中认为，国内以煤为原料生产的甲醇与该公司生产的被调查产品相比，存在纯度低、含水量高、含硫量高、色度高、乙醇含量高等区别，不适用于生产部分下游产

品；马来西亚国家石油公司纳闽岛甲醇公司在调查问卷答卷中认为，国内以煤为原料生产的甲醇质量低于以天然气为原料生产的甲醇。塞拉尼斯(南京)化工股份有限公司在调查问卷答卷中认为，与天然气制甲醇相比，国内煤制甲醇中乙醇含量、三甲胺或氮类组分较高，杂质分布图存在差异，影响该公司醋酸产品的质量。

现有证据显示，国内生产的甲醇主要以煤或天然气为原料，少量以焦炉煤气或乙炔尾气为原料；被调查产品均以天然气为原料。调查机关对采用不同原料的甲醇生产设备和工艺，以及最终产品用途、可替代性、消费者和生产者评价等进行了审查。现有证据显示：

首先，无论采用何种原料，调查期内大规模工业化生产甲醇均采用由碳的氧化物与氢合成甲醇的生产工艺，工艺路线主要包括合成气制备、压缩合成和精馏三个步骤。煤制甲醇与天然气制甲醇的主要区别在合成气制备环节：以煤为原料的，是以蒸汽和氧气为气化剂，在煤气发生炉内生成半水煤气，经变换调整氢碳比，再经净化脱除杂质后制得甲醇合成气；以天然气为原料的，是由天然气经脱硫后，与水蒸气混合，在催化剂作用下经转化制得甲醇合成气。煤制甲醇与天然气制甲醇在压缩合成环节和精馏环节的生产工艺完全相同，合成催化剂和合成塔可以通用，相关设备基本相同。

其次，根据对产品质量的审查，国内生产的甲醇，无论采用何种原料，其产品质量均达到GB338—2004，与被调查产品没有实质区别，可以满足国内下游用户需求。根据部分以煤为原料的国内生产者提交的产品质量检验报告，其产品纯度、含水量、含硫量、色度和乙醇含量等指标均达到或超过GB338—2004优等品标准。此外，部分国内生产者同时拥有采用不同原料的多套生产装置，对不同生产装置的最终产品通常采用同一质量标准检验，统一定价并统一销售。

再次，调查机关注意到，国内甲醇下游用户在采购过程中，只要所购甲醇技术指标符合其生产要求，对所采用的原料一般无特殊要求。塞拉尼斯(南京)化工股份有限公司在实地核查后提交的补充材料中提出，只要煤制甲醇符合公司全球质量控制标准，并达到统一的工艺要求，该公司的醋酸装置可以采用且已经采用煤制甲醇生产醋酸。

根据现有证据，调查机关认为，国内以煤为原料生产的甲醇与国内以天然气为原料生产的甲醇及被调查产品在产品质量、产品用途上不存在实质区别，均能满足下游用户生产需求，可以相互替代。

综上，虽然国内生产的甲醇与被调查产品在部分生产设备和工艺上存在差异，但二者基本物理特征和化学特性没有区别，产品外观、包装、用途、销售渠道、销售市场区域、客户群体、消费者和生产者评价等方面基本相同，价格总体变化趋势基本一致，具有相似性和可比性，可以相互替代。调查机关没有发现二者之间存在实质性的、足以影响同类产品认定的差异。初步裁定公告后，各利害关系方对国内同类产品认定未提出异议。根据现有证据，调查机关认定，国内生产的甲醇与被调查产品属于同类产品。

(二)国内产业的认定

沙特基础工业公司在《关于进口甲醇反倾销案上海焦化、兖矿鲁南、重庆建滔、久泰能源等申请人及支持申请企业资格的评论意见》中提出，调查期内，申请人上海焦化有限公司和支持申请企业建滔天然气化工(重庆)有限公司均从沙特阿拉伯进口过被调查产品，这两家企业是被调查产品的进口经营者。调查期内，申请人兖矿鲁南化肥厂的全资子公司山东海升能源进出口有限公司、支持申请企业久泰能源科技有限公司的关联企业久泰能源(张家港)有限公司和久泰能源(广州)有限公司均从沙特阿拉伯进口过被调查产品，兖矿鲁南化肥厂和久泰能源科技有限公司属于与进口经营者有关联的国内生产者。根据世界贸易组织《关于实施1994年关税与贸易总协定第6条的协定》(以下简称《反倾销协定》)第4.1条和《反倾销条例》第十一条的规定，上述四家企业应排除在国内产业之外，不能作为申请人或支持申请企业提起本次反倾销调查。

申请人在《申请人对<关于进口甲醇反倾销案上海焦化、兖矿鲁南、重庆建滔、久泰能源等申请人及支持申请企业资格的评论意见>的评论意见》中提出，调查期内，上海焦化有限公司、建滔天然气化工(重庆)有限公司、久泰能源科技有限公司的关联公司久泰能源(张家港)有限公司和久泰能源(广州)有限公司进口过被调查产品，根据《反倾销协定》第4.1条和《反倾销条例》第十一条的规定，与出口经营者或进口经营者有关联的，或者本身为倾销进口产品进口经营者的，并非当然、自动地排除在国内产业之外。根据本案事实，考虑所有相关因素，上述三家企业不应排除在国内产业之外。兖矿鲁南化肥厂与山东海升能源进出口有限公司并无关联，兖矿鲁南化肥厂不属于进口经营者的关联方，也不应排除在国内产业之外。

调查机关注意到，《反倾销条例》第十一条第一款、《反倾销产业损害调查规定》第十三条第一款和《反倾销协定》第4.1条第一款的规定一致，均规定与出口经营者或者进口经营者有关联的，或者其本身为倾销进口产品的进口经营者的国内生产者“可以”排除在国内产业之外，而非沙特基础工业公司所主张的“应当”排除在国内产业之外。

根据《反倾销条例》第十一条和《反倾销产业损害调查规定》第十三条的规定，调查机关对上海焦化有限公司和建滔天然气化工（重庆）有限公司是否为被指控的倾销进口产品的进口经营者，久泰能源科技有限公司和兖矿鲁南化肥厂是否与被指控的倾销进口产品的进口经营者有关联，以及相关国内企业进口被调查产品的动机、进口数量、用途及影响等进行了审查。

1. 上海焦化有限公司

现有证据显示，调查期内，上海焦化有限公司于2008年二季度进口过原产于沙特阿拉伯的被调查产品，是被指控的倾销进口产品的进口经营者。

调查期内，上海焦化有限公司一直进口少量甲醇，主要是为了保证国内长期合同的正常供应。除2008年二季度外，该公司在调查期内其他时间未进口过被调查产品。该公司进口的被调查产品于当年全部对外销售，占当年该公司甲醇总销售量的比例不足3%，销售价格与该公司自产甲醇基本相同。

根据现有证据，上海焦化有限公司进口被调查产品是出于正常生产经营目的；该公司主要利益在于生产和销售国内同类产品，进口被调查产品所占比例很小；该公司未从销售被调查产品中获得不当利润，进口被调查产品也未使该公司免受被指控的倾销进口产品的影响；该公司作为申请人参加了本次反倾销调查。调查机关认为，上海焦化有限公司不应排除在国内产业之外。初步裁定公告后，各利害关系方对此未提出异议，调查机关维持初裁认定。

2. 建滔天然气化工（重庆）有限公司

现有证据显示，调查期内，建滔天然气化工（重庆）有限公司于2009年一季度进口过原产于沙特阿拉伯的被调查产品，是被指控的倾销进口产品的进口经营者。

调查期内，2006～2008年，建滔天然气化工（重庆）有限公司未进口被调查产品，也未从其他国家（地区）进口甲醇。2009年一季度，因国内甲醇市场价格低于单位生产成本，该公司甲醇生产装置停产。为维持长期下游用户的正常生产经营，该公司不得不进口甲醇（包括被调查产品）再转售给下游用户。该公司2009年一季度被调查产品进口数量约占上年同期产量的7%。

根据现有证据，建滔天然气化工（重庆）有限公司进口被调查产品是在市场形势恶化、同类产品生产装置停产情况下的合理反应；该公司并未从销售被调查产品中获得不当利润，进口被调查产品也未使该公司免受被指控的倾销进口产品的影响；该公司作为支持申请企业参加了本次反倾销调查。调查机关认为，建滔天然气化工（重庆）有限公司不应排除在国内产业之外。初步裁定公告后，各利害关系方对此未提出异议，调查机关维持初裁认定。

3. 久泰能源科技有限公司

现有证据显示，调查期内，久泰能源科技有限公司的关联企业久泰能源（张家港）有限公司和久泰能源（广州）有限公司进口过被调查产品，久泰能源科技有限公司与被指控的倾销进口产品的进口经营者有关联。

久泰能源（张家港）有限公司和久泰能源（广州）有限公司均为甲醇下游用户，其所需甲醇长期由久泰能源科技有限公司供应，同时也进口少量甲醇（包括被调查产品）作为补充。调查期内，久泰能源（张家港）有限公司和久泰能源（广州）有限公司所有进口甲醇均自用于生产下游产品，并未对外销售。2009年一季度，因国内甲醇市场价格低于单位生产成本，久泰能源科技有限公司甲醇生产装置接近停产，无法满足久泰能源（张家港）有限公司和久泰能源（广州）有限公司需求，这两家企业不得不增加甲醇（包括被调查产品）进口量以满足正常生产需求。

根据现有证据，久泰能源（张家港）有限公司和久泰能源（广州）有限公司进口被调查产品是出于正常生产经营目的，2009年一季度增加被调查产品进口数量是在原有供应渠道不足以满足生产需求情况下的合理反应；久泰能源科技有限公司的主要利益在于生产和销售国内同类产品，没有证据表明，由于与久泰能源（张家港）有限公司和久泰能源（广州）有限公司有关联，久泰能源科技有限公司的行为不同于无关联的其他国内生产者；久泰能源科技有限公司作为支持申请企业参加了本次反倾销调查。调查机关认为，久泰能源科技有限公司不应排除在国内产业之外。初步裁定公告后，各利害关系方对此未提出异议，调查机关维持初裁认定。

4. 兖矿鲁南化肥厂

现有证据显示，根据申请人提供的山东海升能源进出口有限公司验资报告，调查期内，兖矿鲁南化肥厂占山东海升能源进出口有限公司注册资本的比例一直不足50%。2007年4月，山东海升能源进出口有限公司增加注册资本后，兖矿鲁南化肥厂所占注册资本比例进一步下降。根据申请人提供的山东海升能源进出口有限公司章程，兖矿鲁南化肥厂在山东海升能源进出口有限公司股东会议上拥有的表决权不足半数，无权任免董事会的多数成员，在董事会中不占有多数表决权，也无权决定山东海升能源进出口有限公司的财务和经营政策。

根据现有证据，兖矿鲁南化肥厂在法律或者经营上对山东海升能源进出口有限公司均不处于限制或者指导的地位，二者不存在直接或间接的控制关系。各利害关系方对兖矿鲁南化肥厂与山东海升能源进出口有限公司是否存在其他关联情形没有争议。调查机关认为，调查期内，兖矿鲁南化肥厂与出口经营者或者进口经营者没有关联，其本身也不是被指控的倾销进口产品的进口经营者，不应排除在国内产业之外。初步裁定公告后，各利害关系方对此未提出异议，调查机关维持初裁认定。

现有证据显示，调查期内，2006～2008年和2009年一季度，提交调查问卷答卷的34家国内生产者的同类产品产量分别占国内同类产品总产量的59.14%、57.43%、61.49%和50.86%，符合《反倾销条例》第十一条和《反倾销产业损害调查规定》第十三条的规定，可以代表国内产业。最终裁定所依据的国内产业数据，除特别说明外，均来自以上特定的国内生产者。

四、倾销和倾销幅度

调查机关审查了应诉公司的答卷及调查过程中获得的其他信息，对各公司的正常价值、出口价格及调整项目做出了认定，并在公平比较的基础上计算出各公司的倾销幅度，裁决如下：

(一)正常价值、出口价格及价格调整项目的认定

印度尼西亚公司

东加里曼丹甲醇工业股份有限公司

(PT KALTIM METHANOL INDUSTRI)

1. 正常价值

关于同类产品和型号划分问题，该公司主张其被调查产品与在印尼国内市场销售的同类产品无差异，产品不分型号。初裁中，调查机关初步接受了该公司关于被调查产品和同类产品的相似性以及无型号划分的主张。在随后的调查过程中，没有相关利害关系方对此提出评论意见。调查机关决定在终裁中维持对该问题的认定。

调查机关审查了该公司在印度尼西亚国内市场的销售情况。初裁中，调查机关初步认定调查期内该公司被调查产品同类产品国内销售数量大于同期向中国出口销售数量的5%，符合作为确定正常价值基础的数量要求。但根据公司答卷和调查机关掌握的其他信息，调查期内该公司国内销售全部为关联销售，且关联交易价格与印度尼西亚国内市场上甲醇的非关联交易价格差异较大。据此，调查机关在初裁中初步认定该公司被调查产品同类产品的国内销售价格不能反映正常市场状况，决定依据《反倾销条例》第四条第一款第(二)项之规定，暂采用生产成本加合理费用、利润的方法，构建被调查产品同类产品的正常价值。在随后的调查过程中，没有利害关系方对此提出评论意见。调查机关决定在终裁中维持对该问题的认定。

调查机关考察了该公司在印度尼西亚国内销售的被调查产品同类产品的成本情况。调查机关在初裁中初步决定在对成本中个别项目进行必要调整后暂接受该公司的生产成本数据。经过初裁后的继续调查，调查机关根据实地核查中取得的证据，对该公司的生产成本数据进行了更正。在随后的调查过程中，没有利害关系方对此提出评论意见。调查机关在调整后的数据基础上重新计算了该公司被调查产品同类产品的生产成本。

调查机关考察了该公司在国内销售的被调查产品同类产品的费用及其分配情况。初裁中，调查机关初步决定在扣除与被调查产品同类产品的生产和销售无关的费用后，暂接受公司对于费用的分配方法，并在此基础上重新计算了该公司生产和销售被调查产品同类产品的间接销售费用、管理费用和一般费用。在随后的调查过程中，没有利害关系方对此提出评论意见。调查机关决定在终裁中维持对被调查产品同类产品费用问题的认定。

调查机关考察了该公司在国内销售的被调查产品同类产品的利润情况。在初裁中，调查机关认为该公司的国内销售全部为关联销售，其利润不能真实反映被调查产品同类产品在国内销售实现的利润，因此暂决定采用答卷中报告的公司整体利润率来计算其利润。在随后的调查过程中，该公司在初裁评论中提出调查机关计算其利润时使用的方法有误，

调查机关经审查确认初裁中使用的计算公式正确；没有利害关系方提出其他评论意见。因此，调查机关决定在终裁中维持对被调查产品同类产品利润问题的认定。

在以上调查基础上，调查机关确定了调查期内该公司被调查产品同类产品的正常价值。

2. 出口价格

初裁中，调查机关审查了该公司在调查期内向中国出口被调查产品情况，初步认定该公司在调查期内通过位于第三国的关联贸易商向中国非关联用户出口被调查产品，因此暂决定根据《反倾销条例》第五条第(一)项之规定，采用第三国关联贸易商与中国非关联客户之间的价格作为确定出口价格的基础。在随后的调查过程中，没有利害关系方对此提出评论意见。调查机关决定在终裁中维持出口价格问题的认定。

3. 调整项目

根据《反倾销条例》第六条规定，为公平合理比较，调查机关对该公司影响价格可比性的调整项目逐一进行了审查。

(1)正常价值部分

在初裁中，调查机关暂决定采用生产成本加合理费用、利润来计算正常价值，其中销售费用部分采用的是间接费用数据，因此不需要再进行调整。在随后的调查过程中，没有利害关系方对此提出评论意见。经继续调查，调查机关决定在终裁中维持对正常价值调整项目问题的认定。

(2)出口价格部分

初裁中，调查机关经初步审查暂接受了该公司对于出口价格部分提出的出口检验费、出口报关费、国际运费、国际保险费、银行费用、信用费用等调整项目。在实地核查过程中，调查机关对上述项目进行了核实。在随后的调查过程中，没有利害关系方对此提出评论意见。因此，调查机关决定在终裁中维持对出口价格调整项目问题的认定。

其他印度尼西亚公司

(All Others)

对于其他未应诉的印度尼西亚公司，根据《反倾销条例》第二十一条的规定，调查机关决定采用已经获得的事实和可获得的最佳信息来认定其正常价值和出口价格。

马来西亚公司

马来西亚国家石油公司纳闽岛甲醇公司

(PETRONAS METHANOL LABUAN SDN. BHD)

1. 正常价值

该公司在答卷中称调查期内只生产一种型号的被调查产品，在中国市场、马来西亚国内市场和第三国(地区)市场销售的被调查产品无差别。初裁中调查机关接受了该公司关于同类产品与被调查产品的相似性及产品型号的主张。在随后的调查中，该公司未就此提出相关评论。调查机关决定在终裁中维持对该问题的认定。

调查机关审查了该公司在马来西亚国内市场的销售情况。该公司为马来西亚唯一生产甲醇的企业。经进一步调查，该公司在调查期内生产的被调查产品同类产品在国内销售的数量占同期向中国出口销售数量的比例超过5%，符合作为确定正常价值基础的数量要求。

根据该公司报告，在国内销售中，该公司向关联公司和非关联公司销售被调查产品同类产品。初裁中，调查机关认定关联销售价格受到了关联关系的影响，因此属于非正常贸易过程的销售。排除关联销售后，调查机关对非关联销售的数量和价格进行了审查，认定其不能反映正常市场交易状况，也属于非正常贸易过程的销售。因此在初裁中暂决定以该公司的生产成本加合理费用、利润计算该公司的正常价值。初裁后该公司未对此提出评论意见。经过实地核查和进一步调查，调查机关认为该公司国内销售中不存在正常贸易过程中的销售。根据《中华人民共和国反倾销条例》第四条的规定，调查机关决定维持初裁中的认定，以该公司的生产成本加合理费用、利润计算该公司的正常价值。

调查机关对该公司的成本数据、费用情况以及关联公司的费用情况进行了实地核查和进一步调查。该公司报告其生产被调查产品同类产品部分原材料系关联采购。初裁中，调查机关暂按马来西亚国内市场价格对其生产成本进行了调整。该公司在初裁后提交的评论意见中认为，该公司由关联公司购买的原材料是基于公平的市场价格。在初裁后的进一步调查中，调查机关审查了马来西亚国内甲醇原材料的市场情况以及该公司原材料关联采购价格与国内市场价格的差异，认定该公司原材料的关联购买价格受到关联关系的影响，不能反映正常市场交易状况，因此决定维持初裁中的认定，按照市场价格对生产成本进行了调整。关于该公司的管理费用，经实地核查，由于该公司在此项目中漏填了部分费用，调查机关对此进行了更正，并决定按照销售收入比例重新进行分摊。关于财务费用，由于该公司和关联公司均填报了与被调查产品同类产品生产和销售无关的费用，调查机关决定予以剔除，并根据核查时获得的证据对财务费用中填报的“其他费用”进行了确认。在此基础上，调查机关重新计算了该公司的费用。

调查机关进一步审查了该公司和关联公司的利润情况。初裁中，调查机关暂决定采用该公司被调查产品同类产品的利润和关联公司的利润作为确定利润的基础。该公司在初裁后的评论意见中对调查机关采用的上述方法未提出异议，但对调查机关的计算结果提出异议。经实地核查和进一步调查，调查机关对该公司和关联公司的生产情况、费用水平、利润等因素进行了综合考察，认为由于该公司国内销售绝大部分为关联交易，且关联交易中存在部分产品销售给国内下游关联客户的情况，因此该公司在原始答卷中所报的利润不能完全反映被调查产品同类产品在马来西亚国内销售实现的利润。同时，调查机关审查了马来西亚其他生产被调查产品同类产品的生产商国内销售的利润情况，由于其国内不存在其他被调查产品同类产品生产商，且该公司仅生产甲醇一种产品，不存在其国内市场中生产和销售同一大类产品情况，因此调查机关决定采用合理方法计算该公司的利润，该合理方法与初裁中采用的方法一致。

2. 出口价格

调查机关审查了该公司对中国的出口交易。调查期内，该公司通过其国内关联贸易商向中国非关联用户出口被调查产品。调查机关决定以关联贸易商与中国非关联用户之间的价格作为确定出口价格的基础。

3. 调整项目

根据《中华人民共和国反倾销条例》第六条的规定，为公平、合理比较，调查机关对该公司影响价格可比性的调整部分逐一进行了审查。

(1)正常价值部分

由于采用生产成本加合理费用、利润来计算正常价值，其中销售费用部分，采用的是间接费用数据，因此不需要再进行调整。

(2)出口价格部分

关于公司主张的佣金调整，初裁中，调查机关认定佣金是该公司与贸易公司之间内部利润分配的一种形式，不需要进行调整。初裁后该公司未对此提出相关评论。经进一步审查，调查机关决定在终裁中维持初裁中的认定，不对该项目进行调整。

调查机关对出口价格部分的调整项目进行了进一步审查，认为该公司提供的数据和材料可以采信，因此决定在终裁中接受该公司关于国际运费、出厂检验费、报关费用、信用费用等调整项目。

其他马来西亚公司

(All Others)

对于其他未应诉的马来西亚公司，根据《反倾销条例》第二十一条的规定，调查机关决定采用已经获得的事实和可获得的最佳信息来认定其正常价值和出口价格。

新西兰公司

梅赛尼斯新西兰有限公司

(Methanex New Zealand Limited)

1. 正常价值

该公司主张其只生产一个型号的甲醇产品。初裁中，调查机关暂接受该公司关于被调查产品和同类产品型号划分的主张。在随后的调查过程中，没有利害关系方对此提出评论意见。调查机关决定在终裁中维持对该问题的认定。

调查机关对该公司的国内销售情况进行了审查。初裁中，调查机关根据该公司的答卷情况初步认定，该公司在调查期内未在国内市场销售被调查产品，故没有可用的在国内市场上销售被调查产品同类产品的价格。因此调查机关根据《反倾销条例》第四条第一款第(二)项的规定，暂决定以该公司的生产成本加合理费用、利润为基础计算的结构价格确定该公司的正常价值。在随后的调查过程中，没有利害关系方对此提出评论意见。经实地核查和进一步调查，调查机关决定在终裁中维持对该问题的认定。

调查机关审查了该公司被调查产品同类产品的生产成本情况。初裁中，调查机关暂接受该公司在答卷中报告的倾销调查期内的生产成本明细，包括直接材料、直接人工、燃料动力等生产成本数据。在随后的调查过程中，没有利害关系方对此提出评论意见。经实地核查，调查机关决定在终裁中维持对该问题的认定。

调查机关审查了该公司的销售、管理及财务费用及其分配情况。初裁中，调查机关决定暂接受该公司报告的相关费用数据。对于该公司所分摊的集团公司的一些费用，公司提出此类费用与被调查产品无关，在计算结构正常价值时应予扣除。初裁中，调查机关初步认为该公司没有提供充足的证据证明分摊的费用与被调查产品的生产和销售没有关系，因此暂不接受该主张，故决定暂依据公司报告的全部成本和费用情况确定该公司的正常价值。初裁后，该公司提交了评论意见，进一步对上述费用进行了说明，调查机关在实地核查过程中对公司提交的相关材料进行了审查。调查机关认为，此类费用与被调查产品的生产和销售直接相关，不应予以扣除。但是，公司报告的此类费用中，部分发生在调查期之前，应予扣除；同时，与调查期相关但在答卷中未报的此类费用应予补计。没有其他利害关系方就此问题提出评论意见。终裁中，调查机关决定在上述调整的基础上重新计算该公司的费用。

调查机关审查了该公司的利润。在初裁中，调查机关初步决定以合理方法确定的利润额来计算该公司的结构正常价值。在随后的调查过程中，没有利害关系方对此提出评论意见。调查机关决定在终裁中维持对该问题的认定。

在以上调查基础上，调查机关确定了调查期内该公司被调查产品同类产品的正常价值。

2. 出口价格

调查机关审查了该公司在调查期内向中国出口被调查产品情况。

在调查期内，该公司对中国出口销售均是通过位于中国香港的关联贸易公司进行，该关联贸易公司直接销售给位于中国的非关联客户；或者通过位于中国的关联公司销售给中国的非关联客户；或者销售给位于中国的关联公司自用。

初裁中，调查机关初步决定，对于直接销售给中国非关联客户的，根据《反倾销条例》第五条的规定，暂以销售给非关联客户的价格作为确定出口价格的基础；对于通过位于中国关联贸易商销售给中国非关联客户的，根据《反倾销条例》第五条的规定，暂采用中国关联贸易商首次转售给独立购买人的价格为基础确定其出口价格；对于销售给位于中国的关联公司自用的部分，调查机关暂依据该价格为基础确定这些交易的出口价格。在随后的调查过程中，没有利害关系方对此提出评论意见。经过初裁后的继续调查，调查机关决定在终裁中维持对上述出口价格确定基础的认定。

3. 调整项目

根据《反倾销条例》第六条规定，为公平合理比较，调查机关对该公司影响价格可比性的调整项目逐一进行了审查。

(1)正常价值部分

初裁中，调查机关采用结构价格确定该公司的正常价值，在价格调整部分，调查机关扣除了销售费用。在随后的调查过程中，没有利害关系方对此提出评论意见。调查机关决定在终裁中维持对该问题的认定。

(2)出口价格部分

初裁中，调查机关经初步审查暂接受该公司对于出口价格部分提出运输费用、储罐费用、保险费、装修费、信用费用、佣金、出口检验费、中国进口检验费、韩国进口检验费、报关代理费等调整项目。在随后的调查过程中，没有利害关系方对此提出评论意见。经过初裁后的继续调查并经实地核查确认，调查机关决定在终裁中维持对上述调整项目的认定。

对于公司通过中国关联贸易商出口的被调查产品，调查机关在初裁中暂接受了公司主张的进口关税和进口报关代理费的调整。在此基础上，调查机关初步决定在根据中国关联贸易商向非关联客户转售价格推算出口价格时，还应对中国关联贸易商的费用和利润进行调整，调查机关暂根据该公司报告的数据对此进行了调整。在随后的调查过程中，没有利害关系方对此提出评论意见。调查机关决定在终裁中维持对该问题的认定。

其他新西兰公司

(All Others)

对于其他未应诉的新西兰公司，根据《反倾销条例》第二十一条的规定，调查机关决定采用已经获得的事实和可获得的最佳信息来认定其正常价值和出口价格。

(二)价格比较

根据《反倾销条例》第六条的规定，调查机关在初裁中对进口产品的出口价格和正常价值，考虑了影响价格的各种可比性因素，按照公平、合理的方式进行了比较。调查机关在当事人提交的证明材料基础上，将各应诉公司的正常价值和出口价格在出口国出厂价的基础上予以比较。在计算倾销幅度时，调查机关将调查期内加权平均正常价值和加权平均出口价格进行比较，得出倾销幅度。

在初裁评论中，印度尼西亚东加里曼丹甲醇工业公司要求按照每月加权平均的出口价格与当月加权平均的正常价值进行比较来计算每月的倾销幅度，再加权平均计算调查期倾销幅度。调查机关经审查认为，公司没有充分说明被调查产品的价格变动影响价格可比性的理由，故决定不接受公司主张，仍以调查期为单位计算倾销幅度。没有其他利害关系方对此提出评论意见。

因此，调查机关决定在终裁中维持上述价格比较和计算倾销幅度的方法。

对于其他未应诉的印度尼西亚、马来西亚和新西兰公司，根据《反倾销条例》第二十一条的规定，调查机关在初裁中决定采用已经获得的事实和可获得的最佳信息做出有关倾销及倾销幅度的裁定。经过初裁后的继续调查，没有利害关系方提出相关评论意见，调查机关决定在终裁中维持对未应诉公司倾销及倾销幅度的裁定。

(三)倾销幅度

经过计算，各公司的倾销幅度分别为：

印度尼西亚公司

1 东加里曼丹甲醇工业股份有限公司 9.1%

(PT KALTIM METHANOL INDUSTRI)

2 其他印度尼西亚公司 32.5%

(All others)

马来西亚公司

1 马来西亚国家石油公司纳闽岛甲醇公司 9.1%

(PETRONAS METHANOL LABUAN SDN. BHD)

2 其他马来西亚公司 37.5%

(All others)

新西兰公司

1 梅赛尼斯新西兰有限责任公司 8.9%

(Methanex New Zealand Limited)

2 其他新西兰公司 36.4%

(All others)

五、产业损害及损害程度

根据《反倾销条例》第二十七条，因原产于沙特阿拉伯的进口甲醇不存在倾销，调查机关初步裁定自2010年10月25日起终止对原产于沙特阿拉伯进口甲醇的反倾销调查。

根据《反倾销条例》第八条和《反倾销产业损害调查规定》第五条、第六条和第七条的规定，调查机关在确定倾销对国内产业造成的损害时，审查原产于马来西亚、印度尼西亚和新西兰的倾销进口产品的数量、对国内同类产品价格的影响及对国内产业的影响。

(一)累积评估的适当性

现有证据显示，调查期内2008年4月1日至2009年3月31日，原产于马来西亚、印度尼西亚和新西兰的倾销进口产品倾销幅度不小于2%，进口数量不属于可忽略不计范围。原产于马来西亚、印度尼西亚和新西兰的倾销进口产品之间以及原产于马来西亚、印度尼西亚和新西兰的倾销进口产品与国内同类产品之间基本物理特征和化学特性没有区别，产品外观、用途、销售渠道、销售市场区域、客户群体、消费者和生产者的评价等方面基本相同，价格总体变化趋势基本一致，具有相似性和可比性，完全可以相互替代。原产于马来西亚、印度尼西亚和新西兰的倾销进口产品和国内同类产品在国内市场上同时出现，原产于马来西亚、印度尼西亚和新西兰的倾销进口产品之间以及原产于马来西亚、印度尼西亚和新西兰的倾销进口产品与国内同类产品之间存在相互竞争关系，竞争条件基本相同。

根据《反倾销条例》第九条和《反倾销产业损害调查规定》第十五条、第十六条的规定，调查机关认定，对原产于马来西亚、印度尼西亚和新西兰的倾销进口产品对国内产业造成的影响进行累积评估是适当的。

(二)原产于马来西亚、印度尼西亚和新西兰的倾销进口产品进口数量及所占国内市场份额

1. 原产于马来西亚、印度尼西亚和新西兰的倾销进口产品进口数量

根据中国海关统计，原产于马来西亚、印度尼西亚和新西兰的倾销进口产品进口数量2006年为16.59万吨；2007年为17.88万吨，同比增长7.78%；2008年为36.53万吨，同比增长104.25%；2009年一季度为20.03万吨，同比增长904.12%。

2. 原产于马来西亚、印度尼西亚和新西兰的倾销进口产品占国内市场份额

现有证据显示，原产于马来西亚、印度尼西亚和新西兰的倾销进口产品占国内市场份额2006年为1.94%；2007年为1.62%，同比下降0.32%；2008年为2.96%，同比上升1.34%；2009年一季度为5.73%，同比上升4.97%。

梅赛尼斯新西兰有限公司在《甲醇反倾销案无损害抗辩意见书》和《关于<甲醇反倾销案申请人对相关利害关系方无损害抗辩意见的评论意见>的评论意见》中提出，2002年至2008年一季度，被调查产品进口数量和市场份额均呈下降趋势，仅在2008年12月至2009年3月间发生实质性增长，增长期间短暂，进口数量和市场份额总体未发生大量增加。塞拉尼斯(南京)化工有限公司在《对<申请人关于<塞拉尼斯有限公司意见书>的评论意见>的评论意见》中也提出，调查期内被调查产品进口数量的短暂增长不构成大量增加。

申请人在《甲醇反倾销案申请人对相关利害关系方无损害抗辩意见的评论意见》中提出，首先，梅赛尼斯新西兰有限公司模糊了调查期内数据和调查期

外数据的界限。其次，国内法律法规并未就倾销进口产品数量增加必须持续的时间长度做出规定，也未要求倾销进口产品进口数量在调查期内每个时间段均呈增长趋势。根据中国海关统计数据，调查期内，被调查产品进口数量和市场份额均大量增加。

初步裁定公告后，梅赛尼斯新西兰有限公司在《关于甲醇反倾销案初步裁定的评论意见》中再次提出，调查期内，倾销进口产品进口数量和市场份额的增长均是暂时的、小幅的。

调查机关认为，反倾销调查采信证据、认定事实的期间是一段有限制的、特定的时间，调查期内的证据和事实是调查机关作出最终裁定的依据。根据《反倾销产业损害调查规定》第十八条的规定，调查机关在立案公告中确定本案产业损害调查期为2006年1月1日至2009年3月31日。调查机关未收到利害关系方就本案调查期设定提出的异议。最终裁定中对损害、损害程度以及倾销与损害之间的因果关系的认定均基于产业损害调查期内的事实和证据，对各利害关系方提交的产业损害调查期以外的证据未予考虑。

根据《反倾销条例》第八条和《反倾销产业损害调查规定》第六条的规定，调查机关对调查期内原产于马来西亚、印度尼西亚和新西兰的倾销进口产品进口数量和市场份额的整体变化趋势进行了审查。

现有证据显示，原产于马来西亚、印度尼西亚和新西兰的倾销进口产品进口数量2007年比2006年增长了7.78%，低于同期国内表观消费量增长幅度，市场份额下降了0.32%。2008年至调查期末，原产于马来西亚、印度尼西亚和新西兰的倾销进口产品进口数量呈持续增长趋势，增长幅度高于同期国内表观消费量增长幅度，市场份额持续上升。2008年上半年，原产于马来西亚、印度尼西亚和新西兰的倾销进口产品进口数量为17.25万吨，同比增长94.32%，市场份额为2.94%。2008年下半年，进口数量为19.28万吨，同比增长73.43%，环比增长11.73%，市场份额为2.99%，均呈增长趋势。2009年一季度，进口数量为20.03万吨，同比增长904.12%，环比增长40.01%；市场份额为5.73%，同比上升4.97%，环比上升1.06%。2009年一季度，原产于马来西亚、印度尼西亚和新西兰的倾销进口产品进口数量和市场份额均达到调查期内最高点，进口数量超过2006年或2007年的全年进口数量，市场份额约为2008年全年市场份额的2倍。

根据现有证据，调查机关认为，调查期内，原产于马来西亚、印度尼西亚和新西兰的倾销进口产品进口数量和市场份额均出现大量增加。

（三）原产于马来西亚、印度尼西亚和新西兰的倾销进口产品进口价格及对国内同类产品价格的影响

1. 原产于马来西亚、印度尼西亚和新西兰的倾销进口产品进口价格

根据中国海关统计，原产于马来西亚、印度尼西亚和新西兰的倾销进口产品进口价格2006年为265.22美元/吨；2007年为305.45美元/吨，同比上升15.17%；2008年为334.57美元/吨，同比上升9.53%；2009年一季度为177.80美元/吨，同比下降58.12%。

2. 国内同类产品价格

国内产业同类产品在国内市场上销售价格2006年为2237.08元/吨；2007年为2320.66元/吨，同比上升3.74%；2008年为2532.72元/吨，同比上升9.14%；2009年一季度为1378.69元/吨，同比下降42.85%。

3. 原产于马来西亚、印度尼西亚和新西兰的倾销进口产品进口价格对国内同类产品价格的影响

梅赛尼斯新西兰有限公司在《甲醇反倾销案无损害抗辩意见书》中提出，调查期内，被调查产品进口价格在大部分时间段高于国内同类产品价格，国内同类产品销售价格仅在2008年下半年发生显著下跌，且下跌前的国内市场价格处于不正常的高位，无法构成评估价格影响的有效基准。塞拉尼斯（南京）化工有限公司在《塞拉尼斯有限公司意见书》和《对<申请人关于<塞拉尼斯有限公司意见书>的评论意见>的评论意见》中提出，2008年上半年被调查产品进口价格出现异常上涨，2008年下半年的下降是市场价格的理性回归。

申请人在《甲醇反倾销案申请人对相关利害关系方无损害抗辩意见的评论意见》中认为，2008年下半年至调查期末，被调查产品进口价格大幅下降并削价销售，导致国内同类产品销售价格与单位销售成本之间的差额大幅下降并出现倒挂，被调查产品对国内同类产品造成了价格削减，并压低了国内同类产品销售价格。

初步裁定公告后，梅赛尼斯新西兰有限公司在《关于甲醇反倾销案初步裁定的评论意见》中再次提出，调查期内，倾销进口产品进口价格在大部分时间段高于国内同类产品价格，国内同类产品销售价格的下跌与倾销进口产品价格没有对应关系，且国

内产业销售价格在调查期末逐步恢复至调查期初水平。

根据《反倾销条例》第八条和《反倾销产业损害调查规定》第六条的规定，调查机关对调查期内原产于马来西亚、印度尼西亚和新西兰的倾销进口产品进口价格和国内同类产品销售价格的整体变化趋势及相互间的联系进行了审查。

现有证据显示，调查期内，原产于马来西亚、印度尼西亚和新西兰的倾销进口产品进口价格与国内同类产品销售价格总体变化趋势基本一致。2006年至2008年上半年，二者总体均呈上升趋势，并于2008年中期达到调查期内最高点；2008年下半年至调查期末，二者总体均呈下降趋势，至2009年一季度降至调查期内最低点。

2006年、2007年和2008年上半年，原产于马来西亚、印度尼西亚和新西兰的倾销进口产品加权平均人民币进口价格分别为2227.79元/吨、2448.80元/吨和3040.13元/吨，分别比同期国内同类产品在国内市场上的销售价格低0.42%、高5.52%和高11.44%。2008年下半年、2008年四季度和2009年一季度，原产于马来西亚、印度尼西亚和新西兰的倾销进口产品加权平均人民币进口价格分别为1902.79元/吨、1422.34元/吨和1233.70元/吨，均明显低于同期国内同类产品在国内市场上的销售价格，对国内同类产品价格产生明显的削减作用。

由于国内市场上原产于马来西亚、印度尼西亚和新西兰的倾销进口产品与国内同类产品的销售渠道、产品质量基本一致，且国内下游用户可以从某些专业媒体及时了解市场价格信息，价格因素对国内下游用户选择起重要作用。2008年下半年至调查期末，原产于马来西亚、印度尼西亚和新西兰的倾销进口产品进口数量持续增长，进口价格大幅下降并削价销售，对国内产业同类产品的销售价格造成影响。2008年三季度、四季度和2009年一季度，国内产业同类产品销售价格环比分别下降6.73%、37.21%和21.61%，而同期单位销售成本环比分别上升13.46%、下降6.58%和下降13.16%。国内产业同类产品单位毛利润呈持续下降趋势。2008年三季度，国内产业同类产品单位毛利润降至646.76元/吨；2008年四季度，国内产业同类产品销售价格与单位销售成本在调查期内首次出现倒挂，单位毛利润降至-253.44元/吨；2009年一季度单位毛利润进一步降至-369.93元/吨，为调查期内最低点。

根据现有证据，调查期内，原产于马来西亚、印度尼西亚和新西兰的倾销进口产品进口数量大幅增长，2008年下半年至调查期末，倾销进口产品进口价格大幅下降并削价销售，压低了国内同类产品的销售价格，导致国内同类产品在单位销售成本总体呈下降趋势的情况下，获利空间持续减小至完全消失，销售价格与单位销售成本的倒挂幅度不断扩大。调查机关认为，调查期内，原产于马来西亚、印度尼西亚和新西兰的倾销进口产品的削价销售大幅压低了国内同类产品价格。

(四)国内产业相关经济因素和指标的评估

根据《反倾销条例》第八条及《反倾销产业损害调查规定》第五条、第七条的规定，调查机关对调查期内影响国内产业状况的有关经济因素和指标进行了审查，其中一个或多个指标均非决定性的。现有证据显示：

1. 表观消费量

国内同类产品表观消费量2006年为855.72万吨；2007年为1103.97万吨，同比增长29.01%；2008年为1232.60万吨，同比增长11.65%。2008年一季度至2009年一季度表观消费量分别为263.65万吨、323.54万吨、339.13万吨、306.28万吨和349.68万吨，2008年二季度至2009年一季度环比分别增长22.72%、增长4.82%、下降9.68%和增长14.17%，2009年一季度同比增长32.63%。

2. 产能

国内产业产能2006年为558.80万吨；2007年为720.60万吨，同比增长28.95%；2008年为962.25万吨，同比增长33.53%。2008年一季度至2009年一季度产能分别为224.16万吨、232.41万吨、245.00万吨、260.67万吨和270.57万吨，2008年二季度至2009年一季度环比分别增长3.68%、5.42%、6.39%和3.80%，2009年一季度同比增长20.70%。

3. 产量

国内产业产量2006年为450.67万吨；2007年为617.92万吨，同比增长37.11%；2008年为692.35万吨，同比增长12.04%。2008年一季度至2009年一季度产量分别为172.76万吨、186.61万吨、187.65万吨、145.33万吨和94.09万吨，2008年二季度至2009年一季度环比分别增长8.01%、增长0.56%、下降22.55%和下降35.26%，2009年一季度同比下降45.54%。

4. 开工率

国内产业开工率2006年为80.65%；2007年为

85.75%，同比上升5.10%；2008年为71.95%，同比下降13.80%。2008年一季度至2009年一季度开工率分别为77.07%、80.29%、76.59%、55.75%和34.78%，2008年二季度至2009年一季度环比分别上升3.22%、下降3.70%、下降20.84%和下降20.98%，2009年一季度同比下降42.29%。

5. 销售量

国内产业同类产品在国内市场上的销售量2006年为404.95万吨；2007年为535.73万吨，同比增长32.30%；2008年为620.39万吨，同比增长15.80%。2008年一季度至2009年一季度销售量分别为151.85万吨、174.28万吨、157.40万吨、136.86万吨和93.83万吨，2008年二季度至2009年一季度环比分别增长14.77%、下降9.68%、下降13.05%和下降31.44%，2009年一季度同比下降38.21%。

6. 市场份额

国内产业同类产品占国内市场份额2006年为51.55%；2007年为53.71%，同比上升2.15%；2008年为54.40%，同比上升0.69%。2008年一季度至2009年一季度市场份额分别为62.09%、57.66%、50.40%、48.75%和29.05%，2008年二季度至2009年一季度环比分别下降4.43%、7.26%、1.64%和19.70%，2009年一季度同比下降33.04%。

7. 销售价格

国内产业同类产品在国内市场上的销售价格2006年为2237.08元/吨；2007年为2320.66元/吨，同比上升3.74%；2008年为2532.72元/吨，同比上升9.14%。2008年一季度至2009年一季度销售价格分别为2412.26元/吨、3003.10元/吨、2800.99元/吨、1758.86元/吨和1378.69元/吨，2008年二季度至2009年一季度环比分别上升24.49%、下降6.73%、下降37.21%和下降21.61%，2009年一季度同比下降42.85%。

8. 销售收入

国内产业销售收入2006年为927648.71万元；2007年为1292082.53万元，同比增长39.29%；2008年为1589638.01万元，同比增长23.03%。2008年一季度至2009年一季度销售收入分别为379615.91万元、525928.56万元、442700.64万元、241392.90万元和129363.71万元，2008年二季度至2009年一季度环比分别增长38.54%、下降15.82%、下降45.47%和下降46.41%，2009年一季度同比下降65.92%。2008年三季度至调查期末，国内产业同类产品销售量和销售价格均呈持续下降趋势，销售收入相应持续下降。

9. 税前利润

国内产业税前利润2006年为145101.40万元；2007年为209439.58万元，同比增长44.34%；2008年为134342.79万元，同比下降35.86%。2008年一季度至2009年一季度税前利润分别为50445.10万元、130077.11万元、42989.41万元、-79230.52万元和-69327.16万元，2008年二季度环比增长157.86%，2008年三季度环比下降66.95%，2008年四季度开始由盈转亏，2009年一季度国内产业同类产品单位税前利润为-738.85元/t，税前利润率为-53.59%，均降至调查期内最低点。

调查机关审查了销售收入、销售成本、销售税金及附加和期间费用等影响税前利润的主要因素。2008年三季度至调查期末，国内产业同类产品销售税金及附加和期间费用均呈持续下降趋势，未对利润下降趋势造成影响，销售成本总体也呈下降趋势，销售收入的下降是造成税前利润下降的主要原因。

10. 投资收益率

国内产业投资收益率2006年为8.51%；2007年为7.96%，同比下降0.55%；2008年为3.03%，同比下降4.93%。2008年一季度至2009年一季度投资收益率分别为1.74%、4.27%、1.33%、-2.96%和-3.10%，2008年二季度至2009年一季度环比分别上升2.54%、下降2.94%、下降4.29%和下降0.14%，2009年一季度同比下降4.84%。

11. 就业人数

国内产业就业人数2006年为12629人；2007年为14395人，同比增长13.99%；2008年为16542人，同比增长14.91%。2008年一季度至2009年一季度就业人数分别为15754人、16101人、16729人、16300人和14701人，2008年二季度至2009年一季度环比分别增长2.20%、增长3.90%、下降2.56%和下降9.81%，2009年一季度同比下降6.69%。

12. 人均工资

国内产业人均工资2006年为21107元；2007年为26160元，同比增长23.94%；2008年为30593元，同比增长16.94%。2008年一季度至2009年一季度人均工资分别为7469元、7569元、7719元、8560元和8114元，2008年二季度至2009年一季度环比分别增长1.33%、增长1.99%、增长10.89%和下降5.21%，2009年一季度同比增长8.62%。

13. 劳动生产率

国内产业同类产品劳动生产率2006年为356.86吨/人；2007年为429.26吨/人，同比上升20.29%；2008年为418.55吨/人，同比下降2.50%。2008年一季度至2009年一季度劳动生产率分别为109.66吨/人、115.90吨/人、112.17吨/人、89.16吨/人和64.01吨/人，2008年二季度至2009年一季度环比分别上升5.69%、下降3.22%、下降20.51%和下降28.21%，2009年一季度同比下降41.63%。

14. 期末库存

国内产业同类产品2006年期末库存为13.24万吨；2007年为14.54万吨，同比增长9.82%；2008年为31.70万吨，同比增长118.07%。2008年一季度至2009年一季度期末库存分别为20.68万吨、21.08万吨、32.48万吨、31.70万吨和23.69万吨，2008年二季度至2009年一季度环比分别增长1.97%、增长54.06%、下降2.40%和下降25.28%，2009年一季度同比增长14.57%。

由于甲醇常温下为液体且通常没有包装，甲醇产品通常储存在罐区，库存数量客观上有一定限额。2009年三季度国内产业期末库存大幅增长，此后国内产业销售量大幅下降，为减少积压，国内产业被迫减少产量，出售库存，期末库存环比相应呈下降趋势，但仍处于较高水平。

15. 经营活动现金净流量

国内产业经营活动现金净流量2006年为193161.85万元；2007年为309678.60万元，同比增长60.32%；2008年为384477.33万元，同比增长24.15%。2008年一季度至2009年一季度经营活动现金净流量分别为29979.92万元、143259.04万元、26975.66万元、109578.73万元和－80231.21万元，2008年二季度至四季度环比分别增长377.85%、下降81.17%和增长306.21%，2009年一季度经营活动现金流为净流出。

16. 投融资能力

根据《国内生产者调查问卷》答卷及实地核查中收集的证据，调查期内，特别是2008年下半年至调查期末，部分国内产业同类产品新建项目被迫搁置、延缓或取消，部分国内生产者申请的银行贷款遭拒绝，股票或债券的发行受挫。国内产业投入的大量资金难以产生效益，对资金的回收及下一步投融资活动产生负面影响。

(五)国内产业受到实质损害。

梅赛尼斯新西兰有限公司在《甲醇反倾销案无损害抗辩意见书》和《关于＜甲醇反倾销案申请人对相关利害关系方无损害抗辩意见的评论意见＞的评论意见》中提出，2002年至2009年一季度，国内甲醇产业产量、销量总体呈增长趋势，仅在2008年下半年短暂下降；所占市场份额总体呈增长趋势，仅在2009年一季度短暂下降；开工率在2008年四季度前已处于较低水平；调查期内，国内甲醇产业在2008年三季度前始终保持盈利；国内产业的经营状况仅在2008年下半年发生恶化。根据上述情况，该公司认为，没有充分证据表明国内甲醇产业受到了实质损害。

塞拉尼斯(南京)化工有限公司在《对＜申请人关于＜塞拉尼斯有限公司意见书＞的评论意见＞的评论意见》中提出，调查期内，国内甲醇产业产量、销量稳步增长，在2008年四季度之前相关经营指标一直良好，国内产业没有受到实质损害。

申请人在《甲醇反倾销案申请人对相关利害关系方无损害抗辩意见的评论意见》中认为，对国内产业有关经济指标的分析应结合国内产业特点和各指标间的整体联系，在全面分析整个调查期内相关数据的基础上，重点考察距离立案日最近期间的数据。国内法律法规并未要求国内产业每个经济指标、调查期内每个时间段均体现实质损害。申请人对国内产业有关经济指标进行分析后认为，调查期内，国内产业受到了实质损害。

现有证据显示，调查期内，2006年至2008年上半年，随着国内同类产品下游行业的发展和应用领域的拓展，国内同类产品表观消费量持续增长。国内产业相应新建、扩建同类产品生产装置，产能持续增长，生产规模持续扩大，产量、销售量、就业人数等总体相应呈增长趋势，市场份额持续上升，开工率基本保持稳定。国内产业同类产品销售价格持续上升，上升幅度大于单位销售成本上升幅度，国内产业销售收入、税前利润相应呈增长趋势。但国内产业同类产品的投资收益率总体呈下降趋势，期末库存持续增长。

2008年下半年至调查期末，在国内同类产品表观消费量基本保持稳定的情况下，国内产业同类产品产量、开工率、就业人数、劳动生产率等均呈下降趋势，销售量、市场份额均持续下降。国内产业同类产品销售价格大幅下降，销售收入相应大幅下降。虽然由于主要原材料价格呈下降趋势，同类产品单位销售成本相应总体呈下降趋势，但同类产品销售价格下降幅度大于单位销售成本下降幅度，单位毛利润持续下降，获利空间大幅减小。2008 年四季度，国内产业同类产品销售价格与单位销售成本出现倒挂，单位毛利润降为负值，国内产业开始出现亏损，投资收益率降为负值。

特别是调查期末 2009 年一季度，国内产业同类产品销售价格与单位销售成本的倒挂幅度进一步增大，国内产业开工率、市场份额、销售价格、单位毛利润、单位税前利润、劳动生产率等降至调查期内最低点，产量、销量、税前利润、投资收益率等处于调查期内极低水平。国内产业单位税前利润降至 -738.85 元/t，开工率不足 35%，绝大多数国内生产者处于亏损或停产状态，生产经营状况严重恶化。

根据《反倾销条例》第八条和《反倾销产业损害调查规定》第四条、第七条的规定，调查机关综合考虑调查期内上述事实和证据，对影响国内产业状况的有关经济因素和指标在调查期内的整体变化趋势进行全面评估后认为，调查期内，国内产业受到了实质损害。

初步裁定公告后，梅赛尼斯新西兰有限公司在《关于甲醇反倾销案初步裁定的评论意见》中再次提出，调查期内，国内产业有关经济指标的恶化是短期的、暂时的，部分指标在调查期末已有所好转，并在调查期后进一步恢复。该公司认为，国内甲醇产业没有受到实质损害。调查机关对梅赛尼斯新西兰有限公司的主张及提交的证据进行审查后认为，该公司仅分析了调查期内及调查期后少量经济指标的变化趋势，未能提供客观的、充分的、可核实的证据加以证明，调查机关对其主张不予支持。

（六）马来西亚、印度尼西亚和新西兰被调查产品的生产能力、出口能力及对国内产业可能产生的进一步影响

根据《反倾销条例》第八条的规定，调查机关对马来西亚、印度尼西亚和新西兰被调查产品的生产能力、出口能力及库存情况进行了审查。

国外（地区）生产者调查问卷答卷显示，调查期内，马来西亚、印度尼西亚和新西兰甲醇生产能力较大且总体呈增长趋势，2006 ~ 2008 年年均增长 2.75%，2009 年一季度同比增长 16.38%；产量呈持续增长趋势，2006 ~ 2008 年年均增长 3.89%，2009 年一季度同比增长 19.14%；出口数量呈持续增长趋势，2006 ~ 2008 年年均增长 9.47%，2009 年一季度同比增长 62.42%；出口数量占销售量的比例维持在 70% 以上；向中国出口数量占总出口量的比例总体呈上升趋势，2006 ~ 2008 年年均上升 5.51%，2009 年一季度同比上升 28.09%；期末库存 2006 ~ 2008 年年均增长 10.70%，2009 年一季度同比下降 5.79%。

现有证据显示，调查期内，马来西亚、印度尼西亚和新西兰被调查产品生产能力较大且呈增长趋势，对国外市场依赖程度高，出口数量及对中国出口数量均呈持续增长趋势，对中国出口数量占总出口量的比例持续上升。中国市场是全球主要的甲醇市场之一，且市场需求总体呈上升趋势。调查机关认为，马来西亚、印度尼西亚和新西兰具有向中国进一步低价出口被调查产品的可能性。

六、因果关系

（一）原产于马来西亚、印度尼西亚和新西兰的倾销进口产品造成国内产业实质损害

梅赛尼斯新西兰有限公司在《甲醇反倾销案无损害抗辩意见书》中提出，被调查产品进口数量和市场份额仅在 2008 年 12 月至 2009 年 3 月间发生实质性增长，这 4 个月中，有 3 个月进口数量与国内产业销售量的变化值不一致，且被调查产品与同期国内产业市场份额、开工率的下滑没有直接关系。该公司认为，被调查产品与国内甲醇产业有关经济指标的变化联系微小，与国内甲醇产业受到的损害之间没有因果关系。

申请人在《甲醇反倾销案申请人对相关利害关系方无损害抗辩意见的评论意见》中提出，2008 年下半年至调查期末，被调查产品进口数量与国内产业产量、开工率的变动关系，被调查产品所占市场份额与国内产业同类产品所占市场份额的变动关系，以及被调查产品进口价格与国内产业税前利润率的变动关系表明，被调查产品的大量低价倾销与国内产业受到的实质损害以及损害的加剧在时间上和程度上保持同步对应关系，二者之间存在直接因果关系。

初步裁定公告后，梅赛尼斯新西兰有限公司在《关于甲醇反倾销案初步裁定的评论意见》中再次提出，倾销进口产品与国内产业部分经济指标的恶化没有对应关系，国内产业受到的损害不是倾销进口产品造成的。

根据《反倾销条例》第八条和《反倾销产业损害调查规定》第五条的规定，调查机关对调查期内原产于马来西亚、印度尼西亚和新西兰的倾销进口产品进口数量、进口价格及国内产业相关经济因素和指标的整体变化趋势和相互关系进行了审查。

现有证据显示，调查期内，2006 年、2007 年和

2008年上半年，原产于马来西亚、印度尼西亚和新西兰的倾销进口产品进口数量分别为16.59万吨、17.88万吨和17.25万吨，市场份额分别为1.94%、1.62%和2.94%。同期原产于马来西亚、印度尼西亚和新西兰的倾销进口产品加权平均人民币进口价格分别比国内产业同类产品在国内市场上的销售价格低0.42%、高5.52%和高11.44%，进口价格接近或高于国内同类产品价格。其中，2008年上半年，虽然原产于马来西亚、印度尼西亚和新西兰的倾销进口产品进口数量同比大幅增长，但其加权平均人民币进口价格没有削减国内产业同类产品在国内市场上的销售价格。

2006年至2008年上半年，国内同类产品表观消费量持续增长，国内产业在国内市场上销售量和市场份额均呈持续增长趋势。2006年、2007年和2008年上半年，国内产业在国内市场上销售量分别为404.95万吨、535.73万吨和326.13万吨，市场份额分别为51.55%、53.71%和59.65%。国内产业同类产品销售价格能够充分反映单位销售成本上升趋势，国内产业同类产品获利空间呈增长趋势，税前利润相应增长。

2008年下半年至调查期末，原产于马来西亚、印度尼西亚和新西兰的倾销进口产品进口数量大幅增长，2008年下半年和2009年一季度分别为19.28万吨和20.03万吨，同比分别增长73.43%和904.12%；增长幅度大于国内表观消费量变化幅度，所占市场份额大幅上升，2008年下半年和2009年一季度分别为2.99%和5.73%。同期原产于马来西亚、印度尼西亚和新西兰的倾销进口产品进口价格大幅下降并削价销售，2008年下半年、2008年四季度和2009年一季度，其加权平均人民币进口价格分别比国内产业同类产品在国内市场上的销售价格低17.85%、19.13%和10.52%。

2008年下半年至调查期末，受原产于马来西亚、印度尼西亚和新西兰的倾销进口产品影响，国内甲醇市场价格持续下降，导致国内产业同类产品销售价格持续大幅下降，国内产业大量客户流失，对国内产业的生产经营造成重大影响。虽然国内同类产品表观消费量基本保持稳定，国内产业产能继续增长，但国内产业产量、开工率、销售量、市场份额均呈下降趋势。销售价格大幅下降，下降幅度大于单位销售成本下降幅度，国内产业单位毛利润、毛利率均呈下降趋势，获利空间大幅减小，2008年四季度，销售价格与单位销售成本出现倒挂，国内产业开始出现亏损，投资收益率降为负值。

特别是调查期末2009年一季度，原产于马来西亚、印度尼西亚和新西兰的倾销进口产品进口数量、市场份额升至调查期内最高点，进口价格降至调查期内最低点并对国内同类产品销售价格产生明显削减作用，对国内产业造成了调查期内最为严重的冲击。同期国内产业销售价格与单位销售成本的倒挂幅度进一步增大，开工率、市场份额、销售价格、单位毛利润、毛利率、税前利润率、劳动生产率等降至调查期内最低点，产量、销量、税前利润、投资收益率等处于调查期内极低水平，绝大多数国内生产者处于亏损或停产状态，生产经营状况严重恶化。

综上，根据现有证据，调查机关认定，原产于马来西亚、印度尼西亚和新西兰的倾销进口产品已经造成了国内产业的实质损害，原产于马来西亚、印度尼西亚和新西兰的倾销进口产品的倾销与国内产业的实质损害之间存在因果关系。

(二)其他因素分析

根据《反倾销条例》第八条的规定，调查机关对可能造成国内产业损害的其他已知因素进行了审查。

1. 原产于除马来西亚、印度尼西亚和新西兰以外的其他国家(地区)的进口甲醇因素

梅赛尼斯新西兰有限公司在《甲醇反倾销案无损害抗辩意见书》中认为，原产于除沙特阿拉伯、马来西亚、印度尼西亚和新西兰以外的其他国家(地区)的进口甲醇造成了国内产业的实质损害。

申请人在《甲醇反倾销案申请人对相关利害关系方无损害抗辩意见的评论意见》中认为，除沙特阿拉伯、马来西亚、印度尼西亚和新西兰以外的其他国家(地区)甲醇进口数量占国内甲醇总进口量的比例相对较小，总体呈下降趋势；进口价格2007年至调查期末一直高于被调查产品进口价格和国内甲醇总进口价格；没有证据证明除原产于沙特阿拉伯、马来西亚、印度尼西亚和新西兰以外的其他国家(地区)对中国出口存在倾销情况。

初步裁定公告后，梅赛尼斯新西兰有限公司在《关于甲醇反倾销案初步裁定的评论意见》中提出，对原产于除马来西亚、印度尼西亚和新西兰以外的其他国家(地区)的进口甲醇进行累积评估不符合《反倾销协定》第3.3条和《反倾销产业损害调查规定》第十六条的规定。调查期内，倾销进口产品进口数量和市场份额小于同期原产于除马来西亚、印度尼西亚和新西兰以外的其他国家(地区)的甲醇进口数量

和市场份额，倾销进口产品进口价格与原产于其他国家(地区)的甲醇进口价格和国内同类产品销售价格接近。该公司认为，原产于除马来西亚、印度尼西亚和新西兰以外的其他国家(地区)的进口甲醇是造成国内产业损害的其他因素。

调查机关注意到，《反倾销协定》第3.3条与《反倾销产业损害调查规定》第十五条的规定一致。《反倾销产业损害调查规定》第十五条、第十六条均是针对倾销进口产品对国内产业造成的影响进行累积评估的规定，不适用于评估其他国家(地区)进口产品对国内产业造成的影响。《反倾销条例》第八条要求调查机关不得将造成损害的非倾销因素归因于倾销，但未要求调查机关认定倾销进口产品是造成损害的主要原因，也未要求调查机关对倾销进口产品造成的损害与非倾销因素造成的损害进行比较，以确定造成国内产业损害的主要因素。梅赛尼斯新西兰有限公司在《关于甲醇反倾销案初步裁定的评论意见》中比较了原产于除马来西亚、印度尼西亚和新西兰以外的其他国家(地区)的进口甲醇与倾销进口产品的进口数量和进口价格，表明原产于其他国家(地区)的进口甲醇可能是造成国内产业损害的其他因素，但存在造成损害的非倾销因素这一事实本身并不说明倾销与损害间没有因果关系。

现有证据显示，2006～2008年和2009年一季度，原产于除马来西亚、印度尼西亚和新西兰以外的其他国家(地区)的甲醇进口数量分别为96.13万吨、66.36万吨、106.85万吨和144.73万吨；占同期国内总进口量的比例分别为85.28%、78.77%、74.52%和87.84%。2006～2008年和2009年一季度，原产于除马来西亚、印度尼西亚和新西兰以外的其他国家(地区)的甲醇加权平均进口价格分别为270.35美元/吨、308.98美元/吨、372.33美元/吨和181.43美元/吨，分别高于同期原产于马来西亚、印度尼西亚和新西兰的倾销进口产品进口价格5.12美元/吨、3.53美元/吨、37.76美元/吨和3.63美元/吨，也高于同期国内甲醇总进口加权平均价格。

根据现有证据，调查期末原产于除马来西亚、印度尼西亚和新西兰以外的其他国家(地区)的甲醇进口数量占同期总进口量的比例与调查期初基本相同，且调查期内其进口价格高于同期原产于马来西亚、印度尼西亚和新西兰的倾销进口产品进口价格和国内总进口价格。尚无证据表明，原产于除马来西亚、印度尼西亚和新西兰以外的其他国家(地区)的甲醇对中国出口存在倾销情况。

调查机关认为，原产于除马来西亚、印度尼西亚和新西兰以外的其他国家(地区)进口甲醇因素不能否定原产于马来西亚、印度尼西亚和新西兰的倾销进口产品在调查期内已经造成国内产业实质损害的事实，也不能否定倾销进口产品与国内产业受到的实质损害之间存在因果关系的认定。

2. 国内同类产品消费模式、流通渠道、贸易政策以及需求变化因素

现有证据显示，调查期内，国内甲醇市场未出现由于其他替代产品等消费模式变化导致需求萎缩的情况；国内同类产品完全实行市场化的价格机制，国内产业生产经营受市场调节；国内同类产品的销售渠道、销售区域与原产于马来西亚、印度尼西亚和新西兰的倾销进口产品基本相同；国内没有新颁布限制甲醇贸易行为和其他相关政策，也没有限制使用甲醇的政策变化。调查期内，国内同类产品的消费模式、流通渠道和贸易政策未对国内需求造成不利影响。

初步裁定公告后，梅赛尼斯新西兰有限公司在《关于甲醇反倾销案初步裁定的评论意见》中提出，2008年末国内需求量的下降导致国内产业产量和销量的下降。

现有证据显示，随着国内甲醇下游行业的发展和应用领域的拓展，调查期内，国内同类产品市场需求总体呈增长趋势。2007年、2008年和2009年一季度，国内表观消费量同比分别增长29.01%、11.65%和32.63%。2008年一季度至2009年一季度国内表观消费量总体呈增长趋势。调查机关认为，国内产业受到的实质损害并非由国内同类产品需求变化造成的。

塞拉尼斯(南京)化工有限公司在《塞拉尼斯有限公司意见书》中认为，调查期末，受金融危机影响，欧盟和北美市场甲醇需求量严重萎缩，而同期中国市场需求量基本保持良好，导致对中国出口量增加，这是全球主要贸易区域间供需平衡的结果。调查机关认为，塞拉尼斯(南京)化工有限公司只是将国内市场需求稳定、其他国家(地区)市场需求萎缩作为被调查产品大量进口的原因，全球主要贸易区域供需变化不能否定调查期内原产于马来西亚、印度尼西亚和新西兰倾销进口产品进口数量大量增加、削价销售并压低国内同类产品销售价格的事实，不能否定倾销进口产品对国内产业已经造成的影响，也不能否定倾销进口产品与国内产业受到的实质损害之间存在因果关系的认定。初步裁定公告后，塞拉

尼斯(南京)化工有限公司对此未提出异议，调查机关维持初裁认定。

3. 国内产业生产规模、技术水平和生产效率因素

梅赛尼斯新西兰有限公司在《甲醇反倾销案无损害抗辩意见书》和《关于 < 甲醇反倾销案申请人对相关利害关系方无损害抗辩意见的评论意见 > 的评论意见》中提出，国内绝大多数甲醇生产装置规模较小，低于世界其他国家(地区)平均水平，导致生产效率较低；国内合成氨联产甲醇的生产装置大多采用较为落后的工艺，存在规模小、效率低和成本高等问题。

塞拉尼斯(南京)化工有限公司在《塞拉尼斯有限公司意见书》中提出，国内甲醇生产装置平均产能较小，导致其无法提供有竞争力的价格。

申请人在《甲醇反倾销案申请人对相关利害关系方无损害抗辩意见的评论意见》中提出，合成氨联产甲醇技术是国内产业 20 世纪 70 年代自行开发的节能环保技术，并非落后技术。梅赛尼斯新西兰有限公司未能提供证据证明，合成氨联产甲醇与国内产业的实质损害间存在因果关系。2008 年下半年至调查期末，在相关经济因素未发生实质性变化的情况下，受被调查产品大量低价进口影响，无论采用何种原料，无论单独生产甲醇或合成氨联产甲醇的国内生产者均受到实质损害。

现有证据显示，调查期内，根据国家产业政策要求，国内产业新建甲醇生产装置的规模逐步扩大，技术水平逐步提高。新建大规模生产装置的生产技术和关键生产设备大多从国外引进或采用国内成熟工艺。部分国内生产者已经通过 ISO9001 质量管理体系认证、ISO14001 环境管理体系认证和 OHSAS18001 职业健康安全管理体系认证，在生产经营管理方面具备良好的市场竞争能力。调查期内 2006 年至 2008 年上半年，国内产业劳动生产率持续上升，国内甲醇总产量占国内表观消费量的份额达 90% 左右。调查机关认为，调查期内，国内产业的生产效率总体上逐步提高，部分国内生产者的技术水平和生产效率与原产于马来西亚、印度尼西亚和新西兰的倾销进口产品生产者已无实质区别。

2008 年下半年至调查期末，在国内产业生产规模、技术水平和生产效率未发生实质性变化的情况下，绝大多数国内生产企业，无论装置规模大小、所用原料差异或技术水平高低，无论单独生产甲醇或合成氨联产甲醇，有关经济指标均迅速恶化，受到了实质损害。调查机关认为，国内产业的生产规模、技术水平和生产效率等因素不能否定原产于马来西亚、印度尼西亚和新西兰的倾销进口产品与国内产业受到的实质损害之间存在因果关系的认定。

初步裁定公告后，梅赛尼斯新西兰有限公司在《关于甲醇反倾销案初步裁定的评论意见》中再次提出，甲醇与合成氨生产一体化是造成国内产业损害的重要原因，但未提供任何证据支持，调查机关对其主张不予支持。

4. 对市场价格预期因素

梅赛尼斯新西兰有限公司在《甲醇反倾销案无损害抗辩意见书》中提出，2002 年以后，多数国内甲醇生产者投资时的价格预期高于市场长期平均价格，当 2008 年四季度国内甲醇价格急剧下跌时，过高的投资回报预期必然导致亏损。

调查机关认为，评价国内产业对市场价格的预期是否合理，必须根据做出预期所处特定时间、特定地点的市场情况，综合考虑相关企业能力、做出预期的方式等多种因素，不能仅根据事后市场发生的变化否认预期本身的合理性。此外，价格预期本身并不导致国内产业有关经济指标发生变化，根据预期进行的生产经营活动才是导致有关经济指标变化的直接原因。

调查机关注意到，梅赛尼斯新西兰有限公司仅提供了调查期内一家国内企业在第十三届中国东西部合作与投资贸易洽谈会上，为吸引投资所作的一份项目说明中关于甲醇价格的预期。根据该材料，该项目预计投产时间在调查期后。调查机关认为，该证据材料并不足以证明调查期内，国内产业对甲醇价格的预期不合理，也不能说明国内产业根据不合理的预期进行了相应的生产经营活动，调查机关对梅赛尼斯新西兰有限公司的主张不予支持。

初步裁定公告后，梅赛尼斯新西兰有限公司在《关于甲醇反倾销案初步裁定的评论意见》中再次提出，被高估的市场前景是造成国内产业损害的重要原因，但未提供任何证据支持，调查机关对其主张不予支持。

5. 国内同类产品出口因素

调查期内，2006～2008 年，国内产业同类产品出口数量分别为 7.24 万吨、19.07 万吨和 6.02 万吨，占同期总销量的比例分别为 1.76%、3.44% 和 0.96%，2009 年一季度已无出口。国内产业同类产品出口数量所占比例很小，其影响很小，不能否定倾销进口产品与国内产业受到的实质损害之间存在

因果关系的认定。

梅赛尼斯新西兰有限公司在《甲醇反倾销案无损害抗辩意见书》中认为，国内同类产品不符合国际用户要求，且不具有竞争优势，导致未有实质性的出口，对国内产业造成不利影响。申请人在《甲醇反倾销案申请人对相关利害关系方无损害抗辩意见的评论意见》中提交了部分国内生产者的出口合同和出口产品质量检验报告。调查机关审查相关证据后认为，国内同类产品质量可以满足国外用户需求，主要技术指标达到或超过 IMPCA 标准。由于梅赛尼斯新西兰有限公司仅提供了国内同类产品的出口数量和出口价格，未提供关于国内同类产品不符合国外用户需求的直接证据，也未说明国内同类产品出口因素对国内产业造成的具体影响及影响程度，调查机关对梅赛尼斯新西兰有限公司的主张不予支持。

初步裁定公告后，梅赛尼斯新西兰有限公司对此未提出异议，调查机关维持初裁认定。

6. 国内同类产品成本因素

梅赛尼斯新西兰有限公司在《甲醇反倾销案无损害抗辩意见书》和《关于<甲醇反倾销案申请人对相关利害关系方无损害抗辩意见的评论意见>的评论意见》中提出，国内同类产品的原料(包括煤和天然气)成本、运输成本均高于被调查产品，这是导致国内产业损害的其他因素。塞拉尼斯(南京)化工有限公司在《塞拉尼斯有限公司意见书》和《对<申请人关于<塞拉尼斯有限公司意见书>的评论意见>的评论意见》中除提出国内同类产品原料成本和运输成本较高外，还提出与天然气制甲醇相比，煤制甲醇资本性成本较高。

申请人在《申请人关于<塞拉尼斯有限公司意见书>的评论意见》和《甲醇反倾销案申请人对相关利害关系方无损害抗辩意见的评论意见》中认为，如果被调查产品生产者具有成本优势，无论在其本国国内市场或出口市场上均能将其成本优势体现在销售价格中，被调查产品成本优势因素与反倾销调查并不相关。此外，成本差异因素也不能解释在国内同类产品成本未发生实质性变化的情况下，2008 年下半年至调查期末，国内产业生产经营状况发生重大不利变化的事实。

现有证据显示，调查期内，2006 年至 2008 年上半年，国内同类产品单位生产成本、单位销售成本均呈上升趋势，但同期销售价格上升幅度大于单位销售成本上升幅度，同类产品单位毛利润、毛利率总体均呈上升趋势，获利空间逐步增长。2008 年下半年至调查期末，虽然国内同类产品单位生产成本、单位销售成本下降，但受原产于马来西亚、印度尼西亚和新西兰的倾销进口产品影响，同类产品销售价格大幅下降，下降幅度大于单位销售成本下降幅度，同类产品单位毛利润、毛利率均呈下降趋势，获利空间大幅减小，2008 年四季度销售价格与单位销售成本出现倒挂，毛利润降为负值，2009 年一季度倒挂幅度进一步扩大。

调查机关认为，国内同类产品成本因素对国内产业相关经济指标影响的性质和程度主要取决于国内产业通过销售价格传递成本的能力。2008 年下半年至调查期末，在国内产业同类产品成本下降的情况下，原产于马来西亚、印度尼西亚和新西兰的倾销进口产品阻碍了国内产业通过价格变动合理反映成本变动的正常市场行为，这与原产于马来西亚、印度尼西亚和新西兰的倾销进口产品是否具有成本优势无关。国内同类产品成本因素不能否定原产于马来西亚、印度尼西亚和新西兰的倾销进口产品与国内产业受到的实质损害之间存在因果关系的认定。

初步裁定公告后，各利害关系方对此未提出异议，调查机关维持初裁认定。

7. 国内同类产品质量因素

关于梅赛尼斯新西兰有限公司和申请人就国内同类产品质量因素的评论意见，调查机关已在国内同类产品认定部分进行了分析，并依据相关事实和证据认定，国内同类产品与被调查产品的产品质量不存在实质性差异，均能满足国内下游用户需求。此外，调查机关注意到，调查期内，2006 年至 2008 年上半年，国内同类产品占国内市场的绝大部分，2008 年下半年至调查期末，国内甲醇市场的消费模式未发生实质性变化，国内产业的技术水平逐步提高，国内同类产品的质量能够满足下游用户生产需求，而同期国内产业有关经济指标却迅速恶化。调查机关认为，国内产业受到的实质损害并非由国内同类产品质量因素造成的。

初步裁定公告后，各利害关系方对此未提出异议，调查机关维持初裁认定。

8. 不可抗力因素

现有证据显示，国内产业在调查期内未发生自然灾害及其他不可抗力事件，未受到其他意外影响。调查机关认为，国内产业受到的实质损害并非由不可抗力因素造成的。

七、最终裁定

根据以上调查结果，调查机关最终裁定：在本案调查期内，原产于印度尼西亚、马来西亚和新西兰的进口甲醇存在倾销，中国国内甲醇产业受到了实质损害，且倾销与实质损害之间存在因果关系。

各公司倾销幅度如下：

印度尼西亚公司

1 东加里曼丹甲醇工业股份有限公司 9.1%

(PT KALTIM METHANOL INDUSTRI)

2 其他印度尼西亚公司 32.5%

(All others)

马来西亚公司

1 马来西亚国家石油公司纳闽岛甲醇公司 9.1%

(PETRONAS METHANOL LABUAN SDN. BHD)

2 其他马来西亚公司 37.5%

(All others)

新西兰公司

1 梅赛尼斯新西兰有限责任公司 8.9%

(Methanex New Zealand Limited)

2 其他新西兰公司 36.4%

(All others)

七、商务部 国海关总署 公告关于对原产于俄罗斯、日本的进口三氯乙烯进行反倾销期终复审

1. 商务部公告2010年第45号 关于对原产于俄罗斯、日本的进口三氯乙烯进行反倾销期终复审的公告(二〇一〇年七月二十一日)

中华人民共和国商务部于2005年7月22日发布年度第37号公告，决定对原产于俄罗斯、日本的进口三氯乙烯征收反倾销税，实施期限为自2005年7月22日起5年。

中华人民共和国商务部于2009年12月2日发布年度第104号公告，根据《中华人民共和国反倾销条例》规定，经复审确定终止征收反倾销税有可能导致倾销和损害的继续或者再度发生的，反倾销税的征收期限可以适当延长；自该公告发布之日起，三氯乙烯国内产业可在原反倾销措施终止日60天前，向商务部提出书面复审申请。

2010年5月21日，商务部收到山东滨化瑞成化工有限公司和阿拉善达康三四氯乙烯有限公司两家企业代表国内产业正式递交的反倾销期终复审申请书。申请人主张，如果终止反倾销措施，原产于俄罗斯、日本的进口三氯乙烯对中国的倾销行为可能继续发生，倾销行为给中国国内产业造成的损害可能再度发生，请求商务部裁定维持对原产于俄罗斯、日本的进口三氯乙烯实施的反倾销措施。

依据《中华人民共和国反倾销条例》有关规定，商务部对申请人资格、被调查产品和国内同类产品有关情况、反倾销措施实施期间被调查产品进口情况、倾销继续发生的可能性、损害再度发生的可能性及相关证据等进行了审查。申请人提出的证据表明，申请人山东滨化瑞成化工有限公司、阿拉善达康三四氯乙烯有限公司和支持该申请的浙江巨化股份有限公司在2009年及2010年1~3月三氯乙烯产量之和占同期国内总产量的50%以上，符合《中华人民共和国反倾销条例》第11条、第13条和第17条关于产业及产业代表性的规定，申请人有资格代表国内产业提出申请。调查机关认为申请人的主张以及所提交的表面证据符合期终复审立案的要求。

根据《中华人民共和国反倾销条例》第48条，商务部决定自2010年7月22日起，对原产于俄罗斯、日本的进口三氯乙烯所适用的反倾销措施进行期终复审调查。现将有关事项公告如下：

一、继续实施反倾销措施

根据商务部建议，国务院关税税则委员会决定，在反倾销期终复审调查期间，对原产于俄罗斯、日本的进口三氯乙烯继续按照中华人民共和国商务部2005年第37号公告公布的征税范围和反倾销税税率征收反倾销税。

二、复审调查期

本次复审的倾销调查期为2009年4月1日至2010年3月31日，产业损害调查期为2006年1月1日至2010年3月31日。

三、复审调查产品范围

复审产品范围是原反倾销措施所适用的产品，与商务部2005年第37号公告中的产品范围一致，该产品归在《中华人民共和国进出口税则》税则号：29032200。

四、复审内容

本次复审调查的内容为，如果终止对原产于俄罗斯、日本的三氯乙烯实施的反倾销措施，是否可能导致倾销和损害的继续或再度发生。

五、复审程序

(一)登记应诉

就倾销调查，任何利害关系方可于本公告发布之日起20天内，向商务部进出口公平贸易局申请参加应诉，同时被调查国家的有关出口商或生产商应提供调查期内对中国及其他市场出口该产品的数量及金额。《倾销调查应诉登记参考格式》可在中华人民共和国商务部网站公平贸易局子网站“公告”栏目下载。

就损害调查，任何利害关系方可自本公告发布之日起20天内向商务部产业损害调查局申请参加应诉，同时应提供产业损害调查期内的生产能力、产量、库存以及在建和扩建的计划。

(二)不登记应诉

如果利害关系方未在本公告规定的时间内向商务部登记应诉，则商务部有权拒绝接受其提交的有关材料，并可以根据已经获得的事实和可获得的最佳信息作出裁定。

(三)利害关系方的权利

如利害关系方对本次调查的产品范围、申请人资格、被调查国家及其他相关问题有异议，可以于本公告发布之日起20天内将意见书面提交商务部。

利害关系方可以到商务部反倾销公开信息查阅室查阅申请人提交的申请书等公开文本。

(四)问卷发放

为获得调查所需信息，商务部将根据需要向相关利害关系方发放调查问卷。利害关系方答卷应当按照调查问卷规定的时间和方式提交。

(五)听证会

利害关系方可以按照商务部《反倾销调查听证会暂行规则》和《产业损害调查听证规则》规定提出举行听证会的书面请求，商务部认为必要时也可主动举行听证会。

(六)实地核查

商务部在必要时将派出工作人员赴境内外进行实地核查；利害关系方提交的任何材料均应包括同意接受核查的声明；核查前，商务部将提前通知有关国家和企业。

(七)调查时限

本次调查自2010年7月22日起开始，通常应在2011年7月22日前结束。

六、不合作

依据《中华人民共和国反倾销条例》第21条规定，调查机关进行调查时，利害关系方应当如实反映情况，提供有关资料。利害关系方不如实反映情况、提供有关资料的，或者没有在合理时间内提供必要信息的，或者以其他方式严重妨碍调查的，调查机关可以根据已经获得的事实和可获得的最佳信息作出裁定。

七、商务部联系方式（略）。

附件：三氯乙烯反倾销调查登记应诉表(略)

2. 中华人民共和国海关总署公告2010年第48号(二〇一〇年七月二十一日)

2005年，国务院关税税则委员会决定对原产于俄罗斯、日本的进口三氯乙烯征收反倾销税，征税时间自2005年7月22日起，期限为5年。在征税期限届满之际，应国内相关企业的申请，商务部决定对原产于俄罗斯、日本的进口三氯乙烯所适用的反倾销措施进行期终复审调查。在期终复审调查期间，对原产于俄罗斯、日本的进口三氯乙烯继续征收反倾销税。现就有关事项公告如下：

自2010年7月22日起，海关对申报进口原产于俄罗斯、日本的进口三氯乙烯，继续按照中华人民共和国海关总署公告2005年第35号规定的产品范围、税率和公式等征收反倾销税。

特此公告。

附件：中华人民共和国商务部公告2010年第45号(略)

八、商务部 海关总署 公告对原产于美国、欧盟等国家和地区的进口锦纶6切片反倾销终裁

1. 商务部公告2010年第15号关于原产于美国、欧盟等国家和地区的进口锦纶6切片反倾销终裁公告(二〇一〇年四月二十一日)

根据《中华人民共和国反倾销条例》的规定，中华人民共和国商务部(以下简称“商务部”)于2009年4月29日发布立案公告，决定对原产于美国、欧盟、俄罗斯和中国台湾地区的进口锦纶6切片进行反倾销调查。该被调查产品归在《中华人民共和国进出口税则》税则号：39081019。

商务部对被调查产品是否存在倾销和倾销幅度、被调查产品是否对中国国内锦纶6切片产业造成损害及损害程度以及倾销与损害之间的因果关系进行了调查。根据调查结果和《中华人民共和国反倾销条例》第二十四条的规定，商务部于2009年10月19日发布初裁公告，初步认定原产于美国、欧盟、俄罗斯和中国台湾地区的进口锦纶6切片存在倾销，国内产业遭受了实质损害，并且倾销与实质损害之间存在因果关系。

初步裁定后，调查机关对倾销和倾销幅度、损害和损害程度及倾销和损害之间的因果关系进行了进一步调查。现本案调查结束，依据《中华人民共和国反倾销条例》第二十五条的规定，商务部作出终裁决定(见附件1)。现将有关事项公告如下：

一、最终裁定

经调查，商务部最终裁定，在本案调查期内，原产于美国、欧盟、俄罗斯和中国台湾地区的进口锦纶6切片存在倾销，中国国内锦纶6切片产业受到实质损害，且倾销与实质损害之间存在因果关系。

二、征收反倾销税

根据《中华人民共和国反倾销条例》第三十八条的规定，商务部向国务院关税税则委员会提出征收反倾销税的建议，国务院关税税则委员会根据商务部的建议作出决定，自2010年4月22日起，对原产于美国、欧盟、俄罗斯和中国台湾地区的进口锦纶6切片征收反倾销税。各公司应征税率按照本公告附件2中列明的比率征收。

对被调查产品的具体描述如下：

被调查产品名称：锦纶6切片，学名聚己内酰胺，又称聚酰胺-6切片或尼龙6切片。英文名称Polycaprolactam，Polyamide-6(简称PA6)，Nylon6。

化学分子式：$\left[NH—(CH_2)_5—CO\right]_n$

物理化学特征：锦纶6切片是一种外观通常呈乳白色或微黄色半透明到不透明状的结晶性聚合物，可溶于苯酚和热的硫酸中。

主要用途：锦纶6切片具有着色性、韧性、耐磨性、自润滑性好，耐低温、耐细菌，成型加工性好等特征，是一种应用广泛的合成树脂，主要应用于化纤、纺织、化工、电子、机械、汽车、军工、食品和医疗等领域。

该产品归在《中华人民共和国进出口税则》：39081019。

三、征收反倾销税的方法

自2010年4月21日起，进口经营者在进口原产于美国、欧盟、俄罗斯和中国台湾地区的进口锦纶6切片时，应向中华人民共和国海关缴纳相应的反倾销税。反倾销税以海关审定的完税价格从价计征，计算公式为：反倾销税额=海关完税价格×反倾销税税率。进口环节增值税以海关审定的完税价格加上关税和反倾销税作为计税价格从价计征。

四、反倾销税的追溯征收

对于自2009年10月20日起至2010年4月21日(含2010年4月21日)止，有关进口经营者依初裁决定向中华人民共和国海关提供的保证金，按终裁所确定的征收反倾销税的商品范围和反倾销税税率计征并转为反倾销税，并按相应的增值税税率计征进口环节增值税。在此期间有关进口经营者所提供的保证金超出反倾销税的部分，以及由此多征的进口环节增值税部分，海关予以退还，少征部分则不再征收。

对实施临时反倾销措施决定公告之日前进口的原产于美国、欧盟、俄罗斯和中国台湾地区的进口锦纶6切片不再追溯征收反倾销税。

五、征收反倾销税的期限

对原产于美国、欧盟、俄罗斯和中国台湾地区的进口锦纶6切片征收反倾销税，实施期限自2010年4月22日起5年。

六、复审

在征收反倾销税期间，有关利害关系方可以根据《中华人民共和国反倾销条例》的规定，向商务部书面申请复审。

七、行政复议和行政诉讼 对本案终裁决定及征收反倾销税的决定不服的，根据《中华人民共和国反倾销条例》第五十三条的规定，可以依法申请行政复议，也可以依法向人民法院提起诉讼。

八、本公告自2010年4月22日起执行。

附件：1. 中华人民共和国商务部关于原产于美国、欧盟、俄罗斯和中国台湾地区的进口锦纶6切片反倾销调查最终裁定

附件：2. 各公司倾销幅度列表（略）

附件1：中华人民共和国商务部关于原产于美国、欧盟、俄罗斯和中国台湾地区的进口锦纶6切片反倾销调查最终裁定

根据《中华人民共和国反倾销条例》(以下简称《反倾销条例》)的规定，商务部(以下称调查机关)于2009年4月29日正式发布立案公告，决定对原产于美国、欧盟、俄罗斯和中国台湾地区的进口锦纶6切片(以下称被调查产品)进行反倾销立案调查。该被调查产品归在《中华人民共和国进出口税则》税则号：39081019。

调查机关对倾销和倾销幅度、损害及损害程度，以及倾销和损害之间的因果关系进行了调查。根据调查结果和《反倾销条例》第二十四条的规定，调查机关于2009年10月19日发布初裁公告，认定被调查产品存在倾销，中国大陆锦纶6切片产业受到了实质损害，同时认定倾销和实质损害之间存在因果关系。

初步裁定后，调查机关对倾销和倾销幅度、损害和损害程度及倾销与损害之间的因果关系进行了进一步调查。现本案调查结束，根据调查结果，并根据《反倾销条例》第二十五条的规定，调查机关做出最终裁定如下：

一、调查程序

(一)立案及立案通知

1. 立案

2009 年 3 月 2 日，调查机关收到广东新会美达锦纶股份有限

公司、宁波舜龙锦纶有限公司、无锡明特化纤有限公司、浙江华建尼龙有限公司、杭州宏福锦纶有限公司、无锡市长安高分子材料厂、岳阳巴陵石化化工化纤有限公司代表中国大陆锦纶 6 切片产业提交的反倾销调查申请，请求对原产于美国、欧盟、俄罗斯和中国台湾地区的进口被调查产品进行反倾销调查。

经审查，调查机关认为申请人及支持该申请的企业符合《反倾销条例》第十一条及第十三条和第十七条有关中国大陆产业提出反倾销调查申请的规定。同时，申请书中包含了《反倾销条例》第十四条、第十五条规定的反倾销调查立案所要求的内容及有关的证据。

根据上述审查结果及《反倾销条例》第十六条的规定，调查机关于 2009 年 4 月 29 日发布立案公告，决定对原产于美国、欧盟、俄罗斯和中国台湾地区的进口被调查产品进行反倾销调查。调查机关确定的倾销调查期为 2007 年 10 月 1 日至 2008 年 9 月 30 日，产业损害调查期为 2005 年 1 月 1 日至 2008 年 9 月 30 日。

2. 立案通知

在决定立案调查前，根据《反倾销条例》第十六条规定，调查机关就收到中国大陆锦纶 6 切片产业反倾销调查申请书一事通知了美国、欧盟、俄罗斯驻华大使馆，并通过中国常驻世界贸易组织代表团转告中国台湾方面。

2009 年 4 月 29 日，调查机关发布立案公告，并向美国、欧盟、俄罗斯驻华大使馆以及通过中国常驻世界贸易组织代表团向中国台湾方面正式提供了立案公告和申请书的公开部分，请其通知各自国家和地区的相关出口商和生产商。

同日，调查机关将本案立案情况通知了本案申请人及申请书中列明的国(境)外企业，并将立案材料送至商务部公开信息查阅室。各利害关系方可以查找、阅览、摘抄、复印公开信息。

(二)初步调查

1. 倾销及倾销幅度的初步调查

(1)登记应诉

在立案公告规定的登记应诉期内，巴斯夫美国公司、霍尼韦尔树脂和化学品责任有限公司、霍尼韦尔贸易(上海)有限公司、UBEAMERICANINC. 、波兰阿佐提塔诺股份公司、巴斯夫安特卫普公司、巴斯夫欧洲公司、帝斯曼工程塑料公司、道默有限公司、黑姆瓦拉克诺开放式股份有限公司、肖金纳氮开放式股份公司、古比雪夫氮封闭式股份有限公司、上海古比雪夫氮贸易有限公司、华隆股份有限公司、中国石油化学开发股份有限公司、太洋尼龙股份有限公司、中国台湾化学纤维股份有限公司、展颂股份有限公司、集盛实业股份有限公司、力鹏企业股份有限公司向调查机关登记应诉倾销调查。

(2)企业抽样

由于欧盟、中国台湾地区应诉企业较多，根据《反倾销调查抽样暂行规则》第三条的规定，调查机关决定对欧盟、中国台湾地区的应诉企业进行抽样。调查机关综合考虑了应诉企业的出口量、出口金额等方面的指标，决定抽取欧盟的波兰阿佐提塔诺股份公司、巴斯夫安特卫普公司，中国台湾地区的中国台湾化学纤维股份有限公司、力鹏企业股份有限公司作为选取公司，欧盟的道默有限公司，中国台湾地区的集盛实业股份有限公司作为备选公司进行倾销调查。

(3)产品控制编码

由于本案被调查产品型号、规格众多，调查机关决定采用产品控制编码(以下简称 PCN)方法。在申请人对有关 PCN 标准和方法建议的基础上，调查机关综合所收集到的相关市场信息，拟定了 PCN 的具体方法和指标，并结合利害关系方的评论，最终确定了本案 PCN。

(4)发放问卷和收取答卷

2009 年 6 月 3 日，调查机关向美国、俄罗斯应诉的生产商以及欧盟、中国台湾地区抽样公司发出了反倾销调查问卷，并要求其在 37 天内按规定提交准确、完整的答卷。在原始答卷期间内，巴斯夫美国公司、霍尼韦尔树脂和化学品责任有限公司、波兰阿佐提塔诺股份公司、巴斯夫安特卫普公司、道默有限公司、古比雪夫氮封闭式股份有限公司、集盛实业股份有限公司、中国台湾化学纤维股份有限公司、力鹏企业股份有限公司向调查机关申请延期递交答卷并陈述了相关理由。经审查，调查机关同意给予申请企业适当延期。至答卷递交截止之日，调查机关收到了上述应诉公司递交的有关倾销部分问卷的答卷。

6 月 10 日，俄罗斯黑姆瓦拉克诺开放式股份公司和肖金纳氮开放式股份公司申请退出本次反倾销调查，并且未提交答卷。

在随后的调查进程中，调查机关针对公司递交

的倾销部分原始答卷中存在的问题，分别向巴斯夫美国公司、霍尼韦尔树脂和化学品责任有限公司、波兰阿佐提塔诺股份公司、巴斯夫安特卫普公司、古比雪夫氮封闭式股份有限公司、中国台湾化学纤维股份有限公司、力鹏企业股份有限公司发放了补充问卷，并要求其在 7 天内按规定提交准确、完整的答卷。在此期间，霍尼韦尔树脂和化学品责任有限公司、波兰阿佐提塔诺股份公司、古比雪夫氮封闭式股份有限公司、中国台湾化学纤维股份有限公司、力鹏企业股份有限公司申请延期提交补充问卷答卷并陈述了相关理由。经审查，调查机关同意给予企业适当延期。至答卷递交截至之日，调查机关分别收到了上述公司递交的补充问卷答卷。集盛实业股份有限公司主动递交了答卷补充材料。

(5)听取利害关系方的意见

在案件调查期间，调查机关应约会见了中国大陆锦纶 6 切片生产企业广州新会美达锦纶股份有限公司以及应诉公司巴斯夫美国公司、霍尼韦尔树脂和化学品责任有限公司、霍尼韦尔贸易(上海)有限公司、巴斯夫安特卫普公司、集盛实业股份有限公司、中国台湾化学纤维股份有限公司、力鹏企业股份有限公司的代表，听取了其对本案调查的意见和陈述。

(6)相关利害关系方的评论

立案后，调查机关给予相关利害关系方机会发表评论。

在规定的时间内，没有利害关系方就立案事宜发表评论。对于产品范围，力鹏企业股份有限公司等部分中国台湾企业提出了被调查产品范围排除申请。在规定的时间内，没有利害关系方就抽样事宜发表评论。对于产品控制编码，古比雪夫氮封闭式股份有限公司、霍尼韦尔树脂和化学品责任有限公司等利害关系方发表了评论。调查机关对利害关系方的评论意见依法予以了考虑。

2. 产业损害及损害程度初步调查

(1)参加产业损害调查活动登记

2009 年 4 月 29 日，调查机关发布了《关于参加锦纶 6 切片反倾销案产业损害调查活动登记的通知》。在规定的时间内，申请参加调查活动的国外(地区)生产者共 16 家，分别是古比雪夫氮封闭式股份有限公司、巴斯夫美国公司、巴斯夫欧洲公司、巴斯夫安特卫普有限公司、帝斯曼工程塑料公司、道默有限公司、霍尼韦尔树脂和化学品责任有限公司、波兰阿佐提塔诺股份有限公司、力鹏企业股份有限公司、集盛实业股份有限公司、展颂股份有限公司、中国台湾化学纤维股份有限公司、中国石油化学工业开发股份有限公司、黑姆瓦拉克诺开放式股份公司、肖金纳氮开放式股份公司和霍尼韦尔国际公司。申请参加调查活动的中国大陆进口商共 6 家，分别是上海古比雪夫氮贸易有限公司、霍尼韦尔特殊材料(中国)有限公司、霍尼韦尔贸易(上海)有限公司、英威达合成纤维(上海)有限公司、常熟市启仁特种化纤纺织有限公司和威海海马大华地毯有限公司。上述利害关系方向调查机关递交了参加产业损害调查活动登记表及相关证明材料，调查机关经审查后接受了上述利害关系方的登记。

(2)成立产业损害调查组

公告立案后，调查机关成立了锦纶 6 切片反倾销案产业损害调查组。

(3)发放和收回调查问卷

2009 年 5 月 19 日，调查机关向已知的利害关系方发放了锦纶 6 切片反倾销案《中国大陆生产者调查问卷》、《中国大陆进口商调查问卷》和《国外(地区)生产者/出口商调查问卷》。

在规定的时间或经批准延期递交的时间内，广东新会美达锦纶股份有限公司、宁波舜龙锦纶有限公司、无锡明特化纤有限公司、浙江华建尼龙有限公司、杭州宏福锦纶有限公司、无锡市长安高分子材料厂、岳阳巴陵石化化工化纤有限公司、江苏瑞美福实业有限公司、骏马化纤股份有限公司、石家庄化工化纤有限公司、无锡伟达化纤材料厂、江苏海阳化纤有限公司、广东开平春晖股份有限公司、宁波锦纶股份有限公司等 14 家中国大陆锦纶 6 切片生产企业递交了《中国大陆生产者调查问卷答卷》，古比雪夫氮封闭式股份有限公司、巴斯夫美国公司、巴斯夫欧洲公司、巴斯夫安特卫普有限公司、帝斯曼工程塑料公司、道默有限公司、霍尼韦尔树脂和化学品责任有限公司、波兰阿佐提塔诺股份有限公司、力鹏企业股份有限公司、集盛实业股份有限公司、展颂股份有限公司和中国台湾化学纤维股份有限公司等 12 家国外(地区)生产者递交了《国外(地区)生产者 /出口商调查问卷答卷》。上海古比雪夫氮贸易有限公司、霍尼韦尔特殊材料(中国)有限公司/霍尼韦尔贸易(上海)有限公司等 3 家中国大陆进口商递交了《中国大陆进口商调查问卷答卷》。

(4)听取利害关系方意见陈述

根据《反倾销条例》第二十条的规定，2009 年 5 月 25 日，应本案申请人广东新会美达锦纶股份有限公司、宁波舜龙锦纶有限公司、无锡明特化纤有限公司、浙江华建尼龙有限公司、杭州宏福锦纶有限公司、无锡市长安高分子材料厂、岳阳巴陵石化化工化纤有限公司申请，调查机关听取了申请人的意见陈述。上述申请企业提出，2005 年以来中国大陆锦纶 6 切片的表观消费量持续快速增长，但由于被调查产品向中国大陆大量低价倾销，中国大陆锦纶 6 切片需求量增长的良好态势并未给中国大陆锦纶 6 切片产业带来应有的效益。调查期内特别是 2007 年以来，中国大陆产业同类产品销售收入增长幅度持续大幅降低，税前利润与投资收益率大幅下降，巨额投资无法收回，中国大陆锦纶 6 切片产业受到实质损害。

2009 年 9 月 22 日，应本案应诉企业力鹏企业股份有限公司、集盛实业股份有限公司、展颂股份有限公司、中国台湾化学纤维股份有限公司和部分下游企业申请，调查机关听取了上述利害关系方的意见陈述。上述企业提出，中国大陆企业生产的锦纶 6 切片在数量与质量方面都无法满足下游客户的需求，中国台湾地区锦纶 6 切片产品弥补了中国大陆下游高速纺民用丝企业对高质量锦纶 6 切片的需求。

(5)接收利害关系方书面评论意见

2009 年 5 月 19 日，调查机关收到巴斯夫美国公司、巴斯夫欧洲公司和巴斯夫安特卫普有限公司等 3 家公司(以下简称巴斯夫公司)共同提交的《关于确认部分进口尼龙 6 切片与反倾销被调查产品非同类产品的申请》。

2009 年 6 月 2 日，调查机关收到申请人提交的《锦纶 6 切片反倾销案申请人对巴斯夫公司产品范围调整申请的评论意见》。

(三)初裁决定及公告

2009 年 10 月 19 日，调查机关发布了本案的初裁决定，认定原产于美国、欧盟、俄罗斯和中国台湾地区的进口锦纶 6 切片存在倾销，并对中国大陆锦纶 6 切片产业造成实质损害，同时认定倾销和实质损害之间存在因果关系。根据初裁决定结果，调查机关发布公告，决定自 2009 年 10 月 20 日起，中华人民共和国对原产于美国、欧盟、俄罗斯和中国台湾地区的进口锦纶 6 切片开始实施临时反倾销措施。进口经营者在进口原产于美国、欧盟、俄罗斯和中国台湾地区的进口锦纶 6 切片时，必须向中华人民共和国海关提供与初裁决定所确定的倾销幅度相对应的保证金。

(四)初裁后的继续调查。

1. 对倾销和倾销幅度继续调查

(1)进一步调查和搜集证据

根据初裁决定公告的要求，各利害关系方在初裁决定发布之日起 10 天之内可以就初裁决定向调查机关提出书面评论并附相关证据。同时，本案初裁决定后，调查机关依据《反倾销调查信息披露暂行规则》的规定，向提交答卷的应诉公司披露并说明了初裁决定中计算公司倾销幅度时所依据的基本事实，给予应诉公司提出评论意见的机会。

调查机关在规定的时间内收到申请人、巴斯夫美国公司、霍尼韦尔树脂和化学品责任有限公司、巴斯夫安特卫普公司、巴斯夫欧洲公司、中国台湾化学纤维股份有限公司和力鹏企业股份有限公司对初裁及披露的书面评论。

申请人在评论中表示支持调查机关的初裁认定，对俄罗斯和中国台湾地区公司的保证金率表示了不同意见。巴斯夫美国公司、巴斯夫安特卫普公司、巴斯夫欧洲公司在评论中提出了对巴斯夫美国公司和巴斯夫安特卫普公司倾销幅度计算的意见，并希望调查机关能为巴斯夫欧洲公司单独确定倾销幅度。霍尼韦尔树脂和化学品责任有限公司、中国台湾化学纤维股份有限公司和力鹏企业股份有限公司则对初裁部分事实认定提出了评论意见。调查机关将上述评论意见的公开材料向各利害关系方进行了披露，并对这些评论意见依法予以了考虑。

2009 年 11 月 18 日，中伦律师事务所向调查机关提供了中国台湾地区全部应诉企业的英文名称。2009 年 12 月 2 日，金杜律师事务所代表古比雪夫氮封闭式股份有限公司提出更正公司英文名称的申请，表示因公司相关工作人员的失误，该公司英文名称填写错误，希望能在终裁决定中对公司英文名称予以更正。2010 年 1 月 19 日，金杜律师事务所代表古比雪夫氮封闭式股份有限公司提出由于现行公司俄文名称所对应的中文翻译与公司登记应诉时提交的中文名称不一致，因此申请更正公司的中文名称。2010 年 2 月 2 日，黄山律师事务所代表美国霍尼韦尔树脂和化学品责任有限公司提出了修改公司英文名称的申请。调查机关将这些申请的公开材料向各利害关系方进行了披露，并依法予以了考虑。

(2)实地核查

为进一步核实各应诉公司提交材料的真实性和准确性，调查机关组成实地核查小组，于 2009 年 11 月 2 日 ~14 日赴巴斯夫美国公司及其关联公司、霍尼韦尔树脂和化学品责任有限公司、巴斯夫安特卫普公司及其关联贸易公司所在地进行了实地核查。

核查期间，被核查公司的财务人员、销售人员和管理人员接受了核查小组的询问，并根据要求提供了有关的证明材料。核查小组全面核查了公司的整体情况、被调查产品同类产品的销售情况、被调查产品出口中国大陆销售情况、生产被调查产品及同类产品的成本及相关费用情况，对公司提交材料的完整性、真实性和准确性进行了调查，并进一步搜集了相关证据。

实地核查结束后，调查机关依据《反倾销调查信息披露暂行规则》第九条的规定将核查情况向接受核查的各公司进行了披露。

(3)最终裁定前的信息披露

依据《反倾销条例》第二十五条第二款和《反倾销调查信息披露暂行规则》的规定，调查机关于2010年3月4日向应诉公司及涉案国(地区)政府披露并说明了计算公司倾销幅度时所依据的基本事实，并给予利害关系方提出评论意见的机会。在规定的时间内，调查机关收到了利害关系方的评论意见并在终裁决定中予以了考虑。

2. 对产业损害和损害程度的进一步调查

(1)继续接收利害关系方书面评论意见 2009年10月26日，调查机关收到了本案申请人递交的《申请人对锦纶6切片反倾销案初步裁定的评述意见》。

2009年10月，调查机关收到霍尼韦尔树脂和化学品责任有限公司和霍尼韦尔贸易(上海)有限公司等2家公司(以下简称霍尼韦尔公司)共同提交的《关于进口锦纶6切片反倾销案无损害抗辩意见》。

2009年10月22日，调查机关收到力鹏股份有限公司、集盛实业股份有限公司、展颂股份有限公司和中国台湾化学纤维股份有限公司共同提交的《关于被调查锦纶6切片无损害抗辩意见书》。

2009年11月4日，调查机关收到欧盟委员会提交的《欧盟对锦纶6切片反倾销初裁的评论意见》。

2010年1月25日，调查机关收到申请人提交的《锦纶6切片反倾销案申请人关于产业损害及因果关系问题的评论意见》。

2010年1月25日，调查机关收到了中国化学纤维工业协会锦纶专业委员会提交的《关于锦纶6切片反倾销相关情况的说明》，提出力鹏股份有限公司、集盛实业股份有限公司、展颂股份有限公司和中国台湾化学纤维股份有限公司提交的《关于被调查锦纶6切片无损害抗辩意见书》附件一提供了该协会署名但未盖公章的《关于聚酰胺6切片反倾销对下游高速纺民用长丝产业影响情况的报告》，该报告并非由中国化学纤维工业协会锦纶专业委员会出具，且该报告所述内容与事实不符。中国化学纤维工业协会锦纶专业委员会认为，调查机关在调查过程中已经充分考虑了下游企业和中国大陆锦纶产业的整体利益，初裁的决定是适当的。

调查机关认为，根据《反倾销产业损害调查规定》第三十三条的规定，力鹏股份有限公司、集盛实业股份有限公司、展颂股份有限公司和中国台湾化学纤维股份有限公司未如实向调查机关反映情况、提供有关资料，调查机关将根据已经获得的事实和可获得的最佳信息做出裁定。

(2)终裁前实地核查

2009年11月至2010年1月，调查机关对广东新会美达锦纶股份有限公司、广东开平春晖股份有限公司、宁波舜龙锦纶有限公司、无锡明特化纤有限公司、杭州宏福锦纶有限公司、无锡市长安高分子材料厂、岳阳巴陵石化化工化纤有限公司进行了终裁前实地核查。

(3)听取中国大陆锦纶6切片下游企业意见陈述

2010年1月29日，调查机关听取了中国大陆锦纶6切片下游企业意见陈述。泉州天宇化纤织造有限公司、长乐力恒锦纶科技有限公司、福建锦江科技有限公司、义乌华鼎锦纶股份有限公司、烟台华润锦纶有限公司等30余家中国大陆锦纶6切片下游企业对本案陈述了意见。

部分下游企业提出，本案初裁前，中国大陆锦纶6切片的价格异常波动，不利于下游企业的正常生产经营。初裁后，中国大陆锦纶6切片产品市场价格趋于稳定，使下游企业得到稳定发展。部分下游企业长期使用中国大陆企业生产的锦纶6切片生产锦纶纤维、工程塑料和薄膜等下游产品，产品质量能满足下游用户的需求。因此明确表示，支持中国大陆锦纶6切片产业提起的反倾销调查。

另有部分下游企业提出，本案初裁后，中国大陆锦纶6切片产品市场价格出现上涨，对下游企业的生产经营产生了影响。另外，中国大陆锦纶6切片企业生产的部分规格的锦纶6切片在产品质量上与被调查产品还存在差距，希望调查机关能进一步考虑下游企业的利益，保留部分进口锦纶6切片。

调查机关认为：中国大陆企业生产的锦纶6切片与被调查产品可以相互替代。本案初裁后，中国大陆锦纶6切片产品市场价格出现合理的恢复性上涨，并未出现不合理的报复性上涨情况。另有证据显示，根据中华人民共和国海关统计，目前中国大陆的进口锦纶 6 切片数量仍然保持在较高水平，正常的锦纶 6 切片贸易并未受到负面影响。

(4) 公开信息及终裁前的信息披露

根据《产业损害调查信息查阅与信息披露规定》第八条、第十四条关于公开信息及送交查阅室的规定，本案所有公开材料均已及时送交商务部贸易救济措施公开信息查阅室。各利害关系方可以查找、阅览、摘抄、复印公开信息。

根据《反倾销条例》第二十五条和《产业损害调查信息查阅与信息披露规定》的规定，调查机关向本案利害关系方披露了本案终裁决定所依据的基本事实，并给予其提出评论意见的机会。

在最终裁定中，调查机关对利害关系方提出的评论和意见依法给予了充分考虑。

二、被调查产品和调查范围

(一) 被调查产品的描述

被调查产品名称：锦纶 6 切片，学名聚己内酰胺，又称聚酰胺－6 切片或尼龙 6 切片。英文名称 Polycaprolactam，Polyamide－6 (简称 PA6)，Nylon6

化学分子式：$-[NH-(CH_2)_5-CO]_n-$

物理化学特征：锦纶 6 切片是一种外观通常呈乳白色或微黄色半透明到不透明状的结晶性聚合物，可溶于苯酚和热的硫酸中。

主要用途：锦纶 6 切片具有着色性、韧性、耐磨性、自润滑性好，耐低温、耐细菌，成型加工性好等特征，是一种应用广泛的合成树脂，主要应用于化纤、纺织、化工、电子、机械、汽车、军工、食品和医疗等领域。

该产品归在《中华人民共和国进出口税则》：39081019。

(二) 调查范围

调查范围：原产于美国、欧盟、俄罗斯和中国台湾地区的进口锦纶 6 切片。

(三) 关于被调查产品范围的问题

立案后，力鹏企业股份有限公司提出被调查产品范围排除申请，主张将锦纶 6 切片中全消光切片排除在被调查产品范围之外。太洋尼龙股份有限公司等部分中国台湾地区公司也申请本案调查排除或部分产品调查排除。

经审查，调查机关认为公司主张缺乏正当理由和充分证据，因此未予考虑。初裁后，没有利害关系方就此问题提交进一步评论意见。

三、中国大陆同类产品和中国大陆产业

(一) 中国大陆同类产品的认定

根据《反倾销条例》第十二条和《反倾销产业损害调查规定》第十、第十一条的规定，调查机关对中国大陆生产的锦纶 6 切片与被调查产品的物理和化学特性、生产工艺流程、产品用途、销售渠道和客户群体、产品可替代性、消费者和生产者评价等因素进行了调查，证据显示：

1. 物理和化学特性

中国大陆生产的锦纶 6 切片和被调查产品的分子结构式相同，技术指标基本相同。均为乳白色或微黄色半透明到不透明状的结晶性聚合物，可溶于苯酚和热的硫酸中。

2. 生产工艺流程

中国大陆生产的锦纶 6 切片与被调查产品使用的主要原材料均为己内酰胺，在生产工艺流程上基本相同，都包含己内酰胺熔融、己内酰胺聚合、水下切粒、切片萃取、切片干燥等几个步骤。不同公司的生产工艺在聚合方法和回收方式上存在区别，但总体工艺路线是相同的，最终产品均是锦纶 6 切片。

3. 产品用途

中国大陆生产的锦纶 6 切片与被调查产品用途基本相同，主要用于四个方面，分别为：化学纤维、工程塑料、塑料薄膜和复合材料。均可广泛应用于化纤、纺织、化工、电子、机械、汽车、军工、食品、医疗等领域。

4. 销售渠道和客户群体、消费者和生产者评价

中国大陆生产的锦纶 6 切片与被调查产品销售渠道基本相同，主要通过直销、分销和代理等形式，市场销售区域也基本相同。客户群体相同，部分客户同时使用中国大陆生产的锦纶 6 切片和被调查产品，二者可以相互替代。

巴斯夫公司在其向调查机关提交的《关于确认部分进口尼龙 6 切片与反倾销被调查产品非同类产品的申请》中提出，其生产的用于高韧度纺纱、电线电缆涂层、复合薄膜和尚未进入市场的研发阶段产品由于相对黏度和所使用添加剂不同，具有独特性质，中国大陆产业不具备生产上述切片产品的能力，中国大陆产业生产的产品与之不是同类产品。上述公司还提出，其生产的部分锦纶 6 切片并未向中国大陆销售，不可能给中国大陆产业造成损害，此部分锦纶 6 切片与中国大陆产业生产的产品不是同类产品。

申请人在其向调查机关提交的《锦纶 6 切片反倾

销案申请人对巴斯夫公司产品范围调整申请的评论意见》中认为：

(1)根据《关于反倾销产品范围调整程序的暂行规定》的相关规定，巴斯夫公司提出的产品调整申请未依照法律要求对申请排除的产品进行详细描述和说明，也未对申请排除的产品与中国大陆产业同类产品的异同点进行详细描述和说明，同时也未依照法律要求提供相应证据。申请人无法了解其具体申请排除哪些产品，也无法对其申请排除的产品与中国大陆同类产品进行比较，妨碍了申请人对其意见进行充分评论的权利。

(2)被调查产品范围包括同一类产品的所有规格和型号，不能因为各个具体型号或规格产品之间存在一定的差异就将其排除在被调查产品范围之外。

(3)虽然反倾销法律要求申请人应是同类产品的生产者，但是法律并不规定申请人必须能够生产被调查范围内的所有规格或型号的产品，并且申请人之一的广东新会美达锦纶股份有限公司所生产的锦纶6切片即被下游企业用于生产高韧度纺纱、电线电缆涂层和复合薄膜。

(4)未向中国大陆出口相关规格的产品并不构成将这些产品排除在被调查国家产品范围之外的标准和依据，并且巴斯夫公司未向中国大陆出口部分锦纶6切片产品并不代表其他涉案企业未向中国大陆出口与其相同或类似的产品。

调查机关认为，用于高韧度纺纱、电线电缆涂层、复合薄膜和尚未进入市场的研发阶段的锦纶6切片只是同一类产品的不同规格和型号，他们与其他规格或型号锦纶6切片之间的差异，属于被调查产品内不同规格或型号之间的差异。此外，证据显示，本案部分申请人所生产的锦纶6切片即被下游企业用于生产高韧度纺纱、电线电缆涂层和复合薄膜。因此，调查机关认定，中国大陆产业生产的产品与用于高韧度纺纱、电线电缆涂层、复合薄膜和尚未进入市场的研发阶段的锦纶6切片是同类产品。初裁后，本案利害关系方对此未提出异议。

巴斯夫公司还提出，在调查期内未出口至中国大陆的锦纶6切片应确认为非同类产品，调查机关认为，巴斯夫公司并未就此部分产品的具体情况提供客观的、充分的、可供核实的证据，并且巴斯夫公司在调查期内未向中国大陆出口此部分锦纶6切片并不能证明其他被调查国家或地区也未向中国大陆出口相同或类似的产品。因此，调查机关认定，巴斯夫公司关于将调查期内未出口至中国大陆的锦纶6切片确认为非同类产品的理由并不充分，调查机关对其主张不予支持。初裁后，巴斯夫公司对此未提出异议。

上述证据表明，中国大陆生产的锦纶6切片与被调查产品在物理和化学特性、生产工艺流程、产品用途、销售渠道和客户群体、消费者和生产者评价等方面基本相同，具有相似性和可替代性。因此，调查机关认定，中国大陆生产的锦纶6切片与被调查产品属于同类产品。

(二)中国大陆产业的认定

调查机关对本案申请企业和支持企业的产业代表资格进行了审查。证据显示，2005年、2006年、2007年、2007年1~9月和2008年1~9月申请企业和支持企业产量之和占中国大陆同类产品总产量的50.38%、58.46%、56.34%、55.25%和57.08%。

根据《反倾销条例》第十一条和《反倾销产业损害调查规定》第十三条的规定，调查机关认定，调查期内，中国大陆上述申请企业和支持企业可以代表中国大陆锦纶6切片产业。

四、倾销和倾销幅度

调查机关审查了各应诉公司的答卷，对各公司的正常价值和出口价格作如下认定：

(一)正常价值、出口价格及价格调整项目的认定。

美国公司

巴斯夫美国公司

1. 正常价值

初裁中调查机关接受了公司答卷中将公司被调查产品及同类产品的不同牌号分别归类至相应PCN的方法。经实地核查及进一步审查，调查机关认定该归类情况符合公司的实际情况，决定在终裁中维持初裁中关于PCN归类的认定。

调查机关对公司国内销售被调查产品同类产品总量及各PCN占同期向中国大陆出口对应数量的比例进行了审查。经实地核查及进一步审查，公司国内销售被调查产品同类产品总量占同期向中国大陆出口总数量的比例大于5%。在分PCN数量审查中，调查机关发现公司部分PCN项下的产品或者在美国国内没有销售，或者国内销售数量占同期向中国大陆出口销售数量的比例不足5%，调查机关决定依据其同类产品的生产成本加费用、合理利润计算正常价值；其他PCN项下同类产品的国内销售数量占同期向中国大陆出口数量的比例大于5%，符合作为确定正常价值基础的数量要求。

调查机关审查了公司国内销售情况。初裁中，调查机关接受了公司的主张，采用公司销售给非关联客户的销售价格作为确定正常价值的基础。经实地核查及进一步审查，调查机关发现初裁中认定的事实没有发生变化，决定维持初裁中的认定。

调查机关审查了公司的生产成本及费用情况。在初裁中，调查机关暂根据公司答卷中填报的成本数据对生产成本进行了调整。初裁后，公司提交评论意见主张使用副产品耗用的原材料成本抵消生产成本，但是并未提交任何支持性证据。经实地核查及进一步审查，调查机关认为公司在调查过程中没有提交证据证明副产品的销售收入与被调查产品同类产品生产成本的计算之间的关系。调查机关决定在终裁中维持初裁决定。

在初裁中，由于其中一个 PCN 在美国国内没有同类产品的销售，调查机关暂以其他同类产品的成本予以替代。初裁后，公司提交评论意见认为尽管该 PCN 没有国内销售，但是存在对其他国家的出口销售，主张采用该 PCN 不分市场的成本数据。经实地核查及进一步审查，调查机关决定在终裁中接受公司主张，采用公司提交的该 PCN 不分市场的成本数据。

调查机关审查了公司的销售、管理、财务费用及其分摊情况。经实地核查及进一步审查，由于初裁中认定的事实没有发生变化，调查机关决定维持初裁决定。

调查机关根据重新计算的成本和费用数据，对国内销售交易是否存在低于成本销售进行了审查。根据《反倾销条例》第四条规定，对于国内销售中低于加权平均成本的销售数量占其国内销售数量的比例均超过 20% 的，调查机关决定以排除低于成本销售交易之后的国内销售作为确定其正常价值的基础；对于国内销售中低于加权平均成本的销售数量占其国内销售数量的比例不足 20% 的，调查机关决定以全部国内销售作为确定其正常价值的基础。

2. 出口价格

调查机关审查了公司在倾销调查期内向中国大陆出口被调查产品情况。经实地核查及进一步审查，由于初裁中认定的事实没有发生变化，调查机关决定在终裁中维持初裁决定。

3. 调整项目

根据《反倾销条例》第六条规定，为公平合理比较，调查机关对公司影响价格可比性的调整项目逐一进行了审查。

(1)关于正常价值

在初裁中，调查机关根据现有材料暂接受了公司填报的内陆运费、包装费用、信用费用等国内销售调整项目。经实地核查及进一步审查，调查机关决定维持初裁决定。

(2)关于出口价格

在初裁中，调查机关根据现有材料暂接受了公司填报的内陆运费、国际运费、国际运输保险费、包装费用、信用费用等调整主张，并将佣金作为出口价格的调整项目。经实地核查及进一步审查，由于初裁中认定的事实没有发生变化，调查机关决定维持初裁决定。

关于 CIF 价格，经实地核查及进一步审查，调查机关决定采信公司报告的 CIF 价格数据。

美国霍尼韦尔树脂和化学品责任有限公司

1. 正常价值

初裁中调查机关接受了公司答卷中将公司被调查产品及同类产品的不同牌号分别归类至相应 PCN 的方法。经进一步审查，调查机关认定该归类情况符合公司的实际情况。调查机关决定在终裁中，维持初裁中关于公司 PCN 归类的认定。

调查机关对公司国内销售被调查产品同类产品总量及各型号占同期向中国大陆出口对应数量的比例进行了审查。经审查，调查期内公司国内销售被调查产品同类产品总量占同期向中国大陆出口销售总量的比例大于 5%；在分 PCN 的数量审查中，调查机关发现调查期内公司某些型号被调查产品同类产品的国内销售数量占同期向中国大陆出口销售数量的比例小于 5%，根据《反倾销条例》第四条规定，调查机关决定采用这些 PCN 产品的生产成本加合理费用、利润确定其正常价值；调查期内公司其他 PCN 被调查产品同类产品的国内销售数量占同期向中国大陆出口销售数量的比例大于 5%，符合作为确定正常价值的数量要求。

公司主张，调查期内的国内销售全部销售给非关联最终用户或者分销商。经审查，调查机关发现公司部分被调查产品以“库存转移”的名义销售给其关联公司，但公司并未主张“转移”的数量和价格，也未提供这部分被调查产品的型号证明材料。调查机关在初裁中决定以公司调查期被调查产品的库存减少数量和公司主张的调查期被调查产品销售数量的差额作为“转移数量”，以公司国内销售的某笔交易价格作为确定这部分被调查产品正常价值的基础，经核查，调查机关决定维持初裁中的认定；对于其他国内销售，调查机关决定以公司销售给美国国内非关联最终用户或者分销商的价格作为确定正常价值的基础。

调查机关审查了公司的生产成本及费用情况。在初步裁决中，对于某些 PCN 的被调查产品，由于公司在答卷中报告了多种不同生产成本，调查机关决定选择其中一种作为区分不同 PCN 的成本。经实地核查及进一步计算，由于初裁中认定的事实没有发生变化，调查机关决定维持初裁中的认定。初裁中，调查机关暂接受了公司在答卷中报告的倾销调查期内发生的销售、管理和一般费用以及分摊方法。经实地核查及进一步审查，调查机关决定维持初裁中的认定。

调查机关根据重新计算的成本和费用数据，对国内销售交易是否存在低于成本销售进行了审查。调查机关发现，公司部分 PCN 产品国内销售中低于调查期加权平均成本的销售数量超过其国内销售数量的 20%，根据《反倾销条例》第四条规定，对于该部分 PCN 的国内销售，调查机关决定以排除低于成本销售交易之后的国内销售作为确定正常价值的基础。对于公司全部低于成本销售的部分 PCN 产品，调查机关决定采用这些型号产品的生产成本加合理费用、利润确定其正常价值。

2. 出口价格

调查机关审查了公司在调查期内向中国大陆出口被调查产品情况。公司主张，在调查期内部分被调查产品直接销售给中国大陆非关联用户，另一部分通过位于中国大陆境内的关联贸易商转售。调查机关发现，公司主张的向中国大陆非关联用户的销售中，某家公司地址在美国，交货方式为 EXW，公司未能提供这些被调查产品最终出口到中国大陆的证明材料，调查机关在初裁中排除这些交易。经实地核查及进一步审查，由于初裁中认定的事实没有发生变化，调查机关决定在终裁中维持初裁决定。

3. 调整项目

根据《反倾销条例》第六条规定，为公平合理比较，调查机关对公司影响价格可比性的调整项目逐一进行了审查。

(1)关于正常价值

在初裁中，调查机关根据现有材料暂时接受了发票中的折扣、退款及赔偿、内陆运费、内陆运输保险费、出厂装卸费、包装费用、信用费用等调整项目。经实地核查及进一步审查，由于初裁中认定的事实没有发生变化，调查机关决定维持初裁时的决定。

关于初裁中调查机关暂未接受的提前付款折扣和回扣等调整主张，调查机关认为公司在实地核查中提供了可靠的证据材料，决定在终裁中予以接受。

(2)关于出口价格

在初裁中，调查机关根据现有材料暂时接受了退款及赔偿、内陆运费、内陆运输保险费、出厂装卸费、国际运费、港口装卸费用、包装费用、信用费用等调整项目。关于信用费用，公司未能提供美国商业银行美元短期贷款利率，调查机关决定根据美国联邦基准利率对该项费用予以调整。经实地核查及进一步审查，由于初裁中认定的事实没有发生变化，调查机关决定维持初裁时的决定。

对于公司通过位于中国大陆境内的关联贸易商转售的交易，由于初裁中认定的事实没有发生变化，调查机关决定维持初裁时的决定。

关于 CIF 价格，经实地核查及进一步审查，调查机关决定采信公司报告的 CIF 价格数据。

美国 UBE 公司

2009 年 5 月 18 日，UBEAMERICAINC. 向调查机关登记应诉。公司主张其在调查期内未对中国大陆出口被调查产品。因此，调查机关未审查公司调查期内倾销情况。

其他美国公司(AllOthers)

对于其他未应诉、未提交答卷的美国公司，根据《反倾销条例》第二十一条的规定，调查机关决定采用已经获得的事实和可获得的最佳信息来认定其正常价值和出口价格。

欧盟公司

波兰阿佐提塔诺股份有限公司

1. 正常价值初裁中调查机关接受了公司答卷中将公司被调查产品及同类产品的不同牌号分别归类至相应 PCN 的方法。经进一步审查，调查机关认定该归类情况符合公司的实际情况。调查机关决定在终裁中，维持初裁中关于公司 PCN 归类的认定。

调查机关对公司欧盟内销售被调查产品同类产品总量及各 PCN 占同期向中国大陆出口对应数量的比例进行了审查。经进一步审查，调查期内公司欧盟内销售被调查产品同类产品总量以及按照 PCN 的数量占同期向中国大陆出口销售总量的比例大于 5%，符合作为确定正常价值基础的数量要求。

调查机关审查了公司欧盟内交易情况。初裁中，调查机关接受了公司的主张，以公司销售给欧盟地区内非关联最终用户或者分销商的价格作为确定正常价值的基础。经进一步审查，由于初裁中认定的事实没有发生变化，调查机关决定维持初裁决定。

调查机关对公司调查期内欧盟内销售是否低于成本进行了审查。初裁中，调查机关接受公司报告的生产成本数据、费用及其分摊方法。经进一步审查，调查机关决定维持初裁决定。

调查机关根据重新计算的成本和费用数据，对公司欧盟内销售交易是否存在低于成本销售进行了审查，发现调查期内公司各型号产品国内销售中低于成本的销售数量占其欧盟内销售数量的比例未超过 20%，根据《反倾销条例》第四条规定，调查机关决定以公司欧盟内销售全部交易作为确定正常价值的基础。

2. 出口价格调查机关审查了公司在调查期内向中国大陆出口被调查产品情况。公司在调查期内直接将被调查产品销售给中国大陆非关联用户。经进一步审查，由于初裁中认定的事实没有发生变化，调查机关决定在终裁中维持初裁决定。

3. 调整项目

根据《反倾销条例》第六条规定，为公平合理比较，调查机关对公司影响价格可比性的调整项目逐一进行了审查。

(1)关于正常价值

初裁中，调查机关根据现有材料接受内陆运费、内陆运输保险费、银行手续费、信用费用等调整主张。经进一步审查，由于初裁中认定的事实没有发生变化，调查机关决定维持初裁决定。

(2)关于出口价格

初裁中，调查机关根据现有材料接受售前仓储费、国际运费、港口装卸费、银行手续费、信用证费、信用费用、货币兑换费等调整主张。经进一步审查，由于初裁中认定的事实没有发生变化，调查机关决定维持初裁决定。

关于 CIF 价格，经进一步审查，调查机关决定采信公司报告的 CIF 价格数据。

巴斯夫安特卫普公司

1. 正常价值

调查机关对公司欧盟内销售被调查产品同类产品总量及各 PCN 占同期向中国大陆出口对应数量的比例进行了审查。经审查，调查期内公司欧盟内销售被调查产品同类产品总量以及按照 PCN 的数量占同期向中国大陆出口销售总量的比例大于 5%，符合作为确定正常价值基础的数量要求。

调查机关审查了公司同类产品欧盟内销售情况。初裁中，调查机关决定暂以公司欧盟内关联公司的转售价格作为确定正常价值的基础。经实地核查及进一步审查，调查机关发现初裁中认定的事实没有发生变化，决定维持初裁中的认定。

调查机关审查了公司的生产成本及费用情况。在初裁中，调查机关接受了公司填报的生产成本数据，并按照直接费用归集和间接费用依据销售收入比例分摊的方法，对公司填报的费用数据进行了重新调整。经实地核查及进一步审查，由于初裁中认定的事实没有发生变化，调查机关决定维持初裁中的认定。

调查机关根据生产成本和调整后的费用数据，对欧盟内销售交易是否存在低于成本销售进行了审查。调查期内，该公司欧盟内销售中低于加权平均成本的销售数量占其欧盟内销售数量的比例不足 20%，根据《反倾销条例》第四条规定，调查机关决定以全部欧盟内销售作为确定其正常价值的基础。

2. 出口价格

调查机关审查了公司在倾销调查期内向中国大陆出口被调查产品情况。公司在倾销调查期内对中国大陆出口被调查产品全部通过位于欧盟及第三国的关联贸易公司进行，并最终由第三国关联贸易公司销售给中国大陆关联和非关联最终用户。经实地核查及进一步审查，由于初裁中认定的事实没有发生变化，调查机关决定在终裁中维持初裁决定 。

3. 调整项目

根据《反倾销条例》第六条规定，为公平合理比较，调查机关对公司影响价格可比性的调整项目逐一进行了审查。

(1)关于正常价值

在初裁中，调查机关根据现有材料暂接受了公司填报的内陆运费、包装费用、信用费用等国内销售调整项目。经实地核查及进一步审查，由于初裁中认定的事实没有发生变化，调查机关决定维持初裁决定。

(2)关于出口价格

在初裁中，调查机关根据现有材料暂接受了公司填报的内陆运费、国际运费、国际运输保险费、包装费用、信用费用等调整主张，并将佣金作为出口价格的调整项目。经实地核查及进一步审查，由于初裁中认定的事实没有发生变化，调查机关决定维持初裁决定。

关于 CIF 价格，经实地核查及进一步审查，调查机关决定采信公司报告的 CIF 价格数据。

巴斯夫欧洲公司

在初裁中，调查机关根据现有证据认定公司为贸易商，未予以确定单独倾销幅度。经实地核查，公司提供的证据表明，其既是贸易商也是被调查产品及同类产品的生产商，调查机关决定公司适用未抽样选取公司的加权平均税率。

其他应诉公司

根据《反倾销条例》及商务部《反倾销调查抽样暂行规则》的规定，调查机关决定采用抽样选取公司的加权平均幅度，确定其他报名应诉但未被抽样选取的欧盟公司(含备选公司)的倾销幅度。

其他欧盟公司(AllOthers)

对于其他未应诉、未提交答卷的欧盟公司，根据《反倾销条例》第二十一条的规定，调查机关决定采用已经获得的事实和可获得的最佳信息来认定其正常价值和出口价格。

俄罗斯公司

古比雪夫氮开放式股份公司

1. 正常价值

初裁中调查机关接受了公司答卷中将公司被调查产品及同类产品的不同牌号分别归类至相应 PCN 的方法。经进一步审查，调查机关认定该归类情况符合公司的实际情况。调查机关决定在终裁中，维持初裁中关于公司 PCN 归类的认定。

调查机关对公司国内销售被调查产品同类产品总量及各型号占同期向中国大陆出口对应数量的比例进行了审查。经进一步审查，调查期内公司岛内销售被调查产品同类产品总量以及按照 PCN 的数量占同期向中国大陆出口销售总量的比例大于 5%，符合作为确定正常价值基础的数量要求。

调查机关审查了公司国内交易情况。初裁中，调查机关认为国内部分关联交易由于受到关联关系的影响，关联销售价格并不能够反映正常的市场交易状况，决定将该部分关联交易排除，以公司销售给非关联客户的价格作为确定正常价值的基础。经进一步审查，调查机关决定维持初裁决定。

调查机关对公司调查期内国内销售是否低于成本进行了审查。初裁中，调查机关接受公司报告的生产成本数据、费用及其分摊方法。经进一步审查，由于初裁中认定的事实没有发生变化，调查机关决定维持初裁决定。

调查机关根据重新计算的成本和费用数据，对公司国内销售交易是否存在低于成本销售进行了审查，发现调查期内公司各型号产品国内销售中低于成本的销售数量占其国内销售数量的比例未超过 20%，根据《反倾销条例》第四条规定，调查机关决定以公司国内销售全部交易作为确定正常价值的基础。

2. 出口价格

调查机关对公司的出口价格进行了审查。公司在调查期内通过以下渠道向中国大陆出口被调查产品：直接销售给中国大陆非关联用户；通过位于中国大陆境内的关联贸易商转售。经进一步审查，由于初裁中认定的事实没有发生变化，调查机关决定在终裁中维持初裁决定。

3. 调整项目

根据《反倾销条例》第六条规定，为公平合理比较，调查机关对公司影响价格可比性的调整项目逐一进行了审查。

(1)关于正常价值

初裁中，调查机关决定根据现有材料接受内陆运费、包装费用、信用费用等调整主张。经进一步审查，由于初裁中认定的事实没有发生变化，调查机关决定维持初裁决定。

(2)关于出口价格

初裁中，调查机关决定根据现有材料接受内陆运费、国际运费、包装费用等调整主张，对信用费用予以调整。经进一步审查，由于初裁中认定的事实没有发生变化，调查机关决定维持初裁决定。

在采用推定出口价格时，调查机关没有对关联贸易公司在转售过程发生的其他直接费用进行调整。

关于 CIF 价格，经进一步审查，调查机关决定采信公司报告的 CIF 价格数据。

其他俄罗斯公司(AllOthers)

对于其他未应诉、未提交答卷的俄罗斯公司，根据《反倾销条例》第二十一条的规定，调查机关决定采用已经获得的事实和可获得的最佳信息来认定其正常价值和出口价格。

中国台湾地区公司

中国台湾化学纤维股份有限公司

1. 正常价值

初裁中调查机关接受了公司答卷中将公司被调查产品及同类产品的不同牌号分别归类至相应 PCN 的方法。经进一步审查，调查机关认定该归类情况符合公司的实际情况。调查机关决定在终裁中，维持初裁中关于公司 PCN 归类的认定。

调查机关对公司岛内销售被调查产品同类产品总量及各 PCN 占同期向中国大陆出口对应数量的比

例进行了审查。经审查，调查期内公司岛内销售被调查产品同类产品总量以及按照 PCN 的数量占同期向中国大陆出口销售总量的比例大于 5%，符合作为确定正常价值基础的数量要求。

调查机关审查了公司岛内销售的情况，初裁中，调查机关认为公司岛内关联交易不属于正常商业交易过程，排除这部分交易作为正常价值的基础。对此，公司在评论中没有发表不同意见。经进一步审查，调查机关决定维持初裁决定。

调查机关审查了公司的生产成本及费用情况。初裁中，调查机关未予采纳公司按照不同 PCN 的不同包装方式和不同销售渠道对包装成本进行分摊的主张，并根据公司答卷提供的调查期总包装费用和总销售数量进行了调整。对此，公司在评论中没有发表不同意见。经进一步审查，由于初裁中认定的事实没有发生变化，调查机关决定维持初裁决定。

调查机关在初裁中接受公司报告的在调查期内的销售费用数据，并依照公司报告的销售数据对管理费用和财务费用重新进行了调整。对此，公司在评论中没有发表不同意见。经进一步审查，调查机关决定维持初裁决定。

调查机关根据重新计算的成本和费用数据，对岛内销售交易是否存在低于成本销售进行了审查，发现调查期内有一个 PCN 的岛内销售交易低于成本销售的比例高于 20%，调查机关认定这部分交易属于非正常贸易过程中的交易，决定依据排除这部分交易后的岛内交易作为确定正常价值的基础。其余型号岛内销售交易低于成本销售的比例低于 20%，调查机关决定依据这些型号的全部岛内交易确定其正常价值。

2. 出口价格

调查机关审查了公司在调查期内向中国大陆出口被调查产品情况。公司在调查期内通过以下渠道向中国大陆出口被调查产品：通过非关联贸易商销售给中国大陆非关联用户，或直接销售给中国大陆非关联用户。在通过非关联贸易商对中国大陆出口被调查产品时，公司知道货物最终销往中国大陆。经进一步审查，由于初裁中认定的事实没有发生变化，调查机关决定在终裁中维持初裁决定。

3. 调整项目根据《反倾销条例》第六条规定，为公平合理比较，调查机关对公司影响价格可比性的调整项目逐一进行了审查。

(1)正常价值部分

初裁中，调查机关接受公司对退款及赔偿、内陆运费、包装费用、信用费用等进行调整的主张，并采信公司报告的拟调整的数据。经进一步审查，由于初裁中认定的事实没有发生变化，调查机关决定维持初裁决定。

(2)出口价格部分

初裁中，调查机关接受公司对内陆运费、国际运保费、港口装卸费、包装费用、信用费用、佣金、报关代理、押汇、贴现、商港服务、贸易推广等进行调整的主张，并采信了公司报告的拟调整的数据。经进一步审查，由于初裁中认定的事实没有发生变化，调查机关决定维持初裁决定。

关于 CIF 价格，经审查，调查机关决定采信公司报告的 CIF 价格数据。

力鹏企业股份有限公司

1. 正常价值

初裁中调查机关接受了公司答卷中将公司被调查产品及同类产品的不同牌号分别归类至相应 PCN 的方法。经进一步审查，调查机关认定该归类情况符合公司的实际情况。调查机关决定在终裁中，维持初裁中关于公司 PCN 归类的认定。

调查机关对公司岛内销售被调查产品同类产品总量及各 PCN 占同期向中国大陆出口对应数量的比例进行了审查。经审查，调查期内公司岛内销售被调查产品同类产品总量以及按照 PCN 的数量占同期向中国大陆出口销售总量的比例大于 5%，符合作为确定正常价值基础的数量要求。

调查机关审查了公司岛内销售的情况。初裁中，调查机关接受了公司的主张，采用公司销售给非关联客户的销售价格作为确定正常价值的基础。经进一步审查，调查机关决定维持初裁决定。

调查机关审查了公司的生产成本及费用情况。初裁中，调查机关未予采纳公司按照不同 PCN 的不同包装方式和不同销售渠道对包装成本进行分摊的主张，并根据公司答卷提供的调查期总包装费用和总销售数量进行了调整。对此，公司在评论中没有发表不同意见。经进一步审查，由于初裁中认定的事实没有发生变化，调查机关决定维持初裁决定。

对于倾销调查期内公司发生的管理、销售和财务费用，初裁中，调查机关未予采纳公司的分摊主张，而是根据公司提供的销售收入比例对公司费用的分摊进行了调整。对此，公司在评论中没有发表不同意见。经进一步审查，由于初裁中认定的事实没有发生变化，调查机关决定维持初裁决定。

调查机关根据重新计算的成本和费用数据，对岛内销售交易是否存在低于成本销售进行了审查，发现调查期所有 PCN 的岛内销售交易低于成本销售的比例均高于 20%。调查机关认定这部分交易属于非正常贸易过程中的交易，决定依据排除这部分交易后的岛内交易作为确定正常价值的基础。

2. 出口价格

调查机关审查了公司在调查期内向中国大陆出口被调查产品情况。公司在调查期内通过以下渠道向中国大陆出口被调查产品：通过关联贸易商销售给中国大陆非关联用户，或直接销售给中国大陆非关联用户。经进一步审查，由于初裁中认定的事实没有发生变化，调查机关决定在终裁中维持初裁决定。

3. 调整项目

根据《反倾销条例》第六条规定，为公平合理比较，调查机关对公司影响价格可比性的调整项目逐一进行了审查。

(1)关于正常价值

在初裁中，调查机关根据现有材料暂时接受了公司在岛内销售中填报的其他折扣、退货折让、内陆运费、包装费用、信用费用等项目，而未予接受回扣和佣金项目。对此，公司在评论中没有发表不同意见。经进一步审查，由于初裁中认定的事实没有发生变化，调查机关决定维持初裁时的决定。

(2)关于出口价格

在初裁中，调查机关根据现有材料暂时接受了公司在出口销售中填报的其他折扣、内陆运费、国际运保费、包装费用、信用费用、佣金、报关代理费、银行手续费、港建费、银行贴现费用、栈板热处理费项目。经进一步审查，由于初裁中认定的事实没有发生变化，调查机关决定维持初裁时的决定。

对于公司通过位于中国大陆境内的关联贸易商转售的交易，由于初裁中认定的事实没有发生变化，调查机关决定维持初裁时的决定。

关于 CIF 价格，经进一步审查，调查机关决定采信公司报告的 CIF 价格数据。

其他应诉公司

根据《反倾销条例》及商务部《反倾销调查抽样暂行规则》的规定，调查机关决定采用抽样选取公司的加权平均幅度，确定其他报名应诉但未被抽样选取的中国台湾地区公司(含备选公司)的倾销幅度。

其他中国台湾地区公司(AllOthers)

对于其他未应诉、未提交答卷的中国台湾地区公司，根据《反倾销条例》第二十一条的规定，调查机关决定采用已经获得的事实和可获得的最佳信息来认定其正常价值和出口价格。

(二)价格比较。

根据《反倾销条例》第六条的规定，调查机关对进口产品的出口价格和正常价值，考虑了影响价格的各种可比性因素，按照公平、合理的方式进行了比较。调查机关在当事人提交的证明材料基础上，将应诉公司的正常价值和出口价格在出口国(地区)出厂价的基础上予以比较。在计算倾销幅度时，调查机关将加权平均正常价值和加权平均出口价格进行比较，计算出倾销幅度。

对于其他未应诉、未提交答卷的美国、欧盟、俄罗斯和中国台湾地区公司，根据《反倾销条例》第二十一条的规定，调查机关决定采用已经获得的事实和可获得的最佳信息做出有关倾销和倾销幅度的裁定。

(三)倾销幅度

经过计算，各公司的倾销幅度在附件 2 中列明

五、产业损害及损害程度

(一)累积评估的适当性

证据显示，原产于美国、欧盟、俄罗斯和中国台湾地区的被调查产品倾销幅度均不小于 2%，进口量均超过中国大陆锦纶 6 切片总进口量的 3%，不属于可忽略不计的范围，且被调查产品之间及被调查产品与中国大陆同类产品之间在物理和化学特性、生产工艺流程、产品用途、销售渠道和客户群体、产品可替代性、消费者和生产者评价等方面基本相同，在中国大陆市场上存在相互竞争关系，而且竞争条件基本相同。

根据《反倾销条例》第九条和《反倾销产业损害调查规定》第十五条、第十六条的规定，调查机关认定，对原产于美国、欧盟、俄罗斯和中国台湾地区的被调查产品对中国大陆锦纶 6 切片产业造成的影响进行累积评估是适当的。

(二)被调查产品进口量及所占中国大陆市场份额

1. 被调查产品进口数量

调查期内，被调查产品的进口数量呈持续快速增长趋势。2005 年、2006 年和 2007 年被调查产品进口数量分别为 18.3 万吨、26.43 万吨、40.23 万吨，2006 年比 2005 年增长 44.37%，2007 年比 2006 年增长 52.24%。2007 年 1~9 月和 2008 年 1~9 月分别为 29.92 万吨和 36.16 万吨，2008 年 1~9 月比上年同期增长 20.87%。

欧盟在其向调查机关提交的对锦纶 6 切片反倾销案初裁的评论意见中提出，被调查产品进口数量在 2007 年大幅增加，但在 2007 年和 2008 年的 9 个月大致保持稳定。经调查，被调查产品进口数量在 2007 年 1 ~9 月和 2008 年 1 ~9 月分别为 29.92 万吨和 36.16 万吨，2008 年 1 ~ 9 月比上年同期增长 20.87%。因此，调查机关认为，欧盟提交的主张与事实不符。

2. 被调查产品占中国大陆市场份额

调查期内，被调查产品所占中国大陆市场份额呈现逐年上升趋势。2005 年、2006 年和 2007 年分别为 19.92%、25.96%、32.82%，2006 年比 2005 年增长 6.04%，2007 年比 2006 年增长 6.86%。2007 年 1 ~9 月为 32.53%，2008 年 1 ~9 月为 35.25%，2008 年 1 ~9 月比上年同期增长 2.72%。

(三) 被调查产品对中国大陆同类产品的价格影响

1. 被调查产品进口价格

调查期内，被调查产品进口价格总体呈下降趋势。2005 年、2006 年和 2007 年被调查产品的进口价格分别为 22225.32 元/吨、20216.42 元/吨和 21274.91 元/吨，2006 年比 2005 年下降 9.04%，2007 年比 2006 年上升 5.24%。2007 年 1 ~9 月和 2008 年 1 ~9 月分别为 21240.16 元/吨和 20791.03 元/吨，2008 年 1 ~9 月比上年同期下降 2.11%。

2. 中国大陆同类产品价格

调查期内，中国大陆同类产品价格总体呈下降趋势。2005 年、2006 年和 2007 年中国大陆同类产品价格分别为 21057.67 元/吨、19302.58 元/吨和 20758.75 元/吨，2006 年比 2005 年下降 8.33%，2007 年比 2006 年上升 7.54%。2007 年 1 ~9 月和 2008 年 1 ~9 月分别为 20613.92 元/吨和 20499.05 元/吨，2008 年 1 ~9 月比上年同期下降 0.56%。

3. 被调查产品进口价格对中国大陆同类产品价格的影响

力鹏股份有限公司、集盛实业股份有限公司、展颂股份有限公司、中国台湾化学纤维股份有限公司和霍尼韦尔公司在其向调查机关提交的抗辩意见以及欧盟在其向调查机关提交的评论意见中提出，被调查产品的价格在调查期内总体呈上升趋势，被调查产品的价格没有抑制或削减中国大陆同类产品的价格。

据调查，调查期内，被调查产品进口价格总体呈下降趋势，2008 年 1 ~9 月被调查产品进口价格比 2005 年下降 6.45%。同期，中国大陆同类产品价格总体也呈下降趋势，2008 年 1 ~9 月中国大陆同类产品价格比 2005 年下降 2.65%，中国大陆同类产品价格与被调查产品进口价格变化趋势相同，并且被调查产品进口价格下降幅度高于中国大陆同类产品价格的下降幅度。另据调查，2007 年虽然中国大陆同类产品价格比上年增长了 7.54%，但同期单位销售成本上升了 8.47%。2008 年 1 ~9 月中国大陆同类产品价格比上年下降了 0.56%，而同期单位销售成本上升了 0.19%，导致 2007 年以来，中国大陆同类产品单位销售毛利大幅下降，2007 年比 2006 年下降 28.01%，2008 年 1 ~ 9 月比上年同期又下降 37.43%。被调查产品进口价格对中国大陆同类产品价格产生了明显的抑制作用。

调查期内，被调查产品进口数量持续快速增长，市场份额逐年上升，所占中国大陆市场份额较大，其价格变化对中国大陆同类产品价格具有重大影响。调查期内，中国大陆同类产品价格与被调查产品进口价格变化趋势相同，并且被调查产品进口价格总体呈下降趋势，被调查产品进口价格下降幅度也高于中国大陆同类产品价格的下降幅度，对中国大陆同类产品价格产生了明显的抑制作用，导致中国大陆同类产品价格未能达到合理的水平，中国大陆同类产品价格已经接近单位销售成本，企业生产经营陷入困境。

(四) 被调查产品对中国大陆产业的影响。

根据《反倾销条例》第七、八条及《反倾销产业损害调查规定》第四、五、六、七条的规定，调查机关对中国大陆锦纶 6 切片产业的相关经济因素和指标进行了调查。调查机关对本案部分申请企业和支持企业进行了终裁前实地核查，对本案初裁决定所依据的申请企业提交的调查问卷中的相关经济指标数据的真实性和完整性进行了调查，并进一步搜集了相关证据，证据显示：

1. 表观消费量调查期内，中国大陆锦纶 6 切片产业的表观消费量呈快速增长趋势。2005 年、2006 年和 2007 年，中国大陆锦纶 6 切片产业的表观消费量分别为 91.89 万吨、101.79 万吨和 122.57 万吨。2006 年比 2005 年增长 10.77%，2007 年比 2006 年增长 20.42%。2007 年 1 ~9 月和 2008 年 1 ~9 月分别为 91.98 万吨和 102.58 万吨，2008 年 1 ~9 月比上年同期增长 11.53%。

2. 产能

调查期内，中国大陆锦纶 6 切片产业的生产能力逐年增长。2005年、2006年和2007年，中国大陆锦纶6切片产业的生产能力分别为49.8万吨、55.8万吨和65.9万吨。2006年比2005年增长12.05%，2007年比2006年增长18.1%。2007年1~9月和2008年1~9月分别为48.36万吨和55.93万吨，2008年1~9月比上年同期增长15.66%。

3. 产量

调查期内，中国大陆同类产品产量呈上升趋势。2005年、2006年和2007年，中国大陆同类产品产量分别为33.25万吨、40.33万吨和41.69万吨。2006年比2005年增长21.3%，2007年比2006年增长3.36%。2007年1~9月和2008年1~9月分别为30.94万吨和31.4万吨，2008年1~9月比上年同期增长1.48%。

4. 开工率

调查期内，中国大陆锦纶6切片产业开工率呈现先升后降趋势。2005年、2006年和2007年，中国大陆锦纶6切片产业开工率分别为69.41%、73.77%和66.16%，2006年比2005年增长4.36%，2007年比2006年下降7.61%。2007年1~9月和2008年1~9月分别为66.56%和63.64%，2008年1~9月比上年同期下降2.92%。

5. 销售量

调查期内，中国大陆同类产品销售量呈先升后降趋势。2005年、2006年和2007年，中国大陆同类产品销量分别为17.83万吨、23.96万吨和25.78万吨。2006年比2005年增长34.34%，2007年比2006年增长7.6%。2007年1~9月和2008年1~9月分别为18.82万吨和18.41万吨，2008年1~9月比上年同期下降2.16%。

6. 市场份额

调查期内，中国大陆同类产品的市场份额呈先升后降趋势。2005年、2006年和2007年，中国大陆同类产品市场份额分别为36.71%、39.08%和33.89%，2006年比2005年增长2.37%，2007年比2006年下降5.19%。2007年1~9月和2008年1~9月分别为32.95%和29.86%，2008年1~9月比上年同期下降3.09%。

7. 销售价格

调查期内，中国大陆同类产品销售价格总体呈下降趋势。2005年、2006年和2007年中国大陆同类产品价格分别为21057.67元/吨、19302.58元/吨和20758.75元/吨，2006年比2005年下降8.33%，2007年比2006年增长7.54%。2007年1~9月和2008年1~9月分别为20613.92元/吨和20499.05元/吨，2008年1~9月比上年同期下降0.56%。

8. 销售收入

调查期内，中国大陆锦纶6切片产业销售收入呈先升后降趋势。2005年、2006年和2007年中国大陆锦纶6切片产业销售收入分别为375515.68万元、462421.5万元和535080.17万元，2006年比2005年增长23.14%，2007年比2006年增长15.71%。2007年1~9月和2008年1~9月分别为387892.74万元和377392.66万元，2008年1~9月比上年同期下降2.71%。

9. 税前利润

调查期内，中国大陆同类产品的税前利润呈先升后降趋势，整个调查期内都处于亏损状态。2005年、2006年和2007年中国大陆同类产品的税前利润分别为－13679.05万元、－7682.65万元、－10937.96万元。2007年1~9月和2008年1~9月分别为－6742.71万元和－12182.97万元。

10. 投资收益率

调查期内，中国大陆锦纶6切片产业的投资收益率呈先升后降趋势。2005年、2006年和2007年中国大陆锦纶6切片产业的投资收益率分别为－5.66%、－2.67%和－3.39%，2006年比2005年增长2.99%，2007年比2006年下降0.72%。2007年1~9月和2008年1~9月分别为－2.07%和－3.42%，2008年1~9月比上年同期下降1.35%。

11. 就业人数

调查期内，中国大陆锦纶6切片产业就业人数总体呈上升趋势。2005年、2006年和2007年中国大陆锦纶6切片产业就业人数分别为2204人、2299人、2226人，2006年比2005年增长4.31%，2007年比2006年下降3.18%。2007年1~9月和2008年1~9月分别为2193人和2209人，2008年1~9月比上年同期增长0.73%。

12. 劳动生产率

调查期内，中国大陆锦纶6切片产业劳动生产率呈上升趋势。2005年、2006年和2007年中国大陆锦纶6切片产业劳动生产率年别为分别为150.87吨/人、175.44吨/人和187.28吨/人，2006年比2005年增长16.29%，2007年比2006年增长6.75%。2007年1~9月和2008年1~9月分别为141.07吨/人和142.13吨/人，2008年1~9月比上年同期增长0.75%。

13. 人均工资

调查期内，中国大陆锦纶 6 切片产业人均工资呈上升趋势。2005 年、2006 年和 2007 年中国大陆锦纶 6 切片产业人均工资年别为分别为 17867.85 元/人、18766.96 元/人和 20185.86 元/人，2006 年比 2005 年增长 5.03%，2007 年比 2006 年增长 7.56%。2007 年 1～9 月和 2008 年 1～9 月分别为 14763.83 元/人和 17451.73 元/人，2008 年 1～9 月比上年同期增长 18.21%。

14. 期末库存

调查期内，中国大陆同类产品期末库存呈上升趋势。2005 年、2006 年和 2007 年中国大陆同类产品期末库存分别为 9759 吨、14829.32 吨和 16117.22 吨，2006 年比 2005 年增长 51.96%，2007 年比 2006 年增长 8.68%。2007 年 1～9 月和 2008 年 1～9 月分别为 21222.25 吨和 24951 吨，2008 年 1～9 月比上年同期增长 17.57%。

15. 现金净流量

本案部分申请企业和支持企业未按照调查问卷中规定的方法填报现金净流量数据。经调查机关实地核查，部分申请企业和支持企业没有单独记录锦纶 6 切片产品的现金流量，在本案中，按调查问卷规定的方法分摊现金流量不能客观反映锦纶 6 切片产品的实际经营状况。因此，调查机关认定，本案对现金净流量指标分析没有意义。

16. 投融资能力

调查期内，尽管中国大陆产业生产能力不断扩大，但由于中国大陆产业出现大幅亏损，经营状况持续恶化，企业投融资能力出现下降，部分新建项目被迫推迟，部分企业甚至长时间处于停产状态。

欧盟在其向调查机关提交的对锦纶 6 切片反倾销案初裁的评论意见中提出，调查机关有选择性地使用两个子时段的数据进行损害分析，即 2005 年 1 月至 2007 年 12 月以及 2007 年 1 月 1 日至 9 月 30 日和 2008 年 1 月 1 日至 9 月 30 日的 9 个月时期的数据进行损害分析。调查机关的分析是不断受到上述两个子时期数据的影响，导致不一致和误导。界定损害的指标应根据 2005 年、2006 年、2007 年和倾销调查期相对应的 2007 年 10 月 1 日至 2008 年 9 月 30 日全年的数据进行分析。

调查机关认为，根据《反倾销条例》第八条及《反倾销产业损害调查规定》第五和第七条的规定，调查机关对调查期内中国大陆锦纶 6 切片产业相关经济因素和指标进行了全面、客观、公正的分析，真实地反映了中国大陆锦纶 6 切片产业的生产经营状况，并不存在欧盟提出“不断受到上述两个子时期数据的影响，导致不一致和误导”的情况。

上述证据表明，调查期内，中国大陆锦纶 6 切片市场需求旺盛，中国大陆锦纶 6 切片表观消费量 2007 年比 2005 年增长了 33.39%，年均增长 15.49%，2008 年 1～9 月又比上年同期增长了 11.53%。受市场需求的推动，中国大陆锦纶 6 切片产业产能、产量都呈增长态势。但中国大陆产业开工率在调查期内一直处于较低水平，同类产品销售量呈先升后降趋势，市场份额也呈先升后降趋势并在调查期内都处于较低水平。调查期内，被调查产品价格抑制了中国大陆同类产品的价格，2008 年 1～9 月中国大陆同类产品的价格比 2005 年下降 2.65%，虽然中国大陆同类产品的单位销售成本也有所下降，但中国大陆同类产品单位销售毛利润和毛利率都处于较低水平，2005 年毛利率甚至为 -0.39%，2006 年虽然上升到 2.53%，但 2007 年却比 2006 年下降 0.84%，2008 年 1～9 月又比上年同期下降 0.74%，中国大陆同类产品价格已经接近单位销售成本，导致中国大陆同类产品税前利润在调查期内一直处于亏损状态。

另据调查，2007 年中国大陆同类产品价格比上年增长了 7.54%，但同期单位销售成本上升了 8.47%。2008 年 1～9 月中国大陆同类产品价格比上年下降了 0.56%，而同期单位销售成本却上升了 0.19%，导致 2007 年以来，中国大陆同类产品单位销售毛利大幅下降，2007 年比 2006 年下降 28.01%，2008 年 1～9 月比上年同期又下降 37.43%。因此，中国大陆同类产品税前利润也呈下降趋势，2007 年税前利润亏损额比 2006 年增加 3255.32 万元，2008 年 1～9 月又比上年同期增加亏损 5440.25 万元，税前利润亏损达到 12182.97 万元，处于严重亏损状态。中国大陆锦纶 6 切片产业投资收益率也处于较低水平，期末库存大幅上升，产业成长明显受到抑制。

因此，调查机关认定，中国大陆锦纶 6 切片产业受到了实质损害。(五) 被调查产品出口国（地区）的生产能力、出口能力及对中国大陆产业可能产生的进一步影响。

国外（地区）生产者调查问卷显示，被调查国家（地区）具有较强锦纶 6 切片生产能力和出口能力，中国大陆是其主要的出口市场。由于中国大陆经济一直保持高速增长，对锦纶 6 切片的市场需求不断增加，中国大陆市场具有较强的吸引力。调查期内，被调查国家(地区)向中国大陆出口产品数量增长较快。与此同时，被调查国家(地区)的生产能力过剩，其市场需求的增长幅度较小，短期无法消化剩余的产能。上述证据表明，被调查国家(地区)具有较大的被调查产品生产能力和出口能力，存在进一步造成中国大陆锦纶6切片产业损害的可能性。

六、因果关系

(一)被调查产品大量低价进口造成中国大陆锦纶6切片产业实质损害。

调查期内，被调查产品进口数量占全国总进口量的比例总体呈上升趋势，由2005年的76.26%增长到2008年1~9月的78.95%，2008年1~9月比2005年增长了2.69%。被调查产品进口数量呈逐年上升趋势，2005年、2006年、2007年和2008年1~9月被调查产品进口数量分别为18.3万吨、26.43万吨、40.23万吨和36.16万吨。2006年、2007年和2008年1~9月被调查产品进口数量分别比上年同期增长44.37%、52.24%和20.87%。2006年、2007年和2008年1~9月进口数量的增长幅度分别比中国大陆同类产品表观消费量的增长幅度高33.6%、31.82%和9.34%，比中国大陆同类产品销售量的增长幅度分别高10.03%、44.64%和23.03%。被调查产品所占市场份额在调查期内也呈上升趋势，由2005年的19.92%增长至2008年1~9月的35.25%，增长了15.33%，增长幅度高于中国大陆同类产品22.18%。

调查期内，被调查产品进口价格总体呈现下降趋势。2005年、2006年和2007年被调查产品的进口价格分别为22225.32元/吨、20216.42元/吨和21274.91元/吨，2006年比2005年下降9.04%，2007年比2006年上升5.24%。2007年1~9月和2008年1~9月分别为21240.16元/吨和20791.03元/吨，2008年1~9月比上年同期下降2.11%。

调查期内，被调查产品大量低价进口，市场份额呈上升趋势，对中国大陆同类产品价格产生了明显的抑制作用。中国大陆同类产品价格总体呈下降趋势，2008年1~9月中国大陆同类产品的价格比2005年下降2.65%，虽然中国大陆同类产品的单位销售成本也有所下降，但中国大陆同类产品单位销售毛利和毛利率都处于较低水平，2005年毛利率甚至为-0.39%，2006年有所上升，但2008年1~9月又下降到1.25%，中国大陆同类产品价格已经接近或低于单位销售成本，导致中国大陆同类产品税前利润在调查期内一直处于亏损状态。另据调查，虽然中国大陆同类产品销售价格2008年1~9月比2006年上升6.2%，但同期单位销售成本却上升了7.58%，导致中国大陆同类产品单位销售毛利大幅下降，2008年1~9月比2006年下降47.28%。因此，中国大陆同类产品税前利润也呈下降趋势，2007年税前利润亏损额比2006年增加3255.32万元，2008年1~9月又比上年同期增加亏损5440.25万元，税前利润亏损达到12182.97万元，处于严重亏损状态。

力鹏股份有限公司、集盛实业股份有限公司、展颂股份有限公司、中国台湾化学纤维股份有限公司和霍尼韦尔公司在向调查机关提交的抗辩意见中提出，中国大陆己内酰胺与锦纶6切片的关税倒挂，同时对己内酰胺征收反倾销税，中国大陆锦纶6切片原材料己内酰胺的价格较高是造成申请人所称的中国大陆锦纶6切片受到损害的原因。

调查机关认为：虽然中国大陆己内酰胺关税税率在调查期内总体上高于锦纶6切片的关税税率，同时对己内酰胺征收反倾销税，导致己内酰胺的价格有所上升，但中国大陆锦纶6切片单位销售成本在调查期内总体呈下降趋势，单位销售成本由2005年的21140.67元/吨下降到2008年1~9月的20242.06元/吨，下降了4.25%。与此同时，中国大陆被调查产品大量低价进口，对中国大陆同类产品价格产生了明显的抑制作用，中国大陆同类产品价格已经接近或低于单位销售成本，导致中国大陆同类产品税前利润在调查期内一直处于亏损状态。

因此，调查机关认定，上述4家中国台湾地区应诉企业和霍尼韦尔公司提出的关于中国大陆较高的己内酰胺原材料成本等因素不是造成中国大陆锦纶6切片受到损害的原因。被调查产品大量低价进口造成了中国大陆锦纶6切片产业的实质损害。

(二)其他因素分析。对其他因素的调查表明，调查期内，中国大陆锦纶6切片产业受到实质性损害并非由以下因素造成：

1. 其他国家(地区)进口的情况调查期内，被调查产品进口数量占中国大陆总进口量的比例从2005年的76.26%上升到2008年1~9月的78.95%。其他国家(地区)的进口数量占中国大陆总进口量的比例总体呈下降趋势，由2005年的23.74%下降到2008年1~9月的21.05%。因此，没有证据表明其他国家(地区)对中国大陆出口存在倾销行为并对中国大陆锦纶6切片产业造成了实质损害。

力鹏股份有限公司、集盛实业股份有限公司、展颂股份有限公司和中国台湾化学纤维股份有限公司在其向调查机关提交的《关于被调查锦纶6切片无损害抗辩意见书》中提出，原产于韩国的锦纶6切片在2005年至2008年分别占中国大陆总进口量的12%、9.7%、5.9%和6.2%。另外，在调查期内，原产于韩国的锦纶6切片的进口价格低于被调查产品的价格，原产于韩国的锦纶6切片的低价进口是造成中国大陆锦纶6切片产业可能受到损害的原因。

调查机关认为，调查期内，原产于韩国的锦纶6切片进口数量占中国大陆总进口量的比例总体呈下降趋势，市场份额远低于被调查产品的市场份额。此外，没有证据表明原产于韩国的锦纶6切片对中国大陆出口存在倾销行为并对中国大陆锦纶6切片产业造成了实质损害。

因此，调查机关认定，调查期内，中国大陆锦纶6切片产业受到的实质性损害并非由其他国家（地区）进口锦纶6切片造成的。

2. 市场需求的变化

调查期内，由于锦纶6切片下游产业的迅速发展，中国大陆锦纶6切片市场需求总体呈现增长趋势。2006年、2007年和2008年1~9月，中国大陆锦纶6切片表观消费量分别比上年同期增长了10.77%、20.42%%和11.53%。因此，中国大陆锦纶6切片产业受到的实质损害并非由中国大陆市场需求变化因素造成的。

3. 消费模式和替代产品的影响

调查期内，中国大陆锦纶6切片产品的需求不断扩大，中国大陆锦纶6切片产业受到的实质损害并非由其他替代产品和消费模式的变化等因素造成的。

4. 商业流通渠道和贸易政策

调查期内，中国大陆对锦纶6切片产品完全实行市场化的价格机制，生产经营完全受市场规律调节，中国大陆没有限制锦纶6切片产业的贸易政策和其他相关政策。因此，中国大陆锦纶6切片产业受到的实质损害并非由商业流通渠道和贸易政策等因素造成的。

5. 产品质量状况和技术情况

调查期内，中国大陆锦纶6切片产品质量稳定，技术水平和生产工艺均达到或接近世界先进水平。中国大陆锦纶6切片产业受到的实质损害并非由生产工艺和技术落后等因素造成的。

6. 中国大陆锦纶6切片产业经营管理状况的因素

调查期内，中国大陆锦纶6切片产业经营管理状况良好，各项规章制度健全，生产、经营、成本和质量等各项企业管理制度严格并不断完善。因此，中国大陆锦纶6切片产业受到的实质损害并非由经营管理不善因素造成的。

7. 中国大陆同类产品出口的影响

调查期内，中国大陆锦纶6切片产业曾在加工贸易项下出口过锦纶6切片。证据显示，调查期内，中国大陆锦纶6切片出口量占同期中国大陆同类产品产量的比例较低。因此，中国大陆锦纶6切片产业受到的实质损害不是由中国大陆同类产品出口因素造成的。

8. 不可抗力的影响

调查期内，中国大陆锦纶6切片产业未发生自然灾害及其他不可抗力事件，生产装置运行正常，未受到意外影响。因此，中国大陆锦纶6切片产业受到的实质损害不是由不可抗力因素造成的。

七、最终调查结论

根据以上调查结果，调查机关做出最终裁定：在本案调查期内，原产于美国、欧盟、俄罗斯和中国台湾地区的进口锦纶6切片存在倾销，中国大陆锦纶6切片产业受到了实质损害，而且倾销与损害之间存在因果关系。

各公司的倾销幅度在附件2中列明。

2. 中华人民共和国海关总署公告2010年第27号（二〇一〇年四月二十一日）

根据《中华人民共和国反倾销条例》的规定，国务院关税税则委员会决定自2010年4月22日起，对原产于美国、欧盟、俄罗斯和中国台湾地区的进口锦纶6切片征收反倾销税，期限为5年。商务部为此发布了2010年第15号公告（详见附件1）。现将有关事项公告如下：

一、自2010年4月22日起，对原产于美国、欧盟、俄罗斯和中国台湾地区的进口锦纶6切片（税则号列：39081019），除按现行规定征收进口关税外，还应区别不同的供货厂商，按照本公告附件2所列的适用税率和下述计算公式征收反倾销税及进口环节增值税。

反倾销税税额＝完税价格×反倾销税税率

进口环节增值税税额＝（完税价格＋关税税额＋反倾销税税额）×进口环节增值税税率

征收反倾销税产品的详细描述详见本公告附件1。进口经营单位在申报进口本公告附件1中所述产品时，商品编码应填报39081019.91。

二、凡申报进口锦纶6切片的进口经营单位，应当向海关提交原产地证明。如果原产地为美国、欧盟、俄罗斯和中国台湾地区的，还需提供原厂商发票。对于申报进口锦纶6切片时不能提供原产地证明，且经查验也无法确定货物的原产地不是美国、欧盟、俄罗斯或中国台湾地区的，海关按照本公告附件2所列的最高反倾销税税率征收反倾销税；对于能够确定货物的原产地是美国、欧盟、俄罗斯或中国台湾地区，但进口经营单位不能提供原厂商发票，且通过其他合法、有效的单证也无法确定原生产厂商的，海关按照本公告附件2所列相应国家或地区中的其他公司适用的反倾销税税率征收反倾销税。

三、有关加工贸易保税进口原产于美国、欧盟、俄罗斯和中国台湾地区的锦纶6切片征收反倾销税等方面的问题，海关按照海关总署令第111号和海关总署公告2001年第9号的规定执行。

四、对于实施临时反倾销措施之后进口原产于美国、欧盟、俄罗斯和中国台湾地区的锦纶6切片已经缴纳的反倾销保证金，按本公告规定的征收反倾销税的商品范围和反倾销税税率计征并转为反倾销税，与之同时缴纳的进口环节增值税保证金一并转为进口环节增值税。上述保证金超出按本公告规定的税率计算的反倾销税及相应的进口环节增值税的部分，进口经营单位可自2010年4月22日起6个月内向征收地海关申请退还；不足部分，不再补征。

附件：1. 中华人民共和国商务部公告2010年第15号(略)

2. 锦纶6切片反倾销税税率表

原产国(地区)	厂商名称	税率
美国	巴斯夫美国公司(BASF Corporation.)	29.3%
	霍尼韦尔树脂和化学品责任有限公司(Honeywell Resins&Chemical LLC)	36.2%
	其他美国公司 All Others	96.5%
欧盟	波兰阿佐提塔诺股份公司(Zaklady Azotowe w Tarnowie-Mościcach, S. A.)	9.7%
	巴斯夫安特卫普公司(BASF ANTWERPEN N. V.)	8.0%
	道默有限公司(DOMO Caproleuna GmbH)	8.2%

续表

原产国(地区)	厂商名称	税率
欧盟	帝斯曼工程塑料公司(DSM Engineering Plastics B. V.)	8.2%
	巴斯夫欧洲公司 BASF SE	8.2%
	其他欧盟公司(All Others)	23.9%
俄罗斯	古比雪夫氮开放式股份公司(Open Joint Stock Company "KuibyshevAzot")	5.9%
	其他俄罗斯公司(All Others)	23.9%
中国台湾地区	中国台湾化学纤维股份有限公司(FORMOSA CHEMICALS&FIBER CORPORATION)	4.0%
	力鹏企业股份有限公司(Li Peng Enterprise Co., Ltd.)	4.3%
	集盛实业股份有限公司(Zig sheng Industrial Co., Ltd.)	4.2%
	华隆股份有限公司(HUALON CORPORATION)	4.2%
	中国石油化学工业开发股份有限公司(China Petrochemical Development Corporation)	4.2%
	太洋尼龙股份有限公司(Tai-Young Nylon Co., Ltd)	4.2%
	展颂股份有限公司(CHAIN YARN CO., LTD.)	4.2%
	其他中国台湾地区公司(All Others)	23.9%

九、海关总署公告对原产于韩国、日本和印度的进口邻苯二甲酸酐继续征收反倾销税

1. 中华人民共和国海关总署　公告　2010年第31号(二〇一〇年五月十八日)

根据《中华人民共和国反倾销条例》的规定，国务院关税税则委员会决定自2009年8月31日起，对原产于韩国、日本和印度的进口邻苯二甲酸酐继续征收反倾销税。其中，韩国东洋制铁化学株式会社(DC Chemical Co., Ltd.)适用的反倾销税税率为4%(详见海关总署公告2003年第52号)。最近，根据涉案企业申请，经商务部审查后，决定由韩国OCI株式会社(OCI Company Ltd.)继承韩国东洋制铁化学

株式会社(DC Chemical Co., Ltd.)在邻苯二甲酸酐反倾销案中适用的反倾销税税率及相关权利义务。现将有关事项公告如下：

一、自2010年5月19日起，对以韩国OCI株式会社(OCI Company Ltd.)为原产厂商名称申报进口的邻苯二甲酸酐，海关按照4%的反倾销税税率征收反倾销税；对以韩国东洋制铁化学株式会社(DC Chemical Co., Ltd.)为原产厂商名称申报进口的邻苯二甲酸酐，海关按照"其他韩国公司"13%的反倾销税税率征收反倾销税。

二、对自韩国、日本和印度进口的邻苯二甲酸酐征收反倾销税的其他事项，仍按照海关总署公告2003年第52号和2009年第55号的规定执行。

附件：中华人民共和国商务部公告2010年第29号(略)

十、欧盟对我输欧塑料袋启动反规避调查

1. 欧盟对我输欧塑料袋启动反规避调查

2010年8月20日，欧委会发布官方公告称，经审查，决定对我输欧塑料袋启动反规避调查。欧方认为，有足够的表面证据证明存在中国企业通过在原审中获得较低反倾销税率的厦门兴厦塑料有限公司，向欧盟市场出口涉案产品，从而实现规避现行反倾销措施的目的，因此决定对自该公司进口产品展开调查。欧盟于2006年9月起对我输欧塑料袋征收反倾销税，我企业税率为4.8%~28.8%，影响我正常对欧出口。

2. 欧盟拟对中国塑料袋厂商展开反规避调查

据路透社2010年8月23日报道，欧盟目前怀疑中国塑料袋厂商通过一家厦门公司向欧盟低价出口塑料袋产品，并已对此展开相关调查。该报道称，欧委会表示，已有证据表明中国塑料袋厂商通过厦门兴厦塑料有限公司向欧盟出口塑料袋产品，而这家公司在此前欧盟的反倾销裁决中被认定为倾销情节较轻，因此适用税率低于其他厂商。欧盟最初于2005年6月30日对中国塑料袋发起反倾销调查，并于2006年9月29日作出裁决，反倾销税率从4.8%到28.8%不等。

3. 欧委会对我输欧塑料袋启动反倾销部分期中复审

2010年9月21日，欧委会发布公告，称应我一塑料袋生产企业——珠海绿林家庭用品有限公司的申请，经审查，决定对其启动反倾销部分期中复审，就是否调整现行反倾销措施进行调查。公告称，珠海绿林公司向欧委会申请并提供初步证据证明，由于其公司结构、生产流程以及财务会计制度出现重大变化和改进，已经符合欧反倾销法律中关于企业市场经济待遇和单独税率的相关标准，继续对其维持目前的反倾销措施是不适当的，应当被重新调查并给予较低的单独税率。欧盟于2006年9月29日对我输欧塑料袋反倾销案终裁，我7家企业获市场经济待遇，反倾销税率为4.8%~28.8%。

十一、欧盟拟对我输欧三聚氰胺和聚酯切片征收反倾销税

1. 欧盟宣布对原产于中国的三聚氰胺进行反倾销立案调查

2010年2月17日，欧盟委员会在《欧盟公报》上宣布，应奥地利Borealis Agrolinz公司、荷兰DSM Melamine公司和波兰Zaklady Azotowe Pulawy公司今年1月4日提交的申请，欧委会决定对中国输欧三聚氰胺进行反倾销立案调查，公布的调查时期为2009年，并选择美国作为替代国。涉案产品的海关税则号为29336100。欧委会将在9个月内公布临时措施。

2. 欧委会拒绝给予我三聚氰胺反倾销案企业市场经济待遇

2010年8月16日，欧委会照会我驻欧盟使团经商处，就欧盟对我三聚氰胺(Melamine)反倾销案企业市场经济待遇裁决进行披露。欧方称，抽样选取的4组企业均向欧委会提交了市场经济待遇申请。但经实地核查，欧委会认为中国三聚氰胺行业整体在生产投入和主要原料定价方面受到国家严重干预，未能完全满足欧法律规定的五条标准，因此无法给予任何中国企业市场经济待遇。该决定将直接影响我涉案企业的反倾销税率。2010年2月17日，欧对我输欧三聚氰胺发起反倾销调查，共影响我对欧出口约1800万美元。

3. 欧盟即将对我输欧三聚氰胺和聚酯切片征收反倾销税

2010年10月13日，欧盟反倾销咨询委员会(ADC)举行会议，讨论并通过了欧委会就涉华三聚氰胺和聚酯切片反倾销案的征税建议。有消息称，欧委会拒绝给予我三聚氰胺涉案企业市场经济待遇，认为我企业存在倾销行为，并对欧产业造成实质损害，拟征收40%~50%的临时反倾销税。会议同时决定继续维持目前欧盟对我输欧聚酯切片实施的反倾销措施，从量征收反倾销税184欧元/t，为期五年。

4. 欧盟对我三聚氰胺征收临时反倾销税

2010年11月16日，欧委会发布公告，对我输欧三聚氰胺征收临时反倾销税，3家应诉企业获分别裁决，税率为44.9%～49%，其他企业统一税率为65.2%。欧委会于2010年2月17日对产自中国的三聚氰胺发起反倾销调查。涉案企业45家，共有5家企业应诉。2009年我三聚氰胺对欧出口金额1827万美元。

5. 欧盟继续对我聚酯切片征收反倾销税

2010年11月17日，欧委会发布公告，就对我聚酯切片反倾销日落复审调查做出裁决，维持对我产品实施为期五年的反倾销措施。除常州一家企业反倾销税率为零外，我其余企业将被从量征收22～184欧元/t的反倾销税。欧委会最初于2003年5月对该产品发起反倾销调查，并于2004年8月终裁，后于2009年8月欧委会发起反倾销日落复审调查。

十二、阿根廷对我塑料皮下注射器不采取临时反倾销措施

1. 阿根廷对我塑料皮下注射器反倾销调查完成取证

阿根廷工业及旅游部贸易管理及政策副国务秘书处2010年4月22日照会告之，阿方对原产于我国的塑料皮下注射器的反倾销调查已完成取证，邀请有关涉案企业查看有关文件。

2. 阿根廷对我塑料皮下注射器不采取临时反倾销措施

2010年9月7日，阿根廷工业部贸易管理及政策副国务秘书处照会我处，通报其根据该部工业和贸易秘书处2010年第61号决议，决定不对原产于中国的塑料皮下注射器采取临时措施，并继续进行反倾销调查。上述决议于2010年9月7日起生效。

十三、印度决定对华炭黑征收反倾销税

1. 印度决定对华炭黑征收反倾销税

我处(驻印度使馆经商处)从印度财政部获悉，印度海关2010年1月28日决定对原产于中国、澳大利亚、伊朗、马来西亚、俄罗斯和泰国的炭黑(Carbon Black used in rubber applications)征收从量反倾销税，征税期为5年(至2014年7月30日止)。

其中，中国企业反倾销税率分别为：(单位：美元/kg)

江西黑猫炭黑有限公司0.121

宁波德泰化学有限公司0.143

河北大光明实业集团巨无霸炭黑有限公司0.089

河北龙星化工股份有限公司0.168

宁波市晟安化工有限公司0.101

其他不合作中国企业0.423

2008年12月，印度对原产于中国等炭黑启动反倾销调查。2009年12月，印度对此案做出肯定性终裁。

十四、印度发布对我塑料加工机反倾销终裁建议征收反倾销税

1. 印度发布对我塑料加工机反倾销终裁建议征收反倾销税

我处(驻印度使馆经商处)2010年1月从印度商工部反倾销局获悉，该局于2009年12月31日发布了对原产于中国的塑料加工或注塑机(Plastic processing or injection moulding machines，夹紧力不低于40t)反倾销终裁，建议正式征收从价反倾销税。

反倾销局将中国视为非市场经济国家，也没有给与任何一家中国企业市场经济待遇，并采用结构价格来计算中国出口产品的正常价值。最终，中国企业倾销幅度被分别认定为：

广州博创机械有限公司71%

浙江申达机器制造有限公司155%

浙江金鹰塑料机械有限公司150%

宁波利广机械有限公司89%

宁波海星塑料机械制造有限公司117%

杭州泰瑞机器制造有限公司75%

宁波海天塑料机械集团93%

徐州海天机械工程有限公司146%

宁波海天华远机械有限公司91%

温州恒智进出口有限公司218%

其他不合作中国企业218%

同时，反倾销局综合考量原材料价格、人工成本、利率、销售费用等因素认为，进口产品对国内产业造成了实质性损害，中国企业对印市场损害幅度被分别认定为：

广州博创机械有限公司75%～85%

浙江申达机器制造有限公司190%～200%

浙江金鹰塑料机械有限公司150%～160%

宁波海星塑料机械制造有限公司150%～160%

杭州泰瑞机器制造有限公司100%～110%

宁波海天塑料机械集团90%～100%

徐州海天机械工程有限公司170%～180%

宁波海天华远机械有限公司100%～110%

温州恒智进出口有限公司240%～250%

其他不合作中国企业240%～250%

最终，中国企业倾销税率被分别认定为：(CIF价格从价税)

广州博创机械有限公司 60%

浙江申达机器制造有限公司 135%

浙江金鹰塑料机械有限公司 126%

宁波利广机械有限公司 81%

宁波海星塑料机械制造有限公司 100%

杭州泰瑞机器制造有限公司 68%

宁波海天塑料机械集团 79%

徐州海天机械工程有限公司 105%

宁波海天华远机械有限公司 76%

温州恒智进出口有限公司 174%

其他不合作中国企业 174%

终裁表示，各利益攸关方可就本次终裁向海关及税收上诉法庭提出上诉。

2. 印度正式对华塑料加工机征收反倾销税

印度海关3月23日决定对原产于中国的塑料加工或注塑机(Plastic processing or injection moulding machines，夹紧力不低于40t)征收正式反倾销税。征税期为5年(至2014年5月11日止)。

中国10家应诉企业被征收60%至174%不等的从价反倾销税，其他中国企业税率为174%。

2008年7月，印度就此案启动反倾销调查。2009年12月，印度做出肯定性终裁。

十五、印度对华顺丁烯二酸酐发起反倾销

1. 印度对华顺丁烯二酸酐发起反倾销复审调查

我处(驻印度使馆经商处)今日(2010年3月4日)收到印度商工部反倾销局信函，该局2月11日对原产于中国、中国台北和印度尼西亚的顺丁烯二酸酐(Maleic Anhydride)产品发起反倾销复审调查。

印度唯一的生产商Tirumalai化工公司提出维持征收反倾销税的复审要求。而印度聚酯树脂制造商协会和印度增塑剂制造商联合会提出终止征收反倾销税的复审申请，理由是Tirumalai公司已经停止生产顺丁烯二酸酐产品，其要求继续征收反倾销税的法律依据已不复存在。

此次复审调查期为2008年4月至2009年9月。各利益相关方应在立案公告后40天内提交相关信息。2007年2月，印反倾销局正式对该产品进行反倾销调查。2008年8月，反倾销局做出肯定性终裁。

2. 印度发布对华顺丁烯二酸酐反倾销调查事实披露

我处(驻印度使馆经商处)今日(2010年8月3日)收到印度商工部反倾销局来函，该局7月22日发布了对原产于中国、中国台北和印度尼西亚的顺丁烯二酸酐(Maleic Anhydride)反倾销调查事实披露。

由于本案申请方已经停止同类产品的生产，其他国内产业未提供相关信息，因此，反倾销局认为已经没有必要继续认定进口产品的倾销幅度和损害幅度。

反倾销局将在收到各利益攸关方的评论后决定是否继续反倾销调查。

3. 印度发布对华顺丁烯二酸酐反倾销期中复审终裁建议停止征收反倾销税

我处(驻印度使馆经商处)今日(2010年9月7日)从印度商工部反倾销局获悉，该局8月31日发布了对原产于中国、中国台北和印度尼西亚的顺丁烯二酸酐(Maleic Anhydride)反倾销调查期中复审终裁。

由于本案申请方已经停止同类产品的生产，其他国内产业未提供相关信息，因此，反倾销局认为已经没有必要继续认定进口产品的倾销幅度和损害幅度。最终，反倾销局撤销了2008年9月做出的对进口产品征收反倾销税的裁定。

终裁表示，各利益攸关方可就本次终裁向海关及税收上诉法庭提出上诉。

十六、印度发布对华聚四氟乙烯反倾销期中复审事实披露

1. 印度发布对华聚四氟乙烯反倾销期中复审事实披露

我处(驻印度使馆经商处)今日(2010年2月25日)收到印度商工部反倾销局来函，该局2月19日发布了对原产于中国的聚四氟乙烯(Polytetrafluoroethylene，PTFE)反倾销期中复审事实披露。

由于反倾销局将中国视为非市场经济国家，采用结构价格来计算中国出口产品的正常价值，最终应诉企业杜邦(常熟)氟化物科技有限公司倾销幅度被认定为52% ~57%，其他中国企业的倾销幅度为55% ~60%。

同时，反倾销局也综合考量原材料价格、人工成本、利率、销售费用等因素。最终杜邦(常熟)氟化物科技有限公司的损害幅度被认定为32% ~38%，其他中国企业的损害幅度为65% ~70%。

十七、印度产业申请对华吗啉、土工格栅发起发倾销调查

1. 印度产业申请对华吗啉、土工格栅发起发倾销调查

2010年11月2日讯　印度产业近期向印商工部反倾销局提交申请，要求对原产于中国、欧盟和美国的吗啉，中国和中国台北的土工格栅等发起反倾

销调查。

2. 印度对华吗啉发起反倾销调查

2010年12月7日，印度商工部反倾销局对原产于中国、欧盟和美国的吗啉发起反倾销调查。涉案产品印度海关编码为29333917，倾销调查期为2009年7月1日至2010年6月30日。

3. 印度对我土工格栅发起反倾销调查

2010年12月20日，印度商工部反倾销局对我土工格栅“Geogrid/Geostrips/ Geostraps made of Polyester or Glass Fiber in all its forms”(including all widths and lengths)发起反倾销调查。调查申请人为印度Techfab India Industries公司，倾销调查期为2009年4月1日至2010年6月30日，反倾销局要求各利益相关方应在公告日起40天内提交相关证据材料。

十八、印度对华PVC树脂征收临时反倾销税

1. 印度对我PVC树脂反倾销调查做出初裁建议征收临时反倾销税

我处(驻印度使馆经商处)今日(2010年6月24日)收到印度商工部反倾销局来函，该局于6月11日就原产于中国、日本、韩国、马来西亚、俄罗斯、中国台湾和泰国的PVC树脂(Poly Vinyl Chloride Paste Resin)反倾销调查做出初裁，建议对中国产品征收临时反倾销税。

初裁中，由于没有一家中国企业参与应诉，反倾销局认定中国为非市场经济国家，并采用结构价格来计算正常价值。最终，中国企业的倾销幅度被认定为29.43%。

此外，反倾销局综合考量进口数量、市场份额、进口价格、产能、销售数量及费用、利润率、库存量等因素，认定中国产品给国内产业造成实质性损害。因此，需要立即对其采取临时措施。

据此，反倾销局建议对中国产品征收临时反倾销税，税率为110.96美元/公吨。

根据法律要求，各利益攸关方应在初裁后40天内就此提出评论意见以供反倾销局终裁时考虑。反倾销局将就本次调查举行听证会，并进行实地复核。

2. 印度对华PVC树脂征收临时反倾销税

印度海关2010年7月26日决定对原产于中国、日本、韩国、马来西亚、俄罗斯、中国台湾和泰国的PVC树脂(Poly Vinyl Chloride Paste Resin)征收临时反倾销税，征税期为6个月(至2011年1月25日)。

其中，中国企业的倾销税率被认定为110.96美元/公吨。

十九、印度对华PVC胶膜发起反倾销

1. 印度对华PVC胶膜发起反倾销调查

我处(驻印度使馆经商处)今日(2010年2月9日)从印度商工部反倾销局获悉，该局2月1日对原产于中国的PVC胶膜(PVC Flex Films)发起反倾销调查。这是印度今年对我发起的第3起反倾销调查。

调查申请人是印度Pioneer Polyleathers有限公司，涉案产品印度海关编码为39201019、39201012、39204900、39219026、39219029、39269099、39199090、39181090、39189090、3926908。倾销调查期为2008年4月1日至2009年9月30日。由于申请方仅从2008年4月开始生产涉案产品，所以损害调查期同为2008年4月到2009年9月。据印商工部统计，2008年4月至2009年4月间，印度自我进口涉案产品价值约4亿美元。各利益相关方应在立案公告后40天内提交相关信息。

申请方称，鉴于中国为非市场经济国家，反倾销局应采用韩国作为第三国来计算中国产品的正常价值，但反倾销局倾向于使用结构价格(以印度数据为基础)。

2. 印度对我PVC胶膜反倾销调查做出初裁建议征收临时反倾销税

印度商工部反倾销局6月22日就原产于中国的PVC胶膜(PVC Flex Films)反倾销调查做出初裁，建议对中国产品征收临时反倾销税。

初裁中，反倾销局认定中国为非市场经济国家，并采用结构价格来计算中国产品的正常价值。最终，中国10家出口企业的倾销幅度被认定为2%~65%不等，其他中国企业倾销幅度为65%。

此外，反倾销局综合考量进口数量、市场份额、进口价格、产能、销售数量及费用、利润率、库存量等因素，认定中国产品给国内产业造成实质性损害。因此，需要立即对其采取临时措施。

据此，反倾销局建议对中国产品征收临时反倾销税，10家出口企业税率从0.143~0.545美元/kg不等；其他中国企业税率为0.545美元/kg。

根据法律要求，各利益攸关方应在初裁后40天内就此提出评论意见以供反倾销局终裁时考虑。反倾销局将就本次调查举行听证会，并进行实地复核。

二十、印度对华氢氟酸发起反倾销期中复审调查

1. 印度对华氢氟酸发起反倾销期中复审调查

我处(驻印度使馆经商处)今日(2010年6月2日)收到印度商工部反倾销局来函，该局5月25日对原产于中国的氢氟酸（Hydrofluoric Acid）发起反倾销期中复审调查。

此次复审将决定对中国产品的基准税率是否需要修改。倾销调查期为2009年1月1日至2009年12月31日。损害调查期为2006年4月至2009年12月。

反倾销局要求各利益攸关方应于立案后40天内向该局提交相关材料。

二十一、印度对华偶氮二甲酰胺发起反倾销调查

1. 印度业界提起对华偶氮二甲酰胺反倾销调查申请

2010年4月7日，印度商工部反倾销局致函我处，称其收到印国内业界申请，要求对进口自中国的偶氮二甲酰胺（Azodicarbonamide）发起反倾销调查。

如果印反倾销局立案调查，此案将成为今年印度对华发起的第4起反倾销调查。

2. 印度对华偶氮二甲酰胺发起反倾销调查

我处（驻印度使馆经商处）今日（2010年4月22日）从印度商工部反倾销局获悉，该局于4月16日对原产于中国的偶氮二甲酰胺（Azodicarbonamide，简称ADC）发起反倾销调查。这是印度今年对我发起的第4起反倾销调查。

调查申请人是印度Demaco Polymers有限公司，倾销调查期为2008年10月1日至2009年9月30日，损害调查期为2006年7月至2009年9月，各利益相关方应在立案公告后40天内提交相关信息。反倾销局称涉案产品海关编码尚不明确，尚需进一步核实。就目前掌握情况，至少包括29270090、29420090两个编码的产品。据印商工部统计，2008年4月至2009年3月间，印度自我进口上述两种涉案产品价值约3.77亿美元。

申请方称，鉴于中国为非市场经济国家，反倾销局应使用结构价格（以印度数据为基础）来计算中国产品的正常价值，但反倾销局称也可能会采用适当的第三国数据。

（中国塑料加工工业协会　郭齐）

政策法规

2010年国家与塑料行业相关的政策法规
State Policies and Regulations Related Plastics Industry in 2010

一、中华人民共和国国务院令　第569号　中华人民共和国专利法实施细则(二〇一〇年一月九日)

《国务院关于修改〈中华人民共和国专利法实施细则〉的决定》已经2009年12月30日国务院第95次常务会议通过，现予公布，自2010年2月1日起施行。

国务院关于修改《中华人民共和国专利法实施细则》的决定

国务院决定对《中华人民共和国专利法实施细则》作如下修改：

一、删去第二条。

二、将第七条改为第六条，增加一款，作为第三款："当事人依照本条第一款或者第二款的规定请求恢复权利的，应当提交恢复权利请求书，说明理由，必要时附具有关证明文件，并办理权利丧失前应当办理的相应手续；依照本条第二款的规定请求恢复权利的，还应当缴纳恢复权利请求费。"

三、将第八条改为第七条，修改为："专利申请涉及国防利益需要保密的，由国防专利机构受理并进行审查；国务院专利行政部门受理的专利申请涉及国防利益需要保密的，应当及时移交国防专利机构进行审查。经国防专利机构审查没有发现驳回理由的，由国务院专利行政部门作出授予国防专利权的决定。

"国务院专利行政部门认为其受理的发明或者实用新型专利申请涉及国防利益以外的国家安全或者重大利益需要保密的，应当及时作出按照保密专利申请处理的决定，并通知申请人。保密专利申请的审查、复审以及保密专利权无效宣告的特殊程序，由国务院专利行政部门规定。"

四、增加一条，作为第八条："专利法第二十条所称在中国完成的发明或者实用新型，是指技术方案的实质性内容在中国境内完成的发明或者实用新型。

"任何单位或者个人将在中国完成的发明或者实用新型向外国申请专利的，应当按照下列方式之一请求国务院专利行政部门进行保密审查：

"(一)直接向外国申请专利或者向有关国外机构提交专利国际申请的，应当事先向国务院专利行政部门提出请求，并详细说明其技术方案；

"(二)向国务院专利行政部门申请专利后拟向外国申请专利或者向有关国外机构提交专利国际申请的，应当在向外国申请专利或者向有关国外机构提交专利国际申请前向国务院专利行政部门提出请求。

"向国务院专利行政部门提交专利国际申请的，视为同时提出了保密审查请求。"

五、增加一条，作为第九条："国务院专利行政部门收到依照本细则第八条规定递交的请求后，经过审查认为该发明或者实用新型可能涉及国家安全或者重大利益需要保密的，应当及时向申请人发出保密审查通知；申请人未在其请求递交日起4个月内收到保密审查通知的，可以就该发明或者实用新型向外国申请专利或者向有关国外机构提交专利国际申请。

"国务院专利行政部门依照前款规定通知进行保密审查的，应当及时作出是否需要保密的决定，并通知申请人。申请人未在其请求递交日起6个月内收到需要保密的决定的，可以就该发明或者实用新型向外国申请专利或者向有关国外机构提交专利国际申请。"

六、将第十一条改为第十二条，第一款第(三)项修改为："退休、调离原单位后或者劳动、人事关系终止后1年内作出的，与其在原单位承担的本职工作或者原单位分配的任务有关的发明创造。"

七、将第十三条改为第四十一条，修改为："两个以上的申请人同日(指申请日；有优先权的，指优先权日)分别就同样的发明创造申请专利的，应当在收到国务院专利行政部门的通知后自行协商确定申请人。

"同一申请人在同日(指申请日)对同样的发明创造既申请实用新型专利又申请发明专利的，应当在申请时分别说明对同样的发明创造已申请了另一专利；未作说明的，依照专利法第九条第一款关于同样的发明创造只能授予一项专利权的规定处理。

"国务院专利行政部门公告授予实用新型专利权，应当公告申请人已依照本条第二款的规定同时申请了发明专利的说明。

"发明专利申请经审查没有发现驳回理由，国务院专利行政部门应当通知申请人在规定期限内声明放弃实用新型专利权。申请人声明放弃的，国务院专利行政部门应当作出授予发明专利权的决定，并在公告授予发明专利权时一并公告申请人放弃实用新型专利权声明。申请人不同意放弃的，国务院专利行政部门应当驳回该发明专利申请；申请人期满未答复的，视为撤回该发明专利申请。

“实用新型专利权自公告授予发明专利权之日起终止。”

八、删去第十四条。

九、将第十五条改为第十四条，增加一款，作为第三款：“以专利权出质的，由出质人和质权人共同向国务院专利行政部门办理出质登记。”

十、将第十七条改为第十六条，修改为：“发明、实用新型或者外观设计专利申请的请求书应当写明下列事项：

“(一)发明、实用新型或者外观设计的名称；

“(二)申请人是中国单位或者个人的，其名称或者姓名、地址、邮政编码、组织机构代码或者居民身份证件号码；申请人是外国人、外国企业或者外国其他组织的，其姓名或者名称、国籍或者注册的国家或者地区；

“(三)发明人或者设计人的姓名；

“(四)申请人委托专利代理机构的，受托机构的名称、机构代码以及该机构指定的专利代理人的姓名、执业证号码、联系电话；

“(五)要求优先权的，申请人第一次提出专利申请(以下简称在先申请)的申请日、申请号以及原受理机构的名称；

“(六)申请人或者专利代理机构的签字或者盖章；

“(七)申请文件清单；

“(八)附加文件清单；

“(九)其他需要写明的有关事项。”

十一、将第十八条改为第十七条，增加一款，作为第五款：“实用新型专利申请说明书应当有表示要求保护的产品的形状、构造或者其结合的附图。”

十二、增加一条作为第二十六条：“专利法所称遗传资源，是指取自人体、动物、植物或者微生物等含有遗传功能单位并具有实际或者潜在价值的材料；专利法所称依赖遗传资源完成的发明创造，是指利用了遗传资源的遗传功能完成的发明创造。

“就依赖遗传资源完成的发明创造申请专利的，申请人应当在请求书中予以说明，并填写国务院专利行政部门制定的表格。”

十三、删去第二十七条第一款。

十四、将第二十八条修改为：“外观设计的简要说明应当写明外观设计产品的名称、用途，外观设计的设计要点，并指定一幅最能表明设计要点的图片或者照片。省略视图或者请求保护色彩的，应当在简要说明中写明。

“对同一产品的多项相似外观设计提出一件外观设计专利申请的，应当在简要说明中指定其中一项作为基本设计。

“简要说明不得使用商业性宣传用语，也不能用来说明产品的性能。”

十五、删去第三十条。

十六、将第三十一条改为第三十条，增加一款，作为第一款：“专利法第二十四条第(一)项所称中国政府承认的国际展览会，是指国际展览会公约规定的在国际展览局注册或者由其认可的国际展览会。”

十七、将第三十二条改为第三十一条，修改为：“申请人依照专利法第三十条的规定要求外国优先权的，申请人提交的在先申请文件副本应当经原受理机构证明。依照国务院专利行政部门与该受理机构签订的协议，国务院专利行政部门通过电子交换等途径获得在先申请文件副本的，视为申请人提交了经该受理机构证明的在先申请文件副本。要求本国优先权，申请人在请求书中写明在先申请的申请日和申请号的，视为提交了在先申请文件副本。

“要求优先权，但请求书中漏写或者错写在先申请的申请日、申请号和原受理机构名称中的一项或者两项内容的，国务院专利行政部门应当通知申请人在指定期限内补正；期满未补正的，视为未要求优先权。

“要求优先权的申请人的姓名或者名称与在先申请文件副本中记载的申请人姓名或者名称不一致的，应当提交优先权转让证明材料，未提交该证明材料的，视为未要求优先权。

“外观设计专利申请的申请人要求外国优先权，其在先申请未包括对外观设计的简要说明，申请人按照本细则第二十八条规定提交的简要说明未超出在先申请文件的图片或者照片表示的范围的，不影响其享有优先权。”

十八、将第三十六条改为第三十五条，修改为：“依照专利法第三十一条第二款规定，将同一产品的多项相似外观设计作为一件申请提出的，对该产品的其他设计应当与简要说明中指定的基本设计相似。一件外观设计专利申请中的相似外观设计不得超过10项。

"专利法第三十一条第二款所称同一类别并且成套出售或者使用的产品的两项以上外观设计，是指各产品属于分类表中同一大类，习惯上同时出售或者同时使用，而且各产品的外观设计具有相同的设计构思。

"将两项以上外观设计作为一件申请提出的，应当将各项外观设计的顺序编号标注在每件外观设计产品各幅图片或者照片的名称之前。"

十九、将第四十四条第一款修改为："专利法第三十四条和第四十条所称初步审查，是指审查专利申请是否具备专利法第二十六条或者第二十七条规定的文件和其他必要的文件，这些文件是否符合规定的格式，并审查下列各项：

"(一)发明专利申请是否明显属于专利法第五条、第二十五条规定的情形，是否不符合专利法第十八条、第十九条第一款、第二十条第一款或者本细则第十六条、第二十六条第二款的规定，是否明显不符合专利法第二条第二款、第二十六条第五款、第三十一条第一款、第三十三条或者本细则第十七条至第二十一条的规定；

"(二)实用新型专利申请是否明显属于专利法第五条、第二十五条规定的情形，是否不符合专利法第十八条、第十九条第一款、第二十条第一款或者本细则第十六条至第十九条、第二十一条至第二十三条的规定，是否明显不符合专利法第二条第三款、第二十二条第二款、第四款、第二十六条第三款、第四款、第三十一条第一款、第三十三条或者本细则第二十条、第四十三条第一款的规定，是否依照专利法第九条规定不能取得专利权；

"(三)外观设计专利申请是否明显属于专利法第五条、第二十五条第一款第(六)项规定的情形，是否不符合专利法第十八条、第十九条第一款或者本细则第十六条、第二十七条、第二十八条的规定，是否明显不符合专利法第二条第四款、第二十三条第一款、第二十七条第二款、第三十一条第二款、第三十三条或者本细则第四十三条第一款的规定，是否依照专利法第九条规定不能取得专利权；

"(四)申请文件是否符合本细则第二条、第三条第一款的规定。"

二十、增加一条，作为第五十五条："保密专利申请经审查没有发现驳回理由的，国务院专利行政部门应当作出授予保密专利权的决定，颁发保密专利证书，登记保密专利权的有关事项。"

二十一、将第五十五条改为第五十六条，修改为："授予实用新型或者外观设计专利权的决定公告后，专利法第六十条规定的专利权人或者利害关系人可以请求国务院专利行政部门作出专利权评价报告。

"请求作出专利权评价报告的，应当提交专利权评价报告请求书，写明专利号。每项请求应当限于一项专利权。

"专利权评价报告请求书不符合规定的，国务院专利行政部门应当通知请求人在指定期限内补正；请求人期满未补正的，视为未提出请求。"

二十二、将第五十六条改为第五十七条，修改为："国务院专利行政部门应当自收到专利权评价报告请求书后2个月内作出专利权评价报告。对同一项实用新型或者外观设计专利权，有多个请求人请求作出专利权评价报告的，国务院专利行政部门仅作出一份专利权评价报告。任何单位或者个人可以查阅或者复制该专利权评价报告。"

二十三、将第五十九条改为第六十条，增加一款，作为第二款："复审请求不符合专利法第十九条第一款或者第四十一条第一款规定的，专利复审委员会不予受理，书面通知复审请求人并说明理由。"

二十四、将第七十一条改为第七十二条，第二款修改为："专利复审委员会作出决定之前，无效宣告请求人撤回其请求或者其无效宣告请求被视为撤回的，无效宣告请求审查程序终止。但是，专利复审委员会认为根据已进行的审查工作能够作出宣告专利权无效或者部分无效的决定的，不终止审查程序。"

二十五、增加一条，作为第七十三条："专利法第四十八条第(一)项所称未充分实施其专利，是指专利权人及其被许可人实施其专利的方式或者规模不能满足国内对专利产品或者专利方法的需求。

"专利法第五十条所称取得专利权的药品，是指解决公共健康问题所需的医药领域中的任何专利产品或者依照专利方法直接获得的产品，包括取得专利权的制造该产品所需的活性成分以及使用该产品所需的诊断用品。"

二十六、将第七十二条改为第七十四条，修改为："请求给予强制许可的，应当向国务院专利行政部门提交强制许可请求书，说明理由并附具有关证明文件。

“国务院专利行政部门应当将强制许可请求书的副本送交专利权人，专利权人应当在国务院专利行政部门指定的期限内陈述意见；期满未答复的，不影响国务院专利行政部门作出决定。

“国务院专利行政部门在作出驳回强制许可请求的决定或者给予强制许可的决定前，应当通知请求人和专利权人拟作出的决定及其理由。

“国务院专利行政部门依照专利法第五十条的规定作出给予强制许可的决定，应当同时符合中国缔结或者参加的有关国际条约关于为了解决公共健康问题而给予强制许可的规定，但中国作出保留的除外。”

二十七、增加一条，作为第七十六条：“被授予专利权的单位可以与发明人、设计人约定或者在其依法制定的规章制度中规定专利法第十六条规定的奖励、报酬的方式和数额。

“企业、事业单位给予发明人或者设计人的奖励、报酬，按照国家有关财务、会计制度的规定进行处理。”

二十八、将第七十四条改为第七十七条，修改为：“被授予专利权的单位未与发明人、设计人约定也未在其依法制定的规章制度中规定专利法第十六条规定的奖励的方式和数额的，应当自专利权公告之日起3个月内发给发明人或者设计人奖金。一项发明专利的奖金最低不少于3000元；一项实用新型专利或者外观设计专利的奖金最低不少于1000元。

“由于发明人或者设计人的建议被其所属单位采纳而完成的发明创造，被授予专利权的单位应当从优发给奖金。”

二十九、将第七十五条、第七十六条合并，作为第七十八条，修改为：“被授予专利权的单位未与发明人、设计人约定也未在其依法制定的规章制度中规定专利法第十六条规定的报酬的方式和数额的，在专利权有效期限内，实施发明创造专利后，每年应当从实施该项发明或者实用新型专利的营业利润中提取不低于2%或者从实施该项外观设计专利的营业利润中提取不低于0.2%，作为报酬给予发明人或者设计人，或者参照上述比例，给予发明人或者设计人一次性报酬；被授予专利权的单位许可其他单位或者个人实施其专利的，应当从收取的使用费中提取不低于10%，作为报酬给予发明人或者设计人。”

三十、删去第七十七条。

三十一、第八十三条增加一款，作为第二款：“专利标识不符合前款规定的，由管理专利工作的部门责令改正。”

三十二、将第八十四条、第八十五条合并，作为第八十四条，修改为：“下列行为属于专利法第六十三条规定的假冒专利的行为：

“(一)在未被授予专利权的产品或者其包装上标注专利标识，专利权被宣告无效后或者终止后继续在产品或者其包装上标注专利标识，或者未经许可在产品或者产品包装上标注他人的专利号；

“(二)销售第(一)项所述产品；

“(三)在产品说明书等材料中将未被授予专利权的技术或者设计称为专利技术或者专利设计，将专利申请称为专利，或者未经许可使用他人的专利号，使公众将所涉及的技术或者设计误认为是专利技术或者专利设计；

“(四)伪造或者变造专利证书、专利文件或者专利申请文件；

“(五)其他使公众混淆，将未被授予专利权的技术或者设计误认为是专利技术或者专利设计的行为。

“专利权终止前依法在专利产品、依照专利方法直接获得的产品或者其包装上标注专利标识，在专利权终止后许诺销售、销售该产品的，不属于假冒专利行为。

“销售不知道是假冒专利的产品，并且能够证明该产品合法来源的，由管理专利工作的部门责令停止销售，但免除罚款的处罚。”

三十三、将第八十七条修改为：“人民法院在审理民事案件中裁定对专利申请权或者专利权采取保全措施的，国务院专利行政部门应当在收到写明申请号或者专利号的裁定书和协助执行通知书之日中止被保全的专利申请权或者专利权的有关程序。保全期限届满，人民法院没有裁定继续采取保全措施的，国务院专利行政部门自行恢复有关程序。”

三十四、增加一条，作为第八十八条：“国务院专利行政部门根据本细则第八十六条和第八十七条规定中止有关程序，是指暂停专利申请的初步审查、实质审查、复审程序，授予专利权程序和专利权无效宣告程序；暂停办理放弃、变更、转移专利权或者专利申请权手续，专利权质押手续以及专利权期限届满前的终止手续等。”

三十五、将第八十九条第一款改为第九十条，修改为：“国务院专利行政部门定期出版专利公报，公布或者公告下列内容：

“（一）发明专利申请的著录事项和说明书摘要；

“（二）发明专利申请的实质审查请求和国务院专利行政部门对发明专利申请自行进行实质审查的决定；

“（三）发明专利申请公布后的驳回、撤回、视为撤回、视为放弃、恢复和转移；

“（四）专利权的授予以及专利权的著录事项；

“（五）发明或者实用新型专利的说明书摘要，外观设计专利的一幅图片或者照片；

“（六）国防专利、保密专利的解密；

“（七）专利权的无效宣告；

“（八）专利权的终止、恢复；

“（九）专利权的转移；

“（十）专利实施许可合同的备案；

“（十一）专利权的质押、保全及其解除；

“（十二）专利实施的强制许可的给予；

“（十三）专利权人的姓名或者名称、地址的变更；

“（十四）文件的公告送达；

“（十五）国务院专利行政部门作出的更正；

“（十六）其他有关事项。”

三十六、将第八十九条第二款改为第九十一条，修改为：“国务院专利行政部门应当提供专利公报、发明专利申请单行本以及发明专利、实用新型专利、外观设计专利单行本，供公众免费查阅。”

三十七、增加一条，作为第九十二条：“国务院专利行政部门负责按照互惠原则与其他国家、地区的专利机关或者区域性专利组织交换专利文献。”

三十八、将第九十条改为第九十三条，修改为：“向国务院专利行政部门申请专利和办理其他手续时，应当缴纳下列费用：

“（一）申请费、申请附加费、公布印刷费、优先权要求费；

“（二）发明专利申请实质审查费、复审费；

“（三）专利登记费、公告印刷费、年费；

“（四）恢复权利请求费、延长期限请求费；

“（五）著录事项变更费、专利权评价报告请求费、无效宣告请求费。

“前款所列各种费用的缴纳标准，由国务院价格管理部门、财政部门会同国务院专利行政部门规定。”

三十九、将第九十二条改为第九十五条，第一款修改为：“申请人应当自申请日起2个月内或者在收到受理通知书之日起15日内缴纳申请费、公布印刷费和必要的申请附加费；期满未缴纳或者未缴足的，其申请视为撤回。”

四十、删去第九十四条。

四十一、将第九十七条改为第九十九条，修改为：“恢复权利请求费应当在本细则规定的相关期限内缴纳；期满未缴纳或者未缴足的，视为未提出请求。

“延长期限请求费应当在相应期限届满之日前缴纳；期满未缴纳或者未缴足的，视为未提出请求。

“著录事项变更费、专利权评价报告请求费、无效宣告请求费应当自提出请求之日起1个月内缴纳；期满未缴纳或者未缴足的，视为未提出请求。”

四十二、将第九十八条改为第一百条，修改为：“申请人或者专利权人缴纳本细则规定的各种费用有困难的，可以按照规定向国务院专利行政部门提出减缴或者缓缴的请求。减缴或者缓缴的办法由国务院财政部门会同国务院价格管理部门、国务院专利行政部门规定。”

四十三、将第一百零一条、第一百零三条、第一百零五条第一款的部分内容合并，作为第一百零三条，修改为：“国际申请的申请人应当在专利合作条约第二条所称的优先权日（本章简称优先权日）起30个月内，向国务院专利行政部门办理进入中国国家阶段的手续；申请人未在该期限内办理该手续的，在缴纳宽限费后，可以在自优先权日起32个月内办理进入中国国家阶段的手续。”

四十四、将第一百零一条、第一百零三条、第一百零五条第一款的部分内容合并，作为第一百零四条，修改为：“申请人依照本细则第一百零三条的规定办理进入中国国家阶段的手续的，应当符合下列要求：

“（一）以中文提交进入中国国家阶段的书面声明，写明国际申请号和要求获得的专利权类型；

“（二）缴纳本细则第九十三条第一款规定的申请费、公布印刷费，必要时缴纳本细则第一百零三条规定的宽限费；

“（三）国际申请以外文提出的，提交原始国际申请的说明书和权利要求书的中文译文；

“（四）在进入中国国家阶段的书面声明中写明发明创造的名称、申请人姓名或者名称、地址和发明人的姓名，上述内容应当与世界知识产权组织国际局（以下简称国际局）的记录一致；国际申请中未写明发明人的，在上述声明中写明发明人的姓名；

“（五）国际申请以外文提出的，提交摘要的中文译文，有附图和摘要附图的，提交附图副本和摘要附图副本，附图中有文字的，将其替换为对应的中文文字；国际申请以中文提出的，提交国际公布文件中的摘要和摘要附图副本；

“(六)在国际阶段向国际局已办理申请人变更手续的，提供变更后的申请人享有申请权的证明材料；

“(七)必要时缴纳本细则第九十三条第一款规定的申请附加费。

“符合本条第一款第(一)项至第(三)项要求的，国务院专利行政部门应当给予申请号，明确国际申请进入中国国家阶段的日期(以下简称进入日)，并通知申请人其国际申请已进入中国国家阶段。

“国际申请已进入中国国家阶段，但不符合本条第一款第(四)项至第(七)项要求的，国务院专利行政部门应当通知申请人在指定期限内补正；期满未补正的，其申请视为撤回。”

四十五、将第一百条第二款与第一百零二条合并，作为第一百零五条，修改为：“国际申请有下列情形之一的，其在中国的效力终止：

“(一)在国际阶段，国际申请被撤回或者被视为撤回，或者国际申请对中国的指定被撤回的；

“(二)申请人未在优先权日起32个月内按照本细则第一百零三条规定办理进入中国国家阶段手续的；

“(三)申请人办理进入中国国家阶段的手续，但自优先权日起32个月期限届满仍不符合本细则第一百零四条第(一)项至第(三)项要求的。

“依照前款第(一)项的规定，国际申请在中国的效力终止的，不适用本细则第六条的规定；依照前款第(二)项、第(三)项的规定，国际申请在中国的效力终止的，不适用本细则第六条第二款的规定。”

四十六、将第一百零四条改为第一百零六条，修改为：“国际申请在国际阶段作过修改，申请人要求以经修改的申请文件为基础进行审查的，应当自进入日起2个月内提交修改部分的中文译文。在该期间内未提交中文译文的，对申请人在国际阶段提出的修改，国务院专利行政部门不予考虑。”

四十七、将第一百零五条改为第一百零七条，修改为：“国际申请涉及的发明创造有专利法第二十四条第(一)项或者第(二)项所列情形之一，在提出国际申请时作过声明的，申请人应当在进入中国国家阶段的书面声明中予以说明，并自进入日起2个月内提交本细则第三十条第三款规定的有关证明文件；未予说明或者期满未提交证明文件的，其申请不适用专利法第二十四条的规定。”

四十八、增加一条，作为第一百零九条：“国际申请涉及的发明创造依赖遗传资源完成的，申请人应当在国际申请进入中国国家阶段的书面声明中予以说明，并填写国务院专利行政部门制定的表格。”

四十九、将第一百零七条改为第一百一十条，第二款修改为：“申请人应当自进入日起2个月内缴纳优先权要求费；期满未缴纳或者未缴足的，视为未要求该优先权。”

删去第四款。

五十、将第一百零九条改为第一百一十二条，第一款修改为：“要求获得实用新型专利权的国际申请，申请人可以自进入日起2个月内对专利申请文件主动提出修改。”

五十一、删去第一百一十三条、第一百一十四条。

此外，根据2008年12月27日审议通过的《全国人民代表大会常务委员会关于修改〈中华人民共和国专利法〉的决定》，对《中华人民共和国专利法实施细则》引用《中华人民共和国专利法》的条文作了相应修改，并对部分条款顺序和文字作了相应调整。

本决定自2010年2月1日起施行。

《中华人民共和国专利法实施细则》根据本决定作相应的修改，重新公布。

中华人民共和国专利法实施细则

(2001年6月15日中华人民共和国国务院令第306号公布　根据2002年12月28日《国务院关于修改〈中华人民共和国专利法实施细则〉的决定》第一次修订　根据2010年1月9日《国务院关于修改〈中华人民共和国专利法实施细则〉的决定》第二次修订)

第一章　总　　则

第一条　根据《中华人民共和国专利法》(以下简称专利法)，制定本细则。

第二条　专利法和本细则规定的各种手续，应当以书面形式或者国务院专利行政部门规定的其他形式办理。

第三条　依照专利法和本细则规定提交的各种文件应当使用中文；国家有统一规定的科技术语的，应当采用规范词；外国人名、地名和科技术语没有统一中文译文的，应当注明原文。

依照专利法和本细则规定提交的各种证件和证

明文件是外文的，国务院专利行政部门认为必要时，可以要求当事人在指定期限内附送中文译文；期满未附送的，视为未提交该证件和证明文件。

第四条 向国务院专利行政部门邮寄的各种文件，以寄出的邮戳日为递交日；邮戳日不清晰的，除当事人能够提出证明外，以国务院专利行政部门收到日为递交日。

国务院专利行政部门的各种文件，可以通过邮寄、直接送交或者其他方式送达当事人。当事人委托专利代理机构的，文件送交专利代理机构；未委托专利代理机构的，文件送交请求书中指明的联系人。

国务院专利行政部门邮寄的各种文件，自文件发出之日起满15日，推定为当事人收到文件之日。

根据国务院专利行政部门规定应当直接送交的文件，以交付日为送达日。

文件送交地址不清，无法邮寄的，可以通过公告的方式送达当事人。自公告之日起满1个月，该文件视为已经送达。

第五条 专利法和本细则规定的各种期限的第一日不计算在期限内。期限以年或者月计算的，以其最后一月的相应日为期限届满日；该月无相应日的，以该月最后一日为期限届满日；期限届满日是法定休假日的，以休假日后的第一个工作日为期限届满日。

第六条 当事人因不可抗拒的事由而延误专利法或者本细则规定的期限或者国务院专利行政部门指定的期限，导致其权利丧失的，自障碍消除之日起2个月内，最迟自期限届满之日起2年内，可以向国务院专利行政部门请求恢复权利。

除前款规定的情形外，当事人因其他正当理由延误专利法或者本细则规定的期限或者国务院专利行政部门指定的期限，导致其权利丧失的，可以自收到国务院专利行政部门的通知之日起2个月内向国务院专利行政部门请求恢复权利。

当事人依照本条第一款或者第二款的规定请求恢复权利的，应当提交恢复权利请求书，说明理由，必要时附具有关证明文件，并办理权利丧失前应当办理的相应手续；依照本条第二款的规定请求恢复权利的，还应当缴纳恢复权利请求费。

当事人请求延长国务院专利行政部门指定的期限的，应当在期限届满前，向国务院专利行政部门说明理由并办理有关手续。

本条第一款和第二款的规定不适用专利法第二十四条、第二十九条、第四十二条、第六十八条规定的期限。

第七条 专利申请涉及国防利益需要保密的，由国防专利机构受理并进行审查；国务院专利行政部门受理的专利申请涉及国防利益需要保密的，应当及时移交国防专利机构进行审查。经国防专利机构审查没有发现驳回理由的，由国务院专利行政部门作出授予国防专利权的决定。

国务院专利行政部门认为其受理的发明或者实用新型专利申请涉及国防利益以外的国家安全或者重大利益需要保密的，应当及时作出按照保密专利申请处理的决定，并通知申请人。保密专利申请的审查、复审以及保密专利权无效宣告的特殊程序，由国务院专利行政部门规定。

第八条 专利法第二十条所称在中国完成的发明或者实用新型，是指技术方案的实质性内容在中国境内完成的发明或者实用新型。

任何单位或者个人将在中国完成的发明或者实用新型向外国申请专利的，应当按照下列方式之一请求国务院专利行政部门进行保密审查：

（一）直接向外国申请专利或者向有关国外机构提交专利国际申请的，应当事先向国务院专利行政部门提出请求，并详细说明其技术方案；

（二）向国务院专利行政部门申请专利后拟向外国申请专利或者向有关国外机构提交专利国际申请的，应当在向外国申请专利或者向有关国外机构提交专利国际申请前向国务院专利行政部门提出请求。

向国务院专利行政部门提交专利国际申请的，视为同时提出了保密审查请求。

第九条 国务院专利行政部门收到依照本细则第八条规定递交的请求后，经过审查认为该发明或者实用新型可能涉及国家安全或者重大利益需要保密的，应当及时向申请人发出保密审查通知；申请人未在其请求递交日起4个月内收到保密审查通知的，可以就该发明或者实用新型向外国申请专利或者向有关国外机构提交专利国际申请。

国务院专利行政部门依照前款规定通知进行保密审查的，应当及时作出是否需要保密的决定，并通知申请人。申请人未在其请求递交日起6个月内收到需要保密的决定的，可以就该发明或者实用新型向外国申请专利或者向有关国外机构提交专利国际申请。

第十条 专利法第五条所称违反法律的发明创造，不包括仅其实施为法律所禁止的发明创造。

第十一条 除专利法第二十八条和第四十二条规定的情形外，专利法所称申请日，有优先权的，指优先权日。

本细则所称申请日，除另有规定的外，是指专利法第二十八条规定的申请日。

第十二条 专利法第六条所称执行本单位的任务所完成的职务发明创造，是指：

(一)在本职工作中作出的发明创造；

(二)履行本单位交付的本职工作之外的任务所作出的发明创造；

(三)退休、调离原单位后或者劳动、人事关系终止后1年内作出的，与其在原单位承担的本职工作或者原单位分配的任务有关的发明创造。

专利法第六条所称本单位，包括临时工作单位；专利法第六条所称本单位的物质技术条件，是指本单位的资金、设备、零部件、原材料或者不对外公开的技术资料等。

第十三条 专利法所称发明人或者设计人，是指对发明创造的实质性特点作出创造性贡献的人。在完成发明创造过程中，只负责组织工作的人、为物质技术条件的利用提供方便的人或者从事其他辅助工作的人，不是发明人或者设计人。

第十四条 除依照专利法第十条规定转让专利权外，专利权因其他事由发生转移的，当事人应当凭有关证明文件或者法律文书向国务院专利行政部门办理专利权转移手续。

专利权人与他人订立的专利实施许可合同，应当自合同生效之日起3个月内向国务院专利行政部门备案。

以专利权出质的，由出质人和质权人共同向国务院专利行政部门办理出质登记。

第二章 专利的申请

第十五条 以书面形式申请专利的，应当向国务院专利行政部门提交申请文件一式两份。

以国务院专利行政部门规定的其他形式申请专利的，应当符合规定的要求。

申请人委托专利代理机构向国务院专利行政部门申请专利和办理其他专利事务的，应当同时提交委托书，写明委托权限。

申请人有2人以上且未委托专利代理机构的，除请求书中另有声明的外，以请求书中指明的第一申请人为代表人。

第十六条 发明、实用新型或者外观设计专利申请的请求书应当写明下列事项：

(一)发明、实用新型或者外观设计的名称；

(二)申请人是中国单位或者个人的，其名称或者姓名、地址、邮政编码、组织机构代码或者居民身份证件号码；申请人是外国人、外国企业或者外国其他组织的，其姓名或者名称、国籍或者注册的国家或者地区；

(三)发明人或者设计人的姓名；

(四)申请人委托专利代理机构的，受托机构的名称、机构代码以及该机构指定的专利代理人的姓名、执业证号码、联系电话；

(五)要求优先权的，申请人第一次提出专利申请(以下简称在先申请)的申请日、申请号以及原受理机构的名称；

(六)申请人或者专利代理机构的签字或者盖章；

(七)申请文件清单；

(八)附加文件清单；

(九)其他需要写明的有关事项。

第十七条 发明或者实用新型专利申请的说明书应当写明发明或者实用新型的名称，该名称应当与请求书中的名称一致。说明书应当包括下列内容：

(一)技术领域：写明要求保护的技术方案所属的技术领域；

(二)背景技术：写明对发明或者实用新型的理解、检索、审查有用的背景技术；有可能的，并引证反映这些背景技术的文件；

(三)发明内容：写明发明或者实用新型所要解决的技术问题以及解决其技术问题采用的技术方案，并对照现有技术写明发明或者实用新型的有益效果；

(四)附图说明：说明书有附图的，对各幅附图作简略说明；

(五)具体实施方式：详细写明申请人认为实现发明或者实用新型的优选方式；必要时，举例说明；有附图的，对照附图。

发明或者实用新型专利申请人应当按照前款规定的方式和顺序撰写说明书，并在说明书每一部分前面写明标题，除非其发明或者实用新型的性质用其他方式或者顺序撰写能节约说明书的篇幅并使他人能够准确理解其发明或者实用新型。

发明或者实用新型说明书应当用词规范、语句清楚，并不得使用"如权利要求……所述的……"一类的引用语，也不得使用商业性宣传用语。

发明专利申请包含一个或者多个核苷酸或者氨基酸序列的，说明书应当包括符合国务院专利行政部门规定的序列表。申请人应当将该序列表作为说明书的一个单独部分提交，并按照国务院专利行政部门的规定提交该序列表的计算机可读形式的副本。

实用新型专利申请说明书应当有表示要求保护的产品的形状、构造或者其结合的附图。

第十八条 发明或者实用新型的几幅附图应当按照“图1，图2，……”顺序编号排列。

发明或者实用新型说明书文字部分中未提及的附图标记不得在附图中出现，附图中未出现的附图标记不得在说明书文字部分中提及。申请文件中表示同一组成部分的附图标记应当一致。

附图中除必需的词语外，不应当含有其他注释。

第十九条 权利要求书应当记载发明或者实用新型的技术特征。

权利要求书有几项权利要求的，应当用阿拉伯数字顺序编号。

权利要求书中使用的科技术语应当与说明书中使用的科技术语一致，可以有化学式或者数学式，但是不得有插图。除绝对必要的外，不得使用“如说明书……部分所述”或者“如图……所示”的用语。

权利要求中的技术特征可以引用说明书附图中相应的标记，该标记应当放在相应的技术特征后并置于括号内，便于理解权利要求。附图标记不得解释为对权利要求的限制。

第二十条 权利要求书应当有独立权利要求，也可以有从属权利要求。

独立权利要求应当从整体上反映发明或者实用新型的技术方案，记载解决技术问题的必要技术特征。

从属权利要求应当用附加的技术特征，对引用的权利要求作进一步限定。

第二十一条 发明或者实用新型的独立权利要求应当包括前序部分和特征部分，按照下列规定撰写：

(一)前序部分：写明要求保护的发明或者实用新型技术方案的主题名称和发明或者实用新型主题与最接近的现有技术共有的必要技术特征；

(二)特征部分：使用“其特征是……”或者类似的用语，写明发明或者实用新型区别于最接近的现有技术的技术特征。这些特征和前序部分写明的特征合在一起，限定发明或者实用新型要求保护的范围。

发明或者实用新型的性质不适于用前款方式表达的，独立权利要求可以用其他方式撰写。

一项发明或者实用新型应当只有一个独立权利要求，并写在同一发明或者实用新型的从属权利要求之前。

第二十二条 发明或者实用新型的从属权利要求应当包括引用部分和限定部分，按照下列规定撰写：

(一)引用部分：写明引用的权利要求的编号及其主题名称；

(二)限定部分：写明发明或者实用新型附加的技术特征。

从属权利要求只能引用在前的权利要求。引用两项以上权利要求的多项从属权利要求，只能以择一方式引用在前的权利要求，并不得作为另一项多项从属权利要求的基础。

第二十三条 说明书摘要应当写明发明或者实用新型专利申请所公开内容的概要，即写明发明或者实用新型的名称和所属技术领域，并清楚地反映所要解决的技术问题、解决该问题的技术方案的要点以及主要用途。

说明书摘要可以包含最能说明发明的化学式；有附图的专利申请，还应当提供一幅最能说明该发明或者实用新型技术特征的附图。附图的大小及清晰度应当保证在该图缩小到4厘米×6厘米时，仍能清晰地分辨出图中的各个细节。摘要文字部分不得超过300个字。摘要中不得使用商业性宣传用语。

第二十四条 申请专利的发明涉及新的生物材料，该生物材料公众不能得到，并且对该生物材料的说明不足以使所属领域的技术人员实施其发明的，除应当符合专利法和本细则的有关规定外，申请人还应当办理下列手续：

(一)在申请日前或者最迟在申请日(有优先权的，指优先权日)，将该生物材料的样品提交国务院专利行政部门认可的保藏单位保藏，并在申请时或者最迟自申请日起4个月内提交保藏单位出具的保藏证明和存活证明；期满未提交证明的，该样品视为未提交保藏；

(二)在申请文件中，提供有关该生物材料特征的资料；

(三)涉及生物材料样品保藏的专利申请应当在请求书和说明书中写明该生物材料的分类命名(注明拉丁文名称)、保藏该生物材料样品的单位名称、地址、保藏日期和保藏编号；申请时未写明的，应当自申请日起4个月内补正；期满未补正的，视为未提交保藏。

第二十五条 发明专利申请人依照本细则第二

十四条的规定保藏生物材料样品的，在发明专利申请公布后，任何单位或者个人需要将该专利申请所涉及的生物材料作为实验目的使用的，应当向国务院专利行政部门提出请求，并写明下列事项：

(一)请求人的姓名或者名称和地址；

(二)不向其他任何人提供该生物材料的保证；

(三)在授予专利权前，只作为实验目的使用的保证。

第二十六条 专利法所称遗传资源，是指取自人体、动物、植物或者微生物等含有遗传功能单位并具有实际或者潜在价值的材料；专利法所称依赖遗传资源完成的发明创造，是指利用了遗传资源的遗传功能完成的发明创造。

就依赖遗传资源完成的发明创造申请专利的，申请人应当在请求书中予以说明，并填写国务院专利行政部门制定的表格。

第二十七条 申请人请求保护色彩的，应当提交彩色图片或者照片。

申请人应当就每件外观设计产品所需要保护的内容提交有关图片或者照片。

第二十八条 外观设计的简要说明应当写明外观设计产品的名称、用途，外观设计的设计要点，并指定一幅最能表明设计要点的图片或者照片。省略视图或者请求保护色彩的，应当在简要说明中写明。

对同一产品的多项相似外观设计提出一件外观设计专利申请的，应当在简要说明中指定其中一项作为基本设计。

简要说明不得使用商业性宣传用语，也不能用来说明产品的性能。

第二十九条 国务院专利行政部门认为必要时，可以要求外观设计专利申请人提交使用外观设计的产品样品或者模型。样品或者模型的体积不得超过30厘米×30厘米×30厘米，重量不得超过15kg。易腐、易损或者危险品不得作为样品或者模型提交。

第三十条 专利法第二十四条第(一)项所称中国政府承认的国际展览会，是指国际展览会公约规定的在国际展览局注册或者由其认可的国际展览会。

专利法第二十四条第(二)项所称学术会议或者技术会议，是指国务院有关主管部门或者全国性学术团体组织召开的学术会议或者技术会议。

申请专利的发明创造有专利法第二十四条第(一)项或者第(二)项所列情形的，申请人应当在提出专利申请时声明，并自申请日起2个月内提交有关国际展览会或者学术会议、技术会议的组织单位出具的有关发明创造已经展出或者发表，以及展出或者发表日期的证明文件。

申请专利的发明创造有专利法第二十四条第(三)项所列情形的，国务院专利行政部门认为必要时，可以要求申请人在指定期限内提交证明文件。

申请人未依照本条第三款的规定提出声明和提交证明文件的，或者未依照本条第四款的规定在指定期限内提交证明文件的，其申请不适用专利法第二十四条的规定。

第三十一条 申请人依照专利法第三十条的规定要求外国优先权的，申请人提交的在先申请文件副本应当经原受理机构证明。依照国务院专利行政部门与该受理机构签订的协议，国务院专利行政部门通过电子交换等途径获得在先申请文件副本的，视为申请人提交了经该受理机构证明的在先申请文件副本。要求本国优先权，申请人在请求书中写明在先申请的申请日和申请号的，视为提交了在先申请文件副本。

要求优先权，但请求书中漏写或者错写在先申请的申请日、申请号和原受理机构名称中的一项或者两项内容的，国务院专利行政部门应当通知申请人在指定期限内补正；期满未补正的，视为未要求优先权。

要求优先权的申请人的姓名或者名称与在先申请文件副本中记载的申请人姓名或者名称不一致的，应当提交优先权转让证明材料，未提交该证明材料的，视为未要求优先权。

外观设计专利申请的申请人要求外国优先权，其在先申请未包括对外观设计的简要说明，申请人按照本细则第二十八条规定提交的简要说明未超出在先申请文件的图片或者照片表示的范围的，不影响其享有优先权。

第三十二条 申请人在一件专利申请中，可以要求一项或者多项优先权；要求多项优先权的，该申请的优先权期限从最早的优先权日起计算。

申请人要求本国优先权，在先申请是发明专利申请的，可以就相同主题提出发明或者实用新型专利申请；在先申请是实用新型专利申请的，可以就相同主题提出实用新型或者发明专利申请。但是，提出后一申请时，在先申请的主题有下列情形之一的，不得作为要求本国优先权的基础：

(一)已经要求外国优先权或者本国优先权的；

(二)已经被授予专利权的；

（三）属于按照规定提出的分案申请的。

申请人要求本国优先权的，其在先申请自后一申请提出之日起即视为撤回。

第三十三条 在中国没有经常居所或者营业所的申请人，申请专利或者要求外国优先权的，国务院专利行政部门认为必要时，可以要求其提供下列文件：

（一）申请人是个人的，其国籍证明；

（二）申请人是企业或者其他组织的，其注册的国家或者地区的证明文件；

（三）申请人的所属国，承认中国单位和个人可以按照该国国民的同等条件，在该国享有专利权、优先权和其他与专利有关的权利的证明文件。

第三十四条 依照专利法第三十一条第一款规定，可以作为一件专利申请提出的属于一个总的发明构思的两项以上的发明或者实用新型，应当在技术上相互关联，包含一个或者多个相同或者相应的特定技术特征，其中特定技术特征是指每一项发明或者实用新型作为整体，对现有技术作出贡献的技术特征。

第三十五条 依照专利法第三十一条第二款规定，将同一产品的多项相似外观设计作为一件申请提出的，对该产品的其他设计应当与简要说明中指定的基本设计相似。一件外观设计专利申请中的相似外观设计不得超过10项。

专利法第三十一条第二款所称同一类别并且成套出售或者使用的产品的两项以上外观设计，是指各产品属于分类表中同一大类，习惯上同时出售或者同时使用，而且各产品的外观设计具有相同的设计构思。

将两项以上外观设计作为一件申请提出的，应当将各项外观设计的顺序编号标注在每件外观设计产品各幅图片或者照片的名称之前。

第三十六条 申请人撤回专利申请的，应当向国务院专利行政部门提出声明，写明发明创造的名称、申请号和申请日。

撤回专利申请的声明在国务院专利行政部门作好公布专利申请文件的印刷准备工作后提出的，申请文件仍予公布；但是，撤回专利申请的声明应当在以后出版的专利公报上予以公告。

第三章 专利申请的审查和批准

第三十七条 在初步审查、实质审查、复审和无效宣告程序中，实施审查和审理的人员有下列情形之一的，应当自行回避，当事人或者其他利害关系人可以要求其回避：

（一）是当事人或者其代理人的近亲属的；

（二）与专利申请或者专利权有利害关系的；

（三）与当事人或者其代理人有其他关系，可能影响公正审查和审理的；

（四）专利复审委员会成员曾参与原申请的审查的。

第三十八条 国务院专利行政部门收到发明或者实用新型专利申请的请求书、说明书（实用新型必须包括附图）和权利要求书，或者外观设计专利申请的请求书、外观设计的图片或者照片和简要说明后，应当明确申请日、给予申请号，并通知申请人。

第三十九条 专利申请文件有下列情形之一的，国务院专利行政部门不予受理，并通知申请人：

（一）发明或者实用新型专利申请缺少请求书、说明书（实用新型无附图）或者权利要求书的，或者外观设计专利申请缺少请求书、图片或者照片、简要说明的；

（二）未使用中文的；

（三）不符合本细则第一百二十一条第一款规定的；

（四）请求书中缺少申请人姓名或者名称，或者缺少地址的；

（五）明显不符合专利法第十八条或者第十九条第一款的规定的；

（六）专利申请类别（发明、实用新型或者外观设计）不明确或者难以确定的。

第四十条 说明书中写有对附图的说明但无附图或者缺少部分附图的，申请人应当在国务院专利行政部门指定的期限内补交附图或者声明取消对附图的说明。申请人补交附图的，以向国务院专利行政部门提交或者邮寄附图之日为申请日；取消对附图的说明的，保留原申请日。

第四十一条 两个以上的申请人同日（指申请日；有优先权的，指优先权日）分别就同样的发明创造申请专利的，应当在收到国务院专利行政部门的通知后自行协商确定申请人。

同一申请人在同日（指申请日）对同样的发明创造既申请实用新型专利又申请发明专利的，应当在申请时分别说明对同样的发明创造已申请了另一专利；未作说明的，依照专利法第九条第一款关于同样的发明创造只能授予一项专利权的规定处理。

国务院专利行政部门公告授予实用新型专利权，应当公告申请人已依照本条第二款的规定同时申请了发明专利的说明。

发明专利申请经审查没有发现驳回理由，国务院专利行政部门应当通知申请人在规定期限内声明放弃实用新型专利权。申请人声明放弃的，国务院专利行政部门应当作出授予发明专利权的决定，并在公告授予发明专利权时一并公告申请人放弃实用新型专利权声明。申请人不同意放弃的，国务院专利行政部门应当驳回该发明专利申请；申请人期满未答复的，视为撤回该发明专利申请。

实用新型专利权自公告授予发明专利权之日起终止。

第四十二条　一件专利申请包括两项以上发明、实用新型或者外观设计的，申请人可以在本细则第五十四条第一款规定的期限届满前，向国务院专利行政部门提出分案申请；但是，专利申请已经被驳回、撤回或者视为撤回的，不能提出分案申请。

国务院专利行政部门认为一件专利申请不符合专利法第三十一条和本细则第三十四条或者第三十五条的规定的，应当通知申请人在指定期限内对其申请进行修改；申请人期满未答复的，该申请视为撤回。

分案的申请不得改变原申请的类别。

第四十三条　依照本细则第四十二条规定提出的分案申请，可以保留原申请日，享有优先权的，可以保留优先权日，但是不得超出原申请记载的范围。

分案申请应当依照专利法及本细则的规定办理有关手续。

分案申请的请求书中应当写明原申请的申请号和申请日。提交分案申请时，申请人应当提交原申请文件副本；原申请享有优先权的，并应当提交原申请的优先权文件副本。

第四十四条　专利法第三十四条和第四十条所称初步审查，是指审查专利申请是否具备专利法第二十六条或者第二十七条规定的文件和其他必要的文件，这些文件是否符合规定的格式，并审查下列各项：

(一)发明专利申请是否明显属于专利法第五条、第二十五条规定的情形，是否不符合专利法第十八条、第十九条第一款、第二十条第一款或者本细则第十六条、第二十六条第二款的规定，是否明显不符合专利法第二条第二款、第二十六条第五款、第三十一条第一款、第三十三条或者本细则第十七条至第二十一条的规定；

(二)实用新型专利申请是否明显属于专利法第五条、第二十五条规定的情形，是否不符合专利法第十八条、第十九条第一款、第二十条第一款或者本细则第十六条至第十九条、第二十一条至第二十三条的规定，是否明显不符合专利法第二条第三款、第二十二条第二款、第四款、第二十六条第三款、第四款、第三十一条第一款、第三十三条或者本细则第二十条、第四十三条第一款的规定，是否依照专利法第九条规定不能取得专利权；

(三)外观设计专利申请是否明显属于专利法第五条、第二十五条第一款第(六)项规定的情形，是否不符合专利法第十八条、第十九条第一款或者本细则第十六条、第二十七条、第二十八条的规定，是否明显不符合专利法第二条第四款、第二十三条第一款、第二十七条第二款、第三十一条第二款、第三十三条或者本细则第四十三条第一款的规定，是否依照专利法第九条规定不能取得专利权；

(四)申请文件是否符合本细则第二条、第三条第一款的规定。

国务院专利行政部门应当将审查意见通知申请人，要求其在指定期限内陈述意见或者补正；申请人期满未答复的，其申请视为撤回。申请人陈述意见或者补正后，国务院专利行政部门仍然认为不符合前款所列各项规定的，应当予以驳回。

第四十五条　除专利申请文件外，申请人向国务院专利行政部门提交的与专利申请有关的其他文件有下列情形之一的，视为未提交：

(一)未使用规定的格式或者填写不符合规定的；

(二)未按照规定提交证明材料的。

国务院专利行政部门应当将视为未提交的审查意见通知申请人。

第四十六条　申请人请求早日公布其发明专利申请的，应当向国务院专利行政部门声明。国务院专利行政部门对该申请进行初步审查后，除予以驳回的外，应当立即将申请予以公布。

第四十七条　申请人写明使用外观设计的产品及其所属类别的，应当使用国务院专利行政部门公布的外观设计产品分类表。未写明使用外观设计的产品所属类别或者所写的类别不确切的，国务院专利行政部门可以予以补充或者修改。

第四十八条　自发明专利申请公布之日起至公告授予专利权之日止，任何人均可以对不符合专利法规定的专利申请向国务院专利行政部门提出意见，并说明理由。

第四十九条 发明专利申请人因有正当理由无法提交专利法第三十六条规定的检索资料或者审查结果资料的，应当向国务院专利行政部门声明，并在得到有关资料后补交。

第五十条 国务院专利行政部门依照专利法第三十五条第二款的规定对专利申请自行进行审查时，应当通知申请人。

第五十一条 发明专利申请人在提出实质审查请求时以及在收到国务院专利行政部门发出的发明专利申请进入实质审查阶段通知书之日起的3个月内，可以对发明专利申请主动提出修改。

实用新型或者外观设计专利申请人自申请日起2个月内，可以对实用新型或者外观设计专利申请主动提出修改。

申请人在收到国务院专利行政部门发出的审查意见通知书后对专利申请文件进行修改的，应当针对通知书指出的缺陷进行修改。

国务院专利行政部门可以自行修改专利申请文件中文字和符号的明显错误。国务院专利行政部门自行修改的，应当通知申请人。

第五十二条 发明或者实用新型专利申请的说明书或者权利要求书的修改部分，除个别文字修改或者增删外，应当按照规定格式提交替换页。外观设计专利申请的图片或者照片的修改，应当按照规定提交替换页。

第五十三条 依照专利法第三十八条的规定，发明专利申请经实质审查应当予以驳回的情形是指：

（一）申请属于专利法第五条、第二十五条规定的情形，或者依照专利法第九条规定不能取得专利权的；

（二）申请不符合专利法第二条第二款、第二十条第一款、第二十二条、第二十六条第三款、第四款、第五款、第三十一条第一款或者本细则第二十条第二款规定的；

（三）申请的修改不符合专利法第三十三条规定，或者分案的申请不符合本细则第四十三条第一款的规定的。

第五十四条 国务院专利行政部门发出授予专利权的通知后，申请人应当自收到通知之日起2个月内办理登记手续。申请人按期办理登记手续的，国务院专利行政部门应当授予专利权，颁发专利证书，并予以公告。

期满未办理登记手续的，视为放弃取得专利权的权利。

第五十五条 保密专利申请经审查没有发现驳回理由的，国务院专利行政部门应当作出授予保密专利权的决定，颁发保密专利证书，登记保密专利权的有关事项。

第五十六条 授予实用新型或者外观设计专利权的决定公告后，专利法第六十条规定的专利权人或者利害关系人可以请求国务院专利行政部门作出专利权评价报告。

请求作出专利权评价报告的，应当提交专利权评价报告请求书，写明专利号。每项请求应当限于一项专利权。

专利权评价报告请求书不符合规定的，国务院专利行政部门应当通知请求人在指定期限内补正；请求人期满未补正的，视为未提出请求。

第五十七条 国务院专利行政部门应当自收到专利权评价报告请求书后2个月内作出专利权评价报告。对同一项实用新型或者外观设计专利权，有多个请求人请求作出专利权评价报告的，国务院专利行政部门仅作出一份专利权评价报告。任何单位或者个人可以查阅或者复制该专利权评价报告。

第五十八条 国务院专利行政部门对专利公告、专利单行本中出现的错误，一经发现，应当及时更正，并对所作更正予以公告。

第四章 专利申请的复审与专利权的无效宣告

第五十九条 专利复审委员会由国务院专利行政部门指定的技术专家和法律专家组成，主任委员由国务院专利行政部门负责人兼任。

第六十条 依照专利法第四十一条的规定向专利复审委员会请求复审的，应当提交复审请求书，说明理由，必要时还应当附具有关证据。

复审请求不符合专利法第十九条第一款或者第四十一条第一款规定的，专利复审委员会不予受理，书面通知复审请求人并说明理由。

复审请求书不符合规定格式的，复审请求人应当在专利复审委员会指定的期限内补正；期满未补正的，该复审请求视为未提出。

第六十一条 请求人在提出复审请求或者在对专利复审委员会的复审通知书作出答复时，可以修改专利申请文件；但是，修改应当仅限于消除驳回决定或者复审通知书指出的缺陷。

修改的专利申请文件应当提交一式两份。

第六十二条 专利复审委员会应当将受理的复审请求书转交国务院专利行政部门原审查部门进行审查。原审查部门根据复审请求人的请求，同意撤销原决定的，专利复审委员会应当据此作出复审决定，并通知复审请求人。

第六十三条 专利复审委员会进行复审后，认为复审请求不符合专利法和本细则有关规定的，应当通知复审请求人，要求其在指定期限内陈述意见。期满未答复的，该复审请求视为撤回；经陈述意见或者进行修改后，专利复审委员会认为仍不符合专利法和本细则有关规定的，应当作出维持原驳回决定的复审决定。

专利复审委员会进行复审后，认为原驳回决定不符合专利法和本细则有关规定的，或者认为经过修改的专利申请文件消除了原驳回决定指出的缺陷的，应当撤销原驳回决定，由原审查部门继续进行审查程序。

第六十四条 复审请求人在专利复审委员会作出决定前，可以撤回其复审请求。

复审请求人在专利复审委员会作出决定前撤回其复审请求的，复审程序终止。

第六十五条 依照专利法第四十五条的规定，请求宣告专利权无效或者部分无效的，应当向专利复审委员会提交专利权无效宣告请求书和必要的证据一式两份。无效宣告请求书应当结合提交的所有证据，具体说明无效宣告请求的理由，并指明每项理由所依据的证据。

前款所称无效宣告请求的理由，是指被授予专利的发明创造不符合专利法第二条、第二十条第一款、第二十二条、第二十三条、第二十六条第三款、第四款、第二十七条第二款、第三十三条或者本细则第二十条第二款、第四十三条第一款的规定，或者属于专利法第五条、第二十五条的规定，或者依照专利法第九条规定不能取得专利权。

第六十六条 专利权无效宣告请求不符合专利法第十九条第一款或者本细则第六十五条规定的，专利复审委员会不予受理。

在专利复审委员会就无效宣告请求作出决定之后，又以同样的理由和证据请求无效宣告的，专利复审委员会不予受理。

以不符合专利法第二十三条第三款的规定为理由请求宣告外观设计专利权无效，但是未提交证明权利冲突的证据的，专利复审委员会不予受理。

专利权无效宣告请求书不符合规定格式的，无效宣告请求人应当在专利复审委员会指定的期限内补正；期满未补正的，该无效宣告请求视为未提出。

第六十七条 在专利复审委员会受理无效宣告请求后，请求人可以在提出无效宣告请求之日起1个月内增加理由或者补充证据。逾期增加理由或者补充证据的，专利复审委员会可以不予考虑。

第六十八条 专利复审委员会应当将专利权无效宣告请求书和有关文件的副本送交专利权人，要求其在指定的期限内陈述意见。

专利权人和无效宣告请求人应当在指定期限内答复专利复审委员会发出的转送文件通知书或者无效宣告请求审查通知书；期满未答复的，不影响专利复审委员会审理。

第六十九条 在无效宣告请求的审查过程中，发明或者实用新型专利的专利权人可以修改其权利要求书，但是不得扩大原专利的保护范围。

发明或者实用新型专利的专利权人不得修改专利说明书和附图，外观设计专利的专利权人不得修改图片、照片和简要说明。

第七十条 专利复审委员会根据当事人的请求或者案情需要，可以决定对无效宣告请求进行口头审理。

专利复审委员会决定对无效宣告请求进行口头审理的，应当向当事人发出口头审理通知书，告知举行口头审理的日期和地点。当事人应当在通知书指定的期限内作出答复。

无效宣告请求人对专利复审委员会发出的口头审理通知书在指定的期限内未作答复，并且不参加口头审理的，其无效宣告请求视为撤回；专利权人不参加口头审理的，可以缺席审理。

第七十一条 在无效宣告请求审查程序中，专利复审委员会指定的期限不得延长。

第七十二条 专利复审委员会对无效宣告的请求作出决定前，无效宣告请求人可以撤回其请求。

专利复审委员会作出决定之前，无效宣告请求人撤回其请求或者其无效宣告请求被视为撤回的，无效宣告请求审查程序终止。但是，专利复审委员会认为根据已进行的审查工作能够作出宣告专利权无效或者部分无效的决定的，不终止审查程序。

第五章 专利实施的强制许可

第七十三条 专利法第四十八条第(一)项所称未充分实施其专利，是指专利权人及其被许可人实施其专利的方式或者规模不能满足国内对专利产品或者专利方法的需求。

专利法第五十条所称取得专利权的药品，是指解决公共健康问题所需的医药领域中的任何专利产品或者依照专利方法直接获得的产品，包括取得专利权的制造该产品所需的活性成分以及使用该产品所需的诊断用品。

第七十四条 请求给予强制许可的，应当向国务院专利行政部门提交强制许可请求书，说明理由并附具有关证明文件。

国务院专利行政部门应当将强制许可请求书的副本送交专利权人，专利权人应当在国务院专利行政部门指定的期限内陈述意见；期满未答复的，不影响国务院专利行政部门作出决定。

国务院专利行政部门在作出驳回强制许可请求的决定或者给予强制许可的决定前，应当通知请求人和专利权人拟作出的决定及其理由。

国务院专利行政部门依照专利法第五十条的规定作出给予强制许可的决定，应当同时符合中国缔结或者参加的有关国际条约关于为了解决公共健康问题而给予强制许可的规定，但中国作出保留的除外。

第七十五条 依照专利法第五十七条的规定，请求国务院专利行政部门裁决使用费数额的，当事人应当提出裁决请求书，并附具双方不能达成协议的证明文件。国务院专利行政部门应当自收到请求书之日起3个月内作出裁决，并通知当事人。

第六章 对职务发明创造的发明人或者设计人的奖励和报酬

第七十六条 被授予专利权的单位可以与发明人、设计人约定或者在其依法制定的规章制度中规定专利法第十六条规定的奖励、报酬的方式和数额。

企业、事业单位给予发明人或者设计人的奖励、报酬，按照国家有关财务、会计制度的规定进行处理。

第七十七条 被授予专利权的单位未与发明人、设计人约定也未在其依法制定的规章制度中规定专利法第十六条规定的奖励的方式和数额的，应当自专利权公告之日起3个月内发给发明人或者设计人奖金。一项发明专利的奖金最低不少于3000元；一项实用新型专利或者外观设计专利的奖金最低不少于1000元。

由于发明人或者设计人的建议被其所属单位采纳而完成的发明创造，被授予专利权的单位应当从优发给奖金。

第七十八条 被授予专利权的单位未与发明人、设计人约定也未在其依法制定的规章制度中规定专利法第十六条规定的报酬的方式和数额的，在专利权有效期限内，实施发明创造专利后，每年应当从实施该项发明或者实用新型专利的营业利润中提取不低于2%或者从实施该项外观设计专利的营业利润中提取不低于0.2%，作为报酬给予发明人或者设计人，或者参照上述比例，给予发明人或者设计人一次性报酬；被授予专利权的单位许可其他单位或者个人实施其专利的，应当从收取的使用费中提取不低于10%，作为报酬给予发明人或者设计人。

第七章 专利权的保护

第七十九条 专利法和本细则所称管理专利工作的部门，是指由省、自治区、直辖市人民政府以及专利管理工作量大又有实际处理能力的设区的市人民政府设立的管理专利工作的部门。

第八十条 国务院专利行政部门应当对管理专利工作的部门处理专利侵权纠纷、查处假冒专利行为、调解专利纠纷进行业务指导。

第八十一条 当事人请求处理专利侵权纠纷或者调解专利纠纷的，由被请求人所在地或者侵权行为地的管理专利工作的部门管辖。

两个以上管理专利工作的部门都有管辖权的专利纠纷，当事人可以向其中一个管理专利工作的部门提出请求；当事人向两个以上有管辖权的管理专利工作的部门提出请求的，由最先受理的管理专利工作的部门管辖。

管理专利工作的部门对管辖权发生争议的，由其共同的上级人民政府管理专利工作的部门指定管辖；无共同上级人民政府管理专利工作的部门的，由国务院专利行政部门指定管辖。

第八十二条 在处理专利侵权纠纷过程中，被请求人提出无效宣告请求并被专利复审委员会受理的，可以请求管理专利工作的部门中止处理。

管理专利工作的部门认为被请求人提出的中止理由明显不能成立的，可以不中止处理。

第八十三条 专利权人依照专利法第十七条的规定，在其专利产品或者该产品的包装上标明专利标识的，应当按照国务院专利行政部门规定的方式予以标明。

专利标识不符合前款规定的，由管理专利工作的部门责令改正。

第八十四条 下列行为属于专利法第六十三条规定的假冒专利的行为：

（一）在未被授予专利权的产品或者其包装上标注专利标识，专利权被宣告无效后或者终止后继续在产品或者其包装上标注专利标识，或者未经许可在产品或者产品包装上标注他人的专利号；

(二)销售第(一)项所述产品;

(三)在产品说明书等材料中将未被授予专利权的技术或者设计称为专利技术或者专利设计,将专利申请称为专利,或者未经许可使用他人的专利号,使公众将所涉及的技术或者设计误认为是专利技术或者专利设计;

(四)伪造或者变造专利证书、专利文件或者专利申请文件;

(五)其他使公众混淆,将未被授予专利权的技术或者设计误认为是专利技术或者专利设计的行为。

专利权终止前依法在专利产品、依照专利方法直接获得的产品或者其包装上标注专利标识,在专利权终止后许诺销售、销售该产品的,不属于假冒专利行为。

销售不知道是假冒专利的产品,并且能够证明该产品合法来源的,由管理专利工作的部门责令停止销售,但免除罚款的处罚。

第八十五条 除专利法第六十条规定的外,管理专利工作的部门应当事人请求,可以对下列专利纠纷进行调解:

(一)专利申请权和专利权归属纠纷;

(二)发明人、设计人资格纠纷;

(三)职务发明创造的发明人、设计人的奖励和报酬纠纷;

(四)在发明专利申请公布后专利权授予前使用发明而未支付适当费用的纠纷;

(五)其他专利纠纷。

对于前款第(四)项所列的纠纷,当事人请求管理专利工作的部门调解的,应当在专利权被授予之后提出。

第八十六条 当事人因专利申请权或者专利权的归属发生纠纷,已请求管理专利工作的部门调解或者向人民法院起诉的,可以请求国务院专利行政部门中止有关程序。

依照前款规定请求中止有关程序的,应当向国务院专利行政部门提交请求书,并附具管理专利工作的部门或者人民法院的写明申请号或者专利号的有关受理文件副本。

管理专利工作的部门作出的调解书或者人民法院作出的判决生效后,当事人应当向国务院专利行政部门办理恢复有关程序的手续。自请求中止之日起1年内,有关专利申请权或者专利权归属的纠纷未能结案,需要继续中止有关程序的,请求人应当在该期限内请求延长中止。期满未请求延长的,国务院专利行政部门自行恢复有关程序。

第八十七条 人民法院在审理民事案件中裁定对专利申请权或者专利权采取保全措施的,国务院专利行政部门应当在收到写明申请号或者专利号的裁定书和协助执行通知书之日中止被保全的专利申请权或者专利权的有关程序。保全期限届满,人民法院没有裁定继续采取保全措施的,国务院专利行政部门自行恢复有关程序。

第八十八条 国务院专利行政部门根据本细则第八十六条和第八十七条规定中止有关程序,是指暂停专利申请的初步审查、实质审查、复审程序,授予专利权程序和专利权无效宣告程序;暂停办理放弃、变更、转移专利权或者专利申请权手续,专利权质押手续以及专利权期限届满前的终止手续等。

第八章　专利登记和专利公报

第八十九条 国务院专利行政部门设置专利登记簿,登记下列与专利申请和专利权有关的事项:

(一)专利权的授予;

(二)专利申请权、专利权的转移;

(三)专利权的质押、保全及其解除;

(四)专利实施许可合同的备案;

(五)专利权的无效宣告;

(六)专利权的终止;

(七)专利权的恢复;

(八)专利实施的强制许可;

(九)专利权人的姓名或者名称、国籍和地址的变更。

第九十条 国务院专利行政部门定期出版专利公报,公布或者公告下列内容:

(一)发明专利申请的著录事项和说明书摘要;

(二)发明专利申请的实质审查请求和国务院专利行政部门对发明专利申请自行进行实质审查的决定;

(三)发明专利申请公布后的驳回、撤回、视为撤回、视为放弃、恢复和转移;

(四)专利权的授予以及专利权的著录事项;

(五)发明或者实用新型专利的说明书摘要,外观设计专利的一幅图片或者照片;

(六)国防专利、保密专利的解密;

(七)专利权的无效宣告;

(八)专利权的终止、恢复;

(九)专利权的转移;

(十)专利实施许可合同的备案;

(十一)专利权的质押、保全及其解除;

（十二）专利实施的强制许可的给予；

（十三）专利权人的姓名或者名称、地址的变更；

（十四）文件的公告送达；

（十五）国务院专利行政部门作出的更正；

（十六）其他有关事项。

第九十一条 国务院专利行政部门应当提供专利公报、发明专利申请单行本以及发明专利、实用新型专利、外观设计专利单行本，供公众免费查阅。

第九十二条 国务院专利行政部门负责按照互惠原则与其他国家、地区的专利机关或者区域性专利组织交换专利文献。

第九章 费 用

第九十三条 向国务院专利行政部门申请专利和办理其他手续时，应当缴纳下列费用：

（一）申请费、申请附加费、公布印刷费、优先权要求费；

（二）发明专利申请实质审查费、复审费；

（三）专利登记费、公告印刷费、年费；

（四）恢复权利请求费、延长期限请求费；

（五）著录事项变更费、专利权评价报告请求费、无效宣告请求费。

前款所列各种费用的缴纳标准，由国务院价格管理部门、财政部门会同国务院专利行政部门规定。

第九十四条 专利法和本细则规定的各种费用，可以直接向国务院专利行政部门缴纳，也可以通过邮局或者银行汇付，或者以国务院专利行政部门规定的其他方式缴纳。

通过邮局或者银行汇付的，应当在送交国务院专利行政部门的汇单上写明正确的申请号或者专利号以及缴纳的费用名称。不符合本款规定的，视为未办理缴费手续。

直接向国务院专利行政部门缴纳费用的，以缴纳当日为缴费日；以邮局汇付方式缴纳费用的，以邮局汇出的邮戳日为缴费日；以银行汇付方式缴纳费用的，以银行实际汇出日为缴费日。

多缴、重缴、错缴专利费用的，当事人可以自缴费日起3年内，向国务院专利行政部门提出退款请求，国务院专利行政部门应当予以退还。

第九十五条 申请人应当自申请日起2个月内或者在收到受理通知书之日起15日内缴纳申请费、公布印刷费和必要的申请附加费；期满未缴纳或者未缴足的，其申请视为撤回。

申请人要求优先权的，应当在缴纳申请费的同时缴纳优先权要求费；期满未缴纳或者未缴足的，视为未要求优先权。

第九十六条 当事人请求实质审查或者复审的，应当在专利法及本细则规定的相关期限内缴纳费用；期满未缴纳或者未缴足的，视为未提出请求。

第九十七条 申请人办理登记手续时，应当缴纳专利登记费、公告印刷费和授予专利权当年的年费；期满未缴纳或者未缴足的，视为未办理登记手续。

第九十八条 授予专利权当年以后的年费应当在上一年度期满前缴纳。专利权人未缴纳或者未缴足的，国务院专利行政部门应当通知专利权人自应当缴纳年费期满之日起6个月内补缴，同时缴纳滞纳金；滞纳金的金额按照每超过规定的缴费时间1个月，加收当年全额年费的5%计算；期满未缴纳的，专利权自应当缴纳年费期满之日起终止。

第九十九条 恢复权利请求费应当在本细则规定的相关期限内缴纳；期满未缴纳或者未缴足的，视为未提出请求。

延长期限请求费应当在相应期限届满之日前缴纳；期满未缴纳或者未缴足的，视为未提出请求。

著录事项变更费、专利权评价报告请求费、无效宣告请求费应当自提出请求之日起1个月内缴纳；期满未缴纳或者未缴足的，视为未提出请求。

第一百条 申请人或者专利权人缴纳本细则规定的各种费用有困难的，可以按照规定向国务院专利行政部门提出减缴或者缓缴的请求。减缴或者缓缴的办法由国务院财政部门会同国务院价格管理部门、国务院专利行政部门规定。

第十章 关于国际申请的特别规定

第一百零一条 国务院专利行政部门根据专利法第二十条规定，受理按照专利合作条约提出的专利国际申请。

按照专利合作条约提出并指定中国的专利国际申请（以下简称国际申请）进入国务院专利行政部门处理阶段（以下称进入中国国家阶段）的条件和程序适用本章的规定；本章没有规定的，适用专利法及本细则其他各章的有关规定。

第一百零二条 按照专利合作条约已确定国际申请日并指定中国的国际申请，视为向国务院专利行政部门提出的专利申请，该国际申请日视为专利法第二十八条所称的申请日。

第一百零三条 国际申请的申请人应当在专利合作条约第二条所称的优先权日（本章简称优先权日）起30个月内，向国务院专利行政部门办理进入中国国家阶段的手续；申请人未在该期限内办理该手续的，在缴纳宽限费后，可以在自优先权日起32个月内办理进入中国国家阶段的手续。

第一百零四条 申请人依照本细则第一百零三条的规定办理进入中国国家阶段的手续的，应当符合下列要求：

(一)以中文提交进入中国国家阶段的书面声明，写明国际申请号和要求获得的专利权类型；

(二)缴纳本细则第九十三条第一款规定的申请费、公布印刷费，必要时缴纳本细则第一百零三条规定的宽限费；

(三)国际申请以外文提出的，提交原始国际申请的说明书和权利要求书的中文译文；

(四)在进入中国国家阶段的书面声明中写明发明创造的名称，申请人姓名或者名称、地址和发明人的姓名，上述内容应当与世界知识产权组织国际局(以下简称国际局)的记录一致；国际申请中未写明发明人的，在上述声明中写明发明人的姓名；

(五)国际申请以外文提出的，提交摘要的中文译文，有附图和摘要附图的，提交附图副本和摘要附图副本，附图中有文字的，将其替换为对应的中文文字；国际申请以中文提出的，提交国际公布文件中的摘要和摘要附图副本；

(六)在国际阶段向国际局已办理申请人变更手续的，提供变更后的申请人享有申请权的证明材料；

(七)必要时缴纳本细则第九十三条第一款规定的申请附加费。

符合本条第一款第(一)项至第(三)项要求的，国务院专利行政部门应当给予申请号，明确国际申请进入中国国家阶段的日期(以下简称进入日)，并通知申请人其国际申请已进入中国国家阶段。

国际申请已进入中国国家阶段，但不符合本条第一款第(四)项至第(七)项要求的，国务院专利行政部门应当通知申请人在指定期限内补正；期满未补正的，其申请视为撤回。

第一百零五条 国际申请有下列情形之一的，其在中国的效力终止：

(一)在国际阶段，国际申请被撤回或者被视为撤回，或者国际申请对中国的指定被撤回的；

(二)申请人未在优先权日起32个月内按照本细则第一百零三条规定办理进入中国国家阶段手续的；

(三)申请人办理进入中国国家阶段的手续，但自优先权日起32个月期限届满仍不符合本细则第一百零四条第(一)项至第(三)项要求的。

依照前款第(一)项的规定，国际申请在中国的效力终止的，不适用本细则第六条的规定；依照前款第(二)项、第(三)项的规定，国际申请在中国的效力终止的，不适用本细则第六条第二款的规定。

第一百零六条 国际申请在国际阶段作过修改，申请人要求以经修改的申请文件为基础进行审查的，应当自进入日起2个月内提交修改部分的中文译文。在该期间内未提交中文译文的，对申请人在国际阶段提出的修改，国务院专利行政部门不予考虑。

第一百零七条 国际申请涉及的发明创造有专利法第二十四条第(一)项或者第(二)项所列情形之一，在提出国际申请时作过声明的，申请人应当在进入中国国家阶段的书面声明中予以说明，并自进入日起2个月内提交本细则第三十条第三款规定的有关证明文件；未予说明或者期满未提交证明文件的，其申请不适用专利法第二十四条的规定。

第一百零八条 申请人按照专利合作条约的规定，对生物材料样品的保藏已作出说明的，视为已经满足了本细则第二十四条第(三)项的要求。申请人应当在进入中国国家阶段声明中指明记载生物材料样品保藏事项的文件以及在该文件中的具体记载位置。

申请人在原始提交的国际申请的说明书中已记载生物材料样品保藏事项，但是没有在进入中国国家阶段声明中指明的，应当自进入日起4个月内补正。期满未补正的，该生物材料视为未提交保藏。

申请人自进入日起4个月内向国务院专利行政部门提交生物材料样品保藏证明和存活证明的，视为在本细则第二十四条第(一)项规定的期限内提交。

第一百零九条 国际申请涉及的发明创造依赖遗传资源完成的，申请人应当在国际申请进入中国国家阶段的书面声明中予以说明，并填写国务院专利行政部门制定的表格。

第一百一十条 申请人在国际阶段已要求一项或者多项优先权，在进入中国国家阶段时该优先权要求继续有效的，视为已经依照专利法第三十条的规定提出了书面声明。

申请人应当自进入日起2个月内缴纳优先权要求费；期满未缴纳或者未缴足的，视为未要求该优先权。

申请人在国际阶段已依照专利合作条约的规定，提交过在先申请文件副本的，办理进入中国国家阶段手续时不需要向国务院专利行政部门提交在先申请文件副本。申请人在国际阶段未提交在先申请文件副本的，国务院专利行政部门认为必要时，可以通知申请人在指定期限内补交；申请人期满未补交的，其优先权要求视为未提出。

第一百一十一条 在优先权日起30个月期满前要求国务院专利行政部门提前处理和审查国际申请的，申请人除应当办理进入中国国家阶段手续外，还应当依照专利合作条约第二十三条第二款规定提出请求。国际局尚未向国务院专利行政部门传送国际申请的，申请人应当提交经确认的国际申请副本。

第一百一十二条 要求获得实用新型专利权的国际申请，申请人可以自进入日起2个月内对专利申请文件主动提出修改。

要求获得发明专利权的国际申请，适用本细则第五十一条第一款的规定。

第一百一十三条 申请人发现提交的说明书、权利要求书或者附图中的文字的中文译文存在错误的，可以在下列规定期限内依照原始国际申请文本提出改正：

(一)在国务院专利行政部门作好公布发明专利申请或者公告实用新型专利权的准备工作之前；

(二)在收到国务院专利行政部门发出的发明专利申请进入实质审查阶段通知书之日起3个月内。

申请人改正译文错误的，应当提出书面请求并缴纳规定的译文改正费。

申请人按照国务院专利行政部门的通知书的要求改正译文的，应当在指定期限内办理本条第二款规定的手续；期满未办理规定手续的，该申请视为撤回。

第一百一十四条 对要求获得发明专利权的国际申请，国务院专利行政部门经初步审查认为符合专利法和本细则有关规定的，应当在专利公报上予以公布；国际申请以中文以外的文字提出的，应当公布申请文件的中文译文。

要求获得发明专利权的国际申请，由国际局以中文进行国际公布的，自国际公布日起适用专利法第十三条的规定；由国际局以中文以外的文字进行国际公布的，自国务院专利行政部门公布之日起适用专利法第十三条的规定。

对国际申请，专利法第二十一条和第二十二条中所称的公布是指本条第一款所规定的公布。

第一百一十五条 国际申请包含两项以上发明或者实用新型的，申请人可以自进入日起，依照本细则第四十二条第一款的规定提出分案申请。

在国际阶段，国际检索单位或者国际初步审查单位认为国际申请不符合专利合作条约规定的单一性要求时，申请人未按照规定缴纳附加费，导致国际申请某些部分未经国际检索或者未经国际初步审查，在进入中国国家阶段时，申请人要求将所述部分作为审查基础，国务院专利行政部门认为国际检索单位或者国际初步审查单位对发明单一性的判断正确的，应当通知申请人在指定期限内缴纳单一性恢复费。期满未缴纳或者未足额缴纳的，国际申请中未经检索或者未经国际初步审查的部分视为撤回。

第一百一十六条 国际申请在国际阶段被有关国际单位拒绝给予国际申请日或者宣布视为撤回的，申请人在收到通知之日起2个月内，可以请求国际局将国际申请档案中任何文件的副本转交国务院专利行政部门，并在该期限内向国务院专利行政部门办理本细则第一百零三条规定的手续，国务院专利行政部门应当在接到国际局传送的文件后，对国际单位作出的决定是否正确进行复查。

第一百一十七条 基于国际申请授予的专利权，由于译文错误，致使依照专利法第五十九条规定确定的保护范围超出国际申请的原文所表达的范围的，以依据原文限制后的保护范围为准；致使保护范围小于国际申请的原文所表达的范围的，以授权时的保护范围为准。

第十一章 附 则

第一百一十八条 经国务院专利行政部门同意，任何人均可以查阅或者复制已经公布或者公告的专利申请的案卷和专利登记簿，并可以请求国务院专利行政部门出具专利登记簿副本。

已视为撤回、驳回和主动撤回的专利申请的案卷，自该专利申请失效之日起满2年后不予保存。

已放弃、宣告全部无效和终止的专利权的案卷，自该专利权失效之日起满3年后不予保存。

第一百一十九条 向国务院专利行政部门提交申请文件或者办理各种手续，应当由申请人、专利权人、其他利害关系人或者其代表人签字或者盖章；委托专利代理机构的，由专利代理机构盖章。

请求变更发明人姓名、专利申请人和专利权人的姓名或者名称、国籍和地址、专利代理机构的名称、地址和代理人姓名的，应当向国务院专利行政部门办理著录事项变更手续，并附具变更理由的证明材料。

第一百二十条 向国务院专利行政部门邮寄有关申请或者专利权的文件，应当使用挂号信函，不得使用包裹。

除首次提交专利申请文件外，向国务院专利行政部门提交各种文件、办理各种手续的，应当标明申请号或者专利号、发明创造名称和申请人或者专利权人姓名或者名称。

一件信函中应当只包含同一申请的文件。

第一百二十一条 各类申请文件应当打字或者印刷，字迹呈黑色，整齐清晰，并不得涂改。附图应当用制图工具和黑色墨水绘制，线条应当均匀清晰，并不得涂改。

请求书、说明书、权利要求书、附图和摘要应当分别用阿拉伯数字顺序编号。

申请文件的文字部分应当横向书写。纸张限于单面使用。

第一百二十二条 国务院专利行政部门根据专利法和本细则制定专利审查指南。

第一百二十三条 本细则自2001年7月1日起施行。1992年12月12日国务院批准修订、1992年12月21日中国专利局发布的《中华人民共和国专利法实施细则》同时废止。

二、国务院办公厅 国办发〔2010〕1号 关于采取综合措施对耐火黏土萤石的开采和生产进行控制的通知(二〇一〇年一月二日)

各省、自治区、直辖市人民政府，国务院各部委、各直属机构：

耐火黏土和萤石是可用尽且不可再生的宝贵资源。近年来，一些企业对耐火黏土、萤石过度开采和生产加工，导致资源保有储量快速下降，环境污染严重。为全面贯彻落实科学发展观，保护资源和环境，有必要从矿山开采、生产计划管理、税收、环保、产业准入、出口管理等方面采取综合措施，控制缩减耐火黏土、萤石的开采量和生产量。经国务院批准，现就有关事项通知如下：

一、实行开采和生产总量限制

对耐火黏土、萤石实行开采和生产双重总量控制，使开采量和生产量逐年有所减少。国土资源部下达耐火黏土(高铝黏土矿产)、萤石年度开采总量控制指标和分地区年度开采总量控制指标，各省(区、市)国土资源管理部门负责将相关开采总量控制指标分解下达到相应的矿山开采企业；国家发展改革委研究提出年度生产总量指令性计划，工业和信息化部下达分地区年度生产指令性计划，各省(区、市)工业和信息化主管部门负责将相关生产指令性计划下达到相应的生产企业。各有关部门要做好开采控制指标和生产指令性计划的衔接。各省(区、市)发展改革委、工业和信息化主管部门和国土资源管理部门分别将上一年度指令性计划和控制指标的执行结果上报国家发展改革委、工业和信息化部和国土资源部。

二、严格控制新增开采产能

自本通知印发之日起，国土资源管理部门原则上不再受理新的耐火黏土(高铝黏土矿产)和萤石的勘查、开采登记申请。要加强对耐火黏土(高铝黏土矿产)、萤石资源开采秩序的治理整顿，依法淘汰破坏资源、污染环境、布局不合理和不符合安全生产条件、技术落后的开采企业，依法取缔无证开采。对不符合国家产业政策、市场准入条件的建设项目，国土、规划、建设、环保和安全生产监管部门不办理相关手续。

三、积极推进产业结构调整

各地区、各部门要制定具体措施，支持耐火黏土、萤石企业的环保、节能改造，推广高效率、低能耗、环保型新技术、新工艺，推进产业结构调整。工业和信息化部要会同有关部门制定出台耐火黏土、萤石行业的准入标准，严格规模、技术、节能降耗、环保等方面的要求，淘汰落后生产能力。各地区要严格按照准入条件加强准入管理，防止盲目投资，并按照规定期限淘汰工艺水平低、污染严重的落后生产能力。行业准入标准从2010年3月1日起发布执行。

四、有效实施出口措施

在缩减耐火黏土(高铝黏土矿产)、萤石开采量和生产量的同时，要继续运用现有出口措施，在兼顾国际市场合理需求的前提下，实现开采及生产限制措施与贸易环节管理措施的平衡。海关要加大打击走私力度，确保相关出口措施落到实处。

五、提高资源税税率

为有效缩减耐火黏土和萤石的开采量，合理引导市场需求，保护生态环境，提高耐火黏土和萤石的资源税税率。具体税额标准的调整由财政部商有关部门在现行资源税暂行条例的税额幅度内另行确定。

六、加强环保监督

各地环保部门要依法制定有关加强耐火黏土和萤石环保监督规范，将耐火黏土和萤石相关企业纳入重点监控企业名单，进一步加强执法力度，加大对耐火黏土和萤石开采、生产企业环保状况的监督检查和评估，加强对尾矿处理的监管，并将有关监督检查情况及时上报上级政府环保部门。对超过污染物排放标准或者造成严重环境污染的耐火黏土和萤石开采、生产企业依法责令限期治理；对经限期治理逾期未完成治理任务的单位，依法报经地方政府责令停业、关闭。

七、加强信息引导

工业和信息化部、国土资源部会同行业协会等单位，要加强对国内外耐火黏土和萤石市场变化的研究，及时、准确地发布市场信息，正确引导耐火黏土和萤石的投资、开采和生产，引导企业落实国家产业政策，推广运用先进适用技术，提高竞争力。

八、加强督促检查

各地区和有关部门要加强督促检查，确保上述政策措施落实到位。对开采、生产数量超过当年下达的总量控制指标或指令性计划的省(区、市)，国家发展改革委、工业和信息化部和国土资源部分别予以通报批评，并加倍削减下一年度的总量控制指标或指令性计划。

三、环境保护部令 第7号 新化学物质环境管理办法(二○一○年一月十九日)

《新化学物质环境管理办法》已由环境保护部2009年第三次部务会议于2009年12月30日修订通过。现将修订后的《新化学物质环境管理办法》公布，自2010年10月15日起施行。

2003年9月12日原国家环境保护总局发布的《新化学物质环境管理办法》同时废止。

新化学物质环境管理办法

第一章 总 则

第一条 【立法目的】为了控制新化学物质的环境风险，保障人体健康，保护生态环境，根据《国务院对确需保留的行政审批项目设定行政许可的决定》以及其他有关法律、行政法规，制定本办法。

第二条 【适用范围】本办法适用于在中华人民共和国关境内从事研究、生产、进口和加工使用新化学物质活动的环境管理。保税区和出口加工区内的新化学物质相关活动的环境管理，也适用本办法。

医药、农药、兽药、化妆品、食品、食品添加剂、饲料添加剂等的管理，适用有关法律、法规；但作为上述产品的原料和中间体的新化学物质相关活动的环境管理，适用本办法。

设计为常规使用时有意释放出所含新化学物质的物品，按照本办法管理。

第三条 【分类】根据化学品危害特性鉴别、分类标准，新化学物质分为一般类新化学物质、危险类新化学物质。

危险类新化学物质中具有持久性、生物蓄积性、生态环境和人体健康危害特性的化学物质，列为重点环境管理危险类新化学物质。

本办法所称新化学物质，是指未列入《中国现有化学物质名录》的化学物质。

《中国现有化学物质名录》由环境保护部制定、调整并公布。

第四条 【基本制度】国家对新化学物质实行风险分类管理，实施申报登记和跟踪控制制度。

第五条 【登记证】新化学物质的生产者或者进口者，必须在生产前或者进口前进行申报，领取新化学物质环境管理登记证(以下简称“登记证”)。

未取得登记证的新化学物质，禁止生产、进口和加工使用。

未取得登记证或者未备案申报的新化学物质，不得用于科学研究。

第六条 【鼓励先进技术】国家支持新化学物质环境风险、健康风险评估和控制技术的科学研究，推广先进适用的新化学物质环境风险控制技术，鼓励环境友好型替代化学物质的研究、生产、进口和加工使用，鼓励申报人共享新化学物质申报登记数据。

第七条 【保守秘密】从事新化学物质环境管理的工作人员，应当为申报人保守商业秘密和技术秘密。

第八条 【公众监督】一切单位和个人都有权对违反本办法规定的行为进行揭发、检举和控告。

第二章 申报程序

第九条 【申报类型】新化学物质申报，分为常规申报、简易申报和科学研究备案申报。

第十条 【常规申报要求】新化学物质年生产量或者进口量1吨以上的，应当在生产或者进口前向环境保护部化学品登记中心(以下简称“登记中心”)提交新化学物质申报报告，办理常规申报；但是，符合简易申报条件的，可以办理简易申报。

新化学物质申报报告，应当包括下列内容：

(一)新化学物质常规申报表，并附具按照化学品分类、警示标签和警示性说明安全规范等国家有关标准进行的分类、标签和化学品安全技术说明书；

(二)风险评估报告，包括申报物质危害评估、暴露预测评估和风险控制措施，以及环境风险和健康风险评估结论等内容；

(三)物理化学性质、毒理学和生态毒理学特性的测试报告或者资料，以及有关测试机构的资质证明。生态毒理学特性测试报告，必须包括在中国境内用中国的供试生物按照相关标准的规定完成的测试数据。

第十一条 【常规申报数量级别】常规申报遵循“申报数量级别越高、测试数据要求越高”的原则。申报人应当按照环境保护部制定的新化学物质申报登记指南，提供相应的测试数据或者资料。

依据新化学物质申报数量，常规申报从低到高分为下列四个级别：

(一)一级为年生产量或者进口量1吨以上不满10吨的；

(二)二级为年生产量或者进口量10吨以上不满100吨的；

(三)三级为年生产量或者进口量100吨以上不满1000吨的；

(四)四级为年生产量或者进口量1000吨以上的。

第十二条 【简易申报基本情形】新化学物质年生产量或者进口量不满1吨的，应当在生产或者进口前，向登记中心办理简易申报。

办理简易申报，应当提交下列材料：

(一)新化学物质简易申报表；

(二)在中国境内用中国的供试生物完成的生态毒理学特性测试报告。

第十三条 【简易申报特殊情形】生产或者进口的新化学物质有下列特殊情形之一的，应当办理简易申报：

(一)用作中间体或者仅供出口，年生产量或者进口量不满1吨的；

(二)以科学研究为目的，年生产量或者进口量0.1吨以上不满1吨的；

(三)新化学物质单体含量低于2%的聚合物或者属于低关注聚合物的；

(四)以工艺和产品研究开发为目的，年生产量或者进口量不满10吨，且不超过二年的。

办理特殊情形简易申报，应当提交新化学物质简易申报表以及符合相应情形的证明材料。

第十四条 【备案申报要求】有下列情形之一的，应当在生产或者进口前，向登记中心提交新化学物质科学研究备案表，办理科学研究备案申报：

(一)以科学研究为目的，新化学物质年生产量或者进口量不满0.1吨的；

(二)为了在中国境内用中国的供试生物进行新化学物质生态毒理学特性测试而进口新化学物质测试样品的。

第十五条 【系列申报、联合申报、重复申报】办理常规申报，有下列情形之一的，可以按下列规定办理申报手续：

(一)同一申报人对分子结构相似、用途相同或者相近、测试数据相近的多个新化学物质，可以提出新化学物质系列申报；

(二)两个以上申报人同时申报相同新化学物质，共同提交申报材料的，可以提出新化学物质联合申报；

(三)两个以上申报人先后申报相同新化学物质，后申报人征得前申报人同意后使用前申报人的测试数据的，可以提出新化学物质重复申报。数据的测试费用分担方法，由申报人自行商定。

第十六条 【申报人资格】新化学物质申报人或者其代理人，应当是中国境内注册机构。

非首次进行新化学物质申报的，近三年内不得有因违反新化学物质环境管理规定而被行政处罚的不良记录。

第十七条 【如实报告】申报人在办理新化学物质申报手续时，应当如实提交新化学物质危害特性和环境风险的全部已知信息。

第十八条 【环境信息公开】申报人对所提交的申报材料中涉及商业秘密或者技术秘密要求保密的，应当在申报材料中注明。

对涉及危害人体健康和环境安全的信息，不得要求保密。

申报人对要求保密的内容予以公开时，应当书面告知登记中心。

第十九条 【测试机构】为新化学物质申报目的提供测试数据的境内测试机构，应当为环境保护部公告的化学物质测试机构，并接受环境保护部的监督和检查。

境内测试机构应当遵守环境保护部颁布的化学品测试合格实验室导则，并按照化学品测试导则或者化学品测试相关国家标准，开展新化学物质生态毒理学特性测试。

在境外完成新化学物质生态毒理学特性测试并提供测试数据的境外测试机构，必须通过其所在国家主管部门的检查或者符合合格实验室规范。

第三章 登记管理

第二十条 【常规申报登记程序】新化学物质常规申报登记，按下列程序执行：

(一)登记中心受理常规申报后，应当将新化学物质申报报告提交环境保护部化学物质环境管理专家评审委员会(以下简称“评审委员会”)。评审委员会由化学、化工、健康、安全、环保等方面专家组成。

(二)评审委员会应当依照环境保护部颁布的新化学物质危害和风险评估导则和规范，以及化学品危害特性鉴别、分类等国家相关标准，对新化学物质的以下内容进行识别和技术评审：

1. 名称和标识；

2. 物理化学、人体健康、环境等方面的危害特性；

3. 暴露程度以及对人体健康和环境的风险；

4. 人体健康和环境风险控制措施的适当性。

评审委员会认为现有申报材料不足以对新化学物质的风险做出全面评价结论的，由登记中心书面通知申报人补充申报材料。

(三)评审委员会应当提出新化学物质登记技术评审意见，报送环境保护部。新化学物质登记技术评审意见包括：

1. 将新化学物质认定为一般类、危险类以及是否属于重点环境管理危险类新化学物质的管理类别划分意见；

2. 人体健康和环境风险的评审意见；

3. 风险控制措施适当性的评审结论；

4. 是否准予登记的建议。

(四)环境保护部应当对新化学物质登记技术评审意见进行审查，确定新化学物质管理类别，并视不同情况，做出决定：

1. 对有适当风险控制措施的，予以登记，颁发登记证；

2. 对无适当风险控制措施的，不予登记，书面通知申报人并说明理由。

环境保护部在做出登记决定前，应当对新化学物质登记内容进行公示。

第二十一条 【简易申报登记程序】新化学物质简易申报登记，按下列程序执行：

(一)登记中心受理简易申报后，应当提出书面处理意见，报送环境保护部。

对按要求提交生态毒理学特性测试报告的，评审委员会应当对申报材料进行技术评审，并提出技术评审意见，报送环境保护部。

(二)环境保护部对符合要求的，予以登记，颁发登记证；对不符合要求的，不予登记，书面通知申报人并说明理由。

第二十二条 【备案申报登记程序】新化学物质科学研究备案，按下列程序执行：

(一)登记中心收到科学研究备案申报后，应当按月汇总报送环境保护部；

(二)环境保护部定期在政府网站上公告。

第二十三条 【登记公告】环境保护部应当在政府网站上公告予以登记的新化学物质名称、申报人、申报种类和登记新化学物质管理类别等信息。

第二十四条 【办理时限】登记中心应当自受理常规申报之日起5个工作日内，将新化学物质申报报告提交评审委员会；自受理简易申报之日起5个工作日内，将书面处理意见报送环境保护部。

常规申报登记的专家评审时间不得超过60日，简易申报登记的专家审查时间不得超过30日。登记中心通知补充申报材料的，申报人补充申报材料所需时间不计入专家评审时间。

环境保护部应当自收到登记中心或者评审委员会上报的新化学物质登记文件之日起15个工作日内，做出是否予以登记的决定。15个工作日内不能做出决定的，经环境保护部负责人批准，可以延长10个工作日。

第二十五条 【登记证内容】登记证应当载明下列主要事项：

(一)申报人或者代理人名称；

(二)新化学物质名称；

(三)登记用途；

(四)登记量级别和数量；

(五)新化学物质的管理类别。

常规申报的登记证还应当载明风险控制措施和行政管理要求。

第二十六条 【新特性报告及处理】登记证持有人发现获准登记新化学物质有新的危害特性时，应当立即向登记中心提交该化学物质危害特性的新信息。

登记中心应当将获准登记新化学物质危害特性的新信息，提交评审委员会进行技术评审。

环境保护部根据评审委员会的技术评审意见，采取下列措施：

(一)对于通过增加风险控制措施可以控制风险的，在登记证中增补相关风险控制措施，并要求登记证持有人落实相应的新增风险控制措施；

(二)对于无适当措施控制其风险的，撤回该新化学物质登记证，并予以公告。

第二十七条 【重新申报】尚未列入《中国现有

化学物质名录》，且已获准登记的新化学物质，有下列情形之一的，登记证持有人应当按本办法规定程序重新进行申报：

(一)增加登记量级的；

(二)变更重点环境管理危险类新化学物质登记用途的。

已被列入《中国现有化学物质名录》，且获准登记的重点环境管理危险类新化学物质，变更登记用途的，也可以由登记新化学物质的加工使用者，重新进行申报。

第二十八条 【信息共享】环境保护部应当将已获准登记为危险类新化学物质(含重点环境管理危险类新化学物质)的有关信息，通报相关管理部门。

第四章 跟踪控制

第二十九条 【环评审批前置条件】环境保护部门应当将新化学物质登记，作为审批生产或者加工使用该新化学物质建设项目环境影响评价文件的条件。

第三十条 【信息传递】常规申报的登记证持有人应当在化学品安全技术说明书中明确新化学物质危害特性，并向加工使用者传递下列信息：

(一)登记证中规定的风险控制措施；

(二)化学品安全技术说明书；

(三)按照化学品分类、警示标签和警示性说明安全规范的分类结果；

(四)其他相关信息。

第三十一条 【一般风险控制措施】常规申报的登记证持有人和相应的加工使用者，应当按照登记证的规定，采取下列一项或者多项风险控制措施：

(一)进行新化学物质风险和防护知识教育；

(二)加强对接触新化学物质人员的个人防护；

(三)设置密闭、隔离等安全防护，布置警示标志；

(四)改进新化学物质生产、使用方式，以降低释放和环境暴露；

(五)改进污染防治工艺，以减少环境排放；

(六)制定应急预案和应急处置措施；

(七)采取其他风险控制措施。

危险类新化学物质(含重点环境管理危险类新化学物质)的登记证持有人以及加工使用者，应当遵守《危险化学品安全管理条例》等现行法律、行政法规的相关规定。

第三十二条 【重点风险控制措施】重点环境管理危险类新化学物质的登记证持有人和加工使用者，还应当采取下列风险控制措施：

(一)在生产或者加工使用期间，应当监测或者估测重点环境管理危险类新化学物质向环境介质排放的情况。不具备监测能力的，可以委托地市级以上环境保护部门认可的环境保护部门所属监测机构或者社会检测机构进行监测。

(二)在转移时，应当按照相关规定，配备相应设备，采取适当措施，防范发生突发事件时重点环境管理危险类新化学物质进入环境，并提示发生突发事件时的紧急处置方式。

(三)在重点环境管理危险类新化学物质废弃后，按照有关危险废物处置规定进行处置。

第三十三条 【禁止转让】常规申报的登记证持有人，不得将获准登记的新化学物质转让给没有能力采取风险控制措施的加工使用者。

第三十四条 【研发管理要求】新化学物质的科学研究活动以及工艺和产品的研究开发活动，应当在专门设施内，在专业人员指导下严格按照有关管理规定进行。

以科学研究或者以工艺和产品的研究开发为目的，生产或者进口的新化学物质，应当妥善保存，且不得用于其他目的。需要销毁的，应当按照有关危险废物的规定进行处置。

第三十五条 【活动报告】常规申报的登记证持有人，应当在首次生产活动30日内，或者在首次进口并已向加工使用者转移30日内，向登记中心报送新化学物质首次活动情况报告表。

重点环境管理危险类新化学物质的登记证持有人，还应当在每次向不同加工使用者转移重点环境管理危险类新化学物质之日起30日内，向登记中心报告新化学物质流向信息。

第三十六条 【年度报告】简易申报的登记证持有人，应当于每年2月1日前向登记中心报告上一年度获准登记新化学物质的实际生产或者进口情况。

危险类新化学物质(含重点环境管理危险类新化学物质)的登记证持有人，应当于每年2月1日前向登记中心报告上一年度获准登记新化学物质的下列情况：

(一)实际生产或者进口情况；

(二)风险控制措施落实情况；

(三)环境中暴露和释放情况；

(四)对环境和人体健康造成影响的实际情况；

(五)其他与环境风险相关的信息。

重点环境管理危险类新化学物质的登记证持有

人，还应当同时向登记中心报告本年度登记新化学物质的生产或者进口计划，以及风险控制措施实施的准备情况。

第三十七条 【资料保存】登记证持有人应当将新化学物质的申报材料以及生产、进口活动实际情况等相关资料保存十年以上。

第三十八条 【监管通知】环境保护部收到登记中心报送的新化学物质首次活动情况报告表或者新化学物质流向信息30日内，应当向危险类新化学物质（含重点环境管理危险类新化学物质）的生产者、加工使用者所在地省级环境保护部门发送新化学物质监管通知。

省级环境保护部门负责将监管通知发送至该化学物质生产者、加工使用者所在地地市级或者县级环境保护部门。

监管通知内容包括：新化学物质名称、管理类别、登记证上载明的风险控制措施和行政管理要求以及监督检查要点等。

第三十九条 【监督检查】负有监督管理职责的地方环境保护部门，应当根据新化学物质监管通知的要求，按照环境保护部制定的新化学物质监督管理检查规范，对新化学物质生产、加工使用活动进行监督检查。

发现生产或者加工使用新化学物质活动，造成或者可能造成即时性或者累积性环境污染危害的，应当责令生产者、加工使用者立即采取措施，消除危害或者危险，并将有关情况逐级报告至环境保护部。

环境保护部可以根据报告情况，要求登记证持有人提供获准登记新化学物质可能存在的新危害特性信息，并按照本办法有关新化学物质新的危害特性报告和处理规定予以处理。

第四十条 【注销登记】登记证持有人未进行生产、进口活动或者停止生产、进口活动的，可以向登记中心递交注销申请，说明情况，并交回登记证。

环境保护部对前款情况确认没有生产、进口活动发生或者没有环境危害影响的，给予注销，并公告注销新化学物质登记的信息。

第四十一条 【列入现有化学物质名录程序】一般类新化学物质自登记证持有人首次生产或者进口活动之日起满五年，由环境保护部公告列入《中国现有化学物质名录》。

危险类新化学物质（含重点环境管理危险类新化学物质）登记证持有人应当自首次生产或者进口活动之日起满五年的六个月前，向登记中心提交实际活动情况报告。

环境保护部组织评审委员会专家对实际活动情况报告进行回顾性评估，依据评估结果将危险类新化学物质（含重点环境管理危险类新化学物质）公告列入《中国现有化学物质名录》。

简易申报登记和科学研究备案的新化学物质不列入《中国现有化学物质名录》。

第四十二条 【定期排查】环境保护部每五年组织一次新化学物质排查。

对2003年10月15日前已在中华人民共和国境内合法生产或者进口的化学物质，环境保护部列入《中国现有化学物质名录》。

对未取得登记证生产、进口或者加工使用新化学物质的，环境保护部门依法予以处罚。

第五章 法律责任

第四十三条 【虚假申报】违反本办法规定，在申报过程中隐瞒有关情况或者提供虚假材料的，由环境保护部责令改正，公告其违规行为，记载其不良记录，处一万元以上三万元以下罚款；已经登记的，并撤销其登记证。

第四十四条 【环境保护部处罚事项】违反本办法规定，有下列行为之一的，由环境保护部责令改正，处一万元以下罚款：

（一）未及时提交获准登记新化学物质环境风险更新信息的；

（二）未按规定报送新化学物质首次活动情况报告表或者新化学物质流向信息的；

（三）未按规定报送上一年度新化学物质的生产或者进口情况的；

（四）未按规定提交实际活动情况报告的。

第四十五条 【地方处罚事项一】违反本办法规定，有下列行为之一的，由负有监督管理职责的地方环境保护部门责令改正，处一万元以上三万元以下罚款，并报环境保护部公告其违规行为，记载其不良记录：

（一）拒绝或者阻碍环境保护部门监督检查，或者在接受监督检查时弄虚作假的；

（二）未取得登记证或者不按照登记证的规定生产或者进口新化学物质的；

（三）加工使用未取得登记证的新化学物质的；

（四）未按登记证规定采取风险控制措施的；

（五）将登记新化学物质转让给没有能力采取风险控制措施的加工使用者的。

第四十六条 【地方处罚事项二】违反本办法规定，有下列行为之一的，由负有监督管理职责的地方环境保护部门责令改正，处一万元以上三万元以下罚款：

(一)未按规定向加工使用者传递风险控制信息的；

(二)未按规定保存新化学物质的申报材料以及生产、进口活动实际情况等相关资料的；

(三)将以科学研究以及工艺和产品的研究开发为目的生产或者进口的新化学物质用于其他目的或者未按规定管理的。

第四十七条 【评审专家违规处罚】评审委员会专家在新化学物质评审中弄虚作假或者有失职行为，造成评审结果严重失实的，由环境保护部取消其入选评审专家库的资格，并予以公告。

第四十八条 【测试机构违规处罚】为新化学物质申报提供测试数据的境内测试机构在新化学物质测试过程中伪造、篡改数据或者有其他弄虚作假行为的，由环境保护部从测试机构名单中除名，并予以公告。

第四十九条 【滥用职权处罚】违反本办法规定，从事新化学物质环境管理的工作人员滥用职权或者玩忽职守的，依法给予处分；构成犯罪的，依法追究刑事责任。

第六章 附则

第五十条 【术语】本办法中下列术语的含义：

(一)一般类新化学物质，是指尚未发现危害特性或者其危害性低于化学物质危害特性鉴别、分类相关标准规定值的新化学物质；

(二)危险类新化学物质，是指具有物理化学、人体健康或者环境危害特性，且达到或者超过化学物质危害特性鉴别、分类相关标准规定值的新化学物质。

第五十一条 【文书格式】本办法下列文书格式，由环境保护部统一制定：

(一)新化学物质常规申报表；

(二)新化学物质简易申报表；

(三)新化学物质科学研究备案表；

(四)新化学物质环境管理登记证；

(五)新化学物质首次活动情况报告表；

(六)新化学物质监管通知。

第五十二条 【生效日期】本办法自 2010 年 10 月 15 日起施行。

2003 年 9 月 12 日原国家环境保护总局发布的《新化学物质环境管理办法》同时废止。

四、工业和信息化部 关于做好工业通信业信息化"十二五"规划工作的意见(二〇一〇年一月二十二日)

即将进入的"十二五"时期，是我国实现全面建设小康社会奋斗目标承上启下的关键时期，也是全面贯彻科学发展观、走中国特色新型工业化道路的重要时期。科学编制和有效实施"十二五"工业、通信业和信息化各项规划，对于妥善应对国内外发展环境重大变化，加快结构调整和发展方式转变，推进信息化与工业化深度融合，促进我国工业由大变强，具有十分重要的现实意义。为做好工业、通信业和信息化"十二五"规划编制工作，按照国家编制"十二五"规划的有关要求，结合工业和信息化发展实际，现提出如下意见：

一、充分认识"十二五"规划工作的重要意义

发展规划是对国民经济和社会发展的全局或部分活动在时间和空间上的战略部署，是政府履行经济调节、市场监管、社会管理和公共服务职责的重要依据。"十二五"规划是实行大部制改革后第一次系统编制中长期发展规划，做好规划工作意义重大。

(一)做好"十二五"规划工作是加快走中国特色新型工业化道路的迫切需要。目前，我国工业化整体已进入到中期阶段，但工业整体生产技术水平不高，大而不强。加快走中国特色新型工业化道路，仍是我国现代化进程中一项重要的历史任务。随着资源环境约束增强和国内外环境出现新变化，产业结构调整进入了需求结构、供给结构和要素投入结构全方位调整的新阶段，发展方式转变势在必行。编制好"十二五"规划，加强整体谋划，理清发展思路，立足科学发展，着力自主创新，促进转型升级，把实施重点产业调整振兴规划和长远发展有机地结合起来，走出一条清洁发展、节约发展、安全发展、绿色发展、可持续发展的工业化新路。

(二)做好"十二五"规划工作是积极适应国际发展环境新变化的迫切需要。国际金融危机影响仍在持续，全球经济复苏将要经历一个缓慢而又曲折的过程，也将深刻改变全球产业竞争格局。为了尽快走出危机，世界各国纷纷加大科技投入，抢占未来经济和产业发展制高点的竞争更趋激烈。面对国际环境的新变化、新特点，"十二五"规划编制过程中，必须站在新的历史起点和经济全球化的历史背景下，坚持全球视野，加强战略思维，深入研究国际产业规划的动向及特点，剖析其战略意图，立足我国实

际，制定相应战略和规划，塑造我国产业国际竞争新优势。

（三）做好“十二五”规划工作是切实履行好职能、健全行业管理工作的迫切需要。工业和信息化主管部门负责拟订并组织实施工业、通信业、信息化的发展规划；制定并组织实施工业、通信业的行业规划、计划。编制好“十二五”规划，是贯彻落实中央实行大部制改革的重大决策、认真履行国务院赋予的行业管理职能的重要举措。通过编制“十二五”规划，建立健全工业、通信业和信息化规划体系，充分发挥规划的导向和约束功能，是构建市场经济条件下行业管理体系的迫切需要。

二、指导思想和基本原则

“十二五”规划工作的指导思想是：以邓小平理论、“三个代表”重要思想为指导，全面贯彻落实科学发展观，坚持走中国特色新型工业化道路，以加快发展方式根本性转变为主线，以自主创新、深化改革、扩大开放为基本动力，从调整要素投入结构、供给结构和需求结构入手，着力推进工业转型升级，着力推进现代产业体系发展，着力推进信息化与工业化深度融合，着力推进军民融合式发展，显著提高发展的稳定性、协调性和可持续性，显著增强产业国际竞争力和抗风险能力，为建设工业强国、构建信息社会打下坚实基础。

“十二五”工业和信息化规划工作应坚持以下原则：

体现科学发展的要求。必须坚持以人为本、全面协调可持续的科学发展观，坚持从实际出发，遵循自然规律、经济规律和社会发展规律。正确处理好发展速度与结构、质量、效益、环境保护等重大关系。

体现统筹兼顾的要求。将工业、通信业和信息化与国民经济和社会发展统筹起来考虑，把产业发展、企业发展、环境保护和惠及民生有机结合起来。既要立足应对国际金融危机，落实重点产业调整振兴规划；又要着眼长远，大力发展战略性新兴产业，为我国在“后危机”时代新一轮国际竞争中争取主动权。

体现开拓创新的要求。进一步解放思想、锐意创新，树立战略眼光，更新规划理念，创新规划思路，明确规划主题，突出规划主线，增强规划的战略性、宏观性、政策性和可操作性。进一步深化改革，为产业升级、两化融合、军民结合提供制度保障。

体现注重实效的要求。要坚持有所为、有所不为，控制规划数量，做精行业规划，突出专题性、特定领域的规划，增强规划的可操作性，减少空泛的、可操作性差的规划，努力做到目标科学、思路清晰、重点明确、措施可行。

体现民主决策的要求。规划编制要充分发扬民主，广泛听取意见。建立有效的规划社会参与制度，广泛听取行业协会、重点企业和社会各界的意见和建议；建立规范化的论证、衔接、公布和评估制度，增加规划工作的透明度和公众参与度，提高决策的科学化和民主化水平。

三、扎实做好规划编制和实施中的各项工作

（一）加强规划前期重大问题研究。前期重大问题研究是规划编制的重要基础，直接影响规划思路的形成，是规划编制工作中不可或缺的关键环节。要高度重视规划前期重大问题研究工，针对当前工业和通信业发展存在的深层次矛盾和问题，抓紧开展相关基础性研究，理清规划思路，为开展“十二五”工业、通信业和信息化规划工作奠定坚实的基础。重大问题研究可通过公开招标、直接委托等多种形式组织开展研究。

（二）建立健全规划体系。规划体系是指以总体规划为统领，以行业规划、专题规划和区域规划为支撑，由此形成科学合理、层次分明、互为补充、有机衔接的一系列规划组合。按照“履行职能，科学合理，突出重点，有机融合”的基本原则，建立健全工业和信息化规划体系。工业和信息化领域的规划分为两个层次，即总体规划和专项规划（含行业规划、专题规划及区域规划）。总体规划主要提出总体目标、思路、方向、任务和重大生产力布局意见，是指导行业规划、专题规划、区域规划的重要依据。专项规划是以特定领域或行政区域为对象编制的规划。各地可结合实际，力争使更多的专项规划纳入本级政府重点专项规划。

（三）精心组织规划编制。要组织高效、精干、专业的规划编制队伍，明确目标，落实责任。在规划编制过程中可采用书面调研、实地调研、召开专家和企业座谈会等多种形式开展调查研究。要着重建立两个制度，一是建立健全规划编制的公众参与制度，要增强规划工作的透明度和公众参与度，在条件具备的前提下，可通过互联网、报纸期刊、电话等多种形式征集社会各界和市场主体对规划文件的意见；二是实行编制规划的专家论证制度，加强规划评估论证工作，除本部门、本系统的专家参与评估论证外，还要吸收相关部门的专家参加评估论证。在规划编制过程中，鼓励采用路线图、规划带重大工程和建设项目等方式，创新规划编制方法和规划表现形式。

(四)加强规划间的衔接协调。各级各类规划要按照下级规划服从上级规划、区域规划和专项规划服从总体规划的原则，进行有效衔接协调。要充分发挥总体规划的统领作用，行业规划、专题规划及区域规划要依据总体规划，在指导思想、目标、工作重点和政策措施等方面与总体规划实现有机对接，各层次规划之间不得存在相互矛盾。规划衔接的主要内容包括宏观调控的重要指标，优势支柱产业发展，重要资源开发以及重大项目布局和重大政策等。下一级主管部门编制的工业和信息化发展总体规划应与上一级主管部门编制的总体规划、专项规划进行必要衔接。

(五)积极探索规划实施机制。在继续发挥规划的指导性功能的同时，增强规划在区域空间结构、重大生产力布局、节能减排等方面的约束性功能。要进一步将发展规划与国家产业政策、财税金融、法律法规等手段有机结合起来，形成政策和调控的合力。要研究确定一批关系全局、意义深远、带动作用强、政府组织实施的重大工程。要充分依托执行规划的“主体”，对于重点地区、重点企业、重点项目加强引导。对于部分规划，可制定配套性文件或法规，对规划实施进一步延伸和细化。

(六)建立规划的后评估和调整机制。规划编制部门要在规划实施过程中适时组织开展对规划实施情况的评估，及时发现问题，认真分析产生问题的原因，提出有针对性的对策建议。评估工作可以由编制部门自行承担，也可以委托其他机构进行评估。评估结果要形成报告，作为修订规划的重要依据。如果规划对象未来实际情况与规划预测存在较大差异，应及时对规划进行调整和修订，按照相关工作程序进行报批和发布。

四、工作进度安排

规划编制过程要严格遵循工作程序，具体工作安排如下：

(一)前期研究阶段(2010年3月份以前)

组织实施“十二五”规划重大前期研究课题；起草形成“十二五”工业和信息化规划基本思路；编制“十二五”规划工作实施方案，落实必要的专项工作保障经费。

(二)编制起草阶段(2010年4月-2010年9月)

研究制定“十二五”工业和信息化规划编制计划；继续深化重大专题研究，做好规划编制的有关调研工作，召开相关会议听取意见和建议，集中力量编写完成“十二五”《规划纲要》(草案)和各专项规划(草案)。

(三)论证衔接阶段(2010年10月-2011年3月)

泛听取社会各界意见，组织专家论证，完成规划衔接，进一步修改完善“十二五”《规划纲要》(草案)和各专项规划(草案)，形成规划(草案)送审稿。

(四)审批发布阶段(2011年4月-2011年下半年)

《规划纲要》和各专项规划完成论证和衔接，并进一步修改完善，按规定程序报部或国务院审定后，分批组织发布。

(五)实施评估阶段(2011年-2015年)。

提出分年度落实“十二五”规划纲要的目标任务，制定具体措施，努力完成纲要提出的目标任务；加强规划实施情况的跟踪分析和中期评估。

五、组织保障

(一)加强组织领导，提高思想认识。各地工业和信息化主管部门、通信管理局要加强“十二五”规划编制工作的组织领导，成立规划编制领导小组，主要负责同志任领导小组组长。根据需要，成立若干规划编制小组，承担规划研究、起草和必要的衔接工作。要从规划编制工作过程也是落实职责、履行职能、锻炼队伍、加强行业管理过程的高度来认识和对待“十二五”规划工作。

(二)重视队伍建设，保障工作条件。在各级工业和信息化部门组建过程中要重视和保留一批长期从事规划研究和编制、熟悉行业情况的规划工作专门人才。各地工业和信息化主管部门、通信管理局要加强规划工作人员基础理论知识和业务知识的学习，拓宽知识面；加强对国内外经济形势和行业发展趋势的分析和判断；加强调查研究，积累第一手资料，在实践中提高发现问题、研究问题、解决问题的能力。规划编制工作所需经费，按照综合考虑、统筹安排的原则，商同级财政部门予以落实。

五、工业和信息化部　工信部科[2010]65号关于推进重点工业产品质量达标的实施意见(二〇一〇年二月九日)

改革开放以来，我国产品质量有了很大提高，但一些领域与国际先进水平相比，还存在较大差距。主要表现在：产品质量一致性差，稳定性不高，可靠性不强。标准技术水平低、贯彻不力是一个重要原因。2009年4月，工业和信息化部制定下发了《关于加强工业产品质量工作的指导意见》(工信部科[2009]180号文)，明确提出了“规模以上企业重点产品质量水平达到国家、行业标准”的工作目标。为推进重点工业产品质量达标，引导企业加大国家、行业标准的贯彻力度，杜绝无标、违标、降标生产，促进工业产品质量提升，制定如下实施意见。

一、充分认识推进重点工业产品质量达标的重大意义

(一)推进重点工业产品质量达标是加强产品质量建设，促进经济社会又好又快发展的必然要求。随着科技水平的提升和经济全球化的发展，标准对我国经济社会发展的促进与保障作用愈加突显。标准不仅是保障产品质量和消费安全、保护生态环境和节约资源能源的技术基础，是规范市场经济秩序的重要依据，而且是促进科学技术传播、创新，加快创新成果产业化的引领力量，是推动产业结构调整优化和转型升级的有效途径。国家、行业标准是我国标准体系的重要组成部分，促进我国经济社会又好又快发展，必须大力加强国家、行业标准的贯彻实施，推进重点工业产品质量达标。当前，产品质量建设已进入攻坚阶段，引导和督促广大企业严格执行国家、行业标准，鼓励有条件的企业积极采用国际标准和国外先进标准，是提高产品质量、促进更新换代，加快产业结构优化调整的内在要求。各地工业主管部门、各行业协会、有关企业及标准化专业机构要深刻认识推进重点工业产品质量达标工作的重大意义，增强紧迫感、责任感，坚持以标准贯彻保质量提升、以质量提升促经济发展，努力把我国工业产品质量提高到一个新水平。

二、推进重点工业产品质量达标的工作思路

(二)指导思想。以科学发展观为指导，围绕开发品种、提升质量、培育品牌和改善服务，以企业为主体，以重点行业和重点产品为切入点，通过引导和督促企业贯彻国家、行业标准，鼓励和支持企业采用国际标准和国外先进标准，推进重点工业产品质量达标，促进工业产品质量水平明显提升。

(三)工作目标。构建以企业为主体，以重点工业产品质量达标备案制度为基础，以达标认定与检测能力建设为手段，以地方工业主管部门、行业协会和标准化专业机构为依托的国家、行业标准贯彻实施体系，形成国家、行业标准制修订与贯彻实施的互动机制，力争用3年左右时间实现规模以上企业重点产品质量水平达到国家、行业标准的目标。

三、推进重点工业产品质量达标的主要措施

(四)加大现行国家、行业标准的宣贯力度。各地工业主管部门要按照产业政策要求，围绕市场变化和企业需求，组织有关行业协会和标准化专业机构积极开展标准培训，促进现行国家、行业标准的贯彻实施。要检查、监督相关企业严格执行国家强制性标准，坚决杜绝无标、违标、降标生产。要引导企业按照国家、行业标准要求，加快淘汰落后的工艺、设备和产品，推动产业结构的调整优化和转型升级。要加强对技术创新项目及其产业化过程的贯标工作指导，提高技术应用的成熟度和产品开发的成功率，促进新兴产业的规范发展。要组织有条件的企业在全面贯彻国家、行业标准的基础上，制定实施技术要求高于国家、行业标准的企业内控标准。在一些重点产品领域，要鼓励和支持企业对标国际，积极引进、学习和贯彻国际标准和国外先进标准，促进产品质量与国际接轨。

(五)加强对技术性贸易标准的跟踪、研究与宣贯。各地工业主管部门、各行业协会和有关标准化专业机构要加强对工业产品主要出口市场的跟踪研究，及时发布其产品、技术和管理标准的制修订以及贯彻实施的相关信息，指导出口企业积极按照出口市场的国家和地区标准组织生产，切实提高产品质量，妥善应对贸易技术壁垒和保护措施，减少贸易摩擦。要加强利用关键产品、技术和管理标准促进工业经济健康发展的机制研究，通过制定实施符合我国工业经济特点和发展需要的国家、行业标准，规范进口市场秩序，保障进口产品质量，维护消费者的合法利益。

(六)加快节能减排与污染控制标准的贯彻实施。要结合地方、企业及重点领域、重点行业的特殊要求，以达标认定为手段，加快节能减排与污染控制领域国家、行业标准的贯彻实施。要鼓励企业按照节能、环保的新要求，不断提升装备、工艺、技术和管理水平。要通过不断提高高能耗、高污染、资源性污染物减排和能耗标准，推进企业、行业和地区深化贯标、达标工作，实现节能减排和节约资源的目标。

(七)强化对中小企业贯标、达标工作的指导。各地工业主管部门要切实重视中小企业贯标、达标工作，制定并落实指导本地区中小企业贯彻实施国家、行业标准的鼓励政策和配套措施，引导中小企业依靠技术创新和技术进步，不断提升贯标、达标

的能力和水平，不断提升产品质量。要积极发挥质量公共服务平台对中小企业贯标、达标工作的服务作用，通过提供人员培训、标准宣贯和检测验证等技术服务，切实增强中小企业贯彻国家、行业标准的基础能力。

(八)加强贯标能力与达标验证手段建设。要推动企业以技术改造为手段，积极加强贯标能力建设。要引导企业利用现有条件和设备设施，加强产品质量形成过程中的检验、检测与试验验证工作，重点加强对产品标准符合性的检测验证。要支持现有检测机构按照国家、行业标准的要求，不断补充、完善和提升检测能力，充实达标验证手段。要适应新技术、新材料、新产品和新兴产业发展需要，加快规划建设一批技术水平高、检测能力强、业务覆盖面宽的区域性、行业性专业检测机构，形成支撑国家、行业标准达标认定的基础平台。

(九)落实推进贯标、达标的政策措施。各地工业主管部门要结合本地区质量工作的特点和产业发展需要，在新产品鉴定和推广，示范基地和企业技术中心认定，国家、行业标准制修订，以及政府质量奖励等工作中落实推进企业贯彻国家、行业标准的激励政策和配套措施，发挥企业贯彻国家、行业标准的主体作用，增强企业的内动力。要指导企业适应经济社会发展的新形势、新特点、新需求，增强前瞻意识，努力加强产品从研发、设计、生产、销售到售后服务与保障全过程的贯标工作。

四、近期重点工作

(十)开展企业贯标达标情况调查。结合落实工业和信息化部《关于加强工业产品质量工作的指导意见》的要求，重点围绕钢铁、汽车、船舶、石化、纺织、轻工、建材、医药、有色金属、装备制造及电子信息等行业，选择部分工业企业开展现行国家、行业标准贯彻实施情况调查，梳理分析贯标达标工作存在的主要问题，研究提出解决方案。

(十一)推进产业发展急需标准的研究与宣贯。各地工业主管部门要结合地方特色，选择贸易、民生、安全、节能、环保等重点领域的国际标准开展水平研究与宣贯。要注重发挥有关行业协会和标准化专业机构的组织、协调作用与专业优势，积极开展产业发展急需的国家、行业标准和近年来新制定发布的国家、行业标准的宣贯活动。

(十二)制定下发产品质量达标备案管理试行办法。按照本实施意见的要求，制定下发重点工业产品质量达标备案管理试行办法，明确实施达标备案管理的重点工业产品目录、技术标准以及实施达标备案管理的程序、机构和管理要求。产品目录依据九大行业调整和振兴规划中的目标和要求，主要限定在钢铁、有色、化工、机床、汽车、工程机械、电子、建材、轻工、农业机械、高新技术等产品领域。技术标准要达到但不限于国家强制性标准的要求和国家有关行政许可法规的要求，范围上要覆盖产品主要功能、性能、可靠性、安全性等指标，内容上要覆盖与产品有关的强制性标准所有条款和推荐性标准主要条款。

(十三)试点开展产品质量达标备案管理。选择部分行业和地区规模以上企业的重点工业产品，试点开展达标备案管理。通过对企业相关产品质量达标情况的备案管理，全面了解重点工业产品的贯标、达标情况，及时发现某些产品标准的缺陷及贯彻实施中的存在问题，推进国家、行业标准的贯彻实施。

五、工作要求

(十四)加强组织领导。要充分认识推进重点工业产品质量达标工作的重要性和紧迫性，切实加强对达标推进工作的组织领导。要根据本实施意见的要求制定落实本地区、本行业的推进工作方案，加快制定配套措施。要积极参与达标备案管理的试点活动，精心策划，周密部署，努力把试点工作落到实处，务求实效。

(十五)建立评价考核机制。各地工业主管部门要建立达标推进工作的评价与考核机制，协调处理推进工作中出现的新情况、新问题。要发挥现有质量公共服务平台的作用，加强对企业贯标、达标工作的信息服务。要适时对推进工作进行总结，组织推进工作经验交流和达标先进企业表彰奖励，积极营造有助于不断深化达标推进工作的文化氛围。今后，各地工业主管部门要及时对当年的产品质量达标推进工作进行总结，并于每年12月底前向工业和信息化部提交年度总结报告。

(十六)坚持常抓不懈。各地工业主管部门、各行业协会要把推进重点工业产品质量达标融入本地区、本行业经济社会发展大局，加强与地方政府及相关部门的沟通协调，着力构建达标推进工作的协同机制、长效机制，坚持常抓不懈。

六、工业和信息化部　工信厅科函[2010]92号关于印发《工业和信息化部2010年质量工作要点》的通知(二〇一〇年二月九日)

各省、自治区、直辖市、新疆生产建设兵团及计划单列市工业和信息化主管部门，有关行业协会，有关中央管理企业：

2009 年，工业和信息化部积极落实中央领导关于质量工作的重要批示和指示精神，与全国工业和信息化系统、行业协会和广大工业企业共同大力推进工业产品质量建设，取得了显著的成绩。

质量工作是一项长期的战略任务，需要工业战线各级单位持之以恒地、创造性地开展工作。工业和信息化部会同有关单位，在总结去年质量工作的基础上，研究并确定了 2010 年质量工作要点，明确了 2010 年质量工作的指导思想、工作重点和主要工作内容。

现在将 2010 质量工作要点印发给你们，希望各有关单位按照或参照本通知的要求，积极研究部署本地区、本行业和本单位的质量工作并抓好落实，推进和深化工业产品质量建设，为提高工业经济发展的质量和效益做出贡献。

一、指导思想

2010 年，要按照胡锦涛总书记关于质量工作“重在落实、重在持之以恒、重在严格管理”的批示精神，深入贯彻落实科学发展观，学习实践中央经济工作精神，通过推动工业产品质量进步，为调结构、上水平，转变经济发展方式，保持工业经济平稳较快发展做出贡献。

在质量工作中，要突出企业的质量主体地位；推动企业建立全员、全过程、全方位的质量管理体系和质量诚信体系；以品种开发、质量提升、品牌创建和服务改善为工作要点，积极推进质量工作。

二、工作重点

在进一步落实《关于加强工业产品质量工作指导意见》(工信部科[2009]180 号)的基础上，2010 年质量工作要突出以下四个重点。一是通过加强自主创新能力建设和大力实施名牌战略，推动品种开发和品牌培育工作深入开展；二是通过开展“提高工业产品质量示范项目”和“质量兴业”等活动，推动地方和行业质量进步；三是完成工业产品质量“十二五”规划的编制，为持之以恒地开展质量建设打好基础；四是通过推广先进质量管理方法、加强质量公共服务等工作，提高企业质量管理能力和水平。

三、主要工作内容

(一)制定完善工业产品质量规划和政策法规

按计划完成《工业产品质量“十二五”发展规划》的编制工作。十大行业在编制行业“十二五”规划时，要对行业质量发展提出目标要求和措施；继续推动修订《工业产品质量责任条例》。运用修订完善“产业结构调整指导目录”、重点行业产业政策、行业准入条件等手段，推动工业产品质量进步；组织开展重点工业行业质量指标体系研究，逐步建立工业行业质量水平评价和发布制度。

(二)完善工业产品标准，提高标准符合性水平

继续开展梳理工业行业标准体系和标准的制、修订工作，2010 年要完成 3400 项急需标准的制、修订；在重点行业、重点产品组织开展达标工作的试点，推动企业严格执行强制性标准，引导企业采用推荐性标准，提高工业产品采标率水平，稳定提高产品质量；鼓励行业和企业参与国际标准的制、修订，增强我国在国际标准制定中的话语权和消除标准性的贸易壁垒，并组织开展相关的研究工作，争取逐步形成一批“以我为主”的技术和产品标准。

(三)落实提高产品质量的技术改造和技术创新项目

在技术改造和技术创新项目中，加大对提高产品质量的支持力度。重点安排与新产品开发、产品共性质量问题攻关、提高实物质量水平和增加产品知识产权含量相关的项目；要通过技术改造和技术创新项目，促进企业实现生产改造，增强企业制造能力和工艺水平，保证产品质量稳定提高；要通过技术改造和技术创新项目，支持和引导有关产业领域优化技术攻关组织形式，加大研发投入，集中力量攻克制约我国工业化和信息化发展的关键技术。

(四)发挥行业和地方在质量工作中的作用

指导和帮助地方工信部门落实质量工作职能，积极开展工作。在“提高工业产品质量示范项目”试点工作的基础上，推广开展“示范项目”的活动；以“示范项目”拉动地方质量工作，提高区域性重点产品质量水平和竞争力，促进经济发展；组织工信系统开展质量工作研讨和培训活动，提高地方工信部门质量意识和能力，促进地方质量工作。积极促进和指导行业协会加强质量工作，提高行业质量管理水平；在重点行业组织开展“质量兴业”活动，2010 年将确定 3 - 5 个行业和领域开展“质量兴业”活动试点；通过发挥行业协会在质量工作中的作用，指导和帮助业内企业提高产品质量和质量管理水平，转变发展方式，增强竞争力，提高行业整体质量和效益。

(五)加强工业产品质量诚信体系的建设

开展对工业产品质量诚信体系的研究工作，并将质量诚信体系纳入社会诚信体系框架；制定和发布食品质量诚信体系的标准，抓好在黑龙江省、河

南省分别开展的乳制品和肉类加工企业诚信体系建设的试点工作；鼓励和推动有条件的地区和行业建立完善区域性、行业性的质量诚信体系。

(六)落实“下乡”产品质量保证措施

继续配合财政部、商务部、发展改革委和农业部等部门做好“家电下乡”、“汽车下乡”、“农机下乡”和“建材下乡”产品的质量保证工作；通过产品选点、制定目录、质量监督和签署质量责任协议书等工作，配合有关部门切实保证下乡产品的质量和售后服务水平，维护农村用户的合法权益；对农村消费市场的开发和保持进行研究，巩固和扩大“下乡”政策的效果。

(七)加大扶持中小企业质量发展的力度

积极宣传贯彻《关于推进中小企业质量建设的若干意见》，推动中小企业提高产品质量；加快中小企业公共服务平台的建设，增强平台的质量服务功能和水平。继续开展中小企业公共(技术)服务示范平台的遴选工作，2010年要建成150个公共(技术)服务示范平台；在中小企业银河培训工程中，将质量管理培训作为一项重要内容，2010年为中小企业培养300名全面质量管理普及教育教师；鼓励行业和地方在政策、技术、资源等方面加强对中小企业质量工作的指导和扶持。

(八)推动工业企业提高质量管理能力

积极推动工业企业建立和完善全员、全过程、全方位的质量管理体系，提高企业质量管理的效率和效果，筑牢企业科学管理、严格管理的根基；宣传贯彻《关于推广先进质量管理方法的指导意见》，依靠行业协会和质量协会等组织在重点行业、地区采用多种手段宣传推广适用有效的质量管理方法，逐步改变我国企业管理粗放的状况；鼓励企业推行ISO9000、ISO22000等国际质量管理体系标准，切实提高体系运行和认证的有效性；通过实施《关于鼓励工业产品开发品种和技术创新的指导意见》，增强企业产品开发和创新的能力；加强质量控制和技术评价机构管理，为企业提高质量管理能力提供技术保障；开展工业企业质量管理研究，提炼源于我国企业成功实践的质量管理经验并普及推广；组织开展先进质量管理方法及其在我国企业中成功推进的路径研究，为推广先进质量管理方法提供指导和帮助；研究开展评选工业行业质量人才培训示范基地的有关工作，为培养质量人才创造更好的条件。

(九)积极开展消费品领域质量品牌建设

开展对工业消费品品牌建设的研究，制定《加快我国家用电器行业自主品牌建设的指导意见》；组织实施《关于大力推进服装家纺行业自主品牌建设的指导意见》，以服装和家纺行业为切入点，推进自主品牌建设；开展对市场和用户信息收集和分析的研究工作，开展在重点产品领域的用户评价和市场评价工作，了解和掌握重点产品的顾客满意度和市场认同度，为质量改进和品牌建设打好基础；鼓励有条件的地区、行业和产业聚集区培育区域性、行业性品牌，提升区域和行业质量形象。

(十)做好重点产品质量整治工作

继续配合执法部门，做好相关工业产品质量整治工作；与质检、工商部门配合，对国家监督抽查和国家市场监测的重点工业产品进行质量分析和质量改进活动；做好与有关部门、单位配合，做好农资产品和生产单位的管理，做好农资质量监测和农资打假，提高支农化工产品质量；开展做好通信工程建设领域突出问题的专项治理活动，加强建设中的程序管理、质量责任制和质量通报制度，切实提高通信工程质量；继续开展手机产品的质量整治工作，重点治理手机生产和非法手机交易市场两个源头，制定手机企业售后服务行业标准，维护手机用户的合法权益；会同国家质检总局和工商总局，对手机、电视、计算机商品“三包”规定进行修订。

(十一)组织和支持全国性质量活动

继续作为主办单位之一，会同质检总局、中宣部等有关部门组织开展“全国质量月”活动，共同举办“第十七届中国质量论坛”和“全国工业质量管理和可靠性现场经验交流大会”；支持中国质量协会等组织开展“先进质量方法推广年”、质量管理知识普及教育、用户评价和质量宣传交流等活动；会同宣传部门，广泛开展质量宣传，提高全民质量意识，营造重视质量、关心质量的社会氛围。

七、工业和信息化部　工信部科[2010]93号关于印发《工业产品质量控制和技术评价实验室管理办法》的通知(二○一○年三月八日)

各省、自治区、直辖市工业和信息化主管部门，部直属单位，各有关行业协会、学会，各有关单位：

为适应新型工业化发展需求，提高我国工业产品质量水平，依据相关政策和法规，工业和信息化部研究制定了《工业产品质量控制和技术评价实验室管理办法》。现印发给你们，请遵照执行。

工业产品质量控制和技术评价实验室管理办法

第一章　总则

第一条　为适应新型工业化发展，加强工业和信息化系统质量基础工作，提高我国工业产品质量水平，依据相关产业政策和法规，特制定本办法。

第二条 工业产品质量控制和技术评价实验室（以下简称实验室）是指在工业和信息化系统（以下简称工信系统），经工业和信息化部核定，产品质量控制和技术评价能力居全国领先水平，并在推动产业开发品种、提升质量、创建品牌、改善服务中发挥重要作用的工业产品质量检验与评价技术服务机构。

第三条 工业和信息化部遵循统筹规划、合理布局、择优选用、重点扶持的原则，对实验室进行核定和管理。

各省、自治区、直辖市及计划单列市、新疆生产建设兵团工业和信息化主管部门（以下简称地方主管部门）、有关综合性行业协会配合工业和信息化部对本地区、本行业所属实验室进行指导和管理。

第二章 实验室基本条件、工作内容及义务

第四条 实验室应具备的条件：

（一）符合国家法律法规和产业政策的相关规定；

（二）通过国家实验室资质认定或实验室认可审查；

（三）在相关技术领域，具备国际先进或国内领先的专业设施条件和高水平的技术带头人，具有较强的专业人员队伍和产品质量验证、检测、分析、评价服务能力；

（四）对促进行业或区域产品质量提升发挥重要作用，并在核心业务领域有较好的业绩表现；

（五）得到工业和信息化部或所在地政府部门在产业规划、发展政策、财政等方面的支持；

（六）建立了按规定要求开展质量检验检测技术服务的管理制度规范。

第五条 实验室的工作内容

（一）跟踪国际先进质量控制技术发展趋势和技术性贸易政策动向，及时为政府部门提供相关领域技术发展报告和政策性建议；

（二）定期评估国内相关专业领域的产品质量状况，分析国内外产品技术质量水平和差距，为指导工信系统质量管理和解决重大质

量安全问题提供科学的技术依据；

（三）受各级工业主管部门委托，参与行业质量规划、法规、政策、标准的研究制定，承担行业管理的技术检测、认定、评价等工作（行政许可事项涉及的检测业务按主管部门的相关规定办理）；

（四）代表行业开展相关领域产品质量控制与技术评价国际合作与交流；

（五）开展专业技术人员质量培训，推广先进质量控制方法，为企业提供产品全寿命周期的质量检测、评价、分析、验证等服务；

（六）承担地方主管部门、行业协会委托的其他任务。

第三章 工作程序

第六条 申请核定的实验室（简称“申请机构”）由地方主管部门、行业协会按本办法第四条规定审查推荐。中央管理企业集团和部直属单位，可直接向工业和信息化部申报。

第七条 实验室核定程序

（一）申请机构需提供以下材料：

1.《工业和信息化部产品质量控制与技术评价实验室申报表》（见附件一）；

2. 国家实验室资质认定或实验室认可相关资质证明；

3. 申请机构基本情况介绍；

4. 申请机构核心业务及主要业绩事例；

5. 其他有关能力证明。

（二）资料审查

地方主管部门、行业协会应对申请机构的申请材料进行审查，提出审查推荐意见后，报工业和信息化部。

（三）能力评定

工业和信息化部组建专家技术委员会，根据申请材料和相关信息对申请机构能力进行评定，必要时可进行实地考察，提出评定意见。

（四）审查批复

工业和信息化部根据专家技术委员会的评定意见进行审核。对符合条件并具有能力优势的申请机构，正式核定为“工业（产品门类）产品质量控制和技术评价实验室”。

第八条 实验室名录在工业和信息化部网站公布。

第四章 实验室的管理

第九条 实验室应当加强自身能力建设，按照产业发展方向和企业服务需求，不断提高业务能力和服务水平，并自觉接受工业和信息化部、地方主管部门及行业协会的指导。

第十条 实验室应以国家实验室资质认定或实验室认可授权名称对外开展检验检测业务，不得以实验室名称对外出具产品检验检测报告。

第十一条 实验室应于每年1月31日前，向工

业和信息化部及地方主管部门提交上年度业务发展报告和产品质量状况分析报告。

第十二条 工业和信息化部及地方主管部门，在产业规划及专项资金安排方面，对实验室予以重点扶持，并逐步将其纳入工业和信息化经济运行监测体系。

第十三条 工业和信息化部对实验室的核定每三年确认一次。对不符合规定要求的实验室发布公告予以撤销。

被公告撤消的实验室3年内不得再次申请。

第十四条 实验室如有下列行为之一或违反本办法规定的，由工业和信息化部依次给予书面警告、通报直至发布公告撤销的处理：

(一)以核定的实验室名义对外出具检验检测报告的；

(二)接受可能对其检验公正性产生影响的资助的；

(三)从事可能影响公正性的产品开发、生产，或参与其检验的产品经营活动的；

(四)因弄虚作假、检验或评估结果严重失实、牟取不正当商业利益，造成严重经济损失或社会不良影响的；

(五)违反国家保密规定，泄露、窃取企业技术秘密，造成严重后果的；

(六)未经批准，以核定的实验室名义参与社会组织的商业活动，或擅自对外披露委托任务信息，造成社会不良影响的；

(七)不按规定上报年度业务发展报告和产品质量状况分析报告，或不能按规定要求完成委托任务的；

(八)未尽对实验室自身人员管理职责的；

(九)违反国家法律、法规及其他相关规定的。

第五章 附则

第十五条 本办法由工业和信息化部负责解释。具体实施细则由工业和信息化部科技司组织制定。

第十六条 本办法自发布之日起执行。

附：工业产品质量控制和技术评价实验室申报表(略)

八、工业和信息化部 国家发展和改革委员会 商务部 海关总署 国家工商行政管理总局 国家质量监督检验检疫总局 工信部联科[2010]112号 关于加强工业产品质量信誉建设的指导意见(二〇一〇年三月十五日)

为全面提高我国工业产品质量信誉，维护消费者合法权益，增强我国工业产品竞争力，保证我国工业经济健康发展，特制定本指导意见。

一、我国工业产品质量信誉现状分析

改革开放以来，伴随着我国工业跨越式发展，工业产品质量水平显著提高。一批市场信誉度高、品牌竞争力强的优质产品提高了市场占有率，较好地满足了广大人民群众日益增长的物质文化需求，并为我国工业产品迈向全球市场奠定了基础。特别是在应对国际金融危机的过程中，广大工业企业积极提高质量，拉动内需，稳定出口，为我国经济率先实现企稳回升做出了贡献。

同时，我们必须看到，一些工业企业质量责任意识不强、质量信誉水平不高，部分工业产品标准水平偏低和实物质量不稳等问题依然存在，在国内和国际贸易涉及产品质量信誉的问题时有发生。

这些问题产生的原因，一是一些企业的质量责任主体意识淡薄，企业质量工作内生动力不足；二是工业产品品牌培育迟缓；三是质量信誉的行业自律和社会监督作用薄弱；四是工业产品标准发展滞后，与国际标准、国外先进标准存在一定差距；五是市场监管和出口商品质量水平有待加强；六是对工业产品质量工作的规划和协调不足，难于形成合力，突破性解决影响质量的重要问题。

加强工业产品质量信誉建设，解决好当前存在的问题，对我们巩固应对国际金融危机的成果，进一步扩大内需，拉动消费，稳定出口，保持工业经济又好又快发展，具有重要的意义。

二、质量信誉建设的指导思想和主要任务

以科学发展观为指导，按照质量工作要“重在落实、重在持之以恒、重在严格管理”的要求，通过提高工业产品质量信誉，为我国工业调结构、上水平，转变发展方式、提高发展质量和效益奠定坚实基础。

增进沟通配合，加强协调，形成合力，共同开展工作；综合发挥质量法规、规划统筹、政策引导、标准建设、技术改造、执法监督和行业自律等手段的作用，把我国工业产品质量信誉水平提升到一个新的高度。

以加强标准化工作为突破口，为我国工业产品提供具有竞争力的标准支撑，拉动内需、稳定出口；以稳定提高产品质量为基础，保护和提高“中国制造”的国际质量形象；以规范企业自我声明为手段，推动质量信誉建设，促进形成与经济大国地位相称的质量责任意识。

针对当前我国产品质量信誉上存在的突出问题，

各有关单位要从以下六个方面，明确任务、采取措施。

(一)提高思想认识，加强组织领导。各有关单位要从满足人民需求、增强我国产品竞争力和树立国际质量信誉形象的高度，提高对我国工业产品质量信誉建设工作重要性的认识，做到领导到位、职责落实、目标明确、措施得力，抓出成效。

(二)进一步落实企业质量主体责任。要引导企业树立正确的质量责任观、增强企业履行质量责任的能力，让企业把质量主体责任意识融入到企业文化里，落实在经营活动中。要规范企业的自我声明，鼓励企业做出质量承诺，并通过加强监管工作，监督企业兑现承诺。

(三)积极推动质量诚信体系建设。质量诚信体系既要促进企业提高质量诚信水平，又要发挥对产品质量和信誉的社会监督作用。要通过加快质量诚信体系的建设，保护诚实守信的企业，制约和惩戒失信企业和行为。

(四)加快自主品牌培育。品牌要以质量信誉为基础，质量信誉要通过品牌价值获得市场回报。要发挥技术改造、财政金融、品牌激励等方面政策的作用，推进企业实施商标战略，努力打造知名商标，推动培育自主品牌，为质量信誉建设营造良好的市场环境。

(五)提高工业产品质量，维护消费者合法权益。要督促和指导企业通过工业产品质量信誉建设，在开发品种、提升质量、培育品牌和改善服务等方面实现进步，负责任地向消费者提供质量合格的产品。

(六)大力加强标准化工作。通过加快我国工业标准的制、修订，开展对标和达标；鼓励参与国际标准的制、修订，增强我国在国际标准制定中的话语权；开展消除贸易技术壁垒的研究等工作，全面提升我国产品标准的总体水平。

三、近期重点工作

各有关单位要在全面落实好2010年各项质量工作的基础上，把加强质量信誉建设作为今年和今后一个时期的重要任务，努力做好以下七个方面的工作。

(一)开展宣传和培训，增强企业质量责任意识

当前要把提高产品质量信誉作为质量宣传的重点。“质量月”活动中举办“首届中国工业产品质量信誉论坛”等系列活动；工信部门、质检部门要会同行业协会、质量协会，大力推广先进质量管理方法、指导企业完善质量管理体系，增强企业履行质量责任的能力；海关、工商和质检部门，要加强对重点产品，特别是出口产品的海关查验、质量市场监测、质量监督抽查和检验监管，对逃避质量责任、损害质量信誉的企业和产品坚决依法查处；商务部门要对部分重点产品研究加强出口资质管理和出口企业市场准入标准，进一步规范出口经营主体。

(二)推动企业自主承诺质量责任，激发企业内生动力

要规范企业自我声明的管理，既要引导企业通过自我声明承诺质量责任，又要对企业自我声明内容与实物质量的一致性加强监督和管理。有关部门会同行业协会，对重点工业产品的产品说明书、附加标识和标志等自我声明内容形成规范，规定必须明示的产品特性指标及适用标准，并向社会发布有关信息；加强涉及强制性标准特性的产品抽查和检测工作，对主观故意标称虚假特性的企业和产品坚决依法查处；商务部门要组织加强对销售场所的管理，禁止违反企业自我声明规范的产品上架销售和进行卖场宣传。

(三)加强工业产品标准的对标和达标工作

要重点对比我国工业标准与国际标准、国外先进标准的主要差异，并进行标准的专利和知识产权审查。要推动重点行业、重点产品提高采标率水平，稳定提升产品质量。

工信部门会同行业协会开展行业标准和地方标准的对标工作，并组织开展重点行业、重点产品的达标备案工作，做好企业标准的对标工作。

国家标准化管理部门要对采标情况进行汇总分析，加快我国工业领域标准的制修订速度，加大采用国际标准和国外先进标准的力度，提高我国标准整体水平。

(四)提高产品供应链质量保证水平

工信部门会同行业协会组织开展专项技术攻关活动，解决影响供应链质量水平的瓶颈问题；要从产业聚集区入手，加强企业间的沟通交流，实现上下游产品标准对接，保证标准要求的协调性和一致性；指导企业提高对采购产品质量检测能力，并对重要供应商开展第二方审核；在技术改造和技术创新工作中，加大对采用新材料、新产品、新技术和新工艺的支持力度。海关和质检部门要加强对进口原材料和零部件的通关监管和检验监管，防止不合格产品非法入境；要加强进出口商品法定检验技术能力建设，进一步提高执法水平。

(五)开展工业产品自主品牌建设

各有关部门、行业协会要深入贯彻实施《国家知识产权战略纲要》，大力推进商标战略的实施，组织开展工业产品品牌宣传活动，提高优秀品牌的市场影响力。发展改革和工信部门要利用产业政策、扶持新产品政策、技术改造和自主创新等手段，推动提高工业产品自主知识产权含量；商务部门及有关商协会，要协助有关企业加强自主品牌产品和优质产品的推广营销，提高自主品牌产品的市场价值；质检部门要利用标准、认证、检测等手段，促进自主品牌提高质量水平，加大打击制造假冒品牌的力度，加强我国在产品标准、认证、检测手段等领域的国际互认，改善我国出口产品的国际市场环境；工信部门会同行业协会以服装、家纺和家电行业为切入点，落实相关的指导意见，推进自主品牌建设。

(六)加快质量诚信建设，培育质量信誉

质检部门会同有关部门，要在落实国务院办公厅《关于加强社会信用体系建设的若干意见》的基础上，加快质量诚信体系建设，推动提高产品质量信誉的有关工作。要积极构建质量诚信体系，推动质量信用信息平台建设；要依据企业信用等级划分通则，开展质量诚信企业等级划分试点示范工作，促进提高企业质量诚信水平；要建立质量信用“黑名单”制度，发挥激励、预警、惩戒和淘汰的作用。工信部门要制定重点行业质量诚信体系标准，推动完善行业质量诚信体系；要在政策、资金、项目等方面，加大对质量诚信良好的企业的扶持力度，为诚信企业营造更有利的发展环境；。信、质检部门会同行业协会、质量协会，要组织开展对重点工业产品的市场评价和消费者(用户)评价工作，促进企业改进产品质量，提高质量诚信水平；要落实十部委联合发布的《食品工业企业诚信体系建设工作指导意见》，抓好试点，以食品行业为突破口，推进社会质量诚信体系建设。

(七)加强应对工业产品质量失信事件的能力

引导和监督企业加强管理，避免发生质量失信事件。一旦发生，对产品质量事件不隐瞒事实，不逃避责任，以诚信为基础，积极负责地解决问题、消除影响。工信部门会同有关部门、行业协会，要根据行业特点，对重点产品，特别是那些涉及人身健康和安全的产品进行严格管理，提出措施，降低出现质量危害的风险；各省、各地区工信部门要会同有关部门和行业协会，依据各自责任，制定重点产品突发质量事件预案，对可能产生社会危害的质量问题进行分析，提出对策，并与有关部门建立应对突发质量事件的协调机制；要建立通报制度，对引发社会性影响的突发质量失信事件按系统即时上报，并提出建议。

各有关单位要积极按照本指导意见的要求，各司其职，积极开展质量信誉建设工作。工信部门会同有关部门，要对本地区的产品质量信誉情况进行调研和分析。在此基础上，提出加强质量信誉建设的工作方案，并加强实施过程中的检查指导，狠抓落实，务求实效。

九、工业和信息化部　关于印发《2010 年工业节能与综合利用工作要点》的通知 工信厅节函[2010]188 号(二〇一〇年三月十八日)

各省、自治区、直辖市及新疆生产建设兵团、计划单列市、副省级省会城市工业和信息化主管部门，有关行业协会，有关中央企业：

为深入贯彻落实科学发展观，推动工业和通信业节能减排工作，根据中央经济工作会议和全国工业和信息化工作会议精神，我部研究提出了《2010年工业节能与综合利用工作要点》。现印发你们，请结合本地区、本行业和本单位实际认真执行。

2010 年工业节能与综合利用工作要点

2010 年工业节能与综合利用工作的总体要求是，深入贯彻落实科学发展观，按照中央经济工作会议及全国工业和信息化工作会议部署，以结构调整和发展方式转变为主线，突出抓好节能降耗，全面推行清洁生产，加强工业“三废”综合利用，积极发展工业循环经济，加快建设资源节约型、环境友好型工业体系，力争单位工业增加值能耗下降 7%，工业固体废物综合利用率提高 1.5%，完成淘汰落后产能年度计划任务，为全面实现“十一五”节能减排目标和应对气候变化作出积极贡献，努力推动工业发展方式转变。

一、狠抓工业节能降耗，促进节约发展

(一)深入推进能效对标达标。以钢铁、有色金属、化工、建材四个行业为突破口，深化推进粗钢、电解铝、水泥、平板玻璃、合成氨、烧碱、纯碱、电石生产企业能效对标达标。组织相关协会分行业按不同生产规模公布标杆指标，树立标杆企业；组织召开达标企业现场会，总结推广标杆企业的先进经验。各地工业主管部门要对本地区四个行业相关企业达标情况进行监督指导，制订年度目标并认真贯彻落实。

(二)加快建设重点用能企业能源管理制度。上半年发布《关于加强重点用能企业能源管理制度建设的通知》，部署推进重点用能企业能源管理制度建设相关工作。对年耗能万吨标准煤以上的重点用能企业，实施能源利用状况报告制度；按照《节约能源法》要求设立能源管理岗位，建立节约用电、节约用气、节约用煤等能源节约管理制度，规范企业能源管理。发布《重点用能企业能源管理负责人培训大纲》，组织地方和中介机构开展重点用能企业能源管理负责人岗位培训。各地工业主管部门要加强对本地区重点用能企业能源管理制度建设工作的组织、指导和服务；根据本地区实际情况，积极开展重点用能企业能源管理负责人培训工作，提高企业能源管理水平。

（三）切实加强行业分类指导。第一季度发布《钢铁工业节能减排指导意见》和《中小企业节能减排指导意见》，上半年发布《水泥行业节能减排指导意见》。各地工业主管部门、有关中央企业要加强钢铁、水泥行业及中小企业节能减排工作的组织领导，结合本地区、本企业实际，制订具体落实方案，切实抓好淘汰落后产能、重点技术推广、技术改造等具体工作，确保分行业、分领域节能减排取得实效。

（四）加快淘汰落后产能。认真贯彻落实《国务院关于进一步加快淘汰落后产能的通知》，4 月底前将淘汰落后产能年度计划分解下达到各省市，并公布落后产能企业名单。强化节能环保指标的约束作用，制订和完善相关行业准入条件和落后产能界定标准，提高准入门槛，尽快修订发布《产业结构调整指导目录》。切实抓好落后产能淘汰工作的督促检查，对淘汰落后产能任务完成情况进行考核。下半年会同有关部门开展高耗能行业单位产品能耗限额标准执行情况的监督检查。各地工业主管部门要切实加大落后产能淘汰工作力度，加强对落后产能企业淘汰工作的督促检查，按季度报告淘汰落后产能年度计划执行进度情况。

（五）积极推进工业节能技术进步。组织编制和发布第二批《工业领域节能减排电子信息应用技术导向目录》、《节能机电设备产品推荐目录》、《高耗能落后机电设备产品淘汰目录》和《节能和新能源汽车推荐车型目录》。组织召开节能技术现场交流会和“两化”融合促进节能降耗减排治污推进会议，总结推广行业节能先进经验，并将信息化促进节能降耗减排治污的典型企业和典型项目，纳入国家两化融合试点示范工程。继续按照《钢铁企业能源管理中心建设实施方案》推进钢铁企业能源管理中心建设，编制并发布化工行业企业能源管理中心建设实施方案，支持上述行业重点企业实施能源管理中心建设示范项目。充分利用中央预算内技术改造资金支持一批重点节能技术推广技术改造项目。

（六）探索推进节能新机制。制定并发布《创建国家工业、通信业节能自愿协议示范企业管理办法》，在总结与中国移动签订节能自愿协议经验的基础上，积极推广节能自愿协议模式，推动与非重点用能行业中央企业集团签订节能自愿协议。继续推进工业电力需求侧管理，研究制定《加强工业电力需求侧管理的指导意见》。继续研究和探索推进针对中小型企业的合同能源管理、节能设备租赁等节能新机制推广工作。各地工业主管部门要加快推进本地区节能自愿协议试点，及时总结和推广合同能源管理、电力需求侧管理等节能新机制相关经验和成功做法。

（七）加强工业节能管理法规制度建设。制定并发布《工业节能管理办法》，指导工业节能管理工作。制定并发布《关于加强工业固定资产投资项目节能评估和审查工作的通知》，组织编制《工业固定资产投资项目节能评估评价导则》，加强对各地区工业领域能评工作的指导，积极推动能评制度建立和实施，对新上工业固定资产投资项目进行节能评估，严格把住准入关。召开工业固定资产投资项目节能评估和审查经验交流会，交流各地推进能评工作的成功做法。

（八）积极推进工业节水和节材代木。以工业节水和节材代木为重点，推动工业节约降耗工作有效开展。积极开展工业节水工作思路研究，制定《关于加强工业节水工作的意见》，上半年发布《重点行业用水指导指标（第一批）》，明确钢铁、纺织、造纸、石化等重点行业现有企业用水先进指标、用水限定指标和新建企业（项目）用水准入指标，指导各行业加强用水管理，实施节水技术改造。积极落实《机电产品包装节材代木工作方案》，组织有关地区推荐和选择一批机电产品节材代木包装的生产、使用企业及第三方物流企业开展机电产品包装节材代木试点及示范，制订节材代木包装相关标准，开展质量评价体系研究，加大节材代木技术改造力度。

二、大力推行清洁生产，切实加强减排治污

（九）开展清洁生产技术应用示范。一季度印发聚氯乙烯等 17 个重点行业清洁生产技术推行方案，指导各地工业主管部门和有关中央企业按照要求组织实施清洁生产技术的示范和推广；继续开展清洁生产示范工程建设，发布 2010 年中央财政清洁生产专项资金支持领域和项目指南，各地工业主管部门按要求做好项目申报工作，切实加强2009年示范项目进展情况、实施效果的跟踪督促。

（十）强化清洁生产审核。加大协调力度，争取上半年发布实施《工业企业清洁生产审核技术导则》和《工业清洁生产水平评价标准编制通则》。完成钢铁、焦化等9个重点行业清洁生产水平评价标准，启动铬盐、聚氯乙烯行业清洁生产水平评价标准修订工作。编制钢铁等重点行业清洁生产培训教材，指导地方工业主管部门和重点中央企业加大对工业企业特别是涉重金属行业企业的清洁生产培训力度。各地工业主管部门要按照《关于报送工业和通信业清洁生产工作情况的通知》（工信厅节函〔2009〕224号）要求，于3月底前报送上年清洁生产工作情况。

（十一）推进重点行业污染防治。组织有关行业协会编制铅酸蓄电池行业污染防治方案和废旧铅酸蓄电池综合利用行业准入条件。发布和组织实施《电石法聚氯乙烯行业汞污染综合防治方案》，地方工业主管部门要按照方案要求，抓好组织落实，确保方案目标的实现。落实《钢铁企业烧结脱硫实施方案》，组织有关咨询评估机构开展钢铁行业烧结脱硫工业技术后评估工作，引导钢铁企业选择先进适用的脱硫技术。

（十二）继续加强电子信息产品污染控制。推进《电子电气产品污染控制立法工作，修订《电子信息产品污染控制管理办法》，调整办法适用范围和规范内容。继续开展电子信息产品污染控制重点管理目录制定工作，推进第一批目录的发布和启动第二批目录调研和制订。会同国家认监委发布实施意见，积极推动电子电气产品污染控制国推自愿性认证，推动企业开展电子信息产品中有害物质替代与减量化。做好贯彻实施《废弃电器电子产品回收处理管理条例》配套制度建设工作。

三、推进资源综合利用，大力发展循环经济

（十三）加快工业循环经济发展。组织各地工业主管部门筛选一批工业循环经济重大示范技术，发布《工业循环经济重大示范推广技术（第一批）》，树立一批工业循环经济典型示范，充分发挥技术示范工程对行业发展循环经济的支撑和引领作用。指导循环经济示范工业园区建设，组织各地工业主管部门树立一批循环经济园区先进典型，引导推进工业园区循环经济发展工作。组织召开甘肃金川等循环经济现场经验交流会，引导重点行业和地区推进工业循环经济发展。

（十四）抓好机电产品再制造试点。组织召开机电产品再制造试点工作交流和实施方案编制培训会，指导第一批35家试点单位认真完成试点实施方案的编制工作，指导推进有关地区加强再制造产业发展。组织有关咨询机构对35家试点单位试点实施方案实施审查和批复，会同有关地区工业主管部门积极推进试点实施方案组织实施，积极推动试点工作开展。实施再制造示范工程技术改造专项，引导试点单位加大技术改造力度，尽快形成批量化产品再制造能力和产业规模。研究支持再制造产业发展的有关政策措施。

（十五）加强大宗工业固体废物综合利用。完成《尾矿综合利用管理办法》起草和发布工作；上半年发布《金属尾矿综合利用专项规划》和金属尾矿综合利用先进成熟技术目录，召开尾矿综合利用技术现场交流会，支持有关行业协会建立尾矿综合利用技术创新联盟，推动共性关键技术的研发和产业化；年底前出台《赤泥综合利用指导意见》、《工业副产石膏综合利用指导意见》及《碱渣综合利用实施方案》。贯彻落实国务院领导批示精神，培育建设十大工业资源综合利用基地，选择钢铁、有色、石化、轻工等行业实施资源综合利用示范工程。

（十六）大力推进资源再生产业发展。发布和组织实施《再生有色金属利用专项规划》，制定再生有色金属行业准入条件，研究建立准入制度，组织各地工业主管部门开展国家重点支持的再生有色金属产业基地和规模化利用示范项目建设，推进再生有色金属利用行业发展。制定鼓励、支持和引导废钢铁、废橡胶、废弃电子电气产品等再生资源综合利用的指导意见、技术政策。发布《废旧轮胎综合利用指导意见》。推进再生资源综合利用试点示范工程建设，开展典型企业先进经验交流。

四、加强“两型”工业建设，积极应对气候变化

（十七）积极推进“两型”工业发展。把“两型”企业创建试点作为推进“两型”工业发展的工作载体，制定并组织实施资源节约型、环境友好型企业创建工作方案，选择钢铁、有色、化工、建材等重点行业开展“两型”企业创建试点，研究提出重点行业“两型”示范企业建设标准，开展分行业“两型”企业评价指标体系和政策研究，组织制定“两型”企业监督、评价和考核办法，探索资源节约型、环境友好型工业发展模式，组织各地区工业主管部门加快“两型”工业建设步伐，积极推进“两型”工业发展。

（十八）大力发展节能环保产业。组织各地区工

业主管部门和有关行业协会加强对发展节能环保产业有关措施的研究，制定重点节能环保技术推广专项规划、节能环保设备推荐目录，启动重大节能环保装备首台套应用示范工程，加强对节能环保装备制造业的指导；加快研发和推广节能减排新产品、新技术、新工艺、新设备和新材料；推动节能环保服务业发展，推广合同能源管理、节能环保设备租赁、项目融资、信息咨询等生产性服务业发展；组织开展节能环保产业示范园区建设，引导节能环保产业积聚发展。

（十九）积极应对气候变化。按照国务院的统一部署要求，深入研究分析工业应对气候变化形势和工作重点，提出总体思路和重点措施，引导各地区工业主管部门和企业积极发展低碳经济，推进传统工业低碳化改造，为履行国家承诺作贡献。加强重点行业应对气候变化研究，摸清行业现状，提出工业领域减缓温室气体排放的应对策略，发布工业领域应对气候变化行动方案。组织开展低碳工业园区建设试点，探索低碳工业发展思路。

（二十）切实做好“十二五”工业节能环保规划思路研究和编制工作。按照工业和信息化“十二五”规划编制工作总体安排，加强组织，深入研究，科学论证，完成“十二五”资源节约型、环境友好型工业发展规划思路研究。突出抓好“十二五”全国工业节能、资源综合利用、重金属污染防治等三方面专项规划研究和制定。组织各地区工业主管部门认真做好“十二五”工业节能降耗、减排治污相关专项规划编制工作。

五、加强形势分析，开展宣传教育和培训

（二十一）健全信息交流和发布制度。进一步畅通工业节能减排信息渠道，建立工业节能与综合利用信息交流平台。健全能源资源节约、综合利用、清洁生产等监测统计指标体系，建立节能减排信息监测制度，充分利用行业和地方的信息资源，推动建立信息监测体系，稳步推进工业节能与综合利用基础工作。

（二十二）加强工业节能减排形势分析。建立工业节能减排形势定期分析报告制度，加强对主要工业产品单位能耗、重点用能行业和企业能源消耗、用电以及单位工业增加值能耗等情况的监测分析。组织各地工业主管部门按季度开展本地区工业节能减排形势分析，定期召开工业节能减排工作通气会。各地工业主管部门要及时上报有关工作情况及节能减排新形势、新进展。

（二十三）加强工业节能减排宣传。组织开展全国节能宣传周有关活动，举办中国绿色工业发展论坛，广泛开展与新闻媒体的合作，宣传工业节能降耗、减排治污和削减二氧化碳排放、应对气候变化取得的成效。研究建立工业节能表彰奖励制度，针对“十一五”工业节能减排取得的优异成绩，结合重点行业能效水平对标及各地“十一五”节能减排目标完成情况，对业绩好、贡献大的地区、企业和个人进行表彰和奖励，发挥示范引导作用。

六、加强组织领导，强化协调指导

（二十四）加强组织协调和指导。加强对各地区工业和通信业节能与综合利用工作的指导，进一步加强与地方工业主管部门、企业、行业协会以及相关组织间的沟通协调。各级工业主管部门要加快理顺工作关系，创新工作思路，找准工作切入点，充分发挥有关各方的积极性，加强业务交流和协作配合，切实抓好本地区工业和通信业节能降耗、减排治污工作，开创节能减排工作新局面。

（二十五）充分发挥有关支撑机构作用。建立健全委托服务、购买服务、信息交流等制度，依靠和支持协会加强行业管理基础性工作，会同协会共同开拓行业节能环保工作，不断提升行业协会的桥梁、纽带和支撑作用。切实加强冶金、建材、机械等工业领域研究设计院所对节能减排工作的支撑。加强各地工业节能监察能力和服务体系建设，进一步明确职责，做到职能到位、责任到位、措施到位、投入到位、监管到位。各地区工业主管部门要组织节能监察中心、节能服务中心等机构，加强对工业重点用能企业节能降耗的监督管理以及对企业执行产品能耗限额标准情况的专项督察。

（二十六）积极加强国际交流与合作。加强与有关国际机构和组织的合作，借鉴国外先进经验，加大先进节能减排技术、理念和制度的交流力度，探索促进技术转移、推广的体制机制，统筹用好国内外资源，共同推动节能减排。

十、工业和信息化部　工信部节［2010］135号关于加强工业固定资产投资项目节能评估和审查工作的通知（二〇一〇年三月二十三日）

各省、自治区、直辖市、计划单列市、新疆生产建设兵团、副省级省会城市工业和信息化主管部门，有关中央企业：

为贯彻落实科学发展观，促进产业结构调整，遏制“两高”行业和产能过剩行业盲目发展，推动工业领域节能降耗，根据《中华人民共和国节约能源法》、《国务院关于加强节能工作的决定》(国发[2006]28号)有关要求，现就加强工业固定资产投资项目节能评估和审查工作通知如下：

一、充分认识加强节能评估和审查工作的重要性

工业能源消费量约占全国能源消费总量的70%，是消耗能源的主要领域，产业结构重型化特征明显，结构性矛盾较为突出。建立和健全固定资产投资项目节能评估和审查制度是贯彻落实科学发展观、资源节约基本国策和实施《中华人民共和国节约能源法》的必然要求，是促进经济发展方式转变和产业结构优化升级的重要手段。近年来，各地工业和信息化主管部门结合本地区实际陆续开展了固定资产投资项目节能评估和审查工作，取得了较好效果。2009年，工业和信息化部组织开展了四川地震灾后恢复重建项目节能评估和审查试点工作，为建立工业固定资产投资项目节能评估和审查制度进行了有益探索，积累了经验。

当前，各地工业和信息化主管部门积极落实中央经济工作会议和全国工业和信息化工作会议精神，按照"调结构、上水平"的总体要求，加快转变发展方式，确保工业经济又好又快发展。但一些地区、部分行业盲目新上高耗能和产能过剩项目的现象有所反弹，部分新建项目达不到产品能耗强制性限额准入标准要求，结构调整和节能降耗任务十分艰巨。加强工业固定资产投资项目节能评估和审查工作，从项目建设源头把好节能准入关，对促进能源资源合理利用，遏制高耗能和产能过剩行业盲目发展和过快增长，转变经济发展方式，实现产业结构优化升级具有重要意义。各地工业和信息化主管部门要高度重视，切实把工业固定资产投资项目节能评估和审查工作抓紧抓好，为确保"十一五"节能目标实现和推进产业结构调整做出积极贡献。

二、切实做好节能评估和审查工作

(一)加强高能耗和产能过剩行业建设项目节能评估工作。根据《国务院批转发改委等部门关于抑制部分行业产能过剩和重复建设引导产业健康发展若干意见的通知》(国发[2009]38号)和《国务院关于进一步加强淘汰落后产能工作的通知》(国发[2010]7号)的相关要求，各地区需加强钢铁、水泥、平板玻璃、煤化工、多晶硅、电解铝、氧化铝、铁合金、电石、焦炭、合成氨、氯碱等产能过剩或"两高"行业扩大产能类的固定资产投资项目节能评估和审查工作，把好能耗准入关，从源头控制能源浪费和盲目发展。各地区可根据当地产业发展实际，扩大节能评估和审查的范围。

(二)节能评估报告的内容深度。项目节能评估报告应包括评估依据、项目概况、项目能源消耗品种及数量、项目采用的工艺、设备对能源效率的影响分析、项目主要能耗指标先进性分析、项目合理用能与节能措施、企业能源计量、统计及节能管理、主要结论等内容。各地可结合本地区工业经济发展现状、产业布局、能源资源条件和节能目标要求，提出工业固定资产投资项目节能评估报告的内容深度要求，使节能评估报告能够真实、全面、客观地反映项目工艺技术和能源利用水平，为项目决策提供科学依据。

(三)严格节能评估报告审查。节能评估报告审查应全面、客观、依据充分，确保有效遏制高能耗和产能过剩项目盲目建设，指导和优化建设项目合理用能，提高能源利用效率。节能评估报告的审查重点应包括：节能评估报告的内容及深度是否符合要求，项目能源消费量及能源消费结构是否合理，项目采用的工艺、设备是否先进，是否符合强制性节能标准规范，项目节能措施是否合理、先进、可行，企业能源计量、统计及管理制度能否满足节能管理要求等。

(四)提高节能评估和审查工作质量。各地工业和信息化主管部门在开展工业固定资产投资项目节能评估和审查工作中应当遵循公开、公平、公正的原则，规范审查程序，提高办事效率，为企业提供优质服务。项目主要工艺路线、主体设备等建设内容及能源消耗量发生重大变更时，应重新进行节能评估和审查。

(五)坚持节能评估及审查的独立性和前置性。建设单位在申报工业固定资产投资项目可行性研究报告、核准申请报告或项目备案之前，应委托节能评估机构编制独立的项目节能评估报告，报送省级工业节能主管部门审查，取得节能审查批复意见。节能审查批复意见作为项目审批、核准或备案以及开工建设的必备条件。

(六)加强项目能评后评价工作。各地工业和信息化主管部门应对建设项目节能评估报告审查意见的执行情况进行跟踪检查，要督促项目建设单位将节能评估报告及审查意见落实到项目节能设计和施工中，完善合理用能方案及节能措施。项目建成后，应及时组织开展项目节能单项验收或能评后评价，确保节能措施和节能标准得到落实。

（七）完善节能标准体系。工业和信息化部将会同有关部门，加快建立健全工业节能标准体系，发布《工业固定资产投资项目节能评估评价导则》，完善重点行业产品能耗限额及准入标准、节能设计规范等。各地工业和信息化主管部门也要会同当地有关部门，研究提出严于国家的地方工业节能标准、规范，为工业固定资产投资项目节能评估和审查工作提供技术支撑。

三、加强组织领导和监督管理

（一）加强组织领导。各地工业和信息化主管部门要切实加强对工业固定资产投资项目节能评估和审查工作的组织领导，要积极协调相关部门，形成分工明确、协同配合、共同推进的工作机制，进一步完善工业固定资产投资项目节能评估和审查制度，使工业固定资产投资项目节能评估和审查工作取得实效。要定期对本地区年度工业固定资产投资项目节能评估和审查工作进行总结，并将年度总结报告于次年2月底前报送工业和信息化部（节能与综合利用司）。

（二）强化监督管理。各地工业和信息化主管部门要加强对工业固定资产投资项目节能评估和审查工作的监督管理，对建设单位在节能评估和审查过程中存在提供虚假材料等不正当行为的，应予以纠正并依法追究相关单位和责任人的法律责任；对节能评估机构在节能评估工作中弄虚作假的，应予以通报并采取相应措施，情节严重的，依法追究其法律责任。要加强对节能评估机构的管理，定期对节能评估机构从事节能评估工作情况展开评议和考核，并将评议考核结果向社会进行公告。要督促节能评估机构加强行业自律，依法开展节能评估业务，确保节能评估报告的质量。

各地工业和信息化主管部门应进一步完善本地区工业固定资产投资项目节能评估和审查制度，逐步推动工业领域固定资产投资项目节能评估和审查工作全面开展。

十一、中华人民共和国国务院令　第573号

消耗臭氧层物质管理条例　（二〇一〇年四月八日）

《消耗臭氧层物质管理条例》已经2010年3月24日国务院第104次常务会议通过，现予公布，自2010年6月1日起施行。

消耗臭氧层物质管理条例

第一章　总　　则

第一条　为了加强对消耗臭氧层物质的管理，履行《保护臭氧层维也纳公约》和《关于消耗臭氧层物质的蒙特利尔议定书》规定的义务，保护臭氧层和生态环境，保障人体健康，根据《中华人民共和国大气污染防治法》，制定本条例。

第二条　本条例所称消耗臭氧层物质，是指对臭氧层有破坏作用并列入《中国受控消耗臭氧层物质清单》的化学品。

《中国受控消耗臭氧层物质清单》由国务院环境保护主管部门会同国务院有关部门制定、调整和公布。

第三条　在中华人民共和国境内从事消耗臭氧层物质的生产、销售、使用和进出口等活动，适用本条例。

前款所称生产，是指制造消耗臭氧层物质的活动。前款所称使用，是指利用消耗臭氧层物质进行的生产经营等活动，不包括使用含消耗臭氧层物质的产品的活动。

第四条　国务院环境保护主管部门统一负责全国消耗臭氧层物质的监督管理工作。

国务院商务主管部门、海关总署等有关部门依照本条例的规定和各自的职责负责消耗臭氧层物质的有关监督管理工作。

县级以上地方人民政府环境保护主管部门和商务等有关部门依照本条例的规定和各自的职责负责本行政区域消耗臭氧层物质的有关监督管理工作。

第五条　国家逐步削减并最终淘汰作为制冷剂、发泡剂、灭火剂、溶剂、清洗剂、加工助剂、杀虫剂、气雾剂、膨胀剂等用途的消耗臭氧层物质。

国务院环境保护主管部门会同国务院有关部门拟订《中国逐步淘汰消耗臭氧层物质国家方案》（以下简称国家方案），报国务院批准后实施。

第六条　国务院环境保护主管部门根据国家方案和消耗臭氧层物质淘汰进展情况，会同国务院有关部门确定并公布限制或者禁止新建、改建、扩建生产、使用消耗臭氧层物质建设项目的类别，制定并公布限制或者禁止生产、使用、进出口消耗臭氧层物质的名录。

因特殊用途确需生产、使用前款规定禁止生产、使用的消耗臭氧层物质的，按照《关于消耗臭氧层物质的蒙特利尔议定书》有关允许用于特殊用途的规定，由国务院环境保护主管部门会同国务院有关部门批准。

第七条　国家对消耗臭氧层物质的生产、使用、进出口实行总量控制和配额管理。国务院环境保护主管部门根据国家方案和消耗臭氧层物质淘汰进展情况，商国务院有关部门确定国家消耗臭氧层物质的年度生产、使用和进出口配额总量，并予以公告。

第八条 国家鼓励、支持消耗臭氧层物质替代品和替代技术的科学研究、技术开发和推广应用。

国务院环境保护主管部门会同国务院有关部门制定、调整和公布《中国消耗臭氧层物质替代品推荐名录》。

开发、生产、使用消耗臭氧层物质替代品，应当符合国家产业政策，并按照国家有关规定享受优惠政策。国家对在消耗臭氧层物质淘汰工作中做出突出成绩的单位和个人给予奖励。

第九条 任何单位和个人对违反本条例规定的行为，有权向县级以上人民政府环境保护主管部门或者其他有关部门举报。接到举报的部门应当及时调查处理，并为举报人保密；经调查情况属实的，对举报人给予奖励。

第二章 生产、销售和使用

第十条 消耗臭氧层物质的生产、使用单位，应当依照本条例的规定申请领取生产或者使用配额许可证。但是，使用单位有下列情形之一的，不需要申请领取使用配额许可证：

(一)维修单位为了维修制冷设备、制冷系统或者灭火系统使用消耗臭氧层物质的；

(二)实验室为了实验分析少量使用消耗臭氧层物质的；

(三)出入境检验检疫机构为了防止有害生物传入传出使用消耗臭氧层物质实施检疫的；

(四)国务院环境保护主管部门规定的不需要申请领取使用配额许可证的其他情形。

第十一条 消耗臭氧层物质的生产、使用单位除具备法律、行政法规规定的条件外，还应当具备下列条件：

(一)有合法生产或者使用相应消耗臭氧层物质的业绩；

(二)有生产或者使用相应消耗臭氧层物质的场所、设施、设备和专业技术人员；

(三)有经环境保护主管部门验收合格的环境保护设施；

(四)有健全完善的生产经营管理制度。

将消耗臭氧层物质用于本条例第六条规定的特殊用途的单位，不适用前款第(一)项的规定。

第十二条 消耗臭氧层物质的生产、使用单位应当于每年10月31日前向国务院环境保护主管部门书面申请下一年度的生产配额或者使用配额，并提交其符合本条例第十一条规定条件的证明材料。

国务院环境保护主管部门根据国家消耗臭氧层物质的年度生产、使用配额总量和申请单位生产、使用相应消耗臭氧层物质的业绩情况，核定申请单位下一年度的生产配额或者使用配额，并于每年12月20日前完成审查，符合条件的，核发下一年度的生产或者使用配额许可证，予以公告，并抄送国务院有关部门和申请单位所在地省、自治区、直辖市人民政府环境保护主管部门；不符合条件的，书面通知申请单位并说明理由。

第十三条 消耗臭氧层物质的生产或者使用配额许可证应当载明下列内容：

(一)生产或者使用单位的名称、地址、法定代表人或者负责人；

(二)准予生产或者使用的消耗臭氧层物质的品种、用途及其数量；

(三)有效期限；

(四)发证机关、发证日期和证书编号。

第十四条 消耗臭氧层物质的生产、使用单位需要调整其配额的，应当向国务院环境保护主管部门申请办理配额变更手续。

国务院环境保护主管部门应当依照本条例第十一条、第十二条规定的条件和依据进行审查，并在受理申请之日起20个工作日内完成审查，符合条件的，对申请单位的配额进行调整，并予以公告；不符合条件的，书面通知申请单位并说明理由。

第十五条 消耗臭氧层物质的生产单位不得超出生产配额许可证规定的品种、数量、期限生产消耗臭氧层物质，不得超出生产配额许可证规定的用途生产、销售消耗臭氧层物质。

禁止无生产配额许可证生产消耗臭氧层物质。

第十六条 依照本条例规定领取使用配额许可证的单位，不得超出使用配额许可证规定的品种、用途、数量、期限使用消耗臭氧层物质。

除本条例第十条规定的不需要申请领取使用配额许可证的情形外，禁止无使用配额许可证使用消耗臭氧层物质。

第十七条 消耗臭氧层物质的销售单位，应当按照国务院环境保护主管部门的规定办理备案手续。

国务院环境保护主管部门应当将备案的消耗臭氧层物质销售单位的名单进行公告。

第十八条 除依照本条例规定进出口外，消耗臭氧层物质的购买和销售行为只能在符合本条例规定的消耗臭氧层物质的生产、销售和使用单位之间进行。

第十九条 从事含消耗臭氧层物质的制冷设备、制冷系统或者灭火系统的维修、报废处理等经营活动的单位，应当向所在地县级人民政府环境保护主管部门备案。

专门从事消耗臭氧层物质回收、再生利用或者销毁等经营活动的单位，应当向所在地省、自治区、直辖市人民政府环境保护主管部门备案。

第二十条 消耗臭氧层物质的生产、使用单位，应当按照国务院环境保护主管部门的规定采取必要的措施，防止或者减少消耗臭氧层物质的泄漏和排放。

从事含消耗臭氧层物质的制冷设备、制冷系统或者灭火系统的维修、报废处理等经营活动的单位，应当按照国务院环境保护主管部门的规定对消耗臭氧层物质进行回收、循环利用或者交由从事消耗臭氧层物质回收、再生利用、销毁等经营活动的单位进行无害化处置。

从事消耗臭氧层物质回收、再生利用、销毁等经营活动的单位，应当按照国务院环境保护主管部门的规定对消耗臭氧层物质进行无害化处置，不得直接排放。

第二十一条 从事消耗臭氧层物质的生产、销售、使用、回收、再生利用、销毁等经营活动的单位，以及从事含消耗臭氧层物质的制冷设备、制冷系统或者灭火系统的维修、报废处理等经营活动的单位，应当完整保存有关生产经营活动的原始资料至少3年，并按照国务院环境保护主管部门的规定报送相关数据。

第三章　进出口

第二十二条 国家对进出口消耗臭氧层物质予以控制，并实行名录管理。国务院环境保护主管部门会同国务院商务主管部门、海关总署制定、调整和公布《中国进出口受控消耗臭氧层物质名录》。

进出口列入《中国进出口受控消耗臭氧层物质名录》的消耗臭氧层物质的单位，应当依照本条例的规定向国家消耗臭氧层物质进出口管理机构申请进出口配额，领取进出口审批单，并提交拟进出口的消耗臭氧层物质的品种、数量、来源、用途等情况的材料。

第二十三条 国家消耗臭氧层物质进出口管理机构应当自受理申请之日起20个工作日内完成审查，作出是否批准的决定。予以批准的，向申请单位核发进出口审批单；未予批准的，书面通知申请单位并说明理由。

进出口审批单的有效期最长为90日，不得超期或者跨年度使用。

第二十四条 取得消耗臭氧层物质进出口审批单的单位，应当按照国务院商务主管部门的规定申请领取进出口许可证，持进出口许可证向海关办理通关手续。列入《出入境检验检疫机构实施检验检疫的进出境商品目录》的消耗臭氧层物质，由出入境检验检疫机构依法实施检验。

消耗臭氧层物质在中华人民共和国境内的海关特殊监管区域、保税监管场所与境外之间进出的，进出口单位应当依照本条例的规定申请领取进出口审批单、进出口许可证；消耗臭氧层物质在中华人民共和国境内的海关特殊监管区域、保税监管场所与境内其他区域之间进出的，或者在上述海关特殊监管区域、保税监管场所之间进出的，不需要申请领取进出口审批单、进出口许可证。

第四章　监督检查

第二十五条 县级以上人民政府环境保护主管部门和其他有关部门，依照本条例的规定和各自的职责对消耗臭氧层物质的生产、销售、使用和进出口等活动进行监督检查。

第二十六条 县级以上人民政府环境保护主管部门和其他有关部门进行监督检查，有权采取下列措施：

（一）要求被检查单位提供有关资料；

（二）要求被检查单位就执行本条例规定的有关情况作出说明；

（三）进入被检查单位的生产、经营、储存场所进行调查和取证；

（四）责令被检查单位停止违反本条例规定的行为，履行法定义务；

（五）扣押、查封违法生产、销售、使用、进出口的消耗臭氧层物质及其生产设备、设施、原料及产品。

被检查单位应当予以配合，如实反映情况，提供必要资料，不得拒绝和阻碍。

第二十七条 县级以上人民政府环境保护主管部门和其他有关部门进行监督检查，监督检查人员不得少于2人，并应当出示有效的行政执法证件。

县级以上人民政府环境保护主管部门和其他有关部门的工作人员，对监督检查中知悉的商业秘密负有保密义务。

第二十八条 国务院环境保护主管部门应当建立健全消耗臭氧层物质的数据信息管理系统，收集、汇总和发布消耗臭氧层物质的生产、使用、进出口等数据信息。

县级以上地方人民政府环境保护主管部门应当将监督检查中发现的违反本条例规定的行为及处理情况逐级上报至国务院环境保护主管部门。

县级以上地方人民政府其他有关部门应当将监督检查中发现的违反本条例规定的行为及处理情况逐级上报至国务院有关部门，国务院有关部门应当及时抄送国务院环境保护主管部门。

第二十九条 县级以上地方人民政府环境保护主管部门或者其他有关部门对违反本条例规定的行为不查处的，其上级主管部门有权责令其依法查处或者直接进行查处。

第五章 法律责任

第三十条 负有消耗臭氧层物质监督管理职责的部门及其工作人员有下列行为之一的，对直接负责的主管人员和其他直接责任人员，依法给予处分；直接负责的主管人员和其他直接责任人员构成犯罪的，依法追究刑事责任：

（一）违反本条例规定核发消耗臭氧层物质生产、使用配额许可证的；

（二）违反本条例规定核发消耗臭氧层物质进出口审批单或者进出口许可证的；

（三）对发现的违反本条例的行为不依法查处的；

（四）在办理消耗臭氧层物质生产、使用、进出口等行政许可以及实施监督检查的过程中，索取、收受他人财物或者谋取其他利益的；

（五）有其他徇私舞弊、滥用职权、玩忽职守行为的。

第三十一条 无生产配额许可证生产消耗臭氧层物质的，由所在地县级以上地方人民政府环境保护主管部门责令停止违法行为，没收用于违法生产消耗臭氧层物质的原料、违法生产的消耗臭氧层物质和违法所得，拆除、销毁用于违法生产消耗臭氧层物质的设备、设施，并处100万元的罚款。

第三十二条 依照本条例规定应当申请领取使用配额许可证的单位无使用配额许可证使用消耗臭氧层物质的，由所在地县级以上地方人民政府环境保护主管部门责令停止违法行为，没收违法使用的消耗臭氧层物质、违法使用消耗臭氧层物质生产的产品和违法所得，并处20万元的罚款；情节严重的，并处50万元的罚款，拆除、销毁用于违法使用消耗臭氧层物质的设备、设施。

第三十三条 消耗臭氧层物质的生产、使用单位有下列行为之一的，由所在地省、自治区、直辖市人民政府环境保护主管部门责令停止违法行为，没收违法生产、使用的消耗臭氧层物质、违法使用消耗臭氧层物质生产的产品和违法所得，并处2万元以上10万元以下的罚款，报国务院环境保护主管部门核减其生产、使用配额数量；情节严重的，并处10万元以上20万元以下的罚款，报国务院环境保护主管部门吊销其生产、使用配额许可证：

（一）超出生产配额许可证规定的品种、数量、期限生产消耗臭氧层物质的；

（二）超出生产配额许可证规定的用途生产或者销售消耗臭氧层物质的；

（三）超出使用配额许可证规定的品种、数量、用途、期限使用消耗臭氧层物质的。

第三十四条 消耗臭氧层物质的生产、销售、使用单位向不符合本条例规定的单位销售或者购买消耗臭氧层物质的，由所在地县级以上地方人民政府环境保护主管部门责令改正，没收违法销售或者购买的消耗臭氧层物质和违法所得，处以所销售或者购买的消耗臭氧层物质市场总价3倍的罚款；对取得生产、使用配额许可证的单位，报国务院环境保护主管部门核减其生产、使用配额数量。

第三十五条 消耗臭氧层物质的生产、使用单位，未按照规定采取必要的措施防止或者减少消耗臭氧层物质的泄漏和排放的，由所在地县级以上地方人民政府环境保护主管部门责令限期改正，处5万元的罚款；逾期不改正的，处10万元的罚款，报国务院环境保护主管部门核减其生产、使用配额数量。

第三十六条 从事含消耗臭氧层物质的制冷设备、制冷系统或者灭火系统的维修、报废处理等经营活动的单位，未按照规定对消耗臭氧层物质进行回收、循环利用或者交由从事消耗臭氧层物质回收、再生利用、销毁等经营活动的单位进行无害化处置的，由所在地县级以上地方人民政府环境保护主管部门责令改正，处进行无害化处置所需费用3倍的罚款。

第三十七条 从事消耗臭氧层物质回收、再生利用、销毁等经营活动的单位，未按照规定对消耗臭氧层物质进行无害化处置而直接向大气排放的，由所在地县级以上地方人民政府环境保护主管部门责令改正，处进行无害化处置所需费用3倍的罚款。

第三十八条 从事消耗臭氧层物质生产、销售、使用、进出口、回收、再生利用、销毁等经营活动的单位，以及从事含消耗臭氧层物质的制冷设备、制冷系统或者灭火系统的维修、报废处理等经营活动的单位有下列行为之一的，由所在地县级以上地方人民政府环境保护主管部门责令改正，处5000元以上2万元以下的罚款：

（一）依照本条例规定应当向环境保护主管部门备案而未备案的；

（二）未按照规定完整保存有关生产经营活动的原始资料的；

（三）未按时申报或者谎报、瞒报有关经营活动的数据资料的；

（四）未按照监督检查人员的要求提供必要的资料的。

第三十九条 拒绝、阻碍环境保护主管部门或者其他有关部门的监督检查，或者在接受监督检查时弄虚作假的，由监督检查部门责令改正，处1万元以上2万元以下的罚款；构成违反治安管理行为的，由公安机关依法给予治安管理处罚；构成犯罪的，依法追究刑事责任。

第四十条 进出口单位无进出口许可证或者超出进出口许可证的规定进出口消耗臭氧层物质的，由海关依照有关法律、行政法规的规定予以处罚；构成犯罪的，依法追究刑事责任。

第六章 附 则

第四十一条 本条例自2010年6月1日起施行。

十二、财政部 海关总署 国家税务总局 财关税[2010]17号 关于调整重大技术装备进口税收政策暂行规定有关清单的通知(二○一○年四月十三日)

各省、自治区、直辖市、计划单列市财政厅（局）、国家税务局，新疆生产建设兵团财务局，海关总署广东分署、各直属海关，财政部驻各省、自治区、直辖市、计划单列市财政监察专员办事处：

按照《财政部 国家发展改革委 工业和信息化部 海关总署 国家税务总局 国家能源局关于调整重大技术装备进口税收政策的通知》（财关税[2009]55号）规定，根据国内相关产业发展情况，在广泛听取有关主管部门、行业协会及企业意见的基础上，经研究决定，对《重大技术装备进口税收政策暂行规定》（以下简称《暂行规定》）所附装备目录与商品清单予以调整，现通知如下：

一、国家支持发展的重大技术装备和产品目录(2010年修订)》（见附件1）和《重大技术装备和产品进口关键零部件、原材料商品清单(2010年修订)》（见附件2）自2010年4月15日起执行，符合规定条件的国内企业为生产本通知附件1所列装备或产品而确有必要进口本通知附件2所列商品，免征关税和进口环节增值税。

二、进口不予免税的重大技术装备和产品目录(2010年修订)》（见附件3）自2010年4月26日起执行，对新批准的《暂行规定》第三条所列项目和企业进口本通知附件3所列自用设备以及按照合同随上述设备进口的技术及配套件、备件，一律征收进口税收。

2010年4月26日前（不含4月26日）批准的上述项目和企业进口本通知附件3所列设备，在2010年10月26日前继续按照《暂行规定》附件3执行；自2010年10月26日起（含10月26日）对上述项目和企业进口本通知附件3中设备，一律征收进口税收。

三、自2010年4月26日起，《暂行规定》中附件1、2、3废止；已获得免税资格的企业在免税进口额度内进口关键零部件、原材料，且在2010年4月26日前（不含4月26日）申报进口的，仍可按照《暂行规定》附件2执行。

四、新申请享受城市轨道交通车辆及机电设备、高速动车组、大功率机车、大型铁路养护机械、大型环保及资源综合利用设备、大型施工机械领域进口税收优惠政策的企业，应在2010年4月26日至5月26日提交申请文件，具体申请程序和要求应按照《暂行规定》有关规定执行。自2010年4月26日起，新申请企业凭受理部门出具的证明文件，可向海关申请凭税款担保先予办理有关零部件及原材料放行手续。

省级工业和信息化主管部门应会同企业所在地直属海关、财政部驻当地财政监察专员办事处对上述领域的地方企业申请材料进行初审，并在2010年6月10日前将申请文件及初审意见汇总上报工业和信息化部，同时抄送财政部、海关总署、国家税务总局。

五、自2009年7月1日起，城市轨道交通承担自主化依托项目业主进口城市轨道交通车辆及机电设备所需关键零部件、原材料（见附件2），免征进口关税和进口环节增值税。

六、城市轨道交通、核电承担自主化依托项目业主申请享受重大技术装备进口税收优惠政策的，可在项目进口物资计划确定后分别向国家发展改革委、国家能源局提交申请文件。上述领域项目业主在2010年申请享受该进口税收优惠政策的，应在2010年5月26日前提交申请文件。

七、根据国内相关产业发展情况，《国家支持发展的重大技术装备和产品目录(2010年修订)》对风力发电机(组)及其配套部件、数控装备及其功能部件等领域的申请条件进行了调整。2009年下半年度已认定符合资格的上述领域的企业，如企业享受政策的装备有关技术规格要求或销售业绩要求在本通知附件1中涉及调整的，原认定免税资格在2010年4月26日之前有效。

上述领域新申请企业和原认定资格企业(享受政策的装备有关技术规格要求或销售业绩要求在本通知附件1中涉及调整的)申请享受2010年4月26日至12月31日期间重大技术装备进口税收优惠政策的，应在2010年4月26日至5月26日按照《暂行规定》有关申请程序和要求提交申请文件。

八、本通知对重大技术装备企业优惠政策情况报告有关格式及要求进行了修订(见附件4)，自2010年4月26日起，《暂行规定》中附件5废止。2009年下半年度已享受重大技术装备进口税收优惠政策的所有企业，应在2010年5月26日前按照《暂行规定》及本通知附件4的有关要求报送享受优惠政策落实情况报告，包括2010年1月1日至4月26日或者2010年全年的进口需求。

附件：1. 国家支持发展的重大技术装备和产品目录(2010年修订)

2. 重大技术装备和产品进口关键零部件、原材料商品清单(2010修订)

3. 进口不予免税的重大技术装备和产品目录(2010年修订)〔略〕

4. 重大技术装备企业优惠政策落实情况报告及要求〔略〕

附件：1. 国家支持发展的重大技术装备和产品目录(2010年修订)

编号	名称	技术规格要求	销售业绩要求
三	大型石化设备		
(一)	乙烯成套设备		
	乙烯裂解气压缩机组及其配套用工业汽轮机、乙烯制冷压缩机组及其配套用工业汽轮机、丙烯制冷压缩机组及其配套用工业汽轮机、离心式急冷油泵、离心式急冷水泵、乙烯冷箱、加氢反应器、加氢装置空冷器	年产量≥800kt	持有合同订单
(二)	聚乙烯循环气压缩机和聚乙烯配套用往复式压缩机(迷宫密封式)	年产量≥400kt	持有合同订单
(三)	混炼挤压造粒机组	年产量≥200kt	持有合同订单
(四)	对苯二甲酸(PTA)成套设备		
	PTA氧化反应器、加氢精制装置加氢反应器、蒸汽回转干燥机、PTA工艺空气压缩机组	年产量≥800kt	持有合同订单
(五)	千万吨级炼油设备(振兴规划)	*	*
(六)	天然气管道运输和液化储运装备：燃压机组、大型管线球阀和控制系统、液化天然气接收站等设备(振兴规划)	*	

(其他略)

附件：2. 重大技术装备和产品进口关键零部件、原材料商品清单(2010修订)

设备名称	一级部件	二级部件	单机用量	税则号列(供参考)
三、大型石化设备				
(一)乙烯成套设备				
	膜盘联轴器		6套	84836000
	干气密封		12套	84842000

续表

设备名称	一级部件	二级部件	单机用量	税则号列(供参考)
1. 乙烯裂解气压缩机组、乙烯制冷压缩机组、丙烯制冷压缩机组及上述配套用工业汽轮机	止推轴承		7套	84833000
	支撑轴承		26套	84833000
	蒸汽透平(循环泵用小汽轮机)		3套	84068200
	控制系统		3套	85371011
	轴振动、位移探头、延伸电缆、前置器		42路	90318090
	机组测振系统		3套	90318090
	调节阀		15个	84813000
	调节气阀	阀杆(喷涂)	4根	84819010
	电液转换器		2套	84069000
	可倾瓦轴承		2套	84833000
2. 离心式急冷油泵/水泵	小汽轮机		2套	84068200
3. 乙烯冷箱	钢铝接头		30个	76090000
	钎焊片		6t	76071190
4. 加氢反应器	钢板		100~1000t	72251900
	焊材(焊条、焊带、焊丝、合金钢丝、不锈钢带、焊剂)		100~150t	38109000 72209000 72299090 83111000 83112000
5. 加氢装置空冷器	管束	镍合金管	3500kg	75071200
		镍合金板	2500kg	75062000
(二)聚乙烯循环气压缩机和聚乙烯配套用往复式压缩机(迷宫密封式)				
往复式压缩机	干气密封		2套	84842000
	气阀		28~32个	84812020
(三)混炼挤压造粒机组				
混炼挤压造粒机组	摩擦离合器	磨擦片	3组	84839000
		电机	1套	85016430
	减速器	圆柱滚子轴承	25套	84825000
		串列推力轴承	2套	84825000
		四点接触轴承	3套	84821030
		深沟球轴承	8套	84821020
		双列推力调心滚子轴承	20套	84823000
		带差压报警的双筒滤油器	2套	84212990
	在线熔指测量仪		1套	90268000
	离心干燥装置	离心干燥机、大块扑集器、三通取样阀	1套	84211990

续表

设备名称	一级部件	二级部件	单机用量	税则号列(供参考)
混炼挤压造粒机组	振动分筛机		1套	84741000
	盘车机构	超越离合器	1套	84836000
		高速旋转接头	2套	84819090
	主电机		1套	85015300
	齿轮泵用电机	交流电机	1套	85015300
		直流电机	1套	85013400
	螺杆尾部密封		4套	84842000
	振动监测系统	监控装置	4套	90318090
		传感器	40个	90318090
	流变仪		1套	90278099
混炼挤压造粒机组	水下切粒机	切粒刀及刀盘	60个	84779000
		模板	1套	84779000
	粒子冷却水系统，热油系统	气动、手动蜗轮对夹式蝶阀	16套	84818010
		电动气控两通阀、三通阀	6套	84818010
		止回阀	2套	84813000
		电动气控比例阀	6套	84818010
(四)对苯二甲酸(PTA)成套设备				
1. PTA氧化反应器	承压壳体(包括筒节、球形封头)	钛复合板	200~300t	72251900
		焊丝、焊条、焊剂	1500kg	83111000 83112000
2. 加氢精制装置加氢反应器	承压壳体(包括筒节、球形封头)	合金钢(铬钼钢)	100~400t	72251900
		哈氏合金钢	10t	72251900
	焊材、焊剂		30~80t	83111000 83112000
3. 蒸汽回转干燥机	机身	不锈钢板材	50~160t	72192100 72199000
	换热管	不锈钢	40~90t	73069000 73064000 73044190 73044990
	焊条		2~5t	83111000 83112000
	滚动轴承		12件	84823000
	进/出料端密封填料		18件	84841000 84849000
	手动离合器		1台	84836000

续表

设备名称	一级部件	二级部件	单机用量	税则号列(供参考)
4. PTA 工艺空气压缩机组	尾气透平		1 套	84068200
	尾气透平	锻件	1 个	84099199
		合金钢	500 个	72251900
		密封片	20kg	72251901
		齿轮箱	1 套	84834090
	止推轴承		2 套	84833000
	支撑轴承		2 套	84833000
	膜盘联轴器		2 套	84836000
	膜片联轴器		2 套	84836000
	控制系统		1 套	85371011
	机组监控系统		1 套	90318090
	轴振动、位移探头、延伸电缆、前置器		20 路	90318090
(五)千万吨级炼油设备(待定)				
(六)天然气管道运输和液化气储运装备(待定)				

(其他略)

十三、工业和信息化部　关于进一步加强中小企业节能减排工作的指导意见　工信部办〔2010〕173号(二〇一〇年四月十四日)

各省、自治区、直辖市及计划单列市、新疆生产建设兵团工业和信息化主管部门、中小企业主管部门:

为贯彻落实《中华人民共和国节约能源法》、国务院《关于加强节能工作的决定》(国发〔2006〕28 号)和《关于印发节能减排综合性工作方案的通知》(国发〔2007〕15 号),按照国务院《关于进一步促进中小企业发展的若干意见》(国发〔2009〕36 号,以下简称国发 36 号文件)要求,现就进一步加强中小企业节能减排工作提出如下意见:

一、充分认识中小企业节能减排的重要性和紧迫性

中小企业是国民经济的重要组成部分,对促进经济平稳增长、保障就业、推进技术创新所发挥的作用越来越大,成为推动生产力发展、建设和谐社会的重要力量。中小企业数量多、涉及行业广、社会影响大,提高中小企业节能减排和资源综合利用水平是贯彻落实科学发展观,走新型工业化道路,实现经济社会可持续发展的客观要求。当前,中小企业节能减排存在的主要问题:一是认识不到位,企业负责人关注生产经营多,对节能环保重视不够。企业发展方式粗放、结构不合理、装备水平落后等情况依然较为严重;二是企业数量多,而且较为分散,资源消耗量及污染排放相对较少,实施节能降耗措施及环境监管较为困难。各地中小企业管理部门对中小企业节能减排工作的重视程度也参差不齐,促进中小企业节能减排的政策措施还不完善;三是企业节能减排基础管理薄弱,普遍没有设置负责节能减排的专门机构和配备专业人员,节能减排基础数据缺失,情况不清;四是企业获取节能减排技术信息渠道不畅,节能减排的高投入与中小企业资金、技术实力弱的矛盾十分突出,中小企业节能环保普遍存在融资难、担保难等问题。这些都成为制约中小企业节能减排的主要障碍。

党中央、国务院高度重视中小企业发展。国发 36 号文件为改善中小企业经营环境,克服金融危机带来的不利影响,促进中小企业发展发挥了积极作用。但中小企业节能减排形势依然严峻,企业能源利用效率偏低,重点用能行业的中小企业能源利用效率比全国平均水平高出 20% 以上,节能减排潜力巨大。各地工业和信息化主管部门、中小企业主管部门要充分认识中小企业发展新阶段所面临的机遇和挑战,引导企业依靠质量求生存,依靠节能和管理求效益,依靠机制体制创新求发展,把节能减排作为促进中小企业转变发展方式的一项重要措施抓

紧抓好，实现中小企业又好又快发展。

二、指导思想和工作目标

(一)指导思想。贯彻落实科学发展观，围绕创建资源节约型和环境友好型企业目标，以转变经济发展方式、调整产业结构为根本，进一步强化中小企业节能减排监督管理，积极推动中小企业节能减排技术进步，发挥市场配置资源的基础性作用，建立健全促进中小企业节能减排的政策激励和约束机制，形成以政府为主导，以中小企业为主体，专业服务机构为支撑、全社会共同参与的中小企业节能减排工作机制和良好氛围，促进中小企业健康持续发展。

(二)重点领域。以工业领域中小企业为重点，着力抓好能源资源消耗高、资源利用率低、污染减排压力大的中小企业节能减排工作。重点是：国家重点行业调整和振兴规划涉及的中小企业，重点工业园区(产业集聚区)内的中小企业，以及各地确定的节能减排重点中小企业。

(三)工作目标。争取用3~5年时间，培育和形成一批中小企业节能减排示范企业(产业基地、集聚区)，推动重点节能减排技术在中小企业的广泛运用，加强中小企业节能减排管理人员培训和管理制度的完善；较大幅度提升中小企业能源资源利用水平和清洁生产水平，重点用能行业的中小企业单位能耗下降25%左右，使中小企业单位产品(工序)能耗、主要污染物排放、清洁生产等指标有显著提高。

三、突出重点，分类指导

(四)加强工业园区集中供能和污染集中治理。近几年发展循环经济的实践证明：集中供能和污染集中治理，是大幅度提高能效和减少排放的有效措施。在中小企业集中的工业园区(产业基地、集聚区)要积极探索和实行集中供热、供电、制冷等能源集中供应模式和工业污染集中治理模式，通过区域热电(冷)联产及工业废水、工业固体废弃物集中处理厂等公共设施共享，提高中小企业能源运输、分配和使用效率，较大幅度降低单个企业能耗和环保成本。凡是有条件的工业园区(产业基地、集聚区)都要采取合资、合作、专业化公司经营等多种形式，积极开展集中供能和污染集中治理试点。

(五)加大重点行业中小企业技术改造力度。突出抓好钢铁、有色、建材、石油石化、造纸、印染等重点行业企业节能减排工作，工业行业管理部门要发布重点行业节能减排技术设备(产品)导向目录，支持中小企业实施工业锅炉(窑炉)改造、余热余压利用、能量系统优化、资源综合利用、清洁生产等节能减排技术改造工程。要通过举办节能减排技术、产品交流会等方式，推动高效节能减排技术、工艺及产品、设备在中小企业中的广泛运用。

(六)推动中小企业加快淘汰落后工艺设备步伐。根据国家产业政策和《产业结构调整指导目录》，制定发布落后高耗能工业技术和设备产品淘汰目录，指导中小企业淘汰高耗能、高污染的落后技术、工艺和装备。要加强对中小企业淘汰落后产能工作的监管，加强中小企业工业固定资产投资项目环境影响评价和节能评估审查工作，遏制高耗能、高污染行业盲目扩张，防止落后产能由大企业向中小企业转移，从源头上实现污染物减排和节能增效。

(七)引导中小企业发展循环经济。鼓励中小企业按照“减量化、再利用、资源化”原则，走资源循环高效利用、能源梯级利用、变废为宝、化害为利的循环经济发展之路。鼓励中小企业进入生产性服务业，积极开展工业“三废”和废旧产品资源综合利用，提高大宗工业固体废弃物和电子废弃物的回收利用率和利用水平，不断提升废弃资源循环利用产业化水平。

(八)加强重点用能企业中的中小企业节能管理制度建设。年综合能耗1万吨标准煤以上的中小企业，及各省指定的年综合能耗5kt标准煤以上不满1万吨标准煤重点用能企业中的中小企业，应依法设立能源管理岗位，聘用具有节能专业知识和中级以上技术职称且经过专业培训的能源管理负责人，并报省级工业和信息化主管部门备案。加强中小企业节能统计和计量管理，完善能源计量器具配备并定期进行校准、检定。督促列入重点用能企业的中小企业开展节能目标责任考核，定期报送企业能源利用状况报告。

四、促进节能服务产业发展，创新节能减排体制机制

(九)推行节能减排服务新机制。推动以服务中小企业节能减排为主的节能服务体系建设，完善产学研相结合的节能减排技术创新与成果转化体系，鼓励节能减排技术和装备研发及产业化。引导节能减排专业服务机构通过合同能源管理、节能设备租赁等方式积极参与中小企业节能减排项目建设，分享节能效益实现双赢。要调动中小企业节能自觉性和主动性，鼓励中小企业与政府主管部门签订节能自愿协议，指导中小企业通过实施节能技术改造、提高节能管理水平等实现预定节能目标。

（十）推动中小企业开展节能环保"达标"活动。各地工业和信息化主管部门要结合国家强制性能耗标准、行业节能环保标准及清洁生产标准的宣贯工作，组织企业开展节能环保"达标"活动。鼓励中小企业实施能源审计，通过制定并实施节能整改方案，达到国家标准规范要求；鼓励有条件的中小企业以行业龙头企业为"标杆"，参与行业能效水平对标活动，力争达到或接近行业能耗先进水平。引导中小企业开展自愿性清洁生产审核并自主实施清洁生产方案，对污染物排放浓度和排放总量超标、使用或产生有毒有害物质的中小企业实施强制性清洁生产审核。

五、发挥政策导向作用，加大政策支持力度

（十一）加大财政资金支持力度。发挥中小企业发展资金、淘汰落后产能资金、技术改造专项资金等现有各类财政资金的引导和带动作用，加大对中小企业节能降耗、清洁生产和资源综合利用技术研发、技术改造、服务平台建设和培训教育、节能诊断、清洁生产审核、资源综合利用等方面的资金支持。鼓励有条件的地区设立中小企业节能减排和资源综合利用专项资金。

（十二）建立完善中小企业节能减排融资机制。建立政府、银行、担保、企业参与的中小企业节能减排融资机制，引导金融机构探索多种形式的中小企业节能降耗、清洁生产和资源综合利用贷款方式。鼓励保险公司探索企业节能减排、资源综合利用创新产品研发、科技成果转化的保险保障机制。探索完善创业投资与节能减排和资源综合利用相结合的融资模式，引导各类创业投资机构加大对中小企业节能减排和资源综合利用的投资力度。

（十三）落实中小企业节能减排税收优惠政策。对中小企业生产符合国家鼓励的资源综合利用产品、使用列入环境保护和节能节水专用设备税收优惠目录的设备，以及实施列入节能减排税收优惠目录的项目等，按有关规定积极落实税收减免政策。积极争取中小企业生产的符合条件的节能环保产品列入政府采购目录。

六、加强组织领导，建立健全工作机制

（十四）加强组织领导。各地工业和信息化主管部门和中小企业主管部门要切实加强中小企业节能减排工作的组织管理和统筹协调，建立和完善中小企业节能减排工作机制，指导和推进中小企业节能减排工作。对中小企业节能减排工作取得突出成绩的单位和个人要予以表彰奖励。

（十五）推进中小企业节能减排信息平台建设。依托现有资源，建立中小企业节能减排信息平台，及时发布国家节能减排法律法规、方针政策、工作动态、技术信息及先进典型事例等，帮助中小企业方便、快捷地获取节能减排政策和技术信息。

（十六）开展节能减排宣传培训。利用报纸、电视、广播、互联网等媒体，开展广大中小企业职工喜闻乐见、形式多样的宣传教育活动，广泛宣传国家节能减排法律法规和方针政策，提高中小企业员工节能环保意识。各级中小企业管理部门开展中小企业节能减排培训，把节能减排培训纳入中小企业银河培训工程等现有中小企业培训体系，加强对各级中小企业管理人员及企业节能环保负责人的教育培训。将重点用能中小企业能源管理负责人培训纳入重点用能企业培训考核体系。

十四、国家发展和改革委员会　环境保护部公告　2010 年 第 6 号　当前国家鼓励发展的环保产业设备（产品）目录（二〇一〇年四月十六日）

为贯彻落实《国务院关于印发节能减排综合性工作方案的通知》精神，满足当前节能减排工作需要，提高我国环保技术装备水平，培育新的经济增长点，促进资源节约型、环境友好型社会建设，现发布《当前国家鼓励发展的环保产业设备（产品）目录（2010年版）》，自发布之日起施行。《当前国家鼓励发展的环保产业设备（产品）目录（2007 年修订）》同时废止。

附件：当前国家鼓励发展的环保产业设备（产品）目录（2010 年版）

序号	产品名称型号	主要性能指标	主要应用领域
一、	水污染治理设备		
1	膜生物反应器	单元组器处理水量：325～1000t/d； 平板膜运行寿命时间：≥8 年，中空纤维膜运行寿命时间：≥5 年； 吨水能耗指标：≤0.5 kW·h/t； 处理出水水质达到和超过《城镇污水处理厂污染物排放标准》（GB 18918）一级 A 标准；再生水达到《城市污水再生利用 城市杂用水水质》（GB/T 18920）。	市政污水深度处理或再生水生产、高浓度有机废水处理。

续表

序号	产品名称型号	主要性能指标	主要应用领域
2	上流式多级厌氧反应器	污水停留时间：3～10h； 容积负荷：15～35kgCOD/m^3·d； 进水水质 BOD5/COD：≥0.3； BOD5、COD 去除率：≥80%； 反应水温：30～40℃。	高浓度有机废水处理。
4	碳系载体生物滤池	处理能力：1～10000m^3/d； 载体比表面积：100m^2/g； 总孔体积：0.28mL/g； 松散密度：335g/L； 石墨态密度：2250g/L； 动力效率：4.8kg/kW·h； 曝气量设计：0.1m^3/m^2·min； 处理吨水产污泥量：0.00016m^3； 进水：COD：≤500mg/L，BOD5：≤300mg/L，TN：≤60mg/L，TP：≤6mg/L，SS：≤400mg/L； 出水：COD：≤50mg/L，BOD5：≤10mg/L，TN：≤15mg/L，TP：≤0.5mg/L，SS：≤10mg/L。	生活污水处理，湖泊水体修复，河流水质净化，可生化工业废水处理。
7	含盐高浓度有机废水处理设备	耐盐度：30000mg/L； 耐盐度变化：5000mg/L； COD 去除率：≥96%； BOD 去除率：≥96%； SS 去除率：≥96%。	高含盐类有机废水处理。
9	中空纤维超（微）滤膜组件	纤维内外径：1.0/1.6mm； 膜孔径：0.001～0.3μm； 纯水通量：60～1500L/m^2·h·0.1 MPa； 进水浊度：≤50NTU； 进水压力：≤0.3MPa； 产品水浊度：<0.1NTU； 滤芯使用寿命：≥3年。	海水淡化和苦咸水预处理、工业废水处理、中水回用、工业纯水制备。
10	聚酰胺复合反渗透膜	工业通用膜元件：脱盐率≥99.0%，回收率15%； 海水淡化膜元件：脱盐率≥99.7%，回收率8%，膜使用寿命≥3年； 抗污染膜元件：脱盐率≥99.5%，回收率15%； 抗氧化膜元件：脱盐率≥99.2%，回收率15%； 家用型膜元件：脱盐率≥97.5%，回收率15%，膜使用寿命≥1年。	废水处理与回用，海水淡化，工业与饮用纯水制备。
11	陶瓷滤膜组件	以氧化铝、氧化钛、氧化锆等经高温烧结而成的具有多孔结构的精密陶瓷过滤材料； 抗折强度：≥4000N； 孔隙率：≥30%； 分离精度达纳米级过滤； 耐强酸强碱（pH 范围 0～12）和有机溶剂； 耐温：350℃； 使用寿命：≥5年。	工业废水处理与回用，工业纯水制备。

续表

序号	产品名称型号	主要性能指标	主要应用领域
12	纳滤膜元件	单支膜元件有效膜面积：7.5m^2； 产水量：1.5t/h水； 回收率：15%； 膜片采用聚酰胺材质： NF－40：对氯化钠的脱除率35%～45%； NF－70：对氯化钠的脱除率65%～75%； NF－90：对氯化钠的脱除率85%～95%。	工业废水脱色与除盐处理，微污染水处理，垃圾渗滤液处理。
13	电驱动膜分离器	电流效率：≥80%； 单级脱盐率：≥12%； 单级进出口压降：≤40 kPa； 单级单段（100对膜，400×1600）膜通量：5t/h； 使用寿命（苦咸水）：≥2年。	化工、冶金、食品、生物、医药工业污水处理等。
16	陶瓷真空精密过滤机	真空度：0.09～0.098MPa； 滤液含固量：≤50ppm； 陶瓷过滤材料孔隙：2μm； 过滤板开孔率：92%； 功率消耗：真空过滤机的1/4； 使用寿命：≥3年； 耐压值：≥15bar。	化工、冶金污水处理，金属尾矿脱水。
17	纤维滤池	过滤速度：20～30m/h； 截污容量：5～10kg/m^3； 自用水耗：周期制水量的1%； 悬浮物去除率：接近100%； 出水浊度：＜1FTU。	工业用水和生活用水及其废水处理。
18	含油污水真空分离净化机	含油污水真空分离净化后水质达到： 含油量：≤1mg/L； CODcr：≤50mg/L； SS：≤20mg/L； 机械杂质粒径：≤20μm。	钢铁、电力、造纸、石油石化工业污水处理。
二、	空气污染治理设备		
24	循环流化床干法烟气脱硫装置	脱硫效率：≥ 90%； 出口烟尘浓度：≤50mg/Nm^3； Ca/S：≤1.22 mol/mol； 脱硫除尘岛压降：≤2600Pa； 设备噪声：≤85dB(A)； 系统可用率：≥98%； 脱硫除尘岛漏风率：≤4%。	电力、冶金、建材、化工工业烟气中SO2、SO3、HF、HCl有害气体治理。
33	电除尘高频高压整流设备	变换器形式：全桥串并联混合谐振； 谐振频率：30～40kHz； 变换器效率：＞0.92； 功率因数：＞0.9； 运行方式：纯直流供电、间歇供电； 控制系统：采用16位单片机控制，具有与上位机通讯功能、远程控制功能；具有高低压一体化控制功能，包括振打控制和断电振打控制；具有反电晕检测控制。	电力、冶金、建材、化工等行业的电除尘器配套。

续表

序号	产品名称型号	主要性能指标	主要应用领域
三、	固体废物处理设备		
46	化学废弃物等离子体处理装置	焚烧温度：≥1350℃； 烟气停留时间：≥2s； 处理能力：≥1t/d； 有机物分解效率：≥99.5%，无二次污染； 烟道气冷却时间：0.5S 内由 800～900℃降至 80℃以下。	有机氟残液、化学毒剂、医疗垃圾等废弃物处理。
47	工业固体废物处置设备	工业固体废物和危险物通过用水泥法、石灰法和药剂法进行搅拌，充分进行化学反应变成惰性物质，之后打包制成砌块； 搅拌机装干料容量：1.6m^3； 搅拌机出料容量：1.0 m^3； 搅拌站最大生产效率：15t/h； 搅拌废物最大粒径(卵石/碎石)：80/60mm； 水泥筒仓容重：50t×2； 粉尘排放应符合《一般工业固体废物贮存、处置场污染控制标准》(GB 18599)。	工业酸碱性废渣、固态有机物、重金属盐等废物处理。
56	废电线粉碎分选设备	经过粉碎机、分级筛，以及精选机，使铜和电线外皮彻底分离； 处理能力：2～2.5t/d； 处理废线直径 0.3～1mm； 分离后的铜米纯度：99%。	废旧电线、电缆回收。
四、	环境监测仪器		
62	氨氮自动监测仪	测量范围：0.015～2.0mg/L，2.0～1000mg/L； 间断测量间隔时间：1～12h； 示值误差限：±10%； 重复性：相对标准偏差≤3%； 稳定性：≤10%/4h； 响应时间(T90)：≤5min； 输出信号：隔离(4～20)mA(最大负载 750Ω)； 平均无故障连续运行时间：不小于 360 小时/次。	工业废水、城市污水监测，地表水水质监测，近岸海域海水中氨氮的监测。
63	化学需氧量水质在线监测仪	分段测量覆盖范围：0～20000mg/L； 具有数据远程传输功能； 精度：±2%； 分辨率：1mg/L； 误差：<5%； 最短测量周期：5min。	工业废水、城市污水监测，地表水水质监测，近岸海域海水水质的监测。
66	激光过程气体分析系统	HCl：最小量程 0～10 ppm、最大量程 0～100%； HF：最小量程 0～1ppm、最大量程 0～100%； NH_3：最小量程 0～10 ppm、最大量程 0～100%； 线性误差：≤±1%F·S； 量程漂移：≤±1%F·S/半年； 重复性误差：≤±1%F·S； 防爆等级：Expxmd ⅡCT5。	工业炉窑、垃圾焚烧炉烟气监测。

续表

序号	产品名称型号	主要性能指标	主要应用领域
五、	节能与可再生能源利用设备		
86	蒸汽、热水型溴化锂吸收式冷水机组	执行标准《蒸汽和热水型溴化锂吸收式冷水机组》(GB/T 18431)，在名义工况条件下，即冷水进出口温度 12 ~ 7℃、冷却水进出口温度 32 ~ 38℃时，单位热水消耗率达到下列数值： 1. 蒸汽型吸收式制冷机： 蒸汽压力 0.4MPa 时，热源单耗 ≥ 1.31kg/h · kW； 蒸汽压力 0.6MPa 时，热源单耗 ≥ 1.22kg/h · kW； 蒸汽压力 0.8MPa 时，热源单耗 ≥ 1.18kg/h · kW； 2. 热水型吸收式制冷机： 热水进出口 98 ~ 88℃时：COP≥0.75。	回收工艺废水(废蒸汽)、余(废)热，用于空调制冷。
87	双工况太阳能热泵空调机组	制冷量： 风冷工况 127.0kW，能效比 2.58； 水冷工况 153.5kW，能效比 5.1； 制热量： 风冷工况 147.5kW，性能系数 3.1； 太阳能工况 227.9kW，性能系数 5.06。	利用工业领域废热制冷、采暖。
89	热法磷酸生产热能利用装置	热能回收率：≥65%； 减少循环冷却水：≥60%； 减少酸量：≥50%。	热法磷酸行业余热回收。
90	硫酸生产余热回收装置	焚硫炉高温烟气产汽系统的给水预热，产生可达 200℃以上、5.5MPa 的蒸汽，用于发电，从而降低后续排烟温度。	硫酸生产余热回收。
91	涡轮式蒸汽压缩机	传输介质：饱和蒸汽； 质量流量：25t/h； 进口温度：58℃； 进口最大温度：80℃； 饱和出口温度：63.5℃； 出口过热温度：82.5℃。	化工、生化、环保行业蒸发溶液、浓缩物料及废液回收。
94	中、低压变频装置	额定电压：≤690V； 额定频率 50Hz； 额定功率：0.5 ~ 630kW； 额定输出频率：0 ~ 500Hz， 频率分辨率：0.01Hz； 输出频率精度：-0.01% ~ +0.01%， 输入功率因数：≥0.9； 效率：≥0.96； 过载能力：120% 2min、150% 1min、200% 立即； 限流保护：10% ~ 150%； 加减速时间：5 ~ 1600s； 工作环境温度：-5 ~ +45℃； 谐波含量：≤5%。	用于风机、泵类、纺织机、挤出机、机床、压缩机、搅拌机、提升机等设备。

续表

序号	产品名称型号	主要性能指标	主要应用领域
95	高压变频调速器装置	额定电压2.3～10kV； 额定频率：50Hz； 额定功率：≥200kW； 输出频率：0～50 Hz； 输出频率稳定精度：－0.1%～+0.1%； 频率分辨率：0.01Hz； 输入功率因数：≥0.95； 效率：≥0.96； 过载能力：120% 2分钟、150% 1分钟、200%立即； 限流保护：10%～150%； 加减速时间：5～1600s； 工作环境温度：－5～+45℃； 谐波含量：≤5%。	石油化工、城镇供水、水处理、引水工程、冶金、建材、热力、电力、矿山的各类泵、风机、起重机、压缩机等。
97	干式半芯电抗器	额定电压：Ac6～500kV； 额定容量：20～40000kVar； 额定电流：50～1000A； 额定频率：50Hz； 额定电抗率：1%、4.5%、5%，6%、12%、13%； 额定损耗：0.54～280kW。	高压输变电系统、钢铁冶炼、石油、化工、铁路电气化等行业。
104	三相异步电动机	额定效率：达到《中小型三相异步电动机能效限定值及能效等级》(GB 18613) 2级以上能效等级； 防护等级：IP55； 冷却方式：IC411； 额定电压：380V； 额定频率：50Hz； 额定功率：0.55～500kW； 起动转矩倍数：1.8～2.3倍； 堵转电流：6倍。	用于工业设备配套。
105	永磁同步电机	功率：7.5～55kW； 输入电压：380V/660V、660V/1140V； 频率：50Hz； 功率因数：0.98； 堵转转矩倍数：大于3.5； 堵转电流倍数：小于8.5； 绝缘等级：F级； 效率：≥94%。	用于工业设备配套。
106	变极起动无滑环绕线转子感应电动机	额定电压：Ac380V； 输出功率：90～5000kW； 起动转矩倍数：Tst＞1.6倍； 起动电流倍数：Ist＜4.5； 最大转矩倍数：km＞3.2； 额定功率因数：＞0.9； 额定效率：＞0.94； 系统节电率：3%～10%。	建材、矿山、冶金、石化、煤碳、化工、发电等大中型机械设备。

续表

序号	产品名称型号	主要性能指标	主要应用领域
六、	资源综合利用与清洁生产设备		
109	废弃热固性塑料的再生利用设备	设备处理能力：1000～1200kg/h； 装机容量：130 kW； 改性 VT 粉质量技术指标： 平均密度：1.5； 堆积密度：1.0； 颜色：灰褐色、灰绿色； 热分解温度：180℃； 粒径分布：＜600 目； 吸油值：40，分散性好。	热固性废塑胶材料再生利用。
110	木塑复合材料挤出成型机	单螺杆：直径：45～120mm；长径比 L/D：≥25； 双螺杆：（小径/大径）45～92mm / 90～188mm； 生产量：A. 单螺杆：30～300kg/h； B. 双螺杆：60～500kg/h； 功率：A. 单螺杆：11～75kW； B. 双螺杆：15～110kW； 转速：A. 单螺杆：≤50r. p. m； B. 双螺杆：≤40r. p. m； 加工温度：145～165℃； 原料混配比例：木粉/塑料 =（40%～70%）/（60%～30%）。	利用木屑、秸杆、废塑料生产木塑制品。
111	有机废气净化装置	有机废气净化率：≥95%； 有机溶剂回收率：≥90%； 含水率：≤0.1%。	工业有机废气净化回收。
112	废有机溶剂蒸馏回收系统	可处理沸点小于 200℃（常压、负压）的废有机溶剂；回收率：≥90%；含水率：≤0.1%。	通过蒸馏、吸附、渗透汽化膜方法，提纯回收各种废有机溶剂。
113	移动式橡胶沥青生产设备	产量≧15t/h；达到20s 沥青升温 20℃；预拌系统达到零结块，橡胶颗粒分布均匀，连续式自动上料系统计量精度±5‰，采用 plc 控制系统； 橡胶沥青性能： 黏度(177℃)：1.5～4.0 Pa. s； 针入度(25℃，100g，5s)：≥25(0.1mm)； 软化点：≥54℃； 弹性恢复(25℃)：≥60%；	利用废旧轮胎胶粉制备改性沥青。
114	废旧轮胎胶粉改性沥青设备	处理能力：8～25 t/h； 投料粒度：20～30 目； 出料指标： 粒度：80～100 目； 针入度(25℃，100g，5s)：40～60(0.1mm)； 延度(5cm/min，5℃)：≥10cm； 软化点(环球法)：≥55℃； 离析，软化点差：≤2.5℃。	利用废旧轮胎胶粉制备改性沥青。
115	废旧轮胎常温法制取精细胶粉成套生产线	年产 5000 吨生产线，整线装机功率不大于 436kW，占地面积小于 350m^2，噪声小于 75dB(A)，精细胶粉粒度：40～120 目，全线有自动化监测系统。	废旧轮胎再生利用。

续表

序号	产品名称型号	主要性能指标	主要应用领域
124	封闭式圆形料场机械系统	包括悬臂式堆料机、刮板取料机、振动式给料机、全自动工作操作控制系统； 堆场直径：70～120m； 单座堆场堆存能力可达：30000～240000t。	工业散装物料密闭存储、清洁输送。
125	管状带式输送机	在物料输送过程中处于输送带卷成的管状封闭空间内，没有扬尘； 管径：150～500mm； 输送能力：50～5000t/h； 输送距离：80～5000m。	工业散状物料的密闭清洁输送。
126	干湿耦合式冷却塔	冷却水量：3000～5000m^3/h； 水温差：10℃； 年平均蒸发水损失：≤1.6%； 空气室安装管翅式空气冷却器。	石油、石化、化工、纺织、钢铁等行业。
七、	环保材料与药剂		
133	玻璃纤维覆膜滤料(FILTEX)	质量：400、700g/m^2； 透气率：2～6 cm/s； 耐温：260℃； 经向拉伸断裂强力：≥1300、1600N/25mm； 纬向拉伸断裂强力：≥1100、1800N/25mm； 过滤效率(1μm)：≥99%； 出口烟尘排放浓度：≤30mg/Nm^3； 使用寿命：≥3年。	用于高温袋式除尘装置。
134	聚苯硫醚除尘滤布	克重：500 g/m^2； 透气量：130L/m^2 · min； 横向断裂强度：1000 N/5cm； 纵向断裂强度：800 N/5cm； 过滤效率：99.99%； 排放浓度：≤30mg/Nm^3； 使用温度：≤160℃； 使用寿命：≥3年。	用于袋式除尘器。
143	聚乙烯土工膜	拉伸强度：≥20MPa； 断裂伸长率：≥700%； 直角撕裂强度：≥150N/mm； 水蒸气渗透：≤1.0×10^{-13}g · cm/(cm^2 · s · Pa)； 耐环境应力开裂F20：≥1500h； 200℃时氧化诱导时间：≥20min。	垃圾填埋场、危险废物填埋场防渗层。

(其他略)

十五、工业和信息化部　工信厅装〔2010〕64号关于印发《装备工业行业标准制定管理实施细则(暂行)》的通知(二〇一〇年四月十六日)

有关单位：

为了加强装备工业行业标准制定管理工作，进一步规范行业标准的制定程序，现将《装备工业行业标准制定管理实施细则(暂行)》印发你们，请遵照执行。

附件：装备工业行业标准制定管理实施细则

装备工业行业标准制定管理实施细则(暂　行)

第一章　总　　则

第一条　为了加强装备工业行业标准(以下简称行业标准)制定工作的管理，进一步规范行业标准的制定程序，根据《行业标准管理办法》、《工业和信息化部行业标准制定管理暂行办法》的规定，结合行业具体情况，制定本细则。

第二条 本细则规定了行业标准的立项、起草、审查、报批、批准发布、出版、复审、修改等标准制定程序。

第三条 本细则适用于机械（含轨道交通装备、制药装备）、汽车、航空、船舶等四个行业的行业标准制定工作。

第四条 行业标准分为强制性标准和推荐性标准。具体分类原则按现行国家标准化法律、法规和规章的规定执行。

第五条 行业标准制定工作应遵循“面向市场、服务产业、自主制定、适时推出、及时修订、不断完善”的原则，标准制定应与技术创新、试验验证、产业推进、应用推广相结合，统筹推进。

第六条 行业标准的制定管理工作，部内由科技司统一归口管理，装备工业司（以下简称装备司）具体负责装备工业的行业标准制定管理工作。行业标准技术支撑机构协助装备司开展行业标准制定管理工作，部委托机构受装备司委托开展本行业的行业标准制定日常管理工作（单位名单见附件1）。

第七条 已成立标准化技术委员会的专业，行业标准制定过程中的技术管理工作由标准化技术委员会负责；没有成立标准化技术委员会的专业，行业标准制定过程中的技术管理工作由相应的标准化技术归口单位负责。标准化技术归口单位参照标准化技术委员会相关要求开展工作。

第二章　标准立项

第八条 任何政府机构、行业社团组织、企事业单位和个人均可提出行业标准立项申请，填写行业标准项目建议书（见附表1），上报给相应的标准化技术委员会或部委托机构（部委托机构应将收到的行业标准项目建议书转交给相关的标准化技术委员会）。

标准化技术委员会组织开展行业标准项目建议书的审查工作，审查结束后，将有关材料报送部委托机构。

第九条 部委托机构对标准化技术委员会上报的审查材料进行审核、汇总后上报装备司。上报材料内容包括：

（一）申报项目的总体情况说明（包括项目数量、分布领域等）；

（二）行业标准项目计划汇总表（见附表2）；

（三）行业标准项目建议书。

第十条 行业标准技术支撑机构协助装备司对各行业的立项申请统筹协调和审查后，提出行业标准项目计划建议。

第十一条 行业标准计划下达后，装备司转发给相应的部委托机构，由部委托机构组织实施行业标准计划，并将有关部分转发至相应的标准化技术委员会。

第十二条 项目执行过程中如需要调整，应填写《行业标准项目计划调整申请表》（见附表3），按标准立项程序办理。

第十三条 行业标准计划实行年度情况报告制度。部委托机构应于每年12月10日前向装备司提交本行业计划执行情况报告。重大问题应及时向装备司报告。

第三章　标准起草和审查

第十四条 标准制定工作一般应成立由科研、生产、用户等方面参加的标准制定工作组。标准起草单位和参加单位应选派有丰富专业知识和实践经验的技术人员参加标准制定工作组。

第十五条 标准草案应在充分调查研究的基础上，按照GB/T 1《标准化工作导则》、GB/T 20000《标准化工作指南》、GB/T 20001《标准编写规则》的规定及相关要求编写。

第十六条 起草标准草案时，应编写标准编制说明，其内容一般包括：

（一）工作简况，包括任务来源、主要工作过程、主要参加单位和工作组成员及其所做的工作等；

（二）标准编制原则和主要内容（如技术指标、参数、公式、性能要求、试验方法、检验规则等）的论据，解决的主要问题，修订标准时应列出与原标准的主要差异和水平对比；

（三）主要试验（或验证）情况分析；

（四）标准中如果涉及专利，应有明确的知识产权说明；

（五）预期达到的社会效益等情况；

（六）采用国际标准和国外先进标准情况，与国际、国外同类标准水平的对比情况，国内外关键指标对比分析或与测试的国外样品、样机的相关数据对比情况；

（七）与现行相关法律、法规、规章及相关标准，特别是强制性标准的协调性；

（八）重大分歧意见的处理经过和依据；

（九）标准性质的建议说明；

（十）贯彻标准的要求和措施建议（包括组织措

施、技术措施、过渡办法、实施日期等);

(十一)废止现行相关标准的建议;

(十二)其他应予说明的事项。

第十七条 标准征求意见稿形成后，由标准化技术委员会将标准征求意见稿和编制说明提交给标准化技术委员会委员和有关科研、生产单位及用户征求意见，并刊登在相关刊物及网站上广泛征求社会意见。

第十八条 被征求意见的单位和个人应在30个工作日内提出书面意见。若意见重大，应附说明论据或提出论证资料。逾期未提供书面意见，按无异议论处。

标准制定工作组应对反馈的意见进行认真处理，并填写《行业标准征求意见汇总处理表》(见附表4)，对不采纳的意见应有明确的理由。

标准征求意见稿修改后，技术内容有较大改变的，应再次征求意见。

第十九条 标准制定工作组在广泛征求意见、对反馈意见做出认真处理和协调的基础上，编制标准送审稿，提交标准化技术委员会。

第二十条 等同或等效采用国际标准制定行业标准的项目，或现行行业标准的修订项目，可在正常行业标准制定程序的基础上省略起草阶段，或省略起草阶段和征求意见阶段。

第二十一条 标准送审稿由相应的标准化技术委员会组织审查。标准送审稿可采用会议审查(简称会审)和发函审查(简称函审)两种方式。强制性标准必须采用会议审查。

第二十二条 标准化技术委员会秘书处应在会审前10个工作日，将会议通知、标准送审稿、标准草案编制说明、标准征求意见汇总处理表等材料提交给标准化技术委员会全体委员。审查时经标准化技术委员会四分之三以上委员同意，方可通过。

第二十三条 会审时应作会议纪要，并附《行业标准审查会审查结论》(见附表5)和参加审查的代表名单(见附表6)。审查结论一般应包括第十六条(二)至(十一)项内容的审查意见。

第二十四条 函审时，标准化技术委员会秘书处应将函审通知、标准送审稿、标准草案编制说明、标准征求意见汇总处理表及《行业标准送审稿函审单》(见附表7)等函审文件，提交给标准化技术委员会全体委员。

标准化技术委员会秘书处应对函审的意见进行归纳整理，填写《行业标准送审稿函审结论表》(见附表8)，并附全部函审单。

标准化技术委员会秘书处一般应在收到标准制定工作组函审申请之日起60个工作日内完成全部函审工作。

对函审中意见分歧较大、难于统一的，标准制定工作组应对送审稿进行必要的修改后再次函审或会审。

第二十五条 标准通过审查后，由标准制定工作组根据审查意见对送审稿作必要的修改，提出标准报批稿、编制说明及相关附件。

标准未通过审查的，标准制定工作组应根据审查意见进一步修改完善后，再次提交审查。

第四章 标准报批

第二十六条 标准起草单位填写行业标准申报单(见附表9)的相关内容，连同相应的报批材料报标准化技术委员会。标准化技术委员会对标准报批材料进行复核，通过后填写行业标准申报单相应内容，报部委托机构。

第二十七条 部委托机构对行业标准报批材料进行汇总，给出行业标准编号，并填写行业标准申报单相应内容后，上报装备司。上报材料包括：

(一)报送函;

(二)报批行业标准项目汇总表(见附表10);

(三)行业标准申报单;

(四)行业标准报批稿(纸型一份，电子版一份);

(五)行业标准编制说明(纸型一份，电子版一份);

(六)行业标准征求意见汇总处理表(纸型一份，电子版一份);

(七)行业标准审查会议纪要(附《行业标准审查会审查结论》和参加审查的代表名单)或行业标准送审稿函审结论表(附全部的行业标准送审稿函审单);

(八)采用国际标准或国外先进标准的原文和译文;

(九)强制性标准中、英文通报表(见附表11)。

第二十八条 由行业标准技术支撑机构协助装备司对标准报批材料进行复查，主要复查内容包括：

(一)与产业发展政策和产业发展水平的符合性;

(二)与现行相关法律、法规、规章及相关标准，特别是强制性标准的协调性;

(三)标准中是否涉及专利，如涉及专利，其处置说明是否清晰。

第五章 标准批准发布和出版

第二十九条 行业标准经部领导批准，以部公告形式发布。

第三十条 行业标准批准发布后，由部委托机构按国家标准化主管部门的有关规定办理备案。

第三十一条 行业标准纸质文本和PDF(便携式文档)格式电子文档由相关出版机构出版，并保证二者的一致性。行业标准出版后，相关出版机构应及时将标准纸质文本(含电子文档)分别送科技司和装备司各两份。

第六章 标准复审

第三十二条 标准实施后，根据科学技术发展和经济建设的需要应适时提出复审建议，由部委托机构组织相关标准化技术委员会定期复审。复审周期一般不超过五年，复审形式可采用会审或函审。

第三十三条 标准复审结论分为继续有效、修订和废止三种情况。对复审的每一项标准均应填写《行业标准复审意见表》(见附表12)。

第三十四条 标准复审后，由标准化技术委员会提出复审报告(内容包括：复审简况，复审程序，处理意见，复审结论等)，填写继续有效、修订和废止标准汇总表(见附表13、14、15)，并将标准复审材料经部委托机构汇总后上报装备司。报送材料包括：

(一)报送函；

(二)标准复审报告；

(三)标准复审项目汇总表；

(四)标准复审意见表。

第三十五条 装备司对复审材料审查、协调、汇总后上报。

第三十六条 标准复审结论通过公示、协调一致后，经部领导批准，以部公告形式发布。

第七章 标准修改

第三十七条 当标准的技术内容不够完善，在对标准的技术内容作少量修改或补充后，仍能符合当前科学技术水平、适应市场和行业发展需要的，可对标准内容进行修改。

第三十八条 由起草单位提出标准的修改内容，并填写《行业标准修改通知单》(见附表16)。由相应的标准化技术委员会进行审查，并填写审查纪要(内容包括：修改原因和依据，审查结论等)，按标准报批程序办理。报送材料包括：

(一)报送函；

(二)审查纪要；

(三)标准修改通知单。

第八章 附 则

第三十九条 本细则由装备司负责解释。

第四十条 本细则自2010年6月1日起施行。

十六、工业和信息化部 公告 工科〔2010〕96号 192项机械、轻工、包装行业标准编号、名称、主要内容及起始实施日期(二O一O年四月二十二日)

工业和信息化部批准《电子束焊接工艺指南》等192项行业标准(标准编号、名称、主要内容及起始实施日期见附件)，其中机械行业标准80项，轻工行业标准110项，包装行业标准2项，现予公布。

以上机械行业标准由机械工业出版社出版，轻工行业标准由中国轻工业出版社出版，包装行业标准由中国计划出版社出版。

附件：192项机械、轻工、包装行业标准编号、名称、主要内容及起始实施日期

序号	标准编号	标准名称	标准主要内容	代替标准	采标情况	实施日期
4	JB/T 11057—2010	旋转阀 技术条件	本标准规定了石化工业聚合物加工用旋转给料阀的术语、技术要求、材料、试验与检验、订货要求与质量保证、标志、包装和贮存、安装、操作和维护等。 本标准适用于石化工业聚合物加工装置中，聚乙烯或聚丙烯、粗对苯二甲酸(CTA)粉末、精对苯二甲酸(PTA)粉末、聚乙烯醇(PVA)、聚氯乙烯(PVC)、聚酯(PET)切片等类型的聚合物颗粒物料或粉末物料的给料系统、气力输送系统、计量系统、计量输送系统、压力释放(锁气)系统中所使用的旋转阀。			2010-10-01

续表

序号	标准编号	标准名称	标准主要内容	代替标准	采标情况	实施日期
117	QB/T 4041—2010	聚四氟乙烯棒材	本标准规定了聚四氟乙烯棒材的型号规格、要求、试验方法、检验规则和标志、包装、运输、贮存。 本标准适用于加工各种腐蚀介质中工作的衬垫、密封件和润滑材料以及在各种频率下使用的电绝缘零件等的未加填充的聚四氟乙烯树脂(可含再生聚四氟乙烯树脂)经模压、糊膏挤出或柱塞挤出工艺成型的棒材。	QB/T 3626—1999		2010-10-01
118	QB/T 4042—2010	聚氯乙烯涂层膜材	本标准规定了聚氯乙烯涂层膜材的分类、技术要求、试验方法、检验规则及标志、包装、运输、贮存。 本标准适用于以聚对苯二甲酸乙二醇酯纤维织物为底基，以聚氯乙烯增塑糊为涂覆料，采用直接涂刮工艺而成的蓬盖用聚氯乙烯涂层膜材。			2010-10-01
119	QB/T 4043—2010	汽车用聚氯乙烯人造革	本标准规定了汽车用聚氯乙烯人造革的术语和定义、分类、要求、试验方法、检验规则及标志、包装、运输、贮存。 本标准适用于以聚氯乙烯树脂为主要原料，加入增塑剂和其他添加剂，以针织或平织布为底基的经压延或涂覆等工艺方法而制成的汽车用聚氯乙烯人造革，主要用于汽车内饰件。			2010-10-01
120	QB/T 4044—2010	防护鞋用合成革	本标准规定了防护鞋用合成革的产品分类、要求、试验方法、检验规则、标志及包装、运输、储存。 本标准适用于以超细纤维布基为底基制造的防护鞋用聚氨酯合成革。			2010-10-01
121	QB/T 4045—2010	聚氨酯家居用合成革安全技术条件	本标准规定了家居用聚氨酯合成革的安全等级、要求和试验方法。 本标准适用于以基布、聚氨酯树脂等主要原料，经湿法或干法聚氨酯涂层以及后加工而制成的家居用聚氨酯合成革。			2010-10-01
122	QB/T 4046—2010	聚氨酯超细纤维合成革通用安全技术条件	本标准规定了聚氨酯超细纤维合成革的安全等级、安全技术条件和试验方法。 本标准适用于各种类型的聚氨酯超细纤维合成革。			2010-10-01
123	QB/T 4047—2010	帽用聚氨酯合成革	本标准规定了帽用聚氨酯合成革的产品分类、要求、试验方法、检验规则及标志、包装、运输、贮存。 本标准适用于以各种布基为底基，经干、湿法聚氨酯加工工艺以及后整理工艺制成的帽用聚氨酯合成革。			2010-10-01

续表

序号	标准编号	标准名称	标准主要内容	代替标准	采标情况	实施日期
124	QB/T 2080—2010	高回弹软质聚氨酯泡沫塑料	本标准规定了高回弹软质聚氨酯泡沫塑料的分类和级别、要求、试验方法、检验规则和标志、包装、运输、贮存。 本标准适用于以聚醚多元醇与异氰酸酯为主要原料生产的块状、冷固化模塑成型的高回弹软质聚氨酯泡沫塑料。	QB/T 2080—1995	ISO5999：2007，MOD	2010－10－01
125	QB/T 4049—2010	塑料饮水口杯	本标准规定了塑料饮水口杯的产品分类、要求、试验方法、检验规则以及标志、标签、包装、运输和贮存。本标准适用于以塑料为原料加工成的塑料饮水口杯。 本标准不适用于一次性口杯和双层口杯。			2010－10－01
169	QB/T 4008—2010	螺纹密封用聚四氟乙烯未烧结带（生料带）	本标准规定了使用聚四氟乙烯分散树脂加工而成、不含任何添加剂的螺纹密封用聚四氟乙烯（PTFE）未烧结带（生料带）的产品分类、要求、试验方法、检验规则以及标志、包装、运输、贮存。 本标准适用于各种螺纹接头密封，特别是接触强氧化剂、化学腐蚀和化工易燃易爆密封情况下使用的生料带。	QB/T 3628—1999		2010－10－01
170	QB/T 4009—2010	可发性聚苯乙烯（EPS）树脂	本标准规定了可发性聚苯乙烯（EPS）树脂的产品分类、规格、标识、要求、试验方法、检验规则以及包装、标志、运输、贮存。 本标准适用于由苯乙烯单体，通过悬浮聚合反应，并加入戊烷发泡剂的可发性聚苯乙烯树脂。本标准不适用于食品级 EPS 树脂。			2010－10－01
171	QB/T 4010—2010	聚酯打包带	本标准规定了聚酯打包带的产品型号、规格、要求、试验方法、检验规则和标志、包装、运输、贮存。 本标准适用于使用以聚对苯二甲酸乙二醇酯（PET）为主要原料，经挤出单向拉伸成型的聚酯打包带。		ASTMD 3950：07，NEQ	2010－10－01
172	QB/T 4011—2010	埋地用纤维增强聚丙烯（FRPP）加筋管材	本标准规定了以聚丙烯树酯（PP）为主要原料，经挤出成型而成的埋地用纤维增强聚丙烯（FRPP）加筋管材的术语和定义、符号、材料、分类与标记、管材结构与连接方式、要求、试验方法、检验规则和标志、运输、贮存。 本标准适用于市政排水、埋地无压农田排水和建筑室外排水用管材，在考虑到材料的耐化学性和耐温性以后，也适用于工业排水排污工和用管材。		EN13476－3：2007，NEQ	2010－10－01

续表

序号	标准编号	标准名称	标准主要内容	代替标准	采标情况	实施日期
173	QB/T 4012—2010	淀粉基塑料	本标准规定了淀粉基塑料的术语和定义、标识、技术要求、试验方法、标志、包装、运输和贮存。淀粉基塑料包括淀粉基母粒、专用料、膜、袋、片、餐饮具、注塑制品、日用品等。 本标准适用于淀粉基塑料。			2010-10-01
181	QB/T 4020—2010	拉链机械上(下)止注塑成型机	本标准规定了拉链机械上(下)止(前后码)注塑成型机的产品分类、技术要求、试验方法、检测规则、标志、包装、运输和贮存。 本标准适用于 QB/T 2172~2173—2001 注塑拉链、尼龙拉链中各种规格的开尾式和闭尾式上(下)止或开尾式上止和插座、插管的注塑成型机。			2010-10-01
182	QB/T 4021—2010	拉链机械自动定寸去齿机	本标准规定了拉链机械 自动定寸去齿机的产品分类、技术要求、试验方法、检测规则及标志、包装、运输和贮存。 本标准适用于 QB/T 2171~2173-2001 所有规格(码装拉链)的金属拉链、注塑拉链、尼龙拉链自动定寸去齿机。			2010-10-01

(其他略)

十七、国家发展改革委　人民银行　银监会　证监会　发改环资〔2010〕801号　关于支持循环经济发展的投融资政策措施意见的通知(二〇一〇年四月十九日)

各省、自治区、直辖市及计划单列市、新疆生产建设兵团发展改革委、经贸委(经委、经信委、工信委);中国人民银行上海总部,各分行、营业管理部,省会(首府)城市中心支行;各省、自治区、直辖市银监局、证监局;各政策性银行,国有商业银行,股份制商业银行,中国邮政储蓄银行:

为贯彻落实《中华人民共和国循环经济促进法》(以下简称《循环经济促进法》)和《国务院关于加快发展循环经济的若干意见》(国发〔2005〕22号),加大对发展循环经济的投融资政策支持力度,促进循环经济形成较大规模,加快调整经济结构,转变经济发展方式,建设资源节约型和环境友好型社会,现就支持循环经济发展的投资融资政策措施意见通知如下:

一、充分认识加大投融资政策支持对发展循环经济的重要意义

(一)发展循环经济是国家经济社会发展的一项重大战略。循环经济是指在生产、流通和消费过程中进行的减量化、再利用、资源化活动的总称,是最大限度地节约资源和保护环境的经济发展模式,是实施可持续发展战略的重要内容。党中央、国务院高度重视发展循环经济。十六届五中全会指出,“要把节约资源作为基本国策,发展循环经济,保护生态环境,加快建设资源节约型和环境友好型社会。”《国民经济和社会发展第十一个五年规划纲要》把发展循环经济作为重大战略任务。党的十七大提出了促进循环经济形成较大规模的更高要求。《循环经济促进法》将发展循环经济确立为国家经济社会发展的一项重大战略。国务院发布了《关于加快发展循环经济的若干意见》,提出要大力发展循环经济,实现经济、环境和社会效益相统一,并对发展循环经济工作做出了全面部署。

(二)发展循环经济需要建立投融资政策支持体系。发展循环经济既要充分发挥市场机制的作用,又要强调政府的主导作用,需要政府综合运用规划、投资、产业、价格、财税、金融等政策措施,建立一个良性、面向市场、有利于循环经济发展的投融资政策支持体系和环境,形成有效的激励机制,引

导社会资金投向循环经济，有效解决发展循环经济投入不足的问题。各地区要把发展循环经济作为贯彻落实科学发展观、建设资源节约型和环境友好型社会的内在要求，作为调整经济结构、转变经济发展方式的突破口和重要抓手，增强紧迫感和责任感，建立健全投融资政策支持体系，加快促进循环经济形成较大规模，实现经济社会又好又快发展。同时，有关金融机构要抓住国家大力发展循环经济的有利时机，充分考虑循环经济企业和项目的特点，稳步有序开展促进循环经济发展的金融服务工作，努力通过加大对循环经济的金融支持，寻求新的盈利增长点。

二、充分发挥政府规划、投资、产业和价格政策的引导作用

（一）制定循环经济发展规划。各地循环经济发展综合管理部门要会同有关部门，按照《循环经济促进法》的要求，因地制宜，制定本地区“十二五”循环经济发展规划。发展规划应当包括规划目标、适用范围、主要内容、重点任务和保障措施等，并规定资源产出率、废物再利用和资源化率等指标。要把发展循环经济作为编制地区“十二五”规划的重要指导原则，放在重要位置，用循环经济理念指导编制各类专项规划、区域规划以及城市规划。要通过编制规划，确定发展循环经济的重点领域、重点工程和重大项目，为社会资金投向循环经济指明方向。国家发展改革委将适时发布地方循环经济发展规划编制指南。

（二）加大对循环经济投资的支持力度。各地发展改革委在制定和实施投资计划时，要将“减量化、再利用、资源化”等循环经济项目列为重点投资领域。对发展循环经济的重大项目和技术示范产业化项目，要采用直接投资或资金补助、贷款贴息等方式加大支持力度，充分发挥政府投资对社会投资的引导作用。

（三）研究完善促进循环经济发展的产业政策。各地发展改革委要依据国家产业结构调整的有关规定，立足现有基础和比较优势，认真清理限制循环经济发展的不合理规定，制订并细化有利于循环经济发展的产业政策体系，引导社会资金投向资源循环利用产业，加大循环经济技术、装备和产品的示范、推广力度，形成新的经济增长点。

（四）研究促进循环经济发展的相关价格和收费政策。各地发展改革委（价格主管部门）要逐步建立能够反映资源稀缺程度、环境损害成本的价格机制。鼓励实施居民生活用水阶梯式水价制度，合理确定再生水价格，提高水资源重复利用水平。要合理调整污水和垃圾处理费、排污费等收费标准，鼓励企业实现“零排放”。要通过调整价格和完善收费政策，引导消费者使用节能、节水、节材和资源循环利用产品，引导社会资金加大对循环经济项目的投入。

三、全面改进和提升支持循环经济发展的金融服务

（一）明确信贷支持重点。对由国家、省级循环经济发展综合管理部门支持的节能、节水、节材、综合利用、清洁生产、海水淡化和“零”排放等减量化项目，废旧汽车零部件、工程机械、机床等产品的再制造和轮胎翻新等再利用项目，以及废旧物资、大宗产业废弃物、建筑废弃物、农林废弃物、城市典型废弃物、废水、污泥等资源化利用项目，银行业金融机构应当按照商业可持续原则，综合考虑信贷风险评估、成本补偿机制和政府扶持政策等因素，要重点给予信贷支持；对列入国家、省级循环经济发展综合管理部门批准的循环经济示范试点园区、企业，银行业金融机构要积极给予包括信用贷款在内的多元化信贷支持，并做好相应的投资咨询、资金清算、现金管理等金融服务；深化延伸对循环经济产业配套服务的支持，积极支持示范市、县、园区的循环经济基础设施、相关公共技术服务平台、公共网络信息服务平台的建设和运营。同时，对生产、进口、销售或者使用列入淘汰名录的技术、工艺、设备、材料或产品的企业，银行业金融机构不得提供任何新增授信支持，原有的授信要逐步压缩和收回。

（二）积极创新金融产品和服务方式。银行业金融机构要充分利用国家实施循环经济发展战略带来的业务发展机遇，加强金融创新，提高金融服务的质量和效率。通过动态监测、循环授信等具体方式，积极开发与循环经济有关的信贷创新产品。拓宽抵押担保范围，创新担保方式，研究推动应收账款、收费权质押以及包括专有知识技术、许可专利及版权在内的无形资产质押等贷款业务。根据本机构的业务规模、授信行业和客户的风险特点，通过加强人员培训，引进有关专业人才，借助第三方评审或外包等方式，积累与循环经济有关的专业知识，努力提高本机构对涉及“减量化、再利用、资源化”的循环型企业和项目的授信管理能力。

四、多渠道拓展促进循环经济发展的直接融资途径

(一)积极通过各类债权融资产品和手段支持循环经济发展。对于综合经济效益好的国家、省级循环经济示范试点园区、企业，在符合条件的情况下，支持其发行企业(公司)债券、可转换债券和短期融资券、中期票据等直接融资工具。探索循环经济示范试点园区内的中小企业发行集合债券。鼓励各类担保机构为债权融资产品的发行提供担保服务。

(二)发挥股权投资基金和创业投资企业的资本支持作用。鼓励依法设立的产业投资基金(股权投资基金)投资于资源循环利用企业和项目，鼓励社会资金通过参股或债权等多种方式投资资源循环利用产业。加快实施新兴产业创投计划，发挥各级政策性创业投资引导基金的杠杆作用，引导社会资金设立主要投资于资源循环利用企业和项目的创业投资企业，扶持循环经济创业企业快速发展，推动循环经济相关技术产业化。

(三)积极支持资源循环利用企业上市融资。充分发挥资本市场在发展循环经济中的作用，鼓励、支持符合条件的资源循环利用企业申请境内外上市和再融资。在符合监管要求的前提下，鼓励企业将通过股票市场的募集资金积极投向循环经济项目。

五、加大利用国外资金对循环经济发展的支持力度

(一)加大国外贷款对循环经济项目的支持。积极支持符合条件的循环经济项目申请使用国际金融组织贷款和外国政府贷款。

(二)支持鼓励循环经济项目申请清洁发展机制项目(CDM)。各地循环经济发展综合管理部门要加强对循环经济项目投资主体的辅导，帮助其熟悉CDM项目基本规则和运作流程，同时引导一些潜在项目开展CDM合作。选择一些资源循环利用项目，支持开展相关的方法学研究。

六、加强工作协作，推动政策有效落实

(一)建立联动机制。各级循环经济发展综合管理部门要会同有关人民银行各分支机构、金融监管部门各派出机构，在政策、法规、规划、技术、项目信息、专家资源、人员培训等方面建立信息共享机制，主动做好企业与金融机构间的对接工作。同时要结合发展循环经济示范试点工作，将循环经济成效好的企业、项目，以及资源环境效益差的企业、项目，告知人民银行各分支机构、金融监管部门各派出机构以及有关金融机构，供其决策参考。有关金融监管部门要对循环经济发展综合管理部门推荐的综合效益好的循环经济园区、企业、项目，在符合条件的前提下，核准证券发行。

(二)加强政策指导。各级循环经济发展综合管理部门要积极研究制定循环经济企业和项目的认定办法或标准，为人民银行各分支机构、金融监管部门派出机构和有关金融机构支持循环经济发展提供支撑。同时要根据各地循环经济的发展特点，会同相关部门研究制定相应的配套政策措施，实现各项政策对循环经济支持的协调配合。人民银行各分支机构、金融监管部门各派出机构要对循环经济金融服务进行跟踪监测，及时总结、评估，并加强与循环经济发展综合管理部门的沟通配合，建立定期通报制度，及时反馈信息。

(三)制定实施意见。各省级循环经济发展综合管理部门要会同人民银行各分支机构、金融监管部门各派出机构将本意见联合转至辖区内相关机构，并根据本意见制定辖区内的具体实施意见，并于2010年5月31日前报国家发展改革委(环资司)、中国人民银行(金融市场司)、中国银监会(政策法规部)和中国证监会(发行部)。本意见贯彻实施情况请及时反馈。

十八、工业和信息化部　工信部节〔2010〕218号关于进一步加强工业节水工作的意见(二○一○年五月四日)

各省、自治区、直辖市及计划单列市、新疆生产建设兵团工业和信息化主管部门，有关行业协会、中央企业：

为加快建设节水型工业，缓解我国水资源供需矛盾，促进我国工业经济与水资源和环境的协调发展，现就进一步加强工业节水工作提出如下意见。

一、深刻认识工业节水工作的重要性和紧迫性

(一)水资源短缺已成为我国经济社会可持续发展的制约因素。我国是一个水资源贫乏的国家，人均水资源量仅为1785m^3，约为世界人均水平的四分之一，逼近联合国可持续发展委员会确定的1750m^{3}用水紧张线。我国水资源分布不均衡，与人口、土地和经济布局不相匹配。近年来我国极端气候频发，地区间水资源分布不均的矛盾加剧。水资源短缺问题日趋突出，已对部分地区生产生活的正常进行产生不利影响。

(二)工业用水需求呈增长趋势将进一步凸现水资源短缺的矛盾。目前，我国工业取水量占总取水量的四分之一左右，其中高用水行业取水量占工业总取水量60%左右。随着工业化、城镇化进程的加快，工业用水量还将继续增长，水资源供需矛盾将

更加突出。

（三）工业用水效率总体水平较低。“十一五”以来，我国工业用水效率不断提升，但总体水平较发达国家仍有较大差距。2009 年，我国万元工业增加值用水量为 $116m^3$，远高于发达国家平均水平；工业废水排放量占全国总量40%以上，仍有8%左右的废水未达标排放，既影响重复利用水平，也一定程度污染环境。总体上看，工业节水潜力巨大。切实加强工业节水工作，对加快转变工业发展方式，建设资源节约型、环境友好型社会，增强可持续发展能力具有十分重要的意义。

二、工业节水工作的总体思路

（四）加强工业节水工作，以科学发展观为指导，按照党的十七大提出的走中国特色新型工业化道路要求，坚持开源节流并重、节约为主的方针，以提高水的利用效率为核心，以水资源紧缺、供需矛盾突出的地区和高用水行业为重点，以企业为主体，加强科技进步和技术创新，加大结构调整和技术改造力度，强化监督管理，加强污水综合治理回用，全面提升工业节约用水能力和水平，努力建设节水型工业。

三、当前工业节水工作重点

（五）加快淘汰落后高用水工艺、设备和产品。依据《重点工业行业取水指导指标》（见附件），对现有企业达不到取水指标要求的落后产能，要进一步加大淘汰力度。组织编制落后的高用水工艺、设备和产品目录，加快淘汰高用水工艺、设备和产品步伐。组织研究工业节水器具、设备认证评价制度和实施方案，发布工业节水器具和设备目录，加快推进工业节水器具和设备认证评价工作，适时推进市场准入制度。

（六）大力推广节水工艺技术和设备。围绕工业节水重点，组织研究开发节水工艺技术和设备，大力推广《当前国家鼓励发展的节水设备（产品）》，重点推广工业用水重复利用、高效冷却、热力和工艺系统节水、洗涤节水、工业给水和废水处理、非常规水资源利用等通用节水技术和生产工艺。近期重点在钢铁、纺织、造纸和食品发酵等行业推进节水技术进步。

钢铁行业：推广干法除尘、干熄焦、干式高炉炉顶余压发电（TRT）、清污分流、循环串级供水技术等，开发和推广高氨氮及高化学需氧量（COD）等废水处理及含油（泥）、高盐废水处理回用和酸洗液回收利用技术。

纺织行业：推广喷水织机废水处理再循环利用系统、棉纤维素新制浆工艺节水技术、缫丝工业污水净化回用装置、洗毛污水“零”排放多循环处理设备、印染废水深度处理回用技术、逆流漂洗、冷轧堆染色、湿短蒸工艺、高温高压气流染色、针织平幅水洗，以及数码喷墨印花、转移印花、涂料印染等少用水工艺技术、自动调浆技术和设备等在线监控技术与装备。

造纸行业：推广连续蒸煮、多段逆流洗涤、封闭式洗筛系统、氧脱木素、无元素氯或全无氯漂白、中高浓技术和过程智能化控制技术、制浆造纸水循环使用工艺系统、中段废水物化生化多级深度处理技术，以及高效沉淀过滤设备、多元盘过滤机、超效浅层气浮净水器等。

食品与发酵行业：推广湿法制备淀粉工业取水闭环流程工艺、高浓糖化醪发酵（酒精、啤酒等）和高浓度母液（味精等）提取工艺，浓缩工艺普及双效以上蒸发器，推广应用余热型溴化锂吸收式冷水机组，开发应用发酵废母液、废糟液回用技术，以及新型螺旋板式换热器和工业型逆流玻璃钢冷却塔等新型高效冷却设备等。

（七）切实加强重点行业取水定额管理。严格执行取水定额国家标准，对钢铁、染整、造纸、啤酒、酒精、合成氨、味精和医药等行业，加大已发布取水定额国家标准实施监查力度，对不符合标准要求的企业，限期整改。加快完善取水定额标准体系建设，尽快出台氧化铝、乙烯和棉纺织等其他高用水行业的取水定额标准。强化高用水行业企业生产过程和工序用水管理，制定和实施钢铁行业焦化、烧结球团、炼铁、炼钢、热轧、冷轧等主要工序用水定额和节水标准。

（八）严格控制新上高用水工业项目。各地区尤其是水资源紧缺、供需矛盾突出的地区，要根据自身水资源条件，合理调整产业结构和工业布局，优化配置水资源。对钢铁、纺织、造纸等重点用水行业新建企业（项目），应达到《重点工业行业取水指导指标》规定的新建企业（项目）取水指标。

（九）积极推进企业水资源循环利用和工业废水处理回用。采用高效、安全、可靠的水处理技术工艺，大力提高水循环利用率，降低单位产品取水量。加强废水综合处理，实现废水资源化，减少水循环系统的废水排放量。加快培育节水和废水处理回用专业技术服务支撑体系。鼓励专业节水和废水处理回用服务公司联合设备供应商、融资方和用水企业，实施节水和废水处理回用技术改造项目。在造纸、钢铁等行业，逐步推广特许经营、委托营运等专业化模式，提高企业节水管理能力和废水资源化利用率；开展废水"零"排放示范企业创建活动，树立一批行业"零"排放示范典型。鼓励各级工业园区、经济技术开发区、高新技术开发区采取统一供水、废水集中治理模式，实施专业化运营，实现水资源梯级优化利用。

(十)组织开展节水型企业评价试点。加快制定实施重点行业节水型企业评价标准，建立节水型企业评价考核制度。依据《节水型企业评价导则》和《重点工业行业取水指导指标》，在钢铁、纺织、造纸等行业组织开展节水型企业评价试点工作。抓紧树立一批节水型企业示范典型，总结推广节水型企业的成功经验，通过配套鼓励政策、社会监督、舆论引导等措施，推动重点行业加快节水型企业建设。

(十一)夯实工业企业节水管理基础。强化工业用水源头监管，加快建立和实行工业节水设施"三同时"制度，推进工业企业节水设施与工业主体工程同时设计、同时施工、同时投入运行。严格执行《用水单位水计量器具配备和管理通则》强制性国家标准和《企业水平衡测试通则》、《企业用水统计通则》等相关国家标准，督促工业企业加快配备水计量器具，规范用水计量和统计工作。加快《工业企业用水管理导则》及重点行业工业废水处理回用等相关标准的编制和修订工作，进一步完善工业节水标准体系。鼓励和支持工业企业利用信息化技术提高节水管理水平，加快建设用水、节水管理信息系统，开展用水在线监测。

(十二)加强非常规水资源利用。加强海水、矿井水、雨水、再生水、微咸水等非常规水资源的开发利用。鼓励和支持沿海高用水企业配套建设海水淡化项目，以及直接利用海水替代冷却水。积极推进矿区开展矿井水资源化利用，鼓励钢铁等企业充分利用城市再生水。支持有条件的工业园区、企业开展雨水集蓄利用。

四、加强工业节水工作的组织指导和政策支持

(十三)各地区工业主管部门要把工业节水作为推进工业发展方式转变的一项重要任务抓紧抓好。切实加强组织领导，抓紧制定具体实施方案，落实目标责任制，做到责任到位、措施到位、投入到位、监管到位，确保实现"十一五"规划纲要提出的单位工业增加值用水量降低30%约束性目标。水资源紧缺和供需矛盾突出的地区，尤其要加大工作力度，结合实际情况，制定更为严格的取水定额标准，采取更严格的措施，切实抓好工业节水工作。各地区要加强对高用水、高污染行业重点企业进行监督和考核，促进企业落实节水措施，全面提高工业用水效率。要加强与地方有关部门的沟通协调，围绕创建节水型企业和废水"零"排放示范企业，组织开展工业节水专项研究，加快编制本地区工业节水"十二五"规划，把工业节水工作推向新阶段。

(十四)有关行业协会要积极协调服务，推动节水工作。组织开展行业节水专项研究，为节水技术、设备、器具、产品的推广应用提供服务支持。加快推进行业节水"十二五"规划的编制工作，组织开展行业取水定额指标的修订，加强超前性标准定额的研究工作。

(十五)强化工业企业节水的主体责任。工业企业要牢固树立节约发展的理念，把节水工作贯穿企业管理、生产全过程。各工业企业特别是高用水企业要根据国家、地方和行业节水规划及工业取水定额的要求，制定企业节水计划、节水目标，通过强化管理、加强技术改造、开展水平衡测试等措施，挖掘节水潜力，提高用水效率。中央企业集团要积极应用先进节水技术、工艺和装备，率先创建节水示范企业和污水"零"排放企业。

(十六)加大对工业节水的资金支持。国家在安排中央预算内技术改造资金时，对运用先进技术、符合《重点工业行业取水指导指标》先进企业要求的技术改造项目予以优先支持。各地工业主管部门在安排节能减排资金、地方技术改造项目时，对节水改造项目要给予重点支持；对重大、关键节水技术、装备研发项目，要努力争取有关科技经费的支持。鼓励企业、投资机构等加大节水技术研发和改造力度；支持投资机构创新融资方式，开展专业化的节水投资和服务。

(十七)加强宣传交流。各地区、行业协会及工业企业要广泛深入地宣传工业节水的方针政策及其重要意义，及时总结和推广节水企业的先进经验，按照行业和企业特点因地制宜地开展节水管理和节水技术交流活动，提高企业节水的技术和管理水平。

附件：重点工业行业取水指导指标(第一批)〔略〕

十九、国家发展改革委　发改外资〔2010〕914号

关于做好外商投资项目下放核准权限工作的通知

(二○一○年五月四日)

各省、自治区、直辖市及计划单列市、副省级

省会城市、新疆生产建设兵团发展改革委：

根据《国务院关于进一步做好利用外资工作的若干意见》（国发〔2010〕9号）精神，现将外商投资项目核准权限下放有关事项通知如下：

一、下放核准权限。原由我委核准的《外商投资产业指导目录》中总投资（包括增资）3亿美元以下的鼓励类、允许类项目，除《政府核准的投资项目目录》规定需由国务院有关部门核准之外，由省级发展改革委核准。

二、严格项目管理。核准权限下放后，项目申请报告、核准内容、条件、程序等仍按照《外商投资项目核准暂行管理办法》（国家发展和改革委员会令第22号）规定执行。《外商投资产业指导目录》中限制类项目核准权限暂不下放；国家法律法规和国务院文件对项目核准有专门规定的，从其规定。

三、提高利用外资质量。鼓励外资投向高端制造业、高新技术产业、现代服务业、新能源和节能环保产业，促进外商投资使用新技术、新工艺、新材料、新设备，改造和提升传统产业。严格限制"两高一资"和低水平、过剩产能扩张及盲目重复类项目建设。

四、简化项目核准程序。各级发展改革委在规范外商投资项目核准制，落实各项项目核准条件的同时，要主动简化核准程序，缩短核准时间，增强核准透明度，已核准项目原则上应通过不同方式向社会公开。

五、营造良好投资环境。各级发展改革委要以此次核准权限下放为契机，引导规范开发区健康发展，按照布局集中、用地集约、产业集聚要求，促进外商投资项目向开发区集聚，提高投资便利化，加大外商投资促进产业结构升级等方面的正面宣传和舆论引导力度，不断改善投资环境。

六、加强项目监督检查。各级发展改革委要会同有关部门加强对外资形势和趋势分析，关注热点和重点问题，及时帮助外商协调解决困难，重大问题及时向我委反映。

各级发展改革委要结合本地区实际，宣传和贯彻落实《国务院关于进一步做好利用外资工作的若干意见》（国发〔2010〕9号），坚持积极有效利用外资的方针，加大改革创新力度，创造更加开放、更加优化的投资环境，全面提高利用外资工作水平。

二十、国务院　国发〔2010〕13号　关于鼓励和引导民间投资健康发展的若干意见（二〇一〇年五月七日）

各省、自治区、直辖市人民政府，国务院各部委、各直属机构：

改革开放以来，我国民间投资不断发展壮大，已经成为促进经济发展、调整产业结构、繁荣城乡市场、扩大社会就业的重要力量。在毫不动摇地巩固和发展公有制经济的同时，毫不动摇地鼓励、支持和引导非公有制经济发展，进一步鼓励和引导民间投资，有利于坚持和完善我国社会主义初级阶段基本经济制度，以现代产权制度为基础发展混合所有制经济，推动各种所有制经济平等竞争、共同发展；有利于完善社会主义市场经济体制，充分发挥市场配置资源的基础性作用，建立公平竞争的市场环境；有利于激发经济增长的内生动力，稳固可持续发展的基础，促进经济长期平稳较快发展；有利于扩大社会就业，增加居民收入，拉动国内消费，促进社会和谐稳定。为此，提出以下意见：

一、进一步拓宽民间投资的领域和范围

（一）深入贯彻落实《国务院关于鼓励支持和引导个体私营等非公有制经济发展的若干意见》（国发〔2005〕3号）等一系列政策措施，鼓励和引导民间资本进入法律法规未明确禁止准入的行业和领域。规范设置投资准入门槛，创造公平竞争、平等准入的市场环境。市场准入标准和优惠扶持政策要公开透明，对各类投资主体同等对待，不得单对民间资本设置附加条件。

（二）明确界定政府投资范围。政府投资主要用于关系国家安全、市场不能有效配置资源的经济和社会领域。对于可以实行市场化运作的基础设施、市政工程和其他公共服务领域，应鼓励和支持民间资本进入。

（三）进一步调整国有经济布局和结构。国有资本要把投资重点放在不断加强和巩固关系国民经济命脉的重要行业和关键领域，在一般竞争性领域，要为民间资本营造更广阔的市场空间。

（四）积极推进医疗、教育等社会事业领域改革。将民办社会事业作为社会公共事业发展的重要补充，统筹规划，合理布局，加快培育形成政府投入为主、民间投资为辅的公共服务体系。

二、鼓励和引导民间资本进入基础产业和基础设施领域

（五）鼓励民间资本参与交通运输建设。鼓励民间资本以独资、控股、参股等方式投资建设公路、水运、港口码头、民用机场、通用航空设施等项目。抓紧研究制定铁路体制改革方案，引入市场竞争，

推进投资主体多元化，鼓励民间资本参与铁路干线、铁路支线、铁路轮渡以及站场设施的建设，允许民间资本参股建设煤运通道、客运专线、城际轨道交通等项目。探索建立铁路产业投资基金，积极支持铁路企业加快股改上市，拓宽民间资本进入铁路建设领域的渠道和途径。

(六)鼓励民间资本参与水利工程建设。建立收费补偿机制，实行政府补贴，通过业主招标、承包租赁等方式，吸引民间资本投资建设农田水利、跨流域调水、水资源综合利用、水土保持等水利项目。

(七)鼓励民间资本参与电力建设。鼓励民间资本参与风能、太阳能、地热能、生物质能等新能源产业建设。支持民间资本以独资、控股或参股形式参与水电站、火电站建设，参股建设核电站。进一步放开电力市场，积极推进电价改革，加快推行竞价上网，推行项目业主招标，完善电力监管制度，为民营发电企业平等参与竞争创造良好环境。

(八)鼓励民间资本参与石油天然气建设。支持民间资本进入油气勘探开发领域，与国有石油企业合作开展油气勘探开发。支持民间资本参股建设原油、天然气、成品油的储运和管道输送设施及网络。

(九)鼓励民间资本参与电信建设。鼓励民间资本以参股方式进入基础电信运营市场。支持民间资本开展增值电信业务。加强对电信领域垄断和不正当竞争行为的监管，促进公平竞争，推动资源共享。

(十)鼓励民间资本参与土地整治和矿产资源勘探开发。积极引导民间资本通过招标投标形式参与土地整理、复垦等工程建设，鼓励和引导民间资本投资矿山地质环境恢复治理，坚持矿业权市场全面向民间资本开放。

三、鼓励和引导民间资本进入市政公用事业和政策性住房建设领域

(十一)鼓励民间资本参与市政公用事业建设。支持民间资本进入城市供水、供气、供热、污水和垃圾处理、公共交通、城市园林绿化等领域。鼓励民间资本积极参与市政公用企事业单位的改组改制，具备条件的市政公用事业项目可以采取市场化的经营方式，向民间资本转让产权或经营权。

(十二)进一步深化市政公用事业体制改革。积极引入市场竞争机制，大力推行市政公用事业的投资主体、运营主体招标制度，建立健全市政公用事业特许经营制度。改进和完善政府采购制度，建立规范的政府监管和财政补贴机制，加快推进市政公用产品价格和收费制度改革，为鼓励和引导民间资本进入市政公用事业领域创造良好的制度环境。

(十三)鼓励民间资本参与政策性住房建设。支持和引导民间资本投资建设经济适用住房、公共租赁住房等政策性住房，参与棚户区改造，享受相应的政策性住房建设政策。

四、鼓励和引导民间资本进入社会事业领域

(十四)鼓励民间资本参与发展医疗事业。支持民间资本兴办各类医院、社区卫生服务机构、疗养院、门诊部、诊所、卫生所(室)等医疗机构，参与公立医院转制改组。支持民营医疗机构承担公共卫生服务、基本医疗服务和医疗保险定点服务。切实落实非营利性医疗机构的税收政策。鼓励医疗人才资源向民营医疗机构合理流动，确保民营医疗机构在人才引进、职称评定、科研课题等方面与公立医院享受平等待遇。从医疗质量、医疗行为、收费标准等方面对各类医疗机构加强监管，促进民营医疗机构健康发展。

(十五)鼓励民间资本参与发展教育和社会培训事业。支持民间资本兴办高等学校、中小学校、幼儿园、职业教育等各类教育和社会培训机构。修改完善《中华人民共和国民办教育促进法实施条例》，落实对民办学校的人才鼓励政策和公共财政资助政策，加快制定和完善促进民办教育发展的金融、产权和社保等政策，研究建立民办学校的退出机制。

(十六)鼓励民间资本参与发展社会福利事业。通过用地保障、信贷支持和政府采购等多种形式，鼓励民间资本投资建设专业化的服务设施，兴办养(托)老服务和残疾人康复、托养服务等各类社会福利机构。

(十七)鼓励民间资本参与发展文化、旅游和体育产业。鼓励民间资本从事广告、印刷、演艺、娱乐、文化创意、文化会展、影视制作、网络文化、动漫游戏、出版物发行、文化产品数字制作与相关服务等活动，建设博物馆、图书馆、文化馆、电影院等文化设施。鼓励民间资本合理开发旅游资源，建设旅游设施，从事各种旅游休闲活动。鼓励民间资本投资生产体育用品，建设各类体育场馆及健身设施，从事体育健身、竞赛表演等活动。

五、鼓励和引导民间资本进入金融服务领域

(十八)允许民间资本兴办金融机构。在加强有效监管、促进规范经营、防范金融风险的前提下，放宽对金融机构的股比限制。支持民间资本以入股方式参与商业银行的增资扩股，参与农村信用社、城市信用社的改制工作。鼓励民间资本发起或参与

设立村镇银行、贷款公司、农村资金互助社等金融机构，放宽村镇银行或社区银行中法人银行最低出资比例的限制。落实中小企业贷款税前全额拨备损失准备金政策，简化中小金融机构呆账核销审核程序。适当放宽小额贷款公司单一投资者持股比例限制，对小额贷款公司的涉农业务实行与村镇银行同等的财政补贴政策。支持民间资本发起设立信用担保公司，完善信用担保公司的风险补偿机制和风险分担机制。鼓励民间资本发起设立金融中介服务机构，参与证券、保险等金融机构的改组改制。

六、鼓励和引导民间资本进入商贸流通领域

（十九）鼓励民间资本进入商品批发零售、现代物流领域。支持民营批发、零售企业发展，鼓励民间资本投资连锁经营、电子商务等新型流通业态。引导民间资本投资第三方物流服务领域，为民营物流企业承接传统制造业、商贸业的物流业务外包创造条件，支持中小型民营商贸流通企业协作发展共同配送。加快物流业管理体制改革，鼓励物流基础设施的资源整合和充分利用，促进物流企业网络化经营，搭建便捷高效的融资平台，创造公平、规范的市场竞争环境，推进物流服务的社会化和资源利用的市场化。

七、鼓励和引导民间资本进入国防科技工业领域

（二十）鼓励民间资本进入国防科技工业投资建设领域。引导和支持民营企业有序参与军工企业的改组改制，鼓励民营企业参与军民两用高技术开发和产业化，允许民营企业按有关规定参与承担军工生产和科研任务。

八、鼓励和引导民间资本重组联合和参与国有企业改革

（二十一）引导和鼓励民营企业利用产权市场组合民间资本，促进产权合理流动，开展跨地区、跨行业兼并重组。鼓励和支持民间资本在国内合理流动，实现产业有序梯度转移，参与西部大开发、东北地区等老工业基地振兴、中部地区崛起以及新农村建设和扶贫开发。支持有条件的民营企业通过联合重组等方式做大做强，发展成为特色突出、市场竞争力强的集团化公司。

（二十二）鼓励和引导民营企业通过参股、控股、资产收购等多种形式，参与国有企业的改制重组。合理降低国有控股企业中的国有资本比例。民营企业在参与国有企业改制重组过程中，要认真执行国家有关资产处置、债务处理和社会保障等方面的政策要求，依法妥善安置职工，保证企业职工的正当权益。

九、推动民营企业加强自主创新和转型升级

（二十三）贯彻落实鼓励企业增加研发投入的税收优惠政策，鼓励民营企业增加研发投入，提高自主创新能力，掌握拥有自主知识产权的核心技术。帮助民营企业建立工程技术研究中心、技术开发中心，增加技术储备，搞好技术人才培训。支持民营企业参与国家重大科技计划项目和技术攻关，不断提高企业技术水平和研发能力。

（二十四）加快实施促进科技成果转化的鼓励政策，积极发展技术市场，完善科技成果登记制度，方便民营企业转让和购买先进技术。加快分析测试、检验检测、创业孵化、科技评估、科技咨询等科技服务机构的建设和机制创新，为民营企业的自主创新提供服务平台。积极推动信息服务外包、知识产权、技术转移和成果转化等高技术服务领域的市场竞争，支持民营企业开展技术服务活动。

（二十五）鼓励民营企业加大新产品开发力度，实现产品更新换代。开发新产品发生的研究开发费用可按规定享受加计扣除优惠政策。鼓励民营企业实施品牌发展战略，争创名牌产品，提高产品质量和服务水平。通过加速固定资产折旧等方式鼓励民营企业进行技术改造，淘汰落后产能，加快技术升级。

（二十六）鼓励和引导民营企业发展战略性新兴产业。广泛应用信息技术等高新技术改造提升传统产业，大力发展循环经济、绿色经济，投资建设节能减排、节水降耗、生物医药、信息网络、新能源、新材料、环境保护、资源综合利用等具有发展潜力的新兴产业。

十、鼓励和引导民营企业积极参与国际竞争

（二十七）鼓励民营企业“走出去”，积极参与国际竞争。支持民营企业在研发、生产、营销等方面开展国际化经营，开发战略资源，建立国际销售网络。支持民营企业利用自有品牌、自主知识产权和自主营销，开拓国际市场，加快培育跨国企业和国际知名品牌。支持民营企业之间、民营企业与国有企业之间组成联合体，发挥各自优势，共同开展多种形式的境外投资。

（二十八）完善境外投资促进和保障体系。与有关国家建立鼓励和促进民间资本国际流动的政策磋商机制，开展多种形式的对话交流，发展长期稳定、互惠互利的合作关系。通过签订双边民间投资合作

协定、利用多边协定体系等，为民营企业“走出去”争取有利的投资、贸易环境和更多优惠政策。健全和完善境外投资鼓励政策，在资金支持、金融保险、外汇管理、质检通关等方面，民营企业与其他企业享受同等待遇。

十一、为民间投资创造良好环境

(二十九)清理和修改不利于民间投资发展的法规政策规定，切实保护民间投资的合法权益，培育和维护平等竞争的投资环境。在制订涉及民间投资的法律、法规和政策时，要听取有关商会和民营企业的意见和建议，充分反映民营企业的合理要求。

(三十)各级人民政府有关部门安排的政府性资金，包括财政预算内投资、专项建设资金、创业投资引导资金，以及国际金融组织贷款和外国政府贷款等，要明确规则、统一标准，对包括民间投资在内的各类投资主体同等对待。支持民营企业的产品和服务进入政府采购目录。

(三十一)各类金融机构要在防范风险的基础上，创新和灵活运用多种金融工具，加大对民间投资的融资支持，加强对民间投资的金融服务。各级人民政府及有关监管部门要不断完善民间投资的融资担保制度，健全创业投资机制，发展股权投资基金，继续支持民营企业通过股票、债券市场进行融资。

(三十二)全面清理整合涉及民间投资管理的行政审批事项，简化环节、缩短时限，进一步推动管理内容、标准和程序的公开化、规范化，提高行政服务效率。进一步清理和规范涉企收费，切实减轻民营企业负担。

十二、加强对民间投资的服务、指导和规范管理

(三十三)统计部门要加强对民间投资的统计工作，准确反映民间投资的进展和分布情况。投资主管部门、行业管理部门及行业协会要切实做好民间投资的监测和分析工作，及时把握民间投资动态，合理引导民间投资。要加强投资信息平台建设，及时向社会公开发布国家产业政策、发展建设规划、市场准入标准、国内外行业动态等信息，引导民间投资者正确判断形势，减少盲目投资。

(三十四)建立健全民间投资服务体系。充分发挥商会、行业协会等自律性组织的作用，积极培育和发展为民间投资提供法律、政策、咨询、财务、金融、技术、管理和市场信息等服务的中介组织。

(三十五)在放宽市场准入的同时，切实加强监管。各级人民政府有关部门要依照有关法律法规要求，切实督促民间投资主体履行投资建设手续，严格遵守国家产业政策和环保、用地、节能以及质量、安全等规定。要建立完善企业信用体系，指导民营企业建立规范的产权、财务、用工等制度，依法经营。民间投资主体要不断提高自身素质和能力，树立诚信意识和责任意识，积极创造条件满足市场准入要求，并主动承担相应的社会责任。

(三十六)营造有利于民间投资健康发展的良好舆论氛围。大力宣传党中央、国务院关于鼓励、支持和引导非公有制经济发展的方针、政策和措施。客观、公正宣传报道民间投资在促进经济发展、调整产业结构、繁荣城乡市场和扩大社会就业等方面的积极作用。积极宣传依法经营、诚实守信、认真履行社会责任、积极参与社会公益事业的民营企业家的先进事迹。

各地区、各部门要把鼓励和引导民间投资健康发展工作摆在更加重要的位置，进一步解放思想，转变观念，深化改革，创新求实，根据本意见要求，抓紧研究制定具体实施办法，尽快将有关政策措施落到实处，努力营造有利于民间投资健康发展的政策环境和舆论氛围，切实促进民间投资持续健康发展，促进投资合理增长、结构优化、效益提高和经济社会又好又快发展。

二十一、工业和信息化部 工信厅科函[2010]246号 关于印发《工业和信息化部2010年标准化工作要点》的通知(二〇一〇年五月十日)

各省、自治区、直辖市、新疆生产建设兵团及计划单列市工业和信息化主管部门、通信管理局，有关中央管理企业，有关行业协会，部直属单位：

为贯彻落实全国工业和信息化工作会议精神，围绕产业结构调整和发展方式转变的工作主线，扎实做好标准化工作，我部研究制定了《工业和信息化部2010年标准化工作要点》(以下简称《工作要点》)。《工作要点》在总结以往工作的基础上，明确了2010年标准化工作的总体思路、主要任务和标准制修订重点等。

现将《工作要点》印发给你们。请按照《工作要点》的有关安排，结合本地区、本行业和本单位的工作实际，加强组织领导，抓好贯彻落实，积极推进标准化工作，充分发挥标准的引导和规范作用，支撑工业和通信业平稳较快发展。

附件：工业和信息化部2010年标准化工作要点

工业和信息化部2010年标准化工作要点

为贯彻落实全国工业和信息化工作会议提出的

“以结构调整和发展方式转变为主线，切实提高工业增长的质量和效益”的要求，2010年标准化工作的总体思路是：全面贯彻中央经济工作会议精神，以邓小平理论和“三个代表”重要思想为指导，深入贯彻落实科学发展观，围绕产业结构调整和发展方式转变的主线，发挥标准的引导和规范作用，创新工作机制，完善标准体系，加大标准制修订力度，提高标准水平，夯实技术基础，为工业和通信业平稳较快发展提供支撑。重点做好以下几方面的工作：

一、加大标准制修订力度，满足调结构、上水平对标准的需求

按照产业结构调整和发展方式转变的要求，紧密围绕技术改造和自主创新、节能减排和淘汰落后、推进两化融合、培育新兴产业、质量信誉建设等重点工作，加快完善原材料、装备、消费品、兵工民品、电子、软件、通信等行业技术标准体系(各行业或领域标准制修订重点见附件)。加大标准制修订力度，组织制修订标准3400项，支撑产业结构调整和优化升级。

二、继续开展标准复审工作，提高标准水平

启动标龄满五年的工业和通信业行业标准复审工作。通过标准复审，修订落后标准，淘汰不适用标准，提高标准的技术先进性、经济合理性以及标准的适用性，优化工业和通信业技术标准体系。在基本解决标准不适应和老化的基础上，建立标准复审的常态工作机制，使复审工作制度化、规范化。要重点对比行业标准与国际标准、国外先进标准的差异，进行水平对比分析，研究将“与国际标准对标”纳入标准制修订工作流程，加大采用国际标准和国外先进标准力度，提高标准整体水平。

三、实质参与国际标准化活动，增强国际标准制定话语权

以国际标准提案为核心，积极推动具有自主知识产权的技术成为国际标准。加强战略性新兴产业技术标准规划布局，同步参与国际标准竞争。鼓励和支持有条件的单位提出国际标准提案，承担国际标准制定和国际标准化组织秘书处工作，提升我国实质性参与国际标准化活动的能力和水平，增强国际标准制定话语权。结合产业发展实际，加强对有关国际标准和国外先进标准的跟踪、分析和研究，及时采用有利于产业发展、有利于提高产业竞争力、有利于开展国际贸易的国际标准和国外先进标准。

四、推进标准贯彻实施

加大标准宣贯力度，组织行业协会和标准化机构等积极开展标准宣贯培训活动。会同地方主管部门引导和激励企业贯彻执行标准，提高企业贯标意识，增强企业贯标能力，鼓励企业采用节能、降耗、环保、安全生产等新技术新工艺标准，推动企业技术进步、产品更新换代和产业结构调整。建立健全标准实施的信息反馈渠道，及时收集标准实施情况，组织开展标准实施效果评估工作，推进标准贯彻实施。

五、创新工作机制，完善工作体系

继续探索建立“分工合作、职责明确、联手推进”的标准化运行机制，研究制定加强标准化工作的指导意见，促进形成部门、地方、行业协会、标准化支撑机构和企业良性互动的工作体系。一是深化与国家标准化主管部门的会商机制，认真落实形成的各项共识，积极稳妥推进会商合作，努力做好国家标准、行业标准和国际标准的有机衔接。二是组织召开地方主管部门标准化工作座谈会，研究确定与地方在标准化工作方面的互动工作思路，加快建立部省标准化互动机制，推进在标准制定、标准贯彻等方面的合作。三是继续完善部行业标准管理机制，分行业制定行业标准制修订管理细则，逐步建立可查询的责任制度。四是加强对行业标准化技术组织的管理，研究制定规范行业标准化技术组织建设的指导意见，统筹规划指导、理顺工作体系、明确规则程序，打造高水平的标准化组织。

六、加快标准化人才队伍建设

引导企业实施标准化人才培养计划，推动企业与高校和科研院所合作培养标准化人才。加强对标准化从业人员的培训，培养具备标准化知识、专业技术、掌握规则的标准化人才，并形成结构合理、数量充足的人才梯队。注重培养和选拔国际标准化人才，力争产生一批能在国际标准化组织担任重要职务的标准化高端人才。加强对科技人员标准化知识培训，充分发挥技术标准在科研、开发、设计、生产、管理等工作的效能，促进标准化与科研、产业化的互动。

七、加强标准化基础条件平台建设

加强标准化平台建设。建立和完善行业标准资源数据库、计划项目管理系统，以信息技术为手段，建立高效、及时、准确、权威的标准化服务平台，形成互动的沟通渠道，提升标准化管理和服务水平。

八、完成工业和通信业标准体系现状分析，做好“十二五”标准化规划编制工作

组织开展工业和通信业标准体系现状分析工作，

完成标准体系现状分析报告。做好前瞻性、基础性和综合性的标准化共性课题研究。开展“十二五”标准化规划的编制工作，研究提出“十二五”期间标准化工作发展目标任务、重点领域和政策措施，指导标准化工作。

附件：2010年工业和通信业各行业(领域)标准制修订重点

2010年工业和通信业各行业(领域)标准制修订重点

石化行业：研究制定国Ⅳ车用汽油的行车试验、国Ⅳ车用柴油标准；修订乙烯、丙烯等石化有机原料产品标准和试验方法标准；做好丁基橡胶、异戊橡胶以及合成树脂高档专用料产品标准以及相关基础标准和专用测试方法标准的制修订工作。

化工行业：着力完善基础化学品质量规格、安全、卫生、环保、节能减排、化工机械、设计、工艺等标准体系；开展危险化学品的检测和评价方法、精细化工、化学品安全管理、高性能复合材料、特种合成橡胶及橡胶制品、工程塑料和有机硅、高效低毒农药、肥料安全风险分析和安全限量、新型肥料、肥效评价及检验方法、轮胎安全性能、涂料和胶粘剂有害物质限量、橡胶塑料和工业循环水再生利用、废弃化学品处理和处置、合理用能设计导则等标准的研究制定。

钢铁行业：研究制定国内重大工程和国民经济建设急需的高速铁路用钢、石油天然气用钢、高强度轿车用钢、机械用钢、大型电力(火电、水电、风电)建设用钢、矿井用高性能钢、高强度桥梁用钢和电梯用钢、仪器仪表用特殊合金、高品质特殊钢(工模具钢、弹簧钢、轴承钢、大锻件)等标准；完善建筑用钢系列标准。

建材行业：重点研究制定新型墙体屋面材料、防水密封材料、建筑卫生陶瓷、石材、胶黏剂等建筑材料的质量安全要求标准；工业废渣废弃物的利用、企业节能降耗评价、特别是摩擦材料、木塑材料、特种陶瓷材料、特种玻璃材料，特种纤维增强材料以及特种水泥领域的新材料和新产品的标准制定。

有色金属行业：研究制定能耗限值、再生金属、节能材料、用于国防军工、电子信息等的关键材料、以及电力、交通、机械、轻工用产品等标准；做好安全生产类标准的研究制定。

稀土行业：研究制定节能新材料、三基色荧光粉、LED粉分检、黏结钕铁硼永磁材料等标准；完善稀土分析方法标准体系，制定杂质分析方法标准。

黄金行业：研究制定黄金产品高纯度金标准，完善分析方法、检测方法等标准体系。

汽车行业：重点开展新能源汽车标准、汽车电子及电磁兼容标准、汽车关键零部件标准、汽车安全标准、汽车节能标准、车辆报废与回收再利用标准的制定工作。

机械行业：重点做好高档数控机床、数控系统和关键功能部件，清洁高效发电设备，特高压交直流输变电设备，新能源与可再生能源装备，工业自动化控制系统及检测设备，大马力、多功能、智能化农业装备，冶金、矿山、工程装备，大型养护机械装备，装备配套基础零部件，石化设备，印刷机械及文化办公设备，现代制造服务业，制药装备，装备节能减排、绿色制造和再制造等领域标准制修订工作。启动风电设备、环保设备、冶金矿山装备、基础零部件等行业企业设计、制造、试验、运行规范及标准的研究、制订工作。

航空行业：按照《民机标准体系建设及急需标准制定》项目计划，重点开展民用航空器总体与结构、液压气动系统、电气系统、电子系统、生命保障系统等领域标准制修订工作；针对ISO/TC20国际标准化，重点开展航空电气系统、航空电子系统、飞机总体、航空流体系统、紧固件等领域的国家标准制修订工作；继续推动《ISO/CD 12384　飞机供电特性参数数字式测试设备通用要求》国际标准的制定工作。

船舶行业：围绕《船舶工业调整和振兴规划》贯彻实施，加强船舶工业标准体系建设。重点开展主流船型优化、高新技术船舶、海洋工程装备标准设计建造、船舶关键配套设备、现代造船模式推广等领域标准制修订。加强对国际海事公约、标准和规范的跟踪研究，积极推进船舶安全生产、节能减排、环境保护等标准研究制定。

轻工行业：重点做好节能环保型家用电器、废旧家电再生利用、绿色高效照明产品、电池、日用杂品、少数民族用品、轻工机械、五金工具、首饰、表面活性剂、香料香精、化妆品、陶瓷、家具、工艺美术、造纸、皮革、塑料、乐器、文体用品、日化用品、日用玻璃、建筑材料、装饰材料等标准制修订工作，以及乳制品、豆制品、坚果加工、谷物加工制品、制盐、饮料、酿酒等食品行业标准制修订工作。

纺织行业：重点完善检测方法标准，研究制定高新技术纤维、功能性羊绒织物和家用纺织品、功能性和生态类新材料试验方法、纺织品安全环保及有害物质检测、新型纺织成套设备、纺织印染和化纤等产品的资源消耗和综合利用等标准；加快制定产业用纺织品校准及其应用领域使用规范。

航天行业：研究制定航天器及运载火箭总体、航天动力系统、控制与制导、地面设备、专用材料及制品、航天电子元器件和通用零部件、航天制造技术、航天计算机及软件工程等标准。

兵工民品行业：重点围绕科技创新、产业升级和提升自主创新能力等方面开展标准制修订工作，研究制定防化器材、光学仪器、工装器具、专用材料、民用枪弹及民用爆破器材等标准。开展WJ1256光学仪器装配通用工具技术条件、WJ1339—1343光学件金属件用刻刀等标准的修订工作。

核能行业：研究制定铀矿地质、铀矿冶、核用分析检测方法、反应堆功能设计等方面的标准；组织修订通用核仪器、辐射防护仪器、辐射防护与核应急、核工业质量管理等方面标准。

电子信息行业：围绕《电子信息产业调整和振兴规划》的落实和质量安全年活动的开展，推动重点标准的制修订和推广应用。电子基础产品领域：重点推进半导体照明、平板显示、太阳能光伏、动力电池、电子测量仪器、印制电路板等系列标准的制修订；电子整机产品领域：重点推进地面数字电视配套标准、数字家庭、数字音视频、网络电视机、立体影像、高性能计算机、内容保护等系列标准的制修订；信息技术应用领域：重点推进电子标签、北斗卫星导航、信息技术产品能耗、物流等系列标准的制修订工作。

软件服务行业：研究软件服务业标准体系、工业软件标准体系以及面向云计算、物联网的软件标准体系等，研究制定信息技术服务、UOF2.0、版式文档、SOA和工业软件等领域相关标准，积极推进SOA、云计算、服务外包等国际标准化工作；继续做好中文信息处理标准化工作，主导当前国际标准制定；制定操作系统、数据库、中间件、办公软件等基础软件标准。启动游戏机、网络游戏等领域有关技术标准制定工作。

通信行业：围绕泛在网体系结构、业务应用等，研究提出标准体系，制定网络互通、MZM、无线城市等重要技术标准。配合有关部门制定手机电视、IPTV等三网融合国家标准。研究制定TD－LTE标准，做好4G国际标准化工作。开展IPv6、P2P、云计算等互联网网络及业务应用标准研制。加强网络与信息安全标准制定，完善电信网和互联网信息安全、安全防护等技术标准。研究制定宽带接入、互联互通、信息无障碍、节能减排、安全生产、共建共享、应急通信、移动支付等技术标准。

工程建设领域：围绕九大产业调整和振兴规划中所确定的产业发展重点，突出体现行业结构调整、产业升级要求，重点制修订工业技术改造项目实施阶段亟需的设计、施工及验收规范等工程建设标准。

节能综合利用领域：建立完善工业和通信业节能与综合利用领域标准体系。继续完善重点工业设备能效标准、重点用能产品能耗限额标准，进一步加强节水、节材、清洁生产、再制造、再生资源回收利用及尾矿、赤泥综合利用标准制定工作。

安全生产领域：坚持“安全第一、预防为主、综合治理”的安全生产方针，依靠技术进步，围绕提升本质安全，全面推进工业、通信业相关安全技术标准和民爆器材行业标准化工作。重点落实各工业行业安全生产标准化的顶层设计，组织开展化工、船舶、电子、航空等行业的安全生产标准体系研究。

二十二、财政部 国家税务总局　财税〔2010〕20号　关于调整耐火黏土和萤石资源税适用税额标准的通知（二〇一〇年五月十一日）

各省、自治区、直辖市、计划单列市财政厅（局）、地方税务局，新疆生产建设兵团财务局：

根据《中华人民共和国资源税暂行条例》的有关规定，为促进耐火黏土和萤石的合理开发利用，经研究决定：

自2010年6月1日起，将耐火黏土中的高铝黏土（包括耐火级矾土、研磨级矾土等）和焦宝石的资源税适用税额标准调整为每吨20元，将其他耐火黏土的资源税适用税额标准调整为每吨6元；将萤石（也称氟石）的资源税适用税额标准调整为每吨20元。

请依照执行。

二十三、国家发展改革委　科技部　工业和信息化部　公安部　财政部　环境保护部　商务部　海关总署　税务总局　工商总局　质检总局　发改环资〔2010〕991号　关于推进再制造产业发展的意见（二〇一〇年五月十三日）

各省、自治区、直辖市、计划单列市及新疆生产建设兵团发展改革委、经贸委（经委、经信委、工信委、工信厅）、科技厅（委、局）、公安厅（局）、财政厅（局）、环境保护厅（局）、商务厅（局）、国税局、地税局、工商局、各出入境检验检疫局、质量技术监督局，海关总署广东分署、天津、上海特派办，各直属海关，国务院有关部门：

为全面贯彻落实《循环经济促进法》，培育新的经济增长点，促进我国循环经济尽快形成较大规模，建设资源节约型环境友好型社会，现提出推进我国再制造产业发展的意见：

一、推进再制造产业发展的重大意义

再制造是指将废旧汽车零部件、工程机械、机床等进行专业化修复的批量化生产过程，再制造产品达到与原有新品相同的质量和性能。再制造是循环经济“再利用”的高级形式。

加快发展再制造产业是建设资源节约型、环境友好型社会的客观要求。再制造与制造新品相比，可节能60%，节材70%，节约成本50%，几乎不产生固体废物，大气污染物排放量降低80%以上。再制造有利于形成“资源－产品－废旧产品－再制造产品”的循环经济模式，可以充分利用资源，保护生态环境。

加快发展再制造产业是培育新的经济增长点的重要方面。我国汽车、工程机械、机床等社会保有量快速增长，再制造产业发展潜力巨大。2008年汽车保有量达4957万辆(不含低速汽车)，机床保有量达700多万台，14种主要型号的工程机械保有量达290万台。其中大量装备在达到报废要求后将被淘汰，新增的退役装备还在大量增加。发展再制造产业有利于形成新的经济增长点，为社会提供大量的就业机会。

加快发展再制造产业是促进制造业与现代服务业发展的有效途径。再制造是制造与修复、回收与利用、生产与流通的有机结合。汽车零部件再制造产品主要用于维修，既能提高维修技术质量，又能提高维修效率和效益。国外经验表明，当再制造零部件占维修配件市场的65%时，汽车维修速度将增加8倍。发展再制造产业还能使制造企业有能力投入更多精力进行新产品研发和设计，形成良性循环，对推动我国制造业的产业结构调整、产品更新换代、技术进步和人员素质提高十分有利。

二、我国再制造产业发展现状

2005年，国务院在《关于加快发展循环经济的若干意见》中明确提出支持发展再制造。2005年，经国务院批准，国家第一批循环经济试点将再制造作为重点领域。2008年，《循环经济促进法》将再制造纳入法律范畴进行规范。目前，我国汽车零部件再制造试点取得了初步成效，到2009年底，已形成汽车发动机、变速箱、转向机、发电机共23万台套的再制造能力，并在探索旧件回收、再制造生产、再制造产品流通体系及监管措施等方面取得积极进展。再制造基础理论和关键技术研发取得重要突破，开发应用的自动化纳米颗粒复合电刷镀等再制造技术达到国际先进水平。工程机械、机床等再制造试点工作也已开展。

目前我国再制造产业发展面临的突出问题是：再制造产业发展尚处于起步阶段，再制造作为新的理念还没有被消费者及社会广泛认同；再制造旧件来源及再制造产品销售渠道不够畅通；再制造技术和管理水平不高，产品质量良莠不齐；报废汽车回收管理等相关法规亟待修订，有关管理制度急需健全，技术标准还不完善；缺乏政策激励。

三、推进再制造产业发展的指导思想和基本原则

(一)指导思想。以邓小平理论和“三个代表”重要思想为指导，深入贯彻科学发展观，落实节约资源和保护环境的基本国策，紧紧围绕提高资源利用效率，从提高再制造技术水平、扩大再制造应用领域、培育再制造示范企业、规范旧件回收体系、开拓国内外市场着手，加强法规建设，强化政策引导，逐步形成适合我国国情的再制造运行机制和管理模式，实现再制造规模化、市场化、产业化发展，努力将再制造产业培育成为新的经济增长点，推动循环经济形成较大规模，加快建设资源节约型、环境友好型社会。

(二)基本原则。一是坚持政府引导与市场机制相结合。通过法规规范、政策引导，发挥市场配置资源的基础性作用，调动市场主体的积极性。二是坚持统筹规划与重点突破相结合。加强规划指导，防止低水平重复建设，继续推进再制造试点示范，由点到面，有序推进。三是坚持科技创新与体系建设相结合。鼓励科技创新，解决再制造共性、关键技术问题，加强再制造标准体系、旧件回收体系、再制造产品流通体系等建设。四是坚持严控质量与加强监管相结合。不断提高产品质量，降低产品成本，加强对再制造产品和市场监管，维护消费者权益。

四、推进再制造产业发展的重点领域

(一)深化汽车零部件再制造试点。以推进汽车发动机、变速箱、发电机等零部件再制造为重点，加大资金投入，消除制度瓶颈，完善回收体系，规

范流通市场，努力做大做强。在此基础上，将试点范围扩大到传动轴、压缩机、机油泵、水泵等部件。同时，继续推进大型旧轮胎翻新。

（二）推动工程机械、机床等再制造。组织开展工程机械、工业机电设备、机床、矿采机械、铁路机车装备、船舶及办公信息设备等的再制造，提高再制造水平，加快推广应用。

五、加强再制造技术创新

（一）加快再制造重点技术研发与应用。加强再制造产品设计技术和产品剩余寿命评估、经济环保的拆解和清洗、微纳米表面工程、无损检测等技术的研发，开展旧件性能评价、再制造产品安全检测等方面的技术攻关。鼓励生产企业、研究设计单位开展有利于再制造的环境友好设计。

（二）加强再制造技术研发能力建设。依托国内有基础的技术研发单位和企业，加快建立再制造国家工程研究（技术）中心和再制造产品质量检验检测中心，鼓励科研院所和企业开展联合攻关和产业化示范。做好国外先进技术与国内成熟适用技术的衔接，形成再制造关键设备生产研发体系。

六、加快再制造产业发展的支撑体系建设

（一）完善再制造旧件回收体系。加快完善有利于再制造产业发展的废旧汽车零部件、工程机械、机床等的逆向回收物流体系，加强有效分类和回收管理，形成与再制造规模相匹配的旧件收集能力。

（二）建立再制造产业发展标准体系。研究建立再制造标准体系，制定再制造技术标准和规范，包括再制造技术通则、旧件检测与评价技术标准、再制造工艺技术规范和再制造管理标准等。

（三）规范再制造环保安全保障体系。根据国家相关标准和技术规范，对再制造过程中产生的各类废物分类储存管理，提高后续废物再利用潜力，减少废物的处理处置量，消除再制造产品的安全环保隐患。

（四）推动再制造服务体系建设。在部分定点维修网点（含汽车“4S”店）设立再制造产品专柜，建立再制造产品连锁示范店和售后服务点。选择若干制造企业和维修企业，开展再制造产品生产与售后服务一体化试点。

七、完善再制造产业发展的政策保障措施

（一）编制再制造产业发展规划。按照《循环经济促进法》的要求，组织编制再制造产业发展规划，明确近期中期发展目标和重点，提出促进再制造产业健康发展的政策措施，分步骤、分阶段组织实施。

（二）完善促进再制造产业发展相关法规。尽快修订《报废汽车回收管理办法》，适当取消对报废汽车“五大总成”强制回炉的限制。根据再制造产品原料自身的安全环保风险及国内实际需要，建立鼓励、限制、禁止进口的分类管理制度，制定再制造旧件和再制造产品的进出口管理目录及管理办法，并规范再制造企业管理，强化企业社会责任意识。

（三）完善促进再制造产业发展的经济政策。制定发布《再制造产品目录》，研究对列入目录的再制造产品的财政税收优惠政策；推动银行业金融机构为再制造提供信贷、担保等投融资服务。循环经济专项资金要将再制造技术研发、示范和推广项目作为支持重点，推动再制造产业发展。鼓励政府机关、事业单位优先采用再制造产品。

（四）建立再制造监督管理制度。完善再制造产品标识制度，有效保护知识产权和消费者权益，建立再制造信息管理系统，加强对拆解企业的监管，防止可再制造的旧件流失，加强进出口旧机电产品检验和监管。

（五）培养专业人才。鼓励在高等院校和职业技术学校有关专业课程中设立再制造课程，通过校企合作、订单式培训、在岗人员技能培训等多种模式，加快培养技术人才，为再制造产业发展提供人才保障。

（六）加大宣传力度。广泛宣传再制造在节约资源、保护环境中的重要意义。通过编写针对不同用户和消费群体的宣传资料，设立再制造产品体验馆，举办再制造技术、产品、工艺设备展览会和再制造发展论坛，召开现场会、经验交流会等多种形式，普及再制造知识，引导用户和消费者使用再制造产品。

八、加强对再制造产业发展的组织领导

（一）建立协调机制。各级循环经济发展综合管理部门要充分发挥牵头作用，切实履行循环经济组织协调、监督管理的职责，工信、科技、公安、财政、环保、商务、海关、税务、工商、质检等各有关部门要按照各自职责，密切配合，建立再制造产业发展协调机制，及时解决再制造产业发展中的问题，促进再制造产业健康发展。

（二）充分发挥行业协会和中介组织的作用。要充分发挥行业协会和中介组织在政府与企业之间的桥梁和纽带作用，开展再制造产业发展预测分析、法规政策研究、提供咨询服务、加强技术推广、宣传培训和国际交流与合作。

二十四、工业和信息化部　工信部原函[2010]244号　关于下达2010年高铝耐火黏土萤石生产总量控制指标的通知　(二〇一〇年五月十九日)

各省、自治区、直辖市工业和信息化主管部门:

根据《国务院办公厅关于采取综合措施对耐火黏土萤石的开采和生产进行控制的通知》(国办发[2010]1号)的有关要求,经我部认真研究、综合平衡,确定了《2010年全国高铝耐火黏土萤石分省(区市)生产控制指标》(详见附件)。现印发你们,并就有关事项通知如下:

一、制定《2010年全国高铝耐火黏土萤石分省(区市)生产控制指标》原则是:贯彻落实科学发展观,促进合理开发利用资源与有效保护环境,适当限制生产和消费,推动产业结构调整。在指标的分配上,综合考虑国内外市场需求量和各地区实际,适当向资源和消费大省倾斜。

二、2010年全国高铝耐火黏土生产控制指标分别为矿石(生料)450万吨、熟料400万吨;萤石生产控制指标分别为萤石块471万吨、萤石粉244万吨。上述指标除预留少量指标暂不下达外,均已对应下达有关省(区市)。

三、高铝耐火黏土萤石生产控制指标为国家指令性计划,有关省、自治区、直辖市工业和信息化主管部门必须严格按照计划分解下达到有关生产企业,不得超计划安排和生产。具体指标分配应突出重点,向有技术、资金、管理优势和环保水平较高的大企业倾斜。请于6月20日前将指标分解落实情况及企业名单和具体计划报告我部备案。

四、加强生产指标执行情况的监督管理。地方工业和信息化主管部门会同有关执法部门负责对当地生产经营企业执行行业准入标准的情况进行监督检查。发现不符合行业准入标准的生产企业,取消开采总量控制指标、指令性生产计划指标、出口供货资格和产品出口许可证。

五、高铝耐火黏土萤石开采和生产企业必须建立健全生产和销售台帐,自觉接受和主动配合有关部门监督检查,按照省级工业主管部门要求报送年度生产销售情况表。

六、省级工业主管部门须按要求(附件2)将本地区生产指标年度执行结果于年度结束后的一个月内上报我部。我部将视工作需要会同有关部门和行业协会对生产指标执行情况进行抽查和检查。

七、2010年是对高铝耐火黏土萤石开采和生产实行总量控制的第一年,各级工业和信息化主管部门要继续对辖区内的耐火黏土和萤石企业的基本情况及资源状况、生产量、出口量等重要基础资料进行摸底,特别是要在耐火黏土开采和生产企业中甄别确定高铝耐火黏土。对2010年指令性计划执行中存在的问题,及时向我部报告。

联系人:(略)

附件:1. 2010年全国高铝耐火黏土萤石分省(区市)生产控制指标

2. 高铝耐火黏土萤石生产计划执行情况报表(略)

附件:1. 2010年全国高铝耐火黏土萤石分省(区市)生产控制指标

序号	地　区	高铝耐火黏土/万吨		萤石/万吨	
		生料	熟料	萤石块	萤石粉
1	河北	20		4	7
2	山西	190	150		
3	内蒙古	30		57	20
4	辽宁	10		5	5
5	吉林	5		1	
6	浙江			79	70
7	安徽	10		24	15
8	福建			37	20
9	江西			64	30
10	山东			8	
11	河南	120	180	5	5
12	湖北			2	3
13	湖南	10		16	8
14	广东			5	2

续表

序号	地　区	高铝耐火黏土/万吨		萤石/万吨	
		生料	熟料	萤石块	萤石粉
15	广西	6	3	5	5
16	海南			5	
17	重庆	12	8	6	2
18	贵州	10	5	14	5
19	云南	7	5	10	5
20	陕西			8	
21	甘肃			10	2
22	青海			5	
23	新疆			1	
分省小计		430	351	371	204
预留指标		20	49	100	40
总 计		450	400	471	244

二十五、中华人民共和国工业和信息化部公告　工通〔2010〕101 号　工业和信息化部批准 12 项目通信行业标准(二〇一〇年五月二十日)

住房和城乡建设部，各省、自治区、直辖市通信管理局，中国电信集团公司，中国移动通信集团公司，中国联合网络通信集团有限公司，部通信工程定额质监中心、中国通信企业协会通信设计施工专业委员会、北京邮电大学出版社，有关单位；部内：办公厅、规划司、科技司、电信管理局、通信保障局、无线电管理局：

工业和信息化部批准《通信建筑抗震设防分类标准》等 12 项通信行业标准(详见附件)，现予以公告。以上通信行业标准由北京邮电大学出版社负责组织出版发行。

附件：12 项通信行业标准目录

序号	标准编号	标准名称	代替/废止	实施日期
9	YD 5189－2010	长途通信光缆塑料管道工程施工监理暂行规定		2010－10－01

(其他略)

二十六、国家安全生产监督管理总局令　第 30 号　特种作业人员安全技术培训考核管理规定(二〇一〇年五月二十四日)

《特种作业人员安全技术培训考核管理规定》已经 2010 年 4 月 26 日国家安全生产监督管理总局局长办公会议审议通过，现予以公布，自 2010 年 7 月 1 日起施行。1999 年 7 月 12 日原国家经济贸易委员会发布的《特种作业人员安全技术培训考核管理办法》同时废止。

特种作业人员安全技术培训考核管理规定

第一章　总　则

第一条　为了规范特种作业人员的安全技术培训考核工作，提高特种作业人员的安全技术水平，防止和减少伤亡事故，根据《安全生产法》、《行政许可法》等有关法律、行政法规，制定本规定。

第二条　生产经营单位特种作业人员的安全技术培训、考核、发证、复审及其监督管理工作，适用本规定。

有关法律、行政法规和国务院对有关特种作业人员管理另有规定的，从其规定。

第三条　本规定所称特种作业，是指容易发生事故，对操作者本人、他人的安全健康及设备、设施的安全可能造成重大危害的作业。特种作业的范围由特种作业目录规定。

本规定所称特种作业人员，是指直接从事特种作业的从业人员。

第四条　特种作业人员应当符合下列条件：

(一)年满 18 周岁，且不超过国家法定退休年龄；

(二)经社区或者县级以上医疗机构体检健康合格，并无妨碍从事相应特种作业的器质性心脏病、癫痫病、美尼尔氏症、眩晕症、癔病、震颤麻痹症、精神病、痴呆症以及其他疾病和生理缺陷；

(三)具有初中及以上文化程度；

(四)具备必要的安全技术知识与技能；

(五)相应特种作业规定的其他条件。

危险化学品特种作业人员除符合前款第(一)项、第(二)项、第(四)项和第(五)项规定的条件外，应当具备高中或者相当于高中及以上文化程度。

第五条 特种作业人员必须经专门的安全技术培训并考核合格，取得《中华人民共和国特种作业操作证》(以下简称特种作业操作证)后，方可上岗作业。

第六条 特种作业人员的安全技术培训、考核、发证、复审工作实行统一监管、分级实施、教考分离的原则。

第七条 国家安全生产监督管理总局(以下简称安全监管总局)指导、监督全国特种作业人员的安全技术培训、考核、发证、复审工作；省、自治区、直辖市人民政府安全生产监督管理部门负责本行政区域特种作业人员的安全技术培训、考核、发证、复审工作。

国家煤矿安全监察局(以下简称煤矿安监局)指导、监督全国煤矿特种作业人员(含煤矿矿井使用的特种设备作业人员)的安全技术培训、考核、发证、复审工作；省、自治区、直辖市人民政府负责煤矿特种作业人员考核发证工作的部门或者指定的机构负责本行政区域煤矿特种作业人员的安全技术培训、考核、发证、复审工作。

省、自治区、直辖市人民政府安全生产监督管理部门和负责煤矿特种作业人员考核发证工作的部门或者指定的机构(以下统称考核发证机关)可以委托设区的市人民政府安全生产监督管理部门和负责煤矿特种作业人员考核发证工作的部门或者指定的机构实施特种作业人员的安全技术培训、考核、发证、复审工作。

第八条 对特种作业人员安全技术培训、考核、发证、复审工作中的违法行为，任何单位和个人均有权向安全监管总局、煤矿安监局和省、自治区、直辖市及设区的市人民政府安全生产监督管理部门、负责煤矿特种作业人员考核发证工作的部门或者指定的机构举报。

第二章 培 训

第九条 特种作业人员应当接受与其所从事的特种作业相应的安全技术理论培训和实际操作培训。

已经取得职业高中、技工学校及中专以上学历的毕业生从事与其所学专业相应的特种作业，持学历证明经考核发证机关同意，可以免予相关专业的培训。

跨省、自治区、直辖市从业的特种作业人员，可以在户籍所在地或者从业所在地参加培训。

第十条 从事特种作业人员安全技术培训的机构(以下统称培训机构)，必须按照有关规定取得安全生产培训资质证书后，方可从事特种作业人员的安全技术培训。

培训机构开展特种作业人员的安全技术培训，应当制定相应的培训计划、教学安排，并报有关考核发证机关审查、备案。

第十一条 培训机构应当按照安全监管总局、煤矿安监局制定的特种作业人员培训大纲和煤矿特种作业人员培训大纲进行特种作业人员的安全技术培训。

第三章 考核发证

第十二条 特种作业人员的考核包括考试和审核两部分。考试由考核发证机关或其委托的单位负责；审核由考核发证机关负责。

安全监管总局、煤矿安监局分别制定特种作业人员、煤矿特种作业人员的考核标准，并建立相应的考试题库。

考核发证机关或其委托的单位应当按照安全监管总局、煤矿安监局统一制定的考核标准进行考核。

第十三条 参加特种作业操作资格考试的人员，应当填写考试申请表，由申请人或者申请人的用人单位持学历证明或者培训机构出具的培训证明向申请人户籍所在地或者从业所在地的考核发证机关或其委托的单位提出申请。

考核发证机关或其委托的单位收到申请后，应当在60日内组织考试。

特种作业操作资格考试包括安全技术理论考试和实际操作考试两部分。考试不及格的，允许补考1次。经补考仍不及格的，重新参加相应的安全技术培训。

第十四条 考核发证机关委托承担特种作业操作资格考试的单位应当具备相应的场所、设施、设备等条件，建立相应的管理制度，并公布收费标准等信息。

第十五条 考核发证机关或其委托承担特种作业操作资格考试的单位，应当在考试结束后10个工作日内公布考试成绩。

第十六条 符合本规定第四条规定并经考试合格的特种作业人员，应当向其户籍所在地或者从业所在地的考核发证机关申请办理特种作业操作证，并提交身份证复印件、学历证书复印件、体检证明、考试合格证明等材料。

第十七条 收到申请的考核发证机关应当在5个工作日内完成对特种作业人员所提交申请材料的审查，作出受理或者不予受理的决定。能够当场作出受理决定的，应当当场作出受理决定；申请材料不齐全或者不符合要求的，应当当场或者在5个工作日内一次告知申请人需要补正的全部内容，逾期不告知的，视为自收到申请材料之日起即已被受理。

第十八条 对已经受理的申请，考核发证机关应当在20个工作日内完成审核工作。符合条件的，颁发特种作业操作证；不符合条件的，应当说明理由。

第十九条 特种作业操作证有效期为6年，在全国范围内有效。

特种作业操作证由安全监管总局统一式样、标准及编号。

第二十条 特种作业操作证遗失的，应当向原考核发证机关提出书面申请，经原考核发证机关审查同意后，予以补发。

特种作业操作证所记载的信息发生变化或者损毁的，应当向原考核发证机关提出书面申请，经原考核发证机关审查确认后，予以更换或者更新。

第四章 复 审

第二十一条 特种作业操作证每3年复审1次。

特种作业人员在特种作业操作证有效期内，连续从事本工种10年以上，严格遵守有关安全生产法律法规的，经原考核发证机关或者从业所在地考核发证机关同意，特种作业操作证的复审时间可以延长至每6年1次。

第二十二条 特种作业操作证需要复审的，应当在期满前60日内，由申请人或者申请人的用人单位向原考核发证机关或者从业所在地考核发证机关提出申请，并提交下列材料：

(一)社区或者县级以上医疗机构出具的健康证明；

(二)从事特种作业的情况；

(三)安全培训考试合格记录。

特种作业操作证有效期届满需要延期换证的，应当按照前款的规定申请延期复审。

第二十三条 特种作业操作证申请复审或者延期复审前，特种作业人员应当参加必要的安全培训并考试合格。

安全培训时间不少于8个学时，主要培训法律、法规、标准、事故案例和有关新工艺、新技术、新装备等知识。

第二十四条 申请复审的，考核发证机关应当在收到申请之日起20个工作日内完成复审工作。复审合格的，由考核发证机关签章、登记，予以确认；不合格的，说明理由。

申请延期复审的，经复审合格后，由考核发证机关重新颁发特种作业操作证。

第二十五条 特种作业人员有下列情形之一的，复审或者延期复审不予通过：

(一)健康体检不合格的；

(二)违章操作造成严重后果或者有2次以上违章行为，并经查证确实的；

(三)有安全生产违法行为，并给予行政处罚的；

(四)拒绝、阻碍安全生产监管监察部门监督检查的；

(五)未按规定参加安全培训，或者考试不合格的；

(六)具有本规定第三十条、第三十一条规定情形的。

第二十六条 特种作业操作证复审或者延期复审符合本规定第二十五条第(二)项、第(三)项、第(四)项、第(五)项情形的，按照本规定经重新安全培训考试合格后，再办理复审或者延期复审手续。

再复审、延期复审仍不合格，或者未按期复审的，特种作业操作证失效。

第二十七条 申请人对复审或者延期复审有异议的，可以依法申请行政复议或者提起行政诉讼。

第五章 监督管理

第二十八条 考核发证机关或其委托的单位及其工作人员应当忠于职守、坚持原则、廉洁自律，按照法律、法规、规章的规定进行特种作业人员的考核、发证、复审工作，接受社会的监督。

第二十九条 考核发证机关应当加强对特种作业人员的监督检查，发现其具有本规定第三十条规定情形的，及时撤销特种作业操作证；对依法应当给予行政处罚的安全生产违法行为，按照有关规定依法对生产经营单位及其特种作业人员实施行政处罚。

考核发证机关应当建立特种作业人员管理信息系统，方便用人单位和社会公众查询；对于注销特种作业操作证的特种作业人员，应当及时向社会公告。

第三十条 有下列情形之一的，考核发证机关应当撤销特种作业操作证：

(一)超过特种作业操作证有效期未延期复审的；

(二)特种作业人员的身体条件已不适合继续从事特种作业的;

(三)对发生生产安全事故负有责任的;

(四)特种作业操作证记载虚假信息的;

(五)以欺骗、贿赂等不正当手段取得特种作业操作证的。

特种作业人员违反前款第(四)项、第(五)项规定的,3年内不得再次申请特种作业操作证。

第三十一条 有下列情形之一的,考核发证机关应当注销特种作业操作证:

(一)特种作业人员死亡的;

(二)特种作业人员提出注销申请的;

(三)特种作业操作证被依法撤销的。

第三十二条 离开特种作业岗位6个月以上的特种作业人员,应当重新进行实际操作考试,经确认合格后方可上岗作业。

第三十三条 省、自治区、直辖市人民政府安全生产监督管理部门和负责煤矿特种作业人员考核发证工作的部门或者指定的机构应当每年分别向安全监管总局、煤矿安监局报告特种作业人员的考核发证情况。

第三十四条 培训机构应当按照有关规定组织实施特种作业人员的安全技术培训,不得向任何机构或者个人转借、出租安全生产培训资质证书。

第三十五条 生产经营单位应当加强对本单位特种作业人员的管理,建立健全特种作业人员培训、复审档案,做好申报、培训、考核、复审的组织工作和日常的检查工作。

第三十六条 特种作业人员在劳动合同期满后变动工作单位的,原工作单位不得以任何理由扣押其特种作业操作证。

跨省、自治区、直辖市从业的特种作业人员应当接受从业所在地考核发证机关的监督管理。

第三十七条 生产经营单位不得印制、伪造、倒卖特种作业操作证,或者使用非法印制、伪造、倒卖的特种作业操作证。

特种作业人员不得伪造、涂改、转借、转让、冒用特种作业操作证或者使用伪造的特种作业操作证。

第六章 罚 则

第三十八条 考核发证机关或其委托的单位及其工作人员在特种作业人员考核、发证和复审工作中滥用职权、玩忽职守、徇私舞弊的,依法给予行政处分;构成犯罪的,依法追究刑事责任。

第三十九条 生产经营单位未建立健全特种作业人员档案的,给予警告,并处1万元以下的罚款。

第四十条 生产经营单位使用未取得特种作业操作证的特种作业人员上岗作业的,责令限期改正;逾期未改正的,责令停产停业整顿,可以并处2万元以下的罚款。

煤矿企业使用未取得特种作业操作证的特种作业人员上岗作业的,依照《国务院关于预防煤矿生产安全事故的特别规定》的规定处罚。

第四十一条 生产经营单位非法印制、伪造、倒卖特种作业操作证,或者使用非法印制、伪造、倒卖的特种作业操作证的,给予警告,并处1万元以上3万元以下的罚款;构成犯罪的,依法追究刑事责任。

第四十二条 特种作业人员伪造、涂改特种作业操作证或者使用伪造的特种作业操作证的,给予警告,并处1000元以上5000元以下的罚款。

特种作业人员转借、转让、冒用特种作业操作证的,给予警告,并处2000元以上10000元以下的罚款。

第四十三条 培训机构违反有关规定从事特种作业人员安全技术培训的,按照有关规定依法给予行政处罚。

第七章 附 则

第四十四条 特种作业人员培训、考试的收费标准,由省、自治区、直辖市人民政府安全生产监督管理部门会同负责煤矿特种作业人员考核发证工作的部门或者指定的机构统一制定,报同级人民政府物价、财政部门批准后执行,证书工本费由考核发证机关列入同级财政预算。

第四十五条 省、自治区、直辖市人民政府安全生产监督管理部门和负责煤矿特种作业人员考核发证工作的部门或者指定的机构可以结合本地区实际,制定实施细则,报安全监管总局、煤矿安监局备案。

第四十六条 本规定自2010年7月1日起施行。1999年7月12日原国家经贸委发布的《特种作业人员安全技术培训考核管理办法》(原国家经贸委令第13号)同时废止。

附件

特种作业目录

1 电工作业

指对电气设备进行运行、维护、安装、检修、改造、施工、调试等作业(不含电力系统进网作业)。

1.1 高压电工作业

指对1千伏(kV)及以上的高压电气设备进行运行、维护、安装、检修、改造、施工、调试、试验及绝缘工、器具进行试验的作业。

1.2 低压电工作业

指对1千伏(kV)以下的低压电器设备进行安装、调试、运行操作、维护、检修、改造施工和试验的作业。

1.3 防爆电气作业

指对各种防爆电气设备进行安装、检修、维护的作业。

适用于除煤矿井下以外的防爆电气作业。

2 焊接与热切割作业

指运用焊接或者热切割方法对材料进行加工的作业(不含《特种设备安全监察条例》规定的有关作业)。

2.1 熔化焊接与热切割作业

指使用局部加热的方法将连接处的金属或其他材料加热至熔化状态而完成焊接与切割的作业。

适用于气焊与气割、焊条电弧焊与碳弧气刨、埋弧焊、气体保护焊、等离子弧焊、电渣焊、电子束焊、激光焊、氧熔剂切割、激光切割、等离子切割等作业。

2.2 压力焊作业

指利用焊接时施加一定压力而完成的焊接作业。

适用于电阻焊、气压焊、爆炸焊、摩擦焊、冷压焊、超声波焊、锻焊等作业。

2.3 钎焊作业

指使用比母材熔点低的材料作钎料，将焊件和钎料加热到高于钎料熔点，但低于母材熔点的温度，利用液态钎料润湿母材，填充接头间隙并与母材相互扩散而实现连接焊件的作业。

适用于火焰钎焊作业、电阻钎焊作业、感应钎焊作业、浸渍钎焊作业、炉中钎焊作业，不包括烙铁钎焊作业。

3 高处作业

指专门或经常在坠落高度基准面2m及以上有可能坠落的高处进行的作业。

3.1 登高架设作业

指在高处从事脚手架、跨越架架设或拆除的作业。

3.2 高处安装、维护、拆除作业

指在高处从事安装、维护、拆除的作业。

适用于利用专用设备进行建筑物内外装饰、清洁、装修，电力、电信等线路架设，高处管道架设，小型空调高处安装、维修，各种设备设施与户外广告设施的安装、检修、维护以及在高处从事建筑物、设备设施拆除作业。

4 制冷与空调作业

指对大中型制冷与空调设备运行操作、安装与修理的作业。

4.1 制冷与空调设备运行操作作业

指对各类生产经营企业和事业等单位的大中型制冷与空调设备运行操作的作业。

适用于化工类(石化、化工、天然气液化、工艺性空调)生产企业，机械类(冷加工、冷处理、工艺性空调)生产企业，食品类(酿造、饮料、速冻或冷冻调理食品、工艺性空调)生产企业，农副产品加工类(屠宰及肉食品加工、水产加工、果蔬加工)生产企业，仓储类(冷库、速冻加工、制冰)生产经营企业，运输类(冷藏运输)经营企业，服务类(电信机房、体育场馆、建筑的集中空调)经营企业和事业等单位的大中型制冷与空调设备运行操作作业。

4.2 制冷与空调设备安装修理作业

指对4.1所指制冷与空调设备整机、部件及相关系统进行安装、调试与维修的作业。

5 煤矿安全作业

5.1 煤矿井下电气作业

指从事煤矿井下机电设备的安装、调试、巡检、维修和故障处理，保证本班机电设备安全运行的作业。

适用于与煤共生、伴生的坑探、矿井建设、开采过程中的井下电钳等作业。

5.2 煤矿井下爆破作业

指在煤矿井下进行爆破的作业。

5.3 煤矿安全监测监控作业

指从事煤矿井下安全监测监控系统的安装、调试、巡检、维修，保证其安全运行的作业。

适用于与煤共生、伴生的坑探、矿井建设、开采过程中的安全监测监控作业。

5.4 煤矿瓦斯检查作业

指从事煤矿井下瓦斯巡检工作，负责管辖范围内通风设施的完好及通风、瓦斯情况检查，按规定填写各种记录，及时处理或汇报发现的问题的作业。

适用于与煤共生、伴生的矿井建设、开采过程中的煤矿井下瓦斯检查作业。

5.5 煤矿安全检查作业

指从事煤矿安全监督检查，巡检生产作业场所的安全设施和安全生产状况，检查并督促处理相应事故隐患的作业。

5.6　煤矿提升机操作作业

指操作煤矿的提升设备运送人员、矿石、矸石和物料，并负责巡检和运行记录的作业。

适用于操作煤矿提升机，包括立井、暗立井提升机，斜井、暗斜井提升机以及露天矿山斜坡卷扬提升的提升机作业。

5.7　煤矿采煤机(掘进机)操作作业

指在采煤工作面、掘进工作面操作采煤机、掘进机，从事落煤、装煤、掘进工作，负责采煤机、掘进机巡检和运行记录，保证采煤机、掘进机安全运行的作业。

适用于煤矿开采、掘进过程中的采煤机、掘进机作业。

5.8　煤矿瓦斯抽采作业

指从事煤矿井下瓦斯抽采钻孔施工、封孔、瓦斯流量测定及瓦斯抽采设备操作等，保证瓦斯抽采工作安全进行的作业。

适用于煤矿、与煤共生和伴生的矿井建设、开采过程中的煤矿地面和井下瓦斯抽采作业。

5.9　煤矿防突作业

指从事煤与瓦斯突出的预测预报、相关参数的收集与分析、防治突出措施的实施与检查、防突效果检验等，保证防突工作安全进行的作业。

适用于煤矿、与煤共生和伴生的矿井建设、开采过程中的煤矿井下煤与瓦斯防突作业。

5.10　煤矿探放水作业

指从事煤矿探放水的预测预报、相关参数的收集与分析、探放水措施的实施与检查、效果检验等，保证探放水工作安全进行的作业。

适用于煤矿、与煤共生和伴生的矿井建设、开采过程中的煤矿井下探放水作业。

6　金属非金属矿山安全作业

6.1　金属非金属矿井通风作业

指安装井下局部通风机，操作地面主要扇风机、井下局部通风机和辅助通风机，操作、维护矿井通风构筑物，进行井下防尘，使矿井通风系统正常运行，保证局部通风，以预防中毒窒息和除尘等的作业。

6.2　尾矿作业

指从事尾矿库放矿、筑坝、巡坝、抽洪和排渗设施的作业。

适用于金属非金属矿山的尾矿作业。

6.3　金属非金属矿山安全检查作业

指从事金属非金属矿山安全监督检查，巡检生产作业场所的安全设施和安全生产状况，检查并督促处理相应事故隐患的作业。

6.4　金属非金属矿山提升机操作作业

指操作金属非金属矿山的提升设备运送人员、矿石、矸石和物料，及负责巡检和运行记录的作业。

适用于金属非金属矿山的提升机，包括竖井、盲竖井提升机，斜井、盲斜井提升机以及露天矿山斜坡卷扬提升的提升机作业。

6.5　金属非金属矿山支柱作业

指在井下检查井巷和采场顶、帮的稳定性，撬浮石，进行支护的作业。

6.6　金属非金属矿山井下电气作业

指从事金属非金属矿山井下机电设备的安装、调试、巡检、维修和故障处理，保证机电设备安全运行的作业。

6.7　金属非金属矿山排水作业

指从事金属非金属矿山排水设备日常使用、维护、巡检的作业。

6.8　金属非金属矿山爆破作业

指在露天和井下进行爆破的作业。

7　石油天然气安全作业

7.1　司钻作业

指石油、天然气开采过程中操作钻机起升钻具的作业。

适用于陆上石油、天然气司钻(含钻井司钻、作业司钻及勘探司钻)作业。

8　冶金(有色)生产安全作业

8.1　煤气作业

指冶金、有色企业内从事煤气生产、储存、输送、使用、维护检修的作业。

9　危险化学品安全作业

指从事危险化工工艺过程操作及化工自动化控制仪表安装、维修、维护的作业。

9.1　光气及光气化工艺作业

指光气合成以及厂内光气储存、输送和使用岗位的作业。

适用于一氧化碳与氯气反应得到光气，光气合成双光气、三光气，采用光气作单体合成聚碳酸酯，甲苯二异氰酸酯(TDI)制备，4，4′-二苯基甲烷二异氰酸酯(MDI)制备等工艺过程的操作作业。

9.2　氯碱电解工艺作业

指氯化钠和氯化钾电解、液氯储存和充装岗位的作业。

适用于氯化钠(食盐)水溶液电解生产氯气、氢氧化钠、氢气，氯化钾水溶液电解生产氯气、氢氧化钾、氢气等工艺过程的操作作业。

9.3 氯化工艺作业

指液氯储存、气化和氯化反应岗位的作业。

适用于取代氯化，加成氯化，氧氯化等工艺过程的操作作业。

9.4 硝化工艺作业

指硝化反应、精馏分离岗位的作业。

适用于直接硝化法，间接硝化法，亚硝化法等工艺过程的操作作业。

9.5 合成氨工艺作业

指压缩、氨合成反应、液氨储存岗位的作业。

适用于节能氨五工艺法(AMV)，德士古水煤浆加压气化法、凯洛格法，甲醇与合成氨联合生产的联醇法，纯碱与合成氨联合生产的联碱法，采用变换催化剂、氧化锌脱硫剂和甲烷催化剂的“三催化”气体净化法工艺过程的操作作业。

9.6 裂解(裂化)工艺作业

指石油系的烃类原料裂解(裂化)岗位的作业。

适用于热裂解制烯烃工艺，重油催化裂化制汽油、柴油、丙烯、丁烯，乙苯裂解制苯乙烯，二氟一氯甲烷(HCFC-22)热裂解制得四氟乙烯(TFE)，二氟一氯乙烷(HCFC-142b)热裂解制得偏氟乙烯(VDF)，四氟乙烯和八氟环丁烷热裂解制得六氟乙烯(HFP)工艺过程的操作作业。

9.7 氟化工艺作业

指氟化反应岗位的作业。

适用于直接氟化，金属氟化物或氟化氢气体氟化，置换氟化以及其他氟化物的制备等工艺过程的操作作业。

9.8 加氢工艺作业

指加氢反应岗位的作业。

适用于不饱和炔烃、烯烃的三键和双键加氢，芳烃加氢，含氧化合物加氢，含氮化合物加氢以及油品加氢等工艺过程的操作作业。

9.9 重氮化工艺作业

指重氮化反应、重氮盐后处理岗位的作业。

适用于顺法、反加法、亚硝酰硫酸法、硫酸铜触媒法以及盐析法等工艺过程的操作作业。

9.10 氧化工艺作业

指氧化反应岗位的作业。

适用于乙烯氧化制环氧乙烷，甲醇氧化制备甲醛，对二甲苯氧化制备对苯二甲酸，异丙苯经氧化-酸解联产苯酚和丙酮，环已烷氧化制环已酮，天然气氧化制乙炔，丁烯、丁烷、C_4馏分或苯的氧化制顺丁烯二酸酐，邻二甲苯或萘的氧化制备邻苯二甲酸酐，均四甲苯的氧化制备均苯四甲酸二酐，苊的氧化制1，8-萘二甲酸酐，3-甲基吡啶氧化制3-吡啶甲酸(烟酸)，4-甲基吡啶氧化制4-吡啶甲酸(异烟酸)，2-乙基已醇(异辛醇)氧化制备2-乙基已酸(异辛酸)，对氯甲苯氧化制备对氯苯甲醛和对氯苯甲酸，甲苯氧化制备苯甲醛、苯甲酸，对硝基甲苯氧化制备对硝基苯甲酸，环十二醇/酮混合物的开环氧化制备十二碳二酸，环已酮/醇混合物的氧化制己二酸，乙二醛硝酸氧化法合成乙醛酸，以及丁醛氧化制丁酸以及氨氧化制硝酸等工艺过程的操作作业。

9.11 过氧化工艺作业

指过氧化反应、过氧化物储存岗位的作业。

适用于双氧水的生产，乙酸在硫酸存在下与双氧水作用制备过氧乙酸水溶液，酸酐与双氧水作用直接制备过氧二酸，苯甲酰氯与双氧水的碱性溶液作用制备过氧化苯甲酰，以及异丙苯经空气氧化生产过氧化氢异丙苯等工艺过程的操作作业。

9.12 胺基化工艺作业

指胺基化反应岗位的作业。

适用于邻硝基氯苯与氨水反应制备邻硝基苯胺，对硝基氯苯与氨水反应制备对硝基苯胺，间甲酚与氯化铵的混合物在催化剂和氨水作用下生成间甲苯胺，甲醇在催化剂和氨气作用下制备甲胺，1-硝基蒽醌与过量的氨水在氯苯中制备1-氨基蒽醌，2,6-蒽醌二磺酸氨解制备2,6-二氨基蒽醌，苯乙烯与胺反应制备*N*-取代苯乙胺，环氧乙烷或亚乙基亚胺与胺或氨发生开环加成反应制备氨基乙醇或二胺，甲苯经氨氧化制备苯甲腈，以及丙烯氨氧化制备丙烯腈等工艺过程的操作作业。

9.13 磺化工艺作业

指磺化反应岗位的作业。

适用于三氧化硫磺化法，共沸去水磺化法，氯磺酸磺化法，烘焙磺化法，以及亚硫酸盐磺化法等工艺过程的操作作业。

9.14 聚合工艺作业

指聚合反应岗位的作业。

适用于聚烯烃、聚氯乙烯、合成纤维、橡胶、乳液、涂料黏合剂生产以及氟化物聚合等工艺过程的操作作业。

9.15 烷基化工艺作业

指烷基化反应岗位的作业。

适用于 C－烷基化反应，N－烷基化反应，O－烷基化反应等工艺过程的操作作业。

9.16 化工自动化控制仪表作业

指化工自动化控制仪表系统安装、维修、维护的作业。

10 烟花爆竹安全作业

指从事烟花爆竹生产、储存中的药物混合、造粒、筛选、装药、筑药、压药、搬运等危险工序的作业。

10.1 烟火药制造作业

指从事烟火药的粉碎、配药、混合、造粒、筛选、干燥、包装等作业。

10.2 黑火药制造作业

指从事黑火药的潮药、浆硝、包片、碎片、油压、抛光和包浆等作业。

10.3 引火线制造作业

指从事引火线的制引、浆引、漆引、切引等作业。

10.4 烟花爆竹产品涉药作业

指从事烟花爆竹产品加工中的压药、装药、筑药、褙药剂、已装药的钻孔等作业。

10.5 烟花爆竹储存作业

指从事烟花爆竹仓库保管、守护、搬运等作业。

11 安全监管总局认定的其他作业

二十七、商务部 2010年第36号 关于聚酯薄膜反倾销措施的到期公告(二○一○年五月二十八日)

根据《中华人民共和国反倾销条例》第四十八条，反倾销税的征收期限和价格承诺的履行期限不超过5年；但是，经复审确定终止征收反倾销税有可能导致倾销和损害继续或者再度发生的，反倾销税的征收期限可以适当延长。

自本公告发布之日起，国内产业或者代表国内产业的自然人、法人或者有关组织可在相关反倾销措施(见附件)到期日60天前，以书面形式向商务部提出期终复审申请。申请书应包含终止征收反倾销税将可能导致倾销和损害的继续或再度发生的充分证据。

如国内产业或者代表国内产业的自然人、法人或者有关组织未按本公告规定提出申请，在反倾销措施终止前商务部也未决定主动进行期终复审，相关反倾销措施将从到期日起终止实施。

附件：

原措施公告号	被调查产品	税则号	涉案国	措施到期日
2000年第7号	聚酯薄膜	39206200	韩国	2010年12月28日

二十八、中国人民银行 中国银行业监督管理委员会 银发〔2010〕170号 关于进一步做好支持节能减排和淘汰落后产能金融服务工作的意见(二○一○年五月二十八日)

中国人民银行上海总部，各分行、营业管理部、省会(首府)城市中心支行、副省级城市中心支行；各省、自治区、直辖市银监局；国家开发银行、各政策性银行、国有商业银行、股份制商业银行；中国邮政储蓄银行：

为了全面落实2010年5月5日国务院节能减排工作电视电话会议精神和《国务院关于进一步加大工作力度确保实现“十一五”节能减排目标的通知》(国发〔2010〕12号)，全力支持节能减排工作，促进淘汰落后产能，确保实现“十一五”节能减排目标，现就做好金融服务有关工作提出如下意见：

一、要把金融支持节能减排和淘汰落后产能工作摆在更加突出的位置，切实抓好政策贯彻落实

大力推进节能减排和淘汰落后产能，是加强经济结构调整、加快经济发展方式转变的重要抓手，是全面落实科学发展观、坚持走新型工业化道路的内在要求，是建设资源节约型和环境友好型社会、切实提高经济增长的质量和效益、促进经济社会又好又快发展的关键所在。银行系统要深入学习领会《国务院关于进一步加大工作力度确保实现“十一五”节能减排目标的通知》和国务院节能减排电视电话会议精神，把全面做好支持节能减排和淘汰落后产能金融服务工作作为当前金融工作的一项重要任务和长期制度性安排，高度重视，服务大局，明确责任，求真务实，扎扎实实地抓好政策贯彻落实工作。要切实增强工作的责任感和紧迫感，结合各自部门职责，抓紧研究制定更加符合实际的有效措施，有针对性地进一步优化信贷管理，加强信贷结构调整，有保有压，把支持节能减排和淘汰落后产能作为加强银行审贷管理的重要参照依据，合理配置信贷资源，充分发挥金融的功能作用，确保实现“十一五”节能减排和淘汰落后产能的目标。

二、加强信贷政策指导和督导检查力度，坚决打好金融支持节能减排和淘汰落后产能攻坚战

人民银行各省级分支机构要会同所在地银监局精心制定工作方案，认真组织辖区内各银行业金融机构，按照《国务院关于进一步加大工作力度确保实现“十一五”节能减排目标的通知》等国家节能减排政策要求，抓紧对辖区内节能减排和淘汰落后产能项目信贷和融资情况进行一次全面、深入的摸底排查，以人民银行分支机构与银监局联合发文的形式于2010年6月30日前将摸底排查情况报告人民银行和银监会。人民银行和银监会将择机选取部分有代表性的省(区、市)，就各银行业金融机构节能减排和淘汰落后产能的贷款摸底排查情况进行重点核查和督导检查。人民银行各省级分支机构要牵头抓紧全面梳理辖区内银行系统支持节能减排和淘汰落后产能的法规和政策规定，及时研究制定更有针对性的信贷政策措施，区别对待，有保有压，加强宏观信贷政策指导，积极督促和引导各银行业金融机构进一步优化信贷结构，更好地支持节能减排和淘汰落后产能。要注重加强辖区内信贷政策与国家产业政策、环境保护政策等宏观经济政策的协调配合，加强政府相关部门之间的信息沟通交流和政策协调合作，注重配合政府加强对借款人、纳税人、债务人的监督约束，对失信者实施黑名单制度，惩戒失信行为，增强政策合力，切实提高信贷政策的针对性和导向力。

三、进一步加强和改进信贷管理，从严把好支持节能减排和淘汰落后产能信贷关

各银行业金融机构要根据国家金融宏观调控要求和支持节能减排、淘汰落后产能的相关政策精神，以法人为单位抓紧对系统内信贷管理制度进行一次系统梳理和必要的调整完善，要结合自身业务范围和所在区域经济特点，制定详细的和可操作的授信指引、风险清单和相关信贷管理要求。各银行业金融机构董事会要切实承担起风险管理责任，制定具有明确“触发点”的风险防范化解预案，确保及时有效处置相关风险，严防风险积累。在审批新的信贷项目和发债融资时，要严格落实国家产业政策和环保政策的市场准入要求，严格审核高耗能、高排放企业的融资申请，对产能过剩、落后产能以及节能减排控制行业，要合理上收授信权限，特别是涉及扩大产能的融资，授信权限应一律上收到总行；要把信贷项目对节能和环境的影响作为前期审贷和加强贷后管理的一项重要内容，进一步明确和落实信贷管理责任制，层层抓落实，严把节能减排和淘汰落后产能信贷关。对不符合国家节能减排政策规定和国家明确要求淘汰的落后产能的违规在建项目，不得提供任何形式的新增授信支持；对违规已经建成的项目，不得新增任何流动资金贷款，已经发放的贷款，要采取妥善措施保全银行债权安全。对国家已明确的限批区域、限贷企业或限贷项目，实施行业名单制管理制度，将存在重大违法违规行为、存在节能减排和安全等重大潜在风险、国家和各地重点监控的企业(项目)列入名单，实行严格的信贷管理。地方性银行业法人金融机构要从严审查和控制对“五小”企业及低水平重复建设项目的贷款。2010年6月30日前，各银行业金融机构要对各自法人系统内贯彻落实国家节能减排和淘汰落后产能政策情况、特别是落实《国务院关于进一步加大工作力度确保实现“十一五”节能减排目标的通知》和《国务院关于进一步加强淘汰落后产能工作的通知》(国发〔2010〕7号)的情况进行一次认真自查，并将自查报告报人民银行和银监会。对于违规发放的贷款，要按照“谁审批、谁负责”的原则，依法追究相关机构和人员的责任，并视情节给予相应处罚。

四、多方面改进和完善金融服务，积极建立健全银行业支持节能减排和淘汰落后产能的长效机制

各银行业金融机构支持节能减排和淘汰落后产能，要严防“一刀切”。在对违规贷款坚决从严控制的同时，要积极加大对合规项目的合理信贷支持，不断建立和完善银行业支持节能减排和淘汰落后产能的长效机制，大力支持培育新的经济增长点。对列入国家重点节能技术推广目录的项目、国家节能减排十大重点工程、重点污染源治理项目和市场效益好、自主创新能力强的节能减排企业，要积极提供银行贷款、发行短期融资券、中期票据等融资支持。积极鼓励银行业金融机构加快金融产品和服务方式创新，通过应收账款抵押、清洁发展机制(CDM)预期收益抵押、股权质押、保理等方式扩大节能减排和淘汰落后产能的融资来源。支持加快推进合同能源管理，大力发展服务节能产业。全面做好中小企业、特别是小企业的节能减排金融服务。发挥好征信系统在促进节能减排和淘汰落后产能方面的激励和约束作用。鼓励在风险可控的前提下开展境内外并购贷款，支持国内企业引进先进技术和通过兼并重组淘汰落后产能。积极拓宽清洁发展机制项目融资渠道，支持发展循环经济和森林碳汇经济。在有条件的地区，探索试行排放权交易，发展多元化的碳排放配额交易市场。鼓励银行业金融机构设置专门岗位和安排专职人员，加强对节能减排

和淘汰落后产能行业发展趋势和信贷项目管理的深层研究。

五、密切跟踪监测并有效防范加大节能减排和淘汰落后产能力度可能引发的信贷风险

各银行业金融机构要全面掌握国家产业规划和宏观调控政策，密切关注节能减排政策动向，严密跟踪监测和分析可能提前暴露的风险，提高对有关风险的预判力和应对前瞻性。对产业结构调整、发展方式转变和节能减排等工作开展过程中可能提前暴露出来的信贷风险，各银行业金融机构要严格进行风险分类，该降为不良贷款的要及时坚决调整到位并相应提足拨备，大力加强核销和处置工作。人民银行各分支机构、银监会各派出机构要充分利用现有信息系统和风险预警系统，加大持续风险提示的工作力度；充分发挥银行业协会的作用，引导银行业金融机构建立相关的统计信息共享机制和平台，增强风险预警防控的合力。

六、加强多部门政策协调配合，扎实做好政策实施效果动态监测和评估工作

人民银行各分支机构和银监会各派出机构要加强与所在地的发展改革部门、工业和信息化部门、环境保护部门等政府职能部门的信息沟通和政策协调，进一步完善节能减排和淘汰落后产能信息的交流和共享机制，增强银行业金融机构对政策风险、信贷风险的识别和应对能力。要积极配合做好国家产业政策、环保政策的宣传解释工作。各银行业金融机构要积极探索建立和完善金融支持节能减排及淘汰落后产能的专项统计制度，加强基础数据信息统计和风险动态监测分析。银监会各省级监管局要将辖区银行业金融机构发放的支持节能减排和淘汰落后产能的贷款作为今后实施现场检查的重点内容，对风险突出的地区和违规问题集中的银行基层金融机构加大专项执法检查力度。人民银行各省级分支机构要结合辖区实际情况，积极开展金融支持节能减排和淘汰落后产能的信贷政策导向效果评估，并将评估结果及时报告和披露。

请人民银行各省级分支机构会同所在地银监局将本意见尽快转发至辖区内各银行业金融机构，并协调抓好政策贯彻实施工作。政策实施过程中遇到的新情况、新问题，要及时向人民银行和银监会报告。

二十九、工业和信息化部　工信厅科〔2010〕74号　关于印发2010年第一批行业标准制修订计划的通知(二〇一〇年五月二十九日)

有关单位：

根据我部《2010年标准化工作要点》和行业标准制修订工作的总体安排，现将2010年第一批工业和通信业行业标准制修订计划印发给你们，请按照标准化工作程序认真组织落实，具体要求如下：

一、标准起草单位要注意做好标准制定与技术创新、试验验证、知识产权处置、产业化推进、应用推广的统筹协调。

二、标准化技术归口单位、技术组织等要做好标准意见征求和技术审查等工作，把好技术审查关。

三、部内相关司局应做好所辖领域行业标准制修订过程的管理工作，确保标准质量。

四、在计划的执行过程中，如需对标准项目进行调整，按有关规定办理。

附：第一批工业和通信业行业标准制修订计划

简要说明

为做好2010年标准化工作，我们组织编制了2010年行业标准制修订计划。

一、编制原则

(一)产业发展需求的原则。根据当前工业和通信业发展面临的形势和产业发展需求，制定对促进产业结构调整和优化升级具有重大影响的新技术、新产品、新材料标准；完善节能减排标准体系，制定重点行业节能降耗产品和资源综合利用标准；修订低水平标准，提升标准技术水平，适应产业发展需要。

(二)市场需要原则。围绕行业管理，产品设计、生产、检验、使用，市场营销等活动及行业和社会关注的热点问题，积极制定行业标准，保证产品质量，规范市场秩序，保护消费者利益。

(三)协调配套原则。标准之间结构合理、层次分明、相互协调，互为补充。

二、编制重点

(一)优先编制有利于实施产业政策、产业调整与振兴规划，推动行业技术进步，引导产业结构调整和优化，市场准入、规范市场经济秩序的标准项目。

(二)突出做好节能减排、安全生产、工程建设，高新技术推广应用和科研成果产业化，推动产业升级、自主创新、促进新型工业化的标准项目。

(三)产业发展规划中确定的重点领域、重点产品、重大装备及先进设计、工艺等标准项目。

(四)经复审急需修订的标准项目。

三、2010年共安排项目计划2620项。其中制定1527项，修订1093项；产品类标准2361项，工程建设标准93项，节能与综合利用标准72项，安全生产标准62项，标准样品32项。

2010年产品类标准项目计划表

化工行业

序号	计划号	项目名称	性质	制修订	代替标准	完成年限	技术委员会或技术归口单位	主要起草单位
1	2010－0001T－HG	防爆电解式气相微量水分仪	推荐	修订	HG/T 2481－1993	2011	化学工业专用仪器仪表标准化技术委员会	天华化工机械及自动化研究设计院
2	2010－0002T－HG	石油和化工用低压变频器技术应用导则 第1部分：基本要求	推荐	制定		2011	化学工业专用仪器仪表标准化技术委员会	中国石油和化工自动化应用协会
3	2010－0003T－HG	石油和化工用低压变频器技术应用导则 第2部分：设计选型原则	推荐	制定		2011	化学工业专用仪器仪表标准化技术委员会	中国石油和化工自动化应用协会
4	2010－0004T－HG	石油和化工用低压变频器技术应用导则 第3部分：安装调试及验收规范	推荐	制定		2011	化学工业专用仪器仪表标准化技术委员会	中国石油和化工自动化应用协会
5	2010－0005T－HG	石油和化工用低压变频器技术应用导则 第4部分：维护使用规程	推荐	制定		2011	化学工业专用仪器仪表标准化技术委员会	中国石油和化工自动化应用协会
6	2010－0006T－HG	石油和化工用软启动装置技术应用导则 第1部分：基本要求	推荐	制定		2011	化学工业专用仪器仪表标准化技术委员会	中国石油和化工自动化应用协会
7	2010－0007T－HG	石油和化工用软启动装置技术应用导则 第2部分：设计选型原则	推荐	制定		2011	化学工业专用仪器仪表标准化技术委员会	中国石油和化工自动化应用协会

续表

序号	计划号	项目名称	性质	制修订	代替标准	完成年限	技术委员会或技术归口单位	主要起草单位
8	2010-0008T-HG	石油和化工用软启动装置技术应用导则 第3部分：安装调试及验收规范	推荐	制定		2011	化学工业专用仪器仪表标准化技术委员会	中国石油和化工自动化应用协会
9	2010-0009T-HG	石油和化工用软启动装置技术应用导则 第4部分：维护使用规程	推荐	制定		2011	化学工业专用仪器仪表标准化技术委员会	中国石油和化工自动化应用协会
10	2010-0010T-HG	石油和化工用中压变频器技术应用导则 第1部分：基本要求	推荐	制定		2011	化学工业专用仪器仪表标准化技术委员会	中国石油和化工自动化应用协会
11	2010-0011T-HG	石油和化工用中压变频器技术应用导则 第2部分：设计选型原则	推荐	制定		2011	化学工业专用仪器仪表标准化技术委员会	中国石油和化工自动化应用协会
12	2010-0012T-HG	石油和化工用中压变频器技术应用导则 第3部分：安装调试及验收规范	推荐	制定		2011	化学工业专用仪器仪表标准化技术委员会	中国石油和化工自动化应用协会
13	2010-0013T-HG	石油和化工用中压变频器技术应用导则 第4部分：维护使用规程	推荐	制定		2011	化学工业专用仪器仪表标准化技术委员会	中国石油和化工自动化应用协会
14	2010-0014T-HG	液化气体罐车用磁力液位计	推荐	制定		2011	化学工业专用仪器仪表标准化技术委员会	锦西化工机械(集团)有限责任公司
15	2010-0015T-HG	高强度平型传动带	推荐	制定		2011	全国带轮与带标准化技术委员会摩擦型带传动分技术委员	青岛市产品质量监督检验所等
16	2010-0016T-HG	洗衣机V带	推荐	修订	HG/T 2442—2001	2011	全国带轮与带标准化技术委员会摩擦型带传动分技术委员	青岛市产品质量监督检验所等
17	2010-0017T-HG	耐蚀PO塑料涂层技术条件	推荐	制定		2011	全国防腐蚀标准化技术委员会	中国工业防腐蚀技术协会、浙江双屿防腐设备制造公司

续表

序号	计划号	项目名称	性质	制修订	代替标准	完成年限	技术委员会或技术归口单位	主要起草单位
18	2010－0018T－HG	防火封堵材料技术要求	推荐	制定		2011	全国非金属化工设备标准化技术委员会	金发科技股份有限公司
19	2010－0019T－HG	改性超高分子量聚乙烯管材衬里专用料	推荐	制定		2011	全国非金属化工设备标准化技术委员会	上海化工研究院
20	2010－0020T－HG	工业用孔网钢骨架聚乙烯复合管件	推荐	修订	HG/T 3707－2003	2011	全国非金属化工设备标准化技术委员会	中化化工标准研究所、江苏法尔胜新型管业有限公司
21	2010－0021T－HG	化工陶瓷环孔支撑剂	推荐	制定		2011	全国非金属化工设备标准化技术委员会	萍乡市环球化工填料有限公司
22	2010－0022T－HG	化工用复合材料气体吸收塔	推荐	制定		2011	全国非金属化工设备标准化技术委员会	杭州中昊科技有限公司、天华化工机械及自动化研究设计院
23	2010－0023T－HG	化工用复合管及管件连接规范	推荐	制定		2011	全国非金属化工设备标准化技术委员会	连云港中复连众复合材料集团有限公司
24	2010－0024T－HG	化工用聚氯乙烯复合衬里塔器	推荐	制定		2011	全国非金属化工设备标准化技术委员会	杭州中昊科技有限公司、天华化工机械及自动化研究设计院
25	2010－0025T－HG	化工用塑料衬里复合管和管件	推荐	制定		2011	全国非金属化工设备标准化技术委员会	浙江嘉善三方复合材料有限责任公司
26	2010－0026T－HG	金属塔填料技术条件	推荐	制定		2011	全国非金属化工设备标准化技术委员会	萍乡市华顺环保化工填料有限公司
27	2010－0027T－HG	矩型块孔式石墨换热器	推荐	修订	HG/T 3187—1999	2011	全国非金属化工设备标准化技术委员会	天华化工机械及自动化研究设计院、泰安盛通化工设备有限公司
28	2010－0028T－HG	石墨制三合一盐酸合成炉	推荐	修订	HG/T 2736—1995	2011	全国非金属化工设备标准化技术委员会	天华化工机械及自动化研究设计院、辽阳炭素有限公司

续表

序号	计划号	项目名称	性质	制修订	代替标准	完成年限	技术委员会或技术归口单位	主要起草单位
29	2010－0029T－HG	腐植酸铵肥料分析方法	推荐	修订	HG/T 3276—1999	2011	全国肥料和土壤调理剂标准化技术委员会	辽宁普天科技有限公司、国家化肥质量监督检验中心(上海)
30	2010－0030T－HG	碳分子筛	推荐	制定		2010	全国肥料和土壤调理剂标准化技术委员会分子筛分会	上海化工研究院、国家化肥质量监督检验中心(上海)、湖州强马分子筛有限公司
31	2010－0031T－HG	13X分子筛	推荐	修订	HG/T 2690—1995	2011	全国肥料和土壤调理剂标准化技术委员会分子筛分技术委员会	上海化工研究院
32	2010－0032T－HG	制冷剂干燥用分子筛干燥过滤芯	推荐	制定		2010	全国肥料和土壤调理剂标准化技术委员会分子筛分技术委员会	上海化工研究院
33	2010－0033T－HG	制冷剂干燥用颗粒状分子筛干燥剂	推荐	制定		2010	全国肥料和土壤调理剂标准化技术委员会分子筛分技术委员会	上海化工研究院
34	2010－0034T－HG	常温氧化铁脱硫剂硫容试验方法	推荐	制定		2011	全国肥料和土壤调理剂标准化技术委员会化肥催化剂分会	南化集团研究院
35	2010－0035T－HG	常温氧硫化碳水解催化剂	推荐	制定		2010	全国肥料和土壤调理剂标准化技术委员会化肥催化剂分会	华硕科技股份有限公司
36	2010－0036T－HG	常温氧硫化碳水解催化剂活性试验方法	推荐	制定		2011	全国肥料和土壤调理剂标准化技术委员会化肥催化剂分会	华硕科技股份有限公司
37	2010－0037T－HG	甲烷化催化剂	推荐	修订	HG 2509—2004	2011	全国肥料和土壤调理剂标准化技术委员会化肥催化剂分会	川化股份有限公司催化剂厂
38	2010－0038T－HG	烃类蒸汽转化催化剂	推荐	制定		2011	全国肥料和土壤调理剂标准化技术委员会化肥催化剂分会	山东齐鲁科力研究院

续表

序号	计划号	项目名称	性质	制修订	代替标准	完成年限	技术委员会或技术归口单位	主要起草单位
39	2010-0039T-HG	烃类蒸汽转化催化剂活性试验方法	推荐	制定		2011	全国肥料和土壤调理剂标准化技术委员会化肥催化剂分会	山东齐鲁科力研究院
40	2010-0040T-HG	氧化锌脱硫剂	推荐	修订	HG 2508—2004	2011	全国肥料和土壤调理剂标准化技术委员会化肥催化剂分会	西北化工研究院
41	2010-0041T-HG	一氧化碳低温变换催化剂(加压部分)	推荐	制定		2011	全国肥料和土壤调理剂标准化技术委员会化肥催化剂分会	南化集团研究院
42	2010-0042T-HG	有机硫加氢催化剂	推荐	修订	HG 2505—2004	2011	全国肥料和土壤调理剂标准化技术委员会化肥催化剂分会	西北化工研究院
43	2010-0043T-HG	磷石膏(硫酸钙)土壤调理剂	推荐	制定		2010	全国肥料和土壤调理剂标准化技术委员会磷复肥分技术委员会	国家化肥质量监督检验中心(上海)、云南云天化国际化工有限公司
44	2010-0044T-HG	控释肥料	推荐	制定		2011	全国肥料和土壤调理剂标准化技术委员会新型肥料分技术委员会	山东金正大生态工程股份有限公司、国家化肥质量监督检验中心(上海)
45	2010-0045T-HG	工业射线胶片	推荐	制定		2010	全国感光材料标准化技术委员会	中国乐凯胶片集团公司
46	2010-0046T-HG	照相化学品 成色剂灰分的测定	推荐	修订	HG/T 2256—1991	2010	全国感光材料标准化技术委员会	中国乐凯胶片集团公司
47	2010-0047T-HG	照相化学品 成色剂挥发分的测定	推荐	修订	HG/T 2257—1991	2010	全国感光材料标准化技术委员会	中国乐凯胶片集团公司
48	2010-0048T-HG	表面硬化聚酯薄膜 耐磨性检测方法	推荐	制定		2011	全国光学功能薄膜材料标准化技术委员会	中国乐凯胶片集团公司
49	2010-0049T-HG	工业离型膜 鲜映度测试方法	推荐	制定		2010	全国光学功能薄膜材料标准化技术委员会	中国乐凯胶片集团公司
50	2010-0050T-HG	偏光眼镜用三醋酸纤维素酯(TAC)薄膜	推荐	制定		2011	全国光学功能薄膜材料标准化技术委员会	中国乐凯胶片集团公司

续表

序号	计划号	项目名称	性质	制修订	代替标准	完成年限	技术委员会或技术归口单位	主要起草单位
51	2010－0051T－HG	纯碱铸铁塔通用技术条件	推荐	修订	HG/T 2267—1992	2011	全国化工机械与设备标准化技术委员会	三门峡化工机械有限公司
52	2010－0052T－HG	浮动上滤式过滤器	推荐	制定		2011	全国化工机械与设备标准化技术委员会	北京禹辉水处理技术有限公司
53	2010－0053T－HG	隔膜法金属阳极电解槽	推荐	修订	HG/T 2951—2001	2011	全国化工机械与设备标准化技术委员会	蓝星(北京)化工机械有限公司
54	2010－0054T－HG	空气冷却轴流风机	推荐	制定		2011	全国化工机械与设备标准化技术委员会	上海尔华杰机电装备制造有限公司
55	2010－0055T－HG	烧结型高通量换热管	推荐	制定		2011	全国化工机械与设备标准化技术委员会	华东理工大学
56	2010－0056T－HG	液－固微旋流分离器技术条件	推荐	制定		2011	全国化工机械与设备标准化技术委员会	上海华畅环保设备发展有限公司
57	2010－0057T－HG	蓖麻油聚氧乙烯醚	推荐	制定		2011	全国化学标准化技术委员会(特种)界面活性剂分会	浙江皇马化工集团有限公司等
58	2010－0058T－HG	分散剂 N	推荐	修订	HG/T 2562—2006	2011	全国化学标准化技术委员会(特种)界面活性剂分会	江阴市九牛科技有限公司、浙江皇马化工集团有限公司
59	2010－0059T－HG	聚丙二醇	推荐	制定		2011	全国化学标准化技术委员会(特种)界面活性剂分会	浙江皇马化工集团有限公司等
60	2010－0060T－HG	乳化剂 S－20	推荐	制定		2011	全国化学标准化技术委员会(特种)界面活性剂分会	江苏江阴市华元化工有限公司、浙江皇马化工集团有限公司
61	2010－0061T－HG	乳化剂 S－40	推荐	制定		2011	全国化学标准化技术委员会(特种)界面活性剂分会	江苏江阴市华元化工有限公司、浙江皇马化工集团有限公司
62	2010－0062T－HG	乳化剂 S－65	推荐	制定		2011	全国化学标准化技术委员会(特种)界面活性剂分会	江苏江阴市华元化工有限公司、浙江皇马化工集团有限公司

续表

序号	计划号	项目名称	性质	制修订	代替标准	完成年限	技术委员会或技术归口单位	主要起草单位
63	2010－0063T－HG	乳化剂 T－60	推荐	修订	HG/T 3509—2000	2011	全国化学标准化技术委员会（特种）界面活性剂分会	江阴九牛科技有限公司、江苏江阴市华元化工有限公司、浙江皇马化工集团有限公司
64	2010－0064T－HG	乳化剂 T－80	推荐	修订	HG/T 3510—2000	2011	全国化学标准化技术委员会（特种）界面活性剂分会	江苏江阴市华云化工有限公司、江阴九牛科技有限公司、浙江皇马化工集团有限公司
65	2010－0065T－HG	烯丙基聚氧乙烯醚	推荐	制定		2011	全国化学标准化技术委员会（特种）界面活性剂分会	浙江皇马化工集团有限公司等
66	2010－0066T－HG	化学试剂 α－乳糖	推荐	修订	HG/T 3461—1999	2011	全国化学标准化技术委员会化学试剂分会	国药集团化学试剂有限公司、北京化学试剂研究所
67	2010－0067T－HG	化学试剂 苯酚	推荐	制定		2011	全国化学标准化技术委员会化学试剂分会	北京利德曼生化股份有限公司、北京化学试剂研究所
68	2010－0068T－HG	化学试剂 草酸铵	推荐	修订	HG/T 3453—1999	2011	全国化学标准化技术委员会化学试剂分会	上海试四赫维化工有限公司、北京化学试剂研究所
69	2010－0069T－HG	化学试剂 甲基红	推荐	修订	HG/T 3449—1999	2011	全国化学标准化技术委员会化学试剂分会	上海三爱思试剂有限公司、北京化学试剂研究所
70	2010－0070T－HG	化学试剂 磷酸二氢铵	推荐	修订	HG/T 3466—1999	2011	全国化学标准化技术委员会化学试剂分会	北京益利精细化学品有限公司、北京化学试剂研究所
71	2010－0071T－HG	化学试剂 磷酸氢二铵	推荐	修订	HG/T 3465—1999	2011	全国化学标准化技术委员会化学试剂分会	北京益利精细化学品有限公司、北京化学试剂研究所

续表

序号	计划号	项目名称	性质	制修订	代替标准	完成年限	技术委员会或技术归口单位	主要起草单位
72	2010-0072T-HG	工业用亚硫酸铵	推荐	修订	HG/T 2784—1996	2011	全国化学标准化技术委员会硫和硫酸分会	南化集团研究院
73	2010-0073T-HG	工业用亚硫酸氢铵	推荐	修订	HG/T 2785—1996	2011	全国化学标准化技术委员会硫和硫酸分会	南化集团研究院
74	2010-0074T-HG	工业循环冷却水污垢和腐蚀产物试样的采取和制备	推荐	修订	HG/T 3530—2003	2011	全国化学标准化技术委员会水处理剂分会	中海油天津化工研究设计院
75	2010-0075T-HG	工业循环冷却水污垢和腐蚀产物中硅酸盐的测定	推荐	制定		2011	全国化学标准化技术委员会水处理剂分会	中海油天津化工研究设计院、天津正达科技有限责任公司
76	2010-0076T-HG	水处理剂 氨基三亚甲基膦酸钠盐	推荐	制定		2011	全国化学标准化技术委员会水处理剂分会	中海油天津化工研究设计院、河南清水源科技股份有限公司
77	2010-0077T-HG	水处理剂 二亚乙基三胺五亚甲基膦酸钠盐	推荐	制定		2011	全国化学标准化技术委员会水处理剂分会	中海油天津化工研究设计院、河南清水源科技股份有限公司
78	2010-0078T-HG	水处理剂 乙二胺四亚甲基膦酸五钠	推荐	制定		2011	全国化学标准化技术委员会水处理剂分会	中海油天津化工研究设计院、山东省泰和水处理有限公司、河南清水源科技股份有限公司
79	2010-0079T-HG	循环冷却水中军团菌的检测与计数	推荐	制定		2011	全国化学标准化技术委员会水处理剂分会	石家庄开发区德赛化工有限公司、中海油天津化工研究设计院
80	2010-0080T-HG	电镀镍钨磷合金用电镀液	推荐	制定		2011	全国化学标准化技术委员会无机化工分会	中海油天津化工研究设计院、湖南大学
81	2010-0081T-HG	电镀铁镍钨合金用电镀液	推荐	制定		2011	全国化学标准化技术委员会无机化工分会	中海油天津化工研究设计院、湖南大学

续表

序号	计划号	项目名称	性质	制修订	代替标准	完成年限	技术委员会或技术归口单位	主要起草单位
82	2010-0082T-HG	电子工业用粒状一氧化铅	推荐	修订	HG/T 2325—2004	2011	全国化学标准化技术委员会无机化工分会	中海油天津化工研究设计院、江苏天鹏氧化铅有限公司
83	2010-0083T-HG	二氧化锆	推荐	修订	HG/T 2773—2004	2011	全国化学标准化技术委员会无机化工分会	中海油天津化工研究设计院、河南佰利联化学股份有限公司等
84	2010-0084T-HG	非洗涤剂用三聚磷酸钠	推荐	制定		2011	全国化学标准化技术委员会无机化工分会	中海油天津化工研究设计院、湖北兴发化工股份有限公司
85	2010-0085T-HG	高界面氧化锌的技术条件和分析方法	推荐	制定		2011	全国化学标准化技术委员会无机化工分会	中海油天津化工研究设计院、山西丰海纳米科技有限公司
86	2010-0086T-HG	工业八水合二氯氧化锆（氯氧化锆）	推荐	修订	HG/T 2772—2004	2011	全国化学标准化技术委员会无机化工分会	中海油天津化工研究设计院、河南佰利联化学股份有限公司等
87	2010-0087T-HG	工业活性轻质氧化镁	推荐	修订	HG/T 3928—2007	2011	全国化学标准化技术委员会无机化工分会	中海油天津化工研究设计院、运城市亚兴环保科技有限公司等
88	2010-0088T-HG	工业硫氰酸铵	推荐	修订	HG/T 2154—2004	2011	全国化学标准化技术委员会无机化工分会	中海油天津化工研究设计院、江苏燎原化工有限公司、河南淇县天水化工厂等
89	2010-0089T-HG	工业氯化铬	推荐	制定		2011	全国化学标准化技术委员会无机化工分会	中海油天津化工研究设计院、四川省银河建化集团有限公司
90	2010-0090T-HG	工业氯化锌	推荐	修订	HG/T 2323—2004	2011	全国化学标准化技术委员会无机化工分会	中海油天津化工研究设计院、湖南株洲金程实业有限公司、兰州黄河锌品有限责任公司

续表

序号	计划号	项目名称	性质	制修订	代替标准	完成年限	技术委员会或技术归口单位	主要起草单位
91	2010－0091T－HG	工业轻质氧化镁	推荐	修订	HG/T 2573—2006	2011	全国化学标准化技术委员会无机化工分会	中海油天津化工研究设计院、运城市亚兴环保科技有限公司等
92	2010－0092T－HG	工业水合肼	推荐	修订	HG/T 3259—2004	2011	全国化学标准化技术委员会无机化工分会	中海油天津化工研究设计院、潍坊欧莱化学有限公司、宜宾天原集团股份有限公司等
93	2010－0093T－HG	工业速溶粉状硅酸钠	推荐	制定		2011	全国化学标准化技术委员会无机化工分会	中海油天津化工研究设计院、青岛东岳泡花碱有限公司
94	2010－0094T－HG	工业碳酸锰	推荐	制定		2011	全国化学标准化技术委员会无机化工分会	中海油天津化工研究设计院、湖北开元化工科技有限公司、盐城凤阳化工有限公司、中信大锰矿业有限责任公司
95	2010－0095T－HG	含银抗菌溶液	推荐	制定		2011	全国化学标准化技术委员会无机化工分会	上海沪正纳米有限公司、上海华实纳米材料有限公司、张家港市华昌药业有限公司、江苏常泰纳米科技有限公司、全国卫生产业企业管理协会抗菌产业分会、中海油天津化工研究设计院
96	2010－0096T－HG	活性氧化锌	推荐	修订	HG/T 2572—2006	2011	全国化学标准化技术委员会无机化工分会	中海油天津化工研究设计院、洛阳市蓝天化工厂、上海京华化工厂、南京苏星锌业有限公司、兰州黄河锌品有限责任公司、柳州优联锌业有限公司

续表

序号	计划号	项目名称	性质	制修订	代替标准	完成年限	技术委员会或技术归口单位	主要起草单位
97	2010－0097T－HG	无机化工产品气相色谱分析方法通用规则	推荐	制定		2011	全国化学标准化技术委员会无机化工分会	中海油天津化工研究设计院、山东出入境检验检疫局，广东省汕头市质量计量监督检测所
98	2010－0098T－HG	制冷机用溴化锂溶液	推荐	修订	HG/T 2822—2005	2011	全国化学标准化技术委员会无机化工分会	中海油天津化工研究设计院、常熟科洁中央空调服务有限责任公司(南通科洁化工厂)、江苏省连云港振圣溴化锂有限公司
99	2010－0099T－HG	2－甲基吡啶	推荐	制定		2011	全国化学标准化技术委员会有机化工分会	红太阳集团有限公司
100	2010－0100T－HG	2－氯吡啶	推荐	制定		2011	全国化学标准化技术委员会有机化工分会	红太阳集团有限公司
101	2010－0101T－HG	2－氰基吡啶	推荐	制定		2011	全国化学标准化技术委员会有机化工分会	南通醋酸化工股份有限公司
102	2010－0102T－HG	3－氰基吡啶	推荐	制定		2011	全国化学标准化技术委员会有机化工分会	南通醋酸化工股份有限公司
103	2010－0103T－HG	4－甲基吡啶	推荐	制定		2011	全国化学标准化技术委员会有机化工分会	红太阳集团有限公司
104	2010－0104T－HG	工业用N,N－二甲基乙酰胺	推荐	制定		2011	全国化学标准化技术委员会有机化工分会	浙江江山化工股份有限公司
105	2010－0105T－HG	工业用对苯二甲酰氯	推荐	制定		2011	全国化学标准化技术委员会有机化工分会	淄博达隆制药科技有限公司
106	2010－0106T－HG	工业用间苯二甲酰氯	推荐	制定		2011	全国化学标准化技术委员会有机化工分会	淄博达隆制药科技有限公司
107	2010－0107T－HG	工业用三季戊四醇	推荐	制定		2011	全国化学标准化技术委员会有机化工分会	江苏瑞阳化工股份有限公司

续表

序号	计划号	项目名称	性质	制修订	代替标准	完成年限	技术委员会或技术归口单位	主要起草单位
108	2010－0108T－HG	工业用双季戊四醇	推荐	制定		2011	全国化学标准化技术委员会有机化工分会	江苏瑞阳化工股份有限公司
109	2010－0109T－HG	工业用一仲丁胺	推荐	制定		2011	全国化学标准化技术委员会有机化工分会	浙江新化化工股份有限公司
110	2010－0110T－HG	工业用乙二醇丁醚	推荐	制定		2011	全国化学标准化技术委员会有机化工分会	江苏怡达化工有限公司
111	2010－0111T－HG	工业用乙二醇丁醚乙酸酯	推荐	制定		2011	全国化学标准化技术委员会有机化工分会	江苏怡达化工有限公司
112	2010－0112T－HG	工业用乙酰乙酸甲酯	推荐	制定		2011	全国化学标准化技术委员会有机化工分会	南通醋酸化工股份有限公司
113	2010－0113T－HG	工业用乙酰乙酸乙酯	推荐	修订	HG/T 2307—1992(2007)	2011	全国化学标准化技术委员会有机化工分会	南通醋酸化工股份有限公司
114	2010－0114T－HG	哌啶	推荐	制定		2011	全国化学标准化技术委员会有机化工分会	红太阳集团有限公司
115	2010－0115T－HG	壬二酸	推荐	制定		2011	全国化学标准化技术委员会有机化工分会	浙江省杭州友邦香料香精有限公司
116	2010－0116T－HG	壬酸	推荐	制定		2011	全国化学标准化技术委员会有机化工分会	浙江省杭州友邦香料香精有限公司
117	2010－0117T－HG	纺织品印花用粘合剂	推荐	制定		2011	全国胶粘剂标委会	辽宁恒星精细化工(集团)有限公司
118	2010－0118T－HG	热熔胶低温性能试验方法	推荐	制定		2010	全国胶粘剂标准化技术委员会	上海轻工业研究所有限公司
119	2010－0119T－HG	轮胎静负荷性能测定方法	推荐	修订	HG/T 2443－1993	2011	全国轮胎轮辋标准化技术委员会	北京橡胶工业研究设计院

续表

序号	计划号	项目名称	性质	制修订	代替标准	完成年限	技术委员会或技术归口单位	主要起草单位
120	2010－0120T－HG	轮胎气门嘴延伸管	推荐	制定		2010	全国轮胎轮辋标准化技术委员会	江阴博尔汽配工业有限公司
121	2010－0121T－HG	轮胎气门嘴延伸管试验方法	推荐	制定		2010	全国轮胎轮辋标准化技术委员会	上海保隆汽车科技股份有限公司
122	2010－0122T－HG	轮胎水压试验方法	推荐	修订	HG/T 2186—1991	2011	全国轮胎轮辋标准化技术委员会	北京橡胶工业研究设计院
123	2010－0123T－HG	农业用轮胎耐磨性能试验方法	推荐	修订	HG/T 2444—1993	2011	全国轮胎轮辋标准化技术委员会	北京橡胶工业研究设计院
124	2010－0124T－HG	双轮车辆用反光轮胎	推荐	制定		2011	全国轮胎轮辋标准化技术委员会	广州广橡企业集团有限公司钻石车胎厂、3M（中国）有限公司、上海天马万虹胶制品有限公司等
125	2010－0125T－HG	农药产品标准编写规范	推荐	修订	HG/T 2467.1～2467.20—2003	2010	全国农药标准化技术委员会	沈阳化工研究院有限公司
126	2010－0126T－HG	2,5－二氯硝基苯	推荐	制定		2011	全国染料标准化技术委员会	沈阳化工研究院有限公司、江苏隆昌化工有限公司
127	2010－0127T－HG	3－硝基－4－氯苯磺酸	推荐	制定		2011	全国染料标准化技术委员会	沈阳化工研究院有限公司、杭州下沙恒升化工有限公司
128	2010－0128T－HG	C.I. 酸性红 119	推荐	制定		2011	全国染料标准化技术委员会	沈阳化工研究院有限公司、上虞市光明化工有限公司
129	2010－0129T－HG	C.I. 酸性红 213	推荐	制定		2011	全国染料标准化技术委员会	沈阳化工研究院有限公司、金华双宏化工有限公司
130	2010－0130T－HG	C.I. 酸性黄 220	推荐	制定		2011	全国染料标准化技术委员会	沈阳化工研究院有限公司、杭州下沙恒升化工有限公司

续表

序号	计划号	项目名称	性质	制修订	代替标准	完成年限	技术委员会或技术归口单位	主要起草单位
131	2010-0131T-HG	C.I. 酸性黄 79	推荐	制定		2011	全国染料标准化技术委员会	沈阳化工研究院有限公司、上虞市光明化工有限公司
132	2010-0132T-HG	C.I. 酸性蓝 324	推荐	制定		2011	全国染料标准化技术委员会	沈阳化工研究院有限公司、金华双宏化工有限公司
133	2010-0133T-HG	C.I. 酸性绿 27	推荐	制定		2011	全国染料标准化技术委员会	沈阳化工研究院有限公司、杭州下沙恒升化工有限公司
134	2010-0134T-HG	C.I. 酸性棕 355	推荐	制定		2011	全国染料标准化技术委员会	沈阳化工研究院有限公司、杭州下沙恒升化工有限公司
135	2010-0135T-HG	N-苯基-1-萘胺-8-磺酸(苯基周位酸)	推荐	修订	HG/T 2076—2003	2011	全国染料标准化技术委员会	沈阳化工研究院有限公司、铜陵化工集团有机化工有限责任公司
136	2010-0136T-HG	N-乙基-N-(3′-磺酸基苄基)苯胺	推荐	制定		2011	全国染料标准化技术委员会	沈阳化工研究院有限公司、杭州下沙恒升化工有限公司
137	2010-0137T-HG	保险粉(连二亚硫酸钠)	推荐	修订	HG/T 2074—2004	2011	全国染料标准化技术委员会	沈阳化工研究院有限公司
138	2010-0138T-HG	反应红 FL-2BL	推荐	制定		2011	全国染料标准化技术委员会	沈阳化工研究院有限公司、丽源(湖北)科技有限公司
139	2010-0139T-HG	反应黄 FL-2RN	推荐	制定		2011	全国染料标准化技术委员会	沈阳化工研究院有限公司、丽源(湖北)科技有限公司
140	2010-0140T-HG	反应蓝 FL-RN	推荐	制定		2011	全国染料标准化技术委员会	沈阳化工研究院有限公司、丽源(湖北)科技有限公司

续表

序号	计划号	项目名称	性质	制修订	代替标准	完成年限	技术委员会或技术归口单位	主要起草单位
141	2010－0141T－HG	分散大红 S－3GL	推荐	修订	HG/T 2282—2003	2011	全国染料标准化技术委员会	沈阳化工研究院有限公司
142	2010－0142T－HG	还原橄榄绿 5G 超细粉	推荐	修订	HG/T 2549－2003	2011	全国染料标准化技术委员会	沈阳化工研究院有限公司
143	2010－0143T－HG	还原黄 5RC 超细粉	推荐	修订	HG/T 2285—2003	2011	全国染料标准化技术委员会	沈阳化工研究院有限公司
144	2010－0144T－HG	还原桃红 R 普通粉	推荐	修订	HG/T 3750—2004	2011	全国染料标准化技术委员会	沈阳化工研究院有限公司、山西省临汾染化集团有限责任公司
145	2010－0145T－HG	间羟基－*N*,*N*－二乙基苯胺	推荐	修订	HG/T 3772—2005	2011	全国染料标准化技术委员会	沈阳化工研究院有限公司、天津振兴伟业化工染料有限公司、河北建新化工股份有限公司
146	2010－0146T－HG	咔唑	推荐	制定		2011	全国染料标准化技术委员会	沈阳化工研究院有限公司、江苏海润化工有限公司
147	2010－0147T－HG	媒介黑 2B	推荐	修订	HG/T 2589—2004	2011	全国染料标准化技术委员会	沈阳化工研究院有限公司
148	2010－0148T－HG	媒介黑 PV（C. I. 媒介黑 9）	推荐	修订	HG/T 3724—2003	2011	全国染料标准化技术委员会	沈阳化工研究院有限公司
149	2010－0149T－HG	酸性黑 NT（C. I. 酸性黑 210）	推荐	修订	HG/T 3751—2004	2011	全国染料标准化技术委员会	沈阳化工研究院有限公司
150	2010－0150T－HG	直接艳黄 4R	推荐	修订	HG/T 2588—2004	2011	全国染料标准化技术委员会	沈阳化工研究院有限公司
151	2010－0151T－HG	纺织染整助剂 氨基硅油总氨值的测定	推荐	制定		2011	全国染料标准化技术委员会印染助剂分技术委员会	浙江传化股份有限公司
152	2010－0152T－HG	纺织染整助剂 涤用匀染剂 高温分散性的测定	推荐	制定		2011	全国染料标准化技术委员会印染助剂分技术委员会	浙江传化股份有限公司

续表

序号	计划号	项目名称	性质	制修订	代替标准	完成年限	技术委员会或技术归口单位	主要起草单位
153	2010-0153T-HG	纺织染整助剂 涤用匀染剂 缓染性能的测定	推荐	制定		2011	全国染料标准化技术委员会印染助剂分技术委员会	浙江传化股份有限公司
154	2010-0154T-HG	纺织染整助剂 涤用匀染剂 移染性能的测定	推荐	制定		2011	全国染料标准化技术委员会印染助剂分技术委员会	浙江传化股份有限公司
155	2010-0155T-HG	纺织染整助剂 防水防油加工剂 防水性的测定(喷淋法)	推荐	制定		2011	全国染料标准化技术委员会印染助剂分技术委员会	浙江传化股份有限公司
156	2010-0156T-HG	纺织染整助剂 防水防油加工剂 防油性的测定	推荐	制定		2011	全国染料标准化技术委员会印染助剂分技术委员会	浙江传化股份有限公司
157	2010-0157T-HG	纺织染整助剂 含固量的测定	推荐	制定		2011	全国染料标准化技术委员会印染助剂分技术委员会	浙江传化股份有限公司
158	2010-0158T-HG	纺织染整助剂 离子性的测定	推荐	制定		2011	全国染料标准化技术委员会印染助剂分技术委员会	浙江传化股份有限公司
159	2010-0159T-HG	纺织染整助剂 棉用固色剂 固色效果的测定	推荐	制定		2011	全国染料标准化技术委员会印染助剂分技术委员会	浙江传化股份有限公司、浙江华晟化学制品有限公司
160	2010-0160T-HG	830nm 红外CTP印刷版用菁染料	推荐	制定		2010	全国数码影像材料与数字印刷材料标准化技术委员会	北京师范大学化学学院
161	2010-0161T-HG	免化学处理热敏CTP版	推荐	制定		2010	全国数码影像材料与数字印刷材料标准化技术委员会	乐凯集团第二胶片厂
162	2010-0162T-HG	免化学处理紫激光CTP版	推荐	制定		2011	全国数码影像材料与数字印刷材料标准化技术委员会	乐凯集团第二胶片厂
163	2010-0163T-HG	喷墨打印正喷胶片	推荐	制定		2011	全国数码影像材料与数字印刷材料标准化技术委员会	中国乐凯胶片集团公司黑白厂
164	2010-0164T-HG	热敏CTP版感光胶	推荐	制定		2010	全国数码影像材料与数字印刷材料标准化技术委员会	北京师范大学化学学院、泰兴市东方实业公司

续表

序号	计划号	项目名称	性质	制修订	代替标准	完成年限	技术委员会或技术归口单位	主要起草单位
165	2010-0165T-HG	山嵛酸银中银含量测定	推荐	制定		2010	全国数码影像材料与数字印刷材料标准化技术委员会	中国乐凯胶片集团公司
166	2010-0166T-HG	阳图型 PS 版	推荐	修订	HG/T 2694—2003	2011	全国数码影像材料与数字印刷材料标准化技术委员会	乐凯集团第二胶片厂、温州康尔达印刷器械有限公司、龙马铝业集团有限公司、北京科印近代印刷技术有限公司
167	2010-0167T-HG	医用干银胶片中银含量测定	推荐	制定		2010	全国数码影像材料与数字印刷材料标准化技术委员会	中国乐凯胶片集团公司
168	2010-0168T-HG	印刷线路板用银盐胶片	推荐	制定		2010	全国数码影像材料与数字印刷材料标准化技术委员会	乐凯集团第二胶片厂
169	2010-0169T-HG	印刷线路板用重氮胶片	推荐	制定		2011	全国数码影像材料与数字印刷材料标准化技术委员会	乐凯集团第二胶片厂
170	2010-0170T-HG	紫外光及紫激光用 CTP 版	推荐	制定		2010	全国数码影像材料与数字印刷材料标准化技术委员会	乐凯集团第二胶片厂
171	2010-0171T-HG	搪玻璃闭式贮存容器	推荐	修订	HG/T 2374—2004	2011	全国搪玻璃设备标准化技术委员会	江苏省溧阳市云龙设备制造有限公司、江阴市化工设备厂
172	2010-0172T-HG	搪玻璃碟片式冷凝器	推荐	修订	HG/T 2056—2004	2011	全国搪玻璃设备标准化技术委员会	江阴市长泾化工设备有限公司、天华化工机械及自动化研究设计院
173	2010-0173T-HG	搪玻璃换热管	推荐	制定		2011	全国搪玻璃设备标准化技术委员会	江阴硅普搪瓷有限公司、天华化工机械及自动化研究设计院
174	2010-0174T-HG	搪玻璃件几何尺寸检测方法	推荐	修订	HG/T 2637—2007	2011	全国搪玻璃设备标准化技术委员会	天华化工机械及自动化研究设计院、宁波明欣化工机械有限责任公司

续表

序号	计划号	项目名称	性质	制修订	代替标准	完成年限	技术委员会或技术归口单位	主要起草单位
175	2010－0175T－HG	搪玻璃开式贮存容器	推荐	修订	HG/T 2373—2004	2011	全国搪玻璃设备标准化技术委员会	江苏省溧阳市云龙设备制造有限公司、江阴市化工设备厂
176	2010－0176T－HG	搪玻璃容器参数	推荐	修订	HG/T 2036—2005	2011	全国搪玻璃设备标准化技术委员会	天华化工机械及自动化研究设计院、宁波明欣化工机械有限责任公司
177	2010－0177T－HG	搪玻璃设备 活套法兰	推荐	修订	HG/T 2105—2006	2011	全国搪玻璃设备标准化技术委员会	新乡市三峰化工设备有限公司、天华化工机械及自动化研究设计院
178	2010－0178T－HG	搪玻璃设备质量分等	推荐	修订	HG/T 2638—2004	2011	全国搪玻璃设备标准化技术委员会	天华化工机械及自动化研究设计院、宁波明欣化工机械有限责任公司
179	2010－0179T－HG	搪玻璃卧式贮存容器	推荐	修订	HG/T 2375—2004	2011	全国搪玻璃设备标准化技术委员会	江苏省溧阳市云龙设备制造有限公司、江阴市化工设备厂
180	2010－0180T－HG	氨基烘干绝缘漆	推荐	修订	HG/T 3371—2003	2011	全国涂料和颜料标准化技术委员会	中海油常州涂料化工研究院
181	2010－0181T－HG	玻璃鳞片防腐涂料	推荐	制定		2011	全国涂料和颜料标准化技术委员会	中海油常州涂料化工研究院
182	2010－0182T－HG	醇酸烘干绝缘漆	推荐	修订	HG/T 3372—2003	2011	全国涂料和颜料标准化技术委员会	中海油常州涂料化工研究院
183	2010－0183T－HG	电泳涂料通用试验方法	推荐	修订	HG/T 3334—1977(2004)；HG/T 3335—1977(2004)；HG/T 3336—1977(2004)；HG/T 3337—1977(2004)；HG/T 3338—1977(2004)；HG/T 3339—1979(2004)	2011	全国涂料和颜料标准化技术委员会	中海油常州涂料化工研究院

续表

序号	计划号	项目名称	性质	制修订	代替标准	完成年限	技术委员会或技术归口单位	主要起草单位
184	2010－0184T－HG	防结露涂料测试方法	推荐	制定		2011	全国涂料和颜料标准化技术委员会	中国建筑材料科学研究总院、中海油常州涂料化工研究院
185	2010－0185T－HG	钢质输水管道无溶剂液体环氧涂料	推荐	制定		2011	全国涂料和颜料标准化技术委员会	北京航材百慕新材料技术工程有限公司、中海油常州涂料化工研究院
186	2010－0186T－HG	高氯化聚乙烯防腐涂料	推荐	制定		2011	全国涂料和颜料标准化技术委员会	海洋化工研究院、中海油常州涂料化工研究院
187	2010－0187T－HG	工程机械用涂料	推荐	制定		2011	全国涂料和颜料标准化技术委员会	中海油常州涂料化工研究院
188	2010－0188T－HG	环氧云铁中间漆	推荐	制定		2011	全国涂料和颜料标准化技术委员会	中海油常州涂料化工研究院
189	2010－0189T－HG	环氧酯底漆	推荐	修订	HG/T 2239—1991(2004)	2011	全国涂料和颜料标准化技术委员会	中海油常州涂料化工研究院
190	2010－0190T－HG	金属表面用热反射隔热涂料	推荐	制定		2011	全国涂料和颜料标准化技术委员会	北京航材百慕新材料技术工程有限公司、中海油常州涂料化工研究院
191	2010－0191T－HG	聚氨酯涂料(单组分)	推荐	修订	HG/T 2240—1991(2004)	2011	全国涂料和颜料标准化技术委员会	中海油常州涂料化工研究院
192	2010－0192T－HG	绝缘漆漆膜击穿强度测定法	推荐	修订	HG/T 3330—1980(2004)	2011	全国涂料和颜料标准化技术委员会	中海油常州涂料化工研究院
193	2010－0193T－HG	绝缘漆漆膜体积电阻系数和表面电阻系数测定法	推荐	修订	HG/T 3331—1978(2004)	2011	全国涂料和颜料标准化技术委员会	中海油常州涂料化工研究院
194	2010－0194T－HG	鳞片型富锌底漆	推荐	制定		2011	全国涂料和颜料标准化技术委员会	北京航材百慕新材料技术工程有限公司、中海油常州涂料化工研究院

续表

序号	计划号	项目名称	性质	制修订	代替标准	完成年限	技术委员会或技术归口单位	主要起草单位
195	2010-0195T-HG	漆膜吸水率测定法	推荐	修订	HG/T 3344—1985(2004)	2011	全国涂料和颜料标准化技术委员会	中海油常州涂料化工研究院
196	2010-0196T-HG	水性多彩建筑涂料	推荐	制定		2011	全国涂料和颜料标准化技术委员会	中海油常州涂料化工研究院
197	2010-0197T-HG	水性复合岩片仿花岗岩涂料	推荐	制定		2011	全国涂料和颜料标准化技术委员会	杭州森乐士涂料有限公司、国家化学建材质量监督检验中心、中海油常州涂料化工研究院
198	2010-0198T-HG	涂料用彩色复合岩片	推荐	制定		2011	全国涂料和颜料标准化技术委员会	杭州森乐士涂料有限公司、国家化学建材质量监督检验中心、中海油常州涂料化工研究院
199	2010-0199T-HG	涂料用氯化橡胶树脂	推荐	制定		2011	全国涂料和颜料标准化技术委员会	海洋化工研究院、中海油常州涂料化工研究院
200	2010-0200T-HG	涂料用稀土催干剂	推荐	修订	HG/T 2247—1991(2004)	2011	全国涂料和颜料标准化技术委员会	中海油常州涂料化工研究院
201	2010-0201T-HG	涂料用增稠剂膨润土	推荐	修订	HG/T 2248—1991	2011	全国涂料和颜料标准化技术委员会	浙江华特新材料股份有限公司、中海油常州涂料化工研究院
202	2010-0202T-HG	硝基铅笔漆	推荐	修订	HG/T 2245—1991(2004);HG/T 2246—1991(2004)	2011	全国涂料和颜料标准化技术委员会	中海油常州涂料化工研究院
203	2010-0203T-HG	云母氧化铁	推荐	修订	HG/T 3006—1986(2007)	2011	全国涂料和颜料标准化技术委员会	中海油常州涂料化工研究院
204	2010-0204T-HG	紫外光(UV)固化木器涂料	推荐	修订	HG/T 3655—1999(2007)	2011	全国涂料和颜料标准化技术委员会	中海油常州涂料化工研究院
205	2010-0205T-HG	实心轮胎压力成型机	推荐	制定		2011	全国橡胶塑料机械标准化技术委员会橡胶机械分会	青岛双星橡塑机械有限公司
206	2010-0206T-HG	外胎气囊反包(BTU)成型机	推荐	制定		2011	全国橡胶塑料机械标准化技术委员会橡胶机械分会	无锡市蓉阳橡塑机械厂

续表

序号	计划号	项目名称	性质	制修订	代替标准	完成年限	技术委员会或技术归口单位	主要起草单位
207	2010-0207T-HG	输送带用浸胶涤棉帆布	推荐	制定		2011	全国橡胶与橡胶制品标准化技术委员会	青岛科技大学
208	2010-0208T-HG	聚氨酯扩链剂 MCDEA	推荐	制定		2011	全国橡胶与橡胶制品标准化技术委员会化学助剂分会	苏州市湘园特种精细化工有限公司
209	2010-0209T-HG	聚氨酯橡胶硫化剂 MOCA	推荐	修订	HG/T 3711—2003	2011	全国橡胶与橡胶制品标准化技术委员会化学助剂分会	苏州市湘园特种精细化工有限公司
210	2010-0210T-HG	油酸酰胺	推荐	制定		2011	全国橡胶与橡胶制品标准化技术委员会化学助剂分会	江西威科油脂化学有限公司
211	2010-0211T-HG	4—氨基二苯胺	推荐	制定		2011	全国橡胶与橡胶制品标准化技术委员会化学助剂分技术委员会	中国石化南京化学工业有限公司
212	2010-0212T-HG	防老剂 DTPD	推荐	制定		2011	全国橡胶与橡胶制品标准化技术委员会化学助剂分技术委员会	青岛华恒助剂厂
213	2010-0213T-HG	聚氨酯扩链剂 HER	推荐	制定		2011	全国橡胶与橡胶制品标准化技术委员会化学助剂分技术委员会	苏州市湘园特种精细化工有限公司
214	2010-0214T-HG	聚氨酯扩链剂 HQEE	推荐	制定		2011	全国橡胶与橡胶制品标准化技术委员会化学助剂分技术委员会	苏州市湘园特种精细化工有限公司
215	2010-0215T-HG	树脂催化剂	推荐	制定		2011	全国橡胶与橡胶制品标准化技术委员会化学助剂分技术委员会	凯瑞化工有限责任公司
216	2010-0216T-HG	硬脂酸钙	推荐	修订	HG/T 2424—1993	2011	全国橡胶与橡胶制品标准化技术委员会化学助剂分技术委员会	南京金陵化工厂有限责任公司
217	2010-0217T-HG	硬脂酸锌	推荐	修订	HG/T 3667—2000	2011	全国橡胶与橡胶制品标准化技术委员会化学助剂分技术委员会	南京金陵化工厂有限责任公司

续表

序号	计划号	项目名称	性质	制修订	代替标准	完成年限	技术委员会或技术归口单位	主要起草单位
218	2010-0218T-HG	胶乳彩色气球	推荐	修订	HG/T 2723—1995	2011	全国橡胶与橡胶制品标准化技术委员会胶乳制品分会	中国化工橡胶株洲研究设计院、江阴嘉乐威胶乳制品有限公司
219	2010-0219T-HG	胶乳海绵表观密度测定	推荐	修订	HG/T 3055—1988	2011	全国橡胶与橡胶制品标准化技术委员会胶乳制品分会	中国化工橡胶株洲研究设计院
220	2010-0220T-HG	胶乳海绵线性尺寸测定	推荐	修订	HG/T 3054—1988	2011	全国橡胶与橡胶制品标准化技术委员会胶乳制品分会	中国化工橡胶株洲研究设计院
221	2010-0221T-HG	橡胶防霉菌性能测试方法	推荐	制定		2011	全国橡胶与橡胶制品标准化技术委员会通用试验方法分会	北京橡胶工业研究设计院
222	2010-0222T-HG	用毛细管流变仪测量橡胶工艺性能的试验方法	推荐	制定		2011	全国橡胶与橡胶制品标准化技术委员会通用试验方法分会	北京橡胶工业研究设计院
223	2010-0223T-HG	玻璃热合夹胶机真空袋	推荐	制定		2011	全国橡胶与橡胶制品标准化技术委员会橡胶杂品分会	江阴天祥塑化制带有限公司
224	2010-0224T-HG	吸声圆锥	推荐	制定		2011	全国橡胶与橡胶制品标准化技术委员会橡胶杂品分会	湖北华强科技有限责任公司
225	2010-0225T-HG	汽车用阻尼胶片	推荐	制定		2011	全国橡胶与橡胶制品委员会橡胶杂品分会	贵阳联洪合成材料厂

2010年产品类标准项目计划表

石化行业

序号	计划号	项目名称	性质	制修订	代替标准	完成年限	技术委员会或技术归口单位	主要起草单位
1	2010-0226T-SH	道桥用环氧沥青	推荐	制定		2011	全国石油产品和润滑剂标准化技术委员会石油沥青分技术委员会	中国化学建筑材料公司苏州防水材料研究设计所
2	2010-0227T-SH	塑料 聚丙烯等规指数测试 低分辨率脉冲核磁共振法	推荐	制定		2011	全国塑料标准化技术委员会石化塑料树脂产品分会	中国石油兰州石化公司质量管理部

续表

序号	计划号	项目名称	性质	制修订	代替标准	完成年限	技术委员会或技术归口单位	主要起草单位
3	2010－0228T－SH	塑料 线型低密度聚乙烯（LL-DPE）组成的确定 碳－13 核磁共振波谱法	推荐	制定		2011	全国塑料标准化技术委员会石化塑料树脂产品分会	中国石化北京燕山分公司树脂应用研究所、中国石化北京燕山分公司研究院
4	2010－0229T－SH	合成胶乳凝固物含量的测定	推荐	修订	SH/T 1153—1992(1998)	2010	全国橡标委合成橡胶分技术委员会	中国石油天然气股份公司石油化工研究院
5	2010－0230T－SH	合成橡胶胶乳 pH 值的测定	推荐	修订	SH/T 1150—1999	2010	全国橡标委合成橡胶分技术委员会	中国石油天然气股份公司石油化工研究院
6	2010－0231T－SH	合成橡胶胶乳总固物含量的测定	推荐	修订	SH/T 1154—1999	2010	全国橡标委合成橡胶分技术委员会	中国石油天然气股份公司石油化工研究院
7	2010－0232T－SH	生橡胶 丙烯腈－丁二烯橡胶（NBR）中结合丙烯腈含量的测定 第1部分：燃烧（Dumas）法	推荐	制定		2011	全国橡标委合成橡胶分技术委员会	中国石油天然气股份公司石油化工研究院

2010 年产品类标准项目计划表

包装行业

序号	计划号	项目名称	性质	制修订	代替标准	完成年限	技术委员会或技术归口单位	主要起草单位
1	2010－2128T－BB	包装容器 PET 瓶坯	推荐	制定		2011	全国包装标准化技术委员会	国家包装产品质量监督检验中心（广州）
2	2010－2129T－BB	包装容器 方罐与扁圆罐	推荐	修订	BB/T 0019—2000	2012	全国包装标准化技术委员会	中化化工标准化研究所等
3	2010－2130T－BB	聚乙烯发泡包装材料	推荐	制定		2011	全国包装标准化技术委员会	中国包装科研测试中心
4	2010－2131T－BB	商品零售包装袋	推荐	修订	BB/T 0039—2006	2011	全国包装标准化技术委员会	中国包装科研测试中心
5	2010－2132T－BB	运输货物包装用捆绑器	推荐	制定		2010	全国包装标准化技术委员会	浙江省建德市春雷五金电器有限公司

2010 年工程建设类标准项目计划表

化工行业

序号	计划号	项目名称	性质	制修订	代替标准	完成年限	技术委员会或技术归口单位	主要起草单位
1	2010-2364T-HG	不锈钢网孔板波纹填料工程技术规范	推荐	修订	HG/T 21559.1—95	2010	中国石油和化工勘察设计协会	全国化工化学工程设计技术中心站、华陆工程科技有限责任公司
2	2010-2365T-HG	管道工厂化预制技术规范	推荐	制定		2011	中国石油和化工勘察设计协会	全国化工工艺配管设计技术中心站、江阴东联高压管件有限公司
3	2010-2366T-HG	过程测量与控制仪表的功能标志及图形符号	推荐	修订	HG/T 20505—2000	2011	中国石油和化工勘察设计协会	中国成达工程有限公司
4	2010-2367T-HG	化工粉体物料堆场及仓库设计规范	推荐	修订	HG/T 20568—94	2011	中国石油和化工勘察设计协会	中国石化集团南京设计院
5	2010-2368T-HG	化工高压管道、管件通用技术规范	推荐	制定		2012	中国石油和化工勘察设计协会	中国化学工程第四建设公司、岳阳筑盛阀门管道有限责任公司、中国化学工程股份有限公司
6	2010-2369T-HG	化工工程建设领域电子文档管理规范	推荐	制定		2011	中国石油和化工勘察设计协会	全国化工计算机应用技术中心
7	2010-2370T-HG	化工工程通用数据库设计与应用技术规程	推荐	制定		2012	中国石油和化工勘察设计协会	全国化工计算机应用技术中心
8	2010-2371T-HG	化工工程信息分类与编码规范	推荐	制定		2011	中国石油和化工勘察设计协会	中国天辰工程有限公司
9	2010-2372T-HG	化工矿山矿区总体规划内容和深度的规定	推荐	修订	HG 22802—1993	2011	中国石油和化工勘察设计协会	中国寰球工程公司华北规划设计院
10	2010-2373T-HG	化工矿山盐湖卤水矿采矿设计规范	推荐	制定		2012	中国石油和化工勘察设计协会	化工部长沙设计研究院

续表

序号	计划号	项目名称	性质	制修订	代替标准	完成年限	技术委员会或技术归口单位	主要起草单位
11	2010-2374T-HG	化工矿山钻井水溶法采矿设计规范	推荐	制定		2012	中国石油和化工勘察设计协会	化工部长沙设计研究院
12	2010-2375T-HG	化工企业供热装置及汽轮机组热工监测与控制设计条件技术规范	推荐	修订	HG/T 20655—1998	2011	中国石油和化工勘察设计协会	中国寰球工程公司
13	2010-2376T-HG	化工企业热工设计施工图内容深度统一规定	推荐	修订	HG/T 20692—2000	2012	中国石油和化工勘察设计协会	五环科技股份有限公司
14	2010-2377T-HG	化工行业岩土工程勘察成果检查、验收和质量评定要求	推荐	制定		2011	中国石油和化工勘察设计协会	化工部福州地质工程勘察院
15	2010-2378T-HG	可编程控制器系统工程设计规范	推荐	修订	HG/T 20700—2000	2011	中国石油和化工勘察设计协会	中国天辰工程有限公司
16	2010-2379T-HG	控制室设计规范	推荐	修订	HG/T 20508—2000	2011	中国石油和化工勘察设计协会	中国石化集团宁波工程有限公司
17	2010-2380T-HG	热油炉技术条件	推荐	修订	HG/T 20567—94	2011	中国石油和化工勘察设计协会	全国化工工业炉设计技术中心站
18	2010-2381T-HG	橡胶衬里化工设备设计规范	推荐	修订	HG/T 20677—1990	2011	中国石油和化工勘察设计协会	山东齐鲁石化工程有限公司
19	2010-2382T-HG	信号报警、联锁和安全仪表系统设计规定	推荐	修订	HG/T 20511—2000	2011	中国石油和化工勘察设计协会	东华工程科技股份有限公司
20	2010-2383T-HG	仪表隔离和吹洗设计规范	推荐	修订	HG/T 20515—2000	2011	中国石油和化工勘察设计协会	中国五环工程有限公司
21	2010-2384T-HG	仪表供电设计规范	推荐	修订	HG/T 20509—2000	2011	中国石油和化工勘察设计协会	中国成达工程有限公司
22	2010-2385T-HG	仪表供气设计规范	推荐	修订	HG/T 20510—2000	2011	中国石油和化工勘察设计协会	赛鼎工程有限公司

续表

序号	计划号	项目名称	性质	制修订	代替标准	完成年限	技术委员会或技术归口单位	主要起草单位
23	2010－2386T－HG	仪表及管线伴热和绝热保温设计规范	推荐	修订	HG/T 20514—2000	2011	中国石油和化工勘察设计协会	中石油东北炼化工程有限公司、吉林设计院
24	2010－2387T－HG	仪表配管配线设计规范	推荐	修订	HG/T 20512—2000	2011	中国石油和化工勘察设计协会	中国石化集团南京设计院
25	2010－2388T－HG	仪表系统接地设计规范	推荐	修订	HG/T 20513—2000	2011	中国石油和化工勘察设计协会	华陆工程科技有限责任公司、化工部长沙设计研究院
26	2010－2389T－HG	真空预压法加固软土地基施工技术规程	推荐	修订	HG/T 20578—95	2010	中国石油和化工勘察设计协会	中国化学工程第一岩土工程有限公司
27	2010－2390T－HG	自动分析器室设计规定	推荐	修订	HG/T 20516—2000	2011	中国石油和化工勘察设计协会	中国石化集团宁波工程有限公司
28	2010－2391T－HG	自动化仪表选型设计规范	推荐	修订	HG/T 20507—2000	2011	中国石油和化工勘察设计协会	中国寰球工程公司、五环科技股份有限公司
29	2010－2392T－HG	自控设计常用名词术语	推荐	修订	HG/T 20699—2000	2011	中国石油和化工勘察设计协会	中国寰球工程公司

2010 年工程建设类标准项目计划表

石化行业

序号	计划号	项目名称	性质	制修订	代替标准	完成年限	技术委员会或技术归口单位	主要起草单位
1	2010－2393T－SH	炼油厂加热炉炉管壁厚计算方法	推荐	修订	SH/T 3037—2002	2011	中国石油化工股份有限公司工程部	中国石化集团洛阳石油化工工程公司
2	2010－2394T－SH	炼油厂用电负荷计算方法	推荐	修订	SH/T 3116—2000	2011	中国石油化工股份有限公司工程部	中国石化集团洛阳石油化工工程公司
3	2010－2395T－SH	炼油装置工艺管道流程设计规范	推荐	修订	SH/T 3122—2000	2011	中国石油化工股份有限公司工程部	中国石化集团洛阳石油化工工程公司
4	2010－2396Q－SH	石油化工电气设备抗震鉴定标准	强制	修订	SH/T 3071—1995	2011	中国石油化工股份有限公司工程部	中国石化工程建设公司

续表

序号	计划号	项目名称	性质	制修订	代替标准	完成年限	技术委员会或技术归口单位	主要起草单位
5	2010－2397T－SH	石油化工阀门检验与管理规程	推荐	修订	SH 3518—2000	2011	中国石油化工股份有限公司工程部	中国石化集团第十建设公司
6	2010－2398T－SH	石油化工钢板制对焊管件	推荐	修订	SH/T 3409—1996	2010	中国石油化工股份有限公司工程部	中国石化集团洛阳石油化工工程公司
7	2010－2399Q－SH	石油化工钢结构防火保护技术规范	强制	修订	SH 3137—2003	2012	中国石油化工股份有限公司工程部	中国石化集团洛阳石油化工工程公司
8	2010－2400T－SH	石油化工钢筋混泥土水池结构设计规范	推荐	修订	SH/T 3132—2002	2012	中国石油化工股份有限公司工程部	中国石化集团洛阳石油化工工程公司
9	2010－2401T－SH	石油化工钢制对焊无缝管件	推荐	修订	SH/T 3408—1996	2010	中国石油化工股份有限公司工程部	中国石化集团洛阳石油化工工程公司
10	2010－2402T－SH	石油化工钢制管道热处理技术规范	推荐	制定		2010	中国石油化工股份有限公司工程部	中国石化集团宁波工程有限公司
11	2010－2403T－SH	石油化工钢制管法兰	推荐	修订	SH/T 3406—1996	2011	中国石油化工股份有限公司工程部	中国石化工程建设公司
12	2010－2404T－SH	石油化工钢制管法兰用非金属平垫片	推荐	修订	SH/T 3401—1996	2011	中国石油化工股份有限公司工程部	中国石化工程建设公司
13	2010－2405T－SH	石油化工钢制管法兰用金属环垫	推荐	修订	SH/T 3403—1996	2011	中国石油化工股份有限公司工程部	中国石化工程建设公司
14	2010－2406T－SH	石油化工钢制管法兰用紧固件	推荐	修订	SH/T 3404—1996	2011	中国石油化工股份有限公司工程部	中国石化工程建设公司
15	2010－2407T－SH	石油化工钢制管法兰用聚四氟乙烯包覆垫片	推荐	修订	SH/T 3402—1996	2011	中国石油化工股份有限公司工程部	中国石化工程建设公司
16	2010－2408T－SH	石油化工管道伴管及夹套管设计规范	推荐	修订	SH/T 3040—2002	2010	中国石油化工股份有限公司工程部	中国石化集团上海工程有限公司
17	2010－2409T－SH	石油化工管道设计器材选用规范	推荐	修订	SH 3059—2001	2011	中国石油化工股份有限公司工程部	中国石化工程建设公司

续表

序号	计划号	项目名称	性质	制修订	代替标准	完成年限	技术委员会或技术归口单位	主要起草单位
18	2010-2410T-SH	石油化工管法兰用缠绕式垫片	推荐	修订	SH/T 3407—1996	2011	中国石油化工股份有限公司工程部	中国石化工程建设公司
19	2010-2411T-SH	石油化工管式炉钢结构工程及部件安装技术条件	推荐	修订	SH 3086—1998	2011	中国石油化工股份有限公司工程部	中国石化集团洛阳石油化工工程公司
20	2010-2412T-SH	石油化工管式炉耐热钢铸件技术要求	推荐	修订	SH 3087—1997	2011	中国石油化工股份有限公司工程部	中国石化集团洛阳石油化工工程公司
21	2010-2413T-SH	石油化工管式炉耐热铸铁件工程技术条件	推荐	修订	SH/T 3114—2000	2011	中国石油化工股份有限公司工程部	中国石化集团洛阳石油化工工程公司
22	2010-2414T-SH	石油化工管式炉燃烧器工程技术条件	推荐	修订	SH/T 3113—2000	2011	中国石油化工股份有限公司工程部	中国石化集团洛阳石油化工工程公司
23	2010-2415T-SH	石油化工混凝土水池工程施工及验收规范	推荐	修订	SH/T 3535—2002	2010	中国石油化工股份有限公司工程部	中国石化集团第四建设公司、天津众业石化建筑工程有限公司
24	2010-2416T-SH	石油化工计量泵工程技术规范	推荐	修订	SH/T 3142—2004	2011	中国石油化工股份有限公司工程部	中国石化集团上海工程有限公司
25	2010-2417Q-SH	石油化工建筑抗震鉴定标准	强制	修订	SH/T 3130—2002	2011	中国石油化工股份有限公司工程部	中国石化工程建设公司
26	2010-2418T-SH	石油化工设计热力工质消耗量计算方法	推荐	修订	SH/T 3117—2000	2012	中国石油化工股份有限公司工程部	中国石化工程建设公司
27	2010-2419T-SH	石油化工湿硫化氢环境设备设计导则	推荐	制定		2011	中国石油化工股份有限公司工程部	中国石化集团洛阳石油化工工程公司
28	2010-2420T-SH	石油化工往复泵工程技术规范	推荐	修订	SH/T 3141—2004	2011	中国石油化工股份有限公司工程部	中国石化集团上海工程有限公司
29	2010-2421T-SH	石油化工仪表安装设计规范	推荐	修订	SH/T 3104—2000	2011	中国石油化工股份有限公司工程部	中国石化集团洛阳石油化工工程公司
30	2010-2422T-SH	石油化工仪表供气设计规范	推荐	修订	SH 3020—2001	2011	中国石油化工股份有限公司工程部	中国石化集团宁波工程有限公司
31	2010-2423T-SH	石油化工装置外地上热力管道设计规范	推荐	修订	SH/T 3108—2000	2012	中国石油化工股份有限公司工程部	中国石化工程建设公司

续表

序号	计划号	项目名称	性质	制修订	代替标准	完成年限	技术委员会或技术归口单位	主要起草单位
32	2010-2424T-SH	石油化工自动化仪表选型设计规范	推荐	修订	SH 3005—1999	2011	中国石油化工股份有限公司工程部	中国石化工程建设公司
33	2010-2425T-SH	乙烯装置离心压缩机机组施工技术规程	推荐	修订	SH/T 3519—2002	2011	中国石油化工股份有限公司工程部	中国石化集团第十建设公司

2010年节能与综合利用类标准项目计划表

化工行业

序号	计划号	项目名称	性质	制修订	代替标准	完成年限	技术委员会或技术归口单位	主要起草单位
1	2010-2457T-HG	对苯二酚生产废液回收再利用生产碳酸锰地方法	推荐	制定		2012	全国废弃化学品处置标准化技术委员会	中海油天津化工研究设计院
2	2010-2458T-HG	废弃的可溶性钡盐试剂处理处置方法	推荐	制定		2012	全国废弃化学品处置标准化技术委员会	中海油天津化工研究设计院
3	2010-2459T-HG	间苯三酚生产废水的处理及其回收有机物的循环利用方法	推荐	制定		2012	全国废弃化学品处置标准化技术委员会	中海油天津化工研究设计院
4	2010-2460T-HG	氯氧化锆生产废弃物回收制备层状硅酸钠的方法	推荐	制定		2012	全国废弃化学品处置标准化技术委员会	中海油天津化工研究设计院
5	2010-2461T-HG	亚氯酸钠生产废液回收再利用的处理方法	推荐	制定		2012	全国废弃化学品处置标准化技术委员会	中海油天津化工研究设计院、山东高密高源化工有限公司
6	2010-2462T-HG	翻新轮胎气压检查机	推荐	制定		2011	全国橡胶塑料机械标准化技术委员会橡胶机械分会	北京多倍力轮胎有限公司
7	2010-2463T-HG	低固汞触媒	推荐	制定		2011	中国石油和化学工业协会	中国氯碱工业协会、石家庄科创助剂有限公司

2010 年安全生产类标准项目计划表

化工行业

序号	计划号	项目名称	性质	制修订	代替标准	完成年限	技术委员会或技术归口单位	主要起草单位
1	2010－2529T－HG	碱类物质泄漏的处理处置方法 第1部分：氢氧化钠	推荐	制定		2011	全国废弃化学品处置标准化技术委员会	中海油天津化工研究设计院
2	2010－2530T－HG	碱类物质泄漏的处理处置方法 第2部分：氢氧化钾	推荐	制定		2011	全国废弃化学品处置标准化技术委员会	中海油天津化工研究设计院
3	2010－2531T－HG	氰化物泄漏的处理处置方法 第1部分：氰化钠	推荐	制定		2011	全国废弃化学品处置标准化技术委员会	中海油天津化工研究设计院、安徽省安庆市曙光化工股份有限公司
4	2010－2532T－HG	氰化物泄漏的处理处置方法 第2部分：氰化钾	推荐	制定		2011	全国废弃化学品处置标准化技术委员会	中海油天津化工研究设计院、安徽省安庆市曙光化工股份有限公司
5	2010－2533T－HG	三氯异氰尿酸泄漏的处理处置方法	推荐	制定		2011	全国废弃化学品处置标准化技术委员会	中海油天津化工研究设计院
6	2010－2534T－HG	酸类物质泄漏的处理处置方法 第10部分：氟硅酸	推荐	制定		2011	全国废弃化学品处置标准化技术委员会	中海油天津化工研究设计院
7	2010－2535T－HG	酸类物质泄漏的处理处置方法 第11部分：甲酸	推荐	制定		2011	全国废弃化学品处置标准化技术委员会	中海油天津化工研究设计院
8	2010－2536T－HG	酸类物质泄漏的处理处置方法 第12部分：氢溴酸	推荐	制定		2011	全国废弃化学品处置标准化技术委员会	中海油天津化工研究设计院
9	2010－2537T－HG	酸类物质泄漏的处理处置方法 第1部分：盐酸	推荐	制定		2011	全国废弃化学品处置标准化技术委员会	中海油天津化工研究设计院

续表

序号	计划号	项目名称	性质	制修订	代替标准	完成年限	技术委员会或技术归口单位	主要起草单位
10	2010－2538T－HG	酸类物质泄漏的处理处置方法 第2部分：硫酸	推荐	制定		2011	全国废弃化学品处置标准化技术委员会	中海油天津化工研究设计院
11	2010－2539T－HG	酸类物质泄漏的处理处置方法 第3部分：硝酸	推荐	制定		2011	全国废弃化学品处置标准化技术委员会	中海油天津化工研究设计院
12	2010－2540T－HG	酸类物质泄漏的处理处置方法 第4部分：磷酸	推荐	制定		2011	全国废弃化学品处置标准化技术委员会	中海油天津化工研究设计院
13	2010－2541T－HG	酸类物质泄漏的处理处置方法 第5部分：乙二酸(草酸)	推荐	制定		2011	全国废弃化学品处置标准化技术委员会	中海油天津化工研究设计院
14	2010－2542T－HG	酸类物质泄漏的处理处置方法 第6部分：冰醋酸	推荐	制定		2011	全国废弃化学品处置标准化技术委员会	中海油天津化工研究设计院
15	2010－2543T－HG	酸类物质泄漏的处理处置方法 第7部分：发烟硫酸	推荐	制定		2011	全国废弃化学品处置标准化技术委员会	中海油天津化工研究设计院
16	2010－2544T－HG	酸类物质泄漏的处理处置方法 第8部分：高氯酸	推荐	制定		2011	全国废弃化学品处置标准化技术委员会	中海油天津化工研究设计院
17	2010－2545T－HG	酸类物质泄漏的处理处置方法 第9部分：氢氟酸	推荐	制定		2011	全国废弃化学品处置标准化技术委员会	中海油天津化工研究设计院
18	2010－2546Q－HG	1－氨基蒽醌生产安全技术规范	强制	修订	HG A044—83	2011	中国石油和化学工业协会安全生产办公室	中国染料工业协会、江苏亚邦染料股份有限公司
19	2010－2547Q－HG	β型酞菁蓝生产安全技术规范	强制	修订	HG A084—83	2011	中国石油和化学工业协会安全生产办公室	中国染料工业协会、上海捷虹颜料化工集团公司
20	2010－2548Q－HG	变电、整流安全技术规范	强制	修订	HG A003—83	2011	中国石油和化学工业协会安全生产办公室	中化化工标准化研究所

续表

序号	计划号	项目名称	性质	制修订	代替标准	完成年限	技术委员会或技术归口单位	主要起草单位
21	2010-2549Q-HG	厂区吊装作业安全规程	强制	修订	HG 23015—1999	2011	中国石油和化学工业协会安全生产办公室	中化化工标准化研究所
22	2010-2550Q-HG	厂区动火作业安全规程	强制	修订	HG 23011—1999	2011	中国石油和化学工业协会安全生产办公室	中化化工标准化研究所
23	2010-2551Q-HG	厂区动土作业安全规程	强制	修订	HG 23017—1999	2011	中国石油和化学工业协会安全生产办公室	中化化工标准化研究所
24	2010-2552Q-HG	厂区断路作业安全规程	强制	修订	HG 23016—1999	2011	中国石油和化学工业协会安全生产办公室	中化化工标准化研究所
25	2010-2553Q-HG	厂区高处作业安全规程	强制	修订	HG 23014—1999	2011	中国石油和化学工业协会安全生产办公室	中化化工标准化研究所
26	2010-2554Q-HG	厂区盲板抽堵作业安全规程	强制	修订	HG 23013—1999	2011	中国石油和化学工业协会安全生产办公室	中化化工标准化研究所
27	2010-2555Q-HG	厂区设备检修作业安全规程	强制	修订	HG 23018—1999	2011	中国石油和化学工业协会安全生产办公室	中化化工标准化研究所
28	2010-2556Q-HG	厂区设备内作业安全规程	强制	修订	HG 23012—1999	2011	中国石油和化学工业协会安全生产办公室	中化化工标准化研究所
29	2010-2557Q-HG	分散蓝 2BLN 生产安全技术规范	强制	修订	HG A051—83	2011	中国石油和化学工业协会安全生产办公室	中国染料工业协会、浙江吉华集团有限公司、浙江闰土股份有限公司
30	2010-2558Q-HG	分散深蓝 H-GL生产安全技术规范	强制	修订	HG A052—83	2011	中国石油和化学工业协会安全生产办公室	中国染料工业协会、浙江吉华集团有限公司、浙江闰土股份有限公司
31	2010-2559Q-HG	隔膜法烧碱生产安全技术规范	强制	修订	HG A001—83	2011	中国石油和化学工业协会安全生产办公室	中化化工标准化研究所
32	2010-2560Q-HG	铬酸酐生产安全技术规范	强制	修订	HG A089—83	2011	中国石油和化学工业协会安全生产办公室	中化化工标准化研究所

续表

序号	计划号	项目名称	性质	制修订	代替标准	完成年限	技术委员会或技术归口单位	主要起草单位
33	2010－2561Q－HG	合成盐酸安全技术规范	强制	修订	HG A004—83	2011	中国石油和化学工业协会安全生产办公室	中化化工标准化研究所
34	2010－2562Q－HG	还原橄榄绿 B 生产安全技术规范	强制	修订	HG A049—83	2011	中国石油和化学工业协会安全生产办公室	中国染料工业协会、徐州开达精细化工有限公司
35	2010－2563Q－HG	还原灰 BG 生产安全技术规范	强制	修订	HG A048—83	2011	中国石油和化学工业协会安全生产办公室	中国染料工业协会、江苏亚邦染料股份有限公司
36	2010－2564Q－HG	还原蓝 RSN 生产安全技术规范	强制	修订	HG A047—83	2011	中国石油和化学工业协会安全生产办公室	中国染料工业协会、徐州开达精细化工有限公司
37	2010－2565Q－HG	还原棕 BR 生产安全技术规范	强制	修订	HG A050—83	2011	中国石油和化学工业协会安全生产办公室	中国染料工业协会、徐州开达精细化工有限公司
38	2010－2566Q－HG	聚氯乙烯生产安全技术规范	强制	修订	HG A006—83	2011	中国石油和化学工业协会安全生产办公室	中化化工标准化研究所
39	2010－2567Q－HG	硫化黑生产安全技术规范	强制	修订	HG A059—83	2011	中国石油和化学工业协会安全生产办公室	中国染料工业协会、大连染化集团有限公司、内蒙古雅布赖染料有限公司
40	2010－2568Q－HG	氯化苯生产安全技术规范	强制	修订	HG A008—83	2011	中国石油和化学工业协会安全生产办公室	中化化工标准化研究所
41	2010－2569Q－HG	硼酸(硼砂－硫酸中和法)生产安全技术规范	强制	修订	HG A087—83	2011	中国石油和化学工业协会安全生产办公室	中化化工标准化研究所
42	2010－2570Q－HG	硼酸(碳氨法)生产安全技术规范	强制	修订	HG A086—83	2011	中国石油和化学工业协会安全生产办公室	中化化工标准化研究所
43	2010－2571Q－HG	漂白粉、漂白液生产安全技术规范	强制	修订	HG A007—83	2011	中国石油和化学工业协会安全生产办公室	中化化工标准化研究所

续表

序号	计划号	项目名称	性质	制修订	代替标准	完成年限	技术委员会或技术归口单位	主要起草单位
44	2010-2572Q-HG	三氯化磷生产安全技术规程	强制	修订	HG A013—83	2011	中国石油和化学工业协会安全生产办公室	中国监控化学品协会
45	2010-2573Q-HG	三氯乙醛生产安全技术规范	强制	修订	HG A0010—83	2011	中国石油和化学工业协会安全生产办公室	中化化工标准化研究所
46	2010-2574Q-HG	酞菁蓝生产安全技术规范	强制	修订	HG A064—83	2011	中国石油和化学工业协会安全生产办公室	中国染料工业协会、上海捷虹颜料化工集团公司
47	2010-2575Q-HG	阳离子嫩黄7GL生产安全技术规范	强制	修订	HG A054—83	2011	中国石油和化学工业协会安全生产办公室	中国染料工业协会、杭州江瑞华科技有限公司
48	2010-2576Q-HG	液氨生产安全技术规范	强制	修订	HG A005—83	2011	中国石油和化学工业协会安全生产办公室	中化化工标准化研究所
49	2010-2577Q-HG	重铬酸钠生产安全技术规范	强制	修订	HG A088—83	2011	中国石油和化学工业协会安全生产办公室	中化化工标准化研究所

（其他略）

三十、工业和信息化部　工信部节[2010]261号

关于印发电石法聚氯乙烯行业汞污染综合防治方案的通知（二〇一〇年五月三十一日）

各省、自治区、直辖市及计划单列市、新疆生产建设兵团工业和信息化主管部门，有关中央企业，中国石油和化学工业协会：

为认真贯彻落实《国务院办公厅转发环境保护部等部门关于加强重金属污染防治工作指导意见的通知》(国办发[2009]61号)，加强汞污染综合防治工作，我们组织编制了《电石法聚氯乙烯行业汞污染综合防治方案》。现印发给你们，请遵照执行。

电石法聚氯乙烯行业汞污染综合防治方案

一、聚氯乙烯行业汞使用及污染防治现状

(一)聚氯乙烯行业基本情况。聚氯乙烯是五大通用塑料之一，广泛应用于工业、农业、国防、化学建材等重要领域。截至2009年底，我国聚氯乙烯生产企业104家，总产能为1781万吨，其中电石法94家，产能为1362万吨，占总产能的76.5%。2009年我国聚氯乙烯总产量为915万吨，其中电石法聚氯乙烯产量580万吨，占总产量的63.4%。

（二）电石法聚氯乙烯汞使用情况。电石法聚氯乙烯使用的触媒，以活性炭为载体，浸渍吸附10%~12%左右的氯化汞制备而成。触媒由于汞升华及触媒中毒等原因活性下降到一定程度后需进行更换，失活的汞触媒成为废汞触媒。目前，我国每吨聚氯乙烯消耗氯化汞触媒平均约1.2kg(以氯化汞的平均含量11%计)，以2009年我国电石法聚氯乙烯产量580万吨计算，电石法聚氯乙烯行业使用汞触媒约7000t，氯化汞的使用量约770t，汞的使用量约570t。

（三）电石法聚氯乙烯生产过程中的汞流向及排放情况。电石法聚氯乙烯生产过程的汞去向主要是废汞触媒、含汞废活性炭、含汞废盐酸、废碱液等，分别占氯化汞使用总量的36%、8%、51%、5%。目前，废汞触媒和废汞活性炭由有资质的危险废物处理厂家回收处理，氯化汞回收率约75%；而含汞废盐酸、废碱液等仅有20%进行了盐酸深度脱吸和汞的无害化处理，大部分还未得到妥善处置。

（四）我国电石法聚氯乙烯行业面临的形势。目前，汞污染作为一个新的全球环境问题受到国际社会的高度重视，自2001年起，汞污染问题成为联合国环境规划署(UNEP)每年理事会的重要议题，目前正在研究制定限制汞流通和实施汞削减的国际公约。我国电石法聚氯乙烯行业汞使用量占全国汞使用总量的60%左右，这决定了电石法聚氯乙烯行业将成为未来我国汞公约履约的最重要领域。随着电石法聚氯乙烯产能的扩大，汞需求量将会继续增大，如不采取汞削减和控排措施，电石法聚氯乙烯企业不仅面临汞资源匮乏的威胁，也面临环境约束对行业发展影响的压力。

二、总体思路和主要目标

(一)总体思路

充分发挥技术支撑作用，加快汞污染综合防治技术的研发、示范和推广，提升聚氯乙烯行业汞污染防治技术水平。不断完善汞触媒的全过程监督管理机制，全面防范触媒生产、使用和回收过程中汞的流失。

(二)主要目标

到2012年，我国电石法聚氯乙烯行业低汞触媒普及率达到50%，平均每吨聚氯乙烯氯化汞使用量下降25%，全行业全部实现合理回收废汞触媒；氯乙烯合成气相汞高效回收技术实现工业化；盐酸深度脱吸技术普及率达到50%以上。

到2015年，全行业全部使用低汞触媒，每吨聚氯乙烯氯化汞使用量下降50%，废低汞触媒回收率达到100%；高效汞回收技术普及率达到50%；盐酸深度脱吸技术普及率达90%以上；采用硫氢化钠处理含汞废水(包括废盐酸、废碱液等)的普及率达100%。建立大型氯乙烯流化床反应器工业化生产装置；建立分子筛固汞触媒生产及回收示范装置；加快无汞触媒的研发，力争取得突破性进展。

三、主要任务

(一)加大低汞触媒应用推广力度。一是加快制定低汞触媒产品标准，2010年发布实施；二是鼓励支持电石法聚氯乙烯企业加快低汞触媒替代高汞触媒步伐，扩大低汞触媒应用，同时支持低汞触媒生产企业扩大规模，满足替代应用需求。

(二)加大新型触媒研发。加强产学研合作，支持企业、科研院所加大投入，加快新型分子筛固汞触媒及配套大型氯乙烯流化床反应器的研发攻关，具备条件时，积极推广应用。瞄准电石法聚氯乙烯行业触媒无汞化，积极开展科技创新，研究新型无汞触媒，为根本解决电石法聚氯乙烯行业汞污染提供科技支撑。

(三)加强过程控制与治理，减少汞的流失和排放。针对电石法聚氯乙烯生产过程中汞流向特点，分别采用不同的技术，减少汞流失，加大回收利用和无害化处理。电石法聚氯乙烯企业要采用盐酸深度脱吸技术和酸碱中和及硫氢化钠汞处理技术，对产生的废酸、废碱液进行脱汞处理，未经脱汞处理的废酸、废碱液不得出售，对产生的硫化汞要安全填埋。积极选择具备条件的电石法聚氯乙烯企业采用氯乙烯合成气相汞高效回收技术开展试点，技术成熟后在全行业推广。按照生产者责任延伸的原则，选择具备条件的低汞触媒生产企业，开展低汞触媒生产和废汞触媒回收示范，探索低汞触媒生产和回收一体化新机制。

(四)开展生产过程中汞流向研究。选取不同地区、不同规模的企业开展试点，组织力量，对汞的去向进行查定，进一步研究汞触媒使用过程各环节汞的流失情况，为加强技术研发、技术改造及过程控制提供依据。

四、保障措施

(一)加强组织领导。各级工业主管部门要进一步提高对电石法聚氯乙烯行业汞污染综合防治重要性的认识，把汞污染减排作为推进行业持续健康发展的一项重要工作，切实加强组织领导，结合本地区实际和本实施方案，指导、督促有关企业提出到2015年高汞触媒淘汰及相应清洁生产项目实施时间表，加强监督检查，确保本方案顺利实施。

(二)完善产业政策。为规范低汞触媒的生产和废汞触媒的回收，抓紧研究制订低汞触媒生产和废汞触媒回收企业的准入条件。按照加快淘汰高汞触媒、适度发展低汞触媒的思路，对电石法聚氯乙烯行业汞触媒相关产业政策进行分类研究，完善相应的淘汰和支持政策。

(三)加大技术研发和推广应用的支持力度。鼓励成立产业技术创新联盟开展产学研合作，加大科研投入，积极研发新型分子筛固汞触媒和无汞触媒等汞污染防治新技术。国家清洁生产和技术改造专项资金优先支持电石法聚氯乙烯企业清洁生产项目。地方工业主管部门要积极利用技术改造、节能减排、清洁生产、中小企业改造等专项资金加大对电石法聚氯乙烯企业清洁生产项目的支持力度。

(四)充分发挥行业协会的支撑作用。行业协会要按照本方案要求，加强宣传和指导，协助企业开展培训和技术指导，积极组织有关科研院所和生产企业开展产学研合作，加大新型触媒尤其是无汞触媒的研发，力争实现我国电石法聚氯乙烯行业的无汞化。

附件：电石法聚氯乙烯行业重点清洁生产技术

附件：

电石法聚氯乙烯行业重点清洁生产技术

一、推广技术类

1. 低汞触媒

低汞触媒是采用特殊要求的活性炭经多次吸附氯化汞及多元络合助剂将氯化汞固定在活性炭有效孔隙中的一种新型催化剂，其氯化汞含量在6%左右，由于低汞触媒提高了汞的利用效率，因此大大提高了催化剂的活性、降低了汞升华的速度，使用寿命不低于传统的高汞触媒，汞的消耗量和排放量均大幅度下降，国内近20家企业使用，2008年低汞触媒的使用总量占行业内汞触媒使用总量的12%。

2. 盐酸脱吸技术

氯乙烯混合气中混有约5%~10%的氯化氢气体，经过水洗后产生一定量的含汞盐酸，含汞盐酸可以通过盐酸脱吸技术，将氯化氢重新回用，脱吸后的低浓度盐酸进吸收塔重新吸收氯乙烯气体中的氯化氢。提高了氯化氢的利用率，降低了水耗。目前行业内有20%的电石法聚氯乙烯产能应用此技术。

3. 硫氢化钠处理氯化汞技术

利用硫化汞的离子积小的优点处理电石乙炔法氯乙烯合成中废酸、废水中的Hg^{2+}是最有效的手段。随着氯化汞在系统中的积累，在盐酸脱吸后会有少量的高浓度含汞废盐酸排出，与后步碱洗过程产生的废碱液中和后用硫氢化钠处理，产生的硫化汞进行安全填埋。同时也可以采用硫氢化钠直接处理碱洗过程产生的废碱液，使废碱液达到排放标准。

二、应用示范类

1. 控氧干馏法回收废触媒$HgCl_2$及活性炭的新工艺

该工艺利用$HgCl_2$高温升华，且活性炭焦化温度比$HgCl_2$升华温度高的原理，采用惰性气体保护避免活性炭的氧化，在负压密闭环境下实现了$HgCl_2$和活性炭的同时回收。与现有回收工艺相比，新工艺回收了氯化汞和活性炭不仅实现资源的综合利用，还有效避免了回收过程中汞的流失，使氯化汞的回收率由75%左右提高到99.8%。该技术已通过技术鉴定，可应用示范。

2. 高效汞回收技术

高效汞回收技术是指可以将升华到氯乙烯中的氯化汞高效回收的设备与技术(包括冷却器、特殊结构的汞吸附器以及新型汞吸附剂)。在氯乙烯的生产过程中由于反应温度较高使氯化汞升华而随氯乙烯气体流失到下道工序，通过采用高效吸附技术可回收这部分氯化汞，从而进一步减少了氯化汞的流失，也大大降低了产生的环境污染风险。该技术已研发成功，具备试点应用条件。

三、研发技术类

1. 分子筛固汞触媒

分子筛固汞触媒是以分子筛代替活性炭为载体，利用分子筛的多孔结构及离子交换性能，使氯化汞取代分子筛中的钠离子，从而进入分子筛的骨架内。此项技术已通过小试。分子筛固汞触媒使用过程中氯化汞不随温度的升高而升华，其活性高、寿命长。但现有的反应器传热条件都不能满足要求，因此在积极研发分子筛固汞触媒的同时，还要加快开发与分子筛固汞触媒相配套的新型固定床和大型流化床，使分子筛固汞触媒技术能尽快应用。

2. 无汞触媒

目前乙炔氢氯化反应是以活性炭负载的氯化汞做催化剂，在固定床反应器中进行的。开发气、固相催化反应以及气、液相催化反应，使用非汞络合物催化剂、非汞系列催化剂催化乙炔的氢氯化反应，并替代传统活性炭负载的氯化汞催化剂是一种有效解决汞污染的途径，从而可以从根本上杜绝汞的消耗和污染，但是从目前来看，无论是国际上还是国内都没有成熟的无汞触媒技术，要想彻底断绝我国电石法聚氯乙烯使用汞的状况，需加大无汞触媒研的发力度。

3. 氯乙烯流化床反应器技术

流化床反应器是乙炔和氯化氢进行反应生成氯乙烯的大型反应装置，具有传热效率高、换热效果好、生产能力大等优势，可以在催化剂合成氯乙烯时对不同床层中的温度进行有效控制，氯乙烯的转化率得到提高，减少因汞催化剂升华、破碎造成的环境污染。也可以有效避免氯化汞的挥发损失，从根本上降低汞的消耗。这项技术的开发应用，将明显提高行业的技术发展水平。同时，由于流化床不存在触媒的人工翻倒问题，与固定床反应器相比，减少了触媒翻倒过程中的汞流失。

三十一、国家食品药品监督管理局　工业和信息化部　商务部　国家工商行政管理总局　国家质量监督检验检疫总局　国食药监食[2010]232号　关于深入开展一次性塑料餐盒专项整治工作的通知(二〇一〇年六月十二日)

各省、自治区、直辖市食品药品监管局、工业和信息化主管部门、商务主管部门、工商行政管理局、质量技术监督局、出入境检验检疫局，北京市卫生局、福建省卫生厅：

为深入贯彻落实《国务院办公厅关于印发2010年食品安全整顿工作安排的通知》(国办发〔2010〕17号)和全国食品安全工作电视电话会议精神要求，加强一次性塑料餐盒监管，确保公众饮食安全，决定开展一次性塑料餐盒专项整治。现将有关事项通知如下：

一、整治目标

通过专项整治，严厉打击非法生产、销售和使用一次性塑料餐盒行为，加强一次性塑料餐盒生产、销售和使用管理，规范市场秩序，进一步督促企业增强食品安全意识，落实食品安全主体责任，保障公众饮食安全。

二、整治任务

(一)严查生产环节是否依法生产。对一次性塑料餐盒生产环节依法进行监督检查。基层质监部门应参照国家质检总局2009年第119号公告，书面通知本辖区获得生产许可的企业进行自查并提交自查报告；对企业自查报告的重点问题进行核查；视企业自查情况，抽检企业产品，送有资质的省级以上质检机构进行检验。对监督检查中发现的获证企业不能保持必备生产条件的、产品不符合国家强制标准要求的，以及日常执法检查、群众举报等发现的无证生产一次性塑料餐盒等违法违规行为的，依法进行查处。(质量监督检验检疫部门负责)

(二)严查销售环节是否依法经营。加强对一次性塑料餐盒销售商的监督检查，依法查处销售未获得生产许可证、未在产品或者包装、说明书标注QS标志一次性塑料餐盒的违法行为，根据相关部门通报，对销售环节的不合格一次性塑料餐盒依法进行查处。(工商行政管理部门负责)

(三)严查餐饮服务环节是否依法使用。严查各类餐饮服务提供者落实主体责任、采购一次性塑料餐盒索证索票要求落实是否到位。对使用没有合法来源的一次性塑料餐盒的餐饮服务提供者应依法查处，责令其停止使用并销毁。(食品药品监管部门负责)

(四)加强行业自律。发挥行业协会作用，推动行业自律，开展安全知识培训，督促企业改进管理，强化企业法律意识和责任意识，完善质量安全管理制度，加快质量安全长效机制建设。(工业和信息化部门、商务部门负责)

三、时间安排

本次专项整治自2010年6月开始，至10月底结束。具体时间安排如下：

(一)自查阶段(6月~7月)

国家食品药品监管局、工业和信息化部、商务部、工商总局、质检总局联合发布关于查处非法生产、销售和使用一次性塑料餐盒的公告。一次性塑料餐盒的生产、销售和使用者进行自查，及时纠正违法违规行为。食品行业主管部门开展诚信宣传教育。

(二)检查阶段(8月~9月)

各级食品药品监督管理、工商行政管理、质量监督检验检疫部门联合行动，重点对一次性塑料餐盒生产企业、大型集贸市场和集中配餐单位进行检查。

(三)总结阶段(10月)

各地对整治工作进行总结上报。国家食品药品监管局牵头组织对整治情况进行评估，研究下一步工作重点，探索建立长效监管机制。

四、工作要求

(一)加强领导，通力合作。各级食品安全监管部门和行业主管部门要高度重视本次专项整治工作，密切合作，结合实际，制定切实可行的实施方案，明确具体任务、工作目标、工作要求和完成时限，逐级落实整治任务，确保整治工作抓实抓细，抓出成效。

(二)全面检查，严格执法。落实属地监管责任，全面开展监督检查，坚持有法必依、执法必严、违法必究的原则，强化惩罚机制和举措，严厉打击非法生产、销售和使用一次性塑料餐盒的行为。

(三)广泛动员，鼓励参与。充分动员新闻媒体、行业协会、消费者协会等社会监督力量，依法公布投诉举报受理方式，拓宽社会参与渠道，对反映的问题要及时进行核实处理并及时反馈。

(四)强化宣传，形成声势。加强宣传报道，形成专项整治的高压态势。及时依法公布生产、销售和使用不合格一次性塑料餐盒的企业名单，组织新闻媒体跟踪报道专项整治的工作进展、工作成效和典型事例，支持新闻媒体进行舆论监督。

(五)强化督查，确保实效。各级食品安全监管部门要逐级开展督查。国家食品药品监管局、工商总局、质检总局组成联合督查组进行专项督查，并组织开展专项整治评估考核。对成效显著的，给予表彰；对存在问题的，通报批评并责令整改。

三十二、财政部 国家税务总局 财税[2010]57号 关于取消部分商品出口退税的通知(二〇一〇年六月二十二日)

各省、自治区、直辖市、计划单列市财政厅(局)、国家税务局、新疆生产建设兵团财务局:

经国务院批准，自2010年7月15日起取消下列商品的出口退税:

1. 部分钢材;
2. 部分有色金属加工材;
3. 银粉;
4. 酒精、玉米淀粉;
5. 部分农药、医药、化工产品;
6. 部分塑料及制品、橡胶及制品、玻璃及制品。

取消出口退税的具体商品名称和商品编码见附件。

具体执行时间，以“出口货物报关单(出口退税专用)”海关注明的出口日期为准。

附件：取消出口退税的商品清单

序号	商品编码	商品名称
2	2207100000	酒精浓度在80%及以上的未改性乙醇
3	2207200010	任何浓度的改性乙醇
4	2207200090	任何浓度的其他酒精
75	29163100201	按13%征税的2-(乙酰氧基)苯甲酸
76	29163100202	按17%征税的2-(乙酰氧基)苯甲酸
79	29163990131	按13%征税的5-硝基邻甲氧基苯酸钠
80	29163990132	按17%征税的5-硝基邻甲氧基苯酸钠
81	29163990151	按13%征税的三碘苯甲酸
82	29163990152	按17%征税的三碘苯甲酸
113	29211990311	按13%征税的2-氨基丁烷
114	29211990312	按17%征税的2-氨基丁烷
115	29211990321	按13%征税的二氯丙烯胺
116	29211990322	按17%征税的二氯丙烯胺
123	29241990131	按13%征税的溴乙酰胺
124	29241990132	按17%征税的溴乙酰胺
130	3601000010	模压的胶质推进剂
131	3601000020	含硝化粘接剂及铝粉>5%的推进剂
159	3806102000	树脂酸
197	3824710011	二氯二氟甲烷和二氟乙烷的混合物〔R-500〕
198	3824710012	一氯二氟甲烷和二氯二氟甲烷的混合物〔R-501〕
199	3824710013	一氯二氟甲烷和一氯五氟乙烷的混合物〔R-502〕
200	3824710014	三氟甲烷和一氯三氟甲烷的混合物〔R-503〕
201	3824710015	二氟甲烷和一氯五氟乙烷的混合物〔R-504〕
202	3824710016	二氯二氟甲烷和一氟一氯甲烷的混合物〔R-505〕
203	3824710017	一氟一氯甲烷和二氯四氟乙烷的混合物〔R-506〕
204	3824710018	二氯二氟甲烷和二氯四氟乙烷的混合物〔R-400〕
205	3824710090	其他含甲烷、乙烷或丙烷的全氯氟烃(CFCs)混合物〔不论是否含甲烷、乙烷或丙烷的氢氯氟烃(HCFCs)、全氟烃(PFCs)或氢氟烃(HFCs)〕
206	3824720000	含溴氯二氟甲烷、溴三氟甲烷或二溴四氟乙烷的混合物
207	3824730000	含甲烷、乙烷或丙烷的氢溴氟烃(HBFCs)的混合物
208	3824740011	二氟一氯甲烷、二氟乙烷和一氯四氟乙烷的混合物〔R-401〕
209	3824740012	五氟乙烷、丙烷和二氟一氯甲烷的混合物〔R402〕
210	3824740013	丙烷、二氟一氯甲烷和八氟丙烷的混合物〔R403〕
211	3824740014	二氟一氯甲烷、二氟乙烷、一氯二氟乙烷和八氟环丁烷的混合物〔R405〕
212	3824740015	二氟一氯甲烷、2-甲基丙烷(异丁烷)和一氯二氟乙烷的混合物〔R406〕
213	3824740016	五氟乙烷、三氟乙烷和二氟一氯甲烷的混合物〔R408〕
214	3824740017	二氟一氯甲烷、一氯四氟乙烷和一氯二氟乙烷的混合物〔R409〕

续表

序号	商品编码	商品名称
215	3824740018	丙烯、二氟一氯甲烷和二氟乙烷的混合物〔R411〕
216	3824740019	二氟一氯甲烷、八氟丙烷和一氯二氟乙烷的混合物〔R412〕
217	3824740021	二氟一氯甲烷、一氯四氟乙烷、一氯二氟乙烷和2－甲基丙烷的混合物〔R414〕
218	3824740022	二氟一氯甲烷和二氟乙烷的混合物〔R415〕
219	3824740023	四氟乙烷、一氯四氟乙烷和丁烷的混合物〔R416〕
220	3824740024	丙烷、二氟一氯甲烷和二氟乙烷的混合物〔R418〕
221	3824740025	二氟一氯甲烷和八氟丙烷的混合物〔R509〕
222	3824740026	二氟一氯甲烷和一氯二氟乙烷的混合物
223	3824740090	其他含甲烷、乙烷或丙烷的氢氯氟烃混合物〔不论是否含甲烷、乙烷或丙烷的全氟烃或氢氟烃，但不含全氯氟烃〕
224	3824750000	含四氯化碳的混合物
225	3824760000	含1，1，1－三氯乙烷(甲基氯仿)的混合物
226	3824770000	含溴化甲烷(甲基溴)或溴氯甲烷的混合物
227	3824790000	其他含甲烷、乙烷或丙烷的卤化衍生物的混合物
228	3824810000	含环氧乙烷(氧化乙烯)的混合物
229	3824820000	含多氯联苯(PCBs)、多氯三联苯(PCTs)或多溴联苯(PBBs)的混合物
230	3824830000	含三(2，3－二溴丙基)磷酸酯的混合物
231	3824901000	杂醇油
232	3824902000	除墨剂、蜡纸改正液及类似品
233	3824903000	增炭剂
234	3824909901	高钛渣〔二氧化钛质量百分含量>70%的〕
235	3824909920	混胺〔二甲胺和三乙胺混合物的水溶液〕
236	3912110090	初级形状的未塑化醋酸纤维素〔未塑化二醋酸纤维素和未塑化三醋酸纤维素除外〕
237	3912120000	初级形状的已塑化醋酸纤维素
238	3912200000	初级形状的硝酸纤维素〔包括棉胶〕
239	3912310000	初级形状的羧甲基纤维素及其盐
240	3912390000	初级形状的其他纤维素醚
241	3912900000	初级形状的其他未列名的纤维素〔包括化学衍生物〕
242	3913100000	初级形状的藻酸及盐和酯
243	3915100000	乙烯聚合物的废碎料及下脚料
244	3915200000	苯乙烯聚合物的废碎料及下脚料
245	3915300000	氯乙烯聚合物的废碎料及下脚料
246	3915901000	聚对苯二甲酸乙二酯废碎料及下脚料
247	3915909000	其他塑料的废碎料及下脚料
248	4002199090	其他丁苯橡胶及羧基丁苯橡胶板，片，带〔4002199001项下的除外〕
249	4002209000	丁二烯橡胶板、片、带
250	4002319000	异丁烯－异戊二烯橡胶板，片，带
251	4002399000	卤代丁基橡胶板、片、带
252	4002499000	氯丁二烯橡胶板、片、带
253	4002599000	丁腈橡胶板、片、带
254	4002609000	异戊二烯橡胶板、片、带
255	4002709000	乙丙非共轭二烯橡胶板、片、带
256	4002800000	天然橡胶与合成橡胶的混合物
257	4002910000	本税号其他未列名的胶乳
258	4002991900	其他合成橡胶板、片、带〔胶乳除外〕
259	4002999000	从油类提取的油膏

续表

序号	商品编码	商品名称
260	4004000010	废轮胎及其切块
261	4004000020	硫化橡胶废碎料、下脚料及其粉、粒〔硬质橡胶的除外〕
262	4004000090	未硫化橡胶废碎料、下脚料及其粉、粒
263	4005100000	与碳黑等混合的未硫化复合橡胶〔包括与硅石混合，初级形状或板，片带〕
264	4005200000	未硫化的复合橡胶溶液及分散体〔分散体指子目400510以外的〕
265	4005910000	其他未硫化的复合橡胶板、片、带
266	4005990000	其他未硫化的初级形状复合橡胶
267	4006100000	未硫化轮胎翻新用胎面补料胎条
268	4006901000	未硫化橡胶的杆，管，型材及异型材〔初级形状或板、片、带以外形状〕
269	4006902000	未硫化橡胶制品〔盘、环等〕

(其他略)

三十三、工业和信息化部　工信部节〔2010〕303号　关于印发《再制造产品认定管理暂行办法》的通知(二〇一〇年六月二十九日)

各省、自治区、直辖市及计划单列市、新疆生产建设兵团工业和信息化主管部门：

为推动再制造产业健康有序发展，规范再制造产品生产，引导再制造产品消费，我部制定了《再制造产品认定管理暂行办法》。现印发你们，请遵照执行。

再制造产品认定管理暂行办法

第一章　总　　则

第一条　为推动再制造产业健康有序发展，规范再制造产品生产，引导再制造产品消费，建立再制造产品认定制度，特制定本办法。

第二条　本办法所称再制造产品，是指采用先进适用的再制造技术、工艺，对废旧工业品进行修复改造后，性能和质量达到或超过原型新品的产品。

第三条　工业和信息化部负责再制造产品认定工作的管理和监督，制定相关制度、标准及实施方案，组织开展认定工作，发布《再制造产品目录》。

省级工业和信息化主管部门负责认定申请的初始审查，向工业和信息化部推荐符合条件的认定申请。

第四条　再制造产品认定工作遵循公开、公平、公正、科学的原则，接受社会监督。

第二章　认定申请

第五条　再制造产品认定由企业自愿提出申请，申请企业应具备以下基本条件：

(一)在中国境内注册，具有独立法人资格；

(二)产品符合国家法律法规及相关产业政策要求；

(三)国家对产品有行政许可要求的，应获得相应许可；

(四)具备再制造产品批量生产能力，采用的再制造技术、工艺先进适用、成熟可靠；

(五)产品质量达到或超过原型新品，且符合国家相关的安全、节能、环保等强制性标准要求。

第六条　企业根据本办法及相关的认定要求向省级工业和信息化主管部门提出认定申请，并提交以下申报材料：

(一)再制造产品认定申报表；

(二)法人营业执照副本复印件；

(三)依法应取得的产品生产许可证、强制性产品认证证书；

(四)执行的产品标准；

(五)产品型式试验报告和(或)相关质量证明文件；

(六)产品生产工艺流程及再制造技术说明；

(七)质量管理体系文件；

(八)其他需提供的材料。

第七条　省级工业和信息化主管部门对申报材料进行初始审查，出具审查意见，将符合条件的报送工业和信息化部。

第三章　认定评价

第八条　工业和信息化部委托具有合格评定资质的机构(以下简称认定机构)具体承担再制造产品认定工作。

第九条　按照本办法及相关要求，认定机构应：

(一)制定《再制造产品认定实施指南》，经工业和信息化部审查备案后，用于指导和规范认定工作；

(二)根据行业和再制造产品特点，选取具备相应资格条件的专家，参与实施认定工作；

(三)规范实施认定工作，出具认定报告，并对报告负责；

（四）依法保守认定产品的技术秘密，不得从事认定范围内产品的开发、生产和销售。

第十条 再制造产品认定采取文件审查、现场评审与产品检验相结合的方式进行。

（一）认定机构收到申报材料10个工作日内，应完成文件审查，并编制文件审查报告。

（二）文件审查合格后20个工作日内，认定机构应组织专家组进行现场评审；

专家组应在现场评审结束10个工作日内，向认定机构提交现场评审报告，并对现场评审结论负责。

（三）认定机构应依据相关的产品标准，对申请企业提交的产品型式试验报告和（或）相关质量证明文件进行审查。需要时，对申请认定的产品委托具备相应资质的第三方检验机构进行产品检验。

第十一条 认定机构在结束文件审查、现场评审和产品检验后的10个工作日内，完成认定报告并提交工业和信息化部。

第四章 结果发布与标志管理

第十二条 工业和信息化部对认定报告进行审查，符合认定要求的纳入《再制造产品目录》并向社会公告，同时在工业和信息化部及指定认定机构的网站上发布。

第十三条 通过认定的再制造产品，应在产品明显位置或包装上使用再制造产品认定标志（标志基本式样见附件）。

第十四条 经认定的再制造产品的生产和管理等发生重大变化影响产品质量时，企业应及时向认定机构报告。对不再符合认定条件的，由工业和信息化部公告取消其认定资格。被取消认定资格的产品不得继续使用再制造产品认定标志。

第十五条 任何对再制造产品认定过程和结果有异议的单位和个人，可向工业和信息化部提出异议，工业和信息化部根据情况进行调查处理，并反馈结果。

第五章 附 则

第十六条 本办法由工业和信息化部负责解释。

第十七条 本办法自印发之日起实施。

附件：再制造产品标志

三十四、国家发展改革委 科技部 工业和信息化部 国土资源部 住房城乡建设部 商务部 2010年第14号 中国资源综合利用技术政策大纲（二〇一〇年七月一日）

为进一步推动资源综合利用，提高资源利用效率，发展循环经济，建设资源节约型、环境友好型社会，国家发展和改革委员会、科学技术部、工业和信息化部、国土资源部、住房和城乡建设部、商务部组织编写了《中国资源综合利用技术政策大纲》，现予以发布，并于发布之日起施行。

附件：中国资源综合利用技术政策大纲

一、总论

（一）意义和目的

改革开放以来，我国经济持续快速增长，各项建设取得了巨大成就。与此同时，也付出了资源和环境代价，经济发展与资源环境的矛盾日益突出。“十二五”时期，我国仍将处于工业化和城镇化加快发展阶段，面临的资源和环境形势将更加严峻。开展资源综合利用，推动循环经济发展，是我国转变经济发展方式，走新型工业化道路，建设资源节约型、环境友好型社会的重要措施。

加快资源综合利用技术开发、示范和推广应用，引导社会资金投向，为相关单位开展资源综合利用工作提供技术支持，提升我国资源综合利用整体水平，是制定《中国资源综合利用技术政策大纲》的主要目的。

（二）指导思想和基本原则

以邓小平理论和“三个代表”重要思想为指导，深入贯彻落实科学发展观，坚持节约资源和保护环境的基本国策，遵循政府推动、市场引导、企业主体、自主创新、因地制宜、重点突破的方针，加快科技创新，推广先进适用技术，推进资源综合利用产业化，提高资源利用效率，减少废弃物排放，促进经济社会又好又快发展。

坚持宏观调控与市场机制相结合，发挥市场配置资源的基础性作用，完善政策体系，建立有利于促进资源综合利用的长效机制；坚持以企业为主体，产学研相结合，选择环境影响严重、产生量大的废弃资源，组织技术攻关，强化科技创新能力建设；坚持重点突破和全面推进相结合，依据资源禀赋和产业构成，形成资源综合利用产业集群，探索和完善循环经济发展模式。

（三）主要范围

一是在矿产资源开采过程中对共生、伴生矿进行综合开发与合理利用的技术；二是对生产过程中产生的废渣、废水(废液)、废气、余热、余压等进行回收和合理利用的技术；三是对社会生产和消费过程中产生的各种废弃物进行回收和再生利用的技术。

二、矿产资源综合利用技术

(一)能源矿产资源综合利用技术

1. 石油天然气矿产资源综合利用技术

(1)推广在油田开发建设中，采用适用技术，对伴生天然气进行回收利用。

(2)推广从石油和天然气中回收硫资源生产硫磺技术。

(3)推广高效井下污水处理和再生利用技术。

(4)推广柴油机余热利用技术。

(5)推广采用不稳定排放硫化氢气体资源化利用技术回收井口无组织排放的含硫化氢气体。

(6)推进页岩气勘探开发技术。

(7)研发废弃钻井液、井下作业废液资源化利用和无害化处置技术。

2. 煤炭资源综合利用技术

(1)推广无煤柱开采技术，推广采用不稳定或难采煤层开采技术、边角煤残采技术。

(2)推广煤系高岭土超细、增白、改性技术。

(3)推进煤系铝矾土、耐火黏土、膨润土、硅藻土、硫铁矿、油母页岩和石墨等资源综合利用技术的产业化。

(4)推进煤炭地下气化(UCG)技术的产业化，特别是加快具有井下无人、无设备，集建井、采煤、气化三大工艺于一体，适用于煤矿大量的煤柱、建筑物下压煤等呆滞煤量回收利用技术的研发和产业化。

(5)研发难选煤、干法选煤和高硫煤综合利用技术。

(6)研发“三下”(建筑物下、铁路下、水体下)及矸石充填采煤技术；研究提高开采上限技术。

(7)研发矿井水资源化利用技术。

3. 地热资源利用技术

推广采用热泵等技术，利用地下热能进行采暖和制冷。

(二)金属矿产资源综合利用技术

1. 黑色金属矿产资源综合利用技术

(1)推广磁铁矿精选作业的磁筛等高效利用技术。

(2)推广含稀土复合矿和钒钛磁铁矿综合利用技术。

(3)推广低品位、表外矿、复杂共伴生黑色金属矿产资源综合利用技术。

(4)推进尾矿再选技术及生产各种建筑材料的产业化。

(5)研发低品位硫铁矿选矿富集技术。

(6)研发尾矿干堆技术和尾矿高效浓缩工艺及设备。

2. 有色金属矿产资源综合利用技术

(1)无废(少废)开采技术

——推广尾砂充填、废石充填、全尾砂膏体充填等充填法采矿技术。

——推广原地浸出采矿技术。

(2)推广采用大型低品位矿产自然崩落法技术开采。

(3)推广拜耳法用于低铝硅比一水硬铝石矿的选矿。

(4)推广低品位、表外矿、复杂共伴生有色金属矿产资源综合利用技术。

(5)推广复杂多金属硫化矿矿浆电解处理技术及中低品位氧化锌矿选冶联合处理技术。

(6)推广铜铅锌锡矿细粒、微细粒矿载体浮选技术。

(7)推广铜矿等有色金属矿伴生金、银等贵金属的综合利用技术。

(8)推广有色金属硫化——氧化混合矿选矿技术。

(9)推广湿法冶金关键装备应用。

(10)研发矿山塌陷区、废石堆场和尾矿库修复与垦植技术。

(11)研发对复杂有色金属矿石选别与富集技术。

(12)研发低品位矿生物提取技术。

(13)研发尾矿有价金属综合回收利用技术。

3. 贵金属矿产资源综合利用技术

(1)推广含金银等多金属矿选矿尾渣中综合回收有价金属成分和非金属矿资源的矿物加工技术。

(2)推广采用复杂金矿循环流态化焙烧技术。

(3)推广高硫高砷高碳复杂难处理金矿的预处理技术。

(4)推广浮选富集—炭浸工艺技术等低品位金矿的综合利用技术。

4. 稀有、稀土金属矿产资源综合利用技术

(1)推广采用电解工艺开发稀土镁中间合金技术，综合利用稀土尾矿。

(2)推广高效低毒高纯氧化铕提取技术。

(3)推进稀土冶炼分离清洁生产工艺技术的产业化。

(三)非金属矿产资源综合利用技术

1. 化工原料非金属矿产资源综合利用技术

(1)盐湖钾盐综合利用技术

——推进盐湖钾盐伴生矿综合利用技术的产业化。

——研发固体难采钾矿溶采技术，非水溶性钾矿开发利用技术。

(2)磷矿综合利用技术

——推广磷矿伴生铁、硫、氟、碘、钒、钛等资源综合回收技术。

——推广反(双)浮选磷矿降镁技术。

——研发中低品位磷矿、中低品位胶磷矿选矿技术和窑法直接利用技术。

(3)硼矿综合利用技术

——研发低品位硼矿选矿技术。

——研发硼铁矿中硼、铁、铀有效分离和回收技术。

(4)研发中低品位萤石综合利用技术。

(5)研发钾长石综合利用技术。

2. 建材原料非金属矿产资源综合利用技术

(1)玻璃陶瓷原料非金属矿有效利用技术

——推广硅质原料非金属矿产的均化开采以及浮选技术。

——推广陶瓷生产采用低品位原料配方技术产业化。

——推广利用中低品位高岭岩替代叶蜡石生产玻璃纤维技术产业化。

(2)填料及其他深加工用非金属矿的合理利用技术

——推广利用煤系高岭土生产高档填料、涂料技术。

——推广温石棉尾矿提取轻质氧化镁及综合利用技术。

——推广伟晶岩中石英提纯技术。

(3)推广石灰石矿均化开采配比技术。

(4)推广石英砂岩提纯技术。

(5)研发低品位菱镁矿、滑石、硅藻土、蓝晶石族等非金属矿选矿综合利用技术。

三、工业“三废”综合利用技术

(一)煤炭工业“三废”综合利用技术

1. 煤矸石综合利用技术

(1)煤矸石发电技术

——推广适合燃烧煤矸石的大型循环流化床锅炉，在有条件的地区推广热、电、冷联产技术和热、电、煤气联供技术。

——推广炉内石灰脱硫和静电除尘技术。

——研发煤矸石等低热值燃料电厂锅炉高效除尘、脱硫、灰渣干法输送、存储及利用技术。

(2)煤矸石生产建筑材料技术

——制砖技术。推广全煤矸石生产承重多孔砖、非承重空心砖和清水墙砖技术。

——制水泥技术。推广利用煤矸石为原料，部分或全部代替黏土配制水泥生料，烧制水泥熟料技术。

——生产其他建材产品技术。推广利用煤矸石为原料生产陶瓷制品、陶粒、岩棉、加气混凝土等技术。

(3)推广利用煤矸石充填采煤塌陷区、采空区和露天矿坑及煤矸石复垦造地造田技术。

(4)推广利用煤矸石制取聚合氯化铝、硫酸铝、合成系列分子筛等化工产品技术。

(5)推广利用煤矸石生产复合肥料技术。

(6)推广煤矸石中极细粒钛铁矿、锐钛矿等杂质的分离技术。

(7)研发利用煤矸石生产特种硅铝铁合金、铝合金技术，以及利用煤矸石生产铝系列、铁系列超细粉体的技术。

(8)研发煤矸石提取五氧化二钒及其他稀有元素技术。

2. 矿井水综合利用技术

推广采用混凝、沉淀(或浮升)以及过滤、消毒等技术，净化处理煤矿矿井水。

3. 煤层气综合利用技术

(1)推进煤层气民用、发电、化工等技术的产业化。

(2)研发低浓度瓦斯利用技术。

(二)电力工业“三废”综合利用技术

1. 粉煤灰、脱硫石膏综合利用技术

(1)粉煤灰综合利用技术

——推广采用粉煤灰生产水泥、砌块、陶粒等建筑材料技术。

——推广采用粉煤灰建造水坝、油井平台、道路路基等建筑工程技术。

——推广粉煤灰制取漂珠、空心微珠、碳等化合物技术。

——推进高铝粉煤灰提取氧化铝技术的产业化。

——推进粉煤灰造纸及生产岩棉技术的产业化。

——研发粉煤灰用于农业(改良土壤、生产复合肥料、造地)、污水处理以及各类填充材料等技术。

(2)推广脱硫石膏制水泥缓凝剂、纸面石膏板、建筑石膏、粉刷石膏、砌块等建材产品的综合利用技术。

(3)研发脱硫石膏免煅烧制干混砂浆。

2. 废水综合利用技术

推广灰场冲灰废水封闭式循环利用等技术。

3. 废气综合利用技术

推广燃煤电厂烟气中回收硫资源生产硫磺技术。

(三)石油天然气工业“三废”综合利用技术

1. 废渣综合利用技术

(1)推广对油气采炼过程中产生的各类油砂、污泥、残渣、钻屑采用固化等无害化综合处理技术,并用于筑路、制造建筑材料、调剖堵水剂等。

(2)推广石油焦乳化焦浆/油(EGC)代油节能技术。

(3)研发改进缓和湿式氧化(WAO)-间歇式生物反应器(SBR)处理碱渣联合工艺,形成专有成套技术。

(4)研发污水处理场油泥(包括罐底泥)、浮渣和剩余活性污泥处理组合技术。

2. 废水(液)综合利用技术

(1)推广钻井污水、废液综合处理技术,实现闭路循环利用。

(2)推广炼油企业含氢尾气膜法回收技术。利用膜分离技术建设芳烃、加氢尾气膜法回收装置,回收芳烃预加氢精制单元酸性气、异构化富氢、加氢裂化低分气、柴油加氢低分气中的富含氢气体。

(3)推广采用中和、酸化以及各种精制技术,从石油炼制产生的酸碱废液、废催化剂中,回收环烷酸、粗酚、碳酸钠、浮选捕集剂等资源。

(4)研发石油化工高浓度、难降解的有机废水处理技术以及油田废水替代清水技术。

(5)研发经济有效的废水深度处理技术和回用技术、氨氮废水处理技术与回收利用技术。

3. 废气综合利用技术

(1)推广对炼油厂催化裂化过程中产生的高温烟气采用气能量回收技术进行能量回收。

(2)研发催化裂化再生烟气、加热炉气、工艺排气及电站排气中二氧化硫和氮氧化物处理技术。

(四)钢铁工业“三废”综合利用技术

1. 冶炼废渣综合利用技术

(1)推广炼钢炉渣回收和磁选粉深加工处理技术。

(2)推广立磨粉磨粒化高炉矿渣技术。

(3)推广硫铁矿烧渣综合利用技术。

(4)推广冷轧盐酸再生及铁粉回收技术。

(5)推广钢渣返回烧结,替代石灰作为炼铁厂烧结溶剂技术。

(6)推广转炉煤气干法除尘及尘泥压块技术。

(7)推广氧化铁皮回收利用技术。采用直接还原技术制取粉末冶金用的还原铁粉。

(8)推广含铁尘泥综合利用技术。

(9)推广废钢渣生产磁性材料技术。

(10)研发含锌尘泥综合利用技术。

(11)研发不锈钢和特殊钢渣的处理和利用技术,特别是防止水溶性铬离子浸出的技术。

(12)研发钢铁渣游离氧化钙、游离氧化镁降解处理技术。

2. 废水(液)综合利用技术

(1)推广对不同浓度的焦化废水优化分级处理与使用技术。

(2)推广采用“电氧化气浮”技术对废水进行深度处理并回用。

(3)推广污水深度处理脱盐回用技术。采用抗污染芳香族聚酰胺反渗透膜,生产高品质的回用水。

(4)推广冷轧含油乳化液膜分离回收技术。

(5)研发矿山酸性废水治理与循环利用技术。

(6)研发矿山含硫矿物,As、Pb、Cd废水处理与循环利用技术。

3. 废气及余热、余压综合利用技术

(1)推广全燃烧高炉煤气锅炉的应用技术。

(2)推广焦炉、高炉、转炉煤气的回收技术。

(3)推广利用还原铁生产中回转窑废高温烟气余热发电技术。

(4)推广高炉煤气余压发电TRT(高炉煤气余压透平发电装置)结合干法除尘技术。

(5)推广采用利用溴化锂制冷等技术回收利用冶金生产过程中炉窑烟气余热。

(6)推广采用双预蓄热式燃烧技术,实现炉窑废气余热的利用。

(7)推广铁合金矿热炉、烧结机等中低温烟气余热发电技术。

(8)推广焦化干息焦技术,回收利用焦炭显热。

(9)推广低热值煤气燃气-蒸汽联合循环发电技

术(CCPP)。

(10)推广炼钢厂除尘系统高温烟气余热发电技术。

(11)推广电炉余热回收及综合利用技术。

(12)推进烧结烟气脱硫副产石膏资源化利用技术的产业化。

(五)有色金属工业“三废”综合利用技术

1. 冶炼废渣综合利用技术

(1)推广采用炉渣选矿法从冶炼炉渣中回收金属铜技术。

(2)推广铜冶炼阳极泥及废渣(料)综合利用技术，回收金、银、铂、钯、硒、碲、铅、铋、铟等。

(3)推广铜冶炼冷态渣，镍冶炼冷态渣深度还原磁选提铁综合利用技术。

(4)推广采用“破碎－磁选分选焦煤”、“球磨－磁选生产铁粉”等技术处理锌渣、窑渣。

(5)推广从铅电解阳极泥中提取金银的火法和湿法技术工艺。

(6)推广锌渣中提取银的技术。

(7)推广从锌浸出渣中提取铟技术。

(8)推广金属镁还原渣部分替代钙质和硅质原料生产水泥技术。

(9)研发高效利用铅锌冶炼渣再回收铅锌技术，以及稀散金属回收技术。

(10)研发低耗高效脱除氟、氯、氧化锌物料技术。

(11)研发采用氢气还原法从冶炼各类烟尘中制取金属锗综合利用技术。

(12)研发赤泥综合利用技术。

2. 废水(液)综合利用技术

(1)推广轧制废油回收利用技术。

(2)推广从生产印刷线路板产生含铜废液中回收金属铜技术。

(3)研发加工生产过程中表面处理废液、酸洗污泥综合回收技术。

3. 废气及余热综合利用技术

(1)推广采用氨吸收法技术，回收铜、铅、锌等有色金属冶炼企业产生的烟气二氧化硫，副产硫酸铵、硫酸钾等。

(2)推广采用钙吸收技术，对二氧化硫烟气脱硫并回用。

(3)推广采用氧化锌渣脱除铅锌冶炼烟气二氧化硫技术。

(4)推广冶炼废气中有价元素的回收利用技术。

(5)推广菱镁矿资源利用过程中二氧化碳回收以及生产二氧化碳衍生产品先进技术。

(6)推广有色冶金炉窑烟气余热利用技术。

(六)化学工业“三废”综合利用技术

1. 磷石膏等化工废渣综合利用技术

(1)推广蒸氨废渣综合利用技术。

(2)推广采用电石渣替代石灰石用于水泥工业、纯碱工业以及电厂的烟气脱硫技术。

(3)推广利用铬渣作水泥矿化剂技术；铬渣制自溶性烧结矿并冶炼含铬生铁技术；铬渣作为熔剂生产钙镁磷肥技术；铬渣制钙铁粉、铸石、人造骨料、玻璃着色剂及铬渣棉等技术。

(4)推广磷石膏制磷酸联产水泥、制硫酸钾、制硫铵和碳酸钙以及制硫酸铵、硫酸铵钾等作为化工原料的综合利用技术；磷石膏制水泥缓凝剂、纸面石膏板、建筑石膏、粉刷石膏、砌块等建材产品的综合利用技术；磷石膏作为盐碱地改良剂技术。

(5)推广黄磷炉渣生产水泥、混凝土、磷渣砖、保温材料、低温烧结陶瓷等技术。

(6)推广黄磷泥生产五氧化二磷以及双渣肥等综合利用技术。

(7)推广造气煤渣综合利用技术。

(8)推广利用硼泥制备轻质碳酸镁、氧化镁等镁盐技术。

(9)推广利用硼泥生产建筑材料、农业肥料和冶金辅助材料技术。

(10)推广氟石膏生产建筑材料等综合利用技术。

(11)研发磷石膏充填采矿技术。

2. 废水(液)综合利用技术

(1)推广纯碱生产中蒸氨废清液晒盐技术，采用高效蒸发技术和设备制氯化钙联产氯化钠。

(2)推广合成氨生产中采用水解汽提技术回收尿素。

(3)推广氮肥生产污水回用技术。

(4)推广循环冷却水超低排放技术。

(5)推广回收硼酸母液制备硼镁肥、轻质碳酸镁、氧化镁等镁盐产品技术。

(6)推广采用大孔径吸附树脂对2，3－酸废水回收利用技术。

(7)推广“树脂吸附－氧化－树脂吸附”技术对2－萘酚生产废水进行治理和资源化利用。

(8)推广处理DSD（4，4－二氨基二苯乙烯－二磺酸）酸氧化工序生产废水采用树脂法将有机物吸附并洗脱和回收利用的资源化技术。

(9)推广苯胺、邻甲苯胺和对甲苯胺生产废水资源化技术。

(10)推广树脂吸附法处理氯化苯水洗废水综合利用技术。

(11)推广从电镀废水中回收镍、钴等稀有金属技术。

(12)推广从制盐母液中提取氯化钾、工业溴、氯化镁技术。

3. 废气、余热综合利用技术

(1)推广采用吸附、汽提、变压吸附等技术，从电石法聚氯乙烯生产尾气中回收氯乙烯、乙炔气。

(2)推广利用黄磷尾气发电并提纯一氧化碳生产甲醇、甲酸等化工产品技术。

(3)推广醇烃化工艺替代铜洗工艺技术。

(4)推广全燃式造气吹风气余热回收利用技术。

(5)推广湿法磷酸及磷肥生产副产品氟生产各种氟化物技术。

(6)推广以碳酸钠吸收硝酸生产尾气中的氮氧化物，生产硝酸钠、亚硝酸钠的技术。

(7)推广利用电石、炭黑生产尾气中的一氧化碳，作为燃料及化工原料用于制甲醇、合成氨和羰基产品技术。

(8)推广对含二氧化碳废气进行综合利用技术。其中利用氨水吸收尾气中二氧化碳制取碳酸氢铵；深冷制取液态二氧化碳或干冰；用纯碱吸收二氧化碳制取碳酸氢钠；用二氧化碳废气制取轻质碳酸镁；用烧碱废液吸收二氧化碳制取纯碱；用废气中的二氧化碳代替硫酸分解酚钠提取酚。

(9)推广氯化氢废气综合利用技术。其中用甘油吸收氯化氢制取二氯丙醇；在催化剂作用下制取环氧氯丙烷、二氯异丙醇，制取氯磺酸、染料、二氯化碳等化工产品；采用催化氯化法、电解法、硝酸氧化法生产氯气；副产盐酸生产聚氯乙烯等产品。

(10)推广催化干气蒸汽转化法制氢技术。

(11)推广草甘膦与有机硅生产中的氯元素循环利用技术。将草甘膦生产中的尾气经回收净化用于有机硅单体的合成。有机硅单体生产中产生盐酸，经净化后用于草甘膦合成，从而使含氯元素的化合物(氯甲烷、氯化氢)在草甘膦和有机硅两大类产品之间实现循环利用。

(七)建材工业“三废”综合利用技术

1. 废渣综合利用技术

(1)推广石材加工碎石和采矿废石生产人造石材(装饰材料)技术。

(2)研发废陶瓷高附加值再利用技术。

2. 废水综合利用技术

推广采用无机混凝剂(PAC)+高分子助凝剂(PHM)等混凝沉淀处理技术。

3. 废气、余热综合利用技术

(1)推广水泥窑废气余热发电技术。

(2)推进玻璃熔窑废气余热发电技术产业化。

(八)食品发酵工业“三废”综合利用技术

1. 废渣综合利用技术

(1)推广玉米脱胚提油和小麦提取蛋白技术。

(2)推广利用酒精糟生产全糟蛋白饲料等技术。

(3)推广啤酒废酵母干燥生产饲料酵母技术；废酵母经酶处理制备医药培养基酵母浸膏技术。

(4)推广柠檬酸废渣替代天然石膏技术。

(5)推进啤酒废酵母生产制备核苷酸、氨基酸类物质技术的产业化。

(6)推广玉米芯生产木寡糖技术。

(7)推广利用制糖废糖蜜生产高活性酵母等发酵制品技术。

(8)推进利用酶技术从麦糟中提取功能性膳食纤维和蛋白质的产业化。

(9)推进果蔬浓缩汁生产废渣制备果胶、功能性膳食纤维和蛋白饲料技术的产业化。

(10)研发酵母细胞壁残渣制备甘露糖蛋白质及水溶性葡聚糖等。

(11)研发啤酒糟采用多菌种混合固体发酵生物改性，生产肽蛋白技术。

(12)研发马铃薯、木薯淀粉生产废渣综合利用技术。

2. 废水(液)综合利用技术

(1)推广发酵剩余资源厌氧发酵生产沼气技术。

(2)推广麦汁煮沸二次蒸汽回用技术。

(3)推广味精废母液生产复合肥技术。

(4)推广玉米浸泡水和谷氨酸离交尾液混合培养饲用酵母粉技术。

(5)推广木薯干片干式粉碎和鲜木薯湿法破碎分离技术，浓缩出精淀粉浆液和蛋白黄浆。

(6)研发采用膜过滤技术(MF)回收菌体制成饲料技术。

(7)研发薯类淀粉生产高浓工艺废水(俗称汁水或细胞水)回收蛋白技术。

(8)研发适用于食品行业生产的膜材料及膜分离装置；研发排放废水深度处理的膜技术与膜材料。

3. 废气综合利用技术

研发利用酒精等生产过程中产生的二氧化碳生产降解塑料技术。

（九）纺织工业资源综合利用技术

1. 废旧纤维等废渣综合利用技术

（1）推广废旧纤维循环利用技术。利用废旧涤纶及锦纶纤维、生产废料等生产再生纤维技术。

（2）推广利用废旧纤维作为产业用增强材料技术。

（3）推广溶解、萃取、离子交换等技术，对化纤工业产生的固体废弃物进行回收利用。

（4）推广针刺、热熔、纺粘、缝编等技术对废花、落棉、纱布角、短纤维等废弃物进行回收利用。

（5）推进废弃毛中提取蛋白制备生物蛋白纤维技术的产业化。

（6）推进利用双氧水对剥茧抽丝后的废弃物进行湿法纺丝技术的产业化。

（7）推进蚕蛹蛋白提炼及深加工、桑柞蚕丝下脚料生产针刺无纺布等综合利用产业化。

2. 废水（液）综合利用技术

（1）推广采用水蒸汽直接蒸馏法从含溴染料废水中制取溴素技术；以分散蓝2BLN水解母液以及硝化废酸为原料从废水中离析回收2，4－二硝基苯酚。

（2）推进洗毛废水采用高效分离回收等工艺设备提取羊毛脂技术产业化。

（3）推进聚酯企业生产废水中乙醛等有机物回收与利用技术产业化。

（4）研发适用于排放废水深度处理的膜材料，并研发适用于浆料、染料浓缩与回收工艺的膜分离装置。

（十）造纸工业“三废”综合利用技术

1. 废渣综合利用技术

（1）推广造纸废渣污泥资源化利用技术。

（2）推进制浆碱回收白泥生产优质碳酸钙技术的产业化。

2. 废水（液）综合利用技术

（1）推广制浆造纸过程水的梯级使用和废水深度处理部分回用技术。

（2）推广造纸白水多圆盘过滤机处理回收利用技术。

（3）推广厌氧生物处理高浓废水生产沼气技术。

（4）推广制浆封闭式筛选、中浓技术。

（5）推进纸浆废液生产微生物制剂技术的产业化。

四、再生资源回收利用技术

（一）废旧金属再生利用技术

1. 推广采用机械化手段对废旧汽车、废旧船舶等机械设备的拆解和利用。

2. 推广黄杂铜直接生产高精度板、带、管等技术。

3. 推广紫杂铜熔炼除氧、除杂技术以及轧制过程中的表面处理和精整技术。

4. 推广组合式熔炼炉组生产再生铝合金技术。

5. 推广废铝易拉罐钻切屑利用技术；电解铝残极（阳极、阴极）生产石墨化炭阴极技术。

6. 推广废铅酸蓄电池机械化拆解、破碎分选技术，分别回收处理塑料壳、铅极板、含铅物料（铅膏）、废酸液等；再生铅渣回收锡、锑等有价金属的技术。

7. 研发废钢铁镀锌、镀铬等镀层的处理技术；废高合金钢的鉴定、检测和分选技术；混堆状废线材加工处理技术及装备；废易拉罐等优质废铝的保级利用技术。

（二）废旧家电及电子产品再生利用技术

1. 推广电热丝等干法分离阴极射线管屏锥玻璃技术。采用工业吸尘器回收并妥善收集荧光粉。

2. 推广加热析出、催化分解等技术，回收液晶面板上的液晶物质和稀贵金属铟并做无害化处理。

3. 推广环保型的溶蚀、酸解、电解、精炼等技术，处理芯片等含稀贵金属的废料，回收金、银、钯等。

4. 推广高效粉碎、分选技术，处理已去除芯片、电容器等部件的线路板，回收铜、玻璃纤维和树脂等。

5. 推广粉碎、分选等物理方法在密闭的设施中处理含有多溴联苯、多溴二苯醚等有害成分的电线、电缆，回收铜、铝和塑料。

6. 推广破碎、分选等物理方法在设置有环保和安全措施的密闭设施中处理废旧冰箱、空调、冷柜等制冷电器。

（三）废旧橡胶、轮胎再生利用技术

1. 推广胶粉活化技术，提高胶粉活性，扩大胶粉利用率。

2. 推广“预硫化和无模硫化翻新”轮胎翻新技术。

3. 推广废旧橡胶常温粉碎、湿法粉碎、冷冻粉碎等生产精细胶粉技术。

（四）废纸板和废纸再生利用技术

1. 推广废瓦楞纸箱中高浓连续碎解、纤维分级处理、中高浓筛选、大直径盘磨打浆技术，生产包装纸及纸板。

2. 推广高浓筛选、高浓漂白、高浓揉搓等技术，处理废旧报纸及带有涂料、印刷油墨等需脱墨的纸张。

3. 研发大型废纸和废纸板制浆技术及成套设备。

(五)废塑料再生利用技术

1. 推广废塑料物理再生利用和机械化分类技术。

2. 推广废塑料活化无机填料改性、纤维增强改性、弹性体增韧改性、树脂合金改性、链结构改性等化学再生利用技术。

3. 推广利用废旧聚酯瓶生产聚酯切片技术。

4. 推广利用废旧塑料、废弃木质材料生产木塑材料及其制品技术。

(六)废玻璃再生利用技术

1. 推广废玻璃作为原料生产平板玻璃、瓶罐器皿等玻璃制品直接再利用技术。

2. 推广废玻璃生产建筑和保温隔音等材料的间接再生利用技术。

(七)建筑废弃物再生利用技术

1. 推广改性沥青混合料再生道路材料制备技术及装备。

2. 研发建筑垃圾减量化控制技术及建筑垃圾再生材料在建筑工程中应用的成套技术。

五、其他废弃物资源综合利用

(一)农林废弃物资源综合利用技术

1. 推广利用废弃木质材料(GB/T22529—2008 定义内容)为主要原料生产低甲醛或无甲醛人造板、层积材(集成材)、指接材及其他建筑装饰材料技术。

2. 推广防腐、防霉、防虫(蚁)、干燥、阻燃、改性、染色等木材保护技术。

3. 推广以竹材为主要原料造纸、生产人造板、层积材(集成材)、地板、家具等技术。

4. 推广以农作物剩余物及其他生物质材料为主要原料造纸、生产人造板、加工固体成型燃料，以及气化(沼气)等技术。

5. 推广秸秆快速堆沤腐解、高效生物有机肥还田、过腹还田、菌渣、沼渣等还田技术。

6. 推广秸秆饲料、饲料添加剂技术。

7. 研发蚕业副产品蛹油、蛹蛋白、蛹皮、肽头渣等综合利用技术。

8. 研发高效发酵菌剂与反应装置，完善秸秆沼气规模化工程技术。

9. 研发生物酶转化、裂解和液化等技术，制取秸秆液态运输燃料、氢气和化工产品等。

10. 研发利用秸秆纤维素生产燃料乙醇技术。

(二)生活废弃物再生利用技术

1. 推广城市垃圾好氧堆肥技术、沼气技术、卫生填埋(含生物反应器技术)技术。

2. 推广城市生活垃圾发电技术。

3. 推广新型干法水泥窑处理可燃生活废弃物技术。

4. 推广餐厨垃圾分类生产饲料、有机肥等资源化技术。

5. 推广住宅中水回用系统和技术；采用浸没式超滤处理技术，深度处理城市污水。

6. 研发城市生活垃圾、污泥高效焚烧和烟气处理技术。

7. 研发城市污泥生产有机肥料技术，解决重金属残留等问题。

8. 研发城市污泥生产烧结砖技术。

(三)养殖废弃物综合利用技术

1. 推广养殖业废弃物好氧堆肥、厌氧发酵生产有机肥技术。

2. 推广畜禽粪便厌氧细菌分解生产沼气技术。

3. 推广沼渣生产优质高效肥料技术。

4. 推进畜禽屠宰废弃物生产饲料及相关生物制品技术的产业化。

5. 研发利用虾蟹壳等废弃物开发相关生物制品技术。

六、资源综合利用现行税收优惠政策

(一)增值税

1. 资源综合利用及其他产品增值税政策(财税[2008]156 号)

(1)免征

——再生水(再生水是指对污水处理厂出水、工业排水、生活污水、垃圾处理厂渗透液等水源进行回收并经适当处理后在一定范围内重复利用的水资源)。

——利用废旧轮胎为原料生产胶粉和翻新轮胎。

——生产原料中掺兑废渣比例不低于 30% 的特定建材产品(特定建材产品指，砖、砌块、陶粒、墙板、管材、混凝土、砂浆、道路井盖、道路护栏、防火材料、耐火材料、保温材料、矿岩棉)。

(2)即征即退

——以工业废气为原料生产的高纯度二氧化碳产品。

——以垃圾为燃料生产的电力或热力(其中垃圾用量占发电燃料的比重不低于 80%；垃圾是指城市

生活垃圾、农作物秸秆、树皮废渣、污泥、医疗垃圾)。

——以煤炭开采过程中伴生的舍弃物油母页岩为原料生产的页岩油。

——以废旧沥青混凝土为原料生产的再生沥青混凝土(废旧沥青混凝土用量占生产原料的比重不低于30%)。

——采用旋窑法工艺生产并且生产原料中掺兑废渣比例不低于30%的水泥(包括水泥熟料)。

(3)即征即退50%

——以退役军用发射药为原料生产的涂料硝化棉粉(退役军用发射药在生产原料中的比例不低于90%)。

——对燃煤发电厂及各类工业企业产生的烟气、高硫天然气进行脱硫生产的副产品(副产品是指石膏、硫酸、硫酸铵和硫磺)。

——以废弃酒糟和酿酒底锅水为原料生产的蒸汽、活性炭、白炭黑、乳酸、乳酸钙、沼气(废弃酒糟和酿酒底锅水在生产原料中所占的比重不低于80%)。

——以煤矸石、煤泥、石煤、油母页岩为燃料生产的电力和热力(煤矸石、煤泥、石煤、油母页岩用量占发电燃料的比重不低于60%)。

——部分新型墙体材料产品(具体范围按新型墙体材料目录执行)。

(4)先征后退

以废弃的动物油和植物油为原料生产的柴油(废弃的动物油和植物油用量占生产原料的比重不低于70%)。

2. 再生资源增值税政策(财税[2008]157号)

2010年底前,对符合条件的增值税一般纳税人销售再生资源缴纳的增值税实行先征后退政策。具体退税比例2009年为70%,2010年为50%。

3. 农林剩余物为原料的综合利用产品增值税政策(财税[2009]148号)

在2010年12月31日前对企业以三剩物、次小薪材、农作物秸秆、蔗渣为原料自产的综合利用产品享受增值税即征即退政策。具体退税比例2009年为100%,2010年为80%。

(二)企业所得税

企业所得税法及其实施条例规定:企业以《资源综合利用企业所得税优惠目录》规定的资源作为主要原材料,生产国家非限制和禁止并符合国家和行业相关标准的产品取得的收入,减按90%计入收入总额。

1. 共生、伴生矿产资源

以100%的煤系共生、伴生矿产资源、瓦斯为原料生产的高岭岩、膨润土、电力、热力及燃气。

2. 废水(液)、废气、废渣

(1)以70%以上的煤矸石、石煤、粉煤灰、采矿和选矿废渣、冶炼废渣、工业炉渣、脱硫石膏、磷石膏、江河(渠)道的清淤(淤沙)、风积沙、建筑垃圾、生活垃圾焚烧余渣、化工废渣、工业废渣为原料生产的砖(瓦)、砌块、墙板类产品、石膏类制品以及商品粉煤灰。

(2)以100%的转炉渣、电炉渣、铁合金炉渣、氧化铝赤泥、化工废渣、工业废渣为原料生产的铁、铁合金料、精矿粉、稀土。

(3)以70%以上的化工、纺织、造纸工业废液及废渣为原料生产的银、盐、锌、纤维、碱、羊毛脂、聚乙烯醇、硫化钠、亚硫酸钠、硫氰酸钠、硝酸、铁盐、铬盐、木素磺酸盐、乙酸、乙二酸、盐酸、粘合剂、酒精、香兰素、饲料酵母、肥料、甘油、乙氰。

(4)以70%以上的制盐液(苦卤)及硼酸废液为原料生产的氯化钾、硝酸钾、溴素、氯化镁、氢氧化镁、无水硝、石膏、硫酸镁、硫酸钾、肥料。

(5)以100%的工业废水、城市污水为原料生产的再生水。

(6)以100%的废生物质油、废弃润滑油为原料生产的生物柴油及工业油料。

(7)以焦炉煤气、化工、石油(炼油)化工废气、发酵废气、火炬气、炭黑尾气为原料生产的硫磺、硫酸、磷铵、硫铵、脱硫石膏、可燃气、轻烃、氢气、硫酸亚铁、有色金属、二氧化碳、干冰、甲醇、合成氨。

(8)以转炉煤气、高炉煤气、火炬气以及除焦炉煤气以外的工业炉气,工业过程中的余热、余压为原料生产的电力、热力。

3. 再生资源

(1)以100%的废旧电池、电子电器产品为原料生产的金属(包括稀贵金属)、非金属。

(2)以100%的废感光材料、废灯泡(管)为原料生产的有色(稀贵)金属及其产品。

(3)以100%的锯末、树皮、枝丫材为原料生产的人造板及其制品。

(4)以100%的废、旧轮胎为原料生产的胶粉、翻新轮胎。

(5)以100%的废弃天然纤维、化学纤维及其制品为原料生产的造纸原料、纤维纱及织物、无纺布、毡、粘合剂、再生聚酯。

(6)以70%以上的农作物秸秆及壳皮(包括粮食作物秸秆、农业经济作物秸秆、粮食壳皮、玉米芯)为原料生产的代木产品、电力、热力及燃气。

三十五、《当前优先发展的高技术产业化重点领域指南(2010年度)》(征求意见稿)公开征求意见(二〇一〇年七月十五日)

国家发展改革委会同国务院有关部门联合发布的《当前优先发展的高技术产业化重点领域指南》(简称《指南》，下同)自1999年首次发布以来，已经连续发布了4次。《指南》对指导各部门、各地方开展高技术产业化工作，促进产业结构调整、加快经济发展方式转变，引导社会资源投向等发挥了重要作用。

发布《指南(2007年度)》以来，我国高技术产业化相关技术开发和产业发展等情况发生了很大变化。为进一步发挥《指南》的指导作用，明确当前高技术产业化的重点领域和方向，大力培育和发展战略性新兴产业，国家发展改革委会同科技部、商务部、工业和信息化部、知识产权局联合开展了《指南(2007年度)》修订工作，形成了《指南(2010年度)》(征求意见稿)。欢迎社会各界积极参与，建言献策，对《指南(2010年度)》(征求意见稿)提出意见和建议。对大家提出的建议，我们将认真研究。对大家的支持表示衷心的感谢。

《当前优先发展的高技术产业化重点领域指南(2010年度)》(征求意见稿)(来源：中华人民共和国国家发展和改革委员会)

附件：《当前优先发展的高技术产业化重点领域指南(2010年度)》(征求意见稿)

目录

51. 纳米材料
52. 高性能、低成本钢铁材料
53. 镁、铝、钛、钨合金材料
54. 特种功能材料
55. 稀土材料
56. 高温结构材料
57. 新型建筑节能材料
58. 重交道路沥青
59. 高分子材料及新型催化剂
60. 复合材料
61. 特种纤维材料
62. 环境友好材料
63. 膜材料及组件
64. 金属粉体材料及粉末冶金技术
65. 表面涂、镀层材料
66. 盐湖提锂、提镁技术
67. 新型纺织材料及印染后整理技术
68. 高性能密封材料
69. 子午线轮胎生产技术和关键原材料
70. 金属、无机非金属多孔复合催化材料
71. 油田化学品
72. 造纸化学品
73. 新型选矿设备及药剂
74. 核工程用特种材料

六、先进能源

75. 燃料电池
76. 氢开发利用
77. 风能
78. 太阳能
79. 生物质能
80. 空气源、地热能与海洋能
81. 石油勘探技术及设备
82. 油品加氢技术及设备
83. 长距离高压油气输送设备
84. 煤炭的高效安全生产、开发与加工利用
85. 高效低污染燃煤发电及水电技术系统
86. 核电及核燃料循环
87. 电网输送及安全保障技术
88. 半导体照明器件
89. 高能耗工业节能与建筑节能

七、现代农业

90. 农作物新品种
91. 蔬菜、园艺作物新品种
92. 林木新品种
93. 畜禽水产新品种
94. 新型设施农业技术
95. 安全高效、规模化畜禽清洁养殖技术
96. 安全高效水产品清洁养殖技术与工程化装备
97. 农林节水技术与设备
98. 新型高效生物肥料生产技术
99. 新型安全饲料生产技术
100. 动物重大疫病预防控制技术
101. 水产疫病预防控制技术
102. 农林植物有害生物检疫、预防、控制技术与装备
103. 数字化农林技术与装备
104. 农林产品加工技术与设备
105. 林业生物质材料的精深加工与利用
106. 农林业机械

八、先进制造

107. 工业自动化
108. 网络化制造
109. 现代科学仪器设备
110. 新型传感器
111. 精密高效加工和成形设备
112. 激光加工技术及设备
113. 高精度数控机床及其功能部件
114. 机器人
115. 大型石油化工成套装置
116. 新型机械基础件
117. 电力电子器件及变流装置
118. 汽车关键零部件
119. 高效节能内燃机
120. 数字化专用设备
121. 快速原型制造技术及设备
122. 大型构件制造技术及装备
123. 核技术应用
124. 高技术船舶与海洋工程装备
125. 轨道交通设备

九、先进环保和资源综合利用

126. 饮用水安全保障技术
127. 工业和城市节水、废水处理技术及设备
128. 雨水、海水、苦咸水利用技术
129. 大气污染控制技术和设备
130. 固体废弃物的资源综合利用
131. 危险固体废弃物的处置技术及装备
132. 环境自动监测系统
133. 生态环境建设与保护技术及装置

134. 绿色制造关键技术与装备

135. 清洁生产工艺技术与装备

十、海洋

136. 海洋监测技术与装备

137. 海洋生物活性物质及生物制品

138. 海水养殖病害防治技术

139. 海水养殖良种繁育和育苗技术

140. 设施渔业和渔业工程装备

141. 海底资源环境监测、勘探技术与装备

五、新材料

51. 纳米材料

纳米粉体材料、纳米钨粉用于生产纳米 WC 粉及纳米硬质合金材料、纳米膜材料、纳米催化材料和纳米晶金属材料，材料表面纳米化技术，纳米能源材料与技术，纳米生物医用材料与技术，纳米环境材料与技术，纳米电子、光子、传感材料及器件，重大疾病早期诊断与治疗用纳米材料与器件，纳米材料与器件的制备、加工、评价技术与装备研制，纳米材料规模化应用。

54. 特种功能材料

特种功能焊接材料、特种功能喷涂材料、特种功能密封材料、超导材料，智能材料，功能陶瓷、功能薄膜、人工晶体等信息材料，气敏、湿敏、磁性液体、巨应力及巨磁阻抗等传感材料，氢的制备及分离、储氢合金和储氢容器、太阳能电池、高性能二次锂电池和新型电容器等能量转换和储能材料，烯烃等聚合物及清洁生产所需催化材料，高纯银、高纯铑、高纯铋、高纯锑、高纯铟、高纯镓等高纯有色金属材料，非晶带材，高性能钼铜合金、TZM合金、钼箔及钼深加工制品，铌三锡/铜、铌钛/铜等超导棒、线材，钛阳极材料，钽铌及其合金加工材料，稀有金属粉末及制品，金属多孔材料及元器件，铁铬铝纤维及其制品，钨及钨合金加工材料及制品，贵金属毛细管材、窄带材、多层复合异型丝材料，贵金属催化剂等。

59. 高分子材料及新型催化剂

新型工程塑料与塑料合金(PA、PC、POM、PBT、PET、MPPO、POM/PU、PC/ABS、PC/PBT)，新型特种工程塑料(PPS)、(PSF)、PI、PAR、PEE、液晶聚合物 - LCP)，阻燃改性塑料，通用塑料(PP、PE、ABS、PS、PVC 等)的改性技术，汽车轻量化热塑性复合材料，农林等纤维素原料提取高分子材料 - 酶解拇指素技术，氟塑料成形加工技术，聚烯烃催化剂、高效硝基苯加氢催化剂及原位聚合聚烯烃纳米复合材料催化剂，交联聚乙烯材料和电器用合成树脂材料，高性能聚芳醚酮类树脂材料，硅树脂、硅橡胶材料及改性技术，邻甲酚醛环氧树脂，万吨级酯交换法聚碳酸酯(PC)塑料、kt 级尼龙 11(PA11)塑料、万吨级通信和电力电缆用及油气输送用聚烯烃管材生产技术及设备，溶胶 - 凝胶(Sol - Gel)技术及超低密度材料。

60. 复合材料

双金属材料及多金属复合材料，金属基复合材料，非金属基复合材料，碳复合材料，陶瓷基复合材料，先进树脂基复合材料及其低成本制备技术，新型特殊结构复合材料制备技术。

61. 特种纤维材料

高性能碳纤维、无碱玻璃纤维、氨纶纤维、芳纶纤维、芳砜纶纤维、超高分子量聚乙烯纤维、聚苯硫醚纤维、聚四氟乙烯纤维，高性能、高感性、高功能和环保型纤维，低成本、高性能、特种用途的玻璃纤维及其制品，绿色玻璃钢 - 热塑性复合材料制品，玻璃钢输气管道、轴承、渔船、汽车覆盖件。

62. 环境友好材料

生态环境材料，环境友好光学玻璃材料，环保型可降解塑料，建筑与海洋防护用工程环保涂料，无机高分子材料，电子电器产品限用物质替代材料，可降解汽车内饰材料技术，材料的可循环回收技术，高分子材料环境友好技术，低碳型和环境友好型包装材料，建筑材料环境友好技术，环境友好材料的分析检测技术和方法及标准物质。

63. 膜材料及组件

功能高分子膜材料及成套装置，均相系列荷电膜及装备，聚烯烃类微滤膜及应用，纳米结构敏感膜，液体脱气膜，汽液相分离膜材料，氯碱用膜材料，高性能复合纳滤膜材料，无机分离催化膜材料，生物功能和仿生分离膜材料，海水、苦咸水及中水处理用反渗透膜材料及组件，陶瓷分离膜材料与技术，渗透气化和蒸汽渗透分离膜材料与技术。

65. 表面涂、镀层材料

环保型防腐涂料，环保型高性能工业涂料，高温陶瓷涂敷材料，高档汽车用金属颜料，水性重防腐涂料，耐高温抗强碱涂料，防火阻燃涂料，先进高能束表面改性技术，复合表面技术，锡系无铅可焊性电沉积环保工艺材料，超低表面能含氟表面保护材料与技术。

68. 高性能密封材料

轿车及中高档轻型车覆盖件、结构件及动力传动、减振、制动系统用密封材料，大型成套设备高压、液压、气动系统用密封件，电力设备高温、高压机械用密封件，石油化学工业用高速透平压缩机的非接触气膜密封件，金属磁流体密封件，高性能无石棉密封材料，高性能碳石墨密封材料，高性能无压烧结碳化硅材料。

71. 油田化学品

万吨级耐高温、耐盐聚合物驱油剂，万吨级钻井液用化学品，万吨级高效清防蜡剂和降凝降粘剂，kt级高温原油破乳剂，kt级石油压裂液增稠剂、采油和炼油缓蚀剂，石油开采中的环境友好型高分子驱油材料。

(其他略)

三十六、工业和信息化部　工信厅科〔2010〕143号　关于印发《工业产品质量控制和技术评价实验室核定细则(暂行)》的通知(二○一○年七月二十日)

各省、自治区、直辖市工业和信息化主管部门，部直属单位，有关行业协会、学会、有关中央管理企业：

根据《工业产品质量控制和技术评价实验室管理办法》(工信部科〔2010〕93号)，我部组织制定了《工业产品质量控制和技术评价实验室核定细则(暂行)》。现印发给你们，请遵照执行。

附：《工业产品质量控制和技术评价实验室核定细则(暂行)》

工业产品质量控制和技术评价实验室核定细则(暂行)

第一条　根据《工业产品质量控制和技术评价实验室管理办法》，特制定本实施细则。

第二条　工业和信息化部科技司(以下简称科技司)组建工业产品质量控制和技术评价专家技术委员会(以下简称专家技术委员会)，组织实施工业产品质量控制和技术评价实验室(以下简称实验室)的核定和管理工作。专家技术委员会由部内相关司局、有关综合性行业协会的负责同志及相关领域核心技术专家组成。

第三条　专家技术委员会下设秘书处，具体承担实验室核定、管理、监督及申诉受理等日常工作，秘书处暂设在工业和信息化部软件与集成电路促进中心。

第四条　专家技术委员会在建材、石化、有色金属、机械与汽车、轻工、纺织、电子信息、软件、通信、钢铁十个专业建立相关领域工业产品质量控制和技术评价专家库，并组建专家评审组。专家评审组具体承担实验室能力评审工作，提出评审意见。

第五条　实验室核定工作程序分为填报材料、受理申请、形式审查、能力评定、审查批复和授牌发布等流程。

第六条　填报材料：

(一)申请机构在工业产品质量控制和技术评价实验室申报管理网站(www.miit－lab.org.cn)(以下简称实验室申报管理网)进行注册；注册审核通过后，申请机构按照要求在网上完成《工业产品质量控制和技术评价实验室申报表》(以下简称《申报表》)的填报工作；

(二)《申请表》填写完毕并经确认保存后，由申请机构在实验室申报管理网进行网上打印，加盖公章连同有关其他能力证明材料复印件等一并提交到所在省、自治区、直辖市及计划单列市、新疆生产建设兵团工业和信息化主管部门(以下简称地方主管部门)、所属行业综合性行业协会或所属中央管理企业(申请单位隶属部直属单位的，可直接提交到秘书处)。

第七条　申请受理：

(一)地方主管部门、有关综合性行业协会及有关中央管理企业在收到申请机构的申报材料后，负责组织对申请材料的完整性、规范性和符合性进行初步审查，组织对申请机构工作方案和发展规划进行论证，提出审查推荐意见；

(二)地方主管部门、有关综合性行业协会及有关中央管理企业将通过初步审查的申报材料提交给秘书处，同时在实验室申报管理网修改相关申请机构的申报状态；

(三)部直属单位的申报材料由秘书处组织进行初步审查。

第八条　形式审查：

(一)秘书处对通过初步审查的申报材料进行登记、综合汇总，并对材料进行形式审查，主要是对材料的格式以及与网上申报材料的一致性进行审查。

(二)对于未通过形式审查的申报材料，将有关意见反馈给申请机构和相应的地方主管部门、有关综合性行业协会及有关中央管理企业。

第九条　能力评定：

(一)秘书处对通过形式审查的申报材料按照不同地区、不同行业领域进行分类，制定评审计划；

(二)根据不同领域的分组情况和回避原则，秘书处从工业产品质量控制和技术评价专家库中抽取专家，组建技术专家组，以集中会议评审的方式对通过形式审查的申报材料进行书面评审；

(三)如确有必要，由秘书处组建技术专家组对申请机构进行实地考察，实地考察主要是考察申请机构的工作状态、技术服务规模与技术水平、质量控制与技术评价服务能力和创新能力、仪器设备设施和技术人员情况以及质量控制和技术评价工作开展情况等；

(四)秘书处需于实地评审10个工作日前通知相应的申请机构，并向相关的地方主管部门(综合性行业协会)通报，接受实地评审的机构应当为评审专家组进行实地考察提供必要的工作条件，实地考察期间不得安排与评审工作无关的活动；

(五)会议评审或实地评审结束后，由技术专家组提出评审意见并报秘书处；

(六)专家技术委员会根据申报及评审情况，不定期召开专题会议，对技术专家组提出的评审意见进行集中审查，提出评定意见并核定实验室名称。

(七)科技司将评定结果在工业和信息化部网站进行公示，公示期为发布之日起15个工作日。

第十条 审查批复：

对符合条件和要求并经公示无异议的申请机构，由科技司报部领导批准；对不符合条件和要求的申请机构，由科技司将评定结果和意见反馈给相应的地方主管部门、综合性行业协会或有关中央管理企业。

第十一条 授牌发布：

(一)通过核定的实验室的相关信息，由科技司在工业和信息化部门户网站、实验室申报管理网站上进行发布；

(二)每年6月和12月，科技司对通过核定的实验室集中授予统一制作的“工业(产品门类)产品质量控制和技术评价实验室”铜牌。

第十二条 取得实验室核定的机构在3年有效期限内，其组织机构、法定代表人、联系人、办公地址、实验室资质等重大信息发生变更的，应当自发生变更之日起60日内向秘书处提交变更申请，并抄送相应的地方主管部门或综合性行业协会，由秘书处在实验室申报管理网站更新相关资料信息。

第十三条 取得实验室核定的机构在3年有效期届满6个月前，应重新提出申请，由专家技术委员会组织进行再次核定。

第十四条 本办法由工业和信息化部科技司负责解释。

第十五条 本办法自发布之日起执行。

三十七、工业和信息化部 教育部 科学技术部 财政部 人力资源和社会保障部 商务部 国家税务总局 国家统计局 国家知识产权局 中国银行业监督管理委员会 中国证券监督管理委员会 工信部联产业〔2010〕390号 关于促进工业设计发展的若干指导意见(二〇一〇年七月二十二日)

各省、自治区、直辖市、计划单列市及新疆建设兵团工业和信息化主管部门、教育、科技、财政、人力资源社会保障、商务、国家税务、地方税务、统计、知识产权、银监、证监局(委、厅、办)，有关行业协会：

为加速推进新型工业化进程，推动生产性服务业与现代制造业融合，现就促进我国工业设计发展提出如下意见。

一、充分认识大力发展工业设计的重要意义

工业设计是以工业产品为主要对象，综合运用科技成果和工学、美学、心理学、经济学等知识，对产品的功能、结构、形态及包装等进行整合优化的创新活动。工业设计的核心是产品设计，广泛应用于轻工、纺织、机械、电子信息等行业。工业设计产业是生产性服务业的重要组成部分，其发展水平是工业竞争力的重要标志之一。大力发展工业设计，是丰富产品品种、提升产品附加值的重要手段；是创建自主品牌，提升工业竞争力的有效途径；是转变经济发展方式，扩大消费需求的客观要求。

改革开放以来，我国工业设计取得了长足发展。目前，工业设计已初步形成产业，特别是在经济发达地区已初具规模；一批制造业企业高度重视和广泛应用工业设计，取得明显成效；专业从事工业设计的企业发展迅速，设计服务水平逐步提高，一些优秀设计成果已经走向国际市场；专业人才队伍不断扩大，工业设计教育快速发展。但是，我国工业设计发展仍处于初级阶段，与工业发展要求和发达国家水平相比还有很大差距，在发展过程中还存在许多突出矛盾和问题。主要是：对工业设计作用认识不足，重视不够；缺乏高水平的专门人才，自主创新能力弱；政策支持、行业管理和知识产权保护亟待加强等。各地区、各有关部门要充分认识大力发展工业设计的重要意义，采取切实有效的政策措施，促进工业设计加快发展。

二、促进工业设计发展的指导思想、基本原则和发展目标

(一)指导思想。以邓小平理论和“三个代表”重

要思想为指导，深入贯彻落实科学发展观，按照走新型工业化道路和建设创新型国家的要求，发挥企业市场主体作用，政府积极扶持引导，完善政策措施，优化发展环境，促进我国工业设计产业健康快速发展。

（二）基本原则。坚持设计创新和技术创新相结合，提高工业设计自主创新能力；坚持专业化发展和在工业企业内发展相结合，提升工业设计产业发展水平；坚持政府引导和市场调节相结合，为工业设计发展创造良好环境。

（三）发展目标。到2015年，工业设计产业发展水平和服务水平显著提高，培育出3－5家具有国际竞争力的工业设计企业，形成5～10个辐射力强、带动效应显著的国家级工业设计示范园区；工业设计的自主创新能力明显增强，拥有自主知识产权的设计和知名设计品牌数量大量增加；专业人才素质和能力显著提高，培养出一批具有综合知识结构、创新能力强的优秀设计人才。

三、提高工业设计的自主创新能力

（一）加强工业设计基础工作。鼓励科研机构、设计单位、高等学校开展基础性、通用性、前瞻性的工业设计研究。提高工业设计的信息化水平，支持工业设计相关软件等信息技术产品的研究开发和推广应用。整合现有资源，建立实用、高效的工业设计基础数据库、资源信息库等公共服务平台，加强资源共享。

（二）建立工业设计创新体系。引导工业企业重视设计创新，鼓励企业建立工业设计中心。国家对符合条件的企业设计中心予以认定。鼓励工业企业、工业设计企业、高等学校、科研机构建立合作机制，促进形成以企业为主体、市场为导向、产学研相结合的工业设计创新体系。

（三）支持工业设计创新成果产业化。重点支持促进产业升级、推进节能减排、完善公共服务、保障安全生产等重点领域拥有自主知识产权的工业设计成果产业化。鼓励发展体现中华民族传统工艺和文化特色的工业设计项目和产品。

四、提升工业设计产业发展水平

（一）促进工业企业与工业设计企业合作。鼓励工业企业将可外包的设计业务发包给工业设计企业，扩大工业设计服务市场。支持工业企业和工业设计企业加强多种形式合作，通过设计创新，促进工业企业的产品升级换代、市场开拓和品牌建设。

（二）引导工业设计企业专业化发展。鼓励工业设计企业加强研发和服务能力建设，创新服务模式，提高专业化服务水平。推动工业设计企业以市场为导向、以设计为核心、以资本为纽带的兼并重组，不断增强企业实力。

（三）推动工业设计集聚发展。鼓励各地根据区域经济发展实际和产业、资源比较优势，建立工业设计产业园区。加强公共服务平台建设，吸引工业设计企业、人才、资金等要素向园区集聚。培育和认定一批国家级工业设计示范园区，发挥辐射和带动作用。

五、加快培养高素质人才

（一）完善工业设计教育体系。探索建立有利于工业设计人才成长的教育体系和人才培养模式，培养适应工业发展需求的工业设计复合型人才。加强高等学校的工业设计学科建设，加大对工业设计专业教学、科研、实验的软硬件支持，提升教师水平，支持聘用有实践经验的工业设计人员任教。

（二）建立健全工业设计人才培训机制。支持符合条件的工业设计园区、工业设计企业设立博士后科研工作站。鼓励有条件的企业创建工业设计实训基地。支持有条件的单位选送优秀工业设计师出国培训，学习借鉴国外先进工业设计经验。鼓励行业协会、高等学校、科研机构和企业联合开展工业设计培训。

（三）积极引进优秀工业设计人才。鼓励海外优秀工业设计人才回国（来华）创业和从事工业设计研究教学工作。鼓励企业招聘海外优秀工业设计人才，完善技术入股等激励机制，妥善解决社会保障和工作生活待遇等问题，为海外优秀工业设计人才回国（来华）工作创造良好条件。

六、推动对外交流与合作

（一）提高工业设计对外开放水平。积极引进新的设计理念、先进技术和管理经验，提升国内工业设计水平。鼓励跨国公司和境外著名的工业设计机构来华设立设计中心或分支机构。鼓励国内工业企业、工业设计企业与境外设计机构建立多种形式的合作关系。

（二）积极参与国际竞争和合作。健全政策支持和服务体系，大力发展工业设计服务贸易，不断提高规模、层次和水平。积极承接国际工业设计服务外包业务，推动工业设计服务出口。支持企业“走出去”，鼓励有条件的工业企业、工业设计企业在境外建立设计研发中心。支持国内工业企业和工业设计企业参与有关国际标准的制定。

七、营造良好的市场环境

(一)提高全社会的工业设计意识。加强政策引导和舆论宣传，在全国开展工业设计宣传、展览、交流等活动，普及工业设计理念。鼓励地区之间开展多种形式的工业设计交流与合作。引导企业，特别是中小企业广泛重视和应用工业设计，提高新产品开发能力。鼓励创办高水准的工业设计报刊、杂志和网站。

(二)建立工业设计评价与奖励制度。研究建立工业设计专业技术人员职业资格制度，开展工业设计专业技术人员职称评聘。建立工业设计企业资质评价制度，引导和规范行业发展。建立优秀工业设计评奖制度，鼓励工业设计创新。

(三)加强和改善行业管理。加强市场监管，推动诚信建设，规范工业设计企业经营行为，维护公平有序的市场竞争秩序。充分发挥行业协会等中介组织作用，加强行业自律，为产业发展提供积极有效的服务。有条件的地区可编制区域性工业设计发展规划，引导本地区工业设计健康发展。

(四)加强知识产权应用和保护。鼓励企业和个人就工业设计申请专利和进行著作权登记。建立工业设计知识产权信用公示制度和预警机制，加大对侵犯知识产权行为的惩处力度。建立完善工业设计知识产权交易平台和中介服务机构，促进知识产权的合理有效流通。鼓励和支持公民及法人以工业设计知识产权作价出资创办企业。鼓励在产品或包装等相关物品上标注设计机构或设计者名称。鼓励权利人充分利用知识产权维护自身的合法权益。

(五)健全信息统计工作。完善国家统计标准，明确工业设计产业统计分类，提高工业设计统计数据的科学性和准确性。建立工业设计统计调查制度，完善工业设计统计调查方法和指标体系，促进工业设计信息交流，为政府制定政策提供依据。

八、加大政策支持力度

(一)加大财政资金投入。发挥财政资金的引导作用，重点支持工业设计企业开拓市场、提高自主创新能力、建设公共服务平台，带动社会资金支持工业设计发展。中央财政促进服务业发展专项资金、科技型中小企业技术创新基金等，对符合条件的工业设计企业给予支持。有条件的地区可设立工业设计发展专项资金。

(二)实施税收扶持。企业用于工业设计的研究开发费用，按照税法规定享受企业所得税前加计扣除政策，鼓励企业加大设计研发投入。工业设计企业被认定为高新技术企业的，按照国家税法规定享受高新技术企业相关税收优惠政策。

(三)拓宽融资渠道。健全完善政府支持引导、全社会参与的多元化投融资机制，鼓励社会各类资本加大对工业设计投资。支持符合条件的工业设计企业在境内外资本市场上市融资。鼓励创业风险投资机构对工业设计企业开展业务。

(四)加大信贷支持。银行业金融机构对工业设计企业，特别是拥有自主知识产权的工业设计优势企业，在控制风险的前提下，积极拓宽抵质押品范围，开发适合工业设计企业的创新型金融产品，对其合理信贷需求给予支持。鼓励信用担保机构为工业设计企业，特别是中小工业设计企业提供贷款担保。拥有自主知识产权的工业设计企业享受科技型中小企业信贷支持有关政策。

各有关部门要按照本指导意见的要求，加强合作，密切配合，积极推动工业设计产业加快发展。各地方工业和信息化主管部门要会同有关部门，加强对本地区工业设计发展情况的调研和分析，结合实际，制定贯彻本意见的具体办法，并抓好落实。

三十八、工业和信息化部　工信安函[2010]168号　关于乳化炸药(塑膜、小药卷)包装有关问题的通知(二〇一〇年九月二十七日)

各省、自治区、直辖市民爆行业行政主管部门：

《乳化炸药》(GB18095—2000)等相关标准规定：工业炸药内包装可采用药卷、中包或衬袋包装等形式。目前，乳化炸药生产企业习惯对塑膜小药卷乳化炸药采用中包包装的形式。鉴于乳化炸药本身防水抗潮性能好，采用塑膜包装的药卷本身具有较强的抗压防变形能力，经充分调查研究，拟取消中包作内包装，以提高小药卷乳化炸药包装效率。

同时，对取消中包的乳化炸药塑膜小药卷在包装方面提出以下要求：生产企业取消中包包装后，应提高包装箱质量，增强包装箱防潮性能和抗压强度，同时在箱上标注箱内药卷的支数，并放置一定数量的包装袋以方便炸药的发放。

三十九、工业和信息化部　工信厅节〔2010〕192号　关于印发《再制造产品认定实施指南》的通知(二〇一〇年九月三十日)

各省、自治区、直辖市及计划单列市、新疆生产建设兵团工业和信息化主管部门：

为加强再制造产品认定管理，明确认定要求，规范认定程序，按照《关于印发〈再制造产品认定管理暂行办法〉的通知》(工信部节〔2010〕303号)要求，我部组织编制了《再制造产品认定实施指南》(以下简称《实施指南》)。现印发你们并就认定相关工作通知如下：

一、请各地工业和信息化主管部门组织相关企业根据《再制造产品认定管理暂行办法》和《实施指南》要求，提出认定申请，并对申报材料进行初始审查，出具审查意见后上报。

二、为稳妥推进再制造产品认定工作，认定工作启动初期，优先受理再制造试点企业的认定申请。首批认定申请受理截止时间为2010年10月29日。

三、联系方式：(略)

附件：再制造产品认定实施指南

工业产品再制造是制造业的一个重要组成部分，是落实《循环经济促进法》和推动经济发展方式转变的重要措施，是促进资源节约型、环境友好型社会建设的有效手段。开展再制造产品认定工作有利于规范再制造产品生产、引导再制造产品消费，推动再制造产业健康有序发展。

根据《再制造产品认定管理暂行办法》的规定，为明确再制造产品认定管理工作中各相关单位的职责，明晰各认定环节的具体要求，确保认定管理工作规范、高效地开展，特制定《再制造产品认定实施指南》(以下简称《实施指南》)。

《实施指南》所涵盖的再制造产品认定范围包括通用机械设备、专用机械设备、办公设备、交通运输设备及其零部件等。

各相关单位应依据《再制造产品认定管理暂行办法》，结合《实施指南》及相关的法律法规、标准和其他要求，开展再制造产品认定申报、推荐、认定评价等管理工作。

一、组织管理

工业和信息化部负责再制造产品认定工作的管理和监督，制定相关制度、标准及实施方案，组织开展认定工作，发布《再制造产品目录》。

省级工业和信息化主管部门负责认定申请的初始审查，向工业和信息化部推荐符合条件的认定申请。

工业和信息化部委托具有合格评定资质的机构具体承担认定评价工作，包括组织进行文件审查、现场评审、产品检验，以及出具认定报告等工作。

二、认定程序

再制造产品认定包括“申报、初审与推荐、认定评价、结果发布”等四个阶段(认定流程见附件一)。

(一)申报

申请企业应按照《再制造产品认定管理暂行办法》的要求，自愿提出认定申请。

1. 基本条件。申请企业应符合《再制造产品认定管理暂行办法》规定的基本条件要求，具体包括：

(1)在中国境内注册，具有独立法人资格；

(2)产品符合国家法律、法规及相关产业政策要求；

(3)国家对产品有行政许可要求的，应获得相应许可；

(4)具备再制造产品批量生产能力，采用的再制造技术、工艺先进适用、成熟可靠；

(5)产品质量达到或超过原型新品，且符合国家相关的安全、节能、环保等强制性标准要求。

2. 提交申报材料：申请企业按属地化原则向省级工业和信息化主管部门提出认定申请，并按要求提交申报材料。申报材料一式五份(含纸质及电子版)，具体包括：

(1)再制造产品认定申报书(见附件二)；

(2)有效的法人营业执照副本(复印件)；

(3)再制造产品的产品生产许可证、强制性产品认证证书复印件(适用时)；

(4)执行的产品标准；

(5)产品型式试验报告和(或)相关质量证明文件；

(6)产品生产工艺流程及再制造技术说明；

(7)质量管理体系文件；

(8)其他需提供的材料。

(二)初审与推荐

省级工业和信息化主管部门负责对本地区申请认定产品进行形式审查和汇总。符合要求或整改后满足要求的，向工业和信息化部推荐；不符合要求的，则不予推荐。

初审的重点包括：

1. 申报材料的完整性、有效性；

2. 近三年内，是否受到重大行政处罚和投诉，包括产品质量、节能环保和安全等方面；

3. 再制造过程管理的规范性、工艺技术水平的先进性等方面。

省级工业和信息化主管部门应在30个工作日内完成对申报材料的初审，出具认定推荐意见。同时，向工业和信息化部提交产品申报材料。

(三)认定评价

再制造产品认定评价包括以下六个环节：

— 标准确认；
— 受理；
— 文件审查；
— 现场评审；
— 产品检验；
— 综合评定。

1. 标准确认

为保证申请企业明示的产品标准符合再制造产品认定要求，在认定活动中将对申请企业明示的产品标准进行确认。

认定机构在收到申报材料后，应在3个工作日内组织专家完成再制造产品认定的标准确认工作。

标准确认专家应对申请企业明示的产品标准与相关质量、节能、环保和安全等标准进行比较分析，确认申请企业所明示的产品标准是否符合相关的要求。

标准确认合格后方可进入受理环节；标准确认不合格的，则不对申请企业的申报材料进行受理。

经确认的标准发生变更时，申请企业应及时向再制造产品认定机构通报并提供新版本。认定机构将根据情况决定是否重新进行标准确认工作。

2. 受理

标准确认符合要求后，认定机构应及时对申报书和相关资料进行审查，并提出受理意见：

(1)申报材料齐全、符合要求的，应在3个工作日内予以受理，并书面通知申请企业受理结果；

(2)申报材料不齐全或不符合要求的，应在3个工作日内告知申请企业需要补充的材料；

(3)存在不符合认定要求且无法整改的申请事项，不予受理。

3. 文件审查

认定机构在完成受理申请后，应于4个工作日内，安排具有专业能力的人员进行文件审查，并出具文件审查报告，对文件审查不符合要求的应通知申请企业进行整改。

文件审查的重点包括：

(1)产品型式试验报告和(或)相关质量证明文件；

(2)产品生产工艺流程及再制造技术说明；

(3)质量管理体系文件；

(4)再制造产品用途与质量状况说明；

(5)再制造产品节能减排效益分析等。

文件审查的结论包括：

(1)符合要求，可以安排现场评审工作；

(2)不符合要求，补充整改后方可安排现场评审工作。

4. 现场评审

文件审查合格或经过整改合格后，由认定机构组织专家组实施现场评审工作，现场评审应在文件审查合格后的20个工作日内实施。

现场评审过程的要求包括：

(1)专家评审组应编制评审计划，并于现场评审实施日前5个工作日通知申请企业；

(2)专家评审组应按相关要求对申请企业再制造工艺过程和质量保证能力进行现场评审，重点是关键再制造过程的现场确认及所采用再制造技术的可靠性评价；

(3)现场评审结束后10个工作日内，专家组应向认定机构提交“现场评审报告”，并对现场评审结论负责。

现场评审结论包括：

(1)通过；

(2)整改后通过；

(3)不通过。

现场评审存在不符合要求的，评审组应书面通知申请企业进行整改，如现场评审发现企业存在严重不符合及违法等问题，评审组应报告认定机构并立即结束对其产品的认定工作。

5. 产品检验

再制造产品认定检验主要采用型式试验报告确认、抽样检验、现场检验等形式进行。认定机构对申请企业所提交产品型式试验报告和(或)相关质量证明文件进行审查，根据再制造产品特点，必要时结合现场评审情况，决定产品检验方式：

(1)型式试验报告确认：依据所确认标准，对申请企业提交的型式试验报告进行符合性评价和确认。

(2)抽样检验：按所确认标准规定的相关要求，对认定产品和(或)关键过程的产品，由认定机构制定产品抽样检验方案，安排人员进行抽样，委托具有相应资质的第三方检验机构进行检验。

(3)现场检验：对认定产品必须在生产或使用现场进行检验时，认定机构应按照所确认标准规定的相关要求制定现场检验方案，安排人员进行现场产品检验工作。

认定机构收到检验报告后，应在5个工作日内完成对检验结果的判定，判定结论分为合格与不合格两种形式。

6. 综合评定

认定机构在组织完成文件审查、现场评审和产品检验后，应安排对申请企业全部材料进行综合评定。重点是对认定过程活动的公正性、规范性、现场评审结论和检验结果的符合性进行评定，基本要求：

(1)所有受理、文件审查、现场评审、检验结果必须完成且经专业人员审核后，方可进行认定综合评定工作。

(2)认定综合评定人员必须具备相应的专业能力。

(3)综合评定人员不能是所评定项目的现场评审人员。

认定机构应在10个工作日内完成综合评定，提出认定意见，完成认定报告，并提交工业和信息化部。认定意见包括：

(1)推荐；

(2)不推荐。

(四)结果发布

工业和信息化部根据认定报告意见，对再制造产品认定过程及意见等进行审批，符合要求的形成《再制造产品目录》并向社会公告。同时，通过工业和信息化部及认定机构网站发布。

再制造产品认定结果不设有效期，当认定的再制造产品生产和管理等发生重大变化时，申请企业应及时向工业和信息化部及认定机构报告。对不再符合认定条件的产品，由工业和信息化部取消产品认定资格，予以公告。

三、认定标志与信息明示

(一)认定标志

(1)标志样式

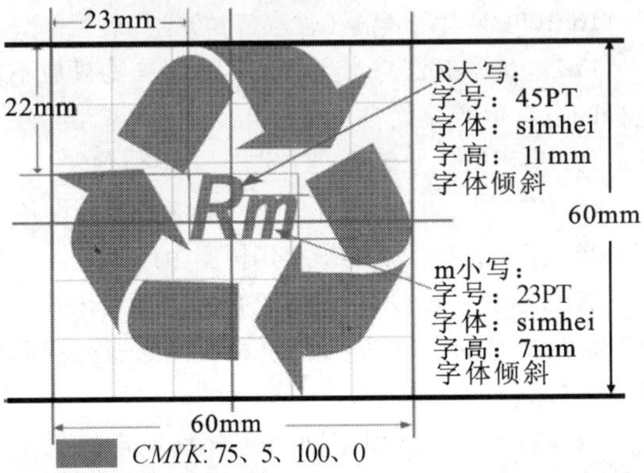

(2)认定标志使用

通过认定的再制造产品，应在产品明显位置或包装上使用再制造产品标志。被取消认定资格的产品不得继续使用再制造产品标志。

使用认定标志时，应保证认定标志的完整，可按比例放大或缩小，但应确保认定标志的颜色一致并清晰。

(二)信息明示

经认定的再制造产品应在产品明显位置或包装上明示再制造产品的生产厂名称、产品识别代码、执行标准等相关信息。

四、异议处理

任何对再制造产品认定过程和结果有异议的单位和个人，可向工业和信息化部提出异议，工业和信息化部根据情况进行调查处理，反馈结果。认定机构按工业和信息化部的要求协助进行相关情况调查。

五、专家管理

认定机构应建立专家库并进行动态管理。

(一)专家资格条件

1. 中级以上技术职称；

2. 具有再制造领域相关专业背景和实践经验；

3. 具有良好的职业道德，坚持原则，办事公正；

4. 了解国家能源资源节约及再制造产业政策，熟悉再制造产品认定工作有关要求。

(二)专家库及专家选取办法

1. 认定机构应建立专家聘任制度，建立专家库，实行动态管理。

2. 认定机构根据认定产品所属行业领域，选择相关专家参与认定工作。

(三)专家职责

1. 按照《再制造产品认定管理暂行办法》及本指南的要求参加标准确认、文件审查、现场评审、产品检验、综合评定等工作，并填写相关记录和完成有关报告。

2. 为认定机构提供技术支持。

(四)专家纪律

1. 独立、客观、公正地进行认定评价。

2. 不得披露、使用申请企业的技术、经济信息和商业秘密，不得复制保留或向他人扩散评审材料，不得泄露评审结果。

3. 不得采取非正常手段为申请企业提供便利。

4. 不得以再制造产品认定名义擅自进入申请企业调查。

5. 不得收受申请企业给予的任何好处和利益。

四十、中华人民共和国工业和信息化部 公告 工产业〔2010〕第122号 部分工业行业淘汰落后生产工艺装备和产品指导目录(2010年本)〔二〇一〇年十月十三日〕

为加快淘汰落后生产能力，促进工业结构优化升级，按照《国务院关于进一步加强淘汰落后产能工作的通知》(国发〔2010〕7号)要求，依据国家有关法律、法规，我部制定了《部分工业行业淘汰落后生产工艺装备和产品指导目录(2010年本)》。

一、本目录所列淘汰落后生产工艺装备和产品主要是不符合有关法律法规规定，严重浪费资源、污染环境、不具备安全生产条件，需要淘汰的落后生产工艺装备和产品。按照以下原则确定淘汰落后生产工艺装备和产品目录：

(一)危及生产和人身安全，不具备安全生产条件；

(二)严重污染环境或严重破坏生态环境；

(三)产品不符合国家或行业规定标准；

(四)严重浪费资源、能源；

(五)法律、行政法规规定的其他情形。

二、对本目录所列的落后生产工艺装备和产品，按规定期限淘汰，一律不得转移、生产、销售、使用和采用。

三、按照国发〔2010〕7号文件要求，对未按规定限期淘汰落后产能的企业吊销排污许可证，银行业金融机构不得提供任何形式的新增授信支持，有关部门不予审批和核准新的投资项目，国土资源管理部门不予批准新增用地，环境保护部门不予审批扩大产能的项目，相关管理部门不予办理生产许可，已颁发生产许可证、安全生产许可证的要依法撤回。对未按规定淘汰落后产能、被地方政府责令关闭或撤销的企业，限期办理工商注销登记，或者依法吊销工商营业执照。必要时，政府相关部门可要求电力供应企业依法对落后产能企业停止供电。

四、工业和信息化部将根据工业结构调整需要适时修订本目录。

五、本目录自发布之日起执行，由工业和信息化部负责解释。

特此公告。

附件：部分工业行业淘汰落后生产工艺装备和产品指导目录(2010年本)

一、钢铁(略)

二、有色金属(略)

三、化工

1. 10万吨/年以下的硫铁矿制酸和硫磺制酸生产装置(边远地区除外)

2. 50万条/年及以下的斜交轮胎生产线，以天然棉帘子布为骨架的轮胎生产线

3. 1.5万吨/年及以下的干法造粒炭黑生产装置(特种炭黑和半补强炭黑除外)

4. 单台磷炉变压器容量10000千伏安以下黄磷生产装置(变压器容量7200千伏安及以上、10000千伏安以下尾气和炉渣能够全部综合利用的除外)(2010年)

5. 有钙焙烧铬化合物生产工艺(2013年)

6. 单线产能1万吨/年以下三聚磷酸钠、0.5万吨/年以下六偏磷酸钠、0.5万吨/年以下三氯化磷、3万吨/年以下饲料磷酸氢钙

7. 1万吨以下无水氟化氢(HF)产品达不到GB7746、5000吨/年以下氢氟酸产品达不到GB7744生产装置(综合利用项目以及4N以上电子级除外)、5000吨/年以下湿法氟化铝(综合利用除外)及敞开式结晶氟盐生产装置

8. 汞法烧碱、石墨阳极隔膜法烧碱、未采用节能措施(扩张阳极、改性隔膜等)的普通金属阳极隔膜法烧碱生产装置

9. 电石渣采用堆存处理的5万吨/年以下的电石法聚氯乙烯生产装置

10. 开放式电石炉

11. 单台炉变压器容量小于12500千伏安的电石炉(2010年)

12. 生产氰化钠的氨钠法及氰熔体工艺

13. 钠法百草枯生产工艺

14. 农药产品手工包(灌)装工艺及设备(2010年)

15. 非封闭生产三氯杀螨醇工艺

16. 100t/年以下皂素(含水解物)生产装置

17. 盐酸酸解法皂素生产工艺及污染物排放不能达标的皂素生产装置

18. 皂素酸法水解生产工艺

19. KDON－6000/6600型蓄冷器流程空分设备

20. 用火直接加热的涂料用树脂生产工艺

21. 四氯化碳(CTC)以及所有使用四氯化碳为加工助剂的产品的生产工艺装置(根据国家履行国际公约总体计划要求淘汰)

22. CFC－113为加工助剂的含氟聚合物的生产工艺装置(根据国家履行国际公约总体计划要求淘汰)

23. 氯氟烃(CFCs)、用于清洗的1,1,1－三氯乙烷(甲基氯仿)的生产工艺装置(根据国家履行国际公约总体计划要求淘汰)

24. 以六氯苯为原料生产五氯酚(钠)工艺(根据国家履行国际公约总体计划要求淘汰)

25. 甲基溴生产装置(2010年)

26. 半水煤气氨水液相脱硫工艺技术

27. 一氧化碳常压变换及全中温变换(高温变换)工艺

28. 废旧橡胶土法炼油工艺

29. 橡胶硫化促进剂 N-氧联二(1,2-亚乙基)-2-苯并噻唑次磺酰胺(NOBS)和橡胶防老剂D装置(2010年)

30. 2万吨/年以下普通级碳酸钡生产装置(2011年)

31. 3000t/年以下普通级硫酸钡、氢氧化钡、氯化钡、硝酸钡生产装置(2011年)

32. 1.5万吨/年以下普通级碳酸锶生产装置(2011年)

33. 农药粉剂雷蒙机法生产工艺

34. 5000吨/年以下湿法氟化铝生产装置(副产综合利用除外)

35. 四氯化碳溶剂法制取氯化橡胶生产工艺

36. 平炉法高锰酸钾生产工艺

37. 平炉法和大锅蒸发法硫化碱生产工艺

38. 芒硝法硅酸钠(泡化碱)生产工艺

39. 铁粉还原法工艺(4,4-二氨基二苯乙烯-二磺酸[DSD酸]、2-氨基-4-甲基-5-氯苯磺酸[CLT酸]、1-氨基-8-萘酚-3,6-二磺酸[H酸]产品暂缓淘汰)

40. 年产3亿只以下的天然胶乳安全套生产装置

41. 轮胎、自行车胎、摩托车胎手工刻花硫化模具

42. 多氯联苯(变压器油)

43. 氯化汞催化剂(氯化汞含量6.5%以上)(2015年)

44. 废物不能有效利用或三废排放不达标的钛白粉生产装置

45. 淀粉糖酸法生产工艺

46. 焦油间歇法生产沥青工艺

47. 敌百虫碱减法生产敌敌畏工艺

48. 国家明令禁止生产的农药产品:除草醚、杀虫脒、毒鼠强、氟乙酰胺、氟乙酸钠、二溴氯丙烷、磷胺、甘氟、毒鼠硅、甲胺磷、对硫磷、甲基对硫磷、久效磷、10%草甘膦水剂

49. 国际公约需要淘汰的农药产品:氯丹、林丹、七氯、毒杀芬、滴滴涕、六氯苯、灭蚁灵、艾氏剂、狄氏剂、异狄氏剂

50. 落后农药产品:治螟磷(苏化203)、硫环磷(乙基硫环磷)、甲基硫环磷、磷化钙、磷化锌、福美胂、福美甲胂及所有胂制剂

51. 聚乙烯醇及其缩醛类内外墙涂料(106、107涂料等)

52. 有害物质含量超过《室内装饰装修材料内墙涂料中有害物质限量》(GB18582)标准的内墙涂料

53. 多彩内墙涂料(树脂以硝化纤维素为主,溶剂以二甲苯为主的O/W型涂料)

54. 有害物质含量超过《室内装饰装修材料溶剂型木器涂料中有害物质限量》(GB18581)标准的溶剂型木器涂料

55. 氯乙烯-偏氯乙烯共聚乳液外墙涂料

56. 聚醋酸乙烯乳液类(含乙烯/醋酸乙烯酯共聚物乳液)外墙涂料

57. 有害物质含量超过《建筑用外墙涂料中有害物质限量》标准的外墙涂料

58. 焦油型聚氨酯防水涂料

59. 水性聚氯乙烯焦油防水涂料

60. 改性淀粉涂料

61. 含有机锡的防污涂料

62. 含三丁基锡、红丹的涂料

63. 含滴滴涕的涂料

64. 含异氰脲酸三缩水甘油酯(TGIC)的粉末涂料

65. 有害物质含量超过《玩具涂料中有害物质限量》标准的玩具涂料

66. 有害物质含量超过《汽车涂料中有害物质限量》标准的汽车涂料

67. 含苯类、苯酚、苯甲醛和二(三)氯甲烷的脱漆剂

68. 聚氯乙烯建筑防水接缝材料(焦油型)

69. 分散黄3、分散蓝1、直接红28、直接蓝6、直接黑38、碱性红9、酸性红26、酸性紫49、溶剂黄1等九种染料,用于纺织品染色的在还原条件下会裂解产生24种有害芳香胺的偶氮染料

70. 高污染、高环境风险染料:C.I. 直接黄24、C.I. 直接红1、C.I. 直接红2、C.I. 直接红13、C.I. 直接红28、C.I. 直接紫1、C.I. 直接紫12、C.I. 直接绿1、C.I. 直接绿6、C.I. 直接绿85、C.I. 直接蓝1、C.I. 直接蓝2、C.I. 直接蓝6、C.I. 直接蓝9、C.I. 直接蓝14、C.I. 直接蓝15、C.I. 直接蓝22、C.I. 直接蓝76、C.I. 直接蓝151、C.I. 直

接蓝201、C.I. 直接棕1、C.I. 直接棕2、C.I. 直接棕12、C.I. 直接棕79、C.I. 直接棕95、C.I. 直接棕101、C.I. 直接棕154、C.I. 直接棕222、C.I. 直接棕223、C.I. 直接黑38、C.I. 直接黑91、C.I. 直接黑154、C.I. 酸性橙45、C.I. 酸性红26、C.I. 酸性红73、C.I. 酸性红85、C.I. 酸性红114、C.I. 酸性红115、C.I. 酸性红128、C.I. 酸性红158、C.I. 酸性紫12、C.I. 酸性紫49、C.I. 酸性黑29、C.I. 酸性黑94、C.I. 酸性黑132、C.I. 分散黄7、C.I. 分散黄23、C.I. 分散黄56、C.I. 溶剂红23、C.I. 溶剂红24(以下略)

四、建材(其他略)

9. 无复膜塑编水泥包装袋生产线

12. 聚乙烯丙纶类复合防水卷材二次加热复合成型生产工艺

40. 陶土坩埚拉丝玻璃纤维和制品及其增强塑料(玻璃钢)制品

45. 非机械生产中空玻璃、双层双框各类门窗及单腔结构型的塑料门窗

46. 聚乙烯芯材厚度在0.5mm以下的聚乙烯丙纶复合防水卷材；聚氯乙烯防水卷材(S型)；棉涤玻纤(高碱)网格复合胎基材料

五、机械(略)

六、轻工(其他略)

34. 用聚氯乙烯(PVC)生产接触饮料和食品的包装(2011年)

七、纺织(略)

注：条目后括号内年份为淘汰期限，如淘汰期限为“2010年”是指最迟应于2010年底前淘汰，其余类推；有淘汰计划的条目，根据计划进行淘汰；未标淘汰期限或淘汰计划的条目为已过淘汰期限应立即淘汰。

四十一、环境保护部　外交部　国家发展改革委　科技部　工业和信息化部　财政部　住房和城乡建设部　商务部　国家质量监督检验检疫总局　环发[2010]123号　关于加强二噁英污染防治的指导意见(二〇一〇年十月十九日)

各省、自治区、直辖市、计划单列市及新疆生产建设兵团环境保护厅(局)、发展改革委、科技厅(科委、科技局)、工业和信息化主管部门、财政厅(局)、住房城乡建设厅(建委、市政管委、建设局)、商务主管部门、直属检验检疫局，各环境保护督查中心：

为贯彻落实《中华人民共和国履行〈关于持久性有机污染物的斯德哥尔摩公约〉国家实施计划》(以下简称《国家实施计划》)，保护生态环境，保障人民身体健康，现就加强二噁英污染防治工作提出以下意见：

一、深刻认识加强二恶英污染防治的重要意义

(一)二噁英具有很强生物毒性，同时具有难以降解、可在生物体内蓄积的特点，进入环境将长期残留，对人类健康和可持续发展构成威胁。全国主要行业持久性有机污染物调查显示，我国17个主要行业二噁英排放企业有万余家，涉及钢铁、再生有色金属和废弃物焚烧等多个领域。随着我国经济社会快速发展，二噁英排放量呈增长趋势，我国二噁英污染防治面临严峻形势。党中央、国务院高度重视二噁英等持久性有机污染物污染防治问题。国务院2007年4月批准《国家实施计划》，对二噁英等持久性有机污染物污染防治工作提出了明确要求。各地要从贯彻落实科学发展观、建设生态文明和保障人民身体健康的高度进一步提高认识，把二噁英污染防治与当前实现节能减排目标，推动产业结构调整紧密结合起来，促进经济社会与环境协调发展。

二、二噁英污染防治指导思想、原则和目标

(二)指导思想。以科学发展观为指导，以保障我国生态环境安全和人民身体健康为目的，预防新源、削减旧源，完善制度、强化监管，综合采取各种措施，有效落实责任，建立长效机制，积极稳妥地推动二噁英污染防治工作。

(三)基本原则。

坚持全面推进、重点突破。对现有的二噁英产生源要采取积极的污染防治措施。当前要重点抓好铁矿石烧结、电弧炉炼钢、再生有色金属生产、废弃物焚烧等重点行业二噁英污染防治工作。

坚持综合防治、协同推进。充分发挥二噁英污染防治与常规污染物削减控制的协同性，将其与节能减排、推行清洁生产、淘汰落后产能等工作统筹推进。

坚持政府主导、市场化推动。发挥政府主导作用，明确企业责任主体，鼓励公众参与监督，推动将二噁英污染防治各项措施落到实处。

(四)目标任务。在铁矿石烧结、电弧炉炼钢、再生有色金属生产、废弃物焚烧等重点行业全面推行削减和控制措施，深入开展清洁生产审核，全面推广清洁生产先进技术、最佳可行工艺和技术等，降低单位产量(处理量)二噁英排放强度。到2015年，建立比较完善的二噁英污染防治体系和长效监

管机制，重点行业二噁英排放强度降低 10%，基本控制二噁英排放增长趋势。

三、优化产业结构

（五）淘汰落后产能。严格落实《国务院关于进一步加强淘汰落后产能工作的通知》（国发〔2010〕7号），加大落后产能淘汰力度，加速淘汰二噁英污染严重、削减和控制无经济可行性的落后产能。

（六）严格环境准入条件。进一步完善环境影响评价制度，在审批建设项目环境影响评价文件时要充分考虑二噁英削减和控制要求，将二噁英作为主要特征污染物逐步纳入有关行业的环境影响评价中。加强新建、改建、扩建项目竣工环境保护验收中二噁英排放监测，确保按要求达标排放，从源头控制二噁英产生。在京津冀、长三角、珠三角等重点区域开展二噁英排放总量控制试点工作。

（七）实施清洁生产审核。清洁生产主管部门和环境保护部门应将二噁英削减和控制作为清洁生产的重要内容，完善清洁生产标准体系，全面推行清洁生产审核，鼓励采用有利于二噁英削减和控制的工艺技术和防控措施。每年年底前，各省级环保部门依法公布应当开展强制性清洁生产审核的二噁英重点排放源企业名单。二噁英重点排放源企业应依法实施清洁生产审核，积极落实审核方案，采取削减和控制措施，开展清洁生产审核的间隔时间不得超过五年，并依法将审核结果向环境保护部门和清洁生产主管部门报告。各级环保部门要加强监督检查，对不实施清洁生产审核或者虽经审核但不如实报告审核结果的，责令限期改正，对拒不改正的企业加大处罚力度。2011 年 6 月底前，重点行业所有排放废气装置，必须配套建设高效除尘设施。

四、切实推进重点行业二噁英污染防治

（八）推动铁矿石烧结的协同减排。铁矿石烧结应通过选用低氯化物含量原料、减少氯化钙使用、对加入原料中的轧钢皮进行除油预处理、增加料层透气性、采用粉尘返料造球等措施减少二噁英的产生。鼓励采用烧结废气循环技术减少废气产生量和二噁英排放量。鼓励有条件的企业建设废气综合净化设施。鼓励企业选择先进工艺，优化工程设计，实现常规污染物与二噁英协同减排。按照《产业结构调整指导目录》相关规定加快淘汰小型烧结机。

（九）强化电弧炉炼钢排放源预处理。电弧炉炼钢企业，应对废钢原料进行预处理。不得在没有高效除尘设施的情况下采用废钢预热工艺。鼓励有条件的企业结合电弧炉装备工艺特点开展二噁英减排工程实践。

（十）加大再生有色金属行业污染防治力度。加速淘汰直接燃煤的反射炉、坩埚炉等工艺落后、能源消耗高、环境污染严重、金属回收率低的技术装备。现有再生熔炼设施的生产过程中，应采取有效措施去除原料中含氯物质及切削油等有机物。鼓励封闭化生产。

（十一）推进高标准废弃物焚烧设施建设。结合落实《全国城镇生活垃圾处理设施建设规划》、《危险废物和医疗废物集中处置设施建设规划》，加快淘汰污染严重、工艺落后的废弃物焚烧设施，推进高标准集中处置设施建设，减少二噁英排放。加强废弃物焚烧设施运行管理，严格落实《生活垃圾焚烧污染控制标准》、《危险废物焚烧污染控制标准》技术要求。新建焚烧设施，应优先选用成熟技术，审慎采用目前尚未得到实际应用验证的焚烧炉型。建立企业环境信息公开制度，废弃物焚烧企业应当向社会发布年度环境报告书。主要工艺指标及硫氧化物、氮氧化物、氯化氢等污染因子应实施在线监测，并与当地环保部门联网。污染物排放应每季度采样检测一次。应在厂区明显位置设置显示屏，将炉温、烟气停留时间、烟气出口温度、一氧化碳等数据向社会公布，接受社会监督。

五、建立完善二噁英污染防治长效机制

（十二）编制重点行业污染防治规划。以重点行业二噁英污染防治为主要内容，编制全国重点行业持久性有机污染物“十二五”污染防治规划，明确防治目标、任务和政策措施。各省级环保部门要加强基础工作，摸清二噁英污染源和排放现状，合理确定二噁英削减和控制目标，提出相应措施，按照《省级持久性有机污染物“十二五”污染防治规划编制指南》，抓紧编制辖区持久性有机污染物污染防治规划。各地在开展节能减排和环境治理等重点工程建设中，应统筹考虑二噁英污染防治。

（十三）严格环境监管。加强对二噁英重点排放源的监督性监测和监管核查，对未按规定和要求实施控制措施的排放源，限期整改。所在地环保部门应对废弃物焚烧装置排放情况每二个月开展一次监督性监测，对二噁英的监督性监测应至少每年开展一次。不符合产业政策的重污染企业应报请当地政府取缔关闭；超标排污企业，应依法责令限期治理并处罚款。逾期未完成治理任务的，应提请当地政府关闭；存在环境安全隐患的企业，应责令改正。加强对废弃物产生单位的环境保护监管力度，促使有关单位和企业及时将危险废弃物交由有资质的处置单位进行规范的无害化处置。各级环保部门应全面掌握污染源的基本情况，建立健全各类重点污染源档案和污染源信息数据库，完善重点排放源二噁英排放清单。加强二噁英监测能力建设，完善二噁英监测制度，配齐监测装置，加强人员培训，切实提高二噁英监测技术水平，满足监管核查需要。

(十四)健全排放源动态监控和数据上报机制。完善二噁英排放申报登记和信息上报制度。排放二噁英的企业和单位应至少每年开展一次二噁英排放监测，并将数据上报地方环保部门备案。各级环保部门应逐步开展环境介质二噁英监测工作，重点是排放源周边的敏感区域。建立二噁英排放源动态监控与信息上报系统，分析排放变化情况，对二噁英削减和控制过程及效果进行综合评估。

(十五)完善相关环境经济政策。逐步建立促进企业主动削减的经济政策体系，鼓励企业采用有利于二噁英削减的生产方式。对存在较大环境风险的二噁英排放企业，推行环境污染责任保险制度。通过合理的经济补偿和政策引导，加快二噁英污染严重的企业有序退出。

六、加强技术研发和示范推广

(十六)加强技术标准体系建设。建立健全防治二噁英污染的强制性技术规范体系，加强强制性标准推广。加强对相关技术标准的更新管理，逐步提高保护水平。鼓励地方、行业及企业制定和实施严于国家强制性要求的标准和措施。制定重点行业二噁英削减和控制技术政策，推广最佳可行污染防治工艺和技术。健全重点行业二噁英排放标准体系，制修订并严格执行铁矿石烧结、电弧炉炼钢、再生有色金属生产、废弃物焚烧及殡葬火化等行业二噁英排放标准和二噁英监控规范，引导重点行业提高技术水平。

(十七)大力推动二噁英削减和控制关键技术研发和工程示范。有关科技发展计划应将预防、减少和控制二噁英产生的替代工艺、替代技术，以及过程优化、尾气净化技术和设备等列为重点，加大研发和工程示范力度。鼓励企业与高等院校、科研机构等合作，加强二噁英削减关键技术联合攻关。

七、保障措施

(十八)落实各方责任。二噁英污染防治工作由地方政府负总责，要切实加强组织领导，建立环保部门牵头，政府有关部门参加的二噁英污染防治协调机制，形成责任明确、共同推进的管理体制。各有关部门应加强对二噁英污染防治的指导，加强行政执法。建立定期通报和目标考核责任制度，保证各项措施和规划的实施。

(十九)加强宣传教育。各地环保部门应组织开展多种形式的宣传教育活动，采取通俗易懂的方式，通过广播、电视、报纸、互联网等新闻媒体，加强二噁英危害及可防可控的宣传力度，积极引导广大群众了解有关二噁英防护知识。

(二十)加大资金投入。拓宽投融资渠道，加大对重点行业二噁英削减和控制投入力度。各级政府在安排节能减排等环保投资时，应加大对重点源二噁英削减和控制的支持力度，鼓励当地企业削减和控制二噁英。积极引导各类资本进入二噁英削减控制领域。积极加强国内外交流与合作，争取国际社会资金和技术支持。

四十二、国务院　国发〔2010〕32号　关于加快培育和发展战略性新兴产业的决定(二〇一〇年十月二十一日)

各省、自治区、直辖市人民政府，国务院各部委、各直属机构：

战略性新兴产业是引导未来经济社会发展的重要力量。发展战略性新兴产业已成为世界主要国家抢占新一轮经济和科技发展制高点的重大战略。我国正处在全面建设小康社会的关键时期，必须按照科学发展观的要求，抓住机遇，明确方向，突出重点，加快培育和发展战略性新兴产业。现作出如下决定：

一、抓住机遇，加快培育和发展战略性新兴产业

战略性新兴产业是以重大技术突破和重大发展需求为基础，对经济社会全局和长远发展具有重大引领带动作用，知识技术密集、物质资源消耗少、成长潜力大、综合效益好的产业。加快培育和发展战略性新兴产业对推进我国现代化建设具有重要战略意义。

(一)加快培育和发展战略性新兴产业是全面建设小康社会、实现可持续发展的必然选择。我国人口众多、人均资源少、生态环境脆弱，又处在工业化、城镇化快速发展时期，面临改善民生的艰巨任务和资源环境的巨大压力。要全面建设小康社会、实现可持续发展，必须大力发展战略性新兴产业，加快形成新的经济增长点，创造更多的就业岗位，更好地满足人民群众日益增长的物质文化需求，促进资源节约型和环境友好型社会建设。

（二）加快培育和发展战略性新兴产业是推进产业结构升级、加快经济发展方式转变的重大举措。战略性新兴产业以创新为主要驱动力，辐射带动力强，加快培育和发展战略性新兴产业，有利于加快经济发展方式转变，有利于提升产业层次、推动传统产业升级、高起点建设现代产业体系，体现了调整优化产业结构的根本要求。

（三）加快培育和发展战略性新兴产业是构建国际竞争新优势、掌握发展主动权的迫切需要。当前，全球经济竞争格局正在发生深刻变革，科技发展正孕育着新的革命性突破，世界主要国家纷纷加快部署，推动节能环保、新能源、信息、生物等新兴产业快速发展。我国要在未来国际竞争中占据有利地位，必须加快培育和发展战略性新兴产业，掌握关键核心技术及相关知识产权，增强自主发展能力。

加快培育和发展战略性新兴产业具备诸多有利条件，也面临严峻挑战。经过改革开放30多年的快速发展，我国综合国力明显增强，科技水平不断提高，建立了较为完备的产业体系，特别是高技术产业快速发展，规模跻身世界前列，为战略性新兴产业加快发展奠定了较好的基础。同时，也面临着企业技术创新能力不强，掌握的关键核心技术少，有利于新技术新产品进入市场的政策法规体系不健全，支持创新创业的投融资和财税政策、体制机制不完善等突出问题。必须充分认识加快培育和发展战略性新兴产业的重大意义，进一步增强紧迫感和责任感，抓住历史机遇，加大工作力度，加快培育和发展战略性新兴产业。

二、坚持创新发展，将战略性新兴产业加快培育成为先导产业和支柱产业

根据战略性新兴产业的特征，立足我国国情和科技、产业基础，现阶段重点培育和发展节能环保、新一代信息技术、生物、高端装备制造、新能源、新材料、新能源汽车等产业。

（一）指导思想。

以邓小平理论和“三个代表”重要思想为指导，深入贯彻落实科学发展观，把握世界新科技革命和产业革命的历史机遇，面向经济社会发展的重大需求，把加快培育和发展战略性新兴产业放在推进产业结构升级和经济发展方式转变的突出位置。积极探索战略性新兴产业发展规律，发挥企业主体作用，加大政策扶持力度，深化体制机制改革，着力营造良好环境，强化科技创新成果产业化，抢占经济和科技竞争制高点，推动战略性新兴产业快速健康发展，为促进经济社会可持续发展作出贡献。

（二）基本原则。

坚持充分发挥市场的基础性作用与政府引导推动相结合。要充分发挥我国市场需求巨大的优势，创新和转变消费模式，营造良好的市场环境，调动企业主体的积极性，推进产学研用结合。同时，对关系经济社会发展全局的重要领域和关键环节，要发挥政府的规划引导、政策激励和组织协调作用。

坚持科技创新与实现产业化相结合。要切实完善体制机制，大幅度提升自主创新能力，着力推进原始创新，大力增强集成创新和联合攻关，积极参与国际分工合作，加强引进消化吸收再创新，充分利用全球创新资源，突破一批关键核心技术，掌握相关知识产权。同时，要加大政策支持和协调指导力度，造就并充分发挥高素质人才队伍的作用，加速创新成果转化，促进产业化进程。

坚持整体推进与重点领域跨越发展相结合。要对发展战略性新兴产业进行统筹规划、系统布局，明确发展时序，促进协调发展。同时，要选择最有基础和条件的领域作为突破口，重点推进。大力培育产业集群，促进优势区域率先发展。

坚持提升国民经济长远竞争力与支撑当前发展相结合。要着眼长远，把握科技和产业发展新方向，对重大前沿性领域及早部署，积极培育先导产业。同时，要立足当前，推进对缓解经济社会发展瓶颈制约具有重大作用的相关产业较快发展，推动高技术产业健康发展，带动传统产业转型升级，加快形成支柱产业。

（三）发展目标。

到2015年，战略性新兴产业形成健康发展、协调推进的基本格局，对产业结构升级的推动作用显著增强，增加值占国内生产总值的比重力争达到8%左右。

到2020年，战略性新兴产业增加值占国内生产总值的比重力争达到15%左右，吸纳、带动就业能力显著提高。节能环保、新一代信息技术、生物、高端装备制造产业成为国民经济的支柱产业，新能源、新材料、新能源汽车产业成为国民经济的先导产业；创新能力大幅提升，掌握一批关键核心技术，在局部领域达到世界领先水平；形成一批具有国际影响力的大企业和一批创新活力旺盛的中小企业；建成一批产业链完善、创新能力强、特色鲜明的战略性新兴产业集聚区。

再经过十年左右的努力，战略性新兴产业的整

体创新能力和产业发展水平达到世界先进水平，为经济社会可持续发展提供强有力的支撑。

三、立足国情，努力实现重点领域快速健康发展

根据战略性新兴产业的发展阶段和特点，要进一步明确发展的重点方向和主要任务，统筹部署，集中力量，加快推进。

(一)节能环保产业。重点开发推广高效节能技术装备及产品，实现重点领域关键技术突破，带动能效整体水平的提高。加快资源循环利用关键共性技术研发和产业化示范，提高资源综合利用水平和再制造产业化水平。示范推广先进环保技术装备及产品，提升污染防治水平。推进市场化节能环保服务体系建设。加快建立以先进技术为支撑的废旧商品回收利用体系，积极推进煤炭清洁利用、海水综合利用。

(二)新一代信息技术产业。加快建设宽带、泛在、融合、安全的信息网络基础设施，推动新一代移动通信、下一代互联网核心设备和智能终端的研发及产业化，加快推进三网融合，促进物联网、云计算的研发和示范应用。着力发展集成电路、新型显示、高端软件、高端服务器等核心基础产业。提升软件服务、网络增值服务等信息服务能力，加快重要基础设施智能化改造。大力发展数字虚拟等技术，促进文化创意产业发展。

(三)生物产业。大力发展用于重大疾病防治的生物技术药物、新型疫苗和诊断试剂、化学药物、现代中药等创新药物大品种，提升生物医药产业水平。加快先进医疗设备、医用材料等生物医学工程产品的研发和产业化，促进规模化发展。着力培育生物育种产业，积极推广绿色农用生物产品，促进生物农业加快发展。推进生物制造关键技术开发、示范与应用。加快海洋生物技术及产品的研发和产业化。

(四)高端装备制造产业。重点发展以干支线飞机和通用飞机为主的航空装备，做大做强航空产业。积极推进空间基础设施建设，促进卫星及其应用产业发展。依托客运专线和城市轨道交通等重点工程建设，大力发展轨道交通装备。面向海洋资源开发，大力发展海洋工程装备。强化基础配套能力，积极发展以数字化、柔性化及系统集成技术为核心的智能制造装备。

(五)新能源产业。积极研发新一代核能技术和先进反应堆，发展核能产业。加快太阳能热利用技术推广应用，开拓多元化的太阳能光伏光热发电市场。提高风电技术装备水平，有序推进风电规模化发展，加快适应新能源发展的智能电网及运行体系建设。因地制宜开发利用生物质能。

(六)新材料产业。大力发展稀土功能材料、高性能膜材料、特种玻璃、功能陶瓷、半导体照明材料等新型功能材料。积极发展高品质特殊钢、新型合金材料、工程塑料等先进结构材料。提升碳纤维、芳纶、超高分子量聚乙烯纤维等高性能纤维及其复合材料发展水平。开展纳米、超导、智能等共性基础材料研究。

(七)新能源汽车产业。着力突破动力电池、驱动电机和电子控制领域关键核心技术，推进插电式混合动力汽车、纯电动汽车推广应用和产业化。同时，开展燃料电池汽车相关前沿技术研发，大力推进高能效、低排放节能汽车发展。

四、强化科技创新，提升产业核心竞争力

增强自主创新能力是培育和发展战略性新兴产业的中心环节，必须完善以企业为主体、市场为导向、产学研相结合的技术创新体系，发挥国家科技重大专项的核心引领作用，结合实施产业发展规划，突破关键核心技术，加强创新成果产业化，提升产业核心竞争力。

(一)加强产业关键核心技术和前沿技术研究。围绕经济社会发展重大需求，结合国家科技计划、知识创新工程和自然科学基金项目等的实施，集中力量突破一批支撑战略性新兴产业发展的关键共性技术。在生物、信息、空天、海洋、地球深部等基础性、前沿性技术领域超前部署，加强交叉领域的技术和产品研发，提高基础技术研究水平。

(二)强化企业技术创新能力建设。加大企业研究开发的投入力度，对面向应用、具有明确市场前景的政府科技计划项目，建立由骨干企业牵头组织、科研机构和高校共同参与实施的有效机制。依托骨干企业，围绕关键核心技术的研发和系统集成，支持建设若干具有世界先进水平的工程化平台，结合技术创新工程的实施，发展一批由企业主导，科研机构、高校积极参与的产业技术创新联盟。加强财税政策引导，激励企业增加研发投入。加强产业集聚区公共技术服务平台建设，促进中小企业创新发展。

(三)加快落实人才强国战略和知识产权战略。建立科研机构、高校创新人才向企业流动的机制，加大高技能人才队伍建设力度。加快完善期权、技

术入股、股权、分红权等多种形式的激励机制，鼓励科研机构和高校科技人员积极从事职务发明创造。加大工作力度，吸引全球优秀人才来华创新创业。发挥研究型大学的支撑和引领作用，加强战略性新兴产业相关专业学科建设，增加急需的专业学位类别。改革人才培养模式，制定鼓励企业参与人才培养的政策，建立企校联合培养人才的新机制，促进创新型、应用型、复合型和技能型人才的培养。支持知识产权的创造和运用，强化知识产权的保护和管理，鼓励企业建立专利联盟。完善高校和科研机构知识产权转移转化的利益保障和实现机制，建立高效的知识产权评估交易机制。加大对具有重大社会效益创新成果的奖励力度。

(四)实施重大产业创新发展工程。以加速产业规模化发展为目标，选择具有引领带动作用，并能够实现突破的重点方向，依托优势企业，统筹技术开发、工程化、标准制定、市场应用等环节，组织实施若干重大产业创新发展工程，推动要素整合和技术集成，努力实现重大突破。

(五)建设产业创新支撑体系。发挥知识密集型服务业支撑作用，大力发展研发服务、信息服务、创业服务、技术交易、知识产权和科技成果转化等高技术服务业，着力培育新业态。积极发展人力资源服务、投资和管理咨询等商务服务业，加快发展现代物流和环境服务业。

(六)推进重大科技成果产业化和产业集聚发展。完善科技成果产业化机制，加大实施产业化示范工程力度，积极推进重大装备应用，建立健全科研机构、高校的创新成果发布制度和技术转移机构，促进技术转移和扩散，加速科技成果转化为现实生产力。依托具有优势的产业集聚区，培育一批创新能力强、创业环境好、特色突出、集聚发展的战略性新兴产业示范基地，形成增长极，辐射带动区域经济发展。

五、积极培育市场，营造良好市场环境

要充分发挥市场的基础性作用，充分调动企业积极性，加强基础设施建设，积极培育市场，规范市场秩序，为各类企业健康发展创造公平、良好的环境。

(一)组织实施重大应用示范工程。坚持以应用促发展，围绕提高人民群众健康水平、缓解环境资源制约等紧迫需求，选择处于产业化初期、社会效益显著、市场机制难以有效发挥作用的重大技术和产品，统筹衔接现有试验示范工程，组织实施全民健康、绿色发展、智能制造、材料换代、信息惠民等重大应用示范工程，引导消费模式转变，培育市场，拉动产业发展。

(二)支持市场拓展和商业模式创新。鼓励绿色消费、循环消费、信息消费，创新消费模式，促进消费结构升级。扩大终端用能产品能效标识实施范围。加强新能源并网及储能、支线航空与通用航空、新能源汽车等领域的市场配套基础设施建设。在物联网、节能环保服务、新能源应用、信息服务、新能源汽车推广等领域，支持企业大力发展有利于扩大市场需求的专业服务、增值服务等新业态。积极推行合同能源管理、现代废旧商品回收利用等新型商业模式。

(三)完善标准体系和市场准入制度。加快建立有利于战略性新兴产业发展的行业标准和重要产品技术标准体系，优化市场准入的审批管理程序。进一步健全药品注册管理的体制机制，完善药品集中采购制度，支持临床必需、疗效确切、安全性高、价格合理的创新药物优先进入医保目录。完善新能源汽车的项目和产品准入标准。改善转基因农产品的管理。完善并严格执行节能环保法规标准。

六、深化国际合作，提高国际化发展水平

要通过深化国际合作，尽快掌握关键核心技术，提升我国自主发展能力与核心竞争力。把握经济全球化的新特点，深度开展国际合作与交流，积极探索合作新模式，在更高层次上参与国际合作。

(一)大力推进国际科技合作与交流。发挥各种合作机制的作用，多层次、多渠道、多方式推进国际科技合作与交流。鼓励境外企业和科研机构在我国设立研发机构，支持符合条件的外商投资企业与内资企业、研究机构合作申请国家科研项目。支持我国企业和研发机构积极开展全球研发服务外包，在境外开展联合研发和设立研发机构，在国外申请专利。鼓励我国企业和研发机构参与国际标准的制定，鼓励外商投资企业参与我国技术示范应用项目，共同形成国际标准。

(二)切实提高国际投融资合作的质量和水平。完善外商投资产业指导目录，鼓励外商设立创业投资企业，引导外资投向战略性新兴产业。支持有条件的企业开展境外投资，在境外以发行股票和债券等多种方式融资。扩大企业境外投资自主权，改进审批程序，进一步加大对企业境外投资的外汇支持。积极探索在海外建设科技和产业园区。制定国别产业导向目录，为企业开展跨国投资提供指导。

(三)大力支持企业跨国经营。完善出口信贷、保险等政策，结合对外援助等积极支持战略性新兴产业领域的重点产品、技术和服务开拓国际市场，以及自主知识产权技术标准在海外推广应用。支持企业通过境外注册商标、境外收购等方式，培育国际化品牌。加强企业和产品国际认证合作。

七、加大财税金融政策扶持力度，引导和鼓励社会投入

加快培育和发展战略性新兴产业，必须健全财税金融政策支持体系，加大扶持力度，引导和鼓励社会资金投入。

(一)加大财政支持力度。在整合现有政策资源和资金渠道的基础上，设立战略性新兴产业发展专项资金，建立稳定的财政投入增长机制，增加中央财政投入，创新支持方式，着力支持重大关键技术研发、重大产业创新发展工程、重大创新成果产业化、重大应用示范工程、创新能力建设等。加大政府引导和支持力度，加快高效节能产品、环境标志产品和资源循环利用产品等推广应用。加强财政政策绩效考评，创新财政资金管理机制，提高资金使用效率。

(二)完善税收激励政策。在全面落实现行各项促进科技投入和科技成果转化、支持高技术产业发展等方面的税收政策的基础上，结合税制改革方向和税种特征，针对战略性新兴产业的特点，研究完善鼓励创新、引导投资和消费的税收支持政策。

(三)鼓励金融机构加大信贷支持。引导金融机构建立适应战略性新兴产业特点的信贷管理和贷款评审制度。积极推进知识产权质押融资、产业链融资等金融产品创新。加快建立包括财政出资和社会资金投入在内的多层次担保体系。积极发展中小金融机构和新型金融服务。综合运用风险补偿等财政优惠政策，促进金融机构加大支持战略性新兴产业发展的力度。

(四)积极发挥多层次资本市场的融资功能。进一步完善创业板市场制度，支持符合条件的企业上市融资。推进场外证券交易市场的建设，满足处于不同发展阶段创业企业的需求。完善不同层次市场之间的转板机制，逐步实现各层次市场间有机衔接。大力发展债券市场，扩大中小企业集合债券和集合票据发行规模，积极探索开发低信用等级高收益债券和私募可转债等金融产品，稳步推进企业债券、公司债券、短期融资券和中期票据发展，拓宽企业债务融资渠道。

(五)大力发展创业投资和股权投资基金。建立和完善促进创业投资和股权投资行业健康发展的配套政策体系与监管体系。在风险可控的范围内为保险公司、社保基金、企业年金管理机构和其他机构投资者参与新兴产业创业投资和股权投资基金创造条件。发挥政府新兴产业创业投资资金的引导作用，扩大政府新兴产业创业投资规模，充分运用市场机制，带动社会资金投向战略性新兴产业中处于创业早中期阶段的创新型企业。鼓励民间资本投资战略性新兴产业。

八、推进体制机制创新，加强组织领导

加快培育和发展战略性新兴产业是我国新时期经济社会发展的重大战略任务，必须大力推进改革创新，加强组织领导和统筹协调，为战略性新兴产业发展提供动力和条件。

(一)深化重点领域改革。建立健全创新药物、新能源、资源性产品价格形成机制和税费调节机制。实施新能源配额制，落实新能源发电全额保障性收购制度。加快建立生产者责任延伸制度，建立和完善主要污染物和碳排放交易制度。建立促进三网融合高效有序开展的政策和机制，深化电力体制改革，加快推进空域管理体制改革。

(二)加强宏观规划引导。组织编制国家战略性新兴产业发展规划和相关专项规划，制定战略性新兴产业发展指导目录，开展战略性新兴产业统计监测调查，加强与相关规划和政策的衔接。加强对各地发展战略性新兴产业的引导，优化区域布局、发挥比较优势，形成各具特色、优势互补、结构合理的战略性新兴产业协调发展格局。各地区要根据国家总体部署，从当地实际出发，突出发展重点，避免盲目发展和重复建设。

(三)加强组织协调。成立由发展改革委牵头的战略性新兴产业发展部际协调机制，形成合力，统筹推进。

国务院各有关部门、各省(区、市)人民政府要根据本决定的要求，抓紧制定实施方案和具体落实措施，加大支持力度，加快将战略性新兴产业培育成为先导产业和支柱产业，为我国现代化建设作出新的贡献。

四十三、工业和信息化部《氟化氢行业准入条件(征求意见稿)》(二〇一〇年十一月二十四日)

氟化氢是萤石等含氟资源实现化学深加工、发展氟化工产业的关键中间产品。为优化资源配置，提高氟资源综合利用水平，大力发展“资源节约型、

环境友好型”的氟化工产业，促进产业健康可持续发展，针对我国氟化工产业现状，根据国家有关法律法规和产业政策要求，我们组织起草了《氟化氢行业准入条件(征求意见稿)》，现公开征求意见。欢迎各界积极参与，建言献策。如有意见或建议，请在2010年11月30日前与我们联系。

联系人：(略)

附：《氟化氢行业准入条件(征求意见稿)》

氟化氢是萤石等含氟资源实现化学深加工、发展氟化工产业的关键中间产品。为优化资源配置，提高氟资源综合利用水平，大力发展“资源节约型、环境友好型”的氟化工产业，促进产业健康可持续发展，针对我国产业现状，根据国家有关法律法规和产业政策要求，按照“控制总量，优化配置，节能降耗，安全环保，技术创新，持续发展”原则，制定本准入条件。

一、产业布局

(一)新建氟化氢生产装置、新设立氟化工企业应当符合当地产业发展规划和土地利用总体规划，应当有稳定可靠的萤石等资源保障，必须进入具有环境容量和安全容量、拥有含氟污染物(包括含氟渣料、液体和气体，下同)治理和资源化综合利用设施以及危险化学品存储、运输设施，大力发展循环经济的开发区(包括产业园区、产业聚集区，下同)。

(二)在县级及以上人民政府规定的风景名胜区、自然保护区、饮用水源保护区和其他需要特别保护的区域内，城市规划区边界外2公里以内，主要河流两岸、公路、铁路、水路干线两侧，及居民聚集区和其他严防污染的企业周边1公里以内，国家及地方政府规定的环保、安全防护距离内，禁止新建、扩建氟化氢生产装置。

(三)虽然满足上述各种边界要求，但不在开发区内的现有氟化氢生产企业，除开展安全环保改造外，不得新增氟化氢产能，鼓励这些企业向开发区搬迁或退出。

(四)禁止新建以氟化氢为最终产品的生产企业(高纯超净的电子行业用氟化氢产品除外)；严禁新建、扩建非原料用氟化氢生产装置。

二、规模、工艺与装备

(一)为满足节能、环保以及安全生产要求，提高氟资源利用率，实现合理的规模经济，新建生产企业的氟化氢总规模不得低于5万吨/年，新建氟化氢生产装置单套生产能力不得低于2万吨/年(资源综合利用方式生产氟化氢的除外)。

(二)新建、改扩建氟化氢装置应当采用先进的工艺技术，选用节能、环保的设备，主要工段、关键设备应当实现在线控制和远程视频监控，整个生产线应当建立综合控制性能先进的DCS等在线远程自控系统。

(三)新建、改扩建氟化氢生产装置应当同时配套建设含氟粉尘收集利用系统、含氟污水治理系统和含氟渣料资源化系统。

(四)禁止以萤石为原料，采用水直接吸收工艺新建、扩建氢氟酸生产装置。

氢氟酸应用企业应当根据生产平衡实际需要，就地以氟化氢为原料建设氢氟酸生产装置，实现氢氟酸生产的清洁化。

三、节能降耗

(一)新建、改扩建的氟化氢生产装置，经连续72小时生产考核，每吨氟化氢产品萤石(粉)(标准号YB/T 5217，氟化钙含量不低于97%)消耗不得高于2.25吨、综合水耗不高于1吨、年均综合能耗不超过450千克标煤。

(二)氟化氢生产企业应当发展循环经济、开展多联产，提高能源梯次利用和萤石、含氟石膏渣等资源综合利用水平。

含氟石膏渣硫酸钙含量不得低于90%、氟化钙含量不得超过2%、硫酸含量不得超过0.5%，年综合利用率必须在90%(包括签订长期合同委托加工利用)以上。

(三)新建、改扩建的氟化氢生产装置，水循环利用率不得低于95%。

现有氟化氢生产企业应通过改造，在2013年底前达到上述要求；通过改造达不到的，要按期停产或退出。

四、环境保护

新建，改扩建氟化氢生产装置，应当严格遵守环境影响评价制度，采取清洁生产工艺，按照环保“三同时”原则同步建设配套的环境设施和资源化设施。

废渣排放应当达到GB18599标准要求，废液排放应当达到GB8978标准要求，废气排放应当达到GB16297标准要求。

含氟石膏渣应当有效回收并综合利用，禁止随意堆存、填埋。含氟石膏渣应当封闭存放，存放区必须进行防渗漏处理。

现有氟化氢生产企业应通过改造，在2013年底前达到上述要求；通过改造达不到的，要按期停产或退出。

五、主要产品质量

新建、改扩建的氟化氢装置，氟化氢产品质量应当满足 GB 7746《工业无水氟化氢》标准要求。

利用氟化氢生产的氢氟酸产品质量应当达到 GB 7744《工业氢氟酸》标准或生产企业内控使用要求。

六、安全生产、职业健康和社会责任

(一)新建、改扩建氟化氢生产装置应当由有资质的设计单位进行设计，由有资质的单位组织环境、健康、安全评价和节能评估，严格执行国家、行业、地方各项管理规范和条件，并健全自身的管理制度。

(二)氟化氢生产企业应当通过质量管理体系、环境管理体系和职业健康安全管理体系认证；必须建立健全危险化学品安全管理制度和氟骨病等职业病防治制度；积极推进能量管理体系建设。

七、监督与管理

(一)新建、改扩建氟化氢生产项目的投资管理、土地供应、环境评价、安全许可、节能评估、信贷融资、生产许可等，应当依据本准入条件。

对不符合本准入条件的，国土资源管理部门不得办理土地使用手续，环境保护管理部门不得办理环保审批手续，安全监管部门不得办理安全许可，金融机构不得提供信贷支持，质检部门不得办理工业产品生产许可，地方人民政府或相关主管部门可依法决定撤销或责令暂停项目的建设。

(二)新建、改扩建氟化氢生产装置建成投产前，要经省级及以上工业、投资、国土资源、环保、安全、质检等管理部门和有关专家组成的联合检查组，按照本准入条件要求进行检查，经检查未达到准入条件的，应责令限期整改。

(三)省级工业主管部门要加强对氟化氢生产企业执行本准入条件情况进行督促检查。有关行业协会要积极宣传贯彻国家产业政策，加强行业自律，协助政府有关部门做好行业监督、管理工作。

(四)符合本准入条件的氟化氢生产企业名单，工业和信息化部将定期向社会公告，并实行动态管理。

(五)萤石(粉)生产企业不得向不符合本准入条件的氟化氢生产企业提供萤石(粉)产品；氟化氢生产企业不得向不符合萤石行业准入条件的萤石(粉)生产企业购买萤石(粉)产品。

八、附则

(一)本准入条件适用于中华人民共和国关境内所有类型的氟化氢生产企业。

(二)本准入条件涉及的法律法规、国家标准若进行修订，则按修订后的执行。

(三)本准入条件自年月日起实施，由工业和信息化部负责解释。工业和信息化部将根据氟化工产业发展状况和经济社会发展要求对本准入条件进行修订。

四十四、中华人民共和国交通运输部令 2010 年第 5 号 关于修改《道路危险货物运输管理规定》的决定(二〇一〇年十月二十七日)

《关于修改 <道路危险货物运输管理规定> 的决定》已于 2010 年 10 月 8 日经第 9 次部务会议通过，现予公布，自 2011 年 1 月 1 日起施行。

关于修改《道路危险货物运输管理规定》的决定

一、将第二条第一款修改为：“从事道路危险货物运输经营和使用自备车辆从事为本单位服务的非经营性道路危险货物运输的，应当遵守本规定。放射性物品和军事危险货物运输除外。”

二、将第三条第一款修改为：“本规定所称危险货物，是指具有爆炸、易燃、毒害、腐蚀等特性，在运输、装卸和储存过程中，容易造成人身伤亡、财产毁损和环境污染而需要特别防护的货物。危险货物以列入国家标准《危险货物品名表》(GB12268)的为准，未列入《危险货物品名表》的，以有关法律、行政法规的规定或者国务院有关部门公布的结果为准。”

三、将第八条第(一)项修改为：“有符合下列要求的专用车辆及设备：

1. 自有专用车辆 5 辆以上；

2. 专用车辆技术性能符合国家标准《营运车辆综合性能要求和检验方法》(GB18565)的要求，车辆外廓尺寸、轴荷和质量符合国家标准《道路车辆外廓尺寸、轴荷和质量限值》(GB1589)的要求，车辆技术等级达到行业标准《营运车辆技术等级划分和评定要求》(JT/T198)规定的一级技术等级；

3. 配备有效的通讯工具；

4. 有符合安全规定并与经营范围、规模相适应的停车场地。具有运输剧毒、爆炸和 I 类包装危险货物专用车辆的，还应当配备与其他设备、车辆、人员隔离的专用停车区域，并设立明显的警示标志；

5. 配备有与运输的危险货物性质相适应的安全防护、环境保护和消防设施设备；

6. 运输剧毒、爆炸、易燃危险货物的，应当具备罐式车辆或厢式车辆、专用容器，车辆应当安装行驶记录仪或定位系统；

7. 罐式专用车辆的罐体应当经质量检验部门检验合格。运输爆炸、强腐蚀性危险货物的罐式专用车辆的罐体容积不得超过20立方米，运输剧毒危险货物的罐式专用车辆的罐体容积不得超过10立方米，但符合国家有关标准的罐式集装箱除外；

8. 运输剧毒、爆炸、强腐蚀性危险货物的非罐式专用车辆，核定载质量不得超过10吨，但运输符合国家有关标准的集装箱的非罐式专用车辆除外。"

四、将第十条第(五)项修改为："拟投入车辆承诺书，内容包括专用车辆数量、类型、技术等级、通讯工具配备、总质量、核定载质量、车轴数以及车辆外廓长、宽、高等情况，罐式专用车辆的罐体容积，罐体容积与车辆载质量匹配情况，运输剧毒、爆炸、易燃危险货物的专用车辆配备行驶记录仪或者定位系统情况。若拟投入专用车辆为已购置或者现有的，应提供行驶证、车辆技术等级证书或者车辆技术检测合格证、罐式专用车辆的罐体检测合格证或者检测报告及其复印件。"

五、将第二十九条第一款修改为："不得使用罐式专用车辆或者运输有毒、腐蚀性危险货物的专用车辆运输普通货物。"

本决定自2011年1月1日起施行。

四十五、国家安全生产监督管理总局　工业和信息化部　安监总管三〔2010〕186号　关于危险化学品企业贯彻落实《国务院关于进一步加强企业安全生产工作的通知》的实施意见(二〇一〇年十一月三日)

各省、自治区、直辖市及新疆生产建设兵团安全生产监督管理局、工业和信息化部门，有关中央企业：

为认真贯彻落实《国务院关于进一步加强企业安全生产工作的通知》(国发〔2010〕23号，以下简称国务院《通知》)精神，推动危险化学品企业(指生产、储存危险化学品的企业和使用危险化学品从事化工生产的企业)落实安全生产主体责任，全面加强和改进安全生产工作，建立和不断完善安全生产长效机制，切实提高安全生产水平，结合危险化学品企业(以下简称企业)安全生产特点，制定本实施意见。

一、强化安全生产体制、机制建设，建立健全企业全员安全生产责任体系

1. 建立和不断完善安全生产责任体系。坚持"谁主管、谁负责"的原则，明确企业主要负责人、分管负责人、各职能部门、各级管理人员、工程技术人员和岗位操作人员的安全生产职责，做到全员每个岗位都有明确的安全生产职责并与相应的职务、岗位匹配。

企业的主要负责人(包括企业法定代表人等其他主要负责人)是企业安全生产的第一责任人，对安全生产负总责。要认真贯彻落实党和国家安全生产的方针、政策，严格执行国家有关安全生产法律法规和标准，把安全生产纳入企业发展战略和长远规划，领导企业建立并不断完善安全生产的体制机制；建立健全安全生产责任制，建立和不断完善安全生产规章制度和操作规程；保证安全投入满足安全生产的需要；加强全体从业人员的安全教育和技能培训；督促检查安全生产工作，及时消除隐患；制定事故应急救援预案；及时、如实报告生产安全事故；履行安全监督与指导责任；定期听取安全生产工作汇报，研究新情况、解决新问题；大力推进安全管理信息化建设，积极采用先进适用技术。分管负责人要认真履行本岗位安全生产职责。

企业安全生产管理部门要加强对企业安全生产的综合管理，组织贯彻落实国家有关安全生产法律法规和标准；定期组织安全检查，及时排查和治理事故隐患；监督检查安全生产责任制和安全生产规章制度的落实。其他职能部门要按照本部门的职责，在各自的工作范围内，对安全生产负责。

各级管理人员要遵守安全生产规章制度和操作规程，不违章指挥，不违章作业，不强令从业人员冒险作业，对本岗位安全生产负责，发现直接危及人身安全的紧急情况时，要立即组织处理或者人员疏散。

岗位操作人员必须遵守安全生产规章制度、操作规程和劳动纪律，不违章作业、不违反劳动纪律；有权拒绝违章指挥，有权了解本岗位的职业危害；发现直接危及人身安全的紧急情况时，有权停止作业和撤离危险场所。

企业要不断完善安全生产责任制。要建立检查监督和考核奖惩机制，以确保安全生产责任制能够得到有效落实。

企业主要负责人要定期向安全监管部门和企业员工大会通报安全生产工作情况，主动接受全体员工监督；要充分发挥工会、共青团等群众组织在安全生产中的作用，鼓励并奖励员工积极举报事故隐患和不安全行为，推动企业安全生产全员参与、全员管理。

2. 建立和不断完善安全生产规章制度。企业要主动识别和获取与本企业有关的安全生产法律法规、标准和规范性文件，结合本企业安全生产特点，将

法律法规的有关规定和标准的有关要求转化为企业安全生产规章制度或安全操作规程的具体内容，规范全体员工的行为。应建立至少包含以下内容的安全生产规章制度：安全生产例会，工艺管理，开停车管理，设备管理，电气管理，公用工程管理，施工与检维修(特别是动火作业、进入受限空间作业、高处作业、起重作业、临时用电作业、破土作业等)安全规程，安全技术措施管理，变更管理，巡回检查，安全检查和隐患排查治理；干部值班，事故管理，厂区交通安全，防火防爆，防尘防毒，防泄漏，重大危险源，关键装置与重点部位管理；危险化学品安全管理，承包商管理，劳动防护用品管理；安全教育培训，安全生产奖惩等。

要依据国家有关标准和规范，针对工艺、技术、设备设施特点和原材料、辅助材料、产品的特性，根据风险评价结果，及时完善操作规程，规范从业人员的操作行为，防范生产安全事故的发生。

安全生产规章制度、安全操作规程至少每3年评审和修订一次，发生重大变更应及时修订。修订完善后，要及时组织相关管理人员、作业人员培训学习，确保有效贯彻执行。

3. 加强安全生产管理机构建设。企业要设置安全生产管理机构或配备专职安全生产管理人员。安全生产管理机构要具备相对独立职能。专职安全生产管理人员应不少于企业员工总数的2%(不足50人的企业至少配备1人)，要具备化工或安全管理相关专业中专以上学历，有从事化工生产相关工作2年以上经历，取得安全管理人员资格证书。

4. 建立和严格执行领导干部带班制度。企业要建立领导干部现场带班制度，带班领导负责指挥企业重大异常生产情况和突发事件的应急处置，抽查企业各项制度的执行情况，保障企业的连续安全生产。企业副总工程师以上领导干部要轮流带班。生产车间也要建立由管理人员参加的车间值班制度。要切实加强企业夜间和节假日值班工作，及时报告和处理异常情况和突发事件。

5. 及时排查治理事故隐患。企业要建立健全事故隐患排查治理和监控制度，逐级建立并落实从主要负责人到全体员工的隐患排查治理和监控机制。要将隐患排查治理纳入日常安全管理，形成全面覆盖、全员参与的隐患排查治理工作机制，使隐患排查治理工作制度化、常态化，做到隐患整改的措施、责任、资金、时限和预案“五到位”。建立事故隐患报告和举报奖励制度，动员、鼓励从业人员及时发现和消除事故隐患。对发现、消除和举报事故隐患的人员，应当给予奖励和表彰。

企业要建立生产工艺装置危险有害因素辨识和风险评估制度，定期开展全面的危险有害因素辨识，采用相应的安全评价方法进行风险评估，提出针对性的对策措施。企业要积极利用危险与可操作性分析(HAZOP)等先进科学的风险评估方法，全面排查本单位的事故隐患，提高安全生产水平。

6. 切实加强职业健康管理。企业要明确职业健康管理机构及其职责，完善职业健康管理制度，加强从业人员职业健康培训和健康监护、个体防护用品配备及使用管理，保障职业危害防治经费投入，完善职业危害防护设施，做好职业危害因素的检测、评价与治理，进行职业危害申报，按规定在可能发生急性职业损伤的场所设置报警、冲洗等设施，建立从业人员上岗前、岗中和离岗时的职业健康档案，切实保护劳动者的职业健康。

7. 建立健全安全生产投入保障机制。企业的安全投入要满足安全生产的需要。要严格执行安全生产费用提取使用管理制度，明确负责人，按时、足额提取和规范使用安全生产费用。安全生产费用的提取和使用要符合《高危行业企业安全生产费用财务管理暂行办法》(财企〔2006〕478号)要求。主要负责人要为安全生产正常运行提供人力、财力、物力、技术等资源保障。企业要积极推行安全生产责任险，实现安全生产保障渠道多样化。

二、强化工艺过程安全管理，提升本质化安全水平

8. 加强建设项目安全管理。企业新建、改建、扩建危险化学品建设项目要严格按照《危险化学品建设项目安全许可实施办法》(国家安全监管总局令第8号)的规定执行，严格执行建设项目安全设施“三同时”制度。新建企业必须在化工园区或集中区建设。

建设项目必须由具备相应资质的单位负责设计、施工、监理。大型和采用危险化工工艺的装置，原则上要由具有甲级资质的化工设计单位设计。设计单位要严格遵守设计规范和标准，将安全技术与安全设施纳入初步设计方案，生产装置设计的自控水平要满足工艺安全的要求；大型和采用危险化工工艺的装置在初步设计完成后要进行HAZOP分析。施工单位要严格按设计图纸施工，保证质量，不得撤减安全设施项目。企业要对施工质量进行全过程监督。

建设项目建成试生产前，建设单位要组织设计、

施工、监理和建设单位的工程技术人员进行“三查四定”(三查：查设计漏项、查工程质量、查工程隐患；四定：定任务、定人员、定时间、定整改措施)，聘请有经验的工程技术人员对项目试车和投料过程进行指导。试车和投料过程要严格按照设备管道试压、吹扫、气密、单机试车、仪表调校、联动试车、化工投料试生产的程序进行。试车引入化工物料(包括氮气、蒸汽等)后，建设单位要对试车过程的安全进行总协调和负总责。

9. 积极开展工艺过程风险分析。企业要按照《化工企业工艺安全管理实施导则》(AQ/T3034 - 2010)要求，全面加强化工工艺安全管理。

企业应建立风险管理制度，积极组织开展危害辨识、风险分析工作。要从工艺、设备、仪表、控制、应急响应等方面开展系统的工艺过程风险分析，预防重特大事故的发生。

新开发的危险化学品生产工艺，必须在小试、中试、工业化试验的基础上逐步放大到工业化生产。国内首次采用的化工工艺，要通过省级有关部门组织专家组进行安全论证。

10. 确保设备设施完整性。企业要制定特种设备、安全设施、电气设备、仪表控制系统、安全联锁装置等日常维护保养管理制度，确保运行可靠；防雷防静电设施、安全阀、压力容器、仪器仪表等均应按照有关法规和标准进行定期检测检验。对风险较高的系统或装置，要加强在线检测或功能测试，保证设备、设施的完整性和生产装置的长周期安全稳定运行。

要加强公用工程系统管理，保证公用工程安全、稳定运行。供电、供热、供水、供气及污水处理等设施必须符合国家标准，要制定并落实公用工程系统维修计划，定期对公用工程设施进行维护、检查。使用外部公用工程的企业应与公用工程的供应单位建立规范的联系制度，明确检修维护、信息传递、应急处置等方面的程序和责任。

11. 大力提高工艺自动化控制与安全仪表水平。新建大型和危险程度高的化工装置，在设计阶段要进行仪表系统安全完整性等级评估，选用安全可靠的仪表、联锁控制系统，配备必要的有毒有害、可燃气体泄漏检测报警系统和火灾报警系统，提高装置安全可靠性。

重点危险化学品企业(剧毒化学品、易燃易爆化学品生产企业和涉及危险工艺的企业)要积极采用新技术，改造提升现有装置以满足安全生产的需要。工艺技术自动控制水平低的重点危险化学品企业要制定技术改造计划，尽快完成自动化控制技术改造，通过装备基本控制系统和安全仪表系统，提高生产装置本质安全化水平。

12. 加强变更管理。企业要制定并严格执行变更管理制度。对采用的新工艺、新设备、新材料、新方法等，要严格履行申请、安全论证审批、实施、验收的变更程序，实施变更前应对变更过程产生的风险进行分析和控制。任何未履行变更程序的变更，不得实施。任何超出变更批准范围和时限的变更必须重新履行变更程序。

13. 加强重大危险源管理。企业要按有关标准辨识重大危险源，建立健全重大危险源安全管理制度，落实重大危险源管理责任，制定重大危险源安全管理与监控方案，建立重大危险源安全管理档案，按照有关规定做好重大危险源备案工作。

要保证重大危险源安全管理与监控所必需的资金投入，定期检查维护，对存在事故隐患和缺陷的，要立即整改；重大危险源涉及的压力、温度、液位、泄漏报警等重要参数的测量要有远传和连续记录，液化气体、剧毒液体等重点储罐要设置紧急切断装置。要按照有关规定配备足够的消防、气防设施和器材，建立稳定可靠的消防系统，设置必要的视频监控系统，但不能以视频监控代替压力、温度、液位、泄漏报警等自动监控措施。

在重大危险源现场明显处设置安全警示牌、危险物质安全告知牌，并将重大危险源可能发生事故的危害后果、应急措施等信息告知周边单位和有关人员。

14. 高度重视储运环节的安全管理。制订和不断完善危险化学品收、储、装、卸、运等环节安全管理制度，严格产品收储管理。根据危险化学品的特点，合理选用合适的液位测量仪表，实现储罐收料液位动态监控。建立储罐区高效的应急响应和快速灭火系统；加强危险化学品输送管道安全管理，对经过社会公共区域的危险化学品输送管道，要完善标志标识，明确管理责任，建立和落实定期巡线制度。要采取有效措施将危险化学品输送管道危险性告知沿途的所有单位和居民。严防占压危险化学品输送管道。道路运输危险化学品的专用车辆，要在2011年底前全部安装使用具有行驶记录功能的卫星定位装置。在危险化学品槽车充装环节，推广使用金属万向管道充装系统代替充装软管，禁止使用软管充装液氯、液氨、液化石油气、液化天然气等液化危险化学品。

15. 加快安全生产先进技术研发和应用。企业应积极开发具有安全生产保障能力的关键技术和装备。鼓励企业采用先进适用的工艺、技术和装备，淘汰落后的技术、工艺和装备。加快对化工园区整体安全、大型油库、事故状态下危害控制技术和危险化学品输送管道安全防护等技术研究。

三、加强作业过程管理，确保现场作业安全

16. 开展作业前风险分析。企业要根据生产操作、工程建设、检维修、维护保养等作业的特点，全面开展作业前风险分析。要根据风险分析的结果采取相应的预防和控制措施，消除或降低作业风险。

作业前风险分析的内容要涵盖作业过程的步骤、作业所使用的工具和设备、作业环境的特点以及作业人员的情况等。未实施作业前风险分析、预防控制措施不落实不得作业。

17. 严格作业许可管理。企业要建立作业许可制度，对动火作业、进入受限空间作业、破土作业、临时用电作业、高处作业、起重作业、抽堵盲板作业、设备检维修作业等危险性作业实施许可管理。

作业前要明确作业过程中所有相关人员的职责，明确安全作业规程或标准，确保作业过程涉及到的人员都经过了适当的培训并具备相应资质，参与作业的所有人员都应掌握作业的范围、风险和相应的预防和控制措施。必要时，作业前要进行预案演练。无关人员禁止进入危险作业场所。

企业应加强对作业对象、作业环境和作业过程的安全监管和风险控制，制定相应的安全防范措施，按规定程序进行作业许可证的会签审批。进行作业前，对作业任务和安全措施要进一步确认，施工过程中要及时纠正违章行为，发现异常现象时要立即停止作业，消除隐患后方可继续作业，认真组织施工收尾前的安全检查确认。

18. 加强作业过程监督。企业要加强对作业过程的监督，对所有作业，特别是需要办理作业许可证的作业，都要明确专人进行监督和管理，以便于识别现场条件有无变化、初始办理的作业许可能否覆盖现有作业任务。进行监督和管理的人员应是作业许可审批人或其授权人员，须具备基本救护技能和作业现场的应急处理能力。

(1)加强动火作业的安全管理。凡在安全动火管理范围内进行动火作业，必须对作业对象和环境进行危害分析和可燃气体检测分析，必须按程序办理和签发动火作业许可证，必须现场检查和确认安全措施的落实情况，必须安排熟悉作业部位及周边安全状况、且具备基本救护技能和作业现场应急处理能力的企业人员进行全过程监护。

(2)加强进入受限空间作业的安全管理。进入受限空间作业前，必须按规定进行安全处理和可燃、有毒有害气体和氧含量检测分析，必须办理进入受限空间作业许可证，必须检查隔离措施、通风排毒、呼吸防护及逃生救护措施的可靠性，防止出现有毒有害气体窜入、呼吸防护器材失效、风源污染等危险因素，必须安排具备基本救护技能和作业现场应急处理能力的企业人员进行全过程监护。

(3)加强高处作业、临时用电、破土作业、起重作业、抽堵盲板作业的安全管理。作业人员在2米以上的高处作业时，必须系好安全带，在15米以上的高处作业时，必须办理高处作业许可证，系好安全带，禁止从高处抛扔工具、物体和杂物等。临时用电作业必须办理临时用电作业许可证，在易燃易爆区必须同时办理动火作业许可证，进入受限空间作业必须使用安全电压和防爆灯具。移动式电器具要装有漏电保护装置，做到“一机一闸一保护”。破土作业必须办理破土作业许可证，情况复杂区域尽量避免采用机械破土作业，防止损坏地下电缆、管道，严禁在施工现场堆积泥土覆盖设备仪表和堵塞消防通道，未及时完成施工的地沟、井、槽应悬挂醒目的警示标志。起重作业必须办理起重作业许可证，起重机械必须按规定进行检验，大中型设备、构件或小型设备在特殊条件下起重应编制起重方案及安全措施，吊件吊装必须设置溜绳，防止碰坏周围设施。大件运输时必须对其所经路线的框架、管线、桥涵及其他构筑物的宽度、高度及承重能力进行测量核算，编制运输方案。盲板抽堵作业必须办理盲板抽堵作业许可证，盲板材质、尺寸必须符合设备安全要求，必须安排专人负责执行、确认和标识管理，高处、有毒及有其他危险的盲板抽堵作业，必须根据危害分析的结果，采取防毒、防坠落、防烫伤、防酸碱的综合防护措施。

19. 加强对承包商的管理。企业要加强对承担工程建设、检维修、维护保养的承包商的管理。要对承包商进行资质审查，选择具备相应资质、安全业绩好的企业作为承包商，要对进入企业的承包商人员进行全员安全教育，向承包商进行作业现场安全交底，对承包商的安全作业规程、施工方案和应急预案进行审查，对承包商的作业过程进行全过程监督。

承包商作业时要执行与企业完全一致的安全作业标准。严格控制工程分包，严禁层层转包。

四、实施规范化安全培训管理，提高全员安全意识和操作技能

20. 进一步规范和强化企业安全培训教育管理。企业要制定安全培训教育管理制度，编制年度安全培训教育计划，制定安全培训教育方案，建立培训档案，实施持续不断的安全培训教育，使从业人员满足本岗位对安全生产知识和操作技能的要求。

强化从业人员安全培训教育。企业必须对新录用的员工(包括临时工、合同工、劳务工、轮换工、协议工等)进行强制性安全培训教育，经过厂、车间、班组三级安全培训教育，保证其了解危险化学品安全生产相关的法律法规，熟悉从业人员安全生产的权利和义务；掌握安全生产基本常识及操作规程；具备对工作环境的危险因素进行分析的能力；掌握应急处置、个人防险、避灾、自救方法；熟悉劳动防护用品的使用和维护，经考核合格后方可上岗作业。对转岗、脱离岗位1年(含)以上的从业人员，要进行车间级和班组级安全培训教育，经考核合格后，方可上岗作业。

新建企业要在装置建成试车前6个月(至少)完成全部管理人员和操作人员的聘用、招工工作，进行安全培训，经考核合格后，方可上岗作业；新工艺、新设备、新材料、新方法投用前，要按新的操作规程，对岗位操作人员和相关人员进行专门教育培训，经考核合格后，方可上岗作业。

21. 企业主要负责人和安全生产管理人员要主动接受安全管理资格培训考核。企业的主要负责人和安全生产管理人员必须接受具有相应资质培训机构组织的培训，参加相关部门组织的考试(考核)，取得安全管理资格证书。企业主要负责人应了解国家新发布的法律、法规；掌握安全管理知识和技能；具有一定的企业安全管理经验。安全生产管理人员应掌握国家有关法律法规；掌握风险管理、隐患排查、应急管理和事故调查等专项技能、方法和手段。

22. 加强特种作业人员资格培训。特种作业人员须参加由具有特种作业人员培训资质的机构举办的培训，掌握与其所从事的特种作业相应的安全技术理论知识和实际操作技能，经相关部门考核合格，取得特种作业操作证后，持证上岗。

五、加强应急管理，提高应急响应水平

23. 建立健全企业应急体系。企业要依据国家相关法律法规及标准要求，建立、健全应急组织和专(兼)职应急队伍，明确职责。鼓励企业与周边其他企业签订应急救援和应急协议，提高应对突发事件的能力。

企业应依据对安全生产风险的评估结果和国家有关规定，配置与抵御企业风险要求相适应的应急装备、物资，做好应急装备、物资的日常管理维护，满足应急的需要。

大中型和有条件的企业应建设具有日常应急管理、风险分析、监测监控、预测预警、动态决策、应急联动等功能的应急指挥平台。

24. 完善应急预案管理。企业应依据国家相关法规及标准要求，规范应急预案的编制、评审、发布、备案、培训、演练和修订等环节的管理。企业的应急预案要与周边相关企业(单位)和当地政府应急预案相互衔接，形成应急联动机制。

要在做好风险分析和应急能力评估的基础上分级制定应急预案。要针对重大危险源和危险目标，做好基层作业场所的现场处置方案。现场处置方案的编制要简明、可操作，应针对岗位生产、设备及其次生灾害事故的特点，制定具体的报警报告、生产处理、灾害扑救程序，做到一事一案或一岗一案。在预案编制过程中要始终把从业人员及周边居民的人身安全和环境保护作为事故应急响应的首要任务，赋予企业生产现场的带班人员、班组长、生产调度人员在遇到险情时第一时间下达停产撤人的直接决策权和指挥权，提高突发事件初期处置能力，最大程度地减少或避免事故造成的人员伤亡。

企业要积极进行危险化学品登记工作，落实危害信息告知制度，定期组织开展各层次的应急预案演练、培训和危害告知，及时补充和完善应急预案，不断提高应急预案的针对性和可操作性，增强企业应急响应能力。

25. 建立完善企业安全生产预警机制。企业要建立完善安全生产动态监控及预警预报体系，每月进行一次安全生产风险分析。发现事故征兆要立即发布预警信息，落实防范和应急处置措施。对重大危险源和重大隐患要报当地安全生产监管部门和行业管理部门备案。

六、加强事故事件管理，进一步提升事故防范能力

26. 加强安全事件管理。企业应对涉险事故、未遂事故等安全事件(如生产事故征兆、非计划停工、异常工况、泄漏等)，按照重大、较大、一般等级别，进行分级管理，制定整改措施，防患于未然；

建立安全事故事件报告激励机制，鼓励员工和基层单位报告安全事件，使企业安全生产管理由单一事后处罚，转向事前奖励与事后处罚相结合；强化事故事前控制，关口前移，积极消除不安全行为和不安全状态，把事故消灭在萌芽状态。

27. 加强事故管理。企业要根据国家相关法律、法规和标准的要求，制定本企业的事故管理制度，规范事故调查工作，保证调查结论的客观完整性；事故发生后，要按照事故等级、分类时限，上报政府有关部门，并按照相关规定，积极配合政府有关部门开展事故调查工作。事故调查处理应坚持"四不放过"和"依法依规、实事求是、注重实效"的原则。

28. 深入分析事故事件原因。企业要根据国家相关法律、法规和标准的规定，运用科学的事故分析手段，深入剖析事故事件的原因，找出安全管理体系的漏洞，从整体上提出整改措施，改善安全管理体系。

29. 切实吸取事故教训。建立事故通报制度，及时通报本企业发生的事故，组织员工学习事故经验教训，完善相应的操作规程和管理制度，共同探讨事故防范措施，防范类似事故的再次发生；对国内外同行业发生的重大事故，要主动收集事故信息，加强学习和研究，对照本企业的生产现状，借鉴同行业事故暴露出的问题，查找事故隐患和类似的风险，警示本企业员工，落实防范措施；充分利用现代网络信息平台，建立事故事件快报制度和案例信息库，实现基层单位、基层员工及时上报、及时查寻、及时共享事故事件资源，促进全员安全意识的提高；充分利用事故案例资源，提高安全教育培训的针对性和有效性；对本单位、相关单位在一段时间内发生的所有事故事件进行统计分析，研究事故事件发生的特点、趋势，制定防范事故的总体策略。

七、严格检查和考核，促进管理制度的有效执行

30. 加强安全生产监督检查。企业要完善安全生产监督检查制度，采取定期和不定期的形式对各项管理制度以及安全管理要求落实情况进行监督检查。

企业安全检查分日常检查、专业性检查、季节性检查、节假日检查和综合性检查。日常检查应根据管理层次、不同岗位与职责定期进行，班组和岗位员工应进行交接班检查和班中不间断地巡回检查，基层单位(车间)和企业应根据实际情况进行周检、月检和季检。专业检查分别由各专业部门负责定期进行。季节性检查和节假日检查由企业根据季节和节假日特点组织进行。综合性检查由厂和车间分别负责定期进行。

中小企业可聘请外部专家对企业进行安全检查，鼓励企业聘请外部机构对企业进行安全管理评估或安全审核。

企业应对检查发现的问题或外部评估的问题及时进行整改，并对整改情况进行验证。企业应分析形成问题的原因，以便采取措施，避免同类或类似问题再次发生。

31. 严格绩效考核。企业应对安全生产情况进行绩效考核。要设置绩效考核指标，绩效考核指标要包含人身伤害、泄漏、着火和爆炸事故等情况，以及内部检查的结果、外部检查的结果和安全生产基础工作情况、安全生产各项制度的执行情况等。要建立员工安全生产行为准则，对员工的安全生产表现进行考核。

八、全面开展安全生产标准化建设，持续提升企业安全管理水平

32. 全面开展安全达标。企业要全面贯彻落实《企业安全生产标准化基本规范》(AQ/T9006－2010)、《危险化学品从业单位安全标准化通用规范》(AQ3013－2008)，积极开展安全生产标准化工作。要通过开展岗位达标、专业达标，推进企业的安全生产标准化工作，不断提高企业安全管理水平。

要确定"岗位达标"标准，包括建立健全岗位安全生产职责和操作规程，明确从业人员作业时的具体做法和注意事项。从业人员要学习、掌握、落实标准，形成良好的作业习惯和规范的作业行为。企业要依据"岗位达标"标准中的各项要求进行考核，通过理论考试、实际操作考核、评议等方法，全面客观地反映每位从业人员的岗位技能情况，实现岗位达标，从而确保减少人为事故。

要确定"专业达标"标准，明确所涉及的专业定位，进行科学、精细的分类管理。按月评、季评、抽查和年综合考评相结合的方式对专业业绩进行评估，对不具备专业能力的实行资格淘汰，建立优胜劣汰的良性循环机制，使企业专业化管理水平不断提高，提高生产力效率及风险控制水平。

企业在开展安全生产标准化时，要借助有经验的专业人员查找企业安全生产存在的问题，从安全管理制度、安全生产条件、制度执行和人员素质等方面逐项改进，建立完善的安全生产标准化体系，实现企业安全生产标准化达标。通过开展安全生产标准化达标工作，进一步强化落实安全生产"双基"

(基层、基础)工作，不断提高企业的安全管理水平和安全生产保障能力。

33. 深入开展安全文化建设。企业要按照《企业安全文化建设导则》(AQ/T9004 - 2008)要求，充分考虑企业自身安全生产的特点和内、外部的文化特征，积极开展和加强安全文化建设，提高从业人员的安全意识和遵章守纪的自觉性，逐渐消除"三违"现象。主要负责人是企业安全文化的倡导者和企业安全文化建设的直接责任者。

企业安全文化建设，可以通过建立健全安全生产责任制，系统的风险辨识、评价、控制等措施促进管理层安全意识与管理素质的提高，避免违章指挥，提高管理水平。通过各种安全教育和安全活动，强化作业人员安全意识、规范操作行为，杜绝违章作业、违反劳动纪律的现象和行为，提高安全技能。企业要结合全面开展安全生产标准化工作，大力推进企业安全文化建设，使企业安全生产水平持续提高，从根本上建立安全生产的长效机制。

九、切实加强危险化学品安全生产的监督和指导管理

34. 进一步加大安全监管力度。地方各级政府有关部门要从加强安全生产和保障社会公共安全的角度审视加强危险化学品安全生产工作的重要性，强化对危险化学品安全生产工作的组织领导。安全监管部门、负有危险化学品安全生产监管职责的有关部门和工业管理部门要按职责分工，创新监管思路，监督指导企业建立和不断完善安全生产长效机制。要以监督指导企业主要负责人切实落实安全生产职责、建立和不断完善并严格履行全员安全生产责任制、建立和不断完善并严格执行各项安全生产规章制度、建立安全生产投入保障机制、强化隐患排查治理、加强安全教育与培训、加强重大危险源监控和应急工作、加强承包商管理为重点，推动企业切实履行安全生产主体责任。

35. 制定落实化工行业安全发展规划，严格危险化学品安全生产准入。各地区、各有关部门要把危险化学品安全生产作为重要内容纳入本地区、本部门安全生产总体规划布局，推动各地做好化工行业安全发展规划，规划化工园区(化工集中区)，确定危险化学品储存专门区域，新建化工项目必须进入化工园区(化工集中区)。各地区要大力支持有效消除重大安全隐患的技术改造和搬迁项目，推动现有风险大的化工企业搬迁进入化工园区(化工集中区)，防范企业危险化学品事故影响社会公共安全。

严格危险化学品安全生产许可制度。严把危险化学品安全生产许可证申请、延期和变更审查关，逐步提高安全准入条件，持续提高安全准入门槛。要紧紧抓住当前转变经济发展方式和调整产业结构的有利时机，对不符合有关安全标准、安全保障能力差、职业危害严重、危及安全生产等落后的化工技术、工艺和装备要列入产业结构调整指导目录，明令禁止使用，予以强制淘汰。加强危险化学品经营许可的管理，对于带有储存的经营许可申请要严格把关。严格执行《危险化学品建设项目安全许可实施办法》，对新建、改建、扩建危险化学品生产、储存装置和设施项目，进行建设项目设立安全审查、安全设施设计的审查、试生产方案备案和竣工验收。加强对化工建设项目设计单位的安全管理，提高化工建设项目安全设计水平和新建化工装置本质安全度。

36. 加强对化工园区、大型石油储罐区和危险化学品输送管道的安全监管。科学规划化工园区，从严控制化工园区的数量。化工园区要做整体风险评估，化工园区内企业整体布局要统一科学规划。化工园区要有专门的安全监管机构，要有统一的一体化应急系统，提高化工园区管理水平。

要加强大型石油储罐区的安全监管。大型石油储罐区选址要科学合理，储罐区的罐容总量和储罐区的总体布局要满足安全生产的需要，涉及多家企业(单位)大型石油储罐区要建立统一的安全生产管理和应急保障系统。

切实加强危险化学品输送管道的安全监管。各地区要明确辖区内危险化学品输送管道安全监管工作的牵头部门，对辖区内危险化学品输送管道开展全面排查，摸清有关情况。特别是要摸清辖区内穿越公共区域以及公共区域内地下危险化学品输送管道的情况，并建立长期档案。针对地下危险化学品输送管道普遍存在的违章建筑占压和安全距离不够的问题，切实采取有效措施加强监管，要组织开展集中整治，彻底消除隐患。要督促有关企业进一步落实安全生产责任，完善危险化学品管道标志和警示标识，健全有关资料档案；落实管理责任，对危险化学品输送管道定期进行检测，加强日常巡线，发现隐患及时处置。确保危险化学品输送管道及其附属设施的安全运行。

37. 加强城市危险化学品安全监管。各地区要严格执行城市发展规划，严格限制在城市人口密集区周边建立涉及危险化学品的企业(单位)。要督促指

导城区内危险化学品重大危险源企业(单位)，认真落实危险化学品重大危险源安全管理责任，采用先进的仪表自动监控系统强化监控措施，确保重大危险源安全。要加强对城市危险化学品重大危险源的安全监管，明确责任，加大监督检查的频次和力度。要进一步发挥危险化学品安全生产部门联席会议制度的作用，制定政策措施，积极推动城区内危险化学品企业搬迁工作。

38. 严格执行危险化学品重大隐患政府挂牌督办制度，严肃查处危险化学品生产安全事故。各地要按国务院《通知》的有关要求，对危险化学品重大隐患治理实行下达整改指令和逐级挂牌督办、公告制度。对存在重大隐患限期不能整改的企业，要依法责令停产整改。要按照“四不放过”和“依法依规、实事求是、注重实效”的原则，严肃查处危险化学品生产安全事故。要在认真分析事故技术原因的同时，彻底查清事故的管理原因，不断完善安全生产规章制度和法规标准。要监督企业制定有针对性防范措施并限期落实。对发生的危险化学品事故除依法追究有关责任人的责任外，发生较大以上死亡事故的企业依法要停产整顿；情节严重的要依法暂扣安全生产许可证；情节特别严重的要依法吊销安全生产许可证。对发生重大事故或一年内发生两次以上较大事故的企业，一年内禁止新建和扩建危险化学品建设项目。

企业要认真学习、深刻领会国务院《通知》精神，依据本实施意见并结合企业安全生产实际，制定具体的落实本实施意见的工作方案，并积极采取措施确保工作方案得到有效实施，建立安全生产长效机制，持续改进安全绩效，切实落实企业安全生产主体责任，全面提高安全生产水平。

各地工业和信息化主管部门要切实落实安全生产指导管理职责。制定落实危险化学品布局规划，按照产业集聚和节约用地原则，统筹区域环境容量、安全容量，充分考虑区域产业链的合理性，有序规划化工园区(化工集中区)，推动现有风险大的化工企业搬迁进入园区，规范区域产业转移政策，加大安全保障能力低的项目和企业淘汰力度；提高行业准入条件，加快产业重组与淘汰落后，优化产业结构和布局，将安全风险大的落后能力列入淘汰落后产能目录；加大安全生产技术改造的支持力度，优先安排有效消除重大安全隐患的技术改造、搬迁和信息化建设项目。

各级安全监管部门和工业主管部门要根据国务院《通知》和本实施意见，结合当地实际，加强对企业落实国务院《通知》和本实施意见工作的监督和指导，推动企业切实贯彻落实好国务院《通知》和本实施意见的有关要求，努力尽快实现本地区危险化学品安全生产形势根本好转。

四十六、工业和信息化部　工信厅节函[2010]834号　关于组织申报“十二五”国家鼓励发展的重大清洁生产技术工艺和装备的通知(二〇一〇年十一月二十二日)

各省、自治区、直辖市及计划单列市、新疆生产建设兵团工业和信息化主管部门：

为做好工业清洁生产“十二五”规划编制工作，加快推进工业行业清洁生产，发挥清洁生产技术、工艺和装备对促进产业转型升级的重要支撑作用，经研究，我部决定开展重大清洁生产技术、工艺和装备征集工作。请你们组织本辖区内的工业企业(包括中央企业集团所属企业)、行业协会、科研院所等有关单位进行申报。现就有关事项通知如下：

一、申报范围

本次申报的清洁生产技术、工艺和装备(以下简称“清洁生产技术”)，是指满足“十二五”污染物减排需求，以替代有毒有害原材料、从源头减少污染物产生为目的，急需研发、应用和推广的重大技术、工艺和装备。

按照所处不同阶段分为三类：(一)研发类，指对行业清洁生产水平影响较大、急需进行开发攻关的关键共性清洁生产技术；(二)应用类，指技术基本成熟、具有推广应用前景、尚未实现产业化的重大关键共性清洁生产技术，原则上无示范项目；(三)推广类，指技术已经成熟、行业急需应用、需要加大推广力度扩大应用范围的重大关键共性清洁生产技术，至少有一个以上示范项目成功运行。

解决的重点问题：一是采用无毒、无害或者低毒、低害的原材料替代毒性大、危害严重的原材料；二是采用资源利用率高、污染物产生少的工艺和设备替代资源利用率低、污染物产生量多的工艺和设备；三是对生产过程中产生的废物、废水等进行循环使用或综合利用。

按照“十二五”污染物减排的主要任务，本次申报的重点行业为：铜冶炼、铅冶炼、锌冶炼、电解铝、氧化铝、钢铁(烧结、炼铁、炼钢)、铁合金、焦化、水泥、氯碱、铬盐、农药、氮肥、电池、造纸、皮革、制糖、印染18个行业。

二、申报要求

请你们组织本辖区的工业企业(包括当地的中央企业)、行业协会、科研院所等有关单位进行申报，对所申报的技术进行认真审核，并填写清洁生产推荐技术汇总表(见附件1)。申报单位需填写清洁生产技术申报表(见附件2)并编写技术报告(要求见附件3)。

请你们抓紧组织，于2010年12月22日前将申报文件连同汇总表、清洁生产技术申报表和技术报告等纸质文件(一式三份)报送我部(节能与综合利用司)，电子版同时发送至 muying@ miit. gov. cn。申报表格及填表说明电子版请登录我部节能司子网站(http：//jns. miit. gov. cn)下载。

联系人：(略)

附件：1. 清洁生产推荐技术汇总表(略)

2. 清洁生产技术申报表(略)

3. 技术报告编写要求(略)

四十七、国务院关税税则委员会　税委会〔2010〕26号　关于2011年关税实施方案的通知(二〇一〇年十二月二日)

海关总署：

《2011年关税实施方案》已经国务院关税税则委员会第六次全体会议审议通过，并报国务院批准，自2011年1月1日起实施。

特此通知。

附件：2011年关税实施方案

一、进口关税调整

(一)有关最惠国税率。

1. 对小麦等8类45个税目的商品继续实施关税配额管理，税目和税率维持不变。对配额外进口的一定数量棉花实施滑准税。对尿素、复合肥、磷酸氢二铵三种化肥的配额税率执行1%的税率(见附表一)；

2. 对感光材料等55种商品继续实施从量税或复合税。其中，调整8个胶片税目的从量税税率(见附表二)；

3. 对9个非全税目信息技术产品继续实行海关核查管理，税目税率维持不变；

4. 其他最惠国税率维持不变。

(二)对燃料油等部分进口商品实施暂定税率(见附表三)。

(三)根据我国与有关国家或地区签署的贸易或关税优惠协定，对有关国家或地区实施协定税率(见附表四)：

1. 对原产于韩国、印度、斯里兰卡、孟加拉和老挝的1778个税目商品继续实施亚太贸易协定税率；

2. 对原产于文莱、印度尼西亚、马来西亚、新加坡、泰国、菲律宾、越南、缅甸、老挝和柬埔寨的部分税目商品，继续实施中国－东盟自由贸易协定税率；

3. 对原产于智利的7080个税目商品继续实施中国－智利自由贸易协定税率；

4. 对原产于巴基斯坦的6289个税目商品继续实施中国－巴基斯坦自由贸易协定税率；

5. 对原产于新西兰的7091个税目商品继续实施中国－新西兰自由贸易协定税率；

6. 对原产于新加坡的2760个税目商品继续实施中国－新加坡自由贸易协定税率；

7. 对原产于秘鲁的6855个税目商品继续实施中国－秘鲁自由贸易协定税率；

8. 对原产于中国香港地区且已制定优惠原产地标准的1623个税目商品实施零关税；

9. 对原产于中国澳门地区且已制定优惠原产地标准的1215个税目商品实施零关税；

10. 对原产于中国台湾地区的557个税目商品开始实施海峡两岸经济合作框架协议货物贸易早期收获计划协定税率。

(四)根据我国与有关国家或地区签署的贸易或关税优惠协定、双边换文情况以及国务院有关决定，继续对老挝等东南亚4国、苏丹等非洲30国、也门等7国，共41个联合国认定的最不发达国家实施特惠税率(见附表五)。

(五)普通税率维持不变。

二、出口关税调整

(一)“出口税则”的出口税率维持不变；

(二)对鳗鱼苗等部分出口商品实施暂定税率，对部分化肥等继续征收特别出口关税(见附表六)。征收出口关税所涵盖的贸易方式范围维持不变。

三、税则税目调整

对部分税则税目进行调整(见附表七)，调整后，我国进出口税则(2011年版)税目总数为7977个。

注：附表一、二、三、六、七附后，其余附表暂略。

附表一 关税配额商品进口税率表(略)

附表二 进口商品从量税及复合税税率表(略)

附表三 进口商品暂定税率表(略)

附表六 出口商品税率表(略)

附表七 进出口税则税目调整表(略)

四十八、中华人民共和国国务院令　第585号

国务院关于修改《价格违法行为行政处罚规定》的决定(二〇一〇年十二月四日)

《国务院关于修改〈价格违法行为行政处罚规定〉的决定》已经2010年11月29日国务院第134次常务会议通过，现予公布，自公布之日起施行。

国务院关于修改《价格违法行为行政处罚规定》的决定

国务院决定对《价格违法行为行政处罚规定》作如下修改：

一、将第一条修改为："为了依法惩处价格违法行为，维护正常的价格秩序，保护消费者和经营者的合法权益，根据《中华人民共和国价格法》(以下简称价格法)的有关规定，制定本规定。"

二、删去第四条第一款第(一)项和第二款。

三、增加一条，作为第五条："经营者违反价格法第十四条的规定，相互串通，操纵市场价格，造成商品价格较大幅度上涨的，责令改正，没收违法所得，并处违法所得5倍以下的罚款；没有违法所得的，处10万元以上100万元以下的罚款，情节较重的处100万元以上500万元以下的罚款；情节严重的，责令停业整顿，或者由工商行政管理机关吊销营业执照"。

除前款规定情形外，经营者相互串通，操纵市场价格，损害其他经营者或者消费者合法权益的，依照本规定第四条的规定处罚。

"行业协会或者其他单位组织经营者相互串通，操纵市场价格的，对经营者依照前两款的规定处罚；对行业协会或者其他单位，可以处50万元以下的罚款，情节严重的，由登记管理机关依法撤销登记、吊销执照。"

四、第五条改为第六条，修改为："经营者违反价格法第十四条的规定，有下列推动商品价格过快、过高上涨行为之一的，责令改正，没收违法所得，并处违法所得5倍以下的罚款；没有违法所得的，处5万元以上50万元以下的罚款，情节较重的处50万元以上300万元以下的罚款；情节严重的，责令停业整顿，或者由工商行政管理机关吊销营业执照：

(一)捏造、散布涨价信息，扰乱市场价格秩序的；

(二)除生产自用外，超出正常的存储数量或者存储周期，大量囤积市场供应紧张、价格发生异常波动的商品，经价格主管部门告诫仍继续囤积的；

(三)利用其他手段哄抬价格，推动商品价格过快、过高上涨的。

行业协会或者为商品交易提供服务的单位有前款规定的违法行为的，可以处50万元以下的罚款；情节严重的，由登记管理机关依法撤销登记、吊销执照。

"前两款规定以外的其他单位散布虚假涨价信息，扰乱市场价格秩序，依法应当由其他主管机关查处的，价格主管部门可以提出依法处罚的建议，有关主管机关应当依法处罚。"

五、增加一条，作为第七条："经营者违反价格法第十四条的规定，利用虚假的或者使人误解的价格手段，诱骗消费者或者其他经营者与其进行交易的，责令改正，没收违法所得，并处违法所得5倍以下的罚款；没有违法所得的，处5万元以上50万元以下的罚款；情节严重的，责令停业整顿，或者由工商行政管理机关吊销营业执照。"

六、第七条改为第九条，将其中的"处5万元以上50万元以下的罚款"修改为"处5万元以上50万元以下的罚款，情节较重的处50万元以上200万元以下的罚款"。

七、第八条改为第十条，将其中的"处10万元以上100万元以下的罚款"修改为"处10万元以上100万元以下的罚款，情节较重的处100万元以上500万元以下的罚款"。

八、第九条改为第十一条，修改为：本规定第四条、第七条至第九条规定中经营者为个人的，对其没有违法所得的价格违法行为，可以处10万元以下的罚款。

"本规定第五条、第六条、第十条规定中经营者为个人的，对其没有违法所得的价格违法行为，按照前款规定处罚；情节严重的，处10万元以上50万元以下的罚款。"

九、第十二条改为第十四条，将其中的"可以处5万元以下的罚款"修改为"可以处10万元以下的罚款"。

十、增加一条作为第十八条："本规定中以违法所得计算罚款数额的，违法所得无法确定时，按照没有违法所得的规定处罚。"

十一、增加一条作为第十九条："有本规定所列价格违法行为严重扰乱市场秩序，构成犯罪的，依法追究刑事责任。"

此外，对条文顺序作相应调整。

本决定自公布之日起施行。

《价格违法行为行政处罚规定》根据本决定作相应的修改，重新公布。

价格违法行为行政处罚规定

（1999年7月10日国务院批准　1999年8月1日国家发展计划委员会发布　根据2006年2月21日《国务院关于修改〈价格违法行为行政处罚规定〉的决定》第一次修订　根据2008年1月13日《国务院关于修改〈价格违法行为行政处罚规定〉的决定》第二次修订　根据2010年12月4日《国务院关于修改〈价格违法行为行政处罚规定〉的决定》第三次修订）

第一条　为了依法惩处价格违法行为，维护正常的价格秩序，保护消费者和经营者的合法权益，根据《中华人民共和国价格法》（以下简称价格法）的有关规定，制定本规定。

第二条　县级以上各级人民政府价格主管部门依法对价格活动进行监督检查，并决定对价格违法行为的行政处罚。

第三条　价格违法行为的行政处罚由价格违法行为发生地的地方人民政府价格主管部门决定；国务院价格主管部门规定由其上级价格主管部门决定的，从其规定。

第四条　经营者违反价格法第十四条的规定，有下列行为之一的，责令改正，没收违法所得，并处违法所得5倍以下的罚款；没有违法所得的，处10万元以上100万元以下的罚款；情节严重的，责令停业整顿，或者由工商行政管理机关吊销营业执照：

（一）除依法降价处理鲜活商品、季节性商品、积压商品等商品外，为了排挤竞争对手或者独占市场，以低于成本的价格倾销，扰乱正常的生产经营秩序，损害国家利益或者其他经营者的合法权益的；

（二）提供相同商品或者服务，对具有同等交易条件的其他经营者实行价格歧视的。

第五条　经营者违反价格法第十四条的规定，相互串通，操纵市场价格，造成商品价格较大幅度上涨的，责令改正，没收违法所得，并处违法所得5倍以下的罚款；没有违法所得的，处10万元以上100万元以下的罚款，情节较重的处100万元以上500万元以下的罚款；情节严重的，责令停业整顿，或者由工商行政管理机关吊销营业执照。

除前款规定情形外，经营者相互串通，操纵市场价格，损害其他经营者或者消费者合法权益的，依照本规定第四条的规定处罚。

行业协会或者其他单位组织经营者相互串通，操纵市场价格的，对经营者依照前两款的规定处罚；对行业协会或者其他单位，可以处50万元以下的罚款，情节严重的，由登记管理机关依法撤销登记、吊销执照。

第六条　经营者违反价格法第十四条的规定，有下列推动商品价格过快、过高上涨行为之一的，责令改正，没收违法所得，并处违法所得5倍以下的罚款；没有违法所得的，处5万元以上50万元以下的罚款，情节较重的处50万元以上300万元以下的罚款；情节严重的，责令停业整顿，或者由工商行政管理机关吊销营业执照：

（一）捏造、散布涨价信息，扰乱市场价格秩序的；

（二）除生产自用外，超出正常的存储数量或者存储周期，大量囤积市场供应紧张、价格发生异常波动的商品，经价格主管部门告诫仍继续囤积的；

（三）利用其他手段哄抬价格，推动商品价格过快、过高上涨的。

行业协会或者为商品交易提供服务的单位有前款规定的违法行为的，可以处50万元以下的罚款；情节严重的，由登记管理机关依法撤销登记、吊销执照。

前两款规定以外的其他单位散布虚假涨价信息，扰乱市场价格秩序，依法应当由其他主管机关查处的，价格主管部门可以提出依法处罚的建议，有关主管机关应当依法处罚。

第七条　经营者违反价格法第十四条的规定，利用虚假的或者使人误解的价格手段，诱骗消费者或者其他经营者与其进行交易的，责令改正，没收违法所得，并处违法所得5倍以下的罚款；没有违法所得的，处5万元以上50万元以下的罚款；情节严重的，责令停业整顿，或者由工商行政管理机关吊销营业执照。

第八条　经营者违反价格法第十四条的规定，采取抬高等级或者压低等级等手段销售、收购商品或者提供服务，变相提高或者压低价格的，责令改正，没收违法所得，并处违法所得5倍以下的罚款；没有违法所得的，处2万元以上20万元以下的罚款；情节严重的，责令停业整顿，或者由工商行政管理机关吊销营业执照。

第九条　经营者不执行政府指导价、政府定价，有下列行为之一的，责令改正，没收违法所得，并处违法所得5倍以下的罚款；没有违法所得的，处5万元以上50万元以下的罚款，情节较重的处50万元以上200万元以下的罚款；情节严重的，责令停业整顿：

(一)超出政府指导价浮动幅度制定价格的;

(二)高于或者低于政府定价制定价格的;

(三)擅自制定属于政府指导价、政府定价范围内的商品或者服务价格的;

(四)提前或者推迟执行政府指导价、政府定价的;

(五)自立收费项目或者自定标准收费的;

(六)采取分解收费项目、重复收费、扩大收费范围等方式变相提高收费标准的;

(七)对政府明令取消的收费项目继续收费的;

(八)违反规定以保证金、抵押金等形式变相收费的;

(九)强制或者变相强制服务并收费的;

(十)不按照规定提供服务而收取费用的;

(十一)不执行政府指导价、政府定价的其他行为。

第十条 经营者不执行法定的价格干预措施、紧急措施,有下列行为之一的,责令改正,没收违法所得,并处违法所得5倍以下的罚款;没有违法所得的,处10万元以上100万元以下的罚款,情节较重的处100万元以上500万元以下的罚款;情节严重的,责令停业整顿:

(一)不执行提价申报或者调价备案制度的;

(二)超过规定的差价率、利润率幅度的;

(三)不执行规定的限价、最低保护价的;

(四)不执行集中定价权限措施的;

(五)不执行冻结价格措施的;

(六)不执行法定的价格干预措施、紧急措施的其他行为。

第十一条 本规定第四条、第七条至第九条规定中经营者为个人的,对其没有违法所得的价格违法行为,可以处10万元以下的罚款。

本规定第五条、第六条、第十条规定中经营者为个人的,对其没有违法所得的价格违法行为,按照前款规定处罚;情节严重的,处10万元以上50万元以下的罚款。

第十二条 经营者违反法律、法规的规定牟取暴利的,责令改正,没收违法所得,可以并处违法所得5倍以下的罚款;情节严重的,责令停业整顿,或者由工商行政管理机关吊销营业执照。

第十三条 经营者违反明码标价规定,有下列行为之一的,责令改正,没收违法所得,可以并处5000元以下的罚款:

(一)不标明价格的;

(二)不按照规定的内容和方式明码标价的;

(三)在标价之外加价出售商品或者收取未标明的费用的;

(四)违反明码标价规定的其他行为。

第十四条 拒绝提供价格监督检查所需资料或者提供虚假资料的,责令改正,给予警告;逾期不改正的,可以处10万元以下的罚款,对直接负责的主管人员和其他直接责任人员给予纪律处分。

第十五条 政府价格主管部门进行价格监督检查时,发现经营者的违法行为同时具有下列三种情形的,可以依照价格法第三十四条第(三)项的规定责令其暂停相关营业:

(一)违法行为情节复杂或者情节严重,经查明后可能给予较重处罚的;

(二)不暂停相关营业,违法行为将继续的;

(三)不暂停相关营业,可能影响违法事实的认定,采取其他措施又不足以保证查明的。

政府价格主管部门进行价格监督检查时,执法人员不得少于2人,并应当向经营者或者有关人员出示证件。

第十六条 本规定第四条至第十三条规定中的违法所得,属于价格法第四十一条规定的消费者或者其他经营者多付价款的,责令经营者限期退还。难以查找多付价款的消费者或者其他经营者的,责令公告查找。

经营者拒不按照前款规定退还消费者或者其他经营者多付的价款,以及期限届满没有退还消费者或者其他经营者多付的价款,由政府价格主管部门予以没收,消费者或者其他经营者要求退还时,由经营者依法承担民事责任。

第十七条 经营者有《中华人民共和国行政处罚法》第二十七条所列情形的,应当依法从轻或者减轻处罚。

经营者有下列情形之一的,应当从重处罚:

(一)价格违法行为严重或者社会影响较大的;

(二)屡查屡犯的;

(三)伪造、涂改或者转移、销毁证据的;

(四)转移与价格违法行为有关的资金或者商品的;

(五)经营者拒不按照本规定第十六条第一款规定退还消费者或者其他经营者多付价款的;

(六)应予从重处罚的其他价格违法行为。

第十八条 本规定中以违法所得计算罚款数额的,违法所得无法确定时,按照没有违法所得的规定处罚。

第十九条 有本规定所列价格违法行为严重扰乱市场秩序，构成犯罪的，依法追究刑事责任。

第二十条 经营者对政府价格主管部门作出的处罚决定不服的，应当先依法申请行政复议；对行政复议决定不服的，可以依法向人民法院提起诉讼。

第二十一条 逾期不缴纳罚款的，每日按罚款数额的3%加处罚款；逾期不缴纳违法所得的，每日按违法所得数额的2‰加处罚款。

第二十二条 任何单位和个人有本规定所列价格违法行为，情节严重，拒不改正的，政府价格主管部门除依照本规定给予处罚外，可以公告其价格违法行为，直至其改正。

第二十三条 有关法律对价格法第十四条所列行为的处罚及处罚机关另有规定的，可以依照有关法律的规定执行。

第二十四条 价格执法人员泄露国家秘密、经营者的商业秘密或者滥用职权、玩忽职守、徇私舞弊，构成犯罪的，依法追究刑事责任；尚不构成犯罪的，依法给予处分。

第二十五条 本规定自公布之日起施行。

四十九、工业和信息化部 财政部 科技部 工信部联节〔2010〕608号 关于印发资源节约型环境友好型企业创建工作要求及试点企业名单（第一批）的通知（二〇一〇年十二月七日）

各省、自治区、直辖市及计划单列市、新疆生产建设兵团工业和信息化、财政、科技主管部门，有关中央企业：

按照党的十七大、十七届五中全会精神，为深入贯彻落实科学发展观，组织推动工业企业走节约发展、清洁发展之路，加快工业发展方式转变，工业和信息化部、财政部和科技部决定在工业领域组织开展资源节约型、环境友好型企业（以下简称“两型”企业）创建工作。

各地区、有关中央企业按照工业和信息化部、财政部和科技部《关于组织开展资源节约型和环境友好型企业创建工作的通知》（工信部联节〔2010〕165号）要求，组织推荐了一批“两型”企业创建试点备选企业。在组织有关单位和专家进行认真评审的基础上，我们确定了第一批试点企业。现将“两型”企业创建工作要求及试点企业名单印发你们，请按照要求抓紧组织试点企业认真做好试点工作，并于2011年2月25日前将“两型”企业试点方案，试点工作负责人、负责部门及联络人名单报工业和信息化部、财政部、科技部。

附件：1.“两型”企业创建工作要求

2.“两型”企业创建试点企业名单（第一批）

3.“两型”企业试点方案编制要点

附件1： “两型”企业创建工作要求

为深入贯彻落实科学发展观，组织推动工业企业走节约发展、清洁发展之路，加快工业发展方式转变，工业和信息化部、财政部和科技部决定在工业领域组织开展资源节约型、环境友好型企业（以下简称“两型”企业）创建工作，现提出如下要求：

一、充分认识开展“两型”企业创建工作的重要性

党的十七届五中全会提出，坚持把建设资源节约型、环境友好型社会作为加快转变经济发展方式的重要着力点。开展“两型”企业创建工作，对于推进工业发展方式转型，建设资源节约、环境友好型工业，具有十分重要的意义。

创建“两型”企业是建设“两型”社会的实际行动。建设资源节约型、环境友好型社会，是我国经济社会发展的一项重大战略任务。工业是耗费能源资源、产生环境污染的主要产业，创建“两型”企业是加快建设“两型”社会的重要内容和必然要求，是工业领域贯彻落实十七大、十七届五中全会精神的具体举措。

创建“两型”企业是我国加快工业转变发展方式转变的紧迫要求。面对资源环境约束加剧的压力，加快转变工业发展方式，促进工业由大变强，是实现工业持续发展的紧迫要求。培育一批“两型”企业，树立行业发展的先进典型，对于引导工业结构调整、转变发展方式、促进工业转型升级和整体素质的提升具有重要作用。

创建“两型”企业是落实走新型工业化道路战略决策的重要抓手。工业企业是走新型工业化道路的最主要载体。创建“两型”企业，探索资源节约、环境友好的内涵式工业发展实践经验，坚持节约发展、清洁发展，是落实新型工业化战略的重要抓手。

创建“两型”企业是提升节能减排水平的关键举措。“两型”企业创建立足于树立一批达到最先进的能效环保标准甚至实现废水、废渣“零”排放和“零”填埋堆存的标杆企业，同时积极引导和帮助广大企业实现对标达标，对企业节能环保的标准更高、要求更严，对提升节能减排水平具有重

要意义。

二、"两型"企业创建的总体思路

(一)指导思想

以科学发展观为指导，按照走新型工业化道路和建设资源节约型、环境友好型社会要求，以加快转变发展方式为主线，以降低资源消耗、减少废物排放和提高资源产出效率为目标，在重点行业开展"两型"企业试点，树立一批先进典型，及时总结实践经验，大力推进"两型"企业建设工作，引导工业行业和大多数企业形成节约发展、清洁发展的新思路，加快转变工业发展方式。

(二)基本原则

1. 坚持典型试点示范与全面推进相结合。"两型"企业创建工作拟先通过3年试点，摸索和总结经验，树立先进典型，在此基础上，再进行全面推进。

2. 坚持企业探索与政府引导相结合。"两型"企业创建工作坚持以企业为主体，充分发挥企业积极性和创造力，积极探索"两型"企业创建的途径和手段；同时充分发挥政府引导作用，加强各级政府及有关部门的支持、引导，逐步研究完善"两型"企业创建的激励机制，调动企业的积极性。

3. 坚持重点突出与区域平衡相结合。开展"两型"企业创建试点，要突出重点，选择资源能源消耗量大、污染排放重的行业作为优先领域先行开展试点。在组织开展试点工作时，充分考虑地域平衡问题，引导在全国范围内积极推进此项工作。

4. 坚持推进生产方式转变与产业结构调整相结合。以建立节约资源、保护环境的生产方式为目标，努力提高资源利用效率，减少废物的产生和排放，引导工业走内涵式发展道路；以形成节约资源、保护环境的产业结构为目标，积极推进产业结构调整，加快技术进步，引导工业转型升级。

(三)主要目标

在钢铁、有色、化工、建材等重点行业选择一批企业，经过3年试点，建立一批示范企业，形成试点行业资源节约型、环境友好型发展模式和基本思路；研究确定不同行业"两型"企业评价标准和指标体系；积累经验、树立典型，为建设资源节约型、环境友好型社会打下坚实的基础。

试点企业通过3年的努力，形成"两型"示范企业，在产品结构、产出效率、资源节约、环境保护等方面都达到行业先进水平：企业资源产出效率达到国内领先水平；单位产品能源、水、原材料消耗显著降低，远低于行业平均水平；废物循环利用水平大幅度提高，固体废物基本上实现综合利用，废水力争实现循环利用和"零"排放，废气、余热余压等充分合理利用；污染排放量大幅度降低，"三废"排放达到国内领先水平。

三、"两型"企业创建试点工作要求

(一)加强组织领导。各级工业和信息化、财政、科技部门，有关中央企业要加强对试点工作的组织领导，充分发挥行业协会、科研单位及院士专家对试点工作的支撑作用。各试点企业要成立试点工作领导小组，明确试点工作具体负责部门，研究确定各项任务分工，落实责任。

(二)编制试点方案。试点企业应组织编制试点方案，通过地方工业和信息化、财政、科技部门联合上报或中央企业上报，由工业和信息化部、财政部、科技部联合组织召开专家论证会对试点方案进行论证。试点方案要明确"两型"企业建设的标志性目标，明确产品结构调整、企业发展以及能源、水、原材料节约，清洁生产、"三废"资源综合利用等各方面的具体计划和措施。

(三)抓好组织实施。试点方案审查通过后，试点企业要按照试点方案确定的目标、重点任务和工程，积极部署落实，加快推进"两型"企业创建有关工作，确保目标任务按期完成，力争通过3年的工作，达到"两型"示范企业基本要求。各地区有关部门、中央企业要加强对试点企业创建工作的具体指导。

(四)加强政策支持。试点企业对试点方案中有关重大项目要积极做好项目前期工作，切实抓好项目组织实施。国家和地方有关部门对节能环保、清洁生产、资源综合利用等重大技术改造项目、科技创新项目等给予优先支持；对试点工作中反映出的问题及时研究解决，协调有关部门制定鼓励扶持政策。

(五)加强管理。试点企业要切实加强基础工作，建立资源消耗、环境排放在线监测系统，完善资源环境统计和核算制度，健全节能降耗、清洁生产等管理体系，强化管理岗位和人员队伍建设。

(六)监督检查。各省(区、市)经信委(工信委、厅)会同财政、科技部门、中央企业要建立试点工作进展情况阶段性监督检查制度，对试点工作组织阶段性评估和监督检查，有关情况及时报告。

(七)验收推广。完成各项试点工作任务的企业，经各地区有关部门、中央企业审定后向工业和信息化部、财政部、科技部提出验收申请。对试点先进经验及时进行系统总结、评估和组织推广。

（八）表彰奖励。对试点先进企业予以表彰奖励，完成试点任务、达到“两型”示范典型要求的企业，授予“两型”示范企业称号。

（九）制定标准和政策。加快推进“两型”企业评价标准研究，确定不同行业“两型”企业评价标准和指标体系；加强“两型”企业优惠扶持政策研究。

（十）加强动态监管。对“两型”示范企业定期进行复核，复核合格者，享受“两型”企业称号和相关政策优惠。复核不合格者，取消其“两型”企业称号和政策优惠。

附件2：“两型”企业创建试点企业名单（第一批）

化工石化	中国石油独山子石化分公司、中国石油天然气股份有限公司抚顺石化分公司、中海石油化学股份有限公司、中海沥青股份有限公司、中国石化海南炼油化工有限公司、新疆天业（集团）公司、内蒙古亿利资源集团、宁夏英力特化工有限公司、宁夏大地化工有限公司、云南云天化股份有限公司、内蒙古伊东煤炭集团、翁福（集团）有限责任公司、宜昌兴发集团有限责任公司、甘肃刘化（集团）有限责任公司、金昌化工集团公司、浙江皇马化工集团有限公司、上海焦化有限公司、山西焦化集团有限责任公司、烟台万华聚氨酯股份有限公司、新疆华泰重化工有限责任公司、华勤橡胶工业集团、软控股份有限公司、福建环科集团三明市高科橡胶有限公司、青岛天盾橡胶有限公司、江苏安邦电化有限公司

（其他略）

附件3：“两型”企业试点方案编制要点

一、企业基本情况

（一）企业概况

1. 企业名称、性质、所在地、人员构成等；

2. 主要经营范围、主要产品生产能力、产量、销售情况等；

3. 近三年资产财务状况：生产设备及其他负债情况，资产负债情况，营业收入、利润总额、净利润等；

4. 在国际、国内同行业所处地位。

（二）企业的技术水平及研发能力

1. 工程技术人员情况；

2. 企业研发能力及成果；

3. 主营业务采用的核心工艺技术及水平；

4. 在国际、国内同行业所处地位。

（三）近三年能源资源消耗情况

1. 主要原材料、燃料、水等能源资源消耗；

2. 单位产品能源资源消耗；

3. 在国际、国内同行业所处地位。

（四）近三年废弃物排放及综合利用情况

1.“三废”产生、处置和排放情况、排放达标情况；

2. 在清洁生产、节能降耗、减少污染物产生和排放、综合利用方面开展的工作及成效；

3. 在清洁生产、节能降耗、减少污染物产生和排放、综合利用等方面的项目及投入情况；

4. 废弃物排放及综合利用水平在国际、国内同行业所处地位。

（五）企业管理能力

1. 在节能环保方面的组织机构建设情况；

2. 制定和出台的清洁生产、节能降耗、减少污染物产生和排放、综合利用等管理制度以及执行情况。

3. 产品成本、投融资、现金流量等管理制度以及执行情况。

二、总体思路和创建目标

（一）总体思路

按照试点工作的总体要求，提出本单位创建“两型”企业的总体思路和基本原则。

（二）创建目标

1. 提出“两型”企业创建的标志性发展目标；

2. 需要达到的具体目标，包括资源产出率、单位产品资源消耗（能耗、水耗、主要原材料消耗）、资源综合利用、废物排放等方面的目标和具体指标。

三、主要任务及重点工作

与存在的主要问题和创建目标相衔接，提出企业发展、技术研发以及能源、水、原材料节约，清洁生产、“三废”资源综合利用等各方面的重点任务。

对目标应进行分解落实，提出需解决哪些关键性问题及与目标对应的主要任务；突出重点和标志性工程。

四、重点项目规划和投资

提出对完成创建目标具有重要支撑的节能环保、清洁生产、资源综合利用等重大项目计划。

对规划中的核心项目要达到项目建议书的深度

要求，并说明项目对创建“两型”企业所起的作用，项目主要技术路线以及经济性分析。

对规划项目要做出投资估算，说明投资来源和资金安排计划。根据项目规划，提出1－2项需国家给予支持的重点项目、重大产业化技术或需要引进的关键技术，提出相关政策支持建议等；

五、保障措施

提出创建“两型”企业有关管理制度、组织保障体系以及人员队伍建设等。建立试点工作组织管理体系(如成立试点工作领导小组及负责部门)、确定试点工作负责人和联络人；明确责任分工和技术支持单位；提出相关制度建设、配套政策等。

六、创建效果分析

提出通过创建工作所取得的成效和不足；对行业示范作用进行评估；提出对行业实现资源节约、环境友好发展的核心技术和典型发展模式建议。

七、政策建议

结合企业自身情况，提出需要协调解决的、涉及行业节约、清洁发展的核心问题及相关政策建议。

八、实施期限

试点实施期限暂为三年，各试点企业按此提出计划，可延伸到2015年发展目标、计划。

(中国塑料加工工业协会 郭齐)

2010 年合成树脂及塑料制品海关关税 税则税率

商品编码	附加编号	商品名称	进口税率		出口税率	增值税	消费税	计量单位	监管条件
			优惠	普通					
39011000	10	初级形状相对密度<0.94 的聚乙烯	11.6	45.0		17.0		千克	7A
39011000	90	初级形状相对密度<0.94 的聚乙烯	11.6	45.0		17.0		千克	7A
39012000	10	初级形状相对密度≥0.94 的聚乙烯	11.6	45.0		17.0		千克	7A
39012000	90	初级形状相对密度≥0.94 的聚乙烯	11.6	45.0		17.0		千克	7A
39013000		初级形状乙烯－乙酸乙烯酯共聚物	6.5	45.0		17.0		千克	A
39019010		乙烯－丙烯共聚物(乙丙橡胶)	8.4	45.0		17.0		千克	A
39019020		线型低密度聚乙烯	11.6	45.0		17.0		千克	7A
39019090		其他初级形状的乙烯聚合物	8.4	45.0		17.0		千克	A
39021000	10	电工级初级形状聚丙烯树脂	10.0	45.0		17.0		千克	7A
39021000	90	其他初级形状的聚丙烯	10.0	45.0		17.0		千克	7A
39022000		初级形状的聚异丁烯	10.7	45.0		17.0		千克	
39023010		乙烯－丙烯共聚物(乙丙橡胶)	10.7	45.0		17.0		千克	
39023090		其他初级形状的丙烯共聚物	10.7	45.0		17.0		千克	
39029000	10	端羧基聚丁二烯，CTPB	10.7	45.0		17.0		千克	3
39029000	20	端羟基聚丁二烯，HTPB	10.7	45.0		17.0		千克	3
39029000	90	其他初级形状的烯烃聚合物	10.7	45.0		17.0		千克	
39031100		初级形状的可发性聚苯乙烯	10.7	45.0		17.0		千克	7A
39031900		初级形状的其他聚苯乙烯	10.7	45.0		17.0		千克	7A
39032000		初级形状苯乙烯－丙烯腈共聚物	12.0	45.0		17.0		千克	
39033000		丙烯腈－丁二烯－苯乙烯共聚物	10.7	45.0		17.0		千克	A
39039000		初级形状的其他苯乙烯聚合物	10.7	45.0		17.0		千克	
39041000	10	聚氯乙烯纯粉	10.7	45.0		17.0		千克	7A
39041000	90	其他初级形状的纯聚氯乙烯	10.7	45.0		17.0		千克	7A
39042100		初级形状未塑化的聚氯乙烯	10.7	45.0		17.0		千克	7
39042200		初级形状已塑化的聚氯乙烯	10.7	45.0		17.0		千克	7
39043000		氯乙烯－乙酸乙烯酯共聚物	9.0	45.0		17.0		千克	
39044000		初级形状的其他氯乙烯共聚物	12.0	45.0		17.0		千克	
39045000		初级形状的偏二氯乙烯聚合物	10.7	45.0		17.0		千克	
39046100		初级形状的聚四氟乙烯	10.0	45.0		17.0		千克	
39046900		初级形状的其他氟聚合物	6.5	45.0		17.0		千克	
39049000		初级形状的其他卤化烯烃聚合物	10.0	45.0		17.0		千克	
39051200		聚乙酸乙烯酯的水分散体	10.0	45.0		17.0		千克	
39051900		其他初级形状聚乙酸乙烯酯	10.0	45.0		17.0		千克	
39052100		乙酸乙烯酯共聚物的水分散体	10.0	45.0		17.0		千克	
39052900		其他初级形状的乙酸乙烯酯共聚物	10.0	45.0		17.0		千克	
39053000		初级形状的聚乙烯醇	14.0	45.0		17.0		千克	
39059100		其他乙烯酯或乙烯基的共聚物	10.0	45.0		17.0		千克	
39059900		其他乙烯酯或乙烯基的聚合物	10.0	45.0		17.0		千克	

续表

商品编码	附加编号	商品名称	进口税率		出口税率	增值税	消费税	计量单位	监管条件
			优惠	普通					
39061000		初级形状的聚甲基丙烯酸甲酯	6.5	45.0		17.0		千克	
39069000		其他初级形状的丙烯酸聚合物	6.5	45.0		17.0		千克	
39071010		初级形状的聚甲醛	10.7	45.0		17.0		千克	
39071090		其他初级形状的聚缩醛	10.7	45.0		17.0		千克	
39072000		初级形状的其他聚醚	10.7	45.0		17.0		千克	
39073000	10	初级形状的环氧树脂	10.7	45.0		17.0		千克	
39073000	90	初级形状的环氧树脂	10.7	45.0		17.0		千克	
39074000		初级形状的聚碳酸酯	6.5	45.0		17.0		千克	
39075000		初级形状的醇酸树脂	10.0	45.0		17.0		千克	
39076011		高黏度聚对苯二甲酸乙二酯切片	10.7	45.0		17.0		千克	7A
39076019		其他聚对苯二甲酸乙二酯切片	10.7	45.0		17.0		千克	7A
39076090		其他初级形状聚对苯二甲酸乙二酯	6.5	45.0		17.0		千克	A
39079100		初级形状的不饱和聚酯	10.7	45.0		17.0		千克	
39079900		初级形状的其他聚酯	6.5	45.0		17.0		千克	
39081010	10	尼龙 11、尼龙 12 切片	10.7	45.0		17.0		千克	
39081010	90	聚酰胺 -6，6 切片等	10.7	45.0		17.0		千克	
39081090		其他初级形状的聚酰胺 -6，6 等	6.5	45.0		17.0		千克	
39089000		初级形状的其他聚酰胺	10.0	45.0		17.0		千克	
39091000		初级形状的尿素树脂及硫尿树脂	6.5	45.0		17.0		千克	
39092000		初级形状的蜜胺树脂	6.5	45.0		17.0		千克	
39093000		初级形状的其他氨基树脂	6.5	45.0		17.0		千克	
39094000		初级形状的酚醛树脂	6.5	45.0		17.0		千克	
39095000		初级形状的聚氨基甲酸酯	10.7	45.0		17.0		千克	
39100000		初级形状的聚硅氧烷	6.5	45.0		17.0		千克	
39111000		初级形状的石油树脂等	6.5	45.0		17.0		千克	
39119000	10	芳基酸与芳基胺预缩聚物	6.5	45.0		17.0		千克	
39119000	30	改性三羟乙基脲酸酯类预缩聚物	6.5	45.0		17.0		千克	
39119000	40	聚苯硫醚	6.5	45.0		17.0		千克	
39119000	50	偏苯三酸酐和异氰酸预缩聚物	6.5	45.0		17.0		千克	
39119000	90	其他初级形状的多硫化物、聚砜等	6.5	45.0		17.0		千克	
39121100	10	未塑化二醋酸纤维素等	6.5	40.0		17.0		千克	
39121100	90	初级形状的未塑化醋酸纤维素	6.5	40.0		17.0		千克	
39121200		初级形状的已塑化醋酸纤维素	6.5	40.0		17.0		千克	
39122000		初级形状的硝酸纤维素	6.5	45.0		17.0		千克	
39123100		初级形状的羧甲基纤维素及其盐	6.5	45.0		17.0		千克	
39123900		初级形状的其他纤维素醚	6.5	45.0		17.0		千克	
39129000		初级形状的其他未列名的纤维素	6.5	45.0		17.0		千克	
39131000		初级形状的藻酸及盐和酯	10.0	45.0		17.0		千克	
39139000		初级形状的其他未列名天然聚合物	6.5	50.0		17.0		千克	
39140000		初级形状的离子交换剂	6.5	45.0		17.0		千克	
39151000		乙烯聚合物的废碎料及下脚料	10.7	50.0		17.0		千克	AP
39152000		苯乙烯聚合物的废碎料及下脚料	10.7	50.0		17.0		千克	AP
39153000		氯乙烯聚合物的废碎料及下脚料	10.7	50.0		17.0		千克	AP
39159000		其他塑料的废碎料及下脚料	10.7	50.0		17.0		千克	AP

续表

商品编码	附加编号	商品名称	进口税率		出口税率	增值税	消费税	计量单位	监管条件
			优惠	普通					
39161000		乙烯聚合物制单丝，条，杆及型材	10.0	45.0		17.0		千克	
39162000		氯乙烯聚合物制单丝，条，杆及型材	10.0	45.0		17.0		千克	
39169010		聚酰胺制的单丝，条，杆及型材	10.0	45.0		17.0		千克	
39169090		其他塑料制单丝，条，杆及型材	10.0	45.0		17.0		千克	
39171000		硬化蛋白或纤维素材料制人造肠衣	10.0	50.0		17.0		千克	A
39172100		乙烯聚合物制的硬管	10.0	45.0		17.0		千克	
39172200		丙烯聚合物制的硬管	10.0	45.0		17.0		千克	
39172300		氯乙烯聚合物制的硬管	10.0	45.0		17.0		千克	
39172900		其他塑料制的硬管	10.0	45.0		17.0		千克	
39173100		塑料制的软管	10.0	45.0		17.0		千克	
39173200		其他未装有附件的塑料制管子	6.5	45.0		17.0		千克	
39173300		其他装有附件的塑料管子	6.5	45.0		17.0		千克	
39173900		塑料制的其他管子	10.7	45.0		17.0		千克	
39174000		塑料制的管子附件	10.0	45.0		17.0		千克	
39181010		氯乙烯聚合物制糊墙品	10.0	45.0		17.0		千克	
39181090		氯乙烯聚合物制的铺地制品	10.0	45.0		17.0		千克	
39189010		其他塑料制的糊墙品	10.0	45.0		17.0		千克	
39189090		其他塑料制的铺地制品	10.0	45.0		17.0		千克	
39191010		丙烯酸树脂类为主的自粘塑料板等	6.5	45.0		17.0		千克	
39191091		宽度≤20cm的胶囊型反光膜	6.5	45.0		17.0		千克	
39191099		其他宽度≤20cm的自粘塑料板片等	6.5	45.0		17.0		千克	
39199010		其他胶囊型反光膜	6.5	45.0		17.0		千克	
39199090		其他自粘塑料板，片，膜等材料	6.5	45.0		17.0		千克	
39201010		乙烯聚合物制电池隔膜	6.5	45.0		13.0		千克	
39201090	10	农用非泡沫聚乙烯薄膜	6.5	45.0		13.0		千克	
39201090	90	非泡沫聚乙烯板，片，膜，箔及扁条	6.5	45.0		17.0		千克	
39202010		丙烯聚合物制电池隔膜	6.5	45.0		13.0		千克	
39202090	10	农用非泡沫聚丙烯薄膜	6.5	45.0		13.0		千克	
39202090	90	非泡沫聚丙烯板，片，膜，箔及扁条	6.5	45.0		17.0		千克	
39203000		非泡沫聚苯乙烯板，片，膜，箔，扁条	6.5	45.0		17.0		千克	
39204300	10	农用软质聚氯乙烯薄膜	10.7	45.0		17.0		千克	
39204300	90	聚氯乙烯板，片，膜，箔及扁条	10.7	45.0		17.0		千克	
39204900	10	其他农用软质聚氯乙烯薄膜	9.0	45.0		13.0		千克	
39204900	90	其他聚氯乙烯板，片，膜，箔及扁条	9.0	45.0		17.0		千克	
39205100		聚甲基丙烯酸甲酯板片膜箔及扁条	6.5	45.0		17.0		千克	
39205900		其他丙烯酸聚合物板片膜箔及扁条	6.5	45.0		17.0		千克	
39206100		聚碳酸酯制板，片，膜，箔，扁条	6.5	45.0		17.0		千克	
39206200	10	9≤厚≤15.9μm聚酯薄膜	6.5	45.0		17.0		千克	
39206200	20	5≤厚≤8.9μm聚酯薄膜	6.5	45.0		17.0		千克	
39206200	30	16≤厚≤29.9μm聚酯薄膜	6.5	45.0		17.0		千克	

续表

商品编码	附加编号	商品名称	进口税率		出口税率	增值税	消费税	计量单位	监管条件
			优惠	普通					
39206200	40	50≤厚≤99.9μm 聚酯薄膜	6.5	45.0		17.0		千克	
39206200	90	其他聚对苯二甲酸乙二酯板片膜等	6.5	45.0		17.0		千克	
39206300		不饱和聚酯板，片，膜，箔及扁条	10.0	45.0		17.0		千克	
39206900		其他聚酯板，片，膜，箔及扁条	10.0	45.0		17.0		千克	
39207100		再生纤维素制板，片，膜，箔及扁条	6.5	45.0		17.0		千克	
39207200		钢纸制板，片，膜，箔及扁条	10.0	35.0		17.0		千克	
39207300		醋酸纤维素制板，片，膜，箔及扁条	6.5	45.0		17.0		千克	
39207900		纤维素衍生物制板，片，膜箔及扁条	10.0	45.0		17.0		千克	
39209100		聚乙烯醇缩丁醛板，片，膜，箔，扁条	6.5	45.0		17.0		千克	
39209200		聚酰胺板，片，膜，箔，扁条	10.0	45.0		17.0		千克	
39209300		氨基树脂板，片，膜，箔，扁条	6.5	45.0		17.0		千克	
39209400		酚醛树脂板，片，膜，箔，扁条	10.0	45.0		17.0		千克	
39209910		聚四氟乙烯制非泡沫塑料板，片，箔	6.5	45.0		17.0		千克	
39209990		其他非泡沫塑料板，片，膜，箔，扁条	6.5	45.0		17.0		千克	
39211100		泡沫聚苯乙烯板，片，带，箔，扁条	10.0	45.0		17.0		千克	
39211210	10	泡沫聚氯乙烯人造革及合成革	10.8	70.0		17.0		千克	
39211210	90	其他泡沫聚氯乙烯人造革及合成革	10.8	70.0		17.0		千克	
39211290	10	泡沫聚氯乙烯板，片，带，箔，扁条	6.5	45.0		17.0		千克	
39211290	90	其他泡沫聚氯乙烯板，片，带，箔等	6.5	45.0		17.0		千克	
39211310	10	泡沫聚氨酯制人造革及合成革	10.8	70.0		17.0		千克	
39211310	90	其他泡沫聚氨酯制人造革及合成革	10.8	70.0		17.0		千克	
39211390	10	泡沫聚氨酯板，片，带，箔，扁条	6.5	45.0		17.0		千克	
39211390	90	其他泡沫聚氨酯板，片，带，箔，扁条	6.5	45.0		17.0		千克	
39211400		泡沫再生纤维素板，片，膜，箔，扁条	10.0	45.0		17.0		千克	
39211910		其他泡沫塑料制人造革及合成革	10.8	70.0		17.0		千克	
39211990		其他泡沫塑料板，片，膜，箔，扁条	6.5	45.0		17.0		千克	
39219020		以聚乙烯为基本成份的板片	6.5	45.0		17.0		千克	
39219030		聚异丁烯为基本成分的板片卷材	6.5	45.0		17.0		千克	
39219090	10	未列名塑料板，片，膜，箔，扁条	6.5	45.0		17.0		千克	
39219090	90	其他未列名塑料板，片，膜，箔，扁条	6.5	45.0		17.0		千克	
39221000		塑料浴缸，淋浴盘，洗涤槽及盥洗盆	10.0	80.0		17.0		千克	
39222000		塑料马桶坐圈及盖	10.0	80.0		17.0		千克	
39229000		塑料便盆，抽水箱等类似卫生洁具	10.0	80.0		17.0		千克	
39231000		塑料制盒，箱及类似品	10.0	80.0		17.0		千克	
39232100		乙烯聚合物制袋及包	10.0	80.0		17.0		千克	
39232900		其他塑料制的袋及包	10.0	80.0		17.0		千克	
39233000		塑料制坛，瓶及类似品	10.4	80.0		17.0		千克	
39234000		塑料制卷轴，纡子，筒管及类似品	10.0	35.0		17.0		千克	
39235000		塑料制塞子，盖子及类似品	10.0	80.0		17.0		千克	
39239000		供运输或包装货物用其他塑料制品	10.0	80.0		17.0		千克	

续表

商品编码	附加编号	商品名称	进口税率		出口税率	增值税	消费税	计量单位	监管条件
			优惠	普通					
39241000		塑料制餐具及厨房用具	10.0	80.0		17.0		千克	A
39249000		塑料制其他家庭用具及盥洗用具	10.0	80.0		17.0		千克	
39251000		塑料制囤，柜，罐，桶及类似容器	10.0	80.0		17.0		千克	
39252000		塑料制门，窗及其框架，门槛	10.0	80.0		17.0		千克	
39253000		塑料制窗板，百叶窗及类似制品	10.0	80.0		17.0		千克	
39259000		其他未列名的建筑用塑料制品	10.0	80.0		17.0		千克	
39261000		办公室或学校用塑料制品	10.0	80.0		17.0		千克	
39262000		塑料制衣服及衣着附件	10.0	90.0		17.0		千克	
39263000		塑料制家具，车厢及类似品的附件	10.0	80.0		17.0		千克	
39264000		塑料制小雕塑品及其他装饰品	10.0	100.0		17.0		千克	
39269010		塑料制机器及仪器用零件	10.0	35.0		17.0		千克	
39269090		其他塑料制品	10.0	80.0		17.0		千克	

本类注释说明：一、本目录所称“塑料”，是指品目39.01至39.14的材料，这些材料能够在聚合时或聚合后在外力(一般是热力和压力，必要时加入溶剂或增塑剂)作用下通过模制、浇铸挤压、滚轧或其他工序制成一定的形状，成形后除去外力，其形状仍保持不变。本目录所称“塑料”，还应包括钢纸，但不包括第十一类的纺织材料。二、本章不包括：(一)品目27.12或34.04的蜡；(二)单独的已有化学定义的有机化合物(第二十九章)；(三)肝素及其盐(品目30.01)；(四)品目39.01至39.13所列的任何产品溶于挥发性有机溶剂的溶液(胶棉除外)，但溶剂的重量必须超过溶液重量的50%(品目32.08)；品目32.12的压印箔；(五)有机表面活性剂或品目34.02的制剂；(六)再熔胶及酯胶(品目38.06)；(七)附于塑料衬背上的诊断或实验用试剂(品目38.22)；(八)第四十章规定的合成橡胶及其制品；(九)鞍具及挽具(品目42.01)；品目42.02的衣箱、提箱、手提包及其他容器；(十)第四十六章的缏条、编结品及其他制品；(十一)品目48.14的壁纸；(十二)第十一类的货品(纺织原料及纺织制品)；(十三)第十二类的物品(例如，鞋靴、帽类、雨伞、阳伞、手杖、鞭子、马鞭及其零件)；(十四)品目71.17的仿首饰；(十五)第十六类的物品(机器、机械器具或电气器具)；(十六)第十七类的航空器零件及车辆零件；(十七)第九十章的物品(例如，光学元件、眼镜架及绘图仪器)；(十八)第九十一章的物品(例如，钟壳及表壳)；(十九)第九十二章的物品(例如，乐器及其零件)；(二十)第九十四章的物品(例如，家具、灯具、照明装置、灯箱及活动房屋)；(二十一)第九十五章的物品(例如，玩具、游戏品及运动用品)；(二十二)第九十六章的物品(例如，刷子、钮扣、拉链、梳子、烟斗的嘴及柄、香烟嘴及类似品、保温瓶的零件及类似品、钢笔、活动铅笔)。三、品目39.01至39.11仅适用于化学合成的下列货品：(一)温度在300℃时，压力转为1013毫巴后减压蒸馏出的液体合成聚烯烃以体积计小于60%的货品(品目39.01及39.02)；(二)非高度聚合的苯并呋喃－－茚式树脂(品目39.11)；(三)平均至少有五个单体单元的其他合成聚合物；(四)聚硅氧烷(品目39.10)；(五)甲阶酚醛树指(品目39.09)及其他预聚物。四、所称“共聚物”，包括在整个聚合物中按重量计没有一种单体单元的含量在95%及以上的各种聚合物。在本章中，除条文另有规定的以外，共聚物(包括共缩聚物、共加聚物、嵌段共聚物及接枝共聚物)及聚合物混合体应按聚合物中重量最大的那种共聚单体单元所构成的聚合物归入相应品目。在本注释中，归入同一品目的聚合物的共聚单体单元应作为一种单体单元对待。如果没有任何一种共聚单体单元重量为最大，共聚物或聚合物混合体应按号列顺序归入其可归入的最末一个品目。五、化学改性聚合物，即聚合物主链上的支链通过化学反应发生了变化的聚合物，应按未改性的聚合物的相应品目归类。本规定不适用于接枝共聚物。六、品目39.01至39.14所称“初级形状”，只限于下列各种形状：(一)液状及糊状，包括分散体(乳浊液及悬浮液)及溶液；(二)不规则形状的块，团、粉(包括压型粉)、颗粒、粉片及类似的散装形状。七、品目39.15不适用于已制成初级

形状的单一热塑材料废碎料及下脚料(品目39.01至39.14)。八、品目39.17所称“管子”，是指通常用于输送或供给气体或液体的空心制品或半制品(例如，肋纹浇花软管、多孔管)，还包括香肠用肠衣及其他扁平管。除肠衣及扁平管外，内截面如果不呈圆形、椭圆形、矩形(其长度不超过宽度的1.5倍)或正几何形，则不能视为管子，而应作为异型材。九、品目39.18所称“塑料糊墙品”，适用于墙壁或天花板装饰用的宽度不小于45厘米的成卷产品，这类产品是将塑料牢固地附着在除纸张以外任何材料的衬背上，并且在塑料面起纹、压花、着色、印制图案或用其他方法装饰。十、品目39.20及39.21所称“板、片、膜、箔、扁条”，只适用于未切割或仅切割成矩形(包括正方形)(含切割后即可供使用的)，但未经进一步加工的板、片、膜、箔、扁条(第五十四章的物品除外)及正几何形块，不论是否经过印制或其他表面加工。十一、品目39.25只适用于第二分章以前各品目未包括的下列物品：(一)容积超过300升的囤、柜(包括化粪池)、罐、桶及类似容器；(二)用于地板、墙壁、隔墙、天花板或屋顶等方面的结构件；(三)槽管及其附件；(四)门、窗及其框架和门槛；(五)阳台、栏杆、栅栏、栅门及类似品；(六)窗板、百叶窗(包括威尼斯式百叶窗)或类似品及其零件、附件；(七)商店、工棚、仓库等用的拼装式固定大型货架；(八)建筑用的特色(例如，凹槽、圆顶及鸽棚式)装饰件；(九)固定装于门窗、楼梯、墙壁或建筑物其他部位的附件及架座，例如，球形把手、拉手、挂钩、托架、毛巾架、开关板及其他护板。子目注释：一、属于本章任一品目项下的聚合物(包括共聚物)及化学改性聚合物应按下列规则归类：(一)在同级子目中有一个“其他”子目的：1. 子目所列聚合物名称冠有“聚(多)”的(例如，聚乙烯及聚酰胺-6,6)，是指列名的该种聚合物单体单元含量在整个聚合物中按重量计必须占95%及以上。2. 子目号3901.30、3903.20、3903.30及3904.30所列的共聚物，如果该种共聚单体单元含量在整个聚合物中按重量计占95%及以上，即应归入上述子目。3. 化学改性聚合物如未在其他子目具体列名，应归入列明为“其他”的子目内。4. 不符合上述(一)、(二)、(三)款规定的聚合物，应按聚合物中重量最大的那种单体单元(与其他各种单一的共聚单体单元相比)所构成的聚合物归入该级其他相应子目。为此，归入同一子目的聚合物单体单元应作为一种单体单元对待。只有在同级子目中的聚合物共聚单体单元才可以进行比较。(二)在同级子目中没有“其他”子目的：1. 聚合物应按聚合物中重量最大的那种单体单元(与其他各种单一的共聚单体单元相比)所构成的聚合物归入该级相应子目。为此，归入同一子目的聚合物单体单元应作为一种单体单元对待。只有在同级子目中的聚合物共聚单体单元才可以进行比较。2. 化学改性聚合物应按相应的未改性聚合物的子目归类。聚合物混合体应按单体单元比例相等、种类相同的聚合物归入相应子目。二、子目3920.43所称增塑剂，包括次级增塑剂。

(刘均科)

全国塑料工业生产、经营情况统计

2010 年塑料制品行业经济运行分析

2010 年中国塑料制品行业实现平稳较快发展。行业产值快速增长、内需旺盛、产销顺畅。企业效益水平大幅提高、从业人数明显增加。进、出口贸易持续回升、固定资产投资规模持续增长。实现了塑料制品行业“十一五”完美收官。

一、2010 年塑料制品行业经济运行情况总体概述

据国家统计局统计数据整理，2010 年塑料制品行业按产销总值汇总的规模以上企业 2.08 万个，累计完成工业总产值 14242.51 亿元，同比增长 31.1%。实现工业销售产值 13982.33 亿元，同比增长 32.03%，产、销总值实现快速增长，增速均超过 30%。全年产销顺畅，产销率达到 98.2%，保持了较高水平。销售产值中出口交货值为 2158.56 亿元，同比增长 23.0%，增幅比去年同期提高近 30%。塑料制品产量完成 5830.38 万吨，同比增长 21.14%。

2010 年 1 ~ 11 月，塑料制品行业规模以上企业实现主营业务收入 12205.03 亿元，同比增长 31.42%。实现利税 925.24 亿元，同比增长 35%，其中，实现利润 620.07 亿元，同比增长 42.11%。行业亏损企业亏损额也比去年同期降低 17.04%，企业盈利水平有大幅提升。

海关总署统计数据显示，2010 年塑料制品进、出口总额为 614.18 亿美元，同比增长 36.92%，增幅比去年同期大幅提高，表明塑料制品进、出口贸易持续回升。其中：出口额 446.67 亿美元，同比增长 34.11%。进口额 167.51 亿美元，同比增长 45.04%。

近年来，塑料制品行业投资规模不断扩大，并保持较高增速。据国家统计局统计数据，2010 年，塑料制品行业投资规模持续扩大，并保持较高增速。塑料制品行业累计完成固定资产投资 1790.42 亿元，同比增长 27.4%。这也是促进塑料制品行业近年来持续快速发展的一个重要原因。也必将对塑料行业未来的增长起到长期稳定的推动作用。

2010 年行业经济运行显现出的这些特点，主要是受国家调控政策的影响，但也有 2009 年同期行业经济运行指标数据基数较低的因素，行业经济运行中也受到原材料、企业用工成本上升、人民币升值幅度加大及逐步紧缩的货币政策等因素影响，使行业企业效益增速放缓，固定资产投资增速下降，表明今后塑料制品行业将由国际金融危机之后的反弹和恢复性增长期，开始进入平稳运行发展阶段。

二、塑料制品行业产、销总值完成情况

（一）工业总产值完成情况

据国家统计局统计数据整理，2010 年塑料制品行业按产销总值汇总的规模以上企业 2.08 万个，累计完成工业总产值 14242.51 亿元，同比增长 31.1%。增幅比去年同期提高 17.7%（图 1）。

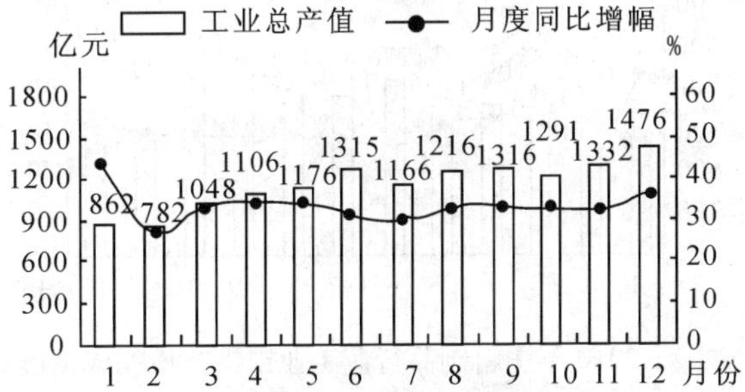

图 1　2010 年塑料制品行业工业总产值月度完成情况

分月度看，12 月份完成工业总产值 1475.8 亿元，同比增长 35.26%，产值总量及增幅均为 2010 年月度最高值。

分子行业看，各子行业总产值增幅均比去年有大幅提高，各子行业总产值累计增幅均接近或超过 30%。塑料板、管、型材制造业是塑料制品行业第一大子行业，其总产值累计完成 3197.3 亿元，占全行业总产值比重为 22.45%，增幅达到了 35.4%，产值占行业比重及增幅均为各子行业之首。除塑料板、管、型材制造业、塑料丝绳及编织品制造业、塑料鞋制造业以外，其他塑料制品子行业总产值增幅均低于行业平均发展速度。

分地区看，我国塑料制品行业传统产业格局没有发生根本改变，广东、浙江、江苏、山东、辽宁、福建仍为主要生产大省，这 6 省总产值占全行业产值比重接近 70%。分地区总产值增速来看，除辽宁省外，几大产业大省广东、浙江、江苏山东、福建的总产值增速均低于全国的增速，而东北、西部几省的塑料制品产业开始提速，表明我国塑料制品产业重心有转移之势。

（二）工业销售产值完成情况

2010 年国内市场需求旺盛，产销顺畅，塑料制品行业累计实现工业销售产值 13982.33 亿元，同比增长 32.03%，增幅比去年同期提高 18.9%。产、销总值实现快速增长，增速均超过 30%。全年产销顺畅，产销率达到 98.2%，保持了较高水平。

分月度看，12 月当月完成销售产值 1429.33 亿元，为 2010 年单月最高值，同比增长 33.78%。12 月份工业总产值、销售产值均创年内新高，当月产销率也接近 97%，产销衔接良好。各子行业销售产值、产销率比去年均有不同幅度的增长(图 2)。

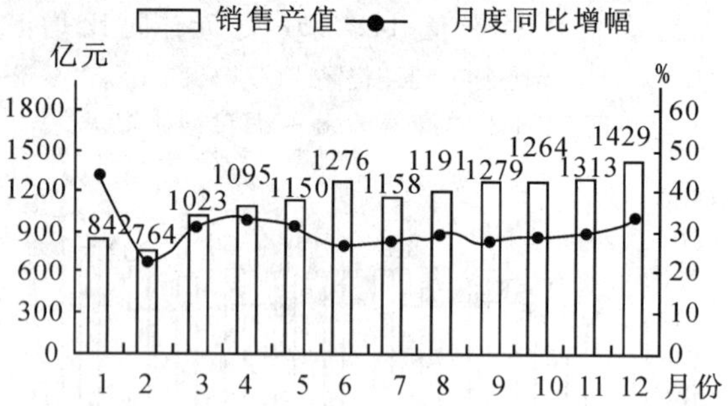

图 2　2010 年塑料制品行业工业销售产值完成情况

（三）出口交货值完成情况

2010 年塑料制品行业出口交货值增幅及比重下降。销售产值中，累计实现出口交货值 2158.56 亿元，同比增长 23.0% 。出口交货值有增幅及占销售产值的比重呈现逐步走低的态势。出口交货值全年增速比三季度下降 2.56%，比上半年增幅下降 3.56%。2010 年出口交货值占销售产值的比重为 15.44%，比上半年下降 0.62%，比去年同期的比重降低 1.35%(图 3)。

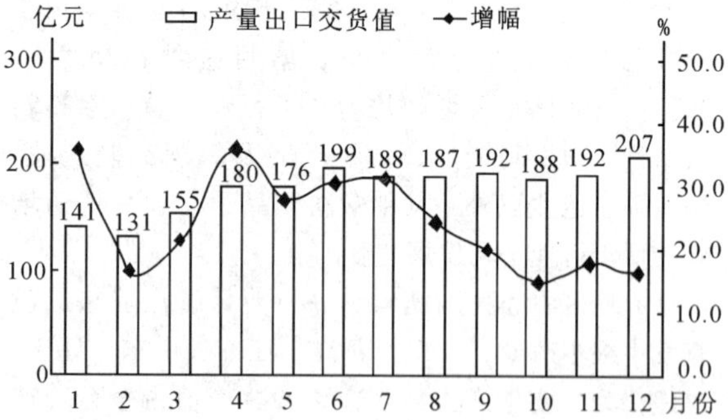

图 3　2010 年塑料制品行业出口交货值月度变化情况

这表明，今年快速增长的产值主要由国内市场消化，以塑料板管型材制造业为例，1～12 月份，塑料板管型材制造业累计完成销售产值 3146.32 亿元，同比增长 35.6%，在其出口交货值占销售产值的比重比与 2009 年同期基本持平的情况下，累计产销率仍高达 98.4%。说明在国家宏观经济快速发展的拉动下，相关行业如建筑、市政工程、农业、工业等行业对塑料管道的市场需求不断加大，促进了塑料管道行业的高速发展，也例证了国家刺激内需政策的效果凸显。

(四)产品产量完成情况

2010 年，塑料制品产量同步增长，东北、中西部地区的塑料加工业增长迅猛。塑料制品累计完成产量 58303.8kt，同比增长 21.14%，增幅比去年同期提高 10.5%。

1. 产量分地区完成情况

分地区看，广东省仍为我国塑料制品产量第一大省，1～12 月份累计完成产量 13318.8kt，同比增长 17.23%。占全国总产量比重为 22.8%。其次为浙江省，累计完成产量为 9155.7kt，同比增长 16.09%，占全国比重为 15.7%。山东省累计完成产量为 5071.1kt，同比增长 21.56%。三省产量累计占全国比重由 2009 年同期的 51.4% 下降到 2010 年的 47.2%，降低 4.2%。同时，东北及中西部地区的塑料加工业增长迅猛，黑龙江、陕西、青海省产量增速都超过了 100%。虽然行业生产格局总体没有发生改变，但区域间差距在逐步缩小。从另一个方面再次印证了我国塑料制品产业发展重心有转移之趋势(图 4)。

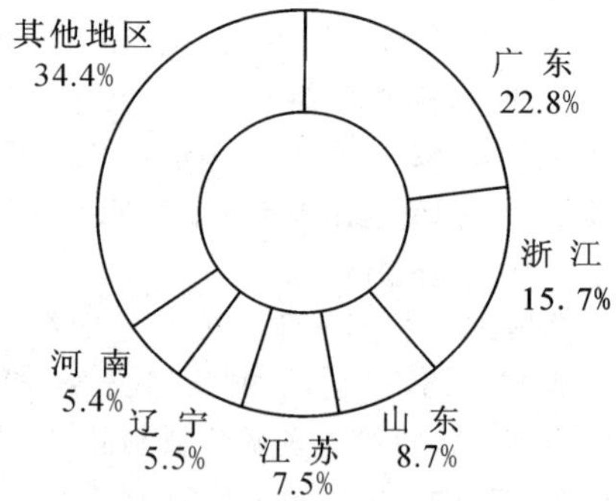

图 4　2010 年塑料制品产量地区分布

2. 产量分品种完成情况

分品种产量看，除其他塑料制品外，塑料管及附件产量为 8402kt，增幅达到 37.14%，其总产值、产量、增幅均位居行业前列，是近几年塑料制品行业中发展最快的行业品种。塑料薄膜 2010 年累计完成产量 7989.7kt，同比增长 15.63%，产量居第二位。塑料丝绳及编织品累计完成产量 711.96 万吨，产量居第三位，增幅为 23.05%(图 5)。

分品种产量比重看，除其他塑料制品外，塑料

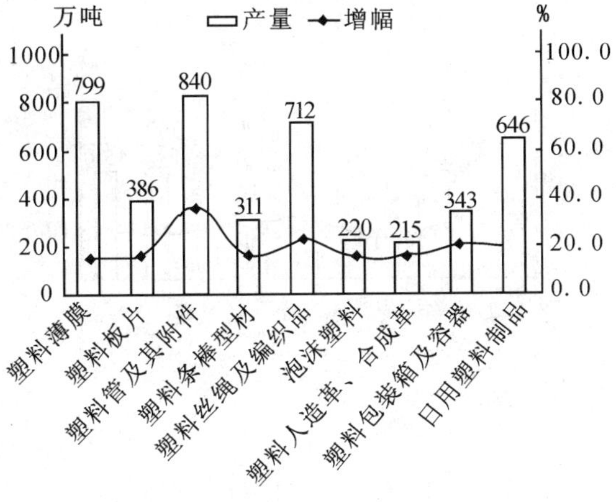

图5　2010年塑料制品各品种产量及增速

管及附件产量比重为14.4%。塑料薄膜产量比重为13.7%。塑料丝绳及编织品产量比重为12.2%，日用塑料制品比重为11.1%。以上四个品种产量比重均超过10%，产品产量合计占产量总计的51.4%（图6）。

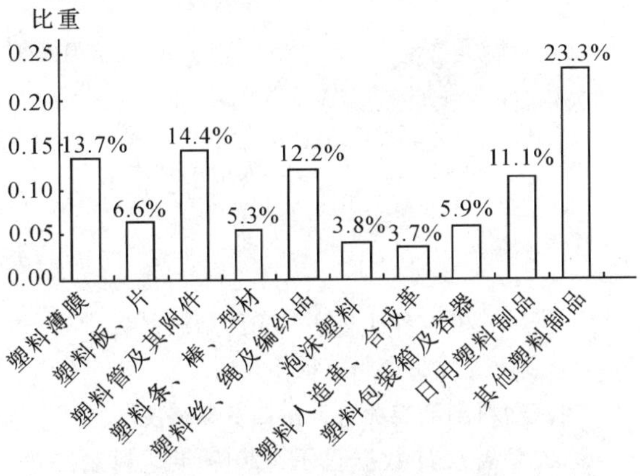

图6　2010年塑料制品产量行业比重

三、塑料制品行业主要经济效益指标完成情况

2010年1～11月份，塑料制品行业主要经济效益指标保持较快增长，但增速趋缓。塑料制品行业规模以上企业累计实现主营业务收入12205.03亿元，同比增长31.42%，比1～5月份增速降低1.97%。利税总额为925.24亿元，同比增长35%，比1～5月份增速降低5.44%。其中：利润总额为620.07亿元，同比增长42.11%，比1～5月份增速降低12.78%。资产总计为8699.60亿元，同比增长20.29%，资产负债率为54.14%。比去年降低1.18%。从业人数为268.18万人，同比增长10.19%。比去年同期增加24.8万人。汇总企业中，亏损面为12.9%。比去年降低4%。亏损企业亏损额为40.48亿元，比去年同期降低17.04%。数据表明，受去年同期基数较低的影响，主要经济效益指标的增幅较快，企业的用工情况持续好转，企业经营状况仍处在比较良好的阶段。但与今年前期相比，1～11月份的增速明显下降，行业的经济运行特点由年初的快速反弹及恢复性增长转为平稳发展状态。

（一）各子行业主营业务收入情况

2010年1～11月份塑料板管型材制造业实现主营业务收入2728.92亿元，同比增长33.24%，占行业比重为22.4%。其次为塑料薄膜制造业，1～11月实现主营业务收入1585.16亿元，同比增长27.20%，占行业比重为13.0%。塑料丝绳及编织品制造业，1～11月实现主营业务收入1427.88亿元，同比增长31.96%，占行业比重为11.7%，居第三位（其他塑料制品行业除外）（图7）。

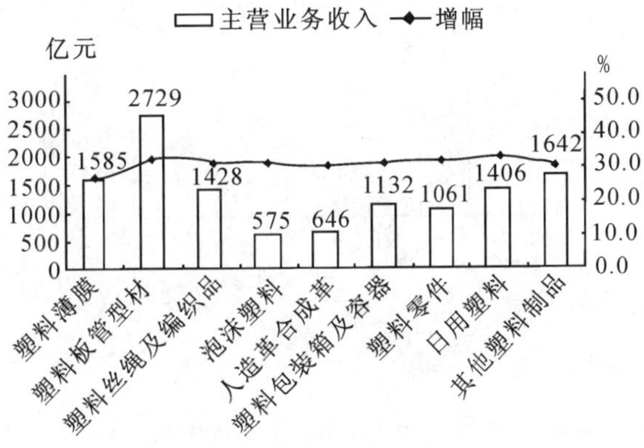

图7　2010年1～11月份塑料制品行业各子行业主营业务收入完成情况

（二）各子行业利润完成情况

2010年1～11月份，塑料板管型材制造业实现利润154.0亿元，同比增长39.93%，占行业比重为24.8%。其次为塑料丝绳及编织品制造业，1～11月实现利润76.8亿元，同比增长34.84%，占行业比重为12.4%。塑料薄膜制造业，1～11月实现利润72.4亿元，同比增长53.75%，占行业比重为11.7%，居第三位（其他塑料制品行业除外）（图8）。

（三）各子行业资产情况

2010年1～11月份塑料板管型材制造业资产总计为2141.1亿元，同比增长26.57%，占行业比重为24.6%。其次为塑料薄膜制造业，1～11月资产总计为1260.4亿元，同比增长15.15%，占行业比重为14.5%。塑料包装箱及容器制造业，1～11月

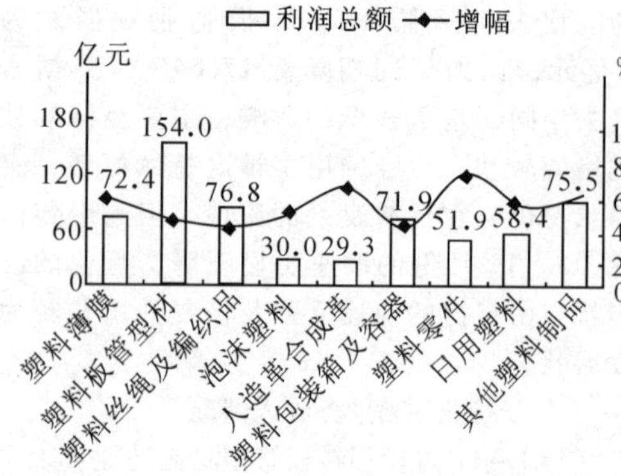

图 8　2010 年 1 ~ 11 月份塑料制品行业各子行业利润完成情况

资产总计为 948. 1 亿元，同比增长 18. 06%，占行业比重为 10. 9%，居第三位(其他塑料制品行业除外)(图 10)。

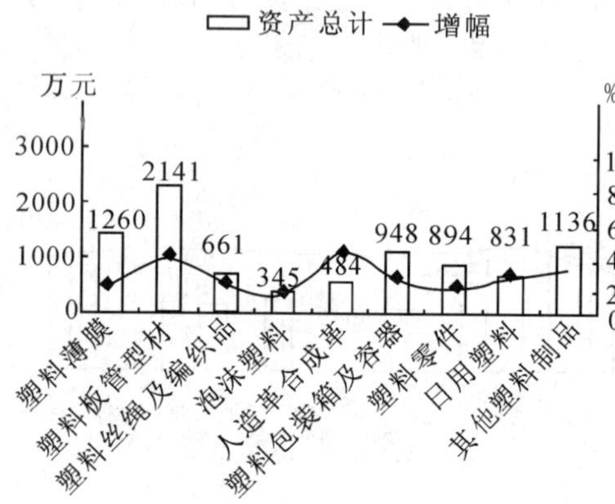

图 9　2010 年 1 ~ 11 月份塑料制品各子行业资产情况

(四)各子行业从业人数情况

2010 年 1 ~ 11 月份，日用塑料制造业从业人数为 45. 7 万人，同比增长 19. 64%，占行业比重为 17. 1%。其次为塑料板管型材制造业，1 ~ 11 月从业人数为 39. 4 万人，同比增长 14. 78%，占行业比重为 14. 7%。塑料零件制造业，1 ~ 11 月从业人数为 36. 9 万人，同比增长 11. 02%，占行业比重为 13. 8%，居第三位。(其他塑料制品行业除外)

(五)各子行业企业数量情况

2010 年 1 ~ 11 月份，塑料板管型材制造业企业数为 3417 个，占行业比重为 16. 5%。其次为日用塑料制造业，企业数为 2795 个，占行业比重为 13. 5%。塑料丝绳及编织品制造业，企业数为 2736 个，占行业比重为 13. 2%，居第三位(其他塑料制品行业除外)(图 11)。

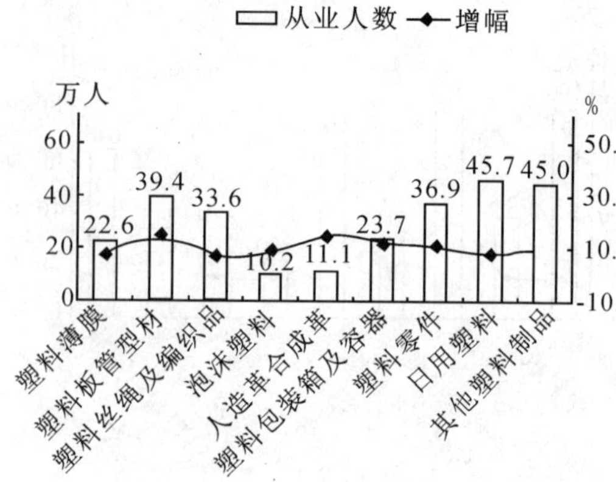

图 10　2010 年 1 ~ 11 月份塑料制品各子行业从业人数情况

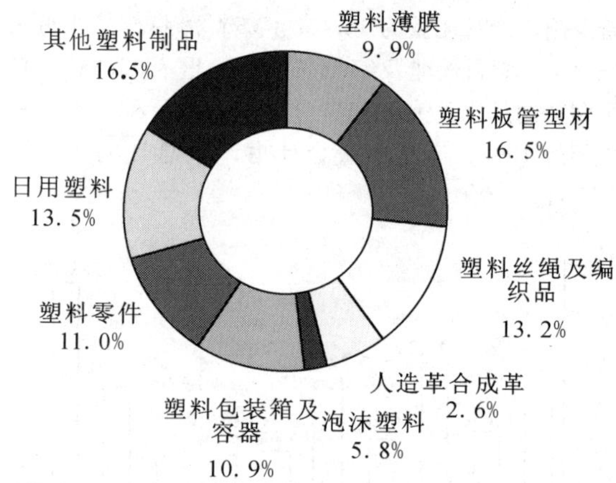

图 11　2010 年 1 ~ 11 月份塑料制品各子行业企业数量比重情况

四、塑料制品海关进、出口贸易情况

海关总署统计数据显示，2010 年塑料制品进、出口总额为 614. 18 亿美元，同比增长 36. 92%，增幅比去年同期大幅提高，塑料制品进、出口贸易持续回升。其中：出口额 446. 67 亿美元，同比增长 34. 11%。进口额 167. 51 亿美元，同比增长 45. 04%(图 12)。

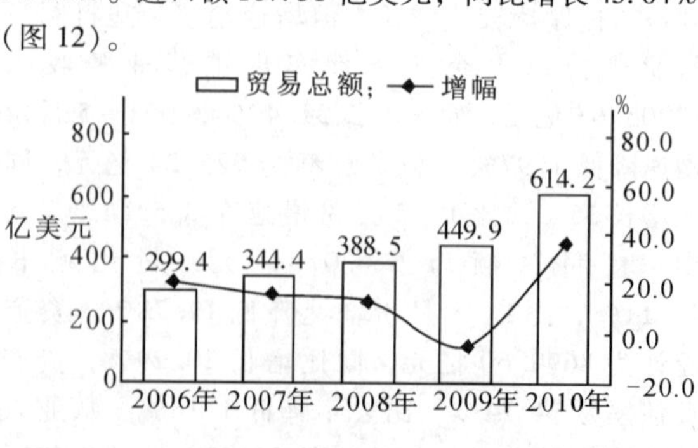

图 12　2006 ~ 2010 年塑料制品海关进出口贸易总额

出口商品中，日用塑料制品比重最大，占塑料制品出口总额的45.1%，出口额为201.49亿美元，同比增长31.36%。塑料板、片、膜、箔、带及扁条出口额增幅最高，为55.73%（见表1）

进口商品中，塑料板、片、膜、箔、带及扁条比重最大，占塑料制品进口总额的59.62%，进口额为99.88亿美元，同比增长59.45%。也是进口额增幅最高的品种（见表2）。

表1　2010年1~12月份塑料制品海关出口统计

产品名称	出口量/吨		出口额/万美元	
	1-当月量	同比增长/%	1-当月额	同比增长/%
塑料制品	—	—	4466667.5	34.11
1. 塑料单丝、条、杆、型材及异型材	115035	36.95	20740.2	39.47
2. 塑料管及其附件	396198	24.59	115893.7	34.69
3. 塑料板、片、膜、箔、带及扁条	1848783	36.97	506106.3	55.73
4. 塑料人造革、合成革	504298	23.26	225447.7	51.79
5. 塑料包装箱及容器及其附件	2032876	5.55	492443.7	20.49
6. 塑料零件	42142	44.07	36693.2	54.73
7. 建筑用塑料制品	1512297	26.76	223478.2	32.63
8. 日用塑料制品	—	—	2014863.1	31.36
9. 其他塑料制品	—	—	831001.3	33.73

表2　2010年1~12月份塑料制品海关进口统计

产品名称	进口量/吨		进口额/万美元	
	1-当月量	同比增长/%	1-当月额	同比增长/%
塑料制品	—	—	1675100.0	45.04
1. 塑料单丝、条、杆、型材及异型材	9262	35.78	7229.5	68.70
2. 塑料管及其附件	51287	32.01	64364.0	42.25
3. 塑料板、片、膜、箔、带及扁条	1113655	31.14	998754.6	59.45
4. 塑料人造革、合成革	76346	8.12	62496.5	17.67
5. 塑料包装箱及容器及其附件	202566	23.86	131715.2	24.20
6. 塑料零件	30257	35.28	93109.0	36.07
7. 建筑用塑料制品	68014	16.29	17337.8	22.78
8. 日用塑料制品	—	—	27933.6	35.38
9. 其他塑料制品	—	—	272159.8	25.59

五、塑料制品主要产区经济运行情况

我国塑料制品主要产区集中在东南沿海一带，广东、浙江、江苏、山东、辽宁、福建、上海是塑料制品产业大省，数据表明中国塑料制品产业的70%都集中在这7个省市里，经过多年的发展，已形成各具特色的产业区域。以下对总产值居前三位的地区进行分析。

（一）广东省

1. 产、销总值完成情况

2010年，广东省塑料制品行业规模以上企业4409个，累计完成工业总产值3341.3亿元，占全行业比重为18.54%，同比增长26.57%。销售产值3301.3亿元，占全行业比重为23.601%，同比增长29.95%。累计产销率为98.8%。出口交货值977.7亿元，占全行业比重为45.29%，同比增长23.11%。

2. 主要塑料制品产量完成情况

2010年，广东省塑料制品总产量为1331.88万

吨，同比增长 17.23%，占行业总产量比重为 22.84%。除其他塑料制品外，广东省日用塑料制品产量最高，为 249.87 万吨，同比增长 20.89%，占广东省塑料制品总产量的 18.76%。广东省塑料制品产量同比增幅最大的品种为塑料管及附件，同比增长 49.25%。产量同比下降的品种为：塑料人造革、合成革，同比下降 22.73%。塑料薄膜，产量同比下降 1.09%，塑料包装箱及容器产量同比下降 0.44%。

3. 主要经济效益指标完成情况

2010 年 1～11 月份，广东省塑料制品企业累计实现主营业务收入 2785.02 亿元，同比增长 27.72%，占行业总计的 22.82%。利润总额为 100.36 亿元，同比增长 41.54%，占行业总计的 16.18%。资产总计为 1929.87 亿元，同比增长 14.16%，占行业总计的 22.18%，资产负债率为 56.85%。从业人数为 90.76 万人，同比增长 8.74%，占行业总计的 33.84%。

(二)浙江省

1. 产、销总值完成情况

2011 年，浙江省塑料制品行业规模以上企业 3842 个，累计完成工业总产值 1942.4 亿元，占全行业比重为 13.64%，同比增长 30.37%。销售产值 1453.6 亿元，占全行业比重为 13.54%，同比增长 30.22%。累计产销率为 97.45%。出口交货值 358.45 亿元，占全行业比重为 16.61%，同比增长 26.56%。

2. 主要塑料制品产量

2010 年，浙江省塑料制品总产量为 915.57 万吨，同比增长 16.09%，占行业总产量比重为 15.7%。除其他塑料制品外，塑料薄膜产量最高，为 227.70 万吨，同比增长 16.57%，占浙江省塑料制品总产量的 24.87%。产量增幅最大的品种为日用塑料制品，同比增长 33.04%。产量同比下降的品种为：塑料条、棒、型材，同比下降 15.16%。

3. 主要经济效益指标完成情况

2010 年 1～11 月份，浙江省塑料制品企业累计实现主营业务收入 1672.78 亿元，同比增长 28.36%，占行业总计的 13.71%。利润总额为 89.92 亿元，同比增长 44.89%，占行业总计的 14.5%。资产总计为 1588.5 亿元，同比增长 22.9%，占行业总计的 18.26%，资产负债率为 62.43%。从业人数为 35.4 万人，同比增长 12.68%，占行业总计的 13.2%。

(三)江苏省

1. 产、销总值完成情况

2010 年，江苏省塑料制品行业规模以上企业 2487 个，累计完成工业总产值 1522.04 亿元，占全行业比重为 10.69%，同比增长 29.21%。销售产值 1493.5 亿元，占全行业比重为 10.68%，同比增长 29.03%。累计产销率为 98.12%。出口交货值 236.95 亿元，占全行业比重为 10.98%，同比增长 25.76%。

2. 主要塑料制品产量

2010 年，江苏省塑料制品总产量为 439.5 万吨，同比增长 13.91%，占行业总产量比重为 7.54%。除其他塑料制品外，塑料薄膜产量最大为 78.2 万吨，同比增长 12.47%，占江苏省塑料制品总量的 17.8%。2010 年江苏省产量增幅最大的品种为：塑料丝绳及编织品，增幅为 39.18%。各分产量同比均为正增长。

3. 主要经济效益指标完成情况

2010 年 1～11 月份，江苏省塑料制品企业累计实现主营业务收入 1343.63 亿元，同比增长 29.03%，占行业总计的 11.01%。利润总额为 70.63 亿元，同比增长 46.59%，占行业总计的 11.39%。资产总计为 1005.47 亿元，同比增长 20.93%，占行业总计的 11.56%，资产负债率为 51.99%。从业人数为 28.9 万人，同比增长 11.81%，占行业总计的 10.78%。

六、塑料制品行业主要子行业分析

从国民经济行业分类来看，塑料制品行业下分塑料薄膜制造；塑料板管型材制造；塑料丝绳及编制品制造；泡沫塑料制造；塑料人造革合成革制造；塑料包装箱及容器制造；塑料零件制造；日用塑料制造及其他塑料制品制造 9 个子行业。

2010 年，除泡沫塑料、塑料人造革、合成革制造业外，其他塑料制品子行业总产值均超过千亿元。在这些子行业中，除其他塑料制品外，2010 年 1～12 月累计总产值居前四位的子行业有塑料板管型材制造业(3197.3 亿元)、塑料薄膜制造业(1869.2 亿元)、塑料丝绳及编织品制造业(1635.3 亿元)、日用塑料制造业业(1627.4 亿元)，四个行业合计占塑料制品行业产值总计的 58.5%。

(一)塑料板、管、型材制造业

塑料板管型材制造业经过近年的高速发展已成为塑料制品行业第一大子行业，2010年1～12月规模以上企业数3425个，累计完成总产值3197.3亿元，同比增长35.36%。销售产值3146.3亿元，同比增长35.61%，产销率为98.41%。出口交货值206.03亿元，同比增长40.99%，出口占销售的比重为6.55%。

2010年1～11月，塑料板管型材制造业从业人数为39.39万人，同比增长14.78%。资产总计2141.08亿元，同比增长26.57%。主营业务收入2728.9亿元，同比增长33.24%。实现利润154.02亿元，同比增长39.93%。

（二）塑料薄膜制造业

塑料薄膜制造业2010年1～12月规模以上企业数2063个，累计完成总产值1869.25亿元，同比增长29.48%。销售产值1832.58亿元，同比增长30.01%，产销率为98.04%。出口交货值237.08亿元，同比增长32.7%，出口占销售的比重为12.94%。

2010年1～11月，塑料薄膜制造业从业人数为22.58万人，同比增长7.62%。资产总计1260.37亿元，同比增长15.15%。主营业务收入1585.06亿元，同比增长27.2%。实现利润72.37亿元，同比增长53.75%。

（三）塑料丝绳及编织品制造业

塑料丝绳及编织品制造业2010年1～12月规模以上企业数2741个，累计完成总产值1635.31亿元，同比增长31.28%。销售产值1603.7亿元，同比增长31.66%，产销率为98.07%。出口交货值95.76亿元，同比增长35.6%，出口占销售的比重为5.97%。

2010年1～11月，塑料丝绳及编织品制造业从业人数为33.60万人，同比增长7.01%。资产总计660.91亿元，同比增长17.31%。主营业务收入1427.88亿元，同比增长31.96%。实现利润76.76亿元，同比增长34.84%。

（四）日用塑料制造业

日用塑料制造业2010年1～12月规模以上企业数2803个，累计完成总产值1627.39亿元，同比增长30.87%。销售产值1611.39亿元，同比增长33.09%，产销率为99.02%。出口交货值594.89亿元，同比增长21.39%，出口占销售的比重为36.92%。

2010年1～11月，日用塑料制造业从业人数为45.74万人，同比增长8.11%。资产总计830.64亿元，同比增长19.64%。主营业务收入1406.23亿元，同比增长33.12%。实现利润58.40亿元，同比增长38.88%。

日用塑料制造业是行业中典型的劳动密集型行业，从业人数为各子行业之首，产品是塑料制品行业出口大户，出口占销售的比重为36.92%，居行业首位。

七、行业固定资产投资增速高位回稳，仍保持较高水平

2010年，塑料制品行业投资规模持续扩大，并保持较高增速。2010年，塑料制品行业累计完成固定资产投资1790.42亿元，同比增长27.4%（图13）。

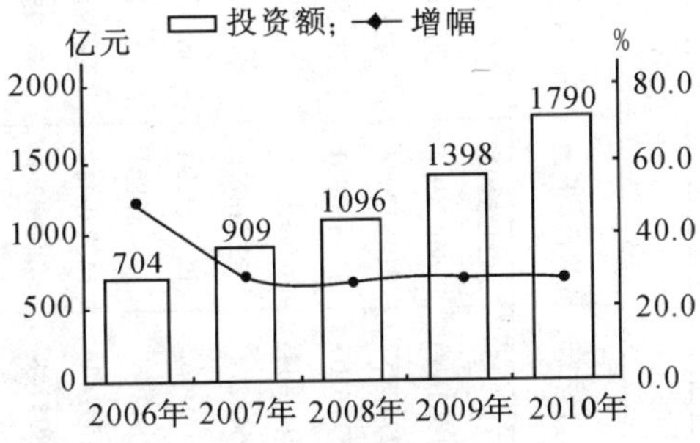

图13　塑料制品行业年度固定资产投资完成情况

近年来，塑料制品行业投资规模持续扩大，年均增长速度超过30%，这也是促进塑料制品行业近年来持续快速发展的一个重要原因，也必将对塑料行业未来的增长起到长期稳定的推动作用。

（中国轻工业信息中心　张涌涛）

附表1　2010年1~12月份全国塑料制品行业规模以上企业产销总值

指标名称	计量单位	汇总企业个数	工业总产值(现价)				其中：新产品产值				
			本月/千元	累计/千元	同月比/%	累计比/%	本月/千元	累计/千元	同月比/%	累计比/%	新产品产值比重/%
塑料制品业	千元	20775	147577953	1424251923	35.26	31.08	8015308	68217298	29.50	29.38	4.79
塑料薄膜制造	千元	2063	21001690	186924985	50.36	29.48	1628953	13871864	34.60	14.33	7.42
塑料板、管、型材的制造	千元	3425	32723957	319730934	42.47	35.36	2247892	20926690	32.74	19.18	6.55
塑料丝、绳及编织品的制造	千元	2741	15716105	163530991	35.21	31.28	144917	1389934	15.45	30.02	0.85
泡沫塑料制造	千元	1211	6940884	67955138	33.28	29.22	238840	1622634	14.10	18.51	2.39
塑料人造革、合成革制造	千元	537	7643274	75056684	28.57	29.13	580399	4769698	107.70	90.72	6.35
塑料包装箱及容器制造	千元	2260	13008482	131222294	36.74	30.60	690278	5562119	31.20	42.43	4.24
塑料零件制造	千元	2301	12842967	124710851	22.81	29.77	847449	6534205	87.93	41.94	5.24
日用塑料制造	千元	2803	16532436	162739411	23.91	30.87	1019019	7927107	30.07	64.17	4.87
塑料鞋制造	千元	706	4895748	42539894	33.95	32.58	213355	1181588	129.06	18.22	2.78
日用塑料杂品制造	千元	2097	11636688	120199517	20.12	30.28	805664	6745519	16.71	76.16	5.61
其他塑料制品制造	千元	3434	21168158	192380635	31.63	28.49	617561	5613047	-32.20	17.94	2.92

指标名称	计量单位	汇总企业个数	工业销售产值(现价)				产销率(本月)/%	产销率(累计)/%	其中：出口交货值				
			本月/千元	累计/千元	同月比/%	累计比/%			本月/千元	累计/千元	同月比/%	累计比/%	出口占销售比重/%
塑料制品业	千元	20702	142933197	1398233242	33.78	32.03	96.85	98.17	20696397	215855945	16.12	23.00	15.44
塑料薄膜制造	千元	2056	19984626	183258003	45.35	30.01	95.16	98.04	2455107	23708151	40.42	32.70	12.94
塑料板、管、型材的制造	千元	3417	31819075	314632514	41.07	35.61	97.23	98.41	2177982	20602932	41.72	40.99	6.55
塑料丝、绳及编织品的制造	千元	2736	15545210	160370411	36.04	31.66	98.91	98.07	948389	9575791	35.60	23.55	5.97
泡沫塑料制造	千元	1205	6577853	66681042	28.46	29.70	94.77	98.13	522794	5750586	14.50	22.47	8.62
塑料人造革、合成革制造	千元	538	7606438	73216600	32.79	30.56	99.52	97.55	819281	8768898	17.56	16.34	11.98
塑料包装箱及容器制造	千元	2257	12867275	128859003	36.28	31.24	98.91	98.20	1121473	11865069	22.25	25.39	9.21
塑料零件制造	千元	2286	12376339	122564644	19.88	31.68	96.37	98.28	2883600	31031947	11.40	24.34	25.32
日用塑料制造	千元	2795	16223017	161138943	23.79	33.09	98.13	99.02	5562213	59489392	6.56	21.39	36.92
塑料鞋制造	千元	703	4626626	42423505	30.19	33.71	94.50	99.73	1916615	19685207	11.40	21.26	46.40
日用塑料杂品制造	千元	2092	11596391	118715438	21.41	32.88	99.65	98.77	3645598	39804185	4.18	21.46	33.53
其他塑料制品制造	千元	3412	19933364	187512082	29.52	29.87	94.17	97.47	4205558	45063179	6.21	13.77	24.03

注：1. 资料来源：国家统计局。

2. "规模以上"是指年主营业务收入500万元及以上全部工业法人企业。

附表2　2010年1~11月全国塑料制品行业规模以上工业企业主要经济指标

指标名称	汇总企业个数	其中：亏损企业数		亏损企业亏损额		全部从业人员平均人数		资产总计		负债合计	
		本月止累计(个)	累计同比/%	本月止累计/千元	累计同比/%	本月止累计(人)	累计同比/%	本月止累计/千元	累计同比/%	本月止累计/千元	累计同比/%
塑料制品业	20702	2677	-10.77	4048617	-17.04	2681766	10.19	869959721	20.29	471035889	18.33
塑料薄膜制造	2056	281	-2.43	905591	1.13	225783	7.62	126037434	15.15	72742997	14.01
塑料板、管、型材	3417	465	0.65	742512	-23.07	393879	14.78	214107815	26.57	107686124	15.41
塑料丝、绳及编织品	2736	285	-2.06	229936	20.14	335955	7.01	66090813	17.31	32862750	21.90
泡沫塑料制造	1205	133	-17.90	178869	-49.80	101644	8.95	34462088	12.71	20666439	16.40
塑料人造革、合成革	538	53	-7.02	110318	19.66	111325	14.82	48381114	29.34	29801488	29.20
塑料包装箱及容器	2257	272	-10.82	282187	-3.78	236633	11.09	94810570	18.06	49846324	21.67
塑料零件制造	2286	369	-16.70	688084	-27.26	368966	11.02	89384655	15.44	50330439	19.84
日用塑料制造	2795	317	-15.47	297741	-9.33	457393	8.11	83064158	19.64	46058032	13.76
塑料鞋制造	703	55	-20.29	23235	-72.44	174721	3.98	15368046	16.04	9155884	18.21
日用塑料杂品制造	2092	262	-14.38	274506	12.47	282672	10.83	67696112	20.49	36902148	12.71
其他塑料制品制造	3412	502	-18.64	613379	-24.47	450188	10.28	113621074	21.99	61041296	22.76

指标名称	汇总企业个数	主营业务收入		利润总额		利税总额		应收账款净额		产成品存货	
		本月止累计/千元	累计同比/%	本月止累计/千元	累计同比/%	本月止累计/千元	累计同比/%	本月止累计/千元	累计同比/%	本月止累计/千元	累计同比/%
塑料制品业	20702	1220503237	31.42	62007484	42.11	92524149	35.00	153221233	23.20	49664335	-2.11
塑料薄膜制造	2056	158505924	27.20	7236626	53.75	10349296	43.49	16656346	13.74	5830430	-7.68
塑料板、管、型材	3417	272891922	33.24	15402121	39.93	22461537	26.80	32588665	25.98	14488354	-4.35
塑料丝、绳及编织品	2736	142788276	31.96	7676034	34.84	11982948	32.53	9194412	15.36	4148765	-5.60
泡沫塑料制造	1205	57536808	31.43	2997882	40.64	4625467	34.33	7871022	20.77	2156592	-7.10
塑料人造革、合成革	538	64639864	31.14	2931126	54.12	4417223	43.97	5730182	16.19	1997750	7.91
塑料包装箱及容器	2257	113166512	31.34	7186330	29.90	10407419	28.02	17338017	22.72	4308331	-1.88
塑料零件制造	2286	106124916	32.12	5192361	59.67	7990167	49.64	23833536	19.36	5111798	-1.31
日用塑料制造	2795	140623386	33.12	5839643	38.88	9113166	37.75	14268613	22.88	4997247	3.74
塑料鞋制造	703	36801886	33.24	903739	53.62	1638177	40.03	3044443	15.77	798476	4.73
日用塑料杂品制造	2092	103821500	33.07	4935904	36.48	7474989	37.27	11224170	24.97	4198771	3.55
其他塑料制品制造	3412	164225629	30.45	7545361	44.98	11176926	40.22	25740440	37.40	6625068	4.93

注：1. 资料来源：国家统计局。

2. “规模以上”是指年主营业务收入500万元及以上全部工业法人企业。

3. 本表数据只为2010年1~11月累计数。

附表 3　2010 年 1～12 月份全国塑料制品产量总表

产品名称	完成产量/t		同比增长/%	
	本月	累计	本月	累计
塑料制品	5581756	58303809	14.94	21.14
其中：塑料薄膜	875872	7989733	23.37	15.63
其中：农用薄膜	195140	1571631	50.87	27.66
塑料板、片	345972	3855685	14.65	16.78
塑料管及其附件	782665	8402068	28.18	37.14
塑料条、棒、型材	226225	3109437	19.39	15.55
塑料丝、绳及编织品	642327	7119556	19.13	23.05
泡沫塑料	212979	2200273	24.34	15.63
塑料人造革、合成革	205785	2146235	-10.87	16.84
塑料包装箱及容器	320810	3430785	19.74	20.39
日用塑料制品	705122	6458553	20.37	18.97
其他塑料制品	1263998	13591484	0.00	0.00

注：1. 资料来源：国家统计局。

2. “规模以上”是指年主营业务收入 500 万元及以上全部工业法人企业。

附表4　2010年1～12月全国塑料制品行业主要产品产量

地区	塑料制品总计		1. 塑料薄膜		其中：农用薄膜		2. 塑料板、片		3. 塑料管及其附件		4. 塑料条、棒、型材	
	产量/t	同比/%	产量/t	同比/%	产量/t	同比/%	产量/t	同比/%	产量/t	同比/%	产量/t	同比/%
全国	58303809	21.14	7989733	15.63	1571631	27.66	3855685	16.78	8402068	37.14	3109437	15.55
北京	432692	0.12	51510	4.99	19910	-3.99	15269	6.73	24856	3.32	21818	29.31
天津	1719955	26.93	204831	18.13	28657	17.42	130732	7.77	87107	53.91	15896	35.74
河北	2219194	33.57	236556	9.82	30482	8.85	73748	22.54	517394	27.98	254022	23.50
山西	253823	28.11	26382	3.50	20679	-8.80	684	-10.35	52871	111.88	113784	21.46
内蒙古	208047	43.45	17224	-27.29	16267	22.99			70240	100.16	5732	-61.06
辽宁	3184247	19.59	281342	90.13	159135	291.69	546481	-0.74	292272	40.48	234407	16.76
吉林	497402	42.15	98140	21.81	84430	22.68	4351		189054	35.92	13079	96.90
黑龙江	460866	137.58	26744	21.19	12266	20.29	32230	48.58	76543	191.17	4841	118.09
上海	2044360	10.75	363986	17.65	39515	17.88	227232	24.86	238856	31.30	31663	8.77
江苏	4395000	13.91	782090	12.47	32459	-9.76	418739	14.60	152878	34.86	73026	37.22
浙江	9155710	16.09	2276988	16.57	106824	10.43	323921	20.53	1053717	12.51	380237	-15.16
安徽	1867544	18.15	166674	-11.54	38969	124.70	633659	-2.87	141076	64.19	90312	119.85
福建	1663088	15.70	207303	62.72			20895	35.21	458159	1.47	5082	12.06
江西	458765	47.66	14801	22.81			53728	87.32	30053	69.11	2167	59.66
山东	5071087	21.56	781939	25.35	423435	16.87	135436	16.37	776728	18.76	94464	26.94
河南	3146770	22.82	292335	19.60	158328	27.06	30956	14.37	274490	-6.90	991117	12.61
湖北	1504359	24.71	81776	20.00	7208	11.82	148325	14.83	360529	21.67	36539	76.09
湖南	742745	5.66	56366	36.74	21951	75.98	48663	3.33	107720	99.82	25779	91.55
广东	13318846	17.23	1432358	-1.09	44521	-0.71	912737	45.27	1345270	49.25	111652	2.94
广西	737260	47.39	36003	77.93	16038	74.23	3887	19.56	115023	80.20	3620	31.73
海南	32787	16.40	19851	26.02								
重庆	597507	20.42	57222	33.32	15944	-17.19	29522	144.46	146584	16.40	25852	44.87
四川	2542933	40.21	207605	37.25	87250	41.98	30766	96.72	776342	58.09	432584	34.28
贵州	232711	38.40	7565	-19.04	3676	14.50	720	-79.30	150413	56.36	2127	118.38
云南	327816	-1.25	84731	5.09	50757	7.88	5631	5.33	122534	-11.92	1182	90.34
西藏												
陕西	728117	241.25	8090	36.01	8090	36.01			551264		60846	7.01
甘肃	138765	17.20	42754	38.32	42720	38.39	6878	5.84	37508	3.18		
青海	17755	101.92	12950	251.90					366	-79.49		
宁夏	74968	-3.95	4972	13.96	4405	1.85			26737	-11.61	19952	13.40
新疆	528687	17.28	108647	14.08	97715	12.57	20495	-20.69	225484	15.66	57659	27.90

续表

地区	5. 塑料丝、绳及编织品		6. 泡沫塑料		7. 塑料人造革、合成革		8. 塑料包装箱及容器		9. 日用塑料制品		10. 其他塑料制品	
	产量/t	同比/%	产量/t	同比/%	产量/t	同比/%	产量/t	同比/%	产量/t	同比/%	产量/t	同比/%
全国	7119556	23.05	2200273	15.63	2146235	16.84	3430785	20.39	6458553	18.97	13591484	20.31
北京	39999	9.39	15222	-0.44	6131	-6.47	90116	7.57	37916	8.64	129855	-13.88
天津	61897	22.33	5845	19.13	13011	29.99	151964	100.86	28300	24.81	1020372	23.21
河北	225191	8.26	51259	85.15	145026	37.20	194073	102.82	283930	52.43	237996	55.97
山西	35976	2.54	655	49.45			8577	-2.49	79		14815	65.90
内蒙古	93266	62.28	1395	336.58			15333	47.83			4858	44.42
辽宁	1087823	20.31	18542	1.52	125855	-12.25	87152	31.45	210834	19.35	299539	21.56
吉林	69144	27.49	9393	732.12	3971	9.03	45348	75.53	14042	32.26	50880	80.66
黑龙江	155306	64.58	1887	112.98	128	-26.44	1137	10.95	17482	471.33	144569	550.90
上海	32219	0.22	110051	50.24	67230	16.53	375701	13.74	184512	-0.24	412911	-11.22
江苏	247163	39.18	696906	13.38	337950	17.70	212351	11.37	581684	0.14	892213	14.39
浙江	600457	12.35	171300	34.05	932544	20.48	436581	9.60	1304170	33.04	1675796	14.37
安徽	252414	6.57	33779	26.79	32221	14.45	88361	38.41	102981	78.70	326067	63.26
福建	51463	-11.66	21356	-49.45	238994	30.47	38088	59.10	261648	13.38	360101	19.97
江西	256771	60.97	7509	89.59			28998	11.29	33284	20.70	31454	-6.74
山东	1443110	19.48	155036	-13.81	48622	297.63	241494	-1.02	326105	6.71	1068154	41.74
河南	509737	63.90	85832	29.08	28722	44.51	91918	29.53	201156	29.56	640506	30.17
湖北	356005	58.02	28519	61.35	18598	73.28	128249	53.13	161701	-33.26	184117	64.16
湖南	219738	-26.85	3545	-17.06	512	-76.56	190346	11.38	70148	15.48	19927	127.40
广东	231539	13.17	680586	12.42	146701	-22.73	588245	-0.44	2498726	20.89	5371033	16.32
广西	300416	26.11	45869	37.81			137154	128.23	45108	46.09	50180	5.29
海南	4883	18.23	1596	-18.28			4553	20.04			1904	-25.01
重庆	148275	43.84	24362	116.13	18	-71.06	44006	19.26	12769	7.89	108898	-18.89
四川	442182	36.87	5511	81.92			155388	24.46	59366	84.25	433187	24.45
贵州	30091	29.14	7999	52.01			3165	-11.84	16168	-14.30	14464	102.68
云南	69688	6.94	8500	-1.87			14091	40.54	1076	5.28	20382	-4.61
西藏											0	
陕西	39673	-14.07	1964	15.02			16184	-13.35			50097	17.24
甘肃	36286	24.01	554	-43.73			2097	-2.72	45	2.27	12643	3.63
青海	4440	33.30									0	
宁夏	18208	-13.84					2151	88.19			2948	-17.40
新疆	56196	38.81	5301	-2.19			37965	38.37	5322	-24.06	11616	24.54

附表 5　2010 年 1 ~ 12 月份塑料制品海关出口统计

产　品　名　称	出口量/t			出口额/万美元		
	当月数量	1－当月量	同比增长/%	当月金额	1－当月额	同比增长/%
塑料制品	—	—	—	455823.9	4466667.5	34.11
1. 塑料单丝、条、杆、型材及异型材	9805	115035	36.95	2045.6	20740.2	39.47
2. 塑料管及其附件	33975	396198	24.59	10724.2	115893.7	34.69
3. 塑料板、片、膜、箔、带及扁条	171428	1848783	36.97	52106.8	506106.3	55.73
4. 塑料人造革、合成革	46239	504298	23.26	26141.4	225447.7	51.79
5. 塑料包装箱及容器及其附件	181232	2032876	5.55	47736.4	492443.7	20.49
6. 塑料零件	3561	42142	44.07	3285.0	36693.2	54.73
7. 建筑用塑料制品	136529	1512297	26.76	21320.7	223478.2	32.63
(1)塑料糊墙品和铺地制品	82113	886726	38.15	11190.8	113922.3	52.39
(2)塑料门、窗、窗板(帘)及类似品	26446	314174	9.05	5107.5	58747.3	15.00
(3)其他建筑用塑料制品	27970	311398	18.39	5022.4	50808.6	19.11
8. 日用塑料制品	—	—	—	209805.7	2014863.1	31.36
(1)塑料制餐具及厨房用具	60340	673772	29.41	17230.4	183766.4	40.55
(2)塑料卫生设备、洁具及其配件	53677	588518	19.91	16219.0	162063.1	24.74
(3)塑料制办公室或学校用品	30590	386499	11.38	8938.0	94836.2	29.14
(4)塑料鞋及塑料制鞋底、鞋跟	165477	1842305	23.82	123897.1	1179798.2	34.23
(5)其他日用塑料制品	—	—	—	43521.2	394399.2	22.95
9. 其他塑料制品	—	—	—	82658.2	831001.3	33.73

注：数据来源：海关总署。

附表 6　2010 年 1 ~ 12 月份塑料制品海关出口统计

产品名称	进口量/t			进口额/万美元		
	当月数量	1 - 当月量	同比增长/%	当月金额	1 - 当月额	同比增长/%
塑料制品	—	—	—	162694. 0	1675100. 0	45. 04
1. 塑料单丝、条、杆、型材及异型材	797	9262	35. 78	649. 8	7229. 5	68. 70
2. 塑料管及其附件	4491	51287	32. 01	6423. 5	64364. 0	42. 25
3. 塑料板、片、膜、箔、带及扁条	102336	1113655	31. 14	98855. 0	998754. 6	59. 45
4. 塑料人造革、合成革	6242	76346	8. 12	5343. 2	62496. 5	17. 67
5. 塑料包装箱及容器及其附件	18724	202566	23. 86	12268. 8	131715. 2	24. 20
6. 塑料零件	3022	30257	35. 28	8976. 5	93109. 0	36. 07
7. 建筑用塑料制品	6321	68014	16. 29	1703. 7	17337. 8	22. 78
(1)塑料糊墙品和铺地制品	5719	61664	15. 99	1366. 2	13719. 6	22. 77
(2)塑料门、窗、窗板(帘)及类似品	437	4312	22. 33	164. 4	1729. 9	26. 28
(3)其他建筑用塑料制品	165	2038	13. 34	173. 1	1888. 2	19. 81
8. 日用塑料制品	—	—	—	3344. 3	27933. 6	35. 38
(1)塑料制餐具及厨房用具	529	5668	27. 73	458. 5	4641. 6	27. 62
(2)塑料卫生设备．洁具及其配件	2276	21279	75. 29	724. 5	6425. 9	50. 55
(3)塑料制办公室或学校用品	101	1559	2. 4	46. 9	556. 6	11. 92
(4)塑料鞋及塑料制鞋底．鞋跟	665	6021	12. 3	1542. 6	11175. 8	28. 93
(5)其他日用塑料制品	—	—	—	571. 9	5133. 6	44. 11
9. 其他塑料制品	—	—	—	25129. 2	272159. 8	25. 59

注：数据来源：海关总署。

（中国轻工业信息中心　张涌涛）

2010 年 BOPA 行业企业经济指标数据公布

根据 2011 年 3 月中国塑协的统计数字，2010 年 BOPA 总产能 86300t，产量为 71902t，比 2009 年 48654t 产量增长 47.78%。目前全国共有 9 家 BOPA 生产企业，本次统计全部填报。详细数据如下：

公 司 名 称	生产能力/t	总产量/t	销售额/万元
天津运城塑业有限公司	4500	4000	
沧州东鸿包装材料有限公司（包括德州东鸿）	18000	17000	17000
上海紫东化工材料有限公司	5000	4000	
上海九天塑料薄膜有限公司	4500	4200	
尤尼吉可高分子科技（中国）有限公司	4800	4400	4450
宏铭塑料包装（无锡）有限公司	4500	停产已转给长天	
晓星薄膜（嘉兴）有限公司	5000	5000	
温州金田塑业有限公司	4500	4000	
厦门长天企业有限公司（长华）	20000	18000	67500
佛山塑料集团股份有限公司	11000	7302	24196
湛江明和塑胶有限公司（天津运城承包）	4500	4000	
合　　计	86300	71902	

2010 年处于所有产能均得到释放的状态，包括沉寂多年的生产线也在 2010 年全部开车，虽然大部分企业在本年度都能达到基本盈利的状态，但产量的快速释放导致上半年竞争环境突然恶化，8 月份以后情况又有所好转。

沧州东鸿包装材料有限公司自主组装的第二条同步拉伸生产线已于 2010 年投产，成为中国规模最大的 BOPA 薄膜生产企业。

由于 2010 年行业经济好转，一些行业外企业开始头脑发热，纷纷考虑投资 BOPA 行业，因此未来几年产能又将严重大于需求，行业将可能再次进入寒冬。

特别提醒：各企业在考虑新的投资项目时要充分吸收前几年部分企业倒闭的教训。

（中国塑料加工工业协会 孙冬泉）

2010 年 BOPP 行业企业经济指标数据发布及行业分析

根据 2011 年 3 月中国塑协双向拉伸聚丙烯薄膜（BOPP）专委会的统计数字，2010 年 BOPP 总产能 3085600t，总产量为 2519923.7t，比 2009 年 2212098.67t 产量增长 13.92%。2010 年全国共有 87 家 BOPP 生产企业，本次统计共有 86 家企业填报，1 家企业未填报。其中佛塑集团分为 4 家填报（东方分公司、无锡环宇、成都东盛、涿州东华），南亚分南通和惠州两地，奔多分慈溪和南通两地，瑞安华宝分浙江瑞安和山东两地，昆岭分云南和苏州两地。详细数据如下：

公 司 名 称	产能/t	产量/t	销售额/万元
天津天塑科技有限公司新型包装材料分公司	19200	7691	9853
天津阳光塑料有限公司	14000	8000	
宝硕富太塑料包装材料公司	36000	25500	36510
涿州东华包装材料有限公司（佛塑集团）	8000	8000	
中国石油抚顺石油化工公司合成洗涤剂厂	30000	30000	39000
山西迎太塑料有限公司	3000	停产	
大连天成包装材料有限公司	12000	停产	
大连三荣化学有限公司	18000	3360	11703
黑龙江庆港塑料有限公司	12000	10000	

续表

公 司 名 称	产能/t	产量/t	销售额/万元
大庆市林港塑胶有限责任公司	3000	2000	
上海光乾塑胶有限公司(生产线卖到南通改做电容膜)	4000	停产搬迁	
维龙(上海)包装工业有限公司	15000	14000	19278
上海金浦塑料包装材料公司	28000	23000	
上海高昌包装材料有限公司高龙分公司	4000	未统计	-
宝燕工业科技(上海)有限公司	25000	25000	
苏州瑞泰包装材料有限公司(含桂林集琦包装有限公司)	8000	8000	13000
江苏恒创包装材料有限公司	115000	105600	140150
苏州昆岭薄膜工业有限公司	20000	20000	30000
常州金氏集团金海塑业有限公司	50000	45000	
常州越浩软塑新材料有限公司	25000	21000	38000
江苏中达新材料集团股份有限公司(包括美达)	175000	122000	181300
无锡环宇包装材料公司(佛塑集团)	25000	20774	26320
南亚塑胶(南通)公司	24000	21600	32000
浙江伊美薄膜工业集团有限公司	85000	55000	
浙江百汇包装有限公司	88000	61250	
浙江绍兴富陵控股集团有限公司	50000	50000	
瑞安市东威塑胶有限公司新型包装材料公司	55000	56000	64000
浙江奔多实业有限公司	60000	58000	83000
宁波大榭开发区金源复合材料有限公司	50000	36000	54000
浙江华滨包装材料有限公司	40000	49500	65000
泉州利昌塑胶有限公司	60000	60000	90000
浙江新风塑业有限公司	65000	70000	91000
浙江杭宝集团公司	8000	10000	
浙江大东南包装股份有限公司(含宁波大东南)	85000	56132.7	94858.4
金田集团塑业有限公司	200000	100000	180000
浙江权威软塑新材料有限公司	30000	36000	
温州康达包装材料有限公司	4000	3700	5000
瑞安市华宝包装材料有限公司	已经卖越南		
海宁长盛包装有限公司	60000	60000	
杭州萧山华益塑料有限公司	83000	81000	118200
宁波亚塑科技有限公司	100000	60000	100800
福建时代包装材料有限公司	90000	80000	104000
合肥金菱里克塑料有限公司	75000	72000	100000
烟台世昊塑业有限公司	4000	4000	
青岛庆昕塑料有限公司	25000	24000	54000
济南康雅薄膜有限公司	25000	12000	15600
山东群力塑胶有限公司	50000	47000	52164.6
烟台恒源包装有限公司	5000	5000	
青岛英诺包装科技有限公司	16000	15600	33048
中塑投资集团	30000	25000	38000
山东宝利特包装材料有限公司(原临沭金星，现属于瑞安华宝)	5000	4000	6300
山西鸿基包装材料有限公司	11000	9340	15270
洛阳石化聚丙烯有限责任公司	28000	25000	
湖北狮虹材料科技有限公司(富思特)	20000	15000	30000
中山新亚洲胶粘制品有限公司	25000	23000	
广东德冠双轴拉伸薄膜有限公司	65000	60000	90000

续表

公　司　名　称	产能/t	产量/t	销售额/万元
广东华业包装材料有限公司	50000	40000	
汕头丰兴盛包装材料有限公司	50000	50000	60000
汕头冠华薄膜工业有限公司	28800	28336	29172.47
宏铭材料科技股份有限公司(广州)	100000	65000	
宏铭材料科技股份有限公司(无锡)	25000	18000	
揭阳市运通塑料包装有限公司	100000	73000	116800
永宁塑料制品有限公司	48000	60000	
广东普宁市威孚包装材料厂	37000	30000	44601
湛江包装材料有限公司	12500	12500	26946
南亚塑胶胶膜(惠州)有限公司	30000	28000	
中港合资顺德美嘉思食品有限公司	10000	5000	
珠海现代华诺包装材料有限公司(原华丰)	7000	2500	4600
潮州市展鹏塑胶制品有限公司	15000	10000	14000
汕头市雄伟塑料包装材料公司	18000	10000	17000
佛山塑料集团股份有限公司东方分公司	18500	29260	71470
贵州西众塑胶股份有限公司	6000	4500	8288
成都东盛包装材料有限公司(佛塑集团)	22500	23000	31000
海南赛诺实业有限公司(海南现代)	10000	5900	12000
云南昆岭薄膜工业有限公司	10000	8000	
云南红塔塑胶有限公司(包括成都)	63000	48700	
河北海伟集团电子材料有限公司	35000	40000	50000
丹东申海塑业有限责任公司	1500	停产	
南通奔多电子材料有限公司	5800	5800	3340
浙江台州富洋电子工业有限公司	6000	6000	
泉州嘉德利电子材料有限公司	3000	2700	10000
安徽铜峰电子股份有限公司	12000	10067	30319
黄冈龙辰电子科技有限公司	6000	5000	
江门市润田实业投资有限公司	2500	2500	8050
四川东材企业集团公司	4500	4800	19000
江苏首义薄膜有限公司	32000	18800	28200
福融辉实业(福建)有限公司	35800	13250	20625
广东中炬塑胶有限公司	10000	12000	
1 家未统计单位产能 4000t，按照已统计产能产量比例估算		3263	
合计	3085600	2519923.7	

2010 年，BOPP 行业上半年价差比较低，对于普通膜来说，原料与薄膜差价仅为 1200 元/t 左右，部分企业出现亏损。下半年，尤其是 7、8 月份以来，价格和利润空间回升，原料与薄膜差价的平均值为 3000t/t，大部分企业有所盈余。

尽管利润空间没有达到非常高的水平，仍然有超过 15 条线签约，新增产能超过 500kt，这些产能将于 2013 至 2014 年形成实际产能。行业经济效益将取决于市场需求的增长。

值得警惕的是，目前还有多家企业有意上线，建议各有关企业谨慎小心，控制风险。

（中国塑料加工工业协会 孙冬泉）

2010年CPP行业企业经济指标数据发布及行业发展分析

根据2010年3月中国塑协流延薄膜专委会的统计数字，2010年CPP实际总产能约为750000t，实际产量约为576082.5t，开机率76.81%，产量比2009年5235028.2kt增长10.04%。目前全国共有约132家CPP生产企业，本次统计共有95家企业填报，约37家企业未填报。详细数据如下：

公司名称	产能/t	产量/t	销售额/万元
上海紫藤包装材料有限公司	20000	12000	18000
上海美丰包装材料有限公司	18000	11000	
上海亿中塑料制品有限公司	4000	5000	
上海金午实业有限公司	3000	停产	
上海创发包装材料有限公司	未统计	未统计	
天津星达塑料包装有限公司	30000	35000	
保定宝来塑料包装材料公司	3000	停产	
河北沧州佳创塑业公司	2000	2000	2000
河北雄县盛世佳铝塑包装材料有限公司	4000	4000	3000
华中塑胶制品有限公司	5000	4000	
河北泰达包装材料有限公司(新上3.5米线)	10000	10000	14000
河南许昌浩达塑胶有限公司	6000	5000	6500
山西迎太塑料有限公司	10500	10000	
大连天成包装材料有限公司	7000	停产	
哈尔滨光宇电源有限公司	1000	停产	
丹东申海塑业有限责任公司	1000	停产	
南京金中达新材料有限公司	15000	停产	
徐州润彭塑料制品有限公司	2000	停产	
无锡环亚包装材料公司	7000	6000	10000
江阴市通利包装材料有限公司	10000	10000	
常州海企塑业有限公司	1000	5000	2500
张家港昊隆制膜有限公司	2000	1700	2000
张家港市华鑫彩印包装有限公司	4500	未统计	
美塑化科技(苏州)有限公司	5000	5000	
徐州润田塑业有限公司	2000	1700	2000
江苏宝丽鑫文具有限公司	未统计	未统计	
浙江百汇包装有限公司	6000	8000	10000
浙江绍兴富陵塑料纺织有限公司	5000	4000	
杭州新光塑料有限公司	8000	7000	10400
浙江大东南包装股份有限公司	32000	16385.5	26646.9
龙港盛华软包装材料厂	未统计	未统计	
富阳天纬塑胶有限公司	1000	600	1000
浙江和和塑胶有限公司(金华塑料总厂)	1200	未统计	
温州远大塑胶有限公司	15000	16000	20000
浙江九洲印务有限公司	4000	3000	
温州华夏包装材料有限公司	1000	400	700
浙江光华化工有限公司	7500	7800	11000
宁波东科塑胶有限公司	5000	3000	
杭州东恒塑胶有限公司	1100	未统计	
宁波保美新型材料有限公司	已卖给美丰		
宁波瑞成包装材料有限公司	4000	4000	1700
安徽宁国双津(集团)实业有限公司	12000	12000	22000
安徽双永包装装饰材料有限公司	2500	停产	
安徽凌云包装材料有限公司	2500	停产	

续表

公　司　名　称	产能/t	产量/t	销售额/万元
黄山永新股份有限公司	11500	5000	
福州佳通第一塑料有限公司	5500	5500	8500
福州乐尔佳塑胶有限公司	3000	1000	1300
厦门顺峰包装材料有限公司(含连达)	8000	8000	
福建晋江市新达塑料制品有限公司	1200	未统计	
福建晋江市越峰鞋塑有限公司	1200	400	
石狮市炎英塑胶制品有限公司	未统计	未统计	
漳州新乐塑胶有限公司	未统计	未统计	
庆丰(江西)包装材料科技有限公司	12000	12500	
山东烟台兴德包装材料有限公司	3000	未统计	
烟台世昊塑业有限公司	2000	8000	950
烟台恒源包装有限公司	2000	2100	2300
山东振鲁塑料制品有限公司	1800	未统计	
临沂市中钢塑业有限公司(原通达)	10000	11000	
潍坊科达塑胶有限公司	3000	未统计	1500
青岛凯姆拓塑胶工业有限公司	20000	18000	36000
仙桃慧狮塑业有限公司(5 条线，停一条)	20000	17000	26800
湖北江裕塑料工业发展有限公司	2000	停产	
佛山塑料集团股份有限公司	10000	9194	11207
广东华业包装材料有限公司	8000	6930	8229
汕头市惠业食品包装实业有限公司	2000	停产	
汕头市澄海区东大峰包装材料有限公司(汉钊塑料薄膜厂)	9000	7000	7000
佛山东美包装材料有限公司	2000	未统计	
佛山市德先包装材料有限公司	3500	停产	
广州市华富包装材料有限公司	2000	2000	3000
广东艺美包装工业有限公司	1000	停产	
金宇达实业有限公司	1200	停产	
庵埠南新塑料工艺厂	4600	未统计	
潮安县庵埠镇佳阳塑料材料厂(卖掉一条线到义乌)	5000	2000	3000
佛山市万田塑料有限公司	4500	未统计	
汕头从泰塑料薄膜有限公司(原广东省包装总公司汕头包装材料公司)	1500	停产	
深圳市大仓和实业发展有限公司	300	停产	
深圳太昌胶品企业有限公司(东星)	2500	改做 CPE	
汕头双润包装材料有限公司	3500	停产	
广东江门市新会区奥特塑料制品厂	3000	停产	
汕头市德福包装材料公司	12000	12000	13000
潮安县宏辉工贸有限公司	3200	3000	4000
广东潮安县雅格利实业有限公司	8000	停产	
潮安县利群包装有限公司	400	400	
汕头市新达橡塑制品有限公司	2000	停产	
广东威孚包装材料有限公司	8000	8000	12800
长盛达包装塑料包装材料有限公司	2500	停产	
佛山市富兴塑料材料厂	2000	600	500
广州普洛夫尔薄膜有限公司	5000	4500	
阳江明轩实业有限公司	2000	停产	
广州三华塑料有限公司	2000	未统计	
汕头市春风行包装材料有限公司	10000	8000	

续表

公司名称	产能/t	产量/t	销售额/万元
东莞金友信包装材料有限公司	4000	2500	3000
鹤山山友软塑包装材料有限公司	15000	9000	
江虹包装	20000	15000	
天虹包装材料有限公司	3000	未统计	
福建省冠泓塑胶有限公司	7000	6000	9600
福建省南安环球塑胶有限公司	4200	3500	
武汉鑫鸣塑料制品有限责任公司	3000	未统计	
山东省青州市金诺尔塑胶有限公司(青州市星达塑料包装材料有限公司)	8000	5850	8495
青州泰欣包装材料有限公司	1000	600	2000
秦皇岛嘉华塑胶有限公司	1500	900	2300
佛山市塑兴塑料厂	800	800	800
广州三达塑业包装有限公司	2500	2000	3000
佛山市蓝月亮包装材料有限公司	2000	2000	2000
汕头春冈行包装材料有限公司	10000	10000	16000
富阳天玮塑胶有限公司	1500	1000	1500
新乐华宝塑料制品有限公司	8000	10000	10000
福建恒成塑料制品厂	200	7	
宁波佳能塑料有限公司	6000	5000	14000
东莞市金友信包装材料有限公司	3000	2400	3350
浙江嘉禾印刷有限公司	6300	4800	
天台县久鼎塑业有限公司	1000	400	500
海宁海欣真空包装有限公司	6000	未统计	
晋江鹏达包装材料有限公司	11000	未投产	
雄县立亚包装材料有限公司	3600	3600	
金华汇源塑胶有限公司	未统计	未统计	
除以上115家企业外，全国还有17家左右企业，合计估算产能	114300		
未统计单位总产能165100t，按照以统计产能产量比例(开机率)估算产量		129016	
合计	750000	576082.5	

CPP行业2010年上半年部分使用进口线的企业处于亏损状态，国产线原料与薄膜的价差约为1500元/t，进口线价差约为2500元/t；下半年形式好转，全部企业都实现了盈利的状态，国产线价差维持在2000元/t左右，进口线约为3000元/t，尤其是采用进口线的企业彻底改变了连续四年亏损的状态。

由于市场需求增长较快，未来还会有许多新的国产线投产。未来行业的经济效益将取决于市场需求的增长。

（中国塑料加工工业协会　孙冬泉）

2010年废塑料量升价升

再生塑料是依据在其使用寿命结束后仍具有回收利用价值而存在的不同形态的塑料，几乎所有热塑性塑料都具有回收利用价值。

在合成树脂生产过程中、在塑料制品和半成品生产加工过程中、在塑料物流过程和消费者使用后均产生再生塑料。一般把合成、加工过程中产生的称作消费前塑料；把经过流通、消费、使用后产生的称作消费后塑料。

消费前塑料产生量小，品质稳定，再生价值大，一般在生产过程中就得到妥善处理，能够完全回用。

我们所说的再生塑料一般指消费后失去使用价值的可循环利用的塑料产品，可以再生利用。塑料经过回收、集中、分类、科学合理处置后可以获得再生价值，实现循环利用。进口废塑料中有一部分属国外消费前塑料，品质较好，价值较高，可作为再生原料应鼓励大量进口。

再生塑料来源的大类品种有塑料薄膜(包括塑料

品牌企业风采介绍

厦门泓皓管业有限公司

德科摩橡塑科技(东莞)有限公司

佛山巴顿菲尔辛辛那提塑料设备有限公司

广庆集团有限公司

三斯达（福建）塑胶有限公司

中山环宇实业有限公司

DEKUMA

公司简介 battenfeld-cincinnati Introduction

佛山巴顿菲尔辛辛那提塑料设备有限公司是管材、型材、薄膜和片材挤出生产线供应商——巴顿菲尔辛辛那提挤出技术集团的成员之一。佛山巴顿菲尔辛辛那提塑料设备有限公司成立于1996年，其生产基地和公司总部位于广东顺德，占地面积17800平方米；总员工180人。凭借来自我们欧洲母公司的专业技术和丰富的经验，我们为国内外客户提供领先的挤出解决方案并带给他们决定性的竞争优势和技术优势。

产品范围：

- PO管材挤出生产线(最大管径1200mm)
- PERT-OB 、PB-OB管材生产线
- uPVC/MPVC 管材挤出生产线(最大管径 630mm)
- cPVC 管材挤出生产线(最大管径 400mm)
- uPVC 门窗型材挤出生产线
- PE、PP、ABS、PVC、PC、PS、PMMA、TPE等热塑性材料的技术型材挤出生产线
- PVC 造粒生产线
- 模具及下游设备

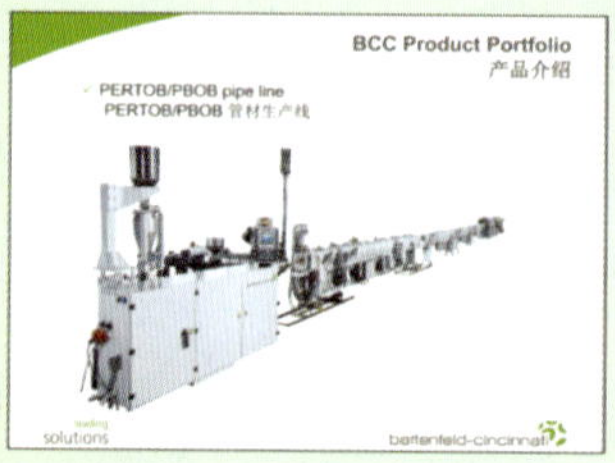

佛山巴顿菲尔辛辛那提塑料设备有限公司

battenfeld-cincinnati (Foshan) Extrusion Systems Ltd.

地址：中国广东省佛山市顺德大良凤翔工业区金翔路2号 邮编：528300
电话：+86 (757)2238 0110　　传真：+86 (757)2221 1801
电邮：china@battenfeld-cincinnati.com

广庆集团有限公司

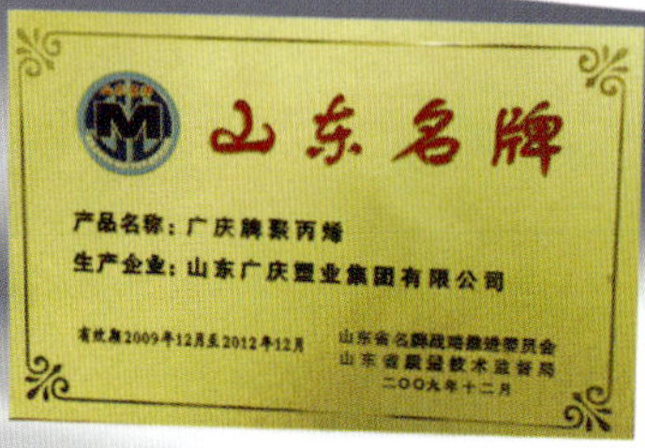

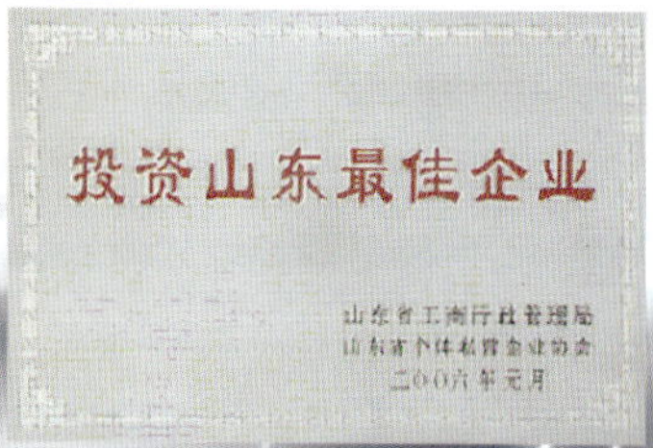

集团荣誉

广庆集团有限公司是一家集科研、聚丙烯、BOPP 薄膜、BOPET 薄膜、农膜、塑料编织、塑机制造、项目投资、房地产开发、服务业为一体的高科技、跨行业、综合性、无行政区域的大型民营企业集团。集团现有固定资产 7.4 亿元，注册资金 2.7858 亿元，占地 719 亩，建筑面积 28 万平方米，职工 2800 余人。

广庆集团有限公司最初创建于 1998 年 。2004 年组建山东广庆塑业集团。2009 年，经批准为广庆集团有限公司。

目前，广庆集团已发展有聊城中塑塑业有限公司、广庆集团塑业有限公司、广庆化工、广庆进出口贸易有限公司、广庆塑料机械制造有限公司、广庆房地产开发有限公司、广庆再生资源有限公司、莘县云祥宾馆等全资子公司。随着国际贸易的不断扩大，产业链的延伸，国内塑编市场份额的增加，高新技术的利用，高精尖人才的引进，广庆集团已成为行业最大的塑编基地。

集团主导产品：年产 10 万吨聚丙烯、10 万吨 BOPP 薄膜、5 万吨 BOPET 薄膜、2 万吨农膜、10 亿条塑料编织袋、100 万条吨装袋、异形袋，2000 余台套拉丝机、圆织机、再生造粒机，产品行销全国二十多个省、市、自治区，并出口 15 个国家和地区。产品分别于 2006 年、2009 年顺利通过 ISO9001 国际质量管理体系认证和 ISO14001 环境管理体系认证，聚丙烯、塑料编织袋、圆织机分别荣获山东省名牌产品，以优质的产品以及良好的售后服务赢得了海内外客户的赞誉。

几年来，集团先后荣获：“全国乡镇中型企业”、“全国塑编行业节能降耗先进单位”、“中国外包装专利”、“山东省名牌产品”、“山东省科技成果奖”、“山东省消费者满意单位”、“投资山东最佳企业”、“市百家重点民营企业”、“市农业产业化龙头企业”、“市级守合同重信用企业”等荣誉称号。2010 年 7 月应国家塑协部门邀请参加《塑料编织袋通用技术要求》标准制标工作。

十二载拓荒与发展，广庆集团有限公司提炼和积淀了属于广庆人自己的深厚的文化底蕴，使广庆事业根深叶茂。我们相信，在各位领导、各级各部门的大力支持和帮助下，在广庆人自己的积极努力和傅广伟董事长的带领下，明天的广庆集团一定会以更加辉煌灿烂的巨人形象矗立在世界塑编之林！

集团董事长工作照

生产车间

『公司简介』
Sansd Introduction

三斯达（福建）塑胶有限公司系外商独资企业，是福建省乃至全国较具规模的 EVA发泡专业生产厂商之一。位于福建著名侨乡有中国鞋都之称的晋江市，于1982创建，从成立至今一直致力于废旧塑料袋、鞋类边角废料等橡塑废料的回收循环再利用，并研究发明了一系列先进的废品回收利用制造技术和生产工艺，专业生产EVA、LDPE、橡胶、橡塑共混发泡及特种发泡。公司占地总面积约 130亩，建有标准厂房80,000平方米，拥有专业的研发团队和先进发泡生产设备，年产各式 EVA发泡材料达二十多万立方。厂区建有职工宿舍、双职工套房、专家套房、职工幼儿园、体育运动场地、文化活动中心等完备的生活娱乐设施，给千余名员工提供了一个舒适、轻松的工作、生活环境，公司的每一个细节都体现“人性化”的管理理念。

公司建立了优秀卓越的企业文化体系和科学、完善的管理制度，通过了ISO9001、ISO14000 质量认证体系，多次被评为“AAA级信用企业”、“甲类纳税企业”。公司的“EVA回收循环利用项目”先后被评为“2006年度晋江市第一批科技项目”和“2009年第一批省级循环经济资金项目”，“2009年泉州市6.18项目成功转化资金补助项目”。2009年公司当选为中国塑料加工工业协会副会长单位，并被协会命名为“中国 EVA循环再利用产业化研发基地”，显示了公司对国内塑胶发泡行业建设的高度重视和责任感。

废塑回收·变废为宝
Recycling-make waste profitable

应用领域 Application
鞋材、箱包、玩具、地垫包装、工艺品、体育用品电子、汽车、船舶、建材
shoes materials, luggage,toys,mat,packing,crafts,sports goods,electron,automotive, vessel,building materials,and so on

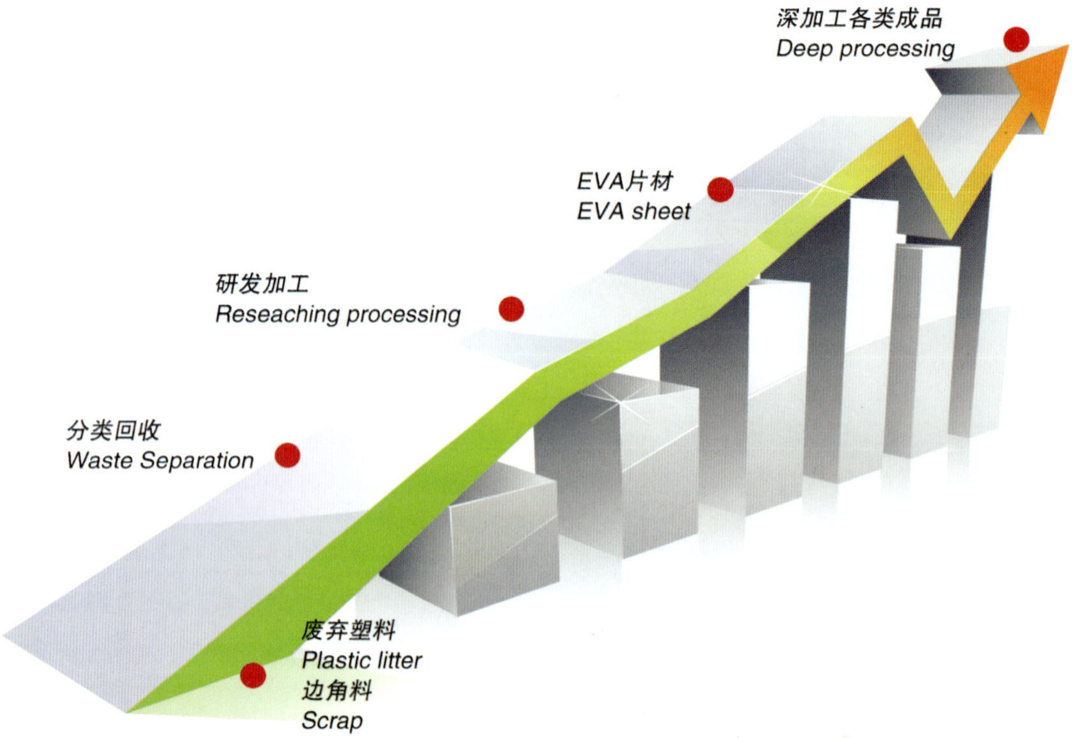

SANSD三斯达塑胶
百善信为先·企者人为上 HTTP://WWW.SANSD.CN
中国EVA循环再利用
产业化研发基地
Recycling industrialization
researching Foundation
for EVA in China
创新·源于涅磐重生
志在云天的信念/翱翔天际的羽翼/
永远出类拔萃的象征/浴火重生的祥瑞精灵
福建·晋江 Tel：0595-85199888
Fax：0595-85191881 http://www.sansd.cn

包装袋和农膜)、塑料丝及编织品、泡沫塑料制品、塑料包装箱及容器、电缆包覆料以及各种日用杂品、文体娱乐、卫生保健等日用塑料制品，其中薄膜、泡沫、包装箱及容器、编织、片材等塑料制品主要用于塑料包装。

此外还有一些其他塑料包装制品(如塑料托盘)、农用塑料制品(如农用塑料节水器材)、装饰装修用塑料制品的报废率也较高。

2010年，国内废弃塑料回收量约11000kt，回收率约16.37%；进口废塑料8009.4kt，回收总量达19500kt。我国已成为全球最大的再生塑料市场。

从废塑料进口的国家和地区分布来看，我国废塑料进口来自122个国家和地区。

在国内，我国废塑料回收网点已遍布全国各地，形成了一批较大规模的再生塑料回收交易市场和加工集散地，主要分布在广东、浙江、江苏、山东、河北、辽宁等省。

再生塑料回收、加工、经营市场规模越来越大，年交易额大都在数亿到几十亿元。

国内从事废塑料回收再生的人数已非常庞大，已接近20万家企业。

虽然我国已成为全球最大的废旧塑料市场，但目前塑料制品回收再利用仍处于起步阶段。从行业发展上看，需破政策、管理和技术三道关。

一 中国废塑料进口分析综述

1. 2010年废塑料进口量价同升

从海关资料来看，2010年废塑料总进口量比2009年上升25.97%，多进口了683524t，突破8000kt大关。

2010年乙烯聚合物的废塑料及下脚料进口2634785t，同比增长19.43%；

2010年苯乙烯聚合物的废塑料及下脚料进口243370t，同比增长77.48%；

2010年氯乙烯聚合物的废塑料及下脚料进口1718493t，同比下降12.75%；

2010年聚对苯二甲酸乙二酯的废塑料及下脚料进口1650816t，同比增长21.30%；

2010年其他废塑料进口1761957t，同比增长6.65%；

2005~2010年总废塑料进口平均年增长10.07%(表1)。

表1 2005~2010年中国废塑料进口统计

项目 \ 年份	2005	2006	2007	2008	2009	2010
PE废料进口量/t	1323844	1739319	2260700	2143928	2206162	2634785
PE废料进口金额/万美元	48247.37	69174.78	100686.09	132568.88	110387.26	168636.82
进口年平均单价/万美元	364.45	397.71	445.38	618.35	500.36	640.04
PS废料进口量/t	380711	237010	203200	97001	137126	243370
PS废料进口金额/万美元	13661.97	9266.95	9760.13	5846.28	7874.58	16998.61
进口年平均单价/万美元	358.85	390.99	480.32	602.70	574.26	698.47
PVC废料进口量/t	906530	1174675	1155486	1829191	1969611	1718493
PVC废料进口金额/万美元	32849.46	45774.82	50542.90	99913.22	79686.86	91125.94
进口年平均单价/万美元	362.36	389.68	437.42	546.22	404.58	530.27
聚酯废料进口量/t	667063	755396	1108150	1060483	1360974	1650816
聚酯废料进口金额/万美元	36396.76	39586.71	62522.86	73818.92	73280.08	117761.38
进口年平均单价/万美元	545.63	524.05	564.21	696.09	538.44	713.35
其他废塑料进口量/t	1678380	1959331	2183909	1944566	1652024	1761957
其他废塑料进口金额/万美元	61639.12	76905.22	97675.70	119341.00	83384.46	114148.44
进口年平均单价/t	367.25	392.51	447.25	613.72	501.74	647.85
废塑料总进口量/t	4956528	5865731	6911445	7075169	7325897	8009421
年增长率/%	21.02	18.34	17.83	2.37	3.54	25.97

2. 私营企业占据进口主导

从海关统计中可看出，2003~2010年，广东省、浙江省、江苏省等省市私营企业进口废塑料进口总量的85.00%左右；

3. 进口贸易方式以一般贸易为主

从海关统计中可看出，2010年废塑料进口贸易方式主要为一般贸易，其次为进料加工贸易(占进口量16.83%)，来料加工装配贸易(占进口量

14.56%)(表2~表6)。

表2 2010年乙烯聚合物的废塑料及下脚料进口交易类型统计

进口交易类型	进口金额/美元	进口数量/kg	占比例/%
一般贸易	1683081686.00	2629091860.0	99.78
来料加工装配贸易	2704542.00	4211298.0	0.16
进料加工贸易	279311.00	931035.0	0.04
易货贸易	203372.00	341061.0	0.01
边境小额贸易	99282.00	209320.0	0.01
进口总计	1686368193.00	2634784574.0	100.00

表3 2010年苯乙烯聚合物的废塑料及下脚料进口交易类型统计

进口交易类型	进口金额/美元	进口数量/kg	占比例/%
一般贸易	151927148.00	215264090.0	88.45
来料加工装配贸易	9511687.00	14835395.0	6.10
进料加工贸易	8547295.00	13270403.0	5.45
进口总计	169986130.00	243369888.0	100.00

表4 2010年氯乙烯聚合物的废塑料及下脚料进口交易类型统计

进口交易类型	进口金额/美元	进口数量/kg	占比例/%
一般贸易	909757973.00	1714060488.0	99.74
进料加工贸易	1013156.00	2871064.0	0.17
来料加工装配贸易	488269.00	1561360.0	0.09
进口总计	911259398.00	1718492912.0	100.00

表5 2010年聚对苯二甲酸乙二酯的废碎料及下脚料进口交易类型统计

进口交易类型	进口金额/美元	进口数量/kg	占比例/%
一般贸易	948842897.00	1349379808.0	81.74
进料加工贸易	228601873.00	301052713.0	18.24
边境小额贸易	169030.00	383820.0	0.02
进口总计	1177613800.00	1650816341.0	100.00

表6 2010年其他塑料的废碎料及下脚料进口交易类型统计

进口交易类型	进口金额/美元	进口数量/kg	占比例/%
一般贸易	1118344577.00	1733728231.0	98.40
来料加工装配贸易	12372747.00	17739242.0	1.01
进料加工贸易	10767086.00	10489255.0	0.59
进口总计	1141484,410.00	1761956728.0	100.00

二、2010年废塑料进口分析

从海关统计中可看出，2010年废塑料主要进口地为中国香港，其次为德国、美国、日本、中国台湾省、加拿大、比利时、泰国、澳大利亚、菲律宾、马来西亚、西班牙，进口量占总进口量的80.00%~85.00%左右。

1. 乙烯聚合物的废塑料及下脚料进口

从海关统计中可看出，2010年乙烯聚合物的废塑料及下脚料进口地有90个(比2009年83个进口地增加7个进口地)，主要进口地为中国香港(占19.69%)，其次为德国(14.71%)、美国(9.05%)、比利时(5.89%)、泰国(5.12%)、日本(5.12%)、中国台湾省(4.26%)、英国(3.84%)，八进口地进口量占总进口量的67.78%，比上年增加1.14%(表7)。

表7 2010年乙烯聚合物的废碎料及下脚料八大进口国家/地区统计

排序	原产进口地	进口金额/美元	进口数量/kg	占比例/%
1	中国香港	331561139.00	518846191.0	19.69
2	德国	248872079.00	387666654.0	14.71
3	美国	154575633.00	238517601.0	9.05
4	比利时	98914436.00	155282488.0	5.89
5	泰国	85590058.00	134821790.0	5.12
6	日本	88386175.00	134789803.0	5.12
7	中国台湾省	71235792.00	112152116.0	4.26
8	英国	66169224.00	103935417.0	3.94
进口总计		1686368193.00	2634784574.0	100.00

2. 苯乙烯聚合物的废塑料及下脚料进口

从海关统计中可看出，2010年苯乙烯聚合物的废塑料及下脚料进口地有58个(比2009年49个进口地增加9个进口地)，主要进口地为中国香港(占37.72%)，其次为中国台湾省(12.74%)、日本(9.5%)、德国(6.81%)、美国(5.66%)、马来西亚(4.08%)、菲律宾(4.07%)、加拿大(3.97%)，八进口地进口量占总进口量的84.30%，比上年增加3.97%(表8)。

表8 2010年苯乙烯聚合物的废碎料及下脚料八大进口国家/地区统计

排序	原产进口地	进口金额/美元	进口数量/kg	占比例/%
1	中国香港	63771717.00	91801647.0	37.72
2	中国台湾省	20896043.00	31015038.0	12.74
3	日本	16641477.00	22510120.0	9.25
4	德国	11684407.00	16562934.0	6.81
5	美国	9936200.00	13774200.0	5.66

续表

排序	原产进口地	进口金额/美元	进口数量/kg	占比例/%
6	马来西亚	6638554.00	9939779.0	4.08
7	菲律宾	6685502.00	9910760.0	4.07
8	加拿大	6921203.00	9673155.0	3.97
进口总计		169986130.00	243369888.0	100.00

3. 氯乙烯聚合物的废塑料及下脚料进口

从海关统计中可看出，2010年氯乙烯聚合物的废塑料及下脚料进口地有54个(比2009年46个增加8个进口地)，主要进口地为中国香港(占44.15%)，其次为泰国(22.31%)、菲律宾(11.73%)、德国(4.64%)、加拿大(2.72%)、日本(2.44%)、美国(2.25%)、西班牙(1.80%)，八进口地进口量占总进口量的92.04%，比上年增加0.21%(表9)。

表9　2010年氯乙烯聚合物的废碎料及下脚料八大进口国家/地区统计

排序	原产进口地	进口金额/美元	进口数量/kg	占比例/%
1	中国香港	398731582.00	758633833.0	44.15
2	泰国	202211729.00	383434737.0	22.31
3	菲律宾	110379042.00	201503417.0	11.73
4	德国	41470251.00	79771938.0	4.64
5	加拿大	26335830.00	46774520.0	2.72
6	日本	22150737.00	41995768.0	2.44
7	美国	20827443.00	38586390.0	2.25
8	西班牙	16885085.00	30963999.0	1.80
进口总计		911259398.00	1718492912.0	100.00

4. 聚对苯二甲酸乙二酯的废塑料及下脚料进口

从海关统计中可看出，2010年聚对苯二甲酸乙二酯的废塑料及下脚料进口地有118个(比上年99个进口地增加19个进口地)，主要进口地为日本(占19.61%)，其次为美国(10.36%)、泰国(8.36%)、印度尼西亚(5.28%)、德国(5.20%)、韩国(4.75%)、中国香港(4.11%)、菲律宾(4.02%)，八进口地进口量占总进口量的61.72%，比上年增加0.03%(表10)。

表10　2010年聚对苯二甲酸乙二酯的废碎料及下脚料八大进口国家/地区统计

排序	原产进口地	进口金额/美元	进口数量/kg	占比例/%
1	日本	235206940.00	323728961.0	19.61
2	美国	118055525.00	171103981.0	10.36
3	泰国	111596850.00	138008217.0	8.36
4	印度尼西亚	69527158.00	87093554.0	5.28
5	德国	56342718.00	85786838.0	5.20

续表

排序	原产进口地	进口金额/美元	进口数量/kg	占比例/%
6	韩国	52007967.00	78419636.0	4.75
7	中国香港	45834508.00	67916789.0	4.11
8	菲律宾	48248824.00	66920385.0	4.05
进口总计		1177613800.00	1650816341.0	100.00

5. 其他塑料的废塑料及下脚料进口

从海关统计中可看出，2010年其他塑料的废塑料及下脚料进口地有90个(比上年81个增加9个进口地)，主要进口地为中国香港(占32.46%)，其次为日本(11.97%)、中国台湾省(8.72%)、泰国(7.88%)、美国(6.19%)、菲律宾(5.79%)、德国(5.75%)、加拿大(3.07%)，八进口地进口量占总进口量的81.83%，比上年减少0.16%(表11)。

表11　2010年其他塑料的废碎料及下脚料八大进口国家/地区统计

排序	原产进口地	进口金额/美元	进口数量/kg	占比例/%
1	中国香港	363199685.00	571996384.0	32.46
2	日本	137908439.00	210974089.0	11.97
3	中国台湾省	101383151.00	153664531.0	8.72
4	泰国	88137494.00	138839005.0	7.88
5	美国	73498661.00	108978161.0	6.19
6	菲律宾	64260969.00	101992650.0	5.79
7	德国	65872860.00	101302733.0	5.75
进口总计		1141484410.00	1761956728.0	100.00

三、2010年废塑料进口商分析

1. 2010年乙烯聚合物的废碎料及下脚料进口商以贸易商为主

从海关资料来看，2010年乙烯聚合物的废塑料及下脚料进口商有698家，比2009年642家进口商增加56个进口商。

2010年乙烯聚合物的废塑料及下脚料前八位进口商进口量占总进口量的10.10%，广东省恒通工贸发展公司、日照欧申贸易有限公司、厦门海沧经济贸易发展总公司、福州瑞泓华进出口有限公司、福建华厦塑胶有限公司、佛山市南海里水里塑料有限公司、厦门合力成进出口有限公司、福州友峰塑胶有限公司，分别位居2010年乙烯聚合物的废塑料及下脚料进口量1～8位，进口量分别占总进口量的1.93%、1.60%、1.59%、1.10%、1.04%、0.98%、0.96%和0.90%。

从资料分析，乙烯聚合物的废塑料及下脚料进口生产使用企业以塑料制品工业、家用电器工业、箱包工业、塑料改性工业、化纤工业、环保工业为主。

2010年乙烯聚合物的废碎料及下脚料进口商以贸易商为主，前八位进口商中贸易商占五位，进口量占总进口量的7.18%(表12)。

表12　2010年乙烯聚合物的废碎料及下脚料八大进口商统计

排序	进口商	所属行业	进口数量/kg	占比例/%
1	广东省恒通工贸发展公司	贸易商	50743067	1.93
2	日照欧申贸易有限公司	贸易商	42205119	1.60
3	厦门海沧经济贸易发展总公司	贸易商	42006717	1.59
4	福州瑞泓华进出口有限公司	贸易商	29010137	1.10
5	福建华厦塑胶有限公司	塑胶工业	27457037	1.04
6	佛山市南海里水里塑料有限公司	塑胶工业	25706584	0.98
7	厦门合力成进出口有限公司	贸易商	25390904	0.96
8	福州友峰塑胶有限公司	塑胶工业	23735262	0.90
进口总计			2634784574.0	100.00

2010年乙烯聚合物的废塑料及下脚料进口商五十五大进口商，其中二十三大进口商为进口生产使用企业，进口量占总进口量的14.38%；

二十三大进口生产使用企业以塑料制品工业、家用电器工业、箱包工业、建材工业、化纤工业、环保工业为主(表13)。

表13　2010年乙烯聚合物的废碎料及下脚料主要进口生产使用企业所属行业统计

排序	进口生产使用企业	所属行业	进口数量/kg
1	福建华厦塑胶有限公司	塑胶工业	27457037
2	佛山市南海里水里塑料有限公司	塑胶工业	25706584
3	福州友峰塑胶有限公司	塑胶工业	23735262
4	福州隆诚实业有限公司	塑胶工业	23462303
5	福清冠威塑料工业有限公司	塑胶工业	23270788
6	泉州市东盛塑料制品有限公司	塑胶工业	17029694
7	临沂财茂五金塑业有限公司	塑胶工业	16550788
8	广州市恒昊化工科技有限公司	化学工业	16518520
9	天津三和环保科技有限公司	环保工业	15845934
10	濠锦化纤(福州)有限公司	化纤工业	15042393
11	海丰县新洲塑料制品有限公司	塑胶工业	12202575
12	烟台德丰塑胶有限公司	塑胶工业	12052288
13	莱州东源塑料有限公司	塑胶工业	10420067
14	广州市泽天橡塑制品有限公司	塑胶工业	10237760
15	广州纳源科技有限公司	家用电器工业	10161328
16	郎溪锦富箱包有限公司	箱包工业	8632842
17	山东信康农业开发有限公司	农业	8053212
18	辽宁斯达派克塑料有限公司	塑胶工业	8011244
19	泉州市鸿鹰塑料制品有限公司	塑胶工业	7900663
20	天津外总集团建材有限公司	建材工业	7874624
21	盛兴环保资源(太仓)有限公司	环保工业	7780785
22	莆田市东森高新复合材料有限公司	建材工业	7775630
23	太仓山阳塑料制品有限公司	塑胶工业	7601400
进口总计			2634784574.0

2. 2010年苯乙烯聚合物的废碎料及下脚料进口商以贸易商为主

从海关资料来看，2010年苯乙烯聚合物的废塑料及下脚料进口商有258家，比2009年168家进口商增加90个进口商。

2010年苯乙烯聚合物的废塑料及下脚料前八位进口商进口量占总进口量的25.18%；

佛山市三水南威塑胶电子制品有限公司、上海英科实业有限公司、淄博英科框业有限公司、东莞市环球工艺进出口贸易有限公司、广东省恒通工贸发展公司、佛山市南海益城达伦进出口商贸有限公司、飞跃(台州)塑胶实业有限公司、广州市恒昊化工科技有限公司，分别位居2010年苯乙烯聚合物的废塑料及下脚料进口量1~8位，进口量分别占总进口量的5.69%、4.02%、3.80%、2.93%、2.89%、2.07%、2.06%和1.72%。

2010年苯乙烯聚合物的废碎料及下脚料进口商以贸易商为主，前六十大进口商中四十三大进口商为贸易商，进口量占总进口量的37.38%（表14）。

表14　2010年苯乙烯聚合物的废碎料及下脚料八大主要进口企业统计

排序	进口生产使用企业	所属行业	进口数量/kg	占比例/%
1	佛山市三水南威塑胶电子制品有限公司	家用电器工业	13839465	5.69
2	上海英科实业有限公司	建材工业	9773202	4.02
3	淄博英科框业有限公司	建材工业	9247373	3.80
4	东莞市环球工艺进出口贸易有限公司	贸易商	7123863	2.93
5	广东省恒通工贸发展公司	贸易商	7042908	2.89
6	佛山市南海益城达伦进出口商贸有限公司	贸易商	5040840	2.07
7	飞跃(台州)塑胶实业有限公司	塑胶工业	5003241	2.06
8	广州市恒昊化工科技有限公司	环保工业	4182218	1.72
	进口总计		243369888.0	100.00

从资料分析，苯乙烯聚合物的废塑料及下脚料进口生产使用企业以塑料制品工业、家用电器工业、塑料改性工业、薄膜包装工业、化学工业为主，2010年苯乙烯聚合物的废塑料及下脚料进口商六十大进口商，其中十七大进口商为进口生产使用企业，进口量占总进口量的26.30%；

十七大大进口生产企业以塑料制品工业、家用电器工业、建材工业、薄膜包装工业、化学工业、环保工业为主(表15)。

表15　2010年苯乙烯聚合物的废碎料及下脚料主要进口生产使用企业所属行业统计

排序	进口生产使用企业	所属行业	进口数量/kg
1	佛山市三水南威塑胶电子制品有限公司	家用电器工业	13839465
2	上海英科实业有限公司	建材工业	9773202
3	淄博英科框业有限公司	建材工业	9247373
4	飞跃(台州)塑胶实业有限公司	塑胶工业	5003241
5	广州市恒昊化工科技有限公司	化学工业	4182218
6	东莞市通美塑料有限公司	塑胶工业	2295676
7	东莞市创亿塑胶颜料有限公司	塑胶工业	2252110
8	佳顺工程塑胶(太仓)有限公司	塑胶工业	2135182
9	梅县华慧苑实业发展有限公司	化学工业	2035240
10	盛兴环保资源(太仓)有限公司	环保工业	1843436
11	台州东泰塑胶有限公司	塑胶工业	1778720
12	海丰县新洲塑料制品有限公司	塑胶工业	1595240
13	广州市泽天橡塑制品有限公司	塑胶工业	1495150
14	厦门泓康塑胶工业有限公司	塑胶工业	1488347
15	常州华奔塑料有限公司	塑胶工业	1486682
16	佳利塑业(太仓)有限公司	塑胶工业	1294695
17	亚星(太仓)再生资源开发有限公司	环保工业	932207
	进口总计		243369888.0

3. 2010年氯乙烯聚合物的废碎料及下脚料进口商以贸易商为主

从海关资料来看，2010年氯乙烯聚合物的废塑料及下脚料进口商有357家，比上年346家进口商增加11个进口商。

2010年氯乙烯聚合物的废塑料及下脚料前八位进口商进口量占总进口量的18.01%，广州市恒昊化工科技有限公司、广东省华联进出口公司、广东省恒通工贸发展公司、深圳市聚宝盆商贸有限公司、深圳市国宇进出口有限公司、海丰县新洲塑料制品有限公司 、广州市昊昕进出口贸易有限公司、深圳市万腾实业有限公司，分别位居2010年氯乙烯聚合物的废塑料及下脚料进口量1~8位，进口量分别占总进口量的4.08%、2.62%、2.56%、2.35%、1.85%、1.76%、1.44%和1.35%。

2010年氯乙烯聚合物的废塑料及下脚料前八位进口商全部为属于广东省企业；

2010年氯乙烯聚合物的废碎料及下脚料进口商以贸易商为主，前五十大进口商中三十三大进口商为贸易商，进口量占总进口量的26.35%(表16)。

表16　2010年氯乙烯聚合物的废碎料及下脚料八大主要进口企业统计

排序	进口商	所属行业	进口数量/kg	占比例/%
1	广州市恒昊化工科技有限公司	化学工业	70174279	4.08
2	广东省华联进出口公司	贸易商	45103480	2.62
3	广东省恒通工贸发展公司	贸易商	44018444	2.56
4	深圳市聚宝盆商贸有限公司	贸易商	40326098	2.35
5	深圳市国宇进出口有限公司	贸易商	31835720	1.85
6	海丰县新洲塑料制品有限公司	塑料制品工业	30243267	1.76
7	广州市昊昕进出口贸易有限公司	贸易商	24732501	1.44
8	深圳市万腾实业有限公司	贸易商	23130693	1.35
	进口总计		1718492912.0	100.00

从资料分析，氯乙烯聚合物的废塑料及下脚料进口生产使用企业以塑料制品工业、环保工业、化学工业为主，2010年氯乙烯聚合物的废塑料及下脚料进口商五十大进口商，其中十七大进口商为进口生产使用企业，进口量占总进口量的12.82%；

十七大大进口生产企业以塑料制品工业、化学工业、环保工业、化学工业为主(表17)。

表17　2010年氯乙烯聚合物的废碎料及下脚料主要进口生产使用企业所属行业统计

排序	进口商	所属行业	进口数量/kg
1	广州市恒昊化工科技有限公司	化学工业	70174279
2	海丰县新洲塑料制品有限公司	塑料制品工业	30243267
3	广州市泽天橡塑制品有限公司	塑料制品工业	18756178
4	吉安市大广宏再生资源利用有限公司	环保工业	11556655
5	汕头市泰德再生资源回收有限公司	环保工业	9790190
6	佛山市南海里水里塑塑料有限公司	塑料制品工业	9465915
7	广州纳源科技有限公司	化学工业	9283267
8	天津天厦金属制品有限公司	塑料制品工业	8656131
9	揭阳市嘉泰实业有限公司	化学工业	8483370
10	苏州天和再生塑料制品有限公司	塑料制品工业	8276451
11	深圳市诚德复合工程塑料有限公司	塑料改性工业	7990012
12	博罗县龙华镇金峰塑胶原料加工厂	塑料制品工业	7170440
13	深圳市祺正榕实业有限公司	化学工业	7114438
14	深圳市保坤五金塑胶有限公司	塑料制品工业	6296537
15	宁波和诚塑化有限公司	塑料制品工业	6037264
16	惠州市加太塑料制品有限公司	塑料制品工业	5599800
17	惠州市佳祥塑料制品有限公司	塑料制品工业	4797390
	进口总计		1718492912.0

4. 2010 年聚对苯二甲酸乙二酯的废碎料及下脚料进口商以化纤工业为主

从海关资料来看，2010 年聚对苯二甲酸乙二酯的废塑料及下脚料进口商有 357 家，比上年 302 家进口商增加 55 个进口商。

2010 年聚对苯二甲酸乙二酯的废塑料及下脚料前八位进口商进口量占总进口量的 30.53%，宁波大发化纤有限公司、宁波振邦进出口有限公司、宁波舜象科技实业有限公司、慈溪市江南化纤有限公司、宁波港豪进出口有限公司、江阴市南阳彩色纤维母粒有限公司、江阴市南阳彩色纤维母粒有限公司、慈溪市三泰化纤实业有限公司，分别位居 2010 年聚对苯二甲酸乙二酯的废塑料及下脚料进口量 1 ~ 8 位，进口量分别占总进口量的 7.46%、5.12%、4.52%、4.34%、3.65%、2.36%、1.58% 和 1.500%。

2010 年聚对苯二甲酸乙二酯的废塑料及下脚料前八位进口商中，有六家属于浙江宁波市；2010 年聚对苯二甲酸乙二酯的废塑料及下脚料七十大进口商中，有二十一家进口生产使用企业属于浙江，进口量占总进口量的 38.21%。

2010 年聚对苯二甲酸乙二酯的废塑料及下脚料进口商前七十大进口商中十九大进口商为贸易商，进口量占总进口量的 16.21%（表 18）。

表 18　2010 年聚对苯二甲酸乙二酯的废碎料及下脚料八大主要进口企业统计

排序	进口商	所属行业	进口数量/kg	占比例/%
1	宁波大发化纤有限公司	化纤工业	123153381	7.46
2	宁波振邦进出口有限公司	贸易商	84457222	5.12
3	宁波舜象科技实业有限公司	贸易商	74631109	4.52
4	慈溪市江南化纤有限公司	化纤工业	71719402	4.34
5	宁波港豪进出口有限公司	化纤工业	60187759	3.65
6	江阴市南阳彩色纤维母粒有限公司	化纤工业	38893918	2.36
7	张家港成兴化纤有限公司	化纤工业	26003454	1.58
8	慈溪市三泰化纤实业有限公司	化纤工业	24706687	1.50
	进口总计		1650816341	100.00

从资料分析，聚对苯二甲酸乙二酯的废碎料及下脚料进口生产使用企业以化纤工业、塑料制品工业、环保工业、化学工业为主，2010 年聚对苯二甲酸乙二酯的废塑料及下脚料进口商七十大进口商，其中五十一大进口商为进口生产使用企业，进口量占总进口量的 41.53%；2010 年聚对苯二甲酸乙二酯的废塑料及下脚料前八位进口商中六大为化纤工业生产企业。

五十一大大进口生产企业以化纤工业、塑料制品工业、塑料改性工业、化学工业、环保工业、休闲用品为主（表 19）。

表 19　2010 年聚对苯二甲酸乙二酯的废碎料及下脚料主要进口生产使用企业所属行业统计

排序	进口商	所属行业	进口数量/kg
1	宁波大发化纤有限公司	化纤工业	123153381
2	慈溪市江南化纤有限公司	化纤工业	71719402
3	宁波港豪进出口有限公司	化纤工业	60187759
4	江阴市南阳彩色纤维母粒有限公司	化纤工业	38893918
5	张家港成兴化纤有限公司	化纤工业	26003454
6	慈溪市三泰化纤实业有限公司	化纤工业	24706687
7	肇庆天富新合纤有限公司	化纤工业	21796921
8	浙江振邦化纤有限公司	化纤工业	19650713
9	苏州思成化纤有限公司	化纤工业	17779302
10	慈溪市三盛化纤有限公司	化纤工业	17186326
11	杭州贝斯特化纤有限公司	化纤工业	16623788
12	浙江双乐休闲用品有限公司	休闲用品	14755490
13	杭州汉邦化纤有限公司	化纤工业	14737908
14	东莞市粤畅贸易有限公司	化纤工业	14046978

续表

排序	进口商	所属行业	进口数量/kg
15	杭州吉成化纤有限公司	化纤工业	13684918
16	江阴市长隆化纤有限公司	化纤工业	13635281
17	浙江华盛化纤有限公司	化纤工业	13557316
18	嘉兴市富达化学纤维厂	化纤工业	11900542
19	浙江安顺化纤有限公司	化纤工业	11836077
20	高密市宏泰化纤有限公司	化纤工业	11618446
21	江苏霞客环保色纺股份有限公司	化纤工业	11584574
22	福建鑫华股份有限公司	化纤工业	11576810
23	江阴市翔达化纤有限公司	化纤工业	10974385
24	慈溪市新兴化纤厂	化纤工业	10753971
25	佳顺工程塑胶(太仓)有限公司	塑料改性工业	10475983
26	佛山市南海里水里塑塑料有限公司	塑料制品工业	10243930
27	南通三嘉化纤有限公司	化纤工业	10101782
28	杭州三星纸业有限公司	纸业	9988724
29	江阴玛帝差别化纤有限公司	化纤工业	9880579
30	杭州佳妮纺织有限公司	化纤工业	9631022
31	宁波中包进出口有限公司	化纤工业	9126237
32	江阴特丽纶化纤有限公司	化纤工业	9049534
33	厦门泓康塑胶工业有限公司	塑料制品工业	8762625
34	泉州嘉佳利纤维发展有限公司	化纤工业	8492108
35	濠锦化纤(福州)有限公司	化纤工业	7787212
36	富阳市华东塑胶制品有限公司	塑料制品工业	7565846
37	上海中最实业发展有限公司	环保工业	7421560
38	盛兴环保资源(太仓)有限公司	环保工业	7025640
39	佳利塑业(太仓)有限公司	塑料制品工业	6547510
40	江阴市长寿化纺有限公司	化纤工业	6502636
41	常州金洋塑料制品有限公司	塑料制品工业	6372003
42	浙江宝绿特环保技术有限公司	环保工业	6207925
43	宁波新纶化纤有限公司	化纤工业	6008341
44	江阴金燕化纤有限公司	化纤工业	5947900
45	山东阳信龙腾棉业有限公司	化纤工业	5934612
46	中国物资再生利用天津滨海公司	环保工业	5379321
47	太仓山阳塑料制品有限公司	塑料制品工业	5368640
48	江苏新荣化纤有限公司	化纤工业	5176957
49	慈溪市日聚塑化有限公司	塑料制品工业	5088846
50	杭州华创实业有限公司	环保工业	5058344
51	江阴悦达化纺有限公司	化纤工业	4694266
	进口总计		1650816341.0

5. 2010 年其他塑料的废碎料及下脚料进口商以贸易商为主

从海关资料来看，2010 年其他塑料的废塑料及下脚料进口商有 589 家(比 2009 年 564 家进口商增加了 25 家进口商)。

2010 年其他塑料的废塑料及下脚料前八位进口商进口量占总进口量的 10.95%，广东省恒通工贸发展公司、佛山市南海里水里塑料有限公司、肇庆市康宝力贸易有限公司、广州市昊昕进出口贸易有限公司、深圳市聚宝盆商贸有限公司、广州市恒昊化工科技有限公司、长沙鑫煜进出口贸易有限公司、广州纳源科技有限公司，分别位居 2010 年其他塑料的废塑料及下脚料进口量 1 ~ 8 位，进口量分别占总进口量的 2.97%、1.44%、1.37%、1.23%、1.13%、

1.09%、0.94%和0.78%。

2010年其他塑料的废塑料及下脚料前八位进口商中七大为属于广东省企业；2010年其他塑料废塑料及下脚料四十五大进口商中，有二十九大属于广东省，进口量占总进口量的27.36%。

2010年聚对苯二甲酸乙二酯的废塑料及下脚料进口商前四十五大进口商中二十九大进口商为贸易商，进口量占总进口量的18.31%(表20)。

表20 2010年其他塑料的废碎料及下脚料八大主要进口企业统计

排序	进口商	所属行业	进口数量/kg	占比例/%
1	广东省恒通工贸发展公司	贸易商	52279632	2.97
2	佛山市南海里水里塑料有限公司	塑料制品工业	25365689	1.44
3	肇庆市康宝力贸易有限公司	贸易商	24137700	1.37
4	广州市昊昕进出口贸易有限公司	贸易商	21673677	1.23
5	深圳市聚宝盆商贸有限公司	贸易商	19962971	1.13
6	广州市恒昊化工科技有限公司	化学工业	19193658	1.09
7	长沙鑫煜进出口贸易有限公司	贸易商	16602690	0.94
8	广州纳源科技有限公司	化学工业	13660597	0.78
	进口总计		1761956728.0	100.00

从资料分析，其他塑料的废碎料及下脚料进口生产使用企业以塑料制品工业、环保工业、化学工业为主，2010年其他塑料的废碎料及下脚料进口商四十五大进口商，其中十六大进口商为进口生产使用企业，进口量占总进口量的10.63%；

十六大大进口生产企业以塑料制品工业、化学工业、环保工业、休闲用品为主(表21)。

表21 2010年其他塑料的废碎料及下脚料主要进口生产使用企业所属行业统计

排序	进口商	所属行业	进口数量/kg
1	佛山市南海里水里塑料有限公司	塑料制品工业	25365689
2	广州市恒昊化工科技有限公司	化学工业	19193658
3	广州纳源科技有限公司	化学工业	13660597
4	海丰县新洲塑料制品有限公司	塑料制品工业	11870825
5	盛兴环保资源(太仓)有限公司	环保工业	8921112
6	泉州嘉佳利纤维发展有限公司	化纤工业为主	8844886
7	广州市泽天橡塑制品有限公司	塑料制品工业	8844330
8	浙江双乐休闲用品有限公司	休闲用品	8615323
9	慈溪市日聚塑化有限公司	塑料制品工业	8593876
10	东莞普能塑料科技实业有限公司	环保工业	8418673
11	盛兴环保资源(太仓)有限公司	环保工业	8287858
12	泉州嘉佳利纤维发展有限公司	化纤工业为主	8221135
13	广州市泽天橡塑制品有限公司	塑料制品工业	8197412
14	浙江双乐休闲用品有限公司	休闲用品	7624123
15	慈溪市日聚塑化有限公司	塑料制品工业	7585058
16	东莞普能塑料科技实业有限公司	塑料制品工业	7544975
	进口总计		1761956728.0

四、2010年废塑料进口消费地区流向分析

从海关资料来看，2010年废塑料及下脚料主要进口流向为广东省、浙江省、江苏省、上海市、湖南省、天津市和山东省，进口量占总进口量的85%以上。

从海关资料来看，2010年乙烯聚合物的废塑料及下脚料进口消费省市有24个，比2009年22个进口消费省市增加2个进口消费省市。主要进口流向为广东省、山东省和福建省，前八位2010年乙烯聚合物的废塑料及下脚料进口消费省市进口量占总进口量的94.80%，广东省、山东省和福建省进口量分别占总进口量的35.81%、22.33%和13.84%(表22)。

表 22　2010 年乙烯聚合物的废碎料及下脚料八大进口省市统计

排序	进口省市	进口金额/ 美元	进口数量/kg	占比例/%
1	广东省	599452211.00	943472425.0	35.81
2	山东省	373634729.00	588475860.0	22.33
3	福建省	233542812.00	364973061.0	13.84
4	天津市	144370263.00	221014818.0	8.39
5	河北省	126527010.00	198630390.0	7.54
6	江苏省	48020676.00	73039334.0	2.77
7	浙江省	46732537.00	69685332.0	2.64
8	辽宁省	24868185.00	39081325.0	1.48
	进口总计	1686368193.00	2634784574.0	100.00

从海关资料来看，2010 年苯乙烯聚合物的废塑料及下脚料进口消费省市有 14 个，比 2009 年 21 个进口消费省市增加 7 个进口消费省市。

主要进口流向为广东省、浙江省和江苏省，前八位 2010 年苯乙烯聚合物的废塑料及下脚料进口消费省市进口量占总进口量的 98.64%，广东省、浙江省和江苏省进口量分别占总进口量的 71.02%、9.15% 和 6.13%(表 23)。

表 23　2010 年苯乙烯聚合物的废碎料及下脚料八大进口省市统计

排序	进口省市	进口金额/ 美元	进口数量/kg	占比例/%
1	广东省	119269055.00	172830863.0	71.02
2	浙江省	16648796.00	22265587.0	9.15
3	江苏省	10833144.00	14911823.0	6.13
4	山东省	8581470.00	12895328.0	5.30
5	上海市	7211168.00	10270843.0	4.22
6	福建省	3678715.00	4859275.0	2.00
7	江西省	766810.00	1057317.0	0.43
8	广西壮族自治区	628926.00	946224.0	0.39
	进口总计	169986130.00	243369888.0	100.00

从海关资料来看，2010 年氯乙烯聚合物的废塑料及下脚料进口消费省市有 15 个，比 2009 年 16 个进口消费省市减少 1 个进口消费省市。

主要进口流向为广东省、浙江省和山东省，前八位 2010 年氯乙烯聚合物的废塑料及下脚料进口消费省市进口量占总进口量的 99.13%，广东省、浙江省和山东省进口量分别占总进口量的 90.79%、1.90% 和 0.45%(表 24)。

表 24　2010 年氯乙烯聚合物的废碎料及下脚料八大进口省市统计

排序	进口省市	进口金额/ 美元	进口数量/kg	占比例/%
1	广东省	827059423.00	1560225799.0	90.79
2	浙江省	17794411.00	32648015.0	1.90
3	山东省	12843116.00	24973496.0	1.45
4	江苏省	12167383.00	23689684.0	1.38
5	天津市	9051742.00	17018744.0	0.99
6	河北省	8735951.00	16023641.0	0.93
7	上海市	7877038.00	14538284.0	0.85
8	湖南省	7835299.00	14510071.0	0.84
	进口总计	911259398.00	1718492912.0	

从海关资料来看，2010 年聚对苯二甲酸乙二酯的废塑料及下脚料进口消费省市有 24 个，比 2009 年 20 个进口消费省市增加 4 个进口消费省市。

主要进口流向为浙江省、江苏省和福建省，2010 年聚对苯二甲酸乙二酯的废塑料及下脚料前八位进口消费省市进口量占总进口量的 97.32%，浙江省、江苏省和广东省进口量分别占总进口量的 50.17%、22.29% 和 8.00%(表 25)。

表 25　2010 年聚对苯二甲酸乙二酯的废碎料及下脚料八大进口省市统计

排序	进口省市	进口金额/美元	进口数量/kg	占比例/%
1	浙江省	621431220.00	828199304.0	50.17
2	江苏省	256210463.00	367923186.0	22.29
3	广东省	86635359.00	132006075.0	8.00
4	福建省	65556210.00	100189085.0	6.07
5	湖南省	37793773.00	56860636.0	3.44
6	上海市	35938582.00	53203488.0	3.22
7	山东省	21429498.00	32838608.0	1.99
8	江西省	14466953.00	21345406.0	1.29
	进口总计	1177613800.00	1650816341.0	100.00

从海关资料来看，2010 年其他塑料的废塑料及下脚料进口消费省市有 26 个，比 2009 年 23 个进口消费省市增加 3 个进口消费省市。

主要进口流向为广东省、天津市和浙江省，前八位 2009 年其他塑料的废塑料及下脚料进口消费省市进口量占总进口量的 92.12%，广东省、浙江省和江苏省进口量分别占总进口量的 61.28%、7.40% 和 5.26%(表 26)。

表 26　2010 年其他塑料的废碎料及下脚料八大进口省市统计

排序	进口省市	进口金额/ 美元	进口数量/kg	占比例/%
1	广东省	690182235.00	1079663493.0	61.28
2	浙江省	90793579.00	130371124.0	7.40
3	江苏省	61203141.00	92678190.0	5.26
4	天津市	40060700.00	60055702.0	3.41
5	福建省	46946158.00	74582489.0	4.23
6	上海市	42959760.00	65350418.0	3.71
7	河北省	40254902.00	61772406.0	3.51
8	湖南省	38166373.00	58571342.0	3.32
	进口总计	1141484410.00	1761956728.0	100.00

五、中国废塑料价格分析

2002 年废塑料进口价仅 202 ~ 240 美元/t；

2004 年废塑料进口价跃过 300 美元/t 大关，达到 314 ~ 360 美元/t；

2007 年废塑料进口价进一步上升，突破 400 美元/t 大关；

2008 年废塑料进口价进一步上升，突破 600 美元/t 大关；

2009 年废塑料进口价回落，跌破 600 美元/t 大关，PE 废塑料进口年平均单价达到 500.36 美元/t，比 2008 年下降 19.08%；

PVC 废塑料进口年平均单价跌破 410 美元/t 大关，降到 404.58 美元/t，比 2008 年下降 25.93%；

2010 年 PE 和 PS 废塑料进口价又进一步上升，又突破 600 美元/t 大关；

2010 年聚酯废塑料进口年平均单价又进一步上升，又突破 700 美元/t 大关，达到 713.35 美元/t，比 2009 年上升 32.48%。

2009 年其他废塑料进口年平均单价 647.85 元/t，比 2009 年上升 29.12%（表 27）。

表 27　中国 2005 ~ 2010 年废塑料进口平均单价统计　美元/t

项目 \ 年份	2005	2006	2007	2008	2009	2010
PE 废塑料进口年平均单价	364.45	397.71	445.38	618.35	500.36	640.04
PS 废塑料进口年平均单价	358.85	390.99	480.32	602.70	574.26	698.47
PVC 废塑料进口年平均单价	362.36	389.68	437.42	546.22	404.58	530.27
聚酯废塑料进口年平均单价	545.63	524.05	564.21	696.09	538.44	713.35
其他废塑料进口年平均单价	367.25	392.51	447.25	613.72	501.74	647.85

2005 ~ 2010 年 PE 废塑料进口年平均单价年均增长 11.92%；

2005 ~ 2010 年 PS 废塑料进口年平均单价年均增长 14.25%；

2005 ~ 2010 年 PVC 废塑料进口年平均单价年均增长 7.91%；

2005 ~ 2010 年聚酯废塑料进口年平均单价年均增长 5.51%；

2005 ~ 2010 年其他废塑料进口年平均单价年均增长 12.02%；

六、产业政策

1. 中国塑料再生团体拟推出生态认证计划

国内一家塑料再生贸易协会有意面向再生塑料行业推出一项自发性生态认证计划，希望借此让这一行业打开利润更丰厚的消费市场，同时设法扭转塑料再生给国内公众造成的负面印象。

该计划由中国塑料加工工业协会塑料再生利用专委会拟订，将对再生塑料在金属、增塑剂、部分阻燃剂和氯乙烯单体等潜在毒性物质上设立标准，并聘请一家第三方审核机构来验证合规情况。

行业官员认为，这一做法有利于长久地改善中国再生行业盈利低下的局面，帮助国内再生材料生产商在国际大牌企业的竞争中提升自信心，同时宣传再生塑料对减少碳排放的好处。

目前，中国国内的许多再生活动并不像许多发达国家那样是通过政府系统展开的，而是以路边和上门收购废料的形式展开的。这种低效率的做法不利于有效的回收再生。

由于国内再生量不够用，中国每年要进口约 7500kt 废旧塑料，而其他国家通过本国再生系统每年能收集到约 9000kt 吨废料。

2. 中国发布废 PET 整瓶进口规定

中国政府已出台了市场期待已久的废旧 PET 整瓶进口规定。

新规定在2010年10月发布，并在2010年11月4日邀请政府官员和各企业在浙江宁波召开了讨论会，鉴于目前中国是世界最大的废旧塑料进口国，新规定受到了全球各国的密切关注。

过去PET废瓶必须被粉碎成瓶片后才能进入中国，政府官员称这主要是担心不干净的废料流入进口国，从而给这一国家造成污染。

但考虑到中国对新来源原材料的需求巨大，尤其是聚酯纤维制造行业，政府官员在2010年表示酝酿放开对PET瓶进口的规定。

新规定对PET瓶进口商做出了一些限制：要求进口商必须建有再生工厂，拥有再生塑料进口有效执照，且位于专门的再生区域，在过去3年里每年的废料进口量至少达到1万吨。

对于处于现有再生区域以外的企业，在过去3年里每年的废料进口量必须至少达到30kt。

符合进口规定的企业将由国家环保总局统一发布进口许可。

由于新规定可能对全球再生流产生影响，且可能使中国已经颇为庞大的PET进口规模进一步扩大，因此这一规定受到了全球的密切关注。以美国为例，在过去4年里，美国每年回收的再生PET瓶有超过半数被出口到中国。

3. 海关总署公告2010年第16号公告

2010年3月9日海关总署公告2010年第16号(关于发布部分进口固体废物分类规范申报有关规定)为规范废金属、废塑料、废纸的进口秩序和企业的进口申报方式，打击价格瞒骗，促进我国再生回收行业的健康发展，自2010年4月1日起，对部分进口废金属、废塑料和废纸分类目录和报关方法进行调整，收货人及其代理人应当按照本公告附件的规定要求向海关申报并填写报关单。

对本公告规定以外的有关商品，仍应按照《中华人民共和国海关进出口商品规范申报目录》的有关规定进行申报。海关总署公告2003年第61号同时废止。

七、废弃塑料回收利用

1. 利用废塑料和地沟油研发生产涂料获成功

废塑料和“地沟油”的处理一直是化工领域的共性难题，安徽天长市一民营企业安徽金盾涂料有限公司利用这两种原料，研发生产涂料获得成功，目前已投入批量生产，并顺利通过省级科技成果的鉴定。

从2005年开始，金盾涂料有限公司通过自主研发，成功研发出利用废弃的地沟油、废弃的涤纶丝来改性醇酸树脂的技术。生产一吨这种改性醇酸树脂，大约可消耗300kg废塑料和200kg“地沟油”，而且基本没有残留。产品经国家涂料质量监督检验中心检测，并经国内多家涂料生产企业使用，已完全可以替代传统的醇酸树脂，部分性能甚至优于用传统工艺生产的醇酸树脂。

近日，安徽省科技厅组织专家对这一科技成果进行了鉴定。专家分析认为，利用废弃原材料生产一吨改性醇酸树脂的成本要比传统工艺下降3500元左右，因而具有很强的市场竞争力。

目前，安徽金盾涂料有限公司的这一成果已申报国家发明专利并被国家知识产权局受理，预计两年内产值可达1.8亿元，每年涤纶塑料下脚料可用到6000t、“地沟油”用到4000t。

2. 浙江将建塑料再生工厂

总部位于北京的私募股权投资基金公司欧瑞集团最近表示，将向山东世纪华泰科技有限公司再投资170万美元，后者将建设一座塑料再生工厂，用废弃塑料生产燃油。

世纪华泰公司的生产设备主要用于把废弃轮胎和塑料热解再生为燃油、炭黑、钢丝和非凝性气体。该公司计划在浙江省富阳市建造一座合资厂，最初将具备2万吨塑料的再生能力和5万桶燃油的生产能力。

富阳是我国的纸业再生重镇，当地企业每年大约产生200kt的废旧塑料。欧瑞集团称，新厂经过扩能后将具备200kt塑料的再生能力和50万桶燃油的生产能力。这有望使新厂成为中国最大的废塑料变燃料加工中心之一。

3. 废旧塑料经环保色纺变“布匹”

五颜六色的废旧塑料经过几道工序加工后，就织成了彩色纱绽，然后被送到纺织车间织成“布匹”。令人头疼的“白色污染”在这里变成了新产品。

黄冈霞客环保色纺有限公司瞄准废旧塑料市场进行研发，将回收来的废旧塑料进行清洗加工，再抽丝织绽，制成各种有色环保涤纶彩纱和有色纱线。该公司开发的环保生态彩纱利用再生聚酯有色纤维和其他纤维混合，纺成各类高档有色纱线。

产品生产工艺简单、不易褪色，有效消除了传统纱线生产的成本高、污染重、流程长等弊端。现在，他们研制的生态彩纱已销往江苏、浙江、上海等地，并出口南亚及欧美地区。

4. 塑料垃圾为原料，模板大有前途

以塑料垃圾为原料，塑料模板大有前途。2007

年，我国房屋建筑施工面积达48.2亿平方米。按施工面积与模板面积之比为10:1算，要使用4.82亿平方米建筑模板。如果这些模板全部为木模板，要消耗482万立方米木材，要砍伐1446万棵直径为30cm的大树。

这仅仅是房屋建筑，若算上桥梁、码头、堤坝等所有使用模板的建筑物，这个数字会更惊人。正是惊异于这笔账有专家花了8年时间，耗资数百万元研发出了以塑料垃圾为原料，综合性能优于木模板的复合发泡塑料模板。

这种模板以塑料垃圾为原料，强度高，重量轻，质量优。成功申请了国家专利，在国内处于技术领先地位，完全可以与发达国家制造的塑料建筑模板媲美。

综合考虑周转次数和残值后，复合发泡塑料模板的成本是木模板的1/6。从环境效益看，如果建筑模板不再以木材为原料，每年就可以少砍伐上千万棵大树。同时，复合发泡塑料模板100%采用可再生塑料为原料，可以回收利用大量塑料垃圾，减少塑料垃圾造成的环境污染。如果这种塑料模板能在建筑施工中普遍使用，不但能为施工单位节约成本，而且能为地球保护大片森林。

据专家介绍，塑料模板塑料模板具有表面光滑，易于脱模、耐腐蚀性好，可以回收利用、有利于环境保护等特点。另外它允许设计有较大的自由度，可以根据设计要求，加工各种形状或花纹的异型模板。

在欧美等国正在得到不断开发和应用，品种规格也很多。目前，我国有不少企业正在开发各种塑料模板，如硬质增强塑料模板、木塑复合模板、GMT塑料模板等。塑料模板存在的主要问题是强度和刚度较低，耐热性较差、需要改进。塑料建筑模板的其他优点也很多，如不吸水、不变形、阻燃、可回收，重复利用的次数多、绿色环保等。

5. 荷兰科学家拟用44000kt塑料垃圾建人工岛

据报道，目前荷兰科学家们正计划把人们先前扔进太平洋的重达44000kt的漂浮塑料废物收集起来建一个人造小岛。这座由塑料垃圾建成的人工岛将依靠太阳能和海浪能提供能源，它上面将建有城市、海滩和农场，足可供50万人在上面安居乐业，过上自给自足的生活。

6. 日本公司利用废塑料生产出高纯度再生塑料

位于日本冈山县的萩原工业公司开发出一种新型设备，能够清除废塑料内的微小杂质和水分，从而生产出高纯度再生塑料。

据说，这种新设备的特点在于设置了多次除去异物的程序。它首先将废塑料粉碎溶解，加以过滤，制成塑料颗粒，然后使用真空泵，清除混在塑料颗粒间的杂质和水分，最后再利用强力过滤器提取出残余的微小杂质。与传统的再生技术相比，这种新设备加工方法简单，可广泛用于回收再生聚丙烯、聚乙烯等多种材料。

（柴国樑）

综　述

合成树脂

第一章　概　述

一、2005～2010 年国内合成树脂产量分析

到 2010 年底，国内新增的聚烯烃产能也近 4000kt，五大合成树脂的产能达到 48Mt，产量在 43～45Mt。

2005～2010 年国内合成树脂产量年均增长率为 15.28%（表 1）。

二、进出口总述

据海关统计，2010 年我国合成树脂产品进口金额 505.92 亿美元，同比增长 26.60%，合成树脂进口量同比增长 3.40%，其中聚乙烯、聚丙烯、聚氯乙烯的进口量同比分别下降 0.52%、7.07%和 23.36%。

2010 年合成材料出口额 81.07 亿美元，比 2009 年 56.27%

从整体看，国际油价和人民币汇率等仍将是决定塑料原料进口数量和价格的主要因素。2010 年塑料原料进口继续保持量价齐增局面。

2005～2010 年间合成树脂进口量年均增长为 9.28%，低于 2005～2010 年同期国内产量年均增长率 6.00%（表 2）。

表 1　2005～2010 年国内合成树脂产量统计　　kt

项目＼年份	2005	2006	2007	2008	2009	2010
合成树脂全计	21419.40	25257.0	30735.53	31295.91	36870.29	43606.62
年增长率/%	19.59	17.60	21.69	1.82	17.81	18.27
其中：PE 产量	5290.40	5993.00	6924.70	6894.70	8128.54	9856.84
PP 产量	5229.50	5842.00	7126.49	7332.06	8128.54	9167.28
PS 产量	2365.00	1747.00	2056.80	2061.00	2100.00	2300.00
PVC 产量	6492.00	8238.00	9716.78	8816.42	9155.18	11300.34
ABS 产量	1160.00	1320.00	1630.00	1130.00	1320.00	1410.00

注：资料来源：历年国家统计局统计数。2005～2010 年 PS，ABS 全部为估算。

表 2　2005～2010 年合成树脂进出口统计　　kt

项目＼年份		2005	2006	2007	2008	2009	2010
合成树脂合计	进口	18787.90	19174.60	20463.10	20868.90	28323.14	29304.83
	出口	1859.10	2728.60	3582.65	3295.20	3056.65	2646.78
其中：1. PE	进口	5706.33	5324.37	5051.43	4950.796	8066.22	8024.47
	出口	109.03	120.95	124.71	210.303	217.43	374.96
LDPE	进口	1109.81	931.79	772.60	708.22	1349.55	1383.98
	出口	17.78	14.77	15.58	16.97	24.01	78.83
HDPE	进口	2445.76	2419.49	2091.23	2312.59	3859.12	3495.71
	出口	26.510	20.01	37.95	39.86	30.63	61.00
LLDPE	进口	1704.43	1540.49	1670.56	1475.75	2200.89	2478.39
	出口	13.002	4.86	6.86	9.85	7.30	18.23
2. PP	进口	3023.31	2944.74	3070.06	2788.92	4162.46	3868.09
	出口	22.491	26.237	31.13	41.66	44.77	82.90
3. PS	进口	1280.16	1198.47	1214.12	1066.25	1107.44	1151.99
	出口	125.80	188.38	308.01	323.44	274.74	358.26
改性的 PS	进口	—	—	—	—	195.59	276.79
	出口	—	—	—	—	8.72	14.44

续表

项目 \ 年份		2005	2006	2007	2008	2009	2010
其他聚苯乙烯	进口	—	—	—	—	911.85	799.29
	出口	—	—	—	—	7.25	14.19
EPS	进口	141.29	120.67	109.56	85.25	77.47	75.91
	出口	73.813	149.39	275.43	294.43	258.77	329.63
4. ABS 共聚物	进口	1987.04	2014.74	2172.75	1951.86	2168.08	2169.37
	出口	14.24	19.58	32.36	43.26	49.82	54.99
改性的 ABS 树脂	进口	—	—	—	—	183.38	210.09
	出口	—	—	—	—	21.64	20.74
ABS 共聚物	进口	—	—	—	—	1984.70	1959.28
	出口	—	—	—	—	28.18	34.25
5. PVC	进口	1678.7	1467.85	1410.80	1148.47	1971.90	1530.46
	出口	151.7	501.26	752.99	651.59	278.53	275.24
聚氯乙烯糊树脂	进口	—	—	—	63.24	85.54	98.35
	出口	—	—	—	7.61	3.29	6.37
纯 PVC	进口	1307.49	1147.02	1014.33	797.54	1629.92	1199.12
	出口	118.59	460.32	711.70	599.56	235.65	218.28
未塑化 PVC	进口	243.846	197.50	183.75	176.47	167.06	125.10
	出口	6.496	14.622	12.86	5.75	6.34	5.20
已塑化 PVC	进口	109.934	107.634	105.80	89.53	72.65	88.65
	出口	24.491	24.431	28.43	33.38	29.79	35.93
以上五大通用塑计	进口	13815.83	13070.84	13028.72	10925.30	18713.48	18053.70
	出口	423.26	856.41	1299.20	1226.99	887.31	1179.13
聚酰胺(PA)	进口	393.86	608.02	786.93	854.36	921.99	896.68
	出口	43.20	75.76	102.78	127.28	96.01	125.64
聚碳酸酯(PC)	进口	730.809	899.271	1020.76	1017.45	1026.86	1264.25
	出口	132.093	185.437	306.13	278.59	214.71	295.24
聚甲醛(POM)	进口	172.260	172.248	184.86	178.85	165.95	222.95
	出口	21.88	32.533	39.03	42.98	31.17	57.37
PBT	进口	—	—	155.10	147.30	127.17	163.17
	出口	—	—	27.10	43.10	51.73	81.81
聚苯硫醚	进口	30.07	37.94	47.42	49.43	41.79	53.04
	出口	2.49	2.80	6.19	9.35	10.67	21.05
塑料下脚料	进口	4956.53	5865.73	5871.51	7075.17	7325.90	8009.42
	出口	41.59	98.897	29.06	23.60	33.29	25.97

注：资料来源：历年国家海关统计。

聚氯乙烯糊树脂 2008 年才单独新列出代码，无历年数据，因此无法同比。

改性的 ABS 树脂 2009 年才单独新列出代码，无历年数据，因此无法同比。

改性的聚苯乙烯 2009 年才单独新列出代码，无历年数据，因此无法同比。

虽然2011～2016年间中国的聚乙烯年产能有望增长5%以上，预计中国将继续进口数量可观的聚乙烯和其他聚烯烃。

长期以来，中国一直在设法减少对进口塑料的依赖，现正在显著扩大聚烯烃产能。

三、消费结构

2010年PE、PP、PS、PVC、ABS五大通用塑料产量为32318.0kt，占总合成树脂产量的74.11%左右；

2010年我国合成树脂表观消费量为70257.2kt，比2009年增长20.42%。

2004～2010年间合成树脂表观消费量年均增长率为10.25%，低于同期产量年均增长率5.03%（表3，表4）。

表3 2005～2010年国内合成树脂表观消费量统计

kt

产品 \ 年份	2005	2006	2007	2008	2009	2010
合成树脂	43125.47	44431.60	47615.58	48869.61	58339.54	70257.22
年增长率/%	13.09	3.03	7.17	2.63	19.38	20.42
国内总自给率	49.67	56.84	64.55	64.04	61.76	62.07
其中：PE	10887.7	11196.42	11801.42	11635.19	15977.33	17506.34
年增长率/%	13.15	2.84	5.40	－1.41	37.32	9.57
国内自给率	48.59	53.53	58.68	59.26	50.88	56.30
PP	8230.32	8786.74	10165.42	10079.33	12322.87	12952.47
年增长率/%	7.62	6.76	15.69	－0.85	22.26	5.11
国内自给率	63.54	66.49	70.11	72.74	66.58	70.78
PS	2855.70	2877.76	3072.47	2888.90	3008.10	3102.30
年增长率/%	0.90	0.77	6.77	－5.97	4.13	3.13
国内自给率	54.63	60.71	66.94	71.34	69.81	74.41
PVC	8017.30	9204.59	10374.59	9313.30	10848.65	12546.44
年增长率/%	12.65	14.81	12.71	－10.23	16.49	15.65
国内自给率	80.97	89.50	93.66	94.66	84.39	90.07
ABS	3132.80	3273.66	3770.39	3038.60	3438.24	3650.38
年增长率/%	5.58	4.50	15.17	－19.41	13.15	6.17
国内自给率	37.03	39.05	43.23	37.19	38.39	42.08

注：由于改性聚苯醚无海关独立统计和产量统计，POM、PS、ABS无较完全的产量统计，故上述表中数据均为资料积累估算，仅供参考。

表4 国内合成树脂消费结构

消费结构	比例/%	
	2010年	2012年
建筑材料	30.00	31.00
包装材料	34.00	32.00
农业	9.20	9.80
家用电器	7.30	7.60
家庭用品	5.20	5.50
服装鞋帽	2.40	2.50
汽车工业	2.20	2.30
工矿配件	1.70	1.80
家俱	2.90	3.10
玩具娱乐用品	3.00	3.10

续表

消费结构	比例/%	
	2010年	2012年
医疗器械	1.10	1.00
其他	1.00	0.30
合计	100.00	100.00

据最新统计，2010年，中国塑料制品业主要经济指标均超过“十一五”规划的增长预期，实现了翻番以上的增长，2001年到2010年十年间实现了翻两番的增长。

2010年，中国塑料制品业规模以上企业工业总产值为1.42万亿元（人民币，下同），“十一五”期间年均增长20.06%，占轻工业总产值的10.27%，居轻工行业第一位。

2010 年塑料制品产量为 58.3Mt，“十一五”期间年均增长 21.14%(表 5)。

表 5　2009～2010 年塑料制品生产地区产量统计表

地　　区	企业数量	2010 年产量/t	2009 年产量/t
总计	10060	58303808.58	48130241.23
北京市	241	432692.02	432171.23
天津市	163	1719954.93	1355020.45
河北省	255	2219194.19	1661500.4
山西省	45	253823.16	198131.95
内蒙古自治区	48	208047.36	145029.03
辽宁省	450	3184247.43	2662544.17
吉林省	99	497401.87	349922.84
黑龙江省	87	460866.22	193985.95
上海市	274	2044360.44	1845858.28
江苏省	629	4394999.97	3858308.11
浙江省	2200	9155709.75	7886929.75
安徽省	431	1867543.82	1580643.71
福建省	284	1663088	1437416.7
江西省	82	458764.91	310699.23
山东省	705	5071087.39	4171771.67
河南省	303	3146770.2	2562116.9
湖北省	272	1504358.99	1206278.82

续表

地　　区	企业数量	2010 年产量/t	2009 年产量/t
湖南省	109	742744.77	702947.97
广东省	2464	13318846.2	11361283.52
广西壮族自治区	147	737259.92	500204.49
海南省	9	32787	28167
重庆市	146	597507.28	496183.84
四川省	219	2542932.67	1813624.97
贵州省	58	232711.23	168146.14
云南省	90	327815.64	331950.45
陕西省	50	728117.4	213364.92
甘肃省	45	138765.35	118403.16
青海省	7	17755.38	8793.31
宁夏回族自治区	22	74968.4	78052.02
新疆维吾尔自治区	126	528686.69	450790.25

第二章　2010 年中东聚乙烯进口大幅增长

一、2010 年国内聚乙烯树脂总进口小幅下降出口大幅上升，中东占进口总量的三分之一上

2010 年，我国共进口聚乙烯 8024.5kt，同比下降 0.52%；

2010 年出口聚乙烯 375.0kt，同比增长 72.46%。

2010 年国内聚乙烯对外依存度为 43.70%，比 2009 年我国聚乙烯对外总依存度下降 4.24%(表 6)。

表 6　2005～2010 年 PE 进出口统计　　t

产　　品		2005 年	2006 年	2007 年	2008 年	2009 年	2010 年
PE(比重≤0.94)	进口	1109812	931791	772597	708216	1349546	1383982
	出口	17783	14772	15575	16970	24007	78832
PE(比重≥0.94)	进口	2445756	2419487	2091227	2312588	3859125	3495708
	出口	26510	20007	37946	39862	30633	61003
LLDPE	进口	1704429	1540492	1670555	1475755	2200894	2478394
	出口	13002	4846	6857	9948	7302	18228
乙烯－乙酸乙烯酯共聚物	进口	393936	368468	427368	363573	505635	478865
	出口	8019	15796	24127	34469	39335	45904
其他乙烯聚合物	进口	52397	54480	89679	90664	151022	187522
	出口	43718	65181	90202	109056	116148	171001
合计	进口	5706330	5314718	5051426	4950796	8066222	8024471
	出口	109032	120602	174707	210303	217425	374968
净进口合计		5597298	5194116	4876719	4740493	7848797	7649503
年增长率/%		7.45	－7.20	－6.11	－2.79	65.57	－2.54

注：上述数据均摘自海关进出口统计，其他非正常进出口均不包括在上述。

2005～2010年间，PE进口增长40.62%；年均增长7.06%；

2005～2010年间，PE净进口增长36.66%；年均增长6.45%。

分析显示，伊朗、韩国、美国、沙特阿拉伯和新加坡已成为中国进口PE前五大产地，2009年四大产地进口量占中国进口总量的46.24%，比2009年减少2.69%。

2009年，中国从韩国、美国、沙特阿拉伯和新加坡四产地国进口PE分别为1400.7kt、955.8kt、834.0kt和539.4kt，同比分别增长59.62%，增长112.64%，增长34.91%和增长13.06%；

中东、泰国、马来西亚、俄罗斯等周边国家近年来也在大规模扩建聚乙烯生产装置，除了满足他们本国需求外，主要是为向中国出口。

2010年，从中东卡塔尔、伊朗、沙特阿拉伯、科威特、阿拉伯联合酋长国八国进口聚乙烯超过2691.4kt，比2009年1910kt增加进口数量40.91%；占中国进口总量的33.60%。

2009年中东地区有5个新的乙烯裂解项目试运行，主要为乙烷法生产的乙烯。此5大项目投产后，中东乙烯年产能将从2008年的16900kt增至2012年的28100kt。2009年中东乙烯产能将增加7100kt，其中沙特阿拉伯新增产能将超过4000kt/a，伊朗新增产能超过1000kt/a，科威特新增产能85万吨/年，卡塔尔新增产能975kt/a。这5个乙烯裂解项目现在只是有初步意向，达成意向之后因为危机的影响一直没有实际投产，具体何时投产还没日期，所以目前中国进口的乙烯价格没有出现暴跌。

2010年中东成为世界上最大的聚乙烯出口地区。

预计2011年中东仍将成为世界上最大的聚乙烯出口地区。

1. 初级形状的聚乙烯（比重小于0.94）LDPE进口同比上升，中东占进口总量的1/3

从海关统计中可看出，2010年初级形状的聚乙烯（比重小于0.94）进口量为1383981543kg，同比增加2.55%；进口地有65个，比上年增加11个进口地。

主要进口地为伊朗，进口数量237442300kg，占总进口数量的17.16%；

其次为马来西亚，进口数量157591835kg，占总进口数量的11.39%，比2009年减少进口数量8.29%；

韩国进口数量134128746kg，占总进口数量的9.69%，比2009年减少进口数量13.11%；

俄罗斯联邦进口数量114299525kg，占总进口数量的8.26%，比2009年减少进口数量40.52%；

沙特阿拉伯进口数量112272853kg，占总进口数量的8.11%，比2009年增加进口数量68.67%；

五原产进口地进口数量占初级形状的聚乙烯（比重小于0.94）2010年总进口数量的54.61%，比2009年下降3.12%。

中东乙烯年产能从2008年的16900kt增至2012年的28100kt。2009年中东乙烯产能将增加7100kt，其中沙特阿拉伯新增产能将超过4000kt/a，伊朗新增产能超过1000kt/a，科威特新增产能850kt/a，卡塔尔新增产能975kt/a。

2010年，来自中东地区的初级形状的聚乙烯（比重小于0.94）供应大幅增加。其中，伊朗已位居中国第一大LDPE进口国，共向中国出口了约237.4kt，占中国进口总量的17.16%，同比增幅超过130.87%。

沙特阿拉伯向中国出口了112.3kt初级形状的聚乙烯（比重小于0.94），占总进口数量的8.11%，成中国第五大LDPE进口国，而2009年同期仅向中国出口了66.5kt初级形状的聚乙烯（比重小于0.94），大幅增长68.67%。

不得不说，伊朗有很多的原油和天然气，乙烷非常廉价，这也可以说是伊朗石化产品最好的一个优势。伊朗生产的乙烯类产品有50%是针对中国，显然会对中国的产品产生冲击。

2009年，从中东卡塔尔、伊朗、沙特阿拉伯、科威特、阿拉伯联合酋长国五国进口聚乙烯超过191万吨、占中国进口总量的23.67%；

2010年，从中东伊朗、沙特阿拉伯、卡塔尔、阿拉伯联合酋长国、科威特五国进口初级形状的聚乙烯（比重小于0.94）超过460kt、占中国初级形状的聚乙烯（比重小于0.94）进口总量的33.28%。

2010年，中东伊朗、沙特阿拉伯、卡塔尔、阿拉伯联合酋长国、科威特五国进口初级形状的聚乙烯（比重小于0.94）平均进口价分别低于2010年总平均进口价11.60，10.26，1.51，14.56和17.12%（表7）。

表7 2010年初级形状聚乙烯（比重小于0.94）五大进口国家/地区和中东进口国家/地区统计

排序	原产进口地	进口金额/美元	进口数量/kg	占比例/%	平均进口价/美元/kg
1	伊朗	321835476	237442300	17.16	1.35543
2	马来西亚	218915859	157591835	11.39	1.38913
3	韩国	201472614	134128746	9.69	1.50208
4	俄罗斯联邦	152636481	114299525	8.26	1.35408
5	沙特阿拉伯	153687378	112272853	8.11	1.36887
进口总计		2036459083	1383981543	100.00	1.47145

2. 初级形状的聚乙烯(比重在0.94及以上)进口同比下降，中东占进口总量的38.64%

从海关统计中可看出，2010年初级形状的聚乙烯(比重在0.94及以上)进口量为3495707961kg，同比下降9.42%；进口地有59个，比上年47个增加12个进口地。

主要进口地为韩国，进口数量710896502kg，占总进口数量的20.34%，比2009年下降进口数量17.24%；

其次为伊朗，进口数量475456065kg，占总进口数量的13.60%，比2009年增加进口数量38.85%；

沙特阿拉伯进口数量460939500kg，占总进口数量的13.19%，比2009年增加进口数量19.61%；

泰国进口数量236873731kg，占总进口数量的6.78%，比2009年减少进口数量0.31%；

美国进口数量234781017kg，占总进口数量的6.72%，比2009年减少进口数量52.64%；

五进口地进口量占2010年初级形状的聚乙烯(比重在0.94及以上)总进口量的60.63%，比2009年61.40%下降0.77%。

2010年，来自中东地区的初级形状的聚乙烯(比重在0.94及以上)供应大幅增加。其中，伊朗已位居中国第二大HDPE进口国，共向中国出口了约475.5kt，占中国进口总量的13.60%，同比增幅超过38.85%。

沙特阿拉伯向中国出口了460.9kt初级形状的聚乙烯(比重在0.94及以上)，占总进口数量的13.19%，成中国第三大HDPE进口国，而2009年同期仅向中国出口了385.4kt初级形状的聚乙烯(比重在0.94及以上)，大幅增长19.61%。

2010年，从中东伊朗、沙特阿拉伯、卡塔尔、阿拉伯联合酋长国、科威特、巴林六国进口初级形状的聚乙烯(比重在0.94及以上)超过1350.7kt、占中国初级形状的聚乙烯(比重在0.94及以上)进口总量的38.64%。

2010年，中东伊朗、沙特阿拉伯、卡塔尔、科威特四国进口初级形状的聚乙烯(比重在0.94及以上)平均进口价分别低于2010年总平均进口价9.24%，9.50%，9.061%和4.85%，仅阿拉伯联合酋长国平均进口价高于2010年总平均进口价4.16%(表8)。

表8　2010年初级形状的聚乙烯(HDPE)五大进口国家/地区统计

排序	原产进口地	进口金额/美元	进口数量/kg	占比例/%	平均进口价/(美元/kg)
1	韩国	942573314	710896502	20.34	1.32589
2	伊朗	560351353	475456065	13.60	1.17856
3	沙特阿拉伯	542026879	460939500	13.19	1.17592
4	泰国	295510501	236873731	6.78	1.24754
5	美国	301757229	234781017	6.72	1.28527
进口总计		4442792419	3495707961	100.00	1.27093

二、2010年初级形状的线型低密度聚乙烯进口同比增长，中东占进口总量的35.54%

从进口量方面来看，2010年我国LLDPE进口变化可分四阶段：

第一阶段2010年2月，是我国LLDPE需求的传统淡季，进口量明显下降，这主要是因为我国传统节日春节的来临，大部分企业放假，因此下游对LLDPE的需求速度减少。

第二阶段2010年3~4月，进口量逐步上升，由2月份的177.7kt迅速上升至3月份的273.1kt，增幅达53.69%，随后几个月进口量又逐步减少，四月份又降至20.64万吨。

第三阶段2010年5~7月，进口量再次萎缩，月进口量缩到170kt以下，受全球经济危机影响，使得我国制品出口受到严重打击，出口受阻，以加工出口贸易为主的下游塑料制品企业生存环境受到巨大打压，由此LLDPE的进口量也随之递减。

第四阶段2010年8~12月，进口量逐步上升，由7月份的164.7kt迅速上升至8月份的227.1kt，增幅达37.89%，随后二个月进口量又逐步下降，十月份又降至192.8kt，随后二个月进口量又逐步上升，十二月份进口量又升至248.1kt。

与2009年同期相比，均比2009年同期增长。与LLDPE进口相比，LLDPE出口是少之又少，主要因为我国的LLDPE的品种偏少，主要是以生产通用薄膜及农用膜为主的7042牌号，并且此牌号属中低档次产品，而中高档次产品，国内LLDPE与国外的产品相比缺乏相应的竞争力。

从海关统计中可看出，2010年初级形状的线型低密度聚乙烯进口量为2478394425kg，同比增加12.61%；进口地有46个，比上年32个增加14个进口地。

主要进口地为沙特阿拉伯，进口数量606684773kg，占总进口数量的24.48%，比2009年增加进口数量58.77%；

其次为美国，进口数量328868271kg，占总进口数量的13.27%，比2009年增加进口数量3.30%；

新加坡进口数量307533235kg，占总进口数量的12.41%，比2009年减少进口数量2.07%；

韩国进口数量285064036kg，占总进口数量的11.50%，比2009年减少进口数量4.64%；

泰国进口数量224051871kg，占总进口数量的9.04%，比2009年增加进口数量322.14%；

五进口地进口量占总进口量的70.70%，比2009年68.22%增加2.48%。

2010年，来自中东地区的初级形状的线型低密度聚乙烯供应大幅增加。其中，沙特阿拉伯已位居中国第一大LLDPE进口国，共向中国出口了约606.7kt，占中国进口总量的24.48%，同比增幅超过58.77%；

科威特向中国出口了81.1kt初级形状的线型低密度聚乙烯，占总进口数量的8.11%，成中国第九大LDPE进口国，而2009年同期向中国出口了80.2kt初级形状的线型低密度聚乙烯，增长1.12%。

伊朗向中国出口了76.3kt初级形状的线型低密度聚乙烯，占总进口数量的3.08%，成中国第十大LDPE进口国，而2009年同期仅向中国出口了55.5kt初级形状的线型低密度聚乙烯，增长37.48%。

2010年，从中东伊朗、沙特阿拉伯、卡塔尔、阿拉伯联合酋长国、科威特、利比亚八国进口初级形状的线型低密度聚乙烯超过880kt、占中国初级形状的线型低密度聚乙烯进口总量的35.54%。

2010年，中东沙特阿拉伯、科威特、伊朗、阿拉伯联合酋长国、卡塔尔和利比亚六国进口初级形状的线型低密度聚乙烯平均进口价分别低于2010年总平均进口价9.81，8.23，5.56，11.55，8.84和1.75%(表9)。

表9　2010年线型低密度聚乙烯LLDPE1五大进口国家/地区统计

排序	原产进口地	进口金额/美元	进口数量/kg	占比例/%	平均进口价/(美元/kg)
1	沙特阿拉伯	738701211	606684773	24.48	1.21760
2	美国	470259960	328868271	13.27	1.42993
3	新加坡	414895837	307533235	12.41	1.34811
4	韩国	392106081	285064036	11.50	1.37550
5	泰国	295000681	224051871	9.04	1.31666
进口总计		3263263851	2478394425	100.00	1.31668

三、表观消费量增长

2010年聚乙烯树脂表观消费量为17506.34千吨，同比增长12.12%。

2010年聚乙烯树脂国内自给率为56.30%，同比增长4.24%(表10)。

表10　2004~2010年国内聚乙烯树脂表观消费量统计　kt

年　份	2004	2005	2006	2007	2008	2009	2010
表观消费量	9622.09	10887.7	11196.42	11801.42	11635.19	15977.33	17506.34
年增长率/%	3.95	13.15	2.84	5.40	-1.41	37.32	9.57
国内自给率	45.86	48.59	53.53	58.68	59.26	50.88	56.30

2004~2010年间聚乙烯树脂表观消费量年均增长率为10.49%，低于同期产量年均增长率3.84%。

四、2010年初级形状聚乙烯进口商以贸易商为主

2010年初级形状聚乙烯(比重小于0.94)进口商共计有2660家，比上年减少82个进口地，进口额最高的八位进口商进口数量占总进口数量的15.27%。

浙江前程石化有限公司、上海虹丹物流有限公司、爱施开国际贸易(上海)有限公司、浙江远大进出口有限公司、利乐包装(北京)有限公司、康美包(苏州)有限公司、利乐包装(昆山)有限公司、宁波柏森国际贸易有限公司，分别位居2010年初级形状聚乙烯(比重小于0.94)进口量1~8位，进口量分别占总进口量的4.21%、2.22%、1.88%、1.63%、1.44%、1.41%、1.25%和1.23%。

2010年初级形状聚乙烯(比重小于0.94)八大进口商中有生产使用企业四家，进口贸易商四家，分别占总进口量的8.31%和6.96%。

从资料分析，初级形状聚乙烯(比重小于0.94)进口生产使用企业以塑料工业、包装工业、五金工业、塑料改性工业为主，2010年初级形状聚乙烯(比重小于0.94)四十五大进口商中仅有有十四家为进口生产企业，进口量占总进口量的13.93%(表11)。

2010年聚乙烯(HDPE)进口商共计有3075家，比上年减少29家进口商，进口额最高的八位进口商进口数量占总进口数量的10.01%。

浙江前程石化有限公司、上海外联发物流有限公司、上海虹丹物流有限公司、杭州和昇塑料制品有限公司、沧州明珠塑料股份有限公司、潍坊亚星乐天化工有限公司、杭州科利化工有限公司、世天威物流(上海外高桥保税物流，分别位居2010年初级形状的聚乙烯(HDPE)进口量1~8位，进口量分别占总进口量的1.48%、1.39%、1.38%、1.27%、1.3%、1.11%、1.09%和106%。

初级形状聚乙烯(HDPE)八大进口商中仅有进口生产使用企业五家，进口贸易商三家，分别占总进口量的6.18%和3.83%。

从资料分析，初级形状聚乙烯(HDPE)进口生产使用企业以塑料制品工业、汽车部件工业、塑料改性工业为主，2010年初级形状聚乙烯(HDPE)进口商三十大进口商中有十四大为进口生产企业，进口量占总进口量的11.28%(表12)。

表11　2010年初级形状聚乙烯(比重小于0.94)五大进口商统计

排　序	进　口　商	所属行业	进口数量/kg	占比例/%
1	浙江前程石化有限公司	塑料工业	58264175	4.21
2	上海虹丹物流有限公司	进口贸易商	30751050	2.22
3	爱施开国际贸易(上海)有限公司	进口贸易商	26027050	1.88
4	浙江远大进出口有限公司	进口贸易商	22529375	1.63
5	利乐包装(北京)有限公司	包装工业	19942675	1.44
进口总计			1383981543	100.00

表12　2010年聚乙烯(HDPE)五大进口商统计

排　序	进　口　商	所属行业	进口数量/kg	占比例/%
1	浙江前程石化有限公司	塑料改性工业	51889340	1.48
2	上海外联发物流有限公司	进口贸易商	48630525	1.39
3	上海虹丹物流有限公司	进口贸易商	48139800	1.38
4	杭州和昇塑料制品有限公司	塑料制品工业	44400255	1.27
5	沧州明珠塑料股份有限公司	塑料改性工业	43048675	1.23
进口总计			3495707961	100.00

2010年初级形状的线型低密度聚乙烯进口商共计有1892家，比2009年1846家增加46家进口商，进口额最高的八位进口商进口数量占总进口数量的13.22%。

上海外联发物流有限公司、山东省塑料工业总公司、山东省国际贸易集团中心、天津港保税区中轻腾发实业有限公司、中化塑料公司、浙江前程石化有限公司、广州金发科技股份有限公司、埃克森美孚化工商务(上海)有限公司，分别位居2010年初级形状的线型低密度聚乙烯进口量1~8位，进口量分别占总进口量的2.64%、1.88%、1.81%、1.73%、1.41%、1.40%、1.26%和1.09%。

初级形状聚乙烯(比重小于0.94)八大进口商中有生产使用企业和进口贸易商各三家和五家，分别占总进口量的4.54%和8.68%。.

从资料分析，初级形状的线型低密度聚乙烯进口生产使用企业以塑胶工业、塑料改性工业为主，2010年初级形状的线型低密度聚乙烯进口商三十五大进口商中有十二大为进口生产企业，进口量占总进口量的10.61%(表13)。

表13　2010年线型低密度聚乙烯LLDPE五大进口商统计

排　序	进　口　商	所属行业	进口数量/kg	占比例/%
1	上海外联发物流有限公司	进口贸易商	65518464	2.64
3	山东省塑料工业总公司	塑胶工业	46539152	1.88
3	山东省国际贸易集团中心	进口贸易商	44949750	1.81
4	天津港保税区中轻腾发实业有限公司	进口贸易商	42794996	1.73
5	中化塑料公司	进口贸易商	34887905	1.41
进口总计			2478394425	100.00

五、进口消费省市集中流向东部沿海地区

从海关资料来看，2010年初级形状的聚乙烯(比重小于0.94)进口消费省市有25个，比2009年22个增加3个进口消费省市，2010年初级形状的聚乙烯(比重小于0.94)前五位进口消费省市进口量占总进口量的76.03%，比2009年74.64%上升1.39%。

2010年初级形状的聚乙烯(比重小于0.94)主要进口流向为广东省，进口数量327647427kg，占总进口数量的23.67%，比20098年进口减少6.03%；

其次为上海市，进口数量248305960g，占总进口数量的 17.94%，比 2009 年进口增加 81006528kg；

浙江省，进口数量 230987750kg，占总进口数量的 16.69%，比 2009 年进口减少 6.60%；

江苏省，进口数量 125703158kg，占总进口数量的 9.08%，比 2009 年进口增加 11.50%；

山东省进口数量 119682596kg，占总进口数量的 8.65%，比 2009 年进口减少 8.99%（表 14）。

表 14　2010 年初级形状聚乙烯（比重小于 0.94）五大进口省市统计

排序	进口省市	进口金额/美元	进口数量/kg	占比例%
1	广东省	459347683	327647427	23.67
2	上海市	381188187	248305960	17.94
3	浙江省	328176054	230987750	16.69
4	江苏省	200957761	125703158	9.08
5	山东省	172153388	119682596	8.65
进口总计		2036459083	1383981543	100.00

从海关资料来看，2010 年初级形状的聚乙烯（比重在 0.94 及以上）进口消费省市有 29 个，比 2009 年 24 个增加 5 个进口消费省市，2010 年初级形状的聚乙烯（比重在 0.94 及以上）前五位进口消费省市进口量占总进口量的 78.82%，比 2009 年进口减少 0.46%；

2010 年初级形状的聚乙烯（比重在 0.94 及以上）主要进口流向为上海市，进口数量 694318945kg，占总进口数量的 19.86%，比 2009 年进口增加 23.00%；

其次为广东省，进口数量 677395833kg，占总进口数量的 19.38%，比 2009 年进口减少 6.28%；

山东省，进口数量 658971189kg，占总进口数量的 18.85%，比 2009 年进口增加 2.41%；

浙江省，进口数量 511371261kg，占总进口数量的 14.63%，比 2009 年进口减少 35.37%；

福建省，进口数量 213087975337，696，217kg，占总进口数量的 6.10%，比 2009 年进口减少 36.90%（表 15）。

表 15　2010 年初级形状的聚乙烯（HDPE）五大进口省市统计

排序	进口省市	进口金额/美元	进口数量/kg	占比例%
1	上海市	856216652	694318945	19.86
2	广东省	848330904	677395833	19.38
3	山东省	837218390	658971189	18.85
4	浙江省	632255245	511371261	14.63
5	福建省	259035057	213087975	6.10
进口总计		4442792419	3495707961	

从海关资料来看，2010 年初级形状的线型低密度聚乙烯进口消费省市有 24 个，比 2009 年 22 个增加 2 个进口消费省市，2010 年初级形状的线型低密度聚乙烯前五位进口消费省市进口量占总进口量的 79.27%，比 2009 年进口 76.44% 增加 2.83%。

2010 年初级形状的线型低密度聚乙烯主要进口流向为广东省，进口数量 640241952kg，占总进口数量的 25.83%，比 2009 年进口增加 77139485kg；

其次为上海市进口数量 512252885kg，占总进口数量的 20.67%，比 2009 年进口增加 177767322kg；

山东省进口数量 361894049kg，占总进口数量的 14.60%，比 2009 年进口增加 76924668kg；

浙江省进口数量 262286498kg，占总进口数量的 10.58%，比 2009 年进口减少 34480846kg；

天津市进口数量 188183036kg，占总进口数量的 7.59%，比 2009 年进口增加 86682741kg（表 16）。

表 16　2010 年线型低密度聚乙烯 LLDPE 五大进口省市统计

排序	进口省市	进口金额/美元	进口数量/kg	占比例%
1	广东省	821264793	640241952	25.83
2	上海市	666634634	512252885	20.67
3	山东省	481448271	361894049	14.60
4	浙江省	343350501	262286498	10.58
5	天津市	244145368	188183036	7.59
进口总计		3263263851	2478394425	100.00

六、2010 年聚乙烯价格分析

国内聚乙烯市场自 2010 年 7 月中旬彻底走出筑底低位徘徊的窘境后，在原油价格持续上涨和乙烯单体供应紧张的推动下，聚乙烯价格成功实现了企稳反弹。至 2010 年 11 月初，受原油价格回稳、供给日渐充裕等阻力影响，市场行情开始冲高回落，呈现持续高位盘整和宽幅震荡运行态势。

从全国各大石化炼厂及塑料制品企业了解到，在上游原油成本支撑、进口回落、制品出口增长预期以及农膜总体需求较为看好等诸多有利因素支撑下，聚乙烯市场后市或现高位震荡行情。

聚乙烯市场 2010 年下半年以来，以石化企业线型低密度聚乙烯挂牌价为例，华北地区自 7 月上旬最低跌至 8800 元（吨价，下同）的低点后超跌反弹，8 月上旬上攻至 10000 元，其后由于成交低迷步入震荡调整；

2010 年 9 月份行情多次试探性拉升不果，始终未能重返 10000 元，同时在 9600 元的价位支撑也较为强劲，企业库存逐步下降但国外进口又集中到港，市场陷入价格上下两难局面，9 月底国内聚乙烯市场线型低密度聚乙烯主流报价收于 9650～10000 元；

2010 年国庆节后，聚乙烯价格再次出现了一轮中等强度的上攻行情，并突破10000元关口继续走高，但10月下旬开始出现回落盘整至月底；11月初开始至今略有上攻。

11月上旬，华南市场主流报价在10900~11250元，华东市场主流报价10900~11150元，华北市场主流报价在10800~11050元。

在多重因素叠加发力支撑下，聚乙烯后市或现持续高位震荡行情。主体现在以下几个方面：

其一是聚乙烯上游原油和乙烯单体价格居高坚挺的成本支撑，将限制其下行空间。

总体上看，全球经济复苏步伐虽慢，但势头并未改变。国际原油市场将保持高位震荡，市场预期美国实行二次量化宽松政策将有利于原油需求，确保油价继续上攻，这也就决定了原油市场会得到一定支撑，年底两个月价格维持在100美元/桶左右波动，也有可能继续维持上涨态势。

同时，亚洲乙烯单体资源供应紧张局面虽然较前期有所缓解，但整体目前仍处于短缺状态。

目前中东地区、台塑、日本东曹、东燃化工、新加坡壳牌、泰国等部分裂解装置检修检修完毕，装置开工不足，短期内难以恢复，导致亚洲市场乙烯资源紧缺，并因供给不足，乙烯单体价格仍将保持高位，市场上涨趋势依旧存在，将有效支撑聚乙烯未来价格走势。

其二是聚乙烯进口回落，而下游制品出口增长，国内生产部分受限将支撑价格高位。

进口方面，聚乙烯进口料集中在8月中下旬至9月中上旬进入国内，货源主要来自中东、台塑、泰国和新加坡。由于国内外价差不利，加上中东开工率一直维持低位，同时海运费用上升，后续进口相较上半年有望缩减。

下游制品出口方面，海关总署公布的数据显示，2010年9月，中国塑料制品出口量为647kt，1~9月累计出口量为5524kt，同比增长14.5%。

数据还显示，9月份初级形状的塑料进口量为2050kt，1~9月累计进口量为17790kt，同比下降1.8%。四季度是欧美塑料制品消费旺季，后市出口有望进一步增加。同时，确保实现“十一五”节能减排目标，华东地区工厂开工率仍受到影响，对于年底市场投放量会产能一定的抑制作用。

其三是时至农膜消费旺季，年底前总体需求较为看好。9~12月份为农膜生产消费旺季。

目前多数农膜厂家的月产量在1500~2000t，日光温室膜厂家的月产量在2000~2500t。华北地区农膜的需求可能继续上升，因棚膜正处于生产最旺根据月份比例核算，9月份棚膜的实际产量占厂家全年产量的16%~20%，9~10月份农膜实际产量在全年中所占的比例会更高，实际产出量占全年的35%~43%，11月达到峰值。

目前，日光温室膜厂家后期开机率有望回升，厂家订单接已安排至12月底，后期生产以聚乙烯膜为主，根据往年经验，进入11月份后，对聚乙烯的需求量增加。

后期棚膜需求至12月底前保持平稳增长态势，部分棉花地膜经销商，也有意向储备明年春季的地膜。综上所述，后期随着棚膜旺季和地膜厂家开机率的提升，对聚乙烯的需求量将逐步加大。

此外，2010年10月19日央行加息，在大力抑制通胀的同时，极大地显示了人民币的升值预期。在国际货币竞相贬值的情况下，热钱势必会追逐人民币资源，预期热钱的涌入合并国内金融市场流动性依旧充裕，也将会使国内包括聚乙烯在内的化工产品再度上涨。

总之，聚乙烯价格后市或将持续在高位区间震荡盘整。面临塑料消费旺季，且受欧美圣诞节日带来的塑料制品出口小高峰影响，加上外盘乙烯单体因供给偏紧持续攀升、原油将还有望反弹，所以价格重心或有所抬升。

但基于国内产能的逐步释放将形成资源增长，中东产品低成本冲击仍然存在，年底一个多月短期内国内供需基本可达到均衡，因此，震荡区间内聚乙烯涨幅也将受限(表17~表22)。

表17　LDPE Q281 上海石化

2010年中国塑料城月均价走势　元/t

1月	2月	3月	4月	5月	6月
13975	13430	12517	12528	12012	11352
7月	8月	9月	10月	11月	12月
10828	11488	11620	12955	14340	14289

表18　LDPE 1C7A 燕山石化

2010年中国塑料城月均价走势　元/t

1月	2月	3月	4月	5月	6月
18275	17846	16234	15585	14265	12338
7月	8月	9月	10月	11月	12月
12190	13695	13627	14758	15790	15226

表19　HDPE 5000S 大庆石化

2010年中国塑料城月均价走势　元/t

1月	2月	3月	4月	5月	6月
11557	11470	11300	11466	11255	10428
7月	8月	9月	10月	11月	12月
10261	11272	11045	11382	11615	11139

表 20　HDPE MH602 上海石化
2010 年中国塑料城月均价走势　元/t

1月	2月	3月	4月	5月	6月
11669	11650	10736	10938	10540	10261
7月	8月	9月	10月	11月	12月
9578	10027	9659	10511	11277	11217

表 21　LLDPE DFDA－7042 扬子石化
2010 年中国塑料城月均价走势　元/t

1月	2月	3月	4月	5月	6月
12037	11720	11436	11478	10835	10116
7月	8月	9月	10月	11月	12月
9504	10259	10204	10976	11727	11104

表 22　LLDPE LL0220KJ 上海赛科
2010 年中国塑料城月均价走势　元/t

1月	2月	3月	4月	5月	6月
12050	11653	11400	11495	10837	9864
7月	8月	9月	10月	11月	12月
9564	10179	10297	11100	11797	11115

2011 年聚乙烯市场上半年最主要的影响因素是产能释放，单纯考虑 LLDPE/HDPE 来说，产能增长率达到 40% 的程度。这对当时的行情起到关键的抑制作用。同期受到欧债危机影响，油价回落也令其下游的 PE 市场承压。

然而 2010 年受到政府推动的经济复苏仍在继续，全球经济增长速度从 2009 年的负增长开始向 2007 年超过 5% 的水平上迈进。但也正是因为这种受到各国政府推动经济增长方式遇到了货币宽松政策带来的通胀压力。

显现在商品市场上，价格被货币的流动性大幅推高，2010 年下半年 PE 市场的一波反弹主要就是基于这方面的原因。

从 2008 年金融危机开始，全球经济的动荡在商品市场的整个变化成为非常关键的因素之一。2011 年聚乙烯市场表现主要也基于这方面因素。2011 年面对的仍然是全球经济的走向带来的影响，而相对 2010 年来说，由于今年新增产能释放较少，供应变化不会构成影响。原油价格走势的影响力将会再度凸显起来，整个上半年原油价格和 LLDPE 期货市场将成为影响 PE 市场的两个主要因素。

这里暂不讨论季节性需求的影响，只分析非周期性因素的变化。

2011 年春节后国际油价开始攀升，尤其是中东和北非各国陆续发生政治动荡，这都对油价起到推动作用。据估计利比亚日供应量已经下降到正常的一半以下，这甚至对美原油市场也起到显著推动作用，布伦特油价甚至盘中突破 120 美元/桶水平。

目前利比亚局势仍不明朗，欧洲原油供应短期难以得到替代性恢复。预计高油价阶段会在近几个月维持相当长的时间。

2011 年本身就是经济复苏方式进行调整的一年，政府的经济刺激政策会陆续退出。很多全球经济组织也预测今年经济增速将会低于去年。因此近阶段国际油价上涨的需求基础并不稳固，预计上涨的大趋势下难免会出现振荡幅度较大的情况。

LLDPE 期货将是 2011 年影响 PE 市场的另一个主要因素。LLDPE 期货每年都会有新的发展。去年期货行情的涨跌在现货市场的影响进一步深化。相对细微的层面上，线性期货在现货市场上的影响更为敏感。

2010 年中国股市和期市的表现经常出现“同步”的表现，这实际上是因为期货市场，尤其是 LLDPE 期货这种相对小的品种发展仍不成熟的原因，业外资金在其中仍占据主导地位，而现货交易商，不论是生产商，贸易商，采购商都没有成为其中主力，投资机构在期货市场如果采取和股市相同的操作方向，股市也就间接的对现货市场起到了显著影响。

PE 市场在 2011 年上半年供需面变化会相对稳定，但中国股市政策市的表现如果间接投射到 PE 现货上来，市场格局将更为复杂多变。

2011 年 PE 市场行情会更加复杂多变，除了原油价格未来仍存在很多不确定因素外，中美两国也正走在不同的两个货币政策方向上，这令商品市场未来更难预期。

但从经济增长趋势看，PE 市场总体上涨的大方向仍将确定，近几个月内，原油价格也会加强这种趋势。然而政策因素会令波动表现非常剧烈，股市在政策调整中出现的波动也难免会体现在 PE 市场之上。

陶氏化学欧洲公司宣布，自 2011 年 3 月 1 日起在欧洲、中东和非洲地区对公司出产的聚乙烯树脂产品实行涨价，涨价幅度为 80 欧元/t。本次涨价产品包括所有级别低密度聚乙烯树脂(LDPE)、线性聚乙烯树脂(LLDPE)和高密度聚乙烯树脂(HDPE)。

第三章　聚丙烯树脂表观消费量小幅增长 国内对外依存度下降

聚丙烯(PP)是一种性能优良的热塑性合成树脂，具有比重小、无毒、易加工、抗挠曲性以及电绝缘性好等优点，广泛应用于注塑、挤管、吹膜、涂覆、喷丝、改性工程塑料等各种工业和民用塑料制品领域。

一、2010 年聚丙烯生产能力不断提升，产量也不断增长

中国国家统计局的数据显示，国内 2005 ~ 2009 年聚丙烯装置的开工率水平基本上保持在 85% 以上的水平，但从 2009 年第四季度以来，聚丙烯装置的开工率水平出现逐步下降的态势。

2009 年第四季度聚丙烯装置平均开工率水平达到 92.3% 的高位，2010 年第一季度下降至 87.8%，到 2010 年第二季度下降至 85%。

目前，我国 PP 生产企业已超过了 80 家，PP 生产装置有 100 余套，PP 产能合计约 9250kt/a，全年 PP 产量达到 8205kt。同时，我国已超越美国成为世界最大的 PP 生产国。截至 2009 年年底，中国石油聚丙烯生产能力为年 2664kt，占国内聚丙烯总产能的 28.8%。

2010 年 2 月 10 日，镇海炼化乙烯工程中的 300kt/a 聚丙烯装置产出合格产品。这是该公司 1000kt 乙烯工程第一套投料试车的生产装置，它的一次投产成功，标志着镇海炼化乙烯工程全面进入投料试车阶段。

这套 30 万吨/年聚丙烯装置于 2007 年 12 月 30 日破土动工，2009 年 12 月 11 日建成中交，历经 26 个月建设工期。该装置采用中国石化第二代环管聚丙烯成套技术，使用中国石化系列催化剂，生产均聚物、无规共聚物、抗冲共聚物等共计 60 个牌号聚丙烯本色粒料产品。

该装置工艺先进，对设备的清洁度要求高，多项重大设备采用国产化技术，其中循环丙烯气压缩机组是“十一五”期间集团公司大型设备国产化攻关项目之一。

至此，加上原有 200kt/a 聚丙烯装置，镇海炼化已具有 500kt/a 聚丙烯生产能力，成为我国重要的塑料原料生产基地之一。

陕西延长石油集团 2009 ~ 2010 年来先后建成 100kt/a 和 200kt/a 两套聚丙烯生产装置，实现了陕西省聚烯烃产能零的突破(表 23)。

表 23　2004 ~ 2010 年国内 PP 产量统计表

项　目	2004 年	2005 年	2006 年	2007 年	2008 年	2009 年	2010 年
产量/kt	4749.00	5229.50	5842.00	7126.49	7332.06	8205.18	9167.28
年增长率/%	11.27	10.12	11.71	21.99	2.88	11.61	11.73

二、2010 年聚丙烯树酯生产集中于东部沿海地区

从早年的大量进口，到近年来的产销基本平衡，再到现在出现供需失衡趋势。由此，我国聚丙烯行业格局已发生深刻变化。

2010 年国内 31 省市中，有重庆、山西、广西、云南、四川省、西藏六省区暂无聚丙烯树脂生产。

从生产大区划分来看，聚丙烯树脂产能主要集中在华东、中南、东北、华北四大区，华东七省市占全国总产能达 40.87% 以上；其次是中南和华北地区，分别占全国总产能的 15.63% 和 11.35% 左右；东北占 10.94% 左右。

四大区合计占全国总产能的 78.79% 左右，也就是说全国八成左右的聚丙烯树脂产能集中在东部沿海地区。

从各省市 2010 年聚丙烯树脂产量统计来看，除浙江、福建、新疆、陕西、山东、上海新增聚丙烯树脂能力投产、产量有所上升外，其余均不同下降。

内蒙古 2010 年聚丙烯树脂产量下降 83.92%；吉林省下降 63.22%；河北省下降 14.70%；湖南省下降 13.09%；海南省下降 9.21%；江苏省下降 8.04%；江西省下降 6.03%；辽宁省下降 5.20%。

2009 ~ 2010 年东西部聚丙烯树脂生产产量比较统计，2010 年东部地区聚丙烯树脂生产产量占全国总产能达 76.95%，中西部地区聚丙烯树脂生产产量占全国总产能达 23.05%。

详见表 24。

表 24　2009 ~ 2010 年东西部聚丙烯树脂生产产量比较统计　kt

东部地区	年产量		中西部地区	年产量	
	2009 年	2010 年		2009 年	2010 年
山　东	6200.6	6801.4	甘肃省	4116.6	4065.7
天　津	724.8	4080.5	新　疆	3270.4	6715.6
江　苏	5967.1	5487.7	内蒙古	392.4	63.1
河　北	2017.8	1721.1	陕　西	1333.4	2099.3
上　海	7328.8	8377.1	湖　南	1971.4	1713.4
浙　江	9658.3	10714.4	湖　北	2867.1	2866.8

续表

东部地区	年产量		中西部地区	年产量	
	2009 年	2010 年		2009 年	2010 年
福 建	1936.6	4695.0	青 海	172.7	236.5
辽 宁	5383.4	5107.3	宁夏回族自治区	229.3	242.2
北 京	4618.8	4600.9	江 西	1031.6	969.4
黑龙江	4957.6	4835.4	河 南	2146.4	2161.0
广 东	11459.0	11537.2			
海南省	2281.2	2077.7			
安 徽	446.1	419.0			
吉 林	230.3	84.7			
合 计	63211.2	70539.4	合 计	17531.3	21133.0

三、2010 年国内聚丙烯树脂出口生产省市集中于东部沿海地区

2010 年国内聚丙烯树脂出口生产省市集中于东部沿海地区。

从海关统计中可看出，2010 年初级形状的聚丙烯出口生产企业主要集中在广东省，出口数量 38590159kg，占总出口数量的 46.55%，比 2009 年出口增加 19726592kg，比上年增加 104.58%；

其次为海南省，出口数量 11102000kg，占总出口数量的 13.39%，2009 年没有出口；

福建省，出口数量 6421063kg，占总出口数量的 7.45%，比 2009 年出口增加 5602603kg，比上年上升 684.53%；

河北省，出口数量 5869684kg，占总出口数量的 7.08%，比 2009 年出口增加 509544kg，比上年上升 9.51%；

上海市出口数量 5545237kg，占总出口数量的 6.69%，比 2009 年出口减少 3269674kg。

2010 年五省市初级形状的聚丙烯出口数量占 2010 年总出口数量的 81.16%，比 2009 年减少 5.71%(表 25)。

表 25 2010 年初级形状的聚丙烯 6 大出口省市统计

排序	出口省市	出口金额/ 美元	出口数量/kg	占比例%
1	广东省	66593608	38590159	46.55
2	海南省	13858890	11102000	13.39
3	福建省	9148433	6421063	7.45
4	河北省	8889381	5869684	7.08
5	上海市	9055879	5545237	6.69
6	浙江省	6581871	4561018	5.50
出口总计		135407131	82898314	100.00

四、国内聚丙烯(PP)出口商以改性聚丙烯树脂为主

2010 年初级形状的聚丙烯出口商共计有 362 家，出口额最高的八位出口商七家为生产企业，一家为贸易商，出口数量占总出口数量的 59.71%。

中国石化化工销售有限公司，东莞三星道达尔工程塑料有限公司，廊坊佳世化工有限公司，金发科技股份有限公司，LG 化学(广州)工程塑料有限公司，肇庆市大旺嘉升电子产品有限公司，上海大赛璐塑料工业有限公司，隆控物流(上海)有限公司分别位居 2010 年初级形状的聚丙烯出口量 1 ~ 8 位，出口量分别占总出口量的 20.17%、20.15%、6.52%、3.64%、3.25%、2.28%、2.16% 和 1.54%。

2010 年初级形状的聚丙烯三十五大出口商中大生产企业占十八大，出口数量占总出口数量的 66.16%，仅有中国石化化工销售有限公司为聚丙烯树脂原料生产厂，其他均为改性聚丙烯树脂(即 PP 合金)生产企业(表 26)。

表 26 2010 年初级形状的聚丙烯 5 大出口商统计

排序	出 口 商	出口数量/kg	所属行业	占比例/%
1	中国石化化工销售有限公司	16724425	聚丙烯生产	20.17
2	东莞三星道达尔工程塑料有限公司	16707450	改性聚丙烯树脂	20.15
3	廊坊佳世化工有限公司	5407504	改性聚丙烯树脂	6.52
4	广州金发科技股份有限公司	3015728	改性聚丙烯树脂	3.64
5	LG 化学(广州)工程塑料有限公司	2696425	改性聚丙烯树脂	3.25
	出口总计	82898314		100.00

五、2010 年国内聚丙烯树脂进口下降出口增长

从统计数据看出，近年进口量波动较大，1991 ~ 1998 年八年中四年跌四年升，1991 ~ 1999 年

8年年均增长率为13.05%。

2002~2010年九年中聚丙烯进口量三年跌六年升，2002~2009年8年年均增长率为7.91%。

2010年聚丙烯进口量为3868.09kt，同比下降7.07%(表27~表29)。

2004~2010年间，聚丙烯进口量年均增长为4.83%。

2004~2010年间，聚丙烯净进口量年均增长为4.55%。

六、聚丙烯表观消费小幅上升，低于同期产量年均增长

1. PP消费概述

2004~2010年间，中国PP表观消费量年均增长达9.18%，低于同期产量年均增长率2.41%。

2010年PP表观消费量为12952.47kt，同比增长5.11%。

2010年PP国内自给率为70.78%，同比上升4.20%(表30)。

表27　2004~2010年PP进出口统计

年　份	2004	2005	2006	2007	2008	2009	2010
进口/千吨	2913.92	3023.31	2944.74	3070.06	2788.92	4162.46	3868.09
出口/千吨	15.32	22.492	26.237	31.13	41.655	44.77	82.90
净进口量/千吨	2898.60	3000.82	2918.50	3038.93	2747.27	4117.69	3785.19
年增长率/%	6.47	3.53	-2.74	4.12	-9.60	49.88	-8.07

表28　2010年初级形状的聚丙烯五大进口国家/地区统计

排　序	原产进口地	进口数量/kg	进口金额/美元	占比例/%	平均进口价/美元
1	韩国	995132190	1358579467	25.73	1365.23
2	沙特阿拉伯	685869179	859627488	17.73	1253.34
3	日本	235261452	367054633	6.08	1560.20
4	印度	227216634	284201955	5.87	1250.80

表29　2010年初级形状的聚丙烯五大出口国家/地区统计

排　序	出口目的地	出口数量/kg	出口金额/美元	占比例/%
1	越南	22140504	29109125	26.71
2	马来西亚	3583394	6850511	4.32
3	印度	2872743	4810567	3.47
4	泰国	2542682	4724030	3.07

表30　2004~2010年国内PP表观消费量统计资料　千吨

年　份	2004	2005	2006	2007	2008	2009	2010
表观消费量	7647.40	8230.32	8786.74	10165.42	10079.33	12322.87	12952.47
年增长/%	9.40	7.62	6.76	15.69	-0.85	22.26	5.11
国内自给率	62.10	63.54	66.49	70.11	72.74	66.58	70.78

2. PP进口消费省市集中流向东部沿海地区

从海关资料来看，2010年初级形状的聚丙烯进口消费省市有28个，比2009年增加6个进口消费省市，五进口消费省市2010年初级形状的聚丙烯进口消费省市进口量占总进口量的86.3085.41%，比2009年增加0.89%。

2010年初级形状的聚丙烯主要进口流向为广东省，进口数量1892662679kg，占总进口数量的48.93%，比2009年进口减少13317261kg，下降0.70%；

其次为浙江省，进口数量661263965kg，占总进口数量的16.96%，比2009年进口减少179796673kg，下降21.38%；

上海市，进口数量285835108kg，占总进口数量的7.39%%，比2009年进口增加30003856kg，增长11.73%；

江苏省，进口数量259335661kg，占总进口数量的6.70%，比2009年进口减少6151654kg，下降2.32%；

山东省，进口数量244481160kg，占总进口数量的6.32%，比2009年进口减少12681656kg，下降4.93%(表31)。

表 31 2010 年初级形状的聚丙烯五大进口省市统计

排序	进口省市	进口金额/美元	进口数量/kg	占比例/%
1	广东省	2467173177	1892662679	48.93
2	浙江省	865168645	661263965	16.96
3	上海市	404572070	285835108	7.39
4	江苏省	374564789	259335661	6.70
5	山东省	325834673	244481160	6.32
进口总计		5173851954	3868088685	100.00

3. 聚丙烯消费结构分析

我国 PP 最大的消费领域是编织袋、捆扎绳等编织制品。注塑制品是我国 PP 的第二大消费领域，约占消费总量的 20.00%，主要消耗 PP 专用料。

我国 PP 的另外一个主要消费领域是薄膜，约占消费总量的 15.50%，其中以双向拉伸 PP 薄膜为主。此外，我国 PP 还用于生产纤维、管片板材等制品，广泛应用于生产和生活的各个领域。

我国聚丙烯消费结构见表 32。

表 32 我国聚丙烯消费结构预测

应用领域	预测 2015 年		2010 年	
	消费量/(kt/a)	所占比例/%	消费量/(kt/a)	所占比例/%
BOPP 薄膜	2050.0	11.52	1500.0	11.63
CPP 薄膜	620.0	3.48	510.0	3.95
纤维制品	2550.0	14.33	1900.0	14.73
编织制品	7250.0	40.73	5900.0	45.74
注塑制品	3600.0	20.22	2510.0	19.46
管材制品	1100.0	6.18	480.0	3.72
其他制品	630	3.54	100.0	0.77
合计	17800.0	100.00	12900.0	100.00

4. 聚丙烯进口生产使用企业分析

从海关资料来看，2010 年初级形状的聚丙烯进口商有 4，562 家，比 2009 年增加 69 家进口商，前 8 位初级形状的聚丙烯进口商进口量占总进口量的 10.50%。

深圳市宝安外经发展有限公司、东莞市对外加工装配服务公司、深圳市龙岗区对外经济发展有限公司、广州保税区精卫国际贸易有限公司、宁波保税区高新货柜有限公司、广州市合诚化学有限公司、广州宏顺塑胶工业有限公司、爱施开国际贸易(上海)有限公司，分别位居 2010 年初级形状的聚丙烯进口量 1～8 位，进口量分别占总进口量的 2.32%、1.57%、1.56%、1.22%、1.06%、1.00%、0.90% 和 0.87%。

从资料分析，初级形状的聚丙烯进口生产使用企业以塑料制品工业、家用电器工业、塑料改性工业、薄膜包装工业、化学工业、电子工业、幼童用品、化纤工业为主，2010 年初级形状的聚丙烯进口商三十八大进口商，其中二十大进口商为贸易商，进口量占总进口量的 14.48%；

十大进口生产企业以塑料制品工业、薄膜包装工业、塑料改性工业、幼童用品、家用电器工业、化纤工业为主，进口量占总进口量的 4.13%(表 33～表 37)。

表 33 2010 年初级形状的聚丙烯十大进口商统计

排序	进 口 商	进口数量/kg	所属行业	占比例/%
1	深圳市宝安外经发展有限公司	89020268	进口贸易商	2.32
2	东莞市对外加工装配服务公司	60619138	进口贸易商	1.57
3	深圳市龙岗区对外经济发展有限公司	60495651	进口贸易商	1.56
4	广州保税区精卫国际贸易有限公司	47296743	进口贸易商	1.22
5	宁波保税区高新货柜有限公司	40925575	进口贸易商	1.06
6	广州市合诚化学有限公司	38539575	塑料制品工业	1.00
7	广州宏顺塑胶工业有限公司	34898731	塑料制品工业	0.90
8	爱施开国际贸易(上海)有限公司	33649550	进口贸易商	0.87
9	浙江凯利包装材料有限公司	33295850	薄膜包装工业	0.86
10	浙江远大进出口有限公司	29083072	进口贸易商	0.75
进口总计		3868088685		100.00

表 34 PP T300 上海石化 2010 年中国塑料城月均价走势 元/t

1 月	2 月	3 月	4 月	5 月	6 月
11315	11430	11186	11697	11650	11085
7 月	8 月	9 月	10 月	11 月	12 月
10945	11015	10968	11600	12606	12610

表 35　PPS1003 上海赛科
2010 年中国塑料城月均价走势　元/t

1 月	2 月	3 月	4 月	5 月	6 月
11080	10940	10856	11383	11222	10695
7 月	8 月	9 月	10 月	11 月	12 月
10328	10820	10786	11397	12586	12400

表 36　PP AP03B 埃克森美孚
2010 年中国塑料城月均价走势　元/t

1 月	2 月	3 月	4 月	5 月	6 月
11897	11850	11760	12014	12040	11376
7 月	8 月	9 月	10 月	11 月	12 月
11166	11672	11906	12426	13613	13404

表 37　PP R370Y 韩国 SK
2010 年中国塑料城月均价走势　元/t

1 月	2 月	3 月	4 月	5 月	6 月
14360	14076	13752	13714	13572	13057
7 月	8 月	9 月	10 月	11 月	12 月
12876	12977	13009	13711	13863	13684

2010 年 PP 行情的总体走势延续 2009 年的震荡上扬格局。从本年度的走势来看，2010 年国际油价维持长期居高不下，震荡空间大概在 70 ~ 100 美元左右。

延续年末的反弹格局，预计在一季度前，需求继续恢复的情况下，PP 行情有望站上 11000 元上方的大关，在二三季度需求向好、油价开始上升的带动下，PP 可能会形成新一轮的拉升行情。其间中石油、中石化的一些新近产能的陆续投产可能会给行情构成一定的压力。

另外年末一般行情需求较淡，并且多数贸易商可能会陆续离场结清，因此价格可能会逐步回落。在金融危机逐步恢复下的 2010 年，市场人士仍继续看好它未来的走势，PP 整体行情则有望再上一个台阶(表 38)。

目前，全球聚丙烯市场将面临过剩的巨大压力。中东成为聚丙烯新建项目的热土，中东几套大型出口型装置投产后，廉价的产品将会大批量涌入国门，并将逐步取代韩、日等传统出口大国的地位，届时我国的聚丙烯企业也将遭遇强烈的冲击。

我国在建和扩建的聚丙烯新增产能也即将投产，市场供给量将快速增加。

新增产能量大，行业重组加剧，但同时企业的原料成本又居高不下，这将迫使企业降低开工率，而整个聚丙烯行业的盈利能力也将受到不同的影响。由于新增产能过于集中，市场将重点消化扩能高峰期形成的产能，竞争进入白热化状态。对此，我国聚丙烯工业必须加快发展迎接挑战。

表 38　2009 ~ 2012 年我国主要 PP 生产企业扩能计划表

企业名称	原产能/(kt/a)	新增产能/kt	扩能情况
盘锦乙烯	50	220	于 2009 年建成投产
大唐内蒙古多伦煤化工有限公司		460	2009 年 11 月 16 日建成投产
镇海石化	200	300	于 2010 年第一季度投产
福建联合	120	400	合资新建，2010 年建成投产
延安炼厂	100	350	新建九套装置，2010 年建成投产
武汉石化		400	新建八套装置，2010 年建成投产
抚顺石化	90	300	新建九套装置，计 2010 年建成投产
天津石化	70	450	2010 年建成投产
独子山石化	100	400	大乙烯配套项目，2010 年建成投产
四川石化		450	预计 2011 年年底中交
大港石化		100	2010 年第一季度投产
宁夏神华		500	2010 年中期投产
包头神华		300	2010 年第三季度投产
广西石化		200	2010 年第三季度投产
洛阳石化		140	2010 年第三季度投产
宁夏石化		100	将在 2011 年底建成

第四章　聚氯乙烯糊树脂

2010 年进口量升价升

2010 年 4 月 26 日，印度商工部对原产于欧盟的聚氯乙烯糊树脂作出反倾销日落复审终裁：继续对原产于欧盟或自欧盟进口的涉案产品征收反倾销税，税率为 267.38 美元/t。涉案产品海关编码为 39042110。

2003 年 8 月，印度对原产于欧盟的聚氯乙烯糊树脂进行反倾销立案调查；2004 年 8 月，印度对此案作出肯定性终裁；2009 年 3 月，印度对原产于欧盟的聚氯乙烯糊树脂进行反倾销日落复审立案调查。

一、中国聚氯乙烯糊树脂工业

1. 聚氯乙烯糊树脂产能高发展，装置负荷运行率仍处于较低水平。

据统计，2010 年中国糊树脂总生产能力达到 780kt，产量达 510kt 左右，进口量约为 98.3kt，与当年约 550kt 的需求相比基本处于供大于需不平衡状态。

2005 年以来，国内 PVC 糊树脂行业发展十分迅猛，现有企业生产能力不断增加。其中，沈阳化工股份有限公司糊树脂生产能力扩产之后已经达到 120kt/a，生产能力居亚洲第一位，世界前三位；

其他老牌糊树脂生产企业，如上海氯碱、上海天原、天津化工、郴州华湘等也都已经完成或者正在进行糊树脂的扩产计划(表 39)。

表 39　2000～2010 年
中国 PVC 糊树脂产能与产量增长统计

年　份	2000	2005	2008	2009	2010
产能/kt	15.90	30.00	59.20	68.20	78.20
产量/kt	约 11.50	约 25.00	约 38.00	约 44.00	约 51.00
年增长/%	800.00	117.39	52.00	15.80	15.91
开工率/%	72.33	83.33	64.19	64.52	65.22

造成国内 PVC 糊树脂发展迅猛的主要原因：

一是国内糊树脂的生产企业较少，行业竞争明显小于粉状树脂；

二是糊树脂市场利润情况较好，在成本与粉状树脂相差不多的情况下，售价却明显高于粉状树脂；

三是近年来糊树脂下游需求有比较明显的增长，进口数量占国内消费量的比例较大。

由于以上原因，吸引了越来越多的企业准备投身于糊树脂生产行列中，一方面现有的企业生产能力仍在不断增加，另一方面一部分传统的粉状树脂生产企业也准备加入到糊状树脂生产行列之中。

近几年我国糊树脂产能增长速度较快，虽然进口数量变化不大，而且下游需求也有一定的增长，但是产能和产量的增长速度明显大于需求的增长速度。其中，产能和产量的增长速度达到 25%～30%，而下游增长速度仅在 10% 左右。

到 2007 年，我国糊树脂产能已基本能够满足国内市场需求。

2010 年 8 月底，宁夏英力特化工新建的 40kt/a 的 PVC 糊树脂装置将投产开车试运行，对缓解目前的 PVC 糊树脂市场需求紧张状况发挥一定的积极作用。

天津渤天化工有限责任公司年产 60kt 聚氯乙烯糊树脂增产项目 2010 年 12 月建成投产，以三套生产装置，年产 170kt，生产能力位居全国前列，企业市场竞争力进一步增强。

2010 年，除部分高端产品外，我国已完全能够满足国内需求，部分产品出口国际市场。

2009 年，中国聚氯乙烯糊树脂产能 682.0kt，产量约 440kt，聚氯乙烯糊树脂生产装置平均开工率约 64.52%，比 2008 年 64.19% 增加约 0.33%，装置负荷运行率处于较低水平。

2010 年，中国聚氯乙烯糊树脂产能 782.0kt，产量约 510kt，聚氯乙烯糊树脂生产装置平均开工率约 65.22%，比 2009 年 64.52% 增加约 0.70%，装置负荷运行率仍处于较低水平。

中国聚氯乙烯糊树脂发展速度较快，产能与产量始终保持约 18% 的较高增长速度。特别是近年来，增长呈跳跃式发展。

中国聚氯乙烯糊树脂产能由 20 世纪 80 年代末的 10kt、产量 7kt，增至 2010 年的产能 782.0kt、产量约 510kt。

2000～2010 年产能增长了 391.82%，年均增长率为 17.27%；

2000～2010 年产量增长了 343.48%，年均增长率为 16.06%；

2. 聚氯乙烯糊树脂出口省市分析

从海关统计中可看出，2010 年聚氯乙烯糊树脂出口生产企业主要集中在浙江省，出口数量 1885767kg，占总出口数量的 29.63%，比 2009 年增加 76.55%；

其次为河北省，出口数量 1566550kg，占总出口数量的 24.61%；

辽宁省出口数量 1349503kg，占总出口数量的 21.20%，比 2009 年增加 145.10%；

湖南省出口数量 1060000kg，占总出口数量的 16.65%，比 2009 年增加 19.37%；

天津市 2010 年出口数量 225180kg，占总出口数量的 3.54%，比 2009 年增加 22418.00%。

2010 年五省市聚氯乙烯糊树脂出口量占总出口数量的 98.63%(表 40)。

表40 2010年聚氯乙烯糊树脂五大出口省市统计

排序	出口省市	出口金额/美元	出口数量/kg	占比例/%
1	浙江省	4146653	1885767	29.63
2	河北省	1295433	1566550	24.61
3	辽宁省	1952915	1349503	21.20
4	湖南省	1388984	1060000	16.65
5	天津市	330433	225180	3.54
出口总计		9569955	6365348	100.00

3. 聚氯乙烯糊树脂出口商以贸易商为主

聚氯乙烯糊树脂出口商以贸易商为主，2010年聚氯乙烯糊树出口商中八成为贸易商。

2010年聚氯乙烯糊树脂出口商共计有80家，比上年44家增加36家，2010年聚氯乙烯糊树脂出口量最高的8位出口商有2家为生产企业，六家为贸易商，出口数量占总出口数量的68.87%。

杭州远远化工贸易有限公司、沈阳化工股份有限公司、郴州华湘化工有限责任公司、温州市精锐电器有限公司、天津渤化化工进出口公司、绍兴恒山国际经贸有限公司、杭州天开进出口有限公司、黑龙江华宇工贸(集团)有限责任公司，分别位居2010年聚氯乙烯糊树出口量1~8位，出口量分别占总出口量的22.97%、19.36%、16.62%、4.53%、2.49%、1.57%、0.75%和0.58%。

2010年聚氯乙烯糊树八大出口商中生产企业仅有2家，出口数量占总出口数量的35.98%；而贸易商占23家，出口数量占总出口数量的32.89%(表41)。

表41 2010年聚氯乙烯糊树脂八大出口商统计

排序	出口商	所属行业	出口数量/kg	占比例/%
1	杭州远远化工贸易有限公司	贸易商	1462100	22.97
2	沈阳化工股份有限公司	生产企业	1232040	19.36
3	郴州华湘化工有限责任公司	生产企业	1058000	16.62
4	温州市精锐电器有限公司	贸易商	288200	4.53
5	天津渤化化工进出口公司	贸易商	158500	2.49
6	绍兴恒山国际经贸有限公司	贸易商	100000	1.57
7	杭州天开进出口有限公司	贸易商	47680	0.75
8	黑龙江华宇工贸(集团)有限责任公司	贸易商	36625	0.58
出口总计			6365348	100.00

二、2010年聚氯乙烯糊树脂进口量升价升

聚氯乙烯糊树脂2008年才单独新列出代码，无历年数据，因此无法同比。

2010年，我国共进口聚氯乙烯糊树脂98.35kt，同比增长14.97%；

2010年出口聚氯乙烯糊树脂6.37kt，同比增长93.29%。

2010年国内聚氯乙烯糊树脂对外依存度为16.16%，比2009年我国聚氯乙烯糊树脂对外总依存度下降0.11%(表42)。

表42 2008~2010年聚氯乙烯糊树脂进出口统计

	2008年	2009年	2010年
进口数量/kg	63241685	85539413	98346390
进口金额/美元	86073714	90029981	135830066
平均进口价/(美元/kg)	1.361028	1.05250	1.38114
出口数量/kg	7613288	3293118	6365348
出口金额/美元	8696796	4360238	9569955
平均出口价/(美元/kg)	1.14232	1.32405	1.50345
净进口合计/kg	55628397	82246295	91981042
年增长率/%		47.85	11.84
对外依存度	14.27	16.27	16.16

1. 2010年聚氯乙烯糊树脂进口增长

2010年，中国聚氯乙烯糊树脂进口总量为98.3kt，比2009年的85.5kt增加约14.97%；出口6.4kt，比2009年的3.3kt增加约93.94%。

从海关统计中可看出，聚氯乙烯糊树脂2010年进口地有20个(比上年减少2个进口地)。

主要进口地为中国台湾省进口数量39689087kg，占总进口数量的40.36%，比2009年增加进口数量48.74%；

其次为韩国进口数量32746522kg，占总进口数量的33.20%，比2009年增加进口数量0.46%；

日本进口数量12415645kg，占总进口数量的12.62%，比2009年减少进口数量21.45%；

马来西亚进口数量7885000kg，占总进口数量的8.02%，比2009年增加进口数量196.33%；

德国进口数量2379465kg，占总进口数量的2.42%，比2009年增加进口数量95.97%；

五原产进口地进口数量占聚氯乙烯糊树脂2010年总进口数量的96.62%，比2009年增加2.45%(表43)。

表 43　2010 年聚氯乙烯糊树脂
五大进口国家/地区统计

排序	原产进口地	进口金额/美元	进口数量/kg	占比例/%
1	中国台湾省	54646334	39689087	40.36
2	韩国	44099260	32746522	33.30
3	日本	17160619	12415645	12.62
4	马来西亚	10807388	7885000	8.02
5	德国	3685303	2379465	2.42
进口总计		135830066	98346390	100.00

2. 2010 年聚氯乙烯糊树脂出口增长

从海关统计中可看出，2010 年聚氯乙烯糊树脂出口地有 43 个，比 2009 年增加 11 个出口地。

主要出口地为俄罗斯联邦出口数量 1539625kg，占总出口数量的 24.19%，比 2009 年增加出口数量 74.58%；

其次为印度出口数量 1037980kg，占总出口数量的 16.31%，比 2009 年增加出口数量 405.59%；

中国香港出口数量 921439kg，占总出口数量的 14.48%，比 2009 年增加出口数量 21.61%；

韩国出口数量 505000kg，占总出口数量的 7.93%，比 2009 年减少出口数量 15.55%；

肯尼亚出口数量 435000kg，占总出口数量的 6.83%。

五出口地出口数量占初聚氯乙烯糊树脂 2010 年总出口数量的 69.74%，比 2009 年减少出口数量 9.63%（表 44）。

表 44　2010 年聚氯乙烯糊树脂
五大出口国家/地区统计

排序	出口目的地	出口金额/美元	出口数量/kg	占比例/%
1	俄罗斯联邦	3504092	1539625	24.19
2	印度	1329504	1037980	16.31
3	中国香港	1251222	921439	14.48
4	韩国	668165	505000	7.93
5	肯尼亚	374600	435000	6.83
出口总计		9569955	6365348	100.00

三、2010 年聚氯乙烯糊树脂进出口交易类型

从海关统计中可看出，2010 年以聚氯乙烯糊树脂进口贸易方式主要为进料加工贸易（占进口量 75.09%），其次为一般贸易（占进口量 20.80%），来料加工装配贸易（占进口量 3.47%），保税仓库进出境货物（占进口量 0.46%），保税区仓储转口货物（占进口量 0.18%），其他（占进口量 0.00%），合计为总进口量的 100.00%（表 45）。

表 45　2010 年聚氯乙烯糊树脂
进口交易类型统计

进口交易类型	进口金额/美元	进口数量/kg	占比例/%
进料加工贸易	100690497	73849135	75.09
一般贸易	29507083	20451750	20.80
来料加工装配贸易	4680550	3411178	3.47
保税仓库进出境货物	569836	456200	0.46
保税区仓储转口货物	370407	176087	0.18
其他	11693	2040	0.00
进口总计	135830066	98346390	100.00

从海关统计中可看出，2010 年以聚氯乙烯糊树脂出口贸易方式主要为一般贸易（占出口量 96.83%），其次为边境小额贸易（占出口量 1.53%），保税仓库进出境货物（占出口量 0.53%），对外承包工程出口货物（占出口量 0.47%），其他（占出口量 0.64%），合计为总出口量的 100.00%（表 46）。

表 46　2010 年聚氯乙烯糊树脂
出口交易类型统计

出口交易类型	出口金额/美元	出口数量/kg	占比例/%
一般贸易	9227259	6163822	96.83
边境小额贸易	133392	97625	1.53
保税仓库进出境货物	51612	33439	0.53
对外承包工程出口货物	116930	29720	0.47
其他	40762.00	40742	0.64
出口总计	9569955	6365348	100.00

四、消费结构分析

全球聚氯乙烯糊树脂应用主要包括几个方面：弹性材料、发泡地板材料（卷材），约占 29%；墙壁纸、沙发、人造革等家庭装饰材料，约占 22%；电器、工具把手、手套、玩具和日用消费品，约占 21%；汽车、运输带、金属涂层，约占 18%；其他约占 10%。

欧洲聚氯乙烯糊树脂的消费结构是：地板革 38%，人造革 12%，涂料 11%，壁纸 9%，汽车密封体 8%，其他 22%。

中国聚氯乙烯糊树脂消费结构：弹性材料、发泡地板材料（卷材）约占 30%，墙壁纸、沙发、人造革、运输带等家庭装饰材料约占 35%，电器、工具把手、手套、玩具和日用消费品约占 15%，汽车、金属涂层、密封材料约占 10%，其他约占 10%。

随着我国经济的稳步发展和人民生活水平的不断提高，加之 PVC 糊状树脂应用开发的不断深入，国内市场对聚氯乙烯糊树脂的需求有了较大增长，

特别是在汽车、建筑、电子和涂料等方面的需求显著增加。

2010年聚氯乙烯糊树脂表观消费量为601.98kt，同比增长14.62%。

2010年聚氯乙烯糊树脂国内自给率为84.72%，同比增长0.94%(表47)。

表47　2004～2010年国内聚氯乙烯糊树脂表观消费量统计

年　份	2008年	2009年	2010年	2011年
表观消费量/kt	442.48	525.21	601.98	
年增长率/%		18.70	14.62	
国内自给率/%	85.88	83.78	84.72	

2008～2010年间聚氯乙烯糊树脂表观消费量年均增长率为17.22%，高于同期产量年均增长率1.37%。

1. 进口生产使用企业以塑胶工业为主

2010年聚氯乙烯糊树进口商共计有160家，比2009年减少4家进口商，进口额最高的八位进口商进口数量占总进口数量的55.90%，比2009年增长6.34%(表48)。

表48　2010年聚氯乙烯糊树脂八大进口商统计

排序	进口商	所属行业	进口数量/kg	占比例/%
1	淄博蓝帆塑胶制品有限公司	塑胶制品	12588400	12.80
2	徐州富山医疗制品有限公司	医疗制品	11950000	12.15
3	唐山中红普林食品有限公司	食品工业	11372800	11.56
4	来百利(惠州)手套有限公司	劳保制品	6689400	6.80
5	淄博鸿烨上勤塑胶有限公司	塑胶制品	3573218	3.63
6	隆基(厦门)塑胶有限公司	塑胶制品	3486800	3.55
7	江门市中塑进出口有限公司	贸易商	2695200	2.74
8	淄博恒昌塑胶制品有限公司	塑胶制品	2622200	2.67
进口总计			98346390	100.00

在消费结构方面，总体来看中国与世界差异不大。特别是由于高端产品应用差距正在快速缩小。

2010年，中国聚氯乙烯糊树脂销量约510kt，进口98.3kt，出口6.4kt，表观消费量602.0kt。

中国聚氯乙烯糊树脂年消耗量的40%经加工后出口，进口绝大部分经加工后再出口。

2. 进口消费省市主要集中在长江三角洲及珠江三角洲

从海关资料来看，2010年聚氯乙烯糊树脂进口消费省市有14个，与2009年平。

2010年聚氯乙烯糊树脂主要进口流向为广东省，进口数量23655860kg，占总进口数量的24.05%，比2009年进口数量增加61.91%；

2010年聚氯乙烯糊树脂五大进口省市进口数量占总进口数量的90.30%；比2009年进口数量增加18.30%(表49)。

表49　2010年聚氯乙烯糊树脂五大进口省市统计

排序	进口省市	进口金额/美元	进口数量/kg	占比例/%
1	广东省	31591887	23655860	24.05
2	山东省	30479836	22473532	22.85
3	江苏省	27623694	19260530	19.58
4	河北省	20666588	14829100	15.08
5	上海市	12360894	8592516	8.74
进口总计		135830066	98346390	100.00

中国聚氯乙烯糊树脂需求市场主要分布在长江三角洲及珠江三角洲约占74%。

由于中国聚氯乙烯糊树脂大都流向东部与南部区域，所以北方地区物流成本就显得较为重要。

华中地区至长江三角洲及珠江三角洲物流主要为陆路，平均成本约250元/t。

华北地区物流主要为海运及部分陆路，平均成本约300元/t。这意味着，北方物流成本约占产品价格的4%～5%。

目前我国糊树脂的下游需求主要为合成革类、玩具手套类、胶粘剂类等。近年来国内手套行业持续快速发展，而玩具和合成革类的发展速度已经明显变缓，主要的合成革类消费地区温州的需求甚至有所萎缩。

在这种情况下，业内专家认为，国内糊树脂企业的扩产扩能一定要谨慎。应不断扩大产品的应用领域，增加产品型号，形成差异竞争、错位竞争的良性竞争格局；

应加强企业之间的技术交流，加速提高行业整体技术水平；积极开拓国际市场，规范国内市场竞争，避免步粉状PVC因供大于求出现无序竞争的后尘。

五、2010年价格走势及原因分析

1. 2010年中国聚氯乙烯糊树脂国内市场价格走势

经过前期的稳步上扬，进入2010年4月以来，PVC糊树脂市场价格基本维持高位平稳运行状态。整个4月，上海氯碱化工股份有限公司PVC糊树脂市场价格均在100600～100700元/t高位运行。

5月份国内糊树脂市场走势较好，价格呈稳中有升态势。目前，低端糊树脂送到价为10600～10700元(吨价，下同)，高端送到价为10800～11000元。

5月份是糊树脂市场销售旺季，下游行业开工率上升，需求加大。多数同行业厂家糊树脂销售状况远好于4月份，在产销量稳步放大同时，库存量下降，当月基本保持全产全销。上海氯碱、沈阳化工等主要生产厂家纷纷上调糊树脂价格，其他厂家价格也出现不同程度上涨。进口糊树脂价格也小幅上涨，与国内糊树脂价格相互联动。

5月份西安化工、郴州华湘化工糊树脂生产装置相继进行停产检修，市场供应量略有下降。虽然5月份国际原油价格高位回调，但国内电石价格却大幅上涨，平均涨幅高达200～300元，且多数地区供应紧张，带动糊树脂成本继续上升。

6月份糊树脂市场将继续保持较好走势，价格以稳为主，部分厂家价格仍有小幅上涨可能。市场主要影响因素有：一是6月份糊树脂市场将进入相对稳定时期，价格以稳为主，波动幅度收窄；二是5月份国际原油价格高位回落，使6月份石油链产品价格有松动可能，进口糊树脂价格难以继续上涨，对国内糊树脂价格将产生一定影响，制约其进一步走强；三是多数厂家糊树脂库存量不大，市场压力较轻，有利于后市市场稳定。

印度对中国生产出口的PVC糊树脂反倾销调查初裁日前尘埃落定，尽管裁定为征收110美元/吨以上的反倾销税的不利结果，但国内PVC糊树脂市场几乎丝毫没有受负面因素的影响，6月国内PVC糊树脂的市场价格与5月相比，仍然上涨了200元/吨。

上海氯碱化工目前的PVC糊树脂出厂价在11000元/吨以上的水平，而且PVC糊树脂装置已经满负荷运行，但市场供应仍比较紧张，PVC糊树脂产品库存维持在极低的水平。

7月份国内糊树脂市场走势平稳，除个别厂家价格略有涨升外，多数厂家价格变化不大。7月末，低端糊树脂送到价在10700～10900元(吨价，下同)，高端送到价在11000～11200元。

7月份糊树脂行情平稳的主要原因，一是糊树脂市场相对稳定月份，下游行业开工率增减不大，需求平稳，糊树脂价格以窄幅波动为主。

2010年7月份韩华、钟渊进口手套料报价在1480～1500美元，皮革料报价在1460～1480美元。五是7月份国内电石价格大幅下降，糊树脂成本有所下降。

8月份糊树脂市场仍是相对稳定和平衡时期，价格大幅涨跌条件都不具备，以稳为主将是市场主旋律。由于原料电石价格有继续下滑可能，糊树脂成本将继续呈下降态势。而国家出口退税调整及多数品种取消优惠，中短期对糊树脂出口及下游外向型企业将产生不利影响。但沈阳化工股份有限公司8月下旬糊树脂装置停产检修，市场供应量相对下降，有利于市场稳定和价格小幅攀升。

进入2010年8月以来，国内PVC糊树脂的市场价格持续走高，与7月相比，上涨了200元/t，上海氯碱化工8月1～11日的PVC糊树脂出厂价均在11200元/t以上的水平。虽然上海氯碱化工全部三套PVC糊树脂装置运行状况良好，均保持满负荷运转状态，但市场供应仍比较紧张，PVC糊树脂产品库存基本维持在零库存的水平。

2. 中国聚氯乙烯糊树脂进口价格呈上升趋势出口价格呈下降趋势

2010年2月有上升趋势，4月月平均进口价格超过1.40美元/kg，2010年4月～2010年12月月平均进口价格在1.40～1.46美元/kg波动(表50)。

聚氯乙烯糊树脂2010年7月平均出口价格上升为1.858美元/kg，7月后出口价呈下降趋势，9月平均出口价格跌到1.285美元/kg，11月平均出口价格跌到1.2223美元/kg(表51)。

表50 2008～2010年中国聚氯乙烯糊树脂月度进口价格变化趋势

2008年中国聚氯乙烯糊树脂进口月平均价/(美元/t)	1月	2月	3月	4月	5月	6月
	1235.65	1291.91	1264.17	1268.06	1349.70	1386.28
	7月	8月	9月	10月	11月	12月
	1418.86	1422.98	1512.69	1548.26	1405.45	1266.87
2009年中国聚氯乙烯糊树脂进口月平均价/(美元/t)	1月	2月	3月	4月	5月	6月
	1107.20	1037.35	954.53	960.95	952.28	1017.48
	7月	8月	9月	10月	11月	12月
	972.46	1080.85	1121.41	1187.86	1159.01	1169.25

续表

2010年中国聚氯乙烯糊树脂进口月平均价/(美元/t)	1月	2月	3月	4月	5月	6月
	1169.70	1210.29	1282.17	1407.07	1408.75	1420.28
	7月	8月	9月	10月	11月	12月
	1430.07	1416.19	1434.28	1454.87	1435.96	1495.21

表51　2008~2010年中国聚氯乙烯糊树脂月度出口价格变化趋势

2008年中国聚氯乙烯糊树脂出口月平均价/(美元/t)	1月	2月	3月	4月	5月	6月
	948.10	1010.40	1101.75	1246.18	1213.48	1288.25
	7月	8月	9月	10月	11月	12月
	1308.04	1405.56	1556.14	1410.11	1663.14	1148.84
2009年中国聚氯乙烯糊树脂出口月平均价/(美元/t)	1月	2月	3月	4月	5月	6月
	1202.27	1296.41	1093.31	1553.44	1190.41	1417.62
	7月	8月	9月	10月	11月	12月
	1203.31	1370.48	1213.44	1484.14	1373.85	1558.96
2010年中国聚氯乙烯糊树脂出口月平均价/(美元/t)	1月	2月	3月	4月	5月	6月
	1440.67	1835.20	1689.44	1.719.98	1547.01	1506.42
	7月	8月	9月	10月	11月	12月
	1857.78	1676.35	1285.66	1508.67	1223.30	1320.72

中国聚氯乙烯糊树脂工业增长势头强劲，但产品结构仍有待于完善，主要是高端产品产能较小、产量较低，而低端产品产能与产量均相对较大，这与中国糊PVC树脂工业发展相对较晚有关，这也是中国糊PVC树脂工业产品结构需要改进的主要方向与目标。

中国聚氯乙烯糊树脂工业应建立有序的发展规划，特别对供大于求的低端产品重复建设项目应十分谨慎。提高装置利用率，降低生产成本，是现阶段主要重点。

扩大对中、高端产品的科研、开发与生产，提升产品在国际、国内市场竞争能力，是糊PVC树脂工业今后几年所侧重的目标。

第五章　2010年聚氯乙烯树脂

一、2010年聚氯乙烯产量实现同比增长

2008年全国PVC总产能突破16000kt大关，比2007年增长5.26%。

2002~2008年产量增长了160.15%，年均增长率为17.27%；

2004~2010年产量增长了124.58%，年均增长率为14.44%。

1. 2010年聚氯乙烯生产概述

据不完全统计数据，截至2010年底，中国聚氯乙烯的总生产能力达到创纪录的23000kt，虽然有部分企业的生产装置因为特殊原因而将开车时间推迟，但总生产能力与2006年的12000kt相比还是有大幅度的增加，增幅超过91%，开工率仍低于五成。

统计数据显示，2010年12月份全国聚氯乙烯产量为981.0kt，同比增长18.05%，1~12月份的累计产量为11301.0kt，与2009年同期累计相比增加了23.44%(表52)。

表52　2004~2010年中国PVC产能产量统计

年　份	2004	2005	2006	2007	2008	2009	2010
产能/kt	6300	9100	12000	15200	16000	18000	23000
年增长/%	23.26	44.44	31.87	26.67	5.26	12.50	27.78
产量/kt	5032.0	6682.00	8238.0	9716.78	8816.42	9155.28	11301.00
年增长/%	25.58	29.01	23.29	17.95	-9.27	3.84	23.44
开工率/%	79.84	79.17	68.65	67.15	55.10	50.86	49.13

韩华石化(宁波)300kt/a聚氯乙烯(PVC)项目在2010年内建成投产。

中泰化学公司属生产基本化工原料的氯碱行业，主营聚氯乙烯树脂(PVC)、离子膜烧碱、纳米PVC、盐酸等氯碱化工产品，并从事相关的物资流通和进出口业务。公司2010年年销售收入超20亿元。生产能力为年产259kt聚氯乙烯。

此外，公司自备电厂、氯碱项目逐步投产，跨越式发展时代来临：公司目前已具有460kt PVC、350kt烧碱、200kt电石的年产能。

2010年11月10日，陕煤化集团所属的北元化工集团公司1000kt/a聚氯乙烯循环综合利用项目

PVC生产线建成投运，标志着全国首个百万吨聚氯乙烯循环综合利用项目一期工程全部建成投产。

依托榆林地区丰富的原盐和电石资源优势，北元化工于2008年开工建设1000kt/a聚氯乙烯循环综合利用项目。项目总投资80亿元，主要建设装置包括：1000kt/a聚氯乙烯、800kt/a离子膜烧碱、4×60MW发电机组、2400kt/a工业废渣水泥。

整个项目分两期建成。在项目建设期间，北元化工全体员工和广大建设者团结一心，顽强拼搏，克服了种种困难，在短短的两年时间顺利完成了一期建设任务，生产出合格的PVC，至此，一期500kt/a聚氯乙烯及其配套的热电水泥装置已全部建成投产，从而使北元化工成为全国规模最大的聚氯乙烯生产企业。

山西瑞恒化工有限公司年产600kt聚氯乙烯项目一期工程2010年12月正式投产。

该项目一期工程于2008年4月开工建设，总投资9.98亿元，是该公司发展以原煤－洗煤－发电－化工－建材为主打产业链的关键环节。该项目将充分利用产业链上游的电力能源和电石产品，实现上游产品的再利用与再循环，不仅使聚氯乙烯和烧碱作为终端产品具备较大成本优势和强大的市场竞争力，还为企业循环经济产业链条的进一步延伸打下坚实基础。

2010年12月3日，在新疆天业集团1200kt联合化工项目第二期400kt/a聚氯乙烯(PVC)项目的天能化工聚合包装生产现场，一袋袋合格的PVC－SG5树脂正井然有序地在包装线上传输。目前，天能化工已经累计生产PVC－SG5树脂4万多吨，新疆天业的PVC年产能也由原来的700kt增加到1100kt。

2. 我国聚氯乙烯生产相对集中于东部地区

中国聚氯乙烯(PVC)市场正在走向自给自足，并出现供过于求。这是由于受到当前经济危机与乙炔法PVC生产商经济性下降的双重影响。

目前我国共有131多家PVC生产企业，总能力近2300万吨/年，占世界总能力的40%。但是有些建设项目正在被搁置，2008年到2012年的需求年增长率将仅为4.4%，其中，电石法PVC企业已经占到企业总数的92%，产量占PVC总产量的70%。

乙炔法PVC生产商主要分布在我国北部、中部和西部地区，那里有廉价和丰足的电力、煤炭和原材料电石。

目前，国外PVC生产主要以乙烯路线为主，在我国，由于乙烯法PVC受原料乙烯、氯乙烯、二氯乙烷供应紧张，氧氯化工艺装置投资高等因素的影响，发展受到很大的制约。

而电石法PVC因其投入资金少，国产化程度高，工艺流程简单、利润空间相对较大等优势，成为我国当前PVC行业投资发展的热点，在今后几年，我国PVC装置的新建或扩建项目，大多数仍采用电石法原料，未来几年电石法原料路线仍将是我国PVC生产发展的主要来源。

虽然近几年我国PVC的发展十分迅速，但是，原料来源、国家政策、国际油价以及环保等因素将对其发展产生重大影响，尤其是最近一段时间，我国PVC行业整体低迷情况已显现出来。

从早年的大量进口，到近年来的产销基本平衡，再到现在出现供需失衡趋势。由此，我国PVC行业格局已发生深刻变化。

2010年国内31省市中，仅海南、重庆、北京、江西、甘肃省、西藏五省区暂无聚氯乙烯树脂生产。

从生产大区划分来看，聚氯乙烯树脂产能主要集中在华东、华北、西南、西北四大区，华北地区占全国总产能达36.74%以上；其次是华东六省市和西南地区，分别占全国总产能的20.99%和12.48%左右；西北三省占15.01%左右。

2008～2010年东西部聚氯乙烯树脂生产产量比较统计，2010年东部地区聚乙烯树脂生产产量占全国总产能达54.36%(比上年减少3.66%)，中西部地区聚乙烯树脂生产产量占全国总产能达45.64%(比上年增加3.66%)，详见表53。

表53 2008～2010年东西部聚氯乙烯树脂生产产量比较统计 t

东部地区	年产量		中西部地区	年产量	
	2010年	2008年		2010年	2008年
山 东	965011	1304510	四 川	1026981	796116
天 津	1413782	1386519	新 疆	1231097	403110
江 苏	343008	503126	内蒙古	1249817	427316
河 北	504097	349252	宁 夏	453354	226922
上 海	362639	373670	广 西	148207	92984
浙 江	565280	549315	陕 西	198185	230944

续表

东部地区	年产量		中西部地区	年产量	
	2010 年	2008 年		2010 年	2008 年
福　建	10786	81972	青　海	11912	5757
辽　宁	159794	145163	山　西	185004	446384
北　京	—	103	湖　北	418494	163510
黑龙江	1591	16285	贵州省	56954	47661
广　东	280986	216822	云南省	177209	214098
安　徽	125510	101113			
河　南	983853	719850			
湖　南	234002	140889			
江　西	—	11805			
吉　林	192784	75322			
合计	6143124	5114977	合计	5157214	3701443

二、2010 年出口

1. 2010 年国内聚氯乙烯树脂出口生产省市分析

2010 年初级形状的聚氯乙烯(未掺其他物质)出口省市有 21 家，比 2009 年 24 家出口省市减少 3 个出口省市。

2010 年初级形状的聚氯乙烯(未掺其他物质)出口生产企业主要集中在新疆维吾尔自治区，出口数量 146448423kg，占总出口数量的 67.09%，比 2009 年出口增加 52106058kg，比 2009 年上升 55.23%；

五省市出口数量占初级形状的聚氯乙烯(未掺其他物质)2010 年总出口数量的 91.01%，比 2009 年增加 11.29%(表 54)。

表 54　2010 年初级形状的聚氯乙烯(未掺其他物质)五大出口省市统计

排序	出口省市	出口金额/美元	出口数量/kg	占比例/%
1	新疆维吾尔自治区	140686414	146448423	67.09
2	天津市	31222978	32449315	14.87
3	河北省	6372360	7031498	3.22
4	江苏省	6278341	6496406	2.98
5	四川省	5868604	6222000	2.85
出口总计		210858758	218276085	100.00

2010 年初级形状的未塑化聚氯乙烯出口省市有 17 家，与 2009 年 23 家出口省市减少 6 个出口省市。

初级形状的未塑化聚氯乙烯出口生产企业主要集中在天津市，出口数量 1020235kg，占总出口数量的 19.61%，比 2009 年出口增加 33835kg，比 2009 年增加 3.43%；

2010 年五省市出口数量占初级形状的未塑化聚氯乙烯总出口数量的 67.53%(表 55)。

表 55　2010 年初级形状的未塑化的聚氯乙烯五大出口省市统计

排序	出口省市	出口金额/美元	出口数量/kg	占比例/%
1	天津市	1355837	1020235	19.61
2	江苏省	1988458	740704	14.24
3	广东省	809346	710133	13.65
4	浙江省	695045	660368	12.70
5	福建省	258684	381624	7.33
出口总计		7234468	5201310	100.00

2010 年初级形状的已塑化聚氯乙烯出口省市有 18 家，比 2009 年 19 家出口省市减少 1 家出口省市。

2010 年初级形状的已塑化聚氯乙烯出口生产企业主要集中在广东省，出口数量 19641805kg，占总出口数量的 54.67%，比 2009 年出口数量增加 15.07%；

五省市 2010 年出口数量占初级形状的已塑化聚氯乙烯总出口数量的 85.33%(表 56)。

表 56　2010 年初级形状的已塑化的聚氯乙烯五大出口省市统计

排序	出口省市	出口金额/美元	出口数量/kg	占比例/%
1	广东省	27937981	19641805	54.67
2	浙江省	8219597	5157729	14.35
3	四川省	2749951	2088000	5.81
4	江苏省	3855833	1933393	5.38
5	辽宁省	3338583	1841144	5.12
出口总计		55069579	35930622	100.00

三、2010 年进出口同步下降

根据海关数据显示，2010 年 12 月中国 PVC 纯粉进口量为 139297 吨，环比显著增长 21%，同比显著增长 36%。

2010年1～12月份PVC纯粉进口量累计为1199119t，累计同比减少26.4%。12月，日本PVC纯粉进口量为36052t；美国PVC纯粉进口量为46159t；中国台湾地区PVC纯粉进口量为27665t。

12月份PVC纯粉出口量为4049t，环比、同比均为显著下降趋势。2010年1～12月份PVC纯粉累计出口218276t，累计同比呈减少态势。

随着我国聚氯乙烯(PVC)行业的快速发展，我国聚氯乙烯进出口格局发生了重大变化，出口迅速扩张，进口逐年减少(表57)。

表57　2005～2010年PVC树脂进出口统计　　kt

项　目		2005	2006	2007	2008	2009	2010
初级状PVC，不掺其他物质	进口	1307.49	1147.02	1014.33	797.54	1629.92	1199.12
	出口	118.59	460.32	711.70	599.56	235.65	218.28
聚氯乙烯糊树脂	进口	—	—	—	63.24	85.54	98.35
	出口	—	—	—	7.61	3.29	6.37
初级状末塑化的PVC	进口	243.846	197.50	183.75	176.47	167.06	125.10
	出口	6.496	14.622	12.86	5.75	6.34	5.20
初级状已塑化PVC	进口	109.934	107.634	105.80	89.53	72.65	88.65
	出口	24.491	24.431	28.43	33.38	29.79	35.93
氯乙烯-乙酸乙烯酯共聚物	进口	7.40	96.64	11.61	9.24	9.20	10.98
	出口	0.24	0.55	1.15	1.20	0.32	9.18
其他氯乙烯共聚物	进口	8.30	6.04	7.34	8.93	8.50	8.31
	出口	0.77	1.33	2.12	2.50	0.10	0.28
合　计	进口	1678.70	1467.85	1410.80	1148.47	1971.90	1530.46
	出口	151.70	501.26	752.99	651.59	278.53	275.24
净进口	合计	1527.00	966.59	567.63	496.88	1693.37	1255.22
年增长/%		-26.76	-36.70	-41.27	-12.46	240.80	-25.87

2010年，我国共进口VCM聚合物1530.46KT，比2009年同期(下同)大幅下降达22.36%。

2005～2010年间，中国VCM聚合物进口量下降8.83%，年均进口量下降达1.1.83%；

2005～2010年间，中国VCM聚合物出口量增长84.06%，年均增长达12.98%。

1. 2010年初级形状的聚氯乙烯(不掺其他物质)进出口下降

从海关统计中可看出，2010年初级形状的聚氯乙烯(不掺其他物质)进口地有42个，比2009年28个进口地增加14个进口地，进口1199119101kg，同比下降26.43%。

主要进口地为日本，进口数量426529431391，988，872kg，占总进口量的35.57%，同比增长8.81%；

五进口地进口数量占初级形状的聚氯乙烯(不掺其他物质)2010年总进口数量的97.23%，比2009年上升19.81%(表58)。

表58　2010年初级形状的聚氯乙烯(未掺其他物质)五大进口国家/地区统计

排序	原产进口地	进口金额/美元	进口数量/kg	占比例/%
1	日本	414183570	426529431	35.57
2	美国	299327582	327798790	27.34
3	中国台湾省	278115659	283974402	23.68
4	泰国	51511096	50902500	4.24
5	印度尼西亚	37494711	40720173	3.40
进口总计		1159872514	1199119101	100.00

从海关统计中可看出，2010年初级形状的初级形状的聚氯乙烯(不掺其他物质)出口地有84个，比2008年70个出口地增加14个出口地，出口218276085kg，同比下降7.37%。

主要出口地为俄罗斯，出口数量113043258kg，占总出口数量的51.79%，比2009年出口数量增加62.89%；

五出口地出口数量占初级形状的初级形状的聚氯乙烯(不掺其他物质)2010年总出口数量的

83.20%，比2009年上升16.61%(表59)。

表59　2010年初级形状的聚氯乙烯(未掺其他物质)五大出口国家/地区统计

排序	出口目的地	出口金额/美元	出口数量/kg	占比例/%
1	俄罗斯联邦	108259339	113043258	51.79
2	乌兹别克斯坦	24637194	24234317	11.10
3	韩国	19287985	20014420	9.17
4	哈萨克斯坦	13767091	14161818	6.49
5	印度	9499864	10148400	4.65
出口总计		210858758	218276085	100.00

2. 2010年初级形状未塑化的聚氯乙烯进出口同步下降

从海关统计中可看出，2010年初级形状的未塑化聚氯乙烯进口地有48个，比2009年32个进口地增加16个进口地，进口125096088kg，同比下降25.12%。

主要进口地为韩国进口数量51496663kg，占总进口量的41.17%，比2009年进口量下降8.52%；

五原产进口地进口数量占初级形状的未塑化聚氯乙烯2010年总进口数量的93.33%，比2009年下降0.74%(表60)。

表60　2010年初级形状的未塑化的聚氯乙烯五大进口国家/地区统计

排序	原产进口地	进口金额/美元	进口数量/kg	占比例/%
1	韩国	61008246	51496663	41.17
2	中国台湾省	42939676	32043167	25.61
3	日本	23207591	21160789	16.92
4	马来西亚	9386818	7088645	5.67
5	美国	5865524	4954808	3.96
进口总计		156796818	125096088	100.00

从海关统计中可看出，2010年初级形状的未塑化聚氯乙烯出口地有56个，比2009年38个出口地增加18个出口地，出口5201310kg，同比下降17.94%。

主要出口地为俄罗斯联邦出口数量1119430kg，占总出口数量的21.52%，比2009年出口数量减少1.41%；

五出口地出口数量占初级形状的未塑化聚氯乙烯2009年总出口数量的45.08%，比2009年下降17.43%(表61)。

3. 2010年初级形状已塑化的聚氯乙烯进出口同步增长

从海关统计中可看出，2010年初级形状的已塑化聚氯乙烯进口地有49个，比2009年29个进口地增加20个进口地，进口886516534kg，同比上升22.03%。

主要进口地为中国台湾省，进口数量17036144kg，占总进口量的19.22%，比2009年进口量增加3.44%；

表61　2010年初级形状的未塑化的聚氯乙烯五大出口国家/地区统计

排序	出口目的地	出口金额/美元	出口数量/kg	占比例/%
1	俄罗斯	1479244.00	1119430.0	21.52
2	朝鲜	368333.00	327270.0	6.29
3	中国香港	376493.00	314720.0	6.05
4	菲律宾	542934.00	309373.0	5.95
5	泰国	327189.00	273958.0	5.27
出口总计		7234468.00	5201310.0	100.00

五原产进口地进口数量占初级形状的已塑化聚氯乙烯2010年总进口数量的68.68%，比2009年进口量减少0.37%(表62)。

表62　2010年初级形状的已塑化的聚氯乙烯五大进口国家/地区统计

排序	原产进口地	进口金额/美元	进口数量/kg	占比例/%
1	中国台湾省	22901186.00	17036144.0	19.22
2	美国	29524996.00	13858320.0	15.63
3	日本	39072751.00	12719424.0	14.35
4	韩国	19200423.00	9352509.0	10.55
5	中国大陆	12529672.00	7917908.0	8.93
进口总计		173838942.00	88651653.0	100.00

从海关统计中可看出，2010年初级形状的已塑化聚氯乙烯出口地有96个，比2009年35个出口地增加61个出口地，出口35930622kg，同比上升20.63%。

主要出口地为中国香港，出口数量11168126kg，占总出口数量的31.08%，比2009年出口数量上升3.74%；

五出口地出口数量占初级形状的已塑化聚氯乙烯2010年总出口数量的59.08%，比2008年出口数量减少5.53%(表63)。

表63　2010年初级形状的已塑化的聚氯乙烯五大出口国家/地区统计

排序	出口目的地	出口金额/美元	出口数量/kg	占比例/%
1	中国香港	16853544.00	11168126.0	31.08
2	美国	6441220.00	3271546.0	9.11
3	哈萨克斯坦	3602896.00	2532558.0	7.05
4	新加坡	4671745.00	2193883.0	6.11
5	菲律宾	2598612.00	2059370.0	5.73
出口总计		55069579.00	35930622.0	100.00

四、消费

2004～2010年间PVC树脂总表观消费量年均增长9.91%，低于同期产量年均增长率4.53%(表64)。

表 64　2003～2010 年国内 PVC 表观消费量统计资料

年　份	2004	2005	2006	2007	2008	2009	2010
表观消费量/千吨	7116.75	8017.30	9204.59	10374.59	9313.30	10848.65	12546.44
年增长率/%	13.70	12.65	14.81	12.71	-10.23	16.49	15.65
国内自给率/%	70.71	80.97	89.50	93.66	94.66	84.39	90.07

2010 年我国 PVC 表观消费量为 1254.64 万吨，同比增长 15.65%（表 65，表 66）。

表 65　2010 年 PVC 消费结构

消费行业	占比例/%	行业	比例/%
管材管件	25.00	薄膜	15.00
型材	21.00	电线电缆	12.00
片材管材	6.00	人造革	7.00
其他硬制品	4.00	其他软制品	10.00

注：其他 PVC 软制品包括墙纸、发泡、材料以及地板革材。

表 66　2010 年 PVC 管材管件区域分布

省　市	占比例/%	省　市	占比例/%
广　东	16.90	四　川	8.60
浙　江	17.20	新　疆	3.80
山　东	11.10	湖　北	6.00
福　建	10.00	上海市	4.30
京津冀	11.80	其他省市	10.30

由于国内建筑业项目延顺投入，对 PVC 管材、型材等硬制品需求大幅下降，导致 PVC 消费量下降。

1. PVC 进口消费省市集中流向东部沿海地区

从海关资料来看，2010 年初级形状的聚氯乙烯（未掺其他物质）进口消费省市有 17 个，比 2009 年 20 个进口消费省市减少 3 个进口消费省市，前五位 2010 年初级形状的聚氯乙烯进口消费省市进口量占总进口量的 97.24%，比 2009 年增加 2.87%；

2010 年初级形状的聚氯乙烯（未掺其他物质）主要进口流向为广东省，进口数量 808287587kg，占总进口数量的 67.41%，比 2009 年进口减少 13.51%（表 67）。

表 67　2010 年初级形状的聚氯乙烯（未掺其他物质）五大进口省市统计

排序	进口省市	进口金额/美元	进口数量/kg	占比例/%
1	广东省	781333082	808287587	67.41
2	上海市	116502114	118349991	9.87
3	江苏省	101153705	104341596	8.70
4	福建省	88045245	96527482	8.05
5	浙江省	37035199	38494377	3.21
进口总计		1159872514	1199119101	100.00

从海关资料来看，2010 年初级形状的未塑化聚氯乙烯进口消费省市有 17 个，比 2009 年 18 个进口消费省市减少 1 个进口消费省市，主要进口流向为江苏省、河北省、广东省、福建省和上海市，前五位 2010 年初级形状的未塑化聚氯乙烯进口消费省市进口量占总进口量的 96.07%。

2010 初级形状的未塑化聚氯乙烯主要进口流向为江苏省，进口数量 50719424kg，占总进口数量的 40.54%，比 2009 年进口增加 25.07%（表 68）。

表 68　2010 年初级形状的未塑化的聚氯乙烯五大进口省市统计

排序	进口省市	进口金额/美元	进口数量/kg	占比例/%
1	江苏省	52785450	50719424.0	40.54
2	河北省	68139910	50577568.0	40.43
3	广东省	11070116	9670490.0	7.73
4	福建省	7234657	6750328.0	5.40
5	上海市	4651702	2467673.0	1.97
进口总计		156796818.	125096088.0	100.00

从海关资料来看，2010 年初级形状的已塑化聚氯乙烯进口消费省市有 21 个，比 2009 年 20 个进口消费省市增加 1 个进口消费省市，主要进口流向为广东省、江苏省、福建省、山东省和天津市，前五位 2010 年初级形状的已塑化聚氯乙烯进口消费省市进口量占总进口量的 81.34%。

2010 初级形状的已塑化聚氯乙烯主要进口流向为广东省，进口数量 38507026kg，占总进口数量的 43.44%，比 2009 年进口增加 17.16%（表 69）。

表 69　2010 年初级形状的已塑化的聚氯乙烯五大进口省市统计

排序	进口省市	进口金额/美元	进口数量/kg	占比例/%
1	广东省	62368874.00	38507026.0	43.44
2	江苏省	38579811.00	17882742.0	20.17
3	福建省	10908166.00	5826615.0	6.57
4	山东省	10887586.00	5436833.0	6.13
5	天津市	8644421.00	4457527.0	5.03
进口总计		173838942.	88651653.0	100.00

2. 2010 年初级形状的聚氯乙烯（未掺其他物质）大进口商

2010年初级形状的聚氯乙烯进口商共计有840家，比2009年991家减少151家进口商，进口额最高的八位进口商进口数量占总进口数量的22.23%，比2009年增加3.82%。

广州宏信塑胶工业有限公司、上海荣威塑胶工业有限公司、明达塑胶(厦门)有限公司、太平洋塑胶(福建)有限公司、南亚硬质胶布(广州)有限公司、东莞泛昌窗帘制品有限公司、广州保税区精卫国际贸易有限公司、深圳市龙岗区对外经济发展有限公司，分别位居2010年初级形状的聚氯乙烯进口量1~8位，进口量分别占总进口量的4.32%、3.82%、3.45%、2.53%、2.35%、2.17%、1.81%和1.78%。

从资料分析，初级形状的聚氯乙烯进口生产使用企业以塑胶工业、装饰材料工业、建材工业、医保用品工业、电线电缆工业、电子工业为主，2010年初级形状的聚氯乙烯进口商二十五大进口，其中二十大进口生产企业进口量占总进口量的35.28%(表70)。

表70　2010年初级形状的聚氯乙烯(未掺其他物质)八大进口商统计

排序	进　口　商	所属行业	进口数量/kg	占比例/%
1	广州宏信塑胶工业有限公司	塑胶工业	51839790	4.32
2	上海荣威塑胶工业有限公司	塑胶工业	45812620	3.82
3	明达塑胶(厦门)有限公司	塑胶工业	41334000	3.45
4	太平洋塑胶(福建)有限公司	塑胶工业	30378000	2.53
5	南亚硬质胶布(广州)有限公司	塑胶工业	28204000	2.35
6	东莞泛昌窗帘制品有限公司	装饰材料	25977000	2.17
7	广州保税区精卫国际贸易有限公司	贸易商	21748425	1.81
8	深圳市龙岗区对外经济发展有限公司	贸易商	21394917	1.78
进口总计			1199119101	100.00

2010年初级形状的未塑化的聚氯乙烯进口商共计有297家，比2009年325家减少28家进口商，进口额最高的九位进口商进口数量占总进口数量的50.96%，全部为进口生产使用企业。

张家港市易华塑料有限公司、宿迁市彩塑包装有限公司、石家庄鸿业塑胶制品有限公司、石家庄万力塑胶制品有限公司、石家庄鸿远塑料制品有限公司、太平洋塑胶(福建)有限公司、江苏杰盛手套有限公司、张家港顶级手套有限公司、宿迁格林手套有限公司，

分别位居2010年初级形状的未塑化的聚氯乙烯进口量1~9位，进口量分别占总进口量的11.48%、7.37%、6.46%、6.36%、5.12%、4.00%、3.68%、3.37%和3.12%。

从资料分析，初级形状的未塑化的聚氯乙烯进口生产使用企业以塑胶工业、包装工业、建材工业、手套工业、塑料制品工业、玩具工业、电线电缆工业为主，2010年初级形状的聚氯乙烯进口商二十五大进口，其中二十三大进口生产企业进口量占总进口量的77.64%(表71)。

表71　2010年初级形状的未塑化的聚氯乙烯八大进口商统计

排序	进　口　商	所属行业	进口数量/kg	占比例/%
1	张家港市易华塑料有限公司	塑料制品工业	14366000	11.48
2	宿迁市彩塑包装有限公司	包装工业	9214000	7.37
3	石家庄鸿业塑胶制品有限公司	塑料制品工业	8082800	6.46
4	石家庄万力塑胶制品有限公司	塑料制品工业	7959500	6.36
5	石家庄鸿远塑料制品有限公司	塑料制品工业	6403800	5.12
6	太平洋塑胶(福建)有限公司	建材工业	5000000	4.00
7	江苏杰盛手套有限公司	手套工业	4602400	3.68
8	张家港顶级手套有限公司	手套工业	4214000	3.37
进口总计			125096088	100.00

2010年初级形状的已塑化的聚氯乙烯进口商共计有958家，比2009年919家增加39家进口商，进口额最高的十位进口商进口数量占总进口数量的30.81%。

苏州百特医疗用品有限公司、惠州住润汽车线业有限公司、大连爱丽思生活用品有限公司、东莞对外加工装配服务公司、威海金元电线有限公司、正规电线电缆(东莞)有限公司、福清合新塑胶五金

制品有限公司、青岛京信新材料有限公司、中山市煌琪塑胶有限公司、安徽博西华制冷有限公司，分别位居2010年初级形状的已塑化的聚氯乙烯进口量1~10位，进口量分别占总进口量的9.67%、3.60%、2.65%、2.54%、2.49%、2.19%、2.11%、1.98%、1.82%和1.76%。

从资料分析，初级形状的已塑化的聚氯乙烯进口生产使用企业以塑胶工业、装饰材料工业、建材工业、医保用品工业、家用电器工业、改性树脂、工业电线电缆工业、玩具工业为主，2010年初级形状的聚氯乙烯进口商二十五大进口，其中二十一大进口生产企业进口量占总进口量的43.19%(表72)。

表72 2010年初级形状的已塑化的聚氯乙烯八大进口商统计

排序	进口商	所属行业	进口数量/kg	占比例/%
1	苏州百特医疗用品有限公司	医保用品工业	8574893	9.67
2	惠州住润汽车线业有限公司	汽车配件	3191600	3.60
3	大连爱丽思生活用品有限公司	装饰材料工业	2351968	2.65
4	东莞市对外加工装配服务公司	贸易商	2251326	2.54
5	威海金元电线有限公司	电线电缆工业	2207062	2.49
6	正规电线电缆(东莞)有限公司	电线电缆工业	1937490	2.19
7	福清合新塑胶五金制品有限公司	建材工业	1872475	2.11
8	青岛京信新材料有限公司	建材工业	1758682	1.98
进口总计			88651653	100.00

五、2010~2011年价格走势

在2010年，下游先导产业的复苏带动PVC为代表的化工产品需求，市场呈现恢复性上涨。展望2011年，业内人士预计，在通货膨胀预期及流动性充裕的影响下，PVC等化工产品期货价格有望迎来上市后的首轮大牛市。

2010年PVC走势分析

2010年不论是在下游的逐步回暖，亦或是在上游抬高的支撑下，PVC价格都有所上升。

纵观2010年，化工市场恢复性上涨成为主题。PVC价格2月份之后，脱离了2009年低点，起起伏伏，维持在7700~8000元波动，分别在2010年的9月、10月、11月及12月份触及年内高点。

同时，2010年PVC进口料价格不断走高，2010年最低到最高点涨幅超过了35%，先后受到国内市场PVC价格走高、货源较少、原料价格上涨等因素影响(表73~表75)。

表73 PVC S-700 齐鲁石化 2010年中国塑料城月均价走势 元/t

1月	2月	3月	4月	5月	6月
7885	7913	7826	7866	7950	7880
7月	8月	9月	10月	11月	12月
7647	7777	8061	8650	9211	8956

表74 PVCLS-100 天津乐金 2010年中国塑料城月均价走势 元/t

1月	2月	3月	4月	5月	6月
7820	7813	7786	7852	7845	7766
7月	8月	9月	10月	11月	12月
7538	7690	7986	8600	9095	8739

表75 PVC R-05B 上氯沪峰 2010年中国塑料城月均价走势 元/t

1月	2月	3月	4月	5月	6月
11955	12000	12260	11800	11800	11742
7月	8月	9月	10月	11月	12月
11600	11600	11600	11858	12463	12600

2011年节后国内PVC市场依旧延续2010年底平稳态势，整体行情以跌为主。目前国内电石法PVC在华东地区的主流自提价格在7900~8000元/t，华南地区具有成交代表意义的价格为8000元/t。虽然在局部地区出现了询盘增多和报价试探性走高的情形，但最终未能达成有效的成交。

第六章 国内聚苯乙烯树脂进口量跌价升，出口量价同升

一、2010年聚苯乙烯生产增长小幅回升

2010年中国大陆PS产业呈现九雄逐鹿的局面：中国石油天然气集团公司、中国石油化工集团公司、中国海洋石油集团公司、镇江奇美化工有限公司、雪佛龙化工(张家港)有限公司、扬子巴斯夫有限公司、道达尔石化(佛山)有限公司、张家港迪爱生化工有限公司、斯泰隆石化(张家港)有限公司。

中国石油化工集团公司包括湛江新中美、广石化、齐鲁石化和燕山石化；中国石油天然气股份公司包括抚顺石化、大庆石化，中国海洋石油集团包括中油三水和南海石化(表76)。

表 76　2004～2010 年国内 PS 生产能力和产量表

年　份	2004	2005	2006	2007	2008	2009	2010
生产能力/万吨	220.00	250.00	280.00	295.00	295.00	310.00	310.00
产量/万吨	148.00	236.50	174.70	205.61	206.10	210.00	230.00
开工率/%	67.27	62.40	62.50	69.70	69.86	67.74	74.19
年增长率/%	13.71	5.41	12.18	17.69	0.24	1.89	9.52

注：2004～2010 年全部为估算。

2004～2010 年间 PS 产量增长了 55.41%，年均增长达 7.62%。

国内 PS 树脂生产厂不多，而从事改性 PS 品种生产的厂家和产能大大超过了基础树脂生产厂。近年来我国 PS 改性发展较快，主要由于双螺杆混炼挤出机的引进和国产双螺杆混炼挤出机的推出，给改性 PBT 创造了有利条件。

国内主要 PS 工程塑料改性厂有金发科技股份有限公司，优利(东莞)塑胶材料有限公司，上海锦湖日丽塑料有限公司，星际塑料(深圳)有限公司，青岛海尔新材料研发有限公司，日超工程塑料(深圳)有限公司，潍坊优博化学品有限公司，上海金发科技发展有限公司，菱翔光电(苏州)有限公司，东进塑料(烟台)有限公司，珠海东洋油墨有限公司，深圳市科聚新材料有限公司，东莞大日化工厂有限公司，深圳市双隆科技有限公司，北京广信联科技有限公司，安徽启源化工有限公司，普立万聚合体(深圳)有限公司，中山长虹电器有限公司，鸿富锦精密工业(深圳)有限公司，天津松井塑料有限公司，星际塑料(深圳)有限公司，越谷化成工程塑料(上海)有限公司，佛山市三水南威塑胶电子制品有限公司等。

国内主要 EPS 塑料生产的厂家有宁波新桥化工有限公司，江阴新和桥化工有限公司，无锡兴达泡塑新材料有限公司，江苏丽天新材料有限公司，东莞新长桥塑料有限公司，江苏嘉盛化学品工业有限公司，江苏诚达石化工业有限公司，江阴倪家巷新材料有限公司，天津新龙桥工程塑料有限公司，苏州常乐泡塑有限公司，台达化工(天津)有限公司，江苏利士德化工有限公司，世京化学(天津)有限公司，长江岩土工程总公司(武汉) 等。

二、2010 年聚苯乙烯树脂出口生产分析

1. 2010 年国内聚苯乙烯树脂出口生产省市集中于东部沿海地区

2010 年可发性聚苯乙烯出口生产企业主要集中在江苏省，出口数量 216102227kg，占总出口数量的 65.56%，比 2009 年出口增加 51.42%；

2010 年五省市可发性聚苯乙烯出口数量占总出口数量的 99.54%，比 2009 年出口增加个 0.84%(表 77)。

表 77　2010 年初级形状的可发性聚苯乙烯五大出口省市统计

排序	出口省市	出口金额/美元	出口数量/kg	占比例/%
1	江苏省	291294912.00	216102227.0	65.56
2	浙江省	113343101.00	82935779.0	25.16
3	广东省	20106528.00	14373502.0	4.36
4	天津市	16983886.00	12586540.0	3.82
5	上海市	3433070.00	2113160.0	0.64
出口总计		447427378.00	329630581.0	100.00

2010 年改性的初级形状的非可发性聚苯乙烯出口省市有 12 个，比 2009 年 9 个出口省市增加 3 个出口省市。

2010 年改性的初级形状的非可发性聚苯乙烯出口生产企业主要集中在广东省，出口数量 10165723kg，占总出口数量的 70.41%，比 2009 年出口增加 97.75%；

2010 年五省市改性聚苯乙烯出口数量占总出口数量的 98.59%，比 2009 年出口增加 0.93%(表 78)。

表 78　2010 年改性的初级形状的非可发性聚苯乙烯五大出口省市统计

排序	出口省市	出口金额/美元	出口数量/kg	占比例/%
1	广东省	21860554.00	10165723.0	70.41
2	江苏省	4530987.00	2206451.0	15.28
3	上海市	1881977.00	939030.0	6.50
4	山东省	3009364.00	871538.0	6.04
5	浙江省	125166.00	52335.0	0.36
出口总计		31765573.00	14438308.0	100.00

2010 年其他初级形状聚苯乙烯出口省市有 16 个，比 2009 年 15 个出口省市增加 1 个出口省市。

2010 年初级形状的其他聚苯乙烯出口生产企业主要集中在广东省，出口数量 10418012kg，占总出口数量的 73.43%，比 2009 年出口增加 131.79%；

2010 年五省市其他聚苯乙烯出口数量占总出口数量的 94.50%，比 2009 年出口 0.57%(表 79)。

表 79　2010 年其他初级形状的聚苯乙烯五大出口省市统计

排序	出口省市	出口金额/美元	出口数量/kg	占比例/%
1	广东省	17009427.00	10418012.0	73.43
2	江苏省	2935947.00	1288454.0	9.08
3	山东省	1418060.00	601020.0	4.24
4	浙江省	718359.00	560805.0	3.95
5	天津市	690341.00	538945.0	3.80
出口总计		24623327.00	14187112.0	100.00

2. 2010 年国内可发性聚苯乙烯树脂出口商以生产企业为主

从海关资料来看，2010 年其他初级形状的可发性聚苯乙烯出口商有 158 家，比 2009 年 178 家出口商减少 20 家出口商，前八位其他初级形状的可发性聚苯乙烯出口商出口量占总出口量的 92.25%。

三十五大出口商中有十五家为可发性聚苯乙烯生产企业，二十家可发性聚苯乙烯贸易商，分别占总出口量的 98.29% 和 1.48%；

前十位其他初级形状的可发性聚苯乙烯出口商改性全部为非可发性聚苯乙烯生产企业，占总出口量的 96.81%；

宁波新桥化工有限公司 2010 年其他初级形状的可发性聚苯乙烯出口 82758550kg，占总出口量的 25.11%，比 2009 年出口上升 11.48%（表 80）。

表 80　2010 年初级形状的可发性聚苯乙烯十大出口商统计

排序	出口商	所属行业	出口数量/kg	占比例/%
1	宁波新桥化工有限公司	EPS 生产企业	82758550	25.11
2	江阴新和桥化工有限公司	EPS 生产企业	78380175	23.79
3	无锡兴达泡塑新材料有限公司	EPS 生产企业	75855600	23.01
4	江苏丽天新材料有限公司	EPS 生产企业	18300600	5.55
5	东莞新长桥塑料有限公司	EPS 生产企业	14187600	4.30
6	江苏嘉盛化学品工业有限公司	EPS 生产企业	14019125	4.25
7	江苏诚达石化工业有限公司	EPS 生产企业	11394000	3.46
8	江阴倪家巷新材料有限公司	EPS 生产企业	9177000	2.78
9	天津新龙桥工程塑料有限公司	EPS 生产企业	8866225	2.69
10	苏州常乐泡塑有限公司	EPS 生产企业	6162000	1.87
出口总计			329630581.0	100.00

3. 2010 年国内改性非可发性聚苯乙烯树脂出口商以生产企业为主

从海关资料来看，2010 年其他初级形状的可发性聚苯乙烯出口商有 97 家，比 2009 年 51 家出口商增加 46 家出口商，前九位其他初级形状的可发性聚苯乙烯出口商出口量占总出口量的 82.39%。

前九位其他初级形状的改性非可发性聚苯乙烯出口商改性全部为非可发性聚苯乙烯生产企业。

三十五大出口商中有二十家为改性非可发性聚苯乙烯生产企业，十五家为改性非可发性聚苯乙烯贸易商，分别占总出口量的 86.67% 和 11.32%；

金发科技股份有限公司 2010 年其他初级形状的改性非可发性聚苯乙烯出口 6516075kg，占总出口量的 45.13%，比 2009 年出口上升 107.50%（表 81）。

表 81　2010 年改性的初级形状的非可发性聚苯乙烯九大出口商统计

排序	出口商	所属行业	出口数量/kg	占比例/%
1	金发科技股份有限公司	改性 PS	6516075	45.13
2	优利（东莞）塑胶材料有限公司	改性 PS	1657500	11.48
3	雪佛龙菲利普斯化工（中国）有限公司	改性 PS	1636600	11.34
4	上海锦湖日丽塑料有限公司	改性 PS	516648	3.58
5	星际塑料（深圳）有限公司	改性 PS	479975	3.32
6	青岛海尔新材料研发有限公司	改性 PS	337000	2.33
7	日超工程塑料（深圳）有限公司	改性 PS	276542	1.92
8	深圳市宝安外经发展有限公司	贸易商	243432	1.69
9	道达尔石化（佛山）有限公司	改性 PS	216800	1.50
出口总计			14438308.0	100.00

4. 2010 年国内其他初级形状聚苯乙烯树脂出口商以生产企业为主

从海关资料来看，2010 年其他初级形状的聚苯乙烯出口商有 133 家，比 2009 年 143 家出口商减少 10 家出口商，前十位其他初级形状的聚苯乙烯出口商出口量占总出口量的 60.92%，比上年减少 9.49%。

三十大出口商中有道达尔石化(佛山)有限公司(占总出口量的 7.66%)、张家港迪爱生化工有限公司(占总出口量的 7.46%)、雪佛龙菲利普斯化工(中国)有限公司(占总出口量的 1.15%)三家是聚苯乙烯原料生产集团，均为外商投资企业。

三十大出口商中其余均为改性聚苯乙烯专用产品粒料生产企业(8 家)及聚苯乙烯贸易商(19 家)，分别占总出口量的 32.58% 和 21.04%；

鸿富锦精密工业(深圳)有限公司 2010 年其他初级形状的聚苯乙烯出口 2559503kg，占总出口数量的 18.04%(表 82)。

表 82　2010 年其他初级形状的聚苯乙烯十大出口商统计

排序	出口商	所属行业	出口数量/kg	占比例/%
1	鸿富锦精密工业(深圳)有限公司	改性 PS 粒料	2559503	18.04
2	东莞市环球工艺进出口贸易有限公司	贸易商	1742774	12.28
3	道达尔石化(佛山)有限公司	聚苯乙烯原料	1086625	7.66
4	张家港迪爱生化工有限公司	聚苯乙烯原料	1058775	7.46
5	青岛海尔新材料研发有限公司	改性 PS 粒料	600000	4.23
6	珠海东洋油墨有限公司	改性 PS 粒料	455300	3.21
7	天津松井塑料有限公司	改性 PS 粒料	366450	2.58
8	星际塑料(深圳)有限公司	改性 PS 粒料	300489	2.12
9	宁波保税区高新货柜有限公司	贸易商	293000	2.07
10	越谷化成工程塑料(上海)有限公司	改性 PS 粒料	180000	1.27
出口总计			14187112.0	100.00

三、国内可发性聚苯乙烯树脂进口逐年下降出口量价同升

随着我国可发性聚苯乙烯行业的发展，我国可发性聚苯乙烯由进口国发展到净出口国，2005 年前我国可发性聚苯乙烯进口大于出口，2006 年起我国可发性聚苯乙烯出口超过进口，成为净出口国。

2005 ~ 2010 年，可发性聚苯乙烯出口继续保持大幅增长，2009 年出口量回落到 26 万吨以下比 2008 年同期(下同)下降 12.11%，2010 年出口量又上升突破 320kt 大关，达到 329631t，比 2009 年增加 27.38%；出口年平均价格为 1357.36 美元/t，同比上升 21.00%。

2010 年进口可发性聚苯乙烯数量 7.59 万吨，同比减少 2.01%，进口年平均价格为 1386.01 美元/t，同比上升 9.97%。

我国出口产品价一般均低于进口价，但可发性聚苯乙烯少见——2000 ~ 2008 年出口价均远高于进口价；2009 ~ 2010 年出口价低于进口价 10.99% 和 2.07%(表 83)。

表 83　2005 ~ 2010 年初级形状的可发性聚苯乙烯进出口统计

年份	2005	2006	2007	2008	2009	2010
进口量/吨	141294	120670	109560	85246	77468	75913
年增长率/%	-21.40	-14.60	-9.21	-22.19	-9.12	-2.01
进口金额/万美元	14396.93	13282.94	13927.31	11997.93	9763.65	10521.64
年平均进口单价/(美元/吨)	1018.93	1100.77	1271.20	1407.45	1260.35	1386.01
年增长率/%	9.10	8.03	15.48	10.72	-10.45	9.97
出口量/吨	73813	149387	275426	294427	258773	329631
年增长率/%	76.84	102.39	84.37	6.90	-12.11	27.38
出口金额/万美元	9266.70	20778.48	42173.88	45502.20	29028.50	44742.74
年平均出口单价/(美元/吨)	1255.43	1390.92	1531.22	1545.45	1121.78	1357.36
年增长率/%	4.51	10.79	10.09	0.93	-27.41	21.00
净出口量/吨	-67481	28717	165866	209181	181305	253718
年增长率/%	-51.11		477.59	26.11	-13.33	39.94

注：资料来源：历年国家海关统计。

改性的聚苯乙烯2009年才单独新列出代码，无历年数据，因此无法同比。

2005～2010年间初级形状的可发性聚苯乙烯国内出口量增长3.47倍，年均增长率为34.89%，平均出口单价年均上升1.57%；

2005～2010年初级形状的可发性聚苯乙烯国内进口量下降56.27%，年均下降11.68%，平均进口单价年均增长率为6.35%。

我国初级形状的可发性聚苯乙烯进出口均以进料加工贸易方式为主。

1. 可发性聚苯乙烯进口逐年下降，进口单价逐年上升

2002～2010年可发性聚苯乙烯进口逐年下降，进口单价逐年上升，2010年可发性聚苯乙烯进口下降，进口单价上升。

从海关统计中可看出，2010年初级形状的可发性聚苯乙烯进口地有32个，比2009年20个进口地12个进口地，进口75912780kg，同比下降2.01%。

主要进口地为我国台湾省，进口39681661kg，占总进口数量的52.27%，比2009年减少进口数量2.20%（表84）。

表84　2010年初级形状的可发性聚苯乙烯五大进口国家/地区统计

排序	原产进口地	进口金额/美元	进口数量/kg	占比例/%
1	中国台湾省	57022826.00	39681661.0	52.27
2	韩国	13056874.00	13450095.0	17.72
3	美国	10295128.00	6011956.0	7.92
4	新加坡	5352410.00	3814459.0	5.02
5	日本	7352241.00	3611111.0	4.76
进口总计		105216350.00	75912780.0	100.00

2. 可发性聚苯乙烯出口量价同步上升

2010年可发性聚苯乙烯出口量329630581kg，同比上升27.38%。

海关统计数据显示，我国可发性聚苯乙烯出口市场相对分散，2010年我国共向全世界104个国家（地区）出口了可发性聚苯乙烯，比上年86个出口地增加18个出口地，其中，伊朗、俄罗斯和土耳其是其中最主要的三个出口市场，2010年，我国向伊朗市场出口可发性聚苯乙烯121919525kg，同比大幅增长53.86%，出口数量占全部出口数量的36.99%，出口平均价格1364.93美元/t，同比上升21.68%。

五出口地出口数量占可发性聚苯乙烯2010年总出口数量的59.47%，比2009年增加3.41%（表85）。

表85　2010年初级形状的可发性聚苯乙烯五大出口国家/地区统计

排序	出口目的地	出口金额/美元	出口数量/kg	占比例/%
1	伊朗	166411802.00	121919525.0	36.99
2	俄罗斯	46683637.00	35921723.0	10.90
3	土耳其	18200410.00	13525130.0	4.10
4	乌克兰	16569386.00	12464000.0	3.78
5	巴西	16492859.00	12207000.0	3.70
出口总计		447427378.00	329630581.0	100.00

四、国内聚苯乙烯树脂进口量跌价升，出口量价同升

中国近几年聚苯乙烯（PS）国内自给率仅在50%以下，大部份PS资源靠进口。

随着我国聚苯乙烯行业的发展，但国内消费需求仍要依靠进口满足。

2010年，我国共出口聚苯乙烯28.6kt，比2009年同期（下同）增长78.91%。

2010年，进口聚苯乙烯数量达1076.1kt，同比下降2.83%（表86）。

表86　2005～2010年聚苯乙烯（PS）进出口统计

年　份	2005	2006	2007	2008	2009	2010
其他聚苯乙烯						
进口量/t	1280161	1198472	1214121	1066247	911845	799290
年增长率/%	-7.42	-6.38	1.31	-12.18	—	-12.34
进口金额/万美元	129688.40	134206.27	159450.74	153421.02	108774.99	111899.25
年平均进口单价/（美元/t）	1013.06	1119.81	1313.30	1438.89	1192.91	1399.98
年增长率/%	10.24	10.54	17.83	9.56	-17.10	17.36
出口量/t	51989	38989	32598	29013	7254	14187
年增长率/%	59.04	-25.01	-16.39	-11.00	-75.00	95.57
出口金额/万美元	6273.43	4955.20	4543.94	5223.80	1205.35	2462.33
年平均出口单价/（美元/t）	1206.68	1270.92	1393.91	1800.50	1661.58	1735.63
年增长率/%	-1.93	5.32	9.67	29.17	-7.72	4.46

续表

年　份	2005	2006	2007	2008	2009	2010
改性的聚苯乙烯						
进口量/t	—	—	—	—	195591	276794
年增长率/%	—	—	—	—	—	41.52
进口金额/万美元	—	—	—	—	26024.34	43711.78
年平均进口单价/(美元/t)	—	—	—	—	1330.55	1579.22
年增长率/%	—	—	—	—	—	18.69
出口量/t	—	—	—	—	8718	14438
年增长率/%	—	—	—	—	—	65.61
出口金额/万美元	—	—	—	—	1529.93	3176.56
年平均出口单价/(美元/t)	—	—	—	—	1754.83	2000.14
年增长率/%	—	—	—	—	—	25.38
总计净进口量/t	1228172	1159483	1181523	1037234	1091134	1047459
年增长率/%	-9.03	-5.59	1.90	-12.21	5.20	-4.00

注：1. 资料来源：历年国家海关统计。

2. 改性的聚苯乙烯2009年才单独新列出代码，无历年数据，因此无法同比。

2005~2010年聚苯乙烯国内进口量年均增长率为下降8.99%，平均进口单价年均增长率为6.68%。

2005~2010年聚苯乙烯净进口量年均增长率为下降3.13%。

我国初级形状的其他聚苯乙烯进出口均以进料加工贸易式为主。

1. 2010年聚苯乙烯进口下降，进口单价增长

从海关统计中可看出，2010年其他聚苯乙烯进口地有43个，比2009年33个进口地增加10个进口地。

主要进口地仍为中国台湾省，进口数量296051673kg，占总进口数量的37.04%，比2009年进口数量增加0.92%；

五原产进口地进口数量占其他聚苯乙烯2010年总进口数量的89.59%，比2009年减少0.74%（表87）。

表87　2010年其他初级形状的聚苯乙烯五大进口国家/地区统计

排序	原产进口地	进口金额/美元	进口数量/kg	占比例/%
1	中国台湾省	399315202.00	296051673.0	37.04
2	中国香港	230055713.00	164658959.0	20.60
3	韩国	180997965.00	121599288.0	15.21
4	新加坡	96389390.00	72740105.0	9.10
5	泰国	78055812.00	61087640.0	7.64
进口总计		1118992500.00	799290314.0	

2. 2010年聚苯乙烯出口量、价同时上升

海关统计数据显示，我国聚苯乙烯出口市场相对分散，2010年我国共向全世界45个国家(地区)出口了聚苯乙烯，比2009年43个出口地增加2个出口地，2010年中国香港地区、日本和印度是其中最主要的三个出口市场，2010年，我国向中国香港出口聚苯乙烯8791692kg，同比增加189.09%，出口数量占全部出口数量的61.97%，出口平均价格为1804.34美元/t，比2009年下降1.91%；

五出口地出口数量占初级形状的其他聚苯乙烯2010年总出口数量的92.37%，比2009年上升9.00%(表88)。

表88　2010年其他初级形状的聚苯乙烯五大出口国家/地区统计

排序	出口目的地	出口金额/美元	出口数量/kg	占比例/%
1	中国香港	15863210.00	8791692.0	61.97
2	日本	4289358.00	2192480.0	15.45
3	印度	1101424.00	1342300.0	9.46
4	土耳其	1412154.00	600100.0	4.23
5	印度尼西亚	129749.00	178810.0	1.26
出口总计		24623327.00	14187112.0	100.00

3. 2010年改性的聚苯乙烯进口量价同时上升

从海关统计中可看出，2010年改性聚苯乙烯进口地有30个，比2009年22个进口地增加8个进口地。

主要进口地为中国香港，进口数量91339477kg，占总进口数量的33.00%，比2009年上升100.69%；

五原产进口地进口数量占改性聚苯乙烯2010年总进口数量的90.10%，比2009年减少0.84%(表89)。

表 89　2010 年改性的初级形状的非可发性聚苯乙烯五大进口国家/地区统计

排序	原产进口地	进口金额/美元	进口数量/kg	占比例/%
1	中国香港	129855349.00	91339477.0	33.00
2	韩国	105489413.00	69185114.0	25.00
3	中国台湾省	89983930.00	60462755.0	23.01
4	日本	62998495.00	24645168.0	8.90
5	新加坡	12954410.00	8820353.0	3.19
进口总计		437117830.00	276793619.0	

4. 2010 年改性的聚苯乙烯出口量价同时上升

海关统计数据显示，我国改性聚苯乙烯出口市场相对分散，2010 年我国共向全世界 36 个国家(地区)出口了改性聚苯乙烯，比 2009 年 41 个出口地减少 5 个出口地。

中国香港地区、土耳其和墨西哥是其中最主要的三个出口市场，2010 年，我国向中国香港出口改性聚苯乙烯 5074865kg，出口数量占全部出口数量的 35.15%，比 2009 年上升 106.70%。

五出口地出口数量占初级形状的改性聚苯乙烯 2010 年总出口数量的 84.59%，比 2009 年上升 11.35%(表 90)。

表 90　2010 年改性的初级形状的非可发性聚苯乙烯五大出口国家/地区统计

排序	出口目的地	出口金额/美元	出口数量/kg	占比例/%
1	中国香港	8880151.00	5074865.0	35.15
2	土耳其	10734514.00	4553300.0	31.54
3	墨西哥	3450014.00	1360000.0	9.42
4	日本	2442548.00	885671.0	6.13
5	韩国	1542152.00	339677.0	2.35
出口总计		31765573.00	14438308.0	100.00

五、PS 表观消费量增长下降

2004 ~ 2010 年国内 PS 表观消费年均增长率为 1.54%，低于同期 PS 产量年均增长率 6.08%(表 91)。

表 91　2004 ~ 2010 年国内 PS 表观消费量统计资料

年　份	2004	2005	2006	2007	2008	2009	2010
表观消费量/kt	2830.103	2855.70	2877.76	3072.47	2888.90	3008.10	3102.30
年增长率/%	6.06	0.90	0.77	6.77	-5.97	4.13	3.13
国内自给率/%	52.29	54.63	60.71	66.94	71.34	69.81	74.41

1. PS 进口消费省市流向集中于东部沿海地区

从海关资料来看，2010 年可发性初级形状的聚苯乙烯进口消费省市有 13 个，比 2009 年 23 个进口消费省市减少 10 个进口消费省市，主要进口流向为广东省、浙江省、福建省、上海市和山东省，五进口消费省市 2010 年初级形状的可发性聚苯乙烯进口量占总进口量的 97.45%。

2010 年可发性初级形状的聚苯乙烯主要进口流向为广东省，进口数量 50716573kg，占总出口量的 66.81%，比 2009 年减少 9.16%；

五原产进口地进口数量占可发性聚苯乙烯 2010 年总进口数量的 94.90%，比 2009 年增加 0.52%(表 92)。

表 92　2010 年初级形状的可发性聚苯乙烯五大进口省市统计

排序	进口省市	进口金额/美元	进口数量/kg	占比例/%
1	广东省	70511120.00	50716573.0	66.81
2	浙江省	8168493.00	7872723.0	10.37
3	福建省	10026231.00	5871509.0	7.73
4	上海市	5584077.00	4070159.0	5.36
5	山东省	3049545.00	3515648.0	4.63
进口总计		105216350.00	75912780.0	100.00

从海关资料来看，2010 年改性初级形状的聚苯乙烯进口消费省市有 17 个,，比 2009 年 19 个进口消费省市减少 2 个进口消费省市，主要进口流向为广东省、上海市、江苏省、辽宁省和天津市，五进口消费省市 2010 年初级形状的改性聚苯乙烯进口消费省市进口量占总进口量的 90.83%,。

2010 年初级形状的改性聚苯乙烯主要进口流向为广东省，进口数量 180403906kg，占总进口数量的 65.18%，比 2009 年上升 91.88%(表 93)。

表 93　2010 年改性的初级形状的非可发性聚苯乙烯五大进口省市统计

排序	进口省市	进口金额/美元	进口数量/kg	占比例/%
1	广东省	263196964.00	180403906.0	65.18
2	上海市	38761430.00	22818821.0	8.24
3	江苏省	33172188.00	21860834.0	7.90
4	辽宁省	40362989.00	16481351.0	5.95
5	天津市	16902488.00	9858765.0	3.56
进口总计		437117830.00	276793619.0	100.00

从海关资料来看，2010 年初级形状的聚苯乙烯进口消费省市有 19 个，比 2009 年 18 个进口消费省市增加 1 个进口消费省市，主要进口流向为广东省、

江苏省、浙江省、上海市和山东省，五进口消费省市2010年初级形状的聚苯乙烯进口消费省市进口量占总进口量的93.98%，比2009年减少1.11%。

2010年初级形状的聚苯乙烯主要进口流向为广东省，进口数量519990750kg，占总进口数量的65.06%，比2009年减少9.57%(表94)。

表94　2010年其他初级形状的聚苯乙烯五大进口省市统计

排序	进口省市	进口金额/美元	进口数量/kg	占比例/%
1	广东省	704194532.00	519990750.0	65.06
2	江苏省	129820284.00	86700374.0	10.85
3	浙江省	90651752.00	68517147.0	8.57
4	上海市	90528063.00	56409565.0	7.06
5	山东省	30238578.00	19541473.0	2.44
进口总计		1118992500.00	799290314.0	100.00

2. 初级形状的聚苯乙烯2010年进口生产使用企业分析

2010年国家对于外墙保温用料严厉调控，EPS市场严重受挫。终端企业纷纷退市观望，北方板材市场成交难以提振，南方包装市场商家谨慎拿货，EPS陷入难局。

2011年，伴随市场风声逐渐放松，EPS市场需求用量逐步提升，开始缓慢复苏。各地市场需求简析如下：

东北、西北EPS需求以板材为主，包装需求用量较少，每年的7~10月份属于传统需求旺季。其中黑龙江/吉林地区约有50%~60%下游工厂恢复开工，因气温偏低限制，仍有部分企业处于停车中，但因当地政府出台规定，将外墙用料等级下调，暂不执行A级，终端采购用量明显提升。辽宁市场需求逐步好转，终端陆续入市采购，成交气氛明显好转。甘肃、兰州地区约有70%~80%下游工厂恢复开工，整体用量不断增加，但观望气氛依旧浓厚。内蒙古市场下游工厂开工不正常，整体用量仍不理想。

华北EPS市场需求不断提升，下游工厂已恢复正常运行。前期因国家对于外墙保温用料限制，市场用量急剧减少。目前虽然国家尚未有明确消息出台，但风声稍松，市场采购量稍有增加。其中河南市场需求稍有好转，但下游工厂心态仍有顾忌，拿货较为谨慎。北京地区下游工厂开工正常，需求尚可。河北、天津终端陆续入市采购，用量较前期明显提升。山东市场用量平稳运行，终端正常拿货。

EPS市场包装需求多分布长江以南地区。长三角地区包装需求尚可，下游工厂正常开工，用量正常，市场整体平稳运行。珠三角地区表现差强人意，需求不温不火，终端采购仍较为谨慎，拿货情况一般，对于市场提振力量有限。

从海关资料来看，2010年初级形状的可发性聚苯乙烯进口商有336家，比2009年326家进口商10家进口商，前八位初级形状的可发性聚苯乙烯进口商进口量占总进口量的42.10%。

初级形状的可发性聚苯乙烯八大进口商中有生产使用企业二家和进口贸易商各六家，分别占总进口量的8.63%和33.47%(表95)。

表95　2010年初级形状的可发性聚苯乙烯十大进口商统计

排序	进　口　商	所属行业	进口数量/kg	占比例/%
1	东莞对外加工装配服务公司	进口贸易商	7815279	10.30
2	华鸿控股集团有限公司	进口贸易商	5852400	7.71
3	福清永大塑胶有限公司	塑胶工业	4325240	5.70
4	深圳市宝安外经发展有限公司	进口贸易商	4170965	5.49
5	深圳市龙岗区对外经济发展有限公司	进口贸易商	3424839	4.51
6	上海英科实业有限公司	进口贸易商	2249381	2.96
7	淄博英科框业有限公司	塑胶工业	2226078	2.93
8	深圳市宜盛实业有限公司	进口贸易商	1900000	2.50
9	佛山市三水南威塑胶电子制品有限公司	电子工业	1747100	2.30
10	惠阳东亚电子制品有限公司	电子工业	1663684	2.19
进口总计			75912780.0	100.00

从资料分析，2010年初级形状的可发性聚苯乙烯三十六大进口商中有25家为生产使用企业，11家为进口贸易商。

2010年初级形状的可发性聚苯乙烯进口生产使用企业以电子工业、塑胶工业、包装工业、家用电器工业、建材工业、玩具工业、鞋材工业、日用制品为主，其中二十五大进口生产企业进口量占总进口量的33.73%。

福清永大塑胶有限公司2010年初级形状的可发性聚苯乙烯进口4325240kg，占总进口量的5.70%，比 2009 年减少 2.80%；

淄博英科框业有限公司 2010 年初级形状的可发性聚苯乙烯进口 2226078kg，占总进口量的 2.93%，比 2009 年增加 110.40%；

佛山市三水南威塑胶电子制品有限公司 2010 年初级形状的可发性聚苯乙烯进口 1747100kg，占总进口量的 2.30%，比 2009 年减少 68.07%。

表 96 2010 年其他主要初级形状的可发性聚苯乙烯进口生产使用企业统计

排序	进 口 商	所属行业	进口数量/kg
1	康惠(惠州)世界发泡胶有限公司	建材工业	1368507
2	广州长城木业有限公司	建材工业	1313800
3	政星塑料制品(河源)有限公司	塑胶工业	1279500
4	东莞新航包装材料有限公司	包装工业	1009800
5	鸿大发泡包装材料(深圳)有限公司	包装工业	987000
6	青岛瑞普化工有限公司	塑胶工业	895750
7	高速塑胶制品(深圳)有限公司	塑胶工业	791400
8	华盛发泡胶(惠州)有限公司	包装工业	725000
9	美普箱包(深圳)有限公司	包装工业	689000
10	东莞向龙塑胶制品有限公司	塑胶工业	653000
11	珠海怡佳科技发展有限公司	电子工业	622500
12	上海大道包装隔热材料有限公司	建材工业	609000
13	肇庆童星玩具厂有限公司	玩具工业	590000
14	英光电器(深圳)有限公司	电子工业	588575
15	天津积水化成品有限公司	塑胶工业	571800
16	东莞联兴发泡胶碗厂有限公司	包装工业	535000
17	惠州市惠信发泡胶制品有限公司	包装工业	513600
18	福建省新威电子工业有限公司	电子工业	504000
19	佛山市南海奇镭鞋材有限公司	鞋材工业	455900
20	东莞市正昕包装制品有限公司	包装工业	450000
21	升鑫包装材料(中山)有限公司	包装工业	450000

从海关资料来看，2010 年初级形状的改性聚苯乙烯进口商有 618 家，比 2009 年 599 家进口商进口商 10 家进口商，前八位初级形状的改性聚苯乙烯进口商进口量占总进口量的 34.20%，比 2009 年增加 0.74%。

初级形状的改性聚苯乙烯十大进口商中有生产使用企业 6 家和进口贸易商 4 家，分别占总进口量的 24.10% 和 14.33%。

陶氏丁苯胶乳(张家港)有限公司、广州金发科技股份有限公司、陶氏化学(上海)有限公司、珠海格力电器股份有限公司、深圳市宝安外经发展有限公司、中山市南朗对外加工装配服务公司、乐金电子(天津)电器有限公司、广东科龙冰箱有限公司、广东美的制冷设备有限公司、东莞市对外加工装配服务公司，分别位居 2010 年初级形状的改性聚苯乙烯进口量 1～10 位，进口量分别占总进口量的 6.61%、6.32%、6.30%、4.13%、3.32%、2.65%、2.44%、2.43%、2.17% 和 2.06%(表 97)。

表 97 2010 年改性的初级形状的非可发性聚苯乙烯十大进口商统计

排序	进 口 商	所属行业	进口数量/kg	占比例/%
1	陶氏丁苯胶乳(张家港)有限公司	合成橡胶工业	18297000	6.61
2	广州金发科技股份有限公司	塑料改性工业	17498050	6.32
3	陶氏化学(上海)有限公司	进口贸易商	17442300	6.30
4	珠海格力电器股份有限公司	家用电器工业	11419000	4.13
5	深圳市宝安外经发展有限公司	进口贸易商	9182708	3.32
6	中山市南朗对外加工装配服务公司	进口贸易商	7336000	2.65
7	乐金电子(天津)电器有限公司	家用电器工业	6747000	2.44
8	广东科龙冰箱有限公司	家用电器工业	6717750	2.43
9	广东美的制冷设备有限公司	家用电器工业	6004000	2.17
10	东莞市对外加工装配服务公司	进口贸易商	5702732	2.06
进口总计			276793619.0	100.00

从资料分析，2010 年初级形状的改性聚苯乙烯三十六大进口商中有二十一家为生产使用企业，十五家为进口贸易商。

从资料分析，2010 年初级形状的改性聚苯乙烯进口生产使用企业以塑料改性工业、包装工业、电子工业、家用电器工业、合成橡胶工业、建材工业、日用制品为主，2010年初级形状的改性聚苯乙烯进口商有618家，其中二十一大进口生产企业进口量占总进口量的40.07%(表98)。

表98 2010年其他主要改性的初级形状的非可发性聚苯乙烯进口生产使用企业统计

排序	进口商	所属行业	进口数量/kg
1	上海金发科技发展有限公司	塑料改性工业	5112000
2	珠海科杰高分子材料有限公司	塑料改性工业	4703600
3	中山志和家电制品有限公司	家用电器工业	4042870
4	中山奥马电器有限公司	家用电器工业	3905000
5	星星集团有限公司	家用电器工业	3850000
6	恒康电子(深圳)有限公司	家用电器工业	3799250
7	珠海斗门超毅科技有限公司	电子工业	3377675
8	协隆(东莞)塑胶电子有限公司	电子工业	3124775
9	厦门钢宇工业有限公司	电子工业	2610000
10	浙江前程石化有限公司	塑料改性工业	2470000
11	合肥华凌电器有限公司	家用电器工业	2005000
12	广州益力多乳品有限公司	包装工业	1952000
13	优利(东莞)塑胶材料有限公司	日用制品	1866586
14	上海日绵有限公司	塑料改性工业	1727500
15	深圳畅鸿塑胶制品有限公司	日用制品	1424750

从海关资料来看，2010年初级形状的聚苯乙烯进口商有2，176家，比2009年2，316家进口商减少140家进口商。

前八位初级形状的聚苯乙烯进口商进口量占总进口量的24.71%，比2009年进口减少0.26%。

深圳宝安外经发展有限公司、东莞对外加工装配服务公司、陶氏化学(上海)有限公司、陶氏丁苯胶乳(张家港)有限公司、深圳龙岗区对外经济发展有限公司、深圳永合科技化工有限公司、永塑(东莞)塑料有限公司、宁波保税区高新货柜有限公司、吴江东永材料科技有限公司、惠阳市对外加工装配服务公司，分别位居2010年初级形状的聚苯乙烯进口量1～10位，进口量分别占总进口量的5.47%、4.37%、3.23%、3.00%、2.64%、2.13%、1.98%、1.89%、1.61%和1.6%(表99)。

表99 2010年其他初级形状的聚苯乙烯十大进口商统计

排序	进口商	所属行业	进口数量/kg	占比例/%
1	深圳宝安外经发展有限公司	进口贸易商	43682285	5.47
2	东莞对外加工装配服务公司	进口贸易商	34932524	4.37
3	陶氏化学(上海)有限公司	进口贸易商	25783000	3.23
4	陶氏丁苯胶乳(张家港)有限公司	合成橡胶工业	23959000	3.00
5	深圳市龙岗区对外经济发展有限公司	进口贸易商	21116342	2.64
6	深圳永合科技化工有限公司	塑料改性工业	17043850	2.13
7	永塑(东莞)塑料有限公司	塑料改性工业	15819050	1.98
8	宁波保税区高新货柜有限公司	进口贸易商	15067500	1.89
9	吴江东永材料科技有限公司	塑料改性工业	12894025	1.61
10	惠阳市对外加工装配服务公司	进口贸易商	12501046	1.56
进口总计			799290314	100.00

从资料分析，2010年初级形状的聚苯乙烯进口生产使用企业以塑料改性工业、包装工业、电子工业、合成橡胶工业、家用电器工业、建材工业、日用制品为主，2010年初级形状的聚苯乙烯进口商有2176家，初级形状的其他聚苯乙烯三十六大进口商中有生产使用企业25家，占总进口量的22.22%。

初级形状的其他聚苯乙烯十大进口商中有生产使用企业4家和进口贸易商6家，分别占总进口量的8.72%和19.16%(表100)。

表100 2010年其他主要其他初级形状的聚苯乙烯进口生产使用企业统计

排序	进口商	所属行业	进口数量/kg
1	昆山铨铼科技有限公司	电子工业	7469000
2	GE塑料上海有限公司	塑料改性工业	6469488
3	宝星磁电工业(惠州)有限公司	电子工业	6362670
4	日超工程塑料(深圳)有限公司	塑料改性工业	5549900

续表

排序	进　口　商	所属行业	进口数量/kg
5	鸿富锦精密工业(深圳)有限公司	塑料改性工业	5471592
6	星际塑料(深圳)有限公司	塑料改性工业	5200787
7	天津三协塑料有限公司	塑料改性工业	4830300
8	上海日绵有限公司	塑料改性工业	4798107
9	宝豪塑胶五金制品(江门)有限公司	塑胶制品	4644000
10	金育塑胶电子(吴江)有限公司	电子工业	4300041
11	宁波家联塑料用品制造有限公司	日用制品	4215341
12	东莞丽骏塑胶制品有限公司	塑胶制品	4193250
13	东莞大日化工厂有限公司	塑料改性工业	4190200

续表

排序	进　口　商	所属行业	进口数量/kg
14	上海夏普电器有限公司	电子工业	4023432
15	星星集团有限公司	电子工业	3796500
16	嘉兴众立塑胶有限公司	日用制品	3675713
17	苏州惠业塑胶工业有限公司	日用制品	3649300
18	台州富岭塑胶有限公司	日用制品	3562000

六、2010 年价格走势

2005～2010 年间初级形状的可发性聚苯乙烯平均出口单价年均上升 1.57%。

2005～2010 年初级形状的可发性聚苯乙烯平均进口单价年均增长率为 6.35%。

2005～2010 年聚苯乙烯平均进口单价年均增长率为 6.68%。

2005～2010 年聚苯乙烯平均出口单价年均增长率为 7.54%(表 101)。

表 101　2005～2010 年初级形状的可发性聚苯乙烯进出口统计

年　份	2005	2006	2007	2008	2009	2010
可发性聚苯乙烯						
年平均进口单价/(美元/t)	1018.93	1100.77	1271.20	1407.45	1260.35	1386.01
年增长率/%	9.10	8.03	15.48	10.72	-10.45	9.97
年平均出口单价/(美元/t)	1255.43	1390.92	1531.22	1545.45	1121.78	1357.36
年增长率/%	4.51	10.79	10.09	0.93	-27.41	21.00
其他聚苯乙烯						
年平均进口单价/(美元/t)	1013.06	1119.81	1313.30	1438.89	1192.91	1399.98
年增长率/%	10.24	10.54	17.83	9.56	-17.10	17.36
年平均出口单价/(美元/t)	1206.68	1270.92	1393.91	1800.50	1661.58	1735.63
年增长率/%	-1.93	5.32	9.67	29.17	-7.72	4.46
改性的初级形状的非可发性聚苯乙烯						
年平均进口单价/(美元/t)	—	—	—	—	1330.55	1579.22
年增长率/%	—	—	—	—	—	18.69
年平均出口单价/(美元/t)	—	—	—	—	1754.83	2000.14
年增长率/%	—	—	—	—	—	25.38

自 2010 年 5 月份中旬起，PS 市场进入下滑通道，7 月上半月 PS 市场仍难止跌。中旬普通料透苯报 8800～9300 元/t，改苯报 10100～10200 元/t。高端料透苯报 9600 元/t，改苯报 10500 元/t。较 6 月末市场价格相比，透苯跌幅在 250～500 元/t，改苯跌幅在 700～800 元/t。持续下滑行情令市场商家信心消磨殆尽，操盘积极性不高。

自 7 月中下旬起塑料市场呈现止跌上扬行情，各塑料品种上涨势头良好。其中 PS 市场也不例外。首先下旬起上游市场开始强劲上涨。其中原油 WTI 从 75 美元左右涨到 82 美元/桶，涨势迅猛。苯乙烯原料也突飞猛进，华东市场从 7600 元/t 飙升至 9000 元/t 左右，外盘方面涨势也不容忽视，CFR 中国价格自 965 美元涨至 1114 美元/t。上游走势极大调动了 PS 市场商家推涨热情。另一方面由于 5 月下旬起 PS 部分石化厂家开始减低负荷生产，因此市场可供货源紧俏，同时加上塑料大盘整体走涨配合，多重利好支撑下，PS 市场也展开了一波快速上涨的行情，涨幅达千元以上。截止目前普通料透苯报 9900～10400 元/t，改苯报 11400～11600 元/t。高端料透苯报 10800 元/t，改苯报 11800 元/t。

此轮上涨行情，为市场先行上涨，石化厂跟随报高。7 月 23 日爱思开厂家首先上调出厂价格，下周起一直至本周初其他石化厂家纷纷上调出厂报价，截止到目前涨幅在 600 ~ 900 元/t 不等。本周透苯出厂报价约在 10300 ~ 10700 元/t，改苯报盘在 11400 ~ 11700 元/t。

市场价、出厂价涨势汹汹，但由于下游需求始终表现平淡，买家多按需采购为主，上涨初期基于看涨心态，市场成交多以商家转手贸易为主。但进入 8 月份伴随上游走势阴晴不定，PS 市场气氛表现微妙，虽低价货难寻，但高价位货源成交困难。

10 月底原料行情萎靡不振，国内除华南市场价格坚挺外，其余市场均出现下滑行情，其中华东主流市场跌破万元大关后，迅速滑至 9600 元/t 价位。

彼时 PS 市场商谈气氛不佳，价格虽未受原料拖累出现下跌，但持货商对后市缺乏信心，看空者不在少数。

进入 2010 年 11 月份后，月初几日市场走势平淡，商谈气氛一般，持货商由于原料低迷走势，操盘矜持。11 月 3 日美联储宣布斥资 6000 亿美元救市，第二轮量化宽松政策执行，很快这一政策威力显现，全球大宗商品出现集体上涨势头，PS 市场亦不例外。

受塑料大盘强劲上涨带动，且原油期货连涨 6 日，WTI 突破 85 美元/桶关口，另外石化企业如奇美、赛科纷纷调高出厂价格，种种利好刺激下，PS 市场快速大幅走高(表 102 ~ 表 105)。

表 102　GPPS 666D 燕山石化 2010 年中国塑料城月均价走势　元/t

1 月	2 月	3 月	4 月	5 月	6 月
11235	11153	11443	12004	11757	10423
7 月	8 月	9 月	10 月	11 月	12 月
9747	10318	10297	10935	11454	11291

表 103　GPPS GP5250 宁波台化 2010 年中国塑料城月均价走势　元/t

1 月	2 月	3 月	4 月	5 月	6 月
11510	11466	11495	11550	11300	10328
7 月	8 月	9 月	10 月	11 月	12 月
9785	10177	10404	11305	11650	11500

表 104　HIPS PH – 88 镇江奇美 2010 年中国塑料城月均价走势　元/t

1 月	2 月	3 月	4 月	5 月	6 月
12595	12633	12682	12790	12575	11495
7 月	8 月	9 月	10 月	11 月	12 月
10866	11768	11759	12552	13136	13200

表 105　HIPS HIPS – 622 上海赛科 2010 年中国塑料城月均价走势　元/t

1 月	2 月	3 月	4 月	5 月	6 月
11585	11606	11817	11964	11880	11371
7 月	8 月	9 月	10 月	11 月	12 月
10580	11418	11497	12141	12559	12347

第七章　2010 年 ABS 国内消费自给率同步上升

ABS 树脂是市场需求量最大的合成树脂之一。目前，国际上 ABS 树脂的生产方法主要有乳液接枝掺混法和连续本体法。

一、2010 年 ABS 树脂生产

盘锦乙烯 150kt/a ABS 新装置于 2010 年 11 月 8 日正式投料，该装置主要生产 275 和 8391 牌号(表 106)。

表 106　2004 ~ 2010 年 ABS 近年产量统计

项　　目	2004 年	2005 年	2006 年	2007 年	2008 年	2009 年	2010 年
生产能力/t	1450000	1410000	1800000	2000000	2000000	2000000	2350000
产量/t	1020000	1160000	1320000	1630000	1130000	1320000	1410000
开工率/%	70.34	82.27	71.03	81.50	56.50	66.00	60.00
年产量增长率/%	9.91	13.73	10.22	23.48	–30.67	16.81	6.82

资料来源：2004 ~ 2010 年数据为笔者估算。

2004 ~ 2010 年间 ABS 产量增长了 38.24%，年均增长约为 5.54%。

吉林石化公司开发的双峰分布 ABS 合成工艺技术通过专家验收，标志着中国石油重点项目 20 万吨/年 ABS 工艺包核心技术取得重要突破，并依靠自有技术实现产品升级。高档 ABS 通用料即将在吉化安家。

此前我国多家企业从国外引进了成套 ABS 树脂生产技术和装置，但大都生产通用级 ABS 树脂，缺乏专用级树脂，难以满足市场对特殊用途 ABS 树脂的需求。

目前世界 ABS 树脂的研发趋势是向高性能、多功能的专用树脂发展，以提高产品的附加值和市场竞争力。

为顺应这一潮流，拥有 180kt/a ABS 生产能力的吉林石化公司于 2009 年 7 月启动扩建项目，将产能

提升至400kt/a。作为该项目的子项目，吉林石化对200kt/a ABS成套技术进行了重点攻关。

该项目以吉林石化研究院双峰分布ABS乳液接枝技术为核心创新技术，以高档ABS通用料为主导产品，通过整合中国石油吉林石化、兰州石化和大庆石化ABS生产技术和研发成果，形成200kt/a ABS自有成套技术，用于吉林石化400kt/a ABS生产扩建项目。

镇江奇美年100kt ABS扩建项目于2009年8月末进入调试阶段，其ABS总产能达到700kt/a，包括镇江奇美原有年350kt、镇江国亨年250kt以及镇江奇美新扩年100kt，成为国内最大的ABS生产基地，投产后，势必增加对于丙烯腈的采购量。

二、2010年国内ABS树脂出口商和出口生产地主要分布在广东省和上海市

2010年，改性初级形状的ABS树脂出口生产企业主要集中在广东省，出口数量17303340kg,，占总出口数量的83.4%，比上年出口数量增加3.62%。

改性初级形状的ABS树脂五省市出口商小计出口数量占总出口数量的99.45%(表107)。

表107　2010年改性初级形状的ABS树脂五大出口省市统计

排序	出口省市	出口金额/美元	出口数量/kg	占比例/%
1	广东省	40175510.00	17303340.0	83.44
2	上海市	5607713.00	2260157.0	10.90
3	山东省	1264627.00	510720.0	2.46
4	江苏省	1558702.00	353177.0	1.70
5	天津市	346456.00	196800.0	0.95
出口总计		49261065.00	20736748.0	100.00

2010年，其他初级形状的ABS树脂出口生产企业主要集中在广东省，出口数量16969314kg，占总出口数量的49.55%，比2009年出口增加41.43%；

其他初级形状的ABS树脂五省市出口小计出口数量占总出口数量的98.24%，比2009年增加1.81%(表108)。

表108　2010年其他初级形状的ABS树脂五大出口省市统计

排序	出口省市	出口金额/美元	出口数量/kg	占比例/%
1	广东省	34310215	16969314.0	49.55
2	浙江省	22517407	11813121.0	34.49
3	上海市	8603884	3458390.0	10.10
4	山东省	1943659	939080.0	2.74
5	辽宁省	1103508	466772.0	1.36
出口总计		69787506	34247263.0	100.00

三、ABS树脂出口商以ABS改性生产企业为主

从海占总出口量的82.60%关资料来看，2010年改性ABS出口20736748kg；改性ABS出口商有128家，比上年107家出口商增加21家出口商。

2010年前十位出口商统计出口量占总出口量的85.66%，其中出口生产企业9家，ABS贸易商1家，分别占总出口量的82.60%和3.06%；

四十大出口商中出口生产企业有27家，均为ABS改性；ABS贸易商(13家)，分别占总出口量的91.84%和4.07%；

出口主要以ABS/PP、ABS/PA合金为主；

出口企业以外商独资、合资和私企为主；

出口口岸以广东省口岸为主，其次为上海口岸。

LG化学(广州)工程塑料有限公司2010年ABS出口9619900kg，占总出口量的46.39%，同比出口增长24.28%(表109)。

表109　2010年改性初级形状的ABS树脂十大出口商统计

排序	出口商	所属行业	出口数量/kg	占比例/%
1	LG化学(广州)工程塑料有限公司	ABS改性	9619900	46.39
2	日超工程塑料(深圳)有限公司	ABS改性	2209535	10.66
3	广州金发科技股份有限公司	ABS改性	1694950	8.19
4	上海锦湖日丽塑料有限公司	ABS改性	924900	4.46
5	上海矶野塑胶有限公司	ABS改性	725500	3.50
6	东莞市石龙镇对外加工装配服务公司	ABS贸易商	635223	3.06
7	日超工程塑料(中山)有限公司	ABS改性	626625	3.02
8	加福塑胶制品(东莞)有限公司	ABS改性	582745	2.81
9	丽碧复合塑料(深圳)有限公司	ABS改性	387184	1.87
10	青岛海尔新材料研发有限公司	ABS改性	352000	1.70
出口总计			20736748	100.00

从海关资料来看，2010年ABS出口34247263kg，同比增长21.90%；

ABS出口商有328家，比2009年317家出口商增加11家出口商，国内前十二位出口商统计出口量占总出口量的56.28%，三十大出口商中仅有宁波乐金甬兴化工有限公司(占总出口量的20.19%)1家是ABS树脂原料生产厂，其余均为ABS改性(14家)及ABS贸易商(15家)，分别占总出口量的28.288%和26.99%；

出口企业以外商独资、合资和私企为主；

出口口岸以广东省口岸为主，其次为浙江省口岸。

宁波乐金甬兴化工有限公司2010年ABS出口6916000kg，占总出口量的20.19%，同比出口减少43.98%(表110)。

表110　2010年其他初级形状的ABS树脂十大出口商统计

排序	出　口　商	所属行业	出口数量/kg	占比例/%
1	宁波乐金甬兴化工有限公司	ABS树脂原料	6916000	20.19
2	鸿富锦精密工业(深圳)有限公司	ABS改性	4714921	13.77
3	宁波保税区高新货柜有限公司	ABS贸易商	4217000	12.31
4	丽碧复合塑料(深圳)有限公司	ABS改性	1792164	5.23
5	广州保税区海达国际贸易有限公司	ABS贸易商	1026000	3.00
6	大日精化(深圳)有限公司	ABS改性	1015972	2.97
7	中国金山联合贸易有限责任公司	ABS贸易商	939050	2.74
8	青岛海尔新材料研发有限公司	ABS改性	704000	2.06
9	胜牌(上海)润滑油有限公司	ABS贸易商	672475	1.96
10	上海东上海石化实业有限公司	ABS贸易商	672000	1.96
出口总计			34247263	100.00

四、国内ABS树脂2010年进出口同比增长

2010年1~3月，中国累计进口ABS树脂数量484257t，比2009年同期中国累计进口ABS树脂数量453987t增长6.7%。2010年1月，中国累计进口ABS树脂金额共计88355千美元，比2009年同期中国累计进口ABS树脂金额共计646607千美元相比增加了36.6%。

2010年3月，中国ABS树脂进口数量达190897t，2月ABS树脂进口量为125499t，3月ABS树脂进口金额共计361284千美元，2月ABS树脂进口金额为226133千美元。

从统计的数据看，3月ABS树脂进口量扭转二月跌势，和2月份相比增加了65398t，ABS树脂进口金额增加了135151千美元。

2010年5月中国ABS进口总量约为189696t，同比增加12.89%，环比减少1.86%。2010年1~5月累计进口量约867209t，同比增加7.7%。

依照数据显示，中国ABS进口量已连续三个月同比大幅增加，如若扣除春节假期因素的影响(2010年2月份)，中国ABS进口量则是连续11个月同比持续上升(表111，表112)。

表111　2005~2010年我国ABS树脂进出口量统计

年　　份		2005	2006	2007	2008	2009	2010
ABS树脂/(进口/kt)		1987.0	2014.74	2172.75	1951.86	2168.1	2169.4
同比增长/%		1.22	1.40	7.84	-10.17	11.08	0.06
ABS树脂/(出口/t)		14240	19580	32357	43264	49816	54347
同比增长/%		-10.27	37.50	65.26	33.71	15.15	9.10
改性的ABS树脂	进口/kt	—	—	—	—	183.4	210.1
	出口/t	—	—	—	—	21643	2.01
ABS共聚物	进口/kt	—	—	—	—	1984.7	1959.3
	出口/t	—	—	—	—	28176	34247

注：1. 资料来源：历年国家海关统计。

2. 改性的ABS树脂2009年才单独新列出代码，无历年数据，因此无法同比。

2005~2010年间ABS进口量年均增长率为1.77%；

2005~2010年间ABS出口量年均增长率为30.72%。

表 112　2007～2010 年我国 ABS 树脂进口来源

进口来源	2007 年		2008 年		2009 年		2010 年	
	进口量/kt	比例/%	进口量/kt	比例/%	进口量/kt	比例/%	进口量/kt	比例/%
中国台湾省	1023.7	47.43	922.3	47.25	1014.5	46.79	1078.6	49.72
韩国	726.4	33.65	628.3	32.19	733.5	33.83	702.0	32.36
日本	137.7	6.38	138.4	7.09	94.2	4.34	105.3	4.85
马来西亚	105.7	4.90	110.7	5.67	144.2	6.65	135.7	6.26
泰国	83.9	3.88	71.2	3.65	94.7	4.37	66.7	3.07
美国	22.3	1.03	19.6	1.01	13.1	0.60	19.0	0.88
中国香港	2.0	0.09	1.6	0.08	2.2	0.01	0.8	0.04
新加坡	1.8	0.08	1.7	0.09	1.4	0.06	2.6	0.12
其他	55.6	2.56	46.3	2.37	70.3	3.24	58.7	2.70
合计	2172.7	1000.0	1951.9	1000.0	2168.1	1000.0	2169.4	1000.0

1. 2010 年 ABS 树脂进口增长价格上升

虽然中国 ABS 树脂产能和产量均增长很快，但仍不能满足国内实际生产需求，每年都需要大量进口。中国 ABS 树脂的需求量和进口量均已居全球第一，并成为世界 ABS 树脂第一大进口国。

随着国内产量的大幅度增长及技术水平的提高，未来几年 ABS 树脂进口量会有下降的趋势。今后随着生产能力的增加，自给率将不断增加，2010 年其自给率达到 43%。

我国 ABS 共聚物进出口均以进料加工贸易方式为主。

2010 年改性初级形状的 ABS 树脂进口 183376006kg，比上年进口增加 14.57%；进口平均价格 2312.71 美元/t，比上年进口平均价格上升 32.40%。

从海关统计中可看出，2010 年改性初级形状的 ABS 树脂进口地有 18 个，比上年 18 个进口地增加 16 个进口地；中国台湾和韩国仍为我国 ABS 树脂进口主要市场，2010 年，自韩国进口 122139128kg，占总进口量的 58.14%，比上年进口增加 15.75%；进口平均价格 2322.24 美元/t，比上年进口均价增加 21.61%；

自我国台湾省进口 53521494kg，占总进口量的 25.48%，比上年进口增加 26.65%；进口平均价格 2078.48 美元/吨，比上年进口均价增加 17.90%；

自上述两大主要市场改性初级形状的 ABS 树脂进口数量之和占全部进口数量的 83.62%。

五原产进口地进口数量占改性初级形状的 ABS 树脂 2010 年总进口数量的 95.76%（表 113）。

2010 年其他初级形状的 ABS 树脂进口 1959277572kg，同比下降 1.28%；进口平均价格 1903.97 美元/t，比 2009 年同期(下同)进口均价增加 24.28%。

从海关统计中可看出，2010 年其他初级形状的 ABS 树脂进口地有 35 个，比 2009 年 21 个进口地增加 14 个进口地，中国台湾和韩国仍为我国 ABS 树脂进口主要市场。

表 113　2010 年改性初级形状的 ABS 树脂五大进口国家/地区统计

排序	原产进口地	进口金额/美元	进口数量/kg	占比例/%
1	韩国	283635810.00	122139128.0	58.14
2	中国台湾省	111243606.00	53521494.0	25.48
3	日本	38651683.00	13295981.0	6.33
4	中国	19562712.00	7980089.0	3.80
5	马来西亚	8835188.00	4229661.0	2.01
进口总计		485876590.00	210089869.0	100.00

2010 年，自我国台湾进口 1025063152kg，同比上升 5.43%，进口平均价格 1817.91 美元/t，比 2009 年同期进口均价增加 22.32%，占总进口量的 53.13%；

自韩国进口 579857724kg，同比下降 7.64%，占总进口量的 29.60%；进口平均价格 1926.51 美元/t，比 2009 年同期增加 29.29%；

自上述两大主要市场进口数量之和占全部进口数量的 82.73%，比 2009 年同期增加 2.10%。

五原产进口地进口数量占其他初级形状的 ABS 树脂 2010 年总进口数量的 97.34%，比 2009 年上升 1.29%（表 114）。

表 114　2010 年其他初级形状的 ABS 树脂五大进口国家/地区统计

排序	原产进口地	进口金额/美元	进口数量/kg	占比例/%
1	中国台湾省	1863473844.00	1025063152.0	53.13
2	韩国	1117102909.00	579857724.0	29.60
3	马来西亚	245203390.00	131518662.0	6.71
4	日本	232584851.00	91960935.0	4.69
5	泰国	116054302.00	62815030.0	3.21
进口总计		3730413469.00	1959277572.0	100.00

2. 出口逐年上升，2010 年 ABS 树脂出口继续增长

与其他几大通用塑料原料相比，中国 ABS 树脂的出口一直处于较低水平，2004 年、2005 年出口量还出现持续下降的现象，虽然2006 年出口大幅增加，但整体出口量基本与2002 年持平。

随着我国合成树脂工业的发展，2006 年，我国 ABS 树脂出口出现止跌回升，出口数量取得了大幅跃进，但绝对数量仍处于较低水平，仍以进口为主。

虽然出口量大幅增加，但绝对量仍处于较低水平。

2010 年，我国改性初级形状的 ABS 树脂共出口 20736748kg，同比下降 4.19%；出口平均价格为 2375.54 美元/t，比 2009 年同期(下同)进口均价增加 12.43%。

从海关统计中可看出，2009 年改性初级形状的 ABS 树脂出口地有 35 个，比 2009 年 25 个出口地增加 10 个出口地。

中国香港地区为中国内地改性初级形状的 ABS 树脂最主要的出口目的地，2010 年中国内地共向中国香港地区出口改性初级形状的 ABS 树脂 13281430kg，同比下降 8.71%，占全部出口量的 64.05%；出口平均价格 2348.51 美元/t，比 2009 年出口均价增加 20.18%。

五出口地出口数量占改性初级形状的 ABS 共聚物 2010 年总出口数量的 91.29%，比 2009 年下降 1.89%(表 115)。

表 115 2010 年改性初级形状的 ABS 树脂五大出口国家/地区统计

排序	出口目的地	出口金额/美元	出口数量/kg	占比例/%
1	中国香港	31191617.00	13281430.0	64.05
2	日本	7320323.00	3026544.0	14.60
3	印度	2889692.00	1375150.0	6.63
4	马来西亚	1599917.00	760262.0	3.67
5	俄罗斯	1225382.00	485600.0	2.34
出口总计		49261065.00	20736748.0	100.00

有关数据显示，从海关统计中可看出，2010 年其他 ABS 共聚物出口地有 42 个，比 2009 年 24 个出口地增加 18 个出口地。

中国香港地区为中国内地其他 ABS 树脂最主要的出口目的地，2010 年中国内地共向中国香港地区出口其他 ABS 树脂 28098358kg，同比大幅上升 15.47%，占全部出口量的 82.05% 以上，出口平均价格 1996.19 美元/吨，比 2009 年出口平均价格上升 33.96%。

五出口地出口数量占其他 ABS 共聚物 2010 年总出口数量的 93.48%，比 2009 年下降 1.52%(表 116)。

表 116 2010 年其他初级形状的 ABS 树脂五大出口国家/地区统计

排序	出口目的地	出口金额/美元	出口数量/kg	占比例/%
1	中国香港	56089645.00	28098358.0	82.05
2	中国台湾省	2886928.00	1297806.0	3.79
3	越南	2339190.00	1170967.0	3.42
4	印度	1513137.00	738550.0	2.16
5	日本	1893550.00	704360.0	2.06
出口总计		69787506.00	34247263.0	100.00

在一定程度上，刺激进口料的进入，增强与国产料之间的竞争，从而进一步遏制原料价格增长的空间。同时随着国外中东地区聚烯烃产量增加，由于中东地区原料成本相对较低，价格相对便宜，将逐渐取代欧洲、北美及日本产品，成为供应我国的主要来源地，加之国内中石油、中石化与中海油不断增加产量，满足市场对合成树脂产量、质量的需求，这样也导致聚烯烃产品、尤其是聚乙烯树脂市场价格能保持相对的稳定。

除以上的因素外，政府对经济的宏观调控也将影响塑料行业，政府还是有意控制一些国内重要商品的价格，试图减少大宗商品对国内的冲击。同时石化统销策略的完善和市场控制力的增强，也将减小塑料现货价格的波动频率并锁定行业一部分利润空间。

五、2010 年 ABS 国内消费自给率同步上升

2010 年 ABS 表观消费量 3650.4kt，比上年增长 6.17%。

2004 ~ 2010 年间 ABS 表观消费量年均增长率为 3.51%，低于同期产量年均增长率 2.03%(表 117)。

表 117 2004 ~ 2010 年国内 ABS 表观消费量统计资料

年　份	2004	2005	2006	2007	2008	2009	2010
表观消费量/kt	2967.23	3132.80	3273.66	3770.39	3038.60	3438.24	3650.38
年增长率/%	10.03	5.58	4.50	15.17	−19.41	13.15	6.17
国内自给率/%	34.38	37.03	39.05	43.23	37.19	38.39	42.08

一般来说汽车、器具和电子电器是ABS树脂三大应用领域。在我国ABS树脂其中接近80%的消费量用于电子和电器配件上。去年国家出台的汽车、家电下乡、家电以旧换新、汽车减免购置税等一系列消费刺激计划无疑让ABS行业收益匪浅，行业发展速度也由此得到提升。

1. 2010年ABS进口消费省市流向珠江三角洲和长江三角洲

从海关资料来看，2010年改性初级形状的ABS树脂进口消费省市有17个，比上年21个进口消费省市减少4个进口消费省市。

主要进口流向为广东省、江苏省、福建省、浙江省和上海市，前五位2010年改性初级形状的ABS树脂进口消费省市进口量占总进口量的77.47%。

2010年ABS共聚物主要进口流向为广东省，进口数量62002860kg，同比上升9.36%，占总进口数量的29.51%（表118）。

表118　2010年改性初级形状的ABS树脂五大进口省市统计

排序	进口省市	进口金额/美元	进口数量/kg	占比例/%
1	广东省	124041305.00	62002860.0	29.51
2	江苏省	97703257.00	39271595.0	18.69
3	福建省	72874968.00	31440816.0	14.97
4	浙江省	46278358.00	17931568.0	8.54
5	上海市	32508262.00	12096737.0	5.76
进口总计		485876590.00	210089869.0	100.00

从海关资料来看，2010年其他初级形状的ABS树脂进口消费省市有22个，比2009年20个进口消费省市增加2个进口消费省市。

主要进口流向为广东省、江苏省、浙江省、上海市和山东省，前五位2010年其他初级形状的ABS树脂进口消费省市进口量占总进口量的94.11%，比2009年进口减少12%。

2010年ABS共聚物主要进口流向为广东省，进口数量1261948306kg，占总进口数量的64.41%，比2009年进口减少3.75%（表119）。

表119　2010年其他初级形状的ABS树脂五大进口省市统计

排序	进口省市	进口金额/美元	进口数量/kg	占比例/%
1	广东省	2245603339.00	1261948306.0	64.41
2	江苏省	449709878.00	208572929.0	10.65
3	浙江省	332411491.00	169725990.0	8.66
4	上海市	283492170.00	131109208.0	6.69
5	山东省	173563791.00	72453972.0	3.70
进口总计		3730413469.00	1959277572.0	100.00

2. ABS共聚物进口商以贸易为主

从海关资料来看，2010年改性初级形状的ABS树脂进口商有963家，，比2009年863家进口商增加100家进口商。

前十位改性初级形状的ABS树脂进口商进口量占总进口量的21.70%。

2010年改性初级形状的ABS树脂十大进口商中有生产使用企业和进口贸易商各7家和3家，分别占总进口量的14.11%和7.59%（表120）。

表120　2010年改性初级形状的ABS树脂十大进口商统计

排序	进　口　商	所属行业	进口数量/kg	占比例/%
1	东莞市对外加工装配服务公司	进口贸易商	7662936	3.65
2	福清福捷塑胶有限公司	塑胶工业	6456148	3.07
3	常州富敬塑胶有限公司	塑胶工业	5671725	2.70
4	宁波晶圆贸易有限公司	进口贸易商	4220000	2.01
5	浙江前浪进出口有限公司	进口贸易商	4050000	1.93
6	合肥华凌电器有限公司	电子工业	3776000	1.80
7	苏州隆登电子科技有限公司	电子工业	3721400	1.77
8	凯硕电脑（苏州）有限公司	电子工业	3530975	1.68
9	福建日新塑料制品有限公司	塑料制品	3322650	1.58
10	福清华森塑胶有限公司	塑胶工业	3178975	1.51
进口总计			210089869.0	100.00

从资料分析，2010年改性初级形状的ABS树脂进口商有963家，四十大进口商中有十五大进口贸易商进口量占总进口量的16.91%。

从资料分析，2010年改性初级形状的ABS树脂进口生产使用企业以建材工业、塑胶工业、家用电器工业、塑料制品、电子工业为主，其中二十五大进口生产企业进口量占总进口量的29.45%（表121）。

表 121　2010 年其他主要改性初级形状的 ABS 树脂进口生产使用企业统计

排序	进　口　商	所属行业	进口数量/kg
1	福清市五友机械模具有限公司	家用电器工业	2692000
2	福清利亚塑胶有限公司	塑胶工业	2607225
3	雅美工业(惠阳)有限公司	家用电器工业	2277708
4	福清正伟塑胶制品有限公司	塑料制品	2175900
5	福清泳贸塑料有限公司	塑料制品	2144000
6	新兴迪基塔尔电子(南京)有限公司	电子工业	2045000
7	青岛海尔新材料研发有限公司	家用电器工业	2011125
8	华登(河源)玩具制品有限公司	玩具工业	1997000
9	福清市加华塑胶有限公司	塑胶工业	1868175
10	北京市西山塑料制品厂	塑料制品	1852925
11	山东东鑫电子有限公司	家用电器工业	1746225
12	东莞兴发玩具厂有限公司	玩具工业	1472600
13	惠阳亚伦塑胶电器实业有限公司	家用电器工业	1407600
14	镒生电线塑料(昆山)有限公司	电子工业	1262400
15	无锡小天鹅股份有限公司	家用电器工业	1224000
16	天津长城电子塑料制品有限公司	塑料制品	1183375
17	安徽博西华制冷有限公司	家用电器工业	1149795
18	苏州茂群电子有限公司	电子工业	1113000
19	星星集团有限公司	电子工业	1020000

从海关资料来看，2010 年 ABS 共聚物进口商有 4334 家，比 2009 年 4380 家进口商减少 46 家进口商；前十位 ABS 共聚物进口商进口量占总进口量的 19.15%，比 2009 年下降 1.35%，前十位 ABS 共聚物进口商中有进口生产企业和进口贸易商各五家，分别占总进口量的 13.39%，5.76%(表 122)。

表 122　2010 年其他初级形状的 ABS 树脂 41 大进口商统计

排序	进　口　商	所属行业	进口数量/kg	占比例/%
1	深圳市宝安外经发展有限公司	进口贸易商	81601720	4.16
2	东莞市对外加工装配服务公司	进口贸易商	80945265	4.13
3	深圳市龙岗区对外经济发展有限公司	进口贸易商	57454382	2.93
4	广州金发科技股份有限公司	塑料改性工业	32624882	1.67
5	宁波晶圆贸易有限公司	进口贸易商	26288600	1.34
6	鸿富锦精密工业(深圳)有限公司	塑料改性工业	22184290	1.13
7	青岛海尔国际贸易有限公司	家用电器工业	21850700	1.12
8	丽碧复合塑料(深圳)有限公司	塑料改性工业	19955362	1.02
9	浙江前浪进出口有限公司	进口贸易商	16350000	0.83
10	上海金发科技发展有限公司	塑料改性工业	16126560	0.82
	进口总计		1959277572.0	100.00

从资料分析，2010 年 ABS 共聚物进口商有 4334 家，四十大进口商中有十八大进口贸易商进口量占总进口量的 19.48%。

从资料分析，2010 年 ABS 共聚物进口生产使用企业以塑料改性工业、建材工业、家用电器工业、电子工业为主，其中二十二大进口生产企业进口量占总进口量的 15.28%(表 123)。

表 123　2010 年其他主要初级形状的 ABS 树脂进口生产使用企业统计

排序	进　口　商	所属行业	进口数量/kg
1	永塑(东莞)塑料有限公司	塑料改性工业	15502375
2	苏州惠业塑胶工业有限公司	塑胶工业	13486814
3	安徽博西华制冷有限公司	家用电器工业	13381155
4	宁波信升化工有限公司	塑料改性工业	11856000
5	群康科技(深圳)有限公司	塑胶工业	11138681
6	吴江东永材料科技有限公司	塑胶工业	10729700
7	金莱克电气股份有限公司	家用电器工业	10187750
8	沙伯基础创新塑料(中国)有限公司	塑料改性工业	9545167

续表

排序	进　口　商	所属行业	进口数量/kg
9	佛山市顺德区美的微波电器制造有限公司	家用电器工业	8589650
10	顺德市新宝电器有限公司	家用电器工业	8501000
11	LG 化学(广州)工程塑料有限公司	塑料改性工业	8205000
12	耀川电子(深圳)有限公司	电子工业	8069600
13	泰州乐金春兰家用电器有限公司	家用电器工业	7910000
14	帝人化成复合塑料(上海)有限公司	塑料改性工业	7837787
15	菱翔光电(苏州)有限公司	家用电器工业	7306181
16	大日精化(深圳)有限公司	塑料改性工业	6987475
17	浙江前程石化有限公司	塑料改性工业	6824000

吉林石化公司抓住国家经济政策带动家电、汽车等产业发展，促进 ABS 产品需求的有利时机，优化 ABS 生产工艺，精心组织优质 ABS 专用料生产，2010 年 1 ~ 8 月份生产 ABS 专用料 14900 吨，同比增产 3500 吨，创历史最高水平，增创效益 5000 多万元。

大庆石化公司化工三厂经过近千次小试、中试之后，自主研制开发出 ABS 纳米大粒径附聚胶乳，并在工业化放大生产实验中获得一次成功。这一重大攻关项目填补了国内空白，将为我国生产性能优异的高新 ABS 树脂材料提供技术支撑。

ABS600 纳米大粒径附聚胶乳具有颜色纯白、黏度低、流动性极好、强度高和抗击性强等特点，可显著提高产品性能，尤其是与小粒径附聚胶乳结合，产品性能更加优异，强度及抗冲击性也更佳。

同时，大粒径附聚胶乳还可以开发特种 ABS 树脂如塑料合金等，为我国下一步研发双峰、三峰、多峰等不同性能的 ABS 树脂新产品提供了技术支持。

据了解，由于大粒径附聚胶乳可有效提高 ABS 产品的强度和抗冲击性能，因此广泛应用于飞机、汽车的高精尖零部件制造，还能代替部分金属应用于轴承及防磨损零部件上，具有广阔的市场前景。

目前市场上的特种合成材料大都需要粒径大于 300nm 的胶乳，小粒径附聚胶乳技术在很大程度上制约着我国 ABS 树脂的稳定性及特种合成材料的开发。为此，大庆石化公司化工三厂克服种种困难，研制出了 ABS 纳米大粒径附聚胶乳。该技术应用于工业化生产后，对平衡 ABS 产品各项性能，完善 ABS 产品牌号具有重大意义。

六、2010 年价格走势

2010 年 8 月国内 ABS 市场先涨后稳，月初市场承接 7 月份涨势，继续惯性上涨。然而随着阶段性备货接近尾声和下游对高价原料抵触，中旬开始市场报盘趋稳，各方力量制衡，市场进入窄盘状态。

可以说供应持续偏紧是 8 月市场高位走挺的关键。因江浙地区节能减排和限电影响，当地部分 ABS 石化装置负荷降低 2 成左右。另外 7 月下旬以来，吉林辽宁相继发生严重水灾，东北产 ABS 货源运输受阻，导致部分国产料供应捉襟见肘。由于前期进口料期货报盘高企，6 ~ 7 月中国大陆 ABS 进口量同比连续两个月下滑，进口料到货数量减少让国内供应面雪上加霜。7 月下旬国内市场大幅走高，国内石化订单可观，整个 8 月部分石化仍以交付前期订单为主，库存紧张程度强于以往。在石化和流通领域供应趋紧的情况下，8 月中下旬国内 ABS 市场高位窄盘，各方心态趋于稳定，成交有条不紊，市场也到达到少有的平衡状态。

截至 8 月底，国产料主流市场报盘至 16400 ~ 16950 元/t，较 7 月底上涨 400 ~ 500 元/t。因中秋节和国庆节将至，长假期因素影响，中小下游在高点备货意向清淡。短线在供应偏紧和需求趋软的双重影响下，ABS 市场仍处在涨跌两难的境地，由于箱体震荡的因素短期变化的可能性不大，目前的平衡状态预计在近期尚能维护。后期可多关注需求及股市和期货变化对市场的影响(表 124 ~ 表 129)。

表 124　ABS 750A 大庆石化

2010 年中国塑料城月均价走势　元/t

1 月	2 月	3 月	4 月	5 月	6 月
14710	14766	15378	16252	16295	15680
7 月	8 月	9 月	10 月	11 月	12 月
15597	16800	16927	17711	18336	17900

表 125　ABS HI - 121H LG 甬兴

2010 年中国塑料城月均价走势　元/t

1 月	2 月	3 月	4 月	5 月	6 月
14980	15120	15686	16357	16520	15714
7 月	8 月	9 月	10 月	11 月	12 月
15509	16759	17209	18064	18645	18456

表 126　ABS PA - 757 中国台湾奇美

2010 年中国塑料城月均价走势　元/t

1 月	2 月	3 月	4 月	5 月	6 月
15180	15480	16273	16938	16780	16561
7 月	8 月	9 月	10 月	11 月	12 月
16576	16931	17013	17917	18627	18626

表 127　ABS FR－500 LG 甬兴
2010 年中国塑料城月均价走势　元/t

1月	2月	3月	4月	5月	6月
19820	19960	20495	20876	21310	20557
7月	8月	9月	10月	11月	12月
20228	21027	21750	22970	23840	24000

表 128　ABS D－120 镇江国亨
2010 年中国塑料城月均价走势　元/t

1月	2月	3月	4月	5月	6月
15420	15720	15800	16566	16905	16657
7月	8月	9月	10月	11月	12月
15814	16868	17009	18064	18872	18908

表 129　ABS 650SK 上海锦湖
2010 年中国塑料城月均价走势　元/t

1月	2月	3月	4月	5月	6月
24000	24000	24000	24000	24000	24000
7月	8月	9月	10月	11月	12月
24000	24000	24000	24000	24000	24000

2011 年 2 月下半月以来原油涨势势如破竹，丙烯腈和丁二烯表现抢眼，在上游原料的强劲带动下，本周国内 ABS 市场高位上探，成交气氛略好于前期，部分市场出货速度加快。不过也有部分趋于市场成交仍存阻力，贸易商小盘让利，很多下游用户仍倾向于小单采购。整体来看华东市场气氛略好于华南，市场主流报盘略高于华南地区。

华南地区部分报盘仍存倒挂状态，由于多数为节前获利货源，部分商家倾向于兑现利润以加快资金流动。截止周五收盘时，国产料主流报盘 18100～19200 元/t，低端为 CH510 华东市场价，高端为PA－757K 华东市场价，涨跌幅多在 100～200 元/t。

与上游的走势相比，近期国内 ABS 市场涨势明显逊色，市场利空因素短期内消化缓慢。短线市场的主要利空因素：一方面是受到终端需求恢复偏慢的影响，另一方则是持续走高的价格使得下游购买力过度透支，再者就是 1～2 月份市场积累货源量增多，前期缺货现象基本消失。

七、发展趋势

1. 吉林石化公司 40kt ABS 建设项目开工奠基

2009 年 7 月 17 日上午，吉林石化公司合成树脂厂年产 1000kt 炼油扩建暨年 40kt ABS 建设项目开工奠基仪式隆重举行。

除硫黄回收装置将于 2010 年年底建成投产外，其他装置于 2010 年 10 月建成投产。年 40kt ABS 建设项目，包括年 20kt ABS 专用料生产线、年 20kt ABS 通用料生产线和年 32kt 苯乙烯装置三个子项目，计划 2011 年 10 月建成投产。投产后，吉林石化 ABS、苯乙烯年生产能力将分别达到 58kt 和 46kt。

2. 中海油联手 LG 化学建年产 30kt ABS 工厂

韩国 LG 化学与中海油联手在广东惠州兴建一家年产 30kt 丙烯腈－丁二烯－苯二烯共聚物(简称 ABS)的工厂。两家公司将向这家新工厂总计投资 3.7 亿美元，各自持股 50%。

这家工厂于 2010 年上半年开始建设。第一期工程产能为 15kt，将于 2011 年下半年开始商业化生产；第二期工程将于 2013 年建设。

LG 化学是韩国销售额排名第一的化学制品公司，通过本次合资，LG 化学计划在 2012 年前将位于中国的 ABS 工厂产能从现有的 58kt 提高至 70kt。

上述最新计划将使该公司 ABS 工厂年均总产能提高到 160kt，其中包括韩国工厂的 60kt。

3. 上海自主开发 20 万吨级本体法 ABS 项目动工

2009 年 12 月 29 日，我国首个 20kt/a 连续本体法 ABS 树脂项目一期工程在上海化学工业区开工建设。

在建设上海华谊聚合物有限公司 20kt/a 本体法 ABS 项目之前，我国还没有自主研发的本体法 ABS 树脂项目，国内已建和在建的 ABS 项目，全部采用的是引进的乳液法技术。

据了解，本体法 ABS 技术是一种绿色聚合技术，具有投资省、工艺流程短、灵活性高、无废水排放等优点和低污染、低成本、低能耗的特点，代表着 ABS 树脂生产技术的发展方向。而且，以该技术生产的 ABS 树脂，光泽低、着色易、单体残留量低，再加具备优良的机械性能，因而在汽车、电子电气、塑料合金等众多领域具有很强的竞争优势。

上海华谊聚合物有限公司是上海华谊(集团)公司全资子公司，也是华谊集团自主开发本体法 ABS 树脂生产技术并实施产业化的平台。华谊聚合物公司经过多年攻关，终于打破了跨国公司的技术垄断，研发出了具有自主知识产权的本体聚合 ABS 工业化成套技术，填补了国内空白。

此次开工的本体法 ABS 项目一期工程，总投资近 5 亿元，计划 2011 年建成投产，预计年销售收入可达 5.49 亿元。

据美国 SRI 咨询公司预测，今后全球 ABS 年需求增长率为 4.5%，中国更高达 6.4%。2010 年我国 ABS 树脂市场需求量将达到 450kt 左右，2015 年近 490kt。中国 ABS 树脂的需求量和进口量均已居全球第一。

(柴国樑)

工程塑料

第一章 聚碳酸酯树脂

2010年进出口同步上升

聚碳酸酯是高性能有机材料，其应用领域广泛，主要在汽车行业、消费电器、电子产品及建筑行业等。在交通设备领域，它将运用于多种车用技术的开发上。如聚碳酸酯材料的高强度、高透明度不仅可以使汽车减重，还可以提高汽车的安全性。用聚碳酸酯替代玻璃，其重量可减轻40%。

一、2010年聚碳酸酯生产

国内PC工程塑料基础树脂生产厂不多，目前国内共有4套聚碳酸酯装置，均为2006～2010年建成投产：

一是2006年初投产的日本帝人位于浙江嘉兴的帝人聚碳酸酯有限公司5kt/a装置，2010年投产帝人浙江3期6kt/a装置；

二是2006年10月投产的德国拜耳位于上海的拜耳(上海)聚合物有限公司10kt/a装置，2010年投产拜耳上海2期10kt/a装置；

三是2010年投产的中石化三菱合资北京6kt/a装置；

四是2010年投产的中石化三井合资上海12kt/a装置。

内资方面主要有中国化工集团旗下的蓝星新材料在南通筹建、齐化集团在大连筹建装置。

从事改性聚碳酸酯品种生产的厂家和产能大大超过了基础树脂生产厂。近年来我国聚碳酸酯改性发展较快，主要由于双螺杆混炼挤出机的引进和国产双螺杆混炼挤出机的推出，给改性聚碳酸酯创造了有利条件。

国内主要聚碳酸酯工程塑料改性厂有沙伯基础创新塑料(中国)有限公司，帝人聚碳酸酯有限公司，帝人化成复合塑料(上海)有限公司，LG化学(广州)工程塑料有限公司，鸿富锦精密工业(深圳)有限公司，广州拜耳材料科技有限公司，东莞大日化工厂有限公司，广州金发科技股份有限公司，日超工程塑料(中山)有限公司，GE塑料上海有限公司，大日精化(深圳)有限公司，三养工程塑料(上海)有限公司，东莞普力特玛塑料材料有限公司，普立万聚合体(深圳)有限公司，日超工程塑料(深圳)有限公司，星际塑料(深圳)有限公司，上海锦湖日丽塑料有限公司，威斯康工程塑料(无锡)有限公司，珠海东洋油墨有限公司，拜耳(上海)聚合物有限公司，常州大湖工程塑料有限公司，LG化学(天津)工程塑料有限公司，加福塑胶制品(东莞)有限公司，东莞乐帝乐塑料有限公司，厦门昭伟塑胶工业有限公司，深圳市科聚新材料有限公司，宝诚工程塑胶(惠阳)有限公司，谷化成工程塑料(上海)有限公司，安特普工程塑料(苏州)有限公司，宁波乐金甬兴化工有限公司，淄博东聚化工有限公司，上海长伟锦磁工程塑料有限公司，深圳市高力达科技有限公司，惠州市沃特新材料有限公司，普立万聚合体(苏州)有限公司，中山市旭立塑料有限公司，山东寿光富瑞德化学有限公司等。

二、2010年聚碳酸酯出口

1. 出口生产省市分布分析

2010年初级形状的聚碳酸酯出口省市有17家，比2009年15家出口省市增加2家。

2010年初级形状的聚碳酸酯出口生产企业主要集中在广东省，出口数量143906082kg，比2009年同比上升30.93%，占总出口数量的48.74%；

其次为上海市，出口数量101253021kg，比2009年同比上升71.02%，占总出口数量的34.29%；

浙江省出口数量45088192kg，比2009年上升4.76%，占总出口数量的15.27%；

江苏省出口数量2081451kg，比2009年上升172.24%，占总出口数量的0.70%；

天津市出口数量1392138kg，比2009年上升152.13%，占总出口数量的0.47%。

五省市出口商出口数量占2010年初级形状的聚碳酸酯总出口数量的99.47%，比2009年上升0.04%(表1)。

表1 2010年初级形状的聚碳酸酯五大出口省市统计

排序	出口省市	出口金额/美元	出口数量/kg	占比例/%
1	广东省	455664407.00	143906082.0	48.74
2	上海市	283093456.00	101253021.0	34.29
3	浙江省	122384550.00	45088192.0	15.27
4	江苏省	7666381.00	2081451.0	0.70
5	天津市	2674785.00	1392138.0	0.47
出口总计		876607157.00	295243118.0	100.00

2. 聚碳酸酯出口生产商分析

从海关资料来看，2010年初级形状的聚碳酸酯出口商有578家，比2009年460家出口商增加118家聚碳酸酯出口商。

2010年前十位初级形状的聚碳酸酯出口商出口量占总出口量的75.83%，比2009年减少0.59%，拜耳(上海)聚氨酯有限公司，沙伯基础创新塑料(中国)有限公司，帝人聚碳酸酯有限公司，帝人化成复合塑料(上海)有限公司，东莞市环球工艺进出口贸易有限公司，LG化学(广州)工程塑料有限公司，奉化旭日进出口有限公司，鸿富锦精密工业(深圳)有限公司，广州拜耳材料科技有限公司，东莞大日化工厂有限公司，分别位居2010年初级形状的聚碳酸酯出口量1~10位，出口量分别占总出口量的19.86%、18.21%、12.48%、9.95%、3.47%、2.74%、2.54%、2.34%、2.29%和1.95%。

2010年拜耳(上海)聚合物有限公司初级形状的聚碳酸酯出口量超过帝人聚碳酸酯有限公司 位居首位，出口量占2010年总出口量的19.86%。

2010年初级形状的聚碳酸酯四十五大出口商出口量中有27家为生产企业，仅有拜耳(上海)聚合物有限公司和帝人聚碳酸酯有限公司2家是PC树脂原料生产厂，其余均为PC改性(即PC合金)生产企业，合计出口量占总出口量的82.45%(表2)。

表2　2010年初级形状的聚碳酸酯十大出口商统计

排序	出口商	所属行业	出口数量/kg	占比例/%
1	拜耳(上海)聚合物有限公司	PC树脂原料	58648891	19.86
2	沙伯基础创新塑料(中国)有限公司	PC改性	53759817	18.21
3	帝人聚碳酸酯有限公司	PC树脂原料	36860150	12.48
4	帝人化成复合塑料(上海)有限公司	PC改性	29375023	9.95
5	东莞市环球工艺进出口贸易有限公司	贸易商	10233818	3.47
6	LG化学(广州)工程塑料有限公司	PC改性	8082000	2.74
7	奉化旭日进出口有限公司	贸易商	7512005	2.54
8	鸿富锦精密工业(深圳)有限公司	PC改性	6918263	2.34
9	广州拜耳材料科技有限公司	PC改性	6766400	2.29
10	东莞大日化工厂有限公司	PC改性	5770625	1.95
出口总计			295243118.0	100.00

三、2010年进出口大幅上升

2005~2010年间PC进口量年均增长11.597%，比2004~2010年间PC进口量年均增长率7.07%又上升11.59%。

2010年PC进口量比上年增长23.12%；

2010年PC出口量比上年下降37.51%；

2010年PC净进口量比上年增长19.46%(表3)。

表3　2005~2010年PC进出口统计

年　份	2005	2006	2007	2008	2009	2010
PC进口量/吨	730809	899271	1020757	1017451	1026863	1264253
年增长率/%	0.14	23.05	13.51	-0.32	0.93	23.12
PC出口量/吨	132093	185437	306129	278586	214706	295243
年增长率/%	12.28	40.38	65.09	-9.00	-22.93	37.51
PC净进口量/吨	598716	713834	714628	738865	811147	969010
年增长率/%	-2.20	19.23	0.11	3.39	9.78	19.46

资料来源：历年海关资料汇总。

从海关统计中可看出，2010年初级形状的聚碳酸酯进口地有51个，比2009年32个进口地增加19个进口地，进口1264252521kg，同比增长23.12%。

主要进口地为韩国，进口数量249693677kg，占总进口数量的19.75%，比2009年增加进口数量15.99%；

其次为中国台湾省，进口数量184447734kg，占总进口数量的14.59%，比2009年增加进口数量33.90%；

中国大陆进口数量181355582kg，占总进口数量的14.34%，比2009年增加进口数量26.33%；

泰国进口数量161754901kg，占总进口数量的12.79%，比2009年减少进口数量1.55%；

美国进口数量115612769kg，占总进口数量的9.14%，比2009年进口数量增加15.61%；

日本进口数量105848122kg，占总进口数量的8.37%，比2009年进口数量增加13.87%；

新加坡进口数量102053414kg，占总进口数量的

8.07%，比2009年进口数量增加67.73%；

西班牙进口数量57457548kg，占总进口数量的4.54%，比2009年进口数量增加12.26%；

2010年初级形状的聚碳酸酯八进口地进口量占总进口量的90.59%，比2009年减少2.73%。

韩国、中国台湾省、中国大陆、美国、日本、新加坡、西班牙七原产进口地进口数量大幅增长，仅有泰国原产进口地进口数量回落(表4)。

表4　2010年初级形状的聚碳酸酯八大进口国家/地区统计

排序	原产进口地	进口金额/美元	进口数量/kg	占比例/%
1	韩国	781393423.00	249693677.0	19.75
2	中国台湾省	554285936.00	184447734.0	14.59
3	中国大陆	596237907.00	181355582.0	14.34
4	泰国	490148439.00	161754901.0	12.79
5	美国	398673673.00	115612769.0	9.14
6	日本	395284016.00	105848122.0	8.37
7	新加坡	300152332.00	102053414.0	8.07
8	西班牙	156301430.00	57457548.0	4.54
进口总计		3997911687.00	1264252521.0	100.00

从海关统计中可看出，2009年初级形状的聚碳酸酯出口地有65个，比2009年40个出口地增加25家，出口295243118kg，同比增加37.51%.

主要出口地为中国香港(占69.15%)，其次为韩国(6.85%)、中国台湾省(4.25%)、日本(3.55%)、泰国(2.85%)、美国(1.73%)、马来西亚(1.60%)、印度尼西亚(1.54%)，八出口地2010年初级形状的聚碳酸酯出口量占总出口量的91.52%，比2009年减少4.61%(表5)。

表5　2010年初级形状的聚碳酸酯八大出口国家/地区统计

排序	出口目的地	出口金额/美元	出口数量/kg	占比例/%
1	中国香港	635768795.00	204171361.0	69.15
2	韩国	48702082.00	20231933.0	6.85
3	中国台湾省	41022375.00	12558240.0	4.25
4	日本	30351236.00	10471034.0	3.55
5	泰国	19172015.00	8423993.0	2.85
6	美国	14895447.00	5099788.0	1.73
7	马来西亚	13628160.00	4725157.0	1.60
8	印度尼西亚	11076358.00	4544150.0	1.54
出口总计		876607157.00	295243118.0	100.00

四、聚碳酸酯消费

2010年，中国聚碳酸酯的需求以两位数百分数增长，主要受汽车、信息技术和消费电子品方面的需求推动(表6)。

表6　国内2010~2012年PC消费结构分配

消费领域	2010年消费量/kt	消费比例/%	2012年消费量/kt	消费比例/%
VCD、CD、DVC等用光盘片和镜片	450	37.50	530	35.33
阳光板、屏障等的中空板	280	23.33	380	25.33
饮用水桶、瓶等包装用	220	18.33	250	16.67
板材、管材	78	6.50	85	5.67
汽车工业用	42	3.50	60	4.00
安全玻璃	30	2.50	40	2.67
仪表、电子电器用	20	1.67	26	1.73
工矿配件	12	1.00	18	1.20
各类照明灯具用	11	0.92	15	1.00
医疗器械用	10	0.83	15	1.00
其他用途	47	3.92	81	5.40
合计	1200	100.00	1500	100.00

现阶段我国工程塑料需求增长最快的是PC，它的用途比较广泛，主要是板材、光盘等。另外，手机外壳，电脑外壳等对PC需求量也比较大。

近年来，我国聚碳酸酯的消费一直保持高速增长。预计今后我国聚碳酸酯增长水平在10%以上。

预计未来几年，计算机和家电领域对PC的年均需求增长率约为6%~8%；铁路、公路、机场及城市建设对中空阳光板的需求强劲，对PC需求的年均增长率将为8%~10%；我国已是世界第二大光盘消费国，其对PC需求的年均增长率将保持在5%以上；汽车产业的快速发展将拉动以PC为基础的复合材料的增长速度。预测未来国内PC需求增长最快的领域将是以PC为基材共混合金类复合材料，其中汽车工业将是主要拉动力。

预计未来几年我国PC的需求年均增长率将保持15%~20%之间，2009年国内的PC市场需求量达到900~950kt/a。预测2010年国内的PC市场需求量将达到1100~1200kt/a。

国内产能仍无法满足国内市场需求，将从周边国家日本、韩国、泰国等进口大量产品供应国内市场。

1. 进口消费流向分析

从海关资料来看，从2010年PC树脂出口流向来看，仍主要集中在广东省、上海、江苏省三省市，广东省、上海市和江苏省进口量分别占总进口量的

50.97%、17.68%和11.37%。

2010年初级形状的聚碳酸酯进口消费省市有26个，比2009年20个进口消费省市增加6个进口消费省市，2010年初级形状的聚碳酸前八位进口消费省市进口量占总进口量的96.16%，比上年增加3.99%(表7)。

表7　2010年初级形状的聚碳酸酯八大进口省市统计

排序	进口省市	进口金额/美元	进口数量/kg	占比例/%
1	广东省	2010043688.00	644445460.0	50.97
2	上海市	717010136.00	223532083.0	17.68
3	江苏省	488165711.00	143792630.0	11.37
4	浙江省	333106784.00	118011851.0	9.33
5	天津市	97088765.00	28034168.0	2.21
6	山东省	90131803.00	25236428.0	2.00
7	福建省	79702808.00	23440036.0	1.85
8	北京市	30419064.00	9525316.0	0.75
进口总计		3997911687.00	1264252521.0	100.00

2. 2010年初级形状的聚碳酸酯进口商以外商独资企业为主

2010年初级形状的聚碳酸酯进口商共计有3779家，比2009年3757家进口商增加22家进口商，进口额最高的十位进口生产使用企业进口数量占总进口数量的25.94%。

沙伯基础创新塑料(中国)有限公司、帝人化成复合塑料(上海)有限公司、GE塑料上海有限公司、东莞对外加工装配服务公司、深圳宝安外经发展有限公司、东莞大日化工厂有限公司、鸿富锦精密工业(深圳)有限公司、宁波瑞源贸易有限公司、通用电气百龙特塑料国际贸易(上海)有限公司、上海明宝工程塑料贸易有限公司，分别位居初级形状的聚碳酸酯2010年进口企业进口量1~10位，进口量分别占总进口量8.76%、3.24%、2.06%、2.02%、1.94%、1.86%、1.74%、1.62%、1.35%和1.35%。

2010年初级形状的聚碳酸酯八十大进口商中有47家进口生产使用企业，主要为为聚碳酸酯改性(即PC合金)生产企业，其次为电子工业(手机外壳、电脑外壳等)，多媒体CD，工矿配件，塑胶工业，国内主要聚碳酸酯进口生产使用企业有沙伯基础创新塑料(中国)有限公司(PC改性)，帝人化成复合塑料(上海)有限公司(PC改性)，GE塑料上海有限公司(PC改性)，东莞大日化工厂有限公司(PC改性)，鸿富锦精密工业(深圳)有限公司(PC改性)，上海明宝工程塑料贸易有限公司(PC改性)，LG化学(广州)工程塑料有限公司(PC改性)，拜耳(上海)聚氨酯有限公司(PC改性)，广州金发科技股份有限公司(PC改性)，昆山沪铼光电科技有限公司(电子工业)，河南凯瑞数码有限公司(多媒体CD)，康准精密模具(昆山)有限公司(工矿配件)，上海金发科技发展有限公司(PC改性)，三养工程塑料(上海)有限公司(PC改性)，上海锦湖日丽塑料有限公司(PC改性)，大日精化(深圳)有限公司(PC改性)，广州和氏璧化工材料有限公司(PC改性)，LG化学(天津)工程塑料有限公司(PC改性)，宁波乐金甬兴化工有限公司(PC改性)，江苏永兴多媒体有限公司(多媒体CD)，威斯康工程塑料(无锡)有限公司(PC改性)，菱翔光电(苏州)有限公司(电子工业)，深圳福保赛格实业有限公司(塑胶工业)，广州拜耳材料科技有限公司(PC改性)，富泰华工业(深圳)有限公司(电子工业)，吉林庆达数码有限公司(多媒体CD)，昆山彩德塑料有限公司(塑胶工业)，星际塑料(深圳)有限公司(PC改性)，三进光电(苏州)有限公司(电子工业)，鸿富锦精密电子(烟台)有限公司(PC改性)，日超工程塑料(中山)有限公司(PC改性)，昆山佳腾光电塑胶有限公司(电子工业)，圣美树脂制品(昆山)有限公司(工矿配件)，胁胜电子科技(苏州)有限公司(电子工业)，广东昂特音像有限公司(多媒体CD)，广州香林电子产品有限公司(电子工业)，昌煜塑胶(东莞)有限公司(塑胶工业)，银禧工程塑料(东莞)有限公司(PC改性)，苏州宜铨电子科技有限公司(电子工业)，浙江省出版对外贸易公司(多媒体CD)，达运精密工业(厦门)有限公司广东省粤东磁电有限公司(电子工业)，江苏新广联光盘有限公司(多媒体CD)，讯维数码科技(中山)有限公司(多媒体CD)，达运精密工业(苏州)有限公司(工矿配件)，苏州锌茂工程塑料有限公司(PC改性)，天津三星高新塑料有限公司(工矿配件)，日超工程塑料(深圳)有限公司(PC改性)，广东奥林磁电实业有限公司(电子工业)。

47家进口生产使用企业合计进口量占2010年总进口量的30.26%。

2010年初级形状的聚碳酸酯进口商中美国通用电器塑料旗下三家进口商进口量占2010年总进口量的3.822%(表8)。

表8　2010年初级形状的聚碳酸酯十大进口商统计

排序	进　口　商	所属行业	进口数量/kg	占比例/%
1	沙伯基础创新塑料(中国)有限公司	PC改性	110719638	8.76

续表

排序	进　口　商	所属行业	进口数量/kg	占比例/%
2	帝人化成复合塑料(上海)有限公司	PC 改性	40959868	3.24
3	GE 塑料上海有限公司	PC 改性	25995567	2.06
4	东莞对外加工装配服务公司	贸易商	25579174	2.02
5	深圳市宝安外经发展有限公司	贸易商	24572281	1.94
6	东莞大日化工厂有限公司	PC 改性	23533925	1.86
7	鸿富锦精密工业(深圳)有限公司	PC 改性	21961234	1.74
8	宁波瑞源贸易有限公司	贸易商	20446300	1.62
9	通用电气百龙特塑料国际贸易(上海)有限公司	贸易商	17067886	1.35
10	上海明宝工程塑料贸易有限公司	PC 改性	17025988	1.35
进口总计			1264252521.0	100.00

五、2010 年国内聚碳酸酯(PC)价格走势

2010 年 PC 市场行业利润率下滑特别明显，特别是下半年受大量来自国外低端料的冲击，PC 行业的获利率创下了历年的低点。

2010 年上半年 PC 行业利润相对稳定，以湖石为例低端料均获利在 8000 元/t 附近，但自从步入下半年来利润大幅走低，盘中低点触及 2000 元/t。

2010 年对 PC 行业而言是一个重新洗牌的过程。原材料的大幅上涨，终端制品行业的利润积压，以及国外大量低端廉价货源的涌入等等一系列因素，使得整个行业大环境发生了新的变化，这些都需要我们重新思索这个行业的前景。

2010 年四月末五月初 PC 市场在供应面偏紧、成本面坚挺以及需求面稳定等多方利好支撑下，主流报盘冲高至本年高点，其中低端料突破 25000 元/t 关口。但在五一节后市场延续小涨行情不久便急速下滑，经历了五月份的大幅跳水后六月份下滑步调放缓，步入七月份市场一直阴跌至八月份，八月份中高端跌幅近 1000 元/t，低端料跌幅近 1500 ~ 2000 元/t。市场下跌行情是多方因素综合作用的结果，主要由以下几方面因素。

1. 淡季来临，需求严重萎缩

对 PC 行业而言，六七月份是传统的需求淡季。而今年淡季表现的尤为突出。欧洲债务的阴影挥之不去，全球经济受到拖累，出口订单行业受冲击明显。

PC 制品相对集中的华南市场表现最为明显，因外围环境不佳，2010 年的广交会订单明显减少，诸如阳光板，电子电器等行业销售模式基本由出口转向外销。PC 市场的另一个主要应用是汽车，家电行业。

但是随着“家电下乡”“汽车下乡”政策的热度退去，下游消费市场购买力到一定程度后便暂停采购，而工厂大量生产带来的销售压力可想而知。因销售不佳，库压明显，工厂在降低开工率的同时相应减少了对 PC 原料的采购。缺乏需求拉动的市场运行困难重重。

2. 外围环境不佳，上游单体走软

下半年欧元区主债务危机，中国经济增速放缓以及美国金融市场加强监督等利空因素等利空因素仍可能令大宗商品继续承压。

而上游单体双酚 A 的持续走软同样让市场人士忧心忡忡，尽管七月份以来市场开始缓慢反弹，但市场能否持续走高尚不能下定论。

3. 业者心态承压明显，看空气氛浓重

随着油价的起起伏伏，市场心态备受煎熬，从五月份至今的持续下跌行情基本消磨掉了业者的耐心。相对通用塑料而言，PC 市场跌幅尚不明显，但业者心态已经基本从看好转向看空。目前场内悲观情绪蔓延，后市基本全线看空。

综上多重利空因素打压 PC 市场，PC 市场在下滑通道中渐行渐远，目前市场尚无触底反弹迹象，后市关注单体走势以及生产企业出厂价调整情况(表 9 ~ 表 11)。

表 9　PC 131R - 111 沙伯基础

2010 年中国塑料城月均价走势　元/t

1 月	2 月	3 月	4 月	5 月	6 月
35000	35000	35000	35904	36000	36000
7 月	8 月	9 月	10 月	11 月	12 月
36000	35772	35000	35000	35000	35000

表 10　PC 2865 德国拜耳

2010 年中国塑料城月均价走势　元/t

1 月	2 月	3 月	4 月	5 月	6 月
26940	27000	27000	27000	27000	30495
7 月	8 月	9 月	10 月	11 月	12 月
31800	31909	32200	32200	32200	32200

表 11　PC L-1250Y 嘉兴帝人
2010 年中国塑料城月均价走势　元/t

1月	2月	3月	4月	5月	6月
24050	24500	24804	25190	28000	27571
7月	8月	9月	10月	11月	12月
26166	25845	26000	25770	26286	26130

2011 年春节过后，受多数商品行情上扬、上游强势走高以及下游刚性需求有所启动支撑，聚碳酸酯(PC)商家看涨心态浓厚，但商家惜售，场内交投尚未放量。截至目前，华东市场注塑级低端产品商谈价为 23900～24100 元(吨价，下同)，中高端产品商谈价为 25000～27000 元，较节前上调 100～300 元。整体来看，PC 市场气氛有所回温，场内惜售带动看涨情绪，短线基本看涨。受拜耳全球停车影响，市场人士一致看涨后市，商家开始试探性调高价格，整体商谈重心缓慢上移。

就目前情况来看，国内外 PC 装置开工不足导致供应偏紧。2011 年 3 月，上海拜耳 200kt/a 和嘉兴帝人 100kt/a 两大 PC 装置开工率仅 50%。嘉兴帝人 PC 装置故障生产线虽已重启，但对外供货维持紧张，为缓解供应紧张局面从新加坡调入部分货源。初步预计，本月国内 PC 产量在 22.1kt 附近，与上月基本持平。中国台湾地区，中国台湾奇美 140kt/a 装置和台化出光 200kt/a 装置开工率均在 50% 左右。

国外 PC 装置开工率也普遍不高，譬如，俄罗斯喀山 6.5 万吨/年装置开工率为 70%～80%，日本出光仅生产少量注塑料，而拜耳除中国工厂外全球停车。国际市场货源减少，整体供应紧张，推高价格。

六、发展趋势

开封兴化精细化工厂的聚碳酸酯(PC)项目中试已完成，正着手调研市场状况并筹建一套年产 1 万吨 PC 装置，这标志着该公司光气化产业园建设提速。产品经四川大学高分子材料国家重点实验室检测，各项质量指标与国际知名企业产品相当。

拜耳材料科技计划在上海建造一个年产能达 200kt 的新设施，扩大一体化基地聚碳酸酯产能，使工厂年产能从 200kt 提高至 300kt，总量达到 500kt，从而成为全球最大的聚碳酸酯生产基地。拜耳材料将大力推广聚碳酸酯在中国市场的发展。

沙特卡扬(Kayan)公司其位于朱拜勒的新建聚碳酸酯厂 2011 年 3 月底投产，该装置可年产 260kt 聚碳酸酯，是公司酚醛树脂厂的组成部分。

3 月 2 日，卡扬公司投产了产能达 270kt/a 的双酚 A 装置，双酚 A 是生产聚碳酸酯的原料。卡扬公司酚醛树脂厂包括 245kt/a 苯酚和 140kt/a 丙酮装置。2011 年 1 月上旬该公司开始出口丙酮产品。

菱优工程塑料(上海)有限公司 80kt/a 聚碳酸酯项目，由日本三菱瓦斯株式会社投资建设，选址在上海化学工业区 E3 地块。项目总投资 1.9 亿美元，其中环保投资为 811 万美元，占总投资的 4.3%。

拟建项目采用三菱公司自开发的光气界面缩聚法生产，该工艺技术适用于大规模和连续生产，是目前国际主流生产技术。

全球知名的弗若斯特沙利文咨询公司最近发布报告称：未来 5 年，我国工程塑料市场的年均增长率将达到 10.2%，至 2013 年工程塑料需求量将接近 300 万吨；销售额增长的速度更快，将保持在 11.2% 左右，在 2013 年将达 115.6 亿美元。主要的推动因素包括汽车和电子电气行业的稳健发展，以及在技术和应用方面的改进。未来 5 年我国聚碳酸酯市场仍可强劲发展。这一市场从 2005 年以来持续低迷，主要是因为价格大幅上涨，客户一改以往下大单的做法，选择按照实际需求进行购买。未来几年，我国聚碳酸酯市场的产量年增长可能达到 9%，销售额年增长将达 10%。

第二章　2010 年尼龙树脂进口上升出口下降

尼龙化学名称聚酰胺，英文缩写 PA，是世界上第一种人工合成的纤维，同时也是五大工程塑料中重要的品种之一，聚酰胺的生产与应用横跨化纤与化工两大行业。随着技术的进步，聚酰胺在纺织、服装、日用工业品、汽车、电子电器、体育用品、高速铁路航空航天等下游领域都得到了广泛的应用。

一、尼龙改性解决在注塑过程中的不足

由于 PA 强极性的特点，吸湿性强，尺寸稳定性差，但可以通过改性来改善。

1. 玻璃纤维增强 PA

在 PA 加入 30% 的玻璃纤维，PA 的力学性能、尺寸稳定性、耐热性、耐老化性能有明显提高，耐疲劳强度是未增强的 2.5 倍。玻璃纤维增强 PA 的成型工艺与未增强时大致相同，但因流动较增强前差，所以注射压力和注射速度要适当提高，机筒温度提高 10～40℃。

由于玻纤在注塑过程中会沿流动方向取向，引起力学性能和收缩率在取向方向上增强，导致制品变形翘曲，因此，模具设计时，浇口的位置、形状要合理，工艺上可以提高模具的温度，制品取出后放入热水中让其缓慢冷却。

另外，加入玻纤的比例越大，其对注塑机的塑化元件的磨损越大，最好是采用双金属螺杆、机筒。

2. 阻燃 PA

由于在 PA 中加入了阻燃剂，大部分阻燃剂在高温下易分解，释放出酸性物质，对金属具有腐蚀作用，因此，塑化元件(螺杆、过胶头、过胶圈、过胶垫圈、法兰等)需镀硬鉻处理。工艺方面，尽量控制机筒温度不能过高，注射速度不能太快，以避免因胶料温度过高而分解引起制品变色和力学性能下降。

3. 透明 PA

具有良好的拉伸强度、耐冲击强度、刚性、耐磨性、耐化学性、表面硬度等性能，透光率高，与光学玻璃相近，加工温度为 300～315℃，成型加工时，需严格控制机筒温度，熔体温度太高会因降解而导致制品变色，温度太低会因塑化不良而影响制品的透明度。模具温度尽量取低些，模具温度高会因结晶而使制品的透明度降低。

耐候 PA 在 PA 中加入了碳黑等吸收紫外线的助剂，这些对 PA 的自润滑性和对金属的磨损大大增强，成型加工时会影响下料和磨损机件。因此，需要采用进料能力强及耐磨性高的螺杆、机筒、过胶头、过胶圈、过胶垫圈组合。

国家发改委、科技部已将长碳链尼龙列为重点支持项目，未来十年这种工程塑料的用量将持续增长。今后市场开发的重点是最大限度地扩大长碳链尼龙在汽车、电子电气行业中的应用。

长碳链尼龙的综合性能比短碳链尼龙更加优异。我国长碳链尼龙长期依赖进口。20 世纪末期，郑州大学与中科院微生物所联合开发的生物发酵法合成长碳链尼龙新工艺获得成功，并于 1998 年在山东淄博实现长碳链 PA1212 的工业化生产。

采用 PA1212 工程塑料用于汽车油管和刹车管可大幅降低材料的成本。其他的汽车部件也可用改性长碳链尼龙制造，如车窗销子、方向盘、排挡手柄、滑轮、衬套、操纵杆、塑料支架、保护架、轴承和齿轮等。此外，长碳链尼龙树脂可用于光纤护套，电缆捆扎带也是长碳链尼龙的重要应用方向。

同时，尼龙粉末涂料已在法兰防腐涂层、汽车传动轴涂层、洗碗机架涂层等方面获得客户认可，市场份额正在逐年扩大。

中科院微生物所采用生物工程技术，开辟了长碳链二元酸生产的新途径。我国目前已有多家长碳链二元酸生产企业，实际产量达到 3 万吨/年。

其中，山东瀚霖生物技术有限公司建设的一期 10kt/a 长碳链二元酸工程于 2009 年投产，其二期 20kt 级项目也将于本月投产。该公司计划总投资 30 亿元，建成年产 60kt 的长碳链二元酸生产规模。全部建成后该企业将成为世界上规模最大的长碳链二元酸生产基地。他透露，利用这一技术，今后不但可以制造 PA1111、1212、1313，而且将来还能够开发 PA1818。

从事生产加工的企业应注重长碳链尼龙的应用开发，积极参与用户新产品的开发试验，提供必要的咨询服务，以更好地发挥长碳链尼龙的性能和技术优势。

以改性塑料为主要产品的企业总数几百家，从业人数达数十万人，改性塑料产品年产 500 多万吨，成为飞速发展的中国塑料产业的一支重要生力军。

据介绍，塑料改性技术看似简单，但所发挥的作用却不可低估。普通塑料经过改性，可以获得具有独特功能的新型高分子聚合物，如耐老化、阻燃、抗静电等，而如果要开发具有同样功能的新高分子聚合物，有时是不可能的，有的则耗资巨大，采用改性技术往往会轻而易举。

这不仅对提升塑料原料技术含量和制品附加值具有非常重要的意义，而且在保证使用性能要求的前提下，可以有效降低塑料制品成本，而这一点又是对塑料加工企业最具吸引力的。

二、2010 年尼龙生产概况

南通鹏发高分子材料有限公司隶属于江苏文凤集团有限公司，主要生产连续聚合尼龙 66 树脂切片，采用日本旭化成技术，产品黏度在 2.4～3.2。年产能为 28kt，一条装置生产线。

神马实业股份有限公司是国内最大的 PA66 生产企业，其收购的南通鹏发装置于 2010 年 8 月 25 日重启，产量质量提升。该项目于 2010 年 10 月初正式投产。新项目投产后，公司尼龙 66 盐产能达 300kt。

神马实业下属的尼龙化工公司是国内唯一的尼龙 66 盐生产企业，公司上半年尼龙产业各单位盈利能力持续增强，创出历史最好水平。

中国国内目前共有两家 PA66 生产企业，神马实业与江苏华洋尼龙有限公司。

神马实业收购福建泉州世腾与南通鹏发，泉州世腾装置一直处于停车中。江苏华洋尼龙有限公司需外购 PA66 盐或中间体(己二酸与己二胺)进行聚合。

由神马实业、广东新会美达锦纶股份有限公司、北京同道和诚科技发展公司、中国科学院化学研究所等十余家企业和科研院所联合发起的尼龙产业技术创新战略联盟 2010 年 9 月 9 日在京成立。

近几年国内聚酰胺 6、聚酰胺 66 等聚酰胺产业的规模迅速扩大，产业链的不断完善，在做大的基础上具备了新技术开发和进行市场引领的先决条件。

尤其是近年来，随着航天工业、汽车工业、纺织工业等产业的迅猛发展对原料也提出了更多、更高的要求，尤其是工程塑料市场需求的增长速度更是可达10%～15%，为聚酰胺产业的发展带来了前所未有的发展机遇。

目前神马实业是全球第四，亚洲第一的尼龙生产企业，神马与前三名差距较大，产品牌号只有百十来个，而前三家有几千个牌号的产品，成本也没有更优势，技术较为落后。

比如PA66全球有2000kt规模，而中国只有300kt，而中国又是最大的消费市场，产业发展空间巨大。

目前PA66中国每年缺口达200kt都需要进口，而PA6产品中国需求达1600～1800kt，通过国内的原料生产只能满足400kt。段文亮表示，虽然神马有140kt的工程塑料产能，但仍希望在汽车、电器等工塑料领域进行拓展，尤其是与下游企业合作。

产业技术联盟成立后将研究聚酰胺产业业总体发展情况，对我国聚酰胺产业未来发展和布局进行深入研讨，向国家有关部门提出规划性建议，制定聚酰胺产业技术路线图，拟定联盟整体科技计划和项目，向国家有关部门汇报并申请对最关键项目的支持。

在新材料领域中我国对化工材料重视不够，整个行业的产量只能满足15%的需求，在十二五期间这个领域将是一个重要发展方向，并进一步推动上下游企业合作，建立行业数据库，避免重复建设，制定行业标准。

2010年9月10日，泉州泉港区中平神马8kt尼龙66切片项目生产线经调试生产出合格的产品，该项目建成投产填补了福建省空白。

该项目总投资约1亿元，使用国内自主研发技术，年产值可达2.4亿多元。

改性尼龙-6，6切片分为增韧型、增强型、阻燃型和填充型，其中增韧型改性尼龙-6，6切片的密度低于1.12g/cm^3，增强型、阻燃型和填充型改性尼龙-6，6切片的密度高于1.15g/cm^3。

至此中国尼龙66生产企业才算是得以喘息，获利最多的当不外乎几家大型尼龙生产企业：神马平煤、正邦尼龙等。

2010年12月18日，岳阳巴陵石化化工化纤有限公司举行年产60kt尼龙-6聚合改扩建工程竣工仪式。该项目采用国内先进的尼龙-6聚合生产技术，在原年产能50kt聚合装置基础上，改扩建2套年产能25kt聚合装置和10kt辅助装置，总年产能从50kt扩大到110kt，公司生产规模在国内同行业排名从第八位跃升至第二位(表12)。

表12　中国PA树脂改性装置规模和产量统计

年份	PA混炼装置规模/kt	改性PA产量/kt	市场需求量/kt
2002	150	120	180
2003	180	140	220
2004	220	160	280
2005	250	180	350
2006	300	220	400
2007	400	290	480
2008	450	320	515
2009	480	330	530
2010	620	450	610

注：由于PA改性混炼装置同时改性混炼PP、PC、ABS、PBT等产品，很难确切分割规模，改性混炼PA数据仅为业内人士估算。上表数据包括PA/PP、PA/PC，PA/ABS等产品产量。

国内尼龙工程塑料基础树脂生产厂不多，而从事改性尼龙品种生产的厂家和产能大大超过了基础树脂生产厂。近年来我国尼龙改性发展较快，主要由于双螺杆混炼挤出机的引进和国产双螺杆混炼挤出机的推出，给改性尼龙创造了有利条件。

国内主要尼龙工程塑料改性厂有帝斯曼工程塑料(江苏)有限公司，罗地亚(上海)工程塑料有限公司，广州金发科技股份有限公司，宁波敏特尼龙工业有限公司，江西省宜春远大化工有限公司，德固赛特种化学(上海)有限公司，深圳市科聚新材料有限公司，普立万聚合体(苏州)有限公司，东莞市朗普工程塑料科技有限公司，上海耐特复合材料制品有限公司，屹立(苏州)工程塑料科技有限公司，晋伦塑料科技(东莞)有限公司，山东东辰工程塑料有限公司，中山市新力工程塑料有限公司，张家港迪爱生化工有限公司，舒尔曼塑料(东莞)有限公司，宁波兰羚钢铁实业有限公司，龙口市道恩工程塑料有限公司，南京聚隆工程塑料有限公司，丽碧复合塑料(深圳)有限公司，乔福塑胶(东莞)有限公司，日超工程塑料(中山)有限公司，舒尔曼塑料(东莞)有限公司，东莞聚旺塑胶有限公司，帝斯曼工程塑料(江苏)有限公司，章丘市友贵机械锻造有限责任公司，无锡市长安高分子材料厂，南通意特化工有限公司，日超工程塑料(深圳)有限公司，兰蒂奇工程塑料(苏州)有限公司，沙伯基础创新塑料(中国)有限公司，江苏阜宁伊士曼化工有限公司，普立万聚合体(深圳)有限公司，晋伦塑料科技(东莞)有限公司，浙江俊尔新材料有限公司，旭化成(苏州)复合塑料有限公司，宁波瑞耐复合材料有限公司，中山市华业塑料有限公司，艾曼斯(苏州)工程塑料有限公司，艾曼斯(苏州)工程塑料有限公司，安特普工程塑料(苏州)有限公司，日超工程塑料(北京)有限公司，上海金发科技发展有限公司等。

三、2010年PA树脂出口生产省市分布分析

1. 2010年其他初级形状的聚酰胺出口上升

其他初级形状的聚酰胺2010年出口省市有17家(比2009年16家增加1家出口省市)，出口33382579kg，同比上升52.85%。

其他初级形状的聚酰胺2010年出口生产企业仍主要集中在江苏省，出口数量11613923kg，占总出口数量的34.79%，比2009年出口数量增加33.94%；

其次为广东省出口数量10980909kg，占总出口数量的32.89%，比2009年出口数量增加146.09%；

上海市出口数量7405857kg，占总出口数量的22.18%，比2009年出口数量增加29.96%；

浙江省出口数量1348142kg，占总出口数量的4.04%，比2009年出口数量减少37.17%；

北京市出口数量746100kg，占总出口数量的2.23%，比2009年出口数量增加809.57%。

五省市出口数量占其他初级形状的聚酰胺2010年总出口数量的96.13%，比2009年下降1.14%。

表13 2010年其他初级形状的聚酰胺五大出口省市统计

排序	出口省市	出口金额/美元	出口数量/kg	占比例/%
1	江苏省	65446484.00	11613923.0	34.79
2	广东省	44045446.00	10980909.0	32.89
3	上海市	42290299.00	7405857.0	22.18
4	浙江省	3103799.00	1348142.0	4.04
5	北京市	3759974.00	746100.0	2.23
出口总计		162930625.00	33382579.0	100.00

2. 聚酰胺-6，6切片出口上升

聚酰胺-6，6切片2010年出口省市有15家(比2009年14家出口省市增加1家出口省市)，出口29348068kg，同比上升48.19%。

聚酰胺-6，6切片2010年出口生产企业主要集中在广东省，出口数量15364603kg，占总出口数量的35.33%，比2009年出口数量25.54%；

其次为上海市，出口数量9714627kg，占总出口数量的22.34%，比2009年增加出口数量31.52%；

河南省出口数量8513675kg，占总出口数量的19.58%，比2009年出口数量增加51.99%；

江苏省出口数量6446192kg，占总出口数量的14.82%，比2009年增加出口数量106.61%；

浙江省出口数量2294067kg，占总出口数量的5.27%，比2009年出口数量增加688.51%。

五省市出口数量占聚酰胺-6，6切片2010年总出口数量的97.34%，比2009年减少1.01%(表14)。

表14 2010年聚酰胺-6，6切片五大出口省市统计

排序	出口省市	出口金额/美元	出口数量/kg	占比例/%
1	广东省	58076402.00	15364603.0	35.33
2	上海市	36040834.00	9714627.0	22.34
3	河南省	29514343.00	8513675.0	19.58
4	江苏省	20791928.00	6446192.0	14.82
5	浙江省	4891774.00	2294067.0	5.27
出口总计		154014129.00	43491384.0	100.00

3. 2010年聚酰胺-6、聚酰胺-11、聚酰胺-12、聚酰胺-6，9等切片出口上升

其他初级形状的聚酰胺-6等切片2010年出口省市有16家(比2009年14家出口省市增加2家出口省市)，出口45450773kg，同比增加12.13%。

其他初级形状的聚酰胺-6切片等2010年出口生产企业主要集中在江苏省，出口数量31321550kg，占总出口数量的68.91%，比2009年出口数量增加44.43%；

其次为广东省，出口数量7721349kg，占总出口数量的16.99%，比2009年出口数量减少43.93%；

上海市出口数量5261032kg，占总出口数量的11.58%，比2009年出口数量增加21.71%；

安徽省出口数量329475kg，占总出口数量的0.72%，比2009年出口数量增加675.24%；

浙江省出口数量288169kg，占总出口数量的0.63%，比2009年出口数量增加32.19%。

五省市出口数量占其他初级形状的聚酰胺-6等切片2010年总出口数量的98.83%，比2009年下降0.36%(表15)。

表15 2010年聚酰胺-6、-11、-12、-6，9、-6，10、-6，12切片五大出口省市统计

排序	出口省市	出口金额/美元	出口数量/kg	占比例/%
1	江苏省	86590800.00	31321550.0	68.91
2	广东省	21504587.00	7721349.0	16.99
3	上海市	18295264.00	5261032.0	11.58
4	安徽省	1214160.00	329475.0	0.72
5	浙江省	775688.00	288169.0	0.63
出口总计		130523703.00	45450773.0	100.00

4. 其他初级形状的聚酰胺-6，6等出口下降

其他初级形状的聚酰胺-6，6等2010年出口省市有14家(比2009年16家出口省市减少2家出口省市)，出口3316440kg，同比下降22.74%。

其他初级形状的聚酰胺-6，6等2010年出口生产企业主要集中在上海市，出口数量1250520kg，占总出口数量的37.71%，比2009年减少出口数量50.48%；

其次为江苏省出口数量639779kg，占总出口数量的19.29%，比2009年出口数量增加83.93%；

江西省，出口数量508612kg，占总出口数量的15.34%，比2009年出口数量增加5.72%；

广东省出口数量477272kg，占总出口数量的14.39%，比2009年出口数量增加21.34%；

辽宁省出口数量152375kg，占总出口数量的4.59%。

五省市出口数量占其他初级形状的聚酰胺-6，6等2010年总出口数量的91.32%，比2009年下降5.12%(表16)。

表16　2010年其他初级形状的聚酰胺-6，6等五大出口省市统计

排序	出口省市	出口金额/美元	出口数量/kg	占比例/%
1	上海市	4543164.00	1250520.0	37.71
2	江苏省	2090496.00	639779.0	19.29
3	江西省	1734581.00	508612.0	15.34
4	广东省	1712987.00	477272.0	14.39
5	辽宁省	409630.00	152375.0	4.59
出口总计		11912612.00	3316440.0	100.00

四、2010年进口下降出口增长

2009年PA总进口量跃过920kt，比2008年增加7.92%。

2009年PA总出口量回落到100kt下。

2010年PA总进口量回落到900kt下，比2009年减少2.85%。

2010年PA总出口量又跃过120kt，比2009年增加30.86%。

2005~2010年间PA年总进口年均增长达12.65%。

2005~2010年间PA年总净进口年均增长达20.55%(表17)。

表17　2005-2010年国内PA树脂进出口统计　t

年份		2005	2006	2007	2008	2009	2010
聚酰胺-6，6切片	进口	238802	167804	205513	223996	174111	224679
	出口	10945	17806	26763	25096	29348	43491
PA6、11、612、12、610等切片	进口	99786	334375	491495	551207	681699	580439
	出口	6155	21650	41643	72154	40533	45451
其他形状PA-6、-11、12、66、610等	进口	67195	32972	23943	21523	18492	18227
	出口	6314	6341	7613	5875	4293	3316
其他初级状态的PA	进口	87861	72867	65974	57638	47690	72332
	出口	25936	30961	26763	24150	21840	33383
PA总进口量		493644	608018	786925	854364	921992	895677
PA总出口量		49350	75758	102782	127275	96013	125641
PA净进口量		444294	532260	684143	727086	825979	770036
年增长率/%		26.16	19.80	28.54	6.28	13.60	-6.77

1. 2010年其他初级形状的聚酰胺进出口同时增加

从海关统计中可看出，其他初级形状的聚酰胺2010年进口地有37个(比上年36个进口地增加1个进口地)，进口72332165kg，同比增加51.67%。

主要进口地为日本，进口数量14691079kg，占总进口数量的20.31%，比2009年进口数量增加53.39%；

其次为美国，进口数量12243631kg，占总进口数量的16.93%，比2009年进口数量增加29.84%；

中国大陆进口数量11703225kg，占总进口数量的16.18%，比2009年进口数量增加77.95%；

荷兰进口数量6683832kg，占总进口数量的9.24%，比2009年进口数量增加62.34%；

中国台湾省进口数量增加kg，占总进口数量的7.31%，比2009年进口数量增加26.27%。

五原产进口地进口数量占其他初级形状的聚酰胺2010年总进口数量的69.97%，比2009年下降1.08%(表18)。

表 18 2010 年其他初级形状的聚酰胺五大进口国家/地区统计

排序	原产进口地	进口金额/美元	进口数量/kg	占比例/%
1	日本	85541154.00	14691079.0	20.31
2	美国	67224068.00	12243631.0	16.93
3	中国大陆	70262063.00	11703225.0	16.18
4	荷兰	49026828.00	6683832.0	9.24
5	中国台湾省	18731590.00	5284783.0	7.31
进口总计		404134559.00	72332165.0	100.00

从海关统计中可看出，其他初级形状的聚酰胺 2010 年出口地有 64 个（比 2009 年 48 个出口地减少 1 个出口地），出口 33382579kg，同比增加 52.85%。

主要出口地为中国香港，出口数量 15253363kg，占总出口数量的 45.69%，比 2009 年出口数量增加 80.53%；

其次为日本，出口数量 5349789kg，占总出口数量的 16.03%，比 2009 年出口数量增加 58.55%；

韩国出口数量 2773774kg，占总出口数量的 8.31%，比 2009 年出口数量增加 15.17%；

中国台湾省出口数量 1860308kg，占总出口数量的 5.57%，比 2009 年出口数量增加 18.43%；

伊拉克出口数量 953994kg，占总出口数量的 2.86%。

五原产出口地出口数量占其他初级形状的聚酰胺 2010 年总出口数量的 78.46%，比 2009 年增加 2.62%（表 19）。

表 19 2010 年其他初级形状的聚酰胺五大出口国家/地区统计

排序	出口目的地	出口金额/美元	出口数量/kg	占比例/%
1	中国香港	77523012.00	15253363.0	45.69
2	日本	24455445.00	5349789.0	16.03
3	韩国	18754250.00	2773774.0	8.31
4	中国台湾省	10828969.00	1860308.0	5.57
5	伊拉克	3974298.00	953994.0	2.86
出口总计		162930625.00	33382579.0	100.00

2. 2010 年聚酰胺－6，6 切片进口出口同步增长

从海关统计中可看出，聚酰胺－6，6 切片 2010 年进口地有 44 个（比 209 年 25 个进口地增加 19 个进口地），进口 224679206kg，同比增长 29.04%。

主要进口地为美国，进口 45280074kg，占总进口数量的 20.15%，比 2009 年进口数量增加 24.79%；

其次为德国，占总进口数量的 15.98%，比 2009 年进口数量增加 63.72%；

韩国占总进口数量的 12.18%，比 2009 年进口数量增加 17.57%；

日本占总进口数量的 9.29%，比 2009 年进口数量增加 24.68%；

中国占总进口数量的 8.66%，比 2009 年进口数量增加 33.26%；

五原产进口地进口数量占聚酰胺－6，6 切片 2010 年总进口数量的 66.26%，比 2009 年下降 0.92%（表 20）。

表 20 2010 年聚酰胺－6，6 切片五大进口国家/地区统计

排序	原产进口地	进口金额/美元	进口数量/kg	占比例/%
1	美国	137181112.00	45280074.0	20.15
2	德国	127954708.00	35894005.0	15.98
3	韩国	96311321.00	27365775.0	12.18
4	日本	95079447.00	20877386.0	9.29
5	中国	79455140.00	19462734.0	8.66
进口总计		802470109.00	224679206.0	100.00

从海关统计中可看出，聚酰胺－6，6 切片 2010 年出口地有 42 个，（比 2009 年 85 个减少 43 个出口地），出口 43491384kg，同比上升 48.19%。

主要出口地为中国香港，出口数量 22802681kg，占总出口数量的 52.43%，比 2009 年出口数量增加 38.48%；

其次为中国台湾省，出口数量 6552286kg，占总出口数量的 15.07%，比 2009 年出口数量增加 381.55%；

韩国出口数量 4521028kg，占总出口数量的 10.40%，比 2009 年出口数量减少 11.04%；

日本出口数量 3057920kg，占总出口数量的 7.03%，比 2009 年出口数量增加 47.47%；

印度数量 1603225kg，占总出口数量的 3.69%，比 2009 年出口数量增加 50.82%。

五原产出口地出口数量占聚酰胺－6，6 切片 2010 年总出口数量的 88.62%，比 2009 年下降 0.67%（表 21）。

表 21 2010 年聚酰胺－6，6 切片五大出口国家/地区统计

排序	出口目的地	出口金额/美元	出口数量/kg	占比例/%
1	中国香港	84919476.00	22802681.0	52.43
2	中国台湾省	19426984.00	6552286.0	15.07
3	韩国	15127714.00	4521028.0	10.40
4	日本	11872886.00	3057920.0	7.03
5	印度	5423635.00	1603225.0	3.69
出口总计		154014129.00	43491384.0	100.00

3. 2010 年其他初级形状的聚酰胺-6，6 等进出口同比下降

从海关统计中可看出，其他初级形状的聚酰胺-6，6 等 2010 年进口地有 42 个(比 2009 年 30 个进口地增加 12 个进口地)，进口 18227369kg，同比下降 1.43%。

主要进口地为中国，进口数量 2895044kg，占总进口数量的 15.88%，比 2009 年进口数量增加 5.50%；

其次为中国台湾省，进口数量 2785436kg，占总进口数量的 13.65%，比 2009 年进口数量增加 3.21%；

日本进口数量 2488485kg，占总进口数量的 13.6%，比 2009 年进口数量减少 15.04%；

美国进口数量 2075340kg，占总进口数量的 11.39%，比 2009 年进口数量减少 28.02%；

韩国进口数量 2068619kg，占总进口数量的 11.35%，比 2009 年进口数量减少 8.55%；

五原产进口地进口数量占其他初级形状的聚酰胺-6，6 等 2010 年总进口数量的 67.55%，比 2009 年下降 5.54%(表 22)。

表 22　2010 年其他初级形状的聚酰胺-6，6 等五大进口国家/地区统计

排序	原产进口地	进口金额/美元	进口数量/kg	占比例/%
1	中国	8758648.00	2895044.0	15.88
2	中国台湾省	9300336.00	2785436.0	15.28
3	日本	15814320.00	2488485.0	13.65
4	美国	8123263.00	2075340.0	11.39
5	韩国	6765501.00	2068619.0	11.35
进口总计		83391973.00	18227369.0	100.00

从海关统计中可看出，其他初级形状的聚酰胺-6，6 等 2010 年出口地有 38 个(比上年 39 个出口地减少 1 个出口地)，出口 3316440kg，同比下降 22.74%。

主要出口地为中国香港，出口数量 1263790kg，占总出口数量的 38.11%，比 2009 年出口数量减少 15.60%；

其次为马来西亚，出口数量 445317kg，占总出口数量的 9.40%，比 2009 年出口数量增加 10.06%。

巴基斯坦出口数量 282200kg，占总出口数量的 8.51%，比 2009 年出口数量增加 19.78%；

印度尼西亚出口数量 158582kg，占总出口数量的 4.78%，比 2009 年出口数量减少 10.20%；

朝鲜出口数量 152512kg，占总出口数量的 4.60%。

五出口地出口数量占其他初级形状的聚酰胺-6，6 等 2010 年总出口数量的 69.43%，比 2009 年下降 8.37%(表 23)。

表 23　2010 年其他初级形状的聚酰胺-6，6 等五大出口国家/地区统计

排序	出口目的地	出口金额/美元	出口数量/kg	占比例/%
1	中国香港	4954804.00	1263790.0	38.11
2	马来西亚	1073401.00	445317.0	13.43
3	巴基斯坦	981305.00	282200.0	8.51
4	印度尼西亚	474135.00	158582.0	4.78
5	朝鲜	410633.00	152512.0	4.60
出口总计		11912612.00	3316440.0	100.00

4. 2010 年聚酰胺-6、聚酰胺-11、聚酰胺-12、聚酰胺-6，9 等切片进口下降出口增长

从海关统计中可看出，2010 年聚酰胺-6、聚酰胺-11、聚酰胺-12、聚酰胺-6，9、聚酰胺-6，10、聚酰胺-6，12 切片进口地有 39 个(比 2009 年 25 个进口地增加 14 个进口地)，进口 580438723kg，同比下降 14.85%。

主要进口地为中国台湾省，进口数量 287188485kg，占总进口数量的 49.48%，比 2009 年进口数量下降 13.31%；

其次为韩国，进口数量 57094878kg，占总进口数量的 9.84%，比 2009 年进口数量增加 47.70%；

美国进口数量 52621028kg，占总进口数量的 6%，比 2009 年进口数量下降 43.43%；

俄罗斯进口数量 44349375kg，占总进口数量的 7.64%，比 2009 年进口数量下降 18.69%；

德国进口数量 32523771kg，占总进口数量的 5.60%，比 2009 年进口数量下降 40.88%。

五原产进口地进口数量占 2010 年聚酰胺-6、聚酰胺-11、聚酰胺-12、聚酰胺-6，9、聚酰胺-6，10、聚酰胺-6，12 切片总进口数量的 81.62%，比 2009 年下降 2.36%(表 24)。

表 24　2010 年聚酰胺-6、-11、-12、-6，9、-6，10、-6，12 切片五大进口国家/地区统计

排序	原产进口地	进口金额/美元	进口数量/kg	占比例/%
1	中国台湾省	778539506.00	287188485.0	49.48
2	韩国	164234957.00	57094878.0	9.84
3	美国	147385997.00	52621028.0	9.06
4	俄罗斯	112638987.00	44349375.0	7.64
5	德国	99921108.00	32523771.0	5.60
进口总计		1669620535.00	580438723.0	100.00

从海关统计中可看出，2010年聚酰胺-6、聚酰胺-11、聚酰胺-12、聚酰胺-6，9、聚酰胺-6，10、聚酰胺-6，12切片出口地有44个(比2009年44个出口地增加1个出口地)，出口45450773kg，同比上升12.13%。

主要出口地为中国香港，出口数量13343499kg，占总出口数量的29.36%，比2009年出口数量减少28.47%；

其次为韩国，出口数量8904979kg，占总出口数量的19.59%，比2009年增加出口数量11.72%；

泰国出口数量6752892kg，占总出口数量的14.86%，比2009年出口数量增加213.11%；

日本出口数量4879989kg，占总出口数量的10.74%，比2009年出口数量增加75.85%；

印度尼西亚出口数量2331771kg，占总出口数量的5.13%，比2009年增加出口数量127.04%。

五原产出口地出口数量占2010年聚酰胺-6、聚酰胺-11、聚酰胺-12、聚酰胺-6，9、聚酰胺-6，10、聚酰胺-6，12切片总出口数量的79.68%，，比2009年下降4.37%(表25)。

表25　2010年聚酰胺-6、-11、-12、-6，9、-6，10、-6，12切片五大出口国家/地区统计

排序	出口目的地	出口金额/美元	出口数量/kg	占比例/%
1	中国香港	38373631.00	13343499.0	29.36
2	韩国	21946147.00	8904979.0	19.59
3	泰国	19063831.00	6752892.0	14.86
4	日本	13768385.00	4879989.0	10.74
5	印度尼西亚	6385453.00	2331771.0	5.13
出口总计		130523703.00	45450773.0	100.00

五、消费

随着我国汽车工业、电子电气工业的发展，PA工程塑料消费呈快速上升趋势。

2008年本体树脂和改性PA的实际消耗已达68万吨。

2010年本体树脂和改性PA的实际消耗已超过80万吨。

PA工程塑料消费1999~2006年年均增长达17.75%。

PA工程塑料消费2005~2010年年均增长达13.75%(表26)。

1. 汽车工业

西方国家引领全球尼龙高端市场主要是因为经过多年发展西方发达国家尼龙行业在规模和技术上已相对成熟。可知，尼龙是杜邦公司最先开发应用于纤维的树脂，于1939年实现工业化。

表26　国内PA消费分配　　kt/a

年　份	2009		2012	
	需求量	占比例/%	需求量	占比例/%
电器电子产品	220.00	30.14	320.00	31.37
交通运输	180.00	24.66	240.00	23.53
机械工业	95.00	13.01	132.00	12.94
日用五金	52.00	7.12	73.00	7.16
尼龙薄膜	30.00	4.11	41.00	4.02
单丝、棕丝	20.00	2.74	28.00	2.74
尼龙粉末	23.00	3.15	31.00	2.04
其　他	110.00	15.07	155.00	15.20
合　计	730.00	100.00	1020.00	100.00

而当今汽车工业已成为尼龙工程塑料的最大消费市场，其次是电子产品。如宝马公司的BMW328i型车每辆用工程塑料162kg，占汽车总重的1.6%，其中尼龙用量为21.8kg。还有一辆帕萨特轿车中所用的尼龙66达10.5kg左右，主要用于发动机、燃油过滤器、安全气囊等零部件，可以说尼龙工程塑料在汽车方面的应用有很大的发展空间。

另一方面，尼龙还兼具平衡的力学性能、良好的热性能和阻燃性能，尼龙还能承受电子器件长期工作要求，可用于制作各种开关、家用电器部件、电子设施、大型汽车电子接插件、接线头和手控电动工具部件等。

亚洲、美国、欧洲的尼龙薄膜市场均快速增长，其中亚洲市场的需求率最为强劲。

美国杜邦发布了3种新树脂，包括1种在严酷环境下可将部件寿命延长2倍以上的PA(聚酰胺)66树脂"ZytelPLUS"和2种PPA(芳香族聚酰胺)树脂"ZytelHTN"。这些树脂在长期暴露于热油及氯化钙条件下，在直到230℃的高温环境中具有耐久性，在暴露时具有长久的耐冲击性，有助于延长汽车的寿命。

ZytelHTN是面向中央冷却器、涡轮增压器的空气导管、发动机架、共振器、气缸盖罩、油盘、EGR冷却器、供油单元、恒温器、前盖、变速器部件以及耐氯化钙性能尤为重要的散热器水箱等，要长期置于高温条件下的汽车发动机及润滑系统用途而开发的。

"ZytelPLUS95G40DH1T"是针对抗石头冲击、耐热性及耐油性要求而开发的。可保护油盘等部件免受沙砾及石头等碎片的冲击，以保持气密性能。即使在150℃的热油中暴露5000小时，性能也几乎不会劣化，因此可用于变速箱的油盘、燃油过滤模块、气缸盖罩及多种变速箱部件等接触热油的应用。

"ZytelHTN92"系列的2种产品，强度是普通PPA树脂的2倍，较PPS(聚苯硫醚)树脂提高了20%~25%。在230℃空气下加热使其劣化的试验证实，经过1000个小时后仍可保持初期的性能。

2. 北美第一次采用尼龙12天然气管

北美第一次选用挤出尼龙12管作为天然气输送管，这种比钢管成本低的替代物于2009年7月完成首次接装，很快，夏末会进行第二个尼龙12天然气管接装。

天然气输送管原料为德国EvonikIndustries公司高性能聚合物部的尼龙12牌号VestamidLV9030，据Evonik公司介绍，该尼龙12新牌号耐压达1.75MPA，因此天然气输送公司不需降低输气速率。塑料管一直是比钢管成本低的选择、而且比钢管和混凝土管容易安装，但尼龙12塑料管用于天然气输送超出了以前的应用范围。

据Evonik公司介绍，天然气公司改用塑料管并不需进行重大调整，仍可采用现有管子结构、维修和管理运行方法、不需增加投资和进行培训。美国第一批尼龙12输气管用于安装蒙大拿州GreatFalls的EnergyWest项目，联邦和州安全管理官员都出席观看了现场安装工程。

尼龙12长期以来用于生产轿车燃油管和卡车气动刹车管，挤出直径为2～6英寸，挤出Vestamid管长可达50英尺(15.24m)，挤出管最长可达250英尺(76.2m)，具体取决于管径和壁厚。

3. 高铁拉动尼龙工程塑料产业

按照铁道部提出的最新规划，2010至2012年，新建线投产达2.6万千米，其中客运专线9200km。目前我国铁路规划建设配套用尼龙工程塑料量每千米7t以上，仅紧固件一项每千米就要用到5000套。高速铁路的快速发展带动了我国尼龙专用料需求量的快速增长。

据悉，国外先进国家在20世纪70年代就开始将改性尼龙工程塑料应用在铁路轨道用的紧固件中。历经三十多年使用和验证，改性尼龙工程塑料已经广泛地应用到了轨距块、挡板座和套筒等紧固件中。

尼龙用于高速铁路上，可以有效解决机车抖动、噪音大的问题，并能确保轴距稳定，减少维修次数，特别是它具有优良的抗振性，对保障高速铁路机车的平稳运行至关重要。与金属部件比，尼龙部件有质轻、防锈、抗振、抗冲击、长期热稳定性和绝缘性好，而且流动性高、加工性能优异，设计灵活性大，易于实现部件一体化，减少了部件数和组装工序，提高的了安装效率，易维修。

4. 聚酰胺塑料进口消费地区流向分析

4.1 其他初级形状的聚酰胺集中流向东部沿海地区

从海关资料来看，其他初级形状的聚酰胺2020年进口消费省市有20个(比2009年18个进口消费省市增加2个进口消费省市)。

主要进口流向为广东省，进口数量27549464kg，占总进口数量的38.09%，比2009年进口数量增加74.34%；

上海市，进口数量20814086kg，占总进口数量的28.78%，比2009年进口数量增加31.41%；

江苏省，进口数量14980568kg，占总进口数量的20.71%，比2009年进口数量增加50.43%；

2010年其他初级形状的聚酰胺前五位进口消费省市进口量占总进口量的93.03%，，比2009年下降0.26%(表27)。

表27 2010年其他初级形状的聚酰胺五大进口省市统计

排序	进口省市	进口金额/美元	进口数量/kg	占比例/%
1	广东省	143854798.00	27549464.0	38.09
2	上海市	119652612.00	20814086.0	28.78
3	江苏省	94236719.00	14980568.0	20.71
4	福建省	13088172.00	2360316.0	3.26
5	河南省	5026930.00	1583900.0	2.19
进口总计		404134559.00	72332165.0	100.00

4.2 聚酰胺-6，6切片集中流向东部沿海地区

从海关资料来看，聚酰胺-6，6切片2010年进口消费省市有21个(比2009年17个进口消费省市增加4个进口消费省市)。

主要进口流向为广东省，进口数量85737201kg，占总进口数量的38.16%，比2009年进口数量增加21.52%；

上海市进口数量77620022kg，占总进口数量的34.55%，比2009年进口数量增加59.38%；

浙江省进口数量19271606kg，占总进口数量的8.58%，比2009年进口数量增加10.91%；

2010年聚酰胺-6，6切片前五位进口消费省市进口量占总进口量的91.95%，比2009年增加0.72%(表28)。

表28 2010年聚酰胺-6，6切片五大进口省市统计

排序	进口省市	进口金额/美元	进口数量/kg	占比例/%
1	广东省	309219022.00	85737201.0	38.16
2	上海市	267075709.00	77620022.0	34.55
3	浙江省	65369281.00	19271606.0	8.58
4	江苏省	65983333.00	18124969.0	8.07
5	山东省	20805524.00	5827055.0	2.59
进口总计		802470109.00	224679206.0	100.00

4.3　其他初级形状的聚酰胺－6，6等集中流向东部沿海地区

从海关资料来看，其他初级形状的聚酰胺－6，6等2010年进口消费省市有21个（比2009年18个进口消费省市增加3个进口消费省市）。

主要进口流向为广东省，进口数量11662264kg，占总进口数量的63.98%，比2009年进口数量增加4.88%；

江苏省进口数量1586042kg，占总进口数量的8.70%，比2009年进口数量减少11.86%；

福建省进口数量1453351kg，占总进口数量的7.97%，比2009年进口数量增加51.87%；

2010年其他初级形状的聚酰胺－6，6等前五位进口消费省市进口量占总进口量的87.73%，比2009年增加1.41%（表29）。

表29　2010年其他初级形状的聚酰胺－6，6等五大进口省市统计

排序	进口省市	进口金额/美元	进口数量/kg	占比例/%
1	广东省	46110506.00	11662264.0	63.98
2	江苏省	8453173.00	1586042.0	8.70
3	福建省	4387956.00	1453351.0	7.97
4	山东省	3465523.00	651625.0	3.57
5	上海市	4554481.00	639017.0	3.51
进口总计		83391973.00	18227369.0	100.00

4.4　2010年聚酰胺－6、聚酰胺－11、聚酰胺－12、聚酰胺－6，9、聚酰胺－6，10、聚酰胺－6，12切片集中流向东部沿海地区

从海关资料来看，2009年聚酰胺－6、聚酰胺－11、聚酰胺－12、聚酰胺－6，9、聚酰胺－6，10、聚酰胺－6，12切片进口消费省市有20个（比2009年16个进口消费省市增加4个进口消费省市）。

主要进口流向为浙江省，进口数量215521146kg，占总进口数量的37.13%，比2009年进口数量下降15.56%；

福建省进口数量127740270kg，占总进口数量的22.01%，比2009年进口数量下降14.58%；

上海市进口数量85999454kg，占总进口数量的14.82%，比2009年进口数量下降13.10.%；

2010年聚酰胺－6、聚酰胺－11、聚酰胺－12、聚酰胺－6，9、聚酰胺－6，10、聚酰胺－6，12切片前五位进口消费省市进口量占总进口量的91.88%，比2009年上升0.94%（表30）。

5. 2009年聚酰胺进口企业

5.1　聚酰胺－6，6切片进口以外商独资企业为主

聚酰胺－6，6切片2010年进口商共计有1691家，比2009年1525家进口商增加166个进口商，进口额最高的八家进口生产使用企业进口数量占总进口数量的26.26%。

表30　2010年聚酰胺－6、聚酰胺－11、聚酰胺－12、聚酰胺－6，9、聚酰胺－6，10、聚酰胺－6，12切片五大进口省市统计

排序	进口省市	进口金额/美元	进口数量/kg	占比例/%
1	浙江省	591184525.00	215521146.0	37.13
2	福建省	354949672.00	127740270.0	22.01
3	上海市	253702734.00	85999454.0	14.82
4	广东省	159070664.00	55504046.0	9.56
5	江苏省	145706722.00	48499899.0	8.36
进口总计		1669620535.00	580438723.0	100.00

英威达特种纤维（上海）有限公司，杜邦贸易（上海）有限公司，东莞对外加工装配服务公司，巴斯夫染料化工有限公司，罗地亚（上海）工程塑料有限公司，旭化成塑料（上海）有限公司，杜邦中国集团有限公司，拜耳无锡皮革化工有限公司，分别位居聚酰胺－6，6切片2010年五十五大进口企业进口量1～8位，进口量分别占总进口量的4.51%、3.88%、3.49%、3.32%、3.11%、3.08%、2.63%和2.24%（表31）。

表31　2010年聚酰胺－6，6切片八大进口商统计

排序	进　口　商	所属行业	进口数量/kg	占比例/%
1	英威达特种纤维（上海）有限公司	化纤工业	10121814	4.51
2	杜邦贸易（上海）有限公司	贸易商	8727475	3.88
3	东莞市对外加工装配服务公司	贸易商	7830203	3.49
4	巴斯夫染料化工有限公司	染料化工	7466548	3.32
5	罗地亚（上海）工程塑料有限公司	聚酰胺改性	6989335	3.11
6	旭化成塑料（上海）有限公司	聚酰胺改性	6923596	3.08
7	杜邦中国集团有限公司	贸易商	5903740	2.63
8	拜耳无锡皮革化工有限公司	皮革化工	5023718	2.24
进口总计			224679206	100.00

聚酰胺－6，6切片2010年五十五大进口商中有35家为生产使用企业主要为聚酰胺改性（即聚酰胺合

金)、玩具制品、化纤工业、电子工业(手机外壳、电脑外壳等)生产企业,三十五大进口生产使用企业合计进口量占2010年总进口量的33.69%(表32)。

表32 2010年聚酰胺-6,6切片主要进口生产使用企业所属行业

主要进口生产使用企业	所属行业	进口数量/kg
捷诺克塑胶电子(上海)有限公司	电子工业	4494253
广州金发科技股份有限公司	聚酰胺改性	3512249
温州龙华日用电子有限公司	电子工业	3255156
神马博列麦(平顶山)气囊丝制造有限公司	化纤工业	3200000
杭州帝凯工业布有限公司	化纤工业	3119685
上海和氏璧化工有限公司	聚酰胺改性	2730690
丽碧复合塑料(深圳)有限公司	聚酰胺改性	2562847
浙江世纪华通车业有限公司	汽车零部件	2365655
杭州英威达锦纶有限公司	化纤工业	2161546
杜邦(青岛)尼龙有限公司	化纤工业	2075134
东莞明门幼童用品有限公司	玩具制品	2070000
日超工程塑料(深圳)有限公司	聚酰胺改性	1919340
上海新龙塑料制造有限公司	塑料工业	1768194
扬州英谛车材实业有限公司	汽车零部件	1359100
思瑞克斯(广州)电器有限公司	电子工业	1281725
中山市美捷时喷雾阀有限公司	塑料工业	1216000
兰蒂奇工程塑料(苏州)有限公司	聚酰胺改性	1204910
广州市合诚化学有限公司	塑料工业	1199150
屹立(苏州)工程塑料科技有限公司	聚酰胺改性	1142507
青岛中达化纤有限公司	化纤工业	1056000
乾元利方(北京)石化科技有限公司	塑料工业	975113
顺德市新宝电器有限公司	电子工业	899000
东莞宝钜儿童用品有限公司	玩具制品	869000
上海荣华涤纶有限公司	化纤工业	847875
上海三立汇众汽车零部件有限公司	汽车零部件	810000
可附特汽车零部件制造北京有限公司	汽车零部件	808575
长虹塑料有限公司	塑料工业	805480
东莞永常兴工程塑料有限公司	聚酰胺改性	775070
广州和氏璧化工材料有限公司	聚酰胺改性	709984
泰诺风保泰(苏州)隔热材料有限公司	隔热材料	702902

续表

5.2 其他初级形状的聚酰胺-6,等

其他初级形状的聚酰胺-6,6等2010年进口商共计有1,352家,比2009年1,362家进口商增加减少10家进口商;进口额最高的八家进口生产使用企业进口数量占总进口数量的30.87%,其中6家为锦纶生产企业。

上海古比雪夫氮贸易有限公司,义乌市华鼎锦纶有限公司,浙江美丝邦化纤有限公司,浙江新纶化纤有限公司,福建省长乐市创造者锦纶实业有限公司,杭州锦盛纺织有限公司,福建锦江科技有限公司,拜耳无锡皮革化工有限公司,分别位居其他初级形状的聚酰胺-6,等2010年二十五大进口企业进口量1~8位,进口量分别占总进口量的6.67%、4.78%、4.67%、4.57%、2.89%、2.58%、2.57%和2.14%(表33)。

表33 2010年聚酰胺-6、聚酰胺-11、聚酰胺-12、聚酰胺-6,9、聚酰胺-6,10、聚酰胺-6,12切片八大进口商统计

排序	进口商	所属行业	进口数量/kg	占比例/%
1	上海古比雪夫氮贸易有限公司	贸易商	38724375	6.67
2	义乌市华鼎锦纶有限公司	化纤工业	27755200	4.78
3	浙江美丝邦化纤有限公司	化纤工业	27094200	4.67
4	浙江新纶化纤有限公司	化纤工业	26524800	4.57
5	福建省长乐市创造者锦纶实业有限公司	化纤工业	16777600	2.89
6	杭州锦盛纺织有限公司	化纤工业	14990400	2.58
7	福建凯邦锦纶科技有限公司	化纤工业	14890800	2.57
8	拜耳无锡皮革化工有限公司	皮革化工	12397066	2.14
进口总计			580438723	100.00

其他初级形状的聚酰胺-6，6等2010年五十五大进口商中44家为生产使用企业主要为化纤工业、聚酰胺改性(即聚酰胺合金)、电子工业(手机外壳、电脑外壳等)生产企业，四十四大进口生产使用企业合计进口量占2010年总进口量的50.22%，其中35家锦纶生产企业合计进口量占2010年总进口量的44.21%(表34)。

表34　2010年聚酰胺-6、聚酰胺-11、聚酰胺-12、聚酰胺-6，9、聚酰胺-6，10、聚酰胺-6，12切片主要进口生产使用企业所属行业

主要进口生产使用企业	所属行业	进口数量/kg
义乌市华鼎锦纶有限公司	化纤工业	27755200
浙江美丝邦化纤有限公司	化纤工业	27094200
浙江新纶化纤有限公司	化纤工业	26524800
福建省长乐市创造者锦纶实业有限公司	化纤工业	16777600
杭州锦盛纺织有限公司	化纤工业	14990400
福建凯邦锦纶科技有限公司	化纤工业	14890800
拜耳无锡皮革化工有限公司	皮革化工	12397066
泉州天宇化纤织造实业有限公司	化纤工业	11220800
浙江嘉华特种尼龙有限公司	化纤工业	10481800
烟台华润锦纶有限公司	化纤工业	10296000
长乐力恒锦纶科技有限公司	化纤工业	10272000
浙江耐隆纤维有限公司	化纤工业	10018400
浙江三马锦纶科技有限公司	化纤工业	9704000
福建锦江科技有限公司	皮革化工	9161000
巴斯夫染料化工有限公司	染料化工	9116956
浙江锦事达化纤有限公司	化纤工业	8444000
长乐力源锦纶实业有限公司	化纤工业	8354400
晓星化纤(嘉兴)有限公司	化纤工业	7292167
海宁广源化纤有限公司	化纤工业	5985600
浙江亚星纤维股份有限公司	化纤工业	5952000
威海纺织集团进出口有限责任公司	化纤工业	5228300
广州金发科技股份有限公司	聚酰胺改性	5025127
青岛中达化纤有限公司	化纤工业	4968000
杭州宏图锦纶有限公司	化纤工业	4464000
宁波兰羚钢铁实业有限公司	钢铁工业	4193200
杭州鑫福纺织有限公司	化纤工业	4048000
帝斯曼工程塑料(江苏)有限公司	聚酰胺改性	4040787
浙江天一锦纶科技有限公司	化纤工业	3936000
英威达合成纤维(上海)有限公司	化纤工业	3915600
杭州英威达锦纶有限公司	化纤工业	3875200
淄博大成锦纶有限公司	化纤工业	3780000
厦门长天企业有限公司	包装材料	3539650
罗地亚(上海)工程塑料有限公司	聚酰胺改性	3387153
巴斯夫(中国)有限公司	聚酰胺改性	3263241
浙江美邦纺织有限公司	化纤工业	2824000
诸暨市德兴纺织有限公司	纺织工业	2760000
东丽合成纤维(南通)有限公司	化纤工业	2730000
南通文凤化纤有限公司	化纤工业	2680000
耀辉呢龙线(深圳)有限公司	化纤工业	2181382
沧州东鸿包装材料有限公司	包装材料	2126800
吴江亚太化纺有限公司	化纤工业	1945000
杭州永昌锦纶有限公司	化纤工业	1842000
江阴市强力化纤有限公司	化纤工业	1566015

5.3　其他初级形状的聚酰胺-6，6等

其他初级形状的聚酰胺-6，6等2009年进口商共计有954家，比上年987家进口商减少33个进口商，进口额最高的八家进口生产使用企业进口数量占总进口数量的23.35%。

深圳宝安外经发展有限公司，深圳龙岗区对外经济发展有限公司，奥仕达主力电器(深圳)有限公司，顺德美的洗碗机制造有限公司，深圳市宝安鸿彬实业有限公司，惠阳亚伦塑胶电器实业有限公司，户田塑磁材料(浙江)有限公司，雅美工业(惠阳)有限公司，分别位居其他初级形状的聚酰胺-6，6等2010年二十五大进口企业进口量1~8位，进口量分别占总进口量的7.31%、3.22%、2.61%、2.9%、2.16%、1.96%、1.79%和1.71%(表35)。

表35　2010年其他初级形状的聚酰胺-6，6等八大进口商统计

排序	进　口　商	所属行业	进口数量/kg	占比例/%
1	深圳市宝安外经发展有限公司	贸易商	1332993	7.31
2	深圳市龙岗区对外经济发展有限公司	贸易商	587718	3.22

续表

排序	进　口　商	所属行业	进口数量/kg	占比例/%
3	奥仕达主力电器(深圳)有限公司	家用电器	476310	2.61
4	顺德美的洗碗机制造有限公司	家用电器	471555	2.59
5	深圳市宝安鸿彬实业有限公司	贸易商	392942	2.16
6	惠阳亚伦塑胶电器实业有限公司	家用电器	356659	1.96
7	户田塑磁材料(浙江)有限公司	家用电器	326345	1.79
8	雅美工业(惠阳)有限公司	家用电器	310849	1.71
进口总计		18227369	100.00	

其他初级形状的聚酰胺-6，6等2010年三十五大进口商中有28家为生产使用企业主要为聚酰胺改性(即聚酰胺合金)、汽车工业、家用电器、工矿配件、电子工业(手机外壳、电脑外壳等)、塑胶制品生产企业，二十八大进口生产使用企业合计进口量占2010年总进口量的44.66%(表36)。

表36　2010年其他初级形状的聚酰胺-6，6等要进口生产使用企业所属行业

主要进口生产使用企业	所属行业	进口数量/kg
奥仕达主力电器(深圳)有限公司	家用电器	476310
顺德美的洗碗机制造有限公司	家用电器	471555
惠阳亚伦塑胶电器实业有限公司	家用电器	356659
户田塑磁材料(浙江)有限公司	家用电器	326345
雅美工业(惠阳)有限公司	家用电器	310849
揭阳市骏业五金塑胶制品有限公司	塑胶制品	306000
漳州灿坤实业有限公司	家用电器	300800
武汉荟普化学新材料有限公司	聚酰胺改性	283645
普立万聚合体(深圳)有限公司	聚酰胺改性	248676
北京元一车饰有限公司	汽车工业	242000
东莞长明复合材料有限公司	聚酰胺改性	176800
深圳市金三维模具有限公司	工矿配件	174967
威海美京电子有限公司	电子工业	166016
金进精密泵业制品(深圳)有限公司	工矿配件	165392

续表

主要进口生产使用企业	所属行业	进口数量/kg
青柏塑胶电子(深圳)有限公司	电子工业	149196
金达塑胶五金制品(深圳)有限公司	塑胶制品	148396
江洋散热器(苏州)有限公司	家用电器	144000
广州市聚英电器实业有限公司	家用电器	134480
昆山中发六和机械有限公司	工矿配件	128830
莫仕连接器(成都)有限公司	工矿配件	127252
上海阿托菲纳高远化工有限公司	聚酰胺改性	126026
开业昌电子部品(天津)有限公司	电子工业	125000
博罗县石湾科时电子有限公司	电子工业	120525
荣丰电器(深圳)有限公司	电子工业	120125
江苏中源机电有限公司	工矿配件	113382
连云港富司达钓具有限公司	工矿配件	109000
鸿利达塑胶制品(深圳)有限公司	塑胶制品	108726
恩佳升(连云港)电子有限公司	电子工业	105160

5.4　其他初级形状的聚酰胺

其他初级形状的聚酰胺2010年进口商共计有1258家(比2009年1195家进口商增加63家进口商)，进口额最高的八家进口生产使用企业进口数量占总进口数量的39.51%。

帝斯曼工程塑料(江苏)有限公司、杜邦贸易(上海)有限公司、苏威(上海)有限公司、中涂化工(上海)有限公司、日通国际物流(深圳)有限公司、富泰华工业(深圳)有限公司、中海物流(深圳)有限公司、日超工程塑料(中山)有限公司，分别位居其他初级形状的聚酰胺2010年四十大进口企业进口量1~8位，进口量分别占总进口量的9.23%、8.53%、6.12%、4.64%、4.35%、2.31%、2.22%和2.11%(表37)。

表37　2010年其他初级形状的聚酰胺八大进口商统计

排序	进　口　商	所属行业	进口数量/kg	占比例/%
1	帝斯曼工程塑料(江苏)有限公司	聚酰胺改性	6678295	9.23
2	杜邦贸易(上海)有限公司	贸易商	6167914	8.53

续表

排序	进　口　商	所属行业	进口数量/kg	占比例/%
3	苏威（上海）有限公司	贸易商	4423150	6.12
4	中涂化工（上海）有限公司	涂料工业	3356507	4.64
5	日通国际物流（深圳）有限公司	贸易商	3142900	4.35
6	富泰华工业（深圳）有限公司	聚酰胺改性	1670786	2.31
7	中海物流（深圳）有限公司	贸易商	1602198	2.22
8	日超工程塑料（中山）有限公司	聚酰胺改性	1524950	2.11
进口总计			72332165	100.00

其他初级形状的聚酰胺2010年三十五大进口商中有16家为生产使用企业主要为聚酰胺涂料，聚酰胺改性（即聚酰胺合金）、五金制品工业等生产企业，十六大进口生产使用企业合计进口量占2010年总进口量的32.75%（表38）。

表38　2010年其他初级形状的聚酰胺-6，6等要进口生产使用企业所属行业

主要进口生产使用企业	所属行业	进口数量/kg
帝斯曼工程塑料（江苏）有限公司	聚酰胺改性	6678295
中涂化工（上海）有限公司	涂料工业	3356507
富泰华工业（深圳）有限公司	聚酰胺改性	1670786
日超工程塑料（中山）有限公司	聚酰胺改性	1524950
张家港保税区允拓应用材料有限公司	聚酰胺改性	1334975
杜邦中国集团有限公司	聚酰胺改性	826270
艾曼斯（苏州）工程塑料有限公司	聚酰胺改性	681528
深圳仁锐实业有限公司	聚酰胺改性	664520
上海怡康化工材料有限公司	聚酰胺改性	624885
国都化工（昆山）有限公司	聚酰胺改性	615480
式玛卡龙涂料（昆山）有限公司	涂料工业	607730
金刚化工（广州）有限公司	聚酰胺改性	567480
空气化工产品（常州）有限公司	配件	559500
金刚化工（昆山）有限公司	聚酰胺改性	550228
福州光国运动器材有限公司	运动器材	545426
日超工程塑料（深圳）有限公司	聚酰胺改性	422408
顺德速连自行车配件有限公司	自行车配件	407950

六、聚酰胺塑料出口生产商分析

1. 聚酰胺-6，6切片

从海关资料来看，2010年聚酰胺-6，6切片出口商有253家，前八位聚酰胺-6，6切片出口商出口量占总出口量的50.31%。

杜邦中国集团有限公司、拜耳无锡皮革化工有限公司、巴斯夫染料化工有限公司、罗地亚（上海）工程塑料有限公司、广州金发科技股份有限公司、宁波敏特尼龙工业有限公司、丽碧复合塑料（深圳）有限公司、天津碧美特工程塑料有限公司，分别位居聚酰胺-6，6切片2010年年出口量1～8位，出口量分别占总出口量的16.21%、10.40%、7.88%、5.57%、2.76%、2.69%、2.61%和2.19%。

聚酰胺-6，6切片2010年二十五大出口商中有18家为出口生产企业，全部为聚酰胺改性（即聚酰胺合金），皮革化工，染料化工生产企业，合计出口量占总出口量的63.10%（表39）。

表39　2010年聚酰胺-6，6切片八大出口商统计

排序	出　口　商	所属行业	出口数量/kg	占比例/%
1	杜邦中国集团有限公司	聚酰胺改性	7367178	16.21
2	拜耳无锡皮革化工有限公司	皮革化工	4727443	10.40
3	巴斯夫染料化工有限公司	染料化工	3583375	7.88
4	罗地亚（上海）工程塑料有限公司	聚酰胺改性	2529750	5.57
5	广州金发科技股份有限公司	聚酰胺改性	1255574	2.76
6	宁波敏特尼龙工业有限公司	聚酰胺改性	1221250	2.69
7	丽碧复合塑料（深圳）有限公司	聚酰胺改性	1187000	2.61
8	天津碧美特工程塑料有限公司	聚酰胺改性	997029	2.19
出口总计			45450773	100.00

2. 初级形状的聚酰胺-6等

从海关资料来看，2010年其他初级形状的聚酰胺-6等出口商有211家，前八位其他初级形状的聚酰胺-6等出口商出口量占总出口量的80.22%。

朗盛无锡皮革化工有限公司、帝斯曼工程塑料（江苏）有限公司、巴斯夫染料化工有限公司、新会德华尼龙切片有限公司、杜邦中国集团有限公司、广州金发科技股份有限公司、联信国际贸易(上海外高桥保税区)有限公司、杜邦兴达(无锡)单丝有限公司，分别位居其他初级形状的聚酰胺-6等2010年年出口量1~8位，出口量分别占总出口量的33.47%、30.91%、4.89%、3.84%、2.410%、1.88%、1.47%和1.35%。

其他初级形状的聚酰胺-6等2010年五十五大出口商中有27家为出口生产企业，新会德华尼龙切片有限公司、新会美达-DSM尼龙切片有限公司和杜邦兴达(无锡)单丝有限公司家为化纤尼龙切片生产企业，24家为聚酰胺改性(即聚酰胺合金)生产企业，合计出口量占总出口量的89.18%(表40)。

表40　2010年聚酰胺-6、聚酰胺-11、聚酰胺-12、聚酰胺-6，9、聚酰胺-6，10、聚酰胺-6，12切片八大出口商统计

排序	出口商	所属行业	出口数量/kg	占比例/%
1	拜耳无锡皮革化工有限公司	皮革化工	15211576	33.47
2	帝斯曼工程塑料(江苏)有限公司	聚酰胺改性	14050816	30.91
3	巴斯夫染料化工有限公司	染料化工	2222525	4.89
4	新会德华切片有限公司	聚酰胺改性	1745700	3.84
5	杜邦中国集团有限公司	聚酰胺改性	1095033	2.41
6	广州金发科技股份有限公司	聚酰胺改性	856585	1.88
7	联信国际贸易(上海外高桥保税区)有限公司	贸易商	667815	1.47
8	杜邦兴达(无锡)单丝有限公司	化纤工业	612804	1.35
出口总计			45450773	100.00

3. 其他初级形状的聚酰胺-6，6等

从海关资料来看，2010年其他初级形状的聚酰胺-6，6等出口商有116家，前八位其他初级形状的聚酰胺-6等出口商出口量占总出口量的68.11%。

罗地亚(上海)工程塑料有限公司、江西省宜春远大化工有限公司、普立万聚合体(深圳)有限公司、杭州色彩化工有限公司、石家庄和骏天科贸有限公司、嫩江县鑫福经贸有限责任公司、屹立(苏州)工程塑料科技有限公司、上海耐特复合材料制品有限公司，分别位居其他初级形状的聚酰胺-6，6等2010年年出口量1~8位，出口量分别占总出口量的35.8%、14.32%、5.94%、3.85%、3.02%、2.3%、1.81%和1.09%。

其他初级形状的聚酰胺-6，6等2010年二十五大出口商中有10家为出口生产企业，均为聚酰胺改性(即聚酰胺合金)生产企业，合计出口量占总出口量的63.57%(表41)。

表41　2010年其他初级形状的聚酰胺-6，6等八大出口商统计

排序	出口商	所属行业	出口数量/kg	占比例/%
1	罗地亚(上海)工程塑料有限公司	聚酰胺改性	1189050	35.85
2	江西省宜春远大化工有限公司	聚酰胺改性	475000	14.32
3	普立万聚合体(深圳)有限公司	聚酰胺改性	197150	5.94
4	杭州色彩化工有限公司	聚酰胺改性	127825	3.85
5	石家庄和骏天科贸有限公司	贸易商	100025	3.02
6	嫩江县鑫福经贸有限责任公司	贸易商	74000	2.23
7	屹立(苏州)工程塑料科技有限公司	聚酰胺改性	60000	1.81
8	上海耐特复合材料制品有限公司	聚酰胺改性	36000	1.09
出口总计			3316440	100.00

4. 其他初级形状的聚酰胺

从海关资料来看，其他初级形状的聚酰胺2010年出口商有271家(比上年225家出口商增加46家聚酰胺出口商)，前八位其他初级形状的聚酰胺出口商出口量占总出口量的64.51%。

杜邦贸易(上海)有限公司、帝斯曼工程塑料(江苏)有限公司、日超工程塑料(中山)有限公司、张家港保税区三井允拓复合材料有限公司、江苏阜宁伊士曼化工有限公司、日通国际物流(深圳)有限公司、日超工程塑料(深圳)有限公司、苏威(上海)有限公司，分别位居其他初级形状的聚酰胺2010年年出口量1~8位，出口量分别占总出口量的16.99%、14.16%、9.05%、8.12%、5.87%、4.53%、3.37%和2.42%。

其他初级形状的聚酰胺2010年五十大出口商中有20家为出口生产企业，均为聚酰胺改性(即聚酰胺合金)生产企业，合计出口量占总出口量的43.91%(表42)。

表42　2010年其他初级形状的聚酰胺八大出口商统计

排序	出口商	所属行业	出口数量/kg	占比例/%
1	杜邦贸易(上海)有限公司	贸易商	5672709	16.99
2	帝斯曼工程塑料(江苏)有限公司	聚酰胺改性	4728552	14.16
3	日超工程塑料(中山)有限公司	聚酰胺改性	3020550	9.05
4	张家港保税区允拓应用材料有限公司	贸易商	2709660	8.12
5	日通国际物流(深圳)有限公司	贸易商	1958475	5.87
6	江苏阜宁伊士曼化工有限公司	聚酰胺改性	1513500	4.53
7	日超工程塑料(深圳)有限公司	聚酰胺改性	1124443	3.37
8	苏威(上海)有限公司	贸易商	807100	2.42
	出口总计		33382579	100.00

七、2010年价格走势

受下游尼龙纺织工业需求疲软以及原料己内酰胺价格下跌的影响，亚洲地区尼龙切片生产商将进一步降低装置开工率。市场人士表示，当前亚洲尼龙切片的市场气氛极度低迷，因为多数现货买家都采取观望的态度，只有少数买家在现货市场购买少量货物以满足其应急需要。

据ICIS数据显示，受市场买气低迷的影响，2010年6月22日亚洲地区尼龙切片现货价格下调50~80美元/t，降至2800~2850美元/t(CFR，中国)。

亚洲地区原料己内酰胺价格也继续下跌。根据ICIS价格报告，6月23日亚洲地区己内酰胺价格下跌至2350~2380美元/t(CFR，中国台湾)、2330~2380美元/t(CFR，中国)和2350~2450美元/t(CFR，东北亚)。

销售疲软已经迫使亚洲地区主要的尼龙切片生产商中国台湾力鹏公司在过去的两周里将旗下1000吨/天的尼龙切片装置的开工率削减至40%以下。如果需求继续疲软，中国台湾集盛实业公司也将在7月初对旗下一套150kt/a尼龙切片装置进行停工检修。

市场人士表示，中国纺织工业大省浙江省夏季用电高峰期限产规定也将影响尼龙产量。中国台湾地区的一位己内酰胺生产商估计，该规定将使浙江当地尼龙产量下降约20%，不过中国北方和广东的一些装置将因此而增产。

2010年11月5日，美联储宣布重启第二轮量化宽松货币政策，市场人士看空美元，国际大宗商品价格开始上涨。PA6市场在上游支撑及整体行情带动下，结束前期低迷震荡走势，开始大幅上涨。截至11月12日，国内切片聚合工厂中粘切片意向出货价格上涨300~500元提至24800~25200元/t，而国内主要市场华东地区国产料商谈价格较前期也上涨了500~800元/t上下至25400~25700元/t。

此次PA6价格上涨，主要受到以下几方面的影响：一方面是外围利好的带动，而另一方面，也是上涨的主要动力，在于上游己内酰胺市场的拉涨作用。上周己内酰胺反倾销调查听证会召开，成立预期较强，市场在此利好支撑下，开始大幅上涨。

2010年12月1日，人民币货较11月25日已上涨800~1000元/t至23600~23800元/t。美金货市场涨幅也高达100~120美元/t至2850~2860美元/t。成本面的有力支撑，成为本次PA6市场上涨的主要动力。再有一点，就是前期切片工厂接单较多，目前切片货源供应表现吃紧，这一点也成为市场上涨的另一利好支撑。

切片下游市场来看，渔网丝方面，受人民币升值影响，2010年渔网出口大不及往年，而2010年初，安徽巢湖等地又新上一些综丝生产线，造成国内综丝差能过剩，而了解，2010年国内综丝需求较往年也有一定下滑，以上两点造成切片在渔网丝方面需求是旺季不旺；而改性方面来看，下游制品价格跟涨不足，改性工厂利润一再降低，原料价格过高情况下，部分下游改性厂已开始寻求再生及副牌料生产。

综合来看，目前切片下游有效需求仍偏弱，对于切片价格上涨，下游客户反映平淡，按需采购为主。

综合以上来看，上游己内酰胺反倾销初裁成立预期较强这一利好，短线仍将支撑上游市场维持在高位，而10月份国内CPI同比高达4.4%，国内通胀预期增强，大宗商品价格整体上涨，对己内酰胺及切片市场人士心态也起到一定的支撑。

12月存款准备金率继续上调0.5%，但能否对市场起到一定的降温作用，目前尚不明确。综合以上几点来看，我认为短线国内PA6市场仍不乏继续冲高可能，另外我们还应该重点关注下上游己内酰胺走势情况(表43~表47)。

表 43　PA1010 09－12 上海赛璐珞 2010 年中国塑料城月均价走势　元/t

1 月	2 月	3 月	4 月	5 月	6 月
62600	65000	65000	65000	65000	66428
7 月	8 月	9 月	10 月	11 月	12 月
68000	68000	67045	66500	66500	66500

表 44　PA6 1013NW8 日本宇部 2010 年中国塑料城月均价走势　元/t

1 月	2 月	3 月	4 月	5 月	6 月
26500	26540	26956	27904	29600	29433
7 月	8 月	9 月	10 月	11 月	12 月
29000	29000	29000	29317	30545	31169

表 45　PA6 B3S 德国巴斯夫 2010 年中国塑料城月均价走势　元/t

1 月	2 月	3 月	4 月	5 月	6 月
27900	27900	27930	28642	29635	29800
7 月	8 月	9 月	10 月	11 月	12 月
29800	29800	29290	28000	28636	29000

表 46　PA66 101L 美国杜邦 2010 年中国塑料城月均价走势　元/t

1 月	2 月	3 月	4 月	5 月	6 月
35500	35500	35608	36976	37500	37071
7 月	8 月	9 月	10 月	11 月	12 月
36280	36000	36227	35500	35500	35500

表 47　PA66 EPR27 平顶山神马 2010 年中国塑料城月均价走势　元/t

1 月	2 月	3 月	4 月	5 月	6 月
30000	30000	31391	33857	35700	34947
7 月	8 月	9 月	10 月	11 月	12 月
33519	31727	31500	31500	31500	31304

八、发展趋势

福建锦江科技公司已将在福建长乐新建一套设计产能为 260t/d 尼龙 6 装置的合同授予鲁奇公司。此外，福建长乐力恒锦纶科技有限公司也将在福建长乐新建第二套尼龙 6 装置的合同授予鲁奇公司，该装置设计年产 100kt 尼龙 6。

鲁奇公司将向这两家公司提供其合作伙伴 Zimmer 拥有的两段式尼龙 6 专利技术，同时还将提供基础设计、主要设备，包括再聚和 VK 管式反应器。此外鲁奇公司还将作为建设和试运阶段的监管。

福建长乐力恒公司当前已经在长乐运营着一套采用 Zimmer 两段式技术的尼龙 6 装置，该装置的产能为 200 吨/天。

中国化学 2011 年 3 月 31 日公告称，公司拟投资聚酯及尼龙新材料项目，总投资额 101.3 亿元。

公司拟占聚酯及尼龙新材料项目公司 38.5% 的股权，投资约 39 亿元；公司的子公司中国成达工程公司拟持有聚酯和尼龙新材料项目公司 31.5% 的股权，投资约 31.91 亿元；聚酯和尼龙新材料项目公司另外 30% 的股权由第三方持有。公司及子公司共投资 70.91 亿元。

公司称，项目建成后，预计年增营业收入 141.69 亿元，年实现净利润 10.20 亿元，预计总投资收益率 14.78%。

虽然金融危机使尼龙 66 产品在各领域的需求出现了大幅下滑，但现在正在逐渐恢复。而各行各业对可持续发展的要求，又为尼龙 66 行业提供了商机。特别是发动机小型化为尼龙 66 材料提供了机会；安全气囊配置的持续增加同样需要锦纶材料。

由于尼龙 66 具有耐高温性能、优异的电性能和高韧性、抗冲击性能，利用尼龙 66 固有的特性，可达到节能、绝缘、保温及无味的效果。

同时，尼龙 66 回料可生产地板材料。预计 2010～2012 年，工程塑料领域对尼龙 66 的需求将恢复到 2007 年的水平(文章来源环球聚氨酯网)。

据预测，从现在起到 2015 年，全球对尼龙 66 工程树脂的需求年均增长速度将接近 6%。

CMAI 认为新增产能将有市场，但要视中间材料的供货能力而定。

2010 年，全球尼龙 66 供应受到了原料供应问题的制约，包括丁二烯缺货和各类主要中间体的生产问题。CMAI 称，但 2010 年的尼龙 66 树脂需求基本保持平稳。

法阿科玛化工集团预计从 2011 年起至 2015 年其 EBITDA(未计利息、税项、折旧及摊销前的利润率)将超过 10 亿欧元，在新兴市场的销售额将增长 60%，特别是聚酰胺的产能在中国至 2013 年将翻三番。

报道说，阿科玛集团在一份公报中表明，集团 2015 年营收目标定为 75 亿欧元，2010 年营收额为 58 亿欧元。同时，该集团要将新兴市场的销售额提高 60%，特别是在亚洲地区。此外，阿科玛在未来五年对非战略性的小型收购活动的营收额约达 3 亿欧元，预计 2015 年实现 EBITDA 利润率 14%。

阿科玛集团宣布，为加强亚洲市场高性能聚酰胺产品的供应，集团准备将中国常熟工厂至 2013 年聚酰胺的产能翻三番。新产能将满足其亚洲客户的“巨大需求”，特别是对汽车和能源市场。

但由于国内工程塑料产业总体仍处初级阶段，与发达国家还有10～20年的差距，因此，我国发展工程塑料产业不应走国外的老路，必须瞄准中高端市场实现跨越式发展。

行业分析显示，我国近年来工程塑料应用需求增势迅猛。“十五”期间，我国工程塑料消费量以年均26.2%的高速度增长，成为世界上最大的工程塑料进口国。

预计到2015年，全国工程塑料总需求量将近3000kt。由于利润率较高，专家预测我国工程塑料产业将迎来快速增长期。

目前，在工程塑料消费构成中，汽车制造业占10%，电子行业占30%左右。同时，工程塑料已占轿车总质量的22%。

“十二五”期间，电子通讯、汽车、建材、办公器材、生活用品等，仍然是拉动工程塑料快速发展的动力，预计年均消费量将增长18%。

第三章　2010年聚甲醛(POM)海关进出口上升

一、2010年聚甲醛生产小幅上升

2010年4月19日，云天化集团在重庆长寿化工园区投资的二期项目20kt/a聚甲醛装置一次性开车成功，顺利产出合格产品，使其在重庆的聚甲醛年产规模达到60kt。加上其在云南水富的30kt/a聚甲醛装置，云天化聚甲醛年产规模已达90kt，居全国首位。重庆也一举成为国内最大的聚甲醛生产基地。

最近几年，云天化因受原料甲醇的制约，一直在寻求向外扩张的机会，在得知长寿化工园区内有中国香港建滔、川维公司等企业生产甲醇的信息之后，便决定入驻长寿，使云天化能够实现甲醇原料的就近配套。

2007年4月，云天化60kt/a聚甲醛项目在长寿化工园区开工，分两期建设，总投资超过14亿元。云天化投资3亿元的新材料研发中心去年也在该园区开建，2010年底投运，将支持云天化延伸聚甲醛产业链。

中化二建公司承建的中海石油天野化工聚甲醛工程2011年1月11日，B线成功产出了聚甲醛粒料合格产品，这是继2010年11月19日A线产出合格粒料产品后的又一次成功。B线于2010年12月29日开始投料，2011年1月10日成功产出精三聚产品，2011年1月11日产出粒料，年产60kt聚甲醛。

永煤集团开封龙宇化工有限公司聚甲醛项目一期、二期工程(年产40kt)建设总工期为28个月。项目的主装置于2008年9月正式开工，于2009年8月开始安装，2010年8月进入联合试运营，2010年10月投料试车，2010年12月底生产出合格产品。

上海蓝星化工新材料厂40kt/a聚甲醛项目位于奉贤区星火开发区内。项目由银法甲醛合成装置、三聚甲醛装置、二氧五环装置、本体法聚甲醛装置，以及配套建设相应的公用辅助设施组成。工程总投资13.8亿元，其中环保投资6514万元，占总投资的4.72%。

2008年国内聚甲醛总生产能力达到280kt/a。

2010年国内聚甲醛的生产能力超过420kt(表48)。

表48　2001～2010年中国聚甲醛产能产量统计

年　份	生产能力/t	产量/t
2001年	13000	680
2002年	13000	2500
2003年	13000	3200
2004年	63000	26000
2005年	120000	65000
2006年	170000	90000
2007年	230000	150000
2008年	280000	155000
2009年	280000	165000
2010年	420000	210000

注：表中产量数据为业内人士估测，仅供参考。

国内POM工程塑料基础树脂生产厂不多，而从事改性POM品种生产的厂家和产能大大超过了基础树脂生产厂。近年来我国POM改性发展较快，主要由于双螺杆混炼挤出机的引进和国产双螺杆混炼挤出机的推出，给改性PBT创造了有利条件。

国内主要POM工程塑料改性厂有旭化成(苏州)复合塑料有限公司，日超工程塑料(深圳)有限公司，东莞大日化工厂有限公司，普立万聚合体(深圳)有限公司，沙伯基础创新塑料(中国)有限公司，张家港大塚化学有限公司，安特普工程塑料(苏州)有限公司，上海怡康化工材料有限公司，天津松井塑料有限公司，深圳福保赛格实业有限公司，上海日绵有限公司，普立万聚合体(苏州)有限公司，深圳市科聚新材料有限公司，东莞市朗普工程塑料科技有限公司，上海旭道化工有限公司，旭化成塑料(上海)有限公司，上海和氏璧化工有限公司，厦门永佳和塑胶有限公司，镇泰(广州)实业有限公司，山东道恩化学有限公司等。

二、2010 年出口生产省市分布集中于东部沿海地区

2010 年初级形状的聚甲醛出口省市有 14 家，与 2009 年 13 家出口省市增加 1 家出口省市，2010 年初级形状的聚甲醛出口生产企业主要集中在江苏省出口数量 26658584kg，比 2009 年出口数量增加 44.41%，占总出口数量的 4647%；

其次为广东省，出口数量 16836319kg，比上年出口数量增加 64.84%，占总出口数量的 29.35%；

云南省出口数量 8143650kg，比上年出口数量增加 874.47%，占总出口数量的 14.19%；

上海市出口数量 5212481kg1，466，250kg，比上年出口数量增加 255.50%，占总出口数量的 9.09%；

重庆市出口数量 107123kg93，514g，占总出口数量的 0.48%。

五省市出口数量占 2010 年初级形状的聚甲醛总出口数量的 99.58%，比上年出口数量增加 0.10%(表 49)。

表 49　2010 年初级形状的聚甲醛出口省市统计

排序	出口省市	出口金额/美元	出口数量/kg	占比例/%
1	江苏省	44543004.00	26658584.0	46.47
2	广东省	38441266.00	16836319.0	29.35
3	云南省	11343558.00	8143650.0	14.19
4	上海市	8269568.00	5212481.0	9.09
5	重庆市	387316.00	274000.0	0.48
6	天津市	308009.00	107123.0	0.19
出口总计		103640677.00	57370307.0	100.00

三、出口生产商以外资企业为主

从海关资料来看，2010 年初级形状的聚甲醛出口商有 156 家，比 2009 年 148 家出口商增加 8 家聚甲醛出口商)，2010 年前十位初级形状的聚甲醛出口商出口量占总出口量的 94.80%。

宝泰菱工程塑料(南通)有限公司、杜邦中国集团有限公司、天盟农资连锁有限责任公司、杜邦－旭化成聚甲醛(张家港)有限公司、上海蓝星化工新材料厂、上海蓝星化工新材料厂、旭化成(苏州)复合塑料有限公司、东莞市石龙镇对外加工装配服务公司、日超工程塑料(深圳)有限公司，分别位居 2010 年初级形状的聚甲醛出口量 1～8 位，出口量分别占总出口量的 28.68%、20.37%、14.67%、13.58%、7.39%、3.77%、3.56%和 1.24%。

2010 年初级形状的聚甲醛出口商中杜邦集团属下 3 家出口商出口量占总出口量的 34.06%。

2010 年初级形状的聚甲醛五十五大出口商中有 22 家为生产企业，仅有宝泰菱工程塑料(南通)有限公司和杜邦－旭化成聚甲醛(张家港)有限公司和上海蓝星化工新材料厂三家是初级形状的聚甲醛原料生产厂，其余均为 POM 改性(即 POM 合金)生产企业，合计出口量占总出口量的 79.16%(表 50)。

表 50　2010 年初级形状的聚甲醛 10 大出口商统计

排序	出　口　商	所属行业	出口数量/kg	占比例/%
1	宝泰菱工程塑料(南通)有限公司	聚甲醛原料生产厂	16456260	28.68
2	杜邦中国集团有限公司	聚甲醛原料生产厂	11688550	20.37
3	天盟农资连锁有限责任公司	贸易商	8417650	14.67
4	杜邦－旭化成聚甲醛(张家港)有限公司	聚甲醛原料生产厂	7789358	13.58
5	上海蓝星化工新材料厂	聚甲醛原料生产厂	4238700	7.39
6	旭化成(苏州)复合塑料有限公司	POM 改性	2165667	3.77
7	东莞市石龙镇对外加工装配服务公司	贸易商	2042135	3.56
8	日超工程塑料(深圳)有限公司	POM 改性	710384	1.24
9	东莞大日化工厂有限公司	POM 改性	448926	0.78
10	中海物流(深圳)有限公司	贸易商	437674	0.76
出口总计			57370307	100.00

四、2010 年聚甲醛(POM)海关进出口上升

2005～2010 年间聚甲醛进口量年均上升 5.29%，比 2001～2006 年间聚甲醛进口量年均增长率 9.58%下降 4.29%。

2008 年聚甲醛总出口量又突破 42.0kt，2010 年聚甲醛出口量突破 57.4kt 大关，比 2009 年聚甲醛出口量上升达 84.07%。

2005～2010 年间聚甲醛出口量年均增长 21.93%，比 2003～2008 年间聚甲醛进口量年均增长上升达 11.23%(表 51)。

从进口量方面来看，2010 年我国聚甲醛进口变化可分三阶段：

第一阶段 2009 年 1～2 月，是我国聚甲醛需求的传统淡季，进口量明显下降，2 月份仅进口 1.38 万吨，这主要是因为我国传统节日春节的来临，大部分企业放假，因此下游对聚甲醛的需求速度减少。

第二阶段 2009 年 3～6 月，进口量逐步上升，由 2 月份的 13.8kt 迅速上升至 3 月份的 19.7kt，增幅达 43.00%，并且在随后几个月内进口量稳步回升，6 月份进口量达到 21.4kt。

第三阶段 2009 年 7～12 月，进口量再次回升——萎缩——回升，受全球经济危机影响，我国制品出口受到严重打击，出口受阻，以加工出口贸易为主的下游塑料制品企业生存环境受到巨大打压，由此聚甲醛的进口量也随之递减。10 月份进口量跌到 14.3kt，12 月份进口量又回升达到 20.1kt（表 52）。

表 51　2005～2010 年聚甲醛进出口统计

年　　份	2005 年	2006 年	2007 年	2008 年	2009 年	2010 年
进口量/t	172260	172248	184861	178846	165951	222951
进口金额/万美元	27793.36	29611.14	35262.32	36906.93	33568.49	46038.88
出口量/t	21288	32533	39032	42979	31167	57370
出口金额/万美元	3547.55	5180.54	6662.47	8053.56	5774.12	10364.07
净进口量/t	150972	139715	145829	135867	135478	165581
年增长率/%	−13.15	−7.46	4.38	−6.83	−0.80	22.22

表 52　2010 年聚甲醛月进出口统计

	一月	二月	三月	四月	五月	六月	七月	八月	九月	十月	十一月	十二月
进口数量/kg	16835244	13805328	19741717	19853253	20430893	21428525	19216706	19373161	18409022	14615461	19105490	20135738
进口/美元	33532856	27517710	40683880	40716706	41078493	44384646	40335182	41313559	38428658	31611738	39106936	41678455
出口数量/kg	3445698	3134816	5396476	5408256	5483710	5854300	5335248	4931645	4540920	4278318	5393057	4167863
出口/美元	5787079	6152527	9137054	9699915	9567407	10269964	9542872	9162218	8688675	7649705	9840139	8143122

从海关统计中可看出，2010 年初级形状的聚甲醛进口地有 44 个，比 2009 年 41 个进口地增加 3 个聚甲醛进口地，主要进口地为中国台湾省（占 20.09%），其次为韩国（15.89%）、中国（14.82%）、日本（14.69%）、美国（10.64%）、泰国（9.84%）、荷兰（6.54%），马来西亚（3.92%），八进口地进口量占总进口量的 96.43%，比上年增加 0.24%（表 53）。

表 53　2010 年初级形状的聚甲醛八大进口国家/地区统计

排序	原产进口地	进口金额/美元	进口数量/kg	占比例/%
1	中国台湾省	81811143.00	44791167.0	20.09
2	韩国	64057820.00	35430003.0	15.89
3	中国	70788098.00	33039243.0	14.82
4	日本	87138314.00	32749163.0	14.69
5	美国	51853796.00	23728703.0	10.64
6	泰国	35299171.00	21940131.0	9.84
7	荷兰	27705779.00	14589663.0	6.54
8	马来西亚	18045788.00	8742434.0	3.92
进口总计		460388819.00	222950538.0	100.00

从海关统计中可看出，2010 年初级形状的聚甲醛出口地有 46 个，比 2009 年出口地 29 个增加 17 个出口地，主要出口地为中国香港（占 63.06%），其次为美国（4.31%）、日本（3.8%）、越南（3.36%）、巴西（2.51%）、韩国（2.44%）、意大利（2.37%）、中国台湾省（2.32%），八出口地 2010 年初级形状的聚甲醛出口量占总出口量的 83.75%，比上年减少 11.79%（表 54）。

表 54　2010 年初级形状的聚甲醛八大出口国家/地区统计

排序	出口目的地	出口金额/美元	出口数量/kg	占比例/%
1	中国香港	67523788.00	36178934.0	63.06
2	美国	3672892.00	2470982.0	4.31
3	日本	4848829.00	1939444.0	3.38
4	越南	2755888.00	1924807.0	3.36
5	巴西	2044900.00	1439200.0	2.51
6	韩国	2230881.00	1398799.0	2.44
7	意大利	2195742.00	1361476.0	2.37
8	中国台湾省	2188721.00	1328281.0	2.32
出口总计		103640677.00	57370307.0	100.00

五、消费

聚甲醛是一种性能优良的工程塑料，素有“夺钢”、“超钢”之称，在某些方面可替代锌、黄铜、铝和钢等，是世界五大工程塑料之一，广泛应用于航天航空工业、汽车工业、电子电气和仪表、管件等领域（表 55）。

表55 2004~2010年国内聚甲醛表观消费量统计资料

项　　目	2005	2006	2007	2008	2009	2010
表观消费量/kg	215972	229715	295829	290867	299784	432951
年增长率/%		6.36	28.78	-1.68	3.07	44.42
国内自给率/%	30.10	39.18	50.70	53.29	55.04	48.50

随着航天航空工业、汽车工业和电子电气等的快速发展，全世界需求量每年以5%左右的速度增长，具有广阔发展前景。但聚甲醛生产主要集中在美国、日本、德国和波兰等国家，这些国家长期对中国实施技术封锁。国内技术与国外相比仍有较大差距，国内需求的聚甲醛主要依赖进口。

1. 2010年初级形状的聚甲醛进口商

2010年初级形状的聚甲醛进口商共计有2194家，比2009年2031家增加163家进口商，进口额最高的十位进口商进口数量占总进口数量的30.67%。

2010年初级形状的聚甲醛十大进口商全部为贸易商。

杜邦中国集团有限公司、余姚市周佳塑料进出口有限公司、东莞对外加工装配服务公司、浙江新长城进出口有限公司、深圳宝安外经发展有限公司、赛拉尼斯(上海)国际贸易有限公司、宝理工程塑料贸易(上海)有限公司、深圳龙岗区对外经济发展有限公司，分别位居初级形状的聚甲醛2010年生产使用企业进口量1~8位，进口量分别占总进口量的6.60%、4.05%、3.96%、3.78%、3.12%、2.52%、1.84%和1.81%(表56)。

表56 2010年初级形状的聚甲醛10大进口商统计

排序	进　口　商	所属行业	进口数量/kg	占比例/%
1	杜邦中国集团有限公司	贸易商	14716830	6.60
2	余姚市周佳塑料进出口有限公司	贸易商	9037000	4.05
3	东莞市对外加工装配服务公司	贸易商	8830481	3.96
4	浙江新长城进出口有限公司	贸易商	8419125	3.78
5	深圳市宝安外经发展有限公司	贸易商	6959405	3.12
6	赛拉尼斯(上海)国际贸易有限公司	贸易商	5628196	2.52
7	宝理工程塑料贸易(上海)有限公司	贸易商	4110972	1.84
8	深圳市龙岗区对外经济发展有限公司	贸易商	4038064	1.81

续表

排序	进　口　商	所属行业	进口数量/kg	占比例/%
9	宝理塑料贸易(上海)有限公司	贸易商	3660435	1.64
10	中海物流(深圳)有限公司	贸易商	3016600	1.35
进口总计			222950538	100.00

2010年初级形状的聚甲醛六十五大进口商中有21家为生产使用企业，主要为POM改性(即POM合金)生产企业，其次为电子工业(手机外壳、电脑外壳等)，卫浴工业，家用电器，五金配件，汽车工业，幼童用品，合计进口量占2010年总进口量的18.52%(表57)。

表57 2010年初级形状的聚甲醛主要进口生产使用企业所属行业

主要进口生产使用企业	所属行业
上海怡康化工材料有限公司	POM改性
旭化成塑料(上海)有限公司	POM改性
旭化成(苏州)复合塑料有限公司	POM改性
厦门瑞尔特卫浴工业有限公司	卫浴工业
上海和氏璧化工有限公司	POM改性
厦门永佳和塑胶有限公司	POM改性
威海起和精密制造有限公司	电子工业
镇泰(广州)实业有限公司	POM改性
浙江嘉联精密五金配件有限公司	五金配件
日超工程塑料(深圳)有限公司	POM改性
厦门建霖卫浴工业有限公司	卫浴工业
明达塑胶(厦门)有限公司	塑胶工业
有信制造(中山)有限公司	电子工业
吉田拉链(深圳)有限公司	拉链工业
礼兴塑胶(深圳)有限公司	塑胶工业
佛山市顺德区美的微波电器制造有限公司	家用电器
东莞明门幼童用品有限公司	幼童用品
山东道恩化学有限公司	POM改性
青岛三弘精密器械有限公司	五金配件
珠海铭祥汽车工业有限公司	汽车工业
小田(中山)实业有限公司	汽车工业

2. 进口消费地区流向分析

2010年初级形状的聚甲醛进口省市有21家(与

上年平），2010年级形状的聚甲醛进口商主要集中在广东省，进口数量123669807kg（比上年增加36.43%），占总进口量的55.46%；

其次为上海市，进口数量39654204kg（比上年增加35.42%），占总进口数量的17.79%；

浙江省进口数量21610787kg（比上年增加17.06%），占总进口数量的9.69%；

福建省进口数量12626972kg（比上年增加48.50%），占总进口数量的5.66%；

山东省进口数量6575989kg（比上年增加24.34%），占总进口数量的2.77%。

五省市进口数量占2010年初级形状的聚甲醛总进口数量的91.38%，比上年减少0.52%（表58）。

表58　2010年初级形状的聚甲醛五大进口省市统计

排序	进口省市	进口金额/美元	进口数量/kg	占比例/%
1	广东省	248859537.00	123669807.0	55.47
2	上海市	91521936.00	39654204.0	17.79
3	浙江省	34226905.00	21610787.0	9.69
4	福建省	21454388.00	12626972.0	5.66
5	山东省	17118089.00	6182770.0	2.77
进口总计		460388819.00	222950538.0	100.00

六、2010年价格走势

2010年中国塑料城交易价的月平均价走势见表59～表61。

表59　POM 100P 美国杜邦 2010年中国塑料城月均价走势　元/t

1月	2月	3月	4月	5月	6月
32000	32000	32000	32000	32000	32000
7月	8月	9月	10月	11月	12月
31914	31800	31800	31800	31800	31800

表60　POM F20－03 南通宝泰菱 2010年中国塑料城月均价走势　元/t

1月	2月	3月	4月	5月	6月
13875	13800	13800	13995	14300	14300
7月	8月	9月	10月	11月	12月
14276	14200	14200	14200	14695	15000

表61　POM M90 云天化 2010年中国塑料城月均价走势　元/t

1月	2月	3月	4月	5月	6月
11820	12000	12147	12200	12330	12400
7月	8月	9月	10月	11月	12月
12471	12777	12845	13447	14240	14500

七、发展趋势

河南省开封市日前正在打造中国最大的聚甲醛新材料生产基地，该聚甲醛项目为河南省、开封市重点工程，项目计划总投资37亿元，共分三期建设，目前正在建设的一期、二期工程，各为年产两万吨聚甲醛生产线，聚甲醛项目是开封市引进外部优强企业参与国企改革、发展新兴产业的一个重大建设项目。

加上规划实施的三期工程（年产60kt），项目年生产能力100kt，全部建成后预计年产值在18亿元以上（年利税8亿元），成为国内最大的聚甲醛新材料生产基地。该项目被永煤集团决策层认为是该集团公司最好的发展项目之一。

按照开封市委、市政府和永煤集团的要求，要采取得力措施力争把该项目建成质量最好、投资最省、进度最快的精品工程、样板工程。在加快推进项目建设的同时，还要高度关注下游产品的开发和应用，大力发展聚甲醛的下游产品，形成新兴产业集聚发展的良好态势。

第四章　2010年PBT树脂

PBT树脂是机械特性和耐热性出色的工程塑料，结晶速度快，有利于提高产能。因此，广泛用于汽车部件及电气、电子产品部件的射出成型材料。最近，在减轻环境负荷的背景下，产品的小型化和轻量化要求不断提高。为了实现部件的薄型化和提高生产能力，就需要流动性强的PBT。

一、国内PBT树脂生产

据了解，仪征化纤目前拥有年产80kt PBT产能，为国内最大。近年来国内相关产业迅速发展，下游对PBT树脂的需求量逐年增加，国内企业纷纷开始新建或扩产，国内PBT产能从2008年的172kt快速发展到2010年的262kt，2011年1月，国内PBT产能已达到302kt，后期在PBT的有效供应量将大大改观。

江苏常熟经济开发区沿江工业园内的长春化工（常熟）有限公司年产60kt PBT树脂工厂2007年投产。

江阴和时利工程塑胶科技发展有限公司PBT装置于2007年正式开车。

江阴和时利工程塑胶科技发展有限公司是江阴化工机械有限公司和新西兰人共同投资兴建的一家中外合资公司，主要从事工程塑料的研究、开发、制造、加工。一期工程设计产能20kt/a。

由新疆蓝山屯河化工有限公司投资4.0亿元、年产60kt的PBT树脂项目日前落户新疆昌吉市。该项目成为我国第四条、西北第一条PBT树脂生产线。

位于昌吉市的蓝山屯河聚酯分公司是目前我国西北乃至中亚地区唯一的一家 PET 聚酯生产企业，年生产差别化聚酯切片 110kt，产品质量处于国内领先水平，在新疆、西北地区和中亚地区的市场占有率分别达到了 95%、50% 和 60%。

该项目主要采用德国吉玛公司的工艺技术，于 2009 年 10 月 28 日建成投产。

蓝山屯河化工有限公司作为目前新疆最大的一家外商投资企业，在石油化工及新材料开发方面具有先进的技术和雄厚的实力。

该项目正式投产后，可达年产 60kt 规模，这将成为中国西北乃至中亚地区规模最大、品种最多、技术含量及产品档次最高规格的多功能差别化工工程塑料生产企业，并填补西北地区高分子工程塑料生产的空白。

蓝山屯河聚酯有限公司通过技术改造与依托新疆丰富的资源优势，将引进世界最先进的德国吉玛公司三釜工艺，使用最先进过程管理系统和监控仪表，足以保证产品的技术领先地位。

目前国内主要有 4 家 PBT 树脂生产企业：星新材料控股 69% 的子公司南通星辰合成材料有限公司(15kt/a PTA 直接酯化法、6kt DMT 酯交换法)和仪化集团公司工程塑料厂(80kt/a，PTA 直接酯化法)，长春化工(常熟)年产 60kt PBT，江阴和时利工程塑胶科技发展有限公司 20kt/a，蓝山屯河化工有限公司(60kt/a，PTA 直接酯化法)。

国内 PBT 工程塑料基础树脂生产厂不多，而从事改性 PBT 品种生产的厂家和产能大大超过了基础树脂生产厂。近年来我国 PBT 改性发展较快，主要由于双螺杆混炼挤出机的引进和国产双螺杆混炼挤出机的推出，给改性 PBT 创造了有利条件。

国内主要 PBT 工程塑料改性厂有丽碧复合塑料(深圳)有限公司，广州金发科技股份有限公司，南亚塑胶工业(惠州)有限公司，GE 塑料上海有限公司，帝斯曼工程塑料(江苏)有限公司，佛山明宝复合塑料有限公司，上海怡康化工材料有限公司，沙伯基础创新塑料(中国)有限公司，新光工业(杭州)有限公司，日超工程塑料(深圳)有限公司，LG 化学(广州)工程塑料有限公司，上海三井复合塑料有限公司，江阴和时利工程塑胶科技发展有限公司，南通中蓝工程塑胶有限公司，上海金发科技发展有限公司，舒尔曼塑料(东莞)有限公司，龙口市道恩工程塑料有限公司，东莞市朗普工程塑料科技有限公司，南通星辰合成材料有限公司，安特普工程塑料(苏州)有限公司，三养工程塑料(上海)有限公司，日超工程塑料(北京)有限公司，LG 化学(天津)工程塑料有限公司，长春化工(江苏)有限公司，长春化工(漳州)有限公司，东丽塑料(深圳)有限公司，朗盛(无锡)化工有限公司，巴斯夫应用化工有限公司，东莞山阳稻畑工程塑料有限公司，北京华腾工程新材料有限责任公司，江阴济化新材料有限公司，深圳市科聚新材料有限公司等，从沿海到内地、从国有企业、合资企业发展到乡镇企业，以外商独资、合资和私企为主。

PBT 由于生产技术问题以及市场开发等众多因素影响，中国 PBT 开工率还很低，详见表 62。

表 62　2005～2010 年中国近年 PBT 树脂产量统计

项　　目	2005	2006	2007	2008	2009	2010
生产能力/t	72000	80000	120000	170000	220000	262000
产量/t	25000	31000	56000	61500	95200	113000
开工率/%	38.89	38.75	46.67	36.18	43.27	43.13

从上表可看出，由于众多原因，我国 PBT 树脂产量虽然在逐年上升，但开工率仍在 50% 以下。(表中数据为业内人士估测，仅供参考)

PBT 树脂在国内的年需求量大约在 250～270kt，仪征化纤年产 60kt PBT 树脂工厂的投产将进一步刺激国内树脂市场供大于求的局面，各生产厂商之间的成本的竞争和压力也将更大。

二、国内聚对苯二甲酸丁二酯(PBT)出口生产省市分布分析

2010 年聚对苯二甲酸丁二酯出口省市有 16 家，比 2009 年 14 家出口省市增加 2 个出口省市，2010 年聚对苯二甲酸丁二酯前五位出口省市出口量占总出口量的 95.92%。

2010 年聚对苯二甲酸丁二酯出口生产企业主要集中在江苏省，出口数量 43616923kg，占总出口数量的 53.32%，比 2009 年出口增加 57.88%；

其次为广东省，出口数量 16993885kg，占总出口数量的 20.77%，比 2009 年出口增加 59.09%；

福建省出口数量 7936665kg，占总出口数量的 9.70%，比 2009 年出口增加 27.47%；

上海市出口数量 6281529kg，占总出口数量的 7.68%，比 2009 年出口增加 97.15%；

浙江省出口数量3637497kg，占总出口数量的4.45%，比2009年出口增加21.95%（表63）。

表63　2010年初级形状的聚对苯二甲酸丁二酯五大出口省市统计

排序	出口省市	出口金额/美元	出口数量/kg	占比例/%
1	江苏省	93044165.00	43616923.0	53.32
2	广东省	42322643.00	16993885.0	20.77
3	福建省	17140330.00	7936665.0	9.70
4	上海市	19493756.00	6281529.0	7.68
5	浙江省	9410765.00	3637497.0	4.45
出口总计		189058488	81805172.0	100.00

三、2010年聚对苯二甲酸丁二酯（PBT）海关进出口增长

2010年聚对苯二甲酸丁二酯（PBT）海关进出口增长。

详见统计表64。

表64　2007～2010年聚对苯二甲酸丁二酯（PBT）进出口统计

产　品		2007	2008	2009	2010
PBT	进口/万吨	15.51	14.73	12.72	16.32
	出口/万吨	2.71	4.31	5.71	8.18
净进口/万吨		12.80	10.42	7.01	8.17
年增长/%			-18.59	-32.26	16.55

海关统计从2007年起将聚对苯二甲酸丁二酯（PBT）从“初级形状的其他聚酯”代码分离出来独立。

2007～2010年间聚对苯二甲酸丁二酯（PBT）进口量年均增长率为1.71%。

2007～2010年间聚对苯二甲酸丁二酯（PBT）出口量年均增长率为44.52%。

2010年聚对苯二甲酸丁二酯（PBT）进口量，比2009年进口数量增加28.30%。

2007～2010年间聚对苯二甲酸丁二酯（PBT）出口年均增长率大于进口年均增长率25.04倍。

PBT树脂需求的扩大带动了国内PBT树脂生产规模的不断扩大，同时也推动PBT树脂进口量的不断上升。

然而，尽管国内PBT树脂生产能力受市场需求拉动逐年增长，但是仍低于国内市场需求的增长；

国内PBT树脂产业产量和销售量总体上呈增长趋势，但是增长速度远低于中国大陆市场需求的增长速度。

2010年前，海关统计将聚对苯二甲酸丁二酯（PBT）树脂包括在“初级形状的其他聚酯”代码中统计。

海关统计从2007年起将聚对苯二甲酸丁二酯（PBT）从“初级形状的其他聚酯”代码分离出来独立。

1. PBT树脂2010年进口上升

从海关统计中可看出，PBT树脂2010年进口地有42个（比上年24个进口地增加18个进口地），进口163172782kg，同比增加28.31%。

主要进口地为中国台湾省，进口数量57846451kg，占总进口数量的35.45%，比2009年进口量增加23.73%；

其次为马来西亚，进口数量31667695kg，占总进口数量的19.41%，比2009年进口量增加16.29%；

日本进口数量21916682kg，占总进口数量的13.43%，比2009年进口量增加29.31%；

中国进口数量21838585kg，占总进口数量的13.38%，比2009年进口数量增加24.69%；

德国进口数量7655458kg，占总进口数量的4.63%，比2009年进口数量增加141.70%；

五原产进口地进口数量占PBT树脂2010年总进口数量的86.30%，比2009年下降3.37%（表65）。

表65　2010年初级形状的聚对苯二甲酸丁二酯五大进口国家/地区统计

排序	原产进口地	进口金额/美元	进口数量/kg	占比例/%
1	中国台湾省	135864871.00	57846451.0	35.45
2	马来西亚	74363648.00	31667695.0	19.41
3	日本	88208402.00	21916682.0	13.43
4	中国	53295499.00	21838585.0	13.38
5	德国	23466034.00	7655458.0	4.63
进口总计		459869716.00	163172782.0	100.00

2. PBT树脂2010年出口增长

从海关统计中可看出，PBT树脂2010年出口地有57个（比上年85个出口地减少28个出口地），出口81805172kg，同比上升58.13%。

主要出口地为中国香港，出口数量24912421kg，占总出口数量的30.45%，比2009年出口量增加27.72%；

其次为韩国，出口数量22626345kg，占总出口数量的27.66%，比2009年出口量增加51.95%；

印度出口数量6531704kg，占总出口数量的7.98%，比2009年出口量增加40.61%；

日本出口数量5459351kg，占总出口数量的6.67%，比2009年出口量增加95.79%。

荷兰出口数量4264480kg，占总出口数量的5.31%。

五出口地出口数量占PBT树脂2010年总出口数量的77.97%，比2009年下降6.41%（表66）。

表66 2010年初级形状的
聚对苯二甲酸丁二酯五大出口国家/地区统计

排序	出口目的地	出口金额/美元	出口数量/kg	占比例/%
1	中国香港	65615220.00	24912421.0	30.45
2	韩国	47117138.00	22626345.0	27.66
3	印度	13248200.00	6531704.0	7.98
4	日本	12822722.00	5459351.0	6.67
5	荷兰	7621317.00	4264480.0	5.21
出口总计		189058488.00	81805172.0	100.00

四、聚对苯二甲酸丁二酯进口消费省市集中于东部沿海地区

从海关资料来看，2010年PBT树脂进口消费省市有21个，比2009年18个进口消费省市增加3个进口消费省市，2010年PBT树脂前五位进口消费省市进口量占总进口量的90.16%。

2010年PBT树脂主要进口流向为广东省，进口数量84417096kg，占总进口数量的51.73%，比2009年进口量增加26.34%；

其次为上海市，进口数量35921808kg，占总进口数量的22.01%，比2009年进口量增加34.57%；

江苏省进口数量15995893kg，占总进口数量的9.90%%，比2009年进口量减少41.21%；

福建省进口数量5647562kg，占总进口数量的3.46%，比2009年进口量增加12.80%；

山东省进口数量4993945kg，占总进口数量的3.06%，比2009年进口量增加27.97%(表67)。

表67 2010年初级形状的
聚对苯二甲酸丁二酯五大进口省市统计

排序	进口省市	进口金额/美元	进口数量/kg	占比例/%
1	广东省	213741162.00	84417096.0	51.73
2	上海市	102559767.00	35921808.0	22.01
3	江苏省	54396760.00	15995893.0	9.90
4	福建省	16321402.00	5647562.0	3.46
5	山东省	19469132.00	4993945.0	3.06
进口总计		459869716.00	163172782.0	100.00

五、聚对苯二甲酸丁二酯(PBT)出口商以外资企业为主

从海关资料来看，2010年聚对苯二甲酸丁二酯(PBT)出口商有239家，比上年210家出口商增加29个出口商，2010年聚对苯二甲酸丁二酯(PBT)前十位出口商出口量占总出口量的76.49%，全部为生产企业。

长春化工(江苏)有限公司、南通星辰合成材料有限公司、龙海莉丰成食品有限公司、丽碧复合塑料(深圳)有限公司、广州金发科技股份有限公司、南亚塑胶工业(惠州)有限公司、日超工程塑料(深圳)有限公司、拜耳无锡皮革化工有限公司、GE塑料上海有限公司、温州市立邦塑粉有限公司，分别位居2010年聚对苯二甲酸丁二酯(PBT)出口量1~10位，出口量分别占总出口量的36.23%、10.65%、9.69%、4.42%、3.58%、2.71%、2.53%、2.50%、2.21和1.97%。

2010年聚对苯二甲酸丁二酯(PBT)二十五大出口商中有20家为生产企业，仅有南通星辰合成材料有限公司和南通中蓝工程塑胶有限公司两家是PBT树脂原料生产厂，其余18家均为PBT改性(即PBT合金)，食品包装和粉体涂料生产企业，20家生产企业合计出口量占总出口量的86.245%。

2010年初级形状的其他聚酯二十二大出口生产企业主要集中在江苏省、福建省、浙江省、广东省四省。

2010年聚对苯二甲酸丁二酯(PBT)出口商以外资企业为主(表68)。

表68 2010年初级形状的
聚对苯二甲酸丁二酯十大出口商统计

排序	出口商	所属行业	出口数量/kg	占比例/%
1	长春化工(江苏)有限公司	PBT改性	29641875	36.23
2	南通星辰合成材料有限公司	PBT树脂原料	8715820	10.65
3	龙海莉丰成食品有限公司	食品包装	7927305	9.69
4	丽碧复合塑料(深圳)有限公司	PBT改性	3614075	4.42
5	广州金发科技股份有限公司	PBT改性	2924617	3.58
6	南亚塑胶工业(惠州)有限公司	PBT改性	2193375	2.71
7	日超工程塑料(深圳)有限公司	PBT改性	2066517	2.53
8	拜耳无锡皮革化工有限公司	PBT改性	2046713	2.50
9	GE塑料上海有限公司	PBT改性	1807755	2.21
10	温州市立邦塑粉有限公司	粉体涂料	1617086	1.97
出口总计			81805172	100.00

六、聚对苯二甲酸丁二酯生产使用企业以改性PBT为主

在汽车制造领域，PBT广泛地用于生产保险杠、化油器组件、挡泥板、扰流板、火花塞端子板、供油系统零件、仪表盘、汽车点火器、加速器及离合器踏板等部件。

PBT与增强PA、PC、POM在汽车制造业中的竞争十分激烈，PA易吸水，PC的耐热性耐药性不及PBT；在汽车用途接管方面，由于PBT的抗吸水性优于PA，将会逐渐取代PA。

在相对湿度较高、十分潮湿的情况下，由于潮湿易引起塑性降低，电器节点处容易引起腐蚀，常可使用改性PBT。在80℃、90%相对湿度下，PBT仍能正常使用，并且效果很好。

其中PBT/PC合金，在高级轿车中应用最为广泛；沙伯创新塑料更是将Xenoy聚酯合金用于汽车。它的耐热性好，耐应力开裂，具有优良的耐磨，耐化学腐蚀性，低温冲击强度高，易加工和涂饰性好，主要应用于高档轿车保险杠，车底板，面板和摩托车护板等。

2010年聚对苯二甲酸丁二酯进口商共计有1639家，比上年1487家进口商增加152个进口商，进口额最高的十大进口商进口数量占总进口数量的24.45%。

巴斯夫染料化工有限公司，深圳市宝安外经发展有限公司，丽碧复合塑料(深圳)有限公司，东莞市对外加工装配服务公司，宝理塑料贸易(上海)有限公司，昆山新宁公共保税仓储有限公司，杜邦贸易(上海)有限公司，广州金发科技股份有限公司，中海物流(深圳)有限公司，南亚塑胶工业(惠州)有限公司，分别位居2010年聚对苯二甲酸丁二酯八大进口商进口量1～10位，进口量分别占总进口量的3.29%、3.16%、2.98%、2.86%、2.38%、2.30%、2.05%、1.93%、1.84%和1.66%。

2010年聚对苯二甲酸丁二酯二十五大进口商中有12家为生产使用企业，主要集中在广东省、上海市、江苏省三省市，12家生产使用企业合计进口量占2010年总进口量的20.38%。

12家生产使用企业分别属改性PBT、电子工业、塑胶制品行业，以改性PBT为主(表69)。

七、价格趋势(表70～表73)

2011年三月中旬以后，国内PBT市场上涨脚步逐渐加快，下游对高价逐渐接受，对于此次调涨，简单分析如下：

① 上游推涨功不可没节后，上游BDO货源供应持续紧张，价格连续大涨，据卓创资讯统计，春节过后，PBT厂家所用BDO原料价格上涨幅度高达2000元/t及以上，PTA方面，尽管节后价格涨幅不大，但节前涨幅多于节后被消化，PBT厂家成本压力逐渐增大下，价格被迫逐渐走高。

表69　2010年初级形状的聚对苯二甲酸丁二酯十大进口商统计

排序	进　口　商	所属行业	进口数量/kg	占比例/%
1	巴斯夫染料化工有限公司	染料化工	5360266	3.29
2	深圳市宝安外经发展有限公司	贸易商	5157499	3.16
3	丽碧复合塑料(深圳)有限公司	改性PBT	4852222	2.98
4	东莞市对外加工装配服务公司	贸易商	4673330	2.86
5	宝理塑料贸易(上海)有限公司	贸易商	3882483	2.38
6	昆山新宁公共保税仓储有限公司	贸易商	3746076	2.30
7	杜邦贸易(上海)有限公司	贸易商	3345542	2.05
8	广州金发科技股份有限公司	改性PBT	3157045	1.93
9	中海物流(深圳)有限公司	贸易商	2996786	1.84
10	南亚塑胶工业(惠州)有限公司	改性PBT	2702000	1.66
	进口总计		163172782	100.00

表70　PBT 420SEO沙伯基础2010年中国塑料城月均价走势　元/t

1月	2月	3月	4月	5月	6月
28800	28800	28800	30371	31500	31500
7月	8月	9月	10月	11月	12月
31500	32272	32500	32500	32500	32500

表71　PBT G10江苏三房巷2010年中国塑料城月均价走势　元/t

1月	2月	3月	4月	5月	6月
21560	21640	21500	22338	23800	23800
7月	8月	9月	10月	11月	12月
23800	23513	23500	25800	25890	26800

表 72　PBT G30 江苏三房巷

2010 年中国塑料城月均价走势　元/t

1 月	2 月	3 月	4 月	5 月	6 月
18220	18500	18500	19385	20800	20800
7 月	8 月	9 月	10 月	11 月	12 月
20800	20800	20800	21800	21890	22800

表 73　PBT 3300 日本宝理

2010 年中国塑料城月均价走势　元/t

1 月	2 月	3 月	4 月	5 月	6 月
29000	29000	29000	29000	29000	29000
7 月	8 月	9 月	10 月	11 月	12 月
29000	29000	29000	29000	29000	29000

② 自身货少推涨行情春节前期，国内 PBT 生产企业订单多已经排产至 2 月底，其中江阴和时利 1 月 10 日左右停车，于 2 月 10 日左右重启，其他部分厂家开工不足，节后库存量普遍不高。另一方面，仪征化纤 2010 年新建年产 60kt 装置于 2011 年 3 月中上旬开启，市场人士多希望借此缓解供货紧张局势，但截至目前，新装置因故障问题迟迟未开启，有市场传言，投产时间或将延期至 2011 年下半年。综合来看，短期市场货源供应不多仍将成为支撑市场的另一利好因素。

③ 高价逐步被接受进入三月份以后，短纤、光缆需求逐渐恢复，尽管初期下游对高价货源存在一定抵触，但随市场整体商谈重心上移，存在一定刚性需求情况下，市场高位成交逐渐增多。

④ 通胀形势不容乐观 2 月份，国内 CPI 涨幅仍居高于 4.9%，国内通胀形势未有明显改观，而近期利比亚危机，再度推高国际原油，高位油价另业内人士对全球通胀产生担忧。原油作为源头产品，对下游产业链产品价格的上涨起到一定的支撑作用。

综合以上几点来看，目前国内 PBT 市场在多重利好簇拥下迎来了 2011 年的春天，中短线市场在上游支撑、供需面尚可等支撑下，仍将迈开步子继续向上。

八、发展趋势

巴斯夫 2011 年 1 月 12 日在上海宣布，其浦东基地的工程塑料改性装置产能将在现有年 45kt 基础上新增 65kt。该扩建项目一期工程增产 39kt，预计 2013 年完工；二期工程增产 26kt，计划于 2015 年完成。该扩建项目耗资逾千万欧元，可提供 50 多个新岗位。届时，巴斯夫在华聚酰胺和聚对苯二甲酸丁二醇酯(PBT)工程塑料产能将达 110kt，占巴斯夫亚洲总产能的 50% 以上。

朗盛与杜邦计划将其聚对苯二甲酸丁二醇酯(PBT)的合资企业产能扩大一倍。两家公司将向该生产线追加投资 1000 万欧元，扩建工程计划 2012 年投产。这一举措同样是对全球 PBT 合成材料需求激增所做的反应。

美国化工巨头塞拉尼斯公司旗下工程塑料子公司泰科纳(Ticona)称，由于市场行情低迷，需求下滑，从 2009 年 10 月 1 日起它停止美国北卡罗来纳州谢尔比的聚对苯二甲酸丁二酯(PBT)聚合物的生产。

据了解，其聚酯聚合物装置关闭后部分将迁至美国佛罗伦萨县，而该公司在谢尔比的 Vectra 牌液晶聚合物生产将继续。

其中聚氨酯原料 1，4 丁二醇(BDO)为聚对苯二甲酸丁二酯(PBT)的上游原料。PBT 树脂作为 BDO 产业的下游主要消费领域之一，主要用于 PBT 改性、PBT 抽丝、拉膜、光纤护套等领域，因其耐腐蚀、易成型等优异性能，近年来已广泛应用于电子电器、汽车、仪表、轻纺等各个领域，需求逐年增加。有数据显示，全球 2008 ~ 2012 年 PBT 产能的复合平均增长率为 21.30%。

第五章　2010 年聚苯硫醚 PPS 出口增幅大于进口增幅

聚苯硫醚简称 PPS，被称为第六大工程塑料，具有优秀的热稳定性、耐强酸耐强碱的化学稳定性、绝缘性以及阻燃性，在各个行业应用范围极为广泛。

一、国内聚苯硫醚(PPS)生产

目前，得阳科技股份有限公司的聚苯硫醚生产能力已经接近 30000t/a，生产规模达到世界第一位。为适应国内外市场的不断增长的需求，该公司已经规划实施了新的扩产项目，在 2010 年前后，聚苯硫醚的生产能力稳居世界首位，产品的性能也将达到世界先进水平。

山西福思特 10kt 级的聚苯醚项目，四川得阳科技 22kt 的聚苯六醚项目都获成功。

国内聚苯硫醚工程塑料基础树脂生产厂不多，而从事改性聚苯硫醚品种生产的厂家和产能大大超过了基础树脂生产厂。近年来我国聚苯硫醚改性发展较快，主要由于双螺杆混炼挤出机的引进和国产双螺杆混炼挤出机的推出，给改性 PBT 创造了有利条件。

国内主要聚苯硫醚(PPS)工程塑料改性厂有拜耳(上海)聚氨酯有限公司，巴斯夫化工有限公司，丽碧复合塑料(深圳)有限公司，青岛和兴精细化学有限公司，四川得阳特种新材料有限公司，烟台信谊化工有限公司，东莞大日化工厂有限公司，常州亚什兰现代化学有限公司，全圣昕化工科技(上海)有限公司，上海亨斯迈聚氨酯有限公司，科莱恩(天津)有限公司，上海怡康化工材料有限公司，沙伯基础创新塑料(中国)有限公司，宝得流体控制(苏州)有限公司，北京首塑新材料科技有限公司，普立万聚合体(深圳)有限公司，安特普工程塑料(苏州)有限公司，厦门联星化学工业有限公司，溧阳旭日精细化工有限公司，大连瑞创化工有限公司，杭州欣阳三友精细化工有限公司 等，从沿海到内地、从外商独资、合资企业发展到乡镇企业，以外商独资、合资和私企为主。

二、聚苯硫醚 PPS 出口生产省市分布分析

2010 年聚苯硫醚出口省市有 20 家，比 2009 年 16 家出口省市增加 4 家出口省市，2010 年聚苯硫醚出口生产企业主要集中在上海市，出口数量 11479025kg，比 2009 年同比增长 104.82%，占总出口数量的 54.53%；

其次为广东省，出口数量 3840940kg 比 2009 年同比增长 45.64%，占总出口数量的 18.25%；

浙江省出口数量 2883011kg，比 2009 年同比增长 8833.47%，占总出口数量的 13.69%；

江苏省出口数量 902856kg，比 2009 年同比增长 88.42%，占总出口数量的 4.29%；

山东省出口数量 815996kg，比 2009 年同比增长 312.59%，占总出口数量的 3.88%。

五省市出口商出口数量占 2010 年初级形状的聚甲醛总出口数量的 94.64%，比 2009 年同比增加 0.78%(表 74)。

表 74　2010 年初级形状的多硫化物五大出口省市统计

排序	出口省市	出口金额/美元	出口数量/kg	占比例/%
1	上海市	61549359.00	11479025.0	54.53
2	广东省	16671063.00	3840940.0	18.25
3	浙江省	8487142.00	2883011.0	13.69
4	江苏省	2030028.00	902856.0	4.29
5	山东省	3914963.00	815996.0	3.88
出口总计		97844475.00	21051636.0	100.00

三、2010 年聚苯硫醚 PPS 出口增幅大于进口增幅(表 75)

表 75　2005～2010 年聚苯硫醚进出口统计

年　份	2005 年	2006 年	2007 年	2008 年	2009 年	2010 年
进口量/吨	30069	37935	47424	49426	41792	53040
进口金额/万美元	13820.42	18025.90	23630.57	26463.66	21874.42	31751.08
出口量/吨	2485	2798	6190	9345	10669	21052
出口金额/万美元	822.43	1095.77	2828.24	3980.92	4742.45	9784.45
净进口量/吨	27584	35129	41234	40081	31123	31988
年增长率/%	-1.66	27.35	17.38	-2.80	-22.35	2.78

2005～2010 年间聚苯硫醚进口增长了 76.39%，年均增长 12.02%。

2005～2010 年间聚苯硫醚出口增长了 747.16%，年均增长 53.32%。

2010 年聚苯硫醚进口量突破 50kt 大关达到 53.0kt，暴增 26.92%。

2010 年聚苯硫醚出口量又突破 20kt 大关，比 2009 年增长 97.32%。

从进口量方面来看，2010 年我国聚苯硫醚进口变化可分三阶段：

第一阶段 2010 年 1～2 月，是我国聚苯硫醚需求的传统淡季，进口量明显下降，这主要是因为我国传统节日春节的来临，大部分企业放假，因此下游对聚苯硫醚的需求速度减少。

第二阶段 2010 年 3～7 月，进口量逐步上升，由 2 月份的 2.8kt 迅速上升至 3 月份的 4.2kt，增幅达 47.32%，并且在随后几个月内进口量稳步回升，6 月份进口量达到 4.7kt，比 5 月增幅达 23.46%。

第三阶段 2010 年 7～12 月，进口量再次回升——萎缩——回升，7 月份进口量达到 5.0kt，比 6 月又增幅 5.92%；8 月份进口量达到 5.2kt，比 7 月又增幅 5.49%；9 月份进口量回落到 4.7kt，比 8 月减少 10.10%；10 月份进口量萎缩到 3.9kt，比 9 月又减少 2.29%；11 月份进口量又上升到 5.1kt，比 10 月增幅 10.01%；12 月份进口量又回落到 4.8kt，比 11 月减少 5.74%(表 76)。

表 76　2010 年聚苯硫醚月进出口统计(kg/美元)

	一月	二月	三月	四月	五月	六月	七月	八月	九月	十月	十一月	十二月
进口数量/kg	3585409	2846573	4192529	4534791	3801921	4693969	4972062	5245184	4715078	4606761	5068237	4777413
进口/美元	20081408	16692948	26396509	25706177	22862828	28934706	28594432	33151743	27231298	27601832	29421005	30835933
出口数量/kg	1116353	787897	1828316	1664040	2289277	1665567	1925682	2261330	2099540	1643442	2062402	1707790
出口/美元	4863761	3959307	9205016	7753099	10410489	7680484	8587168	9899086	9796590	7667320	10134105	7888050

1. 2010 年聚苯硫醚年进口量大幅上升

从海关统计中可看出，2010 年聚苯硫醚进口地有 34 个，比 2009 年 31 个增加 3 个聚苯硫醚进口地，进口 53039927kg，同比增加 26.92%。

主要进口地为日本(占 33.03%)，其次为韩国(20.46%)、美国(15.00%)、德国(11.24%)、中华人民共和国(5.42%)、中国台湾省(4.53%)、马来西亚(2.25%)、法国(1.84%)，八进口地进口量占 2010 年总进口量的 93.77%，比 2009 年增长 0.74%(表 77)。

表 77　2010 年初级形状的多硫化物八大进口国家/地区统计

排序	进口目的地	进口金额/美元	进口数量/kg	占比例/%
1	日本	136062058.00	17519971.0	33.03
2	韩国	27486284.00	10851285.0	20.46
3	美国	56365136.00	7957745.0	15.00
4	德国	41607843.00	5962185.0	11.24
5	中国	13430467.00	2874483.0	5.42
6	中国台湾省	11057035.00	2403935.0	4.53
7	马来西亚	8385303.00	1298640.0	2.25
8	法国	5747594.00	974667.0	1.84
进口总计		317510819.00	53039927.0	100.00

2. 2010 年聚苯硫醚年出口量大幅增长

从海关统计中可看出，2009 年聚苯硫醚出口地有 41 个，比 2009 年 92 个出口地减少 51 个聚苯硫醚出口地)，出口 21051636kg，比 2009 年增长 97.32%。

主要出口地为中国香港(占 19.49%)，其次为韩国(13.01%)、日本(10.59%)、中国台湾省(8.66%)、印度(5.38%)、新加坡(5.22%)、印度尼西亚(4.75%)、泰国(4.64%)，八出口地 2010 年聚苯硫醚出口量占总出口量的 71.74%，比 2009 年减少 2.25%(表 78)。

表 78　2010 年初级形状的多硫化物八大出口国家/地区统计

排序	出口目的地	出口金额/美元	出口数量/kg	占比例/%
1	中国香港	19916907.00	4103034.0	19.49
2	韩国	14246963.00	2737944.0	13.01
3	日本	11817611.00	2229373.0	10.59
4	中国台湾省	9295134.00	1822788.0	8.66
5	印度	5428275.00	1132747.0	5.38
6	新加坡	4558115.00	1098100.0	5.22
7	印度尼西亚	4982329.00	1000126.0	4.75
8	泰国	5238777.00	977814.0	4.64
出口总计		97844475.00	21051636.0	100.00

四、聚苯硫醚 PPS 进口集中于东部沿海地区

2010 年聚苯硫醚 PPS 进口省市有 21 家，比 2009 年 19 家进口省市增加 2 家聚苯硫醚 PPS 进口消费省市)。

2010 年聚苯硫醚 PPS 进口商主要集中在广东省，进口数量 24816444kg，比上年同比增加 29.70%，占总进口数量的 46.79%；

其次为上海市，进口数量 18326807kg，比上年同比增加 959.13%，占总进口数量的 34.55%；

江苏省进口商进口数量 3905427kg，比上年同比增加 56.20%，占总进口数量的 7.36%；

山东省进口商进口数量 2810605kg，比上年同比增长 101.51%，占总进口数量的 5.30%；

天津市进口商进口数量 827604kg，比上年同比减少 2.52%，占总进口数量的 1.56%。

五省市进口商进口数量占 2010 年聚苯硫醚 PPS 总进口数量的 95.56%，比 2009 年增长 0.52%(表 79)。

表 79　2010 年初级形状的多硫化物五大进口省市统计

排序	进口省市	进口金额/美元	进口数量/kg	占比例/%
1	广东省	125681398.00	24816444.0	46.79
2	上海市	121284134.00	18326807.0	34.55
3	江苏省	24387272.00	3905427.0	7.36
4	山东省	18051117.00	2810605.0	5.30
5	天津市	4364237.00	827604.0	1.56
进口总计		317510819.00	53039927.0	100.00

五、聚苯硫醚 PPS 出口商以外资企业为主

从海关资料来看，2010 年聚苯硫醚 PPS 出口商

有138家，比2009年152家减少14家聚苯硫醚PPS出口商），2010年前九位聚苯硫醚PPS出口商出口量占总出口量的91.51%，比2009年增长8.88%。

拜耳（上海）聚氨酯有限公司，巴斯夫化工有限公司，丽碧复合塑料（深圳）有限公司，杭州捷尔思阻燃化工有限公司，青岛和兴精细化学有限公司，四川得阳特种新材料有限公司，爱森（中国）絮凝剂有限公司，空气化工产品（南京）特种胺有限公司，烟台信谊化工有限公司，分别位居2010年聚苯硫醚PPS出口量1～10位，出口量分别占总出口量的32.60%、18.73%、15.95%、13.12%、3.34%、2.72%、2.27%、1.43%和1.35%（表80）。

表80　2010年初级形状的多硫化物9大出口商统计

排序	出　口　商	所属行业	出口数量/kg	占比例/%
1	拜耳（上海）聚氨酯有限公司	PPS改性	6861813	32.60
2	巴斯夫化工有限公司	PPS改性	3943795	18.73
3	丽碧复合塑料（深圳）有限公司	PPS改性	3357766	15.95
4	杭州捷尔思阻燃化工有限公司	精细化学	2762505	13.12
5	青岛和兴精细化学有限公司	精细化学	702320	3.34
6	四川得阳特种新材料有限公司	PPS原料生产厂	572576	2.72
7	爱森（中国）絮凝剂有限公司	精细化学	478825	2.27
8	空气化工产品（南京）特种胺有限公司	精细化学	300800	1.43
9	烟台信谊化工有限公司	精细化学	283225	1.35
出口总计			21051636	100.00

2010年初级形状的多硫化物（聚苯硫醚（PPS））五十五大出口商中有三十四家为生产企业，仅有四川得阳特种新材料有限公司一家是聚苯硫醚PPS原料生产厂，其余均为聚苯硫醚改性（即PPS合金）与精细化学生产企业，合计出口量占总出口量的88.54%。

从2010年聚苯硫醚PPS出口生产企业分布来看，主要集中在广东省、上海市、江苏省、北京市四省市（表81）。

表81　初级形状的多硫化物（聚苯硫醚（PPS））出口生产企业

出口生产企业	所属行业
拜耳（上海）聚氨酯有限公司	PPS改性
巴斯夫化工有限公司	PPS改性
丽碧复合塑料（深圳）有限公司	PPS改性
杭州捷尔思阻燃化工有限公司	精细化学
青岛和兴精细化学有限公司	精细化学
四川得阳特种新材料有限公司	PPS原料生产厂
爱森（中国）絮凝剂有限公司	精细化学
空气化工产品（南京）特种胺有限公司	精细化学
烟台信谊化工有限公司	精细化学
亨斯迈纺织染化（中国）有限公司	精细化学
鹤壁市海富商贸有限公司	贸易商
上海宇昂化工科技发展有限公司	精细化学
宁波市镇海奥佑金属制品有限公司	精细化学
东莞大日化工厂有限公司	PPS改性
常州亚什兰现代化学有限公司	精细化学
苏威（上海）有限公司	PPS改性
全圣昕化工科技（上海）有限公司	PPS改性
上海亨斯迈聚氨酯有限公司	PPS改性
南京化工学院常州市武进水质稳定剂厂	精细化学
广州市佳境水处理技术工程有限公司	精细化学
科莱恩（天津）有限公司	PPS改性
上海怡康化工材料有限公司	PPS改性
巴斯夫（中国）有限公司	PPS改性
华福涂料（江门）有限公司	精细化学
沙伯基础创新塑料（中国）有限公司	PPS改性
普立万聚合体（深圳）有限公司	PPS改性
安特普工程塑料（苏州）有限公司	PPS改性
厦门联星化学工业有限公司	精细化学
溧阳旭日精细化工有限公司	精细化学
大连瑞创化工有限公司	精细化学
天津认知汽车配件有限公司	PPS改性
杭州欣阳三友精细化工有限公司	精细化学
上海爱思必机械有限公司	PPS改性
巨鹿县宏伟密封件有限公司	PPS改性

六、聚苯硫醚（PPS）工程塑料进口消费以改性（即PPS合金）为主

从海关资料来看，2010年聚苯硫醚PPS进口商有1179家，比2009年1061家进口商增加118家聚苯硫醚PPS进口商），2010年聚苯硫醚（PPS）进口额最高的八位进口生产使用企业进口数量占总进口数量的34.40%，比2009年增长3.61%。

金冠建材(深圳)有限公司，丽碧复合塑料(深圳)有限公司，日邦聚氨酯(上海)有限公司，雪佛龙菲利普斯化工贸易(上海)有限公司，拜耳(上海)聚氨酯有限公司，深圳市宝安外经发展有限公司，科思泰半导体配件(苏州)有限公司，爱敬化学(青岛)有限公司，分别位居聚苯硫醚(PPS)2010年生产使用企业进口量1~8位，进口量分别占总进口量的7.48%、5.56%、4.67%、3.99%、3.51%、3.16%、3.08%和2.92%(表82)。

表82 2010年初级形状的多硫化物8大进口商统计

排序	进口商	所属行业	进口数量/kg	占比例/%
1	金冠建材(深圳)有限公司	建材工业	3970000	7.48
2	丽碧复合塑料(深圳)有限公司	PPS改性	2950085	5.56
3	日邦聚氨酯(上海)有限公司	PPS改性	2475534	4.67
4	雪佛龙菲利普斯化工贸易(上海)有限公司	贸易商	2113869	3.99
5	拜耳(上海)聚氨酯有限公司	PPS改性	1863239	3.51
6	深圳市宝安外经发展有限公司	贸易商	1675967	3.16
7	科思泰半导体配件(苏州)有限公司	电子工业	1635339	3.08
8	爱敬化学(青岛)有限公司	精细化学	1548492	2.92
进口总计			53039927	100.00

2010年初级形状的多硫化物(聚苯硫醚(PPS))九十五大进口商中有42家为生产使用企业，主要为为聚苯硫醚改性(即PPS合金)生产企业，其次为建材工业，电子工业(手机外壳、电脑外壳等)，家用电器，工矿配件，精细化学，合计进口量占2010年总进口量的29.38%(表83)。

表83 主要进口生产使用企业所属行业

主要进口生产使用企业	所属行业
金冠建材(深圳)有限公司	建材工业
丽碧复合塑料(深圳)有限公司	PPS改性
日邦聚氨酯(上海)有限公司	PPS改性
拜耳(上海)聚氨酯有限公司	PPS改性
科思泰半导体配件(苏州)有限公司	电子工业
爱敬化学(青岛)有限公司	精细化学
上海怡康化工材料有限公司	PPS改性
东莞极盛电子有限公司	电子工业
广州北洋皮革制品有限公司	精细化学
爱森(中国)絮凝剂有限公司	精细化学
中山台光电子材料有限公司	电子工业
凡一半导体材料(苏州)有限公司	电子工业
苏威(上海)有限公司	精细化学
广州高露洁棕榄有限公司	精细化学
上海优量化工科技有限公司	精细化学
广州市炜裕化学品有限公司	精细化学
鹏映塑料(深圳)有限公司	家用电器
威海起和精密制造有限公司	工矿配件
法马通连接器(东莞)有限公司	工矿配件
宁波兴瑞电子有限公司	电子工业
青岛大成精密塑料有限公司	工矿配件
依卡化学品(苏州)有限公司	精细化学
天津滨海捷成专类化工有限公司	精细化学
东莞吉田塑料制品有限公司	工矿配件
库尔兹压烫科技(合肥)有限公司	工矿配件
凯蜜拉化学品(上海)有限公司	精细化学
丰田通商(天津)有限公司	精细化学
罗姆集成电路设计(天津)有限公司	电子工业
上海和氏璧化工有限公司	PPS改性
青岛澳东化工有限公司	精细化学
德谦(上海)化学有限公司	精细化学
肇庆大旺奇昌化工有限公司	精细化学
吉川塑胶(深圳)有限公司	工矿配件
山东华泰纸业股份有限公司	工矿配件
苏州日进塑料有限公司	家用电器
东莞大日化工厂有限公司	PPS改性
镇江河长电子有限公司	电子工业
杰比电器(深圳)有限公司	家用电器
上海山吉化工有限公司	精细化学
中涂化工(上海)有限公司	涂料工业
杭州富利登塑胶电子有限公司	电子工业
鸿富锦精密电子(烟台)有限公司	PPS改性

七、聚苯硫醚(PPS)价格走势(表84，表85)

表84 PPS R-7-02美国菲利浦2010年中国塑料城月均价走势 元/t

1月	2月	3月	4月	5月	6月
55000	55000	55000	55000	55000	55000
7月	8月	9月	10月	11月	12月
55000	55000	55000	55000	55000	55000

表 85 PPS(R－4 耐高温)美国菲利浦 2010 年中国塑料城月均价走势 元/t

1月	2月	3月	4月	5月	6月
80000	80000	80000	80000	80000	80000
7月	8月	9月	10月	11月	12月
80000	80000	80000	80000	80000	80000

八、进出口贸易方式

从海关统计中可看出，2010 年聚苯硫醚 PPS 进口贸易方式主要为一般贸易(占进口量 53.96%)，其次为进料加工贸易(占进口量 16.83%)，来料加工装配贸易(占进口量 14.56%)，保税区仓储转口货物(占进口量 14.39%)，保税仓库进出境货物(占进口量 0.25%)，其他(占进口量 0.01%)，合计为总进口量的 100.00%(表 86)。

表 86 2010 年聚苯硫醚 PPS 进口交易类型统计

进口交易类型	进口金额/美元	进口数量	占比例/%
一般贸易	154797315.00	28622030.0	53.96
进料加工贸易	83450250.00	8926337.0	16.83
来料加工装配贸易	24958056.00	7719997.0	14.56
保税区仓储转口货物	52726084.00	7634501.0	14.39
保税仓库进出境货物	1295955.00	130634.0	0.25
其他	210287.00	6367.0	0.01
出口加工区进口设备	72872.00	61.0	0.00
进口总计	317510819.00	53039927.0	100.00

从海关统计中可看出，2010 年聚苯硫醚 PPS 出口贸易方式主要为进料加工贸易(占出口量 68.00%)，其次为一般贸易(占出口量 30.25%)，保税区仓储转口货物(占出口量 11.62%)，保税仓库进出境货物(占出口量 0.11%)，来料加工装配贸易(占出口量 0.02%)，其他(占出口量 0.00%)，合计为总出口量的 100.00%(表 87)。

表 87 2010 年聚苯硫醚 PPS 出口交易类型统计

出口交易类型	出口金额/美元	出口数量	占比例/%
进料加工贸易	71812613.00	14316001.0	68.00
一般贸易	22502957.00	6368055.0	30.25
保税区仓储转口货物	3383274.00	341570.0	1.62
保税仓库进出境货物	129618.00	24209.0	0.11
来料加工装配贸易	15855.00	1675.0	0.02
其他	158.00	126.0	0.00
出口总计	97844475.00	21051636.0	100.00

(柴国樑)

塑料助剂产业的增值增效

1. 塑料助剂产业现状

塑料占合成材料总量的 80%。2009 年，塑料制品规模以上企业累计总产量 44793kt，较 2008 年同期增长 10.6%，实现工业总产值 10992.8 亿元，同比增长 13.4%。我国塑料消耗量已居世界第二位。塑料工业水平是反映国力强弱的重要因素之一，推动塑料工业快速优质发展将是我国化工现代化进程的重要内容。

塑料助剂是通用塑料工程化、工程塑料高性能化不可或缺的成份，是合成树脂改性实现功能化的关键。因此，塑料助剂随着合成树脂工业的发展而壮大。

我国是塑料助剂消耗大国而非制造强国。目前使用的高性能、高效、高附加值类塑料助剂基本依靠进口。国内科研机构和生产企业普遍沿袭国外成熟品种和路线进行跟踪和仿制。自主开发新型结构、高性能塑料助剂品种的综合创新能力，特别是原始创新能力严重不足。加入 WTO 后，知识产权保护纳入法制轨道。国外专利的权利要求日趋周密、细致，覆盖范围加宽，时效延长，可合法仿制的内容和空间越来越小。如果只满足于仿制，我国的塑料添加剂水平将始终落后 20～30 年。

“十一五”期间，国内塑料助剂的发展主要集中在通用品种的规模化生产，很少出现结构创新产品，生产多采用国外过期专利技术。高性能塑料助剂已经成为实现“通用塑料工程化、工程塑料高性能化”的瓶颈问题。根据目标应用性能进行塑料助剂结构创新设计，将是摆脱对国外先进产品依赖性的根本手段。

安全、卫生、环保法规的强化实施带来了深远的影响。循塑料加工产业链条深入分析发现，法规压力大部分传递到塑料助剂产业。塑料制品中重金属、溴化物、邻苯二甲酸酯等可能对环境和人体产生危害的化学物质源头来自塑料助剂。塑料助剂产业的机遇与挑战并存。如果准备充分、处理得当，我国塑料助剂产业可以充分地借助这次环保安全法规带来的机遇缩小与发达国家和地区的差距。

我国塑料助剂产业的突出特点是品种多、规模小。尽管各环节都深知塑料助剂的重要性，但单一品种或企业的产值与终端塑料制品价值相比，所占甚微。且国内规模化塑料助剂生产企业屈指可数。因此，助剂在塑料制造产业链中的重要作用未得到充分体现，也一直未引起政府的高度重视。国外规模化的特殊化学品企业，如BAYER、BASF、DSM、CHEMTURA、WACKER、Rohm and Haas、Clariant等公司产品品种结构丰富，应用技术研究深入充分，在航天航空、电子信息等高端战略性领域中得到了充分的价值体现。增强高端产品系列，提升产业规模是目前塑料助剂产业缩小差距、摆脱困境的必然之路。

近十年，塑料制品饱受争议。人们一方面享受着塑料在各行业成功应用带来的便利，另一方面又不停地抱怨着塑料制品因不规范使用、废弃带来的种种环境、卫生、安全问题。离也离不开，受也受不来。近几年来，我国塑料助剂始终坚持与塑料高性能化同步发展，即以产品应用性能为技术研发和产业投入的评价标准。随着2006~2007年欧盟RoHS和WEEE指令的执行，2008年欧盟REACH法规，2009年中国《食品安全法》的实施，国内塑料助剂产业的发展势必在注重“安全、卫生、环保”并符合“可持续发展”的基础上，致力于塑料助剂的“增值增效”。

塑料助剂产业的增值增效主要体现在两个方面。一是新型、高效助剂的合成，这需要对助剂的结构和性能、应用做对应关系研究，从应用角度着手，对助剂的结构进行设计，并合成实现；一是助剂的选择、配伍和应用，根据应用的需要、助剂类型、特点、配伍性能的提升、加工环境、应用环境等方面要求对助剂进行选择，最终实现应用塑料助剂后的塑料制品的增值增效。增值和增效并没有严格意义上的区分，主要是考虑性能和价格间的协调关系，作为工业应用产品，不仅仅要追求其功能，同时更需要注重其价格成本对市场接受度的适应性。

2.“十二五”期间塑料助剂产业的自身发展

“十一五”末期，全球塑料年销售量已近2亿吨，保持了5%的年均递增率。塑料消费量带动了塑料助剂消费持续高速增长。中国塑料助剂产业的增长速度明显高于全球平均水平，增速高达每年10%以上。形成这一局面，一方面是塑料助剂的持续发展缘于树脂产量大幅上升和市场需求强劲扩张；另一方面是原料价格大幅攀升，塑料助剂的利润下降。通过市场转移、产业重组、价格提升、革新产品和技术等方式形成新的利润增长点成为国际大型塑料助剂生产企业的主要应对措施。

国际环保法令的强制性实施，塑料助剂产业面临的不仅仅是市场问题。绿色环保化和节能、减排的迫切需求也给众多生产企业带来了前所未有的竞争压力和商机。企业必须根据形势不断地调整其可持续发展战略。

按照国家“转换经济增长方式，调整经济结构，打造新兴战略性产业”的要求，精细化工特点突出的塑料助剂产业必须加快转变“高消耗、高排放、难循环、低效率”为特征的粗放型增长方式，扼制高污染、高消耗、资源性产品的发展，通过“调整结构、推广自主新技术、加强行业规范化和标准化管理”实现节能减排。鼓励技术创新向高端延伸，增加高端产品的自给率，倡导园区化、上下游化，强化“产业链”；小企业不要与大企业生产同类产品，避免恶性竞争。走节约型、环境友好型的精细化工可持续发展之路，已成为经济社会发展的迫切要求。

2.1 强化生产过程技术，实现节能减排

如前所述，我国塑料助剂生产现状依然没有摆脱品种少、规模小、作坊式现场、粗放式管理的特点。与国外规模化助剂企业相比，扣除低劳动力成本、低污染排放成本、低规范成本等，国内企业的工艺成本远高于国外，规模积聚效益更低于国外。国内助剂企业更关注如何提升产品在应用市场的附加值，较少考虑采用强化生产过程技术来降低工艺消耗成本和排放成本、提升利润空间，也少有企业通过规模集约提高竞争力、降低成本。

助剂生产过程强化技术应从缩短制程、提高工艺转换效率、减少或循环利用副产物和溶剂、降低排放物总量、间歇工艺连续化、规模扩大化生产等方面入手。

2.1.1 缩短制程

助剂产品的生产基本归属于精细有机合成范畴。国内相同品种的助剂生产，无论规模大小，采用的都是雷同的传统合成工艺。而近十年成功应用的合成新技术如催化剂固载技术、离子液体技术、微型反应器技术等却很少被引入到助剂生产工艺中。

减少合成反应步骤和产物后处理环节是最直观的制程缩短。多一步反应就多一个降低合成反应收率的可能，多一个后处理环节就多一份排放或环境负荷。例如增塑剂、抗氧剂、热稳定剂组分、润滑剂、抗静电剂、流滴剂、磷系阻燃剂、部分受阻胺光稳定剂均是或部分是酯类化合物，因此酯化反应的制程缩短就成为共性需求。利用新技术将传统的酯交换工艺变为直接酯化工艺就是典型的制程缩短。制程缩短必然减少副产物和产品精制的工艺步骤。

2.1.2 提高原子经济效率

氢气与氧气反应直接制备过氧化氢是原子经济效率100%的典范。只要存在副产物，即使合成反应转换率很高，原子经济效率也难以提升。高原子经济效率的合成工艺技术开发又势必成为助剂生产技术更新的共性。如果以黄磷、磷化氢、次磷酸来代替三氯化磷或三氯氧磷来合成磷酸酯（盐）和亚磷酸酯盐，便免去了 HCl 的处理之苦，原子经济效率也大幅提升，产品精制环节大为简化。

2.1.3 减少排放

前述两种方式都直接减少了副产物或废弃物，堪称“主动减排”。化工合成工艺不可避免地产生废弃物，必须经过治理后排放，可称“被动减排”。近几年，很多国外同行停止生产或搬迁生产了较多塑料助剂品种，表面上看来是中国同类产品出口量劲增导致其产品不能与国内产品竞争而退出，实际上是国外同行因排放治理成本极高或技术指标难以满足环保要求而停产转向中国委托加工和贴牌生产，其实质是转嫁污染。此类事例，举不胜举。因此，排放物的污染集中治理技术又成为塑料助剂生产的共性需求。

2.1.4 副产物及废弃物的循环利用和再利用

尽管我们渴望采用缩短流程、提高原子经济效率等技术手段来减少副产物的产生和废弃物的排放，但副产物和废弃物的产生依然不可彻底避免。我们主观上并不想制造污染、危害环境，但因大多数助剂企业规模较小、品种单一、溶剂循环套用、副产物精制回收、废弃物污染治理的技术实施成本占助剂制造成本的比例过大，难以为继。因此，助剂生产规模化是实施上述技术的前提。不计环境成本，盲目生产的小型助剂企业终将被淘汰。

2.2 顺应安全卫生法规要求，创新提升

“安全、卫生”是在企业运行的各个环节中利用实施一切有利于保护环境和人身健康安全的措施。例如选择可再生原料、采用清洁制造工艺、产物可回收利用或完全降解或环境消纳、产品中不含对环境和人类有短期或长期危害的物质等。

欧盟 RoHS 已明令禁用了多种重金属元素和特定结构化合物，REACH 也已公布了数十种环境高度关注物质（SVHC），与我国《食品安全法》相应的 GB9685－2008 也明确公布了可用于直接接触食品的包装材料添加剂品种。总之，塑料助剂的品种及应用已上升到法制规范层面。

目前，我国 80% 的增塑剂是邻苯二甲酸酯类，70% 的热稳定剂含铅等重金属，80% 的阻燃剂含卤素。因此，我国企业在安全卫生产品的更新上仍有相当长的路要走，应在充分理解上述法规内容的基础上积极应对。主动应对的措施是彻底地从技术环节上增强自身竞争力才能从容面对发达地区和国家相继提高的各种技术和环保门槛值。被动应对的措施是投入巨大成本举证法规的局限性，期望法规放宽限制或更改。

2.3 资源综合利用技术的开发迫在眉睫

塑料助剂原材料依赖化石资源，而化石资源不可再生。近十年，相继出现的原材料价格大幅上涨多出自不可再生资源的供不应求。因此，非化石资源的综合利用与深加工技术，如天然油脂的综合利用、生物化工产品的高效利用应尽快在助剂工业化生产中接受并实施。源自植物基原料的脂肪族一元酸、脂肪族二元酸、一元醇、二元醇的工业化产品相继问世，为助剂生产提供了新的原材料选择。

近年来，稀土参杂塑料助剂增效技术成为我国自主创新的亮点。应用实践表明，在 PVC 热稳定剂、PP 晶型改质剂、无机粉体表面处理剂、润滑剂、阻燃协效剂、紫外线吸收剂等品种中引入轻稀土元素化合物都可以明显提升助剂自身的功效和应用材料的综合性能。此类技术开发高效利用了我国特有资源，应加大应用推广力度。

塑料助剂产业要想在全球市场一体化的环境下保持较强的竞争力，就必须提高技术革新能力，不仅仅要创新产品，还要着眼于工艺革新、设备革新，提高产品的附加值，摆脱因产品低档次、生产工艺落后、设备陈旧造成的竞争力低下，对原料价格出现波动时企业的抗风险能力差的窘境。

3 高效利用塑料助剂，推动塑料加工产业的增值增效

随着塑料改性技术研究的日益深入，塑料助剂新品种的开发和应用对于塑料工业的发展和进步产生越来越重要的影响。新型高效功能助剂品种赋予塑料制品新的性能和宽广的应用领域，也同时赋予产品更高的价值。

3.1 合成树脂应用的减量化

大多合成树脂都是石化产品。通过稳定性助剂配方设计，延长塑料产品使用周期，可以减少树脂用量、节约化石资源，则有增值效果。

机械物理性能是材料的基本性能。功能性必须在材料具有一定的机械物理性能的前提下才能有效体现。有些材料的机械物理性能无法支撑材料的特殊功能要求，而有些材料的特殊功能持效期无法与材料的机械物理性能有效期保持同步。因此在功能性塑料制品技术开发中，功能持久期与材料使用寿命同步具有更大的意义。

采用光稳定剂和抗氧剂组成的耐候助剂体系可以保持材料的机械物理性能，延长塑料制品的使用周期。例如国内具有流滴消雾功能的日光温室用聚

乙烯薄膜普遍使用一年，而日本、欧洲产品可以使用数年。流滴消雾、保温等功能持效时间与薄膜的寿命同步技术是高效助剂推动合成树脂的减量化利用的典范。

光稳定剂需着重发展受阻胺光稳定剂(HALS)，尤其是高相对分子质量HALS和低碱性HALS。紫外线吸收剂应开发耐热性优、跟HALS协同性好的产品，以及液体紫外线吸收剂。同时还要根据用户需要，开发复合型产品。推广加氢还原工艺代替硫化钠、金属锌及酸还原苯并三唑类光稳定剂生产工艺。

抗氧剂需要开发液体受阻酚抗氧剂、液体亚磷酸酯抗氧剂等挥发性小、耐迁移、相容性好、分散均匀、使用方便的液体抗氧剂。开发用于接触食品、药品包装的天然类抗氧剂，如VE及VE与卵磷酯、亚磷酸酯、甘油、聚乙二醇、高孔率树脂等复合、复配的绿色品种。

推广抗氧剂1010、1076无金属锡催化剂的合成工艺；推广清洁硫代酯抗氧剂工艺，代替高排放、高污染的硫化钠工艺。支持有条件有实力的企业，发展专用型抗氧剂品种，改善我国抗氧剂通用型生产能力过剩，竞争水平低的产品结构。

3.2　塑料制品轻量化

塑料轻量化的途径主要是通过发泡实现。除已熟知的泡沫塑料之外，近年广泛生产应用的微发泡PVC板材、基础发泡聚苯乙烯节能保温材料、化学发泡聚烯烃、超临界流体发泡聚烯烃材料等都离不开稳定剂、发泡剂、成核剂等助剂体系的支撑。

发泡剂：改进生产技术，提高收率和质量；加强综合利用和“三废”治理；对ADC进行改性和活化，开发复合型发泡剂，加入氧化锌、柠檬酸和硬脂酸等酸性物质以促进活化复配；开发低温型发泡剂；产品颗粒不断超细化，增加分散性，将发泡剂与某些无机化合物微粒、表面活性剂混配，以制成高分散性发泡剂；开发抑制发泡型发泡剂，以制备成凹凸不平花纹的发泡墙纸等室内装饰材料；通过母料化和表面改性以降低发泡剂的粉尘污染。

热稳定剂：我国生产和使用的热稳定剂80%以上是有毒且可能在生物体内积累的铅盐稳定剂。随着人们环保意识和健康要求的日益提高，各国都提出禁止使用铅盐类热稳定剂，我国也做了不少限制。我国应在发展钙锌系列热稳定剂、稀土热稳定剂、非金属热稳定剂，以及β-二酮、水滑石类化合物等辅助热稳定剂方面下功夫，加大应用研究力度，满足下游用户的个性化要求。

钙/锌复合稳定剂是较为理想的环保化热稳定剂，应集中力量研究其最佳复合配方、完善制备工艺，要针对制品用途和加工设备来生产专用牌号，无论是固体、液体或膏状，都要及时制定行业标准。

稀土复合热稳定剂要实现无铅化、高效化和降低成本，搞好复配技术，充分发扬稀土元素的特性，使稀土复合热稳定剂立足于世界。

晶型改质剂(成核剂)：适用于聚乙烯、聚丙烯等半结晶树脂，旨在通过改变树脂的结晶行为，加快结晶速度、增加结晶密度和促使晶粒尺寸微细化达到缩短成型周期、有效提升制品物理机械性能的新功能助剂。这些物理机械性能是塑料制品高性能化的基础。

相容剂：塑料共混改性和合金技术的技术关键，其作用在于改善两种或两种以上聚合物共混组份之间的相容性，提高合金化制品的加工共混性和物理机械性能。相容剂作为两种不同性质的聚合物组份之间的第三组份必须与两种组份的聚合物具有一定的反应性或渗透性，虽然聚合物种类繁多，结构和性能各异，两种或多种组份共混的排列组合非常复杂，但其具有一些共性的结构类型。概括的说，互不相容的聚合物组份相容化技术主要包括引入非反应性介质或嵌段共聚物相容剂和借助于低分子量偶联剂或反应性聚合物的非键合特殊相相互作用两大体系。基于聚合物合金化技术的发展，相容剂作为新的助剂必将展现出广阔的市场前景。

3.3　合成树脂应用的安全化

合成树脂是以C、H为主要组成元素的。易燃、易起静电是其两大安全隐患。消除隐患的办法是在合成树脂加工过程中引入阻燃剂和抗静电剂。

阻燃剂：“十二五”期间，我国应围绕全面提升阻燃高分子材料的安全环保性；开发高效共聚、共混、后整理技术，产业化制备本征阻燃材料。

(1) 工程塑料高效环保阻燃技术

自主研发用于工程塑料的耐高温环保无卤阻燃剂，结束国外在本领域的垄断局面。通过以下阻燃剂的产业化实现高耐热无卤阻燃PC/ABS、PA、PC、PBT、PET、PPO及POM的工业生产：①以次膦酸盐为代表的多重磷碳键化合物、经表面处理的高磷含量无机磷酸盐及高分子量磷酸酯等高耐热、高熔点、高磷含量无卤阻燃剂；②以聚硅氧烷为基的有机无机杂化材料；③低吸水、低水溶、耐高温的高效膨胀阻燃体系；④稀土掺杂超支化磷、氮聚合物。研制的无卤阻燃工程塑料，可在电子电气、汽车工业、高速轨道列车、国防军工、航空航天等领域获得应用。

(2) 新兴能源、通讯领域电力输变设施的系统无卤阻燃技术过去几年内，世界范围的立法和市场要求已促使电线电缆的阻燃向低烟、低毒及无卤方向发展。通过合成和产业化高分子量磷酸酯及复配技术，研制和生产 UL3385 20#电子线、无卤低烟太阳能电线等环保型高性能电线电缆及防火封堵材料。研制和生产的无卤阻燃电线电缆及防火封堵材料，具有耐水浸泡、阻燃性能稳定、低迁移等特点，主要用于能源、通讯领域及电子信息等行业。

(3) 环境友好(环保)型阻燃剂清洁制备共性技术

阻燃材料的发展，核心在于阻燃剂。高效制备磷、氮阻燃剂，提高原子经济效率，实现阻燃剂生产过程中的节能减排，对于阻燃剂材料行业的发展至关重要。环境友好(环保)型阻燃剂清洁制备共性技术主要包括以下几个方面：①高 P－C 键、低 P－O 键阻燃剂的合成；②含磷反应型单体的合成及聚合；③离子液体催化技术的应用；④水滑石组装技术；⑤稀土原位包覆技术应用；⑥超支化聚合物稀土配合物制备技术；⑦磷腈阻燃剂的开发；⑧含三嗪环大分子成炭剂的合成；⑨透明 PC 用磺酸盐阻燃剂开发；⑩副产物的后处理及再利用。

抗静电剂：不断完善现有抗静电品种的基础上，加强系列化产品研制，开发与树脂相容性好、耐热、价格低廉的抗静电剂，尤其要加强对低毒或无毒的多功能抗静电剂以及高效新型的季铵盐、两性型抗静电剂的研究。还应积极开展高分子型永久抗静电剂的研究。研究复合型或具特殊功能的专用型抗静电剂，并加强高浓度抗静电母料的产品开发。

3.4　生物基树脂的稳定加工与功能化

以脂肪族聚酯为典型代表的生物基合成树脂的工业化产品相继入市，与之配套的加工助剂、功能助剂技术简单平移到通用塑料助剂应用技术中可能不现实。开发生物基树脂专用助剂迫在眉睫。

3.5　废旧塑料的再生与循环利用

废旧塑料的回收利用可充分体现塑料助剂的减排增值。国家统计局的多年统计数据显示，合成树脂生产量与塑料制品产出量之间存在巨大差异。这再生塑料得到了普遍应用。应将废旧塑料制品回收与再生作为专门课题进行研究。针对塑料回收利用的助剂，如抗氧剂、除湿剂、消泡剂、相容剂、扩链剂等有待深化研究。在这方面，国内仍需要逐步完善的法规环境、政策支持和良好的消费意识来为企业提供强大的支持。

3.6　合成树脂高速加工工艺的技能与降耗

加工装备技术水平的提高实现了加工工艺高速化。传统的助剂配方体系制约了高速加工工艺的稳定运行，表现在合成材料降解变色、模具堵塞、模垢数量加大、注射压力加大、成型周期延长、能耗上升等。与高速加工工艺配套的专用塑料助剂在材料加工过程中的节能增效应体现在提升内、外润滑性，降低树脂熔体黏度、降低加工温度，延长清模周期，可以在相同的加工时间内提高生产量。

3.7　深化特有资源的高效利用，推动稀土掺杂塑料的应用

稀土是我国的特色资源，储量全球第一。由于稀土元素应用的不平衡，中、重稀土元素的大量应用造成了高丰度轻稀土元素产品大量积压，不利于稀土产业的可持续发展。稀土在高分子材料中的应用是一个新课题。利用轻稀土原子外电子层有较多未被填充的空轨道，可以与大量性能各异的无机、有机配体形成不同性能的单核、多核稀土化合物，从而构建高分子材料用新型高效多功能助剂，促进我国助剂技术原创性地实现跨越式发展，有助于改善我国塑料加工业高档产品匮乏的现状。

针对石化、汽车、轻工、建筑对橡塑材料的需求，可开展基于镧、铈轻稀土的新型高分子材料助剂合成及应用技术研究。前期攻关成果表明，稀土化合物可用于低烟高效阻燃高分子材料；用于轮胎可延长使用寿命 10% 以上，滚动阻力降低 20% ~ 35%，汽车耗油量降低 3% ~ 5%；用于木塑发泡，制品密度 $< 850kg/m^3$，节约合成树脂 20% ~ 30%，提高制品生产加工效率 5% ~ 9%；用于改性聚丙烯，可开发高耐热、高韧性、高刚性“三高”为一体的聚丙烯材料。因此，充分利用轻稀土的特性，开发稀土阻燃剂、晶型改质剂、光稳定剂、抗静电剂、热稳定剂等品种，有望形成稀土塑料助剂产业。

4　结论

基于产品性能的提升换代，创新仍然是产业升级、企业成长的原动力。具有创新能力的塑料助剂生产企业应抓住机遇，加大研发投入，加速推出市场竞争力强、符合环保要求、有利于节能减排的新型塑料助剂，实现增值增效。

塑料助剂产业的增值增效体现了塑料助剂的价值。越是高端产品，其价值体现越多。认清塑料助剂产业现状和发展趋势，有助于塑料助剂产业连通过技术创新推动塑料助剂产业进步。

在面临巨大压力和更大机遇的情况下，塑料助剂产业的增值增效价值的体现有助于塑料强国建设。

(1. 广东华南精细化工研究院，
2 北京华腾工程新材料有限公司；
陈宇[1,2]，崔正[2]，王朝晖[1])

2011 中国塑料机械行业经济发展报告

本报告采用国家统计局数据和中国海关进出口数据，经过综合分析而形成。报告共分六个部分，即：一、“十一五”时期中国塑机行业经济发展回顾；二、2010 年中国塑机行业经济发展亮点及进出口情况；三、2011 年 1 季度塑机行业经济运行特点；四、当前塑机行业面临的新形势；五、2011 年国内外塑机市场预测；六、当前塑机行业经济发展的对策。

一、“十一五”时期中国塑机行业经济发展回顾

“十一五”时期，是中国塑机工业发展史上极不平凡的五年，是经受重大考验、战胜重大挑战、取得重大成就的五年。面对国际金融危机的巨大冲击，面对印度对华注塑机反倾销的不利影响，面对要素制约、原材料价格大幅波动、人民币升值等严峻形势，全行业在国家工信部等政府部门和中国机械工业联合会的正确领导下，深入贯彻科学发展观，认真落实党中央、国务院宏观调控政策，积极实施《装备制造业调整和振兴规划》，团结一心，攻坚克难，奋力创新，扎实工作，不仅全力促进行业经济又好又快发展，巩固扩大了经济回升向好的势头，圆满完成了“十一五”规划确定的目标任务，行业发展发生了历史性变化，还在应对国际金融危机冲击、应对各种挑战和考验、推进科技创新和转型升级等方面积累了许多宝贵经验，为“十二五”发展打下了坚实基础。

(一) 综合实力实现新跨越

统计资料显示，“十一五”期间的五年，全行业规模以上企业达 564 家，工业总产值平均增速为 19.2%，其中，2010 年工业总产值达 421.06 亿元，比上年增长 63%，是 2005 年 193.07 亿元的 2.2 倍；工业销售产值的平均增速也是 19.2%，其中，2010 年工业销售产值达 400.65 亿元，比上年增长 60%，是 2005 年 181.88 亿元的 2.2 倍；出口交货值的平均增速为 19.6%，其中，2010 年出口交货值达 59.57 亿元，比上年增长 63%，是 2005 年 30.15 亿元的 1.97 倍；以上三项主要经济指标均创造了历史新高。关于 2005 ~ 2010 年塑料机械行业主要经济指标的增长情况，参见表 1、图 1 ~ 图 3。

与此同时，企业和行业的经济效益稳步增长，综合实力显著提高。塑机行业的持续高速发展，不仅为塑料制品业提供了大量的“工作母机”，直接带动了该行业的又好又快发展，并且同样刷新了历史纪录，而且有力地促进了汽车、家电等国民经济各行业的强劲发展。

表 1　2005 ~ 2010 年塑料机械行业主要经济指标增长情况

年　份	企业数	工业总产值		工业销售产值		出口交货值	
		金额/亿元	同比增长/%	金额/亿元	同比增长/%	金额/亿元	同比增长/%
2005	379	193.07		181.88		30.15	
2006	413	221.33	15	216.08	19	42.82	42
2007	454	267.73	21	260.61	21	53.04	24
2008	473	280.43	5	262.98	1	54.83	3
2009	521	258.48	-8	250.85	-5	36.46	-34
2010	564	421.06	63	400.65	60	59.57	63

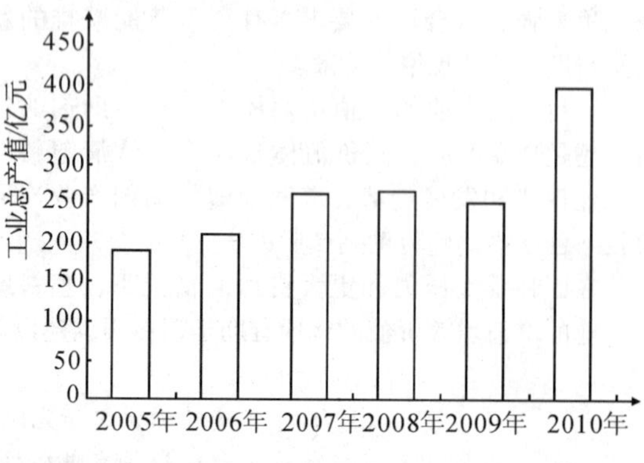

图 1　2005 ~ 2010 年工业总产值增长情况

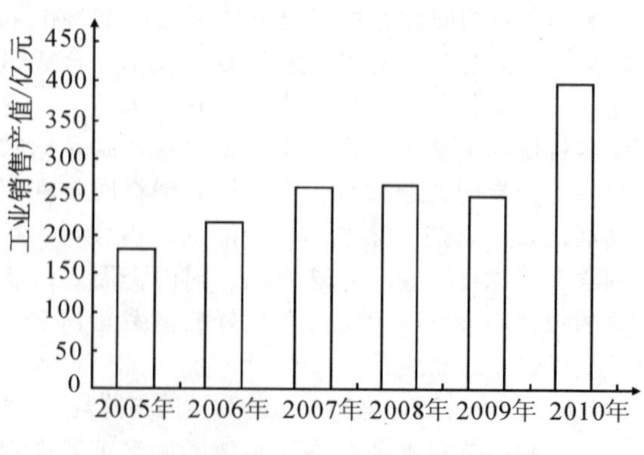

图 2　2005 ~ 2010 年工业销售产值增长情况

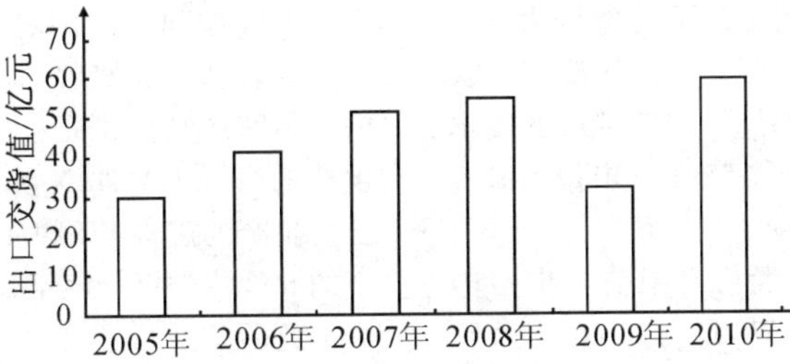

图3　2005～2010年出口交货值增长情况

（二）产业层次迈上新台阶

五年来，我国塑机产业在加快转变经济发展方式的背景下，一方面坚决淘汰了一批低档次、高能耗的落后产品；另一方面，以科技创新为抓手，紧跟国内外市场需求，加快推进产品结构的调整步伐，加大产品创新的力度，积极研发和生产了一大批具有自主知识产权、具有专用化、系列化、复合化、智能化特点的中、高档产品，不仅满足了国内重点用户的需求，并部分替代了进口，而且远销全球170多个国家和地区，大大提升了我国塑机产品的质量和层次。其中，全行业大部分产品填补了国内空白，达到了同期国际先进水平，某些产品由于在精度和可靠性等方面达到更高水平，已处于国际领先地位，得到了国内外市场的肯定。

例如，宁波海天塑机集团有限公司自主研发生产的J5～J7型节能注塑机、大型两板机、微成型注塑机、水平旋转式大型多组份注塑机等产品，提高了产品的科技含量和附加值，提升了产品的档次，在迈进中高端市场方面有了长足的进步，增强了企业的国际竞争力。又如，广东震德塑料机械有限公司、广东东华机械有限公司、广州博创机械有限公司、广东伊之密精密机械有限公司、宁波海达塑料机械有限公司、无锡格兰机械集团有限公司、浙江申达机器制造股份有限公司、上海金纬机械制造有限公司、山东通佳机械有限公司、广东金明塑胶设备有限公司、大连三垒机器股份有限公司、潍坊中云机器有限公司、江苏维达机械有限公司、南京艺工电工设备有限公司等一批行业重点骨干企业，相继开发了新一代塑机产品，提高了产品的技术水平和档次。再如，大连橡胶塑料机械股份有限公司围绕国家重大装备技术攻关和国产化项目，围绕国家鼓励发展的战略性新兴产业，用最新技术改造提升传统产品，着力研发了一批自动化程度高、技术先进的新产品，为实现石化装备的系列化、国产化，提供了急需的技术和装备。

此外，华南理工大学聚合物新型成型装备国家工程研究中心发明的高分子材料动态塑化加工方法及设备，在世界塑料塑化理论和实践上具有革命性的突破。同时，该中心发明的基于拉伸流变的高分子材料塑化加工技术与装备，北京化工大学研发的可视化挤出机、三角排列式三螺杆连续混炼机等科研成果，北京化工大学与大连橡塑机械有限公司等联合研发的20万吨/年级的大型挤压造粒机组，北京化工大学、浙江大学与宁波海天塑机集团有限公司联合研发的精密注塑机，北京化工大学研发的精密挤出成型装备等，均达到世界先进水平，某些技术和产品已位居世界前列。

（三）创新能力有了新提高

“十一五”期间，我国塑机行业的科技创新能力明显提高。截止至2010年，全国已有10多所高等院校设置了塑料成型机械专业，并普遍拥有硕士培养资格，其中，有两所重点大学设立了博士点。全行业已有国家级专业研究中心3个，国家级企业技术中心4个，省部级重点实验室和工程研究中心各1个，省级企业技术中心16个，市级企业技术中心39个，博士后工作站8个。有国家首批创新型企业1家，省级创新型企业试点单位5家，地市级创新型企业试点单位8家。全行业拥有科技人员5000多人，其中，从事产品研发的科技人员达3000多人。

例如，宁波海天塑机集团有限公司技术中心，被确定为国家级企业技术中心。2006年入选为全国首批103家创新型企业试点单位；2008年被命名为全国首批91家创新型企业。震德塑料机械有限公司建立的环保节能型精密注塑成型设备研发基地，被确定为广东省教育部产学研结合示范基地，该企业技术中心被确定为广东省级工程中心。广州博创机械有限公司技术中心被确认为广东省级企业技术研究中心之后，又被广州市确认为创新型企业。广东伊之密精密机械有限公司技术中心，被确认为广东省级工程中心、省级企业技术中心，建立了国家博士后科研工作站。宁波海达塑料机械有限公司术中心被确认为浙江省级企业技术中心等等。

根据我协会最近对行业28家骨干企业的调研资料显示，“十一五”期间，这些企业分别与清华大学、北京化工大学、华南理工大学、浙江大学等30多所大学和中科院等科研院所，大力开展产学研合作，先后建立产学研机构22个，实施产学研项目75项。随着科技创新能力的进一步增强，“十一五”期间，这些企业共计攻克技术难题251个，获国家级技术成果奖18项，省部级技术成果奖55项；申报国家专利643项，取得专利授权445项。

例如，大连橡胶塑料机械股份有限公司申报国家专利106项，取得专利授权37项；广东金明塑胶设备有限公司申报国家专利95项，取得专利授权80项；宁波海天塑机集团有限公司申报国家专利67项，取得专利授权51项；广东东华机械有限公司申报国家专利42项，取得专利授权28项；上海金纬机械制造有限公司申报国家专利28项，取得专利授权26项；广东伊之密精密机械有限公司申报国家专利26项，取得专利授权23项；广州博创机械有限公司申报国家专利25项，取得专利授权24项；宁波海达塑料机械有限公司申报国家专利23项，取得专利授权23项。此外，大连三垒机器股份有限公司、广东震德塑料机械有限公司、秦川未来塑料机械有限责任公司、宁波双马机械工业有限公司、广东佳明机器有限公司、江苏维达机械有限公司、南京艺工电工设备有限公司、张家港亿利机械有限公司、潍坊中云机器有限公司、江苏联冠科技发展有限公司、慈溪德顺容器有限公司、张家港繁昌机械有限公司，也在实施知识产权战略方面迈出了新的步伐，取得了新的成绩。

（四）品牌工作有了新突破

实施名牌战略是推进产业转型升级的重要措施，对于推动塑机行业经济又好又快发展起着至关重要的作用。“十一五”期间，面对日益严重的国际金融形势，面对越来越激烈的国内外市场竞争，以及资源环境约束加剧的新情况，为了更好地适应产业转型升级和增长方式转变的新要求，全行业在深刻认识名牌战略重要性的同时，采取了一系列措施，坚定不移地推进名牌战略。

早在“十一五”之初，中国塑机协会就确定了全行业宏观质量工作目标和名牌战略主要任务，把产品质量问题作为行业经济发展中的战略问题，作为推进名牌战略的重要抓手，同时，把品牌建设作为推进自主创新及其成果产业化的重要环节，制定了加快实施品牌战略的具体目标工作进程。协会一方面鼓励企业生产优质产品，提升质量水平，支持有条件的企业创立名牌产品；另一方面，加强与政府部门的联系协调，积极提出塑机行业实施名牌战略的主张和建议。

由于政府部门和中国机械工业联合会的重视和支持，通过全行业的共同努力，终于在2007年塑机产品首次被列入中国名牌产品目录，并首次荣获3个中国名牌产品奖牌，实现了“零”的突破。这3个中国名牌产品分别是：宁波海天塑机集团有限公司生产的海天HAITIAN牌注塑机，震德塑料机械有限公司生产的震雄CH牌注塑机，东华机械有限公司生产的h牌注塑机。该年，全行业获得中国驰名商标3个。此后，全行业相继涌现出省级名牌产品9个，地区级名牌产品5个，省级著名商标6个、地区级知名商标7个。

（五）标准战略有了新推进

技术标准是运用科学、技术和实践经验的综合成果，是技术创新和知识产权追求的最高表现形式，是提升产品竞争力的技术支撑。“十一五”期间的五年，我国塑机行业更加重视技术标准工作，为完善相关领域的标准体系，提高标准的时效性和配套性，强化标准对产业和市场的满足率，提升技术标准对产业科技创新的支持力度，做了大量的工作，取得了明显的成效。据统计，在这五年当中，全行业先后成立标准制定工作组6个，召开技术标准评审会议30多次，企业参与制修订的国家标准12项、行业标准16项，是实施标准战略的最好时期。

（六）集群发展取得新进展

经过改革开放30多年的发展，在我国环渤海、长三角和珠三角三大区域，形成了10多个以专业生产注塑机、挤出生产线、双螺杆挤出机为特色的产业集群。其中，在长三角区域的上海、南京、张家港、昆山、舟山、温州等地，形成了一批以专业制造塑料挤出机和塑料原料配混设备为主的产业集群；在浙江宁波，形成了以专业制造注塑机为主的产业集群；在珠三角区域的广州、顺德、深圳等地，形成了多个制造注塑机产品的生产基地。

“十一五”期间，这些区域积极实施集群化发展战略和转型升级战略，努力打造六种能力，增创六种新优势，即：打造科技创新能力，增创核心竞争力新优势；打造转型升级能力，增创快速发展新优势；打造引智聚才能力，增创人才高地新优势；打造资源利用能力，增创和谐发展新优势；打造现代服务能力，增创集群功能新优势；打造团结协作能力，增创抱团发展新优势。初步形成了龙头企业带动能力较强、产业结构趋于合理、产业链基本完善的产业集群体系，形成了一批具有地方特色和比较优势的集群经济板块。

例如，以生产注塑机而闻名的宁波市，被授予“中国塑机之都”称号；以生产塑机螺杆机筒而知名的舟山市，被授予“中国塑机螺杆之都”称号；注塑机产量最大的宁波市北仑区产业集群，入选中国社会科学院发布的“2008 中国百佳产业集群”名单。目前，这些产业集群正在由“低、小、散”状态向“园区化”、“集群化”格局转变，不仅为我国塑机行业的快速发展起到重要的推动作用，也为区域经济的蓬勃发展注入了强劲动力。

（七）企业实力有了新提升

企业规模明显扩大，是“十一五”期间我国塑机行业的一大亮点。据统计，“十一五”期间的五年，全行业规模以上企业的平均增速为 8.29%。其中，2010 年规模以上企业达 564 家，比上年增长 8.25%；比 2005 年的 379 家增加了 188 家，增长了 50%。与此同时，企业实力有了显著增强。例如 2007～2009 年，位居行业前 20 名企业的销售收入合计，依次为 96.89 亿元、90.17 亿元、127.26 亿元，分别占全行业销售总额的 44.8%、41%、53%，在塑机行业中发挥了中坚和带动作用。

另据企业申报资料显示，2010 年，我国塑机行业销售收入超亿元的企业有 26 家。在他们当中，销售收入达 100 亿元的企业有：宁波海天塑机集团有限公司；销售收入在 5～10 亿元的企业有：震德塑料机械有限公司、潍坊中云机器有限公司、广东伊之密精密机械有限公司、广东佳明机器有限公司、广州博创机械有限公司、广东东华机械有限公司；销售收入在 4～5 亿元的企业有：宁波海达塑料机械有限公司、浙江申达机器制造股份有限公司；销售收入在 2～4 亿元的企业有：浙江华业塑料机械有限公司、大连三垒机器股份有限公司、宁波双马机械工业有限公司、山东通佳机械有限公司、泰瑞机器制造（中国）有限公司、无锡格兰机械集团有限公司、宁波弘讯科技有限公司、广东金明塑胶设备有限公司等公司。

这些龙头企业和骨干企业，有的为带动行业经济持续快速发展中，起到了“发动机”的作用；有的在产业结构调整、加强产品创新、提升产品档次方面，起到了领头羊的作用；有的在加大科技投入、推进科技创新、加强产学研合作、促进全行业技术进步方面，或者在完善公司治理、创新管理模式中，起到了排头兵的作用；有的在实施“走出去”战略、增强国际竞争力、争取国际话语权方面，发挥了行业“航母”的重要作用（图 4）。

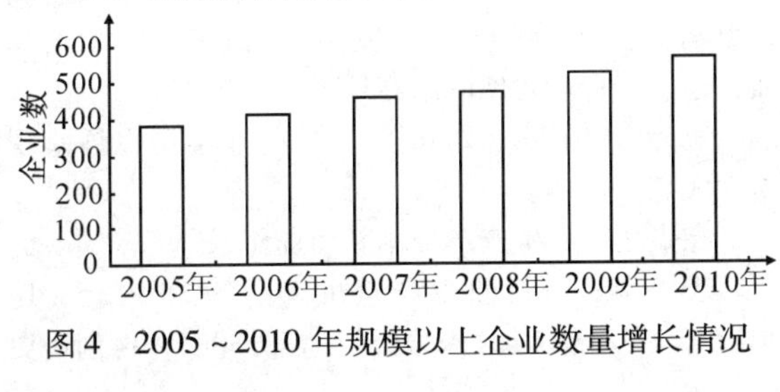

图 4　2005～2010 年规模以上企业数量增长情况

（八）节能减排取得新成效

“十一五”期间，全行业不断增强环保节能意识，坚持把建设资源节约型、环境友好型社会，放在企业发展战略的突出位置，把绿色制造作为关系民生、关系可持续发展的大事来抓，把攻克节能关键技术作为全员战、攻坚战来打，深入开展提升节能技术的全员行动，积极开发高效节能型塑机产品，开发节材节地型注塑机产品，开发综合节能型塑机产品，先后成功开发了一批具有节能降耗显著效果的新产品，从而增添了我国塑机产品的新亮点，创造了新的竞争优势，得到了国内外用户的广泛认可和市场的青睐。

例如，宁波海天塑机集团有限公司生产的 MA 伺服节能塑料注射成型机，经由清华大学、北京化工大学等 9 所高校和科研院所的院士、教授组成的专家组鉴定，并通过国家塑料机械产品质量监督检验中心检测，与传统液压注塑机相比，该产品可根据制品的几何形状、制品大小，实现节能率 40%～80%，节能效果达到国际先进水平。又如，广东震德塑料机械有限公司、广东东华机械有限公司、广州博创机械有限公司、广东伊之密精密机械有限公司、宁波海达塑料机械有限公司、山东通佳机械有限公司、秦川未来塑料机械有限责任公司、江苏维达机械有限公司等企业，相继开发了节能效果明显、档次较高的塑机产品。再如，大连橡胶塑料机械股份有限公司依靠科技创新，开发了变频驱动密炼项目，与相同规格的密炼机变频驱动比，可省电 8%～10%；针对轮胎行业推行的节能炼胶工艺，开发了适用于一次法炼胶的密炼机、开炼机，为轮胎行业节能技术创新做出了新的贡献。

与时同时，中国塑机工业协会在实施绿色发展战略中，发挥了积极的推动作用。2009 年 7、8 月，协会曾经两次组织行业专家进行科学研讨和集体审定，出台了注塑机产业第一部节能技术标准——《塑料注射成型机能耗检测和等级评定的规范》。此后，协会又在注塑机产业内正式实施了该节能技术标准。同年 9 月 28 日，协会又与国家塑料机械产品质量监督检验中心一起，组织开展了第一批注塑机生产企业能耗检测和等级评定活动。通过检测表明，业内企业在研制节能产品、提升节能技术方面成果突出，效果显著，为推进国民经济各行业的节能减排，提供了大批高效节能型装备。

（九）人才培育呈现新特点

五年来，我国塑机行业通过多渠道吸引人才、多元化培养人才、多形式关爱人才、多举措激励人才、多平台成就人才等方法，认真抓好经营管理、专业技术、操作技能人才三支队伍的建设。据初步统计，截止至2010年底，我国塑机产业拥有科技人员5000多人，其中，从事产品研发的科技人员3000多人。据不完全统计，五年来，全行业培训科技人员5750人次，培训技术工人26735人次，为进一步提高人才素质发挥了重要作用。

（十）产业地位有了新提高

“十一五”期间，国务院及政府部门更加重视塑机行业的发展。2009年5月，国务院颁布的《装备制造业调整和振兴规划》，将塑料机械行业的多项产品列入发展重点，这是新中国成立以来塑机行业第一次被列入装备制造业发展规划，第一次上升为国家战略，这是塑机行业发展史上的重要里程碑。2010年5月，国家工业和信息化部颁布的《装备产业技术进步和技术改造投资方向(2010年)》，将塑料机械行业的节能塑料橡胶注射成型机、高速节能塑料挤出机组、大型高效二板注塑机、全电动塑料注射成型机、微孔发泡塑料注射成型机、大型双螺杆挤出造粒机组、大型对位芳纶反应挤出机组、碳纤维预浸胶机组等8个重点产品列入其中，这是国家政府主管部门首次将塑料机械作为单列行业，首次将塑料机械产品列入技改技革目录，具有标志性的意义。这些重大战略、重大举措的出台和实施，为加快推进中国塑机产业的发展，提供了难得的有利条件和重要机遇。

经过50多年的发展，特别是经过改革开放以来的快速发展、“十一五”时期的跨越发展，我国塑料机械行业已经形成了一个门类齐全、基础牢固、具有一定技术水平、能够基本满足国民经济需求的世界最大规模、并具有相当国际竞争力的产业体系，取得了令人瞩目的成就。截止至2010年，我国塑料机械行业在产品产量方面已经连续10年位居世界第一，进一步巩固了我国作为世界塑料机械制造大国的地位。

目前，塑料机械行业已成为我国机械工业的重要组成部分，是机械工业中增长最快的产业之一。由于塑料机械的“工作母机”作用日益显现，由塑料机械装备生产的塑料产品不仅遍及人民生活的各领域，而且广泛应用于国民经济的各行业。塑料机械已经成为航空航天、国防、石化、海洋、电子、光电通信、建筑材料、包装、电器、汽车及交通车辆、农业、轻工业等国民经济各行业的重要技术装备，也是新能源、新材料、节能环保、生物医药、信息网络和高端制造等产业的配套专用设备。其产业关联度高，资本、技术密集，市场带动性强，是相关行业转型升级、科技进步的重要保障，又是重要的经济增长点。塑料机械行业为国民经济的建设和发展做出了积极的贡献。

总之，“十一五”时期的五年，是积极应对复杂多变形势、全行业同舟共济促发展的五年，是行业经济持续快速发展、综合实力显著提升的五年，是加快转型升级、产业结构调整取得明显进展的五年，是自主创新能力明显增强、科技进步取得新成就的五年，是发展活力持续增强、行业面貌发生历史性变化的五年。

五年来所取得的成绩来之不易，五年来积累的经验尤为可贵。这是深入贯彻科学发展观，认真落实党中央、国务院宏观调控政策的结果，是国家工信部等政府部门和中国机械工业联合会高度重视、正确领导的体现，是全行业企业家和广大职工共克时艰、奋力拼搏的成果，也是中国塑机协会坚持创新服务、努力推进行业跨越发展的结晶。

回顾五年的工作，我们也应清醒地认识到，我国塑机行业经济发展还存在不少问题，主要有八个方面：一是经济总量仍然偏小，做大做强的任务十分繁重；二是产业层次依然处于世界产业链的中低端，实施高端战略的步伐亟待加快；三是塑机产品进出口逆差较大，替代进口迫在眉睫；四是企业科技投入不高，科技创新能力不强；五是高端人才缺乏，创新型人才急需加快培育；六是粗放式的发展方式还没有得到根本转变，转型升级的力度必须加大；七是信息化程度不高，企业整体管理水平需要加快提升；八是在实施专利、标准和品牌战略、创建全国乃至世界品牌方面着力不够，成效不突出。为此，我们一定要以高度负责和只争朝夕的精神，通过艰苦细致的工作和坚持不懈的努力，加快解决这些问题，全力推进塑机行业实现由大变强！

二、2010年中国塑机行业经济发展亮点及进出口情况

（一）2010年中国塑机行业经济发展亮点

2010年是非同寻常的一年。面对外部环境的复杂变化，我国塑机行业全面贯彻落实党中央和国务院的决策部署，深入实施《装备制造业调整和振兴规划》，抓住发展机遇，克服重重困难，加快转型升级的步伐，加大科技创新的力度，加强生产经营管理，率先摆脱国际金融危机严重影响，走上了持续回暖、大幅回升、高速增长的上升通道，出现了新品迭出、订单剧增、产量跃升、效益提高、捷报不断的新局面，迈上了行业发展的新高地。

统计资料显示，2010年塑机行业经济发展呈现出六大亮点。

亮点之一：生产产量刷新历史纪录

2010年，全行业生产塑机产品约35万台，比2009年27万台增加约8万台，增长30%，再创历史新高。至此，我国塑机产业已在产量方面连续10年位居世界第一。

亮点之二：经济总量刷新历史纪录

一是全行业工业总产值高速增长，首次突破400亿元大关，达到了421.06亿元，比2009年258.48亿元增加162.58亿元，增长62.89%，刷新了历史纪录。二是工业销售产值迈上了新台阶，同样连跨300和400亿元两个大关，达到了400.65亿元，比2009年250.85亿元增加149.8亿元，增长59.72%，创造了历史新高。

亮点之三：对外贸易刷新历史纪录

2010年，全行业出口交货值达到59.57亿元，比2009年36.46亿元增加23.11亿元，增长63.38%，同样创造了历史新高。

亮点之四：产品升级刷新历史纪录

2010年，全行业抓住国民经济总体回升、各行业对塑机产品需求旺盛的机遇，加快了产品升级的步伐，研发和生产了一大批高效节能型塑机产品。该年，新产品产值达59.86亿元，比2009年32.62亿元增加27.24亿元，增长83.51%，也创造了前所未有的好成绩。

亮点之五：经济效益刷新历史纪录

据对行业28家重点骨干企业的调研，2010年，这28家企业实现利税共计26.07亿元，比2009年13.89亿元增加12.18亿元，增长53.27%，创造了历史新高。

亮点之六：增长速度刷新历史纪录

国家统计局数据显示，虽然我国塑机行业经济总量较小，但是2010年全行业的工业总产值、工业销售产值、出口交货值、新产品产值4项指标的增速，分别超过同期全国机械工业同类指标平均增速的30%～50%，再创历史新高。

（二）塑机产品进出口情况

1. 进出口总量统计

在机械行业进出口贸易普遍保持顺差的情况下，塑料机械的进出口贸易逆差状态却始终未能转变。2010年我国塑机设备的进出口虽然取得了全面增长，但是进口增速高于出口。全年进口塑机14961台，进口金额为200657.51万美元；出口塑机44493台，出口金额为114003.76万美元。进口高端塑机设备与出口中低端设备的不对称贸易结构，导致我国塑机设备出口量虽然为进口量的3倍，但是出口金额仅为进口金额的57%，进口设备平均单价约为出口设备平均单价的5倍，贸易逆差近9亿美元，逆差金额同比增长约72%。2010年我国塑机进出口总量统计及贸易逆差金额走势见表2、图5、图6和图7。

2. 进出口结构分析

（1）塑机产品分税号统计

2010年，注塑机进口数量占我国塑机设备进口总量的64.73%，进口金额占46.13%，进口数量和金额分别同比增长83.64%、77.9%；其他注射机、塑料中空成型机、其他真空模塑机及其他热成型机器、其他模塑或成型机器虽然分别只占同期进口塑机设备总量的4.26%、0.98%、12.31%、7.92%，但是进口量同比增长分别高达73.1%、107.04%、157.62%、80.09%；与进口量高速增长相对应的是，其他真空模塑机及其他热成型机器的进口金额也同比增长了91.28%，但是其他注射机、其他模塑或成型机器的进口金额仅同比增长26.86%、37.04%，塑料中空成型机的进口金额反而同比减少了10.81%。2010年我国塑机产品进出口分税号统计见表3。

表2　2010年我国塑机产品进出口总量(未包含零件)

月　份	进口			出口			贸易逆差		
	数量(台)	金额/万美元	平均单价/(万美元/台)	数量(台)	金额/万美元	平均单价/(万美元/台)	金额/万美元	同比增长/%	环比增长/%
1	995	15066.46	15.14	3214	7613.35	2.37	7453.11	58.05	69.42
2	630	10139.22	16.09	4228	8037.23	1.90	2101.99	-64.14	-71.80
3	1221	16350.43	13.39	2613	7611.6	2.91	8738.83	30.59	315.74
4	1149	16013.87	13.94	3266	7269.6	2.23	8744.27	51.64	0.06
5	2188	20054.44	9.17	3461	8601.29	2.49	11453.15	108.71	30.98
6	1373	15774.23	11.49	4085	9568.88	2.34	6205.35	46.46	-45.82
7	1390	18256.54	13.13	3890	10973.37	2.82	7283.17	191.63	17.37
8	1451	18389.98	12.67	3709	10533.61	2.84	7856.37	297.09	7.87
9	1380	18838.27	13.65	4179	10082.2	2.41	8756.07	76.95	11.45
10	910	15160	16.66	3405	9923.34	2.91	5236.66	230.62	-40.19
11	1103	18911.51	17.15	4165	11586.33	2.78	7325.18	239.81	39.88
12	1171	17702.56	15.12	4278	12202.96	2.85	5499.6	25.02	-24.92
合计	14961	200657.51	13.41	44493	114003.76	2.56	86653.75	72.20	/

注：数据来源于中国海关。

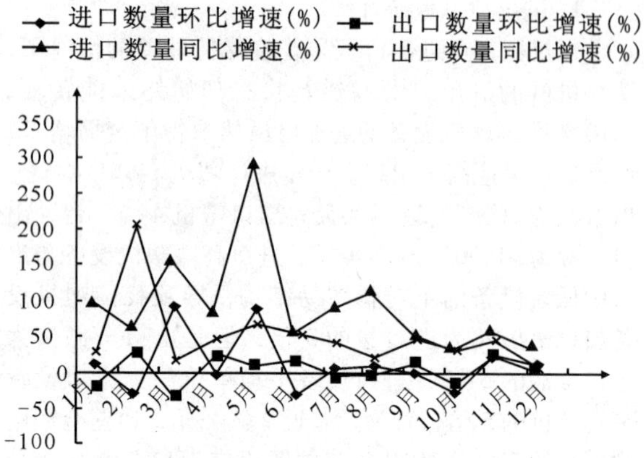

图5　2010我国塑机产品进出口数量增速走势(未包含零件)

注：数据来源于中国海关。

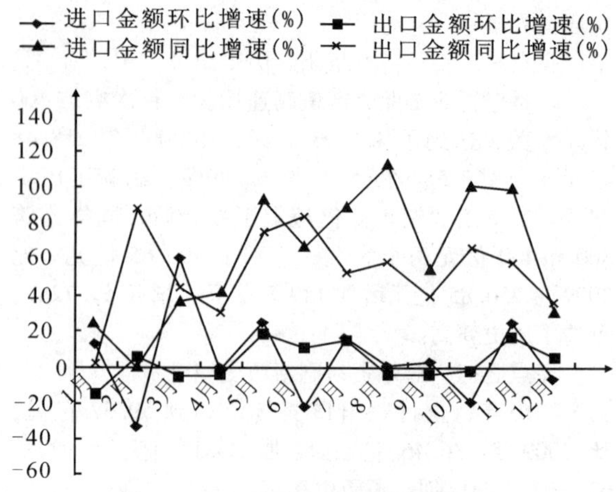

图6　2010年我国塑机产品进出口金额增速走势(未包含零件)

注：数据来源于中国海关。

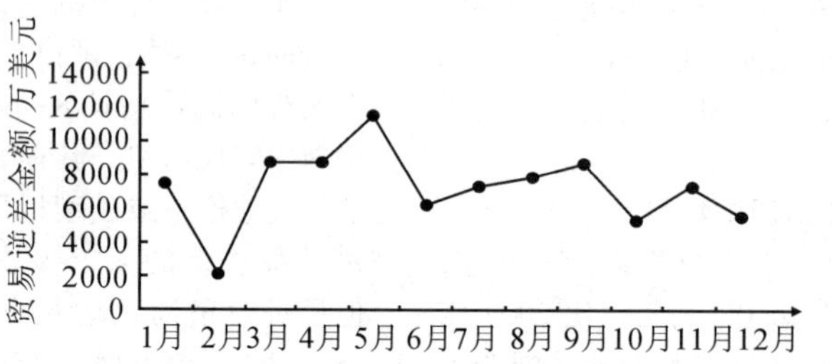

图7　2010年我国塑机产品贸易逆差金额走势(未包含零件)

注：数据来源于中国海关。

表3　2010年我国塑机产品进出口分税号统计(未包含零件)

税　号	名　称	进　口				出　口			
		数量(台)	进口数量占比/%	金额/万美元	进口金额占比/%	数量(台)	出口数量占比/%	金额/万美元	出口金额占比/%
84771010	注塑机	9685	64.73	92570.36	46.13	18963	42.62	62380.03	54.72
84771090	其他注射机	637	4.26	7004.04	3.49	510	1.15	1316.81	1.16
84772010	塑料造粒机	158	1.06	13551.73	6.75	2557	5.75	3644.22	3.20
84772090	其他挤出机	865	5.78	28238.27	14.07	4661	10.48	19388.58	17.01
84773000	吹塑机	309	2.07	30400.94	15.15	8311	18.68	13639.98	11.96
84774010	塑料中空成型机	147	0.98	1601.28	0.80	3067	6.89	2396.95	2.10
84774020	塑料压延成型机	133	0.89	3857.12	1.92	1385	3.11	842.74	0.74
84774090	其他真空模塑机及其他热成型机器	1842	12.31	11806.81	5.88	2454	5.52	3694.73	3.24
84775900	其他模塑或成型机器	1185	7.92	11626.96	5.79	2585	5.81	6699.69	5.88
合　计		14961	100	200657.51	100	44493	100	114003.73	100

注：数据来源于中国海关。

（2）进出口地域分布统计

2010年，我国从德国、意大利、法国、瑞士、奥地利、美国、加拿大、日本、韩国及中国台湾这10个地区进口的塑机设备数量和金额分别占同期塑机设备总量和总额的96.57%、98.05%；其中从日本进口的数量和金额分别占49.08%、37.31%，位居首位；尽管从德国进口的数量仅占7.34%，但进口金额的占比却高达25.5%，平均单价约为从日本进口的5倍。

按洲际统计，2010年我国从亚洲地区进口塑机设备的数量占同期塑机设备进口总量的82.75%，进口金额占同期塑机设备进口总额的55.44%，进口数量和金额所占比重较2009年同期的77.07%、49.43%提高了5.68%和6.01%；从欧洲地区进口的数量虽然只占同期塑机进口总量的13.35%，但进口金额占比达40.35%，比2009年同期从欧洲进口数量占17.61%、进口金额占45.27%分别减少了4.26%和4.92%。

2010年我国塑机设备出口国家和地区为171个，排在前10位的出口分布地区之间的数量和金额所占份额接近。其中出口至巴西的数量和金额均居首位，分别占我国塑机设备同期出口总量和总额的6.57%、8.73%。按洲际统计，出口至亚洲地区的数量及金额分别占56.6%、57.63%，同比分别增加1.9%和减少0.47%；出口至非洲的数量和金额占比与2009年相比分别减少了3.61%和2.84%；出口至欧洲地区的数量和金额占比与2009年相比则增加1.07%和0.62%；出口至拉丁美洲的数量和金额占比分别由2009年的11.15%、13.33%增加至13.02%、16.53%；出口至北美洲的数量和金额占比分别由2009年的8.01%、2.53%减少至5.95%、1.9%；出口至大洋洲的数量和金额所占比例分别由2009年的0.66%、1.01%增加至1.49%、1.12%。2010年我国塑机进出口地域分布统计见表4、表5、图8和图9。

表4　2010年我国塑机进口地排名前10位（未包含零件）

序　号	名　称	进口数量（台）	进口金额/万美元	平均单价/（万美元/台）	进口数量占比/%	进口金额占比/%
1	日本	7396	74928.04	10.13	49.10	37.32
2	德国	1106	51208.65	46.30	7.34	25.51
3	中国台湾	3920	24241.56	6.18	26.02	12.07
4	意大利	264	12125.62	45.93	1.75	6.04
5	韩国	799	9966.60	12.47	5.30	4.96
6	法国	179	6697.89	37.42	1.19	3.34
7	瑞士	66	5504.41	83.40	0.44	2.74
8	美国	525	5459.69	10.40	3.49	2.72
9	奥地利	239	3934.56	16.46	1.59	1.96
10	加拿大	54	2789.14	51.65	0.36	1.39
合　计		14548	196856.16	13.53	96.57	98.05

注：数据来源于中国海关。

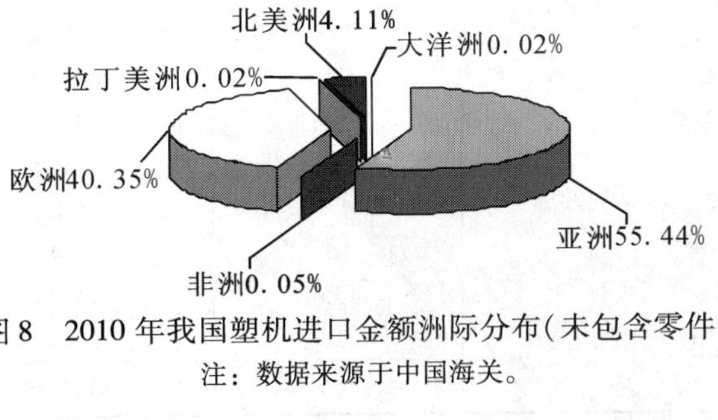

图8　2010年我国塑机进口金额洲际分布（未包含零件）

注：数据来源于中国海关。

表5　2010年我国塑机出口地排名前10位(未包含零件)

序　号	名　称	出口数量(台)	出口金额/万美元	平均单价/(万美元/台)	出口数量占比/%	出口金额占比/%
1	巴西	2893	9960.44	3.44	6.57	8.73
2	伊朗	2327	6742.89	2.90	5.29	5.91
3	土耳其	1653	6247.43	3.78	3.76	5.48
4	印度	2021	6019.79	2.98	4.59	5.28
5	印度尼西亚	1893	6016.46	3.18	4.30	5.28
6	越南	2787	5928.03	2.13	6.33	5.20
7	泰国	1143	4876.20	4.27	2.60	4.28
8	马来西亚	1863	4716.14	2.53	4.23	4.14
9	俄罗斯	1661	4633.45	2.79	3.77	4.06
10	日本	1391	3388.68	2.44	3.16	2.97
合　计		19632	58529.51	2.98	44.60	51.33

注：数据来源于中国海关。

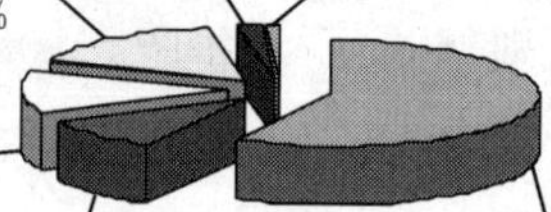

图9　2010年我国塑机出口金额洲际分布(未包含零件)

注：数据来源于中国海关。

(3)进出口贸易方式统计

2010年我国塑机设备进口贸易方式依然是以一般贸易和外商投资企业投资进口的设备、物品为主，其中一般贸易方式下的进口数量和进口金额分别占同期塑机设备进口总量和进口总额的69.57%、65.01%，金额所占比例与2009年相比增加了10.76%；外商投资企业投资进口的设备、物品进口数量和金额分别占17.93%、24.61%，金额所占比例与2009年相比减少了10.98%。

出口以一般贸易和进料加工贸易为主，其中一般贸易方式下出口的塑机数量和金额分别占同期塑机出口总量和出口总额的81.26%、70.43%，出口金额所占比例较之2009年的72.98%减少了2.55%；通过进料加工贸易方式出口塑机的数量和金额分别占13.98%、26.96%，出口金额所占比例比2009年增加3.5%。2010年我国塑机进出口贸易方式统计见表6、表7、图10和图11。

表6　2010年我国塑机进口贸易方式(未包含零件)

序　号	贸易方式	进口数量(台)	进口金额/万美元	平均单价/(万美元/台)
1	一般贸易	10408	130439.43	12.53
2	外商投资企业投资进口的设备、物品	2683	49379.25	18.40
3	出口加工区进口设备	763	7814.14	10.24
4	保税区仓储转口货物	270	4500.31	16.67
5	保税仓库进出境货物	116	4209.43	36.29
6	加工贸易进口设备	528	3606.88	6.83
7	进料加工贸易	47	415.83	8.85
8	租赁贸易	10	146.42	14.64
9	其他	135	144.28	1.07
10	边境小额贸易	1	1.48	1.48
合　计		14961	200657.5	13.41

注：数据来源于中国海关。

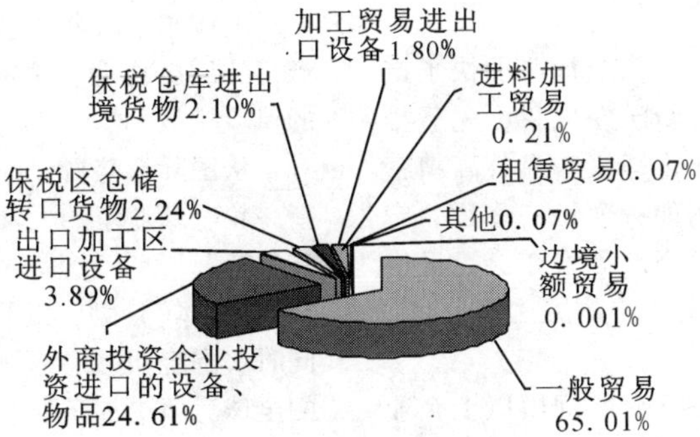

图10　2010我国塑机进口贸易方式金额占比(未包含零件)

注：数据来源于中国海关。

表7　2010年我国塑机出口贸易方式(未包含零件)

序　号	名　称	出口数量(台)	出口金额/万美元	平均单价/(万美元/台)
1	一般贸易	36153	80296.2	2.22
2	进料加工贸易	6222	30740.9	4.94
3	保税区仓储转口货物	75	1378.1	18.37
4	边境小额贸易	942	1070.9	1.14
5	来料加工装配贸易	47	232.9	4.95
6	保税仓库进出境货物	264	109.8	0.42
7	其他	772	102.5	0.13
8	对外承包工程出口货物	16	72.5	4.53
9	国家间、国际组织无偿援助和赠送的物资	2	0.01	0.01
合　计		44493	114003.8	2.56

注：数据来源于中国海关。

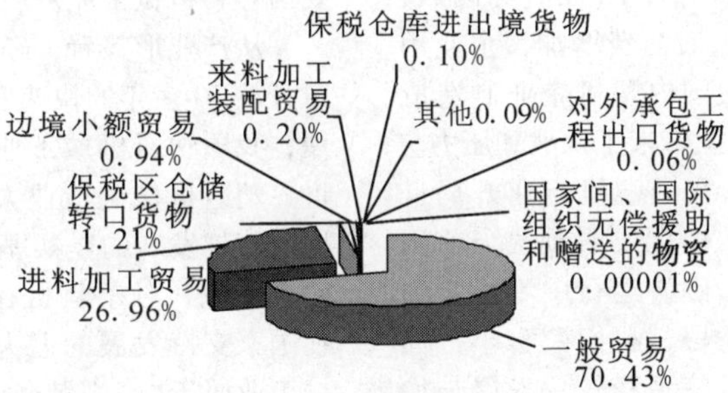

图11　2010年我国塑机出口贸易方式金额占比(未包含零件)

注：数据来源于中国海关。

三、2011年1季度塑机行业经济运行特点

随着国家一系列拉动内需的政策继续驱动，在我国经济稳定增长、工业形势继续向好、居民收入预期提升的背景下，2011年1季度，我国塑机行业延续了2010年4季度高速增长的势头，呈现出市场需求旺盛、企业订单增多、生产稳步增长、销售增速加快、发展势头强劲的新气象，实现了首季“开门红”，为全面实现“十二五”的良好开局打下了基础。

综合分析2011年1季度塑机行业经济运行情况，具有六个鲜明的特点。

1. 市场需求继续保持旺盛

由于家电下乡等政策效应的进一步显现，大规模的保障性住房建设的实施，城镇化、消费升级等基础性因素的继续推动，给塑料制品业和塑料机械产业带来了旺盛的市场需求，特别是对于高端塑机产品、高效节能型塑机产品有了快速增长的需求，从而为业内企业增加了大批订单。面对良好的发展机遇，今年以来，不少塑机企业扩大了生产规模，增加了从业人员，但是仍然难于满足用户的急需。

2. 新型产品不断推出

跨进"十二五"开局之年以后，全行业加快了产品创新的步伐，纷纷拿出了最新研发成果，先后推出了一批高端塑机产品、差异化塑机产品、高精密高效型节能环保塑机产品。例如，今年一季度，宁波海天塑机集团有限公司召开新产品发布会，又推出了8个新产品，受到了国内外用户的关注。

3. 经济增长势头强劲

在生产产量方面，今年1～3月，规模以上企业共计生产塑机产品66149台，比2010年同期产量54904台增加11245台，增长17%。在工业总产值方面，1～3月规模以上企业产值累计97.5亿元，比2010年78.8亿元增加18.7亿元，增长24%。

4. 销售增速继续加快

今年1～3月，规模以上企业工业销售产值累计96.27亿元，比2010年同期销售产值74.6亿元增加21.67亿元，增长29%。

5. 对外贸易上升较快

随着全球经济进一步复苏，塑机产品的外部需求出现回暖迹象。今年1～3月，规模以上企业出口交货值达16.84亿元，比2010年同期同类指标11.74亿元增加5.1亿元，增长43.4%。

6. 制造成本明显上升

由于原材料价格不断上涨、运输成本和资金成本持续上升、成品油价格快速攀升、全球流动性过剩、通胀压力较大，以及人民币不断升值等因素，加上劳动者薪酬水平提升和生活消费增加，企业用工成本持续增加，因而，导致国内塑机企业制造成本明显上升，也给我国塑机行业带来了挑战和压力。

综上所述，今年一季度，我国塑机行业开局良好，呈现出产销两旺的局面。但也要看到，当前国内外经济环境仍然十分复杂，经济运行中不稳定和不确定因素仍然较多。下一阶段，我们要牢牢把握主题主线，坚持处理好保持经济平稳较快发展与加快推进产业转型升级的关系，处理好产量增加和质量提升的关系，进一步巩固经济发展的好势头，确保实现今年行业经济发展目标，为实现"十二五"开局之年的"满堂红"而努力。

四、当前塑机行业面临的新形势

党的十七届五中全会和温家宝总理在《政府工作报告》中，都强调指出，综合判断国际国内形势，我国发展仍处于可以大有作为的重要战略机遇期。这对于我们认清形势、明确方向、统一认识、凝聚力量，进一步增强机遇意识和忧患意识，扎实做好"十二五"开局之年的各项工作，更加奋发有为地实现塑料机械工业由大变强的目标，具有重要意义。

展望未来五年，我国塑料机械工业发展既面临难得的历史机遇，也面对诸多可以预见和难以预见的风险挑战。

从国际形势看，国际金融危机的阴霾尚未消散，新一轮全球竞争的大幕已悄然拉开。美国有"绿色经济复苏"计划，欧盟有"绿色技术研发"计划，日本有"数字日本"计划，世界经济进入新一轮增长的周期。同时，围绕市场、资源、人才、技术、标准等方面的全球竞争更加激烈，气候变化以及能源资源安全、粮食安全等全球性问题更加突出，各种形式的保护主义抬头，我国发展的外部环境更趋复杂。当然，我们也应该看到，和平、发展、合作仍是时代潮流，国际环境总体上有利于我国和平发展。特别是这次国际金融危机的冲击，让世界经济结构进入了一个深入调整时期，也给我国塑料机械工业打造自己的新优势、培育新的经济增长点，提供了新机遇。

从国内形势看，"十二五"时期是全面建设小康社会的关键时期，我国经济发展长期向好的趋势没有改变，各种有利条件仍然存在。主要表现在：工业化、信息化、城镇化、市场化、国际化深入发展，人均国民收入稳步增加，经济结构转型加快，市场需求潜力巨大，资金供给充裕，科技和教育整体水平提升，劳动力素质改善，基础设施日益完善，体制活力显著增强，政府宏观调控和应对复杂局面能力明显提高，社会大局保持稳定。所有这些，都为我国塑料机械工业发展提供了难得契机。

从产业形势看，经过50多年的发展，特别是改革开放30多年的快速发展和"十一五"时期的高速发展，我国塑料机械工业有了长足的进步，已经成为世界塑料机械制造业大国和出口大国，具有持续发展、跨越发展的坚实基础。尤其是"十二五"时期的政策环境，对塑料机械工业的振兴发展十分有利，在国家支持发展的七大战略性新型产业中，塑料机械工业属于"高端装备制造业"的重要组成部分，与"新能源汽车"紧密相连，而其他战略性新型产业的发展，也会拉动塑料机械装备的增长。此外，由于国家和政府部门对塑料机械的重视和支持，继2010年塑料机械行业的8个大类产品首次列入国家技改技革项目后，2011年又有9个项目被列入国家技改技革项目。

总之，机遇前所未有，挑战也前所未有，机遇大于挑战。我们要以客观视角观察形势，从全局高度把握形势，用发展眼光分析形势，善于从世界范围和国家层面上，在联系思考和比较分析中，增强看待形势的科学性，深刻认识并准确把握国际国内新形势和新变化，继续抓住和用好重要战略机遇期，以更大的决心与勇气，努力推动行业经济又好又快发展。

五、2011年国内外塑机市场预测

（一）国际塑机市场的分析和预测

当前，世界经济格局正在发生深刻变化，明显地表现出一些新的特点。

1. 全球经济已经步入缓慢复苏的轨道

尽管最近发生的日本灾难性地震和海啸、中东和北非地区的战乱局势，以及欧洲持续的债务危机，都给全球经济前景带来了新的不确定性，但是全球经济继续复苏的趋势基本确定。在不久前召开的博鳌亚洲论坛2011年年会上，与会嘉宾普遍认为，美国、欧洲的经济复苏步伐加快，而且全球经济复苏的前景日益清晰。虽然，主权债务危机、全球性通胀、失业率高等“内忧”与全球气候异常、严重自然灾害频发、地区冲突升级等“外患”交织，增加了全球经济复苏的不确定性，但并不会改变全球经济复苏的趋势。

2. 世界经济结构加快调整

国际金融危机后，世界经济结构进入调整期。发达国家长期以来形成的过度负债、过度消费模式被打破，试图通过扩大投资和出口、重振制造业来恢复经济增长。新兴市场国家出口拉动型增长模式受阻，在努力稳定外需市场的同时，试图通过扩大内需开拓新的经济增长点。资源输出国借助资源优势，加强资源自我开发利用，延伸产业链，试图改变单纯依赖资源出口的发展模式。世界经济结构的这种大调整，将给国际市场需求结构和供给结构带来较大影响。在需求方面，消费将持续不振；在供给方面，竞争将更加激烈。

3. 全球经济治理机制深刻变革

在国际金融危机严重冲击下，原来由少数几个发达国家所垄断的传统国际经济协调平台，已经难以应对复杂多变的世界经济形势，必然形成更多国家平等参与、共同发挥作用的机制。由此，世界经济治理机制进入变革期，国际金融监管改革、国际金融组织体系改革、国际货币体系改革等都已成为国际社会的重要议题。当前的国际贸易体系，存在两种相反的发展倾向和趋势。一是积极推动贸易自由化和便利化，继续扩大开放；二是大力推动所谓“公平贸易”、保护贸易、战略贸易。因而，贸易利己主义逐渐抬头，多哈回合谈判陷入困境就是一个明证。因此，变革全球经济治理机制，不仅是世界性的共识，而且是世界经济治理机制发展的客观趋势。可以预见，全球经济治理机制深刻变革，将会进一步增强我国参与世界经济治理机制变革的能力，增强我国参与国际货币体系改革的能力，特别是增强我国参与国际贸易体系改革的能力，逐步提升我国的国际话语权。

4. 科技创新和产业转型孕育突破

当今世界，许多国家都把加强科技创新、加强前沿基础研究、加强人才培养、加快培育和发展新兴产业，作为新一轮科技革命和产业革命的重点，试图抢占未来经济和科技发展的战略制高点。

5. 发展中国家特别是新兴市场国家整体实力步入上升期

在应对国际金融危机中，发达国家经济普遍低迷、复苏缓慢，而发展中国家特别是新兴市场国家经济则率先复苏，逐渐成为世界经济增长的重要引擎。虽然新兴市场同样也面临潜在增速下降的压力，但仍有可能在一个相对较高的位势持续增长，并在一段时期内成为带动全球增长重要的动力。

以上这些特点，对于我国塑料机械工业来说，既是新的发展机遇，也是严峻的挑战，既具备了诸多有利条件，也存在许多不利因素。例如，全球经济的缓慢复苏，为我国塑料机械的出口，提供了有利的国际环境。世界经济结构加快调整，科技创新和产业转型孕育突破，对于推进我国塑料机械工业的转型升级，增强产业国际竞争力，对于我国高效节能型塑机产品的出口贸易，也提供了良好的机遇，提供了良好的外部氛围。又如，全球经济治理机制深刻变革，对于我国塑料机械拓展国际市场，反对各种形式的贸易保护主义、逐步提升国际话语权、提升“塑机制造大国”的国际影响力，也将是一个新的契机。发展中国家特别是新兴市场国家整体实力的上升，对于我国塑料机械开拓新兴市场，同样是个有利条件。

此外，我国塑料机械行业的产品具有高效、精密、节能的优势，有较高的性价比和知名度，既顺应了全球绿色经济发展的大势，又符合高端发展的方向，并且适应了国外对高效节能塑机产品的旺盛需求，因而具有广阔的发展前景。

当然，我们还要保持清醒的头脑，进一步认清世界经济面临诸多不确定的因素，认清全球经济复苏艰难曲折，国际需求放缓，发达国家主导的国际经贸规则对我国的压力增大，贸易保护主义有增无减，全球大宗商品价格仍在大幅快速攀升，新兴经济体通胀压力加剧等新情况、新变化，尽可能地把形势估计得严峻一些，把困难估计得多一些，做到未雨绸缪，周密考虑，沉着应对。

（二）国内塑机市场的分析和预测

审视国内经济和塑机市场的走势，总的特点是：

长期向好的趋势没有改变，经济发展的有利条件较多，市场潜力巨大，塑机行业前景看好。

1. 国内经济发展的新特点

主要表现在如下几个方面：①七个战略性新兴产业发展规划的全面启动，将带来一大批产业升级投资项目的开工，投资的产业结构进一步优化；②中央关于区域经济协调发展的新布局，成为支持经济增长的重要因素，必将带动各地区经济实现较快增长，并推动区域经济结构不断优化，形成区域轮动的新格局；③国家“十二五”战略的正式启动，一大批“十二五”规划重点建设项目集中开工，加上前两年大规模开工的项目投资增长惯性较强，国内经济发展环境进一步好转；④随着“十二五”规划的实施和收入分配改革的启动，居民收入将会明显提高，市场消费购买力也将进一步提升。⑤“十二五”时期就业的增加，将会推动城乡居民消费进一步活跃，消费品市场有望继续保持繁荣局面。国内经济发展的这些新特点，为塑料机械提供了广阔的发展空间，为业内企业开拓国市市场创造了有利条件。

2. “五化”深入发展的新特点

工业化是我国全面建设小康社会最基本的物质技术条件和基础。“十二五”时期，我国要加快推进工业化，提高工业化的水平和质量，改造提升制造业，培育和发展战略性新兴产业，发展结构优化、技术先进、清洁安全、附加值高、吸纳就业能力强的现代产业体系。信息化是一场新的科技革命。我国将全面提高信息化水平，加快建设宽带、融合、安全、泛在的下一代国家信息基础设施，推进经济社会各领域信息化。城镇化是工业化和信息化的重要载体，是扩大内需特别是扩大消费需求的最大潜力所在。我国将要积极稳妥推进城镇化，不断提高城镇化的水平和质量，增强城镇综合承载能力。预计到2014年，我国城镇人口将首次超过乡村人口。对于一个人口大国来说，这将是一个历史性重大变化。市场化是推动我国经济社会发展的重要体制机制保障。“十二五”时期，我国将进一步改革攻坚，完善社会主义市场经济体制。国际化是推动我国经济社会发展的重要外部条件。“十二五”时期，我国将实行更加积极主动的对外开放战略，不断提高对外开放水平，继续稳定和拓展外需，加快转变外贸发展方式，拓展新的开放领域和空间，坚持“走出去”和“引进来”相结合，利用外资和对外投资并重，培育参与国际经济技术合作与竞争的新优势。“五化”的深入发展和相互促进，对塑料制品需求旺盛，对高效节能型塑机产品同样需求旺盛，从而为塑料机械行业提供了稳定的成长空间。

3. 相关产业发展的新特点

据我国汽车工业有关资料显示，2010年，我国汽车工业延续了上年发展态势，在购置税优惠、以旧换新、汽车下乡、节能惠民产品补贴等多种鼓励消费政策叠加效应的作用下，汽车产销双双超过1800万辆，不仅蝉联全球第一大汽车生产国和第一大新车消费市场，而且刷新了全球新车销售历史纪录。2011年，受优惠政策取消、限牌效应、世界各大车企在中国市场竞争日益激烈、贸易摩擦加剧等不利影响，中国汽车市场虽然备受考验，但是仍然保持谨慎乐观的增长态势，预估今年的增长率在10%～15%。业内专家坦言，汽车作为重要的交通工具，能给百姓生活带来本质的变化。汽车产业作为国民经济的支柱产业，对经济增长具有不可小觑的贡献。“十二五”期间，国内汽车产量将达到3000万辆，占世界汽车产量(8000万辆)的30%左右，其中乘用车占81%，商用车占比约为19%，销售比例国内销售2500万辆，外销500万辆。由此可见，未来五年，我国汽车工业仍然会有较快的发展，仍然会给塑料机械行业带来令人瞩目的需求亮点。

据我国彩电行业的资料显示，2010年全球彩电市场规模约1.8亿台，而中国市场就占了全球市场的22.2%左右。随着国家“十二五”规划的实施，城镇化进程的提速，居民购买力的增强，我国彩电行业将会继续快速稳健发展，预计到2015年，国内彩电市场需求有望超过6000万台，全球彩电规模将在(2.4～2.5)亿台，中国市场很有可能占到全球25%以上的份额。

据我国家电行业的资料显示，“十二五”时期，家电产业的规模保持适度增长，年均增长率8%～10%。到“十二五”期末，家电工业总产值达到1.1万亿元，出口额500亿美元，在全球出口市场的比重达到32%～35%。家电行业的稳步发展，必将给塑料机械行业带来广阔市场机会。

国家“十二五”规划纲要提出，要大力发展高端装备制造产业。发展高端装备制造产业的目标，是通过产业升级，最终实现核心技术自主化、高端产品国产化、出口产品高附加值化。通过提高基础工艺、基础材料、基础元器件研发和系统集成水平，寻找到新兴领域市场成长的装备需求机会，获得发展高端替代进口的市场空间，从“数量多”走向“质量高”，通过创新驱动，实现内生增长。预计到2015年，高端装备制造业年销售产值将在6万亿元以上；力争到2020年，高端装备制造业销售产值占装备制造业销售产值的30%以上，国内市场满足率超过25%。对于我国大量存在的传统企业来说，要迈进高端装备制造领域，需要加快改造提升的步伐，需要投入大量资金，购买大量的新型、高效、节能、环保型塑料机械设备。

从以上分析可知，在“十二五”期间，无论是与塑料机械紧密相连的家电工业、汽车工业、高端装备制造业，还是与塑料机械密切相关的航空航天、国防、石化、海洋、电子、光电通信、高速列车、城市轨道交通、电网建设、建筑材料、包装、农业、轻工业等国民经济各个行业，都会更好更快地发展，都会对塑料机械有着强有力的需求。因此，我们应该正确看待塑料机械行业发展的有利条件，看好各行业对塑料机械的旺盛需求，看好塑料机械行业的发展前景，坚定信心，紧盯最新市场需求，大力巩固和拓展市场。同时，也要充分估计经济发展面临的困难和问题，保持清醒头脑，增强忧患意识，进一步巩固行业经济发展的好势头。

六、当前塑机行业经济发展的对策

“十二五”时期，对于塑料机械行业来说，我们正处在产业转型升级的攻坚时期，处在由产业链的中低端向高端迈进的关键时期，处在由“塑机制造大国”向“塑机创造强国”跨越的重要时期。

塑料机械行业“十二五”规划提出，未来五年的总体目标是：按照科学发展、创新发展的要求，到2015年，我国塑料机械工业要掌握一批拥有自主知识产权的核心技术，开发一批技术水平国内领先国际先进的重点产品，提升一批具有特色产品和知名品牌产品的产业集群，培育一批具有行业带动力和国际竞争力的大企业，努力实现塑料机械工业由大到强的转变。《规划》还提出了未来五年的具体目标，即：产业规模迈上新台阶，科技水平实现新提升，市场份额得到新拓展，产业结构达到新提高，发展方式取得新转变。行业经济增速要保持年均12%以上，工业总产值和销售收入均要达到500亿元以上。与此同时，全行业资产总额、利润总额、出口总额等主要经济指标均迈上新台阶。《规划》还确定了今后五年，重点发展的六大类产品，即：①精密塑料加工装备；②节能型塑料成型和大型塑料加工装备；③大型塑料加工和成型装备；④国家大型工程（高铁、高速公路、大飞机等）配套专用设备；⑤高分子材料高端制品制造装备；⑥环境友好型加工装备。

站在“十二五”的新起点上，塑料机械行业面临着多重任务、多重挑战：既要大力推进转型升级，又要保持适度的经济增长；既要发展传统优势产品，又要培育战略型新型产品；既要促进众多的中小企业发展，又要提高产业的集中度，提升行业的国际竞争力；既要巩固扩大国内市场，又要加快实施“走出去”战略、奋力开拓国际市场；既要做大经济总量，又要加快做优做强产业，任务艰巨，责任重大。我们一定要坚持以科学发展观为主题，以转变经济发展方式为主线，以自主创新作为战略基点，以转型升级为主攻方向，突出“创新发展、转型发展、高端发展、绿色发展、和谐发展、跨越发展”六大导向，努力开创塑机行业“十二五”发展新局面。

为此，我们要着力做好十个方面工作。

1. 着力推进转型升级

转型升级是推动塑机行业实现由大变强的必由之路。要结合行业的实际，运用高新技术和先进适用技术改造提升传统产业，努力把产业结构调高、调优、调新、调强。要围绕产业转型的主攻方向和行业发展的技术瓶颈，构建完善设计研发、重大共性和关键技术攻关等创新平台，推进生产制造过程的智能化、集成化、网络化，使行业经济增长真正建立在优化结构、提高效益、降低消耗、保护环境的基础上，逐步实现由量的扩张向质的提升转变。坚持制造与创造相促进、信息化与工业化相融合，加快构建现代产业体系。

2. 着力实施创新驱动战略

要组织和引导业内企业，加快实施创新驱动战略，加快建立以企业为主体、产学研相结合的技术创新体系，坚持引进消化吸收再创新、集成创新、原始创新并重，大力提升企业技术创新能力。要大力推进创新型企业建设，引导企业增加研发投入，鼓励和支持企业建设高水平的研发机构和研发队伍。要组织骨干企业与国内知名高校合作，开展合作创新和联动创新，一批长期困扰产业发展的共性技术，着力提升塑料机械制造水平。

3. 着力实施高端发展战略

工业和信息化部编制了《“十二五”智能制造装备产业发展规划》和《智能制造装备创新发展工程》，明确指出，中国装备制造业亟需实现由大变强的历史跨越，智能、绿色制造成为装备制造业发展的主要方向。《“十二五”机械工业发展总体规划》，把“主攻高端”作为首要战略。塑机行业要根据工信部和中机联制定的《规划》要求，围绕“自动化、智能化、精密化、绿色化”的发展思路，走高端发展之路，主攻高技术产品，抢占产业链高端环节。当前，尤其要加快发展目前严重依赖进口的高端塑机产品，努力打造具有高端、高质、高效、高精密特点的优势产品，以高端产品适应国民经济发展的需要，以高端产品参与国际竞争，提升中国工业的形象，并赢得高丰厚的回报。

4. 着力实施绿色发展战略

要树立绿色、低碳发展的理念，积极实施绿色发展战略。要发扬塑机行业的优势，充分调动企业的积极性和创造性，巩固发展节能减排的成果，大力推行绿色制造，努力提升节能技术，着力发展高效节能、低污染排放、资源循环利用的塑机产品，为各行各业用户的节能降耗提供先进适用装备。同时，要在设计和制造过环节，更加关注体现全生命周期的绿色理念，并把“高效、低污染、能回收、资源可重复利用”等因素置于优先位置，发展塑机产品再制造，坚持走绿色制造和循环经济的新型工业化道路。

5. 着力实施质量提升战略

质量是企业的生命，是企业竞争力的核心所在。只有高质量的产品，才能做大做强企业。当前，要把质量提升摆在重要的战略位置，作为推进塑机行业由大变强的重中之重，作为提升产业形象的关键举措，要用质量提升战略凝聚人心，形成合力，坚定不移地走质量发展之路。要采取切实可行的措施，加强质量创新，健全质量管理体系，全力以赴地提升塑机产品的质量水平。

6. 着力实施品牌战略

建立健全行业名牌产品的推进、推荐工作机制，引导企业积极实施名牌战略。坚持以科技为先导、质量为核心、企业为主体、市场为导向，努力开发高技术和高附加值的优质产品。支持有条件的企业创立自主品牌，培育一批具有较高档次和较好公信力、认知度的名牌产品，创建一批具有国际影响的中国名牌和中国世界名牌产品。同时，坚持以品牌提升带动产业升级，以产业升级提高国际竞争力。

7. 着力实施标准战略

要以加强标准化工作为突破口，为提高塑机产业竞争力提供标准支撑。要进一步强化标准意识，加快制订和修订塑料机械产品的技术标准，着力提高标准化水平，努力促进新技术、新工艺、新设备、新材料的推广应用，加快淘汰落后产品。积极跟踪国际前沿技术发展趋势，主动做好与国际标准接轨的工作。

8. 着力实施知识产权战略

要充分认识知识产权具有高附加值、不可替代、支撑经济可持续发展的战略资源作用，把知识产权战略作为塑机行业迈向高端的重要发展战略。要努力提升知识产权创造、运用、保护和管理能力，为塑机行业实现跨越发展、再创辉煌提供有力保证。

9. 着力实施人才优先发展战略

历史和现实表明，人才不仅是企业发展的重要推动力量，也是我国塑机行业发展的第一资源。要实现塑机行业“十二五”规划目标，人才是关键。要大力实施人才优先发展战略，切实加强科技领军人才、创新型技术人才、复合型技能人才、开拓型经营管理人才的培育，积极强化职工培训，不断提高职工队伍的素质，为企业和行业的可持续发展提供有力支撑。

10. 着力发挥行业协会作用

行业协会在服务企业、推进行业发展中，具有不可替代的重要作用。要充分发挥行业协会上联政府、下系企业、规范行业、发展产业的独特优势，进一步建立和健全推进塑机行业发展的新体制、新机制，努力拓展行业服务的新思维、新领域，着力构建行业工作的新体系、新平台，全力开辟创新服务的新渠道、新途径，大力提高协会工作的新水平、新成效，为推进塑机行实现“十二五”规划目标，加快振兴塑料机械工业，大显身手，奋发有为。

形势发展催人奋进，转型跨越时不我待。我们有理由相信，充满生机和活力的中国塑料机械工业，一定会牢牢把握主题主线，以只争朝夕的使命感，再接再厉，开拓创新，为实施“十二五”规划建功立业，为加快推进塑机行业由大变强，为实现中华民族的全面振兴不懈奋斗！

（中国塑料机械工业协会）

2010 年模具行业发展报告

在经历了国际金融危机之后，2010 年全球经济已走出低谷并开始缓慢复苏。虽然国际、国内形势仍旧比较复杂，但我国经济仍处于高速增长期，得到了快速发展。在国家一系列政策措施的引导和我国经济高速增长的影响下，再加全球经济的回暖，2010 年我国模具行业获得了较好的恢复性增长，产销增长率又迈上了二位数，外贸首次实现了顺差，盈利水平得到提高，技术进步明显。

一、发展环境

在经历了严重的金融危机之后，随着全球经济的缓慢复苏，国际模具市场环境与上年相比已有明显好转。由于国外大公司和跨国公司在成本核算方面进一步讲究实效和我国模具在性价比方面仍存在较大优势，因此出口的市场环境比上年好转很多。国内方面，国家 4 万亿投入对模具需求拉动经 2009 年滞后反映之后已于 2010 年开始显现，尤其是汽车行业的高速发展和工业品下乡所带动的模具市场，虽然不能正比同步增长，但拉动效果十分明显。《装备制造业调整和振兴规划》中明确“重点发展大型精密型腔模具、精密冲压模具、高档模具标准件”以及相应的政策措施和专项都对模具发展有利。增值税转型也有利于行业发展。但《装备制造业调整和振兴规划》中明确对模具等四类产品要“研究制定新的税收扶植政策，调整政策适用范围，引导发展高技术、高附加值产品”的有关政策一直未出台，这对模具行业的结构调整、技术提升和中高档模具发展不利。国家公布的七大战略性新兴产业对模具需求虽然尚未形成明显的市场，但许多企业已开始重视这个新的增长点，这也有利于行业发展。

二、行业经济运行概况

2010 年国家采取积极的财政政策和稳健的货币政策，并加强了灵活性和针对性。国际金融危机期间，中国模具工业协会在深入调查研究的基础上提出了加强成本核算，确保资金链安全，苦练内功，抱团过冬，推进信息化建设，加快两化融合，积储力量，蓄势待发以度过危机的意见，得到了广大企业的认同，效果很好。在行业全体职工的积极努力下，2010 年全国模具总销售额达到了 1120 亿元，同比增长 14.3%；出口模具 21.96 亿美元，同比增长 19.15%，并首次实现了外贸顺差；国内模具市场国产模具自给率达到了 87.6%；产品水平进一步提高，技术进步明显。

根据国家统计局统计，模具制造业主营 500 万元以上的企业及其经济运行情况也要比上年好许多，一些主要指标发展情况见表一。

国家统计局数据还显示了不同所有制企业数比例及相应产值比例的变化情况（见表1），其中民营企业进一步发展壮大及三资企业份额减少情况较为明显。

表 1　2009 ~ 2010 年主营收入 500 万元以上模具企业主要指标

年　份	企业数（家）	工业总产值/亿元	产品销售收入/亿元	利润总额/亿元	亏损企业数（家）	亏损企业亏损总额/亿元	资产总计/亿元	职工人数/万人	人均年产值/（万元/人）
2010	2884	1630.76	1599.61	94	492	9.51	1529.0	43.7	37.3
2009	2797	1266.12	1237.93	76.36	552	12.42	1244.99	40.20	31.5
同比增长率/%	3.11	28.80	29.22	23.10	-10.87	-23.43	22.81	8.7	18.44

注：1. 表中工业总产值和产品销售收入等不完全是模具产品，包括了模具制品及其他产品。

2. 由于年报数据尚未发布，因此表中 2010 年数据是根据国家统计局 1 ~ 11 月份的统计数据推到全年计算出来的。

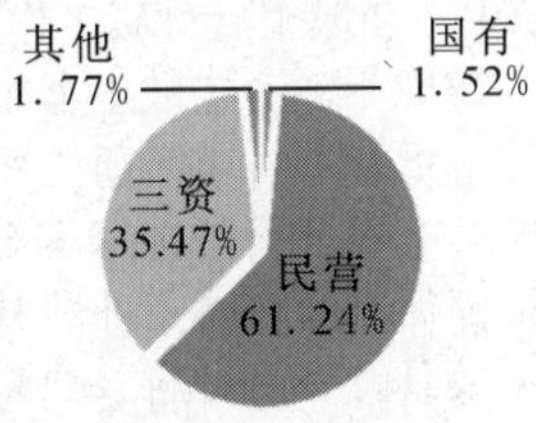

2009 年企业个数比例

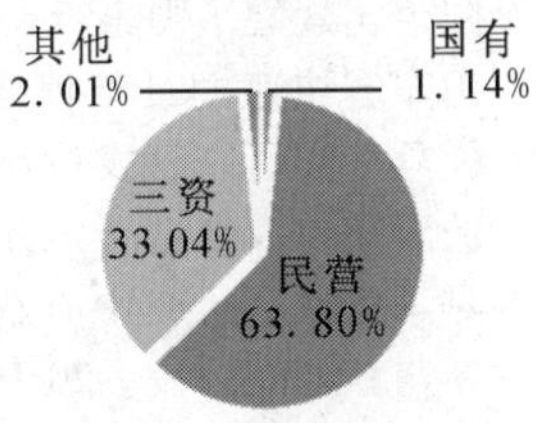

2010 年企业个数比例

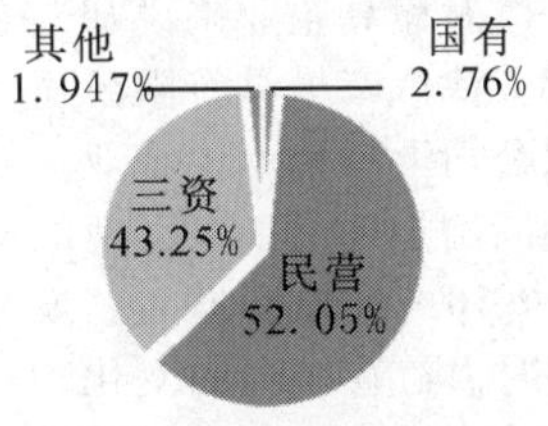

2009 年产值构成比例

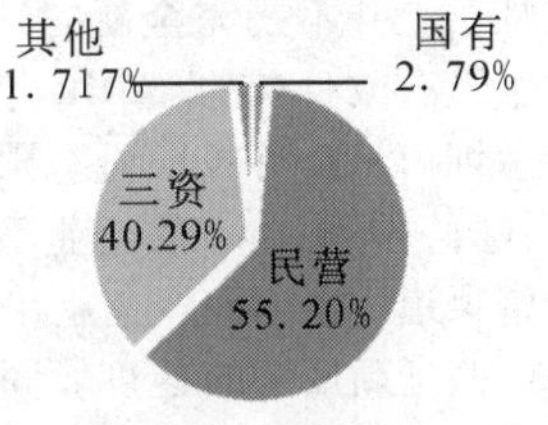

2010 年产值构成比例

2010 年我国模具行业经济运行主要有如下特点：

① 结构调整取得成效，行业总体水平提高较快。这主要反映在以大型、精密、高效、高性能模具为主要代表的中高档模具比例继续上升，科技进步明显，产品水平有较大提高。在 2010 年 5 月第十三届国际模具技术及设备展览会上，获得“精模奖”的模具共有 181 项，其中一等奖 55 项、二等奖 64 项，不但数量上比以前有较大增加，而且水平也有较大提高，达到国际水平的项目越来越多，创新明显，专利增多。

② 集聚式生产进一步发展，生产性服务业得到加强。集聚式生产发展主要反映在模具生产集聚区的发展上。2010 年，不但已有的 20 多个模具生产集聚区得到进一步发展，而且一些新的生产集聚区也已开始逐渐形成规模。在一些模具生产集聚区、“模具城”等，现代生产服务显示出良好的发展势头，其服务于模具行业广大中小企业的各种服务平台和服务形式越来越多，服务内容也越来越丰富，服务产值上升较快。据不完全统计，已进入到各地模具城、模具园区的企业已有 2000 多家，年总产出规模已达 300 亿元以上，其中模具约占三分之二。余姚模具产业集群已三度入围中国百佳产业集群。

③ 模具市场进一步开拓发展，新的增长点已倍受瞩目，出口稳步增长。国内市场方面，为七大战略性新兴产业服务及汽车轻量化、新能源、医疗器械、航空航天、节能减排等领域已成为模具行业重要的新的增长点。国际市场方面，除传统的欧、美、

日及东南亚市场之外，巴西、印度、俄罗斯、澳大利亚等新兴市场开拓已取得成效。目前，我国模具出口已达40多个国家和地区。据海关统计，我国模具出口2010年第一季度、1～6月份、1～9月份和1～12月份同比增长率分别为10.30%、12.95%、17.28%和19.15，呈稳步增长的发展走势。

④ 模具企业延伸产业链的发展走势十分明显。这一发展趋向主要是模具企业如果单纯生产模具，由于模具价格不断下降和利润率不断下滑所造成的企业规模和利润水平提高速度越来越慢所致。单纯生产模具的企业规模小，难以引起当地政府的重视。因此，许多模具企业，尤其是技术力量较强、产品水平和管理水平较高的企业，就利用自身的特长，开始筹划或已经实施在以模具为核心的上下游产业链上的延伸。也就是说，企业以模具为坚强后盾，把自己生产的模具作为生产其他产品的有效保障来延伸产业链，最常见的是生产模具制品及有关联的其他产品。这一趋向以前已有，但2010年更加显现，而且已被更多模具企业所认同。

⑤ 努力创造融资新渠道，加快技术改造和新产品试制生产步伐。模具生产企业绝大多数都是中小企业，融资一直很困难，为了更好更快发展，许多企业就自己去创造和尝试一些较好的融资渠道，例如上市、资产交易、租赁，以及众多企业一起连保贷款等。还有个别地区在地方政府的支持下，正在尝试用设备作抵押贷款的做法。虽然许多融资渠道在社会上并不是完全新的，但对模具企业来说却是过去没有或少有的。2010年天津汽车模具有限公司和深圳市昌红科技股份有限公司上市使不少企业受到鼓舞，筹备上市的企业不断增加。由于有了新的融资渠道，因此许多企业在2010年加快了购置新设备、搬迁新厂房的速度。同时，随着社会的变化和模具新的服务领域的扩展，许多企业为适应新形势而不断试制及生产新产品的热潮正在逐渐变成趋势。

⑥ 模具工业在专业化方向上有进一步发展，企业信息化进一步深化推进。模具专业化生产与延伸产业链并不矛盾，这里所说的专业化是指模具的细分和模具制造工艺的细分。细与专给企业带来了效率、效益及水平的提高。信息化推进也有两个层面，即运用信息化的企业越来越多和企业应用信息化的内涵不断深化与扩展。

2010年的运行除了成绩和好的趋向之外，困难也不少，主要有五方面：一是《装备制造业调整和振兴规划》中已经明确要出台的继续扶植模具发展的新的政策仍旧没有出台，这一规划的三年执行期已过去了二年，众多企业望眼欲穿，未见动静，确实影响发展。二是模具产品价格继续总体下滑，模具实物产量增加较多，但销售额却增加得并不多，利润增加就更少了，三者不但不能同步，而且极不相称，有的企业甚至是产量大增而利润反而减少。应收款增多也增加了企业的困难。这必然会影响发展。三是不少企业四季度开始订单日渐减少，发展的不确定性继续增多。四是从发展趋势来看，今后人民币还将继续升值，这对出口很不利。五是人才紧缺的现象越来越严重，过去主要是高级人才缺乏，现在连普通职工也不足了，许多企业招工困难，应者渐少，影响发展。

三、科技创新与新产品开发

通过金融危机的能量积储，2010年模具行业呈现出来的科技创新与新产品开发成果情况好于往年，尤其是在专利方面表现更好。现在，含有专利技术的成果越来越多，一项成果中含有10项左右专利技术的情况也已出现。过去对专利不太重视的民营企业正在快速地转变观念，现在已不乏一年之中申请10项以上专利技术的民营企业。浙江省的模具企业几乎全部都是民营企业，现在浙江省已拥有模具方面的发明专利153项，实用新型专利就更多了，由此可见一斑。模具制造业中99.9%以上企业都是中小企业，为广大中小企业服务的公共服务平台2010年得到进一步发展，继北京、广东、浙江、江苏、福建、安徽等地之后，上海、山东、四川等地的模具公共服务平台也已开始建设。广东巨轮模具股份有限公司建立了国家级技术中心和博士后科研工作站，山东省快速模具工程技术研究中心、宁波电器塑料模具工程研究开发中心等一批新的省市级研究中心的建立以及依托于海尔模具有限公司的国家家电模具工程技术研究中心获批都促进了模具行业科技创新与新产品开发。2010年模具行业部分科技成果见表2。2010年模具行业部分重大新产品见表3。

2010年，中国模具工业协会组织专家组对参加第十三届中国国际模具技术和设备展览会的参展模具产品进行了评述评定，共评出“精模奖”一等奖55项，二等64项，三等奖62项。其中获一等奖的项目大都是有国际先进水平，二等奖的项目大都是有国内领先水平，获“精模奖”一等奖和二等奖的模具项目见表4、表5。

2010年12月，中国模具工业协会对全国各地拟上报申请国家级新产品的78个模具项目进行了专家评审，对其中38项(见表6)写出了推荐意见，认为这些项目都达到了国内领先水平，有的还达到或接近国际水平，基本上体现了我国模具工业不断进步的发展趋势。

表 2　2010 年模具行业部分科技成果

序　号	项目名称	主要完成单位	成果水平及获奖情况
1	880×880 大型精密拼快复合模	宁波鸿达电机模具有限公司	中国机械工业科学技术奖二等奖
2	快速开口挤出模头	浙江精诚模具机械有限公司	中国机械工业科学技术奖二等奖
3	MIM 胃镜钳头模具	天津津荣天和机电有限公司	中国机械工业科学技术奖二等奖
4	超薄注塑模具	北京东明兴业科技有限公司	中国机械工业科学技术奖三等奖
5	汽车变速箱壳体精密大型压铸模具开发	宁波北仑赛维达机械有限公司	中国机械工业科学技术奖三等奖
6	派克·Midi 汽车车身模具	山东潍坊福田模具有限责任公司	中国机械工业科学技术奖三等奖
7	能消除注塑有孔制品外观熔接痕的模具及其使用方法	青岛海尔模具有限公司	发明专利
8	模具自动加工系统的研发和应用	青岛海尔模具有限公司	国际先进
9	汽车内饰件模内层压成套技术	群达模具(深圳)有限公司华中科技大学	国际先进
10	注塑成型模具	群达模具(深圳)有限公司	发明专利、实用新型专利
11	注塑模 CAE 软件 V1.0	群达模具(深圳)有限公司	计算机软件著作权
12	先进近净成形与模具制造技术	机械科学研究总院	国内领先
13	PVC 发泡内结皮外包覆共挤技术与模具	北京长城牡丹模具制造有限公司	国内领先
14	面向模具数字化设计制造和管理综合集成技术开发应用	浙江陶氏模具集团有限公司	国内领先
15	一种检测模具密闭性的装置	青岛海信模具有限公司	专利技术
16	基于装配约束的合边模具干涉检查方法	天津汽车模具股份有限公司	专利技术
17	多工位冲压模具的拉料装置	厦门市捷昕精密科技有限公司	专利技术
18	细冲头的保护装置	厦门市捷昕精密科技有限公司	专利技术
19	模具辅助锁紧装置	洛阳北方企业集团	专利技术

表 3　2010 年模具行业部分重大新产品

序　号	产品名称	完成单位	水　平
1	KV6 汽车发动机铝缸体低压组芯铸造模	宁波合力模具科技股份有限公司	国家重点新产品
2	子午线轮胎注射式硫化胶囊模具	南通通轮模具有限公司	国家重点新产品
3	空客 380 飞机雷达罩、风道内饰件碳纤维成形模具	象山优具模具制造厂	国家重点新产品
4	锻造铝合金子午线轮胎模具	山东豪迈机械科技股份有限公司	国际先进
5	制品装饰表层低压一体注塑模具	青岛海尔模具有限公司	国际先进
6	大型叠层模具	青岛海尔模具有限公司	国际先进
7	双料复合真空成型模具	安徽鲲鹏装备模具制造有限公司	国际先进
8	多层复合蜂窝中空板模头	浙江精诚模具机械有限公司	国内领先
9	“傻瓜式”结构中空阳光板模头	浙江精诚模具机械有限公司	国内领先
10	C 级轿车翼子板模具	一汽模具制造有限公司	国内领先
11	经缩式翻新胎面活络模具	广东巨轮模具股份有限公司	新型实用专利
12	发动机盖模具	浙江陶氏模具集团有限公司	国内领先
13	大口径(ϕ176~416mm)筒孔热挤压系列模具	中冶宝钢技术服务有限公司	填补国内空白
14	大型渡槽模具	常州市江苏圣乐机械有限公司	国内领先

表4 “精模奖”一等奖项目

序号	模具项目名称	企业名称
1	叠层注塑模具(5kg 全自动洗衣机外桶盖)	青岛海尔模具有限公司
2	平板底座双色注塑模具	四川长虹模塑科技有限公司
3	巨型轮胎活络橡胶模具	山东豪迈机械科技股份有限公司
4	侧围斜楔整形斜楔冲孔模具	东风模具冲压技术有限公司
5	康明斯大齿轮室压铸模具	广州市型腔模具制造有限公司
6	大型双色高光无熔痕注塑模具	青岛海信模具有限公司
7	W23 汽车格栅注塑模具	宁海县第一注塑模具有限公司
8	全球同步开发高档汽车油箱蝶形吹塑模具	宁波方正汽车模具有限公司
9	880×880 大型精密拼块复合冲压模具	宁波鸿达电机模具有限公司
10	超薄注塑模具	北京东明兴业科技有限公司
11	大型工程车轮胎翻新模具	广东巨轮模具股份有限公司
12	1.8T 发动机缸体铸造模具	宁波合力模具科技股份有限公司
13	32 腔 PC01881 含气盖注塑模具	四川省宜宾普什模具有限公司
14	空调翅片高速精密级进模(ϕ9.9×12 列×1 步进)	黄山三佳谊华精密机械有限公司
15	行李箱盖内板侧修边冲孔模具	四川成飞集成科技股份有限公司
16	Z655021W－55024W 高温镍基合金板拉延模具	烟台泰利汽车模具制造有限公司
17	高音喇叭罩注塑模具	浙江黄岩美多模具厂
18	汽车发动机 V6 缸体压铸模具	宁波北仑辉旺铸模实业有限公司
19	汽车电器开关插座组件冲压注射组合模具	福建信息职业技术学院
20	双料复合真空成型模具	安徽鲲鹏装备模具制造有限公司
21	FIATBRAVO 水槽注塑模具	浙江凯华模具有限公司
22	起泡器组件注塑模具	昆山超日精密模具有限公司
23	110850－1GII120 燃油蒸发控制净化器注塑模具	天津轻工职业技术学院
24	卫浴陶瓷成型模具	厦门威迪亚精密模具塑胶有限公司
25	氮气辅助成型热流道汽车后视镜注塑模具	厦门捷信达模具塑胶有限公司
26	汽车方向盘安全气囊注塑模具	唯科(厦门)精密塑胶模具有限公司
27	LQFP48L 引线框架级进冲压模具	厦门市特克模具工业有限公司
28	TS003 精密弹片级进模具	厦门市捷昕精密科技有限公司
29	医疗用品毛刷注塑模具	厦门精卫模具有限公司
30	LC－40X70 前机壳注塑模具	厦门海盛模具有限公司
31	飞机座椅真空复材模具	厦门市驰杰模具工业有限公司
32	一模十六穴墨盒注塑模具	深圳市昌红模具科技股份有限公司
33	ϕ95 空调电机定转子铁芯三拼式套冲级进模具	常州市展翔精密模具厂
34	HY－V3－座椅本体注塑模具	浙江航宇模具有限公司
35	MIM 胃镜钳头注塑模具	天津津荣天和机电有限公司
36	PUCNBK 斜楔机构	盘起工业(大连)有限公司
37	高精度下置式斜楔	北京永茂机电科技有限公司
38	RS3630200 钉仓注塑模具	宁波横河模具有限公司
39	台盆注塑模具	宁波锦隆电器有限公司
40	AudiC7 饰条注塑模具	宁波舜宇模具有限公司
41	T73 前围进气格栅本体(双色注塑模具)	宁波神通模塑有限公司
42	测距仪主体注塑模具	贝隆精密模具有限公司

续表

序　号	模具项目名称	企业名称
43	集成电路引线框架模具	浙江华锦微电子有限公司
44	英国路虎汽车后保险杠注塑模具	陶氏模具集团有限公司
45	椅子注塑模具	深圳银宝山新科技股份有限公司
46	翼子板注塑模具	天津国丰模具有限公司
47	D279 格栅注塑模具	浙江赛豪实业有限公司
48	高工效液压机模一体式巨型轮胎模具	安徽迈吉尔模具有限公司(原宁国市华龙工贸有限公司)
49	YC5 后保险杠本体注塑模具	浙江嘉仁模具有限公司
50	前除霜隔栅注塑模具	黄岩星泰塑料模具有限公司
51	纵列式注塑模具(TandemMould)	深圳亿和模具制造有限公司
52	Housing of sealing 油箱盖注塑模具	上海威虹模塑制造有限公司
53	膨胀式发泡模具	滁州市经纬模具制造有限公司
54	冰箱箱体发泡膨胀模具	长沙市金镂实业有限公司
55	双驱动双滑轨复合折边机构	天津众鑫模具标准件有限公司

表 5　“精模奖”二等奖项目

序　号	模具项目名称	企业名称
1	左右前纵梁全序模具	湖北十堰先锋模具股份有限公司
2	汽车发动机装配支架大型精密塑料注射模具	宁波跃飞模具有限公司
3	汽车挡泥板注塑模具	广东圣都模具股份有限公司
4	网格式内腔门窗型材挤出模具	铜陵三佳科技股份有限公司
5	大型精密数控可调式折弯模具	安徽联盟模具工业股份有限公司
6	前门外板翻边斜楔翻边模具	东风模具冲压技术有限公司
7	汽车下缸体压铸模具	广州市型腔模具制造有限公司
8	木塑复合高速挤出模具	铜陵市耐科科技有限公司
9	汽车通风器罩双色注塑模具	群达模具(深圳)有限公司
10	汽车座椅 BACKREST 成型模具	天津津兆机电开发有限公司
11	前围面罩(用于电动汽车引擎盖板)注塑模具	浙江正立塑模有限公司
12	盘形螺旋棘轮注塑模具	成都宏明双新科技股份有限公司
13	牙科针管的全自动生产注塑模具	北京莱比德精密模具有限责任公司 北京电子科技职业学院
14	储油桶注塑模具	宁波双林模具有限公司
15	4114 缸体模具	杭州合立机械有限公司
16	加工水晶模具	杭州萧山精密模具标准件厂
17	Y190 仪表板注塑模具	青岛英联精密模具有限公司
18	子午线轮胎活络模具(花纹扇形块)	揭阳市天阳模具有限公司
19	车灯光圈注塑模具	浙江金典模具有限公司
20	德国保时捷雾灯支架注塑模具	台州精超力模塑有限公司
21	X90 转向器壳体压铸模具	宁波鑫达模具制造有限公司
22	中部上面板注塑模具	浙江黄岩美多模具厂
23	汽车 AT 自动挡变速器壳体压铸模具	宁波北仑辉旺铸模实业有限公司
24	双内丝圆弧弯头全自动脱模塑料管件注塑模具	台州市黄岩炜大塑料机械有限公司

续表

序　　号	模具项目名称	企业名称
25	圆弧内弹式结构扩口抽芯平面四通塑料管件注塑模具	台州市黄岩炜大塑料机械有限公司
26	勺形双向旋转端子级进模具	无锡微研有限公司
27	PLS 过滤器注塑模具	慈溪市观海卫镇龙海模具厂
28	S18D 项目 S18D－5401031 翻边侧翻边修边冲孔侧冲孔模具	瑞鹄汽车模具有限公司
29	沃尔沃卡车外板玻璃钢模具	浙江凯华模具有限公司
30	高速纸币智能分拣机支架注塑模具	昆山汇美塑胶模具工业有限公司
31	大型电机定转子复合模具(450)	北京康迪普瑞模具技术有限公司
32	汽车碳罐壳体 1104850－1GI82 注塑模具	天津轻工职业技术学院
33	搅拌器底座注塑模具	厦门市超日精密模具有限公司
34	花洒头双色注塑模具	厦门精卫模具有限公司
35	10507－17，28－快速接头注塑模具	厦门华盛弘精密模具有限公司
36	CN100 仪表板本体注塑模具	滨海模塑集团有限公司
37	轮辐一次冲风孔模具	山东小鸭模具有限公司
38	LCD55 前框注塑模具	浙江黄岩永宁塑料模具有限公司
39	铃木后尾灯配光镜双色精密注塑模具	浙江伟基模业有限公司
40	方向盘上盖注塑模具	沈阳钜恒模具制造有限公司
41	X23HD 自动变速箱壳体模具	宁波合力模具科技股份有限公司
42	48 腔 28mm 含气盖注塑模具	四川省宜宾普什模具有限公司
43	B5 镜壳注塑模具	浙江亨达塑料模具有限公司
44	地板吸头刷子支架注塑模具	宁波横河模具有限公司
45	72 寸背投电视后盖注塑模具	宁波美灵塑模制造有限公司
46	智能控制盒支架注塑模具	余姚市鼎鑫模塑有限公司
47	密封圈注塑模具	宁波舜宇模具有限公司
48	汽车挂钩底座注塑模具	宁波舜宇模具有限公司
49	SGM308 汽车前右门板注塑模具	宁波远东制模有限公司
50	油壶翻盖注塑模具	余姚市竺凌塑模有限公司
51	电动工具手柄(双色)注塑模具	余姚市华迪模具制造有限公司
52	油门壳体注塑模具	余姚市通运重型模具制造有限公司
53	光学变焦部件镜筒注塑模具	贝隆精密模具有限公司
54	超高强度车门防撞梁成形模具	浙江黄岩冲模厂
55	汽车安全气囊盖注塑模具	深圳银宝山新科技股份有限公司
56	左右前车门外板压合模具	山东潍坊福田模具有限公司
57	嵌入式骨架成型注塑模具	沈阳锦达精密模具制造有限公司
58	D223－L/B 高位刹车灯注塑模具	浙江赛豪实业有限公司
59	26 寸 LED 塑胶中框注塑模具	深圳市泰能特模具技术有限公司
60	E10 前盖锁扣加强件多工位级进模具	上海赛科利汽车模具技术应用有限公司
61	北美斜楔	武汉东风科尔模具标准件有限公司
62	翻边机构	河北三达模具标准件有限公司
63	高精度黏结磁模具模架	杭州萧山精密模具标准件厂
64	钢球保持圈	自贡大力精密导向件有限公司

表 6　2010 年度模具国家级新产品评审推荐结果

序　号	模具名称	单位名称
1	制品装饰表层低压一体注塑模具	青岛海尔模具有限公司
2	电加热高光无痕注塑模具	青岛海信模具有限公司
3	大型双色高光无熔痕注塑模具	青岛海信模具有限公司
4	尾门左饰板注塑模具	青岛英联精密模具有限公司
5	大型双色高光无痕注塑模具	东莞康佳模具塑胶有限公司
6	57 方形步进电机铁芯双回转叠片级进模	宁波鸿达电机模具有限公司
7	液晶电视 COVER REAR 模具	天津市津兆机电开发有限公司
8	奇瑞汽车 S18 项目后车门外板侧翻边模	四川成飞集成科技股份有限公司
9	飞机座椅真空复材模具	厦门市驰杰模具工业有限公司
10	Denso 水槽注塑模具	浙江凯华模具有限公司
11	新甲壳虫大众装配支架注塑模	台州精超力模塑有限公司
12	HY-053-U 形弯管注塑模具	浙江航宇模具有限公司
13	雾灯灯罩模具	浙江黄岩纪元模具有限公司
14	Low spoiler Rear Bumper BENLET BT624	台州黄岩申吉模具工业有限公司
15	塑料管件扩口三次强脱抽芯注塑模具	台州市黄岩炜大塑料机械有限公司
16	三通管件注塑模具	台州市黄岩金塑模具有限公司
17	椅子	银宝山新科技股份有限公司
18	汽车车灯面罩	银宝山新科技股份有限公司
19	YV5 轿车仪表板本体注塑模具	滨海模塑集团有限公司
20	TS003 精密弹片模具	厦门市捷昕精密科技有限公司
21	仪表板主体注塑模	浙江正立塑模有限公司
22	D297 导光条注塑模	浙江赛豪实业有限公司
23	D312 双色前大灯	浙江赛豪实业有限公司
24	多层复合蜂窝状中空板材模具	浙江精诚模具机械有限公司
25	多功能扩展槽连接器精密高速级进模(2 列各 8 支)	昆山嘉华电子有限公司
26	超薄型窄间距柔性电路板连接器注塑模	乐清市嘉得电子有限公司
27	超长双色塑胶模具开关面板模具	浙江金特模具有限公司
28	发动机盖模具	陶氏模具集团有限公司
29	福特汽车二次燃烧控制器	天津轻工职业技术学院
30	热流道五孔底座注塑模	浙江省温州市正瑞模具有限公司
31	10 款门板上装饰板	浙江模具厂
32	B301 仪表台主体	浙江嘉仁模具有限公司
33	PVC 管柱下护罩注塑模	台洲黄岩树华模塑有限公司
34	C48 高效铁芯(仅槽形扭转)高速冲模(单列)	宁波震裕模具有限公司
35	空调连体底座	浙江黄岩美多模具厂
36	XT100001 仪表板注塑模	黄岩星泰塑料模具有限公司
37	内螺纹自动脱模的扩音器内轴注塑模	浙江亨达塑料模具有限公司
38	集成电路引线框架冲制模具	浙江华锦微电子有限公司

表中所列的科技新产品成果只是行业中的一部分，此外尚有不少成果也值得重视。例如在检具方面，上海申模模具制造有限公司生产的主模型和成都多沐汽车工程有限公司生产的具有数字检测功能的检具都具有国内领先水平，并已有不少企业开始应用。主要为模具加工服务的特种加工机床，有 5 台在第六届中国数控机床展览会（CCMY2010）上获"春燕奖"，它们分别是：苏州电加工机床研究所有

限公司的 SE－WK0076 轴数控精密微孔电火花加工机床，北京市电加工研究所的 N850 五轴五联动精密数控电火花成形机床，苏州三光科技股份有限的 HA500 数控伺服系统中走丝线切割机床，济南铸造锻压机械研究所的 LR0412 高性能宽幅面数控激光切割机，江苏金方圆数控机床有限公司的 JC3125 激光切割机。洛阳北方企业集团的翻模机和合模机获得了国家专利。

四、固定资产投资情况

在经历了严重的国际金融危机之后，由于市场的引导作用，2010 年模具行业固定资产投资再次趋向活跃，全行业总计又超过了 200 亿元。模具集聚生产基地的建设 2010 年有进一步发展：总体规划 2310 亩，总投资 80 亿元的中国(黄岩)模具新城一期工程已开始建设，投资 15 亿元的 28 万平方米的黄岩模具博览中心已开工；位于广东东莞横沥镇的桃子园模具园区已完成 3 亿元投资；昆山国际模具城 3 亿元总投资已基本完成；横沥国际模具城 2 亿元二期工程已完成；总投资 6 亿元的重庆西部模具城已开始建设；宁波市北仑区大碶高档模具产业基地已开始建设；为进军中西亚市场，浙江台州民营资金 2.4 亿元已投向乌鲁木齐经济技术开发区台州民营企业工业示范园，主要用于发展塑料模具及塑料制品。浙江和江苏境内的几个模具城(园、区)，2010 年也都有不少投入。

模具集聚生产基地之外的许多重点骨干企业投资额也很大。投资 3.09 亿元的一汽模具制造有限公司二工厂已竣工投产；投资 2.2 亿元的东风模具冲压技术有限公司武汉新厂已开始建设；四川成飞集成科技公司 3 亿元投资项目已完成 2 亿元；总投资 7 亿元的惠州比亚迪模具有限公司大部分资金已投入；安徽成飞集成瑞鹄汽车模具公司已完成 2.3 亿元总投资；已完成投资 3.9 亿元的珠海格力大金精密模具有限公司已成功运营；天津汽车模具有限公司和江苏华富电子有限公司都已完成投资 1 亿多元；国家模具 CAD 工程研究中心镇江产学研中心已完成投资 5000 万元。上海华普汽车模具制造有限公司、现代威亚汽车模具(山东)有限公司(注册 5700 万美元)、苏州亿枫风电模具公司(投资 2280 万美元)及东莞市谷崧塑胶零件模具厂的塑料模具零件(电极)自动生产线等也都投产。深圳群达行精密模具有限公司、现晟(山东)汽车冲压模具有限公司(420 万美元)、宁波震裕模具有限公司、广东巨轮模具股份有限公司、宁波市北仑辉旺铸模实业有限公司、苏州广型模具有限公司、苏州汇众模塑有限公司、深圳市银宝山新实业发展有限公司、东莞市中泰模具有限公司、精森源模具(深圳)有限公司等企业 2010 年实际完成投资都在 2000 万元以上。投资 5000 万元的长春群达国安汽车塑胶模具有限公司、完成 3 亿元投资的重庆长安汽车股份公司渝北模具工厂以及北京康特荣宝电子有限公司都是国企业改制及资产重组项目。比亚迪汽车公司成功收购日本获原模具公司下属的群马县馆材市工厂开创了模具行业收购国外知名模具企业的先例。继日本富特巴公司在中国建立工厂之后，全球模具行业中最大模具标准件企业美国 DME 公司也在我国投资设立了全资子公司。

2010 年模具行业固定资产投资情况虽然比较好，但其中很大一部分是投向于企业产业链的延伸，并非完全投向于模具。这主要是模具投入产出比比较低和投资回报率比较低所造成。因此，从行业总体情况看，模具制造投资难度还比较大，企业筹资能力也比较弱。

五、对外贸易情况

随着全球经缓慢复苏，2010 年我国模具行业在国外设立窗口(销售机构、技术服务机构等)的企业逐渐增多，有的还在国外设立了分公司。例如宁波市北仑区就有 12 家模具企业在国外设立了办事处，并与全球 500 强等国际著名企业建立了长期的供货关系。中国模具工业协会在为企业开拓海外市场方面成效显著，2010 年先后组织 70 多个企业分别参加了德国、日本、印度、俄罗斯等国的国际模具展览会及有关国际会议，与国外企业及有关组织进行了广泛的技术和经贸交流。这些活动都促进了国际贸易。

2010 年我国模具进出口总额为 42.58 亿美元，比 2009 年增加了 11.85%。其中进口总额为 20.62 亿美元，比 2009 年增加 4.99%；出口总额为 21.96 亿美元，比 2009 年增加 19.15%。有关情况如下：

1. 按模具种类分，进出口最高的仍是塑料橡胶模具，分别占了进出口总额的 55.74% 和 68.96%；其次是冲压模具，分别占了进出口总额的 38.17% 和 22.90%。具体如表 7。

2. 按进口货源地分，进口模具主要来自日本、韩国和我国台湾，其次是德国、加拿大、美国、意大利、马来西亚、新加坡和丹麦。具体如表 8。

3. 按出口目的地分，我国出口模具的市场主要是我国中国香港特别行政区、美国、日本，其次是印度、德国、我国台湾、泰国、法国、越南和英国。具体如表 9。

4. 按进口目的地分，进口最多的是广东、江苏和上海，其次是天津、山东、北京、浙江、辽宁、福建和湖北。具体如表 10。

5. 按出口货源地分，出口模具主要来自广东、浙江和江苏，其次为上海、山东、福建、天津、辽宁、北京和吉林。具体如表11。

表7　各类模具2010年进出口情况表

模具种类	进　口		出　口	
	金额/亿美元	所占比例/%	金额/亿美元	所占比例/%
塑料橡胶模具	11.49	55.74	15.14	68.96
冲压模具	7.87	38.17	5.03	22.90
其他模具及模具标准件	1.26	6.09	1.79	8.14

表8　2010年进口模具主要货源地情况表

货源地	日本	韩国	中国台湾	德国	加拿大	美国	意大利	马来西亚	新加坡	丹麦
进口量/亿美元	6.38	5.43	2.09	1.16	0.78	0.61	0.54	0.30	0.27	0.15
所占比例/%	30.94	26.35	10.14	5.62	3.76	2.95	2.60	1.47	1.31	0.74

表9　2010年出口模具主要目的地情况表

目的地	中国香港	美国	日本	印度	德国	中国台湾	泰国	法国	越南	英国
出口量/亿美元	4.14	2.20	1.92	1.14	1.10	0.86	0.52	0.50	0.40	0.24
所占比例/%	18.85	10.04	8.75	5.21	5.03	3.92	2.38	2.30	1.83	1.08

注：表中出口到中国香港的部分，由于中国香港多为转口贸易，其最终目的地并非都是中国香港。

表10　2010年进口模具最多的10个省市情况表

目的地	广东	江苏	上海	天津	山东	北京	浙江	辽宁	福建	湖北
进口量/亿美元	4.78	4.20	2.82	1.98	1.38	1.24	1.12	1.06	0.48	0.16
所占比例/%	23.19	20.38	13.69	9.60	6.67	6.01	5.43	5.12	2.33	0.77

表11　2010年出口模具最多的10个省市情况表

货源地	广东	浙江	江苏	上海	山东	福建	天津	辽宁	北京	吉林
出口量/亿美元	8.76	3.63	3.44	1.75	1.04	0.93	0.87	0.32	0.28	0.12
所占比例/%	39.90	16.54	15.65	7.98	4.74	4.23	3.96	1.46	1.28	0.57

据海关统计，我国模具出口2010年1~3月份、1~6月份和1~9月份、1~12月份同比增长率分别为10.30%、12.95%、17.28%和19.15%，呈稳步增长的发展走势。

在经历了国际金融危机之后，2010年中国仍处于经济高速增长期，在经济高速增长和全球经济回暖的影响下，中国模具行业在后危机时期获得了较好的恢复性增长，模具出口增长幅度高于行业整体增长幅度，且首次实现了全年外贸顺差的好成绩。广东、浙江、福建三省都各自实现了顺差。

再从进出口模具价格进行分析：从海关提供的各地区、各类模具进出口的总重量和总金额(因该部分数据内容繁杂，不一一列出)可以看出，2010年出口冲压模具平均每吨价为9604美元，比上年上升7.98%；进口冲压模具平均每吨价为18457美元，比上年上升了15.5%；进出口平均单价之比为1.92：1。在模具价格普遍下滑的情况下，进出口单价都有较大幅度上升，在原材料价格上升之外，也说明了我国进出口的冲压模具的档次均在提升。与此同时，我国出口塑料橡胶模具的每套平均价格则大幅下降，说明我国出口塑料橡胶模具中的大部分是中小型和中低档模具，技术含量和附加值都较低，与进口模具相比，差距在增大，这一现象值得我们关注。

另一个值得我们关注的是从韩国进口模具的数量显著上升。从表八中可看出2010年我国从韩国进口了5.43亿美元的模具，比2010年的3.98亿美元上升了36.43%，要比进口模具总体增幅高出31.44%。

六、“十一五”发展成就及简要回顾

“十一五”期间，我国模具行业经受住了全球金融危机严峻考验，虽然2008年和2009年增速放慢，但仍旧取得了销售额年均增长12.9%、出口年均增长25.4%的好成绩，都完成和超额完成了“十一五”规划目标，显示出了我国在世界模具市场上的竞争优势。比数量发展更重要的是质量和水平的提高。

在模具行业“十一五”规划所确定的反映质量和水平方面的8项发展目标中，除了骨干企业基本实现信息化管理和模具标准件使用覆盖率达到60%这2项尚有一点不足之外，其余6项(模具精度达到±0.001mm，生产周期缩短30%，机床数控化率和CAD/CAM技术应用率提高1倍，中高档模具比例达到40%，模具国内市场占有率达到85%以上，出口10亿美元，商品化率达到55%)都已全部完成或超额完成。中国模协在实施“十一五”规划过程中，深入贯彻落实党中央和政府有关部门方针政策，紧紧抓住发展重点，在鼓励企业科学发展和科技进步，努力培育行业重点骨干企业，积极推进人才培养战略，加强与政府部门的联系，积极反映行业情况和企业诉求，大力组织企业进行国内外交流、开拓国内外市场，提出意见和建议，等等方面做了许多具体工作，对完成“十一五”规划起到了积极促进作用。

回顾“十一五”期间模具行业所取得的成就，除了行业协会在实施规划中发挥作用之外，规划能否完成主要取决于形势、政策、市场和企业自身努力等因素。

“十一五”期间除了期间因美国金融危机导致全球经济一度衰退之外，国际形势总体还相对稳定，国内虽然也曾受国际金融危机影响使经济发展速度减慢，但我国经济总体上仍处于高速发展期，在这一总形势之下，发展机遇大于挑战，这是行业发展的先决条件。

2006年至2008年国家继续执行对部分模具企业模具产品实行增值税先征后退的优惠政策，有230家模具企业获得了返税款约7亿元。根据统计，返税政策国家付出虽然只有7亿元，但带动企业投入共约40多亿元。由于在研发和技术改造方面加大了投资力度，这些企业技术进步和能力发展状况普遍好于一般企业，在行业中起到了带头示范作用。在这一政策的引导下，各地方也相继出台了一些支持当地模具工业发展的政策，有效地促进了模具产业的发展。《装备制造业调整与振兴规划》中明确提出要重点发展大型精密型腔模具、精密冲压模具、高档模具标准件的任务及相关的配套政策，在相关的国家产业政策中大型精密模具一直被列为鼓励发展的产品，这都为模具行业的发展提出了明确的方向，推动了行业的结构调整和健康发展。

“十一五”期间，中国模具工业协会成功地举办了三届(第十一、十二、十三届)中国国际模具技术和设备展览会和二届(2007、2009)中国国际模具、模具装备及相关工业展览会，这两个展览会已成为我国模具行业交流合作和拓展市场的重要而有效的平台。五年间，中国模协共组团20多个，共有100多个企业500多人到国外参加展览会、开展中外交流与合作工作，推动了我国模具工业的技术进步和国际市场的开拓。企业在国内、国际两个市场上积极开拓，为行业发展提供了较好的发展条件。

在中国模协2008年和2009年两次模具企业信息化推广大会的影响下，广大模具企业加快了以信息化建设为主要内容的技术改造步伐，两化融合成效显著。“十一五”期间，企业还着力于创新能力的提高及人才培训，至2010年全国模具方面的专利已超过万项，中国模协人才培训基地五年共培训各类模具人才30多万人次，这此都是行业发展的重要保证。

在取得成绩的同时，也必须看到不足之处：高新技术采用还不够广泛，企业管理水平仍亟待进一步提高，优惠政策不落实，科技投入能力下降，创新能力仍旧较弱，产品水平与用户要求和国际水平仍有较大差距，高素质人才严重匮乏，整个行业结构调整和上新台阶的任务还很艰巨。

七、2011年展望

2011年国家仍将采取积极的财政政策和稳健的货币政策，我国经济发展速度将适当放缓，党和政府将更加注重民生，更加讲究科学发展和发展方式的转变以及结构调整。虽然不确定因素很多，但机遇仍旧多于挑战，发展将更加稳健。在这一总形势下，我国模具行业发展速度预计会略低于2010年，但仍将维持两位数增幅。模具的最大用户是汽车业，虽然经过异乎寻常的发展之后，2011年的发展必将放缓，但其总量也将会有10%以上的增长。电子、轻工、机电等模具主要用户行业，2011年的发展速度预计都会高于10%。因此，模具行业发展速度将高于10%的预计是站得住脚的。由于成本压力，工业发达国家将模具向我国转移的趋势仍会持续，因此模具出口形势仍旧比较乐观。模具制造是资源、能源消耗少，对环境几乎无污染的生产过程，国家的出口退税能有提高的话，将进一步提高我国模具的出口竞争力，有利于提高模具企业的出口积极性。2011年是“十二五”开局之年，《模具行业“十二五”发展规划》已经发表，在国家“十二五”规划指引下，模具行业将会沿着科学发展之路，在结构调整、提高水平、增强竞争力等方面取得更多更大的进步。在发展与进步的同时，成本增加、利润率降低、人民币升值、人才紧缺等这些不利因素也在发展，因此企业必将在科技创新、两化融合、提高管理水平等方面更加下功夫，以求消化不利因素，促进发展。

(中国模具工业协会 周永泰)

科技进步

2010 年塑料新材料发展概况

1. 扬子石化成功开发出新型树脂

江苏南京扬子石化科研人员围绕市场组织科研开发，提高科研成果转化率。该公司科研人员经过多次对比试验，成功解决了粒径分布宽、大颗粒等问题，日前成功开发出橡改型 CPE 专用树脂 YEC－5515T。

2. 燕山石化成功开发生产热灌装瓶专用聚丙烯料

2010 年 10 月 22 日，燕山石化开发的聚丙烯热灌装瓶专用料生产技术顺利通过集团公司鉴定，填补了国内热灌装瓶用聚丙烯生产的空白。

3. 中科塑机推出无屑管材切割机

青岛中科塑料机械有限公司日前推出其新研制的旋转无屑管材切割机。该切割机采用 PLC 控制系统，适用于在线切割 PE、PP－R、PP－B、PP－C、PP－H、PE－RT、PE－X 等材料制造的冷热水管、燃气管、硅芯管等塑料管材。

4. 我国成功生产出 CPVC 板材打破进口垄断局面

太仓长鸿工程塑料有限公司成功生产出 25mmCPVC 板材，处于国内领先地位，打破了 CPVC 板材市场长期被进口产品垄断的局面。CPVC 原料由于含氯量在 63%～74%，较 PVC（含氯量 56%～59%）高，加工黏度至少高一倍，而且 CPVC 密度大（在 1.45～1.65g/cm^3 之间）。

5. 高速 PVC 木塑仿木型材挤出生产线入市

青岛一塑塑料机械有限公司根据木塑市场需求，研制推出高速 PVC 木塑仿木型材挤出生产线，成为企业新的经济增长点。

6. 玻纤增强聚丙烯塑木型材投入生产

江苏联冠环保科技发展有限公司自主开发出玻纤增强聚丙烯塑木复合异型材，有效地减低了塑木复合材料受力下蠕变的缺点，扩大了塑木材料的应用领域，受到了中外客户的广泛欢迎。

7. 中国跃升为全球最大塑机产地

据德国塑料橡胶机械协会（VDMA）发布的报告称，中国有史以来第一次赶超德国，成为全球最大的塑料橡胶机械生产国。

8. 2010 年中国煤制烯烃产能将达 156 万吨

随着大唐多伦甲醇制丙烯（MTP）、神华包头甲醇制烯烃（MTO）、神华宁煤 MTP 三套煤制烯烃装置的投产，2010 年中国煤制烯烃产能将达到 156 万吨/年，占全国聚烯烃总产能的 6.9%。

9. 我国塑料管材用量高达 2000 万吨

塑料管材在我国建设领域累计使用量高达 2000 万吨。2008 年，建设行业塑料管材工程使用量达到 200 多万吨，其中市政工程用量约 130 万吨，建筑工程约 70 万吨，2008 年市场占有率达到 45% 左右。

10. 中国耐高温 PE 的需求呈增长态势

由家用加热系统使用塑料不断增长的拉动，2009 年中国对耐高温 PE（PE－RT）的需求增长率估算为 20%～30%。PE－RT 树脂是住宅和商用建筑地暖系统用于制造管材的原材料。

11. 大口径塑料供水管生产线研制成功

一种可生产直径 1.2m 的大口径 HDPE 供水管的塑料挤出设备在青岛福润德塑料挤出技术有限公司研制成功并顺利通过了塑料专家鉴定。

12. 我国大容量塑料光纤破除日本在国际上的垄断地位

中科院理化技术研究所攻克了从本体聚合法直接生产聚甲基丙烯酸甲酯（PMMA）突变型塑料光纤的技术难关，掌握了批量连续化生产塑料光纤技术。现已累计生产出数百万米低损耗突变型塑料光纤，破除了日本公司在国际上的垄断地位。

13. 我国制备出高性能共聚聚丙烯合金产品

中科院长春应用化学研究所与中国石油天然气股份有限公司合作，以自主研发的磷酸酯类给电子体聚丙烯催化剂，制备出高性能共聚聚丙烯合金。该聚丙烯合金具有很宽范围的模量和高冲击强度，性能达到国外同类产品水平。

14. 青岛山塑研制成功 PVC 木塑结皮发泡板材生产线

青岛山塑挤出设备有限公司自主研制的国内首套具有国际先进水平的环保型 PVC 木塑结皮发泡板材生产线，获得成功并发往用户。该生产线主要以农作物秸秆和废弃的边角木料、碎木为原料，生产的 PVC 木塑结皮发泡板具有良好的刚度和韧性，可像木材一样进行钉、钻、磨、锯、刨、漆、粘等不同形式的加工，使用过程中不变形、不龟裂，是一种环保的绿色板材。

15. 塑料门窗已占门窗使用率的 60%

高科技的塑料门窗可以帮助一户普通家庭每年节约 800 元电费。如今保温、密封、节能、环保、价格实惠的塑料门窗已占全国门窗使用率的 60%，塑料门窗正逐渐取代铝合金门窗。

16. 塑料建材以年均超过 15% 的速度增长

目前我国塑料建材行业以年均超过 15% 的增长

速度成为塑料行业中仅次于包装行业的第二大支柱产业。庞大的市场需求为节能环保型塑料建材提供了巨大的发展空间。

17. 上海大学研制出纳米高效无机抗菌剂

上海大学研制成功纳米高效无机抗菌剂。这种新型纳米高效无机抗菌剂由高性能无机功能材料经特殊工艺复合而成。粉体径粒小。具有很高的化学稳定性和热稳定性。

18. VICTREX PEEK 聚合物助力中勤实业制造面向中国市场的全系列产品

中国台湾半导体与光电设备的设计制造商中勤实业股份有限公司(Chung King Enterprise Co., Ltd.),选择 VICTREX PEEK 聚合物来制造一系列产品,包括 LCD/LED/太阳能玻璃基板卡匣、6 吋及 8 吋传送盒和 SMIF 光罩盒等。可以延长产品的使用寿命、提高生产效率并改善整体质量,尤其是应用在玻璃基板卡匣。

19. 中国首个阻燃剂产品获得 Oeko-TexACP 认可

Oeko-Tex 国际环保纺织协会日前向江苏省丹爱化工有限公司颁发了 DanAi-H 阻燃剂产品的 Oeko-TexACP 认可协议。这使得该公司的该款产品成为中国首个获得 Oeko-TexACP 的阻燃剂产品。同时也意味着,国内的纺织企业可直接在国内购买此类阻燃剂进行阻燃整理,进行 Oeko-Tex 证书申请。

20. 新型高科技防火建材长沙问世

一种新型高科技防火建筑材料——高阻燃消防环保型特种电缆在湖南省长沙市问世。填补了国内电缆产品一项空白。

21. 道恩研发高强度无卤阻燃弹性体

山东道恩科技股份有限公司推出新研发的高强度无卤阻燃弹性体材料。与以往无卤阻燃 TPE 材料相比,在保证阻燃效果的同时,具有更高的拉伸、撕裂强度和弹性,耐磨性能增强。该材料应用范围广泛,除以往所应用的场合外,还可用于制作口径小、要求柔软的电线,如电源线插头、耳机线、音频线手机充电器线材等软线。

22. 南京研发成功聚丙烯纳米多功能复合助剂

南京淳达科技发展有限公司研发成功 CD-YZ-PP-ZZ 聚丙烯纳米多功能复合助剂。新产品采用的纳米全硫化粉末丁苯橡胶及其他改性材料优化配方设计,使改性后的聚丙烯专用料的冲击强度、低温冲击强度、负荷变形温度、洛氏硬度、断裂伸长率、拉伸屈服应力等性能大幅度提高。

23. 九江石化研发生产耐辐射聚丙烯专用料

中国石化股份公司九江石化公司新近研发生产的 NF-12 耐辐射聚丙烯改性专用料,填补了国内空白。该产品在甲型 H1N1 流感爆发后供不应求,客户使用该公司生产的 NF-12 耐辐射聚丙烯专用料为原料制造的医疗器械产品出口澳大利亚、新西兰等国。不仅满足了市场需求,扩大了市场份额,而且取得了良好的经济效益。

24. 我国 PPC 材料研制创 7 项世界第一

中国科学院长春应用化学研究所突破了二氧化碳可降解塑料(PPC)研制中的系列技术关键,并创下该研究领域 7 项世界第一。

25. 我国大型风机叶片用复合材料即将实现规模生产

由华东理工大学华昌聚合物有限公司与上海玻璃钢研究院有限公司合作研发的、适用于大型风机叶片的关键材料"高性能环氧乙烯基酯树脂",进入大规模生产阶段,打破了国外产品和技术垄断,而且主要性能指标达到了国外先进水平。

26. 我国科学家研制出可从空气中"吸水"的新型人造纤维

我国研究人员发明了一种新型人造纤维,可以像蜘蛛丝那样使空气中的水分吸附到其表面。

27. 西安建成高性能碳纤维生产线

陕西省第一条高性能碳纤维制备工程化生产线在西安航天复合材料研究所建成。高性能碳纤维是一种特殊纤维材料,广泛应用于飞机机翼、高压容器等航空、航天产业,被誉为新一代材料之王。

28. 珍珠纤维牛仔布

佛山市顺德区港纺联纺织有限公司与东华大学服装学院李东平副教授领衔开发的珍珠纤维牛仔面料已研发成功,并已投放市场。该面料在保留、优化牛仔风格的基础上,通过添加珍珠纤维,增加了服装的护肤功能,尚属国内首创。

29. 吉林碳纤维基地晋升为国家级

经科技部评审,吉林市碳纤维高新技术产业化基地于 2010 年 2 月中旬被认定为国家级高新技术产业化基地。吉林国家碳纤维高新技术产业化基地依托吉林市化学工业循环经济示范园区,拥有骨干企业 6 家,在建项目 11 项,计划总投资 40 多亿元,已完成投资 13 亿元。预计到 2012 年,该基地将成为国内最大、世界领先的碳纤维生产应用基地。

30. 常州改性塑料厂有限公司研发出高强、高导电性多层复合管材

常州改性塑料厂有限公司与中科院化学所、北京化工大学合作采用模内微层叠技术研发出高强度、高电导率聚烯烃复合板材,炭黑含量 6% ~7%,聚烯烃复合板材电阻率为 $1\times10^{6}\Omega\cdot m$。

31. 大庆石化成功研发 ABS600 纳米大粒径附聚胶乳新技术

大庆石化公司化工三厂研究所开发的首批工业化生产的 4 吨 ABS600 纳米大粒径附聚胶乳全部合格，运往吉林石化用于 ABS 生产。

ABS600 纳米大粒径附聚胶乳技术，是配合中国石油集团公司"10 万 - 18 万吨/年 ABS 成套技术开发"项目而开发研制的，超大粒径胶乳制备技术成为 ABS 树脂生产的核心技术之一。"大粒径附聚胶乳技术"的研发成功，解决了国内高分子附聚研究中存在的附聚剂合成反应稳定性、粒径控制、合成转化率过低等难点，有效提高了 ABS 产品的强度和抗冲击性能，可广泛应用于飞机、汽车零部件，并代替部分金属应用于轴承及防磨损零部件上，对于提高 ABS 树脂产量、质量，开发特种 ABS 树脂具有广阔的推广前景。

32. 塑料智能保鲜箱问世

上海心尔新材料科技股份有限公司成功开发了环保智能型蔬果保鲜集装箱。塑料箱最大的特点是环保、节能，可实现蔬果的保鲜、保湿、保质。

该塑料箱的工作原理是将果蔬置于一个完全密封、有一定负压且温度、湿度、臭氧等环境指标可调的环境中，通过调节、诱导和控制其呼吸，让果蔬达到休眠状态，并抑制微生物活性，使其在成熟的条件下保鲜期延长至 60 天以上。该产品的问世能让边防哨所、海岛驻军、荒漠中石油钻井、地质勘探、远洋货轮和军队补给等特殊环境的工作人员每天都能吃到新鲜的水果和蔬菜。

33. 我国首台具有自主知识产权的密炼机获国际认证

大连橡胶塑料机械股份有限公司生产的我国首台具有自主知识产权的 650 立升超大型密炼机，通过国际 CE 认证，填补了国内空白。

此密炼机的炼胶量相当于 1.6 倍 370 立升密炼机的炼胶量。它可为橡胶轮胎企业直接节省投资 20% 左右、节省能源 15% 左右。到目前为止，世界上只有两家企业能生产大容量密炼机。

34. 新型耐热塑料"环宝"瓶面世

环宝科技集团(中国香港)推出由聚丙稀(PP)材料通过特殊双向拉伸吹塑成型工艺制成的可热灌装又透明的"环宝"瓶，"环宝"瓶可用于热灌装非碳酸饮料。

热灌塑料盖、标签采用 PP 材料制成，和"环宝"瓶形成三位一体的统一回收系统，这将是目前热灌装包装最理想、最经济的环保系统。

"环宝"瓶应用于热灌非碳酸饮料除了解决长期环保的要求，对比热灌装 PET 瓶更具有如下优势：一是成本比热灌装 PET 瓶低约 20% ~25%；二是热灌温度范围加宽到 100℃；三是瓶子的储存期无时间限制；四是瓶子无乙醛析出物，长期使用不会损害健康。

关于隔氧性问题，PET 材料的隔氧性比 PP 材料优越，但 PP 通过双向拉伸成型处理隔氧性能大大改善。西南农业大学食品科学学院刘勤晋教授等人对双向拉伸 PP 瓶用于茶饮料的货架期品质变化进行了试验研究结果表明：用 PP 热灌装饮料瓶在严格的热灌装条件下灌装的茶饮料，其货架期长达半年以上，为"环宝"瓶应用于非碳酸饮料包装方面提供了科学理论依据。在中国台湾，"环宝"瓶已经商业化大量生产，用于果汁和茶饮料。

35. 我国发明出稀土发光材料制备新方法

中国科学院长春应化所研究员石春山课题组发明的"稀土发光材料制备方法"获得美国商标专利局授权。稀土三基色发光材料，尤其是灯用材料，由于具有发光效率高、寿命长、显色性好等优点，在照明和显示领域已有广泛应用。

36. 重庆率先突破 5μm 玻璃纤维关键技术

重庆市在国内率先突破 5μm 玻璃纤维关键技术，成功打破国外对行业的垄断，达到国际先进水平。

作为一种核心原材料，电子玻璃纤维将被制成各类电子产品的基本元器件，在手机、电脑、电视机，甚至在航空航天领域的精密仪器设备上大量应用。越细的玻纤，应用的领域越高精尖，目前国内普遍掌握的 9μm 玻纤生产技术，只能满足普通电视机以及性能要求相对较低的手机等生产需要，而最先进的 5μm 玻纤生产技术，此前只有美国和日本掌握。

37. 镀膜 PET 啤酒瓶

安徽循环经济技术工程院推出采用镀膜技术的 PET 啤酒瓶，该项技术使 PET 啤酒瓶密封性和安全性大大提高。镀膜是采用特殊保护涂层，可使单层 PET 瓶的安全性提高 7 倍，隔氧性提高 30 倍，同时保证 PET 瓶装啤酒与玻璃瓶装啤酒不存在口味差异。

38. 分子量 200 万以上 UHMWPE 双抗挤出制品的开发

用分子量 380 万的超高分子量聚乙烯(UHMWPE)树脂为基体树脂，加入高含量导电炭黑/聚乙烯蜡复合导电剂，溴 - 锑系与膨胀型阻燃剂组成的复配阻燃剂及常规挤出加工助剂，利用近熔点挤出理念及其加工设备，实现了分子量 200 万以上 UHMWPE 管材、板材制品的连续挤出。制品综合性能超过了 2005 年国家煤炭行业的技术标准，对提高行业技术水平、解决现实煤炭生产中的安全隐患、促进UHMWPE上下游产业的发展做出了贡献。

39. 自动化滚塑成型系统

多层滚塑制品成型技术使用的是全自动滚塑成型系统。设计人员可以利用这项新技术生产出多层的滚塑制品，其中每一层都拥有不同的性能和优势，外层提供很高的抗冲击抗紫外性能，中心层可以是绝热的聚氨酯泡沫材料。

40. 高速自动包装膜专用树脂新品问世

中石油石油化工研究院、兰州石化公司、华南销售公司在前期开发高速自动包装膜专用树脂的基础上，通过进一步优化产品配方体系，日前成功开发出更具竞争力的高速自动包装膜专用树脂DFDA7042H。

DFDA7042H专用树脂主要用于包装食品、纺织品等。中石油石油化工研究院针对前期开发的高速自动包装膜专用树脂产品生产成本高的问题，积极开展中试产品配方与性能优化试验，降低了产品生产成本。兰州石化公司已经试生产出DFDA7042H树脂专用料800余吨。

41. 中国科学家成功从海藻中提取纤维并织成布料

中国科研人员成功从海藻中提取纤维，纺成丝线并织成布料，在海洋中开辟纺织纤维的第三来源。研发人员成功利用海藻提取海藻酸盐为原料，以水做溶剂，用特殊设备制出了强度高、性能好的海藻纤维，并成功纺成布料。目前海藻纤维的制取已经经过了初试和中试阶段，大规模的生产正在准备过程中。

按现有生产技艺，1吨淡干海带，可以提取200kg至250kg海藻酸盐，形成200kg纤维，而每100g海藻纤维就能织$1m^2$布。依此计算，海藻纤维的成本初步测算(5－7)万元/t。如果把海藻纤维和棉花混纺的话，还可以织更多的布，成本更低，强度比棉结实。

中国是世界上最大的海藻养殖与加工国，海藻酸盐产量占世界的一半以上，非常有利于海藻纤维原料的获得和大规模开发生产。同时，海藻纤维原料的生产不占用石油和土地资源。

目前，这一研发技术已获得国家“863”、国家发改委纺织专项、国家自然科学基金、山东省重大成果转化等项目的支持，成果达到国际领先水平，预计2011可实现大规模产业化生产。

42. 气体辅助熔体电纺聚合物纳米纤维

聚合物气体辅助熔体电纺工艺技术可以减少纺丝区熔体射流的骤冷，增加射流的衰减率，最终制备出亚微米级的纤维。使用综合熔体电纺模型分析热气流对聚合物射流的影响。实验研究聚乳酸的电纺过程发现，与无气体辅助的电纺工艺相比，气体拉伸可以产生10%的额外细化效果，而且其加热作用还将获得20倍的额外射流细化效果。

43. 我国成功自主研发玄武岩纤维复合材料电缆芯

河北通辉科技有限公司生产的连续玄武岩纤维在国家“863”项目——国产碳纤维复合芯导线项目中成功应用，用其生产的导线高温拉断力、复合芯抗破损能力等关键指标大大优于设计指标，这标志着我国高端电缆材料依赖进口的历史有望结束。

据了解，连续玄武岩纤维是以天然的火山喷出岩作为原料，将其破碎加入熔窑炉中，经1450～1500℃高温熔融后，通过铂铑合金拉丝漏板制成的连续纤维。以连续玄武岩纤为增强体可制成各种性能优异的复合材料，广泛应用于消防、环保、航空航天、军工、车船制造、工程塑料、建筑等军工和民用领域。以玄武岩纤维制造的复合材料具有天然的高强度和耐腐蚀性、电绝缘性能等，被誉为21世纪绿色新材料。

(中国塑料加工工业协会专家委员会　王德禧)

导电性高分子复合材料研究

导电性高分子复合材料一般是在高分子基体中加入导电性介质而得到的具有一定导电性能的复合材料，具有基体对象广泛、易于工程化制备、制备工艺相对简单、导电性能易于调节，且材料力学性能好、加工性好等优点。近年来，碳纳米管(CNTs)由于其优良的物理性能引起了人们越来越多的关注，且随其工业化制备技术的实现，利用碳纳米管作为新兴碳素系导电介质制备导电性复合材料的研究逐渐成为该研究领域的热点。与传统的碳素系导电介质相比，使用碳纳米管作为导电介质理论上可以在极少添加量下实现更好的导电性能，并可使材料易于实现更广泛的应用目标设计，为其在填充型导电复合材料领域的应用提供了非常广阔的前景。

近年来，本课题组在各种导电性高分子/CNTs纳米复合材料制备方法、导电机制及导电模型分析等方面，针对十数种高分子材料进行了较系统的研究。在此就若干研究内容和方法予以介绍。

1　复合法

所谓复合法是指利用无机填充剂的体积排除作

用制备导电性高分子/CNTs纳米复合材料的方法。各种无机填充剂在高分子复合材料中的应用已有较长时间的历史，不仅其应用极其广泛，而且应用技术也相对成熟。本课题组曾经在高分子复合材料研究中，基于新型偶联剂、第三相界面导入、界面诱导、共复合等界面设计的方法和手段，建立了对高分子材料实现增强、增韧、耐热、耐低温、阻燃或持久抗静电等方面的技术。在此基础上，我们进一步利用各种无机填充剂的体积排除作用，研究了制备导电性高分子/CNTs纳米复合材料的方法。

在研究中，我们通过实验数据总结了复合材料逾渗值降低和无机粉体填充量之间的定量关系，提出了“有效浓度”的概念，并且通过研究验证了“有效浓度”概念具有普适性的意义，不仅可以适用于不同种类的无机粉体，也可以适用于不同的聚合物基体。

例如，在PP/CNTs、PA/CNTs、POM/CNTs等体系中，如果进一步配合如碳酸钙、滑石粉和硅灰石等各种惰性填料，则在混炼过程中，惰性填料不仅能在某种程度上对CNTs的分散起到促进作用，而且能使CNTs在高分子基体中的有效浓度得到提高，最终导致其形成导电通路的几率增加，因此材料的导电性能将得到有效提高。PA/CNTs体系导电性能的变化为例，不论体系中含有的碳酸钙的质量分数是20%还是30%，经过有效浓度换算后，其导电性能和CNTs浓度之间的关系均可以完美地归一到不含有碳酸钙的PA/CNTs曲线上。说明碳酸钙添加体系导电性能的提高，确实和碳酸钙的体积排除作用有关，但复合体系的导电性能只由碳纳米管的有效浓度决定。

2　共混法

高分子共混、合金技术是对高分子材料进行改性，使其实现高性能化或功能化的基本技术方法。以多相多组分高分子体系为基础进行导电性复合材料相关研究也是其发展和应用的当然选择，但利用其体系中高分子间的相互作用关系，对体系的导电性能进行调制与设计也是很有意义的方法。Sumita等曾采用中间加料法研究了CB填充HDPE/ PMMA，和PMMA/PP等完全不相容聚合物合金体系，发现CB选择性分散在两相聚合物中的一相，且聚合物合金呈“双连续”结构时，体系可产生“双逾渗效应”，此时体系的电阻率大大降低。目前利用“双逾渗效应”的研究较多，然而该方法虽然可以非常有效地提高碳素介质在材料中导电效率，但所制备的材料一般存在力学性能较差等问题，很难实现有价值的实际应用。

我们在研究中证明，体系中高分子间的热力学作用关系将对碳纳米管的分布状态起到决定性的作用，并最终影响体系的导电性能，原则上可以利用该热力学作用的原理建立制备导电性高分子/CNTs纳米复合材料的技术方法，但在材料制备中必须因应各种实际情况才能真正地达到理想的目的效果。这是因为与单一高分子体系相比，导电介质在两相高分子中的分布比较复杂，不仅涉及导电介质与高分子基体相和分散相之间的亲和性、分散相粒子尺寸大小、形状、相形态的稳定性等热力学因素，而且涉及混合顺序、混炼时间、高分子之间的黏度比等动力学因素，以及CNTs本身的分散性能和分散形态等等。

图1例示了PC/PET/CNTs体系导电性能的变化，在PC/PET共混体系的混炼过程中，大多数CNTs倾向于分布在PET相中，且随着CNTs含量的增加，PET相尺寸逐渐增大(图2)。由于含有CNTs的PET分散相被不含有CNTs的PC连续相孤立开来，无法形成导电通路，导致体系的体积电阻率高达13至16

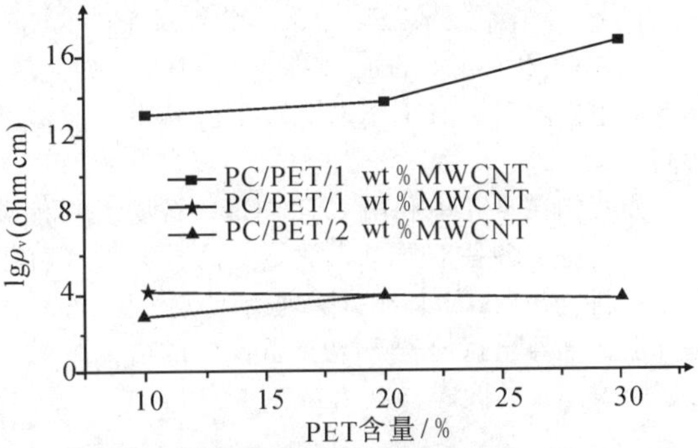

图1　PC/PET/CNTs体系电阻率的调控

(◆和▲系中加入其他助剂)

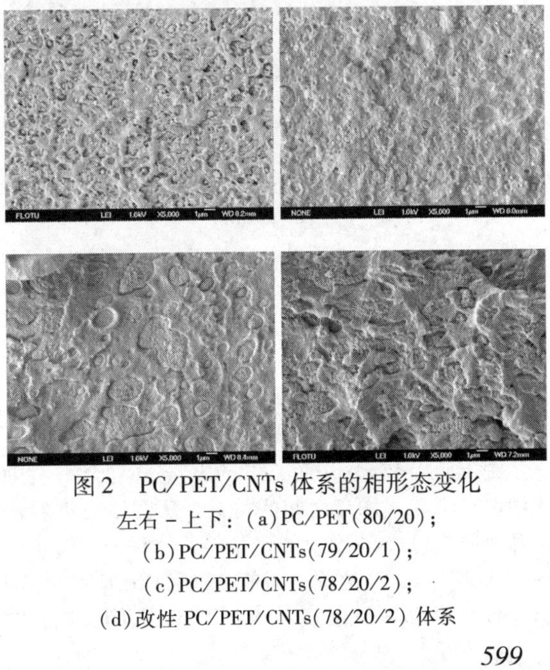

图2　PC/PET/CNTs体系的相形态变化

左右－上下：(a)PC/PET(80/20)；

(b)PC/PET/CNTs(79/20/1)；

(c)PC/PET/CNTs(78/20/2)；

(d)改性PC/PET/CNTs(78/20/2)体系

次方(相应条件下纯 PC 体系为4 次方)。而在体系中加入少许其他助剂以改变 PET 的物理化学环境，使 CNTs 尽可能分布在 PC 和 PET 的界面上时，体系的电阻率将得到显著改善，当 PET 含量为 10% ~30% 时，对应的体积电阻率将降低 9 ~13 个数量级。

3　混杂复合法

在填充型导电复合材料的制备过程中，利用导电介质形态的差异进行混杂复合也是改善导电性高分子复合材料导电性能的有效方法。目前有关研究主要集中在实验研究和理论研究两个方面，实验研究主要集中在选择合适导电介质和寻找优化的比例关系，理论研究主要集中在探讨导电填料协同机理。如 Lee 等利用碳纳米管和炭黑之间的协同作用制备了 HDPE/CNTs/CB 导电复合材料，发现如果单独使用炭黑作为导电介质时，体系的逾渗值在 20% ~25% 之间，而在体系中加入 0.5% 的碳纳米管后，HDPE/CNTs/CB 体系的逾渗值则出现在 15% ~20% 之间，体系的逾渗值显著降低。Balik 等针对 HDPE/CF/Graphite 复合体系，Drubetski 等针对 PP/CB/CF 复合体系，也证明了具有不同形态因子的导电介质间的协同现象。

而我们在研究中利用 CNT、CB、石墨或其他碳素介质制备了各种双导电介质填充的导电性高分子复合材料，并在通过体积排除理论建立模型(图 3)的基础上，推导出预测双导电介质含量的公式，且验证了公式的普适性。

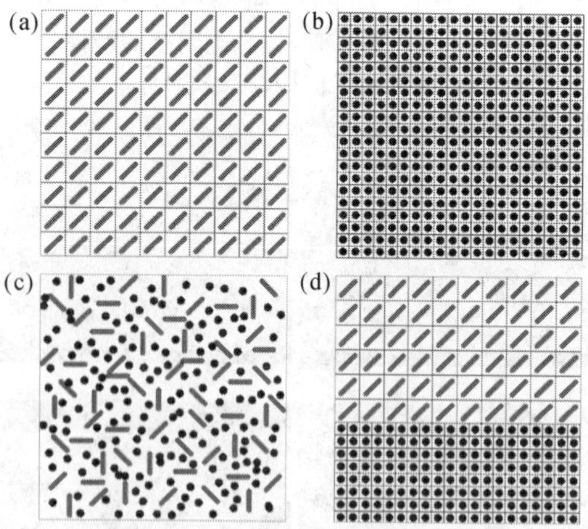

图 3　基于排除体积理论建立的双导电介质填充聚合物模型示意图

图 4 例示 POM/阵列 CNTs/CB 导电复合材料的体积电阻率和添加量之间的关系。从图中可以看出单独使用阵列 CNTs 作为导电填料，体系的逾渗值出现在 0.1% ~0.3% 之间，而单独使用 CB 作为导电填料，体系的逾渗值出现在 5% ~8% 之间。如，在 POM 基体中单独使用 0.1% 阵列 CNTs 或 4.5% CB 进行导电填充时，复合材料的电阻率数值均大于 14 次方，而将 0.1% 阵列 CNTs 和 4.5% 的 CB 同时加入 POM 基体时，体系的体积电阻率的下降到约为 4 次方，电阻率骤降了约 12 个数量级。体系出现这种现象的原因是导电介质之间发生了协同作用，阵列 CNTs 和炭黑共同构筑导电网络所致。

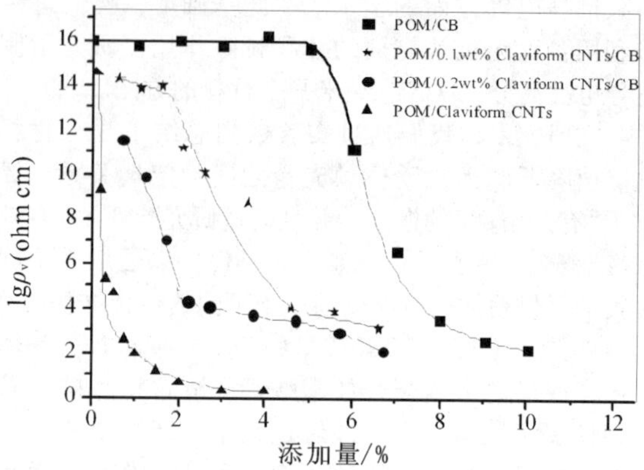

图 4　POM/阵列 CNTs/CB 逾渗曲线

(清华大学化工系高分子所　于建)

抗菌材料在包装工业中的应用

现今的包装工业中广泛使用的各种材料都是惰性的。它们通过物理手段阻隔外界气体进入包装容器内部，使被包装的物品在一段时间内保持不变质。可是随着人们对食品质量要求的不断提高，惰性包装材料逐渐不能满足要求，因此活性包装材料应时而生。

活性包装是通过改变包装条件来延长商品的货架期或改善食品的安全性和感官性质，同时维持食品的品质。活性包装不仅仅是产品与外界环境的屏障，它结合了先进的包装工业和材料科学技术，最大程度地维持包装食品的质量。许多活性包装已广泛应用于食品、医药、日用品的储运，而且诸如高压、超声波和磁处理等都可以在包装中加以应用。其中，抗菌包装工业将是应用最广泛的活性包装之一。

1　抗菌材料在包装工业中的应用

食品表面的微生物是影响食品货架期和安全性的主要因素之一。抗菌包装能杀死或抑制食品在加工、储运和处理过程包装自身表面的微生物，进而延长食品的货架期和安全性。同时，将抗菌包装材料和防腐剂组合、对包装物进行辐射处理协同作用，使包装具有抗菌活性和保质被包装物。

1.1　无机体系抗菌材料

抗菌包装材料有两种体系：有机体系和无机体系。无机体系主要依赖金属离子的抗菌活性。无机系列抗菌剂中的抗菌成分是银、铜和锌。这些金属是以离子的状态存在的，通过离子交换或直接合成，以制剂的形式与载体结合。由于银或铜等金属离子有着与细菌或霉菌的活性酶中心强有力的结合能力，而具有抗菌作用。在古代人们就知道，为了防止水和食物的腐败以及能够安全地饮用和食用，可采用银和铜为材料制成的容器。无机系列抗菌剂大多使用无机质多孔材料作为载体。用于食品方面的，要求符合食品添加剂的标准，以达到高标准安全性的要求。无机体系稳定，本身不具有活性，与其他试剂如水分混合才发生反应。如沸石阳离子被银离子交换，抑制了细菌的繁殖。该材料的优点是无毒，有广谱抗菌性，耐热性高（达800℃），而且长期有效。耐酸性达 pH = 3。耐碱性达 pH = 13。其平均粒径为0.6～2.5μm。但这种沸石材料的价格较贵，通常的加量在1%～3%，于塑料膜上是3～6μm很薄的一层。

1.2　有机体系抗菌材料

近年来报道的包装工业中的有机抗菌剂包括：有机酸及其盐（如山梨酸盐、丙酸盐、苯甲酸盐）；抗菌素（如乳链球菌肽），酶（如溶菌酶），金属和杀真菌剂（如抑霉唑）。含抑霉唑的中密度聚乙烯（MPE）膜可作为胡椒和奶酪的包装材料。含有抑霉唑的离子交联聚合物膜具有抗菌性能，能控制奶酪和胡椒的微生物污染。抗菌剂的应用也受许多条件的限制，许多抗菌物质不允许在食品中应用，抗菌物质与包装材料的相容性和其在材料挤压过程中的耐热性等等因素都影响其在包装中的应用。如，山梨酸可应用于天然奶酪的蜡层，包装纸上的湿蜡层以及中等湿度食品表面的可溶性蛋白膜中。研究发现山梨酸在这些包装材料中的释放不能精确控制。含有1%山梨酸钾的低密度聚乙烯（LDPE）可抑制酵母的生长。抑霉唑可以作为塑料膜中的抗菌活性物质来抑制霉菌的生长。

含有抗菌剂的包装存在着抗菌剂向食品扩散的问题。抗菌剂的安全性也是限制性的因素。一些研究表明，通过化学修饰将一些功能性基团引人并使其固定在聚合物膜的表面，可避免抗菌物质扩散到食品上，提高了食品的安全性。如用电子辐射修饰聚合物，使其产生具有抗菌作用的胺基。UV激态原子激光在空气中193nm下辐照尼龙膜，能将聚合物的酰氨基转化为具有抗菌作用的胺基，激光的波长影响膜获得的抗菌性能。在这种处理的膜上对肺炎克雷伯氏菌的实验，1h内减少了99.999%。

1.3　可食性抗菌膜

可食性包装膜是以天然可食性物质（如蛋白质、多糖、纤维素及衍生物，掺混少量的食品添加剂如乳化剂、塑化剂、抗氧化剂、食品色素、香料及抑菌剂等）为原料，通过不同分子间相互作用形成的具有多孔网络结构的薄膜。可食性包装膜的实用性能与合成塑料包装膜一样，更有合成塑料无法比拟的优越性。它具有明显的阻水性，可延缓食品中水和油及其他成分的迁移和扩散；具有可选择的透气性和抗渗透能力，可阻止食品中风味物质的挥发；具有较好的物理机械性能，可提高食品表面机械强度，使其易于加工处理；可以作为食品色、香、味、营养强化和抗氧化物质、抗菌物质等的载体；可与被包装食品一起食用，对食品和环境无污染。因而在食品工业方面具有广阔的应用前景。

可食性膜可作为抗菌物质的载体，如乳清蛋白涂层加入抗菌物质如溶菌酶、山梨酸钾、EDTA和乳链球菌肽，增塑剂如甘油或山梨醇，使其具有抗菌活性。此外，通过改变pH、蛋白质与增塑剂的比例还可以调节蛋白膜的电荷密度和膜孔的空间大小，从而控制抗菌物质在膜上的扩散。

2　包装工业中影响抗菌膜包装性能的主要因素

2.1　包装材料加工条件对抗菌包装残留抗菌活性的影响

包装材料在制造、贮存和销售过程中，混入其中的活性物质——抗菌剂的抗菌性会遭到不同程度的破坏。最后所使用的抗菌膜所保留的抗菌活性才是有效抗菌活性。

在塑料树脂的挤出过程中，挤出机的高压和高温会影响混入的抗菌剂的稳定性，并降低其残余抗菌活性。包装材料的叠合、印刷、干燥和贮存等过程，以及粘合剂和溶剂都会对抗菌剂的抗菌性产生影响。此外，挥发性防腐剂的挥发损失也是包装材料在挤出、流延和贮存过程中抗菌活性降低的原因之一。

2.2　食品的特性对防腐剂抗菌活性的影响

食品具有不同的pH值、水分活度、碳源、氮源、氧压等，为微生物和抗菌剂（防腐剂）提供了不同的环境条件。不同的pH值会对目标微生物的群落及其生长率产生影响，同时也会改变多数防腐剂的抗菌活性及防腐剂的解离状态。水分活度可说明食品的稳定性和微生物繁殖的可能性，同时它还能影响膜的水合状态。抗菌包装材料上的非挥发性防腐剂的释放取决于从食品中蒸发到膜上的水分及其溶解防腐剂并促进防腐剂扩散到食品表面的程度。

2.3　防腐剂对包装材料的物理性能和机械性能的影响

包装材料的一般性质包括机械性能(如拉力、延伸性、破裂力、撕扯力和硬度等)和物理性能(如氧气或其他气体的渗透性、水蒸气的渗透性、水分吸收能力、抗油性、光泽和透明度等)。将防腐剂加入包装材料中形成抗菌包装材料后，包装材料的机械性能和物理性能会受到影响。

对于塑料包装材料，防腐剂是低分子量化学物质，比塑料高聚物结构尺寸小很多，而且加入量很少。所以只要抗菌包装材料设计合理，小分子防腐剂占据高聚物结构的非品结构区域，并不影响高聚物包装材料的机械性能。但是高聚物包装材料的非晶区域和纸的多孔区域被高浓度或大颗粒防腐剂饱和后，抗菌包装材料的拉力将受到影响。

防腐剂混入包装材料虽然不会降低塑料膜的机械性能，但一般会降低膜的光学性能，将山梨酸钾混入 LDPE 膜后，随着山梨酸钾浓度的增加，LDPE 膜的透明度降低。

3　包装工业用抗菌系列产品

北京崇高纳米公司多年从事抗菌剂和抗菌母粒产品的开发工作，目前已经形成七大系列的产品，广泛应用于各种工业中，其中部分可应用在包装工业中。

3.1　抗菌剂系列

牌　号	名　　称	用量(质量比)	适用范围
安迪美-AM	抗菌塑料用抗菌剂	1%～1.5%	制备抗菌塑料或抗菌母粒，用于冰箱、洗衣机、电话、菜板、玩具、键盘、门把手、方向盘
安迪美-AM1	PVC 塑料水管用抗菌剂	1.5%	抗菌 PVC 塑料送水管，塑料地板
安迪美-AM2	水性涂料用抗菌防霉剂	1%	乳胶漆
安迪美-EC	PVC、PE 用抗菌防霉剂	增塑剂量 0.5%～0.7%	透明 PVC 片材、浴帘、门帘防霉、文具、书皮

3.2　抗菌母粒系列

牌　号	名　　称	用量(质量比)	适用范围
安迪美-PG	通用抗菌母粒	3%～4%	PP、PE、HIPS、ABS、AS、PPVC 注塑、挤出、造粒。用于家电、日用塑料制品、公共用具、包装等
安迪美-PE	PE 抗菌母粒	3%～4%	PE 膜
安迪美-PP	PP 抗菌母粒	10%(表面层)	PP 吹膜、BOPP 拉膜
安迪美-PS-T	注塑透明聚苯乙烯抗菌母粒	4%～6%	GPPS

3.3　维蔬乐™长时保鲜膜(袋)

保鲜技术在原有的聚乙烯保鲜膜技术基础上，运用纳米复合技术，将纳米抗菌材料经过特殊的表面处理和分散技术，使之均匀的分散在聚乙烯树脂中。这就获得了维蔬乐™长时保鲜膜(袋)。

4　抗菌材料在包装工业的应用前景

以抗菌材料为主导的抗菌包装是活性包装中非常有前途的一种形式。虽然大多数易腐败食品，尤其是水分含量在20%～40%范围内的中间水分食品，在经包装杀菌后具有了自身抗污染体系，但是在食品包装破损或开封后再贮存时，食品便遭受污染失去了原有的抗菌体系。在这些情况下选择抗菌包装材料是极有益处的，它能不断释放防腐剂到食品表面以抑制食品表面微生物的生长。在抗菌包装材料研究中，防腐剂加入到包装材料中后，包装材料的物理性质及其机械性能和防腐剂的有效活性是人们关注的。可食膜与防腐剂的有机结合为食品包装材料开辟了一个更加广阔的领域。

(北京崇高纳米科技有限公司　李毕忠)

硅酸钙在聚乙烯无滴薄膜中的应用初探

功能性农用薄膜的生产和应用已经农业增产、反季节种植的重要手段，其中无滴薄膜和保温薄膜的研制和应用较为普遍[1~3]。但是，目前一般生产的聚乙烯流滴薄膜流滴失效时间很短(一般仅3～6个月)、实际使用效果欠佳。

由于硅酸钙微粉具有白度高、内部微孔丰富、比表面积大、吸附力强等特点，可能会对流滴剂的缓释、流滴失效时间的延长发挥一定的作用；且由于含硅类填料(如滑石粉、云母粉、二氧化硅、水滑石等常可用作保温薄膜的保温剂使用[4]，为此，本文采用硅酸钙、滑石粉对聚乙烯流滴薄膜性能的影响进行了初步的对比研究。

1　实验方法

1.1　防雾滴母料的制备

按表1配方采用平行同向双螺杆挤出机在相同条件下制备了两种防雾滴母料(表1)。

1.2　流滴膜的生产

采用大连产 SJ－65×30FM1600 型薄膜挤出吹塑成型机组按表2配方在相同条件下制备了三种幅宽均为2000mm、公称厚度均为0.08mm的PE薄膜(表2)。

1.3　性能测试

聚乙烯薄膜常规性能测试均参照 GB 4455—2006 标准进行测试。

聚乙烯薄膜的红外光谱分析采用美国 Nicloet 380 型傅立叶变换红外光谱仪。红外吸收谱图波数范围为 400～4000cm^{-1}。

2　结果讨论

聚乙烯无滴薄膜常规性能见表3。

表1　防雾滴母料试验配方

配方编号				PE/FA－1	PE/FA－2
序　号	原料名称	型号规格	生产厂家	用量/phr	用量/phr
1	LLDPE			75.00	75.00
2	LDPE			25.00	25.00
3	流滴剂	LA－2	国产	23.67	23.67
4	滑石粉	3000目		16.00	0.00
5	硅酸钙	800目	大唐国际	0.00	16.00
6	其他			3.33	0.33
合　计				143.00	143.00

表2　聚乙烯薄膜试验配方

配方编号				PE/F－0	PE/F－1	PE/F－2
序　号	原料名称	型号规格	生产厂家	用量/phr	用量/phr	用量/phr
1	LLDPE			75.00	75.00	75.00
2	LDPE			25.00	25.00	25.00
3	流滴母料	PE/FA－1	自制	0.00	10.00	0.00
4	流滴母料	PE/FA－2	自制	0.00	0.00	10.00
5	蓝色母料			0.00	0.20	0.20
合　计				100.00	110.20	110.20

表3　三种聚乙烯无滴薄膜的常规性能

样号	保温剂类型	厚度偏差			拉伸性能				裤型撕裂强度		透光率	雾度	流滴失效时间
		公称厚度	极限偏差	平均偏差	拉伸强度		断裂伸长率						
					纵向	横向	纵向	横向	纵向	横向			
		mm	%		MPa		%		kN/m		%	%	h
GB 4455—2006 指标要求		0.080	≤±28	≤±10	≥16.00	≥16.00	≥300.00	≥300.00	≥60 (直角撕裂)		≥85	≤35	≥144
PE/F－0	/	0.080	12.50	－3.13	27.99	22.91	1702.50	1373.75	78.65	91.56	91.1	14.2	0.2
PE/F－1	滑石粉	0.080	11.25	3.44	27.12	26.36	1677.50	1685.00	76.11	98.63	90.2	26.2	36.0
PE/F－2	$CaSiO_3$	0.080	16.25	9.25	30.85	26.33	1806.25	1614.06	86.16	98.21	90.0	21.5	63.0

2.1 保温剂类型对PE流滴薄膜机械性能的影响

由图1~图3可见，同等条件下，添加硅酸钙所得PE流滴薄膜的纵向及横向拉伸强度、断裂伸长率均明显优于不添加任何填料的白膜及采用滑石粉的PE薄膜；其纵向撕裂强度最大，而横向撕裂则与采用滑石粉的薄膜相当(两者均高于白膜参比样)。

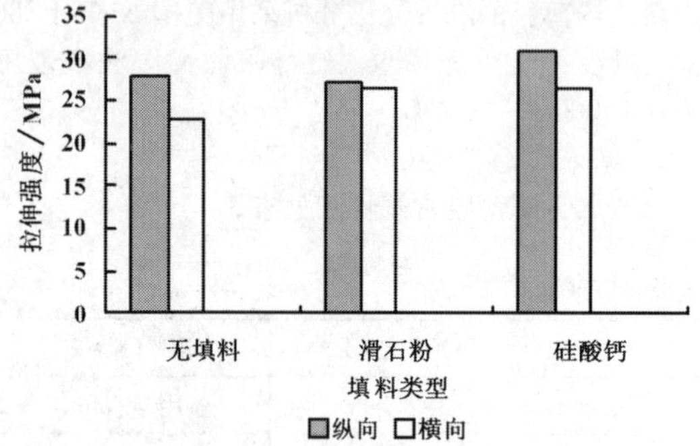

图1 填料类型对PE流滴薄膜拉伸强度的影响

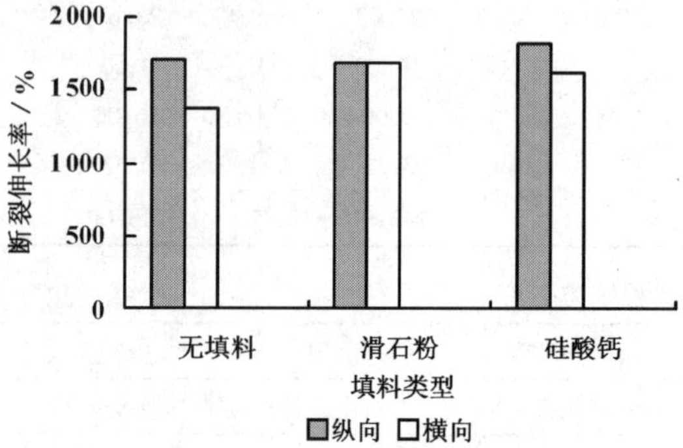

图2 填料类型对PE流滴薄膜断裂伸长率的影响

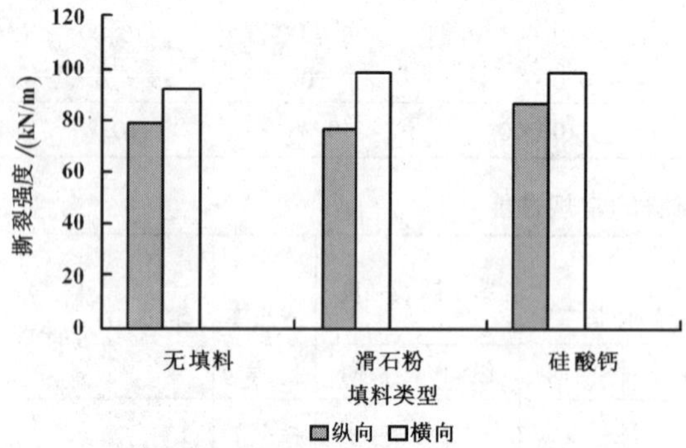

图3 填料类型对PE流滴薄膜撕裂强度的影响

2.2 填料类型对PE流滴薄膜光学性能的影响

由图4可见，同等条件下，采用硅酸钙与采用滑石粉所得两种PE流滴薄膜的透光率相当，略低于PE白膜参比样；另外，由图5可见，两种薄膜的雾度均高于PE白膜，但采用硅酸钙所得PE流滴薄膜的雾度明显小于采用滑石粉的薄膜。

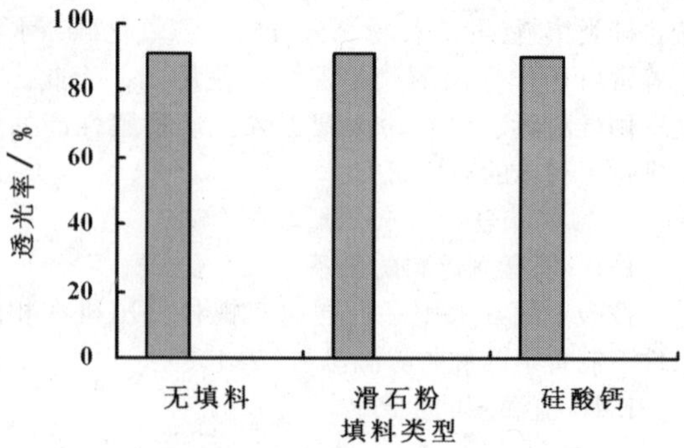

图4 填料类型对PE流滴薄膜透光率的影响

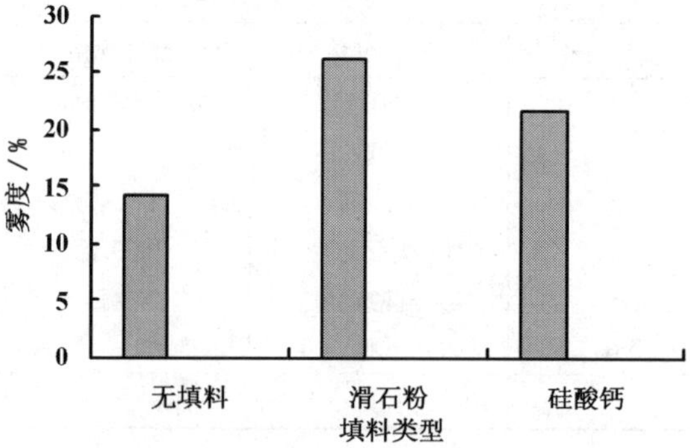

图5 填料类型对PE流滴薄膜雾度的影响

2.3 填料类型对PE流滴薄膜流滴性能的影响

由图6可见，同等条件下，采用硅酸钙所得PE流滴薄膜的流滴失效时间明显大于采用滑石粉的薄膜(提高了将近1倍)。这很可能是由于硅酸钙丰富的蜂窝状结构(如图7)对流滴剂具有一定的缓释作用所致，即硅酸钙可能对研制长效防雾滴薄膜具有一定的价值。

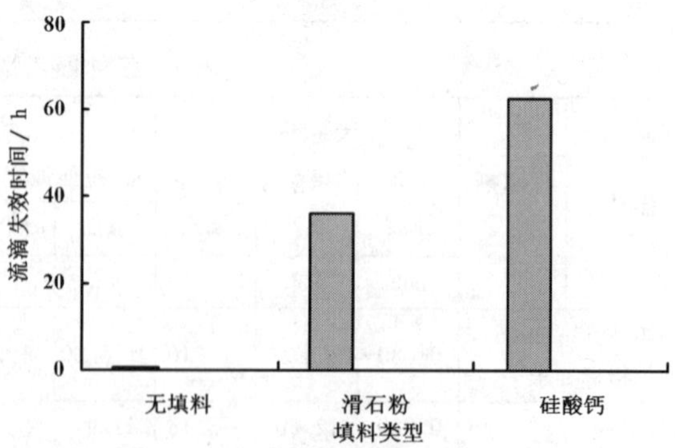

图6 填料类型对PE流滴薄膜流滴失效时间的影响

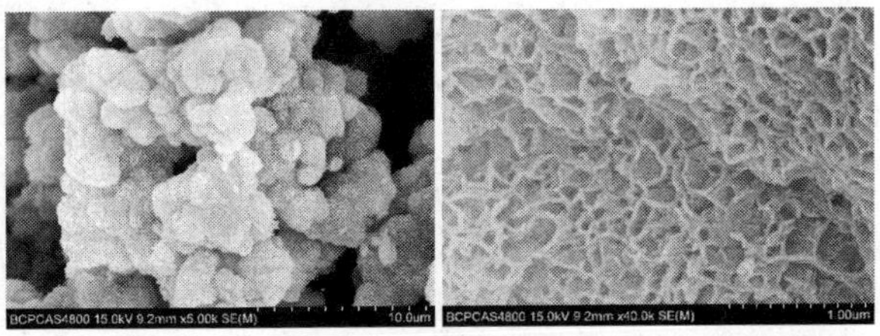

图 7 硅酸钙的蜂窝状微细结构

2.4 填料类型对 PE 流滴薄膜保温性能的影响

据文献报道，PE 薄膜的保温性能主要源自其对红外线的阻隔性能，尤其在 400 ~ 1500cm^{-1} 范围内，若 PE 膜对红外线的吸收谱带越丰富、面积越大、透光率越小，则该种 PE 薄膜的保温效果越好。由图 8 ~ 图 10 可见，添加有滑石粉及硅酸钙的 PE 流滴膜在 400 ~ 1500cm^{-1} 范围内的红外吸收谱带均较 PE 薄膜丰富的多，说明两种流滴膜的保温效果均优于 PE 薄膜；且添加硅酸钙的 PE 流滴膜在 400 ~ 1500cm^{-1} 范围内的红外线透光度似乎略小于滑石粉，由此可见，硅酸钙的保温效果应略优于滑石粉。

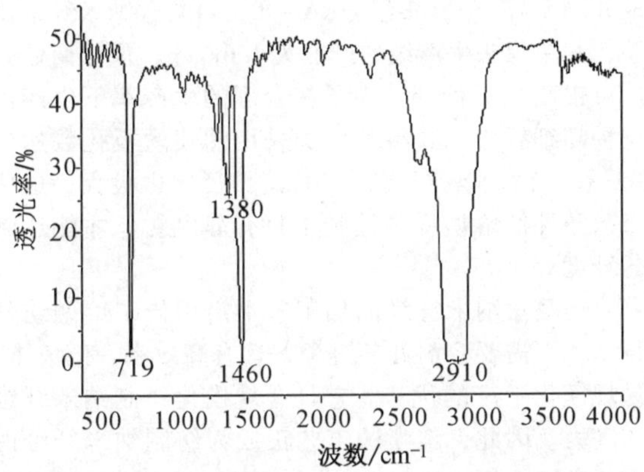

图 8 PE 白膜参比样的 FT – IR 谱图

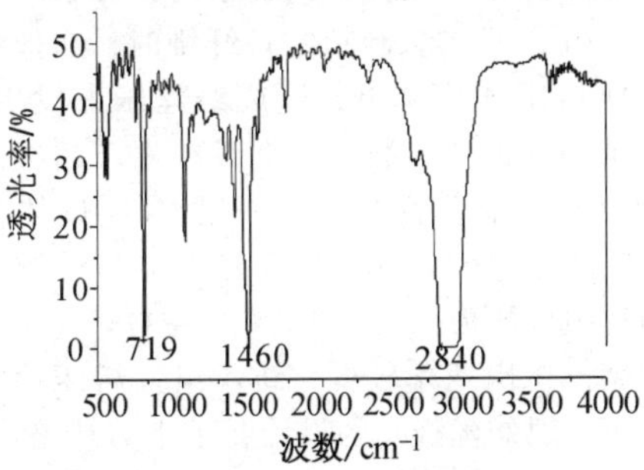

图 9 采用滑石粉所得

PE 流滴薄膜的 FT – IR 谱图

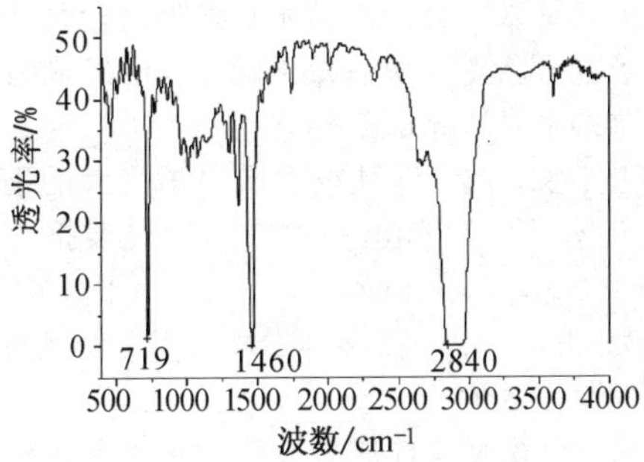

图 10 采用硅酸钙所得

PE 流滴薄膜的的 FT – IR 谱图

需要说明的是，由于目前试验条件所限，采用的硅酸钙的颗粒细度仅 800 目左右，其颗粒尺寸远大于所用滑石粉的颗粒细度，且所得硅酸钙 PE 流滴膜的平均厚度也最大，可以预见，若进一步提高硅酸钙的颗粒细度，可能对 PE 流滴薄膜物理机械性能、光学性能、流滴长效性及保温性能等带来更好的效果。

（1. 北京石油化工学院 材料科学与工程系，
2. 河南省焦作市咏春塑胶有限公司，
3. 中国塑料加工工业协会改性塑料专业委员会；
陆晓中[1]，郑应欣[2]，刘英俊[3]，
张秀坤[2]，康军[2]）

静电纺丝技术及其应用

一、静电纺丝技术发展概况

1. 静电纺丝技术发展历史

静电纺丝又称为电纺（Electrospinning）是聚合物溶液或熔体在静电作用下进行喷射拉伸而获得纳米级纤维的技术，即将直流高压施加于聚合物溶液或熔体与收集装置之间，使聚合物溶液或熔体带上几千至上万伏高压静电，当电场力足够大时，带电的聚合物液滴克服表面张力形成喷射细流，细流在喷射过程中随溶剂蒸发或冷却凝固而固化，最终落在收集装置上，形成类似非织造布的纤维毡，其纳米纤维直径一般在几十纳米至及微米之间。

1934 年美国工程师 A. Formhals 在静电力的作用下，实现了醋酸纤维素（CA）溶液的电纺丝，首次诞生了电纺丝专利（A. Formhals，US patent 1975504，1934）。到 20 世纪 80 年代，尤其是近 10 年来，随着纳米技术的发展，静电纺丝技术备受关注，90 年代初美国阿克伦大学的 D. H. Reneker 等对静电纺丝进

行了大量实验工作和深入的理论研究，开发成功了这种制备纳米纤维的新技术—静电纺丝技术。此后电纺丝技术获得了快速发展，并且已经成为当前纳米纤维的主要制备方法。

近年来，纳米纤维技术取得了巨大的进步。据2007年米兰(音)静电纺丝技术研讨会报道，美国Dupont(杜邦)公司和Zyvex公司、德国Sandler公司及捷克Elmarco公司等8家公司的静电纺丝装置已经完成商业化运转。

纳米纤维有多种成型方法，如静电纺丝法、熔喷法以及闪纺法(杜邦公司的Tyvek® 产品)等，其产品均呈非织造布形式，而使用双组分复合纺丝法可得到长丝纱。表1为几种主要的已产业化的纳米纤维技术的工艺特征。

表1 几种主要的纳米纤维技术的工艺特征

	纤维直径/nm	成型效率/(g/min)
静电纺丝法	50~300	<0.01(单喷射组件)
熔喷法	350~1000	0.20~0.80(100孔/寸)
原纤化法	<1000	1 500(反应器)
双组分复合纺丝法	150	0.10~1.00(纺丝单元)

此外，静电纺丝可采用涂敷方式，即在诸如纸质物、金属与玻璃、聚合物薄膜、木质物以及任何具有挠性或刚性的物体表面形成涂层。涂敷层单层克重为0.25~0.75g/m²，最低可达0.015g/m²，厚度约为250nm。

纳米纤维的成型效率和成网强度在很大程度上取决于喷射组件与收集装置间的电场强度。

2. 国内外的最新进展：

随着纳米技术为人们所广泛关注，静电纺丝法直到近十年间才得以快速发展。目前，静电纺丝技术已广泛应用于数十种高聚物，包括传统成纤聚合物PET、PA、PVA、PU(聚氨酯弹性体)，具有液晶态刚性高分子的聚合物以及纤维素溶液等。国内外近年来这一领域的突出进展如下：

(1) 以杨卫民为首的英蓝实验室对熔体静电纺丝进行了大量研究，自行研制的高效率熔体静电纺丝装置制得的PP纤维，纺丝电压40kV，接收距离13cm，纺丝温度250℃，纺丝原料PP的熔体流动速率为1000g/10min，纤维的平均直径为7.4μm。

(2) 静电纺丝技术是公认的一种制备超细纤维的简单有效的方法，与熔喷技术相比，熔体静电纺丝技术的设备要简单的多，因而研究其代替熔喷技术具有较大的工业价值。

(3) 杜邦公司研制的混合膜材由常规非织造布与多孔膜制得，其中膜组分使用的静电纺长丝网的单纤直径为100~1000nm，该产品作为滤材可以捕集亚微米粒子。

(4) 德国Nanoval公司开发的Nanoval™工艺可以纺制纳米级纤维网。该法具有潜在生产率高，能耗低(仅为熔喷法的1/5)的优点，具有巨大的商业化价值。

(5) Nanostatic公司开发了幅宽为1~2m的静电纺丝设备，设备的运行速度达到100m/min。

(6) 美国Donaldson(唐纳森)公司以PA为原料，在幅宽650mm的静电纺丝设备上成功纺制出纤维直径为200~1000nm的纤维网。该公司还声称能纺制直径为50nm的产品。

(7) 德国亚琛工业大学(RWTH Aachen)纺织技术研究所以PCL(聚己内酯)原料，于静电纺丝装置上纺制纳米级PCL纤维。

(8) 美国Hills(希尔)公司在开发熔喷法纳米纤维方面也取得了重大进展。该公司制得的均聚物纳米纤网的单纤平均直径小于250nm，而且直径为50~400nm的纤维占90%以上。目前，Hills公司已完成并列型(S/S)，多组分(A-B-A)复合纳米纤维试验，其单模头生产线的产能为1.6kg/h，预计商业化后可提高至12kg/h。为了在合理的生产率下生产出这种超细纤维，其特殊模头采用的喷丝板孔数达到100孔/英寸或者更高，同时其长径比也极大。这些工艺条件使熔喷纤维达到了只有静电纺丝才能达到的纤度。

熔喷法纳米纤维的加工基本沿用传统熔融纺丝技术，不需要溶剂处理过程，具有高效率、低成本、易规模化生产的优势。它具有规模化纺制纳米纤维的潜力。因此，熔喷法工艺正成为纺制纳米纤维的重要方法之一，如瑞士Rieter(立达)公司已建成单模头熔喷法纳米纤维装置，纤维网的单纤直径只有500nm。

常规熔喷法生产的非织造布网片的单纤平均直径约为1μm，但在纺制超细旦纤维时，纺丝组件每孔的熔体挤出速率降低，造成纺丝压力发生变化，影响纤维网片的均匀性。因此，在生产超细纤维时要保持较低的聚合物黏度，一般MFI(熔体流动指数)的指标为1500~1800。为确保良好纤维网均匀度，纺丝组件压力控制在3.5MPa左右。

在熔体挤出速率较低，纺丝组件熔压稳定的工艺条件下，对纺丝板孔的设计要求十分严格。通常，纺丝孔径为0.10~0.12mm时，长径比为15~100，孔密度>100孔/英寸。

(9) 2004年捷克利贝雷茨技术大学正式宣告该

大学与爱勒马公司合作生产的纳米纤维纺丝机“纳米蜘蛛”问世，为纳米纤维工业化生产奠定了基础。捷克 Elmarco 公司研究开发的全球第一条静电纺丝法制纳米纤维生产线已投放市场，并已向日本、美国等国家出售了近 12 套。Nanospider 技术将开辟超薄非织造布产品的应用新领域。

(10) 我国国内的中科院长春应用化学所利用静电纺丝法将 PLGA(聚乳酸 - 聚羟基乙酸共聚物)制成了纳米纤维网；苏州大学采用静电纺丝工艺，成功纺制出了再生丝素与 PVA 的共混纳米纤维；东华大学以 PAN 和纤维素醋酸酯原料，DMF 为溶剂，通过静电纺丝工艺制得了多孔 PAN 纳米纤维网。

二、静电纺纳米纤维的性能及应用

1. 纳米纤维的特性

纳米纤维具有精细的结构、极大的比表面积、极高的孔隙率、极好的柔韧性、吸附性、过滤性、粘合性和保温性，这些优良的性能使纳米纤维广泛应用于国防、医药、化工和电子等诸多领域。静电纺丝是制备纳米纤维及其无纺布最简单易行、投资小、也是最重要的方法之一。静电纺丝依纺丝液的制备方法可分为溶液法静电纺丝(S - ESP)和熔融法静电纺丝(M - ESP)两种。目前世界上已有上百种聚合物采用溶液法静电纺丝技术成功制得了纳米纤维及其非织造布。

溶液静电纺丝虽然可以纺出小至几十纳米的纤维，但溶剂的使用使它出现了一系列的问题：①溶剂的回收问题；②应用于生物医药领域的安全问题；③一些聚合物如聚丙烯和聚乙烯，在室温下找不到适当的溶剂配成溶液；④溶剂的蒸发导致纤维表面不光滑，甚至出现缺陷；⑤产量低，一般为 0.6g/h；⑥90% 以上的溶液都以溶剂的形式蒸发掉；昂贵溶剂的使用会增加成本；⑦喷丝孔容易堵塞，影响连续生产等。熔体静电纺丝不需要溶剂就可以纺丝，与溶液静电纺丝相比，它的研究价值更大，更有可能使静电纺丝技术走向工业化。与熔喷技术相比，熔体静电纺丝技术的设备要简单的多，因而研究其代替熔喷技术具有较大的工业价值。

熔体静电纺丝纤维直径分布均匀，纤维表面相当光滑，与熔喷纤维相比其纤维质量要好得多。用熔体静电纺丝法制备非织造材料可以得到更细的纤维、更好的过滤性能，使非织造布的表面更柔软，手感更好。

目前关于静电纺丝的研究大多集中在溶液静电纺丝方面，对于熔体静电纺丝，由于其装置相对溶液静电纺丝复杂，而且其纺得的纤维比溶液静电纺丝纺得的纤维粗，因而对于它的研究相对较少。

2. 静电纺丝技术的应用

随着 20 世纪 80 年代纳米材料的发展，特别是纳米材料的表面效应。小尺寸效应、量子尺寸效应和宏观量子隧道效应等性能，使其在许多方面都具有其他材料无法比拟的优点，纳米纤维已经成为当前研究的热点。其中最为引人注目就是高压静电纺丝法制备的纳米纤维无纺布及微孔膜的应用。该材料具有手感柔软、强度大、蓬松度高、保暖性能好、过滤效率高等特点，能够广泛应用在高效低阻过滤材料，如普通中央空调、家用中央空调过滤材料、电子工业中的空气过滤、重金属废水过滤材料等；医用材料，如无菌室滤布、抗菌防尘口罩和防 SARS、甲型(H1N1)流感等医用隔离服及口罩；军用保暖材料、保健材料：被褥、枕头、防寒服等新型保暖填充材料；还可应用于吸油材料、汽车滤清器、油水分离等领域。

无纺布产业被认为是 21 世纪的朝阳产业，由于新型纤维和差别化纤维材料不断推出及高新技术的渗透，使其在建筑、医疗卫生、环保、服装、汽车、航空航天等行业得到广泛应用，是重要的产业用纺织品，与相同用途的产品相比具有高附加值和高效益的竞争优势，产业发展势头迅猛。

无纺布于 1870 年首先在英国开始工业化生产，20 世纪 50 年代开始大量发展，20 世纪 90 年代开始得到了迅猛发展，到 2006 年已达到 563 万吨，2002 ~ 2006 年平均以 7.6% 的速度增长，2007 年以来受各种因素影响增速变缓，但世界无纺布需求的增长率始终高于全球经济的增长，预计 2010 年世界产量将达到 700 万吨。世界非织造布的生产主要集中在北美、西欧和东亚地区，主要生产国为美国、中国、日本、韩国、中国台湾、印度尼西亚、马来西亚、泰国和菲律宾等，约占全球非织造布总产量的 66% 以上。美国是最大的非织造布生产国，约占全球产量的 41% 左右，西欧占 30%，日本占 8%，中国占 3.5%，其他地区约占 17.5%。

到 2001 年年底，中国已拥有各种非织造布生产线 1980 条，生产量达到 55.9 万吨，排名世界第二位，每年以 8% ~ 10% 高速增长，2008 年中国纺粘法非织造布年总生产能力达到 112.09 万吨，比上年增长 19.3%，稳居世界纺粘大国地位。目前行业内产量超万吨级的企业已有 21 家之多，全国非织造布产量主要分布在浙江、山东、江苏、福建、广东、河南、上海等省市。中国非织造布业未来还有很大的增长潜力，中国非织造布市场消费量将增加到全球的 20% 以上。全球范围内用于非织造布生产的纤维中有约 63% 为聚丙烯、23% 为聚酯、8% 为黏胶、

2%为丙烯酸纤维、1.5%为聚酰胺、2.5%为其他纤维。

1）传统熔喷无纺布应用领域

静电纺丝成本低廉，易于规模化生产，所以以超细纤维无纺布的特点完全可以进入传统无纺布的应用领域。这些领域包括：①卫生、医疗用非织造布：小孩尿不湿、卫生护垫、卫生巾等一次性卫生用布、手术隔离衣、防护服、消毒包布、口罩、民用抹布、擦拭布、湿面巾、柔巾卷及美容用品等；②家庭装饰用非织造布：沙发、椅子的包布和填充料、贴墙布、台布、床单、床罩等；③建筑物结构材料：包括沥青、橡胶屋顶材料；④纺织服装用非织造布：防雨、防晒制品、箱包、衬里、粘合衬、絮片、定型棉、各种合成革底布、围腰围裙等；⑤工业及水利、路基用非织造布：过滤材料、抛光材料、绝缘材料、隔热材料、吸音材料、水泥包装袋、土工布、包覆布、汽车装饰用布等；⑥军事用非织造布：利用无纺布吸收、吸附能力强的特点，可以做军用特种擦拭巾用于消毒；⑦农业用非织造布：温室遮阳布、作物保护布、育秧布、灌溉布、保温幕帘、草坪保湿布、杂草防护布等；⑧其他非织造布：地毯用底布、太空棉、吸油毡、烟过滤嘴、袋包(如超市环保购物袋、广告袋、手提袋、茶袋等)。

2）纤维无纺布高效过滤材料

1993年世界纤维材料型过滤体系与过滤器件的市场总额已经达到20亿美元，预计2003年总额将超过40亿美元，其中过滤介质，也就是纤维材料制成的过滤系统要占销售额的3/4以上，而且随着时间推移其比重在上升。我国的非织造布过滤材料起步于60年代末70年代初，采用的是湿法和化学粘合法加工技术，针刺法、纺粘法、熔喷法等加工技术则出现较晚。我国过滤材料的需要量每年以两位数的速度增长，且对滤材的要求也越来越高，要求获得更好的过滤效率。传统过滤材料普遍存在着过滤效率、滤层阻力及粉尘粒度等不同的缺点，都需要我们创造新型的过滤材料。

随着20世纪80年代纳米材料的发展，特别是纳米材料的表面效应。小尺寸效应、量子尺寸效应和宏观量子隧道效应等性能，使其在许多方面都具有其他材料无法比拟的优点，纳米纤维已经成为当前研究的热点。

与普通规格的纤维相比，亚微米等级的小直径纤维在相同的过滤条件压降下，其过滤效率明显提升。目前已有厂商将纳米尺寸纤维应用在滤材产业，并有商业化产品问世。应用不同纤维直径所产出的滤材可以精密的控制制造条件生产出不同的过滤孔径，而唯有纳米纤维尺寸做成的滤材才能设计成拦截分子级的粒子。以静电纺丝所产出的直径250纳米的纤维在消费性及防御性产品的应用已经超过20年历史，静电纺丝所生产的纳米纤维可以比熔融纺丝所纺出的最细纤维还低5~10倍。

以Donaldson公司所生产的Ultra－WebR为例已经可以使用在无纺布上，并且广泛应用在过滤工业。由于直径500nm以下的纤维强度很差，通常都是将静电纺丝的纳米纤维覆盖在纤维素纤维基材作为空气过滤应用。前述商业应用所用的纳米纤维直径在250nm，而纤维素基材所用的纤维素纤维直径则是超过10μm。

所以将纳米纤网与熔喷非织造布复合，能最大限度地强化复合制品的液体浸蚀性，并明显改善复合产品的空气阻隔和透气性能。静电纺纳米纤维网与常规熔喷非织造布(MB)和纺黏非织造布(SB)相比有两个基本相似点：一是均为流动相聚合物，采用一步法直接成网；另一个是纤维中无任何添加剂，也无需使用黏合剂。三者的相关技术特征如表2所示。

表2　静电纺纳米纤网/MB/SB的技术特征

	纤维直径/μm	面密度/(g/m^2)	备　注
静电纺纳米纤网	0.05	0.02~0.50	纤维相对密度以1计算
熔喷非织造布(MB)	2	5~200	
纺粘非织造布(SB)	2	8~350	

图1是Donaldson公司所生产的含纳米纤维复合材料，该公司宣称此应用可以比一般熔融纺无纺布多过滤出2.5倍的灰尘。在不影响渗透效能的情况下，纳米纤维尺寸所制成的滤材可明显提升过滤效率。经过多次实验室测试及实际操作环境下的验证，纳米纤维滤材除了可以提升过滤效能外，还可以提升滤材寿命，所以纳米纤维过滤基材可以使用在更多的应用环境及污染源范围。

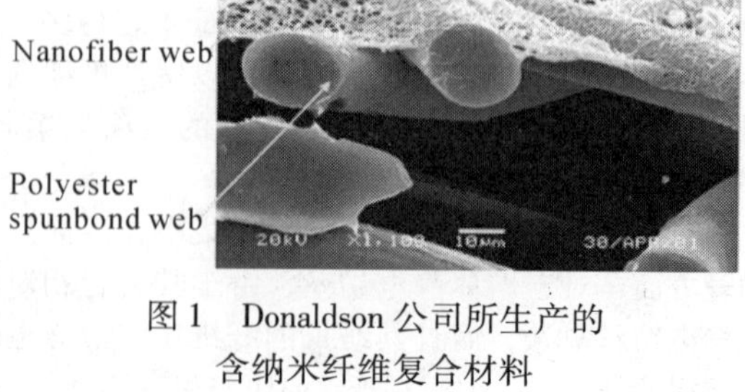

图1　Donaldson公司所生产的含纳米纤维复合材料

国内外现有的过滤材料只能净化 10μm 左右及大于 10 μm 的颗粒。而颗粒物直径 <10μm 的称为可吸入颗粒物(PM_{10})，可以通过呼吸进入人体的上、下呼吸道。尤其是直径 <2.5μm 的细颗粒物($PM_{2.5}$)，可通过上、下呼吸道，到达肺部沉积，甚至通过肺部进入人体血液，加之细颗粒物上富集了重金属、酸性氧化物、有机污染物(如多环芳烃等)，并且是细菌、病毒和真菌的载体，因此，气溶胶对人体的健康带来了重大威胁。

静电纺丝是一种制造纳米和超细纤维的重要方法，静电纺丝吸附过滤材料具有带静电、纤维直径小、比表面积大、单位面积质量轻、过滤精度高的特点，有报道，采用 CPVC 树脂、PA 树脂进行静电纺丝与其他大直径无纺布制成的复合过滤口罩，重量只有 10g，2～3 层对 1～2μm 细颗粒的去除率可达 100%。

还有报道，用 CPVC 树脂静电纺丝制成负电型的膜材料，由于水中砷多以阴离子形式存在，根据 donnan 平衡原理，砷阴离子被阻于膜材料的一侧不能通过，而无砷水则透过膜，从而达到分离重金属砷的目的。过滤后水中 Sb 的浓度为 0.03mg/L，去除率达到 70%，已经低于国家饮用水标准(0.05mg/L)。

3）膜分离技术应用

膜分离技术被认为是“21 世纪的水处理技术”，是一大类技术的总称。主要包括微滤、超滤、纳滤和反渗透等几类。这些膜分离产品均是利用特殊制造的多孔材料的拦截能力，以物理截留的方式去除水中一定颗粒大小的杂质。按分离物质的大小，将膜过滤技术分为微滤(MF)、超滤(UF)、反渗透(RO)和纳滤(NF)等，在工业循环冷却水系统中，大多选用正压微滤(MF)分离，孔径选用 0.05～2.0μm 为宜(表 3)。

表 3　膜法水处理技术的基本特征

膜类型	孔径大小/μm	功　能	膜间压力
微滤(MF)	0.1～0.2	去除悬浮固体	1.72×10^5～3.44×10^5Pa
超滤(UF)	0.01～0.1	去除有机物、细菌和热原质去除胶体物质去除悬浮固体去除染料大分子	1.72×10^5～6.89×10^5Pa (25～100psi)
纳滤(NF)	0.001～0.01	去除病毒去除大的无机离子去除分子量在 300～1000 范围内的有机化合物去除三价盐	9.30×10^5～15.86×10^5Pa (135～230psi)
反渗透(RO)		去除所有有机化合物去除所有溶解盐去除病毒、细菌和热原质	13.80×10^5～68.90×10^5Pa (200～1000psi)

据了解，膜分离技术已被广泛应用于化工、能源、石油、医药、生物、环保、水处理等诸多领域，受到各国的高度重视。据专家预测，膜分离产业在全球保持了 8% 的增长率，在我国也有相当广阔的应用前景。2015 年，我国膜市场需求可望超过 200 亿元，将占到世界总量的 10%～15%，并以每年 20% 的速度增长。近几年，我国对膜技术市场需求空前旺盛。“十一五”期间，我国在供水、污水处理、中水回用和排水、水污染防治等方面的总投资超过 1 万亿元，全国新建污水处理厂 1000 多座，到 2010 年我国城市污水处理率将达到 70% 以上。在水处理技术方面，膜分离技术是水资源再利用及保障水质最有效的解决途径。国内 70% 左右的反渗透膜用于锅炉水处理，特别是中高压锅炉给水处理领域。今后反渗透膜将转向多元化发展，市场将从使用井水、地表水、生产工业纯水向再生水回用、工业及市政污水处理、海水淡化等领域扩散；抗污染膜及海水淡化膜的需求量正稳步上升；伴随着市场需求、技术进步及反渗透膜应用的带动，超滤、微滤膜在过滤、脱浊市场所占比重正在逐年提高，增长速度有望超过反渗透膜。

2030 年中国人口将达到 16 亿，预计用水总量为(7000～8000)亿立方米，要求供水能力比现在增长(1300～2300)亿立方米，全国实际可利用水资源量接近合理利用水量上限，因此开发新的水资源如进行海水淡化势在必行。而目前采用反渗透膜进行海水淡化是最经济、清洁的方法。此外，近年来我国废水、污水排放量以每年 18 亿吨的速度增加，全国工业废水和生活污水每天的排放量近 1.64 亿吨，其中约 80% 未经处理直接排入水域，因此我国环保水处理方面对膜应用的需求量很大，将成为水工业增长潜力最大的领域。

2008 年国产反渗透膜脱盐率已达到 99.7%，属于国际尖端水平，国产反渗透膜国内市场占有率达到 10%。我国在全球范围内首创 PVC 合金中空纤维膜技术，填补了国际空白，已成为饮用水深度处理的主流技术；中国蓝星、杭州水处理中心、北京时代沃顿、天津膜天膜、海南立升以及山东招金膜天等企业能够生产高性能的超滤膜，并且在国内许多重大工程中成功应用。福建大拇指环保科技采用膜生物反应器实现了工业废水零排放工程；福建威士邦膜科技将膜生物反应器与反渗透工艺结合，对大型印染企业的印染废水二沉池出水进行深度处理，实现了印染废水的循环回用，项目在国内属首创；福州福龙膜科技和福州大学合作，制备变压器在线监测用新型油气分离膜气体采集装置，取代我国电力行业油气分离膜长期依赖进口等。

膜滤法是新兴高效分离技术，一般说，对于浊度和细菌可用微孔精滤膜去除，例如大同市水司曾用中孔纤维膜微滤设备对水库微污染水进行了试验，出水浊度0.1 NTU，细菌总数趋于0等；对于病毒、天然有机物，可用超滤膜去除；纳滤膜可去除水中的钙、镁离子、消毒副产物、农药、表面活性剂等；反渗透膜可去除更小的无机离子与有机物等。

海南立升公司研制的超滤膜，膜的过滤孔径只有0.01μm，是头发丝的万分之一。细菌和微生物的直径都大于0.1μm，比超滤膜孔径大10倍以上，洁净水在渗出超滤膜的同时，超滤膜把污水所携带的所有细菌和微生物都挡在了膜外，经过超滤膜过滤的水可以直接饮用。海南立升公司制成了质优价廉的超滤膜，价格是国外产品的三分之一，水渗透所需的工作压力仅为半公斤。这种超滤膜产品有力地推动了农村的改水工程，一个水箱、一个小水泵，一个装有超滤膜的过滤器，就能使几户、几十户、上百户村民用上高质量的自来水。

4）纳米纤维锂离子电池隔膜

锂离子电池隔膜是一种多孔的薄膜，隔膜正负极防止电池内部短路，但是允许离子流快速通过，从而完成在电化学充放电过程中锂离子在正负极之间的快速传输。目前商品化的锂离子电池隔膜主要来自欧、美、日等国的一些公司，如Celgard、Ube、Asahi、Tonen、Mitsui、Chemicals、Polypore/Membrana和Fntek。主要制作工艺分为干法(精密拉伸)和湿法(想转化)两种。生产厚度在20~40μm之间，孔隙率在40%左右的聚乙烯或聚丙烯薄膜。

随着数码电子设备、移动通讯3G时代的到来，小型锂离子二次电池在世界范围内的需求非常巨大；而动力锂离子电池由于在电动工具、机器人、电动汽车/混合动力汽车、航空航天、国防军工等诸多领域的重要应用，其发展已上升到国家战略需求的高度。目前，我国已成为世界锂离子电池的生产大国，2005年生产各类锂离子电池9亿只，2008年将突破10亿只，每年需要大量的隔膜材料。我国没有自己的高品质隔膜产品，每年需花费数十亿人民币用于进口。居高的隔膜价格(20~60元/m^2)是降低锂离子电池成本的主要难题。可以预见，在未来的二十年中，高性能、低成本的锂离子动力电池隔膜会有很大的市场需求。十几年来，为解决锂离子电池隔膜国产化的问题，国家和地方都做出了较大的投入针对PE、PP拉伸膜来进行研发。但是时至今日，还没有证据表明我国有某一家企业真正掌握了生产高品质PP/PE拉伸膜(微孔)的工艺技术。目前国内生产的一些拉伸膜样品与国外产品相比，在质量和整体工艺水平方面还存在着明显的差距。

静电纺丝法制备纳米纤维锂离子电池隔膜，具备新型的材料体系和工艺方法；我国利用静电纺丝技术已经开发出了具有生产价值的多喷头制备技术；开发出了网状纳米纤维膜的制备方法，孔隙率在40%~75%内可控；14C放电时电池能量保持率高达74.4%(同样条件下采用日本宇部隔膜装配的电池能量保持率仅13.8%)。经十八所检测中心检测，采用纳米纤维隔膜装配的锂离子电池的循环性能、热稳定性、高倍率放电性能优异，明显优于国外隔膜产品。纳米纤维复合隔膜的制备工艺相对于拉伸膜工艺简单很多；高孔隙率、高吸液量、低电阻、厚度与孔隙率无直接关联、热稳定性好、高倍率放电性能突出是其显著的特色。

静电纺丝是制备纳米纤维和各种功能性薄膜材料的有力手段。用以制备锂离子电池隔膜，最大的优势是可以方便地调整电纺工艺参数，有效地改变薄膜的孔隙率、纤维直径、孔径、厚度等重要特性以适应应用中的实际需要。这一特性是其他方法无法比拟的。以拉伸法制备PP/PE薄膜为例，要增大孔隙率而保持薄膜厚度不变是很不容易的。

在锂离子电池电极片表面直接以静电纺丝的方法喷涂隔膜，在制备隔膜的过程同时完成了隔膜与电极片的装配过程，这一技术无疑是锂离子电池制作工艺上的重要革新，也是其他工艺无法比拟的特色。把隔膜直接喷涂在电极片表面，隔膜和电极片之间不再会有相对的滑动和错位，紧密的接触可以在很大程度上降低电池的内阻，在电池发热时抑制隔膜的收缩，从而提高电池的安全性和整体性能。现在我们已经可以根据电极片的尺寸设计合理的喷涂方式，在其表面喷涂均匀的隔膜材料。

5）阴阳离子电池隔膜

阴阳离子交换膜的常规制备方法是：首先将含有苯基的相应高分子溶液流延制成膜，然后磺化便制成阳离子交换膜；或将膜氯甲基化，再胺化便制成离子交换膜。文献中介绍的这种方法是将PVDF配成溶液，而后进行静电纺丝，切成5cm的短切纤维束，剪成5cm的小段，浸入浓度为1克分子/L的KOH－乙醇溶液中，使PVDF分子部分脱氟化氢形成双键。取出水洗至中性，甩干，放入苯乙烯的四氢呋喃溶液中，氮气保护下同时搅拌 10min，然后加入引发剂在 75℃以下进行接枝反应 10 小时。除去苯乙烯均聚物和单体；过滤、干燥制得有阴或阳离子交换功能的 PVDF－PS 树脂，最后一步就是静电纺丝制得阴或阳离子交换膜。

阴阳离子交换膜具有孔隙率高、在水中不变形、耐高温等优良性能。在污水处理、海水淡化、能源领域、化工行业等有广泛的应用。本方法可用于制备阴阳双极膜，方法就是一阳离子交换电纺纳米膜为衬，收集阴离子交换电纺纳米纤维膜，或反之。

6）医学方面的应用

以生物学观点來看，几乎所有人类的组织或器官都是由纳米尺寸的纤维状（nano fibrous forms or structures）物质所形成或架构出來的。包括骨骼、牙齿象牙质、胶原、软骨和皮肤都是由纳米级纤维状物质经过系统化組合而成，正因如此，所以生物工程应用是现阶段静电纺丝纳米纤维研究聚焦重点之一。在生物工程领域可以輕易发掘不同的应用，例如智能型纺织品、义肢假牙、药物载体、创伤敷材、面膜以及组织支架等都是潜在应用。

用於治疗皮肤创伤及烧烫伤也是纳米纤维在医学应用之一，因纳米纤维可以做医学止血材料，将生物可分解聚合高分子以静电纺丝方式直接纺出披覆在伤口，纤维将形成薄网覆蓋在皮肤伤口处，此一薄网可将细菌隔离避免伤口感染，让伤口尽快复原，並将伤疤減到最小。

纳米无纺布也用在医疗领域的移植和创伤敷材，研究发现，细胞可以成功在此类无纺布附着及增殖，因为纳米纤维实在在很小，所以可以在无纺布层间加入具不同功能或机能性的棉网。

将具有良好生物相容性的材料通过电纺加工成具有特殊超细纤维结构的组织工程支架式目前组织工程研究的一个热点。在生物学领域，织物的多孔天然结构可以在身体内形成可植入结构。以静电纺丝织物作为支架可以完全融入体内，使细胞生长。作为可生物吸收材料，支架最后可被吸收，剩下的人体自身细胞结构将完好无损。

用于生物医学工程领域的组织工程支架材料可以在三个层次上影响组织构建：①支架材料的组成结构，它决定材料的基本物理机械性能；②支架孔隙的形态结构和大小，调节细胞的迁移与生长；③支架材料的表面化学性质（如亲水性和表面电荷），调节与其相接触的细胞的粘附、伸展及基因表达过程。理想组织工程支架的构建要综合以上各因素，使支架材料在三维空间结构，表面的理化及生物学性质等方面模拟生物机体组织。

因此支架材料的组成及支架孔隙的形态结构式组织工程支架材料的两个重要因素。目前的组织工程支架材料，存在生物相容性差、降解速率不合理、力学性能不高、还有孔隙不贯通导致透气性差，不利于细胞生长、营养供给和废物排泄。而普通网状材料孔径太大，对细胞没有屏障作用，因而难于满足临床应用要求。

相比其他支架材料制备技术，电纺技术具有如下几个特点：①超细纤维可以模拟天然细胞外基质的纳米网状结构，许多研究结果认为，支架的微结构对细胞的粘附和生长具有重要意义。②制备的聚合物支架可以是多种聚合物的复合材料，可综合利用不同材料的特性。③制备的支架具有内部贯通性。

由聚羟基脂肪酸酯｛PHA｝和聚乳酸｛PLA｝组成的一种静电纺丝支架材料，将二者力学性能和降解性能互补，并形成高比表面积、高孔隙率，内部贯通的超细纤维多孔结构膜材料，纤维直径在 20～600nm 之间，多孔膜的尺寸为 100～10μm。有望在生物医学工程领域得到应用，并发挥重要作用。依据接收装置形状和静态、动态旋转方式的不同，可以制成平面多孔膜，也可以制成管状多孔膜。

7）部队及国防应用

防护性服装，其是提升维持生命、长时间保护、恶略天气以及核生化防护都是军方的应用需求。现有的防护性衣著多为厚重织物所制成，布质太轻或多孔织物会让化学气体轻易渗透织物，并造成织物分解。因为纳米纤维的表面积大、孔小，其所制成的织物适合用于制作防护性衣服。另外此类织物可提供中性的电化性，也可以借由织物微细孔让空气进出但又阻绝化学性气体的入侵，所以适合军方防护需求。另外利用纳米感测器做为追踪器、纳米电气特性做各种控制用途以及纳米复合材料作为发光平台也都是军方的应用范畴。

8）降低燥声的应用

与熟知的降低噪音系统相比，纳米纤维网的优势在于纤维尺寸是纳米级，所以纤维尺寸与空隙也是纳米尺寸，因而噪音的能量会有效的被转换成热能，由于转换效率极佳，所以大部分噪音的频宽会被吸收。另外，因为噪音被吸收，所以纳米纤维网也形成热隔离的效果。纳米纤维比传统纺织纤维至少细 300 倍，比纺粘纤维细 100 倍；也比熔融纺织纤维细 30 倍，所以振动吸收噪音效率比任何传统纤维都来得好。不同聚合物以静电纺丝制作的纳米纤维制作成不同厚度棉网，覆盖在无纺布表面，类似组合可以用热或化学方式加以粘合，因为纳米纤维所制造出来的棉网可以形成纳米尺寸的空间结构并具备极大的比表面积，此一特殊结构可以让棉网内部含有大量的气体，此大量停滞不动的气体自然形成热隔离效果。以纳米纤维所建构的隔音板提供另一“轻质”的优点，有利汽车及航空器减重的发展。

其他诸如电缆、电容器、电晶体、二极体等资讯产业用途以及酵素载体也都是纳米纤维可能应用范围。纳米纤维在纺织品的应用并不止于产业用纺织品的特殊用途，过去当超细纤维(micro fibers)导入传统纺织品应用时，带来一波防汗及超柔软手感的新服饰风潮，引进纳米纤维或纳米涂饰势必也将为服饰业带来进一步创新风潮，例如人造克丝米尔(cashmere)已经被开发出来，其手感比梳毛纱还柔软，在提供克丝米尔纱手感的同时，其成本只有真毛成本的一小部分。

9）特种工程塑料PPS微孔膜的制造及应用

聚苯硫醚(PPS)是一种高性能热塑性树脂，具有优异的耐热性，阻燃性，绝缘性耐性．是迄今为止世界上性价比最高的特种工程塑料，用途十分广泛，主要于汽车，电子，机械行业，石油化工制药业，轻工以及军工，航空航天等特殊领域．树脂特种

PPS纤维是PPS在发展与扩展应用领域取得极好成绩的一个范例。1983年美国P Fibers公司率先实现了高性能PPS纤维工业化生产，1987年后，日本的东丽，东洋纺，帝人和吴羽等公司也相继推出了PPS纤维。其中日本大和纺织公司首先将PPS纤维开发为工业滤布，用于湿法过滤领域中化学品过滤，取得了非常好的效果，受到广泛关注。PPS纤维具有良好的耐热性，阻燃性和耐化学腐蚀性，用其制成的针刺过滤毡，在电厂燃煤锅炉的烟气除尘和城市垃圾焚烧炉尾气处理中成为了首选滤料品种之一，因此PPS纤维获得了快速的发展2007年全球总产量约5000吨，其生产80%集中在日本；08年全球总产量6000多吨，在我国消耗了3000多吨。目前PPS短纤维的价格在8～15万元/吨，而PPS纤维制成品－无纺布过滤毡的市场价格为25～35万元/吨左右。

PPS薄膜是目前所知的性价比最高的F级绝缘薄膜，其具有优异的耐热性(长期工作在160℃温度下，其力学性能基本不下降，而长期工作在200℃的温度下其介电强度表现优异)，阻燃性(V－0级)，耐腐蚀性，耐蠕变性及介电性能，是生产高性能耐温电子元器件的首选介电薄膜材料，在航空和航天及军工等领域有着非常重要的用途。

目前世界上只有日本东丽公司生产销售PPS薄膜产品．每年能进入我国的PPS薄膜产品十分有限。PPS薄膜仅国内市场需求目前就可超过1000吨/年，国外产品市场价格为50～80万元/吨)。

如果能通过熔融静电纺丝开发出微纳米、大比表面积、多孔的高性能无纺布材料，将把PPS材料的应用领域扩展到更高的层次。

10）热固性三维交联纤维(酚醛树脂纤维及三聚氰胺缩甲醛纤维)的熔融静电纺无纺布的制造

该纤维的特点是，纤维单体中至少有一种单体具有3个或3个以上的官能团，以使纤维分子链最终能形成三维立体交联结构，并且交联结构对纤维的耐高温阻燃性能有着直接的影响。酚醛纤维和三聚氰胺缩甲醛纤维都是热固性三维交联纤维。

酚醛树脂纤维(Kynol)是第一个具有三维交联结构的纤维，打破了热固性树脂不能成纤的传统概念，是以相对分子质量为300～2000的热塑性纯线型聚酚醛(Novolac型)为原料，经熔融纺丝后在酸和甲醛存在下进行交联而制得。由于酚醛树脂纤维高度交联，化学性质稳定，极限氧指数可达34左右，酚醛树脂纤维高温下不熔融，也不燃烧，即使碳化成玻璃状结构也不收缩，碳化过程无可燃性气体和有毒气体产生。酚醛树脂纤维在实际应用上，却存在较多缺陷，如纤维发脆且耐磨强度低，强度仅为0.882～1.323cN/dtex，纤维染色性差，在阳光下易变色。

11）三聚氰胺缩甲醛纤维(MF)

三聚氰胺缩甲醛纤维俗称密胺纤维，是以三聚氰胺和甲醛在特定的溶剂中缩聚成一定相对分子质量的预聚体，经由离心纺丝高温固化成纤。极限氧指数高达37以上，遇火时，不收缩，不熔滴，至400℃仍能基本保持原有形状，在更高温度下碳化，基本无毒气产生，发烟量也很小，纤维白度高，色泽稳定，染色性良好，耐酸碱和绝大多数化学试剂。

热固性树脂的静电纺丝尚无报道。

(中国塑料加工工业协会专家委员会　王德禧)

科学看待“石头纸”

1　前言

造纸术的发明是中国对人类的重大贡献，纸张是人们工作、学习、生活不可缺少的重要用品。传统的造纸由于过度采伐树木造成全球森林资源匮乏，造纸生产工艺对环境形成难以解决的污染和生态环境负面影响，已引起全人类的高度关注。

以无机粉体(碳酸钙)为主要原料，加入少量合成树脂和化学助剂，采用先进的工艺技术，生产成新型环保合成纸。这是纸张中的新品种，它可用于

印刷、包装、卡板及各种标签等领域，具有优异的纸张特性和环保性能。

合成纸被称为“撕不破”的纸张，目前，通俗称为“石头纸”，这种称谓值得商榷。合成纸在欧美和日本已有三十多年的发展历史，国内在十几年前就开始试制生产，当时由于普通纸与合成纸的生产成本与市场价格倒挂等原因，未能大量推广。

本文就合成纸生产工艺、应用特点及发展前景，作以简要介绍，供大家参考。

2　合成纸的生产工艺

合成纸中的无机填料(碳酸钙、滑石粉、硅灰石、二氧化钛等)约占到总质量的60%～80%，根据用途不同，加入PP、PE等树脂和多种化学助剂，经过共混、改性、挤出工艺，生产成专用母料。

目前，国内外合成纸主要分为压延法、流延法、吹膜法、双向拉伸法和无纺纸法等，按结构和使用要求分为单层、三层、五层及多层等。

2.1　压延生产法

压延法工艺流程：配料、共混、密炼、挤出生产成专用母料，再经过挤出、压延、拉伸、冷却、表面处理、分切、涂布，即为合成纸。该工艺流程有的采取专用母料与压延分段生产，国外先进的生产设备也有的采取连续一次成型工艺。压延法生产效率高、产品质量好，纸张表面光滑，适用于印刷高档画册及书籍封面等。它的缺点是工艺复杂，产品比重较大，设备价格较贵。

2.2　流延生产法

流延法的生产工艺与压延法基本相似。流延法的特点是模头挤出速度与流延辊的旋转存在一定的速度差，在模头挤出的弯月面与冷却辊之间形成了单向拉伸，根据产品要求不同，合成纸的厚度可进行调节。产品以PP为基体树脂的较多，具有刚性好、韧性大、拉伸强度好等优点。因生产工艺使产品分子结构分布具有单向性，合成纸的纵向、横向物理性能有一定的差异。

2.3　吹膜生产法

吹膜法生产合成纸用的基材以PE较多，主要以三层共挤吹塑成型较多，也有的采用单层、五层、多层生产工艺，可根据产品用途，合成纸里外面层适当提高树脂含量，内层无机粉体含量大，各层用料均有差异。产品纵向、横向拉伸可在一定范围内调节，使合成纸的产品厚薄均匀，物理性能稳定。但吹膜工艺因无机粉体比重大限制了无机粉体的添加量，影响薄膜成型性，因而生产成本相对较高。

2.4　双向拉伸生产法

双向拉伸法采用与压延、流延相似的挤出工艺，加装双向拉伸机，经过纵向、横向拉伸后的树脂分子链分布均匀一致，合成纸的纵横向的物理性能也基本相近。在双向拉伸过程中，合成树脂与无机粉体因材料性能差异及界面相容性等原因，会产生难以观察到的细小间隙，俗称“海岛现象”。这些现象可降低合成纸的比重和生产成本，也使合成纸的物理性能、外观、着色性、吸湿性等均有明显改善，特别是拉伸后会形成一定的珠光效果，使纸张印刷具有华丽精致效应，适用于广告喷绘、精美画册等方面。双向拉伸工艺设备复杂、投资大、生产技术精湛，在普及推广合成纸的初期会受到各种因素限制。但产品性能优异、生产成本较低、用途广泛，该工艺将是合成纸的发展方向，也是目前国际上应用的先进的加工工艺。

2.5　其他生产工艺

美国杜邦公司将其无纺布的生产工艺应用到合成纸生产过程中，采用的基材主要是聚丙烯，生产“无纺合成纸”。产品具有纸的特性，比重轻，渗透性强，各项物理机械性能好，着色强度高，产品变形性小。该产品可广泛用于家具装饰、产品包装、室内装璜壁纸等。但是该工艺生产成本较高，加工设备复杂。

目前，有许多生产厂家都在试制合成纸，许多企业还在原料、设备、工艺等方面进行了各种创新研究，如：重/轻钙共混、PP/PE复合、共混/挤出一步法生产工艺等等。

3　合成纸的应用特点

3.1　合成纸与普通木浆纸相比，有以下优势和特点

(1) 节约资源。合成纸采用的原料主要是碳酸钙等无机粉体和合成树脂，不需要木材和天然植物纤维，生产中只有设备中需用微量循环水，节约了大量的树木和水资源。

(2) 环保性突出。合成纸生产中不用水，不用木浆，不用蒸汽，不产生有毒、有害气体，不排放废水、废渣、废气，生产中的边角料可自动回收加工后再次循环利用，生产工艺过程中对环境不造成污染或危害。

合成纸应用后，可以100%回收再生利用。也可以根据用途不同，调整生产原料配方，生产的合成纸在使用废弃后，可在大自然环境中自然降解。

(3) 应用性能优异。合成纸是以塑代纸、以塑代木，具有塑料和纸张双重功能的新型产品，它具有经久耐用、撕裂强度高、抗穿刺性好、耐折叠性好，特别是在高档的印刷品中，可以呈现色泽鲜艳、饱满亮丽、胶接相容性好等优点。

(4) 卫生性好。合成纸的原辅材料无毒、无味、无污染，产品可与日化、食品、医药、轻工等产品直接接触，没有毒副作用。

(5) 化学稳定性好。合成纸可用于大部分化学品的包装，化学稳定性好，耐湿性好，防虫蛀、不霉变、防腐烂。

(6) 加工性好。可用于裁切、模切、印花、烫金、打孔、折叠、胶粘、涂覆、覆合、淋膜等加工方法。

3.2 合成纸可以应用在以下几个方面

(1) 印刷用纸。可用于书籍、画册、挂历、地图、宣传画等方面。

(2) 装潢用纸。可用于标签类、广告喷绘、描图用纸、信封、贺年卡、卡片类及仪表盘、玩具板及装饰壁纸等。

(3) 包装用纸。可用于包装盒、日用品包装、化学品包装、食品类包装、工业产品包装等。

(4) 手提袋用纸。可用于制作手提袋、服装袋、包装袋类等。

4 综述

合成纸的推广应用，将为我国发展低碳经济、建设环境友好型社会带来可持续发展的广阔前景。但是，目前我国合成纸的生产应用尚处在研究、试用、推广阶段，在技术、装备、人才、应用等方面尚需认真研究、科学决策。就此，谈几点个人看法，供参考。

(1) 应按照科学发展观的要求，要科学理智的看待合成纸项目，合成纸是集合成树脂、无机粉体、化学助剂生产而成的塑料改性纸张产品。虽然，大量的无机粉体在产品中占据重要份额，而树脂与助剂却起着关键作用，所以社会上称谓“石头纸”的叫法，应予以甄别。

(2) 合成纸的问世时间不长，在材料选择、机械设备、生产工艺、产品性能、应用推广等方面尚有诸多问题与不足，需要认真研究，不断改进、完善、提高。

(3) 合成纸是集塑料、造纸、机械、工艺、应用等多方位、跨学科的综合性技术项目，项目的实施必须汇集塑料改性与加工、机电设备一体化、纸张性能与应用等多学科的专业技术人才队伍，团结协作，克艰攻关，求真务实，为产业发展提供科学务实的项目支撑和技术保障。

(4) 到目前为止，国内尚没有完全规模化批量生产的产品得到用户和市场的认可，主要是因为对合成纸生产工艺没有足够的科学分析和高度重视，没有组建跨学科的多层次技术团队，没有对产品性能和应用领域进行认真系统地研究，采用单一的工艺技术使这项不是高、精、深的复合产品难以推向市场。

(5) 生产工艺及材料性能使合成纸的比重、外观、手感、印刷性、吸墨效果及耐热蠕变性与纤维类纸张相比差异较大，用途不同，各有优势。废弃的合成纸与普通纸张难以同类回收再利用，这些技术难题都有待研究改进。

(河北平乡县东风塑料厂　徐同考)

塑料回收再利用

人类发展的历史表明，一种新材料的出现，能大大改进使用的工具，使生产力飞跃发展。人类已经历了旧石器(公元前1万多年)、新石器(公元前2千多年)、陶器、青铜器(公元前500多年)和铁器(公元300年)时代。自从20世纪中叶塑料工业建立以来，人类即进入了塑料时代。塑料是20世纪人类的重大发明之一，它推动着现代人类文明社会向前飞速发展。

2007年世界塑料材料生产量达到2.6亿吨，2008年因金融危机影响全球产量下降至2.45亿吨，估计2010年的生产量在2.7亿吨左右。

塑料与钢铁的相对密度约为1∶8，按照体积比则为8∶1。按照体积，塑料约在20世纪80年代中后期赶上钢铁的生产量和消费量的；到2010年，钢铁全球生产量约14.14亿吨，按体积计，塑料生产量已经是钢铁的1.5倍以上。塑料材料的快速发展是需求的推动，它已经是当今最重要的材料之一。

塑料材料的生产主要来自石油，2010年世界石油消费量42.79亿吨，用于塑料材料生产的约占5%。

1 塑料的环境友好性

塑料材料快速发展的原因在于其具有许多优点：

① 原料易得、相对价格低廉。

② 质轻，即相对密度低，一般为900～1400kg/m^3。在许多应用中，尤其是在交通运输业中“质轻”起到节能的关键作用。一般，汽车部件质量减少1%，可节油1%；运动部件每减轻1%，可节油2%。汽车质量每减轻125kg，1L汽油可以多跑1km。汽车中塑料用量成为衡量汽车设计和制造水平的指标之一。为此，汽车塑料用量不断增长，表1所示为汽车用各种材料用量变动。

表 1　汽车材料变动　　　　%

年份	钢	塑料	铝合金	纺织品	其他材料
1980	71	8	4	12	5
2003	50	32	8	6	4

另外，塑料材料在飞机上的应用也在加速。宽体 A350 空客飞机大量采用聚合物复合材料，减轻飞机自重，生产更轻更环保的飞机，强度和硬度高于金属铝、钛，甚至钢，而质量仅为金属铝的一半、钢的 1/5，而且因耐老化和腐蚀，还减少了维护费用。上世纪 70 年代，麦道公司率先用碳纤维和环氧树脂复合材料替代铝合金大量用于飞机，由于减重节约燃油，创下了加一次油即可绕地球一圈的记录。波音 B787 使用材料比例见表 2。大量塑料材料的应用使飞机的燃料效率大大提高，最高可达 20%。尽管制造塑料消耗了石油，但是，也因使用了塑料而大大节约了石油。

表 2　波音 B787 使用材料比例

材料种类	聚合物复合材料	铝	钛	钢	其他
占整机比例/%	50	20	15	10	5

③ 加工速率快，易于成型复杂结构的产品，适合大量工业化生产，如：注塑一个 CD 盘只需 2s，可连续大量生产。

④ 性能范围宽，可制得从柔软的橡胶到比强度高于钢铁的纤维等各种制品。

⑤ 热和电的绝缘性能好，可前者有聚苯乙烯和聚氨酯泡沫；后者有电线电缆等。

⑥ 耐化学品和微生物侵入。

⑦ 生产过程能耗低，很多聚合反应都是放热过程，而炼钢铁和铝则都是大量吸热的过程。

⑧ 生产过程中排放的废气、废水与造纸等传统材料相比较少。

但是，一个事物总有两面性，塑料材料发展也有其制约因素：

① 面临原料石油价格飙升的影响，资源枯竭的威胁，持续发展受到挑战的局面。

② 塑料是合成材料，不属于自然界的天然材料，不能生物分解（腐烂），在自然界会长期存在，在某些应用中会带来环境污染或更严重的后果，如一次性包装制品随意丢弃野外、海洋等会造成景观污染，有时动物误食会威胁其生命。

③ 大量消费后塑料以及塑料废弃物的处理难于传统金属等材料的处理。

从环境角度评价，塑料材料尽管有影响其发展的环境制约因素，但总体上，其环境友好性还是优于一些传统材料。表 3 所示为以塑料为 100，采用纸替代塑料用于包装制品时的比较。由表 3 可知，塑料与纸相比，在制成同样包装制品时，在材料消耗量、产生的垃圾量、能量消耗，以及成本等方面具有优势。

表 3　塑料材料与替代材料纸的比较

项　目	增加率/%
包装材料的质量	404
产生垃圾的容量	256
能量消费	201
成本	212

综上所述，塑料不仅是一种性能优异的材料，而且是一种优异的低能耗合成材料，它的应用可比传统材料节约资源、降低排放。所以，塑料具有很好的环境适性，即环境友好性。

当然，塑料的环境友好性是与其他传统材料相比的一种相对的结果，它本身还是会给环境带来一些负面的影响，重要的是要消除负面影响，并积极转化为正面的影响。

从 20 世纪 70 年代的第一次石油危机以来，经过 30 多年的探索，塑料的回收再生利用在立法、建立体系和技术开发方面都获得了长足、实质性的进展，塑料循环回收再生利用正在实现商业化。

面对不可再生的石油资源日趋枯竭和塑料废弃物处理两大挑战，开发废塑料再利用技术，建立循环型塑料工业体系，成为塑料工业可持续发展的最佳，或许也是唯一的选择。

2　废塑料的处理

使用后（或消费后）废塑料的处理与城市固体废弃物处理一样，有填埋、焚烧、回收再生和堆肥化等处理方法。为了节约资源，处理方法中的回收再生利用应该是主要方向。但是，塑料的回收再生往往比金属等传统材料的回收再生难度要大，这是由于高分子材料远比低分子材料的结构与组成复杂所决定的。

消费后塑料回收利用的方法主要有：机械（或物理）回收再生、化学回收再生、能量回收和堆肥化等方法，各种方法简单介绍如下：

（1）机械回收再生法

机械回收再生法也被称为原料回收再生法，属于物理回收再生方法，废塑料的分子结构基本不发生变化，有两种方法：①直接再生利用；②熔融再生利用。

① 直接再生利用：将废塑料直接破碎加以利用的各种方法，包括用于改良土壤、制建筑材料、制

涂料和黏接剂等。

② 熔融再生利用：是将收集分选清洗好的各种废旧塑料重新加热熔融塑化而成为再生塑料粒子，或称为二次原料粒子，再成型为各种制品的利用方法。

(2) 化学回收再生法

化学回收再生是利用热，或利用水、醇等使废塑料中的分子链发生热裂解，或水解、醇解，以回收低相对分子质量的化学物质的回收再生方法。化学回收再生方法又有：油化、气化、高炉还原剂化、炼焦炉化学原料化、水泥窑原燃料化和单体或中间体化工原料化等回收再生方法。

① 油化法：也称为热裂解油化法，是将经分选过的废旧塑料在无氧状态下高温加热，使塑料中分子链发生断裂，从而得到低分子碳氢化合物的油的方法。再生油可用作燃料或化学工业原料。如果作为再生燃料，也可归类为能量回收。

② 气化法：也称为合成气体化法，是通过将废塑料热解，获得一氧化碳、氢等气体馏分的化学回收再生方法。生成的气体可作为燃料或化学工业原料。此法可以处理不经分类的混合废塑料，从而可以省去分选等前处理工序。如果再生合成气作为燃料，也可归类为能量回收。

③ 高炉还原剂法：是将混合塑料加入到炼铁厂高炉的炉床，替代重油或粉碎的焦炭作为铁矿石的还原剂，与重油或焦炭一起吹入高炉，还原铁矿成为金属铁的废塑料再生利用方法。

④ 炼焦炉化学原料法：是将废塑料代替炼焦炉中使用的原料煤，在不使发生燃烧的条件下间接加热，以使发生热分解，生成焦炭、焦油、轻油和气体等产物的化学回收再生方法。

⑤ 水泥窑原燃料化法：利用水泥窑处理进行废塑料的原料、燃料回收再生的方法，特别适合用于聚氯乙烯的处理。

⑥ 单体或中间体化工原料回收法：是一种利用化学解聚将废旧塑料变成单体或中间体原料进行回收再生的方法，有水解法、醇解法、胺解、氨解等。也有将聚烯烃、聚苯乙烯热解聚获得单体的方法归类于此回收再生法的。

(3) 能量回收法

能量回收法是利用废旧塑料燃烧时所产生热量(能)加热水、烧制水泥或进行发电等加以利用的方法。

(4) 堆肥化

堆肥化的方法仅适用于可生物降解塑料，或可堆肥塑料的回收处理，它是将可生物降解的塑料在堆肥化装置中，在一定温度、湿度和合适微生物存在下腐熟发酵成绿色有机肥料而加以利用的方法。

使用后塑料的回收再生或再资源化或再商品化的方法和概要汇总于表4，因为尚没有统一的分类法，此处分类方法仅供参考。

表4 使用后塑料再商品化的方法

种类		概要	
机械(物理)回收再生	直接再生利用	废塑料直接破碎加以利用的各种方法	
	熔融再生利用	各种废塑料加热熔融挤出塑化成再生塑料颗粒，再成型成各种塑料制品的方法	
化学回收再生	原料化、单体化	单体和中间体原料化，在一定条件下进行化学水解、醇解、胺解、氨解等回收单体或中间体原料的方法	
	油化(热裂解油化)	将废塑料在无氧状态下高温加热，分子断裂，得到低分子有机物的油的过程，再生油可用作燃料或化学工业原料	化学原料化/燃料化
	气化(合成气体化)	通过将塑料热分解，获得一氧化碳、氢等气体馏分的方法。生成气体可作为化学工业原料或燃料。可以不管废塑料的种类而省去事前分选和前处理	
	高炉还原剂化	在炼铁厂中，作为铁矿石的还原剂，与焦炭一起吹入高炉，以作为焦炭的替代品的一种废塑料的利用方法 铁矿石，和生了锈的铁一样是氧化铁，在高炉中，脱去了氧化铁中的氧制得生铁。为了制铁而消费的焦炭量在铁矿石的50%左右 高炉还原化，废塑料的60%作为还原剂参与还原反应，另外40%中的一半，即20%可回收气体，用作自身发电站的燃料，最后的20%成为损失的热量	
	炼焦炉化学原料化	是日本独自开发的技术。废塑料在炼铁厂炼焦炉中，代替炼焦炉中使用的原料煤。废塑料要不被燃烧而间接加热，以使发生热分解，生成焦炭、焦油、轻油和气体等，大致40%碳氢油、40%焦炉气和20%焦炭，可达到100的再商品化	

续表

种　类		概　要
能量回收再利用	水泥窑原燃料化	废塑料在水泥窑中作为燃料烧制水泥。可用于含高浓度聚氯乙烯废塑料，聚氯乙烯经热分解脱氯化氢、回收，可用于氯乙烯单体工程，脱去氯化氢的炭化物用于水泥燃料
	热量回收（RDF①、RPF②）	作为燃料燃烧而回收热量的方法。一般废弃物的平均发热量为1800kcal/kg，而塑料的发热量可达8000kcal/kg左右。此处理方法不认可作为再商品化的途径
	电能回收	燃烧获得的热量进一步用于发电
堆肥化		可生物降解塑料可采用堆肥化方法进行处理，得到有机肥料和甲烷(沼气)

① RDF：废弃物衍生(固体)燃料，英文 refuse derived fuel 的字头缩写，指以垃圾和废塑料为原料的压缩固体燃料。

② RPF：废弃物塑料与纸(固体)燃料，英文 refuel paper and plastics fuel 的字头缩写，指以废塑料和纸为原料制得的高卡路里压缩固体燃料。

各种废旧塑料的回收再利用方法中，机械回收再生方法是最值得提倡、最优先考虑的方法。因为，这是使资源再利用的最好方法，不仅符合节能、省资源的原则，更进一步也可能实现资源的循环利用，所以，是最符合循环经济要旨的回收再生利用方法。其次，考虑各种化学回收再生方法。只有在难于进行机械回收再生和化学回收再生的情况，如有些废塑料分拣困难，也比较脏，或与其他材料复合而不易分离时，可以考虑进行能量回收的方法，即将废旧塑料作为燃料燃烧而进行热量或电能回收。目前开发的生物降解塑料可以进行微生物降解，即堆肥化处理，以获得有机肥料和沼气。

从循环经济的角度出发，应该限制直接填埋的处理方式，尽可能做到“零”填埋。当然，从源头控制，尽量减少废塑料的产生是更重要的。然后，才考虑资源的循环利用。特别是要努力建立闭环循环系统，进行从“制品”到“制品”的回收再利用，最大限度地提高资源利用效率，降低石油资源的消耗。

3　几种废塑料回收再利用技术实例

3.1　PET瓶的回收再生

瓶类是塑料包装的大宗制品，用于瓶类的塑料原料品种有PET、PE－HD、PE－LD、PVC、PP、PC等。其中，PET瓶是最重要的品种，大量用于碳酸饮料，如可口可乐、雪碧等，还有热灌装的茶饮料的崛起，也推动PET瓶包装的发展。这里简介PET瓶的回收再生技术。

消费后塑料瓶主要从家庭、商店排出，由各种渠道回收集中。瓶类是中空制品，体积庞大，不利于运输、处理，所以，收集回收集中的瓶类首先要进行压缩减容。一般压缩采用金属铁丝打包捆扎，大约每3 000～5 000个瓶打包成1.2m^3的大捆，再送往专门的再生处理工厂。

用于废PET瓶的方法有机械回收再生、化学回收再生(单体或化工原料回收再生)和能量回收，见表5所示。

表5　废PET瓶回收再生方法和概要

分类名称		概　要
机械回收再生	直接再生瓶片	废PET瓶经粉碎、清洗后制得瓶片料供用户
	熔融再生利用	将分类收集的PET瓶去除异物后，粉碎洗净后的瓶片熔融挤出造粒，用于纺丝、挤出成型，制得纤维制品或片材。特别地，机械回收再生获得的上述PET瓶片或粒子的相对分子质量在提高后的再生树脂，可以与新原料掺混使用
化学回收再生(单体或化工原料回收再生)	单体化	将PET瓶化学分解，还原成PET原料的化学物质再精制，然后再获得PET树脂的方法。因得到和新原料完全相等品质的PET树脂，可说是瓶到瓶的最合适方法。已经有2家企业实际投产。 具体有利用PET树脂的加溶剂分解法(加水分解法、加醇分解法)
	油化(碳氢化)	就像名称所示，将PET瓶转化成“油”的方法，即同义于制造碳氢。PET通过热分解生成对苯二甲酸和安息香酸等挥发性物质，然后添加消石灰控制其生成。700 ℃左右进一步热分解，即可实现以苯为主的油化
能量回收	热量回收	作为燃料燃烧，进行热能量回收
	电能回收	通过燃烧获得的热量进一步用于发电

废PET瓶回收再利用，不管是机械回收再生，还是化学回收都开发了从“瓶到瓶”或从“PET到PET”的技术，这更加符合循环经济的理念，下面进行简单介绍。

3.1.1 机械回收再生

3.1.1.1 直接回收瓶片料

经过初步分选的废PET瓶中大约混有1%的PVC瓶，采用X-射线识别分选，可使PVC的含量降至50×10^{-6}以下。然后，经过粉碎、清洗、分离、干燥，得到PET瓶片。此PET瓶片料可用于生产PET薄膜或纤维，也可以进一步增黏制造再生PET成型制品。

3.1.1.2 熔融回收再生

将经分拣、粉碎、清洗、分离、干燥的瓶片料经熔融造粒，制得再生粒料，供制品生产商用于再生PET制品生产。最近，开发了通过熔融再生“瓶到瓶”的工艺，即将废PET瓶回收重新用于PET瓶制造的回收再生方法。

奥地利EREMA公司的一项专利技术可将清洗过并完全分类的消费后PET瓶，再生成可用于生产饮料瓶的PET颗粒。其工艺过程见图1。

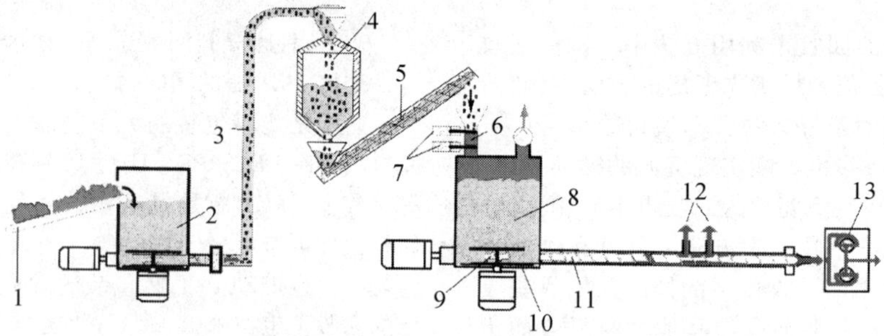

图1 达到食品卫生标准的PET瓶回收工艺(EREMA公司)

1—输送带；2—结晶干燥机；3—材料输送；4—中间料仓；
5—输送螺杆；6—真空闸门；7—真空挡板；8—真空切割/干燥机；9—螺杆喂料口；
10—搅拌工具；11—改进的螺杆挤出机；12—多重排气；13—过滤器(精过滤)

由图1，从清洗机出来的PET瓶碎片通过输送带进入结晶干燥机(2)，PET碎片得到预热、干燥和结晶化后，进入中间料仓(4)。中间料仓是绝热保温的。储存在中间料仓的、经过结晶化的物料，连续通过真空闸门，进入真空切割/干燥机(8)，物料中的湿气、挥发物被真空除去，黏度得到提高。然后，将黏度提高的物料喂入挤出机(11)，经熔融、塑化、排气，再通过造粒机得到PET颗粒料。过滤器(13)为全自动的精过滤器，并具有自洁能力。

真空切割/干燥机上安装有专门的分析装置，在线测定材料中有机杂质的量和种类，以控制物料的质量。一般的检测采用气相色谱或质谱装置。在线黏度测量是另一个质量控制的手段。

此项“瓶到瓶”再生技术得到的再生粒料符合FDA(美国食品及药物总局)的标准以及1998年3月公布的ILSI文件要求，可用于食品的包装。得到的再生粒料的黏度可以与新原料相比，即此项技术可以不添加任何化学添加剂(扩链剂)而提高材料的特性黏度(IV)，从0.76dl/g增加到0.81dl/g。这主要利用结晶干燥机和真空造粒系统达到的。再生材料具有半结晶性。过程能量消耗少。设备利用挤出中冷却过程使物料结晶，从而达到节省热能。

3.1.2 化学回收再生

废PET瓶的化学回收再生主要采用化学解聚的方法，获得原料单体，再合成得到PET原料用于PET瓶的生产。化学解聚可以实现“瓶到瓶”，或“PET到PET”的理想循环。

3.1.2.1 PET瓶的化学解聚

废PET瓶的化学解聚主要有：水解、醇解、胺解、氨解和碱解等方法。不同的解聚工艺路线，有不同的解聚产物。作为商业规模实施的例子主要是水解和醇解，尤其是醇解，包括甲醇和乙二醇为溶剂的甲醇醇解(methanolysis)和乙二醇醇解(glycolysis)。

PET在水或醇(包括甲醇和乙二醇)存在下，在合适的温度、压力或催化剂条件下容易发生水解或醇解，解聚得到合成PET的原料单体对苯二甲酸(terephthalic acid，TPA)、对苯二甲酸二甲酯(dimethyl terephthalate，DMT)或对苯二甲酸乙二醇酯(BHET)，以及乙二醇(ethtylene glycol，EG)，可用于再合成PET，见图2。

图2可知，废PET瓶的醇解法有3种方法：

① 甲醇醇解法；

② 乙二醇醇解法；

③ 乙二醇/甲醇醇解法。

PET 化学回收再生法的分类和主要产物见表 6。

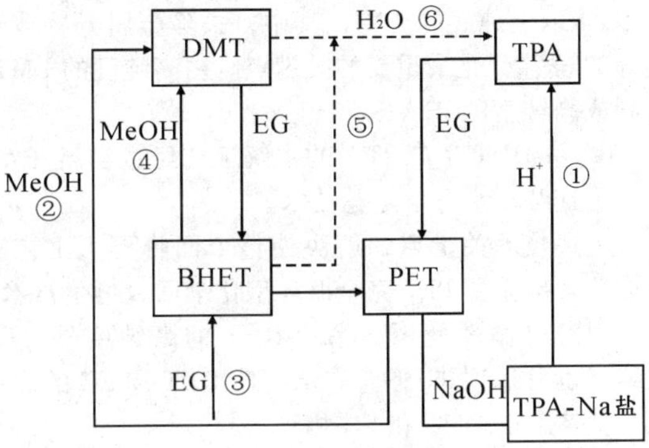

图 2　PET 合成、解聚过程示意

①碱水解法；②甲醇(MeOH)醇解；③乙二醇(EG)醇解；④乙二醇(EG)/MeOH 醇解；⑤BHET 水解；⑥DMT 水解

表 6　PET 加溶剂分解法的分类和主要生成物

分类	技术路线	溶剂	主要产物
水解法	酸加水分解 酸加水分解、同时氧化	硫酸 硝酸	TPA、EG/H_2O TPA、酸/H_2O
醇解法	加加醇分解 加乙二醇分解	甲醇 EG	DMT、EG BHET、EG
胺解法 氨解 碱解法	省略		

由表 3 可知，消费后 PET 瓶通过解聚的化学回收再生方法回收获得的原料主要有以下 3 种：

① TPA(对苯二甲酸)，制造 PET 树脂的初始原料单体。

② DMT(对二苯甲酸二甲酯)，制造 PET 树脂的初始原料单体。

③ BHET(对苯二甲酸乙二醇酯)，为合成 PET 的原料的中间体，可通过水解得到 TPA。

用于化学分解法解聚的废 PET 要求较高的纯度，最好达到 100% 的 PET 的纯度，所以，对回收来的 PET 瓶先要进行前处理，进行严格的分拣，以获得供化学解聚用高纯度 PET 瓶片原料。

3.1.2.2　甲醇醇解法

日本三菱重工業(株)开发了废 PET 瓶甲醇醇解法，甲醇采用超临界甲醇，已经实现了工业化。

图 3 所示为三菱重工業(株)的超临界甲醇醇解法的废 PET 瓶化学回收流程示意图，由图 3，工艺过程如下：

① 粉碎。经预处理的纯净 PET 瓶进行粉碎，加入反应器。

② 甲醇醇解。将甲醇加入反应器，在甲醇处于超临界状态下进行 PET 的甲醇醇解，得到产物 DMT 和 EG，以及过量的原料甲醇的混合物。

③ DMT 分离与精制。低沸点的 EG 和甲醇蒸馏分离，DMT 进入精制工序。

④ 水解。精制后的 DMT，进行加水分解，得到 TPA 和甲醇。

⑤ TPA 分离与精制。TPA 结晶、洗涤精制，供合成 PET 用。

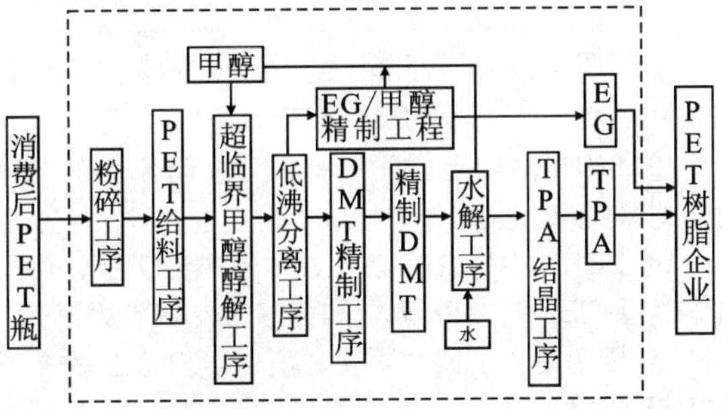

图 3　三菱重工业(株)超临界甲醇醇解化学回收再生简化工艺流程

三菱超临界甲醇醇解再生得到的 EG、DMT、PTA 和从石油制得的同样新料的不纯物具有同样的纯度，达 99.9% 以上，完全可以得到合格的 PET 瓶用树脂和再制得 PET 瓶。

采用超临界甲醇醇解比用通常的甲醇有下述优点：

① 反应速度大幅提高；

② 反应时间大大缩短；

③ 不需使用催化剂；

④ 基本没有副反应。

3.1.2.3　乙二醇醇解法

废 PET 瓶用乙二醇醇解得到对苯二甲乙二醇酯(bis - hydroxyethyl terephthalate，BHET)，再聚合得到 PET。乙二醇(EG)醇解法的典型例子有日本(株)ペットリバース(PET Reverse)的完全循环型化学回收再生技术，也被称为“BHET”法。该法是将 EG 作为溶剂将 PET 解聚合的方法，公司将此法称为“アイエス”法，流程见图 4。由图 4，经破碎、清洗的 PET 瓶片，用 EG 化学分解，制得对苯二甲酸乙二醇酯(BHET)，然后，再经熔融、固相聚合，再生为 PET 瓶用树脂。

此法是采用通过特殊精制 BHET 技术再生制造 PET 的方法，其中，BHET 精制技术具有目前为止的已有技术的最高水平，从而使从 BHET 再生制造 PET 成为可能。其特征和优点如下：

① BHET 是聚酯树脂制造过程中的一个中间原料，无须酯交换，即可利用其他化学回收再生工艺，从而可节能和降成本。

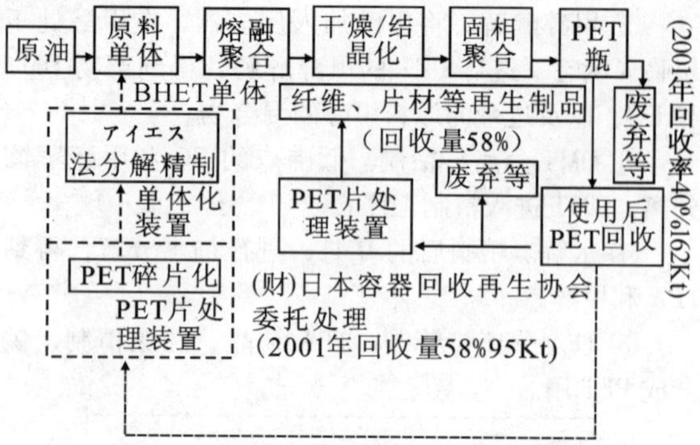

图4　乙二醇醇解法(アイエス)法回收再生流程示意图

② BHET同样是中间原料，可在新原料的TPA用工艺中直接使用。

③ 因工艺中包含有除去异种塑料的工序，可用于未除去PET瓶的PE瓶盖和标签的废PET原料。

④ 因为是化学回收再生，所以可对应多种多样的PET瓶。

⑤ 是不经燃烧和不产生副产品的环境友好技术。

3.1.2.4　乙二醇/甲醇醇解法

日本帝人集团公司采用乙二醇/甲醇醇解法获得高纯度DMT，所以也被称为"DMT法"，该法工艺过程见图5，具体工艺如下：先将废塑料瓶片溶解于乙二醇(EG)中，在EG的沸点温度下，在0.1MPa压力下进行解聚反应，生成对苯二甲酸乙二醇酯(BHET)；再经过滤、除渣，加入甲醇反应，在甲醇的沸点温度和0.1MPa压力下，经酯交换反应生成DMT和EG；经蒸馏，将DMT和EG分离，重结晶，精制DMT，再通过蒸馏精制EG。DMT加水制得对苯二甲酸(TPA)，用于制造瓶级PET。最后，在反应温度240～260℃，压力0.3～0.5MPa下由TPA和EG反应制得再生PET。

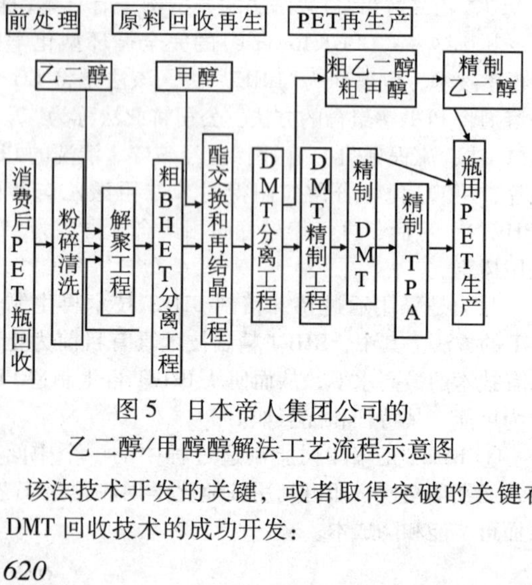

图5　日本帝人集团公司的乙二醇/甲醇醇解法工艺流程示意图

该法技术开发的关键，或者取得突破的关键在于DMT回收技术的成功开发：

① 中间产物BHET在催化剂存在下的反应采用了开发的新型催化剂，使回收的DMT具有高达99.99%以上纯度的产物，其中，去除金属异物或灰尘等的"蒸馏"是最重要的关键点。由高纯度的DMT，再制成高纯度的PTA。

② 由DMT生产TPA的水解工艺经过创新开发，采用了连续加水分解工艺技术。

上述技术关键点的解决使整个回收再生工艺获得成功，确立了PET完全循环型化学回收再生技术。

甲醇可循环使用，除了DMT的高纯度外，EG的纯度也可达到99.99%，从而使DMT和EG的成本能与生产新的DMT和EG相当。

获得的回收再生原料和PET树脂的质量与直接来源于石油的原料和树脂的各项性能比较分别见表7、表8和表9。

表7　回收再生DMT的性能

项　目	单　位	回收再生DMT	石油制得的DMT
外观	—	白色片状	白色片状
凝固点	℃	140.64	140.6
酸值	KOH mg/g	0.0035	0.045以下
熔融色	Ho(APHA)	10	50以下
硫酸化灰分	质量%	0.002	0.01以下
铁	ppm	0.11	1以下
纯度	%	99.994	99.98以上

表8　回收再生TPA的性能

项　目	单　位	回收再生TPA	石油制得的TPA
外观	—	白色粉末	白色粉末
酸值	KOH mg/g	674	675±2
灰分	ppm	<0.2	5以下
4－羰基安息香酸	ppm	1	20以下

表9　回收再生PET的性能

项　目	单　位	回收再生PET	石油制得的PET
特性黏度	dL/g	0.751	0.751
二甘醇含有量	质量%	1.30	1.3±0.2
色相	Colb值	0.3	0±2
乙醛含有量	ppm	1.2	2以下

由表7、表8和表9可知，回收再生初级原料和PET树脂的性能与由石油制得的初级原料和PET树脂性能基本相同，所有项目都与来自石油的产品相同或更高，而回收再生的DMT的纯度更可达99.99%以上。

回收PET树脂与石油来源的新PET树脂在成型加工过程中的性能比较与注意点如下：

① 在注射成型温度范围内，在控制的相对分子质量下的IV(特性黏度)与来自石油的产品没有差别。

② 残留的DEG(二甘醇)影响PET的结晶速度、透明性、最佳成型温度、成型生产性和耐热性，在工艺中设定、控制适当的二甘醇值。

③ 由于PET生产和成型时会发生热分解而生成极微量的乙醛，其会给瓶装的内容物的味道造成不好的影响，需要尽量减少。回收再生品和石油制得的PET，在乙醛含量方面没有差别。

④ PET树脂是结晶性树脂，结晶速度过快，则型坯或瓶因结晶化而易白化，影响外观；结晶速度过慢，则生产性下降，所以，结晶速度的控制，在PET瓶成型中极为重要。DSC测定的结果，两者也没有差别。

此法回收再生的PET产品已经获得美国FDA的通过，可用于与食品接触的用途。

3.2 废塑料的高炉还原剂法

高炉还原法就是在炼钢工业的高炉中将废塑料替代焦炭作还原剂的方法，其属于化学回收再生方法。其原理如下：铁矿石，就好像生了锈的铁，其化学成分是氧化铁。炼铁就是利用焦炭为还原剂使铁矿石在高炉中，脱去氧化铁中的氧制得生铁。高炉还原法就是利用废塑料所含的"碳"，在高炉内将氧化铁的铁矿石还原成铁。高炉还原法的反应分两步：气化反应和还原反应。

气化反应的反应式如下：

$$\mathrm{C(废塑料中)} + 1/2\ O_2 = CO$$

$$\mathrm{2H(废塑料中)} = H_2$$

(气化温度约2 400 ℃)

高炉中部铁矿石的还原反应如下：

$$FeO_x + CO = Fe + (x+1)/2CO_2$$

$$FeO_x + xH_2 = Fe + xHO_2$$

废塑料高炉还原剂法工作流程见图1。

由图6所示，首先，将混合废塑料经过分拣除去杂质，制成颗粒，然后，将其作为铁矿石的还原剂吹入高炉，以替代焦炭。在高炉中，塑料中碳氢生成一氧化碳和氢，再将铁矿石还原成铁。废塑料高炉还原剂化时，废塑料的60%作为还原剂参与还原反应，另外40%中的一半，即20%可回收气体，用作自身发电站的燃料，还有20%成为损失的热量。

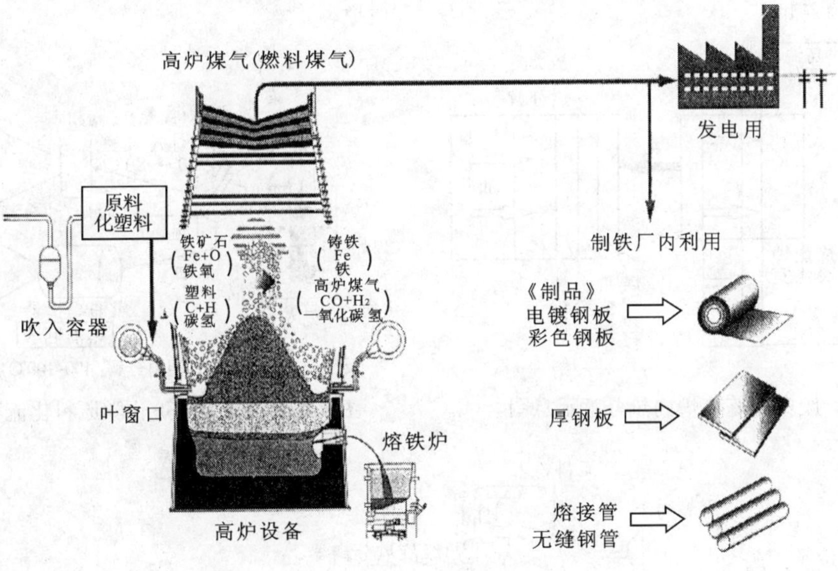

图6 废塑料炼铁原理和流程示意图(日本NKK公司)

高炉还原剂再生利用方法是近年废塑料处理的新进展，其优点是：

① 初始投资低；

② 可实现大量成本/效益好的回收；

③ 可以使用混合废塑料；

④ 市场需求巨大；

⑤ 无二噁英和呋喃等有害气体排放。

如果废塑料中含有聚氯乙烯等含氯废塑料，需要增加脱氯(Cl)工序，除去氯。

高炉还原剂法适合建设小型钢厂，可在人口密集的社区附近就地进行废塑料和废钢铁的处理，这样可以节约废塑料和废钢铁的运输费用。

3.3 废塑料的炼焦炉化学原料再生法

炼焦炉化学原料再生法就是在钢铁厂的炼焦厂炼焦炉内将废塑料代替炼焦炉中使用的原料煤的回收利用的方法。炼焦炉化学原料再生法的产物为：40%碳氢油、40%焦炉气和20%焦炭。所以，此法可达到100的再商品化。

炼焦炉化学原料再生法的原理是：废塑料在炼焦炉中不发生燃烧而间接被加热发生热分解，生成焦炭、焦油(沥青)、轻油、汽油和气体等，见图7。

炼焦炉化学原料再生法的工艺过程流程示意见图8。炼焦炉内温度为1100～1200℃，废塑料还原，生成氢、碳化氢气体和油。发生的约为900℃的高温气体从炼焦炉顶排出，进行回收，利用氨水急速冷却到80℃。氨水的作用是中和其中的氯化氢。气体再经过冷却器冷至35℃左右，液体凝聚，进行油水分离。焦油作为沥青回收。气体进一步经脱硫回收轻油，常温下为气体的成分作为焦炉气回收。

与用焦炭的工艺相比，采用废塑料时的出焦率较低，而焦炉气和碳氢油大大增加。碳氢油以焦油和轻油为主，可用于塑料、涂料等的原材料。焦炉气以氢和甲烷为主，发热量高，可用于发电等。当然焦炭可用于炼铁作还原剂。

炼焦炉化学原料再生法有下述优点：

① 废塑料几乎可以全部得到利用，且可以用于成分复杂的混合塑料。

② 可在现有的炼焦设备中进行，具有经济可行性。

③ 生命周期评价表明，可有效降低二氧化碳排放，并可以节约资源。

3.4 废塑料的水泥窑原燃料化

所谓废塑料水泥窑原燃料化是指将废塑料用作烧制水泥的燃料使用。对于含聚氯乙烯的废塑料，聚氯乙烯经热分解脱氯化氢，氯化氢可以回收，用于氯乙烯单体工程，脱去氯化氢的炭化物成为用于水泥制造时的燃料，这样，即可建立理想的闭环系统。

废塑料水泥窑燃料化工艺流程示意见图9。图中实心箭头表示气流方向，虚线箭头表示原料废塑料流动方向。

由图9，工艺流程如下：原料废塑料从装置上端加入，经4级旋风分离器进入气流烧成炉，即预热器中，燃料和废塑料在气流烧成炉内燃烧，物料再到旋转窑中进一步通过燃料和废塑料燃烧反应，进入冷却器，成品水泥经电集尘收集，熔渣从冷却器下排出；而气流烧成炉中产生的热气流逆原料废塑料方向往上经4级旋风分离器再经废热锅炉，进入原料干燥机，用于干燥原料。旋转窑反应后的另一气流分成冷热两股，冷的一股随水泥经电集尘器和锅炉排出，另一股热的经二次空气导管回到气流烧成炉。

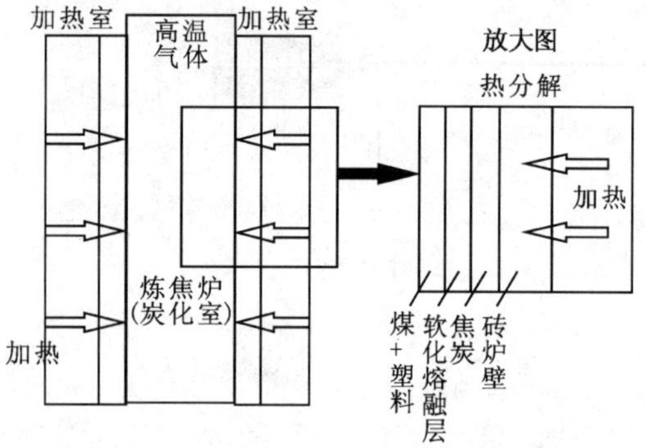

图7 废塑料炼焦炉内热分解示意图

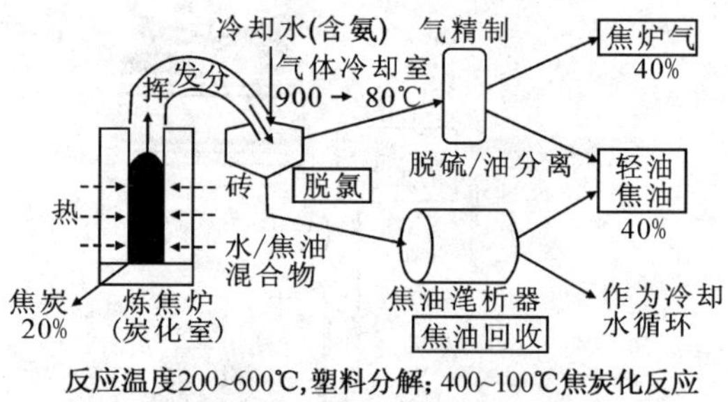

图8 废塑料炼焦炉化学原料化流程示意

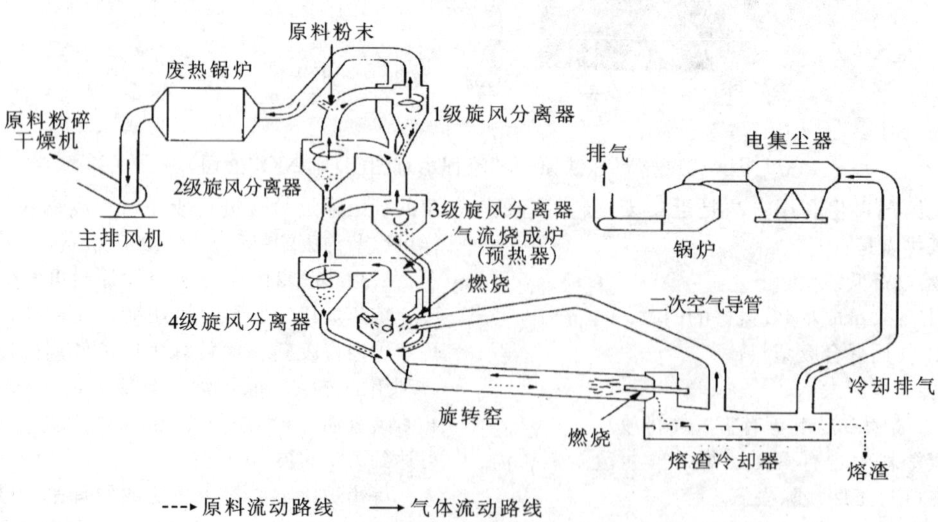

图9 水泥窑燃料化流程示意图

气流烧成炉中，大约消费60%的热量，在850～900℃的温度下，进行石灰石脱碳酸的吸热反应；在旋转窑中，消费其余40%的热量，温度达到1450℃，原料在此进行熔融发热反应。废塑料替代燃料主要发生在气流烧成炉（预热器）中。这是因为旋转窑中的反应是保证水泥产品质量的关键，需要严格的温度等控制，而废塑料燃烧温度不易控制之故。

在预热器中燃烧的燃料要求在2～3s时间内烧尽，通常废塑料作为副燃料与石化燃料混合使用，用量为10%左右。

废塑料的水泥窑原燃料化法有下述优点：

① 可有效替代石化燃料。水泥是在1450℃的高温下烧制而成的，是一个高耗能的产业，每制造1kg水泥需要消耗约750～800kcal热量，主要来源于煤或重油，利用废塑料焚烧的热量来代替水泥窑烧制水泥时的石化燃料的热量，是废塑料回收利用的好途径。

② 可省去中和装置。废塑料燃烧常产生酸性燃气，在一般废塑料焚烧时，往往要采用消石灰等加以中和的净化设备，而生产水泥过程本身就会产生碳酸需要中和，所以无需专门增加中和净化装置。如使用石化燃料的水泥生产装置本身就可以达到99%所谓脱硫率。

3.5　家用电器塑料件的回收与再生利用

这里所指家用电器泛指所有电器产品，包括狭义的电冰箱、洗衣机、空调机等家用电器，也包括电视机、计算机、电子游戏机、手机等电子产品，还包括复印机、传真机、打印机等办公用机器。

家用电器塑料件回收再生利用的紧迫性是因为：

① 家用电器、电子电器、办公机器等电气电子消费品的消费量不断增长；

② 塑料部件不断替代其他传统材料制造家用电器的部件，用量正在增长；

③ 技术革新带动新产品开发速度加快，为满足消费者的需求，有的产品越来越大型化、高功能化和结构复杂化，使用的材料也呈多元化，新产品、新功能，带动了人们更新换代的欲望，家用电器使用年限在缩短，达到寿命终点的速度在加快。

这样，使大量废弃家用电器进入了城市垃圾系统，越来越多元化的产品和材料虽然满足了消费者的使用需求，但是却并不有利于其中塑料件的材料回收再生。

家用电器和电子电器中使用各种材料，所以需要进行拆解，再回收塑料件，回收再生利用方法，也与塑料回收再生方法一样，有原材料（机械）回收再生、化学回收再生和热量回收等方法。近年，家电电器塑料回收也向着尽量实现资源的循环利用的方向发展，特别是从家用电器到家用电器的自循环利用的方向发展。

3.5.1　西日本家电回收再生中心的回收再生体系

西日本家电回收再生中心（NKRC）处理电视机、空调器、洗衣机和冰箱4种家用电器产品的流程见图10。

由图10，首先，将容易拆解的单一材料的塑料零部件，包括电视机外壳、洗衣机的水槽、空调的室内机风扇和冰箱的蔬菜盒等，进行手工拆解回收。这些单一品种塑料经粉碎成碎片后，即可供加工厂再利用。

其他不易分离的不同材料部件，经粉碎、风选、磁选、涡电流分选为不同的材料。其中的混合塑料，主要处理方法是进行焚烧回收热量，也有部分采用填埋处理的。

3.5.2　日本三菱电机的回收再生体系

日本三菱电机（株）成立了专门的家用电器、电子电器回收再生公司，从事废家用电器，包括冰箱、洗衣机、空调器和电视机4种产品，以及复印机、个人电脑和印刷机3种办公机器产品部件和材料回收再生的产业化生产，见图11。

回收再生系统流程的具体步骤如下：

① 手工拆解。拆解部件包括：电动机等具有回收价值金属的部件；冰箱蔬菜盒、洗衣机水槽等比较大型的单一材料制成的塑料部件；需要特殊处理的含有有害或危险物质的部件，如含有氟利昂的压缩机，显像管等。

② 粉碎。粉碎工序包括以下两条线：经手工拆解下来的大型单一品种塑料制造的部件采用立式冲击式破碎机破碎，除去异物后进行原材料回收再生；手工拆解后的其他部件进行粉碎，再经分选回收其中的铁、铜、铝等金属，混合塑料进一步分选。

③ 分选。塑料粉碎物中常混有纸、薄膜片、发泡材料等质轻的物质，可通过风选分离；较大的铁片通过磁选机分选分离，剩下的主要为铜、铝等非铁金属和塑料的混合物。非金属材料的分选通过涡流分选机涡流分选机分选。为了提高涡流分选机的分离精度，粉碎物的粒度、形状应尽可能均一，可在滚筒式分级装置中将粒度分级成粗、中、细3个级别，再分别在3台涡流分选机中分别进行涡流分选。分离非铁金属后，残留的细小的铁、非磁性的不锈钢等用风力分选机、磁力分选机进一步分离，最后留下的主要为混合塑料。

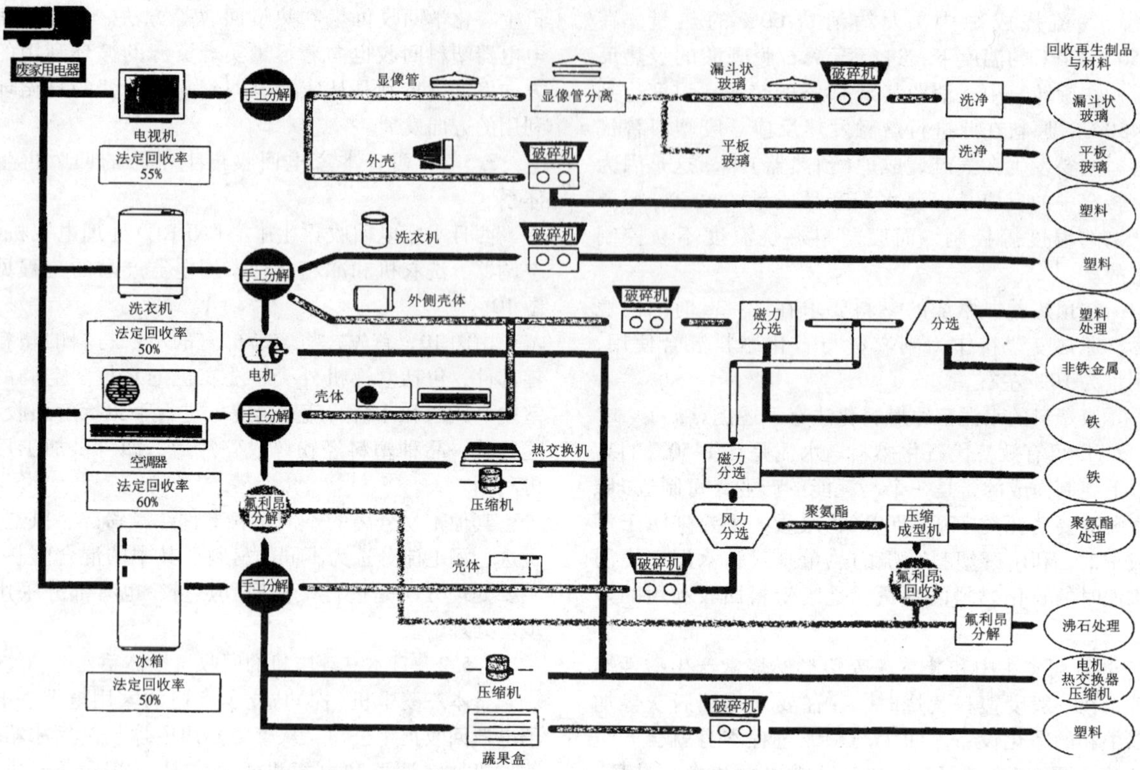

图 10　西日本家电回收再生中心(NKRC)处理工程示意图

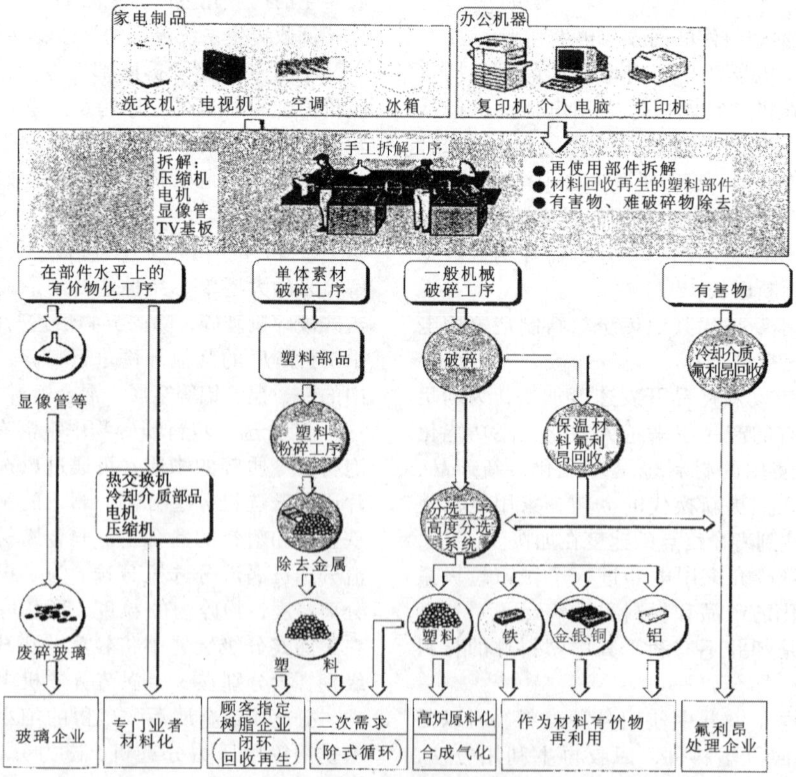

图 11　家用电器、办公机器回收再生系统流程示意图

3.5.3　自循环回收再利用

所谓自循环回收再利用是指从家用电器到家用电器的材料循环在利用的方式，也即是一种闭环回收再生方式；如果，回收材料用于其他附加值更低一些的制品生产，如用于日用杂品或木塑材料的生产，则称为开环回收再利用，见图12。

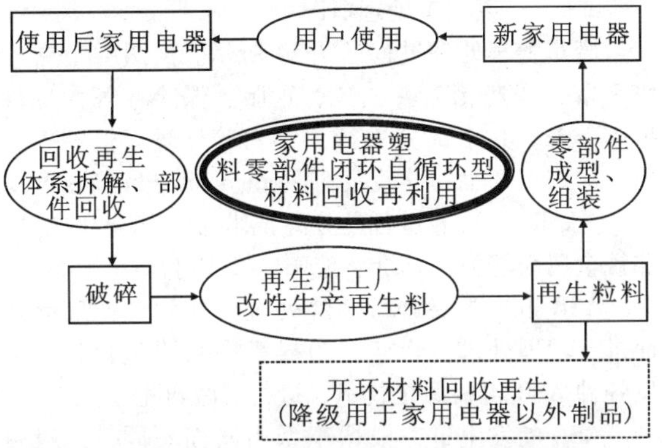

图12　闭环自循环和开环材料回收再利用示意图

如上所述，从容易拆解的零部件回收单一的塑料材料后，其他部件采用大型破碎机破碎后，大都采用焚烧或填埋的方法处理。为了提高电子电器塑料件的材料回收再生比例，以及提高回收再生塑料材料的品质，最终达到从电子电器到电子电器的自循环回收再生理念，开发了相应的从混合塑料中回收再生高品质再生塑料的技术。

3.5.4　混合塑料的组成

混合塑料的来源是除去了易拆解单一品种塑料的较完整大部件后的塑料部件，包括洗衣机的小盒、底座、面板以及冰箱底格子盘、蒸发皿等，这些部件常与金属、橡胶、聚氨酯泡沫塑料等其他材料粘在一起，而且不同家用电器、不同生产厂家使用的材料差异较大，其组成见表10。

表10　混合塑料的平均组成

相对密度	材料种类	质量比/%	备　注
~1.0	PP	35	非阻燃塑料，其中泡沫塑料约为5%
1.0~1.1	主要PS、ABS	30	
1.1以上	高相对密度材料	35	阻燃塑料、玻纤增强塑料、工程塑料、PVC、被覆电线、金属片等

由表10所示，电子电器中使用最多的塑料材料是非阻燃的通用塑料PP、ABS、PS，约占全部塑料质量的65%，这些塑料的相对密度低于1.1；其余剩下的塑料相对密度大于1.1，主要成分是各种阻燃塑料、加入玻璃纤维或滑石粉等填料的塑料，还含有微量工程塑料、聚氯乙烯(PVC)、被覆电线、金属片等。

一般，家用电器制品中使用最多的非阻燃PP、ABS、PS比较容易回收再生，通过从混合塑料分离回收为单一品种材料，不仅可以不降级使用，而且可以成为自循环用等高附加价值的回收再生材料，但是，需要开发相应的技术。

3.5.5　混合塑料的分离技术

混合塑料分离可采用相对密度分离的方法。

(1) 一般相对密度分离

由表10的混合塑料组成分析，泡沫塑料可通过风力分选分离，然后，利用塑料材料不同的相对密度即可进行分离。因为，PP的相对密度约为0.90，会浮于水上而可进行回收。这样，用水进行的一般混合塑料分离回收得到的PP纯度为98%~99%，异物主要是PS、ABS树脂。

(2) 高纯度PP分离

上述分离回收PP中还含有1%~2%的其他材料杂质，包括混杂有除PP外的其他多种塑料碎片。

异种塑料材料，主要为PS、ABS，还有是其他泡沫塑料等。PS、ABS混入其中的原因是：PS、ABS相对密度虽小于PP，约为1.04，但是，其往往会因为附着有小气泡而使密度降低，与PP一起浮于水上，最后夹杂进回收PP中。再有，家用电器塑料部件中还黏附有泡沫塑料制品和泡沫聚氨酯等，这些制品的相对密度也低于1.0，也会浮于水而最后夹杂到回收PP中。所以，仅采用简单水分离，很可能混入PS、ABS和其他材料，降低回收PP的纯度和性能。

为提高回收PP材料的纯度，开发了从混合塑料分离高纯度PP的回收再生方法，过程如图13所示。

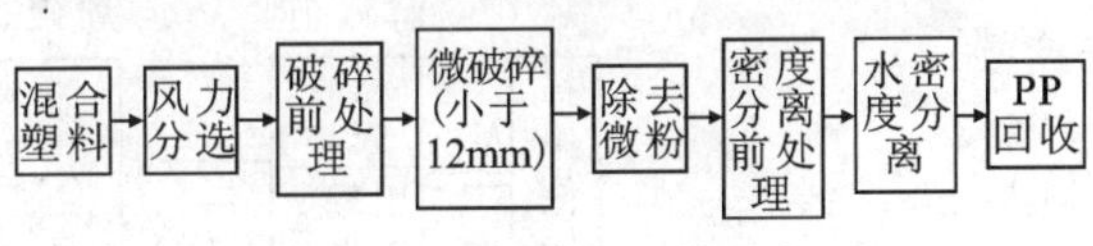

图13　高纯度PP(微破碎)分离分选回收再生流程

将经风力分离掉泡沫塑料等的混合塑料先粉碎成小于12mm大小尺寸的碎片、除去破碎过程产生的碎屑等微粉，再进行表面处理以改善破碎塑料颗粒表面的润湿性，避免PS、ABS等因表面附着气泡而随同PP上浮。这样改进后的混合塑料的分离，PP纯度可达99.8%以上，甚至100%。相对于易拆解单一品种回收的PP再生塑料，将这种高纯度分离PP称为次级再生PP。

次级PP和一般分离PP的性能比较见表11。由表11可知，高纯度分离的次级PP具有刚性和黏性的平衡，可不必再进行相容化和其他的改性即可作为再生材料用于家用电器塑料部件的生产。

表 11　高纯度 PP 材料的性能

项　　目	次级 PP	一般分离 PP
拉伸强度/MPa	25	24
弯曲强度/MPa	33	35
弯曲弹性模量/MPa	1 070	1 090
Izod 冲击强度/(kJ/m^2)	4.9	3.8
面冲击强度/cm	100 <	26
PP 纯度/%	≈100	98 ~99

综上所述，通过微粉化混合废塑料的高纯度分离，可以实现家用电器塑料的自循环回收再利用。

3.6　汽车塑料件的回收与再生利用

使用后报废的汽车数量的不断增加，以及汽车中塑料件的用量越来越多，汽车塑料件的回收与再生利用提到了议事日程。

汽车中各种材料消费比例见表 12。

表 12　汽车中各种材料消费比例　%

铁	非铁金属	橡胶	塑料	其他	总计
72.3	8.0	3.1	7.3	9.3	100.0

汽车中塑料的用量，1987 年平均每辆汽车的用量约为 85kg，1995 年增至 105kg，目前，国内外轿车用塑料已经达到整车重量的 10% ~15%，有的甚至高达 20% 以上，用量可以超过 200kg。汽车中塑料材料消费比例，以日产汽车为例，变动见表 13。由表 13，PP 的用量明显增长，而 PVC 的用量大幅下降。

表 13　汽车中各种塑料使用比例变动 %

项　　目	PP	PVC	PUR	ABS	PE	其他
日产 Blue Bird 1987 年型	31	16	14	6	15	18
日产 Blue Bird 1995 年型	42	4	21	2	13	18
日产 Blue Bird Sylphy 2000 年型	53	1	13	4	11	18

3.6.1　废汽车处理概况

废车整车处理过程见图 14 所示。由图 14，首先将引擎、变速箱、蓄电池、轮胎、保险杠等大部件拆解下来，其余部分进行切割粉碎处理，得到碎粉屑，即汽车切割粉碎残余料(Automobile Shredder Residue，ASR)，再通过各种分离技术，将其分离成铁、非铁金属与塑料、纤维、玻璃、橡胶等。

ASR 过去主要进行焚烧处理或作为产业废弃物而进行填埋处理，近年，为提高回收再生比例，开发各种 ASR 再资源化技术，进行回收再生。

ASR 的发生量，根据车型不同而不同，一般每辆汽车的切割粉碎残余料碎屑，约为汽车整车重量的 20% ~30%，为 190kg 左右，其构成比例见表 14。

ASR 回收再利用的途径有代替燃料、热量回收、干馏气化、原料化等，再资源化技术和设施见表 15，回收方法和设备分为 5 类，各类型都有实施装置，根据处理成本、废弃物发生量等具体条件进行选择，但热量回收是最主要的。回收再生率通过处理的 ASR 量和最后处理完成后排出的只能填埋的废弃物的量之间的差来计算，估计能达到 85%。

日本日产汽车追浜工厂建设了一套 ASR 回收再资源化的再生装置，属于表 15 中第 2 类回收再生途径：ASR(汽车切割粉碎残余料)焚烧、回收热量和金属原料化，装置流程示意见图 15。

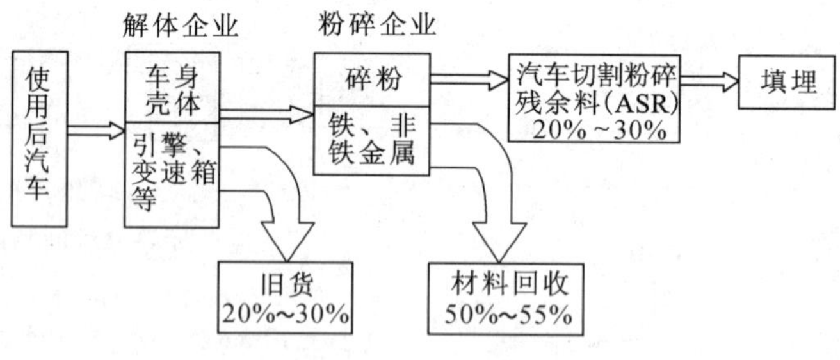

图 14　使用后汽车回收系统示意

表 14　废汽车切割粉碎残余料(ASR)的构成比例　%

材　　料	比例/%	材　　料	比例/%	材　　料	比例/%	材　　料	比例/%
塑料	33	铁	8	铠装线	5	木	3
聚氨酯	16	玻璃	7	非铁金属	4	纸	2
纤维	15	橡胶	7				

表 15　ASR 的再资源化技术和设施

分　类	利用途径	技术要点介绍
1	代替燃料＋原料化	ASR 中可燃成分替代部分煤炭和重油等利用。残留金属在精炼工序中回收，可采用电炉回收铜、锌、微量贵金属以及铁
2	焚烧处理＋热量回收＋原料化	进行通常的焚烧处理，通过连续的废热锅炉，以蒸汽和电力的形式热回收。焚烧工序产生的炉灰或残渣用专用的灰熔融炉处理，作为混合金属炉渣回收
3	干馏气化＋气体利用＋原料化	600℃左右干馏气化，回收产生的可燃气体（主要为氢气和一氧化碳气体）。可燃气体精制为燃气，作为气体引擎发电或工业燃料等加以利用
4	干馏气化＋热量回收＋原料化	600℃左右干馏气化，回收连续产生的可燃气体（主要为氢气和一氧化碳气体）在二次燃烧炉（熔融炉）和锅炉中进行热回收（发电）
5	材料分选＋代替燃料	来自通常切碎工序的 ASR，经各种分选工序回收再利用单独的原料。分选可采用各种筛，以及风力分选、密度分选、磁力分选和涡流分选等

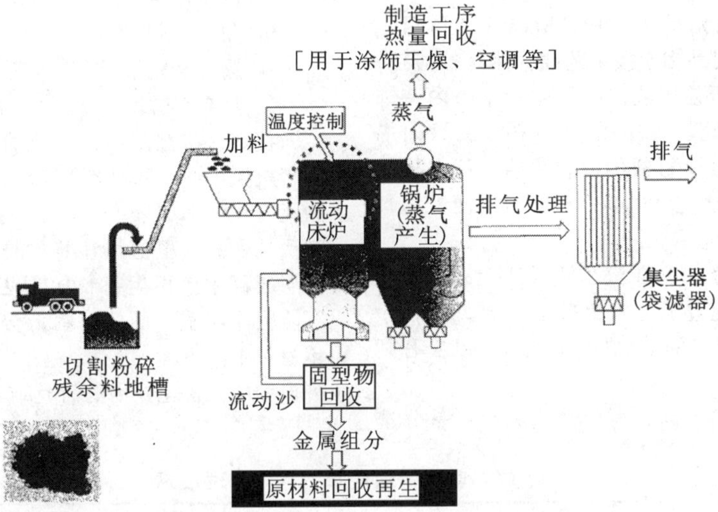

图 15　日本日产汽车追浜工厂 ASR 回收再资源化流程示意图

由图 15 所示，ASR 被置于地槽中，通过传送带和螺旋加料器加入流动床炉焚烧，产生的热量加热锅炉，获得蒸气而加以利用。由于 ASR 中含有较大量的塑料等，燃烧热值大，所以，炉壁要进行改造，以防止炉壁烧坏，降低炉子寿命。另外，必须采取炉内温度控制，这里采用循环使用的沙进行温度控制。不能燃烧的固形物中的金属可进行原材料回收再资源化。

目前，ASR 的处理方法，还是以热量回收为主，提高再资源化比例需开发其他途径。还有，法规规定的回收比例目前为 85%，采用以热量为中心的回收再生途径是可行的，但是，至 2015 年要求达到 95% 的回收再生比例，则目前的处理方法需要重新考虑，必须开发提高原料回收再生比例的相应技术。

3.6.2　提高回收再生性

为提高汽车塑料材料部件的回收再生性，从拆解性、分离性、识别性和再使用性进行考虑与改进，见表 16。

表 16　提高塑料材料回收再生性的考虑方法和实例

项　目	考虑要点	实　例
拆解性	基本点是要考虑缩短从车体上拆接下来的时间	减少保险杠的连接螺栓 易拆解结构的铠装线 浅埋座垫缓冲的金属弹簧
分离性	分离至单一材料，或可能不分离就可使用的水平的工序	全烯烃制仪表板 保险杠涂膜剥离技术 车后组合灯从黏接剂连接改为螺栓连接
识别性	材料材质容易识别	ISO 识别标志 近红外线谱数据识别塑料 据静电容量识别保险杠材质

续表

项　目	考虑要点	实　例
再使用性	开发最佳应用	从热固性树脂改为热塑性树脂 增加 PP 使用量 统一 PP 材质 各公司混合保险杠材质标准化 侧、前玻璃的回收再生玻璃纤维

资料来源：日产汽车，环境、社会报告书；日产汽车，汽车回收再生的自主行动计划(1998 年 6 月)。

由表 16 所示，为了容易拆解前保险杠，将固定连接点，从 32 个减少为 12 个，拆解时间可以减少 40%；考虑车后组合灯的再使用，所以应该革新工艺，将现有的黏接剂黏接连接工艺改为用螺栓连接，以便于拆解，方便再使用或回收再生；车门内装饰板，材料从木材、薄膜、铁的复合材料改为聚丙烯(PP)单一材料，以便于材料的回收再生；仪表板从 PP/PVC 等复合材料改为 PP 单一材料，以便于材料的回收再生。

经过多年的努力，PP 在汽车塑料件上的应用已经大大增加，用量超过了全部塑料用量的 50%，今后的目标是将各种级别的 PP 进一步统一，以更有利于回收再生。

汽车塑料件原材料回收再生的问题，一是分选分离获得单一纯净材料，受限于分选分离技术，较难达到，这就影响再生材料的质量；二是，一般汽车寿命为 10 a，10 a 中，技术进步，同样的 PP，在 10 年中会有非常大的不同，这也会影响再生品的质量。

3.6.3　几种点型汽车塑料件的回收技术

(1) 聚丙烯汽车保险杠的回收

聚丙烯保险杠回收的难点是各种涂层膜的无害化处理技术。代表性的聚丙烯保险杠涂料有由丙烯酸·蜜胺树脂构成的蜜胺型和由聚酯·氨基甲酸酯树脂构成的异氰酸酯固化型两类涂料。这些涂料的性质如下：

① 相对密度约 1.7(白色涂层膜)，较 PP 高；

② 玻璃化转变温度为 -8 ~ 10 ℃，较 PP 高；

③ 和 PP 不相容；

④ 热固性树脂；

⑤ 具有水解性。

根据这些性质，大多数的无害化技术由汽车厂商、机械厂商、原材料厂商联合提出。典型的涂层膜无害化技术如表 17 所示，有机械法、化学法和水解法几种。这里值得注意的是，大多数方法是除去涂层膜再用作再生材料的方法。但是，水解法可以不除去涂层膜，而使材料低分子量化，再分散到再生材料中。下面讨论机械法、化学法和水解法等几种典型的无害化技术的研究结果。

表 17　典型的涂层膜无害化处理技术

分　类	无害化技术	重　点	质　量	生产性	环境性
机械法	相对密度分级法挤出机分级法	相对密度分离	×	○	○
	喷砂法	过滤分离	△	○	○
	喷水法	剥离除去	△ ~ ○	△	○
	振动压缩法	剥离除去	△ ~ ○	×	○
		剥离除去	△	○	○
化学法	碱法	溶解除去	○	△	×
	有机盐法	分解除去	△ ~ ○	△	×
水解法	高温加水分解法	有机填料化	○	○	○

注：×－差；△－中等；○－好。

机械法有将涂层膜分离的技术和从基材上剥离的技术两类，前者，是先将保险杠粉碎，然后利用涂膜和 PP 的密度差，用湿法或干法进行分离的方法；后者是将有涂层的 PP 保险杠使用喷砂法和喷水法剥离去涂层的方法。

化学法是用酸、碱或特殊溶剂分解并溶解涂层膜，再与 PP 分离除去的方法。经化学法处理后剥离了涂层膜的材料提高到了接近新材料的水平，但是，溶解涂层膜的废液从环境污染的观点出发，有必要进行分离、回收处理，在工业化时，处理费用增高。

水解法是将涂层膜用高温水水解，使膜层材料低分子量化，然后，在挤出机中熔融混合进基材材料并微细分散于 PP 中的方法。这实际是一种作为有机填料再生的方法。

水解一般可以使用通常的高压釜，该法不产生废水等的环境污染，并易工业化，这是本工艺的优点。再生材料的力学性质、表面质量、耐侯性、涂装性等这些要求保险杠所具有的性能极好，可说是以保险杠回到保险杠的有效的回收再生技术。图 16 所示为典型的无害化技术再生 PP 保险杠材料性能。

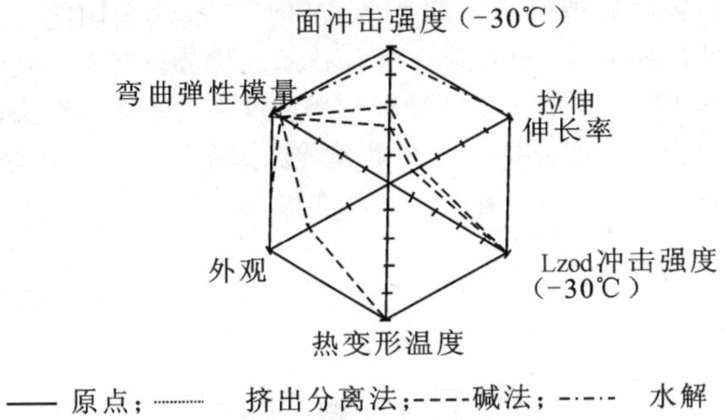

图 16　典型涂层膜无害化技术再生 PP 保险杠材料的特性

（2）聚氨脂汽车仪表板的回收再生

图 17 所示为聚氨酯仪表板回收再生示意图，共有 3 种途径：

① 化学回收再生。通过乙二醇醇解回收多元醇，用于聚氨酯仪表板的再生产。

② 废聚氨酯经粉碎制造再生日用品。

③ 废聚氨酯经粉碎作为黏接剂与玻璃纤维毡复合制造三明治结构材料。

德国 BMW 公司与 Bayer 公司采用上述路线进行了开发。

（3）多层汽油油箱的回收再生技术

中空成型汽车汽油油箱通常使用 PE/PA 复合多层中空成型法制造。从市场回收来的塑料汽油油箱的回收再生过程如下：

① 洗净。必须除去回收来的汽油油箱表面上附着的异物，如金属、灰尘、油污等。

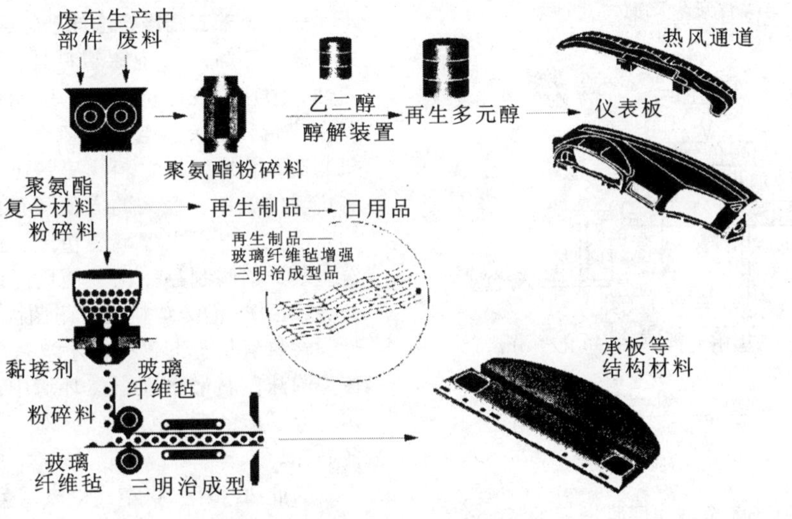

图 17　聚氨酯仪表板的回收再生

② 粉碎。要除去浸入回收油箱箱壁的汽油，并要进行防爆粉碎。

③ 造粒。在造粒前要确认已经完全除去汽油，以确保再生材料的质量。

④ 成型。再生材料可用作油箱材料或用于其他用途。

（4）汽车冷却水箱的回收再生

汽车冷却水箱常采用玻璃纤维增强聚酰胺 6 或聚酰胺 66 制造，DuPont 公司开发了一种回收再生方法，具体工艺过程如下：首先将水箱粉碎，再于反应器中熔融，然后过滤去不纯物、填充材料、玻璃纤维，得到聚酰胺 6 或聚酰胺 66。获得的再生材料与新原料的性能比较见图 18。

（5）汽车安全玻璃中聚二乙烯醇缩正丁醛薄膜的回收

汽车防碎安全玻璃是一种三层结构的层状复合材料，在内外二层玻璃中间，有一层聚二乙烯醇缩正丁醛薄膜(PVB)。为回收 PVB 开发了一种新工艺，

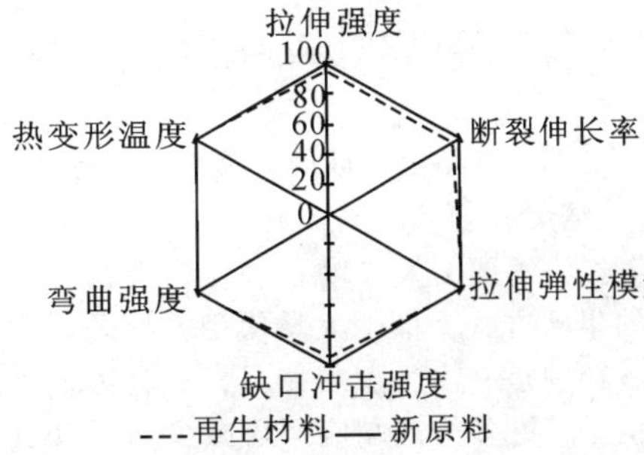

图 18　聚酰胺再生材料与新原料性能比较

见图19。

由图19可知，安全玻璃分为透明和着色两种，需要分别进行预粉碎，着色安全玻璃经化学方法除去PVB薄膜后分为着色玻璃和透明安全玻璃，将此透明安全玻璃与第一次分离出的透明玻璃一起经化学分离，分为透明玻璃和PVB薄膜，PVB薄膜再经化学分离分去PVB薄膜中的其他成分，得到PVB的浓缩物。

化学分离采取醋酸水溶液溶解PVB，再将水溶液中的增塑剂、添加剂用甲醇沉淀除去。PVB的浓缩物镜进一步蒸发、浓缩得到回收的PVB，可仍旧用于安全玻璃的制造，也可用于制造热熔黏接剂或船底的涂料。醋酸和甲醇可以循环利用。

安全玻璃的预粉碎装置示意见图20。由图20，安全玻璃两侧的玻璃被装置中的辐射状轮的前端冲击球击碎，玻璃即可与PVB分离。

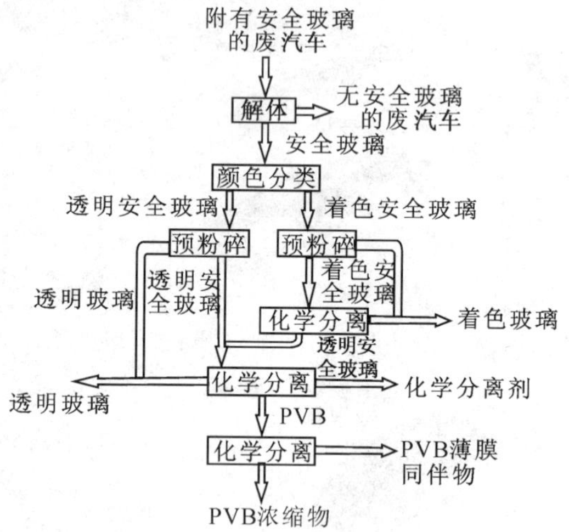

图19　汽车安全玻璃回收过程示意

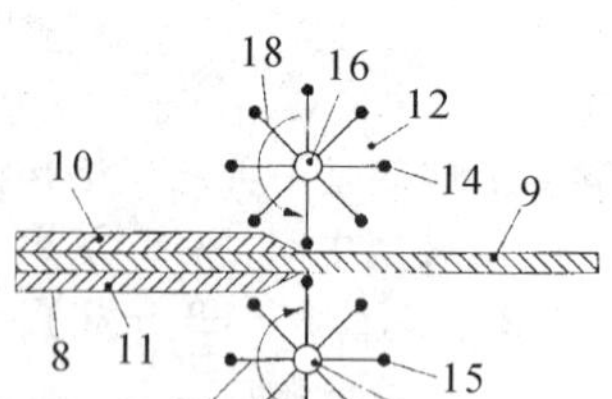

图20　汽车安全玻璃的预粉碎示意

3.7　结束语

随着经济发展、人口增长和城市化进展，还有快节奏的生活方式，催生大量使用方便的一次性消费用品，特别是一次性塑料制品，成为人们诟病的对象。但是，更多的高端应用可减少石油和其他资源的消耗，在循环经济模式下，解决好其再生利用的问题，采用以石油为原料的塑料材料是当今社会大量使用的先进材料并可获得持续发展。

世界上，已经开发了各种塑料回收再生技术，有的已经产业化。这些技术可以为我所用，但是，需结合国情选好、用好一些行之有效的个别技术，更需要从消费后塑料的收集开始，建立全国统一、协调的体系，才能发挥各种技术的优势，高效运转，实现塑料回收再生和循环利用。这需要政府的牵头、引领、政策支持，法规的建立、规范，企业的市场化运作，以及全社会的参与支持。

（杨惠娣）

聚苯乙烯废弃泡沫塑料回收技术探讨

一、聚苯乙烯废弃泡沫塑料回收概况

聚苯乙烯(PS)泡沫塑料具有优异持久的保温隔热性、独特的缓冲抗震性、抗老化性和防水性，因此在建筑、包装、电子电器产品、船舶、车辆和飞机制造、装饰装潢材料、房屋建筑等各个领域得到了广泛的应用，极大的方便了我们的生活。但其中50%以上是电子电器减震包装、鱼箱和农产品等保鲜包装，这些制品一次性使用后即被遗弃成无用的垃圾，因PS泡沫塑料具有耐菌性、耐候性、耐腐蚀性，在有氧状态下300年才能完全降解。大量的PS废弃泡沫塑料散落在自然环境中，成为影响我们地球生存环境的“白色污染”，对生态环境造成了极大的破坏。

为此20世纪80年代以来，美国8个州、日本、韩国、中国台湾省等国家和地区曾立法禁止或限制使用聚苯乙烯泡沫塑料餐具。1999年中国原国家经贸委也曾发布6号令禁止生产和使用。然而各种禁止和限制措施并未有效改善白色泡沫污染问题，各国通过不断的探索和实践，通过技术进步和革新，逐步解决了PS废弃泡沫塑料的回收难题，使得大规模回收PS废弃泡沫塑料成为可能。

目前全球每年约生产聚苯乙烯泡沫塑料1200万吨，其中中国每年生产约180万吨，除少数发达国家外，其他国家的废弃PS泡沫材料并未得到有效回收。据不完全统计，目前北欧国家和日本PS泡沫塑料回收再生利用率为72%，韩国PS泡沫塑料回收再生利用率为64%，而其余国家和地区的PS泡沫塑料回收再生利用率仅为10%～30%。在我国，由于回收机制还不够完善，导致70%被掩埋或者焚烧，仅有30%左右被回收利用，大多数废弃聚苯乙烯材料并未得到有效的回收与利用，造成了严重的环境污染。严峻资源危机和环境污染，迫使我们必须加大资源的回收与再利用，走循环回收利用的绿色发展道路。

二、聚苯乙烯废弃泡沫的来源与分类

聚苯乙烯泡沫材料的使用寿命较短，其中约50%的聚苯乙烯泡沫制品使用寿命仅有2年，97%的聚苯乙烯泡沫制品使用寿命不超过10年，导致聚苯乙烯废弃泡沫塑料逐年增加。从产品种类上来说废弃的聚苯乙烯材料来源主要有一次性泡沫包装材料、泡沫减震材料、一次性饭盒、一次性容器，家用物品、小孩玩具、管道、保温板、建材以及工厂加工过程中的机头料边角料等。

回收过程中可以按照废弃聚苯乙烯泡沫塑料的制品来源、形态、料性、杂质含量、水份含量、原材料的纯度等进行分类。

按制品来源可分为：单一塑料制品，同类塑料制品、混合塑料制品。其中单一塑料制品如：PS泡沫鱼盒子、大型企业的边角料等；同类塑料制品如：各种家用电器包装材料、各种减震材料等；混合塑料制品如回收站回收的各种PS废弃泡沫塑料。其中单一塑料制品和同类塑料制品的回收利用价值较高，可以回收制作高品质PS颗粒。

按PS废弃泡沫的形态可分为：未压缩PS泡沫塑料、PS冷压泡沫塑料、PS热压泡沫塑料、PS热熔饼块。其中未压缩PS泡沫塑料直接回收运输成本较高，生产效率较低。

按PS料性可分为：纯PS泡沫塑料、含阻燃剂PS泡沫塑料、含PE的PS泡沫塑料、含EVA的PS泡沫塑料等。

此外可以根据PS废弃泡沫塑料的来源、料性、形态、杂质水份含量等信息对回收材料进行综合评估，划分为一级、二级、三级等不同等级。将PS废弃泡沫塑料分级回收在提高回收企业的经济效益的同时，可以最大限度的保持回收材料的各项性能指标做到物尽其用。

三、废弃聚苯乙烯泡沫的回收方法与瓶颈

目前废弃聚苯乙烯泡沫塑料的回收利用主要有以下几种方法。

1. 焚烧法回收热能

焚烧法回收热能是将废弃聚苯乙烯塑料置于特殊的焚烧炉中燃烧回收热量，以替代部分燃料。聚苯乙烯的热值高达4600kJ/kg，超过了燃油平均4400kJ/kg的热值，可部分替代炼铁、发电、燃烧锅炉的燃料。燃烧法虽然可以获得能量但需要使用专门的燃烧高炉，否则聚苯乙烯燃烧不充分会产生苯乙烯、二噁英等有害物质对环境造成二次污染。焚烧法虽然回收了部分热能，但回收装置成本较高，而且材料的使用价值也没有得到充分的利用。

2. 化学热裂解回收苯乙烯单体

聚苯乙烯在高温下很容易分解成芳香族化合物。采用高温热裂解法可以使废弃聚苯乙烯泡沫材料裂解为C1－C4烃等气相产物和苯乙烯、芳香烃等液相产物。在580℃下，聚苯乙烯可裂解得到65%的苯乙烯单体和10%的低聚物。据报道，KaminskyW等间接地利用加热流化床高温裂解聚苯乙烯，主要生成了单体、脂肪族碳氢化合物和芳香族碳氢化合物。化学热裂解法是优质回收的途径之一，缺点是回收过程中能源消耗较大，工业化生产过程中还存在回收率偏低与回收设备上容易碳化积料的问题。

3. 溶剂法回收成粒

溶剂法回收PS废弃泡沫塑料不需要经过高温过程，回收制品性能接近悬浮法制得的聚苯乙烯，而且由于产品是直接得到的圆球形颗粒，可以浸渍发泡制作泡沫塑料。其工艺流程为：

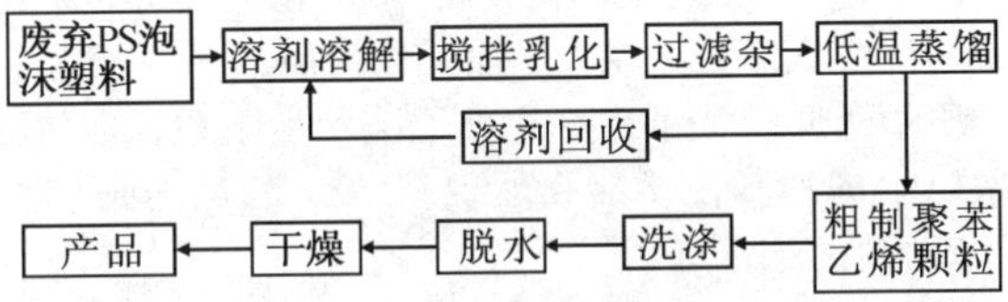

溶剂法回收PS废弃泡沫塑料可以最大程度的保持材料的物理化学性能，制得的再生料性能优良，使用范围广，可用于替代新料制造高档PS塑料制品。但目前溶解PS的溶剂如苯及苯的衍生物大多具有较强毒性，而酯类溶剂虽然无毒，但气味大，价格高，不适合大规模生产。据报道，日本索尼中央研究所开发出了安全性高，与PS分子结构类似的柑桔系天然溶剂柠檬烯为溶剂的PS泡沫塑料再生处理系统(Rena－system)。新开发的Rena系统是把PS废弃泡沫塑料用天然溶剂柠檬烯溶解，脱泡减容约1/25，然后在再生处理设备内进行过滤，分离溶剂，造粒，制成再生PS。溶剂回收率高达98%～99%。但柠檬烯的造价更高也不适宜大规模推广使用。

4. 熔融挤出法回收造粒

由于熔融挤出法回收聚苯乙烯泡沫塑料存在设备投资少，工艺简单，在工艺合理的情况下回收粒子性能能得到较好的保持，产品用途多样化的特点，目前应用较多。随着回收技术的进步，新的回收挤出机组和新的回收工艺不断出现，使得熔融挤出法回收的聚苯乙烯产品质量得到不断提高，应用不断增加。国内部分回收规模较大的企业近年来不断加大研发投入，对回收设备和工艺进行改进与创新，在回收水平上达到了国际先进水平。但同时也应该看到国内回收市场管理还不规范，目前普遍存在企业规模较小，生产工艺落后，回收制品档次不高，回收过程中的二次污染严重的问题。本文在第四节中详细叙述了此法回收聚苯乙烯废弃泡沫材料的工艺与进展。

5. 其他回收方法

随着科学技术的发展，聚苯乙烯废弃材料的回收方法不断增多。除上述四种回收方法外，聚苯乙烯废弃塑料还可经过改性后制作油漆、涂料、胶黏剂、沥青增强剂、制备印染厂污水处理的絮凝剂、经过溴化后生产阻燃剂溴化聚苯乙烯、粉碎后与水泥混凝土混合制作保温材料等方法进行回收。由于这些方法应用相对较少，在此不一一展开。

四、熔融造粒法回收PS废弃泡沫塑料的工艺与进展

熔融造粒是回收PS泡沫塑料的主要方法，大部分的PS废弃泡沫塑料采用此法回收。熔融造粒法回收聚苯乙烯材料，在工艺合适的情况下能够较好的保持材料的力学性能，据美国DOW化学公司的研究表明，聚苯乙烯在多次热加工使用后，平均相对分子质量降低，局部有少量分子链发生断裂，经过5次以上的循环使用后仍然保持80%的冲击强度和90%的断裂伸长率。

熔融造粒法回收聚苯乙烯材料的主要工艺流程为：废弃聚苯乙烯泡沫材料分选、粉碎、洗涤、干燥、脱泡、挤出、造粒。回收生产的粒料可以再次加工成型为各种制品。

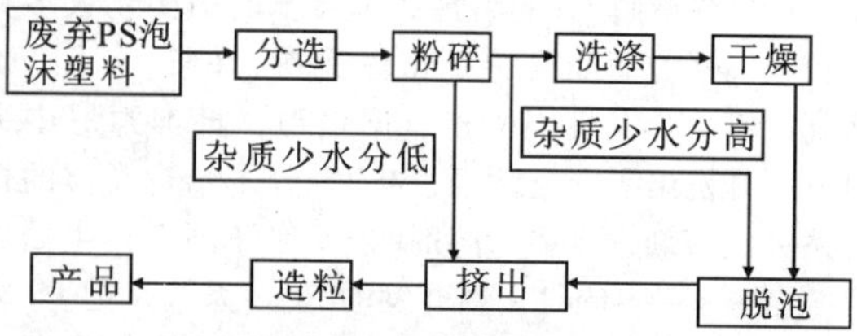

4.1 废弃聚苯乙烯泡沫塑料的运输

PS废弃泡沫塑料由于体积庞大，运输成本高昂，曾一度让塑料回收企业对PS废弃泡沫塑料回收望而却步。国内最大PS回收企业之一上海英科公司自主研发生产的GreenMax系列泡沫塑料冷压机和热压机组，较好的解决了PS废弃泡沫塑料体积庞大难以运输的问题，PS废弃泡沫塑料经过冷压或热压后，体积缩小为原来的1/40，极大降低了回收过程中的运输成本。压缩设备的推广及使用大大降低了聚苯乙烯废弃泡沫材料的运输成本，使得大范围回收成为可能。

4.2 分选

分选是废弃塑料回收中必不可少的重要环节，分选的好坏决定了再生塑料性能的优劣。分选过程中要去除大块的杂质、降低不同塑料混合造粒对再生材料性能的影响，将不同等级的废弃塑料分别回收，以最大程度的保持回收塑料的物理化学性能。分拣过程中主要是将不同种类的废弃泡沫塑料分开。在此过程中应对材料的种类进行辨别，区分PS废弃泡沫和EVA－PS、PE等废弃泡沫，含阻燃剂与不含阻燃剂的废弃泡沫，杂质较多的和杂质较少的废弃泡沫，不同的泡沫塑料分开处理。比如较干净的家电包装材料应与油脂较多的一次性饭盒回收材料分开处理。

几种废弃泡沫塑料的区分方法

泡沫材料种类	燃烧现象
纯PS泡沫	易燃烧，燃烧时表面软化起泡，火焰呈橙黄色，有黑烟，离火继续燃烧，有苯乙烯臭味放出
阻燃PS泡沫	难燃烧，离火后慢慢熄灭，根据阻燃剂种类的不同，部分会产生熔融滴落现象，部分产生收缩现象，有苯乙烯臭味放出
PE泡沫	泡沫的韧性较强，耐刺穿性能强，易燃烧，燃烧时火焰呈淡蓝色，无烟，离火继续燃烧，吹灭后有石蜡气味
PU泡沫	泡孔细密，密度低，易燃烧，燃烧时燃烧时火焰呈橙黄色，有黑烟，跳火现象，离火继续燃烧，燃烧过程中易产生氰化氢等有毒气体
EVA－PS泡沫	泡沫的韧性较强，耐刺穿性能强，燃烧时有少量黑烟，离火继续燃烧，并有苯乙烯臭味和醋酸气味

目前，应用较多的是人工分选、和溶液密度法分选各种废弃塑料。而新的分选技术，如静电分选、磁场分选、旋风分选、离心分选、旋流器水选等新技术也有了新的进展和突破。

4.3 粉碎、洗涤

经过分选后的大块泡沫塑料，需要先用粉碎机粉碎成直径1cm左右的小块，才能喂入挤出机进行生产。大块泡沫塑料首先用粉碎机将废弃的泡沫材料打成1cm左右的碎片，然后用风机经输送管路送至清洗水槽，水槽中的旋转滑板在旋转过程中搅动碎片并推动碎片不断前进。清洗水槽一般情况下有两到三个串联到一起，经过数个清洗槽洗涤后，泡沫塑料表面的残留污垢大部分被洗净。对于部分干净的家电用品包装材料粉碎后可以不经过洗涤直接挤出。

4.4 干燥、脱泡

经过洗涤的泡沫碎片进入旋风脱水机进行脱水，此时脱水后的泡沫碎片可以直接进入挤出机进行熔

融造粒，但由于碎片的密度还是较小，且水分含量较大，直接加入挤出机进行造粒的产量较低，产品气孔较多。在此可以选择对泡沫碎片进行脱泡增密处理。脱水后的泡沫碎片送入干燥增密团粒机，通过高速旋转的桨叶搅动泡沫碎片，泡沫碎片之间相互摩擦产生热量和机器自身加热器产生的热量使泡沫碎片中的水分和部分残留的发泡剂挥发出来，经干燥处理后泡沫碎片的密度明显增高，从处理前小于0.3g/cm^3 上升至 0.6 ~ 0.8g/cm^3。干燥团粒后泡沫碎片大多呈圆形粒状，此时再加入挤出机进行造粒可使产量大大提高。但脱泡的过程中由于聚苯乙烯材料在高温下与空气接触时间较长，表面部分材料氧化分解，造成回收粒子的颜色变黄，性能下降。

4.5 挤出、造粒

挤出造粒的主要工艺为：泡沫碎片加入挤出机后依次通过喂料段、压缩段、计量段到达法兰经过滤网过滤后到达口模。在此过程中泡沫碎片在挤出机加温和螺杆剪切的作用下经历了从固态到半熔态到熔融状态的转变，材料中残存的发泡剂和气体在真空排气装置产生的负压下完全排出。材料中的各种杂质和不熔物经过滤网的过滤处理被过滤掉。出口模后经过冷却水冷却拉条到切粒机切成均匀的粒子，或在口模处由旋转的刀片切成粒子(水环切粒系统)。粒子经旋风脱水系统除去粒子表面的水分即可装袋。

挤出造粒过程是PS废弃泡沫塑料回收过程中的关键步骤之一。传统的挤出造粒工艺为有使用双阶单螺杆挤出造粒，同时也出现了强制喂料低剪切低降解单螺杆挤出造粒、一体化挤出造粒以及双螺杆改性挤出造粒等新的回收设备和回收工艺。

4.5.1 双阶单螺杆挤出造粒

PS泡沫塑料由于堆积密度低，原材料中含有大量的气体和少量残留的发泡剂，因此挤出加工过程中必须进行脱挥和排气。大多数PS泡沫塑料回收加工过程中采用两台单螺杆挤出机串联的设备进行回收。其中第一台单螺杆挤出机组采用自然排气的方法进行排气，其主要作用是通过加热和自然排气脱泡初步排除水分，并通过初级滤网滤除粒径较大的杂质。之后熔融物料进入第二台单螺杆挤出机中经过排气和高目数滤网滤除小粒径的杂质后拉条冷却切粒。此造粒工艺由于设备价格低廉，通用性强，在国内得到广泛的使用，但此造粒方法直接对PS泡沫塑料进行造粒时由于原料的堆积密度低，下料差，导致产量过低。需要对PS泡沫进行熔融和破碎处理或经过团粒脱泡处理，才能提高造粒产量。此外，此造粒方法由于用两台挤出机串联，设备能耗大，熔融粒子与空气接触较多，氧化降解和剪切分解对材料的力学性能造成的损失也较大。

4.5.2 低剪切低降解单螺杆挤出造粒

塑料熔融造粒过程中，废弃PS泡沫塑料要经过升温、螺杆剪切的过程，在此过程中在螺杆剪切和氧气氧化的作用下，PS泡沫塑料存在一定程度的降解从而导致回收材料力学性能下降。

为减少PS泡沫材料在回收过程中的降解，国外研制出了采用强制喂料技术将PS废弃泡沫塑料输送至单螺杆挤出机的喂料段，并采用高效排气、高长径比低剪切螺杆配合低温加工的PS废弃泡沫专用回收设备。在原材料杂质水分较少的情况下，采用该设备可加工出透明度较高的再生PS粒子。但该设备对粒子的水分要求较高，水分大于5%时，该设备无法将水分完全排出，导致造出的粒子发泡。因此高水分泡沫需要先进行干燥和脱泡，使水分含量低于5%才能喂入挤出机进行挤出造粒。

4.5.3 一体化挤出造粒

传统的工艺加工低密度，高水分含量的PS泡沫塑料时必须进行干燥和脱泡，才能保证回收粒子的质量。一体化挤出造粒机组可以将干燥脱泡和挤出同时进行，其主要结构是在挤出机组的喂料段安装了增密干燥脱泡装置，低密度和高水分的泡沫塑料进入脱泡装置后在加温和桨叶的搅拌下除去大部分水分和气泡，然后通过强制喂料装置进入挤出机的喂料段。一体化挤出机简化了回收工艺，可以回收加工高水分含量的PS泡沫材料，比低剪切低降解单螺杆挤出造粒机组应用范围更广泛。但同时也存在脱泡过程中PS在高温条件下与空气接触的过程中部分氧化的问题，因此加工出的塑料颗粒由于氧化降解都带有一定颜色，无法加工出完全透明的PS塑料粒子。

过滤网是挤出造粒过程中的主要耗材，为加大过滤滤网的利用效率，部分低降解造粒机组和一体化造粒机组已使用新开发的反冲洗滤网过滤系统，该过滤系统在使用过程中利用熔体的反向冲刷压力来清洗滤网上的杂质，可以使滤网的使用时间延长2~5倍，在减轻工人劳动强度的同时极大提高了滤网的使用效率。

4.5.4 双螺杆改性挤出造粒

目前简单的回收造粒所生产的材料在物理性能上还是有一些局限，限制了其应用范围。而将新兴的改性技术应用到PS泡沫塑料回收过程中可以提高回收材料的性能，拓展其应用范围，使回收材料的使用价值得到极大提高。双螺杆改性挤出造粒主要是采用PS废弃泡沫塑料为主要原料，在挤出造粒的过程中加入各种助剂以达到赋予回收材料新的性能的目的。但改性造粒只适用于部分经过熔融或热压缩后破碎的密度较高的PS废弃泡沫塑料或对回收造粒后的PS粒子进行二次改性加工。

4.6 熔融回收粒子的循环利用与优质再生

4.6.1 传统回收工艺回收的粒子与应用

经过传统回收工艺，采用串联的双阶单螺杆挤出造粒设备生产的PS再生粒子一般可分为浅色半透明粒子、不透明粒子和少量杂质的混合粒子。其中纯度较高的浅色半透明粒子和不透明粒子主要用于制作XPS挤塑板、PS发泡相框画框、PS发泡建筑装饰材料等对原材料外观和性能要求较高的产品，含有杂质或混有其他塑料的回收粒子由于力学性能较差，只能用于制作低档的模压制品。

随着市场竞争的加剧，越来越多的企业不满足于简单的低水平回收造粒。他们通过在泡沫材料回收过程中加入各种助剂来赋予材料新的性能，从而提高PS回收材料的附加值，实现优质再生。

4.6.2 低降解工艺回收的粒子与应用

聚苯乙烯的分解温度在290～330℃之间，在105℃以上的温度下进行干燥消泡处理和熔融挤出的过程中容易被空气中的氧气氧化分解变色。对部分杂质较少的PS泡沫塑料可以使用强制喂料低剪切低降解单螺杆挤出造粒设备在较低的加工温度下(140～180℃)进行回收造粒。该设备在加工过程中采取强制喂料，PS泡沫塑料在进入挤出机螺杆前即进行了压缩排出了部分气体，在熔融过程中采用多个真空排气段进行强制排气，减少了熔体与空气接触的时间，同时该设备的螺杆剪切力较弱，极大的减少了PS的氧化分解与剪切降解。加工出的PS再生粒子具有力学性能损失少，产品透明度高的特点。可以用于部分替代GPPS新料制作CD盒等非食物性透明包装制品，从而最大限度的保留了回收材料的使用价值。

4.6.3 回收粒子的增韧改性与用途

PS泡沫塑料经过熔融回收后得到的PS粒子冲击强度较低，极大的限制了其使用范围。因此可以对回收PS粒子进行增韧改性以拓展其应用范围。其主要工艺流程为在PS泡沫塑料回收过程中或回收造粒后加入丁苯橡胶、SBS、SEBS、SIS或经过接枝处理过的聚烯烃等材料通过双螺杆改性机组进行共混改性，以增加PS回收粒子的冲击强度。经过增韧改性的粒子可以部分替代市场上的HIPS应用于生产电脑外壳、电视机外壳、电脑键盘等相对高端的产品。

4.6.4 回收粒子的阻燃改性与应用

PS回收粒子有很大一部分应用于XPS保温板等建筑装饰材料的生产。XPS板如果不进行防火处理用于墙外安装时存在较大火灾隐患。可以通过对PS回收粒子进行阻燃改性，提高原料的氧指数和阻燃等级达到防火的目的。其工艺流程为：在回收PS粒子中加入乙基－双(多溴邻苯二甲酰亚胺)类化合物、溴化环氧齐聚物(BEO)等阻燃剂和三氧化二锑、锑酸盐、硼酸盐等阻燃增效剂和具有防熔融滴落作用的聚四氟乙烯等材料进行共混改性，以提高PS材料的阻燃性能。经过阻燃改性的粒子可以应用于防火要求较高的各种建筑材料，从而提升了PS回收材料的使用价值。

4.6.5 其他共混改性与应用

PS回收粒子还可以根据产品的具体要求，加入各种助剂进行共混改性，以赋予材料新的特性，从而拓展其使用范围。如加入苯酮、二甲苯酮类、苯并三唑类、受阻胺类光稳定剂以增强PS回收粒子的耐光老化能力。加入亚磷酸酯类、含硫酯类抗氧剂以增强PS回收粒子的抗氧化能力等。同时各种助剂也可以复合使用以赋予产品多项新的性能。

五、废弃PS泡沫塑料回收展望

2010年随着PS回收技术的进步，回收力度的加大，一次性PS发泡餐具从“落后、应淘汰的目录”征求意见稿中撤去，PS回收利用初见成绩。同年6月专业从事PS废弃泡沫塑料回收和循环利用的英科集团被授予“中国塑料再生循环利用研发生产基地”标志着PS回收行业向高技术、集约化回收迈出了新的步伐。随着地球资源的日渐枯竭和民众的环保意识的增强，不可再生资源的回收循环再利用已是大势所趋。

(上海英科实业有限公司 李志杰 张文杰)

塑料异型材各项力学性能在门窗中的作用及影响因素

塑料门窗自20世纪80年代进入中国，在国家节能政策推动下，迄今已经形成一个规模宏大，技术先进化学建材行业。塑料门窗在我国之所以得到快速发展，主要得益于塑料异型材作为门窗用材料，具有优异的隔热保温性能，其隔热系数仅仅是钢的1/357，1/1250，有耐盐、酸、碱腐蚀，加工方便、可按需要挤出加工成多腔、多层密封门窗用材，还具有可循环、再生使用等性能等优势。

门窗在建筑物上主要承受外界风压和雨雪侵袭以及使用中开关力和自身重力。门窗在使用过程中是否安全，主要看它承受风压能力。同时其水、气密封性能除了和材料结构、密封材料有关外，也和承力杆件的力学性能有一定关系。如果杆件力学性能太差，在外力作用下框扇结合部变形，其隔热、密封性能也难以实现。

硬质PVC塑料的力学性能远比钢、铝、木差，尤其是硬质PVC塑料的弯曲强度只是木材1/4、铝材1/28、钢材1/84。为了克服塑料缺陷，一般用于门窗塑料异型材设计比钢、铝异型材断面大，其断面形状力学性能尽量合理，并在型材超过一定长度，在其空腔内加装增强型钢。无可讳言，塑料异型材作为门窗用材，还需要经过复混、改性、增强，本身应具备相应力学性能。

“GB/T 8814—2004 未增塑聚氯乙稀（PVC－U门窗用异型材”国家标准实施，对塑料异型材各项质量、性能提出了更高指标要求。其中有10项指标涉及到型材力学性能。这些指标在门窗中有哪些具体作用以及影响因素，至今行业内有不少人还不甚清楚，行业文献中也很少见这方面的论述。笔者根据多年实践，就此问题谈一点看法。不当之处，敬请行业专家、同仁批评、指正。

1　塑料异型材各项力学性能在门窗中的作用

门窗在使用过程中主要承受外部冲击力、风荷载或温差作用力。其中风压是使门窗杆件，如框、扇、挺等产生弯曲变形主要原因。其发生破坏主要有刚性破坏和韧性破坏两种形式，具体表现在杆件变形、受力点破碎或焊缝开裂、密封失效等几方面。其中杆件变形，密封失效属于刚性破坏，除杆件本身特性外，主要由钢衬特性承担。杆件受力点破碎或焊缝开裂属于韧性破坏，由材料本身性能所决定。国家现行《型材标准》中十项理化性能指标，按功能划分除老化性能、150℃加热后状态外，亦可对应划分为刚性指标与韧性指标两大类。其中弯曲弹性模量、维卡软化点、可视面加热后尺寸变化率、两可视面加热后尺寸变化率之差属于刚性指标范畴；低温落锤冲击、简支梁冲击强度、拉伸冲击强度、基本属于韧性指标范畴。可焊性是即与韧性指标相关，又受刚性指标影响的一项复合性指标。

弹性模量是指材料在外力作用下产生单位弹性变形所需要的应力，是反映材料抵抗弹性变形能力指标。其与材料化学成分有关，与其组织变化无关，与热处理状态无关，相当于普通弹簧中刚度。不同材质材料弯曲弹性模量也不同。同样长度、同样截面形状材料，在受到同样大小作用力时，模量越大材料其变形越小。其值越大，表明材料刚度越大，抵抗发生弹性变形能力也越大。弹性模量和型材惯性矩积表征材料抗弯曲刚度，是风压计算和承载计算、焊接性能计算一组重要参数，随弹性模量增加，杆件承受风载荷、承重性能和焊接性能均会相应递增；维卡软化点是塑料材料热性能表征。维卡软化点温度高材料表明其在温度升高时，热变形和强度下降要比维卡软化温度低材料小。之所以规定这个指标，其目的是保证在规定使用范围内，材料不会因变形和强度下降而失去应用价值；可视面加热后尺寸变化率是衡量材料内部残余内应力指标。由于塑料异型材在挤出加工过程中，受到外热、摩擦、挤压、剪切、冷却、真空吸引、牵引、拉伸等各种作用，如果工艺制定不合理，就会致使内部存在相当大残余内应力，在再次受热后会产生收缩现象。内应力存在不仅影响型材各项力学性能，且在高温条件下使用时，易产生内应力松弛，使门窗框扇尺寸不稳定，产生较大变形。两可视面加热后尺寸变化率之差表征两个可视面之间残余内应力差值。如果差值过大，表明型材扭曲变形程度相应也大，直接导致门窗不规则变形，影响水汽密封性能；低温冲击强度关系到杆件在低温条件下抵抗外力性能；拉伸冲击强度关系到杆件在负荷下抵抗外力性能；简支梁冲击强度关系到杆件对缺口的敏感程度；焊角性能关系到杆件焊接部分Y轴方向（在没有钢衬受力状态）承受外力大小特性，主要指承受玻璃与自身重量及反复推拉力特性；老化性能是关系到材料在一定温度、雨水和紫外线辐射下，材料使用寿命长短性能指标。

由以上论述可知：塑料异型材各项理化性能指标是紧密围绕提高门窗杆件抵御自然界风压、雨水、温度的侵扰以及减少外来力对门窗破坏为宗旨制定的。如果制作门窗选用塑料异型材性能指标达不到国家标准指标，门窗杆件在一定环境温度、风荷载、框扇本身与玻璃承重荷载、日常开启动态及外力作用下，会发生门窗杆件变形、破裂、密封失效、失去使用价值，甚至因门窗扇坠落，危及人民生命安全。因此在塑料异型材生产中，有必要深入研究其各项力学性能影响因素，以期设法规避各种不利因素，有效提高其各项力学性能。

2　塑料异型材各项力学性能的影响因素

2.1　弯曲弹性模量的影响因素

PVC－U型材弯曲弹性模量主要由PVC树脂弹性模量所决定。不同聚合度、不同牌号PVC树脂有不同弹性模量，聚合度越高，牌号越低，弹性模量越大。常用PVC树脂弹性模量一般在2500～3000MPa之间。型材配方中稳定剂、抗冲击改性剂、润滑剂、碳酸钙类等，均会影响制品弹性模量。影响幅度不仅与这些助剂化学构成有关，而且与添加份数有关。试验证明：使用4.2份铅盐稳定剂PVC制品，在改换成0.9份有机锡稳定剂，配方中润滑剂略有增加情况下，制品弹性模量仍提高约76MPa。但影响弹性模量较大还是抗冲击改性剂和碳酸钙。抗冲击改性剂CPE或ACR为橡胶弹性体，弹性模量均小于树脂，填充CPE或ACR的PVC-U型材弹性模量相应也小于纯PVC制品。只是两者弹性模量减少幅度大不相同。由于CPE的结构为线性高分子，与PVC有较好相容性，部分CPE分子能渗透到PVC分子中去，阻断了PVC与PVC分子之间结合，在制品受弯或受拉时，易使PVC分子变形或相互之间发生滑动位移。对硬PVC制品弹性模量影响较大。ACR为轻度交联的丙烯酸酯类聚合物为核的核壳类共聚物，其颗粒是分散在PVC材料中，不像CPE分子那样包覆PVC分子，对PVC基体弹性模量影响较小。加上CPE添加份数比ACR多，对制品弹性模量影响相应也大。因此添加ACR型材比添加CPEPVC制品有着更大刚性，能承受更大载荷。从理论上讲，碳酸钙比PVC树脂有更高弹性模量，有助于提高PVC制品密实度及弹性模量。但如果碳酸钙分散性与偶联处理不好，与PVC缺乏相容性，两者之间无分子间力存在，碳酸钙颗粒之间相互结合力也差，只是占据了一定体积，使承受应力制品单位面积截面上，PVC树脂量被减少，填充碳酸钙反而会明显降低PVC制品弹性模量。其次在填充碳酸钙组分高情况下，为使物料能够加工，配方中不得不加更多润滑剂，会进一步降低弹性模量。经生产实践证明：增加高分子量加工助剂用量对提高PVC制品弹性模量贡献很大。加工助剂除了增加摩擦热，促进塑化外，更重要的是，通过长分子链将PVC树脂缠绕在一起，从而提高了熔体的强度。碳酸钙虽然也能增加摩擦热，但若与PVC分子作用力很差，反而降低了PVC-U制品强度，与加工助剂作用是截然不同的。

2.2　维卡软化点影响因素

塑料软化温度，主要指无定形聚合物开始变软时温度。不仅与高聚物的结构有关，而且与其分子量的大小有关。具体测定方法是把试样放在液体介质或加热箱中，在等速升温条件下测定标准压针在(50±1)N力作用下，压入从管材或管件上切取试样内1mm时温度，以摄氏温度表示(℃)。

维卡软化点适用于热塑性塑料控制质量和作为鉴定产品热性能一个指标。但不能作为材料最高使用温度。最高使用温度应随使用环境、使用状态不同而异。对于PVC窗框这种结构件或受力部件主要需重点考虑弹性模量大小。

同弹性模量一样，PVC分子量决定维卡软化点高低。在PVC确定情况下，影响维卡软化度主要因素是抗冲击改性剂和碳酸钙。CPE和ACR均属橡胶弹性体，有使PVC制品维卡软化度下降趋势。由于ACR的分子结构不同于线性CPE，为核壳结构，同时添加份数少于CPE，因此对维卡软化度影响不像CPE那样明显，碳酸钙加入在提高材料密实度和刚度同时，有利于提高维卡软化点。

2.3　加热后尺寸变化率和两个相对可视面变化率差值的影响因素

从配方原料特性讲，尺寸变化率指标也和CPE和碳酸钙添加量有关。随CPE增加而增大，随碳酸钙增加而减少。碳酸钙与塑料本身相容性较差，填充量过多会增加制品脆性，降低制品三大冲击性能和焊接性能，致使产量质量大幅度下降。但碳酸钙表面具有吸附作用，通常吸附在填料表面树脂分子排列较树脂本身更紧密，会限制PVC分子链旋转和移动能力，有助于提高型材密实度，减少热膨胀系数，利于冷却固化，提高制品成型尺寸稳定性，降低加热后尺寸变化率；CPE虽然可以有效提高冲击性能，但由于CPE属于网络聚合物，其改性机理是在PVC中形成网络，依靠加工机械熔融黏度降低，CEP高分子弹性体均匀分布在PVC树脂中，阻断了PVC分子之间结合，起到一定程度润滑作用，在外力下易使PVC分子变形或相互发生滑动位移。在挤出过程中受到弹性拉伸以后，在热作用下，弹性恢复自由状态，异型材表现为加热后尺寸变化率增加。

添加碳酸钙和CPE尽管可以减少或增加加热后尺寸变化率，但不能提高或减少内应力。碳酸钙只是限制了PVC分子链的旋转和移动能力，使尺寸变化率减少，并不会减少内应力；CPE也只是在外力下易使PVC分子变形或相互发生滑动位移，使尺寸变化率增加，也不会增加内应力。要从根本上减缓和消除制品内应力，主要应从工艺和型材结构角度进行。

加热后尺寸变化率超标标志着型材内部冷凝后储存过大内应力。一般情况下，适当降低牵引速度，可以减少型材拉伸应力；而对于下部或上下部均存在沟槽型材，牵引速度过低，会使型材沟槽部位更加贴紧定型模，随局部摩擦阻力增加，型材承受拉伸应力则会加大；由此也说明，用牵引速度调整壁厚是有一定限度的，决不能盲目采用。型材内筋和可视面外壁连接部位直角过渡，存在应力集中，对尺寸变化率是不利的。

两个相对可视面尺寸变化率差值，说明型材上下或左右两则所承受内应力是不均衡的，主要由温度和熔体压力不均所致。模具两个相对可视面设定温度差值过大，会影响可视面的尺寸变化率差值。当型材两个面出料不均时，应尽量通过对应调整口模分流锥和内锥角度及提高光洁度方法来解决，以利于克服口模截面局部流动阻力，促进型材截面各部位物料分配与流速均匀一致。在各截面流速基本一致前提下，才有必要采用口模设定温度进行辅助、微量调整。不可任何时候都盲目采用口模设定温度过量调整。因温度变化将会使型材截面上冷凝过大内应力。不同内应力又会导致型材截面上尺寸变化率差值超标。

2.4 低温落锤冲击、拉伸冲击与简支梁冲击强度的影响因素

脆性是PVC树脂固有的特性，不仅对温度比较敏感，同时对试件(试片缺口)，承载情况也比较敏感。低温落锤冲击、拉伸冲击与简支梁冲击性能三项指标都是表征型材韧性的。除前述不同之处外，低温落锤冲击指标是从型材截面上截取具有完整型材断面型材，在一定温度条件下、通过规定重锤直径、下落高度，测量试件破裂个数试验。当不同冲击高度所产生能量对型材进行冲击，以型材破裂个数作为衡量试样性能优劣的标准。

简支梁冲击强度指标和拉伸冲击强度都是从型材上截取一段规定长度作为试片，试片壁厚同型材原壁厚，按规定式样制作，测定试片在受到简支梁冲击机摆锤冲击时，试片被破坏时所吸收能量，也称材料所产生抵抗力。试片在冲击负荷作用下，受缺口尖端半径影响较大，冲击强度是冲击能(J)与缺口处横截面积之比。简支梁冲击性能和拉伸冲击性能都是在不同加荷载状态下，以试片被冲击破坏时，产生能量大小来衡量试片性能优劣的标准。所不同的是拉伸冲击试验适用于因材料太软或壁厚太薄，不能进行简支梁或悬臂梁冲击试验塑料材料。

20世纪90年代，除了个别经营高填充型材企业外，一般型材企业碳酸钙添加量并不高，仅在8~10份左右，型材壁厚大多在2.0~2.5mm左右。经国家化学建材检测中心统计资料表明：不少企业型材低温落锤冲击指标较难通过、并普遍存在尺寸变化率偏高，弹性模量偏低现象，而简支梁冲击问题不是太大。究其原因，低温落锤冲击指标超标，并非碳酸钙问题。而型材截面和挤出工艺存在问题所占比重较大。且因碳酸钙剂量较低，对简支梁冲击性能有利，却不利于弹性模量和加热后尺寸变化率。

GB/T 8814—2004《未增塑聚氯乙稀(PVC-U)门窗用异型材》国家标准发布以后，随着弹性模量指标由1960PA提高到2200PA，加热后尺寸变化率由2.5mm降低到2mm。一些企业经过对型材模具和工艺进行改进，在稳定材料韧性指标前提下，通过采用经偶联处理微细碳酸钙，并提高剂量来解决弹性模量和加热后尺寸变化率超标问题。结果发现当碳酸钙剂量提升到15~25份时，弹性模量和加热后尺寸变化率均显著好转，虽低温冲击性能比以前提高，但简支梁冲击性能和拉伸冲击性能却有所下降。

任何材料一般都具有韧性和刚性两种性能特征，只不过其具有韧性和刚性幅度有所不同而已。因此所发生冲击破坏，也有两种破坏形式，即近似于韧性破坏或近似于刚性破坏。纯粹韧性破坏和纯粹刚性破坏几乎是不存在的。若材料刚性过大，韧性过低，如碳酸钙添加过多，当材料受冲击时，不发生弹性变形，势必会产生脆性破坏，反之若韧性过大、刚性过低，如碳酸钙添加过少或壁厚太小，在冲击作用下，当型材变形到一定极限，也会发生韧性损坏。实践证明：材料中韧性和刚性两项指标，不仅相互制约和影响，而且是相辅相成的，一方面过大刚性是以牺牲韧性为代价，而过大韧性又以牺牲刚性为代价。另一方面一定的韧性，可以通过弹性变形，吸收、分散以减缓冲击能量，减少试件冲击损坏；而适当刚性，可以通过减少制品变形量，避免超极限破坏。

塑料异型材三项标志材料韧性指标试验还表明：低温落锤冲击，不仅取决于材料的韧性，还受型材壁厚、截面结构(内筋壁厚、位置、过度角大小等)，即材料刚性、截面应力和拉伸应力的制约和影响。当以上因素有问题时，即使材料韧性良好，型材冲击时也会发生破裂。要提高低温抗冲性能，除型材应具有的韧性、壁厚、良好塑化外，还需要改进制品截面结构、调整牵引速度，通过增强其刚性，减缓或消除型材结构应力和拉伸应力。

简支梁冲击强度和拉伸冲击强度试验制作的试片，除厚度对试验有影响外，已无结构应力存在，拉伸应力也相应扩散或消失殆尽，试验合格与否主要取决于材料韧性。要提高型材简支梁冲击和拉伸冲击性能，除应具有型材壁厚、良好塑化外，需要改善或提高抗冲击改性剂质量或剂量、控制碳酸钙质量或剂量。当然试片制作的缺口下料偏差过大，也会影响简支梁冲击性能。

近期国家化学建材检测中心统计资料验证：目前大部分企业所做试验中，型材简支梁冲击性能指标较难通过，拉伸冲击次之，最容易过的是1m低温落锤冲击和弹性模量等。

通过型材新国标颁发前后，型材三项冲击试验

结果表明：相对而言，低温抗冲击性能试验对材料刚性成分需求较大，简支梁冲击性能和拉伸冲击性能试验对材料韧性成分需求较大。因此1米低温冲击试验合格的型材，不代表材料具有的韧性，能保证简支梁冲击性能和拉伸冲击性能试验合格；简支梁冲击性能和拉伸冲击性能试验合格的型材，也不代表型材结构没有问题，能保证低温冲击试验合格。1.5m冲击合格型材，简支梁冲击强度和拉伸冲击强度高低，还有待试验进一步确定。

以上试验结果也表明了一些企业两个不同时期生产型材按“老国标”试验，低温冲击性能较难通过；按“新国标”试验，简支梁冲击强度和拉伸冲击强度较难通过原因所在。充分反映了新世纪前后，型材结构技术改进和企业配方中碳酸钙填充技术发展现状。

抗冲击改性剂之所以提高制品抗冲击强度，取决于其改性剂性能、添加份数和分散性。研究证明CPE从效果看远不如ACR，在基础配方相同时，一要想达到同样的抗冲强度，需添加较多CPE。除此而外CPE与ACR的抗冲机理不同。ACR颗粒是由无数个球形小颗粒组成，在混料机和螺杆剪切下容易破裂成更小球形颗粒分散到基体材料中，依赖产生剪切带和银纹来吸收冲击能量来达到抗冲目的。CPE颗粒是由上百亿个线性CPE分子相互缠绕形成的，非常难以均匀地分散在PVC中。国外高速挤出机台现在极少使用CPE作为抗冲改性剂，而是使用ACR，高速挤出条件下CPE在PVC基体中产生堆集现象不但影响抗冲效果，而且使基体材料不均匀，局部抗拉强度大幅度下降。

抗冲击改性剂在一定范畴，随其剂量增加，型材抗冲击性能增加。但至今大部份企业添加10份左右CPE，仅东北严寒地区的型材可能加至12份，还没有达到额定极限。究其原因，除成本因素外，可能还和随其剂量增加，弹性模量、焊接性能下降、尺寸变化率指标上升有关。

增加碳酸钙剂量和型材壁厚，可以提高弹性模量、维卡软化点、尺寸变化率等刚性指标。适当刚度对提高韧性指标有利。所不同的是型材厚度既没有增加弹性模量或损失韧性，而是以增加型材截面承载能力，提高抗冲击性能。碳酸钙是以牺牲部分韧性，提高弹性模量的。要增加碳酸钙又不影响韧性，必须对其粒度进行细化和偶联活化处理，使无机物质有机化，解决其易团聚，不易分散及与树脂界面作用力问题。但过多添加碳酸钙，当增至一定量时，使型材失去应具有弹性，则会大幅度降低其抗冲击性能。

要提高全面提高型材抗冲击性能，最好选用ACR抗冲改性剂。如使用CPE抗冲击改性剂，一定注意CPE与碳酸钙剂量优化配比，以便使抗冲击性能达到最佳，又不影响型材其他性能。而不顾型材质量，任意盲目增加碳酸钙，降低成本做法是十分错误的，如不能有效遏制，将会给塑料门窗行业带来灾难性后果。

2.5 焊接性能的影响因素。

焊接性能指标是随国家标准发展和变迁，也逐步变化。在JG/T 3017—94《硬聚氯乙烯塑料门》与JG/T 3018—94《硬聚氯乙烯塑料窗》标准中其定义为角强度，以压力N为计量单位，检验指标为：平均值不低于3000N，最小值不低于平均值的70%；

在JG/T 8814—2004《门窗用未增塑聚氯乙烯(PVC-U)型材》标准中定义为可焊性-受压弯曲应力，以压强MPa为计量单位，检验标准指标为：平均应力值指标为大于35MPa；最小应力值大于30MPa；

在JG/T 180—2005《未增塑聚氯乙烯(PVC-U)塑料门》与JG/T 140—2005《未增塑聚氯乙烯(PVC-U)塑料窗》标准中定义为焊接角最小破坏力，同样以压力N为计量单位。但与角强度不同的是，焊接角最小破坏力是以试件允许弯曲应力为基准，带入公式计算所得。不同规格、壁厚、截面结构试件，计算值是不同的。检验指标为平开门框焊接角最小破坏力计算值不应小于3000N；门扇焊接角最小破坏力计算值不应小于6000N；推拉门框焊接角最小破坏力计算值不应小于3000N；门扇焊接角最小破坏力计算值不应小于4000N；平开窗框焊接角最小破坏力计算值不应小于2000N；窗扇焊接角最小破坏力计算值不应小于2500N；推拉窗框焊接角最小破坏力计算值不应小于2500N；窗扇焊接角最小破坏力计算值不应小于1400N。

其定义具体变化有什么意义？笔者在《塑料门窗标准焊接性能指标改进的现实意义》一文已有详尽论述。概括地讲：角强度不论型材规格、壁厚大小，通用一个性能标准指标衡量，不能真实反映试件焊接性能优劣和单位抵御外力大小，不同型材焊接性能没有可比性；受压弯曲应力使不同规格型材的焊接性能有一个明确的量化标准，能真实反映试件塑化和焊接性能优劣。当试件受压弯曲应力较低时，可以排除其他因素影响，直接通过改进善型材配方、促进塑化或改善门窗焊接等参数来提高焊接性能。尤其是对制约配方中过多添加劣质碳酸钙“高填充”塑料型材，有一定现实意义。缺点是不能反映承受外力大小。即使规格很小、壁厚很薄型材，只要塑化与焊接性能好，检验时FC力值实测值虽然不高，但若大于计算值，受压弯曲应力计算值也能达到标准值；可焊性或受压弯曲应力合格仅能证明，试件塑化和焊接性能达标，至于制作门窗能否满足建筑工程承载要求，还是一个未知数。没有多少实际意义。不利于防范薄壁、小规格、截面结构不符合使用要求型材流放市场；焊接角最小破坏力与角强度、受压弯曲应力仅仅以同一个压力指标或单位压强指标为基准，来衡量试件焊角强度大小有原则性不同。不仅对同一型材在不同焊接条件下焊接有一定可比性，对不同规格型材在同一焊接条件下焊接也有可比性，既能真实反映型材焊接性能优劣，也能反映型材承受外力大小，为提高塑料门窗工程质量提供了检测判断依据。无疑比角强度、受压弯曲应力指标更趋完善，更有意义。不仅对制约"高填充"塑料型材有现实意义，对防范薄壁、小规格、截面结构不符合使用要求"非标"塑料型材也有很大现实意义。

在三项冲击性能试验中，试件承受仅是冲击作用力，作用时间较短。焊接性能试验，试件承受是静压力，作用时间较长，工作环节和影响因素较多。从宏观上讲焊接性能亦从属于韧性材料范畴，但相对于三项冲击性能而言，微观上对刚性依附程度较高，不仅和材料韧性、型材截面结构、牵引速度有关，还和截面形状、规格，即惯性矩A值与中性轴到危险截面的距离E值及门窗焊接有关。前文已经谈及，型材"新国标"发布以后，一些企业通过增加碳酸钙剂量来解决弹性模量和加热后尺寸变化率超标问题。结果发现当碳酸钙剂量提升到15～25份左右时，焊接性能不但不降低，反而有所上升。

要提高焊接性能，在材料本身具有一定韧性和优化挤出及焊接工艺的基础上，还应提高材料刚性，改进型材截面形状、规格，即解决小规格、薄壁型材问题。

碳酸钙对于焊接性能而言是一把双刃剑，"成也碳酸钙，败也碳酸钙矣"。适当增加经偶联处理的微细碳酸钙，可以提高弹性模量。随刚性增加，韧性减弱已波及到制品抗冲击性能时，焊接性能不受影响，甚至还有可能略升。但该类型材冲击性能，尤其简支梁冲击和拉伸冲击性能指标很难合格。当其添加量部分或完全危及材料韧性时，材料焊接性能亦会大幅度下降。

2.6　老化性能的影响因素

GB8814—04《门窗用未增塑聚氯乙烯（PVC－U）型材》标准规定老化性能指标为6000h，比仅有1000h的原标准大幅度提高，是型材企业送检或各地检验中心质量抽检最难通过的项目之一。

众所周知，影响型材老化性能主要因素是稳定剂、金红石钛白粉、抗氧剂与紫外线吸收剂等。在配方中添加足量上述助剂是型材老化性能根本保证。同时应该清楚：塑料老化是指塑料在对空气、水、紫外线光辐射作用下发生降解现象，主要表现以下两个方面：①外观颜色和光泽改变，黄色指数增加是衡量塑料是否老化表观依据；②机械性性能下降，主要是弹性模量与抗冲击性能下降。因此型材国家标准也是用颜色变化值ΔE及Δb与老化试验后冲击强度保留率做为衡量型材老化程度依据。由于随时间与紫外线辐射强度变化，塑料也有一个冲击性能下降过程。老化指标实际上也是冲击性能与紫外线辐射强度及时间相关一种表观形式。抗冲击剂CPE与ACR之所以抗老化性能有明显不同，区别是CPE在型材中，是以网络结构形式分布的，在强紫外线辐射下，分子链很容易被穿透。经过一段时间以后，型材老化性能会显著降低。而ACR是以核壳结构高聚合体，不含双键，其核心部分经过交联聚合，不容易被紫外线穿透，有一定光屏蔽作用，从而保证材料长期稳定职能。同时CPE的玻璃化温度在－20℃左右，当达到－30℃时会显现脆性，而丙烯酸脂核心玻璃化温度在－50℃左右，仍会有很好的耐低温性能。另外虽然CPE也不含双键，分子相对也比较稳定，但在一定加工温度下，会析出HCl。HCl的存在会对PVC与CPE的降解起催化作用。仅从抗老化的角度分析，用ACR取代PVC也成为大势所趋。

3　结论

本文通过对不同时期型材各项质量性能指标变化和配方中有关助剂变化对比研究认为：型材中各项性能是相互制约和影响的。不可过分追求某一项性能，偏废另一项性能。在挤出生产中不仅要优化各类原料配比，更要重视原料质量，搞好产品质量和生产成本的综合平衡工作。尤其是不可单纯为追求"低成本"、"高出材率"，任意添加碳酸钙，减小型材规格和壁厚；

良好塑化是生产优质塑料异型材基础条件。若塑料异型材在加工中发生"过塑化"或"欠塑化"，其各项力学性能则无从谈起。热稳定剂质量问题对型材塑化质量有至关重要影响。任何时候，企业都应该把型材稳定性检验放在质量检验工作首位。

在挤出过程中，除严格执行配方，保证配方中刚性指标和韧性指标平衡，润滑和摩擦作用平衡外，企业还要严格控制各项工艺参数，按设计型材壁厚、挤出速度和经实践优化过工艺温度、给料速度、牵引速度进行生产。确保挤出所供热量和型材成型所需热量平衡，不可盲目提高挤出速度、牵引速度等，使塑料异型材挤出在较高熔压条件下，良好塑化，并将其截面及拉伸应力降至最小程度。

（山东金达双鹏集团　杨忠久，
国家化学建材测试中心　李生德）

倡导绿色包装
促塑料工业的发展

一、塑料百年贡献卓著

1. 塑料工业已迅速成长为一大新兴产业

塑料工业是一个以合成高分子为基础的新兴产业。从19世纪初(1909年)，酚醛塑料问世，开创塑料工业的新时代；继热固性树脂之后，19世纪中叶，热塑性树脂也实现了工业化生产。塑料工业从酚醛塑料问世开始，至今不过100年的历史，然而就在这短短的一百年间，塑料工业得到了突飞猛进的发展。为了适应多种应用的需要，目前已工业化的塑料用合成树脂，已经形成了包括通用塑料、工程塑料和特种树脂的完整的合成树脂体系，就大类而论，已工业化的塑料用树脂大类，就达数十种之多，实用品牌更多至成千上万，与此同时，为适应生产多种塑料制品的需要，人们开发了改进塑料性能的各种助剂，研发了挤出模塑、注射模塑、吹塑模塑、压延、压缩模塑、滚塑模塑等等完全不同的成型加工工艺，开发了与之相配套的各种成型设备，形成了完整的工业体系；到1991年世界塑料生产量，就突破了1亿吨的水平，2003年更突破2亿吨大关，2007年超过2.6亿吨的水平，近两年来，由于世界性经济危机的影响，塑料产业在产量上未进一步快速增长，仍维持在2.5亿吨左右的高水平，其年产量如按体积计算，不仅大大超过了有色金属，而且已超过传统的最为重要工艺材料——钢铁工业的年产量!

2. 塑料工业已成为一个重要的支柱产业

塑料制品以其品种繁多、性能优越，适应性强，可以满足各种使用的需求而著称，而且它还具有成形方便、成本低廉的综合优点，在与各种材料的竞争中，表现出了明显的优势。通过近一百年来的实践，塑料制品的应用，已深入到国防、科研、工业、农业、医药卫生以及人民生活的所有领域，完全可以毫不夸张地说，没有今天的塑料工业，就不可能有现代文明社会的存在，塑料制品已经成为当前国民经济中一个极其重要的支柱型产业。科技进步，催生和孕育了塑料工业，塑料的大量使用，反过来又推动和加速了科技和人类社会的进步，我们可以毫不夸大地说，现在塑料制品业已成为人类不可或缺的新型材料。

3. 塑料工业与包装产业的发展息息相关

在塑料制品广泛应用的众多产业中，塑料工业与包装行业具有特别紧密的关系。首先塑料包装是塑料工业的最大产业。正如我们前面已经提到的一样，塑料制品，目前已经深入到了国民经济的各个方面，尽管就其应用量而言，各国的具体情况不同而不尽相同，但塑料在包装方面的应用，都毫无例外地处于各应用领域之首，一般均达到了塑料制品总量的25%左右，有的国家，塑料包装材料的用量，甚至高达塑料制品的30%以上。从包装材料的应用看，在大多数国家，塑料包装材料的应用量，均已超过了金属、玻璃、木材等传统包装材料，处于仅次于纸制品的地位(有的国家塑料包装材料的应用量，甚至已经超过纸制品而居各种包装材料的首位)，而塑料包装材料的增长速度，则普遍超过纸制品而居于各种包装材料的首位，因此我们应该对塑料包装材料予以特别的重视。

二、应用塑料包装的利与弊

老子有一句至圣名言，叫做“祸兮福之所倚，福兮祸之所伏”，塑料包装材料也是如此，在塑料包装材料对人类做出巨大贡献的同时，也带来了巨大的潜在危险，对此，我们必须予以高度重视。

1. 塑料包装对商品生产的贡献日益增长

塑料包装材料推广应用的初期，是作为传统包装材料的替代品的身份而被设计、生产和应用的，随着塑料包装材料的普遍应用，人们对塑料制品的性能认识、理解的不断加深，随着科学技术的不断发展，塑料包装材料逐渐摆脱了传统包装材料替代品角色的束缚，逐渐发展成为具有自身特点鲜明、性能优异的一大类新型包装材料，开辟了自己固有的特定应用领域。塑料包装材料的发展与应用，大大促进了商品的生产与销售，使以前许多难以实现、甚至不能实现产业化的商品，得以方便地生产应用。例如发泡塑料鱼箱的使用，使鱼类的冷冻保鲜效果大幅度的提高，离大海遥远的城市居民，已能常年吃到质地优良的鲜美海鲜；塑料瓶的应用使优质矿泉水这一天然资源，已能够转变成较高质量、较低成本的商品，从山区进入城市满足广大消费者的需求；蒸煮薄膜的应用，可使加工食品的保质期延长至半年以上；缠绕薄膜的使用可以使牧草经过一个冬天的保存而不致腐败、变质，确保牲畜安然度过寒冷而漫长的冬天；防锈薄膜的使用，可以使金属件保存时间长达10年之久而不致生锈……。塑料包装材料的应用，开发出了许多前所未有的商品生产制造工艺，如食品的气调包装、除氧包装、蒸煮包装、真空包装、热收缩包装、缠绕包装等等，无论在提高商品的保护效果，扩大商品的流通半径，增加商品的附加价值，满足消费者的个性化消费需要等方面，塑料包装材料都产生了十分积极的效果；塑料包装还和条形码等新技术一起，造就了超市等崭新的经营模式，大大方便了商品的流通，对于活跃经济，起到了积极的作用，因此塑料包装材料的应用，受到了包括商品生产单位、商业领域以致终端消费者的普遍欢迎，发展十分迅速，即使我们这样处于发展阶段的国家也不例外，争相大力发展塑料包装材料，以促进商品生产的发展，2007年我国的塑料包装材料的年产量已达到1153.71万吨，目前更高达1500万吨左右，其产值已超过各种传统的包装材料，列于各种包装材料之首，充分体现了新型科技成果的强大生命力。

2. 塑料包装的负面影响日趋严重

正当塑料包装材料迅速发展，塑料包装材料应用日益增长的时候，由于塑料包装材料自身存在的一些固有的缺陷及应用不当所产生的问题也逐渐暴露出来，由此而引起的环境保护、节约资源与安全卫生等诸多问题，已成为人们关注的热点。

首当其冲的是塑料包装对环境的适应性。塑料包装材料，通常都具有很好的稳定性，不易分解变质，作为一种材料，这本来是一个优点，但包装多为一次性应用产品，商品经销商到用户手中，拆开商品之后，包装即完成其使命，变成废弃物。包装废弃物一旦处理不当，进入自然环境中，则会因其不易分解，不易在短时间内回归自然而对自然环境，造成严重的污染；同时，目前所使用的塑料包装材料，大多来自于不可再生资源石油为原料的石油化工产品，无节制地大量使用塑料包装材料，必然会造成对自然资源的浪费，这也引起了有识之士的高度质疑；再者，塑料包装材料大量应用于食品、药品包装，常用的塑料包装材料，基本上都是以合成树脂为基础，配之以各种必要的助剂，成型加工而得，其配方及加工不当，其卫生安全性也可能成为一个严重的问题。事实上，这些问题，已经对我们整个社会的可持续发展，带来了极其严重的危害。首先引起人们关注的是大量白色泡沫塑料、薄膜等塑料包装废弃物，大量流入自然环境中，长期不能分解回归自然，日积月累，使江河、大地，遭受到前所未有的污染，对动植物的生长、繁殖造成严重危害，以至于塑料包装材料甚至一度被人们称之为“白色污染之源”。塑料包装使用中的负面影响，已成为越来越多业内外人士的共识，只有大力倡导、着力发展绿色包装工作，才能促进塑料包装材料的持续、健康发展，从而推动整个塑料工业持续而健康的发展。

除了塑料包装自身存在的问题，需要大力发展绿色包装材料之外，国际上激烈的市场竞争，也要求我们大力发展绿色包装。我们加入WTO后，在WTO组织的框架下，要求WTO组织的各国消除关税壁垒，实行所谓国民待遇的市场开放政策，在这种情况下工业发达国家为了保护国内市场，往往通过制定严格的环保或者安全卫生标准，作为限制国外商品进入的贸易壁垒，即所谓环保壁垒。如果我们不注意发展绿色包装材料，我们的许多优质产品，将无缘参与国际市场的竞争，失去许多出口创汇的宝贵机会。扩大国际交往，参与国际市场竞争，也要求我们加速塑料包装材料的“绿色化”方面的工作。

三、大力发展绿色包装促进塑料工业的发展

（一）树立正确的绿色包装理念

树立正确的绿色包装理念是发展绿色包装的必要前提。前面提到，发展绿色包装，已成为业内外人士的共识，似乎发展绿色包装，已不存在什么问题，其实不然，至今虽然人们普遍具有了发展绿色包装良好的愿望，但对于绿色包装的理解、认识上，还存在许多模糊乃至错误的观点。要做好发展绿色包装的工作，我们必须首先树立正确的绿色包装理念，否则是不可能做好绿色包装的工作并推动绿色包装的发展的，因此有必要对绿色包装的问题，进行较为详细的探讨。

1. 何谓绿色包装

目前对于绿色包装的说法颇多，有的说某某包装的环境保护性能好，是绿色包装；有的说某某包装节约资源是绿色包装；有的说某某包装使用的是可再生资源，是绿色包装；有的说某某包装，用于包装食品、药品，安全卫生性佳，是绿色包装，如此等等，不一而足。这些说法，看上去似乎都有道理，实际上都是十分片面的，因此都是错误的。究竟什么样的包装才能称之为绿色包装呢？笔者曾明确地提出建议，对于绿色包装的简单而明了的定义应该是：有利于可持续发展的包装，即绿色包装。

2. 绿色包装的基本内涵

根据“有利于人类可持续发展”的观点，理想的绿色包装，首先必须具备包装的一般特性（可靠地保护商品、方便商品的储存运输、促进商品的销售），除此之外，还应当具备如下三个基本条件，即：安全卫生、环境保护和节约资源。

① 安全卫生性

安全卫生性这里指使用的包装材料，必须对人、畜不产生毒害，符合相关卫生标准的要求。不同的商品，对包装材料的安全卫生性能的要求不尽相同，对于食品、药品之类的商品安全卫生具有特别重要的意义。

② 环境保护

环境保护指包装对环境保护的适应性，包装材料及其生产、应用过程，都应该与环境保护的需要相适应(要求包装材料从原料获取开始，到包装材料的生产加工、使用以至使用以后废弃物处置的全过程中，均对环境保护有良好的适应性，不对环境产生危害)。

③ 节约资源

节约资源主要指节约物资与能源，当然从深层次上讲，还有节约人力资源的问题。

如果说，安全卫生是保护当代人身体健康所必不可少的，那么环境保护和节约资源则更是造福当代，惠及子孙的必要措施，因此如果一种包装具备了这三个基本条件，它就是绿色包装，相反如果它不具备或者不完全具备上述这三个基本条件，就不能称为绿色包装。

3. 绿色包装的评估方法

以安全卫生，环境保护，节约资源这三把尺子作为标准，应用“生命周期分析”的方法进行分析，是绿色包装的客观而科学的评估方法。

所谓“生命周期分析”，即从包装材料的原料获取开始，到包装材料的生产加工、使用以至使用以后废弃物的处置的全过程(即包装的整个“生命周期”)，进行考察、分析。

只有在整个“生命周期”的各个阶段均符合安全卫生、环境保护、节约资源等基本要求的包装，在某一或某些方面，具有明显的优势的包装，才是我们所应该倡导的绿色包装；我们必须强调的是，要坚持一票否决制，即如果在包装的整个生命周期过程中，某一或者某些阶段，某一或者某些方面，具有严重的缺陷，达不到绿色包装的基本要求，就不能称之为绿色包装。对于这样的包装必须通过有效措施，消除其不符合绿色包装要求的问题(即做好‘绿色化’的工作)，才能把它转化为绿色包装材料。

4. 绿色包装的误区

有关绿色包装的种种错误观点，是发展绿色包装的一大障碍，我们必须尽快走出这些误区，才能促进绿色包装的迅速发展，为此笔者拟就绿色包装的误区，作比较详细的剖析，供广大读者参考，也希望业界同仁，提出自己的见解，进行探讨。

绿色包装认识上的误区，主要表现在以偏盖全、“一俊掩百丑”的问题上，这多出现在一些包装的生产厂商或经营者，他们无视某些包装固有的重大缺陷(故意掩盖或者不了解包装的重大缺陷)，大肆宣传包装的优点并给它冠之以绿色包装的桂冠，进行推广，其实他们所推广的包装，并非那样“绿色”，在其存在的重大缺陷未得到克服之前，是不应作为绿色包装进行倡导、大力推广的。

绿色包装认识上常见的另一误区是，道听途说、以讹传讹的问题：最常见的论点之一是讲聚氯乙烯薄膜有毒，不能用于包装食品并常常将鉴别聚氯乙烯薄膜和聚乙烯薄膜的简易方法，推荐为区分有毒塑料薄膜和无毒塑料薄膜的经典的识别方法。如业内人士众所周知，如果采用符合卫生标准的配方，按规范要求生产的聚氯乙烯薄膜，用于包装食品，在卫生性(毒性)方面，是不存在问题的，聚氯乙烯薄膜甚至可以用于卫生性能要求更高的输液袋之类的医药制品等包装，规范化生产的食品包装用聚氯乙烯薄膜，用于包装食品是“无毒的”。同时聚氯乙烯薄膜，本身也具有可熔融再生性，如果对其废弃物的回收利用处理得当，也不至于对自然环境产生巨大的危害，早在20世纪六、七十年代，我国已成功地利用聚氯乙烯的再生废弃物料，生产农用制品如粪桶、瓢等产品，并形成工业化生产(遗憾的是近年来，由于市场经济的发展，场地价格与人工工资的不断升高，废品收购系统不断萎缩，现在废弃聚氯乙烯包装材料的回收利用工作，已停止正常运转)，因此泛泛地讲聚氯乙烯薄膜有毒、危害环境之论点的正确性是值得探讨的。我之所以在这里为聚氯乙烯“鸣冤叫屈”，并不代表我主张大力发展聚氯乙烯类塑料包装材料，聚氯乙烯配方相对复杂，为确保其卫生性，则需要严格控制配方与生产工艺，且聚氯乙烯焚烧时会产生氯化氢甚至二噁唤之类的有毒有害物质，特别是在目前回收利用体系不完善的条件下，发展聚氯乙烯的利弊应当认真进行权衡。本人的观点是：聚氯乙烯包装材料可适当应用，但不宜大力倡导。另一人云亦云的绿色包装的常见误区是，常常有人将可食性包装，作为一种绿色包装材料而加以大力倡导，笔者认为这也是非常值得探讨的。可食性包装用于食品包装可以和食品一起吃掉，这在节约资源方面，优点突出，无可非议，但我们必须看到对于食品包装，确保卫生安全性是至关重要的、是最为基本的要求，可食用的包装材料如果直接与大气环境接触，必将难以确保其不受灰尘及微生物的污染，这应当说是一个不能令人接受的重大缺陷，因此可食性材料只能像糯米纸那样，作为食品的预包装（内包装），笔者认为严格地讲，它并不是一种合格的包装，将它作为食品的一个组成部分，比将它作为包装材料更为妥切，将它作为绿色包装加以倡导，是没有实际意义的。

还有一种常见的误区是凡纸即绿，尽量让包装与纸沾边的观点。不少人将纸塑复合袋，称之为绿色包装，并主张用于替代塑料包装袋。纸制品具有容易再生，容易降解的特性，在适度使用及确保纸浆生产过程中污水治理的前提下，纸品确实是一种比较理想的绿色包装材料，但将纸塑袋代替塑料袋，说成是发展绿色包装，则是一个令人哭笑皆非的错误观点。纸和塑料复合物，纸张部分固然具有可降解的性能，但塑料部分，仍然不能降解，而且会降低纸的降解性能（塑料的存在会妨碍纸与自然界的直接接触）。另外，我们知道开展回收利用，是实现包装"绿色化"的重要途径，本来纯纸和纯塑料都具有比较容易回收的性能，纸可以重新打浆利用，塑料可以比较方便地熔融再生，而改为纸塑复合袋之后，回收利用的难度大大提高，纸塑复合袋绿色之优点何处之有？（纸、塑作为包装材料，各有特点，在某些应用中，纸塑复合具有使纸塑优、缺点相互弥补的功效，本人并不泛泛反对纸塑复合产品，但认为将纸塑复合，说成是包装"绿色化"的说法是极为不当的）。

绿色包装的另一误区是无中生有，不负责任，信口开河，混淆视听。例如讲PET瓶装食用油有毒并见之于报刊，颇令人十分惊奇，就此笔者特请教了上海食品药品监督检验所的一位博士，得到的答复是至今在严肃的科技文献中，没有见到PET瓶不宜盛放食用油的报道，目前国内外科技学术界，普遍的观点仍然是，PET瓶是盛放食用油最佳的容器之一。

令人感到不安的是，在我们的一些专业报刊中，在绿色包装的问题上，也经常出现各种似是而非的错误观点，例如某某包装报2009年8月19日刊登了慧文先生的一篇"绿色食品急需绿色包装"的文章，其中引用了《绿色食品包装通用准则》中的一段规定，"……包装食品用塑料制品不允许使用发泡聚苯乙烯……"笔者一看，不禁愕然，怎么会做出这样荒唐的规定？找到《绿色食品包装通用准则》原文，仔细一读，原来原文中的描述是"……包装食品用塑料制品不允许使用含氟氯烃（CFS）的发泡聚苯乙烯（EPS）……"，含氟氯烃（CFS）的发泡聚苯乙烯和发泡聚苯乙烯之间，有如"白马非马"的关系，他们之间，具有完全不同的内涵。如今用于包装食品的发泡聚苯乙烯，早已不使用氟氯烃为发泡剂了，为什么还要将发泡聚苯乙烯排斥在可包装食品的材料之外呢？文中，慧文先生在该文中还提到"……相当数量的贴有绿色食品标签的优质大米，也是在使用有害的塑料编织袋包装……"，不知道"有害的塑料编织袋"是什么意思，我们都知道，符合食品卫生标准要求的塑料编织袋，是无毒的，盛装大米是没有问题的；某某包装报2009年9月15日，刊登的一篇名为"国内食品软包装制作及应用的误区"的文章，意在引导人们走出误区，却存在有误导之嫌，文中提到：……长期接触植物油，聚乙烯薄膜的"萘"会析出溶入植物油中，对人体健康有害，所以聚乙烯薄膜不宜用来包装油炸食品和含有植物油的食品……，聚乙烯薄膜因阻氧性差、易溶胀以及可能将聚乙烯中的低分子成分溶入油中而影响人体健康等诸多原因，确实不宜推荐用于包装油炸食品和含有植物油的食品，但从未见聚乙烯中含有萘的报道，更未见有萘溶入植物油的案例。

……如此等等，不一而足，因此行业协会，应当将宣传绿色包装理念，作为推进绿色包装的一项重要组成部分，纳入常态工作中，通过研讨会、交流会以及组织专家学者，编写宣传资料等等多种形式，进行宣传。对于有争议的议题可以组织持不同意见的朋友，进行讨论，以消除分歧，统一认识。广东包装杂志，曾就镀铝薄膜包装食品是否有毒有害的问题，组织持不同观点的正反两方进行讨论，取得了较好的效果，笔者认为，这种方法值得总结、推广。

（二）坚定塑料行业发展绿色包装的信念

从绿色包装应当具备的基本条件来看，塑料制品具有不少优势：首先，塑料包装材料所使用的基本原料是各种高分子化合物，它们通常都具有较好的卫生性能，只要我们注意严格控制单体含量、严格控制助剂品种的选择及应用量，塑料包装材料的卫生性能，是可以得到保证的；另一方面，塑料包装材料的大宗品种，大都可以实现清洁生产，即生产过程中不产生任何有毒有害物质，不会对环境及人体产生任何危害。不论是生产塑料薄膜的吹塑、流延工艺，生产片材的挤出、压延工艺，生产塑料容器的吹塑、滚塑工艺，还是拉丝、编织工艺，都属于清洁生产工艺之列。目前仅塑料复合软包装材料生产中常常使用的干法复合以及印刷加工中，伴有有毒有害的溶剂的排放，对于人体及周边环境有较大的影响，但通过人们的不断探索与实践，不仅一些无毒、低毒的黏合剂、油墨，如无苯黏合剂、醇溶性以及水剂产品已先后投入工业化生产，无溶剂黏合剂，无溶剂油墨等新产品也已开发研究成功，为塑料包装材料生产向清洁生产方向的进一步发展，创造了越来越有利的条件[1]。

一般塑料制品不易分解，不易为自然界消纳，其废弃物流入自然环境中，可能对环境产生严重的危害，但是我们必须看到，目前大量使用的塑料包装材料，基本上均是热塑性塑料，除极个别的品种如聚偏氯乙烯之外，都具有可以多次熔融成型、反复回炉利用的性能，而且其中的绝大多数品种都具有可燃性，废弃物还可以通过焚烧处理的方法加以处理并回收热能，为我们处理塑料包装废弃物提供了良好的条件，问题是如何创造条件，把这种可能变为现实。除上述外，近年来可降解塑料的开发应用，更为解决散置于自然环境中的废弃塑料包装材料对环境的污染问题，创造了有利条件，更为发展绿色包装，展示了光明的前景。

（三）做好各种务实工作

1. 加强舆论宣传工作

包装是商品的一个组成部分，与千千万万人民群众日常生活息息相关，只有广大人民群众提高了环境意识，自觉支持、参与绿色包装的工作，才有可能推动绿色包装工作的开展。前面我们讲到，塑料包装材料在其整个生命周期过程中，从原料获取到制品应用阶段，基本上或者说大多数是符合绿色包装的要求的，从适应绿色包装要求的需要来看，大多数塑料包装材料的主要问题是如何对塑料包装材料应用以后的废弃物进行妥善的处置，使其不致给自然环境及人体健康造成严重的危害。基于塑料包装废弃物对环境的危害，具有一定的普遍性，回收利用是塑料包装“绿色化”的重要组成部分。要实现废弃包装的回收利用，首先必须把废弃物回收集中起来，如果没有广大人民群众的积极支持和参与，要把分散在千家万户的包装废弃物回收、集中起来是不可想象的，废弃包装大量流入自然环境中，必然造成对环境的危害。同时通过宣传，提高人们对绿色包装的鉴别能力，使人们知道什么是安全卫生的绿色包装，什么是可能对人们健康有害的不良包装，抵制、举报可能出现的非绿色包装，从而达到保护人民身体健康的目标，推动绿色包装的发展。

2. 重视协调与管理

塑料包装材料的绿色化工作，是一个系统工程，只有塑料包装材料生产企业的参与是十分不够的，必须调动全社会方方面面的积极性。例如要生产出卫生性能可靠的食品、药品用塑料包装材料，原辅材料的无毒性，是一个必要的前提条件，需要合成树脂和塑料助剂的生产单位通过严格配方和生产工艺，提供符合卫生性能的食品、药品包装级专用料；又如，根据回收利用的需要，应建立必要的回收利用体系，本着谁产生谁治理的原则，塑料包装材料的生产者，要通过改善设计与配方，肩负起包装材料的可回收和易回收的责任并研究回收利用技术，同时本着谁产生谁治理的原则，建议考虑实施销售者延生责任制，责成销售者——商业系统肩负起废弃包装回收的责任。认真搞好废弃塑料包装的回收应用工作。协调与管理，涉及方方面面的利益，加强协调工作，至关重要。行业协会，应当以足够的精力，关注这方面的工作，我们还必须看到，在我国社会主义经济条件下，没有政府相关部门的支持与参与，是很难开展的，因此行业协会应当多与政府职能部门联系与沟通，争取政府部门的大力支持。

3. 应用科技进步推进绿色包装工作

塑料包装是科技进步的产物，塑料包装应用中出现的问题，也只能通过科技进步加以解决，这一观点，不存在大的分歧。如何应用科技成果的问题，则大有研究的必要，笔者认为在应用科技成果，发展绿色包装的进程中，我们一定要立足现在，着眼未来。既不能好高骛远，也不能鼠目寸光，固步自封，要根据自已的实际情况，踏踏实实地做好工作。

所谓立足现在，就是尽量采用现在已经成熟的、具有良好经济效益且对发展绿色包装具有显著效果的新工艺、新材料与新技术，替代过去沿用的不利于发展绿色包装产品的工艺、材料与技术，侧重于成熟、效益与效果，而不是盲目追求高、精、尖。只要我们认真地面对塑料包装行业的现实，我们就会发现，在我们身边，有许许多多这样的实用技术，尚未引起同仁的足够重视，如塑料软包装方面的共挤出工艺，串联式、共挤出式挤出复合工艺，无溶剂复合工艺，干法复合中的水性胶粘剂，印刷方面的水性油墨等等，都具有工艺成熟、经济效益卓著、“绿色化”效果明显的特征，并已为生产实践所证实，但十分遗憾的是，许许多多这样实用的工艺与技术，并未引起行业内众多企业的重视，推广速度缓慢，应用有限。如软包装行业的许多朋友，仍然热衷于使用传统的生产成本高、能耗大、经济效益低、环保性能也较差的干法复合工艺；干法复合生产中，仍热衷于使用溶剂型粘合剂与溶剂型油墨，……。行业协会应根据客观存在的企业间发展不平衡的现实情况，通过信息交流、组织合作等等，促进各种实用性技术的产业化进程。比如组织专题交流研讨会，组织专家与企业家的联谊活动等，沟通信息；要着力抓好工艺成熟、经济效益卓著、“绿色化”效果明显的新工艺、新材料、新技术成果的推广应用工作；特别要对建立互惠互利的合作机制问题，进行认真的探讨。基于市场竞争与企业利益自我保护日益增强的严峻形势，目前在一些关键性技术以及生产工艺的诀窍方面，先进企业往往不愿意拿出来，供其他朋友分享、使用。比如据我了解，有一家广东的软包装企业，在应用无溶剂复合替代干法复合之后，取得了极佳的效果，不仅解决了复合薄膜中溶剂残留、生产过程中溶剂对车间与周边环境的污染等问题，而且经济效益大幅度提高，同时，也有不少单位，应用无溶剂复合，替代干法复合，实践中问题多多，长期达不到预期的效果。这家无溶剂复合工艺应用成功的单位，不愿与其他单位进行实质性的交流，甚至对外声称他们也没有做好。笔者认为，我们不能对该单位作任何指责，问题的症结是，如何早日建立起符合多赢原则的互惠互利的合作机制，行业协会应当对这方面的议题，进行认真的探讨。

目前尚不具备大规模生产条件、但发展前景光明的前瞻性技术，如降解塑料等，是绿色包装的未来与希望。大力倡导、着力推广成熟工艺技术的同时，对于这类前瞻性技术，行业协会更应当予以特别的关注，并尽可能地予以支持，如组织交流与攻关，争取政府的技术创新基金，争取税收优惠政策等等。

发展绿色包装，任重而道远，随着人类社会的进步，客观形式对节约资源、环境保护与安全卫生的要求将越来越高，要适应这种需要，我们无疑将面临许许多多的困难和挑战，与此同时，科技进步也将为我们提供更多的应对困难和挑战的手段，可谓挑战与机遇同时存在，我们一定要把握这一难得的机会，努力搞好塑料包装“绿色化”的工作，促进塑料工业更大的发展。

（陈昌杰）

各地区塑料工业

北　京　市

2010年是国家“十一五”规划的收关之年，也是制定“十二五”规划的重要一年，回顾这一年来塑协工作，在各协会单位的共同努力下，我们有付出，有收获，有成就，也有感悟。

【主要工作】

1. 夯实基础，奠定协会发展前景

为了进一步做好北京塑料工业协会工作，夯实基础管理，2009年底召开了第五届理事会换届大会，选举产生了新一届理事会的领导机构，选举产生中石化北京燕山分公司副总经理、总工程师华炜为第五届理事会理事长。秘书处设在中石化北京燕山分公司树脂所内。新一轮理事会产生，给协会带来了新的发展机遇和生机。目前协会已完成了法人变更、工作地点迁移等工作。通过新一届协会努力，增加了新的会员，为协会增添了新的力量和发展动力，到目前为止已有会员单位80家，协会的各项工作已逐步走入正轨。为此我们对协会今后的工作充满信心和决心。

2. 积极参加工经联会议，为政府和企业提供服务

北京塑协是北京市工经联的会员单位，业务上受北京市经济信息化委员会指导。按照工经联的要求，协会参加了北京市工经联的会议，会议上我们充分了解北京市1~9月份工业、软件和信息服务业经济运行情况报告，也感到北京市工业节能减排的压力，我们也在思考如何为节能减排做些工作。通过中国出口信用保险公司代表的介绍，了解中国出口信用保险公司经营范围、服务手段等信息，扩宽知识层面。特别是参加了工经联组织的2010年行业知识产权研讨会，对我们启发很大。通过学习，我们体会到作为行业协会，不但要及时了解更多信息，扩大认知领域，才能不断提高水平，进一步支持帮助企业建设和发展，为企业发展谋划策略。同时还要重点关注知识产权的保护问题。

根据北京市经信委会议精神，及时了解北京塑料行业，都市产业发展工作会重点项目技术改造、技术创新、招商引资等情况。我们重点调研了北京北泡塑料集团公司、北京华盾雪花塑料集团有限责任公司、北京燕山和成橡塑新材料有限公司，掌握了第一手资料，为工经联提供了调研信息。

3. 积极配合做好北京石化新材料科技产业基地的推介工作

北京石化新材料科技产业基地位于首都西南燕房卫星城东部，紧依燕山石化公司。作为北京市“十一五”重点建设的五大产业基地之一，它将依托燕山石化公司的基础、资源和人才优势，以石油化工产业为基础，按照发展循环经济的要求，延伸产业链，形成以炼油、乙烯、合成树脂、合成橡胶、基本有机原料等石化基础工业为支撑，发展涵盖橡塑深加工、特种化学品和化工新材料等具有纵深潜力的高科技产品集群，从而构成较为完善的石化产业新格局。

我们主动到北京石化新材料科技产业基地，向主管部门介绍北京塑协情况，进一步宣传协会的宗旨、协会目的及协会的作用，希望今后配合石化产业基地建设做工作。此后接受了北京石化新材料科技产业基地对31个招投标项目的排序评估工作。

我们还走访中国塑料加工技术协会我们向中塑协介绍了北京石化新材料科技产业基地的情况，并希望作为北京市的地方协会，与中国塑料加工技术协会多方面合作，引进更多的国内先进的塑料加工企业来北京石化新材料科技产业投资，带动北京塑料工业的发展，为北京市塑料行业的发展共同努力。

4. 不断学习，完善协会制度建设

为深入贯彻落实党的十七大关于“引导各类社会组织加强自身建设，提高自律性和诚信度”和民政部《关于推进民间组织评估工作的指导意见》的精神，加强社会组织能力建设，提高公信力和透明度，建立社会组织信用体系，促进社会组织健康有序发展，作为北京市的重点协会2010年还接受了北京市社团办对协会的评估。本次评估共计七部分内容；①基础条件与内部治理；②财务管理；③工作绩效；④行业及社会影响；⑤学习型社团创建；⑥创先争优；⑦其他。共计100条项目审查。通过北京市社团办委托中通会计事务所、北大政府学院对北京市行业协会的联合评估，评估组评估后一致认为；北京塑协有雄厚的基础条件，严格内部管理，建立建全规章制度，与各企业建立了良好的沟通联系方式，创造了适宜的工作环境，在换届选举中程序严谨规范，档案符合标准，达到了协会要求。

去年北京塑协还完成了市纪委、民政局社团办下要求的社团关于小金库治理的自查、自纠工作。通过这项自查工作，北京塑协未发生任何违纪问题。

5. 完善网站建设、加强相关协会和各会员单位的沟通

北京塑料工业协会的网站是 WWW. BPIA. CN，今年是第五届塑协的开局之年，五届塑协继续发挥协会网站作用，发布最新国内外塑料行业信息。加

快了网站的页面更新和资料的时效性。从北京塑料工业协会每月发布《塑料信息》，到现在已经基本做到每周更新一次网站塑料方面的信息，同时为会员提供国内期刊文摘摘要。到12月24日累计上传信息、文摘402条，为协会各单位提供科学有效信息。协会也以信函方式给各会员单位提示，并联系各会员单位，希望通过网络与会员单位建立更紧密的联系，为协会会员提供及时的信息和技术咨询。

北京塑协与其他行业协会建立了密切的联系，如中国塑料加工工业协会，中国农塑制品协会。中国阻燃协会，中国汽车工业协会等，做到信息通畅，服务会员。

6. 组织培训班促进塑料行业发展与进步

第五届北京塑协会员聚集了树脂生产企业，科研院所、助剂生产商、设备制造企业和塑料生产企业，各方面80个会员单位。通过网站、定向讲座等，加强了各会员单位间的联系，使各单位的信息互通，互利、互惠、相互协作。

2010年组织了两项交流学习活动，第一项是5月份举办“抗氧剂和光稳定剂作用功能及应用”技术交流。会员单位集联塑编、化工二厂、依科赛尔公司、塑料分公司参加。会上由北京加成助剂所李杰所长李杰所长就主、辅抗氧剂的协同效应，复合抗氧剂的协同效果，如何以最小加入量、最低成本而达到最佳抗热氧老化性能。受阻胺(光)稳定剂的热氧稳定作用与功能，紫外线吸收型光稳定剂，猝灭剂等光稳定剂作了介绍。

第二项是9月份在怀柔举办了“聚烯烃树脂应用”培训班，参会代表41人。培训班以聚烯烃树脂应用为主题。培训班由副理事长刘济主持，常务副理事长兼秘书长中石化燕化树脂所所长教授级高工赵丽梅介绍了燕化树脂所主要研究任务，重点研究成果和燕化LDPE/LDPE/PP的树脂新产品。

中石化北京化工研究院介绍了新型功能性材料，北京燕山发改委介绍了石化新材料科技产业基地的重点规划产业项目。中国农用塑料制品分会秘书长秦立洁、中国食品工业公司总经理助理魏长明、中石化北京化工研究院副总工程师，教授级高工张师军、副总工程师，教授级高工魏若奇、协会名誉理事长张玉川、TC15SC1标准化委员会秘书长陈宏愿、中石化燕化树脂所所长教授级高工赵丽梅、副所长教授级高工景政红、燕化树脂所试验中心主任何震海，中石化北京化工研究院副总工程师，教授级高工张师军在培训班上进行了授课。，

培训班以授课和讨论方式进行，授课中可以及时提出问题讨论，通过对本次培训班培训人员的咨询，与会者一致认为本次培训收获很大，既增长了知识，又扩充了思路，受益非浅，希望今后多组织系列的培训。

【重点企业】

第五届北京塑料工业协会有会员单位80家，登记的会员有科研院所、树脂生产企业、助剂生产商、设备制造企业和塑料生产企业，从科研、树脂生产、销售、助剂供应、塑料生产企业、塑料机械和测试仪器、塑料生产所需的一条龙型单位。这些会员有大专院校和科研单位专家，如航空航天大学、北京理工大学阻燃研究室、清华大学化工系高分子研究所、中国科学院化学研究所、中国纺织科学研究院研究开发中心、中石油石油化工研究院、北京华腾工程新材料责任有限公司、工商大学塑料加工应用研究所、北京市塑料研究所、中石化北京化工研究院。

树脂生产企业有石化北京燕山分公司、北京华美塑料有限公司、中石化三菱化学聚碳酸酯(北京)有限公司。树脂生产企业的树脂品种有PP/PE、PS/EVA/PC等多种牌号，总生产能力100万吨以上。

塑料生产企业有国家重点农膜市场企业，北京华盾雪花塑料集团有限责任公司每年农膜产量达到1.5万吨还有中空托盘、BCF中空桶等产品、主导产品功能性农膜连续20余年产销量保持国内第一。土工材料、吹塑托盘和大型容器的市场占有率也名列前茅。公司是国家经贸委认定的塑料制品重点生产企业和北京市政府确定的大型骨干企业之一。北京北泡塑料集团公司组建于2000年，前身为北京泡沫塑料厂(始建于1964年)，生产泡沫塑料制品已有近40年的历史，是国有大型二类企业。亦是我国生产泡沫塑料制品品种最全、规模最大的企业之一。

会员单位福建亚通有限公司北京分公司、天津盛象塑料管业有限公司、北京绿源塑料联合公司、佛山日丰企业有限公司、乔治费歇尔有限公司北京分公司，是塑料管生产企业，生产工业系统应用管道系统：民用建筑冷热管道系统；农用喷灌管等产品

北京菲宝利华环保塑胶技术有限公司是一家集生产、销售、研发及技术开发与转让的综合性再生塑料加工利用企业，生产家电改性料，汽车改性料，塑料托盘。北京集联石油化工有限公司重点产品有，编织袋、集装袋、重包装袋等。北京聚菱燕塑料有限公司是生产PP汽车改性料的企业，严格的质量管理使企业生产的汽车专用料有很高的质量保证和信誉。北京奥星医药耗材有限公司是生产医用塑料的企业。

北京燕山和成橡塑新材料有限公司是新加入的会员单位，该公司成立于2010年2月，企业类型为其他有限责任公司(非国有企业)。主营业务为橡胶制品、塑料制品、化工产品的生产、研发、销售等。整体规划分三期完成。一期规划为2011年7月份前建成15条改性专用料生产线，产能为3万吨/年。产品主要为管材料、熔喷料、瓶盖料及其他食品药品容器专用料系列。到2015年底完成三期年总产能10万吨的整体规划，产品布局是在前面的基础上，增加电缆料和汽车专用料，三期建设完成后，预计建成80条橡塑改性专用料生产线。

神华集团有限责任公司是集煤矿、电力、铁路、港口、煤制油煤化工一体化开发，跨地区、跨行业、多元化经营的特大型能源企业。神华煤直接液化示范工程和煤化工工程实现首次投煤成功，基本达到了稳定运行，已生产出了合格的石脑油、柴油和聚乙烯及聚丙烯产品。

北京塑协的助剂生产企业有北京依科赛尔助剂化工有限公司、北京极易化工厂、北京加成助剂研究所等。北京依科赛尔助剂化工有限公司是国内助剂颗粒化生产的主要生产厂之一，生产的助剂颗粒有效的降低了环境污染。塑协的会员包括了与塑料相关的企业，随着北京市的发展，北京的塑料企业还将增加，还有不少未加入协会的塑料企业，协会将致力于与这些企业保持紧密的联系，努力使塑料工业协会的工作得以升华和提高。

【新产品开发】

北京华盾雪花塑料集团有限责任公司进行了涂覆型聚乙烯功能性农膜的研发。

北京燕山和成橡塑新材料有限公司依托燕化的技术优势 开发出市场需求管材、电缆等专用料产品。

中国石油化工股份有限公司北京燕山分公司树脂应用研究所成立于1982年3月15日，是国内最大的合成树脂加工应用研究中心之一，也是全国塑料标准化技术委员会石化塑料树脂产品分(TC15/SC1)秘书处所在地。2005年8月燕山树脂所成为中石化塑料技术中心(PTC)燕山石化分部。2010年，燕山树脂所成为中国石化北京化工研究院分院。树脂所主要成果有：HDPE管材专用料：6380M/6380MBL、7600M/7600MBL、6360M、7800M、2300XM 等；LDPE电缆基础料：LD100BW、LD200BW；LDPE涂层系列料：1C7A－1；农膜、重包膜系列专用料：LD165、LD163；PP管材专用料：PPR4220、PPB8101等；PP系列洗衣机专用料：K7726、K7760、K7726H；PP汽车专用料：K9026、K9016、K9820H ；PP\PE系列瓶盖料：K6606、3000J、3300J；奥运场馆座椅专用料的研制；航天用水袋专用料的研制

（北京市塑料工业协会　苏一凡）

天　津　市

【大事记】

1. 2010年7月6日天津市塑料行业协会召开换届大会，会上第一届会长何骏星作了“天津市塑料行业协会第一届工作报告”在报告中总结了天津市塑料行业协会5年来的工作成绩。天津市塑料行业协会在天津市发改委、经委和市社团局工作安排和具体领导下，在广大会员单位的支持下，几年来一直坚定不移的推动、整合一直较为分散的天津市塑料工业。多次组织塑料行业的科技人员和专家开展对会员单位无偿服务，提升和加快了天津市塑料行业的技术进步和加工水平。几年来天津市塑料行业的制品产量由原来的48万吨发展到2010年的179万吨的快速增长。使天津市塑料工业实现由小到大、由大到强的转变。

2. 经会员代表大会选举，天津市第二届塑料行业协会负责人为：会长：何骏星，副会长：夏成文、揣成志、耿葆刚、陆昆、杜国田，秘书长：郑天禄。

3. 经会员代表大会选举，天津市第二届塑料行业协会理事单位为21家单位。

4. 天津市第二届塑料行业协会工作思路：

第二届天津市塑料行业协会，将在按照“协会组织的职能作用”的要求，突出服务职能，坚持规范行业，围绕发展产业，加强自身建设，增强协会生命力。

（一）深入学习贯彻科学发展观，推动塑料产业发展

1）积极宣传国家、市委、市府的有关政策及精神，促进业内企业在调整产品结构、推进节能降耗、技术创新，提升企业发展水平。

2）行使规范行业管理职能，积极探索开展行业统计、行业调查、制定行业

发展规划、价格协调和企业公信证明等工作。

3）了解市委、市府的有关政策，帮助企业解决迫切的实际问题，为实现经济又好又快发展创造条件。

（二）坚持履行“服务、代表、自律、协调”的职能

1）进一步加强本协会自身建设，充分发挥协会自身职能，不断拓展服务功能。

2）做好政府与企业间的桥梁和纽带，在业内进一步落实科学发展观，推进产业结构优化升级、节能减排、低碳环保等各项工作。

3）协助企业开展科技创新、科技项目基金申报、名牌产品、著名商标推荐和申报等工作。

4）组织行业培训、开展行业技术咨询服务、信息交流和产品推介活动。

（三）继续深入调研，扩大会员覆盖面

1）坚持深入行业内企业和会员单位调研，了解行业内企业、会员单位对行业协会的需求，为企业在市场信息、技术交流方面提供平台。

2）积极、及时地向政府反映企业的诉求，构建企业与政府通话的渠道。

3）努力发展新会员，不断扩大会员覆盖面。

（四）加强与国内外同行业的交流与合作

1）加强与国内塑料工业比较发达的省市如华东六省、广东、深圳等塑料协会的交流合作、信息资源共享，以期共同发展。

2）加强与天津市与塑料业有关的兄弟行业协会的交流合作。

3）参与由商会、贸促会等牵头的各国来津举办的商贸洽谈推介活动等。为会员单位寻求商机。

（五）积极组织协会专业委员会

根据天津市塑料行业的特点组建注塑专业技术委员会，软包装专业技术委员会，为企业在技术进步、新产品研发、标准化、行规行约贯彻实施、技术交流、市场分析等方面提供技术咨询服务。

（六）不断加强协会秘书处自身建设

1）注重协会秘书处人员自身素质的提高，发扬诚实、扎实、务实的工作精神，不断改进工作方法，提高工作效率。

2）按协会章程规定，在理事会、会长的领导下，做好协会日常各项工作，组织实施年度工作计划的各项内容，筹备好每年必开的会议。

3）完成好市府有关职能部门及中国塑料加工工业协会等所布置的各项工作。

5. 天津市2010年合成树脂产量超过280万吨。其中：聚乙烯64万吨、聚氯乙烯141万吨、聚丙烯40万吨、聚酯30万吨、改性树脂6万吨。

6. 天津市塑料行业协会对天津市恒瑞塑胶机械有限公司，申请天津市著名商标工作进行了认真的审议和调查。向天津市工商局推荐了上述企业，申请2010年天津市著名商标称号。

7. 天津市莱特高分子材料有限公司完成了扩产改造项目，达到年产能10万吨聚氯乙烯型材的大型企业。

8. 天津市宏宝彩印有限公司完成了扩产改造项目，该企业成为环渤海地区生产软包装制品大型企业之一。

9. 天津市第二塑料制品厂经过几年的努力提升，2010年农膜产量达到了2.3万吨。

【基本情况】

2010年天津市的塑料制品在农业、工业、包装、建材、汽车、航空、电子通讯、机械、军工等领域都有了较快的发展。2010年塑料制品产量179万吨。主营业务收入223.2亿元。塑料制品产量比去年同期增加26.9%。主营业务收入增长17.9%。

1. 天津市塑料行业经过几年的调整和改造，产业结构有了较大的改进，产品的应用范围已经涵盖料国民经济的各个领域及人民生活的各个方面，其中聚氯乙烯型材产能已经达到50万吨，软包装销售收入17亿元，电子注塑产品销售收入已达到100多亿元。合成树脂及共聚物的产量超过280万吨，占全国总产量的6.3%。

2. 天津市2010年塑料制品产品结构分别占全市塑料制品产量比重是：

塑料薄膜21万吨 占总产量的11.7%；塑料板片材13万吨占总产量的7.3%；塑料管及附件8.7万吨 占总产量的4.8%；塑料条棒型材8.4万吨 占总产量的4.6%；塑料丝绳编制品6.2万吨占总产量的3.4%；泡沫塑料0.6万吨 占总产量的0.3%；人造革1.3万吨 占总产量的0.7%；包装容器15万吨占总产量的8.4%；日用塑料2.8万吨 占总产量的1.6%；注塑制品等102万吨 占总产量的57%。

3. 天津市塑料制品产量占全国塑料制品产量比例为：

塑料薄膜2.56%，塑料板片材3.39%，塑料管及附件1.04%，塑料条棒型材0.51%，塑料丝绳编制品0.87%，泡沫塑料0.27%，人造革0.61%，包装容器4.43%，日用塑料0.44%，其他及注塑制品等7.51%。

4. 天津市合成树脂及共聚物产量占全国的6.3%。同期增长46.13%。其中聚乙烯6.5%，聚丙烯4.45%，聚氯乙烯12.51%，聚酯2.42%。

【企业经营】

2010年天津市塑料行业的总体规模得到了快速发展。主要表现在电子通讯配套、出口加工贸易出现了新的增长。部分重点企业塑料制品规模进一步扩大，技术创新能力得到了进一步增强。2010年天津市规模以上塑料加工企业完成塑料制品产量101万吨，与去年同期增长42.2%，保持了快速的发展趋势。一些产品出现了市场需求增长的趋势，例如；

万华股份有限公司生产的双向拉伸聚酯薄膜、军星管业生产的聚乙烯上水管、恒瑞塑机生产的片材挤出设备、金鹏、莱特高分子材料公司生产的聚氯乙烯型材、二塑农膜等产品。

2010年天津市塑料产品表观消费量约211万吨，其中塑料建材、工业、食品包装，汽车、电子行业占天津市塑料产品消费量的79.2%。随着国内外经济的好转和天津市新的大工业项目建设，天津市市政建材塑料市场、航天航空复合材料市场、电子汽车塑料市场、工业包装市场和功能性材料市场将会得到新一轮的发展。

【存在问题】

1. 天津塑料制品行业研发力量薄弱，企业研发经费投入不足，使塑料加工工业的技术升级，产品换代艰难。

2. 产业体系不尽完善；在加工设备、模具制造、改性塑料、复合高分子材料等开发应用方面发展滞后。不适应为天津地区高新技术产业配套的能力。

3. 部分产品结构不合理，高档产品、为先进产业配套产品尚未满足市场需要。技术含量高，有市场发展前景的产品发展缓慢。

4. 没有充分利用天津市合成树脂有利资源形成塑料工业产业链的集群。

5. 塑料产业缺少自主知识产权，市场竞争能力薄弱。制品的档次和品牌的建设以及国内外市场开拓能力有待提高。

【发展趋势】

天津市塑料产业“十二五”规划提出：利用好天津市的塑料树脂资源和产业基础优势，进一步拓展在汽车、航天航空、石油工业、海洋工业、电子通讯、医疗器具等高新技术领域的市场需求。发展节能、低碳、多功能、技术含量高、附加值高的产品。整合提升现有企业的生产规模、技术装备、产品水平，打造天津塑料产业集群。

“十二五”期间的产业调整：“十二五”期间支持培育、组建企业化集团，引导塑料产业向集群化发展。在天津宝坻区建立北方地区塑料产业园区，推动产业聚集。建成集物流、科研开发、生产制造、废弃塑料回收再生产业、塑料产业装备、原料、制品销售集一体的产业集群，预计年销售收入1100亿元。

“十二五”期间的产品结构调整：在继续扩大总量增长的同时，增强塑料产业的科技含量和经济效益。提升塑料产品的技术含量、淘汰落后，减少资源浪费，促进塑料产业升级。

1. 重点开发：工程塑料、改性材料、高分子复合材料。开发研制耐高温性、耐候性、耐磨性、阻燃、超导电、高电磁性合金材料以及具有屏蔽功能的材料及产品。在“十二五”期间天津市的工程塑料、改性材料、高分子复合材料新增产量50万吨，销售收入150亿元。

2. 扩大塑料建材、市政工程用产品的生产规模、提升产品的技术水平：随着天津市的城市发展建设和环渤海地区开发建设的需求，继续开发节源、节能、环保、多功能的产品。强化企业的品牌意识加大宣传力度。“十二五”期间做大MDPE管材、低噪排水管道和系列化大型塑料埋地管道，年产量要达到30万吨。延伸天津市聚氯乙烯资源的产业链，建成年产50万吨聚氯乙烯型材的生产基地。

3. 做大、做精、做强包装材料产业：在开发有市场发展的高阻隔、防渗透、全降解包装材料，无菌、保味、功能性包装及包装材料的基础上，向规模化发展。

4. 做精做强和提高医用塑料制品质量是未来这一领域发展的方向。一是从材料上要新的突破，瞄准世界前沿科学技术和应用材料，二是发展技术含量高、高附加值的高分子材料的人体器官填补国内空白。开拓各类医疗器具和药品包装制品的市场并推广应用。

5. 开拓汽车、航天航空、石油工业、海洋工业、电子通讯、医疗器具等高新技术领域的应用范围。加大科研力量，集中研制适应上述领域，综合性能优异、功能广泛、成本低、易回收的配套制品。“十二五”期间新增配套产业销售收入150亿元。

6. 发展循环经济，减少环境污染。加强废料回收的处置和再生塑料的应用。“十二五”期间建成年处理100万吨废旧塑料回收的能力，使废旧塑料再生利用。

“十二五”期间天津市塑料行业继续对产业结构和产品结构进行科学地调整，加快天津市塑料产业不断发展、壮大，强化自主创新能力和科技创新能力，开拓新的应用领域和需求市场，实现天津市塑料产业新的发展。

（天津塑料行业协会　郑天禄）

山　西　省

【大事纪】

1.《山西塑协网站》在2010年3月完成了全新全面改版

《山西塑协网站》是宣传党的方针政策，反映行业动态，展示企业风采，加强行业交流的平台。在国内外业界受到了一致好评。为了把网站办得更好更有特色，《山西塑协网站》经过多方征求意见修改和网上试运行，在2010年3月进行了全新全面改版，网页不仅更加图文并茂，而且展示了更多行业动态：中国香港雅式展览有限公司、中国塑料交易会、省内知名企业：山西中德集团有限公司、晋城凤凰实业有限公司等单位连续刊登旗帜广告。模范、优秀企业都进行了网站链接。扩大了信息量，提高了信息质量，点击率更高。将更好发挥“山西塑协网站”的平台作用。

2. 组团参观“第24届国际塑橡展”

第24届国际塑橡展于4月19～22日在上海举办。展出面积15万平方米，稳居世界第三，亚洲第一之地位。32个国家2144家参展商：加拿大、法国、德国、意大利、日本、英国、美国、中国台湾等展出1900台机械和高端橡塑设备、原材料及制品。展会以“绿色制造，共塑未来”为主题，关注环保和低碳经济应用，向塑料及相关行业传达最新塑料发展趋势，论坛为各界人士提供了一个交流沟通的高效平台。我协会组团参观了“第24届国际塑橡展”：山西中德塑钢型材有限公司、山西乾通塑料有限公司、山西泰华工贸有限公司、山西汾西机电有限公司等单位。观后反映收获很大，对企业产品结构调整和技术改造有重要现实意义，为提高行业的整体水平提供了机遇。

3. 编写了2010年《中国塑料工业年鉴山西篇》

《中国塑料工业年鉴》由中国塑料加工工业协会主办。年鉴全面反映中国塑料工业发展状况。为从事和涉及塑料工业的生产、销售和科研单位全方位提供行业动态、市场和技术信息。年鉴的组稿、编辑和出版工作得到中国轻工业联合会，各省市塑料协会的关心和支持。全国31个省市自治区和直辖市，多年来参与编写的有：北京、天津、山西、上海、广东、浙江、江苏、福建、新疆等15个地区。为了反映山西塑料工业的现状和学习赶超先进，我们协会每年都认真总结和编写《中国塑料工业年鉴——山西篇》，受到了各级领导和业界同仁的赞扬。

4. 山西塑协组团赴中国台湾访问考察

应中国台湾塑胶制品同业公会的邀请，张会长于今年6月20～30日率山西塑协代表团：山西万士达工程塑料有限公司、晋城市凤凰实业有限公司、山西明坤集团有限公司、山西新超管业公司、太原龙通塑料有限公司、榆社永泰福利有限公司、祁县旺中塑料制品有限公司、山西垣曲钼铁厂等12个单位18名代表赴中国台湾进行考察交流活动。

代表团参观了台南市晖州塑胶制品有限公司。该公司主要产品PVC、ABS、PS、PP、PET等大型真空成型制品；塑料汽车配件、医疗器材配件、日用制品等，台方热情介绍产品生产工艺的特点和市场销售情况，回答代表们的提问并陪同代表团参观了生产线，双方互相赠送了礼品，双方代表在公司门前合影留念。

代表团拜会了中国台湾塑胶工业同业公会。中国台湾公会热情接待山西省塑料行业协会代表团。谢总干事首先致辞：山西塑料行业协会第二次来我公会拜访，我们又结识一批新朋友非常高兴。我与张会长在上海、广州《海峡两岸塑料发展的高层论坛会》上多次会面交流，我们对新朋友表示热烈的欢迎！张会长向谢总干事赠送了《山西塑协通讯》等资料，介绍了赴台企业及领导人的情况。谢总干事就代表们提出的产品引进、转让、外销及中国台湾一些许可制度和政策问题进行了解答，代表中国台湾塑胶公会向山西塑协赠送了纪念品。山西新超管业有限公司向中国台湾塑胶公会赠送了：山西晋祠(18K金)纪念匾；晋城凤凰实业有限公司赠送了具有地方特色的“晋城麻披”；山西明坤集团赠送了中国传统水墨画——王羲之的“兰亭序”，全体代表与中国台湾同仁合影留念。代表们一致反映：考察非常成功愉快，开阔了眼界，增长了知识。

5. 组团参加第十届中国塑料交易会和第二十届亚洲塑料论坛

第十届中国塑料交易会于9月3～5日在台州举行。台州素有“塑料制品王国”的美誉，交易会是全面展示中国塑料制品、原料、机械模具及相关技术，强力吸引国际采购的重要平台。设展位1200个参展企业500家，展出面积3万平方米。国外组团有：欧盟、西班牙、马来西亚、新加坡、日本、印度、缅甸等20多个国家和地区。期间举办了第二十届亚洲塑料论坛会。论坛以可持续发展带来的挑战为主题，以各国塑料工业现状和需求、世界塑料行业热点和塑料绿色包装三大主题为核心，各国代表作了发言。我协会组团参加了交易会和塑料论坛，代表团有：山西明坤集团、山西泰鑫塑胶有限公司、芮城金牛建材有限公司、太原塑信科贸公司、晋特塑料有限公司等15个单位23位代表。台州塑协张小赧会长和山西塑协张玉英会长，都是全国劳动模范和人大代表，彼此友谊很深；张小赧会长热情设晏，招待了山西塑协代表团全体。张玉英会长应邀出席了第十届中国塑料交易会的开幕剪彩仪式。

6. 为中塑协推荐《中国塑协专家委员会第二届专家》10 名

根据中国塑料加工协会，关于推荐《中国塑协专家委员会第二届专家》通知的精神，协会组织专家对企业推荐的专家进行了评审推荐；晋城凤凰实业有限责任公司孙勇董事长、牛义庆副总经理；太原市杰森实业有限公司邢建明董事长、李瑞军副总经理；山西新超管业有限公司杜列凤董事长、王永总经理；山西万士达塑料有限公司马铭章总经理；山西乾通塑胶有限公司赵吉中总经理；山西中德塑钢型材有限公司张军技术总监；长治清华机械厂(永腾建材)马建华总经理等十位同志为中国塑协专家委员会第二届专家。我们推荐的10名专家都是我省模范企业的主要负责人，企业的产值和销售额都在5000万元以上；经中塑协审核这10名专家已全部批准，我们不但为中塑协推荐了人材，而且也充实了我们山西塑协的专家库。

7. 在凤凰实业有限公司建立了“山西矿用塑料产品技术研发中心”

山西塑料工业在“十一五”期间，不仅企业的数量和产量增长较快，而且出现了一批特色企业和特色产品。山西是煤炭重化工基地，煤矿的安全已提到重要议事日程。发展矿用塑料是符合国家产业政策和山西省情，也是时代赋予我们的神圣职责。近年来矿用塑料产品发展迅猛，如：晋城凤凰实业有限公司、太原杰森实业有限公司、山西华星塑料有限公司、山西华龙塑料有限公司等单位都开展了各种矿用塑料产品的研发。而晋城凤凰实业有限公司生产各种矿用塑料，生产工艺装备能力达3万吨以上，四年四大步产值3亿元，规模为全国煤炭行业同类企业之首。各种技术装备、检验仪器及配套设施完善先进。为了实现以转型发展为主线，抢占科技制高点。加快推进以煤为基、以煤兴产、多元发展；为了培育和推动企业技术研发中心的建立，增强行业发展力量，促进产业结构优化升级。为了把山西的特色产品—矿用塑料，做精做细并广泛推广应用；更好的引导企业向着专新特精方向发展，协会决定探索尝试在一个企业按品种建立研发中心和试验基地。为此，协会对晋城凤凰实业有限公司的关于申请建立“山西省矿用塑料产品技术研发中心”的报告，进行了认真的研究和现场考察，并组织专家进行审议评定，同意在晋城凤凰实业有限公司建立“山西省矿用塑料产品技术研发中心”。2010年11月10日，晋城凤凰实业有限公司举行了隆重的揭匾仪式，原山西省政协主席、山西省塑料行业协会名誉会长郭裕怀，亲自为“山西省矿用塑料产品技术研发中心”隆重揭匾。并为晋城凤凰实业有限公司题词“凤凰涅磐”。意为凤凰经历了烈火的煎熬和痛苦的考验，获得重生，并在重生中达到升华，称为“凤凰涅磐”以此典故寓意不畏痛苦义无反顾．不断追求．提升自我的执著精神！郭主席的词题是对“晋城凤凰实业有限公司”艰苦创业，转型跨越发展的高度评价。

8. 评出2010年度名优产品，表彰模范企业和先进个人

为了把我省塑料行业的品牌做大做强；更好地实施品牌建设与企业产业发展相结合的方针，提高企业的科技创新能力和技术水平，使企业逐步向高端发展；协会努力为企业搭建平台，推进行业名优品牌评选与高新技术产业化有机结合，激励企业向新兴产业发展。根据《山西省塑料行业名优产品评选办法》的有关规定，2010年11月17日召开了山西塑料行业名优产品评委会，经过专家的认真审核评定，评出了山西新超管业有限公司等5个单位的5种产品，复评的2008年度山西万士达工程塑料有限公司等9个单位的9种产品，为2010年度的名优产品。

国际金融危机给塑料工业带来严重冲击。金融危机给经济发展带来机遇也带来挑战。为了进一步振兴山西塑料工业，提升行业的整体水平，山西中德公司、晋城凤凰公司、太原杰森公司等企业，坚持在创新上下功夫，取得了经济和社会效益双丰收。为了总结交流经验，协会决定在2010年度，表彰模范企业和先进个人。成立了专家评审委员会，评价体系采用创新模式，既考察企业的主营业务收入、利润总额、产值利税率、和工业总产值增速4个指标，又对企业规模、盈利水平、管理能力及发展势头进行综合评价，强调企业大而强；经综合评选审定评出：山西中德塑钢型材有限公司、晋城凤凰实业有限公司、太原市杰森实业有限公司等9个单位为模范企业；孙勇、邢建民、马铭章、赵吉中、张斌善等9个优秀企业家，乔旭赤1个优秀青年企业家。李瑞军、闫玉亮、王石旺等9个优秀企业管理者。张军、王永、牛义庆等8个优秀青年企业管理者，授予证书和奖牌以资奖励。

9. 山西塑料行业“十二五”发展论坛暨2010年会在太原市召开

国际金融风暴给塑料工业带来严重冲击，但也给经济发展带来机遇和挑战。在应对金融危机中，为了进一步振兴山西塑料工业，提升行业的整体水平，我省涌现出了一批坚持在创新上下功夫，取得了经济和社会效益双丰收的模范企业和优秀企业管理人才。为了把我省塑料行业的品牌做大做强；更

好地实施品牌建设与“新兴产业”发展相结合的方针，使企业逐步向高端发展；为了总结和交流经验，共商行业发展大计；为了顺应转型跨越发展潮流，搞好山西塑料“十二五”发展规划；2010年12月12日在太原市杰森实业有限公司召开了《山西塑料行业十二五发展论坛暨2010年会》。

10. 山西中德集团五万吨管材项目隆重投产剪彩

2010年以来，山西中德公司紧紧抓住金融危机走过最困难时期，迎来新发展的机遇；积极投身转型发展、跨越发展大潮，为实现企业可持续、健康发展，以“立足高起点、力求高目标、实现高效益”为宗旨，再度谋划新局，战略扩张，上马年产50kt管材项目，组建集生产、研发、销售为一体的高端子公司——中德管业有限公司，引进国际先进生产设备，采用高新技术和进口原料，生产经营PP-R冷热水管材、PVC-U排水管材、PVC-U电工阻燃穿线管材、PE给水管材及燃气管材等多个系列管材产品。该项目是我省八大产业重点发展规划新型建材项目，总投资1.6亿元，分两期建设，设计规模为年产塑料管材80kt，项目建成后可安置就业岗位1000个，实现销售收入20.4亿元，利税3.6亿元。成为华北地区最大的管材生产基地。2010年12月29日，山西中德集团五万吨管材项目投产剪彩仪式在中德广场隆重举行。中国塑料加工工业协会会长廖正品、山西省塑料行业协会会长张玉英教授、长治市有关领导出席了剪彩仪式。剪彩仪式结束后，由山西中德公司董事长程田青陪同各级领导参观管材生产线，廖会长对中德公司这几年的飞速发展给予高度评价。

【基本情况】

山西省的塑料工业在“十一五”有了令人欣慰的发展，不仅塑料企业的数量和产量增加较快，而且出现了一批发展速度很快的企业和特色产品。据不完全统计：山西省的塑料企业约有450个左右，生产能力约750kt，产量约600kt。规模以上企业30个左右，产量50万吨左右，占到总产量的85%左右。

【企业经营】

近年来山西省不仅塑料企业的数量和产量增加较快，而且出现了一批发展速度很快的企业和特色产品。山西省是煤炭重化工基地，为了满足地方工业发展的需求、近几年矿用塑料在山西省发展速猛，各种煤矿用阻燃抗静电塑料管材、管件、采矿用阻燃抗静电塑料拉伸网等相继研究开发并广泛推广应用，成为山西省的特色产品。2010年山西省塑料行业整体经营情况是良好的，大多数企业经济效益不错。塑料工业在我省经营形势较好的品种有矿用塑料、农膜、地膜、包装膜、塑料管材、塑料异型材及塑钢门窗、防水卷材、泡沫塑料等。效益较好的产品有矿用塑料、塑料管材、塑料异型材、防水卷材和燃气管、超高分子量PE管等。塑钢型材不仅销售到山东、河北、河南、内蒙、宁夏、新疆等地，中德塑钢型材占领了全部青藏高原地区。部份产品出口到蒙古、泰国、俄罗斯、乌克兰等地。山西万士达工程塑料有限公司等单位的燃气管材供不应求，大都销售到广东、广西、福建以及西部重点建设项目中，并出口到新加坡等东南亚地区。山西晋城凤凰实业有限公司生产各种矿用塑料管材、管件产量四万吨，产值四亿元以上，产品供不应求，“通缝聚氨酯筛板”荣获国家实用新型专利证书，该公司是我省最大的矿用塑料的生产企业，也是山西省科技厅命名的“高新技术企业”，“山西省矿用塑料产品技术研发中心”就建在该公司。山西华星塑料有限公司生产高科技产品——超高分子量聚乙烯特种耐磨管材，是我国唯一的能生产分子量为(500~900)万的超高分子量聚乙烯管材的企业。广泛用于火力发电、煤矿工业、石油化工、矿山行业及航天、航空和核工业等领域，特别是在钢铁企业的尾矿输送如：太钢、包钢、唐钢、宝钢、武钢等钢铁企业都采用了该公司的超高分子量聚乙烯管材。

【重点企业】

t

序号	企业名称	产量	加工能力	主要产品名称
1	长治中德塑钢型材集团公司	120000	180000	PVC型材、彩色仿木型材、双色共挤型材、PE管材、PPR管材
2	长治清华永腾建材有限公司	50000	65000	铝塑、PPR、PE-RT、PE-X、PE矿用管、PE给水管材、UPVC排水管及管件、UPVC型材
3	晋城凤凰实业有限责任公司	40000	50000	各种煤矿用聚乙烯管材、管件；聚氨酯筛板、燃气用埋地管材、管件；给水用PPR管等
4	山西万士达工程塑料有限公司	15000	15000	PE燃气管材、PE管材、PE矿用管材及管件
5	山西华鹏铝塑型材有限公司	10000	15000	各种铝塑、木塑共挤型材

续表

序号	企业名称	产量	加工能力	主要产品名称
6	山西东盛塑胶管道有限公司	15000	15000	各种煤矿用阻燃抗静电聚乙烯管材、管件
7	山西新超管业公司	15000	18000	纳米抗菌不绣钢复合管、PPR、PE－RT 管、PEX
8	青科恒安矿业新材料有限公司	8000	10000	煤矿用阻燃抗静电 PVC 管材、管件；PVC 软管
9	山西华星塑料有限公司	7000	10000	超高分子量 PE 大口径特种耐磨管材
10	山西惠丰塑料型材有限公司	80000	90000	PVC 塑钢型材、管材等
11	山西迎太塑料有限公司	25000	30000	塑料管材、农用薄膜、10m 宽幅双防无滴膜、保鲜袋、PVC 型材等
12	山西塑料总厂	8000	10000	PE 波纹管、给水管
13	山西乾通塑胶有限公司	4000	4000	PPR、PE－RT 管材、管件
14	太原市杰森实业有限公司	6000	8000	矿用钢丝网骨架 PE 复合管等
15	晋城市晋韩塑料有限公司	13000	15000	UPVC 型材、PE 管材、高分子环保免漆板
16	山西晋特塑料制品有限公司	3000	5000	各类塑料周转箱
17	山西民生塑料制品厂	4000	5500	农地膜、各种包装箱
18	太原市塑料四厂	3000	12000	农地膜、发泡片材
19	山西众和金牛新型建材有限公司	5000	6000	钢塑共挤型材
20	山西明坤科工贸集团	3000	4000	PEX、PPR、PE－RT 管材、管件
21	山西祁县旺中塑料制品有限公司	3000	4000	PP、PE、PPR、PE－RT 管材、管件、矿用管材
22	山西泰鑫塑料制品有限公司	3000	4000	PP、PE、PPR、PE－RT 管材、管件
23	山西方圆塑业有限公司	3000	10000	PVC 给水管、PE 管材、PP－R 管材
24	运城鸿基包装材料有限公司	20000	21000	BOPP 包装薄膜
25	山西省榆社化工公司	250000	500000	PVC 树脂
26	太化股份公司氯碱分公司	60000	100000	PVC 树脂
27	山西省阳煤集团 PVC 树脂厂	80000	200000	PVC 树脂
28	山西汾西机电有限公司	注射机		合模力 600kN 到 40000kN 注射量 80g 到 60000g

【塑料制品进出口】

本省 2010 年塑料制品出口总量约 1500t 左右，进口原辅材料约 1000t 左右，山西万士达工程塑料有限公司、长治清华永腾建材公司、山西明坤科工贸集团、山西乾通塑胶有限公司等单位生产的 PE 燃气管、PP－R 管，大多是进口韩国和北欧的原料。中德塑钢型材有限公司在原料上采用美国的钛白粉、英国的稳定剂、瑞士的抗紫外线吸收剂、西班牙的群青等；山西华星塑料有限公司生产的超高分子量 PE 管材，原材料大部分由德国进口。中德塑钢型材有限公司的塑钢型材出口蒙古、泰国、俄罗斯、乌克兰等国，少部分彩色型材出口美国。山西万士达工程塑料有限公司生产的燃气管出口新加坡等东南亚国家。山西华龙塑料有限公司生产的阻燃抗静电塑料拉伸网出口俄罗斯等。

【新产品开发】

塑料在我省已成为国民经济发展的支柱产业。山西省是煤炭重化工基地，煤炭的安全生产已提到重要议事日程，发展矿用塑料是符合山西国情和国家产业政策的。为了加快我省塑料工业的发展，扶持矿用塑料的发展，是重中之重。另外还要扶持环保、节能及高科技产业及产品，促进塑料工业发展，为加快我省国民经济发展作出新贡献。

（1）山西省青科矿业新材料有限公司研制成“煤矿井下抽瓦斯用 PVC 软管，该管材具有阻燃抗静电性能、抗外压强度高、耐腐蚀性好、任意弯曲，连接方便等特性。该项目采用独特的以 PVC 硬条为骨架的结构，解决了以钢丝为骨架软管所存在的塑料、钢丝使用分离，影响强度及钢丝腐蚀降低产品寿命的问题，该项目于 2010 年 3 月取得煤安标记，2010 年 10 月 16 日通过了山西省科技厅组织的技术鉴定：该产品性能达到同类产品的国际先进水平。

（2）晋城凤凰实业有限责任公司：2010 年又增产扩线新增：燃气用埋地聚乙烯（PE）管材、管件（dn20～dn630），煤矿用聚乙烯（PE）管材、管件（dn20～dn1000），冷热水用聚丙烯（PP－R）管材、管件(dn20～dn160)、聚氨酯筛板、矿用阻燃抗静电塑料拉伸网等，生产工艺装备能力达30000吨以上，企业规模雄居山西省同行业前列。其产品多次通过了国家技术监督检验中心对产品的监督抽查，并获得"多项国家实用型专利，2010年山西省在该公司建立了"山西省矿用塑料产品技术研发中心"。

(3) 山西省青科矿业新材料有限公司研制成"煤矿井下用PVC硬管"，该产品可以替代煤矿井下用钢管、玻璃钢等管材，管材具有良好阻燃抗静电性能、耐老化性、耐腐蚀性好、蠕变系数和热膨胀系数较小。采用了抗冲改性剂RK－56，通过优化配方改善了加工和力学性能。产品采用三机三层共挤技术，采用了抗改性剂RK－56了加工和力学性能，管材性能达到了安全规程规定的抗静电、阻燃要求，降低了生产成本。该研究成果达到国内领先水平。

(4) 太原杰森实业有限公司，购买了国内一流的双螺杆挤出机、混料机、钢丝缠绕机等设备，生产出煤矿用"阻燃抗静电、高承压的钢塑复合管"，2010年增产扩线，增加了大口径管材生产线，可生产dn630～dn1200阻燃抗静电、高承压的钢塑复合管材，产品供不应求。

(5) 山西乾通塑胶有限公司开发出"超静音节能塑料管材、管件"并组织制定了行业标准，为了适应我国航天工业发展的需要，2010年又与北京航天凯撒国际投资管理有限公司，联合开发成功高科技塑料产品——铝合金衬塑(PP－R)复合管道。该管道的特点是：采用全球广泛应用并具有环保性的聚丙烯PP－R高分子材料，极轻且高强度、能够承载复杂线性预应力的铝合金材料，精确实现ASAK复合管道结构的轻质刚性及牢固永久性，在航天系统供不应求。

(6) 山西华星塑料有限公司，2010年增产扩线，利用德国原料在试验成功的基础上，稳定生产分子量(500～900)万的超高分子量聚乙烯管材。该公司的产品是高科技产品，填补了国内空白，达到国际领先水平，是我国唯一能生产分子量500万以上超高分子量PE管材的企业。产品广泛用于火力发电、煤矿工业、石油化工、矿山行业及航天、航空和核工业等领域，特别是在钢铁企业的尾矿输送如：太钢、包钢、唐钢、宝钢、武钢等钢铁企业都采用了该公司的超高分子量聚乙烯管材。

(7) 山西天罡科技开发有限公司加大新产开发力度，采用高新技术，以超高分子量聚乙烯为原料，开发出高耐磨性电梯轨道专用超高分子量PE配件，产品供不应求。

【市场需求】

由于山西省是煤炭重化工基地，煤炭的安全生产已提到重要议事日程，发展矿用塑料符合山西国情和国家产业政策，这几年山西省矿用塑料产品发展很快，市场及需求量都很大，另外主要塑料制品还有塑料型材(含板、片材)、管材、塑料农地膜、超高分子量聚乙烯的大口径特种耐磨管材、部分塑料丝及编织制品和塑料包装箱及容器、日用塑料制品等，塑料制品需求量 约(60～70)万吨左右，对原材料主要需求是：通用塑料及部分工程塑料，PVC本省自给，其他从国内调购或国外进口。

【存在问题】

金融危机使山西省的塑料行业也受到了一定的冲击，特别是一些出口产品的企业影响较大。但山西是内陆省份，塑料行业出口企业较少，其他企业冲击不太明显，都能从容面对影响不大。但与沿海发达地区的差距较大，主要表现在工装设备、工艺技术较落后，产品花色品种少等诸多方面。影响本地企业发展的主要因素；

(1) 我省塑料行业企业布局和区域分布、发展不平衡

我省塑料工业比较发达地区主要是以太原、长治、晋城、运城等城市为中心，形成了我省塑料工业的主要产区，规模以上的塑料企业大多集中在这些区域，而且发展势头仍比较强劲。一些县区、乡镇虽也办起了很多民营小型塑料厂。但从规模及产品技术含量上都较小较差，总之，发展不平衡。

(2) 产品结构、生产工艺技术及问题

由于缺乏宏观引导，产品生产中的中低档产品重复、盲目发展现象仍时有发生，高新技术产品的开发不够的情况仍在继续，技术装备相对落后。

(3) 科技投入和开发能力问题

塑料虽然是国民经济中必不可少的重点行业，近年来山西省政府在政策优惠、特殊支撑方面及政府主管部门或行业协调等方面已有了很大改进，2010年山西省经信委、山西省轻工行管办已把塑料行业排为重点发展和扶持产业。但仍显不足。高等院校、科研院所与企业携手引进高新技术或共同开发技术含量高的产品不力，企业的品牌意识还显不够。

(4) 原料生产发展滞后，产品技术进步受限

塑料产业是综合行业，其制品的研发、生产涉及轻工、化工、机械等多个行业，具体涉及到原料、助剂、设备、模具等多个产业。而塑料原料是最重要的环节。我省更是原材料生产弱省，除PVC树脂外，其他均不产，所用原材料主要靠国内外进口。

【发展趋势】

我们山西省塑料行业协会今后要加强自身建设，

充分用好党和政府给我们的各项政策，更好的发挥纽带和桥梁作用，更好的为企业搭建发展平台，实现强强联合，以强带弱；把我们山西的企业做强做大。根据我国塑料发展动向和市场需求、预测，结合我省实际情况，我们及时对塑料产业，特别是行业产品结构进行调整，以省内外市场需求为导向，以“品种、质量、效益”为调整中心，以行业骨干企业为依托，全力推动企业的技术进步。在继续推进总产量增长的同时，着重增强塑料产品的经济效益和科技含量。也更加注重高、精、特殊用途及具有本省特色产品的研发。大力发展与国民经济支柱产业密切相关的新型材料和制品，用高新技术大力改造传统塑料材料和产品。山西省是煤炭重化工基地，结合地方经济特色，塑料工业重点发展方向是：2015 年期间，PVC 树脂产量要力争达到 1000 ~ 1200kt。塑料制品产量突破 1000kt。加强煤矿井下用塑料制品及特种材料产品开发：如：各种矿用钢丝缠绕塑料复合管、矿用给排水管材、管件、采煤顶柱、抽瓦斯管、阻燃抗静电拉伸网、矿用电线、电缆、矿工安全帽、矿用打包条、矿用假顶网、矿用茅杆等以塑代钢产品，以塑代木的矿用产品；超高分子量聚乙烯特种耐磨管材；高科技塑料产品——铝合金衬塑(PP - R)复合管材；循环利用废塑料一次熔融聚乙烯薄膜；环保节能建材；农用塑料制品及包装塑料；再生及降解塑料制品；塑料日用品及医用高分子材料；汽车用塑料等。

我们要努力赶超国际国内先进水平，把山西打造成国家级矿用塑料产品技术研发基地。让我们更多的企业走出去，国内外更多先进企业进入我省、为我们引进、消化、吸收国际先进技术、先进设备开辟绿色通道。同时我们要培育一批代表我省形象、水平、实力的在国内国际有竞争能力的代表性企业和优秀企业家。这批企业，技术上应具备或接近届时国际先进水平和国内领先水平，逐步形成自已的特色和优势。我们必须努力打造更多的名企和名牌产品，赶超国内外先进水平。让全国和世界了解山西的塑料企业，了解山西的塑料产品，为提高我省塑料行业整体水平而努力！

（山西省塑料行业协会　张玉英）

黑龙江省

【基本情况】

黑龙江省目前塑料制品综合加工能力大约是 70 多万吨，规模企业塑料制品的年产量仅为 46 多万吨，占全国的 0.79%，在全国 31 个省市自治区中名列第 19 位。我省有大庆石化、黑龙江华尔化工等国内大型塑料原料生产企业，PE、PP、PS、PVC、ABS 等塑料原料，品种、牌号众多，绝大多数销往外省，缺少深加工增值。企业决策层根据省委、省政府为了积极贯彻实施国家可持续发展战略及振兴东北老工业基地建设，促进我省消费结构和产业结构升级，决定重点支持和培养出医药、化工、塑料等各行业的龙头企业，形成一批具备国际、国内竞争力的企业集团。

根据黑龙江省统计部门 2010 年对全省塑料制品 133 户企业的统计，其中：国有企业 5 户，集体企业 4 户，私企 76 户，股份合作企业 2 户。从业人数 13041 人，制品产量 460866 吨，产值 823908 万元，利税 65999 万元，出口交货值 3358 万元。

我省年销售额在 5000 万元以上的塑料企业有 41 家：大庆庆港塑料有限公司、大庆林港塑胶有限公司、哈尔滨哈轻塑胶公司、哈高科绥棱二塑有限公司、黑龙江齐塑塑料制品有限公司、哈尔滨塑五有限公司、五常塑料有限公司、穆棱市塑料有限责任公司、哈尔滨工业大学五塑实业有限公司、北安市进发塑料制品有限责任公司、黑龙江双峰塑料制品有限公司、哈尔滨华加新型材料有限公司、哈尔滨兰根塑料门窗有限公司、哈尔滨特种塑料制品有限公司等。

【主要产品及重点企业】

（1）农用塑料薄膜：主要生产企业有哈尔滨塑五有限公司、五常塑料有限公司、穆棱市塑料有限责任公司、哈尔滨工业大学五塑实业有限公司。

（2）塑料门窗及节能膜：黑龙江省塑料门窗行业的发展较早，为我省的建设事业做出了很大的贡献。目前已经形成以塑料型材、组装门窗、配套五金件等完整产业链，年产值及相关产值超过 30 亿元，从业人员超过 20 万。其中规模较大的有中大集团、哈尔滨蓝根塑料门窗有限公司、黑龙江美城集团公司、齐齐哈尔鲁宏塑窗型材厂、牡丹江市华安塑料型材有限公司、哈尔滨华加新型建材有限公司和大庆威泰型材有限公司、黑龙江成才塑胶改性新材料总厂。

目前我省的门窗已打进了俄罗斯远东地区，全球经济一体化的大趋势将不断促使我省企业扩大在整个俄罗斯市场的销售渠道，未来产品出口必然呈上升趋势。

节能膜，就目前典型的建筑围护部件而言，建筑外门窗的能耗约占建筑物全部热损失的 30% ~

40%，其中玻璃的热辐射散热占70%，渗漏占15%，窗框占15%。因而增强外门窗的保温隔热性能，减少门窗能耗的同时必须考虑玻璃的能耗，是改善室内热环境质量和提高建筑节能水平的重要环节。建筑玻璃节能膜的应用将赋予普通中空玻璃更高的保温、安全、隔音、消除霜露等功能，是一种多功能性、高技术产品，对于有效利用能源、节约能源、保护环境等方面意义重大，是建筑玻璃应用的发展趋势。主要生产企业有黑龙江成才塑胶改性新材料总厂。

（3）塑料管材：塑料管材的应用领域很大，我省塑料管材生产企业有60多家，生产的管材主要可以分为以下四大方面：

① 建筑用方面：建筑用塑料管材包括室内、外水管和室内外排水管。管材的材质主要有PE、PP－R、PEX、PE－RT、PVC－U、铝塑复合管、玻璃钢管等；室外排水管材包括排污水管材和排雨水管材，管材的材质有PVC－U、PP、PE等。

② 市政建设方面：包括埋地排水管材和燃气管材。埋地排水管材包括排污水管材和排雨水管材，管材的材质有PVC－U、PE、PP实壁和结构壁管，玻璃钢管材。燃气管材主要是城镇燃气管网用管材，材质是MDPE。

③ 工业用方面：包括电力和通讯用的护套管，工业生产中使用的输送液体、气体和液固混合物体的管道。工业用塑料管道繁多，其材质也较繁杂，主要有PE、PP、PVC－U、ABS、UHMWPE和钢塑复合管等。

④ 农业用方面：包括水井、滴灌、微喷灌、渗灌等用管，管材的材质有PE、PP、PVC－U。

目前，我省塑料管材生产能力一直保持高速增长，品种和规格不断丰富，质量不断提高，并呈现向规模化、系列化方向发展。先后开发出了硬质聚氯乙烯管(PVC－U)、聚乙烯管(PE)、铝塑复合管(PAP)、交联聚乙烯管(PE－X)、共聚聚丙烯管(PP－R、PP－B)、钢塑复合管(SP)、ABS工程塑料管等。

主要生产企业有哈尔滨市阿城金大管材厂、哈尔滨特种塑料制品有限公司、哈尔滨百富通、大庆铝塑复合管厂、肇东华澳钢建材有限公司、哈尔滨建筑塑料厂、哈尔滨东光直埋保温管厂、齐齐哈尔佳昌塑料制品有限公司、明水塑料厂、哈尔滨市塑料四厂、黑龙江省兴业管材厂、华诚塑料厂、黑龙江成才塑胶改性新材料总厂。

（4）汽车塑料配件制品：东北是我国的汽车工业重地，汽车占全国的1/4，有我国最大的汽车企业一汽集团，此外，还有哈飞、华晨等重量级企业。而一批为其配套的零部件厂商紧紧分布在主企周围，形成集群式布局，使与之配套的汽车零部件企业获得了巨大的市场空间，带动了我省汽车零部件(包括汽车塑料零部件)的飞速发展。

我省生产汽车用塑料制品的企业有几十家，主要集中在哈尔滨平房汽车零部件产业园区及其周围，其中较有规模的只有哈尔滨哈轻塑胶公司、黑龙江齐塑塑料制品有限公司、北安进发塑料制品有限公司等三、四家。其中哈尔滨哈轻塑胶公司、黑龙江齐塑塑料制品有限公司是为哈飞“松花江”、“赛马”、“中意”、“民意”等车型提供配件，主要产品有保险杠、仪表板、内饰件等；北安进发塑料制品有限公司是为一汽“捷达”、“奥迪”、“高尔夫”等提供配件。这些企业除生产汽车用塑料制品以外，还生产其他塑料产品。其中塑料进气歧管以其重量轻、成本低、性能好等特点迅速取代了金属进气歧管，成为新型发动机的首选，生产企业有黑龙江成才塑胶改性新材料总厂。

（5）塑料包装材料：塑料包装方面具备注塑成型、挤出成型、中空成型、吹塑成型、压延成型、发泡成型、流延成型、复合成型等十几种塑料成型工艺。产品有：编织系列产品、吹塑膜袋产品、共挤复合软包装类产品、干式复合软包装和中空容器等包装用塑料制品。主要生产企业有：哈尔滨隆华彩印厂、牡丹江彩印总厂、黑龙包装公司、北大荒包装公司、哈尔滨塑五公司等。

（6）建筑隔热保温材料：黑龙江省是我国最北部的一个省份，属高寒地区，采暖期长达180天，采暖能耗在全国居于前列。近几年来，我省加大了保温节能住宅建设的力度，外墙保温聚苯乙烯发泡板的用量逐年增加，硬质发泡聚氨脂保温技术刚刚开始推广。目前我省模塑聚苯乙烯发泡板(EPS)生产企业约80家左右，产量约5000t(25万立方米)。挤出发泡苯板(XPS)的企业有大庆石化总厂塑料制品厂(年产6万立方米)、大庆绿福建筑材料有限公司(年产8万立方米)等近十家，硬质发泡聚氨脂有哈尔滨天硕建材工业有限公司等。

【存在问题】

1. 发展速度缓慢。近十年来我省已开始加大对塑料工业的投入力度，引进了一些国内外先进的技术和设备，但是行业的总体装备水平仍然偏低、工艺技术相对落后，产品结构不合理，中低档产品偏多；科技投入不足、开发能力薄弱、具有自主知识产权自行研制的塑料制品较少。

2. 二十年来在激烈的市场竞争中，省内一大批国有、集体企业及后来的个体企业纷纷倒闭，失去了当年的繁荣景象。

3. 在改革大潮中，我省也新建立了不少塑料企业，其性质都是股份制和私有制企业，其特点都是规模小，其产品只能立足本省市场，缺少走出去参与全国竞争的实力和勇气，这与我省是经济属于欠发达地区有直接关系，塑料生产企业规模小、资金积累少，上新项目产品缺少资金，大环境吸引外资能力又较差，尤其塑料行业更是如此。

4. 关于产业链问题。塑料作为一种新材料，在国计民生的许多方面都有大量应用。如汽车等现代运输工具、农业、家电、电子产品等方面的应用量都很大。塑料制品在产业链中，为别人所需，是带动不了别人的句号，因而不能带动其他产业。在我省的经济结构中，汽车工业、大家电，甚至小家电、电子工业、包装行业等领域和南方发达地区相比差距较大，因此影响了塑料制品工业的发展。

5. 市场不规范。外省产品严重冲击我省塑料产品市场，如日用塑料制品，几乎已被外省产品所占领。外省产品有的以水货或废旧塑料为原料，有的在质量上打折扣，价格低廉，对我省冲击很大，尤其塑料建材市场混乱。

6. 全省塑料行业处于无序状态，行业协会管理近乎瘫痪，对于规范企业行为，加强行业管理等无能为力。

【发展趋势】

我省塑料行业也面临更多发展机遇，随着国家西部大开发战略实施，我省经济增长将会长期保持较高水平，加上即将实施的农村土地流转所带来的小城镇化建设，拉动我省城镇基础建设、农业水利、环境保护等领域的投资增长，为我省塑料工业的发展提供了巨大市场空间。鉴于目前我省塑料工业总体处于国内下游水平，加上运输成本、地理劣势等限制条件，未来我省塑料行业发展应立足本省及周边省份市场需求，突出市场导向作用，产品开发应以具有较好市场前景、附加值高的产品为主，形成多品种、小批量、高附加值的多元化的发展模式，避免激烈竞争，同时也要重视新产品应用市场开发，逐步扩展应用领域。发挥我省大庆石化聚烯烃等树脂产品和我省城镇建设及全国粮食基地等方面优势，重点发展农用塑料、塑料建材、塑料包装材料及大型塑料容器、绿色可降解塑料等大类产品，同时希望政府着力治理白色污染，健全塑料回收体系建设，提高废塑料资源利用水平，促进我省塑料回收产业全面升级；大力扶持业内知名企业进行资源整合，向集约化、规模化、名牌化发展，增强抗风险能力，推动我省塑料工业健康可持续发展。

（黑龙江省塑料制品行业协会　邹奇；
黑龙江省塑料研究所　姜振生）

上　海　市

【大事记】

1 月 6 日下午，在上海塑料制品公司四楼会议室召开了上海轻工业工会联合会塑料行业分会成立大会。

1 月 7 日下午，在上海市经济干部管理学院召开了上海市工业经济联合会/上海市经济团体联合会三届六次理事会及四届会员大会暨四届一次理事会。经选举，全国政协常委、原上海市政协主席蒋以任再次当选为上海市工业经济联合会/上海市经济团体联合会会长；本协会会长、中石化上海石化董事长兼总经理戎光道当选副会长、主席团主席；本协会副会长兼秘书长刘景芬当选为理事。

1 月 13 日上午，在本协会副会长兼秘书长刘景芬的带领下，一行三人拜访了上海仁信保险经纪有限公司，公司总经理徐建平和公司信用险部经理李宏等进行了接待。

1 月 13 日，本协会副会长兼秘书长刘景芬应邀出席协会副会长单位——上海普利特复合材料股份有限公司在上海外滩茂悦大酒店举行的上市答谢晚宴。贵公司于 2009 年 12 月 18 日，以股票简称：普利特、股票代码：002324，在深圳证券交易所成功上市，为中小板又添一家成长型的优质新股。

1 月 14 日上午，本协会副会长兼秘书长刘景芬带队一行四人前往位于南汇的业内企业——爱康企业集团(上海)有限公司拜访，受到公司总裁郑立克先生等的热情接待。

1 月 19 日，本协会副会长兼秘书长刘景芬应邀出席业内企业上海生之木建筑科技有限公司年会。上海生之木建筑科技有限公司隶属于中国装饰集团，是 2010 年上海世界博览会指定材料供应商和中国装饰集团、中国中远集团唯一指定的材料供应商。

2 月 3 日下午，大连商品交易所副总经理刘化军、产业拓展部总监姚磊、王莉莉，大连商品交易所上海发展与服务总部段宇飞主任，新湖期货有限公司上海研发中心副总经理冯洁一行就如何在新的一年运用期货工具为行业服务，拜访了上海塑料行业协会。

2 月 25 日上午，刘景芬副会长兼秘书长带领协会一行四人前往上海鑫鹏塑料制品有限公司拜访，受到该公司董事长总经理王德志、常务副总经理李德珊的热情接待。

3月4日上午，本协会副会长兼秘书长刘景芬等一行四人前往宝山工业园地拜访业内企业——上海金大塑胶有限公司，受到公司领导的热情接待。

3月13日下午，在海鸥饭店由上海工业发展咨询有限公司董事长董锡健先生主持召开了"'心尔'低碳材料及低碳系列产品推介发布会"，本协会副会长兼秘书长刘景芬应邀出席。

3月17日下午，在上海中山化工市场三楼会议室召开了上海塑料行业协会工程塑料专业委员会成立大会。上海普利特复合材料股份有限公司、上海金昌工程塑料有限公司、上海日之升新技术发展有限公司等首批26家专委会成员单位出席会议。普利特、金昌和华东理工大学材料科学与工程学院任正、副主任单位；普利特、上海材料研究所任正副秘书长单位。会议审议通过了《上海塑料行业协会塑料工程塑料专业委员会工作条例》。

3月25日上午，本协会副会长兼秘书长刘景芬等一行四人前往美利肯材料技术(上海)有限公司拜访，受到了贵公司市场开发主管谢春平博士、商务总监中国化工部李贵洲博士二位的热情接待。

4月17日，协会副会长兼秘书长刘景芬等人应邀出席在上海金钟华美达广场大酒店举行的"第二届中国国际生物降解塑料应用研讨会"。深圳市塑胶行业协会刘绍然会长、国家环境保护部科技标准司胥树凡司长、本协会刘景芬副会长兼秘书长、中国包装联合会塑料制品包装委员会张春林秘书长等领导分别致词。

由雅式展览服务有限公司主办，中国轻工业联合会－中国塑料加工工业协会、中国塑料机械工业协会、杜塞尔多夫(中国)有限公司、上海塑料行业协会、上海外经贸商务展览公司、北京雅展展览服务有限公司共同协办的世界第三、亚洲第一的「国际塑料橡胶展」第二十四届中国国际塑料橡胶工业展览会「Chinaplas2010」于2010年4月19日～22日在上海新国际博览中心盛大举行。

「2010国际橡塑展」期间本协会协助雅式展览服务有限公司举办了6场"绿色橡塑行业论坛"，以及专业研讨会和《绿色加油站》等同期活动，包括4月20日在展览现场举行的由英国橡胶和塑料研究会/英国塑料联合会举办的「英国塑料行业可持续发展论坛」。

4月20日，英国橡胶和塑料研究协会、英国塑料联合会、中国塑料加工工业协会、上海塑料行业协会联合举办"中英塑料行业发展趋势和英国塑料材料技术的发展现状"大型论坛。

4月21日晚，本协会携业内主要企业及华东六省塑料协会的代表出席了由杜塞尔多夫(中国)有限公司在上海淳大万丽酒店五楼尼罗厅举行的"K2010第十八届国际塑料及橡胶展览会上海推介会"暨晚宴。杜塞尔多夫展览(中国)有限公司行政总裁冯培喜先生在推介会上致辞，并代表2010国际塑料及橡胶展览会的参展商委员会主席莱芬豪舍先生作了推介演讲。

本协会应邀派员出席并参观了于5月11日～15日在上海新国际博览中心盛大举行的第十三届中国国际模具技术和设备展览会。

5月20日上午，协会常务副秘书长刘建国、副秘书长钮贤圭、信息部主任杨忠民及雅式展览服务有限公司张智嘉先生一行四人走访了本协会副会长单位——上海俊尔新材料有限公司。

5月24日下午，本协会常务副秘书长刘建国、副秘书长钮贤圭、信息部副主任李思倩在协会会议室接待了来访的台州市国际会展中心有限公司总经理俞淼女士及其一行。

5月30日下午，由慧聪网主办、本协会作为协办单位的"天工开物 诚信兴商——2009年中国塑料行业十佳企业年度总评选颁奖典礼暨2010年塑料行业高峰论坛"在北京钓鱼台国宾馆隆重举行。本协会常务副秘书长刘建国、信息部副主任李思倩应邀出席。协会副会长单位上海锦湖日丽塑料有限公司、浙江俊尔新材料有限公司，理事单位上海金昌工程塑料有限公司均荣获2009年度慧聪塑料十佳工程塑料企业；副会长单位上海日之升新技术发展有限公司荣获2009年度慧聪塑料十佳助剂企业。本协会常务副秘书长刘建国为2009年度慧聪塑料行业贡献奖获奖企业上台颁奖。

6月10日，本协会一行四人应邀前往上海欧亚合成材料有限公司拜访，该公司朱永茂董事长、傅强副总、殷荣忠副总等领导热情接待了协会人员。

6月29日～7月1日，协会副会长兼秘书长刘景芬及全市80余家行业协会秘书长参加了第一期上海市行业协会秘书长能力建设培训班。

6月30日下午，本协会支部党员参加市工经联党委系统庆祝中国共产党成立89周年暨表彰先进大会，我协会党支部再次荣获先进党支部称号。

7月8日上午，2010年度上海塑料行业专业技术人员职称申报工作专题会议在协会会议室召开。

7月22～24日，协会党支部为纪念我党成立89周年，进行革命传统教育，组织全体党员、要求入党的同志及工作人员参加"延安红色之旅革命传统教育"活动，参观了杨家岭、王家坪、枣园革命旧址。

7月29、30日，由上海科技技术开发交流中心和桐乡市人民政府在浙江桐乡联合举办"接轨上海，服务企业，创新桐乡"科技合作交流大会。上海塑料行业协会为帮助桐乡企业解决技术难题，携同会员企业上海化工厂罗店分厂厂长王庆明、上海美善塑胶有限公司副总经理赵兴鸿出席了科技合作交流大会。

8月10日，在上海浦东淳大万丽酒店，荣格工业传媒有限公司举行了"2010荣格技术创新奖——塑料行业颁奖典礼"。本协会副会长兼秘书长刘景芬应邀作为颁奖嘉宾出席并作为创新奖评审团代表作了"以科技创新为动力 推进塑料行业的发展"的发言。

8月18日上午，雅式展览服务有限公司项目总监梁雅琪小姐等工作人员来访协会。

8月25日，在本协会会议室召开了2010年上海塑料行业技术职称专家评审委员会会议。会上，上海塑料行业专业技术人员职称资格认证工作委员会主任刘景芬作2010年上海塑料行业协会开展业内技术人员职称申报工作情况介绍和初、中级职称预审工作情况的报告，并完成了相应评审工作；上海塑料行业专业技术人员职称评审专家委员会主任杨忠民就2010年高级职称各申报人员的主审论文和业绩报告，以及个人总体情况、申报资格审查等作介绍，与会专家按照评审办法和评审的各项标准和程序进行了严格审定。

8月26日，大连商品交易所、上海塑料行业协会在上海浦东假日酒店联合举办"2010塑料行业(上海)投资高峰论坛"。本协会组织了上海乃至长三角塑料业内企业40余人出席了本次论坛。协会副会长兼秘书长刘景芬代表主办方致词，并主持以"目前塑料价格走势、未来行情分析与展望"为主题的沙龙活动，及论坛总结发言。

9月3~5日，第十届中国塑料交易会在浙江台州市国际会展中心隆重举行。本协会作为支持单位，副会长兼秘书长刘景芬等一行五人应邀出席「第十届中国塑料交易会」开幕式并参观展会。

9月6日下午，雅式展览服务有限公司朱周肖馨总经理、彭华副总经理等一行三人前来协会拜访。

9月7日上午，本协会副会长兼秘书长刘景芬等一行四人应邀前往上海市徐汇区乐德塑料制品厂拜访，受到邬大为总经理助理等人的热情接待。

9月8、9日，由上海塑料行业协会和上海轻工业工会联合会塑料分会联合主办的"聚丙烯塑料后加工技术培训班"顺利举行。本次培训班系本协会首次举办，由于事前筹备细致、认真，取得了很好的效果。培训班的举办得到了中石化上海石化股份有限公司、上海轻工业工会联合会、上海塑料制品公司、美利肯商贸(上海)有限公司和上海塑料制品工业研究所等单位的大力支持。

9月28日上午，在本协会会议室召开了上海塑料行业协会党支部大会，协会6名党员全部出席(1名预备党员)。会议由协会支部书记储萍华主持，讨论李思倩同志入党问题；学习讨论"关于深入开展创先争优活动的实施方案"。

10月13日，中国民(私)营经济研究会、中国民营企业家协会、上海市工业经济联合会、世界成功华人协会、中国低碳行动联盟联合主办的"中国民营企业家看世博暨民企低碳转型高峰论坛"在上海国际会议中心隆重举办。本协会副会长兼秘书长刘景芬、副秘书长钮贤圭应邀出席，并组织了7家民营会员企业参加了论坛。我们希望通过此次论坛，让低碳理念、低碳技术、低碳责任在上海塑料行业中付诸行动。

10月15日，中共上海市经济和信息化工作委员会、上海市经济和信息化委员会、上海市总工会、上海市经济团体联合会联合主办"我为节能减排献一策"活动推进会在上海市能效中心三楼会议室隆重举行。本协会和所属会员单位7家企业参加了本次会议。

10月20日晚上，协会常务副秘书长刘建国、副秘书长钮贤圭出席由英国橡胶和塑料研究协会在虹桥开发区夏池举行商务工作酒会。

10月21日下午，上海市社会团体管理局在上海双拥大厦召开了上海市行业协会负责人会议。本协会副会长兼秘书长刘景芬与全市200多家行业协会负责人参加了会议。

10月28日，本协会刘景芬副会长兼秘书长一行四人拜访了弘泰(中国)属下的上海弘泰塑胶工业有限公司，受到该公司执行董事潘俊良、总工程师陈璋荣的热情接待。

11月8~10日，中国国际新材料工业展览会暨第七届中国玻璃纤维复合材料展览会在上海光大会展中心隆重举行。雅式展览服务有限公司董事长朱裕伦先生在揭幕式上致辞，并与上海塑料行业协会副会长兼秘书长刘景芬和上海市新材料协会副理事长兼秘书长徐龙敏一起为展会剪彩。

11月11、12日，协会组织20余家会员单位及业内企业赴江苏泰兴联成塑胶有限公司60万吨PVC生产基地进行考察交流活动，召开了"上海塑料行业协会PVC专业委员会会议"。受到江苏省泰兴经济开发区管委会等领导的热情接待，中国精细化工(泰兴)开发园区管委会领导介绍了园区情况及招商引资项目、政策等。

11月23日，本协会向上海市工商局上报，推荐维龙(上海)包装工业有限公司、禹辉(上海)转印材料有限公司、上海市合成树脂研究所、上纬(上海)精细化工有限公司四家企业为“上海市著名商标”。

11月30日，经上海塑料行业诚信企业创建办公室推荐，上海市企业诚信创建活动组委会审核，本协会有40家会员单位分别荣获上海市二星级诚信企业、上海市一星级诚信企业、上海市诚信企业和上海市诚信创建企业。

11月30日，上海市JJ小组活动指导委员会办公室、上海塑料行业协会、上海轻工业工会联合会塑料分会联合举办“上海市节能减排JJ小组活动相关操作知识培训班”。本协会组织了50余人参加此次培训，副会长兼秘书长刘景芬致辞。

12月2日，上海塑料行业协会四届四次会员大会暨理事会会议召开。会上，对荣获2010年度上海塑料行业名优品牌的企业及2010年度上海市诚信企业颁发了铭牌和证书，并进行了行业名优品牌、职称资格评定、诚信创建企业代表交流发言。

12月8日，由中国香港雅式展览服务有限公司主办、本协会协办的「2011国际橡塑展」上海推介会及工作会议在上海古象大酒店举行。上海市塑料用家协会、塑料业内骨干企业及华东六省、台州市塑协领导出席。

12月17日，由上海市社团管理局、上海市经济团体联合会在上海双拥大厦三楼大会议室举办了“上海市行业协会发展论坛”。本协会副会长兼秘书长刘景芬与全市近180家行业协会会长/秘书长出席了本次论坛。

12月23日上午，本协会秘书处全体人员接待了市经团联/市工经联副会长孙环葆携经济团体部何蓓蓓工程师来协会调访。孙会长充分肯定了上海塑料行业协会这两届所做的开拓性的工作，并对今后的工作提出了指导性意见。

12月24日上午，协会副会长兼秘书长刘景芬带队前往青浦城区拜访会员单位——上海众杰塑料制品有限公司。

12月29日，2010上海轻工业工会联合会塑料行业分会会员大会在上海塑料制品公司会议室召开。上海轻工业工会联合会副主席姚志贤，上海塑料行业协会副会长兼秘书长刘景芬，以及塑料行业分会21家会员单位的工会主席出席会议。会议由塑料行业分会工会主席张智红主持。

【基本情况】

1. 上海塑料行业协会概况

上海塑料行业协会成立于1990年2月，系本市塑料行业同业企业及其他经济组织自愿组成的跨部门、跨地区、跨所有制的非营利的行业性社会团体。涵盖石化、化工、轻工、机电、建材等系统的国有、民营、合资、独资企业和相关高校、科研院所，覆盖五大专业领域：树脂塑料、塑料制品、塑料助剂、塑料模具、塑料机械、塑料流通等完整的塑料产业链。

协会下设PVC制品专业委员会、塑料包装专业委员会、工程塑料专业委员会和技术咨询部，建有专业网站《上海塑料网》、定期出版《上海塑料通讯》月刊。

本届会长单位：中国石化上海石油化工股份有限公司。目前会员单位216家，在会员中除了塑料原料生产企业：中石化上海石化、高桥石化、上海氯碱化工股份有限公司等企业为国有控股企业，及上海相关大专院校等科研院所属国有外，从事塑料制品、塑料助剂、塑料模具和塑料机械等绝大多数企业均为民营企业，约占整个行业80%以上，例如：上海普利特复合材料股份有限公司、上海日之升新技术发展有限公司、上海杰事杰新材料(集团)股份有限公司、上海南翼包装有限公司、上海力卡塑料托盘制造有限公司、上海生之木建筑科技有限公司、上海斯瑞聚合体科技有限公司、上海派瑞特塑业有限公司、上海三承高分子材料科技股份有限公司、上海心尔新材料科技股份有限公司等民营企业已发展为业内的龙头企业。

本协会以服务会员单位及业内企业为宗旨，认真落实“服务、协调、维权、自律”的职能，积极开展行业调研、信息交流、技术咨询、会展服务、品牌培育、诚信建设、职称评定、专业技术培训等工作。

2010年本协会再次荣获上海工业系统“先进行业协会”和“先进党支部”及“优秀诚信企业创建办公室”等光荣称号。

2. 上海塑料行业概况

上海作为国际大都市、国际金融中心，技术含量低、经济附加值低的民用一般的塑料制品制造业已被渐渐淡出，而同时也因为其国际都市的魅力，国内外塑料业内领先企业纷纷抢滩，得益于这一优势，先进塑料新材料的研发，依附于各类先进制造业应用的高附加值塑料制品与上海支柱产业一同进入上升的发展通道。

上海处于创新驱动、转型发展阶段，上海塑料制品2010年产量为2044kt，占全国比例3.5%，其中，塑料薄膜364kt，占全国比例4.6%；塑料板、片材227kt，占全国比例6%；塑料管及其附件239kt，占全国比例2.8%；塑料条、棒、型材31663t，占全国比例1%；塑料丝、绳及编织品32219t，占全国比例0.5%；泡沫塑料110kt，占全国比例5%；塑料人造革、合成革67230t，占全国比例3%；塑料包装箱及容器376kt，占全国比例11%；日用塑料制品185kt，占全国比例2.9%；其他塑料制品420kt，占全国比例3%；塑料树脂及共聚物3610kt，占全国比例8.3%，其中，聚乙烯树脂1670kt，占全国比例17%；聚丙烯树脂838kt，占全国比例9.2%；聚氯乙烯树脂363kt，占全国比例3.2%；聚脂1296kt，占全国比例10.9%；塑料加工专用设备19301台，占全国比例5.5%。

【重点企业】

序号	单位名称	地　址	联系电话	主要产品
1	中石化上海石油化工股份有限公司	金山卫金一路	57941941	塑料、化纤、化工原料等
2	上海汤臣塑胶实业有限公司	浦东合庆凌白公路865号	58972068	PVC管、管件
3	上海心尔新材料科技股份限公司	奉贤泰日大叶公路6133号	57586000	降解母粒、塑料浓缩色母粒等
4	上海鑫鹏塑料制品有限公司	嘉定区徐行镇宝凤路198号	69136511	塑料粒子、制品等
5	上海氯碱化工股份有限公司	龙吴路4747号	64342640	塑料、碱、化工原料等
6	上海南翼包装有限公司	石化地区临桂路2853号	57946859	吨装袋、编织袋、打包带等
7	中石化上海石油化工股份有限公司塑料部	金山卫纬二路143号	57943160	聚乙烯、聚丙烯、农膜
8	中石化化工销售华东分公司	延安西路728号华敏翰尊国际大厦	32124688－19101	塑料、化工原料等
9	上海日之升新技术发展有限公司	闵行沪闵路3078号	51083277	工程塑料、改性塑料
10	上海中山化工市场经营管理有限公司	中山北路2299号	62148777	市场服务
11	上海普利特复合材料股份有限公司	青浦工业区新业路558号	69210096	PC/ABS合金系列、改性ABS、PP、PA系列等
12	上海塑料制品公司	定西路739号三楼	62811022	各类塑料制品
13	雅式展览服务有限公司	北京朝阳区北三环东路6号中国国际展览中心1号馆4层312室	010－51293366	会展服务等
14	上海新上化高分子材料有限公司	浦东新区新场镇新场工业园区新瀚路55号	65193960	聚酯薄膜、电缆料、氟制品、注塑、离子膜等
15	上海白蝶管业科技有限公司	奉贤金汇镇明星村799号	57586927	PPR管、管件等
16	中石化上海高桥石油化工公司	浦东大道3000号	58711001	油品、塑料、化工原料
17	上海天原集团胜德塑料有限公司	龙吴路4747号	62561049	汽车、家电等工程塑料注塑件
18	上海华伟塑胶有限公司	青浦区新胜路399号	59228122	日用工业用塑胶制品、配套电器五金零件
19	爱康企业集团(上海)有限公司	浦东新区新坦瓦公路828号	68155413	PP－R管材管件
20	上海樱宝塑胶软管有限公司	嘉定江桥工业区高潮路309号	59143939	各种塑胶软管
21	上海爱思塑料制品有限公司	南汇沪南公路8948号	58182194	箱包塑料制品、箱包配件等

续表

序号	单位名称	地　址	联系电话	主要产品
22	上海三承高分子材料科技有限公司	松江区佘山天马经济区新宅路668号	57663735	功能母粒、树脂改性材料等
23	上海紫日包装有限公司	闵行颛兴路899号	64426588	塑料防盗瓶盖
24	上海力卡塑料托盘制造有限公司	金山区漕泾镇共建路128号	67251106	塑料托盘、垃圾箱等
25	上海锦湖日丽塑料有限公司	闵行华漕镇纪高路1399号	62969608	ABS、AES、ASA及热塑性弹性体等
26	上海欧亚合成材料有限公司	闵行万源路88号	64803347	酚醛模塑料、氨基模塑料
27	上海金菲石油化工有限公司	金山区卫三路99号	57958866	高压聚乙烯
28	上海金山星星塑料有限公司	金山区金山卫镇板桥西路2299号	57260372	三合一编织袋、PP、PE蓬布、沙滩布
29	上海仪表塑料件有限公司	松江区九亭镇恒江路58号	67690015	仪表塑料件
30	维卡塑料(上海)有限公司	松江新桥工业分区民益路39号	57686111	型材、塑钢门窗等
31	上海金浦塑料包装材料有限公司	金山区卫二路140号	57956554	BOPP膜
32	上海市塑料制品工业研究所	浦东王桥开发区利航路468号	58380108	保鲜膜、PVC输血管、PVC跟踪粒料等
33	延锋伟世通汽车饰件系统有限公司	钦州北路1001号	24015370	轿车塑料饰件
34	上海杰事杰新材料股份有限公司	闵行北松路800号	64900066	工程塑料、改性塑料
35	上海市徐汇区乐德塑料制品厂	松江新桥镇申徐路2号	57475115	塑胶日用品
36	华德塑料制品有限公司	宝山区城市工业园区振园路269号	36162626	汽车塑料件、反射器类产品
37	上海风华塑料制品有限公司	曹安路4988号	59592363	汽车、家电塑料注塑件
38	禹辉(上海)转印材料有限公司	嘉定区兴贤路599号	39538468	包装膜印刷等
39	上海俊尔新材料有限公司	青浦工业园区新胜路379号	59228515	A6、66、PP、PC、PBT、TPE
40	上海金昌工程塑料有限公司	金山区卫二路8号	57930720	改性聚丙烯
41	维龙(上海)包装工业有限公司	奉贤奉浦开发区环城北路688号	57436288	BOPP薄膜系列产品
42	华东理工大学华昌聚合物有限公司	梅陇路130号352信箱	64253377	防腐蚀树脂(乙烯基树脂)
43	上海国嘉塑化有限公司	甘河路8号17D室	55394989	销售塑料原料、制品及化学危险品等
44	上海天马精塑有限公司	松江工业区东区大道456号	57742451	加工精密塑料件、日用塑料制品
45	上海伊士通新材料发展有限公司	东方路800号宝安大厦16楼	50582666	改性合成树脂、改性塑料
46	上海长隆塑胶制品有限公司	青浦外青松公路3547弄226号	57942299	塑料地板
47	上海三乐高分子材料有限公司	金山区浦卫公路16393号	57246262	聚丙烯专用涂膜料/编织袋专用中缝料等
48	上海人民塑料印刷厂	朱行路55号	64760855	塑料印刷、包装、装潢膜等
49	上海派瑞特塑业有限公司	金山区亭林镇兴工路1号	57230990	塑料托盘、周转箱、吹塑桶、模具等

续表

序号	单位名称	地　址	联系电话	主要产品
50	上海上塑控股(集团)有限公司	奉贤青村镇青港经济园区上塑路88号	57567890	塑料管材、电线电缆等
51	上海生之木建筑科技有限公司	奉贤区金钱公路4708号	57599669	室内门及其配套产品
52	上海纳尔数码喷印材料股份有限公司	浦东新区新场工业园区新瀚路26号	38015566	数码喷印材料、车身贴、单透膜等
53	上海长伟锦磁工程塑料有限公司	宝山城市工业园区圆光路228号	36307819	改性工程塑料
54	上海氯威塑料有限公司	龙吴路4747号	64345560	大口径PVC管
55	上海华谊聚合物有限公司	上海市化学工业区水银河路168号	67121133	车体ABS系列产品

【发展趋势】

坚持落实科学发展观，紧紧围绕上海市委、市府所确定的各支柱产业，特别是航天、核能工程、海洋工程、风电、世博园区的后续开发利用、城市轨道交通建设等重大工程、重点工程，研发生产所需的新型工程塑料树脂、塑料合金、改性复合材料；建筑及装饰材料、汽车零部件及内外饰件、电力电子和通讯工程中的电线电缆、光缆等新型材料。依靠科技进步和技术创新，不断提高产品的技术含量；推进行业名优品牌建设；注重资源节约和回收利用；向绿色生态、节能低碳、多元化、高端化发展，努力赶上发达国家的水平。

塑料在家用电器、汽车、电线电缆、电器、包装行业、化学建材、医疗领域的应用越来越广泛，用量将继续快速增长，值得关注的是塑料在航空航天、核能工程、海洋工程、风电工程等高端和新兴产业领域，新型高分子材料、高分子复合材料、特种合成树脂等的应用将有着巨大的发展空间。上海是塑料行业应加快发展方式的转变，抓住机遇，调结构、上水平，抢占制高点。

【十二五发展重点】

1. 重点发展新型高分子材料

聚酰亚胺系列、聚酰胺系列、聚甲醛系列、丙烯酸酯类、聚碳酸酯类、高分子压电材料、高分子液晶材料、导电高分子材料、水相法氯化聚氯乙烯CPVC、本体法ABS、聚烯烃树脂专用料、聚乳酸PLA、有机氟材料、有机硅材料、特种功能性膜等。

2. 增加合成树脂的品种和产能

中石化上海石化股份有限公司现有1#乙烯装置拟在“十二五”期间扩建增能600～800kt/a，整体乙烯产能将达1500kt/a；上海石化塑料事业部将增建200kt/a EVA装置和300kt/a PP装置。

上海华谊集团所属上海华谊聚合物有限公司自主研发建设的我国首个200kt/a连续本体法ABS树脂装置也将整体建成。

菱优工程塑料(上海)有限公司拟在上海化工区建设80kt/a聚碳酸酯项目，该装置预计于“十二五”初期正式投产。

赢创工业集团已在上海化工区开工建设其甲基丙烯酸酯一体化生产基地。这一全球领先的综合型生产基地在“十二五”初期建成后，每年将生产100kt甲基丙烯酸甲酯，此外还生产甲基丙烯酸、甲基丙烯酸盐、氢氧基酸酯、特种单体、聚甲基丙烯酸酯聚合物以及热塑性甲基丙烯酸树脂。

位于上海化工区的华东理工大学华昌聚合物有限公司新基地，有望在“十二五”期间其乙烯基酯树脂年总产能达38kt，可用于高速铁路的高强度、高弹性的“高铁树脂”，用于风力发电机叶片制造的“叶片树脂”，用于海底光缆通讯的“光纤树脂”，用于核能发电的耐核辐射的“核纯树脂”等。

3. 塑料制品业界，继续倡导绿色制造、低碳经济、循环经济、环境保护等先进理念。

4. 继续推进实施品牌战略、人才高地建设和企业诚信建设。

（上海市塑料行业协会　刘景芬）

浙　江　省

【概述】

浙江省塑料加工业始于1958年，至今已有53年的历史，全省有乡及乡以上规模企业3300余家，职工约32余万人。此外，个体和家庭式加工厂3.2万家以上。目前全行业塑料制品加工能力已超14000kt/a，2010年规模企业塑料制品产量915.557余万吨，占全国塑料制品总量的15.7%，居第二位。

【2010年完成各项指标】

1. 据统计，2010年，全行业500万元以上的企业共3300家，完成销售收入1739.58亿元，比上年增长15.30%，；实现利税139.17亿元，同比增长14.6%，其中，利润85.24亿元，增长16.20%；工业总产值1800.10亿元，比上年增长16.50%，增幅比2007年下滑5.48%。新产品产值287.37亿元，行业发展趋稳。

2. 2010年规模以上的企业，完成塑料制品总产量9155.7kt，同比增长12.8%；其中；塑料薄膜2277.0kt，增长11.5%（农膜：106.8kt，比上年增77.1%）。

【主要成效】

1. 工业总产值、制品产量保持了双增长

全行业工业总产值从2005年的816.56亿元增长到2010年的1800亿元，增长120.4%，年均递增15.52%；“十一五”。浙江塑料行完成经济情况详见表1。

制品产量从2005年的4396.8kt增长到2010年的9155.7kt，增长108.2%，年均递增为15.6%；“十一五”浙江塑料行完成制品产量情况详见表2。

2. 全行业规模企业利税创新高

全行业规模企业利税，从2005年的66.87亿元增至2010年的139.17亿元亿元，同比增长2.08.倍，年均递增15.11%，其中，利润从2005年42.97亿元增至2010年的85.24亿元，同比增长98.20%，年均递增14.85%，全员劳动生产率从2005的32.45万元/人·年上升到2010年的56.25万元/人·年；年均递增12.75%。

3. 固定资产净值同比增加

全行业的固定资产净值平均余额从2005年的171.45亿元上升到2010年的450.12亿元。增长162.5%，年均增长18.56%。

4. 名牌产品增加

至2010年累计获浙江省名牌产品52个，比“十五”累计数增加15个，累计获中国名牌10个，同比增加10个。

5. 塑料制品进出口交货值有所增加

2005年进出口交货值179.58亿元，2006～2007年行业呈现快速发展，出口形势良好。受经济危机的影响，2008年出口交货值319.82亿元，增幅比2007年下滑25%，2009年出口交货值283.91亿元，比上年下滑36.6%，2010年256.12亿元，继续下滑，比2005年增长42.55%。

6. 内销市场同比有所拓展

由于出口下滑，企业寻找更广泛的国内市场发展空间。在国家出台的一系列刺激内需的政策推动下，内销市场有所上升，内销同比增长20.1%。

7. 产品技术含量有所提升

进入21世纪以来，由于加快了技术改造的步伐，提高了全省塑料制品的技术含量，使各类塑料包装制品、工业制品、农用塑料、化学建材和日用塑料制品的应用领域不断扩大，新技术、新材料应用不断增多；生物降解等新兴产业也开始起步，发展前景可望。

8. 产品结构调整有所进展

经过“九五”、“十五”、“十一五”期间的产品结构调整，我省塑料制品加工业已从过去的以农用、日用、低档包装和工业用普通塑料制品为主转向以包装、工业用塑料制品为主体，化学建材制品和工程塑料为新的增长点，其他品种并举的产品格局，功能化、高性能、高附加值和高技术含量的产品同比有所增加。

9. 行业格局有新变化

五年来，企业生产规模有所增大，竞争力日趋增强。随着社会主义市场经济的不断深入，我省塑料行业的经济格局发生了较大的变化，集体、三资、乡镇、私营、股份制企业发展迅速，生产规模逐步扩大。形成了由国有、集体、乡镇、私营、股份制、三资企业组成的多种经济成分共存的格局。

10. 中国级制品生产业基地增多

被命名为中国塑料基地继续增加，十一五期间行业被中轻联、中国塑协组织专家组考核评定温州的“人造革、合成革之都”、“中国塑料薄膜”、“中国塑编“都”三大塑料塑料生产基地。2009、2010年又增加宁波的“中国工程塑料之都”、温岭的“中国日用塑料城”、永嘉的“中国塑料丝带之都”三个中国级的产品名城。提高了这些产业集群的知名度及行业示范效应。

11. 新兴高分子产业正在崛起

（1）浙江一些企业看到生物质降解塑料所带来的好处和市场前景，目前发展这一产业的热情颇为高涨，纷纷投入人力、资金进行这一新产品的研发生产。早在2006年12月，中科院宁波材料技术与工程研究所和浙江华发生态科技有限公司签署了《生物质降解塑料合作意向书》，希望通过解决生物降解塑料加工技术这一瓶颈问题，带动浙江省生物降解塑料产业快速发展。

浙江作为塑料加工业大省之一，在生物质降解塑料产业化进程中最为人关注。宁波天安生物材料有限公司、浙江天禾生态科技有限公司、浙江海正生物材料有限公司、浙江华发生态科技有限公司等国内几家较早从事生物质降解塑料生产的企业，纷纷加快提升产品性能和品质步伐，使品种开发更加多样化，产销量也迅速增长。浙江天禾生态科技有限公司是一家国家级高新技术企业，其自主研发的生物基全分解包装材料技术，以玉米淀粉及其他农产品为主辅原料。浙江海正生物材料有限公司在建成30吨/年聚乳酸树脂中试生产线后，目前正在扩产，欲使规模达到年产5000t。此外，这家公司还成立了塑料制品研究所，已开发出10多个品种，并出口日本。

(2) 建成全国最大规模的再生塑料产业基地。

浙江慈溪桥头镇的浙江再生塑料产业基地建设正在紧锣密鼓地进行。该产业基地一期总投资4亿元、总建筑面积为17万平方米，于2010年年底竣工。

该项目投产，将真正实现“废物资源化、生产清洁化”，并成为国内最大规模的再生塑料产业基地。目前，该项目已被列为商务部第二批再生资源集散市场建设试点单位、国家级循环经济试点示范基地、浙江省循环经济“991行动计划”重点项目和宁波市循环经济示范园区。浙江再生塑料产业基地一期建成后，再生塑料及相关产品的年交易额预计可达到40亿元以上，二期建成后每年总交易额预计在60亿元以上。

总之，“十一五”期间，面对国际金融危机，加上连年国际油价暴涨，塑料原材料价格飞涨、电力供应紧张、人工费及职工福利费提高的严峻外部因素和动荡不安的周边国际经济环境，全省塑料制品加工行业在生产经营中遇到前所未有的困难、承受了巨大的压力。经受了严峻的考验。通过全体干部、职工、广大的科技人员的共同努力和艰苦奋斗，全行业仍然取得了较好的成效，运行基本正常，达到了预期的经济增长目标。

表1 “十一五”浙江塑料行业完成经济情况表

项目	单位	2005年	2006年	2007年	2008年	2009年	2010年
1. 统计单位数	个	2115	2654	2888	2880	2925	3300
其中：亏损企业	个	158	234	167	441	375	351
2. 产品销售收入	亿元	791.992	1123.43	1421	1497.48	1507.65	1739.58
3. 利税总额	亿元	59.83	69.4321	85.07	103.93	121.39	139.17
其中：利润	亿元	39.1	48.321	51.39	64.62	73.32	85.24
4. 亏损企业亏损额	亿元	1.093	1.954	2.56	4.28	1.21	3.11
5. 固定资产实净值	亿元	171.45	245.21	276.53	315.35	346.24	450.12
6. 资产总值	—	358.241	432.321	496.605	636.6	724.99	905.25
7. 固定资产投资总额	亿元	55.12	68.986	40.28	40.33	44.23	74.25
其中：用于技术改造	亿元	31.25	32.12	32.02	37.46	28.65	42.24
8. 工业总产值(现价)	亿元	816.56	14	1459.14	1498.65	1544.3	1800.1
工业总产值递增/%			47	21.5	2.6	3	17.39
9. 从业人数	万人	25.45	26.321	28.4524	32.2345	32.19	32.51

表2 “十一五”浙江塑料行业完成制品产量情况详见下

产品名称	单位	2005年	2006年	2007年	2008年	2009年	2010年
塑料制品总计	kt/a	4396.8	5552.5	7661.2	8052	8115	9155.7
比上年增	%	17.6	19.11	20.48	5.05	6.6	12.8
总计中：塑料薄膜	kt/a	1012.1	1316	1637.2	1721.6	2041.7	2277
其中：农用薄膜	kt/a	45.5	32.7	46.7	44.4	60.3	106.8
塑料板片材	kt/a	155.1	282.7	458.3	467.7	285.1	323.9
塑料棒、条、型材	kt/a	2008年及以前均归入塑料棒、管异形材或其他塑料内				377	380.2
塑料管及管件	kt/a	320.7	495.7	616.6	918.7	973	1053.7
塑料丝及编织制品	kt/a	374.7	411.4	466.7	482.7	541.9	600.6
塑料人造革	kt/a	324.1	408.5	513.5	410.2	800.3	932.5
合成革	kt/a	124.7	181.4	200.2	270.2		

续表

产品名称	单　位	2005年	2006年	2007年	2008年	2009年	2010年
泡沫塑料	kt/a	21.7	79.6	107.5	116.2	178.4	171.3
塑料包装箱及容器	kt/a	140	221.3	264.7	252.2	383.75	436.6
日用塑料制品	kt/a	614.3	827.7	1043.6	1206.9	1226.6	1304.2
其他塑料制品	kt/a	1118.2	1335.5	2352.9	2205	1370.7	1675.8

【存在问题】

浙江省塑料制品加工业虽然发展速度较快，但与国内先进省份和国际塑料同行相比，还存在一些问题和差距，主要表现在：

1. 产品结构不尽合理

我省塑料制品加工业但总体水平还不是很高，企业生产的产品中，存在低档产品多，高档产品少；日用品多，工业品少；小制品多，大制品少；老产品多，新产品少；通用技术产品多，高档产品、高附加值产品、品牌产品少；工程塑料、高新技术产品等发展缓慢。

2. 重复建设，导致部分产品生产能力相对过剩。

近几年来，塑料行业在扩大生产规模的同时出现了投资过热和重复建设的问题．每年投入的资金达40余亿元，由于对市场又缺乏较全面的了解，盲目超前上目，重复建设，导致某些产品相对过剩，投资收效较差。

3. 区域分布不平衡

东部、南部是浙江塑料生产集聚之地，温州、台州、宁波、绍兴一带，占全省总 产量的65%～70%，浙北、中、西部相对发展缓慢。

4. 全行业总体装备水平与发达国家相比仍有较大差距。

加工工艺技术相对较落后，目前为止，比较先进的设备产能只占20%～30%，(包引进设备)，而且引进设备中存在备件不足，消化吸收缓慢、设备自动化程度低、生产效率欠高等问题。一些高水平的技术，当代先进的装备以及大型全自动、连续、高速、节能型、精密型、特种加工设备等仍需要从国外引进。

5. 企业规模小，管理水平低，经济效益差。

全省近3.5万家生产企业，年产品销售收入在500万元以上的企业只有3300余家，约占全行业的10%，小型企业、家庭企业星罗棋布，技术力量薄弱，装备水平和管理水平低下，产品雷同，档次低，缺乏市场竞争力，造成人力物力资源的浪费。在企业经营和管理方面，为数众多的中小企业仍有没有摆脱传统的粗放型的管理。

6. 资源和市场“两头在外”

本行业作为高分子材料的加工工业，资源和市场“两头在外”，成本大幅上升使企业的盈利空间缩小，加上很多企业缺少自主创新能力，缺少品牌产品，议价能力弱，增加了企业生产经营难度。

7. 科技开发和创新能力薄弱

总体上看，行业技术水平不高，技术力量薄弱，高新技术发展缓慢，自主创新能力差，与国际水平比还存在很大差距，先进技术高新技术主要依靠引进，自主开发创新的很少；高新科技廖廖无几。

【发展趋势】

1. 指导思想

高举中国特色社会主义伟大旗帜，以邓小平理论和“三个代表”重要思想为指导，深入贯彻落实科学发展观，顺应国内外形势新变化，加快结构调整和增长方式转变，走可持续发展的道路；依靠科技进步，自主创新，加强对新技术、新设备、新材料、新工艺、新产品的研发；着力培育大型企业集团，打造品牌产品，积极参与国际市场竞争；注重能源资源节约和合理利用，在能耗降低、废弃塑料回收处置和环境保护等方面有新的突破，为我省和谐社会建设作出贡献。

2. 发展主要目标和方向

(1) 总体发展目标

在今后相当长的时间，我省的塑料工业仍有巨大的市场需求和高速发展前景，但必须依靠科技进步、自主创新以改变我省的塑料工业经济增长由主要依靠生产要素投入和数量扩张带动，向节能和提高效率方向转变，实现产业转型升级，是整个塑料产业实现跨越式发展，由塑料大省向强省迈进的必由之路。

在未来五年(2011～2015)，要推进产业结构优化升级，提高产业技术水平，塑料制品总产量的年递增为9%，工业总产值年均递增长12%，利税年均递增13%；通过五年时间的努力，力争把浙江的塑料行业建设成中国塑料大省和强省。

(2) 经济目标

工业总产值：2015年全行业规模企业工业总产值达到3048.30亿元。

制品产量目标：2015年达到14620.9kt，其中，农膜143.6kt，递增15%。

内需市场目标：要进一步扩大国内市场，特别是农村市场,，要使塑料制品在国内市场占有量达到80%. 在提高产品在国际市场的竞争力的基础上，争取多出口一点。

经济效益目标：“十二五”全行业要把提高经济效益作为重点，力争2015年全行业利税达273.36亿元，平均增长速度为13.6%，其中利润152.64亿元。

全员劳动生产率：“十二五”期末，通过提高劳动生产效率、减员增效，力争全行业全员劳动生产率达75万元/人·年，人均创利税6.35万元/年·人。

固定资产投资：加快技术改造，着力调整产品结构，力争2015年的固定资产净值达1070亿元，年均增长幅度为22%。

节能减排：PVC制品必须使用无铅配方、药品、食品包装、儿童玩具等制品必须使用无毒配方、人造革、合成革制品生产的“三废”必须尽快采取高效吸收、新型分离技术等治理措施。污水率70%以上；减少CO_2排放20%；注塑、挤出等制品要大力推广全闭环伺服系统、电磁感应加热系统、变频马达等新型节能技术，推广率35%，节能达30%。2015年废塑回收量达到4500kt，回收率30%，递增12%。

(3) 技术目标

突出技术内涵，利用当代先进制造技术、高新实用技术，来全面改造传统的制造技术，整体提升，重点突破，发挥比较优势，抓好产品结构调整，促进行业的优化升级；向节能低耗、清洁生产、科学化方向发展。

采用先进的快速成形、高和超高精密度等制造技术、要加强引进技术的消化吸收工作；要实现塑料制品生产过程的数字化、连续化、自动化，高速化、清结化、绿色化技术发展目标。

不断提高产品档次，增加生产高技术含量和高附价值产品。

积极推广应用当代高分子领域的新材料、新技术、新工艺、新装备。顺应国际科技发展潮流，与时俱进。要提高塑料机械和模具的设计与制造技术水平，提升塑料模具、塑料机械等制造业的整体素质，塑料机械和模具制造要采用现代快速制造技术；走数字化、精密化、自动化、集成化、网络化、极端化、智能化、绿色制造和柔性制造之路。

加大创新力度，从单纯“制造”，转向“创造”，不断创造出社会需要的产品应成为企业发展的根本目标。

要反对、限制浪费资源、能源的“老、粗、劣”和“三高一资”产品的生产。为减少环境污染，加强废弃塑料回收处置及降解塑料的研究开发；为了保护臭氧层，必须淘汰消耗臭氧层物质的以CFC－11为发泡剂的泡沫塑料生产技术，实行无氟发泡技术改造。

(4) 结构调整目标

今后五年浙江省塑料行业在制品发展的重点是：农用塑料、包装塑料、生化制品、塑料建材和汽车塑料配件、改性塑料、复合塑料制品及高技术产品。

农用塑料仍是我省塑料制品的领先地位，随着国民经济的发展，高科技、高附加值的工程塑料及复合材料的生产和应用领域将不断扩展；为了减少环境污染，废弃塑料回收利用和降解塑料的研制开发，是塑料工业的发展的重中之重。

3.“十二五”期间，重点发展的产品和技术

(1) 大力发展新型农用塑料；农用是十二五产品发展的重点，优先支持鼓励发展。

(2) 发展大宗塑料制品；包括：塑料包装基材及制品、化学建材制品、日用塑料制品、板、管、片材及异型材、中空及包装箱制品、各种塑料鞋制品、泡沫塑料制品、塑料丝及编织制品、人造革及合成革等等。积极发展工程塑料和改性塑料；大力发展工业配套塑料制品。

(3) 积极研发当代高分子领域的高新产品和技术；特种与功能塑料、医药用、药用塑料、光功能塑料、电功能能塑料、高分子分离功能塑料、热功能塑料、高吸附功能塑料、高分子智能塑料、磁学功能塑料等。

(4) 大力开发应用生物分解材料，大力开展废旧塑料回收再用、大力开发塑木复合制品。

(5) 积极研发塑料薄膜太阳能电池的加工技术。

(6) 开发高技术纤维，如海澡纤维、甲壳素纤维、碳纤维、芳纶纤维、超高分子量纤维、氨纶纤维等以及其他天然高分子材料的加工应用。

(7) 积极研发高性能工程高分子材料的加工技术。

(8) 积极研发木塑复合技术。

(9) 积极推广应用当代高新加工技术。

推广应用新型挤出技术、新型注射技术、新型中空成型技术、新型吹塑成型技术；

(10) 积极推广应用的先进实用技术。

包括：推广应用IMD模内装饰注塑技术及免喷涂高光无痕注塑成型技术、用于模具制造的特种技术、新型环保阻燃塑料制品及聚合物阻燃技术、压延双向拉伸膜技术、拉伸致孔技术和微孔透气薄膜、TPE快速加工技术、光学塑料成型技术、高分子静电纺丝技术、高分子分离膜及膜分离技术、高聚物超临界流体加工技术、超声波废旧塑料清洗技术、“光生态”新型棚膜技术、宽幅在线涂覆薄膜技术、

多功能宽幅农膜生产技术、绿色建材及特种管材生产技术、废塑料改性及综合利用技术及环境友好塑料、动态成型加工及节能技术、拉伸流变塑化新型加工技术、注塑系统的全闭环伺服驱动技术等。

(11) 积极发展生物高分子材料成型技术。

积极研发生物分解高分子材料的加工技术、积极研发海洋生物技术

“十二五”浙江将建成海洋生物资源大省，浙江塑料行业也将为此做好配角，搞好塑料配件服务。积极开展海洋生物高分子材料的应用研究。

【主要措施】

1. 坚持科学发展观，以科学发展为主题落实规划各项目标

在当代中国，坚持发展是硬道理的本质要求就是坚持科学发展。以科学发展为主题是时代的要求，关系到改革开放和现代化建设全局。就是要把科学发展观贯穿到改革开放和现代化建设的各个方面。

2. 坚持把结构性调整作为加快转变行业经济发展方式的主攻方向

要抓住机遇，加快转变经济发展方式，推动产业结构优化升级；推进产品结构调整，做到“四放弃”，即放弃低成本、低价格、低工资、低附加值的发展路子，促进“三提高”即提高自主创新能力、劳动生产率和资源转换率，着力抢占“三个制高点”，即抢占技术制高点、市场制高点和产品价值制高点，构筑现代产业体系；实施“三大战略”，即品牌、标准化和知识产权战略，要努力提高行业整体素质，完善企业管理制度，提高开放型经济发展水平。

实现“三转变”即由以“数量、价格”为主转变为“品牌、质量”为主，由以出口增长为主转变为内销为主和外销并重增长的模式；由以低层次产品为主转变以中高档和高附加价值产品为主；由生产环节向研发和营销延伸，努力向技术进步支撑为主进军，向高附加值领域进军。

3. 坚持把科技进步和自主创新作为加快行业发展的重要支撑

实现全自动化、连续化、密闭化、废料在线自动回收，节约人力物力降低成本，减少废塑料对环境的污染和影响；要采取先进技术开发纳米塑料复合材料和制品、推广改性技术开发高性能塑料高功能塑料，实施通用塑料工程化、高附加值化，要大力开发农业专用塑料，医用塑料，抗菌自洁塑料，环境友好塑料。逐步实现现代化人机对话、节能、高效、机电一体化、实现全数字控制、计算机辅助设计、计算机辅助制造、计算机辅助生产的新型现代化企业方向发展。

淘汰落后工艺，对不符合有关法律法规规定，严重浪费资源、污染环境、不具备安全生产条件的工艺技术、装备及产品等落后生产能力，对一些能耗高、低产出和“三高一资”的设备采取限制和淘汰措施。

4. 坚持把建设资源节约型、环境友好型企业作为加快行业发展的重要着力点。

要狠抓节能降耗，采用低能耗高产出的先进设备，减少人力和能源消耗。

在发展塑料工业的同时，行业将更加注重合理使用资源，注重对环境的保护、注重对材料的综合利用。更加重视废旧塑料制品的回收再用及废旧塑料的科学处理，减少对环境的负面影响。

5. 实施“走出去”战略，面向经济全球化的国内外市场

中国地大物博，但人口多，人均资源很有限，只有大胆地积极地走出去，才能弥补我们国内资源和市场的不足；才能把我们的技术、设备、产品带出去，也才更有条件引进更新的技术，发展新的产业；非洲地域辽阔，自然资源丰富，有着巨大的经济发展潜力。支持要推动有一定实力的企业、公司到非洲开展不同规模、领域广泛、形式多样的互利合作。

6. 发挥区域经济特色，建立塑料集群基地

要调整区域产业布局，发挥区域经济特色，弘扬塑料工业特色区域的质量为根本、诚信为基础、发展为动力、效益为目标，大力树立塑料行业特色区域产品优良形象，起到示范作用、龙头效应和辐射功能。

省内有知名度的龙头企业、骨干企业越来越向大规模化发展，各地区政府主管部门高度重视发展区域特色经济，塑料产业集群日益增多。努力抓好塑料加工行业特色区域经济，大力支持和培育龙头骨干企业，使它成为行业典范，从而引领行业，促进行业健康发展。

7. 重视人才培养

人才是科技进步和经济发展的重要资源，人才是企业立业之本，以人为本、是企业发展的根本，现有技术员工只占全部员工的5%左右，而且多数是初级工，技工、技术员、工程师和高级工程师仅占3%左右。

要重视职工的技术培训，企业要分期分批选送一些骨干到高等院校定向专业培训，要塑造人人学科学、人人学技术、人人学文化的良好氛围，不断提高塑料行业员工整体素质，尽快缩小与先进国家的差距。

浙江塑料行业，将通过5～10年的奋斗将建成为具有较高技术和装备水平；产品结构更加合理、加工技术达到世界本世纪初的水平；产品质量精良；管理水平和技术力量都有明显的提升，成为中国塑料制品生产强省。

（浙江省塑料行业协会　周理水）

温　州　市

【概况】

2010年温州市塑料制品工业全社会完成工业总产值644亿元，同比增长25%；塑料制品总产量406万吨，同比增长12.40%。其中规模企业651家，截至2010年底止，资产总额277.55亿元，同比增长19.85%，完成工业总产值319.656亿元，同比增长25.94%，占全市工业企业总产值的7%；在全市33个行业中列第4位。其中新产品产值16.92亿元，同比增长53.11%；主营业务收入309.09亿元，同比增长23.9%；其中出口交货值28.59亿元，同比增长19.8%；利润总额12.97亿元，同比增长40.97%；全市平均销售利润率为4.196%；利税总额24.10亿元，同比增长19.85%；全部从业人员平均数为78158人，同比增长6.48%；从业人员劳动报酬202278.7万元，同比增长18.9%；塑料制品产量1521.8kt，同比增长12.4%（详见表1、2），产值超亿元企业名单（详见表3）。

表1　规模企业塑料制品各品种产量

品　种	企业数	12月产量/t	同比增长/±%	全年产量/t	同比增长/±%	占市产量/%
塑料制品总计	320	153201	-0.01	1521760	12.45	100
塑料薄膜	44	49607	18.32	475783	12.80	31.27
其中：农膜	2	325	-20.05	3384	-6.68	
塑料板片材	7	1279	-19.45	14121	15.00	0.93
塑料管及其附件	7	1256	48.79	13983	7.07	0.92
塑料条棒、型材	1	82	2.50	782	-10.63	0.05
塑料丝、绳及编织品	134	47555	-11.29	489026	9.72	32.14
泡沫塑料	6	2800	20.95	30804	42.93	2.02
塑料人造革合成革	62	33896	9.44	297832	14.62	19.57
日用塑料制品	9	2281	27.91	21307	43.45	1.40
其他塑料制品	50	14445	-20.50	178122	-19.00	11.70

表2　2010年各县（市）区规模企业产量

序号	地区	企业数	产量/t	同比/±%	占全市/%	序号	地区	企业数	产量/t	同比/±%	占全市/%
1	平阳	128	403236	9.16	26.50	6	开发区	3	17980	5.56	1.18
2	苍南	61	387811	12.36	25.48	7	瓯海	4	7332	-3.64	0.48
3	瑞安	36	366355	14.82	24.07	8	泰顺	1	5782	-6.49	0.38
4	龙湾	62	280889	17.16	18.46	9	鹿城	4	5664	8.17	0.37
5	乐清	19	44571	7.18	2.93	10	永嘉	2	2140	-4.15	0.14

表3　温州市塑料行业2010年产值超亿元企业

企业名称	产值/万元	销售收入/万元	备　注
金田集团有限公司	180212	178592	薄膜类
温州市亚泰进出口有限公司	152539.6	152539.6	原料经营
温州晨光集团有限公司	70907	62871	编织袋
瑞安市东威塑胶有限公司	65115.6	65004	薄膜类
浙江华庆集团有限公司	53517	53384	编织袋
南塑集团有限公司	51606.8	50382.7	编织袋
浙江华滨包装材料有限公司	45794	46510	薄膜类
浙江俊尔新材料有限公司	40000	36760	工程塑料

续表

企业名称	产值/万元	销售收入/万元	备　注
浙江强盟实业股份有限公司	37803	37141	薄膜类
温州银泰化工有限公司	37542	32280	聚丙烯树脂
华泰塑胶集团有限公司	30059	29871	薄膜类
长虹塑料有限公司	29369	28933. 5	尼龙扎带
海特克液压有限公司	28255	25706	液压件
华正塑业有限公司	27394. 6	25138. 7	编织袋
雁峰集团有限公司	26589	26507	塑编机械
佑利控股集团有限公司	25500	25378	管材
煌盛集团有限公司	23667	23383	管材
浙江贤超包装有限公司	23247	22969	编织袋
温州市朗顺进出口有限公司	23000	23000	原料经营
瑞安市塑料薄膜厂	18000	17500	薄膜类
浙江建新塑胶股份有限公司	16980	21482	薄膜类
瑞安市奥华塑胶有限公司	16696	16970	PVC 硬片
浙江经纬集团有限公司	16200	16970	管材
大发强盟实业有限公司	16015	14853	镀铝膜
温州瓯斯达电器实业有限公司	15083	16068	塑料驱蚊器
浙江宏泰电器有限公司	14423. 7	13718	尼龙扎带
广天集团有限公司	13644	13640	编织袋
温州华利集团有限公司	13440	13130	编织袋
浙江佰通防腐设备有限公司	13290	13079	管材
浙江金石包装有限公司	12405	12282	软包装
浙江南方塑胶制造有限公司	11700	11502. 63	酚醛树脂
温州升阳塑业有限公司	11502	10747	编织袋

【大事要事】

中国轻工业联合会召开塑料编织袋等七项加工贸易单耗标准审定会

1月26日至28日中国轻工业联合会在北京铁道大厦召开塑料编织袋等七项加工贸易单耗标准审定会，会议由中国轻工业联合会综合业务部查长全副主任(教授级高工)主持，参加会议的有国家发改委、商务部、海关总署、天津海关、南京海关、大连海关、南昌海关、黄埔海关、青岛海关、广州海关、深圳海关、上海海关及受审的七个产品单耗标准编写者及相关人员企业专家41人参加会议。会议宣布了七个产品评审组长和评审组成员后，接着按序对每个产品出口加工单耗进行评审。

《塑料编织袋加工贸易单耗标准》于26日下午4点开始审定，由田岩主任汇报起草工作报告，塑编专委会高级顾问宋云鹤介绍塑料编织袋加工贸易单耗标准及起草说明，并在会上回答了各评审专家、海关领导对标准内容提出的问题，经专家讨论审查，最后形成了审定意见，通过了审定意见后审定专家组签名于下午5点45分总结结束，《塑料编织袋加工贸易单耗标准》获得顺利通过。

《塑料编织袋通用技术要求》国家标准修订工作第一次制标工作会议在苍南召开

7月7日，《塑料编织袋通用技术要求》国家标准制标工作会议在苍南县国际大酒店聚贤厅胜利召开，参加会议的有中国塑料加工工业协会会长、全国塑料制品标准化技术委员会主任廖正品，全国塑料制品标准化技术委员会副主任兼秘书长陈家琪，山东、沈阳、云南、山西、黑龙江、唐山、江苏、北京、安徽和平阳、苍南县塑编龙头企业50多人参加，苍南县人民政府林森森副县长和苍南县经贸局、苍南县质量技术监督局、苍南县灵溪镇人民政府有关领导到会祝贺。会议由田岩主任主持，首先由林森森副县长致辞，姜集康会长代表中国塑协塑编专委会向大会致辞，中国塑料加工工业协会会长廖正品在会上作了《团结齐心协力，努力制好国标，为塑料编织袋行业健康、规范发展而奋斗》的讲话。

接着，会议由全国塑料制品标准化委员会副主任兼秘书长陈家琪主持，由制标组组长企业南塑企业集团有限公司董事长林增标介绍《塑料编织袋通用技术要求》国家标准修订工作计划(草案)，由到会代表讨论，制标组副组长企业华正塑料集团有限公司副董事长赵伟介绍了《塑料编织袋通用技术要求》制标经费的筹集及管理办法。

第一起草人王永仁高工介绍了《塑料编织袋通用技术要求》修改说明及技术要求主要内容，到会代表按技术要求顺序逐条逐项展开讨论，最后由陈家琪副主任对会议进行总结。

廖正品会长等视察瑞安市塑料薄膜生产企业和温州煌盛集团

7月8日上午，中国塑料加工工业协会会长廖正品和全国塑料制品标准化技术委员会副主任陈家琪一行3人前往瑞安市考察中国塑料薄膜生产基地近年来发展情况，廖会长一行先后考察了浙江鹏威塑胶有限公司、瑞安市东威塑胶有限公司和华泰塑胶集团有限公司，听取了企业负责人的简要汇报，廖会长对他们企业的技术进步表示赞赏。

下午，廖会长一行考察了煌盛集团有限公司，听取了邵泰清董事长的汇报并考察了生产现场，廖会长对公司生产的钢丝增强聚乙烯管表示兴趣，认为这类管材科技含量高、用途广、性能好、用料省在国内将有很好的发展前景，对公司申报国标表示支持。

南方塑胶顺利通过ISO9001:2008版换证审核工作

2010年8月，中国质量认证中心的审核人员莅临浙江南方塑胶制造有限公司进行了为期二天的ISO9001:2008质量管理体系换证审核与监督审核工作，在公司总经理陈永水的带领下，企管部充分准备、各部门协同作战，积极参与，最后圆满完成了此次监督审核及2008版换证审核工作。

俊尔公司在"全国化工科学技术大会"上喜获两项殊荣

10月21日，由中国石油和化学工业联合会组织的全国化工科学技术大会在北京隆重召开。会上俊尔公司荣获2010年度"中国化工行业技术创新示范企业"，公司总经理黄志杰被评选为"全国化工优秀科技工作者"荣誉称号。

浙江金石包装有限公司进入"中国印刷企业100强"

2010年中国印刷企业100强排行榜名单日前在杭州揭晓我协会副会长单位—浙江金石包装有限公司名列其中，我市共有5家印刷企业入选。

我市第一个木塑复合材料生产企业投产

浙江科诚达塑业有限公司11月14日召开该公司研究开发的新产品木塑复合门窗材料产品供需见面会。

木塑材料是世界和国内新推出的新型环保建材，是2008年北京奥运会指定用建材，浙江科诚达塑业有限公司是我市第一家开发该产品的企业，该产品具有优异的性能和良好的发展前景。

廖正品会长带队来温对"中国塑编之都""中国塑料薄膜生产基地""中国合成革之都"进行复评考核

11月12日中国塑料加工工业协会廖正品会长，李国俊常务副会长一行4人来温，根据《关于授予中国塑料加工行业特色区域荣誉称号的管理办法》对我市"中国塑编之都""中国塑料薄膜生产基地"和"中国合成革之都"进行复评考核。

12日下午廖正品会长一行首先对苍南县的南塑集团有限公司和华正塑料集团有限公司进行现场考察，继之在苍南县人民政府八楼会议室召开汇报会，会上苍南县人民政府陈雷副县长首先对廖正品一行来苍南复评考核表示热烈欢迎，苍南县经贸局、质检局、工商局等职能部门领导和苍南县塑料行业协会会长、副会长、秘书长都参加会议，林增标会长代表苍南县塑料行业协会作"实行科学发展观，引领塑编行业健康发展"汇报。考察组宋云鹤、冯庶君、李国俊先后作发言，最后廖正品会长作了全面总结，他认为苍南县塑编行业增长快，节能活动开展的好，品牌建设好，希望苍南县塑编要抓好"十二五"规划的制订，产品要向多品种发展，继续抓好品牌建设，要扩大国际影响，继续努力把苍南县塑编行业做强做大。

12日上午，考察组一行来到平阳，平阳县经贸局上官光满副局长和平阳县塑包协会领导成员在姜集康会长带领下在晨光大酒店欢迎廖正品一行，考察组按照考察程序先到温州晨光集团有限公司和浙江华庆集团有限公司进行实地考察，接着在晨光大酒店召开汇报会，在汇报会上上官局长首先对廖正品会长、李国俊副会长一行到平阳考察表示欢迎。姜集康会长代表平阳县塑包协会作关于"中国塑编之都"复评工作的汇报。考察组宋云鹤、冯庶君先后发言，廖正品会长最后说，宋、冯两位的发言我很赞同，通过现场考察和听了姜会长的汇报，平阳县的"中国塑编之都"称号是当之无愧，要继续发扬区域优势，推动节能降耗，继续为我国塑编行业的发展作出贡献。

13日下午，考察组一行先后到华泰塑胶集团有限公司和瑞安市东威塑胶有限公司，参观了生产现场，然后在华侨饭店会议室召开了汇报会，会议由瑞安市经贸局金少隆局长主持，他首先对廖正品一行考察组到瑞安市复评考核"中国塑料薄膜生产基地”表示欢迎，瑞安市经贸局、二轻联社、瑞安市塑料行业协会会长、副会长、秘书长参加汇报会。会上林锡洪秘书长代表瑞安市塑料行业协会对“瑞安市塑料薄膜行业5年来运行情况”作了汇报。考察组宋云鹤、冯庶君、李国俊先后发了言。最后，廖正品会长作总结性发言，他说：“瑞安市塑料薄膜生产企业为‘中国塑料薄膜生产基地’作出了贡献成绩是肯定的，他对瑞安市塑料薄膜的增长，华泰塑胶集团有限公司的企业整合，高分子研究院的建立，培养人才都十分赞赏。要在现有基础上再提高一步，使“中国塑料薄膜生产基地”发挥更大影响。

俊尔公司董事长陈晓敏荣膺“2010温商十大魅力女性”称号

11月29日，温州香格里拉酒店举办了“温商财富品质”2周年庆典颁奖晚宴暨慈善晚宴。会上俊尔公司董事长陈晓敏获得“2010温商十大魅力女性”荣誉称号。

中国塑协批准温州市继续享受二个荣誉称号

12月8日中国塑料加工工业协会以中国塑协[2010]第199号《关于继续授予温州市为“中国塑编之都”荣誉称号的决定》和中国塑协[2010]200号《关于继续授予温州市为“塑料薄膜生产基地”荣誉称号的决定》，批准我市继续享受以上荣誉称号。

中国塑协孙冬泉副秘书长来温考察

12月14日，中国塑协副秘书长孙冬泉来温了解我市塑编行业、BOPP、真空镀铝薄膜、流延薄膜部分生产企业情况，他先后到金田集团、大发强盟包装有限公司、浙江港发软包装有限公司、温州宇狮真空镀膜有限公司、浙江远大塑胶有限公司、华正塑料集团有限公司、温州升阳塑业有限公司、浙江华庆集团有限公司、浙江中谷塑业有限公司、温州晨光集团有限公司、浙江群力塑料机械有限公司等单位，了解企业今年生产经营情况和近期企业新的发展打算，并与平阳县塑包协会会长、副会长、秘书长交流了塑编行业情况及专委会工作，市协会宋云鹤常务副会长陪同孙副秘书长参观考察了有关单位。

煌盛集团有限公司牵头承担制定国家标准

2010年12月22日，国家标准化管理委员会以国标委综合[2010]87号文下达《关于下达2010年国家标准制修订计划的通知》批准煌盛集团有限公司为《给水用钢丝网增强聚乙烯复合管道》国家标准起草单位。全国塑料制品标准化技术委员会于2010年12月22日以全塑标[2010]95号文下达《标准制修订任务书》给煌盛集团有限公司。“根据国家标准化管理委员会的要求，由你单位牵头承担国家标准计划20101073－T－607《给水用钢丝网增强聚乙烯复合管道》制订项目，项目完成时间2011年”。

【协会活动】

召开会员企业人事工作负责人会议

3月5日上午，在协会八楼会议室召开会员企业人事工作负责人会议，有47家企业52人参加会议，会议传达市人才工作有关政策；研讨温州市塑料行业协会2010年人才工作站年度工作计划；布置2010年职称审报工作有关事宜；同时还发放了2003年至2009年职称评审档案。市人事局陈铃初和潘锦灿处长参加会议并作重要讲话。

协会组团赴沪参观二十四届国际橡塑展

第二十四届中国国际塑料橡胶工业展览会将于2010年4月19日～22日在上海浦东新国际博览中心举行，该展会是亚洲第一，全球第三国际塑料橡胶展，协会抓住时机，积极动员企业组团前往参观，煌盛、金田、强盟、长虹、俊尔、经纬、华滨、华泰、元豪等企业53人由协会宋云鹤、余正光带队前往参观，大家对展会内容反映良好。

协会组团赴中国台湾考察旅游

温州市塑料行业协会一行22人，在余正光秘书长和宋云鹤常务副会长带领下，于5月7日至15日赴中国台湾考察旅游。5月10日下午去中国台湾塑胶工业股份有限公司考察交流，台塑集团为温州塑料行业企业家们这次考察交流活动作了精心的准备，会议首先由台塑工业(宁波)有限公司林振荣总经理致欢迎词，播放了介绍台塑集团公司简况的影像片。

余正光秘书长向台方介绍参加交流的人员，接着由宋云鹤介绍温州行业的简况，并提出来下一步希望与台塑集团合作的建议。台塑集团对温州塑料行业的情况十分感兴趣，并表示最近将派人来温作进一步了解和加强合作。

开展专业职称培训和评审

经协会申请市职称改革领导小组以温职改[2010]10号文批准，于6月8日开始报名，经动员全市有38人报名参加培训，经市考试中心审查后于9月8日到10日进行培训、考试、答辩，经量化评价于9月29日召开专家组会议进行评审，并于9月30日至10月11日在协会网站公示，经公示无异议后于10月12日以温塑协[2010]15号文将评审结果上报，温州市人事局10月15日以温人专[2010]128号文下达《关于公布林贤苗等38位同志具有塑料加工成型中、初级专业技术职务任职资格的通知》。

温州市塑协召开三届三次常务理事会

7月15日上午9时，温州市塑料行业协会在奥林匹克大酒店聚贤厅召开了第三届第三次常务理事会，会议由余正光秘书长主持，会议首先讨论了《温州市塑料制品行业"十二五"规划》(草案)。接着，讨论了有关佑利控股集团有限公司、浙江金石包装有限公司、温州升阳塑业有限公司晋升市协会理事、常务理事、副会长议程，余正光秘书长介绍了三个企业基本情况后，到会常务理事以鼓掌形式一致通过。会上，宋云鹤常务副会长介绍了我市上半年塑料行业运行情况和"中国塑编之都"和"中国塑料薄膜生产基地"复评事宜。邵泰清会长在会上作了重要讲话，有38名常务或代表到会参加会议，大家对我市塑料行业发展充满信心，许多常务理事提出以协会名义向市府提出要求解决行业发展的关键要素土地问题，使我市塑料行业能更好地发展。

市协会召开注塑行业节能降耗技术推广应用会

10月12日上午，市协会与中国塑协塑料配线器材专委会在奥林匹克大酒店二楼希腊厅召开注塑行业节能降耗技术推广应用交流会，会上海特克液压有限公司王宝全副总经理介绍了他们公司开发的专利产品JN电液融合伺服系统结构、性能和在实际应用的情况，接着长虹塑料有限公司代表谈了该公司几年来在节能降耗方面业绩。

宋云鹤常务副会长再三强调了节能降耗的重要性，海特克公司JN电液融合伺服系统经实地使用节能在40%以上，希望各注塑企业要积极开展传统注塑机的改造，同时还进行加热装置的改造，与会同志对海特克公司JN电液融合伺服系统十分感兴趣，纷纷提出咨询，会议为下步企业开展对传统注塑机节能改造创造条件。

市协会召开三届四次会员大会

温州市塑料行业协会于12月15日下午在维多利亚大酒店维多利亚厅召开第三届第四次会员大会，大会由余正光秘书长主持，邵泰清会长作《温州市塑料行业协会2010年工作总结和协会2011年工作计划》的报告，晨光集团有限公司副总经理黄日德作《2010年协会财务收支报告》到会会员一致通过了二个报告；常务副会长长姜集康宣读中国塑协[2010]第199号《关于继续授予温州市为"中国塑编之都"荣誉称号的决定》、常务副会长尤作虎宣读中国塑协[2010]第200号《关于继续授予温州市为"中国塑料薄膜生产基地"荣誉称号的决定》；市人事局陈铃初处长宣读《温州市人事局关于公布林贤苗等38位同志具有塑料加工成型中、初级专业技术职务任职资格的通知》并颁发了证书；佑利控股集团有限公司总经理林华义和浙江强盟实业股份有限公司彭齐飞副总经理作典型发言；常务副会长宋云鹤作《温州市塑料制品工业现状及今后发展趋势的建议》的发言；最后，温州市经贸委游聚森副主任在会上作的重要讲话。

（温州市塑料行业协会　宋云鹤）

温州合成革行业

【概况】

2010年，全球经济逐步复苏，市场转暖，订单增加，但企业面临的困难仍然很多。一是主要原材料树脂、革基布等多次涨价，企业生产成本猛增，压力很大；二是市外许多地区生产能力盲目扩张，供大于求现象突出，价格无序竞争加剧；三是人才仍存在无序流动，用工困难；四是9月份以来限电生产等等。面临上述种种挑战，合成革企业克难攻坚，激流勇进，取得可喜的业绩。2010年全市合成革行业工业总产值128.65亿元，同比增长13.05%，产值超亿元企业59家，比2009年增加11.32%，其中温州人造革有限公司产值超7亿元，产值超2亿元企业有10家。全年的销售总额与工业总产值同步增长，产品销售率达97.75%。

【出口贸易工作】

温州合成革外贸出口延续10年来持续增长的态势，2010年温州合成革外贸出口交货值达3.987亿美元，同比增长31.27%。主要出口到亚洲、北美、欧洲和南美，亚洲占出口交货值总额的53.94%，占温州合成革出口半壁江山。合成革出口产终国排名前五位国家和地区为印度、墨西哥、伊朗、中国香港和韩国。外贸出口产终国达118个，比2009年增加9%。

【中国国际合成革展会】

2010年温州市合成革商会联合中国塑协合成革专委会、德纳展览有限公司于8月27日至29日在温州国际会展中心成功举办2010中国国际合成革展会。我商会组织了庞大展团参展，展位近200个，集中展示了温州合成革行业的卓越风采以及"中国合成革之都"的集群优势和实力。展会还汇聚了200多家来自浙江、福建、广东、江苏等地的合成革及产业链上的知名企业，展位数400多个，成为全国规模最大的合成革专业展会。展会期间，商会还组织了来自德国、荷兰、巴西、日本、斯里兰卡、泰国、埃及、越南等国家40多位外商到温州合成革企业参观考察，让外商和企业家零距离接触，取得良好效果。据不完全统计，本届展会共有一万多人次客商来参观，其中外商2881人次，签订合同287份，其中外商签订合同88份，金额达2亿多元；达成意向协议332份，其中外商意向协议100多份，成果丰硕。

【专业职称评审】

2010年，经温州市职称改革领导小组批准，商会进行第四次合成革专业技术职称评审工作，全行业有110名技术人员报名。经过初审、培训、考试、答辩等环节，经量化评价、行业专家评审并报人事局审核，最后确定56位技术人员具有合成革专业中、初级技术职称的任职资格，有效地缓解了人才紧缺，调动了技术人员工作积极性。

【名师名家评选】

2010年上半年，温州市组织工业行业第二轮“名师名家”评选活动，我行业第一次参加评选工作。经过企业自荐和组织推荐、行业初评、专家联评和媒体公示等严格程序，浙江金大利皮革有限公司董事长、工程师王盟等三位技术负责人脱颖而出，成为温州市合成革行业首批“名师名家”，受到温州市委和市政府的通报表彰。

【行业和企业标准制修定】

8月，中国塑协标准化委员会和人造革合成革专委会在温州召开国家行业标准制定会议，全国各地22家合成革企业专业技术人员参加会议，其中温州8家。温州人造革有限公司起草制定抗菌革行业标准通过专家审查，上报国家相关部门审批，取得业内话语权。原“鞋面用PU革标准”在使用过程中，其测量厚度的仪器只适用于天然皮革，不适用于PU革。商会在9月份组织企业技术人员讨论该标准，并认真修改，经专家组审查后由各企业报辖区质监局备案。

【环保工作】

商会“环保工作自查自纠宣传队”坚持巡查不放松，分三组不定期对企业进行环保工作检查，坚持“告知单”和“反馈单”制度，力促企业加强环保工作的管理和环保设施的完善。龙湾区合成革企业在区环保局指导下，企业的环保意识和社会责任感进一步增强，各企业继续巩固和提高环境治理的成果，努力实现经济发展与环境相协调。在商会和企业的努力下，全行业全面开展后环评工作，至年底龙湾区已有48家企业后环评报告书通过专家组评审。根据专家组的评审意见，各编制单位对后环评报告书进行修改，各企业对“三废”治理设施进行进一步完善，千方百计从源头上消减“三废”和在资源综合利用上下功夫。

【行业工作交流】

2010年8月，商会召开2010产业链友好商(协)会座谈会，邀请广东、中国香港、河北等地友好商(协)会领导及部分企业负责人进行座谈，共商团结合作、互补共赢、全面发展大计。商会还牵头举办浙闽地区合成革商会企业家联谊会，温州、丽水、台州、宁德四地的合成革商会会长和50多名企业家参加，就合作、自律等工作搭建平台。中国塑协理事长廖正品到会讲话。商会还多次热情接待外地商(协)会来温考察团，交流工作，增进友谊，携手提升。商会坚持办好《温州合成革报》、《中国合成革之都网站》、《简讯》、《会议纪要》等，宣传行业，传递信息，交流工作。

【承接政府委托工作】

2010年，商会积极承接环保服务性工作，努力参与环保管理，在环保治理设施操作人员培训、“三废”治理工作等方面发挥了应有的作用。商会继续做好贸易壁垒预警点和人才工作站工作，关注外贸出口动向，和温州海关相关科室建立信息互通平台，通过报刊、网站、简讯及时向企业通报外贸出口工作的相关信息、动态。

【“中国合成革之都”复评】

根据《关于授予中国塑料特色区域荣誉称号的管理办法》相关规定，商会于6月23日向中国轻工联和中国塑协呈送报告，汇报“中国合成革之都”第一次复评以来温州合成革行业所取得的非凡业绩，要求派专家组来温州复评考核。11月14日，中国塑协一行5人专家组到温州复评考核，先后考察了华康合成革有限公司等两家企业，并听取商会会长王永康七个方面的详细汇报，专家组一致认为：温州作为“中国合成革之都”当之无愧。12月8日，中国塑协发文，认为温州合成革产业规模、产量、装备、品牌和技术仍在全国占绝对优势，决定继续授予温州为“中国合成革之都”荣誉称号。

【商会成立10周年庆典活动】

12月适逢温州市合成革商会成立10周年大庆，商会本着欢庆节俭的原则安排庆典活动。精心编印了图文并茂的《奋争前行铸辉煌》一书，分领导关怀、回眸十年、群星璀璨、企业风采四大板块；制作了《辉煌的温州合成革》专题片，充分反映了温州合成革行业的辉煌成就和温州市合成革商会的卓越业绩。

12月27日，庆祝温州市合成革商会成立十周年暨四届二次会员大会隆重召开，来自我市合成革行业的近300多名行业精英和各级领导，各地友好协商会、商业顾问单位代表，各媒体记者在王朝大酒店欢聚一堂。会上听取并审议通过了王永康会长所作的《风云十年创优势，奋争前行铸辉煌》的工作报告，听取并审议通过了姜方强常务副会长所作的

《2010年财务收支情况报告》，中国塑协副秘书长冯庶君宣读了中国塑协《关于继续授予温州市为“中国合成革之都”荣誉称号的决定》和《关于授予郑笃权同志“中国温州合成革行业卓越贡献奖”的决定》。商会常务副会长王会弟宣读了温州合成革行业26家企业获奖的决定，并进行表彰。龙湾区委常委、副区长张光羽，中国塑协理事长廖正品，温州市副市长徐育斐等领导先后在会上发表了重要讲话。晚上，商会举办答谢晚宴和文艺晚会。会议紧凑有序，隆重热烈，取得了圆满成功。

【商会自身建设】

一年来，商会修改完善了理事会议制度和会长办公会议制度，坚持按章程办事，全年召开理事会议三次，会长办公会议四次，还召开了三次会员大会，研究、通报工作和布置行业的重要工作；调整和充实了人力资源和维权、节能减排和安全、品牌建设和质量、对外联络和宣传、行业发展和财经五个工作委员会，明确了职责，公布各工作委员会主任、副主任和成员，提高了工作效率。商会积极发挥桥梁纽带作用，主动向政府反映企业的困难和要求，并认真贯彻党委、政府的各项决策，实行双向服务。如2010年9月，在安排有序用电限电生产时，商会及时召开全行业节能减排工作会议，以有利于企业生产经营，又保证完成限电指标为原则，将建议方案报区政府相关部门，被采纳，减少受限电而影响生产。商会坚持组织各类业务培训，2010年先后组织了环境保护、安全生产、节能减排、专业技术等培训班，受训员工1000多人次。协助政府部门开展新一代企业家、消防、国学、财务等培训；各企业也都自行组织各类短期培训，努力提高员工素质。商会秘书处一班人，一如既往地热心服务，用心工作，坚持每周例会，进行学习和交流。2010年1月，温州市委、市政府在召开社会组织工作会议，由于我商会运行较规范，成绩突出，获得5A级社会组织荣誉称号。2011年4月，商会再次被评为2010年度温州市工商领域行业协(商)会先进工作单位。

（温州市合成革商会　宋云鹤）

江　苏　省

塑料是20世纪全球经济发展中增长最快的行业之一，进入21世纪以来更是以强劲的发展势头迅猛推进。塑料合成树脂与合成橡胶、合成纤维三大类合成高分子材料与钢铁、木材、水泥一起构成现代社会中的四大基础材料，是支撑现代高科技发展的重要新型材料之一，是信息、能源、工业、农业、交通运输乃至航空航天和海洋等国民经济各重要领域都不可缺少的生产资料，已成为人类生存和发展离不开的消费资料。

江苏是我国最主要的塑料加工工业基地之一，改革开放给江苏的塑料加工工业发展带来了巨大的生机和活力，随着改革开放的不断深入而有了突飞猛进的发展。通过引进国外的先进设备与技术，兴办三资企业，改造了一大批中小企业，涌现了大批的具有新的形象和活力的高新企业和龙头企业；产品质量和档次显著提高，产品品种不断增多，应用领域不断扩大，出口创汇逐年增加，全行业整体水平上了历史新台阶。

江苏塑料加工工业始于60年代初，是当时的新兴行业。初期的产量仅1200多吨，1969年产量才超过10kt。1979年，江苏塑料制品总量在全国同行业中率先突破100kt，并连续十一年位据全国同行业第一，。其总量占全国总产量的十分之一，是中国为数不多的、主要的塑料加工业基地之一。

江苏的塑料产品涉及领域广泛，从农业，工业和消费品包装，到建材、汽车、机械、军工、电子通讯等；几乎当前国内外塑料界所有的塑料产品都有生产，和国际先进国家相比的主要差别在于优级品的比例和高档次产品的覆盖面。从品种上分析，农用薄膜的产量随着宽辐大蓬膜的推广应用和长寿无滴膜的新型多功能膜的兴起，无论在品质、档次上还是在总量上都有了显著的提高和增长。工业用膜(包括收缩膜、双向拉伸膜、缠绕膜、内衬膜、食品、服装、玩具日用品包装膜等)占薄膜总量的80%以上。板材中的ABS、PS复合板、铝塑复合板、PC板、PET板以及为家电、汽车配套用板的产量逐年上升。塑料编织袋及其他编织产品进过多年的调整和发展，在品质上有了很大改善，品种上有了新的发展，应用领域有了进一步的拓展，其产量仍然保持着增长的趋势，编织吨装袋的直接和间接出口量都在逐年增长。管材和型材以惊人的速度在发展，已出现五万吨级的生产厂，凸现该类产品对规模经济的要求和品牌效应的威力，但该类产品的经济效益不很明显，企业之间的差异很大。而普通泡沫制品和普通桶类包装容器的产量增长速度较缓。

全省具有一定规模的企业3500余家，其中销售收入500万元以上的企业1000多家。现阶段江苏的塑料企业主要以民营企业和股份制企业为绝大多数，全行业制品生产能力达6000kt以上，由于全球金融危机对塑料行业的危及影响，许多为汽车工业、食品工业配套以及出口型企业在明显滑坡的后续，有了缓慢回升。2010 年完成生产吨位近 500 多万吨，增幅逾 8.5%。

近十年内，江苏的塑料企业重组和格局的变化相当大，原来占主导地位的国有企业、集体企业份份改制后，真正的国有企业或国有控股企业所占比重已很小。加上近年来不断涌现出的新的民营塑料企业，发展迅速、面貌一新。起点高，管理新，观念新、效益佳是现阶段江苏塑料企业的几个主要特点。改制后的各企业都投入了大量的资金，谨慎地选择时代热点项目，进行技术提升改造和新产品开发和引进。为数不少的民营化企业都实施了工厂的整体搬迁，以土地的区位优势换资金、换发展后劲。使整个塑料加工行业从质和量两个方面的取得了突飞猛进的发展。全省各类技改项目的成功实施，大大提高了企业新产品的开发能力和市场竞争力，先后开发出一批技术含量高、紧跟市场热点的新产品，近年来除了为汽车工业，高速铁路等交通新热点配套的项目外，江苏已有为数不少的塑料企业在为航空航天的发展做积极的配套工作，有的企业已加入我国大中型飞机的配套开发；电子类产品应用的配套，尤其是高技术含量的电池隔膜、渗滤薄膜、太阳能利用等高技术、新能源配套的技术投入和前期开发，已卖迈出可喜的步子，有了成功例子。江苏的塑料行业继续在汽车燃油箱、保险扛、仪表板、大巴内饰、小轿车内饰、民用航空内饰、城市和农村供水用塑料件、大口径管材管件、多功能复合膜和多功能农膜、双向拉伸聚酯、双向拉伸聚丙烯、双向拉伸聚苯乙烯、共挤复合膜、聚碳酸酯板、光导板、铝塑复合板、信用卡基材、身份证材料、装饰广告用材料、防水材料、手机、电视、冰箱、音响、电器电气用材等方面，为包装、电子、交通、机械、通讯、航空航天等领域的发展作出巨大贡献。

随着改革开放的深入发展，技术装备的引进和自身技术开发能力的提高，江苏塑料工业已形成成型工艺齐全、产品品种繁多、生产规模持续趋大、社会效益和经济效益较好的基本格局，成为全省经济发展的重要支柱行业之一，尽管江苏塑料已从计划经济时代的全国第一位被广东、浙江超越，从工业总产值看，江苏仍然位居全国塑料工业的第三位。广东浙江江苏山东四省占据全国塑料总量的 65%，江苏继续保持着在中国塑料界举足轻重的塑料工业基地的地位。

江苏的塑料工业另一个值得注意的特点，塑料工业上游的石化产业和塑料机械装备业都相当地发达，有塑料原料和塑料装备大省之号称。PP、PE、PS 类的大型石化企业有扬子石化及扬巴石化、金陵石化等在全国享有盛名；仪征化纤、申龙高科、安得利化工等的塑料级和瓶级 PET 原料不紧在全国负有盛名，而且已成功打开出口市场。坐落于镇江大港的国亨化工、奇美化工的 PS、ABS 以及太仓港的氯碱化工和遍布徐州、新沂、镇江、南通、常州无锡等地的 PVC 树脂在全国享有很高的知名度。苏、锡、常的塑料机械尤其是张家港的塑料机械非常发达，在全国具有一定的知名度。这几年来在行业发展的思路上，立足于消化吸收和提高控制水平，在加工设备的节能降耗上倍加关注。

仅仅从产品的种类和配套服务面来看，江苏的塑料工业无论从品种种类还是规模上都已经达到一相当高的水平，尤其是产品品种种类，几乎能提供世界上所有的已有产品。但是在整体水平上升的大趋势下，江苏塑料工业仍然存在一些共性的问题。产品结构的不合理性仍然困扰着江苏的塑料工业，高精尖产品开发仍显不够充足，较低水平产品重复交叉，没有一个权威机构能够协调和真正做到适应性调整；企业间盲目模仿相当普遍，企业的自我创新意识在不断上升，可开发能力仍然不足，自主知识产权的拥有和自主知识产权自我保护能力很差。重量级塑料加工企业所占比例仍然有待提高。尽管涌现出了中达股份、江阴申龙高科、江南模塑集团、常州巨力集团、江苏琼花集团、常州创佳型材、连云港中金医药包装、昆山彩华包装、江阴龙山集团、江阴龙奇包装、无锡环宇包装、无锡环亚包装、无锡国泰包装、常州海企塑业、无锡巨龙、苏州富事达、江苏华信塑业等重量级企业，在江苏新建地级市的宿迁市也已出现了很有分量的重量级塑料企业，宿迁的彩塑、首义、欧亚等企业集团无论从地域经济还是品种结构，企业规模上都给了江苏塑料界以震撼性改观，令人面目一新。这些新塑料工业企业的出现，加之原来的龙头企业的再度发力，极大地改变了江苏的塑料包装面貌，极大地影响了江苏塑料包装的发展进程，某种意义上将改变江苏乃至全国的塑料包装历史进程。塑料编织产品在江苏的北部地区又获得了再次的量的大飞跃，是江苏塑料编织产品的总量翻了好几番。但除此而外，大多数塑料加工企业规模不大，原材料消耗和能源消耗偏高，大部分企业的经济效益偏低。

江苏塑料工业的发展应在以下几个方面重点关注：

新型塑料建材和多功能塑料复合包装材料仍将是江苏塑料制品工业的重点发展和快速增长的主要领域；农用塑料不但继续占据重要位置，而且将会随着农业种植结构的优化调整出现新的发展机遇；科技含量高的高附价值的工程塑料、工业配套塑料件及其他改性复合材料的应用领域将不断扩大。重点大类塑料产品如工业配套件、管材、建材、软/硬压延制品、薄膜、片材、及高档包装材料的生产将朝着规模经济的方向发展，为减少对环境的污染，将加大塑料回收利用和降解塑料应用。功能性塑料的开发和研究将是今后的发展重点。

塑料管材的主要发展领域是各种规格(尤其是大口径)、多材质和多种结构的管材管件；燃气管已进入发展的大机遇时期，已成为将持续一相当长发展期的热点产品。塑料建材的发展将要超出仅仅是型材的格局，型材也应朝着优化结构的方向发展，增加品种，提高档次。结构发泡材料、轻型墙体、隔断材料将进入活跃期。懂塑料不懂建筑设计和懂建筑不懂塑料是塑料建材发展的制约因素。应加强设计和应用的研究，加强塑料人才和建筑艺术人才的多学科人才的培养，推进建材产品快速健康。在发展的过程中必须同步考虑标准化、系列化、适用化、配套化、美感化等新型建材发展的几大要素。

塑料包装广阔的市场前景，使塑料包装行业的规模随着随着市场需求的快速增长和品种、品质的不断涌现而不断扩大。骨干塑料包装企业的崛起、新型高阻隔材料的成功开发，改变着江苏的塑料包装行业面貌，改变着塑料包装的形象。骨干塑料包装企业主要依靠引进先进设备、以及和国外同行一流企业建立技术合作开发纽带，加速了与国际塑料包装行业技术水平的靠拢，加快了塑料包装进入国际市场的步伐。塑料包装材料的发展经历了简单塑料包装、复合塑料包装阶段，当今的市场需求正向着塑料包装的多功能化发展。塑料包装的复合化、多功能化、环保化是江苏今后发展的重点方向。塑料包装应按食品药品等包装物的要求，努力开发多功能性包装材料，提供被包装物性能保护功能；开发延长货物保质保鲜寿命的高阻隔、防渗透包装材料，无菌包装材料，热灌装材料，保味包装材料，耐蒸煮包装材料；开发水果、蔬菜等的气调环境保鲜包装材料以及粮食等储存、运输的防霉防蛀包装材料。尽管就整体而言，高技术含量、高附加值的塑料包装产品目前所占的比例仍然不高，未能满足日益增长的市场要求。但是，随着社会进步和人们生活质量要求的持续提高，塑料包装作将随着食品、饮品、药品、生物制品等朝阳行业的发展而大发展。随着这些行业对塑料包装的要求不断提高，塑料包装始终存在很大的发展空间。塑料包装可持续发展的前景广阔，一个大发展的时机已经成熟。

农用塑料的发展重点是果蔬、花卉、经济作物、育苗等用途的长寿、无滴、防雾、高强度高透明、保温等多功能塑料棚膜及其相关配件制品，除草、防虫等多功能地膜。深入发展农田水利建设用的各类塑料管道、管槽、管件、节水型微灌、渗灌、滴灌以及水利建设中的水渠、大坝建设用土工材料。农用塑料应引入现代农业的概念，农用塑料的研究开发应着眼于现代农业的目标、着眼于农业科技的发展和新技术的应用。

工业配套件的开发重点是工程塑料、汽车、家电、电子信息产品的配套件。邮电通讯用新型电缆、穿线管。信息、通讯、机械、国防工业配套的各种科技含量较高、附加值较高的配套产品。汽车工业中的塑料比重将大幅度增长，今后的汽车塑料件将有一半以上采用复合材料和再生利用材料。航空航天工业技术进步的着眼点之一是减轻自重，高分子复合材料将大有作为，塑料将担当非常重要的角色。电子电器工业的配套将围绕节能省料的方针，对高电磁性能塑料合金、超导电塑料、电磁屏蔽材料、光机能性材料、光学纤维复合材料、新型传感高分子材料、信息处理用各种计录、储存材料、CAD 静电记录膜、微缩用胶片等的需求将急剧上升。塑料工业要继续当好热点行业的配角，为朝阳行业服务，塑料行业将随着朝阳行业的发展而获得新的发展机遇，将随着朝阳行业的大发展而大发展。

日用塑料制品的发展仍然有着不可估量的前景。关键是设计理念的突破，能否侧重以人为中心，追求现代美学设计观，朝便捷、舒适、适用、经济、美观的方向发展，提高质量和降低成本是这一领域极其重要的行业发展要素。

轻量化、节材、安全可靠的塑料工程材料、塑料医疗领域一次性可靠材料、易弯曲材料以及胰岛素笔针以及吸入器用微量泵等配药辅助用具的发展和应用趋势值得我们关注。包装材料发展趋势值得业内有识之士的高度关注，建筑领域的绝缘绝热材料及新型铺地材料的发展也值得我们去研究和开拓市场。各种体育休闲用品、运动器材、运动系列产品、和运动有关的人造草皮等的需求量的不断增长也值得我们去关注。由于具有很高的发光效率很低的能耗效应，发光二级管(LED)的发展非常迅速，从手电到汽车等的车灯，无处不在的广泛推开应用趋势很猛，目前和此有关的塑料的开发速度也很迅猛。LED 周围的反光镜可控制灯光的偏转并将光源集中起来，目前正在开发的耐温、传热、可任意成型的此类材料的开发对推动下一家用节能光源有着基础性铺垫的不可估量的发展前途，我们必须要高度关注。合成纤维塑料的应用近几年有了更大的发展。可制成抗压性强但结构非常轻量化的的元件的开发已市场化多年。将玻璃纤维嵌入热固性基体中、或将用环形纤维制成的模制件嵌入热固性基体中的产品市场化已是指日可待，这将是外科手术中的假肢、假臂以及涵盖到风涡轮转动叶片的一系列配套产品的工业化也是展望之中了。对纳米技术在塑料中的应用研究和关注已经很多年了，如今的现状是已有很大的迈进，纳米填料盒基于纳米技术的添加剂是的塑料的特性有了质的飞跃，使得塑料能提供更多更新的特性。甚至可以将原来不可实现的表面上看起来互相矛盾的特性要求互相结合起来。透明性和随机性、折射率和硬度、表面功能和材料机械性能、材料的绝缘性能和传导性能等等都可以通过纳米技术友好的共存和同时提供。纳米技术在塑料领域的应用可以使塑料具有高级流变学特性和高的电传导性，前者可以使塑料变得更易于加工成型，后者可以更好的防止静电问题的干扰。塑料的表面自动清洁也将在纳米技术的应用中得以实现。

塑料制品工业经历了从计划经济向市场经济转变的历程，企业在从计划经济模式转向市场经济的过程中，遇到许多困难，面临许多问题，为数不少的企业步履艰难，原有的历史烙印仍然影响着企业的发展和管理模式。因此，解决塑料企业今后发展中的矛盾和问题的根本出路在于真正的现深化改革。已经实施了企业股份之改造的 新的活力和发展机遇，但是我们的管理模式还很落后，有的甚至停留或倒退在家族式管理模式，不能适应新的发展了的新形势，必须引入新的管理思想和模式。

塑料制品企业应根据市场需求调整产品结构，加速发展短线、三高产品，根据不同品种适度掌握产品规模。下决心停掉一批低档产品和长线产品。坚持市场决定生产的导向原则，坚决从数量主导型过渡到质量、品种、出口、效益主导型。地方政府应重点扶持一批大型企业、特大型企业、重点企业、明星企业。以名优产品为龙头，以经济效益为中心，以资本投入为纽带，以市场发展为导向，组建具有实力的、符合经济规律的、有利于企业发展的企业集团，实现适应市场需求产品的规模效应。继续改变和直至结束老、小、散、差的落后状况。

随着技术装备的不断升级提高以及产品精度和档次的提高，江苏的出口塑料逐年在增加，但相对于江苏庞大的塑料总量，全省的塑料制品的出口量占总量的比例相对较低，制品技术含量不高。出口总量中间接配套出口占主大多数。应继续研究国际市场的需求情况，研究国际市场新产品，在提高原有出口产品质量、巩固和扩大原有产品的出口量的同时，重点开发热点产品，重点发展新市场。应鼓励和引导有条件的企业跨出国门，直接参与国际竞争。可将国内渐趋饱和的产品生产移到其他仍然有着较大需求的国家，境外办企业应从输出技术和设备为主。尽管国际金融危机在短期内获得全球性回暖的可能性预期不大，国际市场的需求目前看不到活力，但我们从长远看，经济全球化的势头仍然不可逆转。而风险往往伴随着机遇，经济低潮时期未必不是我们出击的最佳时机，等所有的人都看到了光明时，我们再启动投资往往就要付出加倍的代价，尤其是在投资时效上不能获得最大收益。在汇率发生了较大变化的新形势下，要研究我们的出口方向和调整出口品种，是我们的出口能继续保持一定范围的优势。

当今世界的经济发展显著特点之一，是技术已成为推动企业发展和经济增长的极其重要的因素，更是企业能得以持续发展的基本要素，技术含量低的产品和企业不可能有持续的生存空间。所以重视产品的技术含量，以新技术促进企业的持续、快速发展，是塑料行业能保持持续发展的核心竞争力。塑料加工业的技术发展非常迅速，出现了许多新技术新工艺，许多新产品的出现本身就伴随着新技术的开发和应用。计算机辅助注射成型、新型异型吹塑成型、超微孔塑料、受控低压注射成型、多相聚合物片状注射成型、可熔芯技术注射成型、挤出浸渍复合成型、熔体挤拉成型、多元材料复式加工技术、壳芯注射成型、双注射成型、模内背衬注射成型、液-气辅助成型等新技术的开发和应用推广，将为塑料产品的开发和设计提供更为广阔的空间。企业应格外重视技术，尤其是新技术工作。应根据自身的条件和发展需要，选择开发研究、综合吸收、引进消化、技术合作、购买软件等各种方式，积极采用高新技术。在引进先进装备的同时注重引进软件和技术。

实现现代化，人是决定因素。企业和产品的竞争，越来越表现为人才的竞争。人才是任何企业发展宝贵的财富，企业应从制度、分配机制上解放思想，引入激励机制、股份机制，高薪用人才、创造条件留住人才，用好人才，确保塑料工业的持续高速发展。为此，江苏塑料界应加强和大学的合作和沟通，在继续重视高科技人才培养、重视工艺和设备的结合性培养、重视塑料工程类人才的培养的同时，更应注重第一线实用型技术人才的培养，重视高职高专类人才的培养。进一步提高职工队伍的素质，注重职工技术的培训，大力培养和吸引人才，在培养实用性技术人才中要注重和生产性企业的衔接和沟通，尽量缩短高职类人才到达岗位后的适应期和过渡期。

塑料作为一门新兴的材料工业，与传统工业相比，其发展历史不长，但发展速度相当快。新项目的上马已从计划经济式的逐级审批制转向市场经济体制下的市场主导化。企业对项目的实施与否具有绝对的决定权。社会主义市场经济体制下的集体企业投资风险主要由投资单位而非经营者或单位领导，对投资项目的可行性研究存在诸多不踏实因素和投资项目的目的不明确性。这是前几轮投资热潮中为数不少的项目失败的主要原因，也是造成不少企业效应严重滑坡的不良因素。盲目投资、盲目发展不仅对单位本身造成重大损失，也对金融界构成严重风险威胁，最大的伤害是国家利益的受损。一哄而上，不仅使投资单位在一开始就步履艰难，也对原来生产销售较能维持的单位构成严重威胁。因此，呼吁政府重视行业的管理和协调。

节约能源、资源，建立节约型社会是当代中国经济和社会发展的一个鲜明主题。塑料加工是通过塑料加工机械和使用塑料原料成型出市场所需制品的过程，在加工过程中消耗电能和原料，能源和材料的节约使用一直是塑料行业降低成本努力奋斗的目标。随着科技日新月异不断发展，通过变频伺服等电子自动化先进技术和新型装备降耗节能比以往得到了很大提高，提高生产率的同时还节约劳动力资源。在材料节约方面通过塑料制品合理用材设计、材料科学选用、材料改性、多功能材料开发等多种方式减薄制品壁厚、增加应用功能达到节约材料的目的，通过机头、边角料的直接回用、使用后塑料循环利用实现省资源化，成效显著。

降低能耗是塑料机械行业一直在努力追求的目标。从过去的流量比例和压力比例控制，发展到变量控制、变频控制和伺服控制。注塑机的高效率主要体现在工作节拍快，制品周期短。这方面的努力和工作仍需要继续深入和推广。

在塑料制品加工领域，节能降耗不但需要从塑料加工机械方面着手，还应该深入到塑料原料及加工技术的节能领域。如高熔体流动指数树脂在较低的温度下获得较好的流动性，在加工中可显著减少能耗，并能明显地缩短成型周期。合理选择材料或添加增强材料、填充物等以达到提高性能、节约树脂用量等目的，如复合塑料、纤维增强塑料、塑木复合材料等都属于节能型原料。利用化学或物理发泡的方式能够制得质轻、保温性好的发泡塑料制品，它的密度低、机械性能较好，可以大大降低树脂的使用量。

在做好上述各项工作的同时，更应加大重视废旧塑料的回收利用工作的力度，应加强宏观指导与管理，建立切实可行的回收激励机制，建立回收利用体系。建议尽快制定有关塑料回收利用的法律法规，规范回收利用的工作，杜绝不良形象的发生。提供条件设立塑料回收利用基金，从税收政策等方面鼓励塑料回收利用工作。

关于闹得沸沸扬扬的塑料袋的废弃与使用话题，应科学地对待。应体现实事求是，把贯彻科学发展观融入其中。人们使用塑料袋是因为塑料袋能满足他们需求，就使用量来说比其他购物袋、包装袋占压倒性优势，如果不使用塑料袋换用其他材质的袋如布袋、纸袋。如果仍被人们随意地丢弃，类似性质的“白色污染”同样存在，非但并不能减轻环境压力，而且浪费的资源和造成的污染可能更大。使用布袋、纸袋同样也浪费资源，而且浪费的是深林资源，因为造纸需要砍伐大量木材，加工过程的对水资源和土质的污染迫在眉睫，远远甚于所谓的白色污染对我们日常生活的危害，塑料袋回收后还可再生他用，能够实现循环再利用，是典型的资源节约型和环境友好型材料。实践证明，不管使用任何材质的购物袋、包装袋，回收再利用或者循环使用是解决问题有效的途经。白色污染其实只是个奇怪的传说，伪科学的一类谎话。

滥用包装袋、购物袋是指人们滥用的这种行为，滥用塑料袋会影响生态环境。关键要做的是解决滥用和随意丢弃，而不是禁用。就如汽车的废气是一比塑料应用大得多环境污染，可我们不能禁止汽车的上路，那样是不可能的。我们可以研究减少废气排放的技术和标准，这才是科学的方法，塑料的应用中的污染问题，完全可以学习这样的思路和出路。我们可以做的是规范和引导人们的使用习惯，而不是禁用，任何事情疏导总比堵死好，几千年来的黄河泛滥就是最后靠疏浚来解决问题的。塑料袋回收后再制造成垃圾袋和其他性能要求不高的包装袋，是很有现实意义的，实现了资源循环利用。塑料袋的过量使用、或者无节制使用会给生态环境造成危害，应当采取措施规范人们乱扔的恶习和加强回收利用加以解决。禁止”和“弃用”塑料袋的提法不符合我国国情。应当加强回收利用、减少和循环使用塑料袋。要为塑料包装袋和塑料包装盒正名，造成视觉污染的所谓“白色污染”的问题所在不在塑料本身，问题出在使用塑料袋和塑料盒的人身上，是人们的不良习惯让塑料背上了悲剧色彩的误解。

建议加强治理白色污染工作，加强相关立法，从优化人们的良好消费习惯，提高人的行为素质入手，变废为宝。在找到更经济有效、更有利于环保的新型替代材料成功研制之前，切忌因噎废食。

塑料是能源依赖性极强的一大类化工产品，今年来塑料原料的价格随着石油的价格暴涨飞速上涨，塑料加工企业的原料成本已超过其承受极限。进口原料的关税在很大程度上影响着国内塑料原料的价格，中石化企业在大量消耗国家资源的同时在谋取近乎暴利的高额经济效益，而中石化又是在海外上市的公司，在让海外投资者获益匪浅的同时让国内的塑料加工企业承受了巨大的成本压力。继续呼吁国家调整塑料和石化原料的进口关税税则，逐步取消塑料原料的进口关税。

根据目前的能源态势，呼吁国家在制定关税政策时应鼓励进口，把有限的、宝贵的资源尽可能多的留给子孙后代。

（江苏省塑料加工工业协会　韦华）

山　东　省

改革开放30多年来，在中央和省强有力的政策指引下，山东塑料工业从原料生产、加工机械、模具制造、塑料制品到科研开发和现代企业管理，已基本形成了具有一定现代生产技术水平、生产规模的较为完整的工业体系，其制品产量、销售收入、科研新产品开发等主要经济指标一直位居全国前列，成为我国重要的塑料工业生产基地之一。其产品应用范围已经涵盖国民经济的各个领域及人民生活的各个方面，其中农用塑料制品、塑料建材、塑料管材、塑料包装、塑料土工合成材料、建筑用安全绳网、一次性塑胶手套等几大类产品生产规模较大，品种比较齐全，生产企业众多，无论是生产总量，还是生产技术水平在全国均具有一定地位。

【基本情况】

1. 行业规模快速扩大，经济总量位居全国三甲

“十一五”期间，在省委、省政府的领导下，山东塑料工业得到快速发展，各项主要技术经济指标位居全国前列，成为全国塑料制品、原料、设备、科技等重要基地。

2010年，全省塑料行业完成主营业务收入1816亿元，比上年增长26.77%；实现利润总额106.6亿元，比上年增长27.51%；实现利税总额162.22亿元，比上年增长26.44%；出口主营业务收入123.2亿元人民币，比上年下降5.11%；塑料制品总量完成12.7Mt，比上年增长15.04%。塑料制品总产量约占全国总量的15%，居全国第三位。产业结构、产品结构和企业结构等都得到进一步改善。

“十一五”末全省塑料行业主营业务收入、利润总额、利税总额、塑料制品总量分别比“十一五”初的2005年增长2.65倍、2.54倍、2.44倍和1.99倍；“十一五”期间(2006~2010年)年均增长分别为29.53%、28.78%、28.00%和24.47%。

2. 产业结构得到极大改善，加工强研发弱依然存在

山东塑料行业中的塑料制品生产和塑料加工专用设备制造相对发达，塑料树脂及共聚物次之，模具在设计和加工以及科研开发力量相对滞后。

山东塑料行业经过多年的发展，其产品应用范围已经涵盖国民经济的各个领域及人民生活的各个方面，多种大类产品在全国位居第一或前茅。其中农用塑料制品、塑料编织制品、塑料建材、塑料包装材料、土工合成材料、建筑用安全绳网、一次性塑胶手套等几大类产品生产规模较大，品种比较齐全，生产企业众多，无论是生产总量，还是生产技术水平在全国均处于领先地位。就整个山东省塑料行业发展而言，由于产品趋同性及行业进入壁垒较小，某些产品存在产能过剩现象，竞争将更加激烈。

塑料树脂及共聚物2010年达到3300kt，自给率不足30%，约占全国总产量的10%；塑料加工专用设备占全国总产量的25%。

随着企业规模的不断扩大，市场范围的不断开拓，有部分塑料制品生产企业向其上游—塑料原料的生产发展，特别是塑料编织袋生产企业，已有多家生产企业投资生产聚丙烯粉料。同时，随着各石化生产企业改扩建项目的相继投产以及各种塑料助剂研发和生产的加快，预计到2015年，我省塑料原材料及助剂的表观产量达到13Mt，塑料原材料的自给率达到50%左右。

3. 产品结构日趋合理，高附加值产品比例相对偏低

按统计目录和统计结果，山东塑料行业全部塑料制品总产量中，各大类产品所占比重分别是：①塑料编织制品32%，②塑料管材15%，③塑料薄膜13.8%，④日用塑料制品6.2%，⑤塑料包装5.8%，⑥泡沫塑料3.6%，⑦塑料板片材2.8%，⑧塑料型材2.2%，⑨塑料人造革合成革0.5%，⑩其他塑料制品18.5%。

统计结果显示，山东塑料行塑料制品中在全国塑料制品总量中的比重为：①塑料包装36.35%；②塑料编织制品24.4%；③塑料管材10.92%；④塑

料薄膜 9.1%(其中农用薄膜 33.41%);⑤泡沫塑料 8.81%;⑥日用塑料制品 5.13%;⑦塑料型材 4.61%;⑧塑料板片材 3.73%;⑨塑料人造革合成革 0.76%;⑩其他塑料制品 8.85%。

山东塑料原材料及塑料专用设备的生产,按国家统计分类:塑料树脂及共聚物约占全国的 8.3%。其中:①聚乙烯树脂占 10.22%;②聚丙烯树脂占 10.4%;③聚氯乙烯树脂占 6.65%;④聚酯占 0.01%。塑料加工专用设备占 25%。

4. 区域集中度较高,中小型企业仍为主力军

在全省 8000 多家塑料制品生产企业中,85% 以上为中小型企业,总资产 750 亿元,全部从业人员 62 万人。在全部塑料制品生产企业中,2010 年纳入省统计局统计范围的 1600 家,企业资产合计 502 亿元,平均年实现主营业务收入 8606 万元,比上年增长 19.52%;从业人员 16.17 万人。

重点生产企业。为了促进我省塑料制品生产企业规模化发展,提高塑料行业的科技水平和社会认知度,加强行业自律,逐步发挥重点生产企业的主渠道作用,根据山东省政府批准的《山东省轻工产业振兴规划》和《山东省塑料工业调整振兴指导意见》的要求,山东省塑料协会在全省塑料行业开展 2009 ~ 2010 年度全省塑料行业重点生产企业评选认定工作。共有 30 家企业被评定为"山东省塑料行业重点生产企业",这 30 家企业基本涵盖了我省塑料行业各大优势板块,在各领域能起到龙头带动和示范作用。根据评审资料汇总,30 家行业重点企业 2010 年完成制品总产量 377kt,主营业务收入 58.5 亿元,实现利税总额 3.8 亿元(其中利润总额 2.4 亿元),出口制品总量 38kt,出口交货值 8782 亿美元。

特色区域和专业生产基地。为使山东塑料产业继续保持健康、快速、高效的发展势头,落实科学的发展观,进一步加强和培养产业集群和制造业基地建设,实现生产力空间布局上的优化和生产要素的有效集中,加快产业资源优化配置,促进区域经济的发展,提高山东塑料制造业大省在全国乃至在国际上的整体竞争力,山东省塑料协会在全省范围内开展了塑料产业集群培育和制造业基地建设的活动。

截止 2010 年底,被授予中国产品生产加工基地称号的共 11 家,分布在淄博市、潍坊市、聊城市、德州市:昌乐县"中国 PVC 增强软管加工生产基地"、"中国塑料包装材料出口生产基地";淄博市临淄区金岭回族镇"中国农用塑料研发生产基地"、"中国塑料编织制品生产基地";德州市临邑县"中国塑料编织之乡";昌乐县乔官镇"中国塑料包装制品加工出口基地";昌乐县城南街道办事处"中国聚氯乙烯软管生产基地",聊城市莘县"中国塑编城"。山东天鹤塑胶股份有限公司因聚乙烯土工膜生产出口,被授予"中国土工合成材料聚乙烯土工膜生产出口基地";淄博中南塑胶有限公司被授予"中国医药用塑料压延技术中心";以利用废旧塑料(EPS)生产相框的淄博英科框业有限公司被命名为"中国塑料再生循环利用研发生产基地"。

被授予山东省产品生产加工基地称号的共 3 家,分布在潍坊市和滨州市:昌乐县乔官镇和城南街道办事处等两个镇(办)"山东省塑料加工基地镇(街道办)"荣誉称号、滨州市惠民县"山东省塑料安全绳网加工生产基地"。

另外,以泰安莱芜为中心的"塑料合成土工材料生产基地"、日照市莒县刘官庄镇的"塑料小包装专业生产基地"、淄博市桓台县的"塑料管材生产基地"、淄博市的"一次性塑胶手套生产基地"、淄博市博山区的"医用塑料专业生产基地"、菏泽市单县的"聚乙烯软管生产基地"、郓城县的"农用塑料薄膜生产基地"、"临沂塑料小商品专业批发城"等具有区域特色的专业生产基地正在积极培育中。

通过以上产业基地和特色集群的培育和发展,有力地推动了当地塑料产业的壮大,产业集群的带动作用明显提高,对促进当地经济发展和社会进步起到了积极作用。以上 14 个产业集群汇集了 2250 多家企业,从业人员 15 万多人,全部生产能力 500 万吨。2010 年度完成产量 2860kt,实现主营业务收入 430 亿元。

5. 重点支柱行业和产品优势明显,名优新特产品发展缓慢

在全省塑料制品行业中,农用薄膜、编织制品、管材、土工合成材料、一次性塑料手套等为其重点支柱行业,生产总量在全国处于优势地位。

我省农用薄膜生产能力为 200 万吨,实际生产总量为 80 万吨。生产总量和使用总量均为全国第一。

目前我省塑料节水管材、器材(包括农业用输水管材管件、微滴灌、喷淋、输水带等)生产能力为 3000kt,实际生产总量为 1800kt。

全省塑料包装制品生产能力 3600kt,实际生产总量已超过 2300kt。其生产总量为全国第一。其中塑料编织丝及袋生产能力 2300kt,实际生产 1500kt;塑料小包装生产能力 1100kt,实际生产 400kt。

我省塑料建材及塑料土工合成材料生产能力为 3000kt,实际生产总量 1600kt。其生产总量位居全国前列。

在省政府名牌战略的积极推动下，山东省塑料协会积极与各地市政府和企业加强沟通和配合，名牌战略和品牌建设取得积极成果。到2010年共有5个产品获得中国名牌荣誉称号；保持山东名牌的产品共62个。截至2010年底，山东塑料行业保持“中国驰名商标”3个；保持“山东省著名商标”43个。

6. 自主创新能力逐步增强，研发投入及成果转化差距较大

“十一五”期间，山东塑料行业继续加大科研开发力度，一大批科研项目得到立项和研发成功，自主创新能力得到极大提升；为应对国际金融危机而启动的三年调整振兴规划中28个拟新上项目和24个在建项目，都具有较高的技术含量和技术前瞻性；塑料医疗废弃物回收炼油项目、聚烯烃类可控性全降解塑料研究项目、利用植物秸秆研发全降解塑料包装材料等重点联系招商引资项目已向外公布。

2009～2010年度，山东省塑料研究开发中心、潍坊日科化学有限公司、山东春潮色母料有限公司、山东天鹤塑胶股份有限公司、聊城华塑工业有限公司、淄博中南塑胶有限公司等科研项目均已研发成功或获得项目鉴定。

经过多年的发展，山东塑料工业已形成门类比较齐全的工业体系，并建立起以专业研究开发机构、大学专业院系和科研机构、企业所属科研机构等共同参与的专业科研力量。

山东省塑料行业现有省级及以上研发中心16个(不完全统计)。据纳入省统计局统计范围的1600家规模以上企业数据显示：2010年共投入研究开发费用4500万元，比上年略有增加，占整个管理费用的1.95%。

【主要矛盾和问题】

山东塑料工业在“十五”时期的迅猛发展，使整个塑料行业从产业规模、技术装备、加工技术和工艺水平、产品数量品质、从业人员素质等诸方面都得到大幅度提升，技术创新和科研成果转化为生产力有了新的起色。进入“十一五”以来，这种良好的发展趋势得到进一步延续。但是与发达国家的先进程度相比其差距也很明显，集中表现在自主创新能力不强、产品类同。应尽快采取措施，立足科学发展，着力自主创新，促进行业和谐发展，使山东塑料工业真正走上强省之路。当前行业亟待解决的突出问题是：

1. 总体装备水平偏低、自主创新能力不够强

目前我省新建和扩建的一大批塑料加工骨干企业中先进设备的占有率仅有20%～30%，装备陈旧老化，技术性能落后的塑机仍占相当大的比重。高能耗、低产能的设备仍在大量使用，占全行业装备的20%以上。

缺乏自主知识产权技术，不少产品以仿制为主，或来样加工制造，依靠自己的力量研究成功并得到应用的加工工艺技术或开发的新型塑料制品不多。滚塑、气体辅助注塑等技术仅有少数企业掌握。自有知识产权的科技成果转化为生产力的比例偏低长期困扰行业的发展。

塑料加工企业以中小企业占绝大多数，未形成集约化规模生产。一些年产万吨以上的大中型制品加工企业已占有国内外市场的相当份额，但其规模与国外同行业相比集中度仍明显偏低，没有形成几个大企业左右市场竞争格局的态势。还存在产品设计创新理念滞后和应用领域不宽的格局。

2. 企业产品品种类同，产业结构仍不够合理

全省的塑料行业有8000多家制品生产企业，其中很多企业实力强劲，已具备与国内外大公司抗衡的实力。然而必须清醒地看到，行业中存在的突出问题：产品质量良莠不齐，竞争混乱无序；低价产品充斥市场，类同产品居多，知名的名牌很少，例如：我省塑料制品行业中国名牌仅有5个，山东名牌62个，中国驰名商标3个，山东省著名商标43个；企业规模与国外同行业相比仍然明显偏小，劳动生产率不高，差距较大；出口产品多为低端产品，换汇率仅占进口塑料原料的二分之一的比例。

3. 塑料模具水平较低，影响产品质量提高

产品总体水平较低，其影响关键因素之一是模具的精度、型腔表面的粗糙度、生产周期、寿命等指标与国外先进水平相比尚有较大的差距。企业与企业之间协调能力差，难以合理利用社会资源承接较大的项目。之二是研发能力弱。模具企业不多，技术人员比例低，水平不够高，科研开发投入少，拓展国内外市场尚缺高端模具人才，难以适应模具行业的发展。之三是标准化率低。目前，塑料模具标准模架、标准推杆和弹簧等越来越广泛地得到应用，并且出现了一些国产的商品化的热流道系统元件。但模具标准件的使用覆盖率仅为35%，提高模具标准件的使用覆盖率，增加标准件的品种是行业今后重要的努力方向。

4. 塑机装备能力欠强，影响加工水平提升

塑料加工装备整体水平的提升需要以新技术为支撑的塑料机械来武装。目前，我省塑料制品加工企业的装备80%以上来源于国产塑料机械，但因塑料机械受困于核心技术，塑机市场国内产品80%的

占有量所获得的销售收入只有20%。同样拥有国产设备80%的塑料加工企业其制品出口量获得的价值也仅为同样数量进口价值的1/2左右。

近年来，省内塑机企业重视技术创新，已拥有自主知识产权核心技术为支撑的塑机产品增多。虽然属原创性（核心技术的创新）的创新少，多数为继承性创新（局部的技术创新），但大量的塑机产品已开始走向国内和国际市场，且性价比颇受国内外塑料加工企业看好。不过就我省塑料加工企业来说，还需更多的先进的塑料机械取代现存的高耗能的陈旧设备，因飞速发展的塑机制造能力欠强，尚不能满足蓬勃发展的塑料制品业的需要，直接影响塑料制品业整体素质的提升。

塑料机械制造能力也有待增强，在国际、国内市场竞争力不够强，可参与国际国内市场招标的企业不很多。目前BOPP、BOPET、BOPA生产设备以及宽幅四辊压延机等几乎全靠从国外成套引进。

5. 国产塑料原料供不应求，必须依赖大量进口

多年来，随着我国石化工业的快速发展，国产塑料原料的自给率已得到大幅度提高，但生产所需45%左右的塑料原料仍需依赖进口解决，对塑料制品加工工业不能不说是一种严重制约。

6. 当前山东塑料行业发展中遇到的其他问题

我省塑料工业在保持快速发展的同时，在国际国内综合因素的影响下，当前在其发展过程中出现许多制约进一步发展的问题，面临着许多新的挑战，同时也带来许多新的机遇。

（1）原料价格持续增长以及劳动力供应情况，对企业的生产以及经济效益带来巨大影响。

近几年，在原油价格的带动下，塑料原料价格呈“过山车”式变动，下游的塑料制品加工企业面临高价原料冲击，而塑料制品价格涨速远远低于原材料价格涨速，造成该行业整体效益不佳，已经严重挫伤企业的生产积极性，许多技术含量低、产品附加值低的企业举步维艰。由于国际原油价格上涨，带动塑料原料价格的持续增长。一方面限制塑料原材料的进口，对生产供应带来一定影响；另一方面也带动国产塑料原料价格持续上涨。由于塑料制品价格的相对滞后性，塑料原料价格的“过山车”式变动，对企业的经济效益将带来致命的打击。

塑料行业所使用的生产操作工人大多为临时人员，同时生产过程对操作人员又有一定的技术要求，因此，虽然我省劳动力资源丰富，但从行业调查情况看，具有一定技术基础或经过专业培训的人员还是十分紧缺。同时，新的《劳动合同法》颁布实施后，对企业的约束进一步加大，使劳动力成本增幅较大，且价格呈逐年上涨趋势，使企业成本增加，进而影响企业的经济效益。

（2）国内外政策影响塑料制品的对外贸易

多种因素影响我省塑料制品对外贸易。尽管塑料制品出口实现稳步增长，但诸多因素仍然成为制约出口扩大的主要问题，2008年以来我国塑料制品出口增幅已出现回落态势。

人民币升值对塑料制品出口的影响。人民币升值显然会导致出口产品价格的提高，这就在一定程度上抑制出口的增长。而我省目前的出口产品基本上是技术含量低，附加值低的制造业产品，加上出口竞争的激烈，平均利润率仅为3% -5%，塑料制品更是如此，对以出口为主的塑料下游企业的影响十分巨大！从长远来说，人民币升值将迫使企业进行产品结构的调整，但就近期来说将会导致塑料制品出口增幅的回落。

原油价格对塑料行业出口的影响。由于国际原油价格持续高涨，塑料原料价格随之跃升，下游的塑料制品加工企业面临高价原料冲击。塑料制品出口价格虽有所上升，但依然远远低于原材料价格涨速，利润日趋微薄。原油价格的大起大落对我省塑料行业对外贸易所造成的影响将是长期的。

贸易摩擦、技术壁垒对塑料行业的影响。我省塑料制品加工企业中小企业占绝大比例。多数塑料制品企业技术装备落后、产品档次低，出口产品主要为日常生活用品和工艺品，特殊工程塑料制品比重过低，高技术含量和高附加值产品极少，企业出口量不少，但利润却难以增加。面临世界经济发达地区以及其他一些经济共同体的反倾销措施和贸易壁垒，我省塑料制品加工企业受到程度不同的影响。

（3）塑料行业的特殊政策对部分产品带来极大影响

农膜行业治理整顿拉开序幕。我省既是农膜生产大省，又是应用大省，生产和使用总量均占全国总量的三分之一。国家有关部门已开始对农膜行业进行整顿治理工作。我省对于农膜行业治理整顿的具体措施虽尚未出台，但我在原料价格剧烈震荡的情况下，部分中小企业以及低端的普通塑料薄膜企业已被迫停产。

塑料购物袋使用开始受限。国家禁止生产、销售、使用厚度小于0.025mm超薄塑料购物袋的规定，对我省塑料行业带来一定的影响。我省也是塑料购物袋生产大省，实施限制使用塑料购物袋以来，超市塑料购物袋使用量比原来减少80%以上。其他超市以外的百货商店、菜场、水果摊等场所塑料购物袋主要是由一些小型企业采用回收料吹制而成的，

由于对他们监管的力度不大，虽未带来致命影响，但对行业带来的负面影响却是不容忽视的。

（山东省塑料协会　刘丰田）

湖　南　省

【大事件】

1. 2010年5月，协助中国塑协管道专委会举办了2010年中国塑协管道专委会年会。

2. 2010年7月，由湖南省塑料研究所和湖南平桂制塑科技有限公司联合共建的湖南省废旧塑料循环利用工程技术研究中心获得湖南省科技厅批准立项。

3. 2010年8月，湖南省塑料行业协会获得首批湖南省经济和信息化委员会授予的"湖南省中小企业核心服务机构"的殊荣。

4. 2010年10月，应湖南省经济和信息化委员会的要求，参加了湖南省轻工信息化建设专题座谈会，在会上依据我省塑料行业的特点就信息化建设提出了建议，并协助完成了相关资料的编辑。

5. 2010年12月，组织我省塑料行业部分企业参加了由湖南省经济和信息化委员会举办的2010年第三期全省两化融合培训班。

【基本情况】

2010年，在省委、省政府的坚强领导下，全省深入贯彻落实科学发展观和中央各项决策部署，有效应对复杂多变的形势和各种挑战，大力推进"四化两型"建设，加快转变经济发展方式，积极调整经济结构，不断改善民生，全省经济呈现又好又快发展态势，我省塑料工业在紧跟全省经济发展的步伐下，依旧发展迅速。

据中国塑料加工工业协会统计数据显示，我省发展速度比较快的塑料制品主要是塑料丝、绳及编织品，塑料包装箱及容器，塑料制管及其附件，三种制品的产品占塑料制品规模以上总产量的69.7%，特比是我省塑料制管及其附件制品，同比增长超过了93%。随着城市和新农村建设的不断推进，管道行业得到快速发展，产量不断增加，短短几年，我省塑料管道企业不断涌现，如神塑科技有限公司，其产品质量不断提高，规模不断扩大，逐渐成为我省塑料行业企业中有实力和影响的企业。

据不完全统计，截止2010年底，我省规模74.27万吨，产量较2009年增长21.6%（详见表1），塑料产量排名居全国第十四位。

表1　2010年湖南省塑料产品产量统计

产　品　名　称	产量/t
塑料制品总计	742745
塑料薄膜	56366
其中：农用薄膜	21951
塑料板、片及类似型材	48663
塑料制管及其附件	107720
塑料条、棒、型材	25779
塑料丝及编织制品	219738
塑料人造革/合成革	512
泡沫薄膜	3545
塑料包装箱及容器	190346
日用塑料制品	70148
其他塑料制品	19927

注：以上统计为规模以上企业。

【重点企业】

序　号	企业名称	主要产品	产能/(t/a)
1	湖南路路通塑业股份有限公司	C－PVC、U－PVC管材等	35000
2	神塑科技有限公司	PVC、PPR、PE管材、管件	60000
3	株洲湘瑞塑料建材有限公司	PVC异型材、UPVC、PP－R管材等、塑钢门窗	25000
4	株洲时代工程塑料制品有限公司	注塑产品、工程塑料	20000
5	湖南省塑料研究所	工程塑料、塑料改性专用料	10000
6	湖南五强新材料有限公司	PVC型材	15000
7	湖南省坤源塑化有限公司	U－PVC管材、管件	12000
8	长沙天卓塑胶有限公司	HDPE双壁波纹排水管	30000
9	湖南长沙双龙塑料型材事业有限公司	PVC异型材	10000
10	湖南万容包装有限公司	食品包装	10000
11	湖南晶鑫科技股份有限公司	复合膜食品软包装袋	10亿只
12	益阳市湘衡塑业有限公司	编织袋等	20000
13	湖南长丰汽车塑料制品有限公司	汽车用塑料制品	10000

续表

序　号	企业名称	主要产品	产能/(t/a)
14	汨罗平桂制塑实业有限公司	PVC板材、PVC胶粒	20000
15	长沙日松管业有限公司	PP－R、CPVC、HDPE	10000
16	湖南省宏通实业有限公司	UPVC管材、电力管材等	8000
17	常德七星泰塑业有限公司	U－PVC系列管材、管件、电缆套管	20000
18	株洲塑料有限公司	PVC软、硬板、PVC管材、件，氟塑料	25000
19	株洲晶昱实业有限责任公司	橡胶、塑料改性胶粒	6000
20	湖南光顺管材有限公司	PVC、PPR给排水管	5000
21	浏阳市塑料厂	农地膜	10000
22	湖南振云塑胶公司	塑料管道	20000

【存在问题】

目前我省塑料行业存在的主要问题如下：

1. 产能与产量不匹配。我省塑料制品产能过大，而产量却相对过小，闲置设备较多。

2. 内外需求缩减。金融危机影响下的全球经济，各个企业都为追求稳定而不盲目扩大生产和采购，因此，对于整个市场环境而言，内外需求量下降给企业经营带来困难，许多企业属于薄利多销，当生产不能满负荷时，能耗、劳动力成本都在增加，生产成本在提高，仅存的利润也就尚失了。

3. 科技含量不高，缺乏竞争力。我省塑料工业整体状况相对落后，技术和生产装备水平不高，企业自主创新能力不强，新产品开发力量薄弱，企业可持续健康发展困难，产品市场竞争力弱，市场一旦萎靡，企业便难以维持生计。

4. 企业规模小，抗风险能力弱。我省塑料企业2000余家，规模以上企业只有只占到总企业的10%不到，大多数塑料企业都属于加工作坊式企业，抗风险能力太弱，在面临金融危机冲击时，没有丝毫抵抗能力，以至于企业一蹶不振，甚至破产倒闭。

5. 废旧塑料回收企业环保意识差。我省废旧塑料回收企业在循环经济政策支持下不断增长，这些企业的发展壮大成为我省塑料工业发展重要因素之一，但有部分不良废旧塑料企业不规范，完全不顾环境的污染，污水的排放和生产环境都达不到企业生产要求，严重污染社会环境，给人民生活带来影响。

【发展趋势】

未来五年，我省塑料企业应贯彻落实我省《湖南省轻工业振兴实施规划(2009～2011年)》，不断调整整合存量与科学发展增量，坚持走绿色生态、质量安全和循环经济的新型发展之路。其主要发展趋势表现在以下几个方面：

1. 农村市场

我省是一个农业大省，拥有5750万亩耕地，4200多万农村人口。特别是近年来，我省认真贯彻落实中央“三农”工作方针政策，在发展现代农业、建设社会主义新农村的新形势下，农用薄膜、农用沼气管、农用塑料节水器材等农用塑料的需求市场在我省十分旺盛。因此，我省应大力发展自主农用塑料品牌的生产与销售，把提升我省塑料农业技术水平作为研发重点，以推进我省农业的结构调整、农民增收。

2. 汽车工业

随着我省新型工业化进程的不断推进，汽车工业在我省已成为支柱产业并作为重点扶持产业在发展，在短短几年里，我省汽车整车生产企业不断增多，同时长丰集团与广汽集团实现战略合作，广汽集团与意大利菲亚特的乘用车合资项目在长沙正式破土动工，比亚迪公司收购美的三湘，其基地正式在长沙开始建设，吉利成功收购沃尔沃，加上众泰江南长沙项目、陕汽长沙重卡项目等一批重点工程建设均顺利推进，我省汽车工业在“十二五”期间将进入快速发展阶段。据统计，2010年我省汽车整车产量突破20万辆，预计到“十二五”末期，湖南汽车整车的产能将达到200万辆以上，其中轿车为主的乘用车将达到180万辆以上。

3. 城市化基础设施建设

“十二五”期间，湖南省委省政府将“一化三基”战略调整完善为“两化三基”，即在原来新型工业化的基础上增加“新型城镇化”提法。而城镇化进程的加快，推动了我省塑料管道行业的快速发展，城市给排水、市政排污管道等基础设施用塑料管道市场需求旺盛。

4. 铁路、地铁等电力机车用、风力发电用工程塑料

近年来，随着我省高铁的建设、长沙地铁工程的开工以及两型社会改革示范区的确立，高性能化工程塑料需求量明显增多，如特种结构泡沫材料、

塑料轴承、电子电器用塑料元件等。因此，我省塑料企业应加强科研投入，依托技术，实现自主创新，推动我省工程塑料技术发展，为我省支柱产业作好配套服务。

5. 可降解塑料包装制品

在长株潭“两型社会”试验区改革建设的不断深入下，我省已将发展“低碳经济”作为试验区改革建设的重要内容之一，攸关可持续发展的生态环境和气候变化问题是人类社会面临的最大挑战，环境保护已成为每个公民不可懈怠的责任。在“白色垃圾”泛滥的今天，可降解塑料包装制品逐步成为塑料行业急需攻关解决的技术课题，可全降解塑料材料的使用已十分迫切，市场潜力巨大。

（湖南省塑料行业协会　林云）

广　东　省

【基本情况】

1. 产业规模

“十一五”期间，广东省塑料工业高速发展，“十一五”规划末年的2005年，广东省塑料制品总产量551万吨，总产值1220亿元，规模以上企业2060个，出口交货值500亿元(人民币)。“十一五”末年的2010年，广东省塑料制品总产量13310kt，为5年前的2.42倍，期间2009年成为全国首个塑料制品产量超千万吨的省份，2010年总产值3341亿元，为5年前的2.7倍。规模以上企业4409家，约为5年前的2.2倍，从业人数90万人。销售产值中出口交货值978亿元(人民币)，为5年前的2倍，占全国比重45%，塑料制品出口额142亿美元，占全国比重31.8%。广东省塑料制品产量占全国比重稳定在23%～24%之间，规模企业占全国23%，出口交货值占全国比重为40%。改革开放之初的1978年，广东省塑料制品产量仅62kt，至2010年产量规模增加达210倍，广东省塑料制品产量规模已接近和过超欧洲发达国家，是我国塑料工业大省强省。详见附表1～12。

2. 产业区域不平衡问题有所改观

珠江三角洲区域聚集了广东塑料制造业总规模的75%以上，近几年中，产业发展成本越来越高，广东省实施产业双转移政策以及塑料行业有意识引导一些有意开拓市场的企业及部份产品向珠三角以外的区域转移，“十一五”期间珠三角以外地区塑料产业得到很好发展，占全省塑料比重有所增加如粤东地区塑料包装材料，高档塑料家居产品、塑料玩具等发展很快，甚至已成为广东的主产区，汕头、揭阳地区如果加快传统塑料制品转移升级，将成为“十二五”广东传统塑料制品主要增长点；肇庆地区借广佛肇区域经济优势，几年来塑料产业也发展很快，如塑料循环利用等方面，已有一些企业逐步成为示范性企业；惠州地区也借助石化产业及传统电子产业优势，塑料产业也得到很好的发展。

3. 产业集群、品牌建设推动行业发展

“十一五”期间，广东塑料产业逐步形成多个特色产业区域，产业聚集为塑料产业发展及区域经济发展做出了贡献。几年中，中国轻工业联合会、中国塑料加工工业协会授予广东塑料行业特色区域称号或产业基地称号的有：佛山高明区被授予“中国合成革产业基地”、湛江吴川市被授予“中国塑料鞋之乡”、顺德区乐从镇被授予“中国塑料商贸之都”、佛山南海狮山镇被授予“中国塑料中空包装产业基地”、东莞樟木头镇被授予“中国塑料商贸重镇”、佛山顺德区龙江镇被授予“中国塑料建材产业之都”、广东联塑集团被授予“中国塑料管材技术研发中心”、广东仕诚公司被授予“中国高端宽幅流延膜装备加工技术基地”、汕头卜高通美公司被授予“中国塑胶循环利用示范基地”。产业集群，成为广东塑料产业一个特点，特色产业区域形成以及重点企业专业研发机构的建设和示范模式的推广，对广东塑料产业整体提升发展发挥了重要作用。此外，几年来，广东有12家企业、13个产品获得塑料制品类“中国名牌”产品称号，占全国塑料制品“中国名牌”产品总数21.3%，居全国省份首位，相关行业的企业的1个企业、1个产品获合成树脂类，2个企业、2个产品获塑料机械类“中国名牌”产品称号。还有一大批企业在塑料薄膜、塑料管材、硬质塑料容器、密氨塑料制品、交联聚乙烯塑料电缆、线槽等多个塑料制品种类获得“广东省名牌”产品称号，反映出广东塑料制品向优质、高端水平发展。“十一五”期间，广东塑料产业集聚和产品品牌创建，推动了产业结构的转变和产品结构的升级。

4. 塑料相关产业拉动塑料产业健康发展

（1）广东发达的塑料制品加工业及长期稳定的原料消费需求，带动了相关产业的发展，塑料原料流通产业更是发展迅速，广东珠三角地区的佛山、东莞、深圳、珠海、广州建成多个大规模塑料现货市场：顺德乐从德富塑料市场、东莞樟木头塑料市场、深圳华南城塑料化工市场、东莞黄江华南塑胶城、东莞常平大京九塑料市场、珠海远康工程科技塑料城、南海厦西橡塑城、广州鹤泰塑料市场等，塑料原料现货市场经营面积超300万平方米，年交易量超1000万吨，成为塑料原料流通主要渠道之一。在广东省政府鼓励发展现代服务业政策鼓励下，广东的塑料期货、塑料电子商务迅速发展，大连商品交易所2007年和2009年分别上市LLDPE、PVC两个期货品种，目前有超过30家期货公司聚集在广东开展塑料期货业务，广东塑料交易所、易发塑料交易中心等开展塑料远期仓单电子交易业务，极大活跃和影响着广东乃至全国的塑料原料流通交易，并为企业提供了套期保值和投资渠道，广塑指数、德富指数做为塑料现货指数还分别成为广东省物价局认定并发布的9个价格指数之一，为广东塑料原料价格定价权的确立起到积极作用。

（2）塑料机械行业：2010年我国塑料机械制造业总产值421亿元。中国塑机协会测算国内塑机市场容量为479亿元，其中国产塑机设备在国内市场容量为72%。随着塑料制造业的发展，对高端塑机需求加大，而国内塑机制造水平尚不能满足要求。2010年我国出口塑机44020台、出口额114031.5万美元，进口塑机15064台，进口额200769.7万美元。可见进口为高端价高设备，出口为中低端价低设备。广东是排名全国省份前列的塑料机械制造大省，目前占全国产量的20%，与浙江、天津一样是我国塑料机械(特别是注塑、吹膜、压延设备)主要产区。

（3）塑料模具行业：2010年塑料模具市场规模约630亿元，约占模具市场规模45%。珠三角、长三角是主要产地，广东是最主要市场，产值占全国40%，也是最大的模具进出口省份。广东由于家电、电子、汽车、玩具等行业发达，模具需求量大，并有完整的模具产业链，加工技术、设备、工艺水平、专业化标准均领先于国内。

（4）食品、饮料行业：食品饮料行业与塑料包装制品密切相关，随着食品、饮料行业快速增长，将继续刺激塑料包装制品的发展。2010年全国食品制造业总产值11739亿元，直接消耗大量塑料包装材料。

（5）家电行业：家电行业是塑料重要应用产业，广东省是家电制造大省，近年来，国家先后出台“家电下乡”、“以旧换新”、“节能惠民工程”等刺激消费政策，在促进家电产业发展同时，也拉动了家电用塑料制品的应用。2010年全国家电产品总产值9642亿元，产量大幅增长。

（6）玩具行业：2010年全国玩具行业总产值1437亿元，广东是玩具生产大省，占全国50%，而且塑料玩具占总量70%以上。

（7）汽车行业：塑料在汽车行业的应用，能体现塑料产业综合水平，发达国家将塑料件占汽车重量作为衡量汽车设计和制造水平的重要标志。目前发达国家塑料件占整车重量约15%～20%左右，国内汽车与此尚有很大距离。中国是汽车生产大国，2010年产量1826万辆，广东是轿车生产大省，车用塑料将面临广阔的应用市场。

（8）医用塑料行业：2010年全国医疗器械总产值1143亿元，医用塑料是塑料新的应用领域，也将是塑料工业最有发展潜力的市场。医用塑料的研制和应用，将推动塑料原料发展及制造工艺水平。

（9）房地产行业：房地产行业及市政建设的需求，将拉动塑料制品特别是塑料建材的快速增长，塑料建材范围广、品种多，包括塑料管道管件、塑料型材、板、片材、塑料保温、隔热材料、塑料土工材料、塑木材料、室内塑料装饰材料等。

5. 技术创新成为产业升级动力

广东省塑料产业不断发展，技术创新是重要支撑。随着应用领域不断扩展，各行业对塑料配套需求越来越多。几年来，塑料行业不断加大技术创新力度，推动传统塑料产业转移升级。

华南理工大学聚合物新型装备国家工程研究中心科研团队的“塑料无螺杆塑化挤出技术与装备”项目，引入“拉伸流变”原理，改变了传统“剪切形变”原理，在我国塑料机械技术进步中取得杰出成果，是高分子材料成型加工领域的重大创新；广东联塑集团在塑料管道的研发制造、佛山塑料集团开发薄膜在电子信息领域应用、广东仕诚、广东金明公司的塑料宽幅压延设备、多层共挤设备研发制造等，都具有技术创新和适应新的应用领域的意义。广东海兴公司则在传统日用塑料制品中靠自主创新占领市场，率先在传统日用塑料制造中转型升级，其高档塑料家居用品生产，无论在规模、花色、使用功能上都具国内领先水平。广东华盛公司在传统的塑料包装容器、塑料杯制造业中走出自主创新路子，其产品几乎占肯德基等著名商家塑料容器用量国内市场的一半。而汕头卜高通美公司则在塑料循环利用方面高水平建设基地，技术先进，设备先进，产品产业链完整，环保设施完善，为我国塑料循环利用产业树立了标杆，被中国塑协认定为“中国塑料循环利用示范基地”。广州金发科技公司、广东联塑集团依靠科技进步，在塑料原料改性、塑料管道研发生产中继续领先，已经是各自产品系列的行业领军企业。应该说，“十一五”期间，广东塑料行业在新兴应用领域不断创新，在传统产品领域积极转型升级，为塑料产业在金融危机中走出困境并转型持续发展积累了经验。

“十一五”期间，塑料行业在非常复杂的国际、国内经济环境中运作，取得了很大的成绩。“十二五”期间，塑料行业将在国家“十二五”规划的框架中，迎来塑料产业新一轮的发展。而国际金融危机暴发引起国际国内市场需求变化，国家在“十二五”期间一系列节能减排、低碳经济政策将考验塑料产业结构、产品结构的调整适应能力和优化转型升级持续发展的方式和力度；产量规模在国内数一数二的广东省塑料加工业如何协调“大”与“强”的关系等将左右广东省塑料工业发展走向。广东省塑料产业需要科学规划，科学发展，才能发展成为我国塑料产业大省强省。

【大事记】

1. 2010年1月22日在深圳召开广东省塑料工业协会注塑专业委员会会员大会暨深圳西部塑胶物流及保税业务研讨会。会议审议了广东省塑协注塑专委会2009年的工作报告及2010年的工作计划，通过了专委会新增选的常务理事、理事单位以及技术顾问名单，并颁发了证书和牌匾。会议邀请深圳蛇口集装箱有限公司作深圳西部港区塑胶物流及保税业务的介绍和物资进出口(特别是进口)在物流、保税、通关等一系列服务业务，以及向会员推介一站式的进出口服务业务情况。

2. 3月10日参加由省经信委组织的2010年《广东年鉴》组稿工作会议，并于5月完成《广东年鉴》塑料制品部份的编写。同时，完成《中国塑料工业年鉴》广东省部份的编写。

3. 3月10日按要求并根据行业实际情况向广东省发改委报送并推荐“申报现代产业500强重点项目”，报送佛山塑料集团股份有限公司、广东广洋高科技有限公司、广东联塑科技实业有限公司、广州市振兴实业有限公司、易发科技、珠海远康企业有限公司等企业和项目为“现代产业500强”重点项目。

4. 3月26日，参加由广东省质量技术监督局组织召开的“塑木行业标准化专题研讨会”。广东省塑协就塑木行业的发展问题、标准化规范问题，以及行业归口管理问题提出了协会的意见。4月9日参加了建筑用塑木低发泡挤出型材标准宣贯暨“塑木复合材料人工气候老化试验方法”国家标准制定专题讨论会。

5. 4月15日，专门组织塑料期货会员单位“盛达期货公司”与主要以塑料贸易会员组成的茂名塑料协会进行对接交流，向茂名地区塑料届的企业家推广以及有效地运用塑料期货业务，增添塑料贸易渠道，盛达期货公司的专家向企业家们讲解了塑料期货知识以及操作方法。

6. 24届中国国际橡塑展在上海举行，4月17～20日，广东省塑协组织会员企业参观在上海举行的“中国国际橡塑展”，参加“中国塑料加工工业协会理事会”，使会员进一步了解当今国内外先进的塑料设备、新原料和新技术。此届展会展出面积达15万平方米，来自国内外国家的超过2100家企业参展。

7. 4月28日，根据目前我省塑料制品业及申报企业的实际情况，省塑协向省名推委、省名牌产品评价中心报送了“2010年广东省名牌产品(工业类)塑料制品类的评价目录建议”，目录除建议保留的2007年的评价目录到期复评产品外，2010年新增塑料餐垫(布)，农用聚乙烯棚膜，埋地钢塑复合缠绕排水管、塑料鞋等产品。

8. 筹备组建广东省质量技术监督局批准成立的广东省塑料与塑料制品标准化技术委员会，从2010年5月起，在塑料行业公开征集“广东省塑料与塑料制品标准化技术委员会委员”，审定落实塑料制品行业各品种种类的委员约35名左右，完成了该专业委员会的筹建工作。

9. 广东省塑协组织企业申报由商务部授权中国塑协组织的“中国塑料行业信用等级”评审，广东联塑科技实业有限公司、广东炜林纳功能材料有限公司、广州市振兴实业有限公司、广东华业包装材料有限公司、广东东方管业有限公司5家塑料企业荣获“中国塑料行业(首批)AAA企业信用等级”，广东仕城塑料机械有限公司、惠东美化塑胶实业有限公司、惠东美新塑木型材制品有限公司、汕头市康家宝工贸有限公司、佛山市远华塑料实业有限公司、南雄市金叶包装材料有限公司、东莞市健宝塑胶化工有限公司、中山市松德包装机械股份有限公司、佛山市高明区家乐仕装饰材料有限公司获第二批“中国塑料行业AAA企业信用等级”称号。

10. 由广东省物价局牵头打造的“广东价格指数”平台开通，首批整合、编制发布7个广东价格指数，其中塑料行业的德富塑料城的德富塑料指数和广东塑料交易所的广东塑料指数被列入七大广东价格指数中，成为塑料价格的晴雨表。

11. 2010年6月，我省塑料行业著名企业联塑集团在中国香港联交所成功上市，标志着联塑集团将进入飞跃发展时期。

12. 2010年9月9日，佛山市顺德区塑料商会成立，中国塑协及广东省塑协受邀参加成立大会，并与该商会进行多方面的交流与合作，共同为该区塑料行业的发展提供多方面的合作和服务。

13. 参加2010年广东省名牌产品质量性能指标研讨会，广东省塑协拟定2010年广东省名牌产品塑料制品类的实物质量性能评价指标和评价体系，并参与推荐和专家评审2010年“广东省著名商标”和“广东省名牌产品”工作。2010年，我省共有七大类塑料产品，12家塑料企业产品获“广东省名牌产品”称号；14家企业产品商标被认定和延续认定为“广东省著名商标”。

14. 广东省塑协和中国塑料加工工业协会主办的“2010年中国(广东)塑料博览会”于2010年10月10日在龙江镇前进汇展中心开幕，展览会同期举办“创新与节能”评选颁奖以及塑料期货应用论坛等活动。本届展览会展出面积近一万平方米，吸引了国内外共150多家企业参展。

15. 由中国塑料加工工业协会、广东省塑料工业协会、佛山市顺德区乐从镇人民政府主办的“乐从塑料市场20周年暨中国塑料商贸之都5周年”大型庆典活动于2010年10月30日在乐从镇举行，同时组织召开塑料行业高峰论坛。

16. 2010年8月，中国塑料加工工业协会批准广东联塑科技实业有限公司组建“中国塑料管道工程技术研究开发中心”，并于2010年10月10日在2010年中国(广东)塑料博览会上授予该企业“中国塑料管道工程技术研究开发中心”牌匾。

17. 广东省塑协与中国塑料加工工业协会、狮山镇人民政府共同主办的“2010年第五届中国塑料工业新材料、新工艺、新技术行业峰会”于2010年11月6日在佛山市狮山镇南国桃园枫丹白鹭酒店举行。本次峰会吸引了国内外同行约300多人参加，多位行业领导和专家与企业家就共同关心的塑料包装新技术、新材料、新设备、新工艺的趋势和发展问题进行研讨和解读，此项活动已成为行业每年的一大盛事。广东仕诚塑料机械有限公司荣获“中国高端宽幅流延装备加工技术基地”称号，会上中国塑料加工工业协会向该公司授牌。

18. 2010年12月24日，“汕头卜高通美环保科技园(一期)落成投产庆典暨中国塑胶循环利用示范基地授牌仪式”在汕头卜高通美有限公司隆重举行，中国塑料加工工业协会授予了汕头卜高通美有限公司为“中国塑胶循环利用示范基地”荣誉称号。中国塑料加工工业协会、广东省塑料工业协会、汕头塑胶行业商会主要领导出席庆典活动。

19. 为有利于加快广东省省塑料家居用品行业的发展，广东省塑协筹备成立广东省塑料工业协会塑料家居用品专业委员会，推选广东海兴控股集团为该专委会主任单位，该集团董事长宋旭彬为专委会主任。2010年12月30日广东省塑料工业协会塑料家居用品专业委员会获得广东省民政厅登记批准。

附表1　广东省塑料行业综合情况

年份	企业数(个)	产量/kt	产值/亿元	出口交货值/亿元
2007	3110	7540	1933	781
2008	3469	8380	2372	824
2009	4234	10520	2624	794
2010	4409	13310	3341	978

附表2　塑料薄膜制品

年份	企业数(个)	产量/kt	产值/亿元	出口交货值/亿元
2007	289	1480	277	94
2008	319	1290	310	85
2009	403	1500	327	71
2010	409	1430	408	99

附表3　塑料管、板、型材制品

年份	企业数(个)	产量/kt	产值/亿元	出口交货值/亿元
2007	309	1200	307	69
2008	336	1310	438	83
2009	412	1800	446	62
2010	420	2360	559	95

附表4　塑料编织、丝绳制品

年份	企业数(个)	产量/kt	产值/亿元	出口交货值/亿元
2007	113	130	42	5. 5
2008	112	120	49	6
2009	132	210	70	12
2010	136	230	98	14

附表5　泡沫塑料制品

年份	企业数(个)	产量/kt	产值/亿元	出口交货值/亿元
2007	218	470	116	24
2008	234	630	119	27
2009	274	590	121	18
2010	270	680	144	20

附表6　人造革合成革制品

年份	企业数(个)	产量/kt	产值/亿元	出口交货值/亿元
2007	51	180	57	21
2008	56	220	72	19
2009	77	160	85	23
2010	78	140	101	25

附表7　包装箱及容器制品

年份	企业数(个)	产量/kt	产值/亿元	出口交货值/亿元
2007	325	300	176	53
2008	347	330	223	51
2009	426	470	210	34
2010	424	580	244	40

附表 8　塑料零件制品

年份	企业数(个)	产量/kt	产值/亿元	出口交货值/亿元
2007	403	①	263	146
2008	462	①	280	136
2009	585	①	293	107
2010	595	①	364	129

附表 9　塑料鞋

年份	企业数(个)	产量/kt	产值/亿元	出口交货值/亿元
2007	191	①	72	41
2008	213	①	95	48
2009	255	①	133	80
2010	296	①	199	99

附表 10　其他塑料

年份	企业数(个)	产量/kt	产值/亿元	出口交货值/亿元
2007	773	2780①	383	193
2008	880	3400	508	232
2009	1121	3860	627	256
2010	1220	5370	830	293

附表 11　日用塑料

年份	企业数(个)	产量/kt	产值/亿元	出口交货值/亿元
2007	438	990	239	113
2008	483	1070	278	137
2009	549	1920	312	209
2010	857	2500	592	262

① 产量中，2007、2008 年，塑料零件与塑料鞋、其他塑料制品合并计，2009 年塑料鞋与日用塑料合并计，塑料零件、其他塑料分别计，故无塑料零件、塑料鞋两项产量数据。

附表 12　“十一五”广东省塑料制品产量占全国总量比重

年　份	2005			2006			2007			2008			2009			2010		
	产量/kt	比重/%	省份排名	产量/kt	比重/%	省份排名	产量/kt	比重/%	省份排名	产量/kt	比重/%	省份排名	产量/kt	比重/%	省份排名	产量/kt	比重/%	省份排名
广东省塑料制品产量	5510	25.07	1	6800	24.26	1	7540	22.83	1	8390	22.59	1	10520	23.49	1	13310	22.84	1
其中：塑料薄膜	920	20.81	2	1040	19.69	2	1480	24.26	2	1290	21.86	2	1500	21.74	2	1430	17.93	2
塑料板、片、型材(2009 年及以后另计型材)	300	12.71	4	490	15.91	2	540	15.88	1	460	12.88	4	700	21.87	1	910	23.67	1
塑料条、棒、型材													120	7.50	4	110	3.59	6
塑料管及附件	320	16.33	1	670	23.26	1	650	22.49	1	850	18.51	2	980	16.90	1	1340	16.01	1
塑料丝及编织制品	90	3.81	9	90	3.00	9	120	2.97	10	120	2.51	10	210	3.61	8	230	3.25	10
塑料人造革、合成革	170	13.79	3	190	13.97	3	180	10.88	4	220	12.07	3	160	8.70	4	140	6.84	4
泡沫塑料	260	23.42	2	270	23.89	2	470	34.05	2	630	37.05	1	590	31.55	2	680	30.93	2
塑料包装箱及容器	230	21.10	1	270	18.24	1	300	18.07	1	330	19.07	1	470	17.15	1	590	17.15	1
日用塑料	1520	45.78	1	1470	44.90	1	990	26.68	2	1070	26.22	2	1920	35.29	569	2500	38.69	1
其他塑料制品	1680	40.58	1	2920	43.26	1	2800	36.22	1	3410	38.14	1	3860	40.41	1	5370	39.52	1

（广东省塑料行业协会　符岸）

福建省

2010 年，福建省塑料制品加工企业 2000 多家，其中“规模以上”企业 1033 家，从业人员约 14 万人，塑料制品产量约 1660kt，比增 15.7%，占全国塑料制品总量的 2.85%；实现工业产值 771 亿元，比增 27%；出口交货值 207 亿元，比增 17.8%。其中塑料薄膜 210kt，比增 62.72%，占全国比重 2.59%；塑料板、片材 21kt，比增 35.21%，占全国比重 0.54%；塑料管及其附件 460kt，比增 1.47%，占全国比重 5.45%；塑料丝、绳及编织品 51kt，比增 -11.7%，占全国比重 0.72%；泡沫塑料 21.4kt，-49.5%，占全国比重 0.97%；塑料人造革、合成革 240kt，比增 30.47%，占全国比重 11.1%；塑料包装箱及容器 38kt，比增 59%，占全国比重 1.1%；日用塑料制品 260kt，比增 13.4%，占全国比重 4.1%；其他塑料制品 360kt，比增 20%，占全国比重 2.65%，福建省塑料制品加工业居全国同行业的第六位。

塑料工业品牌战略成效明显。2010 年有 20 家企业的产品获得福建省名牌产品：分别为福建亚通新材料科技股份有限公司的塑料管材(管件)，福建时代包装材料有限公司的景牌普通用途双向拉伸聚丙烯薄膜，福建恒杰塑业新材料有限公司的塑料管材(管件)，福建振云塑业股份有限公司的聚氯乙烯管材(管件)，福建振云塑业股份有限公司的聚烯烃管材(管件)，福建和盛塑业有限公司的碳素螺纹电缆保护管，福建博大塑业新材料有限公司的Botta牌塑料管材(管件)，福建晟扬管道科技有限公司的PE给水管材(管件)，福建和盛塑业有限公司的M－PP高压电力电缆保护管，腾龙特种树脂(厦门)有限公司的DSR、图形牌聚酯切片，漳州市龙海集友塑料有限公司的塑料管材管件，金冠(龙海)塑料包装有限公司的塑料包装袋，福建兴宇树脂有限公司的聚氨酯树脂，泉州大日塑胶有限公司的PVC管材管件，泉州三盛橡塑发泡鞋材有限公司的三盛＋SAN SHENG＋图形牌EVA发泡材料，福建隆盛轻工有限公司的鞋底，福建新泰革业有限公司的NEWSTYLE牌聚氨酯合成革，福建浦城鸿发工程塑料有限公司的鸿发＋图形牌塑料管材管件，福建威龙铝塑制造有限公司的铝塑板，福建鼎盛超纤皮塑有限公司的鼎好合成革。

塑料制品行业研发、创新等方面又有新进展：福建亚通新材料科技股份有限公司的绿色节能建筑一体化项目，福建省改性塑料技术开发基地的废弃塑料高质化产业技术研发与示范推广项目，福建宏玮鞋塑有限公司的高活性硅灰石粉体材料在运动鞋底材料中的应用开发项目，福州杰邦新型材料科技有限公司的改性塑料用高效多功能稀土偶联剂开发与应用项目，福建省万旗非金属材料有限公司的高分子材料用高效多功能钙类助剂开发，福建佳友树脂有限公司(福建师大、福建省改性塑料技术开发基地)的功能性丙烯酸酯类织物涂层材料研发与产业化，福建省万旗非金属材料有限公司(福建省石化下游产业高分子材料技术转移中心)的高分子材料用高效多功能钙类助剂开发，福建振云塑业股份有限公司(福建师范大学化学与材料学院)的环保型高抗冲改性聚氯乙烯(PVC－M)塑料管材(件)等8个项目列入福建省经贸委2010年重点技术创新项目。福建亚通新材料科技股份有限公司的给水用抗冲改性聚氯乙烯(PVC－M)管材及管件，福建恒杰塑业新材料有限公司的FPPE高强度非开挖排污管项目被福建省人民政府授予2010年福建省优秀新产品奖。福建沙县宏盛塑料有限公司被福建省经贸委授予福建省第十四批福建省企业技术中心。

福建省塑料制品行业存在的问题：总体装备水平低，资金投入不足，技术改造滞后，技术储备不足，造成了产品结构不合理，中低档产品偏多，高附加值产品少，无序竞争较为严重，致使福建省塑料制品行业结构不合理的矛盾始终得不到解决。此外，在原辅材料、塑料加工机械和模具制造方面也相当落后，存在品种，规格少，精度低，自动化水平不高，生产周期长等问题，大中型企业偏少，缺少龙头带动作用。

（福建省经贸委　许榕）

云南省

【大事记】

1. 开展创先争优活动

云南省塑料行业协会按照省工信委和省民政厅《新社会组织深入开展创先争优活动实施方案》的要求，根据自身的工作实际，制定了实施方案，积极开展创先争优活动。学习传达中央、省委及省工信委、省民政厅关于开展创先争优活动的部署要求，学习邓小平理论和“三个代表”重要思想；党的十七大和十七届三中、四中全会以及省委八届七次、八次会议精神；《深入开展创先争优活动读本》。准确把握创先争优活动优秀党组织“五个好”和优秀党员“五带头”的基本要求；提高认识增强创先争优的自觉性；紧密结合学习实践科学发展观开展创先争优；在为会员单位、政府部门服务中创先争优；在加强党风廉政建设中创先争优。

2. 动员塑料企业投入抗旱救灾活动，组织企业捐款捐物、帮助灾区克服困难

面对云南省百年一遇的严重旱情，云南省塑料行业协会响应省工信委和省民政厅的号召，分别于2010年2月25日和3月29日两次向全体会员企业发出通知，号召会员企业深入城镇农村、田间地头，及时了解新情况，以塑料生产企业的产品优势、知识优势、和资金优势支持解决抗旱救灾中的急迫问题，特别是塑料管道、塑料薄膜、塑料桶的生产企业更应该到现场，加强信息反馈和产品配送，把抗旱救灾急需的物资及时送到需要的地方，并根据需要赶制特殊产品，为全省抗大旱、保民生、促春耕生产工作做出积极贡献。各会员单位行动起来了，虽然都是中小型企业，绝大多数还是民营企业，为帮助父老乡亲渡过难关，涌现出了许多好人好事，捐献了不少物资和钱款，表达了云南省塑料企业的一片爱心。其中，省塑协和云南金恒实业有限公司、云南森发塑胶制品有限公司一起向宜良县九乡捐赠了PE给水管并负责安装通水。到2010年12月31日止，协会了解到全省塑料企业有21家在抗旱救灾活动中献爱心，做好事，共捐款捐物257.9万元，协会以《抗旱救灾简报》形式在《云南塑料》网、《云南工业》网、《云南塑料信息》上向社会宣传、表彰，详见

表1。

3. 配合省政府、工信委对抗旱救灾中使用的农膜、塑料管道物资进行调研

按照省政府、省工信委抗旱救灾的统一部署，对农膜和塑料管道的生产、库存、应急状态的供应能力，存在的困难和问题紧急调研。协会经过调研后写了《云南省塑料行业协会关于2010年农膜行业情况》和《云南省塑料行业协会关于2010年塑料管材行业情况》上报省工信委。

4. 开展农膜产品质量行业自律，促进农膜产品质量稳定提高，认真履行企业的社会责任

这个活动已经开展了五年，得到有关部门、公司的肯定和支持，是一个利民、利国、利企业的好事，我们应该长期坚持下去、不断丰富内容、扩大影响、弘扬正气，引导农膜市场的主流信息和行为，为促进统一开放竞争有序的农膜市场早日形成做出积极贡献。

2010年农膜行业自律活动，主要还是围绕微膜产品质量抽查检验开展工作，结果以《农膜简报》形式将农膜行业自律情况和抽样检验名单向社会公布，并在《云南塑料》和《云南工业》两个网站上长期展示，详见表2。

表1　云南省塑料企业抗旱救灾捐赠财物名单(按反馈信息时间先后排序)

捐赠企业名称	现金/元	物资		合计/元	捐赠地点
		物资名称	价值		
云南金管子实业有限公司		矿泉水、大米	40000. –	40000. –	富民县散旦乡
云南金恒实业有限公司		塑料管材管件	200000. –	200000. –	曲靖市会泽县鲁纳乡油房村
昆明创辉塑胶科技有限公司	3300. –	塑料管材管件	326999.54	330299.54	会泽县、禄劝县
玉溪旭日塑料有限公司	50000. –			50000. –	玉溪市民政局
宣威市中博塑料有限公司	15000. –			15000. –	宣威市民政局
昆明鑫鑫大壮降解塑料技术有限公司	165080. –			165080. –	云南省红十字会
云南普尔顿集团有限公司		塑料水窖	490000. –	490000. –	寻甸、江川、牟定、祥云等地
云南铭信塑胶有限公司		镀锌钢管	87000. –	87000. –	禄劝县茂山乡大石头村
澄江恺达塑胶有限公司		HDPE给水管	301098.20	301098.20	澄江县水利局
昆明特瑞特塑胶有限公司	40000. –	塑料管	171390. –	211390. –	宣威市、临沧市、嵩明县等水务局
中石油西南化工销售云南分公司	30000. –			30000. –	禄丰县恐龙山镇九渡村
昆明仙织塑业有限公司	4500. –	矿泉水	100000. –	104500. –	砚山、官渡区
曲靖市寥廓鑫源工贸有限公司	13000. –			13000. –	麒麟区政协、越州镇竹园村
昆明金连山塑胶化工工贸有限责任公司	4750. –			4750. –	官渡区新社会组织
昆明恒欣仁商贸有限公司	80000. –	HDPE给水管	170000. –	250000. –	陆良三岔河镇、普洱、墨江等地
云南德政塑业有限公司	3000. –	矿泉水100件	2400. –	5400. –	晋宁县政府、晋宁双河木鲊小学
昆明俊兴塑胶有限公司	7623.70			7623.70	盘龙区民政局
玉溪龙腾塑料有限责任公司	3000. –			3000. –	总工会
潞西市佳云塑料有限公司	33000. –	塑料管	65000. –	98000. –	盈江伍岔路、瑞丽芒满、勐嘎镇
昆明工业制粉有限公司	2600. –			2600. –	市民政局
云南森发塑胶制品有限公司	30000.	PE给水管	30000. –	60000. –	宜良九乡比柯村、临沧市耿马
云南金恒实业有限公司 云南省塑料行业协会		PE给水管	60000. –	60000. –	宜良县九乡甸尾村委会比柯村
楚雄宝丰塑料制品有限公司		PE80给水管	50000. –	50000. –	禄丰县恐龙山乡
合　计	484853.70		2093887.74	2578741.44	

表2　2010年春耕年度云塑协抽样检验合格的农膜产品名单

产品名称	注册商标	厚度规格/mm	生产企业	备　注
聚乙烯微膜	腾飞	0.006	大理市民族塑料厂有限公司	微膜抽检连续三年合格
聚乙烯棚膜		0.01		
聚乙烯微膜	新花	0.005	大理兴隆塑料地膜厂	微膜抽检连续三年合格
聚乙烯地膜		0.008		
聚乙烯地膜	龍廷	0.008	丽江市古城区金龙塑料有限公司	
聚乙烯微膜	勐巴娜西	0.005	德宏州潞西市民族塑料薄膜厂	微膜抽检连续三年合格
聚乙烯微膜	嘉禾	0.005	祥云嘉阳塑业工贸有限公司	微膜抽检连续三年合格
聚乙烯地膜	山茶	0.008	楚雄广利塑料有限公司	微膜抽检连续四年合格
聚乙烯微膜		0.005		
聚乙烯微膜	春叶	0.005	昆明春叶塑料制成品有限公司	微膜抽检连续三年合格
聚乙烯微膜	昆鑫	0.006	昆明新鑫润丰塑料有限公司	微膜抽检连续三年合格
聚乙烯微膜	迎春花	0.005	云南塑料厂	微膜抽检连续三年合格
聚乙烯微膜	科农	0.005	昭通盛祥塑胶有限责任公司	微膜抽检连续三年合格
聚乙烯微膜	杜鹃花	0.005	宣威市中博塑料有限公司	微膜抽检连续三年合格
聚乙烯微膜	金叶	0.005	曲靖市麒麟金叶塑料有限公司	微膜抽检连续四年合格
聚乙烯微膜	小康	0.005	曲靖市寥廓鑫源工贸有限公司	
聚乙烯微膜	神膜	0.005	马龙县佳誉塑料制品有限责任公司	微膜抽检连续三年合格
聚乙烯微膜	春花	0.005	昆明市宜良薪馨塑料制品有限责任公司	微膜抽检连续二年合格
聚乙烯地膜	文笔	0.008	师宗县文昌塑料厂	微膜抽检连续四年合格
聚乙烯微膜		0.005		
聚乙烯微膜	旭日	0.006	玉溪市旭日塑料有限责任公司	微膜抽检连续三年合格
聚乙烯微膜	塑友	0.006	个旧市老杨塑料厂	微膜抽检连续二年合格

5. 配合全省中低产田地改造工作及农村安全饮用水工程，针对广大农村缺乏塑料管材知识编印《塑料管道应用手册》

根据省工信委刘主任的指示，我们从2009年10月份开始了这个工作，在云南金恒实业有限公司、昆明金连山塑胶有限责任公司、昆明特瑞特塑胶有限公司公司、昆明创辉塑胶科技有限公司、云南经纬塑胶有限公司、昆明普尔顿管业有限公司的大力支持下，我们邀请了协会特聘技术顾问参加修改、审稿。经过几个回合工作，于2010年5月份定稿成书，印刷了4000册发有关部门和相应的基层单位。

6. 召开云南塑料行业协会第二届一次常务理事会和第二届二次会员大会暨第二届五次理事会

2010年7月22日，召开云南省塑料行业协会第二届一次常务理事会。会议由靳树伟秘书长主持，省工信委产业政策处李琳主任科员到会指导工作，25家常务理事参加本次会议。参会代表围绕詹理事长的讲话进行讨论，对今后如何开展好协会工作，为会员企业服务提出了好的建议。

云南省塑料行业协会第二届二次会员大会暨第二届五次理事会于2010年9月10日在昆明安宁温泉银鹰山庄顺利召开，大会顺利完成各项议程。

7. 开展联合采购塑料管材原料

联合采购塑料管材原料办法，经和部份会员单位探讨，并在2009年召开的云南省塑料行业协会第二届四次塑料管道、塑料门窗、工程塑料专委会会议上讨论，大家认为这是一个对多方有利的办法，相当于把一个个工厂的零星采购变成集团式的批量采购，既保证了原料的质量又享受到一定的价格优惠，值得提倡。

8. 举办讲座、培训，提高服务职能

①举办《降解塑料》和《塑料管道新发展》讲座；②协办质量检验人员专业技术培训；③组织企业领导参加高层培训；④协调解决农膜生产企业用电缺口；⑤以每月定期的《云南塑料信息》开展行业信息交流，为会员单位牵线搭桥，并给有关企业介绍经

贸合作信息。

9. 配合省发改委召开云南省推广试验可降解农膜初步方案

传达省政府关于积极推广可降解农膜的重大意义和安排，云南省要在2010年安排300万元资金开展试验，2011年推广使用1千吨，2012年推广使用2千吨，几年内形成以可降解农膜为主的局面。

协会紧急通知了有关企业，在广大会员企业支持下向省发改委，省农业厅报送了《降解农膜有关资料》，资料提供了国际和国内降解塑料、降解农膜的研究、生产、使用情况。其中，玉溪旭日塑料有限责任公司等5家农膜企业提供了降解微膜样品供省农技推广总站试验。

10. 编制云南省塑料产业“十二五”发展规划

在几位协会特聘技术顾问的协助下，由詹家驹理事长完成了云南省塑料产业“十二五”发展规划并报送省工信委有关部门。

11. 积极组织企业参加国际会展、交流

①举办2010年国际给排水展览会。10月28～30日，2010年国际给排水展览会在昆明国际会展中心举办，我省塑料管生产企业积极参展，本次展览会为生产企业和使用单位搭建了良好的交流平台，充分展示了企业的产品和企业形象；②组团参加2010年国际橡塑展，云塑协组织12个企业24位代表前往参观。

12. 完成治理规范社会团体收费自查、行业协会商会调研、社会团体“小金库”治理工作

按照省工信委和省民政厅的要求，按时完成规范社会团体收费自查、行业协会商会调研、社会团体“小金库”治理工作。

13. 筹备建立云南省塑料工业园区

为落实云南省委、省政府紧紧围绕建设绿色经济强省、民族文化强省和中国面向西南开放的桥头堡战略目标，从云南省的实际出发开展了筹备云南省塑料工业园区的有关工作。向上级有关部门上报和汇报了《云南省塑料工业园区初步规划》，得到省工信委领导的首肯和支持。在部分会员单位的协助下就园区地址问题进行了调研、考察交流，获取了初步的第一手资料、信息，这项工作目前正在进行中。

【基本情况】

2010年，云南省经济社会发展经历了重大挑战和考验。面对全省百年不遇的特大旱灾，省委、省政府带领全省人民克服重重困难，大力推进“二强一堡”建设，团结拼搏，迎难而上，扎实工作，落实科学发展观，国民经济保持了巩固回升向好的态势，实现了平稳较快发展。2010年全省生产总值(GDP)完成7220.14亿元，比上年增长12.3%，全省人均GDP达到15749元(按年末汇率折合2378美元)，比上年增长11.6%。

2010年，全省塑料行业共生产了327.8kt塑料制品，累计比上年同期降低1.25%，占全国比例0.56%。其中，塑料管及其附件为122.5kt，累计比同期减少11.92%；塑料薄膜84.7kt，累计比同期增加5.09%（农用薄膜50.8kt，累计比同期增加7.88%）；塑料丝、绳及编织品69.7kt，累计比同期增加6.94%；其他塑料20.4kt，累计比同期增加4.61%；塑料包装箱及容器14.1kt，累计比同期增加40.54%；泡沫塑料8.5kt，累计比同期减少1.87%；塑料板、片材5.6kt，累计比同期增5.33%；塑料条、棒、型材，1.2kt，累计比同期增加90.34%；日用塑料制品1.1kt，累计比同期增加5.28%。

【重点企业】

随着西部大开发和云南省大力推进“二强一堡”建设，云南省塑料工业的发展步伐逐渐加快，涌现出了一批在省内影响力大、实力雄厚的骨干企业。详见表3。

表3 2009年云南省塑料制品产量在3000t以上的企业名单

序号	企业名称	产量/t	主要产品
01	云南金恒实业有限公司	100000	管材、管件
02	玉溪市旭日塑料有限责任公司	11300	农用薄膜
03	昆明特瑞特塑胶有限公司	10000	管材、管件
04	昆明创辉塑胶科技有限公司	8000	管材、管件
05	云南普尔顿企业集团有限公司	8000	管材、管件
06	云南德政塑业科技有限公司	5000	管材、管件
07	昆明金连山塑胶化工工贸有限责任公司	5000	管材、管件
08	昆明春叶塑料制成品有限公司	5000	农用薄膜、包装材料
09	昆明耀龙塑胶有限公司	5000	管材、管件
10	昆明海午塑胶科技有限公司	4000	管材、管件

续表

序号	企业名称	产量/t	主要产品
11	云南新同基塑料工程有限责任公司	4000	管材、管件
12	宣威市中博塑料有限公司	3000	农用薄膜、管材
13	云南塑料厂	3000	农用薄膜、管材
14	大理博云塑料有限公司	3000	农用薄膜、包装材料
15	昆明鑫慧新包装材料有限公司	3000	PC 饮水罐
16	云南龙塑实业有限公司	3000	管材、管件
18	曲靖麒麟海绵有限责任公司	3000	聚氨酯泡沫塑料
19	昆明民族塑料化工有限公司	3000	注塑产品
20	昆明仙织塑业有限公司	3000	塑料编织袋
21	云南恩典塑业有限公司	3000	塑料编织袋
22	玉溪红塔新型建材有限公司	3000	塑料门窗
23	昆明俊兴塑胶科技有限公司	3000	管材、管件
24	昆明通全球管业有限公司	3000	管材、管件
25	云南铭信塑胶有限公司	3000	管材、管件

（云南省塑料行业协会　韩简吉）

安　徽　省

【大事记】

一、安徽省塑料协会第一届第九次理事会（扩大）会议暨第二次会员大会在合肥市召开

安徽省塑料协会第一届第九次理事会（扩大）会议暨第二次会员大会在合肥市召开，出席和参加本次会员大会的领导和嘉宾有：安徽省民政厅民管局王南来局长、安徽省经信委行业规划处张涛处长、安徽省轻工协会魏庆银会长以及张卫平处长，安徽省信息和家电行业协会夏传友会长以及周保宇秘书长、安徽省营销协会曹阳秘书长。光大、浦发等银行家和本会全体会员等近300名。

安徽省塑料协会第一届第九次理事会，由第一届理事会宣华荣会长主持。主要任务是，安徽省塑料协会第一届理事会届满，听取安徽省塑料协会换届筹备组的工作汇报和召开第二次会员大会的准备情况。

出席理事会的全体理事，一致同意召开安徽省塑料协会第二次会员大会，通过了第二次会员大会的议程和提交大会的全部议案。

安徽省塑料协会第二次会议，由安徽省塑料协会第一届理事会副会长曹阳主持。

第二次会员大会的主要任务是：根据国家和本会章程的规定，进行换届。

在第二次会员大会上，由第一届理事会宣华荣会长做了第一届理事会五年以来的工作总结报告，并提请大会审议。

第一届理事会常务副会长兼秘书长翟光景代表筹备组做了：安徽省塑料协会第二次会员代表大会筹备情况、第一届理事会财务收支和审计情况、章程修订说明等提交大会审议。

第一届理事会常务副会长张卫平做了第二届理事会理事、常务理事、秘书长、副会长、会长人选建议名单的说明并提交大会予以审议。

提交大会所有议案经代表逐一审议，并获全票通过。

大会选举产生了的安徽省塑料协会第二届理事会的理事、常务理事、秘书长、副会长、常务副会长、会长。

第二届理事会由韦明同志为会长；翟光景同志为常务副会长兼秘书长；宣华荣、吴秀杰、姚和平等同志为常务副会长的安徽省塑料协会新一届主要领导。

会上，新当选的韦明会长做了第二届理事会的工作设想的讲话，宣读了安徽省塑料协会聘请顾问为：夏传友同志、张卫平同志；安徽省塑料协会的名誉会长为：金友华同志、叶世渠同志。韦明会长当场签发了《证书》。

安徽省轻工协会魏庆银会长在大会上做了热情洋溢的讲话，对第一届理事会五年以来的工作成绩给予了肯定，对新一届理事会充满了期望。

安徽省经信委张涛处长在会长向第二届理事会提出了要认真实践科学发展观，为会员做好服务的更高要求。

安徽省民政厅民管局王南局长要求第二届理事会要认真依法依规严格按照章程做好协会的全面工作。

会议分析了2011年度全省塑料行业的发展趋势，提出了发展的重点和主要措施：

二、安徽省塑料协会第一届理事会工作总结

坚持科学发展　强化服务功能
努力开创我省塑料行业新局面

1. 第一届理事会的工作回顾

安徽省塑料协会于2006年2月份成立。过去的五年，协会在省国资委、原省经委、省经信委、省民政厅以及省轻工协会的领导和指导下，在社会各界的关心支持下，在全体会员、理事、常务理事的共同努力下，认真贯彻执行党和国家的方针、政策，按照章程积极开展各项活动，做了大量的工作，取得了一定的成效，为我省塑料工业的发展作出了应有的贡献。

五年来所做的主要工作：

（1）认真编制《安徽省塑料工业“十一五”发展规划》

本规划全面的阐述了我省塑料工业“十五”期间的发展状况，提出了“十一五”期间的指导思想、发展目标、发展趋势以及发展对策。五年来，在全省塑料行业及企业的共同努力下，到“十一五”末，基本上实现了既定的发展目标和任务。

（2）积极开展调研活动

开展调研是协会的基本职责。五年来，我们根据行业发展情况，先后赴全省各地，对100多家企业进行参观调研。通过召开座谈会或深入企业了解情况等形式，看到了行业的优势、存在的问题和发展趋势，并提出建议。特别是在企业经历金融风暴期间，提出了应对措施，及时地向有关部门作了汇报，为政府部门决策提供了相关依据。

（3）积极开展组团参观活动

一是连续五年组团参观中国国际塑胶工业展览会。该展会的规模居世界第二，亚洲第一，影响力很大。展会所展示的世界前沿的新设备、新技术、新工艺、新材料，对观展的企业受益颇大。二是组团参观浙江台州中国塑料交易会。该展会每年举办一次，系全国性的展会。由于我省塑料设备、模具及原料缺乏，通过观展，有些企业与展方签订了设备、模具及原料的采购或加工制作的合同。三是组团参观由中国轻工业联合会主办的亚太国际塑料展。四是组团赴海南参观有关塑料企业。五是组团赴港参观国际环保展。通过参观，拓宽了行业的视野，找出了差距，坚定了信心，明确了发展目标。

（4）认真履行“双肩挑”的责任

一是参与50多家企业的科技成果，新产品鉴定和项目论证工作，为企业的发展起到应有的作用。二是加强与深圳、香港塑料协会的联系，引进了60多家深港塑胶企业到庐江县考察，为庐江县政府招商引资搭建了平台，受到该县的好评。三是配合中国塑料协会对桐城市申报中国塑料包装产业基地进行实地考察。在评审会上，我们对桐城市塑料包装企业加工生产等方面的情况给予了高度评价和充分的肯定，为“中国塑料包装产业基地”落户桐城作出了贡献。四是授予怀宁县“安徽塑料工业基地。”近年来，怀宁县的塑料制品业发展迅猛，该县为推进工业强县的战略，突出发展塑料制品加工业，向省塑协申报“安徽塑料工业基地”。为了支持该县做大做强塑料支柱产业，我们组织一批专家、学者和企业家实地考察了该县塑料产业区及企业。在充分论证的基础上，决定授予怀宁县为“安徽塑料工业基地”的称号。五是受省发改委的委托，向国家六部委检查团汇报了安徽限塑工作的情况，得到了检查团的高度评价。会后，有关新闻媒体专题作了报道，对省塑协所做的工作给予了充分肯定。六是与淮南市经委、轻工协会、塑料企业及煤矿领导进行座谈，提出在淮南地区建立矿用塑料产业基地的建议，得到了淮南市上述部门和企业的认同，他们拟将此建议编入淮南轻工业“十二五”发展规划之中。七是组织部分会员企业参加徽商期货经纪有限公司举办的“塑料、化工策略研讨会”。在会上，重点介绍了我省塑料制品业的发展现状和发展趋势。建议有意向的企业利用套期保值的策略，规避原材料和库存风险，获得合理利润。会后有的企业在充分了解期货内涵的基础上，与上述公司签定了协议。八是积极配合安利股份有限公司申报中国质量奖项的工作。与企业负责同志一起赴京向中国轻工业联合会汇报安利公司在产品质量方面所做的主要工作和取得的显著成绩。在与公司领导的共同努力下，最终安利公司的产品获得了中国质量奖。

（5）加强网站建设，编辑年鉴资料

为保证信息畅通，减少纸质文件的发送，协会的各类通知、文件均通过安徽塑协网站予以发布，并及时转载上级部门的相关文件通知，扩大了协会的信息交流，丰富了网站内容，提升了协会的社会形象。

根据中国塑协的要求，我们完成了编纂中国塑料年鉴安徽篇的任务，改写了多年来中国塑料年鉴没有安徽篇的历史，受到了中塑协的高度评价。

（6）推荐、表彰一批先进单位和个人

2006年，我们推荐安徽省国风集团有限公司等七个单位为省轻工系统“十五”发展创新工程功勋单位；安徽安利合成革有限公司为省轻工劳动竞赛组织优胜单位；合肥美菱包装制品有限公司三车间维修班等五单位为省轻工系统劳动模范班组；吴秀杰

等六位同志为省轻工系统"十五"发展创新功臣称号，均获得批准。

2009年，我们推荐安徽宁国双津(集团)实业有限公司等七户企业为中国塑料行业先进单位；张五一等9名同志为中国塑料行业"先进个人"称号，均获得批准。

2009年协会授予安徽华隆塑料有限公司等49户企业为省塑料行业先进单位；滁州市博康模具塑料有限公司设备技术部为先进部门；陈华坤等38名同志为先进个人称号。

通过创先争优、表彰先进活动的开展，极大地调动了全行业职工奋力向上，努力进取的积极性。

总结过去五年的工作，我们深刻地体会到：必须坚持以科学发展观指导工作，必须坚持以经济建设为工作中心，必须坚持以服务企业为重点，必须坚持以"自立、自养"为办会方针。在肯定成绩、总结经验的同时，我们也清醒地认识到，协会工作与省经信委、省民政厅、省轻工协会的要求还存在较大的差距，与会员企业的期望差距甚远。

2. 对第二届理事会工作的建议

今年是实施"十二五"发展规划的开局之年。建议第二届理事会工作的总体思路为：全面贯彻党的十七大和十七届五中全会精神，深入贯彻落实科学发展观，进一步拓展服务领域，提升服务质量，不断丰富为企业、为政府服务的内涵，充分发挥桥梁和纽带作用，为全省塑料行业的大发展作出应有的贡献。

(1) 继续开展调研活动

我省塑料行业是以制品加工为核心的产业，主要是为汽车、家电等众多行业及主机企业加工配套件，其产品繁多，五花八门。建议二届理事会坚持以调研为抓手，坚持面上调研和专题调研相结合，坚持针对性和个性化调研相结合；坚持多形式和多层次调研相结合，把家底摸清楚，把问题分析透，把困难解决好。要积极协调好零部件企业与主机企业的密切关系，为经济建设作出努力。

(2) 积极为企业做好服务工作

要紧紧围绕企业开展工作。想企业之所想，急企业之所急，办企业之所需，谋企业之所利。积极向政府有关部门反映行业、企业的诉求，维护会员单位的合法权益和行业的整体利益。参与行业标准、质量管理监督和行业准入资质的审查；参与企业新技术、新产品鉴定和推广；参与企业技术改造项目的前期论证工作。根据市场和行业发展的需要，组织企业开拓市场，适时举办展览会。组织开展人才、技术、管理、政策法规等方面的培训，举办专题讲座，帮助企业提高技术和管理水平。

(3) 继续开展组团观展活动

积极组团参加雅式展览服务有限公司主办的一年一度的中国国际塑料橡胶工业展览会；台州中国塑料交易会；亚太国际塑料展览会等相关展会。通过观展，拓宽企业视野，武装企业装备，引进先进技术和工艺，提高企业经济效益。

(4) 继续办好网站

不断开拓网站服务渠道，完善服务功能，提高服务水平，扩大网站容量。全方位的展示网站的新形式、新亮点。进一步加大对企业和产品的宣传力度，扩大品牌产品在社会的影响力，为企业提高经济效益发挥作用。

(5) 加强协会自身建设

随着经济体制改革的不断深化以及政府职能的转变，政府对协会工作也提出了更高的要求。因此，要坚持服务立会，努力把协会办成企业的娘家。在严格遵守国家法律法规的前提下，坚持按章办事。自觉接受省经信委、省民政厅、省轻工协会的领导和指导。建立健全相关规章制度，保证协会有序有效开展工作。

在"十二五"开局之年，在挑战与机遇共存的新形势下，我们一定要更加紧密地团结在一起，努力拼搏，不断创新，为开创我省塑料行业的新局面作出应有的贡献。

【基本情况】

2010年，安徽省塑料工业全年保持快速增长势头，年增长速度一直保持在10%以上，高于全省轻工行业的平均增长水平，成为全省轻工业的支柱产业之一，经济总量仍稳居全省轻工行业第三位。

2010年全省规模以上827户塑料企业，完成工业总产值445.2亿元，同比增长48.07%；实现销售产值426.1亿元，同比增长46.96%；出口交货值达到10.55亿元，同比增长39.45%；全年生产塑料制品186.754万吨，同比增长18.15%。

【企业经营】

主要呈现以下几个特点：

一是我省塑料行业与其他行业一样受到了国内外金融市场的影响和冲击，由于我省塑料行业是最早进入市场的产业，发展前景仍然看好。

二是国家家电、汽车下乡的政策促进安徽家电、汽车工业的快速发展，继续引领了塑料配件企业的发展。

三是塑料行业实践科学发展观，一批重点骨干企业起到了支撑作用，如海螺、天大、国风、富光、普特、安利合成革、博康公司等企业。

四是规模以上企业数增速较快，由2009年底的645户增至2010年底的827户，净增182户。

五是省及地方政府继续提供的优惠政策，促进了塑料企业发展。

六是主动实施"限塑令"减少塑料包装袋，控制塑料薄膜产量，在2009年减产的基础上，2010年减产12142吨，同比增长-11.54%。

2011年安徽省塑料制品主要品种、产量：

塑料品种	全年产量/t	比同期/±%
塑料制品总量	1867544	18.15
塑料薄膜	166674	-11.54
板片材	633659	-2.87
塑料管及附件	141076	64.19
塑料丝及编织	173146	5.08
合成革	22890	11.38
泡沫塑料	25603	39.83
包装箱及容器	59328	39.22
日用塑料制品	75705	85.20

【重点企业】

1. 安徽国风塑业股份有限公司国风注塑厂简介

安徽国风塑业股份有限公司是由安徽国风塑业股份有限公司发起，以募集方式设立的股份有限公司。历经多年的拼搏开拓，已形成以"塑"为主，多元发展的跨行业、跨区域的经营格局，以其雄厚的实力成为全国塑料行业中一支举足轻重的力量。

是安徽国风塑业股份有限公司上市公司的子公司之一，位于合肥市经济技术开发区繁华大道，厂房面积约1.5万平方米。作为安徽国风塑业股份有限公司的重要成员之一，已有近20年专业生产注塑件的历史，现有员工200余人，各类专业技术人员38人，其中具有高级工程师1人、工程师5人、高级技工30余人；近年来，我厂又分别从合肥工业大学、安徽大学等著名学府引进塑料成型、模具、管理等专业的大学生若干名。我厂近年在内抓机制、外创环境的同时销售额也连年攀升，2010年我厂的销售和利润总额处全国同行业领先地位。

(1) 主要生产设备和生产能力

国风注塑厂现有先进的全电脑数控注塑机22台，锁模力从180t到3200t，最大注射量为达32000g(详见下表)，年生产注塑产品能力达10000t。

序　号	设备型号	生产厂家	锁模力/t	注射量/g	数量(台)
1	HTF180	宁波海天	180	300	1
2	HTF300	宁波海天	300	800	1
3	HTF350	宁波海天	350	1000	1
4	HTF450	宁波海天	450	1250	3
5	HTF630	宁波海天	630	3000	2
6	HTF650	宁波海天	650	4000	2
7	TNR650	台湾	650	3000	1
8	HTF1000	宁波海天	1000	6300	1
9	VL1500	美国米拉克龙公司	1500	8000	1
10	VL1650	美国米拉克龙公司	1650	14000	1
11	ML3500-540	美国米拉克龙公司	3200	15000	1
12	HTF2800	宁波海天	2800	32000	1
13	HTF1250	宁波海天	1250	5660	2
14	HTF1600	宁波海天	1600	8812	1
15	HTF2000	宁波海天	2000	10115	1
16	CJ1600M5	震得	1600	9914	1
17	CJ1300M5	震得	1300	6243	1

同时配有保险杠专用焊接机两台、塑料托盘焊接机一台，喷涂线一条，丝网印刷线两条，拌料机3台，转印机2台(一台为日本引进)和自行设计制造的烫印机4台，可以对注塑件进行喷涂、丝印、烫印、热转写等外观装饰的二次加工。

(2) 质量保证能力

该厂在注射成型领域方面，对ABS、HDPE、GPS、HIPS、PP(包括改性材料)、PE、尼龙、PMMA(压克力)、ABS+PC合金、UPVC等树脂的注射成型工艺特性都具有十分成熟的工艺技术；同时我厂还可以根据客户的需求，在注塑产品上进行喷涂、丝网印刷、烫印、热转写等过程操作。1998年从日本引进的注塑件模外及模内转写技术，达到世界一流的技术水平，此技术主要用于美菱配套把手、顶板的模外转写及标牌的模内转写，同时我们还参照国内外同类产品，自行设计、加工了4台平面烫印机，可以在瓶框、抽屉等产品上进行图案装饰。

国风注塑厂在1999年12月份通过了94版ISO9001质量管理体系认证，质量体系运转良好并顺利通过了2000年、2001年的复审，并且在2002年11月份又一次性通过了2000版ISO9001质量体系认证。2004年又建立了ISO/TS16949质量管理体系，并在年底一次性通过了认证，并于2007年、2010年顺利通过了复审。该厂始终以“质量精益求精、创造国风品牌、树立良好信誉、增强顾客满意”为质量方针，以顾客为核心，把顾客的利益放在第一位。该厂厂产品的质量控制是从原材料控制开始的，该厂的原材料都是从公司已确认为合格分供方的正规生产厂家直接采购的，原料进厂时需经专门检验员和安徽省产品监督检验所严格检验后才投入使用；在生产过程中，该厂严格按“质量三检制”和“过程三检制”对产品进行检验，“过程三检制”即检验员对首件产品必检，中间巡检、尾件产品必检。“质量三检制”即生产工人对其生产的产品进行自检（全检）、互检和专职检验员的检验。该厂通过制定完善的质量控制体系，对产品生产环节中的每个过程进行有效地控制，做到各个工序都有文可依、有人控制。也正是完善的质量体系使得该厂的产品质量得到了很好地控制，公司的产品和信誉得到广大客户朋友的认可。

（3）技术力量

注塑近20年的发展史不仅锻炼成熟了一批技术熟练的注塑操作工人，而且还造就了一批经验丰富、技术精湛的塑料产品设计人员及注塑工艺设计人员，他们可以熟练地运用CAD、UG等软件对结构难易不同的产品进行设计，如：汽车保险杠系列配套件（包括奇瑞、江汽等）、还有物流产品，包括单双面1111、1208、1210及塑料啤酒周转箱、食品周转箱等。在模具设计、维护以及设备维护和保养方面也培养了一批专业技术人员。该厂的管理人员在注塑厂近20年的发展中积累了丰富的管理经验，他们严格控制着生产过程中的每个环节，摸索出了该厂自己的一套行之有效的管理模式，使得信息能够得到及时有效地沟通和解决。该厂的技术和管理人员不仅在实践中完善自己，同时还注重理论知识的学习，并且关注国内外先进水平的发展动态，该厂先后选派一批年轻有为的专业人员到美国辛辛那提、韩国现代、德国巴顿、日本三菱等世界知名的大公司接受先进的注塑成型技术方面的培训，同时该厂还分批把在基层踏实能干的年轻骨干送到浙江黄岩、宁波海天进行模具和注塑理论方面的系统学习，这些都有力的保证了该厂在同类厂家中拥有一流的注塑水准，同时也是能为客户竭诚地提供优质服务的有力保障。在提高自身技术水平的同时，该厂还保持与设计水平一流、实践经验丰富的许多模具制造厂家良好的合作关系，通过与他们的合作、交流，该厂逐步提高了开发大型注塑件的能力，同时，国风注塑厂还拥有国风塑业技术中心作为有力的技术支持和国风塑业充足的资金作后盾，以其知名的品牌和诚实的服务占领市场。

（4）销售服务

国风注塑厂坚持“诚义为本”的经营原则，注重与客户互利互惠、共同发展，目前已形成完善的销售网络和成熟的服务体系。

该厂早在1992年就建立了一支反应迅速的售后服务队伍，始终本着以“顾客第一”的服务宗旨，建立了一套较为有效的服务体系，逐渐完善了售前、售中和售后服务的各种程序：售前，该厂先向顾客介绍我厂产品性能、特性，并提供相关资料，与顾客双向交流；售中，销售部门对已与我公司合作的顾客进行不定期的回访，及时了解顾客使用产品情况并帮助顾客解决疑难问题，同时将顾客意见带回公司作为质量改进的依据；售后，建立了客户档案，并及时的走访客户，对顾客提出的任何合理要求都在24小时内给予满意的答复，并将信息反馈到公司相关部门。

该厂在完善销售制度的同时，还注重对销售队伍各种能力的培养，让他们做到既是业务能手又是技术能手，在遇到客户提到的技术问题时，尽量及时的给予解决，以满足客户的要求，而对于损害客户利益的行为会严肃的处理。

正因该厂能够提供如此的产品质量和服务质量，才赢的了业界广泛的好评，也正因该厂的产品和服务质量，才赢得了一定的市场份额并取得了骄人的销售业绩。

该厂希望与广大客户朋友携手合作，共创美好的明天！

2. 合肥普特化轻材料有限公司

合肥普特化轻材料有限公司是一家科技型民营企业，安徽省塑料协会会长单位。主要从事改性工程塑料及塑料制品的研发、生产与销售。公司自2001年成立以来，本着“科技、创新、品质、诚信”的经营理念，得以快速发展；公司现落户于安徽省合肥市高新技术开发区。

公司主营产品为改性工程塑料和塑料制件，现拥有双螺杆挤出生产线和注塑成型设备40多台套，公司在工程塑料的增强、增韧、耐热、阻燃、导电、合金以及特殊性能高分子材料的研发方面具有深厚的技术积累，产品已在汽车、家电、电工电气、IT

等领域广泛应用，培育出如海尔、美的、三洋、长虹、延锋伟世通、江汽、柳汽、奇瑞等品牌客户。

2010年面对金融风暴带来的危害和激烈的市场竞争，公司一方面进行产业结构的调整，另一方面狠抓技术革新与节能降耗。全年共进行各种技改项目20多项，并且有三项取得了国家专利；通过技改项目的实施，不仅提高了生产效率、有效的降低了生产成本，还改善了生产环境，从而极大地提高了市场竞争能力。2010年年产量达到6556t、完成销售收入9945万元、实现税收200多万元。

2010年底公司投资4500万元在合肥高新开发区新建厂房16000多平方米，并新增生产、研发及检测设备，2011年投产后将具备年产12000t改性工程塑料和6000t注塑产品的生产能力。公司注重企业文化建设，拥有一个有核心凝聚力的强大的工作团队；广纳贤才，有各类专业技术人员35人；严把产品质量关，建立了IS09001品质管理体系，树立了“普特”品牌；创建了完善的售前、售中和售后服务体系。特别在改性工程塑料方面，公司长期与各大科研院校进行产、学、研合作，拥有一支有核心竞争力的技术研发团队和装备精良的实验室。

公司地址：安徽省合肥市高新开发区

公司法定代表人：韦明

电话：0551－5320278

传真：0551－5327137

E-mail：proto2003@163.com

3. 安徽省包装印刷产品质量监督检验中心简介

（1）中心基本情况介绍

安徽省包装印刷产品质量监督检验中心是在桐城市质量监督技术所基础上建立的省内目前唯一一家包装印刷产品综合性专业检测机构，是国家质检总局批准的食品用塑料包装容器工具等制品生产许可证发证检验资质的检验机构之一。

实验室条件：

安徽省包装印刷产品质量监督检验中心现有工程技术人员14人，中级以上职称6人，其中硕士研究生1人，博士生导师学术带头人1人。中心现有实验室面积800多平方米，仪器设备200多台套，价值人民币400余万元。拥有如高效液相色谱仪，气相色谱仪(美国安捷伦公司7890A)，原子吸收分光光度计，气质联用仪ITQ900(美国塞莫尔·世飞公司)，离子色谱仪ICS900(美国戴安公司)、氧气透过量测定仪、水蒸气透过量测定仪等一批较为先进的检验检测设备。

产品认可情况：

安徽省包装印刷产品质量监督检验中心具备152种食品，2种建材，26种化工产品，101种包材产品，196个参数的检验资质。食品、包装材料检验能力覆盖全市85%以上的产品，具备37种食品用塑料包装容器工具等制品的发证检验资质。

中心从成立至今，多次成功通过各级实验室资质认定监督检查及评审，2008年、2010年两次通过国家认监委组织的实验室资质认定专项监督检查。

（2）中心运行状况

体系管理：

中心结合实际工作特点，先后两次对《质量手册》及《程序文件》进行了修订改版，中心正常运转均基于整套质量体系文件，实验室的检验活动始终处于受控状态，为保证产品检验质量，不断摸索创新适宜的管理方式，中心整体管理水平逐年提高。

检验业务：

中心自获得实验室资质认定/审查认可证书后投入业务运营，当年实现检测样品400组的业务量，经过不断地业务拓展，2010年实现年检测样品达1500余组，累计与近300余家企业签定了委托检验服务协议。中心成立初的2008年业务收入10万元，2009年全年业务收入达到了94万元，2010年业务收入达到241万元。另外2009年、2010年承担了全省塑料制品专项监督抽查任务，共计抽样147组，抽查中发现的问题均反馈到监管部门和受检单位，受到企业的好评。

技术服务：

中心广泛开展为企业提供技术咨询服务业务，帮助企业提高自身管理水平、技术水平，提升产品档次，在拓展和巩固检测业务的同时，充分发挥自身技术人才优势，从原材料、过程控制、出厂检验各个环节，只要企业需要我们均不遗余力的提供支持。几年的服务工作给我们带来的是企业的信任、中心良好形象的树立、主动送检样品量的攀升，综合效益不断彰显。

人才引进：

人才是技术机构发展的基石，没有人才，再好的设备也是一堆废品，发挥不了作用。中心成立初我们就从安徽农业大学食品学院招聘了一名硕士研究生，又从桐城当地一大型企业高薪聘请了一名技术骨干充实到中心实验室，另外我们还与合工大高分子系与安农大食品学院建立了合作关系，由他们推荐优秀毕业生到我中心实习，我们再择优选聘。

科研与团队建设：

团队的大局意识、协作精神和服务精神是一个技术机构发展活力的基础，如何尊重个人的兴趣和成就，提高全体成员的向心力、凝聚力是我们中心在发展道路上不断摸索的问题。

中心成立初我们就将团队建设的理念融入到内部管理机制中，如制定学习培训计划前要求所有员工将自已的兴趣和想要培训提高的内容提交到办公室，通过统一调配制定各自的当年培训计划。各室每年选定合适的科研项目，提出一到两个课题纳入到中心科研计划等等。

省级中心不同于以前县级技术机构，更重要的是要有科技研发的能力，通过各科室提出的计划我们每年选出一个合适的课题进行论证是我们的长效机制，近年来我们提出了抗静电聚丙烯薄膜项目(与金田集团合作)、复合材料填充剂对复合性能的影响(与安徽瑞祥集团合作)、淀粉基包装产品中淀粉含量的合理控制(与安徽德琳环保合作)项目均在研究论证中。

(3) 中心发展目标

目前，依托我们中心申报筹建国家级高分子材料质检中心已得到多方支持，该项目已列入安庆市、桐城市《国民经济和社会发展第十二个五年规划纲要》，项目建设用地35亩，总投资4500万元。目前1000万元资金投入已列入2011年桐城财政预算，基建工程设计正在进行，计划于6月正式施工。以此为契机，我们中心在上级政府的战略指引下，在省市局的领导下，将理清思路，勤奋工作，做大做强中心技术平台，实现跨越式发展，做好企业发展的助推器，为经济社会又好又快发展贡献自己的力量。

4. 黄山永新股份有限公司

(1) 企业基本情况

黄山永新股份有限公司1992年5月成立，2001年9月股份制改造，2004年7月在深交所中小企业板上市，是国家创新型企业、国家重点高新技术企业，国内软包装行业的龙头企业。公司主要研发生产塑料彩印复合软包装材料、药品包装材料、真空镀铝膜、多功能薄膜等高新技术产品，用户涉及食品、医药、日化、农化、电子、建材等领域。公司下属1个全资子公司，1个控股子公司，占地面积约500亩，员工1430人。

1992年5月17人租赁厂房1500平方米创业，2001年9月进行股份制改制，有限责任公司改制为股份制企业，2004年成立广州永新包装有限公司，同年7月在深交所挂牌交易，2006年成立河北永新包装有限公司，2007年增发1194万股A股，2009年在屯溪经济开发区建设多功能薄膜生产基地 。

(2) 科技成果及新产品开发等情况

近五来，黄山永新股份有限公司共承担科技计划项目近百项，其中国家技术创新计划项目1项，国家火炬计划项目4项，国家重点新产品计划项目3项，安徽省科技攻关计划项目10多项，安徽省861计划项目5项；获得省部级以上科技奖6项，高新技术产品20项，中国包装名牌产品2项，中国包装行业优质产品1项，安徽省名牌产品1项。黄山永新股份有限公司2006年被科技部认定为国家火炬计划重点高新技术企业，2008年被省委、省政府授予“安徽省创新型企业奖”，被省科技厅、财政厅、国税局、地税局认定为高新技术企业，2009年被科技部、国务院国资委、全国总工会认定为国家级创新型企业。2010年被科技部、国务院国资委、全国总工会评定为中国创新型企业100强。

企业自主研制开发新技术、新工艺、新方法满足了市场发展的要求，对我国软包装行业的发展、产品的升级换代起到巨大的推动作用，加快了软包装行业的技术进步。

(3) 应对金融危机所采取的措施

公司以“把握市场，抢抓机遇，提升实力，稳步发展”为指导思想，坚定信心，积极应对，砥励奋进，加大市场尤其是医药包装市场的开发力度，加快推进柔印产品研发及市场拓展，持续加大工艺改进和产品创新，继续优化产品结构，扎实推进基础管理，着实提升综升实力，实现了较好的经营业绩，增强了公司的竞争优势，继续保持持续、稳健的发展态势。

(4) 产量、产值、利税、出口等情况

2010年共计生产塑料彩印复合软包装材料42000t(其中新型医药包装材料6000t)、CPP薄膜10000t、PE薄膜15000t、真空镀膜11000t，满足了客户大批量、高质量、及时供货的需求。实现销售额14.93亿元，利税2.2亿元，出口1000万美元。

【新产品开发】

2010年我省塑料企业，瞄准国内外市场资源，围绕拉动内需，坚持实践科学发展观，更加注重和开发新产品，如：

安徽国风塑业股份有限公司国风注塑厂2010年继续坚持“从创新要效益”的工作方针，各车间各部门在工艺改进、设备改造、新品开发等方面狠下工夫，并取得一定的成绩，为参与市场竞争、挖潜革新、增收节支作出了贡献。新产品有：

1. 开发1311、1111双面托盘，同时针对2004前开发的1311、1111、1210单面托盘焊接强度不足情况，根据目前市场需求，将其更改为九脚托盘。目前1210九脚托盘已批量生产供货至可口可乐公司。

2. 开发江淮瑞鹰2010款前后保险杠总成，目前产品已得到客户的基本认可，预计2011年1月份小批，2月份正式批量生产。

3. 开发奇瑞S15保险杠总成，目前数据已得到顾客认可，已冻结，等待开模指令。

4. 开发三洋公司7.0kg出口的洗衣机箱体、底座、后背板、把手产品，目前已批量生产。由于该套产品的成功开发，为我公司在三洋公司取得了很好的声誉，为后期新品开发打下了坚实的基础。同时为了节约成本，自行设计并制作了洗衣机箱体覆膜工装、打孔工装，此项可节约成本约5000元。

5. 陆续开发三洋公司7.0kg洗衣机底座、570洗衣机平衡环产品。目前7.0kg洗衣机底座正在制模阶段，2011年元月份可提供首次试模样件，570洗衣机平衡环，目前已完成模具招投标，进入到制模阶段。

6. 开发蛋架模具，争取客户投资模具，减少固定资产投资风险。2010年为公司产生10000元左右的毛利润。

7. 完成意大利DR公司两款前保险杠总成的开发、试产、批量销售的所有工作。此两个项目通过前期沟通协调，全部由意大利DR公司出资开模，我公司仅负责产品设计和模具制作的管控，无固定资产投资风险。目前累计销售近3000套，可产生利润450000元。

（安徽省塑料协会　翟光景）

海　南　省

2010年1月4日国务院发布《关于推进海南国际旅游岛建设发展的若干意见》，将海南国际旅游岛建设上升为国家战略，2010年6月8日《海南国际旅游岛建设发展规划纲要》获国家发改委正式批复。

【产业布局】

重点发展旅游业等第三产业，把海南建成世界一流的海岛休闲度假旅游目的地。

重点发展现代农业，把海南国家热带现代农业基地，设施农业年增长16.6%。

发展新型工业，重化工业严格限定在洋浦、东方工业园区，其他工业项目集中布局在现有工业园区。

旅游业、现代农业、市政建设、建筑业等高速发展，对塑料制品的需求持续增加，对塑料制品的质量、环保性能要求也更为严格。

海南塑料行业面临着空前的机遇与挑战。

【现状】

1. 塑料机械制造几乎空白。

2. 原料生产仅有聚丙、PET。

3. 现有的塑料加工企业90%为租地经营，成本高，对设备技术改造、技术更新积极性不足。

【政策】

自2010年开始，现有加工企业必须通过环评方能进行年检，通过年检的首要条件是加工地点必须在工业园区内，因此能否在近两年进入现有的工业园区，将是企业能否生存发展的关键。

【市场】

农业输水管、节水灌溉系统、建筑冷热水管、市政供排水管、果菜食品包装保鲜塑料产品、啤酒饮料等包装用品、通讯工业用工程塑料、光伏产业用基材膜、旅游产品包装等市场需求快速增加。

海南现有的生产能力与生产结构，已不能满足海南持续扩大的市场需求。

【企业投资】

近来，成兴塑胶投资近千万，购买复合膜加工印刷生产线；会文彩印投资三百万，增加复合膜加工设备；雄海管业投资近两千万，引进两条大口径双臂波纹管生产线；天涯水泥投资五千万建设的编织袋生产厂已完成征地；EVA流延膜设备引进正在洽谈中。

海南省塑料行业协会第二次理事会通过决议，成立海南省塑料加工工业区筹备小组，成立海南省塑料回收加工基地筹备小组，在2011年将取得实质进展。

【“十二五”的指导思想和基本原则】

建设国际旅游岛是继建省办经济特区之后海南发展史上的又一个里程碑。“十二五”时期，海南发展的总体战略任务可以概括为：一个主题，一条主线，六大定位，七大任务。即以科学发展为主题，以转变经济发展方式的主线，用国际旅游岛建设统揽海南经济社会发展全局，全面贯彻落实国务院赋予海南国际旅游岛建设的六大战略定位，即我国旅游业改革创新的试验区、世界一流的海岛休闲度假旅游目的地、全国生态文明建设示范区、国际经济合作和文化交流的重要平台、南海资源开发和服务基地以及国家热带现代农业基地。全面完成优化经济结构、构建现代化基础设施体系、区域协调发展和积极稳妥推进城镇化、生态文明示范区建设、科教兴琼和人才强省、社会事业建设和深化改革扩大开放七大任务，顺利实现国际旅游岛建设的中期目标，基本奠定国际旅游岛的框架。实现富民强岛，将海南打造成为中外游客的度假天堂和海南人民的幸福家园。

【“十二五”主要目标】

紧紧围绕海南国际旅游岛建设，“十二五”时期努力完成经济发展、结构调整、民生改善、改革开放、环境保护等方面的任务。主要目标是：

——实现经济更好更快发展。全省生产总值年均增长13%左右。经济效益持续提高，地方财政一般预算收入年均增长率在20%以上。全社会固定资产投资年均增长率为23%。保持物价基本稳定。

——优化结构成效显著。三次产业比重趋近20：30：50，以旅游业为龙头、服务业为主导的经济结构基本形成，热带特色现代农业水平显著提高，以高新技术产业和新型工业为支撑的支柱产业体系初具规模。继续加大基础设施建设力度。引进岛外消费，居民消费率稳步上升。城镇化进程进一步加快，城镇化率达到56%。

——以民生为重点的社会建设明显加强。努力实现居民收入增长和经济发展同步、劳动报酬增长和劳动生产率提高同步。城乡居民收入力争实现翻番。促进就业持续增加，实现新增就业岗位40万以上。高中阶段教育基本普及，中等职业免费教育基本实现，学前三年教育毛入学率达到60%，全面提升高等教育质量，教育设施和师资队伍建设明显加强。城镇中低收入住房困难家庭保障性住房问题基本解决，农村危房改造基本完成。实现基本医疗保险全省统筹。新型农村合作医疗和城镇居民基本医疗保险参保率95%以上。力争实现工伤、生育和失业保险省级统筹。城乡居民养老保险全覆盖。城乡居民最低生活保障实现应保尽保。文化事业和文化产业加快发展。深入开展平安国际旅游岛建设。

——以体制机制创新为重点的改革开放不断深化。根据我国旅游业改革创新的试验区的战略定位，积极探索，先行试验，推动海南旅游业及相关服务业在改革开放和科学发展方面走在全国前列。农垦管理体制改革目标全面实现，省直管市县管理体制更趋完善，政府公信力和行政效率进一步提高，体制机制更具活力。对外开放的广度和深度不断拓展，对外开放水平明显提升。

——全国生态文明建设示范区成效明显。单位地区生产总值能耗和主要污染物排放指标达到规定的要求，生态环境质量继续保持全国领先水平。坚持把建设资源节约型、环境友好型社会作为加快转变经济发展方式的重要着力点。深入贯彻节约资源和保护环境基本国策，节能减排，发展循环经济，坚持走绿色、低碳、可持续发展之路。

（海南省塑料行业协会 周鸿勋）

新疆维吾尔自治区

【大事记】

1. 积极配合政府部门，编制新疆塑料行业“十二五”发展规划

参与新疆轻工业“十二五”规划的编制工作。开展了塑料行业“十二五”规划调研工作，先后对变化较大的南疆、东疆及乌昌地区塑料工业现状及发展趋势进行了专项考察调研，完成了轻工“十二五”规划——塑料工业部分的文稿撰写和新疆塑料行业“十二五”发展规划的编制。

2. 召开“2010年度新疆塑料行业工作会议、新疆塑料协会年会暨贯彻中央精神，推动新疆塑料工业跨越式发展论坛”

会议总结了过去一年来我区塑料行业情况、行业和协会进行的重大活动；回顾了“十一五”并提出“十二五”发展思路；专题研讨农地膜、节水器材、型材、塑料编织制品产销中的若干问题，全疆骨干企业代表与自治区相关部门领导参会并展开了面对面的交流。同时，协会邀请政府部门领导宣讲、解读新近召开的“中央新疆工作座谈会”。及时把来自中央和自治区政府的最新政策方针直接传达到行业企业中，引导大家关心政策和形势，把握难得机遇，在促进企业快速、健康进步的同时，实现行业整体性、跨越式发展。

3. 客观分析“十一五”历程，科学规划“十二五”目标

2010年是“十一五”的最后一年，按“惯例”启动了“十一五”回顾分析与“十二五”发展规划工作。过去五年里，新疆塑料行业得到较快发展，全疆制品总产量由初期的37.4万吨，上升到去年的86.8万吨，增长了1.22倍，年均增长23.41%。其中最为热点的以滴灌带为中心的农用塑料节水灌溉器材和各类塑料管材等。综合自治区有关方面的政策、发展规划，预计到“十二五”末全疆各类塑料制品总产量将超过200万吨。其中农用塑料(包括塑料节水器材)、建筑塑料、包装塑料等将继续呈现总量快速增长的态势，且行业产品结构、地域分布、企业规模及技术水平等方面将更加合理。

4. 抓农地膜等主要产品的发展，做好行业运行的协调与引导

2010年开春，在滴灌带、地膜等农用塑料制品产销疲软的情况下，于元月召开了“农地膜与塑料节水器材”产季运行座谈会；到入冬时，针对时下用工

普遍紧张、原料价格大幅波动、来年销售市场不清晰、农地膜生产企业普遍开机晚与不足等情况，于11月22日再次召开了“全疆农地膜业经济运行座谈会”。

两次会议期间，都邀请农业、水利、质监、经信等相关政府主管部门领导参会并指定关联议题向业界通报，在协会秘书处通报了当期行业整体运行情况与宏观形势后，建立了政府主管部门与产销企业面对面的交流座谈平台，就行业中表现的突出问题、热点焦点进行专门讨论，做好行业运行的协调与引导工作。

2010年是工信部出台的《农膜行业准入条件》(简称“条件”)实施第一年。协会利用元月份的农地膜运行会进行了专门宣贯；到年底时针对巴州企业反映的该地区没有认真执行“条件”的情况，在巴州地区的农地膜产业情况及准入条件执行情况，配合行管处进行了专题调研，将有关情况向政府部门提出了意见。自治区经信委因此随后出台了《关于对农膜行业准入条件实施情况调查的通知》(新经信产业[2011]8号)，在全疆展开农地膜行业准入条件实施情况的调查。

5. 坚持组团参加“乌洽会”等行业会展活动

协会除坚持组织会员企业参加中国塑料交易会等行业活动、参观中国塑料橡胶工业展览会等国内外行业展览外，也重视每年一次的“中国乌鲁木齐对外经济贸易洽谈会”。为更好地服务会员企业，照常组织了部分业内企业参展，受到中外客商及各界人士的强烈关注，达到了整体展示行业形象，交流服务等多重效果。

6. 完成“滴灌专用地膜”地方标准编制与发布工作

在2009年验证实验的基础上，2010年主要进行了标准验证试验数据处理、关键技术指标确定、标准文本编制、专家论证及标准审批等工作。经自治区标准化主管机关审查，该标准已于2010年11月19日批准发布，12月20日起正式实施。标准号及正式名称这DB65/T 3189—2010《大田膜下滴灌用聚乙烯地面覆盖薄膜》。

为使本标准尽快在行业中得以有效实施，协会专程向自治区农业资源环境站、自治区土肥站等部门送递了标准文本，就本标准的执行等事项进行了深入交流。在自治区水利厅组织的“全疆水利系统微灌标准化体系培训班”上进行了专题宣讲，并于12月22日召集全疆57家农地膜主要生产企业的负责人和技术质量主管人员等计80余人参加的标准宣贯会。邀请主要标准起草人、自治区标准化主管领导等，就本标准制订的必要性与目的意义，标准关键技术指标解读和人工加速老化试验等内容进行了专题讲解，让与会者能正确理解和执行本标准。

另外，还与自治区质监院共同向国家标准化管理机构提出了3个塑料制品的国家标准起草申请，以提高我区塑料行业的标准化水平。

7. 协调解决“内镶式滴灌管、带”标准中存在的问题

根据部分企业反映：新实施的滴灌带/管国标(GB/T 19812.3—2008《塑料节水灌溉器材 内镶式滴灌管、带》)中有部分指标存在一些问题，为弄清情况、并予以解决，协会汇报到自治区轻工行办行管处后，得到行管处的高度重视，并很快召集了自治区质监院、该标准主要起草人和全部内镶式滴灌带生产企业等方面的专题研讨会，制定出专门工作方案，进行了紧张的专项试验。根据与国家标准化机构的协调情况看，有望对其标准中的有关内容进行修订。

8. 成立新疆塑料行业专家委员会

人才一直是新疆塑料行业发展的紧缺资源。为充分发挥现有人才作用，根据协会建设计划，在原“新疆塑料行业专业技术人才资料库”的基础上，从数百名行业专业技术人员中，选出47名业绩突出、有中、高级技术职务的专家，组成了新疆塑料协会专家团队。在延续2009年已经公示的“新疆塑料协会专家委员会”成员的基础上，按相关程序，这个委员会于2010年召开的年度行业发展及协会工作会议上正式成立。首次将行业中的高中级专业技术专家人员集中到一个专门组织下，以进一步发挥其技术领队作用，使其更好地为行业服务、为企业服务，促进塑料行业技术进步与发展。

9. 开展农用节水器材发展态势的课题研究

在国家和自治区大力推进农业节水灌溉的政策支持下，我区高效节水灌溉及以滴灌带为主要产品的农用塑料节水器材产业得到快速发展，现已成为当今国内及全世界最重要的农用塑料节水器材产销地区。但针对日益激烈的市场竞争环境和生产经营中存在的若干突出问题，协会组织开展了“新疆塑料节水器材发展战略”的研究。通过调研、走访，形成了《新疆塑料节水器材发展战略》课题研究报告。

10. 坚持行业信息交流平台建设

《新疆塑料》会刊、“新疆塑料信息网”网站、《新疆塑料协会会员单位经济技术信息交流报表》是协会主要的信息交流平台，是协会联系和服务会员单位、宣传新疆塑料行业、沟通同业协会的重要工具。通过会刊和网站，编发国家出台的政策法规、

国内外行业发展态势、科技论文、协会工作等综合资讯，行业内重大文件的发布等，已成为广大会员单位的重要资讯渠道。协会大力开展行业统计及经济分析工作，并及时向会员单位发布价格、产销情况等快报信息，为企业的生产经营提供可靠资讯。同时，为统计部门的行业数据核对提供了依据。

【基本情况】

据统计资料显示，2010 年全疆塑料制品总产量为 868kt，较 2009 年增长 27.49%。其中塑料薄膜制品 157.5kt，占制品总量的 18.14%，同比增长 20.19%(其中农地膜 143.9kt，同比增长 18.56%)；管材制品（含滴灌带）330.4kt，占制品总量的 38.07%，较上年增长 21.19%；型材及塑料板片条棒制品 110.6kt，占制品总量的 12.74%，较上年增长 12.36%；塑料丝绳及编织品 93kt，占制品总量的 10.76%，较上年增长 13.85%；塑料泡沫制品 17kt，较上年增长 17.39%；塑料包装箱及容器 46.9kt，较上年增长 43.15% 表 1。

表 1　2010 年全疆各类塑料制品产量分析

品　　种	2010 年/kt	同比增长/%
总产量	868.02	27.49
1. 塑料薄膜	157.47	20.19
其中：农用薄膜	143.89	18.56
2. 板片条棒异型材	110.61	12.36
3. 塑料管及其附件	330.43	21.19
4. 塑料丝、绳及编织品	93.43	13.85
5. 泡沫塑料	16.99	17.39
6. 塑料包装箱及容器	46.88	43.15
7. 日用塑料制品	27.59	35.37
8. 其他(包括玻璃钢制品)	37.37	

各类制品中，由于重化工、特色林果业及特色轻工业的发展，推动了多年低迷的塑料包装材料业的崛起，塑料包装箱及容器产量比上年增长了近一半；在“大力发展节水农业”的政策指导下，新疆高效节水事业得到快速发展，新增节水面积以每年 350～400 万亩增加，农户节水意识普遍提高，滴灌带及其配套的管材管件、农地膜等产品呈持续快速稳定增长态势。

进入“十一五”以来，随着国家对新疆能源战略基地的确立和《自治区特色轻工“十一五”发展规划》的实施，一批有影响的重点工程项目相继实施或建成，给新疆轻工各行业带来了快速发展的机遇。“十一五”期间，新疆塑料行业在继续保持着快速发展态势的同时，行业整体实力得到较大的增强，各骨干产业结构也获得优化。全疆规模以上塑料企业现价工业总产值占轻工业总产值为 16.79%，“十一五”年均增长速度达 15% 以上。从产品结构来看，农用塑料、建筑塑料和包装塑料是我区塑料行业的主导门类，其产量合计占总产量 90% 以上。其中，又以农用塑料为最大，占据全疆塑料制品总产量的半壁江山。其主要品种是农地膜和塑料节水器材。受国家节能减排等政策的推动，以 PVC 管型材和 PS 泡沫保温材料为代表的新型塑料建材继续保持快速发展。从进出口情况来看，“十一五”初期，新疆各口岸塑料类商品进出口总值为 3.86 亿美元；到“十一五”末期，进出口总值达到 4.94 亿美元，年增长率为 92.18%(由于受到“7.5”事件的影响，2009 年疆内外贸业务曾一度几乎停止)。

新疆塑料行业经过几十年的发展，到 2010 年底全行业工业产值已突破 100 亿元大关。

【塑料制品进出口】

据乌鲁木齐海关的资料，2010 年各口岸塑料类商品进出口继续保持快速增长态势。各口岸全年累积进出口总量 296.8kt，同比增长 15.08%；其中进出口总值 4.94 亿美元，同比增长 10.02%。其中：出口 256.6kt，同比增长 26.95%；出口总值 4.46 亿美元，同比增长 14.86%；进口 40.1kt，同比下降 27.98%；进口总值 4789.7 万美元，同比下降 20.99%。

从商品类别分析，初级形状塑料商品(即合成树脂)的情况是：进出口总量为 187.3kt，同比增长 17%；进出口总值为 1.94 亿美元，同比增长 23%。其中：出口总量 147.2kt，同比增长 39%；出口总值 1.49 亿美元，同比增长 50%；进口总量为 40.1kt，同比下降 27%；进口总值 4517 万美元，同比下降 22%。

从贸易方式看，边境小额贸易方式占主导地位，其进出口总值占全部的 44%；而一般贸易方式突出表现在进口方面，其进口量已达到 56% 的份额。

从商品种类看，合成塑料出口远高于进口，且主要品种是我区盛产的 PVC 树脂，总量达 139.4kt；而进口的主要是 PE 树脂，总计为 17.2kt；另外还有近 3300t 的废旧塑料进口。各类塑料制品的出口远高于进口，其出口量值均占总量 99% 以上。各类塑料制品的进出口总量为 109.5kt，同比增长 13%；进出口总值近 3 亿美元，同比增长 3%。其中：出口总量 109.4kt，同比增长 14%；出口总值 2.97 亿美元，同比增长 3%。品种主要是薄膜、管材管件、板片及型材以及箱包容器和日用品。这与出口商品的目的地主要是中亚国家，这里的工业不太发达，需要的塑料商品以建筑材料、包装、日用品为主。

【重点企业】

1. 新疆独山子天利高新技术股份有限公司

公司成立于1999年，2000年在上海证券交易所上市，是新疆唯一一家从事石油化工新材料以及石油化工下游产品开发、生产的高新技术上市公司。主要产品及其加工规模为：18kt/a膜类产品；20kt/a专用料产品；3000万条/年编织袋；40kt/a的聚丙烯树脂；20kt/a涤纶长纤、短纤、丙纶长纤、短纤，土工复合膜、淋膜产品。在新产品开发过程中，在充分发挥自身科研优势的同时，通过与独山子石化研究院、四川大学等数十家国内科研院所和设计单位的技术合作，研制开发和产业化了一批科技含量高、市场潜力大并符合国家产业政策的高新技术产品。

在高分子新材料方面，根据市场需求，确立了聚丙烯改性专用新材料的开发方向，目前已完成开发的产品有9个品种20多个产品；在土工合成新材料方面，以自主开发和联合开发相结合，完成了聚酯长丝防黏针刺(复合)土工布生产线以及复合丙纶无纺布、聚乙烯土工膜、超宽幅聚酯短丝防黏针刺(复合)土工布产品，已在新疆的公路、水利建设中得到了广泛的应用，在新疆“引额济克”大型水利工程中被评为优质产品。

2010年公司实现营业收入21.28亿元，同比增长138.81%；实现净利润2.53亿元，同比增长17562.2%。2010年，公司用自有资金以现金出资方式对蓝德精化进行增资。增资完成后，持有其总股本的55%，成为蓝德精化控股股东。目前，蓝德精化已成为以生产润滑油系列添加剂为主营业务的股份公司。

2. 新疆蓝山屯河化工有限公司

公司下设6个子公司，分别是：聚酯公司、型材公司、节水公司、国际贸易公司、置业公司和新材料公司。在利用外方投资资金完成资本结构调整级技术升级、扩能改造后，蓝山屯河化工改组为“屯河化工股份”，型材公司扩大投资，节水公司改组为“西部节水股份”。公司依托国际资本和新疆本土资源优势，以石油化工、高品质塑钢型材、节水科技产品为主导，同时以国际贸易为辅助产业的企业。公司的各产品系列均配备世界一流的技术及设备，目前年生产能力为110kt差别化聚酯切片、60kt PBT、35kt高品质塑钢型材、25kt UPVC管材、3.2亿米节水滴灌带和120kt EPS，是西北及中亚地区同类型企业中规模最大、品种最全、技术含量最高的领先企业。蓝山屯河的瓶用聚酯切片占新疆地区95%的市场份额、西北地区50%的市场份额、中亚地区60%的市场份额；PVC异型材占新疆地区70%的市场份额，中亚地区20%的市场份额；PVC管材及节水滴灌带产品占新疆地区25%的市场份额。

3. 宏邦节水有限公司

宏邦节水地处南疆，始建于2004年。公司采取了连锁统一管理、分散建厂的模式，使服务下沉、渠道下沉、成本降低，在当地基本上形成了一个封闭的市场。在南疆，宏邦节水的市场份额已经占到第一。2010年，公司引进战略投资者，青云创投和华创盛景联合投资4000万元人民币。除了可预见的市场增长外，宏邦节水还承载了风险投资商们对“南疆第一股”成功上市的希望。

4. 新疆中石油管业工程有限公司

进入21世纪以来，公司秉承“以人为本，以质取胜，诚信发展，勇创新高”的理念，在日益激烈的市场竞争中脱颖而出，规模、效益均以每年30%～50%的高速递增，迅速成为极具影响力的企业。公司产品还远销到哈萨克斯坦、吉尔吉斯斯坦等中亚国家。公司在发展中尤其注重品牌建设和技术进步，公司的塑料管道、型材等主打产品均被评为“新疆名牌产品”；旗下的技术中心获得“自治区级企业技术中心”称号，实验室设备和检测能力在疆内企业位居前列。目前，公司的年产能为塑料管道50000t，型材40000t以上，已成长为西北地区最具有发展潜力的塑料制品生产企业。

5. 新疆未来型材有限公司

公司成立于2008年，在短短的三年间迅速崛起，2010年型材产量已突破万吨。旗下的喀什分公司于2010年7月开始建设，一期已顺利完成并投产，预计项目达成后具备15000t PVC异型材的产能。

6. 新疆联塑节水设备有限公司

自1996年成立以来，经过十多年的拼搏、创业，形成了以给、排水，农用喷、滴灌，林果业、农村安全人饮用管为主体的PE、UPVC规模化节水管道生产加工企业。综合生产加工能力可达28000t/a，实际销售生产量在10000t左右，各类PE产品为3000t以上。公司在激烈的市场竞争中，坚持以“产品质量、企业诚信”并重的经营理念为公司生产、经营方针，始终以顾客为关注焦点，及时服务用户，不断总结完善企业存在的不足，不断规范企业内部管理，加大技术投入，竭力打造一流企业品牌。2010年，公司已由新市区搬迁至乌市高新区北区工业园，并进行了整体扩建。

【科技进步】

新疆塑料行业的技术创新能力集中在农地膜、塑料节水器材、型材及材料改性等几个主要产业领域。目前已形成了一些专业研发机构、认定企业技术研发机构、企业技术中心。到2010年底，全疆已有新疆天业(集团)有限公司技术中心(国家级)、独山子天利高新技术股份有限公司技术中心、新疆西龙土工股份有限公司技术中心、新疆中石油管业工程有限公司技术中心、新疆科艺达铝塑制造有限公司技术中心、新疆磐基实业有限公司技术中心、新疆泓科节水设备制造有限公司技术中心、新疆蓝山屯河型材有限公司技术中心等12家各类省级以上的认证企业技术中心、工程研究中心。相当部分重点企业设立了专门的企业技术机构，也有一批企业已从生产型转为科技型企业，每年都有数十个科技开发项目分别列入国家及自治区科技开发计划，获得的项目资助资金数百万元。这些机构的建设和项目的实施，对促进塑料行业技术进步工作起到了积极的推动作用。

继续推进品牌建设，2010年有：天业牌塑料编织袋(石河子佳美工贸有限公司)、国统牌给水用PE管材(新疆天山管道有限责任公司)、中油牌PE管材(新疆中油管业有限公司)、志强牌LDPE管材(新疆联塑节水有限公司)、双吉牌LDPE管材(新疆双吉塑业有限公司)等5个品牌产品荣获2010年度自治区名牌产品称号(表2)。

表2 已认证的企业研发机构

序号	机构名称	级别	批准年
1	新疆天业(集团)有限公司技术中心	国家级	
2	新疆独山子天利高新技术股份有限公司技术中心	自治区级	
3	新疆蓝山屯河型材有限公司技术中心	自治区级	
4	新疆蓝山屯河节水科技有限公司技术中心	自治区级	
5	新疆磐基实业有限公司技术中心	自治区级	
6	新疆科艺达铝塑制造有限公司技术中心	自治区级	
7	新疆西龙土工股份有限公司技术中心	自治区级	
8	新疆中石油管业工程有限公司技术中心	自治区级	
9	新疆泓科节水设备制造有限公司技术中心	自治区级	

【市场需求】

总体上讲，新疆地区的塑料制品消费结构没有发生太大变化，农用塑料、建筑塑料、包装塑料和日用塑料制品等通用塑料材料或制品仍是我区塑料行业的主导门类，其产量合计占总产量90%以上。也因为内地制品主要生产基地与新疆都相距数千公里，除少数制造技术难度较高、需求量较少及附加值较高、需求量较少及附加值较高的塑料制品或材料可长距离运输外，一般都是本地生产。与外来购入量相比，本地生产的各类塑料制品占市场份额的比例高达90%以上。多功能大棚膜、彩印包装膜基材、医用塑料、复合及特殊管道等材料或制品，来自沿海省区的大型企业较多。

塑料行业对合成树脂的消费类似，一般来说，PE、PP、PVC、PET等通用或大宗树脂疆内自给有余，只有部分牌号和其他树脂需要从内地购入或进口。到2010年底，疆内合成树脂生产企业已有13家，各类树脂总量产能已超过3000kt，总产能已超过4000kt。

【存在问题】

当前新疆塑料工业正处于快速发展阶段，在取得诸多发展成绩的同时也不可避免的存在着种种问题和困惑。主要表现为：

1. 产业体系结构不尽合理。整体上缺乏与之适应的塑料机械、模具制造工业、助剂化工业和塑料改性材料工业等。

2. 行业企业品种单一，附加值低的农用塑料制品比重过大，全行业各类制品基本上为附加值较低或简单再生产的通用塑料加工业，产品技术含量低，企业资金、技术积累能力弱，而技术含量较高的工业塑料件、工程塑料等成长缓慢。

3. 同质化、低水平竞争严重。

4. 疆内市场的“孤岛”效应，使得现有产品的市场扩展范围非常有限。

这些问题都需要我们在今后的发展中去不断克服和协调解决。

【发展趋势】

2010年的中央新疆工作座谈会召开以来，新疆宏观形势史无前例地向好，举世瞩目的“十年跨越式发展目标”，给塑料行业既提供了更多的发展空间，也提出了新的挑战。在未来五年内，新疆塑料工业发展的基本特点将继续是：总量持续快速增长，同时实现产业结构调整或进一步完善。重点发展领域分析：

第一，设施农业和节水农业的大发展，给传统的农用塑料特别是与设施农业有关的农用大棚膜、塑料节水器材提供了新的市场和技术空间。粗略估算，这方面约有近200kt的增量。到2015年，设施农业之温室大棚目标总面积200万亩，高效节水灌溉农田新增总面积1500万亩以上。

第二，三年内要完成的农村安全饮水工程，普遍开始启动的地、县、乡城镇化建设、牧民定居、中心城市扩建，水利工程、交通工程等建设项目，给各类土工合成材料、管型材等塑料建筑材料提供了丰富的市场想象空间。

第三，还将持续进行、并有扩大之势的石油石化、煤化工、盐化工、有色稀土、区域电网等重型工业项目的建设和发展，给塑料建筑、重型包装、电气材料以及工程塑料材料都提供了可能的发展机会。

第四，疆内1600万亩的特色林果业及其深加工等新疆特色产业的发展将给各类塑料包装材料，提供较好的发展机遇。

综上所述，并根据《新疆塑料行业“十二五”发展规划》，到2015年全疆各类塑料制品总产量将超过2000kt/a的规模。

（新疆维吾尔自治区塑料协会　孔德海　李显贵）

主要制品行业情况

专家委员会

五年前，中国塑协专家委员会在浙江宁波诞生，标志着从此我国塑料行业的优秀专家学者团结起来，成为一支最具广泛性、代表性、权威性和专业性的专家队伍。2009 年 10 月，第一届专家任期已满，中国塑协专家委员会举行了隆重的换届大会，聘任了第二届专家。2010 年，中国塑协专家委员会召开了二届二次会议，继续聘任专家，把更多的精英吸收到中国塑协专家委员会这个大家庭中，汇集塑料行业的精英和骨干力量，使之进一步成为我国塑料行业发展的“智囊团”、“思想库”、“参谋部”和“咨询委”，完成“出主意”、“出知识”、“出成果”、“出人才”的重大使命。2009 年的二届一次会议上聘请了 304 名专家，2010 年的二届二次会议上又聘请 88 名专家。伴随着我国飞速发展的塑料产业专家队伍也在不断地发展壮大。

从中国塑协专家委员会成立以来，共召开过三次以“塑料新材料、新技术、新成果”为主题的全国性大会，与会代表均超过了 250 人。2009 年为了贯彻中央支持中西部崛起的发展战略，专家委员会与包头市九原区合作，在包头市召开了“首届中国(包头 九原)塑料产业论坛和中国塑协专家委员会二届一次会议，出席会议的专家代表300 多人，收入会议论文集的文章 84 篇，出席演讲的专家 42 位。

2010 年 9 月 10 ~ 12 日在广东省中山市召开了中国塑协专家委员会二届二次会议暨 2010 年塑料先进制造技术产业论坛。中国科学院曹镛院士，中国塑料加工工业协会廖正品会长、中山市科技局徐晓莉局长，中国科学院化学研究所王笃金副所长，中山市包装机械股份有限公司郭景松董事长及塑料界一批著名专家学者和企业家共计 120 余人出席了这次会议。中国塑协会长廖正品做了题为“发挥专家智慧促进行业发展”的致辞。他指出：时至今日，我国塑料制品的工业消费量已突破 60Mt，占世界塑料消费量 238Mt 的四分之一强；人均消费 46kg，超过了国际 40kg 的平均水平，真正成为了世界塑料生产、消费大国，并正从“中国制造”向“中国创造”转变，在由大国向强国迈进，实现跨越式发展。上述成就，与我们的专家在行业中的作用密不可分，专家委员会应该更好的推进和发挥行业协会的职能，更好的贯彻“为行业服务、为企业服务”的宗旨，促进科技成果转化，在科学家和企业家之间架起金色桥梁。我们的专家以他们的专业知识，正确的引导人们的“绿色消费”，“绿色”的概念应当包括在生产过程中、使用过程中以及使用后的去向三个方面都是否有利于人的健康和自然环境。

会议安排了 13 个专题报告，反映了具有极强产业化开发前景的最近加工技术进展，华南理工大学瞿金平教授的叶片式高效节能挤出机；清华大学于建教授的多元复合导电材料结构设计；四川大学王琪教授的高分子管材旋转挤出成型技术；北京航空航天大学詹茂盛教授的高分子材料微结构成型技术；北京化工大学杨卫民教授的高分子加工的微积分概念；中国科学院化学所王德禧研究员的模内层叠技术发展及应用；熔融静电纺丝技术的产业化开发；北京崇高纳米科技有限公司；李毕忠董事长的纳米材料啤酒瓶及抗菌、保鲜塑料膜材料的开发；广州亚雷森高分子材料有限公司胡建中技术总监的交联聚乙烯滚塑加工技术最新进展等，都展示了塑料加工领域最新的实用化技术进展，受到了与会代表的热烈欢迎。

中国塑协专家委员会在会议期间还展开了企业现场咨询活动。为江苏太平橡胶股份有限公司开发清淤管材新产品进行了专家咨询会；为辽宁金石科技集团玄武岩纤维应用开发和抚顺市塑料产业“十二五”发展规划组织了专题讨论会；为推动我国大型塑料滚塑制品集成化技术发展，酝酿成立了“大型塑料滚塑制品开发专项”，力图通过大型滚塑制件的开发，推动我国滚塑设备，原材料，滚塑工艺等系列集成化技术的进步。

在 2009 年包头会议期间，不少代表反应，两年一次的会议间隔时间太长，与我国飞速发展的塑料产业不相适应。对此专家委员会进行了认真的研究，为了更好的推动塑料领域科技成果的转化，用塑料新材料、新技术、新装备促进塑料产业的发展，中国塑协专家委员会决定每年举办一次活动，逢单年开大会，主题是“塑料新材料、新技术、新产品”的广泛交流；逢双年开专题研讨会，重在塑料新技术的推广，重在产业化开发的交流，使与会的企业家能在参会的过程中接触到最新的塑料产业化技术发展概况，选择项目及建立联系。

2010 年的会议选择在中山市召开，除了其他先进技术的交流外，专家委员会还根据国外塑料膜微层叠技术的发展，适时的把这项先进技术与位于中山市的松德公司的多层阻隔型流延膜产业化开发结合起来，并促成了“松德先进制造技术产业化研发中心”的成立，请了国内一流的专家来到松德公司，为该公司的流延膜产业向更高水平的发展献计献策。力争通过一次会议，至少做一件推动塑料先进制造技术产业化的实事，建立一座丰碑。专家委员会希望通过这座桥梁，能把科技人员的发明创造、技术成果与企业谋求发展的需求紧密地结合起来。

会上，举行了“松德先进制造技术产业化研发中心”揭牌仪式，中国科学院曹镛院士，中国塑料加工工业协会廖正品会长、中国科学院化学研究所王笃金副所长，中山市包装机械股份有限公司郭景松董事长为松德先进制造技术产业化研发中心揭牌。

2010 年受聘专家名单

姓　名	专　业	职称/职务
何立溶	塑料改性 Plastics Modification	总经理、高级工程师
谢鹏程	精密注射成型原理及装备 Principle and Precision Injection Molding Equipment	副教授、博士
郝福江	吹膜技术和设备 Blown Film Technology and Equipment	副厂长
于文杰	Editor of《Plastics Technology》	副所长、杂志主编
周家华	塑料加工 Plastic Processing	副总经理
王文彬	机械专业和经济专业管理 Machinery Management & MBA	总经理
闫万琪	塑料改性 Plastics Modification	高级工程师、总经理
肖凯初	塑料产品生产、销售、技术开发、塑料管道 Plastic Pipe	董事长
王海燕	高分子化工、技术、塑料管道 Plastic Pipe	技术总监
谢林生	橡塑成型加工机械 Plastic Forming Machine	副教授、副主任
同　重	塑料管道 Plastic Pipe	总经理
胡再兴	塑料管道 Plastic Pipe	董事长
汪根林	交联聚乙烯材料及成型 Cross - linked Polyethylene Material and Molding	博士、讲师
史春才	Magazine Editor in Chief of China Plastics Information	总经理、杂志主编
陈国亮	滚塑成型 Rotational Molding	总工
柴　冈	塑料管道 Plastic Pipe	常务副总经理、总工程师
何　慧	高分子材料成型加工 Polymer Forming	教授、博士生导师
郭景松	包装、印刷机械 Packaging & Printing Machinery	董事长
胡建中	塑料改性 Plastics Modification	技术总监
李锡宏	鞋类设计 Footwear Design	董事长
李　冰	鞋类设计 Footwear Design	总经理

续表

姓　名	专　业	职称/职务
王惠群	降解材料与设备 Degradation of Materials and Equipment	董事长兼总经理
魏育南	正压热成型 Pressure Thermoforming	董事长兼总经理
吴锭辉	科普教玩具 Popular Science Teaching Toys	董事长总经理
李新团	企业管理、技术培训 Business management，technical training	二级建造师
黄桂斌	塑料管道 Plastic Pipe	副总经理
江泽佩	塑料管道 Plastic Pipe	董事长兼总经理
高春荣	化学建材研究应用 Research and Application of Chemical Building Materials	高级工程师
张　平	塑钢型材及门窗 Plastic Profile of Windows and Doors	总工程师
宋花平	野战输油管线 Field oil pipeline	高级工程师
严密林	塑料管道 Plastic Pipe	副主任、高级工程师
戚东涛	塑料管道 Plastic Pipe	高级工程师
陈建国	企业管理 Business Management	董事长兼总经理
邵汉增	塑料管道 Plastic Pipe	副总经理
李广忠	塑料管道 Plastic Pipe	总工程师
陈　伟	机械设备 Mechanical Equipment	董事长、总经理
李兆先	加速器技术 Accelerator Technology	所长
张祥华	辐射加工应用 Application of Radiation Processing	总经理
郭琼山	技术与业务管理 Technology and Business Management	总经理
付志敏	企业管理 Business Management	执行董事、副总经理
芮小平	高分子材料开发应用 Development and Application of Polymer Materials	高级工程师
蔡鲁江	合成革 Synthetic Leather	总经理
黄绍华	清洁设备制造、新产品开发 Cleaning Equipment Manufacturing，New Product Development	董事长/总经理、高级工程师

续表

姓　名	专　业	职称/职务
方文川	塑料改性材料、油脂化工、环保 Plastic Modified Materials, Oil Chemical Industry, Environmental Protection	总工程师
柳洪涛	高分子材料加工机械研发、设计 R & D design of Polymer Processing Machinery	副总经理
潘志荣	双螺杆挤出机开发与销售 Development and Sales of Twin - screw Extruder	副总经理、工程总监
关晓春	化工成套装备销售 Chemical Industry Complete Equipment Sales	副总经理
康　锋	化工成套装备 Chemical Industry Complete Equipment	销售总监
戴　涛	薄膜的技术与产品 Thin FilmTechnology and Products	总经理
方建权	薄膜产品、生产管理 Film Products & Production Management	副总经理
卢树成	薄膜生产、设备管理 Film Production & Equipment Management	副总经理
刘金保	薄膜生产、技术、质量管理 FilmProduction, Technology, Quality Management	副总经理
黄　剑	高分子材料技术开发和管理 Technology Development and Management of Polymer Materials	经理
张建均	塑料加工制造 Plastic Processing	董事长
张晋华	塑料管材 Plastic Pipe	董事长
王明科	生产技术及企业管理 Production Technology and Business Management	总经理助理
郭晓玲	塑料加工 Plastic Processing	技术开发部经理
张思良	企业管理 Business Management	高级会计师
赵慕莲	高分子材料 Polymer Materials	高级工程师
周洪荣	PVC 异型材配方工艺 PVC Profile Formulation Process	特聘高级主管工程师
张效全	塑料助剂，塑料改性剂 Plastic Additives, Plastic Modifier	工程师/总工
张　军	塑料管道 Plastic Pipe	高级工程师
李化全	塑料异型材 Plastic Profiles	高级工程师/副总工程师
黄小燕	塑料工程 Plastic Engineering	质量部长
范　理	塑料异型材工艺技术 Plastic Profile Technology	工程师/总工

续表

姓　名	专　业	职称/职务
黄守吉	塑料异型材 Plastic Profiles	董事长
梁红斌	塑料型材 Plastic Profiles	董事、副总经理
郭春生	网络营销管理及考核办法专家 Internet Marketing Management and Assessment Methods	副总经理、会计师
刘春信	塑料改性 Plastics Modification	技术副总经理、研发中心主任
李　翱	塑料改性 Plastics Modification	讲师
王　彤	PVC 型材挤出及应用技术专家	工程师
刘伯元 （首届专家）	塑料改性 Plastics Modification	所长
张杰武	塑料改性 Plastics Modification	高级工程师、董事长兼总经理
潘竟军	塑料型材 Plastic Profiles	工程师
李　强	塑料型材 Plastic Profiles	车间主任
蒋文君	塑料型材 Plastic Profiles	高级工程师
袁志刚	塑料改性 Plastics Modification	高级工程师、总经理
杜列风	塑料管道 Plastic Pipe	董事长
王　永	塑料管道 Plastic Pipe	总经理
赵吉中	塑料管道 Plastic Pipe	经济师、经理
孙　勇	塑料管道 Plastic Pipe	董事长
牛义庆	塑料管道 Plastic Pipe	副总经理
马建华	塑料管道 Plastic Pipe	总经理
邢建明	塑料管道 Plastic Pipe	总经理
李瑞军	塑料管道 Plastic Pipe	副总工程师
马铭章	塑料管道 Plastic Pipe	总经理
崔俊文	塑料管道 Plastic Pipe	总工程师

续表

姓　　名	专　　业	职称/职务
杨　杰	高分子材料 Polymer Materials	教授
廖启忠	高分子材料 Polymer Materials	副总经理
李毕忠	抗菌材料、纳米材料 Anti - Virus Materials & Nanomaterials	董事长

(中国塑料加工工业协会　许琳)

塑料技术协作委员会

中国塑协塑料技术协作委员会本着推进行业技术进步的宗旨积极开展各项活动，2010 召开了一次年会、二次理事会、一次 PVC 用热稳定剂国家标准制订工作小组会议，编写了《"十二五"中国塑料行业科技发展思路和重大需求》和《中国塑料行业技术水平调查报告(2010)》，出版了 6 期会刊(电子版)。

【行业活动】

1. 年会

(1) 年会概况

2010 年中国塑料加工工业协会塑料技术协作委员会于 8 月 11 ~ 15 日在中国西部的甘肃兰州华唐宾馆主办了"中国塑料技术高层论坛暨 2010 中国塑协塑料技术协作委员会年会(Plastech2010)"，甘肃省皮革塑料研究所和甘肃省塑料工业协会、中国石油兰州化工研究中心聚烯烃树脂研究所协办，做了大量会务工作；支持单位有炜林纳功能材料有限公司、河北精信集团和南京橡塑机械厂有限公司、兰州兰泰塑料机械有限公司也尽了地主之谊，招待了会议代表。来自国内外的科研机构、大专院校和科技型企业的 80 多名代表出席了会议。

会议开幕式上，甘肃省塑料工业协会和甘肃省皮革塑料研究所的总工贺建梅致了欢迎词、中国塑协塑料技术协作委员会理事长包建成简介了委员会工作并致辞、中国石油兰州石化研究中心吴建主任介绍了中心和聚烯烃研究所概况并致辞、兰州塑料工业公司黄耀荣董事长介绍了公司概况并致辞。

大会首先由中国塑协塑料技术协作委员会理事长包建成报告了由委员会组织撰写提交的《"十二五"中国塑料行业科技发展思路和科技项目建议》，接着，远道而来的荷兰埃因霍温理工大学化工学院院长/教授 Piet J. Lemstra 围绕聚合物材料的发展方向做了精彩报告，然后，科倍隆(南京)机械有限公司 Bjoern Walter 工艺部经理报告了科倍隆 STS advanced 配混技术革新和发展、卓细(Trexel)中国香港有限公司中国区域经理朱春亮报告了 MuCell 微发泡成型提升品质降低成本的革新技术、兰州兰泰塑料机械有限公司张国强报告了高性能双螺杆挤出机在塑料行业的应用、炜林纳功能材料有限公司陈俊报告了"稀土在塑料工业中的应用"、河北精信集团总工助理张灿明报告了"PVC 有机基热稳定剂的技术发展"。

大会后，两个分会场共做了 33 个报告，另有书面报告 14 个。

会议代表对由塑料技术协作委员会组织提出的《"十二五"中国塑料工业科技发展思路和科技项目建议》提出了中肯的修改意见。这些意见汇总后已纳入《建议》的修改稿，报塑料加工工业协会。

会议报告内容获得到会代表一致肯定，认为不少内容涉及科研前沿、行业热点，也有产业化前景；既具创新性，又具实用性；对本单位具体工作，既有灵感的启发，也具可操作的实用参考。会议较为充分地交流了信息，也有一些实质性的合作进展，达到了预期目的。

(2) 主要报告和内容

• 中国塑料加工业现状和展望(书面报告)

中国塑料加工工业协会/廖正品

主要内容：介绍中国塑料工业各部门，包括合成树脂、塑料助剂、加工工业、机械和模具工业的概况以及其可持续性。

• 石油基与生物基塑料，本世纪塑料的成长(The growth of plastics in this Century, Petro vs. Bio - based Plastics)

荷兰埃茵霍温理工大学(Eindhoven University of Technology, Eindhoven, The Netherlands)/Piet J. Lemstra

主要内容：报告基于可靠数据讨论未来的发展趋势。

合成聚合物(塑料)在过去 10 年几乎呈现指数式增长，目前世界产量已经达到 200Mt/a，人均约 35kg，预测到本世纪末将达到 1000Mt/a，而生产和消费分布非常不平衡。生产合成聚合物的原料几乎均来自石油，目前约消耗约世界石油生产量的5%。考虑到其强劲的增长，到本世纪末大约需要消费目前石油产量的25%。考虑到以消耗石油储备的状况，这是不可持续的。已经开发了使用煤或天然气为原料生产聚合物的替代技术。例如，萨索尔(南非)使用费·托(Fischer - Tropsch)催化剂将气/煤转换为合成气，再将合成气转换为低摩尔质量的聚乙烯蜡，并通过加氢将其转换成柴油燃料和/或用于制备聚合物单体。这些所谓的 GTL(Gas - To - Liquid)(气到液)和 CTL(Coal - To - Liquid)(煤到液)工艺的经济可行性取决于在本世纪上升的石油价格。

关于未来聚合物原料方面，完全不同的方法是使用生物质。在这方面，我们必须区分：

(1) 用天然物质制造聚合物，即生物聚合物，如淀粉和聚羟基脂肪酸酯(PHAs)。

(2) 通过发酵或其他方式，使用来自生物质的单体，例如乳酸和呋喃化合物，生产聚乳酸和呋喃共聚合物，二元醇和二元酸的使用，制造(部分)生物基的"绿色"聚酯和聚酰胺(尼龙)。Braskem 和陶氏在巴西公布，最后，但并非最不重要的趋势是从生物乙醇制造乙烯，再聚合制造生物聚乙烯。

这些生物基聚合物的领域，我们可以区分两个不同的目标：一方面，一些公司和协会，例如"欧洲塑料"推广可生物堆肥塑料，其是指在特定条件和一定时间尺度下，因微生物作用可以转化为 CO_2 和 H_2O，而堆肥后无有害残留物的塑料。有各项标准加以规定，如欧洲的 EN 13432。另一方面，许多已建立的石化企业正探索以生物质为原料的生物基单体，并在其工程塑料产品组合中加入部分生物基单体，以获得"绿色形象"。他们关注生物基聚合物，而非可堆肥塑料。

• 聚醚醚酮研发和应用

苏州工业园区富事达塑业有限责任公司/包建成，丁常楷

主要内容：综述了国内外聚醚醚酮(PEEK)树脂及树脂改性、加工等的现状及发展；介绍了其主要应用领域，同时指出了我国所存在的问题和发展机遇；对发展我国 PEEK 的措施和方向提出了有益的建议。

• 导热塑料研究与应用

甘肃省皮革塑料研究所/贺建梅，张玉爱

主要内容：介绍了聚合物的导热机理和导热塑料技术和开发的最新进展，展望了导热塑料的发展方向，指出：导热塑料应用领域不断扩大，尤其近些年来蓬勃发展的信息产业，为导热塑料提供了新的发展空间。

• 塑料助剂产业的增值增效

广东华南精细化工研究院，北京华腾工程新材料有限公司/陈宇，崔正，王朝晖

主要内容：回顾了塑料助剂产业近年来的发展现状，从强化生产过程技术、顺应安全卫生法规及综合利用资源等角度分析了塑料助剂产业在"十二五"期间所面临的形势和发展需求，指出塑料助剂的高效利用及新品种开发对塑料加工产业增值增效的助推作用。

• 色母粒技术现状与发展趋势

浙江诸暨七色鹿色母粒有限公司/王执中，王仲文

主要内容：介绍了色母粒行业的现状、特点与发展趋势，并根据中国塑协与色母粒专委会的调查统计，研究分析了色母料今后几年的市场需求趋势。

• 生物基与生物分解塑料市场现状

轻工业塑料加工应用研究所/许国志，翁云宣

主要内容：生物分解塑料按照原料来源可分为3大类，即来源于化石资源的生物分解塑料，即"化石基生物分解塑料"；来源于可再生资源的生物分解塑料，即"可再生材料基生物分解塑料"，以及以上两类材料共混得到的塑料。国际原油资源的日渐趋紧，石油供给压力增大，生物基材料产业的经济性和环保意义日显，产业发展的内在动力不断增强。我国的一些重大课题如 863 等中列入了生物分解塑料相关项目，国家发改委建立了生物质专项基金支持生物基材料的发展，海关总署颁布了相关生物分解塑料的海关编号(初级形状的聚乳酸 3907700000、初级形状的聚乙烯醇 3905300000)，这些措施促进了生物基和生物分解塑料的快速发展，据中国塑协降解塑料专业委员会的统计，2009 年我国实际生产约 40kt，国外进口 15kt，出口 35kt；预计 2010 年产能将达到 100kt 左右。

• 无机/有机纳米复合聚酯材料——技术开发和应用市场

北京崇高纳米科技有限公司/李毕忠

主要内容：层状硅酸盐经过有机化相容处理后，通过聚合插层法或熔体插层法将无机层状硅酸盐与聚酯复合，形成新的层状硅酸盐聚酯纳米复合材料。纳米聚酯的种类包括属于饱和聚酯的 PET、PBT、PTT、PCT、PC、PLA 及属于不饱和聚酯的各种配方。纳米聚酯材料在塑料、包装、纤维、农业等领域的诸多应用，如塑料啤酒瓶、PET 工程塑料、抗菌纤维、回收再生料、纳米 PC 塑料、抗菌不饱和树脂制品具有巨大的开发应用价值。

• 高效加热节能技术在塑机设备上的应用

鲁谷(北京)科技有限公司/张红中

主要内容：介绍变频感应电磁加热节能技术原理，在塑料加工机械上的特点和应用效果。

• 聚氯乙烯行业的发展趋势

齐鲁石油化工股份有限公司齐鲁分公司研究院/王晶

主要内容：介绍了电石法聚氯乙烯在行业竞争中存在的问题，探讨了未来聚氯乙烯的发展方向。

• 水相法氯化聚氯乙烯树脂开发及加工

上海氯碱化工股份有限公司技术中心/袁茂全

主要内容：氯化聚氯乙烯是聚氯乙烯树脂进一步氯化产物。本文讨论了 PVC 水相氯化过程关键控制因素，分析了 CPVC 加工特殊性。对稳定体系、抗冲体系、润滑体系等作了研究，得到了性能优良的 CPVC 制品。

• 聚氯乙烯热塑性弹性体

上海交通大学化学化工学院/张勇，翟莹浩，张隐西

主要内容：介绍了动态硫化聚氯乙烯(PVC)/丁腈橡胶(NBR)热塑性弹性体(TPE)的制备、组成、结构和性能，重点介绍交联体系、加工方法对于 TPE 结构、力学性能和加工性能的影响，介绍了共交联等方法对于 TPE 结构和性能的影响。还讨论了 TPE 的应用，介绍了功能化 TPE 的特性和应用前景。

• PVC 稳定剂现状与发展趋势

浙江杭州三叶助剂有限公司/施珣若

主要内容：综述了国内 PVC 工业和 PVC 热稳定剂的生产现状、应用研究进展，分析了 PVC 工业和 PVC 热稳定剂的发展趋势，对 PVC 工业和 PVC 热稳定剂的发展趋势做了预测，提出我国 PVC 稳定剂应向低毒、无污染、复合、高效等方向发展。

• PVC 用有机化合物基热稳定剂研究进展

河北精信化工集团，中国塑协塑料功能助剂研发中心/王兴为，沈杰，张立华，张灿明

主要内容：据各国对 PVC 热稳定剂的环保要求，提出有机化合物基热稳定剂是未来稳定剂的发展方向。总结了有机热稳定剂国内外的研究现状，并对其在国内的发展提出了建议。

• 新型 ACR 在 PVC 中的应用

北京阿科玛化学有限公司/纪光文

主要内容：介绍通用的研究聚氯乙烯用的丙烯酸酯加工助剂方法和一种新型加工助剂(CMP)的塑化行为。

• 亚磷酸酯在 PVC 加工中的应用

美国 Dover Chemical 公司/史文超

主要内容：介绍亚磷酸酯的结构、稳定原理、品种、应用及发展趋势。

• PVC 加工中润滑剂的应用技术

霍尼韦尔公司特殊材料部/张光博

主要内容：介绍聚氯乙烯加工中润滑剂的功能、机理、分子结构对润滑剂功能的影响、润滑剂的评价、润滑剂影响的性能和润滑剂和其他组分的协同作用。

• 聚氯乙烯用环保型增塑剂

巴斯夫亚太增塑剂实验中心/曲建强，陈淼灿

主要内容：市场上对增塑剂的需求变得多样化，环保型增塑剂在敏感应用领域越来越多。相较于现今市场上 5 种顶尖非邻苯二甲酸盐增塑剂，巴斯夫的产品 Hexamoll® DINCH 拥有最高的生态效率。而巴斯夫的生态效率分析也得出相同的结论，并获得德国中立机构莱茵兰 TÜV 的证实。增塑剂的功能是添加到聚氯乙烯(PVC)内，以让原本坚实、易碎的物质变得柔软且富有弹性。巴斯夫对 3 项日常产品组合作出了关于非邻苯二甲酸盐增塑剂生态效率的分析：儿童的球、医疗器械使用的管子和花园用软管。这项生态效率分析对产品全面生命周期的生态性质作出评估；这一周期涵盖了产品的制造到弃置，以及生产和使用的成本。

• 水滑石对 PVC 的热稳定特性与机理研究(书面报告)

广东工业大学轻工化工学院/吴茂英，毛芳，赖文华

主要内容：研究了水滑石(HT)对 PVC 的热稳定特性，结果表明：(1) HT 是一种长期型热稳定剂，热稳定效能显著优于硬脂酸钙，与硬脂酸锌($ZnSt_2$)、β-二酮(β-DK)和环氧大豆油(ESBO)并用存在明显的协同效应，但与多元醇发生对抗作用；(2) 以 HT/$ZnSt_2$/ESBO 和 HT/$ZnSt_2$/ESBO/β-DK 稳定的 PVC 的受热变色呈现明显的突变特征，即初期阶段变色非常缓慢，而后突然显著加速。HT 的独特热稳定特性可解释如下：HT 首先主要以层间 CO_3^{2-} 然后再以层板 Mg、Al 氢氧化物中和 HCl，以层间 CO_3^{2-} 中和 HCl 的转化产物 Cl^- 型 HT 不会置换主效热稳定剂中的 Zn^{2+} 而导致其消耗，因此 PVC 在受热的初期变色非常缓慢，一旦层间 CO_3^{2-} 消耗殆尽，接下来以层板 Mg、Al 氢氧化物中和 HCl 生成的 $MgCl_2$、$AlCl_3$ 则会置换主效热稳定剂中 Zn^{2+}，因此 PVC 变色加快。

• 二氧化钛(TiO_2)颜料对 PVC 制件的加工及产品性能的重要作用(书面报告)

杜邦中国集团有限公司钛白科技事业部/周纯，

陆明兰

主要内容：金红石型二氧化钛（TiO_2）颜料，是保障众多常用塑料制件耐候性的重要配方组分。它能够吸收紫外光来减少树脂发生光、氧老化而变色；同时它通过对可见光的散射和折射作用可对塑料制件的变色产生遮盖作用；作为半导体材料，TiO_2光催化氧化作用也会产生导致塑料制品失光和粉化等不利作用。钛白粉颜料的表面设计与塑料制品，尤其是PVC硬质制品的加工和使用性能有着非常重要的相关关系。在加工性能方面，钛白粉的有机包覆处理可以显著影响原材料的干粉流动性能、加工性能和流变性能。加工性能和流变性能的差异可以引起PVC硬质配方中稳定剂在加工过程中消耗量的不同，进而引起PVC制件中残存稳定剂水平的不同。实验结果发现，在使用同类型稳定剂配方的样品中，PVC制件残存稳定剂水平的不同会显著影响制件的后期光老化即耐候性能。

• 稀土化合物在塑料工业中的应用

广东炜林纳功能材料有限公司/李敏贤，陈俊，钱玉英，郑德，刘小梅

主要内容：介绍稀土化合物作为PVC无毒热稳定剂、无机粉体表面改性剂、聚丙烯β-成核剂、稀土光敏剂、稀土转换剂、稀土抗菌剂等在塑料工业中的应用。

• 提高彩色塑料型材附加值的全套解决方案（书面报告）

北京七彩润博 & 东方昊炅科技发展有限公司/郑光明，邓捷

主要内容：塑钢型材彩色化手段主要有4种方法：覆膜法、共挤法、通体法和喷涂法。彩色共挤型材因具有优异的耐候性和简便的加工性等优势，已占据市场的主流地位。随着共挤彩色型材技术的日趋成熟，已开发出多种特殊效果的品种，如仿金属彩色共挤型材和哑光彩色共挤型材等。欧美国家的彩色门窗仍然使用覆膜法来制作，覆膜彩色型材具有加工灵活和美观等特点，发展前景十分广阔。

• 聚氯乙烯回收再生技术与装置（书面报告）

中国塑协塑料技术协作委员会/杨惠娣

主要内容：介绍使用后聚氯乙烯制品的物理（机械）、化学和能量的回收再生方法和技术，以及开发的装置概况。

• 聚氯乙烯热稳定剂应用标准制订概况（书面报告）

中国塑协塑料技术协作委员会/杨惠娣

主要内容：介绍聚氯乙烯热稳定剂应用标准制订工作的开展情况、方法标准体系、评价的技术指标和存在问题等。

• 国内外聚丙烯现状及市场分析

中石化北京燕山分公司树脂应用研究所/牛建岭，张立红

主要内容：综述了国内外聚丙烯生产工艺和现状，分析了聚丙烯的市场、价格及进出口情况，对今后聚丙烯的发展提出了一些建议。

• 抗氧剂和光稳定剂在纤维级聚丙烯中的应用

北京加成助剂研究所/李杰，孙书适，夏飞

主要内容：新型复合抗氧剂JC-1215和JC-1225在聚烯烃纺丝料中经多次挤出后，使用效果与进口复合抗氧剂相当，可赋予制品优良的颜色稳定性，提高制品的热氧稳定性、透明性和力学强度，改善树脂的加工性能。相对高分子质量的光稳定剂，在聚丙烯纤维中显示了较好的抗热氧化性以及良好的持久光稳定作用。

• 高熔体强度聚丙烯制备技术的现状及研究进展

华东理工大学化学反应工程国家重点实验室，联合化学反应工程研究所/辛忠，周帅

主要内容：高熔体强度聚丙烯（HMSPP）具有较高的熔体强度，在熔融拉伸时存在应变硬化现象，加工温度较宽，可用于热成型、挤出发泡、涂覆、吹塑等方面。本文综述了HMSPP的结构和性能特点、制备方法、在汽车领域的应用，以及国内外研究和开发情况。

• 国产光稳定剂的进展与应用

北京天罡助剂有限责任公司/陈祖欣

主要内容：通过分析受阻胺光稳定剂在我国发展的历程，说明我国受阻胺光稳定剂工业从无到有、产品从低级到高级，是一个发展中的新兴行业。通过对光稳定剂应用实例的探讨，说明光稳定剂应用的领域正在不断扩充和提高。

• 高韧高弹抗冲聚丙烯合金的结构表征

中国石油石化研究院兰州化工研究中心/吴建，谢昕，杨柳，陈坤，贾军纪

主要内容：用动态流变学方法研究了高韧高弹聚丙烯合金的动态流变行为，结果表明：高韧高弹聚丙烯合金与SP179相比在低温具有高的储能模量，具有高的弹性，采用高分辨核磁共振表征了高韧高弹聚丙烯合金的组成和序列分布等链结构方面的信息，用DSC、SEM等多种方法相结合有效表征了高韧高弹性聚丙烯合金的序列结构。

• PP/CO_2（SCF）发泡材料的研制和应用

北京工商大学材料科学与工程系/许国志，王向东

主要内容：介绍聚丙烯挤出发泡产品的类别和用途，阐述聚丙烯挤出发泡片材的性能、特点以及市场定位。以二氧化碳(CO_2)为发泡剂，采用自行设计的中试级连续挤出发泡成型机组，制备了适宜于食品包装、工业包装应用的挤出发泡聚丙烯片材。研究了原材料配方、成型工艺和装备核心部件对于片材性能的影响。

• PP/CO_2(SCF)发泡材料及其商业化应用前景的探讨(书面报告)

合肥园融新材料有限公司/何顺伦

主要内容：采用CO_2超临界流体(SCF)发泡技术制备聚丙烯发泡材料，生产过程中不产生有毒气体、无废渣废水、无环境污染，实现了生产过程的绿色化。该技术CO_2作为发泡剂，补偿了原料生产中产生的碳排放，真正实现了碳循环。生产方式采用连续化挤出发泡工艺，有效降低了生产成本，是未来聚丙烯发泡材料工业化道路的重要方向。聚丙烯发泡材料性能突出，应用领域广泛，具有广阔的市场前景。

• 汽车发动机塑料进气歧管专用料应用现状与发展趋势

吉林省塑料研究院/魏忠良，富丽萍，冯国辉，关伟

主要内容：综述了国内外塑料汽车发动机进气歧管的发展史、性能、原料树脂、和发展趋势。重点介绍了进气歧管用尼龙6、尼龙66、聚邻苯二酰胺、间规聚苯乙烯/尼龙共混物等树脂国内外应用现状，并根据中国汽车工业及相关工业现状，阐述我国汽车发动机塑料进气歧管专用料发展趋势。

• 越野车仪表台用镁盐晶须改性PP专用料的研究(书面报告)

湖南科天新材料有限公司/沈友良，王小红

主要内容：PP/镁盐晶须改性复合材料是采用共聚聚丙烯为基础材料，镁盐晶须为增强材料，采用独特的配方技术和双螺杆挤出冷切造粒研制而成。该类材料具有高模量、耐热性能优良、良好的冲击韧性、优良的耐候性能和耐老化性能及阻燃性能。用该类材料注塑的制品具有较高的表面光洁度，耐挺括度和尺寸稳定性、无翘曲、着色性能好，而且在加工过程中对设备和模具的磨损很小。

• 酰胺化聚乙烯蜡的合成与应用(书面报告)

浙江杭州海一高分子材料有限公司/魏一峰

主要内容：聚乙烯蜡作为一种大量应用的加工助剂，有很大的市场，而相对于多样分子结构的高分子材料的不同要求，在聚乙烯蜡的分子链悬挂各种官能性的侧基可拓展其应用性能。高官能度的氧化聚乙烯蜡在催化剂的催化下与双胺进行酰胺化反应，可得到带有对称酰胺基团的支化酰胺基聚乙烯蜡产物，有良好的性能和应用前景。

• 基于超分子成核剂的PLA结晶过程调控研究

华东理工大学化学反应工程国家重点实验室，联合化学反应工程研究所/辛忠，温亮，胡东康

主要内容：采用不同尺寸的客体分子(甲苯、乙苯、正丙苯和十二烷基苯)处理以调控对叔丁基杯芳烃晶型，且所处理得到的对叔丁基杯芳烃作为聚乳酸成核剂，研究发现当客体分子为乙基苯时(尺寸为7.28Å)，T_p达到最大值，为134.4℃，客体分子为正丙苯(8.16Å)时，也即客体分子尺寸继续增大，对叔丁基杯芳烃成核能力明显降低，客体尺寸在5.93Å到7.28Å之间时，成核剂会显示出优良的成核性能。纯的PLLA和添加未经溶剂处理的对叔丁基杯芳烃的PLLA，在球晶相互碰撞前，球晶的半径均大于200μm，但添加了经过甲苯和乙苯处理的对叔丁基杯芳烃之后，PLLA的晶体尺寸大幅度减小，且使PLLA的结晶形态变为球晶和捆束晶共存，并且捆束晶占大部分。

• 长玻纤增强热塑性复合材成型技术的研究

北京化工大学塑料机械及工程研究所[1]，清华大学高分子研究所[2]/贾明印[1]，薛平[1]，于建[2]

主要内容：长纤维增强技术是实现通用塑料工程化和工程塑料功能化的重要技术之一。研究总结了长玻纤增强热塑性复合材料制备技术的最新进展，包括：长玻纤增强热塑性复合材料造粒技术、长玻纤增强在线配混并直接挤出成型技术、长玻纤增强在线配混并直接模压成型技术和长玻纤增强在线配混并直接注射成型技术。

• 阻透性包装薄膜(书面报告)

上海绿色包装协会/陈昌杰

主要内容：简述发展阻透性薄膜的意义，介绍软包装材料阻透性的表征与分类，讨论环境条件对塑料薄膜的阻透性影响，列举了阻透性包装材料在肉类包装方面的应用例。

• PPC/PBS共混体系的相形态及其流变性能研究

福建师大化学与材料学院，福建省环境友好高分子材料工程技术研究中心/蒋霞，钱庆荣，许兢，刘欣萍，黄宝铨，肖荔人，游瑞云，陈庆华

主要内容：采用熔融混合的方法制备了不同比例聚碳酸亚丙酯(PPC)/聚丁二酸丁二醇酯(PBS)共混物，用转矩流变仪、动态热重分析(TG)、电子扫描显微镜(SEM)和旋转流变仪分别研究了共混体系加工形态、相形态、流变等性能。结果表明，共混

体系转矩流变中的的平衡扭矩强烈依赖以组分比；PPC/PBS 共混物的 T－5% 和 T_{max} 较纯 PPC 有较大提高；随 PBS 组分含量的增加，体系内部球形分散的形态逐渐向纤维状和部分双连续的相形态转变，并使体系出现了动态形状松弛，证实了两相界面的存在使共混体系出现了动态形状松弛；当 PPC/PBS 由 90/10 到 70/30 再到 60/40 时分散相由球状转变为大的椭球状再转变为部分相连续的形态，初步推断共混物的相转变发生在 PPC/PBS 比为 60/40 和 50/50 两者组分之间。

• 纳米复合材料的原理与技术

石油大学(北京)/柯扬船

主要内容：介绍纳米复合材料制备原理、关键技术和应用例子。

• 塑料注射成型技术及塑料注射成型机的研究进展

北京化工大学机电工程学院塑料机械及塑料工程研究所/金志明

主要内容：从塑料注射成型技术和塑料注射成型机两个方面介绍了注射成型的研究进展，重点介绍了包括多组分注射成型、气体和水等介质辅助注射成型、微发泡注射成型、微注射成型等，同时还介绍了塑料注射成型机的研究进展。

• MuCell® 微发泡注塑工艺

卓细(Trexel)中国香港有限公司/朱春亮

主要内容：微发泡是一种既可以提升产品品质又能够降低成本的技术，是以热塑性材料为基体，制备制品中间层密布尺寸从十到几十微米封闭微孔的技术。微发泡注塑技术突破了传统注塑的诸多局限，在基本保证制品性能的基础上，可以明显减轻质量和成型的周期，大大降低机台的锁模力，并具有内应力和翘曲小、平直度高，无收缩，尺寸稳定，成型视窗大，特别是在生产高精密和材料较贵的制品上与常规注塑相比较独具优势，成为近年来注塑技术发展的一个重要方向。美国 Trexel 与 MIT 多年合作，整合了世界各地 70 多个相关专利技术，实现了微发泡注塑的商业化应用，MuCell® 已成为了一个非常成熟的革新技术并在全世界被广泛使用。Trexel 也和全世界许多著名注塑机品牌建立了紧密的合作关系，如 Arbug、Engel、Milacron、Husky、Krauss Maffei、Sumitomo、Demag、JSW、Toshiba 等。MuCell® 微发泡技术在中国虽然起步较晚，但经过几年多来用户迅速增长。MuCell® 在许多应用中得到了验证，使许多用户在提高产品质量的同时获取了更高的经济回报。

• 同向双螺杆塑料挤出机现状和展望(书面报告)

南京橡塑机械厂有限公司/顾刘谦，赵建华

主要内容：简介了中国塑料挤出机，特别是同向双螺杆挤出机的发展历程、现状、问题和建议。

• 高性能同向双螺杆挤出机在工程塑料领域的应用

兰州兰泰塑料机械有限责任公司/张国强

主要内容：结合同向双螺杆挤出机的特点及优势介绍高性能同向双螺杆挤出机在工程塑料领域的应用及前景。

• 科倍隆 ZSK/STS/CTE 三种机型技术特征革新和发展

科倍隆(南京)机械有限公司/沈君

主要内容：科倍隆全新比扭矩达 10Nm/cm^3 的 STS advanced 配混挤出机，扭矩实现了 15% 的提升。由于扭矩的提升，双螺杆(STS)配混机实现了质量的提升和高达 20% 的产量提高。产量的提高除了需要工艺方面的调整之外，在控制成本的前提下还需对驱动系统关键部件的功能进行革新，这样才得到了更高的性价比。STS advanced 配混机配备了动力更大的电机以及与之相匹配的齿轮箱，性价比更高。

• 当前国内高聚物配混产品与装备热点分析

南京科亚化工成套装备有限公司/潘志荣，陈彰乐

主要内容：概括了近年国内高聚物配混业发展的特点，对若干配混热点产品与装备作了分析示例。

• 基于拉伸流变的塑料塑化挤出技术进展与市场推广(书面报告)

华南理工大学聚合物成型加工工程教育部重点实验室，聚合物新型成型装备国家工程研究中心/何和智，瞿金平

主要内容：以螺杆作为标志的螺杆机械是一两百年来国内外塑料成型加工广泛使用的设备。基于拉伸流变的塑料塑化挤出技术及设备利用特定形状的空间容积周期性变化完成物料的输送、熔融塑化，突破了传统螺杆塑化挤出理论，实现了塑料无螺杆高效塑化挤出成型。这种新型设备与常规单螺杆挤出机相比，具有能耗显著降低、塑化挤压系统体积小、质量轻、挤出特性硬、工作噪音低等特点，提高了混炼效果和制品性能，物料适应性广。

基于拉伸流变的塑料塑化挤出技术及设备的加工成型过程对所加工物料的特性不太敏感，因而特别适合加工各种生物质材料与塑料的复合材料，以及对剪切热敏感的各种合成高分子材料，如那些使用传统挤出设备做不了或做不好的复合材料产品。对普通塑料而言，由于新设备没有大长径比的零部件、占地面积和体积又很小，替代大型传统设备也

是其一大优势，以功能相当于螺杆直径45mm的单螺杆挤出机的新设备为例，其挤压系统占地面积不到45螺杆挤出机的1/3。新设备还有一个突出的特点是，加工成型的塑料制品的相对分子质量降低很少，特别有利于塑料的多次循环使用。

“基于拉伸流变的塑料塑化挤出技术及设备”是塑料高效节能加工领域的一个标志性成果，其技术处于世界领先水平。目前包括宁波海天塑机集团有限公司、大连橡胶塑料机械股份有限公司等多家塑料加工机械企业均希望将这一革命性的成果能够尽快产业化、商业化，并以其显著的技术特点及优势，推动我国塑料机械及塑料加工行业技术升级，特别是推动降解材料、可再生高分子材料等环保材料的更广泛应用。

• 生物质纤维/废旧塑料-橡胶复合材料宽幅厚板挤出技术

沈阳市塑料机械研究所/金世源

主要内容：通过对生物质纤维/废旧塑料-橡胶复合材料挤出成型过程的分析，研制了生物质纤维/废旧塑料-橡胶复合材料挤出成型专用机头；研究了生物质纤维/废旧塑料-橡胶复合体系的成型机理、成型工艺和成型配方；对生物质纤维/废旧塑料-橡胶复合材料挤出成型设备进行了研究；此外对串联式绞磨盘挤出机挤出生物质纤维/废旧塑料-橡胶复合材料进行了初步研究。

• 同向双螺杆不同结构开槽螺纹元件性能的数值比较

北京理工大学/陈晋南，卢世明，彭炯

主要内容：使用POLYFLOW聚合物计算流体力学软件，分别数值计算了不同结构开槽螺纹元件流道中硬质聚氯乙烯熔体的等温流场，使用粒子示踪法统计对比分析了不同槽数、槽深和槽形开槽螺纹元件的混合性能。研究结果表明，开槽螺纹元件流道中熔体最大的压强、轴向速度和剪切速率随槽数、槽深的增加而减小，最大黏度和停留时间随槽数、槽深的增加而增大，粒子时均混合效率变化较小。开槽螺纹元件的建压和输送能力随槽数、槽深的增加而减弱，分布混合能力随槽数、槽深的增加而增强，分散混合能力变化较小。开槽螺纹元件流道中熔体最大的压强、轴向速度、时均混合效率和停留时间均随槽形变化都较小，方形开槽螺纹元件最大剪切速率大于圆形和楔形。开槽螺纹元件的输送、建压、分散混合和分布混合能力随槽形变化较小。

• 塑料产业绿色可持续发展的探索

沙伯基础(SABIC)通用电气(中国)研发中心有限公司/杨新铭

主要内容：在塑料的生产、加工及使用中如何能在性能达到要求的同时更好保护使用者，并减少对环境的负面影响是当前面临的重要课题。公司作为全球最大的工程塑料供应商之一几年前就开始这方面的探索并取得进展。本报告介绍这方面的一些成果，包括无卤材料的开发以及通过化学回收塑料的增值利用以降低其碳足迹。

• 两种新型流变仪的研究及在塑料工业中的应用

北京化工大学塑料机械及塑料工程研究所/任冬云，林祥，龚灯，宋维宁

主要内容：介绍了一种能同时测量聚合物熔体剪切黏度和拉伸黏度的新型流变仪，具有通过中心轴线上恒拉伸速率的渐变收缩流道，从实验和POLYFLOW模拟出发，初步研究了牛顿流体与非牛顿流体在极限位置处的剪切黏度与拉伸黏度分布情况，并探讨了混合有剪切与拉伸的复合流场的广义黏度的表征，验证了黏度模型与实验流变仪平台的可行性与合理性。

• 黏数的自动测试及拟合技术

上海思尔达科学仪器有限公司/姚汉樑

主要内容：介绍聚合物的特性黏度、黏数的测试基本原理、方法及其自动测试技术，也介绍了特性黏度自动测试的数据拟合技术。

• 甘肃废旧塑料制品回收再生利用的发展前景(书面报告)

甘肃省皮革塑料研究所/汪晓鹏

主要内容：对废旧塑料回收再生利用的可行性、必要性和紧迫性进行了分析，对废旧塑料回收再生利用市场需求作了预测，指出其是行业可持续发展，建设节约型社会、循环经济的必由之路，展望了其发展前景。

• 家电用聚氨酯硬泡回收料制备轻质混凝土研究(书面报告)

长沙理工大学交通运输工程学院[1]，湖南省塑料研究所[2]/刘冶球[1]，王歌[1]，黄朋勉[1]，潘小梅[2]

主要内容：对废旧家电(主要为冰箱)中的废旧聚氨酯硬质泡沫进行回收，将其破碎造粒后直接用于制备轻质混凝土，研究了聚氨酯硬质泡沫的粒径与用量对混凝土热性能和力学性能的影响。结果表明，随着聚氨酯硬质泡沫用量的增加，轻质混凝土导热率、干密度和抗压强度显著降低；降低聚氨酯硬质泡沫粒径有助于轻质混凝土获得较佳的力学性能；聚氨酯硬质泡沫的添加同时对轻质混凝土的干缩变形和吸水率产生较大影响。通过调节聚氨酯硬质泡沫的粒径与用量，添加改性剂以及选择合适的

工艺可以获得性能优良的隔热、轻质混凝土。

2. 理事会活动

2010年共召开了两次理事会。

(1) 第一次理事会

2010年8月10日借召开“中国塑料技术高层论坛暨2010中国塑协塑料技术协作委员会年会(Plastech2010)”之机召开了中国塑料加工工业协会塑料技术协作委员会理事扩大会，由理事长包建成汇报了“2009年工作总结和2010年工作安排”；由委员会专家丁常楷介绍了由塑料技术协作委员会组织提出的《“十二五”中国塑料工业科技发展思路和科技项目建议》；出席会议的理事和会议代表对委员会工作报告和《“十二五”中国塑料工业科技发展思路和科技项目建议》(后改为《“十二五”中国塑料行业科技发展思路和重大需求》)进行了讨论，特别对规划修订提出了具体而中肯的意见和建议，为秘书组进行修改提供了依据。

(2) 第二次理事会

2010年12月3日，由天津塑料研究所有限公司精心承办，中国塑料加工工业协会塑料技术协作委员会召开了2010年第二次理事工作会议。会议在天津塑料所会议室召开，简短的开幕式上，苏州富事达塑业有限公司董事长包建成理事长汇报了委员会2010年工作与2011年工作安排并致辞、中国塑料加工工业协会李国俊副会长简介了中国塑料工业概况并致辞、天津塑料研究所有限公司曹常在所长介绍了天津所近年的发展和致辞。会议上天津塑料研究所有限公司曹常在所长还以天津所“十二五”规划为基础，介绍了医用塑料的发展概况，另外，罗宾生化科技(汕头)有限公司董事总经理叶新建，以实际从事20年降解塑料的经验和体会介绍了当前热点的“生物基和生物降解塑料的市场开发”概况和方向。理事会上苏州富事达塑业有限公司总工、委员会专家丁常楷和中国塑协塑料技术协作委员会杨惠娣秘书长分别就《“十二五”中国塑料行业科技发展思路和重大需求》修改稿和汇总的《中国塑料工业技术水平调查报告》简单介绍了成稿经过和存在的不足，要求各位理事会后补充修改、提供数据资料，进一步完善。

会议还参观了天津塑料研究所有限公司，对天津所近年的发展，特别是正在合作生产的新型针头给参会者留下了深刻印象。

会议讨论并安排了2011年的工作：

(1) 继续做好全塑轴承开发制造、气体辅助挤出成型的产业化项目，PVC热稳定剂定标工作和组织好PET和导热塑料开发工作。

(2) 组织好2011年年会和换届工作。

(3) 在汇总稿的基础上继续写好《中国塑料工业技术水平调查报告(2011)》，要求各理事单位按照分工，对汇总稿进行补充，提供具体支持数据；为编写好《报告》，也将组织编委会、专家组等。

(4) 组织“十一五”塑料行业创新技术评选组织工作。

(5) 进一步加强会员间协作，希望各理事单位积极参与吉林所2011年4月塑展、常州所创新中心和各项目协作。

(6) 继续做好电子版刊物(www. plastech. cn)的出版以及其他日常工作。

在承办单位天津塑料研究所有限公司的精心组织、热情接待下，会议圆满成功。

3. 聚氯乙烯用热稳定剂的订标工作

聚氯乙烯用热稳定剂的订标工作进一步做了验证试验，并于2010年11月12日在福建厦门召开了“有机锡/钙锌热稳定剂国家标准制定小组第五次工作会议，会议(1)通报了确定标准用原料PVC白度(160℃、10min)、ACR特性黏度的验证试验结果；(2)讨论了“聚氯乙烯热稳定性试验方法——静态烘箱法”(温州天盛塑料助剂有限公司)、“聚氯乙烯热稳定性试验方法——动态双辊法”(齐鲁石化齐鲁分公司研究院)、“聚氯乙烯热稳定性试验方法——动态流变仪法”(湖北顾地塑胶股份有限公司)的3份标准稿中涉及原料、配方等的相关问题；(3)介绍了静态烘箱法析出试验方法以及试验条件的确定结果，并报告了小组成员提供的8家10个稳定剂的析出和迁移试验的初步结果；(4)讨论了有机锡和钙锌热稳定剂的产品标准草稿，并(5)做出了对3种评价方法进行实验室间重复性试验的决定，并对重复性试验工作作出了具体安排。

4. 产业化项目进展

(1) 全塑轴承开发制造项目

完成了塑料轴承型坯的开模、注射成型，250套部件已寄往衡阳纺机厂。但是，遇到衡阳纺机厂改制，影响了进度。

(2) 气体辅助挤出成型的工业化：经技术协作委员会的几次协作商谈尚未有实质性进展；周教授在江西的精密医用导管有进展。

5.《“十二五”中国塑料行业科技发展思路和重大需求》建议稿

组织编写了《“十二五”中国塑料行业科技发展思路和重大需求》建议稿，经年会代表和两次理事会讨论修改后上报了塑料加工工业协会。

建议稿就“耐高温、高强度、高黏度、难加工工程塑料和特种工程塑料材料、工艺和设备开发”、“特殊用途的功能性(改性)塑料材料、工艺和应用开发”和“节能减排降耗成型技术和设备的开发”三大领域提出了20多个项目，对每一项目的特点、市场需求、技术难点、国内外技术水平和技术开发要点进行了描述。

6.《中国塑料技术水平调查报告》(2010)

为正确了解中国塑料工业技术水平，组织编写了《中国塑料技术水平调查报告》(2010)，内容涉及聚丙烯(中石化北京燕山分公司树脂应用研究所)、聚氯乙烯(中国石化齐鲁分公司研究院)、工程塑料(中国科学院宁波材料技术与工程研究所，苏州塑料研究所)、生物基与生物降解塑料(轻工业塑料加工应用研究所)、热稳定剂(杭州三叶助剂有限公司)、阻燃剂(福州市福塑科学技术研究所有限公司)、医用塑料(天津塑料研究所)、同向双螺杆塑料挤出机(南京橡塑机械厂有限公司)、塑料超切变塑化挤出机(华南理工大学聚合物新型成型装备国家工程研究中心)、聚合物螺杆挤出过程的数值研究(北京理工大学)等。

7. 网站和电子版杂志、咨询

网址：www. Plastech. cn运行和电子版会刊双月刊正常出版。

【新会员介绍】

(1) 单位名称：罗宾生化科技(汕头)有限公司

Robin Bio PlasticCo. , Ltd.

地址：广东省汕头市龙湖区鸥汀街道旧地居委会防汛路口工业厂房

邮政编码：515041

电话：0750－88594583　传真：0750－88594595

电子邮件：fanwei1@ yahoo. com. cn

网址：www. robinbio. com. cn

法人代表：罗守鸿　　联系人：叶新建

职工人数：60人　　技术人员：5人

注册资本(万美元)：100　　固定资产(万元)：2700

主要研究课题：

- 改性PLA树脂开发生产
- 改性PLA制品开发生产
- PLA工艺和设备开发
- PLA工程塑料的研发及应用开发
- PLA医用材料开发及应用开发

建议和要求：

希望在以下领域开展技术协作：

- PLA的耐老化
- PLA成核剂
- PLA交联剂

(2) 单位名称：石家庄市世洁科技开发有限公司

地址：河北石家庄市桥西区尹泰花园7－4－201室

邮政编码：050091

电话：0311－83858484　传真：0311－88594595

法人代表：阎万琪　　电子邮件：ywq518@126. com　手机：13931991754

联系人：阎万成　　电子邮件：shijie56@sohu. com

网址：www. cnshijie. com. cn

职工人数：10人　技术人员：5人

注册资本(万元)：10　固定资产(万元)：50

主要业务：

新材料、新产品研究开发，提供塑料改性、接枝改性的配方技术及创新工艺，提供晶须、碳酸钙、滑石粉等无机填充复合材料与塑料共混改性配方和技术。塑料加工技术服务和咨询。

主要技术和开发方向：

具有降解塑料、塑料共混改性材料发明专利10多项，目前研究方向无机增韧、光亮光洁填充母料、汽车内饰件无味材料、导电材料、导热材料、室内装饰木塑材料、无纺布高填充母料等。

建议和要求：

为企业产品升级换代、增强创新能力提供服务，解决各种母料在终端塑料制品应用中的实际问题。举办各种塑料加工技术、新材料、新配方、新工艺、新设备应用培训班、产品标准与检测培训班。

【存在问题】

经费短缺，人力不足是委员会存在的问题。今后应进一步加强与企业联系，积极发展企业会员，发挥企业在产业化过程中的主体作用，更好服务行业。

(中国塑料加工工业协会塑料技术协作委员会　杨惠娣)

塑料管道

【行业状况】

2010年塑料管道行业发展仍然迅速，产量、出口量、技术水平等行业技术经济指标较往年都有很大的提高。

1. 生产能力强，规模企业不断增多，行业产业集中度提高据统计，2010年塑料管道生产量840.2万吨，同比增长37.1%，中国保持为最大的塑料管道生产和应用国家。目前国内较大规模的塑料管道生产企业有3000家以上，年生产能力超过1500万吨。其中，生产能力1万吨以上的企业300余家，有20家以上企业的年生产能力已超过10万吨。

2. 新材料、新结构品种越来越多

目前，我国已建立了以聚氯乙烯(PVC)、聚乙烯(PE)和聚丙烯(PP)材料为主的塑料管道加工产业。PVC、PE和PP通用塑料仍是最大的品种，分析2010年，PVC管道占总量的55%，目前仍是主导产品；PE管道约占总量的30%；PP管道约占总量的10%。同时一些新材料的管道技术也有了较大的进步，塑料与塑料、塑料与金属复合材料管道发展很快，交联聚乙烯(PE－X)、超高分子量聚乙烯(UHMWPE)、耐热聚乙烯(PE－RT)、改性聚氯乙烯(PVC－M)等材料用量也有很大的增加。在产品结构上，实壁管、波纹管、肋筋管、缠绕管、芯层发泡管、内螺旋管等结构的管材均有生产应用。

3. 应用领域进一步拓宽

目前市政及建筑给、排水管道和农用(饮用水、灌排)管道仍是塑料管道的主要用途，污水处理、燃气、供暖、城市非开挖施工、工业、通讯、电力、矿山等行业的应用比例也在不断提高。

目前我国塑料管道已普及应用到建筑给、排水，供暖，城市中低压燃气输送，农村沼气燃气输送，市政给水、市政排水、排污，农村饮用水安全项目，新农村建设项目，农业灌排，电力，通讯，工业、矿山、渔业、造船和管道修复等许多领域。有专家分析，中国塑料管道市场占有率目前在所有管道中的比例已经超过30%。有人将塑料管道誉为城市的血管，塑料管道与我们的生活已密不可分。

4. 生产企业仍主要聚集在经济发达地区，但已有分流迹象

塑料管道生产企业仍然主要集中在沿海和经济发达地区，全国前三位地区的生产量之和已超过了全国总量的三分之一，但有逐步下降的趋势。一些企业在天津、东北、中部、西部等地区投资或增加规模，新增生产能力中，骨干企业扩大规模占有很大的比例并多为异地扩产，由于当地需求的拉动，新增规模已经有分流的迹象，产业布局逐步合理。2006年广东，浙江，福建产量前三位地区占全国产量比例为50.2%；2008年广东，浙江，山东前三位地区占全国产量比例为49.8%；2009年广东，浙江，山东前三位地区占全国产量比例为45.0%；而到了2010年，情况发生了变化，广东，浙江，山东前三位地区占全国产量比例下降为38.0%。

5. 重视技术进步，行业的整体技术水平提升

许多企业很重视国际前沿技术，重视新产品的开发和新技术的引进，并在引进先进加工设备的同时，不断加强新产品的研发力量，一些大型企业拥有先进水平的研究开发中心，有着强大的技术实力，不断重视技术细节。

国内塑料管道行业中已经拥有超过1000项发明、新型专利技术，有的自主知识产权产品在国际处领先地位。塑料管道的新品种、新结构、新材料、新技术、新工艺及专利项目越来越多，各种不同类型的塑料管道在不同的用途中发挥各自的优势。在超高分子量聚乙烯(UHMWPE)管材、大口径排水用钢塑复合缠绕管材、塑料与金属复合管材等方面已经具有一定的国际先进水平。新产品的不断出现，既完善了使用性能，又扩大了产品的应用领域。行业的整体技术水平与发达国家的差距正逐步缩小。

6. 骨干企业的产品质量水平和品牌意识逐步提高

塑料管道行业的繁荣，蕴含着潜在的商机，也引发有的不法商贩的窥视，他们采取各种低劣手段，生产、销售低质量产品，这种行为败坏了行业的声誉，影响了行业的健康发展。近年来，也发生了一些工程质量问题，引发行业对塑料管道行业健全监督力度建设的强烈愿望。近年行业逐步关心塑料管道产品质量问题，行业骨干企业努力加强质量管理，带动了行业整体水平的提升，尽管市场上还存在质量水平参差不齐的现象，但质量合格产品是市场的主流。

安全可靠是高端市场最重要的要求之一，随着中国市场的逐步规范，高品质的塑料管道将逐步成为市场需求主流。

7. 产品出口增加，国际化趋势逐步加强

随着产量和质量水平的上升，中国塑料管道加工企业"走出去"的愿望强烈，也出现一些出口主导型的企业，使近年产品出口呈增长势头，出口量和出口额不断增加，并且在出口单价和占总产量的比重均呈上升趋势，产品主要销往东南亚、中东、非洲、美洲以及欧洲等国家和地区。但由于受到国际金融危机的影响，国际需求下降，造成2009年出口形势严峻。在相关鼓励政策及全球经济好转的宏观条件下，如今已经走出低谷，2010年出口量为39.62万吨，比2009年增加20.0%；占全年产量的产量5.0%；出口额为11.59亿美元，比2009年增加26.0%；平均单价为2930美元/t。均创造了历史的最好水平。

而国内市场的扩大和行业的发展使一些国外同行以各种方式加入了国内的塑料管道行业竞争，加大了国内行业的创新力度，促进了行业技术进步。同时国内塑料管道行业在积极参与国际交流，学习国外先进技术与管理理念的同时，也向国外展示了中国塑料行业的发展情况。

【重点企业】

福建亚通新材料科技股份有限公司

河北宝硕管材有限公司

公元塑业集团

南亚塑胶工业(厦门)有限公司

湖北凯乐科技股份有限公司

广东顾地塑胶有限公司

广东联塑科技实业有限公司

成都川路塑胶集团有限公司

亚大集团公司

安徽国通高新管业股份有限公司

山东胜邦塑胶有限公司

上海白蝶管业科技股份有限公司

佛山市日丰企业有限公司

山东环球塑业有限公司

金德管业集团有限公司(金德铝塑复合管有限公司)

浙江枫叶集团有限公司

浙江中财管道科技股份有限公司

宁夏青龙塑料管材有限公司

武汉金牛经济发展有限公司

浙江伟星新型建材股份有限公司

秦皇岛宏岳塑胶有限公司

天津市军星管材制造有限公司

康泰塑胶科技集团

山东华信塑胶股份有限公司

【专委会工作】

1. 加强专委会自身建设，做好行业服务工作

2010年年会后，专委会秘书处的人员有所变化，虽然人员不多，但逐步完善配置和管理，使专委会的职能工作得以正常进行。

扩大行业协会影响力，发展新会员，增强行业协会的力量，是专委会工作的重要任务之一，2010年我们加强了这方面的工作，通过各种方式扩大专委会在行业内外的影响，同时专委会也会谢绝了一些规模过小和有不正当目的的企业入会申请。2010年专委会新增加了2家副理事长单位、5家理事单位和43家会员单位；同时我们也清理了未完成义务的部分会员单位。专委会凝聚力不断增强，不断有新的相关单位提出入会要求。

近年来煤炭、矿山行业专用的抗静电、阻燃管道用量增加幅度较大，为加强该领域的服务工作，专委会还专门增加了“矿用管工作小组”。

专委会继续努力做好行业服务。一方面，专委会做好会员联系、咨询、信息收集等基本工作，尽可能为会员单位提供行业、市场及技术信息、产品标准等，创造会员企业间的交流机会，尽力解决会员单位遇到的问题，为企业发展提供合理化建议。另一方面，专委会积极走访、调研部分会员单位，参加会员单位的用户推介等活动，了解行业及市场发展情况，为企业生产、技术创新和市场推广提出建议和帮助。

专委会积极向相关部门提出有利于行业发展的相关意见和建议，完成有关行业规划、发展、关税、技术进步等方面相关建议工作，维护行业的正当利益。

专委会还积极参加了由中国轻工业联合会和海关单位组织召开的“聚乙烯类硬管等单耗标准审定会”，以及相关产品国家标准、行业标准的审查会议。

2. 加强与相关行业的合作与交流，提高行业影响力

塑料管道加工行业是中间行业，受上下游的影响极大。既要和其他品种管道进行比价，适应下游行业对价格的要求；有时还要受到上游原料大幅涨价的影响。为行业的稳定发展，专委会积极参与上游原料、下游应用等相关活动，促进上下游行业之间的交流，不断扩大塑料管道行业的影响力。

我们积极关注聚烯烃原料行业的技术进步，配合国内外原料生产商开展高质量产品的推介活动；与氯碱行业协会和PVC树脂生产企业展开研讨，密切交流，了解技术进展情况，共同促进PVC－M等新产品的逐步应用。

专委会秘书处还积极参加了由中国灌溉排水发展中心、水利部农村饮水安全中心主办的“全国农村饮水安全工程建设材料设备应用培训研讨班”；水利部农村水利司、水利部农村饮水安全中心举办的“全国农村饮水安全工程建设与运行管理培训班”，并分别介绍了塑料管材在农村供水工程中的应用情况，要求行业企业生产合格产品，为水利行业用户选好、用好塑料管道提出合理建议。

为指导供水行业用好管道，做好管道破坏时的抢修工作，专委会还配合中国城镇供水排水协会设备材料委管道物资部，完成了《供水管网管配件及抢修件的选择与应用》。

专委会还参加了由国家住房和城乡建设部科技

发展促进中心和全国化学建材协调组塑料管道专家组主办的“第十二届全国塑料管道生产和应用技术推广交流会”，及中国城市燃气协会、中国城镇供水排水协会排水专业委员会、中国建筑金属结构协会辐射供暖供冷委员会、全国房地产总工俱乐部等单位举办的有关塑料管道行业的相关活动，还参加了“中国(郑州)环境、水技术与设备展览会”、“2010 沧州国际塑料工业展览会”等会议，通过展示行业产品，扩大交流领域，极大提升了塑料管道行业在相关领域的影响力。

多年来专委会一直积极参与上下游行业的合作与交流活动，获得了相关组织的认可，拥有了更多的发言权，将能为会员单位争取更多的权益。

3. 引导规范行业市场行为，做好行业自律工作

行业质量水平参差不齐，是长期困绕行业的问题。它由多种原因造成的，其中市场不规范是主要的原因之一。

为了规范塑料管道企业的生产和提升产品的质量，2010 年专委会提出了成立“塑料管道品质保障联盟”的建议，并得到了理事会议和年会的认可。专委会征求了部分企业和行业专家的意见，提出了初步实施细则建议，将在更加广泛征求意见的基础上，2011 年开始进行这项工作，希望能为行业的健康发展起到推进作用。

专委会继续做好“塑料管道产品行业指导价格”发布工作。根据原料价格等因素的波动情况，在 2010 年专委会共发布 3 期指导价格。为生产、营销决策提供参考数据，为用户合理选择产品提供建议。塑料管道指导价格发布是一项长期工作，我们已经坚持了 6 年。这充分体现了专委会的工作主动性和规范行业秩序的决心。

为进一步作好农村饮水安全工作，为各地提供性能优、质量好、信誉佳的产品和企业信息，保证全国农村饮水安全工程建设材料设备的质量，水利部农村饮水安全中心每年都组织编制《全国农村饮水安全工程材料设备企业产品信息年报》，专委会配合完成 2010 年的信息年报的相关工作。按照“公开、公平、公正”原则，根据现行国家标准和有关产品行业标准，通过对湖北省部分地区的部分塑料管道生产企业进行的调研和以往的调查了解，从企业的规模、经营状况、信誉、用户评价以及产品质量、性能、先进性、实用性和经济性等方面，协助相关单位对申请企业进行了综合审查筛选和推荐。并建议设置了合理的规模、技术水平、质量保障等方面的门槛，提高了塑料管道生产企业的技术、质量、服务水平，推进了生产企业具备产品出厂检验条件的进程。

4. 开展行业调查，为制定行业“十二五”发展规划做好准备工作

总结行业经验，制定行业切实可行的发展规划，为行业和相关部门制定政策提供建议依据，是行业的一项重要的职能。而做好行业发展规划的基础，需要充分了解行业的实际情况、了解市场等相关情况。因此专委会发出通知，对所有生产塑料管道产品的会员单位进行行业情况调查。这个工作我们以往做过几次，效果一直不理想。2010 年进行的行业调查，得到了大多数会员单位的积极支持。已经收到反馈的单位近 200 家，其中理事单位的回复率约为 90%。秘书处将对资料汇总整理后，以适当方式，分别与参与单位间共享及向行业发布。

在调查的基础上，秘书处完成了《中国塑料管道行业“十二五”发展规划(2011－2015 年)》的建议稿，希望在广泛征求行业内外专家、生产企业、相关行业意见的基础上，完成正式发布稿，希望成为指导行业健康发展的重要参考。

5. 加强技术交流，提升行业整体水平

加强交流，不断学习，是提升行业水平、提高行业综合竞争能力的重要手段。

为促进与亚洲同行的交往，专委会积极参加了 9 月初在浙江台州举办的“第十届中国塑料交易会暨第二十届亚洲塑料论坛”，并向亚洲的相关协会介绍了“2009 年(北京)国际塑料管道交流会”的情况，取得了一些关于塑料管道行业交流的共识。

2010 年 9 月 7 日，中国塑料加工工业协会塑料管道专业委员会与国家化学建筑材料测试中心的代表，与美国塑料管道协会(PPI)就塑料管道的应用和行业服务、管理等相关方面情况进行了交流。

2010 年 9 月 20 日～22 日在加拿大温哥华召开了第十五届国际塑料管道会议，中国塑料加工工业协会塑料管道专业委员会组团参加了会议。由国际塑料管道会议协会(PPCA)主办的这次会议，涉及塑料管道的技术问题、市场问题，应用领域和塑料管道系统的发展情况等多方面内容。共分为塑料管道与环保；PVC 管道应用的进展；可持续发展；寿命成本等；水资源；非压力输送管道；塑料管道在工业中的应用；施工规范；管道修复；结构壁管－新材料和应用；新管道材料；复合塑料管材；消毒剂对管材寿命影响的检测；新技术与验证；PA 管道系统的先进性；新的测试方法、验证和标准；管材裂纹慢速增长的全球调查；连接技术；快速裂纹扩展；连接－评价与测试方法；PE 管材的慢速开裂的测试；燃气输配应用等专题。专委会秘书处介绍了我

国2008年冰冻雨雪和地震灾害造成的管材破坏情况。

会议期间，塑料管道专业委员会还与相关协会以及欧洲、美国、日本、韩国等参会代表就中国举办塑料管道国际交流活动和加强亚洲塑料管道行业合作与交流、成立亚洲塑料管道行业机构等方面进行了讨论。

2010年3月，由海峡两岸塑料行业协会联手合办的“2010两岸塑料行业合作与发展论坛”在中国台湾省台北南港展览馆举行。专委会秘书处出席了本次论坛并介绍了大陆地区塑料管道的行业状况，进一步加强两岸行业的了解和沟通。

通过参与国际性和地区性的会议和展览，可使国内塑料管道行业学习到国外先进的理念和技术，有利于全面提高国内塑料管道的生产技术水平，多交流与沟通，才能不断进步，才能提高综合竞争能力，使中国塑料管道行业健康、快速的发展。

6. 加强塑料管道资讯和网站建设，加大行业宣传力度

专委会秘书处克服了人员少、有时无专人负责、稿源困难等诸多困难，努力编辑好《中国塑料管道资讯》和专委会网站，充分发挥了两大对外窗口的宣传作用。

《中国塑料管道资讯》是专委会的内部交流刊物，由秘书处自行编辑。此刊物主要开辟了专委会平台、技术交流、相关政策、行业动态、质量监督、市场信息、原料信息和企业管理等几个版块，内容涉及与塑料管道行业息息相关的信息，在一些专家、作者、企业的共同努力下，2010年全年完成了6期杂志的编辑、发行工作，目录进行了英文翻译。杂志逐步扩大了发送范围，除了会员单位外还分发到相关政府部门、相关协会、设计院、检测单位、自来水公司、水务局、排水公司、燃气公司等用户单位。扩大了行业和企业的宣传。

专委会网站在2009年改版后，扩大了信息量，尽力及时更新和发布信息。中英文的设置，使网站更加便于国际交流和信息发布，扩大了行业的国际影响。

7. 组织召开年会及相关重要会议，搭建交流平台

2010年4月16日，中国塑料加工工业协会塑料管道专业委员会第八届四次理事会议在杭州召开。2009年工作总结和2010年工作计划为2010年行业的发展奠定了基础。

2010年4月27日，由中国塑料加工工业协会塑料管道专业委员会、中国城镇供水排水协会排水专业委员会共同主办的埋地排水排污用聚丙烯(PP)管道专题研讨会在北京举行。会议安排就埋地排水排污用聚丙烯(PP)管道以及相关领域做了专题报告和研讨。通过会议交流，参会者对该品种管材的特点以及生产、选择、设计、施工、安装等方面都有了更好的了解，也将会促进该产品在排水排污领域有更好的应用。通过生产行业与用户以及国际同行的交流活动，将会逐步促进新产品、新技术的更好推广。

2010年5月20日~22日，由中国塑料加工工业协会塑料管道专业委员会主办、湖南神塑科技有限公司承办的中国塑料加工工业协会塑料管道专业委员会2010年年会在长沙隆重召开。来自国内相关单位领导专家，以及270多家塑料管道生产企业、上下游企业、相关媒体、检测机构、认证组织等单位代表400多人参加会议，是历年来年会参会人数最多的一次会议。本届年会主题为“生产放心产品，扩大高端市场，促进行业健康发展”。

通过年会的交流，参会者充分认识到，产品质量是企业基础和生命，市场是企业发展的关键。一个行业、一个企业想要健康发展，必须要做好以下两大工作，一方面必须保证产品的基本质量，能够给客户提供优质放心的产品，树立企业良好的社会信誉；另一方面不断了解市场需求，促进产品技术创新，加强品牌建设，积极开拓新的市场空间，只有这样才能保证行业及企业的活力，才能促进企业不断进步和长远发展。

会议从塑料管道原料、设备、新技术、标准化、检测、应用、质量管理、行业发展以及国内宏观经济形势分析、企业融资与上市等多方面进行了18个专题报告。

【存在问题】

专委会工作还存在一些不足，主要有：

(1) 行业的管理、引导、服务职能还没有得到全面发挥。

(2) 塑料管道产品市场推广工作还需加强。

(3) 对行业实际情况了解的还不充分，行业调查工作滞后。

(4) 对行业加强自律、维护行业秩序、引导规范市场方面工作办法还太少。

(5) 行业技术交流的工作还有待提高，培训工作尚未开展，为会员单位提供学习的机会较少。

(6) 参与制定塑料管道相关产品的标准、规程、规范工作力度还不够。

【发展规划】

我国的塑料管道生产总量已处于世界首位，但

人均使用量还不到发达国家的一半，行业整体的技术水平、综合竞争能力还不够，还存在市场不规范，部分企业产品质量低劣，影响行业健康发展、区域发展不平衡，生产地域布局有待更加合理、原材料价格波动制约行业的发展、市场推广工作有待提高，由于行业总体能力过剩，有限的市场竞争加剧、产品创新方面还有待加强、工程施工质量应进一步完善等行业发展中的问题。我们还要共同经过极大的努力才能逐步将我国打造成为塑料管道的强国。

1. 调整产品结构，大力发展高科技产品

我们要借着国家"十二五"发展规划的契机，针对行业综合竞争能力不强、一些产品附加值过低、创新能力有待提高等行业发展的共性问题，调整产业结构，规划、引导行业的健康发展。要大力发展高科技产品，逐步形成新型的产业体系，促进塑料资源的优化配置和高效利用，保障塑料管道行业良性的循环。

加工企业应该积极开发新产品、新技术，逐步实现升级换代，提高产品附加值，走出低价竞争的误区，树立企业品牌。加强改性材料、新材料、复合材料、新型管道的研究、生产和配套工作，提高塑料管道整体或某方面性能，开展特殊领域和特殊环境应用塑料管道产品的研究，形成差异化的产品市场。

在今后的工作中，我们应进一步加大产品创新力度和科技进步，适应市场需求，重点开发、生产新材料类塑料管道、改性与复合类塑料管道、环境友好型塑料管道、新型塑料管道系统。在卫生、环保、节能、防火、防菌、保温、阻氧、增强、抗震、降噪节能等性能方面得到改进与提高。通过改性方式提高塑料管材的综合性能，如改性复合材料(PVC－M)和定向改性(取向)材料(PVC－O)等，进一步的实现塑料管道应用领域的扩展。

2. 调整产业区域布局，行业发展密集的地方向发展落后的地区推广

从我国塑料管道行业兴起至今，行业重心多聚集在南部和一些经济发达地区，不合理的地域分布，影响我国市场经济的发展，降低塑料管道行业生产效率。将行业发展密集的地方向发展落后的地区推广，使塑料管道行业在全国范围内全面开花，扩大塑料管道产品的应用范围，减少运输成本，提高竞争能力，将是行业要努力的方向之一。

3. 重视工程应用基础技术研究，完善产品配套技术

以往我们往往注重产品的开发，忽视了配套技术的完善；注重了产品的生产，忽视了基础的研究。我们今后要重视产品开发以及工程应用基础技术研究，提高和保证塑料管道产品以及工程应用质量，组织编制有关产品的应用手册，制定施工规程。提高配套水平，完善产品配套技术，在管件、阀门、检查井等产品上加强研发、推广力度。

4. 提高产品产品质量水平，让用户放心使用

在生活水平日益增长的今天，人们的消费水平不断提升。消费者对生产产品的质量有更高的要求。塑料管道行业紧跟时代脚步，不断的提高产品质量，生产符合标准需求的产品，不断的用高质量水平产品取代低质量水平的产品。

及时制订和修订有关产品标准、工程技术规范并，加大监督力度，对产品实行推广认定、监督检查和进场复查，禁止假冒伪劣产品用于建设，规范市场行为，防止以次充好、低价销售等不良竞争行为，促进行业市场健康有序发展。加大产品质量管理力度，实行质量监督制度，让用户放心使用。

5. 发挥塑料管道的优点，支持节能减排工作

在国家倡导节能减排的一系列政策措施中，应用塑料管道本身具有节能、节水、节地、节材的"四节"特点，进一步推进科技创新和产品创新，创造出新的技术方法和节能材料，在坚持节约资源和保护环境的基本原则下，把建设资源节约型、环境友好型社会放在发展战略的突出位置。

大力支持国家可持续发展战略和新能源发展战略，发挥塑料管道独特的优点，结合可再生能源技术、废水回收利用技术、能源回收利用技术，实现建筑物的采暖、制冷、热水供应、通风等功能。在地板采暖系统、地源热泵系统、太阳能热水系统、中水雨水回收利用系统等领域，大量推进应用。

大力推进大口径排水、排污用结构壁塑料管道的研究与应用。大口径排水、排污用结构壁塑料管道、塑料检查井用于市政排水、排污系统，社会效益显著，并已有一定的应用经验，大力推广对于节能减排和防止水系污染有重要意义。非开挖用塑料管道摒弃了传统的沟槽开挖方式，节能、节地，不扰民，尤其在城市人口密集地区的管道铺设经济和社会效益显著。

我们还要推进塑料管道加工能耗的减低工作，在降低加工成本的同时，为社会做出贡献。

6. 鼓励形成合理的产业集群，提醒行业警惕过热发展

由于塑料管道行业的迅猛发展，很多加工企业不断的增加生产能力、扩大规模，还有一些企业跃跃欲试，拟进入塑料管道行业。目前行业的产能已经供大于求，因此我们还要提醒行业企业不应有短

视行为，要有前瞻性，不应过热发展、盲目扩大产能。建议企业要根据自身资源优势科学发展，找对属于自己产品的方向和市场。针对目前塑料管道行业不大，但企业众多，一些中小企业产品质量不易保证的现状，应主动淘汰一些产能低、规模小、设备落后、产品质量不高的小厂，鼓励行业企业合理兼并，提高产业集中度，逐步形成合理的大型产业集群，发挥规模化经营的优势，提高综合竞争能力。

（中国塑料加工工业协会塑料管道专业委员会　王占杰）

塑料异型材及门窗制品

一、行业概况

【2009 年行业基本情况】

2009 年我国各类塑料异型材 PVC 树脂应用总量大约在 4500kt 左右，2009 年全年各类塑料异型材产量估计在 5000kt 左右。总产能大约在 7500 ~ 8000kt 左右。2009 年规模以上门窗用塑料异型材大约在 2800kt 左右。拥有各种型号的挤出设备生产线大约在 12000 ~ 13000 条左右。我国目前塑料门窗加工制造能力可达 7 亿平方米/年，估计年应用量为 4.5 亿平方米以上，总产值达千亿元以上。塑料门窗约占市场年需求总量的 35% ~40% 左右。(根据今年初配合建材下乡所进行的农村调查，全国农村县、乡、镇、自然村共有约 80000 个塑料门窗加工点，总消耗塑料异型材约 1600 ~ 2000kt 左右，其中大部分型材是质量差、价格低的产品)。

经过近二十五年多的发展，行业主产品——塑料异型材的产能布局随着我国经济的发展已更适用于寒冷地区、冬冷夏热地区。产品基本覆盖了中低端消费市场，在我国半数以上的农村市场已广泛应用，在农村的应用势头仍在迅猛发展中。

在进入“十一五”前后几年间，伴随我国房地产市场的强劲发展和我国新农村建设的推进，塑料异型材及门窗制品行业也有了突飞猛进的发展，总规模与销量成倍增长。塑料异型材生产企业除先具龙头位置的大连实德、芜湖海螺(无排名顺序)外，又诞生了二十万吨/年以上规模的天津金鹏、浙江中财(无排名顺序)两家企业和浙江华之杰、山西中德、山西惠丰、西安高科、邯郸力尔(无排名顺序)等数家大型塑料异型材制造企业。上述诸多企业在“十一五”期间的发展过程中正逐步实现产能的合理布局，根据各自市场发展状况逐步扩大规模。

2009 年第一季度以后 PVC 树脂价格一路走低，2009 年全年 PVC 树脂价格平均低于往年同期水平。与往年同期相比，PVC 树脂价格平均低幅 1000 元/t 以上，其他辅料、助剂等价位与往年基本接近。2009 年绝大部分塑料异型材企业都有了不同的利润空间，行业运营压力减轻了许多。

进入 2009 年下半年以后，房地产业的强劲复苏带动塑料异型材及塑料门窗市场的强盛需求，不少企业进入满负荷生产状态，而市场供应仍显不足。

2009 年行业总体综合状况基本良好，市场在稳步回升，2009 年塑料异型材制品行业总产量超过 2007 年水平；2009 年行业总体平均盈利水平超过 2007 年平均盈利水平。产品质量总体上升。

伴随 2009 年行业总体平均盈利水平的提高，诸多塑料异型材制造企业对企业的设备、模具进行更新或改扩产能。行业中的设备厂、模具厂迎来一轮空前热销；重点助剂企业的销量供不应求，增扩产能的步伐加快。

【2010 年行业基本情况】

2010 年第一季度为淡季，第二季度开始热销，三季度中期以后销售形势略显下滑。

2010 年 PVC 树脂价格逐步走高，与 2009 年同期相比上涨 1000 元/t 以上，塑料异型材销售价格只有小幅上扬，绝大部分塑料异型材企业倍感运营压力。2010 年，PVC 树脂、助剂的价格均逐步走高，塑料异型材制造成本居高不下，今年下半年销售预期与去年同期相比形势相对疲软，现在看 2010 年的行业运行状态总体评定不如去年。2010 年的行业产销量可能比 2009 年略高，但是，行业总体盈利水平大幅低于 2009 年。

2010 年全年各类塑料异型材产量估计在 5500kt 左右。总产能大约在 8000kt 以上。2010 年规模以上门窗用塑料异型材大约在 3200kt 左右。

虽然型材制品企业的经营压力较大，但是设备、模具、助剂企业的生产经营状况基本良好。

二、房地产业的状态及应对措施

【房地产市场状态】

我们行业的盛衰始终伴随房地产而起伏。从平稳到过热，又从过热迅速趋冷，短短半年时间，房地产市场上演了一波热闹的“过山车”行情。

国家为了抵御世界经济危机对我国经济的影响，出重拳救市，拉动经济促内需，支农、惠农拉动农村市场消费，房地产率先受益带动相关产业走出经济危机的阴影。然而，伴随房地产热而商住房销售价格却背离国情民意，为谋求更大利益短期内全国平均上涨 25% 以上，引起了人们的极大反响和国家的高度关注。商品房的大幅上涨，保障房的无望，激发了大批中青年的强烈不满，矛盾在迅速升温。今年4月国务院针对房地产下发了"国十条"，"国十条"的目的是要全面抑制投资购房、限制国内房地产市场投机炒作，压住房价，让国内房地产市场转变成以消费为主导的市场。

自2010年4月17日"国十条"出台以后，投资投机需求在迅速离场(据报道，中国炒房团远赴东洋日本去炒房)，而刚性需求所能做的依旧持续观望，由于2009年楼市的超卖导致一部分需求被透支。新政的严厉作用则使得更多市场角色加入观望队列。国内房地产市场出现量缩价滞的局面。

经有些人士调研分析，当前国内房地产市场基本上是一个以投资为主导的市场。对于已经进入的投资者来说，他们购房目的是以更高的价格卖出。如果是通过优惠信贷政策购买的住房，不仅投资成本低，而且投资者往往认为当房价下跌时，政府一定会出来救市，因此持有的住房也不着急卖，可以待价而沽。投资者尚且如此，房地产开发商更有恃无恐。这就是为什么住房市场量跌价不跌的原因。

从当时态势分析，地方政府、房地产开发商、已经进入住房市场的投资者，可能认为"国十条"是一种临时条例，当前的宏观调控不过是中央政府的权宜之计，一旦认识到房地产调控不利于本届政府的政绩，或者影响了经济发展，"国十条"不仅不会再实行，房地产政策可能重新逆转，就像2008年下半年那样。也就是说，房地产市场对中央政府宏观调控政策可执行性的质疑，成了对房地产市场能否得到调整的最大障碍。

"国十条"的可执行性不仅面临市场的质疑，而且在地方上落实也受到考验。"国十条"规定的信贷要求和对住房投机炒作的严厉限制在地方执行上被不同程度的弱化，各地以管辖地没有房地产泡沫为由，表示"国十条"对本地不适用。使"国十条"政策可信度被弱化，同时中央政府对房地产宏观调控承诺的可信性也在不断弱化。针对"国十条"的落实目前明显形成了一种地方对中央、房地产商对政策、投资投机者对局势的一种博弈局面。

今后房地产的走势主要在中央政府对实现宏观调控的决心和力度，中央政府会下决心让市场相信，房地产宏观调控会进行到底，"国十条"会认真执行，尤其是加大第二条的"问责制"。从总体看，实现"国十条"的目的：全面限制国内房地产市场投机炒作，压住房价，让国内房地产市场转变成一个以消费为主导的市场关键是建设足量保障房(或准许建设小产权房等其他灵活方式)。大量保障房的建设对劳动用工、相关产业的影响都能得到保障，落实得力满盘皆活，否则有可能退回一年前的老路上或使相关产业的发展受到不同程度的影响。

然而实现建大量保障房的关键环节是地方政府，所以中央与地方的博弈就是房地产市场的核心走向。从目前形势看，对调整政策表面波澜不惊而实质强硬的中央政府，短期内不会对现有房地产政策进行大的变化，调控形势将会在一定时间内持续下去，今年内房地产市场将是降价趋势，预计年内全国综合同比房价上胀减幅10%左右，商住房销售价格明年胀幅仍将逐步减缓，投资、投机房地产行为将会受到一定程度的扼制。

【企业应对措施】

忽冷忽热的市场环境主要以大中城市比较严重，县级市、县乡相对稳定，同时发展速度快，我们行业的市场环境及市场应用总量受调控政策的影响不大。

第一　我们行业的产品在目前状态下，不应以沿海东部大中城市市场做为依赖；

第二　部分房地产商存在抗风险能力不够的现象，我们上游企业应格外留意，规避自身风险(尤其是门窗制造企业)；

第三　注重开发适宜一线大中城市高端消费水平散户的产品和服务，同时注重相关附配件的同步研发，以提升品牌形象和影响力，为向大中城市市场发展打下基础。

第四　研究新农村建设的住房设计及门窗应用及市场需求条件，开发产销对路的产品。

第五　近期以开拓县级市、县乡市场为重点，把目前的重要市场占领。并结合即将开展的"塑料建材下乡"(据悉塑料建材已纳入建材下乡目录中)奠定大范围、大批量应用的坚实基础。

第六　加快研究我国不同地域的门窗应用"习惯"、经济购买力、购销服务等的可操作程度和便捷程度，建立相应不同的产品措施、服务措施以适应全国各地情况。

三、行业目前显现的几个重要不足

【企业领导者的综合素质】

近些年来经常到各地企业走访，随着时间的增长和不少企业老总结成了知心朋友。这些年来与他们分享发展成功的喜悦，也帮助企业解决了少许点滴之困。随着时间的推移，发现我们许多企业或多或少存在着许多类似不足。我和许多企业老总朋友们，一起见证了企业完成资本原始积累，逐步在行业内产生影响，企业规模也在不断扩大的过程。早期他们为经营所困，现在却增加了"人才之痛"、"规范之艰"、"创新之难"、"自身之困"、"后继之人"

等等困扰。随着企业规模的不断扩大，许多企业老总们在能力、胸襟、眼界、胆识、谋略上显露出某些方面的不足，不同程度的缺乏自我完善、自我超越的勇气和决心。个别的老总至今还沉浸在“在外是业务员，在内是协调员”；“以个人魅力领导企业”；“家族成员是企业的核心骨干力量”的情怀中。总之，我们行业是以大企业为主导，中小企业为支撑的格局，而企业领导者的综合素质对我们行业的影响却是非常重要，特别是中小企业领导者。假设我们行业的企业领导均成长为管理精英，那我们行业将会是何等强大。

【诚信】

“诚信”之含意大家十分清楚，从“道学”讲即为“正”，也是我们经常所说的“正道”，一个人要走正道（诚信），一个企业要走正道（诚信），也就是人要做正，企业要做正，企业要“做正、做实、做强”。

行业健康发展必须建立在“诚信”基础之上，在此强调诚信，是因为还存在不诚信行为在危害着行业健康发展。近年以来，受商务部、国资委委托，《中国塑料工业企业信用等级评价》工作已经进行了两批，我们行业的部分企业被评为“AAA”诚信等级认证。从企业参评资料看，获评企业并不是十全十美，尚有许多不足和需要改正的环节，希望我们获证企业应更加严律自身，逐步成为“诚信企业”表率。未获评企业应积极参与、改进，争取早日获评。希望我们行业的每一个企业都成为“诚信”企业，尽快实现“诚信”行业的重大目标。

【专业技术人员与创新】

近几年来许多企业领导希望专委会推荐能在单位挑大梁的专业技术人材，而专委会通过企业走访或参加其他活动发现，许多企业的专业技术工作人员在专业知识与技能上存在不同程度的差异，甚至较大。

大部分企业都在进行自身的创新工作，尤其是我们的大中型企业，多年来相继各自申报了许多专利。可是有部分企业和专业技术人员走进了创新的误区，他们把主要创新精力、资金、试验装置用于研究“降低配方成本”、“提高出窗率”等方面。这种创新应该是以保证型材的质量，门窗产品的基本性能为技术指标底线前提下的创新。

除少数外聘型技术专家外，大部分专业技术人员的待遇、奖励普通较低，激励措施不够。企业普遍欠缺科技成果知识产权归属和利益分享制度；对职务发明人的权益及主要发明人的受益比例等重视程度严重不足；在建立长期培养自身专业技术人材队伍方面重视程度不够；积极向上的创新、研发方向不够；在专业技术人员的职称评定上被多数企业忽视。

人才，是具有专业知识或专门技能，是进行创造性劳动并对企业、对社会做出贡献的人。在目前世界多极化、经济全球化深入发展，科技进步日新月异，知识经济方兴未艾，在我国正处在改革发展的关键阶段，加快形成企业人材竞争优势，实现以高层次人才、高技能人才为重点的各类人才队伍不断壮大，才能适应我国经济社会发展的需要，实现人才强企、人才强国之路。要着力改变高层次创新型人才匮乏、人才创新创业能力不强、人才结构和布局不尽合理、人才发展体制机制障碍、人才资源开发投入不足的现象。着力培养出一批经营管理水平高、市场开拓能力强的优秀企业家，一批具有世界水平的专家和工程师，一大批技艺精湛的高技能人才，为我们行业的快速、良性、健康发展发挥关键作用。

四、关于中国名牌产品

塑料异型型材的“中国名牌产品”评定工作自2008年被纳入国家的评定程序中，由于宏观原因评定工作中途停止。

加强品牌建设是我们行业大中型骨干企业所必须要进行的，不应受“中国名牌”评定工作的停滞而受影响。

“2010年全国质检工作会议报告”相关内容：积极会同有关部门，紧密围绕国家产业政策，促进企业培育拥有核心技术和自主知识产权、具有较强竞争力的名牌产品。从市场占有率、消费者满意度、质量合格率、企业诚信度和标准化基础工作等方面入手，加快建立以消费者认可和市场竞争力为基础的名牌产生机制，积极引导和鼓励企业增强品牌意识，提高自主品牌市场竞争能力。要继续推动各级政府建立和实施质量奖励制度，引导企业提升质量管理水平。

从“2010年全国质检工作会议报告”中相关内容可以判断出今后“中国名牌产品”的评选将会是一个全新的方案，将会从“市场占有率、消费者满意度、质量合格率、企业诚信度和标准化基础工作，消费者认可度以及企业拥有核心技术和自主知识产权、具有较强竞争力程度”等众多方面综合认定。

“中国名牌产品”的培育、评选工作要进行，可能要等到适宜的时间，大中型骨干企业及有意向申报“中国名牌产品”的企业应在上述诸多方面做好工作。“拥有核心技术和自主知识产权、具有较强竞争力”估计可能要占有评选的重大比重，从“2010年全国质检工作会议报告”的相关内容：“要紧紧抓住企业，充分发挥企业产品质量安全的主体作用，引导企业牢固树立质量第一的理念，严格遵守质量安全法律法规，自觉做到诚信自律、守法生产，实现全员、全方位、全过程质量管理。”、实施质量“黑名单制度”等内容分析，产品质量状况、企业诚信度等相关情况估计也会占有较大比重。

五、行业向高端消费市场发展的瓶颈

近几年来，我们行业的产品在重要城市、重点工程、高品位高质量的高端消费需求市场上的应用比例逐年下降，我们许多企业的型材产品填加剂比重逐年加大，大批量生产薄壁型材，行业产品总体质量、品位逐年下滑。多年来，低品位劣质的产品始终伴随着我们，基于多方面的外部原因其发展速度几倍于常规产品，而高端消费产品和常规产品受其牵连其销量和售价都受到严重影响。我们行业中的许多骨干企业做了许多创新改造，力图扭转局面但收效不是很明显，可喜的是极低劣的“非标”型材目前正在逐步退出市场，替代的“中标”型材热销，行业的高端消费产品和常规产品受到极大的冲击，行业的高质量、高品位的精品很少有市场。

扭转形式、突破行业发展的瓶颈，实现行业战略转变到了关键时刻。

【形成行业向高端消费市场发展瓶颈的主要原因】

1. 型材的品质

伴随近年来成本加大的压力除出口和特殊需求的型材外，基本上都或多或少的增大了填充材料的份数，型材的壁厚也逐渐变薄，总体力学性能在逐渐下降。配方设计中防光、热、氧老化及变色的钛白粉、热稳定剂等填加份数偏于保守，防硫化污染、防初期着色等变色原因基本未有对策。而这些极其容易引起消费者关注和反感的缺陷，多年来却没有引起行业的重视和改观。

2. 型材、门窗售价的可比性

型材按重量出售、门窗按面积出售。粗略看合理，但是长期形成的这种销售计量方式促成了市场需求的几种不良转变。

型材的转变：型材按重量出售时增大了销售价格的明显可比性，相关企业产品售价透明度非常高。不同企业的型材其销售价格在产品质量、品位、规格差异不大的前提下廉价的好出售，伴随经营年度的增加，企业相互竞争日渐严酷，产品销售价格日渐下滑，利润空间日渐狭窄。当上游原材料产生大幅波动时所受冲击更大。行业整体显露出长年生产经营艰难。在单个企业无力扭转市场经营现状和格局的情况下，为了生存发展催生了降底配方成本的无奈之举，而这种现象的漫延逐步形成了众多产品的质量降底，壁厚减少而品位降低。

门窗的转变：门窗按面积出售所形成的蔽端更大。由于洞口面积大小的不同材料实际消耗比例不等，门窗制品质量除受制作因素影响外，受其他材料质量、配件质量的影响更大。除型材有相应的国家标准约束外，其他材料、配件的质量很难形成约束，由于门窗只按面积定价，购方在单位面积价格上比选严格，忽视对材料、配件的选择锁定。在价格锁定后廉价材料与配件的选用给门窗制造企业提升了利润空间，而这种现象的漫延逐步形成了众多门窗产品的质量、品位的降低。而正是这种现象的增多逐步在大众心目中形成了对塑料门窗不利的共识，极大的影响了高端、中高端市场的应用并逐步退出这部分市场。目前我们很多企业的产品销售重点及市场拓展重点在只看重价格、忽略或不清楚质量的县、乡农村市场。

3. 门窗制造作坊

在2001年以后的短短几年间，门窗制造作坊遍布我国大、中、小城市的大街小巷，数量之多难以统计。

门窗制造作坊一般以承揽散户为主，近几年联手承接工程现象逐步增多。门窗制造作坊一般在街边租个门面店，用于揽生意和制作加工，因场地狭小、设备配置简陋且手工替代工具应用较普遍。这种门窗制造作坊投资极少，起步门槛很低，人员构成复杂，对所购进的材料及制作的成品不具备检验装置和检验手段，对所进材料凭身体感官采用鼻嗅、眼观、手拉摸、摔砸、脚踏等等极为原始的手段进行质量状态的判断，采用家具制作的概念测量加工，制品粗糙，不对成品进行功能检测。这种门窗制造作坊以其极低的售价、便捷的承揽方式将城市散户市场迅速占领。而他的超低价位又极大的影响了工程市场的价格。

门窗制造作坊所承揽的散户一般不存在费用托欠问题，一般散户缺乏塑料门窗选择常识，散户订购均为口头协议，缺少对原材料、质量等方面的约定，交付后即使发现问题只要还能使用很少有人去和门窗制造作坊进行交涉，索赔更难。而门窗制造作坊为了获取更大的利润空间大量选用低质量、出窗率更高的材料，为了迎合这部分制作需求大批所谓“非标”、“中标”型材纷纷流向这部分市场。越来越广的大量人群普遍认定“塑钢门窗”就是这个样子。

4. 占主流消费的非终端消费市场

主流塑料门窗的消费市场为房地产商开发的各种楼盘，其中以住宅楼盘占多数。现在许多房地产商一般对塑料门窗的各种细节相对比较了解，许多中小城市的房地产商的主导思维是售出后一至两年内不出现问题就"OK"，在塑料门窗选择与定购时价格压到无法制作的边缘，在特殊时段逼迫的许多下游企业到了近于破产的状态，整个产业链的大部分利润空间被房地产商挤占。这种非终端消费市场在选择行业的产品时以选择中档偏下者居多，边缘价格促生了弄虚作假，造成了质量、品位、性能、寿命的降底。这种需求又促使企业以生产中低档产品占了主流。

5. 型材与门窗

我国的塑料异型材断面设计，在引进消化的基础上有了很大的改进、提高、创新，生产制造世界先进品质的塑料异型材也可以做到，可是我们有些企业生产的高品位、高质量的世界一流水平的产品国内却很少有市场。

我们部分企业应用非常好的型材制造成窗户以后却难看出世界一流水平，就连我们有些型材企业自身制作的样窗都或多或少的存在着这样或那样的制作缺陷。我们行业有很多人到德国纽伦堡世界门窗博览会参观过，凡是到过这个博览会的人无不为参展门窗的精湛而感慨，为什么我国的塑料门窗却做不出人家的水平，即使应用进口先进的组装设备照样作不出博览会展窗的水平。

我们所面对的是一个消费水平差异巨大、需求各异的宽广市场，我们型材企业间的产品相互间大致雷同，均在一个较窄的消费层面上变换着脸孔。

难造出精品窗户的原因仔细分析存在两方面主要问题：

（1）型材制造与门窗制造的松散关系

我们的型材企业以生产销售型材为主，极少量自行组装制造门窗，还有的企业自身从来不组装制造门窗，门窗的优劣完全被组装厂控制。型材企业与门窗加工企业只是停留在一种业务往来的生意伙伴关系上。

型材企业应有选择的与门窗加工企业建立紧密的战略合作伙伴关系，在互相支持、合作的基础上不断交流、研究、相互改进提高，为打造型材、门窗品牌，为制造出更高水平的门窗共同努力，并将与战略合作伙伴间已经成熟的改进和提高环节去指导、影响其他生意伙伴。促使上游设备、模具、附配件的研发和改进，拓展制造精品、极品门窗的外部条件。

（2）制造企业粗犷的流程和粗糙的加工环节

A. 型材企业

a. 粗犷的工艺控制和质量标准。外型尺寸控制精度低、表面挤出痕和擦划痕控制松或不控制、装配尺寸超差、外表面凹凸不严格控制、标准要求范围内的轴向弯曲度不及时调整等等；

b. 粗犷的包装、存放、运输方式。粗犷的包装、存放、运输方式用于所有水平、档次的型材，这种简单粗放的方式容易造成蠕变变形、扭曲、挤压痕、擦伤等等损伤；

c. 工艺路线、控制、防护措施等没有等级差别。

B. 门窗加工企业

a. 门窗制作的水平差距更大，有企业、作坊、摊点之别；设备有进口、外资、国内先进、简陋、替代工具多种差别；有制做、存放场地的大小差别；有技术水平、工艺控制、检验检测方法、技术与技工队伍差别等等。

b. 具有引进先进组装设备的企业，虽然有精良的设备却缺失精湛的组装工艺、精细的工作环节、完备的保护手段和措施、缺乏坚持标准计量手段等其制成品严格说不能称其为精品；一般加工企业的设备精度低，无标准尺概念，误差大，粗糙的加工手段，淡薄的保护意识等，制作的成品为粗品；作坊、摊点制作的成品完全无法用门窗标准来衡量。

c. 门窗加工企业的组装工艺、操作手法、防护手段、包装运输及安装方式等均在企业成立之初形成，以后多年很难有所改变和提高。当型材企业的断面及窗型、组装方式产生变化或略显复杂后门窗组装企业很难接受变化，大大阻碍了行业的科技进步步伐。

d. 门窗加工企业受经营性质决定一般只在当地活动，被动了解行业情况进步缓慢，企业经营活动很难与行业发展步伐协调一致，在很大程度上对行业发展有阻碍作用。

6. 其他方面

a. 科技创新的方向、步伐；

b. 上下游各相关制品间的共同发展合作的战略伙伴关系；

c. 合理的产品定价机制；

d. 在激烈竞争环境下保持价格底线的决心；

e. 生产经营中的从众心理和侥幸心理；

f. 真正的行业自律尚未形成等。

【突破瓶颈的性质、方法】

性质

1. 统一性

全行业上下游各制品企业均要增强共识并共同努力；

2. 艰巨性

突破行业发展瓶颈，是一项非常复杂而艰巨的系统工程，应有足够的思想准备和应对办法；

3. 长期性

由于惯性和惰性的作用，受统一性、艰巨性影响，必定是一个较长期的过程，在三至五年间能见到成效，突破行业发展瓶颈就有希望。对其长期性的特点更要有足够的认识；

方法

1. 发挥骨干企业的作用

行业内大中型骨干企业应积极主动为突破行业向高端消费市场发展瓶颈努力，起到带头作用；

2. 更新观念

全方位改变旧观念，创建崭新的思维观念。a. 同行共同良性发展的全局性观念；b. 上下游制品间密切合作共同发展观念；c. 在产品、装备、工艺、操作方法、包装、贮存、运输等方面建立全新的发展创新观念，注重分别应用划分类别(等级)的制作装备，针对高品位、精品、极品产品建立起颠覆传统方式的制造工艺，产品按类别(等级)的不同建立起不同的生产经营体系。

3. 打造产品的精细和多样化

a. 建立型材材质的类别(等级)多样化；b. 型材表面装饰效果的多样化、艺术化、质感豪华细腻化；c. 建立成品窗类别(等级)划分；d. 成品窗功能的多样化；e. 整体窗户的美感与艺术性；f. 产品制作的高精细度；g. 建立普通、高、精、极品不同的工艺规程和操作规范，建立不同类别(等级)的包装、存贮、运输方法，建立不同类别(等级)产品的的合理价格共识；

4. 科技创新领先

以科技创新带动行业发展，促进行业升级转变；

5. 产品发展方案

加大研发力度，增大产品的技术含量，提高产品的核心竞争力，逐步实现常规产品占领多数市场份额，让“非标”产品彻底退出市场，让“中标”产品逐步退出“工程”市场。在大胆创新的基础上不断开发出具有改变传统观念的具有多种差异化的精品、极品产品，以适用于高端消费市场的差异化需求，占领更多的市场份额；

6. 适宜的市场宣传

我国当前的市场情况已经全面进入到非物质文化时代，好的产品要有好的宣传方式，卖的是概念而不是产品，建立全新的市场认知度，起到颠覆传统印象的效果。

产品面对应用市场消费层次进行划分的观念(供参考)

1. 经济型(经济产品)产品

适用于农村及低矮经济型建筑(适用于购买能力较低的个体消费群体)；

2. 工程用(普通产品)产品

适用于城市、县乡房地产开发的普通住宅楼群；

3. 高层及南部沿海建筑用(高等产品)产品

该产品突出抗风压、气密、水密、承载、寿命的高等级为特点，适用于城市高层建筑、高等级建筑和我国南部沿海地区易受台风侵袭的地区以及特殊功能应用需求建筑；

4. 个性化高消费(豪华产品)产品

适用于大城市高端消费需求人群，以豪华别墅、高级酒店、高端写字楼为销售对象的量体裁衣式产品，以突出高质量材质、让人耳目一新的表面装饰效果、突出的应用性能和长久寿命、精细的加工和精湛的制造水平、整窗一体化艺术性效果为综合亮点，达到颠覆传统门窗印象的效果，使门窗从功能性产品转化为功能性艺术品。

我们行业经过了不足三十年的坎坷发展历程，形成了一个产品无处不在的产业大军，从业人员近千万人，相关产品累计销售额数千亿元，培育了一大批专业技术和技工人员，均占世界首位。我们的相关产品水平，拥有的核心技术状况和世界先进国家相比还有较大差距，这也是相关产品出口量增幅小、出口价格低廉的主要原因。目前，世界多极化、经济全球化深入发展，世界市场在不断的重新分配和细化，我国及我们行业均处在改革发展的关键阶段。在目前形势下，我们行业应该静下心来，仔细分析和研究，确立正确的发展战略，把握住在我国重大经济转型期的正确发展方向，促进行业健康、快速、合谐、良性发展。“以诚信为本，走差异化经营之路，大力培育行业各类高精尖人才；以创新谋发展，相关制品间建立共同发展联盟，实现行业战略转变。

六、专委会工作简况

【2010 年工作总结】

专委会在 2010 年上半年的工作除例行延续的《塑料异型材》杂志、塑料异型材网站等方面工作外，重点开展了以下各方面工作：

1. 建材下乡方面工作。中央 1 号文件下达后“建材下乡”纳入支农、惠农政策。为了将我们行业的主产品纳入“建材下乡”目录中，专委会展开了一系列相关工作。据了解“塑料建材”目前已包括在目录之中；

2. 按中国塑料加工工业协会布置，为“中国塑料行业信用等级评价”工作的顺利进行开展了相关工作；

3. 按照中国塑料加工工业协会指示，为“中国轻工塑料行业十强企业”评定工作进行了相关工作；

4. 按中国塑料加工工业协会要求，起草行业“十二五规划草案”；

5. 通过中国塑料加工工业协会，经中国轻工业联合会向发改委申报“节能”项目；

6. 为2010年《中国塑料工业年鉴》撰稿；

7. 为《塑料异型材专用钛白粉》行业标准的编制进行大量基础工作；

8. 为申报2010年四个行业标准进行基础工作；

9. 时刻关注“中国名牌”的评定工作；

10. 中国塑料加工工业协会专家委员会，申报专家委员会专家及申报资质的核查工作；

11. 继续进行科技创新项目的研究试验工作，为新型节能、高气密塑料推拉窗的研制进行大量基础工作，目前已经有一个方案产品投放市场(反映良好)，其他三个方案也已经基本设计完毕，专利正在申报中。

12. 为企业排忧解难；

13. 组织出国参观德国纽伦堡国际门窗博览会；

14. 与中国氯碱工业协会、中国无机盐工业协会钙镁盐分会、助剂专业委员会等上游制品协会开展合作。

15. 筹备、组织召开了“2010年全国塑料异型材及门窗行业年会”及召开“六届三次理事会”。

16. 针对行业发展现状，专委会再次向行业发出了质量自律、价格自律、发展自律，企业以诚信为本的倡仪；

17. 行业生产与经营状况调查；

18. 大力宣传企业以诚信为本，推动“企业诚信等级评价”工作的进程，促进行业健康发展；

19. 加大推动以企业为主体的科技创新工作；

20. 完善、通过塑料异型材行业十二五规划；

21. 准备与清华大学合作，开办“清华大学中国塑料行业企业经营管理(CEO)总裁班”，提升行业中小企业管理者综合素质，为行业发展奠定坚实基础；

22. 鼓励企业对员工进行专业技术培训、职业道德培训，提升员工总体综合素质，为行业行业发展奠定坚实基础；

【2011年工作计划】

2011年将延续2010年的各项工作，还将计划开展如下工作：

1. 积极按照中国塑料加工工业协会的指示、要求做好协会交办的各项工作任务。

2. 组织召开“2011年全国塑料异型材及门窗行业年会”及召开“六届四次理事会”。

3. 承办“2011年中国塑料工业春节团拜会”；

4.《塑料异型材专用钛白粉》行业标准的编制工作，争取通过专家评审、报批。

5. 开展对“节能、高气密塑料推拉窗”的宣传普及工作；

6. 起动助剂“四个行业标准”的编制工作；

7. 探讨“塑料异型材制品”生产准入制度的可行性；

8. 加大推动以企业为主体的科技创新工作，促进大中型企业建立研发中心，落实研发人员、经费、课题、工作场所及装备；

9. 大力宣传企业以诚信为本，推动“企业诚信等级评价”工作的进程，促进行业健康发展；

10. 与清华大学合作，开办“清华大学中国塑料行业企业经营与创新(CEO)总裁班”，提升行业中小企业管理者综合素质，为行业发展奠定坚实基础；

11. 鼓励企业对员工进行专业技术培训、职业道德培训，提升员工总体综合素质，为行业发展奠定坚实基础；

12. 为塑料建材下乡的前期准备工作；

13. 为增加塑料异型材企业的话语权、促进骨干企业良性发展，探讨成立《中国塑料异型材联合企业集团》；

14. 为整合黄石模具企业群的良性发展，协助成立“黄石市模具协会”，参与成立前后的相关工作；

15. 协助骨干企业建立上下游制品间的联合，形成在今后共同发展中的企业战略合作伙伴关系，保持骨干企业的竞争优势。

七、塑料异型材及门窗行业“十二五”规划

飞速发展的塑料异型材及门窗制品行业，大大推动了我国化学建材产品应用的步伐，为节省能源、节约资源，减少二氧化碳、二氧化硫等有害气体排放、为经济建设做出了巨大贡献，为提高和改善民居质量和民居环境发挥了巨大作用。在我国国民经济快速发展阶段，我国的能源、资源出现紧缺的严重局面，为了减缓全球气候变暖的步伐，世界各国都在努力减少二氧化碳气体的排放总量，大力发展低碳经济。大力发展我国化学建材产品的应用可大量替代高耗能铝建材制品的应用，可有效节约铝土资源、大量节约制造及应用耗能，大量有效减少二氧化碳、二氧化硫等有害气体排放，是大力发展的低碳经济。塑料异型材及门窗制品行业在今后几十年内将伴随我国国民经济的发展得到快速良性发展，“十二五”期间是我国国民经济的重大转型阶段的初期，也是行业实施战略转型的开始，制定、落实“十二五”规划是保障行业持续健康发展的关键。

【产业现状及存在问题】

1. 产业现状

塑料型材及门窗产业在“十一五”末(2010年)各

类塑料异型材产量估计年产量在550万吨左右。行业总产能大约在800万吨左右。规模以上门窗用塑料异型材大约在320万吨左右。拥有各种型号的挤出设备生产线大约在13000条以上。我国目前塑料门窗加工制造能力可达(7~8)亿平方米/年，估计年应用量为5亿平方米以上，总产值达千亿元以上。塑料门窗约占市场年需求总量的35%~40%左右。目前，塑料异型材伴随我国的经济发展状况及其更适用于寒冷地区、冬冷夏热地区的特点已基本形成两大状态的产能布局。产品基本覆盖了中低端消费市场，在我国半数以上的农村市场已广泛应用，在农村的应用扩展势头仍在迅猛发展中。

2.“十一五”阶段快速曲折的发展状况

2005年至2007年，我国房地产市场逐年上升，塑料异型材及门窗制品市场需求逐年强势，每年均以13%以上的速度递增。市场需求逐年强势，但是由于PVC树脂价格偏高，型材价格不能同步跟进，几年来行业大部分企业处在保本经营状态。伴随市场现状行业出现了超量填加填料的制品，因其价格较低，市场需求火爆，四五年时间内出现了一大批专业制造高填充制品的企业和作坊，其规模由几万吨发展到150多万吨。极大的冲击了正规产品市场、损害了制品形象、损害了消费者。

2008年三季度至2009年一季度，受国际经济危机大环境的影响，行业同期总销量缩减35%。2008~2009年间同期出口缩减30%以上。2009年二季度以后，伴随房地产复苏，塑料异型材制品出现热销现象。2009年3~11月份的PVC树脂价格与历年同期相比偏低较多，塑料异型材制品企业总利润与近些年相比较高。伴随利润空间的加大，塑料异型材制品行业总质量水平出现明显上升，企业研发出现热潮。2009年间异地建厂、增扩产能的企业很多，新建企业也相继出现。2010年二季度以后国家对房地产市场发布“国十条”实施调控，三季度以后市场需求略显下滑，市场总需求仍是上升，只是上升幅度减小。2010年行业盈利状况不如2009年。

3. 行业存在的主要问题

(1) 行业向高端消费市场发展形成了瓶颈

近几年来，我们行业的产品在重要城市、重点工程、高品位高质量的高端消费需求市场上的应用比例逐年下降，我们许多企业的型材产品填加剂比重逐年加大，大批量生产薄壁型材，行业产品总体质量、品位逐年下滑。多年来，低品位的产品始终伴随着我们，基于多方面的外部原因其发展速度几倍于常规产品，而高端消费产品和常规产品受其牵连其销量和售价都受到严重影响。我们行业中的许多骨干企业做了许多创新改造，力图扭转局面但收效不是很明显，可喜的是极低劣的“非标”型材目前正在逐步退出市场，替代的“中标”型材热销，行业的高端消费产品和常规产品受到极大的冲击，行业的高质量、高品位的精品很少有市场。因此，扭转形式、突破行业发展的瓶颈，实现行业战略转型到了关键时刻。

(2) 企业领导者的综合素质

伴随行业发展行业内的大部分企业的规模逐步扩大，而不少企业的经营管理者在能力、胸襟、眼界、胆识、谋略上显露出某些方面的不足，不同程度的缺乏自我完善、自我超越的勇气和决心。对自身企业、行业的发展均有不利影响。

(3) 专业技术人才匮乏

高、精、尖专业技术人才需要十几年的自身努力和培养，在十几个人中只能凹显出一两位创造性人才，行业在不断扩大需要更多的人才去充实、去进行创造性的工作推动行业发展进步。行业在快速发展，人才培育没有同时跟进，许多企业目前倍感人才匮乏的压力。

(4) 产品核心竞争力需要提升

我们的产品很难进入高端消费市场的原因很多，产品缺乏核心竞争力也是主要的原因之一。高端消费市场主要被铝合金产品垄断，我们应该针对铝合金制品的特点开发出与其更有竞争力的产品。

(5)“企业诚信”尚显不足

(6) 科技研发投入不足、自主创新能力薄弱。

大专院校没有对口的专业和相关国家级的研究机构。先进的成型工艺、配方设计、针对市场的变化需求而适时进行的高性能结构设计和产品设计等主要是由企业的研发机构来完成，少有突破性的科技成果。

(7) 上下游制品间战略合作关系、协作进行科研、开发尚等未有效实现。

【“十二五”发展规划】

1. 指导思想与基本原则

(1) 指导思想：以国家经济建设为中心、以满足市场需求引领市场需求进步为宗旨，坚持持续、稳定、健康的发展方向，积极进行适应国际市场细分化的战略化调整，努力实现行业的战略转型。

(2) 基本原则：①可持续发展原则；②高品位、高质量领先原则；③科技进步与技术创新原则；④市场化原则；⑤整体进步原则；⑥节能减排、环保低碳原则。

2. 发展规划

规划一、行业产能发展

加快产业规模结构调整，实施总量稳步发展。

力争做到总产能发展每年递增在15%左右。支持、促进企业间的联合、重组、兼并、收购，鼓励大型企业控制规模，合理安排调整产能布局，改善供应环境。2015年底行业发展的理想规模在(1000～1100)万吨，尽量控制在1300万吨以内，避免产能严重过剩而引发更激烈的竞争。

规划二、行业产品发展

(1) 大力发展推广整窗保温系数 K 值小于2.0的高保温性能产品，适应建筑节能、环保低碳的市场需求；

(2) 开发特殊性能产品，例如：高效隔声窗等；

(3) 研制密封效果好的塑料推拉窗，减少低性能推拉窗的应用量，争取实现塑料推拉窗50%以上向高性能方向转化；

(4) 协助五金件、密封件、玻璃等产品的同步同水平发展步伐；

(5) 增加色彩与美术化品种的开发，适应高端消费个性化的需求，促进产品向功能性艺术品方向转化；

(6) 大力研究改进型材与门窗的制造工艺、操作方法，相关环节的规范，促进上游相关制品的适配性改进和提高，努力打造精品、极品、艺术品；

(7) 开拓新领域，开发其他种类产品，寻求其他的市场空间。如：开发"木塑"类、结皮发泡、铝塑复合、塑料合金类产品。向装饰装修领域、家具领域、物流运输领域、车辆船舶领域、重型产品外包装领域、工业环境领域、建筑领域等方面开发应用产品；

(8) 逐步减少和剔除产品中的有害重金属含量，努力向无害化配方转变。

规划三、推进科技进步和技术创新，提高核心竞争力和可持续发展能力

(1) 以企业作为技术创新主体，实现自主研究开发。在工艺、配方、工装等方面加大研究力度，争取有突破性进展；改进装备，进一步节电、节水、降耗；加强对门窗产品的系统性研究，改进和提高现有产品的综合性能；分析市场，把握市场需求，开发有前瞻性产品，争取做到生产一代，储备一代，开发一代；对产品的加工、产品性能、系统设计等理论研究进行归纳整理，形成完整的有指导意义的系统理论性、技术性资料，辅助创新工作的深入开展。

(2) 以协会为核心，组织企业、科研院所、检测机构等进行专题研究、开发，发挥群体优势共同解决难题，克服一个单位在技术水平、财力、人力、设备等方面的不足。

(3) 鼓励企业加大对专业技术人员的待遇和奖励，建立相应的激励措施，建立科技成果知识产权归属和利益分享制度，以及职务发明人的权益和主要发明人的受益比例制度等措施。

(4) 企业要大力吸纳和委托培育高分子专业和相关专业的理论技术人才、生产一线的高级技工，为行业可持续发展提供人才支撑。鼓励业内个人技能提高与知识拓展，发挥出他们的聪明才智。协会组织要为人才培育提供各种形式的"平台"：编制技术资料、组织技术交流技术讲座、专题研讨或联合解决技术难题；注重引进技术的消化吸收；加快国外先进技术知识的传播；利用媒体宣传新发现、新成果、报道先进国家的科研动态。继续组织赴外参观、学习、考察，到先进国家先进企业学习取经，到发展中国家开拓产品市场。

规划四、加强诚信建设

行业共同行动，整治市场秩序。制定和完善维护市场秩序的规则，反不正当竞争，保证市场竞争机制的有效运行。促进市场监管机制的完善，打击制售假冒伪劣产品的行为，禁止价格欺诈、低价倾销等不正当价格行为，保护生产者和消费者合法权益。开展行业自律，强化信用意识，建立严格的信用制度，打造更多的"AAA信用等级"企业。

规划五、完善相关制品的行业标准

继续加大对相关制品的行业标准的申报、编制工作，为行业战略转型保驾护航。

规划六、"中国名牌"培育

名牌战略，是带动行业健康发展的重要手段。在我国市场经济全面进入非物质文化时期，"品牌"的市场影响力尤为重要，行业内部分企业做大做强，可以带动产业整体快速发展。名牌培育是行业协会的首要工作之一。继续加强培育，争取诞生塑料异型材"中国名牌"产品。

行业"十二五"规划的落实和实现需要行业的共同努力，需要进一步发挥行业协会的职能作用。行业协会应克服困难，努力承担起贯彻"十二五"规划的行业管理的责任。行业协会要密切联系企业，做好组织与协调作用；加强与政府相关部门的联系，发挥出桥梁和纽带作用，引领行业健康、快速、合谐发展，确保"十二五"规划的实现。

八、企业及人物风采

【重点骨干企业风采】

天津金鹏集团

(一) 天津金鹏集团简介

天津金鹏集团是一家产业横跨塑钢型材、预应力管桩、高分子科技与外贸的综合性集团公司。集

团总部位于天津市滨海新区工业园，与大型国有企业天津大沽化工股份有限公司、LG为邻，成功运用上下游产品降低成本，为企业的发展奠定了有利基础。集团的主营产业——塑料异型材制造开始于1999年，至今为止，已分别在天津滨海新区、天津蓟县经济开发区、安徽广德开发区、陕西西安开发区建立了五个基地。总生产用地已达五千余亩。已投产先进的生产线555条，生产能力450kt，总资产40多个亿。

（二）天津开发区金鹏塑料异型材制造有限公司

天津开发区金鹏塑料异型材制造有限公司，是1999年3月注册于天津开发区生产PVC塑料门窗异型材及制品的大型化学建材民营企业。通过12年的运行，企业从260万元资金、五条生产线，发展到了今天总资产近20多亿元，占地600余亩，员工2000余人，先进的挤出生产线260条，生产能力约150kt，型材品种达一千余个断面的大规模专业生产企业。

（三）安徽广德金鹏塑料异型材制造有限公司

2005年11月建立并投产的安徽广德金鹏塑料异型材制造有限公司是金鹏在安徽投资的子公司，总占地1680亩，目前一期建成现代化型材生产车间四个，国际先进的生产线80条。主要产品有推拉60、77、80、88和平开58、60、66等十大系列，百余种断面。子公司借助集团公司技术力量，成立了型材研发中心，在国内推出仿木纹共挤等各种彩色塑料型材，在共挤与超强耐候性等型材生产与研发领域，处于行业领先地位。

（四）西安市金鹏塑料异型材制造有限公司

西安市金鹏塑料异型材制造有限公司，始建于2006年底，是天津金鹏集团又一家集生产与销售一体化的大型专业型材制造有限公司。公司占地680亩，产能160kt。现已完成一期建设135条生产线，达到年产100kt能力。

（五）天津皇家乐宏塑料异型材制造有限公司

天津皇家乐宏塑料异型材制造有限公司成立于2009年，坐落在中国天津滨海新区。是与加拿大皇家集团共同出资3千万美元筹建的大型现代化U-PVC塑料门窗用未增塑聚氯乙烯型材的专业生产企业。公司占地面积18万平方米，拥有世界先进的PVC型材挤出生产线80条，预计产能高达年产PVC型材100kt。

加拿大皇家集团科技有限公司创立于1970年，是一家大型跨国集团公司，在高分子复合建材生产领域，从化工原料、配方技术、混料技术到型材设计、挤出、组装以及相关机械设备和模具的研制等，均有专门的公司和机构从事开发和生产经营。集团总部40万平米厂房设在加拿大多伦多市。

30多年来，皇家集团凭借着独特的垂直集成技术，为集团树立了强大竞争力的可靠保障。今天的皇家集团，已发展成为当今世界高分子复合建材和集成化建筑领域的领导者。年营业额约20亿美元，是世界上做大的塑料建材挤出制造商。目前，集团在全球拥有120多家子公司。其股票在纽约、多伦多证券交易所上市，是多伦多证交所300家股市成员之一。天津皇家乐宏塑料型材制造有限公司是皇家塑料门窗系统在中国的唯一战略基地。

（六）天津市蓟县凯德瑞塑料异型材制造有限公司

天津市蓟县凯德瑞塑料异型材制造有限公司成立于2010年，占地1760亩，是天津金鹏和天津大沽化工股份有限公司、中国千博投资发展有限公司，经过强强联合总投资20亿元人民币共同兴建。将完成15万吨PVC-U塑料门窗未增塑聚氯乙烯型材，10万吨PVC管材，10万吨断桥铝型材的年产能。

以博鳌亚洲论坛创始人之一的蒋晓松先生携手的千博集团，一直是环保绿色的倡导者，通过国际化的强强联合，中国千博公司把国外树脂等新材料的研究及应用工艺的最新技术运用到了天津凯德瑞公司，并以其每一个细节的节能环保理念及全面质量控制精湛的生产过程使天津凯德瑞公司得到了研发与管理的升华。

（七）天津金鹏集团综述

集团成立至今，始终坚持以市场为导向，持续地改进产品，为客户创造更大价值。在对新产品的研发、原有技术的改进上，公司拨付巨资成立研发中心，进行项目公关。在产品耐候性、机械物理性能影响的理论成果和配方材料的筛选及处理技术以及提高客户用材的性价比方面做出了突出的贡献。

公司自1999年起在国内第一家研制成功了彩色共挤型材。从而打破了传统窗户白色一统天下的局面，满足了人们室内装饰不受窗户颜色影响的愿望。并顺利地通过国家化学建材测试中心的耐候性测试。

白色变黄，彩色褪色是型材行业一直以来的技术难题。大片新建楼盘窗户的快速变色成了影响城市美观的天敌。经过数年的研究，2005年金鹏第一个在行业内提出了富集高耐候的理论，针对高紫外线，大温差、多风沙等环境恶劣地区量身打造出了超出原三倍时间的耐候性测试，被称为是型材行业的二次革命。

自主创新是金鹏的文化精髓。根据市场建筑个性美，外观美的需求，2006年进入市场的一批新产品，纷纷使公司获得了68项国家发明专利和外观设计专利。2006年金鹏型材贯彻节能保温的措施和自主创新的典型被“中国建材报”、“中国质量报”作了专题连续报道。

几年来天津开发区金鹏塑料异型材制造有限公司，获得中国塑料行业科技进步奖、中国塑料门窗行业发展十五年先进单位、“国家免检产品”“中国驰名商标”“天津市著名商标”、“天津名牌产品”、“天津市重点培育和发展的出口品牌”、天津市自主创新产品、“天津市工业、城建企业合作发展第一批产品推荐目录”、“质量服务信誉AAA级企业”、“绿色建材产品”、“天津市节能产品”、“河北省建材节能产品”、安徽高新技术企业，ISO9001、ISO14001、GB/T 28001—2001职业健康安全管体系认证和GB/T 24001—ISO14001：2004环境管理体系等荣誉。

2007年北京奥组委决定对长安街旧房外墙和门窗实行全面改造，金鹏型材在北京市建委公布的14家型材厂中一举中标，并把绿色环保的奥运会理念完全地贯穿在了产品之中，为此“首都建设报”还作了独家专访。

现在金鹏型材的销售网络已经遍及全国各地20多个省市自治区。出口美国、加拿大、印度、俄罗斯、中亚、非洲、越南的产量不断上升。2007年还返销到了德国。

中财集团化学建材业

一个中财的梦，与太阳的起落而升腾，中财崛起，缔造艰难；

一批中财的人，与时光的流逝而更替，众口难调，中财您好；

一片中财的市场与草木的枯荣而扩展，几度春风，叶茂枝繁；

一条中财的路，与河道的蜿蜒而延伸，江河九曲，百折不还。

十六年前，美丽的钱塘江畔，浙江中财招商投资集团诞生了。以金融为后盾，以市场为导向，以实业为依托，中财已发展成为综合性、集团化、国际化的现代企业集团。

（一）中财之文化

以人为本，以效益为重，以市场为先是中财集团始终不渝的经营信守。中财的中是雅，中财的财是俗。俗不伤雅，雅不避俗。既重成本、重市场，更拥有中财自己的人文高度。既剑气逼人，立马横刀，但更守望于风骨高洁，正理正义，正道直行。中财是剑胆琴心的中财。中财是雅俗共赏的中财。

公司坚定奉行“九缺方圆，和而为一”的发展理念，秉承“诚实、认真、谦让”的中财精神和“正、勤、苦、勇、严”五字诀为主要内容的企业文化，统率八千余名员工，勇闯一条具有中财特色的永续发展之路。

中财集团是建功立业者实现人生价值的舞台，创业家的乐园。

（二）今日之中财

历经十六载发展，中财集团在化学建材、担保投资、期货经纪、典当拍卖、房地产开发和国内外贸易等领域得到长足的发展，总资产达30多亿元人民币，呈强劲发展态势。

浙江中财管道、浙江中财型材、湖南中财、天津中财、西安中财、四川中财、新疆中财、吉林中财和上海中财、中财国贸是中财化学建材业的生产性企业和服务性企业。

中财化学建材业，八大生产基地，已具备年产50万吨管道、型材产品实力；成为国内同行中唯一一家集管道与门窗型材产品于一身，在两大领域均排名行业前三甲的供应商；中财始终致力于品质为先、系统服务，已累计向市场提供了250亿产品，为北京奥运场馆、上海世博会等国家重点工程及民生建设领域做出了卓有成效的贡献。

公司是国家、行业的型材及相关产品标准编制组的核心单位，中国塑料加工工业协会异型材及门窗制品专业委员会副理事长单位，全国管道标准化技术委员会（SC3）核心委员单位、中国塑料协会塑料管道专业委员会副理事单位、中国城市燃气协会理事单位、中国建筑金属结构协会给水排水设备分会地面供暖委员会常务委员单位等。

中财化学建材业的营销网络遍布全国乃至世界，拥有十大市场总部，36个省级市场管理处、300多家营销分支机构、2000多名中财营销职工，实现了中财产品遍布全国33个省市自治区（除中国台湾省）的全面辐射。

在金融发展方面，中财金融广角已构筑起十大广角三十五家公司。以担保、典当、拍卖等为主导的中财特色金融服务，其产品品类丰富，贴近市场，领先市场。

（三）中财之产品

16年来，中财专注于化学建材业的发展与深入。

中财型材已形成60、65、70、80、95等十几个系列四百多个规格品种；产品畅销全国30多个省、市、自治区及欧洲、北美、南美、东南亚、北非、大洋洲等20多个国家和地区。中财管道作为国内领先的塑料管道系统供应商，主导产品有PVC－U给水管系列、PVC－M高抗冲饮用水管系列、PVC－U排水管系列、PVC－U埋地排污管系列、PVC－U普通电力电缆管系列、PVC－U建筑用电工套管系列、PVC－U双壁波纹管系列、PVC－C高压电力电缆管系列、PE燃气管系列、PE给水管系列、PE煤矿用管、PE护套管、PE－RT耐高温聚乙烯管、PP－R冷热水给水管、PP－R稳态管系列等十七大系列三千多个品种。精品卫浴，精品家装系统的推出，为用户提供了更全面的一揽子解决方案。

公司通过ISO9001质量管理体系认证、ISO14001环境管理体系认证和欧洲"CE"认证，获得国家级重点高新技术企业、中国名牌产品、国家免检产品称号、计量检测体系认证，国家级星火计划名优产品、中国塑料门窗行业名牌窗、全国塑料制品标准化技术委员会杰出贡献奖等荣誉称号。

（四）中财之创新

中财深知要真正成为可持续发展的大型生产企业，唯有提供客户所需，才能在市场竞争中永远立于不败之地。中财凝聚了专业从事设备、模具、工艺、开发等上百名优秀技术人才，不断研发和改进产品系列，全方位地满足客户需求。

中财化建业设立专业的管道、型材省级技术研发中心，开展了100多个技术改造及创新项目。拥有了70多项知识产权专利技术与产品。

与美国通用电气公司共同开发的彩色ASA/PVC共挤型材，技术水平达到"国际领先水平"；共挤高抗型材，解决了型材产品在部分区域容易老化变色的难题，在西部广受欢迎，并获得诸多荣誉；公司PP－R、PE产品人选建设部"国家康居示范工程选用部品与产品"称号；聚合物基无机/有机纳米复合材料及其制品工业化技术，荣获"国家科学技术进步二等奖"；全新的胶条共挤产品，解决了以往市场上胶条共挤容易出现的各种问题，在用户中广受好评；蜂窝型材，大幅度提高了型材的焊角强度，扩大了型材的应用领域；家园系列产品，系统解决门窗使用中的诸多问题……

凭借过硬的产品质量和创新产品，公司产品参与的多个项目屡获鲁班奖、白玉兰奖、钱江杯等殊荣。

（五）中财之服务

中财拥有完善与独立的专业技术服务系统，200多名大专以上学历人员组成的技术服务队伍，可以给客户提供完善的售前、售中、售后一条龙产品服务。

在提供产品服务上，中财人的目标是精致；在物流服务上，中财人的目标是精准；在技术与产品反馈上中财人的目标是精诚；在展现给客户的精神上，中财人的目标是大气；在新产品提供服务上，中财人的目标是大方；在客户提出的特殊产品需求服务上，中财人的目标是大胆；在保障供货流通时，中财人的目标是大量；在与客户一起进行新区域开拓时，中财人的目标是大度；在共同开拓市场时，中财人的目标是大张；在与客户发生分歧时，中财人的目标是大义；在与客户日常沟通中，中财人的目标是大智；所有的服务目标，是与客户一道大成。

（六）中财之愿景

中财人将一如既往地坚守"五化"方针——"队伍专业化、装备自动化、模具精尖化、供应链条化、产品销地化"，依据三大原则——"认真和细做"、"系统梳理，精益求精，从优秀走向卓越"、"由内而外地生发，由点到面地展开"，切实把握管理和成本两大关键性环节，把制度管理和文化管理打造成为中财化建发展的比较优势，把质量控制和成本考核作为中财化建生存和发展的经营支点，通过不懈的品牌建树，打造百年长青企业！

结纳贤良，纠合英雄；修我正理，宏我规模。

志存高远，再造自我；脚踏实地，无怨无悔。

胜而不骄，精益求精；败而不妥，不折不饶。

坚定如中财，正虔诚远行，一步一步创造着历史，成为行业的领导者。

【专家风采】

杨忠久

1. 杨忠久简介

杨忠久，男，62岁，大专文化程度。1992年进入塑料异型材与门窗行业，长期在陕西秦岭化肥总厂虢镇塑料型材分厂担任厂长职务；2002年在企业申请内退，先后到我国沿海地区福建省亚太塑料建材有限公司、深圳顺嘉高新建材有限公司、山东省金达双鹏有限公司工作，分别担任担任门窗研究室工程师、副总经理兼总工，总工程师等职务。2011年初到北京北方国建集团担任总工程师职务。

该同志长期以来利用各个不同体制和经营不同档次产品企业平台资源，从事塑料异型材与门窗生产技术、生产、经营管理，积累了丰富的实践经验，采用系统工程和对应配置原理，对塑料异型材配方、设备、工艺、模具以及塑料门窗设计、风压计算、制作、焊接、安装等全方位各类技术问题进行了系统、深入研究，建树和创新了多项有应用价值的工作业绩和技术成果见附录。

多年来在为本企业技术服务同时，曾多次受到其他多家生产不同塑料制品企业邀请，前去手到病除的解决和处理名目繁多的各类产品质量和技术疑难问题。

除技术工作外，在企业管理、经营工作上也独有建树。2001年在企业管理实践中创立了《塑料异型材和门窗生产成本目标管理》方法，随后又创立了《PVC－U型材吨工资分配制度》、《塑料门窗生产工序计件分配制度》等。

在产品营销及培训营销人员方面，能通过各种形式培训学习，引导营销人员全面认识企业产品特点，传授消费者心理学和营销理念及技巧方面知识，并依据企业产品特点和市场需要，营造和培育产品亮点和卖点，协助企业由被动满足用户需要向积极引导用户需要方向发展，并为协助企业合理处理企业和用户之间的产品质量经济纠纷，即不损坏企业利益，又维护了用户利益和企业信誉。

杨忠久长期以来，不仅注重解决企业现实问题，还一直坚持把解决问题的点滴经验上升到技术理论的层次进行系统研究，防范同类问题再次发生，并作为技术培训教材，为企业和行业提供技术服务指导；多年来在各类技术刊物上发表技术论文约计180余篇；参与了由王贵斌任主编，化学工业出版社出版的《硬聚氯乙烯制品及工艺》一书部分章节的编写工作；为培养和提高企业营销人员工作素质和消费者识别假冒塑料门窗质量能力，应《塑料异型材》编辑部提议，编写《塑料门窗101问答》丛书；目前根据对各类企业技术服务心得体会，又开始撰写《塑料异型材与门窗生产、经营管理500问》，用于指导行业中小企业生产、经营管理实践，提高员工技术素质。其中多篇技术论文曾在国家各个行业举办的论文评奖活动中获得头等、一等和二等奖，受到行业领导重视，曾一连两届被中国塑料加工协会聘任为专家，被福建省建筑业协会聘任为专家，被广东省科技人才交流中心聘任为专家，被深圳市专家委员会聘任为委员兼专家，被中国塑料异型材专委会聘任为专家顾问和沿海地区塑料门窗技术研究中心主任，被中国管理科学研究员聘任为特聘研究员等项职务。

2. 杨忠久多年来主要工作业绩和技术成果

(1) 1995年依据挤出机螺杆结构特征，研究了对应的型材生产工艺，确立了挤出机不同区域的工作职能和控制标准，产品缺陷对应处理措施以及在不同挤出效率、挤出机机械和电器故障条件下，对应解决方法等。该技术理论已被美国化学文摘转载，也被行业有关专家认可，并被所著理论书籍引用；

(2) 1996年依据塑料门窗工程中焊缝开裂故障所占比例大，在消费者中产生了不良影响，也给企业带来惨重经济损失。经分析：焊缝开裂，除型材、安装不当因素外，也和焊接有密切关系。对影响焊接质量的机械设置和工艺调整等方面进行了理论分析，提出了对应处理措施。进行员工技术培训，在行业年会和同行进行广泛交流；2008年又针对彩色共挤型材共挤层易冲击破裂和焊缝易开裂等问题，进行技术研究，提出对应防范措施，也取得取得显著效果；

(3) 2003年依据高层建筑塑料门窗工程实践，研究了塑料门窗抗风压性能按高层建筑按不同层次标准荷载值对应配置，并把型材惯性矩带入风压公式计算，即提高了塑窗抗风压性能，又有效降低了成本；随后制定了一套高层建筑塑窗制作和安装程序和方法，有效抑制了塑窗在制作和安装过程中可能发生的各类失误，保证了制作和安装质量；

(4) 2003年非典时期，采用无机抗菌剂和独特的工艺技术，成功研制了抗菌塑料异型材，通过中科院理化技术研究所抗菌材料检验中心性能测试，抗菌性能中大肠杆菌抗菌率与金黄色葡萄球菌均大于99.9%，超过《抗菌制品抗菌性能的检测与评价》中90%的技术性能指标，达到目前国内抗菌材料的最好水平，为建筑门窗构筑一道健康、环保的屏障；

(5) 2003年依据通体彩色门窗在工程中普遍出现变色问题，研究了通体彩色型材配方和工艺，提出了改进技术方案。生产的通体彩色型材，分别通过了国家化学建筑材料测试中心4000～6000h检验。采用该方法生产的塑料门窗安装在广州大学城美术学院建筑工程上，至今将近十年时间，依然完好如初；实践证明：通体彩色型材的耐候性能不仅和配方中的抗老化助剂类别与剂量有关，也和色母料原料结构及色系相关。具体问题要具体分析，不能一概而论。给生产通体彩色型材企业提供了指导技术理论，破解了通体彩色型材不耐老化的禁区；

(6) 2004年针对深圳地区地处沿海，天气炎热，多雷暴雨，风压高的气候特征与多高层建筑等特点，对型材断面与内筋结构进行优化组合，设计的型材断面比同类别、同规格型材惯性矩与抗风压性能提高50%左右，同时在密封上采用增强措施，在配方上按照“新国标”性能指标进行研制与调试，生产的型材具备“抗老化、抗风压性能高、密封性好”三大技术优势，通过国家化学建材质量测试中心“新国标”质量抽查检验，老化指标达6000小时，并通过深圳市科技成果鉴定，评定为适应于沿海地区使用的科技成果；被深圳市建设局列为2004年～2007年科技成果推广转化项目，被中国化工报、中国建材报、中国建筑报、“建筑门窗幕墙与设备”等七家报纸、杂志与十多家网站争相报道；

(7) 2004年原料大幅度涨价情况下，采用国产原料取代进口原料，用CPE/ACR混合抗冲或CPE抗冲改性剂取代 ACR 抗冲改性剂并依据无机粉体改进技术和刚性增韧原理，研究了碳酸钙最佳添加量，在型材质量不变情况下，有效降低了配方成本；

(8) 依据目前世界各国对环境保护的重视，2005 年在企业开始研制钙锌环保型材，经国家化学建筑材料测试中心检验，经国家化学建材测试中心检验，含铅量仅 4.2mg，远远高于美国、日本、欧盟技术标准，达国际先进水平。并以《顺嘉牌抗菌、无铅塑料异型材面市》、《深圳顺嘉牌塑料异型材与门窗荣获中国绿色环保称号》、《顺嘉牌塑料异型材达到国际塑料制品最先进无铅标准》为题，在《建筑门窗、幕墙与设备》、《塑料异型材》、《门窗与幕墙 》等杂志进行宣传报道；2008 年所在企业又和美国克里斯多建材公司合作，作为其在山东生产基地，生产有机锡型材。在此期间研究了有机锡型材生产润滑优化平衡和析出问题，提高了型材质量性能，保障了生产正常进行

(9) 2008 年依据一些中小企业生产型材普遍存在的质量问题，通过配方，工艺，设备，模具等系统优化平衡研究，破解了诸多被人忽视的技术盲点和误区，并随我国生产的挤出机螺杆结构改进，通过优化工艺实践，在挤出机、合流芯、模具、螺杆等各段温度、挤出和给料速度、牵引速度等工艺参数上，提出一系列设定和控制标准。为企业产品"提质降本"进行了有益尝试和探讨，提供了指导企业生产实践的新思。

(10) 2008 年依据国家塑料异型材和门窗"新标准"，系统研究了型材各项性能在门窗中作用及相互影响因素，揭示了塑料异型材配方、随国家"标准"变迁、制品质量性能演变轨迹，理顺了拉伸冲击、简支梁冲击、低温落锤冲击与焊接性能之间辩证关系，破解了配方中碳酸钙剂量影响和制约制品韧性指标和焊接性能症结所在，消除了行业当前普遍存在的认识误区，对推动行业技术进步有促进作用。随后又站在行业的高度，依据金鹏等企业快速发展的经验和一些企业经营失败的教训，研究了采用各类不同配方生产企业的现状，存在问题和发展方趋势，为中小企业提供了配方改进的思路、方向、基准和依据；

(11) 2008 年依据一些企业生产的型材在山西煤炭污染和甘肃、宁夏等高紫外线辐射地区，发生塑料门窗短期内变色问题，引进国外抗高污染和抗紫外线原料助剂，在配方成本增加不多条件下，有效解决了煤炭污染和高紫外线辐射问题；

(12) 2009 年依据一些中小企业生产的型材存在不同质量缺陷，除配方、工艺等原因外，主要和模具相关，为提高产品质量，制定了模具设计、调试、验收工作程序和标准，从源头上，为保证产品质量奠定了基础条件；

(13) 2009 年依据我国还有相当一部分严寒地区最冷月温度在零下 18℃ 左右，按型材新标准检验，抗冲性能达标的塑料异型材依然存在冲击和焊缝破裂风险，研制了高耐冲击型材配方，为高寒地区生产型材提供了有独特优势的塑料异型材新品；

(14) 迄今我国目前已把 PVC 低发泡大型板材等确定为国家级高新技术产品，在交通运输业、建筑装潢业、广告业、化工业防腐工程、运动器材、养殖用材、海滨防潮设施等领域得到广泛推广应用，在未来 50 年里没有其他的类似材料能代替。2008 年建议所在企业开发、研制结皮发泡塑料板材并实施。通过生产实践研究了影响产品质量和生产成本的泡孔、密度、平整度等一系列问题，制定了一整套防范和处理技术措施，保证了生产正常进行；

(15) 标准是企业从事生产型材和门窗的依据，也是衡量企业技术水平高低的依据，作为一个技术人员，从事技术研究，必须首先研究"标准"，并以"标准"作为技术研究的准绳。自 2004 年型材"新标准"颁发后，先后研究解读了型材"新国标"、塑料门窗"新国标"、彩色塑料门窗"新国标"、塑料门窗技术规程等，并分别发表《新国家标准对塑料异型材性能分类的意义》、《塑料异型材受压弯曲应力计算》、《解读与评介塑料门窗新标准》、《塑料异型材可焊性与塑料门窗最大焊接力分析》、《关于塑窗杆件装配钢衬条件与风压计算的有关问题的讨论》、《质疑按风压划分门窗档次和有关最低风压的规定》、《解读建设部公示"十一五"推广应用和限制禁止使用技术》、《塑料门窗焊接性能改进的现实意义》、《解读彩色塑料门窗新标准》、《学习和解读塑料门窗技术规程》等系列文章。为企业学习、理解与执行新标准，生产和制作优质塑料异型材和门窗，并正确、快捷检测型材和门窗质量提供理论依据，也为有关标准和政策的修订提供了理论依据；

(16) 预测行业发展趋势，分析当前行业和企业生产和销售方面存在问题，自 2004 年开始分别撰写了《塑料异型材与门窗行业发展趋势述评》、《建筑节能与塑料门窗》、《广东地区塑料门窗发展态势分析》、《塑料门窗在沿海炎热地区应用性能研究》《门窗节能和玻璃》、《塑料门窗"供大于求"分析》、《如何解决建筑节能方面的几个问题》等系列文章。中国化工报记者曾以采访形式，分别撰写《新标准带来市场新变化 – 访中国塑料异型材专委会专家顾问 – 杨忠久》、《塑料门窗进入多样化新时代 – 访中国塑料

异型材专委会专家顾问－杨忠久》《塑料异型材必须走环保之路－访中国塑料异型材专委会专家顾问－杨忠久》等报道，刊登在《中国化工报》及联合国、雷鸟等几十个国内外著名网站，为行业与企业积极开拓消费市场，制定发展规划，提供了第一手参考资料。

杨飞虎

1974年4月30日生于辽宁省朝阳市，现任大连实德集团有限公司研究院院长，实德集团副总工程师。1999年7月杨飞虎同志毕业于大连理工大学高分子材料化工专业，毕业后即加盟大连实德集团有限公司，一直从事PVC门窗型材方面的技术、质量和研发方面工作，并时刻关注全球PVC门窗行业发展、研究动态和最新研究成果。杨飞虎同志目前同时是中国塑料工业协会专家组成员，美国门窗行业协会、法国门窗实验室专家组成员，在PVC型材的材料配方、质量管理和新产品开发方面有着深刻理解，取得15项专利，参与制订20余项美国门窗标准。

大连实德集团研究院做为全球PVC型材行业顶级研究机构，从原材料、型材工艺配方、型材制品性能、门窗设计、门窗性能测试等方面进行深入研究并取得丰硕成果。实德研究院目前是国家建设部化学建材产业化示范基地、国家人事部设立的企业博士后科研工作站、辽宁省企业技术中心、辽宁省工程技术中心、美国AAMA、法国CSTB联合实验室。杨飞虎带领其技术、质量、研发团队进行型材多领域课题研究，并承担着国家、省市和国外型材行业的关键课题研究工作。

实德型材在这样强大的技术质量支撑下誉满全球，先后获得ISO9001质量体系认证、中国免检、中国驰名商标、中国环境标志产品认证、美国AAMA认证、法国CSTB认证、俄罗斯GOST认证、德国SKZ认证、日本防火认证。在进行这些产品技术许可认证过程中，杨飞虎带领研究团队深入研究全球代表性地区的标准和产品应用技术，重点对欧洲、北美、日本、东南亚地区进行深入研究，通过设计差异的配方体系和特殊的型材断面体系满足这些地区的要求。经过努力获得了这些地区的权威技术质量许可。为实德型材畅销全球打下了扎实基础。

实德型材以其精雕细琢的品质和丰厚的技术内涵畅销全球，实德型材产业因此而飞速发展。目前在全国布局8个生产基地，分别在辽宁大连、吉林榆树、天津、河南漯河、江西安义、浙江嘉兴、四川成都、宁夏银川，年产能900kt。

大连实德集团做为行业领军企业，在型材技术始终上走在世界前列，杨飞虎带领其研究团队通过大连实德集团产业平台第一时间向客户提供最新、最优质产品，赢得客户满意，加快企业发展，促进行业持续健康发展。

（中国塑料加工工业协会异型材及门窗制品专业委员会　王存吉）

注 塑 制 品

【行业现状】

回顾“十一五”期间轻工行业注塑制品生产经营情况

根据不完全统计，“十一五”全国轻工注塑制品行业二十三家主要生产企业完成总产量247330t，其中周转箱产量136583t，汽车配件产量52447t，家电配件产量5963t，日用制品产量4268t，其他制品49515t。完成工业总产值565105万元，实现销售收入595597万元，利润21826万元。同比“十五”期间，周转箱产量增长21%，汽车配件产量增长52%，“十一五”期间产值年平均增长率7.1%，周转箱产量约占全国产量五分之二，汽车配件(注塑件)约占全国产量十分之一。圆满完成“十一五”经济社会发展目标任务。

“十一五”轻工行业注塑制品主要经济指标汇总表(注塑专委会)

年　份		2006	2007	2008	2009	2010	年平均增长率/%
工业总产量/t		47915	51727	48550	47264	51874	2
其中	周转箱/t	25487	29564	25779	27780	27973	2.3
	汽车配件/t	8944	8292	8320	12795	14096	12
	日用制品/t	904	430	646	604	1684	16.8
	家电配件/t	1824	950	580	1074	1535	－4.2
	其他制品/t	7573	10563	11637	12222	7520	0
工业总产值/万元		99708	103984	105030	125206	131177	7.1

续表

年　份	2006	2007	2008	2009	2010	年平均增长率/%
销售收入/万元	108984	113177	115222	126577	131637	4.8
利润/万元	4146	3574	1931	5565	6610	12.3

备注："十一五"期间轻工行业注塑制品原注塑制品专委会二十余家成员单位因行业自身生产经营需要改制(改组)、破产退出注塑制品生产行列。

"十一五"期间全国轻工行业注塑制品主要企业产能情况

在"十一五"期间浙江远翅控股集团有限公司销售收入累计20.7亿元，利润累计1亿元，汽车配件产量累计32kt名列首位；哈尔滨哈轻塑胶有限公司销售收入累计5.6亿元，利润累计3134万元，汽车配件产量累计12kt名列第二名；苏州富事达塑业有限公司销售收入累计5.4亿元，汽车配件产量累计4844万吨名列第三位；无锡市巨龙塑化有限公司销售收入累计4.4亿元名列第四位，利润累计2726万元，名列第三位，周转箱产量累计22kt，名列第一位；佛山顺德大良塑料二厂有限公司销售收入累计3.6亿元，名列第五位，周转箱产量累计21kt，名列第二位；天津津英达塑料制品有限公司销售收入累计3.6亿，名列第六位，利润累计2296万元，名列第四位。上述企业销售收入占行业的70%，利润占行业85%，周转箱产量占行业42%，汽车配件产量三家企业几乎垄断行业汽车配件产量。

"十一五"期间全国轻工行业周转箱产量(1~5名)统计表　　t

名　次	年　份	2006	2007	2008	2009	2010	合　计
1	无锡市巨龙塑化有限公司	3918	3925	4401	4981	4922	22147
2	佛山顺德大良塑料二厂有限公司	3400	3983	4236	4618	5454	21691
3	杭州万里塑胶有限公司	3794	5032	3208	2841	2686	17561
4	苏州富士达塑业有限公司	2139	2837	2257	2542	3811	13586
5	烟台一塑科技发展有限公司	2078	2500	2400	2000	2400	11378

"十一五"期间全国轻工行业汽车配件产量(1~5名)统计表　　t

名　次	年　份	2006	2007	2008	2009	2010	合　计
1	浙江远翅控股集团有限公司	3401	4547	5427	8385	10206	31966
2	哈尔滨哈轻塑料有限公司	2041	2227	2039	2737	2744	11788
3	苏州富士达塑业有限公司	1140	1300	614	940	850	4844
4	义务一切塑料有限公司	120	130	160	168	223	801
5	昆明民族塑料有限公司	112	80	78	115	69	454

"十一五"期间全国轻工行业注塑制品销售收入(1~6名)统计表　　万元

名　次	年　份	2006	2007	2008	2009	2010	合　计
1	浙江远翅控股集团有限公司	27904	35864	35449	50299	57560	207076
2	哈尔滨哈轻塑料有限公司	11223	10234	11131	12793	11328	56749
3	苏州富士达塑业有限公司	9880	10779	10096	12590	11256	54601
4	无锡市巨龙塑化有限公司	7806	8064	9148	8483	10413	43914
5	佛山顺德大良塑料二厂有限公司	6427	7242	7387	6860	8236	36152
6	天津津英达塑料制品有限公司	7500	.6000	8796	5376	8209	35881

"十一五"期间全国轻工注塑制品行业利润(1~6名)统计表　　万元

名　次	年　份	2006	2007	2008	2009	2010	合计
1	浙江远翅控股集团有限公司	722	1812	504	3394	4023	10455
2	哈尔滨哈轻塑料有限公司	1069	506	602	370	587	3134
3	无锡市巨龙塑化有限公司	407	426	487	797	573	2726
4	天津津英达塑料制品有限公司	941	660	385	49	261	2296
5	威海市威鹰塑胶有限公司	151	314	-5	289	385	1134
6	苏州富士达塑业有限公司	33	54	57	563	162	869

2010年行业生产经营情况

2010年是“十一五”规划收官之年，我们和全国塑料加工同行一道战胜全球金融危机，不畏艰难、抓住机遇、开拓进取、扎实工作、不断开创注塑行业科学发展的新局面，注塑制品行业，经济运行状况良好，增长势头不减，发展潜力扩大。

根据中国塑协注塑专委会2010年全国轻工注塑制品行业企业技术经济指标汇总分析，行业二十五家企业完成工业总产值13.1亿元。其中周转箱产值3.8亿元；汽车配件产值5.2亿元；家电配件产值0.27亿元；日用制品产值0.19亿元；其他制品产值2.7亿元。同比工业总产值增长12%。其中周转箱增长6.7%；汽车配件增长9.1%；家电配件增长17.8%；日用制品增长63.3%；其他制品增长7.5%。完成工业总产量51874t。其中周转箱产量27973t；汽车配件产量14096t；家电配件产量1535t；日用制品产量1684t；其他制品产量7520t。同比工业总产量增长9.7%。周转箱产量增长7%；汽车配件产量增长13.1%；家电配件产量增长41.6%；日用制品产量增长53.5%；其他制品产量增长7.2%。工业增加值2.45亿元，同比增长4.6%。固定资产净值平均余额7.77亿元，同比增长4.9%。2010年行业完成产品销售收入13.2亿元，完成利润6610万元。同比销售收入增长14.4%，利润增长16.1%。行业中8家企业销售收入超5000万元，利润超百万元，行业亏损企业3家，亏损额122万元。行业职工平均人数3946人，同比增长6.6%，行业职工年平均收入19505元/人，同比增加1186元/人。

【行业重点企业产能】

2010年度全国轻工注塑制品行业企业完成技经指标实绩排行榜(1~10名)

排行名次	销售收入/万元	实现利润/万元	工业总产值/万元	工业总产量/t	
				总产量/t	其中：周转箱产量/t
1	浙江远翅控股集团有限公司57560	浙江远翅控股集团有限公司4023	浙江远翅控股集团有限公司55296	浙江远翅控股集团有限公司11156	顺德大良塑料二厂有限公司5454
2	哈尔滨哈轻塑胶有限公司11328	哈尔滨哈轻塑胶有限公司587	哈尔滨哈轻塑胶有限公司13392	顺德大良塑料二厂有限公司6818	无锡市巨龙塑化有限公司4922
3	苏州富事达塑业有限公司11256	无锡市巨龙塑化有限公司573	苏州富事达塑业有限公司13082	苏州富事达塑业有限公司5830	苏州富事达塑业有限公司3811
4	无锡市巨龙塑化有限公司10413	威海市海鹰塑胶有限公司385	顺德大良塑料二厂有限公司8418	无锡市巨龙塑化有限公司5324	杭州万里塑胶有限公司2686
5	顺德大良塑料二厂有限公司8236	顺德大良塑料二厂有限公司318	天津市津英达塑料制品有限公司7722	威海市海鹰塑胶有限公司3919	烟台一塑科技发展有限公司2400
6	天津市津英达塑料制品有限公司8209	天津市津英达塑料制品有限公司261	威海市海鹰塑胶有限公司6500	哈尔滨哈轻塑胶有限公司3321	威海市海鹰塑胶有限公司2177
7	威海市海鹰塑胶有限公司4569	苏州富事达塑业有限公司162	无锡市巨龙塑化有限公司6133	杭州万里塑胶有限公司2941	山西晋特塑料制品有限公司1500
8	杭州万里塑胶有限公司3807	山西晋特塑料制品有限公司100	杭州万里塑胶有限公司3737	烟台一塑科技发展有限公司2400	新疆珠江塑料有限公司1114
9	四川广汉锐星塑胶有限公司3587	杭州万里塑胶有限公司84	四川广汉锐星塑胶有限公司3620	四川广汉锐星塑胶有限公司2378	大连七塑塑料有限公司1102
10	烟台一塑科技发展有限公司3057	大连七塑塑料有限公司60	烟台一塑科技发展有限公司2880	昆明市民族塑料化工有限公司1535	西安弘涛塑业有限公司930

【专委会活动】

一、在编写《2009-2011年注塑制品行业振兴规划》的基础上，组织专业力量，尤其在正、副理事长单位的大力支持下，从“国内外现状、发展目标、措施建议、申报项目”四大专题，圆满撰写完成“中国塑协注塑制品行业第十二个五年规划(初稿)”任务，及时上报中国塑协主管部门，为编制中国塑料工业十二五规划提供资料。

二、加强与国外先进组织的交流，掌握国际前沿技术，提升行业的科学技术整体水平。

引进国外先进技术，缩短与国际先进水平的差距是注塑专委会坚持不懈努力做好的一项工作，今年专委会推荐行业有条件的企业参加由中国塑协专家委员会组织的“赴德国杜赛尔多夫国际橡塑展(K展)”，同时考察欧洲各国的塑料企业，取得积极成果。

三、积极协助中国塑协专家委员会做好专家组成员推荐和换届工作。根据中塑专家(2010)第4号《关于召开2010年塑料先进制造技术产业论坛》的通知内容要求，专委会在原来专家组成员基础上积极动员有条件的成员单位参加专家组，做好申请资料上表，同时按要求上报专家成员单位经济技术指标的统计资料。

四、做好行业基础经济信息交流平台建设。

1. 坚持做好一年一度全行业经济技术指标的统计汇总，交流发行到各成员单位；

2. 继续做好《中国塑协注塑专委会通讯》出版发行工作；

3. 每年组织有关人员编写《中国塑料工业年鉴》注塑制品章节，宣传扩大注塑行业在国内外塑料行业的影响力以及注塑产业在国民经济中的地位和作用。

五、认真做好中国塑协布置的各项工作，协助协会各职能部门开展工作。例如：产品质量标准，产品创优，市场调查决策咨询，技术信息交流等；配合兄弟行业和上、下游行业的产业调查、技术咨询、大型展览会等活动；支持帮助成员单位申报地方驰名商标、先进企业、专项创优等工作，提供信息资料、发挥行业优势，提高专委会的公信力。

六、根据理事会的布置，五月份在无锡市召开注塑专委会理事长会议。会议传达贯彻中国塑协五届五次理事会扩大会议精神，商定2010年专委会的各项活动内容。会议审定注塑专委会秘书处编写的《注塑行业十二五规划》草案。

中国塑协注塑制品专业委员会理事长单位

2010年中国塑料行业先进单位

无锡市巨龙塑化有限公司(原无锡市塑料一厂)，始建于1956年，半个世纪以来，公司从小到大，从生产塑料发夹、鞋底等日用小商品，发展形成拥有国内外先进80g至20000g注塑机群、塑料制品年加工能力8000t的专业化公司。年生产销售200万只/4922t八个系列，一百多个品种规格塑料周转箱，系列大型塑料托盘和配套生产汽车、家电、电子、电器塑料配件以及高新技术工程塑料制品。获得上海大众、一汽集团、美的、小天鹅、春兰、松下等配套企业的好评。公司现有员工二百五十余人，其中工程技术人员占17%。有一支文化水平高、技术管理好、团结求实、创新高效的员工队伍。产品荣获国家银奖质量，公司于1998年通过ISO9000质量认证。

公司引进建立注塑模具CAD辅助设计系统和CAD/CAM模具加工中心，模具设计制造能力达到国内模具行业的先进水平。

公司是中国塑料加工行业的骨干单位。1990年被列为中国轻工总会和江苏省重点企业，1994年以来连续被评为江苏省明星企业。1990年以来一直担任中国塑料加工工业协会注塑制品专业委员会理事长和中国包协塑料制品的包装委员会箱包组组长的职务。是两个行业组织的所在驻地，为行业发展作出贡献，评为“中国塑协优秀专委会”、“2009年度中国塑料行业先进单位”。

中国塑协注塑制品专业委员会副理事长单位

2010年中国塑料行业先进单位

杭州万里塑胶有限公司是专业生产各种塑料制品的中型企业。现为中国塑料加工工业协会注塑制品专业委员会副理事长单位，浙江省塑料工业协会理事单位。公司地处杭州莫干山路方家塘路，紧邻杭州汽车北站，交通十分便利。公司拥有固定资产原值2882万元，土地面积22582m^2，建筑面积13573m^2，职工人数170人，其中各类专业技术人员59人。公司有从45g到6300g注塑机和从Φ45到Φ150的挤出机等塑料加工专用设备23台(套)，塑料制品年生产能力8930t。各种塑料烫金、印刷、制版、加工辅助设备6台(套)。各种塑料性能检测和产品检测设备18台(套)。各种金加工设备15台(套)。

2010年公司工业总产值3800万元，塑料制品总产量3000吨，产品销售收入3800万元，实现利税300万元。主要产品有24瓶啤酒箱、12瓶啤酒箱、食品周转箱、饮料周转箱、活塞专用周转箱、扑克专用周转箱、各种规格的通用周转箱和多种规格的异型周转箱、周转筐等；各种规格的高发泡聚乙烯(EPE)片材、复合片材、管材、棒材；各种汽车和工业配套件；高档家电塑料件；中空制品和日用塑料制品等500余种。为杭州松下电器公司、可口可乐公司和南京依维柯汽车有限公司指定塑料制品合格供应厂家。

公司质量检测手段齐全，质量管理体系完善，取得由“万泰认证”颁发的ISO9001:2000《质量管理体系》认证证书和ISO14001:2004《环境管理体系》认证证书。公司生产的产品在历年国家、省、市质量监督检查中所有指标全部合格，其中塑料饮料周转箱和食品周转箱多次被评为轻工部优质产品和浙江省优质产品。公司的“万里”商标是杭州市著名商标。公司信用等级AAA级。

公司十分重视技术进步和产品开发。近年来，公司加快设备更新换代，引进了6台全电脑控制的塑料注塑成型机。2006年公司开发了符合现代商业概念的塑料周转箱和工业专用周转箱6只，汽车工业和其他工业新产品2只。这些产品进入市场后，深受用户欢迎，并取得了很好的社会效益和经济效益。

公司努力按社会主义市场经济要求完善内部管理，建立灵活、快速、以人为本的反应机制，提高生产效率，降低生产成本，提高产品质量，提供优质服务、增加经济效益。公司将积极努力加强与大专院校和科研单位的联合；重视和完善信息交流工作、完善公司网络平台；积极引进先进技术、加大技术投入、引进各类人才；不断调整产品结构、努力向高科技含量、高附加值、产品深加工和精加工的方向发展；积极寻求与社会各方面、多层次、多方位、多种形式的合作；为用户提供更加优质的多种类型的服务，真正使公司成为用户可信任的朋友。

中国塑协注塑制品专业委员会副理事长单位

2010年中国塑料行业先进单位

浙江远翅控股集团有限公司总部位于杭州萧山，总资产5.5亿元，现有员工1600人。下设昌河远翅、重庆远翅、柳州远翅、南京远翅、九江远翅、哈尔滨远翅和浙江公司七家全资和控股子公司。总占地面积20.30万平方米，建筑面积10.4万平方米。

浙江远翅控股集团有限公司是国内最早研制、开发、配套生产汽车仪表板、保险杠、方向盘等汽车塑料零部件的企业之一，是“九五”国家重点扶持和发展的300家汽车零部件企业之一。2010年共计生产汽车仪表板102万套，保险杠83万支、门板45万块、方向盘21.5万只，年生产能力达15000t，集团完成销售5.8亿元。2009、2010年连续两年入“中国机械行业500强”。远翅产品为杭州名牌产品，远翅商标为浙江省驰名商标，远翅技术中心为浙江省级技术中心，2005年浙江远翅被评为省科技创新优秀单位。2006年首次通过ISO/TS16949质量管理体系认证。

浙江远翅控股集团目前产品的主要工艺有：注塑、发泡、吹塑、热成型、热压、涂装、包皮，水转印、塑料焊接、冲压及其他机加工等。

集团现有1100t/7000g，3300t/28000g特大型注塑机16台，拥有中小型精密注塑机65台，PU高压发泡机组4台、中央吹塑机8台，有轿车保险杠喷涂流水线6条，微车保险杠喷涂生产线7条。

集团新品开发投入占公司全年销售额的5%左右。主要产品有汽车仪表板、保险杠、方向盘(硬、软包皮及桃木纹)、门内板等汽车内外饰件。主要配套车型有轿车、微型车、商务车、轻卡、大客车、重型车等。主要客户有一汽、东风、长安汽车、长安福特、昌河铃木、哈飞汽车、上汽通用五菱、福田汽车、南汽、西沃、重汽、江铃汽车、普美驾驶室等。

随着公司发展战略需要，集团在南京、柳州、景德镇、九江、重庆、哈尔滨等地建立了子公司，构建30分钟配套服务圈。为主机厂提供模块化、准时制供货服务，逐步走上汽车塑料产业化的发展之路。

中国塑协注塑制品专业委员会副理事长单位

2010年中国塑料行业先进单位

苏州工业园区富事达塑业有限责任公司(苏州塑料一厂)专业生产工程注塑制品、波纹管、片板材和改性材料，积累了50年的塑料加工专业技术经验。是江苏省高新技术企业，拥有自营进出口权，名列国家统计局公布的中国塑料加工企业的前列。

公司现有员工250人，各类专业技术人员100多人，工厂占地面积3.7万平方米，建筑面积2.5万平方米，固定资产3900万元。注塑生产基地位于苏州工业园区，挤出生产基地位于相城区。

追求质量零缺陷，满足并超越顾客的期望，是我们孜孜以求的目标，也是公司持续发展的基石之一。目前已通过了TUV公司的ISO9001：2000、DVA6.1、QS9000的质量体系认证，2006年完成TS16949体系的转变。

公司实验室拥有研究分析测试设备近40台(套)，能按ISO、DIN、ASTM、GB等标准进行塑料理化性能测试。目前实验室通过了CMA认证，并被授权为江苏省塑料质量监督检测站苏州分站。

公司注重新品开发能力提升，引进了美国UG公司的CAD/CAM/CAE，实现了设计无纸化，成型过程演示化，制模程序电脑化。同时不断完善创新机制，加入新品开发投入力度。特别是加强特种工程塑料制品的开发。研究所被批准为苏州市工程塑料应用和开发技术中心，是首批市政府批准的10家技术中心之一。

企业将逐步建成在工程塑料行业中规模适度、技术领先、管理先进、装备精良、员工优秀、产品适销，拥有自身核心竞争力众多比较优势的塑料加工企业，办成一个蕴含公司经营哲学及企业文化有相当个性特点的优秀企业。

中国塑协注塑制品专业委员会副理事长单位

2009年中国塑料行业先进单位

天津市塑料制品模具厂建于1965年1月，是国内著名的注塑机加工专业厂和塑料模具制造专业厂。现任中国模协理事长单位和中国塑料加工工业协会注塑制品专业委员会副理事长单位，中国包协塑料制品包装会箱包组副理事长单位。主要生产经营注塑、挤出、模具制造三大产品系列。

本厂是在七十年代全国最早生产塑料周转箱的厂家，“冰山”牌塑料周转箱系列产品曾多次荣获市级及国家级优质产品称号。

本厂开发的塑料保温箱属于专利产品，这项产品的开发，当时填补了国内空白。多年来为本厂创造了稳定的经济效益，目前我们正致力于将该产品规格化、系列化。

近年来，本厂致力于外向型发展，在站稳内地市场的同时，我们积极拓展国外市场，通过各种渠道，与国外客户接洽，相继开发了晒鱼盘及大型花盆两项产品，在产品开发研制过程中，倾注了全体职工大量心血，使产品顺利进入国外市场，并为本厂争取了长年订单，成为我厂新的经济增长点。

天津市塑料制品模具厂完成改制，更名为天津市永濠天塑塑料制品有限公司。改制后我们计划在原设备基础上重新购置设备1600t、1100t、650t注塑机，继续开发汽车配件、电动自行车配件，抓住开发滨海新区的机遇，开发大型捕捞容器。渔业配套设施。

中国塑协注塑制品专业委员会理事会单位

天津市津英达塑料制品有限责任公司是1995年天津钢管公司和汉沽春光塑料厂合资组建的联营企业，是中国塑料加工协会会员单位，2009年中国塑料行业先进单位，主要产品是石油套管、油管用钢塑螺纹保护器。

公司位于天津市汉沽区东风北路，占地面积14869.3m^2，厂房占地10880.43m^2，办公楼及附属设施占地459.81m^2，公司现有员工400多名，科技人员15名。

目前公司总资产6000万元，投入巨资进行基础建设，更新全部生产设备，选用世界先进水平的德国DEMAG和日本全电脑控制系统注塑机，从125-3600T不同型号22台，45T-200T液压机9台，CNC数控机床20余台，还拥有模具加工的全套设备，车、铣、刨、磨、钻床、线切割等共计15台，使用的中小型模具完全由企业自行设计制作。有一条金属喷涂生产线，能完成各种金属件的表面涂层处理。

本公司已于2000年通过了ISO9001/2000版国际质量体系认证，2003年公司获取了中华人民共和国进出口企业资格证书。

十几年来，我们自行开发研制了螺纹保护器10大系列300多个品种，填补了多项国内外同类产品的空白，其中有16种产品获得国家发明专利，并有几项产品多次荣获国际大奖。

2009年，完成工业总产值7350万元，年实现利税400万元，被命名为纳税大户，为了促进企业的发展，适应市场的需求，我们确立了以钢管公司为依托，开发自己的产品，开拓广阔的塑料制品市场的经营思路，于是我们在2003年5月份又与天津钢管公司组建了鑫广塑料制品有限责任公司(劳服企业)，投资920万元，主要生产塑料托盘，目前已开发了10种不同规格的托盘，同时还开发了不同规格的卫生垃圾桶以及家电、汽车配件等产品的制造。其中塑料托盘先后开辟了工业、医药、食品等行业的市场。

2006年4月份又组建了广达石油制管有限公司，投资1500万元，主要生产石油套管和油管用接箍，目前正在准备开发二期工程，到今年11月底二期工程正式投入生产，生产产品最大规格为20″，生产能力为60万只/年.

目前，公司塑料制品市场在不断的开拓，产品品种在不断的增加。产品不仅仅局限于螺纹保护器、塑料托盘和垃圾桶，还逐步向家电和汽车配件等产品发展，这就要求我们对新产品、新设备、新技术和新原料有更近一步的了解和学习，尤其是在原料的改性方面我们还有一定的欠缺，所以公司领导决定将以下三个方面作为首要的技术攻关点；一是：新型原材料的使用与改性助剂的选择，二是：新型的注塑工艺，三是：塑模设计、制作及试模结果检验水平的提高。

公司奉行“追求科学管理，坚持质量第一，满足客户需求”的质量方针，视产品质量为生命，不断融合国内外先进的质量方针和技术手段，产品质量的可靠性和稳定性得到充分的保障，公司现有专业质量管理人员20名，从班组操作工开始层层把关，形成立体的质量管理体系，确保产品出厂合格率为100%。

几年来，津英达塑料制品有限责任公司被评为国家级“守合同、重信用”单位，被市政府命名为“优秀企业”“三星级企业”“明星企业”，被市精神文明办命名为“精神文明单位”，被市总工会命名为“十五”立功先进单位，被评为区级“绿色企业”。

中国塑协注塑制品专业委员会理事会单位

哈尔滨哈轻塑胶有限公司，国有控股企业。黑龙江省从事塑料成型加工的龙头企业，注册资本6252万元，是黑龙江省内最大的汽车塑料零部件系统供应商，是哈飞汽车、东安动力、奇瑞汽车等公司的重要零部件供应商。已从原生产单一的电器附件小厂，发展成为生产多品种，涉及多领域的综合性塑料加工企业。注塑加工制品注塑量从 100g 到 50000g 成系列配套，注塑锁模力 80t 至 4000t，年注塑加工能力 18000t。

公司员工总数 424 人，退休职工 323 人。现有专业技术人员 103 人(高级专业技术人员 10 人，中级专业技术人员 31 人，初级专业技术人员 62 人)，占在岗员工总数的 23%；公司为提高产品研发能力和强化质量保证体系，近年已培养一批能够熟练应用 AUTOCAD 软件、PRO/ECATIA/UG 软件，从事产品三维设计的研发队伍，在研发手段，技术技能，实验检测，经验积累，工作流程方面基本与国外先进国家同步，并拥有专利多项。

公司目前资产总额 19799 万元，净资产 13491 万元。2010 年度公司实现各项经济指标如下：

(1) 销售收入 11328 万元，在全国轻工注塑制品行业经济指标销售收入排名第二位；

(2) 实现利润 588 万元，在全国轻工注塑制品行业经济指标排名第二位；

(3) 工业总产值 13392 万元，在全国轻工注塑制品行业经济指标排名第二位；

近几年获得荣誉及体系认证情况

(1) 公司曾荣获哈尔滨市第二十八届、第二十九届、第三十届劳模大会“先进单位”、“先进集体”称号；

(2) 2008 年公司被评为黑龙江省企业技术中心及哈尔滨市第一 批企业技术中心；

(3) 荣获 2007 年黑龙江省和谐劳动关系优秀企业称号；

(4) 荣获 2004 年哈尔滨市纳税 A 级企业称号；

(5) 企业连续十几年荣获哈尔滨市“守信用、重合同”优秀企业称号；

(6) 1999 年通过 ISO9002：1994 版国际质量管理体系认证；

(7) 2003 年 10 月又通 ISO9001：2000 版国际质量管理体系换版认证；

(8) 2006 年 6 月通过 ISO/TS16949 认证；

(9) 2006 年 12 月通过 3C 认证；

(10) 2009 年 9 月，企业获得黑龙江省注塑行业唯一一家“高新技术企业”称号。

公司主要产品有八大类：

类别	产品系列	产品名称
第一类	汽车内外饰件装饰件	仪表盘、同色保险杠、门内护板、门槛立柱类
第二类	塑料物流产品	注塑叉车托盘、各种塑料周转箱、环保卫生清洁箱

续表

类别	产品系列	产品名称
第三类	塑料防护用品	塑料安全帽、防护箱等
第四类	日用塑料小商品	塑料盆、塑料桶、整理箱
第五类	塑料材料共混改性	聚丙烯、ABS
第六类	挤出成型产品	双壁波纹管、大口径缠绕排水管、异型材
第七类	墙体保温材料	XPS 保温板
第八类	电器附件	灯头、开关、排插

企业始终秉承“注入新理念，塑出好品质”的企业文化，即以好的人品，注塑出好的产品、乃至精品。企业始终坚持以发展为宗旨，以经济效益为中心，以市场为导向，以科技为动力，不断推动企业向更高的目标迈进。

中国塑协注塑制品专业委员会理事会单位

佛山市顺德区大良塑料二厂有限公司始建于 1972 年，是一个综合性的塑料制品加工企业，主要生产大、中型的系列塑料周转箱、周转箩、奶品箱、以及生产大、中型的中空异型制品、各类中空瓶罐制品，并兼生产塑料货架及出口钢塑制品。2009 年中国塑料行业先进单位。

本公司是国家塑料制品加工协会始创会员，已获 ISO9001：2000 国际体系认证，同时取得多家知名国际品牌饮料集团的质量认证，在 1984 年已注册使用的“高山”牌商标在客户中有很高的认知度，企业拥有稳定的客源。

公司占地 2 万平方米，其中净空(绿化)面积占 35%，建筑面积 18000 平方米。年产塑料制品 1 万吨以上，生产能力充足，设备先进，技术力量雄厚，能设计和研发具有工艺技术含量高、结构较复杂、质量要求严的模具和塑料制品。

公司以“以人为本，诚信为上”的经营理念和“认真、有序、和谐、进步”的敬业精神，并用环保理念推动企业的发展。厂区内生产、生活配套设施完备，环境优美，员工队伍稳定。各项主要经济指标和技术质量指标连年提高。

公司真诚希望支持塑二公司的客户和同行能给予更多宝贵的意见和建议。以促进公司乃至塑料行业的蓬勃发展。

中国塑协注塑制品专业委员会理事会单位

四川广汉锐星塑胶有限公司是由四川省广汉塑料厂改制成立的塑胶产品和模具制造的民营股份制企业，是中国塑料加工工业协会成员厂，与四川大学、西南科技大学、西南石油大学建立了《产学研实习基地》。

公司位于古蜀文化三星堆遗址发源地——广汉市，距成都30公里，交通运输条件十分便捷。从德国、日本引进的中空容器吹塑生产线，大型注塑机、宽规格塑胶挤出板材和大型热成型机等先进设备，为提供质量稳定优良的塑胶制品奠定了技术装备基础。形成了挤出、吹塑成型、注塑成型和热成型、模具机械制造的产业结构、具有较强竞争能力的综合性塑料加工企业。

公司按照ISO9001:2000《质量管理体系要求》建立的质量保证体系，取得了《食品质量安全许可证》、《危险化学品包装物容器生产许可证》、《出口商品包装质量许可证》，保证了公司产品质量和服务质量的高标准，“鱼跃牌”商标连续多年获得德阳市知名商标称号。

公司产品主要系列有：中空吹塑容器(容积2～200L)、周转箱及日用品、塑料板材(ABS、聚乙烯、聚丙烯)及家电塑料配件等，广泛应用和服务于国民经济各领域。

中国塑协注塑制品专业委员会理事会单位

昆明民族塑料化工有限公司(原昆明民族塑料厂)，属省级先进企业，系集体企业改制重组的有限责任公司，是云南最大的注塑专业厂。现有职工160人，注册资本1228万元，资产总值4500万元。主要设备有日本东芝公司的二万克大型注塑机，日本三菱公司的10000g，日本钢制所4000g等各种中、小型注塑机，年生产能力达7500t。公司已通过ISO9001:2008、GB/T 19001—2008质量体系认证，内部实行微机处理，产品以汽车配件、塑料周转箱、工矿配件为主。微机械制造、农业、啤酒、饮料、烟草、食品、环卫等行业配套服务，公司连续十二年荣获“云南省昆明市重信用、守合同”先进单位，是云南省“放心产品”生产单位，多年被昆明市盘龙区政府授予“纳税先进”单位。随着昆明市现行的城市发展总体规划，为提高城市品质，打造宜居城市，主城区拟实行搬迁改造，进入园区，是企业有条件进行产品结构调整，扩大现有生产规模，加快产业升级换代改造，实现科学发展。为本省经济建设作出了一份贡献。同时公司的知名度也在扩大，品牌效应在强化。

中国塑协注塑制品专业委员会理事会单位

西安泓涛塑业有限公司，2009年中国塑料行业先进单位(原西安市塑料制品四厂)始建于1955年，是由建厂初期的5人刻章小组逐步发展起来的，尤其是近几年来迅速发展，到目前为止，已拥有总资产600万元，2003年产值首次突破1000万元；主要设备已全部更换为先进的电脑控制注射成型机(规格为200t至850t)。主要产品有各类塑料周转箱、工业配件。民用产品三大类，上百个品种，公司的注册商标“丽丽”，“丽丽”牌塑料周转箱在西北地区有较高的知名度，1985年通用周转箱产品获得陕西省优质产品称号；2000年乳制品周转箱系列产品获西安市优秀新产品奖。

近年来，我们凭借自己雄厚的技术力量和先进的设备，不断的开发出适销对路的新品种，使我厂的产品多样化，系列化，满足广大用户的需求。2003年我厂开发新品种十多个(储物、整理系列箱；各种规格的桶产品等)今年计划增加5～10个新品种(工位器具等)。

随着国家对西部政策的倾斜，西部大开发为西部塑料制品包装、储运业提供了更加广阔的发展前景，但市场竞争也会更为激烈，为了更多的占领市场份额，根据目前我厂现实，计划增添1200～2000吨大型注塑机，开发规格较大的周转箱及工业配件。

中国塑协注塑制品专业委员会理事会单位

山西晋特塑料制品有限公司，2009年中国塑料行业先进单位，是在2000年原太原塑料制品三厂和太原塑料模具机械厂合并的基础上成立的塑料制品专业生产企业。现企业占地面积约30亩，其中生产建筑面积10000余平方米。现有职工200余人，其中各类专业技术人员40人。

公司拥有固定资产3000余万元，下设注塑分厂等生产、管理机构，现有主要塑料机械设备20余台，已形成较完善的大型和精密系列注塑产品规模生产线，产品以各类塑料周转箱为主。现已有适用于冷饮、乳制品、禽蛋、蔬菜、水果、肉食、食品及工业专用箱系列和塑料办公用品、酒店餐饮用品和家居用品等系列产品，年综合加工塑料能力达4000余吨。

我公司产品均执行国家标准和企业内控标准，符合国家通用尺度堆码标准，企业采用科学的营销的战略和战术，经过几年的努力，已形成”了一个依托，三个中心“：即以本省为依托，以”环渤海区域的北京为中心，以长江三角洲区域的上海为中心，以珠江三角洲区域的广州为中心“的产品销售网络，产品辐射到全国20余个省、市，在国内同类产品中占有一定的市场份额。

卓越源于品质—作为现代化的企业，我公司愿一如既往的以诚信、卓越的企业理念，追求产品的完美，把产品的品质作为企业的核心竞争力，为社会提供品质更高，服务更好的产品，竭诚欢迎国际、国内客商来人、来电、来函选样订购，并可根据客商的要求，承接各种非标产品的设计加工。

企业地址：山西省太原市大东兴街92号
电　话：0351－4421632
传　真：0351－4431155
邮　编：030013

中国塑协注塑制品专业委员会理事会单位

威海市威鹰塑胶有限公司位于胶东半岛东端威海工业新区苘山镇镇区，是胶东半岛塑料制品种类最全、生产规模较大的生产厂家。始建于1985年，厂区占地100000m²，建筑面积28000m²，拥有固定资产4800万元，是一家致力于挤塑、注塑加工的专业企业，产品涉及汽车、电子、农场、化工等众多领域。公司拥有挤塑设备40余台，员工200多人，是一座大型现代化企业。现已成为国内北方地区最大的仓储物流产品制造商。

工厂拥有一支多年从事产品设计与制造的高级工程师组成的专业设计队伍，多年来工厂以客户的需要为导向，依靠先进的物流技术、科学的管理经验和理念，逐步开发出物流容器、工位器具、仓储设施、搬运设备等四大系列的产品。基本上满足了制造企业生产现场对零配件、半成品、成品以及相关的信息流动达到7R的要求(即：正确的产品、正确的质量、正确的条件、正确的客户、正确的地点、正确的时间和正确的成本)。

威海市威鹰塑胶有限公司是中国注塑制品专业委员会会员厂，连续多年被评为"重合同，守信用"企业，AAA级信誉企业，省级先进企业，全国500家最佳经济效益福利企业，市级文明单位和工业先进企业，并率先在全国同行业获得ISO9001国际质量体系认证。

我们坚持以"追求卓越，执着创新"为宗旨，几年来，公司从专业生产物流箱、管材的基础上新增了农场使用养殖设备、与国外几大客户建立了长期合作关系，并以一流的质量和服务赢得了客户的认可。公司除发展自己的主导产品外还承接各种模具制造及自身加工业务，公司在精密模具设计加工方面实力雄厚、经验丰富。在公司的发展中，已经和韩国、日本、东南亚以及欧美等多家该类业务的贸易公司进行合作配套，为其提供了优质的产品和超值的服务，在业界赢得了一致的肯定。

我们将兢兢业业，提供更优质的产品和更完善的服务，期待与您真诚合作，共同开创美好未来！

中国塑协注塑制品专业委员会理事会单位

烟台一塑科技发展有限公司其前身为烟台塑料一厂，2009年中国塑料行业先进单位，是主要从事塑料注塑制品生产加工的股份制企业，拥有从原料进厂到产品出厂一整套管理体系和质量检测设备。先进的设备、工艺和丰富的生产经验，使企业具备了相当的规模和实力，在全国同行业中享有很高的声誉。

公司以促进塑料行业的发展和为社会作贡献为己任，努力为客户提供高质量服务。一次性通过ISO9000质量体系认证，并取得美国可口可乐、百事可乐公司的严格质量认证，产品远销外蒙古、俄罗斯、韩国等国家，年产量6000吨。公司将依靠设备更新、技术进步，不断提高产品质量，以价格低、质量优、守信用竭诚为广大客户提供优质服务。

厂址：山东省烟台市只楚南路5号
电话：0535－6511121 6532310
传真：0535－6532309
网址：Http：//www. ytyisu. com
E－mail：ytyskj@163169. net

中国塑协注塑制品专业委员会理事会单位

义乌市一切塑料有限公司是专业生产迪风牌发动机配件企业。主要产品有潍柴、重汽、一汽等主机厂配套用发动机冷却风扇及发动机油气分离器等配套产品。同时生产各类工业用工位器具周转箱和民用各类生产用塑料制品。

本公司有三十余年生产历史。拥有国内最先进200～6000g注塑成型机，并通过ISO9000：2001质量认证及TS16949国际汽车质量管理体系认证。2009年中国塑料行业先进单位。

中国塑协注塑制品专业委员会理事会单位

宁波东海塑料有限公司地处浙江宁波东海之滨，是中国塑料加工工业协会注塑制品专业委员会理事单位，专业生产塑料周转箱和工程塑料制品。产品有：液压动力单元用塑料油箱、工程塑料部件、家用电器配件、外贸塑料件、工业配件、日用塑料制品及各种系列塑料周转箱。

公司拥有大、中、小注塑机及塑料制品模具，配有塑料热转印、丝网印刷、热熔塑料焊接等专用设备，能广泛满足塑料加工的各种特殊要求。

公司宗旨"诚信为本，精益求精"，公司理念："用户需求高于一切"，公司产品广销国内外市场。

公司网站：http：//www. nbdhsl. com
　　　　　http：//ccn. mofcom. gov. cn/202379
公司邮箱：dhsl@ nbdhsl. com

中国塑协注塑制品专业委员会理事会单位

新疆珠江塑料有限责任公司是新疆塑料制品行业的综合企业，是新疆区域最具竞争力的塑料制品企业之一。年生产能力23kt。公司注册地址为：乌鲁木齐市珠江路48号，注册资金1000万元。

公司从成立之际，本着"以农为本，服务新疆农业，为新疆人民造福”的原则，积极开发与农业及林果业息息相关的产品，经过多年的发展，公司生产的农用地膜、水果发泡网、塑料周转箱及滴灌节水器材等产品都有了相当大的市场份额。公司的“丑小鸭”注册商标是新疆的著名商标，拥有良好的社会信誉和公众形象。尤其是“丑小鸭”牌农用地膜和塑料周转箱深受用户的信任和好评，产品被评为“用户满意产品”；企业获得“重合同、守信用”称号，并拥有完善的售后服务体系。

公司的主要产品：(1)聚乙烯农用塑料薄膜；(2)10～220L系列中空桶、200L环桶，主要用于盛装各类液态化工原料、防冻液等；(3)各类塑料周转箱，主要用于新疆的香梨、苹果、葡萄、大枣等水果的转运和储存；(4)涂料桶、油品桶及高级乳胶漆桶；(5)节水滴管带；(6)PE发泡网；(7)拟开发的产品有组合托盘。

公司控股的库尔勒珠江塑料有限公司位于库尔勒市经济技术开发区工业园区内，2010年新建一个贮存量为5000t的水果保鲜冷库。当年已投入使用。

【新产品开发】

1. 包装物流仓储产品

新产品名称	开发研究单位
300立升塑料周转箱 垃圾分类和大型垃圾桶	昆明民族塑料化工实业总公司
系列塑料托盘、物流箱系列、平板车系列	无锡市巨龙塑化有限公司
Z043型超强可口可乐箱 雪花啤酒12瓶箱 F118型超市周转箱、梅匾 酒瓶折叠架 豆腐干、豆制品货架、海鲜、家禽塑料模板	杭州万里塑胶有限公司
塑料保温箱、电力系统电表专用箱、电池箱 晒鱼箱、大型捕捞容器、建筑配件	天津市永濠天塑制品有限公司
系列塑料托盘、军用周转箱、汽车件专用箱系列	苏州富事达塑业有限公司
多用周转箱	四川锐星塑胶有限公司
畜牧专用箱	威鹰塑胶有限公司
叉车托盘、环保清洁箱	哈尔滨哈轻塑胶有限公司

2. 汽车塑料配套件

新产品名称	开发研究单位
仪表板 门板、门内板 内外饰件 方向盘 保险杆 仪表板总成	浙江远翅塑料有限公司
仪表盘、同色保险杆、门内护板、门槛立柱类	哈尔滨哈轻塑胶有限公司
一汽红塔汽车配件 二汽云南汽车配件	昆明民族塑料化工实业总公司

3. 日用制品

新产品名称	开发研究单位
塑料家具系列产品 药品包装	昆明民族塑料化工实业总公司
出口料理板	苏州富事达塑业有限公司
电动自行车塑料配件、新能源配件	无锡市巨龙塑化有限公司
滑雪用具、XPS保温板	哈尔滨哈轻塑股有限公司
大型花盆、电动自行车配件	天津塑料制品模具厂

【存在问题】

目前行业注塑制品专业化生产企业，大多数是由上世纪六、七十年代轻工业创办国有集体塑料制品企业经改制成为民营、私营和合资企业，虽然经过改革开放几十年已取得较大发展，但总体水平仍然跟不上国民经济快速发展的要求，与国外先进国家比存在着一定差距，主要存在以下问题：

1. 国内注塑制品企业整体技术装备、工艺技术、生产管理水平、产品标准、质量与国外先进水平比还处于相对落后状态，产品档次处于末端，产品开发、自主创新能力、深度加工跟不上市场需求。

2. 我国注塑制品行业企业以配套加工产品为主，自主开发最终产品品种少；中低档产品偏多，高档配套产品少；通用技术产品多，高技术高附加值产品少；产品标准不能适应商业市场需求，缺少自主知识产权制品和国家知名品牌产品。

3. 塑料原材料供应方面，近几年来随着石化产业的高速发展，国内塑料原材料的自给率有了明显提高，达到60%左右，但仍不能满足下游制品加工企业需求，原料品种牌号少，选择余地小，特别是专用料大量依赖进口。近年来国际原油价暴涨暴跌，也严重影响到国内注塑制品企业生存和发展。

4. 科技投入不足。注塑制品行业专业技术和管理人才资源开发滞后，人才资源存量不足，人才的数量和素质水平跟不上行业的快速发展需求，解决尚待时日。

5. 注塑设备模具产业发展不平衡，总体水平偏低。虽然个别企业的产品已达到相当高的水平，已达到或接近国际水平，但总体看来，与国外先进水平相比尚有较大的差距。包括生产方式和企业管理在内的总体水平与国外工业发达国家相比尚有10年以上的差距。

6. 企业营运成本不断上升，阻碍企业生存和发展。近年来油价、电价、运输价的不断提高，增加企业的运行成本；能源、原材料等的上游产品价格上涨挤占了企业的大部分效益；同时企业安全生产、低碳、低耗、绿色环境保护费用投入升高；人力资源用工成本提高；给企业生存带来挑战，目前国内注塑加工企业以中小型企业为主体，再融资发展生产仍存在不少困难，希望能得到国家产业政策上的支持和各地区政府相关部门人力、财力上的支持，调整产业结构，否则只能退出市场，寻求出路。

【发展形势】

注塑制品业在“十一五”期间，已取得不凡业绩，今年迎来更加辉煌的“十二五”开局年，推进战略性的产业结构调整与转型升级，将给我们注塑产业带来好的发展机遇和挑战。我们将着力在行业内扩大新材料、新技术、新工艺的推广应用；不断开拓航天航空、高速列车、汽车、物流、包装、电子建材等新兴市场；继续加大节能降耗力度，推广电磁加热等新技术，走绿色、低碳加工方式；推进区域经济特色发展，培育一批行业“小巨人”企业，为实现注塑行业可持续发展作出贡献。

1. 调整产业结构，发展规模经济，实现规模效益，切实做大做强一批注塑制品产业龙头企业。“十二五”将打造一批年销售超亿元，产量超万吨骨干企业，使优势企业在自主开发，规模性和市场竞争力上再上一个新台阶，培育1~2只国家名牌产品。

2. 遵照中国塑料工业未来重点发展方向要求，企业从过去“三低两高”(低附加值、低质量、低价值和高污染、高耗能)向高质量和高附加值的增长方式转变，走绿色发展道路。鼓励注塑制品企业开发无污染的绿色制品，节能环保组织生产，有条件的企业积极采用国际先进的环保、节能全电动注塑机。行业构建绿色制品评价体系，总体交流、表彰先进、营造绿色环保社会氛围，推动绿色产品的发展。

3. 根据中央“十二五”期间进一步扩大内需，确保经济稳定增长的重要决策，行业重点开拓市场，抓住产业发展信息，跟上形势，做好服务配套工作，服务国内有发展潜力的大企业、行业和朝阳产业，积极采用信息技术、网络技术和电子商务在销售经营管理中的应用。

4. 搭建产学研结合平台，推进知识产业结构转型升级。积极开发新技术产品，保持行业先进生产力持续发展。

5. 加强注塑制品行业与其他行业(上游行业中国塑料模具工业协会、中国塑料机械工业协会和中国石油化工工业协会；下游行业工业汽车行业协会、家电行业协会、建筑建材企业协会、物流包装工业协会)的交流与合作，共同建设一个社会化、网络化、开放式的服务体系，为注塑制品行业的企业技术创新和高新技术产业化的各种需求提供全方位服务，帮助上下游行业企业新产品开发，科技成果产业化提供服务平台。

6. 广泛开展职业培训，努力提高员工素质。当今注塑加工业技术水平体现一个国家塑料现代化的水平。注塑行业新技术、新装备、新材料、新工艺不断推陈出新，需要大量能掌握先进设备和加工工艺技术的员工，才能保证产品的高质量，满足需求，因此广泛开展职工培训，提高员工技术水平，建立行业培训基地，加快产业发展，适应新一轮的发展需要。

(中国塑料加工工业协会注塑制品专业委员会　顾大全)

改性塑料

【行业现状】

随着国民经济强劲上扬，塑料加工行业也继续阔步向前。改性塑料作为塑料加工领域一支重要的方面军，也更加受到全社会的关注，在取得规模和效益方面的进展同时，呈现出如下几方面的亮点：

1. “节能、环保、低碳”成为改性塑料行业新技术和新产品开发的指引灯塔，在技术创新和产品升级换代过程中充分体现出转变经济增长模式，力求以最少的资源能源消耗，最小的环境代价，求得最佳经济、社会效益。

上海心尔新材料科技股份有限公司提出“扬低碳经济之帆，创塑料改性之新，回报人类一片蓝天净土”，他们不仅在原有的产品加工过程中注入“低碳、环保”理念，而且通过材料改性和全新设计理念，研发成功多种低碳节能、环保塑料制品，如新型生物能源塑胶沼气罐，智能型环保节能蔬果保鲜集装箱、环保节能型屋顶保温水箱、环保节能电解设备（节能15%，长期免维修，使用寿命15年以上）、环保型市政大型塑胶合金窨井（防污染地下水的检查井）、环保型抗风浪塑胶合金渔船、快艇、游艇等，为新理念指导下的改性塑料行业发展树立了样板。

2. 以废旧塑料为主要原料，通过材料改性，实现资源再生，将循环经济的理念变为现实，同时通过产品附加值的提升，保证了与环境相协调发展，企业步入良性运行轨道。

废旧塑料是除新料之外的重要塑料原料，不仅从国外进口的数量已达800多万吨，而且随着塑料材料及制品的大量应用，每年产生的废旧塑料多达数千万吨，由于容易造成二次环境污染和再生制品经济效益有限，很多企业不能生存发展，回收再生行业还经常受到社会的质疑。近年来国家提出“城市矿产”的概念，选择一批企业或工业园区做试点单位，力求达到保护环境前提下，实现资源的高值再生利用，给改性塑料行业带来新的发展机遇！

常州塑金高分子科技有限公司以回收聚丙烯为主要原料制做汽车、家电零部件用的改性聚丙烯专用料。由于技术先进，产品性价比高，市场竞争力强，成立一年来已达到20kt/a产能，效益良好。同时由于地处国家级循环经济示范园区，污水处理措施得当，解决了与环境保护协调发展问题，树立了新时期资源再生利用的样板。

3. 拥有天然矿物资源的地方，政府主导（招商引资）开发资源时强调矿产品的深加工，产业链的延长，从而给以粉体材料为主要改性添加剂的改性塑料企业摆出一种新的运作模式，做到从粉体到表面处理，再到混合混炼造粒，实现资源的更佳配置和生产成本的进一步降低。

湖南张家界鑫彤飞碳酸钙开发有限公司就是以张家界优质方解石资源做后盾兴办的300kt粉体到填充母料、功能专用料产品的新型改性塑料企业。另一例湖北来凤县的优质方解石和石灰石资源地区也正在建设百万吨重质碳酸钙和轻质碳酸钙的生产企业，在规划中同样安排了粉体深加工的改性塑料产品。

4. 为改性塑料加工服务的助剂行业和混炼设备制造行业都有更多的创新，并应用于实践生产之中。

石家庄德倍隆科技有限公司研制生产的一字型三螺杆混炼挤出机在碳酸钙填充母料生产中使用，生产效率更高、混炼效果更好。南京聚力化工机械有限公司和昆山科信橡塑机械有限公司制造的密炼＋单螺杆挤出造粒生产线也深得业内专家和应用企业的好评。

【专委会工作】

1. 召开专委会第七届理事会第一次会议（2010年元月30日至2月1日），产生了第七届理事会常务理事会，推举出以赵安赤教授为理事长的新一届专委会领导机构，确定了专委会秘书长、副秘书长和秘书处工作人选。

2. 受协会委托承办了“2010年塑料行业春节团拜会”（2010年元月31日），共有国家有关部委领导、中国轻工业联合会领导、兄弟协会负责人、原部塑料工业局工作人员、各专委会工作人员以及业内知名专家、学者、北京及部分外地塑料加工企业负责人等各方精英三百多人。团拜会上廖正品会长做了热情洋溢的迎新春、贺成绩、望发展的新年祝辞，承德市星河少儿舞蹈学校为出席团拜会的佳宾表演了洋溢青春气息的歌舞节目。出席专委会第七届理事会第一次会议的全体代表应邀参加了此次活动，上海心尔新材料科技股份有限公司、山东得亚利高分子有限公司、南京昌欣机械有限公司、青岛宏信塑胶有限公司、四川石棉巨丰粉体有限公司、福建奥峰科技有限公司、北京菲宝利华塑胶环保技术有限公司、江西广源化工有限公司、辽宁海城金昌科技开发有限公司、青岛邦尼化工有限公司和爱丽汶森（北京）材料有限公司为大会提供了多项赞助。

3. 隆重纪念改性塑料专委会成立二十周年，举办系列庆祝活动。

（1）举办中国改性塑料十佳企业、突出贡献单位表彰活动

今年是中国塑协改性塑料专业委员会成立二十周年。为了纪念、为了铭记、为了承前启后、继往开来，改性塑料专委会决定在召开2010年年会之际，由中国塑料加工工业协会对二十年来成绩卓越、贡献突出的企、事业单位进行表彰，同时编辑出版反映改性塑料行业风貌和二十年拼搏奋斗经历的大型纪念刊物，以示庆贺！

2010年3月专委会发出举办十佳企业和突出贡献单位表彰活动的通知，得到会员单位的积极响应。在会员单位申报基础上，专委会于2010年8月16日至21日在新疆乌鲁木齐市召开由专委会副理事长和申报单位代表参加的“评议会”，确定了获奖单位名单，并在会后上报了中国塑料加工工业协会。10月8日获得协会的正式批复。

2010年11月10日“中国改性塑料行业十佳企

业、突出贡献单位表彰大会”在南京曙光国际大酒店举行。全国人大常委会委员、中国轻工业联合会名誉会长、中国塑料加工工业协会名誉会长陈士能先生应邀做为颁奖嘉宾出席了大会，同台颁奖嘉宾有：中国塑料加工工业协会廖正品会长、李国俊常务副会长、马占峰副会长兼秘书长、中国塑协改性塑料专业委员会赵安赤理事长以及业内著名学者、专家黄锐教授、王德禧研究员、瞿金平教授、章文贡教授，颁奖大会独家赞助单位南京橡塑机械厂有限公司龙云正董事长也应邀担任了颁奖嘉宾！

首先由廖正品会长宣读“关于在改性塑料专委会成立二十周年之际表彰行业优秀企事业单位的决定”，在改性塑料专委会成立二十周年之际，中国塑料加工工业协会决定对多年辛勤耕耘，努力拼搏的改性塑料行业和相关行业的优秀企业和做出重要贡献的单位进行表彰，分别授予“中国改性塑料行业十佳企业”和“中国改性塑料行业突出贡献单位”荣誉称号，颁发证书和牌匾，以鼓励大家承前启后、继往开来、奋发图强、再续辉煌。赵安赤理事长做了表彰活动工作总结报告。

这次受表彰获得荣誉称号的有“十佳企业”和“突出贡献单位”两大系列。

“十佳”意味着企业在十个方面都有良好甚至优异的表现。

产业方向正确　经济效益显著
产品定位合理　性能质量稳定
职工素质胜任　领导核心稳健
注重安全生产　节能绿色环保
售后服务周到　社会反响良好

“十佳企业”依生产经营领域分为“改性塑料名优特色产品类”、“助剂添加剂类”和“加工设备与检测设施类”三大类，为了倡导“科技先行、创新发展”的理念，对于在技术、产品方面有突出成效的企业还同时授予“创新十佳企业”的荣誉称号。

“突出贡献”意味着对行业发展和专委会建设做出了重要贡献，如承办过专委会年会、积极参与和赞助专委会举办的各项活动、在某个领域（如双螺杆混炼挤出机的制造及应用、铝酸酯偶联剂的发明及推广应用等）起过无可替代的作用，在行业内外都获得普遍认可，有突出表现等。对于服务于行业，在学术科技开发领域成绩突出的大专院校、信息网站和专业刊物编辑部也可以荣获“突出贡献单位”这一荣誉称号。

本次受到表彰的企事业单位共计八十四个，其中获“中国改性塑料行业十佳企业”荣誉称号的共计71个企业，获得“中国改性塑料突出贡献单位”荣誉称号的共计13个单位。因部分企业经营范围涉及不同领域，还有一些企业在科技创新方面成绩显著，故有部分企业荣获科技创新十佳、改性塑料名优特色产品十佳或科技创新十佳、助剂添加剂十佳等两个荣誉称号，特别是海城金昌科技开发有限公司同时获得科技创新十佳、改性塑料名优特色产品十佳和助剂添加剂十佳三个荣誉称号。因此八十四个企事业单位共荣获110个荣誉称号。

在欢快激情的乐曲陪伴下，获得表彰单位代表依次走上主席台，接过颁奖嘉宾颁发的荣誉称号牌匾，并与各位颁奖嘉宾一起合影留念！全场二百多位与会代表不断报以热烈掌声，共度这一庄严而又美好时刻。

（2）编辑出版划时代纪念册《足迹——中国改性塑料行业奋斗成果专集》，中国轻工业联合会陈士能会长题词为“塑料改性、创新发展”，中国塑料加工工业协会廖正品会长题词为“塑料改性行业之星 开拓创新 锦绣前程”，专委会赵安赤理事长题词为“行业蓬勃发展 改性塑料先行”，刘英俊副理事长兼秘书长题词为“二十余年弹指挥间 改性塑料大树参天 行业组织桥梁纽带 凝聚四方填海造山”，领导的题词为该专集增光添色，多幅珍贵画面呈现出专委会迈过的行行脚步，为该专集明亮加彩。专委会副理事长兼秘书长刘英俊撰写了“不平凡的历程彰显辉煌的成就 新时期的行业组织造就行业持续快速发展”一文，回顾了专委会诞生与成长的历程，列举了二十年中的重大活动和事项，记述了业内创业者的艰辛和努力，也讴歌了改革开放给改性塑料行业带来的发展机遇和兴盛繁荣！此专集的编辑出版将在改性塑料行业发展历史上树立丰碑，留下不可磨灭的足迹！

（3）协助出版《塑料填充改性实用技术》一书

专委会副理事长徐同考教授级高工依据自己多年的经验，结合行业涌现的科技成果和生产实践，撰写了长达三十多万字的《塑料填充改性实用技术》一书，内容详实、丰富、贴近生产经营实际、深受科技人员和企业家的欢迎。专委会支持出版这一专著，并免费赠书给出席年会的代表。

4. 召开专委会2010年年会

颁奖大会后召开专委会2010年年会。在赵安赤理事长致开幕辞后，刘英俊副理事长兼秘书长对一年来专委会工作做了介绍。大会还依据专委会章程增补了常务理理事单位和副理事长单位。刘英俊秘书长还宣读了中塑改性[2010]第13号和第14号文件，决定将南京科亚化工成套装备有限公司和常州塑金高分子科技有限公司设立为专委会改性塑料科研试验开发生产基地，并向两个单位的代表颁发证书和牌匾。

为庆祝专委会成立二十周年，专委会主要领导和业内著名专家都撰文表达纪念和展望之情。如赵安赤理事长的“梅花香自苦寒来 傲立风霜铸辉煌”，黄锐教授的“和改革开放的祖国一起快速成长的改性塑料行业”，徐同考副理事长的“紧密团结在专委会周围，为改性塑料行业的健康发展做出更大贡献”等。专委会还特意邀请华南理工大学瞿金平教授就最新塑料加工物料塑化输送理论，具有完全自主知识产权的原创性项目——“塑料叶片挤出机输运特性研究”做了介绍，引起与会代表高度关注。专委会还邀请了上海心尔新材料科技股份有限公司王梓刚董事长就改性塑料如何在新时期展现全新面貌发表了看法，他的报告题目是“扬低碳经济之帆，创塑料改性之新，回报人类一片蓝天净土”，他的报告代表了与会代表广大改性塑料行业同仁的心声！

大会上先后有章文贡教授、王锡臣教授等多位专家和企业家发言，介绍了最新科技成果，交流了产品、技术及业务信息。

本届年会安排与会代表参观了南京昌欣机械设备有限公司、南京聚力化工机械有限公司、昆山科信橡塑机械有限公司和常州塑金高分子科技有限公司，还应邀出席了南京科亚化工成套装备有限公司的开业典礼，大家对南京挤出混炼装备制造已形成产业集群，迈入国际先进制造行列留下深刻印象，特别是对南京科亚化工成套装备有限公司开业，开创全新时代感到十分欣慰——昔日蹉跎多风雨，而今迈步从头越！

本届颁奖大会得到众多企业的大力支持，南京橡塑机械厂有限公司独家赞助了颁奖大会；南京昌欣机械设备有限公司独家赞助了年会礼品和奖品；南京聚力化工机械有限公司独家承办了以“聚力扬帆 激情起航”冠名的专委会欢迎宴会；昆山科信橡塑机械有限公司独家赞助了颁奖牌匾和证书；常州塑金高分子科技有限公司独家赞助并承办了以“塑金科技 低碳环保”冠名的招待宴会；辽宁海城金昌科技开发有限公司独家赞助了颁奖大会主持人服装，还有许多单位如南京协和化学有限公司、安徽江东科技粉业有限公司等都以各种方式支持和赞助了颁奖大会和年会！

5. 在有条件的企业中继续设立专委会“科研试验生产开发基地”

行业发展的历史表明在科技水平高、经济实力强的企业里设立专委会科研试验生产开发基地对实现“科技领先、名牌开路”战略，以及树立样板，带动行业技术进步起了很好的作用。根据企业申请，专委会领导和专家组考察，决定分别在南京科亚化工成套装备有限公司和常州塑金高分子科技有限公司设立行业基地，并颁发了证书及铭牌，举行了揭牌仪式。

6. 继续编辑出版会刊《塑料改性通讯》

2010年除编辑出版“足迹——中国改性塑料行业奋斗成果专集”外，还编辑出版了三集《塑料改性通讯》会刊，总字数达六十多万字，内容新颖，适合广大企业人员阅读，深受业内人士欢迎！

7. 积极参加兄弟行业的技术交流和经贸洽谈活动，宣传改性塑料行业的大好形势，扩大影响，同时也虚心向兄弟组织学习，加强上、下游行业的联系，为企业的发展寻求更好的途径。

主要的会议和活动有：

中国国际粉体技术装备展览会(北京)

中国国际生物降解塑料应用研讨会(上海)

低碳经济发展与塑料包装行业技术创新论坛(北京)

中国木塑复合材料专业委员会年会暨第六届木塑专业论坛

第二届中国辽宁滑石工业展览会

8. 支持会员单位开展的各项活动及项目论证、成果鉴定等工作，深入企业调研考察，接受会员单位及业内各方人士咨询，努力为企业提供多方位服务，增强专委会凝聚力！

主要活动有：

常州塑金高分子科技有限公司举办的改性塑料技术论坛暨塑金科技客户见面会

张家界鑫彤飞碳酸钙开发有限公司开业典礼

湖北来凤县非金属矿开发应用规划调研

广东天保再生资源基地项目可行性论证

梧州进口再生资源加工园区可行性论证

中盐制盐工程技术研究院20kt/a高性能改性塑料项目可行性论证

9. 积极推进专委会组织建设，吸纳有经济实力的，在行业中有强大影响的企业为专委会的会员单位，鼓励会员单位积极交纳会费，不仅扩大了专委会在业内外的影响，也保障了专委会日常工作的进行。

【行业发展】

从2011年开始的“十二五”时期是全面建设小康社会的关键时期，是深化改革开放、加快转变经济发展方式的攻坚时期。中共中央关于制定国民经济和社会发展第十二个五年规划的建设中提出：

坚持走中国特色新型工业化道路，必须适应市场需求变化，根据科学进步新趋势，发挥我国产业在全球经济中的比较优势，发展结构优化、技术先进、清洁安全、附加值高、吸纳就业能力强的现代产业体系。

思维创新、技术创新和产品创新，是在国内外商战中占领技术经济制高点，取得市场竞争主动权和话语权的致胜法宝，同时也是功在当代，利在子孙，回报人类一片蓝天净土的光荣使命。具体到改性塑料产业，就是要在科学发展观指引下，承前启后，再创产业辉煌！

科学发展观就是要强调全面、协调、可持续发展，国务院文件指出“本世纪头20年，我国将处于工业化和城镇化加速发展阶段，面临的资源和环境形势十分严峻。必须……按照减量化、再利用、资源化的原则，采取各种有效措施，以尽可能少的资源消耗和尽可能小的环境代价，取得最大的经济产出和最少的废物排放，实现经济、环境和社会效益相统一，建设资源节约型和环境友好型社会”，这就要求我们必须转变观念，以新的发展模式和经济增长方式规划行业的未来。具体到我们塑料加工行业就是要运用塑料改性等先进技术，提高塑料材料及制品的性能价格比，同时要强调在产品设计时就要考虑到绿色生产、绿色消费，要有利于重复使用、再生循环，将石油及衍生的石化产品做为宝贵的资源格外地珍惜，发挥最大的作用。

一、在行业整体规模有序扩大的情况下，重点培植具有国际先进水准的骨干改性塑料企业，如金发科技、福建奥峰科技、常州塑金高分子科技、上海心尔新材料、浙江俊尔新材料等产品特色鲜明、技术装备强、市场占有率高的二十余家公司，并向国际市场进军！

二、大力鼓励研制生产更多的以相对丰富和价廉的非金属矿物粉体材料代替石油基合成树脂的塑料材料，认真对待和解决使用非矿粉体材料带来的密度大“增重”问题，力学性能劣化问题、耐老化性能下降问题等妨碍大规模推广使用的拦路虎，通过提高性能价格比达到节约石油资源、低碳节能的目标。

三、突出非金属矿粉、木粉其天然植物粉碎物在改性塑料材料中使用产生的环保功效，从理论上到应用实践都证明这一点，同时又要保证使用的安全性和可靠性，消除社会和使用者的疑虑。

四、加强塑料改性用助剂、添加剂的研制开发，如双亲型偶联剂、多功效相容剂、改善塑料材料耐候性、透光性、耐高低温性、阻燃性、抗静电性等性能的功能材料，并将其妥善地分散到基体塑料中，赋予改性塑料更高的性价比和更高的功能，满足下游领域多方面、多层次的需求。

五、依靠科技彻底扭转当前废弃塑料再生加工时的陈规陋习，通过塑料改性提升废弃塑料行业整体形象，为资源再生利用保驾护航。

废弃塑料数量与日俱增，除每年进口的8000kt废弃塑料外，我国国内消费后的塑料制品总量也达到15000kt/a以上，二者总量达到23000kt，占合成树脂表观消费量50000kt的将近一半的数量。如果不将这些废弃塑料以合理的应用出路，势必引发所谓“白色污染”、“洋垃圾事件”，遭到社会舆论谴责，为此我们必须加以正视，拿出令人信服的事实，才能杜绝非理性的责难，使废弃塑料这一宝贵的资源得以堂而皇之地再生并发挥应有的作用。

六、坚持正确舆论导向，努力解除主管部门和社会各方面的疑虑，在和各种危害公共利益的现象进行坚决斗争的同时，也要挺身而出，勇于维护、捍卫行业荣誉，使其沿着健康发展的轨道阔步前进！

（中国塑料加工工业协会改性塑料专业委员会　刘英俊）

农用薄膜

【行业现状】

我国农膜行业拥有生产企业约千家，总生产能力约4000kt，千家企业中规模以上企业约200家，年产量超过1500kt，占全行业总产量近七成，年生产能力万吨以上的企业约60余家，年产量起万吨的企业有30余家。全国总产量预计2300kt左右。2010年是农膜行业利好向上的一年，继2009年中国农膜走出低谷、规模以上企业年产农膜首次突破百万吨后，2010年乘势快速发展，到年底规模以上企业农膜产量达到1572kt，同比增长27.2%，并呈现以下特点：

1. 产量和年增长率名列塑料行业前茅

下表标出2000～2010年全国规模以上企业逐年农膜产量与对应的年增长率，从表中看出2010年产量创历史最高，增长率尤为突出，为本世纪新高。

2000～2010年全国规模以上企业农膜产量和年增长率示意图

年　份	产量/kt	增长率/%
2000年	813	
2001年	817	0.5
2002年	809	-1
2003年	811	0.02

续表

年　份	产量/kt	增长率/%
2004 年	729	-11
2005 年	873	20
2006 年	862	-1
2007 年	961	12
2008 年	939	-2.3
2009 年	1193	18.4
2010 年	1572	27.7

2. 应用量和应用面积继续扩大

据农业部门统计，2008～2009 年度全国农膜的购买量达 2079kt。其中棚膜 1023kt，覆盖面积达 5020 万亩；地膜 1056kt，覆盖面积达 3.1 亿亩，达历史新高。2010 年全国农膜总购买量达到 2300kt。

3. 产品结构模式有所改善

2006 年前后，高、中、低档农膜产品结构约为：<2%、20%和78%；2009～2010 年度高、中、低档农膜产品结构约为：2%、38%和 60%，有较大改善。目前国外发达国家产品结构为：20%、50%和 30%。可以看出，虽然产品结构在逐步优化，但与国外先进水平仍有不小差距。

4. 产业集群状况

全行业规模大小不等的千家生产企业中，30 余家大型骨干企业，产量约占全国总产量的 50%；中型企业产量约占全国总产量 20%；其他中小型企业产量之和约占 30%。我国农膜产业集群程度还有待进一步提高，须加快企业重组，扩大企业规模，提高集聚度。国外集群程度高的行业，前 5 家企业产量可以占到总产量的 50%。

5. 区域分布不均

产量集中在少数省份，以山东最多，年产量占总产量 28%，前 4 个省的产量超过总产量的 50%，多数省份产量较低。

2010 年全国规模以上企业农膜产量区域分布

省　份	产量占总产量/%
山东	27
辽宁	10
河南	10
浙江	6.8
新疆	6.2
四川	5.6
吉林	5.4
云南	3.2
广东	2.8
甘肃	2.7
其他省市区	20

6. 对农膜行业的支持力度有所加强

通过多年的努力争取国家对农膜行业的重视程度提高了。2010 年工信部在规划、技改、标准等多个方面进一步加强对农膜行业的支持。一是编制“十二五”轻工业发展规划中明确农膜行业今后的发展目标，主要任务和政策措施，提高了农膜在轻工行业中的地位；二是与国家发改委联合下文，将“长寿命(三年以上)功能性农膜生产、电磁加热替代电阻加热的农膜挤出机”列入技改项目；三是继续完善农膜行业标准，并适时将行业标准上升为国家标准；四是在总结、推广各地成功试点经验的基础上，研究废旧农膜的回收系统建议思路，加快建立减少白色污染、消除残留农膜危害农田的隐患，防止不良企业使用垃圾膜生产农膜的体制机制。通过《农膜行业准入条件》的制订和农膜产品质量状况的调研，工信部领导对农膜行业有了更多了解，重视农膜产品在农业增长增收中的作用，也看到行业存在的不足，加大了对农膜行业的支持力度。

【存在问题】

当前行业存在的突出问题一是产能大于产量；二是多数企业规模小、水平低、抗风险能力差；三是产品结构不合理；四是科技投入不足，装备水平低，工艺相对落后，产品开发能力薄弱。总体看我国同国外先进水平还存在较大差距，以功能性棚膜为例：我国功能性棚膜数量占全部棚膜的比重不足一半，品种也仅有 PVC、PE、EVA 材质等 20 余个；而国外发达国家功能膜比重占到 80%以上，品种多达 300 余种。我国聚乙烯棚膜防老化寿命在 2 年以下，而国外可达 5～6 年；我国 PVC 棚膜防老化寿命仅有 1.5 年左右，而国外在 3～5 年；我国 PE 棚膜防流滴期仅 4 个月左右，PVC 棚膜防流滴期约 6 个月，而国外 PE 棚膜和 PVC 棚膜棚膜防流滴期则与使用寿命同步。具有高透光、高强度、高耐候性能、寿命在 3 年以上，甚至防流滴、消雾功能与寿命同步的农膜，目前国内生产和应用量很少。国外已开发生产的高档农膜如 ETTE 高强度、高耐候、寿命在 10～15 年农膜、具有明显提高作物品质减少病虫害功能的光生态棚膜等，我国尚属研制阶段。尽管差距很大，但我们也看到过去二三十年里我国的农膜产业确实得到了迅猛发展，取得了长足的进步。整个行业从产业规模、技术装备、加工技术和工艺水平、产品数量品质、从业人员素质等方面都得到了较大提升，创造了产量和使用量居世界第一、基本满足现阶段农业生产和栽培技术需求的成绩。下面着重提出市场运营中的几个问题：

1. 小企业对正规企业的冲击

千家农膜企业中，不少是小企业甚至是作坊式企业，他们设备简陋，工艺粗糙，往往用废旧原料生产，产品质量差，还造成污染，由于成本低，加上偷税漏税，以低价格产品充斥市场，对正规厂家形成冲击，劣质产品侵害着农民的利益。

2. 原材料供应难以保障

EVA原料主要靠国外供应，受价格及供货渠道的制约，难以保障供给；国产原料目前必须通过中间经销商购买，加大采购成本，有时还得不到保障。

3. 运输压力较大

农膜产品季节性强，具有生产集中，用户分散的特点，在春耕积播时期，需求量最大，造成运输压力较大，运输成本较高。

【开展活动】

1. 认真组织编制农膜行业“十二五”规划

2010年年初，按照中国塑协《关于做好各子行业“十二五”规划的通知》精神，农膜专委会结合本行业现状特点，深入企业调查研究，在征求行业专家和企业领导意见的基础上，完成了“十二五”规划初稿，包括总体思路、主要目标和任务、采取措施等，并按时于2010年元月30日前上报中国塑协秘书处，2月份接到反馈意见，要求增补“我国农膜同国外先进水平的差距和欲申报立项的项目名称”两部分。在进一步调研和资料搜集整理基础上，对上述两部分进行了补充并形成了《农膜行业“十二五”规划》征求意见稿，共含五大部分，计6400字，在上报中国塑协同时，印发各有关专家和企业家再次征求意见，并在2010年6月召开的专委会年会上，对规划起草情况和内容进行了介绍，向大会代表印发规划征求意见稿，得到进一步完善以及行业内的重视和认可。

2010年3月份收到中国塑协《关于制订行业产品质量发展“十二五”规划的函》，为配合国家工信部制订行业质量规划，要求各专业委员会提出本行业产品质量发展目标、发展重点，对推进产品标准体系建设，加强自主品牌建设以及重大质量专项等提出建议。任务重、时间紧，专委会秘书处全力以赴按时完成了《塑料行业农用薄膜产品质量发展“十二五”规划提纲》，全文约14000字，于3月28日报中国塑协秘书处，2010年9月又研究确定了“十二五”国家科技计划农村领域首批预备项目的选题，即《新型高效生态农膜关键技术研究与产业化示范》，并组织有关人员多次去中国轻工业联合会和中国塑协进行汇报洽谈，确定项目内容。

2. 召开农膜专委会三届七次会员代表大会

中国塑协农膜专委会三届七次会员代表大会于2010年6月11日在成都新华饭店召开。

出席本次会议的领导有国家工业和信息化部轻工处张军副处长、中国塑料加工工业协会廖正品会长、四川省经信委李途调研员、四川省塑料工业协会邹开林理事长、四川省塑料工业协会隋佩霞秘书长、四川省农业生产资料集团有限公司王勇副总裁、中国塑料加工工业协会质量标准部田岩主任。

应邀参加本次会议的还有中石化市场专家、中石油价格信息专家、外商驻中国代理机构和商社代表，以及全国各地的农膜企业及相关原料、助剂、设备、科研院所等单位的专家、代表，共计179位。

开幕式由曹志强副理事长主持，四川省塑料行业协会邹开林理事长致欢迎词，他介绍了四川省塑料行业的发展状况，四川省农资集团有限公司王勇副总裁介绍了省农资集团的基本情况，并热烈欢迎广大农膜企业积极参与四川灾后重建，特别提出土工膜在重建中的广阔应用前景。

中国塑料加工工业协会廖正品会长作了重要讲话，他代表中国塑料加工工业协会对农膜专委会三届七次会议的召开表示祝贺，就当前中国塑料行业的发展现状、制订农膜行业“十二五”规划的重要性以及农膜产品质量要求等作了重要阐述，同时充分肯定农膜专委会工作成绩，并对专委会今后的工作和发展提出希望和要求。

《农用薄膜行业准入条件》已于2010年1月1日起正式实施，这是农膜行业的一件大事，也是农膜企业最关心的问题，国家工业和信息化部消费品司张军副处长对《农用薄膜行业准入条件》及后续实施方案进行了全面解读，他指出应该充分发挥行业协会作用，对现有农膜企业、新建农膜企业进行摸底，认真贯彻执行《农用薄膜行业准入条件》，并介绍了国家促进农业发展及农膜产业的有关政策，对会员企业提出了五点希望。

韩连贵理事长就《农用薄膜行业准入条件》出台前后，专委会所做工作向与会代表作了汇报。

常务副秘书长刘敏简要介绍了农膜行业十二五规划(讨论稿)的制订情况，并要求与会企业重视此项工作，认真对待，群策群力做好规划工作。

韩连贵理事长向大会作了专委会工作报告，对农膜专委会一年来的工作进行了总结，并对下一步工作思路进行了汇报，鼓励大家全民抢抓机遇，奋发有为，把农膜行业做得更好。

本次会议上，还举行了农膜原料市场分析研讨、农膜生产及相关技术讲座等，论文共11篇。

3. 推动农膜集团组建工作

2010年6月9日在成都召开了“组建中国农膜集

团第二次会议”，应邀出席会议的企业共 17 家，33 位代表，会议由农膜专委会刘敏常务副秘书长主持，会议围绕着大集团成立后的质量保证体系、充分利用注册地天津空港保税区优势、集团资本运作、如何利用“中农”品牌开拓市场、大集团组建紧迫性等几方面问题进行了商讨，中国塑协农膜专委会韩连贵理事长从农膜行业的出路、组建中国农膜集团的优势、前期运行过程以及今后工作设想做了发言，他指出通过成立农膜集团，解决农膜行业目前存在的问题，以提升农膜行业的地位和话语权。

2010 年 12 月 9 ~ 10 日在河南省淮阳县召开了“组建农膜集团(股份)有限公司第三次会议”。参加本次会议的共 9 家企业，31 位代表。

会议由农膜专委会刘敏常务副秘书长主持，河南银丰孙美菊董事长致欢迎词，中国塑协农膜专委会韩连贵理事长通报了国务院研究室农经司对组建中国农膜集团项目方案的修改意见，并对组建农膜集团筹备委员会提出了建议和要求。

代表围绕着集团章程的制订、出资方式与比例、各方责、权、利的确定、集团运行模式等进行了商讨。

本次会议还将第一次会议上成立的筹备领导小组改组为筹备委员会，天津二塑耿葆刚厂长担任主任，河南银丰塑料有限公司孙美菊董事长、山东寿光健元春有限公司赵世龙总经理任副主任。

4. 认真宣传贯彻《农膜行业准入条件》

国家工信部于 2009 年底发布工消费【2009】第 73 号文，公告了《农用薄膜行业准入条件》，对农膜新建、改扩建投资项目给出了门槛，对促进农膜行业的结构调整和产业升级，防止低水平重复建设，加强环境保护，提高资源综合利用率都将起到积极的作用。在此政策制定过程中，农膜专委会做了大量的工作，提供了大量的素材和建设性意见，《农用薄膜行业准入条件》出台后，农膜专委会积极配合国家工业和信息化部做好农膜会员企业的信息反馈工作，为后期尽快出台与《农用薄膜行业准入条件》配套的《农用薄膜行业管理办法》、对现有农膜生产企业进行调研做好准备工作，认真宣传贯彻《农用薄膜行业准入条件》，必将进一步规范了农膜行业的管理，促进农膜行业的健康发展。

5. 做好服务基层和日常管理工作

深入基层、服务于会员单位和企业，并做好日常管理是专委会一项量大面广、经常性的工作。比如在筹备农膜集团过程中，涉及方方面面的协调沟通，我们多次深入企业，了解情况，牵线搭桥，加强交流，进行了大量细致工作，力求达到共识；又比如节能工作中确定以电磁加热替代电阻加热的农膜挤出机作为技改方向，行业内存在分岐意见，我们多次走访有关专家，探讨由此引发的电磁辐射可能带来的危害，并希望得到权威机构的科学论证；还有经常有来自各地政府、政协、企业咨询意见，如消除农膜白色污染、如何回收再利用、行业准入工作进展、农膜产品厚度标准、发挥专委会作用、推动地方农膜产业的发展等等，按照上级精神，我们分别做出解答，一般都能得到较满意的效果。在发展新会员，办好《中国农膜》刊物，发挥《中国农膜》网站的作用，完成上级部门交办的任务以及专委会内部建设等日常管理工作中，我们始终本着尽心尽力、认真负责的态度，得到广大会员单位的认可和好评。

【发展趋势】

“十二五”将是我国抢占经济社会发展制高点、经济增长由量变向质变大转化的五年，农膜行业要认清形势，更新观念，抓住机遇，加快发展。根据行业目前现状和存在的问题我们拟定今后五年总体思路是：以科学发展观为统领，以服务“三农”为主线，以产业政策为导向，以结构调整为重点，推动企业科技进步，加快产业升级换代步伐，强化自主品牌建设，提高产业整体水平，造就产品质量优、创新能力强、效益显著，节能环保，符合国情的农膜行业。我们的主要目标：一是限制、淘汰落后过剩产能，总产能控制在 4000kt 以下，企业数量控制在千家以下；二是通过兼并重组逐步减少水平低、耗能高的小企业数量，争取在“十二五”期间组建 1 ~3 个产业集团，提高核心竞争力。三是调整产品结构，使高、中、低档产品份额由目前的 2%：38%：60% 优化为 10%：40%：50%；四是狠抓节能降耗，通过科技创新，技术改造，使全行业吨能耗五年中降低 20%；五是实施品牌战略，力争到“十二五”末有 15 种农膜产品获“中国名牌”殊荣。通过“十二五”努力，为中国农膜由大向强的跨越奠定扎实基础。

1. 坚持科学发展，努力转变发展方式

在满足“三农”需要的前提下，农膜行业今后发展趋向是：不追求量的高速增长，注重质的优化提高，在控制问题的同时，扶助中小企业健康发展。农膜行业中绝大多数是中小型企业，它们是影响整个行业运行质量和效益的重要方面之一。要着力强化中小企业诚信意识，推动结构调动，提高创新能力和管理水平，引导中小企业分工协作和集群发展。通过市场机制，使条件差无力改革的小企业退出市场；通过贯彻《农膜行业准入条件》限制低水平重复建厂遏制产能盲目扩张。今后五年使行业总产能控制 400 万吨以下，企业总数不超过千家。

2. 培育大型农膜产业集团，提高农膜产品产销集中度

农膜企业要生存和发展，必须走兼并重组和强强联合之路，在平等协商、利益共享、坚持市场化运作基础上，实现优势互补，资源合理配置，组建大型产业集团，以此提高产品产销集中度，增强核心竞争力，提升抗御重大风险的能力，为农膜大发展、大振兴，与国际同行业竞争奠定基础。今后五年争取落实1~3个大型产业集团的组建。

3. 调整产品结构，增加中高档产品市场份额

农膜行业要提高经济增长的质量和效益，很重要的一点就是优化产品结构，增加中高档产品份额。随着党的强农惠农政策的持续出台和切实贯彻，农民收入不断增加以及中高档产品示范推广，激发市场对中高档产品的需求，必然推动企业加快产品升级换代。,“十二五”期间争取使高、中、低档产品份额分别达到10%。超过40%和低于50%，使农膜产品结构更趋合理。另外，在农膜功能性上要着重解决耐老化与防雾滴同步、防滴又消雾的问题，同时大力推广高保温、高光效薄膜的制造技术，使棚膜集耐老化、防雾滴、高保温、高光效等多种功能于一体，适应农业增产增效的需要。要特别关注干法涂布膜的研发和应用，关注可降解农膜的研发与应用，关注液态地膜、可除蚜虫、除草、有色等多功能地膜的研发与应用，关注废旧农膜的回收与再生利用技术的开发与应用。

4. 多途径推动节能降耗

节能降耗是落实科学发展观、构建资源节约型、环境友好型社会的主要方面。“十二五”期间要从以下三个途径开展工作：一是限制和淘汰高能耗、低效益的小企业，逐步压缩行业能耗总量；二是大力扶持高效能、专用化、功能与寿命同步以及低环境影响的功能性农膜的生产和推广应用，如果把60%的普通棚膜换成寿命一年以上的功能性薄膜，全国每年将减少300kt的用量，若换成寿命两年以上的功能性薄膜，则用量将减少500kt，相当于新建一个大型乙烯装置，每年节约的石油资源和资金将数以亿计；三是对现有生产设备进行技术改造。农膜加工企业是耗电大户，吨制品耗电约在500千瓦时(kW·h)，如果采用高效节能技术改造设备，可大大节约用电量，我们将继续完善和逐步推广应用高效节能设备。通过以上三方面工作，争取将农膜行业的现有吨能耗以每年4%的速度递减，五年合计节能降耗20%。

5. 尽早健全农膜产品标准体系

现有国家、行业标准仅4个，一些新开发的功能膜产品仅有企业标准，农膜在不断发展中出现的特有功能尚无性能指标标准及测试方法标准，可以说我国农膜的标准体系是滞后于行业产品发展的。因此，建立和完善农膜标准化体系是亟待进行的工作，具体问题一是GB13735—92地膜标准多年沿用未更新，已不适应现实情况；二是尚未形成系列农膜产品标准，也缺少规范大棚膜使用技术的标准，在应用中常出现纠纷无法断定；三是缺少对棚、地膜消雾、除草、转光等检验、测试方法的国家或行业标准。我国是农膜生产和应用大国，健全农膜产品标准体系将大大推动农膜行业上水平和健康快速发展，“十二五”期间要积极配合有关部门努力做好体系的建立。

6. 加强自主品牌建设

中国名牌事业最终落脚点是企业实施“品牌战略”，推动自主品牌建设，提升品牌价值和效益。创建中国名牌要从思想和行动两方面着手，增加品牌创建意识，加大品牌培育力度，树立“质量第一，以质取胜”的经营理念。没有高质量和良好信誉，也就没有名牌。我们农膜行业已有7家聚乙烯大棚膜获得“中国名牌”称号，但仅此7家是不够的，还应扩大品种范围，培育更多“中国名牌”农膜。“十二五”期间要做好宣传、培育和推荐工作，力争到2015年有15种农膜产品获得“中国名牌”称号。

（中国塑料加工工业协会农用薄膜专业委员会　刘敏）

多功能母料

【行业现状】

1. 概述

近几十年来，随着知识产权对国民经济的贡献率越来越高，中国已将知识产权战略提升到国家战略的高度。增强自主创新能力和知识产权竞争力是社会发展的战略基点和调整产业结构、转变增长方式的中心环节。温家宝总理曾指出：“世界未来的竞争，就是知识产权的竞争”。

随着知识产权保护意识的加强、专利制度功能不断地深入人心以及专利战略的重要性日益显现，揭示专利所蕴含的大量科技、经济、法律等信息的专利分析的重要性也在不断加强。在浩如烟海的文本信息资源中，专利文献作为国家科技创新成果的重要表现形式和主要载体，越来越受到国内外各界的重视。挖掘专利文献所蕴含的丰富的技术信息和经营信息也日益成为行业、产业分析的重要组成部分。

通过搜索和分析母料或母粒(以下统称母料)领域的中国发明专利情况，可以准确、全面、深入的洞察国内整个母料行业的自主创新、核心企业、区域布局、发展历程等的情况，结合多功能母料专委会的实地调查可进一步全面了解和把握整个行业的发展状态。

以母料或母粒为检索词，输入到国家知识产权局专利检索网页的“名称”检索框，搜索中国所有的发明专利(以下简称专利)申请。结果从1985年中国专利法实施以来到2010年4月10日，在母料领域共有中国发明专利申请453项。

中华人民共和国专利法于1985年4月1日起施行，当年北京化工学院就申请了一项发明专利——《聚氯乙烯塑料的着色母粒》。随后两年，申请量小幅上升，但1994年以前都保持在低位，如图1所示。1994年1中国加入《专利合作条约》(简称PCT)，中国国家知识产权局成为PCT受理局、指定局和选定局。PCT由于可以明显降低专利申请人在多个国家获得专利的成本及时间，减少在各国申请时的手续，有助于尽快给出口贸易提供专利保护，因此随后几年专利申请量开始小幅度放大。2001年中国加入世贸组织，众多进口商品的关税大幅度下降，国内外企业为了发展和巩固其市场份额，纷纷加大在中国的发明专利申请力度，使专利申请量的发展态势发生重大转折，进入高速增长期。2008年底的全球金融危机也波及到中国，导致2009年中国发明专利申请量的大幅下降。因为专利申请公开的滞后性，所以2009年及以后的数据可能存在统计太全的情况，但相信这不会改变2009年下降的趋势。2010年申请量的翘尾，预示着国内母料行业开始走出全球金融危机的阴影。总之，中国发明专利的申请情况从一个侧面基本上反映了国内整个母料行业的发展态势。

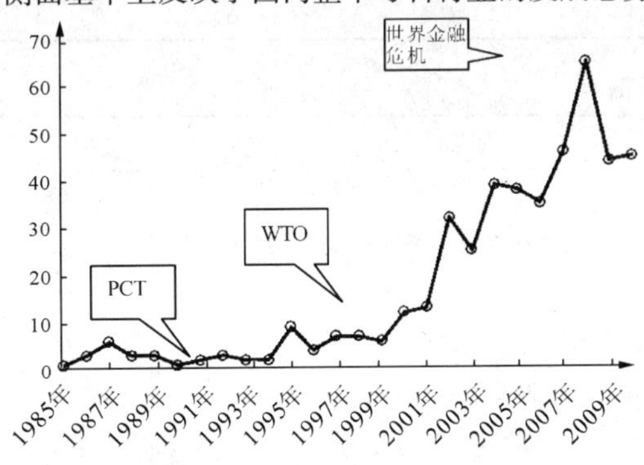

图1 发明专利的年度分布(以申请日期统计)

2. 企业状况

从申请人来看，中国沿海及发达地区是中国发明专利申请的主体，如图2所示。申请量居前的前5位国家或省份依次是上海、广东、江苏、北京和浙江，它们的申请量总和超过总量的50%。这反映了专利意识、创新基础以及市场化程度等因素上的东中西差别，与各省市的GDP、R&D、科技能力的东中西差别呈现正相关。

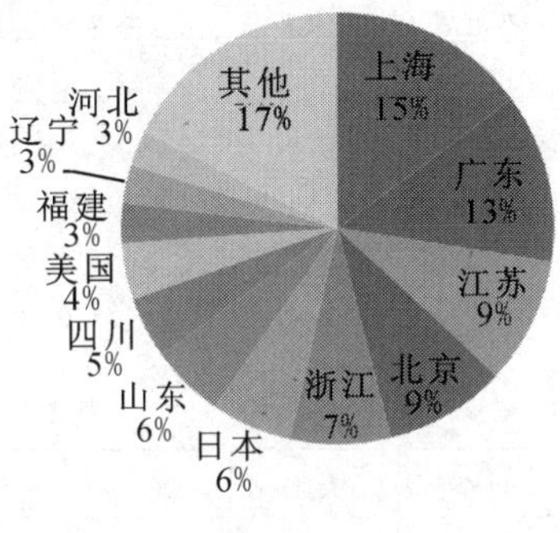

图2 国家和省份的专利申请分布状况

在我国实施专利法以来，国外企业为了避免受到国内企业的冲击，主要依靠知识产权来保护它们的产品优势及技术优势，以便在中国市场攻城略地。一般，外企在产品进入中国之前，就抢先在中国申请专利、商标为其后续的产品在中国开辟好垄断的空间。统计数据表明，中国加入PCT后，外企专利申请出现了短暂的小高峰。在中国加入WTO后，外企专利申请逐步大幅冲高，于2004年达到历史高位，为11件。

统计数据显示，国外申请人共申请了67件，约占总量的15%。这表明在母料行业，创新主体主要是国内企业。其中排名前3位的国家依次是日本、美国和德国，如表1所示。最早一项专利是由美国希蒙特公司申请的《添加剂、填料或颜料的非挤塑母料》。希蒙特公司是1983年由美国赫格里斯公司和意大利蒙埃公司合资组成的目前世界上最大的聚丙烯专业化生产集团之一，也是目前世界上最大的出售聚丙烯专利生产技术及高效催化剂专利使用权许可证的专利商之一。申请量最多的国外申请人是旭化成化学株式会社，涉及的主要技术主题主要是导电母料。紧跟其后的是伊斯曼化学公司和巴塞尔公司，伊斯曼化学公司涉及的主要技术主题是聚酯类母料，巴塞尔公司是聚烯烃类母料。

数据显示，母料领域发明专利申请人数为492。平均下来，每个申请人仅有0.92件，说明母料行业发明专利的聚集度不高。申请量最多的申请人为中国石油化工股份有限公司(包括分公司)，共13件。排名第二与第三的分别是四川大学和华南理工大学，申请量分别为9件和8件。在前12位申请人中，高校为5家，国内企业6家，外企一家，如表2所示。企业申请人数超过高校，这表明在母料行业，企业基本成为创新的主体。和高校合作的为17件，约占4%。

数据显示，发明人数共1305名(未考虑重名、多名等异常情况)，平均每人为0.35件。申请最多的为王梓刚，主要是关于填充母料方面的专利。申请量达到或超过6件的共8人，如表3所示。总体来看，发明专利分布较散，这和母料行业内企业数目多，大型企业较小的现状相互印证。

3. 技术情况

按主分类号对发明专利进行小类统计，结果如表4所示。数据表明，发明专利涉及26个小类，主要集中在C08L、C08J、C08K、C09C、D01F、C08F等9个小类，它们占总数的94%以上。数量最多的为C08L小类，即高分子化合物的组合物，约占总量的60%，这说明创新主要以母料的配方为主。第二及第三分别为C08J与C08K，主要涉及聚合物的加工以及配料的一般工艺过程和配方。除了C部外，还涉及D01F、B29B、H01B。这说明母料行业涉及面较广，不但涉及塑料材料，还涉及纤维、橡胶等高分子材料；不但涉及炭黑、填料等上游原料，还涉及电缆、薄膜等下游应用；不但涉及塑料配方而且还涉及加工。

表1　国外申请人的发明专利申请量

国家	日本	美国	德国	法国	瑞士	意大利	澳大利亚	比利时	荷兰	南非
数量	27	19	5	4	4	4	1	1	1	1

表2　发明专利申请量排名前12位的申请人

申请人	中国石油化工股份有限公司	四川大学	华南理工大学	上海林达塑胶化工有限公司	福建师范大学	北京理工大学	波斯塑胶颜料有限公司	山东春潮色母料有限公司	旭化成化学株式会社	上海香料研究所	北京化工大学	宁波色母粒有限公司
数量	13	9	8	7	6	6	5	5	5	5	5	4

表3　前8位发明人情况

发　明　人	公　　司	数　量
王梓刚	上海林达塑胶化工有限公司	11
欧阳秋英	山东春潮色母料有限公司	9
王培利	山东春潮色母料有限公司	8
曹　智	山东春潮色母料有限公司	8
刘学伦	山东春潮色母料有限公司	7
熊小勇	上海三成化工有限公司	6
刘永丰	海城市金昌科技开发有限公司	6
李　响	北京理工大学	6

表4　技术分布情况

类　号	类　　名	数　量
C08L	高分子化合物的组合物	268
C08J	加工；配料的一般工艺过程；不包括在C08B，C08C，C08F，C08G或C08H小类中的后处理	62
C08K	使用无机物或非高分子有机物作为配料	40
C09C	纤维状填料以外的无机材料的处理以增强它们的着色或填充性能；炭黑的制备	15
D01F	制作人造长丝、线、纤维、鬃或带子的化学特征；专用于生产碳纤维的设备	13
C08F	仅用碳—碳不饱和键反应得到的高分子化合物	12
C09K	不包含在其他类目中的各种应用材料；不包含在其他类目中的材料的各种应用	7
B29B	塑料的加工；一般处于塑性状态物质的加工	6
H01B	电缆；导体；绝缘体；导电、绝缘或介电材料的选择	4
其他		26

聚类分析可以从大量的专利文献中发现特定的主题领域，并反映主题领域之间的关系，从而用于发现技术热点、关联关系和演变趋势。在自动对专利进行特征提取及文本聚类的基础上，绘制成聚类地图，如图3所示。

自动聚类分析共出现了5个簇或技术主题，分别是“制备方法，聚乙烯，阻燃母粒”、“聚氯乙烯，分散剂，负离子”、“聚丙烯，填充母料，制备方法”、“导电母粒，聚苯乙烯，黏连剂”、“聚合物，母料组合物，热塑性”。从功能上看，聚类分析给出了阻燃、导电或抗静电、抗黏结、释放负离子、填充等技术热点。从树脂分类看，聚类分析给出了聚丙烯、聚乙烯、聚氯乙烯、聚苯乙烯等常用塑料。从解决的技术问题看，聚类分析给出了最常见的两类：母料的配方以及母料的制备方法。总之，聚类分析基本上能反映母料行业的主要技术热点。

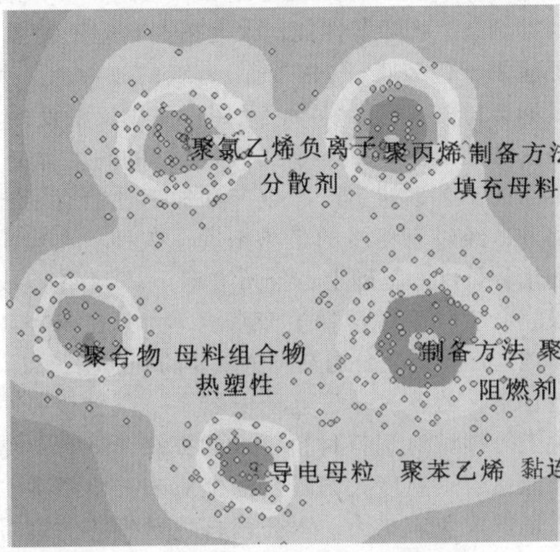

图3 技术类别分布图

“十一五”期间，母料行业发明专利申请数量一直处于高位，说明母料行业比以往更注重科技投入，加大研发力度，依靠科技进步，推动自主创新。全球金融危机对中国经济的影响有限，相信母料行业在“十二五”期间将会不断出现更多的专利成果，以原始创新、自主品牌、高附加值产品推动行业向深度和广度进军，以自主创新为特征的行业调整与升级以及发展方式转变将成为今后该领域发展的总体趋势。

【专委会活动】

1.“绿色塑料母粒先行”高层研讨会顺利召开

由中国塑料加工工业协会多功能母料专业委员会主办，金发科技股份有限公司承办，广东盛恒昌化学工业有限公司、广州开发区化工行业协会、广东省塑料工业协会、全国塑料标准化技术委员会改性塑料分技术委员会协办的“绿色塑料母粒先行”高层研讨会暨多功能母料专业委员会年会于2010年9月14～15日在广州顺利召开了。来自功能母料、助剂、改性塑料及加工机械等相关领域的企业家、专家、广大科技人员和管理人员等近80人出席了会议。

中国塑料加工工业协会廖正品会长在大会上致辞。廖会长对此次大会的顺利召开表示热烈的祝贺，并对中国母料行业的现状、发展趋势以及母料对塑料绿色发展的促进作用发表了自己的看法，对多功能母料专委会的建设和重点工作提出了完善“十二五”规划、完善专委会职能、调整专委会班子等三点意见。希望通过此次大会的召开能提高专委会的凝聚力、影响力并为行业的可持续发展做出积极的贡献。

金发科技股份有限公司总经理李南京、多功能母料专委会理事长李建军、副理事长罗崇远分别代表多功能母料专委会及金发科技在开幕式上发言。大会邀请了8位行业内专家、教授对塑料行业不同领域尤其是塑料母料展开了技术讲演与交流。

此次大会的顺利召开，促进了多功能母料专委会的自身建设、提升了多功能母料专委会的形象和影响，并对中国母料行业的“十二五”规划及其今后的快速、可持续发展起到促进作用。

2. 多功能母料专业委员会理事会顺利召开

多功能母料专委会专委会理事会于2010年9月13日晚在广州召开，来自中国塑协、多功能母料专委会、中科院宁波材料所、金发科技、宁波色母粒有限公司等单位的15位领导和代表参加了会议，会议由李建军理事长主持。中国塑协廖正品会长参加了会议并参与了讨论。

会议的主要议题是：本专委会的现状和问题、班子建设和调整问题、完善本专委会的职能和发挥作用、吸引会员和做好会员服务等。

此次会议在中国塑协、金发科技、广州开发区化工行业协会、盛恒昌的大力支持下，在秘书处工作人员的共同努力下取得了圆满成功。

3. 积极参加标准化活动

专委会作为一个全国性行业组织，积极参加国家标准、行业标准的相关活动。多功能母料专委会参与主办了2010年2月1日举行的“国家标准GB8624和GB20286修订工作第一次研讨会”，并协办了于2010年5月28日在广州举行的“全国塑料标准化技术委员会改性塑料分技术委员会成立大会”。

4. 编制《母料行业十二五规划》

为了引领中国母料行业的发展，专委会在中国塑协的指导下编制了《母料行业十二五规划》，并配合轻工业联合会制订《"十二五"科技发展规划》，在业内征集了母料行业的科技发展思路和重大科技需求。

【重点企业】

1. 金发科技股份有限公司

金发科技股份有限公司成立于1993年，是一家主营新材料研发、生产和销售的国家级创新型企业。金发科技以南中国的硅谷——广州科学城为总部，在中国的南部、东部、西南部、北部设立了子公司，目前，公司拥有年产100万吨改性塑料的生产能力，是目前国内最大的改性塑料生产企业，也是全球改性塑料品种最为齐全的企业之一。

金发科技通过建立独特的激励机制和创新体系，自主培养了3名国务院特殊津贴专家，打造了一支由8名院士领衔、80多名博士和百余名资深材料专家组成的创新型科研团队，与中国科学院、中国工程院等科研院所和著名高校建立了长期的技术合作关系，搭建了一个以国家级企业技术中心和塑料改性与加工国家工程实验室为主体，以企业研究院、院士工作站、博士后科研工作站、国家认可实验室、全国塑标委改性塑料分技术委员会、UL CTDP认可实验室、省级重点工程技术研究开发中心为依托的自主创新平台。

通过持续的自主创新，金发科技打破了跨国企业技术与产品的长期垄断，开发了阻燃树脂、增强增韧树脂、塑料合金、功能母粒、全降解塑料、特种工程塑料等7大系列自主知识产权产品，广泛应用于汽车、家电、OA设备、通讯、电工电气、建材、玩具、电动工具、照明灯饰、航空航天等行业。阻燃类产品全部通过美国UL认证，部分产品获得数十项国家、省、市科技成果奖，其中国家级火炬计划项目7项，国家级重点新产品6项，国家科技进步二等奖1项，省部级科技进步奖7项。

经过2009年的调整、巩固、夯实基础，公司在2010年重新迈开了积极的扩张步伐，并取得了不俗的经营业绩，实现营业收入102.42亿元，比上年同期增长44.01%。公司全年共销售各类改性塑料产品(不含贸易品)56.72万吨，比上年同期增长30.59%，产品销量的强劲增长进一步强化了公司在改性塑料行业的龙头地位；同时，公司推出了一批市场前景广阔的化工新产品，产品升级战略进展顺利。

公司加强以国家级企业技术中心、塑料改性与加工国家工程实验室、UL认可的LTTA CTDP实验室、博士后科研工作站为依托的自主创新体系建设，并获批新组建了广东省特种工程塑料重点实验室、广东省企业研究开发院、广东省企业科技特派员工作站。同时，公司还正式组建了"全国塑料标准化技术委员会改性塑料分技术委员会"，并作为秘书处单位，上海金发科技发展有限公司也获批建立了博士后科研工作站，进一步提升了自主创新水平，增强了核心技术开发能力。2010年10月，公司的"金发"商标被评为"中国驰名商标"。

经过多年的艰苦研发，公司新一批高端新产品逐步走向产业化，"打造国际化工新材料龙头企业"的战略目标初现端倪：

为彻底解决塑料污染环境问题，满足强大的市场需求，本公司自主研发了"完全生物降解共聚酯塑料材料"，项目技术水平达到国内领先水平。该产品在堆肥条件下分解成二氧化碳和水，此外，该产品还可通过共聚、接枝及共混等途径，可进一步改善其物性并调节生物降解性能，大大拓宽其应用领域，可广泛应用于包装膜(购物袋等)、纸的镀膜、卫生商品、泡沫材料、农用膜等，经用户使用反映良好，产品已实现批量生产，获得了广大客户的高度肯定。经过不断的工艺改进，产品生产和加工性能有了进一步提升；经过三年多的市场拓展，在具备大规模生产和销售条件的基础上，公司决定于2011年建成万吨级完全生物降解塑料生产基地，力争在未来几年将该项产品打造成公司又一个重要的利润增长点。

近年来，随着汽车、电子电器、航空航天、军工、化工等领域对塑料材料要求的提高，具有典型优异性能且耐热温度大幅提高的聚对苯二甲酰癸二胺的市场需求急剧扩大。本公司自主研发的的聚对苯二甲酰癸二胺耐高温工程塑料材料综合性能优异，性价比高，与国内外同级产品相比具有明显优势。能够满足新型电子元器件产业、汽车产业对结构件用耐高温材料的迫切需求。目前，本公司产品已实现批量生产并被汽车零部件生产商、电子电器元器件生产商认可和青睐。

木塑复合材料(Wood - plastic composites，WPC)是由木粉、稻壳、剑麻等植物纤维与热塑性塑料，配以特殊功能改性剂及其他助剂，经塑料加工工艺制成的性能优良的绿色环保复合材料。WPC不仅兼有塑料与木材二者的许多优点，还有许多二者不具备的新特性，在建筑材料、市政设施、包装材料、家具制品、汽车材料及家电等多个领域具有广泛的用途。本公司自主研发了注塑级木塑材料，已申请中国发明专利8项，解决了高水分含量、分相和成本控制等技术难关，并通过工艺改进完成了一步造粒法。公司产品目标市场为家电外壳用注塑级木塑材料(应用于家电及音响)和汽车用木塑材料(主要应用于车门内饰、车身底板、车外层板件等)。目前,公司木塑复合材料产品已先后被康佳、飞利浦等知名厂商应用。

碳纤维是高性能纤维中最重要的品种之一,属于我国急需的关键材料,随着我国经济的持续快速发展,其市场需求量也将持续增长。2010年我国高性能碳纤维需求量达到5000t以上,而当前国内生产的碳纤维大多为低档产品且产量较低,高性能碳纤维则高度依赖进口。热塑性碳纤维复合材料具有非常优异的综合性能,除了具有导电和电磁屏蔽的功能之外,还具有优异的物理机械性能与加工性能的平衡,而且其耐磨性能、耐候性能以及阻燃性能也十分出色。碳纤维及其复合材料由于具有优异的物理机械性能、热性能、电性能、生物适应性能及质轻,广泛应用于交通运输、电子信息、土木建筑、体育娱乐、纺织工业、机械工业,石油化工,清洁能源及核工业设施等国民经济不同领域,其在热塑性碳纤维改性塑料方面,国内也处于落后状况。国内部分企业虽然也开发了一些产品,但在产品质量、技术路线以及产品品种完备性来看,与欧美企业相比还有差距。本公司每年在研究高性能增强材料方面均需要一定数量的碳纤维,但国内无法供应、国外进口价格极高,针对上述现状,公司于2006年启动了碳纤维的研究开发工作,由首席技术官黄险波博士领衔,选聘相关研发人员,组建了碳纤维项目研发团队,自主研发碳纤维及其改性工程塑料技术,并已在碳纤维制备方面申请中国发明专利5项。

2. 卡博特公司

卡博特公司成立于1882年,是一个世界级的功能化学品公司。总部位于波士顿M. A,卡博特在全球19个国家运作有39个工厂,雇员约4200人。卡博特公司由四种业务组成:核心业务(橡胶炭黑、超级金属业务、弹性体复合物);功能业务(特种炭黑、气相法金属氧化物、色母粒、导电掺和物);新业务(喷墨颜料、纳米胶、燃料电池);特种流体(铯的甲酸盐)。

卡博特塑料归属于功能业务的一部分,囊括色母粒及导电掺和物业务。卡博特是世界领先的黑色母粒及导电掺和物厂商,白色及添加剂色母粒支持其业务。始于1961年,色母及导电掺合物业务目前设有三家工厂在欧洲,一家工厂在中东(迪拜),一家工厂在亚洲(中国香港)。总产能超过100kt,所有工厂都通过ISO 9001:2000质量体系认证。

卡博特是应用于塑料加工工业各个领域的高性能色母粒的全球供应商。拥有超过40年的设计、开发及在塑料加工工业商业化生产的经验,卡博特可以提供黑、白、灰和添加剂色母粒,以及导电掺和物。它们的注册商标依次为:PLASBLAK®、PLASWITE®、PLASGREY®、PLASADD®和CABELEC®。

卡博特色母粒及导电掺和物分为标准工业规格、特殊应用规格及为满足客户需求量身订制规格。为了易于加工,避免产品污染问题及确保环境安全及干净,所有的卡博特色母粒及导电掺和物以无尘规则小球的形式生产及供应。卡博特色母粒广泛应用于热塑性塑料以提供阻光性、色彩及紫外耐候保护。导电掺和物能够很大程度上减少由静电释放而带来灾难的危险。CABELEC系列掺和物的导电性是永久的,不依赖于温度和湿度。

为了保持技术领先,卡博特在拥有许多丰富技术科学家的开发中心(Pepinster(比利时),上海(中国),Billerica(美国)),对新产品开发进行了持续的投资。这里有许多开发项目,包括新加工技术的使用,导电掺和物的开发,紫外保护、高阻光、高着色性色母的开发。这些先进的实验室装备着最先进的树脂加工、测试、分析的仪器,达到甚至超过客户需求。许多技术项目通过与客户、供应商及研究机构紧密合作得以执行。值得一提的是,关于标准管材和农用薄膜应用,在Pepinster的实验室有能力使用氙灯和QUV老化试验仪测试塑料原材料的户外及加速耐候性能。应用开发团队通过与客户、供应商及国际组织的紧密合作,综合考虑加工应用分析服务的专门技术和行业知识,可以提供广泛的技术服务支持。对于地区的技术支持,每一个生产工厂都配备品质保证实验室,它们除了有日常质量检测常规仪器,还有分析仪器。

3. 科倍隆南京公司

科倍隆集团隶属于德意志参股上市公司(Deutsche Beteiligungs AG),其为德国法兰克福股市最大的基金投资公司。截止到目前,德意志参股上市公司对约40家子公司进行控股。科倍隆集团为塑料配混和挤出系统及化工行业大型物料输送系统在全世界范围的领军企业,其旗下的四家主要生产基地累积拥有300多年的历史。科倍隆集团的技术也深远影响了中国塑料挤出机行业的质量标准。科倍隆南京严格遵守科倍隆集团的质量标准,充分确保了每道生产工序的高质量完成。

科倍隆集团全球共有三家研发中心,除位于德国总部和美国的研发中心外,位于中国南京的研发中心也于2008年10月7日举行了隆重的揭幕仪式。此中心的成立将有助科倍隆集团公司更快更好地为中国及亚洲的客户提供系统解决方案。

科倍隆全新推出比扭矩达 10Nm/cm^3 的 STS advanced 配混挤出机，扭矩实现了 15% 的提升。由于扭矩的提升，双螺杆(STS)配混机实现了产品质量的提升和高达 20% 的产量提高。产量的提高除了需要工艺方面的调整之外，在控制成本的前提下还需对驱动系统关键部件的功能进行革新，这样才得到了更高的性价比。STS advanced 配混机配备了动力更大的电机以及与之相匹配的齿轮箱。更高性价比使配混机能在更短的时间内为客户实现投资回报。

4. 合山化工集团

合山化工集团创始于20 世纪 70 年代中国台湾花莲，主导产品系超微细滑石粉及超微细碳酸钙粉、超微细硫酸钡粉、表面改性系列碳酸钙粉、滑石粉等。30 年来，合山化工集团秉承着“成长、创新、完美”的经营理念致力于无机粉体工业的发展，不仅业绩快速成长，新产品不断研发，同时朝向国际化迈进。合山化工先后在中国台湾宜兰、中国辽宁、中国湖州成立了公司。合山化工集团所属企业全部通过国际认证机构 ISO9001 质量体系认证，不断完美的品质深受国内外客户的信赖。合山化工(辽宁)有限公司成立于 1996 年，是一个精简而高效的企业，年生产能力 200kt。

合山化工生产的滑石粉是以优质天然滑石经超细研磨而成，具有高纯度、高细度、高白度等特点。细度有：800 目、1250 目、2000 目、2500 目、3000 目、4000 目等。合山化工生产的碳酸钙粉是以优质天然方解石经超细研磨而成，具有高纯度、高细度、高白度等特点。硫酸钡粉主要由优质重晶石经特殊研磨制成，本品为无臭，无味，无色粉末状，具有比重大、白度高、纯度高等特点。表面活性改性滑石粉和表面活性改性碳酸钙粉是以优质的硬脂酸、偶联剂等化学助剂对碳酸钙粉和滑石粉的颗粒表面，进行表面化学包覆制成，有效提高了与有机高聚物的相容性，增加填充量、改善产品物理性能。

合山化工生产的滑石粉、碳酸钙粉、硫酸钡粉以及经表面活性改性滑石粉和碳酸钙粉广泛应用于塑料、橡胶、造纸、涂料等领域，具有增强、增韧塑料，补强橡胶，提高或改善纸张和涂料品质等作用。

(中国塑料加工工业协会多功能母料专业委员会
刘奇祥，袁绍彦，叶南飚，宁凯军)

氟 塑 料

【行业情况】

2010 年，中国氟塑料加工行业进入了关键的转型期，一方面，随着应用领域的扩大，环保、电子、新能源等领域的需求明显增加；市场对氟塑料制品的需求增大，对于大多数企业，上半年生产形势普遍较好，订单比 2009 年同期有明显的增加。随着竞争的日益加剧，企业普遍加强了研发力度，推出了不同品种的新产品，出现了更多的深加工产品，企业在设备改造上投入了很大力量，自动化程度有了明显的增强，规模化、自动化生产正在逐步取代传统的生产方式。人工的使用量减少，取而代之的是更加人性化、自动化的现代化设备。随之而来的是对于原料的稳定性要求的提高。

另一方面，由于上游原材料的供求失衡，导致中国氟塑料加工行业经历了比金融危机更加严重的原材料危机。氟塑料原料出现了前所未有的供不应求，销售价格暴涨。截止到 12 月，PTFE 的销售价格已经上涨了近 20 次，涨幅接近 200%。

进入下半年，由于上游原材料上涨过快，和严重的供不应求，致使部分产品出现需求下降的趋势，2010 年企业普遍出现因原材料短缺造成的开工不足，销售额上升，利润大幅下降。原材料提价和不欠款政策，使得企业的流动资金成倍增长，材料和资金的双重压力造成部分企业减产或停产。如果原料的供求矛盾不能及时解决，氟塑料加工行业相当一批企业的生存危机还会加剧。

氟塑料原材料市场由买方市场转变为卖方市场，2010 年 PTFE 树脂的消耗量约 35kt；制品出口 11826t，进口 8012t，在行业出现严重的原料缺口的情况下，仍有部分企业 PTFE 的树脂消耗量超过千吨；与 2009 年相比，2010 年 PTFE 树脂出口增加了 82.92%，树脂进口增加了 32.20%，制品进口则增加了 160.48%。在树脂产量没有明显增加的情况下，出口的大幅增加，无疑挤占了国内的市场份额，造成国内市场的严重供不应求。另外，还迫使用户靠增加进口来满足需求。2010 年国内 PTFE 树脂消耗量下降了 6000t 左右，严重的供需矛盾导致树脂的销售价格上涨近 200%。在制品出口量仍然上升 23.5% 的下，国内下游市场承受了巨大的压力。如此下去，下游市场将会寻找替代品，最终致使市场萎缩。

近三年氟塑料供需情况：

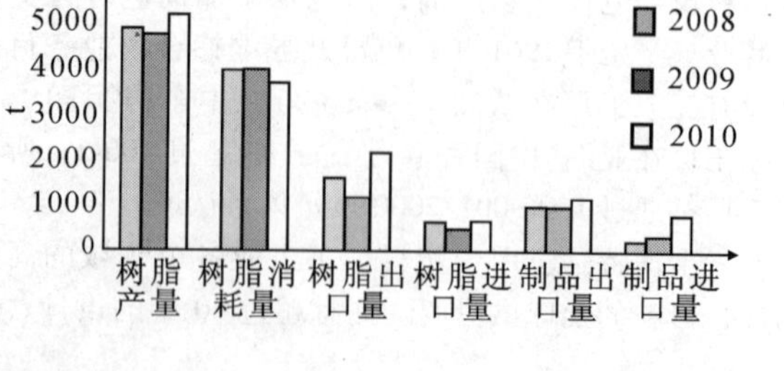

【发展趋势】

氟化工在“十二五”规划中将被单列为一个专项规划，进行强制性资源整合，氢氟酸、HCFC－22均将实行准入政策；氟化工产业链将会向下游延伸，精细化发展将成为氟化工发展趋势。新冷媒的需求剧增，促使化工企业纷纷计划扩产或新建有关生产线。“十二五”为结构调整期导致氟塑料市场也将继续动荡。国家的宏观调控政策，与资源的限制，促使中国PTFE产业必须进行产品结构转型升级，淘汰一部分与其他行业抢市场的低端产品；产品从低端市场逐步向高端市场转型；由于国产原料正在失去价格优势，氟塑料行业正在面临从中国企业挤占国外市场，到外资企业来抢占国内市场的局面。

中国氟塑料市场仍然处于黄金发展期；国际市场的青睐将有助于中国氟塑料产业的转型升级；国家发展新型战略产业的政策有利于氟塑料产业的进一步发展；行业将逐步缩小与强国的差距。

2011是“十二五”初年，国家公布了“十二五”发展规划，规划提出：依靠科技创新推动产业升级。面向国内国际两个市场，发挥科技创新对产业结构优化升级的驱动作用，加快国家创新体系建设，强化企业在技术创新中的主体地位，引导资金、人才、技术等创新资源向企业聚集，推进产学研战略联盟，提升产业核心竞争力，推动三次产业在更高水平上协同发展。

氟塑料行业经过10余年的努力，拓展了大量应用领域，国家“十二五”重点发展的战略新兴产业有许多需要氟塑料制品，尽管氟塑料加工企业面临严重的考验，但多数企业还在积极地开发新产品，加强管理力度，进一步降低成本。

【专委会活动】

1. 召开第四届七次理事会

“中国塑协氟塑料加工专业委员会第四届七次理事会”于2010年6月1日在北京圆山大酒店召开。中国塑协氟塑料加工专业委员会常务理事和理事和部分特邀会员单位50余名代表参加了会议。中国轻工业联合会综合业务办公室于学军副主任到会并发表了重要讲话。

会议听取2009年专委会工作总结及下一步的工作计划，讨论了《中国氟塑料加工行业“十二五”规划》（初稿），到2015年，使我国氟塑料加工行业结构调整和产业升级取得明显成效，行业抗风险能力和国际竞争力得到有效提高；自主创新能力和品牌建设得到较大提高，建立起较完善的行业创新支持体系；重点行业技术装备国产化取得重大进展；形成一批具有较强国际竞争力的骨干企业；内需产品和市场得到开拓，出口产品附加值明显提高，市场进一步多元化。加快氟塑料加工业由世界制造大国向世界强国迈进。

轻工业联合会综合业务办公室副主任于学军处长对氟塑料行业的规划给予了充分的肯定，并就节能减排问题与会议代表展开讨论。他指出，节能减排将是国家以后大力发展的方向，国家“十二五”规划任务要求大力发展节能减排产业，要求二氧化碳排放量下降45%，国务院常务会议对淘汰落后产能工作提出具体目标，一场国家层面的淘汰落后产能之战即将打响。于处长建议生产企业今后需大力发展节能减排工作，努力将节能减排作为重点予以实施。

根据常务理事会讨论确定的增补理事单位候选名单，各候选单位代表介绍本单位情况，与会单位代表进行投票表决，最终决定增补西安安德高分子材料有限公司、无锡市祥健四氟制品有限公司、重庆晨光化工新材料有限公司、浙江成宝电线电缆有限公司、河北廊坊祥和密封制品有限公司、慈溪市东南复合材料有限公司为理事单位。

与会企业代表结合“十二五”规划以及节能减排的主题发表各自的观点。代表们认为：低碳环保的理念需要深刻贯彻到企业中，企业可以根据国家发展规划、国际先进理念，合理安排企业的节能减排具体措施；在企业的不断发展中，虽然产品多样化了，可是发展空间有限，因此需要企业间强强联合，以集团的形式，开发各有所长的新产品。

6月2日会议代表们参观了在北京国家会议中心举行的2010阿赫玛亚洲展。展会以展示化工流程和生物技术为主，产品涉及密封、化工防腐、环境保护、泵阀、过滤等领域，其中包括国内外部分氟塑料企业参展。代表们通过在展会上参观学习，了解了氟塑料制品更为广阔的应用领域，对于今后的发展起到一定的促进作用。

2. 申报制定行业标准

专委会与年初组织相关企业，申报制修订部分行业标准，2010年申报的行业标准有：聚四氟乙烯管材、聚全氟乙丙烯管材、聚全氟乙丙烯薄膜、聚四氟乙烯微孔过滤薄膜。

根据工信部工科（2010）96号文件，业内期盼已久的《聚四氟乙烯棒材》——QB/T 4041—2010和《螺纹密封用聚四氟乙烯未烧结带（生料带）》——QB/T 4008—2010两项标准将自2010年10月1日起正式实施。

3. 召开四届八次理事会

中国塑协氟塑料专委会第四届八次理事会于

2010年10月23日在浙江宁波召开。40余家内资氟塑料加工理事单位及特邀企业代表参加了会议。国家工业和信息化部规划司王建忠处长出席会议并讲话。会议主要内容：一是认真学习领会党的十七届五中全会精神，积极制定行业和企业的“十二五”发展规划，推动氟塑料产业结构调整和升级，促进行业的可持续发展，增强产业的核心竞争力；二是针对当前氟塑料国内外市场动态，分析研究行业对策。

会议由庄甦理事长主持，陈生秘书长汇报了专委会今年的工作情况，并就行业发展形势作了调研分析报告，王建忠处长做了重要讲话。参会代表本着氟塑料加工行业的健康发展，对企业可持续发展高度负责的精神，围绕主题，踊跃发言，提出了许多有建设性的意见和建议，形成了共识。与会代表认为：氟树脂出现严重供不应求，给行业的正常生产带来严重影响；分析危机的主要原因来自：①氟塑料制品的需求增加，使供需矛盾突出；②国际市场树脂需求增加，直接影响国内市场供应；③树脂生产的垄断，不断推高国内市场氟树脂价格；④制冷剂市场的快速升温，引发上游原料用途的重新分配。

代表提出了以下应对措施：①委托专委会秘书处向有关部门反映行业情况，恳请有关部门针对我们反映的情况展开调查，为了保护国家不可再生资源的合理开采和利用，防止因氟塑料制品业的价格攀升殃及到更多的下游应用行业。为缓解当前氟树脂严重短缺的现象，建议取消“初级形状的聚四氟乙烯(海关编号：39046100)”和“其他初级形状的氟聚合物(海关编号：39046900)”现行13%的出口退税鼓励政策。②呼吁氟树脂生产企业立即停止召开以商议销售价格为主要目的的行业会议，为全产业链营造一个更加健康的市场环境。③建议企业通过计划生产，提前与客户沟通第二年的购买量，再根据需求与树脂企业订购年用量，以保证原料供应期间的价格稳定。再者，可以在原料价格公认较低的时候，适当增加原料库存，规避因原料上涨带来的产品价格的上涨。在原料短缺时还可以缓解用料压力。④建议树脂企业适当增加部分产品的产能，以满足日益增长的原料需求。

同时，与会代表普遍认为，原料的短缺和价格增长对市场的影响是两面的，尽管对有些企业影响颇深，但这对于产品调整能起到一定促进作用。目前国内的氟塑料加工企业数量过多，有些是对资源的浪费。企业应通过联合、兼并、重组，集中力量调整产品结构，加强产品创新、管理创新、技术创新以降低成本，大力开发高端产品，提高核心竞争力和避险的能力。经济风暴可能不只这一次，建议企业通过联合相关产业来发展本企业产品，共同开发新产品，达到共赢得目的。

根据四届七次理事会精神，专委会向有关上级部门递交了“关于取消初级形状氟聚合物现行出口退税政策的建议”。

（中国塑料加工工业协会氟塑料加工专业委员会　陈生）

医用塑料

随着国家对民生问题的倍加关注以及新医改方案的实施，医疗卫生事业飞速发展，给医疗市场带来巨大的商机与利好。尤其是作为环渤海地区的各省市的支柱产业医疗行业，在政策和资金上给予了巨大的支持，相关产业已初具规模，并迅速发展。为了加快推进天津及环渤海地区医疗事业的建设和发展，拓宽医疗健康事业发展空间，扩大塑料在医疗领域的应用，提高企业的知名度，更好地为协会会员单位服务，我中国塑协医用塑料专业委员会会同中国轻工机械协会，天津滨海新区区政府决定召开“2010橡塑材料在医疗领域中的应用论坛”，并同期于2010年9月15日～17日在天津滨海国际会展中心举办“第二届中国国际塑料橡胶注射成型工业展览会”，在展会上设立了医用塑料展示专区，为会员企业免费提供一个交流、贸易的平台，覆盖了整个环渤海地区，辐射华北地区各大医疗机构，打造环渤海地区医疗行业盛世，同时深耕环渤海这个全国最具发展潜力的医疗市场。本届展会引起了参展人员巨大的反响，得到了与会人员的一致好评。而应用论坛是在中国经济已由向好走向稳定增长的背景下召开的，是在我国即将完成“十一五”规划，正在制定“十二五”规划的新形势下召开的。举办此次论坛，对于促进橡塑材料在医疗领域的应用，开拓橡塑产业的发展空间，培育新的经济增长点，打造战略性新兴产品，创造新的竞争优势，将产生积极地影响。本次论坛主题鲜明，针对性强，内容丰富，前瞻性好，形式多样，适用性更广。论坛期间，与会人员针对金融危机时代的新特点，抓住世界经济大调整，大变更的机遇，紧密结合橡塑产业的现状和发展趋势，紧扣橡塑材料在医疗领域的运用这个中心议题深入研讨产业转型升级的对策意见，积极探讨培育新兴产品的方略措施。这是一次谈形势，说挑战，议发展的思想盛会，是一次互通信息，共享成果，提升技术的科技盛会，又是一次开拓行业新领域，共创产业新优势的专业盛会。

由雅式展览服务公司主办，中国塑协等单位协办的“2010 国际橡塑展”于 2010 年 4 月 22 日在中国上海新国际博览中心圆满闭幕。作为享誉亚洲及全球的橡塑业顶级盛会，吸引了来自国内外的客商。我专委会作为支持单位，也组团参加了展会。作为世界领先的塑料橡胶行业信息及技术交流平台，每年精心准备的主题都让人眼前一亮。2010 年展会紧扣市场脉搏，关注环保话题和低碳经济，推出的以“绿色制造，共塑未来”为主体的“绿色橡塑行业论坛”向橡塑行业及用户企业传达最新的橡塑发展趋势。

国际医疗设备设计与技术展览会在 2010 年 8 月 25 ~ 26 日在上海举办，通过此届展会我们看到中国的医疗设计与技术领域通过广泛采用新技术、新设备，已经处于一个新的发展水平上。本届展会荟萃国际医疗器械知名厂商，将为中国医疗器械制造带来先进的设计理念和一流技术，通过产品展示和引进先进技术促进了我国医疗器械制造业的发展。还为供需双方开展技术交流，商务交易构建了一个理想的平台。

在 2010 年，我专委会作为协办单位，组织了企业参加 63 届、64 届国际医疗器械博览会，此展会是亚太地区最大的医疗器械及相关产品、服务展览会，汇聚全球顶尖医疗行业精英和医疗设备、服务品牌，产品覆盖整个医疗器械产业链，为医疗行业用户提供全方位的行业平台方案。

天津市津南区政府会同市食品药品监督管理局、市科委达成在津南区创立高端医疗器械产业园，规划 300 亩九通一平场地。建立以灭菌中心、检测中心、研发中心为公共服务平台的核心组织和设施。引进 20 ~ 30 家核心企业，形成 15 亿元左右的集约化的产业规模。

（中国塑料加工工业协会医用塑料专业委员会　陈俊尧）

塑 料 助 剂

【行业现状】

“十一五”期间，随着我国塑料工业的快速发展，各种塑料助剂产品的产能、产量和消费量都取得了较快的增长；新产品开发活跃，产品结构日益优化，不少新工艺、新技术得到应用和推广；节能减排、清洁生产、提高产品质量等方面也都取得了新进展；整个行业的生产能力、技术水平和市场竞争力都跨上了一个新台阶。2010 年国内塑料助剂的消费量为 3880kt。2011 年塑料助剂各主要品种的消费量见表 1。

表 1　2010 年塑料助剂消费量统计　kt

品　种	消 费 量
增塑剂	2080
热稳定剂	400
阻燃剂	360
冲击改性剂与加工改良剂	285
着色剂	350
润滑剂	120
发泡剂	165
抗氧剂	72
抗静电剂	8
光稳定剂	7
偶联剂	15
其他	16
合计	3878

【专委会活动】

1. 举办年会和技术研讨会

塑料助剂专委会于 2010 年 11 月 11 ~ 14 日在福建厦门组织召开了“塑料助剂专业委员会年会暨 2010 年塑料助剂生产与应用技术信息交流会”，来自全国各地的塑料助剂生产企业、塑料加工企业、大专院校、科研院所的 200 多位代表参加了会议。2010 年 4 月与慧聪塑料网合作，在上海举办了“塑料改性与配方设计技术研讨会”，50 多位代表参加了会议。

2010 年 5 月，热稳定剂行业在杭州召开了《PVC 热稳定剂及其应用技术》定稿工作会议，该书已由化学工业出版社于 2011 年 1 月出版。

2. 编写塑料助剂行业“十二五”规划

专委会秘书处在增塑剂、热稳定剂、阻燃剂、抗氧剂和光稳定剂、偶联剂起草人提供的材料的基础上进行了汇总、整理、加工，并广泛征求各理事单位的意见，形成了塑料助剂行业“十二五”规划。

3. 参加展会和日常工作

专委会派员参加了“第二十四届中国国际塑料橡胶工业展览会”、“第十一届中国塑料博览会”、参加了“2010 第五届西部大开发塑料论坛”，宣传了专委会及《塑料助剂》杂志，加强了横向交流。

继续办好《塑料助剂》杂志，充实“塑料助剂信息网”的内容。

专委会秘书处利用掌握的信息资源，为企业提供业务和技术咨询，或推荐有关专家帮助解决问题，向应用企业推荐会员单位品质优良的产品，并根据会员单位的要求为他们提供相关资料，以及有关证明材料。

【产品结构调整与技术进步】

1. 增塑剂

目前我国增塑剂生产企业有130多家，2009年国内生产能力为万吨级以上企业的统计产能约2845kt。其中产能200kt以上的企业5家，100～200kt的企业9家，50～100kt的2家，10～50kt的12家，其中，16家50kt以上企业产能占统计产能的87.87%，这表明我国增塑剂产业结构正向规模化、集约化方向调整。

2009年实际产量约1946kt，其中邻苯类DOP、DINP产量约1241kt，DBP、DIBP约250kt，环氧类200kt，对苯类100kt，偏苯类55kt，DOA、DOS 50kt，未统计的约40～50kt，合计全国增塑剂产量1946kt左右；2009年我国增塑剂进口量402.1kt，出口量16251t；表观消费量2332kt。用于塑料的为1980kt。

2009年增塑剂消费量中，邻苯类占81%，环氧类占8.5%，对苯类占4.2%，偏苯类占2.4%，其他占3.9%。

目前中国增塑剂的消费结构大致为：薄膜35.0%，塑料鞋18.0%，革制品17.5%，泡沫制品9.0%，电线电缆7.5%，其他13.0%。

近年来，我国增塑剂生产企业的装置规模不断扩大，技术水平和产品质量都得到了提高，环氧大豆油、偏苯三酸酯类、柠檬酸酯类等环保型增塑剂的产量大幅度增长。磷酸酯类阻燃性增塑剂、抗静电功能性增塑剂等多功能助剂也已投产。

2. 热稳定剂

近几年来，我国热稳定剂的消费量随着PVC工业的快速发展而大幅度增加。目前我国稳定剂的生产能力大约为480kt，生产的厂家近1000家，基本上能够生产加工工业所需的所有热稳定剂品种。2010年，热稳定剂各品种的产量见表2。

表2　2010年热稳定剂产量统计　　kt

品　　种	产　　量
铅盐类	127
硬盐	77
复合金属稳定剂	128
有机锡类	35
其他	33
合计	400

近年来，热稳定剂行业在朝着无毒、环保、高效的方向取得了长足的进步，产品结构日益优化，产品性能不断提升。2010年钙锌类环保型热稳定剂的产量比2005年增长了70%，铅盐的比例逐步减少，有机化合物基热稳定剂的研发和生产取得了可喜的进展，我国特有的稀土掺杂热稳定剂推广应用进步明显，β－二酮和水滑石等辅助热稳定剂的生产和应用取得了显著成绩。

3. 阻燃剂

我国阻燃剂的产能中卤系(含氯化石蜡)占41.2%，磷系占44.0%，无机阻燃剂为9.3%，蜜胺阻燃剂为2.0%。

近年来，阻燃剂行业增加了无机阻燃剂和磷氮类阻燃剂的产能、产量，逐年减少含卤阻燃剂的生产，大幅度降低多溴联苯类阻燃剂的销售，向低毒、低烟(或抑烟)、低腐蚀方向发展。无机阻燃剂在细化分级、表面活性处理、提高流动性、分散性等方面取得了长足的进步。氮－磷基膨胀型阻燃剂、氮基型阻燃剂的研制非常活跃。齐聚溴代碳酸酯、齐聚磷酸酯等高相对分子质量阻燃剂对除阻燃性之外的其他基本物理机械性能的恶化程度均明显降低。

4. 抗氧剂和光稳定剂

随着国际、国内石化工业和塑料工业的快速发展，我国抗氧剂和光稳定剂的产能、产量、品种数量均迅速增长。2010年与2005年相比，抗氧剂的产能、产量增长200%以上，光稳定剂的产能、产量增长250%以上，详见表3和表4。

表3　2010年抗氧剂产能、产量统计　kt

品　种	产　能	产　量
受阻酚类	55	45
亚磷酸酯类	45	40
含硫类	6.5	5
合计	106.5	90

注：抗氧剂产量中约20%用于出口。

表4　2010年光稳定剂产能、产量统计 kt

品　种	产　能	产　量
受阻胺类	9	6
苯并三唑类	6	4
二苯甲酮类	6	4
合计	21	14

注：光稳定剂产量中约50%用于出口。

近年来，抗氧剂和光稳定剂由通用型产品系列向通用及专用结合的方向发展，专用型抗氧剂如液体受阻酚1135、含氮受阻酚3114、1098、半受阻酚抗氧剂245，高相对分子质量紫外线吸收剂UV-360、苯基取代基苯并三唑紫外线吸收剂UV-234、猝灭型光稳定剂1084等产品取得了长足的进步。

受阻酚抗氧剂和部分受阻胺光稳定剂的合成采用无锡催化剂技术，降低了受阻酚抗氧剂和部分受阻胺光稳定剂的重金属锡含量，满足了国外需求。

5. 抗冲改性剂与加工改良剂

2010年我国抗冲改性剂和加工改良剂的消费量为285kt，其中用于塑料的为205kt，各品种的消费量见表5。

表5 2010年抗冲改性剂与加工助剂消费量统计 kt

品 种	消 费 量
CPE	180
ACR	30
MBS	45
其他	30
合计	285

近年来，ACR、MBS等高效冲击改性剂生产工艺有所突破，装置规模不断扩大。聚丙烯等挤出薄膜用的含氟加工助剂快速增长。PPA系列产品、硅酮粉末和PTFE粉末等聚烯烃用加工助剂也已投产。

6. 发泡剂

目前，全国约有40余家ADC生产企业，累计产能达250kt，我国已经成为ADC发泡剂的生产大国。2010年我国化学发泡剂各品种的消费量见表6。

表6 2010年发泡剂消费量统计 kt

品 种	消 费 量
无机发泡剂	15
ADC发泡剂	115
发泡剂H	15
OBSH发泡剂	15
其他	5
合计	165

近年来，复合发泡剂得到了很大的发展。当前，复合发泡剂以ADC发泡剂、发泡剂H、OBSH及无机发泡剂为主体，两种及两种以上发泡剂并用，并可配合其他助剂，从而满足特定的应用领域。

7. 其他

2010年，其他塑料助剂，如润滑剂、偶联剂、抗静电剂、抗菌剂、成核剂、防雾剂等在开发新产品和技术进步方面也都取得了不同程度的进展。

【存在问题】

塑料助剂企业大多数为中小企业，管理水平不高，大中型骨干企业少，许多产品未形成集约化规模经营；产品结构不尽合理，高端产品少，根据客户个性化需求生产的专用品种不多，部分产品质量不够稳定，有些塑料助剂产品品种单调，构不成系列体系；和国外先进企业相比，我国塑料助剂企业的技术工艺水平不高，装备相对落后；企业的科技投入不足、自主创新能力薄弱，缺乏高水平的专业人才；行业中缺乏国际知名品牌；部分产品还存在着高排放、高污染的问题。

1. 增塑剂

（1）生产工艺参差不齐，总体水平比较低

目前许多小型企业仍然采用酸性催化剂，全间歇式生产、手动控制的落后装置和工艺，产品质量稳定性差，已经很难适应当今世界增塑剂行业的竞争局面。

（2）产品结构不合理，品种单一

世界上已开发成功的增塑剂达500多种，已商品化的达100多种，而我国目前生产约30多个品种，其中约80%的产量为邻苯类产品，环保类高效品种所占比例小，许多专用和高性能品种还不能生产，依赖进口。

（3）我国增塑剂市场面临环保压力加大

随着世界各国环保意识的提高，医药及食品包装、日用品、玩具等塑料制品对主增塑剂提出了更高的纯度及卫生要求，欧盟、美国等发达国家已经颁布了限制DOP等六种邻苯二甲酸酯类产品的使用范围，而我国增塑剂生产企业对无毒新型增塑剂的开发和推广力度不够，这对国内增塑剂行业产生了很大压力。

（4）上游原料被垄断，行业发展艰难

增塑剂上游原料丁、辛醇，主要集中在少数大企业手中，异壬醇完全依赖进口，对国内增塑剂企业及下游行业造成严重影响，使得我国增塑剂行业在微利中艰难生存。

2. 热稳定剂

热稳定剂行业存在的主要问题是：原始创新不足，环保意识不强，铅、镉等有毒有害产品仍然占据市场主要份额，产品技术标准相对落后，产品质量波动较大，行业集中度较低，同行业间存在无序竞争现象，以及一些客户恶意拖欠货款。

3. 阻燃剂

阻燃剂行业存在的主要问题是：

（1）产品结构不合理，无论生产销售都以溴系阻燃剂为主，虽然部分产品的发展较为迅速，但是依然没有改变溴系阻燃剂为主的总体格局；

（2）生产工艺、产品质量与国外产品有差距，产品质量的稳定性不高；

(3) 自主研发的力量和投入不够，大部分产品以仿制为主；

(4) 绝大部分阻燃剂生产企业的规模不大，不能产生规模效应，竞争力不强。

(5)目前阻燃剂在国内的使用仍不普及，国内阻燃塑料占塑料制品的比例不到2%。而在美国，阻燃塑料比例为30%左右。

4. 抗氧剂和光稳定剂

抗氧剂和光稳定剂行业存在的主要问题有：

(1) 塑料抗氧剂、光稳定剂企业的综合实力与国外同类企业有较大差距，而人才、技术实力的差距更大。

(2) 完全自主创新或拥有自主知识产权的抗氧剂、光稳定剂产品品种和产量极少。国内生产的抗氧剂、光稳定剂品种，多为国外产品分子结构和合成工艺的仿制。

(3) 大部分企业的抗氧剂、光稳定剂生产工艺、产品质量与国外同类型产品有一定差距，大部分国产抗氧剂、光稳定剂与国外同类型产品比较，外观、质量指标和应用效果尚有差距；国产抗氧剂、光稳定剂产品质量不稳定，不同批次产品经常出现明显的外观和质量数据差异；对高档次或高要求的塑料制品，用国产抗氧剂、光稳定剂代替同类型进口产品后，塑料制品的抗老化性能时常降低。

(4) 国内工程塑料及改性塑料专用型或特殊类型抗氧剂、光稳定剂品种较少，尚不能满足工程塑料及改性塑料行业发展和质量、档次提高的需求。

(5) 部分抗氧剂、光稳定剂产品的生产工艺污染比较严重、三废排放量较大。

5. 冲击改性剂与加工改良剂

我国的冲击改性剂品种结构不够合理，CPE 所占比重太大，品种偏少，不能满足用户的多样化要求。

6. 化学发泡剂

化学发泡剂的主要品种 ADC 发泡剂的生产工艺还存在着污染大、能耗高的问题。

【发展趋势】

(1) 随着我国总体经济的持续健康发展，随着塑料工业的快速发展，今后一段时间，我国塑料助剂行业将保持平稳较快的发展态势。预计“十二五”期间的年均增长率为7.4%。

(2) 塑料助剂产品的结构调整的方向主要是顺应节约资源、保护环境、实现可持续发展的大潮流，较大幅度地减少对健康和环境有不利影响的塑料助剂产品的产销量，大力发展性能优良、绿色环保、价格较容易被用户接受的产品；充分发挥资源优势，积极开展轻稀土化合物在塑料助剂中的应用技术研究，推动稀土功能助剂的产业化发展；细分市场，增加品种，满足不同层次用户的需求，扩大专用产品和高端产品的比重；紧跟塑料助剂复合多功能化的发展趋势，加大对复配技术的研究开发，推出更多综合性能好、性价比高、使用方便的复配产品。

(3) 技术进步工作除了根据市场需求大力开发新产品外，还要加大新工艺、新技术、新装备的应用和推广力度，同时在制修订标准、申请专利、建立企业工程技术中心、产学研合作等方面做努力。

要把提升自主创新能力作为增强行业竞争力的战略基点，加大对技术创新的投入，重视技术人才的引进与培养，注重开发拥有自主知识产权的产品和专有技术，努力突破关键核心技术，提升企业竞争力。

要根据产品特点，积极开发低碳技术，搞好清洁生产，淘汰落后工艺和落后设备，减少三废排放，努力做好工业废弃物的回收利用工作。

(4) 加强同行业交流与合作，以求得取长补短，共同提高。积极探索企业之间的各种合作和联合的方式，支持骨干企业做大做强，促进塑料助剂产品规模化经营，加快提高行业的集中度。

(中国塑料加工工业协会塑料助剂专业委员会　王玮)

聚酯薄膜(BOPET)

关于大力扶持建筑玻璃贴膜项目的报告

(草案)

一、扶持项目的提出背景

当今，人们在快速增长物质财富之时，十分排斥以消耗大量原材料和能源为特征的传统经济。同时，为了生活更美好，人们越来越注重保护自己的居住环境。就此，高瞻远瞩的国家住宅建设部屡屡强调绿色建筑的重要性，提出绿色建筑是以节约能源、有效利用资源的方式，建造安全、健康、高效及舒适的居住空间，达到人类及建筑与环境共生共荣、永续发展的新思路。

面对日趋紧张的燃料能源，有能源专家在诠释电能利用上认为，从化石燃料的开采、发电、电力输送一直到最终用户使用，建筑本身实际只消耗了30%的电力能源，另有的70%都在中间环节上浪费掉了。为缓解能源压力，欧美等发达国家把玻璃贴膜作为一种节能建材而全面普及推广，尤其是具有独特功能，技术领先的建筑用玻璃贴膜。

玻璃贴膜(window films，简称WF)，是一种具有多功能复合的光学膜制品，直接贴在玻璃表面上可以改善玻璃的性能和强度，增加保温、隔热、防爆、遮避私密及安全防护等功能，使其可以在各个领域广泛的应用，其中包括汽车玻璃和宾馆、学校、工厂、体育馆、银行、商务大厦等建筑物的门窗玻璃、隔断玻璃、顶棚玻璃等。建筑用玻璃贴膜所具有的隔热保温的节能功效符合国家提倡绿色建筑的要求。

二、扶持项目的实用价值

玻璃贴膜用于建筑上的隔热保温效果显著持久，可以做到不氧化、不褪色、高隔热、高透光、低反光，寿命比金属膜多一倍，并且不阻隔全球卫星定位系统(GPS)的使用。具体产品按实际使用的不同需要分为：高热反射型、低辐射型、单/双向透视型、不透明型、防雾防结露型、防爆安全型、法纱装饰膜等。贴膜颜色区分深色型、浅色型，有蓝、绿、茶、金、银色。

1、建筑用玻璃贴膜的使用特点——隔热、保温、安全

(1) 隔热保温

建筑用玻璃贴膜在减少太阳辐射能和减少传热量方面具有突出功效。高热反射膜能有效阻挡夏季60%~99%的太阳能红外热量，极大降低大楼的制冷成本。低辐射膜又可阻止冬季室内热量30%的损失，减少采暖成本。

(2) 阻隔有害紫外线

建筑用玻璃贴膜可阻隔98%以上的紫外线，保持室内用品的色泽持久。太阳辐射中的紫外线，是造成地毯、家具、艺术画、饰物，窗帘以及许多化纤织物褪色损坏的主要原因，又容易引起部分人群的皮肤癌。

(3) 安全防爆

建筑用玻璃贴膜能有效地防止因玻璃碎片飞溅造成的附加损害，每当遇到工业(交通)事故、地震、台风、恣意破坏、盗窃等行为时，可减少对人体的伤害和财产损失。其安全性优于钢化玻璃，而且比中空玻璃或中空LOW－E玻璃更轻盈，没有两片玻璃加中空部分的重量会减轻一半，能够大大减少建筑负荷。

(4) 美观舒适

建筑用玻璃贴膜能减少太阳的刺目眩光，使室内的视觉更舒适。从里向外看，玻璃窗膜舒适宜人、阻隔强光而不产生景物变形；从外向里看，建筑玻璃贴膜外观协调一致，为建筑物增添美感。建筑玻璃贴膜的丰富颜色和结构选择，为建筑设计师美化大搂外观可提供广泛的构思空间。

(5) 创造私密性

具有单向透视性能和不透明的建筑用玻璃贴膜，装贴于私人空间的窗玻璃，可遮挡他人窥视的眼睛。另有全黑膜和用于内隔断的法纱状装饰膜。

2. 建筑玻璃贴膜的经济效益和社会效益

普通的透明玻璃能够帮助建筑物解决乘座或居住的采光问题，但是，普通玻璃在减少太阳辐射能、减少传热量、减少渗透量和安全坚固方面却显得十分弱势。长期以来，人们在建筑物的制造上考虑框架支撑的安全要素比较多，对窗户整体传热量增加和减少的考虑相对比较少，即使国人喜欢采用内遮阳或内外封堵的方法，仍旧不能解决热量空气的对流，难以兼顾“安全＋采光＋隔热＋保温”的多种效果。1999年，我国制定了《贴膜玻璃》的行业标准。2005年7月1日，首部《公共建筑节能设计标准》开始强制实施。《标准》明确规定公共建筑的幕墙不能使用普通玻璃，必须使用节能玻璃。可是，人们在追求新、奇、异的华丽外表以及集中使用空调之后，却消耗掉大量的电能和燃料。据悉，商业楼能耗测量的结果表明，有上海9幢商用楼的全年一次耗能量为1.8GJ/(m^2a)，超过了日本相应商业建筑的节能标准[1.25GJ/(m^2a)]近43.3%。统计反映，国家机关办公建筑和大型公共建筑的年耗电量约在全国城镇总耗电量的22%，每平方米年耗电量是普通居民住宅的10~20倍。

据上海市房地产科学研究院对玻璃贴膜的课题研究，最后认为建筑用玻璃贴膜的发展前景是乐观的。研究结果表明，贴膜玻璃可以阻挡95%以上的太阳紫外线，还可以增强玻璃韧性和抗冲击强度，减少了玻璃对人造成的无故伤害。隔热节能的对比测试结果表明，在室外温度38~39℃时，用贴膜玻璃的房间比用普通玻璃的房间的室内温度可降低3.5℃。对空调节电测试结果表明，两个条件相同的16m^2的房间，用贴膜玻璃的房间比用普通玻璃的房间节电0.24度/日。专项课题研究报告指出，若以16m^2面积住房每天节电0.24度计算，上海全市6040万平方米住房的居住面积每天可节电894800度，若按民用电0.61元/度计算，每天可节省电费54万元。很明显，假定使用99%以上的高热反射型膜，依据大型公共建筑所处日照位置并选择典型的气候数据，逐时计算全年的室内温度和能耗等指标的前后变化，相信以上节能数字将更为惊人。

3. 建筑玻璃贴膜在发达国家的实际应用

窗户的节能技术主要考虑减少太阳辐射能、减少传热量、减少渗透量三个方面。对既有建筑中的玻璃节能改造的办法或许有二种选择：一是砸烂原有的玻璃换上节能玻璃，二是在原有玻璃上粘贴建筑用的隔热安全膜或隔热涂料。给原有玻璃贴上隔热安全膜，不仅可以减少节能玻璃的投入，而且可以节省其他费用。粘贴建筑玻璃贴膜相比拆下旧玻璃再换上新玻璃的工期短，操作简便；不会产生大量破碎玻璃，不会增加建筑垃圾的运输及填埋成本。根据美国玻璃功能膜协会统计，一般大型建筑使用玻璃窗膜的质量保障期内贴膜在10年以上，外贴膜在3～5年以上，平均三年既可收回投资成本。给原有玻璃涂刷隔热涂料则存在安全和操作不便的遗憾。

由于建筑玻璃贴膜具有隔紫红外线、防爆、隔热节能、保护隐私等优点，在欧美发达国家已经被广泛应用，据调查，发达国家使用玻璃窗膜的市场非常成熟，窗膜产业在美国已有20年以上的历史，1988年日本政府制定了《窗玻璃用贴膜标准》(JISRA5759)。美国建筑玻璃贴膜的普及率在90%，欧洲地区建筑玻璃贴膜的普及率已经达到80%，澳大利亚、新西兰等国建筑玻璃贴膜普及率也都在75%以上。从五角大楼、白宫、悉尼歌剧院再到众多民用建筑群……目前世界上已有60多个国家使用贴膜玻璃。

三、扶持项目的产业现状

1. 国内建筑玻璃贴膜的供给状况

目前，国内玻璃贴膜的生产商主要有常州山由帝杉(韩企)、广州顶立(台企)和江西科为(民企)，其产品主要为来料加工，以返销国外市场居多。国内市场的玻璃贴膜供给厂商主要以美国为首，其中有美国首诺科特玻璃功能膜公司生产的龙膜(LLumar)，还有美国的3M、雷朋及威固等品牌。据了解，这些品牌窗膜的代理机构将销售渠道直接建立在终端的零售环节上，多数消费者只能够通过零星的加盟店、委托的汽车美容店或销售人员享受该品牌的销售及安装服务，而且大多以汽车窗膜为主。对于大面积采光、造型华丽的公共建筑和居家装修来说，则得不到规模化的销售及安装服务。主要原因：一是产品的种类功效和品牌优劣不容易分辨，正牌与杂牌、冒牌混淆，售价悬差2～3倍；二是缺乏安装服务的配套设施和安装服务的专业人员；更重要的是，缺乏工商管理部门和消费者协会有针对性的监督稽查，没有市场的双向公示宣传推动。

2. 国内建筑玻璃贴膜的既有生产条件

(1) 生产原料(基膜和涂料)

建筑用玻璃贴膜的结构，一般由抗刮耐磨层、透明聚酯薄膜层、复合胶层、安装胶层和离形层等多层次组成。

透明聚酯薄膜(BOPET)是一种综合性能优良的高分子薄膜材料，它以聚酯切片为主要原料，经过干燥、熔融、挤出、铸片和双向拉伸等工序后制成，本身兼有无毒、无害、无嗅、无味、无色，具有高强度、刚性好、光泽度高以及良好的耐热性、耐油性和耐化学品性，优异的耐蒸煮性、耐低温冷冻性等一系列特点。聚酯薄膜生产制造程序为物理加工过程，整个过程无污染、少耗能，是一种可回收利用的绿色环保新材料。截止2010年末，国内的聚酯薄膜生产线约有110条，产能近1000kt，具有生产23μm、36μm、50μm、100μm聚酯薄膜(建筑用玻璃贴膜的基膜)约500kt的能力，已成为全球聚酯薄膜产品的第一大生产基地。部分企业的薄膜结晶技术有了大幅提高，薄膜透光率达到90.4%～91%，雾度达到0.5%～0.87%，可满足建筑玻璃贴膜的部分光学要求。

作为建筑用玻璃贴膜隔热介质的铟锡、锌镓氧化物(ITO、ATO液)能够适应使用的不同需求，与各类水溶型溶剂和颜料分散相融成为浆料，而形成金属化镀膜和磁控溅射膜的涂料。目前国内有2～3家企业(沪正科技、鼎泰伟业、惠尔光学)能够专业生产此类涂料，有的涂料已经申请了技术专利。

(2) 生产设备(涂布机)

生产建筑用玻璃贴膜的涂布机一般分别采用两辊条缝挤压式和网纹式两种涂布方式来完成。进口的涂布设备有美国戴唯斯1600－30全自动高精度涂布机和韩国SK－SL－1700多功能精密涂布机；国产的涂布设备有温州1600－360型双功位高精度涂布机等。涂布设备的基本机宽1520～2000MM，有效加热区段为360M，分设7个温控区；车速可以达到5～60m/s。涂层厚度50～100μm，两次涂布可一次完成。洗片为离子风式，热风采用导热油式三级过滤，进风达到千级净化。收放卷采用柔性自动纠偏方式。全线采用防静电防爆设计。

生产流程——正面：擦片－涂布－烘干－复膜(保护膜)；背面：擦片－涂胶－烘干－复膜(离型膜)－复卷切边－包装。

(3) 生产厂房和生产技术

建筑用玻璃贴膜本身要求净洁透莹，对生产现场要求一尘不染，菌落总数达到万至千级/m^2的净化程度。另外，由于生产产品为溶剂型涂料，主要溶剂为醇类，属低毒性，只要在第一排风口加上循环喷淋装置，即可完全达到国家环保的排放标准。

技术路线大致可分为干法和湿法两种：即在PET

薄膜上先涂一层抗划伤的强化层，然后在其表面进行3～7次的真空溅射(将反射及吸收近红外的材料溅射到表面)；即将具有反射和吸收近红外的纳米材料，充分分散到强化涂料之中，经过一次性涂布，就使PET薄膜具有了抗划伤和阻隔近红外的功能。两种方法比较，干法的隔热效果好一些，但成品率较低，制造成本高；湿法的透光率及成品率较高，制造成本低.

3. 国内外建筑玻璃贴膜的性能比较和国内生产的努力方向

建筑用玻璃贴膜的主要光学指标：可见光透过率(VLT)、可见光反射率(VLR)、紫外线阻隔率(UVR)、红外线阻隔率(IRR)、太阳能透过率(SET)、太阳能反射率(SER)、太阳能吸收率(SEA)、总太阳能阻隔率(TSER)、日照得热量系数(SHGC)、遮蔽系数(SC)和U值(U Value)等。

国内某建筑用玻璃贴膜性能表 %

型　号	可见光透过率(VLT)	可见光反射率(VLR)	紫外线阻隔率(UVR)	红外线阻隔率(IRR)	太阳能透过率(SET)	太阳能反射率(SER)	太阳能吸收率(SEA)	总太阳能阻隔率(TSER)	日照得热量系数(SHGC)	遮蔽系数(SC)	U值(U Value)
NIR8560	84.42	9.52	99.34	60.56	39.54	21.81	38.65	45.76	0.54	0.57	0.66
NIR8075	81.34	8.97	99.32	75.23	25.02	19.69	55.29	58.89	0.41	0.46	0.52
NIR7585	76.62	7.67	99.44	84.98	15.21	23.56	61.23	63.78	0.36	0.37	0.6
NIR7095	71.09	6.52	99.6	95.42	4.76	25.68	69.56	75.77	0.24	0.29	0.71
NIR6599	65.67	7.89	99.66	99.02	1.03	17.94	81.03	73.36	0.26	0.24	0.75

美国(龙膜)建筑用玻璃贴膜性能表 %

类　别	型　号	颜　色	可见光透射率/%	太阳能阻隔率/%	阻隔有害紫外线/%	可见光反射率/%	质保期
反射膜	R15BLSRHPR	宝石蓝	11	75	99	25	10年
	R20SRCDF	私密银	18	79	99	62	10年
	R15GOSRHPR	富贵金	14	79	99	52	10年
金属化膜	XAN20BCDF	咖啡茶	20	48	99	8	10年
	XD30GNSRHPR	环保绿	30	54	99	17	10年
磁控溅射膜	XAP60GNSRPS	高级自然色	57	44	99	14	10年
	R15GNSRSPR	翡翠绿	16	73	99	32	10年
	N1020SRCDF	深透明	24	73	99	31	10年
	N1035SRCDF	珍珠灰	41	50	99	18	10年
	N1020BSRCDF	浅海金	21	77	99	37	10年
	N1035BSRCDF	自然茶	38	62	99	25	10年
	R50SRHPR	自然色	49	54	99	27	10年
	R35SRCDF	贵族银	28	68	99	51	10年
隔热膜	N1065SRCDF	透明隔热膜	71	29	99	10	10年
	LE50SRCDF	保暖/隔热膜	49	57	99.9	27	10年
防爆安全膜	SCLSRPS4	铁甲卫士	89	16	99	10	10年
防弹安全膜	SCLSRPS7	铁甲将军	88	16	99	10	10年

目前，国内的玻璃贴膜涂料主要由加工企业选择专用溶液自行调试生产，涂刷后的紫红外线阻隔率和可见光透过率都基本符合市场要求。然而，国产聚酯薄膜用作建筑用玻璃贴膜的基膜仍跟不上市场要求的步伐。目前，国内生产的光学薄膜在技术水平上比较美、日、韩的杜邦、三菱、SKC、Bayer、长濑公司的同类产品尚存在着不少的差距。薄膜的耐寒(-40℃)、耐热收缩(横向±0.1%)、高透光率

(94%)和表面附着力乃达不到后续加工的要求，其主因是受聚酯切片的洁净度、高透光率涂料层的限制，以及现场管理的不到位。相信通过认知的提高和上下产业链的协同进步是完全能够大踏步改善的。

四、政府大力扶持能够增大项目的社会效益

由上所述，建筑用玻璃贴膜在我国正处于入市阶段，尚未在公共建筑和家庭装饰领域作进一步地推广，还不能充分体现其在节能、安全、环保方面的现实意义。易居房地产研究院的数据说，当今全国城镇存量住宅总面积为180亿平方米，每年新产生的大量建筑物，一般以6%到10%的速度递增。2010年4月，国家住宅建设部通报，截止2009年底全国新增节能建筑面积近9.6亿平方米，可形成900万吨标准煤的节能能力以及减排1800万吨的二氧化碳气体。国内如果再配合建筑用玻璃贴膜的广泛应用，这是一个潜力多么巨大的低碳实践呵!

1. 国家住宅建设部给予政策性引导

建筑用玻璃贴膜的大力推动，是非常符合我国低碳经济健康发展的现实需要。近年来，国内已经能够生产建筑用玻璃贴膜，并具有一定规模化和专业化的产业链条。为此，国家住宅建设部等部门有必要将建筑玻璃的节能指标纳入国家的强制性管理范围；有必要督促建立建筑玻璃窗膜的行业生产标准。同时，建议对符合节能指标的建筑用玻璃窗膜给予定牌销售的认可，对新开工建筑或现有建筑改造能使用玻璃窗贴膜的单位给予一定的施工补贴，鼓励生产企业多方位参与攻克产品技术难关，为推广隔热保温安全的建筑玻璃膜积极创造合作条件。如果规定政府办公楼、商务大厦、酒店、医院、学校之类的公益场所和30m以上层高的临街房宅强制使用建筑玻璃膜；如果制定相关政策，通过示范工程调动生产服务商等多方发的展积极性；如果通过示范工程来宣传节能安全效果，扩大影响，增强市场认知度，就会创造出良好的市场需求，大规模地促进我国绿色建筑和低碳经济的健康发展。

2. 中国塑协成立扶持项目的研发中心

成立于1999年12月的双向拉伸聚酯薄膜专业委员会是中国塑料加工工业协会下属的分支机构，被国家民政部准予社会团体分支(代表)机构登记证书(社证字第3264－13号)。截至2010年上半年，聚酯薄膜专委会已拥有会员生产企业25家占全部生产企业的80.6%；产能占全国的89.6%。

由中国塑料加工工业协会牵头组织成立BOPET薄膜研发中心，有必要整合行业现有技术研发的资源，加速拓展科技成果的孵化工作。专门组织成立包括建筑用玻璃贴膜在内的光学薄膜项目组，着重提高基膜的高度透光率、降低收缩率以及薄膜表面附着力，促使建筑玻璃贴膜具有更好的保温、隔热、防爆、遮避私密及安全防护等功能，确保产品能在建筑等领域得到广泛的应用。为此，中国塑料加工工业协会要结合本地实际，制定完善的产品技术标准，并积极研究制定领域应用的设计、施工规程及工法、验收标准，以便形成公开的评价机制，促进社会各界对建筑用玻璃贴膜的应用实现一体化、规范化的管理。

结束语

我们正站在经济腾飞与低碳排放的历史转折点。立足高处的国家住宅建设部已经提出将低品质能源在建筑中最大化应用的要求，即“建筑节能不仅要着眼于减少能源的使用，还必须尽可能采用低品质(低能值转换率)的能源，利用低品质能源进行建筑整体性和基础性调温，比如利用地热能、太阳能或者利用自然通风进行基础性调温，而利用高品质能源来进行局部性、精细性的调温，而成为绿色建筑设计的通则。”

在全球气候逐渐变暖的当今，不断完善的建筑用玻璃贴膜，不仅具有改善玻璃的使用强度，增加防爆、防破碎的安全防护及遮避私密等功能，更重要的是具有隔热保温的节能效果，符合国家提倡绿色建筑的要求。我们有理由相信：通过国家强制性政策的引导和通过一系列的示范工程宣传来放大示范效应，可让建筑用玻璃贴膜的环保特性将得到人们更多的认可，催生隔热保温防爆的建筑用玻璃贴膜在建筑和装修领域将得到广泛的应用。

(中国塑料加工工业协会双向拉伸聚酯薄膜专业委员会　王德钧)

关于推行聚酯膜行业准入条件的报告

(征求意见稿)

一、中国聚酯薄膜行业处于高速发展的非常时期

聚酯薄膜是一种综合性能优良的高分子薄膜材料，其传统的应用领域有包装、电子、电工、胶片、护卡、磁记录材料、装饰、装潢等。近年来在光学、太阳能、建筑、航天等高新技术领域的应用以正在持续拓展。随着近年来新兴产业的出现和聚酯薄膜的需求急剧增长，全球聚酯薄膜产业的发展非常凶猛，我国聚酯薄膜的产业规模也逐步壮大成长。目前我国聚酯薄膜的产能及消费量都呈逐年上升趋势，中国的聚酯薄膜产业正处于高速成长期。2010 年全球聚酯薄膜总产能约为 3500kt 左右，我国聚酯薄膜的生产能力就达到了 1000kt/a，高居世界首位，已成为全球聚酯薄膜产品的第一大生产基地(2010 年估计产量 900kt 左右，销售收入超过 150 亿元人民币)。

二、国内聚酯薄膜存在盲目投资和过度扩张的严重问题

聚酯薄膜虽然是一种正在高速发展的新型材料，但是 2000 年以来，我国聚酯薄膜行业历经“发展高潮→跌入低谷→再起发展高潮→再陷低谷迷局”几个不同循环的周期，而且从现有情况看，循环的周期时间在缩短。应行业内企业的要求，本行业专委会对中国聚酯薄膜产业的技术、市场发展现状进行了一定的调研，特别是收集了各循环周期的变化数据，发觉行业内确实存在盲目投资和低水平重复建设的问题，2010 ~2012 年 3 年时间耗资约 56000 万欧币，骤增新生产线 44 条，新增产能 1045kt(2010 年新投产 8 条线新增产能 175kt；2011 年新投产 23 条线新增产能 550kt；2012 年新投产 13 条线新增产能 320kt)。预计 2012 年国内将有 1870kt 左右的聚酯薄膜生产能力。这样的产能增长速度非常惊人，而市场需求的增长幅度却远远跟不上产能的增长速度。根据预测，即使按年需求 17% 的增长率(国民经济增长率的 2 倍)预测 2012 年的国内需求为 1420kt 左右，届时国内仍将有 20% ~30% 的产能剩余。特别是 90% 以上的新增产能大都生产普通包装用途聚酯薄膜产品，生产的产品相同、客户对象也相同，如此缺乏竞争力的产能同时释放，势必造成社会产品库存增加，引发行业的无序竞争，促使行业利润大幅下滑，将对整个聚酯薄膜行业的发展带来毁灭性的打击。如果不加以抑制将给国家财政及投资方利益造成不可弥补的损失，国内的 PE 农用膜和 BOPP 膜产业的现状就是前车之鉴(表 1)。

表 1　我国聚酯薄膜近年来产能、需求发展变化及预测

年　份	2002	2003	2004	2005	2006	2007	2008	2009	2010	2011(预计)	2012(预计)
设计产能/(kt/a)	113	144	274	542	570	671	671	827.8	1002.8	1552.8	1872.8
产能增长率/%	/	27.4	90.3	97.8	5.1	18.8	17.2	23.3	21.1	54.8	20.6
需求/(kt/a)	130	160	220	300	400	550	650	810	1030	1210	1420
需求增长率/%	/	23.0	37.5	36.4	33.3	37.5	18.1	24.6	27.2	17.5	17.4

三、重视聚酯薄膜行业的投资行为，避免低水平重复建设

综观国际上发达国家的先进企业的发展轨迹，他们都是通过技术进步来提升产品档次、淘汰低水平装备和低端产品，都是通过产品结构的合理布局才得以发展。当今，光电、电子、电器等领域的高端功能性聚酯薄膜的生产都是出自于日、美、韩等一些发达国家，其各类高端的功能性聚酯薄膜品种就有上百种之多，而我国的聚酯薄膜虽然拥有世界第一的产能，产品的品种和性能却根本无法与国际先进水平相抗衡。

20 年特别近 10 年来，国内企业花去大量外汇，分别引进德国、法国、日本等国的生产线，这些设备几乎都是成套引进，偏面追求产量的提高，提高收卷宽度和生产线速度(从 3.6m、4.6m × 250m/min、350m/min，提高到 6. 7m × 400m/min，再到 8.7m × 450m/min、8.7m × 500m/min)，而忽视了生产线配置的差异化，直接造成市场上充斥着雷同设备生产的雷同产品。由我国近年的海关进出口统计数据就能看出：进口的多为高附加值产品，出口的都是普通用途产品。这样的行业产品结构也影响了中国聚酯薄膜产品在国内外市场的竞争力。

行业产能的盲目引进带来非常严重的后果：行业创新乏力、就会缺乏国际竞争力，不仅使国内市场出现无序竞争，还让国内的低价竞销波及海外市场、增加银行贷款的坏账风险等等。这种，轻率地投入大量资金而低水平的重复建设，大大地浪费了好不容易积累的社会财富，也将行业陷于恶性竞争的泥潭中。因此，我们有必要在当前规范好我国聚酯薄膜行业的盲目投资行为，防止低水平重复建设。

四、设立行业准入条件，提高行业综合竞争力

目前聚酯薄膜行业的当务之急是：必须引导产业合理布局，优化产品结构，加快产业转型升级，提高行业综合竞争力，才能促进行业健康可持续发展。为此，本专委会特提出推行聚酯膜行业准入条件的意见，以规范市场秩序，限制过剩产品的重复建设，鼓励优势企业做大做强，提升行业的技术装备水平和技术管理水平。

在准入条件方面，我们认为有以下四点内容必须加以强调：

(1) 新建、扩建聚酯薄膜项目的设立，必须符合国家的产业政策和行业发展规划，新建、扩建聚酯薄膜项目的能源消耗不能与民生和农田灌溉的使用发生冲突；投资企业必须有从事薄膜行业的经历和拥有45%以上的自有资本金，改(扩)建项目应具备年25%的收益业绩。旨在规范行业市场行为，有助于对行业产品进行统筹规划并控制行业增长速度和无序竞争。

(2)新建、扩建聚酯薄膜项目必须在5年内严格控制普通用途(如包装、印刷、镀铝用途)聚酯薄膜生产线的重复引进。旨在抑制过剩产能和低水平的重复建设，鼓励研发生产功能性聚酯薄膜产品，展开多样化产品的错位生产，适应多元化的市场。

(3)新建、扩建聚酯薄膜项目产品应符合行业发展规划，对拥有自主知识产权的产品优先发展以及扩建聚酯薄膜项目企业应对产品研发经费投入占销售收入的比例不少于5%。主生产线必须采用热量回收装置，辅助生产实施必须采用负压低温功能，减少能源消耗和原料消耗的水准。旨在鼓励并推动行业技术进步和合理产业布局，推行低碳经济，尽量减少一次性资源的消耗。

(4)在国内拥有自有技术并具备制造能力的情况下，鼓励采用国产生产装备。禁止引进国外同一家设备供应商的成套生产线，特别是洽购"交钥匙的成套设备"，禁止单件设备引进少于3家设备供应商的部件，旨在鼓励并推动行业国产装备的技术进步和配套水平，提升行业技术和装备水平。

同时，对既有生产聚酯薄膜的老企业提出改建的要求。宜结合行业发展的规划，在节能降耗和环保方面提出五年时间的改进目标。

五、行业协会参与项目审批和项目督查

不少先进国家都有政府与行业协会(商会)的商务对话制度，在影响行业的重大事项的审批、仲裁方面都十分尊重行业协会(商会)的意见。这不仅可以充实了各级政府的专业管理经验，而且可以帮助政府减少相关的工作压力，提高社会的整体效益。为此，为有效地规范行业投资行为，我们建议在新建、扩建的聚酯薄膜项目审批时，发挥行业协会所具备专业知识的优势，在新建、扩建的聚酯薄膜项目审批项目的论证时邀请行业协会的专业人士参与；对批准建设的项目邀请行业协会的专业人士参与监督和检查。

结束语

当前，我国经济正处于企稳回升的关键时期，我们需要认真落实科学发展观，在保增长中更加注重推进结构调整，坚决抑制聚酯薄膜行业产能过剩和重复建设的问题。面对聚酯薄膜需求急剧增长和市场竞争日益激烈的现状，保持薄膜产业的全面发展和稳定增长是我们产业的当务之急。为规范聚酯薄膜行业发展，防止重复建设，提高行业综合竞争力，根据国家有关法律法规和产业政策，需要按照"优化布局、控制总量、调整结构、升级产业"的可持续发展原则，制定聚酯薄膜行业准入条件。

(中国塑料加工工业协会双向拉伸聚酯薄膜专业委员会)

聚酯膜行业准入条件
(征求意见稿)

聚酯薄膜行业发展，防止重复建设，提高行业综合竞争力，根据国家有关法律法规和产业政策，需要按照"优化布局、控制总量、调整结构、节约能源、保护环境、安全生产"的可持续发展原则，制定聚酯薄膜行业准入条件。

一、企业布局和设立

(一)新建和扩建聚酯薄膜生产企业，应根据资源、能源状况和市场需求的输送的条件，企业选址应符合本地区城乡建设规划、生态环境规划、土地利用整体规划要求和用地标准。

(二)聚酯薄膜生产线要求不间断生产，能源消耗比较大，吞吐能量也比较大。在地区能源供应紧张，又跟农业灌溉和民用生活用电容易发生冲突的位置不再审批新建、扩建聚酯薄膜项目；不靠近聚酯切片原料和聚酯薄膜市场、交通运输不便的位置不再审批新建、扩建聚酯薄膜项目。

(三)聚酯薄膜生产企业设立必须符合国家产业政策及行业发展规划，项目投资中自有资金比例不得低于45%；新建聚酯薄膜生产企业设立中具备5年以上薄膜从业经历的企业占有股份数量不低于30%；聚酯薄膜生产企业进行改(扩)建应具备年25%的收益业绩。

二、规模与技术装备

新建、扩建聚酯薄膜项目的规模与技术装备应该具备国际的先进水平和高端水准，主要工段、设备参数能够实现在线检测，操作监视采用DCS集散控制系统，使得聚酯薄膜产品的生产经营朝着更加开放、更加标准和更加产品化的方向发展。特别是能够紧随新兴产业的发展需要，充分体现聚酯薄膜在力学、光学、耐热和阻隔等方面的优异性能，拓展产品的应用范围。

(一)新建、扩建聚酯薄膜项目，应积极采用先进的工艺技术，选用节能、环保的装置。在双向拉伸薄膜生产线中，横拉机(TDO)是消耗能源最大的设备，为此务必在横拉机(TDO)采用转轮式热量回收装置及触媒来降低该设备的能源消耗；务必在公用工程上采用深度负压低温冷却塔来降低能耗、降低噪声、改善卫生环境。

（二）新建、扩建聚酯薄膜项目应严格控制普通用途（如包装、印刷、镀铝用途）聚酯薄膜生产线的审批，鼓励产品符合下列规模要求：规格厚度不小于5.0μm并不超过8.9μm；规格厚度不小于50.0μm并不超过99.9μm，规格厚度不小于100.0μm并不超过350.0μm，适宜错开10～15μm这类普遍集中的产品范围。

鼓励采用自有技术和国产生产装备。对国内已拥有一定生产制造能力的生产线，禁止引进国外同一家设备供应商的成套生产线，特别是洽购“交钥匙的成套设备”。从挤出到收卷的单件设备不少于3家设备供应商；对国内空白的产品品种生产线（经论证）可成套引进。

（三）新建、扩建聚酯薄膜项目产品应符合行业发展规划，对拥有自主知识产权的产品优先发展以及扩建聚酯薄膜项目企业应对产品研发经费投入占销售收入的比例不少于5%，提高聚酯薄膜的力学性能、耐热性能和阻隔性能，进一步扩大应用领域。

三、节能降耗

薄膜生产线的横拉机（TDO）转轮式热量回收装置，采用TDO热风加热新进来的新风与通过触媒进行氧化反应去除低聚物而减少TDO的外排风量，从而达到节能环保的目的。聚酯薄膜生产所使用的聚酯原料都是不可再生资源，有必要节省消耗。

（一）新建、扩建的聚酯薄膜生产线（产能25000～30000t/a，无触媒配置的生产线）所配置的热量回收要求达到参数如下：

排风量：$V_1 = 22000\text{Nm}^3/\text{h}$，新风量：$V_2 = 19000\text{Nm}^3/\text{h}$，TDO风机排风温度：$t_1 = 220℃$，换热装置排风温度：$t_2 = 100℃$，新风年平均温度：$t_3 = 20℃$，换热后新风温度（TDO风机入口），$t_4 = 120℃$，冲洗水压：$P_1 = 2.5\text{bar}$，压缩空气压力：$P_2 = 4 \sim 6\text{bar}$。风机为变频控制，为日后安装触媒后大幅度减少排风量提供条件。

其他产能及有触媒配置的生产线，需由设备供应商配置相应配置要求的热量回收装置，以达到进一步节能降耗的目的。

（二）新建、扩建聚酯薄膜项目，在原料消耗达到以下要求：

普通类聚酯薄膜生产的熔体与铸片工序控制在0.15%以内；纵横拉伸工序控制在0.10%以内；牵引与收卷工序控制在0.10%以内；粉碎与造粒工序控制在0.4%以内。有色聚酯薄膜生产的熔体与铸片工序控制在3%以内；纵横拉伸工序控制在6%以内；牵引与收卷工序控制在6%以内；粉碎与造粒工序控制在6%以内。

现有的聚酯薄膜生产企业应在2015年底以前按上述要求进行项目改建。

四、环境保护

新建、扩建聚酯薄膜项目的消耗浪费或排放量的设计定额：单批用量应该与国内同行业相比处于先进水准的上游程度，环境污染的指标不能超过国家有关标准规定。

（一）新建、扩建的聚酯薄膜项目，应同步建设完善的环保设施，污水排放达到各省（市）《污水综合排放标准》三级标准的要求、废气排放达到（GB16297—1996）二类地区的一级标准、厂界噪声达到（GB/12348—90）二类标准的要求。在线厚度检测系统采用非放射性物质，并且一年监测一次。

（二）新建、扩建的聚酯薄膜项目，对实际要发生的清洗废液（三甘醇等）、废化学品（检测用）、废润滑油等固体或液体的废弃物，必须同步建设完善的处置、处理设施，不得任意弃置或排放地面、水体，具体的储存清除事项应依照废弃物的控制管理制度，符合《国家危险废弃物目录》的范围。

（三）新建、扩建的聚酯薄膜项目，水循环利用率应达到95%以上。

现有的聚酯薄膜生产企业应在2015年底以前按上述要求进行项目改建。

五、产品质量

新建、扩建的聚酯薄膜用于包装领域的质量应达到国家标准（GB/T16958—1997）12～16μm的合格率达到98%以上；17～36μm合格率达到96%以上。

新建、扩建的聚酯薄膜用于电子电气领域的质量应达到国家标准（GB/T16958—1997）4～10μm一等品率达到80%以上，合格率达到18%以上；36～50μm一等品率达到84%以上，合格率达到14%以上。

现有的聚酯薄膜生产企业应在2015年底以前按上述要求进行项目改建。

六、监督与管理

（一）新建、扩建聚酯薄膜项目的投资管理、土地供应、环境评价、节能评估、信贷融资、电力供应等，应依据本准入条件。新建、扩建的聚酯薄膜项目审批，应经省级及以上工业等主管部门组织包括中国塑料加工工业协会相关专业人士在内的专家组进行论证。对不符合准入标准的聚酯薄膜生产企业，投资管理部门不得予以审批、核准和备案相关项目，金融机构不得提供贷款和其他形式的授信支持，土地管理、城市规划和建设、环境保护、消防、卫生、安监等部门不得办理有关手续。

(二) 新建、扩建的聚酯薄膜项目立项后，各级行业主管部门和有关执法部门负责对当地生产企业执行聚酯薄膜行业准入条件的情况，组织包括中国塑料加工工业协会相关专业人士在内的专家组进行监督检查。按照本准入条件一、二条要求进行监督检查，经检查未达到准入条件要求的，应要求限期完成未达到准入条件要求的相关建设内容。经检查组核查符合准入条件要求后，才能开工试生产。

(三) 新建、扩建聚酯薄膜项目投产半年后，应由检查组按照本准入条件三、四、五条的要求进行监督检查，涉及污水、废气、厂界噪声的环境检测委托第三方有资质的检测单位，不符合准入条件要求的，应要求限期整改。经检查组核查符合准入条件要求后，才能重新开工生产。

(四) 现有聚酯薄膜生产企业，应按本准入条件三、四、五条的要求进行自查，未能达到上述条件的企业应采取工艺调整、技术改造等有效措施提高生产水平，确保尽快达到准入条件的要求。工业主管部门和环境保护部门应督促企业进行整改，对2015年底前仍不能达到准入条件要求的企业，应予停产、转产。

七、附则

(一) 本准入条件适用于在中华人民共和国关境内各类所有制现有、新建、扩建的聚酯薄膜企业。

(二) 本准入条件中涉及的国家标准和行业标准若进行了修订，则按照修订后的新标准执行。

(中国塑料加工工业协会双向拉伸
聚酯薄膜专业委员会　王德钧)

编织制品

【行业现状】

截止2010年底，全国有塑料编织专业生产企业7500多家，从业人数达48万多人，拥有各种圆织机25万多台，年综合生产能力约10000kt。

2010年全国规模企业塑料丝、绳及编织品(以下简称塑编制品)产量711556t，同比增长23.05%，增幅比上年度降低3.53%，产值约960亿元。2010年全社会塑编制品产量约9800kt，同比增长12%，全社会产值约1320亿元。由于国家重点扩大内需，全国经济呈持续、稳定、快速增长状态，带动塑编市场需求，使塑编产量获得持续、稳定、快速增长，塑编制品产量增幅高于塑料制品平均增幅1.91%，列十大塑料品种的第二位。

1. 产业分布状态

全国31个省(市)塑编制品产量相差十分悬殊，产量列全国前5位的省(市)是山东、辽宁、浙江、河南、四川；增长幅度列前5位的是黑龙江、河南、内蒙古、江西、湖北；产量列全国前5位的产量合计仍占全国塑编产量47.25%；增幅列全国前5位的都是东北、西北及中部地区，山东、辽宁、浙江等省占全国塑编产量的比例都呈下降趋势。塑编产业分布从东南向东北、西北、中原转移的趋势仍在继续，但分布不平衡状态仍然存在，西藏仍处空白，青海等14个省(市)塑编产量占全国比例都在1%以下，且湖南、陕西、宁夏、福建呈负增长状态，塑编产业的分布状态仍需继续改善(全国各省市塑编制品产量详见下表)。

序号	地区	产量/t	同比/(±%)	占全国比例/%
	全国	7119556	23.05	100
1	山东	1443110	19.48	20.27
2	辽宁	1087823	20.31	15.28
3	浙江	600457	12.35	8.43
4	河南	509737	63.90	7.16
5	四川	442182	36.87	6.21
6	湖北	356005	58.02	5.00
7	广西	300416	26.11	4.22
8	江西	256771	60.97	3.61
9	安徽	252414	6.57	3.55
10	江苏	247163	39.18	3.47
11	广东	231539	13.17	3.25
12	河北	225191	8.26	3.16
13	湖南	219738	−26.85	3.09
14	黑龙江	155306	64.58	2.18
15	重庆	148275	43.84	2.08
16	内蒙古	93266	62.28	1.31
17	云南	69688	6.94	0.98
18	吉林	69144	27.49	0.97
19	天津	61897	22.33	0.87
20	新疆	56196	38.81	0.79
21	福建	51463	−11.66	0.72
22	北京	39999	9.39	0.56
23	陕西	39673	−14.07	0.56
24	甘肃	36286	24.01	0.51
25	山西	35976	2.54	0.51
26	上海	32219	0.22	0.45

续表

序号	地区	产量/t	同比/(±%)	占全国比例/%
27	贵州	30091	29.14	0.42
28	宁夏	18208	-13.84	0.26
29	海南	4883	18.23	0.07
30	青海	4440	33.30	0.06
31	西藏			

2. 节能降耗活动深入开展

2010年全国塑编企业深入开展节能降耗活动，大力推广应用宽幅模头拉丝机，第三代节能型圆织机及电磁加热装置等一系列节能设备，一批龙头企业加大投入纷纷采用先进节能设备改造传统的落后设备使生产每吨塑料编织袋能耗从原来的1500～1700度降到1000度以下，如山东的广庆集团、四川的乐琪集团、浙江贤超包装、华正塑料集团、等单位，个别企业还低于800度，达到和接近国际先进水平。雁峰集团推出的无滑杆、低噪音、低能耗圆织机、浙江通用包装机械厂的节能型圆织机深受塑编企业欢迎，产品供不应求，大大推进了业内节能运动的开展，全行业能耗普遍下降，但不少企业仍在使用传统的落后设备，有待于改造提高。

3. 塑编机械不断创新，推动行业提升调整

常州永明机械制造有限公司、常州市恒力机械有限公司、雁峰集团有限公司、浙江通用包装机械厂、温州恒一塑料机械有限公司、广州奥赛机械有限公司、烟台永太机械有限公司等塑编机械制造企业，不断推出高速、节能、低噪音的绿色环保新型塑编生产设备，为推动全国塑编产业提升、调整、节能降耗取得明显效果，同时使我国塑编机械赶上世界先进水平又前进了一大步。

4. 产业集群不断增多，企业规模不断增大

近几年来，塑编产业集群不断增多自温州市的“中国塑编之都”之后，又出现山东莘县、临邑、淄博、潍坊、江苏宿迁、辽宁康平等集群，山东莘县中国塑料加工工业协会授予“中国塑编之县”荣誉称号，临邑县被中国塑料加工工业协会授予“中国塑编之乡”荣誉称号，淄博临淄区金岭回族镇被中国塑料加工工业协会授予“中国塑料编织制品生产基地”荣誉称号。

今年来企业规模又有所增大，产值5亿元以上企业已有3家，个别企业已向年产值十亿元发起冲击，年产值亿元以上企业快速增多。

5. 发展循环经济扩大利废生产

今年来塑编行业认真贯彻党的十六大精神，深入开展资源节约型、环境友好型建设，扩大再生塑料编织袋生产，积极开展废塑料编织袋的回收，再生粒子与新料及填充母料共混生产编织袋，发展循环经济，全年再生塑料利用量达220万吨，同比增长22%以上，为了有利于发展再生塑料编织袋生产温州升华塑料包装有限公司已提出编写《中华人民共和国轻工业标准再生塑料编织袋》申请。

【大事记】

1. 召开《塑料编织袋通用准则》国家标准制定筹备工作会议

2010年1月14日上午，中国塑协塑料编织制品专业委员会在中国塑料加工工业协会三楼会议室召开了《塑料编织袋通用准则》国家标准修订工作的筹备会议。参加会议的有中国塑协塑料编织制品专业委员会秘书长孙冬泉、中国塑协质量标准部主任田岩、南塑集团有限公司董事长林增标、华正塑料集团有限公司副董事长赵伟、中国塑协塑料编专委会高级顾问宋云鹤、副秘书长王永仁、刘德川、秘书处赵克武等。会议由孙冬泉秘书长主持。

会议首先由田岩主任传达了国家标准《塑料编织袋通用准则》的批复精神及有关情况；宋云鹤顾问介绍了《塑料编织袋》和《塑料复合编织袋》申报过程及背景；牵头起草单位南塑集团有限公司董事长林增标、华正塑料有限公司副董事长先后发言表示对地二个标准合二为一表示理解，对专委会和有关专家为标准申报付出的辛勤劳动表示衷心感谢，一致表示一定要做标准的下一步修订工作。与会代表经过热烈讨论后商议最后达成了共识。会议最后由孙冬泉秘书长作了总结，并对今后工作提出的六点分工和部署。

2. 塑料编织袋加工贸易单耗标准获顺利通过

1月26日至28日中国轻工业联合会在北京铁道大厦召开塑料编织袋等七项单耗标准审定会，会议由中国轻工业联合会综合业务部查长全副主任(教授级高工)主持，参加会议的有国家发改委经贸司庞锦副处长，商务部产业司徐紫光副主任，海关总署加贸司徐永利处长、崔立年副处长、丁瑞英副调研员、商磊主任科员，天津海关加贸处李娜副科长、赵晓娟副主任科员，南京海关加贸处陈昌燕副科长，大连海关李杰主任科员，南昌海关加贸处万惊梦科长，黄埔海关加贸处王丹倩科长，青岛海关加贸处李春生科长，广州海关加贸处邓穗贤主任科员，深圳海关加贸处黄顺杰科长，上海海关加贸处陈志伟副科长，中国轻工业联合会综合业务部朱业耕处长及受审的七个产品单耗标准编写者及相关人员，企业专家，中国塑协马占峰秘书长，质量标准部主任田岩，轻工业塑料研究所陈家琪主任等41人参加会议。会议宣布了七个产品评审组长和评审组成员后，接着

按序对每个产品出口加工单耗进行评审，评审的程序是首先由标准起草单位汇报起草工作报告，接之由标准起草人介绍单耗标准起草说明，由专家讨论、审定单耗标准，起草审定意见、讨论审定意见，宣读审定意见并签字通过审定意见，与会代表即席发言，再总结。

《塑料编织袋加工贸易单耗标准》于26日下午4点开始审定，由田岩主任汇报起草工作报告，塑编专委会高级顾问宋云鹤介绍塑料编织袋加工贸易单耗标准及起草说明，并在会上回答了各评审专家、海关领导对标准内容提出的问题，经专家讨论审查，最后形成了审定意见，通过了审定意见后审定专家组签名。会议于下午5点45分总结结束，《塑料编织袋加工贸易单耗标准》获得顺利通过。

3. 编制“十二五”发展规划(征求意见草案)

2010年4月中国塑协塑料编织制品专委会编制了《塑料编织制品行业“十二五”发展规划》，规划分塑料编织制品行业现状、编制“十二五”规划的指导思想与基本原则，“十二五”期间塑料编织制品行业的主要目标，“十二五”期间工作重点和措施建议及政策和措施。规划提出塑料编织制品行业在“十二五”期间塑料编织制品产值、销售收入年平均增长率为15%，到2015年全国塑料编织制品总量达到1600万吨。高端产品与塑编机械技术水平接近或达到国际先进水平。到“十二五”期末要求塑料编织制品行业专业技术人员在职工总数中的比例达到4%以上，建立比较完善的塑料编织制品行业的标准体系。

4.《塑料编织袋通用技术要求》国家标准修订工作第一次制标工作会议在苍南召开

会议于7月7日在苍南县国际大酒店聚贤厅胜利召开，参加会议的有中国塑料加工工业协会会长、全国塑料制品标准化技术委员会主任廖正品，全国塑料制品标准化技术委员会副主任兼秘书长陈家琪，中国塑料加工工业协会质量标准部主任、中国塑协塑编专委会副秘书长田岩，中国塑协塑编专委会会长、浙江华庆集团有限公司董事长姜集康，中国塑协塑编专委会高级顾问宋云鹤，中国塑协塑编专委会副秘书长、标准第一起草人王永仁，中国塑协塑编专委会秘书赵克武，山东、沈阳、云南、山西、黑龙江、唐山、江苏、北京、安徽等地塑编龙头企业和平阳、苍南县中国塑协塑编专委会副会长、副秘书长以及平阳、苍南县协会的副会长及重点企业50多人参加，苍南县人民政府林森森副县长、苍南县人民政府办公室吴克修副主任、苍南县经贸局局长吴克农、苍南县质量技术监督局副局长杨沈利、苍南县灵溪人民政府常务副镇长钱克辉到会祝贺。会议由田岩主任主持，首先由林森森副县长代表苍南县人民政府对这次会议在苍南召开表示热烈欢迎和衷心祝贺并向与会代表介绍了苍南县的基本情况，姜集康会长代表中国塑协塑编专委会向大会致辞，中国塑料加工工业协会会长廖正品在会上作了《团结齐心协力，努力制好国标，为塑料编织袋行业健康、规范发展而奋斗》的讲话。

接着，会议由全国塑料制品标准化委员会副主任兼秘书长陈家琪主持，由制标组组长企业南塑企业集团有限公司董事长林增标介绍《塑料编织袋通用技术要求》国家标准修订工作计划(草案)，由到会代表讨论，制标组副组长企业华正塑料集团有限公司副董事长赵伟介绍了《塑料编织袋通用技术要求》制标经费的筹集及管理办法。

第一起草人王永仁高工介绍了《塑料编织袋通用技术要求》修改说明及技术要求主要内容，到会代表按技术要求顺序逐条逐项展开讨论，最后由陈家琪副主任对会议进行总结，他要求起草人根据这次会议代表提出的对初稿进行修改补充，并对制订标准中有关事项作了一系列指示和要求。

到会代表一致反映这次会议开的好，首先是中国塑协重视，地方政府支持和筹备工作的充分，为下一步制标工作开了个好头。

5. 2010年塑编产业链技术交流与市场对接会在沧州胜利召开

由中国塑协塑料编织制品专业委员会主办，沧州市人民政府和沧州经济开发区承办的2010年塑编产业链技术交流与市场对接会于9月15日至16日在沧州市胜利召开。这次会议在中国塑协塑编专委会的努力下和沧州市人民政府大力支持下，会议十分成功，会议盛况空前，全国有23个省市860人参加会议，还有日本、法国、印度、越南、中国香港代表9人，是塑编专委会恢复活动以来规模最大的一次盛会，特别是塑编生产大省都组织庞大团队参加会议，其中山东135人、河北93人、江苏89人、辽宁75人、河南69人、浙江56人，像黑龙江、内蒙古、吉林、宁夏、陕西、甘肃、云南、广西等边远省都纷纷派代表参加。中国塑协廖正品会长在百忙中赶来参加会议，并在开幕式上作“齐心协力，促进塑编行业保持平稳发展”的致辞，沧州市委、市人大、市府、市政协四套领导班子都参加会议活动，沧州市开发区还派出多名领导干部专门接待与会贵宾，会上有30多人作全国塑编发展情况、塑编行业“十二五”规划及有关塑编生产技术、节能管理等方面发言。16日上午与会代表还参加了中国(沧州)塑料工业展览会开幕式并参观展览，会议期间还专门召开集装袋骨干企业市场规范与信息交流会。许多地方政府在会议期间向专委会孙冬泉秘书长提出要求，希望下次塑编会议到他们那里召开，并保证一定做好大会的各项服务工作。会议于9月16日下午完成各项议程圆满结束。

6. 廖正品会长带队来温对“中国塑编之都”进行复评考核

11月12日中国塑料加工工业协会廖正品会长，李国俊常务副会长、冯庶君副秘书长、刘姝会员部主任一行来温，根据《关于授予中国塑料加工行业特色区域荣誉称号的管理办法》对温州市“中国塑编之都”进行复评考核。

12日下午廖正品会长一行首先对苍南县的南塑集团有限公司和华正塑料集团有限公司进行现场考察，继之在苍南县人民政府八楼会议室召开汇报会，会上苍南县人民政府陈雷副县长首先对廖正品一行来苍南复评考核表示热烈欢迎，他简要地介绍了苍南县的基本情况，并指出苍南县的塑编行业是苍南县八大支柱产业之一，最近几年来在行业转型升级方面取得了显著成绩，希望考察组多提宝贵意见。苍南县经贸局、质检局、工商局等职能部门领导和苍南县塑料行业协会会长、副会长、秘书长都参加会议，林增标会长代表苍南县塑料行业协会作“实行科学发展观，引领塑编行业健康发展”汇报，全面仔细的汇报了5年来苍南县塑编行业的发展情况。考察组宋云鹤、冯庶君、李国俊先后作发言，最后廖正品会长作了全面总结，他认为苍南县塑编行业增长快，节能活动开展的好，品牌建设好，还特别提出苍南协会工作开展好，在全国县级协会中是突出的，他希望苍南县塑编行业要抓好“十二五规划的制订，产品要向多品种发展，品牌建设继续抓，要扩大国际影响，他指出塑料是有发展前途的，世界上先进国家都十分重视塑料发展，希望大家要坚定信心，继续努力，把苍南县塑编行业做强做大，希望苍南县领导要支持塑编行业的发展”。

13日上午，考察组一行来到平阳，平阳县经贸局上官光满副局长和平阳县塑包协会领导成员在姜集康会长带领下在晨光大酒店欢迎廖正品一行，考察组按照考察程序先到温州晨光集团有限公司和浙江华庆集团有限公司进行实地考察，接着在晨光大酒店召开汇报会，在汇报会上上官局长首先对廖正品会长、李国俊副会长一行到平阳考察表示欢迎。他说，塑编行业是平阳县三大支柱产业之一，县委、县府领导十分重视塑编行业的发展，最近花重金请浙江省规划院编写《平阳县塑编产业转型升级规划》，县委、县府还决定今后5年中每年从财政拨出500万元，5年共计2500万元支持塑编产业发展，还给节能降耗项目拨出补助资金，去年150万元，今年260万元，我们一定要把平阳县塑编行业做大做强。萧江镇领导也在会上发了言，对考察组来平阳考察表示欢迎。姜集康会长代表平阳县塑包协会作关于“中国塑编之都”复评工作的汇报。考察组宋云鹤、冯庶君先后发言，廖正品会长最后说，宋、冯两位的发言我很赞同，他说通过现场考察和听了姜会长的汇报，平阳县的“中国塑编之都”称号最当之无愧，应持续发展，晨光、华庆都非常好，塑编包装材料现在需要，今后也需要，平阳作出规划要继续发展，虽然在全国的比例下降，温州土地制约是主要因素，到省外支持全国发展也很好，要继续发扬区域优势，推动节能降耗，希望继续把节能工作开展下去，要抓重点，同时要把小厂整合起来，不但把塑编搞好，还要把“无纺布”、塑编机械制造搞好，继续为我国塑编行业的发展作出贡献。平阳县府办主任在百忙中也赶来参加汇报会，他说我们不但要制造还要创造。考察组一行在平阳用过中餐后即乘车到瑞安市。

下午考察组一行离开平阳前往瑞安、温州市考察《中国塑料薄膜生产基地》和《合成革之都》。

12月8日中国塑料加工工业协会以中国塑协[2010]第199号《关于继续授予温州市为“中国塑编之都”荣誉称号的决定》。

7. 2010年11月26日工业和信息化部批准《再生塑料编织袋》列入2010年第二批行业标准制修订计划，计划号为2010—2913T—QB，要求于2011年完成，本标准技术归口单位为全国塑料标准化技术委员会，主要起草单位为温州市升华包装有限公司。

8. 中国塑协孙冬泉副秘书长到温州考察

12月14日，中国塑协副秘书长孙冬泉来温州了解温州塑编行业、BOPP、真空镀铝薄膜、流延薄膜部分生产企业情况，他先后到金田集团、大发强盟包装有限公司、浙江港发软包装有限公司、温州宇狮真空镀膜有限公司、浙江远大塑胶有限公司、华正塑料集团有限公司、温州升阳塑业有限公司、浙江华庆集团有限公司、浙江中谷塑业有限公司、温州晨光集团有限公司、浙江群力塑料机械有限公司等单位，了解企业今年生产经营情况和近期企业新的发展打算，并和平阳县塑包协会会长、副会长、秘书长交流了塑编行业情况及专委会工作，市协会宋云鹤常务副会长在市协会三届四次会员大会结束后即赶赴苍南龙港陪同孙副秘书长参观考察了有关单位，18日下午孙冬泉副秘书长离温返京。

【重点企业】

塑料丝、绳及编织制品行业 2010 年重点企业

企业名称	工业总产值/千元	出口交货值/千元	主营收入/千元	利润/千元	利税总额/千元
温州晨光集团有限公司	709070	15308	628710	54570	82880
浙江华庆集团公司	535174		533843	38131	44844
南塑集团有限公司	516068	4468	50382	45310	63580
洛阳市强胜实业有限公司	457987		466359	6090	10090
广庆集团有限公司	446550		446550	47640	73080
华正塑料集团有限公司	311502	70165	28052	2879	12366
山东寿光健元春有限公司	307311	134137	366843	2942	16113
泰州泰华塑料制品有限公司	250000	145000	254000	29500	40100
江苏万乐复合材料有限公司	239000	18500	235000	11000	29500
浙江贤超包装有限公司	232470		229690	2810	10780
江西金沙彩印包装有限公司	228654		215277	7455	10543
南京扬子塑料化工有限责任公司	220823		258138	51888	91695
天津华今塑业有限公司	213706	1489	213706	1312	
昆明仙织塑业有限公司	215000		205800	18560	25000
江苏常编集成科技有限公司	179200	22110	184300	11080	24140
厦门佛大工业有限公司	158560	151050	156600	12000	17000
吉林中粮生化包装有限公司	155914.9		136105	9249	13673
江苏中乾塑业有限公司	150000	50000	150000	12000	15000
江苏森帝塑业有限公司	150000	13000	150000	4500	5360
昆明雨龙新发塑业有限公司	150000	8000	148000	10000	11800
云南华源包装有限公司	139930		144662.1	1454.8	4902.7
广天集团有限公司	136440	525	136460	3300	10820
江西亚美达科技有限公司	135000	11000	130000	11100	5400
温州华利集团有限公司	134400		131300	2100	7920
龙岩市宏祥工业包装有限公司	130000	15000	110000	5000	9500
安徽省锦翔塑编包装实业有限公司	120000		118000	12000	20000
温州升阳塑业有限公司	115020		107470	4500	11090

(中国塑料加工工业协会塑编专业委员会　孙东泉　宋云鹤)

塑编产业链 2010 年发展回顾与 2011 创新发展的探讨

第一章　塑编产业 2010 年发展综述

在经历了 2008 年金融危机的飕飕冷风、2009 年小幅回暖之后，2010 年的塑编市场可谓是“涨升一片”。随着原油价格创历史新高，从原料、机械、塑料产品等都在水涨船高，价格开始上涨。同时整个市场大环境的变化让本土塑料企业经历着产业变革和升级的阵痛，一些传统老牌企业都悄然着手练内功，通过延长产业链或加大跨界合作来提升竞争力。

一、全年数据显示前半年发展迅速，后半年趋势有所放缓

截止 2010 年底，全国有塑料编织专业生产企业 7600 多家，从业人数达 50 万多人，拥有各种圆织机 25 万多台，年综合生产能力约 10000kt。

2010 年全国规模企业塑料丝、绳及编织品(以下简称塑编制品)产量 7059.44kt，同比增长 23.05%，增幅比上年度降低 3.53%，产值约 960 亿元。2010 年全社会塑编制品产量约 9800kt，同比增长 12%，全社会产值约 1320 亿元。由于国家重点扩大内需，全国经济呈持续、稳定、快速增长状态，带动塑编市场需求，使塑编产量获得持续、稳定、快速增长，塑编制品产量增幅高于塑料制品平均增幅 1.91%，列十大塑料品种的第二位。

2010 年全国规模企业塑编产量逐月累计表

月 份	2010 年/t		
	月产量	年累计	同比增长/%
1	445774	445774	
2	380739	826513	5.55
3	534154	1360667	28.66
4	576696	1937363	30.95
5	613085	2550448	28.35
6	657552	3208000	26.87
7	608470	3816470	26.19
8	623733	4440203	26.35
9	668264	5108467	26.59
10	655107	5763574	23.94
11	653539	6417113	23.54
12	642327	7059440	23.05

二、各种塑料产品所占总量的比例

在 980 多万吨塑编包装产品中，水泥袋约 4210kt，约占 43%；化工原料等各种普通编织袋 3430kt，约占 35%；集装袋 980kt，约占 10%；土工布及蓬布 690kt，约占 7%；网眼袋 200kt，约占 2%；其他塑编产品 290kt，约占 3%。2010 年增幅较快的是水泥包装袋，约增长了 2%，这与拉动内需，建设项目增加，使用水泥增长有关。降幅最快的是集装袋，约下降了 3%，这是由于集装袋受国际金融危机的影响，出口量明显减少，增幅降低较明显。

三、各省份占总量的比例

全国 31 个省(市)塑编制品产量相差十分悬殊，

产量列全国前 5 位的省(市)是山东、辽宁、浙江、河南、四川；增长幅度列前 5 位的是黑龙江、河南、内蒙古、江西、湖北；产量列全国前 5 位的产量合计仍占全国塑编产量 47.25%；增幅列全国前 5 位的都是东北、西北及中部地区，山东、辽宁、浙江等省占全国塑编产量的比例都呈下降趋势。塑编产业分布从东南向东北、西北、中原转移的趋势仍在继续，但分布不平衡状态仍然存在，西藏仍处空白，青海等 14 个省(市)塑编产量占全国比例都在 1%以下，且湖南、陕西、宁夏、福建呈负增长状态，塑编产业的分布状态仍需继续改善。

全国各省市塑编制品产量

序号	地区	产量/t	同比增幅/(±%)	占全国比例/%
1	全国	7119556	23.05	100
2	山东	1443110	19.48	20.27
3	辽宁	1087823	20.31	15.28
4	浙江	600457	12.35	8.43
5	河南	509737	63.90	7.16
6	四川	442182	36.87	6.21
7	湖北	356005	58.02	5.00
8	广西	300416	26.11	4.22
9	江西	256771	60.97	3.61
10	安徽	252414	6.57	3.55
11	江苏	247163	39.18	3.47
12	广东	231539	13.17	3.25
13	河北	225191	8.26	3.16
14	湖南	219738	-26.85	3.09
15	黑龙江	155306	64.58	2.18
16	重庆	148275	43.84	2.08
17	内蒙古	93266	62.28	1.31
18	云南	69688	6.94	0.98
19	吉林	69144	27.49	0.97
20	天津	61897	22.33	0.87
21	新疆	56196	38.81	0.79
22	福建	51463	-11.66	0.72
23	北京	39999	9.39	0.56
24	陕西	39673	-14.07	0.56
25	甘肃	36286	24.01	0.51
26	山西	35976	2.54	0.51
27	上海	32219	0.22	0.45
28	贵州	30091	29.14	0.42
29	宁夏	18208	-13.84	0.26
30	海南	4883	18.23	0.07
31	青海	4440	33.30	0.06
32	西藏			

第二章 2010 年塑编产业发展热点

一、坚持可持续性观念，发展循环经济，扩大利废生产

在 2010 年 4 月 19 日的国际橡塑展以及世博会，都可以发现一些环保产品推陈出新：10 月 27 日，在德国 K 展，沙伯基础创新塑料、巴斯夫、拜耳等企业都通过不同方式推出其阵容强大的可持续性解决方案产品系列；11 月 6 日，第十二届塑博会在宁波余姚开馆，在“绿色低碳、环保节能”的主题引导下，参展产品中可降解塑料、环保型塑料、节能机械等产品占到了 70%。一些厂家还把生产线搬到展会上来，让公众能近距离了解环保塑料的生产过程。

随着消费者对产品环保性能要求的不断提高，环保型产品成为行业发展的必然趋势。

今年来塑编行业认真贯彻党的十六大精神，深入开展资源节约型、环境友好型建设，扩大再生塑料编织袋生产，积极开展废塑料编织袋的回收，再生粒子与新料及填充母料共混生产编织袋，发展循环经济，全年再生塑料利用量达220万吨，同比增长22%以上。

二、限电限产，节能降耗活动深入开展

2010年的“限电风潮”席卷全国，成为行业内热议的话题。

由于多种原因导致今年以来我国全社会能源消耗总量继续大幅上升，节能降耗形势十分严峻。为达到国家“十一五”规划的节能减排目标，各地方政府在2010年痛下杀手，对于高耗能高污染的产业采取一刀切的措施——拉闸限电停产。限电措施在多个省市轮番上阵，已经波及部分非高耗能行业。除钢铁、水泥等“双高”产业产量受到较大影响外，塑料行业也未能幸免。然而，“限产限电”治标不治本。所以说，企业还需建立长效机制来实现真正意义的“节能减排”。受此影响，当地塑料企业感受到了前所未有的压力，想方设法节能降耗，积极协助地方政府完成节能降耗指标。

2010年全国塑编企业深入开展节能降耗活动，大力推广应用宽幅模头拉丝机，第三代节能型圆织机及电磁加热装置等一系列高效的节能新设备，一批龙头企业加大投入，纷纷采用先进节能设备改造传统的落后设备，使生产每吨塑料编织袋能耗从原来的1500~1700度降到1000度以下，如山东的广庆集团、四川的琪乐集团、浙江贤超包装、华正塑料集团等单位，个别企业还低于800度，达到和接近国际先进水平。

雁峰集团推出的无滑杆、低噪音、低能耗圆织机，浙江通用包装机械厂的节能型圆织机深受塑编企业欢迎，产品供不应求，大大推进了业内节能运动的开展，全行业能耗普遍下降，但不少企业仍在使用传统的落后设备，有待于改造提高。

三、产业集群不断增多，企业规模不断增大

近几年来，塑编产业集群不断增多，自温州市的“中国塑编之都”之后，又出现河北沧州、山东临邑、淄博、潍坊、莘县、江苏宿迁、辽宁康平等集群，河北沧州被中国塑料加工工业协会授予“中国塑料产业创业示范园”荣誉称号，山东莘县被中国塑料加工工业协会授予“中国塑编城”荣誉称号，临邑县被中国塑料加工工业协会授予“中国塑编之乡”荣誉称号，淄博临淄区金岭回族镇被中国塑料加工工业协会授予“中国塑料编织制品生产基地”荣誉称号。

今年，企业规模又有所增大，产值5亿元以上企业已有8家，个别企业已向年产值十亿元发起冲击，年产值亿元以上企业快速增多。

四、塑编机械不断创新，推动行业提升调整

常州永明机械制造有限公司、常州市恒力机械有限公司、雁峰集团有限公司、浙江通用包装机械厂、温州恒一塑料机械有限公司、奥赛机械(广州)有限公司、烟台永太机械有限公司等塑编机械制造企业，不断推出高速、节能、低噪音的绿色环保新型塑编生产设备，推动了全国塑编产业提升、调整。节能降耗取得明显效果，同时，使我国塑编机械赶上世界先进水平又前进了一大步。

第三章 关于2011年塑编产业链创新发展的探讨

一、预测2011年增长目标

预测全国规模以上塑编企业，2011年塑编制品及丝总产量将完成8500kt左右，同比增长可能超过15%(含再生料约2000kt)，产值约1000亿元(受塑编原料影响较大)。比2010年全国共生产各种塑编产品约7200kt(含再生料1800kt)，增长约18%。

二、塑编出口贸易回暖

随着全球经济回升，2010年外需有明显好转，塑编包装产品出口贸易回暖。出口额同比增速达到10%以上。2011年贸易顺差将出现正增长，但由于进口受国内需求和进口产品价格回升影响增长较快，全年进口额同比增速可能达到13%左右，贸易顺差增长幅度可能有限，对经济增长形成小幅正向拉动。

三、要加大技改投入，淘汰落后设备

塑编包装企业要大量采用节能设备，进一步降低能耗，从浙江平阳的几家大型塑编企业的实践证明，集中资金投入技改是大幅度降低能耗的有效途径。

四、加强塑编包装企业的结构调整

从经验得出，塑编包装企业如果规模较大，经济效益肯定好，因为企业规模大，资金实力雄厚，有能力进行技术改造。规模大了管理费相对减少，抗风险能力加强了；企业规模大，经济实力就强，经济效益好，抗风险能力就强。

五、加强塑编包装企业管理

管理也出效益，这是很多厂家总结出来的先进经验，管理要从细节做起，要精细化管理，要严格质量控制，要不断改造生产工艺。

(中国塑料加工工业协会塑料编织制品专业委员会　孙冬泉)

降解塑料

【行业现状】

1. 产业经济运行情况及特点

2010年，我国降解塑料及生物基材料总产量约20万吨，比2009年增长28.6%，增幅比上一年上升了近8%。而2009年受金融危机的影响，行业中除一次性餐饮具的销售有所增长外，多数产品的销售均有下降，但2010年随着世界经济逐渐恢复，生物基材料的出口迅速增加。2010年产值3000万以上企业超过15家，初步预计，2010年规模以上企业实现主营业务收入20亿元左右。

2. 发展趋势

（1）市场需求仍具旺盛态势

虽然存在一定困难，但整个生物基材料产业开始显现出快速发展态势。全世界生物基材料预计在2011年将成倍增加，我国生物基塑料的出口也将成倍增加。淀粉基塑料将继续供不应求，聚乳酸原料市场需求将成倍增加。

（2）工艺技术进步，装备水平不断提高，原料生产规模将迅速增加

2011年聚乳酸的产能建设总规模将超过6万吨，聚羟基烷酸酯的建设规模将超过3万吨，丁二酸、丁二醇共聚酯的规模将超过4万吨，淀粉基塑料的产能将超过30万吨，二氧化碳共聚物的建设规模将达到5万吨。

（3）行业影响逐渐增加，国内应用增加

目前生物基材料的影响逐渐增加，2008年奥运会和2010年世博会的成功应用后，国内的一些高档酒店、商店、饭店开始使用一些生物基的一次性制品；一些省市开始招标可以生物分解的生活垃圾袋；电子、电器行业的外壳已经有多家知名大公司产品有应用生物基材料制造；许多汽车大公司纷纷推出了生物基材料制作的配件或装饰件。

【生产和研究现状】

1. 光、热氧等添加型塑料

从20世纪80年代中期，国内开始研发可降解塑料，但是主要集中在光降解塑料。20世纪90年代初，可降解塑料的研发主要集中在添加型的降解塑料，主要为聚烯烃类聚合物添加或共混淀粉，到90年代中期，这种类型的降解塑料达到了高峰期。由于这些添加型的降解塑料在大多数情况下，因为受条件限制，无论是在垃圾处理系统中还是在自然环境而不能全部降解。所以，随着人们对降解塑料更深层次的了解，这类降解塑料的市场，20世纪90年代中期后逐渐缩小，当目前为止，仅有少数几家降解母料生产企业在正常生产。

热氧降解塑料一般可以分为两类。第一类主要是在传统塑料加入重金属络合物，这些重金属络合物起到降解催化作用，促使聚合物进行分解；第二类是在传统塑料中加入有机含不饱和官能团的物质，这些有机物质引发聚合物发生降解。

加拿大EPI公司从上个世纪90年代开始进行销售，目前EPI公司产品在全球均有销售，其原理主要是在传统塑料中加入氧化降解剂。其他还有英国WELLS公司，据成其公司的产品在欧洲有一定销售量。

总之来说，因为氧化降解塑料其能否真正完全降解一直受到质疑，且国际上目前仍是以发展生物降解类型塑料为主，所以这几年来发展一直是在争议中谋求市场一席之地。

2. 生物降解塑料

目前，生物降解塑料主要包括以石油为原料合成的聚己内酯(PCL)、聚丁二酸丁二醇酯(PBS)及他二元酸和二元醇共聚酯(PBAT等)，还有以可再生资源为原料生产的聚乳酸(PLA)、由微生物生产的聚羟基烷酸酯(PHA)等。特别引人注目的是采用聚乳酸制造生物降解塑料的技术，美国NatureWorks公司在原油14万吨/年生产能力基础上，又开始建立另外一条10万吨/年生产线。二元酸和二元醇共聚酯国外主要是德国巴斯夫公司、日本三菱化学和昭和高分子等。

生物降解塑料能用来制作一些体育用品(钓鱼用丝线、高尔夫球座等)、农林水产业用材料(薄膜、保湿材料、苗床材料等)、垃圾袋和卫生用品(一次性尿布等)，也可用于制作化妆品容器、牙刷、缓冲材料、包装材料、购物袋、一次性使用手套等。如果安全性问题解决了，它还能用来制作食品容器。作为新的高分子功能材料，生物降解塑料也能应用到肥料、农药的游离基包装材料和医疗用品包装领域。今后在黏合剂、印刷油墨等非塑料领域里也可开辟用途。

（1）脂肪族二元醇、二元酸缩合得到脂肪族聚酯

脂肪族二元醇、二元酸缩合得到脂肪族聚酯主要有PBS和聚丁二酸/已二酸丁二醇共聚物(PBSA)。丁二醇和琥珀酸缩合成PBS，丁二醇和己二酸缩聚合成PBA，PBSA则是丁二酸、己二酸和丁二醇的共聚物。

PBS熔点约为114℃，目前已经能规模化生产，

开发出来的产品有发泡材料、薄膜、注塑制品等。以PBS(熔点为114℃)为基础材料制造各种高分子量聚酯的技术已经达到工业化生产水平。

国内研究PBS的单位主要有中科院理化所、清华大学、四川大学等。浙江杭州鑫富药业公司和安徽安庆和兴公司的PBS产品已推向市场，可用于注塑、挤出吹膜等成型工艺，新疆蓝山屯河聚酯有限公司正在采用四川大学开发的新一代合成技术生产PBS产品。浙江杭州鑫富药业公司与中科院理化所合作，建立了年产3000t生产线。该公司生产的PBS根据不同牌号，其熔点范围为110～120℃，维卡软化点101℃，拉伸强度≥35MPa，断裂伸长率≥600%。

清华大学与安徽安庆和兴公司合作，完成了中试规模生产线的建设。Mn = 100400，Mw = 184500，拉伸强度≥20MPa，断裂伸长率280%。

国内正采用微生物发酵的方法获得丁二酸，然后再通过化学合成方法制得PBS或PBSA。我国科技部有科技专项支持这方面工作，主要是以南京工业大学欧阳平开院士为代表的一批科学家从事这方面的工作。

(2) 聚己内酯(PCL)

PCL由七元环的ε－己内酯在辛酸烯锡等催化剂作用下开环聚合而成，其中一个简单反应式如图2所示。PCL熔点较低，只有60℃，所以很少单独使用。但PCL与许多树脂有较好的相容性，可与其他生物分解性聚脂共混加工。国外生产厂家主要有DOW和Daicel Chemical。

国内从事PCL研究的单位有湖南国防科技大学和四川大学等，四川大学采用己二醇一步法合成己内酯单体，生产工艺绿色环保。中试的单位主要为深圳光华伟业。

(3) 改性脂肪族芳香族共聚酯

改性脂肪族芳香族共聚酯的典型代表PBAT，其单体为：己二酸、对苯二甲酸、1，4－丁二醇。

BASF公司的Ecoflex®的加工性能与PE－LD非常相似，因此其可以与PE－LD一样挤出吹膜，也可以和其他生物分解塑料如聚羟基丁酸戊酸酯(PHBV)、PLA等共混吹膜，还可以添加天然材料如淀粉等进行吹膜成型。BASF的Ecoflex FBX 7011的密度1.25g/cm^3，熔体流动指数2.7～4.9g/10min，熔点温度110～120℃，热变形温度82℃，拉伸强度≥45MPa，断裂伸长率≥560%。目前在14000t/a生产能力基础上，完成了另一条30000t/a生产线。其他生产企业还有Dupont、Teijin、Chemitec(Novamont)、Ire Chemical等。

四川大学研究开发的PET、PES、PBS三元脂肪－芳香族共聚体系的发明专利已获得授权。北京化工研究院正从事改性脂肪族芳香族共聚酯这方面研究，其主要用对苯二甲酸、丁二酸及丁二醇共聚，正准备中试生产。得到的PBST的重均分子量在6万以上，熔点温度约135℃，拉伸强度≥20 MPa，断裂伸长率≥700%。国内浙江杭州鑫富公司等也正在尝试生产PBAT。

(4) 二氧化碳共聚物

二氧化碳共聚物是以二氧化碳矿源或工业生产产生的二氧化碳废气为原料，与环氧丙烷或环氧乙烷催化合成得到的聚合物。

近年来，二氧化碳聚合物的生产也受到广泛关注。国外最早研究二氧化碳共聚物的国家是日本和美国，但一直没有工业化生产，目前其应用主要集中在包装和医用材料上。日本井上祥平等发现二氧化碳可与环氧化物开键开环聚合生成脂肪族聚碳酸酯，这是迄今为止最有应用前景的二氧化碳共聚物；中国于1985年由前期的国家自然科学基金开始立项研究，主要研究单位有中科院广州化学研究所，长春应用化学研究所，浙江大学，中山大学理工学院等。

内蒙古蒙西集团公司与长化所合作，利用水泥生产过程中产生的二氧化碳，已建成年产千吨二氧化碳/环氧化合物共聚物的装置，其产品主要用于包装和医用材料。产业化的PPC的密度1.25～1.30g/cm^3，拉伸强度30MPa。

另外，中国海洋石油总公司和中科院长化所合作，在海南东方化工城兴建二氧化碳共聚物可降解塑料项目，并正式启动项目建设工作，该项目设计能力为3千吨/年。

中科院广州化学所研究所的技术已在江苏泰兴中科金龙公司开始投产，生产相对分子质量较低的二氧化碳，相对分子质量较低的二氧化碳再与异氰酸酯反应生成聚合物，产品用于发泡材料、家用电器包装、薄膜等，生产能力为15kt/a。

河南天冠集团与中山大学合作，以酒精发酵过程中产生的CO_2为原料，在高效纳米催化剂作用下与环氧丙烷高效合成聚碳酸亚丙酯树脂(PPC)可降解塑料母粒，2005年建成一条年产50t的中试生产线，目前正建设5kt/a的生产线。

(5) 聚乳酸(PLA)

PLA是以淀粉发酵法制得的L－乳酸为原料，再经化学合成得到。所以是介于微生物产生类和化学合成类之间的高分子。PLA是无色、透明的热塑性聚合物，熔点为175℃，可采用通用热塑性塑料的加工方法加工，挤出成型可将板材制成托盘，还可制成薄膜、纤维、食品包装材料、医用导入管等。

经过增韧的聚乳酸变得富有弹性，有可能取代聚乙烯、增韧聚氯乙烯和聚丙烯。当单体成分减少以及经过取向后，聚乳酸的弹性模量、热稳定性会有所提高，它的使用寿命也会延长。聚乳酸有比较好的生物降解性，可在堆肥或土壤条件下降解，也能在海水中的微生物吸收。

我国PLA的生产仍属起步阶段，建成的生产线较少，目前产业化的有中科院长春应用化学所与浙江海正生物材料有限公司，已经实现5kt/a的生产能力。其熔体质量流率2～15g/10min，拉伸强度≥50MPa。其他中试的单位有江苏九鼎集团、云南富集公司、上海同杰良生物材料有限公司等。

为提高PLA的热性能、韧性和加工性能，四川大学采用共聚的方法对PLA进行改性，改性后的PLA断裂伸长率可提高到300%，并显著改善了加工性能，特别是吹塑加工性能。目前已与五粮液集团的一个全资子公司签订了合作中试开发协议。到目前为止，国内PLA总产能约为6kt/a，预计到2010年，我国PLA生产能力将超过50kt/a。

四川柯因达公司，对聚乳酸改性后，其熔体质量流率2～3g/10min，熔融温度范围140～145℃，拉伸强度≥20MPa，断裂伸长率≥130%，直角撕裂强度≥110N/mm，生产的产品有PLA收缩薄膜、日用塑料袋、垃圾袋等。

广东汕头罗宾生化公司，对聚乳酸进行改性后，可以生产耐热的咖啡杯盖、吸管等餐具。

（6）聚羟基烷酸酯

自然界中许多微生物都用PHA贮藏能量。PHA具有良好的生物相容性能、生物分解性和塑料的热加工性能，因此可将其同时作为生物医用材料和生物可降解包装材料，已经成为生物材料领域最为活跃的研究热点。

我国在PHA研究方面介入较早，处于世界先进水平。国内规模化生产的单位有宁波天安生物材料有限公司，已经达到2kt/a的生产能力，目前正准备筹建年产万吨的生产线，该公司也是目前全世界生产PHA规模最大的企业。

天津国韵生物科技有限公司和DSM公司合资在天津已完成建设年产10kt/a规模的PHA[P(3HB，4HB)，3HB和4HB的共聚物]。

另外，正在中试的单位有深圳意可曼公司(在山东邹城进行中试生产，规模5kt/a)等。

（7）天然材料基生物分解塑料

天然生物分解塑料是指以天然聚合物为原料，可通过各种成型工艺制成的生物分解塑料。这类材料包括淀粉、纤维素、甲壳素、大豆蛋白等天然聚合物及其各种衍生物和混合物。其中，热塑性淀粉和植物纤维模塑已经产业化，植物纤维模塑是指将植物纤维粉末通过热塑成型办法制得的制品。其他天然材料尚处于基础研究阶段。例如，四川大学研究开发的基于纤维素的天然高分子复合膜，是通过易于回收再利用的绿色室温离子液体作为共溶剂，使纤维素分别与淀粉、木质素、大豆蛋白等天然高分子中的一种或两种在不添加任何其他助剂的情况下复合成膜，获得光学透明性和阻隔性好的完全生物降解的天然高分子复合膜。武汉大学张俐娜教授在溶液中将纤维素溶解，然后再将其处理后来制作纤维、薄膜等，目前也正在产业化中试过程中。

3. 淀粉基塑料

用于生产生物分解塑料的天然高分子原料来源有来自植物、动物两类，前者有淀粉、纤维素、半纤维素和木质素及其衍生物和乳清、酪蛋白、麦麸、大豆、胶原质等蛋白质、等，后者有明胶、甲壳素、脘乙酰化甲壳素、壳聚糖及其衍生物等。用天然高分子材料生产生物分解塑料的方法大都是改性，使天然高分子材料具有热可塑性，已成型制品。

淀粉基塑料就是其中一种，一般是先将淀粉进行改性，然后进行热塑加工或与其他聚合物共混加工得到。淀粉和传统塑料共混后得到产品不能完全降解；淀粉和生物分解树脂共混得到产品是可以完全生物分解。

淀粉是一种强极性的结晶性物质，分子内与分子间存在大量的氢键，一般条件下热塑性差。淀粉作为一种亲水性强极性物质与聚烯烃通用合成树脂(如PP、PE、PS)等非极性或极性很小的疏水性材料结合，二者的结构和极性相差甚大，相容性差。为了获得性能有用的材料，需要使淀粉在基体中分散良好，两相界面具有良好的相容性。这正是淀粉基生物分解树脂制造的最核心的问题。增容的方法包括添加增容剂、对淀粉表面进行改性处理、对淀粉进行变性处理及使用热塑性单体与淀粉进行接枝反应等。

国内已产业化或已中试的单位有武汉华丽、浙江天禾、苏州汉丰、广东上九、浙江华发、南京比澳格、河北昭和、烟台万利达、常州龙骏、安徽德琳等公司。

【存在问题】

1. 规模偏小、成本偏高，不能良性循环

生物基材料是一项新兴产业，经过几年努力实践和探索，形成了一套的发展经验。但是，由于该技术建设资金投入至少达到一定规模后才有利润产生，到目前为止，尚无法达到规模性成本效益和市场推广力度，形成产品成本过高，在国内推广较难，主要从国外寻求出路进行销售，发展过程举步艰难。

另外，目前多数生物基材料企业以生产原料为主，销售对象主要是塑料加工企业，由于产量能力达不到一定规模总量，许多塑料加工企业不敢下大量的订货单，使得企业只能零星采购原材料进行生产，因而造成采购成本增大。

再者，生物基材料生产企业没有足够的货物储备供应，塑料加工企业更无法预测供应保障度，也不敢冒然使用这种材料。因此，能否迅速扩大原材料生产规模，决定企业是否能进入良性循环。

2. 合成技术、成型加工机械及配套设施有待提高

首先是生物基材料的性能还无法完全满足各种消费者需求。尽管目前市场上已有众多品种，但每种材料本身的机械和加工性能只是某一方面有突出的特性，综合性能还存在这样或那样的不足，这一点将是制约其市场应用推广的瓶颈之一；其二是目前国内从事制品加工研究的力量尚显薄弱，大部分企业将关注的重点集中在材料合成上，而忽略了制品加工开发，一些制品在耐热、耐水及机械强度方面与传统塑料制品相差较远，而这一点恰恰是生物基材料能否大规模市场化的关键。

3. 缺乏应用推广方面政策支持

我国《可再生能源法》、《固废法》、《循环经济法》、战略性新兴产业规划均有提到鼓励再生生物质能的利用和降解塑料推广应用；国家中长期科技发展规划纲要和"十一五"科技发展规划中，都将发展生物降解塑料等生物基材料产业作为重要内容之一；在国家发改委2005的40号政府令中，也明确要鼓励生物降解塑料的使用和推广。国家发改委又启动了关于推广生物质生物降解材料发展的专项基金项目；2007年国务院72号文件，出台了限塑令。

以上这些政策都鼓励或支持发展生物基材料，但是没有具体推动材料发展的具体细则出台，也没有专门有关强制推进某一领域发展的政策措施。在进出口方面，除聚乳酸原料，其他原料和制品均没有单独的税则编号，这就很难对这类优先发展材料给予相关政策进行鼓励出口或进口。因此，强烈要求国家增加生物基材料和生物分解塑料的海关编码（HS码）。

而在国外，出台了一些政令来直接推进生物基材料如美国优先采购、欧洲的包装法规等。荷兰和意大利等国已立法规定某些塑料包装材料必须采用可降解塑料，有害环境的包装一律不得投放市场。今年年初，意大利规定了非降解塑料购物袋的禁令。这些强制性政策将极大地推动新材料的快速应用和发展。

4. 人民币升值带来出口产品的利润下降

由于生物基材料目前大多以出口为主，人民币升值后，企业的利润相对下降了很多。为避免这个问题，企业应该开发附加值更高的产品进行出口，以避免类似的风险。

5. 盲目上线苗头开始出现

由于生物基材料目前行业正处快速发展阶段，许多风险投资公司或一些大的公司，纷纷介入到这个行业中，引起了一股投资热。许多投资公司在前期均会深入调研和论证，但也不乏一些投资公司和魄力大的企业家可能因看好前景而忽视了实际操作细节，从而对一些品种产品重复建设或者盲目迅速上线。最终使行业在尚未进入产供销良性循环过程，却已经投入了过于庞大的前期资金，最终使得行业处于不健康发展。

6. 人才缺乏

随着近几年的市场逐渐起色，一些公司纷纷扩大规模，于是人才紧缺的问题开始凸现。人才缺乏也已经成为抑制行业发展的另外一个瓶颈了。

7. 标准和测试体系不够完善，容易被国外壁垒

由于生物基材料发展时间短，许多产品尚没有标准和测试方法，而国外的标准和测试评价体系相对制定的较早，因此，在生物基含量、生物分解性能等性能方面国内产品出口时往往碰到壁垒。

【政策措施建议】

1. 加大专项资金支持力度

a. 确立一批重点支持生产企业，对重点企业的生产和销售实施资金补贴，以解决前期阶段成本较高的问题。

b. 对一些重点项目，以产业化专项资金的方式进行资助。

c. 建立知识产权培育基金。扶持专利发展，鼓励生产企业在国内外申请专利等。

d. 可以考虑对利用生物质原料生产生物基材料的企业采用低息贷款政策，国家发改委的农村能源专项贴息贷款，原则上可用于生物基材料产业的发展。除了农村能源专项贷款外，国家经贸委的技术改造专项贷款也可以用于支持生物基材料的产业化发展。另外，国家可以利用信用担保政策。

2. 加大推广应用方面政策

可以强制推进一些生物基材料制作一次性包装，如酒店客房用易耗品、民航飞机上使用制品、购物

袋、有机生活垃圾袋等。

3. 税收政策

在税收政策上对生物降解塑料进行调整。

（1）调整出口退税和关税率

我国目前尚没有对生物降解塑料给予产品海关编号，从而造成生物降解塑料进出口中没有对应的类别，只能填写其他类。因此设立单独的海关编码，将生物塑料的出口退税率调整至15%或更高；在3年内零关税。

（2）所得税和增值税

为鼓励和扶持一些企业的发展，可以按照新的企业所得税条例规定减免优惠政策如：一是民族区域自治地方的企业需要照顾和鼓励的，经省级人民政府批准，可以实行定期减免和免税；二是法律、行政法规和国务院有关规定给予减税免税的企业依照规定执行。重点支持的生物降解塑料高新技术企业自投产年度起免征所得税五年，五年后所得税调整至10%；企业利用废气、废水、废渣等废弃物为主要原料进行生产的，可在五年内减征或免征所得税等。

4. 展开公众教育活动

印刷一些基础知识开展公众教育。如上海世博会等已应用部分生物降解塑料制品。

5. 争取将生物基材料作为碳交易的一部分。

6. 完善生物基标识体系，能让普通消费者通俗易懂，易于识别，从而加快推广的速度。

【专委会活动】

1. 积极参加中国塑料加工工业协会组织的会议和活动

2011年4月，专委会夏青理事长和翁云宣秘书长，协同秘书处所在单位北京工商大学材料与机械工程学院蔡强院长，以及专委会主要副理事长和理事会员参加了中国塑协第六届会员大会。其中武汉华丽环保科技有限公司被选举为中国塑协特邀副理事长单位。积极组织会员单位参加中国塑协组织的行业十强评选活动，其中武汉华丽环保科技有限公司入选日用品组十强企业。

2. 召开年会暨第四届国际会议

2010年10月25日至28日，第四届生物基与生物分解材料技术和应用国际研讨会暨中国塑协降解塑料专业委员会2010年年会在上海同济大学嘉定校区顺利召开。来自美国、日本、韩国、德国、英国和中国的300余名低碳环保新材料领域专家、生产商汇聚一堂，共商这一新兴产业的未来发展。参加会议的领导和嘉宾有国家发展和改革委员会资环司马维晨博士、中国塑料加工工业协会马占峰秘书长、上海同济大学常务副校长李永盛教授、北京工商大学轻工业塑料加工应用研究所所长/中国塑协降解塑料专委会副会长许国志教授、国际标准化组织召集人 Hideo Sawada 先生、美国生物分解塑料研究所 Steve Mojo 秘书长、美国密西根州立大学 Ramani Narayan 教授、日本生物工业协会顾问 Akira Hoshino 先生、日本生物塑料协会 Setsuo Konami 秘书长、韩国生物塑料协会秘书长 In－joo Chin 秘书长、德国 DIN CERTCO Miriam Sahl 女士等。到会的新闻媒体单位有中央电视台、中国高新技术报、中国塑料、中国化工报、中国包装报、国外塑料等。大会由中国塑协降解专业委员会秘书长、北京工商大学轻工业塑料加工应用研究所检测中心副主任翁云宣主持。大会得到了苏州汉丰、上海心尔、上海同济大学、轻工业塑料加工应用研究所承担会务工作，同时得到了南京比澳格、巴斯夫、苏州优利、南通九鼎、丹阳华东、中科金龙、浙江海正、宁波天安、杭州鑫富、浙江华发、浙江天禾、安庆和兴、深圳光华、常州龙骏、江阴杲信、南京诚科、安徽德琳、嘉兴玉丝·润、福建泛亚、DIN CERTCO、NatureWorks、三菱化学、上海聚友、柯因达以及武汉华丽等单位支持。参加会议的国内外大学和科研单位有美国密西根州立大学、韩国仁和大学、日本北海道大学、四川大学、中科院化学所、中科院长化所、华东理工大学、上海同济大学、、日本产业综合研究所、华南理工大学、天津南开大学、清华大学、北京化工大学等。国际知名企业有 BASF、三菱化学、Natureworks、Novamont、昭和高分子、Honeywell、Purac 等。

在两天的会期里，与会代表就北美地区可堆肥料的最新进展、日本生物降解和生物基塑料的发展、韩国生物降解塑料工业发展、欧洲可堆肥塑料认证及市场情况进行了交流，并对聚乳酸产品的最新进展、缩聚法合成高分子量聚乳酸及其纳米复合材料、微生物合成PHA材料、聚乳酸改性等学术问题展开讨论。同期日举行的标准、测试及认证咨询会吸引了众多厂商参与，与会代表围绕如何获得美国BPI认证，如何获得日本JBPA认证、中国相关标准培训及认证和国际市场形势展开讨论。

与会代表纷纷表示，会议举办的很成功，会议的组织工作让大家满意，都有所收获。

3. 开展专委会日常工作

• 协助中国塑协完成了降解塑料关税调整建议。

• 积极参与云南省关于“禁塑令”讨论和提意见。

• 出版了《生物基塑料与生物分解塑料》专业书籍，普及行业知识。

• 继续发行降解材料内部会员杂志。

• 配合和积极参与国家发改委生物产业规划、战略性新兴产业规划、十二五规划的讨论及降解塑料部分编写工作。

• 配合企业、TC48 和 TC380 树脂及制品的标准化工作。

【降解塑料入市前准备工作】

降解塑料产业直面我国“三农”、能源和环境三大主题，是世界发展之大势和新兴的产业，在宏观和战略上是可行的。战术层面上，原料及其来源特别是生物质生物降解塑料其资源的丰度与成本，原料生产与转化技术，以及产品市场等都是可行的。但问题在于当前成本与价格尚难与石油基产品竞争，瓶颈是如何通过技术进步以降低生产成本。虽然降解塑料经过多年的研发，在欧洲和北美已经多有商业应用，但国外大公司在成本问题上也和我们一样面临着同样的问题。

因此，如何对生产企业来讲，如何做好产品上市前的准备就显得尤为重要。

首先，生产者应该全面了解国内外产品生产、应用和销售现状，即应该了解国际市场需求到底有多大、各类原料的价格到底有多大的区别、原料的生产能力到底有多大。在目前以供应为主的国内市场背景下，生产者应根据实际情况来选择适合自己投资规模的项目。

其次，要根据降解塑料的定义，正确定位生产产品，有效进行宣传。从降解塑料降解机理上，降解塑料可以分为热氧降解塑料、光降解塑料、生物分解塑料。从原料来源角度，降解塑料可以分为生物基塑料和石化基塑料，生物基塑料是强调其原料来源的可再生性，生物基塑料可以是100%来自于可再生材料，也可以是部分来自于可再生材料。石化基的生物分解其原料来源主要是石油，但却具有生物分解性能。因此，生物基塑料不一定是生物分解塑料，而生物分解塑料也不一定是生物基的，生物基概念主要强调其原料来源，生物分解概念主要强调其产品使用废弃后的环境可处理性。从垃圾处理角度上看，生物分解塑料如果用于可堆肥有机材料的盛装，则可以叫做可堆肥塑料。所以在产品上市前，应该正确定位产品，进行合理的宣传。另外，不管是生物基的生物分解塑料，还是化石基的生物分解塑料，因为其具备了碳绿色循环的概念，因此，它的广泛应用对促进低碳经济有重要的意义。

再次，要完善产品质量保证的证书工作。生产企业不管生产何种产品，应当首先确保产品的物理力学性能能满足使用的要求，如果是食品接触包装材料，其卫生性能应该满足相关国家的卫生要求。在此基础上，应该进行生物分解性能的检验，对出口产品的生物分解性能，目前美国认证的依据标准主要为 ASTM D 6400（纸类产品主要为 ASTM D 6868），欧盟主要为 EN 13432。对生物基含量的测试主要为 ASTM D 6866。

最后，生产企业在入市前还应根据需要做好原料的储备、流动资金的准备工作，对出口型的企业还应该注意知识产权保护等。

（中国塑料加工工业协会降解塑料专业委员会　翁云萱）

塑 木 制 品

塑木复合材料的现状及发展

塑木复合材料在中国的发展和应用表征着国人对资源综合利用的重视，为了保护生态环境，保护有限的森林资源，使我们的天更蓝地更绿，我们有必要对中国塑木发展到今天进行一些综合的分析；明确方向，找出发展过程中的问题，使这个新兴是朝阳产业在政府部门的支持和民众的努力下朝着健康的方向发展。

一、塑木复合材料

塑木复合材料：采用工业或民用废弃塑料，(PE、PP、PVC、ABS 等)和木粉(废弃木材、锯末、树枝杆)以及农业废弃物(稻糠、秸秆、果壳)等其他植物纤维(亚麻、大麻、黄麻、剑麻、竹粉等)通过科学的合理配制，并配以偶联剂(相容剂)和其他助剂，将不相容的两种物质复合在一起，通过特殊加工而成，是具有特性的一种材料。他能够代替或者部分代替木材，甚至超越木材的使用范围，(塑木原料可以通过压铸，注射或者挤出成型)

塑木复合材料及其产品兼备木材与塑料的双重特性，其质感和性能具备弹性体与木材的优点，克服了木质材料吸水率高、易变形开裂、易被虫蛀霉变的缺点，并具有许多木材所没有的特性，机械性能高，质轻、防潮、抗酸碱、不腐烂、便于清洗。可广泛应用于制作物流托盘码头建设；铁路枕木、道路阴井盖、建筑装潢等领域。尤其适合运用于园林景观户外装潢，亭园护拦；道路拦杆等场合。

由于生产原料中废弃资源的利用比例高达95%以上，塑木复合材料主要原料来源广泛，且能百分之百回收再生，是真正意义上的绿色产品，因此对塑木复合材料的研究和生产受到了各国科学家和企业家重视。当然它也特别适合中国可持续发展经济的需求。

二、塑木复合材料是木材的理想代用品

我国是一个森林资源并不富裕的国家，我国森林蓄积量仅占世界的2.9%，远不能满足占世界22%的人口生产生活的需要。市场急需有一种产品来代替木材的使用。我国经济的高速发展对林产品的需求不断增长，供需矛盾日益突出。目前世界人均年消耗木材0.58m^3，而我国只有0.29m^3，我国每年对林木及其制品的需求折合资源蓄积量为3亿立方米以上，而现有森林资源的年合理供给量仅占需求量的60%左右。另一方面，在未来5~10年，全国人口年均净增1100万左右，经济增速每年7%以上，这对本来就已经很贫乏的木材供应，提出了更高的要求，急需一种产品来代替木材，唯塑木莫属

世界木材紧缺，澳大利亚、美国的自给率为90%；我国的自给率35%，日本自给率不足20%，木材进口额居世界前三位的是美国、中国和日本。我国更需要木材的代用品。目前，国内木材需求量已达到(3~3.3)亿多立方米，按照国家下达的“十五”期间森林采伐限额，每年只能提供(1.4~1.5)亿立方米，也就是说我国每年还缺少(1.5~1.6)亿立方米，假设我们在目前我国木材缺少的(1.5~1.6)亿立方米木材中，用3%~5%的塑木来代替使用，那么国内的塑木材料的使用量应该在(450~750)万吨左右，(而目前我国塑木生产的实际产量能力只为25万吨左右。使用量还不到5万吨，目前产能的80%左右在出口，为国外在节约木材用量。可见我国塑木的潜在市场是巨大的。

三、用塑木生产来解决资源的循环利用

中国木材的短缺，要求寻求木材替用材料。同时，随着农村生活水平的日益提高，在广大的中国农村，过去被大量用作农村烧柴主要原料的农业植物纤维已逐渐被液化气、煤气、天燃气等清洁燃料所取代，除少量农业植物纤维被用于生产饲料及经济作物(如蘑菇)以外，大量的农业植物纤维(尤其是稻糠、秸秆、果壳等难于自然腐变的材料)被焚烧处理。这不仅造成自然资源的严重浪费，更对农村及其周边城市的环境造成了巨大的损害。我们必须找到一条无污染处理农业纤维的道路。根据我们对几个省份的调查分析，国内农业纤维，包括稻糠、各种秸秆等，每年的产量都在几千万吨以上，木粉应有100万吨以上，其他天然纤维也有500到1000万吨。它们正是我国可持续经济发展所需要的可再生、可持续的资源。如果按照制成工业产品后，每吨木粉或天然纤维增值人民币1000元，这些资源的价值就在几百个亿以上。它们是中国的宝贵资源之一。

由于缺乏一个完整的塑料回收再生渠道以及成熟可靠的技术，并以经济有效的方法，规模化地对回收的废旧塑料制品加以综合利用，目前中国城市及农村地区因塑料废弃制品处理不当而造成的“白色污染”问题严重，这已成为国环保事业中的一个棘手难题。据统计，各大城市塑料废弃物已占垃圾总量的1/5到1/4。而与之相对的数字是中国目前人均塑料的消费不到10kg/年，低于世界平均25kg/人/年的水平，更低于西方发达国家人均近90kg/年的水平。即使如此，我国城市人口产生的废旧塑料在每年100万吨左右。塑料加工作为一个行业，必须考虑所生产产品使用寿命之后的回收利用。这是我们制造者的责任。采用回收塑料来生产塑木复合材料产品，可以提高塑料的回收率、降低并消除塑料制品对环境的的潜在危害，并提高回收资源的附加值。这对国家的环镜综合整治工程具有十分重要的意义。

国外有咨询公司认为，木材是正在被塑木复合材料取代的主要材料，目前塑木复合材料仅渗入未来潜在市场的4%，因此研究发展和生产塑木复合材料有它巨大的市场潜力，塑木复合材料将与PVC、增强塑料、混凝土和铝等材料共同完成弥补我国木材紧缺现象，满足消费，满足市场，创造财富和效益。

四、塑木在我国发展低碳经济过程中的作用

塑木已经成为当今世界公认并推广的绿色环保材料，塑木产品是典型的绿色低碳产品，符合我国大力发展循环经济与低碳经济的要求：

(1) 废物资源化的典型代表。资源随着经济发展紧缺度日益显著，与此同时，木材加工和使用过程中有20%~30%的木粉和边角余料未被有效利用，农村超过90%的秸秆被焚烧或腐烂在地里，废旧塑料造成严重环境污染。塑木使用废塑料和木屑、稻壳、秸秆等为原材料，实现了废物高效资源化的利用，避免了焚烧、填埋废塑料、废木屑过程中产生的环境污染。

(2) 替代木材，减缓木材短缺。天然木材资源不足已成为一个世界性的问题，我国更是一个木材资源极其贫乏的国家，预计到2015年，我国生产建设用木材需求量约为4.8亿立方米，缺口将达1.9亿立方米。塑木是木材的良好替代品，目前我国塑木复合材料的生产能力约为25万吨/年，实际产量约为15万吨，按1吨木材替代3.5m^{3}木材核算，则实现木材替代52.5万立方米。预计到2015年，我国生产建设用木材需求量约为4.8亿立方米，缺口达2亿立方米。利用废塑料和木粉、秸秆等废料，通过技

术创新和技术改造生产出合格的塑木产品。那么如果2015年，有1%的木材能够通过塑木得到替代，这样将节省480万立方木材，相当于实现碳汇22000kt。因此，塑木在我国发展低碳经济过程中的作用是不可低估的

(3) 碳汇与固碳相结合，实现温室气体减排。塑木实现木材的替代，减少了森林的砍伐，增加了碳汇。根据1m^3木材大约可以吸收1.83t二氧化碳，1吨塑木替代3.5m^3木材，可增加碳汇6.4t。塑木的原材料生物质纤维(如秸秆、木屑等)和塑料，如按常规处理方法将这些材料焚烧，将会有大量的二氧化碳排放，因此木塑材料本身也是二氧化碳的减排过程，据推算，生产1t木塑材料，其本身固碳作用还可实现减排二氧化碳2.6t。制造1t木塑材料二氧化碳排放量为1t。因此，应用木塑材料替代天然木材则可以实现减排二氧化碳17.6t。2008年，实现木材替代150kt，减排CO_2约为2640kt。

(4) 产品绿色环保，循环利用典范。塑木产品本身不需要任何胶料，是真正无甲醛的环保绿色产品。塑木的生产过程中，没有污染排除，用完后能100%回收利用，不产生二次污染。

五、国外塑木的发展

塑木的产业化推广源于20世纪80年代的美国，经快速发展北美已成为世界上塑木材料发展最快、用量最大的地区。随着技术水平的提高，塑木逐渐具备了塑料、木材、金属等单质材料的优点，成为自成体系的新型材料。目前，各类塑木制品在美国、加拿大、德国、英国、荷兰、日本和韩国等国已得到较为广泛的应用，形成了比较规范的产业和市场。

北美(美国、加拿大)的WPC技术、生产、开发和应用均居全球绝对领先地位，而其中铺板占总量中的一半，其次为窗框系统，包括铺板、门窗框系统的挤出型材和屋面板、墙面板是最重要的制品，约占总消费的80%。另外，铁路轨枕应用引人注目，市场巨大。据最新报道，美国有101家WPC加工厂，其中最大的几家公司已在纽约证券交易所上市。

从全球看，据美国Principia Partners咨询公司的研究报告，2007年世界塑木复合材料市场已超过14亿美元，2010年前后仍将保持良好的增长势头，最大的应用仍是挤出建筑制品，然而预计会出现更多种类的塑木建筑制品，汽车和运输工业也是塑木复合材料不容忽视的市场。美国最大的塑木复合材料厂家Trex公司2002年总收入比上年提高43%，净收益比上年提高85%，达1680万美元

欧洲WPC生产和市场远落后于北美，起步晚，但英国Hackwell集团公司的咨询报告“2006年欧洲塑木复合材料市场”中指出，有信号表明，欧洲WPC市场正以北美WPC曾有过的高发展速率起飞，增速加快，2005年生产厂家已达61家，其中德国19家，英国7家，瑞典6家，芬兰、奥地利各5家。2005年欧洲市场总量为99.288kt，2008年将增大为145kt，年均增长率接近10%。欧洲WPC最大用户是汽车工业，目前占总消费量的一半以上，与世界总格局(仅占7%)不同，预计未来欧洲汽车生产厂会转向用植物纤维(如亚麻、大麻)的WPC部件。建筑是欧洲WPC第二大应用领域，虽然WPC家具量很小，但已有滚塑成型的WPC椅子，预计WPC会在高速公路隔声等基础结构应用方面获得更多市场空间。注塑WPC制品优于常用天然材料制品，而且有利于降低对以石油为原料的塑料的依赖性。2004年后，欧洲WPC铺板已成为除汽车工业应用以外发展最快的产品。

在日本，塑木复合材料产品不仅被用于室外建材，也被用于室内门板、地板和楼梯等。2006年，塑木复合材料在建材中的应用占了总产量的70%，土木工程占10%(高速公路护栏、消音板等)，家电(音箱等)、汽车和家具等占了20%，近年来韩国塑木复合材料的发展也有积极向欧洲靠拢的趋势，尤其是在塑木复合材料产品的质感上，技术并不亚于欧洲同类产品。

澳大利亚、新西兰、新加坡、马来西亚等国也在发展塑木复合材料。预计在近两年内在东南亚地区至少会新增加15万吨的塑木复合材料能力。

六、我国塑木产品目前的实际使用情况

随着人们生活水平、文明程度的提高，环境保护意识的增强，在国内外应用越来越广泛，市场前景越来越宽阔。塑木材料已经逐步被国人所接受，据不完全统计，从国内几个大的塑木生产销售出口和内销的比例来分析2007年：85/15，2009年：70/30，使用场合由单一的企业，市政建设逐步扩到的民用。现在几乎在全国各地多能够看到用塑木材料做成的景观椅、凉亭，栏杆、清洁桶、树池、花池，许多建筑物也在选用塑木材料做外挂墙壁，物流方面使用托盘更是随处可见，人们对塑木这一新材料不在感到陌生了。在典型工程上：

2008年的北京奥运会公共设施已经大面积的使用了这种新材料，

2010年在上海要召开的世博会的一些基础设施建设正在大面积的使用，

2010年广州的亚运会、也在积极选用这种材料

2011年深圳的大运会和一些公共设施，园林建

设，物流和铁路建设等方面都在考虑大面积的采用塑木复合材料，

随着国民经济的发展，又由于我国森林资源本来就并不富裕，木材的需求量越来越多，随着人们环保意识的提高，对使用塑木这种材料的在观念上是在逐步提高。

目前在我国塑木复合材料的生产能力约为250000t/a，实际产量约为150kt，具有万吨/年塑木生产厂家不到10家。从事塑木生产设备制造、助剂生产的相关企业合计约为150多家，从业人员3万多人。总体塑木生产的规模与先进国比还处于规模小产量低的阶段，因受到技术、设备和市场接受方面的影响和约束，塑木复合材料的生产和推广应用工作还应该说还是在起步阶段。政府对这一行业的监管也很不到位，但从发展的趋势看它还是在以每年35%的增长速度迅速增长，应用领域也迅速扩展。相继的塑木复合材料成套生产设备厂，模具厂，助剂生产厂也在不断出现。

我国的现代化建设已保持了近二十年的持续发展，物资流通领域的现代化正在兴起，各企业自身发展、追求效率。都必将大幅度增加托盘的应用。国内市场托盘的年产量约为一亿个，其中90%的现用托盘为急需更新换代的木质托盘。经调查天津新港日用一次性托盘就达5000个(年用量超过150万个，即年需耗塑木复合材料超过3万吨)；深圳某港口年需托盘20万个，而深圳有相同规模的港口6个；国内目前每年建成2000~5000个货位规模的立体仓库几百座，年需托盘超过几十万个等，其需求量还在不断增加。

铁路作为中国交通运输的动脉，对中国国民经济有着不可轻视的作用。铁路枕木传统上采用木材。近年来，也有钢筋混凝土枕木。但木质枕木需要大量的优质木材，而且易损坏，需要不断的维护和更新。钢筋混凝土枕木缺乏弹性，对车辆和路基的磨损大，在山洞的进出口、铁路弯道处，混凝土枕木的损坏也很大。经研究开发已表明塑木复合材料枕木可以到达木质枕木的机械性能，而且经济性强，是现有枕木的理想的替代品。经计算修建一万公里的铁路需要135万立方米的木材，仅枕木一项，每年的市场需求就有150万吨至200万吨塑木复合材料，约人民币140亿的市场。

塑木复合门窗框、道路建设、建筑、装潢、园林景观、户外装潢、亭园护拦、道路拦杆等领域的需求正在兴起，通过再加工，它的附加值更高，市场及其广阔，令我们深受鼓舞。

七、对促进我国塑木产业发展的几点建议

我国塑木产业前景广阔，但目前的投资有过热倾向。受技术、资金、设备和市场推广能力的限制，塑木产业整体发展状况不理想。问题表现为：

（1）产品研发处于起步阶段，研究力量分散、经费不足。大多木塑生产企业工艺技术薄弱，缺乏创新能力，产品种类单一，生产成本高，附加值低。国有研发机构与塑木企业缺乏沟通、协调和合作机制，科研成果难以转化。

（2）企业弱小、分散，市场化程度较低。产业化、规模化的企业数量少，尤其缺乏大型骨干企业，不能形成一定规模的产业集群，无法产生群体拉动和市场推广效应。塑木材料商业化推广严重缺位，信息通道不通畅。

（3）产品标准滞后。国内仅有的塑木托盘和地板的标准大多是参照木制托盘和地板的标准制订的，缺乏塑木材料特色。

加大国家对塑木产业的扶持力度。将塑木产业作为国家发展循环经济和资源综合利用的重点支持产业，纳入国家“十一五”《资源综合利用专项规划》。制订具有可操作性的定性、定量标准，落实国家生物质复合材料项目的产业化决策。希望

（1）支持鼓励企业成为自主技术创新主体，重点培养、支持骨干木塑企业，建立国家级木塑产业示范基地。将塑木制品纳入政府采购目录，或由相关国家部委发出指令推广应用。行业纳入一个部门统一管理，充分解决好目前国内存在两个塑木专委会的弊端

（2）迅速制订有关塑木的国家标准或行业标准。规范塑木材料及制品的检测方法和销售行为。

（3）增加塑木的海关编码；塑木复合材料是一种以天然纤维为改性剂的改性塑料，具有木材和塑料的优良性能，在应用领域也突破了很多木材和塑料产品的限制。但到目前为止，却没有自己合法的出口编码，给塑木产品的出口带来很多麻烦和极大的不便，为了鼓励出口扩大内销，目前把塑木这一类环保型产品归类到聚烯烃塑料里很不合理，没有体现国家对环保类品出口在政策方面的倾斜，因此建议相关部门尽快制定出塑木产品的独立编码。

（4）发挥塑木产业行业协会的协调和引导作用。遵照在科技、经济领域“充分发挥社团的积极性和主动性”的精神，支持、鼓励塑木专委会在行业内的协调作用和服务工作，引导其充分利用对外开放的有利条件，积极开展多种形式的国际和地区科技合作与交流。

（中国塑料加工工业协会塑木制品专业委员会　季建仁）

发展环保低碳经济，塑木行业迎来发展新机遇

“塑木”也叫“木塑复合材料”(Wood－plastic composites, WPC)，是一种主要以热塑性塑料和各种形式的木粉，加入一定量的助剂，经过专用配混、成型设备加工制成的复合材料。塑木复合材料具有良好的尺寸稳定性，吸水性小，不怕虫蛀，不易产生裂缝和翘曲变形；同时具有良好加工性，耐磨、耐老化、耐腐蚀；各种助剂的加入赋予其更多特殊性能，如抗菌性、阻燃性、耐强酸强碱性等；加入颜料、覆膜或复合表层可制成具有各种颜色和花纹的制品。塑木复合材料的应用领域涉及包装制品、仓储制品、户外用品、家具建材用品、汽车内饰产品等。

低碳经济如今是个热门话题。低碳经济是指在可持续发展理念指导下，通过技术创新、制度创新、产业转型、新能源开发等多种手段，尽可能地减少煤炭石油等高碳能源消耗，减少温室气体排放，达到经济社会发展与生态环境保护双赢的一种经济发展形态。塑木复合材料正是通过技术创新产生的新材料，具有典型的绿色环保低碳特征。塑木产品原料来源广泛，主要是废旧塑料与废木粉，价格低廉，加工中不需要任何胶料，工艺简单，设备能耗低，加工后的成品能再回收利用，是真正的无甲醛环保绿色产品；据统计，每生产1t塑木复合材料，用于替代天然木材可以实现减排二氧化碳7.5t，相当于少砍伐1.5棵30年树龄的桉树，减少6万个废弃塑料袋的污染，减少114亩农田的地膜残留隐患，间接增加森林碳汇，塑木产业能带来显著的生态环境效益，是一个典型的低炭产业。

1. 塑木产业的发展状况

塑木产业始于20世纪50年代中期，到70年代才作为一种现代概念在意大利兴起，从90年代开始，进入快速发展时期，尤其在美国和加拿大等国家快速流行起来，从21世纪开始，塑木生产技术被引入新加坡、马来西亚、日本和中国等国家。如今塑木在北美和欧洲发展得最好，分别以年平均增长率接近18%和14%的速度增长，并朝发泡和高木粉填充的方向发展，其中美国年产量达1000kt，是世界第一生产国。

我国的天然木材资源日益减少，木质制品的市场需求量却与日俱增；从1998年开始，美国、加拿大和欧盟国家相继对我国出口货物的木质包装材料实施新的检疫标准，要求采取熏蒸或高温消毒处理，否则拒绝入境，因此，国内外大环境都迫切需要寻找一种符合要求的木材替代产品。在国家循环经济政策的鼓励和企业潜在效益需求的双重推动下，全国性“塑木热”逐渐兴起。

截至2008年年底，我国直接从事塑木复合材料研发生产或与此有关的企事业单位已接近200家，增长率超过15%，中型以上生产线超过1000条，塑木复合材料年总产量达150kt，居于世界第二位。若干企业集团的组建或整合已经提上议事日程，大约有5万个以上年产量15～20kt的塑木企业动工兴建。我国塑木企业集中分布在珠三角和长三角地区，东部远远超过中、西部，南方企业则占有产品数量和市场的绝对优势，广东省内就有惠东美新塑木型材制品有限公司、广州赫尔普复合材料科技公司、中山森朗环保装饰建材有限公司、深圳市格林美高新技术股份有限公司等多家知名企业。

得益于中国举办的各项国际性活动等国内公共工程带来的需求，中国的塑木复合材料生产企业在不断扩张，国内消费者对塑木复合材料的认识也日益加强。中国塑木行业已经历了制造托盘的第一阶段和户外应用的第二阶段，第三阶段将是室内装修和汽车内饰，特别是注塑汽车内饰产品，这类产品利润很高，但目前在中国市场的发展程度较低。

中国政府在联合国大会上作出“大力增加森林碳汇，争取到2020年森林面积比2005年增加4000万公顷，森林蓄积量比2005年增加13亿立方米”的承诺，“节材代木”政策的施行是大势所趋势不可挡，具备一定产业基础的塑木材料无疑会成为替代天然木材的最佳选择之一。目前我国木材需求缺口为(1.5～1.6)亿立方米，假设未来可以用10%～15%的塑木来代替木材，则国内塑木材料的使用量将达到15000～20000kt左右，而目前我国塑木实际产量生产能力只有200kt。塑木产业是发展循环经济、环保经济、低碳经济的典范，是建设资源节约型社会的具体体现，是以实际行动贯彻落实中央提出的科学发展观，对国家及全球的可持续发展有重大的现实意义，塑木材料作为环保材料将大有可为。

2. 国家及政府相关政策

塑木复合材料被许多国家如美国、加拿大、澳大利亚、德国等列入绿色节能环保产品，受到大力扶持，我国已经意识到差距并对塑木的开发和研究加大了支持与投入，近年来制订了一系列政策鼓励塑木行业的成长。2002年国家科技部“863”项目和国家林业局“948”计划将塑木复合材料列入了生物质重组课题；2001～2007年国家发改委将塑木复合材料项目列入“国家高科技产业化新材料专项”；国家发

改委已将“木基复合材料的技术开发”归入《产业结构调整指导目录(2005 年)》的鼓励类项目；国务院办公厅也在 2005 年年底向国家发改委等十二个部委下发了《关于发展推进木材节约和代用工作的意见》，要求加强政策引导，加大技术支持力度。把木材节约和代用作为健全资源综合运用优惠政策的重要内容，由国家发改委牵头，会同有关部门研究提出《木材节约和代用技术政策大纲》，综合运用财政、税收、价格等经济杠杆，鼓励发展木材节约和代用。根据可靠消息，国家发改委和工信部等部委拟将在“十二五”规划内将塑木项目列为国家重点支持项目，业内相关人员已结合国务院最新颁布的《促进生物产业加快发展的若干政策》深入研究过如何让中国塑木产业融入生物新材料领域。

北京奥组委早在 2006 年 9 月就推荐塑木作为部分场馆、设施建设的专用材料；北京奥运会世奥森林公园破例为塑木指定了一处近 $2000m^2$ 的空地搭建实验建筑，展示的各类塑木复合材料接近 40t，整个建筑群分为正门、围墙、房屋、拱桥、平桥、景墙、平台、树池、廊架、步道、座椅、立架等 10 余个部分，参与企业共有 20 余家，大部分是塑木行业骨干企业。这是目前国内最为集中的塑木复合材料示范建筑群，从材料应用的角度看，基本上能代表当前国内塑木产业的最高水准，同时在布局和施工上也体现了塑木建筑的主要特点和性能。已经开幕的上海世博会也采用了塑木作为部分建设用材。深圳市在一些旅游景点大力推广塑木，如深圳的世界之窗、大梅沙等旅游景点都有用到塑木。南京聚锋新材料有限公司的塑木产品入选上海世博会、北京奥运会示范工程，广泛应用在中山陵、夫子庙、玄武湖、黄山风景区和中国台湾八里湾风景区等景观工程中。

3. 塑木产业存在的问题

和大多数行业一样，我国塑木产业发展还存在很多问题，突出表现在产品质量参差不齐，行业水平不高，技术研发不足，标准滞后，产品种类单一、生产成本高、附加值低，宣传力度不够，市场接受程度低。

塑木作为一种材料，具有其独特的优点，但也有其致命的缺点。耐老化性能差、易褪色、耐冲击性能差、容易发霉、阻燃性能差、密度偏高，限制了它的广泛应用。只有企业和研发机构解决了这些关键技术问题，才能进一步拓宽产品的市场。

研发机构与塑木企业缺乏沟通、协调和合作机制，科研成果难以转化，调查表明，2000 年以来，我国公开发表塑木复台材料的期刊文献约 200 篇，发明专利约 80 项，实用新型专利约 50 项，但是大部分成果尚未产业化。

塑木产品的主管部门划分不明确，制品标准管理体系未健全。目前塑木产品没有统一的归口部门，企业和研究机构上报的标准化项目有可能被划分在塑料、木材、建材、生物质四个标委会显得非常混乱。

塑木产品的标准制修订工作滞后，也严重影响了我国塑木产业发展。目前我国制修订的塑木相关标准有 BBT 0020—2001《组合型塑木平托盘》、DB44/T 349—2006《木塑复合材料技术水平》、DB44/T 411—2007《木塑复合材料检验与试验方法》、LY/T 1613—2004《挤压木塑复台板材》、GB/T 24508—2009《木塑地板》、GB/T 24137—2009《木塑装饰板》，行业标准《建筑装饰用塑木复合墙板》目前正在制定之中，预计 2010 年 12 月将会出台，这些标准大部分都是参照木制托盘和地板的标准制订的。随着国内塑木产业的不断发展，塑木制品类型日益增多，当前出台的塑木相关标准远远满足不了产业发展的需要。

由于缺乏相关部门开展对企业的资质审查工作，许多生产企业缺少足够技术支撑，产品参差不齐，质量难以保证，处于无序发展状态，这种状态一定程度上对塑木行业带来了负面的影响，不利于我国塑木产业的健康快速发展。

公众对塑木材料的认知度偏低，如何把塑木材料从公共工程渗透到消费市场中，一直是摆在塑木行业面临的一大挑战。要真正打开在国内消费市场上的销路，除了宣传推广，企业还必须在保证产品质量的前提下想办法降低成本，只有价廉物美的产品，才能在消费市场上具有强大的竞争力和生命力。我国目前的塑木复合材料的生产成本还是比较高，与其他材料相比并没有明显的价格优势。

4. 结论

鉴于目前我国塑木产业的发展状况和存在的问题提出以下几个建议：

（1）生产企业要勇于承担社会责任，通过技术攻关，解决当前塑料材料使用过程中存的问题，并建立可行的回收再利用机制，防止产品达到使用寿命后成为破坏环境的污染源。企业把自身的产品问题和社会责任问题解决好，才是塑木行业的立足之本。如伺改善塑木材料的耐老化性能差、易褐色、耐冲击性差、易发霉、阻燃性能差、密度偏高以及回收再利用问题，是每一个塑木生产企业要解决的首要问题。

（2）政府要将塑木产业作为重点环保支持产业，在行政审批、贷款融资、产销税收等方面给予政策倾斜和优惠，鼓励科研机构、院校和企事业单位加强对塑木产品的技术研发力度，培养支持骨干企业，可以设立专项科研基金，作为加强科研力度的助推器，重奖对塑木产业有突出研究成果的科研人员与企业，并把研究成果产业化。

(3) 政府部门要积极考虑协助产品推广应用，率先在政府采购和市政建设及园林绿化领域引导使用塑木材料，特别是像广州亚运会场馆和2011年世界大学生运动会场地建设中，借鉴北京奥运场馆设施中的运用实例，大胆使用一定比例的塑木材料。通过多建工程实例和积极利用媒体向公众宣传和推广塑木产品，引导消费者认知它的性能和特性。

(4) 针对塑木企业生产技术参差不齐和无序发展的状况，建议引进产品生产许可证制度加强对生产企业的资质审查，指定专门的塑木产品质量监督检验机构，承担塑木产品质量诚信体系建设，负责塑木产品生产许可证管理工作，受理消费者对塑木产品的投诉与咨询。

(5) 组建全国塑木材料及制品标准化技术委员会(包括分技术委员会和工作组)是当务之急，标准化技术委员会成员应来自生产、使用、经销等方面的企业和科研机构、检测机构、教育机构、政府部门、行业协会、消费者代表、认证机构等相关方面的单位和部门。技术委员会可在完成本职工作任务前提下，面向社会开展本专业标准化工作，接受有关单位和部门的委托，承担本专业地方标准、企业标准的制定、审查和宣讲、咨询等技术服务工作。

(6) 积极推进塑木材料和制品的标准化工作，质监部门可以协助指导塑木企业根据自己的产品特点制订企业标准；把现有的企业标准、地方标准、行业标准上升为行业标准、国家标准，同时积极推进塑木产品新标准的制订工作，多借鉴美国、欧洲、日本等国家在制标方面的经验，统一塑木复合材料的定义、分类要求，在此基础上进行塑木复合材料性能及试验方法的标准制定，逐步形成塑木复合材料及制品的标准体系。

（国家家具产品质量监督检验中心
温福泉，海凌超，廖桂福）

硬质PVC发泡制品

【行业现状】

1. 总体情况

随着国内外众多国家的经济刺激计划进一步实施，硬质PVC发泡制品行业国内外市场逐渐好转。2010年，硬质PVC发泡制品的实际产量50多万吨，比2009年略了增长，但由于原材料价格上涨，大多企业的盈利反而比2009有所降低。总的来看，2010年第一季度为淡季，第二季度开始热销，三季度中期以后销售形势略显下滑。原材料方面：2010年PVC树脂价格逐步走高，与2009年同期相比上涨1000元/吨以上，9月PVC树脂价格开始大幅度上涨，11月PVC5型树脂价格突破9000元/吨大关，创近年来新高。而硬质PVC发泡制品销售价格只能小幅上扬。2010年3月份以来，生产PVC发泡制品所需的稳定剂、发泡剂、发泡调节剂等助剂的价格也逐步走高，从而使硬质PVC发泡制品的制造成本居高不下，进入下半年后，随着企业盈利水平下降，一些企业采取了降低生产量的办法来降低风险，从而2010年第四季度PVC发泡制品的产量比2009年略有下降。虽然制品企业的经营压力较大，但是设备、模具企业的生产经营状况比较好。一方面国内开发的PVC发泡制品生产设备和模具的水平与国际水平的差距大幅缩小，同国际先进设备、模具比具有明显的性价比，另一方面，国际金融危机的影响并未消除，特别是东南亚等地区的PVC发泡制品生产商大多放弃欧美等地区的设备、模具，从而选用中国的设备和模具。

另外，由于硬质PVC发泡制品行业的生产企业，相对于塑料型材、塑料管材企业规模大都较小，容易受市场环境影响；同时，部分产品的标准未统一，市场不很规范，行业的健康发展也受到一定影响。

2. 市场主要影响因素

硬质PVC发泡制品行业的主要产品是：室内外建筑装饰材料、家具、橱柜行业大量需求的发泡板材、型材。无论是出口还是内销，都和房地产相关，所以硬质PVC发泡制品行业的盛衰始终伴随房地产而起伏。

由于硬质PVC发泡制品是节能环保新材料，所以它又符合国家鼓励发展的产业政策，可以大量替代木材，是有很好发展前途的行业。因此，我们行业内的企业，要创新，要扩大我们产品的用途，市场将会越来越大，受房地产市场的影响逐步减小。

3. 硬质PVC发泡制品行业目前的主要产品

该行业目前产量较大的有硬质PVC发泡实心板系列、硬质PVC发泡中空格子板系列、室内外装饰材料系列。

硬质PVC发泡实心板方面：该产品也叫雪弗板、安迪板，从工艺来分可分为：自由发泡板、结皮发泡(CELUKA法)板及共挤发泡板，产品的厚度从3～

30mm，部分先进水平可生产40mm以上。该类产品发展历史较长，生产技术较成熟，其中的结皮发泡板及共挤发泡板出口量占其产量的80%以上。为了更好发展国内市场，行业相关企业共同研发出了“微结皮”发泡技术，充分结合了自由发泡与结皮发泡的优点，从模具结构及配方工艺等方面进行改进，达到提高板材的表面硬度、板材的平整度及降低板材的密度，从而既提高了板材的质量，又降低了板材的成本，为扩大国内市场打下基础。

中空格子板方面：硬质PVC发泡中空格子板由于其采用中空结构及内外结皮发泡技术，使其具有光洁平整外观及良好的机械性能，同时还具有重量轻的特点，其可以用于替代木材用于门、窗、家具、厨柜、卫浴柜、隔断等领域。自从大连实德集团于2001年从欧洲全套引进硬质PVC发泡中空格子板整体门项目后，经过几年消化吸收及发展，使该技术日臻完美，同时也带动了国内的相关模具及设备快速发展。目前具备生产该类产品的企业已经超过50家，总产能超过300kt。

室内外装饰材料方面：由于PVC发泡型材不但具有木材的优点，又克服了木材易变形、易虫蛀、易燃烧、需要油漆等缺点，其已经广泛用于室内外各种装饰装修等领域。具体产品包括：门框门套、窗框窗套、百叶窗、内墙板、外墙挂板、装饰线条等。

【行业活动】

1. 编制行业十二五规划，促进行业健康稳定发展

硬质PVC发泡制品行业在“十一五”期间发展迅速，取得了较大发展。在“十二五”期间，我们行业仍将继续贯彻落实科学发展观，积极落实中央经济工作会议精神，宣传和发挥硬质PVC发泡产品绿色环保的特性，推进行业技术创新、节能减排工作和循环经济发展。为此，专委会根据行业发展的具体情况以及国家政策编制了该行业在“十二五”期间的规划。其中包含了行业发展的重点方向、发展的目标、重点项目及相应的措施。

2. 制定标准，规范行业行为，促进行业健康发展

对于PVC发泡中空格子板来说，由于其发展快，真正投产时间也比较短，目前该类产品既无国家标准也无行业标准，只有一些相关的企业标准，有的甚至连企业标准都没有，导致市场上同类产品的质量差别较大，非常不利于行业发展。为了促进该类产品健康发展，在行业标准制定计划得到国家有关单位批准后，专委会组织了相关企业进行了大量工作，进行了“标准起草小组成立会议”、组织起草小组进行标准起草、召开了“两次修改讨论会”、并组织相关人员根据讨论结果对标准草稿进行修改。目前该标准完成了相关单位意见征求，近期将进行专家评审。

另外，采用PVC发泡板材及型材制作整体门的企业目前已经发展到了二十多家，门的生产规模达到近1000万樘/年。但该产品目前只有企业标准，既不利于企业宣传及销售，也不利于整个行业健康发展。因此，专委会已将硬质PVC发泡室内门的行业标准制定列入规划，计划在2012年完成该标准制定工作。

3. 紧跟国家政策指导，大力发展环保产品

由于硬质PVC发泡产品重量只有普通硬质PVC产品的一半，可大量替代木材的使用，同时其隔热、隔音性能非常好，其使用时不但可以节约材料，减少森林的砍伐，还可降低能耗。特别是该产品无毒无味，在使用过程中无任何对人体有害的物质释放，用作室内装饰材料时可以极大改善室内环境。再者，由于其可回收性，也符合国家发展循环经济的政策要求。因此，PVC发泡产品是一类非常环保的产品，值得大力推广及发展。为此，专委会加强了其在行业的宣传力度，同时，还组织一些规模不断扩大的企业进行技术改造项目进行申报，争取在国家政策及资金上获得支持。

4. 加强合作交流，促进行业发展

2010年12月2～3日在湖北黄石金花宾馆举行了行业年会暨硬质PVC发泡制品技术交流会。这次会议是由中国塑协硬质PVC发泡制品专委会主办，由黄石鸿达集团有限公司承办，由河北精信化工集团有限公司、江西岳峰高分子材料有限公司、青岛莱美特机械有限公司、江西新胜新材料有限公司协办，中国塑协新材料研究开发工作委员会为支持单位。中国塑料加工工业协会廖正品会长，黄石市人民政府罗光辉副市长，中国塑协硬质PVC发泡制品专委会徐斌理事长，中国轻工业联合会廖常京处长，黄石市经济开发区、招商局、高新技术产业园区等部门领导，以及来自全国各地PVC发泡制品生产企业、与之相关的原料企业、模具及设备企业、科研院校等单位代表300多人参加了这次会议。会议由周家华秘书长主持。

会议首先由黄石市罗光辉副市长致欢迎词，对与会领导及代表表示热烈欢迎，并且，罗市长介绍了黄石市的整体资源优势、经济发展状况以及未来的发展目标，对这个会议在黄石发展建设中的促进作用也给予了高度肯定。

随后由硬质PVC发泡制品专委会徐斌理事长作行业总结报告，该报告分析了行业的现状、总结了重要的行业活动、规划了行业的发展目标。明确该行业正处于快速起步阶段，发展迅速，但由于进入门槛较低，行业内企业大多规模少。并且，由于相应产品标准不健全，产品质量参差不齐，市场秩序较乱。强调只有制定或修订好行业相关标准并得以实施，行业才有可能健康稳定发展。也指出了黄石市作为最早研发并制造塑料挤出模具的地区，每年产量很大，但产值却较小，模具厂数量多，但缺乏产值超亿元，有一定规模的模具企业，研发投入也很少，不利于模具行业的发展。通过对行业重要活动的总结，徐斌理事长充分肯定了专委会及行业领头企业为行业发展所做出的成绩。在专委会工作报告的最后，徐斌理事长还介绍了行业发展方向以及值得推广的PVC发泡产品。

在上午的会议上，中国塑料加工工业协会廖正品会长详细介绍了目前我国塑料行业发展形势，总结了“十一五”塑料工业所取得的成果，展望了“十二五”塑料工业发展规划。特别强调了硬质PVC发泡制品行业的现状、存在的不足以及发展方向。对于硬质PVC发泡建材(塑木建筑模板、建筑外墙装饰用塑料挂板等)，由于节能环保效果显著，目前国外的用量增长很快，是继塑料管材和塑料门窗型材之后，需求巨大的新型塑料建材。国家确立了建立资源节约型、环境友好型社会的目标，重视低碳经济发展，塑料建材具有环保、节能特点，符合建筑节能要求，越发有加速发展趋势。因此，在“十二五”期间应大力发展硬质PVC发泡建筑模板、墙体装饰板材等。

中国轻工业联合会廖常京处长会上强调行业健康发展离不开行业标准或国家标准的制定与实施，行业协会、企业参与相关标准制定有利于提升企业及至行业的技术及质量水平。廖处长还强调标准制定起点要高，要体现标准的先进性，要向先进国家看齐，从而与国际接轨，提高行业在国际市场上的竞争力，得到了与会代表的一致赞同。

在下午的技术交流会上，专委会请到了国内外PVC发泡行业的技术专家到会讲解行业发展新技术及应用。首先由河北精信化工集团有限公司销售副经理刘爱国介绍了“塑料建筑模板发展与应用价值”，讲座介绍了建筑模板发展史、建筑模板的市场以及各种建筑模板的性能及成本对比，充分显示了PVC发泡建筑模板的优势性。由江西岳峰高分子材料有限公司的技术中心田沃主任作了“发泡调节剂YF－530在PVC发泡制品中的应用”讲座，介绍了他们研发的新型发泡调节剂的在PVC发泡制品生产中的作用机理及对产品性能的影响。由江西新胜材料有限公司的刘俊卿技术总监作了“内外润滑剂的平衡性对PVC发泡制品的影响”的技术讲座，该讲座主要介绍了PVC发泡制品在生产过程中常用的润滑剂及其作用，特别介绍了内外润滑剂平衡对PVC发泡制品生产的重要性。由上海壮景化工的景浩博士讲解了“PVC塑木产品配方设计及应用”，重点介绍了以PVC为主要原料的塑木产品配方中的各组分的作用及相互作用原理、原辅材料的选择及配方设计，介绍了塑料木产品的应用实例。由CINCINNATI MILACRON(辛辛那提－米拉克龙)的技术服务经理刘亚卫先生介绍了塑木产品对挤出系统的特殊要求及专用设计，要求有更高的驱动力设计、更强的剪切能力设计以及良好的排气装置等。特别提出了新的研究观点：塑木产品对螺杆的磨损首先是由于其中纤维粉酸化对螺杆的腐蚀，然后才是纤维粉对螺杆的磨损。因此，用于塑木产品挤出的螺杆要有良好的耐腐蚀性和耐磨性。由于日本KANEKA(钟化)公司高性能树脂研发部的板田部长作了“PVC发泡制品中KANE ACE PA加工助剂的应用”技术讲座，讲座图文并茂、数据详细，介绍了该类加工助剂在PVC发泡产品中的作用，对于不同产品性能要求可以选择不同的产品型号及其对应的配方。并重点介绍了他们开发的性能更好用量更低的加工助剂。每一个讲座之后都有很多代表提出其在PVC发泡制品生产过程中遇到的问题并请教专家或供大家讨论，讲座场面十分热烈。

黄石市政府对本次会议十分重视，王建鸣市委书记在百忙之中抽出时间会见了中国塑料协会领导及有关专家，共商黄石市塑料制品及塑料模具发展大计。会议在中国塑料加工工业协会的领导下，在黄石市相关领导精心安排下，在专委会、承办单位、协办单位、支持单位及广大行业企业的共同努力下，本次会议获得了圆满成功。为硬质PVC发泡制品生产企业，及相关的原料、模具、设备等企业提供了一个广泛的合作交流机会，为该行业健康快速发展做出了卓有成效的贡献。。

5. 加强专委会建设，提升专委会服务质量

(1) 充分利用协会及专委会的资源优势，为企业提供全面服务

根据商务部、国务院、国资委于2009年5月发布的《关于行业信用评价工作有关事项的通知》(商秩字[2009]7号)要求，在中国塑协的指导下，根据企业具体情况推荐多家企业参与“中国塑料行业企业信用等级评价”，并且有一个企业获得“3A信用等级”评价；根据企业发展需要，指导企业进行研发中心

建立的申请材料编制、报批、评审等工作，目前已经完成建立“中国硬质 PVC 发泡制品研发中心”的所有程序，并获得中国塑料加工工业协会批准。另外进行的“中国硬质 PVC 建筑外墙塑料装饰板研发中心”也即将进行评审，预计年底前完成所有程序。

（2）完善专委会网站，提升行业宣传力度

专委会网站可以快捷方便的为行业相关企业服务，也是广大会员交流平台。为了提高网站的服务质量，专委会及时对网站的“重点报道”及“行业动态”等项目进行更新，以便会员单位能及时了解到相关信息，同时还利用网站的“产品介绍”、“推荐产品”及“广告宣传”等栏目为会员单位的产品进行宣传。并且，还收集国内外相关技术资料补充到网站的“技术资料”、“行业标准”等栏目内。

6. 积极发展会员，壮大专委会队伍

通过网络宣传、行业走访、提供专业技术支持、提供政策及信息服务等多方面来积极发展会员，2009 年本专委会一共新增加了十一个成员，为本专委会逐渐壮大打下了坚实的基础。

【重点企业】

硬质 PVC 发泡板材生产企业主要分布在广东、山东等地区，产品生产技术成熟，广东广洋高科技股份公司是该产品的代表企业；PVC 发泡中空板是最两年才开始大批量出现，主要分布在上海、江浙一带，规模较大的企业设计产能都在 20kt/a，产值可达 2 亿/年，但由于技术及市场均存在一些问题，目前实际产值都未超过 5 千万。

1. 广东广洋高科技股份公司

广东广洋高科技股份公司于 1995 年 3 月成立，是由企业家与科技人员共同创建，集科、工、贸于一体的新型高科技企业。拥有雄厚的技术和充足的资金，致力于新技术、新产品的开发和生产。广洋公司是国家重点高新技术企业，1998 年公司成为中国塑料加工工业协会常务理事单位、中国塑料加工工业协会微发泡板材专业委员会副理事长单位 99 年被国家外经贸部授予进出口经营权，2000 年通过了 ISO9001 质量体系认证，7 月份通过了中国科技部和中国科学院的高新技术企业“双高认证”，2001 年 12 月份，广洋公司经广东省人民政府批准，整体变更成为股份公司，为公司的进一步发展创造了良好的条件。

广洋公司下设化工新材料厂、宝力威化学建材有限公司，并在湛江设立了湛江分公司。公司研制生产的 REC 系列稀土多功能稳定剂，它以我国丰富资源轻稀土为主要原料，经计算机辅助优化设计，与一种或数种阴离子基络合并与协同剂调优复配而成，它是一种无毒、无味，除具有优良的热稳定性和长期耐热性外，兼具有改善加工、偶联、增韧、增艳等作用的 PVC 用新一代稳定剂。该产品填补了国内外空白，产品性能及生产工艺具有独创性、新颖性、实用性。先后被列入国家、广东省、广州市"火炬"计划。

宝力威化学建材公司引进国外最先进的 1.6m、1.2m 硬聚氯乙烯板材发泡生产线四条，是国内最大的生产厂家，塑木板是一种新型的化学建材，广泛应用于装修、装璜、广告、建筑、汽车、火车、船舶、家具等各行各业。对推动以塑代木、保护国家森林资源、消防安全、节约能源等具有深远意义，是一种理想的绿色环保产品。塑料家具以广洋公司自行生产的 U－PVC 微发泡板材为原料，进行深度加工，充分发挥 U－PVC 板材难燃、低烟、防水、防潮、耐酸、耐碱、耐油和易清洗的特点，首先自主开发了厨房、高级浴室梳妆柜等专用的家具制品，倡导“尊贵，高雅，舒适”的现代家居理念，深受用户青睐。

该公司 2009 年产值 1.79 亿，2010 年产值 2.1 亿，增幅 17%。2010 年广洋公司出口 0.7 亿，占总产值 33%，实现利税 1500 万。

2. 海宁市海创塑胶电器有限公司

海宁市海创塑胶电器有限公司位于中国长三角经济圈中心位置——浙江海宁，专业从事室内外装饰材料研发与生产工作已达 10 年之久，在行业内享有一定的盛誉，产品远销国内外 300 多个国家及地区。企业拥有德国全自动双螺杆热挤出生产线 30 余条，依据完善的 ISO9001 质量管理体系与 ISO14001 环境管理体系，为产品的卓越品质提供了强有力的保证。企业独有研发队伍，拥有 163 多项产品专利，用科技与生活演绎全新的产品理念，创造了实用价值和审美价值的完美统一。该公司 2009 年产值达到 1.3 亿元，2010 年产值 1.5 亿元，增幅 15%。2010 年公司利税达到 3800 万元以上。

3. 济南海富塑胶有限公司

济南海富塑胶有限公司是一家中美合资公司。产品主要有 PVC 自由发泡板、PVC 共挤发泡板、PVC 挤出硬板、PVC 挤出软板、彩板等。拥有国内最先进的 PVC 板材生产线 6 条，年产能可达 1.5 万吨，产值可达 1.8 亿。产品销往全国各地，并远销东南亚、中南美、欧洲、大洋洲的许多国家和地区。2009 年产值为 8000 万，2010 年产值增加了 16%，到达了 9300 万元。2010 年出口值为 5000 万元，占总产值的 83% 左右，2010 年利税约 800 万元。

【新产品开发】

硬质 PVC 发泡制品行业在 2010 年开发的新产品

大多符合国家政策导向，主要有“PVC 发泡外墙装饰板”、“25mmPVC 发泡中空柜体板”、“PVC 发泡天沟”等。

1. 硬质 PVC 发泡外墙装饰板

该产品由海宁市海创塑胶电器有限公司组织牵头，经过半年左右时间研发的新产品。产品主要用于建筑物的外墙装饰，产品采用共挤方式，基层为 PVC 自由发泡层，面层为 ASA(或耐候 PVC)共挤层。基层可以采用 PVC 回收料进行高倍率发泡，不但可以减少 PVC 废料对环境的污染，还可以减小产品重量，提高产品的保温隔热作用。ASA 面层主要为产品提供了良好的耐候性能及美观的装饰效果，其使用寿命可达到 50 年以上。该产品具有优良的保温性能，可以有效防止室内外的热量交换，从而减少冬季取暖时的热损失，减少夏季空调制冷时的工作时间，属于目前国家大力发展的节能产品之一。项目计划投资 3000 万元，预计每年可生产 PVC 发泡外墙装饰板材约 10000t，产值可达 1.5 亿。若这些外墙装饰板全部替代墙砖，保守计算每年约可节约 10000 千瓦的能量，折合标准煤约 11000 吨。

2. 25mmPVC 发泡中空柜体板

该产品由宁夏大元化工股份有限公司大连分公司与上海一柯模具有限公司共同开发，产品采用中空方格结构，通过独特的模具设计及优良的工艺配方技术，在产品的内腔及外表面均形成硬度很高的结皮层，从而使得产品强度高、重量轻。该产品主要用于室内门窗、各种柜板、装饰板或隔板等。

3. PVC 发泡天沟

由宁夏大元化工股份有限公司大连分公司与上海弘天贸易发展有限公司及杭州航达塑化有限公司等单位共同开发了硬质 PVC 发泡天沟产品。该产品具有强度高、重量轻、美观等优点，广泛用于高档小区或别墅等地方，是替代普通硬质 PVC 天沟(未发泡)及金属天沟理想的产品。

【存在问题】

PVC 发泡目前仍属新兴行业。近几年来，该行业正处于快速发展期，加之行业的进入门槛不高，因此相关企业的规模普遍不大，国内目前约 85% 的 PVC 发泡企业的年产量在 20 ~ 50kt，整个行业的市场开发、生产能力、技术水平、产品质量和相关标准都有待提高和完善，行业需要精心培育。其中又尤其以相关标准的完善显得最为迫切。对于 PVC 发泡制品中产量最大的板材，其采用的行业标准是 1999 年制定的，限于当时的生产技术水平，部分指标要求较低，导致目前行业产品质量参差不齐。对于近年发展非常迅速的 PVC 发泡塑木产品，目前国内还没有相应的行业性标准加以规范，存在产品质量差异较大，市场较为混乱的局面。对于规模较小的企业，其技术力量还较弱，产品质量稳定性较差，生产废品率较高，导致生产成本增大，降低了出口竞争力。

【发展趋势】

PVC 发泡产品不但具有许多与木材相同或相近的性能，还具有木材不具备的防水、防腐、防蛀、阻燃、易于着色的基本优点；因无需油漆保护，在使用过程中不会产生任何有害物质，具备环保的优势；密度低，使用寿命长，可回收利用，具有节约材料和环境友好的优势。众多优良性能决定 PVC 发泡产品是木材的最佳替代品，因此发展 PVC 发泡制品在应用木材的众多领域的替代工作将大有作为，重点包括在室内外装饰装修领域的应用等。

从发达国家 PVC 发泡制品发展来看，PVC 发泡配方主要朝着无铅化发展，工艺方式主要朝着共挤及微结皮方向发展，制品尺寸朝着宽幅、超厚的方向发展，泡孔结构朝着微孔化发展。

对于配方体系，由于地域资源、PVC 发泡制品发展方式等方面的差异，目前全球硬质 PVC 发泡制品方面主要形成了两大配方体系。在欧洲及亚洲等地区，主要是以铅盐稳定剂配方及钙锌稳定剂配方体系来生产 PVC 发泡制品，随着欧盟对重金属含量限制，欧洲 PVC 稳定剂生产商承诺 2010 年铅盐稳定剂的产量减少 50%，到 2015 年停产铅盐稳定剂。到时铅盐稳定剂将主要被钙锌稳定剂代替。在北美地区，发展之初就使用有机锡稳定剂，到目前仍然主要以有机锡稳定剂配方体系来生产 PVC 发泡制品。

对于室外产品可采用共挤技术进行生产，其表面可共挤很薄的耐候材料(PMMA、ASA 或 PVC 高耐候配方材料)，为产品提供良好的外观性和耐候性能，增加个性化特色，其内层可采用回收料高发泡配方，可以充分利用 PVC 回收料，大幅降低产品的重量，降低制品成本。对于部分对力学性能要求不高的产品，甚至可以直接采用回收料进行生产，以充分利用 PVC 发泡生产过程中产生的废料，利于 PVC 发泡制品的系列化，降低生产成本，更加强化 PVC 发泡制品的竞争力。

对于目前在国内 PVC 发泡制品中出口量较大的是 PVC 发泡实心板，由于其质量与国际同行还存在差距，价格低廉，竞争力较弱。因此，必需提升行业规范力度，提升该类产品质量，使其达到国际先进水平，从而增加该类产品在国际市场的竞争力，提升出口的利润空间。该产品的发展方向一方面是采用微结皮技术，从而可以在不影响产品的性能的情况下降低产品的重量，从而达到降低成本的目的。另外也可开发超厚（大于 25mm）及超宽（大于 1500mm）产品，不但可以满足产品实际使用尺寸需要，又可使板材标准化，从而减少生产中的废品率，同时还可以减少不同用途所需的模具投入。

对于近年发展起来的 PVC 塑木发泡产品，可重点发展对各类植物纤维的应用技术和纤维的制造加工技术。通过利用以前被焚烧的秸秆、棉杆等废弃物，以及木屑、谷壳等杂物，一方面可扩大原料供应范围，解决原料供应对产品发展的制约问题，降低成本，节约资源；另一方面还可进一步提高产品的刚性，扩大产品应用领域，使之不仅可广泛地应用于园林园艺，还可用于室内外装饰。该类产品同样是国家鼓励发展的项目，应尽可能地争取国家的大力支持。

总之，我们将充分利用 PVC 发泡制品的保温、隔音、防潮、防水、防蛀、防腐、阻燃、无毒、力学性能优良、可回收利用等突出优势，不断研发出国内外需求量大的新产品种类，推进行业不断快速发展。

（中国塑料加工工业协会硬质 PVC 发泡制品专业委员会　黄勇）

复　合　膜

机遇与挑战—软包装行业如何应对新经营环境

中国软包装工业在过去 25 年从无到有的成长是令人赞叹的。在这成功的基础上，我们必需检视我们过去赖之成功的因素是否会持续，经营环境会发生何种的变化，才能为未来的 25 年的发展作出有效的规划。

中国经济正进入历史性的转折点。过去的 30 年是从无到有的年代，依靠着农村提供的大量廉价劳动力，各行各业依靠简单的设备创业，然后依靠市场的庞大需要而迅速发展成有实力的企业。在这时期，只要你敢于投资，市场营销不致于太差，企业仍会发展。

国家“十二五”规划定调于“包容性，可持续性和平衡的经济发展“，正式宣告过往经济发展模式结束。未来的政府会有下列的几个重要改变：

（1）政府重商的政策会转变成促进全民民生的改善。这意味着工资会快速的提升，各种社保、征费会全面落实，劳动条件亦需要依法改善，劳动成本会迅速增加。以往很多企业依靠和地方政府的好关系，争取到更多的成本空间的行为，是不可持续的。

政府民生政策的改变，亦促使劳动力转向提供各社会民生所需的公共服务。例如医疗领域的改革，容许私人资本进入以迅速增加医疗服务的供应。政府亦开始向民间购买各种社会福利领域的服务，包括残疾服务，居家养老，农民工子弟教育等。社福领域的就业扩大，就意味着原来制造业吃紧的劳动力不足问题会越发利害，工资自然就会飞涨。

（2）牺牲环境，牺牲小区利益，单纯考虑新增 GDP 的经济增长模式会彻底改变。中国政府已经意识到环境的恶化是直接影响 13 亿国民长远生计的。试问有几多个南水北调的工程才可以克服日益严重的淡水不足问题？只要中国有 5% 的粮食缺口就足以使全球粮价以倍数增长。5% 的缺口代表 6，500 万人，这就多于德国全国的人口。软包装龙头企业都开始投资于溶剂回收设备以减轻对环境的冲击，但中小型软包装厂要负担这项投资，无论资金上和技术上都是颇为吃力的。国家各项环保措施的落实，会增加传统供货商的成本，引致原材料涨价。环保的要求，亦会促成新工艺和技术的推广（如无溶剂复合，柔版印刷等），间接亦造成业界内对资金需求上升的压力。

（3）政府从前只重视工业生产带来 GDP 的增长，现在正改变以往单凭 GDP 考核政绩的方式，续步扩大对地方官员的各项考核。从能源利用率到人民幸福指数的考核。假如前 30 年中国政府改革是聚焦于经济发展的话，我认为后 30 年中国政府的改革重点在于社会治理体系的革新和各种尝试。深圳市正全面建立中国香港式的社会工作者服务体系，开放各种民办非企团体的注册，正代表中国继续利用深圳这块试验田去深化中国社会治理样式的改革。

平衡发展意味着企业要更重视小区关系，更关注企业社会责任这世界的新趋势。企业已经缴纳税金并不能代表你对身处的小区责任已经完结。企业领导人必需从过往是大纳税户，大雇主的身份转变为主动促进小区关系的推动者，为未来民权社会准备好立身之所。

大多数企业认为能应付本国的经营环境变化就足够了。他们忽略了目前我们所处的是全球信息连结的时代，世界经济改变的格局足以影响本国企业未来发展的路向。

我尝试从三个议题去述说世界趋势对企业的影响：

1. 薄利多销是否有效的竞争策略?

我对成本优势对企业的重要性深信不疑,所以企业要费尽心力去打造有效率的供应链,持续提高生产力,降低质量不稳而造成的损失。但是在现今的市场,上述的能耐只能让企业活命而矣。要超越群雄,飞速发展,靠的必然是创新。

目前世界上各行各业的生产力都达到饱和点。过去30年世界经济发展所依靠的,是各国经济在比较利益指导下的调整本国的经济结构的方法,在发达国家面对持续高企的失业率的压力底下,旧方法不能再持续。保护主义透过汇率战,环保议题,产品安全议题全面展开。这个趋势意味着软包装业界要依赖出口作主要增长点的想法并不实际。

依靠生产包装成为世界首富的,只有利乐包的发明人及创办者。这就说明创新是企业利润的主要推动力。创新可以发生在产品方面,例如利乐包作为一种新型的包材,创新更重要的是发生在产业链上全新的经营理念和产品流通方法。常温保存的利乐包改了奶制品行业的整个生态系统,利乐所依靠的是对奶制品流通方式进行彻底的革新。

中国软包装行业到目前为止主要是依靠引进国外先进的机械和生产方式,如何整合行业上、下游共同开发出创新的软包装新市场是我们行业面对的挑战。假如我们可以依靠罐装机械供货商,材料供货商,软包装生产和饮料行业共同携手打造新的无汽饮料软包装市场,中国软包装世界就能跨上世界级的领导行列。

2. 企业的成功必需依靠英明的领导和强而有效的执行团队?

不要误会我否定英明领导的重要性。我国软包装的成就归功于很多英明的企业领导人。踏入下一个行业发展的25年,很多企业都面临领导层的交接,到底未来企业的管治组织形态为何,是下任领导者必需考虑的问题。

世界经济已经由“供方经济”转移到“需方经济”。以往新技术可以被某企业或某个国家长期垄断而谋利。面对现代开放的全球贸易系统,跨国公司追逐低成本生产的本性,以及知识的普及化,任何公司要进入新的生产领域绝非难事。世界新产能的迅速增加,造成行业间的激烈竞争,供应方根本完全没有谈判能力。苹果手机几百美元的销售价里,只有6美元是生产成本,很清晰地说明了制造业在现今世界经济体系中所扮演的角色。

需方经济的特点就是那一个企业能掌握并满足客户的新需求,那一家企业就能成功。这一方面要依靠技术突破去提供前所未有的新产品。另一方面市场亦转向迎合客户性化的需求,厂商必需要提供少量,多样化的产品,但同时要满足大规模生产才能够达成的成本优势。运动鞋生产厂耐克最近允许按客户选择去生产他们的跑鞋,就是这种市场趋劫的最新表现。

软包装行业在这种大趋势底下亦发觉订单的种类花式多了,而每单的印量肯定下降了。如何在这种多变的生产环境中维持大规模生产时的成本是关键的竞争利器。

“供方经济”依靠的是大量标准化生产所带来的成本效益,其组织形态表现为金字塔式的集权管理。“需方经济”依靠的是对特定细分市场的快速反应,其组织形态表现为各自独立细胞小组,按企业的使命和价值观去制订各自的业务计划。领导的形式亦由执行上级的指令而变化为理解公司的方向和策略而不断调整自身的策略去完成使命。

应对国内政府政策的调整,全球经济格局的变化,软包装企业未来应考虑:

(1)大力投资于企业的自动化,大幅度降低对劳动力的依赖。软包装行业大部分的人力用于对生产物资的搬动,所以自动仓储、搬运工作的机械化、和提高加工机械的自动化程度是必然的发展方向。

(2)透过建立企业资源管理系统(ERP)监控企业供应、销售和生产各环节的状况,形成企业的动态信息中心。没有ERP系统,就等于企业没有系统指挥的能力去应付“需方经济”所拉动的市场变化。

(3)加快向环保型的生产技术转移,例如柔版印刷术,无溶剂复合或安装溶剂回收设备。企业必需预留足够的资金去完成这方面的转型。

(4)加快建立公司内部的利润中心及职业经理人队伍。培养更多内部领袖,提供更大的工作空间给有能力的员工。大部分有能力的员工并非因待遇低而选择离开公司,而是因为没有发挥能力的空间选择求去。太强的领导有时会窒碍企业的人才成长。

(5)透过调动员工对小区服务的参与,建立公司对社会有承担的正面形象,有利于加强员工对企业的向心力,亦使企业和小区建立鱼水关系,从根本上降低和小区可能发生之磨擦。

(6)改变有单就接的被动业务模式,选择适合自己的特定市场,打造服务于该市场的独特竞争力。

目前中国软包装市场总量约人民币六百亿左右,每年仍以双位数字增长,主要是依靠持续的食品商业化生产的大趋势。其增长幅度比其他包装类别(如金属容器、纸箱、塑料瓶等)都要大。虽然行业领导厂商的营业额增长速度比行业平衡值高2~3倍,但因行业间的兼并比较小,所以行业整合程度仍然偏低。首十大软包装业只占行业总量的 10% ~12% 左右。

全国软件包装市场分别由不同性质的软包装企业所占据。少数全国性经营的大软包装企业垄断着对全国性大食品企业的供应。这个市场进入的屏障比较高，供货商的内部管理系统必须完备，具备对新产品的研发能力，并而拥有足够的财力和生产力去满足全国性客户的庞大需求。

地区性的包装市场大部分为地区民营企业依靠他们的灵活性和地利所占据。部分优秀的民管企业成功地依靠对特定的市场的竞争优势而成为该市场的领导者。例如牛奶膜、环标、盖膜和米袋等的市场。

跨国软包装企业多靠着他们专有的技术和其跨国客户群的影响力而发展。主要以独资方式服务于医疗、药品、电子、无菌包装及液体包装等技术含量高的市场。但它们的成长速度慢于行业的平均速度。

从技术角度来看，软包装行业的进步主要表现于：多层共挤高阻隔性薄膜产能的大幅提升，全面淘汰有毒的氯化聚丙稀油墨，水溶性复合胶水和无溶剂复合的推广。个别的大厂亦开始安装了溶剂回收设备和投资于宽版高速的柔性版印刷机。过去五年，小型的彩印厂纷纷废弃窄版慢速的凹印机和干复机，成功转用国产的高速宽版凹印机，配合电雕版质量的提升，产品质量攀升而成本下降，对行业领导厂商做成价格上的威胁。小型企业技术的创新亦令他们占有很多特定应用的市场。整体来看，目前软包装行业的形态不会有很大的变动。

软包装行业要更上一层楼和欧美日的软包装工业水平相接近，我认为必须突破以下几个方面：

(1) 我国软包装行业的研发工作，必需摆脱经验主义，改变依靠测试样品使用情况而进行技术改善的模式。我们必需团结行业上、下的业者，搭建共同研发的平台，依靠深挖材料科学，依靠研发出创新的加工技术，建立科学推理的研发程序，才能使中国软包装技术拥有国际级的研发实力去支撑行业的发展。在日本，我看到的是用百万级电子显微镜所拍摄的胶水和薄膜的黏合状况，去分析工艺中所出现的压力和温度变化所带来对附着力的影响。在德国，我看到的是挤出机生产厂，树脂生产商，大学教授和软包装厂商所共同组建的研发团队，主力突破利用超薄流涎薄膜(1 ~3μm)去进行挤出复合的技术。中国目前依靠个别企业单打独斗的科研方式必需改变。

(2) 软包装行业必需加强“行业 + 政府”的合作模式，重点突破行业未来关键性技术，例如电子束熟化技术，紫外光油墨生产技术，高阻隔涂层生技术，改性能树脂生产技术。

(3) 软包装行业应加强和下游行业协会合作，开发进口替代型产品。例如电子工业用的各种高性能复合材料。

(4) 软包装行业应加强和海外同业的交流，消除海外同行对中国软包装企业的误解，以市场交换技术，寻找机会参与对全球软包装技术有关项目，以扩大软包装的市场份额。例如发展高速全自动饮料罐装系统。

(5) 加强各大专院校有关软包装技术课程的有效性。使行业人材专业水平全面提高。

(中国塑料加工工业协会复合膜专业委员会　张瑞霖)

塑料复合软包装在我国饮料行业的应用及发展

伴随着塑料复合软包装的出现，以瓶装、罐装、壶装等包装形式的液体食品(饮品)，也进入了应用塑料复合软包装的变革和创新时代。饮料使用塑料复合软包装，不但携带便利、应用方便，而且仓储、物流费用较玻璃瓶、PVC(聚氯乙烯)塑料瓶、PET(聚酯)塑料瓶、易拉罐等包装更为低廉。其中，成品的仓储和运输费用为瓶装的 25%，空包装的仓储和运输费用仅为瓶包装的 10%；废弃物的回收或利用，也比瓶、罐、壶等方便、安全、环保、处理费用低。除了可乐等碳酸饮料外，果汁饮料、乳品饮料的塑料复合软包装，早已风靡流行于欧、美等经济发达国家和地区。

目前我国市场上使用塑料软包装或塑料复合软包装的液体食品，主要有酱油、醋、料酒、白酒、散装鲜啤酒、乳品、乳制品、果汁饮料等。

酱油、醋、料酒等调味品，常采用 PE(聚乙烯)共挤塑料薄膜，“U”型封口包装；乳品、乳制品采用 PE(聚乙烯)塑料共挤薄膜的“U”型封口软包装(百利包)或“工”型封口的纸/铝箔/塑料复合软包装(利乐包)，利乐包是保质期较长的高档包装；白酒有采用 PVC(聚氯乙烯)塑料吹塑薄膜的小包装；散装鲜啤酒用 PE(聚乙烯)吹塑袋盛装；还有少量高价位、塑料复合、异形、带塑料嘴的果汁饮料复合软包装；国内消费量最大的饮品——矿泉水和大部分果汁饮料，则采用 PVC(聚氯乙烯)或 PET(聚酯)塑料瓶包装。

20世纪80年代开始，塑料软包装在我国悄然兴起，并逐步在现代食品包装中扮演起重要的角色，约占全部食品包装的60%以上。然而，液体食品的复合软包装，发展却较为畸形。

最早出现的吹塑PE塑料薄膜的乳品和饮料软包装，由于破袋率高和阻隔性能差，国家防疫部门曾规定，吹塑PE(聚乙烯)袋装鲜奶保质期为冷藏状态下3天；吹塑PE(聚乙烯)袋装饮料必须在冷冻的状态下销售，保质期限规定为一周。因此，此类包装成为夏季大量使用的低档次、低价位的冷饮包装；而高端的塑料软包装饮品、果汁饮料只是昙花一现。

用于饮料的塑料复合软包装在我国发展不顺畅的原因有四：

第一，国内95%以上的塑料软包装的印刷，采用滚筒式凹版印刷，制作一色印刷版辊，需要900～1200元，一套六色印刷版辊5400～7200元，流行的八、九色印刷，仅一套印刷版辊就需要10000多元。包装饮料需要的塑料复合自立软包装袋(五边封袋)成品率较低，只有批量化生产才可以节约成本，因此，只有大型企业才有能力选用。国内市场目前消费量最大的是矿泉水和果汁饮料，然而这些产品都没有采用塑料复合软包装。

第二，曾有一些饮料企业尝试使用塑料复合软包装，因为试生产投入的批量小，大型包装企业不愿接受此类订单，只得由中、小型包装企业加工制作。而中、小型包装企业的复合和制袋设备档次较低，不适合制作液体包装，往往出于业务不足的原因，盲目地接受订单。也有一些包装企业只追求利润，不重视产品质量，因此会选用不规范的材料，生产质低价廉的产品，造成上市软包装饮料产品无论从外观还是质量，都不能达到较好效果。我国中、小型软包装企业占软包装行业的95%以上，这些中、小软包装企业的存在，带来了不正当的价格竞争，他们的不规范生产，在一定程度上影响了塑料软包装的形象，进而影响了塑料复合软包装在饮料行业的健康发展。

第三，简易的液体包装，卫生、安全性差，在饮料包装上不宜普及；而高档的，如乳品“利乐枕”包装，饮用不方便，热饮不能用微波炉加热，直接饮用内装物容易四溢，且价位高、资源浪费大、废弃包装回收困难，与中国大众的消费能力不相匹配，故而难以推广到饮料领域。

第四，塑料复合异形软包装果汁饮料，包装袋成型裁切浪费材料大，焊接塑料嘴的自动制袋机价格昂贵，手工焊接塑料嘴卫生安全系数低，包装袋造价高，因而加大了果汁饮料成本价格。塑料复合异形软包装果汁饮料，特异的外形，鲜艳的色彩，华丽的图案，虽然对消费者有足够吸引力，但毕竟包装大，内装物少，性价比不高，华而不实和不菲的价格往往令大众望而生畏，影响了其在市场上的竞争力。

此外，国人户外随处乱丢废弃物的不良生活习惯，使塑料软包装在人们心目中成为不环保的代表。实际上，正确使用塑料软包装，不会危害人体健康，做好垃圾分类工作，有效回收塑料软包装，就不会造成环境污染。人们在日常生活中没有养成良好习惯，也成为束缚塑料软包装在饮料行业顺利发展的重要因素。

饮料的传统包装是玻璃瓶，此种包装的自身重量和体积较大，空包装的仓储、运输费用大且易碎，回收破损率高，再利用清洗费用高，卫生系数低，破碎玻璃瓶不但回收困难，还存在安全隐患。

PVC(聚氯乙烯)塑料瓶回收利用性差，如果不正确使用，如带瓶加热，PVC(聚氯乙烯)的增塑剂会析出，溶入饮品，危害人体健康。虽然PET(聚酯)塑料瓶强度高、耐热、化学性能稳定，但价格较高，增加了果汁饮料的成本。另外，塑料瓶上粘贴或热收缩的塑料薄膜商标，也会增加废弃瓶回收的难度。

塑料复合软包装自身重量轻，同样是500mL的容积，自重量大约是玻璃瓶的0.1%，是PVC(聚氯乙烯)塑料瓶的25%，是PET(聚酯)塑料瓶的12.5%；成品体积是瓶包装的45%，空包装是瓶包装的0.58%。因此，饮料采用塑料复合软包装，在仓储和物流方面可以节约大量成本，从而增强饮料产品的市场竞争力。

此外，饮料采用塑料复合软包装，不但携带方便，便于流通，而且废弃物的回收利用也较瓶包装方便，塑料回收还可做燃料发电或制作合成塑料地砖，有利于环保。

塑料复合软包装是在瓶装、罐装、壶装等饮料包装基础上的革命和创新，是顺应方便、环保、低碳生活发展的有益之举。矿泉水塑料复合软包装尤其值得社会关注，矿泉水比果汁、酒类等的包装制作更容易。用于包装矿泉水的材料，只要阻隔性好，抗拉伸性好，抗摔、耐穿刺、热封强度等达到要求，就可以满足包装要求。采用塑料复合软包装的矿泉水，便于仓储、运输、携带，更环保、更节能，与目前市场使用的PET瓶相比，可以减少很多成本，降低销售价格，使产品更具市场竞争力。矿泉水是目前国内消费量最大的饮品，采用塑料复合软包装的矿泉水市场前景非常可观。

尽管目前，在饮料行业推广塑料复合软包装还存在一定困难，但是在饮料行业推广应用塑料复合软包装，定将成为不可阻挡的潮流。如果软包装企业与食品企业、饮料企业、酒类企业联手，率先投入开发，同时向社会随处乱丢废弃物的陋习宣战，积极努力宣传软包装的应用知识与环保理念，定然会促进塑料复合软包装在饮料市场的繁荣。

（杨伟民）

人造革合成革

目前我国人造革合成革超纤革行业仍然保持良好的发展形势。从全国塑料行业看，这两年在轻工业振兴中得到了发展，人造革合成革超纤革在震荡中继续前行。全国17个省市人造革合成革超纤革的产量为2140kt，比2009同期增长16.8%。其中浙江省的人造革合成革产量920kt，同比增长22%，占全国总量的43.5%；江苏增长17.7%，占了全国的15.75%；福建增长速度为30.47%，进入全国第三制造大省，占了全国的11.14%。

从国内总体情况看，目前我国人造革合成革超纤革从原料到产品制造结构及应用领域构成完善的工业体系；科学发展进程快速推进，技术水平持续提升；入世以来实现跨越发展，生产规模无疑是全球领先。人造革合成革超纤革行业是典型的技术含量比较高行业，从全球化的视野来看，世界人造革合成革的高端技术、制造拥有量已经由发达国家转移到我国大陆。我国人造革合成革超纤革企业家、技术专家以及产业工人，创造了行业发展的奇迹，成为全球最大的人造革合成革产地国已经是不争的事实。

一年来全行业积极推进特色区域的自主创新建设。积极推进优势特色区域，提高特色区域人造革合成革超纤革产业在国际同业的竞争力；突出产业特色化、产品高附加值市场化、产品的专业系列化，建立一个上下游和谐共赢、科研院所与企业技术进步互动机制，将人造革合成革超纤革产业化基地作为发展优势行业资源和推动现在产业升级的重要基础平台建设，提高特色区域信息化水平。形成人造革合成革超纤革特色区域是供应商、客户、服务性企业、科研企业等相对集中发展的创新型产业集群，使之成为高端产品发源地、节约资源与生态化建设发源地、提升自主创新能力的发源地。

2010年人造革合成革专委会针对国家经济形势以及企业发展中的问题，结合专委员自身建设主要开展了如下几项工作：

1. 履行职责，作好行业服务的政策研究工作

2010年人造革合成革行业遇到原材料价格波动影响较大，受到国际金融风波影响，行业面临困难，但是我们在中国塑协的领导下，积极做好人造革合成革行业规划的申报、国家关税调整政策建议、对出口退税政策建议建议等项工作。例如：2月份主动与国家财政部关税司联系，反映行业状况，在两岸经济合作框架协议中进出口关税税率问题提出合理化建议，并得到支持保持。

积极与会员单位、地方商会、协会加强沟通研究，组织项目申报，及时反映会员诉求。在大型骨干企业以及商会支持下，积极与地方政府加强联络，协调企业与相关部门的沟通协作工作，对于具备建立地方协会的我们认真做好相关建会的服务工作。积极支持企业的面对金融危机采取的积极策略，这些工作得到企业的大力支持。

2. 推进环保材料在人造革合成革行业的应用

人造革合成革是应用各类塑料原料应用加工的新材料工业，合成革制品的环保问题关键是在于环保材料。随着环境保护日益突出，以及消费者对于生态产品的日益需求的增长，专委会在2010年力促行业大量应用环保材料和环境保护工艺的促进工作。组织企业参观新材料的应用现场，取得共识；另一方面积极推动企业的开发与应用，与丽水合成革工业园区管委会合作，协助丽水优耐克公司落实研发中心开发规划，健全了中心的工作组织机构，并且投入100多万元的水性聚氨酯的检测仪器与实验室设备，形成了具有一流的检测装备，为进一步推进水性聚氨酯作为合成革新材料的应用开发奠定了基础，并于2月份完成水性聚氨酯树脂和水性合成革生产线的行业评价工作。同时积极支持企业与跨国公司合作，促成美国陶氏化学公司与温州宏得利树脂有限公司的强强合作，共同合作开发干、湿法水性合成革用聚氨酯树脂及生产线，并于6月18日在温州举行合作签字仪式。在与德国拜耳公司水性树脂与美国SPPIA水性离型纸、科天化工的合作中作出积极响应。在其他环保新材料的应用上积极宣传水性色浆、柠檬酸、环保无毒无味的发泡剂、稳定剂的应用开发，也取得良好效果。丽水市政府积极采取政策支持、对于使用水性聚氨酯的企业予以资金支持，进一步巩固了“中国合成革循环经济示范工业基地”的升级。

3. 大力宣传环境保护政策、积极促进行业生态

化建设

2010年为了更好的落实实施《合成革环境污染排放标准》，企业已经全面实施蒸馏塔回收装置，同时更重要的是逐步进一步探索解决深层次问题，对于VOC无组织排放，企业积极采取措施，取得重大突破。温州合成革商会积极与温州市政府推进DMF回收装置的升级，对于部分生产线进行环保项目改造工作，全面完成环保部对于污染源调查后期工作，特别是面对金融危机形势下，力促产业升级组建大型联合企业准备工作，开展行业环境标准培训等取得进展。丽水市政府加大了鼓励支持企业对于设备的改造力度，凡是使用和建立封闭式操作回收有机气体的给予(5~10)万元的资助金支持，企业创造了环境保护技术革新，政府给与鼓励，为产业健康发展做了新的积极尝试，取得很好的经验。对于清洁生产搞得好的先进经验专委会积极推广，如温州金大利合成革有限公司在合成革清洁生产方面在王盟董事长的带领下积极探索，先后发明“负压法清洁生产法”等方法，并将经验无偿提供给行业内企业借鉴。为带动行业清洁生产的推动，专委会主动帮助该企业在合成革清洁生产专利、清洁生产行业标准立项上做工作，争取达到推动全行业节能减排、清洁生产的目的。

4. 积极开展研发基地建设，大力推进企业技术进步

几年来培育了一批特色区域，特色区域建设已经进入升级阶段，为了更好的引导企业能够向着专新特精方向发展，这两年我们探索尝试在一个企业按照品种建立研发基地，2010年3月在上海与企业共同建立了“中国超细纤维合成革研发制造基地。2010年5月在昆山华富合成皮革有限公司建立了“中国服装用聚氨酯合成革研发中心”。实践告诉我们，企业积极改变研发中心的检测、实验设备等包括实验室硬件条件，同时积极配备专业队伍，研究适合市场的特种合成革，促进了行业技术进步和产品的创新。

5. 开展推进人造革合成革行业的标准化建设工作

积极稳妥推进行业标准化工作，促进行业可持续发展。在联合会领导下，积极配合全国塑料标准化组织先后完成《汽车用聚氨酯合成革安全技术条件》、《家居用聚氯乙烯人造革安全技术条件》两项国家强制标准和《箱包手袋用聚氨酯合成革》、《鞋里用聚氨酯合成革》、《汽车用聚氨酯合成革》、《聚氨酯转移薄膜》、《合成革用树脂》和《运动鞋用聚氨酯合成革》6项行业标准的全部报批工作。并积极申报2010年行业标准项目10项，已获批行业标准项目9项。4月份在晋江组织35名专家研讨了《运动鞋用聚氨酯合成革》、《汽车用聚氨酯合成革》、《聚氨酯转移薄膜》和《合成革用聚氨酯树脂》4项行业标准送审稿。经过认真讨论大家一致通过送审稿，提交8月3日在北京召开的标准审查会审查通过。

8月底和10月底分别在温州和昆山对《合成革用水性色浆》、《抗菌聚氨酯合成革及效果评价》、《服装用聚氨酯合成革安全要求》、《裙腰带用聚氯乙烯人造革》、《防护鞋用聚氨酯树脂》、《足球用聚氨酯合成革》、《汽车内装饰用聚氯乙烯薄膜和片材》、《鞋面用聚氨酯超纤合成革》、《沼气池用聚氯乙烯涂层膜材》等项标准征求意见稿进行讨论和审查，上述标准现已进入向全国征求意见阶段，争取明年初审查通过。标准作为一项基础的技术制度，能够规范市场秩序，激励自主创新，推动产业升级，支持可持续发展，促进国际贸易，能够在宏观调控中发挥重要的积极作用。

6. 履行职能，加强专委会自身建设

起好桥梁作用是专委会的重要工作。一年来专委会积极推进国内企业与国际组织开展交流工作。加强上下游产业链条的不同形式的交流合作活动，小型对接会议比较丰富，收到良好效果。组织参观人造革合成革企业，相互介绍经验，也是有效的推进共同进步的有效形式。专委会有效的开展了为企业做好上市提供行业资讯、高新技术企业申报、创省市地方名牌产品、新产品鉴定和国际同业新技术交流等服务各项工作。积极为企业上市做好服务工作，其中浙江禾欣实业集团股份有限公司和无锡双象超纤材料股份有限公司成功上市。

7. 举办专业展览，搭建行业交流平台

2010年5月25日在光大展览中心成功主办《首届国际人造革合成革工业展览会》，展会面积5000m^2，参展企业200多家，国内外知名企业均参加展览，参观人员超过15000人，对宣传行业、协会和企业取得显著效果。

同时在协会的领导下积极组织参加温州合成革展览会并组织相应的系列活动；2010年我们还以100多个展位规模参加大连国际橡胶塑料展、深圳华南城塑料展等展会，在筹展过程中也取得了台洲市、丽水市、义乌市政府大力支持和协助。我们也积极支持企业参加国外同业展会，通过各种方式促进行业交流平台的建设。

8. 组织行业会议，开展行业交流

专委会在调查研究的基础上，于5月23~24日

在上海举办首届“生态合成革暨箱包手袋用聚氨酯合成革标准化论坛”。专委会孙福荣理事长主持了大会，会议上廖正品会长做了《开拓生态绿色经济增长点，引领合成革行业新潮流》的专题报告。本次会议是再次推动合成革向生态化、环保型方向发展的重要会议。到会人员300多人，来自美国陶氏公司、德国巴斯夫、德国拜耳、美国文泰离型纸、天祥技术、丽水优耐克和陕西科技大学等院校专家以及国内11家合成革公司的专家做了主题发言。

一年来我专委会在中国塑协领导下，不仅开展学术交流同时利用各种会议和不同的宣传方式，积极加强行业信用建设，二十多家企业积极参加信用等级评价，获得AAA等级，报送国家商务部备案后取得良好效果。我们结合行业情况在温州、兰州、临沂、白沟、高明等地开展了社会责任的调查研究，也将开展情况在中国西部塑料行业论坛会议上，作了交流报告，从各个方面研究行业建设也积极开展了实践活动。

（中国塑料加工工业协会人造革合成革专业委员会　冯庶君）

挤出聚苯乙烯泡沫板材(XPS)

浅谈建筑节能与聚氨酯保温材料防火技术的应用

目前在我国建筑行业和建材市场出现了一种值得注意的舆论倾向：只关注建筑外保温材料防火安全指标达到了，忽视了建筑节能指标达不到要求也不重要。如果这种倾向任其发展下去，必将对我国未来建筑节能指标完成带来巨大损害。为此，笔者提出一些观点，与同行探讨，不妥之处予以赐教。

1. 节能减排是国家长期坚持的国策

当今世界，绿色低碳经济已成为全人类的共同奋斗目标，也是我国未来经济发展的主流。节能减排是实现绿色低碳经济的重要手段，如何减少能耗已成为世界各国共同关注和研究的课题。据统计在各国能源消耗中，建筑节能占全社会总能耗的比例最大。我国的建筑能耗占社会总能耗比例为30%左右。据建设部有关负责人指出，在2000年我国建筑年消耗能耗共计376Mt标准煤。目前我国新建建筑和既有建筑中，90%以上属于高能耗建筑。我国万元GDP能耗指标远高于发达国家水平，单位建筑面积能耗是发达国家的2～3倍。

为此，我国住房和城乡建设部对我国建筑节能目标提出了明确要求：2010年全国城镇达到50%设计标准，四个直辖市和部分省市节能指标达到65%标准；同时开展城市既有居住和公共建筑节能改造，其中大城市完成改造面积25%，中等城市完成15%，小城市完成10%。到2020年新建建筑东部地区实现节能75%，中西部地区争取实现节能65%。并对既有建筑完成节能指标改造。

建筑节能也是我国实现低碳绿色经济的一项重要举措。我国是一个负责任国家。在今年元旦前，联合国环境署在印尼召开了节能减排会议，我国向全球郑重承诺，我国将在今后国民经济发展中积极做好节能减排工作。据有关资料报道，使用1m^{3}聚氨酯(PU)保温材料一年，能减少二氧化碳(CO_2)排放量270L。按一年消耗1000ktPU保温材料计算，则一年可减少CO_2排放量高达7000kt。我国建筑用能增加对全国温室气体排放，其“影响率”已达到25%。

由此可知，建筑节能是我国实现节能减排长期坚持的一项重大国策。由于使用了保温材料，使建筑物减少了热量损失，等于减少了燃料消耗。据有关资料报导，到2030年，建筑节能采用保温处理后，将使温室气体减排达到56亿吨。建筑节能指标能否完成不仅关系到国家整体能源的利用和消耗，也将影响我国向国际社会承诺的低碳减排指标能否如期完成。同时建筑节能对提高国民生活水平也会带来明显福祉。因此我国建筑节能指标万万不能降。

2. 聚氨酯是目前国内外最理想的建筑节能保温材料

国内外在实行建筑节能各项措施中，采取保温隔热材料是防止建筑物能耗损失最经济、最有效的技术措施，国内外普遍认为聚氨酯材料是目前最理想的建筑节能保温材料。其保温效果是聚苯板(EPS和XPS)的1.75倍、岩棉2倍、砖石29倍、木材85倍，混凝土89倍。

在国际上，聚氨酯材料以其优异保温性能在建筑节能保温领域有着大量成功且普遍的使用实例。在欧美经济发达国家，在建筑保温隔热材料中有50%比例采用聚氨酯保温材料。在北美尤其加拿大等地区，聚氨酯用于建筑保温的市场份额每年都以5%以上的速度递增，并且很多是用于木质结构建筑的墙体内保温。在欧洲，3升房、0升房都是采用聚氨酯保温系统，德国从60年代就开始施行外墙外保温，目前采用的有机保温材料是B1级的EPS和B2级的聚氨酯，其中B2级的聚氨酯系统由于不具有火灾蔓延风险，可以不用无机材料做防火隔离带。在亚洲的日本，喷涂聚氨酯用于墙体的保温材料已占到有机保温材料市场份额的50%以上。

在经济发达国家如欧美和日本等，几十年来聚氨酯保温材料一直被广泛应用，已成为建筑保温材料重要组成部份，是改善能源、减少二氧化碳排放的重要手段。据美国聚氨酯协会调查表明，在美国采用喷涂聚氨酯材料对墙体和屋面进行保温，使用寿命已超过26年，97.6%工程未出现问题。聚氨酯保温材料在欧美建筑市场上依然是主流。

在我国，目前聚氨酯保温材料的使用率还不到10%。根据国内火灾事故案例的统计分析，目前尚未有一起外墙外保温薄抹灰体系施工完成后的建筑物，发生了重大火灾事故。基本上所有的火灾事故都发生在施工过程中，由于施工管理混乱、违规作业造成。因此，国家房屋城乡建设部已明确将聚氨酯保温材料作为我国未来建筑节能重点推广新材料。

3. 关于对聚氨酯硬泡保温材料燃烧产物毒性气体的问题解析

目前国内对PU硬泡产生一种误解，认为PU硬泡燃烧后必定产生大量毒性气体，由此提出此种材料不能作为建筑的内保温和外保温材料，这种见解带有一定的偏面性。事实上，聚氨酯本身是无毒的，与食物接触的冰箱冰柜的保温材料都是聚氨酯泡沫，聚氨酯弹性体可以做人造血管和心脏瓣膜，大家所穿的带有氨纶的衣服，其中的氨纶也是聚氨酯，其学名叫聚氨酯弹性纤维。

聚氨酯泡沫中含有的主要成分是碳、氢、氧和不到10%的氮。因此在其燃烧气体中通常能找到的主要成分是二氧化碳、一氧化碳和水，以及低浓度的其他氧化产物和氰化氢。实验证明：聚氨酯燃烧过程中产生的有毒气体并不比我们常见的含N元素的物质多，如羊毛、晴纶，合成木材等。其中这方面的实验室测试最常用的是德国标准DIN53436。该标准可用来进行在相应于各种火场条件的不同温度和不同风量下的产品特性的比较。用聚氨酯硬泡和软泡材料制成的相同体积的样条在此条件下生成的分解产物与木材燃烧时产生的危害物质强度相当，而比规定的燃烧条件下毛毡和皮革产生的危害物浓度低。另外，PU泡沫燃烧产物毒性气体的成分不是不可以改变的，更不是必然的，这主要取决于PU泡沫的结构，以及采取何种阻燃剂和抑烟剂，通过科学的研究方法，完全可以研制成燃烧产物烟密度小，毒性低的PU泡沫产品。

4. 无卤、少烟、低毒PU保温难燃材料是当今的发展

(1) 含有结构型阻燃聚醚多元醇阻燃技术在保温聚氨酯材料中应用

在聚醚多元醇分子结构中引入阻燃基团可达到阻燃效果。此种结构型阻燃聚醚多元醇具有阻燃效果大、组份不迁移、耐久性长与硬泡聚醚多元醇有机组份相容性好以及组合料保温、工艺、力学等综合性能优良特点，是聚氨酯保温节能材料未来阻燃技术发展方向。

(2) 无卤阻燃技术提高保温聚氨酯材料防火等级，降低了毒性

目前国内外不少高分子材料采用含卤素(溴、氯原子)材料作为阻燃剂。此种阻燃剂阻燃效果虽好，但存在燃烧产物烟雾大、毒性大严重缺点，因此在不少场合被限制使用。欧盟国家明确规定禁止使用含卤素阻燃剂的高分子材料。无卤难燃聚氨酯保温材料是当今发展方向。

综上所述，开发无卤、低烟、防火阻燃高效以及保温、工艺和力学等综合性能优良的聚氨酯保温节能材料，是当今和未来建筑节能保温材料的重要发展方向。

5. 聚氨酯无机复合保温材料是防火性最强、保温性能最好的理想材料

聚氨酯建筑外保温材料最高防火安全性能等级为B1难燃级。国家公安部消防局[2009年]46号文件规定，对于防火安全要求高的场合，要求采用不燃A级材料。据此要求，目前只有无机材料可达到A级防火要求。但无机材料的保温导热系数比聚氨酯等有机保温材料大得多，即保温性能较差，根本难以达到国家规定的建筑节能指标要求。因此，目前国内外都正在开发聚氨酯型无机复合保温材料。

江苏绿源新材料有限公司、广州朗腾聚氨酯有限公司、拜耳公司等企业成功开发了B1级无卤难燃聚氨酯保温材料和燃烧等级达到A级的聚氨酯无机复合保温材料，并实现了工业化生产和应用。

6. 结论

(1) 建筑节能是国家长期坚持的基本国策，是我国实现低碳绿色经济的重要举措。因此建筑节能保温效果必定越来越高。

(2) 聚氨酯保温材料是目前国内外公认最理想的建筑节能保温材料，是实现国家建筑节能指标必不可少的一种综合性优良的保温材料。

(3) 聚氨酯保温材料完全可以满足不同使用场合下防火安全性能的指标要求。聚氨酯建筑节能保温材料防火安全性能可以达到，且必须做到。

(4) 通过对聚氨酯原料配方组分的分子结构和阻燃、抑烟技术调整，可有效研制成燃烧产物的烟密度少、毒性低的聚氨酯硬泡保温材料。

(5) 聚氨酯无机复合保温材料，结合了无机材料的不燃性和聚氨酯材料的保温性二者优点，将是建筑外保温材料的未来发展方向。

（中国塑料加工工业协会聚氨酯制品专业委员会　林永飞）

挤出聚苯乙烯泡沫板材

1. 挤出聚苯乙烯泡沫板材行业概况

挤塑聚苯乙烯泡沫板材(XPS，简称挤塑板)是20世纪60年代研制成功的一种新型绝热材料。其生产过程是将聚苯乙烯(PS)树脂、发泡剂和相关助剂通过挤出机进行连续挤出发泡成型，产品具有闭孔的泡体结构，绝热性能优异、持久，吸水率较低，尺寸稳定性好，抗蒸汽渗透性优良，压缩强度高，综合性能十分优异。

挤塑板行业在中国是一个新兴行业，2000年，中国最早的挤塑板产品在欧文斯科宁(南京)建筑材料有限公司投产，距今不过十年左右时间。估计目前企业数量在400家以上。

在我国，挤塑板主要用作建筑保温材料，主要用于房屋外墙保温和屋顶保温，也少量应用于房屋内部隔墙或地面，起保温、隔音作用。第二，在各类冷库中有应用，主要用于装配式PU预制板材冷库和PU喷涂冷库地面保温，也少量与PU喷涂泡沫一起用作墙体保温材料。挤塑板具有良好的压缩强度，使用挤塑板保温的地面可以直接通行载重汽车。第三，挤塑板还用于铺设高速铁路、高原普通铁路路基、飞机场跑道隔热层、大坝防水层等用途，起到隔热、防止翻浆软化地基、防止路面龟裂等作用。此外，还用于制造野外移动通讯机房、通风管道，与其他材料复合后作为保温装饰(装修)材料等。

近年来，受国家大力推行建筑节能保温的政策影响，挤塑板行业发展迅速。中国每年新建建筑面积巨大，建筑的高能耗是造成中国总体能耗水平居高不下的重要原因。挤塑板是一种优良的保温材料，可以显著减少建筑能耗水平，具有较高性能价格比。近年来，挤塑板在建筑保温材料的市场占有率不断上升。据中国建筑研究院材料研究所估计，目前挤塑板的市场占有率约20%～25%，并仍有继续上升的趋势。在北京等大城市，挤塑板的市场占有率更达到50%左右。

挤塑板生产设备由主机和辅机两部分组成。主机部分最重要的是挤出单元。挤出单元分为两个相对独立的功能段，第一段为热挤出段，与一般挤出工艺相同，起把PS树脂熔融的作用；第二段为冷挤出段，即把在第一段已经熔融的PS树脂与发泡剂混合并逐渐降低熔体温度，使足量发泡剂与树脂形成稳定熔体。多数挤出单元由两台挤出机分别作为热挤出段和冷挤出段，但少数挤出单元由一台挤出机完成。此外，主机部分还包括上料系统、计量系统、控制系统、发泡剂注入系统等。辅机部分由机头、定型装置、牵引装置、裁断装置、切边装置、废料回收系统等组成。

中国挤塑板生产设备绝大部分为国产设备，挤出单元由两条挤出机串连组成。第一台挤出机一般为单螺杆挤出机，螺杆直径120～135mm，长径比(L/D)30～32，少量第一台挤出机为双螺杆挤出机，螺杆直径70～92mm；第二台挤出机除个别例外均为单螺杆挤出机，螺杆直径为150mm，长径比(L/D)为34～35，生产能力400kg/h左右。近两年，挤塑板生产设备有向大规格设备转化的趋势。主要设备生产企业有南京法宁格节能科技有限公司、上海新兆塑业有限公司、青岛德意利塑料设备有限公司、山东通佳机械有限公司、天津天德橡塑机械有限公司等。

挤塑板的主要原料是聚苯乙烯(PS)树脂，辅助原料有发泡剂、成核剂、色母料、阻燃剂等。

2. 2010年我国挤塑板产量及行业形势

近年挤塑板行业一直高速增长。结合挤塑板企业生产情况调查数据、发泡剂使用数据等情况，2010挤塑板产量约1180万立方米，比2009年增长约15%。行业内产量较大的企业有欧文斯科宇(南京)建筑材料公司、可耐福保温材料(中国)有限公司、北京北鹏新型建材有限公司、西安中兆新型材料有限公司、南京法宁格节能科技有限公司、上海上福塑料制品有限公司、广州市孚达五金制品有限公司、廊坊美佳塑胶制品有限公司、大连甘子井区革镇堡鑫乾程挤塑板材厂、青岛欧克斯新型建材有限公司、张家港市天晟塑胶有限公司、北京五洲泡沫塑料有限公司、包头市中通化工防腐保温材料有限公司、南京天运塑业有限公司、唐山万兴化工建材有限公司、山东冰轮工程有限公司、吉林省华恒节能科技有限公司、杭州希尔特节能保温材料有限公司等。

在继续快速发展的同时，挤塑板行业的发展也存在一些隐忧。首先，近年行业的快速发展使一些企业对产品质量的重视不够，特别是一些新建企业缺乏必要的技术能力和管理水平，使行业健康发展的基础不够牢固。第二，社会上多次发生建筑物火灾，虽然原因比较复杂，但使用不合格保温材料是造成火灾的原因之一。作为目前市场上主要的保温材料，挤塑板的形象受到比较大的影响。第三，挤塑板行业目前使用的主要发泡剂含氢氯氟烃(HCFC－22/142b)属于消耗臭氧层物质，即将被更加环保的新一代发泡剂替代。虽然一些企业已经进行了研究和试验，但替代技术的稳定性和适用性还有待检验。同时，因为部分替代品属于易燃易爆化学品，对挤塑板的生产成本和应用也可能带来负面影响。

3. 挤塑板行业 HCFC－22/142b 替代

2007 年 9 月，在《关于消耗臭氧层物质的蒙特利尔议定书》第十九次缔约方大会上，各缔约国同意调整 HCFCs 淘汰时间表。中国作为《议定书》第五条款国家之一，将在 2013 年冻结 HCFCs 的生产和消费，并将在 2015 年削减生产和消费量的 10%，2020 年削减 35%，直到 2030 年实现完全淘汰。

挤塑板行业作为我国主要 HCFC 消费行业之一，积极参与了我国 HCFC 淘汰工作。由环境保护部环境保护对外合作中心下达、中国塑料加工工业协会承担的挤塑板行业 HCFC 消费情况调查和行业 HCFC 淘汰计划(2015 年前)在 2010 年已经完成。按照计划，挤塑板行业 2015 年前将淘汰 HCFC－22/142b10031t(折合 592ODPt)，计划在 40 至 50 家年 HCFC 消费量在 100t 以上的企业开展淘汰活动。挤塑板行业 HCFC 淘汰活动除在保护臭氧层方面的贡献外，还将减排相当于 2020 万吨二氧化碳的温室气体。

由德国政府部分资助的使用二氧化碳替代 HCFC 的挤塑板生产线近年在北京北鹏新型建材有限公司投产，将为我国挤塑板行业探索和积累使用 HCFC 的替代品生产的经验，为我国挤塑板行业 HCFC 替代起到示范作用。

4. 筹备成立中国塑料加工工业协会挤塑聚苯乙烯泡沫塑料专业委员会

为解决挤塑板行业面临的一系列问题和挑战，规范行业企业行为，向企业传达国家的各项方针政策，向政府反映企业的合理要求，应一些挤塑板企业的要求，中国塑料加工工业协会于 2010 年 6 月召开了中国塑料加工工业协会挤塑聚苯乙烯泡沫塑料专业委员会(以下简称挤塑板专委会)筹备会议。挤塑板专委会近期工作重点是：

(1) 在行业内提倡重视产品质量，提升行业形象；提倡守信经营，争创名优企业和名优产品，倡导下游用户理性消费、明白消费，反对以次充好。

(2) 不定期组织和召开行业会议，宣传贯彻国家各项方针政策，研究解决行业面临的困难和挑战，促进行业健康发展，维护行业利益。研究 HCFC 淘汰面临的各种问题，提出对企业有利的淘汰计划。交流各地区各企业好的经验和做法，促进行业整体提高。

(3) 研究修订完善现有 XPS 产品国家标准的可能性，反应 HCFC 替代对产品质量的影响，破解产品标准和产品质量脱节的状况。

(4) 倾听行业意见，对关系行业健康发展的问题提出行业意见和建议，及时反映给国家相关部门，维护行业的利益。

(5) 建立行业网站和刊物，宣传国家各项政策，促进行业交流。

目前挤塑板专委会正在国家有关主管部门的审批过程中。在筹备期间，积极配合国家环境保护主管部门开展 HCFC 淘汰工作，向有关主管部门反映挤塑板企业对于保温材料阻燃等级的意见，积极与国家城乡建设、消防主管部门及其科研单位沟通协调，为行业健康发展出谋划策。

(中国塑料加工工业协会　孟庆君)

塑料行业淘汰消耗臭氧层物质工作

一、2010 年是我国淘汰消耗臭氧层物质工作承先启后的重要一年

为了保护人类共有的地球生态环境，国际社会分别在 1985 年和 1987 年签署了两个保护臭氧层的国际环境公约和协定，即：《关于保护臭氧层的维也纳公约》和《关于消耗臭氧层物质的蒙特利尔议定书》(以下简称《议定书》)，决定逐步削减和控制消耗臭氧层物质的生产和使用。

2010 年，是包括中国在内的广大发展中国家经过长达 20 年的努力，全面停止全氯氟烃、哈龙、四氯化碳等主要消耗臭氧层物质生产和使用的第一年；又是加速淘汰含氢氯氟烃，实现 2013 年冻结、2015 年削减 10%、2030 年全面淘汰目标的启动之年。为此，环境保护部于 2010 年 9 月 16 日在人民大会堂隆重召开了“国际保护臭氧层日”纪念大会，环境保护部张力军副部长出席会议并发表讲话。

2010 年 4 月，经过多年努力，国务院审议通过了《消耗臭氧层物质管理条例》，健全了我国履行保护臭氧层国际公约法规体系，为我国保护臭氧层工作提供了有力的保障。

我国于 1991 年加入《议定书》以来，高度重视臭氧层保护工作。按照《议定书》要求，在化工、消防、制冷、泡沫塑料等十几个行业、上万家企业开展了淘汰消耗臭氧层物质(ODS)活动，于1997年实现了哈龙生产和消费的冻结，1999年实现了全氯氟烃生产和消费的冻结，2002年实现了甲基溴生产和消费的冻结，2003年实现了甲基氯仿生产和消费的冻结；特别是在2007年7月1日，完成了全氯氟烃和哈龙这两种最主要的消耗臭氧层物质淘汰，比议定书规定的时间提前了两年半。在此基础上，我们又于2010年1月1日成功地淘汰了四氯化碳和甲基氯仿。二十年来，中国共计淘汰了10万吨消耗臭氧层物质的生产量和11万吨的消费量，约占发展中国家淘汰总量的一半，圆满完成了《议定书》阶段性履约任务，为保护臭氧层事业做出了突出贡献。

总结我国二十年来的淘汰ODS工作可以发现，政府重视和广泛合作是成功的重要前提，完善的政策法规和监督管理体系是成功的坚实基础，多边基金支持和技术转让是成功的有力保障，替代技术和替代品是成功的关键因素，行业方式和持续创新是成功的重要途径。

2007年9月，在《议定书》第十九次缔约方大会上，各缔约国同意加速含氢氯氟烃(HCFCs)淘汰进度。中国作为《议定书》第五条款国家之一，将在2013年把HCFCs的生产和消费水平冻结在2009和2010年平均水平(基线)，并分别在2015年、2020年和2025年削减生产和消费量的10%、35%和67.5%，直到2030年实现完全淘汰，在2030年和2040年间只在维修行业保留少量生产和消费。我国是世界上最大的HCFC生产国和消费国，在HCFC淘汰过程中任重而道远。

二、塑料行业开展淘汰ODS工作二十年

塑料行业使用ODS的产品均为泡沫塑料，在发泡过程中用作物理发泡剂，包括聚氨酯(PU)泡沫塑料，使三氯一氟甲烷(CFC－11，一种全氯氟烃产品，俗称氟利昂11)作为发泡剂；聚乙烯(PE)和聚苯乙烯(PS)挤出泡沫，使用二氯二氟甲烷(CFC－12)作为发泡剂。我国泡沫塑料行业从20世纪90年代初开始CFC淘汰活动，先后以单个项目、伞形项目和行业计划方式申报和执行项目。其中在行业计划中还在山东、浙江、江苏和广东四省开展了省市淘汰项目。

PU泡沫行业方面，1992～2001年，我国向多边基金申请并获批准CFC－11淘汰项目111个(包括4个伞形项目)，涉及PU泡沫企业174家，共获得多边基金资助64，459，176美元，实现ODS淘汰量10，601.12t(ODP)。2001年12月，《中国聚氨酯(PU)行业CFC－11整体淘汰计划》获得多边基金第35次执委会的批准，赠款金额5384.6万美元，目标为淘汰CFC－11共10，651t(ODP)。截止到2008年底，在《中国PU行业CFC－11整体淘汰计划》共批准工业重组项目11个，涉及119家PU泡沫企业，实现CFC－11淘汰量7153.7t；批准单个项目108个，涉及108家PU泡沫企业，实现CFC－11淘汰量3297t。从2008年1月1日开始，PU泡沫行业停止了CFC－11的使用，目前，我国聚氨酯软泡(海绵)行业主要使用二氯甲烷作为发泡剂，少量企业使用变压发泡技术；聚氨酯硬泡和自结皮泡沫行业使用的发泡剂以1，1－二氯－1－氟乙烷(HCFC－141b)为主，环戊烷等碳氢类发泡剂也有相当应用，水和氢氟烃有少量应用。

挤出PE/PS泡沫行业方面，我国向多边基金申请并获得批准CFC－12淘汰项目30个(包括5个伞形项目)，涉及123家企业，共获得多边基金资助30，136，478美元，实现ODS淘汰量7，060t(ODP)。挤出PE/PS泡沫行业从2006年开始停止使用CFC－12作为发泡剂，目前主要使用丁烷作为发泡剂。

三、中国塑料加工工业协会参与的ODS淘汰活动

中国塑料加工工业协会多年来一直积极支持环境保护事业，与环境保护部对外经济合作领导小组办公室组成联合工作组，具体领导我国泡沫塑料行业淘汰ODS活动。中国塑料加工工业协会参与了国家淘汰ODS方案的制定、行业淘汰计划的编制、广泛联系使用ODS的泡沫企业，宣传、动员企业参加淘汰ODS活动、选择、推荐技术专家，支持淘汰ODS活动、为主管部门提供行业咨询意见等。我协会廖正品会长曾荣获环境保护部颁发的2003年度“保护臭氧层贡献奖”。

PU泡沫行业氟利昂(CFC－11)淘汰计划2001年获得蒙特利尔多边基金执委会批准，实现淘汰CFC－11计10，651t，获得多边基金赠款5861万美元。该行业计划自2002年开始实施，我协会作为国内执行机构协助环境保护部环境保护对外合作中心管理项目。2010年，PU泡沫行业CFC－11淘汰计划进入收尾阶段，完成了奉化市永兴海绵制品厂等9家企业CFC－11淘汰项目、新疆京新聚氨酯新技术有限公司等4家企业CFC－11淘汰项目和南通馨源海绵有限公司等12家企业CFC－11淘汰项目等三个工业重组项目的国家验收工作，济南正恒聚氨酯材料有限公司等17个单个企业项目的国家验收工作。我协会协助环境保护部环境保护对外合作中

心审核项目验收文件，协助验收组织和项目资金支付等工作。

2009 年，我协会从环境保护部环境保护对外合作中心接受了 PU 泡沫行业 HCFC 使用情况调查和替代技术筛选工作。2009 年，我协会完成了行业 HCFC 使用情况调查、建立数据库工作，完成了 HCFC 使用情况调查初稿和替代技术报告初稿。2010 年，根据 PU 泡沫行业 HCFC 淘汰计划编制过程中出现的一些情况，本着精益求精的精神，我们对两个报告进行了多次修改、完善，并在 2010 年上半年提交了两个报告，为北京大学编制 PU 泡沫行业 HCFC 淘汰管理计划打下了良好的基础。同时，我协会还参与了北京大学 PU 泡沫行业 HCFC 淘汰管理计划的讨论和完善工作，该计划于 2010 年五月提交蒙特利尔多边基金执委会审批。PU 泡沫行业计划将在 2015 年前淘汰 HCFC14685t，相当于减排二氧化碳 20210kt。

2009 年我协会还从环境保护部环境保护对外合作中心争取到了挤出聚苯乙烯(XPS)泡沫行业 HCFC 淘汰计划编制项目。2009 年，我协会完成了 XPS 泡沫行业 HCFC 使用情况初步调查，2010 年初补充调查了一批 XPS 泡沫企业，补充了 2009 年行业 HCFC 消费数据。在此基础上，完成了 XPS 泡沫行业 HCFC 消费情况数据库的建立，编制了 XPS 泡沫行业 HCFC 使用情况调查报告、XPS 泡沫行业 HCFC 淘汰计划，于 2010 年 8 月提交蒙特利尔多边基金执委会审批。XPS 泡沫行业计划将在 2015 年前淘汰 HCFC10031t，相当于减排二氧化碳 20130kt。

在 PU 和 XPS 泡沫行业 HCFC 淘汰计划提交后，针对秘书处提出的问题，我协会和有关方面一起，对问题进行认真分析和答复。2010 年 12 月，我协会派员随我国代表团赴加拿大参加了第 62 次蒙特利尔多边基金执委会，参与两个泡沫行业计划审批谈判工作。会议期间，积极向有关成员反映行业计划实施的困难，阐述行业计划编制的科学性和可行性，争取多边基金成员的理解和支持。虽然由于部分发达国家没有意愿批准大额资金项目，两个行业计划未能批准，但为后续批准做了有力的准备。

2015 年这两个行业计划完成后，塑料行业将为我国减少消耗臭氧层物质排放和减少温室气体排放，体现我国负责任大国形象，为我国环境外交工作做出巨大贡献。

（中国塑料加工工业协会　孟庆君）

工 程 塑 料

【专委会活动】

1. 2010 年度工作总结

2010 年度，在中国塑协的领导下，在专委会会员的大力支持下，工程塑料专委会的各项工作基本顺利进行，总结如下：

（1）4 月 28 日，参加由中科院院地合作局、浙江省科技厅、湖州市委、湖州市人民政府主办的 2010 年浙江省(湖州)—中科院产学研合作对接活动。新材料、新能源、装备制造 3 场专场对接会上，与湖州企业在太阳能光伏、涂装设备制造、新材料应用等达成初步合作意向 13 项。

（2）4 月 29 日，参加由中科院院地合作局、浙江省科技厅、绍兴市人民政府主办的绍兴—中科院产学研合作对接活动。了解了企业需求，希望在聚酯胶粘剂改性；湿纺废气、废水的解决；纳米功能面料；竹浆纤维研究等方向展开合作，双方将通过互派挂职人员再加深合作。

（3）5 月 11 日，参加由福建莆田市科技局主办的中科院宁波材料所科研项目专场对接交流会。此次对接会是在莆田市科技局派人挂职的基础上，加强与莆田企业合作开展的专场对接交流活动。企业代表与参会的科研人员做了深入细致的交流，并在金属表面处理、导电墨水、含氟环氧树脂粉末涂料、PLA 改性材料等方面达成了初步合作意向。

（4）6 月 7 日，参加与镇海区政府联合举办的“宁波市镇海区—中科院宁波材料所科技合作活动月”活动。在第十二届浙洽会镇海分团签约仪式上，宁波材料所与镇海区相关企业共有 6 个科技合作项目达成协议，技术交易额 1436 万元。

（5）8 月 16 日，协助组织的 2010 年中科院 - 英国诺丁汉大学科技合作研讨会在宁波材料所圆满召开。主题是“绿色制造与材料技术”。会议交流了生产过程中绿色、环保、节能等方面的科研成果，研讨了中科院与诺丁汉大学的未来合作计划。这一合作计划将会对中科院和诺丁汉大学在科研进展方面的起到积极的促进作用，并将会有更多的机会和更广阔的交流平台。

（6）8 月 20 日，协助组织了首届青年科学家生物材料研讨会。十多位来自温州医学院、华东理工大学、浙江加州国际纳米技术研究院、苏州大学、中科院上海硅酸盐研究所、日本理化所、华东师范大学等国内外高校及科研院所的青年科学家汇聚宁波材料所，参会专家普遍认为这种自发组织的生物材料研讨会将来能够聚集更多的科研一线青年学者，定期举办，将为促进生物材料基础研究与产业技术的发展搭起一座桥梁，为多学科领域青年学者的合作交流创造平台。

（7）协会杂志《工程塑料通讯》和协会网站 www. sinoplastic. org 维持运行，需要不断丰富。

（8）积极利用各种机会，不断加强与兄弟单位间的交流与合作。2010 年专委会与宁波市塑料协会联系密切，为宁波市“中国工程塑料之都”的申请编写报告，已于 9 月 26 日在宁波通过验收。

因经验不足，且在人力物力的投入上有限，专委会的工作有不少待改进之处。希望今后在新一届秘书长的主持下，各项工作不断完善，更好地为企业和行业服务。

2. 2011 年度工作计划

（1）专委会网站维护、丰富内容、活跃动态，积极在网站内介绍专委会工作动态、会员企业信息、工程塑料发展快讯电子版、6 ~ 9 种通用工程塑料的重点介绍(从合成、加工、应用及产品等各个产业链环节)；

（2）召开理事会，按程序举行中国塑协工程塑料专委会换届选举，拟定候选人后，按规定举行选举，并报请中国塑协批准备案；

（3）积极宣传专委会，推销专委会，必要时可广告宣传，并从原料、机械、制造商、贸易商、终端用户五方面入手，积极为会员服务，拓展上下游产业；

（4）改版《工程塑料通讯》杂志，组建新一届主编及编辑成员，重点邀请行业内企业科技人员撰写生产、科技、管理、营销等论文，并适当给予稿酬并加大宣传力度，目标是办一个协会、企业、科研院所自己的行业期刊；

（5）改版专委会网站 www. sino - epa. com，丰富网站内容，进一步增强会员企业和拟加入企业与协会之间的互动，并通过网站为会员企业服务；

（6）加强与塑协旗下其他专委会的合作与交流，适当时可联合 2 ~ 3 家兄弟子协会，争取共同举办 1 ~ 2次工程塑料产业链合作发展论坛，共谋工程塑料发展大计；

（7）根据工作需要，修订专委会管理办法，招募专委会人员 2 ~ 4 名，主动积极深入走访企业，充分了解公司的真正需求，重点从企业需求入手，想企业所想，急企业所急，充分利用专委会的桥梁作用，为工程塑料行业企业出点子、办实事，为企业发展谋福利；

（8）增强与地方政府的公共关系，关注贸易咨询、贸易拓展企业的推销计划，必要时可联合举办“贸易洽谈高峰论坛”，为行业发展提供支持；

（9）关注并联系 3 ~ 5 家技术管理、基层管理、营销策划管理等知名培训机构，由专委会牵头并组织会员单位的骨干员工参加培训，并颁发奖牌或证书(由专委会评定并授予)；

（10）年会的组织，拟订主题为围绕汽车和电子电器两大应用领域，暂定在 9 ~ 10 月份在台州举办，会议除了大会报告，还将提供论坛交流的机会，就某一问题，专委会提供一个平台，让工程塑料产业链的代表，畅所欲言，献言献策，让企业多发言，专委会扮演一名忠实听众，做总结、评价和咨询服务。

【专委会观点】

与传统金属、木材等材料相比，塑料具有质轻、相对强度大、易成型加工、可重复循环利用、稳定性好以及其他优良功能化性能等优点。塑料的使用有利于于优化产业结构，使社会建立在节能、环保、可持续发展的良好基础上。工程塑料性能更好，主要用作通用塑料所不能承载的结构材料使用。而特种工程塑料则是更加功能化、高性能化的工程塑料，有着特殊环境的应用。随着塑料功能化和特种化的升级，其生产、加工工艺也更为复杂，同时价格也更高、附加值也更大。

总体上说来，我国企业面临的问题主要要依靠科技进步、结构调整、规模整合、科学管理等来提高劳动生产率，另外开拓、扩大国内外市场、打出品牌特色也是必需的。

如果不了解市场、盲目投入资金、引进生产线，不但会造成恶性竞争，对行业、企业的发展都是不利的。对我国大中型企业来说，加快有自主知识产权的产品产业化进程、并适当引进国外技术、设备、资金和管理，加强企业的国际化进程等，都是十分裨益的。对中小企业来说，加强劳动密集型工种优势的发挥，在加工、改性方面形成自己的特色产品，形成有利的市场竞争优势，对企业自身的发展都是有利的。

虽然近年来油价上涨使得工程塑料成本增加，但相对于石油作为简单能耗来说，石油用作工程塑料使原料得到了更有效的利用，会更加有竞争优势，因而工程塑料面临的压力会相对缓和；同时煤、天然动植物原料的提取物的逐渐深入开发也会为工程塑料提供部分质优价廉的原料。

随着我国经济社会的发展和生活质量的提高，工程塑料的应用将会越来越广泛，再加上我国出口产品的大幅增长，工程塑料将会迎来消费增长和企业、行业发展的良好时机。

（中国塑料加工工业协会工程塑料专业委员会　吴香发）

滚　塑

1. 2010年9月28日，滚塑专委会在沪召开本年度第六次工作会议。会议回顾总结了自上次工作会议以来，专委会在与麦格里产业全球发展基金所进行的合作、滚塑企业资质认证、完善会议信息公开制度以及滚塑专委会网站建设等方面的工作，并就下一步在关于全方位开展与麦格里产业全球发展基金在全国范围内的合作、加强专委会日常工作职能等方面的工作进行部署。

2. 2010年10月17日，由银川经济技术开发区管委会、中国塑协滚塑专委会以及麦格里产业全球发展基金主办，上海澳智投资咨询有限公司协办的“2010银川经济技术开发区投资环境上海推介会暨中国滚塑产业发展高峰论坛”在上海隆重召开。滚塑专委会领导、银川市政府领导、麦格里基金总裁以及上百位滚塑企业家和各界人士悉数到场参加了会议，商议并制定中国滚塑产业符合“十二五规划“中的新战略走向。

3. 2010年12月8日，在滚塑专委会的不懈努力和多方帮助下，滚塑专委会会员企业浙江嵊泗洋山滚塑游艇公司拿到了中国首个滚塑渔船生产许可证。

4. 2011年4月，滚塑专委会在澳大利亚麦格里全球发展基金的帮助下，为西班牙ABLE客商寻求滚塑展示架OEM生产商。

5. 2011年5月，滚塑专委会王海生秘书长和相关工作人员接待了日本滚塑企业Dailite，并协助其寻找PE储罐OEM供应商。

6. 2011年6月12日上午，滚塑专委会考察团在舞钢市政府有关领导的陪同下对舞钢市集聚园区、滚塑产业园拟选址地点进行考察并举行座谈会。通过实地考察、座谈协商，双方就进一步加快推动舞钢滚塑产业园区的建设达成了若干共识，并共同探讨了如何将滚塑产业应用于新的领域。

7. 2011年上半年起，滚塑专委会与科技部下属权威媒体《中国技术市场报》建立了友好合作关系，借助该媒体平台在全国技术市场的重要影响力，为滚塑企业和滚塑产品开辟广阔的发展道路。2011年6月，《中国技术市场报》用大量篇幅报道了滚塑专委会及其下属会员企业的相关资讯。双方在未来还有更深入的合作发展计划。

8. 2011年6月，应中国人民解放军总政治部的邀请，滚塑专委会特推荐专家协助其考察军旅生活摄制器材箱候选供应商。

（中国塑料加工工业协会滚塑专业委员会　程晓阁）

关于滚塑工艺的思考

一、滚塑是一种具有强大生命力的塑料制品成型工艺

滚塑属于塑料成型中一个特种工艺其应用量远较注射、挤出等通用工艺要少得多。滚塑是一个具有鲜明特色的塑料成型工艺，多应用于各种大型及特大型的塑料容器、壳体、管材以及具有特殊形状的异型塑料制品生产。虽然至今仍常有人将滚塑作为新工艺加以报道或介绍，实际上，它具有相当长悠久历史。早在20世纪40年代人们已经开始采用滚塑工艺加工聚氯乙烯糊生产聚氯乙烯球之类的塑料玩具、模特儿等产品。20世纪50年代又开始利用滚塑工艺加工粉状聚乙烯生产容器之类的塑料制品。以后滚塑加工原料进一步扩展到尼龙、聚碳酸酯、聚丙烯等粉状树脂，并有利用尼龙6的原料己内酰胺通过滚塑工艺生产尼龙容器的案例，此外还有聚异氰酸酯等塑料滚塑的报道。我国也早在20世纪50年代就已采用滚塑成型聚氯乙烯糊生产玩具球之类塑料制品。20世纪60年代上海、北京、广州等地已先后开展聚乙烯滚塑工艺的研究。并早在1970年上海就试制出容积为1500L的聚乙烯滚塑容器。

20世纪是滚塑工艺的成熟、发展时期，也是塑料工业迅速发展的阶段。其间不仅塑料的产量有了巨大的增长，塑料工业成为当今最重要的材料产业之一，而且塑料成型工艺也取得了长足的进步，例如开发了注射成型量在10kg以上制件的特大型注射、可以生产容量在10000L以上大型容器的大型吹塑机，可以生产直径4m以上大型管材的大型缠绕塑料管的制管机、可以生产异型塑料管材与容器的三维吹塑等。它们在滚塑的传统应用领域中，与滚塑工艺进行了激烈的竞争。滚塑工艺在和众多的塑料成型工艺的激烈竞争中，发挥自身优势取得了稳步发展，不仅在以聚乙烯容器为代表的各类塑料制品生产中得到广泛的应用并且在整体式小舟、大型塑料

管道以及化工容器、管道衬里等方面也得到了成功的应用，目前全世界每年生产的滚塑制品之总量，已达到百万吨级水平。事实雄辩地证明滚塑工艺具有强大的生命力，是一个值得高度关注的工艺，我们应当对滚塑工艺的前景充满信心；同时我们在对滚塑工艺予以高度重视的时候，要把握滚塑工艺的特点充分利用滚塑工艺的优势生产我们所需要的各种高性价比的塑料制件，最大限度地满足工农业生产以及人民生活的需要，为企业争取丰厚的经济效益。

二、滚塑工艺具有的主要优点

在分析滚塑的优缺点之前，我们不妨简单地了解一下滚塑工艺过程。熟悉滚塑的朋友都知道，滚塑的成型过程和其他塑料的成型方法大不相同。其基本过程是将要加工的塑料加入到成型模具中，使模具加热并旋转塑料令其在重力的作用下，逐渐涂覆、熔融并附着于模腔上成型，再经冷却定型而得到塑料制品。在整个成型过程中，模具和物料差不多均处于完全不受外力的状态之下。因此，滚塑工艺具有其自身的许多突出的特点。滚塑工艺的主要优点可列举如下。

1. 适于模塑大型及特大型制件

绝大多数塑料成型加工工艺，比如应用极为广泛的注塑、压缩模塑挤出吹塑等，在成型过程中由于塑料及模具均处于相当高的压力压强之下，应用这些成型工艺生产大型塑料制件时，不仅必须使用能够承受很大压力的模具，使模具变得笨重而复杂，而且塑料成型设备也必须设计、制造得十分牢固，机模的加工制造难度相应增大，成本相应增加。与此相反，由于滚塑成型工艺只要求机架的强度足以支承物料、模具及机架自身的重量，以及防止物料泄漏的闭模力即可，因此即使滚塑大型及特大型塑料制件，也无需使用十分笨重的设备与模具机模，其加工制造十分方便、制造周期短、成本也比较低。

从理论上讲用滚塑成型工艺成型塑料制件在尺寸上几乎没有上限。工业化的滚塑设备已可模塑容量高达50000L的塑料容器。我们甚至可以采用槽钢焊接滚塑机架、用一3～5mm厚的薄钢板经冷焊制作模具，以制备容量数千升几个立方米的大型容器。生产这样大的塑料容器若采用吹塑成型则不得不用十分昂贵而庞大的吹塑设备。

2. 适于成型各种复杂形状的中空制件

滚塑成型过程中物料是逐渐涂覆、熔融、沉积到模具的内表面上成型的，因此有可能成型各种复杂形状制品，而且对于模具型腔上的花纹等精细结构有很强的复制能力同时由于模具在成型过程中不受外界的压力，可以直接采用精密浇铸等方法制取表面具有精细结构的、形状复杂的模具如玩具、动物的模具等而且可以降低模具生产成本。

3. 适用于多品种、小批量塑料制品的生产

由于滚塑成型用模具不受外力作用故模具简单、价格低廉、制造方便。因而更换产品十分方便，另外滚塑设备也具有较大的机动性，一台滚塑机既可以安装一只大型模具，亦可安排多只小型模具它不仅可以同时模塑大小不同的制件，而且也可以同时成型大小及形状均极不相同的制品，只要滚塑制品采用的原料相同，制品厚度相当即可同时滚塑成型，因此滚塑成型工艺较之其他成型方法有更大的机动性。

4. 节约原材料

滚塑制品的壁厚比较均匀且倒角处稍厚故能充分发挥物料的效能有利于节约原材料。此外在滚塑成型过程中没有流道、浇口等废料，一旦调试好以后，生产过程中几乎没回炉料，因此该工艺对于物料的利用率极高。

5. 滚塑成型极易变换制品的颜色

滚塑成型每次将物料直接加到模具中致使物料全部进入制品，制品从模具中取出以后再加入下一次成型所需要的物料，因此当我们需要变换制品的颜色时既不致浪费点滴原料，也不需要耗费时间去清理机器与模具。当我们在使用多只模具滚塑成型同一种塑料的制品时还可以在不同的模具中加入不同颜色的物料同时滚塑出不同颜色的塑料制品。

6. 便于生产多层材质的塑料制品

利用滚塑成型工艺只需将合理匹配的、不同熔融温度的物料装入模具中进行滚塑，熔融温度较低的塑料先受热熔化粘附到模具上形成制件的外层然后熔融温度较低的物料再于其上熔融形成制件的内层。或者先将外层塑料装入模具中，经滚塑成型好外层以后再加入用于成型内层的物料经滚塑成型亦可制得多层塑料制品。无论哪种方法均不需复杂的设备即可实现。若使用吹塑成型或者注塑成型工艺制取多层塑料制品，则需要特殊的多层成型机组与复杂的模具。

三、滚塑工艺的重大缺点

如前所述滚塑成型的每个成型周期，模具及模架反复经受加热、冷却经历一个较大幅度的升温及降温过程，夹套式滚塑机模架不加热与冷却且成型过程中几乎不受外力的作用因而不可避免地存在着许多重大的缺点，主要可列举如下。

1. 能耗大

滚塑在每个成型周期中，模具及模架都要反复经受高、低温的交替变化因此滚塑成型工艺通常较其他塑料成型工艺能耗大。为了减少模架反复受热、冷却的能量损失，开发了夹套式滚塑机，用泵将冷、热介质通过特殊的循环系统泵入滚塑模具的夹套中。直接加热、冷却模具，对于减少模架反复升温、降温所造成的能耗有明显的效果，但模具反复经受冷却、加热的状况致使能量的损耗仍然很大。我们在考虑采用滚塑工艺进行生产时，必须高度重视它能耗较大的缺点。

2. 成型周期长

滚塑成型过程中物料不经受外力的强烈作用，塑料没有激烈的湍流状态般的运动，仅仅依靠它与模具型腔表面接触，通过模具以及塑料的热传导，逐渐受热熔融而附着于模腔表面上，在模腔表面被熔融塑料涂满以后，内面的塑料升温、熔融所需要的热量，还需要通过熔融塑料层的热传导，塑料的导热性一般均比较差，因此滚塑成型加热时间长，通常需要10min以上，有时甚至要二十几分钟，故整个滚塑周期相当长。

3. 制品尺寸精度较差

由于滚塑时制品几乎未受外界压力，滚塑制品的尺寸，除了受塑料种类的影响以外，还易受冷却速度、脱模剂种类及用量等多种因素的影响，因此滚塑制品的尺寸精度很难得到保证。所以滚塑成型，只适用于对尺寸精度无特殊要求的塑料制品，比如塑料容器、壳体、玩具等制品。

4. 劳动强度较大

由于滚塑工艺成型周期较长、滚塑设备对机械化、自动化程度的要求均不甚高，成型过程中装料、脱模等工序多采用人工操作，劳动强度较吹塑、注塑等成型工艺要高。

四、我国发展滚塑工艺需要予以注意的若干问题

1. 整合滚塑资源，加速滚塑巨业的发展

至今我国的滚塑工业基础仍相当薄弱，不仅尚未形成从设备制造、原料生产到产品设计制造的完整工业体系，滚塑生产的产品亦基本上局限于滚塑聚氯乙烯糊类和滚塑聚乙烯粉类制品。但经过数十年特别是近十余年来的发展，我国滚塑工业已有了一定的基础。目前从事滚塑相关工作的企业估计在一百家以上，其中不乏具有丰富实际经验、已能生产满足用户使用要求滚塑产品的骨干企业。同时也有具备较强设备设计、制造能力、能够自行制造满足实际应用需要的简易滚塑机的企业，有生产、研发滚塑原料的石化公司，有能大批量生产塑料磨粉机的机械制造公司，有具备较强技术力量且能够对滚塑工艺及技术进行开发、研究的大专院校和研究单位，如兰化化工研究院、齐鲁石化树脂应用研究所、军事科学卫生装备研究所、青岛化工学院、上海大学、北京化工大学、华南理工大学、大庆石油学院等单位均从事或曾涉足滚塑领域方面的教学与研究工作。笔者认为在中国塑料加工工业协会滚塑专业委员会成立之后除了加强与滚塑生产企业的联系外，还应当加强与滚塑产业的上、下游企业和广大科技工作者的联系，通过多赢的原则，把各方面的力量有效地整合起来逐步建立起符合我国国民经济发展和人民生活需要、比较完整的滚塑工业体系。

2. 加强国际交流，吸收适合我国实际需要的国外先进技术

在中国塑料加工工业协会滚塑专委会成立以来，我们已有更多的机会与国外同行接触、交流，吸取国外的先进经验有助于加速我国滚塑工业的发展，但在学习国外先进经验、引进先进技术的时候一定要从我国的实际需要出发，对国外的技术要先作好前期的考察、论证工作，引进国外成熟的、适合我国实际需要的东西。20世纪末期，我国降解塑料行业蒙受国外一些公司纯商业性炒作的不实宣传，耗资数亿元盲目引进二十余条当时称谓最先进的，实际却是不成熟无实际应用价值的聚乙烯淀粉型生物降解塑料生产线，结果最终没有一条生产线投入工业化生产，崭新的设备不得不全部转作他用。这样巨大的“学费”，这样深刻的教训，我们应当铭记在心。

3. 扬长避短，开发滚塑新工艺、新产品，振兴滚塑行业

前面已经提到滚塑工艺具有众多优点的同时，存在一个不容忽视的重大缺点，和其他塑料成型工艺相比其生产过程中能耗十分严重，在实施人类可持续发展战略的进程中，对此我们必须予以高度的关注。

我们应当把发展滚塑的重点，放在其他塑料成型工艺不能生产的大型、特大型塑料制件以及批量不大不宜采用其他工艺组织生产的产品上，并利用滚塑工艺研发具有自身特色的、具有市场竞争能力的新产品。例如我们可以考虑利用滚塑过程可与塑料聚合过程相结合的特点，发展由已内酰胺滚塑聚合、生产尼龙制品，采用这种滚塑聚合方法生产尼龙容器，其总能耗及加工成本均可比利用注射、吹塑等通用塑料成型工艺所生产的尼龙容器要低得多。我们可以利用滚塑工艺加工使用性能优良、价格相

对低廉的大型化工容器衬里以及大型化工管道衬里之类的产品。我们可以考虑利用抗菌塑料的成果和滚塑比较容易生产多层塑料制品的特点，开发研究卫生性能卓越的、具有抗菌效果的屋顶用特大型塑料水箱。我们可以考虑通过滚塑生产大型灯罩、金鱼缸等高附加值产品……

（中国塑料加工工业协会滚塑专业委员会）

新材料研究开发工作委员会

一、加大科研投入

面对日新月异的科技发展，为了塑料加工行业和企业的自主创新，提高市场竞争力，今年新材料研究开发工作委员会与山东日科化学股份有限公司加大了科技投入，增添了研发设备、增加了研究人员。科技投入由2009年的2045万元增加到2953万元；实验设备增加：数码电子显微镜1台、小型挤出机1条、顶空气相色谱仪1台等实验设备8台套，是目前国内同行业实验仪器设备最为齐全的科研中心。研发人员由原来的86名增加到96名，为搞好研究开发创造了条件。

二、加大研发力度

在加大科技投入的基础上，先后承担了3项科技计划，申请了3项国家发明专利：

1. 新型高分子材料AMB树脂列入山东省第一批战略性新兴产业重点项目和山东省新兴产业和重点行业发展专项资金项目；

2. ACM树脂产品已通过国家科技部、商务部、质量监督检测总局、国家环保总局评审，列入国家2010年重点新产品计划，成为国家重点新产品；

3. 节能绿色门窗用高效塑料改性剂研究开发与应用示范项目申请列入“十二五”国家科技支撑计划，已通过国家科技部组织的专家论证。

4. 2010年申请国家发明专利3项：

（1）聚氯乙烯加工塑化改性剂、制备方法及其应用申请号：201010011521.9

（2）抗冲击性、加工性优良的聚氯乙烯混合物申请号：201010252956.2

（3）透明性、抗冲击、耐候性优良的聚氯乙烯混合物申请号：201010291380.0

三、积极参加协会组织的各项工作

1. 先后参加了协会组织的上海国际塑料博览会、深圳工展会；

2. 与协会发泡塑料专委会共同在湖北黄石组织召开了年会；

3. 参与制定了塑料改性新材料行业三年振兴规划；

4. 参与制定了塑料改性新材料行业“十二五”规化。

（中国塑料加工工业协会新材料研究开发工作委员会　徐贵一）

BOPS

我国BOPS片材与BOPS薄膜行业现状

1. BOPS片材

双向拉伸聚苯乙烯（BOPS）片材主要用于包装和电绝缘等领域。产品厚度一般100～700μm，常用透明BOPS片材是以通用型聚苯乙烯（GPPS）树脂为主要原料，加入少量增韧树脂（k树脂）来增加产品韧性。BOPS片材行业由于2005年开始加强行业自律，加大国际市场开发力度等策略，减缓了供需矛盾，改变了该行业连续10年亏损的情况，出现了全行业盈利的可喜局面。

全国BOPS片材生产线概况：

生产厂家	幅宽/m	设备制造厂家	投产时间	产能/(t/a)
深圳永和	3.3	美国马歇尔－威廉公司	1995年	12000
慈溪中轻	3.3	美国马歇尔－威廉公司	1995年	12000
	2.3	美国马歇尔－威廉公司	1993年	6000
上海塑料三厂	2.3	美国马歇尔－威廉公司	1995年	6000
常州光明	3.3	德国布鲁克纳公司	1995年	14000
嘉兴塑料包装	2.3	日本三菱重工株式会社	1993年	6000
宁波乐兴	2.3	日本三菱重工株式会社	1994年	6000
6家				62000

BOPS片材生产线共有7条，年总产能62kt，设备引进10年以上，建议加快更新换代。

BOPS片材年产量约70kt，由于国内没有政策驱动，内需极少，其中除10kt用于国内外，其余全部出口。

2. BOPS薄膜

我国饮料总产量很大，而其中碳酸饮料包装中PET瓶的应用比例占到了57.4%以上，茶饮料更是异军突起，几乎是清一色的PET瓶。另外果汁和乳酸类饮料PET和PE的瓶亦占有相当的比重，这种收缩标签的需求已明显突现。

目前在饮料瓶包装用的标签膜仍然以PVC薄膜为主，由于环保问题日益受到关注，因此PVC标签膜必将会被替代。BOPS薄膜由于比重轻、收缩率大、印刷性能优异，加上环保性能好，因此广泛应用于聚酯瓶装软饮料的套标和满封标签以及光碟的收缩包装。

由于标签膜行业目前被PVC标签膜垄断市场，下游客户尽管认识到BOPS标签膜更环保，但因其价格较贵，加上近年来BOPET标签膜抢占了部分市场，因此很少采用，全国每年BOPS薄膜需求量不足7000t。

（中国塑料加工工业协会　孙冬泉）

塑料包装行业2010年发展介绍

塑料包装产品水平是反映人民生活质量高低及国家文明程度的标志之一。“十一五”期间，我国塑料包装行业加快技术进步，壮大重点骨干企业，坚持走国际化道路，积极引进国外先进技术和设备，整体水平得到了较大提高，缩小了与发达国家的差距。经过全行业的努力，我国塑料包装产业已经从一个分散的行业，发展成为一个以软塑薄膜、塑料中空制品、塑料编织制品、塑料包装机械及塑料包装服务为主要构成，拥有一定现代化技术与装备，门类比较完整的行业体系，成为国民经济新的重要增长点，并为今后五年(2011年至2015年)的发展奠定了良好基础。

第一章　软塑薄膜行业2010年发展介绍

2010年软塑薄膜行业在全球经济全面回暖的情况下，积极调整产品结构，转变生产经营和经济增长方式，出现了产销两旺的良好局面，并向好的方向发展。主要产品产量分析见下表：

2010塑料包装材料主要产品产量分析表

		2010年产量/kt
软包装薄膜		9522.9
其中	BOPP	2520
	BOPET	805
	BOPA	71.9
	CPP	576
	缠绕膜	800
	塑料购物袋	1800
	功能性复合膜(袋)	2200
	功能性共挤包装膜	750

一、双向拉伸薄膜行业产销两旺，规模扩张迅速

1. BOPP行业总量持续增加，经济效益下降

根据2011年3月中国塑协双向拉伸聚丙烯薄膜(BOPP)专委会的统计数字，2010年BOPP总产能3085600t，总产量为2519923.7t，比2009年2212098.67t产量增长13.92%。2010年全国共有87家BOPP生产企业，本次统计共有86家企业填报，1家企业未填报。其中佛塑集团分为4家填报(东方分公司、无锡环宇、成都东盛、涿州东华)，南亚分南通和惠州两地，奔多分慈溪和南通两地，瑞安华宝分浙江瑞安和山东两地，昆岭分云南和苏州两地。行业前十六名数据如下：

公司名称	产能/t	产量/t	销售额/万元
金田集团塑业有限公司	200000	100000	180000
江苏中达新材料集团股份有限公司(包括美达)	175000	122000	181300
宏铭材料科技股份有限公司	125000	83000	
江苏恒创包装材料有限公司	115000	105600	140150
揭阳市运通塑料包装有限公司	100000	73000	116800
宁波亚塑科技有限公司	100000	60000	100800
佛山塑料集团股份有限公司	95500	81034	
福建时代包装材料有限公司	90000	80000	104000
浙江伊美薄膜工业集团有限公司	85000	55000	

续表

公司名称	产能/t	产量/t	销售额/万元
浙江大东南包装股份有限公司(含宁波大东南)	85000	56132.7	94858.4
杭州萧山华益塑料有限公司	83000	81000	118200
浙江百汇包装有限公司	88000	61250	
合肥金菱里克塑料有限公司	75000	72000	100000
浙江新风塑业有限公司	65000	70000	91000
广东德冠双轴拉伸薄膜有限公司	65000	60000	90000
浙江奔多实业有限公司	60000	58000	83000

2010年，BOPP行业上半年价差比较低，对于普通膜来说，原料与薄膜差价仅为1200元/t左右，部分企业出现亏损。下半年，尤其是7、8月份以来，价格和利润空间回升，原料与薄膜差价的平均值为3000元/吨，大部分企业有所盈余。

尽管利润空间没有达到非常高的水平，仍然有超过15条线签约，新增产能超过500kt，这些产能将于2013至2014年形成实际产能。行业经济效益将取决于市场需求的增长。

2. BOPET薄膜发展良好

根据2011年3月中国塑料加工工业协会的统计数字，2010年BOPET总产能899700t，产量为805158t，比2009年656328.24增长22.68%，开工率为89.49%。目前全国共有30家BOPET生产企业，本次统计共有29家企业填报，1家企业未填报。其中江苏中达分常州钟恒、南京金中达、江阴金中达三家，乐凯分保定、合肥和南阳两家。行业前11名详细数据如下：

公司名称	产能/t	产量/t	销售额/万元
浙江欧亚薄膜材料有限公司	160000	150000	
江苏双星彩塑新材料股份有限公司	136800	100000	180000
佛山杜邦鸿基薄膜公司(包括宁波分公司)	60500	58500	96525
绍兴翔宇绿色包装有限公司	57000	61000	105206
绍兴未明塑胶有限公司	50000	50000	115000

续表

公司名称	产能/t	产量/t	销售额/万元
富维薄膜(山东)有限公司(含乐港塑胶)	36800	30000	70000
江苏中达新材料集团股份有限公司	41000	35800	
保定乐凯新材料股份有限公司	40000	35000	
上海邦凯塑胶科技有限公司	40000	20000	23400
浙江大东南包装股份公司	30000	21000	8083
上海紫东薄膜材料股份有限公司	24000	23908	52043.94

2010年，由于经济复苏，需求增量等因素，特别是5月份以来，BOPET产品呈现市场供不应求的态势，价格飙升，出现了生产企业来不及生产交单的现象，甚至于部分厂家订货期被压到40天甚至2个月以后，行情历史罕见，尤其出口订单量的增长之猛也出乎意料，其中：特别是普通类薄型膜价格增长快速，明显好于往年的厚膜，分析聚酯薄膜市场情况好转的原因，大致有：国家的税收和环保等政策的推动，国内经济发展的整个大环境趋好；国外经济在金融危机之后得到了恢复，给进出口贸易的复苏带来了大量空间；BOPET产品的市场用途在拓展、BOPET材料的市场需求在增加；同行业之间在产品竞争中逐渐摸索找到适合企业自己的位置、形成错位竞争等等。

与此同时，国内BOPET新项目也出现井喷之势。我们十分清醒地看到年内新增的8条生产线175kt已经投产，明后年又有在建的新生产线34条，新增产能将达到845kt。这些生产线一旦投入建设，预计两年内国内BOPET产能将翻倍，将出现产能释放高峰，突破2000kt/a，其速度将大大超过需求增长的预期，特别是同类产品生产线的重复引进，必将给国内市场带来严重的竞争压力。

而从当前BOPET市场状况分析也得出：薄膜产品的升级更新、加强差异化产品研发、调整产品结构时不我待，虽然目前出现旺销局面，但是我们必须从根本上重视生产配置的差异化，多产出高附加值、高科技含量的产品，不断优化产品结构，加快产业转型升级，不断提高自身综合竞争力，才能促进行业健康可持续发展，同时，也能更好地增加产品在国内外市场的综合竞争力。

3. BOPA薄膜行业健康发展

根据2011年3月中国塑料加工工业协会的统计数字，2010年BOPA总产能86300t，产量为71902t，比2009年48654t产量增长47.78%。目前全国共有9家BOPA生产企业，本次统计全部填报。详细数据如下：

公司名称	生产能力/t	总产量/t	销售额/万元
天津运城塑业有限公司	4500	4000	
沧州东鸿包装材料有限公司(包括德州东鸿)	18000	17000	17000
上海紫东化工材料有限公司	5000	4000	
上海九天塑料薄膜有限公司	4500	4200	
尤尼吉可高分子科技(中国)有限公司	4800	4400	4450
宏铭塑料包装(无锡)有限公司	4500	停产已转给长天	
晓星薄膜(嘉兴)有限公司	5000	5000	
温州金田塑业有限公司	4500	4000	
厦门长天企业有限公司(长华)	20000	18000	67500
佛山塑料集团股份有限公司	11000	7302	24196
湛江明和塑胶有限公司(天津运城承包)	4500	4000	
合计	86300	71902	

2010年处于所有产能均得到释放的状态，包括沉寂多年的生产线也在2010年全部开车，虽然大部分企业在本年度都能达到基本盈利的状态，但产量的快速释放导致上半年竞争环境突然恶化，8月份以后情况又有所好转。

沧州东鸿包装材料有限公司自主组装的第二条同步拉伸生产线已于2010年投产，成为中国规模最大的BOPA薄膜生产企业。

4. BOPS片材行业开拓国际市场成绩显著

BOPS行业全国7条生产线，产能62kt，除国内使用10kt左右外，目前通过开拓国际市场，其余50kt左右全部出口，行业企业实现共赢格局。目前部分企业已在投资新线，扩大生产能力。

二、流延薄膜稳定增长

1. CPP薄膜行业2010年发展情况

根据2011年3月中国塑协流延薄膜专委会的统计数字，2010年CPP实际总产能约为750000t，实际产量约为576082.5t，开机率76.81%，产量比2009年523502.82t增长10.04%。目前全国共有约132家CPP生产企业，本次统计共有95家企业填报，约37家企业未填报。行业前十五家详细数据如下：

公司名称	产能/t	产量/t	销售额/万元
浙江大东南包装股份有限公司	32000	16385.5	26646.9
天津星达塑料包装有限公司	30000	35000	
上海紫藤包装材料有限公司	20000	12000	18000
上海美丰包装材料有限公司	18000	11000	
庆丰(江西)包装材料科技有限公司	12000	12500	
温州远大塑胶有限公司	15000	16000	20000
安徽宁国双津(集团)实业有限公司	12000	12000	22000
青岛凯姆拓塑胶工业有限公司	20000	18000	36000
仙桃慧狮塑业有限公司(5条线，停一条)	20000	17000	26800
河北泰达包装材料有限公司(新上3.5m线)	10000	10000	
河南许昌浩达塑胶有限公司	6000	5000	6500
山西迎太塑料有限公司	10500	10000	
江阴市通利包装材料有限公司	10000	10000	
汕头市德福包装材料公司	12000	12000	13000
江虹包装	20000	15000	

CPP行业2010年上半年部分使用进口线的企业处于亏损状态，国产线原料与薄膜的价差约为1500元/t，进口线价差约为2500元/t；下半年形式好

转，全部企业都实现了盈利的状态，国产线价差维持在2000元/t左右，进口线约为3000元/t，尤其是采用进口线的企业彻底改变了连续四年亏损的状态。

由于市场需求增长较快，未来还会有许多新的国产线投产。未来行业的经济效益将取决于市场需求的增长。

行业的亮点是最近三年上线的国产宽幅新线，由于设备性能大幅提高，生产成本降低，因此经济效益相对较好，具有较强的市场竞争力。

2. CPE缠绕膜发展情况

从生产规模来看，国内缠绕膜总产能在900kt左右，产量约800kt，其中一线大厂的产量在100kt左右，国产大线的产量近300kt，国产缠绕膜小线厂的产量在400kt左右。从缠绕膜市场的分布区域看，95%以上的用量集中在沿海的经济发达地区。今后随着中西部地区经济的崛起，缠绕膜市场也将逐步扩大。

缠绕膜包装的优点是，操作方便，成本低，特别适合于现代物流中的的栈板货物包装。国内的缠绕膜从20世纪90年代中期起步，在15年的时间里取得了长足的发展，在各行各业得到了广泛运用。缠绕膜生产设备最早大多从国外进口，主要有奥地利兰精、德国莱芬豪舍、美国戴维斯标准、意大利道尔奇等公司，薄膜生产企业主要是国营企业和港资、外资企业。2005年以来的5年间，以新乐华宝、广东仕诚、南通三信为代表的设备制造企业，开展技术创新和技术竞争，设备技术性能得到了快速的发展，给缠绕膜生产企业提供了新的发展基础。

5年来，缠绕膜生产企业的情况发生了翻天覆地的变化，采用国产设备的中小型缠绕膜生产企业得到飞快的发展，并已经在规模上、效益上超越原有的国营、港资、外资企业，成为缠绕膜生产的主力军。例如致腾(东莞)包装制品有限公司，在朱素良总经理的领导下发展迅速，我2008年到东莞考察时还是一个只有2条生产线的中小型企业，3年来规模已经扩展了3倍，值得学习。

近期，新乐华宝公司将推出2m五层共挤高速全自动PE缠绕膜机组和1.8m五层共挤高速全自动PE保鲜膜机组，并进行开机演示，这两套机组都是采用最先进的配置与技术。其中2m五层共挤高速全自动PE缠绕膜机组设计最高速度650m/min，挤出量1700kg/h；1.8m五层共挤高速全自动PE保鲜膜机组设计最高速度350m/min，挤出量500kg/h，而且性能非常稳定。

三、功能性包装薄膜市场方兴未艾，引领市场新潮流

随着软包装行业装备水平的不断提高，塑料包装薄膜向功能化发展的趋势日渐明显，高性能、高阻隔性、高技术含量的塑料包装复合薄膜正成为许多企业的支柱产品和研发目标，从而提高企业的技术水平，提高经济效益，增强市场竞争力。2009年各种功能性薄膜的产量约750kt，主要包括耐蒸煮、抗静电、高阻隔、抗菌、纳米薄膜等。

四、镀铝膜行业已经形成规模

2010年底，我国已有大小镀铝膜生产企业100多家，生产能力超过400kt，2009年全国真空镀铝膜总产量约350kt，年产值超过70亿元。中国目前拥有各种型号进口镀铝机约100多台，主要的设备供应商来自德国莱宝、德国应用材料、英国GVE、意大利伽利略、美国大力、日本真空等公司，另外国产大型号的镀铝机也约有100多台。

五、塑料购物袋逐步规范发展

2010年中国塑料购物袋全年产量约1800kt，其中出口约1000kt；总产值可达280亿元；上缴税额18多亿元。自2008年6月1日国家实行限塑令以来，整个行业正在朝着规范、环保的方向转变发展。

六、复合软包装行业规模巨大

我国吹膜、复合、彩印、制袋行业规模越来越大，全国具有一定规模的软包装彩印企业超过10000家，其中年销售额在3亿元以上的企业有25家，销售额在1亿元以上的企业70家，我国的软包装彩印行业总规模在全球处于第一的位置。功能性复合膜袋约220万吨。

第二章　塑料中空制品行业2010年发展情况

随着国民经济的发展，我国各领域对塑料中空容器的市场需求量始终保持着较高的增长速度。同时，随着新材料、新技术、新工艺、新设备的创新和发展，我国塑料中空制品的产品结构也发生了很大的变化，从最初简单的包装桶、瓶向多品种、多样化、专业化、大型化和功能化容器方面迅速发展。

据国家统计局信息，全国规模以上塑料中空制品企业2010年塑料中空制品总产量约为3430kt，比2009年产量增长了20.39%(各省市产量及所占总产量的比例见表1)。

全国塑料中空制品行业规模以上和规模以下企业不完全统计，2010年全国所有塑料中空制品企业共生产各种塑料中空制品约6000kt，比2009年的5500kt增长了9%以上。2010年1～12月全国塑料中空制品规模以上企业产量如下：(该数据由中空制品专委会独家提供)。

地 区	塑料包装箱及容器			
	本月/t	本月止累计/t	累计比同期/±%	占全国比例/%
全 国	320810	3430785	20.39	100.00
北 京	8230	90116	7.57	2.63
天 津	16024	151964	100.86	4.43
河 北	22095	194073	102.86	5.66
山 西	1483	8577	-2.49	0.25
内蒙古	970	15333	47.83	0.45
辽 宁	5925	87152	31.45	2.54
吉 林	6163	45348	75.53	1.32
黑龙江	16	1137	10.95	0.03
上 海	33302	375701	13.74	10.95
江 苏	16883	212351	11.37	6.19
浙 江	38819	436581	9.60	12.73
安 徽	10757	88361	38.41	2.58
福 建	4161	38088	59.10	1.11
江 西	3324	28998	11.29	0.85
山 东	14371	241494	-1.02	7.04
河 南	9613	91918	29.53	2.68
湖 北	14910	128249	53.13	3.74
湖 南	18960	190346	11.38	5.55
广 东	55336	588245	-0.44	17.15
广 西	15058	137154	128.23	4.00
海 南	510	4553	20.04	0.13
重 庆	3770	44006	19.26	1.28
四 川	13289	155388	24.46	4.53
贵 州	252	3165	-11.84	0.09
云 南	941	14091	40.54	0.41
西 藏				
陕 西	1476	16184	-13.35	0.47
甘 肃	121	2097	-2.72	0.06
青 海				
宁 夏	1342	2151	88.19	0.06
新 疆	2709	37965	38.37	1.11

注：以上数据来源于国家统计局。

饮料、啤酒、矿泉水、药品、化工、日用化妆品、汽车等广阔市场持续增长，对塑料中空制品的发展起到了积极的促进作用，现对各分领域简要分述如下：

一、塑料饮料瓶市场潜力诱人

据国家统计局有关数据显示，2010年，中国软饮料产量达到了99840kt，同比增幅达到了18.30%。其中果汁及果汁饮料增幅最大，为27.50%，其次为包装水，增幅达到22.40%，碳酸饮料也有小幅增长，为0.80%。中国饮料行业一直在高速发展，尤其是近几年，发展速度惊人，几乎5年就翻了一倍。如按照80%使用塑料瓶成装计算，至少需塑料瓶700亿只，以每只需用塑料40g计算，2010年仅饮料瓶市场容量即超过2500kt。

二、饮水包类瓶(桶)的市场

2010年全国瓶装水产量超过30000kt，占饮料总量的35%，每年需要超过500亿只塑料瓶，以每只需用塑料40g计算，总需求量超过2000kt。经过多年的竞争，目前瓶装水行业已形成规模化生产，涌现一批较强的企业，如娃哈哈、康师傅、怡宝、农夫山泉等十强企业，品种包括纯净水、矿泉水、矿物质水等，并向品牌化发展，所需包装瓶的质量要求也愈高。这将是一个朝阳的市场，有着美好的前景。

三、啤酒塑料包装瓶的应用范围正逐步扩大

我国是啤酒生产大国，2010年产量约为45000kt，居世界第一位。每年需求包装瓶(500~600)亿个，为PET聚酯瓶提供了广阔的发展空间。此外，虽然目前玻璃瓶仍占据啤酒包装65%的主流市场，但由于PET瓶比玻璃瓶轻很多，预计在2012年以前，全球对PET瓶装啤酒的消费量将保持11%的年均增幅，2012年到2016年则将达到15%。

四、药品固体剂型包装发展前景广阔

据有关资料统计，2010年中国医药包装市场容量约为200亿元。目前，药品包装正在成为我国包装领域重要分支。随着我国医疗体制的改革，药品种类增加，药品包装形式也在发生变化。由原来的纸袋包装、塑料袋包装、玻璃瓶到现在的聚乙烯瓶、聚丙烯瓶、聚酯瓶、铝塑包装、条形包装，扭转了药品包装落后的局面。

五、大型化工液体包装容器发展迅速

适用于化工液体、润滑油、涂料、化妆品等工业用桶是近几年发展起来的新型大包装容器。已成为新的发展热点，到2004年底已引进20条线，生产能力达到90万个，大中型中空容器制造设备比一般小型吹塑机械要求高。如我国最早生产200升闭口塑料桶及内衬桶是从德国Bekum公司引进的，一些公司先后从国外引进200L环塑料桶，齐鲁石化和金陵石化塑料厂从德国Mauser公司引进BM-201型吹塑机，生产国际通用危险货物、运输包装用200L环塑料桶，系第二代产品。1993年秦川机械厂自行设计和制造出首台国产化大型吹塑机，并在江苏吴江投入运行，取得了较好的效果。以后又有多家公司与德国、中国台湾厂商以合作生产和合资生产方式生产大中型吹塑机，如广东金明塑料设备有限公司，利用国外技术，可生产容积达230L大桶的吹塑机，秦川未来塑料机械有限公司，现可生产不同规格吹塑机，另外张家港也有多家能生产大中型中空容器的机械厂，华丰机械、同大机械、普信机械等等。

六、塑料托盘在物流运输中前景广阔

据有关资料介绍，2010年中国现有各类托盘(6000～8000)万只，每年总量递增2000万只左右，其中木制托盘占90%，塑料托盘占8%，钢制托盘、复合材料托盘及纸制托盘合计约占2%，其中塑料托盘和复合材料托盘发展势头快，上升比例大。

七、塑料汽油箱发展迅速

2010年汽车总产量1800万辆，其中轿车产量940万辆，比例超过52%。

目前国内塑料油箱行业集中度非常高，2009年亚普、考泰斯、八千代三家的产量已经占到国内生产总量的70%左右。主要生产企业除了亚普、塑光以及芜湖顺荣外，其他是三资企业，如考泰斯(长春、上海、广州)、邦迪管路(天津)、武汉英瑞杰、八千代(武汉、中山)等。国内生产企业主要依靠引进国外设备来获得国外技术支撑。

我国2010年塑料油箱产量约为800万只，其中只有亚普公司产量估计接近230万只。我国2009年塑料油箱产量约为700万只，其中仅亚普公司产量接近220万只。

八、汽车保险杠

2010年我国轿车产量约940万辆，如全部使用塑料保险杠，每辆车用两副，每副保险杠重量在4～6kg，则需用塑料75200～112800t，其中聚丙烯用量占到50%，则需40000t左右，可见市场是比较大的。

九、化妆品、洗涤用品包装用量越来越大

2007年1～12月全国日用化学品制造工业总产值为1829亿元，2010年超过2700亿元，对塑料包装容器的需求量越来越大。

十、塑料软包装容器

塑料软包装容器主要用低密度聚乙烯LDPE为原料制造，产品有两种：

(1) 热压式软塑折叠包装容器——口部与箱体采用热压成型；

(2) 装配式软塑折叠包装容器——口部与箱体采用装配成型。

第三章　塑编产业2010年发展综述

在经历了2008年金融危机、2009年小幅回暖之后，2010年的塑编市场可谓是“涨升一片”。随着原油价格创历史新高，从原料、机械、塑料产品等都在水涨船高，价格开始上涨。同时整个市场大环境的变化让本土塑料企业经历着产业变革和升级的阵痛，一些传统老牌企业都悄然着手练内功，通过延长产业链或加大跨界合作来提升竞争力。

一、全年数据显示前半年发展迅速，后半年趋势有所放缓

截止2010年底，全国有塑料编织专业生产企业7600多家，从业人数达50万多人，拥有各种圆织机25万多台，年综合生产能力约10000kt。

2010年全国规模企业塑料丝、绳及编织品(以下简称塑编制品)产量7059.44kt，同比增长23.05%，增幅比上年度降低3.53%，产值约960亿元。2010年全社会塑编制品总产量约9800kt，比2009年744万吨增长31.72%，全社会产值约1320亿元。由于国家重点扩大内需，全国经济呈持续、稳定、快速增长状态，带动塑编市场需求，使塑编产量获得持续、稳定、快速增长，塑编制品产量增幅高于塑料制品平均增幅1.91%，列十大塑料品种的第二位。2010年全国规模企业塑编产量逐月累计见下表：

月份	2010年/t		
	月产量	年累计	同比增长/%
1	445774	445774	
2	380739	826513	5.55
3	534154	1360667	28.66
4	576696	1937363	30.95
5	613085	2550448	28.35
6	657552	3208000	26.87
7	608470	3816470	26.19
8	623733	4440203	26.35
9	668264	5108467	26.59
10	655107	5763574	23.94
11	653539	6417113	23.54
12	642327	7059440	23.05

二、各种塑料产品所占总量的比例

在980多万吨塑编包装产品中，水泥袋约4210kt，约占43%；化工原料等各种普通编织袋3430kt，约占35%；集装袋980kt，约占10%；土工布及蓬布690kt，约占7%；网眼袋200kt，约占2%；其他塑编产品290kt，约占3%。2010年增幅较快的是水泥包装袋，约增长了2%，这与拉动内需，建设项目增加，使用水泥增长有关。降幅最快的是集装袋，约下降了3%，这是由于集装袋受国际金融危机的影响，出口量明显减少，增幅降低较明显。

三、各省份占总量的比例

全国31个省(市)塑编制品产量相差十分悬殊产量列全国前5位的省(市)是山东、辽宁、浙江、河南、四川；增长幅度列前5位的是黑龙江、河南、内蒙古、江西、湖北；产量列全国前5位的产量合计仍占全国塑编产量47.25%；增幅列全国前5位的都是东北、西北及中部地区，山东、辽宁、浙江等省占全国塑编产量的比例都呈下降趋势。塑编产业分布从东南向东北、西北、中原转移的趋势仍在继续，但分布不平衡状态仍然存在，西藏仍处空白，青海等14个省(市)塑编产量占全国比例都在1%以下，且湖南、陕西、宁夏、福建呈负增长状态，塑编产业的分布状态仍需继续改善。

(中国塑料加工工业协会　孙冬泉)

锂离子电池隔膜行业现状与2011年发展趋势

一、锂离子电池隔膜概述

锂电池因能量密度高、循环寿命长、质量轻、体积小等特性，又具有安全、可靠且能快速充放电等优点，成为近年来新型电源技术研究的热点，在高能量和高功率领域备受欢迎。在锂电池的结构中，隔膜是关键的内层组件之一。隔膜采用塑料膜制成，可隔离电池正负极，以防止出现短路；还可以在电池过热时，通过闭孔功能来阻隔电池中的电流传导。

根据不同的物理、化学特性，锂离子电池隔膜材料可以分为：织造膜、非织造膜(无纺布)、微孔膜、复合膜、隔膜纸、碾压膜等几类。聚烯烃材料具有优异的力学性能、化学稳定性和相对廉价的特点，因此聚乙烯、聚丙烯等聚烯烃微孔膜在锂离子电池研究开发初期便被用作锂离子电池隔膜。时至今日，商品化的锂离子电池隔膜仍然是聚烯烃微孔膜。近年来，固体和凝胶电解质开始被用作一个特殊的组件，同时发挥电解液和电池隔膜的作用，是一项新兴的技术。

锂电池隔膜成本占电池成本的1/3左右。隔膜的性能决定了电池的界面结构、内阻等，直接影响电池的容量、循环性能以及安全性能等特性，性能优异的隔膜对提高电池的综合性能具有重要的作用。目前60%～70%的隔膜市场主要采用湿法双向拉伸工艺，因为湿法双向拉伸纵向横向更加均匀平衡。而且湿法主要用于高端隔膜，干法用于中低端产品。

二、锂离子电池隔膜的制造技术

1. 锂离子电池隔膜需具备的特性

锂离子电池隔膜的要求：(1)具有电子绝缘性，保证正负极的机械隔离；(2)有一定的孔径和孔隙率，保证低的电阻和高的离子电导率，对锂离子有很好的透过性；(3)由于电解质的溶剂为强极性的有机化合物，隔膜必须耐电解液腐蚀，有足够的化学和电化学稳定性；(4)对电解液的浸润性好并具有足够的吸液保湿能力；(5)具有足够的力学性能，包括穿刺强度、拉伸强度等，但厚度尽可能小；(6)空间稳定性和平整性好；(7)热稳定性和自动关断保护性能好。

2. 锂离子电池隔膜材料

聚烯烃材料具有优异的力学性能、化学稳定性和相对廉价的特点，因此聚乙烯、聚丙烯等聚烯烃微孔膜在锂离子电池研究开发初期便被用作为锂离子电池隔膜。尽管近年来有研究用其他材料制备锂离子电池隔膜，如BoudinF等采用相转化法以聚偏氟乙烯(PVDF)为本体聚合物制备锂离子电池隔膜。Kuribayashi等研究纤维素复合膜作为锂离子电池隔膜材料。然而，至今商品化锂离子电池隔膜材料仍主要采用聚乙烯、聚丙烯微孔膜。表1给出了锂离子电池隔膜的主要生产商及其主要产品信息。

表1　锂离子电池隔膜的主要产商及其主要产品

制造商	结构	组成	加工方法	商用名
Asahi	单层	PE	湿法	Hipore
CelgardLLC	单层	PP，PE	干法	Celgard
	多层	PP/PE/PP	干法	Celgard
	PVDF覆盖	PVDF，PP，PE，PP/PE/PP	干法	Celgard
Entek Membranes	单层	PE	湿法	Teklon
Mitsui Chemical	单层	PE	湿法	
Nitto Denko	单层	PE	湿法	
DSM	单层	PE	湿法	Solupur
Tonen	单层	PE	湿法	Setela
Ube Industries	多层	PP/PE/PP	干法	U－Pore

3. 隔膜用微孔膜的制备方法

目前，隔膜用微孔膜的制备方法可以分为干法

（熔融拉伸，MSCS）和湿法（热致相分离，TIPS）两种。两种方法都包括至少一个取向步骤使薄膜产生孔隙并提高拉伸强度。下面介绍两种主要方法的制备原理与结构影响因素。

（1）熔融拉伸法

① 制备原理

熔融拉伸法的制备原理是，高聚物熔体挤出时在拉伸应力下结晶，形成垂直于挤出方向而又平行排列的片晶结构，并经过热处理得到硬弹性材料。具有硬弹性的聚合物膜拉伸后片晶之间分离而形成狭缝状微孔，再经过热定型制得微孔膜。拉伸温度高于聚合物的玻璃化温度而低于聚合物的结晶温度。如专利中提到吹塑成型的聚丙烯薄膜经热处理得到硬弹性薄膜，先冷拉6%～30%，然后在120～150℃之间热拉伸80%～150%，再经过热定型即制得稳定性较高的微孔膜。在聚丙烯微孔膜制备中除了拉开片晶结构外，还可以通过拉伸时β晶型向α晶型转变而使其产生微孔。例如专利提到双轴拉伸含有大量β晶型的聚丙烯膜，然后热固定得微孔膜。

该法不包括相分离过程，易于工业化生产且无污染，是目前广泛采用的方法，如美国的Celgard公司和日本的Ube公司生产的聚丙烯、聚乙烯微孔膜就是采用此法制备。图1所示为由熔融拉伸法制备得到的Celgard 2400、2730两种单层隔膜表面的扫描电镜（SEM）图，可以清楚的看到膜表面的孔径分布非常均匀。但是该法也存在孔径及孔隙率较难控制的缺点，而且由于只进行纵向拉伸，膜的横向强度较差。

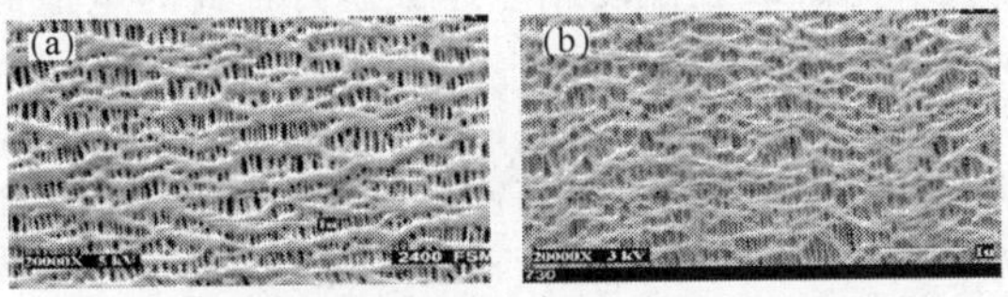

图1　单层Celgard锂离子电池隔膜表面扫描电镜照片图：(a)2400(PP)；(b)2730(PE)

② 膜结构的影响因素

熔融拉伸法制膜中，影响膜结构的因素有熔融牵伸比、挤出温度与热处理温度等工艺条件。分子取向度受熔融牵伸比与挤出温度的影响，薄膜结晶性受熔融牵伸比与热处理温度的影响。挤出温度的降低使黏度升高，导致取向度提高；提高退火温度，薄膜中聚合物分子链更易重排，使结晶度进一步提高，从而使平行排列的片晶结构更加完善。然而，冷拉伸与热定型两步也是关键的制膜过程，同样影响到微孔膜的孔径和孔径分布，从而影响其透气性和稳定性。

（2）热致相分离法

① 制备原理

热致相分离（TIPS）的基本过程是指在高温下将聚合物溶于高沸点、低挥发性的溶剂中形成均相液，然后降温冷却，导致溶液产生液－固相分离或液－液相分离，再选用挥发性试剂将高沸点溶剂萃取出来，经过干燥获得一定结构形状的高分子微孔膜。在隔膜用微孔膜制造过程中，可以在溶剂萃取前进行单向或双向拉伸，萃取后进行定型处理并收卷成膜，也可以在萃取后进行拉伸。用这种方法生产的超高分子量聚乙烯（UH－MWPE）微孔膜具有良好的机械性能。Ihm等详细论述了热致相分离法制备高密度聚乙烯（HDPE）和超高分子量聚乙烯（UH－MWPE）共混隔膜的制备，发现膜的机械强度和拉伸性能由UHMWPE分子量及其在共混物中的含量决定。

热致相分离法制备微孔膜的热力学基础是聚合物－溶剂体系的相图。实际实验体系的相图往往是受冷却速率影响的非平衡相图，但它是以平衡相图为基础的。骆峰和潘波等对热致相分离法制膜的原理和过程进行了评述。典型的弱相互作用的结晶性聚合物－溶剂体系相图如图2所示。温度在双节线和结晶线以上时体系为均相溶液。图中AB线列出了一个成膜的过程。A点是起始点，体系此时是均相溶液，然后降温向B点移动。当温度到达双节线时，溶液开始分相为连续的聚合物富相和稀释剂富相，并且两相尺寸逐渐长大，直到温度低于结晶温度后，聚合物固化定型。当体系A点位于临界点左边时分相情况稍有不同，即稀释剂富相为连续相，但是这种情况下体系固化后无法成膜。当体系A点位于偏晶点右边时，体系将发生液固分相，聚合物直接从体系中结晶析出。

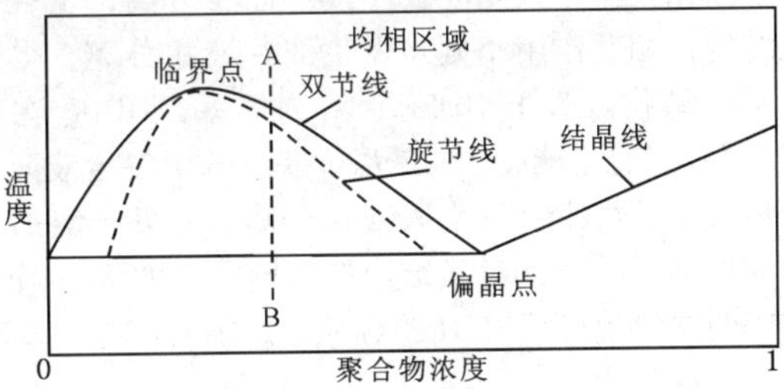

图2　弱相互作用的结晶性聚合物－溶剂体系相图

热致相分离法的制膜过程容易调控，可以较好地控制孔径、孔径分布和孔隙率。但制备过程中需要大量的溶剂，容易造成环境污染，与熔融拉伸法相比工艺相对复杂。采用此法制备隔膜的公司有Asahi Kasei、Tonen、Mitsui Chemicals、Polypore/

Membrana 和 Entek。图 3 所示为由热致相分离法制备得到隔膜表面的扫描电镜图，可以看到这种膜的微孔结构与熔融拉伸法得到的不同。

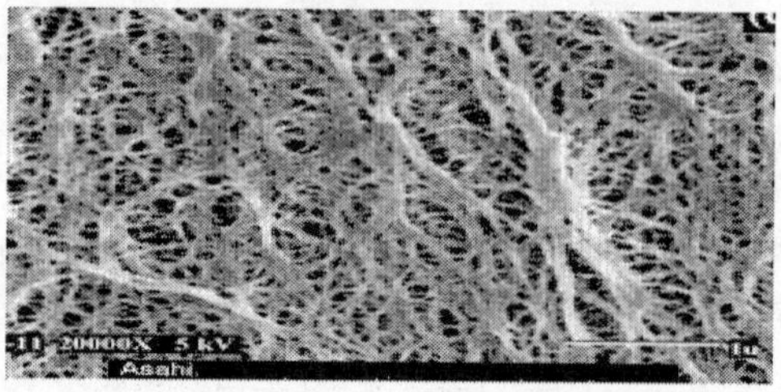

图 3 热致相分离法制备的锂离子电池隔膜 Hipore－2(Asahi)表面扫描电镜照片图

② 膜结构影响因素

相平衡热力学只能研究发生相变的类型，膜的最终结构取决于相分离过程动力学。冷却速率对分相过程有着重要的影响，此外聚合物溶液的初始浓度、聚合物分子量、溶剂分子的运动与结晶能力、成核剂等都影响着膜孔结构形态。

冷却速率可能改变体系的相分离机理，对过冷度和相分离所用时间都起着决定性作用，从而对膜结构产生重要影响。如 Lloyd 等发现，将 HDPE/矿物油共混时，将骤冷和 10℃/min 冷却得到的膜结构比较，发现都呈现出叶状结构，骤冷得到的叶子尺寸比以 10℃/min 冷却得到的叶子尺寸小。

聚合物初始浓度对膜结构的影响表现为，初始浓度影响相分离的机理。另一方面，随着聚合物初始浓度的提高，孔隙率降低。聚合物分子量影响着聚合物－溶剂体系相图，从而影响相分离时间和膜结构。

溶剂对膜结构的影响主要表现在，溶剂与聚合物的相互作用影响着体系相图，从而影响相分离的历程。相互作用大则易发生液－固相分离，生成球晶结构；相互作用小则易发生液－液相分离，得到蜂窝状结构。对于 HDPE－溶剂体系，HDPE 在二(2－羟乙酯)牛酯胺、二苯醚、联二苯中发生液液相分离，在矿物油中发生固液相分离。此外，溶剂的流动性和结晶性也对膜结构造成影响。如 Kim 等研究表明在等规聚丙烯(IPP)体系中，随着溶剂流动性提高，球晶内孔的尺寸减小而球晶间孔尺寸增大。当体系在低于溶剂结晶温度冷却时，聚合物的结晶将伴随溶剂的结晶，并影响膜结构。另外，成核剂对膜孔径也有一定影响，研究表明加入成核剂能更好地控制微孔的尺寸和分布。

4. 隔膜用微孔膜结构与性能之间的关系

(1) 透气性能

透气性是隔膜的一个重要指标，透气性越好则锂离子透过隔膜的通畅性越好，隔膜电阻越低。它是由膜的孔径大小及分布、孔隙率、孔的形状及孔的曲折度等各因素综合决定。曲折度低、厚度薄、孔径大和孔隙率高都意味着透气性好，隔膜电阻低。但是孔隙率并不是越高越好，孔隙率越高，其力学性能就将受到影响。孔径一般要求在 0.01～0.1μm，孔径小于 0.01μm 时，锂离子穿过能力太小；孔径大于 0.1μm，电池内部枝晶生成时电池易短路。大多数锂离子电池隔膜的孔径在 0.03～0.1μm，孔隙率在 30%～50%，厚度一般小于 30μm。

对于不同材料，即使孔隙率相近，但是由于孔径的贯通性的差别，其透气性也有很大的差别。如 Ganesh Venugopal 等比较了不同供应商的隔离膜，发现其中两家供应商的隔离膜尽管孔径和孔隙率接近，但透气性并不是完全接近，这表明隔离膜中微孔的贯通性不一样。

(2) 自动关断保护性能

自动关断保护性能是锂离子电池隔膜的一种安全保护性能，是锂离子电池限制温度升高及防止短路的有效方法。隔膜的闭孔温度和熔融破裂温度是该性能的主要参数。闭孔温度是指外部短路或非正常大电流通过时所产生的热量使隔膜微孔闭塞时的温度。熔融破裂温度是指将隔膜加热，当温度超过试样熔点使试样发生破裂时的温度。由于电池短路使电池内部温度升高，当电池隔离膜温度到达闭孔温度时微孔闭塞阻断电流通过，但热惯性会使温度进一步上升，有可能达到熔融破裂温度而造成隔膜破裂，电池短路。因此，闭孔温度和熔融破裂温度相差越大越好，此时电池的安全性越好。

闭孔温度与隔膜材料的种类、分子量、分子结构有很大的关系。目前商业化锂离子电池隔膜采用的聚烯烃微孔膜中，聚乙烯微孔膜的闭孔温度为 130～140℃，但其熔融破裂温度也很低，安全性不够高。而熔点高的聚丙烯隔膜熔融破裂温度较高，为 170℃左右。近年来由 Celgard 公司发展起来的 PP/PE 双层膜和 PP/PE/PP 三层隔膜，就融合了 PE 的低熔融温度和 PP 的高熔融破裂温度两种特性，成为目前研究开发的热点。多层隔膜既提供了较低的闭孔温度，同时在 PE 膜闭孔后 PP 层仍保持其强度，从微孔闭塞到隔膜熔融破裂之间温度范围宽，安全性比单层膜好。

除此之外，孔的结构也影响自动关断保护性能，高的曲折度和小孔径对阻止和切断异常电流是有利的，但过高的曲折度和过小的孔径又会影响其离子导电性。

（3）力学性能

锂离子电池对隔膜强度的要求较高。电池中的隔膜直接接触有硬表面的正极和负极，而且当电池内部形成枝晶时，隔离膜易被穿破而引起电池微短路，因此要求隔离膜的抗穿刺强度尽量高。此外隔离膜拉伸强度和断裂伸长率、横向热收缩率也有一定要求。单轴拉伸时，膜在拉伸方向与垂直拉伸方向强度不同，而双轴拉伸制备的隔膜强度在两个方向上基本一致。尽管如此，在实际应用中双向拉伸并没有性能上的优势。因为双向拉伸会导致垂直方向的收缩，这种收缩在高温下会导致电极之间的相互接触。一般而言孔隙率较高，尽管其阻抗较低，其强度却要下降，因此在调节膜结构的同时要兼顾微孔膜的各项性能，以获得最佳的使用性能。

三、国内外锂离子电池对隔膜行业现状

1. 隔膜生产工艺

目前市场化的锂离子电池隔膜主要是以聚乙烯、聚丙烯为主的聚烯烃隔膜，包括单层PE，单层PP，三层PP/PE/PP复合膜。现有的聚烯烃隔膜生产工艺可按照干法和湿法分为两大类，同时干法又可细分为单向拉伸工艺和双向拉伸工艺。

干法单向拉伸工艺是通过生产硬弹性纤维的方法，制备出低结晶度的高取向聚丙烯或聚乙烯薄膜，在高温退火获得高结晶度的取向薄膜。这种薄膜先在低温下进行拉伸形成银纹等微缺陷，然后高温下使缺陷拉开，形成微孔。这种方法最早见于美国Celanse公司1970年专利USPatent3426754，用于生产单层的聚丙烯多孔膜。该工艺经过几十年的发展在美国、日本已经非常成熟，现在美国Celgard公司、日本UBE公司采用此种工艺生产单层PP、PE以及三层PP/PE/PP复合膜。用这种方法生产的隔膜具有扁长的微孔结构，由于只进行单向拉伸，隔膜的横向强度比较差，但正是由于没有进行横向拉伸，横向几乎没有热收缩。

由于受国外专利保护及知识产权方面的制约，国内采用单向拉伸方法制备隔膜的工业化进展很慢。国内2004年已经开始有这方面工艺的专利，和国外专利的不同之处在于，在聚丙烯中加入具有结晶促进作用的成核剂以及油类添加剂，加速了退火过程中的结晶速率。该技术现用于杭州一条生产线，采用单向拉伸的方法进行PP单层隔膜的生产，已经有此种类型的国产隔膜在市场上销售。

湿法又称相分离法或热致相分离法，将高沸点小分子作为致孔剂添加到聚烯烃中，加热熔融成均匀体系，然后降温发生相分离，拉伸后用有机溶剂萃取出小分子，可制备出相互贯通的微孔膜材料，适用的材料广。采用该法具有代表性的公司有日本旭化成、东燃及美国Entek等，目前主要用于单层的PE隔膜。用湿法双向拉伸方法生产的隔膜由于经过了双向拉伸具有较高的纵向和横向强度。国内佛山塑料集团在2004年建立了一条采用湿法工艺生产PE隔膜的双向拉伸生产线，2005年底开始有产品在市场上销售。

目前，电池隔膜的主要设备已经实现国产化，主要是由原来从事双向拉伸设备制造的桂林电子科学研究所和北京机械工业自动化研究所制造，国内已经投资和即将投资的生产线数量应该超过20条，这两家企业目前都处于来不及制造的繁忙时期。

2. 隔膜国际主要生产厂商

便携式电动工具、移动电话、笔记本电脑、摄录机等可充电锂离子电池、小型动力工具电池，主要使用聚烯烃隔膜，技术及市场都已经十分成熟，最大的供应商为Asahi（旭化成工业）、美国Celgard及Tonen（东燃化学），旭化成5成以上的隔膜主要供应给Sanyo；而Celgard则是MBI和比亚迪的主要供应商；由于拥有Sony、SDI、LGC等客户，东燃化学成为全球此类隔膜的第三大供应商。美国Celgard及UBE生产三层聚丙烯/聚乙烯/聚丙烯（PP/PE/PP）复合膜。此类型隔膜材料特点在于其强度较好，成本较低，而且在电池内部温度较高时，PE在130℃左右时熔化，而熔点较高的PP（150℃左右）形成隔膜闭孔，使电池内部断路，大大提高了电池的安全性能，但其制造工艺复杂，且超薄16μm以下尤为难做到。旭化成、东燃、美国ENTEK等公司单层聚乙烯（PE）隔膜。此类型隔膜材料由于是单层PE，故生产成本较高，但对制造超薄16μm以下隔膜尤为有条件，故很受大电池厂家如三洋、索尼、松下、万胜等青睐（表2，表3）。

表2 锂离子电池隔膜的主要生产厂商及其主要产品

制造商	结构	组成	加工方法	商用名
AsahiKasai（日）	单层	PE	湿法	Hipore
CelgardLLC（美）	单层 多层 PVDF 覆盖	PP，PE PP/PE/PP PVDF，PP， PE，PP/PE/PP	干法 干法 干法	Celgard Celgard Celgard
Entek Membrans	单层	PE	湿法	Teklon
Mitsui Chemicals	单层	PE	湿法	
Nitto Denko	单层	PE	湿法	
DSM	单层	PE	湿法	Solupur
Tonen（日）	单层	PE	湿法	Setela
UBE Industries	多层	PP/PE/PP	干法	U－Pore

表3　2007年国际锂电池隔膜企业生产能力状态

	旭化成	Celgard	东燃	宇部	SK	ENTEK	住友
生产数量/10^6m^2	84.0	70.0	68.0	22.0	15.0	11.0	3.0
占比/%	30.8	25.6	24.9	8.1	5.5	4.0	1.1

3. 国内隔膜产业发展现状

随着锂离子电池产业的发展，国内市场上的国产锂电池用隔膜已经渐渐走进锂电圈，以河南新乡格瑞恩和中科科技、佛山金辉高科、中国台湾高银等为代表的国内锂离子电池隔膜厂家迅速成长成来，其产品与进口隔膜相比，价格只有进口隔膜的1/3～1/2，采货周期也相对短些，但国产隔膜的厚度、强度、孔吸率不能得到整体兼顾，且量产批次稳定性较差，国内绝大多数锂电厂家都选用进口隔膜。因此研究开发低成本、制作工艺简单、孔径尺寸适当、空隙率高、机械强度能满足要求的微孔聚合物隔膜对于提高电池性能和降低电池成本具有重要的实际意义。如何进一步提高隔膜的各项质量指标，是我国电池业目前急需解决的问题(表4)。

表4　中国大陆锂电池隔膜2011年生产能力状况

	佛山金辉	东莞	新时科技	山东	江苏天丰	新乡格瑞恩	河南科高辐射	其他企业
数量/10^4m^2	1200	250	600	500	600	1500	800	4000
占比/%	12.7	2.6	6.3	5.3	6.3	15.9	8.5	42.4

干法双向拉伸工艺是中国科学院化学研究所在20世纪90年代初开发出的具有自主知识产权的工艺(CN1062357)。通过在聚丙烯中加入具有成核作用的β晶型改进剂，利用聚丙烯不同相态间密度的差异，在拉伸过程中发生晶型转变形成微孔，用于生产单层PP膜。从2000年开始，在国家“863”计划项目的支持下，具有自主知识产权的干法双向拉伸制备聚丙烯微孔膜的技术在营口向阳化工厂进行中试。由于资金的匮乏，中试采用拉伸双轴取向聚丙烯的设备，制备聚丙烯微孔膜所需要的工艺条件无法很好地在该设备上实现，虽然在中试过程实现了小批量生产，但膜的性能无法满足锂电池厂对隔膜性能的要求。从2005年开始，中国科学院化学研究所与新时科技公司合作重新开展干法双向拉伸工艺的中试研究。根据中试工作取得的经验，于2007年11月成功建成并投产了一条年产聚丙烯微孔膜600万平方米的生产线。用此工艺生产的聚丙烯微孔膜具有不同于以上工艺制得隔膜的微孔结构。2008年2月份开始已经有产品在市场上销售。同时采用干法双向拉伸工艺的还有河南新乡格瑞恩公司，于2004年进行中试及生产，2005年底开始有产品在市场上销售。同期开始筹备新的生产线，于2007年正式投产，现有年生产能力约为1500万平方米。该公司大部分产品满足国内低、中端市场需求，少部分产品已经能够满足高端市场的质量要求。

四、锂离子电池隔膜2011年市场需求分析

中国锂离子电池生产所需的隔膜材料主要依靠进口。2007年耗用外汇超过1.8亿美元(价格以每平方米2.8美元计)，每年进口锂离子电池隔膜在6080万平方米，并以12%的速度递增。到2011年全球需要的锂离子电池隔膜将达到3.53亿平方米，销售额将达到11.26亿美元。市场需求量将是目前市场的1.8倍，销售额将是2007年的2.3倍。中国大陆2011年需要的锂离子电池隔膜将达到1.3亿平方米(表5)。

表5　全球锂离子电池隔膜市场需求预测

年份	2007	2008	2009	2010	2011
市场需求/亿平方米	2.24	2.51	2.81	3.15	3.53
出厂价金额/亿美元	5.88	6.92	8.13	9.57	11.26

1. 国内隔膜主要生产企业

星源材质——深圳市星源材质科技股份有限公司成立于2003年，注册资本1500万元，总资产4100万元，净资产3300万元，核心业务是新材料——即锂离子电池隔膜的研发、生产和销售。公司于2006年年底，研发取得了突破性进展，掌握了锂离子电池隔膜的核心制造工艺及核心配方的关键技术。2007年，公司在东莞投资兴建了3000m^2的生产基地。目前公司拥有干法生产线两条，湿法生产线一条，主要生产12μm到40μm不同规格的锂电池隔膜。同时，年设计生产能力5000万平方米的锂电池隔膜生产基地正在建设之中。公司被评为国家火炬计划重点企业，深圳市民营领军骨干企业，锂电池隔膜产业化项目被列入深圳市重大建设项目。公司在2008年引进战略投资者深圳创东方投资公司，并进入上市辅导期，计划在深圳创业板上市。

金辉高科——佛山市金辉高科光电材料有限公司成立于2006年2月16日，由佛塑股份(000973)与BYD共同出资281万美元组建，其中佛塑股份占55%股权，BYD占45%股权，经营范围包括离子渗透微孔薄膜、功能性聚合物膜片、绝缘薄膜、各种

用途半透膜等环保用有机膜类制品，拥有特种电池用离子渗析微孔薄膜生产能力756万平方米/年。根据佛塑股份(000973)最新公告：金辉高科2008年实现营业收入约7592万元，净利润约3585万元。

新乡市格瑞恩新能源材料股份有限公司，是金龙精密铜管集团股份有限公司兴建的高新技术企业，主要从事新能源及相关材料高新技术领域的研发、生产和销售。该公司建成的锂离子电池隔膜生产线，不仅可以满足国人对25μm、30μm、40μm传统隔膜的需求，而且可以极大满足众多公司对12μm、16μm、20μm超薄隔膜的急切期待。根据客户要求进行弹性分切，宽度从10~1000mm。

江苏天丰电子材料科技有限公司是江苏“德丰”集团下属的高科技企业。从2005年开始研发新型纳米锂电隔膜，历经实验室、小试、中试试验成功。2008年研发成功具有完全自主知识产权的干法同步拉伸生产工艺，2009引进国外先进设备，新上隔膜同步拉伸生产线。年可生产新型纳米锂电隔膜1000万平方米。产品主要应用在通讯、电动工具、玩具、电动自行车、电动汽车、军工等领域。产品性能已达到同类进口产品水平，在动力电池应用性能尤为优越。产品自投放市场后将极大的改变国内锂电隔膜依赖进口的局面。公司在2011年和2012年将投入1.8亿元人民币先后建成二期、三期隔膜生产线项目。

2. 锂离子电池隔膜产品发展趋势

电池隔膜的发展主要是随着锂离子电池的需求不断变化而不断发展的，从体积上看，锂离子电池正在朝着小和大两个截然不同的方向发展。在一些如手机、数码相机等电子产品上，为了迎合美观、便于携带的需求，电池厂将电池的电芯做得非常小巧。为了追求高的能量密度，在狭小的体积中能容纳下更多的电极材料，电池厂家希望隔膜的厚度越薄越好。体积更小是对隔膜的一个挑战，因为既要把隔膜做得薄，又能够保持原来的电池容量、循环性能以及安全性能等功能，同时有更大的功率，设计更简单。

而与此相反，在电动自行车、电动汽车及电动工具等所使用的动力电池方面，为了获得高容量、大功率，通常一个电池需要使用几十个甚至上百个电芯进行串接。由于锂电池具有潜在的爆炸危险，隔膜的安全性相当重要。由于体积越来越大，技术上要求效率更高，能减少温室气体排放，功率更强。

目前国内开发、投资锂离子电池隔膜的势头方兴未艾，目前中国已经有近四十家企业进入锂离子电池隔膜制造领域，预计在2011年、2012年将会出现一个高峰，国内的产能将会在2012年超过需求，届时行业竞争将趋于激烈。中国塑协双向拉伸聚丙烯薄膜专委会已经于2011年4月22日在中国北京召开了全球第一次锂离子电池隔膜产业链市场与工艺技术发展研讨会，会议有关内容和材料可以与双向拉伸聚丙烯薄膜专委会联系了解，我们还将关注该行业发展，及时给行业企业提供信息。

（中国塑料加工工业协会　孙冬泉）

2010年我国塑料中空制品行业发展介绍

随着国民经济的发展，我国各领域对塑料中空容器的市场需求量始终保持着较高的增长速度。同时，随着新材料、新技术、新工艺、新设备的创新和发展，我国塑料中空制品的产品结构也发生了很大的变化，从最初简单的包装桶、瓶向多品种、多样化、专业化、大型化和功能化容器方面迅速发展。

据国家统计局信息，全国规模以上塑料中空制品企业2010年塑料中空制品总产量约为3430kt，比2009年产量增长了20.39%(各省市产量及所占总产量的比例见表1)。

全国塑料中空制品行业规模以上和规模以下企业不完全统计，2010年全国所有塑料中空制品企业共生产各种塑料中空制品约6000kt，比2009年的5500kt增长了10%。2010年1~12月全国塑料中空制品规模以上企业产量见下表(该数据由中空制品专委会独家提供)。

地　区	塑料包装箱及容器			
	本月/t	本月止累计/t	累计比同期/±%	占全国比例/%
全　国	320810	3430785	20.39	100.00
北　京	8230	90116	7.57	2.63
天　津	16024	151964	100.86	4.43
河　北	22095	194073	102.86	5.66
山　西	1483	8577	-2.49	0.25
内蒙古	970	15333	47.83	0.45
辽　宁	5925	87152	31.45	2.54
吉　林	6163	45348	75.53	1.32
黑龙江	16	1137	10.95	0.03
上　海	33302	375701	13.74	10.95
江　苏	16883	212351	11.37	6.19

续表

地　区	塑料包装箱及容器			
	本月/t	本月止累计/t	累计比同期/±%	占全国比例/%
浙　江	38819	436581	9.60	12.73
安　徽	10757	88361	38.41	2.58
福　建	4161	38088	59.10	1.11
江　西	3324	28998	11.29	0.85
山　东	14371	241494	-1.02	7.04
河　南	9613	91918	29.53	2.68
湖　北	14910	128249	53.13	3.74
湖　南	18960	190346	11.38	5.55
广　东	55336	588245	-0.44	17.15
广　西	15058	137154	128.23	4.00
海　南	510	4553	20.04	0.13
重　庆	3770	44006	19.26	1.28
四　川	13289	155388	24.46	4.53
贵　州	252	3165	-11.84	0.09
云　南	941	14091	40.54	0.41
西　藏				
陕　西	1476	16184	-13.35	0.47
甘　肃	121	2097	-2.72	0.06
青　海				
宁　夏	1342	2151	88.19	0.06
新　疆	2709	37965	38.37	1.11

注：以上数据来源于国家统计局。

饮料、啤酒、矿泉水、药品、化工、日用化妆品、汽车等广阔市场持续增长，对塑料中空制品的发展起到了积极的促进作用，现对各分领域简要分述如下：

一、塑料饮料瓶市场潜力诱人

塑料包装容器应用市场广阔，其中饮料行业有着诱人商机，汽水、果汁、蔬菜、饮料所需的塑料容器需求量与日俱增。

据国家统计局有关数据显示，2010 年，中国软饮料产量达到了 99840kt，同比增幅达到了 18.30%。其中果汁及果汁饮料增幅最大，为 27.50%，其次为包装水，增幅达到 22.40%，碳酸饮料也有小幅增长，为 0.80%。中国饮料行业一直在高速发展，尤其是近几年，发展速度惊人，几乎 5 年就翻了一倍。如按照 80% 使用塑料瓶成装计算，至少需塑料瓶 700 亿只，以每只需用塑料 40g 计算，2010 年仅饮料瓶市场容量即超过 250 万吨。

1. 目前中国碳酸饮料包装瓶中 PET 瓶的应用比例已超过 60%，市场前景看好。目前行业中 PET 聚酯瓶产量较大的企业有珠海中富和上海紫江集团，一共占有国内 PET 瓶 50% 以上的市场份额。

聚酯瓶在塑料包装行业的起步较晚。大量的注拉吹技术设备的引进，促进了 PET 瓶大幅度生产，并以其优良的性能，获得用户的欢迎，短短几年里，成为食用油、饮料瓶等包装的主流包装材料。同时，在化妆品、医药等行业的需求也在增加。

2. 随着国内茶饮料市场异军突起，2010 年茶饮料产量超过 900 万吨，因此热灌装 85～90℃ PET 瓶已成为聚酯瓶增长最快的品种，年增长率超过 50%，2010 年茶饮料用聚酯瓶约 100 亿只，可用塑料市场容量约 400kt。2009 年茶饮料产量超过 7700kt，因此热灌装 85～90℃ PET 瓶已成为聚酯瓶增长最快的品种，年增长率超过 50%，2009 年茶饮料用聚酯瓶约 88 亿只，可用塑料市场容量约 350kt。

3. 聚丙烯透明包装瓶的开发是近几年国内外塑料包装的一个热点，高透明 PP 可广泛用于注射、吹挤、吹拉、挤压、热型容器、食品、药品瓶等，其价格适宜是 PS、ABS、PET、PE 瓶的竞争对手，有着广阔的市场前景。

二、饮水包类瓶(桶)的市场

2010 年全国瓶装水产量超过 30000kt，占饮料总量的 35%，每年需要超过 500 亿只塑料瓶，以每只需用塑料 40g 计算，总需求量超过 2000kt。经过多年的竞争，目前瓶装水行业已形成规模化生产，涌现一批较强的企业，如娃哈哈、康师傅、怡宝、农夫山泉等十强企业，品种包括纯净水、矿泉水、矿物质水等，并向品牌化发展，所需包装瓶的质量要求也愈高。这将是一个朝阳的市场，有着美好的前景。

目前，市场的 5 加仑饮水桶以 PC、PET 为主。2008 年全国 PC 桶生产线已超过 250 条，每条生产线生产能力约 20 万个，全国饮用水桶年生产能力约为 5000 多万个，实际产量约 4000 万个。

三、啤酒塑料包装瓶的应用范围正逐步扩大

啤酒包装业国际上近几年采用的耐热聚酯瓶(PET)的发展迅速，特别是 PET 瓶涂层技术(等离子技术)的应用，内涂 0.21mm 的碳层，它的阻透性几乎与玻璃一样，同时，能承受高温灭菌处理，使其应用范围扩大，适应热灌装茶饮料等包装。

引起包装界注目的聚萘二甲酸乙二醇酯(PEN)新型聚酯瓶，正在步入啤酒业，引起啤酒包装的革命(克服啤酒瓶爆炸事件的良策)。由于 PEN 与 PET

分子结构相似，以萘环代替苯环，使 PEN 比 PET 更具有优异的阻透性、防紫外线性、耐热性、耐高温（非晶态 PEN 热变温度达 100℃而 PET 仅为 70℃）。由于萘是从煤焦油分离出来，我国有丰富来源，工业化生产即将实现。不久的将来，PEN 将大量进入包装领域，引发继 PET 之后，又一次包装革命。目前，国内少量进口，但价格是 PET 的 5 倍，阻碍了 PEN 的应用。

我国是啤酒生产大国，2010 年产量约为 4500 万吨，居世界第一位。每年需求包装瓶（500～600）亿个，为 PET 聚酯瓶提供了广阔的发展空间。此外，虽然目前玻璃瓶仍占据啤酒包装 65% 的主流市场，但由于 PET 瓶比玻璃瓶轻很多，预计在 2012 年以前，全球对 PET 瓶装啤酒的消费量将保持 11% 的年均增幅，2012 年到 2016 年则将达到 15%。

四、药品固体剂型包装发展前景广阔

据有关资料统计，2010 年中国医药包装市场容量约为 200 亿元。目前，药品包装正在成为我国包装领域重要分支。随着我国医疗体制的改革，药品种类增加，药品包装形式也在发生变化。由原来的纸袋包装、塑料袋包装、玻璃瓶到现在的聚乙烯瓶、聚丙烯瓶、聚酯瓶、铝塑包装、条形包装，扭转了药品包装落后的局面。

国外药品包装已大量采用汽罩 PTP 包装及条形 SP 包装，应用于片剂、胶囊等固体剂型包装。在国内药品汽罩包装以及条形复合膜包装也将成为主流并有着广阔的发展前景。

五、大型化工液体包装容器发展迅速

适用于化工液体、润滑油、涂料、化妆品等工业用桶是近几年发展起来的新型大包装容器。已成为新的发展热点，到 2004 年底已引进 20 条线，生产能力达到 90 万个，大中型中空容器制造设备比一般小型吹塑机械要求高。如我国最早生产 200 升闭口塑料桶及内衬桶是从德国 Bekum 公司引进的，一些公司先后从国外引进 200L 环塑料桶，齐鲁石化和金陵石化塑料厂从德国 Mauser 公司引进 BM－201 型吹塑机，生产国际通用危险货物、运输包装用 200L 环塑料桶，系第二代产品。1993 年秦川机械厂自行设计和制造出首台国产化大型吹塑机，并在江苏吴江投入运行，取得了较好的效果。以后又有多家公司与德国、中国台湾厂商以合作生产和合资生产方式生产大中型吹塑机，如广东金明塑料设备有限公司，利用国外技术，可生产容积达 230 升大桶的吹塑机，秦川未来塑料机械有限公司，现可生产不同规格吹塑机，另外张家港也有多家能生产大中型中空容器的机械厂，华丰机械、同大机械、普信机械等等。

六、塑料托盘在物流运输中前景广阔

据有关资料介绍，中国现有各类托盘（6000～8000）万只，每年总量递增 2000 万只左右，其中木制托盘占 90%，塑料托盘占 8%，钢制托盘、复合材料托盘及纸制托盘合计约占 2%，其中塑料托盘和复合材料托盘发展势头快，上升比例大。

塑料托盘按成型方法可分为注塑托盘、吹塑托盘、真空吸塑托盘和组装式托盘。其中注塑托盘的生产量最大，主要是用 PE、PP 来生产。而吹塑托盘主要是用 HWMHDPE 制造，可在－40℃至＋40℃环境中稳定使用，适用于高强度场合，动载可承受 3 吨，目前主要用于液体包装物（如大型的塑料桶或吹塑桶）的储运。真空吸塑托盘品种繁多，从电子产品的周转包装，直到汽车零部件的储运等各个行业上都见到它们的身影。

七、塑料汽油箱发展迅速

燃油箱塑料化是现代汽车油箱塑料化的趋势。塑料油箱比金属油箱有优越性能，随着汽车工业的发展，各国对塑料油箱的使用越来越广泛，福特公司的使用率达 100%，欧美发达国家塑料油箱的使用率已经占到 90% 多的市场份额。目前，国内轿车塑料油箱的市场占有率保持在 50% 左右。

2010 年汽车总产量 1800 万辆，其中轿车产量 940 万辆，比例超过 52%。

目前国内塑料油箱行业集中度非常高，2009 年亚普、考泰斯、八千代三家的产量已经占到国内生产总量的 70% 左右。主要生产企业除了亚普、塑光以及芜湖顺荣外，其他是三资企业，如考泰斯（长春、上海、广州）、邦迪管路（天津）、武汉英瑞杰、八千代（武汉、中山）等。国内生产企业主要依靠引进国外设备来获得国外技术支撑。

我国 2010 年塑料油箱产量约为 800 万只，其中只有亚普公司产量估计接近 200 万只。我国 2009 年塑料油箱产量约为 700 万只，其中仅亚普公司产量接近 220 万只。近几年来多层共挤吹塑油箱发展迅速，单层 HDPE 防渗透性达不到要求，随着汽车工业技术的发展和环保安全要求不断提高，对塑料油箱阻渗透性能的要求越来越高。在欧洲，根据 ECE 规则，油箱在 40℃的温度下，8 周内的平均燃油损失不超过 20g/24h。而多层共挤吹塑技术解决了单层油箱阻渗透性低的问题，适应了汽车工业技术发展的需要，达到了环保和安全的要求，秦川未来塑料机械有限公司自主研发的 6 层共挤吹塑中空成型机生产的油箱，具有高阻透性的 EVOH 功能层的油箱，在上海别克轿车上大量使用。塑料油箱将向多层功能性发展，其市场的发展方兴未艾。

八、汽车保险杠

随着汽车工业的发展，汽车保险杠作为一种重要的安全装置也走向了革新的道路上。今天的轿车前后保险杠除了保持原有的保护功能外，还要追求与车体造型的和谐与统一，追求本身的轻量化。为了达到这种目的，目前轿车的前后保险杠采用了塑料，人们称为塑料保险杠。

塑料保险杠是由外板、缓冲材料和横梁三部分组成。其中外板和缓冲材料用塑料制成，横梁用厚度为1.5mm左右的冷轧薄板冲压而成U形槽，外板和缓冲材料附着在横梁上，横梁与车架纵梁螺丝连接，可以随时拆卸下来。这种塑料保险杠使用的塑料，大体上使用聚酯系和聚丙烯系两种材料，采用注射成型法制成。例如：标致405轿车的保险杠，采用了聚酯系材料并用反应注射模成型法做成。而大众的奥迪100、高尔夫、上海的桑塔纳、天津的夏利等型号轿车的保险杠，采用了聚丙烯系材料用注射成型法制成。国外还有一种称为聚碳酯系的塑料，渗进合金成分，采用合金注射成型的方法，加工出来的保险杠不但具有高强度的刚性，还具有可以焊接的优点，而且涂装性能好，在轿车上的用量越来越多。

塑料保险杠具有强度、刚性和装饰性，从安全上看，汽车发生碰撞事故时能起到缓冲作用，保护前后车体；从外观上看，可以很自然的与车体结合在一块，浑然成一体，具有很好的装饰性，成为装饰轿车外型的重要部件。

2010年我国轿车产量约940万辆，如全部使用塑料保险杠，每辆车用两副，每副保险杠重量在4～6kg，则需用塑料75200～112800t，其中聚丙烯用量占到50%，则需40000t左右，可见市场是比较大的。

九、化妆品、洗涤用品包装用量越来越大

2007年1～12月全国日用化学品制造工业总产值为1829亿元，2010年超过2700亿元，对塑料包装容器的需求量越来越大。

随着人们消费水平的提高和消费能力的增强，化妆品、洗涤用品的生产和销售得到了空前的发展，市场竞争也越来越激烈，商家在化妆品、洗涤用品的包装上下足工夫，向规格形状多样化，塑料选材多样化方向发展。对于中低档化妆品，包装容器的容量大小呈现多样化，以方便消费者的选择；对于高档产品，采取小容量容器进行包装，以满足低收入者的需求。相对来说，洗发水和淋浴露的用量较多，500～750mL的家庭装也就很常见。

普通的化妆品、洗涤用品包装容器，绝大部分采用聚乙烯PE制造。由于透明容器能让消费者清楚的看到内容物，因此消费者对透明容器的要求越来越广，而透明聚丙烯PP正是满足这一要求的主要材料，与其他透明塑料相比，PP是一种质优价廉，极具竞争优势的包装用材料。

透明的聚对苯二甲酸乙二醇酯PET塑料瓶同样已成为今日化妆品、洗涤用品受欢迎的包装容器，由它制造的产品透明度、光泽度好，化学性能稳定，阻气性好，手感好。

另外，模内标贴技术的应用也提高了化妆品、洗涤用品包装的档次。目前绿色包装材料、纳米材料改性、抗菌材料的开发也正被用于化妆品、洗涤用品包装。

十、塑料软包装容器

塑料软包装容器在我国经过了二十多年的历程，虽然每一个产品都有它的成长期和衰落期，但塑料软包装容器其生命周期仍在成长期，为什么在当今包装容器不断更新、不断蓬勃发展的时代，塑料软包装容器还是不衰呢？这是因为(以同容量25L为例)塑料软包装容器可以折叠，运输中可以重叠，减少运输成本，它的运输成本是一般塑料桶的1/3；塑料软包装容器产品重量轻，生产用原料成本低，产品重量是一般的塑料桶的1/3.6。由于塑料软包装容器产品重量轻，装载同容量的物品所废弃的塑料比一般的塑料桶少，减少白色污染。

塑料软包装容器主要用低密度聚乙烯LDPE为原料制造，产品有两种：

(1) 热压式软塑折叠包装容器——口部与箱体采用热压成型；

(2) 装配式软塑折叠包装容器——口部与箱体采用装配成型。

(中国塑料加工工业协会　孙冬泉)

专利技术

2010年专利

【名称】 加嵌件的增强塑料压板
【公开(公告)号】 CN101618526
【公开(公告)日】 2010.01.06
【申请(专利权)人】 寿震森
【地址】 上海市曹杨路2170弄6号403室
【发明(设计)人】 寿震森
【摘要】 本发明是一种用于夹具，检具及其他机械装置上的加嵌件的增强塑料压板，特别是指一种通过在模压成型的增强塑料压板中加入预制的钢铁嵌件，使塑料压板的强度大大增强，从而可以替代传统的全钢制造的压板。这是一种通过改变结构材料，而使压板制作成本可以大大降低的新型工艺手段。

【名称】 一种超厚塑料件的成型工艺方法
【公开(公告)号】 CN101618585
【公开(公告)日】 2010.01.06
【申请(专利权)人】 南京华格电汽塑业有限公司
【地址】 江苏省南京市白下区石门坎联合村3号
【发明(设计)人】 周国辉；陈浩；陆跃忠
【摘要】 本发明公开了一种超厚塑料件的成型工艺方法，工艺方法简单，产品成品率高，生产成本较低；本发明的方法在注塑成型时在模具上采用大直径主注口，主注口直径为15～20mm，为常规直径的主注口300%～400%；注塑时控制射出速度为3～5mm/s，是常规速度的20%～30%；同时射出结束后在20～25Pa/m^{2}的压力下保压80～120s，保压结束后冷却45～60s后脱模；脱模后直接进行热处理。

【名称】 一种对大型塑料板材吸塑成型的方法和它的大型吸塑机
【公开(公告)号】 CN101618598
【公开(公告)日】 2010.01.06
【申请(专利权)人】 上海大生牌业制造有限公司
【地址】 上海市黄浦区陆家浜路1298号
【发明(设计)人】 周福生
【摘要】 一种对大型塑料板材吸塑成型的方法和它的大型吸塑机，属吸塑成型技术。其操作步骤是：对平板式塑料板材预热去湿气；加热至材料热软，关闭下加热装置并移出，下部的模具立即上移，与塑料板材边沿密合，强力抽气，内面形成负压，吸塑成型，冷却、脱模，取下成品。吸塑机是：有各处在气动绷架上、下的，加热装置；下方有吸塑模具；吸塑模有吸气孔与抽气机相连接，并有取自塑料板材上温度的检测装置和控制装置的联结。实施本发明后，可把商店、公司各类大型招牌、广告上的符合建筑防火等级要求的PC材料，通过吸塑手段整块成型，解决了PC材料热软温度窄，吸塑加工难的技术问题，为牌招吸塑行业提供吸塑材料吸塑成型的工艺方法和它的装置。

【名称】 塑料扁丝牵引定型装置
【公开(公告)号】 CN101618599
【公开(公告)日】 2010.01.06
【申请(专利权)人】 李新忠
【地址】 广东省汕头市长厦村东二直巷8号
【发明(设计)人】 李新忠
【摘要】 一种塑料扁丝牵引定型装置，包括支座体、若干根牵引辊、驱动牵引辊的电机，每根牵引辊包括辊筒和芯轴；每根芯轴的一端位于支座体内部而另一端伸出支座体侧面，各辊筒安装在支座体的一侧，所述各芯轴与支座体固定连接，各辊筒利用至少两轴承可转动地装配在对应芯轴上；每根辊筒在靠近支座体的一端还一体连接有皮带轮圈；电机连接有主皮带轮，主皮带轮通过传动皮带驱动各辊筒的皮带轮圈。本发明结构简单，制作安装容易，轴承受力小，对安装节点的制作精密度和材质要求较低，运转过程中偏心误差不会被累积、放大，辊筒运转过程晃动幅度小。

【名称】 塑料合成纸
【公开(公告)号】 CN101618622
【公开(公告)日】 2010.01.06
【申请(专利权)人】 大连吉润企业集团有限公司
【地址】 辽宁省大连市金州区石河镇石河村
【发明(设计)人】 高永明
【摘要】 本发明公开一种塑料合成纸，由内、外层和中间层构成，所述内、外层的原料及重量百分比为$CaCO_3$25%～35%、低压线性聚乙烯35%～45%、仿纸母料20%～30%及白色母料10%～20%，所述中间层的原料及重量百分比是线性低密度聚乙烯40%～70%、$CaCO_3$20%～50%及白色母料10%～20%。各组分合理配比、相互作用，大大提高了产品的拉伸强度，同时也提高了产品的抗环境应力开裂性、抗低温冲击性和抗翘曲性；表面光洁度好，更易于书写，只要用现有的纤维纸用印刷油墨、设备即可完成印刷，同现有技术相比印刷工艺简单，省时省力，无需专用油墨、专用印刷设备，大大降低了产品的印刷成本。

【名称】 表面具有图案的塑制品及其制备方法
【公开(公告)号】 CN101618656
【公开(公告)日】 2010.01.06
【申请(专利权)人】 深圳富泰宏精密工业有限公司

【地址】 广东省深圳市宝安区龙华镇富士康科技工业园 F3 区 A 栋
【发明(设计)人】 许哲源；苏振文；黄刚；王彦民；王强
【摘要】 本发明提供一种表面具有图案的塑制品，其包括一塑料基体、一塑料薄膜及形成于该塑料薄膜一表面上的一背景层，该塑料基体的颜色异于该背景层的颜色，该塑料薄膜上设有若干通孔，该塑料薄膜具有该背景层的一侧与该塑料基体相结合，且该塑料基体填充于所述通孔中而在该塑料基体表面形成一图案。另，本发明还提供一种上述塑制品的制备方法。
【名称】 超临界二氧化碳发泡绝热用挤塑聚苯乙烯泡沫塑料生产方法
【公开(公告)号】 CN101619139
【公开(公告)日】 2010. 01. 06
【申请(专利权)人】 新疆西龙土工新材料股份有限公司
【地址】 新疆维吾尔自治区乌鲁木齐市哈密南路 45 号 2-2 号
【发明(设计)人】 张全；刘家全；孔令军
【摘要】 一种超临界二氧化碳发泡绝热用挤塑聚苯乙烯泡沫塑料生产方法及其渐变混炼式螺杆和背压混炼式螺杆，该方法将成核剂、开孔剂、添加助剂和聚苯乙烯混合均匀；第一挤出机压力 16MPa 至 18MPa，温度 180℃ 至 200℃；第二挤出机压力 16MPa 至 10MPa，温度 70℃ 至 100℃；模头压力 7MPa 至 8MPa，温度 50℃ 至 45℃；压力为 16MPa 至 18MPa、温度为 50℃ 至 60℃ 的超临界状态的二氧化碳。本发明实现了绿色环保发泡，消除氟里昂对大气臭氧层的破坏，减少环境污染；其还极大地降低了生产成本，吨产品成本降低约 4000 元；其质量得到了极大地提高，板材的柔韧性提高了 20%、压缩强度提高了 20%、阻燃性稳定。
【名称】 多功能生物降解淀粉基母料及其生产方法
【公开(公告)号】 CN101619144
【公开(公告)日】 2010. 01. 06
【申请(专利权)人】 陈鲁实
【地址】 黑龙江省哈尔滨市香坊区中山路 82 号黑龙江省医院门诊内科曹宪英转
【发明(设计)人】 陈鲁实
【摘要】 一种多功能生物降解淀粉基母料及其生产方法，淀粉基母料由下列重量份的原料构成：淀粉 60～80 份、复合偶联剂 0.5～3 份、茂金属聚烯烃 1～3份、聚乙烯 1～5 份、聚丙烯 1～5 份、润滑剂 0.3～1 份、吸湿剂 5～10 份、热稳定剂 0.3～1 份、交联剂 0.3～1.5 份。由于结构稳定、耐热性好、黏度可控制，应用范围广；与高密度聚乙烯或低密度聚乙烯混合后可进行吹塑薄膜加工，其降解母料添加量远远高于目前现有方法，达到 35%，高于国家标准中规定的 18%，使生物降解性能更可靠，可广泛应用于挤出压片吸塑成型加工、中空吹塑成型加工、注塑成型加工等多种塑料加工领域。
【名称】 一种用于模内注射成型的注塑材料及其制备方法
【公开(公告)号】 CN101619157
【公开(公告)日】 2010. 01. 06
【申请(专利权)人】 福建省石狮市通达电器有限公司
【地址】 福建省石狮市蚶江石湖路通达工业园
【发明(设计)人】 王亚榆；董炎明；李晟昀；骆俊亮
【摘要】 本发明公开了一种用于模内注射成型的注塑材料及其制备方法，本发明的注塑材料主要由以下重量份物料制备而成：1～40 重量份的 PC，60～99 重量份的工程塑料用 PET，0.05～1 重量份的成核剂，以及 0.5～5 重量份的相容剂或 0.01～0.1 重量份的酯交换催化剂。本发明的制备方法，通过以下步骤实现：(1)准备物料；(2)物料混合；(3)共混：将混合均匀的物料加入双螺杆挤出机中进行熔融共混形成熔体，熔体挤出后经水冷，所得到的改性 PET 材料即本发明的用于模内注射成型的注塑材料。本发明的注塑材料与现有的 ABS 树脂相比，具有高温高湿环境下附着力较强，而且材料成本较低的优点，而且，透明性和抗冲击强度高于 ABS 树脂，成型收缩率低于 ABS 树脂。
【名称】 一种抗菌片状模塑料及其制备方法
【公开(公告)号】 CN101619160
【公开(公告)日】 2010. 01. 06
【申请(专利权)人】 振石集团华美复合新材料有限公司
【地址】 浙江省桐乡市经济开发区发展大道 2133 号
【发明(设计)人】 沈柏林；盛江峰
【摘要】 本发明涉及复合材料领域，特别是涉及一种抗菌片状模塑料及其制备方法。该抗菌片状模塑料，其原料组分及质量份数为：不饱和聚酯树脂 15～30 份；低收缩剂 5～15 份；玻璃纤维 10～30 份；无机填料 35～55 份；引发剂 0.2～1 份；增稠剂 0.2～1 份；脱模剂 1～3 份；抗菌剂 0.5～5 份。本发明具有配方设计合理、高效、无毒、抗菌效果好的优点。
【名称】 尼龙 6+50% 玻璃纤维塑料及注塑方法

【公开(公告)号】 CN101619167
【公开(公告)日】 2010.01.06
【申请(专利权)人】 武汉嘉盟塑料制品有限公司
【地址】 湖北省武汉市桥口区古田三路肖家地506号
【发明(设计)人】 胡剑平；王淑媛；彭鸣鸿
【摘要】 本发明公开了一种尼龙6+50%玻璃纤维塑料及注塑方法，它由以下重量百分比的原料制成，将尼龙6、玻璃纤维、进口色母均按一定比例配制，其步骤是：A. 选取原材料：尼龙6、玻璃纤维、进口色母；B. 按(A)步骤的要求加入对应的原料，加入选定的铝酸酯偶联剂；C. 配料为(B)步骤中的塑料粒子+2%进口色母+液体石蜡，将所配材料加入搅拌机中均匀的搅拌，分装到位；D. 将(C)步骤搅拌均匀的材料烘干，烘干过程将在专用电热恒温鼓风干燥箱或者设备自带的烘干机中进行；E. 注塑。配方合理，节约各项成本50%以上，拉伸、弯曲强度高，热性能高，耐化学腐蚀性。该方法过程简单、效率高、成本低、可机械化大规模生产。

【名称】 一种竹屑和废旧塑料PE复合户外建材及应用
【公开(公告)号】 CN101619171
【公开(公告)日】 2010.01.06
【申请(专利权)人】 贵州新锦竹木制品有限公司
【地址】 贵州省赤水市赤化路大溪口5号
【发明(设计)人】 代绍君；李大纲；何强
【摘要】 一种竹屑和废旧塑料PE复合户外建材，该复合材料由竹屑65%、旧塑料PE30%、助剂5%重量比配料混合后制作成型，配料后制作成型过程包括干燥处理、表面处理、预混、造粒、挤压成形、冷却及切割。本发明建材可制成板材、截面形状为实心矩形的竖条、空心立柱或平面有孔、外周带有锯齿及配合半圆槽的多边形型材等。本发明成本低、应用广泛，尤其是防潮、防蛀性能极其优越，故最适于用作户外建材，实现了废弃物资源化，解决了白色塑料对环境的污染问题。

【名称】 注塑型钢网增强塑料压力管及其制造方法和加工模具
【公开(公告)号】 CN101619782
【公开(公告)日】 2010.01.06
【申请(专利权)人】 谢志树
【地址】 四川省双流县九江镇万家社区成都国通实业公司
【发明(设计)人】 谢志树
【摘要】 本发明公开了一种注塑型钢网增强塑料压力管，其特征在于，在管壁内部有缠绕的钢网，在钢网外包裹有注塑成型的管壁。本发明的有益效果是：如此结构的压力管可以采用模具直接注塑成型，注塑成型的压力管具有以下优越性：管道注塑成形，整体性能好；管道内壁光滑无缝，水流摩阻小；钢网布置可以是一层，也可以是两层，甚至多层，钢网增强性好；管道直径大，生产成品率高等等优点。

【名称】 能整体提高塑料颗粒干燥效果的方法及干燥料桶
【公开(公告)号】 CN101623900
【公开(公告)日】 2010.01.13
【申请(专利权)人】 李驷龙
【地址】 上海市浦东新区上南路2985号1304室
【发明(设计)人】 李驷龙
【摘要】 本发明涉及一种能整体提高塑料颗粒干燥效果的方法及干燥料桶，通过在现有干燥料桶的桶底增设上带通风网孔和中心出料口的锥形底圆筒和进风环道的底部供风件，桶底圆锥部壁体上增设通风网孔和外围向上送风环道，锥形散热斗上配设安装支架，并在上部锥形壁体上增设通风网孔，以及在桶体顶部上增设上带中心进料口和与桶体内腔气路相通的出风汇集环道的顶部汇流出风件的方法，使进入的热空气在进风环道内分流成向上于外围区域流动和向前向下后再向上于中心区域流动，后至顶部出风汇集环道后由热风出口排出，使即将进入供料装置的底部塑料颗粒、位于桶体中心区域及中心区域外围的塑料颗粒及位于桶体顶部区域的塑料颗粒都能受到热风的干燥处理，实现整体提高塑料颗粒干燥效果。

【名称】 塑料瓶盖模压机的下凹模型腔冷却装置
【公开(公告)号】 CN101623910
【公开(公告)日】 2010.01.13
【申请(专利权)人】 绍兴县皇冠机械有限公司
【地址】 浙江省绍兴市绍兴县福全工业园区
【发明(设计)人】 金士良
【摘要】 本发明公开了一种塑料瓶盖模压机的下凹模型腔冷却装置，其出水外冷却管螺接在冷水套的内螺纹上，模盖压着下凹模螺接在水冷套上、下凹模压着密封垫片，下凹模的外部成型有台阶环与下凹模本体形成上台阶、下台阶，下台阶的下部成型有带开口的水流引导环，下凹模的底部成型有凹出部；下凹模下部压着导流片，导流片中部成型有通孔、上下二面上分别成型有上环凸、下环凸，上环凸、下环凸上分别开有缺口；水冷套本体上成型有与出水外冷却管相通连的轴向工艺孔，水冷套的上部成型有承垫台阶；进水内冷却管压在导流片的中部通孔上。它可以对下凹模周缘进行冷却，提高了生产效率，同时也提高了瓶盖制品质量。

【名称】 对夹式二模板的全自动泡沫塑料成型机
【公开(公告)号】 CN101623911
【公开(公告)日】 2010.01.13
【申请(专利权)人】 杭州方圆塑料机械有限公司
【地址】 浙江省富阳市新登工业功能区
【发明(设计)人】 袁国清；袁健华；胡淑贞
【摘要】 一种对夹式二模板的全自动泡沫塑料成型机，涉及一种全自动泡沫塑料成型机，特别是指其对模板结构。它包括机架、加热蒸汽管路、驱动油缸、移模架、固模架、换模架、控制系统，其主要技术特征是所述成型机的移模架和固模架为对夹式的两块，移模板悬挂在机架顶上，沿线轨移动，固模板支撑在机架下部的支撑导轨上。本发明采用对夹式双位移模板系统，使分型面固定在同一位置上，随着制品高度的增加，装模架相对分型面，模具随模架一起向后移动相对应的距离，而保证分型面不变，大大缩短了模板的运行距离，减少三分之一的行程。

【名称】 对夹式二模板的全自动泡沫塑料成型机的加热排污系统
【公开(公告)号】 CN101623912
【公开(公告)日】 2010.01.13
【申请(专利权)人】 杭州方圆塑料机械有限公司
【地址】 浙江省富阳市新登工业功能区
【发明(设计)人】 袁国清；袁健华；樊晓帅
【摘要】 一种对夹式二模板全自动泡沫塑料成型机的底部蒸汽加热系统，涉及一种全自动泡沫塑料成型机，特别是指其底部蒸汽加热系统。蒸汽加热系统设在模板底部；蒸汽加热系统采用硬管连接。底部蒸汽加热系统的进入模具的口径大于等于阀门的口径。该机采用了底部蒸汽加热系统，取消了原先的软管连接，采用硬管连接，进入模具的口径大于等于阀门的口径，加热更符合热力学原理，加热速度更快，提高了热效率和生产效率，从而有效的降低了生产成本。

【名称】 塑料压送填料器
【公开(公告)号】 CN101623916
【公开(公告)日】 2010.01.13
【申请(专利权)人】 2010.01.13
【地址】 中国台湾省台南市
【发明(设计)人】 许世雄
【摘要】 一种塑料压送填料器，其是在机座上设有盛料斗、控制面板及换向阀，换向阀接设有进气管及压缩气管，机座内设有具气筒的填料器，气筒内设气室，气筒上设一入料口，入料口内设有分料板，气筒底部设出料口并接设送料管，气筒两侧面设有通气道贯通到分料板，在分料板底面设出气口，气筒两侧螺组气筒盖，气筒盖上设有入气口供组接换向阀的压缩气管，而气筒盖内壁设有第一、第二气孔并通设至入气口，且第一气孔对正通气道，第二气孔对应气室，又气室内设有活塞组；其并受高压气体推动而作左、右移动。使塑料与色粉混合均匀，比例不会因填料而发生改变，同时减少了色粉的损失和色粉对环境和空气的污染。

【名称】 超长小规格铜管包塑机
【公开(公告)号】 CN101623921
【公开(公告)日】 2010.01.13
【申请(专利权)人】 浙江海亮股份有限公司
【地址】 浙江省诸暨市店口镇中央路198号
【发明(设计)人】 陈晓军；钱学军；傅建国；蒋利荣；朱张泉
【摘要】 本发明公开了超长小规格铜管包塑机，包括分别设置在机架前后两端的进管导位和出管导位，进管导位和出管导位之间前后依次设有夹送装置、预热装置、塑料挤出机和冷却装置，进管导位和夹送装置之间设有矫辊装置，冷却装置和出管导位之间牵引装置，牵引装置与夹送装置的速度同步，牵引装置与出管导位之间设有自动锯切装置，自动锯切装置前后依次包括长度计数编码器、夹紧装置和锯切装置，长度计数编码器计数到设定长度时，夹紧装置夹紧包塑铜管，锯切装置自动锯切被夹紧的包塑铜管。本发明设计合理，结构简单，操作方便实用，工作可靠，并使生产有了大幅度的提高，还改善了产品质量，缩短了生产周期，降低了生产成本。

【名称】 用于工程塑料表面的激光三维照射的物化改性方法及装置
【公开(公告)号】 CN101623934
【公开(公告)日】 2010.01.13
【申请(专利权)人】 天津大学；天津博睿光电科技发展有限公司
【地址】 天津市南开区卫津路92号
【发明(设计)人】 刘铁根；王萌；刘冬生；霍晓飞；王博
【摘要】 一种用于工程塑料表面的激光三维照射的物化改性方法及装置。该装置包括：激光器、声光调制器、扩束镜、动态聚焦镜、振镜组、平场聚焦镜、CCD及DSP模块。将被加工工件安装在激光照射区域内的工装卡具上，将需要激光照射的区域路径输入DSP，由DSP输出控制信号，使得激光器配合声光调制器发出高峰值功率的准连续激光，通过控制动态聚焦镜及2个振镜使得激光焦点能够在三维空间内任意移动，最终聚焦到工件表面，从而完成区域路径的加工。该方法可使工件表面的材料特性发生改变，并可通过化学镀的方法在加工区域沉铜、镀镍、镀金等，进而形成导电通道，可作为金属导线使用，甚至可以在其表面直接进行贴片封装。

【名称】 共挤压金属效果全面转移膜及其生产方法和使用方法

【公开(公告)号】 CN101623973

【公开(公告)日】 2010.01.13

【申请(专利权)人】 中丰田光电科技(珠海)有限公司

【地址】 广东省珠海市三灶高新科技园中丰田光电科技(珠海)有限公司

【发明(设计)人】 庄新烈

【摘要】 本发明涉及一种共挤压金属效果全面转移膜及其生产方法和使用方法。本发明要解决的技术问题是如何克服现有金属效果全面转移膜结构复杂、加工不便、成本较高的缺陷，提供一种结构简单、加工方便、成本较低的共挤压金属效果全面转移膜。本共挤压金属效果全面转移膜包括真空蒸镀层，其特征在于：所述真空蒸镀层附着在一层共挤压层上，该共挤压层至少包括一层可蒸镀可着色层和支持层，支持层可剥离，其中共挤压层通过可蒸镀可着色层与真空蒸镀层接触。其共挤压层由已知的塑料共挤压技术制成。本发明具有结构简单、加工方便、成本较低的优点，适于加工各种有金属效果、镭射效果的皮革、合成革、纸张、木板或其他各种柔性或刚性平面装饰材料。

【名称】 一种新型塑料编织袋专用复合膜的制造方法

【公开(公告)号】 CN101623930

【公开(公告)日】 2010.01.13

【申请(专利权)人】 群力塑胶有限公司

【地址】 山东省陵县经济开发区

【发明(设计)人】 吴昌硕

【摘要】 一种新型塑料编织袋专用复合膜的制造方法，是使用双向拉伸级聚丙烯专用料经共挤出和双向拉伸制成三层结构薄膜，在共挤出时，聚丙烯挤出温度在230～260℃温度下挤出铸片，以10～40℃温度急冷结晶固化成厚片，经95～145℃的预热，在80～135℃进行纵向拉伸，拉伸比为4.5～5.5倍，在100～160℃热定型，进入横向拉深，又经180～210℃的预热，预热后在130～180℃进行横向拉伸，横向拉伸比为7.5～9.0倍，以100～325m/min的速度牵引和收卷，制成厚度为13～18μm的新型塑料编织袋专用复合膜，工艺简单。

【名称】 一种耐腐蚀镜面塑料挤压模具钢

【公开(公告)号】 CN101624687

【公开(公告)日】 2010.01.13

【申请(专利权)人】 湖北新精冶金科技有限公司

【地址】 湖北省黄石市团城山开发区创业园D座3018号

【发明(设计)人】 陶惟佳

【摘要】 本发明是一种耐腐蚀镜面塑料挤压模具钢，其化学成分重量百分比为：C0.18～0.26，Mn0.20～0.40，Si0.80～1.20，Cr13.00～15.00，Mo1.85～2.50，Cu0.80～1.20，V0.07～0.15，P≤0.015，S≤0.008，Ni≤0.60，N≤0.007，余量为Fe及微量杂质。本发明属于中碳马氏体不锈钢，淬火状态下残留碳化物较少，有利于回火中析出大量弥散碳化物产生高的二次硬度和高温强度；淬火回火时钒以M4C3型碳化物析出，提高了钢的稳定性、二次硬度和高温强度；具有较好的抗氧化性、热强性和机械加工性能；特别是有较好的表面抛光性和耐500℃以下氯离子腐蚀性，使用寿命长，能广泛用于制造高精尖塑料挤压模具、工具、汽轮机叶片、阀门以及轴类件和紧固件等。

【名称】 揭开式铝塑泡罩包装覆盖膜

【公开(公告)号】 CN101624111

【公开(公告)日】 2010.01.13

【申请(专利权)人】 上海海顺包装材料有限公司

【地址】 上海市松江区洞泾镇蔡家浜路18号

【发明(设计)人】 林武辉

【摘要】 本发明涉及一种揭开式铝塑泡罩包装覆盖膜，包括：软质铝箔层(1)；在所述的软质铝箔层(1)上平面上复合有塑料膜层(2)；在软质铝箔层(1)的下平面的四周通过涂有的粘合剂层(3)与泡罩(4)的对应处密接触；本发明的有益效果是：结构简单合理，能提高药品使用安全、防止药物产生污染、又能杜绝儿童误吃的药品。

【名称】 塑钢螺杆

【公开(公告)号】 CN101628478

【公开(公告)日】 2010.01.20

【申请(专利权)人】 刘国兴

【地址】 广东省佛山市南海黄岐瑞丽花园荟雅阁E座602房

【发明(设计)人】 刘国兴

【摘要】 塑钢螺杆，是由热塑性塑料料制作成的，其制作方法是将热塑性树脂原料加入挤出成型生产线中生产出圆棒材，将圆棒材通过滚压机进行滚牙，即可以成品包装。本发明塑钢螺杆具有金属螺杆不具有的防锈、耐酸碱腐蚀、柔韧性好等功能。同时也一改过去金属螺杆加工难，工艺繁多的缺点。只需通过挤出成型工艺，可以一次成型，生产工艺流程少，生产设备简单，零污染，外径粗细均匀，可以根据不同的应用要求采用不同的性质的塑料材质，成品用途广泛，能满足不同领域的不同需求。

【名称】 全自动塑料注吹机的吹塑机构

【公开(公告)号】 CN101628473

【公开(公告)日】 2010.01.20

【申请(专利权)人】 叶光明

【地址】 浙江省台州市黄岩区白杨新村 9－40－301 室

【发明(设计)人】 叶光明

【摘要】 全自动塑料注吹机的吹塑机构，包括卧式注塑机的注塑固定模板、注塑活动模板和各块模板的连接导柱，其特征在于注塑固定模板与注塑活动模板之间的导柱上安装吹塑支架，吹塑支架中有两块对称的吹塑模板，两块吹塑模板各自由吹塑油缸带动，在吹塑模板上安装导向杆，在吹塑支架中制有导向孔，导向杆穿过导向孔，在吹塑支架上安装定位连杆，定位连杆与注塑活动模板相连接。本技术方案是在现有注塑机上增设吹塑机构，构造极为简单，制造非常容易，安装十分方便，成本很低，工作可靠，效益显著，特别是具有普遍的推广意义。

【名称】 醇酸改性树脂及其制备方法

【公开(公告)号】 CN101628968

【公开(公告)日】 2010.01.20

【申请(专利权)人】 安徽省金盾涂料有限责任公司

【地址】 安徽省天长市秦栏官桥工业园区

【发明(设计)人】 梅长林；殷芳荣；姜伟蕃

【摘要】 本发明公开了一种醇酸改性树脂及其制备方法，其是将废弃聚酯塑料和油酸、松香酸、苯二甲酸酐、季戊四醇等在催化助剂的作用下进行降解、醇解、酯交换、聚合等一系列反应后，使酯和醇重新组合而得到的。具有净化环境、减少污染、变废为宝、节约资源的优点。

【名称】 一种聚丁二酸乙二醇酯制备方法

【公开(公告)号】 CN101628972

【公开(公告)日】 2010.01.20

【申请(专利权)人】 青岛生物能源与过程研究所

【地址】 山东省青岛市南京路 100 号金华公寓 B 座 3204

【发明(设计)人】 康宁；刘育红；李建忠

【摘要】 一种聚丁二酸乙二醇酯制备方法，将丁二酸、乙二醇和催化剂置于反应装置中，其中，丁二酸与乙二醇的摩尔比为(1～3)：1；催化剂与丁二酸的摩尔比为 1：(1～1000)。然后向体系中加入高沸点溶剂，先在 100～180℃反应 1～5h，然后在 180～240℃反应 8～24h。最后除去溶剂，再以二异氰酸酯、二元酰氯或二元酸酐为扩链剂，在 50～200℃反应 0.5～5h。本发明制备出的聚酯数均分子量可以达到 20 万以上，为热塑性塑料，具有良好的机械性能。

【名称】 一种高抗冲击韧性 PPE 与 PA66 的塑料合金及其制备方法

【公开(公告)号】 CN101629013

【公开(公告)日】 2010.01.20

【申请(专利权)人】 南京立汉化学有限公司

【地址】 江苏省南京市江宁经济技术开发区梅林街 2 号

【发明(设计)人】 张伟；袁锦瑶；别群梅；梁尚诚

【摘要】 本发明公开了一种高抗冲击韧性 PPE 与 PA66 的塑料合金及其制备方法，属于塑料合金领域。塑料合金由以下重量份原料组成：聚苯醚树脂 PPE 60 份、尼龙 66PA6610～30 份、相容剂 10～30 份、抗氧剂 0.1～0.5 份、润滑剂 0.5～1 份。制备方法步骤为：(1)将热塑性弹性体、SBS、POE、EPDM 或 SEBS 中的一种或两种和 PPE 一起与马来酸酐加上引发剂进行反应制得相容剂；(2)按以下重量比例将 PPE、PA66、上述相容剂、抗氧剂和润滑剂混合：(3)将混合后的上述混合物在双螺杆挤出机上按设定温度挤出造粒即可得到高抗冲击韧性 PPE 与 PA66 的塑料合金。制备得到的该合金具有很高的冲击韧性，可替代超高韧性尼龙 6 合金用于汽车防爆胎安全装置的制造。

【名称】 芳纶纤维增强木塑复合材料及其制备方法

【公开(公告)号】 CN101629022

【公开(公告)日】 2010.01.20

【申请(专利权)人】 东北林业大学

【地址】 黑龙江省哈尔滨市香坊区和兴路 26 号

【发明(设计)人】 赵辉；欧荣贤；王清文

【摘要】 芳纶纤维增强木塑复合材料及其制备方法，它涉及一种纤维增强木塑复合材料及其制备方法。本发明解决了现有木塑复合材料综合力学性能差的问题。本发明木塑复合材料由热塑性塑料、木质纤维材料、润滑剂、增容剂和接枝改性芳纶纤维制成。本发明的制作方法：一、称取原料；二、制备预混料；三、预混料熔融挤出成型即得到芳纶纤维增强木塑复合材料。本发明利用改性芳纶纤维表面的碳碳双键和硅烷基与聚烯烃和木粉形成化学键，使得芳纶纤维与聚烯烃具有良好的相容性，有效地增强了复合材料的界面结合力，本发明的芳纶纤维增强木塑复合材料同时具有高强度和高韧性，综合力学性能好。本发明的方法可以用于结构工程材料等高性能木塑复合材料的生产。

【名称】 用于聚烯烃木塑复合材料的改性植物纤维的处理方法

【公开(公告)号】 CN101629023

【公开(公告)日】 2010.01.20

【申请(专利权)人】 杭州师范大学；吕群

【地址】 浙江省杭州市下沙高教园区学林街

【发明(设计)人】 吕群；李珊珊

【摘要】 本发明公开了一种用于聚烯烃木塑复合材料的改性植物纤维的处理方法，所述的聚烯烃木塑复合材料是以改性植物纤维和改性塑料为主要原料制备得到，所述改性植物纤维制备方法包括：由100质量份的干燥植物纤维粉与1~10质量份的处理干性油在混合机中升温至90~100℃充分混合后，静置至干性油固化，得到所述改性植物纤维；所述的处理干性油制备方法为：每100质量份的干性油，搅拌下加入1~3质量份的催干剂以及5~20质量份浓度为30%的H_2O_2溶液，充分混匀，得到所述的处理干性油。本发明通过对干性油的处理明显提高了干性油处理植物纤维的固化时间以及固化效率，大大提高了生产效率。

【名称】 一种生产再生聚酯打包带的新方法

【公开(公告)号】 CN101628987

【公开(公告)日】 2010.01.20

【申请(专利权)人】 上海自立塑料制品有限公司

【地址】 上海市嘉定区南翔镇工业园区美裕路755号

【发明(设计)人】 陈存兴

【摘要】 本发明提供一种生产再生聚酯打包带的新方法，本方法采用饮料瓶等PET废塑料经破碎后作为主要原料生产产品，其拉伸断裂负荷完全能达到美国ASTMD3950—07《非金属打包带及粘接》标准中的各项物理指标，能满足产品正常使用的要求。本发明的方法是：在聚酯回收料中添加环氧基苯乙烯类的低聚物，使聚酯分子链重新以直链的方式进行连接而不发生交联。进一步，是在聚酯回料中添加0.1%~1.0%的环氧基苯乙烯类的低聚物，经微型自洁式喂料机输送到挤出机与PET回收料充分混合，然后再经挤出机塑化成型。本发明所用原料的PET塑料瓶等回收量大、来源广，本发明不仅有利于降低聚酯打包带的生产成本，而且对于节能、环保循环经济作出积极贡献。

【名称】 一种PE废弃塑料改性剂及其改性还原方法

【公开(公告)号】 CN101628999

【公开(公告)日】 2010.01.20

【申请(专利权)人】 湖北众联塑业有限公司

【地址】 湖北省武汉市宝丰路一号湖北商务大楼1206室

【发明(设计)人】 邓军；邓丽；邓忠权

【摘要】 本发明提供一种PE废弃塑料改性剂及其改性还原方法，先将废弃塑料分类得到PE废弃塑料，然后粉碎、清洗、脱水和烘干除湿后得到PE废弃塑料原料，对PE废弃塑料原料检测，根据测得的熔融指数、密度等数据配制改性剂，将配制好的改性剂与PE废弃塑料原料混合，升温使PE废弃塑料原料与改性剂接枝反应，然后常温冷却后造粒得PE改性还原料。改性剂用量为混合后总重量的2.5%~5%，改性剂原料配方以重量比表示包括以下组分：聚乙烯-马来酸酐10%~20%，乙烯-醋酸乙烯共聚物树脂20%~25%，钛酸酯偶联剂10%~20%，石蜡油20%~40%，硫酸亚铁5%~10%。本发明使加工后的PE改性还原料的质量达到或近似PE全新料的品质。

【名称】 一种利用废弃热固性泡沫塑料制备的可塑材料及其制备方法

【公开(公告)号】 CN101629025

【公开(公告)日】 2010.01.20

【申请(专利权)人】 天津大学

【地址】 天津市南开区卫津路72号

【发明(设计)人】 刘晓非；李琳

【摘要】 本发明公开了一种利用废弃热固性泡沫塑料制备的可塑材料及其制备方法，由下述原料经过搅拌均匀制备而成，其中原料按照质量份由下述组分组成：废弃热固性泡沫塑料粉末50~80质量份、回收橡胶粉末0~20质量份、固态环氧树脂粉末0~10质量份、增塑剂5~10质量份、阻燃剂2~5质量份、颜料0~3质量份、固化剂0~1质量份、硅烷偶联剂0.5~1质量份、0.5~1质量份抗氧剂1010和0.2~1质量份耐老化剂GW-540。利用以上组成材料制备的可压塑材料，解决了难再生废弃热固性泡沫塑料粉末再利用的难题，所制得的可压塑材料无需胶黏剂，仅通过热压的方式即可制备成各种板材，制品性能优良，具有安全环保防水阻燃特性。

【名称】 一种在塑料材料表面磁控溅射制备化合物薄膜的方法

【公开(公告)号】 CN101629279

【公开(公告)日】 2010.01.20

【申请(专利权)人】 杭州博纳特光电科技有限公司

【地址】 浙江省杭州市西湖经济开发区西园四路2号

【发明(设计)人】 高基伟；阮一清；彭伟；唐赵宝；宋利权；赵斌通

【摘要】 本发明公开的在塑料表面磁控溅射制备化合物薄膜的方法，采用的是反应性磁控溅射镀膜法，在塑料板材或膜材表面磁控溅射镀膜，靶材为金属靶材 Ti、Al、Si 或 Zr。采用本发明制备方法，通过改变靶材可以对塑料表面进行改性处理，使塑料材料获得电子元件、家用电器、数码产品所需的独特的光、电、化学或机械、装饰特性。

【名称】 一种塑料编织喷水织机的新型分经筘

【公开(公告)号】 CN101629351

【公开(公告)日】 2010.01.20

【申请(专利权)人】 青岛金三阳纺织机械有限公司

【地址】 山东省胶南市王台镇驻地

【发明(设计)人】 殷文波；刘国辉

【摘要】 本发明公开一种塑料编织喷水织机的新型分经筘，特征是其包括上边板与下边板，在上边板与下边板之间设置有若干个平行排列的纵向筘板条，各纵向筘板条设置有至少一个导纱瓷眼列；各导纱瓷眼列均设置有多个导纱瓷眼，导纱瓷眼依次纵向分布。本发明由于设置有若干个平行排列的纵向筘板条，且各纵向筘板条上设置有至少一个导纱瓷眼列，各导纱瓷眼列均设置有纵向分布的多个导纱瓷眼，该分经筘适用于对多种目数规格的织物进行分经，通用性较强。

【名称】 煤矿井下用聚氯乙烯管材

【公开(公告)号】 CN101629656

【公开(公告)日】 2010.01.20

【申请(专利权)人】 上海上塑控股(集团)有限公司

【地址】 上海市奉贤区青村镇青港经济园区

【发明(设计)人】 陈叔安

【摘要】 煤矿井下用聚氯乙烯管材，以聚氯乙烯树脂为主要原料加入适量助剂，经挤出成型。克服了传统管材比重较大、作业难度大、耐腐蚀性差、易渗漏、撞击易产生火花而存在安全隐患，同时造价高、安装和维护不方便等缺陷，煤矿用塑料管材管用于煤矿等高危险环境中，煤矿用塑料管除了应具备一般塑料管的物理机械性能外，还必须具有抗静电性、自熄性，燃烧产物不得具有剧毒性。本发明煤矿用聚氯乙烯管材具有如下优异特点：寿命长、耐老化、摩擦阻力小、无毒、耐腐蚀、耐冲击、抗高压、机械性能优越、密封性能好、质量轻、安装施工方便、阻燃性能和抗静电性能稳定，是“以塑代钢”、实现资源优化的理想管材。

【名称】 一种应用于薄膜扩散梯度测定技术的磷固定膜

【公开(公告)号】 CN101629881

【公开(公告)日】 2010.01.20

【申请(专利权)人】 中国科学院南京地理与湖泊研究所

【地址】 江苏省南京市北京东路73号

【发明(设计)人】 许笛；丁士明

【摘要】 一种应用于薄膜扩散梯度测定技术的磷固定膜，薄膜扩散梯度测定技术中设有固定膜和扩散膜叠加的结构，离子以扩散方式穿过扩散膜，随即被固定膜捕获，并在扩散膜上形成线性梯度分布，其特征是：捕获磷离子的磷固定膜以二氧化锆粉末和丙烯酰胺溶液为原料，按质量体积比(1∶1.5)~(1∶4)混匀形成混合溶液，将其缓慢注入夹有u形塑料薄片的两片玻璃板空隙中，将气泡赶尽后，玻璃板在10~15℃低温下水平放置2~4h，待锆粉自由沉降后，升温至30~35℃，使得混合溶液凝胶成膜，该膜在pH5~9条件下对磷酸根的吸附容量比现有铁膜材料至少高出4倍，完全满足DGT技术对不同环境介质中磷的分析要求。

【名称】 用于检测塑料中邻苯二甲酸酯含量的装置及检测方法

【公开(公告)号】 CN101629904

【公开(公告)日】 2010.01.20

【申请(专利权)人】 新佳创科有限公司

【地址】 中国香港九龙尖沙咀东部科学馆道14号新文华中心B座10楼1017室

【发明(设计)人】 谢国伟

【摘要】 本发明公开了一种用于检测塑料中邻苯二甲酸酯含量的装置及检测方法，装置包括用于样品紫外光谱检测的检测机构、用于邻苯二甲酸酯识别分析的中央处理器、存储标准光谱的存储机构，检测机构将检测到的样品光谱信号传输给中央处理器，中央处理器对光谱信号进行识别并与存储机构的标准光谱对比，显示结果。本发明可快速检测出塑料用品中邻苯二甲酸酯及其含量，方便快捷。

【名称】 一种尼龙密封拉链生产工艺

【公开(公告)号】 CN101632514

【公开(公告)日】 2010.01.27

【申请(专利权)人】 陈魏凯

【地址】 浙江省嘉兴市南湖区吉杨路越秀花园4幢105室

【发明(设计)人】 陈魏凯

【摘要】 本发明公开了一种尼龙密封拉链生产工艺，其工艺步骤是：1)隔水隔气织布分切；把有涂层、或是有薄膜复合的隔水隔气织布，按要求分切成不同宽度的拉链带；2)缝合：用尼龙拉链缝合机把拉链带和尼龙拉链齿缝合成拉链基材，然后绕成卷；3)密封层形成：绕成卷的基材平整匀速通过塑料挤出机的模头，在尼龙拉链齿上挤上 TPU，或 PVC 材料，在尼龙拉链齿上形成密封层，挤出的 TPU 或 PVC 是与拉链带的 PU 涂层或是与织布上的 TPU/PVC 薄膜复合层黏结为一体的；4)切割与配拉头：用刀片把尼龙拉链齿上下的密封层从拉链齿的中间位置分割开，再在尼龙拉链齿上配上拉头，即得到密封型尼龙拉链，该密封型尼龙拉链拉合后，分割开的密封层因拉合压紧而密封。本发明生产出的拉链密封性好，牢固，生产工艺简单。

【名称】 塑料多功能床

【公开(公告)号】 CN101632526

【公开(公告)日】 2010.01.27

【申请(专利权)人】 韩志敏

【地址】 辽宁省沈阳市沈北新区沈虎路29号

【发明(设计)人】 韩志敏

【摘要】 本发明涉及一种床，尤其涉及一种塑料多功能床。本发明是这样实现的：塑料多功能床，包括上盖箱和下箱，上盖箱包括上箱底和与上箱底一体的上箱壁，下箱包括下箱底和与下箱底一体的下箱壁，上盖箱和下箱为中空；下箱底、下箱壁和上箱底的截面形状相同，为长方形；上箱壁的外壁每个边的边长小于下箱壁内壁的每个边的边长。本发明的优点效果：本发明采用增强塑料注射或压制而成，不产生有害物质的环保型产品，结构简单、轻便耐用、防腐、防潮，重量轻，携带方便，不用组合在一起时体积小，运输方便。

【名称】 固体状水凝胶袋

【公开(公告)号】 CN101632609

【公开(公告)日】 2010.01.27

【申请(专利权)人】 李金兴

【地址】 上海市兰州路1001弄1号楼1405室

【发明(设计)人】 李金兴

【摘要】 一种固体形水凝胶袋，是先将两层塑料薄膜用模具热合成留有一个喇叭状灌浇口的塑料袋，将预先配制好的水凝胶待聚合液或待洛合液灌入塑料袋内，排气后封合袋口静置聚合或洛合，聚合或洛合后的水凝胶体呈弹性固体，用固体水凝胶替代现有技术的颗粒溶涨的水凝胶，垂面或曲面使用也不变形、不流淌，明显提高了水凝胶袋的质量和使用效果。

【名称】 一种塑料管割刀工具中的快速退刀装置

【公开(公告)号】 CN101633178

【公开(公告)日】 2010.01.27

【申请(专利权)人】 吴其联

【地址】 浙江省余姚市谭家岭东路38号宁波巨丰工具实业有限公司

【发明(设计)人】 黄忠华

【摘要】 一种塑料管割刀工具中的快速退刀装置，其特征在于所述的电动割刀工具中传动变速机构的最后一个齿轮作为离合齿轮，套在齿轮轴上，并布置有使所述的离合齿轮左右滑移的离合弹簧，对应地，在机壳表面布置有按钮孔，按钮孔中设置有复位按钮和按钮弹簧，同时，复位按钮里侧部位直接或间接地与离合齿轮的侧面是抵触配合，在复位按钮按下状态下，使所述的离合齿轮脱离与刀片尾部的局部齿轮进行啮合，在复位按钮松开状态下，所述的离合齿轮与刀片尾部的局部齿轮是啮合连接的，刀片上布置有使其复位趋势的复位弹性元件，其结构简单实用、紧凑、体积小，能够实现快速退刀。

【名称】 一种利用废弃热固性泡沫塑料制备复合板材的方法

【公开(公告)号】 CN101633225

【公开(公告)日】 2010.01.27

【申请(专利权)人】 天津大学

【地址】 天津市南开区卫津路72号

【发明(设计)人】 刘晓非；李琳

【摘要】 本发明提供一种利用废弃热固性泡沫塑料制备复合板材的方法，通过预热、热压成型和低温定型，通过各材料间高温下的物理变化和相变制备复合板材，无需胶黏剂，无溶剂无甲醛，安全环保。该板材可以替代的高密度板，加工使用性能好，而且具有普通板材无法比拟的防水、阻燃、耐腐蚀等特殊性能，具有广泛的应用前景。

【名称】 一种光纤拉丝加热炉

【公开(公告)号】 CN101633237

【公开(公告)日】 2010.01.27

【申请(专利权)人】 江苏亨通光电股份有限公司

【地址】 江苏省吴江市七都工业区

【发明(设计)人】 周春东；王学忠；马建林；孙春权；顾利国

【摘要】 本发明涉及一种采用梯度温度段加热的光纤拉丝加热炉，该加热炉总体为圆柱体结构，从外到内分为5层：外壳、保温层、加热丝、缓冲层、拉丝层；并配有三组温度传感器、三组保护气通气装置、以及上下炉盖。本发明以一种特殊的炉体加温设计，更大程度的保障光纤拉丝的稳定性及尺寸控制，为我国小尺寸通信用塑料光纤的研制提供了一种理想的方案。

【名称】 全自动塑料拉吹机加热瓶坯输送机构

【公开(公告)号】 CN101633236

【公开(公告)日】 2010.01.27
【申请(专利权)人】 蔡业
【地址】 浙江省台州市黄岩区二环西路890号
【发明(设计)人】 蔡业
【摘要】 全自动塑料拉吹机加热瓶坯输送机构，包括安装在机架上的模板、模具和开合模机构，以及拉吹机构和加热装置，所述的加热装置包括瓶管上料机构，加热装置的进坯口、加热运行系统和出坯口，以及加热后瓶坯的输送机构，其特征在于所述的加热后瓶坯输送机构包括连接在出坯口的滑道，所述的滑道两侧的搁板一侧为长搁板，另一侧为短搁板，搁板与塑料瓶坯的口部相接触，在机架上安装输坯支架，支架上有分节带动块和推动杆，支架由上下运动气缸带动，推动杆与塑料瓶坯内口相接触，带动块的左右移动由横向气缸带动，各个带动块之间由定位杆相连。
【名称】 全自动塑料拉吹机自动上坯装置
【公开(公告)号】 CN101633235
【公开(公告)日】 2010.01.27
【申请(专利权)人】 蔡业
【地址】 浙江省台州市黄岩区二环西路890号
【发明(设计)人】 蔡业
【摘要】 全自动塑料拉吹机自动上坯装置，包括机架，安装在机架上的模板、模具和开合模机构，以及加热装置与瓶坯输送机构，其特征在于所述的模具安有上坯装置，所述的上坯装置包括安装在机架或者模具上的托板，托板中安有塑料瓶坯导向筒，导向筒中心与模具中心在一直线上，在活动模具模口上安装接坯叉，接坯叉与塑料瓶坯相接触。本技术方案工作时加热后的瓶坯由瓶坯输送机构带动到瓶坯导向筒的上方，瓶坯会自动下落到导向筒中，导向筒中心与模具中心在一直线上，所以会自动进到模具内，在模具模口上安装接坯叉，接坯叉将自动进入模具内的瓶坯接住，定位准确，工作效率高，节省时间。
【名称】 防滑塑料薄膜的制造工艺以及防滑塑料薄膜
【公开(公告)号】 CN101633238
【公开(公告)日】 2010.01.27
【申请(专利权)人】 广州拓丰贸易有限公司
【地址】 广东省广州市越秀区沿江中路298号江湾新城中区商业中心1410房
【发明(设计)人】 叶芃
【摘要】 本发明涉及塑料薄膜制造工艺领域，公开了一种防滑塑料薄膜的制造工艺以及防滑塑料薄膜。工艺包括：通过各料道分别向模头供给至少两种材料，其中：形成塑胶薄膜外层的材料的熔解温度最高，形成塑胶薄膜外层的材料的冷却速度低于与其相邻层的材料的冷却速度；在所述各料道中熔融所述各材料，使外层的材料处于不完全熔融的颗粒状态，其他各层材料处于完全熔融状态；在所述模头处将所述各材料进行共挤吹膜；冷却，得到成型的塑料薄膜。应用本方案能够在不影响塑料薄膜物理性能的基础上，提高塑料薄膜的外层防滑性能。
【名称】 应用涡流加热焊接汽油机塑料缸头罩的方法
【公开(公告)号】 CN101633239
【公开(公告)日】 2010.01.27
【申请(专利权)人】 临沂市盛源塑业有限公司
【地址】 山东省临沂市罗庄高新技术开发区宝山路临沂市盛源塑业有限公司
【发明(设计)人】 李洪卿；徐明立；张洪伟
【摘要】 本发明公开了一种应用涡流加热焊接汽油机塑料缸头罩的方法，包括塑料缸头罩座、塑料缸头罩盖、金属元件，其特征在于：在塑料缸头罩座与塑料缸头罩盖之间设置与塑料缸头罩盖形状相匹配的金属元件，在塑料缸头罩盖外围设置高频感应元件，经过高频感应，金属元件产生涡流发热，使塑料缸头罩座与塑料缸头罩盖熔化、焊接为一体。
【名称】 氨基塑料基片及其制备方法与应用
【公开(公告)号】 CN101633742
【公开(公告)日】 2010.01.27
【申请(专利权)人】 博奥生物有限公司；清华大学
【地址】 北京市昌平区生命科学园路18号
【发明(设计)人】 甘五鹏；王佳；吕品；王素珍；周玉祥；程京
【摘要】 本发明公开了氨基塑料基片及其制备方法与应用。该制备生物芯片基片的方法，包括如下步骤：在塑料片基表面连接氨基，得到表面连接上氨基的基片。实验证明，本发明实现了在塑料材料上制备性能优良的生物芯片。由于塑料的可塑性强，便于成型加工，设计各种微结构、功能单元，因此可应用于微流控等生物芯片领域中。
【名称】 可降解复合胶及其配成的注塑原料和使用方法
【公开(公告)号】 CN101633748
【公开(公告)日】 2010.01.27
【申请(专利权)人】 珠海绿科环保制品企业有限公司
【地址】 广东省珠海市香洲光明街87号102室
【发明(设计)人】 张锡龄；梁海彪
【摘要】 本发明涉及一种可降解复合胶及其配成的

注塑原料和使用方法。现有的可降解塑料或者成本高，或者强度差，或者不易降解、或者不便加工。为此，本发明可降解复合胶包含1份重的糊化淀粉、0.25～4份重的氨基树脂和适量的水，呈糊状。本发明注塑原料包括植物纤维粉还包括润滑剂和前述可降解复合胶，三者混合，其重量比为：植物纤维粉:可降解复合胶:润滑剂＝(2～4):(5.8～7.5):(0.1～0.4)，其含水量控制在湿润量。本发明还公开了可降解复合胶的制备方法和注塑时的使用方法。利用本发明制成的注塑件可在很多场合下取代硬质塑料。

【名称】 一种钢骨架塑料复合管PE－RT改性专用料

【公开(公告)号】 CN101633759

【公开(公告)日】 2010.01.27

【申请(专利权)人】 大庆石油管理局

【地址】 黑龙江省大庆市让胡路区中央大街263号

【发明(设计)人】 林宝清；冯海彦；姜琳琳

【摘要】 本发明公开了一种钢骨架塑料复合管PE－RT改性专用料。该钢骨架塑料复合管PE－RT专用料由下列原料制得，各原料按重量份配比：聚乙烯PE－RT80%～90%、纳米二氧化硅5%～10%，EVA树脂3%～8%(乙烯含量15%～18%)、抗氧化剂0.5%～1%、抗金属老化剂0.5%～1%。本发明采用PE－RT为塑料原料，通过对其改性制备具有较高热变形温度、抗金属老化及耐慢速裂纹增长性能较好的钢骨架塑料复合管的专用料，解决了以往钢骨架塑料复合管耐温性能差的缺点使钢骨架塑料复合管具有了更广泛的用途。

【名称】 一种白色激光标记玻璃纤维增强尼龙6复合材料及其制备方法

【公开(公告)号】 CN101633776

【公开(公告)日】 2010.01.27

【申请(专利权)人】 上海普利特复合材料股份有限公司

【地址】 上海市虹口区四平路421弄20号2楼

【发明(设计)人】 刘正军；张祥福；周文

【摘要】 本发明公开了一种白色激光标记玻璃纤维增强尼龙6复合材料及其制备方法，按重量比包括以下组分：尼龙6树脂50%～88%，玻璃纤维10%～45%，显色填料0.5～10%，其他助剂0.5%～5%。该方法具体步骤如下：称取除玻璃纤维外的各种材料，在混料机混合3～5min，将混匀的物料加入双螺杆挤出机，其中玻璃纤维从第一个排气口加入，自喂料口至挤出模头温度分别是160～180℃，190～220℃，210～240℃，220～250℃，210～240℃，主机转速是20～50赫兹，然后用塑料注塑机制样。该复合材料表观质量好，白色激光标记明显、耐磨、持久，易加工。

【名称】 一种黑色激光标记玻璃纤维增强尼龙6复合材料及其制备方法

【公开(公告)号】 CN101633777

【公开(公告)日】 2010.01.27

【申请(专利权)人】 上海普利特复合材料股份有限公司

【地址】 上海市虹口区四平路421弄20号2楼

【发明(设计)人】 刘正军；张祥福；周文

【摘要】 本发明公开了一种黑色激光标记玻璃纤维增强尼龙6复合材料及其制备方法，按重量比包括以下组分：尼龙6树脂50%～88%，玻璃纤维10%～45%，黑色显色填料0.5%～5%，显色促进剂0.2%～2%，其他助剂0.5%～5%。该方法具体步骤如下：称取除玻璃纤维外的各种材料，在混料机混合3－5分钟，将混匀的物料加入双螺杆挤出机，其中玻璃纤维从第一个排气口加入，自喂料口至挤出模头温度分别是160～180℃，190～220℃，210～240℃，220～250℃，210～240℃，主机转速是20～50赫兹，然后用塑料注塑机制样。该复合材料表观质量好，黑色激光标记明显、耐磨、持久，易加工。

【名称】 一种用于塑料基材的选择性化学镀方法

【公开(公告)号】 CN101634018

【公开(公告)日】 2010.01.27

【申请(专利权)人】 比亚迪股份有限公司

【地址】 广东省深圳市龙岗区坪山镇横坪公路3001号

【发明(设计)人】 陈炎；刘倩倩；林信平；宫清

【摘要】 本发明提供了一种用于塑料基材的选择性化学镀方法，包含以下步骤：(a)基材进行前处理；(b)在经过前处理后的基材上涂覆纳米金属浆料、干燥；(c)将步骤(b)所得的基材进行激光刻蚀，激光刻蚀后的基材进行清洗、化学镀；得到镀件。通过上述步骤，即可得所需镀件。本发明提供的选择性化学方法工艺流程短，操作简单，生产柔性大，线宽、线距精度高，无需使用特殊塑料基材。

【名称】 一种聚乙烯塑料球阀的热熔焊接结构

【公开(公告)号】 CN101634370

【公开(公告)日】 2010.01.27

【申请(专利权)人】 广东联塑科技实业有限公司

【地址】 广东省佛山市顺德区龙洲路龙江段联塑工业村

【发明(设计)人】 杨继跃；黄虹宾

【摘要】 本发明为一种聚乙烯塑料球阀的热熔焊接

结构，所述阀体插接腔内表面与接管座外表面配合设有对接管座承插径向限位，保证阀体与接管座同心度的径向限位结构。阀体与接管座熔胶面为端面或者为圆台面，并在阀体与接管座上设置用来限制承插深度的限位端面，可有效解决大口径塑料阀门阀体与接管座不能使用热熔承插的问题。

【名称】 一种抗菌 pe 管子
【公开(公告)号】 CN101634377
【公开(公告)日】 2010.01.27
【申请(专利权)人】 陈星
【地址】 浙江省诸暨市店口镇雁力坞村 16 号
【发明(设计)人】 陈星
【摘要】 本发明涉及一种抗菌 PE 管子，在 PE 树脂中加入 5% 的抗菌色母粒进行混合，加温至 170～180℃，经单螺杆挤出，冷却真空定型，二级冷却，三级冷却，喷码印刷，牵引，切割等程序制成，抗菌色母粒由二氯乙烯基水杨酰胺和噻唑混合物、颜料、分散剂、载体树脂，液体润滑剂，经混合加温熔融，再用双螺杆挤出造粒。所制得的塑料给水管能够抑制和防止微生物附着及生长，能够杀灭给水管道中的细菌、真菌、霉菌等多种菌种，对大肠杆菌、金黄色葡萄球菌有极强的抑制作用，其抗菌率达到99%。本发明生产工艺简单，成本低。

【名称】 一种金属与塑料复合风管法兰及其制造方法
【公开(公告)号】 CN101634384
【公开(公告)日】 2010.01.27
【申请(专利权)人】 厦门高特高新材料有限公司
【地址】 福建省厦门市集美北部工业区莲塘路 99 号
【发明(设计)人】 曾绍辉；洪国莹；叶伟全
【摘要】 一种金属与塑料复合风管法兰及其制造方法，涉及一种法兰。提供一种具有抗氧化性能和机械强度较高、金属的色泽与风管表面的色泽相同、可有效控制导热系数、不易形成冷桥、阻燃性能较好等优点的金属与塑料复合风管法兰及其制造方法。所述金属与塑料复合风管法兰设有金属与塑料复合型材和插条，插条插入设于金属与塑料复合型材的插槽内，金属与塑料复合型材由金属皮与塑料层复合而成。以 PVC 树脂粉为主要原料，添加稳定剂、润滑剂、改性剂和填料，经捏合，对 PVC 树脂粉进行预塑化，得 PVC 预混合料，加入挤出机；在金属皮的表面预涂胶粘剂；将金属皮和从挤出机经模头挤出的 PVC 预混合料一起加入模头进行挤压，冷却，定型，裁切。

【名称】 淋浴房背板聚丙烯塑料水管装置
【公开(公告)号】 CN101634390
【公开(公告)日】 2010.01.27
【申请(专利权)人】 段云平
【地址】 广东省深圳市龙岗区中心城龙平西路东平兴创新科技园 106 号
【发明(设计)人】 段云平
【摘要】 一种淋浴房背板聚丙烯塑料水管，淋浴房的背板水管分别有顶喷花洒管道、活动花洒管道、按摩喷嘴管道和脚部按摩喷头管道，连接管道和各功能部件使用各种接头，所有配件接插接头为螺纹式；聚丙烯塑料水管靠热熔方式进行连接；聚丙烯活动接头方便连接水龙头、花洒头、喷嘴螺纹或其他带螺纹的管件；如连接喷水按摩喷嘴，从水龙头出来由一个活动接头连接，然后聚丙烯塑料水管连接到淋浴房喷嘴，喷嘴一般有多个，先使用聚丙烯塑料接头的三通、四通进行分管热熔连接，每条分管连接到一个喷嘴，喷嘴的进水口制作成螺纹杆，与聚丙烯活动接头的螺帽配合，将按摩喷嘴分别插入淋浴房背板喷嘴孔内，上紧紧固螺圈，垫上橡胶圈，再将活动螺帽套进喷嘴螺杆并拧紧。

【名称】 一种高强度塑料电热水器
【公开(公告)号】 CN101634485
【公开(公告)日】 2010.01.27
【申请(专利权)人】 余玉旭；金汉中
【地址】 广东省佛山市顺德区容桂街道新有西路豪柏轩聚悦居 B 座 301 号
【发明(设计)人】 余玉旭；金汉中
【摘要】 本发明属于电热水器技术领域，具体涉及一种高强度塑料电热水器，包括壳体，壳体装有塑料内胆下侧连接有进、出水管，进水管连接溢流安全阀，出水管与混水阀，以及溢流安全阀的进水口与混水阀间靠软管连接，混水阀上还连接有操作手柄和花洒，其所述塑料内胆内有一分水挡板，沿着塑料内胆外表面有设置有加强筋，有益效果是：1. 分水挡板令塑料内胆内保存一定量的空气，水挤压空气，减少对塑料内胆挤压，增强塑料内胆承受水压的能力；2. 塑料内胆表面上有加强筋，增强塑料内胆承受水压的能力；3. 利用本结构的混合阀，切断了自来水对内胆压力，大大提高内胆的使用寿命；4. 利用溢流安全阀两级泄荷，避免内胆水压过高，而损坏内胆。

【名称】 多层复合木塑建筑模压板全自动生产设备与工艺
【公开(公告)号】 CN101637956
【公开(公告)日】 2010.02.03
【申请(专利权)人】 北京恒通创新木塑科技发展有限公司；北京化工大学

【地址】 北京市房山区长阳镇长阳环岛西北侧房建二公司
【发明(设计)人】 孙志强；薛平；王秋艳；丁文赢；倪绍良；贾明印
【摘要】 本发明涉及的是木塑复合材料模压成型设备及工艺，特别是一种多层复合木塑建筑模压板全自动生产设备与工艺。该设备包括传送带、铺料机、合模机构、送料机、热压机、冷压机、出料机、脱模机构和控制台。工艺步骤如下：阴模经多台铺料机铺设物料后，由合模机构将其与阳模合模，而后进入送料机吊笼，待送料机装入预定数量模具后，由推进机构将其一并推入热压机；在热压机热压完成后，模压进入冷压机，在预定压力下冷压完成后，由出料机将模具导入传送带，而后由脱模机构进行脱模处理。本发明实现了多层复合板材的自动连续生产，复合模板各层材料通过塑料本身热塑作用在高温高压下牢固地结合在一体，产品不含甲醛成分，是真正意义上环保产品。
【名称】 一种塑料凸轮轴制造方法
【公开(公告)号】 CN101637959
【公开(公告)日】 2010.02.03
【申请(专利权)人】 上海坤孚企业(集团)有限公司；上海坤孚通用机械制造有限公司；上海坤孚车辆配件有限公司
【地址】 上海市浦东新区张杨路707号1103室
【发明(设计)人】 石秉钧；苏其灿；石惠娜；石文渊；丁方军
【摘要】 本发明提出一种塑料凸轮轴制造方法，使用金属制造主轴部分，并对上述主轴部分进行外圆打磨；将所述主轴放入具有凸轮轴外形的模具中进行塑料注塑，形成凸轮部分和齿轮部分；用热处理将所述凸轮轴硬化成型最终形成塑料凸轮轴，最后去除上述凸轮部分和上述齿轮部分的毛刺。本发明采用塑料制成的凸轮轴，即保持了原金属凸轮轴的强度和韧性，又保证了塑料凸轮轴的低噪音的优点，降低了生产成本。
【名称】 一种基于表面网格的塑料注射成型浇口位置确定方法
【公开(公告)号】 CN101637960
【公开(公告)日】 2010.02.03
【申请(专利权)人】 华中科技大学
【地址】 湖北省武汉市洪山区珞喻路1037号
【发明(设计)人】 李德群；李阳；周华民；赵朋；崔树标；严波
【摘要】 本发明属于塑料注射成型领域，具体为一种基于表面网格的塑料注射成型浇口位置确定方法。该方法直接将网格生成工具所输出的表面网格转化为带权值的无向图，使得复杂的熔体流动长度求解问题转化为无向图中顶点的最短路径求解问题；结合遗传算法与爬山算法的优点，建立Generic－Hill-Climbing方法搜索最佳单个或多个浇口位置。本发明的优点在于：直接利用表面网格计算突破了数据模型的限制；采用Generic－HillClimbing方法进行搜索，其结果高效准确；不但可计算单个最佳浇口位置，还可计算多浇口位置组合。
【名称】 塑料挤出模哈夫分流体
【公开(公告)号】 CN101637968
【公开(公告)日】 2010.02.03
【申请(专利权)人】 铜陵市耐科科技有限公司
【地址】 安徽省铜陵市经济技术开发区
【发明(设计)人】 王海峰
【摘要】 本发明公开了一种塑料挤出模哈夫分流体，包括上、下分流体[1、2]，上、下分流体之间设有衣架形分流流道[3]，在衣架形分流流道[3]的中间区域设有连接上、下分流体的岛屿[5]，上、下分流体[1、2]在岛屿[5]处采用螺钉[4]紧固。本发明分流体在流道中间的岛屿处增加了紧固点，提高分流体在该区域的预紧力，抵消该处垂直于挤出方向压力，可以有效防止分流体在该区域的变形。
【名称】 塑料中空容器挤吹机
【公开(公告)号】 CN101637970
【公开(公告)日】 2010.02.03
【申请(专利权)人】 施金亨
【地址】 浙江省台州市黄岩区西工业园区经四路东浙江东方州强塑模实业公司
【发明(设计)人】 施金亨
【摘要】 塑料中空容器挤吹机，包括安装在机架上的塑化系统、模头挤出系统和吹塑系统，所述的吹塑系统包括吹气机构和开合模机构，开合模机构包括由拉杆相连的前模板与后模板，前模板与中模板之间装模具，模具包括两爿型腔，中模板与后模板之间装开合模同步机构，其特征在于两爿型腔内壁制有撑料杆槽，模具正下方固定底座，底座经上下调节装置连固定板，固定板安升降油缸连接横板，横板经左右竖板固定水平导柱，左右竖板安装扩张油缸甲和扩张油缸乙，两扩张油缸活塞杆的运动方向相反，两活塞杆固定撑料块，撑料块上安撑料杆，撑料杆与撑料杆槽相配合，撑料块套在水平导柱上，水平导柱中间装吹针固定块，吹针固定块上安装吹针，吹针与模具底部的吹气孔配合。
【名称】 一种钢骨架增强塑料复合管封口方法
【公开(公告)号】 CN101637971

【公开(公告)日】 2010.02.03
【申请(专利权)人】 大庆石油管理局
【地址】 黑龙江省大庆市让胡路区中央大街263号
【发明(设计)人】 林宝清；冯海彦；姜琳琳
【摘要】 本发明公开了一种钢骨架增强塑料复合管封口方法。该方法包括下列步骤：将端面打磨平整、去除氧化层的管材(1)、塑料预热环(2)、塑料封口环(4)安装在焊机上夹紧，并保持端面对齐；用铣刀铣削待熔封口环端面；将加热板(3)安在塑料预热环(2)和塑料封口环(4)之间，并施加0.15MPa的压力；对加热板(3)进行加热，钢骨架复合管端面塑料温度达到(210±10)℃时，卸压，迅速抽取加热板(3)；平稳闭合预热环、封口环；等熔融区冷却公称壁厚/2+10min后，拆卸夹具，取出管材。本发明管材封口质量的稳定性及管道系统的密封性均有明显提高，并且封口工序中动用的人员及设备明显减少，使管材的封口成本明显的下降。

【名称】 全自动斜移双工位塑料中空挤吹机
【公开(公告)号】 CN101637969
【公开(公告)日】 2010.02.03
【申请(专利权)人】 李卫东
【地址】 浙江省台州市黄岩区西城梅园新村47幢一单元101室
【发明(设计)人】 李卫东
【摘要】 全自动斜移双工位塑料中空挤吹机，包括安装在机架上的挤塑机构、割料机构、模具及开合模机构和吹塑机构，挤塑机构包括动力带动的螺旋挤压装置，挤压装置连通进料斗，挤压装置连接加热管道，加热管道连接坯料挤出模头；模具及开合模机构包括安装在固定板上的开合模气缸，开合模气缸经锁模杆件带动活动模板，并有固定模板，各模板中分别安装模具，固定板和模板有导柱；吹塑机构包括安装在机架上的吹气气缸，吹气气缸下连挤出模头，其机架上安装左、右斜导柱支架和斜导柱中支架，在左、右斜导柱支架与斜导柱中支架上各自安装左、右斜导柱，所述的模具及开合模机构有左、右两组，在各组的固定板和活动模板中安装斜移座，斜移座中制有导柱孔，左、右斜导柱穿过导柱孔，斜移座连接斜移气缸。

【名称】 一种多层塑料复合片及其立体纹的加工方法
【公开(公告)号】 CN101637992
【公开(公告)日】 2010.02.03
【申请(专利权)人】 林文忠
【地址】 中国台湾台北县中和市连城路477巷6弄34号
【发明(设计)人】 林文忠
【摘要】 一种多层塑料复合片及其立体纹的加工方法，属材料复合和加工立体纹的加工领域，其目的是生产多层塑料复合片，并能在复合片上加工立体纹。本发明采用在双辊压合机上连续加工的生产方法，面片1、中间胶黏发泡层3和底片2经上辊4和下辊5一次或多次压合，生产出适合加工立体纹的复合片6，然后再经模具的热压成型立体纹。本方法设备、工艺简单，质量有保证。复合片可按产品做成需要的层数、图案和色彩，大大扩大了产品的范围。

【名称】 一种低黏度聚氯乙烯糊料的制备方法
【公开(公告)号】 CN101638449
【公开(公告)日】 2010.02.03
【申请(专利权)人】 沈阳欧陆科技发展有限公司
【地址】 辽宁省沈阳市和平区三好街22号中润国际大厦B座1207
【发明(设计)人】 刘冲霞；张晓辉
【摘要】 本发明涉及氯乙烯聚合技术，具体的是一种低黏度聚氯乙烯糊料的制备方法。具体为将氯乙烯单体在水溶性的催化剂和分散液下经过间歇聚合合成糊状氯乙烯，将氯乙烯单体与占总反应30%的共聚单体在10~20r/min下加入到分散剂中调节釜温53~58℃再加入氯乙烯单体重量0.01%~0.5%的引发剂开始聚合反应，待聚合反应转化率为20%~60%时将剩余的乳化剂逐渐加入反应体系内，反应6~14h，待压力降到0.15~0.2MPa时加入终止剂和消泡剂，喷雾干燥即得聚氯乙烯糊料。采用本发明合成的氯乙烯聚合物其糊具有低的黏度。并且降低了生产成本。采用本发明制备的聚合物生产的发泡的化学泡沫塑料据有开孔泡沫结构及很高的弹性记忆能力。

【名称】 ABS线盘专用改性注塑塑料
【公开(公告)号】 CN101638495
【公开(公告)日】 2010.02.03
【申请(专利权)人】 丁红心
【地址】 浙江省湖州市练市镇中心路33号
【发明(设计)人】 丁红心
【摘要】 本发明涉及一种ABS线盘专用改性注塑塑料，为提供一种综合性能优异的交货线盘专用注塑塑料，其由下列重量配比的塑料原料制成：AS粉70~78、ABS高胶粉24~28、硬脂酸0.48~0.52、石腊0.48~0.52、碳酸钙1.8~2.2。原料重量配比为AS粉74、ABS高胶粉26、硬脂酸0.5、石腊0.5、碳酸钙2。其具有外观好，高负重性、耐冲击、环保型、机械性能优异，再用性好的优点。

【名称】 线盘用改性ABS注塑塑料
【公开(公告)号】 CN101638496
【公开(公告)日】 2010.02.03
【申请(专利权)人】 丁红心
【地址】 浙江省湖州市练市镇中心路33号
【发明(设计)人】 丁红心
【摘要】 本发明涉及一种线盘用改性ABS注塑塑料，为提供一种性能优、成本低的交货线盘塑料，其由下列重量配比的塑料原料制成：AS粉58~63、再生AS粉18~22、ABS高胶粉18~22、透明AS 48~52、硬脂酸0.48~0.52、石腊0.48~0.52、碳酸钙3.8~4.2、单甘脂0.8~1.2。原料重量配比为AS粉60、再生AS粉20、ABS高胶粉20、透明AS50、硬脂酸0.5、石腊0.5、碳酸钙4、单甘脂1。其具有外观好，高负重性、耐冲击、环保型、机械性能优异，成本低的优点。

【名称】 护栏配件用改性PVC注塑塑料
【公开(公告)号】 CN101638497
【公开(公告)日】 2010.02.03
【申请(专利权)人】 丁红心
【地址】 浙江省湖州市练市镇中心路33号
【发明(设计)人】 丁红心
【摘要】 本发明涉及一种护栏配件用改性PVC注塑塑料，为提供一种护栏配件专用注塑塑料，其由下列重量配比的塑料原料制成：S~700PVC45-55、甲基锡1.7~1.9、硬脂酸0.18~0.22、石腊0.09~0.1、ACR1.6~2、钛白粉2.3~2.7、碳酸钙4.5~5.5、CPE3.6~4.4、紫外线吸收剂0.23~0.27、抗氧剂0.23~0.27、增白剂3.8~4.1、群青5.5~6.6。原料重量配比为：S~700PVC50、甲基锡1.8、硬脂酸0.2、石腊0.1、ACR1.8、钛白粉2.5、碳酸钙5、CPE4、紫外线吸收剂0.25、抗氧剂0.25、增白剂4、群青6。其具有外观好，耐老化、耐光解、耐寒、耐冲击、环保性能好、机械性能优异的优点。

【名称】 PVC护栏配件专用改性注塑塑料
【公开(公告)号】 CN101638498
【公开(公告)日】 2010.02.03
【申请(专利权)人】 丁红心
【地址】 浙江省湖州市练市镇中心路33号
【发明(设计)人】 丁红心
【摘要】 本发明涉及一种PVC护栏配件专用改性注塑塑料，为解决现有技术缺少护栏配件专用塑料的问题，其由下列重量配比的塑料原料制成：S~700PVC45-55、甲基锡1.45~1.55、硬脂酸0.18~0.22、石腊0.09~0.1、ACR1.6~2、钛白粉2.3~2.7、碳酸钙4.5~5.5、CPE3.6~4.4、紫外线吸收剂0.23~0.27、抗氧剂0.23~0.27、灰色色粉0.54~0.66。原料重量配比为：S~700PVC50、甲基锡1.5、硬脂酸0.2、石腊0.1、ACR1.8、钛白粉2.5、碳酸钙5、CPE4、紫外线吸收剂0.25、抗氧剂0.25、灰色色粉0.6。其具有外观好，耐老化、耐光解、耐寒、耐冲击、环保性能好、机械性能优异的优点。

【名称】 低挥发份聚酯模塑料及其制备方法
【公开(公告)号】 CN101638510
【公开(公告)日】 2010.02.03
【申请(专利权)人】 无锡新宏泰电器科技股份有限公司
【地址】 江苏省无锡市惠山区堰新路18号
【发明(设计)人】 夏宏伟；赵敏海；冯伟祖；肖新；倪新梅；吴玉亚
【摘要】 本发明涉及复合绝缘材料领域，公开了一种低挥发份聚酯模塑料及其制备方法。其主要是在低收缩添加剂方面直接选用粒径为200目左右的颗粒状可着色聚苯乙烯(PS)，并且采用直接添加技术，而未进行聚苯乙烯与单体苯乙烯共混的工序，从而极大地减少了材料中单体苯乙烯的含量，降低了聚酯模塑料中挥发份的含量，即在保证聚酯模塑料完全反应固化并保持原有优良性能的前提下，实现了单体苯乙烯含量的最低化，对环境的污染显著减轻。

【名称】 以聚氨酯泡沫塑料为惰性载体固态发酵生产黄原胶的方法
【公开(公告)号】 CN101638679
【公开(公告)日】 2010.02.03
【申请(专利权)人】 中国科学院过程工程研究所
【地址】 北京市海淀区中关村北二条1号
【发明(设计)人】 陈洪章；张志国
【摘要】 本发明公开了一种以聚氨酯泡沫塑料为惰性载体固态发酵生产黄原胶的方法。主要步骤是，野油菜黄单胞菌(Xanthomonas campestris1.1781)种子液接到发酵培养基当中，将接种后的培养液与载体混合，并搅拌均匀25~35℃，培养36~72h；发酵结束后，挤压得到发酵液，通过乙醇沉淀得到黄原胶；载体经自来水挤压清洗风干可重复使用。本方法解决了现行黄原胶通风搅拌发酵中能耗高溶氧困难的问题，而且载体可以重复使用，工艺和设备简单，生产成本低廉。

【名称】 一种发泡中空塑料护舷产品及生产方法和设备
【公开(公告)号】 CN101638887
【公开(公告)日】 2010.02.03
【申请(专利权)人】 盘锦新永成塑胶有限公司

【地址】 辽宁省盘锦市双台子经济开发区宋家九组
【发明(设计)人】 王永训
【摘要】 一种发泡中空塑料护舷产品及生产方法和设备，它包括护舷主体外表皮、填充层，其特征是在护舷主体内设置中心孔，在填充层与中心孔之间依次设置内芯外层、增强层及内芯内层，并在填充层内设置高强度挤拉棒。本发明的优点是适用于码头护舷、防撞护栏、梁、柱等建筑结构件等，节约木材、橡胶、钢材，容易施工，缩短施工周期，节省建筑费用。具有优良的化学稳定性、耐氧化性，大幅度提高了抗冲击性，柔性好，增加了弹性模量和刚度；彻底解决了钢骨混凝土海水腐蚀的难题，成倍提高使用寿命。扩大了产品的使用范围。使用主材料为废旧聚乙烯，显著减轻污染的压力。

【名称】 一种储水池用塑料模块
【公开(公告)号】 CN101638903
【公开(公告)日】 2010.02.03
【申请(专利权)人】 北京泰宁科创科技有限公司
【地址】 北京市昌平区马池口镇白浮8号
【发明(设计)人】 余雪松；徐志通
【摘要】 一种储水池用塑料模块，由聚丙烯塑料注塑成型，单体呈长方体形，内部为镂空形状，竖向设有圆形承力柱和方形承力柱，模块四周留有透水缝。以塑料模块组装成水池骨架，配合使用不同的包覆材料，可做成普通储水池或渗透式储水池。

【名称】 一种矿渣聚苯乙烯泡沫复合轻质夹芯板
【公开(公告)号】 CN101638925
【公开(公告)日】 2010.02.03
【申请(专利权)人】 济南大学
【地址】 山东省济南市济微路106号济南大学
【发明(设计)人】 李国忠；高子栋；刘民荣；宁超
【摘要】 本发明属于新型建筑材料的技术领域，涉及一种以矿渣为主要面层材料，在聚苯乙烯泡沫塑料板芯层材料上复合制成的轻质夹芯板材，夹芯板两侧向带有梯形、三角形或半圆形的凹槽。本发明中外敷于聚苯乙烯泡沫塑料板上的面层材料是由以下重量份的原料制成：矿渣粉100份；硫铝酸盐水泥2~7份；脱硫建筑石膏1.5~5.5份；芒硝0.5~5份；生石灰4~11份；水料质量比0.45~0.70。本发明的产品性能达到国家质量标准，具有轻质高强、保温隔热、隔音等功能，是一种能应用于框架结构建筑的墙体材料。

【名称】 实腹保温门窗型材
【公开(公告)号】 CN101638966
【公开(公告)日】 2010.02.03
【申请(专利权)人】 李义厚
【地址】 山西省武乡县丰州镇下城村
【发明(设计)人】 李义厚
【摘要】 本发明公开了一种实腹保温门窗型材，它由现在的不锈钢、彩钢、铝合金、塑钢的空腹门窗型材，用聚氨酯低压反应发泡注射成型或高压反应发泡注射成型，或用聚苯乙烯泡沫塑料用其他工艺注射到空腹门窗型材空腔中，制造成实腹保温隔热节能实腹门窗型材。

【名称】 塑料汽车悬挂轴承
【公开(公告)号】 CN101639096
【公开(公告)日】 2010.02.03
【申请(专利权)人】 滕正继
【地址】 上海市浦东新区灵山路701弄8号301室
【发明(设计)人】 滕正继
【摘要】 本发明公开了一种非集成式塑料汽车悬挂轴承，由上塑料碟片，中间塑料碟片和下塑料碟片组成。上塑料碟片、中间塑料碟片和下塑料碟片呈环形，且水平布置。该塑料悬挂轴承在麦弗逊悬架的布置，由上至下依次包括：顶装配座、非集成式塑料悬挂轴承、上弹簧支座、橡胶垫和弹簧。顶装配座与上塑料碟片的上表面连接配合。上塑料碟片、中间塑料碟片和下塑料碟片的接触面的截面轮廓采用非连续分段直线，或连续曲线，或直线曲线混合。此外，本发明还公开了一种集成式塑料汽车悬挂轴承，其将下塑料碟片和上弹簧支座集成为底塑料座。本发明结构简单，制造成本低廉，并同时具备足够的刚度和承载能力，以承担麦弗逊悬架在实际应用中的轴向和径向载荷。

【名称】 一种塑料粒子搅拌机
【公开(公告)号】 CN101642942
【公开(公告)日】 2010.02.10
【申请(专利权)人】 蒋菊生
【地址】 江苏省常熟市辛庄镇旺倪桥村(18)罗家浜75号
【发明(设计)人】 蒋菊生
【摘要】 本发明涉及一种搅拌机器，一种塑料粒子搅拌机，其特征是：它包含电动机(1)、上盖(2)、容器体(3)、进料漏斗(4)、连接杆(5)和搅拌杆(6)；通过电动机机轴(11)转动带动连接杆(5)转动，连接杆(5)转动带动搅拌杆(6)转动，搅拌杆(6)推动塑料粒子运动，达到了搅拌的目的。本发明具有以下有益效果：使塑料粒子的混合更加均匀，从而制造出的产品出现色差的机率大大减小；由于采用电机搅拌，因此，降低了工人的劳动量。

【名称】 用于制造塑料瓶胚系统的夹具
【公开(公告)号】 CN101642953

【公开(公告)日】 2010.02.10
【申请(专利权)人】 湖南千山制药机械股份有限公司
【地址】 湖南省长沙经济技术开发区盼盼路9号
【发明(设计)人】 艾良圣
【摘要】 本发明提供了一种用于制造塑料瓶胚系统的夹具，包括：空心轴；第一支撑部，空心轴穿过第一支撑部，且第一支撑部设置在轴肩上；驱动轮，空心轴穿过驱动轮；定向轮，空心轴穿过定向轮；紧固件，与定向轮相邻设置，用于将第一支撑部、驱动轮与定向轮紧固在一起；夹持部。采用根据本发明的用于制造塑料瓶胚系统的夹具，其采用了每胚对应一个独立的夹具，且其支撑部与携持部具有特殊的结构，突破了多个瓶胚共用的连体式夹具对制胚系统瓶胚间距及结构的限制，使制胚系统的设计更具灵活性，其生产力得到更大的解放，其应用范围也得到了更大的扩展。

【名称】 一种网格复合板材及其制造方法
【公开(公告)号】 CN101642971
【公开(公告)日】 2010.02.10
【申请(专利权)人】 夏卫东
【地址】 江苏省张家港市锦丰镇乐杨材乐杨片第七组37-1号
【发明(设计)人】 夏卫东
【摘要】 本发明公开了一种网格复合板材，包括一塑料板材，所述塑料板材内设有两层网格膜，所述两层网格膜之间各有一定距离。该方案中，在塑料板材的中间设有两层网格膜，通过这两层网格膜的连接增强了该塑料板材的强度，使得该种塑料板材更加的结实，能有效满足现代建筑的需求，可以作为木板替代品，而且价格更加的便宜，节约了生产成本。回料能反复使用，不需添加优质塑料，及其他好的配方。且质量越来越好、越牢。表面平整，耐温性好，不变型，重量轻，经久耐用。本发明还公开了上述网格复合板材的制造方法。

【名称】 一种新型增强注塑水箱模块
【公开(公告)号】 CN101643123
【公开(公告)日】 2010.02.10
【申请(专利权)人】 成占华
【地址】 江苏省盐城市建湖县冠华西路12号
【发明(设计)人】 成占华
【摘要】 本发明涉及一种新型增强注塑水箱模块。公知的金属水箱模块材料成本高、不方便、易锈蚀、不环保等问题。本发明提供了一种增强注塑水箱模块，它是以可循环利用的塑料通过注塑制成，同时模块上设有加强鼓和连接边，提高了材料的强度，解决模块间连接固定问题。本发明具有无焊接、外形美观、轻巧方便、节能环保等优点。

【名称】 一种环保气化性防锈编织膜及其制造方法
【公开(公告)号】 CN101643128
【公开(公告)日】 2010.02.10
【申请(专利权)人】 金福东
【地址】 山东省青岛市城阳区赵红路新联工贸工业苑6号
【发明(设计)人】 金福东
【摘要】 本发明公开了一种环保气化性防锈编织膜及其制造方法，其中，制造方法包括按照重量份数比配置原料的步骤；混料的步骤；二次混料步骤；制造高浓缩防锈母粒的步骤；展开塑料编织布的步骤；将高浓缩防锈母粒融化，喷洒在塑料编织布上的步骤。根据上述方法获得防锈编织膜，其各组分重量份数比为：苯甲酸钠3~9份，偏硅酸钠0.1~0.3份，钼酸钠4~13份，苯丙三氮唑3~9份，羟乙基纤维素1~5份，低密度聚乙烯2500~7500份，聚乙烯1500~4500份，含氧生物降解添加剂500份~1500份。本发明工艺先进，可应用在铁及非铁金属类产品的运输、储藏、包装等领域。而且它的降解效果、防锈效果很突出、绿色环保。

【名称】 一种废PE塑料再生助剂
【公开(公告)号】 CN101643532
【公开(公告)日】 2010.02.10
【申请(专利权)人】 邓丽
【地址】 湖北省武汉市丰宝路一号湖北商务大楼1206室
【发明(设计)人】 邓丽
【摘要】 本发明提供了一种助剂，所说助剂包括从抗氧化剂1010、抗氧化剂2246、抗氧化剂264和DLTP中选出的任意一种抗氧化剂；从碳原子数为5~15的烯烃中的任意一种烯烃；所说偶联剂为硅烷、钛酸酯和有机酸铬络合物中选出的任意一种物质和马来酸酐。本发明提供的助剂加工再生的废PE管材无论在无论在耐化学品性、耐溶剂性、透湿性诸方面均可与原PE塑料媲美。

【名称】 中高压电器用大理石花纹聚酯模塑料及其制备方法
【公开(公告)号】 CN101643534
【公开(公告)日】 2010.02.10
【申请(专利权)人】 无锡新宏泰电器科技股份有限公司
【地址】 江苏省无锡市惠山区堰新路18号
【发明(设计)人】 夏宏伟；赵敏海；冯伟祖；肖新；倪新梅；吴玉亚

【摘要】 本发明涉及复合绝缘材料领域，公开了一种中高压电器用大理石花纹聚酯模塑料及其制备方法。其是在普通大理石花纹聚酯模塑料的主体结构上采用多种粒径级配填充材料，再配合以新型纤维材料及其他辅助材料以新工艺方法制备而成，在保持聚酯模塑料原有其他优良性能的同时，电气绝缘性能得到极大提高，其工频介电强度达到25kV/mm以上、耐电弧达到200S以上、耐漏电起痕指标达到800V，是一种极有应用前景的电器用聚酯模塑料。

【名称】 一种高分子量的脂肪族聚碳酸酯及其制备方法

【公开(公告)号】 CN101643542

【公开(公告)日】 2010.02.10

【申请(专利权)人】 中国科学院化学研究所

【地址】 北京市海淀区中关村北一街2号

【发明(设计)人】 朱文祥；李春成；殷明；肖耀南；张栋；管国虎

【摘要】 本发明公开了一种高分子量的脂肪族聚碳酸酯及其制备方法。该方法是先在惰性气体气氛下，将二元醇与碳酸酯在催化剂的作用下逐步升温完成酯交换反应，并完全除去反应中产生的甲醇，得到脂肪族聚碳酸酯的预聚物；再向上述反应体系中加入缩聚催化剂，真空进行缩聚反应，得到产物。该方法原料成本低，利用率较高，大大降低了产物的成本，克服了生物可降解材料成本高的难题；反应过程中所使用的催化剂用量较少，避免了复杂的催化剂分离工艺。利用该方法得到的脂肪族聚碳酸酯，为结晶态的白色固体，数均分子量为6000×10^5，能直接作为塑料使用；且聚碳酸酯主链中不含醚键，为结晶性聚合物，从而大大提高了聚合物的耐热性能。

【名称】 一种易于油漆附着的改性PP/EPDM材料及其制备方法和应用

【公开(公告)号】 CN101643561

【公开(公告)日】 2010.02.10

【申请(专利权)人】 上海瑞尔实业有限公司

【地址】 上海市嘉定区安亭大众工业园区一区米泉南路625号

【发明(设计)人】 李红娟

【摘要】 本发明涉及工程塑料改性技术领域，特别是一种易于油漆附着的改性PP/EPDM材料及其制备方法和应用。改性后的PP/EPDM/M15带有$\lbrack$RG1—NH—COO—R1—COOR2G2$\rbrack$$m$—高分子链，其表面带有活性羰基、氢及部分羟基基团，表面极性增大，使油漆较容易附着。改性材料应用于注塑所得的汽车轮毂罩盖或下沿饰板或防擦条或发动机罩盖。

【名称】 废塑防漏防渗油

【公开(公告)号】 CN101643637

【公开(公告)日】 2010.02.10

【申请(专利权)人】 北京科技桥科贸有限公司

【地址】 北京市海淀区田村路五孔桥56号

【发明(设计)人】 高云书

【摘要】 本发明提供了一种无污染、环保、防水、使用效果好的废塑防漏防渗油。为达到上述技术要求，本发明所涉及的废塑防漏防渗油采用如下的技术方案：本发明的主要原料组成包括：塑料泡沫、黏合剂、有机溶剂、紫外线吸收剂、填料、颜料、增塑剂、其他辅助剂等。本发明的主要特点是：1)原材料简单易得，制备工艺简单；2)该产品无毒、安全，用途广泛；3)成本低廉，综合利用。

【名称】 一种隔热保温的水泥泡沫塑料空心砖

【公开(公告)号】 CN101644092

【公开(公告)日】 2010.02.10

【申请(专利权)人】 浙江国泰建设集团有限公司

【地址】 浙江省杭州市萧山区北干街道金惠路398号

【发明(设计)人】 洪昌华；杨天敏

【摘要】 一种隔热保温的水泥泡沫塑料空心砖，是将水泥空心砖的砖肋面错位，延长热量通过砖肋传递的距离，减少热损失；在砖体空心部位置入与内空形状相同的泡沫塑料块，利用泡沫塑料良好的隔热保温性能，用该砖砌筑的墙体相当于用了10厘米厚的泡沫塑料保温层，隔热保温效果较好。本发明适用于节能型建筑墙体的砌筑。

【名称】 自体法兰式钢网增强塑料压力管及其制造方法

【公开(公告)号】 CN101644359

【公开(公告)日】 2010.02.10

【申请(专利权)人】 谢志树

【地址】 四川省双流县九江镇万家社区成都国通实业公司

【发明(设计)人】 谢志树

【摘要】 本发明公开了一种自体法兰式钢网增强塑料压力管，包括管壁，在管壁内夹有钢网，其特征在于，在管两端有一体成形的法兰，在其中至少一端的法兰上有环形槽。本发明的有益效果是：在管端有一体成型的法兰，并在其中一端法兰上设有镶嵌密封圈的环形槽，方便了管道施工连接；在制造时使用火焰加热可以有效的节约生产成本。

【名称】 弹簧伸缩管内外层塑料的熔接方法

【公开(公告)号】 CN101644366

【公开(公告)日】 2010.02.10

【申请(专利权)人】 王宝根
【地址】 浙江省杭州市拱墅区祥园路33号北部软件园杭州慈源科技有限公司
【发明(设计)人】 王宝根
【摘要】 一种弹簧伸缩管内外层塑料的熔接方法，尤其是一种通过加热装置促使内层弹簧钢丝的包塑皮与外层塑料膜熔接，以提高弹簧伸缩管内外层连接强度的方法。它是采用以下方案：在现有设备中增加一道加热熔接工序，即使用非接触加热或接触加热装置在缠绕塑料膜前或后使包塑皮局部温度升高，达到熔点，便可使包塑皮与塑料膜熔接，得到需要的连接强度。加热装置采用包括热辐射、感应加热、激光、等离子或超声波等多种加热熔接方法。本发明解决了现有加工设备得到的弹簧伸缩管由于多次伸缩后弹簧与塑料膜容易脱离，导致其使用寿命短的问题，提供一种内外层塑料的熔接方法，使得到的弹簧伸缩管具有内外层熔合连接强度高、寿命长等优点。

【名称】 一种插入式型钢塑木型材
【公开(公告)号】 CN101644378
【公开(公告)日】 2010.02.10
【申请(专利权)人】 北京奥康达体育用品有限公司
【地址】 北京市怀柔区雁栖经济开发区雁栖北三街16号
【发明(设计)人】 昝进坤；魏成先
【摘要】 一种插入式型钢塑木型材，是由型钢内芯插入塑木的腔体而成的复合型材；所说的型钢内芯是指槽钢、角钢、圆钢、方钢、六角钢、扁钢、Z型钢、方管、圆型管、矩形管或异型管，塑木是指是由聚烯烃塑料与纤维素竹粉、木粉经过高温高压挤压成型的复合材料，塑木是指具有一定截面形状的型材管体，型材内芯是指碳素结构钢、合金结构钢材料，塑木与型钢内芯两者之间浇注石膏浆液。本发明绿色环保，由于是由型钢内芯与塑木外体复合而成，型材的抗拉、抗弯、抗剪强度提高，刚度及稳定性增强。具有木材的外观特性及钢材的力学性能且克服了木材及钢材的缺陷。可广泛应用于体育用品制造业(健身器材及儿童游乐设备)，不仅提高了产品的安全性还提高了外观效果。

【名称】 双向拉伸塑料网生产线的定位可伸缩前置刀具系统
【公开(公告)号】 CN101648386
【公开(公告)日】 2010.02.17
【申请(专利权)人】 张向伟；张建伟；张诏月
【地址】 河南省登封市崇高路259号
【发明(设计)人】 张向伟；张建伟；张诏月
【摘要】 本发明针对双向拉伸塑料网生产线，设计的内藏式的定位可伸缩前置刀具系统包括：正倒丝组合丝轴、丝轴螺母、轴承、摇臂、滑杆、滑动套、台阶式刀具等，用于解决生产中塑料网切割的宽度偏离问题。在生产线的塑料网扩张筒内，安装一对轴承、一根正倒丝组合丝轴、两根滑杆，以及相应的联接机构。摇臂总成从扩张筒外对接在正倒丝组合丝轴的摇臂定位销上，摇动摇臂，通过丝轴传动，使刀具通过刀具出口伸、缩，实现刀具调整和兼容现有刀具。塑料网在牵引运动经过刀口时被切开。因为本发明的刀具是分布在圆筒的直径上，所以切割宽度是对称的和稳定的。如果拆除本刀具系统中的一把刀具，可生产出二倍于生产线最大宽度的塑料网，提高了产能。

【名称】 涡旋式塑料瓶切碎机
【公开(公告)号】 CN101648417
【公开(公告)日】 2010.02.17
【申请(专利权)人】 李金星
【地址】 宁夏回族自治区石嘴山市石嘴山监狱一区后勤分监区
【发明(设计)人】 李金星
【摘要】 本发明涉及一种涡旋式塑料瓶切碎机，其特征在于：它包括桶状机体，机体内安装有旋转轴，旋转轴自上而下安有多个涡轮切割机构，且相邻涡轮切割机构分别采用直接固定安装和通过轴承安装两种方式；每个涡轮切割机构均含有三片涡轮叶片，每片涡轮叶片上均镶有竖起且前沿呈锯齿状的高合金钢的涡轮切割刀具，且其外侧弧度与机体内弧度相同；本发明结构简单，方便实用，安全可靠，便于回收、存储及运输。

【名称】 具有安全防护装置的注塑机
【公开(公告)号】 CN101648425
【公开(公告)日】 2010.02.17
【申请(专利权)人】 杨兆金
【地址】 江苏省扬州市杭集镇曙光大道555号江苏五爱集团有限公司
【发明(设计)人】 杨兆金
【摘要】 具有安全防护装置的注塑机，涉及一种注塑机，包括上工作台、下工作台、上台面、下台面和机械式防误动装置。在操作工放置塑料时，仓门必须向左打开，机械式防误动装置由于在拉簧的作用下，使挡盖盖在套筒上，使上支撑臂无法穿过挡盖进入套筒，确保上工作台即使工作了也不可能伤及人手，提高生产安全系数。

【名称】 一种汽车门板扬声器面罩塑料模具的制造方法

【公开(公告)号】 CN101648429
【公开(公告)日】 2010.02.17
【申请(专利权)人】 武汉嘉盟塑料制品有限公司
【地址】 湖北省武汉市桥口区古田三路肖家地506号
【发明(设计)人】 胡剑平；王淑媛；彭鸣鸿
【摘要】 本发明公开了一种汽车门板扬声器面罩塑料模具的制造方法，其步骤如下：A. 塑件结构选择：汽车门板扬声器面罩左右装饰件；B. 模具结构选择：a. 模具型腔的设计：b. 型芯的设计：采取以下方法：在型芯上增加了带料桩，呈勾状；在纹理未加工前对型腔面进行抛光；增加安装卡位厚度；c. 分型面和模板：d. 浇口的设计：e. 顶出系统设计：f. 冷却：使塑件的速度冷却固化；注塑机向型腔内注入PP，在复位杆和复位弹簧的作用下，顶杆回复到模具闭合时所在的位置，模具完成。方法易行，操作简便，制成高强度、高耐温、高精度、强耐久度、性能稳定、绝缘性好，减少了修模耗损大量的时间和费用，在模具的设计与加工上节约各项成本50%以上。

【名称】 塑料薄膜切割刀具
【公开(公告)号】 CN101648442
【公开(公告)日】 2010.02.17
【申请(专利权)人】 昆山市锦溪中艺印务有限公司
【地址】 江苏省昆山市锦溪镇锦角公路8号
【发明(设计)人】 徐云烟
【摘要】 本发明公开了一种塑料薄膜切割刀具，其特征在于包括刀片(1)、刀架(2)和固定装置(3)，其中，刀片(1)固定夹持在刀架(2)内，而刀架(2)的尾端延伸出一固定杆(5)，上述固定杆(5)与固定装置(3)上的手柄杆(4)通过连接件(7)垂直固定连接。本发明结构简单、通过采用刀架直角边的户型结构，可有效保护塑料薄膜在进料的时候不会受到损害，同时还可将其撑开，有利于刀片的切割，另外，本发明的切割效率高、效果好、操作方便、且成本低，因为所用的固定装置为可调固定磁铁，固定和拆卸都非常方便。

【名称】 工程塑料所用增韧母料
【公开(公告)号】 CN101649028
【公开(公告)日】 2010.02.17
【申请(专利权)人】 登封鼎盛工程塑料制品有限公司
【地址】 河南省登封市卢店镇登封鼎盛工程塑料制品有限公司
【发明(设计)人】 王经武；丁增武
【摘要】 本发明公开了一种工程塑料所用增韧母料，该增韧母料是以聚丙烯、三元乙丙橡胶和丁苯弹性体为基本原料，以二甲苯为溶剂，在架桥剂苯乙烯、丙烯酸和引发剂过氧化苯甲酰的作用下进行反应，反应结束时加入抗氧剂，将反应后的物料采用提取釜将溶剂提取出来，得到晶液混合物，然后将得到的晶液混合物离心分离得到晶体，最后将晶体进行干燥得到产品工程塑料所用增韧母料。利用本发明技术方案可制备出韧性、刚性皆优的HHPP型增韧母料，为发展国内工程塑料提供了一条新途径，其生产和应用具有显著的经济效益和社会效益。

【名称】 溶液接枝共聚制备三元乙丙橡胶接枝共聚物的方法和应用
【公开(公告)号】 CN101649030
【公开(公告)日】 2010.02.17
【申请(专利权)人】 金发科技股份有限公司；华南理工大学
【地址】 广东省广州市高新技术产业开发区科丰路33号
【发明(设计)人】 王炼石；刘伟涛；蔡彤旻；张安强；曾祥斌
【摘要】 本发明公开一种溶液接枝共聚制备三元乙丙橡胶接枝共聚物的方法及其在制备工程塑料中的应用，该方法是在现有溶液接枝共聚法制备EPDM-g-SAN的基础上进行优化改进，引入极性单体MMA，在AN用量较少的条件下合成出接枝链的AN单元含量较小的EPDM-g-MAN或EPDM-g-MAS，并且通过调节单体配料比，使单体转化率最高可达70%~95%，提高了接枝共聚合体系的接枝率和接枝效率，从而显著地提高了三元乙丙橡胶接枝共聚物与SAN树脂的相容性及对SAN树脂的增韧效率。本发明方法制备的三元乙丙橡胶接枝共聚物与SAN树脂共混后可制备出耐天候老化黄变性能优异且光泽度高的抗冲击工程塑料。

【名称】 一种三元乙丙橡胶接枝共聚物的制备方法及其应用
【公开(公告)号】 CN101649031
【公开(公告)日】 2010.02.17
【申请(专利权)人】 金发科技股份有限公司；华南理工大学
【地址】 广东省广州市高新技术产业开发区科丰路33号
【发明(设计)人】 王炼石；刘伟涛；蔡彤旻；张安强；曾祥斌；付锦锋；朱勇平；吴敌
【摘要】 本发明公开一种三元乙丙橡胶接枝共聚物的制备方法及其在制备工程塑料中的应用，该方法以三元乙丙橡胶为接枝基体，以甲基丙烯酸甲酯和丙烯腈为接枝单体，经悬浮法接枝共聚合制备三元乙丙橡胶接枝共聚物，该接枝共聚物与SAN树脂经熔融共混，制备出耐天候老化黄变性能优异且光泽度高的高抗冲工程塑料。本发明采用连续搅拌悬浮接枝共聚法，使整个聚合反应体系为稳定的水相悬浮聚合体系，从而在EPDM分子链上形成分布均匀的接枝链。本发明溶剂用量少，单体浓度高，单体转化率高达90%～99.0%，产物无须用甲醇或乙醇沉淀回收，有机溶剂及残余单体易于回收循环利用，从而简化了后处理工序，显著降低产物和溶剂的后处理设备投资和生产成本。

【名称】 水性聚氨酯乳液
【公开(公告)号】 CN101649038
【公开(公告)日】 2010.02.17
【申请(专利权)人】 孟礼
【地址】 辽宁省沈阳市沈北新区道义经济开发区正良六路128号
【发明(设计)人】 孟礼
【摘要】 本发明涉及一种水性聚氨酯乳液，广泛应用于增强热塑性塑料用玻纤短切纱浸润剂。聚醚:聚酯:二元醇:异氰酸酯=(100～200):(120～280):(70～160):(120～200)。本发明强度高、耐磨性强、高弹性，价格低，黏结剂性能好，容易赋予原丝以良好的硬挺性和切割性。耐高温性好，复合材料界面结合好，制品强度高。可广泛用于短切毡、喷射、SMC、BMC纱。可有效提高玻纤纱的集束性、短切性和耐磨性。

【名称】 一种可更换碳刷的电机塑支架结构
【公开(公告)号】 CN101651380
【公开(公告)日】 2010.02.17
【申请(专利权)人】 余姚市爱优特电机有限公司；袁银菊
【地址】 浙江省余姚市陆埠镇钟山西路24号
【发明(设计)人】 袁银菊
【摘要】 一种可更换碳刷的电机塑支架结构，属电机部件技术领域，包括两个完全对称的外部小型腔，塑料圆柱、刷盒、碳刷弹簧、碳刷组件和端子组件设置在小型腔内，碳刷弹簧在塑料圆柱上定位；碳刷组件包括碳刷、刷辫和插簧，刷辫的尾部与插簧固定连接；端子组件包括刷盒底板、插头端子、插头端子连接孔和导线，碳刷组件的插簧与端子组件的插头端子为插接连接；端子组件通过铆接的方式与塑支架联接；碳刷弹簧采用恒力扭簧，其与碳刷底部接触处为圆弧形状；导线与插头端子连接孔为压焊连接。本发明的有益效果是：通过插、拔插簧，可快速更换碳刷组件；恒力扭簧有效力稳定，没有磨损后的角度变化，可减小换向火花，延长电机寿命；导线和插头端子压焊连接，保证了连接强度，保持了良好的导电性。

【名称】 橡塑复合弹性体电缆的制备方法
【公开(公告)号】 CN101650993
【公开(公告)日】 2010.02.17
【申请(专利权)人】 启东市惠和电线有限公司
【地址】 江苏省启东市大兴惠和镇
【发明(设计)人】 袁炳荣
【摘要】 本发明涉及橡塑复合弹性体电缆的制备方法，其特征是：将7～8重量份的丁氰胶、11～12重量份的氯丁胶、48～54重量份的PVC塑料、2～4重量份的防老剂、3～5重量份的抗老化剂1010、19～23重量份的碳酸钙和1～3重量份的天然胶一起投入到缸内，均匀搅拌混合25～35min后，放到温度控制在170～180℃的挤出器中挤出，产品挤出来后，进行成圈即得成品。本发明的有益效果是：使用寿命长、成本低、耐油、耐磨、耐热、耐寒性能高。

【名称】 用于双酚A的分子印迹膜检测装置及其制备、检测方法
【公开(公告)号】 CN101650334
【公开(公告)日】 2010.02.17
【申请(专利权)人】 宇星科技发展(深圳)有限公司
【地址】 广东省深圳市南山区高新技术产业园清华信息港研发楼B座301号
【发明(设计)人】 王富生；何姝；庞莉；廖小卿
【摘要】 本发明公开了一种用于双酚A的分子印迹膜检测装置，包括一反应器，反应器设有工作电极和参比电极，工作电极包括电极基体；电极基体为电沉积具有微纳米结构铂颗粒的钛片，参比电极为饱和甘汞电极，工作电极为双酚A分子印迹膜电极。本发明还公开了其制备方法和检测方法。本发明利用分子印迹聚合物(MIPs)的识别性对双酚A特种污染物进行识别，无需大型测试仪器、测试成本低、操作简单、便携，在现场检测或便携式检测方面具有明显优势。该检测技术可广泛应用于塑料厂、化工厂、材料厂等废水以及会使用聚碳酸酯制造容器的饮用水及饮料等中的双酚A抗生素特种污染物的检测。

【名称】 加强型塑料双壁波纹管及其制造方法
【公开(公告)号】 CN101649933
【公开(公告)日】 2010.02.17
【申请(专利权)人】 谢志树
【地址】 四川省双流县九江镇万家社区成都国通实业公司
【发明(设计)人】 谢志树

【摘要】 本发明公开了一种加强型塑料双壁波纹管，包括外壁为波纹状凸起的管壁，其特征在于，在波纹状凸起的内部包裹有环状的中空的内管。本发明的有益效果是：此结构的塑料双壁波纹管环刚度高，可制造的管径大，直径可达ϕ3000甚至更大；成品率高；操作简单，生产效率高；内壁光滑，水流摩阻小；可以制成法兰连接。本发明的制造方法采用火焰对模具加热，节约了电能，降低了制造成本。

【名称】 一种塑料复合纸

【公开(公告)号】 CN101649087

【公开(公告)日】 2010.02.17

【申请(专利权)人】 李美香

【地址】 湖北省石首市大垸镇潭子拐村六组6-13

【发明(设计)人】 李美香

【摘要】 本发明提供了塑料复合纸，采用碳酸钙粉等填料加入高分子聚合物、耐高温纤维，通过高混密练造粒后采用压延出片材，代替市场上的双胶纸和其他涂层纸的纸基(如：铜版纸、涂布白卡纸)；所述配方为碳酸钙粉重量份(下同)50~70，高分子聚合物10~20，高温纤维石棉或玻璃纤维10~20，偶联剂1~3，硬脂酸锌0.3~1.5。传统方法是通过塑料组合物选自互不相容的热塑性树脂，多个成份实现多外界面，而本发明可以采用单一组份的高分子树脂，而加入高温纤维实现多个界面和电晕处理，从而增加可印性和涂布附着力，即不采用任何植物纤维(不用砍伐树木和破坏植被)，同时成本也被大大降低。

【名称】 聚酯多功能母料

【公开(公告)号】 CN101649100

【公开(公告)日】 2010.02.17

【申请(专利权)人】 登封鼎盛工程塑料制品有限公司

【地址】 河南省登封市卢店镇登封鼎盛工程塑料制品有限公司

【发明(设计)人】 王经武；杜金奎；丁增武

【摘要】 本发明涉及一种用于聚酯工程塑料中的多功能母料。该母料以二甲苯为溶剂，以聚乙烯、热塑性丁苯橡胶、三元乙丙橡胶为基料，以苯乙烯为架桥剂，以过氧化苯甲酰为引发剂，在120~130℃下反应，然后加入抗氧剂，搅拌均匀，得混合料；将所述混合料投入提取釜并加入蒸馏水，把溶剂二甲苯提取出来；将其中的晶体分离后干燥至含水质量百分率0.5%以下即可。本发明的聚酯多功能母料主要用于各种再生PBT、PET，与PBT、PET具有较好的相容性，使用该母料的聚酯工程塑料，不但韧性好，且具有刚性高和耐热性高的优点，熔点为245~255℃，热变形温度为210~240℃，本发明使废旧聚酯改性再生成优质的工程塑料成为现实，有利于节能降耗。

【名称】 黄姜纤维基木塑复合板生产新工艺

【公开(公告)号】 CN101649123

【公开(公告)日】 2010.02.17

【申请(专利权)人】 刘光东

【地址】 湖北省十堰市丹江口市郧阳师范高等专科学校

【发明(设计)人】 刘光东

【摘要】 本发明涉及一种木塑复合材料及其制备方法，尤其涉及黄姜纤维基木塑复合材料及其制备方法。黄姜纤维基木塑复合材料，按下列重量百分比的成份组成：三聚氰氨树脂3.5%；黄姜纤维55%~65%；低密度聚乙烯25%~35%；增溶剂1%~2%；润滑剂1.5%~3.5%。本发明木塑复合型环保建材采用高新技术，利用废弃塑料与黄姜纤维，通过纤维强化高温混炼和挤出成型的木塑质各种中空型材，是一种典型的环保材料。具有防晒、防水、防蛀、防冻、防腐的特点，木质感强，表面硬度高，耐磨性强，抗老化性好，使用寿命长，易于加工，不含甲醛，是适合于户内外装饰首选材料，形似木材又优于木材的性能。

【名称】 一种透明塑料件上形成彩色镀层的方法

【公开(公告)号】 CN101652497

【公开(公告)日】 2010.02.17

【申请(专利权)人】 东莞万德电子制品有限公司；万德国际有限公司

【地址】 中国广东省东莞市东城区温塘管理区皂一(1)村

【发明(设计)人】 叶逸仁

【摘要】 一种透明塑料件上形成彩色镀层的方法，包括以下步骤：将透明塑料件浸入液体涂料浴中染色，从涂料浴中取出后清洗烘干，在塑料件上真空沉积一层金属薄膜。结果，在透明塑料件上形成金属质感的彩色镀层。

【名称】 一种注塑机和模具的定位连接装置

【公开(公告)号】 CN101653979

【公开(公告)日】 2010.02.24

【申请(专利权)人】 裕克施乐塑料制品(太仓)有限公司

【地址】 江苏省太仓市上海东路105号A-26

【发明(设计)人】 胡焕波

【摘要】 本发明公开了一种注塑机和模具的定位连接装置，它包括位于注塑机靠板(1)上的十字形定位槽(2)和位于模具(3)定模侧固定板(4)上和定位槽

(2)相匹配的十字形定位块(5)，当十字形定位块(5)安装入十字形定位槽(2)内后再用螺丝锁紧固定。本发明提供的注塑机和模具的定位连接装置，能够准确的使注塑机和模具定位，且注塑机和模具连接更加牢固稳定，在工作过程中不会旋动。本发明提供的注塑机和模具的定位连接装置，其中注塑机的注塑孔和模具上的进浇孔的孔径较小，能够很好的避免由于模具内的压力过大而导致的塑料向进料口流动从而出现塑料产品变形等缺陷，因此可以用于生产高质量的塑料产品。

【名称】 用于制造塑料缠绕结构壁管材的机头模具
【公开(公告)号】 CN101653983
【公开(公告)日】 2010.02.24
【申请(专利权)人】 上海清远管业科技有限公司
【地址】 上海市金山区枫泾工业园区曹黎路35号
【发明(设计)人】 李传金；苏长裕
【摘要】 本发明提供了一种用于制造塑料缠绕结构壁管材的机头模具，它包括分流体、外筒体、芯模、压盖和口模。其中的分流体的主体为圆柱体，圆柱体的前端设有一个圆锥形头部，后端顺序连接有法兰和熔融料入口管，入口管的入口通道延伸到法兰内侧的圆柱体内，并在法兰内侧向径向周围分出多个熔融料分入口，在圆柱体的表面间隔设有多条螺旋形通道，各螺旋形通道的后端分别与各熔融料分入口连通，各螺旋形通道的前端分别在圆柱体的圆锥形头部贯通。本发明的机头模具用于制造塑料缠绕结构壁管材，能使物料的混合更加均匀，并能有效地形成塑料缠绕结构壁管所要求的截面尺寸。

【名称】 一种低温高强度无氟聚氨酯泡沫保温材料
【公开(公告)号】 CN101654507
【公开(公告)日】 2010.02.24
【申请(专利权)人】 大庆油田有限责任公司
【地址】 黑龙江省大庆市让区中央大街南段233号
【发明(设计)人】 郜玉新；王秀章；郭明；徐永江
【摘要】 本发明涉及一种低温高强度无氟聚氨酯泡沫保温材料。该无氟聚氨酯泡沫保温材料原料包括组分A和组分B，组分A与组分B的重量比为(1.3～1.7):1，其中组分A由芳香族聚酯多元醇77%～80%、发泡剂7%～11%、催化剂7%～10%及硅油7%～8%组成，组分B为多亚甲基多苯基异氰酸酯，上述组分A各原料按质量百分比计。本发明获取在低温条件下可长期稳定使用的新型无氟保温聚氨酯泡沫塑料，满足永冻土区管道低温隔热、高强需要，防止低温冷脆和保温失效。

【名称】 一种农膜用生物降解树脂及其生产方法
【公开(公告)号】 CN101654528
【公开(公告)日】 2010.02.24
【申请(专利权)人】 广东上九生物降解塑料有限公司
【地址】 广东省东莞市东城区牛山钟屋围上九工业园
【发明(设计)人】 祝光富；毛光辉；王平；吕光春；纪秋龙
【摘要】 本发明涉及塑料产品及其生产方法、应用等技术领域，特指一种农膜用生物降解树脂及其生产方法。其原料包括玉米淀粉、硬脂酸、树脂、PE、助剂、乙烯丙烯酸共聚物和促进剂。制备时先将各种材料按比例进行混合，再经双螺杆挤出机造粒。本生产过程工艺简单，工序少，效率高，采用本产品制成的包装物废弃在大自然中，半年到一年的时间将被完全分解成二氧化碳和水，分解速度快，是取代目前包装材料治理“白色污染”的理想材料。

【名称】 一种耐高温仿瓷材料及其生产方法
【公开(公告)号】 CN101654542
【公开(公告)日】 2010.02.24
【申请(专利权)人】 浙江万安塑料有限公司
【地址】 浙江省开化县桐村镇下桐村45号
【发明(设计)人】 杨国华
【摘要】 本发明涉及一种耐高温仿瓷材料及其生产方法，其组份及重量百分比为：三聚氰胺甲醛树脂占30%～35%，玻璃纤维占0～10%，填料占55%～65%，着色剂占0～2%，固化剂占0.5%～2%，助剂占0.5%～3%。这种耐高温仿瓷材料的生产方法包括树脂合成、原料混合、湿料烘干、研磨筛选工序。本发明通过调整模塑料的配方，从而得到了有着逼真的瓷感，耐温达220℃以上的仿瓷材料，可广泛应用于餐具、日用品等行业，特别适用于电热炊具等耐高温要求较高的产品使用，弥补了原密胺模塑料耐温低的缺陷，拓展了密胺模塑料的应用领域。

【名称】 一种塑料组合物及其表面选择性金属化工艺
【公开(公告)号】 CN101654564
【公开(公告)日】 2010.02.24
【申请(专利权)人】 比亚迪股份有限公司
【地址】 广东省深圳市龙岗区坪山镇横坪公路3001号
【发明(设计)人】 林信平；宫清；刘倩倩；陈炎
【摘要】 本发明提供一种塑料组合物及其表面选择性金属化工艺。本发明所提供的塑料组合物包含有高分子聚合物、光催化剂，聚合物、光催化剂的质量比为1～100。本发明所提供的塑料组合物表面选择性金属化工艺，包括以下步骤：激光刻蚀塑料组合物表面，然后激光刻蚀后的塑料组合物放入含有金属离子盐和空穴牺牲剂的水溶液中，进行光催化还原反应，得到表面有纳米级金属粒子的塑料组合物，最后进行金属化学镀。采用本发明所提供的塑料组合物及其表面选择性金属化工艺，镀层结合力以及化学镀精度都非常高。

【名称】 应用于半导体刻蚀清洗设备的全塑料高速机械手

【公开(公告)号】 CN101656221

【公开(公告)日】 2010.02.24

【申请(专利权)人】 北京中联科伟达技术股份有限公司

【地址】 北京市朝阳区北苑路40号2号楼

【发明(设计)人】 孙良欣；岳树民

【摘要】 应用于半导体刻蚀清洗设备的全塑料高速机械手，属于机械技术领域。采用全自动单轴模式、具备专用移载物水平保持机构、全防腐塑料机构设计方案、动力源与执行机构分区设置，是达到了高速运转、平稳传送、无金属离子污染、无颗粒污染、防腐蚀等优越性和谐统一的机械手。

【名称】 塑料穿墙栓

【公开(公告)号】 CN101654954

【公开(公告)日】 2010.02.24

【申请(专利权)人】 北京新源嘉恒建筑塑模科技股份有限公司

【地址】 北京市海淀区学院南路49号

【发明(设计)人】 刘琦；刘晓波

【摘要】 本发明涉及一种塑料穿墙栓，它包括栓杆、栓帽、压紧装置，栓杆的两端设有螺纹，一端的螺纹上螺接有栓帽，栓帽上设有定位孔，定位孔上装有定位销，栓帽的端口处设有凸台，凸台上设有定位凸起，栓杆的另一端装有压紧装置，压紧装置包括压紧垫、压紧母，压紧垫与压紧母接触端设有腔体，在腔体内设有卡簧，压紧母的一端设有凸台，卡簧卡锁于凸台上。本发明结构简单，操作方便，成本低廉，极易由凝固后的混凝土中取出，而且穿墙栓表面的灰渍便于清理，可多次重复利用。

【名称】 玻璃纤维增强塑料材料的生产设备

【公开(公告)号】 CN101659091

【公开(公告)日】 2010.03.03

【申请(专利权)人】 苏州工业园区和昌电器有限公司

【地址】 江苏省苏州市工业园区民生路9号

【发明(设计)人】 汪倩文；杨金生

【摘要】 本发明提供一种玻璃纤维增强塑料材料的生产设备，包括玻纤预热装置、玻纤表面处理装置和双螺杆挤出机，玻纤预热装置与玻纤表面处理装置过渡衔接，玻纤表面处理装置与双螺杆挤出机过渡衔接。应用时，玻璃纤维首先通过由一组发热元件组成的玻纤预热装置，使成股的玻璃纤维干燥、松散；预热后的玻璃纤维随后进入玻纤表面处理装置，配制的液态偶联剂通过表面处理剂雾化装置使玻璃纤维表面充分浸润，液态偶联剂和玻纤表面充分接触获得良好的处理效果；预热及表面处理后的玻纤被牵引进入双螺杆挤出机，与熔融塑料混炼，挤出后冷却、切粒即得到玻璃纤维增强塑料材料，所生产的材料具有良好的综合性能，值得在业内广泛推广应用。

【名称】 用于生产塑料缠绕结构壁管材的真空定径装置

【公开(公告)号】 CN101659113

【公开(公告)日】 2010.03.03

【申请(专利权)人】 上海清远管业科技有限公司

【地址】 上海市金山区枫泾工业园区曹黎路35号

【发明(设计)人】 苏长裕；李传金

【摘要】 本发明提供了一种用于生产塑料缠绕结构壁管材的真空定径装置，它包括由第一定径箱和第二定径箱串连组成箱体以及定径组件。定径组件设置在第一定径箱内的近进口端。在第一定径箱的进口端板上安装有原料进口固定套，在第二定径箱的出口端板上安装有四氟板通道组件，在第一定径箱和第二定径箱的连接处设有带通道的隔板，隔板上安装有四氟板通道组件，在第一定径箱和第二定径箱上分别设有抽真空机构和循环水冷却机构。本发明能有效地保证用于生产塑料缠绕结构壁管材的方形塑料小管的质量，特别是给方形塑料小管定径，能有效地保证下道工序生产的顺利进行，以生产出高质量的塑料缠绕结构壁管材。

【名称】 塑料扭藤制造方法及产生设备和塑料扭藤

【公开(公告)号】 CN101659121

【公开(公告)日】 2010.03.03

【申请(专利权)人】 周兆军

【地址】 广东省佛山市顺德区陈村镇锦龙锦绣新村十四栋502号

【发明(设计)人】 周兆军

【摘要】 本发明涉及制造仿真藤方法及设备和产品，尤其涉及塑料扭藤制造方法及产生设备和塑料扭藤，包括挤出机、扭转装置、冷却槽、压形装置和成品卷收装置，其扭转装置是由轴套以及在轴套内有转轴，转轴一端连接驱动装置，其所述转轴的圆表面设有导料槽，导料槽通过轴套与挤出机的出料口相连通，导料槽接于转轴的输料通道的一端，输料通道的另一端连通于成型模具，有益效果是：1. 本结构简单且更换成型模具过程简单；2. 一结构同时实现多种效果的塑料扭藤，如可以制造出多种同纯色效果的塑料扭藤，也可以制造出一条具有混色效果的塑料扭藤，亦可以制造出两条以上混色效果的塑料扭藤。

【名称】 数字轮注塑成型方法及其模具
【公开(公告)号】 CN101659103
【公开(公告)日】 2010.03.03
【申请(专利权)人】 宇科模具(厦门)有限公司
【地址】 福建省厦门市湖里区马垅开发区一号综合楼
【发明(设计)人】 李炎泉
【摘要】 本发明公开了一种数字轮注塑成型方法及其模具。该方法包括字体前模与后模合模注塑、字体前模与后模开模、双色注塑机的旋转盘旋转、后模旋转到第二次成型位置、后模与轮体前模合模注塑、轮体前模与后模开模、制品顶出、后模旋转到第一次成型位置等步骤。所述的数字轮模具，包括前模和后模，所述的前模为字芯体前模，所述的后模为字芯体后模，采用本发明的数字轮模具，数字显示计量仪表上的塑料数字不再是通过旋转印刷工艺印在产品的表面，而是直接通过数字轮模具生产出来的模型产品，不仅减少了生产数字显示计量仪表的生产工艺，节约了成本，且对环境不会产生任何的污染，非常的经济实用。

【名称】 塑料承插管件的制作设备和制作方法
【公开(公告)号】 CN101659100
【公开(公告)日】 2010.03.03
【申请(专利权)人】 上海清远管业科技有限公司
【地址】 上海市金山区枫泾工业园区曹黎路35号
【发明(设计)人】 苏长裕；李传金
【摘要】 本发明提供了一种塑料承插管件的制作设备和制作方法，制作设备包括机架、由动模和静模组合成的外模、开合油缸、内模、升降油缸、冷却喷头和两组内模导引组件。制作方法包括动模和静模合拢成整体外模、内模下移合模形成模腔、注塑成型及脱模取坯、修整成塑料承插管件产品等步骤。本发明的塑料承插管件的制作设备及制作方法用于制作大口径承插式双壁缠绕管，解决了大口径双壁缠绕管制作成承插式双壁缠绕管的难题。

【名称】 鞋用塑包头的一种注塑方法
【公开(公告)号】 CN101659099
【公开(公告)日】 2010.03.03
【申请(专利权)人】 于徐生
【地址】 江苏省高邮市临泽工业园区(扬州市天宇鞋业有限公司)
【发明(设计)人】 于徐生
【摘要】 鞋用塑包头的一种注塑方法，涉及鞋用塑包头的生产方法。本发明以距鞋用塑包头的边缘大于或等于4mm的位置为注塑口注塑成型。由于本发明选用的注塑口设置在产品或模腔的中部，自注塑机进入的高温注塑料可快速、同步地向四周同时到达下边、前围和顶盖，阻力小，流速快，成型快，且产品的整体一致性好，能确保产品的使用寿命，利于工人的劳动保护。

【名称】 去除注塑件熔接痕迹的方法
【公开(公告)号】 CN101659098
【公开(公告)日】 2010.03.03
【申请(专利权)人】 海尔集团公司；青岛海尔空调器有限总公司
【地址】 山东省青岛市崂山区高科园海尔路1号海尔工业园
【发明(设计)人】 张守信；耿宝寒；吴丽琴
【摘要】 本发明涉及塑料件的制作方法，具体涉及一种去除注塑件熔接痕迹的方法，所述方法为，将注塑件的浇筑口设置在面板类注塑件的背面，并将所述浇筑口设置在所述注塑件的背面中部。在所述注塑件的背面只设有一个浇筑口。所述注塑件的背面中部为注塑件的几何中心，或为注塑件的重量中心。所述浇筑口的尺寸依据注塑件的外形尺寸而设定。本发明的优点是，可以使塑料件的外观更美观，消除了现有技术中，由塑料模具的两侧向模具空腔内浇筑熔融塑料时形成的熔接痕迹，而且改进浇筑口位置后，所制成的塑料制品其强度也将会得到提高。

【名称】 塑料门窗V型角缝清理机及其清理方法
【公开(公告)号】 CN101659095
【公开(公告)日】 2010.03.03
【申请(专利权)人】 济南德佳机器有限公司
【地址】 山东省济南市高新区齐鲁软件园创业广场B座5层511室
【发明(设计)人】 毕伟祥；张慧
【摘要】 本发明公开了一种塑料门窗V型角缝清理机，包括机架和拉刀装置，拉刀装置包含上拉刀装置和下拉刀装置，所述上拉刀装置具有左上拉刀装置和右上拉刀装置，下拉刀装置具有左下拉刀装置和右下拉刀装置；所述每个拉刀装置均具有拉刀轴、拉刀和气缸；所述左上拉刀装置和右上拉刀装置的拉刀轴相互垂直，拉刀底平面与工作台距离相同；所述左下拉刀装置和右下拉刀装置的拉刀轴相互垂直，拉刀上平面与工作台距离相同；所述左上拉刀装置和左下拉刀装置运动方向相同，右上拉刀装置和右下拉刀装置运动方向相同。本发明能节省操作者的劳动强度，操作过程简单、工序小、提高了工作效率。

【名称】 一种聚酯聚酰胺增容剂及其制备方法与应用

【公开(公告)号】 CN101659745

【公开(公告)日】 2010.03.03

【申请(专利权)人】 济南大学

【地址】 山东省济南市市中区济微路106号

【发明(设计)人】 王志玲；杨小凤；张书香；张文龙；杨秀利

【摘要】 本发明涉及一种聚酯聚酰胺增容剂及其制备方法与应用，属于复合材料界面增容剂技术领域。本发明的聚酯聚酰胺增容剂是由回收聚对苯二甲酸乙二酯(PET)、一乙醇胺、尼龙酸、缩聚催化剂和热稳定剂为原料制成，先分别将回收PET和尼龙酸破碎、筛分，向反应釜中加入回收PET、一乙醇胺、热稳定剂，加热使PET胺解，加入尼龙酸酯化，加入缩聚催化剂加热、减压蒸馏缩聚。该增容剂用于改善农业剩余物/热塑性塑料复合材料的物理和力学性能。本发明将回收PET和尼龙酸共混使用，使产品原料成本降低，产品附加值提高；尼龙酸中的酸酐杂质可有效利用；该制备工艺简单，易操作，产业化经济和社会效益显著。

【名称】 宽温高电性能聚氯乙烯绝缘塑料

【公开(公告)号】 CN101659775

【公开(公告)日】 2010.03.03

【申请(专利权)人】 天津六0九电缆有限公司

【地址】 天津市河北区天泰路361号

【发明(设计)人】 刘家栋；朱丽超；王媛敬；孙文龙；马砚杰；侯潭斌；关怀宇

【摘要】 本发明涉及一种宽温高电性能聚氯乙烯绝缘塑料，其组分组成及各组分所占的重量百分比范围是：聚氯乙烯树脂55%～75%，增塑剂20%～35%，稳定剂1.5%～5%，抗氧剂0.1%～0.6%，润滑剂0.1%～0.6%，功能性填料1%～6%。本发明具有优异的电绝缘性能，良好的低温耐寒性能，特别适用于条件恶劣的寒区野外勘探作业使用。用此塑料生产的电缆在-40℃，24h低温环境中进行卷绕试验，无开裂现象。本发明既适用于低温环境，又适用电性能要求高的电线电缆生产使用。其成本低，加工性能好，适合批量生产，从而满足了市场对聚氯乙烯绝缘塑料高性能的需求。

【名称】 一种无卤阻燃ABS树脂及其制备方法

【公开(公告)号】 CN101659779

【公开(公告)日】 2010.03.03

【申请(专利权)人】 四川大学

【地址】 四川省成都市双流县川大路二段2号

【发明(设计)人】 傅强；张新兰；李博；杜荣昵；张琴；王柯；陈枫

【摘要】 本发明公开无卤阻燃ABS树脂是按重量份将ABS树脂60～80份、聚碳酸酯废旧料0～25份、聚酯0～25份、增韧剂1～10份、阻燃剂5～30份、紫外光稳定剂0.25～2.0份，在室温下预混后放入双螺杆挤出机，在温度120～260℃下熔融共混并挤出造粒获得。本发明还公开了其制备方法。由于本发明使用聚碳酸酯废旧料和聚酯与无卤阻燃剂协同阻燃ABS树脂，不仅获得了良好的阻燃效果，保持了较好的力学性能和加工流动性，还可在一定程度上降低阻燃ABS树脂的成本，有效地解决废旧塑料带来的环境污染、资源浪费的问题，所获阻燃ABS树脂可用于制造要求阻燃的电子电器外壳、汽车配件等产品，具有显著的社会效益和工业应用价值。

【名称】 一种高热容量吸热材料的配方及其制备工艺

【公开(公告)号】 CN101659777

【公开(公告)日】 2010.03.03

【申请(专利权)人】 北京玉佳明三态离子科学研究院有限公司

【地址】 北京市朝阳区芳园里甲13楼2单元36号

【发明(设计)人】 仇锦明；仇剑锋；仇剑梅；焦清华

【摘要】 本发明的组方是(重量份：kg)：聚乙烯醇(PVA-1799)10，吸水树脂(DS-1′)0.85，硫酸钾11.7，水77.45。工艺流程是：(1)将0.85kg的吸水树脂加入16kg的水中充分搅拌均匀待用；(2)将聚乙烯醇加入余下的水中，在90℃以上进行搅拌，使其全部溶解待用；(3)将1号树脂溶液加入2号溶液中进行搅拌使其混合均匀；(4)得3号溶液温度降到30℃以下，再将硫酸钾加入，进行强力搅拌到白色胶状；(5)入模后送进冰箱在-20℃以下，冻5h，等全部结冻后，取出用塑料包装封口即为成品。优点是：可工作在-20℃以下的低温，吸热蓄冷性能优越，材料和工艺成本低，性能价格比高，使用寿命由背景技术的500多次可提高到万次。

【名称】 膜式水冷内衬耐磨可塑料下渣装置

【公开(公告)号】 CN101660759

【公开(公告)日】 2010.03.03

【申请(专利权)人】 四川龙麟锅炉设备有限责任公司

【地址】 四川省成都市双流蛟龙工业港高新大道8座

【发明(设计)人】 牟斌；钟昊

【摘要】 一种膜式水冷内衬耐磨可塑料下渣装置，属锅炉下渣装置。包括排渣接口、下渣管，沿所述下渣管内壁面周边均布设置多根鳍片管，相邻鳍片管管间焊接而形成用作下渣通道的环形管屏，多根鳍片管分别与设置在下渣管上端的冷却水分配环管和设置在下渣管下端的冷却水汇集环管连通，冷却水分配环管上设有进水管，冷却水汇集环管上设有出水管。它具有使用寿命长、降温效果好、安全性能高的特点。

【名称】 一种复合改性的热固性酚醛树脂粉

【公开(公告)号】 CN101659780

【公开(公告)日】 2010.03.03

【申请(专利权)人】 丁新生

【地址】 河南省郑州市金水区工三街42号楼24号

【发明(设计)人】 丁新生

【摘要】 本发明公开了一种利用有机橡胶，有机蒙脱土或无机改性蒙脱土，复合改性的热固性酚醛树脂粉及其生产方法。已知的热固性酚醛树脂粉，是用悬浮缩聚的工艺制作的。它需依靠带有高速搅拌的特制反应釜，离心机或过滤机，流化床或气流干燥机等化工设备来完成制作。本发明仅靠普通的反应釜(传统的2123热塑性酚醛树脂粉生产设备)即可完成。本发明具备了悬浮缩聚工艺的核心特点，用简化的设备制造出耐温高，耐磨强，储期长，综合性能优异的加热直接固化粉体树脂。本发明叙述的工艺可能更适合中小生产厂推广应用。产品可广泛用于酚醛模塑料，磨料磨具，摩擦材料，绝热材料等，是传统酚醛树脂的升级替代产品。

【名称】 一种双酚A含量的测定方法

【公开(公告)号】 CN101661021

【公开(公告)日】 2010.03.03

【申请(专利权)人】 上海谱尼测试技术有限公司

【地址】 上海市徐汇区桂平路680号35号楼4楼

【发明(设计)人】 宋薇

【摘要】 本发明提供了一种双酚A含量的测定方法，其步骤包括：将待测样品用有机溶剂提取剂提取，所得提取液浓缩后通过C18固相萃取柱净化并以所述有机溶剂为淋洗液，收集淋洗液浓缩后定容，最后过滤制成试样测试液；然后根据外标法用气相色谱质谱联用仪对所述试样测试液进行检测。当所述待测样品为固体样品时，先将待测样品粉碎，再采用索氏提取；当所述待测样品为液体时，采用超声提取。采用本发明的双酚A含量的测定方法，快速有效，误差率不大于3%，检出限为0.05mg/kg。本发明的方法，为检测橡胶、塑料及油墨、油漆制品中双酚A的含量，提供了一种可靠的便于实施的方法，能够满足研究和生产中的需要。

【名称】 一种基于塑料闪烁光纤的新型单离子微束探测器

【公开(公告)号】 CN101661109

【公开(公告)日】 2010.03.03

【申请(专利权)人】 中国科学院等离子体物理研究所

【地址】 安徽省合肥市蜀山湖路350号

【发明(设计)人】 许永建；詹福如；陈连运；李军；陈斌；余增亮；吴李君；吴跃进；黄青

【摘要】 本发明涉及一种基于塑料闪烁光纤的新型单离子微束探测器，包括有显微镜，显微镜的物镜下方设置有单离子微束，单离子微束的出射口正对显微镜的物镜，待测样品放置于显微镜的物镜与单离子微束的出射口之间，还包括有压扁的塑料闪烁光纤、光电倍增管，塑料闪烁光纤压扁的部分位于单离子微束的出射口与待测样品之间，塑料闪烁光纤两端分别与光电倍增管耦合；单离子微束向待测样品发出离子，离子穿过塑料闪烁光纤时，塑料闪烁光纤产生光子，并将光子传输至光电倍增管，由光电倍增管将光信号转化为电信号，离子穿过塑料闪烁体后，轰击样品。

【名称】 一种光缆用涂覆玻璃纤维增强塑料杆

【公开(公告)号】 CN101661141

【公开(公告)日】 2010.03.03

【申请(专利权)人】 上海晓宝增强塑料有限公司

【地址】 上海市南汇区盐仓镇川南奉公路5898号

【发明(设计)人】 裴民

【摘要】 本发明提供了一种光缆用涂覆玻璃纤维增强塑料杆，其特征在于，包括玻璃纤维增强塑料杆以及设于玻璃纤维增强塑料杆外壁上的涂层，所述涂层由乙烯丙烯酸共聚物92%～95%以及马来酸酐5%～8%组成。本发明的有益效果是：具有较好的黏接性；具有更好的抗测压强度；抗拉强度优异，有助于提高光纤传输参数的稳定性。

【名称】 一种塑料高混机除尘装置

【公开(公告)号】 CN101664618

【公开(公告)日】 2010.03.10

【申请(专利权)人】 上海金发科技发展有限公司；金发科技股份有限公司

【地址】 上海市青浦区朱家角工业园康园路88号

【发明(设计)人】 曹勇

【摘要】 本发明涉及塑料机械中一种高混机的辅助装置，具体系一种高混机的除尘装置。一种塑料高混机除尘装置，包括高混机(1)，开口向下的薄壁形投料罩(2)安装连接在所述高混机(1)进料腔上方；所述投料罩(2)的侧部开设投料门，所述投料罩(2)的顶部由管路(3)连接至积尘罐，且管路(3)插入溶尘液中；所述积尘罐(7)呈上部圆柱和下部圆锥结合的薄壁体，圆锥薄壁体的下锥端为排液口(10)，圆柱薄壁体的上部经抽气管(6)接至风机(5)，圆柱薄壁体的上部还设置加液口(4)。除粉效率高，除粉时间长，不必经常清除和更换滤芯的方式，保护操作员健康，改善改进作业环境的清洁度，降低安全事故的系数。

【名称】 塑料管道多用钻、焊机

【公开(公告)号】 CN101664815

【公开(公告)日】 2010. 03. 10

【申请(专利权)人】 阿丽贝(鞍山)塑料防腐设备有限公司

【地址】 辽宁省鞍山市铁西区创业街138号

【发明(设计)人】 郑世义

【摘要】 本发明涉及塑料管道制造技术领域，特别是一种塑料管道多用钻、焊机，包括机箱，两条工作台纵向导轨，分钻孔纵、横向移动工作台和聚熔加热器的纵、横向移动工作台，聚熔加热器，多用钻具，调速动力头，工作台锁紧装置，以及工件夹紧装置。聚熔加热器和调速动力头通过电缆与设在所述的机箱内的电源装置相连接。纵、横向移动工作台的横向移动机构为手轮或手柄驱动的横向移动机构。两条工作台纵向导轨的外侧设有游标刻度尺。优点是：在同一台机器上既完成了钻孔又实现了连续焊接，有效的保证了加工精度，同时又提高了工作效率，降低了加工成本，为企业带来了经济效益，是塑料管道加工的理想设备，适用于加工精度要求高，开孔数量多的管道。

【名称】 一种塑料切粒机动刀的保护器具

【公开(公告)号】 CN101664972

【公开(公告)日】 2010. 03. 10

【申请(专利权)人】 上海金发科技发展有限公司；金发科技股份有限公司

【地址】 上海市青浦区朱家角工业园康园路88号

【发明(设计)人】 曹勇

【摘要】 本发明涉及一种塑料切粒机的辅助器具，尤其是一种用在改性塑料中切粒机动刀在运输、存放环节中的一种保护器具。一种塑料切粒机动刀的保护器具，所述保护器具为一圆筒体(2)，一端为中心开设轴孔的固定端底，在圆筒体(2)内壁开设与动刀(G)相应数量和尺寸的刀齿槽，所述保护器具为塑料件。本技术方案结构简单，使用方便，保护效果可靠明显，随之减少避免了动刀在运输保存中的损坏、损失，节约了动刀的更换更新的费用，降低了生产成本。

【名称】 精密塑料模具镶件在线快速互换机构

【公开(公告)号】 CN101664974

【公开(公告)日】 2010. 03. 10

【申请(专利权)人】 张欢庆

【地址】 浙江省台州市黄岩区西工业园区茂丰街17号

【发明(设计)人】 张欢庆

【摘要】 精密塑料模具镶件在线快速互换机构，包括安装在定模座板上的定模板和安装在动模座板上的动模板，定模板内安装定模仁，动模板内安装动模仁，定模仁或者动模仁的内壁装有镶件，定模仁和动模仁的模穴内安装型芯，定模仁和动模仁与型芯之间的间隙构成模腔，其特征在于：从镶件背部的端面至定模板或者动模板的外壁之间制有取出孔。镶件的正面与定模仁或者动模仁的内壁贴合，无螺钉紧固，采用顶出的方式取出镶件，无需拆卸模具，既省时又省力，更换时毫不影响模具上其他零部件的装配精度，无需调试模具，实用性强，本镶件互换机构适用于所有采用镶件的塑料模具，如给排水管件、周转箱、椅子模具等。

【名称】 塑料门窗V形角缝清理机的定位系统

【公开(公告)号】 CN101664977

【公开(公告)日】 2010. 03. 10

【申请(专利权)人】 济南德佳机器有限公司

【地址】 山东省济南市高新区齐鲁软件园创业广场B座5层511室

【发明(设计)人】 毕伟祥；张慧

【摘要】 本发明的塑料门窗V形角缝清理机的定位系统，包括工作台和固定于工作上的定位装置，其特别之处在于：所述的定位装置包括三个用于固定工件的后定位板、左定位板和右定位板；所述后定位板通过一后导向装置固定于工作台上并经由后导向装置与一驱动装置相连接，所述左定位板和右定位板分别通过左导向装置和右导向装置固定于工作台上并分别连接于各自的驱动装置；所述的左定位板和右定位板的运动方向相互垂直且均和后定位板的工作面呈45°夹角。本发明的有益效果是：(1)窗体的V形角缝的顶点准确定位在确定的位置，提高了工作效率；(2)可定位不同型号窗体使本发明的应用范围更加广泛；(3)可定位不对称焊接完成的V形焊缝。

【名称】 一体式塑料龙头本体构件的制作方法及塑料龙头本体构件

【公开(公告)号】 CN101664980

【公开(公告)日】 2010.03.10

【申请(专利权)人】 深圳成霖洁具股份有限公司

【地址】 广东省深圳市宝安区观澜镇福民乡悦兴围村

【发明(设计)人】 侯钣锠

【摘要】 本发明适用于一种一体式塑料龙头本体构件的制作方法及其制成品，主要采用了二次注塑实现龙头的成型的技术方案，其中，第一次注塑用以成型龙头本体构件中间连接部位处的第一部件，然后再将第一部件置于模具中进行第二次注塑，以成型龙头本体构件两侧的第二部件，并适当地包覆连结第一部件，同时保留所需孔洞作为入水口、出水口与阀座；本发明采用的技术方案可简化传统铜铸繁杂冗长制作方法，使生产效率和产品质量提高，成本和不良率降低，同时减轻产品重量，使运输成本大幅降低，相较传统个别注塑组成构件再黏固的制作方法，亦可有效降低人工组装成本，提高生产效率与产品质量，并具较佳结构强度。

【名称】 塑料型材冷却和定型的方法及实现该方法的装置

【公开(公告)号】 CN101664993

【公开(公告)日】 2010.03.10

【申请(专利权)人】 成都市新湖装饰材料有限公司

【地址】 四川省成都市新都区新都镇城守村

【发明(设计)人】 冯跃福

【摘要】 本发明公开了一种塑料型材冷却和定型的方法及实现该方法的装置，塑料型材经挤出机挤出后，在第一段干式定型模经真空造型、冷却孔通冷却水进行第一次冷却定型，第二步，在第一段干式定型模后增加一开放式冷却槽，该冷却槽内部装有冷媒，对塑料型材进行散热冷却；第三步，在开放式冷却槽后增加第二段干式定型模，塑料型材在开放式冷却槽进行散热冷却后，进入第二段干式定型模，进行第二次真空定型和冷却。本发明将现有的干式定型模具分成两部分使用，同时与开放式水槽作了合理的搭配，改变了现在认为的干式定型模必须与其他专门的冷却装置相连才能大幅度改善冷却定型的效果的看法。本发明特别适合加工类似 PVC 扣板等中空的塑料型材。

【名称】 一种塑料件平板压弯装置及塑料件平板压弯工艺方法

【公开(公告)号】 CN101664996

【公开(公告)日】 2010.03.10

【申请(专利权)人】 比亚迪股份有限公司

【地址】 广东省深圳市龙岗区坪山镇横坪公路 3001 号

【发明(设计)人】 王巍；王涛

【摘要】 本发明适用于塑料成型领域，提供了一种塑料件平板压弯装置及塑料件平板压弯工艺方法，所述装置包括气缸、压头、加热板、模具和底座，所述模具分为上模部分和下模部分，所述下模部分固定在所述底座上，所述上模部分固定有一加热板，所述加热板的上端与压头的下端固定，所述压头的上端与汽缸连接。在本发明中，通过塑料件平板压弯工艺方法对塑料坯件进行加工，使其具有一定的弧度，外观呈现一定的 3D 效果，该加工方法具有工艺流程简单，成本低廉的特点。

【名称】 用于汽车外饰塑料零件的热风弯压铆焊机以及焊接方法

【公开(公告)号】 CN101664998

【公开(公告)日】 2010.03.10

【申请(专利权)人】 延锋彼欧汽车外饰系统有限公司

【地址】 上海市嘉定工业区福海路 1055 号 6 幢

【发明(设计)人】 陆卫峰；陈志光

【摘要】 本发明涉及一种用于汽车外饰塑料零件之间特殊的焊接方法和焊机设计。该焊机焊接对象类似与普通铆焊零件，不同之处是，可折弯并紧固工件，而非产生一个蘑菇头。焊机采用热风焊机原理，通过集中热风，只是将单边焊筋的局部烘烤到软化温度，并采用专用焊头，在下压过程中同时推动焊头向预先设计要求的一边弯曲。并可根据不同的要求，将弯曲的焊筋压焊熔接到另一工件上，或只是弯曲和另一工件压紧。采用这种焊接方法可提供零件在特殊领域的外观要求，即避免有蘑菇头而使焊接痕迹可见。

【名称】 一种阻燃聚苯乙烯/层状无机物纳米复合物及其制备方法

【公开(公告)号】 CN101665513

【公开(公告)日】 2010.03.10

【申请(专利权)人】 中国科学技术大学苏州研究院

【地址】 江苏省苏州市工业园区仁爱路 166 号

【发明(设计)人】 胡源；台启龙；宋磊；陈丽娟

【摘要】 本发明公开了一种阻燃聚苯乙烯/层状无机物纳米复合物及其制备方法，特征是以二氯化磷酸苯酯为反应基质与部分丙烯酸化或部分甲基丙烯酸化的多元醇或多元酚反应，再与带有一个反应性氨基基团的含氮化合物反应，得到同时具有活性双键和磷氮阻燃元素的阻燃共聚单体；在层状无机物存在下，将所述磷氮单体同苯乙烯通过自由基原位插层聚合的方法制备出阻燃聚苯乙烯/层状无机物纳米复合物；以化学键方式连接到聚合物分子链中含磷氮阻燃剂与树脂基体的相容性更好、更环保，且阻燃剂不迁移、不流失；层状无机物可进一步提高聚合物基体的热稳定性和阻燃性能；可直接制备成阻燃聚苯乙烯材料，也可制备成阻燃母粒添加到其他塑料中。

【名称】 塑料表面处理方法

【公开(公告)号】 CN101665577

【公开(公告)日】 2010.03.10

【申请(专利权)人】 深圳富泰宏精密工业有限公司

【地址】 广东省深圳市宝安区龙华镇富士康科技工业园F3区A栋

【发明(设计)人】 姜传华；侯俊男

【摘要】 本发明提供一种塑料表面处理方法，其包括如下步骤：提供一塑料基体，该塑料基体的表面预设有一粗糙区；于该基体表面喷涂一底漆层；于该底漆层的表面形成一真空镀膜层；于该真空镀膜层的表面喷涂一透明的中漆层；及于该中漆层的表面喷涂一透明的面漆层。该塑料表面处理方法可使塑料表面既具有亮丽的金属外观，又可以呈现明显的亮哑双色效果。

【名称】 一种用于保温聚氨酯塑料的发泡剂

【公开(公告)号】 CN101665578

【公开(公告)日】 2010.03.10

【申请(专利权)人】 关志强；冯运成；麦景恒；梁秋明

【地址】 广东省中山市南头镇升辉南工业区月桂路伯士的聚氨酯有限公司

【发明(设计)人】 关志强；冯运成；麦景恒；梁秋明

【摘要】 一种用于保温聚氨酯塑料的发泡剂其特殊之处在于：它包括HFC－365mfc。在作为发泡剂使用时，其重量份如下：HFC－365mfc3～40；水0.3～3；催化助剂1～5；聚醚或聚酯45～85。通过调整HFC－365mfc的份数可以有效地调整自由发泡的密度。将聚醚或聚酯与催化助剂、水混合搅拌均匀，再在40℃以下加入上述(1)中3份HFC－365mfc发泡剂与上述材料混合均匀，即制成组合聚醚。为减少发泡反应产生CO_2，降低导热系数，可选择降低配方中水含量，将上述配制的组合聚醚与异氰酸酯按一定比例混合反应即生成含有HFC－365mfc的聚氨酯泡沫，该发泡泡沫具有导热系数低，发泡流动性好、泡沫强度高、基材粘合力强、模塑密度低、材料环保节能。

【名称】 双霉降解液体脱气膜聚合工艺控制体系

【公开(公告)号】 CN101665587

【公开(公告)日】 2010.03.10

【申请(专利权)人】 董平

【地址】 甘肃省兰州市西固区福利东路55号兰州大地塑业股份有限公司研发部

【发明(设计)人】 董平

【摘要】 本发明涉及生物基高分子材料BP液相聚合酶催化工艺技术领域中的“双霉降解液体脱气膜聚合工艺控制体系”。本发明使用生物基淀粉、豆粕、多酶分子、双官能团羟基单体、多官能团羧基物质，在液态酶专用催化剂作用下，通过一步法均浆、液相聚合、相容扩链、双相分离、修饰调节、临界单相制备工艺双霉降解高分子液聚物。本发明通过静电吸附自动控制搪瓷流延模具口模调整块加压下流延成型、真空脱气制备液体脱气膜。液聚物通过喷雾刮板干燥器制备得到双霉降解高分子低成本固体材料，通过常规塑料设备制备农用地膜、包装膜、手提袋、注塑制品、中空制品、吸塑制品，作为一种环境友好的生物基高分子材料BP得到广泛应用。

【名称】 电子交联发泡材的制造方法及其组成物

【公开(公告)号】 CN101665604

【公开(公告)日】 2010.03.10

【申请(专利权)人】 良澔科技企业股份有限公司

【地址】 中国台湾台北县三峡镇添福里添福七号

【发明(设计)人】 周芳如；尤淳永；简两佳；熊汉兴

【摘要】 本发明是关于一种电子交联发泡材及其组成物，电子交联发泡材的组成物包含：重量百分比30至80的三元乙丙橡胶；重量百分比0.5至12的聚烯烃塑料；重量百分比1至20的乙烯乙酸乙烯酯共聚物；重量百分比0.5至15的发泡剂；及重量百分比0.1至11的添加剂。电子交联发泡材的制造方法，其步骤包括：混炼三元乙丙橡胶、聚烯烃塑料、乙烯乙酸乙烯酯共聚物、发泡剂与添加剂形成一中间物；将中间物押出；使用电子束照射押出后的中间物，使中间物产生架桥反应；及进行加热发泡。本发明能避免PU发泡塑料于发泡制程产生的TDI气溶胶对人体呼吸系统的危害。

【名称】 一种特种酚醛模塑料及其制备方法

【公开(公告)号】 CN101665612

【公开(公告)日】 2010.03.10

【申请(专利权)人】 上海欧亚合成材料有限公司

【地址】 上海市闵行区万源路88号

【发明(设计)人】 杨玮；杨小云；殷荣忠；朱永茂

【摘要】 本发明提供一种特种酚醛模塑料，包括以下组分：(1)酚醛树脂，含量是10%～40%；(2)固化剂，含量是2%～8%；(3)固化促进剂，含量是1%～5%；(4)增强剂，含量是20%～55%；(5)反膨胀剂，含量是5%～20%；(6)防软化剂，含量是5%～20%；(7)润滑剂，含量是1%～8%；(8)着色剂，含量是0.1%～5%；本发明还公开了一种特种酚醛模塑料的制备方法。本发明的一种特种酚醛模塑料，用于替代钢铁或者铝合金材料，并且能够作为制造汽车、摩托车刹车活塞的材料，不膨胀、不软化。

【名称】 塑料降解用组合物及其用途及包含其的塑料和制品
【公开(公告)号】 CN101665625
【公开(公告)日】 2010.03.10
【申请(专利权)人】 王丽红
【地址】 北京市昌平区顺沙路68号
【发明(设计)人】 周经纶；王大勇；王丽红
【摘要】 本发明提供了一种用于环境降解塑料的组合物，该组合物含有：1)可见光催化氧化降解和热催化氧化降解成分，它是过渡金属的金属有机化合物，其用量为组合物总重量的1%～10%；2)紫外光催化降解成分，它是颗粒直径在5～100nm之间、具有紫外光催化降解功能的纳米级过渡金属化合物，用量为组合物总重量的0.1%～10%；3)助氧化降解成分，其用量为组合物总重量的1%～10%；和4)余量的塑料基体成分。还涉及本发明组合物在制造环境降解塑料制品中的用途，以及由该组合物所制得的各种能够在环境降解包装领域或一次性使用的塑料及塑料制品。

【名称】 一种制备橡、塑复合物的方法
【公开(公告)号】 CN101665627
【公开(公告)日】 2010.03.10
【申请(专利权)人】 陈汇宏；胡嘉庆
【地址】 上海市龙州路梅陇八村23号702室
【发明(设计)人】 陈汇宏；胡嘉庆
【摘要】 本发明提出一种制备橡、塑复合物的方法，用包含有常温磨盘式弹性体细碎机械的组合装置，粉碎处理含热固性弹性体和塑料或/和热塑性弹性体的配方混合物，所述混合物中各组分重量份比例是：过5～40目孔径筛的热固性弹性体：过1～5mm孔径筛的塑料或/和过1～5mm孔径筛的热塑性弹性体：填料：其他助剂＝(40～90)：(60～10)：(0～200)：(0～10)。本发明包括方法，以及实施方法用及的组合装置和用此法制得的橡、塑复合物产品，其中也包括一种再生质橡、塑复合物。本发明不但能使制备新橡、塑复合材料过程中的吃粉操作变得清洁、连续、常温、节能，还可使难于被现有技术再生利用的混杂废塑料被方便地高值化再生利用。

【名称】 一种超低温固化粉末涂料
【公开(公告)号】 CN101665653
【公开(公告)日】 2010.03.10
【申请(专利权)人】 陈彩亚
【地址】 浙江省宁波市鄞州区东吴镇大岙工业区块18号
【发明(设计)人】 陈彩亚
【摘要】 本发明公开了一种超低温固化粉末涂料，特点是它由重量百分比含量为48%～54%的不饱和聚酯树脂、12%～14%的结晶型树脂、2%～3.5%的双酚S缩水甘油醚、1%～2%的流平剂、23%～30.5%的无机填料、1.5%～2.5%的氧化铝C和3%～3.5%的颜料混合后组成；优点是固化温度较低，在粉末涂料的喷涂过程中只需要100℃左右的温度就可将其固化，因此可在木材、工程塑料及某些金属合金材料等领域应用，扩大了传统粉末涂料的应用领域，且由于固化温度较低，其在喷涂过程中消耗的电能比传统粉末涂料节省将近50%，同时也提高了生产率。

【名称】 塑料圆织机用塑料棕框
【公开(公告)号】 CN101666003
【公开(公告)日】 2010.03.10
【申请(专利权)人】 吴劲松；周德川
【地址】 浙江省平阳县鳌江镇鳌江大道487号温州恒一塑料机械有限公司
【发明(设计)人】 吴劲松；班建平
【摘要】 本发明公开了一种塑料圆织机用塑料棕框，包括内棕框和外棕框，所述内棕框包括上横条、下横条和若干钢丝棕丝，所述钢丝棕丝连接于上横条和下横条之间，所述内棕框通过上横条和下横条固定于所述外棕框内，所述外棕框下端中央设有棕杆安装孔。本发明由于采用了上述技术方案，内棕框和外棕框分别加工成型后再装配成为一个塑料棕框，其结构简单，重量轻。并且，其中某一部件损坏后可以拆卸更换后继续使用，能够降低维护成本。

【名称】 一种耐高温烘烤的酚醛模塑料及其制备方法
【公开(公告)号】 CN101665613
【公开(公告)日】 2010.03.10
【申请(专利权)人】 上海欧亚合成材料有限公司
【地址】 上海市闵行区万源路88号
【发明(设计)人】 杨小云；杨玮；朱永茂
【摘要】 本发明提供一种耐高温烘烤的酚醛模塑料，

包含添加剂，还包括以下组分：(1)酚醛树脂，含量是30%～48%；(2)木粉，含量是10%～40%；(3)矿物填料，含量是10%～30%；(4)乌洛托品，含量是4.0%～9.0%；(5)磷酸酐，含量是0.5%～5.0%；(6)丙烯酸酯纳米粒子或硅橡胶纳米粒子，含量是0.5%～5.0%；并且公开了本发明的耐高温烘烤的酚醛模塑料的制备方法。本发明的酚醛模塑料在250℃烘烤2h，不开裂、不起泡、不变形；相对于普通电木，本发明成本不显著增加。

【名称】 一种采用拉条螺杆套筒的浇筑施工方法和拉条螺杆套筒

【公开(公告)号】 CN101666160

【公开(公告)日】 2010.03.10

【申请(专利权)人】 葛洲坝集团第一工程有限公司

【地址】 湖北省宜昌市东山大道54号

【发明(设计)人】 和建生；黄静；汤用泉；黎学皓；周巧端；邸书茵

【摘要】 本发明公开的一种采用拉条螺杆套筒的浇筑施工方法和拉条螺杆套筒，涉及混凝土施工领域，通过采用泡沫塑料或橡胶制作的圆柱形螺杆套筒，将它套在与拉条连接的螺杆上，并在外包裹上缠绕层，使螺杆与混凝土分离开来，这样在浇筑后就可以很方便的取下螺杆套筒，切断螺杆，将拉条和螺杆密封在混凝土内，避免了拉条接触空气和水产生锈蚀对混凝土质量造成影响。本发明制作成本低廉、操作简便、质量可靠。适用于中小型水电工程的混凝土施工，也可用于其他不允许和不宜暴露拉条的混凝土结构。

【名称】 导热塑料管

【公开(公告)号】 CN101666397

【公开(公告)日】 2010.03.10

【申请(专利权)人】 天津市军星管材制造有限公司

【地址】 天津市武清区梅厂镇福源经济开发区开源路1号

【发明(设计)人】 夏成文；于东明；韩英民；吴晓芬；秦岚

【摘要】 一种导热塑料管，其特征在于它是由耐腐蚀性好的管道级热塑性树脂与耐腐蚀性好的导热系数高的导热材料的微粉，通过熔融共混改性后挤出成型的管材，其导热系数为管道级热塑性树脂的150%～300%，这种管材可直接用于土壤源热泵、水源热泵系统和地面辐射供暖系统做热交换管，提高了系统的传热能力，也可经焊接加工成不同形式不同结构的热交换器，用于化工、食品、医药制造过程。

【名称】 塑料管件的快速连接结构

【公开(公告)号】 CN101666411

【公开(公告)日】 2010.03.10

【申请(专利权)人】 蔡贤通

【地址】 浙江省台州市玉环县清港镇群兴路89号

【发明(设计)人】 蔡贤通

【摘要】 本发明属于机械技术领域，涉及一种塑料管件的快速连接结构。它解决了现有的快速连接结构中接管拆卸比较麻烦及密封性不好等问题。本塑料管件的快速连接结构，包括具有连接孔的本体，连接孔上设有导向帽，本体可与穿过导向帽的接管相卡接，在连接孔的内壁上设有台阶，导向帽的前端与连接孔内壁上的台阶形成一个环形槽，在环形槽内沿接管插入本体的方向上依次设有卡环和密封环，卡环上具有若干个向卡环内部倾斜的卡爪，该卡爪能卡住接管，导向帽与本体上的连接孔为可拆卸连接，当导向帽从本体上的连接孔拆卸下来时，接管及卡在其上的卡环能从本体中一起脱离出来。本塑料管件的快速连接结构具有密封性好且接管拆卸方便快速的优点。

【名称】 塑料液晶显示屏的制备方法

【公开(公告)号】 CN101666939

【公开(公告)日】 2010.03.10

【申请(专利权)人】 江西合力泰微电子有限公司

【地址】 江西省吉安市泰和县工业开发园区1号

【发明(设计)人】 文开福；周青

【摘要】 一种塑料液晶显示屏的制备方法，其制备方法步骤如下：清洗塑料导电膜；涂布感光胶；感光胶预烘；曝光；显影；坚膜理；蚀刻；脱膜；涂布定向层；定向层固化；定向层摩擦；丝印边框胶料；喷粉；丝印导电材料；贴合固化；切割裂片；灌液晶；封口；电目测；贴偏光片。本发明以塑料导电膜、液晶、偏光片、PI边框胶为主要原材料，生产塑料LCD，解决了塑料LCD产品底色出现“彩虹”的问题，使塑料LCD的透过率，达到了与玻璃LCD同等的水平，通过采用边框胶材料，解决了塑料导电膜之间的黏结性问题，保证了塑料LCD边框的可靠性，通过工艺调整及材料的优化组合，解决塑料膜的收缩性问题，保证了现实图案不会变形。

【名称】 塑料仿真草植物及其制造方法和设备

【公开(公告)号】 CN101669691

【公开(公告)日】 2010.03.17

【申请(专利权)人】 禹州市绿之舟花园用品制造有限公司

【地址】 河南省禹州市市南五里禹州市绿之舟花园用品制造有限公司

【发明(设计)人】 刘自学

【摘要】 本发明涉及一种以塑料为主要材料制成酷似草类植物茎条效果的塑料仿真草植物及其制造方法和设备，该塑料仿真草植物包括100份的塑料原料，并且在100份的塑料原料再各加入1% ~10%份的增塑剂、润滑剂、稳定剂、阻燃剂、抗紫外线剂和0.1% ~10%的颜料，进行搅拌至均匀，经过塑料挤出机挤出，冷却后进行变速牵引形成有粗节、有细节的塑料条，从最粗和最细处进行剪断使有粗节、有细节的塑料条形成一头粗和一头细的仿真草植物茎条，制作出的塑料条颜色可配制得与真草茎条颜色一样的效果，并能经风刮、雨淋或紫外线照射，经久耐用不会造成环境污染，利用该产品建造的屋面美观自然，与周围环境能够融合为一体，形成和谐美。

【名称】 塑料挤出制品切削机构和所用刀具

【公开(公告)号】 CN101670592

【公开(公告)日】 2010.03.17

【申请(专利权)人】 济南德佳机器控股有限公司

【地址】 山东省济南市天桥区黄岗路1991号

【发明(设计)人】 邓小鸥；武宽宏

【摘要】 本发明公开了一种塑料挤出制品切削机构和所用刀具。其中塑料挤出制品切削机构，包括：刀座，用于安装刀具；支架，安装在切割机的随动机架上，使其与挤出型材同步运动；进给子机构，驱动所述刀座做进给运动；驱动装置，安装在所述刀座上以驱动所述刀具做切削运动；所述刀具为无齿圆刀，且该刀具为单面刃时的刃口角度为2 ~6度，为两面刃时刃口角度4 ~12度。使用本发明的切削机构和刀具具有切割噪音小，不会产生尘屑，且型材断面质量好的特点。

【名称】 塑料件内丝全牙精准定位模具结构

【公开(公告)号】 CN101670630

【公开(公告)日】 2010.03.17

【申请(专利权)人】 仲从宝

【地址】 安徽省天长市石梁东路炳东1号楼(111 - 304)

【发明(设计)人】 仲从宝

【摘要】 一种能够让塑料件内丝全牙精准定位的模具结构，被油马达带动而旋转的内牙模块轴上或传动齿轮轴上，装一凸轮，此凸轮能被锁杆卡住而定位，锁杆上作用有弹簧或簧片，当凸轮被锁杆定位时，齿或链轮与所在的轴能够滑转，在轴上定位一与齿或链轮相配的单向咬合轮，咬点可互为凸状或凹凸状，在两轮上施加弹簧，簧能调节两轮上的咬合力，以对抗定位时的阻力。

【名称】 塑料板材边料剪切装置

【公开(公告)号】 CN101670634

【公开(公告)日】 2010.03.17

【申请(专利权)人】 常州博双塑料有限公司

【地址】 江苏省常州市新北区河海西路199号

【发明(设计)人】 金惠良；贺国华；颜炳辉

【摘要】 本发明公开了一种塑料板材边料剪切装置，其包括机座、上刀装置和下刀装置，其特征在于：所述的机座上设置有气缸，气缸的推杆与一个铰链机构连接，所述的机座设有一个凹腔，所述的铰链机构固定在该凹腔内，该铰链机构的连杆与上刀装置固定连接，所述的上刀装置的刀口形状为燕尾形，所述的下刀装置设置于上刀装置下方，该下刀装置的刀口形状为矩形。本发明的有益效果为可以将边料直接切下，工作效率高，而且剪切面光洁，尤其是容易碎裂的材料，用这种剪切装置剪切更加安全可靠。

【名称】 U型管件注塑模具

【公开(公告)号】 CN101670649

【公开(公告)日】 2010.03.17

【申请(专利权)人】 湖北鄂丰模具有限公司

【地址】 湖北省鄂州市鄂城区站前路8号

【发明(设计)人】 武军；李吉文；李正军；江明先；吕继梅

【摘要】 一种U型管件注塑模具，主要用于带弯度、弧形的U型塑料产品，在汽车进气岐管、工业仪器仪表、塑料建材连接弯头等领域最为常见。U型管件注塑模具所对应的产品两承口高度在同一位置上，安装尺寸比较短，采用常规的旋转型芯的方案，由于空间小，无法旋出产品。U型管件注塑模具采用肋环结构，利用注塑机，先通过双联型芯抽出弯型芯直线段，再顶出弯型芯，这样弯型芯就脱离了型腔，然后通过油缸齿轮齿条带动肋环转动，弯型芯不动，肋环从产品端面推动，使产品脱离弯型芯，完成了模具的抽芯运动。

【名称】 管件叠层模具

【公开(公告)号】 CN101670650

【公开(公告)日】 2010.03.17

【申请(专利权)人】 湖北鄂丰模具有限公司

【地址】 湖北省鄂州市鄂城区站前路8号

【发明(设计)人】 武军；夏敬松；方四明；李吉文；余安亭；余书林；严胜利

【摘要】 一种管件叠层模具，主要用于细小塑料产品的大批量和高效生产，因为传统的单层型腔模具，因受注塑机的容模量限制，往往实际注射量只有注塑机最大注射量的20% ~40%，其注射特性不能充分利用，生产效率不能提高。管件叠层模具采用多层型腔，不需改进任何设备，只是最有效利用了注塑机的轴向空间，它的技术关键是产品的排位、流道的设计和脱落、开模顺序的控制、复位机构的设计。管件叠层模具采用加长喷嘴，减少主流道长度；产品端面分型一致的分组排位和先复位结构；产品和流道凝料顶出利用注塑机开模联动完成。结构新颖，充分利用了注塑机容模空间，提高了容积效率，成倍的提高生产效率。

【名称】 塑料瓶胚挤出成型机

【公开(公告)号】 CN101670658

【公开(公告)日】 2010.03.17

【申请(专利权)人】 湖南千山制药机械股份有限公司

【地址】 湖南省长沙经济技术开发区盼盼路9号

【发明(设计)人】 艾良圣

【摘要】 本发明提供了一种塑料瓶胚挤出成型机，包括：挤出式制胚系统，用于制造瓶胚；传送系统，用于把挤出式制胚系统所制的瓶胚送出制胚系统并降温；风冷系统，设置在传送系统上，制成的瓶胚在通过风冷系统时，瓶胚得到冷却。采用根据本发明的塑料瓶胚挤出成型机，采用了挤出式制胚系统，在生产瓶胚时，其注射方式是连续挤出式小容量注射，即连续逐个对瓶胚型腔进行注射。在生产相同产量的瓶胚时，本发明所需消耗的能量只有现有技术所消耗的能量的约70%，达到了降低成本的效果；同时，还采用了外置风冷系统，提高了瓶胚的生产效率。

【名称】 一种注拉吹塑料中空容器制品的模具设备及其工艺成型方法

【公开(公告)号】 CN101670659

【公开(公告)日】 2010.03.17

【申请(专利权)人】 台山市心华药用包装有限公司

【地址】 广东省台山市台城镇新荻路100号

【发明(设计)人】 黄锦强

【摘要】 本发明属于塑料加工技术领域，一种注拉吹塑料中空容器制品的模具设备及其工艺成型方法，该模具设备包括注塑模组件、吹塑模组件及拉伸装置；注塑模组件包括动模和定模，定模包括浇口套、热流道及瓶坯模腔板，每块瓶坯模腔板上设置有至少一排纵向排列的瓶坯模腔，动模上固定有至少一排纵向排列的带有吹气口且为中空的成型芯，其与定模上的瓶坯模腔一一对应；每排成型芯上还配置一吹塑模组件，每个吹塑模组件包括两块吹塑成型模块，每一模块的内侧面设置有至少一排成型模腔，其与每个成型芯一一对应，拉伸装置包括置于成型芯内可将瓶坯进行轴向拉伸的拉伸棒及驱动该拉伸棒运动的驱动机构。本发明直接在普通注塑机进行一步完成注塑、拉伸、吹塑中空塑料容器，无需专用注拉吹设备；生产自动化程度和生产效率高；模具结构紧凑，安装容易，操作、维修简单。

【名称】 塑料薄板折边装置

【公开(公告)号】 CN101670662

【公开(公告)日】 2010.03.17

【申请(专利权)人】 常州博双塑料有限公司

【地址】 江苏省常州市新北区河海西路199号

【发明(设计)人】 金惠良；贺国华；颜炳辉

【摘要】 塑料薄板折边装置，机架内侧的上壁面上至少设有两个上刀驱动装置，各个上刀驱动装置的动力输出端与一个上刀安装支架固定连接，上刀安装支架上设有上加热刀，上加热刀的下端面设有呈三角形的缺口槽，机架内侧的下壁面上设有位于上刀安装支架下方的下刀安装支架，该下刀安装支架上设有下加热刀，下加热刀上设置具有缺口的挤压槽，该挤压槽的侧压面与水平面的夹角为80°~85°，机架内侧至少设有两个固定于该机架内上壁面与内下壁面之间的立柱，各个立柱的侧壁面均设有与下加热刀的挤压槽相对的侧压装置，该侧压装置的挤压面为一个80°~85°的斜面。本发明能避免折出的折边产生裂纹，成型的折边以及折角处具有质量高的优点。

【名称】 塑料板材的折边机及折边方法

【公开(公告)号】 CN101670663

【公开(公告)日】 2010.03.17

【申请(专利权)人】 常州博双塑料有限公司

【地址】 江苏省常州市新北区河海西路199号

【发明(设计)人】 金惠良；贺国华；颜炳辉

【摘要】 塑料板材的折边机，支撑架上端设有下刀座，下刀座的上端面设有向下刀座中部凹陷的三角形的下刀槽，下刀槽底部的夹角为80°~85°，下刀座的中部设有位于下刀槽下方的加热装置，下刀座上设有一个上端与下刀槽底部连通的导流孔，该导流孔的下端与加热装置连通，下刀座上端面设有可沿垂直方向位移运动的左滑块和右滑块，左滑块和右滑块各自连接一个驱动装置，一个上刀支架的两端分别与左滑块和右滑块连接，上刀支架上设有三角形的上刀，上刀底部的夹角小于下刀槽底部的夹角，上刀上设有加热片。本发明能使被折边的塑板材达到对应的软化点，并且受热均匀，使得成型的折边具有质量好的优点。

【名称】 一种模内加饰成型方法

【公开(公告)号】 一种模内加饰成型方法

【公开(公告)日】 2010.03.17

【申请(专利权)人】 广州市中新塑料有限公司
【地址】 广东省增城市中新镇中福北路 3 号
【发明(设计)人】 欧荔苹；杨军；汪本发
【摘要】 本发明提供了一种模内加饰成型方法，包括下述步骤：(1)提供一裁剪好的绒布；(2)在绒布表面喷水；(3)打开模具，将绒布放置并定位在模具的动模上；(4)模具上的动模携带绒布一起向定模移动；(5)动模停止移动，动模和定模之间形成模腔；开始向模腔内注射熔融塑料；(6)完成注射后，动模继续向定模移动并压紧，使得动模和定模之间完全闭合，以使熔融塑料压紧绒布成型，制得半成品；将所述半成品定型冷却，冷却后成型为塑料件制品；(7)打开模具，将已成型的塑料件制品提取出模具。本发明能将绒布和塑料在模具内同时成型，减少后加工工序，减低生产成本，且使得绒布和塑料贴合紧密，不易脱落，制得的产品环保、无涂胶。

【名称】 灵活节能保鲜塑料袋
【公开(公告)号】 CN101670900
【公开(公告)日】 2010. 03. 17
【申请(专利权)人】 凌鹤轩
【地址】 上海市浦东新区凌桥二村 20 号 302 室
【发明(设计)人】 凌鹤轩
【摘要】 本发明是涉及塑料制品的"灵活节能保鲜塑料袋"，节能是头等要事，而家庭中耗能最多的首推整年开着的冰箱，冰箱能使食物少受细菌的侵害变质但并不保险，而许多真空罐装食品在常温下却能保存半年以上，用塑料袋封装的简易真空中的风鸡酱鸭都能放三个月，而且开袋即可食用。事实证明哪怕是在大热天里，半个月内生鲜肉类用真空贮藏都要比冷冻效果好得多，而且鸡鸭鱼肉经冷冻后就损失了不少鲜味和营养。本设计的技术方案是：制造带手动封口拉链的一系列大小无毒的塑料袋，部分带有铝箔，每袋都加上可靠的抽真空配置，实现家庭中灵活地用真空代替冷冻，做到节能省钱省面积，并在食物色香味营养方面都有大提高，好处特多且意义深远。

【名称】 高分子双酚 A 四苯基双磷酸酯的制备方法
【公开(公告)号】 CN101671439
【公开(公告)日】 2010. 03. 17
【申请(专利权)人】 浙江万盛化工有限公司
【地址】 浙江省临海市伏龙小区 6 – 36 号
【发明(设计)人】 金译平；吕云兴；陆凯凯
【摘要】 本发明属于高分子化合物制备技术领域，涉及一种高分子双酚 A 四苯基双磷酸酯的制备方法，该方法具体步骤分为四步，前三步是 SBDP 粗品的制备，最后第四步是 SBDP 粗品的洗涤。具体步骤如下：第一步：二官能团的一苯氧基二氯氧化磷(MP-DCPO)的制备；第二步：高分子双酚 A 双磷酸酯磷酰氯(HPC)的制备；第三步：HPC 的封端；第四步：将由前三步制得的粗 SBDP 洗涤为成品。本发明的优点：制造时不需任何有机溶剂，且得率比 LBDP 可高 5% 左右。SBDP 为固态高聚物，加料方便，水解稳定性高，迁移性小，挥发性低，对基材热稳定性影响小。另外，SBDP 的软化及熔化温度低，在工程塑料加工温度下呈熔态，故与被阻燃基材混合均匀，且物料流动性好，节省加工能量。

【名称】 一种具有低应力光学系数的透明脂环族聚酯的制备方法
【公开(公告)号】 CN101671433
【公开(公告)日】 2010. 03. 17
【申请(专利权)人】 中国航空工业集团公司北京航空材料研究院
【地址】 北京市 81 号信箱
【发明(设计)人】 陈宇宏；李曦；袁渊
【摘要】 本发明公开了一种具有低应力光学系数的透明脂环族聚酯的制备方法。该方法涉及利用一种顺式异构体与反式异构体之比大于 1∶1 的 1，4 – 环己烷二甲酸，与一种沸点相对高的脂环族二醇，如 1，4 – 环己烷二甲醇，在一种催化剂的存在下进行反应制备聚(1，4 – 环己烷二甲酸酯)，尤其是聚(1，4 – 环己烷二甲酸 – 1，4 – 环己烷二甲醇酯)。另一种沸点相对低的脂肪族二醇如乙二醇可以参加反应，以提高分子量和调整应力光学系数。反应是分两个阶段进行的，第一阶段的酯化反应需要氮气保护，反应温度为 180 ~ 220℃，反应时间为 1 ~ 3h；第二阶段的缩聚反应真空度为 2 ~ 500Pa，反应温度为 240 ~ 290℃，反应时间为 2 ~ 8h。本发明制备出的脂环族聚酯具有低应力光学系数和高透光度，适用于低双折射要求的透明塑料件，如飞机透明件、车窗、光学镜头、镜片和光盘等。

【名称】 PC 废料的回收方法
【公开(公告)号】 CN101671446
【公开(公告)日】 2010. 03. 17
【申请(专利权)人】 高兆波；严晓兵；孟凡兵；崔毅
【地址】 广东省东莞市虎门镇虎门大道中联大厦三号楼 7C
【发明(设计)人】 高兆波；严晓兵；孟凡兵；崔毅
【摘要】 本发明涉及 PC 废料的回收方法，包括下述步骤：回收 PC 成份的塑胶件— > 清理— > 清洗— > 冷却破碎— > 再清洗— > 脱水烘干— > 添加添加剂挤出成型；其中添加添加剂挤出成型具体包括，以挤出机为主要设备再配以添加添加剂的附属设备在温度240~300℃的温度下按重量百分比添加2%~20%的PTFE或1%~5%的二硫化钼，余量的PC塑胶。利用本发明可使获得具有耐磨性能改性工程塑料。

【名称】 一种可食性复合膜及其制备方法
【公开(公告)号】 CN101671449
【公开(公告)日】 2010.03.17
【申请(专利权)人】 天津科技大学
【地址】 天津市河西区大沽南路1038号532信箱
【发明(设计)人】 韩永生；刘秉镰；刘彦平；赵丽美
【摘要】 本发明公开了一种可食性复合膜及其制备方法，由以下组分和体积比份数组成：50~80份质量百分比浓度1.5%~3%壳聚糖水溶液，20~50份质量百分比浓度2%~4%改性淀粉糊水溶液，占壳聚糖溶液和改性淀粉糊溶液体积和的1%~6%的增塑剂，占壳聚糖溶液和改性淀粉糊溶液质量和的0.05%~2%的脂肪类助剂。本发明以壳聚糖和改性淀粉为主要成膜物质，采用物理共混的方法，通过流延方式自然干燥成膜。该膜具有良好的阻氧性、阻油性、热水速溶性，并能够达到一定的力学强度，可以作为食品塑料包装袋的内层或方便速食食品的内包装，是一种方便、卫生、环保的包装材料。

【名称】 一种软级别耐油型全硫化热塑性弹性体及其制备方法
【公开(公告)号】 CN101671451
【公开(公告)日】 2010.03.17
【申请(专利权)人】 中国石油化工股份有限公司；中国石油化工股份有限公司北京化工研究院
【地址】 北京市朝阳区惠新东街甲6号
【发明(设计)人】 张晓红；谭邦会；乔金樑；高建明；黄帆；宋志海；魏根栓；赖金梅
【摘要】 本发明提供一种软级别耐油型全硫化聚烯烃热塑性弹性体及其制法，涉及热塑性弹性体技术领域。该全硫化聚烯烃热塑性弹性体由包括聚烯烃塑料和橡胶组分在内的组分熔融共混而成。其中所述橡胶组分与聚烯烃塑料的重量比为30:(70~75):25。所述橡胶组分为具有交联结构的橡胶粒子与软化剂的混合物，其中软化剂的含量以橡胶粒子为100重量份计，30到120重量份；所述橡胶粒子包括全硫化粉末丁腈橡胶和/或全硫化粉末羧基丁腈橡胶，其平均粒径为0.02~1μm，凝胶含量在60%重量或更高。所述软化剂选自邻苯二甲酸酯类化合物、对苯二甲酸二辛酯、偏苯三酸酯类化合物和均苯四酸酯类化合物中的至少一种。本发明的热塑性弹性体具有耐油、低硬度、高断裂伸长率等良好的综合性能。

【名称】 一种MRP管焊接用的聚乙烯焊丝及其焊接应用
【公开(公告)号】 CN101671453
【公开(公告)日】 2010.03.17
【申请(专利权)人】 北京哈威工程材料有限责任公司
【地址】 北京市怀柔区桥梓镇金宇瑞科技产业基地一号园区
【发明(设计)人】 潘泳晴；韩伟；严峰
【摘要】 本发明提供一种MRP管焊接用的聚乙烯焊丝及其焊接应用，属于管道连接的新材料及其应用领域。本发明通过使用聚乙烯PE塑料粒子作为原材料，应用挤塑机将聚乙烯PE塑料粒子挤出加工制作成聚乙烯焊丝，并将该聚乙烯焊丝辅助用于MRP管无缝焊接以。本发明的聚乙烯焊丝具有良好的流动性，将其用于MRP管的无缝焊接时，在电热熔过程中可流入焊缝处，从而使得电热熔带与MRP管紧密地贴合，防止了MRP管虚焊，保证焊口的密封性。

【名称】 一种MRP管焊接用的PE带及其焊接应用
【公开(公告)号】 CN101671454
【公开(公告)日】 2010.03.17
【申请(专利权)人】 北京哈威工程材料有限责任公司
【地址】 北京市怀柔区桥梓镇金宇瑞科技产业基地一号园区
【发明(设计)人】 潘泳晴；韩伟；严峰
【摘要】 本发明提供一种MRP管焊接用的PE带及其焊接应用，该PE带由粘接树脂和聚乙烯塑料PE(Polyethylene，简称为“PE”)按一定配方比例配制成PE原材料，并应用挤出机将其挤出加工制作而成；所述挤出加工制作而成是指：通过控制挤出机的挤出工艺参数，使其工艺性能指标满足挤出条件，用挤出机将PE原材料挤出成型为PE带。

【名称】 应用聚乙烯和聚乙烯-乙酸乙烯酯共聚物制作细胞培养瓶
【公开(公告)号】 CN101671455
【公开(公告)日】 2010.03.17
【申请(专利权)人】 杭州安普生物工程有限公司
【地址】 浙江省杭州市江干区江干科技经济园九环路63号
【发明(设计)人】 惠觅宙；原世平；赵兴年；李峦峰；胡福林
【摘要】 本发明涉及应用聚乙烯和聚乙烯-乙酸乙烯酯共聚物制作细胞培养瓶，其特征在于：其是首先将原料颗粒 PE 与 EVA 按配比混合后，再通过双螺杆挤丝机重新进行造粒；最后将颗粒吹成瓶子；上述 PE 与 EVA 的配比为：PE60% ~ 80%，EVA 20% ~40%。本发明的优点：1. PE 通过添加适量的 EVA 进行制作瓶子，其产品利于成型；同时，在显微镜下观察，瓶壁内部有细微的凹突不平，进一步扩大了细胞培养液面与瓶壁的接触面积，增加传氧，更利于细胞的培养。2. 塑料成本低，可灭菌并可多次使用。3. 同时，PE 和 EVA 均属于可降解成分。

【名称】 一种全硫化聚丙烯/丙烯酸酯类橡胶热塑性弹性体及其制备方法

【公开(公告)号】 CN101671459

【公开(公告)日】 2010. 03. 17

【申请(专利权)人】 中国石油化工股份有限公司；中国石油化工股份有限公司北京化工研究院

【地址】 北京市朝阳区惠新东街甲 6 号

【发明(设计)人】 张晓红；谭邦会；乔金樑；高建明；黄帆；宋志海；魏根栓；赖金梅

【摘要】 本发明提供一种全硫化聚丙烯/丙烯酸酯类橡胶热塑性弹性体及其制法，涉及热塑性弹性体技术领域。该全硫化热塑性弹性体由包括聚丙烯塑料和橡胶组分在内的组分熔融共混而成。其中所述橡胶组分与聚丙烯塑料的重量比为 30:(70 ~75):25。所述橡胶组分为具有交联结构的橡胶粒子与软化剂的混合物，其中软化剂的含量以橡胶粒子为 100 重量份计，30 到 120 重量份；所述橡胶粒子为全硫化丙烯酸酯类粉末橡胶，其平均粒径为 0. 05 ~ 0. 5μm，凝胶含量在 60% 重量或更高。所述软化剂选自邻苯二甲酸酯类化合物、对苯二甲酸二辛酯、偏苯三酸酯类化合物和均苯四酸酯类化合物中的至少一种。本发明的全硫化聚丙烯/丙烯酸酯类橡胶热塑性弹性体具有耐油、低硬度、高断裂伸长率等良好的综合性能。

【名称】 用于制备三聚氰胺甲醛树脂泡沫塑料的树脂溶液及其制法

【公开(公告)号】 CN101671472

【公开(公告)日】 2010. 03. 17

【申请(专利权)人】 上海昊海化工有限公司

【地址】 上海市安顺路 139 号 2 号楼 5 楼

【发明(设计)人】 徐强；王学军；季新林；刘远中

【摘要】 本发明公开了一种用于制备三聚氰胺甲醛树脂泡沫塑料的树脂溶液及其制法，所述三聚氰胺甲醛树脂溶液的制备方法包括如下步骤：将弱酸强碱盐加入树脂溶液，搅拌混合，获得所述的三聚氰胺甲醛树脂溶液，所述树脂溶液为三聚氰胺与甲醛的反应产物。本发明的三聚氰胺甲醛树脂溶液，具有良好储存稳定性，在制备三聚氰胺甲醛泡沫塑料时，适用期可达 72h 以上，从而大大方便了三聚氰胺甲醛泡沫塑料的制备。试验证明采用本发明的三聚氰胺甲醛树脂溶液制备的三聚氰胺甲醛树脂软质泡沫塑料，具有优良的机械性能、理化性能以及阻燃性能。

【名称】 一种含磷有机硅树脂阻燃剂及其制备方法

【公开(公告)号】 CN101671568

【公开(公告)日】 2010. 03. 17

【申请(专利权)人】 青岛科技大学；杭州师范大学

【地址】 山东省青岛市郑州路 53 号高分子学院

【发明(设计)人】 吴宁晶；李美江；郎书国；张顺

【摘要】 本发明提供如右式所式一种含磷有机硅树脂阻燃剂及制备方法，其制备方法为：首先采用多元醇与三氯氧磷为原料。制备得到氯化螺环磷酸酯；再将含氨基的硅烷与二烷氧基硅烷以及三烷氧基硅烷通过水解缩合得到含氨基的有机硅树脂；最后将含氨基有机硅树脂溶于甲苯、N、N - 二甲基甲酰胺或乙腈等溶剂中，加入氯化螺环磷酸酯和缚酸剂合成得到含磷的有机硅树脂阻燃剂。本发明中的含磷有机硅树脂阻燃剂，可以应用于聚烯烃、聚碳酸酯、ABS、尼龙、PC/ABS 中用作阻燃剂，与传统的阻燃剂相比，高效低毒，是一种环保型塑料用阻燃剂。R1，R2，R3，R4 分别选自 CH_3 或 C_6H_5；R5 选自 CH_2 或 CH_2CH_2 或 $CH_2CH_2NHCH_2CH_2$；R6 选自 CH_3 或 C_2H_5。$n = 1 \sim 50$ 的整数；$p = 1 \sim 50$ 的整数；$q = 1 \sim 50$ 的整数。

【名称】 一种含磷有机硅树脂阻燃剂及其制备方法

【公开(公告)号】 CN101671568

【公开(公告)日】 2010. 03. 17

【申请(专利权)人】 青岛科技大学；杭州师范大学

【地址】 山东省青岛市郑州路 53 号高分子学院

【发明(设计)人】 吴宁晶；李美江；郎书国；张顺

【摘要】 本发明提供如右式所式一种含磷有机硅树脂阻燃剂及制备方法，其制备方法为：首先采用多元醇与三氯氧磷为原料。制备得到氯化螺环磷酸酯；再将含氨基的硅烷与二烷氧基硅烷以及三烷氧基硅烷通过水解缩合得到含氨基的有机硅树脂；最后将含氨基有机硅树脂溶于甲苯、N、N - 二甲基甲酰胺或乙腈等溶剂中，加入氯化螺环磷酸酯和缚酸剂合成得到含磷的有机硅树脂阻燃剂。本发明中的含磷有机硅树脂阻燃剂，可以应用于聚烯烃、聚碳酸酯、ABS、尼龙、PC/ABS 中用作阻燃剂，与传统的阻燃剂相比，高效低毒，是一种环保型塑料用阻燃剂。R1，R2，R3，R4 分别选自 CH_3 或 C_6H_5；R5 选自 CH_2 或 CH_2CH_2 或 $CH_2CH_2NHCH_2CH_2$；R6 选自 CH_3

或 C_2H_5。$n=1\sim50$ 的整数；$p=1\sim50$ 的整数；$q=1\sim50$ 的整数。

【名称】 玻璃纤维增强塑料附着式轮廓标支架及其生产方法

【公开(公告)号】 CN101672021

【公开(公告)日】 2010. 03. 17

【申请(专利权)人】 醴陵市万通新型材料有限公司

【地址】 湖南省醴陵市八里庵1号

【发明(设计)人】 万文胜

【摘要】 本发明涉及一种玻璃纤维增强塑料附着式轮廓标支架及生产方法。该支架为模压成型的整体式结构，该支架上部面板形状像乒乓球拍状，下部底座为凹形槽板状；纵向截面为L形状。它通过以下原料和工艺步骤完成：采用不饱和聚酯树脂、聚苯乙烯与苯乙烯的聚合物溶液、短切玻璃纤维、填料、炭黑、固化剂和硬脂酸锌等原料；首先将聚苯乙烯与苯乙烯制备成聚合物溶液待用；然后将上述七种原料搅拌均匀；最后将原料填入金属模具中加压加热使其固化成型，然后出模修整即成。在支架上贴上反光膜即制成附着式轮廓标。本支架表面光滑、强度高；具有抗腐蚀和抗老化性能，成本低廉，使用寿命长；无回收利用价值，可避免被偷盗。大大减少购置和维护费用。

【名称】 玻璃纤维增强塑料电缆沟盖板及其生产方法

【公开(公告)号】 CN101672044

【公开(公告)日】 2010. 03. 17

【申请(专利权)人】 醴陵市万通新型材料有限公司

【地址】 湖南省醴陵市八里庵1号

【发明(设计)人】 万文胜

【摘要】 本发明涉及一种玻璃纤维增强塑料电缆沟盖板及生产方法。该盖板为长方形空腹结构，盖板空腹内有纵向加强筋，盖板上表面有相间的条形防滑纹；本发明由以下原料和步骤完成：各原料：为不饱和聚酯树脂、固化剂、填料、聚乙烯醇溶液、色料、玻璃纤维无捻粗纱、玻璃纤维毡；各步骤为：(1)在挤压成型机上设置工装设备；(2)按化工原料混拌倒入树脂槽中，(3)玻璃纤维无捻粗纱和玻璃纤维毡经导引进入浸渍一预成型装置一成型模具固化一出模切割即成。本盖板强度高，表面光滑，外形规整美观；具有耐酸碱及汽油等浸泡的抗腐蚀及抗老化性能，长期使用不会出现粉化、变色、龟裂及变形等现象。保证了电缆的安全运行，延长了电缆的使用寿命。

【名称】 耐磨损氟塑料套管

【公开(公告)号】 CN101672395

【公开(公告)日】 2010. 03. 17

【申请(专利权)人】 上海长园电子材料有限公司

【地址】 上海市嘉定区南翔镇翔黄公路366号

【发明(设计)人】 刘礼兴；周知音

【摘要】 一种耐磨损氟塑料套管，由氟塑料100重量份、耐磨损改性剂5~10重量份、加工助剂15~30重量份经过特殊设备挤出成型而成。按照本发明的配方经过特殊混料、高温挤出定型后的管材，在保持氟塑料本身具有的耐高温、耐腐蚀、高绝缘性能外，其耐磨损性能提高。可以用于中高档汽车的换档系统拉索内衬管，具有换档灵活舒适，使用寿命长等优点。

【名称】 一种钢丝骨架塑料复合管连接方法及该方法中的90度翻边制作装置

【公开(公告)号】 CN101672396

【公开(公告)日】 2010. 03. 17

【申请(专利权)人】 曲阜市东宏实业有限公司

【地址】 山东省曲阜市天华路12号

【发明(设计)人】 倪立营；王立凯；林丙海

【摘要】 本发明为一种钢丝骨架塑料复合管连接方法及该方法中的90度翻边制作装置。一种钢丝骨架塑料复合管连接方法，采用法兰连接方式，其特征在于该法兰连接方式是：预先将每节钢丝骨架塑料复合管端口部加工成90度翻边，在两节钢丝骨架塑料复合管的相对的两90度翻边之间加一法兰垫，再通过金属活套法兰、螺栓以及螺母将两节钢丝骨架塑料复合管连接固定在一起。一种钢丝骨架塑料复合管连接方法中的90度翻边制作装置，包括一台卧式压力机，沿该卧式压力机柱塞轴线方向上一端为与钢丝骨架塑料复合管外径相匹配的止退夹具、翻边装置成型背模，另一相对端为液压柱塞，液压柱塞的顶部连接翻边装置成型模，在中部还有一活动式扩口模具。其有益效果是，90度翻边与管材为一体，结构简单，加工制作容易；利用活套法兰件进行连接，安全可靠，操作方便，整体连接成本较其他连接方式大为降低。

【名称】 一种塑料复合管的热熔连接方法及所使用的连接装置

【公开(公告)号】 CN101672403

【公开(公告)日】 2010. 03. 17

【申请(专利权)人】 曲阜市东宏实业有限公司

【地址】 山东省曲阜市天华路12号

【发明(设计)人】 倪立营；王立凯；林丙海

【摘要】 本发明涉及一种塑料复合管的热熔连接方法及所使用的连接装置，连接方法采用热熔承插连接方式，即：预先设置相连接端的一节塑料复合管的管口内径与另一节塑料复合管的管口外径相当，连接时，分别将上述两节复合管连接端的小口径管口外表面和大口径管口内表面用模具加热至熔融状态，然后去掉加热装置，迅速将两节管子的加热表面插接到一起，冷却后完成两节管的连接；连接装置，在夹持塑料复合管道的同一轴线方向上依次设置有一定夹具组、内表面热熔器、外表面热熔器、一动夹具组，其中，定夹具组和动夹具组分别固定在一液压柱塞系统的柱塞连架和油缸连架上，内表面热熔器和外表面热熔器分别固定在一加热板的正反面上，并一起固定在一悬置活动支架上。有益效果：通过扩口、热熔插接连接，操作方便，连接可靠，易于加工，连接成本低，适用于埋地等长管路的连接，尤其符合1.6MPa以下压力的钢丝网骨架塑料复合管道的连接要求。

【名称】 一种钢丝骨架塑料复合管连接方法

【公开(公告)号】 CN101672405

【公开(公告)日】 2010.03.17

【申请(专利权)人】 曲阜市东宏实业有限公司

【地址】 山东省曲阜市天华路12号

【发明(设计)人】 倪立营；王立凯；林丙海

【摘要】 本发明为一种钢丝骨架塑料复合管连接方法，利用金属法兰连接，该金属法兰是通过一扣压在钢丝骨架塑料复合管端部外径上的筒状金属连接件限定在钢丝骨架塑料复合管的端部的。所述法兰为活套法兰，预先将其套在钢丝骨架塑料复合管管身上，再利用扣压设备，把一筒状金属连接件扣压到钢丝骨架塑料复合管端部外径面上，金属连接件的端部固定连接一金属挡环。所述筒状金属连接件内表面为锯齿型螺扣，扣压深度大于其内表面的锯齿型螺扣深度。本发明的有益效果是，完全符合1.6~3.5MPa压力的钢丝网骨架塑料复合管道的连接性能要求，结构简单，连接安全可靠，便于矿井下等狭窄工作空间中安装操作。

【名称】 一种塑料光纤二氧化硫传感器及其制备方法

【公开(公告)号】 CN101672782

【公开(公告)日】 2010.03.17

【申请(专利权)人】 上海电力学院

【地址】 上海市杨浦区平凉路2103号

【发明(设计)人】 初凤红

【摘要】 本发明涉及一种塑料光纤二氧化硫的传感器及其制备方法。该传感器基于荧光猝灭原理，传感头为被剥去护套的双锥形塑料光纤，双锥形塑料光纤的外壁用提拉法涂覆对二氧化硫敏感的稠环芳烃蒽敏感材料，光源发出的光首先经过一个带通滤光片然后耦合到塑料光纤中，置于气室中的双锥形塑料光纤传感头检测到气室中的二氧化硫烟气后，塑料光纤输出的荧光经高通滤光片后进入光电倍增管接收，从而实现二氧化硫的检测。此传感器具有检测速度快、工作性能稳定、高精度、使用寿命长、低成本等优点。

【名称】 改性塑料制备用混合装置的桶体

【公开(公告)号】 CN101676083

【公开(公告)日】 2010.03.24

【申请(专利权)人】 苏州工业园区和昌电器有限公司；苏州工业园区和昌新型材料有限公司

【地址】 江苏省苏州市工业园区民生路9号

【发明(设计)人】 朱国成；汪倩文

【摘要】 本发明提供一种改性塑料制备用混合装置的桶体，桶体呈圆筒形结构，由金属板片卷曲对接形成；其中，圆形桶体的内壁周缘面设置有长短不一的筋板，筋板沿内壁周缘面上下布置。在搅拌过程中，筋板使物料不规则受力，形成扰流，增加物料间的接触和摩擦，使物料充分混合，大大提高混合的均匀性，优化产品质量。

【名称】 制备改性塑料用混合装置的桶身

【公开(公告)号】 CN101676084

【公开(公告)日】 2010.03.24

【申请(专利权)人】 苏州工业园区和昌电器有限公司；苏州工业园区和昌新型材料有限公司

【地址】 江苏省苏州市工业园区民生路9号

【发明(设计)人】 朱国成

【摘要】 本发明提供一种制备改性塑料用混合装置的桶身，桶身呈圆筒形结构，由金属板片卷曲对接而成，在圆形桶身的内壁周缘面设置有大小不同的局部突起。物料搅拌时，大小不同的局部突起使物料不规则受力，形成扰流，增加物料间的接触和摩擦，使物料充分混合均匀，值得在业内推广应用。

【名称】 双螺杆挤出机冷却水槽

【公开(公告)号】 CN101676089

【公开(公告)日】 2010.03.24

【申请(专利权)人】 苏州工业园区和昌电器有限公司；苏州工业园区和昌新型材料有限公司

【地址】 江苏省苏州市工业园区民生路9号

【发明(设计)人】 杨金生

【摘要】 本发明提供一种双螺杆挤出机冷却水槽，为方形敞开式结构，包括底板及前、后、左、右四侧壁，在左侧壁上靠近底板的部位开有进水口，进水口与进水管道相连接；在冷却水槽中与进水口相对的位置垂直于进水口方向设置有水流调整板，在冷却水槽的底板上设置有水流档板；另外，底板的右侧部位开有出水口，出水口与出水管道相连接。冷却水从左侧的进水口进入槽中，通过槽中的水流调整板形成快速的水流，水流又受到水流档板的阻碍在冷却水槽中形成对流，使冷却水与槽中的待冷却塑料条充分热交换，此改进结构实现了满意的使用效果。

【名称】 射出成型机的锁模装置
【公开(公告)号】 CN101676088
【公开(公告)日】 2010.03.24
【申请(专利权)人】 一展机械股份有限公司
【地址】 中国台湾省台北县
【发明(设计)人】 柯义雄
【摘要】 本发明是一种射出成型机的锁模装置，是固定在机台上，所述的锁模装置包括一固定模板，所述的固定模板上连接复数个哥林柱，所述的两个呈对角设置的哥林柱的一端分别设为活塞，而两个锁模缸体是对应套合两个活塞，且两个锁模缸体是结合于固定模板或一活动模板上，以在锁模缸体相对于活塞横向移动时，可使活动模板相对于固定模板横向移动，以定位并挤压活动模板与固定模板之间的模具，供塑料高速射入模具内，使产品成型。

【名称】 三聚氰胺甲醛树脂的喷雾干燥方法
【公开(公告)号】 CN101676314
【公开(公告)日】 2010.03.24
【申请(专利权)人】 上海昊海化工有限公司
【地址】 上海市安顺路139号2号楼5楼
【发明(设计)人】 王学军；徐强；季新林；高晋
【摘要】 本发明提供了一种三聚氰胺甲醛树脂的喷雾干燥方法，以喷雾干燥的方法，将反应完毕的MF树脂液，高温闪蒸成固体粉末，然后降温，以密闭塑料袋包装，可将MF树脂的贮存时间，从液态的贮存时间不足一天，到固态的稳定贮存2年以上。大大的增加了MF树脂的贮存稳定性。

【名称】 塑料拉吹机的进管和推瓶机构
【公开(公告)号】 CN101683760
【公开(公告)日】 2010.03.31
【申请(专利权)人】 汪祥建
【地址】 浙江省台州市黄岩区后洋模具城科达塑料模具机械有限公司
【发明(设计)人】 汪祥建
【摘要】 塑料拉吹机的进管和推瓶机构，包括安装在机架中的模板和开合模机构及拉伸机构，所述模板包括前模板和中模板及后模板，在前、中模板中各自安装模具，模具中制有模腔和模口，所述的拉伸机构包括拉伸气缸和封口气缸，拉伸气缸带动连接板，连接板固定拉伸杆，拉伸杆穿过封口气缸，所述的封口气缸安装在封口气缸固定板下，封口气缸中的活塞下头连接封口吹气接头，封口吹气接头中制有吹气孔，吹气孔连接吹气管，封口吹气接头的下部安装密封压圈，密封压圈与塑料瓶管相接触，其特征在于所述的拉伸杆为3根或者4根，相应的封口气缸为3只或者4只，所述的模口为内孔光滑的平口，模具在合模状态下进瓶管，平口的上面与瓶管的挡环相接触，在中模板上安装推瓶机构。

【名称】 塑料拉吹机封口装置
【公开(公告)号】 CN101683761
【公开(公告)日】 2010.03.31
【申请(专利权)人】 汪祥建
【地址】 浙江省台州市黄岩区后洋模具城科达塑料模具机械有限公司
【发明(设计)人】 汪祥建
【摘要】 塑料拉吹机封口装置，包括安装在机架上的拉伸气缸和封口气缸，拉伸气缸带动拉伸杆，拉伸杆穿过封口气缸的活塞，封口气缸包括缸体和上、下缸盖，封口气缸中的活塞下头连接封口吹气接头，封口吹气接头中制有吹气孔，吹气孔连接吹气管，封口吹气接头的下部安装密封压圈，其特征在于所述的密封压圈与封口吹气接头之间有固定机构，密封压圈的内孔直径大于瓶管口部的螺纹外径，密封压圈的底面与瓶管的挡环相互接触密封。本技术方案有利于准确将瓶管放入模具内，速度快，一模可加工三只、四只塑料瓶，工作效率高。

【名称】 一种塑料袋回收机的显示器
【公开(公告)号】 CN101683919
【公开(公告)日】 2010.03.31
【申请(专利权)人】 北京十畅园科技有限公司
【地址】 北京市海淀区天秀花园安和园19号楼1单元402室
【发明(设计)人】 孙华昭
【摘要】 本发明涉及塑料袋回收领域，提出了一种塑料袋回收机的显示器。其特征在于：在塑料袋回收机包括一个显示器装置，该显示器装置用来在塑料袋回收机上帮助进行塑料袋回收的宣传。本发明的效果是为了解决在塑料袋回收机上嵌入宣传器装置，通过安装显示器方便的对人们进行回收塑料袋的宣传，更好的帮助社会不再被白色污染所困扰。

【名称】 一种PEB-g-MAN增韧剂及其制备方法与工程塑料ABMS
【公开(公告)号】 CN101684169
【公开(公告)日】 2010.03.31
【申请(专利权)人】 金发科技股份有限公司；华南理工大学

【地址】 广东省广州市高新技术产业开发区科丰路33号
【发明(设计)人】 王炼石；朱勇平；吴敌；蔡彤旻；张安强；曾祥斌
【摘要】 本发明公开了一种PEB-g-MAN增韧剂及其制备方法与工程塑料ABMS。本发明公开了用悬浮接枝共聚法制备增韧剂PEB-g-MAN的方法。该方法以乙烯-1-丁烯共聚物为接枝基体，甲基丙烯酸甲酯和丙烯腈为接枝单体，在有机溶剂存在下，用悬浮接枝共聚技术制备PEB含量为52.8%~71.8%的接枝共聚物PEB-g-MAN。接枝共聚体系的单体转化率达到80%~95%。用所合成的PEB-g-MAN与SAN树脂共混制备出耐天候老化黄变性能优异的高抗冲工程塑料ABMS，ABMS的缺口冲击强度为10.5~63.1kJ/m^2。

【名称】 一种可生物降解的共聚酯及其制备方法
【公开(公告)号】 CN101684173
【公开(公告)日】 2010.03.31
【申请(专利权)人】 中国科学院宁波材料技术与工程研究所
【地址】 浙江省宁波市镇海区庄市大道519号
【发明(设计)人】 顾群；蒋志强；黎俊；孙国灿；魏明峰；周坚；吴香发；伍洋；杨建
【摘要】 一种可生物降解的共聚酯及其制备方法，其特征在于芳香族聚酯结构单元和聚羟基酸聚酯结构单元组成，是由二元醇或羟基酸和二元酸无规共聚而成；方法是取芳香族聚酯的酯化产物和聚羟基酸预聚物按一定的配比，在减压条件下熔融缩聚，控制温度为160~300℃，反应时间为20~600min，合成获得，与现有技术相比，本发明的优点在于：本发明所共聚物通过引入快速降解组分使共聚物具有可生物降解性能，结合芳香族的耐热性能，该共聚物可广泛应用于纤维材料和塑料制品。

【名称】 聚苯胺型电磁屏蔽塑料
【公开(公告)号】 CN101684188
【公开(公告)日】 2010.03.31
【申请(专利权)人】 深圳市新纶科技股份有限公司
【地址】 广东省深圳市南山区高新区科技南12路曙光大厦9楼
【发明(设计)人】 曾金华；庄裕刚
【摘要】 本发明涉及一种聚苯胺型电磁屏蔽塑料，其组份及配比为：掺杂型聚苯胺为1~20重量份；塑料基材为100重量份；其他添加剂为0~30重量份。实施本发明的聚苯胺型电磁屏蔽塑料，其所制备的材料电导率高，防静电及电磁屏蔽性能优异，即电导率可达1.7×10^{-2}s/cm；30~3000MHz，屏蔽效果可达30~65dB；制备工艺简单，可一次成型；应用广泛，可制备成各种防静电及屏蔽材料，如防静电薄膜及袋、屏蔽袋、各种塑料防静电板材等。

【名称】 回收瓶级PET和PC的共混改性材料及制备方法
【公开(公告)号】 CN101684193
【公开(公告)日】 2010.03.31
【申请(专利权)人】 华东理工大学
【地址】 上海市梅陇路130号
【发明(设计)人】 宋治乾；许海燕；刘勇军；张梁；张玥；汪峰；郭卫红；吴驰飞
【摘要】 本发明提供一种回收瓶级聚对苯二甲酸乙二醇酯(PET)和双酚A型聚碳酸酯(PC)的共混改性材料组合物，其中包含如下重量组分：回收瓶级聚对苯二甲酸乙二醇酯40~80重量份；双酚A型聚碳酸酯5~45重量份；以及官能团化增韧剂5~20重量份；所述的官能团化增韧剂选自熔融指数为0.5~10g/10min的反应性单体接枝改性的聚烯烃类热塑性弹性体。本发明的共混改性材料组合物可以由回收瓶级PET废料出发来制备易加工、高抗冲、耐热性好、低成本的复合材料及其制备方法，从而既能减轻了PET瓶级废料对环境造成的沉重压力，同时又缓解了国内对于工程塑料供不应求的问题。

【名称】 一种塑料共混物，其制备方法及其表面金属化塑料件
【公开(公告)号】 CN101684200
【公开(公告)日】 2010.03.31
【申请(专利权)人】 比亚迪股份有限公司
【地址】 广东省深圳市龙岗区坪山镇横坪公路3001号
【发明(设计)人】 林信平；宫清；刘倩倩；陈炎
【摘要】 本发明提供一种用表面包覆过渡金属离子和纳米级金属微粒中的至少一种的无机填料共混的塑料共混物，其制备方法以及以所述共混物为原料，按照激光直接成型工艺制造的表面金属化塑料件。该塑料共混物克服了使用有机金属螯合物作为光敏剂添加剂的塑料毒性大、昂贵，且加工工艺繁杂的缺点。且使用所述塑料共混物制得的表面金属化塑料件的镀层金属与塑料件基体的附着力优良。

【名称】 塑料滑轮的生产方法及其塑料滑轮
【公开(公告)号】 CN101691056A
【公开(公告)日】 2010.04.07
【申请(专利权)人】 北京国网富达科技发展有限责任公司
【地址】 北京市丰台区南四环西路188号总部基地六区13栋

【发明(设计)人】 王立涛；杨军宁；任玉锁；傅然；刘红宾

【摘要】 本发明公开了一种塑料滑轮的生产方法及其塑料滑轮，生产方法包括下述步骤：通过注塑机以注塑方式形成轮体，所述轮体的外侧具有轮槽；对所述轮槽进行挂胶处理，以在所述轮槽的外侧包覆挂胶层。本发明的塑料滑轮是以注塑方式形成轮体，轮体本身及内、外毂圈之间的位置可设置各种加强筋来支撑，如此使得轮体的重量轻、成本低、且强度高。

【名称】 粉末连续铺设型聚乳酸基片状模塑料生产装置

【公开(公告)号】 CN101691066A

【公开(公告)日】 2010.04.07

【申请(专利权)人】 同济大学

【地址】 上海市四平路1239号

【发明(设计)人】 任杰；陈大凯；李菁

【摘要】 本发明涉及一种粉末连续铺设型聚乳酸基片状模塑料生产装置，由螺杆挤出机、齿轮型粉碎盘、压送罐、螺旋输送机、电磁振荡给料机、真空输送管道、旋风分离器、双联螺旋输送机、滚筒型热轧和加料输送滚筒等组成。挤出机机头和齿轮型粉碎盘连接，且连接真空吸附罩的管道系统；马达、滚筒、滚筒型热轧、模块型热轧均固定于机架上，滚筒连接于皮带和金属带。本装置采用螺杆使聚乳酸基体和各添加料能很好的混合，齿轮型粉碎盘使聚乳酸成为粒度较小的颗粒型树脂，真空输送系统吸附聚乳酸树脂颗粒铺设到织物型纤维上，通过滚筒带动金属带输送预成型聚乳酸基片状模塑料，待多层聚乳酸树脂和织物型纤维通过滚筒型热轧压制后再输入模块型热轧进一步压实。

【名称】 利用废旧聚苯乙烯制备吸附性树脂材料的方法

【公开(公告)号】 CN101691425A

【公开(公告)日】 2010.04.07

【申请(专利权)人】 上海大学

【地址】 上海市宝山区上大路99号

【发明(设计)人】 陈晋阳；李志；刘桂洋；沈滢璐

【摘要】 本发明涉及一种利用废旧聚苯乙烯泡沫塑料为原料，制备吸附性树脂材料的方法，属有机高分子聚合物废料回收利用技术领域。本发明通过悬浮共聚法将废旧聚苯乙烯(PS)泡沫塑料制备成小球状吸附性树脂材料。其制备过程是先以苯乙烯单体(St)溶解一定量的废旧聚苯乙烯(PS)，并以二乙烯苯(DVB)为交联剂、过氧化苯甲酰(BeO_2)为引发剂、正庚烷为致孔剂、聚乙烯醇为稳定剂，最终在80～90℃下通过聚合交联反应得到聚苯乙烯交联吸附树脂材料。本发明方法不但利用了废旧聚苯乙烯泡沫塑料，而且有利于环境保护和创造经济价值。

【名称】 一种生产PVC塑料制品使用的稳定剂及其制备工艺

【公开(公告)号】 CN101691428A

【公开(公告)日】 2010.04.07

【申请(专利权)人】 张保发

【地址】 河北省衡水市京大路8号精细化工集团有限公司

【发明(设计)人】 张保发；王兴为；张文勤；贾东立；张玉华；马金峰

【摘要】 本发明属于含氯聚合物制品加工技术领域，公开了一种生产PVC塑料制品使用的稳定剂及其制备方法。其主要技术特征为：将有机酸依次投入到反应釜中，加热使其熔化并投入催化剂使之溶解；然后依次投入各金属化合物经过脱水、升温、放料、冷却后制备出中间体，然后中间体及其他层状化合物、抗氧剂、光稳定剂、季戊四醇酯、二酮、氨基丁烯酸酯和润滑剂投入复合釜进行复合、搅拌后即生产出生产PVC塑料制品使用的稳定剂。该稳定剂具有无毒、稳定、与树脂的相容性能优良和耐候性能好的特点。

【名称】 一种聚烯烃橡胶塑料

【公开(公告)号】 CN101691434A

【公开(公告)日】 2010.04.07

【申请(专利权)人】 成都齐达科技开发有限公司

【地址】 四川省成都市高新技术开发区科园二路一号

【发明(设计)人】 李家齐；王丽；曹立新；李雪波

【摘要】 本发明属于聚烯烃橡胶塑料技术领域，特别涉及一种聚烯烃橡胶塑料。本发明所要解决的技术问题是提供一种聚烯烃橡胶塑料，该聚烯烃橡胶塑料与沥青的相容性好，能在160～170℃与沥青完全共熔。本发明的聚烯烃橡胶塑料由以下重量份的组分组成：聚丙烯60～110份、聚乙烯0～15份、乙丙橡胶0～25份、热塑性弹性体0～10份、单体聚合物引发剂0.05～1份。本发明聚烯烃橡胶塑料做成沥青包装袋后，拉伸强度≥17MPa，底部耐热性能：试样经139～141℃，30min处理后无开胶、融痕等异常情况。材料强度较大、抗撕裂性能好，不容易泄漏。

【名称】 工程塑料基建模板

【公开(公告)号】 CN201436343U

【公开(公告)日】 2010.04.07

【申请(专利权)人】 上海地根实业发展有限公司

【地址】 上海市青浦区大生路10号－84

【发明(设计)人】 陈琨

【摘要】 本实用新型提供了一种工程塑料基建模板，该基建模板包括多种形状的模板，这些模板通过平模板并靠条、平模板并靠锁和单锁施工使用，这些模板是：平模板；直角形内角板或直角形外角板；圆弧形内角板或圆弧形外角板；平模板直线延伸连接条或角模板直线延伸连接条；平模板折角延伸连接条，平模并靠条；平模并靠锁；单锁头。本实用新型的优点是固定容易，快速拼接或延伸，大幅度提高工地现场效率，省去了铁丝和铁钉；轻巧，清洗简单，搬运容易；塑料比金属，木板更环保；形状稳定，不吸水；重复使用，寿命长，绿色环保；每单次使用成本低。

【名称】 一种 ABS 色母粒

【公开(公告)号】 CN101691438A

【公开(公告)日】 2010.04.07

【申请(专利权)人】 广州市波斯塑胶颜料有限公司

【地址】 广东省广州市云埔(白云)工业区 22 号地 C1 号

【发明(设计)人】 刘鹏；卢俊文

【摘要】 本发明涉及塑料着色领域，公开了一种 ABS 色母粒。本发明的 ABS 色母粒由如下组分和重量百分数组成：载体 20% ~94%、色粉 0.01% ~70%、分散剂 0~40%、热稳定剂 0.1% ~2%、加工助剂 0~10%、填料 5% ~70%；本发明提供的 ABS 色母粒应用于 ABS 制品的着色时，具有颜色稳定性提高、色差较小的优点，克服了现有 ABS 色母粒着色时颜色不稳定、色差较大等问题。同时，应用于 ABS 着色时，ABS 树脂不需要预先干燥，能显著节约能源和降低生产成本，应用前景广阔。

【名称】 一种土工格栅的制造方法

【公开(公告)号】 CN101691748A

【公开(公告)日】 2010.04.07

【申请(专利权)人】 南昌天高工程材料有限公司

【地址】 江西省南昌市国家经济技术开发区玉屏西大街天高工业园

【发明(设计)人】 郭熙；何迪春；殷勇刚；严柏林

【摘要】 本发明涉及聚烯烃土工格栅的制造，特别是涉及一种土工格栅的制造方法。它以聚烯烃板材为毛料，并在毛料上冲制长圆形的孔，再拉伸制成土工格栅，土工格栅的强度 $F = k$· dc· σ· $(c-b)$· h，k 为系数 $k=1.1 \sim 1.4$，σ 是原料屈服强度，b 是冲孔的宽度，c 是横向孔间距，d 是毛料宽度，h 是毛料厚度；能使聚烯烃板材毛料在拉伸时，达到受力均衡，生产出的土工格栅产品质量稳定，产品强度远高于国家标准 GB/T 17689—2008 土工合成材料塑料土工格栅中对产品强度的要求，满足了目前大型工程的需要。

【名称】 一种立式注塑机喂料装置

【公开(公告)号】 CN201436188U

【公开(公告)日】 2010.04.07

【申请(专利权)人】 丰铁塑机(广州)有限公司

【地址】 广东省广州市花都区新华镇镜湖大道华兴工业区

【发明(设计)人】 吴肃瑜

【摘要】 一种立式注塑机喂料装置，包括料斗及设置在料斗中的喂料推出器，料斗为具有斜角的斜式圆锥形料斗，斜式圆锥形料斗的小端处设有出口，出口的斜角与斜式圆锥形料斗的斜角一样，出口的直径为 80mm 以上；所述的喂料推出器包括驱动装置和推杆，推杆的一端设在驱动装置上，另一端对着料斗的出口，驱动装置设在斜式圆锥形料斗的内壁上。料斗做成斜式圆锥形状，取消原方形普通料斗的颈段，出口处比普通料斗的大 2 倍，料斗落料口直接安装在注塑机机筒入料进口，这样可以让塑料直接和注塑机螺杆直通，进料更顺畅；多个圆台形台阶的设置增大了推杆与物料的接触面积，使推杆一次可推更多的物料。

【名称】 双向拉伸聚乙烯薄膜的复合软包装材料

【公开(公告)号】 CN201436244U

【公开(公告)日】 2010.04.07

【申请(专利权)人】 佛山塑料集团股份有限公司

【地址】 广东省佛山市禅城区汾江中路 82 号

【发明(设计)人】 张广强；郑少华；薛鹏

【摘要】 一种双向拉伸聚乙烯薄膜的复合软包装材料，包括：基材、复合层、黏结层，其特征在于黏结层的上部面粘接复合层，黏结层的下部面粘接的为基材，基材为塑料薄膜或铝箔或纸张，复合层为双向拉伸的聚乙烯薄膜。基材黏结剂通过干式复合进行粘接。与现有技术相比增加了优异的机械性能，材料更薄，大大降低客户的原材料成本和运输成本等，从环保的角度考虑，使用塑料的量大大减少，降低了白色污染。

【名称】 注塑型塑料双壁波纹管及其制造方法

【公开(公告)号】 CN101691897A

【公开(公告)日】 2010.04.07

【申请(专利权)人】 谢志树

【地址】 四川省双流县九江镇万家社区成都国通实业公司

【发明(设计)人】 谢志树

【摘要】 本发明公开了一种注塑型塑料双壁波纹管，

包括外壁为波纹状凸起的管壁，其特征在于，在波纹状凸起的内部包裹有中空的内管。本发明的有益效果是：如此结构的双壁波纹管可以采用模具直接注塑成型，注塑成型的钢增强塑料双壁波纹管具有以下优越性：1. 环刚度高。2. 管径大，直径可达φ3000甚至更大。3. 成品率高。4. 生产效率高，当挤出机的挤胶量足够时，出管效率高。5. 内壁光滑，水流摩阻小。与缠绕式排水管比较，管道内壁光滑。6. 不会泄漏。与缠绕式排水管比较，管壁无泄漏缺点。7. 可以制成法兰连接。

【名称】 一种由金属薄片和塑料结合成的盒形体的成型方法

【公开(公告)号】 CN101692486A

【公开(公告)日】 2010. 04. 07

【申请(专利权)人】 成都宏明双新科技股份有限公司

【地址】 四川省成都市青羊区腾飞大道265号

【发明(设计)人】 郭俊杰；雷晓明；田国兵；林和森；谢千辉；肖培；赖忠文

【摘要】 本发明公开了一种由金属薄片和塑料结合成的盒形体的成型方法，其特征在于，包括如下步骤：A. 选择厚度在0.1～0.3mm之间不锈钢片，将该不锈钢片折弯成金属盒形体，并使不锈钢盒形体的整个平面向内凸成弧形曲面；B. 将该不锈钢盒形体定位到和其形状相同的塑料模具型腔内，注射塑料材料填充模腔，冷却后得到不锈钢片与塑料结合而成的盒形体。采用本发明所提供的由金属薄片和塑料结合成的盒形体的成型方法可以有效补偿由于塑料收缩大和金属薄片收缩小而引起的变形，使得由金属薄片和塑料结合成的盒形体的平面度可控制在0.2mm以内。

【名称】 一种木塑硬质材料的制造方法

【公开(公告)号】 CN101693382A

【公开(公告)日】 2010. 04. 14

【申请(专利权)人】 李一；李茂林

【地址】 天津市河西区瑞江花园梅苑11号楼4门302

【发明(设计)人】 李一；李茂林

【摘要】 本发明属人造板制造领域，特别涉及一种木塑硬质材料的制造方法。木塑硬质材料由90%的速生材木丝组成，用压注的方法将改性酚醛树脂水溶性塑料溶液浸注至木丝纤维及木丝纤维细胞腔内部，使两种高分子材料复合，经超高压压缩、高温固化形成一定规格的木塑硬质材料，木丝均为纵向顺纹排列保持了木材天然的纹理，具有良好的外观和可加工性，其物理力学性能和使用功能具有可设计性，其密度、强度、耐冲击性、耐腐性、耐水性、握钉力等各项指标均高于优质天然木材，为木制品行业和建筑业提供了一种新型木塑硬质材料，用以改善大径级优质木材，硬质木材资源极为稀缺的状况，其制造工艺方法简便、实用、可靠，具有较高的产量和较高的附加值。

【名称】 一种热固塑料压注成型生产线

【公开(公告)号】 CN201437262U

【公开(公告)日】 2010. 04. 14

【申请(专利权)人】 深圳市安托山特种机电有限公司

【地址】 广东省深圳市宝安区沙井新沙路安托山高科技工业园内C08栋一楼

【发明(设计)人】 郭栋梁；王和平；梁锡武

【摘要】 本实用新型提供一种热固塑料压注成型生产线，所采用的技术方案是：采用环行流水线结构，在环行轨道上布置驱动链条、模具小车、模具加热炉、油压机、链条驱动装置、保温炉、开模机等装置。模具小车上装有压注成型模具，模具小车上装有锁钩，锁钩锁住驱动链条带动模具小车在环行轨道上运行，通过模具加热炉时使模具小车上的模具被加热到所需温度，行进到油压机下方时打开锁钩使模具小车停止运行，这时在油压机上进行锁模、填料和压注，然后关闭锁钩使模具小车继续运行，通过保温炉进行保温使模具内的热固塑料交联固化，当模具小车行进到开模机下方时打开锁钩使模具小车停止运行，在开模机上打开模具、取出工件、清理模具、装入镶件、合模，然后关闭锁钩使模具小车继续运行进入下一循环，从而大大提高了油压机的利用率，进而可实现高效率的热固塑料压注成型生产。

【名称】 塑料挤出造粒中使用的接料装置

【公开(公告)号】 CN101693394A

【公开(公告)日】 2010. 04. 14

【申请(专利权)人】 苏州禾盛新型材料股份有限公司

【地址】 江苏省苏州市工业园区后戴街108号

【发明(设计)人】 汪倩文

【摘要】 本发明提供一种塑料挤出造粒中使用的接料装置，包括接料桶和过滤筛，接料桶呈规则方形腔式结构，包含底面及前、后、左、右四侧壁，上部敞开，上部的四个折角处设置有固定挂钩，过滤筛为方形槽式结构，过滤筛包含底面及前、后、左、右四侧壁，上部敞开，在底面及前、后、左、右四侧壁均分布有筛孔，过滤筛嵌装在接料桶中，过滤筛上部的折角与接料桶上部的固定挂钩由弹簧连接起来实现定位固定。正常生产的塑料粒子通过筛孔，而连粒、长条则被阻隔在过滤筛里，从而有效剔除塑料生产过程中的连粒、长条，提高产品的稳定性。

【名称】 塑料型材多位焊接机及焊接方法

【公开(公告)号】 CN101693406A

【公开(公告)日】 2010.04.14

【申请(专利权)人】 济南德佳机器有限公司

【地址】 山东省济南市高新区齐鲁软件园创业广场B座5层511室

【发明(设计)人】 张柏

【摘要】 本发明公开了一种塑料型材多位焊接机，具有：第一焊接机头、第二焊接机头和位于二者之间的一个或两个中间焊接机头，其中第一焊接机头、第二焊接机头均包含前压钳、后压钳、L形加热板和L形定位板，且工进方向均与X轴方向平行且相反，且第一焊接机头与常规直线焊接的钳口方向成逆时针转90°，第二焊接机头与常规直线焊接的钳口方向成顺时针旋转90°；所述中间焊接机头包含四个压钳组，其中两组对角相对工进方向相向均与X轴方向平行，另外两组对角相对工进方向相向均与Y轴方向平行。还公开了焊接倒“王”字形门窗及中间有两个“十”字形中梃的门窗的焊接方法。利用本发明能够一次焊接成型具有多个十字形中梃或倒王字形的塑料门窗。

【名称】 数控塑料薄层沉积铸型机

【公开(公告)号】 CN101693407A

【公开(公告)日】 2010.04.14

【申请(专利权)人】 凌聿辉

【地址】 天津市津南区微山路长青科工贸园区天元路5号

【发明(设计)人】 凌聿辉

【摘要】 本发明涉及一种数控塑料薄层沉积铸型机，包括成型头和机床底座，其特征是：所述机床底座上固定带有横梁的垂直支架，所述垂直支架上设有X轴向移动和Z轴向移动的成型头，所述机床底座上设有Y轴向移动式工作台。发明有益效果：铸型机采用原料垂直移动注塑并与工作台移动组成复合式空间运动轨迹，形成立体塑料堆积工件及伴随塑料模型。它可以直接使用PP、PE、ABS等多种塑料颗粒为原料，降低生产成本；同时还可以伴随塑料模具，使工件的尺寸精度提高(误差不大于0.04mm)；相对低温的工件在成型时产生缺陷可以利用伴随塑料模具进行烘烤，使工件在精确的伴随塑料模具内融化后又成型，消除了工件缺陷。原料也可以多次往复使用。

【名称】 用于埋地聚乙烯管道电熔焊接的固定夹具

【公开(公告)号】 CN201437276U

【公开(公告)日】 2010.04.14

【申请(专利权)人】 上海乔治费歇尔亚大塑料管件制品有限公司

【地址】 上海市青浦区华新镇华志路1488号

【发明(设计)人】 卢培丰；潘浩；赵继红；娄玉川；史亚光

【摘要】 本实用新型提供了一种用于埋地聚乙烯管道电熔焊接的固定夹具，包括由上、下两部分组成的夹具主体和连接在其上的夹片，所述夹具主体是通过两个导向柱定位，且夹具主体中央设有与其螺纹连接的螺杆；所述夹片为四个，分别通过紧固件设置在所述夹具主体的四个端部，每个夹片上设有与所述埋地聚乙烯管道中管材或管件相配的弧形孔，安装在所述夹具主体同一侧上、下位置的夹片成对设置且所述上、下位置的夹片中位置相对应处的弧形孔的孔径保持一致。本实用新型不仅适合电熔套筒的焊接，而且适合电熔变径的焊接，具有应用范围广且使用方便的优点。本实用新型不仅适合用于埋地聚乙烯管道，而且适合所有埋地塑料管道，同理也适合非埋地塑料管道。

【名称】 用于管道连接的热熔器

【公开(公告)号】 CN201437278U

【公开(公告)日】 2010.04.14

【申请(专利权)人】 浙江铭仕管业有限公司

【地址】 浙江省诸暨市店口镇铭仕路31号

【发明(设计)人】 冯国平；罗贤想

【摘要】 本实用新型公开了一种用于管道连接的热熔器，由热熔器凹模及与其配套的热熔器凸模所组成，在热熔器凹模与热熔器凸模之间设有电热熔板，所述的热熔器凹模内设有热熔器凹模芯模，热熔器凹模芯模上设有紧固螺钉，同时将热熔器凹模及与其配套的热熔器凸模连接在一起，在热熔器凹模上还设有观察孔。本实用新型适用于金属塑料复合管的连接和安装。

【名称】 阳光屋顶异型中梃塑料型材

【公开(公告)号】 CN201437623U

【公开(公告)日】 2010.04.14

【申请(专利权)人】 浙江公元太阳能科技有限公司

【地址】 浙江省台州市黄岩区黄椒路888号

【发明(设计)人】 张建均；苏乘风；贝金华；张荣伟；腾金学

【摘要】 阳光屋顶异型中梃塑料型材，包括左竖边和右竖边以及上横边和下横边，构成的截面呈凹字型中梃，其特征在于所述左竖边的顶部制有左密封嵌槽，所述右竖边的顶部制有右密封嵌槽，左、右密封嵌槽中安装密封条与阳光屋顶型材的异型扇平直密封面相接触，在左、右竖边的内侧分别制有密封界面，密封界面下制有凹口。本方案在所述左、右竖边的顶部分别制有左、右密封嵌槽，安装密封条后与阳光屋顶型材异型扇的平直密封面相接触，形成密封面，在左、右竖边的内侧分别制有密封界面与异型扇的密封条相接触，防止雨水渗漏进来；密封界面下的凹口与异型扇上的缺口相配合，起到紧固的作用。其优点是：结构简单，使阳光屋顶中梃与阳光屋顶面框架安装方便，连接牢靠，并且防止渗水、漏水，密封效果好。

【名称】 具有改进结构的排水用塑料检查井

【公开(公告)号】 CN201437608U

【公开(公告)日】 2010.04.14

【申请(专利权)人】 浙江双环塑胶阀门有限公司

【地址】 浙江省台州市黄岩区南城工业区浙江双环塑胶阀门有限公司

【发明(设计)人】 叶后富

【摘要】 本实用新型公开了具有改进结构的排水用塑料检查井，包括有检查井主通道和副通道，检查井副通道的模具分模线位于副通道底面的上方，检查井副通道和主通道底部之间具有一内凹的可脱模部位；该内凹的可脱模部位的存在可以使得在生产不同形状的检查井时，通过共同一副注塑模具的外模架，更换不同形状的型腔以实现不同形状检查井的注塑成型，降低了生产成本，缩短了注塑模具开发时间。

【名称】 一种塑料托盘

【公开(公告)号】 CN201437433U

【公开(公告)日】 2010.04.14

【申请(专利权)人】 佛山市顺德区大良塑料二厂有限公司

【地址】 广东省佛山市顺德区新滘工业区鸿业路9号

【发明(设计)人】 梁明海；龙泽鎏

【摘要】 本实用新型公开了一种塑料托盘，包括塑料托盘本体、设于塑料托盘本体内的凹坑和凸台、设于凹坑底部的通孔，凹坑和凸台相互交错设置，在所述塑料托盘本体中间的每个凸台上设有至少一条错位套叠凹槽，一个凸台上的错位套叠凹槽与相邻的凸台上的错位套叠凹槽对应构成直线或者平行，所述塑料托盘本体的边缘设有一环绕本体的供另一同样的塑料托盘本体堆放时套叠用的侧边。每个凸台上设有两条错位套叠凹槽；每个凸台上的两条凹槽呈“十”字形交叉设置。本实用新型可以单独堆放很高，可以错位套叠堆放，不会发生倾斜或倒塌，装运方便且安全。

【名称】 塑料包装箱

【公开(公告)号】 CN201437413U

【公开(公告)日】 2010.04.14

【申请(专利权)人】 中钞实业有限公司

【地址】 北京市宣武区宣武门外大街6号庄胜广场中央办公楼北翼1216室

【发明(设计)人】 伍燕；赵建起；刘亦冰；李伯权

【摘要】 一种塑料包装箱，包括箱体、箱盖，以及连接在箱体和箱盖上的插锁机构，所述箱盖的四边各边分布有1~2个朝下的锁舌，锁舌中部带有侧向孔；所述箱体的箱口上翻边与锁舌位置相对应处开有插孔，正对插孔下方的箱体上设有与锁舌上的侧向孔大小相适应的侧向凸块，侧向凸块与锁舌上的侧向孔嵌入连接。本实用新型利用塑料的张性使扣位锁扣，具有结构简单、锁扣强度大、安全性好的优点，是具有自锁功能以及符合相关安全技术指标要求的塑料包装箱，可用于保管、运输贵重物品。

【名称】 汽车用固定两根不同外径管子的塑料支撑夹

【公开(公告)号】 CN201437866U

【公开(公告)日】 2010.04.14

【申请(专利权)人】 东风汽车公司

【地址】 湖北省武汉市经济技术开发区东风大道特1号

【发明(设计)人】 李力；梁德玉

【摘要】 本实用新型提供一种汽车用固定两根不同外径管子的塑料支撑夹，包括可调内径卡套和弹性卡套，其可调内径卡套与弹性卡套的外圆柱由筋板连接。可调内径端卡套内表面竖直方向有均匀布置的条状凸起，条状凸起的高度为0.3mm。本塑料支撑夹是一种针对不同直径管子的固定部件。它可以实现汽车燃油箱注油管套接口处和油箱通气管的固定，避免行车途中通气管脱落以及可能与车身干涉问题。且这种部件结构简单、可靠性高、便于拆装。

【名称】 塑料薄膜热切制袋机机头的改进结构

【公开(公告)号】 CN201437288U

【公开(公告)日】 2010.04.14

【申请(专利权)人】 厦门市三磊包装材料有限公司

【地址】 福建省厦门市思明区仙岳路690号1001室

【发明(设计)人】 陈荣康

【摘要】 本实用新型公开了一种塑料薄膜热切制袋机机头的改进结构，它主要由热切刀和辊轴组成；所述的由刚性材料制成的辊轴安装在热切刀的正下方。由于本实用新型的辊轴采用金属、陶瓷或玻璃等硬质材料制成，具有刚性强、硬度更高、耐高温等优点，辊轴不容易被刮花，且对于强度硬度较高的材料也可以迅速切断。采用硬质材料制成辊轴，克服了人们传统观念认为刀头是金属的若下方也是金属的，则刚性对碰容易导致刀头破损而都采用硬度较低塑胶辊轴的技术偏见，具有较高的创造性。

【名称】 全塑水表箱
【公开(公告)号】 CN201438124U
【公开(公告)日】 2010.04.14
【申请(专利权)人】 宁波市埃美仪表制造有限公司
【地址】 浙江省奉化市尚田镇镇西路68号
【发明(设计)人】 陈立艳；汪秀浩
【摘要】 本实用新型涉及一种高强度环保的全塑水表箱，针对现有同类产品结构欠佳导致生产装配、使用安装不便，生产成本高的技术问题而设计的。该水表箱的全部零部件材料采用无毒无污染的高强度工程塑料制成，其要点是所述盖板内设有盖板锁，盖板锁与盖板连接；盖板与箱体通过一侧的销轴铰接连为一整体；底板设有锁扣，底板通过锁扣与箱体连为一整体。其中，所述盖板锁通过塑性变形与箱体扣合。所述销轴通过熔接将盖板一侧与箱体一侧连为一个整体，且盖板可以以销轴为中心转动。该水表箱安装、使用简便，防盗、防腐效果好，使用寿命长，用途广泛，生产成本低，适于成批量注塑生产，不同规格的该水表箱与对应规格的水表装配，适用于各种室内外水表的保护。

【名称】 塑料座体
【公开(公告)号】 CN201438796U
【公开(公告)日】 2010.04.14
【申请(专利权)人】 浙江中控技术股份有限公司
【地址】 浙江省杭州市滨江区六和路309号中控科技园(高新区)
【发明(设计)人】 陆再斌；王剑光；郑晓东
【摘要】 本实用新型实施例公开了塑料座体，包括第一侧壁、第二侧壁、第三侧壁和第四侧壁，包括：在第二侧壁上有至少一个第一限位凸台和支撑凸台，所述第一限位凸台和支撑凸台之间的距离不小于板卡边缘的厚度；在与第二侧壁相对的第四侧壁上有至少一个弹性卡勾和支撑凸台，所述支撑凸台和弹性卡勾之间的距离不小于所述板卡边缘的厚度，所述弹性卡勾的一端固定于塑料座体的第四侧壁的槽中，所述弹性卡勾的另一端包括：两个扣合平台以及两个扣合平台之间的一个缺口；在所述第四侧壁与所述扣合平台之间，有两个缺口，利用本实用新型实施例，能够高效快速地安装和组合产品，为设备的生产维护效率提高带来了很大的提高。

【名称】 集成有微电极的塑料微流控芯片及其制备方法
【公开(公告)号】 CN101693513A
【公开(公告)日】 2010.04.14
【申请(专利权)人】 武汉普赛微流科技有限责任公司
【地址】 湖北省武汉市洪山区广八路115号银海雅苑B座510
【发明(设计)人】 翁毅；刘威
【摘要】 本发明公开了一种集成有微电极的塑料微流控芯片及其制作方法，涉及一种微全分析技术。集成有微电极的塑料微流控芯片是将微电极集成在塑料微流控芯片上。其制备方法是：①根据设计的芯片沟道结构通过电铸法制备微流控芯片的电铸模具；②将制备塑料微流控芯片所需的材料浇注在电铸模具上，经固化后得到塑料微流控芯片；③将微电极集成在塑料微流控芯片上即得集成有微电极的塑料微流控芯片；本发明集成度高，体积小，有利于产品规格的标准化；制备工艺简单，操作方便，生产成本低，有利于产业化生产；可以一次性使用，减小不同次测试之间的样品污染，大大提高了工作效率；应用范围广，特别适合于药物研究、疾病诊断、基因诊断等领域。

【名称】 组合式收口增强型塑料检查井
【公开(公告)号】 CN101694107A
【公开(公告)日】 2010.04.14
【申请(专利权)人】 四川天鑫塑胶管业有限公司
【地址】 四川省成都市龙泉驿区国家级成都经济技术开发区西干道
【发明(设计)人】 代星；程立；冯芳
【摘要】 本发明公开了一种组合式收口增强型塑料检查井，包括井体和井座，所述井体包括收口井体和与收口井体连接的直筒井体，井体为两层结构，包括内层井体和外层井体，所述外层井体的横截面呈圆形，内层井体的横截面呈纵向凸条结构且与外层井体连接。本发明采用组合式结构，连接强度高，密封可靠，解决了检查井密封和运输的问题，不仅可节约成型材料，并且检查井强度能够得到保证，解决了检查井成本和强度的问题。

【名称】 液体包装塑料瓶或软袋的吊环强度测试夹具
【公开(公告)号】 CN101694440A
【公开(公告)日】 2010.04.14
【申请(专利权)人】 中国大冢制药有限公司
【地址】 天津市西青区南河镇津文公路西
【发明(设计)人】 李永兴；薛冰；王健；张金毅；魏倩

【摘要】 本发明公开一种液体包装塑料瓶或软袋的吊环强度测试夹具，其下夹具是由底座的两侧边缘设置螺栓孔，在底座1的中间部位设置插棍，在插棍的上部设置旋转螺母，在插棍下端部设置连接孔，在底座的上面两侧边缘设置左右固定支架，在左右固定支架的中间后部设置支撑杆用螺栓固定连接，在固定右支架和固定左支架的支撑杆所处位置的前面的上部相对应地设置插块槽，插块槽固定连接插块，插块中间部位设置吊环孔；上夹具的上部设置插棍，在插棍上端部设置连接孔，在插棍下端部设置拉钩。本发明的测试夹具设计合理，减少因为人为的误差而出现的不必要的偏差，降低偶然性，使检测出来的数据更加真实、更加可信，从而保证在临床使用中产品的安全性、稳定性。

【名称】 一种废橡胶、废塑料炼油裂解用的催化剂

【公开(公告)号】 CN101695666A

【公开(公告)日】 2010.04.21

【申请(专利权)人】 重庆市利奇源科技有限公司

【地址】 重庆市渝北区洪湖东路51号财富中心C1-21-5

【发明(设计)人】 杨荣平；董奇；杜春

【摘要】 一种废橡胶、废塑料炼油裂解用的催化剂涉及炼油技术。催化剂按重量比将硅酸三钙30~60、硅酸二钙15~37、铝酸三钙7~15、铁铝酸四钙10~18、氧化钙20~30、碳酸钙10~15、氧化钠2~5、氧化钾1~3，混合后经球磨粉碎机粉碎至200目混合而成；直接用废橡胶、废塑料为原料，与混合催化剂重量比为100:(1~10)。采用现有工艺和通用设备；直接利用废橡胶、废塑料；催化剂材料易得，制作简单，成本低；反应温度不高、时间短；提高出油率10%~15%；粗油中烷烃多，其他烃少等特点。

【名称】 船用钢管内壁涂覆聚乙烯隔离层的方法

【公开(公告)号】 CN101695691A

【公开(公告)日】 2010.04.21

【申请(专利权)人】 辽宁渤海防腐工程有限公司

【地址】 辽宁省葫芦岛市经济开发区北港工业园区

【发明(设计)人】 王震；刘珠楠；李宝东；王宝山

【摘要】 本发明涉及的是船用钢管内壁涂覆聚乙烯隔离层的方法。1. 钢管预热在预热窑进行。预热窑温度控制在250~350℃。预热窑中装有换热器和风机。换热器散发热量预热钢管。2. 钢管涂塑用涂塑机进行。涂塑机能够把塑料粉末输送到离心喷头上，靠旋转力的作用将塑料粉末颗粒甩出在钢管壁内。涂塑过程：将塑料粉末颗粒涂覆在钢管内壁上，靠钢管余温使之熔化成膜。本发明方法采用钢管集中预热和分根涂塑的方法在钢管内壁上形成塑料隔离膜，适宜在钢管防腐方面使用。

【名称】 塑料管材无屑切割机

【公开(公告)号】 CN101695842A

【公开(公告)日】 2010.04.21

【申请(专利权)人】 刘永祥

【地址】 河北省廊坊文安县兴隆宫镇小郭庄村

【发明(设计)人】 刘永祥

【摘要】 本发明提供一种塑料管材无屑切割机，塑料管材无屑切割机由轴承座和离心轮组成，轴承座安装在发动机上，用驱动皮带带动离心轮，离心轮上设有刀架、刀片安装在刀架上，同时设有刀片压紧块，用内六角圆柱头螺钉固定。刀片的另一端连接收紧弹簧，收紧弹簧用卡簧卡住，当刀片工作时，收紧弹簧拉伸，当刀片复位时，收紧弹簧收缩。与现有技术相比，本发明的优势在于：这种新型的切割机，由于切割时采用的是刀片切割，切割出的管材截面平整光滑，无任何锯屑产生，这样不仅节省原料，还环保无污染。

【名称】 塑料吹瓶机瓶胚管移位分距机械手

【公开(公告)号】 CN101695866A

【公开(公告)日】 2010.04.21

【申请(专利权)人】 张士生

【地址】 浙江省宁波市江东区中兴路187弄24号701室

【发明(设计)人】 张士生

【摘要】 本发明涉及一种塑料吹瓶机瓶胚管移位分距机械手。它包括基座，设置在基座上的电机，设置在电机转轴上的摆臂，铰接在摆臂上的长连杆和短连杆，分别固定在长连杆和短连杆外端的长叉板滑动座和短叉板滑动座，分别固定在长叉板滑动座和短叉板滑动座上的长叉板和短叉板。本发明具有突出的实质性特点：通过电机带动短连杆、长连杆摆动，使加热时紧密排列的瓶胚到吹瓶机构时等距分离，使得瓶胚在较短的烘箱中即可高效的加热，能量利用率高，而且在加工同一规格瓶胚时长、短连杆的长度相对固定，重量小，等距分离时惯性小、精度高，避免分距距离小导致吹瓶瑕疵。

【名称】 在金属管内外表面及其端部表面贴覆塑料膜的方法及设备

【公开(公告)号】 CN101695867A

【公开(公告)日】 2010.04.21

【申请(专利权)人】 新兴铸管股份有限公司

【地址】 河北省武安市新兴铸管公司研究院

【发明(设计)人】 申勇；宋亚峰；叶丙义；刘延学；段欣

【摘要】 在金属管内外表面及其端部表面贴覆塑料膜的方法，包括如下步骤：根据金属管的规格准备相应尺寸的塑料管膜，塑料管膜的外表面涂敷一层热溶胶；将塑料管膜从金属管内穿过并从金属管的插口端露出，用热空气加热露在金属管的插口端外面的塑料管膜，将露在金属管插口端外面的塑料管膜翻转套在金属管插口端头的外表面上。实现在金属管内表面及插口端外表面贴覆塑料膜的设备，包括插口翻边机、可让金属管以金属管的轴线为中心处于旋转状态的旋转工作台、工业热风机、抽真空设备和加热线圈。其目的在于提供一种通过对金属管插口段内外表面及其端部表面贴覆塑料膜，使其防腐性能更好，使用寿命更长的在金属管内表面及插口端外表面贴覆塑料膜的方法及设备。

【名称】 环保型高导电塑料护套料及其制作方法
【公开(公告)号】 CN101696289A
【公开(公告)日】 2010.04.21
【申请(专利权)人】 张庆愉
【地址】 江苏省盐城市亭湖区伍佑镇通榆路188号江苏珠花集团公司
【发明(设计)人】 张庆愉；王宏军；张国珍
【摘要】 本发明涉及的是一种环保型高导电塑料护套料及其制作方法，适用于综合贯通地线作高导电塑料护套材料。包括基料POE(8180)、POE(8750)、热塑性橡胶SEBS(YH－403)、超导电炭黑、分散剂、硬脂酸锌Zn－St、石蜡、流变剂、抗氧剂和POE(DF0540)，按重量份配比混合，经双螺杆挤出机塑化挤出，单螺杆挤出机造粒制成，其中基料各种成分重量份配比为：POE(8180)34～39份、POE(8750)9～15份、热塑性橡胶SEBS(YH－403)8～15份、超导电炭黑25～30份、分散剂2～5份、硬脂酸锌Zn－St0.1～0.5份、石蜡1～5份、流变剂0.2～0.8份、抗氧剂0.1～0.5份、POE(DF0540)1.5～4.5份。

【名称】 高润滑耐磨聚烯烃材料、高润滑耐磨聚烯烃管道及其制法
【公开(公告)号】 CN101696290A
【公开(公告)日】 2010.04.21
【申请(专利权)人】 四川剑南春(集团)有限责任公司；四川大学等
【地址】 四川省绵竹市春溢街289号
【发明(设计)人】 白时兵；徐占成；王琪；李治
【摘要】 本发明涉及高润滑耐磨聚烯烃材料、高润滑耐磨聚烯烃管道及其制法，属于塑料管道加工领域。本发明的目的是针对现有塑料管磨耗较大的特点，提供一种高润滑耐磨聚烯烃材料及利用该材料制备的聚烯烃耐磨塑料管。本发明高润滑耐磨聚烯烃材料包括聚烯烃和聚氧化乙烯，其中聚烯烃和聚氧化乙烯的重量配比为：聚烯烃80～99份、聚氧化乙烯1～20份。采用本发明耐磨管，其摩擦系数和磨耗量与现有聚烯烃管相比下降30%～50%，接近超高分子量聚乙烯的摩擦磨损性能，仍然能保持优良的力学性能，且加工简单、施工方便，为耐磨管技术领域开辟了新的思路。

【名称】 工程塑料轴承内芯专用材料
【公开(公告)号】 CN101696292A
【公开(公告)日】 2010.04.21
【申请(专利权)人】 吴南松
【地址】 江苏省无锡市锡山区鹅湖镇新桥村珠桥路无锡中科富邦改性工程塑料有限公司
【发明(设计)人】 吴南松
【摘要】 本发明涉及一种制造轴承内芯的材料，具体地说是一种工程塑料轴承内芯专用材料。按照本发明提供的技术方案，所述工程塑料轴承内芯专用材料含有重量份为35～55的超高分子量聚乙烯，重量份为30～40份的高密度聚乙烯，重量份为5～20份的综合润滑剂，重量份为5～8的超细二氧化硅，重量份为1～5的硅烷偶联剂，重量份为0.5～3.5的有机锡，重量份为0.4～0.6的分散剂，重量份为0.1～0.4的抗氧剂1010及重量份为0.1～0.4的抗氧剂168。利用这种材料生产汽车用的平面塑料轴承等要求在高负荷条件下工作的零件时，可降低摩擦系数和减少磨损。

【名称】 长纤维增强塑料生产用纤维丝束熔融浸渍模头及浸渍方法
【公开(公告)号】 CN101695873A
【公开(公告)日】 2010.04.21
【申请(专利权)人】 广州科苑新型材料有限公司
【地址】 广东省广州市花都区狮岭镇旗岭大街3号第一工业园
【发明(设计)人】 徐迎宾；李建雄；陈可娟；任东方；刘安华
【摘要】 本发明公开了长纤维增强塑料生产用纤维丝束熔融浸渍模头及浸渍方法。所述纤维丝束熔融浸渍模头包括模头壳体、置于模头壳体内的接触导丝辊和非接触导丝辊对。接触导丝辊含有同轴圆鼓体；非接触导丝辊对为固定辊或主动驱动辊，其横断面为圆形、多边形或多棱形。所述浸渍方法包括：在充满熔体的模腔内，纤维丝束在张力牵引下交替绕过接触导丝辊的圆鼓体，并从非接触导丝辊对间的缝隙穿过，浸渍了的纤维丝束从导出通道(7)牵出。本发明可减少纤维单丝的摩擦折损，使连续纤

维丝束的熔融浸渍在高浸渍线速度下稳定运行，提高浸渍效率，降低长纤维增强热塑性塑料的生产成本。

【名称】 一种动态硫化热塑性弹性体的制备方法
【公开(公告)号】 CN101696279A
【公开(公告)日】 2010.04.21
【申请(专利权)人】 金发科技股份有限公司；上海金发科技发展有限公司等
【地址】 广东省广州市高新技术产业开发区科学城科丰路33号
【发明(设计)人】 张春怀；肖鹏；陶四平；郑明嘉；杨霄云；叶南飚；王斌
【摘要】 本发明涉及一种动态硫化热塑性弹性体的制备方法，操作步骤如下：(1)反应性一步料制备：将除硫化剂和促进剂之外的原料，包括部分橡胶、塑料、填料、软化剂、老化剂和加工助剂进行熔融共混造粒；(2)硫化剂母胶的制备：将硫化剂与部分橡胶共混造粒；(3)促进剂母胶的制备：将促进剂与部分橡胶共混造粒；(4)动态硫化：将上述三步制备的反应性一步料、硫化剂母胶、促进剂母胶混合进行动态硫化。该方法制造出的弹性体具有高流动性、高弹性、低硬度的特点，而且在工艺上还具有设备适用广、制备工艺简单、加工窗口宽等优点。

【名称】 一种可降解塑料
【公开(公告)号】 CN101696284A
【公开(公告)日】 2010.04.21
【申请(专利权)人】 殷正福
【地址】 江苏省扬州市杭集工业园8号
【发明(设计)人】 殷正福
【摘要】 一种可降解塑料，涉及塑料原料及制品技术领域。本发明包括以下原料组成：PP树脂、植物纤维淀粉、增塑剂、二氧化钛、润滑剂、热稳定剂，本发明在自然环境下可生物降解，属绿色环保制品，产品光洁度好，美观、强度高、韧性好、触感平和、使用舒适，可配置成任意颜色，可制成牙刷、梳子、擦鞋器、剃须刀、香皂盒、针线盒等。另，本发明在制作成品时，其热熔温度只需120~140℃，较普通的塑料热熔温度200~220℃低很多，对于生产具有极大的节能、省电、降耗的应用价值。

【名称】 一种连续定向玻璃纤维增强不饱和聚酯片状模塑料
【公开(公告)号】 CN101696320A
【公开(公告)日】 2010.04.21
【申请(专利权)人】 振石集团华美复合新材料有限公司
【地址】 浙江省桐乡市经济开发区发展大道2133号
【发明(设计)人】 郑荣显；盛江峰
【摘要】 本发明涉及复合材料领域，特别是涉及一种连续定向玻璃纤维增强不饱和聚酯片状模塑料。该连续定向玻璃纤维增强不饱和聚酯片状模塑料，其组分及各个组分的质量份数为：不饱和聚酯树脂15~50份；低收缩剂5~12份；12~26mm短切玻璃纤维8~20份；定向连续玻璃纤维1.5~8份；碳酸钙10~50份；氢氧化铝10~50份；有机过氧化物0.2~1份；苯乙烯1~4份；增稠剂0.2~1份；脱模剂1~3份。本发明配方设计合理，阻燃性好、强度高、造价低，质量稳定。

【名称】 一种环保阻燃建筑材料
【公开(公告)号】 CN101696326A
【公开(公告)日】 2010.04.21
【申请(专利权)人】 李哲
【地址】 辽宁省沈阳市沈阳辉山农业高新区明珠路201号
【发明(设计)人】 李哲
【摘要】 本发明涉及一种建筑用材料的技术领域，尤其涉及一种具有环保和阻燃功能的环保阻燃建筑材料。它是由以下各组份按重量份数比组成：废旧塑料：20~50；低钙粉煤灰：10~20；氢氧化镁：5~10；水：20~60；所述的低钙粉煤灰还可以用炉灰或炉渣代替。本发明由于采用废旧塑料和低钙粉煤灰为主要原料，并且低钙粉煤灰还可以选择用炉灰或炉渣来代替，因此具有较强的阻燃性。而大量的工作废渣的二次利用，既降低了产品的生产成本，同时也具有节能环保的功效。又因其市场销售价格较低，所以市场前景非常显著。本发明还具有施工方便，原料充足、价格合理的优点，适于各种建筑外墙面使用，且具有非常好的环保性能，取材方便，适合推广应用，其经济效益和社会效益非常广阔。

【名称】 一种塑料镀铬方法
【公开(公告)号】 CN101696489A
【公开(公告)日】 2010.04.21
【申请(专利权)人】 湖州金泰科技股份有限公司
【地址】 浙江省湖州市吴兴区金泰路1888号
【发明(设计)人】 钱苗根；沈荣春；鲁旭亮
【摘要】 本发明涉及塑料镀铬方法，属于新材料及表面技术领域。本发明依次包括以下步骤：①在基体材料上喷涂一层有机涂料后进行紫外光照射固化，得到一级半成品；②将经步骤①得到的一级半成品真空镀铬，得到二级半成品；③将经步骤②得到的二级半成品用中频磁控溅射膜机镀覆钛氧化物薄膜，得到成品。本发明方法具有生产成本低，无毒，方便简单的优点，解决了现有技术污染大，工艺复杂，成本高的技术问题。

【名称】 超高分子量聚乙烯钢塑复合阀门及其制造方法

【公开(公告)号】 CN101696734A

【公开(公告)日】 2010.04.21

【申请(专利权)人】 山东齐鲁科力化工研究院有限公司

【地址】 山东省淄博市高新区花山西路200号

【发明(设计)人】 王庆昭；高步良；于元章

【摘要】 本发明是一种超高分子量聚乙烯钢塑复合阀门及其制造方法，属于流体物料输送用阀门，尤其涉及一种具有耐腐蚀、耐磨损、难黏附特性的超高分子聚乙烯覆层钢塑复合阀门。包括金属阀体、阀芯，其特征在于在阀芯的外表面和阀体内腔表面所有与流体物料接触的部件表面附着一层超高分子量聚乙烯材料覆层，超高分子量聚乙烯材料覆层采用超高分子量聚乙烯并加入有机硅、表面活化的玻璃微珠、超细三氧化二铝、超细碳化硅和二硫化钼中的一种或一种以上助剂组分，其中超高分子量聚乙烯的黏均分子量≥150万。本发明解决了现有技术中的氟塑料价格较高，导致的生产成本高的问题以及衬层与钢制阀体材料结合不够牢固的问题。

【名称】 聚烯烃PP/PVDC/聚烯烃PE多层复合管材

【公开(公告)号】 CN101696752A

【公开(公告)日】 2010.04.21

【申请(专利权)人】 河南康泰塑业科技有限公司

【地址】 河南省新郑市人民路东段与神州路交叉口东北角

【发明(设计)人】 林云青；叶日才；张雯林；李长辉；强克刚

【摘要】 本发明涉及聚烯烃PP/PVDC/聚烯烃PE多层复合管材，有效解决塑料管材有毒性，强度低、韧性差、抗冲击性弱，成本高，加工复杂的问题，其方法是，将聚烯烃PP外层、PVDC中间层、聚烯烃PE内层分别由挤出机挤出加热后，由同一挤出口模挤出至少有聚烯烃PP外层，PVDC中间层和聚烯烃PE内层的多层共挤、相邻层紧密的结合的复合管材，聚烯烃PP外层和聚烯烃PE内层在挤出机的机筒区和模头区分段加热；PVDC中间层在机筒区和模头区分段加热；结合后的复合管材真空定径后，再置于18~23℃的水中进行二次冷却，产品打印，牵引，定尺切割即成本发明管材，本发明无毒副作用，性价比好，加工简单，强度高，韧性好、抗冲击性强，是管材上的创新。

【名称】 一种用于塑料管热熔焊的管件

【公开(公告)号】 CN101696756A

【公开(公告)日】 2010.04.21

【申请(专利权)人】 李静

【地址】 辽宁省铁岭市清河区杨木乡中心小学

【发明(设计)人】 李静

【摘要】 本发明公开了一种用于塑料管热熔焊的管件，所述管件由插于被焊接细管内的固定段、防止热熔焊接产生的堆积物沿管的径向堆积的导向段和连接固定段和导向段的连接段构成，采用该管件进行塑料管焊接时，熔化的塑料不会沿管的径向产生堆积。

【名称】 塑料或橡胶造粒专用套筒型螺旋切刀

【公开(公告)号】 CN201439208U

【公开(公告)日】 2010.04.21

【申请(专利权)人】 北京化工大学；北京华陆博机械技术开发有限公司

【地址】 北京市朝阳区北三环东路15号

【发明(设计)人】 张秋翔；孟阒

【摘要】 本实用新型涉及一种塑料或橡胶造粒用的套筒型螺旋切刀。筒型螺旋切刀是由若干个螺旋刀片组成一个圆环筒状，传动轴带动套筒型螺旋切刀高速旋转，压缩空气从一端的扇形孔进入到套筒型螺旋切刀内部，将切下来的胶粒从另一端圆环口吹出，完成切粒与风送功能。采用这种切刀可以增大28%流通空间。改变刀片的数量和转速，可以改变切出颗粒的长短。改变模孔的直径可以改变切出颗粒的粗细。依据本实用新型，可以在不改变原结构外形尺寸的前提下，解决螺旋切刀空间小，物料膨化不好的问题。

【名称】 单缸式液压射出成型机

【公开(公告)号】 CN201439234U

【公开(公告)日】 2010.04.21

【申请(专利权)人】 宜大股份有限公司

【地址】 中国台湾台北县

【发明(设计)人】 柯政延

【摘要】 本实用新型是一种单缸式液压射出成型机，是在一机台上设有同轴且可相对移动的油压组件以及射出组件，以供射出塑料。其中，所述的机台的前端台面上设有一支架，所述的支架设有一定位部，而所述的油压组件是以可相对移动的方式连结在机台的上方，且所述的油压组件的底部设有一容置空间，以供一油压缸的活塞的前端穿过所述的容置空间后，连结在所述的支架的定位部，以缩短油压缸由机台的后方向后凸出的距离，以降低射出成型机所占用的空间。

【名称】 汽车门板装饰条注塑模具

【公开(公告)号】 CN201439239U

【公开(公告)日】 2010.04.21
【申请(专利权)人】 浙江模具厂
【地址】 浙江省台州市黄岩区大桥路626号
【发明(设计)人】 钱科强
【摘要】 汽车门板装饰条注塑模具，包括定模底板和动模底板，定模底板连接定模板，定模板中镶有定模仁，定模仁中制有浇口主流道，主流道中安装浇口套，浇口套有定位环，动模底板上安装推板和模脚，推板连接推杆固定板，推杆固定板上安装顶杆，模脚上安装动模板，顶杆穿透动模板，定模仁与动模板之间的间隙构成模腔，其特征在于所述的定模仁与动模板之间制有分流道，动模板中制有斜流道，顶杆的顶部制有流道槽，分流道经斜流道相通流道槽。本方案采用潜伏式多点进料，使塑料膜与产品本身完全融合，达到永久性粘合成一体，无缝隙，表面无任何皱痕，达到金属拉丝效果。
【名称】 塑胶废料回收再生押出机
【公开(公告)号】 CN201439246U
【公开(公告)日】 2010.04.21
【申请(专利权)人】 亚靖机械有限公司
【地址】 中国台湾台北县
【发明(设计)人】 赖金山
【摘要】 本实用新型为一种塑胶废料回收再生押出机，其包括有相互连接且呈轴向排列的一体化母机及子机，一螺杆穿设于该母机及子机中轴向连通；一滤网，提供过滤残渣的效果，使塑料废料经过螺杆加热、压挤、熔融与双重过滤后，得到干净清洁的塑料。其不仅装设场地需求简单、组装方便快速且不会占据太多空间；而且，从单一马达驱动使得其在加工制造上更为简单快速，进而降低了大幅的成本，有效提高市场的竞争力。
【名称】 一种加料设备
【公开(公告)号】 CN201439248U
【公开(公告)日】 2010.04.21
【申请(专利权)人】 深圳市意可曼生物科技有限公司
【地址】 广东省深圳市南山区蛇口南海大道1077号北科创业大厦108-112室
【发明(设计)人】 李敏；张向南
【摘要】 本实用新型公开了一种加料设备，包括料斗、电机、变速箱、加料螺杆和料筒，其特征在于：在所述料斗中设有搅拌桨，所述搅拌桨上设有至少一个搅拌叶。本实用新型的加料设备，适用于塑料挤出过程中的喂料，它通过改变搅拌桨的形态，采取适当的安放位置，从而能保证持续稳定的喂料，同时还保证了生产线的连续生产，降低了人力成本，提高了加工效率和产品质量。
【名称】 塑料活动爬梯
【公开(公告)号】 CN201439686U
【公开(公告)日】 2010.04.21
【申请(专利权)人】 浙江双环塑胶阀门有限公司
【地址】 浙江省台州市黄岩区南城工业区浙江双环塑胶阀门有限公司
【发明(设计)人】 叶后富
【摘要】 本实用新型提供了塑料活动爬梯，爬梯由多个可自由组合连接的单节梯架组成，所述的单节梯架具有两侧挂钩，两侧挂钩之间为脚踏横杆，挂钩下端具有可供另一单节梯架挂钩连接的连接槽以及连接杆，挂钩上端的挂钩弯曲部分伸入连接槽内，挂钩弯曲部分和连接杆相互配合就可以根据不同作业深度自由连接多节梯架。
【名称】 破袋机
【公开(公告)号】 CN201439395U
【公开(公告)日】 2010.04.21
【申请(专利权)人】 北京昊业怡生科技有限公司
【地址】 北京市海淀区双榆树东里19号楼一层
【发明(设计)人】 于景成；靳国良；田丹
【摘要】 本实用新型涉及一种破袋机，主要由机架、挡板、旋转套筒、刀具、电机、驱动轮、传动轮、电控系统等组成。进、出料两块挡板固定在支架上，根据需要调整挡板距滚筒的距离和倾斜度。垃圾输送至破袋机进料端后，通过挡板和刀具对塑料袋进行破拆。破袋机的旋转速度通过电控系统调整。固定轴与旋转套筒采用复合偏心设计，可对刀具伸出套筒的长度进行调整。在套筒高速旋转的过程中，进料端刀具伸出滚筒距离最长，有利于将物料延旋转切线方向抛出，通过出料挡板导向，将物料从出料挡板与旋转套筒之间导出。达到最好的破袋效果，破袋率为100%。本实用新型结构简单、处理量大、故障率低。
【名称】 一种蝶形进气歧管
【公开(公告)号】 CN201439736U
【公开(公告)日】 2010.04.21
【申请(专利权)人】 宁波神通汽车饰件有限公司；宁波神通模塑有限公司
【地址】 浙江省余姚市谭家岭西路788号
【发明(设计)人】 方立锋
【摘要】 本实用新型涉及一种汽车发动机零部件，尤其是涉及一种能提高发动机升功率和扭矩的塑料蝶形进气歧管。包括进气歧管壳体、谐振腔壳体、节流阀体法兰壳体、小歧管，其特征是所述的进气歧管壳体包括上壳体和下壳体，下壳体和合气腔相接，合气腔部位设有入风口，入风口处于进气歧管整体结构的中间位置，由上、下壳体组成四条气道以入风口为中心回转一周后设一进气口法兰，进气口法兰平面与入风口管口成垂直状。

【名称】 自锁结构电池模组塑料壳体
【公开(公告)号】 CN201440426U
【公开(公告)日】 2010.04.21
【申请(专利权)人】 神讯电脑(昆山)有限公司
【地址】 江苏省昆山市出口加工区第二大道269号
【发明(设计)人】 伍华
【摘要】 一种自锁结构电池模组塑料壳体，为了达到上述的目的，本实用新型提供的一种自锁结构电池模组塑料壳体。此自锁结构电池模组塑料壳体包括：底板、上盖。其中底板边缘凸设有卡槽，且槽体位于靠近底板一侧；上盖边缘设计成截面为卡钩式形状且对应底板上卡槽形状。组装电池模组时，可以在卡槽内点上胶水，将底板、上盖卡合，上盖截面为卡钩形状的边缘向内变形，当卡合到位后回弹，形成自锁。

【名称】 一种具有塑料光纤接口的ADSL调制解调器
【公开(公告)号】 CN201440683U
【公开(公告)日】 2010.04.21
【申请(专利权)人】 深圳市中技源专利城有限公司
【地址】 广东省深圳市宝安区西乡铁岗水库桃花源科技创新园B栋610
【发明(设计)人】 王亚辉；郑凌云；郑徐平
【摘要】 本实用新型提供一种具有塑料光纤接口的ADSL调制解调器，其还包括一内置光纤收发模块和一将塑料光纤直接插入所述光纤收发模块中的塑料光纤接口。本实用新型ADSL调制解调器由于在打印服务器内置塑料光纤收发模块，可以方便地使用塑料光纤来完成ADSL调制解调器与网络设备的互连，具有连接方便，体积小的优点。

【名称】 一种农用塑料大棚
【公开(公告)号】 CN201440854U
【公开(公告)日】 2010.04.28
【申请(专利权)人】 沈阳大圆天地塑料制品有限公司
【地址】 辽宁省沈阳市铁西区景星南街90号中城大厦
【发明(设计)人】 毕忠义
【摘要】 本实用新型公开了一种大棚结构，特别是涉及一种农用塑料大棚结构。它包括钢筋骨架(2)和塑料膜，在钢筋骨架(2)与塑料膜接触点处的钢筋骨架(2)外安装PE保护套(1)。PE保护套(1)的截面为月牙形。PE保护套(1)的长度为8～15cm。采用本实用新型可以延长大棚膜的使用寿命2～3倍，用PE做外护套原料或二次料做原料这样成本低而且还节约了能源，在钢筋与薄膜接触点安装外护套，每个外护套长度8～15cm，这样使大棚的使用寿命延长了；保证农作物正常生长。

【名称】 同轴高压直流塑料电缆空间电荷测量系统
【公开(公告)号】 CN101696995A
【公开(公告)日】 2010.04.21
【申请(专利权)人】 上海交通大学
【地址】 上海市闵行区东川路800号
【发明(设计)人】 蔡川；李旭光；尹毅；王雅群
【摘要】 本发明公开了一种测量技术领域的同轴高压直流塑料电缆空间电荷测量系统，包括：四根引导螺杆、电缆夹具、下电极铝板、压电薄膜、有机玻璃声波吸收层和接地金属屏蔽盒，其中：下电极铝板上表面有四个引导螺杆安装孔，电缆夹具上有四个与四根引导螺杆位置对应的通孔，四根引导螺杆穿过电缆夹具上的四个通孔并通过四个引导螺杆安装孔与下电极铝板的上表面相连，电缆夹具带弧度的一面朝向下电极铝板上表面，压电薄膜和有机玻璃声波吸收层位于接地金属屏蔽盒内，接地金属屏蔽盒与下电极铝板的下表面相连。本发明采用线接触方式，实现不同线径、不同厚度的同轴高压直流塑料电缆空间电荷的测量，且该系统为平板结构，加工简单，安装调试方便。

【名称】 一种塑料合金导线管
【公开(公告)号】 CN101697300A
【公开(公告)日】 2010.04.21
【申请(专利权)人】 河南康泰塑业科技有限公司
【地址】 河南省新郑市人民路东段与神州路交叉口东北角
【发明(设计)人】 林云青；叶日才；张雯林；李长辉；李岩
【摘要】 本发明涉及塑料合金导线管，有效解决目前导线管抗冲击性低、韧性差、有脆性的问题，其解决的技术方案是，由以重量计的：PVC树脂200～300份，热稳定剂3～13份，润滑剂0.4～1.6份，钛白粉1.7～3.3份，抗冲改性剂5～25份，加工助剂1～7份和碳酸钙2.5～9.5份制成，制备时，先将上述组分均匀混合，得混合物，加热至105～145℃，再将以上加热后的混合物冷却至30～55℃，将冷却后的混合物在常温18～25℃下放置8～12h进行熟化，将熟化后的混合物用挤出机在130～220℃的温度下挤出成型，挤出成型后的管材用0～25℃的水冷却，即得本发明导线管，本发明韧性和抗冲击性能好，抗压、抗弯性能优异，且耐环境开裂性能高，可有效用于电缆、电线和套管的应用，是管材上的创新。

【名称】 一种用于PDP等离子电视的屏蔽盖
【公开(公告)号】 CN101697574A
【公开(公告)日】 2010.04.21
【申请(专利权)人】 四川长虹模塑科技有限公司；绵阳高新区三阳塑胶有限责任公司
【地址】 四川省绵阳市高新区绵兴东路35号
【发明(设计)人】 胥邦君；宋宏春；葛亚宁；顾德阳；于庆顺
【摘要】 本发明涉及一种电视后盖，特别是涉及一种用于PDP(等离子电视机)的屏蔽盖。所述PDP(等离子电视机)的屏蔽盖由ABS塑料和ABS增塑剂经混合加温预处理后，再加入导电炭黑，磁粉和碳纤维增强剂经高混机混合均匀，再进入到双螺杆挤压机内挤出，经造粒，干燥，预塑形成高温熔体，注入模具型腔内，经保压、冷却定型，脱模后即制成等离子电视的屏蔽盖；其具有良好的电磁兼容及防电磁波辐射效果，且工艺简单，造价低，可以循环利用，利于环保。

【名称】 一种发泡工具
【公开(公告)号】 CN101698171A
【公开(公告)日】 2010.04.28
【申请(专利权)人】 王良
【地址】 上海市闸北区南星路70号2005室
【发明(设计)人】 王良
【摘要】 一种发泡工具，它包括枪体、进液阀、出液阀、出液通道和开关装置，开关装置可使出液阀打开或关闭，出液阀包括带有出口的出液嘴、阀芯和复位弹簧，其特征在于：所述阀芯的头部设置台肩，所述台肩上设置凸部或凹部或螺纹，还包括采用塑料制成的密封件，所述塑料密封件至少有部分与所述阀芯头部的台肩上设置的凸部或凹部或螺纹相连接成一体的结构，与所述阀芯相连接成一体的所述塑料密封件与所述出液嘴相密封，有效地防止和避免了发泡工具中的泡沫填缝剂出现泄漏和/或固化现象；有效地防止和避免了泡沫填缝剂或气体出现泄漏或燃烧或爆炸的危险，提高了密封件的耐磨性、密封性和稳定性，有效地避免了出现磨损或松动或变形或破损或脱落或受泡沫填充剂腐蚀或受清洗剂腐蚀而造成泡沫填缝剂向外泄漏；有效地防止和避免了发泡工具中的通道或出口出现堵塞现象；有效地防止了出液嘴出现变形或破裂而造成泄漏泡沫填充剂或气体现象，该结构简单、合理，大大地提高了泡沫填缝剂的发泡量和质量，节约了资源，使用安全、清洁，延长了使用寿命，成本低，适合大批量生产。

【名称】 发泡枪
【公开(公告)号】 CN101698179A
【公开(公告)日】 2010.04.28
【申请(专利权)人】 王良
【地址】 上海市闸北区南星路70号2005室
【发明(设计)人】 王良
【摘要】 一种发泡枪，包括枪体、连接件、进液阀、出液阀和开关装置，开关装置可使出液阀打开或关闭，其特征在于：所述连接件采用塑料制成，有效地防止和避免了出现渗漏泡沫填缝剂现象，有效地防止和避免了枪体内的泡沫填缝剂出现固化或堵塞现象，有效地解决了发泡枪容易出现施工困难或无法施工的缺陷，提高了发泡枪的使用寿命，提供具有自润性和耐化学腐蚀的塑料连接件，泡沫填缝剂不易粘接在连接件上，容易剥落或清洗或清理，延长了使用寿命，连接件耐磨、强度高和不易氧化，安全可靠，成本低，防漏性能好，适合大批量生产。

【名称】 发泡装置
【公开(公告)号】 CN101698186A
【公开(公告)日】 2010.04.28
【申请(专利权)人】 王良
【地址】 上海市闸北区南星路70号2005室
【发明(设计)人】 王良
【摘要】 一种发泡装置，特别适用于与发泡枪中的第二枪体相连接，它包括第一枪体、外接件、进液阀、出液管、出液嘴、第一阀芯和用于与第二枪体相连接的连接装置，所述进液阀包括阀体、进液口和封闭装置，其特征在于：所述外接件采用塑料制成，所述阀体至少有部分嵌接在所述塑料外接件中，有效地防止和避免了发泡装置或发泡枪出现渗漏泡沫填缝剂现象，有效地解决了发泡装置或发泡枪容易出现施工困难或无法施工的缺陷，提高了发泡枪的使用寿命，提供具有自润性和耐化学腐蚀的塑料外接件，泡沫填缝剂不易粘接在外接件上，容易剥落或清洗或清理，延长了发泡装置或发泡枪的使用寿命，提高了外接件与第一枪体相连接的强度，成本低，安全可靠，适合大批量生产。

【名称】 一种大口径塑料管切割机
【公开(公告)号】 CN101698305A
【公开(公告)日】 2010.04.28
【申请(专利权)人】 太仓市铭鑫防腐设备有限公司
【地址】 江苏省太仓市浮桥镇老闸区通港路5号
【发明(设计)人】 张源炳
【摘要】 本发明公开了一种大口径塑料管切割机，

包括机架、一组管材夹紧装置和由电机驱动的锯片；机架安装在底脚上，机架中间设有管材安装孔，管材夹紧装置围绕管材安装孔安装在机架上，锯片通过连杆安装在机架上。本发明的一种大口径塑料管切割机结构简单、操作容易，可以方便地对大口径塑料管进行安装、夹紧和切割，省时省力，能够提高加工效率；并且在切割过程中不会对塑料管外壁造成磨损，可以提高加工质量；同时成本低廉，有利于推广使用。

【名称】 一种高光平板电视外框高低温水循环注塑成型工艺

【公开(公告)号】 CN101698325A

【公开(公告)日】 2010.04.28

【申请(专利权)人】 广州毅昌科技股份有限公司

【地址】 广东省广州市高新技术产业开发区科学城科丰路29号

【发明(设计)人】 冼燃；谢飞鹏；吴春明；周刚

【摘要】 本发明公开了一种高光平板电视外框高低温水循环注塑成型工艺，其步骤如下：1)先通过水软化装置将自来水进行软化处理；2)通过高压水泵将处理后的软化水加压到0.9~1.0MPa之间，用电加热棒将软化水加热到150~180℃不汽化；3)通过高压水泵和阀门控制将热水通入注塑模具定模中将定模加热均匀到110~120℃，然后采用ABS/PMMA塑料合金射出成型；4)射胶完成后将水道中的热水抽回容器内，通入冷水将模具冷却到50~60℃以下，冷却时间大约15~30s后，开模取出工件。本发明采用高温高压冷热循环水注塑工艺，有效消除了平板电视面框的溶解痕，提高产品表面光泽度，达到免喷涂效果，从而可以广泛应用于高光平板电视外框的制作上。

【名称】 注塑机燃气供热装置

【公开(公告)号】 CN101698349A

【公开(公告)日】 2010.04.28

【申请(专利权)人】 张勤英

【地址】 江苏省南京市鼓楼区定淮门2号2幢65号

【发明(设计)人】 张勤英

【摘要】 本发明涉及一种塑料注射机的燃气供热系统，系统由燃气热源单元，热源输送单元和热源传导单元组成。燃气燃烧器⑧将液化石油气燃烧后产生热源，热源在蓄热室⑦蓄存，热泵④通过输热管道⑤将热源送到电磁阀③，控制系统A根据加热室①的温度设定来控制电磁阀③的开启与否，电磁阀③一旦开启，热源便通过电磁阀③进入加热室①对导热板②加热，通过导热板②将热传递到注射系统螺筒B中的塑料原料对塑料进行加热熔化。

【名称】 一种树脂基复合材料管双丝头缠绕方法

【公开(公告)号】 CN101698354A

【公开(公告)日】 2010.04.28

【申请(专利权)人】 文登鸿通管材有限公司

【地址】 山东省文登市广州路87号

【发明(设计)人】 吴新章；吕召军；陈寿松；王青

【摘要】 本发明涉及树脂基复合材料管的制造，一种树脂基复合材料管双丝头缠绕方法，将芯轴穿入塑料合金内衬管中，芯轴安装在缠绕机上，芯轴旋转，缠绕机上的缠绕车沿芯轴轴向移动，其特征在于缠绕工艺是：1. 玻璃纤维通过导线架；2. 玻璃纤维浸胶；3. 玻璃纤维分丝；4. 拢丝；5. 缠绕；6. 固化成型。本发明工艺简单，合理，两束玻璃纤维同时缠绕，作用在缠绕管的力相同，方向相反，相互平衡，使芯轴在缠绕的过程中不弯曲，保持平直，能提高产品质量，由于两束玻璃纤维同时缠绕，生产效率提高一倍。

【名称】 一种塑料悬置支架

【公开(公告)号】 CN101698382A

【公开(公告)日】 2010.04.28

【申请(专利权)人】 上海众力汽车部件有限公司

【地址】 上海市闵行区顾戴路3099号

【发明(设计)人】 徐剑

【摘要】 本发明涉及一种塑料悬置支架，其特征在于，包括尼龙支架，在尼龙支架的前后通孔内分别设有第一金属衬管及第二金属衬管，在第一金属衬管及第二金属衬管内分别嵌有第一橡胶衬套及第二橡胶衬套。本发明的优点是能够减轻整车重量，从而达到节约油耗、减少污染的目的。

【名称】 建筑工程塑料模板

【公开(公告)号】 CN101698716A

【公开(公告)日】 2010.04.28

【申请(专利权)人】 王际威

【地址】 辽宁省辽阳市太子河区青年街东段太子河区科学技术局

【发明(设计)人】 王际威

【摘要】 建筑工程塑料模板涉及一种建筑工程用塑料模板，主要是为解决现有的钢模板易腐蚀，易变形，不易脱模；木模板浪费木材等问题而研制的。原料配方中主要包括聚乙稀、硬脂酸钙、1010、UV、EVA、264、SBS、氧化锌、二氧化钛、氧化锑等。优点是不腐蚀、抗摔、不变形、易脱模、使用寿命长。

（涂红梅）

塑料标准化

2011 年塑料工业年鉴塑料行业标准化部分

1　新公告塑料及其相关的国家标准、行业标准

2010 年公告

表 1　2010 年公告塑料及其相关的国家标准、行业标准

CJ/T 323—2010	超高分子聚乙烯钢骨架复合管材(10 年行标 3 号公告)
JB/T 7410—2010	塑料球压痕硬度计技术条件(10 年行标 5 号公告)(代替 JB/T 7410—1994)
QB/T 4041—2010	聚四氟乙烯棒材(10 年行标 6 号公告)(代替 QB/T 3626—1999)
QB/T 4042—2010	聚氯乙烯涂层膜材(10 年行标 6 号公告)
QB/T 4043—2010	汽车用聚氯乙烯人造革(10 年行标 6 号公告)
QB/T 4045—2010	聚氨酯家居用合成革安全技术条件(10 年行标 6 号公告)
QB/T 4046—2010	聚氨酯超细纤维合成革通用安全技术条件(10 年行标 6 号公告)
QB/T 4047—2010	帽用聚氨酯合成革(10 年行标 6 号公告)
QB/T 2080—2010	高回弹软质聚氨酯泡沫塑料(10 年行标 6 号公告)(代替 QB/T 2080—1995)
QB/T 4049—2010	塑料饮水口杯(10 年行标 6 号公告)
QB/T 4008—2010	螺纹密封用聚四氟乙烯未烧结带(生料带)(10 年行标 6 号公告)(代替 QB/T 3626—1999)
QB/T 4009—2010	可发性聚苯乙烯(EPS)树脂(10 年行标 6 号公告)
QB/T 4010—2010	聚酯打包带(10 年行标 6 号公告)
QB/T 4011—2010	埋地用纤维增强聚丙烯(FRPP)加筋管材(10 年行标 6 号公告)
QB/T 4012—2010	淀粉基塑料(10 年行标 6 号公告)
GB/T 9345. 5—2010	塑料灰分的测定第 5 部分：聚氯乙烯(10 年国标 3 号公告)(代替 GB/T 13453. 3—1992)
GB/T 16716. 2—2010	包装与包装废弃物第 2 部分：评估方法和程序
GB/T 16716. 3—2010	包装与包装废弃物第 3 部分：预先减少用量(10 年国标 3 号公告)
GB/T 16716. 4—2010	包装与包装废弃物第 4 部分：重复使用(10 年国标 3 号公告)
GB/T 16716. 5—2010	包装与包装废弃物第 5 部分：材料循环再生(10 年国标 3 号公告)
GB 18173. 4—2010	高分子防水材料第 4 部分：盾构法隧道管片用橡胶密封垫(10 年国标 3 号公告)
GB/T 18455—2010	包装回收标志(10 年国标 3 号公告)(代替 GB 18455—2001)
GB/T 2828. 10—2010	计数抽样检验程序第 10 部分：GB/T 2828 计数抽样检验系列标准导则(10 年国标 4 号公告)
GB/T 3402. 2—2010	塑料氯乙烯均聚和共聚树脂第 2 部分：试样制备及性能测定(10 年国标 4 号公告)
GB/T 12010. 2—2010	塑料聚乙烯醇材料(PVAL)第 2 部分：性能测定(10 年国标 4 号公告)(代替 GB 18455—2001)
GB/T 12010. 3—2010	塑料聚乙烯醇材料(PVAL)第 3 部分：规格(10 年国标 4 号公告)(代替 GB 18455—2001)
GB/T 12010. 4—2010	塑料聚乙烯醇材料(PVAL)第 4 部分：pH 值测定(10 年国标 4 号公告)
GB/T 12010. 5—2010	塑料聚乙烯醇材料(PVAL)第 5 部分：平均聚合度测定(10 年国标 4 号公告)
GB/T 12010. 6—2010	塑料聚乙烯醇材料(PVAL)第 6 部分：粒度的测定(10 年国标 4 号公告)
GB/T 12010. 7—2010	塑料聚乙烯醇材料(PVAL)第 7 部分：氢氧化钠含量测定(10 年国标 4 号公告)
GB/T 12010. 8—2010	塑料聚乙烯醇材料(PVAL)第 8 部分：透明度测定(10 年国标 4 号公告)
GB/T 25277—2010	塑料均聚聚丙烯(PP-H)中酚类抗氧剂和芥酸酰胺爽滑剂的测定液相色谱法(10 年国标 6 号公告)
GB/T 25278—2010	塑料用毛细管和狭缝口模流变仪测定塑料的流动性(10 年国标 6 号公告)
GB/T 25255—2010	光学功能薄膜聚对苯二甲酸乙二醇酯(PET)薄膜拉伸性能测定方法(10 年国标 6 号公告)
GB/T 25256—2010	光学功能薄膜离型膜 180°剥离力和残余黏着率测试方法(10 年国标 6 号公告)
GB/T 25197—2010	静置常压焊接热塑性塑料储罐(槽)(10 年国标 6 号公告)
GB 25431. 1—2010	橡胶塑料挤出机和挤出生产线第 1 部分：挤出机的安全要求(10 年国标 8 号公告)
GB 25431. 2—2010	橡胶塑料挤出机和挤出生产线第 2 部分：模面切粒机的安全要求(10 年国标 8 号公告)
GB 25431. 3—2010	橡胶塑料挤出机和挤出生产线第 3 部分：牵引装置的安全要求(10 年国标 8 号公告)
GB 25433—2010	密闭式炼胶机炼塑机安全要求(10 年国标 8 号公告)
GB 25434—2010	橡胶塑料压延机安全要求(10 年国标 8 号公告)

续表

SN/T 2547—2010	塑料中多溴联苯和多溴二苯醚的测定气相色谱－质谱法(10年行标10号公告)
SN/T 2549—2010	食品接触材料检验规程辅助材料类(10年行标10号公告)
SN/T 2553—2010	进出口建筑用胶中苯、甲苯、二甲苯、游离甲苯二异氰酸酯及邻苯二甲酸酯类增塑剂的测定(10年行标10号公告)
SN/T 2554—2010	进出口建筑用胶中游离甲醛含量的测定(10年行标10号公告)
SN/T 1850. 3—2010	纺织品中烷基酚类及烷基苯酚聚氧乙烯醚类的测定　第3部分：正相高效液相色谱法和液相色谱－串联质谱法(10年行标10号公告)
SN/T 2591. 2—2010	电子电气产品中邻苯二甲酸酯类物质的测定　第2部分：气相色谱－质谱联用法(10年行标10号公告)
SN/T 2591. 3—2010	电子电气产品中邻苯二甲酸酯类物质的测定　第3部分：高效液相色谱法(10年行标10号公告)
SN/T 2592. 2—2010	电子电气产品中有机锡化合物的测定　第2部分：傅立叶变换红外光谱筛选法(10年行标10号公告)
SN/T 2591. 1—2010	电子电气产品中邻苯二甲酸酯类物质的测定　第1部分：气相色谱法(10年行标10号公告)
SN/T 2592. 3—2010	电子电气产品中有机锡化合物的测定　第3部分：电感耦合等离子体质谱筛选法(10年行标10号公告)
SN/T 2594—2010	食品接触材料软木塞中铅、镉、铬、砷的测定电感耦合等离子体质谱法(10年行标10号公告)
SN/T 2595—2010	食品接触材料检验规程软木、木、竹制品类(10年行标10号公告)
SN/T 2597—2010	食品接触材料高分子材料铅、镉、铬、砷、锑、锗迁移量的测定(10年行标10号公告)
SN/T 2003. 6—2010	电子电气产品中铅、汞、镉、铬的定性筛选方法　第6部分：火花源发射光谱法(10年行标10号公告)
SN/T 2592. 1—2010	电子电气产品中有机锡化合物的测定　第1部分：气相色谱法(10年行标10号公告)

2. 全国标准化地方工作会议在南京举行

2010年1月13～14日，国家标准化管理委员会在南京召开全国标准化工作会议(地方)。国家质检总局党组书记、局长王勇到会并作了重要讲话。国家质检总局党组成员、国家标准委主任纪正昆作了工作报告。江苏省副省长李小敏出席会议并致辞。

王勇局长在讲话中充分肯定了一年来标准化工作改革创新所取得的成效，要求要深刻领会中央经济工作会议的精神实质，深刻领会胡锦涛总书记、温家宝总理和王岐山副总理对标准化工作提出的各项要求，从服务经济社会发展大局、充分发挥政策导向作用的高度，切实增强做好标准化工作的责任感；从推进经济结构调整和转变经济发展方式的高度，切实增强做好标准化工作的紧迫感；从维护人民群众生命健康安全、促进社会和谐稳定的高度切实增强做好标准化工作的使命感。

王勇局长从讲政治的高度，对做好标准化工作提出了进一步的要求。他强调，一是要切实提高从事标准化工作的政治意识。要本着对国家和人民高度负责的态度，进一步提高政治素质，找准定位、增强责任意识，把标准化工作同国家经济政策和社会公共政策紧密结合起来，从讲政治的高度做好标准化各项工作。二是要切实以改革创新的精神建立标准化工作新机制。要在全面改革标准化运行机制、提高标准的整体水平和质量、加紧研究和出台标准化相关政策法规、做好标准化信息服务上下功夫。三是要切实提高标准化工作的管理水平。要用ISO9000质量管理的理念和方法，健全标准化管理的各项规章制度，严格管理，强化监督，努力提高标准化工作的科学性和有效性。要树立大质量的观念，把标准化工作和质检工作有机地融合，特别是要融入到各地质量兴省的规划和方案当中，做到相互促进，共同发展。要加强队伍建设，积极营造有利于干部和人才成长的良好环境，努力造就一支政治强、业务精、作风硬、善管理的标准化专业队伍。

要切实强化地方标准化工作。要紧紧围绕地方经济社会发展的要求，紧紧围绕当地党委政府的中心工作，突出地方特色开展标准化工作。一是突出农业标准化工作的基础地位。把农业标准化作为推动地方标准化工作的重要抓手，扩大农业标准化生产的覆盖面，促进地方经济发展。二是加强企业标准化工作的指导。有重点、有步骤地引导和支持科研单位和企业参与国家和国际标准化活动工作。三是建立科学合理的地方标准化工作新机制，积极争取地方政府的支持，多角度、多渠道地增强地方标准化工作的生机与活力。

要以开展"强化管理年"为契机，切实转变工作作风，弘扬解放思想、改革创新之风；弘扬审时度势，雷厉风行之风；弘扬求真务实、真抓实干之风；弘扬顾全大局、齐心协力之风；弘扬科学发展、服务人民群众之风，真正做到寓管理于服务之中，在服务中体现管理，完成好党和人民赋予我们的艰巨任务。

纪正昆主任在工作报告中回顾了2009年的标准化工作，特别是近年来的农业标准化工作。要求2010年要继续坚持"解放思想、转变观念、改革创新、科学发展"的工作方针，更加牢固地树立服务的观念、科学的观念和法制的观念，在"调结构、健全标准体系，保质量、着力提升水平，提速度、适应发展需求，增效益、讲求工作有效，强管理、建立法治机制"五个方面狠下功夫，全面实施国家标准化战略，深入开展

"强化管理年"活动，着力提高标准化工作的科学性和有效性，更好地服务经济社会又好又快发展。

纪正昆主任要求，全国标准化战线要紧紧围绕总局关于质量提升活动等一系列重要工作部署，结合标准化工作实际，着力从农业强基础、工业上水平、服务拓领域、国际谋突破4个方面扎实工作，开创新局面。一是加大农业标准化工作力度，适应现代农业发展和建设社会主义新农村的需要。要进一步完善农业标准体系，加大农业标准的实施力度，深入开展农业标准化示范工作，拓宽农业标准化工作的新领域，加强农业标准化研究。二是促进工业标准水平再上新台阶，满足走新型工业化道路的需要。要着力抓好国家重点产业领域、资源节约和环境保护、高新技术标准化工作，加强组织机构代码和物品编码工作，配合抓好涉及人身健康安全标准的实施与检查。三是大力拓宽服务业标准化工作领域，适应现代服务业发展的需要。要进一步健全服务业标准体系，积极推广服务业标准化和良好行为企业试点的经验，加强对试点工作的指导和管理，保障试点建设的有序推进。四是扩展国际标准化工作领域，进一步增强我国在国际标准化活动中的话语权。要加强我国参与国际标准化活动的组织与管理，抓好实质性参与国际标准制修订工作，加强国际标准化合作和交流。

纪正昆主任强调，今年要深入开展"强化管理年"活动，着力提高干部队伍的政治素质。要建立法治，强化标准制修订、技术委员会、标准宣贯、实施和信息反馈、企业标准化、地方标准化、标准化科研等方面的管理，加强标准化科研机构建设，做好标准化"十二五"规划的编制工作，继续抓好关系标准化事业科学长远发展的四件大事，提高标准化工作的有效性，着力提升服务经济社会科学发展的能力和水平。

会议还给2008～2009年度由地方局推荐的206项标准颁发了中国标准创新贡献奖。广东省广州市人民政府副市长曹鉴燎等6个单位的代表在会上就开展农业标准化工作的经验进行了大会交流。与会代表还现场考察了江苏省句容市国家级农业标准化示范区。

各省、自治区、直辖市和计划单列市、副省级市及新疆生产建设兵团质量技术监督局分管标准化工作的负责同志、标准化研究院所的主要负责同志，国家质检总局各司(局)、国家认监委，有关直属单位的主要负责同志，江苏出入境检验检疫局的负责同志参加了会议。

3. 全国标准化工作会议在京举行

2010年4月13日，国家标准化管理委员会在京召开全国标准化工作会议(行业)。国家质检总局党组书记、局长王勇到会并作重要讲话。国家质检总局党组成员、国家标准委主任纪正昆作了报告。

王勇局长充分肯定了一年来在各部门、各行业的共同努力下全国标准化工作取得的成绩。从"加快经济发展方式转变，扩大对外开放和促进外贸发展，促进科技成果转化和提高企业综合竞争力，改善民生和促进社会和谐进步"等四个方面，深入分析了标准化工作面临的新形势和新任务。

王勇局长对做好标准化工作提出了几点要求。一是要以改革创新的精神完善标准化工作机制。加强标准化政策与科技政策、产业政策、对外贸易政策和社会事业发展政策的衔接，完善统一开放、各利益相关方广泛参与的工作机制，强化强制性国家标准的管理，完善国家标准制修订程序。二是要充分发挥各部门、各行业的作用，形成合力。要建立部门和行业参与的标准化协调推进机制，加强协调整合，共同推进标准化各项工作。三是要着力提高标准化工作的管理水平。要通过"强化管理年"活动，使各项管理工作走上规范化和法治化的轨道。加紧研究出台标准化相关规章制度，强化对标准化技术委员会的管理。四是要增强做好标准化工作的政治意识、大局意识和责任意识。准确把握标准的制定与实施对经济社会发展的影响，从讲政治的高度做好标准化各项工作。要从国家和全局的利益出发，把标准制修订工作同国家的宏观经济政策和社会发展政策紧密结合起来，妥善处理好局部利益与全局利益、企业利益与消费者利益的关系。本着对国家和人民群众高度负责的态度，充分和快速反映市场变化、社会需求和技术进步，做到标准实施与市场运行的有效衔接，切实增强标准化工作的科学性和有效性。

纪正昆主任在报告中回顾了2009年的标准化工作。他强调，2010年要坚持"解放思想、转变观念、改革创新、科学发展"的工作方针，更加牢固地树立服务的观念、科学的观念和法制的观念，全面实施国家标准化战略，在"调结构、健全标准体系，保质量、着力提升水平，提速度、适应发展需求，增效益、讲求工作有效，强管理、建立法治机制"五个方面狠下功夫，深入开展"强化管理年"活动，着力提高标准化工作的科学性和有效性，更好地服务经济社会又好又快发展。

纪正昆主任指出，2010年要着力从农业强基础、工业上水平、服务拓领域、国际谋突破4个方面扎实工作，促进标准化工作再上新台阶。一是进一步夯实农业标准化工作基础，适应现代农业发展和建设社会主义新农村的需要。进一步完善农业标准体系，深入开展农业标准化示范工作，拓宽农业标准化工作的新领域，加强农业标准化研究。二是促进工业标准水平再上新台阶，适应走新型工业化道路的需要。着力抓好国家重点产业领域的标准化工作，大力推进资源节约和环境保护标准化工作，着力推进高新技术标准化工作，加强消费品安全、生产安全和食品标准化工作。三是大力拓宽服务业标准化工作领域，适应现代服务业发展的需要。进一步健全服务业标准体系，积极推进服务业标准化试点建设，加强服务业标准化基础研究。四是加强统筹协调，着力推进中国标准国际化。加强我国参与国际标准化活动的统一组织与管理，进一步增强我国在国际标准化活动中的话语权，积极推动我国标准“走出去”，加快国际标准化人才队伍建设。

今年要深入开展“强化管理年”活动，全面实施国家标准化战略，系统地完善国家标准制修订程序，加强行业标准化工作，强化技术委员会监督管理，着力提升服务经济社会科学发展的能力和水平。

会议还为2008~2009年度由行业部门推荐的获得一等奖和二等奖的28项标准颁发了中国标准创新贡献奖。

国务院各有关部委、行业协会、集团公司负责标准化工作的司级领导、标准化处处长；国家质检总局各司(厅、局)、国家认监委有关负责人；质检总局有关直属挂靠单位主要负责人参加了会议。

4. 2010年全国塑料行业有关国家标准制定的计划项目

计划编号	项目名称	标准性质	制修订	完成时间	主管部门	技术归口单位	起草单位	采用国际标准
20100473 - Z - 469	质量管理体系GB/T 19001在金融组织中的应用指南	指导	制定	2012	国家标准化管理委员会	全国质量管理和质量保证标准化技术委员会	中国标准化研究院、中国质量认证中心	
20100474 - Z - 469	质量管理体系GB/T 19001在中小型组织中的应用指南	指导	制定	2012	国家标准化管理委员会	全国质量管理和质量保证标准化技术委员会	中国标准化研究院等	
20100475 - T - 469	PPR、PPB、PPH管材材质鉴定分析方法	推荐	制定	2012	国家标准化管理委员会	全国质量监管重点产品检验方法标准化技术委员会	广州市质量监督检测研究院	
20100476 - T - 469	氨基树脂、酚醛树脂及其包装容器制品中甲醛迁移的测定乙酰丙酮法	推荐	制定	2012	国家标准化管理委员会	全国质量监管重点产品检验方法标准化技术委员会	国家包装产品质量监督检验中心(广州)	
20100477 - T - 469	包装件和容器水蒸气透过性测试方法红外传感器法	推荐	制定	2012	国家标准化管理委员会	全国质量监管重点产品检验方法标准化技术委员会	国家包装产品质量监督检验中心(广州)	
20100478 - T - 469	包装件和容器氧气透过性测试方法库仑计检测法	推荐	制定	2012	国家标准化管理委员会	全国质量监管重点产品检验方法标准化技术委员会	国家包装产品质量监督检验中心(广州)	
20100479 - T - 469	给水塑料管道轴向线膨胀系数试验方法	推荐	制定	2012	国家标准化管理委员会	全国质量监管重点产品检验方法标准化技术委员会	上海市建筑科学研究院集团(有限)公司、上海建科检验有限公司	
20100483 - T - 469	聚氯乙烯革、聚氨酯革材质鉴定方法	推荐	制定	2012	国家标准化管理委员会	全国质量监管重点产品检验方法标准化技术委员会	广州市质量监督检测研究院	

续表

计划编号	项目名称	标准性质	制修订	完成时间	主管部门	技术归口单位	起草单位	采用国际标准
20100484－T－469	聚酯树脂及其成型品中的锑含量的测定原子荧光光度法	推荐	制定	2012	国家标准化管理委员会	全国质量监管重点产品检验方法标准化技术委员会	国家包装产品质量监督检验中心(广州)	
20100485－T－469	塑料薄膜与水接触角度的测量	推荐	制定	2012	国家标准化管理委员会	全国质量监管重点产品检验方法标准化技术委员会	广州市质量监督检测研究院	ISO 15989:2004
20100487－T－469	硬质酚醛泡沫制品甲醛释放量的测定方法	推荐	制定	2012	国家标准化管理委员会	全国质量监管重点产品检验方法标准化技术委员会	广州市质量监督检测研究院	
20100488－T－469	硬质酚醛泡沫制品游离苯酚释放量的测定方法	推荐	制定	2012	国家标准化管理委员会	全国质量监管重点产品检验方法标准化技术委员会	广州市质量监督检测研究院	
20101065－T－607	食品包装用复合塑料盖膜	推荐	制定	2012	中国轻工业联合会	全国食品直接接触材料及制品标准化技术委员会	轻工业塑料加工应用研究所、大连大富塑料彩印厂、南方包装有限公司、上海紫江企业集团股份有限公司	
20101066－T－607	食品包装用塑料与铝箔蒸煮复合膜、袋	推荐	制定	2012	中国轻工业联合会	全国食品直接接触材料及制品标准化技术委员会	轻工业塑料加工应用研究所、佛山市南方包装有限公司、大连大富塑料彩印有限公司、上海紫江企业集团股份有限公司	
20101067－T－607	食品包装用纸、铝、塑复合膜、袋	推荐	制定	2012	中国轻工业联合会	全国食品直接接触材料及制品标准化技术委员会	轻工业塑料加工应用研究所、加铝宝柏控股有限公司、惠州宝柏包装有限公司、上海紫江企业集团股份有限公司	
20101073－T－607	给水用钢丝网增强聚乙烯复合管道	推荐	制定	2011	中国轻工业联合会	全国塑料制品标准化技术委员会	煌盛集团有限公司	
20101127－T－606	光学功能薄膜聚对苯二甲酸乙二醇酯(PET)薄膜双折射测定方法	推荐	制定	2012	中国石油和化学工业联合会	全国光学功能薄膜材料标准化技术委员会	中国乐凯胶片集团公司	

续表

计划编号	项目名称	标准性质	制修订	完成时间	主管部门	技术归口单位	起草单位	采用国际标准
20101128 - T - 606	高纯试剂试验方法通则	推荐	制定	2012	中国石油和化学工业联合会	全国化学标准化技术委员会	中国计量科学研究院等	JISK 8007:1992
20101129 - T - 606	工业用精对苯二甲酸中对羧基苯甲醛和对甲基苯甲酸含量的测定	推荐	制定	2012	中国石油和化学工业联合会	全国化学标准化技术委员会	中国石化上海石油化工研究院	
20101148 - Q - 606	硫酰氟	强制	制定	2012	中国石油和化学工业联合会	全国农药标准化技术委员会	沈阳化工研究院有限公司	
20101163 - T - 606	超高分子量聚乙烯(PE - UHMW)树脂	推荐	制定	2012	中国石油和化学工业联合会	全国塑料标准化技术委员会	北京东方石油化工有限公司助剂二厂	
20101164 - T - 606	吹塑薄膜用改性聚酯类生物分解塑料	推荐	制定	2012	中国石油和化学工业联合会	全国塑料标准化技术委员会	金发科技股份有限公司	
20101166 - T - 606	塑料聚苯乙烯再生改性专用料	推荐	制定	2012	中国石油和化学工业联合会	全国塑料标准化技术委员会	金发科技股份有限公司	
20101167 - T - 606	塑料用落球黏度计测定黏度第1部分：斜管法	推荐	制定	2012	中国石油和化学工业联合会	全国塑料标准化技术委员会	常熟东南塑料有限公司	ISO 12058 - 1:1997
20101168 - T - 606	塑料酚醛树脂粉在加热玻璃板上流动距离的测定	推荐	制定	2012	中国石油和化学工业联合会	全国塑料标准化技术委员会	常熟东南塑料有限公司	ISO 8619:2003
20101169 - Q - 606	建筑钢结构用涂料中有害物质限量	强制	制定	2012	中国石油和化学工业联合会	全国涂料和颜料标准化技术委员会	中海油常州涂料化工研究院	
20101170 - T - 606	涂覆涂料前钢材表面处理表面清洁度的目视评定　第4部分：与高压水喷射处理有关的初始表面状态、处理等级和闪锈等级	推荐	制定	2011	中国石油和化学工业联合会	全国涂料和颜料标准化技术委员会	中国船舶工业综合技术经济研究院、中国船舶工业集团公司第十一研究所	ISO 8501 - 4:2006

续表

计划编号	项目名称	标准性质	制修订	完成时间	主管部门	技术归口单位	起草单位	采用国际标准
20101171－T－606	涂覆涂料前钢材表面处理喷射清理后的钢材表面粗糙度特性 第4部分：ISO表面粗糙度比较样块的校准和表面粗糙度的测定方法 触针法	推荐	制定	2011	中国石油和化学工业联合会	全国涂料和颜料标准化技术委员会	中国船舶工业集团公司第十一研究所、中国船舶工业综合技术经济研究院	ISO 8503－4:1988
20101176－Q－606	家用燃气用橡胶或塑料软管技术条件和评价方法	强制	制定	2012	中国石油和化学工业联合会	全国橡胶与橡胶制品标准化技术委员会	苏州市第四橡胶有限公司、无锡市钱氏功能塑胶有限公司、沈阳橡胶研究设计院	JISK 6348:2006
20101177－T－606	胶鞋减震性能试验方法	推荐	制定	2012	中国石油和化学工业联合会	全国橡胶与橡胶制品标准化技术委员会	国家鞋类检测中心、福建制鞋行业技术开发(莆田)基地	
20101178－T－606	汽车液压制动系统用橡胶密封护罩的性能评价试验方法	推荐	制定	2012	中国石油和化学工业联合会	全国橡胶与橡胶制品标准化技术委员会	贵州大众橡胶有限公司、安徽中鼎密封件股份有限公司、青岛北海密封技术有限公司、青岛开世密封工业有限公司、浙江宁波乔士橡塑有限公司等	
20101179－T－606	炭黑中镉、铅、汞含量的测定	推荐	制定	2012	中国石油和化学工业联合会	全国橡胶与橡胶制品标准化技术委员会	中橡集团炭黑工业研究设计院	IEC 62321/2ND CDV(111/95/CDV)
20101180－T－606	天然胶乳橡胶避孕套中可迁移到各种介质中的亚硝胺的测定	推荐	制定	2012	中国石油和化学工业联合会	全国橡胶与橡胶制品标准化技术委员会	中国化工橡胶株洲研究设计院	ISO/DIS 29941:2009
20101181－T－606	橡胶裂解气相色谱法 第1部分：聚合物（单一及并用）的鉴定	推荐	制定	2012	中国石油和化学工业联合会	全国橡胶与橡胶制品标准化技术委员会	安徽佳通轮胎有限公司等	ISO 7270－1:2003
20101182－T－606	橡胶包装用薄膜 第3部分：乙烯－丙烯－二烯烃橡胶(EPDM)、丙烯腈－丁二烯橡胶(NBR)、氢化丙烯腈－丁二烯橡胶(HNBR)、乙烯基丙烯酸橡胶(AEM)和丙烯酸橡胶(ACM)	推荐	制定	2012	中国石油和化学工业联合会	全国橡胶与橡胶制品标准化技术委员会	中国石油天然气股份有限公司石油化工研究院	ISO 20299－3:2008

5. 2010 年全国塑料行业有关国家标准修订计划项目

计划编号	项目名称	标准性质	制修订	完成时间	主管部门	技术归口单位	起草单位	采用国际标准	代替标准号
20101294－T－469	标准化工作指南　第1部分：标准化通用词汇	推荐	修订	2012	国家标准化管理委员会	全国标准化原理与方法标准化技术委员会	中国标准化研究院	ISO/IEC GUIDE 2:2004	GB/T 20000.1—2002
20101295－T－469	标准化工作指南　第3部分：适用于技术法规立法的标准制定	推荐	修订	2012	国家标准化管理委员会	全国标准化原理与方法标准化技术委员会	中国标准化研究院	ISO/IEC GUIDE	GB/T 20000.3—2003
20101296－T－469	标准样品工作导则(7)标准样品生产者能力的通用要求	推荐	修订	2011	国家标准化管理委员会	全国标准样品技术委员会	全国标准样品技术委员会秘书处	ISO GUIDE 34:2009	GB/T 15000.7—2001
20101319－T－469	电工电子产品自然环境条件生物	推荐	修订	2012	国家标准化管理委员会	全国电工电子产品环境条件与环境试验标准化技术委员会	中国电器科学研究院等		GB/T 4797.3—1986
20101320－T－469	环境试验　第2－53部分试验方法和导则气候(温度、湿度)和动力学(振动、冲击)综合试验	推荐	修订	2012	国家标准化管理委员会	全国电工电子产品环境条件与环境试验标准化技术委员会	工业和信息化部电子第五研究所、上海市质量监督检验技术研究院	IEC 60068－2－53:2010	GB/T 2423.35—2005
20101321－T－469	环境试验　第2部分：试验方法试验Cx：未饱和高压蒸汽恒定湿热	推荐	修订	2012	国家标准化管理委员会	全国电工电子产品环境条件与环境试验标准化技术委员会	中国电器科学研究院	IEC 60068－2－66:1994	GB/T 2423.40—1997
20101322－T－469	环境试验　第2部分：试验方法试验Cy：恒定湿热主要用于元件的加速试验	推荐	修订	2011	国家标准化管理委员会	全国电工电子产品环境条件与环境试验标准化技术委员会	中国电器科学研究院	IEC 60068－2－67:1995	GB/T 2423.50—1999
20101323－T－469	环境试验　第2部分：试验方法试验Fc：振动(正弦)	推荐	修订	2012	国家标准化管理委员会	全国电工电子产品环境条件与环境试验标准化技术委员会	工业和信息化部电子第五研究所、上海市质量监督检验技术研究院	IEC 60068－2－6:2007ED7	GB/T 2423.10—2008

续表

计划编号	项目名称	标准性质	制修订	完成时间	主管部门	技术归口单位	起草单位	采用国际标准	代替标准号
20101324－T－469	环境试验　第2部分：试验方法试验Kb：盐雾，交变（氯化钠溶液）	推荐	修订	2011	国家标准化管理委员会	全国电工电子产品环境条件与环境试验标准化技术委员会	中国电器科学研究院	IEC 60068－2－52:1996	GB/T 2423.18—2000
20101325－T－469	环境试验　第2部分：试验方法试验Ke：流动混合气体腐蚀试验	推荐	修订	2011	国家标准化管理委员会	全国电工电子产品环境条件与环境试验标准化技术委员会	中国电器科学研究院	IEC 60068－2－60:1995	GB/T 2423.51—2000
20101326－T－469	环境试验　第2部分：试验方法试验N：温度变化	推荐	修订	2012	国家标准化管理委员会	全国电工电子产品环境条件与环境试验标准化技术委员会	中国电器科学研究院、上海市质量监督检验技术研究院等	IEC 60068－2－14:2009	GB/T 2423.22—2002
20101327－T－469	环境试验　第2部分：试验方法试验XA和导则：在清洗剂中浸渍	推荐	修订	2012	国家标准化管理委员会	全国电工电子产品环境条件与环境试验标准化技术委员会	中国电器科学研究院	IEC 60068－2－45:1993	GB/T 2423.30—1999
20101328－T－469	环境试验　第2部分：试验方法试验Z/ABDM：气候顺序	推荐	修订	2012	国家标准化管理委员会	全国电工电子产品环境条件与环境试验标准化技术委员会	中国电器科学研究院	IEC 60068－2－61:1991	GB/T 2423.45—1997
20101329－T－469	环境试验　第2部分：试验方法试验Z/AD：温度/湿度组合循环试验	推荐	修订	2012	国家标准化管理委员会	全国电工电子产品环境条件与环境试验标准化技术委员会	中国电器科学研究院、上海市质量监督检验技术研究院等	IEC 60068－2－38:2009	GB/T 2423.34—2005
20101330－T－469	环境试验　第二部分：试验方法试验Ea和导则：冲击	推荐	修订	2012	国家标准化管理委员会	全国电工电子产品环境条件与环境试验标准化技术委员会	工业和信息化部电子第五研究所	IEC 60068－2－27:2008	GB/T 2423.5—1995

续表

计划编号	项目名称	标准性质	制修订	完成时间	主管部门	技术归口单位	起草单位	采用国际标准	代替标准号
20101331-T-469	环境试验　第二部分：试验方法试验Sa：模拟地面上的太阳辐射	推荐	修订	2012	国家标准化管理委员会	全国电工电子产品环境条件与环境试验标准化技术委员会	中国电器科学研究院	IEC 60068-2-5:2010	GB/T 2423.24—1995
20101332-T-469	环境试验　试验Ec：设备型样品的撞击	推荐	修订	2012	国家标准化管理委员会	全国电工电子产品环境条件与环境试验标准化技术委员会	广州大学、工业和信息化部电子第五研究所	IEC 60068-2-31:2008	GB/T 2423.7—1995
20101333-T-469	环境试验　试验Fh：宽带随机振动和导则	推荐	修订	2012	国家标准化管理委员会	全国电工电子产品环境条件与环境试验标准化技术委员会	广州大学、工业和信息化部电子第五研究所	IEC 60068-2-64:2008	GB/T 2423.56—2006
20101334-T-469	环境试验　试验Q：密封	推荐	修订	2012	国家标准化管理委员会	全国电工电子产品环境条件与环境试验标准化技术委员会	中国电器科学研究院		GB/T 2423.23—1995
20101335-T-469	环境试验　试验方法编写导则术语和定义	推荐	修订	2011	国家标准化管理委员会	全国电工电子产品环境条件与环境试验标准化技术委员会	中国电器科学研究院等	IEC 60068-5-2:1990	GB/T 2422—1995
20101336-T-469	环境条件分类环境参数组分类及其严酷程度分级　产品内部的微气候	推荐	修订	2011	国家标准化管理委员会	全国电工电子产品环境条件与环境试验标准化技术委员会	中国电器科学研究院等	IEC 60721-3-9:1993、AMD1:1994	GB/T 4798.9—1997
20101337-T-469	环境条件分类环境参数组分类及其严酷程度分级船用	推荐	修订	2011	国家标准化管理委员会	全国电工电子产品环境条件与环境试验标准化技术委员会	中国船舶重工集团公司第七〇四研究所、中国电器科学研究院	IEC 60721-3-6:1987、AMD2:1996	GB/T 4798.6—1996

续表

计划编号	项目名称	标准性质	制修订	完成时间	主管部门	技术归口单位	起草单位	采用国际标准	代替标准号
20101338－T－469	环境条件分类 自然环境条件 尘、沙、盐雾	推荐	修订	2012	国家标准化管理委员会	全国电工电子产品环境条件与环境试验标准化技术委员会	中国电器科学研究院等	IEC 60721－2－5:1991	GB/T 4797.6—1995
20101339－T－469	基本环境试验规程 风压试验方法	推荐	修订	2012	国家标准化管理委员会	全国电工电子产品环境条件与环境试验标准化技术委员会	中国电器科学研究院等		GB/T 2423.41—1994
20101567－T－464	外科植入物 超高分子量聚乙烯 第1部分:粉料	推荐	修订	2012	国家食品药品监督管理局	全国外科植入物和矫形器械标准化技术委员会	国家食品药品监督管理局天津医疗器械质量监督检验中心	ISO 5834－1:2005	GB/T 19701.2—2005
20101568－T－464	外科植入物 超高分子量聚乙烯 第2部分:模塑料	推荐	修订	2012	国家食品药品监督管理局	全国外科植入物和矫形器械标准化技术委员会	国家食品药品监督管理局天津医疗器械质量监督检验中心	ISO 5834－2:2006	GB/T 19701.2—2005
20101957－T－609	建筑涂料涂层耐沾污性试验方法	推荐	修订	2013	中国建筑材料联合会	全国轻质与装饰装修建筑材料标准化技术委员会	上海市建筑科学研究院(集团)有限公司	ASTM D3719:2000	GB/T 9780—2005
20101958－T－609	聚氨酯防水涂料	推荐	修订	2013	中国建筑材料联合会	全国轻质与装饰装修建筑材料标准化技术委员会	中国建筑材料科学研究总院苏州防水研究院、建材工业技术监督研究中心		GB/T 19250—2003
20102093－T－606	非离子表面活性剂 聚乙氧基化衍生物中氧乙烯基含量的测定碘量法	推荐	修订	2011	中国石油和化学工业联合会	全国化学标准化技术委员会	浙江皇马化工集团有限公司等	ISO 2270:1989	GB 201—2000

续表

计划编号	项目名称	标准性质	制修订	完成时间	主管部门	技术归口单位	起草单位	采用国际标准	代替标准号
20102139-T-606	D001 大孔强酸性苯乙烯系阳离子交换树脂	推荐	修订	2013	中国石油和化学工业联合会	全国塑料标准化技术委员会	西安热工研究院有限公司		GB/T 9103—1988
20102140-T-606	D201 大孔强碱性苯乙烯系阴离子交换树脂	推荐	修订	2013	中国石油和化学工业联合会	全国塑料标准化技术委员会	西安热工研究院有限公司		GB/T 19464—2004
20102141-T-606	多亚甲基多苯基异氰酸酯	推荐	修订	2013	中国石油和化学工业联合会	全国塑料标准化技术委员会	烟台万华聚氨酯股份有限公司		GB/T 13529—2003
20102142-T-606	二苯基甲烷二异氰酸酯	推荐	修订	2013	中国石油和化学工业联合会	全国塑料标准化技术委员会	烟台万华聚氨酯股份有限公司		GB/T 16801—1997
20102143-T-606	聚氯乙烯树脂水萃取物电导率的测定	推荐	修订	2013	中国石油和化学工业联合会	全国塑料标准化技术委员会	锦西化工研究院等	ASTM D1755-09	GB/T 15045—1994
20102144-T-606	离子交换树脂取样方法	推荐	修订	2013	中国石油和化学工业联合会	全国塑料标准化技术委员会	西安热工研究院有限公司		GB 2637—1995
20102145-T-606	离子交换树脂预处理方法	推荐	修订	2013	中国石油和化学工业联合会	全国塑料标准化技术委员会	西安热工研究院有限公司		GB/T 16920—1997
20102146-T-606	热塑性塑料材料注塑试样的制备 第1部分：一般原理及多用途试样和长条试样的制备	推荐	修订	2013	中国石油和化学工业联合会	全国塑料标准化技术委员会	中国石油化工股份有限公司北京燕山分公司树脂应用研究所	ISO 294-1:1996/AMD. 2:2005	GB 2640—1990
20102147-T-606	塑料 酚醛模塑制品 游离酚的测定 碘量法	推荐	修订	2013	中国石油和化学工业联合会	全国塑料标准化技术委员会	上海欧亚合成材料有限公司	ISO 119:1977	GB/T 12809—1991
20102148-T-606	塑料 粉状脲-甲醛和脲/三聚氰胺甲醛模塑料(UF和UF/MF-PMCs) 第2部分：试样制备和性能测定	推荐	修订	2013	中国石油和化学工业联合会	全国塑料标准化技术委员会	福建省沙县宏光化工有限公司	ISO 14527.2:1999	GB/T 12808—1991
20102150-T-606	塑料 粉状三聚氰胺-甲醛模塑料(MF-PMCs) 第3部分：选定模塑料的要求	推荐	修订	2013	中国石油和化学工业联合会	全国塑料标准化技术委员会	常熟东南塑料有限公司	ISO 14528-3:1999	GB/T 12803—1991

续表

计划编号	项目名称	标准性质	制修订	完成时间	主管部门	技术归口单位	起草单位	采用国际标准	代替标准号
20102151－T－606	塑料　聚氨酯生产用芳香族异氰酸酯　第2部分：水解氯的测定	推荐	修订	2013	中国石油和化学工业联合会	全国塑料标准化技术委员会	江苏省化工研究所有限公司	ISO 15028:2004	GB/T 12414—1995
20102152－T－606	塑料　聚氨酯生产用芳香族异氰酸酯　第5部分：酸度的测定	推荐	修订	2013	中国石油和化学工业联合会	全国塑料标准化技术委员会	江苏省化工研究所有限公司	ISO 14898:1999	GB/T 4771—1984
20102153－T－606	塑料　聚氨酯原料　第4部分：异氰酸根含量的测定	推荐	修订	2013	中国石油和化学工业联合会	全国塑料标准化技术委员会	江苏省化工研究所有限公司	ISO 14896:2006	GB/T 12415—1990
20102154－T－606	塑料　聚氯乙烯　残留氯乙烯单体的测定　气相色谱法	推荐	修订	2013	中国石油和化学工业联合会	全国塑料标准化技术委员会	锦西化工研究院等	ISO 6401:2008	GB/T 4516—1995
20102156－T－606	塑料　实验室光源暴露试验方法第2部分：氙弧灯	推荐	修订	2013	中国石油和化学工业联合会	全国塑料标准化技术委员会	广州合成材料研究院有限公司	ISO 4892:2006	GB/T 4518—1984
20102157－T－606	塑料　液态不饱和聚酯树脂颜色试验方法铂－钴比色法	推荐	修订	2013	中国石油和化学工业联合会	全国塑料标准化技术委员会	江苏亚邦涂料股份有限公司、浙江天和树脂有限公司、国家合成树脂质量监督检验中心等		GB/T 4517—1995
20102158－T－606	塑料滑动摩擦磨损试验方法	推荐	修订	2013	中国石油和化学工业联合会	全国塑料标准化技术委员会	上海材料研究所		GB/T 14255—1993
20102159－T－606	塑料实验室光源暴露试验方法第3部分：荧光紫外灯	推荐	修订	2013	中国石油和化学工业联合会	全国塑料标准化技术委员会	广州合成材料研究院有限公司	ISO 4892－3:2006	GB/T 13667.4—2003
20102160－T－606	塑料实验室光源暴露试验方法第4部分：开放式碳弧灯	推荐	修订	2013	中国石油和化学工业联合会	全国塑料标准化技术委员会	广州合成材料研究院有限公司	ISO 4892－4:2004	GB/T 4893.4—1985

续表

计划编号	项目名称	标准性质	制修订	完成时间	主管部门	技术归口单位	起草单位	采用国际标准	代替标准号
20102165 - T - 606	颜料颜色的比较	推荐	修订	2013	中国石油和化学工业联合会	全国涂料和颜料标准化技术委员会	中海油常州涂料化工研究院	ISO 787 - 1:1982	GB/T 4893.8—1985
20102166 - T - 606	丁基橡胶药用瓶塞 第5部分:物理性能要求与测试	推荐	修订	2013	中国石油和化学工业联合会	全国橡胶与橡胶制品标准化技术委员会	中国化工橡胶株洲研究设计院、江苏华兰药用新材料股份有限公司	ISO 8871 - 5:2003	GB/T 10357.6—1992
20102167 - Q - 606	高分子防水材料 第2部分止水带	强制	修订	2012	中国石油和化学工业联合会	全国橡胶与橡胶制品标准化技术委员会	北京市化工产品质量监督检验站、上海隧桥特种橡胶厂、衡水宝力工程橡胶有限公司等	DIN 7865/2:2008	GB/T 10357.4—1989
20102168 - T - 606	高分子防水材料 第3部分遇水膨胀橡胶	推荐	修订	2013	中国石油和化学工业联合会	全国橡胶与橡胶制品标准化技术委员会	江阴海达橡塑股份有限公司、上海隧桥特种橡胶厂、衡水宝力工程橡胶有限公司等		GB/T 10357.3—1989
20102169 - T - 606	硫化促进剂二硫化二苯骈噻唑(MBTS)	推荐	修订	2013	中国石油和化学工业联合会	全国橡胶与橡胶制品标准化技术委员会	天津市科迈化工有限公司	JISK 6220 - 2:2001	GB/T 10357.2—1989
20102170 - T - 606	硫化促进剂2 - 巯基苯骈噻唑(MBT)	推荐	修订	2013	中国石油和化学工业联合会	全国橡胶与橡胶制品标准化技术委员会	天津市科迈化工有限公司	JISK 6220 - 2:2001	GB/T 10357.1—1989
20102171 - T - 606	硫化橡胶 全硫含量的测定第2部分:过氧化钠熔融法	推荐	修订	2013	中国石油和化学工业联合会	全国橡胶与橡胶制品标准化技术委员会	北京橡胶工业研究设计院等	ISO 6528 - 2:1992	GB/T 10357.7—1995
20102172 - T - 606	硫化橡胶低温脆性的测定单试样法	推荐	修订	2013	中国石油和化学工业联合会	全国橡胶与橡胶制品标准化技术委员会	西北橡胶塑料研究设计院等		GB/T 13667.3—2003

续表

计划编号	项目名称	标准性质	制修订	完成时间	主管部门	技术归口单位	起草单位	采用国际标准	代替标准号
20102173-T-606	硫化橡胶低温脆性的测定(多试样法)	推荐	修订	2013	中国石油和化学工业联合会	全国橡胶与橡胶制品标准化技术委员会	西北橡胶塑料研究设计院等	ISO 812:2006	GB/T 13666—1992
20102174-T-606	硫化橡胶或热塑性橡胶耐臭氧龟裂动态拉伸试验	推荐	修订	2013	中国石油和化学工业联合会	全国橡胶与橡胶制品标准化技术委员会	广州合成材料研究院有限公司等	ISO 1431-1:2004	GB/T 15765—2006
20102175-T-606	硫化橡胶或热塑性橡胶压缩永久变形的测定 第1部分：在常温及高温条件下	推荐	修订	2013	中国石油和化学工业联合会	全国橡胶与橡胶制品标准化技术委员会	上海橡胶制品研究所等	ISO 815-1:2008	GB/T 14806—2003
20102176-T-606	硫化橡胶抗静电和导电制品电阻的测定	推荐	修订	2013	中国石油和化学工业联合会	全国橡胶与橡胶制品标准化技术委员会	西北橡胶塑料研究设计院等	ISO 2878:2005	GB/T 4214.1—2000
20102177-T-606	硫化橡胶热氧老化试验方法管式仪法	推荐	修订	2013	中国石油和化学工业联合会	全国橡胶与橡胶制品标准化技术委员会	广州合成材料研究院有限公司等	ASTM D572:2004	GB 22115—2008
20102178-T-606	硫化橡胶人工气候老化(碳弧灯)试验方法	推荐	修订	2013	中国石油和化学工业联合会	全国橡胶与橡胶制品标准化技术委员会	广州合成材料研究院有限公司等	ASTM D750:2006	GB/T 14788—1993
20102179-T-606	硫化橡胶与金属粘接180°剥离试验	推荐	修订	2013	中国石油和化学工业联合会	全国橡胶与橡胶制品标准化技术委员会	上海橡胶制品研究所等	ISO 8510-2:2006	GB/T 14629.1—1993
20102180-T-606	气相二氧化硅	推荐	修订	2013	中国石油和化学工业联合会	全国橡胶与橡胶制品标准化技术委员会	中橡集团炭黑工业研究设计院	ISO 3262-20:2000	GB/T 6552—1986
20102181-T-606	色素炭黑流动度的测定	推荐	修订	2013	中国石油和化学工业联合会	全国橡胶与橡胶制品标准化技术委员会	中橡集团炭黑工业研究设计院		GB/T 21299—2007
20102182-T-606	色素炭黑黑度的测定	推荐	修订	2013	中国石油和化学工业联合会	全国橡胶与橡胶制品标准化技术委员会	中橡集团炭黑工业研究设计院		GB/T 4738.1—1984

续表

计划编号	项目名称	标准性质	制修订	完成时间	主管部门	技术归口单位	起草单位	采用国际标准	代替标准号
20102183-T-606	输送无水氨用橡胶软管及软管组合件	推荐	修订	2013	中国石油和化学工业联合会	全国橡胶与橡胶制品标准化技术委员会	沈阳橡胶研究设计院、广州明峻胶管企业有限公司	ISO 5771:2008	GB/T 21198.4—2007
20102184-T-606	炭黑试验方法 精密度和偏差的确认	推荐	修订	2013	中国石油和化学工业联合会	全国橡胶与橡胶制品标准化技术委员会	中橡集团炭黑工业研究设计院	ASTM D 4821-06	GB/T 21198.5—2007
20102185-T-606	天然生胶 塑性保存率(PRI)的测定	推荐	修订	2013	中国石油和化学工业联合会	全国橡胶与橡胶制品标准化技术委员会	中国热带农业科学院农产品加工研究所	ISO 2930:2009	GB/T 21198.3—2007
20102186-Q-606	橡胶衬里 第1部分 设备防腐衬里	强制	修订	2012	中国石油和化学工业联合会	全国橡胶与橡胶制品标准化技术委员会	北京市化工产品质量监督检验站、杭州顺豪橡胶工程有限公司、上海双浦橡胶防腐衬里有限公司、湖北华宁防腐技术股份有限公司等		GB/T 21198.1—2007
20102187-T-606	橡胶和塑料软管 软管尺寸和最大最小内径及切割长度公差	推荐	修订	2013	中国石油和化学工业联合会	全国橡胶与橡胶制品标准化技术委员会	沈阳橡胶研究设计院	ISO 1307:2006	GB/T 21198.2—2007
20102188-T-606	橡胶和塑料软管及非增强软管液体壁透性测定	推荐	修订	2013	中国石油和化学工业联合会	全国橡胶与橡胶制品标准化技术委员会	沈阳橡胶研究设计院	ISO 8308:2006	GB/T 21198.6—2007
20102189-T-606	橡胶和塑料软管及软管组合件 软管尺寸和软管组合件长度测量方法	推荐	修订	2013	中国石油和化学工业联合会	全国橡胶与橡胶制品标准化技术委员会	沈阳橡胶研究设计院、杭州中策橡胶有限公司永固分厂	ISO 4671:2007	GB/T 11888—2001
20102190-T-606	橡胶和塑料软管及软管组合件 选择、贮存、使用和维护指南	推荐	修订	2013	中国石油和化学工业联合会	全国橡胶与橡胶制品标准化技术委员会	沈阳橡胶研究设计院	ISO 8331:2007	GB/T 11886—2001
20102191-T-606	橡胶中结合苯乙烯含量的测定 分光光度法	推荐	修订	2013	中国石油和化学工业联合会	全国橡胶与橡胶制品标准化技术委员会	中国石油石油化工研究院兰州化工研究中心等	ISO 5478:2006	GB/T 6111—2003

续表

计划编号	项目名称	标准性质	制修订	完成时间	主管部门	技术归口单位	起草单位	采用国际标准	代替标准号
20102192－T－606	液化石油气(LPG)用橡胶软管和软管组合件散装输送用	推荐	修订	2013	中国石油和化学工业联合会	全国橡胶与橡胶制品标准化技术委员会	沈阳橡胶研究设计院、杭州中策橡胶有限公司永固分厂	ISO 2928:2003	GB/T 8814—2004
20102324－T－333	建筑门窗承受机械力的检测方法	推荐	修订	2013	住房和城乡建设部	全国建筑幕墙门窗标准化技术委员会	中国建筑科学研究院、广东省建筑科学研究院、中国建筑金属结构协会、东莞市坚朗五金制品有限公司等		GB/T 1707—1995
20102325－T－333	建筑幕墙抗震性能振动台试验方法	推荐	修订	2013	住房和城乡建设部	全国建筑幕墙门窗标准化技术委员会	中国建筑金属结构协会、中国建筑科学研究院、北京工业大学、同济大学、北京江河幕墙股份有限公司、沈阳远大铝业工程有限公司、深圳金粤幕墙装饰工程有限公司、德国陶瓷集团有限责任公司等		GB/T 9264—1988
20102326－T－333	建筑幕墙平面内变形性能检测方法	推荐	修订	2013	住房和城乡建设部	全国建筑幕墙门窗标准化技术委员会	中国建筑科学研究院、中国建筑金属结构协会、深圳市富城幕墙装饰工程有限公司、沈阳远大铝业工程有限公司、上海申辽铝制品工程有限公司、广州铝质装饰工程有限公司等		GB/T 1864—1989
20102327－T－333	建筑外窗采光性能分级及检测方法	推荐	修订	2013	住房和城乡建设部	全国建筑幕墙门窗标准化技术委员会	中国建筑科学研究院、中国建筑金属结构协会、清华大学、深圳中航幕墙工程有限公司、中国南玻集团股份有限公司等		GB/T 19381—2003

(中国塑料加工工业协会　曾家华)

重点企业介绍

新疆天业(集团)有限公司

新疆天业(集团)有限公司组建于1996年7月，是新疆生产建设兵团农八师的大型国有企业。在自治区、兵团及师市党委的关心支持下，已步入又好又快的发展轨道。集团控股的新疆天业股份有限公司于1997年6月在上海交易所上市、新疆天业节水灌溉股份有限公司于2006年2月在中国香港成功上市。集团所属产业涉及塑料制品、节水器材、化工、电石、食品、热电、矿业、建材、对外贸易、建筑与房地产等多个领域。2010年底企业总资产270亿元，产值120亿元，实现利税19亿元，各项经营指标连续多年均以40%左右的速度递增。企业产品——农用地膜、节水器材、PVC管材、聚氯乙烯树脂、烧碱获得新疆名牌产品称号，烧碱还被评为国家免检产品；2007年，“天业”牌聚氯乙烯被评为中国名牌产品；企业连续多年位列全国制造业500强，2010年9月天业荣膺中国企业500强。2010年7月，天业集团荣膺中国轻工业塑料行业十强企业首强；2010年7月，天业集团荣获“全国信息化和工业化融合促进节能减排试点示范企业”。

2006年集团公司党委被中组部、国务院国资委授予全国国有企业创建“四好”领导班子先进集体荣誉称号、2007年荣获“全国五一劳动奖状”、2008年荣获中国学习型组织优秀单位；2009年天业集团获得中国学习型组织优秀单位、中国产学研合作创新奖、中国商标战略创新奖、全国企业职工教育培训先进单位，集团公司所属企业均已通过ISO9001质量体系认证，还被国家授予“重信用守合同”企业，其建筑企业是兵团第一个荣获国家鲁班奖的单位。化工研究院被国家正式授牌为：国家地方联合工程研究中心。由新疆天业集团有限公司承担的《等离子裂解煤关键设备及工艺项目》正式被科技部列入2010年国家“863”重点项目。

新疆天业集团拥有国家级企业技术中心和国家级节水灌溉工程技术研究中心(新疆)及博士后科研工作站，有2000多名各类专业技术人员，其中，研究生以上学历近百人、高级专业技术人员70多名。新疆天业集团研究、开发的成本低、性能好、农民用得起的“天业滴灌系统”在全国累计推广约3600万亩，并成功走向西亚多个国家，集团现已成为全国最大的塑料节水器材生产企业，是中国塑料加工工业协会副会长单位和全国塑料节水器材专业委员会理事长单位。2009年4月“天业牌”节水成套设备被国家工商总局认定为中国驰名商标。新疆天业(集团)有限公司——国家节水灌溉工程技术研究中心(新疆)研发的西部干旱地区节水技术及产品开发项目荣获2009年度国家科技进步二等奖。

新疆天业集团依托自治区优势资源转化战略，充分利用新疆的煤、盐、石灰石等资源优势，用循环经济的理念发展煤电一体化产业，使传统高污染、高能耗的电石法聚氯乙烯生产工艺发生了根本性的变革。2005年新疆天业集团作为新疆唯一的企业入选全国第一批循环经济试点单位。集团公司连续多年被评为全国石油化工节能减排先进单位。

天业发扬“团结、奉献、拼搏、创新”的企业精神，通过十多年的发展，2010年10月，天业1200kt聚氯乙烯联合化工项目二期400kt及配套项目运行投产后，公司具有年产1200kt聚氯乙烯树脂(PVC)、1000kt离子膜烧碱、2000kt电石、4000kt电石渣法干法水泥生产能力和140万千瓦发电能力，位居全国氯碱行业第一，多项处于国际、国内领先的创新技术和节能减排技术在项目中得到应用，成为全国循环经济发展和科技创新的典范。

北京华腾新材料股份有限公司

北京华腾新材料股份有限公司是2005年由北京市化学工业研究院改制、并经过5年发展和资产重组，于2010年12月31日整体股份制改造，成为一个严格按照规范现代企业制度建立，专业致力于高性能合成材料和精细化工产品的研发与产业化发展的股份有限公司。

公司承袭了北京市化学工业研究院五十年的技术积淀，并在此基础上大力创新。公司承担了多项国家级、省级研发课题，多个项目获得省部级科技进步奖项，整体技术水平始终保持行业领先地位，拥有较强的技术研发和创新能力。目前，公司具备工程塑料系列产品15000t/a、聚氨酯胶黏剂12000t/a、各类塑料助剂3500t/a的制造能力。同时拥有开发、聚特、普力泰、FINICE和HTENPLAS五个品牌，工程塑料和精细化学品两大系列100多个品种的产品，连续多年获得北京市名牌产品称号。两大系列产品远销东南亚、欧洲、南美洲等地。

公司“一个管理中心，两个研发平台，四个产业化基地”的集团化战略格局已经形成。公司拥有健全的质量/环境管理体系：ISO9001质量管理体系、

ISO14001 环境管理体系、美国 AQA 公司通过的 TS16949 认证体系，SONY 公司通过的 GP 认证体系。2009 年 5 月被评为中关村高新技术企业，2009 年 6 月通过北京市科委的重新认定，继续拥有北京市高新企业资质。

公元集团—永高股份有限公司

永高股份有限公司成立于 1993 年 3 月，是中国建材研发制造龙头企业，总部座落在浙江省台州市黄岩经济开发。经过近二十年的开拓发展，公司已成为产品系列化、生产规模化、布局全国化的大型塑料管道综合供应商。公司旗下拥有上海公元建材发展有限公司、深圳永高塑业发展有限公司、广东永高塑业发展有限公司、重庆永高塑业发展有限公司和天津永高塑业发展有限公司等七家全资子公司。

永高公司是公元集团最大的核心子公司，系中国塑料加工协会副理事长单位和浙江省化学建材协会会长单位，同时又是全国塑料制品标准化委员会塑料管材管件及阀门技术委员会核心委员单位，主持、参与十三项国家(行业)标准的制订。公司目前国内塑料管道行业中生产规模最大，品种最多，配套能力最强，市场覆盖面最广的专业化大型生产企业之一。主要生产“公元”牌建筑 PVC－U 给排水管材管件、绝缘电工套管及配件、塑胶阀门及配件、塑钢门窗型材、PP－R 冷热水管材管件、PE 给水管材管件、CPVC 电缆管、PE－RT 地暖管及 PVC、PE 大口径加筋管、波纹管等系列产品。公司先后通过 ISO9001 质量管理体系、ISO14001 环境管理体系和 OHSAS18001 职业健康安全管理体系认证。2009 年被认定为“国家高新技术企业”。

公司成立以来，努力实施科技进步战略和品牌战略，坚持“质量第一，用户至上，诚信为本”的方针，不断创新技术，创新产品，创新管理，加大技术改造力度，扩大规模优势和品牌优势，企业持续 18 年快速健康发展。近几年来，“公元”牌产品和“公元”商标先后获得“中国名牌产品”和国家工商总局认定的“中国驰名商标”。企业被评为首批“浙江省诚信示范企业”、“全国诚信守法乡镇企业”、“上海市建筑塑料管道产品质量诚信企业”、“浙江省工业行业龙头企业”、“浙江省 AAA 级纳税信誉企业”和“浙江省工商企业信用 AAA 级‘守合同重信用’单位”。

目前，公司产品销售网络覆盖国内 26 个省市和地区，特别是在华东地区具有较高的市场占有率和品牌知名度，产品已广泛应用于国内大城市许多重点建设工程(如“上海东方巴黎”、“北京世纪城”、“南京奥体中心”等)。在国际市场，公司产品已远销欧美、中东、非洲和东南亚 80 多个国家。

联塑集团控股有限公司

中国联塑集团控股有限公司(中国香港上市公司)是中国塑料管道及管件的生产商。2010 年 6 月于中国香港交易所主板成功上市(股票简称：中国联塑，股份代号：2128)。中国联塑拥有位于广东、贵州、四川、湖北、江苏、河南、河北、吉林、黑龙江及新疆等 13 个生产基地和覆盖全国的销售网络，这些生产基地和销售网络战略性地分布于全中国，能及时为客户提供优质的产品和周到的服务。

中国联塑 2010 年销售收入达 77.12 亿元人民币，纯利 11.32 亿元人民币。中国联塑拥有丰富的产品种类，能为市场提供品种齐全的塑料管道及管件，包括超过 70 个系列及 7000 多种产品。这些产品被广泛应用于给水、排水排污、电力通信、燃气、地暖、消防及农业等领域。

联塑品牌是中国塑料管道及管件市场的知名品牌。2005 年，联塑品牌被国家工商行政管理总局商标局认定为“中国驰名商标”。2006 年，联塑管道及管件荣获国家质量监督检验检疫总局授予的“中国名牌产品”称号。产品通过 ISO9001 国际质量管理体系、ISO14001 国际环境管理体系、OHSAS18001 职业健康安全管理体系等认证。

为增强企业的自主创新和研发实力，中国联塑建立了具有国际水平的研发中心。目前中心拥有一支由博士、硕士、中高级工程师以及行业顾问组成的研发团队，并从德国、英国、美国等国家购进了大批先进的科研设备，设有博士后科研工作站、CNAS 国家认可实验室、省级塑料管道工程技术研究开发中心和中试车间，承接了多项国家和省级的科研项目，开发出了一系列具有自主知识产权的核心技术和产品，同时参与了国家标准和行业标准的编制和修订。

公司的目标是成为中国塑料管道及配件产品的首选供货商。我们已为中国的很多自来水公司及污水处理厂，以及供电、电信及燃气公司提供过塑料管道及管件产品。在 2008 年北京奥运会以及 2010 年在广州举办的第十六届亚洲运动会的部分场馆建设工程中，我们均被指定为塑料管道产品供货商。在不久的将来，针对房地产市场，联塑将纵深涉及家居建材领域。

公司始终坚持“以质量为生命，以科技为龙头，以顾客满意为宗旨”的经营方针，一如既往的推动中国塑料管道产业的发展，为改善中国乃至世界人民的生活环境和提高他们的生活品质做出自己的贡献。

博罗县东成塑胶制品有限公司

博罗县东成塑胶制品有限公司成立于1999年，是专业从事废塑料回收及生产销售的企业。公司占地面积50000m²，拥有先进的机械设备及一批专业性强的技术人员。目前年生产量40000t，年产值超过2亿元。

在生产过程中产生的废水能做到循环使用不外排。产生的废气经收集处理后完全达到国家环保标准。

公司主要产品有HDPE再生粒、PP再生粒、HIPS再生粒、ABS再生粒，产品主要用于双壁波纹管、中空缠绕管、排污管、汽车配件改性、音响外壳、电视外壳、LCD外壳卫浴产品及产品改性等。

公司名称：博罗县东成塑胶制品有限公司
公司地址：博罗县龙溪镇小蓬岗村委
联系人：谢先生、甘小姐
联系电话：0752－6386699、0752－6873282、0752－6387889、0752－6387790

广东鹤山市美耐德科技有限公司

广东鹤山市美耐德科技有限公司，位于珠三角腹地，濒临西江、毗邻港澳，位于广州一小时生活圈内，区位优越。水陆空交通十分方便，陆路往广州60km、佛山40km，水路往中国香港2.5h，邻近鹤山港10km，鹤山港建有3kt级码头通江达海，直达世界各地。

公司创办于1994年，是一家独资的高科技企业，是中国塑料加工工业协会硬质PVC低发泡板材专业委员会理事单位，广东省塑料加工工业协会理事单位，2009年被评为中国塑料行业先进单位。2011年荣获中国塑料加工工业协会授予“企业信用评价AAA级信用企业”，“中国塑料板片材行业五强企业”。美耐德公司通过ISO9001:2008、ISO14001:2004品质认证来确保公司产品能符合国际质量标准。属下企业有鹤山市古劳镇利丰装饰材料厂、鹤山市利丰装饰材料有限公司，拥有自营进出口权。

鹤山市美耐德科技有限公司实力雄厚、设备先进，拥有多条国内领先技术的PVC－U、PS－U发泡板材生产线，专业生产PVC发泡装饰板材、PS广告装饰板材，制造各种聚苯乙烯发泡板材制品，以及生产KT广告板、PS珍珠板、PS复纸板、背胶板、PVC抗倍特隔断板、家居卫浴橱柜专用板材、木塑复合板材等三十多个产品。产品畅销国内，远销东南亚、中东、美洲、东欧等世界各地。

公司以先进的技术、科学的管理、专业的精神、创意性的理念，高品质的产品，立足于市场。坚持“质量第一，诚信至上，精益求精，优质服务”企业宗旨，生产最优质的产品和提供最满意的服务，不断开发研制新产品。拓展国际国内市场，以优质、真诚、创新深受用户的喜爱和赞誉。

长虹塑料有限公司

长虹塑料有限公司创办于80年代末，厂址座落于浙江省乐清柳市新光工业园区，近临104国道、甬台温高速公路；南靠七里港和温州机场，北依著名风景区雁荡山麓。水陆空交通十分便利。公司2010年产值达4亿元。属全国无区域企业；公司为中国塑料加工工业协会副会长单位；中国塑料加工工业协会配线器材专业委员会会长单位；温州塑料协会副会长单位；中国国际贸易促进委员会建设行业分会常务理事单位。

公司占地面积21800㎡、建筑面积32000㎡，是专业生产“尼龙捆扎带、钢钉线卡、定位片、压线帽、接线端子、号码管、缠绕管、冷压端头、电表箱”等“CHS”牌塑料制品的名牌企业。公司现有大型注塑机100多台，并拥有国内外著名企业生产的先进设备；如大型激光线切割机、数控磨床、高低温试验箱等一系列生产设备和工艺装备。先进的设备，从根本上改变了公司的生产手段和生产方式，为制造高品质的产品提供了硬件保证。

公司拥有一支高水平的专家队伍和高素质的员工队伍，公司现有员工800多人，高中以上学历的占60%，专业技术人员135人，其中高级工程师8人，助理工程师15人，管理人员45人。

公司推行质量“零缺陷”理念，倡导“第一次就把事情做对”在企业内部实行标准化、定量化、制度化、规范化管理，质量体系覆盖企业生产管理全过程。企业连续三年被市技术监督局评为“质量管理二十强”和“质量连续稳定生产企业”；公司主要商标“CHS”被认定为“中国驰名商标”；主要产品尼龙扎带被浙江省人民政府认定为“浙江省名牌产品”、“浙江省出口名牌”。在国内同行业中率先通过了ISO9001国际质量体系认证、ISO14000环境管理体系认证、OHSAS18001职业健康安全认证、“AAA”标准化良好行为认证、二级计量检测体系认证、国家二级安全标准化认证、美国UL认证、挪威船级室DNV认证、欧共体CE认证等方面的产品认证。2010年7月又通过了中国塑料加工工业协会，关于中国塑料行业企业信用等级的评价，获得了AAA级企业信用等级证书。同年10月又通过了中国国际电子商务中心和北京国富泰企业征信有限公司的认证，获得了AAA级企业信用等级证书。公司所有产品都通过了ROSH及Reach环保测试，企业连续多年被乐清市评为活力和谐企业，2011成为聚酰胺(尼龙)扎带行业标准的第一起草人。

公司始终坚持以“用户为中心”的思想来对待客户，把“保证客户的成功”作为营销工作的第一要务。向客户提供准确、完整的技术商务支持，全程的售中项目服务，及时、快速的产品物流和质量保证等售后服务，凭藉强大的网络和优质服务，赢得了国内外广泛客户的厚爱。产品已销往：欧洲、北美州、南美州、大洋州、非州、亚州等100多个国家和地区，外贸进出口额2010年达3000多万美元，位居乐清市前10名。2010年产值、销售额位居柳市前10名，本公司始终坚持“以质量求生存、信誉求发展”的宗旨，不断开拓进取，不断改革、完善企业的经营和管理理念，使企业得到了迅猛的发展。

公司希望以“CHS”牌产品为纽带，广交天下友。

地址：浙江省乐清市柳市新光工业区
网址：WWW. CHS. COM. CN
邮箱：infi@ chs. ccom. cn
电话：0577－62799888
传真：0577－62793006
邮编：325604

常州嘉仁禾化学有限公司

常州嘉仁禾化学有限公司是中国塑料加工工业协会理事单位、中国塑协助剂专委会会员单位、中国电器工业协会会员单位、江苏清洁化生产单位、常州市生态园林单位、常州市文明单位，位于美丽富饶的江南水乡天目湖畔，占地面积30亩，被誉为现代化园林式工厂。

公司秉承德国技术，凭借公司投资创办的有中科院院士、教授、博士等国内外化工专家组建的鸿博(溧阳)技术研究院的科技平台，研发并生产新型材料，包括环保建材、石化产品专业用的相关助剂，适用于PVC、PE、PPR等各种新型材料，公司研发的具有国际先进水平的无酚钙锌、钾锌、钠锌和高端钡锌、镉钡锌产品，在数十家台资、大陆工厂的4m压延线和大型挤出、注塑、浸塑和吹塑等设备上得到成功使用。产品广泛适用于汽车革、发泡板、地板胶、硬片、透明膜、玩具膜、木纹膜、汽车贴、PVC医用材料、百叶窗、管材管件、广告膜、电线电缆料、涂层、油墨和涂料等。东南大学、中国林化研究所和常州大学为公司产学研合作单位。公司自身设有技术研究院，同时承担高科技新产品的开发工作。

公司董事长沈卫锋先生被评为首届长三角年度青商人物“杰出青商”和常州市“831高层次创新创业人才”

公司地址：江苏省溧阳市戴埠工业园区
邮编：213331
电话：0519－8791188
传真：0519－8791888

常州晶雪冷冻设备有限公司

常州晶雪冷冻设备有限公司是国内最大的冷链保温板材生产厂家，公司经过20多年的发展已经成为冷链物流系统设计、生产、施工及维护的集成供应厂商。

公司现有标准厂房2万平米，拥有有最先进的进口高压发泡机、自动层压机、韩国自动开料线。生产各类PU、PIR夹芯保温板材、各类冷冻冷藏库门及冷链物流系统工程施工。公司是中国制冷协会会员、上海冷藏库协会副会长单位、中国聚氨酯制品协会副理事长单位、中国食品工业协会物流委员会副理事长单位，常州市重合同守信用企业、常州市知名品牌、常州市免检企业，江苏省著名商标，上海海洋大学食品学院校外实习基地。

2006年被国家环保总局批准列为首批国家技改单位，淘汰了氟利昂发泡工艺，采用更为环保的发泡技术，并获国际多边基金奖励。2008年公司产品又率先通过国内新消防标准测试。2009年公司主要产品：金属面聚氨酯硬质夹芯板和轻型平移门被江苏省科学技术厅评定为“省高新技术产品”。2010年被江苏省科学技术厅评定为“省高新技术企业”。

公司参与制定了多项国家标准的修订及起草，其中参GB/T 21558—2008标准修订工作获而得了“国家轻工业联合会科技进步三等奖”。

公司近几年加大对新产品、新技术研究投入力度，目前企业生产员工300多人，安装施工员工200多人。技术人员50多人，拥有各类专利13项。公司在研发项目5项，备案4项，已经研发成功项目1项、预研发项目2项，研发资金投入达1000多万元，2010年申请并成立了“常州冷链物流设备及材料工程技术研究中心”，2011年将申报省级工程中心。

2010年公司年产值3亿元，销售收入2.8亿元，上缴税收2500多万元。为不断满足公司日益扩展的销售市场，将公司做大做强，保持在行业内的领先地位，公司募集资金2.6亿元在武进经济开发区投资建设现代化新工厂，斥资3000多万元分别从德国、意大利引进两条当今世界最先进的全自动连续生产线，意大利设备将在3月下旬到达上海港，德国设备也将在4月中旬抵达中国，5月底6月初将全部投入生产，预计2011年新老基地合计生产产值将达4.8亿元。

常州市恒力机械有限公司

常州市恒力机械有限公司地处长江三角洲地带，是一家专业从事塑料编织机械研发和生产的生产厂家，主要产品有塑料挤出平膜扁丝机组、塑料圆筒编织机、塑料挤出复膜机组和制袋机四大类，主要技术指标已达到国际先进水平。多年来，公司一直倡导生产节能降耗高效的设备，并且也一直在往这方面努力。公司产品以优良的品质、方便的操作、先进的技术被广大的国内外用户所认可，为用户创造最大的利润是公司一贯的宗旨。

公司地址：常州市新北区泰山中路201号

联系电话：0519－85119388　85110024　85118015　85118059

传真：0519－85115931　85118029

公司网址：www.hlmach.com

川路塑胶集团

川路塑胶集团有限公司是一家专业性生产新型化学建材的中外合资企业。是目前国内同行业中成立早，规模大、品种齐、质量优、开发能力强、并拥有“川路”著名品牌，品牌价值、企业固定资产超亿元的名牌企业。“川路”商标被评为中国驰名商标，并获得中国名牌产品称号。川路塑胶集团的目标是做新型化学建材行业的领跑者。

中国塑料加工协会理事及管道专委会副理事长单位

中国质量检验协会副会长单位

全国塑料制品标准化技术委员会兼SC_3副主任委员单位

全国化学建材推广工作先进集体

四川省驰名商标

四川名牌产品

四川企业集团综合实力、经营规模100强

四川省技术创新工作先进集体

成都市重点优势企业

成都市民心中的十大品牌

中华环境保护基金会绿色产品奖

2004年优质服务月先进单位

企业出具产品质量检验合格证明资格证

中国市场用户满意第一品牌

国家建材AAA级质量服务信用企业

中国名牌产品、中国驰名商标

2008年成都川路塑胶集团被列为成都市大企业大集团培育企业

ISO9001:2000质量管理体系认证证书

GB/T 28001—2001职业健康安全管理体系认证证书

ISO14001：2004环境管理体系认证证书

成都岷江水厂

成都岷江水厂是一家多产业结合的大型集中式供水企业，供水区域覆盖全县25个乡镇，日最大供水量达20余万吨。其下属企业成都市岷江自来水厂双流聚乙烯管材生产车间是专业从事聚乙烯(PE)给水、燃气管材、管件的生产、销售和管材焊接技术指导服务的国有企业，其生产的产品统一注册商标为“清润”，前国家水利部常务副部长敬正书同志亲笔为“清润管业”题词。

清润管业拥有生产线6条，具备dn20～630mm型号管材生产能力，管件生产设备6台，焊接设备200余台，差热分析仪、电子拉力试验机、爆破耐压试验机、密度测量仪、炭黑含量测试仪、水分含量测试仪、熔体流动速率仪、耐环境应力开裂测定仪等各性能检测设备20余台，具备从原材料进厂到

dn20～630mm型号管材出厂检测能力，年最大产量17000吨，现固定资产达9000余万元。

清润管业聘请四川大学高分子材料系教授吴智华为技术顾问，以四川大学高分子材料系优秀人才为技术骨干力量。通过ISO9001:2008和ISO14001:2004国际质量环境管理体系认证，取得《特种设备制造许可证》A级证书、《四川省涉及饮用水卫生安全产品卫生许可批件》，荣获四川省著名商标、成都市著名商标称号，入选《全国农村饮水安全工程材料设备产品信息年报》、《成都市地方名优产品推荐目录》、《成都市A级守合同重信用企业》，信用等级达到AA级，给水、燃气产品分别被列入四川省建设领域科技成果或应用技术备案证书、通过节水产品认证，中国平安保险公司对清润产品进行质量保险，是中国塑料加工工业协会塑料管道专业委员会理事和中国工业防腐蚀技术协会、四川燃气协会、四川省村镇供水协会、重庆市燃气行业协会会员。在2008年抗震救灾中因表现突出，成都市岷江自来水厂被成都市委、成都市人民政府评为"抗震救灾过渡安置房建设先进单位"。

清润管业的营销服务网络遍及四川、云南、甘肃、贵州、湖南、西藏、宁夏、重庆等省、市、自治区，并于2007年8月成立了驻渝办事处。质量与信誉是清润管业永恒的主题。

大发强盟包装有限公司

大发强盟包装有限公司创立于1993年12月，位于中国印刷包装基地－温州龙港镇示范工业园区。注册资金8800万元，占地面积33亩，2009年企业资产总值达5.2亿元。

目前公司员工总数180人，其中中、高级技术人员6人；大专以上人员37人。公司通过多次技改，已拥有三条国际一流的德国莱宝高真空镀铝生产线，三台德国康普宽幅数控纸张(薄膜)分切机，八条涂布生产线及其配套设施，形成年产高真空镀铝纸张(薄膜)能力15000t。主要生产高真空镀铝(彩色)纸、高真空镀铝(彩色)薄膜、环保型香烟内衬纸。产品广泛应用于饮料、药品、酒类、香烟、化妆品、食品、礼品等包装，是印刷复合工业用基础原材料。

公司始终坚持以人为本的科学发展观，十分重视以市场导向开发产品，以名优产品占领市场，成功自主研发国家重点新产品——《纸张真空镀铝用水溶性涂料》以及省级新产品。"龙发牌高档防水铜版镀铝纸"荣获"温州市名牌产品"称号；"龙发牌镀铝聚酯膜"被评为"浙江省名牌产品"。"龙发牌"镀铝产品以其优良的品质，畅销全国，远销东南亚及欧州各国。"龙发牌"啤酒标镀铝纸在国内市场占有近40%的份额。大发公司已发展成为国内真空镀铝行业规模最大、效益最好的企业。

公司在同行业中率先通过ISO9001国际质量管理体系、ISO14001环境管理体系和GB/T 28001—2001职业健康安全管理体系、HACCP及ISO22000食品安全管理体系认证和浙江省清洁生产试点的审核验收。先后被评为："温州市首批信息化示范单位"、"温州市轻工百强企业"、"温州市经贸系统诚信守法示范单位"、"温州市创建信用企业先进单位"、"浙江省高新技术企业"、"浙江省清洁生产先进单位"、"浙江省绿色企业"。

公司秉承"以顾客满意为宗旨，科技进步为先导，完善管理为基础，生产优质产品为生命"的经营理念，求真务实，开拓创新，努力为民族企业的振兴做出应有的贡献。

德科摩橡塑科技(东莞)有限公司

德科摩是国际知名的橡塑科技方案供货商，德科摩为顾客提供整套橡胶技术及挤出技术的交钥匙方案。

德科摩产品秉承欧洲标准，主要部件如注射单元、挤出单元、螺杆、模具、模头、冷流道均由德国工程师主导设计，且所有原材料的选用及加工流程都严格遵循德国标准，从而使德科摩机械设备、模具及其辅助设备均具极高的优良性和可靠性。

德科摩以卓越的技术及专业的服务，为客户创造最大价值，并矢志成为世界橡塑设备方案的领先品牌。

服务理念：

通过专业、及时、高效的服务不断提升客户对德科摩华大及其产品的满意度。

专业：公司拥有一批从业多年训练有素的售后服务工程师队伍。他们专注，敬业，良好的沟通能力，保证设备良好运行。CRM系统对已售设备全程跟踪，与客户良好互动。ERP系统科学预测零部件需求动态，有效保证原厂备件供应。

及时：售后服务热线双语应答。无论您身处何地，拿起电话，公司就在您的身边。会在最短的时间内提供最优质的解决方案。

高效：因为专业，所以高效，一对一顾问服务，闭环运作，将故障时间减至最小。

服务中心

公司以拥有世界级的品质管理系统为荣，90年代各系统各中心均获得ISO9001品质认证，全面推行TQC、5S以及提案改善等活动。

公司的服务网点遍及世界各地：

在大陆各区域、各城市设立办事处达27个。

在海外20个国家设有办事处或代理商，共有销售后服务人员180人，全部机电一体化专业毕业，通过ISO9000专业培训并持合格证，人员平均从事机械服务行业5年以上，具有丰富的塑机故障判断、解决能力及优良的人际沟通能力。

在公司大陆总部备有多名资深服务支援工程师，随时保持对各网络点的支援并定期对客户进行访问，测量、改善客户的最满意称度。

台州东海塑料品制造有限公司

台州东海塑料品制造有限公司是一家股份制民营工业，公司位于中国经济发达区域浙江宁波和温州之间的临海市杜桥镇，创建于2003年9月，拥有自营进出口权，专业生产特斯林网布和仿古环保藤条等产品，企业现占地面积2.33万平方米，建筑面积1.8万平方米，现有职工350多人，其中各类专业技术人员50多人。

公司拥有一流的生产设备，品种规格齐全，是浙江省塑料制品行业的龙头企业，技术力量雄厚，自行研制开发的特斯林网布经浙江省科学技术厅鉴定委员会鉴定，填补了国内空白，被评为省级科技新产品，企业则被评为浙江省高新技术企业。

公司凭借优良的质量，及时的交货和良好的信誉，成为国内几家知名旅游休闲用品及家具制造企业的主要供应商，同时产品还远销欧美及中东市场，在欧美及中东市场上享有较高的知名度。

电话：0576－85520308

传真：0576－85520311

邮编：317000

佛山佛塑科技集团股份有限公司

佛山佛塑科技集团股份有限公司（证券简称：佛塑科技　证券代码：000973）是中国塑料新材料行业的龙头企业、中国制造业500强、国家火炬计划重点高新技术企业集团，是广东省工业龙头企业中唯一的“战略产业类新材料企业”，广东省塑料工程技术研发中心的依托企业。佛塑科技秉承“创新、进取、务实、卓越”的精神，致力于新能源、新材料、节能环保产业的研发制造，近年开发的锂离子电池隔膜、偏光膜和电工电容薄膜等新型聚合物材料已经蜚声国内外市场，现已逐步形成以渗析材料、电工材料、光学材料和阻隔材料四大系列产品为框架的产业布局。公司近期研发的晶硅太阳能电池用PVDF膜背板项目，以复合智能节能薄膜为启动项目的与中科院上海硅酸盐研究所战略合作事项，标志着公司向新能源、新材料产业高端发展迈向了新的台阶。

佛塑科技2000年5月在深圳证券交易所挂牌上市，目前资产规模近44亿元，下辖7家分公司和20家长期投资企业，员工4000余人。佛塑科技拥有“汾江牌”、“鸿基牌”、“双象牌”、“双龙牌”、“HG牌”等多个中国名牌产品和广东省名牌产品、著名商标，体现了多年来专注积累的良好商誉。拥有的13项国家发明专利彰显了自主创新的非凡实力。

2009年8月广东省广新外贸集团有限公司成为佛塑科技的第一大股东后，公司确立了产业高端化的发展战略，围绕“国内领先、亚洲有位、世界知名”的愿景，将竭尽全力，锐意创新，“成就客户、成就员工、成就卓越佛塑”。

通讯地址：广东省佛山市禅城区汾江中路85号

邮政编码：528000

电话：(86)757－83988188

传真：(86)757－83985216

三斯达（福建）塑胶有限公司

三斯达（福建）塑胶有限公司系外商独资企业，是福建省乃至全国最具规模的EVA发泡专业生产厂商之一。位于福建著名侨乡有中国鞋都之称的晋江市，于1982创建，从成立至今一直致力于废旧塑料袋、鞋类边角废料等橡塑废料的回收循环再利用，并研究发明了一系列先进的废品回收利用制造技术和生产工艺，专业生产EVA、LDPE、橡胶、橡塑共混发泡及特种发泡。公司占地总面积约130亩，建有标准厂房80，000平方米，拥有专业的研发团队和先进发泡生产设备，年产各式EVA发泡材料达二十多万立方。厂区建有职工宿舍、双职工套房、专家套房、职工幼儿园、体育运动场地、文化活动中心等完备的生活娱乐设施，给千余名员工提供了一个舒适、轻松的工作、生活环境，公司的每一个细节都体现“人性化”的管理理念。

公司建立了优秀卓越的企业文化体系和科学、完善的管理制度，通过了ISO9001、ISO14000质量认证体系，多次被评为“AAA级信用企业”、“甲类纳税企业”。公司的“EVA回收循环利用项目”先后被评为“2006年度晋江市第一批科技项目”和“2009年第一批省级循环经济资金项目”，“2009年泉州市6.18项目成功转化资金补助项目”。2009年公司当选为中国塑料加工工业协会副会长单位，并被协会命名为“中国EVA循环再利用产业化研发基地”，显示了公司对国内塑胶发泡行业建设的高度重视和责任感。

联系人：黄秋波(先生)

三斯达(福建)塑胶有限公司

邮编：362211

电话：0595-85199888

传真：0595-85191881

公司网站：www.sansd.cn

电子邮箱：dshbgs@sansd.cn

福建亚通新材料科技股份有限公司

福建亚通新材料科技股份有限公司创建于1994年，是一家专业从事高分子材料及其制品研究开发和制造的国家级重点高新技术企业。公司注册资本达1.7亿元，固定资产达7.5亿元。亚通产品主要用于市政建设(道路、通讯、电力、燃气、供水、排水、排污等基础设施建设)、水务投资运营(城市供水、排污、输水管网建设改造)、建筑工程、农业节水排灌系统、现代园艺等各种塑料管道，产品种类及配套之全居全国同行业之首。

亚通现系建设部全国塑料管道科技产业化基地，全国化学建材骨干企业，国家级博士后科研工作站，中国塑料加工工业塑料管道专业委员会理事长单位。2005年12月，亚通科技在新加坡主板交易所成功上市，成为第一家在新加坡上市的中国管业公司。亚通拥有北京、内蒙古、河北、河南、重庆、湖北、贵州、甘肃、新疆等12个生产基地和覆盖全国的生产、销售和服务网络。从2004年起亚通产品陆续销往俄罗斯、马耳他、新加坡、沙特阿拉伯、圭亚那、伊朗、蒙古等国家和地区。

亚通品牌是中国塑料管道及管件市场的知名品牌。亚通品牌被国家工商总局认定为“中国驰名商标”。亚通系列产品荣获“中国名牌产品”、“国家重点新产品”“福建省名牌产品”等多项荣誉。

公司持续贯彻“丝丝入扣、滴水不漏、顾客满意、永创新高”的质量方针，以振兴中国新材料产业为己任，秉承“以人为本、追求卓越”的企业精神，研发和制造一流产品，提供一流技术与服务，为中国现代农业、水利、电力、交通、通信、石油、化工、城市建设、环保和其他工业事业做出应有贡献，引领中国新材料产业向更高、更新水平迈进!

富强鑫集团

富强鑫精密工业股份有限公司创立于1974年，为目前中国台湾地区规模最大的塑料注射成型机专业制造商，中国台湾地区唯一股票上柜发行的注塑机专业制造厂。主要从事各类油压机器及塑料注射成型机之研发、生产及销售，包括：双色双料注塑机、夹层混色注塑机、高速闭回路精密注塑机、油电复合式注塑机、全电式注塑机、PET瓶胚注塑机、电木注塑机、二板式注塑机、超大型注塑机等。产品锁模力范围从30t至3700t，射出量从20g至12万克。富强鑫领先于业界通过ISO-9001及欧洲CE认证，并且于1998、1999、2001、2003与2008年荣获「中国台湾精品奖」，并多次获得台北橡塑展产品创新竞赛「优等奖」。近几年出口业绩亦名列中国台湾前矛。

中国台湾富强鑫公司为使企业朝向国际化发展，于1994年在大陆广东省东莞市大朗镇石厦管理区成立「东莞富强鑫塑料机械制造有限公司」，除了藉此提供台商更直接、更便捷的服务之外，更是作为中国台湾富强鑫集团在大陆地区的发展基地。

继东莞富强鑫之后，中国台湾富强鑫公司于2001年在浙江省宁波市成立「富强鑫(宁波)机器制造有限公司」，进行生产高精密注射成型机、精密模具及相关产品。宁波富强鑫新厂位于宁波市江北投资创业中心B区，占地约34000m^2(50亩)，于2004年8月一期兴建完工并投入使用，2007年底二期厂房也兴建完工并陆续投入使用。宁波富强鑫目前拥有市级科技研发中心、特种注塑机研究所各一个，为国家级高新技术企业，约有员工200人，生产机种锁模力从60t至3500t，年产能力可达1200台。

联系方式：0574-56138688

地址：浙江省宁波市江北区海川路115号

甘肃瑞盛·亚美特高科技农业有限公司

甘肃瑞盛·亚美特高科技农业有限公司是以色列亚美特公司与甘肃亚盛集团共同投资兴办的灌溉设备生产厂，工厂设备先进，技术领先，是国内技术水平一流的灌溉设备生产厂。

作为合资外方，以色列亚美特滴灌综合设备有限公司是1988年在以色列注册的企业，具有多年的生产经营灌溉设备的经验。亚美特公司现已发展成为以色列知名的水处理系统及过滤系统的专业设计、生产厂家。拥有雄厚的科技实力，世界领先的生产工艺和严格的质量控制，保证用户得到优质产品和优良服务。

作为合资中方，甘肃亚盛集团公司是以高科技农业、高科技化工、农产品加工为主体的大型多元化的综合性实体。自1997年公司股票上市以来，亚盛集团已成为西北农业第一大股份公司。公司注重发展高科技农业项目，先后引进了以色列和瑞士先进的滴灌生产设备及技术，自1998年以来，已在甘肃、宁夏实施了12万亩滴灌工程，节水增产效果明显，同时也培养了一支有实际经验的工程技术人员队伍，为发展农业节水灌溉技术打下了坚实的基础。

合资厂2000年成立，厂区位于甘肃兰州国家高新技术产业开发区内，年生产能力达1.2亿米滴灌管线。合资厂的生产、管理和营销均采用先进的管理模式。从选料、进料、生产、质检、入库至出厂各个环节都有严格的程序和技术要求，产品完全达到了国际质量标准，通过ISO9001国际质量管理体系认证，并荣获2003年甘肃省用户满意产品证书、中国质量监督检验局颁发的AAA级信誉会员单位，“瑞盛·亚美特”被评为中国驰名品牌。

公司拥有一批专业的生产、管理、工程设计和安装技术人员，已承建完工的甘肃农垦6.5万亩滴灌工程、张掖7万亩喷、滴灌工程、内蒙膜下滴灌项目、宁夏枸杞及温室滴灌工程、新疆伊吾葡萄滴灌工程等节水工程均获得好评。

甘肃瑞盛·亚美特高科技农业有限公司生产和经营多种灌溉产品，承接灌溉安装工程。所提供的灌溉设备和技术能够使农作物得到所需的最佳水分和养分，减少杂草生长，降低农药施用量，保护环境，操作简便，可节约人力、水资源和肥料，增加作物的产量，改善和提高作物的品质，经济效益显著。

近年来中共中央政治局常委贾庆林，原中共中央政治局常委宋平，中共中央政治局委员薄熙来，十一届全国政协副主席马万祺，原外经贸部部长石广生，中共甘肃省委书记陆浩，省委副书记刘伟平，原甘肃省委书记宋照肃，省政协副主席候生华，原兰州市市长张志银等国家及省、市各界领导先后到公司参观视察工作。目前，公司生产规模不断扩大，滴灌管线及配件品种由原来的5种增至现在的11种。

顾地科技股份有限公司

“顾地”品牌创建于1979年，是中国难燃PVC电工管和线槽的发明者和制造者，作为推动中国塑胶管道“以塑代钢”的先行者，顾地自创业以来，秉承“追求卓越品质，尽显顾地精华”的经营理念和“勇于创新、追求更高”的信念，引领了塑胶界一系列改革浪潮，为国家的建设和社会的繁荣做出了巨大贡献。

顾地科技股份有限公司由湖北顾地塑胶有限公司整体改制设立，公司总部设在湖北省鄂州市。目前公司在湖北、重庆、佛山、北京、河南、马鞍山、邯郸、甘肃拥有八大生产基地。公司主要生产PVC－U给排水管、PVC－M高抗冲给水管、抗菌PP－R冷热水管、PP－R铝塑稳态管、PE－RT地暖管、PE给水及燃气管、PVC－C高压电力护套管、PVC－U双壁波纹管、HDPE双壁波纹管、钢带增强HDPE螺旋波纹管等产品，广泛应用于建筑内给排水、市政给水、燃气、建筑采暖、市政排水排污等领域。近几年来公司产品的产量和销售额均呈快速增长趋势，公司营销网络遍布华北、华东、西南、西北、华南、华中各区域，产品畅销全国23个省（市）、自治区，同时远销中亚、东南亚、非洲等国家和地区，公司是目前国内最具规模和影响力的塑胶建材制造商之一。

公司是中国塑料加工协会副理事长单位、中国塑协管道专委会副秘书长单位，同时也是全国塑料制品标准化技术委员会塑料管材、管件及阀门分技术委员会的核心成员单位，在行业内具有较高的知名度和美誉度现代化企业。

公司拥有一支强大的科研团队，拥有近百名高学历、高水平的专业科研技术人才，近年来在国内外公开发表学术论文近400余篇，著书三本，获得省部级科技成果奖两项。公司拥有抗菌复合塑料管、滚塑成型带钢圈塑料复合管材及其制造方法等多项发明专利，内螺旋降噪声排水管等多项实用新型专利，技术实力雄厚。最近几年，公司先后通过了

ISO9001国际质量体系认证、ISO14001环境体系认证、ISO18001职业安全认证、压力管道元件制造许可认证及国家节水产品认证等多种准入制度，公司荣获“中国名牌产品”、“中国驰名商标”等称号。“山前有路，山外有山”，为适应时代的发展，顾地科技将加快创新的脚步，在不断加强规范管理的同时，积极开拓市场，寻求环保建材领域的发展机会，把公司建设成为中国最具规模、最具实力也最具魅力的现代化企业。

广东高明创研合成革有限公司

公司座落在素有珠江三角洲后花园美称的中国合成革产业基地——广东省佛山市高明区。公司引进二湿二干PU和一套PVC涂布生产流水线，同时配备较完整的后加工处理设备的专业合成革生产基地，是所在地区规模较大、历史较长、品种最齐全的合成革制造企业。

公司专业生产各类中高档PU、PVC合成革及各类合成革深加工延伸产品，广泛应用于制鞋、箱包、家具、服装、汽车内饰等领域，各类产品均可达到欧盟REACH标准，在国内外享有盛誉。

公司拥有大批高素质的专业人才，具有雄厚的技术力量和较强的产品研发能力。同时加强对原辅材料和产品检验的控制，以现代科学的管理体系、严格的品质保障和坚持绿色生产、诚信经营的理念，为海内外广大客商提供各款时尚、卓越的合成革产品。

公司名称：广东高明创研合成革有限公司
联系地址：广东省佛山市高明区荷城万成路98号
邮编：528500
网址：www. chuangyan. cn
邮箱：info@ chuangyan. cn
电话：+86－0757－88688228
传真：+86－0757－88636111

广东华业包装材料有限公司

广东华业包装材料有限公司是科技部认定的“国家重点高新技术企业”、“国家火炬计划重点高新技术企业”、“中国优秀民营企业”，同时也是“中国包装龙头企业”、“中国塑料加工工业协会副会长单位”及“中国包装联合会常务理事单位”。技术力量雄厚，有世界先进的生产设备和实验检测仪器，有完善的质量保证体系。公司创建于1997年，注册资本13800万元，银行信用等级为3A级。公司占地面积300多亩，职工498人，是目前国内最大生产绿色环保新材料包装薄膜的民营企业。企业拥有工程技术人员128人。主导产品是“和业”牌双向拉伸聚丙烯(BOPP)薄膜系列产品、“和业”牌双向拉伸聚苯乙烯(BOPS)薄膜系列产品、“和业”牌未拉伸聚丙烯(CPP)薄膜系列产品及其软包装印刷制品，产品畅销国内外市场，供不应求。

2001年以来，公司先后引进年产3.2万吨双向拉伸聚丙烯(BOPP)薄膜生产线、年产8000t双向拉伸聚苯乙烯(BOPS)薄膜生产线，以及年产8000t的未拉伸聚丙烯薄膜(CPP)生产线，2009年公司自主研发组装32kt新型环保(BOPP)薄膜生产线。公司建有“省级企业技术中心”和广东省唯一一家“省级软包装材料工程研发中心”，致力于中国软包装材料工业的创新和发展，以提升产业竞争力为己任；一贯走“产、学、研”合作之路，与四川大学高分子研究所、华南理工大学、解放军总后装备部等国内外研发机构合作研发新产品。针对国际、国内市场需求新开发的绿色、环保新材料包装薄膜(PETG)及可生物降解的塑料包装薄膜(PHA)也即将大规模投放市场。

公司连年取得较好的科技成果及显著的社会经济效益。

(一)“可涂覆合成纸”项目荣获广东省科学技术进步三等奖，被列入国家火炬计划项目；“聚苯乙烯专用热收缩膜”项目2006年荣获广东省科学技术进步二等奖，“聚苯乙烯专用扭结膜”项目2007年荣获广东省科学技术进步三等奖。

“新型绿色聚苯乙烯专用扭结膜的产业化”及“双向拉伸聚苯乙烯窗口膜”项目先后被列入广东省教育部产学研结合项目。

“环保型热收缩薄膜”项目2007年6月13日荣获国家知识产权局的专利授权，荣获广东省科学技术进步二等奖，被列入国家重点新产品计划。

2010年5月19日“聚苯乙烯扭结膜的制造方法”获得国家知识产权局的专利授权。

2010年8月11日“聚苯乙烯窗口膜的制造方法”获得国家知识产权局的专利授权。

(二)公司先后通过了ISO9001：2000质理管理体系、ISO14001：1996环境管理体系、OHSAS18001：1999职业健康安全管理体系认证。2006年已被国家标准委列入标准化良好行为试点企业。

(三)公司制定企业技术标准11项，现被中国包装联合会塑料制品委员会指定为参加“行业标准项目”修订工作的五大企业之一。

（四）①2004年公司被列入“国家重点高新技术企业”；②2004年以来，公司连年被评为“AAA+级中国质量信用企业”；③2004年公司荣获“中国企业诚信建设示范单位”称号；④2005年9月，“和业牌可涂覆合纸”被评为广东省名牌产品；⑤2006年9月，“和业牌塑料包装薄膜”被评为中国名牌产品；⑥2006年4月，“可涂覆合成纸”及“BOPS热收缩薄膜产品”被授予“中国包装名牌产品”称号；⑦2008年12月“和业牌”商标被评为广东省著名商标、中国“驰名商标”的申请也已进入后期的审批阶段；⑧2008～2010年公司连续荣获“广东省百强民营企业”称号，⑨2009年公司被评为“AAA信用等级企业”，⑩2010年2月通过AAA计量体系认证。

几年来，公司逐步建立建全了一整套现代企业管理制度，拥有一支由高学历、高研发能力、高实践经验的专业人才和销售精英组成的管理团队，这也为为企业今后的高速发展奠定了坚实的基础。

广东盛恒昌化学工业有限公司

广东盛恒昌化学工业有限公司是国内知名的专业生产色母料、多功能母料、树脂改性及合金等高分子复合新材料的专业公司；色母料、多功能母料和改性塑料及合金产品年生产能力达10000多吨，塑料色粉达250万份；以ISO9001:2000国际质量管理体系和ISO14001国际环境管理体系、国际双认证的规范运作，让质量更加有保障；公司拥有一支高水平的专业研发队伍和一系列先进精确的检测仪器和设备。

企业荣耀

广东省高新技术企业

拥有多项自主知识产权的专利技术

承担多个国家行业协会的理事、常务理事、副主任和副理事长单位

承担国家级“火炬”计划项目《仿天然多功能色母料》及多项省重点产品、省重大专项科技攻关项目

建立佛山市环境友好阻燃工程塑料工程技术研究开发中心和其他研发中心

行业地位

中国塑料加工工业协会	第五届理事会常务理事单位
中国染料工业协会	理事单位
中国材料网理事会	理事单位
中国化工协会色母粒专委会	副主任单位
中国塑料加工工业协会医用塑料专委会	副理事长单位
中国塑料加工工业协会多功能母料专委会	副理事长单位
广东省塑料工业协会	副理事长单位

雄厚的技术研发平台

中国塑料加工工业协会多功能母料研发检测中心

佛山市环境友好阻燃工程塑料工程技术研究开发中心

佛山市顺德区环境友好阻燃工程塑料工程技术研究开发中心

北京化工大学
广东盛恒昌化学工业有限公司　联合工程技术研究中心

塑料着色产品：度身订造各类塑料色粉、色母、流延膜色母、各类工程塑料色母、无纺布色母、双向拉伸薄膜色母、纤维色母、电缆色母、纳米级系列色母等。

多功能母料：荣获国家火炬计划项目《仿木纹仿石多功能色母》系列产品。各类增透、增白、抗静电、抗菌、防雾、降温、阻燃、爽滑、香味、耐候、降解、增韧、开口、填充、等各类多功能母料。

环保型改性塑料：提供无卤、低烟、无重金属、可循环利用的环境友好改性塑料，可通过UL认证和SGS检测，符合欧盟两项指令：“废弃电子电器设备指令WEEE”、“电子电器设备中禁用有害物质指令ROHS”标准；按不同需求，度身订造各种特殊改性工程塑料专用料和合金塑料，产品性能质量达到国内先进水平。

高性能改性塑料：PA、PC、POM、PBT、ABS、PP、HIPS的增强、增韧、阻燃、耐候、耐磨、抗菌、填充等系列产品。

工程塑料合金：高强度高韧性PC/ABS、PC/PBT、PA6/PPO、PA/PE、PPO/PS等系列产品。

地址：广东省佛山市顺德区伦教新塘工业区工业主路

邮编：528308

Tel：0757－27720883

Fax：0757－27720868

E－mail：gdshc@163.com

http：//www.gdshc.com.cn

广东仕诚塑料机械有限公司

广东仕诚塑料机械有限公司是集设计研发、生产、销售为一体的塑料机械装备生产经营实体，是一家充满活力、稳健发展的塑机设备制造企业，总部设在广东佛山。

公司专业从事“高端流延薄膜成套生产线”的研究和生产已有8年的历史，是国内具有自主知识产权，研究生产“高端流延薄膜成套生产线”历史最长、规模最大的厂家之一，产品销量连续八年稳居全国第一。现有“高端宽幅流延薄膜成套生产线”年生产能力50台，至2010年止，已生产销售超过200台，出口30余台，主要销往美国、墨西哥、土耳其、俄罗斯、伊朗、印度、泰国、印尼和越南等国。其中，具有自主知识产权且成功入选《2010广东现代产业500强项目》的“太阳能电池组EVA封装胶膜生产装备”已有20台生产线投入市场。质量可靠、性能稳定，受到广大厂家的欢迎和信赖。

2005年公司获国家商务部授予“重点扶持企业”称号；2008年成功通过高新技术企业复审，同年获地区授予“雄鹰计划重点扶持企业”；2009年获中国轻工机械协会授予“中国轻工业高成长500强”称号；2010年被评为AAA级企业信用等级、广东省民营科技企业，同年被中国塑料加工工业协会授予“中国高端宽幅流延膜装备加工技术基地”称号。

地址：广东省佛山市南海区狮山科技工业园A区
电话：+86－757－81207008，81207000
邮编：528225 传真：+86－757－81207001
Website：www. s－c. cn
E－mail：s－c@ simcheng. cn

广庆集团

广庆集团有限公司是一家集科研、聚丙烯、BOPP薄膜、BOPET薄膜、农膜、塑料编织、塑机制造、项目投资、房地产开发、服务业为一体的高科技、跨行业、综合性、无行政区域的大型民营企业集团。集团现有固定资产7.4亿元，注册资金2.7858亿元，占地719亩，建筑面积28万平方米，职工2800余人。

广庆集团有限公司最初创建于1998年。2004年组建山东广庆塑业集团。2009年，经国家工商总局批准为广庆集团有限公司。

目前，广庆集团已发展有聊城中塑塑业有限公司、广庆集团塑业有限公司、广庆化工、广庆进出口贸易有限公司、广庆塑料机械制造有限公司、广庆房地产开发有限公司、广庆再生资源有限公司、莘县云祥宾馆等全资子公司。随着国际贸易的不断扩大，产业链的延伸，国内塑编市场份额的增加，高新技术的利用，高精尖人才的引进，广庆集团已成为行业最大的塑编基地。

集团主导产品：年产100kt聚丙烯、10万吨BOPP薄膜、50ktBOPET薄膜、20kt农膜、10亿条塑料编织袋、1000万条吨装袋、异形袋，2000余台套拉丝机、圆织机、再生造粒机，产品行销全国二十多个省、市、自治区，并出口15个国家和地区。产品分别于2006年、2009年顺利通过ISO9001国际质量管理体系认证和ISO14001环境管理体系认证，聚丙烯、塑料编织袋、圆织机分别荣获山东省名牌产品，以优质的产品以及良好的售后服务赢得了海内外客户的赞誉。

几年来，集团先后荣获：“全国乡镇中型企业”、“全国塑编行业节能降耗先进单位”、“中国外包装专利”、“山东省名牌产品”、“山东省科技成果奖”、“山东省消费者满意单位”、“投资山东最佳企业”、“市百家重点民营企业”、“市农业产业化龙头企业”、“市级守合同重信用企业”等荣誉称号。2010年7月应国家塑协部门邀请参加《塑料编织袋通用技术要求》标准制标工作。

十二载拓荒与发展，广庆集团有限公司提炼和积淀了属于广庆人自己的深厚的文化底蕴，使广庆事业根深叶茂。

海丰新洲塑料制品有限公司

海丰新洲塑料制品有限公司是一家集国际贸易，代理清关、报检服务、技术研发、生产加工的多元化塑料再生利用循环企业；公司于2005年成立，位于广东省历史文化名城，澎湃的故乡——海丰。324国道穿过全境，距汕尾港20多公里，处于粤东中心城市与深圳、广州的中心位置，海陆交通方便、快捷。

公司占地10万平方米，总资产逾亿元。年销售额达2亿多元，公司每年都以30%的增长速度发展。经过多年的快速发展，公司已发展为以再生利用、循环经济为方向目标，以高分子技术研发为核心的资源利用塑料制品产业链，逐步形成塑料制品、废弃为宝于一体的资源再生利用的企业。

"满足需求、创造价值"是公司的长期经营目标，公司凭借诚信和优质的服务，已和欧美、日韩、港台、中东等国家和地区的供应商建立良好稳定的供货渠道。主要经营产品有ABS、PET、PVB、PMMA、PS、PP、PE、PA、PC等系列软硬胶再生废塑料。国内客户主要集中于沿海东南、华南等地区。

公司已先后通过了ISO9001：2000国际质量管理、ISO14001：2004环境体系认证，是中国塑协塑料再生专委会副会长单位和第一批获国家质检总局颁发的国内收货人资格。

帮助他人就是成就自己，做好行业榜样，才能影响同行，是公司的经营理念。

海宁长宇镀铝材料有限公司

海宁长宇镀铝材料有限公司，成立于2000年4月，公司目前在编员工210多人，建筑占地面积是40000平方米。企业秉持创造价值回报社会的使命，兼容并蓄的哲学理念，坚持发扬诚实正直、敬业奉献、学习创新、团结奋进精神，坚持科学合理的经营管理理念，使企业始终保持快速发展，成为行业第一，实现做百年企业的愿景。

公司主要产品有流延聚丙烯镀铝膜(VMCPP)、双向拉伸聚酯镀铝膜(VMBOPET)、未拉伸聚乙烯镀铝膜(VMPE)、双向拉伸聚丙烯镀铝膜(VMBOPP)、PVDC涂布膜，公司引进先进镀铝生产线11条、涂布生产线4条，年产各类真空镀铝膜60000多吨，K膜6000多吨。

在多年持续、稳定的发展里程中，长宇凭着一流的技术实力以及专业、敬业的服务精神，在行业中建立了广泛的合作关系和良好的客户口碑，成为本行业的领跑者之一。我们不但为顾客提供优良的产品和服务，而且利用专业技术引领行业发展，为自身及客户创造更大的经济价值和社会价值。

经过多年的奋力拼博，现公司已步入高速发展的快车道。长期以来，长宇始终为整个行业的发展做不懈的努力，并努力推动客户与供应商的发展，努力给投资者和股东创造价值，给行业和员工谋求更好的回报。

公司地址： 浙江省海宁市斜桥镇新合路6号(长海工业园)

联系电话： 0573－87783599　0573－87783620

传真： 0573－87783583

海宁市海创塑胶电器有限公司

海宁市海创塑胶电器有限公司位于中国长三角经济圈中心位置——浙江海宁，企业成立于2001年，是一家生产集成吊顶、pvc塑钢板、外墙板等新型装饰板材和各类厨卫电器产品的综合型企业，产品远销国内外300多个国家及地区。公司注册资金1500万元，在职员工300余名，拥有20000余平标准生产车间，2000余平米办公写字楼及400余家国内专营店，2010年产值突破2.1亿元。

企业全套引进德国装饰材料自动化生产线，依据完善的ISO9001质量管理体系与ISO14001环境管理体系，为产品的卓越品质提供了强有力的保证。企业独有研发队伍，拥有163项产品专利，用科技与生活演绎全新的产品理念，创造了实用价值和审美价值的完美统一。

海纳百川有创乃强！海创秉承"追求卓越、创造完美"的经营理念，凭借进取的工作团队、先进的生产技术、高效的营销网络同优质的客户服务，在社会上树立起了良好的品牌形象，先后荣获中国驰名商标、中国集成吊顶十大品牌、中国品牌与服务双优企业等殊荣。

生产经营范围： 集成吊顶、PVC塑钢板、PVC外墙挂板

地址： 浙江省海宁市谈桥工业园区内

电话： 0573－87816633

传真： 0573－87816733

企业门户网站(集成吊顶)： www. hai－chuang. com

外墙挂板中文站： www. hi－strong. com. cn

PVC塑钢板、外墙挂板国际站： www. haichung. com

邮箱： jxhnzp@163. com

杭州和林装饰材料有限公司

杭州和林装饰材料有限公司位于杭州市余杭区仁和镇洪家舍25号，是从事塑胶新产品——PVC木纹装饰片开发、应用与销售的企业。公司注册资本为1500万元，总资产5000万元，员工120余人，其中技术工人占公司总人数的60%，公司现有PVC木纹装饰片生产线4条，目前是浙江省最具规模的PVC木纹装饰片生产厂家。

PVC木纹装饰片是一种新型的环保型装饰材料，

广泛应用于家具制造、室内装修、音箱贴面、钢板贴面、移门等多领域，它具有木纹仿真效果强、色泽高雅、立体感强、防水、离火自熄、耐酸碱等特点，从宏观上来讲减少了天然木材的使用，有利于环境保护。

公司本着“勤学苦练、客唱我和、精工细作、仿木成林”的经营理念，坚持实施品牌战略，以质量求市场。于2003年就开始推行ISO9001质量保证体系，2007年实行“6S”管理认证，并且于2010年成功实行ISO2008版的新版转版，生产环境大为改观。同时，通过法国必维公司第三方认证获得由商务部颁发的“高新技术企业”。如今企业各项经济指标在省内同行业中名列第一，“永孚”牌商标被评为建筑装饰协会推荐品牌、无毒害绿色环保建材、省优秀科技产品。公司在技术和管理上逐渐趋向成熟，年生产规模达到5000万平米以上，花色及规格有300多种，产品畅销全国30个省市、自治区，并且出口欧美、东南亚、非洲、中东等20多个国家。

公司地址：杭州市余杭区仁和镇洪家舍25号

联系电话：0571－86307250

公司传真：0571－86307077

湖北恒力塑料科技有限公司

湖北恒力塑料科技有限公司是由具有50多年从事塑料管道及配件制造的国有企业改制后，注入现代化管理理念的股份制企业，是国家石油部、水利部、城乡建设部推荐企业。目前，我公司已发展成为集科研、开发和服务一体的实业公司。

公司聘请国家高分子材料资深专家和湖北工业大学化工学院教授为常年技术顾问。公司目前投资6000余万元，生产PACM、HDPE、PP－R等管道(管件)以及大型注塑产品，年生产能力达数万吨以上。当前，我公司自主研制高强度“聚酰胺合金制备带法兰管道阀门或井口座”、“聚酰胺合金三层复合制备水利清淤专用管道”、“石油输送保温隔半式套管”已获国家发明专利，并填补了国内多项空白。产品涉及石油、化工、水利清淤、汽车、机械、城镇基础建设、水改工程、住宅建筑、电力通讯等多个领域。

本着以“诚信、求实、高效、创新”为宗旨，信誉卓越。我公司是国家重点高新技术企业，全国塑料加工协会管道专委会理事单位，“湖北省重合同守信用企业”，“湖北省诚信私营企业”，“湖北省优秀民营企业”并已通过ISO9001质量管理体系认证、ISO14001环境管理体系认证和ISO18001职业健康安全卫生管理体系认证。在2010年度中国质量放心企业(品牌)消费者投票调查公益活动中，“恒力”牌获得了“中国十大塑料管材质量品牌”荣誉证书，其产品深受广大消费者的青睐。

地址：湖北省荆州高新技术开发区新华路

电话：0716－8313172

传真：0716－8321201

http：//www. hbhltech. com

E－mail：hbhl@ hbhltech. com

湖北凯乐科技股份有限公司

湖北凯乐科技股份有限公司是以生产通信管道、通信光缆为主的高科技企业。是中国信息标准化协会会员、全国电缆及光缆专家委员会专家委员单位、中国塑料加工工业协会副理事长单位、全国塑料制品技术标准化委员会核心成员。先后被授予“全国文明单位”、“全国守合同重信用企业”、“全国消费者满意产品”、“全国五一劳动奖状”、“全国质量效益型先进企业特别奖”等众多荣誉。

公司1993年2月进行股份制改造，1999年5月通过科技部和中科院的“双高”论证，2000年7月公司股票“凯乐科技”在上海证券交易所挂牌上市。公司总资产达24亿元，净资产15.86亿元。以通信光电线缆及塑料制造、房地产、教育服务、酒业为主的多元化产业体系。拥有国内外先进的光缆和塑料生产设备、检测设备300多台套，现年生产各类通信光缆500万芯公里；各类塑料制品200kt；年产白酒万吨。

公司产品及服务：

(一) 塑料制品分为：塑料管材、塑料门窗型材、塑料土工合成材料三大类。塑料管材分为给水管、建筑排水管、市政排污管、高压CPVC电力电缆护套管、UPVC电工套管、通信护套管(HDPE硅芯管、PVC(PE)双壁波纹管、PVC(PE)多孔梅花管)，以上产品的配套件及相关技术咨询服务。

(二) 光缆分为普通通信光缆，ADSS、OPGW电力特种光缆、超五类数据电缆、RF电缆、线缆材料、FTTH(光纤入户)解决方案；

(三) 房地产品分为商务住宅区及商务综合楼等；

(四) 幼教产品及服务；

(五) “黄山头”系列白酒。

公司产品应用领域以通信材料为主，涉及交通、国防工程、电力、水利、堤防建设、农业节水灌溉、城市建设、建筑装饰、教育、食品饮料等多众领域，产品俏销全国29个省市、自治区，部分出口到国外。

公司现有员工2000名，中高级专业技术人员420名，占全员总额的23%。第十一届全国人大代表、公司董事长、高级工程师朱弟雄作为全国塑料研究应用的学科带头人，享受国务院政府特殊津贴。在他的带领下，公司依托已经建立的省级技术中心、凯乐塑料工程研究所，加大新产品新技术的研发，使科技成为公司发展的第一生产力。

“团结自强，拼搏坚强、奉献图强”是凯乐的灵魂与旗帜。秉承“以人品铸产品”的诚信经营理念。全面贯彻并通过了ISO9001：2000质量体系认证及ISO14001：2004环境管理体系认证。“凯乐商标”被评为湖北省著名商标，公司光缆分别获得国家信息产业部、广电总局、国电中心的入网许可证，并入围中国电信、中国联通、中国移动等电信市场。公司塑料门窗型材及塑料管材被认定为湖北省名牌、国家免检产品。公司自营出口3亿元以上，自营出口占制造业产品销售额的27.6%。

公司不断完善售后服务设施与条件，已在北京、上海、广州、深圳、昆明、成都、北京、长沙、西安、武汉、太原等地设立了27个办事处，下辖300多个营销网点，构织了一张遍布全国的市场营销网络。公司服务热线全天24小时接受用户的咨询，对客户反映的问题限定48小时内作出回复并妥善解决，力求在每一个环节为顾客提供最满意的服务。

湖南航天康达塑胶有限公司

湖南航天康达塑胶有限公司始创于1999年10月，公司位于风景秀美的岳麓山下，隶属湖南航天管理局的大型化学建材生产企业。目前，公司分别在长沙、岳阳等地设有三个分公司，总资产达5亿元，拥有员工800余人，公司年产值位列同行业前茅。航天康达是湖南省高新技术企业，公司全套引进德国、韩国等先进生产设备，目前拥有近1000套品种各异的模具，主导产品涵盖管材、型材、板材三大系列。公司产品集科学化与环保性于一身，既体现其产品的美观大方，又体现产品的节能环保，为以塑代木，以塑代钢探寻了一条新的发展之路。

航天康达凭借航天技术的雄厚实力，严谨务实的科学管理，全面通过了ISO9001国际质量体系认证，ISO14001环境管理体系认证，OHSAS18001职业健康安全管理体系认证。是中国塑料加工工业协会、湖南省政府采购协会、湖南省建筑节能协会、湖南省装饰协会理事单位，并获得中国著名品牌、湖南省名牌产品证书，湖南省著名商标等称号。

多样化的产品结构，严格的质量保证体系，一流的设备、科学的管理，使航天康达赢得了广大用户的青睐。公司已构建了全国性的市场营销网络，产品畅销全国各地，并出口俄罗斯、泰国、越南等国家。

湖南路路通塑业股份有限公司

湖南路路通塑业股份有限公司位于湖南长沙国家高新技术产业开发区，是一家集塑胶管道开发、生产、销售于一体的高新技术企业，也是国内深具影响力的塑胶制品企业之一。

公司主要产品有氯化聚氯乙烯(PVC－C)高压电力电缆套管、聚氯乙烯(PVC－U)给排水管材(管件)、PVC－M抗冲改性给水管、建筑用绝缘电工套管、路灯电缆套管、埋地用通信管道、PE给水管、家装及工程用无规共聚聚丙烯(PP－R)冷热水管、地源热泵中央空调专用换热管材(管件)等1000多个规格型号，年生产能力进入同行业全国十强。

公司先后通过ISO9001质量管理体系认证，ISO14001环境管理体系认证；获得“湖南省消费者信得过单位”、“湖南省民营企业质量信得过单位”、“湖南省诚信创建企业”、“湖南百家诚信示范单位”和“湖南省信用等级AAA级企业”等荣誉。

路路通商标已成为“中国驰名商标”、“湖南省著名商标”，“路路通”牌塑料管材管件系列产品荣获“国家免检”、“湖南名牌”等称号。PVC－U给水及PE给水系列产品通过了国家水利部节水产品认证，是国家水利部农村饮水安全中心推荐品牌。产品广泛应用于电力、通信、建筑和农村饮水安全工程等行业和领域，深受广大用户信任和好评。

地址： 长沙市枫林三路418号(长沙高新区麓谷)
电话： 0731－88995788　88995755
传真： 0731－88995754
邮编： 410205
http： //www.lltpvc.com
Email： 4fd@lltpvc.com

华亚东营塑胶有限公司

华亚东营塑胶有限公司是中国台湾台塑集团南亚塑胶股份有限公司在大陆投资的大型合资企业，总投资6000万美元，拥有30条国际先进的奥地利辛辛那提生产线及43台国内外先进检测设备。年产PVC类管材6万吨，PE管材3万吨，PP-R管材1万吨，PE-RT管材5000吨，各类管件1万吨。公司自1996年以来，经营业绩稳定成长，2010年公司销售量超过30000吨，公司凭借品质优良、规格齐全、交货迅速之优势，产品行销国内外市场，深获用户一致好评。在诸多重点工程如北京长安街绿化工程、山东鲁北农改水工程、内蒙古引黄入呼工程、奥运工程中已成功使用；外销方面，产品销往南非、坦桑尼亚、刚果、朝鲜、安哥拉等国家和地区。产品先后被建设部评为"科技成果重点推广产品"、"国家小康住宅建设推荐产品"、"工程建设重点推广产品"，并获"国家免检"，"山东名牌""十环认证""21315质量信誉等级证书"等荣誉称号。公司现已通过ISO9001质量体系认证，ISO14001环境体系认证，同时公司实验室获得"国家级实验室"称号。

华亚东营塑胶有限公司所生产的管材具有以下优势：

1. 设备优良、工艺先进、质量可靠

我们公司拥有国际先进的生产加工设备及国家级的试验室设备并被国家塑料质量检测中心认可。

生产设备方面：我们的生产混料设备为全自动全封闭电脑控制系统，保证了配料的均匀稳定性。加工押出设备亦引进国际先进水平之辛辛那提麦克马隆公司双螺杆押出生产线，全电脑自动化控制，一次成型、无添加任何人为因素，产品质量优良稳定。

检测设备方面：

我们的检测设备已达到国家试验室标准，并得到国家塑料检测中心的认可。鉴于公司近50年来形成这严谨的质量控制作风，基于"追根究底，止于至善"之经营理念，自建厂初期便投巨资近2000万元购进国外全套先进检测设备，对产品进行检验改善配方。所有试验设备之检测精度均高于国内同类。且部分试验设备除国家塑料质量检测中心外，无任何一家有此高精度之设备。

我们针对生产所需原料及产制过程中，采用层层检测之方式，彻底杜绝不合格产品进入市场。公司每批管材出厂前均需检测并附出厂检验报告始可出厂，并将所有检测报告存盘存查。

2. 环保配方、国内首创

公司产品质量标准除完全按照GB国家标准外，部分产品更采ISO国际规范。公司PVC产品为国内第一家采用有机锡配方代替传统铅系配方的塑料管生产企业，避免了重金属析出而带来的水质污染，可完全符合国家饮用水卫生指标及蒸馏水卫生指标，充分体现环保建材的优势。

3. 规格齐全、搭配比例合理，供货迅速

公司可供应管材3大类别600多种规格，管件1000多种规格，是国内管材、管件最为齐全的专业工厂。公司产量庞大，成品存货量充足，供应准确快速，可充分适合各种工程配管的需要。

4. 从施工、设计入手，注重服务

公司在营业推广过程中，建立完善的售前、售中、售后服务体系，从设计、施工入手，向广大工程用户提供施工技术培训服务，并对各工程实施追踪，解除用户顾虑，深获用户单位信赖。

5. 管理先进、深获各界好评

公司采用台塑经营管理模式，不断推动生产销售5S活动，更坚持"突破、创新、彻底、圆满"的经营理念，对国内员工水平有效促进，火速推动本土经营目标。产品质量、品牌形象经由国家建设部、各省建委建设系统、建设工程、行业协会、各层级品质评选单位先后认定与推荐，并已通过ISO-9001与ISO14001认证，目前已奠定行业前导地位。

华之杰塑料建材有限公司

华之杰塑料建材有限公司成立于1995年，是PVC塑料异型材专业生产企业、中国塑料加工工业协会异型材及门窗制品专业委员会理事长单位。公司座落于浙江德清经济开发区，占地面积223亩，总资产3.5亿，引进新加坡、德国、意大利、奥地利的国际一流生产设备，年生产能力达到12万吨，产品出口量雄居国内同行业之首。"华之杰"品牌获得了"中国驰名商标"、"国家免检产品"、"浙江省质量奖"、"浙江省知名商号"、"浙江省著名商标"、"浙江省名牌产品"等荣誉。公司通过了"ISO9001质量体系认证"、"ISO14000环境体系认证"、"乌克兰产品质量认证"、"俄罗斯PCT质量安全认证"、"欧盟CE认证""美国AAMA认证"等多个国际质量认证。产品畅销全国各地和世界40多个国家。

吉林中粮生化包装有限公司

吉林中粮生化包装有限公司创建于1995年末，厂址位于吉林省东丰县工业集中区，占地面积13万平方米，建筑面积3万平方米，现有员工550人。

公司主要产品有塑料编织袋、塑料桶、集装袋等塑料包装制品及阀口纸袋等纸包装制品。年产纸塑包装物1万吨。企业于2004年通过ISO－9001质量管理体系认证；2007年8月，阀口纸袋产品获得两项国家专利权；2008年通过国家QS认证。公司成为东北地区规模较大的食品级包装物生产企业。

公司拥有雄厚的技术力量，生产设备先进，检测手段完备，是食品包装的骨干企业。

江苏宝泽高分子材料股份有限公司

宝泽企业源于对合成革产业的深刻认识，专注于合成革及合成材料的研发、制造、销售。宝泽企业以人为本，秉承至真、至诚、至高、至美的理念，培养、凝聚了一大批高素质的技术型和综合型人才。

宝泽企业在江苏常州、苏州拥有研发、生产基地，销售网络遍布全国及南美、南亚等世界各个地区。

宝泽企业主要经营：

1. 合成革生产用原材料的研发、生产、销售。包括助剂、表处剂、光油、特殊树脂、特种功能性材料等；

2. 水性PU表处剂、助剂、特殊树脂等产品的研发、生产、销售；

3. PU树脂用助剂、特殊功能性材料等产品的研发、生产、销售；

4. 合成革研发、生产、销售；

5. 合成革及制品的贸易；

6. 合成革产业相关的技术服务。

宝泽企业在研发能力、产品质量、仕诚美誉度等方面处于领先地位，并拥有多项高新产品得到国家认定。我们期愿客户从宝泽的产品、服务中获得效益，共同为合成革产业的发展力尽绵薄，并以此贡献社会，实现自身价值。

苏州地址：江苏省太仓市浏河镇新塘万安
电话：0512－53623768　0512－53623281
0512－53623738

常州地址：常州市郑陆和平工业园
电话：0519－85119113　0519－85193951
0519－85113033

江苏法尔胜新型管业有限公司

法尔胜集团公司位于长江下游“金三角”港口城市——江阴市，前身系江苏钢绳集团公司，属中国金属制品业最大的企业集团。它依托上市公司——江苏法尔胜股份有限公司为控股核心，拥有全资、控股和参股企业三十多家，总资产逾三十亿元人民币。集团属国有大(一)型企业、国家重点高薪技术企业，是全国520家重点企业之一。集团也是国内行业中唯一的国家一级企业，具有自营进出口权企业。自1990年以来企业在技术创新能力、产量、品种、市场份额、出口创汇、上交税收等方面，均位居全国同行业第一。

江苏法尔胜新型管业有限公司植根于江阴市国家级沿江新材料产业带，是江苏法尔胜股份有限公司与台商合资兴建的高科技企业，总资产2.5亿元人民币，占地175亩、主厂房3万平方米，属国内专业从事新型塑料管道产品生产与销售的大型企业。主要产品有：孔网钢带聚乙烯复合管、钢丝网骨架塑料(聚乙烯)复合管、聚乙烯(PE)缠绕结构壁管、PE给水管，PE燃气管等新型塑料管道制品及各种电熔、热熔管件。目前公司已形成年产聚乙烯管材及管件35kt，“十一五”规划形成年产60kt，销售10亿元的经济规模，成为全国最大的聚乙烯管道生产企业之一。

公司产品可广泛应用于市政给排水、燃气输送、化工、油气田、热电工程、矿山、纺织、港口、印染、造纸业、海上输送等领域。

公司作为江苏省高新技术企业十分重视企业的技术创新和可持续发展，先后开发的6只新产品均被评为江苏省高新技术产品。燃气用孔网钢骨架塑料复合管2002年7月被国家科技部、国家税务总局、国家对外经济贸易部、国家质检总局、国家环保总局五部委联合评审为国家级重点新产品，列入国家火炬计划重点发展项目。聚乙烯(PE)缠绕结构壁管荣获2003年建设部科技成果重点推广项目、2004年国家科技成果重点推广计划。公司重视产品的标准化工作，参与编制了孔网钢骨架塑料复合管的国家工程技术规程、建设部标准、化工部标准，孔网钢骨架塑料复合管和聚乙烯(PE)缠绕结构壁管的江苏省推荐性技术规程等。

公司以“诚信为本、品质为先”为经营宗旨，始终坚持“今日的质量、明日的市场；用户的需求、我们的追求“的质量方针，十分重视企业的全面发展，先后通过了国家质检总局的压力管道安全注册认证，中国船级社、英国劳氏公司的ISO9001：2000质量体系认证，从产品设计到产品制造，从产品销售到售后安装都有完善的质量保证体系。

公司秉承法尔胜四十年优秀的文化底蕴，以优质服务维护和提升顾客满意度。现已建立完善的现代人力资源管理体系，从招聘、培训、目标管理、绩效考核、薪酬管理几方面都有规范的制度和实施办法，为公司的人才开发与管理奠定了坚实的管理平台。在现有的180名员工中，专业技术人员及管理人员占员工总数近30%。公司积极倡导“求真务实、开拓创新”的企业精神，抢抓机遇，不断追求，永攀高峰。愿与各界朋友真诚合作，共臻未来。

江苏法尔胜新型管业有限公司

地址：江苏省江阴市临港新城石庄园区华特西路18号

电话：0086－510－86119068，86117638

传真：0086－510－86119068，86101587

邮箱：fastenpipe@163.com

邮编：214446

哈尔滨哈轻塑胶有限公司

哈尔滨哈轻塑胶有限公司，国有控股企业，黑龙江省从事塑料成型加工的龙头企业，注册资本6，252万元，是黑龙江省内最大的汽车塑料零部件系统供应商，是哈飞汽车，东安动力，奇瑞汽车等公司的重要零部件供应商。已从原生产单一的电器附件小厂，发展成为生产多品种、涉及多领域的综合性塑料加工企业。注塑加工制品注塑量从100g到50000g成系列配套，注塑锁模力80吨至4000吨，年注塑加工能力18000吨。

公司员工总数424人，退休职工323人。现有专业技术人员103人(高级专业技术人员10人、中级专业技术人员31人，初级专业技术人员62人)，占在岗员工总数的23%。公司为提高产品研发能力和强化质量保证体系，近年已培养一批能够熟练应用AUTOCAD软件、PRO/ECATIA/UG软件，从事产品三维设计的研发队伍，在研发手段，技术技能，实验检测，经验积累，工作流程方面基本与国外先进国家同步，并拥有专利多项。

公司目前资产总额19，799万元，净资产13，491万元。2010年度公司实现各项经济指标如下：

1. 销售收入11，328万元，在全国轻工注塑制品行业技经指标销售收入排名第二位；

2. 实现利润588万元，在全国轻工注塑制品行业技经指标排名第二位；

3. 工业总产值13，392万元，在全国轻工注塑制品行业技经指标排名第二位。

近几年获得的荣誉及体系认证情况：

1. 公司曾荣获哈尔滨市第二十八届、第二十九届、第三十届劳模大会“先进单位”、“先进集体”称号；

2. 2008年公司被评为黑龙江省企业技术中心及哈尔滨市第一批企业技术中心；

3. 荣获2007年荣获黑龙江省第九届劳模大会“先进集体”称号；

4. 荣获2006年获得黑龙江省和谐劳动关系优秀企业称号；

5. 荣获2004年获得哈尔滨市纳税A级企业称号；

6. 企业连续十几年荣获哈尔滨市“守信用、重合同”优秀企业称号；

7. 1999年通过ISO9002：1994版国际质量管理体系认证；

8. 2003年10月又通过ISO9001：2000版国际质量管理体系换版认证；

9. 2006年6月通过ISO/TS16949认证；

10. 2006年12月通过3C认证；

11. 2009年9月，企业获得黑龙江省注塑行业唯一一家“高新技术企业”称号。

公司主要产品有八大类：

类别　产品系列　产品名称

第一类　汽车内外塑料装饰件　仪表盘、同色保险杠、门内户板、门槛立柱类

第二类　塑料物流产品　注塑叉车托盘、各种塑料周转箱、环保卫生清洁箱

第三类　塑料防护用品　塑料安全帽、防护帽壳

第四类　日用塑料小商品；　塑料盆、塑料桶、整理箱等

第五类　塑料材料共混改性　聚丙烯、ABS

第六类　挤出成型产品　双壁波纹管、大口径缠绕排水管、异型材

第七类　墙体保温材料　XPS保温板

第八类　电器附件　灯头、开关、插排等

江阴精良塑胶有限公司

江阴精良塑胶有限公司系中外合资企业，创立于2000年，专业从事改性母料及材料的研发、制造和销售。工厂位于江苏·江阴·华西村，运营中心设立在“上海·国际印刷包装城”。

十年磨练，人才荟萃，伴您一起成长的精良已成为技术领先、品种齐全，产能超20，000t的功能母料专业研制集团。产品应用覆盖薄膜，注塑、无纺布等塑料制品加工领域。在BOPP、CPP、CPE、POF、IPE等聚烯烃薄膜改性方面提供：抗静电、增挺、爽滑、抗黏、消光、防雾、成核透明、降温等类别的母料。正在建设的江苏精良高分子材料有限公司(苏北)将使精良如虎添翼，节能、低碳、环保，极大地增强为客户服务的各项能力！

公司始终坚持“品质第一，不断创新，客户满意，持续改进”的质量方针，遵循ISO9001质量管理体系要求建立并完善全过程控制体系，秉承“源于市场、开拓精品、服务客户、共同发展”的经营理念。公司广聚人才，坚持走专业化道路。

运营中心

Tel：(86)21－66080773

Fax：(86)21－66082053

Add：中国上海普陀区真南路1051弄3号504

http：//www. JLSJ. cn

Email：jlsj@ jlsj. cn

生产基地　Factory

江阴精良塑胶有限公司

Tel：(86)510－86379999

Fax：(86)510－86377172

Add：中国江苏省江阴市陆桥陆富路5号

浙江省皮革塑料有限公司

单位名称：浙江省皮革塑料有限公司

地址：浙江省杭州市上城区佑圣观路74号

邮编：310009

电话：0571－87808686

传真：0571－87802216

网址：www. plastic－zj. com

浙江省皮革塑料有限公司，前身为浙江省皮革塑料工业公司，成立于1979年，是国内经销塑料、化工、皮革原材料的知名专业公司，与中石化、中石油、上海赛科、扬子－巴斯夫、宁波台塑及部分国际石化供应商建立了长期、稳定和良好的贸易关系，在浙江及华东地区拓展和建立了广泛覆盖面的销售网络，拥有近7000家长期稳定的客户，在国内外同行中享有良好的声誉。我司经营的塑料原料产品包括PE、PP、PVC、PS、ABS、其他专用料等合成树脂及化工原辅材料，牌号、品种达及百余种。近年来开始经营农产品，棉花进口贸易已逐渐形成规模。同时经营管理一家机电市场和外贸进出口业务，经过多年发展，在国内独家代理美国森林高温漆，美国Viking Polymers ASA复合材料；同时面向欧美及澳大利亚出口多种皮革、塑料制品，其中无纺布袋在国际市场上占有一定份额。

发展目标：巩固行业地位，开拓做强、服务社会。

经营理念：诚信经营，合作共赢，追求结果。

核心价值：以人为本，创造价值。

企业精神：诚信、创新、敬业、超越。

康泰塑胶科技集团有限公司

康泰塑胶科技集团有限公司创立于1998年，是一家集专业研发、生产、销售为一体的大型塑料建材民营股份制企业集团。公司以“成为全球化学建材供应基地”为愿景，以“为每个家庭提供安全实惠的管道”为使命，牢固树立“市场第一、合作共赢、务实勤俭，以人、以诚、以效”的企业核心价值观为做人做事原则。集团继成立以来一直保持着健康、稳定、快速的增长发展势头，先后组建了康泰集团、成都康泰基地、河南康泰基地、江西康泰基地、上海康泰基地、河北康泰基地、长春康泰基地、合肥康泰基地和辽宁康泰基地9家生产基地成员企业，并建立了完善的企业法人治理结构。公司在全国成立了30个销售分公司和覆盖全国各区、县、乡镇完善的营销网络系统，拥有具国际先进水平的全自动电脑数控挤出、注塑、塑钢门窗装配等专用生产设备1000余台(套)，现有员工8000余名，总资产20亿元，年生产量30万吨以上。

康泰塑胶科技集团主要以生产“康泰”牌：PVC－U给水、排水管材、管件；PVC多孔通信管；PVC－U绝缘电工导管；PVC－U排污用双壁波纹管；PVC－M给水管；PVC－C电力套管；HDPE给水管材、管件;HDPE 排污双壁波纹管;HDPE 钢丝网复合给水管;PP-R 冷热水用管材、管件;PP-R 铝塑复合稳态给水管;PE-RT 和 PE-X 地热采暖管道;不锈钢管给水管材、管件;PVC-U 塑料异型材、门窗和家装用管道等系列产品,品种规格达5000多种。

康泰塑胶科技集团始终坚持"以质量求生存、以价格求竞争、以服务求发展"的市场竞争理念,长期以来,康泰品牌不仅以"品质高、配套齐、网络全、服务快"的竞争优势享誉海内外市场,而且还以其雄厚的集团综合实力在行业界中占据着重要的影响地位。康泰牌系列产品被国家有关部门授予了"中国驰名商标"、"中国名牌产品"、"国家免检产品"和"全国同行业十大品牌"和连年被中国农业银行评为"AAA级信用等级企业",连年被四川省政府评为"优秀民营企业"等荣誉称号,并成为中国塑料协会副理事长单位,是建设部发布的中国最具规模的化学建材生产基地之一。

康泰塑胶科技集团在技术创新和管理创新方面,硕果累累、成绩斐然:康泰技术中心被国家相关机构认定成为四川省技术中心,独立组建具有行业一流水准的产品检测中心获得了国家级 CNAS 实验室的权威认定,并取得了由四川省技术监督局颁发的能够出具产品质量检验合格证明的"A 级资格证书",是四川省质检院在四川省同行业内设立的唯一一家网络实验室。公司产品先后获得了 HDPE、PVC-U 塑胶复合缠绕管、PVC-U 双中空管、PE 钢丝网注塑预制法兰、耐候隔氧 PP-R 复合管、格栅式管件、卡扣式管件、封闭钟罩式地漏等多达100余项国家专利。

康泰塑胶科技集团高度重视产品生产的质量、安全、环保和节能工作,全面通过 ISO9001:2000 国际质量管理体系、ISO14001:2004 环境管理体系和 OHSAS18001 职业健康安全管理体系的一体化管理体系认证,并建立起了规范的现代企业管理体系。在长期开展"QCC 品管圈"活动、"现场质量评价"活动及"卓越绩效管理"的同时,康泰人始终牢记百分之百合格品和零缺陷的质量意识,其产品的质量和性能得到了持续的优化和提升,使我们的客户买的满意,用得放心!

地址:成都崇州市康泰工业园

电话:028-82218488

传真:028-8221199

网址:www. kangtaijituan. com

客户服务邮箱:ktjt@ kangtaijituan. com

总裁信箱:kt@ kangtaijituan. com

科倍隆南京公司

科倍隆集团隶属于德意志参股上市公司(Deutsche Beteiligungs AG),其为德国法兰克福股市最大的基金投资公司。截止到目前,德意志参股上市公司对约40家子公司进行控股。科倍隆集团为塑料配混和挤出系统及化工行业大型物料输送系统在全世界范围的领军企业,其旗下的四家主要生产基地累积拥有300多年的历史。科倍隆集团的技术也深远影响了中国塑料挤出机行业的质量标准。全球所有新型塑料材料中超过75%是在科倍隆的测试实验室中进行开发和研究的。科倍隆南京严格遵守科倍隆集团的质量标准,充分确保了每道生产工序的高质量完成。

科倍隆集团全球共有三家研发中心,除位于德国总部和美国的研发中心外,位于中国南京的研发中心也于2008年10月7日举行了隆重的揭幕仪式。此中心的成立将有助科倍隆集团公司更快更好地为中国及亚洲的客户提供系统解决方案科倍隆全新推出比扭矩达 $10Nm/cm^3$ 的 *STSadvanced* 配混挤出机,扭矩实现了15%的提升。由于扭矩的提升,双螺杆(STS)配混机实现了产品质量的提升和高达20%的产量提高。产量的提高除了需要工艺方面的调整之外,在控制成本的前提下还需对驱动系统关键部件的功能进行革新,这样才得到了更高的性价比。*STSadvanced* 配混机配备了动力更大的电机以及与之相匹配的齿轮箱。更高性价比使配混机能在更短的时间内为您实现投资回报。

联系方式

科倍隆(南京)机械有限公司

南京市江宁区天元西路59号

电话:0255278-6288

销售热线:0255278-3922

邮箱:jun. shen@ coperion. com

廊坊福邦德环保建材有限公司

廊坊福邦德环保建材有限公司成立于2004年,公司占地面积 $34583.5m^2$,建筑面积 $12000m^2$,总投资达到6000万。

公司是国内同行业中屈指可数的、全套引进世界知名公司 Battenfeld 的先进挤出泡沫保温板生产线的企业。公司能够完全采用国内原料生产达到国家防火 B1、B2 等级高质量保温板材，还可以生产抗压强度达到 750kPa 的高抗压泡沫板材。年生产能力达到 20 万立方米。

公司采用进口设备生产的 XPS 保温板具有优秀的保温隔热性能，以及良好的不吸水抗潮湿性，和卓越的抗压强度。产品广泛应用于建筑屋顶、建筑内外墙体保温；室内装修、室内地面采暖隔热；公路与高铁基础处理；冷库保温；高寒地区机场防滑热阻隔、高速公路特殊地基处理等领域，是建筑领域保温、工程领域热阻隔和基础处理的理想材料。

公司拥有塑料加工高级工程师、国家注册安全工程师和高级工商管理 EMBA 等优秀人才组成的高效团队，秉承"以人为本，品质第一"的经营理念，坚持创新发展，力争打造优质的福邦德品牌。

Web： www. fubrand. com. cn
Tel： +86 -316 -5918533
Mob： +86 -15343167700
Email： dudu -leler@163. com

丽水市优耐克水性树脂科技有限公司

丽水市优耐克水性树脂科技有限公司成立于 2008 年 10 月 10 日，位于丽水市经济开发区金亭路 8 号，是一家坐落在合成革集群产业区的民营企业。

丽水市优耐克水性树脂科技有限公司是环保树脂异地扩建项目，筹建于 2008 年，2009 年 1 月正式投产。目前公司研发人员 40 余人，主要从事合成革水性树脂的研发、生产与应用。公司主要经营合成革用水性聚氨酯树脂，产品有直涂类水性 PU 树脂、合成革半 PU 水性树脂、合成革全 PU 水性树脂、合成革用水性发泡树脂及水性水洗革用水性树脂等五大类将近三十种不同型号的水性树脂。树脂产品与传统油性树脂相比具有优异的环保性能，在树脂生产过程中以水为溶剂，减少了大量有毒有害有机溶剂的使用。同时在用水性树脂加工合成革的生产过程中，从根源上减少了制革加工制造烘干过程中有机溶剂挥发造成的对人体及环境的伤害和污染。水性树脂清洁无污染，用水性树脂生产的合成革从加工过程到成品都具有环境友好性和生态性，彻底改变原来制革行业高污染、高危险、高能耗的"三高"问题和合成革产品的非生态型问题。

企业自成立以来，先后获得行业及协会授予的各项荣誉证书。2009 年获"中国塑料工业协会人造革合成革副理事长单位"，2009 年被"浙江省皮革行业协会"批准为"浙江省皮革行业协会团体会员"，同时经选举成为"中国聚氨酯工业协会水性聚氨酯专业委员会"第二届理事会理事单位。企业还先后担任 2009 年及 2010 年两届"世界杰出华商协会"会员单位，荣获"中国百家诚信品牌企业"、"中国合成革行业十大诚信品牌"及"全国质量、服务、信誉 AAA 级企业"。公司还先后同安徽大学、陕西科技大学合作，成为大学生创新实践基地。

目前公司已优惠获得丽水经济开发区开发区 100 亩土地支持，并已开工建设，预计 2011 年 6 月份完成第一期两个树脂车间工程建设，8 月份完成新生产线调试及投产工作。项目拟建合成革用水性聚氨酯树脂流水线 15 条，水性生态合成革干法生产线 6 条，形成年产 5 万吨合成革用水性聚氨酯及 2000 万米生态合成革的生产能力。新项目工程完工后，将打造成中国合成革用水性树脂及其他原材料的供应基地，成为水性树脂及水性生态合成革的应用示范基地。

南京诚科机械有限公司

以"诚信做人，科学做事"为企业宗旨的南京诚科机械有限公司，专业从事同向、异向双螺杆挤出机组、双阶混炼造粒机组、单螺杆挤出机组的研发、设计、制造、销售及售后服务等工作。

诚科公司由业内资深专家组建。先进的管理模式和高效的运营团队是诚科公司的立足之本；为客户诊断工艺技术问题并提供最佳解决方案或量身定制满足客户个性化要求的产品，是诚科公司的营销理念；高起点、高品质、优化设计并达到国内外同类的一流产品质量标准是诚科公司的产品特点。采取为客户售前、售中、售后服务规范化，定期回访客户制度化，客户信息反馈档案化，是诚科公司用心为客户服务的有效方法。

为了拓展双螺杆挤出机的应用领域，诚科公司专设试验室，以配置齐全的双螺杆试验机组，为客户免费提供各种新材料、新工艺的研究及试验。

诚科人以积极、细心、宽容、自信的心态，全力打造满足市场需求的双螺杆品牌产品。

南通奔多电子新材料有限公司

南通奔多电子新材料有限公司是一家专业生产

聚丙烯电容薄膜的高新技术企业，公司位于如皋市经济开发区，现拥有三条全套引进的德国布鲁克纳公司电容薄膜生产线、两台意大利伽利略公司镀膜机，现有资产2.5亿，年生产3~20μm聚丙烯光膜、电晕处理光膜、单/双面粗化膜、电晕处理粗化膜、耐高温膜共6000吨。公司计划投资2亿元新增第四条高速电容薄膜生产线，使产能超过10000t。公司具有20年的电容薄膜生产经验，有完备的研发、生产、检测、销售系统，并获得“耐高温电容薄膜”国家专利，产品质量稳定、可靠。公司通过ISO9001:2008质量体系认证。

地址：江苏省如皋市如城镇茶庵路69号

电话：0513-87309898 传真：0513-87309899

网址：www.ntbend.com

宁波利时塑胶有限公司

宁波利时塑胶有限公司成立于1993年11月29日，是亚洲最大的家用品制造基地，公司技术力量雄厚，机器设备先进，与多家院校建立了长期的技术研发合作关系，产品款式新颖、功能齐全，分为储藏盒系列、厨房及餐具系列、玩具系列、卫浴系列、花园工具系列、节日系列、篮子及家庭用品等共计九大类。所有产品均采用进口优质原料生产而成，符合世界卫生组织FDA标准及国际安全标准，畅销至欧美、澳洲、中东、中国香港等100多个国家和地区，成为世界500强公司美国沃尔玛、德国汉高的合作伙伴。

莆田市金景餐具有限公司

莆田市金景餐具有限公司属民营股份制企业，创办于1998年9月8日，厂区占地面积约35亩，现有员工400多人，进口大型机械120余台。

公司一直专业从事研发、生产、销售仿瓷(密胺)餐具。产品以家庭、儿童系列餐具为主导，以宾馆、餐饮业高档餐具需求为突破口。采用先进技术和优质原料，生产“金景”、“前景”和“远景”三大品牌的高级密胺仿瓷餐具。产品品种齐全、款式多样、设计新颖、图案时尚。营销网络遍布全国25个省市，并远销欧美、中东、东南亚等国际市场，深受经销商和消费者喜爱。

于2004年与全球最大零售商之一——中国沃尔玛成功合作，并先后成为美国迪士尼公司、日本著名品牌Hellokitty授权商。

公司产品已通过国家质量监督检验检疫总局获得食品用容器生产许可证(即QS认证)及ISO9001:2008国际质量管理体系认证，本公司产品质量由中国平安保险公司承保。

地址：福建莆田涵江赤港华侨经济开发区(赤港街939号)

电话：+865943363986

传真：+865943368859

邮箱：mnmfj@VIP.sina.com

瑞士乔治费歇尔

瑞士乔治费歇尔(+GF+，简称GF)创立于1802年，总部设在瑞士的Schaffhausen，并在瑞士证券交易所(SWXSwissExchange)上市。GF作为一家全球运营的工业集团，在欧洲拥有78家公司、在亚洲和中东地区拥有39家公司、在美洲拥有15家公司、在澳大利亚拥有2家公司。GF集团专注于三大核心业务：GF汽车产品、GF管路系统和GF阿奇夏米尔精密机床，在全球雇佣约12，000名员工。

GF旗下的管路系统集团是世界领先的高品质塑料管路系统制造商，拥有145年的管路系统产品生产经验和50多年的塑料管路系统产品研发技术，可提供6万种以上的产品因而实现采购一站式服务：从管材、管件到阀门和测量仪器仪表以及相应的连接技术。GF管路系统满足大家不断提出的对于各种应用的要求，被广泛应用于工业、民用建筑及市政燃气和供水，无论是世界顶级宾馆项目还是豪华游轮项目均选用GF管路系统产品。

GF在中国的第一笔投资可追溯到1993年，GF在北京成立了一家合资企业。1998年，GF管路系统在上海浦东建立首家企业——上海乔治费歇尔管路系统有限公司(以下简称GF上海)，并在上海、北京、成都、深圳、西安分别设立分公司。GF上海拥有世界著名的生产和检测设备，并完全采用进口原料生产塑料管材、管件等管路系统产品。2008年，为了满足中国市场不断增长的产能需求，GF管路系统在北京通州建立第二个工厂——北京乔治费歇尔管路系统有限公司，并于2010年正式投产，瑞士联邦主席为工厂开业剪彩。

作为亚太地区的生产研发基地，GF中国的部分产品也出口到亚太地区其他国家，甚至瑞士总部。现在，GF集团在中国拥有24家公司，其中15家为生产工厂。2009年GF在华工厂实现销售额3.16亿瑞士法郎(约合人民币20亿)，相当于全球营业总额的11%。

上海乔治费歇尔管路系统有限公司

地址：上海市康桥东路218号

邮编：201319

电话：+86(0)21 3899 3899

传真：+86(0)21 3899 3888

北京分公司　电话：+86(0)10 6588 6550

传真：+86(0)10 6588 5316

深圳分公司　电话：+86(0)755 8228 0172/73

传真：+86(0)755 2519 2297

成都分公司　电话：+86(0)28 8608 8556

传真：+86(0)28 8602 6689

西安分公司　电话：+86(0)29 8799 9979

更多信息，敬请浏览：www. cn. piping. georgfischer. com

浙江森兰德包装科技有限公司

浙江森兰德包装科技有限公司是野风集团旗下专注于高阻隔型PVDC涂布膜：KOP、KPET、KNY，以及丙烯酸单双面等涂布膜包装材料研究与开发的高新技术企业，是目前国内研发能力最强、品种最齐全的涂布膜专业厂家之一。

PVDC涂布膜是目前塑料材料中对氧气、水汽等气体和各种化学物质阻隔性能最优秀的包装材料，它同时具备耐侵蚀、低温热封性、保香性、安全无毒等性能，使之广泛应用于各类食品、医药、纸用餐具、电子、军用品、烟草制品的包装。

公司坐落于浙江省中部东阳市歌山工业区，37省道北侧，诸永高速公路歌山出口西侧200m。距杭州160km，离宁波港168km。便利的交通，优美的环境，可谓得天独厚。

公司中高级职称人员占30%以上，大中专生在55%左右，人才济济，技术力量雄厚。公司通过ISO9000质量体系、ISO14000环境体系、ISO28000职业健康安全体系及QS质量认证。生产设施先进，检测手段齐全，经营管理规范，产品数量、质量保证。

公司诚实敬业、信誉至上，以科技带动企业进步；持续改进，满足和超越期望。公司正依托自身技术，客户团与集团的资源优势，引领国内高阻隔包装行业的技术发展。目前拥有PVDC涂布膜生产线五条，年生产能力达10000t，其中双面涂布薄膜生产能力3000吨。

公司地址：浙江省东阳市歌山镇北江工业区

联系电话：0579－83733723

传真：0579－83733623

邮政编码：322105

山东陆宇塑胶工业有限公司

山东陆宇塑胶工业有限公司座落于黄河三角洲高效生态经济区——东营经济技术开发区，是一家集科研、生产、营销和服务为一体的综合性企业。公司致力于各类塑胶管道的研发与生产，注册资本8080万元，总投资5.5亿元人民币，占地面积200余亩(公司新征土地120亩，投资2亿元的三期项目“陆宇第Ⅲ工业园区”正在筹划中)。

公司管理科学、技术领先，产品品质优良、服务信誉卓著，已发展成为国内产销量最大的塑料管生产企业之一，综合实力位居同行业前列。公司被认定为高新技术企业，“陆宇检测中心”通过中国合格评定国家认可委员会(CNAS)认证并经鉴定为“企业技术中心”，2010年代表山东省塑料管道系统最高技术水平的工程研究中心落户公司，先后获得塑料加工技术专利15项，发明2项。公司顺利通过ISO9001质量管理体系、ISO14001环境管理体系和OHSAS18001职业健康安全管理体系认证，同时获得中国环境标志产品认证和新华节水产品认证，连续多年被评为省级重合同守信用企业，是中国塑料加工工业协会、中国水利企业协会、中国工程建设标准化协会会员单位、水利部农村饮水安全中心重点推广单位。2008年荣获山东名牌，2009年荣膺中国建材500强。

公司成套引进奥地利辛辛那提等国内外先进生产线和检测设备，凭借多年来积累的生产和管理经验结合不断的技术创新，所生产的“陆宇”牌系列塑胶产品，屡次通过国家塑料制品质量监督检验中心、国家化学建材检测中心等权威机构的检测，产品各项性能指标完全符合国家标准，部分指标超越标准要求。目前，公司年产能达10万吨以上，主导产品三大类，分别为压力管道系统：PVC－U、PVC－M给水、HDPE给水、燃气用管材管件；建筑管道系统：PP－R冷热水、PE－RT地板采暖、PVC－U排水、电工管材管件；市政管道系统：HDPE双壁波纹排污管材。公司产品种类繁多，用途广泛，能充分满足各工程领域用户对产品的需求。

陆宇产品销售区域广泛，内销涉及全国26个省市，同时远销海外10多个国家。为使顾客方便快捷的采购陆宇系列产品，公司在各地设置经销商并通力合作，以期共同拓展市场，保证交货和服务时效。产品推广过程中，还建立健全了售前、售中、售后服务体系，解除了顾客的后顾之忧，深获顾客信赖。为及时了解客户的更高需求，公司通过多种渠道和方式进行顾客满意度调查，通过对反馈讯息的分析和评估及时加强产品和服务的适宜性，努力做到准时无缺，让顾客满意。

地址：东营市经济技术开发区北一路103号(第Ⅰ工业园区)/126号(第Ⅱ工业园区)

电话：0546－776(7770－7779)

传真：0546－7767700

邮编：257091

网址：www. sdluyu. com. cn

E－mail：168@ sdluyu. com. cn

山东省塑料工业有限公司

山东省塑料工业有限公司(山塑集团)成立于1966年1月，是融塑料、煤化工、房地产、投资、典当等领域于一体的山东省重点企业集团。

多年来，山塑集团在山东省政府的大力支持下，依托主业规模优势，坚持产业多元化、服务现代化、市场国际化的路子。目前，营销网络已经覆盖国内20多个省份和地区，与40余家大型石化生产商和跨国公司建立了长期密切合作关系，综合效益指标在山东塑料流通行业独占鳌头，在全国同行业也始终名列前茅。

山塑集团在稳固主业规模的基础上，积极开拓煤化工、房地产、投资、典当等领域，着手组建了一家房地产开发公司、一家小额贷款公司和三家典当公司，先后与四家商业银行建立了战略合作关系，为山塑集团赢得了广阔的发展空间。同时，借助山东民生煤化有限公司的煤化工产业基础和当地政府“退城进园”的政策，山塑集团于2008年高效启动了山东济矿民生1200kt煤焦化工产业项目，第一期800kt即将建成投入运营，保障了山塑集团的可持续发展。

2010年山塑集团实现销售收入42亿元人民币，其中主业销售收入实现28亿元。山塑集团也被权威机构授予“中国1000家企业集团”、“中国塑料原料流通航母”、“中国企业联合会常务理事单位”、“中国轻工业塑料加工行业十强企业”、“行业信誉评价AAA信用企业”、“山东省四会副会长单位”、“山东省重点企业集团”、“山东省银行业最佳信贷诚信企业”、“省级守合同重信用企业”等称号。

今后，山塑集团将以市场需求为根本，巩固塑料、煤炭、木材、钢铁四大经营领域，以金融和房地产为发展重点，以优化煤化工产业链为依托，把山塑集团建设成为规模化、多元化、现代化的高效率、高效益的行业领军企业，确保山塑集团在未来三年实现经营规模超过百亿的战略目标，为全行业和全社会作出更多的贡献。

联系方式：

公司地址：济南市玉函路27号

联系电话：0531－86106036

传真电话：0531－86925497

公司网址：www. sdpic. com

山东胜邦塑胶有限公司

山东胜邦塑胶有限公司由山东胜利股份有限公司(股票代码：000407)于1994年投资兴建，是中国最具实力的聚乙烯管道制造商之一，中国塑料加工工业协会塑料管道专业委员会副理事长单位和全国塑料制品标准化技术委员会核心成员单位，并被评为“中国塑料行业先进单位”和“中国塑料行业AAA级信用企业”。

公司拥有东营、西安两大生产基地和一个国家级实验室，全面引进世界最先进的聚乙烯管道生产设备与技术，可生产ϕ20～800各种规格的聚乙烯管材及配套管件；并顺利通过了ISO9001、ISO14001、OHSAS18001等质量/环境/职业健康安全管理体系认证。

作为行业领先者，公司主持、参与编写了《给水用聚乙烯(PE)管材》、《燃气用埋地聚乙烯(PE)管道系统》、《国家城镇燃气管道施工与验收规范》、《上海市给水用聚乙烯管道施工验收规范》、《山东省给水用聚乙烯管道工程技术导则》等多项国家标准和行业规范，被评为“全国标准化工作先进单位”；完成了国家“十五”863计划、“十一五”科技支撑计划等多项科研项目，并获得多项国家专利。

作为聚乙烯管道行业著名品牌，“胜邦”管道以优质的产品和诚信的服务，深受广大用户好评。产品遍布全国各地，并与各大燃气、水务集团建立了长期稳定的合作关系，同时被评为“山东名牌产品”、“中国工程建设推荐产品”、“国家级新产品”等荣誉称号。

公司始终以推动行业发展为己任，秉承“顾客至上、品质取胜”的经营理念，为用户提供专业化、系统化的产品和服务。“胜邦”品牌成为中国PE管道领域高品质的象征。

地址： 山东省东营市南二路226号
邮编： 257067
电话： (86)546-8182169　531-86907951
传真： (86)546-8180158　531-86038264
网址： www. vicome-pipe. com

山东天鹤塑胶股份有限公司

山东天鹤塑胶股份有限公司是国内大型塑料制品加工企业，被中国塑料加工工业协会授予“中国土工合成材料聚乙烯土工膜生产出口基地”；山东省塑料行业综合实力50强。公司现为中国塑料加工工业协会副理事长、中国塑料加工工业协会农膜专委会副理事长、中国塑料应用技术学会理事、中国塑料应用技术学会农塑制品分会理事。

公司占地面积150000m^2，员工238人，注册资本5587万元。公司积20年挤塑生产的经验，拥有强大的生产技术力量和产品开发能力。已成立了仪器精良齐全的技术开发和检测中心，并具备完善的质量管理体系。公司拥有先进的各种塑料加工设备98台套，可生产各种土工膜，包括光面高密度聚乙烯土工膜，光面线型低密度聚乙烯土工膜，单双糙面高密度聚乙烯土工膜，单双糙面低密度聚乙烯土工膜，双色高密度聚乙烯土工膜，双色低密度聚乙烯土工膜，重包装用膜，农用功能性大棚膜，地面覆盖膜、热收缩膜、缠绕膜、保鲜膜、PE实壁管等系列产品，年加工能力80000t。公司开发的EVA系列阳光膜采用世界一流的意大利道尔奇三层共挤机组制造，产品性能居国内领先地位。天鹤公司先后荣获七项国家专利，产品先后荣获“山东名牌”和“国家免检”的称号。

公司拥有完善的售后队伍，从设计、生产、运输、培训、施工等方面均严格按照ISO9001:2000、ISO14000:2004标准规范管理和服务，公司一贯以诚信勤勉，创新超越为企业精神，以至精至美、创造卓越为生产经营理念，努力打造世界名牌，争做行业龙头，确保天鹤公司合作者能长期获得精美的产品和满意的服务。

*企业价值观：持续为社会为创造更大价值。

*企业观念：诚信为本，永远维系人与人、员工与企业的平等互助，尊重个人，服务客户，追求卓越。

*服务观念：让客户满意是我们不懈的追求。

*企业精神：开拓、求实、拼搏、创新。

地址： 山东省淄博市临淄区南一路2号
电话： +86-533-7119226　7119227
土工膜专线：7119206
传真： +86-533-7118318　7118328
邮编： 255400
E-mail： tianhe@ tianhesd. com

山西惠丰型材有限公司

在中国十大魅力城市之一的山西长治，耸立着一座现代化的工业基地——山西惠丰机械工业有限公司，其前身是八路军抗战时期创建的黄崖洞兵工厂。作为魅力长治新的生产力代表，惠丰以她辉煌创业发展的业绩，载入了共和国工业发展的史册。

山西惠丰型材有限公司隶属中国兵器工业集团山西惠丰机械工业有限公司，是国内最早从德国引进全套塑料型材、塑钢门窗生产线及检测检验设备的厂家；是中国金属结构协会塑料门窗委员会型材、门窗定点生产企业，中国建筑金属结构协会副主任单位和中国塑料加工工业协会异型材及门窗制品专业委员会理事单位。惠丰型材主要有：60、66平开系列；60、75、80、88推拉系列；高耐候光亮白色型材、双密封塑胶共挤型材、双色共挤型材、高档彩色覆膜型材、铝塑复合型材、断桥隔热铝材、高气密铝材、幕墙铝材和建筑装饰铝材以及新型建筑模板等产品。

公司始终坚持“追求卓越、造就精品”的企业理念，商标荣膺“山西省著名商标”、“中国驰名商标”；型材被山西省人民政府评为行业首家“山西名牌产品”、国家质量监督检验检疫总局授予“国家免检产品”称号；荣获“中国塑料行业科技进步奖”、“中国绿色之星”、“中国最具影响力的知名品牌”、“全国顾客满意十大品牌”、“全国优质放心品牌”、“用户首选无毒害绿色环保百佳畅销品牌”等荣誉，并拥有多项国家专利。

公司首批通过国家ISO9001:2000质量管理体系认证、ISO14001:2004标准环境管理体系和GB/T 28001—2001标准职业健康安全管理体系三合一认证；取得“国际标准产品标志证书”、“国家火炬计划项目证书”、“山西省质量信誉AAA级证书”、“山西省建筑节能技术认定证书”等资质。

公司荣获“中国名企”、“辉煌60年中国工业功励企业”、“中国信用企业认证体系示范单位”、“企业信用评价AAA级信用企业”、“全国公平交易行业十佳单位”、“全国售后服务特殊贡献单位”、“全国顾客满意企业”、“全国售后服务十佳单位”、“国家建材AAA级质量服务信用企业”；国家首批推荐为“建材下乡推进工作试点单位”、“山西省制造业100强企业z”等荣誉称号。随着惠丰型材市场的不断扩大，在四川、河南和天津又建立了大型生产基地，实现了公司跨区域的资本运作。

汕头卜高通美实业有限公司

汕头卜高通美实业有限公司成立于2006年5月26日，公司的经营理念是“关注环境、专业创新、和谐发展”，公司于2007年起连续4年获得汕头市工商行政管理局颁发的“守合同，重信用”荣誉称号。

公司投资建设的“汕头卜高通美环保科技园”，项目占地142亩，总投资超过5000万美元，是专业从事可再生塑胶资源研发生产的循环生态工业项目。“环保科技园”按照花园式、绿色环保型厂区的风格设计；首期投资2000万美元。首期工程项目已于2009年12月全面投入使用。

“环保科技园”首期生产项目包括PA、PC/PBT、PC/ABS等工程塑料改性材料的研发和生产；生物可降解材料PLA原材料的研发生产及其制品的研发生产；工业用塑胶周转箱、塑胶卡板、片板、箱包等塑胶制品；PET再生材料及片材制品的研发生产；EVA再生材料及环保胶片尤其是光伏胶片；PVB再生材料及其环保胶片的研发生产，以及DVD/CD/VCD音像包装产品等。

汕头卜高通美环保科技园以“环保科技”作为产业发展的战略目标，从“新技术、新材料、新工艺、新产品”四个层面推进环保科技园的生产项目建设，产品将主要立足于可再生废塑料的循环再造利用，重点发展可生物降解材料及制品的研发生产，以环保及高科技、高附加值产品为发展方向。

“环保科技园”整体项目预计在五年内全部建成，届时“环保科技园”将建立注塑厂、片材厂、吸塑厂、卡板厂、合成材料厂、PLA制品厂、模具厂、物流中心、研发中心等研发生产机构，形成具有高技术水平、配套完善的再生塑胶循环产业基地。

2010年中国塑料加工工业协会授予汕头卜高通美环保科技园“中国塑胶循环利用示范基地”荣誉称号。

上海心尔新材料科技股份有限公司

ISO9001质量体系管理认证企业	中国塑料加工工业协会特邀副理事长单位
上海市高新技术企业	中国塑协改性塑料专业委员会副理事长单位
中国塑协降解专委会常务理事单位	中国塑协改性塑料专委会科技实验生产基地
上海塑料行业协会副会长单位	上海交通大学低碳新材料研发中心
中国企业影响力十大(行业)品牌	上海世博会民营企业坐标企业
中国低碳新锐企业	中国塑胶行业低碳领军企业

低碳环保新材料：

1. 低碳合金新材料　2. 低碳改性母料　3. 低碳功能母料　4. 超高浓度色母料　5. 循环经济回收再利用改性料

应用：

1. 电线、电缆　2. 管道内壁涂层　3. 地下窨井、检查井　4. 沼气罐　5. 电解设备　6. 保温屋顶蓄水水箱　7. 游艇、巡逻艇　8. 保鲜集装箱　9. 塑料薄膜　10. 军工及民用注塑产品　11. PET纺丝布、无纺布　12. 汽车　13. 电动玩具　14. 农用滴灌等领域

企业带头人：

王梓刚　高级工程师、博士，公司创始人，现任董事长职务。

兼任：中国塑料加工工业协会　副会长

中塑协改性塑料专委会　副理事长

中塑协降解塑料专委会　副会长

上海塑料行业协会　副会长

企业理念：

创造低碳产品　创新低碳生活　彰显企业责任　小我服从大我

企业愿景：

企业将用资源对接、引进风投、创新模式，用智慧进行放大。三年内，我们将进入资本市场，继而把心尔打造成一个大品牌，打造成一个国际知名的低碳新材料集团公司！

国家需要绿色GDP。因此，在未来五至十年内，我们将向着完成低碳新材料绿色销售收入100亿的

伟大目标进军，将创造低碳新材料绿色净利润25亿元，并将完成上交10亿元的低碳绿色税收。更重要的是我们将完成1亿吨的减排任务。

公司网站： www. xiner2000. com

地址： 上海市奉贤区金汇镇大叶公路6133号

电话： 021－57586000　57582000

邮箱： wang_ ditan@ 163. com

上海白蝶管业科技股份有限公司

上海白蝶管业科技股份有限公司是一家从事高科技、高性能、环保型的新型管材、管件的生产和销售的股份制企业。1997年底在国内率先开发生产了“给水用三型聚丙烯(PP－R)管道”产品，广泛应用于工业及民用冷热水给水系统、纯净饮用水系统、采暖及中央空调等系统，是传统金属管道的理想替代产品。

公司建立了三大生产基地，拥有德国进口克劳斯玛菲、奥地利辛辛那提、巴顿菲尔等全自动在线检测管材挤出生产线和众多的注塑设备，并配备有多台进口管件焊制设备及检测试验设备，可生产口径自16～450mm多种压力等级的PP－R管、PE管、PE－RT管、PP－R稳态复合管、3S聚丙烯静音排水管、PVC－U排水管、PVC－U电工套管、β. PP－R管材和相配套的管配件，产品广泛应用于市政供水、饮用水、建筑给排水、化工、医疗、采暖等领域，进一步扩大了白蝶产品的应用领域和市场占有率。

公司作为中国塑料管道专业委员会副理事长单位，全国塑料制品标准化技术委员会(TC48/SC3)委员单位，在把产品推向市场的同时，注重了配套的应用技术和相关产品的研究开发，先后完成了“PP－R国家标准”的制订，编制了“PP－R管道设计、施工、验收规范”、“PP－R空调管施工规程”、“PP－R施工图集”等。

公司从投产塑料管道开始就把产品质量放在生产经营工作的首位，从1993年开始，已连续多年通过了国家和上海地方的产品质量监督抽查，产品质量稳定、可靠，并以全国的营销网络为基础建立了售后服务体系，开设了800－820－0166的全国服务热线，以保证跟广大用户的直接联系，在用户中有很高的信任度。先后获得上海市著名商标、上海名牌产品称号。

上海邦中高分子材料有限公司

上海邦中高分子材料有限公司成立于2004年，主营高科技新材料的研发、生产和销售，并且致力于循环经济的探索，拥有400亩生产基地，包括上海邦中新材料有限公司、江苏邦中高分子材料有限公司、上海邦中投资有限公司等子公司。在上海市申报成立三个省级研发中心——上海市高分子黏接树脂研发中心、上海市导电复合材料研发中心、上海市循环经济研发中心，为公司的持续发展提供了有力的技术支持。以“掌握核心技术，每天进步1%”为宗旨的邦中公司将成为中国最具成长价值的新材料高新技术企业之一。

公司拥有黏接功能树脂、阻燃树脂、导电树脂、碳纤维及其复合材料等四大系列自主知识产权产品，年生产能力超过100kt。广泛应用于汽车、家电、建材、电子、电工电器、航空航天、军工、包装等多种行业。

上海邦中建立了以企业技术研发中心为主体，以国家认可实验室、UL CTDP认可实验室和上海市高分子黏接树脂研发中心、上海市导电复合材料研发中心、上海市循环经济研发中心为依托，以上海交通大学、华东理工大学、复旦大学等高校为支撑的先进的研发平台。

公司视质量为企业的生命，先后通过了ISO9001质量管理体系认证、ISO14000环境管理体系认证、TS16949汽车产品质量管理体系认证。

服务热线： 021－67891573；57893826；67891089；67891657

公司网址： http：//www. banzan. com

公司地址： 上海市松江区新浜工业园新工路215号

上海华峰超纤材料股份有限公司

上海华峰超纤材料股份有限公司(原为华峰集团上海有限公司，2008年改制)创立于2002年，注册资本1.58亿，占地近18万平方米，建筑面积约10万平方米。公司专业从事超细纤维聚氨酯合成革材料的开发、生产和销售，拥有包括革用PU树脂、超细束状纤维纺丝、无纺布、含浸等以及贴面、染色等所有超纤产品涉及的工艺研发、生产能力，年生产能力900万平方米，2007~2010年，公司超纤革产品销售量位居国内同行业首位。2011年2月22日，公司在深圳证券交易所创业板成功上市，股票代码300180。

华峰超纤以绿色生态为企业的发展理念，以技术创新不断开拓产品应用的新领域，贴近现实生活，打破传统消费理念，提高人类生活质量。主导产品华峰生态超纤皮在设计开发上，严格以欧盟各项环保要求为标准，从原材料的选择到生产工艺乃至成品包装上进行严格控制，塑造出华峰超纤的绿色生态环保形象。同时采用与天然皮革中束状胶原纤维的结构和性能相似的尼龙超细纤维，制成具有三维网络结构的的高密度无纺布，再填充性能优异具有开式微孔结构的聚氨酯，最大限度的还原真皮优良的触感和舒适度，并在回弹性、强度、防水、防霉变、耐寒、耐磨等性能上全面超越真皮，目前已广泛应用与运动、休闲生活和工业产品等众多领域。

上海永利带业股份有限公司

上海永利带业股份有限公司创建于2002年，办公地位于上海市虹桥枢纽附近的青浦区徐泾镇徐旺路58号，占地30亩。公司是一家以研发、生产制造、销售轻型输送带产品的专业公司，也是目前国内专业性、配套性最强的树脂类轻型输送带研发生产高科技企业。系国内第一家具备替代进口轻型输送带的民营企业，当前综合实力在行业内的排名是中国第一。2009年初完成公司股份制改造。

公司自成立以来取得了许多荣誉和成绩：上海市文明单位、上海市高新技术企业、上海市模范职工之家、上海市科技小巨人(培育)企业、上海市名牌产品。

公司多项技术被上海市科委认定为上海市高新技术成果转化项目，其中高黏结强度多功能PVC-TPE输送带材被上海市科委认定为上海市火炬计划项目，高摩擦PVC-TPE花色输送带被认定为上海市重点新产品。

公司的研究开发中心被认定为上海市青浦区高新技术研发中心。

公司现拥有职工360多人，囊括科研管理、机械设计与制造、电气与自动化控制、高分子化学、材料化学、应用化学等专业，凝聚了众多专家、教授和权威人士，2008年与同济大学共同设立国内第一家“轻型输送带研发中心”。2009年于东华大学共同设立“轻型输送带增强基材研发中心”，与东华大学联合培养研究开发轻型输送带方面的工程硕士。

公司通过了ISO9001质量保证体系认证，为公司产品的质量和服务提供了充分保证，为使永利带业产品顺利出口欧洲，已通过了相关产品安全认证，高品质的产品，最完善的服务，使企业在用户中享有极高的美誉度。

公司下属三家全资子公司：上海永利工业制带有限公司，成立于1999年，公司住所地是上海制造局路861号。上海永利输送系统有限公司，成立于2004年，公司住所地是上海崇明工业园区(嵊山路588号)，占地面积126亩。永利国际，成立于2009年，注册于荷兰。

浙江申达机器制造股份有限公司

企业理念：申行屈止，达者为先

企业介绍：浙江申达机器制造股份有限公司(浙江塑料机械总厂)(57年专业制造品质)。

创建历史——1955年，是我国最早生产塑料注射成型机的企业之一。

公司荣誉——国家重点高新技术企业，国家部级科技进步奖二等奖，杭州市著名商标，60余项专利……

产品优势——公司生产锁模力从900kN至40，000kN，理论注射容量100cm^{3}至140000cm^3，克重100g至150000g的不同系列的塑料注射成型机，标准系列、伺服节能型系列(全电、伺服、变频、变量等)和专用机系列(高速、双色、挤塑一体、二板、瓶坯、手机专用等)，尤其在专用大容量机型、国内首创手机专用机和全电系列领域居于行业领先地位。

营销网络——产品畅销国内，远销日本、法国、沙特、印度、印尼、俄罗斯等五十余个国家和地区。

联系方式：
地址：杭州市西湖区转塘村口208号
电话：0571-87095113(0571-87091103)
传真：87091046
电子邮箱：sound@ injectionmachine. com
邮政编码：310038

深圳市通产丽星股份有限公司

深圳市通产丽星股份有限公司一家专业从事高

档化妆品塑料包装设计、研发、生产、销售及化妆品 OEM 的国有控股上市公司，是国家高新技术企业。公司成立于 1995 年，总部位于中国深圳，于 2008 年 5 月 28 日在深圳证券交易所上市，股票代码 002243，注册资本 25806. 8956 万元。公司先后在深圳、上海、广州、苏州等地设立大型生产基地；在欧洲、美国设立了海外仓储基地；在深圳、广州、瑞典(筹)设立了主要研发基地。

公司连续四年营业收入环比增长超过 20%，2009 年实现营业收入 5. 9 亿元，净利润 6782 万元，纳税总额超过 5000 万元。

公司在市场竞争力、技术竞争力、产品竞争力、服务竞争力、发展潜力等各方面均优于同行，综合竞争力位居国内同行前列。公司核心产品化妆品包装用塑料复合软管的产量及市场占有率位居全国同类产品生产企业前列，是化妆品塑料包装细分行业的龙头之一。公司主要客户群为国际知名化妆品企业，公司已与宝洁、欧莱雅、资生堂、联合利华、雅斯兰黛、玫琳凯、雅芳、高露洁等国际著名化妆品企业建立了长期、稳定的合作关系，并成为其全球供应商。

公司一直致力于以高科技改造传统产业，以自主研发、引进技术消化吸收、产学研及企业联合研发等多种形式相结合，先后应用开发了一系列高新技术和新产品，填补了国内多项空白，在我国包装行业拥有多项第一，获得专利近 60 项，其中发明专利 10 项。2010 公司技术中心获国际认定企业技术中心称号。

公司荣誉：

国家级高新技术企业

国家化妆品塑料包装标准制定单位

全国 CAD 应用工程示范企业

中国包装联合会化妆品包装委员会制定组建单位

广东省制造业 100 强

广东省最具投资价值上市公司 50 强

广东省优秀自主品牌企业

广东省企业创新纪录将

博士后创新实践基地

广东省著名商标

广东品牌 100 强

广东最具竞争力品牌 50 强

国家认定企业技术中心

公司愿景：

成为国家著名品牌时尚化妆品包装行业的领导者；

公司宗旨：

美为本，美化人类生活

地址：深圳市布吉坂田五和南路 49 号

邮编：518112

电话：0755 – 28482022

传真：0755 – 28483900

Web：www. beautystar. cn

四川龙蟒集团

四川龙蟒集团是集磷化工、钛化工、生物化工和钒钛磁铁矿综合开发利用为一体的大型企业集团。已形成四川德阳为中心的硫磷钛化工基地、云南昆明为中心的硫磷化工基地、湖北襄樊为中心的硫磷化工基地、四川眉山为中心的生物化工基地和以四川攀枝花为中心的钒钛磁铁矿综合开发利用五大产业基地。

四川龙蟒集团是国家科技创新型星火龙头企业，“国家级企业技术中心”企业。是四川省“十一五”期间重点培育的 25 户“百亿工程”企业和 79 户“大企业大集团”之一。公司先后获“中国民营企业 500 强”、“中国化工企业 500 强”、连续五年“四川企业 100 强”等荣誉。集团“金红石型钛白粉”和“S – 诱抗素”两个产品 2007 年被四川省政府确立为“首批科技创新型产品”。主导产品饲料级磷酸盐产能 120 万吨/年，居全球前茅；肥料级磷酸盐产能 80 万吨/年；金红石型钛白粉产能为 20 万吨/年；钒钛磁铁矿采选设计能力 1200 万吨，目前已达到年产 100 万吨铁精矿和 30 万吨钛精矿的能力。

目前，全集团在册职工 7000 多人，各类专业技术人员 1500 多人；在国际金融危机和自然灾害等因素影响下，2010 年仍实现销售收入近 60 亿元人民币，国际市场销售收入 1. 1 亿美元，实现利税 6. 7 亿元人民币。

龙蟒集团始终坚持“做精专业、做强产业、做大企业”的发展思路，长期坚守通过技术创新实现“环境保护、资源利用、效益最大、和谐共赢”的理念，将自主研发和合作研发紧密结合，先后与国内外 30 多家科研院所及独立研发机构建立了长期稳定的合作关系，拥有各项专利技术 100 余项。成功开创了“产业耦合发展，资源再生利用”的循环经济发展模式，得到了国家发改委和环保部的肯定和推广，荣获了四川省科技进步一等奖。

四川石棉巨丰粉体有限公司

四川石棉巨丰粉体有限公司成立于2006年8月，总资产5000余万元，占地50余亩，滨临悠悠大渡河畔，与“蜀山之王”贡嘎雪山遥遥相望，是由一批非矿资深专业人士与石棉本土有识之士精心推出的企业。公司引进德国最新生产设备与工艺技术，与国内知名科研院所合作，采用“天下第一白”大理石为原料，现年产省级名牌——【贡嘎雪】超细重钙系列产品200kt，预计在最近五年内年产量突破500kt。产品品质好，规格齐全(D97：6～50μm)，广泛用于油漆、造纸、橡胶、人造石、医药等行业。

公司重质碳酸钙生产销售规模、档次、综合实力全国行业排名前五，西部及四川排名第一，为中国塑协改性塑料专业委员会副理事长单位、中国塑料加工工业协会副会长单位、四川省碳酸钙产业技术创新联盟牵头单位，被雅安市列为2007年技改项目单位，已成为石棉县重点扶持的$CaCo_3$龙头企业，通过了ISO9001:2000质量管理体系和ISO14001:2004环境管理体系认证。

公司高起点、严管理、快发展，以$CaCo_3$粉体产业为核心，积极实施主导产品重点项目建设，不断延长产业链，把握历史机遇，同心拼搏，力争打造成为中国碳酸钙行业龙头企业。公司拥有两座优质“天下第一白”大理石矿山，产品质量指标稳定可靠，可保证客户的长期需求，且注重售后服务，销售网络遍布全国，诚愿与社会各界朋友，新老客户精诚合作，共谋发展。

泰瑞机器制造(中国)有限公司

泰瑞机器制造(中国)有限公司创办于2003年4月，其前身为杭州泰瑞机械有限公司，现总部位于国家级开发区——杭州经济技术开发区内，公司总投资8500万美圆，占地15万平方米，厂房9万平方米，具有年产4000台自然台60t到4000t合模力注塑机的能力。

截至到2011年4月底，泰瑞产品已获得84个国家用户的信赖购买和使用。公司以产品品种齐全、特殊机型众多、生产交货及时、品质服务优异而闻名于业界。

地址：杭州经济技术开发区北元工业区

邮编：310018

国内市场：4008－876－896

国外市场：＋86－0571－86733352

传真：＋86－0571－87322905

Email：tederic@ tederic－cn. co

江西添光化工有限责任公司

江西添光化工有限责任公司是中国香港三盛集团旗下专业生产高档钛白粉的中外合资企业。总占地50万平方米，总投资逾8亿人民币，已形成金红石型钛白粉100kt/a、锐钛型钛白粉20kt/a、硫酸300kt/a的生产能力。添光曾荣获“全国实施卓越绩效模式先进企业”、“全国化工产品各项指标优于同类产品百佳优胜企业”、“江西省优秀企业”、“江西省高新技术企业”、“江西省用户满意企业”等殊誉，并成功入选江西省百强重点企业、江西省工业优强企业。“添光”商标是国内钛白粉行业唯一的中国驰名商标。

添光立足发展，不断培育企业核心竞争力。新投产的10万吨/年高档金红石型钛白粉生产线是目前国内硫酸法钛白技术最先进、自动化程度最高、单套生产能力最大的钛白装置，其产品具有“高白度、高分散、高耐候”等卓越性能，广泛应用于涂料、塑料、油墨、造纸、橡胶、皮革色浆以及各种要求较高的汽车面漆、工业漆、防腐漆等领域。添光一直致力于一流品质的打造，公司云集了包括国际知名钛白粉专家、中国钛白粉行业专家组副组长在内的高端钛白生产、技术人才数十名，关键核心技术堪与国际先进水平比肩，产品的各项经济、技术、质量指标均居国内领先。

凭藉卓越的品质、周到的服务，添光钛白不仅遍及长三角、珠三角、闽东南等国内最发达市场，而且在欧美等地的高端市场与国际知名品牌同台竞技，赢得广泛赞誉和信赖。谋划未来，添光将不断加大技术创新和品牌经营力度，大力推进资本战略，为最终形成年产200kt高档金红石型钛白粉生产能力，为将添光打造成管理有方、经营规范、业绩优良、实力雄厚的钛白粉行业翘楚而不懈努力！

烟台万华超纤股份有限公司

烟台万华超纤股份有限公司是烟台万华合成革集团核心企业，是我国第一个人工制革工业基地。

超纤公司前身为烟台万华聚氨酯合成革厂，于2001年12月由烟台万华华信合成革有限公司为主要发起人，联合云南红塔创新投资股份有限公司、中国台湾三芳控股有限公司、中国台湾元吉企业集团投资有限公司、温州汇丰贸易有限公司、泉州华昌皮革贸易公司等5家法人单位共同发起设立的拟上市公司。超纤公司现有1个全资子公司、7个参股公司，主要从事人工制革行业相关原材料及产品的开发、生产。超纤公司率先在同行业内第一家通过ISO9001质量管理体系标准、ISO14001环境管理体系标准、OSHMS－18000职业安全健康管理体系的“三位一体”管理体系认证。

超纤公司主要生产装置从国外全套引进，在消化吸收先进技术的基础上，形成了能独立开发人工制革生产技术的现代技术密集型企业。公司自主开发的束状超细纤维合成革获得“国家技术进步三等奖”。公司主要产品为聚氨酯海岛纤维合成革、束状超细纤维合成革、高档单组份聚氨酯合成革、制革用粉末聚氨酯、聚氨酯树脂和助剂。公司产品现有12个系列几百个品种，广泛应用于制鞋、箱包、手套、制球、家具、汽车内饰、军用品、劳保用品、体育用品、工业用品等领域。公司三大主导产品聚氨酯合成革、军用革、高档篮球革市场占有率均超过90%以上。

超纤公司倾力打造具有独特内涵的企业文化，并使之成为驱动公司不断向前发展动力。公司在近30年的发展中，融合了艰苦创业、民族自强、自主创新、领先发展的优良文化基因，打造出“诚信、敬业、创新、务实”的企业精神，造就了一支富有责任感和合作意识的企业团队，公司以创新为不竭动力，以人才为重要的战略资源，以肩负历史责任、铸就民族品牌为己任，以创建高档人工制革国际知名企业为目标，与股东、员工、供方、经销商及社会各界一道，共同创造美好未来。

潍坊现代塑胶有限公司

潍坊现代塑胶有限公司位于山东省昌乐县，为目前全国PVC增强软管行业规模最大的生产企业，是山东省塑料协会副会长单位。公司成立于1989年，注册资本5000万元，年产塑料软管能力3万吨。公司现已发展成为全国塑料软管行业重点龙头企业，通过质量、环保和职业健康安全三体系认证，主导产品PVC增强软管被评为山东名牌产品，时代品牌获全国塑料软管行业唯一标志性品牌，“时代”商标被认定为中国驰名商标。公司始终坚持“科技领先、质量第一”的方针，持续不懈地大搞技术革新，先后荣获31项国家专利，被评为“中国专利山东明星企业”。时代牌塑料软管畅销全国30个省、市、自治区，并远销美日韩等33个国家和地区。据中国塑协调查统计，公司的生产能力、销售收入和上交税金等主要经济指标，连续多年均列全国塑料软管行业第一名。

地址：山东省昌乐县经济开发区宝石城二路
邮政编码：262400
电话：0536－6285796
传真：0536－6285795
网址：www. wfpvc. com
邮箱：xds@ wfpvc. com

温州奥昌合成革有限公司

奥昌合成革有限公司是一家外商独资企业，坐落于中国浙江省温州市经济技术开发滨海园区，共拥有管理人员及员工400多人，注册资本300万美元，总投资600万美元，本公司已通过ISO9001：2000国际质量体系、ISO14000环境管理体系及美国PSS中国香港玮伦公司认证，连续几年被交通银行以及广东发展银行评定为AAA级信用企业，是中国塑料加工协会副会员单位，温州市合成革商会理事单位；被中国香港合成革暨金属物料供应商会授予“同业先进单位”、温州国家税务局授予“A级纳税信誉单位”、被广东发展银行杭州分行授予“五星级优质GP客户”，2007年10月荣获温州市名牌产品称号，2009年2月荣获浙江省名牌产品称号，连续几年被温州经济技术开发区管理委员会授予“三星级企业”。

公司专业生产PU革系列、箱包革、男女鞋革、沙发革、服装革、剥离膜革、牛巴革、变色文具商标革以及符合欧美环保要求的鞋革和箱包革等，广泛应用于制鞋、纺织服装、家具、文具、箱包等各个行业。

公司拥有现代化厂房，6条中国台湾制造的PU合成革生产线及花样多变后处理产品，年生产能力达1200多万米PU革，产品辐射欧美、南美、中东、及日本、韩国越南和国内各地区。

近年来，公司在发展的同时，投入大量资金用于新产品的研发，新设备的投入，以本公司独有的核心技术立于竞争日渐强烈的合成革行业中。我公司率先研发了具有代表性的几十种新花色，新品种的合成革，受到国内外的一致好评。

集团公司联合科技控股有限公司成立于2007年2月13日，在中国香港注册签署，并于2008年12月14日在韩国成功上市，奥昌合成革紧跟集团公司发展的步伐，按上市公司要求不断规范管理，是联合科技控股公司众多强劲子公司之一。

企业荣誉：

2006年度　通过ISO14001：2004环境管理体系认证

2006年度　中国塑料加工工业协会人造革专业委员会理事单位

2006年度　被中国香港合成革暨金属物料供应商会授予“同业先进单位”

2006年度　被誉为温州市合成革商会理事单位

2006年度　被温州国家税务局授予“A级纳税信誉单位”

2006年度　被广东发展银行杭州分行授予“五星级优质GP客户”

2007年度　被温州经济技术开发区管理委员会授予“三星级企业”

2007年度　公司(厂)生产的奥昌牌合成革被评为“温州名牌产品”

2007年度　被交通银行温州支行评为“信用AAA级企业”

2007年度　被温州市龙湾区慈善总会评为“扶贫济困、心系慈善”

2008年度　被温州经济技术开发区评为“三星级企业”

2008年度　公司(厂)的奥昌牌聚氨酯湿法合成革被评为“浙江名牌产品”

2008年度　被世界杰出华商协会评为“世界杰出华商协会”理事单位

2008年度　被交通银行温州支行评为“信用AAA级企业”

2009年度　被温州经济技术开发区评为“三星级企业”

2010年度　被中国塑料协会评为信用“AAA级企业”

无锡市佳盛高新改性材料有限公司

无锡市佳盛高新改性材料有限公司建于2002年初，是江苏省高新技术企业和国家火炬计划锡山新材料产业基地的成员企业。公司位于风景秀丽、富饶发达的无锡市锡山区荡口镇鹅湖工业园，紧靠沪宁高速公路，交通十分便利。

公司专业生产“佳盛”牌新型高分子材料改性剂和Pams树脂系列产品，可作挤压和模塑成型加工助剂、改性剂、黏合剂、黏结剂、增黏剂、增强剂、增塑剂、抗氧剂、分散剂、润滑剂、高效燃料及热载体等用途，具体应用于高浓度、高阻燃、高填充塑料色母粒、塑料改性、橡塑鞋材、电线电缆料、热塑性弹性体、橡胶材料、热熔胶、油漆油墨、涂料、颜料、精密铸造等领域(详细应用说明向公司技术开发部索取资料)。

公司坚持务实、创新、求精的企业精神，奉行“市场是天、安全是地、质量是命、管理是根”的宗旨。公司严把生产环节，加强技术改进，实行制度化、规范化内部质量管理，形成较强的科研开发能力、规模生产能力和经营管理能力，已获ISO9001：2000国际质量体系认证和ISO14001：2004环境管理体系认证。产品参照美国阿莫科Amoco Resin 18－210、18－240、18－290系列树脂标准进行生产检测，质量性能相同，同时产品符合欧盟SGS的(ROHS、PHAS)检测标准，是用户的最佳选择。

主要产品：

(1) Pams Resin Catena　Pams　树脂系列

(2) M－80　Resin　M－80　树脂

(3) Poly alpha methylstyrene Resin　聚α－甲基苯乙烯树脂

(4) V－276 plasticizer　V－276增塑剂

(5) Acetophenone　苯乙酮

(6) JS. ATL－95 Resin　JS. ATL－95树脂

(7) PA－50 bright stock lube　PA－50光亮润滑剂

(8) Butyl oleate　油酸丁酯

(9) Rheology Modifier　流变改质剂

(10) Chain transfer agent dimer　链转移剂

(11) Green Molecular control agent linear　环保型分子量调节剂－线性二聚体(替代硫醇)

(12) 1，1，3－Trimethyl－3－phenylindane　1，1，3－三甲基－3－苯基－茚满

(13) 2，4－Diphenyl－4－methyl－1－pentene　2，4－二苯基－4－甲基－1－戊烯

(14) Ammonium thiosulfate　硫代硫酸铵

(15) Poly *p*－methylstyrene　聚对甲基苯乙烯

(16) Ammonium thiocyanate　硫氰酸铵

(17) Paraflint Wax　沙索蜡

(18) Styrenated phenols　防老剂SP

(19) 4，4′－bis(α，α′－dimethyl phenyl)－di-pheny－lamine　防老剂KY－405

（20）Poly ethylene wax　聚乙烯蜡

（21）high efficiency lubricant　高效润滑剂

（22）α－Methylstyrene cyclodimer　α－甲基苯乙烯环二聚体

（23）Dibenzyl dithiocarbamate sodium formate　二苄基二硫代氨基甲酸钠

（24）Diphenylindene bismaleimide　二苯茚双马来酰亚胺

（25）Dibenzyl dithiocarbamate sodium formate solution　二苄基二硫代氨基甲酸钠溶液

（26）*n*－butyl stearate　硬脂酸正丁酯

地址：江苏省无锡市锡山区荡口镇鹅湖工业园

邮政编码：214116

电话：0086－510－88748136　88748340

传真：0086－512－65390573

网址：www. wx－jiasheng. com

电子邮件：webmaster@ wx－jiasheng. com

联系人：潘林根

手机：13906202341　13306202341

西藏珠峰塑业有限责任公司

西藏珠峰塑业有限责任公司为日喀则地区重点招商引资企业，前身为江孜塑料厂，正式成立于2003年8月15日成立，位于日喀则市中心拉萨南路和扎德东路交汇处，占地面积12000m^2。公司注册资金700万元，主要经营塑料制品的生产销售和进出口贸易，是西藏唯一一家从事食用塑料容器生产企业，拥有珠峰、乃堆拉2个注册商标。公司现有员工56名，大专以上技术管理人员12人，当地员工44名。

在自治区和日喀则地区各级领导的关心和支持下，公司先后引进聚酯（PET）注塑设备、吹瓶机生产线、吹桶机生产线、易拉罐生产线及产品检测设备。公司已取得了较好的经营业绩，2009年企业实现销售收入近2600万元，利税820万元。2010年公司已与西藏曲登尼玛矿泉水开发有限公司和亚美天然饮用水厂签订销售合同2777.5万元。公司发展成为第四届中国塑业加工工业协会理事，被协会评为AAA级企业，被科技部、农业部评为星火计划先进单位，被自治区工商局授予“诚信私营企业”荣誉称号。

公司已取得了食用塑料容器工业生产许可证（证书编号：QS54－10201－02763），拥有国际先进的360g/4000g全自动电脑控制的海天牌注塑机、150mL/20000mL全自动吹瓶机、吹桶机3条生产线，生产流程科学，产品远远高于国家标准，可完成矿泉水、色拉油、青稞酒、纯净水、饮料的瓶坯、瓶桶、瓶盖、瓶身及易拉罐等食用包装容器的成套产品生产，产品质量优良，每次检验均高于国家标准，为西藏跨越式发展在包装领域作出了积极贡献。公司与西藏神水（曲登尼玛）、5100矿泉水、喜格孜矿泉水、冈仁波齐矿泉水、珠峰冰川、喜孜青稞酒、圣鹿色拉油、尼泊尔国际苏帕拉克西米公司等建立了稳定长期的合作关系。

厦门泓皓管业有限公司

厦门泓皓管业有限公司是一家专业生产、销售埋地用排水、排污管等塑料管道的企业。公司以顾客需求为导向，推崇“快速领先、高效创新”的企业精神，不断研发改进新产品，以满足当前国家环境综合整治和日益发展的城市地下排水排污管网建设的需求。

公司将致力于在高性能环保塑料管道特别是埋地排水、排污塑料管道领域的深入发展，以科技为先导，依托公司在高新技术开发和应用方面的优势，扩大生产规模，增强产品研发和客户服务能力，为顾客提供更加满意和优质的服务！

公司生产的钢带增强（HDPE）缠绕管获得2005年福建省科技进步三等奖、厦门科技进步二等奖，被厦门科技局认定为厦门市高新技术成果转化项目。是福建省塑料管道行业里近十年首次获得省、市科技进步奖的产品。同时也被国家建设部、全国化学建材协调组塑料管道专家组作为塑料埋地排水排污管道重点推荐的产品。

公司地址：厦门市翔安区巷北工业区

邮编：361101

电话：0592－7166786　7161188

传真：0592－7166981

亚大集团

亚大集团是成立于1987年的中外合资企业，中方股东为中国兵器工业集团河北凌云工业集团有限公司下属凌云工业股份有限公司，外方股东为瑞士跨国企业乔治费歇尔公司。中外双方各占50%的股份。

亚大集团在上海、深圳、四川、长春、河北设立了八家生产厂，总部设在河北涿州。分布在全国各地的生产基地和营销网络可方便快捷的在第一时间为客户提供一流的服务。

亚大有三大系列产品：塑料尼龙压力管及总成系列产品、液压管路及总成系列产品、聚乙烯管材管件及配套机具系列产品。

尼龙压力管及总成产品具备耐磨损、耐弯曲、抗拉强的独特特性，广泛应用于国内汽车、液压气动行业，目前开发出的产品有：输油管系列、真空管系列、刹车管系列、多层管、波纹管作为世界最新技术水平的新产品已经开发成功并在国内第一家成功推向市场。

液压管路及总成产品广泛应用于轿车和轻型卡车制动管路、汽车动力转向、轿车敞篷举升系统、驾驶室翻转机构、离合器助力、叉车、农场机械、工程机械、车载升降台、液压先导控制管、船舶驱动设备和各类液压站用管。

聚乙烯管材管件产品有重量轻、耐腐蚀、寿命长、安装方便的独特特性，广泛应用于国内燃气输送、给水排水、矿山、加油站等气液输送行业，产品规格为 Φ20 ~ 1200mm。同时配套齐全的连接管件和施工机具为高质量的施工提供了保证。

亚大引进世界最先进的挤出设备、注塑设备、布线设备、检测设备，采用世界上最尖端的生产技术和严格的质量控制系统，使亚大产品具备当今世界最高水平、具备高可靠性、符合国际先进标准和中国国家标准。

亚大被认定为先进技术企业、高新技术企业。三大系列产品检测实验室(尼龙管产品检测实验室、液压管路检测实验室、聚乙烯产品检测实验室)通过国家级实验室 CNAL 认可。拥有三个经认定的省级企业技术研发中心(尼龙管产品研发中心、液压管产品研发中心、聚乙烯产品研发中心)，是全国塑料制品标准化技术委员会塑料管材管件及阀门分委员会(SAC/TC48/SC3)核心委员单位兼副主任委员单位，是国家标准的主要起草单位之一。

亚大所有八个工厂全部通过了 ISO9001 国际质量管理体系认证、ISO14001 国际环境管理体系认证、OHSAS18001 职业健康安全认证。亚大的三个汽车管路生产厂还通过了汽车行业更高标准的 ISO/TS16949 的认证。

亚大商标 2006 年被认定为"中国驰名商标"，亚大品牌 2008 年被认定为"中国 500 最具价值品牌"，2009 年荣获"亚洲名优品牌"。截止 2009 年底为止，亚大集团拥有各项专利 49 项。

亚大成立以来一直推行："经营与管理同步提高，规模和效益同步增长，体系与机制同步完善"的管理信条，使经营得到高速发展，管理也增加了新的内涵，质量体系保证产品质量。

扬州利尔康日化有限公司

扬州利尔康日化有限公司坐落于世界闻名的牙膏、牙刷产品制造中心扬州杭集镇。

公司自 1991 年以来，一直致力于牙膏、牙刷、的生产、研发与销售。作为一个专业的具有自营进出口权的日化产品公司，我们的产品和服务受到了客户的一致好评。公司目前占地面积 18000m^2，拥有现代化的厂房，熟练专业的生产人员和务实创新的研发、管理人员，所有的这一切都旨在能够为您提供满意的产品和完美的服务。

公司视产品的质量为生命，严格按照国内、国际相关标准，通过了 ISO9001:2008 国际质量认证和 ISO14001 - 2004 环境质量认证。各项产品广销于世界各地，年销售总额达到 1000 万美元。

公司地址：江苏省扬州市广陵产业园桃园路 15 号
公司地址：江苏省扬州市杭集镇杭府街 200 号
邮政编码：225004
联系电话：0086 - 514 - 87255791
传真号码：0086 - 514 - 87255792
网址：www. cnlek. com
邮箱：webmaster@ cnlek. com

义乌市鑫挺人造革有限公司

义乌市鑫挺人造革有限公司创办于 1997 年，位于浙江省义乌市后宅工业区，公司总投资 6000 多万元，占地面积 21300m^2，建筑面积 28000m^2。公司拥有二干二湿四条生产线，并配置了揉纹机、三色表处机、压花机、喷涂机、磨皮机等 60 多台后处理加工设备。年生产能力 1500 万米人造革，现有在职员工 230 余人，其中生产技术、管理人员 50 人。专业生产中高档 PU，家具用革，沙发革，汽车革，鞋革，裙带革，箱包革，证件革，服装革等合成革、人造革产品，是中国塑料加工行业协会人造革合成革专委会副会长单位、义乌市皮革行业协会会长单位。

由于公司一直走质量至上，诚信为本的道路，深受社会各界的好评，公司一直被评为"义乌市优秀民营企业"、连续十年被中国银行浙江省分行评为"AAA 级信用等级企业"、被浙江省工商行政管理局授予"AAA 级守合同重信用等级企业"、被金华市委宣传部等五个单位及部门授予“和谐企业之星”、“鑫挺”商标被授予浙江省著名商标，2008 年 5 月被中国塑料行业协会授予“中国家居用合成革、人造革研发中心”，2010 年 2 月被塑料加工行业评为 AAA 级企业信用等级。

目前公司的合成革在美国欧洲家居、装潢领域得到了广泛应用，并得到了好评。同时，在国内各人造革市场有较高的信誉。

佑利控股集团有限公司

佑利控股集团有限公司 1998 年组建于浙江省乐清市。为国家塑料制品标准化委员会（TC48/SC3）核心成员单位、国家 PVC－C 产品标准主任起草单位、国家 PVC－U 产品标准第一起草单位、国家 ABS 产品标准第一起草单位；中国农业银行 AAA 级信誉单位、中国人民保险公司产品质量受保单位、中国氯碱工业协会理事单位、国家标准环保排放达标单位、浙江省优秀科技型企业。

公司已通过 ISO9001 国际质量管理体系、ISO14001 国际环境管理体系、GB/T 28001 国家职业健康安全管理体系、TSC 特种设备（压力管道元件）制造、ABS 美国船级社产品设计与制造五大体系的认证或许可。

1997 年，与美国路博润（Lubrizol）公司合资成立的佑利管道有限公司，从事 PVC－C/PVC－U/ABS（氯化聚氯乙烯/硬聚氯乙烯/丙烯腈－苯乙烯－丁二烯）材质的管材、管件、阀门、板材、填料、焊条等产品的专业生产。产品规格符合 ISO15493、美国 ASTMF438/F439/F441 标准、德国 DIN8079/8080 标准以及日本 JIS6776 标准，是国家主导推行的绿色管系。目前被广泛使用在化工、冶金、石油、核电、造船、电镀、电力、污水处理或医药、温泉、宾馆等行业、领域。

浙江宏得利集团

宏得利创始于 1992 年，17 年来，宏得利企业在市场的锤炼和洗礼中，坚持“品质卓越，科技创新、服务客户、和谐共赢”的发展宗旨，不断发现和创造新的增长点，确立了多元化的企业发展战略，努力向高科技、环保型方向推进。业务领域逐渐扩展至树脂、皮革、新材料、汽车零部件及进出口贸易等行业，初步构建了集团化的发展框架。

17 年来，对人才的渴望和尊重，满怀激情和感恩的企业文化，促进了员工队伍的稳定和壮大，通过引进和培育，宏得利企业拥有了一支具有较高综合素质和职业精神的人才队伍，为宏得利企业生产与盈利能力的持续发展奠定了坚实的基础。

在新一轮的发展战略中，宏得利企业将以科技、环保为先导，积极和国内外高新技术院校、企业合作，使企业发展成为拥有自主知识产权的环保型、高新技术型的现代企业，为社会的经济发展和科技进步做出应有的贡献！

集团网址： http：//www. hongdeligroup. cn

革厂网址： http：//www. hongdeli－leather. com

联系方式：

温州宏得利树脂：

TEL： 0577－86555887，0577－86558599，
0577－86558800，

FAX： 0577－86555889

台州宏得利树脂：

TEL： 0576－85588198

FAX： 0576－85589958

温州宏得利合成革：

TEL： 0577－86581666/86581555

FAX： 0577－86581999

浙江中革实业有限公司：

TEL： 0576－85585758

FAX： 0576－85581166

浙江明日控股集团股份有限公司

浙江明日控股集团股份有限公司为浙江省塑料行业协会会长、中国塑料加工工业协会副理事长单位，隶属于浙江省供销社，是浙江农资集团核心成员企业，前身浙江农资石化有限公司成立于 1998 年，公司注册地杭州滨江区，注册资本 10500 万元，总资产逾 10 亿元，员工 500 余人，公司主营塑料原料、化工产品贸易和农地膜、软包装制品、包装材料生产业务，2010 年总经营收入逾 70 亿元，进出口总额近 1.5 亿美元，多年来年均增速 30% 以上，公司已发展成为中国最大的塑化分销服务商之一。

公司坚持以发展为主线，通过国内贸易与国际贸易相结合、现货业务与期货业务相结合、通用料与专用料相结合、商品经营与资本运作相结合，不断拓展业务领域和品种，成为了全国知名的塑化专业化公司。2010 年，公司塑化商品年经销量 77 万

吨，其中，聚烯烃业务40万吨，聚氯乙烯业务30万吨，ABS、PS、EVA、茂金属等业务量2万多吨，甲醇、乙二醇等化工产品业务量近5万吨。目前，公司已成为中石化、中石油系统紧密合作伙伴，成为新疆天业浙江省独家总经销商，成为上海赛科、扬子-巴斯夫LDPE、绍兴三圆PP、台塑宁波PP最大分销商和核心客户，与福建联合、中海壳牌、山西榆社、河南神马、内蒙亿利、陕西金泰、东方希望、中盐吉兰泰等单位建立起了紧密合作关系；公司坚持国际化战略，连续多年与美国埃克森美孚化工建立起"浙江省战略合作伙伴"关系，并与美国道化学、住友化学、SABIC、美科化学、英利士、日本三井、日本三菱、卡塔尔石油等单位建立起紧密合作关系，进口塑料原料10万余吨。

公司紧抓塑化分销网络建设，商品直销率在80%以上，已在浙江省各地市、上海、江西、安徽、江苏、广东和宁波港、上海港、广州港、天津港等设立分销机构，在华东地区形成了畅通、高效的分销网络体系。公司还在中国香港成立境外离岸公司，开展转口贸易、美元业务。

公司塑化工业，主营软包装制品、农地膜、包装材料的生产，拥有加工产能5万吨、产值4亿元，是浙江省高新技术企业、浙江包装工业50强企业，"星光"农(地)膜被授予国家免检产品、"新光"塑料薄膜被授予"浙江名牌产品"称号。

公司始终坚持"开拓、创新、诚信、共赢"的企业精神，树立起了良好的商业信誉和企业形象，公司被国家工商行政管理总局授予了全国"守合同重信用"单位，连续多年被浙江省、杭州市工商局授予"重合同守信用AAA级单位"称号，被浙江省人行、农行评为"信用等级AAA级企业"称号。

公司正以全球化、一体化和信息化的战略眼光，励精图治，艰苦创业，努力将公司发展成为我国最具竞争力的塑化专业化公司，成为提供物流支持、技术支持、信息支持的现代综合性大宗商品贸易商、我国塑化流通领域的领头羊。

百兴集团

中国百兴集团有限公司创建于1988年，是集工业制造、房地产、商贸、金融、物业、物流、酒店于一体的大型企业集团。公司总占地面积3000多亩，总注册资金达10亿多元，职工5000余人，2009年营业总额超221亿人民币。集团下属公司和控股公司20多家，位列2009年中国民营企业500强排序第34位，胡润慈善榜76位。

百兴集团工业制造企业有常州市武进百兴塑胶制品有限公司、常州市江南塑料有限公司、常州百奇生物科技发展有限公司、常州市百兴塑胶制品有限公司、常州百佳磁卡有限公司、常州市百兴纺织品有限公司、常州市常武橡塑制品有限公司、常州市百兴外贸有限公司等。

百兴集团是全国最大的塑料压延制品生产基地，产品涉及PVC压延薄膜、硬片、卡基材料、箱包牛津革、服装革、塑料加工助剂等，是集纺织、生物制品、印花、定型涂层、塑料压延、塑料流延、制衣为一体的大型的制造企业。公司拥有德国、意大利、日本、中国台湾等世界先进水平的压延、印刷、涂层设备20多套，结合20多年PVC塑胶制品的生产经验，所生产的硬质片材、人造革、雨衣膜等已达到国内领先水平。公司年生产PVC压延软膜100kt、PVC片材20kt、PVC卡基片材10kt、PVC涂层箱包面料年产超1亿平方米等，已成为塑胶制品生产的龙头企业。公司所研发的新材料PET目前已经投入生产线，公司将进一步加大BOPET的扩产投入。

公司具有雄厚的科研实力，汇集了国内外多家知名生产企业的顶尖技术人才及百兴集团20多年PVC塑胶制品的生产经验，有一支经验非常丰富的技术队伍，研发能力强、配方工艺成熟。企业与四川大学共建研发平台，研发PVA、CPVC等塑料制品环保型新材料。近几年公司加大核心知识产权的专利开发、申报、转产力度，取得了10多个专利项目，提高了企业高新技术含量，增加了企业发展后劲，保证压延塑胶技术的不断研发和更新。我们的"箱包、人造革、软质薄膜和片材"获得了江苏省名牌产品称号，下属公司常州市百佳磁卡有限公司被评为"江苏省高新技术企业"。

百兴工业园简介：

百兴工业园现占地面积420亩，一期开发200亩，投入2亿元人民币，已建成厂房、宿舍10万平方米，二期规划投资5亿人民币，将打造成具有现代化、规模化的与国际接轨的可持续发展的一流工业园区。

常州市武进百兴塑胶制品有限公司：

常州市武进百兴塑胶制品有限公司始建于1988年，是国内聚氯乙烯压延薄膜生产龙头企业，现拥有进口、国产PVC压延生产线8条，PU涂层线3条，2.8m宽三合一贴合线一条，分切机8台，年产PVC薄膜30000多吨，PVC、PU涂层牛津布5000万米。

常州市江南塑料有限公司：

常州市江南塑料有限公司拥有意大利鲁道夫.科美里奥公司“L”型22 ″×71 ″四辊压延机1台，日本NIPPONROLL株式会社“F”型26 ″×83 ″四辊压延机1台，专业制造0.028~0.60mm厚PVC压延硬片。

常州百奇生物科技发展有限公司：

常州百奇生物科技发展有限公司是由中国百兴集团与深圳凯奇化工有限公司强强联手，合资成立的高新技术企业。

公司位于常州市礼嘉镇百兴工业园内，现主要生产环氧大豆油(代号BD-82)与环氧植物油(代号BD-81)两个系列产品，每月生产量2500多吨。

常州市百兴塑胶制品有限公司：

常州市百兴塑胶制品有限公司系大型中外合资企业，公司拥有先进的专业进口设备，雄厚的技术力量和高素质的企业管理人才以及技术娴熟的员工队伍，专业生产各种材质的防水雨衣，服装及各类防护用品。公司还配备了目前世界先进的EVA膜、PE膜、PVC膜等生产线。公司产品主要选用100%PVC、PVC单面革、PVC双面革、尼龙/PVC、PVC针织、PVC/涤纶、尼龙/PU、EVA、PEVA等布料制成各类劳工雨衣，运动服装、休闲服装、儿童服装及各类包袋、西装套等日用品及各类塑胶制品，所生产的产品远销世界各地，凭着高品质、讲信誉，具有竞争力的价格，快捷安全的交货方式等优势，赢得世界各地客户的广泛赞誉和信赖。

常州百佳磁卡有限公司：

常州百佳磁卡有限公司新成立于2007年，它的诞生即注定了它必将成为磁卡卡基行业的后来居上者，她汇集了国内多家知名卡基生产企业的顶尖技术人才及百兴集团20年PVC片材生产经验，配合一台全球最领先德国贝尔斯托夫压延生产线及3台中国台湾产五辊压延生产线，使其年生产能力可达20000多吨。

常州市百兴纺织有限公司：

常州市百兴纺织有限公司位于长江三角洲的常州市，新长铁路，沪宁高速铁路，京沪高速公路穿境而过，水陆交通十分便利。公司占地面积6万平方米，其中建筑面积2万平方米，拥有固定资产5000万元，员工150多名。公司具有自动数控JW-911喷水织机300台，并且拥有大批先进的进口设备和雄厚的技术力量；年生产能力达到8000万米。生产的产品有PVC年津布，箱包布，提花布，格子布等，产品广泛用于各种系列的箱包、旅游用品、沙滩椅、野营床等。

常州市常武橡塑制品有限公司：

常州市常武橡塑制品有限公司位于常州市武进高新技术开发区，占地50000m^2，建筑面积30000多平方米，距沿江高速常州南出口仅5min车程。现拥有进口及国产1.9m宽至2.5m四辊压延生产线7条，1.8m宽PU涂层机五台，员工600多人。

江苏长江塑料化工市场：

江苏长江塑料化工市场位于常州沪宁高速常州出入口处，与一类开放口岸——常州港石化码头相距8公里。铁路、公路，水路、航空交汇聚集，区位优势显越。是长三角地区最具规模的专业交易市场。2007年交易额超100亿元。

中国塑料城

中国塑料城位于余姚市区北部，成立于1994年，总规划占地面积为3.6平方公里，现有建筑面积31.75万平方米，4.2万平方米的展览场馆，配有2000余个展位。经过10多年的培育打造，逐步发展成为集商品流、资金流、信息流、人才流于一体的国家级现代化专业市场。2010年，中国塑料城经营企业达1685家，市场交易额达786.07亿元(现货市场交易额达375亿元，浙江塑料城网上交易市场交易额达411.07亿元)，交易量达664.5万吨(现货市场交易量达288万吨，网上交易市场交易量达376.5万吨)，上缴税费3亿元。

中国塑料城是目前国内最大的集塑料原料销售、塑料信息发布、塑料会展、塑料机械、塑料模具、塑料制品及其他辅助材料于一体的专业生产资料市场。经过历年的拼搏开拓，中国塑料城已取得累累硕果，评为中国商品交易市场系统文明诚信市场，中国塑料交易市场最具影响力品牌，中国商品交易五星级市场，进入“中国商品专业市场竞争力50强”，被商务部列为第一批全国重点联系市场，入选全国最具品牌价值商品市场50强，被评为2010年浙江省百强企业综合第三名，服务业百强企业第二名。中国塑料博览会被评为中国100个最具影响力的品牌会展之一、中国十大最具影响力的品牌展会。

近几年，中国塑料城市场功能不断增强，经营环境不断优化。中塑网上交易市场交易量(额)不断增长、塑料价格指数成功发布、塑料科技创新服务平台“塑料研究院”成立，实现了有形市场、无形市场的互动发展和“科工贸”的联动发展。塑料原料市场的发展，还带动了塑料机械交易的兴旺，塑料机械交易市场化已初步形成。

为更好地组织实施“2006～2015”中国塑料城十年发展战略规划，提升塑料城的形象，促进塑料城和塑料产业的进一步发展，余姚市中国塑料城管理委员会认真贯彻执行市委、市政府对塑料城发展的方针和政策，组织开展塑料城的规划、开发和管理，全面进行招商引资、对外经济技术合作及涉外经济活动。

按照“2006～2015”中国塑料城十年发展战略规划，中国塑料城将建设成“市场交易区、中央商务区、会展区、物流仓储区、休闲居住区、涉塑产业区”等六大功能区，其最终发展目标为以现代国际批发市场“商品集散、信息传播、财务结算、价格(时尚)发布”四大基本功能为标杆，把中国塑料城建设成为立足余姚、依托长三角、辐射全国、影响国际的，集塑料原料、助剂、塑料制品、塑料机械、塑料模具技术设备等涉塑产品的交易、展示、会议、信息发布(交流)、仓储、配送、货运、金融结算以及检测认证等功能于一体的经营规模大型化、经营品种专业化、经营档次高级化、经营手段一体化、经营空间国际化、经营环境规范化的大规模的现货批发交易中心，真正成为中国最重要的塑料原料交易中心、信息发布中心、价格形成中心和结算中心，以及中国最大的塑料机械展销中心，最终促进有国际影响力的余姚涉塑产业集群的形成，成为余姚经济的一个增长极。

地址：浙江余姚市新建北路中国塑料城2号楼3楼
电话：86－574－62695555
传真：86－574－62531381
网址：www. cnslc. cn
邮编：315400

颐通集团

颐通集团是一家全球最大的专业生产市政工程用高密度聚乙烯(HDPE)管道的现代化大型企业，集研发、生产、销售、服务于一身，总资产51亿，月均销售额2亿元。集团下设河北颐通管业、湖南颐通管业、内蒙古颐通管业、广东颐通管业、安徽颐通管业、重庆颐通管业、陕西颐通管业、河北大丰农业、河北君安化工等九家分公司。集团以“德益社会、共担责任、开放进取、永不放弃”为核心的价值观整体服务于客户。各类HDPE管道产品的年生产能力已达1000kt以上，产能规模居同行业首位，产品远销106个国家和地区，品牌享誉海内外。

物流区位是颐通集团得天独厚的经营优势。依托遍布全国的七大生产基地，建立起了覆盖中国、遍及全球主要经济区域的销售网络，拥有高水准持续供货和敏捷的全方位服务能力，培育形成了综合物流所必须的全方位设计、组织、协调、管理等综合服务能力。

为了满足市场需求和控制成本，公司正在筹建占地1100亩的湖南颐通管业有限公司，可满足湖南、湖北、江西、江苏、浙江、云南、贵州等地区的市场需求；在内蒙古满洲里正筹备1500亩内蒙古颐通管业有限公司，在甘肃兰州筹备1500亩甘肃颐通管业有限公司，届时可满足俄罗斯、外蒙古、哈萨克斯坦等20多个国家和地区的供货需求。同时为了进一步拓展市场，公司将在沿海重要港口城市筹建工业园，以适应敏捷的物流需要。

安全、质量、环保、速度、信誉是颐通管业生存和发展的立身之本。公司在业内率先通过了ISO9001:2000质量管理体系认证、ISO14001环境管理体系认证和OHSAS18001职业健康安全管理体系三合一认证。为国家首批一级资质获证企业。

地址：河北省广平县城南新区
邮编：057650
电话：400－612－3188
手机：15030077887
传真：0310－2520568
邮箱：etonpipe@ 126. com

中山环宇实业有限公司

实力背景　历史悠久

中山环宇实业有限公司位于广东中山市东凤镇105国道旁，1993年成立，已投资超过3亿港元。是中国香港世界五金塑胶厂有限公司附属机构，全球著名塑胶管件生产企业——法国Aliaxis集团成员，它们分别创始于1961年和1905年，在全球45个国家中拥有超过180多家工厂作专业生产建材及塑胶产品，中山环宇实业有限公司在过去的几年里国内外销售额平均超过3亿元。集团总产值超越100多亿人民币。

专业技术　精益求精

自身拥有强劲的技术队伍，加上强大的Aliaxis集团作为技术后盾，使技术直接与国际先进技术接轨。在新产品开发方面都会先人一步。公司是目前中国率先生产高品质CPVC高温(保温)和UPVC高压力管及配件、又相续开发了HDPE高密度聚乙烯管道系列、采用进口原料生产的厂家，并应邀成为国家塑料制品标准化技术委员会塑料管材、管件及阀门分技术委员会核心成员，参于有关国家标准的制定。

产品齐全　无以伦比

公司拥有自己的塑料模具开发中心，现已开发的模具超过数千套，可提供高品质、品种齐全的给、排水、热水管道及电线套管外，也能提供整套以塑胶为主的水处理系统，配合国家未来纯净水供应的目标。

品质保证　客户满意

在产品质量上是按国际标准作全面严谨的质量控制，才提供给客户。并荣获中、英两国ISO9001：2000国际质量体系认证；同时有国内、外的保险公司对公司的产品质量作出承保；公司对用户实行锚牌产品质量保证，使您放心使用。

服务到位　顾客为先

在产品应用上有专业人员协助您作出适当产品应用的选择，并且能提供安装技术指导、培训等服务，使您可适当使用“锚”牌系列产品而无后顾之忧。

1997年被中国轻工部评为“UPVC管道中国十大龙头企业”

多年来一直被评为“外商投资双优企业”、“纳税大户”、“创汇大户”

1999年度中山市“十大强优企业”

2000年度中山市“十大名牌产品”

2001年由原来的ISO9002国标质量体系认证顺利通过ISO9001：2000国际体系认证

2002年被评为“广东省著名商标”

2003年荣获“广东省名牌产品”称号

2005年荣获国家免检产品

地址：广东省中山市东凤镇广珠路第三工业区

电话：(86)760－22600610、22603212、22608279

传真：(86)760－22603813

电子邮箱：yexl@anchorhk.com

中山市华明泰化工材料科技有限公司

中山市华明泰化工材料科技有限公司坐落于风景秀丽、民风纯朴的伟人故里——广东省中山市，交通便利，距离广州、珠海、深圳均为1小时车程。2009年又成功注册连云港华明泰材料科技有限公司，于2010年10月份正式投入生产，不断满足市场需求。

公司主要从事硬脂酸盐和复合盐领域的相关产品研发、制造，是销售硬脂酸盐和复合稳定剂等化工助剂产品的专业公司，2009年1月，引入了广东省风险投资公司，计划将在近3～5年成为中国最大的硬脂酸盐制造商，拟做同行业的领导者，并有计划的推动上市。

本公司主要生产环保型多功能塑胶助剂、聚氧乙烯热稳定剂、涂料助剂为主导产品，具有独立自主知识产权，可满足国际环保检测标准。公司拥有雄厚的资金实力和科研技术，有能力将公司打造成一家高专业研发、生产、销售硬脂酸锌、硬脂酸钙、硬脂酸镁、PVC热稳定剂以及化工复合助剂系列产品，成为高科技、高盈利、高品质的国际性知名大公司。

在研发技术方面，拥有华南理工大学、天津工业大学、齐齐哈尔大学等国内知名高校的科研力量，同时得到美国、德国、日本及中国台湾等国内外行业领先水平的技术支持。公司有严谨的品质管理系统以及人性化的管理，通过了ISO9001和QC080000的一系列品质管理认证体系。

经营理念：

“诚信、卓越；真诚合作、共创双赢”。

信任宗旨：

“严格管理、质量为本；精益求精、精优取胜；诚信赢誉、顾客至上；超越自我、回馈社会”。

联系电话：＋86－760－85705730　85572395

公司传真：＋86－760－85705727

＋86－760－85705700

公司网址：http：//www.huamingtai.net

E－mail：huamingtai@21cn.com

公司地址：广东省中山市民众镇沙仔工业园

邮政编码：528441

贵州森瑞管业有限公司

贵州森瑞管业有限公司成立于2003年9月，公司位于贵州省贵阳市乌当区东风工业园，系专门从事新型塑料管材管件研发、制造、销售和安装服务等业务的高科技环保企业，公司注册资本4000万元，总资产逾亿元，占地面积80000余平方米。

公司目前装备了近20条国际、国内先进的管材、管件生产线和先进完善的检测设备，年生产能力达2万吨以上，主要产品有：给水用聚乙烯(PE)管、燃气用埋地聚乙烯(PE)管、钢带增强聚乙烯(PE)螺旋波纹管、聚氯乙烯(PVC)双壁波纹管和聚乙烯(HDPE)双壁波纹管三种埋地排水管、建筑用聚丙烯(PP-R)冷热水管、PVC-C高压电力电缆护套管等六大类管材及管件，口径为20~2000mm，覆盖了产品国家或行业标准所列全部规格。

公司以“向社会提供环保、节能、安全、经济的塑料管道系统”为质量方针，先后通过ISO9001:2000质量管理体系认证、ISO10012计量检测体系认定、ISO14001环境管理体系认证、OHSA10081职业健康安全管理体系认证和压力管道元件安全认证。公司先后被贵州省人民政府确定为“贵州省高新技术企业”、“省级企业技术中心”、被贵州省工商理局评为“守合同、重信用”单位称号、国家质量监督检验检疫总局授予“聚乙烯(PE)管道焊工考试委员会”，公司所有产品被建设部列为“全国建设行业科技成果推广项目”。

地址：贵州省贵阳市乌当区东风工业园

电话：0851-6221628

传真：0851-6221728

网址：www.gzsenrui.com

华伟实业股份有限公司

Giantlok捷诺克的母公司华伟实业股份有限公司于1976年创立于中国台湾，并于1995年设厂成立Giantlok上海公司，是亚洲最大的束带生产厂商，同时也是全球主要配线器材专业生产商之一。在中国台湾、上海、东莞、泰国设有生产工厂及建立销据网络，并且在韩国、印度、菲律宾、印尼成立子、分公司与办事处。主要产品包括：尼龙扎带、配线槽、波浪管、端子、固定头，固定座、保护套管和配线标志等全系列配线器材产品。

品牌方面：Giantlok深知品牌经营对企业长远发展的重要性，我们致力于强化品牌服务意识，提升质量形象，努力将Giantlok打造成“束线带及配线器材最佳服务品牌”。

借由创新的产品研发及雄厚制造能力的优势，Giantlok的全系列产品可以满足各产业用户对于有效提升安装效率、减少组装成本的需求，提供配线器材完整的产品及服务解决方案。2008年起，相继获得由中国市场监测中心和中国市场研究中心联合评定的中国尼龙扎带产业“第一著名品牌、第一用户满意产品和第一畅销产品”殊荣。

通路布局、服务方面：为深耕国内市场，除了先后在中国台湾、上海、泰国、东莞设有生产工厂，还在上海设立中国区行销中心。并在华南(东莞)设立事业部，北京、青岛、南京、武汉、大连、沈阳、厦门、西安、成都、重庆皆设有办事处。在各大区设有物流仓库。Giantlok销售客服人员已超过50余人。经销商家数在国内已达172家，遍布在全国27个省市，100多个城市，且在重点城市已规划多个品牌形象专门店，全面展示Giantlok形象及产品。庞大的销售服务团队，为您提供及时且优质的服务和产品。

应用方面：适用于配电盘柜、电子、工控、通讯、电气、线束、配电柜、船舶、石油化工、汽车/火车、机电/机床、机械制造、电力、建筑工程等。知名客户有西门子、松下、华为、ABB、富士康、南车、北车、比亚迪、捷安特、远大集团、歌美飒、海尔、龙工集团、三一重工、上汽等。已通过各家知名厂牌的严格测试，为各知名企业提供全系列配线产品服务。

质量方面：对每个永续发展的企业来说，质量向上提升都是一条永无止境的道路，秉承“质量第一、客户第一”的精神，根植于心的质量意识和严格的管理制度，为Giantlok赢得了全球75个国家客户的长期信任。

为与国际质量规范接轨，Giantlok于1995年在配线器材行业率先导入ISO9002国际质量管理体系，于2001年成功获得ISO9001 2000年版认证；于2008年成功通过ISO14001国际环境管理体系认证和汽车行业的ISO/TS16949认证。各类产品成功通过美国UL、加拿大CSA、德国CE、中国CQC、英国Llord's Register，德国GL、美国ABS等认证，符合欧盟RoHS及REACH环保要求，并通过SGS，Intertek等专业第三方检测机构之测试，华伟产品质量值得经销商及客户信赖。

公司企业精神方面：源于历史的积淀，今日的努力，以及对未来的追求。公司成功创新并利用中国台湾的技术优势，结合国内地区的生产优势，以不畏艰险的开拓进取精神，将“诚信、务实、创新”烙进了企业的历史进程。

如需更多产品信息，请登陆Giantlok网站：www.giantlok.com。

地址：上海市青浦区新胜路399号

邮政编码：201712

电话：400-8850-900　+86-21-59228122

传真：+86-21-59228165

网址：www.giantlok.com

E-mail：service@giantlok.com

汕头海湾物资有限公司/汕头海信发展有限公司

汕头海湾物资有限公司/汕头海信发展有限公司，1979年创立于广东省汕头市，是一家集塑胶原料商贸、现代物流服务、燃气供暖工程、进出口贸易、保税贸易和商业地产开发为一体的大型综合性企业。

公司自创立以来，经过三十年的不断开拓进取，凭借雄厚的经济实力、优良的商业资信、先进的营销模式、专业的营销团队及优质的服务在塑胶原料行业中享有较高的知名度和信誉度，与国内外众多知名品牌石化企业成为长期战略合作伙伴，已先后获得中海壳牌石化、中石化、福联、美国埃克森美孚化学、加拿大努发(Nova)化工、英力士(原英国BP化工)、沙特住友化学等企业的塑料原料全国代理权或一级分销权。在国内拥有广泛而稳固的销售网络，客户遍布全国各地，在广州、深圳、北京、上海、天津、中国香港等地均设有分支机构。

公司已成功通过ISO9001:2008质量管理体系认证，全面实施规范化的运营管理。营销团队配备多名高级塑料专业工程师，负责为客户提供售前、售后技术服务支持，做到“顾问式销售”，使公司在专用特种塑料领域的销售业绩迅猛提升。

为了提高服务水平，公司通过资源整合，逐步在华南区形成以汕头物流信息处理平台为中心的仓库群和配送网络，涵盖多式联运、城际配送、仓储管理、融资监管、物流加工及业务代理等服务。

目前，公司正在深圳市龙岗区投资开发“海源商贸物流园”商业地产项目，该物流园已被深圳市塑胶行业协会指定为“塑胶原料供应基地”，同时也被深圳市政府评为“重点物流项目”。该项目建成后将作为公司新的商贸物流运营中心，未来还将发展成为高端塑胶制品商贸物流服务平台。

燃气供暖是公司另一主营业务，作为美国燃气供暖设备第一品牌“烈骑”(LOCHINVAR)的中国总代理，公司凭借设备质量、环保、节能的优势和营销团队的优质服务得到众多用户的首肯，并与国内多家知名企业达成长期战略合作及服务意向。

公司一直秉承“以诚为本、修身立信、客户至上、优质服务”的经营宗旨，在赢得海内外众多客户信赖和支持的同时，也深受供应商和同行行家的广泛赞誉。亦被中海壳牌石化有限公司评为可持续发展贡献奖的分销商。公司连续多年被广东省政府及汕头市政府授予“重合同守信用企业”“A级纳税人”、“先进民营企业”；同时也是中国农业银行“AAA级黄金客户”。

全国免费联系电话：400－114－0808
汕头：0754－88269269
深圳：0755－89630929
广州：020－38782933
集团总部地址：广东省汕头市龙湖区榕江路

福建纳川管材科技股份有限公司

福建纳川管材科技股份有限公司成立于2003年，是一家集研发、生产、销售为一体的大口径埋地塑料排水管道上市公司，股票代码：300198。公司自成立以来一直致力于以先制造技术生产和推广有利于环保、节能减排的新型排水管材，主营业务是HDPE缠绕增强管及配套管件的研发、生产和销售，以及为HDPE缠绕增强管系统的设计和施工提供技术支持服务。公司先后获得多项国家产品技术专利，被评为“高新技术企业”，是泉州市行业技术中心。

纳川人秉承“诚实做人，结实做管”的企业理念，以“纳百川，容万物”的开拓精神和客户至上的服务准则，凭借着“质量可靠、技术领先、客户至上、服务优良”的产品和服务体系，赢得了广大客户的认可和支持。公司是中核总、中电投、中广核等新建核电项目的合格供应商，是中石油、中石化的一级供应商，是大唐能源、国电、华电、华能、华润、中铁、中冶等重大新建项目的埋地排水管的主要供应商。公司产品已在核电、火电、炼油、化工、冶金、交通(机场、铁路交通枢纽、港口)、市政等领域的埋地雨污水管网中大量使用，是中国工程建设标准化协会认定为工程建设推荐产品。

为确保产品优异的性能，纳川人引进国际最先进的生产线和质量检测设备，建立了严格标准化的内控体系，从原料采购到产品出厂，对每一个环节都严格把控。公司已通过了ISO9001：2000质量控制体系、ISO14001：2004环境管理体系、GB/T 28001—2001职业健康安全管理体系认证，当前公司产品年生产能力超万吨。

地址：泉州泉港区普安开发区
电话：86－595－87767777
传真：86－595－87962111
邮箱：nachuan@ superpipe. cn

神塑科技公司

神塑科技有限公司成立于2007年4月16日，公司位于交通便利、风景优美的长沙市金洲新区金洲大道西208号，是一家集塑胶管道系列产品的生产、研发、销售、技术咨询与技术服务于一体的高新技术企业，员工620余人，注册资金1亿元。公司先后通过了ISO9001质量管理体系、ISO14001环境管理体系和OHSAS18001职业健康安全管理体系认证，先后获得了“高新技术企业”“湖南省建设科技成果推广项目证书”，“2007～2008、2008～2009年度湖南省‘守合同重信用’单位”，“湖南省质量信用等级A级企业”，“湖南名牌产品”，“湖南省著名商标”等各类认证和荣誉证书。公司现有管材生产线76条，管件生产设备80台，年生产能力30万吨，年产值20亿元以上。

公司产品包括PE、PVC、PPR、玻璃钢管道系统等四大系列，其中PE系列产品有PE给排水管材管件、PE燃气管材管件、HDPE双壁波纹管、HDPE钢带增强螺旋波纹管；PVC系列产品有PVC－U给水、排水管材管件、PVC－U阻缘电工套管、PVC－U埋地式通信套管、PVC－U路灯套管；PP－R冷热水管材管件；电缆用玻璃钢保护套管；PVC－C埋地式高压电力电缆套管及配件等2000多个规格型号。

公司技术力量雄厚，长期注重人才培养和产品研发与技术创新，培养造就了一支由50多名技术人才组成的专业队伍，对于原料配方、生产工艺、产品检验等技术具有深厚的造诣，先后为50多家企业提供技术支持；专业技术队伍涵盖PE、PVC、PPR、玻璃钢管、注塑等工艺技术和开发，其中35人具有中级以上专业技术职称，29人具有高级专业技术职称，目前已成立企业产品研发中心。公司严格执行ISO9001质量管理标准，产品质量上乘，生产设备全部采用国际国内知名品牌；公司投入巨资建立了检测中心，产品质量管理严格把好“三关”，即原材料采购关、在线检测关、出库检验关，确保了产品质量符合国家和行业标准；目前“神塑”品牌在激烈的市场竞争中已经具有相当的影响力和知名度，为了加快抢占市场制高点，快速赢得市场份额，公司制定了高性价比的产品价格，营销已经辐射到了华东、华中、华南和西部的数十省份。

佛山巴顿菲尔辛辛那提塑料设备有限公司

佛山巴顿菲尔辛辛那提塑料设备有限公司(BCC)是巴顿菲尔辛辛那提挤出技术集团的成员之一。联合巴顿菲尔辛辛那提挤出技术奥地利有限公司(BCA)，巴顿菲尔辛辛那提挤出技术德国有限公司(BCG)以及美国玛普兰公司(BCU)，这四家公司共同组成全球最大的管材、型材、薄膜和片材挤出生产线供应商－巴顿菲尔辛辛那提挤出技术集团。“巴顿菲尔辛辛那提”是世界第一的塑料挤出机械品牌，其专业知识来自于其在挤出行业长达120年的经验累积。

佛山巴顿菲尔辛辛那提成立于1996年，总部位于广东顺德。我们采用来自欧洲的专业技术为国内外客户提供给予他们决定性竞争优势和技术优势的领先挤出解决方案。

产品范围包括：塑料管材挤出生产线，用于生产燃气管道、饮用水管、排污管、电讯、卫浴以及灌溉用管道，塑料型材挤出生产线，用于生产窗型材、建筑型材、技术型材如密封条、装饰条、线槽等。

地址：广东省佛山市顺德区大良凤翔工业园金翔路2号

邮编：528300

电话：＋86(757)22380110

传真：＋86(757)22211801

电邮：China@ battenfeld－cincinnati. com

网址：www. battenfeld－cincinnati. com/china

烟台永太机械有限公司

烟台永太机械有限公司，是在原烟台坤翊塑料机械有限公司与外方合作期满后重组的股份合作制公司。公司的主要人员均为原坤翊公司的技术骨干，具有数十多年从事塑料机械专业经验。

永太公司的主要产品有：新型的塑料平膜拉丝机组；各种型号的塑料园织机；塑料编织涂膜机组及高速织带机等；同时承接塑编企业的全套交钥匙工程。公司产品盛誉国内外塑编行业，畅销全国各地，并远销东南亚、南美、及独联体等国家和地区。

永太公司将用精致的塑编机械，完善的售后服务，与新老客户牵手合作，共营双赢。

上海金纬机械（集团）有限公司

上海金纬机械（集团）有限公司（中国塑料机械工业协会副会长单位）是中国最大的挤出类塑料机械制造厂家之一，现有浙江舟山、上海嘉定、江苏太仓，广东东莞五个生产基地。公司总部位于上海市西郊，上海厂区占地面积300多亩，公司拥有职工3000余人，其中技术管理人员480多名，公司拥有一支高素质的研发队伍和经验丰富的机械、电气调试工程师团队，以及先进的机械加工基地和规范的装配车间，每年生产2000多（台）套高档的塑料挤出生产线。主要产品有：JWSB系列大口径HDPE/PVC双壁波纹管、加筋管挤出生产线、大口径HDPE供水管/燃气管挤出生产线、大口径UPVC管挤出生产线、PP－R/PEX新型水管挤出生产线、UHMW－PE超高分子量聚乙烯耐磨管材、PVC/PP/PE木塑共混型材/板材/宽幅门板挤出生产线、PVC异型材挤出生产线、XPS挤塑式聚苯乙烯隔热保温板生产线、XPE（IXPE）交联聚乙烯发泡卷材挤出生产线、PSP发泡餐盒挤出生产线、PVC自由发泡/半结皮发泡/结皮发泡挤出生产线、PE/PVC铝塑复合板挤出生产线、PVC/PE/PP/PS/ABS/PET/PETG单层多层塑料片材/板材/薄膜挤出生产线、PC/PS/PE/PP/PMMA等塑料板材及厚板挤出生产线、PC/PP/PVC/PE中空格子板挤出生产线、单向/双向拉伸土工格栅挤出生产线、PVC/PE防水卷材生产线、化纤纺丝工程设计与制造、微电脑自动塑料中空成型机、塑料辅助回收（破碎、清洗、造粒）生产线、各种单螺杆/双螺杆挤出机及螺杆机筒、T型模具、换网器、辊筒、机械手、等配套件。

集团公司下设新产品研发部、品质管理部、综合管理部、外购外协部、上海金纬挤出机械制造有限公司、上海金纬片板膜设备制造有限公司公司、上海金纬管道设备制造有限公司、上海金纬化纤机械制造公司、上海金纬机械进出口有限公司、上海金纬中空塑料成型设备有限公司、上海杰伟机械制造有限公司、上海金纬机械设备安装服务有限公司、上海金纬挤出发泡技术有限公司、上海金纬电气自动化设备制造有限公司、苏州金纬机械制造有限公司、苏州大云塑料回收辅助设备制造有限公司、舟山金纬螺杆制造有限公司、舟山金海螺杆有限公司、以及5个大型金加工车间及2个热处理氮化车间。其中有4家公司为上海市高新技术企业。

集团公司先后从韩国、日本等国引进了1000多台国际一流的多工位加工中心及数控车床、数控铣床等一大批先进的高精度加工设备。率先通过了CE认证、ISO9001：2000质量管理体系认证，坚持全面推行“零缺陷”品质管理，加强对采购供应、生产工艺、质量检验、产品销售、资金安排、售后服务等各个环节的高效质控。

金纬公司在塑料挤出行业有着二十多年的经验。对塑料挤出技术的深刻理解和出色的金属加工能力使其品质与众不同。长期积累的生产调试经验，对最新挤出技术的把握，和在生产管理上每一个环节全面执行ISO9001：2000和CE认证的品质管理体系，随着业务范围的不断扩大，专门成立了上海金纬安装服务公司，对产品的质量和售后服务进行全方位的监控和管理，满足客户最严格的要求，使我们成为您值得信赖的合作伙伴。

“金纬机械”和“金海螺”是中国塑料机械行业的著名品牌。几十年来，公司产品已遍布全国各地，并出口到俄罗斯、土耳其、韩国、印尼、日本、德国、中东，印度、南美洲等一百多个国家和地区，深受客户信赖和好评。集团公司2008年开始派遣商务代表长驻埃及与印度，进一步扩展海外市场。金纬公司永远将客户的利益放在第一位，因为公司深信：客户的成功，才是我们的未来。“用心持久、快速有序”是金纬公司的企业精神，“品质卓越，完美如一”是金纬公司的质量方针，是全体员工努力的方向，“诚实待人”是我们铸就“百年金纬”的核心理念。

联塑企业

“联塑”是中国最大的塑料管道品牌之一，公司国内总部位于广东省佛山市顺德区龙洲路龙江段联塑工业村。联塑拥有广东顺德、广东鹤山、广东中山、贵州贵阳、四川德阳、湖北武汉、江苏南京、河南周口、河北任丘、黑龙江省大庆、新疆乌鲁木齐、吉林长春等生产基地。此外陕西西安生产基地正在筹建当中。

联塑主要经营的塑料管道产品按用途可分为给水管、排水排污管、燃气管、电力通信管、家装管、地暖管、消防管、农业用管等八大系列。公司的营销和服务网络遍及中国各大城市并扩展到世界30多个国家和地区，能及时为客户提供优质的产品和周到的服务。

20多年来，联塑辛勤耕耘并收获了无数的荣誉。这些荣誉包括：“联塑”商标被认定为塑料管道行业首个“中国驰名商标”；联塑产品荣获“中国名牌产品”称号；联塑企业被认定为“高新技术企业”与“知识产权优势企业”；联塑被批准设立“博士后科研工作站”；成为首家“建设部塑料管新技术产业化示范建设基地”；通过了“国际质量ISO9001、环境ISO14001、职业健康安全OHSAS18001”的管理体系认证。

为了增强自主研发能力，与世界同步发展，联塑投入巨资修建了具有国际水准的研发中心，拥有100多人的由博士、硕士、中高级工程师、常驻顾问专家等组成的科研队伍，投入3000多万元从美国、德国、英国购买了先进的科研设备，专业研究和开发塑料行业的最新技术，确保联塑在行业中的领先地位。

联塑产品被广泛用于建筑给排水、市政给水、排污、埋地电力输送、邮电通讯、消防、燃气、化工、电器配套及农业灌溉等领域。国家南水北调工程、长江三峡大坝工程、广州白云国际机场、国家奥运场馆、广州大学城、兰州世纪广场等一大批知名项目都与联塑合作过并给予联塑产品很高的评价。

联塑管道产品主要有：

[A]给水管系列

A1. PVC－U环保给水管(直管、扩直口管、扩凸口管)

A2. PE环保健康给水管

A3. 聚氯乙烯改性高抗冲(PVC－M)环保给水管(直管、扩直口管、扩凸口管)

A4. PP－R管

(1) PP－R环保健康给水管

(2) PP－R塑铝稳态复合管

A5. 铝塑复合管

(1) 铝塑给水管(白色)

(2) 铝塑耐高温给水管(红色)

(3) 铝塑耐高温给水管(PE－RT)

(4) 铝塑环保健康抗菌管

A6. 钢丝网骨架塑料(聚乙烯)复合管

A7. PVC－C环保冷热饮水管

A8. PB环保冷热水管(灰色)

A9. 环保安全钢塑复合管

(1) 衬塑(PVC－U)环保钢塑复合管(冷水用)

(2) 衬塑(PVC－C)环保钢塑复合管(冷、热水用)

(3) 衬塑(PE－RT)环保钢塑复合管(冷、热水用)

(4) 涂塑(PE)环保钢塑复合管(冷水用)

[B] 排水排污管系列

B1. 排水排污管

(1) PVC－U排水管(直管、扩直口管、扩凸口管)

(2) PVC－U排水压力管

(3) PVC－U中空壁消音管

(4) PVC－U螺旋消音管

(5) PVC－U中空螺旋消音管

(6) PVC－U方形雨落水管

B2. HDPE排水管

(1) HDPE双壁波纹管、

(2) HDPE增强中空壁缠绕管

(3) HDPE增强中空壁缠绕波纹管

B3. 钢带增强PE螺旋波纹管

B4. 健康同层排水系统

(1) PVC同层排水

(2) PE同层排水

B5. PVC－U双壁波纹管

[C] 燃气管系列

C1. PE安全燃气管

C2. 铝塑燃气管(黄色)

C3. 钢丝网骨架塑料(聚乙烯)复合燃气管

C4. 环保安全钢塑复合管—涂塑(TPE·TPE)安全钢塑复合管(燃气用)

[D] 电力通信管系列

D1. 通信管

(1) 埋地PVC－C电力电缆护套管

(2) PE通信子管

(3) PE实壁管

(4) PE多孔管

(5) PE单壁螺旋管

(6) HDPE双壁波纹管

(7) PVC实壁管

(8) PVC－U双壁波纹管

(9) PVC－U蜂窝管

(10) PVC－U格栅管

(11) HDPE硅芯管

(12) 地下通信管道用聚乙烯(PE)碳素螺旋管

D2. 阻燃绝缘PVC电线槽管、电工套管

D3. 阻燃绝缘PVC工业线槽

[E] 家装管系列

E1. 精品家装管PP－R

E2. 绿色家园家装管PE－RT

[F] 地暖管系列

F1. PE－RT采暖管

F2. PE环保冷热水管(米黄色)

F3. 地源热泵管道系统

[G]消防管系列

G1. 环保安全钢塑复合管 - 涂塑(TEP. TEP)安全钢塑复合管消防用

[H]农业用管系列

H1. 涤纶纤维增强软管

(1) 透明网管

(2) 花园管

(3) 三胶两线高压管

(4) 特别压力气管

(5) 卷盘消防软管

(6) 蓝色水带管

(7) 家用煤气软管

(8) 黑色风压管

(9) 花洒管

H2. 透明单管

H3. 钢丝增强管

H4. 排吸螺旋管

普通螺旋排水管

地址：广东省佛山市顺德区龙江镇联塑工业村

电话：86 - 757 - 23888333

传真：86 - 757 - 23888555

邮编：528318

四川广汉锐星塑胶有限公司

四川广汉锐星塑胶有限公司是由原四川省广汉塑料厂改制成立的塑胶产品和模具机械制造的民营股份制企业，是中国塑料加工工业协会成员厂，与四川大学、西南科技大学、西南石油大学建立了《产学研实习基地》。公司位于古蜀文化三星堆遗址发源地——广汉市，距成都市30公里，交通运输条件十分便捷。从德国、日本引进的中空容器吹塑生产线，大型注塑机、宽规格塑胶挤出板材生产线和大型热成型机等先进设备，为提供质量稳定优良的塑胶制品奠定了技术装备基础。形成了挤出、吹塑成型，注塑成型和热成型、模具机械制造的产业结构、具有较强竞争能力的综合性塑料加工企业。公司按照ISO9001：2000《质量管理体系要求》建立的质量保证体系，取得了《食品质量安全生产许可证》、《危险化学品包装物容器生产许可证》、《出口商品包装质量许可证》，保证了公司产品质量和服务质量的高标准，“鱼跃牌”商标连续多年获得德阳市知名商标称号。公司产品主要系列有：中空吹塑容器(容积2～200L)、周转箱及日用制品、塑料板材(ABS、聚乙烯、聚丙烯)及家电塑料配件等，广泛应用和服务于国民经济各领域。

地址：四川省广汉市玉溪路一段69号

邮编：618300

电话：0838 - 5103587

传真：5102222

网址：http：//www. ghrxsj. com

方力集团公司

宁波方力集团有限公司是一家以装备制造为龙头，集制造、进出口贸易、房地产、多元投资于一体的综合性企业集团，专业生产塑料管材挤出成套设备、塑料辅机等产品，是国家级高新技术企业。

宁波方力集团有限公司创建于1993年，下属宁波方力科技股份有限公司、宁波格兰威尔方力挤出设备有限公司、宁波方力集团营销有限公司、宁波方力机床工贸有限公司、宁波方力置业有限公司等多家分(子)公司，公司在北京、上海、广东、成都、东南亚、俄罗斯、日本、德国等国家和地区建立了办事处和销售服务中心。

公司自成立以来，通过持续引进、吸收国外先进的塑机技术，开发的SZ系列水环式真空泵、PP - R管材挤出生产成套设备、PE给水(燃气)管材挤出生产成套设备等成为建设部推荐替代进口产品的重点项目。2002年无规共聚聚丙烯(PP - R)管材生产成套设备获市科技进步奖；2004年PE管材挤出生产线被列为国家火炬计划项；2006年成立宁波方力挤出机械制造省级高新技术研究开发中心，同年SBWX型HDPE双壁波纹管挤出生产线公司被列为国家火炬计划项目并在2007年荣获浙江省装备制造业首(台)套产品；2008年方力集团获“中国驰名商标”称号，同年FXJF年产万吨废子午胎常温制精细胶粉成套机组荣获“双十工程”高新技术重点项目；2009年宁波格兰威尔方力挤出设备有限公司荣获国家级高新技术企业；2010年PE聚乙烯大口径管材挤出生产成套机组的研发与产业化荣获宁波市科技进步二等奖，塑料管材挤出生产线荣获“宁波名牌产品”称号，宁波方力科技股份有限公司“年产570台塑料管材挤出成套设备技改项目”列入国家重点产业振兴和技术改造计划。

宁波方力集团有限公司锐意进取，获得英国SGS颁发的ISO9001国际质量体系认证及CE认证，并获得国家进出口自营权；被评为重合同、守信用和资金信用AAA级企业，并已获得36项国家专利。

地址：浙江省宁波市长丰工业区

营销热线：0574－28883000　28883020
服务热线：4006－722－188　0574－28883115
传真：0574－28883010
邮编：315192
网址：http：//www.fangli.com
E－mail：fl@fangli.com

山西天一纳米材料科技有限公司

山西天一纳米材料科技有限公司是山西省高新技术企业，专业从事二氧化硅气凝胶产品的制造和研发，年产量3000t。是一个集生产、研发和技术服务于一体的现代化工企业。主要产品有塑料开口剂、消光剂、吸附剂等，并达到国内领先的技术水平。其中，高档塑料开口剂填补了国内空白，行业领先，具有良好的性价比。适用于加工性能要求较高的包装材料及母粒生产厂家使用，深受用户青睐。

地址：山西省晋中市榆次区经纬路134号
电话：0354－3295848　3295846
传真：0354－3295885
联系人：冀岳斌
手机：13935459383
网址：www.tianyi－nano.com.cn
邮箱：tianyinano@126.com
info@tianyi－nano.com.cn

山东瑞丰高分子材料股份有限公司

山东瑞丰高分子材料股份有限公司(原沂源瑞丰高分子材料有限公司)创建于1994年，属于国家高新技术企业，注册商标为“鲁山”。

公司主要从事PVC助剂的研发、制造和销售，是中国最大的丙烯酸酯类抗冲改性剂和加工助剂生产企业，公司主导产品为：丙烯酸酯类抗冲改性剂ACR树脂(25000t/a)、丙烯酸酯类加工助剂(15000t/a)、抗冲改性剂MBS树脂(20000t/a)和PVC热润滑剂(5000t/a)，产品广泛应用于聚氯乙烯(PVC)门窗、管道、管件、装饰板、发泡板、片材、薄膜、木塑等硬质品的加工。

为了增强自主创新能力，公司于2000年成立了高分子材料研究所，并建立了一支创新意识好、开拓能力强、专业知识丰富、基础知识扎实的科研开发队伍。近几年来，科研人员成功地研发出了四大系列30多个PVC助剂新产品，并投放到国内、国际市场。2006年该研究所被山东省科技厅认定为“山东省PVC助剂工程技术研究中心”。

公司秉承“团结向上，勇于创新，锐意进取，争做一流”的企业精神，深化企业内部管理，建立了严格的质量管理体系，并于2001年通过了ISO9001：2000质量体系的认证。公司自建成投产以来，以其优良、质量稳定的产品品质，及时准确的信息反馈，完善的售后服务体系，健全的经营机制，赢得了客户的信任和支持，产品畅销国内市场，并出口到亚洲、欧洲、美洲等国际市场。

南雄市金叶包装材料有限公司

南雄市金叶包装材料有限公司是国内塑料行业最具竞争力的专业厂家之一，主要生产“金叶”牌农膜、地膜(包括普通地膜、双色地膜、降解地膜等)、超微膜、育亩营养托盘以及各种高、中、低档塑料包装袋、连卷袋系列。公司生产基地共占在90亩，职工500余人，拥有全自动生产线50条，年生产各类薄膜能力达12kt，塑料袋10亿只，产值过亿元。本公司拥有一流生产设备及工艺，全部产品采用100%进口全新原材料，因而“金叶”品牌各类产品从料质、强度、韧度、色泽、无毒、环保等方面均达到国内顶尖水平。本公司规模生产，诚信经营，薄膜产品覆盖广东、江西、安徽、贵州等地烟草系统，购物袋产品热销全国主要大中城市知名连锁企业，订单可在24小时内送到全国各地指定地点。

地址：南雄市湖口镇承平
电话：(0751)3656201　3656198
传真：(0751)3656587
总经理：汪振球

天津市天塑科技集团有限公司第二塑料制品厂

天津市天塑科技集团有限公司第二塑料制品厂是国家轻工系统大型农用薄膜专业生产企业，是中国塑料加工协会理事、农用薄膜专委会副理事长、中国农用塑料应用技术学会理事单位。主要生产经营“兰花”牌、“绿竹”牌、“春兰”牌农用薄膜，年生产能力50kt。企业近年先后推出兰花之星EVA高档多功能膜、EVA 日光膜、高保温消雾膜和市场领先的高新1号、2号、3号系统高档农膜产品以及花卉专用膜、蔬菜专用膜、瓜类专用膜、桃棚专用膜等系列专用膜产品，优质的产品、多样的品种使二塑在市场中始终处于领先地位，其中部分产品销往东南亚、朝鲜、俄罗斯等国家和我国台湾地区。企业通过了ISO9000国际质量保证体系认证，被国家商务部认定为应急物资供应单位，并先后被评为同行业十大品牌、亿万农村消费者信得过产品、天津市著名商标、天津市名牌产品中国名牌产品等荣誉。

深圳市志海实业有限公司

深圳市志海实业有限公司是一有从事研究，生产，销售高分子塑胶新材料的民营高科技企业。下设塑胶材料研究中心、塑胶助剂研究中心、宝安塑胶材料厂，厂房面积3000平方米，设备加工能力5000吨/年。在透明 PVC 塑胶助剂、PVC 塑胶玩具料、电线电缆料、工程塑料改性、热塑性弹性体等到方面具有专长产品。产品广泛应用于电子电器、电脑 IT、电线电缆、汽车建筑、玩具礼品等领域。

企业公司创始人严一丰先生有二十余年高分子、塑胶加工、塑胶助剂，研究开发实践经验。并与海内外，各大公司、学术研究团结成研究智囊顾问团。为塑料助剂专业委员会会员、中国香港塑料科技中心工业会会员。可为客户提供开发各种特定要求的产品和服务。

企业精神：诚、实、信。

质量体系：ISO9001。

产品认证：UL. CSA. 长城、产品安全认证。

质量方针："技术创新，品质第一，持续改善，不断满足客户的需求。"

地址：中国深圳宝安区福永镇白石厦东区华中路10号

电话：86－755－27307651

传真：86－755－27308077

洁林公司

洁林公司是集塑料管材、管件（PE、PPR、PE－RT、PB）、复合中型散装容器（IBCs）、吹塑托盘等的研发、生产、销售、服务于一体的现代化高新技术企业。

合理布局：洁林总部位于山东淄博齐鲁化学工业园，分别在淄博、常州、西安设生产基地，重庆、沈阳、云南设营销公司，方便顾客，服务无盲点。

德国设备：拥有多条德国巴顿菲尔德（BATTENFELD）、克劳斯玛菲（KRAUSSMAFFEI）管材生产线和克虏伯·考特斯（KAUTEX）大型中空吹塑设备。

进口原料：选用北欧化工（BOREALIS）、巴塞尔（BASELL）、道达尔（TOTAL）、韩国大林、LG 等世界知名公司的优质原料。

专利技术：公司获得国家专利十余项，拥有管道、中空容器国家标准起草人两名，中心实验室获国家实验室认可。

质量保证：公司将 ISO9001、TQM 以及 ISO14001、OHSAS18001 等系统标准有效融合，形成了公司完善的质量管理体系，强化了 IQC、IPQC、FQC、OQC 全过程的质量控制。

精益生产：综合运用 JIT 生产、团队工作法、并行工程、SPC 等先进管理手段，持续稳定地生产出满足顾客需求的高品质产品。

地址：山东淄博齐鲁化学工业区清田路6号

邮编：255410

电话：0533－7688666　7688999

传真：0533－7527006

E－mail：zbjl@ vip. 163. com

http：//www. jielin. com

珠海富诚科技有限公司

珠海富诚科技有限公司是一家集开发，设计和生产多层共挤保鲜膜（袋）的专业企业。采用国际先进的专利技术——PVDC 多层共挤热收缩膜生产技术，产品已获得了英国 BRC 认证，ISO9001 质量体系认证以及 QS 认证。

现在珠海富诚科技有限公司生产的 PVDC 多层共挤热收缩膜，有效的解决了中央屠宰及同时保持肉质鲜嫩，营养不流失的难题，用该产品包装的新鲜猪、牛、羊肉等，只需在0～4℃下保存，60天内能有效的保持肉质，锁住水分，煮时无需解冻。PVDC 多层共挤热收缩膜具有明显的优越性能：

1. 保鲜性能好。具隔氧防腐，隔味保香，隔水防潮，隔油防透等性能。

2. 收缩性能稳定。包装非常美观，有效降低能耗。

3. 抗压力强，透明度高。

4. 安全环保，无毒副作用，符合国际化消费潮流。

5. 节省用料，降低成本，有效减少废物源。

6. 可进行印刷。

7. 采用国际先进专利技术生产，专利号如下：

WORLD WO0032393(B1)2000－06－08

CHINA CN1158177C 2004－7－21

PVDC多层共挤包装薄膜的主要应用：冷鲜肉、海产品、熟肉制品、奶制品、茶叶、药品、金属防锈、军事用品；PE多层共挤包装薄膜主要应用于熟肉制品、电子产品等

东华机械有限公司概况

东华机械有限公司(以下简称东华公司)是以生产全自动电脑注塑机及其附属设备为主的中港合资企业，成立于1986年，现有固定资产1亿多元，配备了一整套先进完备的设计、生产、加工、装配及检测设备，拥有各类金属切削设备80多台，其中加工中心10台，数控机床10多台。公司可一次性提供全套注塑机及其配套设备，注塑量从43g到50000g，合模力从25t至4000t，共有90多个规格、百余种款式，现年产量达四千多台。

东华公司不但以产品规格齐全著称国内同行，而且还以专业生产特大型注塑机称雄塑机行业，是我国目前最大型的塑料机械生产基地之一。1993年东华公司在国内首先突破特大型注塑机的设计和工艺技术，成功设计制造出国内首台2500t合模力的TTI－2500B特大型注塑机，填补了我国大机的空白，获得了国务院颁发的“中华之最”荣誉证书；同年在国内塑机行业首家获得高新技术企业认定证书和ISO9001质量体系认证证书；1998年TTI系列全自动注塑机被国家机械工业局认定为“中国机械工业名牌产品”。1999年设计制造出国内第一台TTI－1800T二板式注塑机，并获实用新型专利(专利号：ZL99235626.1)，TTI－(550－800)F系列注塑机获省机械工业科技进步一等奖；2000年研制出国内第一台环保节能高效的全电动注塑机；2004年，被广东省科技厅评为优秀高新技术企业。2005年，荣获“中国机械500强”称号，“中国橡塑机械10强”称号，2007年，东华注塑机荣获“中国名牌产品”称号。如今，东华机械的产品已覆盖全国大部分省、市和自治区，并大量销往国外，深受广大用户的喜爱和好评。

新疆泓科节水设备制造有限公司

新疆泓科节水设备制造有限公司是一家专业从事高新节水设备制造、节水工程的设计、施工、安装及国外先进节水设备代理销售的综合性企业。公司位于乌鲁木齐市高新区北区，拥有滴灌管(带)、PVC管材、PE管材等多条生产线。公司现有员工120余人，具有自治区颁发的喷滴灌资质证书、自治区水利厅颁发的农业节水灌溉工程施工专业承包一级资质，经贸委、财政厅等六部门联合颁发的企业技术中心证书。

公司现拥有员工120名，其中从事农田水利、水文地质与工程施工、土壤改良、园林绿化等专业工程技术人员56名。我公司专门设立了企业技术中心，2009年9月通过自治区级认定的企业技术中心。2009年研究开发资金投入占企业总收入的4.18%，取得实用新型专利6项。一流的技术力量和雄厚的资金实力，使本公司与多家国内外著名企业(以色列国普拉斯托、阿米亚德、伯尔梅特，美国雨鸟等)结为紧密合作伙伴。

本公司近年来在疆内上百个各类大中型节水灌溉项目，累计完成各类灌溉工程项目近五十万亩。信誉第一、客户至上是我们的宗旨。各类优质工程遍布天山南北，深受广大用户的好评。作为新疆节水事业的排头兵，为新疆的经济发展和现代农业灌溉事业贡献了我们的一份力量。

公司地址：乌鲁木齐市高新北区15号

公司网址：http：//www.xjhongke.com.cn

联系电话：0991－6672010　6631699(FAX)宋女士

(王浩　史立科)

天津市天塑科技集团有限公司第二塑料制品厂

厂长：耿葆刚

天津市天塑科技集团有限公司第二塑料制品厂是一家具有五十年塑料加工历史的国家轻工系统大型薄膜专业生产企业，主要生产经营“兰花牌”农用塑料薄膜，年塑料制品加工能力50kt。

第二塑料制品厂是国家农用薄膜定点生产厂家，其产品制造工艺全部严于国家标准，具有一套严谨、完善、可操作性较强的质量保证体系，并依托较完备的质量检验检测仪器，确保了所生产的产品工艺可靠，质量稳定。同时企业拥有一支与生产规模和技术开发实力相适应的高素质专业营销队伍，以及一套完整的现代营销策略和市场服务体系，形成了遍布全国20多个省市自治区的营销服务网络。

得益于多年来不断追求更高目标的努力，第二塑料制品厂先后被国家机构及有关部门授予国家二级企业，争创中国名牌先进单位，天津市质量管理奖等荣誉。是中国塑料加工协会理事、农膜专委会副主任单位。并于2002年被国家五部委确定为少数民族产品定点生产企业，同年入选中国政府采购供应商行列。“兰花牌”农用薄膜产品先后荣获国家银质奖、亿万农村消费者信得过金奖，天津市优质产品奖、天津市著名商标、天津市名牌产品、中国名牌和国家免检等荣誉。

中国名牌

国家免检

作为国内较大的农用薄膜定点生产企业之一，第二塑料制品厂曾自行设计制造了我国首台折经3.5米宽幅农膜吹塑机组，填补了国内空白。近年来，企业依托自身技术优势，抓住我国农业种植技术和畜牧养殖业飞速发展的机遇，先后从美国、加拿大、韩国、日本等地引进一系列先进设备或技术，并与国内有关院校、科研机构以及国内外化工厂商建立起长期稳定的合作关系，研制开发出环保型农膜、多功能农膜、转光型农膜、抗农药型农膜等一系列产品，产品投放市场后，深受广大用户好评。

先进的制造设备

面对广阔的农用塑料薄膜应用市场和新世纪的发展机遇，天津塑料集团第二塑料制品厂战略设想是：通过规模经济战略的实施，做精做强农地膜产品，先期确立以环保和高技术含量产品为重点的农膜发展项目，进一步完善与之相适应的技术开发中心和质量检测中心等配套设施，并将继续秉承以优质产品不断满足市场需要的经营宗旨，为推动我国农业发展，切实维护消费者利益做出新的贡献。

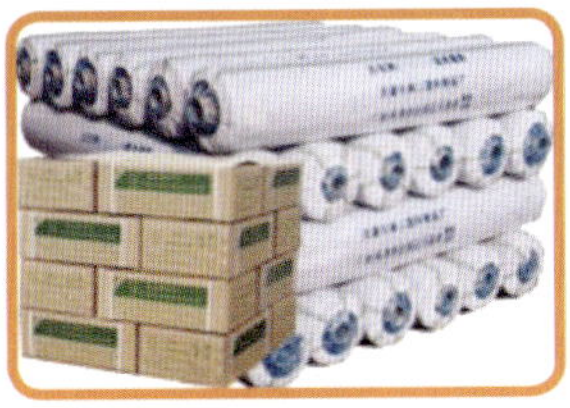

天津市天塑科技集团有限公司第二塑料制品厂

地址：天津市北辰区西堤头镇京榆公路北

电话：022-26689606　　传真：022-26689605

邮箱：sxq57@126.com　　邮编：300408

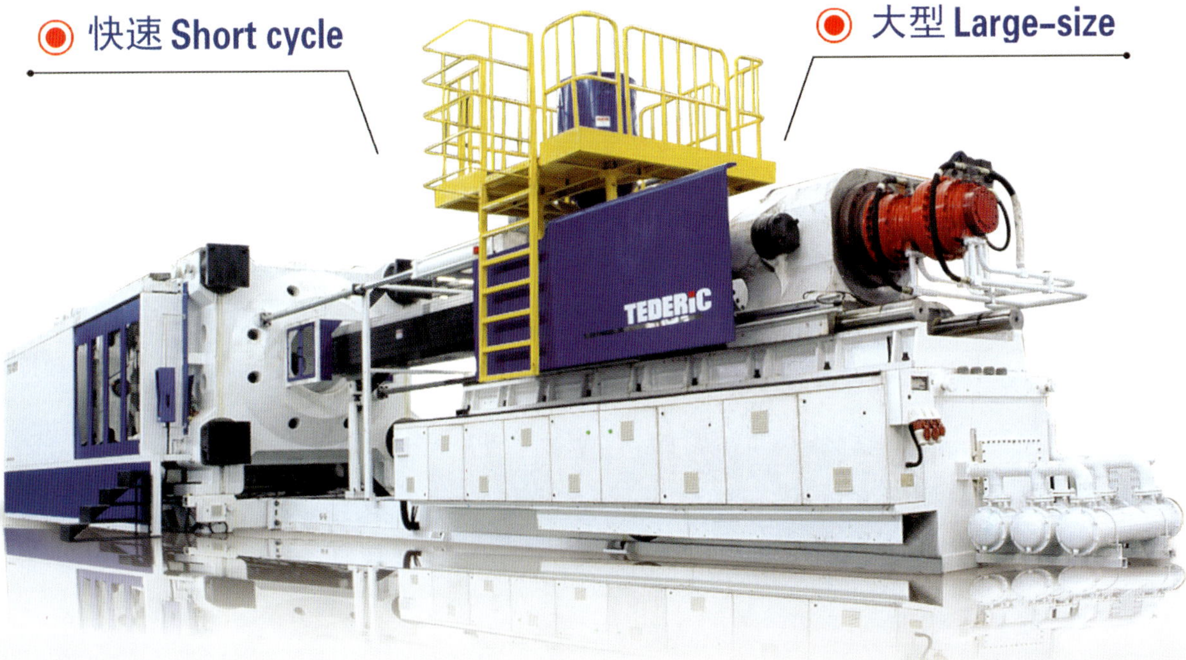

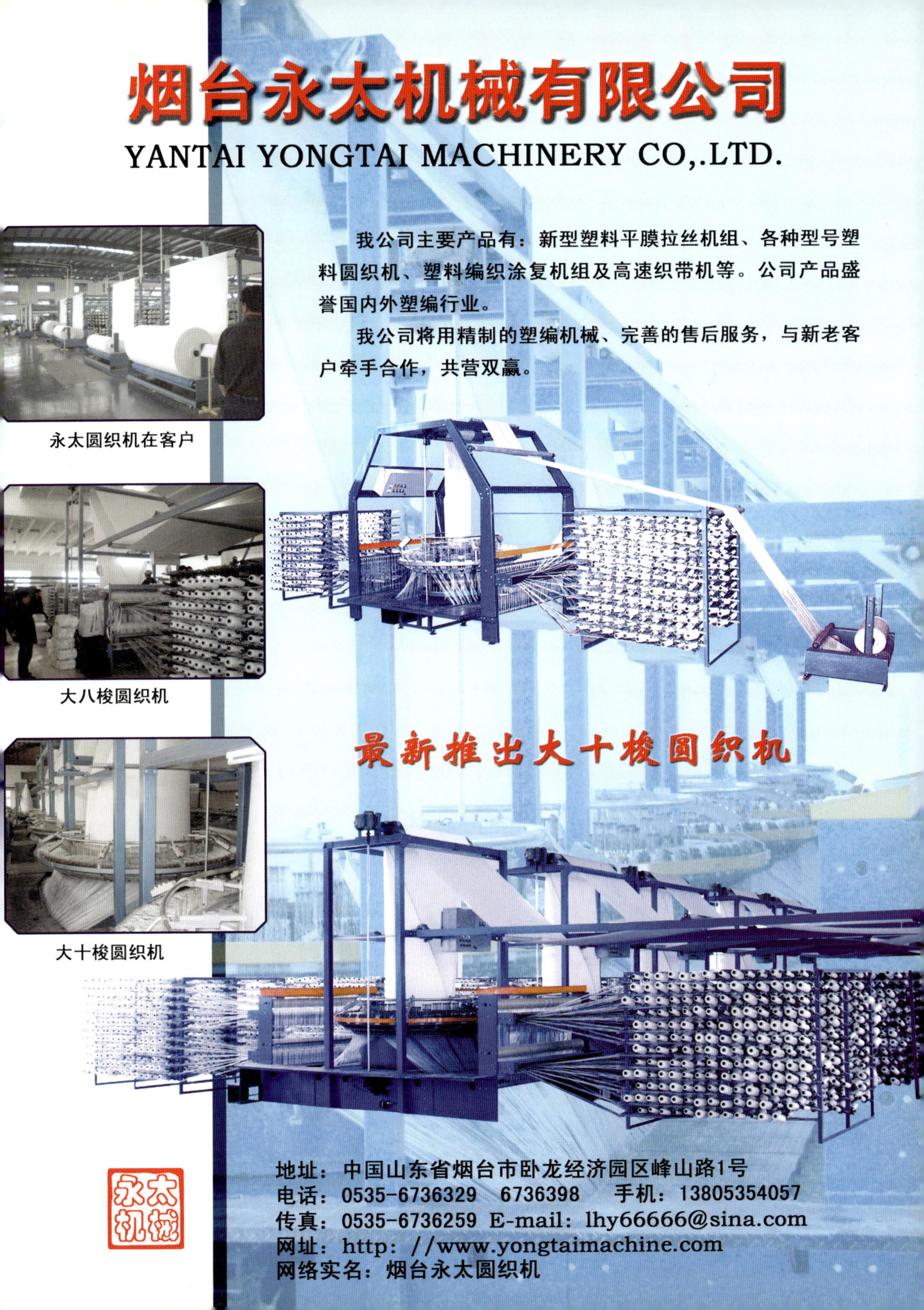
烟台永太机械有限公司
YANTAI YONGTAI MACHINERY CO,.LTD.
我公司主要产品有：新型塑料平膜拉丝机组、各种型号塑料圆织机、塑料编织涂复机组及高速织带机等。公司产品盛誉国内外塑编行业。
我公司将用精制的塑编机械、完善的售后服务，与新老客户牵手合作，共营双赢。
永太圆织机在客户
大八梭圆织机
最新推出大十梭圆织机
大十梭圆织机
永太机械
地址：中国山东省烟台市卧龙经济园区峰山路1号
电话：0535-6736329　6736398　手机：13805354057
传真：0535-6736259　E-mail：lhy66666@sina.com
网址：http：//www.yongtaimachine.com
网络实名：烟台永太圆织机

深圳市通产丽星股份有限公司
SHENZHEN BEAUTYSTAR CO.,LTD

公司简介

深圳市通产丽星股份有限公司，是国有控股，集环保材料、高档化妆品塑料包装研发、生产与销售，包装方案设计，工艺装备及精密模具设计，改性，包装废弃物循环利用技术开发为一体的国家高新技术企业，是化妆品塑料包装细分行业龙头企业。公司成立于 1995 年，总部位于中国深圳，于 2008 年 5 月 28 日在深圳证券交易所上市，是深圳市国资系统十年来第一家上市的企业。股票代码为 002243，注册资本 25806.8956 万元。公司先后在深圳、上海、广州、苏州等地设立大型生产基地，全资或控股多家企业，逐步向我国包装行业中，集研发、生产、销售为一体的，具有高技术、高品位、高附加值和强大竞争力的集团企业发展。

公司与包括宝洁 、联合利华 、 欧莱雅 、 玫琳凯 、 雅芳 、 雅诗兰黛 、 资生堂等在内的化妆品生产厂商建立了长期、稳定的合作关系，已成为国际著名化妆品品牌的全球合作伙伴。公司产品不仅在国内市场占有率名列前茅，更远销欧美，2009 年实现营业收入 5.9 亿元，实现净利润 6783 万元，纳税总额超过 5000 万元。

公司在市场竞争力、技术竞争力、产品竞争力、服务竞争力、发展潜力等各方面均优于同行，综合竞争力位居国内同行前列。公司以成为国际著名品牌时尚化妆品包装解决方案行业的领导者为目标，以“ 美为本，美化人类生活 ”为公司宗旨，坚持技术创新为先导，始终追求公司持续稳健运营和公司价值最大化，成为一家客户尊重、股东信任、员工满意的行业一流企业。

公司愿景

成为国家著名品牌时尚化妆品包装行业的领导者

公司宗旨

美为本，美化人类生活

公司使命

提供创新及可持续性发展的包装解决方案
为顾客提供体验式 3A 服务
为客户提供深度及增值服务
为员工创造新的发展空间
为股东提供投资增值
为社会尽职尽责，推动产业升级进步

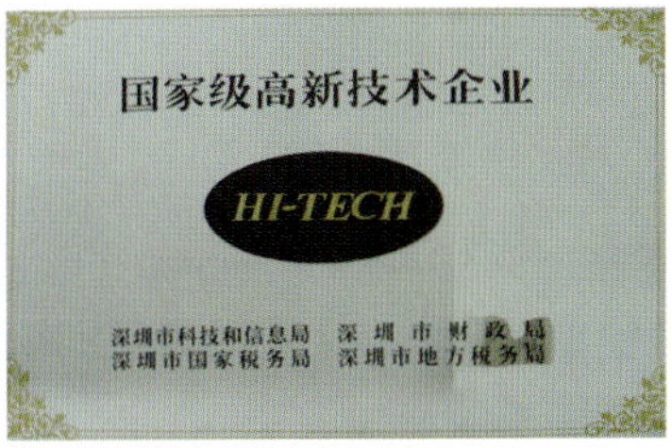

所获政府荣誉：

国家认定企业技术中心
国家级高新技术企业
国家化妆品塑料包装标准制定单位
中国著名品牌
中国名优产品
全国 CAD 应用工程示范企业
中国包装联合会化妆品包装委员会制定组建单位
博士后创新实践基地
广东省制造业 100 强
广东省最具投资价值上市公司 50 强
广东省优秀自主品牌企业
广东省企业创新纪录将
广东省著名商标
广东品牌 100 强
广东最具竞争力品牌 50 强
深圳市重点文化企业
第一批深圳市自主创新行业龙头企业
深圳市 100 强企业
深圳市福田区区长质量奖
十大推行全面质量管理典范企业
深圳市文化 + 科技型示范企业

主要客户商荣誉：

P&G：最佳供应商奖
LOREAL：亚太区最佳全能供应商奖
SHISEIDO：最佳供应商奖
AVON：最佳服务奖
MARY KAY：最佳供应商
KOSE：优秀支持奖
箭牌：最佳供应商奖
NIVEA：产品免检证书

地址：深圳市布吉坂田五和南路49号 邮编：518112 电话：0755-28482022 传真：0755-28483900 Web：www.beautystar.cn

贵州森瑞管业有限公司

森瑞管业

贵州森瑞管业有限公司成立于 2003 年 9 月，位于贵州省贵阳市金阳国家高新技术开发区都匀路，是贵州省规模较大、专业从事新型塑料管材、管件研发、制造、销售和安装服务等业务的新型环保企业之一， 公司注册资本 5500 万元，总资产逾亿元。

公司目前装备了 40 余条国际、国内先进的管材、管件生产线和完善的检测设备，年生产量达 4 万吨以上，主要产品有聚乙烯（PE）环保健康给水用管、燃气用埋地聚乙烯（PE）管、煤矿用聚乙烯（PE）管材；市政工程排水用 HDPE 双壁波纹管、PVC-U 双壁波纹管、钢带增强聚乙烯（PE）螺旋波纹管；地下通信管道用管、埋地用 PVC-C 电力电缆护套管；建筑用 PVC-U 排水管、PP-R 环保健康给水管，、难燃 PVC 电线槽、工业线槽、难燃 PVC 电工套管等。产品覆盖了国家或行业标准所列全部规格。

森瑞荣誉

公司以“ 向社会提供环保、节能、安全、经济的塑料管道系统 ”为质量方针，先后通过 ISO9001：2000 质量管理体系认证、ISO10012 计量检测体系认定、ISO14001 环境管理体系认证、OHSA18001 职业健康安全管理体系认证和压力管道元件认证。公司先后被评定为“ 国家高新技术企业 ”、“ 省级企业技术中心 ”、省级“ 守合同、重信用 ”单位 、“ 贵州省‘五一’劳动奖状 ”单位；国家质量监督检验检疫总局授权的“ 聚乙烯（PE）管道焊工考试委员会 ”；公司所有产品均被列为“ 全国建设行业科技成果推广项目 ”、“ 贵阳市名牌产品 ”等。

公司坚持以“ 科技为先、质量为本 ”的经营理念，发扬“ 诚信、务实、学习、创新 ”的企业文化精神，竭诚为广大用户提供最优质的产品和服务。

产品展示

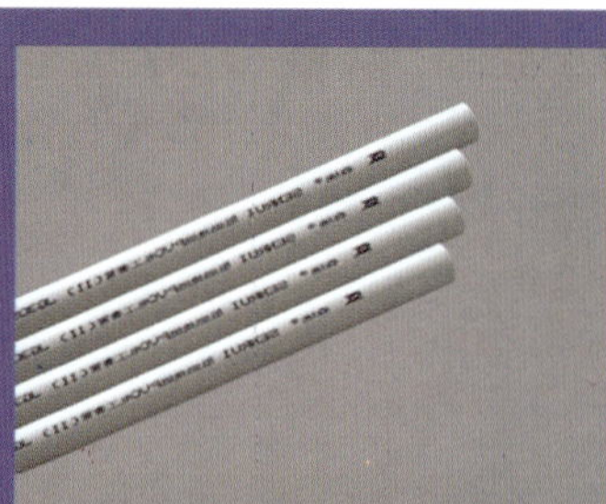

联系我们：

地址：贵阳国家高新技术开发区都匀路 10 号
电话：0851-7990190/7990130
传真：0851-7990190/7990139
网址：www.gzsenrui.com

吉林中粮生化包装有限公司

拉丝生产线 Wire drawing production line

编织生产线 Knitting production line

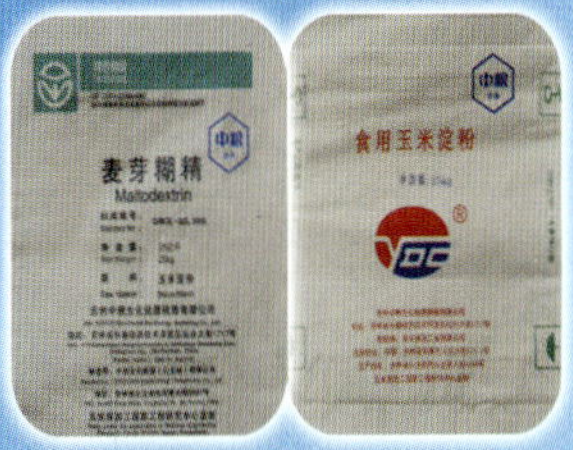

实验室

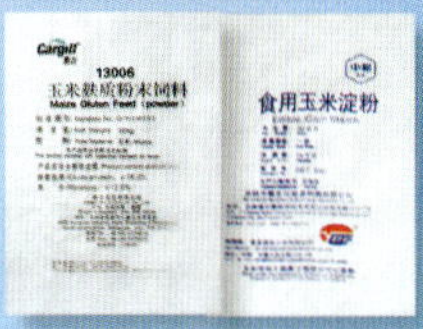

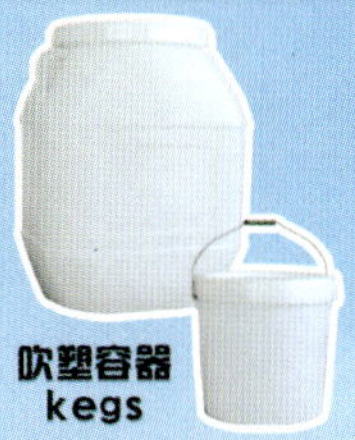

吹塑容器 kegs

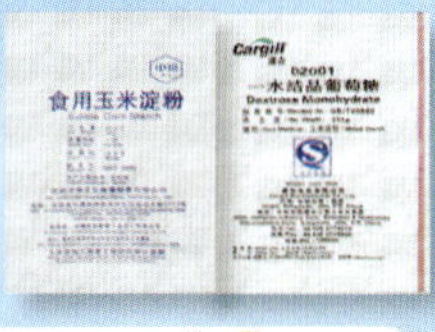

成品生产线 Finished production line

纸袋生产线一角 A corner of the production line for paper bag

吉林中粮生化包装有限公司创建于1995年末，隶属于中粮集团生化能源事业部。厂址位于吉林省东丰县经济开发区，占地面积 13万平方米，建筑面积 3万平方米，现有员工600人。

公司拥有雄厚的技术力量，生产设备先进，检测手段完备。主要产品有塑料编织袋、塑料中空容器、集装袋等塑料包装制品及阀口纸袋等纸包装制品。年产纸塑包装物1.5万吨。2004年通过ISO-9001质量管理体系认证；2007年8月，阀口纸袋产品获得两项国家专利权；2008年通过国家QS认证。2010年公司实现销售收入2亿元，实现利税 2000万元，成为东北地区规模较大的食品级包装骨干企业。公司始终如一地贯彻“以人为本”的经营理念，秉承“诚信、团队、专业、创新” 的中粮企业精神，坚持“奉献营养健康的食品，高品质的生活空间及生活服务，使客户、股东、员工价值最大化”的中粮使命，以实现双赢为目的，不断推陈出新，以上乘的品质、良好的信誉，为客户提供优质的服务。

电话：0437-6222639　网址：www.cofco-mc.com　邮编：136300　地址：吉林省东丰县经济开发区

上海永利带业股份有限公司

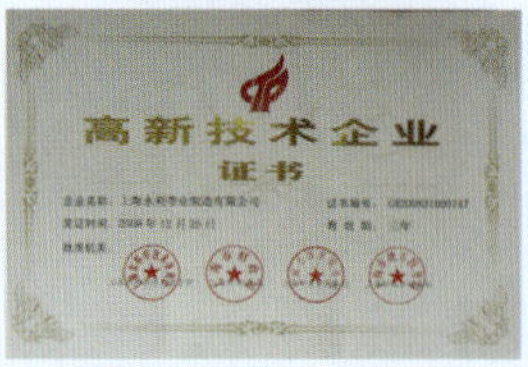

上海永利带业股份有限公司创建于 2002 年，坐落于国际大都市上海市，办公地位于上海市虹桥枢纽附近的青浦区徐泾镇徐旺路 58 号，占地 30 亩。公司是一家以研发、生产制造、销售轻型输送带产品的专业公司，也是目前国内专业性、配套性最强的新材料类轻型输送带研发生产高科技企业，系国内第一家具备替代进口轻型输送带的民营企业。2009 年初完成公司股份制改造。

公司自成立以来取得了许多荣誉和成绩：上海市文明单位、上海市高新技术企业、上海市模范职工之家、上海市科技小巨人（培育）企业、上海市名牌产品。

公司多项技术被上海市科委认定为上海市高新技术成果转化项目，其中高粘结强度多功能 PVC-TPE 输送带材被上海市科委认定为上海市火炬计划项目，高摩擦 PVC-TPE 花色输送带被认定为上海市重点新产品。

公司的研究开发中心被认定为上海市青浦区高新技术研发中心。

公司现拥有职工 360 多人，囊括科研管理、机械设计与制造、电气与自动化控制、高分子化学、材料化学、应用化学等专业，凝聚了众多专家、教授和权威人士，2008 年与同济大学共同设立国内第一家“轻型输送带研发中心”。2009 年与东华大学共同设立“轻型输送带增强基材研发中心”，与东华大学联合培养研究开发轻型输送带方面的工程硕士。公司通过了 ISO9001 质量保证体系认证，为公司产品的质量和服务提供了充分保证，为使永利带业产品顺利出口欧洲，已通过了相关产品安全认证，高品质的产品，完善的服务，使企业在用户中享有极高的美誉度。

公司下属三家全资子公司：上海永利工业制带有限公司，成立于 1999 年，公司住所地是上海制造局路 861 号。上海永利输送系统有限公司，成立于 2004 年，公司住所地是上海崇明工业园区（嵊山路 588 号），占地面积 126 亩。永利国际，成立于 2009 年，注册于荷兰。

永利带业始终以“以人为本、精益求精、打造世界一流的轻型输送带企业”为宗旨，在“求精做强”的经营理念指导下，以完善的服务、创新的思维、卓越的管理，打造世界轻型输送带的生产基地。

www.china-sanyou.com

三友控股集团 1971-2011

中国驰名商标

三友控股集团有限公司
SANYOU HOLDINGS GROUP CO., LTD.

浙江三友塑业股份有限公司
ZHEJIANG SANYOU PLASTIC INDUSTRY CO., LTD.

三友控股集团有限公司位于中国市场经济的先发地——浙江台州，始创于1971年，是一家跨行业、综合性的企业集团，荣获全国诚信守法企业、全国纺织工业先进集体、省文明单位、省3A级“守合同重信用”单位、省3A级诚信纳税企业、省名牌产品等多项荣誉。

集团公司占地500余亩，建筑面积18万平方米，总资产10亿元，员工2000多人，其中工程技术人员300多人。

集团公司主要产业有三大类。第一类是制造业，包括塑料与模具、木塑新材料、塑料改性材料、摩托车、电动车、精毛纺、服装服饰等；第二类是房地产业；第三类是服务业，包括酒店等。

三友诚邀广大客商加盟合作，共襄大业。

中国塑料加工工业协会副理事长单位

中国纺织机械器材工业协会副理事长单位

1 塑料纱管

2 摩塑配件

3 塑料日用品

4 塑料育秧盘

5 三友国际饭店

6 三友注塑车间

地址：浙江省台州市路桥三友工业园区　　电话：0576-82701161 82700362　传真：0576-82700361

E-mail:info@china-sanyou.com　　Http://www.china-sanyou.com

义乌市鑫挺人造革有限公司

义乌市鑫挺人造革有限公司创办于1997年，位于浙江省义乌市后宅工业区，公司总投资6000多万元，占地面积21300平方米，建筑面积28000平方米。公司拥有二干二湿四条生产线，并配置了揉纹机、三色表处机、压花机、喷涂机、磨皮机等60多台后处理加工设备。年生产能力1500万米人造革，现有在职员工230余人，其中生产技术、管理人员50人。专业生产中高档PU，家具用革，沙发革，汽车革，鞋革，裙带革，箱包革，证件革，服装革等合成革、人造革产品，是中国塑料加工工业协会人造革合成革专委会副会长单位、义乌市皮革行业协会会长单位。

由于公司一直走质量至上、诚信为本的道路，深受社会各界的好评，公司被评为“义乌市优秀民营企业”、连续十年被中国银行浙江省分行评为“AAA级信用等级企业”、被浙江省工商行政管理局授予“AAA级守合同重信用等级企业”、被金华市委宣传部等五个单位及部门授予“和谐企业之星”，“鑫挺”商标被授予浙江省著名商标，2008年5月被授予“中国家居用合成革、人造革研发中心”，2010年2月被塑料加工行业评为AAA级企业信用等级。

目前我公司的合成革在美国欧洲家居、装潢领域得到了广泛应用，并得到了好评。同时，在国内各人造革市场有较高的信誉。精心的管理、优异的质量、良性的资金状况使企业有不断发展的前景！

中国名企
山西惠丰
中国兵器工业集团
山西惠丰型材有限公司
中国最早最具实力的型材制造企业
惠丰型材
中国驰名商标
德国技术 军工质量 绿色环保
公司地址：山西省长治市惠丰街 电话：0355-3915487 3091531

LOMON® TiO2
龙蟒钛白
为您创造更高价值
www.lomon.com
四川龍蟒钛业股份有限公司
SI CHUAN LOMON TITANIUM INDUSTRY CO.,LTD

清润®
QINGRUN

成都岷江水厂

Chengdu Minjiang Waterworks

双流聚乙烯管材生产车间

四川省著名商标

清润管材50年不变

通过 ISO9001：2008 ISO14001：2004 国际质量环境管理体系认证

成都岷江水厂是一家多产业结合的大型集中式供水企业，供水区域覆盖全县25个乡镇，日最大供水量达20余万吨。其下属企业成都市岷江自来水厂双流聚乙烯管材生产车间是专业从事聚乙烯（PE）给水、燃气管材、管件的生产、销售和管材焊接技术指导服务的国有企业，其生产的产品统一注册商标为“清润”，前国家水利部常务副部长敬正书同志亲笔为“清润管业”题词。

清润管业拥有生产线6条，具备dn20～630mm型号管材生产能力，管件生产设备6台，焊接设备200余台，差热分析仪、电子拉力试验机、爆破耐压试验机、密度测量仪、炭黑含量测试仪、水分含量测试仪、熔体流动速率仪、耐环境应力开裂测定仪等各性能检测设备20余台，具备从原材料进厂到dn20~630mm型号管材出厂检测能力，年最大产量17000吨，现固定资产达9000余万元。

清润管业聘请四川大学高分子材料系吴智华教授为技术顾问，以四川大学高分子材料系优秀人才为技术骨干力量。通过ISO9001：2008和ISO14001：2004国际质量环境管理体系认证，取得《特种设备制造许可证》A级证书、《四川省涉及饮用水卫生安全产品卫生许可批件》，荣获四川省著名商标、成都市著名商标称号，入选《全国农村饮水安全工程材料设备产品信息年报》、《成都市地方名优产品推荐目录》、《成都市A级守合同重信用企业》，信用等级达到AA级，给水、燃气产品分别被列入四川省建设领域科技成果或应用技术备案证书、通过节水产品认证，中国平安保险公司对清润产品进行质量保险，是中国塑料加工工业协会塑料管道专业委员会理事和中国工业防腐蚀技术协会、四川燃气协会、四川省村镇供水协会、重庆市燃气行业协会会员。在2008年抗震救灾中因表现突出，成都市岷江自来水厂被成都市委、成都市人民政府评为“抗震救灾过渡安置房建设先进单位”。

清润管业的营销服务网络遍及四川、云南、甘肃、贵州、湖南、西藏、宁夏、重庆等省、市、自治区，并于2007年8月成立了驻渝办事处。质量与信誉是清润管业永恒的主题。

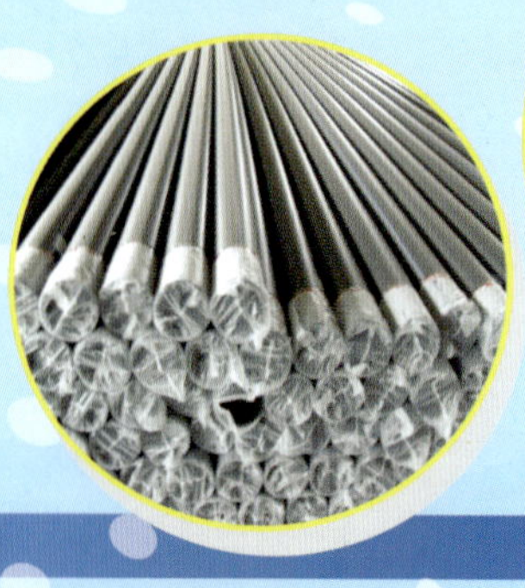

地址：四川省成都市双流县东升镇西安路三段25号

厂址：四川省成都市双流县金桥镇金马村　　邮编：610200

电话：028-85851088(销售部)　028-85853555(技术部)　传真：028-85852666

扬州利尔康日化有限公司

扬州利尔康日化有限公司坐落于世界闻名的牙膏、牙刷产品制造中心扬州杭集镇。

公司自 1991 年以来，一直致力于牙膏、牙刷、的生产、研发与销售。作为一个专业的具有自营进出口权的日化产品公司，我们的产品和服务受到了客户的一致好评。公司目前占地面积18,000平方米，拥有现代化的厂房，熟练专业的生产人员和务实创新的研发、管理人员，所有的这一切都旨在能够为您提供满意的产品和完美的服务。

我们视产品的质量为生命，严格按照国内、国际相关标准，通过了 ISO9001:2008 国际质量认证和 ISO14001-2004 环境质量认证。各项产品广销于世界各地，年销售总额达到 1000 万美元。

我们着手于每一个细节，以提高产品质量；我们努力于每一次合作，以满足客户的要求。

杭州和林装饰材料有限公司

公司简介

杭州和林装饰材料有限公司位于杭州市余杭区仁和镇洪家舍 25 号，是从事塑胶新产品——PVC 木纹装饰片开发、应用与销售的企业。公司注册资本为 1500 万元，总资产 5000 万元，员工 120 余人，其中技术工人占公司总人数的 60%，公司现有 PVC 木纹装饰片生产线 4 条，目前是浙江省最具规模的 PVC 木纹装饰片生产厂家，是杭州市高新技术企业。

公司本着“勤学苦练、客唱我和、精工细作、仿木成林”的经营理念，坚持实施品牌战略，以质量求市场。于 2005 年就开始推行 ISO9001 质量保证体系，2007 年实行“6S”管理认证，并且于 2010 年成功实行 ISO2008 版的新版转版，生产环境大为改观。同时，通过法国必维公司第三方认证。获得由商务部颁发的“企业信用评价 AAA 级信用企业”。如今企业各项经济指标在省内同行业中名列前茅。“永孚”牌商标被评为建筑装饰协会推荐品牌、无毒害绿色环保建材、省优秀科技产品。公司在技术和管理上逐渐趋向成熟，年生产规模达到 5000 万平米以上，花色及规格有 300 多种，产品畅销全国 30 个省市、自治区，并且出口欧美、东南亚、非洲、中东等 20 多个国家和地区。

联系方式

电话：0571-86307250
传真：0571-86307077
地址：杭州市余杭区仁和镇洪家舍 25 号

炜林纳
WINNER

广东炜林纳功能材料有限公司

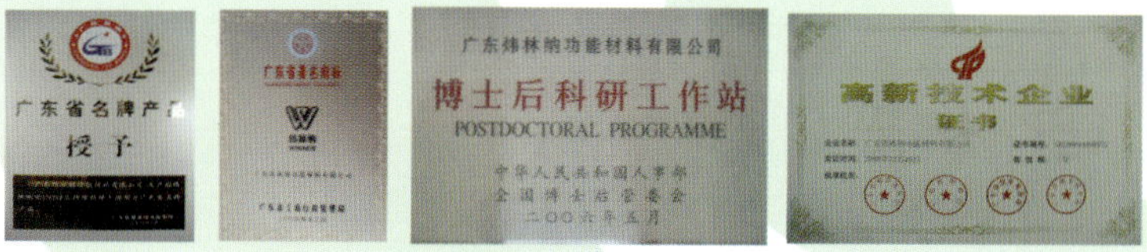

广东炜林纳功能材料有限公司成立于2001年，是一家新型股份制民营高技术企业，主要从事以稀土助剂为主的高分子材料功能助剂及各种塑料改性专用料的研究开发和生产经营。

公司注册资金3200万元，总资产近3亿元，占地面积230亩，各类稀土功能助剂及其改性料年产规模达10万吨。公司产、学、研结合，设有国家博士后科研工作站、广东省院士专家工作站等多家研究开发机构和高分子材料检测中心，拥有雄厚的技术团队和自主创新能力，所开发的稀土功能助剂属无毒、高效、多功能、环保型产品，核心技术已获多项国家发明专利授权，产品技术成果获政府科技进步一、二等奖。

公司按现代企业制度建立，获英国UKAS颁发的ISO9001：2000质量管理体系认证证书。被评为国家高新技术企业、全国石油和化工优秀民营企业、中国塑料行业首批信用等级AAA级企业，并进入我国专用化学产品制造业销售收入前100家企业的名单，被评为国家新材料产业最具成长性企业之一，自主开发的稀土功能助剂产品获得广东省名牌产品和著名商标的荣誉称号。公司现已成为中国塑料加工工业协会副会长单位、塑料助剂专业委员会副主任委员单位、改性塑料专业委员会理事单位，中国稀土学会理事单位，中国材料网副理事长单位等，在相关行业拥有较高的声誉。

目前公司产品被广泛应用于通用塑料（PVC、PP、PE等）、橡胶、涂料、无机粉体（碳酸钙、氢氧化镁）等多个加工行业和石化产品，获得广大用户的广泛好评，从而建立了稳定的客户群及销售网络，为公司自主创新产品大规模产业化生产开辟畅通的销售渠道，为公司的高速成长奠定了坚实的基础。

一、稀土功能助剂

1、WWL系列PVC多功能复合热稳定剂
2、WWP系列PVC稀土/钙/锌多功能稳定剂
3、WAC系列PVC新型加工改性剂
4、WAC系列PVC新型加工改质剂
5、WFL系列UPVC低发泡多功能综合剂
6、WFB系列UPVC稀土/钙/锌低发泡多功能综合剂
7、BTH系列发泡剂
8、WPN系列PVC多功能加工协效剂
9、W型PVC脂类润滑剂
10、聚乙烯蜡
11、WOT系列无机粉体新型表面改性剂
12、WBG聚丙烯晶型改性剂

二、功能改性高分子专用料

1、WPP汽车专用料
2、WMPP改性聚丙烯电力电信电缆管材专用料
3、WBG-M聚丙烯耐热增韧母料
4、WMF系列聚烯烃无机多功能改性剂
5、PC/ABS合金

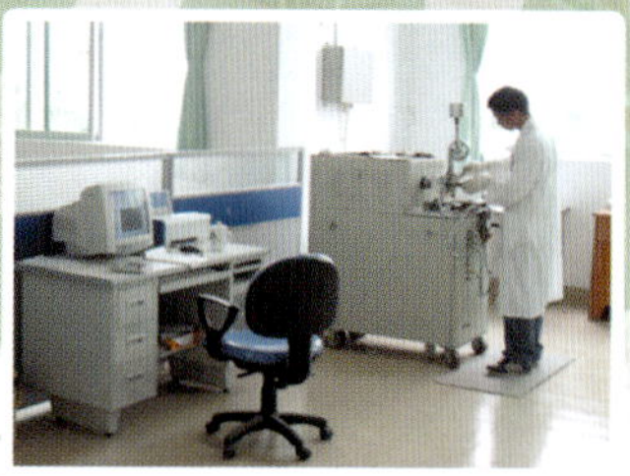

联系电话：0757-88892707/88896822
传真：0757-88892818/88891822
网址：www.cnwinner.cn
E-mail:cnwinner@163.com
公司地址：广东省佛山市高明区沧江工业园西园
邮编：528521

西藏珠峰塑业有限责任公司

公司董事长 —— 张青富先生

西藏珠峰塑业有限责任公司为日喀则地区重点招商引资企业，前身为江孜塑料厂，正式成立于 2003 年 8 月 15 日成立，位于日喀则市中心拉萨南路和扎德东路交汇处，占地面积 12000㎡。公司注册资金 700 万元，主要经营塑料制品的生产销售和进出口贸易，是西藏唯一一家从事食用塑料容器生产企业，拥有珠峰、乃堆拉 2 个注册商标。公司现有员工 56 名，大专以上技术管理人员 12 人，当地员工 44 名。

在自治区和日喀则地区各级领导的关心和支持下，我公司先后引进聚酯（PET）注塑设备、吹瓶机生产线、吹桶机生产线、易拉罐生产线及产品检测设备。公司已取得了较好的经营业绩，2009 年企业实现销售收入近 2600 万元，利税 820 万元。2010 年公司已与西藏曲登尼玛矿泉水开发有限公司和亚美天然饮用水厂签订销售合同 2777.5 万元。公司发展成为第四届中国塑业加工工业协会理事，被协会评为 AAA 级企业，被科技部、农业部评为星火计划先进单位，被自治区工商局授予“诚信私营企业”荣誉称号。

公司已取得了食用塑料容器工业生产许可证（证书编号：QS54-10201-02763），拥有国际先进的 360g4000g 全自动电脑控制的海天牌注塑机、150mL20000mL 全自动吹瓶机、吹桶机 3 条生产线，生产流程科学，产品高于国家标准，可完成矿泉水、色拉油、青稞酒、纯净水、饮料的瓶坯、瓶桶、瓶盖、瓶身及易拉罐等食用包装容器的成套产品生产，产品质量优良，每次检验均高于国家标准，为西藏跨越式发展在包装领域作出了积极贡献。公司与西藏神水（曲登尼玛）、5100 矿泉水、喜格孜矿泉水、冈仁波齐矿泉水、珠峰冰川、喜孜青稞酒、圣鹿色拉油、尼泊尔国际苏帕拉克西米公司等建立了稳定长期的合作关系。

利豐绿色板材

MEINAIDE 美耐德

广东鹤山市美耐德科技有限公司
HESHAN MEINAIDE TECHNOLOGY CO.,LTD

公司 简介

广东鹤山市美耐德科技有限公司，位于珠三角腹地，濒临西江、毗邻港澳，位于广州一小时生活圈内，区位优越。水陆空交通十分方便，陆路往广州60公里、佛山40公里，水路往香港2.5小时，邻近鹤山港10公里，鹤山港建有三千吨级码头通江达海，直达世界各地。

公司创办于1994年，是一家独资的高科技企业，是中国塑料加工工业协会硬质PVC低发泡板材专业委员会理事单位，广东省塑料加工工业协会理事单位，2009年被评为中国塑料行业先进单位。2011年荣获中国塑料加工工业协会授予“企业信用评价AAA级信用企业”，“中国塑料板片材行业五强企业”。美耐德公司通过ISO9001:2008、ISO14001:2004品质认证来确保公司产品能符合国际质量标准。属下企业有鹤山市古劳镇利丰装饰材料厂、鹤山市利丰装饰材料有限公司，拥有自营进出口权。

鹤山市美耐德科技有限公司实力雄厚、设备先进，拥有多条国内领先技术的PVC-U、PS-U发泡板材生产线，专业生产PVC发泡装饰板材、PS广告装饰板材，制造各种聚苯乙烯发泡板材制品，以及生产KT广告板、PS珍珠板、PS复纸板、背胶板、PVC抗倍特隔断板、家居卫浴橱柜专用板材、木塑复合板材等三十多个产品。产品畅销国内，远销东南亚、中东、美洲、东欧等世界各地。

公司以先进的技术、科学的管理、专业的精神、创意性的理念，高品质的产品，立足于市场。坚持“质量第一，诚信至上，精益求精，优质服务”企业宗旨，生产最优质的产品和提供最满意的服务，不断开发研制新产品。拓展国际国内市场，以优质、真诚、创新深受用户的喜爱和赞誉。

您的支持将是我们最大的原动力，有您的推波助澜，我们才能乘风破浪。

Li & Feng COMPANY PROFILE

COMPANY PROFILE

放眼世界 展望未来

Guangdong Heshan Meinaide Technology Co., Ltd. Located in Pearl River Delta, nearing the West River, connecting Hong Kong and Macao. It just takes oneor two hours to neighboring cities, it nears Heshan Port, which with three thousand tons wharf, the transportation is very convenient.

Our company established in 1994, which is a wholly-owned and high-tech enterprise. What's more, we are the China Plastics Processing Industry Association of rigid PVC Low Foam sheet untis Professional Committee of the governing, Guangdong Platices Processing Industry Association member units,China Plastics Industry as an advanced unit since 2009. Also, we have won the AAA ERTIFICATE OF ENTERPRISE CREDIT GRADE title awarded by China Plastics Processing Industry Association and ranked as TOP FIVE enterprise in the China Plastics Sheet Industry in 2011. Moreover, our company have met and passed the requirements of ISO9001:2008 and ISO 14001:2004 which to ensure that our products can meet the standard of international quality. We have the right to self-import and export, and have the subsidiaries of Heshan Gulao Lifeng Decoration Materials Plant and Heshan Lifeng Decoration Materials Co.,Ltd.

Heshan Meinaide Technology Co., Ltd. is strong in strength, we have advanced equipment of high-tech PVC-U and PS-U production lines, specializing in PVC Foam Board for decoration sheet, PS advertising decorative sheet, and manufacturing varieties of Polystyrene foam products. We also produce KT Advertising Board, PS Foam Board, Paper Foam Board, Self Adhesive Board, PVC Compact Waterproof Toilet Plate, WPC Sheet, more than 30 products. Our products sell through domestic market and export to Southeast Asia, Middle East, Americas, Eatern Europe and other parts of the world.

Since the establishment, we based on the market with advanced technology, scientific management, professional spirit, creative ideas, and high quality products. We keep “ High quality, Good Integrity, Keep Improving and Excellent Service ” as our business principles. We strive and pursuit to provide the best products and service to make our products creative and valuable for clients, and continual to innovate new products to meet the changing market demand. Our company enjoy a high reputation both home and abroad with excellent quality,satisfactory service and innovative idea.

Your satisfaction is our success, your support is our biggest encouragement. We can do the best with you support.

地址：中国广东省鹤山市古劳镇三连工业区六区12号

电话：0750-8778233 8778238 8966382　传真：0750-8778238

邮箱：hsmeinaide@yahoo.cn　QQ：920916228 906952057　阿里旺旺：cnmeinaide

网址：www.jmlifeng.cn&www.gdlifeng.net　http://meinaide.cn.alibaba.com

质量第一 High Quality | 诚信至上 Good Integrity | 精益求精 Do The Best | 优质服务 Excellent Service

汕头卜高通美实业有限公司

汕头卜高通美实业有限公司成立于 2006 年 5 月 26 日，公司的经营理念是“关注环境、专业创新、和谐发展”，公司于 2007 年起连续 4 年获得汕头市工商行政管理局颁发的“守合同，重信用”荣誉称号。

公司投资建设的“汕头卜高通美环保科技园”，项目占地 142 亩，总投资超过 5000 万美元，是专业从事可再生塑胶资源研发生产的循环生态工业项目。“环保科技园”按照花园式、绿色环保型厂区的风格设计；首期投资 2000 万美元。首期工程项目已于 2009 年 12 月全面投入使用。

“环保科技园”首期生产项目包括 PA、PC/PBT、PC/ABS 等工程塑料改性材料的研发和生产；生物可降解材料 PLA 原材料的研发生产及其制品的研发生产；工业用塑胶周转箱、塑胶卡板、片板、箱包等塑胶制品；PET 再生材料及片材制品的研发生产；EVA 再生材料及环保胶片尤其是光伏胶片；PVB 再生材料及其环保胶片的研发生产，以及 DVD/CD/VCD 音像包装产品等。

汕头卜高通美环保科技园以“环保科技”作为产业发展的战略目标，从“新技术、新材料、新工艺、新产品”四个层面推进环保科技园的生产项目建设，产品将主要立足于可再生废塑料的循环再造利用，重点发展可生物降解材料及制品的研发生产，以环保及高科技、高附加值产品为发展方向。

“环保科技园”整体项目预计在五年内全部建成，届时“环保科技园”将建立注塑厂、片材厂、吸塑厂、卡板厂、合成材料厂、PLA 制品厂、模具厂、物流中心、研发中心等研发生产机构，形成具有高技术水平、配套完善的再生塑胶循环产业基地。

2010 年中国塑料加工工业协会授予汕头卜高通美环保科技园“中国塑胶循环利用示范基地”荣誉称号。

汕头卜高通美实业有限公司
FUKUTOMI (SHANTOU) INDUSTRIAL LIMITED

地址：中国广东省汕头市汕头保税区B02&B05区汕头卜高通美环保科技园
Shantou Fukutomi Green Science and Technology Park, B02&B05 Area, Shantou Free Trade Zone, Shantou, China
TEL: 86-754-8359 7717, 8364; 86-754-8981 6522, 6524
FAX: 86-754-8981 6522
http: //www.fukutomi.com www.fukutomi.cn www.fukutomichina.cn
E-mail: enquiry@fukutomi.cn enquiry@fukutomi.com.hk

HONGDELI
宏得利

台州宏得利树脂有限公司

温州市宏得利树脂有限公司

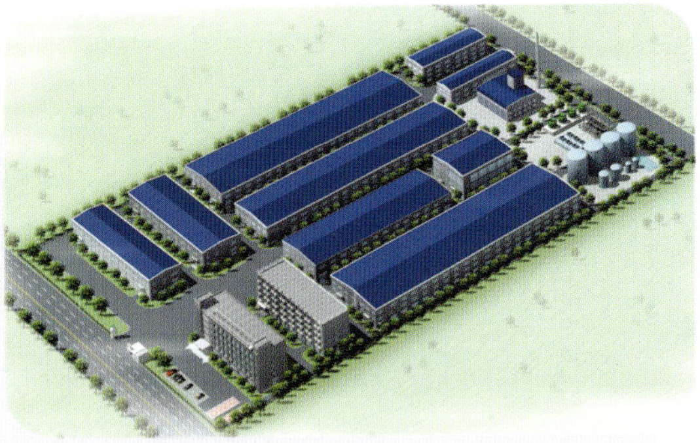

浙江中革实业有限公司

温州市宏得利合成革有限公司

集团网址：http://www.hongdeligroup.cn
革厂网址：http://www.hongdeli-leather.com

温州市宏得利树脂有限公司：	TEL：0577-86555887/86558599/86558800　FAX：0577-86555889
台州宏得利树脂有限公司：	TEL：0576-85588198　FAX：0576-85589958
温州市宏得利合成革有限公司：	TEL：0577-86581666/86581555　FAX：0577-86581999
浙江中革实业有限公司：	TEL：0576-85585758　FAX：0576-85581166

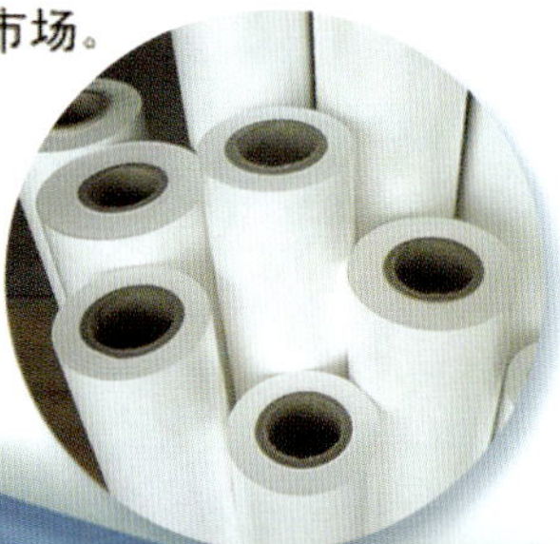

桥梁、纽带、服务、自律
中国塑料加工工业协会网站
www.cppia.com.cn
连接政企，服务会员
已为一千七百余万浏览者提供服务的网站

宁波利时塑胶有限公司

Ningbo Lisi Plastic & Rubber Co.,Ltd

企业简介

宁波利时塑胶有限公司成立于 1993 年 11 月 29 日，是亚洲较大的家用品制造基地，公司技术力量雄厚，机器设备先进，与多家院校建立了长期的技术研发合作关系，产品款式新颖、功能齐全，分为储藏盒系列、厨房及餐具系列、玩具系列、卫浴系列、花园工具系列、节日系列、篮子及家庭用品等共计九大类。所有产品均采用进口优质原料生产而成，符合世界卫生组织 FDA 标准及国际安全标准，畅销至欧美、澳洲、中东、中国香港等100多个国家和地区，成为世界 500 强公司美国沃尔玛、德国汉高的合作伙伴。

BRIEF INTRODUCTION

Ningbo Lisi Plastic & Rubber Co.,Ltd.was established in November 29, 1993, as been the biggest Household goods manufacturing base in the Asia,there are strong technical force and advanced machinery and equipment.The company has established long-term cooperation between R & D with many institutions.There are nine types of products like storage、kitchen and dishware、kids item、bathroom item 、garden & patio、seasonal、misc. Household,which are all made of imports of high-quality raw materials, in line with FDA standards of the World Health Organization and international safety standards.Products are in great demand in Occident、Australia、Middle East and Hong kong china,more than 100 countries and corners.And LISI has been a partner with U.S. Wal-Mart and Germany's Henkel , the world's top 500.

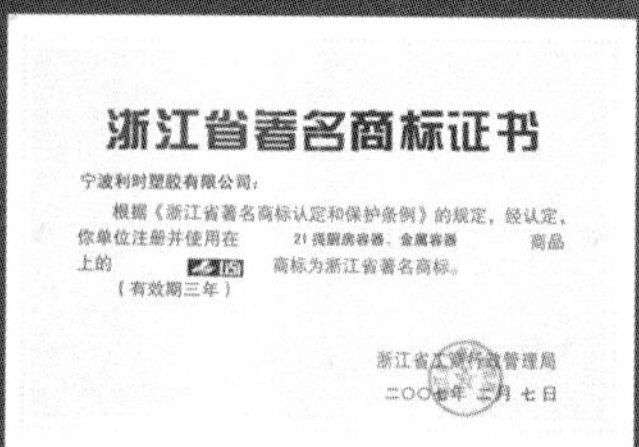

浙江省著名商标证书

宁波利时塑胶有限公司：

根据《浙江省著名商标认定和保护条例》的规定，经认定，你单位注册并使用在 21类厨房容器、金属容器 商品上的 商标为浙江省著名商标。

（有效期三年）

浙江省工商行政管理局

宁波利时塑胶有限公司

电话：86-574-8802-1888
传真：86-574-8802-1466
网址：http://www.lisiplastic.com
地址：浙江省宁波市鄞州投资创业中心诚信路518号

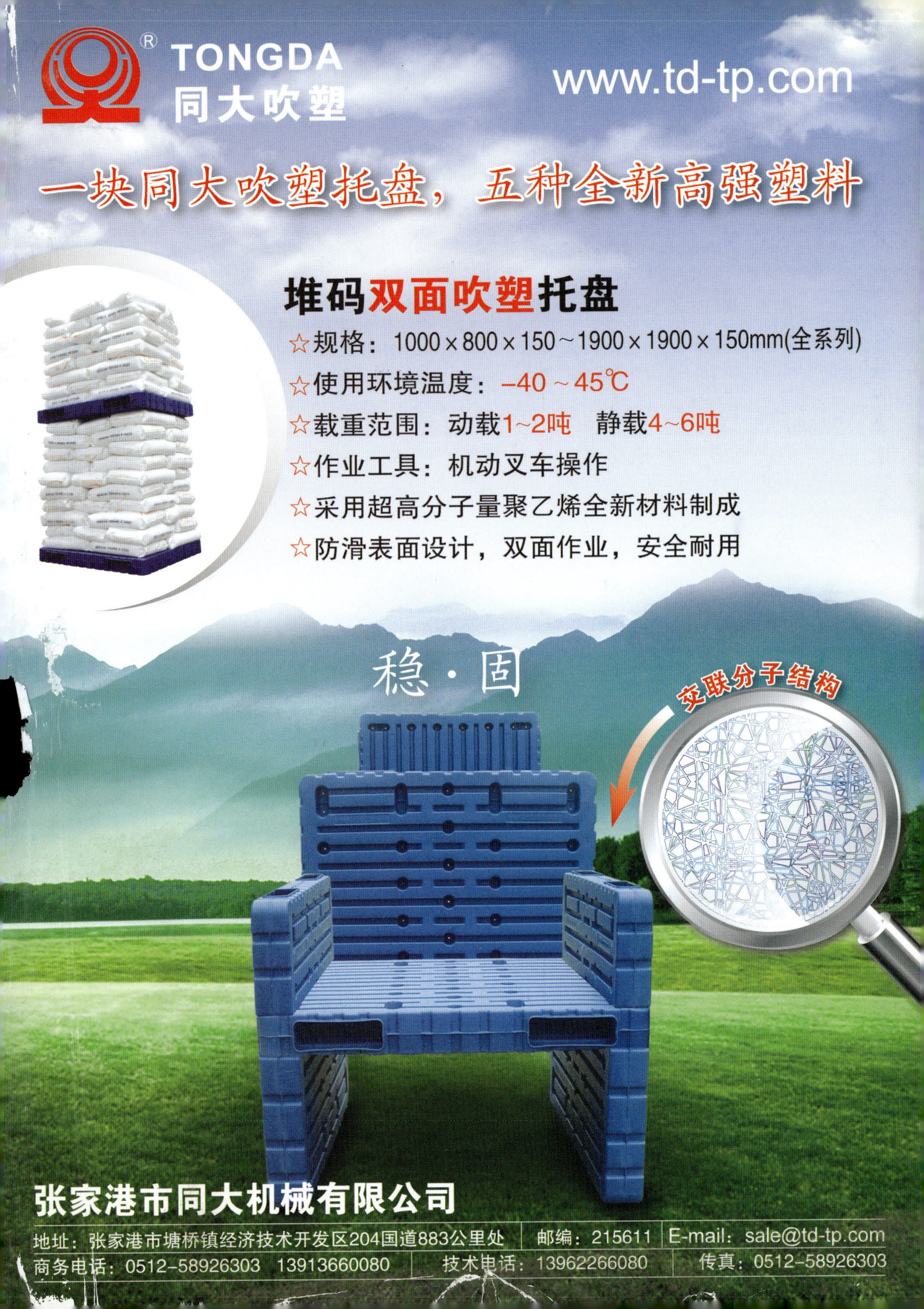
TONGDA
同大吹塑
www.td-tp.com
一块同大吹塑托盘，五种全新高强塑料
堆码双面吹塑托盘
☆规格：1000×800×150～1900×1900×150mm(全系列)
☆使用环境温度：-40～45℃
☆载重范围：动载1~2吨　静载4~6吨
☆作业工具：机动叉车操作
☆采用超高分子量聚乙烯全新材料制成
☆防滑表面设计，双面作业，安全耐用
稳·固
交联分子结构
张家港市同大机械有限公司
地址：张家港市塘桥镇经济技术开发区204国道883公里处　邮编：215611　E-mail：sale@td-tp.com
商务电话：0512-58926303　13913660080　技术电话：13962266080　传真：0512-58926303